DROIT ET PRATIQUE DES SAISIES ET CONFISCATIONS PÉNALES

D A L L O Z   R É F É R E N C E

DROIT ET PRATIQUE DES SAISIES ET CONFISCATIONS PÉNALES

TROISIÈME ÉDITION
SEPTEMBRE 2023

LIONEL ASCENSI
Conseiller référendaire à la Cour de cassation,
Professeur associé à l'Université d'Angers

ouvrage couronné
au 11e Salon du livre juridique
du Conseil constitutionnel et du Club des juristes
du PRIX DU LIVRE DE LA PRATIQUE JURIDIQUE 2019

DALLOZ

ISBN 978-2-247-22476-0
Tour Lefebvre Dalloz
CS 90358
10 place des Vosges
92072 Paris La Défense Cedex
SERVICE CLIENTÈLE
+33 (0)1 83 10 10 10
src-dalloz@lefebvre-dalloz.fr

www.editions-DALLOZ.fr

@Dalloz_Action

Sommaire

		Nos	P.
	Table des matières		VII
	00. Titre introductif		
Livre	**1. DROIT ET PRATIQUE DES CONFISCATIONS PÉNALES**		
Titre	**11. Introduction**		
Chap. 111.	Nature, objet et caractères des confiscations	111.00 à 111.133	
Chap. 112.	Constitutionnalité des confiscations	112.00 à 112.22	
Chap. 113.	Conventionnalité des confiscations	113.00 à 113.68	
Titre	**12. Conditions des confiscations**		
Chap. 121.	Légalité des confiscations	121.00 à 121.46	
Chap. 122.	Proportionnalité des confiscations	122.00 à 122.111	
Chap. 123.	Conditions relatives à la nature du bien susceptible de confiscation	123.00 à 123.22	
Chap. 124.	Conditions relatives aux liens entre l'infraction et le bien susceptible de confiscation	124.00 à 124.104	
Chap. 125.	Conditions relatives aux liens entre le condamné et le bien susceptible de confiscation	125.00 à 125.33	
Chap. 126.	Modalités des confiscations	126.00 à 126.43	
Titre	**13. Mise en œuvre des confiscations**		
Chap. 131.	Prononcé des confiscations	131.00 à 131.162	
Chap. 132.	Exécution des confiscations	132.00 à 132.181	
Livre	**2. DROIT ET PRATIQUE DES SAISIES PÉNALES**		
Titre	**21. Introduction**		
Chap. 211.	Notion de saisie pénale	211.00 à 211.53	
Chap. 212.	Constitutionnalité des saisies pénales	212.00 à 212.63	
Chap. 213.	Conventionnalité des saisies pénales	213.00 à 213.55	
Chap. 214.	Légalité des saisies pénales	214.00 à 214.24	
Titre	**22. Saisies de droit commun**		
Chap. 221.	Conditions des saisies de droit commun	221.00 à 221.297	
Chap. 222.	Effets des saisies de droit commun	222.00 à 222.22	
Chap. 223.	Sanction des règles applicables	223.00 à 223.23	

Titre 23. Saisies spéciales
Chap. 231. Règles communes aux saisies spéciales .... 231.00 à 231.174
Chap. 232. Saisies de patrimoine .... 232.00 à 232.41
Chap. 233. Saisies immobilières .... 233.00 à 233.90
Chap. 234. Saisies de biens ou droits mobiliers incorporels .... 234.00 à 234.144
Chap. 235. Saisies sans dépossession .... 235.00 à 235.22

Titre 24. Devenir des objets saisis
Chap. 241. Gestion des objets saisis .... 241.00 à 241.75
Chap. 242. Aliénation avant jugement des objets saisis .... 242.00 à 242.64
Chap. 243. Destruction des meubles saisis.................................. 243.00 à 243.28
Chap. 244. Affectation avant jugement des meubles saisis .... 244.00 à 244.48
Chap. 245. Restitution des objets saisis................................... 245.00 à 245.192

LIVRE 3. DROIT ET PRATIQUE DE L'ENTRAIDE JUDICIAIRE INTERNATIONALE AUX FINS DE SAISIE ET CONFISCATION PÉNALES

Titre 31. Droit commun de l'entraide judiciaire internationale aux fins de saisie et confiscation pénales
Chap. 311. Droit commun de l'entraide judiciaire internationale aux fins de saisie pénale .... 311.00 à 311.253
Chap. 312. Droit commun de l'entraide judiciaire internationale aux fins de confiscation pénale........ 312.00 à 312.245

Titre 32. Entraide judiciaire internationale aux fins de saisie et confiscation pénales entre les États membres de l'Union européenne
Chap. 321. Entraide judiciaire internationale aux fins de saisie pénale entre les États membres de l'Union européenne.......... 321.00 à 321.403
Chap. 322. Entraide judiciaire internationale aux fins de confiscation pénale entre les États membres de l'Union européenne .... 322.00 à 322.422

LIVRE 4. ANNEXES

Annexe 41. Conventionnalité des confiscations (chap. 113) .... 41.11 à 41.14

Annexe 42. Conventionnalité des saisies (chap. 213).................. 42.11 à 42.15

PRINCIPALES ABRÉVIATIONS UTILISÉES 707

INDEX THÉMATIQUE ALPHABÉTIQUE 709

Table des matières

Sommaire V

00. Titre introductif 1

Livre 1. Droit et pratique des confiscations pénales 17

Titre 11. Introduction 18

Chap. 111. Nature, objet et caractères des confiscations 20

Sect. 1. **Nature et objet des confiscations** 24

§ 1. Des peines 25

A. Des peines complémentaires 26

1° Des peines complémentaires criminelles ou délictuelles applicables aux personnes physiques et morales 26

2° Des peines complémentaires contraventionnelles applicables aux personnes physiques et morales 27

B. Des peines alternatives 28

1° Des peines alternatives délictuelles 28

2° Des peines alternatives encourues pour les contraventions de la cinquième classe 30

§ 2. Notions voisines 30

Sect. 2. **Caractères atypiques des confiscations** 32

§ 1. Des caractères de mesure de sûreté 32

§ 2. Des caractères de sanction réelle 36

§ 3. Des caractères de peine privée 37

Chap. 112. Constitutionnalité des confiscations 40

Sect. 1. **Constitutionnalité des dispositions de droit pénal général** 43

Sect. 2. **Constitutionnalité des dispositions de droit pénal spécial** 47

Chap. 113. Conventionnalité des confiscations 49

Sect. 1. **Détermination des normes applicables** 50

Sect. 2. **Mise en œuvre du contrôle de conventionnalité** 52

§ 1. Indifférence de la propriété des biens confisqués 52

§ 2. Nécessité d'une base légale 52

§ 3. Poursuite d'un but légitime 53

§ 4. Proportionnalité de la confiscation 54

Titre 12. Conditions des confiscations 60

Chap. 121. Légalité des confiscations 62

Sect. 1. **Affirmation du principe de la légalité** 63

Sect. 2. **Mise en œuvre du principe de la légalité** ... 64
§ 1. *Confiscation en application d'un texte général* ... 65
§ 2. *Confiscation en application d'un texte spécial* ... 67

Chap. 122. PROPORTIONNALITÉ DES CONFISCATIONS ... 69
Sect. 1. **Champ d'application du contrôle de proportionnalité** ... 73
§ 1. *Champ d'application du contrôle de proportionnalité de l'atteinte portée au droit de propriété* ... 73
A. Confiscation de patrimoine ... 73
B. Confiscation de l'objet ou du produit de l'infraction ... 75
C. Confiscation de l'instrument de l'infraction ... 78
D. Confiscation des biens dont l'origine n'a pu être justifiée ... 79
E. Confiscation des objets qualifiés de dangereux ou nuisibles par la loi ou le règlement, ou dont la détention est illicite ... 80
§ 2. *Champ d'application du contrôle de proportionnalité de l'atteinte portée aux autres droits fondamentaux* ... 80
Sect. 2. **Critères d'appréciation de la proportionnalité** ... 81
Sect. 3. **Invocation de la disproportion** ... 81
Sect. 4. **Nature du contrôle de la chambre criminelle** ... 83

Chap. 123. CONDITIONS RELATIVES À LA NATURE DU BIEN SUSCEPTIBLE DE CONFISCATION ... 84
Sect. 1. **Nature des biens confiscables à titre de peine complémentaire** ... 85
Sect. 2. **Nature des biens confiscables à titre de peine alternative** ... 92

Chap. 124. CONDITIONS RELATIVES AUX LIENS ENTRE L'INFRACTION ET LE BIEN SUSCEPTIBLE DE CONFISCATION ... 94
Sect. 1. **Nécessité de liens avec l'infraction** ... 96
§ 1. *Instrumentum sceleris : confiscation de l'instrument de l'infraction* ... 96
§ 2. *Productum sceleris : confiscation du produit de l'infraction* ... 99
§ 3. *Objectum sceleris : confiscation de l'objet de l'infraction* ... 103
Sect. 2. **Présomption de liens avec une activité délictueuse** ... 107
Sect. 3. **Défaut de liens avec toute infraction** ... 110
§ 1. *Confiscation de patrimoine* ... 110
§ 2. *Confiscation des objets qualifiés de dangereux ou nuisibles par la loi ou le règlement, ou dont la détention est illicite* ... 111
§ 3. *Confiscation des biens spécialement désignés par le texte réprimant l'infraction* ... 112
Sect. 4. **Règles propres à la confiscation des animaux** ... 113

Chap. 125. CONDITIONS RELATIVES AUX LIENS ENTRE LE CONDAMNÉ ET LE BIEN SUSCEPTIBLE DE CONFISCATION ... 115
Sect. 1. **Des biens « appartenant » à la personne condamnée** ... 118
Sect. 2. **Des biens à la libre disposition de la personne condamnée** ... 126
Sect. 3. **Des biens sans lien avec la personne condamnée** ... 136

Chap. 126. MODALITÉS DES CONFISCATIONS ... 141
Sect. 1. **Confiscation en nature** ... 143
Sect. 2. **Confiscation en valeur** ... 143
§ 1. *Règles communes aux deux formes de confiscation en valeur* ... 146
§ 2. *Règles propres à chacune des formes de confiscation en valeur* ... 151

TITRE 13. **MISE EN ŒUVRE DES CONFISCATIONS** ... 156

Chap. 131. PRONONCÉ DES CONFISCATIONS ... 158
Sect. 1. **Décision de condamnation** ... 165
§ 1. *Principe* ... 165
§ 2. *Extension aux confiscations obligatoires* ... 165
Sect. 2. **Intervention des tiers à l'audience** ... 166
Sect. 3. **Désignation du bien confisqué** ... 171
Sect. 4. **Motivation de la confiscation** ... 173
Sect. 5. **Confiscation obligatoire ou facultative** ... 179
Sect. 6. **Effets de la dispense de peine et de l'ajournement** ... 181

Sect. 7. **Exclusion du sursis simple et spécificités du sursis probatoire** 181
Sect. 8. **Exécution provisoire et saisie** 181
§ 1. *Exécution provisoire de la confiscation* 182
§ 2. *Saisie ordonnée par la décision de confiscation* 182
Sect. 9. **Dévolution du bien confisqué** 183
§ 1. *Principe de la dévolution à l'État* 183
§ 2. *Exceptions* 184
Sect. 10. **Recours contre la confiscation** 185

Chap. 132. EXÉCUTION DES CONFISCATIONS 187
Sect. 1. **Organes chargés de l'exécution des confiscations** 194
§ 1. *Compétence du procureur de la République* 194
§ 2. *Modalités de mise en œuvre de la compétence* 194
Sect. 2. **Conditions de l'exécution des confiscations** 196
§ 1. *Application du droit commun de l'exécution des peines* 196
§ 2. *Dérogations au droit commun* 197
Sect. 3. **Formes de l'exécution** 198
§ 1. *Formes ordinaires d'exécution* 198
§ 2. *Procédures d'exécution particulières* 203
A. Confiscations impliquant des formalités de publication ou de notification 203
B. Exécution des confiscations de créances figurant sur des contrats d'assurance sur la vie 205
C. Exécution des confiscations de certains fonds de commerce 206
D. Paiement des dommages et intérêts sur les biens confisqués 207
E. Affectation des biens confisqués à un service d'enquête ou judiciaire 210
F. Abondement du fonds de concours stupéfiants 212
G. Affectation sociale des biens confisqués 212
H. Exécution des confiscations criminelles 215
Sect. 4. **Difficultés d'exécution** 216

LIVRE 2. DROIT ET PRATIQUE DES SAISIES PÉNALES 219

TITRE 21. INTRODUCTION 220

Chap. 211. NOTION DE SAISIE PÉNALE 221
Sect. 1. **Définition de la notion de saisie pénale** 222
Sect. 2. **Hétérogénéité de la catégorie des saisies pénales** 223
Sect. 3. **Concours de saisies pénales** 226
Sect. 4. **Succession de saisies pénales** 227
Sect. 5. **Distinction avec les notions voisines** 228

Chap. 212. CONSTITUTIONNALITÉ DES SAISIES PÉNALES 230
Sect. 1. **Constitutionnalité des procédures de saisie** 240
§ 1. *Décisions du Conseil constitutionnel* 240
§ 2. *Décisions de la chambre criminelle* 242
A. Constitutionnalité du droit des saisies spéciales en général 242
B. Constitutionnalité des procédures particulières 243
Sect. 2. **Constitutionnalité des procédures postérieures aux saisies** 248

Chap. 213. CONVENTIONNALITÉ DES SAISIES PÉNALES 253
Sect. 1. **Détermination des normes applicables** 254
Sect. 2. **Mise en œuvre du contrôle de conventionnalité** 254
§ 1. *Nécessité d'une base légale* 254
§ 2. *Poursuite d'un but légitime* 255
§ 3. *Proportionnalité de la saisie* 255

Chap. 214. LÉGALITÉ DES SAISIES PÉNALES 259
Sect. 1. **Principe de la légalité des saisies pénales** 260
Sect. 2. **Application de la loi pénale dans le temps** 260

TITRE **22. SAISIES DE DROIT COMMUN** 264

Chap. 221. CONDITIONS DES SAISIES DE DROIT COMMUN 265
Sect. 1. **Enquête de flagrance** 275
§ 1. Conditions de fond des saisies 277
A. Nature de l'objet saisi 277
B. Nécessité de la saisie 279
C. Protection de certains secrets et de certaines activités professionnelles 282
1° Principe de la « saisissabilité » des pièces couvertes par le secret professionnel 282
2° Protection des droits de la défense et du secret professionnel de la défense et du conseil 283
3° Protection du secret du délibéré 285
4° Protection du secret des sources des journalistes 287
5° Protection du secret de la défense nationale 289
§ 2. Conditions de forme des saisies 291
A. Conditions de forme générales 291
1° Compétence 291
2° Représentation des objets saisis 293
3° Placement sous scellés 294
4° Rédaction d'un procès-verbal 295
B. Conditions propres à certains objets 295
1° Produits stupéfiants 296
2° Données informatiques 297
3° Espèces, lingots, effets ou valeurs 297
4° Billets de banque ou pièces de monnaie libellés en euros contrefaisants 297
5° Animaux vivants 297
C. Conditions destinées à protéger certains secrets et certaines activités professionnelles 299
1° Protection du libre exercice de la profession d'avocat, du secret professionnel de la défense et du conseil, et des droits de la défense 299
2° Protection du libre exercice de la profession de journaliste, du secret des sources et du droit à l'information 303
3° Protection du secret de la défense nationale 304
4° Protection du secret du délibéré et de l'indépendance de la justice 307
Sect. 2. **Enquête préliminaire** 309
Sect. 3. **Information judiciaire** 313

Chap. 222. EFFETS DES SAISIES DE DROIT COMMUN 317
Sect. 1. **Principe de l'indisponibilité du bien saisi** 317
Sect. 2. **Portée de l'indisponibilité du bien saisi** 319

Chap. 223. SANCTION DES RÈGLES APPLICABLES 320
Sect. 1. **Conditions de l'annulation des saisies** 324
Sect. 2. **Effets de l'annulation des saisies** 329

TITRE **23. SAISIES SPÉCIALES** 331

Chap. 231. RÈGLES COMMUNES AUX SAISIES SPÉCIALES 333
Sect. 1. **Conditions communes** 347
§ 1. Conditions de fond 347
§ 2. Conditions de forme 356
A. Compétence 356
1° Enquête préliminaire ou de flagrance 356
2° Information judiciaire 359
B. Formes de la décision 361
C. Recours contre la décision 362
1° Conditions de l'appel 362
2° Effets de l'appel 370
3° Spécificités du pourvoi en cassation 376
Sect. 2. **Effets communs** 376
§ 1. Indisponibilité du bien saisi 377
A. Principe de l'indisponibilité du bien saisi 377
B. Portée de l'indisponibilité du bien saisi 377
§ 2. Décisions relatives à l'exécution de la saisie 382

Chap. 232. Saisies de patrimoine 386
Sect. 1. Conditions des saisies de patrimoine 387
§ 1. Conditions de fond 387
§ 2. Conditions de forme 389
Sect. 2. Effets des saisies de patrimoine 392

Chap. 233. Saisies immobilières 393
Sect. 1. Conditions des saisies immobilières 394
§ 1. Conditions de fond 394
§ 2. Conditions de forme 396
A. Décision de saisie 396
B. Formalités de publication 397
Sect. 2. Effets des saisies immobilières 397
§ 1. Effets à l'égard des titulaires de privilèges et hypothèques 397
§ 2. Effets à l'égard des tiers acquéreurs 398
§ 3. Aliénation par anticipation 399

Chap. 234. Saisies de biens ou droits mobiliers incorporels 400
Sect. 1. Dispositions générales 403
§ 1. Conditions des saisies de biens ou droits mobiliers incorporels 403
A. Conditions de fond 403
B. Conditions de forme 404
§ 2. Effets des saisies de biens ou droits mobiliers incorporels 405
Sect. 2. Dispositions particulières 405
§ 1. Dispositions applicables aux saisies de sommes d'argent versées sur un compte bancaire et d'actifs numériques 405
A. Origine du droit applicable 405
B. Conditions des saisies de comptes bancaires et d'actifs numériques 407
C. Effets des saisies de comptes bancaires et d'actifs numériques 411
§ 2. Dispositions applicables aux saisies de créances de sommes d'argent 413
§ 3. Dispositions applicables aux saisies de créances figurant sur des contrats d'assurance sur la vie 414
§ 4. Dispositions applicables aux saisies de parts sociales, valeurs mobilières et instruments financiers 418
§ 5. Dispositions applicables aux saisies de fonds de commerce 419

Chap. 235. Saisies sans dépossession 420
Sect. 1. Conditions des saisies sans dépossession 420
Sect. 2. Effets des saisies sans dépossession 421

TITRE 24. Devenir des objets saisis 423

Chap. 241. Gestion des objets saisis 425
Sect. 1. Principe de la gestion des objets saisis par leur détenteur 427
§ 1. Saisies de droit commun 427
§ 2. Saisies spéciales 427
Sect. 2. Transfert à l'Agrasc de la gestion des objets saisis 428
§ 1. Gestion facultative en cas de défaillance ou d'indisponibilité du propriétaire ou du détenteur d'un bien objet d'une saisie spéciale 429
§ 2. Gestion facultative des biens nécessitant, pour leur conservation ou leur valorisation, des actes d'administration 429
§ 3. Gestion centralisée impérative des sommes saisies lors des procédures pénales 430

Chap. 242. Aliénation avant jugement des objets saisis 432
Sect. 1. Aliénation avant jugement des meubles saisis 437
§ 1. Conditions de fond 437
A. Biens meubles dont la conservation n'est plus nécessaire à la manifestation de la vérité et dont la restitution s'avère impossible 437
B. Biens meubles confiscables susceptibles de dévalorisation 438
§ 2. Conditions de forme 439
Sect. 2. Aliénation avant jugement des immeubles saisis 444

Chap. 243. DESTRUCTION DES MEUBLES SAISIS ... 446
Sect. 1. **Destruction avant jugement des biens meubles dont la restitution est impossible** ... 448
Sect. 2. **Destruction des objets qualifiés par la loi de dangereux ou nuisibles, ou dont la détention est illicite** ... 448

Chap. 244. AFFECTATION AVANT JUGEMENT DES MEUBLES SAISIS ... 453
Sect. 1. **Conditions de fond de l'affectation avant jugement des meubles saisis** ... 453
§ 1. *Biens susceptibles d'être affectés* ... 454
§ 2. *Services concernés* ... 454
Sect. 2. **Conditions de forme de l'affectation avant jugement des meubles saisis** ... 454

Chap. 245. RESTITUTION DES OBJETS SAISIS ... 457
Sect. 1. **Procédures de restitution des objets placés sous main de justice** ... 468
§ 1. *Restitution lors de l'enquête, lorsqu'aucune juridiction n'a été saisie ou quand la juridiction saisie a épuisé sa compétence sans avoir statué sur la restitution* ... 468
§ 2. *Restitution lors de l'information judiciaire* ... 470
§ 3. *Restitution lors du jugement* ... 474
A. Cour d'assises ... 475
B. Tribunal correctionnel ... 476
C. Tribunal de police ... 479
D. cour d'appel ... 479
Sect. 2. **Conditions de fond de la restitution des objets placés sous main de justice** ... 479
§ 1. *Conditions relatives à la nature et au statut de l'objet dont la restitution est envisagée* ... 481
§ 2. *Conditions relatives à la propriété de l'objet dont la restitution est envisagée* ... 483
§ 3. *Motifs de non-restitution* ... 486
Sect. 3. **Exécution de la restitution** ... 496
Sect. 4. **Dévolution à l'État des objets non restitués** ... 496
§ 1. *Conditions de fond* ... 496
A. Objets dont la restitution n'a pas été demandée ou décidée ... 496
B. Objets dont la restitution n'a pas été demandée après mise en demeure ... 500
C. Objets dont la restitution est de nature à créer un danger pour les personnes ou les biens ... 500
§ 2. *Procédure* ... 500

LIVRE 3. **DROIT ET PRATIQUE DE L'ENTRAIDE JUDICIAIRE INTERNATIONALE AUX FINS DE SAISIE ET CONFISCATION PÉNALES** ... 503

TITRE 31. **DROIT COMMUN DE L'ENTRAIDE JUDICIAIRE INTERNATIONALE AUX FINS DE SAISIE ET CONFISCATION PÉNALES** ... 504

Chap. 311. DROIT COMMUN DE L'ENTRAIDE JUDICIAIRE INTERNATIONALE AUX FINS DE SAISIE PÉNALE ... 506
Sect. 1. **Fondements de l'entraide judiciaire internationale aux fins de saisie pénale** ... 516
Sect. 2. **Conditions de fond de l'entraide judiciaire internationale aux fins de saisie pénale** ... 521
§ 1. *Nature et objet de l'entraide judiciaire internationale aux fins de saisie pénale* ... 521
A. Conventions internationales bilatérales ... 521
B. Conventions internationales multilatérales ... 525
1° *Conventions du Conseil de l'Europe* ... 525
2° *Conventions des Nations unies* ... 530
§ 2. *Motifs de non-exécution* ... 533
A. Motifs de non-exécution selon le droit conventionnel ... 533
1° *Conventions internationales bilatérales* ... 533
2° *Conventions internationales multilatérales* ... 534
B. Motifs de non-exécution selon le droit interne ... 535
§ 3. *Protection des droits des tiers de bonne foi* ... 536
Sect. 3. **Mise en œuvre de l'entraide judiciaire internationale aux fins de saisie pénale** ... 538
§ 1. *Émission des demandes d'entraide* ... 538

§ 2. *Transmission des demandes d'entraide* 543
§ 3. *Exécution des demandes d'entraide* 543
A. Loi applicable à l'exécution des demandes d'entraide 543
B. Compétence pour l'exécution des demandes adressées à l'autorité judiciaire française 544
C. Procédure d'exécution des demandes adressées à l'autorité judiciaire française 545
D. Nature de l'acte d'exécution des demandes d'entraide 547
§ 4. *Recours contre l'exécution des demandes d'entraide* 547
A. Recours contre l'exécution des demandes adressées à l'autorité judiciaire française 547
B. Recours contre l'exécution des demandes adressées par l'autorité judiciaire française 552
§ 5. *Devenir des biens saisis* 554

Chap. 312. DROIT COMMUN DE L'ENTRAIDE JUDICIAIRE INTERNATIONALE AUX FINS DE CONFISCATION PÉNALE 558
Sect. 1. **Fondements de l'entraide judiciaire internationale aux fins de confiscation pénale** 568
Sect. 2. **Conditions de fond de l'entraide judiciaire internationale aux fins de confiscation pénale** 569
§ 1. *Nature et objet de l'entraide judiciaire internationale aux fins de confiscation pénale* 569
A. Conventions internationales bilatérales 569
B. Conventions internationales multilatérales 573
1° *Conventions du Conseil de l'Europe* 573
2° *Conventions des Nations unies* 576
§ 2. *Motifs de non-exécution* 577
A. Motifs de non-exécution selon le droit conventionnel 577
1° *Conventions internationales bilatérales* 578
2° *Conventions internationales multilatérales* 578
B. Motifs de non-exécution selon le droit interne 580
§ 3. *Protection des droits des tiers de bonne foi* 581
Sect. 3. **Mise en œuvre de l'entraide judiciaire internationale aux fins de confiscation pénale** 582
§ 1. *Émission des demandes* 582
§ 2. *Transmission des demandes* 585
§ 3. *Exécution des demandes* 586
A. Loi applicable 586
B. Compétence pour statuer sur l'exécution des demandes adressées à l'autorité judiciaire française 587
C. Procédure pour statuer sur l'exécution des demandes adressées à l'autorité judiciaire française 587
§ 4. *Recours contre l'exécution des demandes d'entraide* 588
A. Recours contre l'exécution des demandes adressées à l'autorité judiciaire française 588
B. Recours contre l'exécution des demandes adressées par l'autorité judiciaire française 591
§ 5. *Devenir des biens confisqués* 591

TITRE 32. **ENTRAIDE JUDICIAIRE INTERNATIONALE AUX FINS DE SAISIE ET CONFISCATION PÉNALES ENTRE LES ÉTATS MEMBRES DE L'UNION EUROPÉENNE** 597

Chap. 321. ENTRAIDE JUDICIAIRE INTERNATIONALE AUX FINS DE SAISIE PÉNALE ENTRE LES ÉTATS MEMBRES DE L'UNION EUROPÉENNE 599
Sect. 1. **Fondements de l'entraide judiciaire aux fins de saisie pénale entre les États membres de l'Union européenne** 610
Sect. 2. **Conditions de fond de l'entraide judiciaire aux fins de saisie pénale entre les États membres de l'Union européenne** 613
§ 1. *Domaine d'application de l'entraide judiciaire aux fins de saisie pénale entre les États membres de l'Union européenne* 613
A. Règlement (UE) 2018/1805 613
B. Décision-cadre 2003/577/JAI 614

§ 2. *Nature et objet des décisions de gel susceptibles d'entraide judiciaire entre les États membres de l'Union européenne* 615
A. Règlement (UE) 2018/1805 615
B. Décision-cadre 2003/577/JAI 616
§ 3. *Protection des droits des tiers de bonne foi* 617
A. Règlement (UE) 2018/1805 617
B. Décision-cadre 2003/577/JAI 619
§ 4. *Proportionnalité de la reconnaissance et de l'exécution des décisions de gel* 619
A. Règlement (UE) 2018/1805 619
B. Décision-cadre 2003/577/JAI 620
§ 5. *Motifs de non-reconnaissance ou de non-exécution* 620
A. Règlement (UE) 2018/1805 620
B. Décision-cadre 2003/577/JAI 625
Sect. 3. Mise en œuvre de l'entraide judiciaire aux fins de saisie pénale entre les États membres de l'Union européenne 627
§ 1. *Émission des décisions de gel* 627
§ 2. *Transmission des décisions de gel* 629
A. Règlement (UE) 2018/1805 629
B. Décision-cadre 2003/577/JAI 630
§ 3. *Reconnaissance et exécution des décisions de gel* 632
A. Loi applicable à l'exécution des décisions de gel 632
B. Compétence pour statuer sur la reconnaissance et l'exécution des décisions de gel adressées à l'autorité judiciaire française 632
1° *Règlement (UE) 2018/1805* 632
2° *Décision-cadre 2003/577/JAI* 633
C. Procédure de reconnaissance et d'exécution des décisions de gel adressées à l'autorité judiciaire française 633
1° *Règlement (UE) 2018/1805* 633
2° *Décision-cadre 2003/577/JAI* 636
§ 4. *Recours contre l'exécution des décisions de gel* 639
A. Règlement (UE) 2018/1805 639
1° *Recours contre l'exécution des décisions de gel par l'autorité judiciaire française* .. 639
2° *Recours contre l'exécution des décisions de gel par les autorités judiciaires étrangères* 640
B. Décision-cadre 2003/577/JAI 641
1° *Recours contre l'exécution des décisions de gel par l'autorité judiciaire française* .. 641
2° *Recours contre l'exécution des décisions de gel par les autorités judiciaires étrangères* 646
§ 5. *Devenir des biens gelés* 647
A. Règlement (UE) 2018/1805 647
B. Décision-cadre 2003/577/JAI 649

Chap. 322. ENTRAIDE JUDICIAIRE INTERNATIONALE AUX FINS DE CONFISCATION PÉNALE ENTRE LES ÉTATS MEMBRES DE L'UNION EUROPÉENNE 652
Sect. 1. Fondements de l'entraide judiciaire aux fins de confiscation pénale entre les États membres de l'Union européenne 661
Sect. 2. Conditions de fond de l'entraide judiciaire aux fins de confiscation pénale entre les États membres de l'Union européenne 663
§ 1. *Domaine d'application de l'entraide judiciaire aux fins de confiscation pénale entre les États membres de l'Union européenne* 663
A. Règlement (UE) 2018/1805 663
B. Décision-cadre 2006/783/JAI 664
§ 2. *Nature et objet des décisions de confiscation susceptibles d'entraide judiciaire entre les États membres de l'Union européenne* 665
A. Règlement (UE) 2018/1805 665
B. Décision-cadre 2006/783/JAI 666
§ 3. *Protection des droits des tiers de bonne foi* 667
A. Règlement (UE) 2018/1805 667
B. Décision-cadre 2006/783/JAI 668
§ 4. *Proportionnalité de la reconnaissance et de l'exécution des décisions de confiscation* .. 668
A. Règlement (UE) 2018/1805 668
B. Décision-cadre 2006/783/JAI 669

§ 5. *Motifs de non-reconnaissance ou de non-exécution des décisions de confiscation* 669
A. Règlement (UE) 2018/1805 669
B. Décision-cadre 2006/783/JAI 671

Sect. **3. Mise en œuvre de l'entraide judiciaire aux fins de confiscation pénale entre les États membres de l'Union européenne** 674
§ 1. *Émission des décisions de confiscation* 674
§ 2. *Transmission des décisions de confiscation* 675
A. Règlement (UE) 2018/1805 675
B. Décision-cadre 2006/783/JAI 676
§ 3. *Reconnaissance et exécution des décisions de confiscation* 678
A. Loi applicable à l'exécution des décisions de confiscation 678
B. Compétence pour statuer sur la reconnaissance et l'exécution des demandes adressées à l'autorité judiciaire française 679
1° *Règlement (UE) 2018/1805* 679
2° *Décision-cadre 2006/783/JAI* 679
C. Procédure de reconnaissance et d'exécution des décisions de confiscation adressées à l'autorité judiciaire française 680
1° *Règlement (UE) 2018/1805* 680
2° *Décision-cadre 2006/783/JAI* 683
§ 4. *Recours contre l'exécution des décisions de confiscation* 687
A. Règlement (UE) 2018/1805 687
1° *Recours contre l'exécution des décisions de confiscation par l'autorité judiciaire française* 687
2° *Recours contre l'exécution des décisions de confiscation par les autorités judiciaires étrangères* 688
B. Décision-cadre 2006/783/JAI 689
1° *Recours contre l'exécution des décisions de confiscation par l'autorité judiciaire française* 689
2° *Recours contre l'exécution des décisions de confiscation par les autorités judiciaires étrangères* 690
§ 5. *Devenir des biens confisqués* 690
A. Règlement (UE) 2018/1805 690
B. Décision-cadre 2006/783/JAI 692

LIVRE 4. ANNEXES 691

ANNEXE **41. CONVENTIONNALITÉ DES CONFISCATIONS (CHAP. 113)** 692

ANNEXE **42. CONVENTIONNALITÉ DES SAISIES (CHAP. 213)** 697

PRINCIPALES ABRÉVIATIONS UTILISÉES 707

INDEX THÉMATIQUE ALPHABÉTIQUE 709

00. Titre introductif

00.01 Un ouvrage sur les saisies et confiscations pénales. Le projet de ce livre est né d'un constat : aucun ouvrage ne dressait l'état du droit positif en matière de saisies et confiscations pénales, alors qu'en à peine quinze ans la matière a connu une suite de bouleversements majeurs.

Ce sera bien sûr l'objet même de ce livre que de décrire ces changements et l'état du droit qui en est résulté, mais comment ne pas observer, d'emblée, que celui-ci n'est guère comparable à celui qui était applicable au moment de l'entrée en vigueur du nouveau Code pénal et, de façon plus ancienne, du Code de procédure pénale ? Comment, en effet, ne pas relever qu'en seulement quinze ans, et à s'en tenir à l'essentiel, le domaine d'application de la peine complémentaire de confiscation s'est trouvé considérablement étendu et le contenu de celle-ci diversifié, qu'il a été donné aux procédures de saisies, en plus de leur fonction probatoire ancienne, une fonction patrimoniale nouvelle et qu'ont été créées dans cette perspective de nouvelles procédures dites de « saisies spéciales », et qu'il a enfin été institué un nouvel organe du procès pénal - ce qui est loin d'être négligeable -, l'Agence de gestion et de recouvrement des avoirs saisis et confisqués (Agrasc) ?

La rapidité et l'ampleur de ces modifications ont inévitablement été porteuses d'interrogations pour les praticiens et génératrices d'un contentieux ample, intense et complexe devant les juridictions du fond et la chambre criminelle de la Cour de cassation[1]. Au fil du temps, il s'est ainsi ajouté aux nouveaux textes, lesquels, au reste, ont été d'ores et déjà remaniés à plusieurs reprises, de nouvelles pratiques et une jurisprudence abondante.

Ce sont ces textes, cette jurisprudence et ces pratiques, que cet ouvrage a l'ambition de présenter, en gardant cependant présent à l'esprit cette idée que le droit des saisies et confiscations pénales est en cours d'édification et qu'il ne fait aucun doute que se poseront encore pendant plusieurs années des questions qu'il est difficile d'anticiper. L'exercice doit donc être mené avec une particulière humilité et ne doit pas être vu autrement que comme une invitation à la recherche dans ce nouveau domaine du droit pénal.

00.02 Causes de l'évolution. Les causes de ces évolutions sont connues. En effet, la mise en œuvre des confiscations et des saisies dans le système répressif est ancienne. Cependant, la volonté de porter la lutte contre la délinquance et la criminalité sur le terrain patrimonial a conduit les législateurs internes et européens à développer l'usage de la peine de confiscation, ainsi qu'à l'articuler avec les saisies, en concevant ces dernières, non plus seulement comme des actes au service de la manifestation de la vérité, mais aussi comme des mesures destinées à garantir l'exécution des confiscations susceptibles d'être prononcées au terme du procès pénal. Afin de « garantir que le crime ne paie pas »[2], pour reprendre le titre d'une communication de la Commission européenne, il fallait que la peine de confiscation soit plus fréquemment encourue ; pour garantir que les peines de confiscation prononcées soient exécutées, il était nécessaire de permettre le

1. EN CE SENS : Ch. Soulard, « Avant-propos », *in* L. Ascensi, P. Beauvais et R. Parizot (dir.), *La confiscation des avoirs criminels, Nouveaux enjeux juridiques*, LGDJ, 2021, p. 1, relevant que « le contentieux des saisies et confiscations a explosé au cours de ces dernières années », et que cette explosion a eu « des répercussions sur l'activité de la chambre criminelle », au point qu'« il a été nécessaire de réfléchir à la manière dont il convenait de traiter ce contentieux nouveau, abondant et difficile ».
2. Commission, Communication au Parlement et au Conseil, 20 nov. 2008, *Produit du crime organisé, Garantir que « le crime ne paie pas »*, COM(2008) 766 final – À CE PROPOS : Ch. Cutajar, « Garantir que le crime ne paie pas, À propos de dix priorités stratégiques proposées par la Commission européenne », *JCP G* 2008. 733.

placement sous main de justice des biens confiscables dès la phase de mise en état du procès pénal[1].

Cette volonté a elle-même des origines qui sont doubles. D'une part, la confiscation présente un caractère dissuasif dans une analyse économique du droit pénal[2] s'inscrivant dans un paradigme résolument utilitariste fondé sur l'hypothèse – naturellement purement méthodologique –, d'un agent économique rationnel qui ne commettra l'infraction que si le gain escompté est supérieur au coût estimé en cas de condamnation. Un auteur relève d'ailleurs, après avoir constaté l'intérêt grandissant que présente la confiscation aux yeux du législateur : « Cette tendance est corroborée par l'analyse économique car la confiscation prive l'agent de tout profit retiré de l'infraction. Dès lors, l'intérêt de se livrer à un acte prohibé par la loi pénale disparaît, ce qui est primordial pour l'analyse économique du droit qui considère l'agent comme un individu rationnel qui ne commettra une infraction que si les avantages retirés sont supérieurs aux coûts supportés. »[3] L'analyse du passage à l'acte en tant que résultat d'un bilan coût-avantage est du reste ancienne, l'auteur de l'article de référence en matière d'analyse économique appliquée au droit pénal se référant expressément, tout en l'approfondissant, à la pensée utilitariste de Bentham et de Beccaria[4]. Le second est d'ailleurs fréquemment cité : « Pour qu'un châtiment produise l'effet voulu, il suffit qu'il surpasse l'avantage résultant du délit ; encore faut-il faire entrer en ligne de compte la certitude de la punition et la perte du profit escompté. »[5] D'autre part, les produits générés par la délinquance et la criminalité au niveau mondial ont été évalués par l'Organisation des Nations unies à 2 100 milliards de dollars en 2009, soit 3,6 % du PIB mondial – la criminalité transnationale organisée générant à elle seule un produit de 870 milliards de dollars[6]. Or, l'accumulation de ces richesses est un facteur de croissance de l'activité des organisations criminelles qu'elles financent, de déstabilisation des institutions étatiques au moyen de la corruption qu'elles permettent, et de perturbation du fonctionnement normal de l'économie légale dans laquelle elles sont investies.

C'est d'ailleurs ce qui explique que la volonté de recouvrer les avoirs criminels ne se soit pas traduite par le seul développement des saisies et confiscations pénales[7]. En effet, cette résolution s'est aussi concrétisée par la pénalisation du blanchiment – et ce n'est naturellement pas un hasard si deux conventions adoptées dans le cadre du Conseil de l'Europe sont relatives à la fois au blanchiment, au dépistage, à la saisie et à la confiscation des produits du crime[8] –, quand, hors la matière pénale, ont été instituées dans le Code monétaire et financier des procédures administratives de détection et de gel des avoirs criminels[9].

00.03 Ancienneté des confiscations. Il est vrai que les manifestations de la peine de confiscation sont anciennes dans les systèmes répressifs, que la confiscation soit spéciale, comme portant sur des biens en lien avec l'infraction, ou générale, ayant alors pour objet l'ensemble des biens du condamné.

Il a ainsi été montré combien les expressions de cette peine étaient importantes en droit romain, dans des objectifs politiques mais aussi budgétaires. Dès le Ve siècle av. J.-C. et l'avènement de la République, en effet, la confiscation générale (*publicatio bonorum*), alors conçue en tant que peine accessoire des peines corporelles (*poena capitis*), a fait l'objet d'une utilisation politique croissante[10]. Puis, ainsi construit sous la République, l'usage de la confiscation à des fins strictement politiques a été systématisé sous l'Empire, en tant que peine accessoire mais aussi à titre de peine principale, avant que

1. EN CE SENS : C. Tzutzuiano, *L'effectivité de la sanction pénale*, « Bibliothèque des sciences criminelles », LGDJ, 2020, n° 29.
2. SUR CETTE ANALYSE : Ch. Claverie Rousset (dir.), *Analyse économique et matière pénale*, LexisNexis, 2018 – G. Royer, *L'analyse économique et le droit criminel. Une approche juridique*, Le Manuscrit, 2005 – *L'efficience en droit pénal économique. Étude de droit positif à la lumière de l'analyse économique du droit*, « Droit & Économie », LGDJ, 2009.
3. G. Royer, *L'efficience en droit pénal économique. Étude de droit positif à la lumière de l'analyse économique du droit*, préc., n° 172.
4. G. Becker, « *Crime and punishment. An Economic Approach* », *The Journal of Political Economy*, vol. 76, p. 209 : « *Lest the reader be repelled by the apparent novelty of an "economic" framework for illegal behavior, let him recall that two important contributors to criminology during the eighteenth and nineteenth centuries, Beccaria and Bentham, explicitly applied an economic calculus. Unfortunately, such an approach has lost favor during the last hundred years, and my efforts can be viewed as a resurrection, modernization, and thereby I hope improvement on these much earlier pioneering studies.* »
5. C. Beccaria, *Des délits et des peines* (1764), Flammarion, 1991, § XXVII, p. 124.
6. ONUDC, *Estimating illicit financial flows resulting from drug trafficking and other transnational organized crimes*, Research report, 2011.
7. SUR cette approche globale : L. Ascensi, « Chapitre introductif », *in* L. Ascensi, P. Beauvais et R. Parizot (dir.), *La confiscation des avoirs criminels, Nouveaux enjeux juridiques*, préc., p. 13.
8. V. s^s^ n° 00.05.
9. R. Alméras, « Les procédures administratives de détection et de gel des avoirs criminels », *in* L. Ascensi, P. Beauvais et R. Parizot (dir.), *La confiscation des avoirs criminels, Nouveaux enjeux juridiques*, préc., p. 33.
10. S. Brezillon, *De la peine patrimoniale au patrimoine pénal. Essai pénologique, historique et prospectif*, thèse, Nantes, 2017, p. 90.

ne se mêle à cette première fonction une finalité budgétaire, les confiscations jouant alors un rôle de ressources du *patrimonium*, entendu comme l'universalité comprenant les possessions des Empereurs, que ces derniers tenaient dans leurs mains en cette qualité et qui étaient à ce titre transmises à leur successeur[1]. Il a d'ailleurs été montré combien le législateur romain avait veillé à ce que les biens confisqués ne soient pas détournés du domaine impérial par l'administration[2] ; mais il est vrai que le verbe confisquer est emprunté au latin *confiscare*, qui signifie littéralement « faire entrer dans le trésor impérial »[3] ?

La mise en œuvre de la confiscation générale et spéciale s'est poursuivie au Moyen-Âge comme l'a montré une étude d'ampleur[4]. « Pénalité favorite des juridictions seigneuriales »[5], la confiscation générale, conçue comme une peine accessoire des peines capitales (condamnation à mort et bannissement perpétuel) ou une peine principale réprimant certaines infractions, a contribué au renforcement du domaine royal. Il a en effet été relevé, à cet égard, que « la confiscation était une peine romaine que les rois francs s'étaient employés, non seulement à conserver, mais encore à étendre, en raison des avantages qu'elle représentait pour eux »[6]. Dans son essai de synthèse du droit coutumier, Loisel recensait ainsi, au début du XVIIe siècle, le célèbre adage « qui confisque le corps confisque les biens » (XIX), ainsi que celui selon lequel « l'homme condamné aux galères, ou banni à perpétuité ou à plus de dix ans confisque tous ses biens et ne peut succéder » (XXIII)[7]. L'examen de l'œuvre de Loisel révèle au reste l'enjeu financier de l'exécution des confiscations, si l'on observe que la dévolution des biens du condamné faisait l'objet d'une réglementation minutieuse. Il était ainsi distingué selon la nature mobilière ou immobilière des biens confisqués pour déterminer à quel seigneur ils devaient être dévolus : « La confiscation des meubles appartient au seigneur, duquel le confisqué est couchant et levant, et des immeubles aux seigneurs justiciers des lieux où ils sont assis. »[8] De même, s'agissant de la justice inquisitoriale, l'on a montré que « la peine fondamentale sur laquelle reposait l'économie de [celle-ci] était la confiscation des biens, accessoire de la peine de mort, seule peine prononcée dans ce cadre », en application d'un dispositif juridique qui permettait que les biens mobiliers soient « retranchés des dettes qui tombaient en déchéance », alors qu'au contraire « les créances devenaient directement récupérables par les moyens exorbitants de l'inquisition, du clergé et du fisc »[9].

Si l'article 1er du Code pénal des 25 septembre – 6 octobre 1791 ne prévoyait plus la peine de confiscation générale qui avait fait l'objet de doléances dans certains des *Cahiers* de 1789, et avait été critiquée par Beccaria[10], au nom du principe de la personnalité de la peine[11], celle-ci a pourtant été rétablie en tant que peine accessoire de la peine de mort sous la Terreur pour les crimes contre les intérêts de la nation par le décret du 7 septembre 1793. M. le professeur Carbasse écrit ainsi que « le peuple de Paris disait que la guillotine "battait monnaie place de la Révolution" »[12]. La confiscation générale a finalement été plus largement prévue par le Code pénal de 1810, dont l'article 7 disposait que « la marque et la confiscation générale peuvent être prononcées concurremment avec une peine afflictive, dans les cas déterminés par la loi », c'est-à-dire en complément de la mort, des travaux forcés à perpétuité, de la déportation, des travaux forcés à temps et de la réclusion, tandis que l'article 11 prévoyait la peine de confiscation spéciale, en énonçant : « Le renvoi sous la surveillance spéciale de la haute police, l'amende, et la confiscation spéciale, soit du corps du délit quand la propriété en appartient au condamné, soit des choses produites par le délit, soit de celles qui ont servi ou qui ont été destinées à le commettre, sont des peines communes aux matières criminelle et correctionnelle. »

1. S. Brezillon, préc., p. 90.
2. Y. Rivière, *Histoire du droit pénal romain, De Romulus à Justinien*, Les Belles Lettres, « La roue à livres », 2021, p. 798.
3. Rey A. (dir.), *Dictionnaire historique de la langue française*, Le Robert, 2016, v. « confisquer »
4. R. Alméras, De bonis damnatorum, *Les biens du condamné dans l'Ancien droit*, thèse, Montpellier, 2016.
5. J.-M. Carbasse, *Histoire du droit pénal et de la justice criminelle*, 3e éd., « Droit fondamental », PUF, 2014, n° 154.
6. Y. Bongert, *Histoire du droit pénal*, « Introuvables », Éditions Panthéon-Assas, 2012, n° 168.
7. A. Loisel, *Institutes coutumières, ou Manuel de plusieurs et diverses règles, sentences et proverbes tant anciens que modernes du droit coutumier et plus ordinaire de la France*, A. L'Angelier, 1608, p. 73.
8. SUR CETTE DISTINCTION : Y. Bongert, *Histoire du droit pénal*, préc., n° 168 – J.-M. Carbasse, *Histoire du droit pénal et de la justice criminelle*, préc., n° 154.
9. S. Brezillon, *De la peine patrimoniale au patrimoine pénal. Essai pénologique, historique et prospectif*, préc., p. 103.
10. C. Beccaria, *Des délits et des peines* (1764), Flammarion, 1991, § XXV, p. 117 : « Les confiscations mettent à prix la tête des faibles, font retomber le châtiment du coupable sur des innocents qu'elles plongent dans le désespoir et qu'elles forcent à commettre à leur tour des délits. Quel spectacle plus triste que celui d'une famille réduite à la honte et à la misère par le crime de son chef, crime que la soumission ordonnée par les lois l'aurait empêchée de prévenir, quand bien même elle en aurait eu les moyens. »
11. J.-M. Carbasse, *Histoire du droit pénal et de la justice criminelle*, préc., n° 217 – AUSSI : Y. Rivière, *Histoire du droit pénal romain, De Romulus à Justinien*, « La roue à livres », Les Belles Lettres, 2021, p. 801 montrant combien cette préoccupation était aussi celle du législateur romain.
12. J.-M. Carbasse, *Histoire du droit pénal et de la justice criminelle*, préc., n° 225.

Si la peine de confiscation spéciale n'a ensuite plus été remise en cause dans son existence même, la peine de confiscation générale a en revanche connu davantage d'évolutions, étant successivement abolie par la Charte constitutionnelle du 4 juin 1814 (art. 66), la Charte constitutionnelle du 14 août 1830 (art. 57) et la Constitution de 1848 instaurant la IIe République (art. 12), puis rétablie en matière d'infractions politiques à la suite de la Première guerre mondiale. Avant que l'usage de la peine de confiscation générale ne se stabilise, celle-ci est ainsi apparue, selon l'heureuse expression de Pradel, « comme une institution à éclipses : elle disparaît pendant les périodes de calme et renaît dans les moments de trouble »[1].

On remarquera que les préoccupations budgétaires qui ont accompagné pendant l'Antiquité et au Moyen-Âge la mise en œuvre de la confiscation générale sont d'une saisissante modernité, si l'on observe que, notamment au cours des travaux préparatoires de la très importante loi n° 2010-768 du 9 juillet 2010[2] *visant à faciliter la saisie et la confiscation en matière pénale*, que nous examinerons bientôt, la question du devenir des sommes confisquées et du produit de la vente des biens confisqués, ainsi que celle du financement de l'Agrasc au moyen d'une fraction de ceux-ci, n'a pas été totalement absente des débats[3]. Ce souci ressort également d'un rapport parlementaire relatif à l'efficacité du dispositif français de recouvrement des avoirs criminels[4].

00.04 **Ancienneté des saisies pénales.** La faculté pour les juges de procéder au placement d'objets sous main de justice au cours du procès pénal est également ancienne. Ainsi, l'article I du titre IV de l'*Ordonnance criminelle* de 1670, relatif aux « procès verbaux des juges », prévoit que « les juges dresseront sur le champ et sans se déplacer procès-verbal de l'état auquel seront trouvés les personnes blessées ou les corps morts, ensemble du lieu où le délit aura été commis, et de tout ce qui peut servir pour la décharge et conviction », tandis que l'article II du même titre dispose que « les procès-verbaux seront remis au Greffe dans les vingt-quatre heures, ensemble les armes, meubles, et hardes qui pourront servir de preuve, et seront ensuite partie des pièces du procès ». L'impression de grande modernité qui se dégage de ces dispositions, comme évoquant inévitablement celles de l'actuel article 54 du Code de procédure pénale, est comparable à celle que procure la lecture du *Traité de la justice criminelle* de Jousse[5], ou encore celle de l'ouvrage de Muyart de Vouglans[6], décrivant les procédures de perquisition et de saisie dans des termes souvent peu éloignés des dispositions actuellement en vigueur.

On remarquera cependant que le pouvoir reconnu aux juges de placer certains objets sous main de justice était conçu dans une perspective seulement probatoire, alors qu'au contraire, lorsque, par exemple, la saisie des meubles de l'accusé et des fruits de ses immeubles était envisagée, au sein de la procédure de défaut et de contumace, dans la perspective de leur éventuelle confiscation, l'*Ordonnance criminelle* renvoyait aux dispositions du titre XXXIII de l'*Ordonnance civile* de 1667 relatifs aux « saisies et exécutions ». Ainsi, si l'article I du titre XVII portant sur les « défauts et contumaces » dispose que « si le décret de prise de corps ne peut

1. J. Pradel, *Droit pénal général*, 21e éd., « Référence », Cujas, 2016, n° 679.
2. L. n° 2010-768, 9 juill. 2010 *visant à faciliter la saisie et la confiscation en matière pénale, JO* 10 juill., p. 12753.
3. *Rapp. Ass. nat.* n° 1689 (XIIIe législ.), p. 56 : « On peut imaginer qu'à terme l'Agence se trouve détenir des fonds très importants. Quelle sera leur affectation ? L'État pourra-t-il se servir directement dans la "caisse" de l'Agence ? […] – Les victimes seront-elles véritablement des créanciers prioritaires, avant même le fisc, créancier privilégié ? – Oui, une fois le jugement rendu et la condamnation définitive – L'indemnisation des victimes est donc prioritaire sur le remboursement des dettes éventuelles du condamné envers l'État, au titre de l'impôt sur le revenu par exemple ? Ce point est à vérifier. […] – Il se pourrait que l'Agence dispose de disponibilités financières ; or, rien n'est indiqué sur leur destination. Alors que ces fonds ont vocation à participer à l'indemnisation des victimes, le risque existe qu'ils puissent être transférés au Trésor public. Il serait donc logique que le texte prévoie leur reversement au Fonds d'indemnisation des victimes – L'hypothèse mérite réflexion. Il ne faut pas cependant s'attendre à la constitution d'importantes réserves par l'Agence – L'Agence ne pourra disposer que d'une partie des intérêts de ce qu'elle conserve – Il reviendra également à l'Agence de trouver les ressources correspondant aux intérêts qu'elle devra verser lorsqu'un bien saisi aura été aliéné, et que, *in fine*, la personne mise en cause n'aura pas été condamnée ; la valeur du bien devra être restituée, majorée des intérêts correspondants. Je propose d'interroger le Gouvernement en séance publique. Il serait paradoxal que soit réduit à néant le grand pas en avant constitué par l'utilisation éventuelle des biens saisis pour le traitement global de l'affaire qui a amené à leur saisie, leur confiscation et éventuellement leur aliénation, au lieu de leur affectation au Trésor public. Néanmoins, d'autres pistes que celle du Fonds d'indemnisation doivent pouvoir être retenues. »
4. L. Saint-Martin et J.-L. Warsmann, *Investir pour mieux saisir, confisquer pour mieux sanctionner, Rapport parlementaire*, nov. 2019, p. 16 : « Il en va ensuite de la performance de l'action publique et de la bonne gestion financière de l'État. Avec un versement afférent au profit des confiscations de 21,8 M€ au 31 décembre 2017, les confiscations pénales permettent, dans un second temps, d'investir pour améliorer l'efficacité du système. C'est une dynamique vertueuse à encourager. »
5. D. Jousse, *Traité de l'instruction criminelle de France*, t. II, Debure père, 1771, p. 62.
6. P.-F. Muyart de Vouglans, *Les lois criminelles de France dans leur ordre naturel*, Crapart et Morin, 1780, p. 614.

être exécuté contre l'accusé, il en sera fait perquisition, et ses biens seront saisis et annotés, sans que, pour raison de ce, il soit obtenu aucun jugement », les articles IV et V du même titre, relatifs aux modalités de la saisie, renvoient à des textes civils, ce renvoi révélant une dichotomie entre les saisies pénales poursuivant un objectif probatoire et les saisies civiles tendant vers une finalité patrimoniale.

00.05 Renouvellement de la question au niveau international et européen. L'approche de la question des saisies et des confiscations s'est profondément renouvelée, dans un passé récent, au niveau international et européen.

Ainsi, au niveau international, plusieurs conventions ont provoqué le développement, dans le droit interne des États, des saisies et confiscations des avoirs criminels. Ainsi, la Convention des Nations unies *contre le trafic illicite de stupéfiants et de substances psychotropes* du 20 décembre 1988 [1], dite de Vienne, la Convention des Nations unies *contre la criminalité transnationale organisée* du 15 novembre 2000 [2], dite de Palerme, et la Convention des Nations unies *contre la corruption* du 31 octobre 2003 [3], dite de Mérida, ont en commun de contenir des dispositions enjoignant aux États de prendre des mesures au niveau national destinées à priver les criminels du profit tiré de leurs activités. Il fallait, en effet, tenter d'harmoniser au niveau mondial les législations pénales, ainsi que développer la coopération pénale internationale, pour lutter à l'échelon adapté contre une criminalité elle-même mondialisée.

Par ailleurs, la Convention de l'OCDE *sur la lutte contre la corruption d'agents publics étrangers dans les transactions commerciales internationales* du 21 décembre 1997 [4] vise également à ce que les États prennent les mesures nécessaires pour que soit confisqué le produit de la corruption des agents publics étrangers.

Semblable préoccupation s'est exprimée à l'échelon régional. Ainsi, à s'en tenir au continent européen, les États membres du Conseil de l'Europe ont successivement conclu la Convention *relative au blanchiment, au dépistage, à la saisie et à la confiscation des produits du crime* [5] du 8 novembre 1990, dite de Strasbourg, puis la Convention *du Conseil de l'Europe relative au blanchiment, au dépistage, à la saisie et à la confiscation des produits du crime et au financement du terrorisme* du 16 mai 2005 [6], dite de Varsovie. Le préambule du premier de ces textes énonce notamment que les États signataires considèrent « que la lutte contre la criminalité grave, qui est de plus en plus un problème international, exige l'emploi de méthodes modernes et efficaces au niveau international », estiment « qu'une de ces méthodes consiste à priver le délinquant des produits du crime », et affirment enfin « qu'afin d'atteindre cet objectif, un système satisfaisant de coopération internationale doit également être mis en place ».

Surtout, le domaine des saisies et confiscations pénales a été l'un des terrains de rencontre de l'Union européenne et du droit pénal [7], au point qu'il a été soutenu que les développements du droit français ont été « grandement (si ce n'est exclusivement) conduits par l'Union européenne » [8]. Plusieurs instruments juridiques ont ainsi été successivement adoptés afin d'uniformiser le droit des saisies et confiscations pénales en Europe, et de favoriser la coopération entre les États membres dans ce domaine. Ces textes seront pour l'instant simplement cités pour mesurer l'ampleur du phénomène, puisque certains d'entre eux seront davantage examinés plus tard. Ainsi, ont successivement été adoptés trois décisions-cadres [9], une décision [10], une

1. Conv. Nations unies *contre le trafic illicite de stupéfiants et de substances psychotropes*, 20 nov. 1988 (D. n° 91-271, 8 mars 1991, *JO* 14 mars, p. 3622).
2. Conv. Nations unies *contre la criminalité transnationale organisée*, 15 nov. 2000 (D. n° 2003-875, 8 sept. 2003, *JO* 13 sept., p. 15705).
3. Conv. Nations unies *contre la corruption*, 31 oct. 2003 (D. n° 2006-1113, 4 sept. 2006, *JO* 6 sept., n° 6).
4. Conv. *sur la lutte contre la corruption d'agents publics étrangers dans les transactions commerciales internationales*, 17 déc. 1997 (D. n° 2000-948, 28 sept., *JO* 29 sept., n° 12).
5. Conv. *relative au blanchiment, au dépistage, à la saisie et à la confiscation des produits du crime*, 8 nov. 1990 (D. n° 97-183, 25 févr. 1997, *JO* 4 mars, p. 3417).
6. Conv. Conseil de l'Europe *relative au blanchiment, au dépistage, à la saisie et à la confiscation des produits du crime et au financement du terrorisme*, 16 mai 2005 (D. n° 2016-499, 22 avr. 2016, *JO* 24 avr., n° 1).
7. E. Barbe, « L'influence du droit de l'Union européenne sur le droit pénal français : de l'ombre à la lumière », *AJ pénal* 2011. 438.
8. G. Giudicelli-Delage, O. Cahn, J. Tricot, I. Grebenyuk, N. Jeanne et M. Nicolas, « *France* », *in* A. Bernardi (dir.), *Improving confiscation procedures in the European Union*, Jovene Editore, 2019, p. 167 : « *The developments very briefly presented at the moment have been largely (if not exclusively) driven by the European Union.* »
9. Décis.-cadre 2003/577, Conseil, 22 juill. 2003 *relative à l'exécution dans l'Union européenne des décisions de gel de biens ou d'éléments de preuve, JOUE* L 196, 2 août, p. 45 – Décis.-cadre 2005/212/JAI, Conseil, 24 févr. 2005 *relative à la confiscation des produits, des instruments et des biens en rapport avec le crime, JOUE* L 68, 15 mars, p. 49 – Décis.-cadre 2006/783/JAI, Conseil, 6 oct. 2006 *relative à l'application du principe de reconnaissance mutuelle aux décisions de confiscation, JOUE* L 328, 24 nov., p. 59.
10. Décis. 2007/845/JAI, Conseil, 6 déc. 2007 *relative à la coopération entre les bureaux de recouvrement des avoirs des États membres en matière de dépistage et d'identification des produits du crime ou des autres biens en rapport avec le crime, JOUE* L 332, 18 déc., p. 103.

directive[1] et un règlement[2]. Ces différents textes, qui ont fait l'objet d'études approfondies[3], ont directement influencé, par suite de transposition, le droit pénal interne. Songeons par exemple que la loi n° 2007-297 du 5 mars 2007[4], qui a refondu l'article 131-21 du Code pénal en étendant le domaine d'application de la peine complémentaire de confiscation et en prévoyant des cas de confiscation élargie, constitue la transposition de la décision-cadre 2005/212/JAI[5], tout comme la loi n° 2016-731 du 3 juin 2016[6], qui a modifié les procédures de restitution afin d'interdire celle-ci lorsque la demande porte sur l'instrument ou le produit de l'infraction, est la transposition de la directive 2014/42/UE du 3 avril 2014[7].

Ces quelques exemples démontrent combien l'évolution du système répressif français s'inscrit en vérité dans un cadre plus vaste et n'est d'ailleurs guère différente, dans son esprit, des changements qui concernent les systèmes juridiques d'autres grandes démocraties libérales[8].

00.06 Renouvellement de la question en France. Les motifs qui ont conduit le législateur européen à intervenir dans le champ des saisies et confiscations pénales ont été simultanément partagés par les pouvoirs publics français.

D'une part, on relèvera que plusieurs innovations institutionnelles ont favorisé le développement des enquêtes patrimoniales dans le procès pénal. Ainsi, la circulaire interministérielle du 22 mai 2002 *de mise en place de groupes d'intervention régionaux* (GIR)[9] – devenus groupes interministériels de recherches –, a institué dans chaque région et, en Ile-de-France, dans chaque département, de nouvelles unités d'enquête composées de militaires de la gendarmerie nationale et de fonctionnaires de la police nationale, des douanes, des services fiscaux, et de quelques autres administrations, avec l'objectif de lutter contre l'économie souterraine et les différentes formes de la délinquance organisée par la mise en œuvre d'une action pluridisciplinaire. Or, la pratique de ces unités a rapidement contribué au développement, dans le cadre de l'ensemble des procédures pénales, de l'aspect patrimonial des investigations. Un tel développement, du reste, a été favorisé par la création, en 2005, de la Plate-forme d'identification des avoirs criminels (PIAC) au sein de l'Office central pour la répression de la grande délinquance financière (OCRGDF) de la Direction centrale de la police judiciaire (DCPJ), avant que cette unité ne soit officiellement instituée par la circulaire interministérielle du 15 mai 2007[10] *relative à la création d'une plateforme d'identification des avoirs criminels (PIAC) chargée de l'identification des avoirs financiers et des biens patrimoniaux des délinquants, en vue de leur saisie ou de leur confiscation, et de la centralisation des informations relatives à la détection d'avoirs illégaux en tout point du territoire national*, avec notamment la mission de centraliser, recouper et restituer l'information relative aux avoirs, patrimoines ou flux financiers illégaux, de mutualiser les capacités d'enquêtes et coordonner les recherches. Ce service, qui a fait l'objet de présentations très complètes[11], a fortement contri-

1. Dir. 2014/42/UE, Parlement et Conseil, 3 avr. 2014 *concernant le gel et la confiscation des instruments et des produits du crime dans l'Union européenne, JOUE* L 127, 29 avr., p. 39.
2. Règl. (UE) 2018/1805, Parlement et Conseil, 14 nov. 2018 *concernant la reconnaissance mutuelle des décisions de gel et des décisions de confiscation, JOUE* L 303, 28 nov., p. 1.
3. A. Bernardi (dir.), *Improving confiscation procedures in the European Union*, préc. – J. Lelieur, « Le dispositif juridique de l'Union européenne pour la captation des avoirs criminels », *AJ pénal* 2015. 232 – M. Massé, « Notes brèves sur la rencontre de deux expressions : crime organisé et espace judiciaire européen » *RSC* 2000. 469 – « L'évolution du droit en matière de gel et confiscation », *RSC* 2006. 463.
4. L. n° 2007-297, 5 mars 2007 *relative à la prévention de la délinquance, JO* 7 mars, p. 4297.
5. Décis.-cadre 2005/212/JAI, Conseil, 24 févr. 2005 *relative à la confiscation des produits, des instruments et des biens en rapport avec le crime, JOUE* L 68, 15 mars, p. 49 (v. s[s] n° 124.51).
6. L. n° 2016-731, 3 juin 2016 *renforçant la lutte contre le crime organisé, le terrorisme et leur financement, et améliorant l'efficacité et les garanties de la procédure pénale, JO* 4 juin, n° 1.
7. Dir. 2014/42/UE, Parlement et Conseil, 3 avr. 2014 *concernant le gel et la confiscation des instruments et des produits du crime dans l'Union européenne, JOUE* L 127, 29 avr., p. 39 (v. s[s] n° 245.125).
8. A. Bernardi (dir.), *Improving confiscation procedures in the European Union*, préc. – F. Lugentz et D. Vandermeersh, *Saisie et confiscation en matière pénale*, Bruylant, 2015 (Belgique) – J. Pradel, *Droit pénal comparé*, 4e éd., « Précis », Dalloz, 2016, n°s 499 s. – J.-F. Thony, « Renversement, allègement ou contournement de la charge de la preuve ? Quelques expériences nationales et internationales de confiscation des biens en matière de blanchiment ou de terrorisme », *Mélanges R. Ottenhof*, Dalloz, 2006, p. 279.
9. Circ. interministérielle, 22 mai 2012 *de mise en place de groupes d'interventions régionaux*, NOR : INT C 0200129 C – AUSSI : Circ. interministérielle, 2 mars 2010 *relative à la nouvelle étape dans l'action des groupes d'intervention régionaux*, NOR : IOC H 1002583 C dont il résulte notamment qu'entrent dans le champ d'intervention des GIR les enquêtes dont le volet patrimonial apparaît comme une dimension essentielle de l'enquête (p. 4).
10. Circ. interministérielle, 15 mai 2007 *relative à la création d'une plateforme d'identification des avoirs criminels (PIAC) chargée de l'identification des avoirs financiers et des biens patrimoniaux des délinquants, en vue de leur saisie ou de leur confiscation, et de la centralisation des informations relatives à la détection d'avoirs illégaux en tous points du territoire national*, NOR : INT C 070065 C.
11. J.-M. Souvira, P. Mathys et S. Defois, « La plate-forme d'identification des avoirs criminels (PIAC), outil à disposition des enquêteurs et des magistrats », *AJ pénal* 2012. 134.

bué au développement des investigations patrimoniales, non seulement en exerçant la mission qui lui avait été assignée dans les affaires dont il était saisi, mais sans doute davantage encore grâce à son activité de conseil et de formation à destination des enquêteurs et des magistrats, laquelle a favorisé la diffusion de la pratique des enquêtes patrimoniales. Il ne fait aucun doute que la création de tels services d'enquête spécialisés, associée à la création, par la loi n° 2004-204 du 9 mars 2004[1], des juridictions interrégionales spécialisées (JIRS) en matière de criminalité organisée et de délinquance économique et financière[2], a contribué, par l'exemple et la diffusion des bonnes pratiques, au développement, dans les services et juridictions non spécialisées, de ce que deux auteurs ont nommé « la mise en état patrimoniale des affaires pénales »[3], au point qu'il a été proposé de faire figurer l'identification des avoirs criminels dans la liste des missions de l'officier de police judiciaire telles que définies à l'article 14 du Code de procédure pénale, d'ériger le nombre d'enquêtes patrimoniales réalisées en un indicateur de performance des services, ainsi que de développer leur compétence en la matière[4]. Or, cette première évolution était nécessaire pour que puisse se produire la suivante : il fallait que les méthodes de détection des avoirs criminels soient acquises pour que se pose avec une intensité nouvelle la question de leur saisie, ainsi que celle de leur confiscation.

D'autre part, il s'est ajouté à ce renouvellement du paysage institutionnel des évolutions processuelles. En adoptant la loi du 9 mars 2004, le législateur a en effet introduit dans le Code de procédure pénale les nouvelles dispositions de l'article 706-103 permettant, en l'état initial du texte, en cas d'information ouverte pour l'une des infractions entrant dans le champ d'application des articles 706-73 et 706-74 du Code de procédure pénale et afin de garantir le paiement des amendes encourues ainsi que, le cas échéant, l'indemnisation des victimes et l'exécution des confiscations, au juge des libertés et de la détention, sur requête du procureur de la République, d'ordonner, aux frais avancés du Trésor et selon les modalités prévues par les procédures civiles d'exécution, des mesures conservatoires sur les biens, meubles ou immeubles, divis ou indivis, de la personne mise en examen. La condamnation valait validation des saisies conservatoires et permettait l'inscription définitive des sûretés, tandis qu'au contraire, la décision de non-lieu, de relaxe ou d'acquittement, ou bien encore l'extinction de l'action publique et de l'action civile, emportait de plein droit, aux frais du Trésor, mainlevée des mesures ordonnées. Ces dispositions, qui reprenaient, en étendant considérablement leur champ d'application, avant de les abroger, les anciennes dispositions plus ponctuelles des articles 706-24-2, 706-30 et 706-36-1 du Code de procédure pénale applicables en matière de terrorisme, de trafic de stupéfiants et de proxénétisme, permettaient, selon le rapporteur de la Commission des lois de l'Assemblée nationale, « parce que les profits retirés par les criminels de leurs méfaits sont considérables et qu'ils constituent leur unique objectif, le renforcement de l'efficacité de la lutte contre la criminalité organisée »[5]. Le rapporteur du texte devant le Sénat relevait quant à lui : « Bien souvent, dans les affaires de criminalité organisée, la durée des procédures permet aux personnes poursuivies d'organiser leur insolvabilité, de sorte que les condamnations pécuniaires sont difficilement exécutables. Pour remédier à ce type de comportement, le législateur a déjà prévu la possibilité d'ordonner des mesures conservatoires sur les biens des personnes poursuivies. [...] Le texte proposé pour l'article 706-98 du Code de procédure pénale a pour objet de permettre des mesures conservatoires pour l'ensemble des infractions entrant dans le champ d'application des articles 706-73 et 706-74 nouveaux du Code de procédure pénale. »[6] Ces dispositions ont été par la suite profondément modifiées par la loi n° 2010-768 du 9 juillet 2010[7] qui a simultanément étendu le champ d'application du texte à d'autres incriminations[8] et restreint sa portée en ne permettant plus la prise de mesures conservatoires pour garantir les confiscations compte tenu de l'adoption, à cette fin, des nouvelles procédures de saisies spéciales. Si les dispositions des articles 706-103 et 706-166 du Code de procédure pénale sont tombées dans une

1. L. n° 2004-204, 9 mars 2004 *portant adaptation de la justice aux évolutions de la criminalité, JO* 10 mars, p. 4567.
2. M. Caillibotte, « Bilan des juridictions interrégionales spécialisées », *AJ pénal* 2010. 110 – A.-S. Chavent-Leclère, « Les juridictions interrégionales spécialisées : des compétences originales », *AJ pénal* 2010. 106 – J. Dallest, « La JIRS de Marseille : un lustre d'activité dans la lutte contre la grande criminalité », *AJ pénal* 2010. 114 – A. Molla, « États d'âme d'un avocat à propos des JIRS », *AJ pénal* 2010. 119.
3. E. Camous et G. Cotelle, « La mise en état patrimoniale des affaires pénales », *Dr. pén.* 2013, étude 12 – AUSSI : Ch. Cutajar, « Les investigations financières au service de la lutte contre la criminalité organisée », *AJ pénal* 2019. 356 – SUR L'ENQUÊTE PATRIMONIALE : Crim. 12 janv. 2022, n° 20-85.849, NP énonçant que les actes d'investigations patrimoniales ne constituent pas des décisions sur l'action publique au sens de l'article 77-2 du Code de procédure pénale.
4. L. Saint-Martin et J.-L. Warsmann, *Investir pour mieux saisir, confisquer pour mieux sanctionner, Rapport parlementaire*, préc., p. 43.
5. *Rapp. Ass. nat.* n° 856 (XIIe législ.), p. 83.
6. *Rapp. Sénat* n° 441 (2002-2003), p. 83.
7. L. n° 2010-768, 9 juill. 2010 *visant à faciliter la saisie et la confiscation en matière pénale, JO* 10 juill., p. 12753.
8. C. pr. pén., art. 706-166.

certaine désuétude, au point que l'Agrasc en a proposé la suppression au motif que leur maintien est source de complexité et de confusion pour les praticiens[1], leur développement dans le Code de procédure pénale n'en a pas moins révélé la volonté du législateur de favoriser l'appréhension des avoirs criminels.

Cette préoccupation s'est également manifestée, en 2004, lors de la remise par M. le président Warsmann au ministre de l'Intérieur d'un rapport préconisant le développement de la confiscation du produit des trafics de stupéfiants en généralisant et renforçant l'efficacité de l'enquête patrimoniale, en mettant à la disposition de l'institution judiciaire des outils simples pour prendre des mesures conservatoires sur les biens des personnes mises en cause et enfin en renforçant l'efficacité de la législation permettant d'obtenir la confiscation des biens[2]. L'auteur du rapport affirmait ainsi : « Nous sommes là au cœur de l'indispensable mutation de la politique française en matière de lutte contre les trafics de stupéfiants : assurer la lutte autant par l'utilisation traditionnelle du droit pénal que par la mise en place d'un dispositif de confiscation des produits du trafic en France comme à l'étranger. »[3]

Ce sont les mêmes préoccupations qui ont été exprimées, six ans plus tard, lors du dépôt de la proposition de loi *visant à faciliter la saisie et la confiscation en matière pénale* présentée le 12 novembre 2008 par MM. les députés Warsmann et Geoffroy. L'exposé des motifs de la proposition de loi énonçait ainsi que « pour être véritablement dissuasive », « toute sanction doit pouvoir s'accompagner de la privation pour les délinquants des profits qu'ils ont pu tirer de l'infraction ». Aussi, le texte proposé à l'Assemblée nationale visait « à refondre l'ensemble du dispositif législatif de saisies et de confiscations en matière pénale, en suivant trois orientations principales : l'extension du champ des biens susceptibles d'être saisis, la clarification des procédures de saisies pénales et l'amélioration de la gestion des biens saisis ». Cette proposition de loi a finalement conduit à l'adoption de la loi n° 2010-768 du 9 juillet 2010[4] qui, bien qu'elle ait presque immédiatement été suivie par l'adoption de textes destinés à corriger ou compléter le dispositif législatif venant d'être adopté, n'en constitue pas moins une étape majeure dans la construction du nouveau droit des saisies et confiscations pénales. Ce texte est important, en effet, d'abord parce qu'il a été voté à l'unanimité par les deux assemblées, ce qui est le signe de la volonté non partisane du personnel politique français de voir se développer les mesures de saisies et confiscations pénales. Mais il y a plus, puisque, si la loi du 9 juillet 2010 a poursuivi l'extension du champ d'application de la peine complémentaire de confiscation initiée par la loi n° 2007-297 du 5 mars 2007[5], elle a surtout exprimé un changement profond de paradigme, en envisageant les procédures de saisie dans une perspective non plus probatoire, mais patrimoniale, les saisies pénales n'étant plus uniquement permises lorsqu'elles portent sur des objets utiles à la manifestation de la vérité, mais aussi lorsqu'elles concernent des biens susceptibles de faire de l'objet d'une décision de confiscation dont il convient de garantir l'exécution dès l'enquête ou l'information judiciaire, sauf à prendre le risque d'une dissipation de ces biens avant le jugement.

00.07 Création de l'Agrasc. Cette évolution majeure de l'état du droit a eu sa traduction institutionnelle puisque la loi n° 2010-768 du 9 juillet 2010[6], complétée par le décret n° 2011-134 du 1er février 2011[7], a créé un nouvel acteur du procès pénal : l'Agence de gestion et de recouvrement des avoirs saisis et confisqués (Agrasc) qui a débuté son activité le 4 février 2011, dès la publication du décret et de sa circulaire d'accompagnement au *Journal officiel*[8, 9].

Cet établissement public administratif, placé sous la tutelle du ministre de la Justice et du ministre

1. Agrasc, *Rapp. annuel* 2011, p. 25 – *Rapp. annuel* 2012, p. 27 – AUSSI : M. Peter, *Les saisies pénales spéciales. Une évolution majeure pour une stratégie pénale patrimoniale repensée*, thèse, Aix-Marseille, 2018, n° 1115.
2. J.-L. Warsmann, *Rapport sur la lutte contre les réseaux de trafiquants de stupéfiants*, La documentation française, 2004.
3. J.-L. Warsmann, *Rapport sur la lutte contre les réseaux de trafiquants de stupéfiants*, préc., p. 23.
4. L. n° 2010-768, 9 juill. 2010 *visant à faciliter la saisie et la confiscation en matière pénale*, préc.
5. L. n° 2007-297, 5 mars 2007 *relative à la prévention de la délinquance, JO* 7 mars, p. 4297.
6. L. n° 2010-768, 9 juill. 2010 *visant à faciliter la saisie et la confiscation en matière pénale*, préc.
7. D. n° 2011-134, 1er févr. 2011 *relatif à l'agence de gestion et de recouvrement des avoirs saisis et confisqués, JO* 3 févr., p. 2154.
8. Circ. Justice, 3 févr. 2011 de *présentation de l'Agence de gestion et de recouvrement des avoirs saisis et confisqués (Agrasc) et de ses missions*, NOR : JUS D 1103707 C, *BOMJL*, n° 2011-02, 28 févr. 2011.
9. E. Allain, « Le premier rapport d'activité de l'Agrasc », *AJ pénal* 2012. 247 – Ch. Cutajar, « L'agence de gestion et de recouvrement des avoirs saisis et confisqués », *D.* 2011. 826 ; (propos recueillis par), « L'agence de gestion et de recouvrement des avoirs saisis et confisqués. Interview d'Elisabeth Pelsez, directrice générale de l'Agrasc », *AJ pénal* 2012. 139 ; « L'Agrasc publie son rapport 2013 », *JCP G* 2013. 1366 – Ch. Duchaine (interview de), « De la nécessité d'un usage raisonné des saisies et confiscations. Punir le condamné ou punir l'État », *AJ pénal* 2015. 242 – A. Fournier, « La nouvelle Agence de gestion et de recouvrement des avoirs saisis et confisqués (Agrasc) », *JCP N* 2011. 334 ; « L'Agrasc : une approche patrimoniale ▶

chargé du Budget[1], qui fait l'objet des dispositions des articles 706-159 à 706-165 et R. 54-1 à R. 54-9 du Code de procédure pénale, s'est vu assigné pour missions, à s'en tenir à l'essentiel, d'assurer, sur l'ensemble du territoire et sur mandat de justice, la gestion de tous les biens, quelle que soit leur nature, saisis, confisqués ou faisant l'objet de mesures conservatoires au cours d'une procédure pénale, qui lui sont confiés et qui nécessitent, pour leur conservation ou leur valorisation, des actes d'administration[2], la gestion centralisée de toutes les sommes saisies lors de procédures pénales[3], l'aliénation ou la destruction des biens dont elle a été chargée d'assurer la gestion au titre du 1° de l'article 706-160, alinéa 1er, et qui sont ordonnées, sans préjudice de l'affectation de ces biens dans les conditions prévues aux articles L. 2222-9 du Code général de la propriété des personnes publiques et 707-1 du Code de procédure pénale[4], l'aliénation des biens ordonnée ou autorisée dans les conditions prévues aux articles 41-5 et 99-2 du Code de procédure pénale[5], et enfin la gestion des biens affectés à titre gratuit par l'autorité administrative dans les conditions prévues aux mêmes articles 41-5 et 99-2 et à l'article L. 2222-9 du Code général de la propriété des personnes publiques[6]. On relèvera d'ailleurs que le périmètre d'intervention de l'Agrasc ne se limite pas à la gestion et à la réalisation des avoirs saisis en application des nouvelles procédures de saisies instituées par la loi du 9 juillet 2010, mais qu'au contraire ses compétences s'exercent pour l'ensemble des biens saisis et confisqués, y compris ceux qui ne sont pas visés au titre XXIX du livre IV du Code de procédure pénale.

L'Agrasc assume par ailleurs une fonction de conseil aux magistrats, en leur fournissant, à leur demande ou à son initiative, les orientations ainsi que l'aide juridique et pratique utiles à la réalisation des saisies et confiscations envisagées ou à la gestion des biens saisis et confisqués, ainsi que d'information et de formation afin de faire connaître son action et de promouvoir les bonnes pratiques en matière de saisies et de confiscations[7]. À cet égard, l'Agrasc a élaboré des modèles d'actes qu'elle tient à la disposition des magistrats sur son site intranet.

Enfin, l'agence assure une mission d'information des victimes et des créanciers publics, à leur demande ou à son initiative, sur les biens qui sont restitués sur décision de justice, afin d'assurer le paiement de leurs créances, notamment fiscales, douanières, sociales ou de dédommagement[8] – laquelle information pourrait devenir obligatoire[9] –, ce à quoi il s'ajoute que l'agence peut indemniser les parties civiles par prélèvement sur les fonds ou sur la valeur liquidative des biens du débiteur dont la confiscation a été décidée par décision définitive et dont l'agence est dépositaire[10].

S'agissant de son organisation et de son fonctionnement[11], l'Agrasc est administrée par un conseil d'administration dont la composition, la compétence et le fonctionnement sont régis par les articles R. 54-1 à R. 54-3 du Code de procédure pénale, et qui est présidé par un magistrat de l'ordre judiciaire nommé par décret[12]. Elle est par ailleurs dirigée par un magistrat de l'ordre judiciaire nommé par arrêté du ministre de la Justice pour une durée de trois ans renouvelable, lequel est secondé par un secrétaire général nommé par arrêté du ministre du Budget[13], ce qui concrétise le principe de la double tutelle retenu par le législateur. Les ressources budgétaires de l'établissement ont été fixées par l'article 706-163 du Code de procédure pénale qui a été modifié à

► de la lutte contre la délinquance et la criminalité », *JCP N* 2016. 637 – J. Kan, « Synthèse du rapport annuel 2011 de l'Agence de gestion et de recouvrement des avoirs saisis et confisqués », *La revue du Grasco*, n° 2, juill. 2012, p. 14 ; (propos recueillis par), « Interview d'Elisabeth Pelsez, directrice générale de l'Agence de gestion et de recouvrement des avoirs saisis et confisqués », *La revue du Grasco*, n° 5, avr. 2013, p. 3 ; (propos recueillis par), « Interview de Nicolas Bessone, directeur général de l'Agence de gestion et de recouvrement des avoirs saisis et confisqués », *La revue du Grasco*, n° 32, janv. 2021, p. 3 – M. Léna, « Le rapport annuel 2012 de l'agence de gestion et de recouvrement des avoirs saisis et confisqués (Agrasc) », *AJ pénal* 2013. 507 – S. Le Tallec, « Le rôle de l'Agrasc dans l'effectivité de la peine de confiscation », *AJ pénal* 2019. 12 – E. Pelsez et H. Robert, « Pour une meilleure appréhension des patrimoines frauduleux. À propos de l'Agence de gestion et de recouvrement des avoirs saisis et confisqués (Agrasc) », *JCP G* 2011. 769 – F. Perrotin, « L'Agrasc, bilan 2013 », *LPA* 22 mai 2014, p. 4 ; « Focus sur l'activité de l'Agrasc », *LPA* 25 juill. 2018, p. 4 – R. Stiffel, « L'activité de l'Agrasc en matière de saisie pénale immobilière et de confiscations immobilières », *AJ pénal* 2012. 142.

1. C. pr. pén., art. 706-159.
2. C. pr. pén., art. 706-160, al. 1, 1°.
3. C. pr. pén., art. 706-160, al. 1, 2°.
4. C. pr. pén., art. 706-160, al. 1, 3°.
5. C. pr. pén., art. 706-160, al. 1, 4°.
6. C. pr. pén., art. 706-160, al. 1, 5°.
7. C. pr. pén., art. 706-161, al. 1 et 2.
8. C. pr. pén., art. 706-161, al. 4 – Ce texte a donné lieu à la conclusion d'une convention entre l'Agrasc et douze créanciers publics le 21 juillet 2011 (Agrasc, *Rapp. annuel* 2011, p. 10). En 2021, l'Agrasc a procédé à 1 152 versements à des créanciers publics pour un montant total de 5,3 M€ (Agrasc, *Rapp. annuel* 2021, p. 76, 124 et 125).
9. L. Saint-Martin et J.-L. Warsmann, *Investir pour mieux saisir, confisquer pour mieux sanctionner, Rapport parlementaire*, préc., p. 58.
10. C. pr. pén., art. 706-164 – C.-M. Casanova, « Les victimes, leur indemnisation », *AJ pénal* 2015. 18. En 2021, 259 parties civiles ont été indemnisées pour un montant total de 23,131 M€ (Agrasc, *Rapp. annuel* 2021, p. 78, 124 et 126).
11. C. pr. pén., art. 706-162, 706-163 et R. 54-1 à R. 54-8.
12. C. pr. pén., art. 706-162.
13. C. pr. pén., art. R. 54-4.

plusieurs reprises. Dans son dernier état, issu de la loi n° 2021-1900 du 30 décembre 2021 *de finance pour 2022*[1], les ressources de l'agence comportent des subventions, avances et autres contributions publiques, des recettes fiscales affectées par la loi, une partie des sommes confisquées gérées par l'agence ainsi que du produit de la vente des biens confisqués lorsque l'agence est intervenue pour leur gestion ou leur vente[2] dans la limite annuelle de 9,900 M€ fixée par l'article 46 de la loi n° 2011-1977 du 28 décembre 2011 *de finance pour 2012*[3], des recettes provenant de la confiscation des biens et produits prévue au 1° de l'article 225-24 du Code pénal[4], et enfin du produit des dons et legs. L'évolution la plus notable du financement de l'agence a consisté, à la suite d'un rapport parlementaire[5] qui a eu sa traduction dans la loi de finance pour 2022, à supprimer le financement de l'agence par les intérêts des sommes saisies ou acquises par la gestion des avoirs saisis et versées sur le compte de l'agence à la Caisse des dépôts et consignations, en augmentant corrélativement le plafond du prélèvement sur les sommes confisquées gérées par elle et le produit de la vente des biens confisqués vendus par elle, qui est passé de 1,306 M€ à 9,900 M€. En 2011, année de sa création, les ressources de l'Agrasc s'élevaient à la somme de 1,570 M€, composée de 1,200 M€ de subventions publiques (0,700 M€ du ministère de la Justice et 0,500 M€ du ministère du Budget), 0,050 M€ prélevés sur les sommes confisquées gérées par l'agence et sur le produit de la vente des biens confisqués vendus par elle et 0,476 M€ au titre des intérêts produits par les fonds versés sur son compte à la Caisse des dépôts et consignations[6]. L'importance des subventions dans ce budget s'explique bien sûr par le fait que l'agence venait alors d'être créée. À titre de comparaison, pour l'année 2021, les recettes de l'Agrasc s'élevaient à la somme de 11,966 M€ incluant 9,668 M€ d'intérêts, 1,306 M€ de produits des confiscations, 0,844 M€ de produits des confiscations prononcées en répression des infractions de traite des êtres humains et de proxénétisme, et 0,149 M€ de recettes fiscales[7]. En raison de la réforme du mode de financement de l'Agrasc, il s'agissait du dernier budget dont les recettes étaient essentiellement constituées des intérêts produits par les sommes versées sur le compte de l'agence à la Caisse des dépôts et consignations.

L'on remarquera combien, en seulement quelques années, l'Agrasc s'est imposée dans le paysage institutionnel judiciaire[8]. Ainsi, alors qu'en 2011 l'agence a été saisie de 7 630 nouvelles affaires, a versé la somme de 110 M€ sur son compte ouvert à la Caisse des dépôts et consignations et, par suite de confiscations, a remis 0,689 M€ au fonds de concours stupéfiants, on relèvera qu'en 2021, ce ne sont pas moins de 19 452 nouvelles affaires qui ont été enregistrées par l'agence – alors même que ce nombre ne comprend pas les affaires du ressort des antennes nouvellement créées par l'agence, les seules antennes de Lyon et de Marseille regroupant 22 % des cours d'appel[9] –, 484,474 M€ ont été inscrits au crédit de son compte et elle a pu verser au budget général de l'État et au fonds de concours stupéfiants 126,144 M€[10]. L'Agrasc souligne d'ailleurs l'augmentation linéaire des encaissements de sommes saisies sur son compte, ainsi que des versements du produit des confiscations, depuis sa création, avec une accélération en 2021[11]. Il sera seulement relevé l'existence d'un décalage entre le montant des avoirs saisis et celui des avoirs confisqués et versés comme tels au budget général de l'État ou au fonds de concours stupéfiants, ce qui rejoint les observations de l'Agrasc dans son premier rapport annuel[12], mais également celles de la Cour des comptes qui, à la

1. L. n° 2021-1900, 30 déc. 2021 *de finance pour 2022, JO* 31 déc., n° 1.
2. Sauf lorsque la loi prévoit la restitution intégrale à la personne saisie de ce produit et des intérêts échus le cas échéant, et sous réserve de l'affectation de ces sommes ou de ce produit au fonds de concours recevant les recettes provenant de la confiscation des biens mobiliers ou immobiliers des personnes reconnues coupables d'infractions en matière de trafic de stupéfiants.
3. L. n° 2011-1977, 28 déc. 2011 *de finance pour 2012, JO* 29 déc. n° 1.
4. « Les personnes physiques ou morales coupables de l'une des infractions prévues par les articles 225-4-1 à 225-4-9 et 225-5 à 225-10 encourent également : 1° La confiscation des biens meubles ou immeubles, divis ou indivis ayant servi directement ou indirectement à commettre l'infraction ainsi que les produits de l'infraction détenus par une personne autre que la personne victime de la traite des êtres humains ou se livrant à la prostitution. »
5. L. Saint-Martin et J.-L. Warsmann, *Investir pour mieux saisir, confisquer pour mieux sanctionner, Rapport parlementaire*, préc., p. 39.
6. Agrasc, *Rapp. annuel* 2011, p. 9.
7. Agrasc, *Rapp. annuel* 2021, p. 115.
8. EN CE SENS : L. Saint-Martin et J.-L. Warsmann, *Investir pour mieux saisir, confisquer pour mieux sanctionner, Rapport parlementaire*, préc., p. 22 : « Pour l'ensemble des interlocuteurs rencontrés par la mission, quel que soit leur ministère de rattachement, l'Agrasc est devenue, en moins de dix ans, un acteur reconnu et incontournable du dispositif de saisie et de confiscation des avoirs criminels. »
9. Ainsi, en incluant les affaires du ressort des antennes de l'agence, le nombre des nouveaux dossiers enregistrés par celle-ci a augmenté d'environ 20 % en 2021 par rapport à l'année précédente (Agrasc, *Rapp. annuel* 2021, p. 60).
10. Agrasc, *Rapp. annuel* 2021, p. 58, 123, 124, 125 et 126. Sur ces 126,144 M€, 75,969 M€ ont été versés au budget général de l'État et 49,332 M€ au fonds de concours.
11. Agrasc, *Rapp. annuel* 2021, p. 127 et 128.
12. Agrasc, *Rapp. annuel* 2011, p. 24 : « Dans tous les États avec lesquels des comparaisons peuvent être établies, notamment au sein de l'Union européenne, il est manifeste ▶

suite d'un contrôle de l'agence opéré en application de l'article L. 111-3 du Code des juridictions financières, a relevé, particulièrement en matière immobilière, la croissance forte du nombre des saisies et le caractère quasi-nul des ventes prononcées à l'issue des décisions de confiscation en raison, soit de l'absence de transmission des jugements portant confiscation à l'Agrasc, soit du faible nombre de décisions de confiscation prononcées par les juridictions. Il a ainsi été observé, dans le référé adressé par le président de la Cour des comptes aux ministres des Finances et du Budget, ainsi qu'au garde des Sceaux : « L'omission de statuer sur les saisies dans le jugement apparaît ainsi comme un déterminant de premier plan pour expliquer la faiblesse du niveau des confiscations. Au regard de ces constats, il serait souhaitable que le garde des Sceaux puisse rappeler aux procureurs généraux et procureurs tout l'intérêt qui s'attache à ce qu'ils veillent à prendre des réquisitions en ce sens dans les affaires qui l'exigent. »[1] Ces observations de la Cour des comptes expliquent qu'elle ait invité l'Agrasc, ainsi que l'agence en fait état dans son rapport annuel pour l'année 2016, à publier chaque année, dans son rapport annuel, pour chaque ressort judiciaire, le nombre de confiscations immobilières prononcées (recomm. n° 3), ainsi qu'à orienter les efforts de formation vers les membres des instances de jugement (recomm. n° 9). Les pratiques judiciaires semblent donc évoluer plus rapidement en matière de saisies que dans le domaine des confiscations. Un rapport parlementaire a d'ailleurs résumé la situation en ces termes : « On saisit par centaines de millions, on confisque par dizaines. »[2] Il reste que ce décalage entre le niveau des saisies et celui des confiscations est en voie de se réduire. L'Agrasc indique ainsi que si, en 2018, le ratio saisies/confiscations était de 16,3 %, il était de 30,9 % en 2021 ; étant observé qu'elle se donne pour objectif d'atteindre, au cours des prochaines années, un ratio de 50 %, comme considérant « sain que les juridictions saisissent le plus largement possible pour donner l'assiette et la latitude la plus grande aux juridictions, au stade de la confiscation » : « La confiscation étant une peine, le juge devant apprécier sa nécessité, sa proportionnalité au regard de la gravité des faits et de la personnalité des auteurs d'infractions, il est logique qu'il ne confisque pas l'intégralité des biens qui ont été saisis. »[3]

L'inscription de l'Agrasc dans son paysage institutionnel est d'ailleurs tel qu'il a été proposé, en conclusion d'un important rapport parlementaire présenté en novembre 2019, de déconcentrer l'activité de l'agence en créant seize antennes régionales assurant l'ensemble de ses missions au plus près des juridictions[4]. À la suite de ce rapport, l'Agrasc a ainsi déployé des antennes auprès des juridictions interrégionales spécialisées de Marseille et de Lyon, puis auprès de celles de Lille et Rennes, et enfin de Paris, Bordeaux, Nancy et Fort-de-France[5].

00.08 **Évolution du droit pénal.** Outre l'évolution institutionnelle qui a été décrite, la loi n° 2010-768 du 9 juillet 2010[6] et les textes ultérieurs qui sont venus compléter ou corriger les dispositions qui en étaient issues, ont étendu les possibilités de confiscations et bouleversé l'état du droit des saisies pénales. Si, comme il a été vu, il s'est opéré un changement de paradigme en mettant les saisies pénales non plus au service de la manifestation de la vérité, mais à celui de l'effectivité de l'exécution des peines de confiscation, l'évolution a aussi été importante sur un plan technique.

S'agissant des confiscations, force est de constater qu'en l'état du droit, le champ d'application de la peine complémentaire de confiscation et sa portée ne sont guère comparables à ceux qu'ils étaient en 1994, lors de l'entrée en vigueur du nouveau Code pénal. Alors qu'hier seules pouvaient être prononcées, outre la confiscation obligatoire des objets qualifiés de dangereux ou nuisibles par la loi ou le règlement, ou

► que le volume des saisies est bien supérieur à celui des confiscations prononcées. En Italie par exemple, est cité volontiers le chiffre de 7 milliards d'euros de saisies et de 2 milliards d'euros de confiscations, les Néerlandais évoquent des saisies à hauteur de 650 millions d'euros et des confiscations pour un montant de 50 millions d'euros. Au terme de plusieurs mois d'activité, il est apparu évident à l'Agrasc que le nombre de confiscations devrait pouvoir nettement augmenter dans les années à venir. C'est donc un chantier prioritaire défini pour l'année 2012 et celles qui vont suivre. Quatre actions seront entreprises pour parvenir à cet objectif : Organiser le retour d'informations vers les juridictions et favoriser la constitution d'une cote patrimoniale utile pour la juridiction de jugement [...] Développer de manière systématique l'information sur le rôle de l'Agence auprès des magistrats siégeant dans les juridictions de jugement [...] Mettre en ligne des trames à utiliser pour les dispositifs des jugements ou des arrêts de condamnation [...] Désigner dans tous les tribunaux des référents exécution des peines. »

1. C. comptes, référé n° S 2016-2126, 29 juin 2016, p. 3.
2. L. Saint-Martin et J.-L. Warsmann, *Investir pour mieux saisir, confisquer pour mieux sanctionner, Rapport parlementaire*, préc., p. 30.
3. Agrasc, *Rapp. annuel* 2021, p. 128.
4. L. Saint-Martin et J.-L. Warsmann, *Investir pour mieux saisir, confisquer pour mieux sanctionner, Rapport parlementaire*, préc., p. 36.
5. J. Kan (propos recueillis par), « Interview de Nicolas Bessone, directeur général de l'Agence de gestion et de recouvrement des avoirs saisis et confisqués », *La revue du Grasco*, n° 32, janv. 2021, p. 7 – POUR UN BILAN de l'activité des antennes régionales de Lyon et Marseille : Agrasc, *Rapp. annuel* 2021, p. 84.
6. L. n° 2010-768, 9 juill. 2010 *visant à faciliter la saisie et la confiscation en matière pénale*, préc.

dont la détention est illicite, les confiscations prévues par un texte spécial et portant sur des biens ayant un lien avec l'infraction poursuivie comme constituant son instrument, son objet ou son produit direct ou indirect, hors les quelques cas où était encourue la peine de confiscation de patrimoine, le mouvement initié par la loi n° 2007-297 du 5 mars 2007[1] et poursuivi par les lois n° 2010-768 du 9 juillet 2010[2], n° 2012-409 du 27 mars 2012[3] et n° 2013-1117 du 6 décembre 2013[4], a été tel que la confiscation est dorénavant encourue plus fréquemment et porte sur une plus grande variété d'objets. Ainsi, si la confiscation d'un bien quelconque peut être prévue par le texte d'incrimination applicable, et si demeure obligatoire la confiscation des objets qualifiés de dangereux ou nuisibles par la loi ou le règlement, ou dont la détention est illicite, que ces biens soient ou non la propriété du condamné, elle est aussi encourue de plein droit sur le seul fondement de l'article 131-21 du Code pénal, dès lors que l'infraction fait encourir à son auteur une peine d'emprisonnement d'une durée supérieure à un an, sauf s'il s'agit d'un délit de presse[5]. Peut alors être ordonnée la confiscation de l'instrument de l'infraction dont le condamné est propriétaire ou, sous réserve des droits du propriétaire de bonne foi, dont il a la libre disposition[6], ainsi que celle du bien qui est l'objet ou le produit direct ou indirect de l'infraction, quel que soit son propriétaire, sauf s'il est susceptible de restitution à la victime[7]. Par ailleurs, le législateur a prévu des cas de confiscation portant sur des objets n'ayant aucun lien avec l'infraction. Ainsi, si l'infraction poursuivie est un crime ou un délit puni d'au moins cinq ans d'emprisonnement et ayant procuré un profit direct ou indirect, le juge répressif peut ordonner la confiscation des biens appartenant au condamné ou, sous réserve des droits du propriétaire de bonne foi, dont il a la libre disposition, lorsque ni le condamné, ni le propriétaire, mis en mesure de s'expliquer sur les biens dont la confiscation est envisagée, n'ont pu en justifier l'origine[8]. La confiscation peut aussi porter sur tout ou partie des biens appartenant au condamné ou, sous réserve des droits du propriétaire de bonne foi, dont il a la libre disposition, à condition cependant que le texte réprimant l'infraction le prévoie expressément. Enfin, le législateur a généralisé la possibilité pour le juge répressif de prononcer la confiscation de biens en valeur. Si, dans l'état initial de l'article 131-21 du Code pénal, la confiscation d'un bien ne pouvait être ordonnée en valeur qu'à la condition qu'il n'ait pas été saisi ou n'ait pu être représenté, et prenait en pratique la forme d'une condamnation pécuniaire, ces restrictions ont été supprimées et la portée du texte davantage élargie encore, si l'on observe que, dorénavant, la confiscation de n'importe quel bien peut être ordonnée en valeur, laquelle peut porter sur tous les biens du condamné ou, sous réserve des droits du propriétaire de bonne foi, dont il a la libre disposition.

Bien sûr, il conviendra de préciser les conditions du prononcé des peines de confiscation, lesquelles concerneront la nature des biens confiscables, les relations qu'ils doivent ou non entretenir avec l'infraction, les éventuels liens qu'ils doivent avoir avec la personne condamnée, ou bien encore les modalités de ces mesures. De même, il faudra s'interroger sur la cohérence générale de la matière, dès lors que ces nouvelles dispositions s'inscrivent parmi des textes anciens qui ont été perdus de vue par le législateur. Par exemple, depuis quinze ans, l'attention du Parlement s'est uniquement portée sur les confiscations envisagées en tant que peines complémentaires, alors que celles-ci peuvent aussi être prononcées à titre de peines alternatives et que les textes alors applicables sont largement demeurés dans l'état où ils étaient en 1994, ce qui pose nombre de problèmes d'interprétation. Enfin, on pourra se demander si certaines solutions jurisprudentielles anciennes sont toujours compatibles avec la nature de peine, complémentaire ou alternative, qui, dans la tradition française, a été donnée aux confiscations par le législateur. Peut-on admettre, à cet égard, que certaines confiscations dérogent au régime ordinaire des peines et les explications anciennes peuvent-elles toujours être admises ?

Mais, il suffit pour l'instant de constater que l'usage de la peine de confiscation a fait l'objet, en moins de quinze ans, d'une extension considérable en droit positif.

00.09 Évolution de la procédure pénale. L'évolution de la procédure pénale est également importante au point qu'elle a fait perdre à la catégorie des saisies pénales son homogénéité et que l'on a même pu se demander si le dispositif auquel elle a conduit ne se trouverait pas atteint d'un excès de complexité[9]. Appréhendées depuis l'Ancien droit

1. L. n° 2007-297, 5 mars 2007 *relative à la prévention de la délinquance*, *JO* 7 mars, p. 4297.
2. L. n° 2010-768, 9 juill. 2010 *visant à faciliter la saisie et la confiscation en matière pénale*, préc.
3. L. n° 2012-409, 27 mars 2012 *de programmation relative à l'exécution des peines*, *JO* 28 mars, p. 5592.
4. L. n° 2013-1117, 6 déc. 2013 *relative à la lutte contre la fraude fiscale et la grande délinquance économique et financière*, *JO* 7 déc., p. 19941.
5. C. pén., art. 131-21, al. 1.
6. C. pén., art. 131-21, al. 2.
7. C. pén., art. 131-21, al. 3.
8. C. pén., art. 131-21, al. 5.
9. F. Desportes, « Les enjeux juridiques contemporains des saisies pénales », *in* L. Ascensi, P. Beauvais et R. Parizot (dir.), *La confiscation des avoirs criminels, Nouveaux enjeux juridiques*, préc., p. 7.

comme le placement sous main de justice d'un bien utile à la manifestation de la vérité, les saisies pénales étaient jusqu'à l'entrée en vigueur de la loi n° 2010-768 du 9 juillet 2010 organisées par les articles 56, 76 et 97 du Code de procédure pénale, à s'en tenir aux principaux textes, selon que la mesure intervenait au cours de l'enquête de flagrance, préliminaire ou de l'information judiciaire. L'utilité probatoire de l'objet autorisait sa saisie.

Cette unité a été rompue par la loi du 9 juillet 2010 qui a permis la saisie de biens à la seule fin de garantir l'exécution de la peine de confiscation. Cette nouvelle possibilité n'a cependant pas pris la forme de la seule extension des conditions de fond des procédures anciennes, mais a été accompagnée de la création de procédures de saisies spéciales prévues par de nouveaux textes regroupés au sein du titre XXIX du livre IV du Code de procédure pénale, composé des articles 706-141 à 706-158. Ainsi définies collectivement par opposition aux saisies de droit commun des articles 56 (enquête de flagrance), 76 (enquête préliminaire) et 97 (information judiciaire) du Code de procédure pénale, les saisies spéciales constituent une catégorie juridique nouvelle regroupant les saisies de patrimoine prévues pour la saisie des biens confiscables sur le fondement des alinéas 5 et 6 de l'article 131-21 du Code pénal[1], les saisies immobilières[2], les saisies de biens ou droits mobiliers incorporels[3] – qui comprennent les saisies de sommes d'argent versées sur un compte bancaire et d'actifs numériques[4], les saisies de créances de sommes d'argent[5], les saisies de créances figurant sur un contrat d'assurance sur la vie[6], les saisies de parts sociales, valeurs mobilières ou instruments financiers[7] et les saisies de fonds de commerce[8] –, et enfin les saisies de biens meubles corporels sans dépossession[9]. La spécialité des saisies spéciales tient ainsi soit à la nature particulière du bien saisi (un immeuble ou un bien incorporel), soit au fondement juridique du caractère confiscable du bien saisi (saisie de patrimoine), soit encore aux modalités de la saisie (saisie sans dépossession). En dehors de ces cas, les dispositions du Code de procédure pénale relatives aux saisies spéciales ne s'appliquent pas et la saisie doit être effectuée selon le droit commun.

Il ne saurait ainsi être déduit des nouveaux textes que le législateur aurait opéré une dichotomie entre les saisies de droit commun à finalité probatoire et les saisies spéciales à fonction patrimoniale. Si, en effet, la fonction des saisies spéciales ne sera toujours que patrimoniale, tel ne sera pas le cas des saisies de droit commun qui, ayant elles aussi été réformées par la loi du 9 juillet 2010, pourront avoir un objectif tantôt probatoire, tantôt patrimonial. En effet, les textes relatifs aux saisies de droit commun ont été complétés par le législateur qui a autorisé leur utilisation non seulement pour la saisie des biens utiles à la manifestation de la vérité, mais également pour celle des biens « dont la confiscation est prévue par l'article 131-21 du Code pénal ». Au reste, il faut relever que la juxtaposition des quatre procédures de saisies spéciales ne recouvre pas l'ensemble des biens susceptibles d'être saisis, puisque les meubles corporels confiscables sur un autre fondement que l'alinéa 5 ou 6 de l'article 131-21 du Code pénal, sauf s'il est envisagé de laisser leur propriétaire ou détenteur en leur possession, ne relèvent pas du droit des saisies spéciales. Il en résulte que seront étudiées, dans le présent ouvrage, non seulement les saisies spéciales, mais également les saisies de droit commun, puisque les unes et les autres sont susceptibles d'être mises en œuvre dans l'objectif de garantir l'exécution de la peine de confiscation par le placement d'un bien sous main de justice.

Au reste, l'élaboration par le législateur d'un régime juridique relativement complet en matière de saisies spéciales – lequel est en outre caractérisé par la mise en œuvre d'un contrôle juridictionnel *a priori* –, conduit à mesurer, par contraste, la relative incomplétude du droit commun des saisies pénales s'agissant de leurs effets, et à s'interroger sur la différence de garanties existant selon qu'un bien fait l'objet, à la seule fin de garantir l'exécution de sa confiscation, d'une saisie spéciale ou de droit commun[10]. Observons par exemple, pour l'instant, que si, en matière de saisies spéciales, l'article 706-145 du Code de procédure pénale énonce que les décisions de saisie spéciale rendent le bien juridiquement indisponible, de même que ce texte, ainsi que les articles 706-146 et 706-147 du même code, coordonnent, au moins partiellement, les procédures de saisies spéciales avec, d'une part les procédures civiles d'exécution, d'autre part les procédures collectives, l'on cherchera en vain de telles dispositions dans le droit commun des saisies pénales. L'on est ainsi conduit à se demander si telle solution, expressément prévue par le législateur en matière de saisies spéciales, doit trouver à s'appli-

1. C. pr. pén., art. 706-148 à 706-149.
2. C. pr. pén., art. 706-150 à 706-152.
3. C. pr. pén., art. 706-153 à 706-157.
4. C. pr. pén., art. 706-154.
5. C. pr. pén, art. 706-155, al. 1.
6. C. pr. pén., art. 706-155, al. 2.
7. C. pr. pén., art. 706-156.
8. C. pr. pén., art. 706-157.
9. C. pr. pén., art. 706-158.

10. EN CE SENS : M. Segonds, « Les droits des tiers », *in* L. Ascensi, P. Beauvais et R. Parizot (dir.), *La confiscation des avoirs criminels, Nouveaux enjeux juridiques*, LGDJ, 2021, p. 97.

quer lorsqu'une saisie de droit commun est mise en œuvre. De même, peut-il être admis que les garanties dont bénéficie le saisi soient à ce point différentes selon que se trouve mise en œuvre une saisie spéciale ou de droit commun ? Pour poser la question de manière plus concrète, peut-on admettre, en effet, par exemple, que les garanties du saisi diffèrent selon qu'une somme d'argent, produit de l'infraction, a été saisie en numéraire ou bien alors qu'elle figurait au crédit d'un compte bancaire ?

00.10 Effet de la nouvelle articulation entre saisie et confiscation sur le raisonnement du juge. La nouvelle articulation entre saisie et confiscation, qui résulte de l'entrée en vigueur de la loi n° 2010-768 du 9 juillet 2010[1], a du reste directement influencé le raisonnement du juge répressif au stade de l'appréciation de la validité de la saisie.

En effet, le caractère saisissable d'un objet quelconque dépend tantôt de son utilité pour la manifestation de la vérité, tantôt de son caractère confiscable. Si la première branche de l'alternative est ancienne, la seconde, en revanche, est nouvelle. Ainsi, il ne fait aucun doute que, lorsqu'un objet est utile pour la manifestation de la vérité, celui-ci peut aujourd'hui comme hier être saisi en application du droit commun des saisies pénales. En revanche, lorsque l'objet saisi ne présente pas une telle utilité, alors il faut distinguer. Si tout bien confiscable est saisissable en application, selon les cas, du droit commun ou du droit des saisies spéciales, ainsi que cela a été énoncé au cours des travaux préparatoires de la loi du 9 juillet 2010[2], seuls, réciproquement, sont saisissables les biens confiscables. Il s'en déduit que l'appréciation de la validité de la saisie est en premier lieu fondée sur l'appréciation du caractère confiscable du bien objet de la mesure. Il s'opère un raisonnement « à rebours » allant de la confiscation vers la saisie[3]. Ce sont ensuite le fondement juridique du caractère confiscable de l'objet, sa nature, ou bien encore la volonté de ne pas en déposséder son propriétaire ou détenteur, qui conduisent à recourir à une procédure de saisie spéciale, plutôt qu'à une saisie effectuée selon le droit commun : le fait que le bien soit confiscable sur le fondement de l'article 131-21, alinéa 5 ou 6, du Code pénal impose le recours à une saisie de patrimoine[4] ; la nature immobilière ou incorporelle du bien dont la saisie est envisagée rend impératif la mise en œuvre d'une saisie immobilière[5], ou de bien ou droit mobilier incorporel[6] ; l'on procède à une saisie sans dépossession afin de ne pas dessaisir le propriétaire ou le détenteur d'un meuble corporel, ce qui a des conséquences s'agissant de la responsabilité de l'entretien et de la conservation de ce bien, ou bien encore de ses frais de garde. Ce n'est qu'à défaut que doit être mise en œuvre une saisie de droit commun.

La spécificité de ce raisonnement aura d'ailleurs un effet direct sur le plan du présent ouvrage. En effet, l'on aurait bien légitimement pu s'attendre à ce que la matière soit traitée dans une approche chronologique, allant de la saisie vers la confiscation comme l'on va de l'enquête vers le jugement. De manière contre-intuitive, il sera au contraire procédé à rebours. Parce que, hors le cas où l'objet saisi est utile à la manifestation de la vérité, l'on doit s'assurer que le bien est confiscable pour apprécier s'il peut être saisi, il faudra étudier d'abord le droit des confiscations pénales ; ensuite celui des saisies.

Pour être tout à fait exact, les conditions de la confiscation sont appréciées différemment au stade de la saisie et à celui du prononcé de la peine, de même qu'elles peuvent exceptionnellement différer. Il reste que les conditions de fond de la saisie et celles de la confiscation sont le plus souvent les mêmes, au point que seront citées, dans la première partie de cet ouvrage, des arrêts rendus par la chambre criminelle en matière de confiscations mais également en matière de saisies, les seconds renseignant autant que les premiers sur ce qui est confiscable et ce qui ne l'est pas.

00.11 Devenir des biens saisis. Par ailleurs, la volonté des pouvoirs publics d'appréhender les avoirs criminels et le développement qui en est résulté des saisies et confiscations a posé avec une intensité nouvelle la question du devenir des biens saisis.

La gestion des biens saisis est en effet porteuse d'enjeux financiers et pratiques forts pour l'administration, en sorte que les procédures permettant, avant tout jugement, la destruction, l'aliénation, ou bien encore l'affectation à des services d'enquête ou judiciaires des biens placés sous main de justice ont

1. L. n° 2010-768, 9 juill. 2010 *visant à faciliter la saisie et la confiscation en matière pénale*, préc.
2. *Rapp. Ass. nat.* n° 1689 (XIIIe législ.), p. 25 : « Tous les biens confiscables pourront dorénavant faire l'objet d'une saisie conservatoire. […] Cet article étend les possibilités de saisie à l'ensemble des biens susceptibles d'être confisqués ce qui permet d'une part de marquer très clairement le lien entre saisie et confiscation et de préciser la nature des biens saisissables (biens meubles ou immeubles, corporels ou incorporels) dans un souci de clarification. » – *JOAN CR*, 5 juin 2009, p. 4964 : « S'agissant du champ des biens, elle instaure le principe selon lequel, dès lors qu'un bien peut être confisqué en application de l'article 131-21 du Code pénal, il peut être saisi à titre conservatoire au cours de l'enquête. Pour la liste des biens confiscables, je vous renvoie au rapport. »
3. AUSSI : S. Brezillon, *De la peine patrimoniale au patrimoine pénal. Essai pénologique, historique et prospectif*, préc., p. 244.
4. C. pr. pén., art. 706-148.
5. C. pr. pén., art. 706-150.
6. C. pr. pén., art. 706-153.

subitement revêtu une importance particulière par suite de l'augmentation du nombre des saisies. Ces procédures ont ainsi dû faire l'objet d'une attention nouvelle de la part du législateur qui est intervenu en ce domaine en adoptant successivement, à s'en tenir à l'essentiel, les lois n° 2011-267 du 14 mars 2011 [1], n° 2015-177 du 16 février 2015 [2] et n° 2017-731 du 3 juin 2016 [3], et leur mise en œuvre a généré une augmentation du contentieux devant la chambre criminelle et, le cas échéant, le Conseil constitutionnel.

L'enjeu financier de la gestion des biens saisis est d'ailleurs tel qu'il a été proposé par un rapport parlementaire d'imposer qu'une décision soit prise dans un délai de trois mois [4] sur le devenir des biens saisis, afin qu'avant jugement, ils soient vendus ou affectés à des services d'enquête ou judiciaires, attribués à des associations s'il s'agit de biens de faible valeur, rachetés par les mis en cause, ou bien encore détruits [5], ce qui rejoint certaines propositions de l'Agrasc [6]. Il est vrai qu'à s'en tenir aux véhicules saisis, le total de leurs frais de garde s'est élevé à la somme de 22,535 M€ en 2018 [7], soit l'équivalent du total des sommes versées par l'Agrasc au budget général de l'État et au fonds de concours stupéfiants au cours de la même période (21,456 M€ [8]) [9]. Au reste, l'Agrasc a fait le constat que continuent à être saisis des biens meubles corporels non valorisables, lesquels sont au final uniquement générateurs de frais de justice [10], au point qu'elle a proposé d'instituer une procédure de destruction avant jugement des véhicules de faible valeur, avec allocation d'une indemnité à son propriétaire en cas de restitution [11].

1. L. n° 2011-267, 14 mars 2011 *d'orientation et de programmation pour la performance de la sécurité intérieure, JO* 15 mars, p. 4582.
2. L. n° 2015-177, 16 févr. 2015 *relative à la modernisation et à la simplification du droit et des procédures dans les domaines de la justice et des affaires intérieures, JO* 17 févr., p. 2961.
3. L. n° 2017-731, 3 juin 2016 *renforçant la lutte contre le crime organisé, le terrorisme et leur financement, et améliorant l'efficacité et les garanties de la procédure pénale, JO* 4 juin, n° 1.
4. L. Saint-Martin et J.-L. Warsmann, *Investir pour mieux saisir, confisquer pour mieux sanctionner, Rapport parlementaire*, préc., p. 48.
5. L. Saint-Martin et J.-L. Warsmann, *Investir pour mieux saisir, confisquer pour mieux sanctionner, Rapport parlementaire*, préc., p. 53.
6. Agrasc, *Rapp. annuel* 2018, p. 98.
7. L. Saint-Martin et J.-L. Warsmann, *Investir pour mieux saisir, confisquer pour mieux sanctionner, Rapport parlementaire*, préc., p. 31.
8. Agrasc, *Rapp. annuel* 2018, p. 66.
9. Les frais de gestion des biens immobiliers saisis se sont par ailleurs élevés à la somme totale de 0,9 M€ en 2019.
10. Agrasc, *Rapp. annuel* 2019, p. 21 – AUSSI : Agrasc, *Rapp. annuel* 2018, p. 23.
11. Agrasc, *Rapp. annuel* 2018, p. 98.

L'augmentation du nombre des saisies a aussi mécaniquement provoqué celle du contentieux de la restitution et conduit le législateur, en adoptant la loi du 16 février 2015, ainsi que les juridictions supérieures, à préciser les contours des procédures de restitution [12]. Comment ne pas relever, en effet, que le Conseil constitutionnel et la chambre criminelle ont eux-mêmes intimement lié le contentieux de la saisie et celui de la restitution, en voyant dans la faculté offerte au saisi de solliciter la restitution des objets placés sous main de justice, un motif de constitutionnalité du nouveau droit des saisies spéciales ? Ainsi, pour conclure à la constitutionnalité de l'article 706-153 du Code de procédure pénale organisant la saisie de biens ou droits mobiliers incorporels, le Conseil constitutionnel a notamment relevé que « toute personne qui prétend avoir un droit sur un bien placé sous main de justice peut en solliciter la restitution par requête auprès, selon le cas, du procureur de la République, du procureur général ou du juge d'instruction » [13], tandis que la chambre criminelle a quant à elle énoncé, pour ne pas renvoyer au Conseil constitutionnel une question prioritaire de constitutionnalité qui portait sur les articles 706-141 à 706-165 du Code de procédure pénale – c'est-à-dire l'ensemble des titres XXIX, relatif aux saisies spéciales, et XXX, relatif à l'Agrasc, du livre IV du Code de procédure pénale –, que « les articles 41-4, 99, 479 et 543 du Code de procédure pénale instituent des procédures de restitution des biens placés sous main de justice qui sont assorties de voies de recours » [14].

00.12 **Entraide judiciaire internationale.** Le développement des procédures tendant au recouvrement des avoirs criminels, qui trouve grandement sa source dans le droit international et européen [15], n'a

12. Ainsi, à s'en tenir à la restitution des biens confiés à l'Agrasc, l'agence a procédé en 2021 à 1 561 restitutions aux justiciables pour un montant total de 77,935 M€ (Agrasc, *Rapp. annuel* 2021, p. 76, 124 et 125). Il est relevé à ce propos par l'agence que si certaines restitutions trouvent encore leur origine dans des erreurs juridiques ou des oublis, la cause principale de l'augmentation du montant des sommes restituées réside dans l'augmentation très forte du volume des saisies, ce qui démontre l'appropriation toujours plus forte par les enquêteurs et les magistrats du dispositif : de fait, est-il ajouté, l'augmentation des saisies de numéraire et de comptes bancaires entraîne mécaniquement, à due proportion, celle des décisions de restitution (p. 76). Le rapport relève aussi, au soutien de cette analyse, que le ratio saisies/restitutions demeure stable malgré l'augmentation des saisies (15,4 % en 2018, 13,4 % en 2019, 19,5 % en 2020 et 17,1 % en 2021) (p. 127).
13. Cons. const. 14 oct. 2016, n° 2016-583/584/585/586 QPC, *JO* 16 oct., n° 48 ; *D.* 2016. 2067 ; *AJ pénal* 2016. 602, obs. O. Violeau ; *RFDC* 2017. 734, obs. J.-B. Perrier ; *Constitutions* 2016. 710, chron.
14. Crim. 5 févr. 2013, n° 12-90.069, NP.
15. V. s^s n° 00.05.

cependant pas concerné les seules affaires internes, mais tout autant le domaine de l'entraide judiciaire internationale.

Observons d'ailleurs que Donnedieu de Vabres qui, dans *Les principes*, avait jugé « urgent qu'à l'internationalisation du crime s'oppose l'internationalisation de la répression »[1], avait vu dans les saisies et confiscations pénales un domaine privilégié de l'entente internationale. Il relevait à ce propos : « Parfois, enfin, le délinquant, condamné par les tribunaux d'un État, possède sur le territoire d'un autre État des biens, meubles ou immeubles. La saisie et la confiscation de ces biens pourront-elles, le cas échéant, être opérés sur le fondement de la sentence étrangère ? »[2]

L'on comprend donc que les conventions internationales adoptées dans le cadre de l'Organisation des Nations unies, comme dans celui du Conseil de l'Europe, aient eu pour objet à la fois de développer les saisies et confiscations dans le droit interne des États parties et d'organiser l'entraide judiciaire internationale à cette fin, de même que les institutions de l'Union européenne se sont intensément emparées de cette question, en dernier lieu en adoptant, le 14 novembre 2018, le règlement (UE) 2018/1805 du Parlement et du Conseil *concernant la reconnaissance mutuelle des décisions de gel et des décisions de confiscation*[3], lequel est entré en application le 19 décembre 2020. Le premier texte adopté sur le fondement de l'article 82, § 1, a) du Traité *sur le fonctionnement de l'Union européenne* aura ainsi concerné la matière, ce qui peut être vu comme un signe de l'importance que lui attachent les États membres et les institutions de l'Union.

00.13 Respect des droits fondamentaux. Enfin, l'élaboration et la mise en œuvre du nouveau droit des saisies et confiscations pénales devaient se faire dans le respect des droits fondamentaux[4].

Cette préoccupation, d'ailleurs, a été exprimée par le législateur dès les travaux préparatoires de la loi n° 2010-768 du 9 juillet 2010[5]. Le rapporteur du texte devant l'Assemblée nationale se déclarait ainsi « très attaché à la nécessité de préserver les droits des prévenus en attente de jugement » et il énonçait : « Notre procédure pénale doit tout à la fois fournir des instruments pour lutter efficacement contre la délinquance et éviter que les coupables ne se soustraient à la Justice et fournir aux innocents les moyens d'assurer leur défense et de préserver leurs droits. La question de la saisie des biens avant jugement pose donc la question du respect des principes constitutionnels de nécessité et de proportionnalité des peines, de la présomption d'innocence et du droit de propriété. »[6]

Un tel souci a été partagé par le Conseil constitutionnel, lorsqu'il a invalidé certains aspects des procédures de confiscation des biens ou applicables à la gestion des objets placés sous main de justice, ainsi que par la chambre criminelle, en particulier lorsque, dans le respect de la jurisprudence de la Cour européenne des droits de l'homme, elle a imposé aux juges du fond de mettre en œuvre, lorsqu'ils prononcent certaines mesures de confiscation, et lorsqu'ils ordonnent certaines saisies, de contrôler la proportionnalité de l'atteinte portée par celles-ci au droit de propriété et au droit au respect de la vie privée et familiale des intéressés. Les confiscations n'ont-elles pas été qualifiées de « laboratoire » du contrôle de proportionnalité[7] ? La chambre criminelle, devant laquelle s'est développé un contentieux « nouveau, abondant et difficile »[8], s'est ainsi efforcée d'interpréter les nouveaux textes dans le triple souci de donner le plus de cohérence possible à la matière, de demeurer fidèle à la volonté clairement exprimée par le législateur de développer les possibilités de saisies et de confiscations pénales, et enfin de garantir le respect des droits fondamentaux constitutionnellement garantis ou résultant des engagements internationaux de la France.

00.14 Division – Plan de l'ouvrage. Mais contentons-nous, pour l'instant, de distinguer, de manière contre-intuitive comme il a été dit[9], entre l'étude du droit des confiscations (livre 1) et celui des saisies pénales (livre 2), avant de finalement envisager le dispositif d'entraide judiciaire internationale aux fins de saisie et confiscation pénales (livre 3).

1. H. Donnedieu de Vabres, *Les principes modernes du droit pénal international*, Recueil Sirey, 1928, p. 1.
2. H. Donnedieu de Vabres, *Les principes modernes du droit pénal international*, préc., p. 303.
3. Règl. (UE) 2018/1805, Parlement et Conseil, 14 nov. 2018 *concernant la reconnaissance mutuelle des décisions de gel et des décisions de confiscation, JOUE* L 303, 28 nov., p. 1.
4. SUR CETTE QUESTION : L. Ascensi, P. Beauvais et R. Parizot (dir.), *La confiscation des avoirs criminels, Nouveaux enjeux juridiques*, préc.
5. L. n° 2010-768, 9 juill. 2010 *visant à faciliter la saisie et la confiscation en matière pénale*, préc.
6. *Rapp. Ass. nat.* n° 1689 (XIIIe législ.), p. 29.
7. E. Dreyer, « Confiscation et proportionnalité », *Gaz. Pal.* 6 nov. 2018, n° 38, p. 73.
8. Ch. Soulard, « Avant-propos », *in* L. Ascensi, P. Beauvais et R. Parizot (dir.), *La confiscation des avoirs criminels, Nouveaux enjeux juridiques*, préc.
9. V. s^s^ n° 00.10.

LIVRE

1. DROIT ET PRATIQUE DES CONFISCATIONS PÉNALES

SECTION 0
ORIENTEUR

1.00 Sommaire du livre.

Titre 11 Introduction
Chap. 111 Nature, objet et caractères des confiscations
Chap. 112 Constitutionnalité des confiscations
Chap. 113 Conventionnalité des confiscations
Titre 12 Conditions des confiscations
Chap. 121 Légalité des confiscations
Chap. 122 Proportionnalité des confiscations
Chap. 123 Conditions relatives à la nature du bien susceptible de confiscation
Chap. 124 Conditions relatives aux liens entre l'infraction et le bien susceptible de confiscation
Chap. 125 Conditions relatives aux liens entre le condamné et le bien susceptible de confiscation
Chap. 126 Modalités des confiscations
Titre 13 Mise en œuvre des confiscations
Chap. 131 Prononcé des confiscations
Chap. 132 Exécution des confiscations

TITRE

11. Introduction

SECTION 0
ORIENTEUR

11.00 Sommaire du titre.

Chap. 111	**Nature, objet et caractères des confiscations**
Sect.	1	Nature et objet des confiscations
Sect.	2	Caractères atypiques des confiscations
Chap. 112	**Constitutionnalité des confiscations**
Sect.	1	Constitutionnalité des dispositions de droit pénal général
Sect.	2	Constitutionnalité des dispositions de droit pénal spécial
Chap. 113	**Conventionnalité des confiscations**
Sect.	1	Détermination des normes applicables
Sect.	2	Mise en œuvre du contrôle de conventionnalité

11.01 Principaux textes applicables.

• **C. pén.,** art. 131-2, 131-6, 131-7, 131-9 à 131-11, 131-14 à 131-16, 131-21, 131-21-1, 131-39, 131-42 à 131-44, 131-48, 132-58

• **CGI,** art. 1791

• **C. douanes,** art. 414, 415, 430, 434, 459

• **Déclaration des droits de l'homme et du citoyen (DDHC), 26 août 1789,** art. 2, 8 et 17

• **Convention européenne de sauvegarde des droits de l'homme et des libertés fondamentales (Conv. EDH),** art. 6, 7 et 8

• **Protocole additionnel n° 1 à la Conv. EDH,** art. 1

11.03 Bibliographie indicative.

Encyclopédies. *Rép. pén., V°* « Confiscation », par A. Beziz-Ayache – *J.-Cl. Pén. code*, art. 131-21 et 131-21-1, fasc. 20, par E. Camous.

Thèses. J. Bourgais, *Le rôle du juge pénal en matière de saisies et confiscations, Étude de droit comparé (France – Angleterre)*, Poitiers, 2021 – S. Brezillon, *De la peine patrimoniale au patrimoine pénal. Essai pénologique, historique et prospectif*, Nantes, 2017 – M. Peter, *Les saisies pénales spéciales. Une évolution majeure pour une stratégie pénale patrimoniale repensée*, Aix-Marseille, 2018.

Articles. S. Almaseanu, « La validation par la Cour de Strasbourg des confiscations prononcées comme peines complémentaires du délit de non-justification de ressources », *Gaz. Pal.* 14 déc. 2014, n° 45, p. 17 – E. Camous, « La peine patrimoniale : une alternative prospective à la peine d'emprisonnement », *AJ pénal* 2018. 25 – E. Camous et J.-F. Thony, « Gel, saisie et confiscation des avoirs criminels : les nouveaux outils de la loi française », *RID pén.* 2013, n° 1-2, p. 207 – G. Cotelle, « Consécration implicite de la procédure de confiscation sans condamnation préalable », *AJ pénal* 2016. 463 – E. Daoud, « Les droits de la personne mise en cause », *in* L. Ascensi, P. Beauvais et R. Parizot (dir.), *La confiscation des avoirs criminels, Nouveaux enjeux juridiques*, LGDJ, 2021, p. 65 – S. Detraz, « Action publique fantôme mais sanction réelle », *Gaz. Pal.* 15 oct. 2013, n° 288, p. 30 – E. Dreyer, « L'article 131-21 du Code pénal, qui préserve le droit de propriété des tiers de bonne foi, n'est contraire à aucun autre droit ou liberté que la Constitution garantit », *Gaz. Pal.* 6 janv. 2011, n° 6, p. 14 ; « Sur les fonctions respectives de l'amende et de la confiscation », *Gaz. Pal.* 13 mai 2014, n° 133, p. 16 – Ch. Duchaine et D. Martinelli, « Décès du prévenu et récupération des produits du crime », *La revue du Grasco*, n° 3, oct. 2012, p. 14 – J. Gasboui, « La confiscation des profits illicites », *RRJ* 2013-4, p. 1571 – D. Guérin et C. Ducouloux-Favard, « La confiscation en droit pénal français », *Gaz. Pal.* 31 oct. 2002, n° 218, p. 9 – C. Latimier, « La conformité de la confiscation sans condamnation pénale (CSP) à l'article 1 du protocole n° 1 de la Convention européenne des droits de l'homme (CEDH) », *La revue du Grasco*, n° 5, avr. 2013, p. 63 – H. Matsopoulou, « La confiscation spéciale dans le nouveau Code pénal », *RSC* 1995. 301 – A. Mihman, « La confiscation des profits illicites », *Gaz. Pal.* 13 mai 2014, n° 133, p. 9 – R. Parizot, « La confiscation, sanction applicable en droit pénal des affaires », *in* H. Matsopoulou et C. Mascala (dir.),

Lamy Droit pénal des affaires, Wolters Kluwer, 2020 – J.-H. Robert, « Une QPC sur la confiscation en matière pénale », *JCP G* 2011. 15 – J. Vervaele, « Les sanctions de confiscation en droit pénal : un intrus issu du droit civil ? Une analyse de la jurisprudence de la CEDH et de la signification qu'elle revêt pour le droit (procédural) pénal néerlandais », *RSC* 1998. 39.

CHAPITRE

111. Nature, objet et caractères des confiscations

SECTION 0
ORIENTEUR

111.00 Sommaire du chapitre.

Sect. 1 Nature et objet des confiscations
§ 1 Des peines
A. Des peines complémentaires
1° Des peines complémentaires criminelles ou délictuelles applicables aux personnes physiques et morales
2° Des peines complémentaires contraventionnelles applicables aux personnes physiques et morales
B. Des peines alternatives
1° Des peines alternatives délictuelles
2° Des peines alternatives encourues pour les contraventions de la cinquième classe
§ 2 Notions voisines
Sect. 2 Caractères atypiques des confiscations
§ 1 Des caractères de mesure de sûreté
§ 2 Des caractères de sanction réelle
§ 3 Des caractères de peine privée

Division. En droit pénal, la confiscation, qui consiste pour l'essentiel dans le transfert à l'État de la propriété du bien qui en est l'objet, constitue une peine dont l'objet est décrit par la loi ou le règlement, cette qualification emportant en principe l'application d'un régime juridique particulier, notamment celle du principe de la légalité (*nulla poena sine lege*) et des principes de la personnalité et de l'individualisation des peines (sect. 1).

Il reste que la matière ne présente pas toujours la cohérence qu'elle devrait avoir, si l'on relève que certaines mesures qualifiées de confiscation par la loi ou le règlement obéissent pourtant à un régime juridique incompatible avec celui des peines, ce qui conduit à leur reconnaître parfois des caractères atypiques, propres à d'autres catégories juridiques (sect. 2).

111.01 Principaux textes applicables.

TEXTES SOURCES

- C. pén., art. 131-2, 131-6, 131-7, 131-9 à 131-11, 131-14 à 131-16, 131-21, 131-21-1, 131-39, 131-42 à 131-44, 131-48, 132-58
- CGI, art. 1791
- C. douanes, art. 414, 415, 430, 434, 459

TEXTES *IN EXTENSO*

> > Code pénal

> Peines alternatives applicables aux personnes physiques

• C. pén., art. 131-6

Lorsqu'un délit est puni d'une peine d'emprisonnement, la juridiction peut prononcer, à la place de l'emprisonnement, une ou plusieurs des peines privatives ou restrictives de liberté suivantes : [...]

4° La confiscation d'un ou de plusieurs véhicules appartenant au condamné ; [...]

7° La confiscation d'une ou de plusieurs armes dont le condamné est propriétaire ou dont il a la libre disposition ; [...]

10° La confiscation de la chose qui a servi ou était destinée à commettre l'infraction ou de la chose qui en est le produit. Toutefois, cette confiscation ne peut pas être prononcée en matière de délit de presse ; [...]

Lorsqu'un délit est puni d'une peine d'emprisonnement, la juridiction peut prononcer, à la place de ou en même temps que la peine d'emprisonnement, une ou plusieurs des peines privatives ou restrictives de liberté prévues aux 6°, 7°, 10°, 12°, 13° et 14°.

• C. pén., art. 131-7

Les peines privatives ou restrictives de droits énumérées à l'article 131-6 peuvent également être prononcées, à la place de l'amende, pour les délits qui sont punis seulement d'une peine d'amende.

• C. pén., art. 131-9

L'emprisonnement ne peut être prononcé cumulativement avec une des peines privatives ou restrictives de droits prévues aux 1°, 2°, 3°, 4°, 5°, 5° *bis*, 8°, 9°, 11° et 15° de l'article 131-6 ni avec la peine de travail d'intérêt général. [...]

• **C. pén., art. 131-14**

Pour toutes les contraventions de la 5e classe, une ou plusieurs des peines privatives ou restrictives de droits suivantes peuvent être prononcées : [...]

3° La confiscation d'une ou de plusieurs armes dont le condamné est propriétaire ou dont il a la libre disposition ; [...]

6° La confiscation de la chose qui a servi ou était destinée à commettre l'infraction ou de la chose qui en est le produit. Toutefois, cette confiscation ne peut pas être prononcée en matière de délit de presse.

• **C. pén., art. 131-15**

La peine d'amende ne peut être prononcée cumulativement avec une des peines privatives ou restrictives de droits énumérées à l'article 131-14.

Les peines privatives ou restrictives de droits énumérées à cet article peuvent être prononcées cumulativement.

> Peines complémentaires applicables aux personnes physiques

• **C. pén., art. 131-2**

Les peines de réclusion criminelle ou de détention criminelle ne sont pas exclusives d'une peine d'amende et d'une ou de plusieurs des peines complémentaires prévues à l'article 131-10.

• **C. pén., art. 131-10**

Lorsque la loi le prévoit, un crime ou un délit peut être sanctionné d'une ou de plusieurs peines complémentaires qui, frappant les personnes physiques, emportent [...] confiscation d'un objet, confiscation d'un animal [...].

• **C. pén., art. 131-11**

Lorsqu'un délit est puni d'une ou de plusieurs des peines complémentaires mentionnées à l'article 131-10, la juridiction peut ne prononcer que la peine complémentaire ou l'une ou plusieurs des peines complémentaires encourues à titre de peine principale. [...]

• **C. pén., art. 131-16**

Le règlement qui réprime une contravention peut prévoir, lorsque le coupable est une personne physique, une ou plusieurs des peines complémentaires suivantes : [...]

3° La confiscation d'une ou de plusieurs armes dont le condamné est propriétaire ou dont il a la libre disposition ; [...]

5° La confiscation de la chose qui a servi ou était destinée à commettre l'infraction ou de la chose qui en est le produit ; [...]

8° La confiscation de l'animal ayant été utilisé pour commettre l'infraction ou à l'encontre duquel l'infraction a été commise [...].

• **C. pén., art. 131-21**

La peine complémentaire de confiscation est encourue dans les cas prévus par la loi ou le règlement. Elle est également encourue de plein droit pour les crimes et pour les délits punis d'une peine d'emprisonnement d'une durée supérieure à un an, à l'exception des délits de presse.

Sous réserve du dernier alinéa, la confiscation porte sur tous les biens meubles ou immeubles, quelle qu'en soit la nature, divis ou indivis, ayant servi à commettre l'infraction ou qui étaient destinés à la commettre, et dont le condamné est propriétaire ou, sous réserve des droits du propriétaire de bonne foi, dont il a la libre disposition. Lorsqu'une infraction pour laquelle la peine de confiscation est encourue a été commise en utilisant un service de communication au public en ligne, l'instrument utilisé pour avoir accès à ce service est considéré comme un bien meuble ayant servi à commettre l'infraction et peut être confisqué. Au cours de l'enquête ou de l'instruction, il peut être saisi dans les conditions prévues au Code de procédure pénale.

Sous réserve du dernier alinéa, la confiscation porte également sur tous les biens qui sont l'objet ou le produit direct ou indirect de l'infraction, à l'exception des biens susceptibles de restitution à la victime. Si le produit de l'infraction a été mêlé à des fonds d'origine licite pour l'acquisition d'un ou plusieurs biens, la confiscation peut ne porter sur ces biens qu'à concurrence de la valeur estimée de ce produit.

Sous les mêmes réserves, la confiscation peut en outre porter sur tout bien meuble ou immeuble défini par la loi ou le règlement qui réprime l'infraction.

Sous les mêmes réserves, s'il s'agit d'un crime ou d'un délit puni d'au moins cinq ans d'emprisonnement et ayant procuré un profit direct ou indirect, la confiscation porte également sur les biens meubles ou immeubles, quelle qu'en soit la nature, divis ou indivis, appartenant au condamné ou, sous réserve des droits du propriétaire de bonne foi, dont il a la libre disposition, lorsque ni le condamné, ni le propriétaire, mis en mesure de s'expliquer sur les biens dont la confiscation est envisagée, n'ont pu en justifier l'origine.

Sous réserve du dernier alinéa, lorsque la loi qui réprime le crime ou le délit le prévoit, la confiscation peut aussi porter sur tout ou partie des biens appartenant au condamné ou, sous réserve des droits du propriétaire de bonne foi, dont il a la libre disposition, quelle qu'en soit la nature, meubles ou immeubles, divis ou indivis.

La confiscation est obligatoire pour les objets qualifiés de dangereux ou nuisibles par la loi ou le règlement, ou dont la détention est illicite, que ces biens soient ou non la propriété du condamné.

Sous réserve du dernier alinéa, la peine complémentaire de confiscation s'applique dans les mêmes conditions à tous les droits incorporels, quelle qu'en soit la nature, divis ou indivis.

Sous les mêmes réserves, la confiscation peut être ordonnée en valeur. La confiscation en valeur peut être exécutée sur tous biens, quelle qu'en soit la nature, appartenant au condamné ou, sous réserve des droits du propriétaire de bonne foi, dont il a la libre disposition. Pour le recouvrement de la somme représentative de la valeur de la chose confisquée, les dispositions relatives à la contrainte judiciaire sont applicables.

La chose confisquée est, sauf disposition particulière prévoyant sa destruction ou son attribution, dévolue à l'État, mais elle demeure grevée, à concurrence de sa valeur, des droits réels licitement constitués au profit de tiers.

Lorsque la chose confisquée est un véhicule qui n'a pas été saisi ou mis en fourrière au cours de la procédure, le condamné doit, sur l'injonction qui lui en est faite par le ministère public, remettre ce véhicule au service ou à l'organisme chargé de sa destruction ou de son aliénation.

Hors le cas mentionné au septième alinéa, lorsque la peine de confiscation porte sur des biens sur lesquels toute personne autre que le condamné dispose d'un droit de propriété, elle ne peut être prononcée si cette personne dont le titre est connu ou qui a réclamé cette qualité au cours de la procédure n'a pas été mise en mesure de présenter ses observations sur la mesure de confiscation envisagée par la juridiction de jugement aux fins, notamment, de faire valoir le droit qu'elle revendique et sa bonne foi.

• C. pén., art. 131-21-1

Lorsqu'elle est encourue comme peine complémentaire, la confiscation d'un animal ou d'une catégorie d'animal concerne l'animal qui a été utilisé pour commettre ou tenter de commettre l'infraction ou à l'encontre duquel l'infraction a été commise.

Elle concerne également les animaux dont le condamné est propriétaire ou dont il a la libre disposition, si ces animaux étaient susceptibles d'être utilisés pour commettre l'infraction ou si l'infraction aurait pu être commise à leur encontre.

La juridiction qui prononce la confiscation de l'animal prévoit qu'il sera remis à une fondation ou à une association de protection animale reconnue d'utilité publique ou déclarée, qui pourra librement en disposer.

Si l'animal n'a pas été placé en cours de procédure, le condamné doit, sur injonction qui lui est faite par le ministère public, le remettre à l'organisme visé à l'alinéa précédent. Les dispositions du quatrième alinéa de l'article 131-21 sont également applicables.

Lorsque l'animal a été placé en cours de procédure, la juridiction qui ordonne sa confiscation peut mettre les frais de placement à la charge du condamné.

Lorsqu'il s'agit d'un animal dangereux, la juridiction peut ordonner qu'il soit procédé à son euthanasie, le cas échéant aux frais du condamné.

> Peines alternatives applicables aux personnes morales

• C. pén., art. 131-42

Pour toutes les contraventions de la 5e classe, la peine d'amende peut être remplacée par une ou plusieurs des peines privatives ou restrictives de droits suivantes : [...]

2° La confiscation de la chose qui a servi ou était destinée à commettre l'infraction ou de la chose qui en est le produit.

> Peines complémentaires applicables aux personnes morales

• C. pén., art. 131-39

Lorsque la loi le prévoit à l'encontre d'une personne morale, un crime ou un délit peut être sanctionné d'une ou de plusieurs des peines suivantes : [...]

8° La peine de confiscation, dans les conditions et selon les modalités prévues à l'article 131-21 ; [...]

10° La confiscation de l'animal ayant été utilisé pour commettre l'infraction ou à l'encontre duquel l'infraction a été commise ; [...]

La peine complémentaire de confiscation est également encourue de plein droit pour les crimes et pour les délits punis d'une peine d'emprisonnement d'une durée supérieure à un an, à l'exception des délits de presse. [...]

• C. pén., art. 131-43

Le règlement qui réprime une contravention peut prévoir, lorsque le coupable est une personne morale, les peines complémentaires mentionnées aux 5°, 8° et 9° de l'article 131-16. [...]

• C. pén., art. 131-44

Lorsqu'une contravention est punie d'une ou de plusieurs des peines complémentaires prévues à l'article 131-43, la juridiction peut ne prononcer que la peine complémentaire ou l'une ou plusieurs des peines complémentaires encourues.

• C. pén., art. 131-48

[...] La peine de confiscation de la chose est prononcée dans les conditions prévues à l'article 131-21. [...]

> Dispense de peine et ajournement

• C. pén., art. 132-58

En matière correctionnelle ou, sauf dans les cas prévus aux articles 132-63 à 132-65, en matière contraventionnelle, la juridiction peut, après avoir déclaré le prévenu coupable et statué, s'il y a lieu, sur la confiscation des objets dangereux ou nuisibles, soit dispenser le prévenu de toute autre peine, soit ajourner le prononcé de celle-ci dans les cas et conditions prévus aux articles ci-après.

En même temps qu'elle se prononce sur la culpabilité du prévenu, la juridiction statue, s'il y a lieu, sur l'action civile.

> > Code général des impôts

• CGI, art. 1791

I. Sous réserve des dispositions spéciales prévues aux articles ci-après, toute infraction aux dispositions du titre III de la première partie du livre Ier, et des lois régissant les contributions indirectes, ainsi que des décrets et arrêtés pris pour leur exécution, toute manœuvre ayant pour but ou pour résultat de frauder ou de compromettre les droits, taxes, redevances, soultes et autres impositions établies par ces dispositions sont punies d'une amende de 15 € à 750 €, d'une pénalité dont le montant est compris entre une et trois fois celui des droits, taxes, redevances, soultes ou autres impositions fraudés ou compromis, sans préjudice de la confiscation des objets, produits ou marchandises saisis en contravention, ainsi que de la confiscation des biens et avoirs qui sont le produit direct ou indirect de l'infraction.

II. L'amende prévue au I est remplacée par une amende de 15 € à 30 € pour les infractions aux dispositions de l'article 290 *quater*.

> > Code des douanes

• C. douanes, art. 414

Sont passibles d'un emprisonnement de trois ans, de la confiscation de l'objet de fraude, de la confiscation des moyens de transport, de la confiscation des objets servant à masquer la fraude, de la confiscation des biens et avoirs qui sont le produit direct ou indirect de l'infraction et d'une amende comprise entre une et deux fois la valeur de l'objet de fraude, tout fait de contrebande ainsi que tout fait d'importation ou d'exportation sans déclaration lorsque ces infractions se rapportent à des marchandises de la catégorie de celles qui sont prohibées au sens du présent code ou aux produits du tabac manufacturé.

La peine d'emprisonnement est portée à une durée maximale de cinq ans et l'amende peut aller jusqu'à trois fois la valeur de l'objet de fraude lorsque les faits de contrebande, d'importation ou d'exportation portent sur des biens à double usage, civil et militaire, dont la circulation est soumise à restriction par la réglementation européenne.

La peine d'emprisonnement est portée à une durée de dix ans et l'amende peut aller jusqu'à dix fois la valeur de l'objet de la fraude soit lorsque les faits de contrebande, d'importation ou d'exportation portent sur des marchandises dangereuses pour la santé, la moralité ou la sécurité publiques, dont la liste est fixée par arrêté du ministre chargé des douanes, soit lorsqu'ils sont commis en bande organisée.

• **C. douanes, art. 415**

Seront punis d'un emprisonnement de dix ans, de la confiscation des sommes en infraction ou d'une somme en tenant lieu lorsque la saisie n'a pas pu être prononcée, de la confiscation des biens ayant servi à commettre l'infraction ou qui étaient destinés à la commettre, de la confiscation des biens et avoirs qui sont le produit direct ou indirect de l'infraction et d'une amende comprise entre une et cinq fois la somme sur laquelle a porté l'infraction ou la tentative d'infraction ceux qui auront, par exportation, importation, transfert ou compensation, procédé ou tenté de procéder à une opération financière entre la France et l'étranger portant sur des fonds qu'ils savaient provenir, directement ou indirectement, d'un délit prévu au présent code ou portant atteinte aux intérêts financiers de l'Union européenne, ou d'une infraction à la législation sur les substances ou plantes vénéneuses classées comme stupéfiants.

L'amende prévue au premier alinéa peut aller jusqu'à dix fois la somme sur laquelle a porté l'infraction ou la tentative d'infraction lorsque celle-ci est commise en bande organisée.

• **C. douanes, art. 430**

Indépendamment des autres sanctions prévues par le présent code, sont confisqués :

1° les marchandises qui ont été ou devaient être substituées dans les cas prévus aux articles 411-2 a, 417-2 c et 423-2° ;

2° les marchandises présentées au départ dans le cas prévu par l'article 424-1° ci-dessus ;

3° les moyens de transport lorsque le conducteur refuse d'obéir aux injonctions visées à l'article 61-1 ci-dessus.

• **C. douanes, art. 434**

1. Dans les cas d'infraction visés aux articles 424-2° et 427-1°, la confiscation ne peut être prononcée qu'à l'égard des objets de fraude. Toutefois, les marchandises masquant la fraude et les moyens de transport ayant servi au débarquement et à l'enlèvement des objets frauduleux sont confisqués lorsqu'il est établi que le possesseur de ces moyens de transport est complice des fraudeurs.

2. Dans le cas de nouvel établissement d'un bureau les marchandises non prohibées à l'importation ou à l'exportation ne sont sujettes à confiscation, pour n'y avoir pas été conduites ou déclarées, que deux mois après la publication ordonnée par l'article 47-2 ci-dessus.

• **C. douanes, art. 459**

1. Quiconque aura contrevenu ou tenté de contrevenir à la législation et à la réglementation des relations financières avec l'étranger, soit en ne respectant pas les obligations de déclaration ou de rapatriement, soit en n'observant pas les procédures prescrites ou les formalités exigées, soit en ne se munissant pas des autorisations requises ou en ne satisfaisant pas aux conditions dont ces autorisations sont assorties sera puni d'une peine d'emprisonnement de cinq ans, de la confiscation du corps du délit, de la confiscation des moyens de transport utilisés pour la fraude, de la confiscation des biens et avoirs qui sont le produit direct ou indirect de l'infraction et d'une amende égale au minimum au montant et au maximum au double de la somme sur laquelle a porté l'infraction ou la tentative d'infraction.

1 *bis*. Est puni des mêmes peines le fait, pour toute personne, de contrevenir ou de tenter de contrevenir aux mesures de restriction des relations économiques et financières prévues par la réglementation communautaire prise en application de l'article 215 du traité sur le fonctionnement de l'Union européenne ou par les traités et accords internationaux régulièrement approuvés et ratifiés par la France.

1 *ter*. Les personnes morales déclarées responsables pénalement, dans les conditions prévues par l'article 121-2 du Code pénal, des infractions définies aux 1 et 1 *bis* du présent article encourent, outre l'amende suivant les modalités prévues par l'article 131-38 du Code pénal, les peines prévues par l'article 131-39 du même code.

2. Lorsque, pour une cause quelconque, les objets passibles de confiscation n'ont pu être saisis ou ne sont pas représentés par le délinquant ou lorsque le ministre du budget ou son représentant en fait la demande, le tribunal doit, pour tenir lieu de la confiscation, prononcer une condamnation au paiement d'une somme égale à la valeur de ces objets.

3. Sera punie d'un emprisonnement de cinq ans et d'une amende de 450 euros à 225 000 euros toute personne qui aura incité par écrit, propagande ou publicité à commettre une des infractions visées au 1 ci-dessus, que cette incitation ait été ou non suivie d'effet.

4. Les personnes condamnées pour infractions à la législation et à la réglementation relatives aux relations financières avec l'étranger sont, en outre, déclarées incapables d'exercer les fonctions d'agents de change, d'être électeurs ou élus aux chambres de commerce, tribunaux de commerce et conseils de prud'hommes, tant et aussi longtemps qu'elles n'auront pas été relevées de cette incapacité.

5. Les tribunaux ordonneront, en outre, que leurs décisions portant condamnation seront, aux frais des personnes condamnées, insérées en entier ou par extraits dans les journaux qu'ils désigneront.

111.02 Jurisprudence de référence.

> La confiscation est une peine

• **Crim. 22 nov. 1989,** n° 89-82.888, P, n° 439

* V. s^s n° 111.20.

« Attendu que, conformément aux dispositions combinées des articles 11 et 304, paragraphe 4, du Code pénal, des articles 362, paragraphe 4, et 364 du Code de procédure pénale, la confiscation spéciale des armes, des objets et des instruments ayant servi à commettre le crime de meurtre est une peine. »

• **Crim. 13 nov. 2008,** n° 08-83.597, NP

* V. s^{s} n° 111.20.

« Attendu qu'il résulte du premier de ces textes que la confiscation, peine complémentaire encourue dans les cas prévus par la loi, ne peut être prononcée que si le prévenu est déclaré coupable. »

• **Crim. 13 oct. 2021,** n° 20-86.868, P

* V. s^{s} n° 111.115.

« Vu l'article 131-21 du Code pénal :

7. Il résulte de ce texte que la confiscation obligatoire, peine complémentaire encourue dans les cas prévus par la loi, ne peut être prononcée que lorsque le prévenu est déclaré coupable. »

> La confiscation peut présenter des caractères de sanction à caractère réel

• **Crim. 9 déc. 1991,** n° 90-84.994, P, n° 465

* V. s^{s} n° 111.121.

« Sur l'extinction de l'action publique à l'égard de X... et la reprise d'instance par les héritiers :

Attendu qu'il résulte d'un extrait des actes de l'État civil de la commune de Marseille, que X... est décédé le 7 octobre 1990 ;

Qu'aux termes de l'article 6 du Code de procédure pénale, l'action publique s'éteint par la mort du prévenu ; qu'il ne peut plus être statué en ce qui concerne la peine et l'amende fiscale ;

Attendu que les pourvois régulièrement formés par X... profitent à ses héritiers et successeurs ; que Marie A..., veuve X... et Maryse X..., agissant en qualité d'héritiers, déclarent reprendre l'instance ; que nonobstant le décès du prévenu survenu au cours de l'instance en cassation, la chambre criminelle reste saisie des sanctions à caractère réel et de l'action civile ;

Qu'il y a lieu, en conséquence, de statuer sur lesdits pourvois, y compris sur celui formé par l'intéressé contre l'arrêt avant dire droit du 21 janvier 1987 dont l'examen immédiat n'avait pas été ordonné et qui est susceptible d'avoir une incidence sur la confiscation visant le produit du délit, sanction à caractère réel. »

• **Crim. 25 juin 2013,** n° 12-80.859, P, n° 150

* V. s^{s} n° 111.121.

« Attendu qu'il résulte d'un extrait des actes de l'état civil de la commune d'Alès (Gard), que Michel X... est décédé le 13 avril 2012 ;

Attendu qu'aux termes de l'article 6 du Code de procédure pénale, l'action publique s'éteint par la mort du prévenu ;

Que lorsque l'instance en cassation est pendante, la chambre criminelle reste saisie des condamnations non atteintes par la prescription de l'action publique ;

Que tel est le cas de la mesure de confiscation prononcée en l'espèce, qui vise l'instrument du délit ou la chose produite par le délit, sanction non personnelle à caractère réel survivant à l'extinction de l'action publique ;

Qu'il convient dans cette mesure de statuer sur le pourvoi. »

111.03 Bibliographie indicative.

Encyclopédies. *Rép. pén.*, *V°* « Confiscation », par A. Beziz-Ayache – *J.-Cl. Pén. code*, art. 131-21 et 131-21-1, fasc. 20, par E. Camous.

Thèses. J. Bourgais, *Le rôle du juge pénal en matière de saisies et confiscations, Étude de droit comparé (France – Angleterre)*, Poitiers, 2021 – S. Brezillon, *De la peine patrimoniale au patrimoine pénal. Essai pénologique, historique et prospectif*, Nantes, 2017 – M. Peter, *Les saisies pénales spéciales. Une évolution majeure pour une stratégie pénale patrimoniale repensée*, Aix-Marseille, 2018.

Articles. E. Camous, « La peine patrimoniale : une alternative prospective à la peine d'emprisonnement », *AJ pénal* 2018. 25 – E. Camous et J.-F. Thony, « Gel, saisie et confiscation des avoirs criminels : les nouveaux outils de la loi française », *RID pén.* 2013, n° 1-2, p. 207 – G. Cotelle, « Consécration implicite de la procédure de confiscation sans condamnation préalable », *AJ pénal* 2016. 463 – E. Daoud, « Les droits de la personne mise en cause », *in* L. Ascensi, P. Beauvais et R. Parizot (dir.), *La confiscation des avoirs criminels, Nouveaux enjeux juridiques*, LGDJ, 2021, p. 65 – S. Detraz, « Action publique fantôme mais sanction réelle », *Gaz. Pal.* 15 oct. 2013, n° 288, p. 30 – E. Dreyer, « Sur les fonctions respectives de l'amende et de la confiscation », *Gaz. Pal.* 13 mai 2014, n° 133, p. 16 – Ch. Duchaine et D. Martinelli, « Décès du prévenu et récupération des produits du crime », *La revue du Grasco*, n° 3, oct. 2012, p. 14 – J. Gasboui, « La confiscation des profits illicites », *RRJ* 2013-4, p. 1571 – D. Guérin et C. Ducouloux-Favard, « La confiscation en droit pénal français », *Gaz. Pal.* 31 oct. 2002, n° 218, p. 9 – H. Matsopoulou, « La confiscation spéciale dans le nouveau Code pénal », *RSC* 1995. 301 – A. Mihman, « La confiscation des profits illicites », *Gaz. Pal.* 13 mai 2014, n° 133, p. 9 – R. Parizot, « La confiscation, sanction applicable en droit pénal des affaires », *in* H. Matsopoulou et C. Mascala (dir.), *Lamy Droit pénal des affaires*, Wolters Kluwer, 2020.

SECTION 1
NATURE ET OBJET DES CONFISCATIONS

111.10 Plan. Les confiscations constituent des peines dont l'objet est défini par la loi ou le règlement, c'est-à-dire, même s'il est vrai que la définition de la notion est fort discutée[1], un « châtiment édicté par la loi à l'effet de prévenir et, s'il y a lieu, de réprimer l'atteinte à l'ordre social qualifiée d'infraction »[2] (§ 1).

1. SUR CES DISCUSSIONS dans un ouvrage notamment consacré aux confiscations : S. Brezillon, *De la peine patrimoniale au patrimoine pénal. Essai pénologique, historique et prospectif*, thèse, Nantes, 2017.
2. G. Cornu (dir.), *Vocabulaire juridique*, 6e éd., « Quadrige », PUF, 2004, *V°* « Peine », sens 1.

Elles peuvent à ce titre être distinguées de notions voisines telles que les confiscations susceptibles d'être ordonnées par le juge répressif en matière fiscale, ou encore les décisions de saisies pénales (§ 2).

§ 1
Des peines

111.20 **Plan.** La doctrine est unanime pour enseigner que, dans le nouveau Code pénal, la confiscation a été conçue par le législateur comme une peine qui vise, en tant que telle, à réprimer l'atteinte portée à l'ordre public par l'auteur d'une infraction[1]. Certaines auteurs la font d'ailleurs relever plus précisément de la catégorie des peines patrimoniales dont ils ont proposé la conceptualisation[2].

Cette qualification est ancienne en droit français : elle remonte à l'Ancien droit, a traversé le Droit intermédiaire et a été celle retenue par les rédacteurs de l'ancien Code pénal (anc. C. pén., art. 11).

La chambre criminelle a d'ailleurs affirmé dans plusieurs de ses décisions que la confiscation constitue une peine, pour en déduire l'application, en cas de prononcé d'une mesure de confiscation, de tel aspect de leur régime juridique[3]. On relèvera à cet égard combien la qualification de peine est ancienne dans la jurisprudence de la Cour de cassation. Ainsi, dans un arrêt du 1er avril 1854, la chambre criminelle avait rejeté le pourvoi d'un commissaire de police remplissant les fonctions du ministère public près un tribunal de simple police, en approuvant cette juridiction d'avoir restitué des pains dont la saisie avait été opérée, au motif que le boulanger, poursuivi pour avoir exposé à la vente des pains non cuits impropres à la consommation, avait été renvoyé des fins de la poursuite. Pour justifier sa décision, la chambre criminelle avait énoncé que le tribunal n'avait fait que « se conformer aux règles de la procédure en matière pénale, puisque la juridiction répressive ne peut, aux termes de l'article 161 du [Code d'instruction criminelle], maintenir la saisie des objets qui en ont été frappés, et prononcer leur confiscation, dans les cas où la loi la prescrit expressément, que lorsqu'elle réprime la contravention imputée au prévenu »[4]. Cet arrêt avait été publié au *Bulletin des arrêts de la Cour de cassation*, sous un sommaire qui énonçait : « La confiscation est une peine et, dès lors, le tribunal de répression, lorsqu'il relaxe le prévenu, doit ordonner la restitution des objets saisis à la suite du procès-verbal. »

Une telle qualification va de soi pour le juriste français, mais elle doit être énoncée, car certains systèmes juridiques étrangers ont une approche différente de la question, puisque la confiscation peut y être détachée de la procédure pénale[5]. En effet, pour lutter contre certaines formes graves de délinquance et de criminalité, plusieurs États européens ont prévu, en marge du procès pénal, des mesures de confiscation de nature civile ou administrative qui sont fondées, non pas sur la culpabilité de l'intéressé établie selon les règles du procès pénal, mais sur sa seule dangerosité, et qui sont prononcées au terme de procédures que caractérise la mise en œuvre de règles de preuve moins protectrices que celles propres à la matière pénale. Tel est par exemple le cas de la législation italienne qui organise, depuis l'entrée en vigueur de la loi n° 646/1982 du 13 septembre 1982, dite Rognoni-La Torre, les confiscations de prévention[6].

Ainsi, la question n'est en définitive nullement celle de savoir si la confiscation est une peine, mais davantage celle, outre d'en décrire l'objet, de la situer dans la nomenclature des peines prévues par la loi – dont la persistante complexité a été relevée[7] –, en observant qu'elle constitue à la fois une peine complémentaire (A) et une peine alternative (B).

1. *Rép. pén.*, V° « Confiscation », n° 1, par A. Beziz-Ayache – E. Bonis-Garçon et V. Peltier, *Droit de la peine*, 2e éd., « Manuel », LexisNexis, 2015, n° 221 – B. Bouloc, *Droit pénal général*, 25e éd., « Précis », Dalloz, 2017, n° 626 – *J.-Cl. Pén. code*, art. 131-21 et 131-21-1, fasc. 20, par E. Camous, n° 14 – F. Desportes et F. Le Gunehec, *Droit pénal général*, 16e éd., « Corpus droit privé », Economica, 2009, n° 765 – E. Dreyer, *Droit pénal général*, 4e éd., « Manuel », LexisNexis, 2016, n° 1357 – R. Merle et A. Vitu, *Traité de droit criminel*, t. I, 7e éd., Cujas, 1997, n° 792 – J. Pradel, *Droit pénal général*, 21e éd., « Référence », Cujas, 2016, n° 678 – M.-L. Rassat, *Droit pénal général*, 2e éd., « Cours magistral », Ellipses, 2006, n° 457 – J.-H. Robert, *Droit pénal général*, 6e éd., « Thémis droit », PUF, 2005, p. 430.
2. SUR CETTE NOTION : S. Brezillon, *De la peine patrimoniale au patrimoine pénal. Essai pénologique, historique et prospectif*, préc. – E. Camous, « La peine patrimoniale : une alternative prospective à la peine d'emprisonnement », *AJ pénal* 2018. 25.
3. Crim. 8 juin 1977, n° 76-93.504, P, n° 210 – Crim. 14 déc. 1982, n° 81-90.682, P, n° 290 – Crim. 6 nov. 1984, n° 84-90.170, P, n° 337 – Crim. 22 nov. 1989, n° 89-82.888, P, n° 439 – Crim. 13 nov. 2008, n° 08-83.597, NP – Crim. 13 oct. 2021, n° 20-86.868, P – Crim. 18 janv. 2023, n° 21-82.838, NP.
4. Crim. 1er avr. 1854, P, n° 96.
5. SUR LA QUESTION : L. Ascensi, « Les confiscations non pénales face au droit de l'Union européenne. À propos de l'arrêt de la CJUE du 19 mars 2020 dans l'affaire C-234/18 », *Dr. pén.* 2020, étude 15 – M. Peter, *Les saisies pénales spéciales. Une évolution majeure pour une stratégie pénale patrimoniale repensée*, thèse, Aix-Marseille, 2018, n° 76 – J. Pradel, *Droit pénal comparé*, préc., n° 504.
6. SUR LA QUESTION : A. Aiello, « L'administration et la gestion des entreprises confisquées à la Mafia », *LPA* 31 oct. 2002, p. 62 – A. Bernardi, « La confiscation préventive dans la législation anti-mafia italienne », *in* L. Ascensi, P. Beauvais et R. Parizot (dir.), *La confiscation des avoirs criminels, Nouveaux enjeux juridiques*, LGDJ, 2021, p. 45 – F. Diamanti, E. A. A. Dei Cas et S. Bolis, « *Italy* », *in* A. Bernardi (dir.), *Improving confiscation procedures in the European Union*, Jovene Editore, 2019, p. 287 – G. Fiandaca et C. Visconti, « Les nouvelles formes de confiscation italiennes dans la lutte contre le crime organisé : mesures patrimoniales à titre de prévention », *Gaz pal.* 31 oct. 2002, n° 218, p. 60 – F. Menditto, « La "confiscation anti-mafia" et le sort des biens confisqués en Italie », *La revue du Grasco*, n° 6, juill. 2013, p. 123 – S. Mogini, « L'affaire *Crisafulli* : les mesures de confiscation préventives anti-mafia à l'épreuve des mécanismes de la coopération judiciaire internationale », *LPA* 19 nov. 2004, p. 6 – M. Papa, « La nouvelle législation italienne en matière de criminalité organisée », *RSC* 1993. 725.
7. G. Beaussonie, « La refondation de l'échelle des peines correctionnelles », *in* S. Pellé (dir.), *Quelles mutations pour la justice pénale du XXIe siècle ?*, « Thèmes et commentaires », Dalloz, 2020, p. 189.

A. Des peines complémentaires

111.30 **Plan.** Le Code pénal envisage la confiscation comme une peine complémentaire criminelle, délictuelle (1°) ou contraventionnelle (2°), applicable aux personnes physiques comme morales.

1° Des peines complémentaires criminelles ou délictuelles applicables aux personnes physiques et morales

111.41 **Personnes physiques.** Lorsque la loi le prévoit, les personnes physiques qui sont reconnues coupables d'un crime ou un délit peuvent être sanctionnées, en complément des peines principales, par la confiscation d'un objet ou d'un animal[1].

L'article 131-10 du Code pénal n'indique pas davantage quel est l'objet de cette peine complémentaire. Aussi doit-il être lu avec l'article 131-21 du même code, relatif au contenu et aux modalités d'application de la peine complémentaire de confiscation applicable aux personnes physiques, et l'article 131-21-1, concernant la confiscation des animaux. En effet, malgré les différences rédactionnelles fondamentales qui existent entre les dispositions de l'article 131-10 et celles de l'article 131-21, une lecture combinée de ces deux textes s'impose.

Il est bien sûr exact que l'article 131-10 dispose, en l'état de sa rédaction, qu'un crime ou un délit peut être sanctionné d'une ou de plusieurs peines complémentaires qui, frappant les personnes physiques, emportent notamment « confiscation d'un objet, confiscation d'un animal », alors que l'article 131-21 envisage la confiscation de « biens » ; et que « l'objet », qui s'entend habituellement d'une « chose matérielle, tangible », ou encore d'un « objet corporel »[2], n'est pas le « bien », dont la définition est distincte, comme englobant notamment les biens corporels et incorporels[3].

Pourtant, la compréhension combinée des deux textes est justifiée. Tout d'abord, dans son état initial, l'article 131-21 disposait notamment que, lorsqu'elle était encourue à titre de peine complémentaire pour un crime ou un délit, la confiscation portait sur la « chose » qui avait servi à commettre l'infraction ou sur la « chose » qui en était le produit, à l'exception des objets susceptibles de restitution, et cette peine pouvait en outre porter sur tout « objet mobilier » défini par la loi ou le règlement réprimant l'infraction. Il existait ainsi une proximité rédactionnelle entre les dispositions des articles 131-10 et 131-21, laquelle avait été voulue par le législateur, si l'on rappelle que la circulaire du 14 mai 1993[4] énonçait que, dans un souci de clarté, la formule du deuxième alinéa de l'article 131-21 avait été reproduite à l'article 131-16, lorsque la confiscation était encourue à titre de peine complémentaire contraventionnelle par les personnes physiques, au 10° de l'article 131-6 et au 6° de l'article 131-14, lorsque la confiscation était encourue à titre de peine principale alternative en matière correctionnelle ou contraventionnelle pour les personnes physiques, et enfin dans les livres II à V, chaque fois que la confiscation était prévue à titre de peine complémentaire. L'article 131-21 était ainsi envisagé comme le lieu d'une définition de la peine de confiscation applicable chaque fois que celle-ci était prévue par la loi ou le règlement, en sorte que les différences qui existent entre les actuelles rédactions des deux textes s'expliquent en réalité par le fait que l'article 131-21 a connu une évolution rédactionnelle propre, en particulier lors de sa refonte par la loi n° 2007-597 du 5 mars 2007[5], que n'a pas connue l'article 131-10. Ensuite, force est de constater que l'article 131-10 compose une sous-section intitulée « des peines complémentaires encourues pour certains crimes ou délits », quand l'article 131-21 est contenu dans une sous-section quant à elle intitulée « du contenu et des modalités d'application de certaines peines », ce qui conduit immanquablement à lire les dispositions de l'article 131-21 comme constituant la définition de la peine seulement prévue à l'article 131-10. Enfin, plusieurs décisions de la chambre criminelle démontrent que celle-ci a une compréhension souple de la notion de bien : elle a parfois assimilé, en matière de saisies et confiscations pénales, les notions de chose, d'objet et de bien[6].

1. C. pén., art. 131-10.
2. G. Cornu (dir.), *Vocabulaire juridique*, préc., V° « Objet », sens 1.
3. V. s[s] n° 123.13.
4. Circ. Justice-DACG, 14 mai 1993, *Commentaire des dispositions de la partie législative du nouveau Code pénal (livres I à V) et des dispositions de la loi du 16 décembre 1992 relative à son entrée en vigueur*, Journaux officiels, janv. 1993, n° 62.
5. L. n° 2007-297, 5 mars 2007 *relative à la prévention de la délinquance, JO* 7 mars, p. 4297.
6. Crim. 6 mai 2015, n° 15-80.076, P, n° 101 ; *D.* 2015. 1101 ; *AJ pénal* 2015. 508, obs. L. Ascensi, énonçant que « la peine complémentaire de confiscation d'un bien, meuble ou immeuble, [...] était et demeure encourue en application de l'article 131-21 du Code pénal, dans ses rédactions contemporaines des faits et actuelle », alors qu'à la date des faits l'article 131-39, 8°, du Code pénal disposait qu'était encourue par les personnes morales « la confiscation de la chose qui a servi ou était destinée à commettre l'infraction ou de la chose qui en est le produit » et que la demanderesse au pourvoi relevait que « ne peuvent être saisis à titre conservatoire au cours de l'instruction que les biens pour lesquels la peine de confiscation est encourue par la personne mise en examen en cas de condamnation ▶

Il résulte donc de ce qui précède qu'à titre de peine complémentaire criminelle ou délictuelle encourue par les personnes physiques, la confiscation peut porter sur un animal dans les conditions de l'article 131-21-1, ainsi que, lorsque la loi le prévoit, et dans les conditions de l'article 131-21, sur tous les biens meubles ou immeubles, quelle qu'en soit la nature, divis ou indivis, ayant servi à commettre l'infraction ou qui étaient destinés à la commettre, et dont le condamné est propriétaire ou, sous réserve des droits du propriétaire de bonne foi, dont il a la libre disposition[1], ainsi que sur tous les biens qui sont l'objet ou le produit direct ou indirect de l'infraction, à l'exception de ceux susceptibles de restitution à la victime[2], ou encore sur tout bien meuble ou immeuble défini par la loi ou le règlement qui réprime l'infraction[3].

De même, s'il s'agit d'un crime ou d'un délit puni d'au moins cinq ans d'emprisonnement et ayant procuré un profit direct ou indirect, la confiscation peut porter sur les biens meubles ou immeubles, quelle qu'en soit la nature, divis ou indivis, appartenant au condamné ou, sous réserve des droits du propriétaire de bonne foi, dont il a la libre disposition, lorsque ni le condamné, ni le propriétaire, mis en mesure de s'expliquer sur les biens dont la confiscation est envisagée, n'ont pu en justifier l'origine[4].

Lorsque la loi qui réprime le crime ou le délit le prévoit, la confiscation peut encore porter sur tout ou partie des biens appartenant au condamné ou, sous réserve des droits du propriétaire de bonne foi, dont il a la libre disposition, quelle qu'en soit la nature, meubles ou immeubles, divis ou indivis[5].

Enfin, la confiscation doit être obligatoirement prononcée s'agissant des objets qualifiés de dangereux ou nuisibles par la loi ou le règlement, ou dont la détention est illicite, que ces biens soient ou non la propriété du condamné[6].

111.42 Personnes morales. Les personnes morales encourent de même la peine complémentaire de confiscation dans les conditions et selon les modalités prévues par l'article 131-21 du Code pénal, ainsi que le prévoit l'article 131-39 du même code qui y renvoie, ou bien la confiscation de l'animal ayant été utilisé pour commettre l'infraction ou à l'encontre duquel l'infraction a été commise[7].

Le renvoi à l'article 131-21 était nécessaire pour aligner le régime applicable aux personnes morales sur celui relatif aux personnes physiques, dès lors que cet article est compris dans une section du Code pénal définissant les seules « peines applicables aux personnes physiques ».

2°
Des peines complémentaires contraventionnelles applicables aux personnes physiques et morales

111.51 Personnes physiques. Le règlement qui réprime une contravention peut prévoir, lorsque le coupable est une personne physique, une ou plusieurs des peines complémentaires de confiscation suivantes : confiscation d'une ou de plusieurs armes dont le condamné est propriétaire ou dont il a la libre disposition, confiscation de la chose qui a servi ou était destinée à commettre l'infraction (confiscation de l'instrument de l'infraction) ou de la chose qui en est le produit (confiscation du produit de l'infraction), ou encore confiscation de l'animal ayant été utilisé pour commettre l'infraction ou à l'encontre duquel l'infraction a été commise[8].

▶ de cette dernière par la juridiction de jugement ; que sont seules applicables à des faits les peines prévues par des textes en vigueur lorsqu'ils ont été commis ; que la peine de confiscation encourue par les personnes morales en 2006-2008, date des faits pour lesquels [elle avait] été mise en examen, ne pouvait alors porter que sur une chose, à l'exclusion d'un droit incorporel » – AUSSI, Crim. 5 févr. 2013, n° 12-90.069, NP pour dire n'y avoir lieu de transmettre au Conseil constitutionnel une question prioritaire de constitutionnalité portant sur les articles 706-141 à 706-165 du Code de procédure pénale relatifs aux procédures de saisies spéciales, énonce notamment que « les articles 41-4, 99, 479 et 543 du Code de procédure pénale instituent des procédures de restitution des biens placés sous main de justice qui sont assorties de voies de recours, les droits des tiers étant préservés par la mise en œuvre des articles 41-5 et 99-2 du même code », alors que ces textes envisagent la situation des « objets » placés sous main de justice et non des « biens ».

1. C. pén., art. 131-21, al. 2 : confiscation de l'instrument de l'infraction.
2. C. pén., art. 131-21, al. 3 : confiscation de l'objet ou du produit de l'infraction.
3. C. pén., art. 131-21, al. 4 : confiscation d'un bien spécialement défini.
4. C. pén., art. 131-21, al. 5 : confiscation d'un bien dont l'origine n'a pu être justifiée.
5. C. pén., art. 131-21, al. 6 : confiscation de patrimoine – SAUF à indiquer que ce qui est en pratique nommé « confiscation de patrimoine » consiste en réalité en la confiscation non pas du patrimoine lui-même, entendu comme une universalité de droits, mais de tout ou partie des biens qui composent le patrimoine du condamné, ainsi que des biens qui sont à sa libre disposition, sous réserve des droits du propriétaire de bonne foi – SUR CETTE DISTINCTION : S. Brezillon, *De la peine patrimoniale au patrimoine pénal. Essai pénologique, historique et prospectif*, thèse, Nantes, p. 175 s., 221 s.
6. C. pén., art. 131-21, al. 7 : confiscation des objets qualifiés de dangereux ou nuisibles par la loi ou le règlement, ou dont la détention est illicite.
7. C. pén., art. 131-39, 8° et 10°.
8. C. pén., art. 131-16, 3°, 5° et 8°.

Comme en matière criminelle et délictuelle, l'article 131-16 du Code pénal doit être lu avec les articles 131-21 et 131-21-1 du même code, qui précisent le contenu de la peine complémentaire de confiscation [1]. En effet, l'article 131-21 envisage à la fois les peines de confiscation susceptibles d'être prévues par la loi et celle pouvant l'être par le règlement. Il en résulte que, nonobstant les dispositions d'apparence restrictives de l'article 131-16, le pouvoir réglementaire peut prévoir la confiscation de tout bien meuble ou immeuble (confiscation d'un bien spécialement désigné) ou encore celle de l'objet de l'infraction. De même, en matière contraventionnelle également, la confiscation des objets qualifiés de dangereux ou nuisible par la loi ou le règlement, ou dont la détention est illicite, présente un caractère impératif.

En revanche, les possibilités proposées au pouvoir réglementaire demeurent plus limitées que celles offertes au législateur, dans la mesure où il est exclu que puisse être encourue en matière contraventionnelle la confiscation de biens dont l'origine n'a pu être justifiée ou encore celle de biens n'ayant aucun lien avec une infraction quelconque (confiscation de patrimoine). De telles possibilités, fortement attentatoires au droit de propriété, sont en effet réservées par les dispositions de l'article 131-21 aux matières criminelle et délictuelle.

111.52 **Personnes morales.** En ce qui concerne par ailleurs les personnes morales, le règlement qui réprime une contravention peut prévoir une ou plusieurs des peines de confiscation suivantes : confiscation de la chose qui a servi ou était destinée à commettre l'infraction (confiscation de l'instrument de l'infraction) ou de la chose qui en est le produit (confiscation du produit de l'infraction), ou encore confiscation de l'animal ayant été utilisé pour commettre l'infraction ou à l'encontre duquel l'infraction a été commise [2].

Le législateur n'a pas opéré de renvoi à l'article 131-21 du Code pénal, qui s'applique aux seules personnes physiques, de même qu'il n'a pas prévu que le règlement puisse faire encourir aux personnes morales la confiscation des armes leur appartenant, ce qui semble donc ici exclu [3].

B. Des peines alternatives

111.60 **Plan.** La confiscation ne constitue pas seulement une peine complémentaire : elle constitue aussi une peine alternative que peut prononcer le juge répressif en matière délictuelle (1°) et lorsqu'il est saisi d'une contravention de la cinquième classe (2°).

1° Des peines alternatives délictuelles

111.71 **Personnes physiques.** En application de l'article 131-6 du Code pénal, la confiscation est une peine alternative susceptible d'être prononcée à l'encontre d'une personne physique par le juge répressif, en lieu et place de l'emprisonnement, lorsqu'un délit est puni d'une telle peine [4], ou bien à la place de l'amende, lorsque seule celle-ci se trouve encourue [5]. Il peut ainsi être prononcé, à la place de l'emprisonnement ou de l'amende, une ou plusieurs peines restrictives de liberté, notamment la confiscation d'un ou de plusieurs véhicules appartenant au condamné, la confiscation d'une ou de plusieurs armes dont le condamné est propriétaire ou dont il a la libre disposition, ou encore la confiscation de la chose qui a servi ou était destinée à commettre l'infraction (confiscation de l'instrument de l'infraction) ou de la chose qui en est le produit (confiscation du produit de l'infraction), sauf en matière de délits de presse.

Il y a lieu de relever que, si les peines privatives ou restrictives de liberté énumérées par l'article 131-6 peuvent être prononcées cumulativement entre elles, certaines d'entre elles peuvent de surcroît l'être, par dérogation au principe énoncé par le texte, cumulativement avec la peine d'emprisonnement. Ainsi, depuis l'entrée en vigueur de la loi n° 2020-936 du 30 juillet 2020 [6], la peine de confiscation des armes du condamné [7], ainsi que celle de l'instrument ou du produit de l'infraction [8], peuvent être prononcées cumulativement avec la peine d'emprisonnement [9]. Cette évolution, qui est largement passée inaperçue, est importante. D'une part, elle rend dorénavant inexact l'emploi courant de la notion de peine « alternative » ; d'autre part, elle étend le champ d'application de certaines peines de confiscation, en particulier de celles portant sur l'instrument et le produit de l'infraction, puisqu'elle étend la possibilité de prononcer de telles confiscations en complément de la peine d'emprisonnement à tous les délits punis d'une peine d'emprisonnement (sauf en matière de presse), alors que la peine complémentaire de confiscation de tels biens, prévue par l'article 131-21 du Code pénal, ne s'applique, hors dispositions pénales spéciales, qu'aux

1. V. s^s n° 111.41.
2. C. pén., art. 131-16, 5° et 8°, et 131-43.
3. C. pén., art. 131-16, 3°.
4. C. pén., art. 131-6, 4°, 7° et 10°.
5. C. pén., art. 131-6, 4°, 7° et 10°, et 131-7.
6. L. n° 2020-936, 30 juill. 2020 *visant à protéger les victimes de violences conjugales*, *JO* 31 juill., n° 2.
7. C. pén., art. 131-6, al. 1, 7°.
8. C. pén., art. 131-6, al. 1, 10°.
9. C. pén., art. 131-6, al. 2.

crimes et délits punis d'une peine d'emprisonnement d'une durée supérieure à un an[1]. Pour le dire autrement, le juge répressif qui ne peut ordonner, en complément de la peine d'emprisonnement prononcée, la confiscation à titre de peine complémentaire de l'instrument ou du produit de l'infraction[2] quand le délit poursuivi fait encourir à son auteur une peine d'emprisonnement d'une durée inférieure ou égale à un an, a en revanche le pouvoir de prononcer une telle peine à titre de peine privative ou restrictive de liberté[3]. Cet effet théorique et pratique de la loi du 30 juillet 2020, dû à un amendement du rapporteur de la Commission des lois de l'Assemblée nationale destiné à assurer une meilleure « protection des victimes de violences conjugales »[4], a d'ailleurs été relevé par la Commission des lois du Sénat : « La possibilité de peines cumulatives pour tous les délits punis de peines de prison marque une évolution importante dans la logique des articles 131-6 et 131-9 qui sont fondés sur la volonté d'offrir des alternatives à l'emprisonnement tout en protégeant les victimes. [...] La rapporteure de l'Assemblée nationale justifie cette possibilité par le fait que les interdictions prononcées seront d'application immédiate, alors que la peine de prison pourra n'être exécutée que tardivement, voire ne pas être exécutée, ce qui limite de fait la protection accordée à la victime. La commission partage cet objectif de meilleure protection des victimes. Elle note cependant que la portée de cet article dépasse largement le champ des violences conjugales et celui des armes puisqu'il concerne tous les délits punis d'une peine d'emprisonnement et les interdictions de paraître. »[5]

Quoi qu'il en soit, l'on peut s'interroger sur l'articulation qui doit être faite entre les dispositions de l'article 131-6 et celles de l'article 131-21 du Code pénal. Par exemple, alors que l'article 131-21 dispose que, lorsque la loi le prévoit, peuvent être confisqués à titre de peine complémentaire « les biens meubles ou immeubles, quelle qu'en soit la nature, divis ou indivis, ayant servi à commettre l'infraction ou qui étaient destinés à la commettre, et dont le condamné est propriétaire ou, sous réserve des droits du propriétaire de bonne, dont il a la libre disposition », l'article 131-6 se borne à prévoir que peut être prononcée alternativement à l'emprisonnement ou à l'amende la confiscation de « la chose qui a servi ou était destinée à commettre l'infraction ». Les interrogations sont ainsi multiples. La confiscation d'un bien incorporel ou encore immobilier peut-elle être prononcée sur le fondement de ces textes à titre de peine alternative ? De même, les articles 131-6 et 131-7 n'énonçant aucune restriction quant à la propriété des biens susceptibles d'être confisqués, l'instrument de l'infraction appartenant à un tiers de bonne foi pourrait-il être confisqué à titre de peine alternative, alors qu'il ne le peut pas à titre de peine complémentaire ? En d'autres termes, existe-t-il une « étanchéité » entre les dispositions de l'article 131-21 et celles des articles 131-6 et 131-7, ou bien une interprétation combinée de ces textes est-elle envisageable ?

Dans le sens d'une telle étanchéité, l'on relèvera que l'article 131-21 définit la seule « peine complémentaire » de confiscation et non la « peine privative ou restrictive de liberté » prévue par les articles 131-6 et 131-7, susceptible de constituer une alternative à l'emprisonnement ou à l'amende, l'une ne pouvant donc partager le régime juridique de l'autre.

À l'inverse, cependant, il pourrait aussi être soutenu, comme il a été vu, que l'intention des rédacteurs du nouveau Code pénal était d'unifier au sein de celui-ci le contenu des mesures de confiscation prévues à titre de peine complémentaire ou bien alternative[6].

La chambre criminelle a quant à elle pu interpréter les dispositions de l'article 131-6 à la lumière de celles de l'article 131-21. Une cour d'appel avait en effet prononcé, à la place de l'emprisonnement, la confiscation au profit de l'État du véhicule appartenant au prévenu reconnu coupable de faits de refus d'obtempérer. Après s'être pourvu en cassation, le demandeur soutenait notamment que l'article 131-6 ne disposait pas que la confiscation avait lieu au profit de l'État, en sorte que les juges avaient excédé leurs pouvoirs. La chambre criminelle a écarté cette argumentation et a énoncé qu'« aux termes de l'article 131-21 du Code pénal, la chose confisquée est, sauf dispositions particulière prévoyant sa destruction ou son attribution, dévolue à l'État »[7]. Force est ainsi de constater que la chambre criminelle a recherché dans les dispositions de l'article 131-21, relatives à la peine complémentaire de confiscation, le contenu du régime juridique d'une confiscation prononcée à titre de peine alternative, ce qui invite à une lecture combinée des deux textes. Cet arrêt, cependant, est unique, l'emprunt portait de surcroît sur les seuls effets juridiques de la confiscation prononcée (et non sur ses conditions), et enfin la solution n'était en tout état de cause

1. C. pén., art. 131-21, al. 1.
2. C. pén., art. 131-21, al. 2 et 3.
3. C. pén., art. 131-6, al. 1, 10°.
4. *Rapp. Ass. nat.* n° 2587 (XVe législ.), p. 48.
5. *Rapp. Sénat* n° 482 (2019-2020), p. 51.
6. V. s^s^ n° 111.41 – AUSSI : R. Parizot, « La confiscation, sanction applicable en droit pénal des affaires », *in* H. Matsopoulou et C. Mascala (dir.), *Lamy Droit pénal des affaires*, Wolters Kluwer, 2020, n° 165.
7. Crim. 25 sept. 2007, n° 06-85.327, NP.

guère douteuse. Il conviendrait ainsi que la chambre criminelle ait à nouveau l'occasion de se prononcer sur la question.

2°
Des peines alternatives encourues pour les contraventions de la cinquième classe

111.80 Plan. La confiscation constitue une peine alternative encourue par les personnes physiques et les personnes morales pour les contraventions de la cinquième classe.

111.81 Personnes physiques. La peine alternative de confiscation est encourue par les personnes physiques auteurs de contraventions de la cinquième classe[1]. Pour ces infractions, le juge répressif peut prononcer, en lieu et place de l'amende encourue, la confiscation d'une ou de plusieurs armes dont le condamné est propriétaire ou dont il a la libre disposition, ou bien la confiscation de la chose qui a servi ou était destinée à commettre l'infraction (confiscation de l'instrument de l'infraction) ou de la chose qui en est le produit (confiscation du produit de l'infraction), sauf en matière de délits de presse, les peines privatives ou restrictives de droits énumérées à cet article pouvant être prononcées cumulativement.

Comme en matière délictuelle, l'on peut s'interroger sur l'articulation qui doit être faite entre les dispositions de l'article 131-14 du Code pénal et celles de l'article 131-21 du même code[2].

111.82 Personnes morales. De même, pour toutes les contraventions de la cinquième classe commises par les personnes morales, la peine d'amende encourue par celles-ci peut être remplacée par la confiscation de la chose qui a servi ou était destinée à commettre l'infraction (confiscation de l'instrument de l'infraction) ou de la chose qui en est le produit (confiscation du produit de l'infraction)[3].

§ 2
Notions voisines

111.90 Plan. Les confiscations pénales doivent être distinguées de notions voisines.

Ainsi, certaines mesures de confiscation, pourtant prononcées par le juge répressif, n'ont pas la nature de peines. Tel est le cas lorsque la juridiction pénale, saisie d'infractions au droit des contributions indirectes définies par le Code général des impôts, ou bien en matière douanière, prononce une mesure de confiscation. Cette mesure ne constituera pas une sanction pénale, mais une sanction fiscale. En ce domaine, en effet, c'est un même juge, le juge répressif, qui, saisi à la fois de l'action publique et de l'action fiscale, prononcera des sanctions de l'une et l'autre nature.

Par ailleurs, la notion de confiscation doit aussi être distinguée de celle de saisie pénale.

111.91 Confiscations en matière de contributions indirectes. Les confiscations susceptibles d'être prononcées par le juge répressif en matière de contributions indirectes doivent ainsi être distinguées des confiscations pénales car elles présentent un caractère seulement fiscal[4].

Cette qualification distincte trouve un fondement très sûr à l'article 1791 du Code général des impôts, lequel figure dans une subdivision de ce code intitulée « sanctions fiscales », à laquelle répond une autre subdivision intitulée quant à elle « sanctions pénales ». L'article 1791, I, de ce code dispose ainsi : « Sous réserve des dispositions spéciales prévues aux articles ci-après, toute infraction aux dispositions du titre III de la première partie du livre Ier, et des lois régissant les contributions indirectes, ainsi que des décrets et arrêtés pris pour leur exécution, toute manœuvre ayant pour but ou pour résultat de frauder ou de compromettre les droits, taxes, redevances, soultes et autres impositions établies par ces dispositions sont punies d'une amende de 15 € à 750 €, d'une pénalité dont le montant est compris entre une et trois fois celui des droits, taxes, redevances, soultes ou autres impositions fraudés ou compromis, sans préjudice de la confiscation des objets, produits ou marchandises saisis en contravention, ainsi que de la confiscation des biens et avoirs qui sont le produit direct ou indirect de l'infraction. »

Semblable qualification se retrouve dans la jurisprudence de la chambre criminelle qui a affirmé l'autonomie des sanctions fiscales vis-à-vis des sanctions pénales. Ainsi, par exemple, dans une affaire où une cour d'appel avait été saisie de la seule action fiscale de l'administration en l'absence d'appel du ministère public, et alors que les demandeurs au pourvoi faisaient valoir que cette juridiction ne pouvait, comme elle l'avait fait, prononcer les sanctions pénales que constituaient les amendes et confiscations, la chambre criminelle a approuvé les juges du second degré d'avoir statué par des motifs qui caractérisaient « la nature seulement fiscale des sanctions prononcées »[5].

111.92 Confiscations douanières. Les infractions douanières font de même encourir certaines mesures de confiscation qui présentent un caractère fiscal

1. C. pén., art. 131-14, 3° et 6°, et 131-15.
2. V. ss no 111.71.
3. C. pén., art. 131-42, 2°.

4. SUR LA QUESTION : *J.-Cl. Pén. aff.*, V° « Impôts », fasc. 30, par. S. Detraz – Ch. Lopez, « La confiscation en matière de contributions indirectes », *LPA* 31 oct. 2002, p. 51.
5. Crim. 11 mai 2000, no 99-83.396, NP.

et non pénal, bien qu'elles soient prononcées par le juge répressif, la confiscation faisant ainsi partie des sanctions fiscales que l'on qualifie parfois de douanières [1].

Cette sanction fiscale est prévue par le Code des douanes pour les délits douaniers [2], ainsi que pour les contraventions douanières de troisième classe [3]. Elle est spécialement encourue en matière d'importation sans déclaration [4]. Enfin, elle est envisagée à titre de sanction complémentaire [5].

Si le Code des douanes souffre d'imprécision quant à la distinction qu'il convient d'opérer entre les sanctions pénales et fiscales, puisque l'article 430 du Code des douanes compose une subdivision de ce code intitulée « peines complémentaires », cet intitulé ne saurait conduire à considérer que les confiscations susceptibles d'être prononcées par le juge répressif en matière douanière auraient une nature pénale [6]. En effet, il ne fait aucun doute, dans la jurisprudence de la chambre criminelle, que les confiscations douanières sont analysées en des sanctions fiscales prononcées par le juge répressif. La chambre criminelle a ainsi très clairement jugé que « le prononcé, par le juge correctionnel, de la confiscation douanière prévue à l'article 414 du Code des douanes en répression des infractions de contrebande ou d'importation ou d'exportation sans déclaration de marchandises prohibées est soumis aux dispositions spécifiques de l'article 369 du Code des douanes et échappe, par conséquent, aux prescriptions des articles 485 du Code de procédure pénale et 132-1 du Code pénal » [7], que « l'action pour l'application des sanctions fiscales, dont le ministère public a la charge [...], comprend notamment les mesures de confiscation prévues à l'article 414 du Code des douanes » [8], ou encore, pour affirmer le principe de la légalité des confiscations fiscales, que « les juges répressifs ne peuvent prononcer, à raison de l'infraction dont ils sont saisis, qu'une seule fois les sanctions prévues par la loi » [9]. Au reste, de façon plus ancienne, la chambre criminelle a énoncé que « les juges du second degré, saisis des seuls appels du ministère public et du prévenu, ne peuvent réformer, au profit de l'administration des douanes non appelante et intimée, un jugement auquel elle a tacitement acquiescé », et cassé l'arrêt d'une cour d'appel qui, en l'absence d'appel de l'administration des douanes, avait néanmoins substitué la confiscation pure et simple d'un véhicule à la confiscation par équivalence prononcée par les juges du premier degré [10]. La décision de la chambre criminelle revenait donc à rattacher la confiscation à l'action douanière et non à l'action publique.

111.93 Portée de la distinction. Sans doute faut-il se garder d'exagérer la distinction entre les confiscations prononcées à titre de sanction pénale et celles qui le sont en tant que sanctions fiscales. En effet, des principes communs s'appliquent aux unes et aux autres. Il faut rappeler, en particulier, que, comme il sera vu [11], la Cour européenne des droits de l'homme, dans de nombreux arrêts et décisions, ne distingue aucunement selon la forme des confiscations prononcées par les autorités internes et soumet à un même type de contrôle ces mesures lorsque se trouve invoquée devant elle la violation de l'un des droits protégés par la Convention. Il en est de même en droit interne, puisque le Conseil constitutionnel subordonne l'ensemble des sanctions ayant le caractère d'une punition à un même *corpus* de principes constitutionnels [12].

La distinction reste importante, néanmoins, car les confiscations prononcées à titre de sanctions pénales ou bien en tant que sanctions fiscales obéissent à des régimes juridiques propres. En effet, la chambre criminelle a construit au fil du temps une jurisprudence particulière en matière de confiscations fiscales, laquelle est fondée, non sur la spécificité des textes en la matière, mais sur la nature même de sanction fiscale à laquelle a été reconnue par la chambre criminelle une double nature répressive et indemnitaire. C'est ainsi qu'il a été jugé qu'« en matière de contributions indirectes, lorsque l'action prévue à l'article L. 235 du Livre des procédures fiscales a été portée, du vivant de l'auteur de l'infraction, devant le tribunal correctionnel l'Administration peut demander la condamnation des héritiers du prévenu décédé au paiement des

1. SUR LA QUESTION : E. Belfayol, *Le contentieux pénal douanier*, « Pratique du droit », Economica, 2016 – *J.-Cl. Pén. aff., V°* « Douanes », fasc. 10, par S. Detraz – J. Pannier, « L'action pour l'application des sanctions douanières devant les juridictions répressives », *Gaz. Pal.* 14 janv. 1994, n° 15, p. 3 – G. Schoen, « La confiscation en matière douanière », *LPA* 31 oct. 2002, p. 26 – Ch. Soulard, *Guide pratique du contentieux douanier*, 2e éd., « Droit et professionnels », LexisNexis, 2015.
2. C. douanes, art. 414 et 415.
3. C. douanes, art. 412.
4. C. douanes, art. 434.
5. C. douanes, art. 430.
6. SUR CETTE IMPRÉCISION : J.-H. Robert, « Clarification de la nature juridique de la confiscation douanière », *Dr. pén.* 2014, comm. 60.
7. Crim. 7 sept. 2022, n° 21-85.236, P.
8. Crim. 19 févr. 2014, n° 13-82.065, P, n° 44 ; *Dr. pén.* 2014, comm. 60, obs. J.-H. Robert ; *RSC* 2014. 573, obs. S. Detraz.
9. Crim. 29 mai 1997, n° 95-85.759, P, n° 214 ; *RSC* 1998. 96, obs. B. Bouloc ; *RTD com.* 1998. 221, obs. B. Bouloc.
10. Crim. 28 mai 1984, n° 82-91.539, P, n° 192.
11. V. ss chap. 113.
12. EN PARTICULIER : Cons. const. 30 déc. 1987, n° 87-237 DC, *JO* 31 déc., p. 15761 ; *Rec.* p. 63 – Cons. const. 17 janv. 1989, n° 88-248 DC, *JO* 18 janv., p. 754 ; *Rec.* p. 18 ; *GDCC*, 19e éd., Dalloz, 2018, n° 8.

pénalités ayant pour objet d'assurer la réparation du préjudice causé au Trésor public, ainsi qu'à la confiscation, mesure à caractère réel, et au paiement des droits fraudés », étant précisé que, « dans ce cas, l'Administration doit être mise en mesure d'assigner devant la juridiction correctionnelle les héritiers du prévenu »[1]. Il a de même été affirmé qu'« en matière de contributions indirectes, les conclusions de l'administration des Impôts tendant à la condamnation, pour tenir lieu de la confiscation, au paiement de la valeur d'une marchandise saisie fictivement et concernant des produits ou objets non prohibés, s'analysent en une demande à caractère indemnitaire qui ne peut être présentée pour la première fois en cause d'appel »[2]. Il en est également ainsi en matière douanière, puisque la chambre criminelle a directement déduit de la nature fiscale des confiscations douanières un régime propre. La chambre criminelle s'était ainsi fondée sur le double caractère de sanctions pénales et de réparations civiles des confiscations douanières pour considérer que l'article 322 de la loi n° 92-1336 du 16 décembre 1992[3], supprimant les mentions relatives aux *minima* des peines d'amende ou des peines privatives de liberté encourues dans tous les textes prévoyant qu'un crime ou un délit est puni d'une peine d'amende, d'emprisonnement, de détention ou de réclusion, n'était pas applicable aux confiscations et amendes fiscales, proportionnelles à la valeur des marchandises de fraude, le texte de droit pénal n'emportant aucune modification des dispositions de l'article 369 du Code des douanes qui permettait alors au tribunal, s'il retenait des circonstances atténuantes, de réduire le montant des sommes tenant lieu de confiscation des marchandises de fraude jusqu'au tiers de la valeur de ces marchandises, et celui des amendes fiscales jusqu'au tiers de leur montant minimal[4].

111.94 **Saisies pénales.** Les confiscations doivent enfin être distinguées des saisies pénales qui constituent non pas des peines, mais des décisions de placement provisoire de biens sous main de justice, comme nous le verrons[5].

Cette distinction a d'ailleurs trouvé à s'illustrer dans six arrêts rendus le 9 mai 2012 par la chambre criminelle[6]. Dans ces décisions amplement commentées, elle a en effet considéré que les dispositions de l'article 706-148 du Code de procédure pénale, relatives à la saisie de patrimoine, avaient la nature de lois fixant les modalités des poursuites et les formes de la procédure, et étaient dès lors applicables immédiatement à la répression des infractions commises avant leur entrée en vigueur en application de l'article 112-2, 2°, du Code pénal. Cette qualification de loi de procédure excluait celle de loi pénale de fond, et imposait de distinguer entre les procédures de saisies et les peines de confiscation, dont elles ne constituent que le préalable.

Cette distinction a du reste été formellement affirmée par la chambre criminelle dans un arrêt ultérieur du 18 septembre 2012, dans lequel elle a considéré que la saisie effectuée en application de l'article 706-148 « ordonnée à titre conservatoire pour garantir l'exécution de la confiscation encourue en cas de condamnation, ne constitue pas une peine, au sens de l'article 132-24 du Code pénal »[7].

SECTION 2
Caractères atypiques des confiscations

111.100 **Plan.** Les confiscations ordonnées par le juge répressif ne sauraient en principe avoir une nature autre que celle de peine et ne devraient s'appliquer à elles que le seul régime correspondant à cette catégorie juridique.

Pourtant, l'examen de certaines dispositions législatives ou réglementaires, ainsi que celui de la jurisprudence de la chambre criminelle, révèlent que ces mesures présentent parfois des caractères atypiques, propres à d'autres catégories juridiques.

Ainsi, dans certains cas, les confiscations présentent des caractères de mesures de sûreté (§ 1), de sanctions à caractère réel (§ 2) ou bien encore de peines privées (§ 3).

Cela justifie que certains auteurs aient fait état de l'instabilité de la nature des confiscations[8].

§ 1
Des caractères de mesure de sûreté

111.110 **Plan.** Il résulte de nombre de dispositions législatives ou réglementaires, ou bien encore de certaines décisions de la chambre criminelle, que certaines peines de

1. Crim. 2 mai 1994, n° 93-80.230, P, n° 160.
2. Crim. 20 nov. 1989, n° 89-80.867, P, n° 423.
3. L. n° 92-1336, 16 déc. 1992 *relative à l'entrée en vigueur du nouveau Code pénal et à la modification de certaines dispositions de droit pénal et de procédure pénale rendue nécessaire par cette entrée en vigueur, JO* 23 déc., p. 17568.
4. Crim. 24 oct. 1996, n° 95-82.782, P, n° 373 ; *D.* 1997. 226, note C.-J. Berr ; *RSC* 1997. 635, obs. B. Bouloc ; *RTD com.* 1997. 341, obs. B. Bouloc.
5. V. s[s] n° 211.11.
6. Crim. 9 mai 2012, n° 11-85.522, P, n° 110 – Crim. 9 mai 2012, n°s 11-85.523 à 11-85.527 (5 arrêts) ; *D.* 2012. 1652, note Ch. Cutajar ; *AJ pénal* 2012. 427, obs. L. Ascensi ; *Procédures* 2012, comm. 231, obs. A.-S. Chavent-Leclere ; *Dr. pén.* 2012, comm. 111, obs. A. Maron et M. Haas ; *JCP G* 2012. 670, obs. J. Lasserre-Capdeville.
7. Crim. 18 sept. 2012, n° 12-82.759, P, n° 192 ; *D.* 2012. 2247 ; *JCP G* 2013. 360, obs. A. Maron.
8. J.-H. Robert, « L'instabilité des qualifications jurisprudentielles et doctrinales des peines secondaires », *in Mélanges en l'honneur du professeur Jean Larguier*, PUG, 1993, p. 788.

confiscation présentent les caractères de mesures de sûreté, habituellement définies comme des « mesures de précaution destinées à compléter ou suppléer la peine encourue par un délinquant qui, relevant en principe, comme la peine, de l'autorité judiciaire ne constituent pas un châtiment, mais une mesure de défense sociale imposée à un individu dangereux afin de prévenir les infractions futures qu'il pourrait commettre et que son état rend probables, l'aider ou le soumettre à un traitement »[1].

Il en est ainsi lorsque le législateur ou l'autorité réglementaire prescrit la confiscation d'objets, non pas à titre de sanction, mais davantage dans le souci de prévenir les atteintes à l'ordre public susceptibles d'être causées par un objet dangereux ou nuisible, ou dont la détention est illicite.

Cette analyse, ancienne et importante en doctrine, peut s'appuyer sur certains arguments textuels et jurisprudentiels. Cependant, sa portée pratique ne doit pas être exagérée car il ressort de la jurisprudence actuelle de la chambre criminelle que ces caractères sont impropres à modifier la nature des peines de confiscations.

111.111 Ancienneté de l'affirmation doctrinale. La doctrine, de façon ancienne, a en effet qualifié certaines confiscations de mesures de sûreté.

Commentant les dispositions de l'article 11 de l'ancien Code pénal, Garçon relevait ainsi que la confiscation pouvait parfois constituer une « mesure de police », et qu'elle présentait un tel caractère lorsqu'elle était ordonnée par la loi pour retirer un objet nuisible ou dangereux de la circulation, ou dont la possession était illicite, soit pour celui qui le détenait, soit d'une manière absolue[2]. S'interrogeant sur le régime juridique des confiscations entrant dans cette catégorie, il induisait de la jurisprudence de la chambre criminelle qu'elles pouvaient être prononcées même au cas où le prévenu était « acquitté ou absous », qu'elles devaient être prononcées par le juge, alors même que l'objet n'appartenait pas au délinquant, qu'elles pouvaient encore l'être contre ses héritiers, le décès du prévenu laissant subsister l'instance qui pouvait être continuée, les héritiers présents, et qu'elles pouvaient enfin l'être contre un inconnu. Seul importait le fait que l'infraction soit objectivement constatée par les juges.

Le Traité de Garraud comportait semblable enseignement : la confiscation pouvait être prononcée pourvu que le délit ait été constaté, y compris en cas de relaxe du prévenu, dans le cas où le délinquant était inconnu ou encore après la mort de l'inculpé, contre ses héritiers ; la confiscation pouvait être prononcée à l'encontre d'un civilement responsable ; il n'était pas nécessaire que le bien soit la propriété du condamné[3].

Cette position est aujourd'hui régulièrement affirmée en doctrine[4], souvent sur le fondement des mêmes arrêts, et elle a fait l'objet de travaux approfondis[5].

111.112 Affirmation jurisprudentielle ancienne. Il est vrai que cette analyse peut s'appuyer sur une jurisprudence ancienne et fournie de la chambre criminelle.

La qualification de mesure de sûreté a en effet été très tôt retenue, puisque les premières énonciations en ce sens datent d'un arrêt du 27 septembre 1833, dans lequel il a été affirmé que les dispositions de l'article 481 du Code pénal alors en vigueur, qui prévoyaient la confiscation obligatoire des faux poids et fausses mesures « [renfermaient] moins une aggravation de la peine qu'une mesure d'ordre destinée à retirer du commerce des instruments de pesage ou de mesurage qui [avaient] été reconnus ne pas offrir la garantie légale »[6].

Cette solution a ensuite été énoncée dans le domaine de la législation pénale sur les armes. Ainsi, dans une décision du 26 mars 1835, il a été jugé que les confiscations prévues par l'article 4 de la loi du 24 mai 1834 sur les armes constituaient « des mesures de police et de sûreté, dont l'application ne [pouvait] être écartée sous le prétexte de la bonne foi du fabricant, distributeur ou détenteur »[7].

Enfin, dans les décisions plus fréquemment citées des 3 janvier 1857 et 12 juillet 1860, il a été décidé que les marchandises falsifiées susceptibles d'être nuisibles pour la santé devaient être confisquées et détruites, même lorsque le prévenu avait été renvoyé des fins de la poursuite à raison de sa bonne foi[8]. Ainsi, dans l'arrêt du 3 janvier 1857, la chambre

1. G. Cornu (dir.), *Vocabulaire juridique*, préc., *V°* « Mesure », sens 2, de sûreté.
2. E. Garçon, *Code pénal annoté*, t. I, Sirey, 1901-1906, art. 11, n° 48.
3. R. Garraud, *Droit pénal français*, t. II, 3e éd., Sirey, 1914, n° 649.
4. *Rép. pén.*, préc., n° 26, par A. Beziz-Ayache – *J.-Cl. Pén. code*, préc., par E. Camous, n° 19 – E. Bonis-Garçon et V. Peltier, *Droit de la peine*, préc., n° 221 – B. Bouloc, *Droit pénal général*, préc., n° 629 – F. Desportes et F. Le Gunehec, *Droit pénal général*, préc., n° 836 – R. Merle et A. Vitu, *Traité de droit criminel*, préc., n° 794 – J. Pradel, *Droit pénal général*, préc., n° 685 – M.-L. Rassat, *Droit pénal général*, préc., p. 534 – J.-H. Robert, *Droit pénal général*, préc., p. 432 – CONTRA : E. Dreyer, *Droit pénal général*, préc., n° 1361 : « Le champ de la confiscation s'avère donc très vaste. Il n'est pas nécessaire que la chose soit par elle-même dangereuse. En cela, la confiscation dispose d'un caractère afflictif certain, qui empêche de l'assimiler à une simple mesure de sûreté. D'ailleurs, la Cour de cassation n'y a toujours vu qu'une peine. »
5. H. Matsopoulou, « La confiscation spéciale dans le nouveau Code pénal », *RSC* 1995. 301.
6. Crim. 27 sept. 1833, P, n° 410.
7. Crim. 26 mars 1835, P, n° 110.
8. Crim. 3 janv. 1857, P, n° 5 – Crim. 12 juill. 1860, P, n° 156.

criminelle a affirmé que la destruction de tels objets devait « être ordonnée dans cette hypothèse, non plus comme une peine, puisque le prévenu est déclaré non coupable, mais comme une mesure de précaution, que la loi a voulu prescrire, dans l'intérêt de la santé publique, et qui a pour objet d'enlever de la circulation les objets qui pourraient lui nuire ».

De tels arrêts, au reste, ne sont nullement isolés, puisqu'au contraire de nombreuses décisions confirmant ces solutions ont été rendues dans les domaines des faux poids et mesures[1], des délits de chasse[2], et de la législation pénale sur les armes[3].

111.113 Affirmation générale dans le nouveau Code pénal. Le législateur ne s'est pas départi de cette approche lors de l'élaboration du nouveau Code pénal.

Ainsi, l'article 131-21 de ce code dispose que « la confiscation est obligatoire pour les objets qualifiés de dangereux ou nuisibles par la loi ou le règlement, ou dont la détention est illicite, que ces biens soient ou non la propriété du condamné », ces dispositions étant complétées par celles de l'article 132-58 dont il résulte qu'en matière correctionnelle et dans certains cas en matière contraventionnelle, la juridiction peut dispenser le prévenu de peine ou ajourner le prononcé de celle-ci, mais seulement après avoir déclaré l'intéressé coupable et « statué, s'il y a lieu, sur la confiscation des objets dangereux ou nuisibles ».

Ainsi détachée du prononcé de la peine, la confiscation tend à apparaître en tant que mesure de sûreté, ce qui rejoint les termes de la circulaire du 14 mai 1993[4] énonçant que les dispositions de l'article 131-21 s'expliquent par le fait que la confiscation est non seulement une peine, mais aussi une mesure de sûreté qui doit permettre de retirer de la circulation certains objets.

111.114 Lois spéciales. De nombreuses dispositions de droit pénal spécial viennent au soutien de cette analyse de la partie générale du Code pénal.

Ainsi, en matière de trafic de stupéfiants[5], tout comme en matière de trafic d'armes[6], les articles 222-49 (trafic de stupéfiants) et 222-66 (trafic d'armes) du Code pénal prévoient la confiscation obligatoire des installations, matériels et de tout bien ayant servi, directement ou indirectement, à la commission de l'infraction, ainsi que tout produit provenant de celle-ci, à quelque personne qu'ils appartiennent et en quelque lieu qu'ils se trouvent, dès lors que leur propriétaire ne pouvait en ignorer l'origine ou l'utilisation frauduleuse.

De même, l'article 442-13, alinéa 2, du Code pénal prévoit la confiscation obligatoire des pièces de monnaie et des billets de banque contrefaisants ou falsifiés, ainsi que des matières et instruments destinés à servir à leur fabrication, de semblables dispositions s'appliquant aux objets, imprimés ou formules prêtant à confusion avec les signes monétaires[7], en cas de refus de restitution de signes monétaires contrefaits ou falsifiés[8], d'utilisation de monnaie comme support de publicité[9] ou encore d'acceptation, détention ou utilisation de signes monétaires non autorisés[10], de falsification des titres ou autres valeurs fiduciaires émises par l'autorité publique[11], et de falsification des marques de l'autorité[12]. Le caractère de mesure de sûreté apparaît particulièrement si l'on relève que la confiscation entraîne dans ces derniers domaines remise de la chose confisquée, selon le cas, à la Monnaie de Paris, à la Banque de France ou bien encore à l'administration, aux fins de destruction éventuelle.

Enfin, de nombreux exemples pourraient aussi être tirés de la législation pénale sur les armes[13].

Dans tous ces cas, l'on peut convenir que l'objectif du législateur ou du pouvoir réglementaire est bien de retirer certains objets de la circulation.

111.115 Jurisprudence contemporaine de la chambre criminelle. Appliquant le nouveau Code pénal, la chambre criminelle a initialement semblé être restée fidèle à son ancienne jurisprudence, comme en témoignait un arrêt rendu le 29 avril 2009. En effet, dans cette affaire où une cour d'appel avait annulé une mesure de garde à vue et la citation du prévenu devant le tribunal correctionnel, renvoyant ainsi implicitement le ministère public à mieux se pourvoir, tout en confirmant la confiscation d'armes et de munitions saisies ordonnée par les premiers juges, la chambre criminelle avait énoncé « qu'il résulte [de l'article 131-21 du Code pénal] que la confiscation, peine complémen-

1. Crim. 4 oct. 1839, P, n° 319 – Crim. 12 sept. 1846, P, n° 242 – Crim. 1er mars 1855, P, n° 75 – Crim. 8 janv. 1857, P, n° 9 – Crim. 10 déc. 1904, P, n° 528 – Crim. 23 mai 1977, n° 76-93.239, P, n° 183.
2. Crim. 6 mars 1856, P, n° 160.
3. Crim. 29 janv. 1914, P, n° 64.
4. Circ. Justice-DACG, 14 mai 1993, *Commentaire des dispositions de la partie Législative du nouveau Code pénal (livres I à V) et des dispositions de la loi du 16 décembre 1992 relative à son entrée en vigueur*, Journal officiel, janv. 1993, n° 62.
5. C. pén., art. 222-34 à 222-40.
6. C. pén., art. 222-52 à 222-60.
7. C. pén., art. 442-13, al. 4.
8. C. pén., art. R. 645-9.
9. C. pén., art. R. 642-4.
10. C. pén., art. R. 642-2.
11. C. pén., art. 443-6, R. 645-10 et R. 645-11.
12. C. pén., art. 444-7.
13. CSI, art. L. 317-1-1, L. 317-3-1, L. 317-12 – C. défense, art. L. 2339-2, L. 2339-4, L. 2339-19, L. 2341-4, L. 2342-80, L. 2451-7.

taire encourue dans les cas prévus par la loi, ne peut être prononcée que par une juridiction statuant sur le bien-fondé de la prévention »[1], avant de casser l'arrêt attaqué qui, en renvoyant le ministère public à mieux se pourvoir, n'avait pas prononcé sur le fond de l'action publique. Il se déduisait de cet arrêt que la chambre criminelle semblait considérer que la confiscation de certains objets pouvait être ordonnée alors même que le juge répressif n'était pas entré en voie de condamnation. Car, en effet, le jugement statuant sur « le bien-fondé de la prévention », n'est pas le jugement « de condamnation », et il est tout à fait certain que c'est bien délibérément que la première expression avait été employée, si l'on observe que l'arrêt affirmant ce principe avait été rendu seulement six mois après un arrêt du 13 novembre 2008 dans lequel il avait été posé pour principe qu'il résulte de l'article 131-21 du Code pénal « que la confiscation, peine complémentaire encourue dans les cas prévus par la loi, ne peut être prononcée que si le prévenu est déclaré coupable »[2], et que les rédactions de l'attendu de principe de ces deux décisions étaient remarquablement parallèles[3]. Manifestement, les rédacteurs de l'arrêt du 29 avril 2009 n'ignoraient rien de celui du 13 novembre 2008 et avaient ainsi entendu exprimer une doctrine particulière.

La chambre criminelle a cependant clarifié sa jurisprudence par un arrêt du 13 octobre 2021 posant pour principe que « la confiscation obligatoire, peine complémentaire encourue dans les cas prévus par la loi, ne peut être prononcée que lorsque le prévenu est déclaré coupable »[4]. Si le caractère obligatoire de la confiscation des objets qualifiés de dangereux ou nuisibles par la loi ou le règlement, ou dont la détention est illicite, déroge assurément au régime ordinaire des peines, il n'en demeure pas moins que, pour la chambre criminelle, ce caractère est sans emport sur la nature de la confiscation de ces objets : elle constitue une peine dont le prononcé implique une préalable déclaration de culpabilité. Au reste, la chambre criminelle a ultérieurement qualifié d'erronés les motifs de l'arrêt d'une cour d'appel qui avait qualifié de mesure de sûreté la confiscation d'un véhicule prononcée en répression du délit de conduite d'un véhicule malgré injonction de restituer le permis de conduire, puis a au contraire approuvé que cette juridiction ait ordonné l'exécution provisoire de cette mesure en relevant expressément qu'il s'agissait d'une peine[5].

111.116 Portée de la qualification. Si certaines mesures de confiscation présentent donc les caractères de mesures de sûreté, la portée de cette affirmation nous semble en tout état de cause limitée, dès lors qu'ainsi que l'a fort justement relevé un auteur, aucun régime juridique de la confiscation des objets dangereux ou nuisibles, ou dont la détention est illicite, n'a été prévu par le législateur, non plus que par la chambre criminelle[6].

L'examen des arrêts rendus en la matière par la chambre criminelle à partir de 1833 révèle en effet que, lorsqu'il a été énoncé que certaines confiscations devaient être ordonnées par le juge répressif à titre de mesure de sûreté, ces décisions étaient en réalité toujours fondées sur des dispositions particulières énonçant une règle, pour la confiscation considérée, dérogeant au régime ordinaire des peines. Le plus souvent, il s'agissait pour la chambre criminelle de tirer les conséquences, quant à la nature de la confiscation, du caractère obligatoire de la mesure. En d'autres termes, la chambre criminelle ne déduisait pas un régime juridique spécifique de la nature même de l'objet confisqué, mais tirait seulement les conséquences de règles spéciales, propres à l'infraction considérée. La qualification de mesure de sûreté ne présentait ainsi qu'un caractère explicatif de l'existence, dans la loi ou le règlement, de règles dérogatoires au régime ordinaire des peines. Elle était sans portée pratique.

L'arrêt précité du 13 octobre 2021 rompt d'ailleurs avec cette approche et exprime en tous les cas le refus de la chambre criminelle d'induire d'une règle dérogatoire au régime ordinaire des peines que la confiscation a dans ce cas la nature non plus d'une peine, mais d'une mesure de sûreté, pour en déduire ensuite la possibilité d'une autre entorse à ce régime[7]. Pour le dire autrement, le caractère obligatoire de la confiscation des objets qualifiés de

1. Crim. 29 avr. 2009, n° 08-87.051, NP.
2. Crim. 13 nov. 2008, n° 08-83.597, NP
3. « Attendu qu'il résulte du premier de ces textes que la confiscation, peine complémentaire encourue dans les cas prévus par la loi, ne peut être prononcée que par une juridiction statuant sur le bien-fondé de la prévention » (Crim. 29 avr. 2009, préc.), à comparer avec : « Attendu qu'il résulte du premier de ces textes que la confiscation, peine complémentaire encourue dans les cas prévus par la loi, ne peut être prononcée que si le prévenu est déclaré coupable » (Crim. 13 nov. 2008, préc.).
4. Crim. 13 oct. 2021, n° 20-86.868, P.
5. Crim. 17 mai 2022, n° 21-85.611, P.
6. H. Matsopoulou, « La confiscation spéciale dans le nouveau Code pénal », préc., n° 34 : « De toute façon, à supposer que l'on puisse admettre comme satisfactoire, au regard de l'article 131-21, telle ou telle disposition, il reste que le régime juridique de la confiscation des objets dangereux ou nuisibles n'a pas été totalement décrit. Incontestablement, on sait que la confiscation de ces objets ne fait pas échec à une dispense de peine ou un ajournement. Mais la loi demeure silencieuse sur de nombreux autres points. En particulier, est-il possible au juge de la prononcer même en cas de relaxe, d'acquittement ou de non-lieu ? » – AUSSI : E. Dreyer, *Droit pénal général*, préc. n° 1361.
7. V. s[s] n° 111.115.

dangereux ou nuisibles par la loi ou le règlement, ou dont la détention est illicite, n'emporte pas la qualification de mesure de sûreté qui aurait ensuite justifié que la confiscation puisse être ordonnée malgré la relaxe ou l'acquittement de la personne poursuivie. Au final, dans la jurisprudence actuelle de la chambre criminelle, s'il est constaté que les confiscations peuvent présenter des caractères de mesure de sûreté en l'état de certaines dispositions législatives ou réglementaires, ces caractères sont sans emport sur la nature de ces confiscations.

111.117 Appréciation. En définitive, hors dispositions légales ou réglementaires particulières, la confiscation des objets dangereux ou nuisibles, ou dont la détention est illicite, doit obéir purement et simplement au régime général des peines criminelles, correctionnelles ou de police.

En particulier, en cas de décision de relaxe ou d'acquittement, la possibilité de prononcer de telles mesures est exclue, comme l'ont relevé certains auteurs[1] avant que la chambre criminelle ne consacre cette analyse[2], si un texte ne prévoit pas expressément la confiscation ; la question du retrait de la circulation de tels objets devant se résoudre sur le terrain du contentieux de la restitution lorsqu'ils ont fait l'objet de saisies préalables. La restitution peut en effet être refusée, comme il sera vu[3], lorsqu'elle présente « un danger pour les personnes ou les biens »[4].

Il nous semble du reste plus généralement nécessaire d'opérer une distinction entre le contentieux de la confiscation et celui de la restitution : pour que la matière conserve sa cohérence, les confiscations ne doivent pas obéir à un autre régime que celui des peines, l'objectif légitime de retrait de la circulation des objets dangereux ou nuisibles, ou dont la détention est illicite, placés sous main de justice, devant être recherché, en cas de relaxe ou d'acquittement, sur le terrain du contentieux de la restitution.

1. H. Matsopoulou, « La confiscation spéciale dans le nouveau Code pénal », préc., n° 35 – S. Detraz, « La confiscation des objets nuisibles ou dangereux ou dont la détention est illicite », *Gaz. Pal.* 6 nov. 2018, n° 38, p. 81 : « Le caractère réel de la confiscation obligatoire ne dispense cependant pas de la condition fondamentale du prononcé de toute peine, à savoir la caractérisation de l'infraction pénale objet de la procédure et son corollaire, l'établissement de la culpabilité pénale du prévenu. Il ne saurait donc être question de faire efficacement application de l'article 131-21, alinéa 7, du Code pénal en cas de relaxe ou d'acquittement de la personne ou de l'ensemble des personnes poursuivies. Il en va de même dans l'hypothèse d'une déclaration d'irresponsabilité pénale pour cause de trouble mental, cette décision ne permettant pas l'application de peines ; cependant, l'article 706-136, alinéa 1er, 3, du Code de procédure pénale prévoit à titre de mesure de sûreté l'interdiction de détenir ou porter une arme. » – R. Parizot, « La confiscation, sanction applicable en droit pénal des affaires », *in* H. Matsopoulou et C. Mascala (dir.), *Lamy Droit pénal des affaires*, Wolters Kluwer, 2020, n° 162 : « Autrement dit, la confiscation comme mesure de sûreté ne devrait pouvoir être prononcée par le juge pénal qu'en cas de condamnation et nullement en cas de relaxe ou d'acquittement. »
2. V. s^s n° 111.115.
3. V. s^s n° 245.121.
4. C. pr. pén., art. 41-4, 99, 177, 212, 373, 481, 484 et 543.

§ 2
Des caractères de sanction réelle

111.120 Plan. Bien que les confiscations soient qualifiées de peines par le législateur, la chambre criminelle leur reconnaît dans certains cas un caractère réel qui emporte des effets de droit dérogeant au régime ordinaire des peines. Tel est le cas lorsque ces mesures portent sur l'instrument ou le produit de l'infraction.

111.121 Affirmation jurisprudentielle. Le caractère réel de certaines confiscations a été affirmé par la chambre criminelle à plusieurs reprises : « La mesure de confiscation visant l'instrument du délit ou son produit constitue une sanction à caractère réel qui survit à l'extinction de l'action publique. »[5] Ainsi, il a été jugé que la confiscation ordonnée à l'occasion de poursuites correctionnelles et visant l'instrument du délit ou la chose produite par celui-ci constitue une sanction à caractère réel qui survit à l'extinction de l'action publique par suite du décès de la personne poursuivie[6]. Il s'en déduit qu'en cas de pourvoi formé par un prévenu décédé postérieurement à la formulation de son recours, il y a lieu pour la Cour de cassation de statuer sur le pourvoi, mais uniquement s'agissant de la « mesure de confiscation prononcée en l'espèce, qui vise l'instrument du délit ou la chose produite par le délit, sanction non personnelle à caractère réel survivant à l'extinction de l'action publique »[7].

On relèvera toutefois que, dans la jurisprudence de la chambre criminelle, le caractère de mesure à caractère réel n'est pas exclusif de la qualification de peine, dès lors qu'il a été jugé, en matière de vente au déballage, que la confiscation alors prévue par l'article 2 de la loi du 30 décembre 1906[8] « [était] une peine principale », mais qu'elle « n'en [demeurait] pas moins une mesure à caractère réel affectant les marchandises de fraude »[9].

5. Crim. 19 oct. 2022, n° 21-82.376, NP.
6. Crim. 9 déc. 1991, n° 90-84.994, P, n° 465.
7. Crim. 25 juin 2013, n° 12-80.859, P, n° 150 ; *Gaz. Pal.* 15 oct. 2013, n° 288, p. 30, obs. S. Detraz ; *Rev. pénit.* 2013, p. 895, obs. Ph. Bonfils – Crim. 19 oct. 2022, n° 21-87.425, NP.
8. L. 30 déc. 1906 *relative à la vente au déballage*, *JO* 4 janv. 1907, p. 69.
9. Crim. 25 oct. 1993, n° 92-84.002, P, n° 309 ; *RSC* 1994. 325, obs. B. Bouloc ; *RTD com.* 1994. 585, obs. P. Bouzat.

111.122 **Appréciation.** Les confiscations ne sont pas les seules mesures à avoir été qualifiées de sanctions à caractère réel par la chambre criminelle. Une telle qualification a en effet aussi été donnée aux mesures de mise en conformité des lieux ou des ouvrages, de démolition de ces derniers ou de réaffectation du sol [1], à l'enlèvement de panneaux ou de remise en état des lieux en cas d'affichage publicitaire illicite [2], à l'annulation du permis de conduire [3], et enfin à la fermeture obligatoire des débits de boissons [4].

Pour autant, une telle qualification présente des enjeux pratiques considérables, ainsi que la consultation de la jurisprudence citée permet de le mesurer, et, dans le seul domaine des confiscations, il n'est pas neutre que la confiscation puisse être poursuivie à l'encontre des héritiers du prévenu. Aussi l'on peut, avec certains auteurs [5], s'interroger sur la légitimité de cette qualification à la fois *sui generis* et purement prétorienne donnée aux confiscations. D'abord, l'on peut se demander quelles sont les limites de cette jurisprudence, c'est-à-dire si toutes les confiscations présentent des caractères de sanction à caractère réel, la chambre criminelle réservant au contraire cette qualification aux confiscations portant sur l'instrument, l'objet ou le produit de l'infraction. Ensuite, la qualification de mesure à caractère réel n'étant guère favorable aux intéressés, les rares arrêts rendus en la matière par la chambre criminelle constitueraient-ils, pour la Cour européenne des droits de l'homme, une base textuelle suffisante justifiant l'atteinte au droit au respect des biens garanti par l'article 1er du Protocole additionnel n° 1 à la Convention ? Enfin, plus fondamentalement, une telle qualification ne semble en tout état de cause guère compatible avec la nature de peine donnée aux confiscations par le Code pénal.

S'il peut paraître moralement justifié que l'instrument, l'objet ou le produit de l'infraction ne soit pas restitué, nonobstant l'absence de déclaration de culpabilité consécutive au décès de la personne poursuivie, outre le fait que la restitution de l'objet ou du produit de l'infraction pourrait revenir pour l'autorité judiciaire à créer une situation de recel, il nous semble que cet objectif sera plus rigoureusement atteint sur le terrain du contentieux de la restitution dès lors que, comme nous le verrons, peut être refusée, depuis l'entrée en vigueur de la loi n° 2016-731 du 3 juin 2016 [6], la restitution de « l'instrument ou le produit direct ou indirect de l'infraction » [7]. Évoquant ce texte, un auteur a d'ailleurs relevé que « la jurisprudence a apporté différents expédients permettant d'assurer l'application autonome des mesures de confiscation *in rem*, mais la survenance d'une réforme procédurale était nécessaire compte tenu des limites auxquelles se heurtait la pratique » [8].

§ 3
Des caractères de peine privée

111.130 **Plan.** Certaines mesures de confiscation sont susceptibles de présenter des caractères les rapprochant de peines privées, comme étant prononcées, ainsi que le relevait Garçon, « dans l'intérêt et au profit exclusif d'un particulier lésé par un délit » [9]. De semblables mesures se retrouvent, de manière ancienne, en matière de propriété littéraire et artistique, ainsi que dans le domaine de la propriété industrielle [10].

111.131 **Propriété littéraire et artistique.** La confiscation présente un tel caractère lorsqu'elle réprime la contrefaçon dans le domaine de la propriété littéraire et artistique.

1. Crim. 8 juin 1989, n° 88-86.756, P, n° 248 ; *RSC* 1990. 103, obs. F. Boulan – Crim. 14 nov. 1989, n° 88-86.595, P, n° 410 ; *RDI* 1990. 131, obs. G. Roujou de Boubée ; *RSC* 1990. 584, obs. F. Boulan – Crim. 14 avr. 1993, n° 92-85.597, P, n° 155 ; *RDI* 1994. 132, obs. G. Roujou de Boubée ; *RSC* 1994. 325, obs. B. Bouloc – Crim. 23 nov. 1994, n° 93-81.605, P, n° 375 ; *RSC* 1995. 359, obs. J.-H. Robert – Crim. 23 nov. 1994, n° 94-80.870, P, n° 377 – Crim. 20 mars 2001, n° 00-84.968, P, n° 73 ; *D.* 2001. 1774 ; *RDI* 2001. 508, obs. G. Roujou de Boubée ; *RSC* 2001. 803, obs. B. Bouloc ; *RSC* 2001. 818, obs. J.-H. Robert – Crim. 21 oct. 2003, n° 03-80.802, P, n° 197 ; *RDI* 2003. 601, obs. P. Soler-Couteaux ; *RDI* 2004. 183, obs. G. Roujou de Boubée – Crim. 30 juin 2009, n° 08-88.022, P, n° 141 ; *AJDA* 2009. 2367 ; *D.* 2009. 2166, obs. A. Vincent ; *RDI* 2009. 540, obs. G. Roujou de Boubée ; *AJ pénal* 2009. 451 – Crim. 6 nov. 2012, n° 12-82.449, P, n° 239 ; *RDI* 2013. 87, obs. G. Roujou de Boubée ; *RSC* 2013. 368, obs. J.-H. Robert – Crim. 28 juin 2016, n° 15-84.968, P, n° 202 ; *RDI* 2016. 601, obs. G. Roujou de Boubée ; *RSC* 2016. 788, obs. J.-H. Robert.
2. Crim. 21 nov. 1989, n° 89-83.142, P, n° 425.
3. Crim. 17 juin 1986, n° 85-94.859, P, n° 209 ; *GADPG*, 11e éd., Dalloz, 2018, n° 56 – Crim. 21 déc. 1987, n° 86-96.529, P, n° 473.
4. Crim. 9 mars 1971, n° 70-91.822, P, n° 79 – Crim. 16 oct. 1973, n° 73-90.470, P, n° 357 – Crim. 27 mars 1974, n° 73-92.306, P, n° 132 – Crim. 28 juin 1977, n° 76-93.060, P, n° 246.
5. E. Dreyer, *Droit pénal général*, préc., n° 1285 – S. Detraz, « Action publique fantôme mais sanction réelle », *Gaz. Pal.* 15 oct. 2013, n° 288, p. 30 – CONTRA : Ch. Duchaine et D. Martinelli, « Décès du prévenu et récupération des produits du crime », *La revue du Grasco*, n° 3, oct. 2012, p. 14.
6. L. n° 2016-731, 3 juin 2016 *renforçant la lutte contre le crime organisé, le terrorisme et leur financement, et améliorant l'efficacité et les garanties de la procédure pénale*, *JO* 4 juin, n° 1.
7. V. s^{s} n° 245.125.
8. G. Cotelle, « Consécration implicite de la procédure de confiscation sans condamnation préalable », *AJ pénal* 2016. 465.
9. E. Garçon, *Code pénal annoté*, préc., art. 11, n° 81.
10. E. Garçon, *Code pénal annoté*, préc., art. 11, n° 81 – R. Garraud, *Droit pénal français*, préc., n° 650.

Ainsi, l'article L. 335-6 du Code de la propriété intellectuelle dispose qu'en cas de condamnation pour l'une des infractions prévues aux articles L. 335-2 à L. 335-4-2 du même code, la juridiction peut prononcer à l'encontre des personnes physiques la confiscation, d'une part, de tout ou partie des recettes procurées par l'infraction [1], d'autre part, de tous les phonogrammes, vidéogrammes, objets et exemplaires contrefaisants ou reproduits illicitement, ainsi que du matériel spécialement installé en vue de la réalisation du délit [2]. Mais ce texte précise surtout, pour ce qui nous concerne, que la juridiction peut ordonner « la remise à la partie lésée des objets et choses retirés des circuits commerciaux ou confisqués, sans préjudice de tous dommages et intérêts ».

Par ailleurs, l'article L. 335-8 du Code de la propriété intellectuelle prévoit que les personnes morales peuvent être condamnées, outre aux confiscations prévues par les dispositions de l'article 131-39 du Code pénal, à retirer des circuits commerciaux, à leurs frais, les objets jugés contrefaisants et toute chose qui a servi ou était destinée à commettre l'infraction, et il ajoute que la juridiction peut ordonner la remise à la partie lésée des objets et choses retirés des circuits commerciaux ou confisqués, sans préjudice de tous dommages et intérêts.

Des dispositions comparables à celles qui précèdent existent par ailleurs en cas d'atteinte par les personnes physiques ou morales aux droits des producteurs de bases de données [3].

111.132 Propriété industrielle. Plusieurs textes révèlent un caractère semblable des confiscations en matière de propriété industrielle, en prévoyant la possibilité, pour la juridiction, de condamner la personne poursuivie, à ses frais, à retirer des circuits commerciaux les objets jugés contrefaisants et toute chose qui a servi ou était destinée à commettre l'infraction, et celle d'ordonner la remise à la partie lésée de ces objets et choses retirés des circuits commerciaux ou confisqués. De telles dispositions existent en matière de dessins et modèles [4], de brevets d'invention [5], d'obtentions végétales [6], ou encore de marques [7].

111.133 Appréciation. À la lumière de ces dispositions, la confiscation présente « un double visage » [8].

Elle présente assurément les caractères d'une mesure de sûreté, dès lors qu'elle vise à retirer des circuits commerciaux une chose contrefaisante [9]. La chambre criminelle n'a-t-elle pas énoncé, à propos de la confiscation et de la destruction prévues par l'article L. 335-6 du Code de la propriété intellectuelle, que ces peines « garantissent [...] que les objets contrefaisants seront définitivement écartés de tout circuit commercial afin de ne pas compromettre à nouveau les droits de propriété intellectuelle » [10] ?

Mais le caractère indemnitaire de la confiscation ne fait de même aucun doute, dès lors qu'il est dérogé au principe de la dévolution des biens confisqués à l'État [11], lesquels se trouvent attribués à la victime, ce qui constitue à n'en pas douter « une marque supplémentaire du rapprochement entre sanction et réparation » [12] relevé par la doctrine.

On relèvera pour autant qu'en prévoyant, lors de l'adoption de la loi n° 2007-1544 du 29 octobre 2007 [13] transposant la directive 2004/48/CE [14], que la remise des biens confisqués à la partie civile peut être ordonnée par la juridiction « sans préjudice de tous dommages et intérêts », le législateur a nécessairement entendu rompre avec l'état antérieur du droit qui imposait de prendre en compte la valeur des biens remis à la victime dans l'évaluation du montant des dommages et intérêts, et ainsi s'écarter d'un caractère purement indemnitaire de la confiscation. Au reste, l'on ne peut exclure, en matière de propriété littéraire et artistique, que le juge confisque et remette à la victime les recettes procurées par l'infraction pour un montant supérieur au préjudice subi.

1. SUR LA NOTION DE RECETTE, correspondant au « profit retiré de la contrefaçon » et non au chiffre d'affaire réalisé à l'occasion de la vente des objets contrefaisants : Cass. mixte. 5 nov. 1976, n° 75-10.149, *Bull. mixte*, n° 313.
2. POUR UN EXEMPLE D'APPLICATION : Crim. 3 nov. 2021, n° 21-81.356, NP énonçant, à propos de la confiscation et de la destruction des objets contrefaisants, que « ces peines, à caractère principalement dissuasif, répondent à l'impératif d'intérêt général de lutte contre la contrefaçon et garantissent de manière proportionnée que les objets contrefaisants seront définitivement écartés de tout circuit commercial afin de ne pas compromettre à nouveau les droits de propriété intellectuelle ».
3. CPI, art. L. 343-4 à L. 343-6.
4. CPI, art. L. 521-10 à L. 521-12.
5. CPI, art. L. 615-14 à L. 615-14-3.
6. CPI, art. L. 623-32 à L. 623-32-2.
7. CPI, art. L. 716-9 à L. 716-13 – SUR LE SUJET : J. Azéma et J.-Ch. Galloux, *Droit de la propriété industrielle*, 8e éd., « Précis », Dalloz, 2017, n° 1978.
8. M. Vivant et J.-M. Bruguière, *Droits d'auteur et droits voisins*, 3e éd., « Précis », Dalloz, 2015, n° 1100.
9. EN CE SENS : A. Lucas et H.-J. Lucas, *Traité de la propriété littéraire et artistique*, 3e éd., « Traités », LexisNexis, 2006, n° 969 – F. Pollaud-Dulian, *Le droit d'auteur*, 2e éd., « Corpus droit privé », Economica, 2014, n° 1916 – M. Vivant et J.-M. Bruguière, *Droits d'auteur et droits voisins*, préc.
10. Crim. 3 nov. 2021, n° 21-81.356, NP.
11. C. pén., art. 131-21, al. 10.
12. R. Parizot, « La confiscation, sanction applicable en droit pénal des affaires », *in* H. Matsopoulou et C. Mascala (dir.), *Lamy Droit pénal des affaires*, Wolters Kluwer, 2020, n° 163.
13. L. n° 2007-1544, 29 oct. 2007 *de lutte contre la contrefaçon*, *JO* 30 oct., p. 17775.
14. Dir. 2004/48/CE, Parlement et Conseil, 29 avr. 2004 *relative au respect des droits de propriété intellectuelle*, *JOUE* L 157, 30 avr., p. 45.

Il s'en déduit une nature complexe de ces mesures de confiscation qui se rapprochent donc de réparations civiles, sans pour autant en partager tout à fait la nature, au point qu'il a été proposé de les analyser en des « peines privées »[1].

1. EN CE SENS : H. Desbois, *Le droit d'auteur en France*, 3e éd., Dalloz, 1978, n° 774 – P.-Y. Gautier, *Propriété littéraire et artistique*, 8e éd., « Droit fondamental », PUF, 2012, n° 792 et 793 – F. Pollaud-Dulian, *Droits d'auteur*, préc., n° 1916 – SUR LA NOTION DE PEINE PRIVÉE : G. Viney et P. Jourdain, *Les effets de la responsabilité*, 3e éd., « Traité de droit civil », LGDJ, 2010, n° 4 et les nombreuses références citées – B. Starck, *Essai sur la notion de responsabilité civile dans sa fonction de peine privée*, thèse, Paris, 1947 – S. Carval, *La responsabilité civile dans sa fonction de peine privée*, « Bibliothèque de droit privé », LGDJ, 1995 – A. Jault, *La notion de peine privée*, « Bibliothèque de droit privé », LGDJ, 2005.

CHAPITRE

112. Constitutionnalité des confiscations

SECTION 0

ORIENTEUR

112.00 Sommaire du chapitre.

Sect. 1 Constitutionnalité des dispositions de droit pénal général

Sect. 2 Constitutionnalité des dispositions de droit pénal spécial

Division. Le développement simultané de la pratique des saisies et confiscations pénales et de la mise en œuvre de la question prioritaire de constitutionnalité a logiquement conduit le Conseil constitutionnel et la chambre criminelle à être saisis de la question de la conformité des procédures de saisies et des peines de confiscations aux droits et libertés que la Constitution garantit. En effet, l'atteinte que porte le prononcé d'une peine de confiscation au droit de propriété était nécessairement de nature à susciter des interrogations quant à la compatibilité du dispositif législatif avec les articles 2 et 17 de la Déclaration des droits de l'homme et du citoyen de 1789 relatifs au droit de propriété, mais également avec le principe de la nécessité des peines affirmé par l'article 8 de ce texte.

Si le Conseil constitutionnel et la chambre criminelle se sont prononcées sur la constitutionnalité des dispositions générales des articles 131-21 et 131-21-1 du Code pénal (sect. 1), il faut en revanche se reporter à la seule jurisprudence de la chambre criminelle pour avoir des indications quant à la constitutionnalité de certaines dispositions de droit pénal spécial faisant encourir aux auteurs de certaines infractions la peine de confiscation (sect. 2).

112.01 Principaux textes applicables.

TEXTES SOURCES

• Déclaration des droits de l'homme et du citoyen (DDHC), 26 août 1789, art. 2, 8 et 17

TEXTES *IN EXTENSO*

• **DDHC, art. 2**

Le but de toute association politique est la conservation des droits naturels et imprescriptibles de l'Homme. Ces droits sont la liberté, la propriété, la sûreté, et la résistance à l'oppression.

• **DDHC, art. 8**

La Loi ne doit établir que des peines strictement et évidemment nécessaires, et nul ne peut être puni qu'en vertu d'une Loi établie et promulguée antérieurement au délit, et légalement appliquée.

• **DDHC, art. 17**

La propriété étant un droit inviolable et sacré, nul ne peut en être privé, si ce n'est lorsque la nécessité publique, légalement constatée, l'exige évidemment, et sous la condition d'une juste et préalable indemnité.

112.02 Jurisprudence de référence.

> > Décisions du Conseil constitutionnel

> Constitutionnalité de l'article 131-21 du Code pénal

• **Cons. const. 26 nov. 2010,** n° 2010-66 QPC

* V. s^s n° 112.11.

« 5. Considérant, en premier lieu, que l'article 131-21 du Code pénal prévoit l'existence d'une peine complémentaire applicable, en vertu de la loi, à certains crimes et délits et, en vertu du décret, à certaines contraventions ; que, l'existence d'une telle peine ne méconnaît pas, en elle-même, le principe de nécessité des peines ; que, s'agissant de la répression des contraventions, il appartient au pouvoir réglementaire, dans l'exercice de la compétence qu'il tient de l'article 37 de la Constitution et sous le contrôle des juridictions compétentes, de fixer, dans le respect des exigences de l'article 8 de la Déclaration de 1789, les peines applicables aux contraventions qu'il définit ; que l'article 131-21 du Code pénal ne dispense aucunement le pouvoir réglementaire du respect de ces exigences ; que le Conseil constitutionnel n'est pas compétent pour apprécier la conformité de l'article R. 413-14-1 du Code de la route à ces exigences ;

6. Considérant, en second lieu, que la deuxième phrase du premier alinéa de l'article 131-21 du Code pénal prévoit que la peine de confiscation des biens qui ont servi à commettre l'infraction ou qui en sont le produit direct ou indirect est encourue de plein droit en cas de crime ou de délit puni d'une peine d'emprisonnement d'une durée supérieure à un

an, à l'exception des délits de presse ; que son cinquième alinéa prévoit que la peine de confiscation des biens dont le condamné n'a pu justifier l'origine est également encourue en cas de crime ou de délit ayant procuré un profit direct ou indirect et puni d'au moins cinq ans d'emprisonnement ; que son septième alinéa prévoit la confiscation obligatoire des objets qualifiés de dangereux ou nuisibles par la loi ou le règlement ou dont la détention est illicite ; qu'eu égard aux conditions de gravité des infractions pour lesquelles elles sont applicables et aux biens qui peuvent en faire l'objet, les peines de confiscation ainsi instituées ne sont pas manifestement disproportionnées ;

7. Considérant que l'article 131-21 du Code pénal, qui préserve le droit de propriété des tiers de bonne foi, n'est contraire à aucun autre droit ou liberté que la Constitution garantit. »

• **Cons. const. 23 sept. 2021,** n° 2021-932 QPC

* V. s^s n° 112.13.

« 11. Selon l'article 16 de la Déclaration des droits de l'homme et du citoyen de 1789 : "Toute société dans laquelle la garantie des droits n'est pas assurée, ni la séparation des pouvoirs déterminée, n'a point de Constitution". Sont garantis par cette disposition le droit des personnes intéressées à exercer un recours juridictionnel effectif ainsi que le respect des droits de la défense.

12. Les troisième et neuvième alinéas de l'article 131-21 du Code pénal sont relatifs au régime général de la peine complémentaire de confiscation. Ils prévoient, pour le premier, que cette peine peut porter sur tous les biens qui sont l'objet ou le produit direct ou indirect de l'infraction, à l'exception de ceux susceptibles de restitution à la victime, et, pour le second, que la confiscation peut être ordonnée en valeur et, le cas échéant, être exécutée sur tous les biens appartenant au condamné.

13. Le 4° de l'article 313-7 et le 8° de l'article 324-7 prévoient que les personnes physiques coupables d'une infraction relevant de l'escroquerie ou du blanchiment peuvent être condamnées à la peine complémentaire de confiscation de la chose qui a servi ou était destinée à commettre l'infraction ou de la chose qui en est le produit, à l'exception des objets susceptibles de restitution.

14. Il résulte des dispositions contestées, telles qu'interprétées par une jurisprudence constante de la Cour de cassation, que la confiscation peut également porter sur les biens dont ces personnes ont seulement la libre disposition, sous réserve des droits du propriétaire de bonne foi.

15. Toutefois, dans cette dernière hypothèse, ni ces dispositions ni aucune autre disposition ne prévoient que le propriétaire dont le titre est connu ou qui a réclamé cette qualité au cours de la procédure soit mis en mesure de présenter ses observations sur la mesure de confiscation envisagée par la juridiction de jugement aux fins, notamment, de faire valoir le droit qu'il revendique et sa bonne foi.

16. Par conséquent, les dispositions contestées méconnaissent les exigences découlant de l'article 16 de la Déclaration de 1789. Sans qu'il soit besoin d'examiner les autres griefs, elles doivent donc être déclarées contraires à la Constitution. »

• **Cons. const. 24 nov. 2021,** n° 2021-949/950 QPC

* V. s^s n° 112.13.

« 10. Selon l'article 16 de la Déclaration de 1789 : "Toute société dans laquelle la garantie des droits n'est pas assurée, ni la séparation des pouvoirs déterminée, n'a point de Constitution". Sont garantis par cette disposition le droit des personnes intéressées à exercer un recours juridictionnel effectif ainsi que le respect des droits de la défense.

11. L'article 131-21 du Code pénal est relatif au régime général de la peine complémentaire de confiscation. Ses deuxième, quatrième, cinquième, sixième, huitième et neuvième alinéas prévoient que cette peine porte notamment sur des biens dont le condamné est propriétaire. Selon une jurisprudence constante de la Cour de cassation, lorsque la confiscation porte sur un bien dépendant de la communauté, elle emporte sa dévolution pour le tout à l'État, sans que ce bien demeure grevé des droits de l'époux non condamné pénalement, même de bonne foi.

12. Il résulte cependant des dispositions contestées, telles qu'interprétées par la Cour de cassation dans les décisions de renvoi mentionnées ci-dessus, que, pour prononcer la confiscation d'un bien commun, le juge doit apprécier, au regard des circonstances de l'infraction et de la situation personnelle de l'époux de bonne foi, s'il y a lieu de confisquer ce bien en tout ou partie. En outre, hormis le cas où la confiscation porte sur un bien qui, dans sa totalité, constitue l'objet ou le produit de l'infraction, il est tenu d'apprécier le caractère proportionné de l'atteinte portée au droit de propriété de l'époux de bonne foi lorsqu'une telle garantie est invoquée ou, lorsqu'il s'agit d'une confiscation de tout ou partie du patrimoine, de procéder à cet examen d'office.

13. Toutefois, ni les dispositions contestées ni aucune autre disposition ne prévoient que l'époux non condamné soit mis en mesure de présenter ses observations sur la mesure de confiscation devant la juridiction de jugement qui envisage de la prononcer. »

> Constitutionnalité de la confiscation de patrimoine prévue par l'article 225-25 du Code pénal

• **Cons. const. 23 avr. 2021,** n° 2021-899 QPC

* V. s^s n° 112.13.

« 10. Selon l'article 16 de la Déclaration des droits de l'homme et du citoyen de 1789 : "Toute société dans laquelle la garantie des droits n'est pas assurée, ni la séparation des pouvoirs déterminée, n'a point de Constitution". Sont garantis par cette disposition le droit des personnes intéressées à exercer un recours juridictionnel effectif ainsi que le respect des droits de la défense.

11. L'article 225-25 du Code pénal prévoit que les personnes physiques ou morales reconnues coupables d'une infraction relevant de la traite des êtres humains ou du proxénétisme peuvent être condamnées à la peine complémentaire de confiscation de tout ou partie des biens dont elles sont propriétaires, quelle qu'en soit la nature. En application des dispositions contestées de cet article, la confiscation peut également porter sur les biens dont ces personnes ont seulement la libre disposition, sous réserve des droits du propriétaire de bonne foi.

12. Toutefois, dans cette dernière hypothèse, ni ces dispositions ni aucune autre disposition ne prévoient que le propriétaire dont le titre est connu ou qui a réclamé cette qualité au cours de la procédure soit mis en mesure de présenter ses observations sur la mesure de confiscation envisagée par la juridiction de jugement aux fins, notamment, de faire valoir le droit qu'il revendique et sa bonne foi.

13. Par conséquent, les dispositions contestées méconnaissent les exigences découlant de l'article 16 de la Déclaration de 1789. Sans qu'il soit besoin d'examiner l'autre grief, elles doivent donc être déclarées contraires à la Constitution. »

> > Décisions de la chambre criminelle

> Constitutionnalité de la confiscation de l'objet et du produit de l'infraction prévue par l'article 131-21, alinéa 3, du Code pénal

• **Crim. 5 avr. 2023,** n° 22-85.754, NP

* V. s^s n° 112.14.

« 4. La question posée ne présente pas un caractère sérieux pour les motifs qui suivent.

5. Selon le demandeur, l'exclusion du contrôle de proportionnalité en cas de confiscation de l'objet ou du produit de l'infraction serait contraire aux principes de nécessité et de proportionnalité des peines et au droit de propriété, notamment lorsque des sommes, prises en compte au titre du produit confiscable, ont été déjà remboursées, font l'objet d'une condamnation à titre de dommages et intérêts, ou l'objet d'un recouvrement dans le cadre d'une autre procédure.

6. En premier lieu, le rapport entre l'infraction et la peine qui la réprime ne pouvant être apprécié qu'en considération des sanctions spécifiquement encourues pour une infraction donnée, l'existence d'une peine de confiscation de l'objet ou du produit de l'infraction ne méconnaît pas, en elle-même, le principe de nécessité et de proportionnalité des peines garanti par l'article 8 de la Déclaration des droits de l'homme et du citoyen de 1789.

7. En deuxième lieu, la condamnation au versement de dommages et intérêts ou au paiement des sommes dues au titre d'une créance dans le cadre d'une autre procédure ne constitue pas une sanction ayant le caractère d'une punition.

8. Dès lors, ladite condamnation ne peut être prise en considération dans l'appréciation du respect du principe de proportionnalité des peines.

9. En troisième lieu, d'une part, s'agissant d'une peine, la confiscation ne peut constituer une privation de propriété au sens de l'article 17 du texte précité (Cons. const. 26 nov. 2010, décision n° 2010-66 QPC).

10. D'autre part, les dispositions prévoyant la confiscation de l'objet ou du produit de l'infraction, telles qu'interprétées par la Cour de cassation, visent à lutter contre toute forme d'enrichissement illicite. Il en résulte qu'elles poursuivent l'objectif de valeur constitutionnelle de sauvegarde de l'ordre public, et qu'au regard de cet objectif, elles ne portent pas une atteinte disproportionnée au droit de propriété protégé par l'article 2 du même texte. »

> Constitutionnalité de la confiscation en valeur du produit de l'infraction prévue par l'article 131-21, alinéa 9, du Code pénal

• **Crim. 5 mai 2021,** n° 20-86.529, NP

* V. s^s n° 112.14.

« 5. Les questions posées, en ce qu'elles contestent la constitutionnalité de l'interprétation de l'article 131-21, alinéa 9, du Code pénal, selon laquelle il n'y a pas lieu pour le juge répressif de contrôler la nécessité et la proportionnalité de l'atteinte portée au droit de propriété par les mesures de confiscation en valeur du produit, direct ou indirect, de l'infraction, non plus que d'individualiser cette peine complémentaire, ne sont en revanche pas sérieuses.

6. En effet, d'une part, lorsque le juge ordonne une mesure de confiscation en valeur du produit, direct ou indirect, de l'infraction, il est tenu de préalablement s'assurer que la valeur du bien confisqué n'excède pas le montant du produit de l'infraction, en sorte que l'atteinte portée au droit de propriété de la personne condamnée ne peut excéder l'avantage économique tiré de l'infraction pénale et qui constitue la conséquence patrimoniale de sa commission, ainsi que d'en justifier par des motifs suffisants, exempts de contradiction, et répondant aux moyens péremptoires des conclusions des parties, ce dont il se déduit que ne se trouvent méconnus ni le principe de nécessité des peines, ni les principes d'individualisation et de motivation des peines.

7. D'autre part, si certaines infractions sont susceptibles de faire encourir à leur auteur, outre la confiscation en valeur du produit, direct ou indirect, de l'infraction, la confiscation de tout ou partie de ses biens définie par l'article 131-21, alinéa 6, du Code pénal, et si le juge répressif qui ordonne une telle mesure est tenu de contrôler, au besoin d'office, le caractère proportionné de l'atteinte portée au droit de propriété du condamné, l'option ainsi ouverte ne méconnaît pas les principes d'égalité devant la loi et la justice, dès lors que cette différence de traitement se trouve justifiée par le fait que la confiscation encourue sur le fondement du texte précité, contrairement à celle qui l'est sur le fondement du texte dont la constitutionnalité est contestée, est susceptible de porter, de manière illimitée, sur l'ensemble des biens composant le patrimoine du condamné. »

> Constitutionnalité de la confiscation des biens appartenant à des tiers

• **Crim. 17 nov. 2021,** n° 21-82.838, NP

* V. s^s n° 112.14.

« 5. La question posée ne présente pas un caractère sérieux, dès lors que si la confiscation, en application des dispositions de l'article 131-21 du code pénal, d'un bien appartenant à un tiers, nécessite que ce dernier, dont le titre est connu ou qui a réclamé cette qualité au cours de la procédure, soit mis en mesure de présenter ses observations sur la mesure de confiscation envisagée par la juridiction de jugement et d'exercer, le cas échéant, les voies de recours prévues par la loi, ce tiers, fût-il de mauvaise foi, n'ayant pas fait l'objet de poursuites pénales, ne peut être assimilé à un prévenu. »

> Constitutionnalité de la confiscation de patrimoine prévue par l'article 225-25 du Code pénal

• **Crim. 12 févr. 2014,** n° 13-83.760, NP

* V. s^s n° 112.21.

« Et attendu que la question posée ne présente pas, à l'évidence, un caractère sérieux, dès lors que la confiscation, portant sur des biens appartenant ou à la disposition d'auteurs d'infractions particulièrement graves, est, de ce fait et en l'absence de toute disproportion manifeste ni de méconnaissance, en soi, du principe de nécessité des peines, exclusive d'une atteinte injustifiée au droit de propriété ; qu'elle ne présente aucun caractère automatique ou obligatoire, son prononcé relevant, dans des cas limitativement énumérés par la loi, de l'office du juge, ce qui permet d'écarter le risque d'arbitraire ; que les dispositions de l'article 131-21 du Code pénal instituant la peine complémentaire de confiscation ont été déclarées conformes à la Constitution par le Conseil constitutionnel dans les motifs et le dispositif de sa décision n° 2010-66 DC du 26 novembre 2010, ce qui a pour effet de rendre la présente question de constitutionnalité inopérante pour le surplus dès lors que les dispositions de l'article 225-25 du Code pénal constituent une application spéciale, notamment à l'infraction de proxénétisme, de la confiscation définie, dans des termes identiques, par l'article 131-21 du même code. »

• **Crim. 24 mai 2016,** n° 15-81.287, NP

* V. s^s n° 112.21.

« Et attendu que la question posée ne présente pas un caractère sérieux ;

Qu'en effet, la confiscation de tout ou partie du patrimoine appartenant à des auteurs d'infractions particulièrement graves, ou mis à leur disposition, laquelle ne présente aucun caractère automatique ou obligatoire, son prononcé relevant, dans des cas limitativement énumérés par la loi, de l'office du juge, est, en soi exclusive de toute atteinte au principe de nécessité des délits et des peines, quand bien même l'origine frauduleuse des biens en cause ne serait pas démontrée ;

Que le principe d'égalité ne s'oppose pas à ce que le législateur règle de façon différente des situations différentes dès lors que, d'une part, cette différence réponde à une raison d'intérêt général, d'autre part, la différence de traitement qui en résulte ne procède pas de discriminations injustifiées et qu'enfin, il soit assuré aux justiciables des garanties égales quant au respect de leurs droits ;

Que la faculté du juge, dont c'est l'office, de choisir entre les différentes confiscations permises par les articles 225-24 et 225-25 du Code pénal, sans qu'un critère ne commande son choix, ne porte pas atteinte au principe d'égalité en ce qu'il ne crée entre les auteurs d'infractions semblables aucune discrimination injustifiée ;

Que si l'article 225-25 du Code pénal, qui constitue une application spéciale, notamment à l'infraction de proxénétisme, de la confiscation définie, dans des termes identiques, par le sixième alinéa de l'article 131-21 du même code, ne prévoit pas, au contraire du cinquième alinéa de ce dernier texte, que la personne concernée soit mise en mesure de s'expliquer sur les biens dont la confiscation est envisagée et d'en justifier l'origine, il ne saurait en résulter aucune discrimination injustifiée, la possibilité de procéder à une confiscation de patrimoine étant réservée à la catégorie d'infractions qui portent la plus grave atteinte à l'ordre public, au nombre desquelles appartient, à l'évidence, l'exploitation de la personne humaine que constitue le proxénétisme ;

Que, s'agissant des dispositions de l'article 225-25 du Code pénal, en ce qu'elles prévoient la confiscation générale édictée par l'article 131-21, sixième alinéa du même code, il appartient au juge, pour éviter tout risque d'arbitraire, d'apprécier la nécessité de l'atteinte portée au droit de propriété de la personne concernée au regard de la gravité concrète des faits qui lui sont reprochés et de sa situation personnelle. »

> Constitutionnalité de la confiscation des animaux prévue par l'article 131-21-1 du Code pénal

• **Crim. 20 nov. 2012,** n° 12-82.218, NP

* V. s^s n° 112.15.

« Et attendu que la question posée ne présente pas, à l'évidence, un caractère sérieux, dès lors que l'article 131-21-1 du Code pénal, qui détermine les modalités d'application de la peine complémentaire de confiscation d'un animal, plus particulièrement, lorsqu'il s'agit d'un animal dangereux, son euthanasie, n'est pas un texte d'incrimination, que cette peine n'est ni obligatoire ni automatique et qu'il entre nécessairement dans l'office du juge d'apprécier, au cas par cas, la dangerosité de chaque animal, notamment au regard des dispositions des articles L. 211-11 et L. 211-12 du Code rural, de sorte qu'il n'est porté aucune atteinte aux principes constitutionnels invoqués. »

112.03 **Bibliographie indicative.**

Articles. E. Dreyer, « L'article 131-21 du Code pénal, qui préserve le droit de propriété des tiers de bonne foi, n'est contraire à aucun autre droit ou liberté que la Constitution garantit », *Gaz. Pal.* 6 janv. 2011, n° 6, p. 14 – J.-H. Robert, « Une QPC sur la confiscation en matière pénale », *JCP G* 2011. 15.

SECTION 1
CONSTITUTIONNALITÉ DES DISPOSITIONS DE DROIT PÉNAL GÉNÉRAL

112.10 **Plan.** Le Conseil constitutionnel et la chambre criminelle se sont exprimés dans plusieurs décisions sur la constitutionnalité des principales dispositions générales du Code pénal relatives aux confiscations.

112.11 **Affirmation de la constitutionnalité de l'article 131-21 du Code pénal.** Le Conseil constitutionnel s'est prononcé sur la constitutionnalité de l'article 131-21 du Code pénal dans une importante décision du 26 novembre 2010, statuant sur la question prioritaire de constitutionnalité d'un requérant qui faisait valoir que, d'une part, ce texte méconnaissait le principe de la nécessité des peines en laissant au pouvoir réglementaire la faculté de prévoir des peines complémentaires de confiscation, d'autre part, au cas particulier, la confiscation du véhicule réprimant la contravention de grand excès de vitesse en application de l'article R. 413-14-1 du Code de la route constituait une sanction manifestement disproportionnée[1].

1. Cons. const. 26 nov. 2010, n° 2010-66 QPC, *JO* 27 nov., p. 21117 ; *Rec.* p. 334 ; *D.* 2011. 2823, obs. G. Roujou de Boubée, T. Garé, S. Mirabail et T. Potaszkin ; *AJ pénal* 2011. 31, obs. J.-B. Perrier ; *Gaz. Pal.* 6 janv. 2011, n° 6, p. 14, obs. E. Dreyer ; *JCP G* 2011. 15, obs. J.-H. Robert.

Au terme de cette décision, le Conseil constitutionnel a conclu à la constitutionnalité de l'ensemble des dispositions de l'article 131-21 du Code pénal, à la fois en ce qu'elles prévoient, abstraitement, l'existence en droit positif de la peine de confiscation qui est susceptible d'être encourue dans les cas prévus par la loi ou le règlement, et en ce qu'elles suffisent à faire encourir cette peine aux auteurs de certaines infractions, sans que celle-ci ne doive être prévue par un texte spécial.

En effet, après avoir rappelé le contenu du principe de la nécessité des peines défini par l'article 8 de la Déclaration des droits de l'homme et du citoyen de 1789, le Conseil s'est en premier lieu prononcé sur la constitutionnalité des dispositions de l'article 131-21 du Code pénal prévoyant l'existence abstraite de la peine complémentaire de confiscation applicable, dans les cas prévus par la loi, à certains crimes et délits et, dans les cas prévus par le règlement, à certaines contraventions. À cet égard, il a estimé que l'existence d'une telle peine en droit positif ne méconnaît pas en elle-même le principe de la nécessité des peines et que, s'agissant plus particulièrement de la répression des contraventions, il appartient au pouvoir réglementaire, en application de l'article 37 de la Constitution et sous le contrôle des juridictions compétentes, de fixer, dans le respect du principe de la nécessité, les peines de confiscation applicables aux contraventions qu'il définit.

Par ailleurs, le Conseil a également conclu à la conformité à la Constitution des dispositions de l'article 131-21 du Code pénal en vertu desquelles, comme il sera vu, la peine de confiscation est encourue par les auteurs de certaines infractions, sans que cette peine ne doive être prévue par une disposition spéciale[1]. Le Conseil a en effet constaté que l'article 131-21 prévoit que la peine de confiscation des biens qui ont servi à commettre l'infraction ou qui en sont le produit direct ou indirect, est encourue de plein droit en cas de crime ou de délit puni d'une peine d'emprisonnement d'une durée supérieure à un an, à l'exception des délits de presse[2], que la peine de confiscation des biens dont le condamné n'a pu justifier l'origine est par ailleurs encourue en cas de crime ou de délit ayant procuré un profit direct ou indirect et puni d'au moins cinq ans d'emprisonnement[3], et enfin qu'est obligatoire la confiscation des objets qualifiés de dangereux ou nuisibles par la loi ou le règlement, ou dont la détention est illicite[4]. Mais il a considéré que ces dispositions sont conformes à la Constitution, aux motifs, d'une part que ces peines sont justifiées eu égard aux conditions de gravité des infractions pour lesquelles elles sont applicables et aux biens qui peuvent en faire l'objet, en sorte qu'elles ne sont pas manifestement disproportionnées, d'autre part que le texte attaqué préserve le droit de propriété des tiers de bonne foi.

1. V. s[s] n° 121.30.
2. C. pr pén., art. 131-21, al. 1.
3. C. pr pén., art. 131-21, al. 5.
4. C. pr pén., art. 131-21, al. 7.

112.12 **Appréciation.** Il faut à nouveau souligner l'importance particulière de la décision rendue par le Conseil constitutionnel le 26 novembre 2010, dès lors que l'article 131-21 du Code pénal, dont la constitutionnalité était interrogée, constitue le texte fondamental en matière de confiscations, comme énonçant à la fois les conditions de fond de ces mesures et de certaines saisies pénales, notamment les saisies spéciales.

Mais force est cependant de constater que la décision rendue par le Conseil constitutionnel le 26 novembre 2010 ne règle pas tout. D'abord, ainsi que cela a été observé par un auteur, le Conseil n'a statué que sur les confiscations prévues à titre de peine complémentaire, de sorte que la question de la constitutionnalité des confiscations susceptibles d'être prononcées à titre de peines alternatives en matière délictuelle comme en matière contraventionnelle demeure parfaitement entière. Car il est vrai qu'un « tribunal de police pourrait, par exemple, substituer, à une amende de 1 500 euros, la confiscation d'une installation classée qui fonctionne en contravention à un arrêté d'autorisation [...] ou qui est exploitée sans avoir été déclarée alors qu'elle aurait dû l'être », ce dont il a été déduit par cet auteur que « la conformité à la Constitution des textes législatifs qui, combinés avec l'article 131-21, permettent une telle sévérité reste une question non résolue »[5].

Par ailleurs, s'il a été conclu à la constitutionnalité de l'ensemble des dispositions de l'article 131-21 du Code pénal, il n'en demeure pas moins, comme il a également été fort justement relevé[6], que le Conseil ne s'est nullement expliqué sur la constitutionnalité du sixième alinéa de l'article 131-21 prévoyant la peine de confiscation de patrimoine, alors que l'atteinte que porte cette peine au droit de propriété est d'une intensité particulière, dès lors qu'aucun lien n'est exigé entre le bien confisqué et l'infraction poursuivie. Certes, ces dispositions ne sont pas directement applicables par le juge répressif puisque, pour pouvoir être ordonnée, une telle

5. J.-H. Robert, « Une QPC sur la confiscation en matière pénale », préc.
6. J.-H. Robert, « Une QPC sur la confiscation en matière pénale », préc. – D. Guérin, « La chambre criminelle face à la confiscation : orientations actuelles », *Annales de l'Institut de criminologie et de sciences pénales Roger Merle*, n° 1/2020, p. 171.

confiscation doit être prévue par un texte spécial. Il s'en déduit que l'appréciation de la nécessité d'une telle peine pourra varier en fonction de la gravité du crime ou du délit au titre duquel elle est encourue, et que c'est la constitutionnalité de chaque texte prévoyant une telle peine qui devra être interrogée. C'est sans doute ce qui explique le silence du Conseil à cet égard. Mais, dès lors qu'il a conclu à la constitutionnalité de l'ensemble des dispositions de l'article 131-21, il eût été intéressant que le Conseil se prononce expressément sur la constitutionnalité du principe même de l'existence de la peine de confiscation de patrimoine en droit positif.

Pour le surplus, la décision du Conseil constitutionnel renseigne sur ce que sont les critères d'appréciation de la constitutionnalité des peines de confiscation dont le contenu doit être proportionné à la gravité des infractions réprimées et qui ne sauraient porter atteinte au droit de propriété des tiers de bonne foi, ce qui pourra, comme nous le verrons, constituer un guide d'interprétation des textes applicables en matière de confiscations [1].

112.13 Limite : inconstitutionnalité des dispositions des articles 131-21 et 225-25 du Code pénal permettant la confiscation des biens appartenant à des tiers. Si le Conseil constitutionnel a déclaré l'article 131-21 du Code pénal conforme à la Constitution notamment en ce qu'il préserve, sur le fond, le droit de propriété des tiers de bonne foi, il a en revanche censuré, par une importante décision du 23 avril 2021 [2] rendue sur saisine de la chambre criminelle [3], l'article 225-25 du Code pénal, en ce que le législateur n'avait pas tiré les conséquences procédurales de cette préservation.

En effet, si le Conseil constitutionnel a relevé que ce texte ne permettait la confiscation des biens dont la personne condamnée avait la libre disposition que sous réserve des droits du propriétaire de bonne foi, il a aussi constaté que « ni ces dispositions ni aucune autre disposition ne [prévoyaient] que le propriétaire dont le titre [était] connu ou qui [avait] réclamé cette qualité au cours de la procédure [fût] mis en mesure de présenter ses observations sur la mesure de confiscation envisagée par la juridiction de jugement aux fins, notamment, de faire valoir le droit qu'il [revendiquait] et sa bonne foi », pour en déduire que se trouvaient ainsi méconnus le droit des personnes intéressées à exercer un recours juridictionnel effectif ainsi que le respect des droits de la défense garantis par l'article 16 de la Déclaration des droits de l'homme et du citoyen de 1789, et déclarer contraire à la Constitution les mots « ou, sous réserve des droits du propriétaire de bonne foi, dont elles ont la libre disposition » figurant à l'article 225-25.

Cette décision, qui était prévisible au moins en ce qu'elle rejoignait plusieurs décisions du Conseil constitutionnel rendues dans le contentieux de la restitution [4], ainsi que le droit de l'Union européenne et le droit européen des droits de l'homme [5], a contraint le législateur à conférer aux tiers propriétaires des biens dont la confiscation est envisagée, certains droits lors de l'audience de jugement [6].

Cette importante décision a été suivie de deux autres, en date des 23 septembre 2021 et 24 novembre de la même année, qui ont abrogé les dispositions de l'article 131-21 du Code pénal permettant la confiscation des biens appartenant à des tiers [7].

112.14 Décisions de la chambre criminelle relatives à la constitutionnalité de l'article 131-21 du Code pénal. La chambre criminelle s'est quant à elle prononcée sur la conformité à la Constitution d'aspects plus spécifiques des dispositions de l'article 131-21 du Code pénal, le cas échéant telles qu'interprétées par elle.

Tout d'abord, elle a considéré, à l'occasion de l'examen de deux questions prioritaires de constitutionnalité, que n'était pas contraire à la Constitution son interprétation constante de l'article 131-21, alinéa 9, du Code pénal, selon laquelle, en cas de confiscation en valeur du produit, direct ou indirect, de l'infraction, le juge répressif n'a pas à contrôler le caractère proportionné de l'atteinte portée au droit de propriété [8].

D'une part, la première question a donné l'occasion à la chambre criminelle, outre de préciser la portée de cette jurisprudence, d'en exprimer la rationalité, pour établir que cette compréhension des textes ne saurait être vue comme contraire au principe de nécessité des peines, non plus qu'aux principes d'individualisation et de motivation de celles-ci. Ainsi a-t-elle énoncé, pour considérer qu'il n'y avait pas lieu de saisir le Conseil constitutionnel, que « lorsque le juge ordonne une mesure de confiscation en valeur du produit, direct ou indirect, de

1. V. s^s n°s 125.31 et 245.125.
2. Cons. const. 23 avr. 2021, n° 2021-899 QPC, *D.* 2021. 801 ; *AJ pénal* 2021. 323.
3. Crim. 3 févr. 2021, n° 20-84.441, NP.
4. V. s^s n° 212.62 – Cons. const. 11 avr. 2014, n° 2014-390 QPC, *JO* 13 avr., p. 6693 ; *D.* 2014. 873 ; *D.* 2015. 1457, obs. L. Gay et A. Mangiavillano ; *AJ pénal* 2014. 368, obs. P. Belloir – Cons. const. 9 juill. 2014, n° 2014-406 QPC, *JO* 11 juill., p. 11613 ; *D.* 2014. 1498.
5. V. s^s n° 131.41.
6. V. s^s n° 131.41.
7. Cons. const. 23 sept. 2021, n° 2021-932 QPC – Cons. const. 24 nov. 2021, n° 2021-949/950 QPC – SUR SAISINE de la chambre criminelle : Crim. 16 juin 2021, n° 20-87.060, NP – Crim. 15 sept. 2021, n°s 21-90.029 et 21-82.389, NP (2 arrêts).
8. V. s^s n° 122.42.

l'infraction, il est tenu de préalablement s'assurer que la valeur du bien confisqué n'excède pas le montant du produit de l'infraction, en sorte que l'atteinte portée au droit de propriété de la personne condamnée ne peut excéder l'avantage économique tiré de l'infraction pénale et qui constitue la conséquence patrimoniale de sa commission, ainsi que d'en justifier par des motifs suffisants, exempts de contradiction, et répondant aux moyens péremptoires des conclusions des parties »[1].

D'autre part, répondant à la seconde question dont elle était saisie, la chambre criminelle a exposé en quoi le principe d'égalité devant la justice ne se trouve pas méconnu par le fait qu'il peut arriver qu'un même bien soit confiscable sur le fondement de l'article 131-21, alinéa 9, du Code pénal (à titre de confiscation en valeur du produit de l'infraction) et sur celui des dispositions de droit pénal spécial faisant encourir la peine de confiscation de patrimoine dont le juge répressif doit contrôler le caractère proportionné au besoin d'office, de sorte que le principe de proportionnalité s'appliquera ou non selon le fondement retenu par ce juge. Elle a en effet énoncé que, pour que le principe d'égalité se trouve méconnu, encore faut-il que soit instituée par la loi une différence de traitement injustifiée. Or, au cas particulier, les situations ne sont pas identiques, ce qui justifie une différence de régime juridique s'agissant de la mise en œuvre du contrôle de proportionnalité, dès lors que la confiscation de patrimoine peut porter de manière illimitée sur l'ensemble des biens composant le patrimoine du condamné, quand la confiscation en valeur du produit de l'infraction ne peut excéder l'avantage économique tiré de celle-ci et qui constitue la conséquence patrimoniale de sa commission. Ces énonciations ne sont d'ailleurs pas uniques dans la jurisprudence de la chambre criminelle : d'autres questions prioritaires de constitutionnalité n'ont pas été transmises au Conseil constitutionnel pour des motifs comparables que ce soit en matière de confiscation[2] ou de saisie[3] pénale.

La chambre criminelle a ensuite affirmé la conformité à la Constitution de son interprétation constante de l'article 131-21, alinéa 3, du Code pénal, selon laquelle se trouve exclu tout contrôle de proportionnalité en cas de confiscation de l'objet ou du produit de l'infraction, y compris lorsque des sommes, prises en compte au titre du produit confiscable, ont été déjà remboursées, font l'objet d'une condamnation à titre de dommages et intérêts, ou l'objet d'un recouvrement dans le cadre d'une autre procédure[4]. Sur ce point particulier, il a été énoncé que « la condamnation au versement de dommages et intérêts ou au paiement des sommes dues au titre d'une créance dans le cadre d'une autre procédure ne constitue pas une sanction ayant le caractère d'une punition », de sorte que « ladite condamnation ne peut être prise en considération dans l'appréciation du respect du principe de proportionnalité des peines », quand par ailleurs « les dispositions prévoyant la confiscation de l'objet ou du produit de l'infraction, telles qu'interprétées par la Cour de cassation, visent à lutter contre toute forme d'enrichissement illicite », en sorte « qu'elles poursuivent l'objectif de valeur constitutionnelle de sauvegarde de l'ordre public, et qu'au regard de cet objectif, elles ne portent pas une atteinte disproportionnée au droit de propriété protégé par l'article 2 » de la Déclaration des droits de l'homme et du citoyen de 1789.

Enfin, la chambre criminelle a jugé que l'article 131-21 du Code pénal ne méconnaît pas la Constitution en ce qu'il permet la confiscation des biens appartenant aux tiers, lorsque ces biens sont à la libre disposition de la personne condamnée, et que les tiers ne sont pas de bonne foi, sans pour autant prévoir qu'ils doivent avoir la parole en dernier. La chambre criminelle a effet jugé que ces tiers, fûssent-ils de mauvaise foi, ne peuvent être assimilés à des prévenus comme n'ayant pas fait l'objet de poursuites pénales[5].

112.15 Constitutionnalité de la confiscation des animaux. Par ailleurs, la chambre criminelle s'est prononcée le 20 novembre 2012 sur la constitutionnalité de l'article 131-21-1 du Code pénal, définissant le contenu et les modalités d'application de la peine de confiscation d'un animal, dont le dernier alinéa dispose que « lorsqu'il s'agit d'un animal dangereux, la juridiction peut ordonner qu'il soit procédé à son euthanasie, le cas échéant aux frais du condamné »[6].

Il était en effet reproché au législateur de s'être abstenu de définir, à l'article 131-21-1 du Code pénal, l'animal « dangereux » et de prévoir la proportionnalité de cette peine en fonction du degré de la gravité du comportement poursuivi, et ce en violation du principe de la nécessité et de la proportionnalité des peines garanti par l'article 8 de la Déclaration des droits de l'homme et du citoyen de 1789 et de l'article 34 de la Constitution, qui impose au législateur de définir les crimes et les délits ainsi que les peines qui leur sont applicables.

1. Crim. 5 mai 2021, n° 20-86.529, NP.
2. Crim. 24 mai 2016, n° 15-81.287, NP ; *AJ pénal* 2017. 142, obs. O. Violeau (v. s^s n° 112.21).
3. Crim. 9 oct. 2019, n° 19-82.172, NP (v. s^s n° 212.41).
4. Crim. 5 avr. 2023, n° 22-85.754, NP.
5. Crim. 17 nov. 2021, n° 21-82.838, NP.
6. Crim. 20 nov. 2012, n° 12-82.218, NP ; *Dr. pén.* 2013, comm. 35, obs. M. Véron ; *JCP G* 2013. 1032, obs. M. Véron.

Pour dire n'y avoir lieu de renvoyer la question au Conseil constitutionnel, la chambre criminelle a énoncé, outre le fait que l'article 131-21-1 du Code pénal n'est pas un texte d'incrimination, que cette peine de confiscation n'est ni obligatoire ni automatique, et qu'il entre nécessairement dans l'office du juge d'apprécier, au cas par cas, la dangerosité de chaque animal, notamment au regard des dispositions des articles L. 211-11 et L. 211-12 du Code rural, de sorte qu'il n'est porté aucune atteinte aux principes constitutionnels invoqués.

SECTION 2
CONSTITUTIONNALITÉ DES DISPOSITIONS DE DROIT PÉNAL SPÉCIAL

112.21 Constitutionnalité de la confiscation de patrimoine en matière de proxénétisme. La chambre criminelle a statué à deux reprises sur la constitutionnalité de la peine de confiscation de patrimoine définie par l'article 131-21, alinéa 6, du Code pénal et réprimant, en application de l'article 222-25 du même code, le délit de proxénétisme.

La chambre criminelle a une première fois refusé de renvoyer au Conseil constitutionnel une telle question par un arrêt du 12 février 2014 [1]. Il était en effet soutenu que la possibilité pour le juge répressif d'ordonner la confiscation de tout ou partie des biens de la personne condamnée pour faits de proxénétisme, même si ces biens sont sans lien avec l'infraction, était contraire aux articles 2 et 17 de la Déclaration des droits de l'homme et du citoyen de 1789 qui protègent le droit de propriété, aux principes de nécessité et de proportionnalité des peines garanties par l'article 8 du même texte, et enfin à l'article 34 de la Constitution qui interdit au législateur de méconnaître l'étendue de sa compétence en violation du droit de propriété et des principes de nécessité et de proportionnalité des peines protégés par les textes précités.

Pour refuser de renvoyer cette question, la chambre criminelle a d'abord rappelé que les dispositions de l'article 131-21 du Code pénal, instituant la peine complémentaire de confiscation, ont été déclarées conformes à la Constitution par le Conseil constitutionnel le 26 novembre 2010, et que les dispositions de l'article 225-25 du Code pénal constituent une application spéciale, propre à l'infraction de proxénétisme, de la confiscation définie dans des termes identiques par l'article 131-21. Mais elle a aussi considéré, d'une part, que la confiscation porte sur des biens appartenant ou étant à la disposition d'auteurs d'infractions particulièrement graves, en sorte qu'elle est, de ce fait et en l'absence de toute disproportion manifeste ni de méconnaissance, en soi, du principe de nécessité des peines, exclusive d'une atteinte injustifiée au droit de propriété, d'autre part, qu'elle ne présente aucun caractère automatique ou obligatoire, son prononcé relevant, dans des cas limitativement énumérés par la loi, de l'office du juge, ce qui permet d'écarter le risque d'arbitraire. En d'autres termes, le dispositif a été jugé conforme à la Constitution en raison de la gravité de l'infraction ainsi réprimée par la confiscation de patrimoine et du caractère facultatif de cette peine complémentaire laissée à l'appréciation du juge répressif.

Cette solution a été réaffirmée le 24 mai 2016 [2]. La question était toutefois alors formulée en des termes sensiblement différents. En effet, s'il était allégué que le dispositif portait atteinte au principe de nécessité et de proportionnalité des peines tel que garanti par l'article 8 de la Déclaration des droits de l'homme et du citoyen de 1789, dès lors que la confiscation de patrimoine n'est pas subordonnée à l'impossibilité de justifier de l'origine des biens, en sorte que le législateur avait méconnu l'objet de la peine de confiscation, lequel était distinct de celui de l'amende, la question était aussi placée sur le terrain du principe d'égalité devant la loi, garanti par l'article 6 de la Déclaration des droits de l'homme et du citoyen. Il était en effet soutenu qu'en répression des infractions définies par les articles 225-5 à 225-10 du Code pénal, le juge peut prononcer soit la peine complémentaire de confiscation des biens qui sont le moyen de commettre l'infraction ou qui en sont le produit, en vertu de l'article 225-24 du même code, soit une confiscation de tout ou partie du patrimoine sur le fondement de l'article 225-25, sans que le critère de choix de l'une ou l'autre de ces sanctions ne soit précisé. Il était de même relevé qu'en vertu de l'article 131-21, alinéa 5, du Code pénal, les délits punis d'au moins cinq ans d'emprisonnement ne peuvent donner lieu à confiscation de patrimoine que si la personne ne peut justifier de l'origine des biens, alors que cette condition n'est pas prévue par l'article 225-25 pour des délits de même gravité, ce qui aurait encore été de nature à heurter le principe d'égalité devant la loi.

Pour dire n'y avoir lieu à transmettre la question au Conseil constitutionnel, la chambre criminelle a prononcé par les mêmes motifs que ceux énoncés dans l'arrêt du 12 février 2014, puis a écarté l'atteinte au principe d'égalité devant la loi. À cet égard, après avoir rappelé l'état de la jurisprudence

1. Crim. 12 févr. 2014, n° 13-83.760, NP ; *AJ pénal* 2017. 142, obs. O. Violeau.

2. Crim. 24 mai 2016, n° 15-81.287, NP ; *AJ pénal* 2017. 142, obs. O. Violeau.

du Conseil constitutionnel en application du principe d'égalité devant la loi, la chambre criminelle a considéré que la faculté du juge, dont c'est l'office, de choisir entre les différentes confiscations permises par loi, sans qu'un critère ne commande son choix, ne porte pas atteinte au principe d'égalité en ce qu'il ne crée entre les auteurs d'infractions semblables aucune discrimination injustifiée. Pour parvenir à cette conclusion, la chambre criminelle a en effet considéré qu'en prévoyant, en matière de proxénétisme, la peine de confiscation de patrimoine, le législateur n'a créé aucune discrimination injustifiée, dès lors que la possibilité de prononcer cette mesure est réservée à la catégorie d'infractions qui portent la plus grave atteinte à l'ordre public, au nombre desquelles appartient « l'exploitation de la personne humaine que constitue le proxénétisme », et qu'il appartient au juge, pour éviter tout risque d'arbitraire, d'apprécier la nécessité de l'atteinte portée au droit de propriété de la personne concernée, au regard de la gravité concrète des faits qui lui sont reprochés et de sa situation personnelle. À nouveau, la gravité de l'infraction considérée et le caractère facultatif de la confiscation, qui permet au juge répressif d'apprécier la nécessité de celle-ci, ont donc été considérés comme étant de nature à écarter toute inconstitutionnalité.

112.22 **Appréciation.** On retiendra de ces deux arrêts, que l'on rapprochera de la décision du Conseil constitutionnel du 26 novembre 2010, que si la peine de confiscation de patrimoine, dont l'existence est prévue par l'article 131-21 du Code pénal, n'est en elle-même pas contraire à la Constitution, il n'en demeure pas moins que le législateur et le juge répressif ne sauraient en faire un usage autre que mesuré.

Si l'article 131-21 du Code pénal dispose sobrement que la confiscation peut aussi porter sur tout ou partie des biens appartenant au condamné ou, sous réserve des droits du propriétaire de bonne foi, dont il a la libre disposition, quelle qu'en soit la nature, meubles ou immeubles, divis ou indivis « lorsque la loi qui réprime le crime ou le délit le prévoit », le caractère très attentatoire de cette peine au droit de propriété impose au législateur de ne la prévoir que pour les crimes et délits présentant une certaine gravité.

Par ailleurs, ces deux décisions constituent autant d'arguments au soutien de la jurisprudence de la chambre criminelle qui a imposé au juge répressif, comme nous le verrons, d'apprécier la proportionnalité des atteintes aux droits fondamentaux que porteront les peines de confiscation de patrimoine qu'il envisage de prononcer[1].

1. V. s[s] n° 122.05.

CHAPITRE

113. Conventionnalité des confiscations

SECTION 0
ORIENTEUR

113.00 Sommaire du chapitre.

Sect.	1	Détermination des normes applicables
Sect.	2	Mise en œuvre du contrôle de conventionnalité
	§ 1	Indifférence de la propriété des biens confisqués
	§ 2	Nécessité d'une base légale
	§ 3	Poursuite d'un but légitime
	§ 4	Proportionnalité de la confiscation

Division. La Cour européenne des droits de l'homme a produit une jurisprudence très abondante en matière de confiscations.

Cette jurisprudence est cependant de conceptualisation difficile, la difficulté s'expliquant par la mise en œuvre, par la Cour, d'un contrôle concret du respect des droits et libertés énoncés par la Convention européenne des droits de l'homme dans le cadre d'une approche *in globo* du procès pénal.

Sans doute l'identification des normes conventionnelles applicables en cas de prononcé d'une peine de confiscation est-elle relativement aisée, puisque chacun a l'intuition que les confiscations ont à voir avec le droit au respect des biens, le droit à la vie privée et familiale, ou bien encore le droit au procès équitable (sect. 1).

Une fois ces normes identifiées, il sera en revanche impossible de porter une appréciation abstraite sur la conformité du droit interne au droit conventionnel, et il s'agira davantage d'identifier, dans la jurisprudence de la Cour, les critères d'appréciation de la conformité au droit conventionnel des confiscations susceptibles d'être prononcées par le juge répressif (sect. 2).

113.01 Textes applicables.

TEXTES SOURCES

- Convention européenne de sauvegarde des droits de l'homme et des libertés fondamentales (Conv. EDH), 4 nov. 1950, art. 6, 7 et 8
- Protocole additionnel n° 1 à la Conv. EDH, art. 1

TEXTES *IN EXTENSO*

- **Conv. EDH, art. 6**

1. Toute personne a droit à ce que sa cause soit entendue équitablement, publiquement et dans un délai raisonnable, par un tribunal indépendant et impartial, établi par la loi, qui décidera, soit des contestations sur ses droits et obligations de caractère civil, soit du bien-fondé de toute accusation en matière pénale dirigée contre elle. Le jugement doit être rendu publiquement, mais l'accès de la salle d'audience peut être interdit à la presse et au public pendant la totalité ou une partie du procès dans l'intérêt de la moralité, de l'ordre public ou de la sécurité nationale dans une société démocratique, lorsque les intérêts des mineurs ou la protection de la vie privée des parties au procès l'exigent, ou dans la mesure jugée strictement nécessaire par le tribunal, lorsque dans des circonstances spéciales la publicité serait de nature à porter atteinte aux intérêts de la justice.

2. Toute personne accusée d'une infraction est présumée innocente jusqu'à ce que sa culpabilité ait été légalement établie.

3. Tout accusé a droit notamment à :

a) être informé, dans le plus court délai, dans une langue qu'il comprend et d'une manière détaillée, de la nature et de la cause de l'accusation portée contre lui ;

b) disposer du temps et des facilités nécessaires à la préparation de sa défense ;

c) se défendre lui-même ou avoir l'assistance d'un défenseur de son choix et, s'il n'a pas les moyens de rémunérer un défenseur, pouvoir être assisté gratuitement par un avocat d'office, lorsque les intérêts de la justice l'exigent ;

d) interroger ou faire interroger les témoins à charge et obtenir la convocation et l'interrogation des témoins à décharge dans les mêmes conditions que les témoins à charge ;

e) se faire assister gratuitement d'un interprète, s'il ne comprend pas ou ne parle pas la langue employée à l'audience.

- **Conv. EDH, art. 7**

1. Nul ne peut être condamné pour une action ou une omission qui, au moment où elle a été commise, ne constituait pas une infraction d'après le droit national ou international.

De même il n'est infligé aucune peine plus forte que celle qui était applicable au moment où l'infraction a été commise.

2. Le présent article ne portera pas atteinte au jugement et à la punition d'une personne coupable d'une action ou d'une omission qui, au moment où elle a été commise, était criminelle d'après les principes généraux de droit reconnus par les nations civilisées.

• **Conv. EDH, art. 8**

1. Toute personne a droit au respect de sa vie privée et familiale, de son domicile et de sa correspondance.

2. Il ne peut y avoir ingérence d'une autorité publique dans l'exercice de ce droit que pour autant que cette ingérence est prévue par la loi et qu'elle constitue une mesure qui, dans une société démocratique, est nécessaire à la sécurité nationale, à la sûreté publique, au bien-être économique du pays, à la défense de l'ordre et à la prévention des infractions pénales, à la protection de la santé ou de la morale, ou à la protection des droits et libertés d'autrui.

• **Protoc. add. n° 1 à la Conv. EDH, art. 1**

Toute personne physique ou morale a droit au respect de ses biens. Nul ne peut être privé de sa propriété que pour cause d'utilité publique et dans les conditions prévues par la loi et les principes généraux du droit international.

Les dispositions précédentes ne portent pas atteinte au droit que possèdent les États de mettre en vigueur les lois qu'ils jugent nécessaires pour réglementer l'usage des biens conformément à l'intérêt général ou pour assurer le paiement des impôts ou d'autres contributions ou des amendes.

113.02 Jurisprudence de référence.

V. annexe.

113.03 Bibliographie indicative.

Articles. S. Almaseanu, « La validation par la Cour de Strasbourg des confiscations prononcées comme peines complémentaires du délit de non-justification de ressources », *Gaz. Pal.* 14 déc. 2014, n° 45, p. 17 – C. Latimier, « La conformité de la confiscation sans condamnation pénale (CSP) à l'article 1 du protocole n° 1 de la Convention européenne des droits de l'homme (CEDH) », *La revue du Grasco*, n° 5, avr. 2013, p. 63 – J. Vervaele, « Les sanctions de confiscation en droit pénal : un intrus issu du droit civil ? Une analyse de la jurisprudence de la CEDH et de la signification qu'elle revêt pour le droit (procédural) pénal néerlandais », *RSC* 1998. 39.

SECTION 1
DÉTERMINATION DES NORMES APPLICABLES

113.11 Diversité des normes applicables. Dans le système juridique institué par la Convention européenne des droits de l'homme, le prononcé d'une peine de confiscation est susceptible de porter atteinte à plusieurs droits protégés par ce texte. Il résulte en effet de l'examen des nombreuses décisions rendues par la Cour, notamment à l'encontre de la France, que la conformité au droit conventionnel peut être contrôlée au regard des articles 1er du Protocole additionnel n° 1 à la Convention européenne des droits de l'homme, ainsi que 6, 7 et 8 de ce texte.

113.12 Une peine attentatoire au droit au respect des biens. Il ne fait nul doute en effet que les confiscations, quelle qu'en soit la nature, ne sauraient être prononcées sans que ne soient respectées les dispositions de l'article 1er du Protocole additionnel n° 1 à la Convention européenne des droits de l'homme protégeant le droit au respect des biens.

Depuis les arrêts *Handyside contre Royaume-Uni* du 7 décembre 1976[1], puis *Agosi contre Royaume-Uni* du 24 octobre 1986[2], la Cour européenne des droits de l'homme, reprenant l'interprétation de ce texte retenue dans le très important arrêt *Sporrong et Lönnroth contre Suède* du 23 septembre 1982[3], considère en effet que les confiscations relèvent du second alinéa de l'article 1er du Protocole additionnel n° 1, dont il résulte que, si « toute personne physique ou morale a droit au respect de ses biens » (Protoc. add. n° 1 à la Conv. EDH, art. 1, al. 1, 1re phrase) et que « nul ne peut être privé de sa propriété que pour cause d'utilité publique et dans les conditions prévues par la loi et les principes généraux du droit international » (Protoc. add. n° 1, art. 1, al. 1, 2e phrase), il n'en demeure pas moins que ces dispositions « ne portent pas atteinte au droit que possèdent les États de mettre en vigueur les lois qu'ils jugent nécessaires pour réglementer l'usage des biens conformément à l'intérêt général » (Protoc. add. n° 1, art. 1, al. 2). Ce texte, ainsi que l'a expliqué la Cour dans l'arrêt *Agosi*, « garantit en substance le droit de propriété [...]. Il contient "trois normes distinctes" : la première, qui s'exprime dans la première phrase du premier alinéa et revêt un caractère général, énonce le principe du respect de la propriété ; la deuxième, figurant dans la seconde phrase du même alinéa, vise la privation de propriété et la soumet à certaines conditions ; quant à la troisième, consignée dans le second alinéa, elle reconnaît aux États le droit, entre autres, de réglementer l'usage des biens conformément à l'intérêt général [...]. Il ne s'agit pas pour autant de règles dépourvues de rapport entre elles : la deuxième et la troisième ont trait à des exemples particuliers d'atteintes au droit de propriété ; dès lors, elles doivent s'interpréter à la lumière du principe consacré par la première »[4].

1. CEDH 7 déc. 1976, *Handyside c/Royaume-Uni*, req. n° 5493/72.
2. CEDH 24 oct. 1986, *Agosi c/Royaume-Uni*, req. n° 9118/80.
3. CEDH 23 sept. 1982, *Sporrong et Lönnroth c/Suède*, req. n° 7151/75, n° 7152/75 ; *AFDI* 1985. 415, obs. V. Coussirat-Coustère ; *JDI* 1985. 205, obs. P. Tavernier.
4. CEDH 24 oct. 1986, *Agosi c/Royaume-Uni*, préc., § 48.

Toutefois, alors que l'on aurait pu légitimement s'attendre à ce que la Cour analyse les confiscations purement et simplement en une privation de propriété ne pouvant être décidée que « pour cause d'utilité publique et dans les conditions prévues par la loi et les principes généraux du droit international » (Protoc. add. n° 1, art. 1, al. 1, 2e phrase), elle a au contraire considéré que s'appliquait en matière de confiscations le second alinéa de l'article 1er du Protocole additionnel n° 1. On relèvera d'ailleurs que si, dans certaines décisions, la Cour a mis un soin particulier à établir que la confiscation n'avait en vérité pas opéré un véritable transfert de propriété au détriment du requérant, pour conclure à l'application de ce texte[1], elle a au contraire semblé, dans d'autres décisions, davantage s'affranchir de la lettre du texte en faisant une application du second alinéa de celui-ci dans des cas où il s'était pourtant bien opéré, par suite de la confiscation, un transfert de propriété au profit de l'État, donc une privation de la propriété pour le requérant[2], en énonçant d'ailleurs expressément que « même si une telle mesure entraînait une privation de propriété, elle relevait néanmoins d'une réglementation de l'usage des biens »[3].

113.13 Une peine attentatoire au droit au respect de la vie privée et familiale. Les confiscations ordonnées par le juge répressif peuvent de même porter atteinte au droit au respect de la vie privée et familiale protégé par l'article 8 de la Convention européenne des droits de l'homme lorsque ces mesures concernent certains biens.

Tel est par exemple le cas lorsque se trouve confisqué le logement familial. Ainsi, dans une décision sur la recevabilité *Aboufadda contre France* du 4 novembre 2014, la Cour européenne des droits de l'homme, après avoir relevé que le juge répressif français avait ordonné la confiscation d'un bien immobilier constituant le domicile familial des requérants, a énoncé que cette mesure, qui les avait contraints à déménager, s'analysait en une ingérence d'une autorité publique dans l'exercice de leur droit au respect de leur vie privée et familiale et de leur domicile[4]. Un tel arrêt n'est d'ailleurs pas isolé[5].

113.14 Une peine devant être prononcée dans le respect du droit à un procès équitable. Les peines de confiscations relèvent encore de l'article 6 de la Convention européenne des droits de l'homme, en son volet pénal ou bien en son aspect civil, en sorte que trouve à s'appliquer l'ensemble de la jurisprudence rendue sur le fondement de ce texte et à laquelle il ne peut être que renvoyé.

Ainsi, dans l'arrêt *Phillips contre Royaume-Uni* du 5 juillet 2001, la Cour européenne des droits de l'homme a considéré qu'une confiscation ayant été prononcée à titre de peine par les juridictions anglaises à l'encontre d'un requérant condamné pour trafic de stupéfiants ne relevait certes pas de l'article 6 § 2 de la Convention protégeant la présomption d'innocence, dès lors que la confiscation avait été décidée au terme d'une procédure autonome diligentée postérieurement à la déclaration de culpabilité, mais qu'elle relevait néanmoins de l'article 6 § 1, en ce que ce texte « s'applique d'un bout à l'autre de la procédure tendant à la détermination du "bien-fondé [d'une] accusation en matière pénale", y compris la phase de fixation de la peine », la décision de confiscation s'apparentant, pour la Cour, à une procédure d'infliction[6].

Par ailleurs, si en cas de confiscation d'un bien appartenant à un tiers non poursuivi pénalement, l'application de l'article 6 § 1 est exclue en son aspect pénal[7], ce texte trouve néanmoins à s'appliquer en son volet civil, dès lors qu'il y a « contestation sur des droits et obligations de caractère civil »[8].

1. CEDH 22 févr. 1994, *Raimondo c/Italie*, req. n° 12954/87, § 29 ; *RSC* 1995. 385, obs. F. Massias – CEDH 5 mai 1995, *Air Canada c/Royaume-Uni de Grande-Bretagne et d'Irlande du Nord*, req. n° 18465/91, § 33 ; *D.* 1996. 202, obs. N. Fricero ; *AJDA* 1995. 719, obs. J.-F. Flauss ; *JDI* 1996. 226, obs. P. Tavernier ; *RSC* 1996. 478, obs. R. Koering-Joulin – CEDH 26 juin 2001, *C. M. c/France* (décis.), req. n° 28078/95.
2. CEDH 24 oct. 1986, *Agosi c/Royaume-Uni*, req. n° 9118/80, § 51 – CEDH 26 juin 2001, *C. M. c/France* (décis.), req. n° 28078/95 – CEDH 5 juill. 2001, *Arcuri c/Italie* (décis.), req. n° 52024/99 – CEDH 4 sept. 2001, *Riela et autres c/Italie* (décis.), req. n° 52439/99 – CEDH 27 juin 2002, *Butler c/ Royaume-Uni* (décis.), req. n° 41661/98 – CEDH 26 févr. 2009, *Grifhorst c/France*, req. n° 28336/02, § 84 ; *D.* 2009. 2825, obs. G. Roujou de Boubée, T. Garé et S. Mirabail ; *RSC* 2009. 597, obs. H. Matsopoulou – CEDH 23 juill. 2009, *Bowler International Unit c/France*, req. n° 1946/06, § 39.
3. CEDH 26 févr. 2009, *Grifhorst c/France*, req. n° 28336/02, § 84, *D.* 2009. 2825, obs. G. Roujou de Boubée, T. Garé et S. Mirabail ; *RSC* 2009. 597, obs. H. Matsopoulou.
4. CEDH 4 nov. 2014, *Aboufadda c/France* (décis.), req. n° 28457/10, § 38.
5. CEDH 9 mai 2017, *Eriomenco c/République de Moldavie et Russie*, req. n° 42224/11.
6. CEDH 5 juill. 2001, *Phillips c/Royaume-Uni*, req. n° 41087/ 98, § 39.
7. CEDH 24 oct. 1986, *Agosi c/Royaume-Uni*, req. n° 9118/80 – CEDH 5 mai 1995, *Air Canada c/Royaume-Uni de Grande-Bretagne et d'Irlande du Nord*, req. n° 18465/91 ; *D.* 1996. 202, obs. N. Fricero ; *AJDA* 1995. 719, obs. J.-F. Flauss ; *JDI* 1996. 226, obs. P. Tavernier ; *RSC* 1996. 478, obs. R. Koering-Joulin – CEDH 26 juin 2001, *C. M. c/France* (décis.), req. n° 28078/95 – CEDH 27 juin 2002, *Butler c/ Royaume-Uni* (décis.), req. n° 41661/98.
8. CEDH 5 mai 1995, *Air Canada c/Royaume-Uni de Grande-Bretagne et d'Irlande du Nord*, req. n° 18465/91, § 56 ; *D.* 1996. 202, obs. N. Fricero ; *AJDA* 1995. 719, obs. J.-F. Flauss ; *JDI* 1996. 226, obs. P. Tavernier ; *RSC* 1996. 478, obs. R. Koering-Joulin.

113.15 **Une peine devant être prononcée dans le respect du principe de non-rétroactivité de la loi pénale plus sévère.** C'est enfin parfois sur le terrain de l'article 7 de la Convention que la question est portée devant la Cour européenne des droits de l'homme : lorsque la confiscation est prononcée en matière pénale, encore faut-il que la mesure ait été applicable au moment où l'infraction a été commise[1].

SECTION 2 MISE EN ŒUVRE DU CONTRÔLE DE CONVENTIONNALITÉ

113.20 **Plan.** Outre le fait que les confiscations doivent être prononcées dans le respect des règles du procès équitable, le juge répressif doit veiller, lorsqu'il ordonne la confiscation d'un bien quelconque, à ne porter atteinte ni au droit au respect des biens, ni au droit au respect de la vie privée et familiale. Dans le lexique de la Cour européenne des droits de l'homme, toutefois, ces droits ne sont pas « indérogeables », en sorte que les juges veillent seulement, sans que la propriété des biens confisqués ne détermine la recevabilité de l'action des requérants (§ 1), à ce que les confiscations prononcées aient une base légale (§ 2), qu'elles soient ordonnées dans un but légitime (§ 3), et qu'elles ne portent pas aux droits protégés une atteinte disproportionnée par rapport au but poursuivi (§ 4).

§ 1 Indifférence de la propriété des biens confisqués

113.31 **Propriété des biens confisqués.** Si, dans la très grande majorité des arrêts rendus par la Cour européenne des droits de l'homme en matière de confiscations, le requérant agissait en qualité de propriétaire des biens confisqués, l'on ne saurait pour autant en déduire que cette qualité constitue une condition de recevabilité des requêtes en la matière. En effet, la Cour européenne des droits de l'homme a pu admettre qu'un requérant, qui avait la seule qualité de possesseur de biens confisqués, invoque une violation de l'article 1er du Protocole additionnel n° 1 à la Convention. Ainsi, dans la décision *Fesih Güler contre Turquie* du 14 octobre 2014, la Cour a énoncé, même si ce fut pour finalement admettre la confiscation de fonds qui étaient destinés à financer une activité terroriste, que « quand bien même la somme en question aurait appartenu à l'organisation illégale Hizbullah, elle se trouvait de fait en possession du requérant »[2], pour en déduire que la mesure portant sur sa confiscation s'analysait en une ingérence dans l'exercice par le requérant de son droit au respect de ses biens et que l'article 1er du Protocole additionnel n° 1 était applicable.

§ 2 Nécessité d'une base légale

113.41 **Principe.** Il résulte de très nombreux arrêts et décisions de la Cour européenne des droits de l'homme que les mesures de confiscation susceptibles d'être prononcées par les États parties à la Convention doivent disposer d'une base légale au sens autonome que donne la Cour à cette notion. Cette exigence se déduit des termes mêmes de l'article 1er du Protocole additionnel n° 1 à la Convention, dont il résulte que les États sont en droit de mettre en vigueur « les lois » qu'ils jugent nécessaires pour réglementer l'usage des biens. La Cour a ainsi régulièrement conclu à la violation de l'article 1er du Protocole n° 1 au motif que la confiscation, qui avait été prononcée, n'était pas prévue par la loi[3].

113.42 **Clarté, accessibilité et prévisibilité de la base légale.** Il ne suffit pas, au reste, que la mesure soit prévue par un texte. Encore faut-il que celui-ci soit clair, accessible et prévisible. Ainsi que la Cour européenne des droits de l'homme l'a énoncé dans l'arrêt *Plechkov contre Roumanie* du 16 septembre 2014, elle procède, sur le fondement de l'article 1er du Protocole additionnel n° 1, à un contrôle de la « qualité de la loi » semblable à celui mis en œuvre en application d'autres dispositions de la Convention[4]. Dans cet arrêt rendu dans une affaire où avait été confisqué un navire objet d'une infraction, la Cour a ainsi rappelé qu'« une ingérence au sens du second alinéa doit tout d'abord être prévue par la loi », au motif que « la prééminence du droit, l'un des principes fondamentaux d'une société démocratique, est une notion inhérente à l'ensemble des articles de la Convention [...] ». Puis elle a ajouté, se référant au très important arrêt *Sunday Time contre Royaume-Uni* du 26 avril 1979[5], que

1. CEDH 9 févr. 1995, *Welch c/Royaume-Uni*, req. n° 17440/90, § 36 ; *AJDA* 1995. 719, obs. J.-F. Flauss ; *JDI* 1996. 207, obs. P. Tavernier ; *RSC* 1996. 470, obs. R. Koering-Joulin.

2. CEDH 14 oct. 2014, *Fesih Güler c/Turquie*, req. n° 20792/07, § 36.

3. POUR DES CONFISCATIONS ADMINISTRATIVES : CEDH 20 janv. 2009, *Sud Fondi SRL et autres c/Italie*, req. n° 75909/01, § 137 – CEDH 29 oct. 2013, *Varvara c/Italie*, req. n° 17475/09, § 83 – POUR DES CONFISCATIONS PÉNALES : CEDH 9 mai 2017, *Eriomenco c/République de Moldavie et Russie*, req. n° 42224/11, § 85.

4. CEDH 16 sept. 2014, *Plechkov c/Roumanie*, req. n° 1660/03, § 89.

5. CEDH 26 avr. 1979, *Sunday Time c/Royaume-Uni*, req. n° 6538/74 ; *AJDA* 1981. 278, note C. Gournay ; *JCP* 1981. II. 19701, note C. Franck.

« par les mots "prévues par la loi", il est entendu tout d'abord que la mesure incriminée doit avoir une base en droit interne, mais aussi que la loi pertinente doit répondre à certaines exigences en termes de qualité : elle doit être accessible aux personnes concernées et formulée de façon assez précise pour leur permettre – en s'entourant, au besoin, de conseils éclairés – de prévoir, à un degré raisonnable dans les circonstances de la cause, les conséquences pouvant résulter d'un acte déterminé ». La Cour a seulement concédé, à nouveau conformément à sa jurisprudence générale, que « le niveau de précision de la législation interne – qui ne peut en aucun cas prévoir toutes les hypothèses – dépend dans une large mesure du contenu de l'instrument en question, du domaine qu'il est censé couvrir et du nombre et du statut de ceux à qui il est adressé ». Dans cette affaire, la Cour a d'ailleurs conclu à la violation, au motif que les dispositions internes qui avaient servi de base légale à la condamnation n'étaient pas suffisamment précises, en sorte que l'ingérence dans le droit au respect des biens du requérant ne remplissait pas davantage la condition de légalité prévue par l'article 1er du Protocole additionnel n° 1. Mais il est vrai que la Cour a pu, à l'inverse, conclure à l'existence, qui était contestée, d'une base légale claire, accessible et prévisible[1].

113.43 Non-rétroactivité. Lorsque la confiscation a été prononcée à titre de « peine », au sens autonome que la Cour européenne des droits de l'homme donne à cette notion, encore faut-il également que celle-ci ait été prévue par une loi qui était applicable à la date des faits, en application de l'article 7 de la Convention. Ainsi, dans une affaire où avait été rendue, par les juridictions du Royaume-Uni, une ordonnance de confiscation à la suite de la condamnation du requérant pour des faits de trafic de stupéfiants commis antérieurement à l'entrée en vigueur des dispositions de droit interne prévoyant cette procédure, la Cour, après avoir considéré que la confiscation prononcée constituait une peine au sens de l'article 7 de la Convention, a conclu à la violation de ce texte, tout en énonçant que cette conclusion ne concernait que l'application rétroactive de la législation pertinente et ne remettait nullement en cause les pouvoirs de confiscation conférés aux tribunaux pour leur permettre de lutter contre le fléau du trafic de stupéfiants[2]. C'était ainsi la seule application rétroactive du dispositif législatif que censurait la Cour.

1. CEDH 26 févr. 2009, *Grifhorst c/France*, req. n° 28336/02 ; *D.* 2009. 2825, obs. G. Roujou de Boubée, T. Garé et S. Mirabail ; *RSC* 2009. 597, obs. H. Matsopoulou.
2. CEDH 9 févr. 1995, *Welch c/Royaume-Uni*, req. n° 17440/90, § 36 ; *AJDA* 1995. 719, obs. J.-F. Flauss ; *JDI* 1996. 207, obs. P. Tavernier ; *RSC* 1996. 470, obs. R. Koering-Joulin.

113.44 Sanction du défaut de base légale. Enfin, le simple constat, par la Cour européenne des droits de l'homme, du défaut de base légale au sens de la Convention, la conduit à conclure à la violation de l'article 1er du Protocole additionnel n° 1, sans que la Cour ne poursuive l'examen de la conformité de la mesure au texte.

§ 3
Poursuite d'un but légitime

113.51 Objectif d'intérêt général. Ainsi prévues par la loi, les confiscations doivent encore poursuivre un « but légitime », les États ne pouvant réglementer l'usage des biens que conformément à « l'intérêt général », comme l'énonce l'article 1er du Protocole additionnel n° 1 à la Convention. Au fil des années, la Cour européenne des droits de l'homme a eu l'occasion de qualifier de tel de nombreux intérêts sociaux et nous ne prétendrons nullement ici à une exhaustivité quelconque. Tel a été le cas de la prévention et de la punition des phénomènes mafieux en Italie[3], de la répression des activités terroristes[4], de la lutte contre « le fléau que constitue le trafic de drogue »[5] – lequel, selon la Cour,

3. AINSI, au sujet des mesures de « prévention » propres à la législation anti-mafia italienne : CEDH 22 févr. 1994, *Raimondo c/Italie*, req. n° 12954/87, § 30 ; *RSC* 1995. 385, obs. F. Massias – CEDH 5 juill. 2001, *Arcuri c/Italie* (décis.), req. n° 52024/99 – CEDH 4 sept. 2001, *Riela et autres c/Italie* (décis.), req. n° 52439/99 – SUR LA QUESTION : A. Aiello, « L'administration et la gestion des entreprises confisquées à la Mafia », *LPA* 31 oct. 2002, p. 62 – A. Bernardi, « La confiscation préventive dans la législation anti-mafia italienne », *in* L. Ascensi, P. Beauvais et R. Parizot (dir.), *La confiscation des avoirs criminels, Nouveaux enjeux juridiques*, LGDJ, 2021, p. 45 – F. Diamanti, E. A. A. Dei Cas et S. Bolis, « *Italy* », *in* A. Bernardi (dir.), *Improving confiscation procedures in the European Union*, Jovene Editore, 2019, p. 287 – G. Fiandaca et C. Visconti, « Les nouvelles formes de confiscation italiennes dans la lutte contre le crime organisé : mesures patrimoniales à titre de prévention », *Gaz pal.* 31 oct. 2002, n° 218, p. 60 – F. Menditto, « La "confiscation anti-mafia" et le sort des biens confisqués en Italie », *La revue du Grasco*, n° 6, juill. 2013, p. 123 – S. Mogini, « L'affaire *Crisafulli* : les mesures de confiscation préventives anti-mafia à l'épreuve des mécanismes de la coopération judiciaire internationale », *LPA* 19 nov. 2004, p. 6 – M. Papa, « La nouvelle législation italienne en matière de criminalité organisée », *RSC* 1993. 725.
4. CEDH 14 oct. 2014, *Yesih Güler c/Turquie* (décis.), req. n° 20792/07.
5. CEDH 5 mai 1995, *Air Canada c/Royaume-Uni de Grande-Bretagne et d'Irlande du Nord*, req. n° 18465/91, § 56 ; *D.* 1996. 202, obs. N. Fricero ; *AJDA* 1995. 719, obs. J.-F. Flauss ; *JDI* 1996. 226, obs. P. Tavernier ; *RSC* 1996. 478, obs. R. Koering-Joulin – CEDH 5 juill. 2001, *Phillips c/Royaume-Uni*, req. n° 41087/98 – CEDH 27 juin 2002, *Butler c/Royaume-Uni*, req. n° 41661/98 – CEDH 23 sept. 2008, *Grayson et Barnham c/Royaume-Uni*, req. n° 19955/05, n° 15085/06.

« justifie que les autorités fassent preuve d'une grande fermeté envers ceux qui en tirent profit »[1], dès lors que « le prononcé d'une ordonnance de confiscation agit comme une arme dissuasive à l'égard de ceux qui envisageraient de se lancer dans le trafic de la drogue, [outre le fait qu'il] prive une personne de profits retirés du trafic de la drogue et garantit que les fonds en question ne puissent être réinvestis à l'avenir dans ce trafic »[2] –, de « la lutte contre le blanchiment de capitaux issus d'activités illicites et pouvant servir à financer des activités criminelles »[3], du trafic d'êtres humains et de l'exploitation d'étrangers en situation précaire[4], ou encore de la lutte contre la contrebande[5].

En matière de trafic de stupéfiants, la Cour a d'ailleurs précisé que « si la confiscation de biens acquis grâce aux revenus d'activités illégales, notamment le trafic de stupéfiants, constitue une arme efficace et nécessaire pour combattre de telles activités [...], il peut en aller de même de la confiscation de biens appartenant à des tiers, dès lors que, nonobstant le silence du second alinéa de l'article 1 en la matière, les procédures applicables en l'espèce offraient au requérant une occasion adéquate d'exposer sa cause aux autorités compétentes »[6].

113.52 Identification par la Cour du nouvel usage des confiscations. Il est par ailleurs intéressant de relever que la Cour a fort clairement identifié le nouvel usage que font les États parties des mesures de confiscation et qu'elle ne l'a pas désapprouvé en son principe.

Dans la décision *Bekir Tas contre Belgique* du 12 mai 2009, la Cour a en effet observé que « la confiscation de patrimoines criminels a acquis une place importante, tant dans l'ordre juridique de plusieurs États contractants que sur le plan international [...]. La confiscation est utilisée plus seulement comme moyen de preuve, mais également en tant que sanction indépendante d'un délit »[7].

Mieux encore, la Cour, tirant toutes les conséquences de ce constat, a pu admettre que des mesures de confiscation portent sur des biens dont la valeur excédait le produit de l'infraction poursuivie et constituent donc des sanctions à part entière. Ainsi, dans la décision *Aboufadda contre France* du 4 novembre 2014, la Cour, après avoir constaté qu'une partie de l'immeuble confisqué aux requérants n'avait pas été acquise avec le produit d'une infraction, a énoncé qu'elle voyait « dans la décision des juridictions internes de confisquer la maison dans son intégralité à titre de peine, l'expression d'une volonté légitime de sanctionner sévèrement des faits graves dont les requérants s'étaient rendus coupables, qui s'apparentaient à du recel de délit, et qui, de surcroît, s'inscrivaient dans le contexte d'un trafic de stupéfiants d'une grande ampleur au niveau local ». « Étant donné les ravages de la drogue », elle concevait « que les autorités des États parties fassent preuve d'une grande fermeté à l'égard de ceux qui contribuent à la propagation de ce fléau »[8].

§ 4
Proportionnalité de la confiscation

113.61 Méthode et intensité du contrôle de proportionnalité. La Cour européenne des droits de l'homme contrôle, conformément à sa jurisprudence plus générale, que les confiscations prononcées sont proportionnées au but poursuivi, ce critère étant de loin le plus délicat à apprécier. Ainsi que la Cour l'a énoncé dans l'arrêt *Agosi contre Royaume-Uni* du 24 octobre 1986, « il doit exister [...] un rapport raisonnable de proportionnalité entre les moyens employés et le but visé ; en d'autres termes, il incombe à la Cour de rechercher si l'équilibre a été maintenu entre les exigences de l'intérêt général et l'intérêt du ou des individus concernés »[9].

Le contrôle exercé par la Cour en la matière est toutefois présenté par elle comme étant relativement restreint puisque, « ce faisant, elle reconnaît à l'État une grande marge d'appréciation tant pour choisir les modalités de mise en œuvre que pour juger si leurs conséquences se trouvent légitimées, dans l'intérêt général, par le souci d'atteindre l'objectif de la loi en cause »[10]. La Cour a d'ailleurs par la suite fréquemment insisté sur le fait qu'elle exerçait en la matière un contrôle limité, en énonçant par exemple que les autorités nationales bénéficiaient d'une « ample marge d'appréciation »[11].

La Cour semble au reste considérer que la marge d'appréciation des États est plus importante encore

1. CEDH 21 sept. 2010, *Loriel c/France* (décis.), req. n° 63846/09.
2. CEDH 21 sept. 2010, *Loriel c/France*, préc.
3. CEDH 26 févr. 2009, *Grifhorst c/France*, req. n° 28336/02, § 93 ; *D.* 2009. 2825, obs. G. Roujou de Boubée, T. Garé et S. Mirabail ; *RSC* 2009. 597, obs. H. Matsopoulou – CEDH 21 sept. 2010, *Loriel c/France*, préc. – CEDH 2 févr. 2010, *Monedero c/France* (décis.), req. n° 32798/06.
4. CEDH 12 mai 2009, *Bekir Tas c/Belgique*, req. n° 44614/06.
5. CEDH 24 oct. 1986, *Agosi c/Royaume-Uni*, req. n° 9118/80.
6. CEDH 26 juin 2001, *C. M. c/France* (décis.), req. n° 28078/95.
7. CEDH 12 mai 2009, *Bekir Tas c/Belgique* (décis.), req. n° 44614/06 – CEDH 4 nov. 2014, *Aboufadda c/France* (décis.), req. n° 28457/10.
8. CEDH 4 nov. 2014, *Aboufadda c/France* (décis.), req. n° 28457/10, § 38.
9. CEDH 24 oct. 1986, *Agosi c/Royaume-Uni*, req. n° 9118/80, § 52.
10. Même arrêt, § 52.
11. CEDH 26 févr. 2009, *Grifhorst c/France*, req. n° 28336/02, § 83 ; *D.* 2009. 2825, obs. G. Roujou de Boubée, T. Garé et S. Mirabail ; *RSC* 2009. 597, obs. H. Matsopoulou.

lorsque les confiscations en cause sont destinées à lutter contre les formes les plus graves de la criminalité. Tel est le cas lorsque les confiscations s'inscrivent dans le cadre des politiques criminelles de lutte contre le terrorisme[1], le trafic de stupéfiants[2] ou encore le blanchiment d'argent pouvant servir à financer des activités criminelles, notamment en matière de trafic de stupéfiant ou de terrorisme international[3].

Sur le fond, la Cour utilise, pour procéder à l'appréciation de la proportionnalité de la confiscation, un faisceau de critères.

113.62 Influence de la gravité des faits imputés au requérant. Au sein de ce faisceau, la Cour européenne des droits de l'homme prend notamment en compte la gravité des faits imputés au requérant, ou, plus exactement, « l'attitude du propriétaire, et notamment le degré de faute ou de prudence dont il a fait preuve »[4].

Ainsi, dans une affaire où avait été confisqué un aéronef commercial qui avait servi au transport d'une importante quantité de produits stupéfiants, la Cour européenne des droits de l'homme a notamment relevé, pour approuver la mesure à la suite de laquelle la compagnie aérienne avait dû verser une importante somme d'argent pour que son appareil lui soit restitué, que « la saisie de l'appareil de la requérante et sa restitution sous condition de paiement constituaient incontestablement des mesures exceptionnelles dont on a usé afin de voir améliorer les dispositifs de sécurité de la compagnie », et que « ces mesures furent prises après la découverte d'un conteneur dont l'affrètement comportait diverses irrégularités en matière de transport et renfermant 331 kg de résine de cannabis », outre le fait que « cet incident était le dernier en date d'une longue série de manquements prétendus à la sécurité qui avaient été signalés à Air Canada et avaient permis l'importation illégale de drogue au Royaume-Uni entre 1983 et 1987 »[5]. L'administration avait d'ailleurs averti la compagnie aérienne par lettre que serait mise en œuvre la procédure de saisie et de confiscation de l'aéronef en cas de découverte de marchandises prohibées[6].

On soulignera encore l'examen auquel s'est livré la Cour dans la décision *Bekir Tas contre Belgique* du 12 mai 2009[7], dans lequel il a été relevé que « le requérant avait été poursuivi devant le tribunal correctionnel de Liège du chef d'avoir abusé soit directement, soit par un intermédiaire, de la position particulièrement vulnérable de nombreux étrangers en raison de leur situation administrative, illégale ou précaire, en louant tout bien immeuble, des chambres ou tout autre local dans l'intention de réaliser un profit anormal », et « constaté que les biens loués l'avaient été dans des conditions incompatibles avec la dignité humaine, ainsi qu'en attestaient notamment les arrêtés d'insalubrité et alors que les étrangers concernés n'avaient pas d'autre choix véritable et acceptable que de se soumettre à cet abus. Les immeubles concernés étaient répertoriés à la matrice cadastrale de la commune de Liège, sous la nature de "taudis" et les perquisitions et expertises réalisées durant l'instruction permettaient d'établir que les conditions de vie des locataires des immeubles visés à la citation étaient plus que déplorables en raison de l'état des locaux loués. Eu égard à l'insalubrité et à la vétusté de ceux-ci, à l'état des sanitaires et des douches, à l'exiguïté et au manque d'entretien des chambres, le loyer demandé par le prévenu était excessif et lui a permis de réaliser un profit anormal. En outre, le prévenu ne disposait pas de permis de location pour les divers logements qui en nécessitaient ». La Cour a ainsi approuvé la cour d'appel d'avoir « pris en considération la gravité et le caractère particulièrement odieux des faits qui traduisaient, dans le chef du prévenu, un mépris inadmissible des valeurs et de la dignité humaines, le caractère purement vénal du comportement du prévenu, la durée de la période infractionnelle ainsi que les lourds antécédents judiciaires du prévenu ». C'est dire combien la Cour procède à un examen concret des faits poursuivis.

113.63 Influence des antécédents du requérant. De même, les antécédents judiciaires des requérants

1. CEDH 14 oct. 2014, *Fesih Güler c/Turquie* (décis.), req. n° 20792/07.
2. CEDH 9 févr. 1995, *Welch c/Royaume-Uni*, req. n° 17440/90, § 36 ; *AJDA* 1995. 719, obs. J.-F. Flauss ; *JDI* 1996. 207, obs. P. Tavernier – CEDH 23 juill. 2009, *Bowler International Unit c/France*, req. n° 1946/06, § 46 – CEDH 5 juill. 2001, *Phillips c/Royaume-Uni*, req. n° 41087/98, § 52 – CEDH 27 juin 2002, *Butler c/Royaume-Uni* (décis.), req. n° 41661/98 – CEDH 21 sept. 2010, *Loriel c/France* (décis.), req. n° 63846/09.
3. CEDH 27 juin 2002, *Butler c/Royaume-Uni* (décis.), req. n° 41661/98 – CEDH 26 févr. 2009, *Grifhorst c/France*, req. n° 28336/02, § 93 ; *D.* 2009. 2825, obs. G. Roujou de Boubée, T. Garé et S. Mirabail ; *RSC* 2009. 597, obs. H. Matsopoulou – CEDH 2 févr. 2010, *José Monedero c/France* (décis.), req. n° 32798/06.
4. CEDH 24 oct. 1986, *Agosi c/Royaume-Uni*, req. n° 9118/80, § 54.
5. CEDH 5 mai 1995, *Air Canada c/Royaume-Uni de Grande-Bretagne et d'Irlande du Nord*, req. n° 18465/91, § 56 ; *D.* 1996. 202, obs. N. Fricero ; *AJDA* 1995. 719, obs. J.-F. Flauss ; *JDI* 1996. 226, obs. P. Tavernier ; *RSC* 1996. 478, obs. R. Koering-Joulin.
6. POUR D'AUTRES EXEMPLES d'examens concrets du comportement de l'intéressé : CEDH 14 oct. 2014 (décis.), *Fesih Güler c/Turquie*, req. n° 20792/0 – CEDH 21 sept. 2010, *Loriel c/France* (décis.), req. n° 63846/09 – CEDH 2 févr. 2010, *Monedero c/France* (décis.), req. n° 32798/06.
7. CEDH 12 mai 2009, *Bekir Tas c/Belgique* (décis.), req. n° 44614/06.

sont examinés de manière approfondie par la Cour. Ainsi, dans l'arrêt *Grifhorst contre France* du 26 février 2009, la Cour a relevé que « le Gouvernement s'appuie également sur les renseignements transmis par les autorités néerlandaises quant aux activités délictueuses du requérant. À cet égard, la Cour relève que, selon la télécopie de l'attaché douanier de l'ambassade de France aux Pays-Bas du 29 janvier 1996, le requérant est "connu des services judiciaires" pour des faits remontant à 1983 (notamment menaces, extorsion de fonds, enlèvement et détention d'arme à feu). Selon une télécopie du même attaché du 23 avril 1997, sa seule activité connue serait l'immobilier et il serait soupçonné par la police néerlandaise d'utiliser cette façade pour blanchir des capitaux »[1]. Mais la Cour a approfondi son examen en retenant qu'inversement, « il ne ressort pas du dossier que le requérant ait fait l'objet de poursuites ni de condamnations de ce chef ou du chef d'infractions liées (notamment trafic de stupéfiants), que ce soit au Pays-Bas ou à Andorre où il réside » et que, « dans ses conclusions devant le tribunal correctionnel, l'administration des douanes a reconnu que la somme saisie sur lui était compatible avec sa fortune personnelle »[2]. La Cour en a ainsi déduit que « le seul comportement délictueux qui puisse donc être retenu à l'encontre du requérant consiste dans le fait de n'avoir pas déclaré au passage de la frontière franco-andorrane les espèces qu'il transportait »[3].

113.64 Influence du lien entre l'infraction et le bien confisqué. Lors de la mise en œuvre du contrôle de proportionnalité auquel elle se livre, la Cour européenne des droits de l'homme admet par ailleurs, lorsque la confiscation est prononcée à la suite de la commission d'une infraction, que le bien confisqué soit relié à l'infraction reprochée de manières diverses. Ainsi que la Cour l'a expressément énoncé dans plusieurs décisions, la confiscation peut porter, dans sa jurisprudence, sur l'objet de l'infraction à la suite de la condamnation de l'accusé, l'instrument de l'infraction, ordonnée après condamnation de l'accusé, mais alors que le bien appartient à un tiers, ou bien encore le produit de l'infraction[4].

1. CEDH 26 févr. 2009, *Grifhorst c/France*, req. n° 28336/02, § 93 ; *D.* 2009. 2825, obs. G. Roujou de Boubée, T. Garé et S. Mirabail ; *RSC* 2009. 597, obs. H. Matsopoulou.
2. CEDH 26 févr. 2009, *Grifhorst c/France*, préc., § 97.
3. CEDH 26 févr. 2009, *Grifhorst c/France*, préc., § 98.
4. CEDH 29 oct. 2013, *Varvara c/Italie*, req. n° 17475/09, § 128 – CEDH 21 sept. 2010, *Loriel c/France* (décis.), req. n° 63846/09 – CEDH 26 févr. 2009, *Grifhorst c/France*, req. n° 28336/02, § 99 ; *D.* 2009. 2825, obs. G. Roujou de Boubée, T. Garé et S. Mirabail ; *RSC* 2009. 597, obs. H. Matsopoulou – CEDH 20 janv. 2009, *Sud Fondi SRL et autres c/Italie*, req. n° 75909/01, § 128.

113.65 Admission du recours aux présomptions de liens avec l'infraction. À cet égard, lorsque se trouve confisqué le produit de l'infraction, la Cour européenne des droits de l'homme n'interdit pas le recours à des présomptions conformément à sa jurisprudence plus générale[5].

Telle a été sa position lorsqu'elle a approuvé les mesures administratives de confiscation prononcées en Italie en application de la législation anti-mafia[6]. Elle a en effet énoncé que « tout système juridique connaît des présomptions de fait ou de droit » et que « la Convention n'y fait évidemment pas obstacle en principe », étant seulement précisé que « le droit des requérants au respect de leurs biens implique, cependant, l'existence d'une garantie juridictionnelle effective », en sorte qu'il y avait seulement lieu de « rechercher si la procédure qui [s'était] déroulée devant les juridictions italiennes offrait aux requérants, compte tenu de la gravité de la mesure encourue, une occasion adéquate d'exposer leur cause aux autorités compétentes »[7].

La Cour ne s'est pas départie d'une telle position pour approuver, sur le terrain de l'article 6 § 1 de la Convention, le recours aux présomptions par les autorités anglaises pour apprécier l'importance du produit d'infractions à la législation sur les stupéfiants. Elle a énoncé, à ce propos, que le droit à la présomption d'innocence « n'est [...] pas absolu, car tout système juridique connaît des présomptions de fait ou de droit, auxquelles la Convention ne met pas obstacle en principe du moment que les États contractants ne franchissent pas certaines limites prenant en compte la gravité de l'enjeu et préservant les droits de la défense ». Puis elle a énoncé que, si elle « n'est pas appelée à examiner *in abstracto* la compatibilité avec la Convention des dispositions de la loi de 1994 [sur le trafic de drogue][8] d'après lesquelles un tribunal infligeant une peine à une personne condamnée pour une infraction de trafic de drogue doit présumer que tout bien s'avérant avoir été détenu par l'accusé à quelque moment que ce soit après sa condamnation ou pendant la période de six ans ayant précédé la date à laquelle les poursuites pénales ont été engagées a été reçu par lui à titre de paiement ou de rétribution en rapport avec le trafic de la drogue, et que toute dépense consentie par l'intéressé pendant la même période a été réglée grâce au produit dudit trafic », elle doit en revanche « déterminer si la manière dont cette présomption a été appliquée dans la cause du requé-

5. PAR EX. : CEDH 7 oct. 1988, *Salbiaku c/France*, req. n° 10519/83 ; *RSC* 1989. 167 obs. L. E. Pettiti.
6. CEDH 5 juill. 2001, *Arcuri c/Italie* (décis.), req. n° 52024/99 – CEDH 4 sept. 2001, *Riela et autres c/Italie* (décis.), n° 52439/99.
7. CEDH 5 juill. 2001, *Arcuri c/Italie*, préc.
8. Drug Trafficking Act 1994 (DTA), c/37 [Royaume-Uni].

rant a enfreint les principes de base régissant l'équité des procédures, au sens de l'article 6 § 1 »[1]. La même solution a du reste été retenue lorsque le débat s'est tenu sur le terrain de l'article 1er du Protocole additionnel n° 1 à la Convention[2].

Cette position de la Cour a bénéficié à la France dans la décision *Aboufadda contre France* du 4 novembre 2014, ainsi que cela a été relevé par un auteur[3]. Dans cette affaire qui avait donné lieu à un arrêt de rejet de la chambre criminelle du 18 novembre 2009[4], les requérants avaient été déclarés coupables du chef de non-justification de ressources et condamnés notamment à la confiscation de leur immeuble, motif pris de ce que l'essentiel de leur patrimoine provenait de façon constante et reconnue des fruits du trafic de stupéfiants, mais alors qu'ils avaient fait valoir devant la cour d'appel que la mesure de confiscation présentait un caractère disproportionné. Pour conclure à l'irrecevabilité de la requête, la Cour a notamment relevé que la présomption que le délit de non-justification de ressources faisait peser sur les requérants n'était pas irréfragable et que ces derniers avaient la possibilité d'échapper à la condamnation en établissant l'origine licite de leurs ressources et biens. Or, contrairement à ce que soutenaient les requérants, il ressortait des motifs du jugement du tribunal correctionnel et de l'arrêt de la cour d'appel, qu'après avoir constaté que leur train de vie était sans rapport avec les revenus qu'ils déclaraient, les juridictions internes avaient dûment examiné les éléments que les prévenus avaient produits.

113.66 Admission de la confiscation de biens sans lien avec l'infraction. Il semble de surcroît que la Cour européenne des droits de l'homme admette la confiscation de biens sans lien entre eux et l'infraction reprochée, c'est-à-dire prononcée à titre de sanction patrimoniale pure. Cette solution semble pouvoir être déduite de la décision *Loriel contre France* du 21 septembre 2010[5], qui avait donné lieu à un arrêt de la chambre criminelle du 20 mai 2009[6]. Dans cette affaire, le requérant avait été déclaré coupable d'association de malfaiteurs et de blanchiment du produit d'un crime ou d'un délit et du produit d'un trafic de stupéfiants, et la cour d'appel avait prononcé la confiscation de divers biens saisis, ainsi que de parts détenues par l'intéressé dans une société civile immobilière, sur le fondement de l'article 324-7, 12°, du Code pénal qui, dans sa rédaction applicable à la date des faits, sanctionnait le délit blanchiment de la peine complémentaire de confiscation de patrimoine, c'est-à-dire de la confiscation de tout ou partie des biens du condamné, quelle qu'en soit la nature, meubles ou immeubles, divis ou indivis ; sans donc qu'un lien quelconque ne doive être établi entre l'infraction et le bien confisqué, ni même qu'un tel lien soit présumé. On relèvera seulement que, tout en énonçant que la loi permettait que soit prononcée une telle peine sans qu'il existe un lien entre le bien et l'infraction commise, la cour d'appel avait relevé que, pour autant, toute peine devait demeurer équitable et proportionnée à la gravité des faits et qu'en l'espèce il convenait de ne pas étendre la confiscation aux biens acquis avant le début de la période litigieuse et fruit du travail de toute une vie de couple. Or, pour déclarer irrecevable la requête dont elle était saisie, après avoir relevé que le requérant faisait valoir qu'avaient été confisqués des biens étrangers à l'infraction dont il avait été déclaré coupable et rappelé quelles étaient les dispositions de l'article 324-7, 12°, du Code pénal, la Cour européenne des droits de l'homme s'est uniquement attachée à relever la gravité du comportement du requérant, ainsi que le caractère limité de l'application de la sanction à laquelle avait procédé la cour d'appel. Il semble donc que la confiscation de bien étrangers à l'infraction ne porte pas en soi atteinte à l'article 1er du Protocole additionnel n° 1 et que la Cour procède en pareil cas à un contrôle de proportionnalité comparable à celui mis en œuvre lorsque les biens confisqués constituent le produit ou l'instrument d'une infraction.

113.67 Absence de charge excessive ou d'atteinte fondamentale à la situation financière. La Cour européenne des droits de l'homme s'attache encore à vérifier que « la mesure [n'impose pas] à celui auquel elle s'applique une charge excessive ou porte fondamentalement atteinte à sa situation financière »[7], celle-ci contrôlant que les juridictions nationales se sont efforcées de faire une application adaptée de la mesure de confiscation à la situation financière de l'intéressé. Ainsi, dans la décision *Loriel contre France* du 21 septembre 2010, la Cour a relevé que « les juges d'appel ont fait une application limitée de la sanction, dans la mesure où, contrairement aux juges de première instance, ils ont expressément exclu son application aux biens

1. CEDH 5 juill. 2001, *Phillips c/Royaume-Uni*, req. n° 41087/98, § 40 – CEDH 23 sept. 2008, *Grayson et Barnham c/Royaume-Uni*, req. n° 19955/05, 15085/06, § 40.
2. CEDH 27 juin 2002, *Butler c/Royaume-Uni* (décis.), req. n° 41661/98.
3. S. Almaseanu, « La validation par la Cour de Strasbourg des confiscations prononcées comme peines complémentaires du délit de non-justification de ressources », *Gaz. Pal.* 14 déc. 2014, n° 44-45, p. 17.
4. Crim. 18 nov. 2009, n° 09-81.710, NP.
5. CEDH 21 sept. 2010, *Loriel c/France* (décis.), req. n° 63846/09.
6. Crim. 20 mai 2009, n° 08-86.786, NP.
7. CEDH 2 févr. 2010, *Monedero c/France* (décis.), req. n° 32798/06 – CEDH 21 sept. 2010, *Loriel c/France* (décis.), req. n° 63846/09.

acquis par le requérant avant la période de commission des infractions pour lesquelles il a été condamné. Cette exclusion, qui vise, aux termes de l'arrêt de la cour d'appel, "à préserver le fruit du travail de toute une vie de couple", concerne notamment un immeuble appartenant au requérant, mais aussi des intérêts commerciaux »[1].

La Cour a toutefois explicité le sens qu'il convient de donner à ce critère d'appréciation de la proportionnalité dans la décision *Monedero contre France* du 2 février 2010. Dans cette décision, en effet, elle a expliqué que, « si une sanction ne doit pas imposer à celui auquel elle s'applique une charge excessive ou porter fondamentalement atteinte à sa situation financière, c'est au regard du manquement commis, et non du patrimoine comme allégué par les requérants, que son caractère disproportionné doit être établi [...]. La Cour s'attache donc d'abord, dans ce type d'affaires, au comportement du requérant »[2]. Ainsi, l'atteinte aux intérêts financiers de la personne concernée par la mesure de confiscation n'est pas examinée en soi, mais uniquement en contemplation de la gravité des faits commis par l'intéressé.

De surcroît, pour apprécier l'importance de l'atteinte portée au patrimoine du requérant, la Cour prend également en compte le niveau global de la sanction prononcée à l'encontre de l'intéressé, en ajoutant à la valeur des biens confisqués le montant des amendes prononcées. Dans l'arrêt *Grifhorst contre France* du 26 février 2009, par exemple, rendu en matière de confiscations douanières, la Cour a conclu au caractère disproportionné de la confiscation qui avait été prononcée, en raison de son cumul avec l'amende douanière, outre le fait qu'en l'état du droit alors applicable, la confiscation présentait un caractère automatique et ne pouvait donc être modulée[3].

La Cour attache ainsi de l'importance au caractère modulable de la mesure de confiscation. Dans la décision *Monedero contre France* du 2 février 2010, rendue en matière fiscale, la Cour a relevé que « les sanctions litigieuses ont en réalité un caractère modulable. D'une part, elle note que les requérants ont été condamnés pénalement à six mois d'emprisonnement avec sursis au titre de plusieurs infractions, alors même que l'une d'entre elles, la participation à la tenue d'une maison de jeux de hasard où le public est librement admis, était à elle seule punissable de deux ans d'emprisonnement. D'autre part et surtout, il en est de même sur l'action douanière, au titre de laquelle les requérants, s'ils ont dû s'acquitter de l'intégralité des droits fraudés, ont bénéficié du pouvoir de modération du juge tiré de l'article 1800 du Code général des impôts, puisque, s'agissant de la pénalité proportionnelle, leur condamnation a été largement réduite par la cour d'appel, qui a tenu compte de l'existence de circonstances atténuantes »[4].

Pour autant, la Cour ne prohibe pas en soi le caractère obligatoire des confiscations, comme elle l'a montré dans la décision *Bekir Tas contre Belgique* du 12 mai 2009, mais à la condition que « le propriétaire du bien confisqué puisse invoquer son innocence, sans quoi le juste équilibre entre la protection du droit au respect des biens et les exigences de l'intérêt général n'est pas respecté »[5].

113.68 Procès équitable. La Cour s'attache enfin à déterminer si les procédures internes ont offert au requérant « une occasion adéquate d'exposer sa cause aux autorités compétentes », et ce dans « une vue globale desdites procédures »[6]. On relèvera que la Cour ne contrôle pas ici « en soi » l'équité de la procédure, comme lorsque le grief est pris de la violation de l'article 6 de la Convention. En d'autres termes, la Cour n'apprécie pas la violation d'un droit processuel qui serait protégé en lui-même par ce texte. Plus exactement, la Cour prend en compte un critère procédural dans le cadre de l'appréciation de la violation d'un droit substantiel, ce qui illustre le mouvement de « procéduralisation » des droits substantiels par la Cour européenne des droits de l'homme décrite par certains auteurs[7].

Lorsque la décision de confiscation n'émane pas d'un juge, il doit ainsi exister à l'égard de celle-ci un contrôle juridictionnel effectif[8].

Les procédures internes, appréciées globalement, doivent par ailleurs permettre l'exercice des « droits de la défense »[9], la Cour vérifiant que les requérants ont eu « une occasion adéquate d'exposer leur cause

1. CEDH 21 sept. 2010, *Loriel c/France* (décis.), req. n° 63846/09.
2. CEDH 2 févr. 2010, *Monedero c/France* (décis.), req. n° 32798/06.
3. CEDH 26 févr. 2009, *Grifhorst c/France*, req. n° 28336/02 ; *D.* 2009. 2825, obs. G. Roujou de Boubée, T. Garé et S. Mirabail ; *RSC* 2009. 597, obs. H. Matsopoulou – AUSSI : CEDH 9 juill. 2009, *Moon c/France*, req. n° 39973/03 ; *D.* 2009. 2825, obs. G. Roujou de Boubée, T. Garé et S. Mirabail.
4. CEDH 2 févr. 2010, *Monedero c/France* (décis.), req. n° 32798/06.
5. CEDH 12 mai 2009, *Bekir Tas c/Belgique* (décis.), req. n° 44614/06.
6. CEDH 24 oct. 1986, *Agosi c/Royaume-Uni*, req. n° 9118/80, § 55.
7. S. Guinchard, « Le procès équitable : garantie formelle ou droit substantiel », *in Philosophie du droit et droit économique : quel dialogue ? Mélanges en l'honneur de G. Farjat*, Frison-Roche, 1999, p. 139.
8. CEDH 24 oct. 1986, *Agosi c/Royaume-Uni*, req. n° 9118/80, § 60.
9. CEDH 5 juill. 2001, *Phillips c/Royaume-Uni*, req. n° 41087/98 – CEDH 14 oct. 2014, *Fesih Güler c/Turquie* (décis.), Req n° 20792/07, § 40.

aux juridictions compétentes »[1], ou encore que l'intéressé a eu « la possibilité de présenter les arguments qu'il estimait nécessaires pour sauvegarder ses intérêts »[2]. Dans la situation particulière, fréquente en pratique, où un tiers prétend être propriétaire du bien susceptible de confiscation, l'intéressé doit nécessairement se voir conférer le statut de partie à l'instance, le principe énoncé par la Cour étant en effet que « les personnes dont les biens sont menacés de confiscation doivent se voir conférer le statut de partie au procès dans le cadre duquel la confiscation peut être ordonnée »[3].

S'agissant de la France, il a ainsi été jugé suffisant, pour écarter la violation de l'article 1er du Protocole additionnel n° 1, que le propriétaire de bonne foi d'un véhicule ayant fait l'objet d'une confiscation douanière comme ayant servi au transport de produits stupéfiants puisse contester la mesure en application de l'article 326 du Code des douanes tel qu'interprété par la Cour de cassation, lequel permet au propriétaire de bonne foi de revendiquer le bien confisqué par le juge répressif devant le juge d'instance[4].

À l'inverse, la France a été condamnée par la Cour européenne des droits de l'homme dans l'arrêt *Bowler International Unit contre France* du 23 juillet 2009, dans une affaire douanière où avaient été confisquées les marchandises du requérant ayant servi à masquer la fraude consistant à transporter des produits stupéfiants, au motif qu'en l'état du droit alors applicable, les marchandises ainsi confisquées ne pouvaient être revendiquées par leur propriétaire de bonne foi. La Cour a considéré que le requérant avait été privé de « la possibilité d'exercer un recours effectif permettant de remédier à cette ingérence et alors même que les juridictions internes avaient reconnu sa bonne foi »[5].

1. CEDH 4 nov. 2014, *Aboufadda c/France* (décis.), req. n° 28457/10 – CEDH 12 mai 2009, *Bekir Tas c/Belgique*, req. n° 44614/06.
2. CEDH 14 oct. 2014, *Fesih Güler c/Turquie* (décis.), req. n° 20792/07, § 40.
3. CEDH 16 avr. 2019, *Bokova c/Russie*, req. n° 27879/13, § 55 – CEDH 10 avr. 2012, *Silickiene c/Lituanie*, req. n° 20496/02, § 50 – AUSSI : CEDH 1er avr. 2010, *Denisova et Moiseyeva c/Russie*, n° 16903/03, § 60.
4. CEDH 26 juin 2001, *C. M. c/France* (décis.), req. n° 28078/95.
5. CEDH 23 juill. 2009, *Bowler International Unit c/France*, req. n° 1946/06.

TITRE

12. Conditions des confiscations

SECTION 0 ORIENTEUR

12.00 **Sommaire du titre.**

Chap. 121		**Légalité des confiscations**
Sect.	1	Affirmation du principe de la légalité
Sect.	2	Mise en œuvre du principe de la légalité
Chap. 122		**Proportionnalité des confiscations**
Sect.	1	Champ d'application du contrôle de proportionnalité
Sect.	2	Critères d'appréciation de la proportionnalité
Sect.	3	Invocation de la disproportion
Sect.	4	Nature du contrôle de la chambre criminelle
Chap. 123		**Conditions relatives à la nature du bien susceptible de confiscation**
Sect.	1	Nature des biens confiscables à titre de peine complémentaire
Sect.	2	Nature des biens confiscables à titre de peine alternative
Chap. 124		**Conditions relatives aux liens entre l'infraction et le bien susceptible de confiscation**
Sect.	1	Nécessité de liens avec l'infraction
Sect.	2	Présomption de liens avec une activité délictueuse
Sect.	3	Défaut de liens avec toute infraction
Sect.	4	Règles propres à la confiscation des animaux
Chap. 125		**Conditions relatives aux liens entre le condamné et le bien susceptible de confiscation**
Sect.	1	Des biens « appartenant » à la personne condamnée
Sect.	2	Des biens à la libre disposition de la personne condamnée
Sect.	3	Des biens sans lien avec la personne condamnée
Chap. 126		**Modalités des confiscations**
Sect.	1	Confiscation en nature
Sect.	2	Confiscation en valeur

12.01 **Principaux textes applicables.**

• **C. pén.,** art. 131-2, 131-6, 131-7, 131-9 à 131-11, 131-14 à 131-16, 131-21, 131-21-1, 131-39, 131-42 à 131-44, 131-48, 132-58

• **C. pr. pén.,** art. 707-1, al. 1 à 3, 749 à 753

• **Convention européenne de sauvegarde des droits de l'homme et des libertés fondamentales (Conv. EDH),** art. 8

• **Protocole additionnel n° 1 à la Conv. EDH,** art. 1

12.03 **Bibliographie indicative.**

Encyclopédies. *Rép. pén., V°* « Confiscation », par A. Beziz-Ayache – *J.-Cl. Pén. code*, art. 131-21 et 131-21-1, fasc. 20, par E. Camous.

Thèses. J. Bourgais, *Le rôle du juge pénal en matière de saisies et confiscations, Étude de droit comparé (France – Angleterre)*, Poitiers, 2021 – S. Brezillon, *De la peine patrimoniale au patrimoine pénal. Essai pénologique, historique et prospectif,* Nantes, 2017 – G. Chetard, *La proportionnalité de la répression, Étude sur les enjeux du contrôle de proportionnalité en droit pénal français*, « Collection des thèses », IFJD Institut Louis Joinet, 2020 – M. Peter, *Les saisies pénales spéciales. Une évolution majeure pour une stratégie pénale patrimoniale repensée,* Aix-Marseille, 2018.

Articles. S. Almaseanu, « La saisie et la confiscation en valeur en droit pénal français », *La revue du Grasco*, n° 19, juill. 2017, p. 35 ; « Le traitement pénal du Bitcoin et des autres monnaies virtuelles », *Gaz. Pal.* 30 août 2017, n° 242, p. 11 – L. Ascensi, « À la recherche de l'objet de l'infraction. Réflexions sur le troisième alinéa de l'article 131-21 du Code pénal », *Lexbase Pénal*, juill. 2020 – M. Bourassin, « La saisie et la confiscation des propriétés collectives », *in* L. Ascensi, P. Beauvais et R. Parizot (dir.), *La confiscation des avoirs criminels, Nouveaux enjeux juridiques*, LGDJ, 2021, p. 125 – J. Bourgais et C. Olivier, « La saisie pénale des actifs numériques : une saisie virtuelle ? », *Gaz. pal.* 14 févr. 2023, n° 5,

p. 10 – E. Camous, « La confiscation en valeur, Une peine en devenir », *Dr. pén.* 2017, étude 5 ; « Le droit de propriété et la peine de confiscation », *Dr. pén.* 2019, étude 8 ; « Saisie et confiscation des biens faisant l'objet d'une propriété collective », *Dr. pén.* 2019, étude 26 – Coll., « Le produit de l'infraction en droit pénal », *Annales de l'Institut de criminologie et de sciences pénales Roger Merle*, n° 1/2020 – Ch. Cutajar et Y. Strickler, « Saisie et confiscation des biens et techniques juridiques opérant transfert de propriété », *La revue du Grasco*, n° 1, avr. 2012, p. 8 – A. Dadoun, « L'intensité variable de la proportionnalité de la peine de confiscation », *Dr. pén.* 2017, chron. 6 – E. Daoud, « Les droits de la personne mise en cause », *in* L. Ascensi, P. Beauvais et R. Parizot (dir.), *La confiscation des avoirs criminels, Nouveaux enjeux juridiques*, LGDJ, 2021, p. 65 – D. Dassa-Le Deist, « La confiscation en droit de la presse », *Gaz. Pal.* 6 nov. 2018, n° 38, p. 84 – S. Detraz, « Le profit présumé délictueux en droit pénal de fond », *Gaz. Pal.* 13 mai 2014, n° 133, p. 18 ; « La confiscation des objets nuisibles ou dangereux ou dont la détention est illicite », *Gaz. Pal.* 6 nov. 2018, n° 38, p. 81 – E. Dreyer, « Confiscation et proportionnalité », *Gaz. Pal.* 6 nov. 2018, n° 38, p. 73 – D. Guérin, « La motivation de la peine : une exigence devenue fondamentale », *in* S. Pellé (dir.), *Quelles mutations pour la justice pénale du XXIe siècle ?*, « Thèmes et commentaires », Dalloz, 2020, p. 231 – D. Guérin et C. Ducouloux-Favard, « La confiscation en droit pénal français », *Gaz. Pal.* 31 oct. 2002, n° 218, p. 9 – M. Hy, « Peine de confiscation : pour en finir avec la mauvaise foi », *AJ pénal* 2018. 505 – H. Matsopoulou, « La confiscation spéciale dans le nouveau Code pénal », *RSC* 1995. 301 ; « La saisie et la confiscation des biens des tiers », *in* L. Ascensi, P. Beauvais et R. Parizot (dir.), *La confiscation des avoirs criminels, Nouveaux enjeux juridiques*, LGDJ, 2021, p. 109 – H. Matsopoulou et H. Robert, « Confiscation des biens des tiers : les conditions de la libre disposition et de la bonne foi », *JCP G* 2020. 209 – A. Mihman, « La confiscation des profits illicites », *Gaz. Pal.* 13 mai 2014, n° 133, p. 9 – R. Parizot, « La confiscation, sanction applicable en droit pénal des affaires », *in* H. Matsopoulou et C. Mascala (dir.), *Lamy Droit pénal des affaires*, Wolters Kluwer, 2020 – X. Pin, « La peine équitable », *in* Coll., *Les mots du droit, les choses de justice, Mélanges en l'honneur de Jean Danet*, Dalloz, 2020, p. 149 – N. Planchon, « La motivation et le contrôle de proportionnalité des décisions de saisie et de confiscation », *in* L. Ascensi, P. Beauvais et R. Parizot (dir.), *La confiscation des avoirs criminels, Nouveaux enjeux juridiques*, LGDJ, 2021, p. 145 – H. Robert, « Le juge pénal et l'instrumentalisation du patrimoine criminel », *RJ com.* 2015. 259 – J.-H. Robert, « Les confiscations et les mesures de leur proportionnalité », *JCP G* 2017. 13 ; « La marée montante de la proportionnalité », *JCP G* 2016. 401 ; « Les mécanismes de renversement de la charge de la preuve », *in* L. Ascensi, P. Beauvais et R. Parizot (dir.), *La confiscation des avoirs criminels, Nouveaux enjeux juridiques*, LGDJ, 2021, p. 25 – L. Saenko, « Confiscation et droit de propriété : les liaisons dangereuses », *Gaz. Pal.* 6 nov. 2018, n° 38, p. 65 – M. Segonds, « Les droits des tiers », *in* L. Ascensi, P. Beauvais et R. Parizot (dir.), *La confiscation des avoirs criminels, Nouveaux enjeux juridiques*, LGDJ, 2021, p. 85.

Ouvrage. N. Lory, *La saisie pénale des biens incorporels*, « Bibliothèques de droit », L'harmattan, 2016.

CHAPITRE

121. Légalité des confiscations

SECTION 0 ORIENTEUR

121.00 **Sommaire du chapitre.**

Sect. 1 Affirmation du principe de la légalité

Sect. 2 Mise en œuvre du principe de la légalité

§ 1 Confiscation en application d'un texte général

§ 2 Confiscation en application d'un texte spécial

121.01 **Textes applicables.**

TEXTES SOURCES

• C. pén., art. 131-2, 131-6, 131-7, 131-9 à 131-11, 131-14 à 131-16, 131-21, 131-21-1, 131-39, 131-42 à 131-44, 131-48.

TEXTES *IN EXTENSO*

> Peines alternatives applicables aux personnes physiques

• **C. pén., art. 131-6**

* V. s[s] n° 111.01.

• **C. pén., art. 131-7**

* V. s[s] n° 111.01.

• **C. pén., art. 131-9**

* V. s[s] n° 111.01.

• **C. pén., art. 131-14**

* V. s[s] n° 111.01.

• **C. pén., art. 131-15**

* V. s[s] n° 111.01.

> Peines complémentaires applicables aux personnes physiques

• **C. pén., art. 131-2**

* V. s[s] n° 111.01.

• **C. pén., art. 131-10**

* V. s[s] n° 111.01.

• **C. pén., art. 131-11**

* V. s[s] n° 111.01.

• **C. pén., art. 131-16**

* V. s[s] n° 111.01.

• **C. pén., art. 131-21**

* V. s[s] n° 111.01.

• **C. pén., art. 131-21-1**

* V. s[s] n° 111.01.

> Peines alternatives applicables aux personnes morales

• **C. pén., art. 131-42**

* V. s[s] n° 111.01.

> Peines complémentaires applicables aux personnes morales

• **C. pén., art. 131-39**

* V. s[s] n° 111.01.

• **C. pén., art. 131-43**

* V. s[s] n° 111.01.

• **C. pén., art. 131-44**

* V. s[s] n° 111.01.

• **C. pén., art. 131-48**

* V. s[s] n° 111.01.

121.02 **Jurisprudence de référence.**

> Affirmation du principe de la légalité

• **Crim. 10 juin 1970,** n° 70-90.143, P, n° 194

* V. s[s] n° 121.11.

« Attendu que la peine de la confiscation spéciale ne peut être prononcée qu'autant que la loi l'ordonne par une prescription formelle. »

> Non-rétroactivité des lois pénales prévoyant les peines de confiscation

• **Crim. 6 avr. 2016,** n° 15-81.206, P, n° 124

* V. s[s] n° 121.13.

« Vu l'article 112-1 du Code pénal ;

Attendu que seules peuvent être prononcées les peines légalement applicables à la date à laquelle les faits constitutifs d'une infraction ont été commis ;

Attendu qu'après avoir déclaré les prévenus coupables du délit reproché, l'arrêt les a condamnés, notamment, à des peines complémentaires de confiscation ;

Mais attendu qu'en prononçant ainsi, alors qu'à l'époque de la commission des faits, antérieure à l'entrée en vigueur de la loi n° 2014-344 du 17 mars 2014, le délit prévu et réprimé par les articles L. 122-6 et L. 122-7 du Code de la consommation n'était pas puni d'une peine d'emprisonnement d'une durée supérieure à une année, mais seulement d'une année, et que la peine complémentaire de confiscation, prévue à l'article 131-21 du Code pénal, n'était donc pas encourue, la cour d'appel a méconnu le texte susvisé et le principe ci-dessus énoncé. »

• **Crim. 29 juin 2016,** n° 14-86.372, P, n° 209

* V. s^s n° 121.13.

« Vu l'article 112-1 du Code pénal ;

Attendu que, selon ce texte, peuvent être seules prononcées les peines applicables à la date à laquelle les faits ont été commis ;

Attendu que, pour ordonner la confiscation de biens immobiliers appartenant aux sociétés civiles immobilières Sadi Carnot, Régine Gosset, Romainville, Joinville Quai de Seine et 10 rue de la Pointe après avoir déclaré M. X... coupable de blanchiment en bande organisée et d'escroquerie en bande organisée, l'arrêt énonce que ce dernier avait la libre disposition de ces biens ;

Mais attendu qu'en prononçant ainsi, alors qu'à l'époque des faits la loi ne prévoyait pas que le juge pût ordonner, pour l'une ou l'autre de ces infractions, la confiscation de biens dont le condamné avait seulement la libre disposition, la cour d'appel a méconnu le texte susvisé. »

> Applicabilité de la confiscation au complice

• **Crim. 19 mars 2008,** n° 07-82.124, P, n° 71

* V. s^s n° 121.14.

« Aux termes des articles 121-6 et 432-17,3° [du Code pénal], applicables aux faits de l'espèce, peuvent être confisqués, à titre de peine complémentaire, les sommes ou objets irrégulièrement reçus non seulement par l'auteur principal de l'infraction, mais aussi par le complice de celui-ci, la cour d'appel a justifié sa décision. »

> Portée du premier alinéa de l'article 131-21 du Code pénal

• **Crim. 27 mai 2015,** n° 14-84.086, P, n° 124

* V. s^s n° 121.31.

« La confiscation des biens ayant servi à commettre l'infraction n'est, sauf disposition contraire, prévue par l'article 131-21 du Code pénal qu'à titre de simple faculté. »

121.03 Bibliographie indicative.

Encyclopédies. *Rép. pén.*, *V°* « Confiscation », par A. Beziz-Ayache – *J.-Cl. Pén. code*, art. 131-21 et 131-21-1, fasc. 20, par E. Camous.

Articles. D. Dassa-Le Deist, « La confiscation en droit de la presse », *Gaz. Pal.* 6 nov. 2018, n° 38, p. 84 – Guérin et C. Ducouloux-Favard, « La confiscation en droit pénal français », *Gaz. Pal.* 31 oct. 2002, n° 218, p. 9 – H. Matsopoulou, « La confiscation spéciale dans le nouveau Code pénal », *RSC* 1995. 301 – A. Mihman, « La confiscation des profits illicites », *Gaz. Pal.* 13 mai 2014, n° 133, p. 9 – R. Parizot, « La confiscation, sanction applicable en droit pénal des affaires », *in* H. Matsopoulou et C. Mascala (dir.), *Lamy Droit pénal des affaires*, Wolters Kluwer, 2020.

SECTION 1
AFFIRMATION DU PRINCIPE DE LA LÉGALITÉ

121.10 Plan. Il résulte des dispositions du Code pénal et de la jurisprudence de la chambre criminelle que le juge répressif ne saurait prononcer d'autres confiscations que celles prévues par la loi. Ce principe, ancré de façon ancienne en droit positif, a du reste pour corollaire l'application du principe de la non-rétroactivité des lois pénales plus sévères.

121.11 Affirmation jurisprudentielle. La chambre criminelle a énoncé avec une remarquable constance que seules les confiscations prévues par la loi peuvent être prononcées par le juge répressif.

Pour trouver la première affirmation de ce principe, il convient de se reporter à un arrêt du 15 avril 1819[1]. Dans cette affaire, la cour d'assises de Saône-et-Loire avait condamné à mort l'auteur d'un crime d'émission et exposition en circulation de fausses pièces de cinq francs ayant cours légal en France, sachant que lesdites pièces étaient fausses, et avait ordonné la confiscation générale de ses biens. Si la chambre criminelle a rejeté le pourvoi en cassation du condamné, elle a en revanche annulé l'arrêt attaqué en ce qu'il avait prononcé la peine de confiscation, au motif que celle-ci avait été abolie par l'article 66 de la Charte constitutionnelle de 1814.

Ce principe a fréquemment été réaffirmé par la suite[2] et, dans de nombreux arrêts, la chambre

1. Crim. 15 avr. 1819, P, n° 48 – AUSSI, dans une affaire comparable : Crim. 3 mars 1826, P, n° 37.
2. Crim. 21 avr. 1826, P, n° 80 – Crim. 11 avr. 1828, P, n° 104 : « Que, si l'objet matériel et spécial a été, par le fait du propriétaire ou de l'armateur, mis hors la main de justice, ce n'est pas une raison pour que les tribunaux criminels puissent rien ajouter aux dispositions pénales dont ils ont à faire application, ni suppléer au silence de la loi, quand la puissance législative a seule le droit d'en remplir les lacunes. » – Crim. 10 févr. 1844, P, n° 32 : « Attendu que la confiscation de certains objets saisis est une peine de police, aux termes de l'article 464 du Code pénal ; que les tribunaux qui sont chargés de réprimer les contraventions de cette nature n'ont, dès lors, le droit de l'infliger que dans les cas spécifiés par les articles 472, 477 et 481 de ce code, si une disposition législative ou un décret ayant ces caractères, ne les y autorise pas spécialement et en des termes formels. » – Crim. 15 nov. 1844, P, n° 369 : « Attendu que la confiscation spéciale est une peine qualifiée telle par l'article 11 du même code ; Qu'aucune disposition de la déclaration de 1777 ni des autres lois en la matière, ne prononce contre ceux qui vendent des compositions ou préparations médicamenteuses sans en avoir le droit, la confiscation desdits objets ; D'où il suit qu'en ordonnant la confiscation des objets saisis dans le procès instruit contre le demandeur, la cour royale a formellement violé ledit article 4 ci-dessus visé. » – Crim. 28 févr. 1907, P, n° 96 – Crim. 2 janv. 1925, P, n° 1 – Crim. 18 juill. 1963, n° 62-92.854, P, n° 259 – Crim. 12 mars 1990, n° 89-82.674, P, n° 115 – Crim. 17 nov. 1993, n° 92-82.659, P, n° 344 ; *RSC* 1994. 551, obs. B. Bouloc – Crim. 17 oct. 2000, n° 99-86.916, P, n° 299 ; *D.* 2001. 124, obs. C. Rondey.

criminelle, reprenant avec d'infimes nuances une formule forgée le 4 mars 1892, considère qu'il est de principe que « la peine de confiscation spéciale ne peut être prononcée qu'autant que la loi l'ordonne par une prescription formelle »[1].

Le juge répressif qui envisage la confiscation d'un bien quelconque doit donc en premier lieu s'attacher à vérifier que cette peine est légalement encourue en répression des faits dont il est saisi.

121.12 Affirmation textuelle. Cette affirmation jurisprudentielle ancienne du principe de la légalité a trouvé un relais dans le nouveau Code pénal. Rappelons, en effet, que l'article 131-21 du Code pénal dispose que la peine complémentaire de confiscation est seulement encourue « dans les cas prévus par la loi ou le règlement », bien que cette règle ne soit en vérité que la conséquence directe du principe de la légalité notamment énoncé à l'article 111-3 du Code pénal : « Nul ne peut être puni d'une peine qui n'est pas prévue par la loi, si l'infraction est un crime ou un délit, ou par un règlement, si l'infraction est une contravention. » Au reste, cette solution pourrait aussi se fonder sur nombre de dispositions de valeur *supra*-législatives[2].

121.13 Conséquence : non-rétroactivité de la loi pénale plus sévère. Il s'en déduit que le juge répressif devra également veiller à l'application du principe de la non-rétroactivité de la loi pénale plus sévère, puisque ce principe est le corollaire du précédent[3] ; même si, à nouveau, parce que la confiscation est une peine, il n'y a là que l'application des dispositions de l'article 112-1 du Code pénal gouvernant l'application de la loi pénale dans le temps, outre les dispositions *supra*-législatives précitées.

Pour que la confiscation soit encourue, il suffit cependant qu'une partie des faits poursuivis aient été commis postérieurement à la date d'entrée en vigueur de la loi prévoyant cette peine[4].

121.14 Complice ou auteur de l'infraction. Pour qu'une peine de confiscation puisse être prononcée par le juge répressif, il est en revanche indifférent que l'intéressé ait été condamné comme auteur ou bien en tant que complice de l'infraction. En effet, la chambre criminelle a énoncé qu'il « résulte des termes des articles 121-6 et 432-17 3° du Code pénal que la peine complémentaire de la confiscation peut être prononcée, non seulement à l'encontre de l'auteur principal du trafic d'influence, mais aussi de son complice »[5].

Si cette décision a été rendue en matière de trafic d'influence, il ne fait pas de doute que la portée du principe énoncé peut être généralisée, dès lors que l'article 121-6 du Code pénal assimile le complice de l'infraction à l'auteur de celle-ci en énonçant que « sera puni comme auteur le complice de l'infraction, au sens de l'article 121-7 ».

121.15 Société absorbante. Enfin, dans une décision très importante rendue par la chambre criminelle dans sa formation la plus solennelle et dont la portée excède largement le seul domaine des confiscations, il a été posé pour principe qu'« en cas de fusion-absorption d'une société par une autre société entrant dans le champ de la directive précitée, la société absorbante peut être condamnée pénalement à une peine d'amende ou de confiscation pour des faits constitutifs d'une infraction commise par la société absorbée avant l'opération »[6].

SECTION 2
MISE EN ŒUVRE DU PRINCIPE DE LA LÉGALITÉ

121.20 Plan. En application du principe de la légalité des peines, la confiscation ne saurait être prononcée si elle n'est pas prévue par la loi ou le règlement. Cette affirmation, cependant, ne revient pas à dire qu'il serait systématiquement nécessaire que cette mesure soit prévue par un texte

1. Crim. 13 mars 1891, P, n° 67 – Crim. 4 mars 1892, P, n° 60 – Crim. 22 déc. 1892, P, n° 342 – Crim. 13 juin 1895, P, n° 167 – Crim. 4 nov. 1899, P, n° 304 – Crim. 18 août 1910, P, n° 464 – Crim. 1er mars 1912, P, n° 121 – Crim. 18 janv. 1913, P, n° 40 – Crim. 4 mars 1915, P, n° 47 – Crim. 29 avr. 1915, P, n° 75 – Crim. 17 juin 1915, P, n° 130 – Crim. 28 juill. 1927, P, n° 193 – Crim. 14 janv. 1949, P, n° 12 – Crim. 14 oct. 1958, n° 58-90.360, P, n° 617 – Crim. 10 juin 1970, n° 70-90.143, P, n° 194 – Crim. 17 oct. 1979, n° 78-93.823, P, n° 287 – Crim. 10 mars 1993, n° 91-86.197, P, n° 108 – Crim. 10 janv. 1994, n° 93-82.789, P, n° 11 ; *RSC* 1994. 760, obs. B. Bouloc – Crim. 9 juill. 1996, n° 95-82.386, NP.
2. En particulier les articles 8 de la Déclaration des droits de l'homme et du citoyen de 1789 et 7 de la Convention européenne des droits de l'homme.
3. Crim. 25 nov. 2015, n° 14-84.985, P, n° 269 ; *D.* 2015. 2503 – Crim. 6 avr. 2016, n° 15-81.206, P, n° 124 ; *D.* 2016. 836 ; *AJ pénal* 2016. 386, obs. E. Raschel ; *Dr. pén.* 2016, chron. 5, obs. E. Bazin ; *JCP E* 2016. 1190, obs. S. Detraz ; *Gaz. Pal.* 13 sept. 2016, n° 31, p. 21, obs. S. Piedelièvre – Crim. 29 juin 2016, n° 14-86.372, P, n° 209 – Crim. 8 avr. 2021, n° 20-84.929, NP.
4. Crim. 7 sept. 2022, n° 21-86.002, NP.
5. Crim. 19 mars 2008, n° 07-82.124, P, n° 71 ; *D.* 2008. 1063, obs. S. Lavric ; *AJ pénal* 2008. 319, note J. Lelieur ; *RTD com.* 2008. 878, obs. B. Bouloc.
6. Crim. 25 nov. 2020, n° 18-86.955, P, 101 ; *D.* 2021. 167, note G. Beaussonie ; *ibid.* 161, avis R. Salomon ; *ibid.* 379, chron. M. Fouquet, A.-L. Méano, A.-S. de Lamarzelle, C. Carbonaro et L. Ascensi ; *ibid.* 477, chron. F. Dournaux ; *JA* 2020, n° 630, p. 3, édito. B. Clavagnier ; *AJ pénal* 2020. 576, note D. Apelbaum et A. Battaglia ; *Rev. sociétés* 2021. 79, étude B. Bouloc ; *ibid.* 115, note H. Matsopoulou ; *RSC* 2021. 69, obs. P. Beauvais ; *RTD civ.* 2021. 133, obs. H. Barbier ; *RTD com.* 2020. 961, obs. L. Saenko ; *ibid.* 2021. 142, obs. A. Lecourt.

spécial : il y a lieu de distinguer entre les cas où la confiscation peut être prononcée en application d'un texte général (§ 1) et ceux où elle ne saurait l'être sans qu'elle ne soit prévue par des dispositions particulières (§ 2).

§ 1 Confiscation en application d'un texte général

121.30 **Plan.** Dans de nombreuses situations, la confiscation peut être prononcée alors même qu'aucun texte spécial ne la prévoit. Ce sera le cas lorsqu'elle est prévue par une disposition de droit pénal général la rendant applicable pour un ensemble d'infractions abstraitement défini.

121.31 **Confiscation à titre de peine complémentaire encourue de plein droit par les personnes physiques et morales pour les crimes et pour les délits punis d'une peine d'emprisonnement d'une durée supérieure à un an.** Il résulte en effet du premier alinéa de l'article 131-21 du Code pénal, dans sa rédaction issue de la loi n° 2007-297 du 5 mars 2007[1], qui a transposé à cet égard la décision-cadre 2005/212/JAI du 14 février 2005[2], que si « la peine complémentaire de confiscation est encourue dans les cas prévus par la loi ou le règlement », « elle est également encourue de plein droit pour les crimes et pour les délits punis d'une peine d'emprisonnement d'une durée supérieure à un an, à l'exception des délits de presse ».

Le législateur a ainsi largement étendu le champ d'application de la peine complémentaire de confiscation en insérant à l'article 131-21 une disposition, qu'il est tentant de qualifier de « balais », dont il résulte donc que, sans qu'il soit nécessaire qu'un texte spécial ne la prévoie, cette peine est nécessairement encourue par les personnes physiques et par les personnes morales, dès lors que le crime ou le délit poursuivi est puni d'une peine d'emprisonnement d'une durée supérieure à un an[3]. Ces dispositions sont du reste reprises à l'article 131-39 du Code pénal applicable aux personnes morales.

Cette interprétation du texte, qui n'est guère douteuse, est corroborée par l'examen des travaux préparatoires de la loi du 5 mars 2007, notamment par le rapport de la Commission des lois du Sénat énonçant que « la peine de confiscation serait encourue de plein droit, à titre de peine complémentaire, pour les crimes et les délits passibles d'une peine d'emprisonnement d'une durée supérieure à un an sans qu'il soit nécessaire, comme aujourd'hui, que la loi le prévoie expressément pour chaque infraction »[4].

Tout au plus est-il nécessaire de préciser, ainsi que l'a fait la chambre criminelle, que ces nouvelles dispositions n'ont pas pour effet de rendre la confiscation obligatoire pour tous les crimes et délits punis d'une peine d'emprisonnement d'une durée supérieure à un an. La chambre criminelle a en effet énoncé que la confiscation prévue par le premier alinéa de l'article 131-21, quoiqu'encourue « de plein droit » pour les crimes et délits punis d'une peine d'emprisonnement d'une durée supérieure à un an, « n'est, sauf disposition contraire, prévue [...] qu'à titre de simple faculté »[5]. La volonté de conserver un caractère facultatif à la peine de confiscation a d'ailleurs été exprimée par le législateur lors des travaux préparatoires de la loi du 5 mars 2007[6].

En définitive, si la confiscation demeure facultative, ainsi que cela a été jugé par la chambre criminelle, il n'en demeure pas moins que la loi du 5 mars 2007 a étendu de manière spectaculaire son domaine d'application. Pour que la confiscation soit encourue dans les conditions de l'article 131-21, il faut, mais il suffit, que soit encourue une peine d'emprisonnement d'une durée supérieure à un an. Tous les crimes sont donc par définition concernés et il en est également ainsi de la plupart des délits. Dans ce très vaste domaine, la confiscation peut porter « sur tous les biens meubles ou immeubles, quelle qu'en soit la nature, divis ou indivis, ayant servi à commettre l'infraction ou qui étaient destinés à la commettre, et dont le condamné est propriétaire ou, sous réserve des droits du propriétaire de bonne foi, dont il a la libre disposition »[7], mais aussi « sur tous les biens qui sont l'objet ou le produit direct ou indirect de l'infraction, à l'exception des biens susceptibles de restitution à la victime », étant précisé que, « si le produit de l'infraction a été mêlé à des fonds d'origine licite pour l'acquisition d'un ou plusieurs biens, la confiscation peut ne porter sur ces biens qu'à concurrence de la valeur estimée de ce produit »[8].

1. L. n° 2007-297, 5 mars 2007 *relative à la prévention de la délinquance, JO* 7 mars, p. 4297.
2. Décis.-cadre 2005/212/JAI, Conseil, 24 févr. 2005 *relative à la confiscation des produits, des instruments et des biens en rapport avec le crime, JOUE* L 68, 15 mars, p. 49 – EN CE SENS : *Rapp Ass. nat.* n° 3436 (XIIe législ.), p. 267 – *Rapp. Sénat* n° 132 (2006-2007), p. 114 – *Rapp. Ass. nat.* n° 3674 (XIIe législ.), p. 72.
3. Et non supérieure ou égale à un an : Crim. 6 avr. 2016, n° 15-81.206, P, n° 124 ; *D.* 2016. 836 ; *AJ pénal* 2016. 386, obs. E. Raschel.
4. *Rapp. Sénat* n° 132 (2006-2007), p. 116.
5. Crim. 27 mai 2015, n° 14-84.086, P, n° 124 ; *Gaz. Pal.* 11 août 2015, n° 223, p. 23, obs. S. Detraz.
6. *Rapp. Sénat* n° 132 (2006-2007), p. 114 – Rapp. Ass. nat. n° 3674 (XIIe législ.), p. 72.
7. C. pén., art. 131-21, al. 2 : confiscation de l'instrument de l'infraction.
8. C. pén., art. 131-21, al. 3 : confiscation de l'objet ou du produit de l'infraction.

Seuls les délits de presse échappent à cette extension du champ d'application de la peine de confiscation, ainsi que le prévoient l'article 131-21, alinéa 1er, *in fine*, et l'article 131-39. Nous y reviendrons[1].

121.32 Confiscation, à titre de peine complémentaire applicable aux personnes physiques et morales, des biens dont l'origine n'a pu être justifiée, s'il s'agit d'un crime ou d'un délit puni d'au moins cinq ans d'emprisonnement et ayant procuré un profit direct ou indirect. La loi nº 2007-297 du 5 mars 2007[2], transposant également sur ce point la décision-cadre 2005/212/JAI du 14 février 2005[3], a par ailleurs introduit un cinquième alinéa à l'article 131-21 du Code pénal dont il résulte que, « s'il s'agit d'un crime ou d'un délit puni d'au moins cinq ans d'emprisonnement et ayant procuré un profit direct ou indirect, la confiscation porte également sur les biens meubles ou immeubles, quelle qu'en soit la nature, divis ou indivis, appartenant au condamné ou, sous réserve des droits du propriétaire de bonne foi, dont il a la libre disposition, lorsque ni le condamné, ni le propriétaire, mis en mesure de s'expliquer sur les biens dont la confiscation est envisagée, n'ont pu en justifier l'origine ».

Bien que le législateur n'ait pas précisé, contrairement à ce qui a été fait au premier alinéa de l'article 131-21, que la peine est ici encourue « de plein droit », il se déduit de l'emploi de l'indicatif que la portée de cette disposition est générale, sans qu'il soit nécessaire que ce type de confiscation soit prévu par une disposition spéciale. On relèvera au reste que, lorsque le législateur considère que la confiscation doit être formellement prévue par la loi, il l'indique expressément, ce qui n'est pas le cas ici. Enfin, l'on rappellera surtout que les nouvelles dispositions du premier alinéa de l'article 131-21 du Code pénal, généralisant la confiscation à l'ensemble des crimes et délits punis d'une peine d'emprisonnement d'une durée supérieure à un an, et les présentes dispositions du cinquième alinéa de ce texte, sont issues d'un même amendement nº 238 déposé au cours des travaux en Commission des lois de l'Assemblée nationale, en première lecture, et ayant pour objet, selon l'exposé des motifs de celui-ci, « de généraliser cette peine pour toutes les infractions punies d'au moins un an d'emprisonnement, et pour permettre la confiscation "élargie" aux biens dont l'origine ne peut être justifiée dès lors que la durée de l'emprisonnement encouru est supérieure ou égale à cinq ans ».

121.33 Confiscation obligatoire, à titre de peine complémentaire applicable aux personnes physiques et morales, des biens qualifiés de dangereux ou nuisibles par la loi ou le règlement, ou dont la détention est illicite. Le septième alinéa de l'article 131-21 du Code pénal dispose encore que « la confiscation est obligatoire pour les objets qualifiés de dangereux ou nuisibles par la loi ou le règlement, ou dont la détention est illicite, que ces biens soient ou non la propriété du condamné ». Il en résulte que, sans qu'il soit nécessaire qu'une disposition spéciale ne la prévoie, le juge répressif est tenu de prononcer la confiscation de tels objets lorsque les conditions prévues par le texte sont réunies. Ainsi doit-il en être des objets dont la détention est illicite, mais tel sera aussi le cas des objets qui auront été qualifiés de « dangereux » ou de « nuisibles » par la loi ou le règlement.

121.34 Confiscation à titre de peine alternative. Enfin, la confiscation peut toujours être prononcée à titre de peine alternative dans les conditions des articles 131-6, 131-7 et 131-14 du Code pénal, s'agissant des personnes physiques, et 131-42 du même code, en ce qui concerne les personnes morales. Dans ces diverses hypothèses, il n'est pas nécessaire que la confiscation soit prévue par un texte spécial pour qu'elle puisse être prononcée par le juge répressif. Il suffit que la commission du délit ou de la contravention considéré fasse encourir à son auteur la peine envisagée par ces textes, pour que la confiscation qu'ils envisagent alternativement puisse être prononcée.

121.35 Inapplication de la confiscation en droit de la presse. Il ressort notamment de ce qui précède que l'article 131-21 du Code pénal ne fait donc pas encourir aux auteurs de délits de presse la peine complémentaire de confiscation, tout comme se trouve exclu le prononcé de la peine alternative de confiscation de l'instrument ou du produit des délits[4] ou contraventions de la cinquième classe de presse[5]. Au reste, l'article 61 de la loi du 29 juillet 1881 *sur la liberté de la presse*, prévoyant spécialement que la confiscation est encourue en répression de certaines infractions de presse, est aujourd'hui tombé en désuétude[6]. En définitive, les confisca-

1. V. s[s] nº 121.35.
2. L. nº 2007-297, 5 mars 2007 *relative à la prévention de la délinquance, JO* 7 mars, p. 4297.
3. Décis.-cadre 2005/212/JAI, Conseil, 24 févr. 2005 *relative à la confiscation des produits, des instruments et des biens en rapport avec le crime, JOUE* L 68, 15 mars, p. 49 – EN CE SENS : *Rapp Ass. nat.* nº 3436 (XIIe législ.), p. 267 – *Rapp. Sénat* nº 132 (2006-2007), p. 114 – *Rapp. Ass. nat.* nº 3674 (XIIe législ.), p. 72.
4. C. pén., art. 131-6, al. 1, 10°.
5. C. pén., art. 131-14, 6°.
6. AUSSI : Ch. Bigot, *Pratique du droit de la presse*, Victoires éditions, 2013, p. 281 – D. Dassa-Le Deist, « La confiscation en droit de la presse », *Gaz. Pal.* 6 nov. 2018, nº 38, p. 84.

tions effectivement encourues en matière de presse sont en nombre particulièrement limité[1].

Cet état du droit s'explique par le fait qu'en pareille matière les confiscations prononcées auraient pour objet les publications ainsi que les instruments nécessaires à leur réalisation, de sorte qu'elles seraient vues comme portant atteinte à la liberté d'expression, voire comme une résurgence de la censure. Un auteur l'a astucieusement relevé : « La confiscation n'a pas "bonne presse" en droit français. »[2]

Ceci étant, la proposition a été faite d'une résurgence de la confiscation en droit de la presse, à tout le moins en certaines circonstances, afin notamment de faire correspondre le droit des confiscations à celui des saisies pénales en matière de presse[3].

§ 2
Confiscation en application d'un texte spécial

121.41 Recherche d'une base textuelle spéciale. Hors les cas où la peine de confiscation est prévue par une disposition de droit pénal général, le juge répressif ne peut ordonner la confiscation sans préalablement avoir recherché si une disposition spéciale prévoit une telle peine. De telles dispositions sont nombreuses dans le Code pénal, comme dans les lois pénales annexes. Elles sont par ailleurs recensées[4].

121.42 Inutilité de certaines dispositions de droit pénal spécial depuis l'entrée en vigueur de la loi du 5 mars 2007. On relèvera cependant que, depuis l'entrée en vigueur de la loi n° 2007-297 du 5 mars 2007[5], nombre de ces dispositions sont dorénavant surabondantes. Ce sera le cas chaque fois que, pour une infraction faisant encourir une peine d'emprisonnement d'une durée supérieure à un an, une disposition de droit pénal spécial prévoit la confiscation de l'instrument, de l'objet ou du produit de l'infraction, dans les termes de l'article 131-21 du Code pénal. En effet, une telle peine dispose désormais d'une double base légale : les dispositions générales de l'article 131-21 du Code pénal et les dispositions de droit pénal spécial, le plus souvent antérieures à l'entrée vigueur de la loi du 5 mars 2007, à présent surabondantes.

On a d'ailleurs justement regretté que l'entrée en vigueur de loi du 5 mars 2007 ne se soit pas accompagnée « d'un nettoyage des dispositions déjà existantes dans le Code pénal pour toutes les infractions - nombreuses - qui sont un crime ou un délit puni d'une peine supérieure à un an d'emprisonnement », dès lors que « la persistance de certains textes spéciaux apparaît inutile et source de perplexité pour appréhender une peine complexe »[6].

121.43 Nécessité d'une base textuelle spéciale pour la confiscation de l'instrument, de l'objet ou du produit de l'infraction en matière contraventionnelle et pour les délits qui sont punis d'une peine d'emprisonnement d'une durée inférieure ou égale à un an. Il reste qu'en matière contraventionnelle et lorsque le délit poursuivi ne fait pas encourir à son auteur une peine d'emprisonnement d'une durée supérieure à un an, la confiscation de l'instrument de l'infraction au sens de l'article 131-21, alinéa 2, du Code pénal, ou celle de son objet ou de son produit définie par le troisième alinéa du même texte, ne pourra être prononcée sans qu'un texte particulier ne prévoie cette peine[7]. Dans ce cas, en effet, les dispositions générales du premier alinéa de l'article 131-21, prévoyant que la peine de confiscation est encourue de plein droit pour les crimes et pour les délits punis d'une peine d'emprisonnement d'une durée supérieure à un an, à l'exception des délits de presse, ne s'appliqueront pas : il y aura lieu, pour le juge répressif, de rechercher l'existence de dispositions propres à la contravention ou au délit poursuivi.

121.44 Nécessité d'une base textuelle spéciale pour la confiscation des biens spécialement désignés par la loi ou le règlement qui réprime l'infraction[8]. De même, quelles que soient la nature de l'infrac-

1. CEPENDANT l'article R. 625-8-2 du Code pénal prévoyant, à titre de peine complémentaire, « la confiscation de la chose qui a servi ou était destinée à commettre l'infraction ou de la chose qui en est le produit » en répression de la contravention de provocations, diffamations et injures non publiques présentant un caractère raciste ou discriminatoire – AUSSI l'article 38 *ter*, alinéa 3, de la loi du 29 juillet 1881 *sur la liberté de la presse* disposant qu'en répression de l'emploi, au cours de l'audience des juridictions administratives ou judiciaires, de tout appareil permettant d'enregistrer, de fixer ou de transmettre la parole ou l'image, « le tribunal pourra en outre prononcer la confiscation du matériel ayant servi à commettre l'infraction et du support de la parole ou de l'image utilisé ».
2. D. Dassa-Le Deist, « La confiscation en droit de la presse », préc.
3. D. Dassa-Le Deist, « La confiscation en droit de la presse », préc. – *CONTRA* : Ch. Bigot, *Pratique du droit de la presse*, préc., p. 281 : « Il est évident que ces peines auraient bien de mal à passer aujourd'hui l'examen de proportionnalité exigé par l'application de l'article 10 de la Convention européenne des droits de l'homme. »
4. J.-C. Crocq, *Le guide pénal – Le guide des infractions 2021*, 22e éd., « Guides Dalloz », 2020.
5. L. n° 2007-297, 5 mars 2007 *relative à la prévention de la délinquance*, préc.
6. R. Parizot, « La confiscation, sanction applicable en droit pénal des affaires », *in* H. Matsopoulou et C. Mascala (dir.), *Lamy Droit pénal des affaires*, Wolters Kluwer, 2020, n° 169 et les exemples cités.
7. Crim. 28 janv. 2020, n° 19-83.205, NP.
8. C. pén., art. 131-21, al. 4.

tion poursuivie et la peine susceptible d'être prononcée à l'encontre de son auteur, des textes spéciaux pourront toujours prévoir qu'est encourue par ce dernier la confiscation d'autres biens que ceux qui sont désignés de façon générale par l'article 131-21 du Code pénal. Le quatrième alinéa de ce texte dispose en effet que « la confiscation peut en outre porter sur tout bien meuble ou immeuble défini par la loi ou le règlement qui réprime l'infraction ». Ces biens pourront être confisqués si une disposition de droit pénal spécial le prévoit formellement. En matière de trafic de stupéfiants, est par exemple prévue la confiscation des véhicules ou des armes appartenant au condamné, alors même que ces objets n'auraient aucun lien avec l'infraction poursuivie[1].

121.45 Nécessité d'une base textuelle spéciale pour la confiscation de patrimoine[2]. La peine de confiscation de patrimoine ne sera par ailleurs jamais encourue sans qu'une disposition législative spéciale ne la prévoie formellement[3]. Il résulte en effet des dispositions de l'article 131-21, alinéa 6, du Code pénal que « lorsque la loi qui réprime le crime ou le délit le prévoit, la confiscation peut aussi porter sur tout ou partie des biens appartenant au condamné ou, sous réserve des droits du propriétaire de bonne foi, dont il a la libre disposition, quelle qu'en soit la nature, meubles ou immeubles, divis ou indivis ». Cette peine, qui est d'une particulière sévérité et dont la mise en œuvre est réservée aux matières criminelle et délictuelle, ne peut être prononcée sans que la loi spéciale réprimant le crime ou le délit considéré ne la prévoie. Elle est ainsi encourue en matière de :

- crimes contre l'humanité[4],
- eugénisme et clonage reproductif[5],
- trafic de stupéfiants à l'exception de la cession ou l'offre illicites de stupéfiants à une personne en vue de sa consommation personnelle[6],
- trafic d'armes[7],
- traite des êtres humains et proxénétisme[8],
- soumission à des conditions de travail ou d'hébergement incompatibles avec la dignité humaine[9],
- corruption de mineur en bande organisée ou à l'encontre d'un mineur de 15 ans et de pédopornographie en bande organisée[10],
- blanchiment[11],
- actes de terrorisme[12],
- infractions de fausse monnaie prévues aux articles 442-1 à 442-3 du Code pénal[13],
- association de malfaiteurs en vue de commettre des crimes et délits punis de dix ans d'emprisonnement et de délit de non-justification de ressources aggravé prévu par l'article 321-6-1 du Code pénal[14],
- crimes et délits de guerre[15],
- aide à l'entrée et au séjour irréguliers aggravés[16],
- reconnaissance d'enfant ou mariage contracté à la seule fin d'obtenir ou de faire obtenir un titre de séjour ou la nationalité française commis en bande organisée[17],
- emploi d'étrangers sans titre en bande organisée[18].

121.46 Nécessité d'une base textuelle spéciale pour la confiscation des animaux. Enfin, faute de dispositions générales en ce sens, la peine de confiscation d'un animal n'est jamais encourue sans qu'une disposition particulière ne la prévoie spécialement[19].

1. C. pén., art. 222-44.
2. C. pén., art. 131-21, al. 6.
3. Crim. 21 janv. 2020, n° 19-80.257, NP.
4. C. pén., art. 213-1 et 213-3.
5. C. pén., art. 215-1 et 215-3.
6. C. pén., art. 222-49.
7. C. pén., art. 222-66.
8. C. pén., art. 225-25.
9. C. pén., art. 225-26 – POUR un état des saisies et confiscations pénales en matière d'habitat indigne : Agrasc, *Rapp. annuel* 2018, p. 72.
10. C. pén., art. 227-33.
11. C. pén., art. 324-7 et 324-9.
12. C. pén., art. 422-6.
13. C. pén., art. 442-16.
14. C. pén., art. 450-5.
15. C. pén., art. 462-6.
16. Ceseda, art. L. 622-6 et L. 622-9.
17. Ceseda, art. L. 623-2 et L. 623-3.
18. C. trav., art. L. 8256-5 et L. 8256-8 – La référence, à l'article L. 8256-5 du Code du travail, au deuxième alinéa de l'article L. 8256-2 de ce code, au lieu du troisième, constitue une erreur matérielle s'expliquant par le fait que le législateur, en adoptant la loi n° 2011-672 du 16 juin 2011 *relative à l'immigration, à l'intégration et la nationalité* (*JO* 17 juin, n° 1) s'est abstenu de tirer les conséquences, à l'article L. 8256-5 du Code du travail, de l'ajout d'un alinéa à l'article L. 8256-2, contrairement à ce qui a été fait à l'article L. 8256-8.
19. C. pén., art. 131-10, 131-16, 131-21-1, 131-39 et 131-43.

CHAPITRE

122. Proportionnalité des confiscations

SECTION 0
ORIENTEUR

122.00 Sommaire du chapitre.

Sect. 1 Champ d'application du contrôle de proportionnalité

§ 1 Champ d'application du contrôle de proportionnalité de l'atteinte portée au droit de propriété

A. Confiscation de patrimoine

B. Confiscation de l'objet ou du produit de l'infraction

C. Confiscation de l'instrument de l'infraction

D. Confiscation des biens dont l'origine n'a pu être justifiée

E. Confiscation des objets qualifiés de dangereux ou nuisibles par la loi ou le règlement, ou dont la détention est illicite

§ 2 Champ d'application du contrôle de proportionnalité de l'atteinte portée aux autres droits fondamentaux

Sect. 2 Critères d'appréciation de la proportionnalité

Sect. 3 Invocation de la disproportion

Sect. 4 Nature du contrôle de la chambre criminelle

Division. Dans le cadre d'une évolution plus vaste impliquant la Cour de cassation tout entière, la chambre criminelle a imposé la mise en œuvre d'un contrôle de la proportionnalité des confiscations prononcées par le juge répressif. La portée de ce contrôle doit cependant être précisée à plusieurs égards. En effet, quels sont les contours de son champ d'application (sect. 1) ? Selon quels critères doit-il être opéré (sect. 2) ? Doit-il être mis en œuvre d'office (sect. 3) ? Quelle est enfin la nature du contrôle opéré par la chambre criminelle en la matière (sect. 4) ?

122.01 Principaux textes applicables.

TEXTES SOURCES

• Convention européenne de sauvegarde des droits de l'homme et des libertés fondamentales (Conv. EDH), 4 nov. 1950, art. 8

• Protocole additionnel n° 1 à la Conv. EDH, art. 1

TEXTES *IN EXTENSO*

• **Conv. EDH, art. 8**

* V. s^{s} n° 113.01.

• **Protoc. add. n° 1 à la Conv. EDH, art. 1**

* V. s^{s} n° 113.01.

122.02 Jurisprudence de référence.

> Domaine d'application et règles d'invocation du contrôle de la proportionnalité de l'atteinte portée au droit de propriété

• **Crim. 27 juin 2018,** n° 16-87.009, P, n° 128

* V. s^{s} n° 122.20.

« Attendu qu'en matière correctionnelle, le juge qui prononce une peine doit motiver sa décision au regard des circonstances de l'infraction, de la personnalité et de la situation personnelle de son auteur ;

Attendu que, hormis le cas où la confiscation, qu'elle soit en nature ou en valeur, porte sur un bien qui, dans sa totalité, constitue le produit de l'infraction, le juge, en ordonnant une telle mesure, doit apprécier le caractère proportionné de l'atteinte portée au droit de propriété de l'intéressé lorsqu'une telle garantie est invoquée ou procéder à cet examen d'office lorsqu'il s'agit d'une confiscation de tout ou partie du patrimoine ;

Qu'il incombe en conséquence au juge qui décide de confisquer un bien, après s'être assuré de son caractère confiscable en application des conditions légales, de préciser la nature et l'origine de ce bien ainsi que le fondement de la mesure et, le cas échéant, de s'expliquer sur la nécessité et la proportionnalité de l'atteinte portée au droit de propriété du prévenu. »

> Contrôle de la proportionnalité de l'atteinte portée au droit de propriété en cas de confiscation de patrimoine

• **Crim. 8 mars 2017,** n° 15-87.422, P, n° 66

* V. s^{s} n° 122.31.

« Attendu que le juge qui prononce une mesure de confiscation de tout ou partie d'un patrimoine doit motiver sa décision au regard de la gravité des faits, de la personnalité de son auteur et de sa situation personnelle, et apprécier le caractère proportionné de l'atteinte portée au droit de propriété de l'intéressé. »

> Défaut de contrôle de la proportionnalité de l'atteinte portée au droit de propriété en cas de confiscation en nature du produit ou de l'objet de l'infraction

• **Crim. 7 déc. 2016,** n° 16-80.879, P, n° 331

* V. s^s n° 122.41.

« Attendu que le moyen est inopérant dès lors que le principe de proportionnalité ne peut s'appliquer à la confiscation d'un bien qui, dans sa totalité, est le produit ou l'objet des infractions dont le prévenu a été déclaré coupable. »

> Défaut de contrôle de la proportionnalité de l'atteinte portée au droit de propriété en cas de confiscation en valeur du produit ou de l'objet de l'infraction

• **Crim. 3 mai 2018,** n° 17-82.098, P, n° 79

* V. s^s n° 122.42.

« Le moyen, inopérant en ce qu'il invoque une violation du principe de proportionnalité, s'agissant d'une confiscation en valeur de l'objet ou du produit direct ou indirect de l'infraction, ne saurait être accueilli. »

• **Crim. 24 oct. 2018,** n° 18-80.834, P, n° 178 (rendu en matière de saisies)

* V. s^s n° 122.42.

« Attendu qu'il résulte de l'article 706-141-1 du Code de procédure pénale que le montant d'une saisie pénale en valeur ne doit pas excéder la valeur du bien susceptible de confiscation ;

Que lorsque plusieurs auteurs ou complices ont participé à un ensemble de faits, soit à la totalité soit à une partie de ceux-ci, chacun d'eux encourt la confiscation du produit de la seule ou des seules infractions qui lui sont reprochées, avec ou non la circonstance de bande organisée, à la condition que la valeur totale des biens confisqués n'excède pas celle du produit total de cette ou de ces infractions ;

Que, si le moyen pris de la violation du principe de proportionnalité au regard du droit de propriété est inopérant lorsque la saisie a porté sur la valeur du produit direct ou indirect de l'infraction (Crim. 5 janv. 2017, n° 16-80.275, P, n° 7), le juge qui ordonne la saisie en valeur d'un bien appartenant ou étant à la libre disposition d'une personne, alors qu'il ne résulte pas des pièces de la procédure de présomptions qu'elle a bénéficié de la totalité du produit de l'infraction, doit cependant apprécier, lorsque cette garantie est invoquée, le caractère proportionné de l'atteinte portée au droit de propriété de l'intéressé s'agissant de la partie du produit de l'infraction dont elle n'aurait pas tiré profit. »

• **Crim. 15 mai 2019,** n° 18-84.494, P, n° 95

* V. s^s n° 122.42.

« Est inopérant le moyen pris de la violation du principe de proportionnalité en raison de l'atteinte portée au droit de propriété par une mesure de confiscation, en nature ou en valeur, tant du produit direct ou indirect de l'infraction que de son objet. »

> Contrôle de la proportionnalité de l'atteinte portée au droit de propriété en cas de confiscation d'un bien qui est en partie le produit de l'infraction

• **Crim. 22 mars 2017,** n° 16-82.051, P, n° 80

* V. s^s n° 122.43.

« Attendu qu'en l'état de ces énonciations, la cour d'appel a justifié sa décision ;

Que, d'une part, il résulte de l'article 131-21, alinéa 3, du Code pénal qu'un bien qui constitue le produit de l'infraction peut faire l'objet d'une mesure de confiscation, totale ou partielle selon le choix opéré par les juges du fond, si ledit produit a été mêlé à des fonds d'origine licite pour l'acquisition du bien en cause ;

Que, d'autre part, les juges ont, en se fondant sur la situation personnelle du prévenu et sur la gravité concrète des faits, apprécié, par des motifs dépourvus d'insuffisance, la nécessité et la proportionnalité de l'atteinte portée à son droit de propriété et au droit au respect de sa vie privée et familiale ;

D'où il suit que le moyen, inopérant en ce qu'il invoque le droit de propriété pour contester la confiscation de la partie du bien acquise avec des fonds d'origine illicite, doit être écarté. »

> Contrôle de la proportionnalité de l'atteinte portée au droit de propriété en cas de confiscation de l'instrument de l'infraction

• **Crim. 13 nov. 2018,** n° 18-80.027, NP

* V. s^s n° 122.51.

« Attendu que, si c'est à tort qu'elle énonce que le principe de proportionnalité ne peut s'appliquer à la confiscation d'un bien qui, dans sa totalité, a été l'instrument des infractions dont le prévenu est déclaré coupable, la cour d'appel, qui n'était pas tenue de suivre les prévenus dans tout le détail de leur argumentation, a justifié sa décision, dès lors que la Cour de cassation est en mesure s'assurer que, pour ordonner la mesure de confiscation du bien immobilier en cause, les juges ont apprécié le caractère proportionné de l'atteinte porté au droit de propriété des intéressés au regard des circonstances de l'infraction, de la personnalité et de la situation personnelle de leurs auteurs. »

> Contrôle de la proportionnalité de l'atteinte portée au droit de propriété en cas de confiscation d'un bien dont l'origine n'a pu être justifiée

• **Crim. 12 juin 2019,** n° 18-83.396, P, n° 105

* V. s^s n° 122.61.

« Le juge qui ordonne une mesure de confiscation doit apprécier, hormis le cas où la confiscation, qu'elle soit en nature ou en valeur, porte sur un bien qui, dans sa totalité, constitue le produit ou l'objet de l'infraction, doit apprécier le caractère proportionné de l'atteinte portée au droit de propriété de l'intéressé lorsqu'une telle garantie est invoquée ou procéder à cet examen d'office lorsqu'il s'agit d'une confiscation de tout ou partie du patrimoine.

Il incombe en conséquence au juge qui décide de confisquer un bien, après s'être assuré de son caractère confiscable en application des conditions légales, de préciser la nature et l'origine de ce bien ainsi que le fondement de la mesure et, le cas échéant, de s'expliquer sur la nécessité et la proportionnalité de l'atteinte portée au droit de propriété du prévenu.

Encourt, dès lors, la censure l'arrêt de la cour d'appel qui confirme une mesure de confiscation, sans s'expliquer sur la nécessité et la proportionnalité de l'atteinte portée au droit de propriété, alors que les confiscations, prononcées sur le fondement de l'article 131-21, alinéa 5, du Code pénal, portaient sur des biens dont le prévenu n'avait pas justifié de l'origine et que ce dernier avait invoqué dans ses conclusions le caractère disproportionné de la confiscation. »

> Contrôle de la proportionnalité de l'atteinte portée par la confiscation au droit au respect de la vie privée et familiale lorsque cette garantie est invoquée

• **Crim. 19 avr. 2023,** n° 22-82.994, P

* V. s^s n° 122.81

« 16. Il se déduit des articles 131-21, alinéas 3 et 9, du Code pénal, 8 de la Convention européenne des droits de l'homme et 1er du premier Protocole additionnel à ladite Convention, que le juge doit contrôler le caractère proportionné de l'atteinte portée par la confiscation au droit au respect de la vie privée et familiale du propriétaire du bien confisqué, lorsque cette garantie est invoquée.

17. Dès lors que l'illicéité de l'origine du bien confisqué est indifférente à l'éventualité d'une atteinte au droit au respect de la vie privée et familiale du propriétaire du bien confisqué, qui dépend de l'usage qui en est fait, il ne saurait être dérogé à cette obligation lorsque le bien confisqué est le produit, en nature ou en valeur, de l'infraction poursuivie.

18. Il en résulte que le juge qui prononce une peine de confiscation en valeur à titre de produit de l'infraction doit apprécier le caractère proportionné de l'atteinte portée au respect de la vie privée et familiale du propriétaire du bien confisqué, au regard de la situation personnelle de l'intéressé et de la gravité concrète des faits, lorsque cette garantie est invoquée. »

> Contrôle de la proportionnalité de l'atteinte portée au droit de propriété des tiers

• **Crim. 25 nov. 2020,** n° 19-86.979, P, 109

* V. s^s n° 122.102

« Il résulte de l'article 1er du protocole additionnel n° 1 à la Convention européenne des droits de l'homme, que le tribunal ne peut, sur le fondement de l'article 131-21, alinéa 6, du Code pénal, ordonner la confiscation d'un bien indivis dans sa totalité, dont le condamné, propriétaire indivis, a la libre disposition, l'autre indivisaire étant de mauvaise foi, qu'après s'être assuré, au besoin d'office, de la proportionnalité de l'atteinte portée au droit de propriété de chacun des indivisaires au regard de la gravité concrète des faits et de leur situation personnelle. »

• **Crim. 30 mars 2022,** n° 21-82.917, P

* V. s^s n° 122.102

« Lorsque le bien dont la confiscation est envisagée est en état d'indivision entre la personne condamnée et son époux de bonne foi, cette peine ne peut porter que sur la part indivise de la personne condamnée, les droits de l'époux de bonne foi devant lui être restitués, y compris lorsque le bien constitue le produit direct ou indirect de l'infraction.

En revanche, lorsque le bien dont la confiscation est envisagée est commun à des époux mariés sous le régime de la communauté légale réduite aux acquêts et que l'époux non condamné pénalement est de bonne foi, la confiscation ne peut qu'emporter sa dévolution pour le tout à l'État, sans qu'il puisse demeurer grevé des droits de l'époux de bonne foi, la confiscation faisant naître un droit à récompense pour la communauté lors de la dissolution de celle-ci.

En conséquence, il appartient à la cour d'appel saisie de l'appel interjeté par l'époux de bonne foi contre le jugement rejetant, en raison du prononcé de la peine complémentaire de confiscation, sa requête en restitution d'un bien commun placé sous main de justice, d'abord de s'assurer du caractère confiscable du bien dont la restitution est sollicitée, en application des conditions légales, en précisant la nature et l'origine de ce bien ainsi que le fondement de la mesure. Il lui appartient ensuite d'apprécier si, nonobstant la reconnaissance d'un droit à récompense pour la communauté, il y a lieu de confirmer la confiscation en tout ou partie, en restituant tout ou partie du bien à la communauté, au regard des circonstances de l'infraction, de la personnalité et de la situation de son auteur, ainsi que de la situation personnelle de l'époux de bonne foi, en s'expliquant, hormis le cas où la confiscation, qu'elle soit en nature ou en valeur, porte sur un bien qui, dans sa totalité, constitue l'objet ou le produit de l'infraction, sur le caractère proportionné de l'atteinte portée au droit de propriété de l'époux de bonne foi lorsqu'une telle garantie est invoquée, ou procéder à cet examen d'office lorsqu'il s'agit d'une confiscation de tout ou partie du patrimoine. »

122.03 Bibliographie indicative.

Thèses. G. Chetard, *La proportionnalité de la répression, Étude sur les enjeux du contrôle de proportionnalité en droit pénal français*, « Collection des thèses », IFJD Institut Louis Joinet, 2020.

Articles. A. Dadoun, « L'intensité variable de la proportionnalité de la peine de confiscation », *Dr. pén.* 2017, chron. 6 – E. Dreyer, « Confiscation et proportionnalité », *Gaz. Pal.* 6 nov. 2018, n° 38, p. 73 – D. Guérin, « La motivation de la peine : une exigence devenue fondamentale », *in* S. Pellé (dir.), *Quelles mutations pour la justice pénale du XXIe siècle ?*, « Thèmes et commentaires », Dalloz, 2020, p. 231 – X. Pin, « La peine équitable », *in* Coll., *Les mots du droit, les choses de justice, Mélanges en l'honneur de Jean Danet*, Dalloz, 2020, p. 149 – N. Planchon, « La motivation et le contrôle de proportionnalité des décisions de saisie et de confiscation », *in* L. Ascensi, P. Beauvais et R. Parizot (dir.), *La confiscation des avoirs criminels, Nouveaux enjeux juridiques*, LGDJ, 2021, p. 145 – J.-H. Robert, « La marée montante de la proportionnalité », *JCP G* 2016. 401 ; « Les confiscations et les mesures de leur proportionnalité », *JCP G* 2017. 13.

122.05 Évolution. Par plusieurs arrêts rendus à partir du début de l'année 2016, la chambre criminelle a substantiellement modifié l'état du droit des confiscations, en posant pour principe que le juge répressif qui prononce certaines de ces mesures est tenu de contrôler la proportionnalité de l'atteinte ainsi portée aux droits fondamentaux de l'intéressé, en particulier à son droit de propriété. En vérité, ces arrêts s'inscrivent dans une évolution plus vaste de la jurisprudence de la chambre criminelle et, au-delà d'elle, de celle de la Cour de cassation tout entière, mais les confiscations n'en ont pas moins été vues comme le « laboratoire » du contrôle de proportionnalité[1], lequel a fait l'objet d'études importantes[2].

Depuis plusieurs années, en effet, la chambre criminelle tend à imposer au juge répressif de contrôler la proportionnalité de l'atteinte que portent ses décisions aux droits fondamentaux des personnes qu'elles concernent. Il en est d'ailleurs ainsi dans des domaines particulièrement variés. Cette évolution a par exemple concerné les procédures d'exécution des mandats d'arrêt européen. Ainsi, par plusieurs décisions, la chambre criminelle a imposé aux chambres de l'instruction de spécialement motiver leurs décisions lorsqu'elles sont saisies de moyens pris de ce que l'exécution du mandat d'arrêt européen porterait une atteinte disproportionnée au droit de l'intéressé de mener une vie privée et familiale normale protégé par l'article 8 de la Convention européenne des droits de l'homme[3]. Une telle motivation a d'ailleurs été imposée même lorsque l'article 8 de la Convention n'est pas formellement visé, mais est seulement invoqué en substance[4]. Le contrôle de proportionnalité a également été imposé, au stade du prononcé des peines. Ainsi, en matière de droit pénal de l'urbanisme, la chambre criminelle a posé pour principe que « pour ordonner la remise en état des lieux prévue par le Code de l'urbanisme, le juge doit répondre, en fonction des impératifs d'intérêt général poursuivis par cette législation, aux chefs péremptoires des conclusions des parties, selon lesquels une telle mesure porterait une atteinte disproportionnée au droit au respect de la vie familiale »[5]. Un tel contrôle a encore été imposé en matière d'interdiction de gérer[6], ou bien d'inéligibilité[7].

Cette évolution ne concerne toutefois pas uniquement la chambre criminelle. Nul n'ignore plus en effet, dès lors que la doctrine s'en est largement faite l'écho, que les chambres civiles ont également fait évoluer leur jurisprudence en imposant aux juges du fond de procéder au contrôle de la proportionnalité de l'atteinte que portent certaines sanctions aux droits fondamentaux des justiciables. Il en a été ainsi en matière de recherche de paternité[8], de contestation de paternité[9], d'annulation de mariage[10], ou encore d'action en contrefaçon[11].

C'est dire que l'évolution de la jurisprudence de la chambre criminelle en matière de confiscations ne constitue que l'écume d'une vague plus fondamentale pour le droit français.

1. E. Dreyer, « Confiscation et proportionnalité », *Gaz. Pal.* 6 nov. 2018, nº 38, p. 73.
2. G. Chetard, *La proportionnalité de la répression, Étude sur les enjeux du contrôle de proportionnalité en droit pénal français*, « Collection des thèses », IFJD Institut Louis Joinet, 2020.
3. Crim. 12 mai 2010, nº 10-82.746, P, nº 86 ; *AJ pénal* 2010. 408, obs. J. Lasserre Capdeville ; *RSC* 2011. 469, chron. B. Aubert – Crim. 22 sept. 2010, nº 10-86.237, NP ; *RSC* 2011. 469, chron. B. Aubert – Crim. 10 nov. 2010, nº 10-87.282, NP ; *RSC* 2011. 469, chron. B. Aubert – Crim. 5 mai 2015, nº 15-82.108, NP ; *AJ pénal* 2015. 611, obs. T. Herran ; *RSC* 2015. 906, obs. F. Cordier ; *RTD eur.* 2016. 374-31, obs. B. Thellier de Poncheville – Crim. 1er juin 2016, nº 16-83.398, NP ; *RTD eur.* 2017. 336-15, obs. B. Thellier de Poncheville.
4. Crim. 12 avr. 2016, nº 16-82.175, P, nº 132 ; *D.* 2016. 899.
5. Crim. 31 janv. 2017, nº 16-82.945, P, nº 26 ; *AJDA* 2017. 258 ; *D.* 2017. 352 ; *D.* 2017. 1789, obs. L. Neyret et N. Reboul-Maupin ; *RDI* 2017. 195, obs. G. Roujou de Boubée ; *RSC* 2017. 317, obs. J.-H. Robert – AUSSI : Crim. 16 févr. 2016, nº 15-82.732, P, nº 48 ; *D.* 2016. 480 ; *RDI* 2016. 283, obs. G. Roujou de Boubée ; *RSC* 2016. 290, obs. J.-H. Robert – Crim. 14 juin 2016, nº 15-83.631, P, nº 181 ; *RSC* 2016. 788, obs. J.-H. Robert.
6. Crim. 20 juin 2017, nº 16-80.982, P, nº 169 ; *D.* 2017. 1877, obs. C. Mascala ; *Rev. sociétés* 2017. 651, note H. Matsopoulou.
7. Crim. 1er févr. 2017, nº 15-84.511, P, nº 30 ; *GADPG*, 11e éd., Dalloz, 2018, nº 50 ; *AJDA* 2017. 256 ; *D.* 2017. 961, note C. Saas ; *AJ pénal* 2017. 175, note E. Dreyer ; *AJCT* 2017. 288, obs. S. Lavric.
8. Civ. 1re, 5 oct. 2016, nº 15-25.507, P I, nº 185 ; *D.* 2016. 2496, obs. I. Gallmeister, note H. Fulchiron ; *D.* 2017. 470, obs. M. Douchy-Oudot ; *D.* 2017. 729, obs. F. Granet-Lambrechts ; *D.* 2017. 781, obs. J.-C. Galloux et H. Gaumont-Prat ; *AJ fam.* 2016. 543, obs. J. Houssier ; *RTD civ.* 2016. 831, obs. J. Hauser – Civ. 1re, 9 nov. 2016, nº 15-25.068, P I, nº 216 ; *D.* 2016. 2337, obs. I. Gallmeister ; *D.* 2017. 470, obs. M. Douchy-Oudot ; *D.* 2017. 729, obs. F. Granet-Lambrechts ; *AJ fam.* 2016. 601, obs. M. Saulier ; *RTD civ.* 2017. 111, obs. J. Hauser.
9. Civ. 1re, 6 juill. 2016, nº 15-19.853, P I, nº 157 ; *D.* 2016. 1980, note H. Fulchiron ; *D.* 2017. 470, obs. M. Douchy-Oudot ; *D.* 2017. 729, obs. F. Granet-Lambrechts ; *RTD civ.* 2016. 831, obs. J. Hauser – Civ. 1re, 10 juin 2015, nº 14-20.790, NP ; *D.* 2015. 2365, note H. Fulchiron ; *D.* 2016. 857, obs. F. Granet-Lambrechts ; *D.* 2016. 1966, obs. P. Bonfils et A. Gouttenoire ; *RTD civ.* 2015. 596, obs. J. Hauser ; *RTD civ.* 2015. 825, obs. J.-P. Marguénaud.
10. Civ. 1re, 4 déc. 2013, nº 12-26.066, P I, nº 234 ; *D.* 2014. 179, obs. C. de la Cour, note F. Chénedé ; *D.* 2014. 153, point de vue H. Fulchiron ; *D.* 2014. 1342, obs. J.-J. Lemouland et D. Vigneau ; *D.* 2017. 123, chron. V. Vigneau ; *AJ fam.* 2014. 124, obs. S. Thouret ; *AJ fam.* 2013. 663, point de vue F. Chénedé ; *RTD civ.* 2014. 88, obs. J. Hauser ; *RTD civ.* 2014. 307, obs. J.-P. Marguénaud – Civ. 1re, 8 déc. 2016, nº 15-27.201, P I, nº 248 ; *D.* 2017. 953, obs. I. Gallmeister, note F. Chénedé ; *D.* 2017. 470, obs. M. Douchy-Oudot ; *D.* 2017. 1082, obs. J.-J. Lemouland et D. Vigneau ; *AJ fam.* 2017. 71, obs. J. Houssier ; *RTD civ.* 2017. 102, obs. J. Hauser.
11. Civ. 1re, 15 mai 2015, nº 13-27.391, P I, nº 116 ; *D.* 2015. 1094, obs. A. T. ; *D.* 2015. 1672, note A. Bensamoun et P. Sirinelli ; *RTD com.* 2015. 509, obs. F. Pollaud-Dulian ; *RTD com.* 2015. 515, obs. F. Pollaud-Dulian.

SECTION 1
CHAMP D'APPLICATION DU CONTRÔLE DE PROPORTIONNALITÉ

122.10 **Plan.** Le juge répressif n'est pas tenu de contrôler la proportionnalité de toutes les peines de confiscation : il y a lieu de distinguer selon que le contrôle a pour objet la proportionnalité de l'atteinte portée par la mesure au droit de propriété (§ 1) ou bien aux autres droits fondamentaux (§ 2).

§ 1
Champ d'application du contrôle de proportionnalité de l'atteinte portée au droit de propriété

122.20 **Plan.** En l'état de la jurisprudence de la chambre criminelle, le contrôle de la proportionnalité de l'atteinte portée au droit de propriété s'applique à l'ensemble des confiscations, qu'elles soient en nature ou en valeur, à l'exception de celles qui portent sur un bien qui dans sa totalité constitue l'objet ou le produit de l'infraction. C'est en effet ce qui ressort d'un arrêt très important rendu par la chambre criminelle réunie en sa formation plénière le 27 juin 2018 : « Attendu que, hormis le cas où la confiscation, qu'elle soit en nature ou en valeur, porte sur un bien qui, dans sa totalité, constitue le produit de l'infraction, le juge, en ordonnant une telle mesure, doit apprécier le caractère proportionné de l'atteinte portée au droit de propriété de l'intéressé lorsqu'une telle garantie est invoquée ou procéder à cet examen d'office lorsqu'il s'agit d'une confiscation de tout ou partie du patrimoine. »[1] Nous distinguerons donc suivant l'objet de la confiscation, en suivant l'ordre chronologique du développement du contrôle de proportionnalité dans la jurisprudence de la chambre criminelle.

A.
Confiscation de patrimoine

122.31 **Application du contrôle de proportionnalité à la confiscation de patrimoine.** Il ne fait aucun doute que le juge répressif doit contrôler la proportionnalité de l'atteinte portée au droit de propriété par les peines de confiscation de patrimoine qu'il prononce[2].

Pour trouver une première affirmation de la nécessité d'un contrôle de proportionnalité dans ce cas, il convient de se reporter à un arrêt rendu le 30 mars 2016[3]. Dans cette affaire, en effet, une cour d'appel avait prononcé la confiscation, à titre de peine complémentaire, d'une maison et du terrain d'assiette appartenant à une prévenue notamment condamnée pour blanchiment aggravé. Pour justifier cette peine, les juges du fond avaient relevé que le bien avait été financé avec les revenus produits par les faits de travail dissimulé commis par le concubin de l'intéressée, qu'une partie non négligeable du bien immobilier procédait ainsi de l'infraction de blanchiment et que la prévenue était propriétaire d'autres biens immobiliers, notamment d'une fermette et d'un terrain, qu'elle possédait aussi deux caravanes et qu'elle disposait donc de moyens pour loger sa famille. Devant la Cour de cassation, la demanderesse au pourvoi reprochait à la cour d'appel de s'être insuffisamment expliquée, alors qu'elle y était pourtant invitée, sur le rapport existant entre la valeur de l'immeuble confisqué et les sommes qui avaient été blanchies, en sorte que la chambre criminelle n'avait pas été mise en mesure d'exercer son contrôle. Sans doute, la chambre criminelle a-t-elle écarté cette argumentation en n'accueillant pas le moyen. Pour autant, elle n'en a pas moins affirmé la nécessité pour les juges de fond de répondre à de telles argumentations. La chambre criminelle a en effet d'abord énoncé qu'aux termes de l'article 324-7, 12°, du Code pénal, les personnes physiques coupables de blanchiment encourent, à titre de peine complémentaire, la confiscation de tout ou partie de leurs biens, quelle qu'en soit la nature, meubles ou immeubles, divis ou indivis, sans qu'il soit exigé que le bien sur lequel elle porte soit l'objet ou le produit direct ou indirect de l'infraction. Il n'était ainsi pas déterminant, en soi, que la valeur de l'immeuble confisqué soit sans rapport avec l'importance des sommes qui avaient été blanchies. Pour autant, la chambre criminelle a également énoncé que « les juges [n'avaient] fait qu'user de leur pouvoir d'appréciation de la nécessité de l'atteinte portée au droit de propriété de l'intéressée, au regard de la gravité des faits et de la situation personnelle de [la prévenue] », cette affirmation revenant, d'une part, à consacrer le devoir pour les juges d'apprécier la proportionnalité de l'atteinte portée au droit de propriété, d'autre part, à énoncer les critères devant être pris en compte à l'occasion de ce contrôle : la gravité des faits et la situation personnelle des intéressés ; nous y reviendrons[4].

L'interprétation qui pouvait d'emblée être donnée à cet arrêt a été corroborée par la décision de non-lieu à renvoi d'une question prioritaire de constitutionnalité rendue par la chambre criminelle quelques semaines plus tard, le 24 mai 2016[5]. Il était en

1. Crim. 27 juin 2018, n° 16-87.009, P, n° 128 ; *D.* 2018. 1494 ; *ibid.* 2259, obs. G. Roujou de Boubée, T. Garé, C. Ginestet, S. Mirabail et E. Tricoire ; *Rev. sociétés* 2018. 674, note B. Bouloc ; *RTD com.* 2018. 804, obs. B. Bouloc.
2. C. pén., art. 131-21, al. 6.
3. Crim. 30 mars 2016, n° 15-81.550, P, n° 104 ; *D.* 2016. 2424, obs. G. Roujou de Boubée, T. Garé, C. Ginestet, M.-H. Gozzi, L. Miniato et S. Mirabail.
4. V. s[s] n° 122.91.
5. Crim. 24 mai 2016, n° 15-81.287, NP ; *AJ pénal* 2017. 142, obs. O. Violeau.

effet demandé à la chambre criminelle de renvoyer au Conseil constitutionnel la question de savoir si le fait que les infractions des sections I *bis* et II du chapitre V du titre II du livre II du Code pénal, à savoir les infractions de traite des êtres humains et de proxénétisme, puissent donner lieu à la peine complémentaire de confiscation de tout ou partie du patrimoine, était contraire, notamment, au principe de nécessité et de proportionnalité des peines tel que garanti par l'article 8 de la Déclaration des droits de l'homme et du citoyen de 1789, dès lors qu'en ne subordonnant pas la confiscation à l'impossibilité de justifier de l'origine des biens, le législateur avait méconnu l'objet de la peine de confiscation, distinct de celui de l'amende. Or, pour justifier sa décision de ne pas renvoyer la question au Conseil constitutionnel, la chambre criminelle a notamment énoncé « qu'il appartient au juge, pour éviter tout risque d'arbitraire, d'apprécier la nécessité de l'atteinte portée au droit de propriété de la personne concernée au regard de la gravité concrète des faits qui lui sont reprochés et de sa situation personnelle », soit les critères qui avaient été énoncés dans l'arrêt du 30 mars 2016.

Par un arrêt du 7 décembre 2016, la chambre criminelle a de nouveau énoncé ces deux critères [1], après avoir rendu un arrêt non publié le 16 novembre 2016 [2]. Dans cette affaire, un prévenu condamné pour trafic de stupéfiants s'était vu confisquer, à titre de confiscation de patrimoine, un terrain et la maison qui était en train d'y être édifiée. Pour motiver cette décision, la cour d'appel avait notamment relevé que le prévenu était impliqué dans un trafic de stupéfiants d'ampleur qui avait porté sur 120 kilogrammes de résine de cannabis au moins et trois kilogrammes de cocaïne, et que le profit généré était de l'ordre de 700 000 à 800 000 euros. Les juges avaient également retenu que le prévenu, dont le casier judiciaire comportait cinq condamnations, dont une pour trafic de stupéfiants, était sans emploi en 2013 et jusqu'au 24 septembre 2014, date à laquelle il avait trouvé un travail intérimaire, alors qu'il était pourtant propriétaire d'un terrain et d'une maison en construction, de trois véhicules et de la somme de 22 209,50 euros. Ils avaient enfin conclu qu'impliqué à un haut niveau dans un trafic de stupéfiants d'ampleur, le prévenu s'était rendu coupable de faits graves témoignant d'une volonté avérée d'inonder la localité orléanaise de produits illicites et dangereux pour la santé humaine, causant ainsi un trouble conséquent à l'ordre public, et que ces faits exigeaient une réponse pénale cohérente afin de prévenir tout risque de récidive en un domaine où le profit substantiel tiré par les trafiquants de stupéfiants conduit souvent ces derniers à réitérer. Devant la chambre criminelle, le demandeur au pourvoi soutenait notamment que, selon la jurisprudence européenne, si la confiscation rejoignait l'intérêt général prévu à l'article 1er du Protocole additionnel n° 1 à la Convention européenne des droits de l'homme permettant de porter atteinte au droit de propriété, c'était à la condition que la sanction imposée ne soit pas disproportionnée au regard du manquement commis. Or, en l'espèce, il considérait que la cour d'appel avait méconnu cette exigence conventionnelle en prononçant la confiscation litigieuse, alors qu'il avait déjà été lourdement condamné à des peines d'emprisonnement, d'amende et de confiscation, et qu'il était établi que l'immeuble avait été acquis, au moyen d'un prêt, à une date antérieure à la période de prévention ou à l'aide de dons familiaux. Pour écarter ce moyen et rejeter le pourvoi, la chambre criminelle, après avoir rappelé que la peine de confiscation de patrimoine, lorsqu'elle est prévue par la loi, n'implique pas que le bien sur lequel elle porte soit l'objet ou le produit direct ou indirect de l'infraction, a surtout approuvé les juges de s'être expliqués « par des motifs dépourvus d'insuffisance, sur la nécessité et la proportionnalité de l'atteinte portée au droit de propriété de l'intéressé par la mesure de confiscation de tout ou partie du patrimoine, au regard de sa situation personnelle et de la gravité concrète des faits ». Il est vrai que la décision attaquée était particulièrement motivée en fait et en droit.

Cette évolution a logiquement abouti à l'énoncé d'un principe par arrêt du 8 mars 2017 [3]. La chambre criminelle a en effet énoncé, au visa de l'article 1er du Protocole additionnel n° 1 à la Convention européenne des droits de l'homme, « que le juge qui prononce une mesure de confiscation de tout ou partie d'un patrimoine doit motiver sa décision au regard de la gravité des faits, de la personnalité de son auteur et de sa situation personnelle, et apprécier le caractère proportionné de l'atteinte portée au droit de propriété de l'intéressé » et, en application de cette règle, elle a cassé l'arrêt d'une cour d'appel qui, pour motiver la confiscation d'un bien immobilier appartenant au prévenu sur le fondement de l'article 131-21, alinéa 6, du Code pénal et de son texte d'application, s'était bornée à

1. Crim. 7 déc. 2016, n° 15-85.136, P, n° 330 ; *D.* 2016. 2519 ; *D.* 2017. 245, chron. G. Guého, L. Ascensi, E. Pichon, B. Laurent et G. Barbier ; *AJ pénal* 2017. 141, obs. O. Violeau.
2. Crim. 16 nov. 2016, n° 16-80.156, NP.
3. Crim. 8 mars 2017, n° 15-87.422, P, n° 66 ; *D.* 2017. 648 ; *D.* 2501, obs. G. Roujou de Boubée, T. Garé, C. Ginestet, M.-H. Gozzi, S. Mirabail et E. Tricoire ; *RDI* 2017. 240, obs. G. Roujou de Boubée.

énoncer que « cette peine était adaptée à la nature des faits délictueux commis ».

La chambre criminelle a par la suite régulièrement mis en œuvre ce principe, en reprochant à des juges de s'être abstenus de contrôler la proportionnalité de l'atteinte portée par la peine de confiscation de patrimoine au droit de propriété de la personne condamnée[1], ou au contraire en approuvant les décisions de juges du fond qui, en se fondant sur la situation personnelle de prévenus et sur la gravité concrète des faits, avaient apprécié, par des motifs dépourvus d'insuffisance, la nécessité et la proportionnalité de l'atteinte portée par la peine de confiscation de patrimoine à leur droit de propriété[2].

L'on comprend en vérité que l'introduction du principe de proportionnalité dans le droit des confiscations pénales se soit faite d'abord dans le domaine des confiscations de patrimoine, dès lors que cette peine est attentatoire au droit de propriété avec une intensité particulière, puisque le pouvoir reconnu au juge répressif de confisquer les biens appartenant ou étant à la libre disposition du condamné est absolument sans limite. Pour que cette peine soit socialement acceptable et que le droit français soit conforme à la jurisprudence de la Cour européenne des droits de l'homme, il était nécessaire de concilier l'objectif de répression des auteurs d'infractions et le respect de leurs droits fondamentaux, au moyen de la mise en œuvre du contrôle de proportionnalité.

B.
Confiscation de l'objet ou du produit de l'infraction

122.41 Inapplication du contrôle de proportionnalité à la confiscation en nature de l'objet ou du produit de l'infraction. La chambre criminelle a expressément exclu l'application du contrôle de proportionnalité de l'atteinte portée au droit de propriété lorsque la confiscation est encourue au motif que le bien susceptible d'être confisqué est, dans sa totalité, l'objet ou le produit de l'infraction[3]. Cette jurisprudence est vue par la chambre criminelle comme visant « à lutter contre toute forme d'enrichissement illicite »[4].

Ainsi, elle a clairement énoncé, dans un arrêt du 7 décembre 2016, que « le principe de proportionnalité ne peut s'appliquer à la confiscation d'un bien qui, dans sa totalité, est le produit ou l'objet des infractions dont le prévenu a été déclaré coupable »[5]. Comme l'a relevé un auteur, « la justification de la solution est facilement devinée : cette peine n'est que l'effacement de la conséquence illégale de l'infraction, l'enrichissement du condamné »[6]. Il est vrai que cette « position de bon sens »[7], qui a été confirmée par la suite[8], est intuitive, car l'on ne voit guère comment la confiscation d'un bien qu'il n'aurait pas dû posséder pourrait porter une atteinte disproportionnée au droit de propriété de l'intéressé.

1. Crim. 11 janv. 2023, n° 22-81.056, NP.
2. Crim. 9 janv. 2018, n° 17-80.638, NP – Crim. 5 avr. 2018, n° 17-81.317, NP – Crim. 19 juin 2019, n° 18-81.372, NP – Crim. 19 juin 2019, n° 18-84.069, NP.
3. C. pén., art. 131-21, al. 3.
4. Crim. 5 avr. 2023, n° 22-85.754, NP.
5. Crim. 7 déc. 2016, n° 16-80.879, P, n° 331 ; *JCP G* 2017. 13, obs. J.-H. Robert ; *AJ pénal* 2017. 142, obs. O. Violeau ; *Dr. pén.* 2017, comm. 31, obs. V. Peltier.
6. J.-H. Robert, « Les confiscations et les mesures de leur proportionnalité », préc. – AUSSI : G. Beaussonie, « Le produit de l'infraction et le principe de la personnalité des délits et des peines », *Annales de l'Institut de criminologie et de sciences pénales Roger Merle*, n° 1/2020, p. 135 : « L'activité infractionnelle de l'agent provoque parfois un résultat original, un "produit", qui a au moins trois particularités : premièrement, ne pas exister sans l'infraction qui l'a provoqué ; deuxièmement, survivre à l'infraction qui l'a provoqué ; et troisièmement, n'avoir aucune légitimité, puisque son assise tout entière est dans cette infraction, tant et si bien que l'on conçoit sans mal que ce produit soit ultérieurement saisi, restitué ou confisqué, indépendamment même des questions de réparation et de punition. » – E. Dreyer, « Confiscation et proportionnalité », *Gaz. Pal.* 6 nov. 2018, n° 38, p. 73 : « La confiscation de l'objet ou du produit de l'infraction permet d'effacer celle-ci en empêchant le coupable d'en conserver un quelconque bénéfice. La sanction peut alors être disproportionnée parce qu'elle est moins tournée vers le passé que vers l'avenir. Cependant, un tel excès ne peut être contesté car il tient à la fonction même de cette confiscation. Elle joue moins le rôle d'une peine que d'une mesure de sûreté. » – M. Giacopelli, « Le produit de l'infraction et le principe d'individualisation », *Annales de l'Institut de criminologie et de sciences pénales Roger Merle*, n° 1/2020, p. 154 : « Lorsque la confiscation est *in rem*, le lien unissant le bien à l'infraction est tel, qu'il neutralise le test de proportionnalité devenu inutile et par voie de conséquence l'exigence de motivation. »
7. D. Guérin, « La motivation de la peine : une exigence devenue fondamentale », *in* S. Pellé (dir.), *Quelles mutations pour la justice pénale du XXIe siècle ?*, « Thèmes et commentaires », Dalloz, 2020, p. 237.
8. Crim. 7 mai 2019, n° 18-84.033, NP – Crim. 17 sept. 2019, n° 18-86.276, NP – Crim. 18 mai 2022, n° 21-82.335, NP – *CONTRA* : Crim. 19 juin 2019, n° 18-81.372, NP dans lequel la chambre criminelle rejette sur le fond, sans donc le qualifier d'inopérant, le second moyen de cassation proposé pour M. C... pris du caractère disproportionné de la peine de confiscation prononcée, alors qu'avait été ordonnée une confiscation en valeur du produit des infractions dont l'intéressé avait été déclaré coupable. Il est vrai cependant que cette qualification était seulement implicite dans l'arrêt attaqué, alors que se trouvait par ailleurs encourue la peine de confiscation de patrimoine en répression des délits de blanchiment poursuivis, laquelle devait effectivement être motivée.

Si, dans l'arrêt du 27 juin 2018 précité[1], la chambre criminelle a uniquement exclu du champ d'application du principe de proportionnalité les confiscations du produit de l'infraction, et que l'on pouvait donc se demander si cet arrêt signifiait qu'il y avait dorénavant lieu, pour le juge répressif, de contrôler la proportionnalité de la confiscation de l'objet de l'infraction, il a été répondu à cette interrogation par un arrêt ultérieur énonçant « qu'est inopérant le moyen pris de la violation du principe de proportionnalité en raison de l'atteinte portée au droit de propriété par une mesure de confiscation, en nature ou en valeur, tant du produit direct ou indirect de l'infraction que de son objet »[2]. Le doute n'est donc plus permis.

Il est vrai que le législateur fait un sort commun à la confiscation de l'objet de l'infraction et à celle de son produit, lesquels font notamment l'objet du même troisième alinéa de l'article 131-21 du Code pénal, outre le fait que la loi n° 2019-222 du 23 mars 2019[3] a inséré dans le Code de procédure pénale les articles 365-1 et 485-1, applicables respectivement devant la cour d'assises et le tribunal correctionnel, énonçant qu'il n'y a pas lieu de motiver la peine de confiscation « du produit ou de l'objet de l'infraction ».

122.42 Inapplication du contrôle de proportionnalité à la confiscation en valeur de l'objet ou du produit de l'infraction. Pour des motifs comparables à ceux qui précèdent, la chambre criminelle s'est refusée à faire application du principe de proportionnalité au regard de l'atteinte portée au droit de propriété en cas de confiscation en valeur de l'objet ou du produit de l'infraction. La rationalité de cette jurisprudence a d'ailleurs été explicitée par la chambre criminelle dans un arrêt disant n'y avoir lieu de renvoyer au Conseil constitutionnel une question prioritaire de constitutionnalité contestant sa conformité aux principes de nécessité, d'individualisation et de motivation des peines. Il a en effet été énoncé que ces principes ne se trouvent nullement méconnus, dès lors que « lorsque le juge ordonne une mesure de confiscation en valeur du produit, direct ou indirect, de l'infraction, il est tenu de préalablement s'assurer que la valeur du bien confisqué n'excède pas le montant du produit de l'infraction, en sorte que l'atteinte portée au droit de propriété de la personne condamnée ne peut excéder l'avantage économique tiré de l'infraction pénale et qui constitue la conséquence patrimoniale de sa commission, ainsi que d'en justifier par des motifs suffisants, exempts de contradiction, et répondant aux moyens péremptoires des conclusions des parties »[4]. La chambre criminelle a de même ultérieurement énoncé, pour justifier que doive être contrôlé le caractère proportionné de l'atteinte portée au droit au respect de la vie privée et familiale par la confiscation, en nature ou en valeur, du produit de l'infraction, que « l'illicéité de l'origine du bien confisqué est indifférente à l'éventualité d'une atteinte » à ce droit fondamental du propriétaire du bien confisqué[5].

Ainsi, dans un arrêt du 3 mai 2018, elle a qualifié d'inopérant le moyen pris de la violation du principe de proportionnalité en raison de l'atteinte portée au droit de propriété, s'agissant d'une confiscation en valeur de l'objet ou du produit direct ou indirect de l'infraction[6], et l'arrêt du 27 juin 2018 précité[7] a confirmé cette position en soumettant la confiscation en nature et celle prononcée en valeur du produit de l'infraction à un même régime juridique.

Il était logique que la chambre criminelle se prononce en ce sens puisque, comme nous le verrons, ce type de confiscation ne constitue qu'une modalité de la confiscation de l'objet ou du produit de l'infraction, en sorte que l'une et l'autre de ces peines doivent partager un même régime juridique[8].

Ce principe connaît cependant une exception lorsque, en cas de co-action ou de complicité, le juge répressif confisque en valeur, dans le patrimoine d'un auteur ou d'un complice, le produit de l'infraction, alors qu'il ne résulte pas des pièces de la procédure de preuves qu'il a bénéficié de la totalité de celui-ci[9]. Lorsque cette garantie est invoquée, le caractère proportionné de l'atteinte portée au droit de propriété de l'intéressé, s'agissant de la partie du produit de l'infraction dont il n'est pas établi qu'il a tiré profit, doit être contrôlé Si cette exception a été énoncée en matière de saisie en valeur, nous ne voyons guère ce qui pourrait justifier que son application ne soit pas étendue à la confiscation opérée selon cette modalité.

122.43 Application du contrôle de proportionnalité à la confiscation des biens acquis partiellement avec le produit de l'infraction. Par exception

1. Crim. 27 juin 2018, n° 16-87.009, P, n° 128 (v. s[s] n° 122.10).
2. Crim. 15 mai 2019, n° 18-84.494, P, n° 95 – *CONTRA* : Crim. 19 juin 2019, n° 18-81.372, NP dans lequel la chambre criminelle rejette sur le fond, sans donc le qualifier d'inopérant, le second moyen de cassation proposé pour Mme T... pris du caractère disproportionné de la peine de confiscation prononcée, alors qu'avait été ordonnée une confiscation en valeur de l'objet du délit de blanchiment dont l'intéressée avait été déclarée coupable.
3. L. n° 2019-222, 23 mars 2019 *de programmation 2018-2022 et de réforme pour la justice*, *JO* 24 mars, n° 2.
4. Crim. 5 mai 2021, n° 20-86.529, NP.
5. Crim. 19 avr. 2023, n° 22-82.994, P.
6. Crim. 3 mai 2018, n° 17-82.098, P, n° 79.
7. Crim. 27 juin 2018, n° 16-87.009, P, n° 128 (v. s[s] n° 122.20).
8. V. s[s] n° 126.21.
9. V. s[s] n° 126.32.

à la règle qui précède, le principe de proportionnalité retrouve à s'appliquer lorsque la confiscation porte sur un bien acquis seulement en partie avec le produit de l'infraction.

Nous verrons en effet qu'en application de l'article 131-21, alinéa 3, du Code pénal, peuvent être confisqués dans leur totalité les biens acquis partiellement avec le produit de l'infraction[1]. Le texte le dit à sa manière : « Si le produit de l'infraction a été mêlé à des fonds d'origine licite pour l'acquisition d'un ou plusieurs biens, la confiscation peut ne porter sur ces biens qu'à concurrence de la valeur estimée de ce produit. » Ce qui revient à dire, *a contrario*, que le juge répressif a la faculté de confisquer le bien dans sa totalité.

Dans ce cas, cependant, la chambre criminelle considère que le juge répressif doit contrôler la proportionnalité de l'atteinte portée aux droits fondamentaux par la confiscation de la partie du bien acquise avec les fonds d'origine licite : seule se trouve exclue du contrôle de la proportionnalité de l'atteinte portée au droit de propriété la part du bien financée par le produit de l'infraction. Outre le fait que cette jurisprudence a été confirmée dans l'arrêt du 27 juin 2018, dès lors que seule la confiscation des biens constituant dans leur totalité le produit de l'infraction a été exclue du champ d'application du principe de proportionnalité, cette position a été énoncée dans un arrêt du 22 mars 2017 dans lequel la chambre criminelle a distingué entre le régime juridique applicable à la confiscation des biens acquis totalement avec des fonds d'origine illicite et ceux qui n'ont été acquis que partiellement au moyen de tels fonds[2]. En effet, une cour d'appel avait ordonné la confiscation d'un appartement qui avait été financé seulement pour partie par des fonds provenant des infractions poursuivies. Pour fonder cette décision, les juges avaient d'abord relevé que le prévenu était âgé de 64 ans, de double nationalité française et béninoise, qu'il était marié et avait trois enfants âgés de 39, 37 et 34 ans et trois petits enfants auxquels il voulait se consacrer, qu'il était propriétaire de son logement à Aulnay-sous-Bois et d'une maison au Bénin qui aurait eu une valeur de 40 000 euros et que son casier judiciaire ne faisait pas ressortir de condamnation. Ils avaient toutefois aussi retenu que le prévenu avait acquis son appartement d'Aulnay-sous-Bois pour la somme de 60 979,61 euros financée par trois prêts remboursés à l'aide de fonds produits par les faits d'escroquerie et d'abus de confiance poursuivis, en sorte que ce bien avait été financé directement ou indirectement par le produit de l'infraction pour la somme de 17 307,57 euros. Les juges avaient enfin ajouté qu'il convenait de tenir compte du montant des sommes dissipées, supérieur à 700 000 euros. Devant la chambre criminelle, le demandeur au pourvoi a notamment développé un moyen qui était pris de la violation de l'article 1er du Protocole additionnel n° 1 à la Convention européenne des droits de l'homme, en soutenant que la confiscation de son bien immobilier, non limitée au montant du produit de l'infraction, avait porté atteinte à son droit de propriété. Pour rejeter le pourvoi, la chambre criminelle a opéré une distinction entre la part du bien financée avec des fonds d'origine licite et celle qui l'avait été par le produit de l'infraction. En effet, s'agissant de la partie du bien acquise avec des fonds d'origine illicite, elle a énoncé que le moyen était inopérant en ce qu'il invoquait le droit de propriété, cette position étant conforme à celle retenue dans l'arrêt du 7 décembre 2016 précité[3]. Ce n'est ainsi qu'en ce qui concerne la partie du bien financée avec des fonds licites que la chambre criminelle a accepté d'examiner les mérites du moyen, pour finalement le rejeter sur le fond, en considérant, d'une part, qu'il résulte de l'article 131-21, alinéa 3, qu'un bien qui constitue le produit de l'infraction peut faire l'objet d'une mesure de confiscation, totale ou partielle selon le choix opéré par les juges du fond, si ledit produit a été mêlé à des fonds d'origine licite pour l'acquisition du bien en cause, d'autre part, que les juges avaient, en se fondant sur la situation personnelle du prévenu et sur la gravité concrète des faits, apprécié, par des motifs dépourvus d'insuffisance, la nécessité et la proportionnalité de l'atteinte portée à son droit de propriété et au droit au respect de sa vie privée et familiale.

La chambre criminelle a confirmé cette jurisprudence par la suite en approuvant une cour d'appel d'avoir procédé à un tel contrôle de proportionnalité au regard, à la fois, du droit de propriété et du droit au respect de la vie privée et familiale[4].

122.44 **Appréciation.** On peut se demander si l'exclusion du contrôle de proportionnalité en cas de confiscation, en nature ou en valeur, d'un bien qui est le produit ou l'objet de l'infraction, est pleinement conforme à la jurisprudence de la Cour européenne des droits de l'homme qui n'a jamais énoncé une telle restriction. Comme l'a relevé un auteur, il ne semble pas qu'en droit européen des droits de l'homme le fait que le bien confisqué soit, pour la totalité, le produit de l'infraction poursuivie, soit suffisant pour conclure *ipso facto* au caractère

1. V. ss n° 124.35.
2. Crim. 22 mars 2017, n° 16-82.051, P, n° 80 ; *AJ pénal* 2017. 299, obs. O. Violeau ; *Gaz. pal.* 18 juill. 2017, n° 27, p. 54, obs. S. Detraz.
3. V. ss n° 122.41.
4. Crim. 7 déc. 2022, n° 20-87.111, P.

proportionné de la mesure[1]. Il reste que la difficulté pourrait être surtout formelle dès lors que, dans le cadre du contrôle de proportionnalité qu'elle exerce, la Cour européenne des droits de l'homme peut se fonder, il est vrai entre autres éléments, sur le fait que la valeur du bien confisqué n'excède pas l'avantage économique tiré de l'infraction dont le requérant a été déclaré coupable. Plus fondamentalement, un autre auteur a proposé d'étendre le contrôle de proportionnalité à la confiscation du produit de l'infraction, au motif qu'en l'état des textes, de la jurisprudence de la chambre criminelle et de la pratique, la confiscation du produit, qui pourrait excéder le profit effectivement tiré de la commission de l'infraction par la personne condamnée, présenterait un caractère punitif et pas seulement restitutif[2].

Il est vrai que l'exclusion pure et simple du contrôle de proportionnalité conduit nécessairement la chambre criminelle à devoir énoncer des exceptions à ce principe chaque fois qu'il lui apparaît que se trouve confisqué un bien qui, tout en étant juridiquement qualifié d'objet ou de produit de l'infraction, n'a néanmoins pas constitué pour l'auteur un enrichissement à la hauteur de la valeur totale du bien[3].

On peut d'ailleurs se demander si le contrôle de proportionnalité de l'atteinte portée au droit au respect des biens ne pourrait pas être opportunément mis en œuvre en cas de confiscation en valeur d'un bien soustrait à la victime de l'infraction mais qui, en raison de sa dissipation ou de sa transformation en un autre bien[4], ne peut lui être restitué, ce qui justifie par ailleurs la condamnation de l'auteur de l'infraction à payer à la victime, devenue partie civile, des dommages et intérêts pour un montant équivalent à la valeur du bien soustrait. Dans ce cas, en effet, la confiscation en valeur s'ajoute à la condamnation au paiement de dommages et intérêts, ce qui conduit à un appauvrissement de l'auteur de l'infraction du double du profit tiré par lui de la commission de celle-ci ; étant relevé que l'on objectera vainement que l'équilibre se trouve rétabli par la faculté offerte à la partie civile de demander à l'Agrasc le paiement de sa créance de réparation sur les biens confisqués en application de l'article 706-164 du Code de procédure pénale, dès lors que, dans ce cas, ce texte prévoit un recours de l'État à l'encontre du condamné[5]. Ceci étant, il demeure vrai, comme l'a énoncé la chambre criminelle pour justifier l'exclusion du contrôle de proportionnalité en cas de confiscation du produit, y compris lorsque des sommes prises en compte au titre du produit confiscable, ont été déjà remboursées, font l'objet d'une condamnation à titre de dommages et intérêts, ou d'un recouvrement dans le cadre d'une autre procédure, qu'il paraît juridiquement difficile de prendre en considération de telles circonstances dans l'appréciation du respect du principe de proportionnalité, alors que la condamnation au paiement de dommages et intérêts ou au paiement des sommes dues au titre d'une créance dans le cadre d'une autre procédure ne constitue pas une sanction ayant le caractère d'une punition[6]. Une solution pourrait consister à exclure en pareil cas le recours de l'État – la confiscation constituant alors un pur et simple mécanisme indemnitaire –, ce qui nécessiterait cependant une intervention législative.

C.
Confiscation de l'instrument de l'infraction

122.51 Application du contrôle de proportionnalité à la confiscation de l'instrument de l'infraction. La chambre criminelle n'a énoncé que tardivement que le juge répressif doit contrôler la proportionnalité de l'atteinte portée au droit de propriété par la confiscation de l'instrument de l'infraction[7].

Il est vrai cependant que la jurisprudence semblait s'orienter en ce sens, si l'on relève que, dans un arrêt du 13 juin 2017, la chambre criminelle avait énoncé « que le moyen, qui invoque pour la première fois devant la Cour de cassation le caractère disproportionné de l'atteinte spécifique portée au droit de propriété de l'intéressé par la mesure de confiscation de son véhicule prononcée par le tribunal de police et confirmée par la cour d'appel, en violation de l'article premier du Protocole additionnel n° 1 à la Convention européenne des droits de l'homme, est nouveau, mélangé de fait, et, comme tel, irrecevable »[8]. Dans cette affaire, un prévenu, qui avait été condamné pour grand excès de vitesse, s'était vu confisquer la motocyclette utilisée pour commettre l'infraction. Devant la chambre criminelle, il soutenait notamment que cette peine portait une atteinte disproportionnée à son droit de propriété au regard de la gravité du manquement commis. Il est exact que la Cour de cassation ne s'était pas prononcée sur le fond. Mais il était tentant d'interpréter cette décision comme signifiant

1. D. Aubert, « Proportionnalité et confiscation : pertinence du rapport entre bien confisqué et infraction commise », *D. actu.* 11 janv. 2017.
2. J. Bourgais, *Le rôle du juge pénal en matière de saisies et confiscations, Étude de droit comparé (France – Angleterre)*, Poitiers, 2021, n° 214.
3. V. s^s n°s 122.42 et 122.43.
4. V. s^s n° 125.32.
5. V. s^s n° 132.138.
6. Crim. 5 avr. 2023, n° 22-85.754, NP – v. s^s n° 112.14.
7. C. pén., art. 131-21, al. 2.
8. Crim. 13 juin 2017, n° 16-83.201, P, n° 164 ; *D.* 2017. 1305.

que la chambre criminelle était disposée à exiger que le juge répressif contrôle la proportionnalité d'une telle peine, dès lors que l'argumentation du demandeur n'avait pas été écartée sur le fond, en énonçant que le moyen était inopérant dès lors que les juges du fond n'avaient pas à contrôler la proportionnalité de l'atteinte portée par la confiscation du véhicule au droit de propriété du demandeur, mais sur le seul terrain de la nouveauté du moyen.

Cette interprétation a été consacrée, mais en creux, par l'arrêt rendu le 27 juin 2018[1], dans lequel, comme il a été vu, seule la confiscation des biens constituant dans leur totalité le produit de l'infraction a été exclue du périmètre du contrôle de proportionnalité.

C'est finalement par un arrêt du 13 novembre 2018 que la chambre criminelle a énoncé positivement que le juge répressif qui ordonne la confiscation de l'instrument de l'infraction doit contrôler le caractère proportionné de cette mesure[2], après des arrêts des 26 juin et 5 septembre 2018 qui étaient déjà en ce sens, à condition de les interpréter *a contrario*[3]. Dans cette affaire, les juges avaient prononcé la confiscation d'un immeuble qui avait permis à des prévenus de commettre des faits constitutifs des délits de travail dissimulé et d'emploi d'étrangers sans titre pendant plus d'une année et ayant consisté, au cours de la même période, à aider ces personnes à entrer et séjourner de manière irrégulière en France avec pour effet de les soumettre à des conditions de vie et d'hébergement indignes. Pour rejeter le pourvoi dont elle était saisie, la chambre criminelle a énoncé que « si c'est à tort qu'elle énonce que le principe de proportionnalité ne peut s'appliquer à la confiscation d'un bien qui, dans sa totalité, a été l'instrument des infractions dont le prévenu est déclaré coupable, la cour d'appel, qui n'était pas tenue de suivre les prévenus dans tout le détail de leur argumentation, a justifié sa décision, dès lors que la Cour de cassation est en mesure s'assurer que, pour ordonner la mesure de confiscation du bien immobilier en cause, les juges ont apprécié le caractère proportionné de l'atteinte porté au droit de propriété des intéressés au regard des circonstances de l'infraction, de la personnalité et de la situation personnelle de leurs auteurs ». Cette jurisprudence a été confirmée par la suite[4].

Cette position doit être approuvée, puisqu'il est justifié que l'instrument de l'infraction bénéficie d'un régime juridique plus favorable que son objet ou produit, dès lors que, si la possession de l'objet ou du produit de l'infraction présente un caractère illégitime justifiant la mise à l'écart du contrôle de proportionnalité de l'atteinte portée au droit de propriété, le bien qui a servi à commettre l'infraction ou qui était destiné à la commettre n'entretient avec celle-ci qu'un rapport plus lointain, sa possession n'étant pas entachée, en soi, d'illégitimité : il a seulement été fait un mauvais usage d'un bien dont la possession n'est pas en soi illégitime[5]. Au reste, ainsi qu'un auteur l'a relevé, « l'instrument du délit [...] est sans rapport avec sa gravité » et « il arrive ainsi que la valeur de l'objet ayant servi à commettre l'infraction soit nettement supérieure non seulement au bénéfice que l'agent a pu en retirer mais aussi au trouble à l'ordre public qu'il a pu provoquer »[6]. Un argument plus technique s'ajoute à ces premières considérations, si l'on observe qu'à l'article 131-21 du Code pénal, le législateur a retenu, pour les biens qui sont l'instrument de l'infraction, un régime juridique plus favorable que pour ceux qui sont l'objet de l'infraction ou son produit. En effet, si les seconds sont en principe confiscables sans considération de leur propriétaire, rien de tel pour les premiers qui peuvent l'être seulement si le condamné en est propriétaire ou, sous réserve des droits du propriétaire de bonne foi, s'il en a la libre disposition.

D.
Confiscation des biens dont l'origine n'a pu être justifiée

122.61 Application du contrôle de proportionnalité à la confiscation des biens dont l'origine n'a pu être justifiée. La chambre criminelle a tardivement affirmé l'application du principe de proportionnalité à la confiscation des biens prononcée en application de l'article 131-21, alinéa 5, du Code pénal[7].

Si cette application pouvait se déduire des énonciations de l'arrêt du 27 juin 2018, qui a uniquement exclu du champ d'application du principe de proportionnalité la confiscation des biens constituant, dans leur totalité, le produit de l'infraction[8], la chambre criminelle a positivement énoncé ce principe dans un arrêt du 12 juin 2019, en censurant l'arrêt d'une cour d'appel qui avait confirmé une peine de confiscation, sans s'expliquer

1. Crim. 27 juin 2018, n° 16-87.009, P, n° 128 (v. s[s] n° 122.20).
2. Crim. 13 nov. 2018, n° 18-80.027, NP.
3. Crim. 26 juin 2018, n° 17-86.678, NP – Crim. 5 sept. 2018, n° 17-82.888, NP.
4. Crim. 22 mars 2022, n° 21-84.056, NP – Crim. 17 mai 2022, n° 21-85.611, NP – Crim. 8 nov. 2022, n° 21-86.096, NP.
5. V. s[s] n°s 124.32 et 124.43.
6. E. Dreyer, « Confiscation et proportionnalité », préc.
7. C. pén., art. 131-21, al. 5.
8. Crim. 27 juin 2018, n° 16-87.009, P, n° 128 ; *D.* 2018. 1494 ; *ibid.* 2259, obs. G. Roujou de Boubée, T. Garé, C. Ginestet, S. Mirabail et E. Tricoire ; *Rev. sociétés* 2018. 674, note B. Bouloc ; *RTD com.* 2018. 804, obs. B. Bouloc.

sur la nécessité et la proportionnalité de l'atteinte portée au droit de propriété, alors que cette mesure, prononcée sur le fondement de l'article 131-21, alinéa 5, du Code pénal, portait sur des biens dont le prévenu n'avait pas justifié de l'origine et que ce dernier avait invoqué dans ses conclusions le caractère disproportionné de la peine[1].

Il est en tous les cas justifié de faire relever d'un même régime juridique les confiscations prononcées en application des cinquième (confiscation des biens dont l'origine n'a pu être justifiée) et sixième (confiscation de patrimoine) alinéas de l'article 131-21. Bien des arguments viennent en effet au soutien de cette position, si l'on relève, d'une part, que ces deux textes ont en commun de prévoir des confiscations portant sur des biens qui n'ont pas de lien avec l'infraction poursuivie, d'autre part, que le législateur fait relever les biens confiscables en application de l'un et l'autre de ces textes de règles de procédure identiques. Ainsi, nous verrons que ces biens ont en commun de devoir faire l'objet de la procédure de saisie de patrimoine organisée par l'article 706-148 du Code de procédure pénale[2] et que, par ailleurs, ils relèvent d'un même régime juridique au stade de la perquisition puisque, si cet acte d'enquête a pour seul objet la recherche et la saisie de biens confiscables en application de l'alinéa 5 ou 6 de l'article 131-21, il doit faire l'objet d'une autorisation spécifique du procureur de la République[3]. Il y aurait ainsi eu une certaine incohérence à ne pas appliquer le principe de proportionnalité à la confiscation des biens dont l'origine n'a pu être justifiée, alors que celui-ci s'applique en cas de confiscation de patrimoine.

E.
Confiscation des objets qualifiés de dangereux ou nuisibles par la loi ou le règlement, ou dont la détention est illicite

122.71 Qu'en est-il de la confiscation des objets qualifiés de dangereux ou nuisibles par la loi ou le règlement, ou dont la détention est illicite ? La question de l'application du contrôle de proportionnalité à la confiscation des objets qualifiés de dangereux ou nuisibles par la loi ou le règlement, ou dont la détention est illicite, paraît plus incertaine[4].

En effet, si la chambre criminelle n'a jamais eu à se prononcer sur l'application de ce contrôle à la confiscation de tels objets, celle-ci pourrait se déduire des énonciations de l'arrêt rendu le 27 juin 2018 qui n'a pas exclu l'application du principe de proportionnalité dans ce cas, contrairement à ce qu'il en est s'agissant de la confiscation du produit de l'infraction.

Pour autant, il nous semble que le caractère obligatoire du prononcé de la mesure, tout comme la nature dangereuse, nuisible ou illicite des objets concernés, sont de nature à exclure tout contrôle de proportionnalité en la matière, outre le fait que les articles 365-1 et 485-1 du Code de procédure pénale, issus de la loi n° 2019-222 du 23 mars 2019[5], ont fait déroger le prononcé des peines obligatoires au principe de la motivation des peines criminelles et correctionnelles.

On relèvera du reste que la jurisprudence est en ce sens dans le contentieux de la destruction des objets qualifiés par la loi de dangereux ou nuisible, ou dont la détention est illicite[6].

§ 2
Champ d'application du contrôle de proportionnalité de l'atteinte portée aux autres droits fondamentaux

122.81 Proportionnalité de l'atteinte portée au droit au respect de la vie privée et familiale. L'examen des décisions rendues par la chambre criminelle démontre qu'il peut y avoir lieu pour le juge répressif de contrôler également le caractère proportionné de l'atteinte portée par la confiscation au droit au respect de la vie privée et familiale de l'intéressé, sans que dans ce cas le champ d'application du contrôle ne connaisse de restriction tenant à la nature de la confiscation susceptible d'être prononcée, mais à la condition que cette garantie soit spécialement invoquée[7].

Rappelons en effet, outre le fait que les restrictions apportées au champ d'application du contrôle de proportionnalité ont toujours concerné le seul droit de propriété, que, par arrêt du 22 mars 2017, la chambre criminelle a approuvé des juges d'avoir apprécié, en se fondant sur la situation personnelle du prévenu et sur la gravité concrète des faits, la nécessité et la proportionnalité de l'atteinte portée à son droit de propriété et « au droit au respect de sa

1. Crim. 12 juin 2019, n° 18-83.396, P, n° 105 ; *D.* 2019. 1230 ; *ibid.* 1858, obs. C. Mascala ; *AJ pénal* 2019. 444, obs. Y. Mayaud.
2. V. s^s n° 232.21.
3. C. pr. pén., art. 56, al. 1 – v. s^s n° 232.32.
4. C. pén., art. 131-21, al. 7.
5. L. n° 2019-222, 23 mars 2019 *de programmation 2018-2022 et de réforme pour la justice, JO* 24 mars, n° 2.
6. V. s^s n° 243.27.
7. V. s^s n° 122.101.

vie privée et familiale »[1]. Il en a été de même dans un arrêt ultérieur du 7 décembre 2022[2].

Plus fondamentalement, la chambre criminelle a par ailleurs énoncé, certes à propos du seul cas de la confiscation en valeur du produit de l'infraction, qu'il n'existe pas de jurisprudence constante selon laquelle « le juge répressif serait fondé à ordonner [une telle confiscation] d'un bien immobilier constituant le domicile familial de la personne condamnée, sans avoir à s'expliquer sur la nécessité et la proportionnalité de l'atteinte ainsi portée au droit au respect de sa vie privée et familiale, non plus qu'à motiver sa décision »[3], avant au contraire de poser pour principe que, de manière générale, « le juge doit contrôler le caractère proportionné de l'atteinte portée par la confiscation au droit au respect de la vie privée et familiale du propriétaire du bien confisqué, lorsque cette garantie est invoquée », non sans préciser qu'il en va aussi ainsi en cas de confiscation en valeur du produit de l'infraction[4]. En effet, a-t-il été précisé dans la même décision, « le juge qui prononce une peine de confiscation en valeur à titre de produit de l'infraction doit apprécier le caractère proportionné de l'atteinte portée au respect de la vie privée et familiale du propriétaire du bien confisqué, au regard de la situation personnelle de l'intéressé et de la gravité concrète des faits, lorsque cette garantie est invoquée ».

122.82 Extension à l'ensemble des droits dérogeables. En vérité, il est permis de considérer que le contrôle de proportionnalité imposé par la chambre criminelle est susceptible d'être mis en œuvre vis-à-vis de l'ensemble des droits fondamentaux admettant une dérogation au sens de la Convention européenne des droits de l'homme. Il en est bien sûr ainsi du droit au respect des biens[5], du droit au respect de la vie privée et familiale[6], comme il a été vu, mais l'on ne peut exclure l'invocation par un prévenu d'une atteinte disproportionnée portée par une mesure de confiscation à tout autre droit protégé par la convention.

SECTION 2
CRITÈRES D'APPRÉCIATION DE LA PROPORTIONNALITÉ

122.91 Gravité des faits et situation personnelle de l'intéressé. Les critères selon lesquels le contrôle de proportionnalité doit être opéré semblent relativement fixés dans la jurisprudence de la chambre criminelle. Ainsi, dès l'arrêt rendu le 30 mars 2016, la chambre criminelle a énoncé que la proportionnalité de l'atteinte portée aux droits fondamentaux invoqués devait être appréciée « au regard de la gravité des faits et de la situation personnelle »[7] de l'intéressé, avant de préciser que ce contrôle devait se faire « au regard de la gravité concrète des faits et de la situation personnelle »[8], sans se départir de cette approche par la suite[9]. Le fait pour des juges de ne pas avoir justifié le caractère proportionné d'une peine de confiscation de patrimoine au regard de ces critères[10], ou bien de s'être abstenus de s'expliquer sur la situation personnelle de la condamnée, alors que celle-ci était décrite comme sans profession et sans ressources, et était mère de deux enfants[11], a d'ailleurs pu constituer un motif de cassation.

En revanche, les juges ne sont pas tenus de rentrer dans le détail des charges du prévenu[12].

SECTION 3
INVOCATION DE LA DISPROPORTION

122.101 Contrôle d'office ou nécessité de soulever le moyen devant les juges du fond. La question de savoir si le juge répressif doit procéder d'office au contrôle de la proportionnalité des peines de confiscation, lorsque bien sûr ce principe est applicable, ou s'il n'est tenu d'y procéder que si le moyen est soulevé devant lui, a été relativement incertaine dans la jurisprudence de la chambre criminelle jusqu'à la clarification opérée par l'arrêt du 27 juin 2018 précité, complété par un arrêt du 29 juin 2022[13].

En effet, s'agissant du caractère proportionné de l'atteinte portée au droit de propriété, l'on sait depuis la décision du 27 juin 2018 que le juge doit

1. Crim. 22 mars 2017, n° 16-82.051, P, n° 80 ; *AJ pénal* 2017. 299, obs. O. Violeau ; *Gaz. Pal.* 18 juill. 2017, n° 27, p. 54, obs. S. Detraz.
2. Crim. 7 déc. 2022, n° 20-87.111, P.
3. Crim. 5 mai 2021, n° 20-86.529, NP.
4. Crim. 19 avr. 2023, n° 22-82.994, P.
5. Protoc. add. n° 1, art. 1er.
6. Conv. EDH, art. 8.
7. Crim. 30 mars 2016, n° 15-81.550, P, n° 104 ; *D.* 2016. 2424, obs. G. Roujou de Boubée, T. Garé, C. Ginestet, M.-H. Gozzi, L. Miniato et S. Mirabail.
8. Crim. 7 déc. 2016, n° 15-85.136, P, n° 330 ; *D.* 2016. 2519 ; *ibid.* 2017. 245, chron. G. Guého, L. Ascensi, E. Pichon, B. Laurent et G. Barbier ; *AJ pénal* 2017. 141.
9. Crim. 22 mars 2017, n° 16-82.051, P, n° 80 ; *AJ pénal* 2017. 299 – Crim. 9 janv. 2018, n° 17-80.638, NP – Crim. 9 janv. 2019, n° 16-82.036, NP – Crim. 18 mars 2020, n° 18-83.986, NP – Crim. 29 juin 2022, n° 21-84.741, NP – Crim. 19 avr. 2023, n° 22-82.994, P – CEPENDANT : Crim. 13 nov. 2018, n° 18-80.027, NP énonçant que le caractère proportionné de l'atteinte portée au droit de propriété des intéressés a été apprécié au regard « des circonstances de l'infraction, de la personnalité et de la situation personnelle de leurs auteurs ».
10. Crim. 16 déc. 2020, n° 20-80.279, NP.
11. Crim. 2 déc. 2020, n° 19-84.363, NP.
12. Crim. 8 févr. 2023, n° 22-82.613, NP.
13. Crim. 29 juin 2022, n° 21-84.741, NP.

apprécier « le caractère proportionné de l'atteinte portée au droit de propriété de l'intéressé lorsqu'une telle garantie est invoquée ou procéder à cet examen d'office lorsqu'il s'agit d'une confiscation de tout ou partie du patrimoine »[1]. Il a ainsi été distingué selon l'objet de la confiscation : le juge doit contrôler d'office la proportionnalité des confiscations de patrimoine ; il ne doit y procéder, dans l'ensemble des autres cas, que lorsque se trouve invoqué le caractère disproportionné de l'atteinte portée au droit de propriété[2].

En revanche, lorsqu'est en cause le droit au respect de la vie privée et familiale, notamment parce que la peine de confiscation a pour objet le domicile familial de la personne condamnée, il résulte de la décision du 29 juin 2022 qu'il n'y a lieu pour le juge répressif d'apprécier le caractère proportionné de l'atteinte portée par la confiscation à ce droit fondamental que si la disproportion est spécialement invoquée[3]. En effet, l'atteinte portée par la confiscation à ce droit étant particulièrement contingente, il ne saurait être imposé au juge répressif de procéder d'office au contrôle du caractère proportionné de celle-ci.

Plus généralement, il nous semble qu'une autre distinction aurait été possible, selon non plus l'objet de la confiscation, mais en fonction de la nature du droit fondamental en cause. En effet, parce que la confiscation porte toujours atteinte au droit au respect des biens, le juge répressif aurait pu devoir contrôler d'office le caractère proportionné de celle-ci dans tous les cas. Réciproquement, toute confiscation ne portant pas nécessairement atteinte au droit de l'intéressé au respect de sa vie privée et familiale, il aurait en revanche appartenu à celui qui considère être victime d'une telle ingérence de spécialement l'invoquer devant les juges du fond, sauf à être déclaré irrecevable à faire état du caractère disproportionné de la mesure devant la Cour de cassation[4].

122.102 Contrôle de la proportionnalité à l'égard des tiers. Le caractère proportionné de l'atteinte portée au droit de propriété par la confiscation doit par ailleurs être contrôlé non seulement à l'égard de la personne condamnée, mais également vis-à-vis du tiers propriétaire du bien objet de la mesure, d'office en cas de confiscation de patrimoine ou, dans les autres cas, lorsque cette garantie est invoquée par les tiers.

En effet, par un arrêt du 25 novembre 2020, la chambre criminelle a posé pour principe qu'« il résulte de l'article 1er du protocole additionnel n° 1 à la Convention européenne des droits de l'homme, que le tribunal ne peut, sur le fondement de l'article 131-21, alinéa 6, du Code pénal, ordonner la confiscation d'un bien indivis dans sa totalité, dont le condamné, propriétaire indivis, a la libre disposition, l'autre indivisaire étant de mauvaise foi, qu'après s'être assuré, au besoin d'office, de la proportionnalité de l'atteinte portée au droit de propriété de chacun des indivisaires au regard de la gravité concrète des faits et de leur situation personnelle »[5].

Si ce principe a été énoncé au profit de l'indivisaire de mauvaise foi, dans la situation particulière de la confiscation de bien indivis étant en réalité dans leur totalité à la libre disposition du condamné, prononcée sur le fondement de l'article 222-49 du Code pénal prévoyant que la peine de confiscation de patrimoine, définie par le sixième alinéa de l'article 131-21 du même code, est encourue en matière de trafic de stupéfiants, nul doute que cette solution peut s'étendre à tout tiers de mauvaise foi ayant des droits sur un bien dont la confiscation est envisagée ; sauf à préciser que le fondement de la confiscation doit être tel que le principe de proportionnalité est applicable et que le caractère disproportionné de la mesure doit être spécialement invoqué par le tiers, hors le cas de la confiscation de patrimoine.

Ce principe bénéficie de même à l'époux de bonne foi en cas de confiscation d'un bien commun. La règle est en effet que, lorsque le bien dont la confiscation est envisagée est commun à des époux mariés sous le régime de la communauté légale réduite aux acquêts et que l'époux non condamné pénalement est de bonne foi, la confis-

1. Crim. 27 juin 2018, n° 16-87.009, P, n° 128 (v. s[s] n° 122.20).
2. POUR DES EXEMPLES D'APPLICATION : Crim. 26 juin 2018, n° 17-86.678, NP – Crim. 5 sept. 2018, n° 17-82.888, NP – Crim. 12 sept. 2018, n° 17-84.375, NP – Crim. 30 janv. 2019, n° 17-82.558, NP – Crim. 12 juin. 2019, n° 18-83-396, P, n° 105 – Crim. 24 juin 2020, n° 19-85.074, NP, *D.* 2020. 1361 – Crim. 8 sept. 2020, n° 19-84.400, NP – Crim. 2 déc. 2020, n° 19-84.363, NP – Crim. 22 mars 2022, n° 21-84.056, NP – Crim. 15 févr. 2023, n° 21-86.857, NP – Crim. 6 juin 2023, n° 22-83.353, NP – Crim. 13 juin 2023, n° 22-86.048, NP.
3. AUSSI : Crim. 7 juin 2023, n° 22-84.704, NP.
4. AUSSI : E. Dreyer, « Confiscation et proportionnalité », préc. : « Rien dans la convention ne permet de distinguer suivant la nature de l'ingérence dans l'exercice d'un droit ou d'une liberté fondamentale. Peu importe la cause ; c'est l'effet qui justifie l'application d'un contrôle de proportionnalité. Celui-ci a vocation à être uniformément généralisé. » – J. Bourgais, *Le rôle du juge pénal en matière de saisies et confiscations, Étude de droit comparé (France – Angleterre)*, Poitiers, 2021, n° 188 proposant un contrôle d'office de la proportionnalité des confiscations prononcées en application du cinquième alinéa de l'article 131-21 du Code pénal.
5. Crim. 25 nov. 2020, n° 19-86.979, P, 109 ; *D.* 2020. 2346 ; *AJ fam.* 2021. 57, obs. L. Mary ; *AJ pénal* 2021. 39, obs. M. Hy – *CONTRA* : Crim. 16 mai 2018, n° 17-82.606, NP.

cation ne peut qu'emporter sa dévolution pour le tout à l'État, sans qu'il puisse demeurer grevé des droits de l'époux de bonne foi, la confiscation faisant naître un droit à récompense pour la communauté lors de la dissolution de celle-ci pour que se trouve sauvegardé le principe de la personnalité des peines. Cependant, il appartient au juge qui envisage de prononcer une telle peine d'apprécier si, nonobstant la reconnaissance d'un droit à récompense pour la communauté, il y a lieu d'ordonner la confiscation du bien en tout ou seulement en partie, en restituant le surplus de celui-ci à la communauté, au regard des circonstances de l'infraction, de la personnalité et de la situation de son auteur, ainsi que de la situation personnelle de l'époux de bonne foi, « en s'expliquant, hormis le cas où la confiscation, qu'elle soit en nature ou en valeur, porte sur un bien qui, dans sa totalité, constitue l'objet ou le produit de l'infraction, sur le caractère proportionné de l'atteinte portée au droit de propriété de l'époux de bonne foi lorsqu'une telle garantie est invoquée, ou procéder à cet examen d'office lorsqu'il s'agit d'une confiscation de tout ou partie du patrimoine »[1].

Il reste que la chambre criminelle a ultérieurement approuvé une cour d'appel d'avoir jugé que des confiscations ne portaient pas une atteinte disproportionnée au droit de propriété des tiers propriétaires de biens confisqués, au motif que ces derniers n'en étaient pas les propriétaires économiques réels, les biens étant à la libre disposition des personnes condamnées[2]. Il s'en déduit que si, pour respecter le droit européen des droits de l'homme, la chambre criminelle s'est refusée à exclure purement et simplement la mise en œuvre du contrôle de la proportionnalité de l'atteinte portée au droit de propriété du tiers propriétaire en cas de confiscation d'un bien qui est à la libre disposition de la personne condamnée, il pourra le plus souvent être déduit du caractère fictif de la propriété du tiers que la mesure ne porte pas à son droit de propriété une atteinte qui présenterait un caractère disproportionné.

SECTION 4

NATURE DU CONTRÔLE DE LA CHAMBRE CRIMINELLE

122.111 Contrôle disciplinaire de la chambre criminelle. Parce qu'il n'entre pas dans l'office du juge de cassation d'apprécier les circonstances de pur fait, la chambre criminelle ne s'est pas engagée dans la voie d'un contrôle propre de la proportionnalité des confiscations – ce qui a pu être discuté[3] –, le caractère proportionné ou non de l'atteinte portée aux droits fondamentaux relevant nécessairement de l'appréciation souveraine des juges du fond[4]. Le contrôle de la chambre criminelle se cantonne donc à un contrôle de la motivation de la décision des juges sur la proportionnalité de la mesure, laquelle motivation devant, conformément au droit commun de l'article 593 du Code de procédure pénale, être suffisante, exempte de contradiction et répondre aux articulations essentielles des conclusions des parties[5]. C'est ce qui explique que, dans l'arrêt du 8 mars 2017, la chambre criminelle s'est bornée à imposer aux juges du fond un devoir de motivation[6] et que, dans les arrêts de rejet des 30 mars 2016, 7 décembre 2016 et 22 mars 2017, elle a énoncé, non pas que l'atteinte au droit de propriété n'était pas disproportionnée, mais que les juges « [n'avaient] fait qu'user de leur pouvoir d'appréciation de la nécessité de l'atteinte portée au droit de propriété »[7], qu'ils « [s'étaient] expliqués, par des motifs dépourvus d'insuffisance, sur la nécessité et la proportionnalité de l'atteinte portée au droit de propriété »[8], ou encore qu'ils avaient, « en se fondant sur la situation personnelle du prévenu et sur la gravité concrète des faits, apprécié, par des motifs dépourvus d'insuffisance, la nécessité et la proportionnalité de l'atteinte portée à son droit de propriété et au droit au respect de sa vie privée et familiale »[9], autant d'expressions exprimant le fait que la chambre criminelle exerce seulement en ce domaine un contrôle de la motivation des arrêts attaqués.

1. Crim. 15 sept. 2021, n°s 21-90.029 et 21-82.389, NP (2 arrêts) – Crim. 30 mars 2022, n° 21-82.217, P. – Crim. 30 mars 2022, n° 21-82.389, NP – v. s^{s} n° 125.16.
2. Crim. 28 juin 2023, n° 22-85.091, P
3. G. Chetard, *La proportionnalité de la répression, Étude sur les enjeux du contrôle de proportionnalité en droit pénal français*, préc., n° 830.
4. EN CE SENS : D. Guérin, « La motivation de la peine : une exigence devenue fondamentale », *in* S. Pellé (dir.), *Quelles mutations pour la justice pénale du XXIe siècle ?*, « Thèmes et commentaires », Dalloz, 2020, p. 235.
5. SUR CES CAS d'ouverture à cassation : J. Boré et L. Boré, *La cassation en matière pénale*, 4e éd., « Dalloz action », 2017, n° 81.
6. Crim. 8 mars 2017, n° 15-87.422, P, n° 66 ; *D.* 2017. 648 ; *D.* 2017. 2501, obs. G. Roujou de Boubée, T. Garé, C. Ginestet, M. H. Gozzi, S. Mirabail et E. Tricoire ; *RDI* 2017. 240, obs. G. Roujou de Boubée.
7. Crim. 30 mars 2016, n° 15-81.550, P, n° 104 ; *D.* 2016. 2424, obs. G. Roujou de Boubée, T. Garé, C. Ginestet, M.-H. Gozzi, L. Miniato et S. Mirabail.
8. Crim. 7 déc. 2016, n° 15-85.136, P, n° 330 ; *D.* 2017. 245, obs. E. Pichon ; *JCP G* 2017. 13, obs. J.-H. Robert ; *Dr. pén.* 2017, chron. 3, obs. V. Peltier.
9. Crim. 22 mars 2017, n° 16-82.051, P, n° 80 ; *AJ pénal* 2017. 299, obs. O. Violeau ; *Gaz. Pal.* 18 juill. 2017, n° 27, p. 54, obs. S. Detraz.

CHAPITRE

123. Conditions relatives à la nature du bien susceptible de confiscation

SECTION 0

ORIENTEUR

123.00 Sommaire du chapitre.

Sect. 1 Nature des biens confiscables à titre de peine complémentaire

Sect. 2 Nature des biens confiscables à titre de peine alternative

Division. La détermination des biens qui, en raison de leur nature, c'est-à-dire de la catégorie juridique dont ils relèvent, sont susceptibles de confiscation n'est pas chose aisée. Il y a au moins deux raisons à cela. En effet, d'une part, la définition et la classification des biens, en droit civil, sont sujettes à d'importantes discussions, et la terminologie elle-même a pu être qualifiée de « flottante », spécialement lorsqu'il s'agit de qualifier les biens incorporels[1]. D'autre part, les articles du Code pénal consacrés aux peines de confiscation souffrent d'imprécision dans l'emploi des notions propres au droit civil des biens, ce qui perturbe l'analyse. Il est en tout état de cause nécessaire de distinguer entre la question de la nature des biens confiscables à titre de peine complémentaire (sect. 1) et à titre de peine alternative (sect. 2).

123.01 Principaux textes applicables.

TEXTES SOURCES

• C. pén., art. 131-6, 131-10, 131-14, 131-16, 131-21, 131-42

TEXTES *IN EXTENSO*

• **C. pén., art. 131-6**

* V. s[s] n° 111.01.

• **C. pén., art. 131-10**

* V. s[s] n° 111.01.

• **C. pén., art. 131-14**

* V. s[s] n° 111.01.

• **C. pén., art. 131-16**

* V. s[s] n° 111.01.

• **C. pén., art. 131-21**

* V. s[s] n° 111.01.

• **C. pén., art. 131-42**

* V. s[s] n° 111.01.

123.02 Jurisprudence de référence.

> Confiscation des biens soumis à une clause de tontine

• **Crim. 7 déc. 2022,** n° 21-80.743, P

* V. s[s] n° 123.14.

« Les droits concurrents sur un immeuble grevé d'une telle clause, dont est titulaire la personne mise en cause, constituent un bien dont la confiscation est prévue par l'article 131-21 du Code pénal et dont la saisie, qui ne suspend ni l'usage du bien ni le droit d'en percevoir les fruits, s'étend nécessairement à la totalité de l'immeuble en application de l'article 706-151, alinéa 2, du Code de procédure pénale.

13. La confiscation encourue des droits concurrents du condamné ne porte pas atteinte aux droits du coacquéreur du bien grevé de la clause de tontine, dès lors que ce dernier demeure titulaire de ses propres droits, la condition de survie continuant à devoir être appréciée en la personne des coacquéreurs.

14. Le bien est en revanche confiscable dans sa totalité dans le cas où il est à la libre disposition du condamné, le coacquéreur n'étant pas de bonne foi. »

123.03 Bibliographie indicative.

Encyclopédies. *Rép. pén.,* V° « Confiscation », par A. Beziz-Ayache – *J.-Cl. Pén. code*, art. 131-21 et 131-21-1, fasc. 20, par E. Camous.

Thèses. J. Bourgais, *Le rôle du juge pénal en matière de saisies et confiscations, Étude de droit comparé (France – Angleterre)*, Poitiers, 2021 – S. Brezillon, *De la peine patrimoniale au patrimoine pénal. Essai pénologique, historique et prospectif,* Nantes, 2017 – M. Peter, *Les saisies pénales spéciales. Une évolution majeure pour une stratégie pénale patrimoniale repensée,* Aix-Marseille, 2018.

1. Ph. Malaurie et L. Aynes, *Les biens*, 6e éd., « Manuel », LGDJ, 2015, n° 208.

Articles. S. Almaseanu, « Le traitement pénal du Bitcoin et des autres monnaies virtuelles », *Gaz. Pal.* 30 août 2017, n° 242, p. 11 – J. Bourgais et C. Olivier, « La saisie pénale des actifs numériques : une saisie virtuelle ? », *Gaz. pal.* 14 févr. 2023, n° 5, p. 10 – E. Daoud, « Les droits de la personne mise en cause », *in* L. Ascensi, P. Beauvais et R. Parizot (dir.), *La confiscation des avoirs criminels, Nouveaux enjeux juridiques*, LGDJ, 2021, p. 65 – S. Detraz, « La confiscation des objets nuisibles ou dangereux ou dont la détention est illicite », *Gaz. Pal.* 6 nov. 2018, n° 38, p. 81 – D. Guérin et C. Ducouloux-Favard, « La confiscation en droit pénal français », *Gaz. Pal.* 31 oct. 2002, n° 218, p. 9 – H. Matsopoulou, « La confiscation spéciale dans le nouveau Code pénal », *RSC* 1995. 301 – A. Mihman, « La confiscation des profits illicites », *Gaz. Pal.* 13 mai 2014, n° 133, p. 9 – R. Parizot, « La confiscation, sanction applicable en droit pénal des affaires », *in* H. Matsopoulou et C. Mascala (dir.), *Lamy Droit pénal des affaires*, Wolters Kluwer, 2020.

Ouvrage. N. Lory, *La saisie pénale des biens incorporels*, « Bibliothèques de droit », L'harmattan, 2016.

SECTION 1

NATURE DES BIENS CONFISCABLES À TITRE DE PEINE COMPLÉMENTAIRE

123.11 Indifférence de la nature des biens confiscables à titre de peine complémentaire. Il résulte des dispositions de l'article 131-21 du Code pénal que tous les types de biens sont susceptibles de faire l'objet de la peine complémentaire de confiscation, les animaux faisant l'objet des dispositions particulières notamment de l'article 131-21-1 du Code pénal : tout bien est confiscable qu'il soit meuble ou immeuble, corporel ou incorporel, à s'en tenir à ces deux distinctions fondamentales qui structurent le droit civil des biens. L'article 131-21 dispose en effet que la confiscation de l'instrument de l'infraction peut porter sur « tous les biens meubles ou immeubles, quelle qu'en soit la nature, divis ou indivis »[1], cette expression étant aussi employée en matière de confiscation des biens dont l'origine n'a pu être justifiée[2] et de confiscation de patrimoine[3]. Il en est de même en matière de confiscation de l'objet ou du produit de l'infraction[4] et de confiscation des biens spécialement désignés par la loi ou le règlement qui réprime l'infraction[5], même s'il est vrai que les expressions employées sont alors moins précises : ces peines peuvent porter sur « tous les biens » qui sont l'objet ou le produit direct ou indirect de l'infraction et sur « tout bien meuble ou immeuble » défini par la loi ou le règlement qui réprime l'infraction. Il était tentant de déduire de la généralité de ces expressions le principe selon lequel tous les biens meubles ou immeubles, corporels ou incorporels, étaient susceptibles de faire l'objet de la peine complémentaire de confiscation.

Telle n'était pourtant pas l'analyse du législateur, en sorte que, pour exprimer ce principe, ce dernier, à l'occasion du vote de la loi n° 210-768 du 9 juillet 2010[6], a ajouté un huitième alinéa à l'article 131-21 du Code pénal dont il résulte que « la peine complémentaire de confiscation s'applique dans les mêmes conditions à tous les droits incorporels, quelle qu'en soit la nature, divis ou indivis ». Selon le rapport de la Commission des lois de l'Assemblée nationale, il s'agissait d'étendre l'application de la peine complémentaire de confiscation aux droits incorporels afin de combler une lacune de notre droit, le rapporteur ajoutant que le texte venait ainsi compléter l'article 131-21 par la mention expresse du principe selon lequel les conditions fixées par cet article s'appliquent à toute peine complémentaire de confiscation sur des droits incorporels, divis ou indivis, tels que les droits d'auteur ou la propriété d'un fonds de commerce[7]. Cette position était aussi celle du rapporteur de la Commission des lois du Sénat qui affirmait qu'en l'état du droit positif, la peine complémentaire de confiscation n'incluait pas dans son champ d'application les droits incorporels et que seules des dispositions spéciales autorisaient le juge répressif à ordonner la confiscation de tels droits. Le nouveau texte permettait donc de faire encourir la confiscation des droits incorporels pour l'ensemble des infractions punies d'une peine d'emprisonnement d'une durée supérieure à un an dans les conditions fixées par l'article 131-21[8].

Si cette analyse aurait pu être discutée en raison de ce qu'était l'état des textes d'ores et déjà applicables, et qu'elle n'a d'ailleurs pas été partagée par la chambre criminelle[9], il suffit, pour ce qui nous concerne, de retenir qu'en l'état du droit positif, compte tenu de la très claire expression de la volonté du législateur, tous les biens meubles ou immeubles, corporels ou incorporels, peuvent donc de façon certaine faire l'objet de la peine complémentaire de confiscation.

1. C. pén., art. 131-21, al. 2.
2. C. pén., art. 131-21, al. 5.
3. C. pén., art. 131-21, al. 6.
4. C. pén., art. 131-21, al. 3.
5. C. pén., art. 131-21, al. 4.
6. L. n° 2010-768, 9 juill. 2010 *visant à faciliter la saisie et la confiscation en matière pénale, JO* 10 juill., p. 12753.
7. *Rapp. Ass. nat.* n° 1689 (XIIIe législ.), p. 25.
8. *Rapp. Sénat* n° 328 (2009-2010), p. 50.
9. Crim. 6 mai 2015, n° 15-80.076, P n° 101 – Crim. 6 mai 2015, nos 15-80.077 à 15-80.080, NP (4 arrêts), *AJ pénal* 2015. 508, obs. L. Ascensi ; *Dr. pén.* 2016, étude 1, obs. V. Georget – Crim. 22 févr. 2017, n° 16-83.257, P n° 52 ; *AJ pénal* 2017. 244, obs. O. Violeau.

123.12 Imprécision des textes pour le surplus. L'on regrettera en revanche que le législateur n'ait pas réformé d'autres dispositions du Code pénal applicables aux confiscations prononcées à titre de peine complémentaire et qui troublent l'analyse.

En effet, l'article 131-10 du Code pénal dispose toujours que, lorsque la loi le prévoit, un crime ou un délit peut être sanctionné d'une ou de plusieurs peines complémentaires qui, frappant les personnes physiques, emportent confiscation d'un « objet » ou d'un animal. De même, l'article 131-16 du Code pénal, qui énumère les peines complémentaires contraventionnelles, dispose que le règlement qui réprime une contravention peut prévoir, lorsque l'auteur est une personne physique, la confiscation de « la chose » qui a servi ou était destinée à commettre l'infraction ou de « la chose » qui en est le produit. La remarque vaut également pour les peines complémentaires applicables aux personnes morales, dès lors que l'article 131-39 du Code pénal renvoie à l'article 131-21 (peines complémentaires criminelles et délictuelles applicables aux personnes morales) et que l'article 131-43 du Code pénal renvoie aux dispositions de l'article 131-16 (peines complémentaires contraventionnelles applicables aux personnes morales).

Or, l'objet n'est pas le bien, sauf à diluer le sens des mots. En droit, un objet s'entend habituellement d'une « chose matérielle, tangible », ou encore d'un « objet corporel »[1], et il est bien difficile de qualifier de tel une créance, des parts sociales ou bien encore un fonds de commerce qui, incontestablement, ont la nature de biens confiscables pour le législateur. Il eut ainsi été souhaitable que ce dernier substitue, dans les textes précités, la notion de bien à celle d'objet ou de chose, afin de donner plus de cohérence à la matière ; même s'il est vrai que la chambre criminelle semble assimiler les notions de bien, d'objet et de chose, et qu'il existe des motifs de s'en tenir à la seule notion de bien employée à l'article 131-21 du Code pénal, comme il a été vu[2].

123.13 Notion de bien. Si donc tout bien semble pouvoir être confisqué à titre de peine complémentaire, encore faut-il déterminer ce qu'il convient d'entendre par cette notion qui fait l'objet de discussions doctrinales intenses[3], au point que l'entreprise a été qualifiée d'impossible[4].

Au risque de caricaturer une matière qui se prête à d'infinies nuances[5], il semble que l'on admette tout à la fois qu'un bien soit une « chose matérielle susceptible d'appropriation » et que constituent des biens « relativement à une personne, tous les éléments mobiliers ou immobiliers qui composent son patrimoine, à savoir les choses matérielles (biens corporels) qui lui appartiennent et les droits (autres que la propriété) dont elle est titulaire (biens incorporels) »[6]. Ces deux définitions se complètent, si l'on observe que la première regarde l'objet de droit, tandis que la seconde contemple son sujet. Ainsi qu'il a été justement relevé, c'est seulement dans la perspective d'un patrimoine, avec un actif et un passif, que la seconde considération du bien intervient[7].

En se tournant vers l'objet de droit, on relèvera qu'une chose ne devient un bien que si, ayant une utilité pour l'homme et présentant une certaine rareté, elle peut faire l'objet d'une appropriation, c'est-à-dire d'un droit de propriété[8]. La chose est saisie par le droit objectif qui, en raison de ses caractères propres, la qualifie de bien. On remarquera donc qu'il s'est réalisé une confusion, au sens propre de ce terme, entre le droit de propriété et la chose matérielle sur laquelle il porte[9] ; il s'est opéré « l'alliance d'une composante matérielle, la présence d'une chose, et d'une composante juridique, l'appropriation de cette chose par une personne »[10].

Si l'on se concentre, en revanche, sur le sujet de droit, les biens peuvent être des choses matérielles effectivement appropriées par le sujet, c'est-à-dire des biens dans le premier sens de ce terme, ou des droits autres que de propriété dont le sujet est titulaire et s'exerçant à l'égard de choses (droits réels), de personnes (droits personnels), ou encore de valeurs immatérielles (droits ou propriétés incorporelles), ayant en commun d'avoir une valeur pécuniaire. Ces derniers biens, qui sont des droits, sont pour ce motif nécessairement incorporels comme étant le produit de la pensée juridique, même si certains d'entre eux, les droits réels, portent sur une chose tangible.

1. G. Cornu (dir.), *Vocabulaire juridique*, préc., V° « Objet », sens 1.
2. V. s^s n° 111.41.
3. NOTAMMENT, dans un passé récent, au sein d'une production doctrinale dense : P. Berlioz, *La notion de bien*, « Bibliothèque de droit privé », LGDJ, 2007 – *Rép. civ., V°* « Biens », par R. Libchaber.
4. Ch. Grzegorczyk, « Le concept de bien juridique : l'impossible définition », *Arch. phil. dr.* 1979, t. XXIV, p. 259.
5. POUR UNE PRÉSENTATION lumineuse de ces nuances : M.-L. Mathieu, *Les biens*, 3e éd., Sirey, 2013, n° 24.
6. G. Cornu (dir.), *Vocabulaire juridique*, préc., V° « Bien », sens 1 et 2.
7. F. Terre et Ph. Simler, *Les biens*, 9e éd., « Précis », Dalloz, 2014, n° 29.
8. Ch. Atias, *Les biens*, 12e éd., « Manuel », LexisNexis, 2014, n° 1 – Ph. Malaurie et L. Aynes, *Les biens*, préc., n° 9 – F. Zenati-Castaing et Th. Revet, *Les biens*, 3e éd., « Droit fondamental », PUF, 2008, n° 2.
9. F. Terre et Ph. Simler, *Les biens*, préc., n° 101.
10. J. Rochfeld, *Les grandes notions du droit privé*, 2e éd., « Thémis », PUF, 2013, p. 212.

Poussant cette seconde approche, l'on pourrait considérer, avec certains auteurs, que, du point de vue du sujet de droit, les biens ne sont jamais autre chose que des droits, la propriété, qui est l'archétype du droit réel, n'y dérogeant pas. L'on a d'ailleurs affirmé à cet égard que « pour le juriste, les biens, ce sont surtout des droits. Les choses n'ont d'intérêt juridique que lorsqu'elles servent à l'homme. [...] Les choses sont donc des biens en tant qu'elles sont objet de droit, de droit réel, puisque ce sont ces droits qui expriment le pouvoir d'une personne sur une chose. En un certain sens, pourtant, sont également des biens d'autres droits patrimoniaux. [...]. Il s'agit des droits personnels ou de créance et des droits de propriété intellectuelle ou incorporelle »[1], ou encore que « tous les biens se figeraient donc dans des droits et, partant, seraient incorporels »[2]. Ce qui compte n'est alors plus tant la « propriété » entendue au sens strict comme ne pouvant porter que sur des choses corporelles, voire incorporelles, mais plus largement la « titularité » de droits, quels qu'ils soient, à la condition qu'ils aient une valeur pécuniaire[3]. Au soutien de cette approche, qui peut être contestée[4], il faut rappeler que l'on s'accorde majoritairement à considérer qu'un patrimoine s'entend de « l'ensemble des biens et des obligations d'une même personne (c'est-à-dire de ses droits et charges appréciables en argent), de l'actif et du passif, envisagé comme formant une universalité de droits, un tout comprenant non seulement ses biens présents mais aussi ses biens à venir »[5]. Selon cette définition, le patrimoine d'un sujet de droit ne serait donc composé que de droits[6] et l'on relèvera d'ailleurs, sans exagérer la force d'un argument fondé sur la lecture littérale d'un texte dont l'interprétation a fait l'objet de nombre de travaux savants, que la théorie du patrimoine avait été exposée par Aubry et Rau dans un livre second de leur cours intitulé « des droits sur les objets extérieurs, envisagés comme élément du patrimoine d'une personne »[7].

Pour ce qui nous concerne, l'approche de la notion de bien par le sujet doit être privilégiée, car elle garantit mieux que la précédente le respect pratique du principe de la personnalité des peines et la préservation des intérêts des tiers de bonne foi en imposant la recherche, par le juge répressif, des droits dont les condamnés sont titulaires pour déterminer quels sont ceux susceptibles de confiscation en vue de leur dévolution à l'État.

Les dispositions de l'article 131-21 du Code pénal sont d'ailleurs en ce sens. Si ce texte dispose à plusieurs reprises, comme nous le verrons[8], que sont confiscables les biens dont le condamné est « propriétaire »[9] ou lui « appartenant »[10], son dixième alinéa dispose aussi que la chose confisquée est dévolue à l'État mais demeure grevée, à concurrence de sa valeur, des droits réels licitement constitués au profit de tiers. Ces dispositions doivent ainsi être lues, non comme limitant le pouvoir de confis-

1. P. Jourdain, *Les biens*, Dalloz, 1995, n° 1.
2. J. Rochfeld, *Les grandes notions du droit privé*, préc., p. 229.
3. EN CE SENS : Ch. Larroumet, *Les biens – Droits réels principaux*, 5e éd., Economica, 2006, n° 18 : « Le droit réel et le droit personnel sont des éléments du patrimoine. Mais ils ne sont pas les seuls : le patrimoine est composé des prérogatives qui appartiennent à son titulaire, en un mot de tous les droits dont il est propriétaire, aussi bien les droits sur les choses corporelles que les droits sur les choses incorporelles, telles que les créances ou les inventions de l'esprit. Par conséquent, la propriété n'est ni un droit réel, ni un droit personnel ; elle n'est que l'appartenance de tout droit quel qu'il soit à son titulaire. »
4. F. Zenati-Castaing et Th. Revet, *Les biens*, préc., n° 3 : « Malgré qu'elle soit couramment présentée comme telle, il n'est guère concevable que la propriété soit un bien, car il serait tautologique et absurde de s'approprier le rapport d'appropriation. Le droit de propriété ne peut être un bien parce qu'il est ce qui permet aux choses d'être des biens. Ce sont les objets de propriété qui sont des biens, non pas la propriété elle-même. » – M.-L. Mathieu, *Les biens*, préc., n° 33 : « Mais si on peut admettre que les droits réels comme les droits personnels peuvent constituer des biens, dont on serait "propriétaire" au sens de "titulaire" on ne peut sans contradiction considérer que la propriété est elle-même un droit réel, car elle constitue "ce qui permet aux choses d'être des biens". On peut "avoir" une chose, une créance, un droit réel, on n'a pas la propriété, car on n'a pas "l'avoir" : on a la chose. »
5. G. Cornu (dir.), *Vocabulaire juridique*, préc., V° « Patrimoine », sens 1.
6. EN CE SENS : G. Cornu, *Les biens*, préc., n° 4 : Le patrimoine « englobe tous les biens appréciables en argent. Selon une classification juridique, certains de ces biens sont des droits réels (propriété ou usufruit d'une maison), d'autres des droits personnels (créance du prêteur envers l'emprunteur). » – Ph. Malaurie et L. Aynes, *Les biens*, préc., n° 12 : « Juridiquement, le patrimoine est l'ensemble des droits et obligations appartenant à une personne et ayant une valeur pécuniaire. » – F. Terre et Ph. Simler, *Les biens*, préc., n° 29, au sujet de la définition des biens : « b) Dans un deuxième sens, on désigne les droits existants au profit des personnes physiques ou morales, plus précisément à leur avantage. L'approche juridique ainsi retenue s'attache à une valeur positive du bien envisagé. C'est seulement dans la perspective d'un patrimoine, avec un actif et un passif, que la considération de celui-ci intervient. c) Les droits envisagés ici sont reconnus à une personne soit principalement en relation de la personne et de ses droits primordiaux, soit par rapport à une personne (droits de créance ou droits personnels) ou à une chose (droits réels). Envisagés en relation non aux sujets actifs qui en bénéficient, mais à leurs sujets passifs, les droits de créance, considérés alors comme des obligations sont régis distinctement dans le cadre du droit des obligations. »
7. C. Aubry et C. Rau, *Cours de droit civil français d'après la méthode de Zachariae*, t. VI, Paris, 1873, p. 229.
8. V. s[s] chap. 125.
9. C. pén., art. 131-21, al. 2.
10. C. pén., art. 131-21, al. 5, 6, et 9.

cation du juge répressif aux biens dont le condamné serait propriétaire au sens de l'article 544 du Code civil en vue de la dévolution pour le tout de la chose confisquée à l'État, mais comme signifiant que ne peuvent être confisqués, sauf exception, que les seuls droits patrimoniaux dont est titulaire le condamné et dont l'archétype est bien sûr le droit de propriété.

123.14 Diversité des biens susceptibles de confiscation : droit de propriété et autres droits réels. Si, dans les cas les plus simples, ce sera le bien lui-même qui sera confisqué, c'est-à-dire le droit de propriété portant sur une chose corporelle dont la personne condamnée sera titulaire, de nombreux autres types de droits seront susceptibles de l'être. Il en sera ainsi des démembrements du droit de propriété, droits réels constituant, comme il a été vu, des biens en tant que tels. Il est par exemple envisageable, pour le juge répressif, d'ordonner la confiscation de la nue-propriété d'un bien, ou bien encore de son usufruit.

En effet, outre les motifs qui viennent d'être exposés, on ne voit guère ce qui justifierait qu'une disposition qui autorise le juge répressif à priver un condamné de la propriété de son bien, lui interdise de prononcer la confiscation du seul démembrement de ce droit.

De même, le dixième alinéa de l'article 131-21 du Code pénal dispose que « la chose confisquée est, sauf disposition particulière prévoyant sa destruction ou son attribution, dévolue à l'État, mais elle demeure grevée, à concurrence de sa valeur, des droits réels licitement constitués au profit de tiers », ce dont il se déduit que rien ne s'oppose à ce que soit confisquée une chose qui serait l'assiette de droits réels multiples, la dévolution de la chose à l'État ne s'opérant alors pas pour le tout, mais seulement à l'égard des droits du condamné sur celle-ci.

La chambre criminelle s'est d'ailleurs prononcée en ce sens en jugeant, dans une affaire à fort retentissement médiatique, que rien ne s'oppose à ce que soit confisqué l'usufruit d'un bien, mais en précisant que, dans ce cas, la confiscation opère dévolution à l'État du seul usufruit, le tiers nu-propriétaire conservant ses droits : le bien ne saurait être confisqué dans sa totalité, même moyennant la restitution au nu-propriétaire de l'équivalent monétaire de son droit. Ainsi, il a été énoncé que « les [condamnés] étaient seulement titulaires des droits d'usufruit sur le bien [litigieux], et [que la cour d'appel] n'a pas constaté qu'ils avaient la libre disposition dudit bien », de sorte qu'elle « ne pouvait [...] ordonner que la seule confiscation des droits d'usufruit et non la confiscation en pleine propriété de ce bien, fût-ce en ordonnant la restitution aux nus-propriétaires des sommes représentant la valeur de leurs droits »[1]. La chambre criminelle a de même ultérieurement approuvé la confiscation des droits réels de nue-propriété dont était titulaire la personne condamnée, en relevant qu'étaient sans emport sur la faculté pour les juges de prononcer cette peine, les clauses d'exclusion de la communauté, et d'interdiction faite à l'intéressée d'aliéner ou d'hypothéquer la nue-propriété, assortissant la donation en cause, dès lors que ces clauses ne se trouvaient pas affectées par la confiscation[2]. S'il est vrai qu'un tel état du droit est source de difficultés pratiques pour l'État[3], il n'en est pas moins conforme au principe de la personnalité des peines : il ne saurait être dévolu à l'État davantage de droits que n'en a le condamné.

En cas de confiscation d'un bien soumis à un pacte tontinier (autrement appelé clause de tontine ou d'accroissement), consistant à prévoir, lors de l'acquisition du bien, que le survivant des acquéreurs sera réputé avoir été dès l'origine le seul propriétaire de celui-ci[4], et que la Cour de cassation distingue de l'indivision[5], la chambre criminelle a posé pour principe, après avis de la première chambre civile[6], que sont confiscables « les droits concurrents », au sens de la jurisprudence de cette chambre[7], dont est titulaire la personne condamnée ; hors bien sûr le cas où le bien est dans sa totalité à la libre disposition du condamné, l'autre acquéreur n'étant pas de bonne foi, ce qui rend le bien confiscable dans sa totalité[8]. La règle est ainsi différente de celle applicable en matière civile, où la Cour de cassation juge que de tels biens échappent au droit de gage général des créanciers[9]. Il faut insister sur le fait que la confiscation ne porte que sur les seuls droits du condamné, la peine ne s'étendant pas à ceux du co-acquéreur du bien grevé de la clause de tontine, et que la condition de survie continuera à devoir être appréciée en la personne des co-acquéreurs : le bien ne sera *in fine* dévolu dans sa totalité à l'État que si le décès du co-acquéreur survient avant celui du condamné. Le fondement de cette règle est à rechercher dans la mise en œuvre du principe *nemo plus juris* : le condamné étant titulaire d'une propriété du bien

1. Crim. 30 juin 2021, n°s 16-80.657, 20-83.355, P, 30, 78.
2. Crim. 15 déc. 2021, n° 20-85.196, NP.
3. V. s^s^ n° 132.81.
4. EN CE SENS : Civ. 1re, 11 janv. 1983, n° 81-16.307, P. I, n° 15 énonçant qu'« un tel contrat confère à chacun des acquéreurs la propriété de l'immeuble tout entier à partir du jour de son acquisition sous condition de prédécès de son cocontractant ».
5. Civ. 1re, 27 mai 1986, n° 85-10.031, P. I, n° 140.
6. Civ. 1re, 15 juin 2022, n° 22-70.002, NP.
7. Civ. 1re, 9 févr. 1994, n° 92-11.111, P. I, n° 60 – Civ. 1re, 9 nov. 2011, n° 10-21.710, P. I, n° 199 – Civ. 1re, 17 déc. 2013, n° 12-15.453, P. I, n° 168.
8. Crim. 7 déc. 2022, n° 21-80.743, P.
9. Civ. 1re, 18 nov. 1997, n° 95-20.842, P. I, n° 315.

conditionnée au prédécès de son co-acquéreur, il ne saurait être dévolue à l'État une propriété autre que conditionnelle.

123.15 Diversité des biens susceptibles de confiscation : droits personnels et autres droits incorporels. Rien ne s'oppose non plus à ce que soit confisqué un droit personnel, également qualifié de droit de créance. Le législateur a d'ailleurs prévu des procédures particulières pour la saisie des créances, dont la diversité est infinie en raison du principe de la liberté contractuelle, en vue de leur confiscation [1]. Le droit de créance constitue un bien dont le créancier peut faire commerce et qui peut être confisqué par le juge répressif.

Il en est de même des droits sociaux, d'une nature propre, qui constituent des droits incorporels sans s'analyser en des droits personnels, dès lors que les droits du titulaire de parts sociales ou d'actions ne se résument pas à un droit de créance sur la société, mais comportent aussi une dimension politique. Le législateur a d'ailleurs spécialement organisé la saisie en vue de leur confiscation de tels droits [2].

C'est enfin le cas de ce que certains auteurs nomment les « propriétés incorporelles » [3], étant observé que le législateur a lui-même élaboré un Code de la « propriété » intellectuelle et que le Conseil constitutionnel les fait relever du droit de propriété [4], quand d'autres auteurs préfèrent parler de « monopoles d'exploitation » [5]. Ces droits incorporels, qui résistent à la qualification, sont divers, mais il ne fait pas de doute qu'ils sont confiscables. Ainsi, un fonds de commerce peut être confisqué. Cet exemple avait d'ailleurs été expressément cité par le législateur lors de l'adoption de la loi n° 2010-768 du 9 juillet 2010 étendant le pouvoir de confiscation du juge répressif aux droits incorporels. Au reste, la saisie des fonds de commerce est organisée par le Code de procédure pénale [6]. Il en est de même des droits institués par le Code de la propriété intellectuelle, notamment des droits d'auteur, exemple également cité par le législateur, lesquels sont distincts des droits portant sur le support matériel de l'œuvre de l'esprit au sens de l'article L. 112-2 du Code de la propriété intellectuelle et qui bénéficient d'une protection propre du seul fait de la création, des droits voisins [7], ainsi que des droits portant sur les bases de données [8]. Par ailleurs, parce qu'ils constituent assurément des biens incorporels, peuvent également être confisqués les propriétés industrielles que constituent les dessins et modèles, les brevets d'invention, les topographies de semi-conducteurs, ou encore les marques, qui ont en commun de conférer un droit de propriété à leur titulaire.

L'on perçoit cependant d'emblée que la pratique de la confiscation de tels biens posera certainement de nombreuses difficultés pratiques nées de la confrontation du droit pénal et du droit civil. Songeons par exemple que les droits dont l'auteur est titulaire sur son œuvre ne se résument pas à des droits patrimoniaux, mais comportent aussi un droit moral imprescriptible et inaliénable comme étant intimement attaché à sa personne. Si donc il semble difficilement soutenable que les droits d'auteur ne seraient pas confiscables, en l'état des travaux préparatoires de la loi du 9 juillet 2010, il semble réciproquement délicat d'affirmer qu'une telle confiscation pourrait porter sur l'ensemble des composantes des droits d'auteur, le droit moral constituant un droit de la personnalité. La confiscation des seuls aspects patrimoniaux des droits d'auteur pourrait donc générer certaines difficultés au stade de l'exécution de la peine, dès lors que le droit moral permet à son titulaire d'interdire la représentation ou la reproduction intégrale ou partielle de l'œuvre [9]. Ainsi que l'a justement relevé un auteur, raisonnant à partir d'un exemple, « appliquer une peine patrimoniale aux droits de reproduction détenus, par [une] société d'édition se résumerait simplement à lui en interdire l'usage, sans pouvoir les réaliser sur un marché. Assurer le respect de la confiscation signifierait assurer une surveillance constante du marché sur lequel la reproduction de l'œuvre est commercialisable et intenter les poursuites éventuellement nécessaires, en cas de non-respect de la mesure » [10]. De même, en matière de propriété industrielle, le législateur ne semble pas avoir prévu de formalités particulières de publication des confiscations, ce qui pose le problème de l'opposabilité aux tiers de telles mesures [11].

1. C. pr. pén., art. 706-153.
2. C. pr. pén., art. 706-156.
3. F. Zenati-Castaing et Th. Revet, *Les biens*, préc., n° 3 – J.-M. Mousserons, J. Raynard et Th. Revet, « De la propriété comme modèle », *in Mélanges offerts à André Colomer*, Litec, 1993, p. 281 – Ch. Caron, « Du droit des biens en tant que droit commun de la propriété intellectuelle », *JCP G* 2004. 162.
4. Cons. const. 27 juill. 2006, n° 2006-540 DC, *JO* 3 août, p. 11541 ; *D.* 2006. 2157, chron. C. Castets-Renard ; *D.* 2006. 2878, chron. X. Magnon ; *D.* 2007. 1166, obs. V. Bernaud, L. Gay et C. Severino ; *RTD civ.* 2006. 791, obs. Th. Revet ; *RTD civ.* 2007. 80, obs. R. Encinas de Munagorri.
5. SUR CETTE DISCUSSION : Ph. Malaurie et L. Aynes, *Les biens*, préc., n° 209.
6. C. pr. pén., art. 706-157.
7. CPI, art. L. 211-1 s.
8. CPI, art. L. 341-1 s.
9. CPI, art. L. 122-4.
10. S. Brezillon, *De la peine patrimoniale au patrimoine pénal. Essai pénologique, historique et prospectif*, thèse, Nantes, 2017, p. 324.
11. V. s^s n° 132.101.

Par ailleurs, si le fonds de commerce peut être confisqué, tout comme sans doute les fonds artisanaux (loi n° 96-603 du 5 juillet 1996[1])[2] qui en partagent largement le régime, les fonds libéraux dont l'existence a été reconnue par la Cour de cassation[3] et les fonds agricoles (loi n° 2006-11 du 5 janvier 2006[4]), qu'en est-il en revanche des offices ministériels dont la nature est complexe puisque, si le droit de les exploiter constitue assurément un bien incorporel cessible à un tiers, ce dernier n'en doit pas moins être agréé selon des formes diverses par l'État ? Au reste, l'Agrasc a souligné les difficultés pratiques que posent les confiscations de fonds de commerce, dès lors que ceux actuellement saisis ou confisqués ne présentent aucun intérêt pour l'État, comme étant principalement des commerces sans activité réelle et sérieuse, ou dont l'existence se justifie surtout par le souci de leurs propriétaires d'abriter ou de dissimuler un trafic ou la commission d'infractions[5]. Il a en effet été souligné, outre les difficultés techniques que pose la publication des confiscations de fonds de commerce aux greffiers des tribunaux de commerce, que soit « les titulaires des fonds de commerce saisis cessent [...] immédiatement leur activité, perdent leur clientèle, omettent de régler leur loyer et font disparaître leurs actifs [...] », de sorte que « les propriétaires bailleurs se prévalent du bénéfice de la clause résolutoire du bail liée au défaut de paiement des loyers, et la confiscation se trouve alors *de facto* inexécutable », soit « dans le cas contraire, l'État, devenu propriétaire du fonds par l'effet de la confiscation, se retrouve non seulement en possession d'une activité qui n'a plus le moindre intérêt économique, mais, surtout, titulaire d'un droit au bail commercial et donc dans l'obligation d'acquitter un loyer »[6]. Des exemples précis ont pu être cités à cet égard[7]. L'Agrasc a ainsi proposé aux magistrats et enquêteurs une nouvelle stratégie consistant à préférer à la saisie et à la confiscation des fonds de commerce, celles des éléments corporels ou incorporels entrant dans leur composition, hors le cas où le fonds concerné a une activité réelle et florissante, ou bien celui où le commerçant est aussi le propriétaire des lieux dans lesquels l'activité est exercée. Il est vrai que, selon les statistiques publiées par l'Agrasc, sur six confiscations de fonds de commerce confiées à l'Agrasc en 2015, cinq étaient inexécutables en raison de la mise en œuvre de la clause résolutoire par les propriétaires des locaux abritant les fonds concernés[8].

L'on a enfin pu s'interroger sur la nature juridique et la confiscabilité des nouveaux moyens de paiement incorporels que sont les cryptomonnaies (*coins*), telles que le *Bitcoin*, ou encore des jetons numériques comme les *nft* (*non fungible tokens*, c'est-à-dire les jetons non fongibles). En effet, les cryptomonnaies ne sont ni une monnaie légale au sens de l'article L. 111-1 du Code monétaire et financier, ni une monnaie électronique définie par l'article L. 315-1, I, du même code – faute d'émetteur –, ni un instrument financier défini par l'article L. 211-1 de ce code, ni enfin une créance, mais possèdent la nature propre d'« actifs numériques »[9] au sens de l'article L. 54-10-1 du Code monétaire financier créé par la loi n° 2019-486 du 22 mai 2019 *relative à la croissance et la transformation des entreprises*[10], catégorie regroupant à la fois les cryptomonnaies et les jetons figurant sur une *blockchain*[11], et sont en tous les cas analysés par la doctrine en des biens meubles incorporels[12]. La jurisprudence administrative est aussi en ce sens[13]. La saisie et la confiscation de ces biens sont ainsi possibles[14], au point que l'Agrasc a ouvert des portefeuilles lui permettant de recevoir l'objet de la saisie[15], seul le transfert des actifs semblant poser des difficultés pratiques[16]. Le législateur a d'ailleurs réformé l'article 706-154 du Code de procé-

1. L. n° 96-603, 5 juill. 1996 *relative au développement et à la promotion du commerce et de l'artisanat, JO* 6 juill., p. 10199.
2. N. Dissaux, *Rép. com.*, *V°* « Artisan », n°s 118 s.
3. Civ. 1re, 7 nov. 2000, n° 98-17.731, P I, n° 283 ; *Defrénois* 2001. 431, obs. R. Libchaber ; *JCP G* 2001. II. 10452, obs. F. Vialla ; I. 301, obs. J. Rochefeld ; *D.* 2001. 2400, obs. Y. Auguet ; *RTD civ.* 2001. 130, obs. J. Mestre et B. Fages ; 166, obs. Th. Revet ; *CCC* 2001. 18, obs. L. Leveneur.
4. L. n° 2006-11, 5 janv. 2006 *d'orientation agricole, JO* 6 janv., p. 229.
5. Agrasc, *Rapp. annuel* 2015, p. 34.
6. Agrasc, préc.
7. A. Kostomaroff, « L'effectivité de l'exécution des peines de confiscation », *in* L. Ascensi, P. Beauvais et R. Parizot (dir.), *La confiscation des avoirs criminels, Nouveaux enjeux juridiques*, LGDJ, 2021, p. 170.
8. Agrasc, préc., p. 35.
9. V. sur cette notion s^s^ n° 234.91.
10. L. n° 2019-486, 22 mai 2019 *relative à la croissance et la transformation des entreprises, JO* 23 mai, n° 2.
11. Base de données contenant l'historique de tous les échanges effectués entre les utilisateurs depuis sa création.
12. J. Bourgais et C. Olivier, « La saisie pénale des actifs numériques : une saisie virtuelle ? », *Gaz. pal.* 14 févr. 2023, n° 5, p. 10 – S. Almaseanu, « Le traitement pénal du Bitcoin et des autres monnaies virtuelles », *Gaz. Pal.* 30 août 2017, n° 242, p. 11 – N. Lory, *La saisie pénale des biens incorporels*, « Bibliothèques de droit », L'harmattan, 2016, p. 112.
13. CE 8e – 3e ch. réun., 26 avr. 2018, n° 417809, publié au *recueil Lebon*.
14. POUR UN EXEMPLE de saisie d'actifs numériques : Crim. 15 févr. 2023, n° 22-81.326, NP.
15. V. TOUTEFOIS le souhait exprimer par l'Agrasc que la Caisse des dépôts et consignations puisse lui offrir un service de conservation et transfert d'actifs numériques : Agrasc, *Rapp. annuel* 2021, p. 176.
16. V. s^s^ n° 234.102.

dure pénale, initialement réservé à la saisie de sommes inscrites au crédit de comptes bancaires, afin que ce texte s'applique à la saisie d'actifs numériques[1].

123.16 Situation particulière des biens qualifiés par la loi de dangereux ou nuisibles, ou dont la détention est illicite. Si le législateur a posé un principe de confiscabilité des biens quelle qu'en soit la nature, il n'en demeure pas moins qu'il a attaché à certains biens un régime particulier de confiscation.

Ainsi, le septième alinéa de l'article 131-21 du Code pénal rend obligatoire la confiscation des objets « qualifiés de dangereux ou nuisibles par la loi ou le règlement, ou dont la détention est illicite », que ces biens soient ou non la propriété du condamné.

L'on relèvera que la chambre criminelle, dans le domaine voisin du contentieux de la destruction des objets placés sous main de justice régie par les articles 41-5 et 99-2 du Code de procédure pénale[2], a une compréhension stricte de la notion d'objets « qualifiés par la loi de dangereux ou nuisibles ». En effet, il ne suffit pas que l'objet litigieux soit dangereux ou nuisible pour répondre à cette qualification ; encore faut-il qu'il soit qualifié de tel par la loi, même si cette qualification peut être implicite.

Ainsi comprises, et comme cela a été justement relevé par un auteur, ces dispositions suscitent plus d'interrogations qu'elles ne fournissent de réponses à qui doit les appliquer[3].

En effet, d'une part, les objets « qualifiés par la loi de dangereux ou nuisibles » par la loi ou le règlement sont à peu près inexistants en droit positif, quand par ailleurs le texte ne tranche pas la question de savoir si la notion d'objet « dont la détention est illicite » doit s'entendre objectivement – c'est-à-dire de façon absolue –, ou subjectivement – à savoir en fonction des conditions de détention ou de la qualité du détenteur. Ceci étant, s'agissant de la première observation, l'on verra que, dans le contentieux de la destruction des objets placés sous main de justice, la chambre criminelle admet que la qualification d'objet qualifié par la loi de dangereux ou nuisibles puisse ressortir seulement en substance des termes de la loi[4].

D'autre part, l'on peut se demander si le législateur a prévu au septième alinéa de l'article 131-21 du Code pénal un cas autonome de confiscation, comme celle qui porte sur l'instrument, l'objet ou le produit de l'infraction, ou davantage une modalité de prononcé des confiscations par ailleurs prévues par la loi ou le règlement. Ainsi a-t-il été soutenu : « Quoiqu'étayé de toutes parts, le caractère obligatoire de la confiscation des objets malfaisants et prohibés n'est pas, aussi puissant qu'il soit, à même de tenir en échec le principe de légalité criminelle : il ne suffit pas de constater qu'un objet dangereux ou nuisible ou dont la détention est prohibée apparaît dans le dossier de la procédure pour que la confiscation en soit *ipso facto* possible et même imposée. En effet, étant observé que l'article 131-21, alinéa 7, du Code pénal ne crée pas un cas autonome de confiscation, le juge n'est contraint de prononcer cette sanction que dans les hypothèses où elle est déjà applicable au regard de la nature de l'infraction commise et s'agissant uniquement des objets pour lesquels elle est légalement encourue. Mais, alors, la confiscation obligatoire peut tout aussi bien concerner l'instrument, l'objet ou le produit de l'infraction que tout autre bien susceptible, à un autre titre, de donner lieu à une confiscation spéciale ou générale. »[5] Cette interprétation du texte est intéressante, mais elle s'oppose vraisemblablement à la compréhension que le Conseil constitutionnel et la chambre criminelle ont de ce texte. Ainsi, analysant l'article 131-21 pour le déclarer conforme à la Constitution[6], le Conseil a énoncé que « son septième alinéa prévoit la confiscation obligatoire des objets qualifiés de dangereux ou nuisibles par la loi ou le règlement ou dont la détention est illicite », de la même façon qu'il a relevé que la deuxième phrase du premier alinéa prévoit que la peine de confiscation des biens qui ont servi à commettre l'infraction ou qui en sont le produit direct ou indirect est encourue de plein droit en cas de crime ou de délit puni d'une peine d'emprisonnement d'une durée supérieure à un an, à l'exception des délits de presse, et que le cinquième alinéa prévoit la peine de confiscation des biens dont le condamné n'a pu justifier l'origine est également encourue en cas de crime ou de délit ayant procuré un profit direct ou indirect et puni

1. V. s[s] n° 234.84.
2. V. s[s] n° 243.26.
3. S. Detraz, « La confiscation des objets nuisibles ou dangereux ou dont la détention est illicite », *Gaz. Pal.* 6 nov. 2018, n° 38, p. 81.
4. V. s[s] n° 243.26.
5. S. Detraz, « La confiscation des objets nuisibles ou dangereux ou dont la détention est illicite », préc. CONTRA : S. Almaseanu, « La saisie et la confiscation en valeur en droit pénal français », *La revue du Grasco*, n° 19, juill. 2017, p. 35 – M. Peter, *Les saisies pénales spéciales. Une évolution majeure pour une stratégie pénale patrimoniale repensée*, thèse, Aix-Marseille, 2018, n° 158 – R. Parizot, « La confiscation, sanction applicable en droit pénal des affaires », *in* H. Matsopoulou et C. Mascala (dir.), *Lamy Droit pénal des affaires*, Wolters Kluwer, 2020, n° 183.
6. V. s[s] n° 112.11.

d'au moins cinq ans d'emprisonnement[1]. Cette analyse ressort aussi du commentaire qui a été fait de cette décision aux *Cahiers*[2]. De même, dans un arrêt certes unique et non publié, la chambre criminelle a approuvé une cour d'appel d'avoir ordonné la confiscation de plusieurs spécimens d'animaux menacés d'extinction qui avaient été naturalisés, en se bornant à énoncer que cette juridiction « [avait] fait l'exacte application de l'article 131-21, alinéa 7, du Code pénal prévoyant la confiscation obligatoire de tout objet dont la détention est illicite » ; sans donc considérer qu'il était préalablement nécessaire que les objets confisqués constituent l'instrument, l'objet ou le produit de l'infraction poursuivie[3].

123.17 Caractère non confiscable des locaux diplomatiques. Enfin, il résulte de la convention de Vienne[4], telle qu'interprétée par la Cour internationale de justice[5], ainsi que de la jurisprudence de la chambre criminelle rendue en matière de saisies pénales[6], que les locaux d'une mission diplomatique ne sauraient être confisqués comme bénéficiant de l'immunité prévue par l'article 22 de la convention[7].

Ceci étant, encore faut-il que les lieux aient acquis le statut de « locaux de la mission », ce qui se trouve exclu « si l'État accréditaire objecte à la désignation par l'État accréditant d'un certain bien comme faisant partie des locaux de sa mission diplomatique, et si cette objection est communiquée en temps voulu et n'a un caractère ni arbitraire ni discriminatoire »[8], comme l'a énoncé la Cour internationale de justice.

1. Const. const. 26 nov. 2010, n° 2010-66 QPC, *JO* 27 nov., p. 21117 ; *Rec.* p. 334 ; *D.* 2011. 2823, obs. G. Roujou de Boubée, T. Garé, S. Mirabail et T. Potaszkin ; *AJ pénal* 2011. 31, obs. J.-B. Perrier ; *Gaz. Pal.* 6 janv. 2011, n° 6, p. 14, obs. E. Dreyer ; *JCP G* 2011. 15, obs. J.-H. Robert.
2. « L'article 131-21 du Code pénal ne prévoit pas seulement l'existence de la peine de confiscation. Il prévoit des cas dans lesquels cette peine est encourue de plein droit : il en va ainsi en cas de crime ou de délit puni d'une peine d'emprisonnement supérieur à un an, pour la confiscation des biens ayant servi à commettre l'infraction ou qui en sont le produit. Il en va également ainsi, en cas de crime ou de délit puni d'au moins cinq ans d'emprisonnement et ayant produit un profit direct ou indirect, pour la confiscation des biens dont l'auteur du délit n'a pu justifier l'origine. L'article 131-21 prévoit enfin la confiscation obligatoire des biens qualifiés de dangereux, nuisibles ou dont la détention est illicite (armes, stupéfiants, faux documents…). »
3. Crim. 11 sept. 2018, n° 17-84.545, NP.
4. Conv. Vienne, 18 avr. 1961 *sur les relations diplomatiques*, publié par D. n° 71-284, 29 mars 1971, *JO* 17 avr., p. 3695.
5. CIJ, *Immunités et procédures pénales (Guinée équatoriale c. France)*, 11 déc. 2020, n° 163.
6. Crim. 5 mars 2014, n° 13-84.977, P, n° 67 ; *D.* 2014. 613.
7. V. s[s] n° 233.24.

SECTION 2

NATURE DES BIENS CONFISCABLES À TITRE DE PEINE ALTERNATIVE

123.21 Textes applicables. La détermination des biens qui, en raison de leur nature, peuvent faire l'objet d'une confiscation prononcée à titre de peine alternative est plus incertaine.

En effet, en matière délictuelle, l'article 131-6 du Code pénal dispose que le juge répressif peut prononcer, à la place de l'emprisonnement, la confiscation d'un ou de plusieurs véhicules appartenant au condamné[9], la confiscation d'une ou de plusieurs armes dont le condamné est propriétaire ou dont il a la libre disposition[10], ou encore confiscation de la « chose » qui a servi ou était destinée à commettre l'infraction ou de la « chose » qui en est le produit, sauf en matière de délits de presse[11], l'article 131-7 étendant l'application de ces dispositions aux délits punis d'une seule peine d'amende.

De même, en ce qui concerne les peines alternatives encourues pour les contraventions de la cinquième classe, il résulte des articles 131-14 et 131-15 du Code pénal, applicables aux personnes physiques, que la juridiction peut prononcer, à la place de l'amende encourue, la confiscation d'une ou de plusieurs armes dont le condamné est propriétaire ou dont il a la libre disposition[12], ou bien la confiscation de la « chose » qui a servi ou était destinée à commettre l'infraction ou de la « chose » qui en est le produit, sauf en matière de délits de presse[13].

Quant aux personnes morales, l'article 131-42 du Code pénal prévoit que, pour les contraventions de la cinquième classe, l'amende peut être remplacée notamment par la confiscation de la « chose » qui a servi ou était destinée à commettre l'infraction ou de la « chose » qui en est le produit.

123.22 Difficulté d'interprétation des textes. Nous avons dit combien il convenait de s'abstenir de forcer l'interprétation de l'emploi, dans le Code pénal, des notions de « chose » ou de « bien », tant certains articles de ce code souffrent d'approximation dans l'emploi de ces termes. Pour autant, force est de constater que les textes prévoyant les peines alternatives de confiscation se réfèrent avec constance à la notion de chose, et non à celle de bien, et que l'extension de la confiscation aux droits

8. CIJ, *Immunités et procédures pénales (Guinée équatoriale c. France)*, préc., § 72.
9. C. pén., art. 131-6, 4°.
10. C. pén., art. 131-6, 7°.
11. C. pén., art. 131-6, 10°.
12. C. pén., art. 131-14, 3°.
13. C. pén., art. 131-14, 6°.

incorporels n'a concerné que les seules peines complémentaires de confiscation. La volonté exprimée par le législateur lors du vote de la loi n° 2010-768 du 9 juillet 2010[1] n'est ici d'aucun secours[2], puisque sa seule préoccupation portait sur la peine complémentaire de confiscation de l'article 131-21 du Code pénal et que les textes relatifs à la peine alternative de confiscation sont demeurés dans l'état où ils étaient lors de l'entrée en vigueur du nouveau Code pénal, ce qui révèle le peu d'intérêt du législateur pour la question. À lire ces textes, il semblerait donc que seuls les biens corporels, meubles ou immeubles, soient susceptibles de faire l'objet d'une peine alternative de confiscation pouvant être prononcée en lieu et place de l'emprisonnement, en matière délictuelle, ou de l'amende, en matière de contraventions de la cinquième classe.

Mais à l'inverse nous avons aussi vu que d'autres arguments allaient dans le sens d'une lecture combinée de l'article 131-21 du Code pénal et de ceux relatifs aux confiscations prononcées à titre de peine alternative, la chambre criminelle ayant pu rechercher dans les dispositions de l'article 131-21, relatif à la peine complémentaire de confiscation, les effets de la peine alternative de confiscation, et semblant par ailleurs assimiler les notions de bien, de chose et d'objet.

Une clarification de l'état du droit sur ce point serait donc souhaitable.

1. L. n° 2010-768, 9 juill. 2010 *visant à faciliter la saisie et la confiscation en matière pénale, JO* 10 juill., p. 12753.
2. V. s^{s} n° 111.41.

CHAPITRE

124. Conditions relatives aux liens entre l'infraction et le bien susceptible de confiscation

SECTION 0

ORIENTEUR

124.00 Sommaire du chapitre.

Sect. 1 Nécessité de liens avec l'infraction

§ 1 *Instrumentum sceleris :* confiscation de l'instrument de l'infraction

§ 2 *Productum sceleris* : confiscation du produit de l'infraction

§ 3 *Objectum sceleris :* confiscation de l'objet de l'infraction

Sect. 2 Présomption de liens avec une activité délictueuse

Sect. 3 Défaut de liens avec toute infraction

§ 1 Confiscation de patrimoine

§ 2 Confiscation des objets qualifiés de dangereux ou nuisibles par la loi ou le règlement, ou dont la détention est illicite

§ 3 Confiscation des biens spécialement désignés par le texte réprimant l'infraction

Sect. 4 Règles propres à la confiscation des animaux

Division. Le lien que doit entretenir le bien dont la confiscation est envisagée avec l'infraction dont est saisi le juge répressif varie selon les situations. Selon les cas, un lien sera nécessaire pour que le bien soit confiscable (sect. 1), tandis qu'un tel lien sera parfois présumé avec une activité délictueuse (sect. 2), ou bien encore ne sera pas exigé par la loi ou le règlement (sect. 3), la confiscation des animaux faisant l'objet de dispositions particulières (sect. 4).

124.01 Principaux textes applicables.

TEXTES SOURCES

• C. pén., art. 131-6, 131-14, 131-16, 131-21, 131-21-1, 131-39, 131-42

TEXTES *IN EXTENSO*

• **C. pén., art. 131-6**

* V. s^s^ n° 111.01.

• **C. pén., art. 131-14**

* V. s^s^ n° 111.01.

• **C. pén., art. 131-16**

* V. s^s^ n° 111.01.

• **C. pén., art. 131-21**

* V. s^s^ n° 111.01.

• **C. pén., art. 131-21-1**

* V. s^s^ n° 111.01.

• **C. pén., art. 131-39**

* V. s^s^ n° 111.01.

• **C. pén., art. 131-42**

* V. s^s^ n° 111.01.

124.02 Jurisprudence de référence.

> Notion d'instrument de l'infraction

• **Crim. 30 mai 2018,** n° 17-87.184, NP

* V. s^s^ n° 124.22.

« Mais attendu qu'en prononçant ainsi, sans préciser en quoi le bien immobilier saisi aurait permis à la société VH Antibes de commettre l'infraction de blanchiment à elle reprochée et consistant, selon les termes du procès-verbal d'interrogatoire de première comparution, à avoir dissimulé le paiement de la somme de 92 millions d'euros correspondant à la partie occulte du prix de vente dudit bien afin de faire obstacle à l'application de la loi fiscale, la chambre de l'instruction n'a pas justifié sa décision. »

• **Crim. 24 oct. 2018,** n° 18-82.370, P, n° 177

* V. s^s^ n° 124.22.

« Constitue l'instrument de l'infraction, au sens de l'article 131-21, alinéa 2, du Code de procédure pénale, l'immeuble qui a permis la commission de l'infraction, peu important que son usage ait été déterminant ou non de sa commission.

Justifie sa décision la chambre de l'instruction qui, pour confirmer la saisie du domicile du mis en examen, énonce que la vidéo, dans laquelle ce dernier est vu en train de pratiquer des actes sexuels sur la personne de la partie civile, a été enregistrée à son domicile, lieu discret et hors de la vue du public, où il a fait venir la victime ainsi que sa mère, et où se trouvent des meubles et accessoires utilisés au cours des actes enregistrés, que l'intéressé utilisait son appartement pour l'accomplissement des infractions pour lesquelles il est poursuivi notamment en conviant les victimes depuis leur pays d'origine à venir séjourner chez lui, et que la mise à disposition de cet immeuble constituait même l'un des moyens permettant d'attirer de jeunes femmes et mineures vulnérables sur le plan économique. »

> Notion de produit de l'infraction

• **Crim. 5 mai 2021,** n° 20-86.529, NP

* V. s^s n° 124.32.

« Lorsque le juge ordonne une mesure de confiscation en valeur du produit, direct ou indirect, de l'infraction, il est tenu de préalablement s'assurer que la valeur du bien confisqué n'excède pas le montant du produit de l'infraction, en sorte que l'atteinte portée au droit de propriété de la personne condamnée ne peut excéder l'avantage économique tiré de l'infraction pénale et qui constitue la conséquence patrimoniale de sa commission, ainsi que d'en justifier par des motifs suffisants, exempts de contradiction, et répondant aux moyens péremptoires des conclusions des parties, ce dont il se déduit que ne se trouvent méconnus ni le principe de nécessité des peines, ni les principes d'individualisation et de motivation des peines. »

• **Crim. 25 mai 2022,** n° 21-85.019, NP

* V. s^s n° 124.32.

« Le moyen tiré de ce que M. [W] [K] et Mme [F] auraient versé d'importantes sommes d'argent aux sociétés [6] et [Adresse 3] était inopérant, dès lors que ces fonds n'étaient pas de nature à venir en déduction des détournements reprochés pour l'évaluation du produit des délits d'abus de confiance et d'abus de biens sociaux poursuivis, soit l'avantage économique tiré de ces infractions. »

• **Crim. 22 juin 2022,** n° 21-85.671, P

* V. s^s n° 124.32.

« 15. L'avantage économique qui constitue le produit de l'infraction d'atteinte à la liberté d'accès et à l'égalité des candidats dans les marchés publics est équivalent au prix total du marché en cause duquel doivent être impérativement déduites les charges et dépenses directement imputables à l'exécution de ce marché comme, par exemple, le coût des salaires et des fournitures.

16. Les juges peuvent, par des motifs relevant de leur appréciation souveraine, ajouter à ce chiffrage, en fonction des éléments figurant au dossier ou qui leur sont fournis par les parties et le ministère public, l'ensemble des gains, directs ou indirects, attendus et découlant du marché comme, notamment, les éventuelles économies d'impôts, la valorisation de la trésorerie, de la continuation de l'entreprise, du maintien des emplois en lien avec l'attribution du marché ou de la possibilité de se porter candidat à d'autres marchés. »

• **Crim. 28 mars 2023,** n° 22-82.739, NP

* V. s^s n° 124.32.

« Vu les articles 131-21, alinéa 3, du Code pénal et 593 du Code de procédure pénale :

11. Il résulte du premier de ces textes que la confiscation porte sur tous les biens qui sont l'objet ou le produit direct ou indirect de l'infraction.

12. Tout jugement ou arrêt doit comporter les motifs propres à justifier la décision et répondre aux chefs péremptoires des conclusions des parties. L'insuffisance ou la contradiction des motifs équivaut à leur absence.

13. Pour prononcer les confiscations de sommes figurant sur les comptes bancaires dont sont titulaires séparément ou en commun M. [M] et Mme [L], l'arrêt attaqué retient qu'ils détiennent des fonds qui sont le produit des infractions.

14. Les juges relèvent, par ailleurs, pour en ordonner la confiscation, que les scellés n° 1 à 14 sont constitués de biens de valeur, appartenant à M. [M] et Mme [L], qui sont le produit des infractions.

15. En statuant ainsi, sans établir que les biens confisqués constituaient l'avantage économique tiré par les prévenus de la commission des délits dont ils ont été déclarés coupables, la cour d'appel a insuffisamment justifié sa décision. »

> Caractère confiscable pour le tout des biens acquis partiellement avec le produit d'une infraction

• **Crim. 7 déc. 2016,** n° 15-86.897, P, n° 332

* V. s^s n° 124.35.

« L'article 131-21 alinéa 3 du Code pénal offre au juge la faculté de prononcer la confiscation d'un bien acquis avec des fonds dont une partie seulement provient de l'infraction. »

> Caractère confiscable pour le tout des biens dont l'amélioration a été financée par le produit d'une infraction

• **Crim. 7 déc. 2022,** n° 20-87.111, P

* V. s^s n° 124.35.

« Il résulte de l'article 131-21, alinéa 3, du Code pénal qu'un bien qui constitue pour partie le produit de l'infraction peut faire l'objet d'une mesure de confiscation, totale ou partielle selon le choix opéré par les juges du fond, si ledit produit a été mêlé à des fonds d'origine licite pour l'acquisition du bien en cause.

Justifie sa décision la cour d'appel qui, pour ordonner la confiscation d'un immeuble dont le prévenu est propriétaire, retient que ce bien constitue, pour partie, le produit de l'infraction, en ce qu'il a bénéficié de travaux d'amélioration financés par le produit de l'escroquerie dont l'intéressé a été déclaré coupable, en sorte que le bien était confiscable dans sa totalité en application du texte précité, et apprécie le caractère proportionné de l'atteinte portée au droit de propriété de l'intéressé et à sa vie familiale par la mesure de confiscation de ce bien. »

> Notion d'objet de l'infraction

• **Crim. 22 juin 2022,** n° 21-85.671, P

* V. s^s n° 124.43.

« L'attribution du marché public ne constituant pas un élément constitutif du délit d'atteinte à la liberté d'accès et à l'égalité des candidats dans les marchés publics qui est établi par la seule violation de la norme légale ou réglementaire gouvernant la commande publique, le marché proprement dit ne peut être considéré comme l'objet de cette infraction. »

> Caractère confiscable des biens dont l'origine n'a pu être justifiée, même acquis antérieurement à la commission des faits

• **Crim. 21 mars 2018,** n° 16-87.296, P, n° 50

* V. ss n° 124.56.

« Attendu qu'en matière correctionnelle, toute peine doit être motivée en tenant compte de la gravité des faits, de la personnalité de leur auteur et de sa situation personnelle ;

Attendu que tout jugement ou arrêt doit comporter les motifs propres à justifier la décision ; que l'insuffisance ou la contradiction des motifs équivaut à leur absence ;

Attendu que, pour rejeter la demande de restitution du véhicule Porsche Cayenne, propriété de Mme C..., et ordonner sa confiscation, l'arrêt, après avoir rappelé que la peine complémentaire de confiscation prévue par les dispositions de l'article 131-21 du Code pénal dispose que, s'il s'agit d'un délit puni d'au moins cinq ans d'emprisonnement, comme l'abus de biens sociaux, la confiscation porte également sur les biens meubles ou immeubles appartenant au condamné, constate que Mme C... a été déclarée coupable de complicité d'abus de biens sociaux ;

Mais attendu que, si c'est à bon droit que les juges ont retenu que le véhicule était susceptible de confiscation, les dispositions de l'article 131-21, alinéa 5, du Code pénal n'exigeant pas que le bien confisqué ait été acquis à l'aide du profit direct ou indirect procuré par l'infraction, la cour d'appel, qui a statué sans mieux s'expliquer sur la personnalité de la prévenue et sa situation personnelle, n'a pas justifié sa décision. »

> Absence de lien avec l'infraction lorsque la peine de confiscation de patrimoine est encourue

• **Crim. 8 juill. 2015,** n° 14-86.938, P, n° 180

* V. ss n° 124.72.

« Attendu qu'il résulte de [l'article 222-49, alinéa 2, du Code pénal] que la confiscation de tout ou partie du patrimoine du condamné peut être prononcée sans qu'il soit nécessaire d'établir que le bien a été acquis illégalement ou qu'il constitue le produit direct ou indirect de l'infraction. »

• **Crim. 21 mars 2018,** n° 16-87.074, NP

* V. ss n° 124.72.

« Attendu qu'est inopérant le grief qui fait valoir que les biens saisis en application des articles 706-148 du Code de procédure pénale et 131-21, alinéa 6, du Code pénal, ont été acquis antérieurement à la période de commission des faits. »

> Confiscation des biens spécialement désignés par la loi ou le règlement qui réprime l'infraction

• **Crim. 16 févr. 2010,** n° 09-84.687, NP

* V. ss n° 124.94.

« Attendu qu'il résulte de l'arrêt attaqué et du jugement qu'il confirme que Julien X... a été déclaré coupable d'avoir, à Brandeville et dans le département de la Meuse, transporté, détenu, offert ou cédé des produits stupéfiants ; que le tribunal a notamment prononcé la confiscation d'un véhicule lui appartenant ;

Attendu que, pour confirmer la peine de confiscation, l'arrêt retient notamment que le véhicule appartenait au prévenu pendant la période de prévention ;

Attendu qu'en l'état de ces seuls motifs, la cour d'appel, qui n'a fait qu'user de la faculté que lui donne l'article 222-44 5° du Code pénal, a justifié sa décision. »

124.03 Bibliographie indicative.

Encyclopédies. *Rép. pén.,* V° « Confiscation », par A. Beziz-Ayache – *J.-Cl. Pén. code*, art. 131-21 et 131-21-1, fasc. 20, par E. Camous.

Thèses. J. Bourgais, *Le rôle du juge pénal en matière de saisies et confiscations, Étude de droit comparé (France – Angleterre)*, Poitiers, 2021 – M. Peter, *Les saisies pénales spéciales. Une évolution majeure pour une stratégie pénale patrimoniale repensée,* Aix-Marseille, 2018.

Articles. L. Ascensi, « À la recherche de l'objet de l'infraction. Réflexions sur le troisième alinéa de l'article 131-21 du Code pénal », *Lexbase Pénal*, juill. 2020 – Coll., « Le produit de l'infraction en droit pénal », *Annales de l'Institut de criminologie et de sciences pénales Roger Merle*, n° 1/2020 – E. Daoud, « Les droits de la personne mise en cause », *in* L. Ascensi, P. Beauvais et R. Parizot (dir.), *La confiscation des avoirs criminels, Nouveaux enjeux juridiques*, LGDJ, 2021, p. 65 – S. Detraz, « Le profit présumé délictueux en droit pénal de fond », *Gaz. Pal.* 13 mai 2014, n° 133, p. 18 – D. Guérin et C. Ducouloux-Favard, « La confiscation en droit pénal français », *Gaz. Pal.* 31 oct. 2002, n° 218, p. 9 – H. Matsopoulou, « La confiscation spéciale dans le nouveau Code pénal », *RSC* 1995. 301 – A. Mihman, « La confiscation des profits illicites », *Gaz. Pal.* 13 mai 2014, n° 133, p. 9 – R. Parizot, « La confiscation, sanction applicable en droit pénal des affaires », *in* H. Matsopoulou et C. Mascala (dir.), *Lamy Droit pénal des affaires*, Wolters Kluwer, 2020 – J.-H. Robert, « Les mécanismes de renversement de la charge de la preuve », *in* L. Ascensi, P. Beauvais et R. Parizot (dir.), *La confiscation des avoirs criminels, Nouveaux enjeux juridiques*, LGDJ, 2021, p. 25.

SECTION 1
NÉCESSITÉ DE LIENS AVEC L'INFRACTION

124.10 Plan. Lorsqu'un lien est exigé entre le bien dont la confiscation est envisagée et l'infraction poursuivie, celui-ci peut être de trois sortes. En effet, la loi et le règlement prévoient la confiscation de biens qui sont l'instrument de l'infraction (§ 1), son produit (§ 2), ou bien encore son objet (§ 3).

§ 1
Instrumentum sceleris : confiscation de l'instrument de l'infraction

124.21 Textes applicables. Le deuxième alinéa de l'article 131-21 du Code pénal, qui définit les peines complémentaires de confiscation susceptibles d'être prévues par la loi ou le règlement et qui prévoit, en tout état de cause, que cette peine est encourue de plein droit pour les crimes et pour les délits punis d'une peine d'emprisonnement d'une durée supérieure à un an, à l'exception des délits de presse, dispose que « la confiscation porte sur tous les biens meubles ou immeubles, quelle qu'en soit la nature, divis ou indivis, ayant servi à commettre l'infraction ou qui étaient destinés à la commettre, et dont le condamné est propriétaire ou, sous réserve des droits du propriétaire de bonne foi, dont il a la libre disposition ».

La loi nº 2022-299 du 2 mars 2022[1] *visant à combattre le harcèlement scolaire* est venue préciser que « lorsqu'une infraction pour laquelle la peine de confiscation est encourue a été commise en utilisant un service de communication au public en ligne, l'instrument utilisé pour avoir accès à ce service est considéré comme un bien meuble ayant servi à commettre l'infraction et peut être confisqué », et qu'« au cours de l'enquête ou de l'instruction, il peut être saisi dans les conditions prévues au code de procédure pénale ». L'utilité de ces dispositions ne paraît cependant pas évidente : la possibilité de qualifier un tel bien d'instrument de ces infractions n'était guère douteuse, de même que son caractère confiscable emportait nécessairement la possibilité de le saisir.

Ces biens seront toujours susceptibles de confiscation dès lors que le crime ou le délit poursuivi sera puni d'une peine d'emprisonnement d'une durée supérieure à un an, sauf en matière de délits de presse.

Par ailleurs, ainsi que le permettent les articles 131-10, 131-16, 131-21, 131-39 et 131-43 du Code pénal, le législateur et le pouvoir réglementaire peuvent spécialement prévoir, pour une infraction particulière, qu'est encourue la peine de confiscation complémentaire de confiscation des biens ayant servi à commettre l'infraction ou qui étaient destinés à la commettre. De telles dispositions sont nombreuses dans le Code pénal et dans les lois pénales annexes, et elles sont d'ailleurs devenues largement surabondantes depuis que la loi nº 2007-297 du 5 mars 2007[2] a généralisé la peine complémentaire de confiscation définie par l'article 131-21 du Code pénal à l'ensemble des crimes et des délits punis d'une peine d'emprisonnement d'une durée supérieure à un an. Ces dispositions ne sont en effet dorénavant utiles qu'en ce qui concerne la matière contraventionnelle et les délits punis d'une peine d'emprisonnement d'une durée inférieure ou égale à un an.

De semblables dispositions se retrouvent en matière de peines alternatives. Ainsi, l'article 131-6 du Code pénal dispose, en matière délictuelle, que, sauf en matière de délits de presse, « lorsqu'un délit est puni d'une peine d'emprisonnement, la juridiction peut prononcer, à la place de l'emprisonnement, [...] 10° La confiscation de la chose qui a servi ou était destinée à commettre l'infraction [...] », l'article 131-7 étendant l'application de ces dispositions au cas où le délit est seulement puni d'une peine d'amende. Par ailleurs, pour les contraventions de la cinquième classe, il résulte des articles 131-14, 131-15 et 131-42 du Code pénal, applicables aux personnes physiques et morales, que le juge répressif peut prononcer en lieu et place de l'amende « la confiscation de la chose qui a servi ou était destinée à commettre l'infraction ».

124.22 Notion d'instrument de l'infraction. Comme l'a énoncé le législateur, la confiscation porte sur le bien « ayant servi à commettre l'infraction » (instrument de l'infraction consommée) ou bien sur celui « qui était destiné à la commettre » (instrument de l'infraction tentée), ce qui rejoint la définition de la notion d'instrument de l'infraction retenue dans les conventions internationales[3] et le droit de l'Union européenne dérivé[4].

Le législateur n'a pas donné à cette notion de définition plus précise. Tout est affaire d'espèce et il appartient au juge répressif saisi de la poursuite d'apprécier souverainement si le bien litigieux a « permis » la commission de l'infraction d'une façon quelconque et de s'en expliquer de manière suffisante et sans contradiction, ainsi que l'a énoncé

1. L. nº 2022-299, 2 mars 2022 *visant à combattre le harcèlement scolaire, JO* 3 mars, nº 5.
2. L. nº 2007-297, 5 mars 2007 *relative à la prévention de la délinquance, JO* 7 mars, p. 4297.
3. S'AGISSANT DES CONVENTIONS DE L'ORGANISATION DES NATIONS UNIES : Conv. Nations unies *contre le trafic illicite de stupéfiants et de substances psychotropes,* 20 déc. 1988 (D. nº 91-271, 8 mars 1991, *JO* 14 mars, p. 3622), art. 5, § 1, b) – Conv. Nations unies *contre la criminalité transnationale organisée*, 15 nov. 2000 (D. nº 2003-875, 8 sept. 2003, *JO* 13 sept., p. 15705), art. 12, § 1, b) – Conv. Nations unies *contre la corruption*, 31 oct. 2003 (D. nº 2006-1113, 4 sept. 2006, *JO* 6 sept., nº 6), art. 31, § 1, b). S'AGISSANT DES CONVENTIONS DU CONSEIL DE L'EUROPE : Conv. *relative au blanchiment, au dépistage, à la saisie et à la confiscation des produits du crime,* 8 nov. 1990 (D. nº 97-183, 25 févr. 1997, *JO* 4 mars, p. 3417), art. 1, c) – Conv. Conseil de l'Europe *relative au blanchiment, au dépistage, à la saisie et à la confiscation des produits du crime et au financement du terrorisme,* 16 mai 2005 (D. nº 2016-499, 22 avr. 2016, *JO* 24 avr., nº 1), art. 1, c).
4. Décis.-cadre 2005/212/JAI, Conseil, 24 févr. 2005 *relative à la confiscation des produits, des instruments et des biens en rapport avec le crime, JOUE* L 68, 15 mars, p. 49, art. 1er – Dir. 2014/42/UE, Parlement et Conseil, 3 avr. 2014 *concernant le gel et la confiscation des instruments et des produits du crime dans l'Union européenne, JOUE* L 127, 29 avr., p. 39, art. 2.

la chambre criminelle[1]. Dans la première de ces affaires, il a ainsi été reproché à une chambre de l'instruction de s'être abstenue de préciser en quoi le bien immobilier saisi avait permis à la société mise en cause de commettre l'infraction de blanchiment qui lui était reprochée, quand dans la seconde, une autre chambre de l'instruction a vu son arrêt censuré car elle s'était abstenue de préciser en quoi l'immeuble saisi avait permis la commission du délit de travail dissimulé poursuivi.

Cette définition jurisprudentielle de l'instrument de l'infraction a cependant été précisée dans un arrêt ultérieur, dans lequel il a été énoncé que, si le bien visé doit avoir « permis » la commission de l'infraction, il n'est cependant pas nécessaire que son usage ait été « déterminant » de cette commission[2]. En application de ces principes, des juges ont ainsi été approuvés d'avoir confirmé la décision de saisie du domicile d'un mis en examen, qualifié de « lieu discret et hors de la vue public », où l'intéressé avait fait venir la victime mineure, ainsi que sa mère, depuis leur pays d'origine, et qui constituait plus généralement un moyen lui permettant d'attirer de jeunes femmes et mineures vulnérables sur le plan économique, en leur proposant un hébergement en région parisienne, et où se trouvaient un ensemble de meubles et d'accessoires qui avaient été utilisés lors des relations sexuelles imposées à la mineure.

Il se déduit de ces décisions que l'instrument de l'infraction doit entretenir avec celle-ci un rapport de causalité : il doit constituer l'une des causes de la commission des faits poursuivis ou encore avoir joué un rôle actif dans cette commission. Pour autant, tout rapport de causalité est suffisant : il n'est pas nécessaire que le bien dont la confiscation est envisagée ait été la cause déterminante de l'infraction, c'est-à-dire, dans le lexique de la théorie de la cause, celle propre à entraîner la commission de l'infraction suivant le cours normal des choses.

124.23 **Applications jurisprudentielles.** Faisant application de cette notion, la chambre criminelle a pu qualifier d'instrument de l'infraction l'immeuble qui était le lieu d'un trafic de stupéfiants[3], celui dans lequel était implanté un atelier clandestin de confection de vêtements employant des étrangers en situation irrégulière qui y demeuraient dans des conditions de vie et d'hébergement indignes[4], les appartements affectés à la prostitution dans une affaire de proxénétisme[5], ou bien encore l'hôtel particulier servant de mise en scène à la vente de mobiliers et d'objets d'arts qui n'étaient pas authentiques[6].

À de même été qualifié d'instrument de l'infraction, le véhicule automobile utilisé pour commettre des faits de conduite sous l'empire d'un état alcoolique, refus d'obtempérer et mise en danger d'autrui[7], celui dont se servait un employeur, coupable de travail dissimulé, pour se rendre sur les chantiers, où il surveillait les travailleurs en cause, ou assurer leur transport[8], l'aéronef servant au transport aérien non déclaré de passagers entre la Guadeloupe et les Îles environnantes[9], ou encore un camion dans une affaire où le dirigeant d'une entreprise de transports routiers avait été condamné pour avoir laissé ses préposés utiliser un contrôlographe défectueux, dès lors que le délit reproché ne pouvait concerner que des appareils en service sur des véhicules, lesquels constituaient donc le moyen matériel de commettre l'infraction[10].

Enfin, la somme d'argent versée par l'auteur de faits de corruption active a été qualifiée, vis-à-vis de ce dernier, d'instrument de ce délit[11].

Par ailleurs, les circonstances aggravantes sont parfois déterminantes. La chambre criminelle a ainsi approuvé la confiscation, à titre d'instrument de l'infraction, d'un véhicule automobile prononcée en répression du délit de propositions sexuelles faites à un mineur de quinze ans en utilisant un moyen de communication électronique, en relevant que ce délit était aggravé par la circonstance que les propositions sexuelles avaient été suivies d'une rencontre avec la personne se présentant comme un mineur de quinze ans et que les juges avaient constaté que le prévenu s'était rendu au rendez-vous fixé avec le véhicule : le véhicule était l'instrument de l'infraction car il avait permis la commission de celle-ci ainsi aggravée, peu important que l'usage du bien n'ait pas été déterminant de la commission des faits[12].

1. Crim. 30 mai 2018, n° 17-87.184, NP – Crim. 21 oct. 2020, n° 19-87.783, NP.
2. Crim. 24 oct. 2018, n° 18-82.370, P, n° 177 ; *D.* 2018. 2139 ; *ibid.* 2019. 334, chron. E. Pichon, G. Guého, A.-S. de Lamarzelle, G. Barbier et L. Ascensi – AUSSI : Crim. 25 janv. 2023, n° 22-83.997, NP.
3. Crim. 3 févr. 2016, n° 14-87.754, NP – Crim. 14 déc. 2016, n° 15-87.618, NP.
4. Crim. 13 nov. 2018, n° 18-80.027, NP.
5. Crim. 5 sept. 2018, n° 17-82.888, NP – Crim. 25 sept. 2019, n° 18-86.627, NP – Crim. 25 sept. 2019, n° 18-86.641, NP.
6. Crim. 24 juin 2020, n° 19-85.874, P, 60 ; *D.* 2020. 1363.
7. Crim. 8 nov. 2022, n° 21-86.096, NP.
8. Crim. 14 avr. 2015, n° 14-80.896, P, n° 81 ; *AJ pénal* 2015. 384, obs. L. Ascensi ; *Dr. soc.* 2016. 34, chron. R. Salomon.
9. Crim. 20 nov. 2019, n° 18-86.782, NP.
10. Crim. 13 févr. 1996, n° 94-84.765, P, n° 75 ; *RSC 1996.* 850, obs. B. Bouloc.
11. Crim. 4 mars 2020, n° 19-81.818, P, 84, 205 ; *D.* 2020. 540 ; *ibid.* 2367, obs. G. Roujou de Boubée, C. Ginestet, M.-H. Gozzi, S. Mirabail et E. Tricoire.
12. Crim. 25 janv. 2023, n° 22-83.997, NP.

124.24 Propriété ou libre disposition des biens. On relèvera par ailleurs, mais nous y reviendrons [1], que seuls peuvent être confisqués, à titre d'instrument de l'infraction, les biens dont le condamné est propriétaire ou, sous réserve des droits du propriétaire de bonne foi, dont il a la libre disposition, condition qui ne sera en principe pas exigée lorsqu'il s'agira de confisquer le produit ou bien encore l'objet de l'infraction.

§ 2
Productum sceleris : confiscation du produit de l'infraction

124.31 Textes applicables. Le troisième alinéa de l'article 131-21 du Code pénal dispose que la confiscation « porte également sur tous les biens qui sont l'objet ou le produit direct ou indirect de l'infraction, à l'exception des biens susceptibles de restitution à la victime », le texte précisant que « si le produit de l'infraction a été mêlé à des fonds d'origine licite pour l'acquisition d'un ou plusieurs biens, la confiscation peut ne porter sur ces biens qu'à concurrence de la valeur estimée de ce produit ».

Comme pour ce qui concerne les biens constituant l'instrument de l'infraction, les biens ainsi désignés seront toujours susceptibles de confiscation dès lors que le crime ou le délit poursuivi sera puni d'une peine d'emprisonnement d'une durée supérieure à un an [2], sauf en matière de délits de presse.

Par ailleurs, en application des articles 131-10, 131-16, 131-21, 131-39 et 131-43 du Code pénal, le législateur et le pouvoir réglementaire peuvent spécialement prévoir, pour une infraction particulière, qu'est encourue la peine complémentaire de confiscation du produit de l'infraction. L'on peut faire en la matière les mêmes remarques que celles concernant la confiscation de l'instrument de l'infraction [3].

Des dispositions comparables concernent la confiscation prononcée à titre de peine alternative. L'article 131-6 du Code pénal dispose à cet égard, en matière délictuelle, que, sauf en matière de délits de presse, « lorsqu'un délit est puni d'une peine d'emprisonnement, la juridiction peut prononcer, à la place de l'emprisonnement, [...] 10° La confiscation de la chose qui [...] est le produit [de l'infraction] [...] », l'article 131-7 étendant l'application de ces dispositions au cas où le délit est seulement puni d'une peine d'amende. S'agissant des contraventions de la cinquième classe, il résulte des articles 131-14, 131-15 et 131-42 du Code pénal, applicables aux personnes physiques et morales, que le juge répressif peut prononcer en lieu et place de l'amende « la confiscation de la chose qui [...] est le produit [de l'infraction] ».

124.32 Notion de produit de l'infraction. La notion de « produit direct ou indirect de l'infraction » n'a pas reçu de définition législative. La loi française est d'ailleurs particulièrement taisante à cet égard, en particulier si on la rapproche du droit anglais [4], alors que les enjeux de la détermination du produit sont forts en raison de la rigueur du régime juridique attaché à sa confiscation : songeons que cette peine ne doit pas être motivée [5], de même que le caractère proportionné de l'atteinte qu'elle porte au droit de propriété n'a en principe pas lieu d'être contrôlé [6].

L'on doit à la jurisprudence de la chambre criminelle d'avoir défini la notion. Outre le fait qu'il a été jugé que le montant du produit de l'infraction est apprécié souverainement par les juges du fond [7], ces derniers devant motiver leur décision sans insuffisance ni contradiction [8], et que ce montant peut être constitué du total des préjudices déclarés par les victimes [9], la chambre criminelle a surtout énoncé que le produit de l'infraction s'entend de « l'avantage économique tiré de l'infraction ». La chambre criminelle a employé cette expression dans un arrêt disant n'y avoir lieu de renvoyer au Conseil constitutionnel une question prioritaire de constitutionna-

1. V. s[s] n° 125.31.
2. C. pén., art. 131-21, al. 1.
3. V. s[s] n° 124.21.
4. V. POUR UNE CRITIQUE de l'évaluation du produit de l'infraction notamment au regard de la loi anglaise : J. Bourgais, *Le rôle du juge pénal en matière de saisies et confiscations, Étude de droit comparé (France – Angleterre)*, Poitiers, 2021, n° 203 soutenant qu'en l'état des textes, de la jurisprudence de la chambre criminelle et de la pratique, le produit confiscable excèderait le profit effectivement tiré de la commission de l'infraction par la personne condamnée, ce qui justifierait une moindre rigueur du régime juridique applicable à la confiscation du produit (motivation de la peine et contrôle de proportionnalité).
5. V. s[s] n° 131.64.
6. V. s[s] n° 122.31.
7. Crim. 12 juill. 2016, n°s 15-83.355 à 15-83.390, NP – Crim. 23 oct. 2019, n° 18-85.618, NP – Crim. 1er avr. 2020, n° 19-82.898, NP – Crim. 7 sept. 2022, n° 21-84.632, NP – Crim. 28 juin 2023, n° 21-87.417, P.
8. Crim. 27 juin 2018, n° 17-83.216, NP – POUR UN EXEMPLE DE CONTRADICTION DE MOTIFS : Crim. 18 déc. 2019, n° 18-85.881, NP – POUR DES EXEMPLES DE MOTIFS SUFFISANTS : Crim. 6 janv. 2021, n° 19-87.809, NP – Crim. 17 nov. 2021, n° 21-82.701, NP – Crim. 7 sept. 2022, n° 21-84.322, P – Crim. 5 janv. 2023, n° 22-82.449, NP – POUR DES EXEMPLES DE DÉFAUTS DE RÉPONSE À CONCLUSIONS : Crim. 7 sept. 2022, n° 21-84.322, P – Crim. 19 oct. 2022, n° 21-82.376, NP – Crim. 5 janv. 2023, n° 22-82.449, NP – POUR UN EXEMPLE DE MOTIVATION INSUFFISANTE : Crim. 28 mars 2023, n° 22-82.739, NP – POUR UN EXEMPLE D'ABSENCE DE MOTIFS : Crim. 14 juin 2023, n° 21-87.352, P.
9. Crim. 23 nov. 2016, n° 16-82.510, NP.

lité qui critiquait la jurisprudence constante excluant la mise en œuvre du contrôle de proportionnalité de l'atteinte portée au droit de propriété en cas de confiscation en valeur du produit de l'infraction[1]. Dans cette décision, la chambre criminelle a vu dans le produit de l'infraction, « l'avantage économique tiré de l'infraction pénale et qui constitue la conséquence patrimoniale de sa commission ». Cette expression a ensuite été employée dans des arrêts assimilant le produit des délits d'abus de confiance et de biens sociaux à « l'avantage économique tiré de ces infractions »[2], ou bien encore le produit de l'infraction d'atteinte à la liberté d'accès et à l'égalité des candidats dans les marchés publics à « l'avantage économique » équivalent au prix total du marché en cause, duquel doivent être impérativement déduites les charges et dépenses directement imputables à l'exécution de ce marché comme, par exemple, le coût des salaires et des fournitures, sauf à ajouter à ce chiffrage certains gains, directs ou indirects, attendus et découlant du marché[3]. Il a encore été reproché à une cour d'appel d'avoir confisqué des biens qu'elle avait qualifiés de produits des infractions poursuivies, sans établir que ces derniers constituaient « l'avantage économique tiré par les prévenus de la commission des délits dont ils [avaient] été déclarés coupables »[4]. Enfin, il a été dit pour droit que « le produit de l'infraction, qui constitue l'avantage économique tiré de l'infraction par son auteur, est distinct de l'objet de celle-ci, lequel, identique pour l'ensemble des participants à l'infraction, en constitue l'un des éléments constitutifs », pour approuver une cour d'appel d'avoir jugé que les honoraires perçus par un avocat et un arbitre constituaient le produit des délits d'escroquerie à la sentence arbitrale et détournement de biens publics par un particulier dont ils avaient été déclarés coupables[5].

Si la définition de la notion de produit, qui a fait l'objet de recherches approfondies[6], devra sans doute être précisée, elle peut s'appuyer sur nombre de dispositions de valeur supralégislative. Cette définition rejoint en effet celle retenue par l'article 1er de la décision-cadre 2005/212/JAI du 25 avril 2005[7], transposée par la loi n° 2007-297 du 5 mars 2007[8] ayant refondu l'article 131-21 du Code pénal. Selon ce texte, le produit de l'infraction correspond à « tout avantage économique tiré, directement ou indirectement, d'infractions pénales » et comprenant « tout réinvestissement ou toute transformation ultérieurs des produits directs et tout autre gain en valeur ». Cette définition est du reste, en substance, également celle retenue par la directive 2014/42/UE du 3 avril 2014[9], ainsi que par les conventions adoptées dans le cadre de l'Organisation des Nations unies[10] ou au sein du Conseil de l'Europe[11].

Une telle définition, par sa généralité, pourrait imposer de considérer qu'une infraction peut générer un produit qui ne constitue pas nécessairement l'un de ses éléments constitutifs ; ce qui fait différer le produit et l'objet de l'infraction, le produit provenant de l'infraction et ne pouvant comme tel en constituer un élément constitutif, quand l'objet compte parmi ces éléments[12]. Telle semble d'ailleurs être la position de la chambre criminelle, dès lors qu'il est admis qu'une infraction formelle puisse néanmoins générer un produit confiscable[13], quand au contraire il a été jugé que l'attribution du marché ne peut être considérée comme l'objet du délit d'atteinte à la liberté d'accès et à l'égalité des candidats dans les marchés publics au motif que cette infraction, de nature formelle, est établie par la seule violation de la norme légale ou réglementaire gouvernant la commande publique[14].

Il conviendrait également de déterminer si l'avantage économique tiré de l'infraction doit correspondre au gain brut, ou bien seulement net, généré par celle-ci ; même s'il nous paraîtrait juridique-

1. Crim. 5 mai 2021, n° 20-86.529, NP.
2. Crim. 25 mai 2022, n°s 21-85.019 et 21-85.020, NP (2 arrêts).
3. Crim. 22 juin 2022, n° 21-85.671, P – Crim. 22 juin 2022, n° 21-85.672, NP.
4. Crim. 28 mars 2023, n° 22-82.739, NP.
5. Crim. 28 juin 2023, n° 21-87.417, P.
6. Coll., « Le produit de l'infraction en droit pénal », *Annales de l'Institut de criminologie et de sciences pénales Roger Merle*, n° 1/2020.
7. Décis.-cadre 2005/212/JAI, Conseil, 24 févr. 2005 *relative à la confiscation des produits, des instruments et des biens en rapport avec le crime, JOUE* L 68, 15 mars, p. 49.
8. L. n° 2007-297, 5 mars 2007 *relative à la prévention de la délinquance, JO* 7 mars, p. 4297.
9. Dir. 2014/42/UE, Parlement et Conseil, 3 avr. 2014 *concernant le gel et la confiscation des instruments et des produits du crime dans l'Union européenne, JOUE* L 127, 29 avr., p. 39, art. 2.
10. Conv. Nations unies *contre le trafic illicite de stupéfiants et de substances psychotropes*, 20 nov. 1988 (D. n° 91-271, 8 mars 1991, *JO* 14 mars, p. 3622), art. 1er, p) – Conv. Nations unies *contre la criminalité transnationale organisée*, 15 nov. 2000 (D. n° 2003-875, 8 sept. 2003, *JO* 13 sept., p. 15705), art. 2, e) – Conv. Nations unies *contre la corruption*, 31 oct. 2003 (D. n° 2006-1113, 4 sept. 2006, *JO* 6 sept., n° 6), art. 2, e).
11. Conv. *relative au blanchiment, au dépistage, à la saisie et à la confiscation des produits du crime,* 8 nov. 1990 (D. n° 97-183, 25 févr. 1997, *JO* 4 mars, p. 3417), art. 1, a) – Conv. Conseil de l'Europe *relative au blanchiment, au dépistage, à la saisie et à la confiscation des produits du crime et au financement du terrorisme,* 16 mai 2005 (D. n° 2016-499, 22 avr. 2016, *JO* 24 avr., n° 1), art. 1, a).
12. V. ss n° 124.43.
13. Crim. 27 juin 2018, n° 17-84.280, P, n° 127 ; *D.* 2018. 2259, obs. G. Roujou de Boubée, T. Garé, C. Ginestet, S. Mirabail et E. Tricoire – Crim. 5 avr. 2023, n° 21-86.676, NP.
14. Crim. 22 juin 2022, préc.

ment et moralement douteux que le condamné puisse opposer à l'État les frais engagés par lui pour commettre le crime, le délit ou la contravention, dont il a été reconnu coupable[1]. Il ressort d'ailleurs du *Rapport explicatif* de la Convention *relative au blanchiment, au dépistage, à la saisie et à la confiscation des produits du crime* du 8 novembre 1990 que cette question s'est posée aux rédacteurs de celle-ci, lesquels ont relevé que les législations nationales sont très différentes à cet égard, outre le fait qu'il existe des différences à l'intérieur du même système de droit selon les catégories d'infractions, mais sont convenus de ce qu'« en ce qui concerne les infractions en matière de stupéfiants, [...] la valeur de l'achat initial de la drogue entrerait toujours dans la définition des produits »[2]. La jurisprudence de la chambre criminelle est, il est vrai, caractérisée par une certaine casuistique. Elle a ainsi jugé, s'agissant de l'évaluation du produit des délits d'abus de confiance et de biens sociaux, que les sommes apportées par les auteurs de ces infractions aux sociétés victimes ne sont pas de nature à venir en déduction des détournements effectués, non plus que le montant des créances de salaires et de loyers dont les intéressés sont titulaires à l'égard de ces sociétés[3]. De même, la revente à un prix inférieur à sa valeur vénale d'un bien obtenu au moyen d'une escroquerie, est indifférente à l'évaluation du produit de cette infraction : c'est bien la valeur vénale de ce bien qu'il y a lieu, pour le juge répressif, de retenir[4]. Inversement, il a été jugé, en matière de prise illégale d'intérêt, que le produit de ce délit correspondait dans cette affaire « au seul bénéfice issu de l'opération immobilière rendue possible par les agissements de son auteur, limité à l'accroissement de la valeur du bien en résultant, soit à la valeur actuelle du bien déduction faite du prix d'acquisition du terrain et des travaux de construction réalisés »[5].

Il faut enfin insister sur le fait que le produit de l'infraction, entendu comme l'avantage économique tiré de sa commission, doit être apprécié de manière concrète par le juge pénal dans une approche casuistique. Comme il a été vu, le produit du délit d'atteinte à la liberté d'accès et à l'égalité des candidats dans les marchés publics est ainsi particulièrement contingent, puisque, s'il a été défini par la chambre criminelle comme étant « équivalent au prix total du marché en cause duquel doivent être impérativement déduites les charges et dépenses directement imputables à l'exécution de ce marché comme, par exemple, le coût des salaires et des fournitures », il a été ajouté, de manière ouverte, que « les juges peuvent, par des motifs relevant de leur appréciation souveraine, ajouter à ce chiffrage, en fonction des éléments figurant au dossier ou qui leur sont fournis par les parties et le ministère public, l'ensemble des gains, directs ou indirects, attendus et découlant du marché comme, notamment, les éventuelles économies d'impôts, la valorisation de la trésorerie, de la continuation de l'entreprise, du maintien des emplois en lien avec l'attribution du marché ou de la possibilité de se porter candidat à d'autres marchés »[6].

Cette méthode d'évaluation de la notion de produit n'est pas sans évoquer celle mise en œuvre par le Parquet national financier (PNF) pour l'évaluation des « avantages tirés des manquements constatés », au sens de l'article 41-1-2 du Code de procédure pénale donnant au ministère public la faculté de proposer aux personnes morales mises en cause pour certains délits de conclure des conventions judiciaires d'intérêt public pouvant imposer de verser une amende dont le montant est proportionné à ces avantages[7].

124.33 **Applications jurisprudentielles.** Ainsi, la chambre criminelle a approuvé la confiscation de la maison d'un condamné, après avoir relevé que les matériaux utilisés pour sa construction et l'achat du terrain avaient été financés par des sommes provenant du trafic de stupéfiants poursuivi[8], ou bien encore celle d'un pavillon d'habitation à la hauteur

1. AUSSI : M. Segonds, « À la recherche d'une définition du produit de l'infraction », *Annales de l'Institut de criminologie et de sciences pénales Roger Merle*, préc., p. 128 – S. Almaseanu, « La saisie et la confiscation en valeur en droit pénal français », *La revue du Grasco*, n° 19, juill. 2017, p. 40.
2. Conseil de l'Europe, *Rapport explicatif de la Convention relative au blanchiment, au dépistage, à la saisie et à la confiscation des produits du crime*, 8 nov. 1990, n° 21, p. 6.
3. Crim. 25 mai 2022, n°s 21-85.019 et 21-85.20, NP (2 arrêts).
4. Crim. 11 mai 2022, n° 21-82.940, NP.
5. Crim. 5 avr. 2023, n° 21-86.676, NP.
6. Crim. 22 juin 2022, préc.
7. Parquet national financier, *Lignes directrices pour la mise en œuvre de la convention judiciaire d'intérêt public*, 16 janv. 2023, p. 14 – V. POUR LEUR ANALYSE : A. Vey et G. Courvoisier, « Analyse des nouvelles lignes directrices du parquet national financier sur la convention judiciaire d'intérêt public », *AJ pénal* 2023. 74 considérant que « les "avantages tirés des manquements constatés", qui servent de base au calcul à la partie afflictive de l'amende, sont désormais définis de manière précise, et ce également dans le cadre d'une complicité ou d'une tentative » et que « le parquet exploite ici le fait que la loi n'évoque pas le "produit" de l'infraction pour inclure dans la détermination de la somme des avantages plus difficilement chiffrables comme des gains de parts de marché, voire des avantages non monétaires comme des gains "de savoir-faire, de visibilité" ». Pourtant, dans nombre de conventions internationales et d'instruments de droit de l'Union européenne dérivé, sont tenues pour équivalentes la notion de produit de l'infraction et celle d'avantages économiques tirés de celle-ci.
8. Crim. 27 avr. 2000, n° 99-84.559, P, n° 172 ; *D.* 2000. 200.

des sommes provenant d'un trafic de stupéfiants qui avaient été utilisés par la compagne de l'auteur de ce trafic – elle-même ayant été condamnée pour blanchiment –, pour faire son acquisition[1].

Il en a été de même s'agissant de tableaux acquis avec le produit d'une escroquerie[2] ou de dividendes distribués à ses actionnaires par une société dont les bénéfices ont pour origine la rémunération afférente à la commission de faits constitutifs d'escroquerie pour le compte de ses clients[3], d'une voiture acquise avec l'argent objet d'un abus de biens sociaux[4], ou bien encore d'un immeuble acquis puis rénové par l'intermédiaire d'une société, au moyen de fonds remis par les victimes d'abus de faiblesse[5].

En matière de travail dissimulé, il a encore été jugé que le produit de l'infraction peut correspondre à « l'économie réalisée par la fraude »[6], ou bien au « montant de cotisations sociales et de droits éludés »[7], ce qui est aussi la solution retenue en matière de fraude fiscale où « l'économie réalisée par la fraude » a été qualifiée de produit de cette infraction[8].

Enfin, la rémunération de la personne qui a prêté son concours à un acte de blanchiment a été vue comme le produit de cette infraction pour l'intéressé[9]. Ce délit peut ainsi avoir un produit en plus de son objet : son objet est constitué par les fonds blanchis, produit de l'infraction d'origine[10] ; son produit correspond à la rémunération de l'auteur.

124.34 Indifférence de la propriété des biens. On observera que, contrairement à ce qu'il en est en cas de confiscation de l'instrument de l'infraction, il n'est pas nécessaire, pour que le produit de l'infraction soit confisqué, que le condamné en soit propriétaire, ni même qu'il en ait la libre disposition. Cette différence de régime juridique sera développée plus tard, mais il faut d'emblée indiquer qu'elle est essentielle[11]. Ici, la confiscation n'a rien de personnel. Au contraire, parce que seule l'infraction peut expliquer la propriété du bien dont la confiscation est envisagée, sa confiscation est possible abstraction faite de son propriétaire. La confiscation porte sur le produit d'une atteinte à l'ordre public ; elle est susceptible d'être prononcée *erga omnes*. Seuls seront réservés, comme nous le verrons, les droits du propriétaire de bonne foi.

124.35 Situation des biens acquis partiellement avec le produit de l'infraction. Enfin, le législateur a envisagé la situation des biens acquis seulement partiellement au moyen du produit de l'infraction, en disposant à l'article 131-21, alinéa 3, du Code pénal que, si le produit de l'infraction a été mêlé à des fonds d'origine licite pour l'acquisition d'un ou plusieurs biens, la confiscation peut ne porter sur ces biens qu'à concurrence de la valeur estimée de ce produit.

Ces dispositions ne signifient nullement que la confiscation devrait dans ce cas être cantonnée à la part du bien acquise au moyen du produit de l'infraction. Si la confiscation « peut » ne porter sur de tels biens qu'à concurrence de la valeur estimée du produit de l'infraction, c'est qu'elle ne le « doit » pas. Il s'en déduit que rien ne s'oppose à ce que le juge répressif ordonne la confiscation pour le tout du bien ainsi acquis, puisqu'il s'est opéré, en quelque sorte, une « contamination » de l'ensemble du bien par les fonds illicites, ces derniers le rendant confiscable dans sa totalité.

Telle est d'ailleurs l'interprétation donnée à ce texte par la chambre criminelle. Il a ainsi été jugé que « l'article 131-21 du Code pénal offre au juge la faculté de prononcer la confiscation d'un bien acquis avec des fonds dont une partie seulement provient de l'infraction », et qu'en conséquence « justifie [...] sa décision la cour d'appel qui ordonne la confiscation d'un bien immobilier acquis au moyen, en majeure partie, d'un prêt dont les mensualités de remboursement ont été essentiellement réglées par les sommes obtenues lors de la commission des délits d'abus de faiblesse et d'escroqueries et, pour une faible partie, de fonds propres d'origine licite »[12].

1. Crim. 6 janv. 2021, n° 19-87.809, NP.
2. Crim. 25 janv. 2006, n° 05-82.626, NP.
3. Crim. 15 févr. 2023, n° 22-81.053, NP.
4. Crim. 18 juin 2019, n° 18-85.280, NP, la circonstance que le véhicule qualifié de produit d'infractions d'abus de biens sociaux a été acquis au moyen de l'argent détourné ressortant des motifs de l'arrêt attaqué.
5. Crim. 26 juin 2019, n° 19-80.235, P, n° 137 ; *D.* 2019. 1337.
6. Crim. 29 juin 2016, n° 15-81.426, NP – Crim. 6 nov. 2019, n° 18-85.070, NP – Crim. 22 mars 2022, n° 21-84.056, NP – Crim. 5 oct. 2022, n° 21-84.766, NP – Crim. 19 oct. 2022, n° 21-84.042, NP – Crim. 5 avr. 2023, n° 22-81.178, NP.
7. Crim. 12 juill. 2016, n°s 15-83.355 à 15-83.390, NP – ÉGALEMENT : Crim. 23 oct. 2019, n° 18-85.618, NP – Crim. 15 févr. 2022, n°s 15-87.257 et 21-81.092, NP.
8. Crim. 3 avr. 2019, n° 18-83.052, NP.
9. Crim. 13 oct. 2021, n° 19-87.424, NP.
10. V. s^{s} n° 124.44.
11. V. s^{s} n° 125.31.
12. Crim. 7 déc. 2016, n° 15-86.897, P, n° 332 ; *D.* 2016. 2571 – AUSSI : Crim. 23 juill. 2014, n° 13-85.558, NP – Crim. 6 mai 2015, n° 14-87.902, NP ; *Dr. pén.* 2015, comm. 93, obs. M. Véron – Crim. 9 mars 2016, n° 15-80.955, NP – Crim. 22 mars 2017, n° 16-82.051, P, n° 80 ; *AJ pénal* 2017. 299 – Crim. 14 juin 2017, n° 16-81.699, NP – CEPENDANT, certains arrêts énoncent en matière de saisies spéciales que « la circonstance qu'une partie du prix d'acquisition aurait été financée avec des sommes d'origine licite est sans incidence au stade de la saisie », alors que cette circonstance est en principe indifférente également au stade de la confiscation : Crim. 9 mars 2016, n° 15-80.955, NP – Crim. 13 juin 2018, n° 17-83.242, NP – Crim. 13 juin 2018, n° 17-83.238, NP.

De plus, la chambre criminelle a fait application de ce texte pour approuver la confiscation dans sa totalité d'un bien qui avait bénéficié de substantiels travaux d'amélioration financés au moyen du produit de l'infraction poursuivie[1].

§ 3
Objectum sceleris : confiscation de l'objet de l'infraction

124.41 **Textes applicables.** L'article 131-21 du Code pénal dispose que la confiscation porte non seulement sur les biens qui sont le produit, direct ou indirect, de l'infraction, mais également sur ceux qui en sont « l'objet », cette référence à l'objet étant unique dans le Code pénal. La chose est acquise : la peine complémentaire de confiscation peut porter sur l'objet de l'infraction, lorsque le crime ou le délit poursuivi est puni d'une peine d'emprisonnement d'une durée supérieure à un an[2], sauf en matière de délits de presse, et lorsqu'un texte de droit pénal spécial le prévoit.

On observera au contraire que la notion d'objet de l'infraction ne figure pas dans les autres textes de droit pénal général relatifs à la peine de confiscation. Ainsi, l'article 131-6 du Code pénal, qui prévoit les peines alternatives à l'emprisonnement, se borne à disposer que la juridiction peut prononcer, à la place de l'emprisonnement, la confiscation « de la chose qui a servi ou était destinée à commettre l'infraction ou de la chose qui en est le produit », sauf en matière de délits de presse. Il en est de même aux articles 131-14 (peines alternatives susceptibles d'être prononcées en répression des contraventions de la cinquième classe) et 131-16 du Code pénal (peines complémentaires contraventionnelles).

Surtout, dans le triptyque « instrument, produit, objet » de l'infraction, cette dernière notion se trouve davantage indéterminée que les deux premières, la cause de cette indétermination étant à rechercher du côté des origines juridiques de l'objet.

124.42 **Origines juridiques de l'objet de l'infraction.** La notion d'objet de l'infraction est pour l'essentiel absente des sources internationales du droit des saisies et confiscations pénales et d'apparition récente en droit interne.

En droit international, force est de constater que la notion d'objet de l'infraction ne figure pas dans les conventions adoptées dans le cadre de l'Organisation des Nations unies, non plus que dans celles qui l'ont été au sein du Conseil de l'Europe. Le *Rapport explicatif* de la Convention *relative au blanchiment, au dépistage, à la saisie et à la confiscation des produits du crime* du 8 novembre 1990 énonce d'ailleurs à ce propos : « Après discussion, les experts ont décidé de ne pas inclure "les objets des infractions" dans le champ d'application de la convention. En effet, la définition des termes "produits" et "instrument" est suffisamment large pour couvrir, le cas échéant, les objets des infractions. La définition large des "produits" pourrait notamment comprendre les biens volés - des œuvres d'art, par exemple - ou le commerce d'espèces menacées. »[3] Il reste que, le *Rapport explicatif* de la Convention *du Conseil de l'Europe relative au blanchiment, au dépistage, à la saisie et à la confiscation des produits du crime et au financement du terrorisme* du 16 mai 2005, qui lui a succédé, indique que l'opportunité d'inclure dans le texte de la convention la notion d'objet de l'infraction a fait l'objet de nouvelles discussions, puisqu'il est relevé à cet égard : « Pour qu'il n'y ait aucun doute quant à la question de savoir si un bien blanchi peut être confisqué, en cas de condamnation dans une procédure engagée du seul chef de blanchiment, en tant qu'instrument ou en tant que produit (alors que dans certains systèmes de droit, ces biens peuvent être considérés comme l'objet de l'infraction en question), les auteurs de la présente Convention ont inséré les mots "biens blanchis" au paragraphe 1 de l'article 3 de la présente Convention. [...] En outre, il convient de noter que "les biens blanchis" et "les produits" ne se confondent pas nécessairement dans tous les systèmes juridiques et, en ce sens, les deux peuvent faire l'objet de confiscation. »[4] Cette réflexion, tout comme le fait que le premier paragraphe de l'article 3 de la convention énonce que les États sont tenus d'adopter les mesures qui se révèlent nécessaires pour permettre de confisquer non seulement les instruments et les produits, mais également les « biens blanchis », démontrent l'autonomie de la notion d'objet de l'infraction par rapport à celles d'instrument et de produit de celle-ci. La notion d'objet figure en effet dans la convention, sans les mots pour le dire, à travers la référence aux « biens blanchis ».

De même, dans le droit de l'Union européenne dérivé, ni la décision-cadre 2005/212/JAI du 24 février 2005[5], ni la directive 2014/42/UE du

1. Crim. 7 déc. 2022, n° 20-87.111, P.
2. C. pén., art. 131-21, al. 1.
3. Conseil de l'Europe, *Rapport explicatif de la Convention relative au blanchiment, au dépistage, à la saisie et à la confiscation des produits du crime*, 8 nov. 1990, n° 22.
4. Conseil de l'Europe, *Rapport explicatif de la Convention du Conseil de l'Europe relative au blanchiment, au dépistage, à la saisie et à la confiscation des produits du crime et au financement du terrorisme*, 16 mai 2005, n° 37.
5. Décis.-cadre 2005/212/JAI, Conseil, 24 févr. 2005 *relative à la confiscation des produits, des instruments et des biens en rapport avec le crime*, *JOUE* L 68, 15 mars, p. 49.

3 avril 2014[1], n'a envisagé d'autres confiscations que celles de l'instrument et du produit de l'infraction ; de même que, s'agissant des textes relatifs à l'entraide judiciaire entre les États membres, seule la décision-cadre 2003/577/JAI du 22 juillet 2003[2] – il est vrai adoptée notamment sur l'initiative de la France dont le droit interne connaît la notion –, envisage le gel des biens qui constituent l'objet de l'infraction, sans cependant en proposer de définition[3].

La notion d'objet est par ailleurs d'apparition récente en droit interne, sur les vestiges de l'ancienne notion de corps du délit. Rappelons en effet que l'article 11 de l'ancien Code pénal disposait que constituait une peine criminelle et correctionnelle la confiscation du « corps du délit », outre celle des choses produites par celui-ci ou qui avaient servi ou bien qui avaient été destinées à le commettre. Si les rédacteurs du nouveau Code pénal ont repris dès l'origine, notamment à l'article 131-21, les notions d'instrument de l'infraction et de produit de celle-ci, lesquelles obéissaient de surcroît à un seul et même régime juridique, tel n'a pas été le cas de celle de corps du délit. En effet, dans la rédaction de l'article 131-21, issue de la loi n° 92-683 du 22 juillet 1992[4], il était seulement prévu que, lorsqu'elle était encourue à titre de peine complémentaire pour un crime ou un délit, la confiscation portait sur la chose qui avait servi ou qui était destinée à commettre l'infraction ou sur la chose qui en était le produit, à l'exception des objets susceptibles de restitution, outre le fait que cette peine pouvait porter sur tout objet mobilier défini par la loi ou le règlement qui réprime l'infraction. Pourtant, ainsi que cela a été indiqué par la circulaire du 14 mai 1993[5], il n'était nullement dans les intentions du législateur de modifier l'état du droit sur ce point. Pour le législateur, l'ancienne notion de corps du délit était comprise dans celle de produit de l'infraction ou d'instrument de celle-ci. Afin de dissiper toute ambiguïté à cet égard, l'article 343 de la loi d'adaptation n° 92-1336 du 16 décembre 1992[6] a donc ajouté un nouvel alinéa à l'article 131-21 du Code pénal dont il résultait que la chose qui était « l'objet de l'infraction » était « assimilée » à la chose qui avait servi à commettre l'infraction ou qui en était le produit. Cette précision avait été appréciée par la doctrine, qui avait relevé que la notion d'objet de l'infraction n'était pas entièrement comprise dans celles de produit et d'instrument de celle-ci. Il a ainsi été observé par un auteur : « La précision apportée par la loi du 16 décembre 1992 est loin d'être superflue » car si, « par certains côtés, l'objet du délit peut apparaître proche du produit de l'infraction », et qu'« il peut en être ainsi dans l'hypothèse d'un billet de banque contrefait », néanmoins « il s'en différencie, dans le cas où l'on parvient à obtenir par exemple la souscription d'un billet par une personne ou bien si l'on achète un objet grâce à l'argent dérobé. L'argent volé c'est l'objet du délit, et le bien acquis est le produit du vol. Aussi bien, il était utile de prévoir expressément que l'objet du délit était susceptible de confiscation. »[7]

La réécriture de l'article 131-21 du Code pénal par la loi n° 2007-297 du 5 mars 2007[8] a cependant conduit à la suppression de ces dispositions, et au rapprochement des notions « d'objet » et de « produit » de l'infraction dans un seul et même alinéa disposant que la confiscation porte sur « tous les biens qui sont l'objet ou le produit direct ou indirect de l'infraction, à l'exception des biens susceptibles de restitution à la victime ». Il faut d'ailleurs relevé, car cela participe à démontrer l'incertitude entourant la notion d'objet, que le texte voté en première lecture par l'Assemblée nationale ne comportait aucune référence à l'objet, et que l'on doit l'ajout de cette notion à la Commission des lois du Sénat dont le rapporteur, après avoir indiqué que l'objet correspondait au bien « volé, détourné ou escroqué », a relevé en seconde lecture qu'il ne « [s'identifiait] pas au produit de l'infraction »[9], avant de préciser, au cours des débats, que « l'amendement [de la Commission des lois visait] à maintenir la possibilité de confisquer l'objet même de l'infraction, notion qui ne s'identifie nécessairement ni au bien qui a servi à commettre l'infraction ni au produit de l'infraction auxquels [faisait] seulement référence la nouvelle rédaction proposée [de l'article 131-21 du Code pénal] »[10].

1. Dir. 2014/42/UE, Parlement et Conseil, 3 avr. 2014 *concernant le gel et la confiscation des instruments et des produits du crime dans l'Union européenne, JOUE* L 127, 29 avr., p. 39.
2. Décis.-cadre 2003/577, Conseil, 22 juill. 2003 *relative à l'exécution dans l'Union européenne des décisions de gel de biens ou d'éléments de preuve, JOUE* L 196, 2 août, p. 45.
3. Art. 2, d.
4. L. n° 92-683, 22 juill. 1992 *portant réforme des dispositions générales du Code pénal, JO* 23 juill., p. 9864.
5. Circ. Justice-DACG, 14 mai 1993, *Commentaire des dispositions de la partie Législative du nouveau Code pénal (livres I à V) et des dispositions de la loi du 16 décembre 1992 relative à son entrée en vigueur*, Journaux officiels, sept. 1993, n° 62.
6. L. n° 92-1336, 16 déc. 1992 *relative à l'entrée en vigueur du nouveau Code pénal et à la modification de certaines dispositions de droit pénal et de procédure pénale rendue nécessaire par cette entrée en vigueur, JO* 23 déc., p. 17568.
7. H. Matsoupoulou, « La confiscation pénale dans le nouveau Code pénal », *RSC* 1995. 301, n° 12.
8. L. n° 2007-297, 5 mars 2007 *relative à la prévention de la délinquance, JO* 7 mars, p. 4297.
9. *Rapp. Sénat* n° 132 (2006-2007), p. 114.
10. *JO Sénat CR*, 12 janv. 2007, p. 187.

La notion d'objet de l'infraction a donc indubitablement pour origine celle de corps du délit, sans cependant que les contours de cette notion n'aient été précisés par le législateur, et sans que l'ancienne notion de corps du délit ne soit elle-même de compréhension évidente.

124.43 Notion d'objet de l'infraction. La notion de corps du délit demeurait en effet assez largement indéterminée sous l'empire de l'ancien Code pénal. La notion s'entendait des choses « sur lesquelles le fait délictueux a été exécuté »[1], selon Garraud, qui citait, comme autant d'exemples de la notion, les monnaies contrefaites et les armes dont le port est prohibé, tandis que le vocabulaire juridique de référence énonce quant à lui que la notion s'entend de la « chose qui porte en elle-même la trace de l'infraction dont elle a été l'objet et qui peut être saisie comme pièce à conviction »[2], telle que le document falsifié, la fausse monnaie, l'objet contrefait ou bien encore la marchandise introduite en contrebande. Plus près de nous, Merle et Vitu citaient, comme autant de corps du délit, les faux poids et mesures ou bien encore les sommes remises à un fonctionnaire corrompu[3]. Il reste que ces définitions, du reste proches sans être identiques, ne sont pas d'un maniement aisé, si l'on observe, par exemple, que la marchandise introduite en contrebande, l'arme dont le port est prohibé ou bien encore les sommes remises au fonctionnaire corrompu peuvent difficilement être vues comme des choses portant en elle-même la trace de l'infraction ou encore celles sur lesquelles le fait délictueux a été exécuté.

Au reste, la compréhension de la notion d'objet de l'infraction n'est pas plus immédiate. Celle-ci n'a été définie ni par le législateur – sauf à rappeler qu'a été pris pour exemple d'objet de l'infraction le bien « volé, détourné ou escroqué »[4] lors des travaux préparatoires de la loi n° 2007-297 du 5 mars 2007[5] –, ni par la chambre criminelle, qui a seulement énoncé que la notion doit être appréciée souverainement par les juges du fond[6], qui doivent cependant s'expliquer sans insuffisance à cet égard[7]. La notion est de même laissée indéfinie par la plupart des auteurs, qui se limitent à la rapprocher de celle de produit de l'infraction[8], ou bien à l'identifier à l'ancienne notion de corps du délit[9]. Si des auteurs ont énoncé que l'objet de l'infraction peut être défini comme « le bien ayant été la cible du délinquant »[10], ou encore que celui-ci « ne bénéficie pas d'une définition légale qui puisse le faire entrer dans une catégorie juridique déterminée », qu'« il renvoie à une appréciation casuelle que constitue l'identification de ce sur quoi porte l'acte illicite », qu'« à ce titre, il entretient des liens étroits avec le mobile, c'est-à-dire l'objectif que poursuit le délinquant dans la réalisation de son acte », et qu'« ainsi entendu, l'objet de l'infraction conduit à s'intéresser au résultat obtenu ou recherché »[11], ces définitions paraissent insuffisamment précises pour être opérantes pour le juge répressif. L'appréciation du juge répressif peut être casuelle, mais elle ne doit pas moins pouvoir se référer à des catégories juridiques aux contours déterminés.

Une définition plus précise de la notion d'objet de l'infraction pourrait cependant être déduite, outre de ses occurrences dans la jurisprudence de la chambre criminelle, de son régime juridique et de sa dénomination même. Ainsi, le fait que le législateur ait dispensé le juge répressif de motiver la confiscation de l'objet de l'infraction, tout comme celle de son produit[12], et ait prévu que celle-ci puisse être prononcée y compris lorsque le bien appartient à un tiers non poursuivi pénalement[13], impose de considérer que l'objet de l'infraction doit être tel que sa possession est illégitime, l'illégitimité de la posses-

1. R. Garraud, *Droit pénal français*, préc., n° 644.
2. G. Cornu (dir.), *Vocabulaire juridique*, préc., V° « chose », sens 4, – du délit.
3. R. Merle et A. Vitu, *Traité de droit criminel*, préc., n° 794.
4. *Rapp. Sénat* n° 132 (2006-2007), p. 114.
5. L. n° 2007-297, 5 mars 2007 *relative à la prévention de la délinquance, JO* 7 mars, p. 4297.
6. Crim. 20 juin 2017, n° 16-85.814, NP – Crim. 7 sept. 2022, n° 21-84.632, NP.
7. Crim. 19 oct. 2022, n° 21-85.752, NP.
8. *Rép. pén.*, V° « Confiscation », par A. Beziz-Ayach – E. Bonis-Garçon et V. Peltier, *Droit de la peine*, préc., n° 222 – E. Dreyer, *Droit pénal général*, préc., n° 1352 : « La confiscation peut également porter sur "tous les biens qui sont l'objet ou le produit direct ou indirect de l'infraction [...]". Il faut alors pouvoir démontrer le bénéfice retiré de l'infraction. »
9. B. Bouloc, *Droit pénal général*, préc., n° 627 : « Elle peut porter [...] sur le corps du délit (document falsifié, arme prohibée, marchandise contrefaite, denrées avariées). » – F. Desportes et F. Le Gunehec, *Droit pénal général*, préc., n° 835 : « L'objet du délit – autrefois dénommé « corps du délit » – (par exemple, l'objet volé, détourné ou escroqué). » – J. Pradel, *Droit pénal général*, n° 682 : « La lecture des textes (art. 11, ACP, art. 131-21, C.P.) nous apprend que la confiscation a traditionnellement un triple objet. Elle peut porter sur le corps du délit (cas de l'avantage injuste procuré à l'occasion d'atteintes à la liberté d'accès et à l'égalité des candidats sur les marchés publics, art. 432-17, C.P.). [...] Cette trilogie vaut encore après la loi du 5 [mars] 2007. [...] 2° Ensuite la confiscation peut désormais porter sur « tous les biens qui sont l'objet ou le produit direct ou indirect de l'infraction » (art. 131-21, al. 3, C.P.). »
10. M. Peter, *Les saisies pénales spéciales. Une évolution majeure pour une stratégie pénale patrimoniale repensée*, thèse, Aix-Marseille, 2018, p. 89.
11. *J.-Cl. Pén. code*, art. 131-21 et 131-21-1, fasc. 20, n° 28, par E. Camous.
12. V. s^s n° 131.64.
13. V. s^s n° 125.31.

sion de l'objet justifiant qu'il puisse être dérogé aux principes de la motivation et de la personnalité des peines. Par ailleurs, l'objet de l'infraction, qui doit constituer un bien, selon les termes mêmes de l'article 131-21, alinéa 3, du Code pénal, et ne saurait donc être confondu avec le comportement défini par le texte d'incrimination, comme lorsque l'on énonce que l'objet de l'obligation consiste en la prestation due, ni avec l'intérêt pénalement protégé auquel l'auteur cherche à attenter, ne doit pas provenir de l'infraction, mais lui appartenir, comme étant l'un de ses éléments constitutifs, en sorte que l'objet est toujours abstraitement le même pour un type donné d'infraction. La chambre criminelle a d'ailleurs souscrit à cette compréhension de la notion, dès lors qu'elle s'est refusée à voir dans le marché, l'objet du délit d'atteinte à la liberté d'accès et à l'égalité des candidats dans les marchés publics, précisément au motif que l'attribution du marché n'en constitue pas un élément constitutif, puisque cette infraction, de nature formelle, est établie par la seule violation de la norme légale ou réglementaire gouvernant la commande publique[1]. Elle a de même ultérieurement énoncé que l'objet de l'infraction « identique pour l'ensemble des participants à [celle-ci], en constitue l'un des éléments constitutifs »[2]. En effet, qualifier un bien de produit *de* l'infraction désigne sa *provenance*, quand le qualifier d'objet *de* celle-ci renseigne sur son *appartenance*. Il s'en déduit, comme nous l'avons proposé à partir d'une analyse des occurrences jurisprudentielles de la notion[3], que l'objet de l'infraction pourrait s'entendre d'un bien dont la possession est illégitime, soit que celle-ci constitue le résultat du comportement pénalement prohibé nécessaire à la constitution de l'infraction, soit que le bien dont la possession est nécessaire à la constitution de l'infraction rende par sa nature sa possession illégitime. Cette définition reviendrait à distinguer entre l'objet-produit et l'objet-instrument, la possession de l'un et l'autre étant illégitime, mais pour des motifs distincts : l'illégitimité de la possession du premier ressortirait de ce qu'il constitue le résultat du comportement pénalement prohibé, quand celle de la possession du second, qui préexiste à la commission de l'infraction et doit ainsi trouver son fondement en dehors d'elle, devrait être fondée sur la nature même de l'objet possédé. Selon cette définition, pourraient donc être qualifiés d'objet de l'infraction du premier type, le bien volé ou détourné, le document ou les denrées alimentaires falsifiées, ou bien encore l'objet contrefait, quand constitueraient autant d'objets de l'infraction du second type, le bien recelé ou blanchi, le faux dont on use, ou bien encore les denrées falsifiées que l'on détient ou que l'on expose à la vente. Du reste, cette définition permettrait de distinguer, d'une part, entre l'objet et le produit de l'infraction, d'autre part, entre l'objet et l'instrument de celle-ci : l'objet de l'infraction différerait du produit en ce qu'il constituerait le résultat du comportement pénalement prohibé nécessaire à la constitution de l'infraction, sans nécessairement procuré un avantage économique à son possesseur, de même qu'il se distinguerait de l'instrument comme constituant un bien qui, outre le fait que sa possession serait nécessaire à la commission de l'infraction pour que celle-ci soit constituée, présenterait une nature telle que sa possession serait illégitime.

1. Crim. 22 juin 2022, nº 21-85.671, P – Crim. 22 juin 2022, nº 21-85.672, NP.
2. Crim. 28 juin 2023, nº 21-87.417, P.
3. L. Ascensi, « À la recherche de l'objet de l'infraction. Réflexions sur le troisième alinéa de l'article 131-21 du Code pénal », *Lexbase Pénal*, juin 2020.

124.44 **Applications jurisprudentielles.** Dans la jurisprudence de la chambre criminelle, les fonds produits par l'infraction d'origine et constituant l'assiette des actes matériels de blanchiment ont été qualifiés d'objet de ce délit[4]. Cet objet doit d'ailleurs être bien distingué de l'éventuel produit de cette infraction, qui peut être constitué par la rémunération perçue par son auteur pour avoir prêté son concours à l'opération frauduleuse[5]. Ainsi, a été qualifiée d'objet du délit de blanchiment de travail dissimulé et de fraude fiscale, la somme d'argent qui avait été dissimulée dans les bagages de l'auteur, alors que celle-ci était en partance pour l'étranger[6], puis d'objet du délit de blanchiment des infractions d'exercice illicite de la profession de négociant en perles et de travail dissimulé, le solde créditeur d'un compte bancaire constitué des sommes provenant de ces activités[7]. De même, le recel étant comme le blanchiment une infraction de conséquence[8], son objet n'est naturellement autre que le produit de l'infraction d'origine[9]. On précisera cependant que la chambre criminelle a posé pour principe que l'objet du blanchiment de fraude fiscale n'est autre que le produit de cette infraction, soit l'impôt éludé, et non les sommes non déclarées[10], ce qui rejoint la

4. Crim. 7 sept. 2022, nº 21-86.282, NP – Crim. 19 oct. 2022, nº 21-85.752, NP – Crim. 19 oct. 2022, nº 21-87.425, NP – Crim. 15 févr. 2023, nº 22-81.053, NP.
5. V. s^s nº 124.33.
6. Crim. 18 janv. 2017, nº 15-84.003, NP.
7. Crim. 20 juin 2017, nº 16-85.814, NP.
8. POUR une étude de ces infractions : P. Cazalbou, *Étude de la catégorie des infractions de conséquence. Contribution à une théorie des infractions conditionnées*, « Bibliothèque des sciences criminelles », LGDJ, 2016.
9. Crim. 22 juin 2022, nº 21-85.671, P.
10. Crim. 11 sept. 2019, nº 18-81.040, NP – Crim. 9 nov. 2022, nº 22-80.598, NP.

jurisprudence qui s'est développée dans le contentieux des saisies et confiscations pénales, où le produit de la fraude fiscale consiste en la seule économie réalisée par la fraude[1]. Il en va de même de l'objet du délit de blanchiment de travail dissimulé[2].

De même, plusieurs véhicules appartenant ou ayant été loués par une société commerciale, avant d'être saisis au domicile de ses gérants qui se les étaient appropriés pour leur usage personnel, constituent l'objet du délit d'abus de biens sociaux[3], tout comme les fonds détournés ont été vus comme l'objet du délit de détournement de biens publics par un particulier[4], ces solutions pouvant vraisemblablement être étendues à l'ensemble des crimes et des délits d'appropriations frauduleuses de résultat, tels que le vol, l'extorsion, le chantage, l'escroquerie ou bien encore l'abus de confiance, qui ont en commun de réprimer l'acquisition de la possession d'un bien selon des procédés illicites divers.

Enfin, ont été qualifiés d'objet du délit d'exercice illégal de la profession de banquier, les fonds collectés en France par les auteurs de cette infraction auprès de ressortissants algériens, en vue de leur conversion en machines-outils livrées en Algérie, ou de leur change en dinars remis à des personnes désignées résidant dans ce pays[5], puis ceux inscrits au crédit des comptes d'un tel auteur, sur lesquels ce dernier avait encaissé les chèques que lui avaient remis plusieurs sociétés en remboursement de prêts qu'il leur avait consentis en contrepartie d'une commission de 30 %[6].

Au contraire, le véhicule automobile utilisé pour commettre des faits de conduite sous l'empire d'un état alcoolique, refus d'obtempérer et mise en danger d'autrui a été qualifié par la chambre criminelle d'instrument de ces infractions, et non d'objet de celles-ci, comme l'avait fait à tort la cour d'appel[7].

124.45 Indifférence de la propriété des biens. Il n'est enfin pas nécessaire, pour que l'objet de l'infraction puisse être confisqué, que le condamné en soit propriétaire, ni même qu'il en ait la libre disposition. Le régime juridique applicable à l'objet de l'infraction est identique à celui concernant son produit : l'objet de l'infraction peut en principe être confisqué sans considération de son propriétaire[8].

SECTION 2

PRÉSOMPTION DE LIENS AVEC UNE ACTIVITÉ DÉLICTUEUSE

124.51 Textes applicables. La loi n° 2007-297 du 5 mars 2007[9] a ajouté à l'article 131-21 du Code pénal un cinquième alinéa prévoyant la confiscation des biens qui, sans avoir de lien avec l'infraction poursuivie, sont présumés, en raison de la nature de celle-ci, être le produit de l'activité délictueuse de l'auteur. Il résulte en effet de ce texte que, « s'il s'agit d'un crime ou d'un délit puni d'au moins cinq ans d'emprisonnement et ayant procuré un profit direct ou indirect, la confiscation porte également sur les biens meubles ou immeubles, quelle qu'en soit la nature, divis ou indivis, appartenant au condamné ou, sous réserve des droits du propriétaire de bonne foi, dont il a la libre disposition, lorsque ni le condamné, ni le propriétaire, mis en mesure de s'expliquer sur les biens dont la confiscation est envisagée, n'ont pu en justifier l'origine ».

Ces dispositions sont issues d'un amendement déposé en première lecture devant l'Assemblée nationale destiné, ainsi que cela résulte de son exposé des motifs, à « permettre la confiscation "élargie" aux biens dont l'origine ne peut être justifiée dès lors que la durée de l'emprisonnement encouru est supérieure ou égale à cinq ans », afin de mettre « la législation française en parfaite conformité avec les obligations résultant de la décision-cadre 2005/212/JAI du 24 février 2005 du Conseil de l'Union européenne relative à la confiscation des produits, des instruments et des biens en rapport avec le crime ».

Un auteur a cependant proposé que le cinquième alinéa de l'article 131-21 soit amendé en lui faisant prévoir que la confiscation a pour condition l'existence d'indices faisant présumer que les biens dont la confiscation est envisagée n'ont pas une origine licite[10], afin de rapprocher le droit français de la lettre et de l'esprit de la décision-cadre 2005/212/JAI[11]. On observera toutefois que rien n'interdisait au législateur français d'aller au-delà des exigences de la décision-cadre, étant relevé que ni le Conseil constitutionnel[12], ni la Cour européenne des droits de l'homme[13] n'a estimé que le dispositif français

1. V. s^s^ n° 124.33.
2. Crim. 5 oct. 2022, n° 21-84.766, NP – Crim. 19 oct. 2022, n° 21-84.042, NP.
3. Crim. 28 juin 2017, n° 17-80.968, NP.
4. Crim. 28 juin 2023, n° 21-87.417, P.
5. Crim. 11 mars 2015, n° 13-88.250, NP.
6. Crim. 26 juin 2019, n° 18-85.209, P, n° 138 ; *D.* 2019. 1341 – Crim. 26 juin 2019, n° 18-85.220, NP.
7. Crim. 8 nov. 2022, n° 21-86.096, NP.
8. V. s^s^ n° 124.34.
9. L. n° 2007-297, 5 mars 2007 *relative à la prévention de la délinquance, JO* 7 mars, p. 4297.
10. J. Bourgais, *Le rôle du juge pénal en matière de saisies et confiscations, Étude de droit comparé (France – Angleterre)*, Poitiers, 2021, n° 188.
11. Décis.-cadre 2005/212/JAI, Conseil, 24 févr. 2005 *relative à la confiscation des produits, des instruments et des biens en rapport avec le crime, JOUE* L 68, 15 mars, p. 49.
12. V. s^s^ n° 112.11.
13. V. s^s^ n° 113.65.

méconnaissait les droits fondamentaux, ce dont l'auteur d'ailleurs ne disconvient pas s'agissant de la seconde de ces juridictions[1].

124.52 Nature de l'infraction poursuivie et peine encourue. La sévérité de cette peine de confiscation explique d'abord que son champ d'application ait été cantonné aux crimes et aux délits punis d'une peine d'emprisonnement d'une durée supérieure ou égale à cinq ans, un rapport parlementaire ayant cependant proposé de porter cette durée à trois ans[2].

De surcroît, il faut que le crime ou le délit poursuivi ait procuré un profit direct ou indirect. En effet, c'est la condamnation de l'auteur pour des faits relevant d'une délinquance d'appropriation qui va justifier la présomption d'illicéité que le législateur fait peser sur son entier patrimoine.

Pour autant, ainsi que l'a relevé un auteur, cette condition ne saurait être interprétée comme imposant de mettre le produit de l'infraction poursuivie en concordance avec les biens susceptibles de confiscation[3]. S'il doit donc nécessairement résulter des motifs de la décision de confiscation que l'infraction a procuré un profit direct ou indirect, de telles énonciations suffisent à justifier cette décision. C'est d'ailleurs bien tout l'apport du nouveau texte : dispenser le ministère public de la charge de rapporter la preuve de l'origine illicite des biens dont la confiscation est requise.

124.53 Propriété ou libre disposition des biens. Seuls toutefois, comme il sera vu, peuvent être confisqués les biens dont le condamné est propriétaire ou, sous réserve des droits du propriétaire de bonne foi, dont il a la libre disposition[4].

124.54 Absence de justification de l'origine des biens. De même, la confiscation ne peut être prononcée, sur le fondement du cinquième alinéa de l'article 131-21 du Code pénal, qu'à la condition que le condamné et le propriétaire des biens litigieux, d'une part aient été mis en mesure de s'expliquer sur les biens dont la confiscation est envisagée, d'autre part n'aient ni l'un ni l'autre pu en justifier l'origine[5].

Le nouveau texte a ainsi opéré un renversement de la charge de la preuve, lequel connaît il est vrai d'autres manifestations en matière de recouvrement des avoirs criminels[6]. Parce que les faits, sévèrement réprimés, dont le juge répressif est saisi, ont procuré à leur auteur un profit direct ou indirect, l'ensemble du patrimoine de ce dernier présente un caractère suspect et il pèse sur ce patrimoine une présomption – simple – d'illicéité qu'il appartient à l'intéressé de renverser, en rapportant la preuve de l'origine licite de ses biens, sauf à encourir leur confiscation. Car, en effet, bien que le texte ne le dise pas, c'est bien la preuve de l'origine licite des biens dont la confiscation est envisagée qui doit être rapportée, librement, à défaut de précision du texte à cet égard.

124.55 Mise en mesure de s'expliquer sur les biens. Encore faut-il, toutefois, que l'intéressé, condamné ou propriétaire des biens, ait été mis en mesure de s'expliquer sur ceux dont la confiscation est envisagée.

Cette condition de fond du prononcé de ce type de confiscation doit avoir une traduction procédurale. Il convient en effet qu'à un stade quelconque de la procédure, la personne poursuivie et, le cas échéant, le propriétaire des biens litigieux, aient été entendus sur les éléments composant leur patrimoine, dont la confiscation est envisagée.

Il reste que la chambre criminelle paraît peu exigeante quant au respect de cette condition. Ainsi, dans une affaire où le demandeur au pourvoi reprochait à une cour d'appel d'avoir ordonné, en violation du cinquième alinéa de l'article 131-21 du Code pénal, la confiscation de nombreux objets et bijoux saisis à son domicile, en s'abstenant de constater qu'il avait été mis en mesure de s'expliquer sur ces biens et qu'il n'avait pu en justifier l'origine, la chambre criminelle a écarté cette argumentation en se bornant à relever qu'il résultait de l'arrêt attaqué que « de nombreux bijoux et objets avaient été saisis notamment au domicile [du demandeur au pourvoi] dont ce dernier [n'avait pu] justifier l'origine », en sorte « [qu'en] prononçant la confiscation de ces scellés, la cour d'appel [avait] fait l'exacte application de l'article 131-21 5° du Code pénal »[7].

124.56 Indifférence de la date d'acquisition des biens. En revanche, les biens dont l'origine n'a pu être justifiée peuvent être confisqués sans considération de leur date d'acquisition.

1. J. Bourgais, *Le rôle du juge pénal en matière de saisies et confiscations, Étude de droit comparé (France – Angleterre)*, préc., n° 187.
2. J.-L. Warsmann et L. Saint-Martin, *Investir pour mieux saisir, confisquer pour mieux sanctionner, Rapport parlementaire*, nov. 2019, p. 49 – VOIR LES OBSERVATIONS CRITIQUES DE J. Bourgais, « Rapport parlementaire sur les saisies et confiscations : des propositions hasardeuses », *Dr. pén.* 2020, étude 4.
3. *J.-Cl. Pén. code*, préc., n° 37, par E. Camous.
4. V. s^s n° 125.11.
5. POUR UNE APPLICATION EN MATIÈRE DE SAISIES : Crim. 3 juin 2014, n° 13-82.690, NP.
6. J.-H. Robert, « Les mécanismes de renversement de la charge de la preuve », *in* L. Ascensi, P. Beauvais et R. Parizot (dir.), *La confiscation des avoirs criminels, Nouveaux enjeux juridiques*, LGDJ, 2021, p. 25.
7. Crim. 8 juin 2010, n°s 09-82.732 et 09-84.085, P, n° 101 ; *D.* 2010. 1875.

En effet, l'article 131-21, alinéa 5, du Code pénal n'énonce aucune restriction à cet égard. Si l'infraction poursuivie doit avoir procuré un profit direct ou indirect, la confiscation peut en revanche porter sur les biens dont il n'a pu être justifié de l'origine, sans que le législateur n'ait restreint le caractère confiscable des biens à ceux acquis postérieurement à la date de la commission des faits. Interpréter le texte autrement reviendrait à ajouter à la loi une condition qu'elle ne contient pas.

Cette interprétation du texte peut de surcroît s'appuyer sur le fait que les auteurs de l'amendement à l'origine de ces nouvelles dispositions de l'article 131-21 du Code pénal ont entendu mettre l'état du droit en conformité avec la décision-cadre 2005/212/JAI[1]. Or, l'article 3 de ce texte, intitulé « Pouvoirs de confiscation élargis », dispose, à son point 1 : « Chaque État-membre adopte au minimum les mesures nécessaires pour permettre, dans les conditions prévues au paragraphe 2, la confiscation de tout ou partie des biens détenus par une personne reconnue coupable d'une infraction, qui, lorsqu'elle ne relève pas du blanchiment d'argent, soit passible de sanctions pénales égales à une peine privative de liberté maximale d'une durée d'au moins cinq à dix ans. » Et le point 2 du texte précise : « Chaque État-membre adopte les mesures nécessaires pour permettre la confiscation au titre du présent article au moins : a) dans les cas où un tribunal national est pleinement convaincu que les biens en question proviennent d'activités criminelles de la personne condamnée, au cours d'une période antérieure à la condamnation au titre de l'infraction visée au paragraphe 1 qui est considérée comme raisonnable par le tribunal dans les circonstances de l'espèce, ou, à titre alternatif, b) lorsqu'un tribunal national est pleinement convaincu, sur la base d'éléments concrets, que les biens en question proviennent d'activités criminelles similaires de la personne condamnée au cours d'une période antérieure à la condamnation au titre de l'infraction visée au paragraphe 1 qui est considérée comme raisonnable par le tribunal dans les circonstances de l'espèce, ou, à titre alternatif, c) lorsqu'il est établi que la valeur des biens est disproportionnée par rapport au revenu légal de la personne condamnée et qu'un tribunal national est pleinement convaincu, sur la base d'éléments concrets, que les biens en question proviennent de l'activité criminelle de ladite personne. » Il s'en déduit qu'il était bien dans les intentions du législateur de permettre, en application des nouvelles dispositions de l'article 131-21, alinéa 5, du Code pénal, la confiscation de biens dont l'origine n'était pas justifiée, même acquis antérieurement à la date de la commission des faits. Cette rigueur s'explique par le fait que la commission d'une infraction grave ayant procuré un profit direct ou indirect jette le doute sur l'ensemble du patrimoine de la personne poursuivie, en sorte qu'il lui est demandé d'en justifier de l'origine. En d'autres termes, la commission d'une infraction punie d'une peine d'au moins cinq ans d'emprisonnement et ayant procuré un profit direct ou indirect crée une présomption de lien, non pas avec l'infraction poursuivie – ce qui aurait justifié que, d'une part, la confiscation soit limitée aux biens acquis postérieurement à la date de la commission de l'infraction, d'autre part, elle soit limitée aux biens d'une valeur égale au produit de l'infraction –, mais plus largement avec une activité délictueuse quelconque, antérieure, concomitante ou postérieure à l'infraction poursuivie, laquelle justifie que l'ensemble du patrimoine de l'intéressé soit suspecté d'illicéité[2].

La jurisprudence de la chambre criminelle est d'ailleurs en ce sens, quoique de façon implicite. En effet, par un arrêt du 21 mars 2018, la chambre criminelle a écarté la branche d'un moyen de cassation dirigé à l'encontre d'une peine de confiscation prononcée sur le fondement de l'article 131-21, alinéa 5, du Code pénal, au terme de laquelle il était reproché à la cour d'appel d'avoir « prononcé la peine complémentaire de confiscation alors qu'elle [avait constaté] que le bien [avait] été acquis antérieurement à la commission des faits de complicité d'abus de biens sociaux [poursuivis] ce dont il [résultait] que le profit procuré par l'infraction [n'avait] pu permettre cette acquisition ». La chambre criminelle a au contraire énoncé que « l'article 131-21, alinéa 5, du Code pénal [n'exige] pas que le bien confisqué ait été acquis à l'aide du profit direct ou indirect procuré par l'infraction »[3]. Il s'en déduit que, pour la chambre criminelle, il est indifférent que le bien dont l'origine n'a pas été justifiée ait été acquis antérieurement à la période de prévention.

124.57 Justification partielle de l'origine des biens. Il peut enfin se poser en pratique la question du caractère confiscable des biens dont le condamné ou le propriétaire a justifié seulement partiellement

1. Décis.-cadre 2005/212/JAI, Conseil, 24 févr. 2005 *relative à la confiscation des produits, des instruments et des biens en rapport avec le crime, JOUE* L 68, 15 mars, p. 49.

2. AUSSI : S. Detraz, « Le profit présumé délictueux en droit pénal de fond », *Gaz. Pal.* 13 mai 2014, n° 133, p. 18 : « Est de la sorte instaurée une présomption simple, qu'il appartient à la personne concernée de renverser, selon laquelle le bien provient, sinon de l'infraction même objet des poursuites, du moins de l'activité délictueuse supposée de l'intéressé ou d'autrui. »
3. Crim. 21 mars 2018, n° 16-87.296, P, n° 50 ; *D.* 2018. 672.

de l'origine. De tels biens sont-ils confiscables ? Si oui, dans quelle mesure ?

La chambre criminelle n'a jamais eu à se prononcer spécifiquement sur cette question. Il reste que la jurisprudence rendue sur une question immédiatement voisine tend à indiquer qu'elle pourrait considérer, en pareil cas, que le bien dont l'origine n'a été que partiellement justifiée est susceptible de confiscation. En effet, dans un arrêt du 7 décembre 2016, la chambre criminelle a considéré que « l'article 321-10-1 du Code pénal permet la confiscation d'un bien dont l'origine n'est que partiellement injustifiée », en sorte que « [n'encourait] pas la censure l'arrêt qui, pour confisquer un immeuble appartenant à une personne déclarée coupable de non-justification de ressources, [énonçait] que l'intéressée [n'avait] pu justifier de la provenance des sommes importantes investies dans la rénovation de ce bien et qui [avaient] permis d'accroître sa valeur de 128 % »[1].

Il est exact que, dans cette affaire, la confiscation de l'immeuble litigieux n'avait pas été ordonnée sur le fondement des dispositions générales de l'article 131-21, alinéa 5, du Code pénal, mais sur celui des dispositions spéciales de l'article 321-10-1 du même code. Rappelons que ce texte dispose que les personnes physiques coupables des délits de non-justification de ressources définis par les articles 321-6 et 321-6-1 du Code pénal encourent « la peine complémentaire de confiscation de tout ou partie de leurs biens, quelle qu'en soit la nature, meuble ou immeuble, divis ou indivis, dont elles n'ont pu justifier l'origine ». Cette peine complémentaire de confiscation spéciale est donc bien distincte de la peine de confiscation de portée générale prévue par les dispositions du cinquième alinéa de l'article 131-21 du Code pénal. Les deux textes, d'ailleurs, présentent chacun leur intérêt, dès lors que le délit de non-justification de ressources défini par le premier alinéa de l'article 321-6 du Code pénal n'est puni que de trois ans d'emprisonnement, en sorte que les dispositions générales du cinquième alinéa de l'article 131-21 du même code sont inapplicables à son auteur. Quant au fait que les délits de non-justification de ressources aggravés des articles 321-6, alinéa 2, et 321-6-1 du Code pénal, qui sont punis de peines d'emprisonnement dont la durée est supérieure ou égale à cinq ans, tombent sous le coup de l'application de l'article 131-21, alinéa 5, du Code pénal, celui-ci s'explique par le fait que les dispositions de l'article 321-10-1 du Code pénal sont issues de la loi n° 2006-64 du 23 janvier 2006[2] et donc antérieures à la création de la peine de confiscation de portée générale introduite par la loi n° 2007-297 du 5 mars 2007. Si donc l'arrêt du 7 décembre 2016 n'a pas été rendu sur le fondement de l'article 131-21, alinéa 5, du Code pénal, la solution retenue semble néanmoins pouvoir être étendue à la peine prévue par ce texte, tant ses dispositions sont proches de celles de l'article 321-10-1.

Une telle solution nous paraît d'ailleurs devoir être approuvée en ce qu'elle ne constitue que l'application aux biens dont l'origine est suspecte de la règle retenue par le législateur en matière de confiscation du produit de l'infraction selon laquelle peut être ordonnée la confiscation d'un bien acquis seulement partiellement avec le produit de l'infraction[3]. En effet, les biens confiscables sur le fondement de l'article 131-21, alinéa 5, du Code pénal doivent partager le régime juridique de ceux qui le sont à titre de produit de l'infraction, dès lors que le caractère illicite de leur origine se trouve présumé. Dans l'un et l'autre cas, c'est le caractère illicite de l'origine du bien qui justifie qu'il soit confiscable, seules les règles de preuve de cette origine variant selon que la confiscation est envisagée sur le fondement du troisième ou du cinquième alinéa de l'article 131-21 du Code pénal.

SECTION 3
DÉFAUT DE LIENS AVEC TOUTE INFRACTION

124.60 **Plan.** La loi n'exige pas toujours, pour qu'un bien soit confiscable, l'existence d'un lien quelconque avec l'infraction, voire même avec une activité délictueuse présumée. Tel sera le cas de la confiscation de patrimoine (§ 1), de celle des objets qualifiés de dangereux ou nuisibles par la loi ou le règlement, ou dont la détention est illicite (§ 2), ou bien encore de celle des biens meubles ou immeubles spécialement définis par la loi ou le règlement qui réprime l'infraction (§ 3).

§ 1
Confiscation de patrimoine

124.71 **Textes applicables.** Le sixième alinéa de l'article 131-21 du Code pénal dispose que, « lorsque la loi qui réprime le crime ou le délit le prévoit, la confiscation peut aussi porter sur tout ou partie des biens appartenant au condamné ou, sous réserve des droits du propriétaire de bonne foi, dont il a la libre disposition, quelle qu'en soit la nature, meubles ou immeubles, divis ou indivis ». Tout comme

1. Crim. 7 déc. 2016, n°s 12-81.707 et 15-85.429, P, n° 333 ; *D.* 2016. 2571.

2. L. n° 2006-64, 23 janv. 2006 *relative à la lutte contre le terrorisme et portant dispositions diverses relatives à la sécurité et aux contrôles frontaliers, JO* 24 janv., p. 1129.
3. V. s^s^ n° 124.35.

celles du cinquième alinéa du même texte, ces dispositions sont pour l'essentiel issues de la loi n° 2007-297 du 5 mars 2007[1].

Comme il a été vu[2], la peine de confiscation de patrimoine présente un caractère spécial en ce que, comme le précise l'article 131-21, alinéa 6, du Code pénal, la loi qui réprime le crime ou le délit doit la prévoir par une disposition formelle, seule la commission de crimes et délits d'une certaine gravité la faisant en pratique encourir.

124.72 Spécificité de la confiscation de patrimoine. La portée de la peine de confiscation de patrimoine, attentatoire au droit de propriété avec une particulière intensité, doit bien être mesurée. En effet, lorsqu'elle est encourue, cette peine permet au juge répressif d'ordonner la confiscation de n'importe quel bien appartenant au condamné ou, sous réserve des droits du propriétaire de bonne foi, dont il a la libre disposition. Il n'y a pas lieu de rechercher l'existence d'un lien quelconque entre le bien susceptible de confiscation et l'infraction poursuivie, et la confiscation est possible quand bien même la personne condamnée rapporterait la preuve de l'origine licite du bien. Les dispositions de l'article 131-21, alinéa 6, du Code pénal sont claires à cet égard, sauf à ajouter à la loi des conditions qu'elle ne contient pas.

La jurisprudence de la chambre criminelle est d'ailleurs univoque à ce propos. Ainsi, dans un arrêt du 8 juillet 2015, elle a rappelé que, « dans les cas visés à l'article 222-49, alinéa 2, du Code pénal, la confiscation de tout ou partie du patrimoine du condamné peut être prononcée sans qu'il soit nécessaire d'établir que le bien a été acquis illégalement ou qu'il constitue le produit direct ou indirect de l'infraction »[3]. Elle a donc cassé l'arrêt d'une cour d'appel qui, pour dire n'y avoir lieu de prononcer la confiscation de biens mobiliers et immobiliers appartenant au prévenu déclaré coupable d'infractions à la législation sur les stupéfiants, avait énoncé que, d'une part, il n'était pas établi que le bien immobilier dont la confiscation était requise avait été financé par des fonds frauduleusement obtenus, d'autre part, aucune investigation n'avait réellement été effectuée sur les mouvements des comptes du prévenu dont l'existence ou le fonctionnement ne pouvait être rattaché à une activité illicite. Il a de même été énoncé que « le grief qui fait valoir que les biens saisis en application des articles 706-148 du Code de procédure pénale et 131-21, alinéa 6, du Code pénal, ont été acquis antérieurement à la période de commission des faits » est inopérant[4]. D'autres décisions pourraient être citées[5].

124.73 Propriété ou libre disposition des biens. Seuls toutefois, comme il sera vu, peuvent être confisqués les biens dont le condamné est propriétaire ou, sous réserve des droits du propriétaire de bonne foi, dont il a la libre disposition[6].

§ 2
Confiscation des objets qualifiés de dangereux ou nuisibles par la loi ou le règlement, ou dont la détention est illicite

124.81 Textes applicables. Le septième alinéa de l'article 131-21 du Code pénal dispose que « la confiscation est obligatoire pour les objets qualifiés de dangereux ou nuisibles par la loi ou le règlement, ou dont la détention est illicite, que ces biens soient ou non la propriété du condamné ». En application de ces dispositions de droit pénal général, aucun lien quelconque n'est exigé entre le bien susceptible de confiscation et l'infraction poursuivie, et même une infraction quelconque. Ici, en effet, comme il a été vu[7], l'objectif poursuivi par le législateur n'est pas répressif, mais davantage celui de prévenir une future atteinte à l'ordre public. C'est ce qui fait dire à la doctrine que la confiscation est dans ce cas davantage une mesure de sûreté qu'une peine complémentaire.

124.82 Caractère obligatoire. Si l'objet litigieux est qualifié de dangereux ou nuisible par la loi ou le règlement, ou bien si la détention de cet objet est illicite, le juge répressif a le devoir d'en ordonner la confiscation. Le détour par la notion de mesure de sûreté est nécessaire pour justifier que ce qui est qualifié de peine par le législateur puisse néanmoins présenter un caractère absolument obligatoire.

1. L. n° 2007-297, 5 mars 2007 *relative à la prévention de la délinquance, JO* 7 mars, p. 4297.
2. V. s[s] n° 121.45.
3. Crim. 8 juill. 2015, n° 14-86.938, P, n° 180 ; *D.* 2015. 1541 ; *Gaz. Pal.* 3 nov. 2015, n° 307, p. 30, obs. S. Detraz.
4. Crim. 21 mars 2018, n° 16-87.074, NP.
5. Crim. 4 mai 2017, n° 16-87.253, NP approuvant l'arrêt attaqué d'avoir relevé, pour confirmer la saisie d'immeubles susceptibles de faire l'objet d'une confiscation de patrimoine, que le grief « [faisant] valoir que la valeur des biens saisis serait supérieure aux gains illicites est sans emport » – Crim. 18 mars 2020, n° 18-83.986, NP énonçant que la peine de confiscation de patrimoine peut avoir pour objet des biens qui ont une origine licite – Crim. 7 sept. 2022, n° 21-86.002, NP énonçant, alors que se trouvait contesté le prononcé d'une peine de confiscation de patrimoine, qu'est inopérant le moyen qui fait valoir que les biens ont été acquis antérieurement aux faits visés à l'aide de fonds d'origine licite.
6. V. s[s] n° 125.11.
7. V. s[s] n° 111.110.

124.83 **Objets concernés.** Les objets qui sont ici concernés sont ceux qui sont qualifiés de dangereux ou nuisibles par la loi ou le règlement, ou ceux dont la détention est illicite[1]. Ainsi, par exemple, les produits stupéfiants, dont la détention est illicite, doivent obligatoirement être confisqués par le juge répressif.

124.84 **Indifférence de la propriété des biens.** La nature dangereuse, nuisible ou illicite du bien confisqué explique que sa confiscation puisse être prononcée à quelque personne qu'il appartienne. Il s'agit en effet surtout, pour le législateur, d'imposer le retrait de la circulation de l'objet litigieux[2].

§ 3
Confiscation des biens spécialement désignés par le texte réprimant l'infraction

124.90 **Plan.** La confiscation de certains biens est parfois encourue alors même qu'ils ne sont reliés d'aucune manière à l'infraction poursuivie, mais au motif qu'ils sont spécialement désignés par le texte réprimant l'infraction. Il en est ainsi en matière de peines alternatives comme de peines complémentaires.

124.91 **Peines alternatives.** Certaines dispositions de droit pénal général prévoient la confiscation de biens spécialement désignés à titre de peines alternatives.

Ainsi, en matière délictuelle, l'article 131-6 du Code pénal dispose que, lorsqu'un délit est puni d'une peine d'emprisonnement, la juridiction peut notamment prononcer, à la place de l'emprisonnement, la confiscation d'un ou de plusieurs véhicules appartenant au condamné, ou bien celle d'une ou plusieurs armes dont le condamné est propriétaire ou dont il a la libre disposition. L'article 131-7 étend l'application de ces dispositions au cas où le délit est seulement puni d'une amende.

De même, en matière de contraventions de la cinquième classe, il résulte de la combinaison des articles 131-14 et 131-15 du Code pénal, applicables lorsque le condamné est une personne physique, que le juge répressif peut prononcer en lieu et place de l'amende encourue la confiscation d'une ou de plusieurs armes dont le condamné est propriétaire ou dont il a la libre disposition.

Dans l'ensemble de ces hypothèses, le bien désigné par la loi peut être confisqué à titre de peine alternative, alors même qu'il n'est pas lié d'une façon quelconque à l'infraction poursuivie.

1. V. s^s n° 123.16.
2. V. s^s n° 125.31.

Ces dispositions n'ont pas d'équivalent pour les personnes morales[3].

124.92 **Peines complémentaires.** Le quatrième alinéa de l'article 131-21 du Code pénal dispose par ailleurs que « la confiscation peut en outre porter sur tout bien meuble ou immeuble défini par la loi ou le règlement qui réprime l'infraction ». Ainsi que le relève la circulaire du 14 mai 1993[4], se référant à ce texte applicable en matière criminelle, délictuelle et contraventionnelle, « la confiscation encourue à titre de peine complémentaire peut [...] porter sur tout objet mobilier défini par la loi ou le règlement qui réprime l'infraction alors même que cet objet ne répondrait pas à la définition générale des objets susceptibles de confiscation ».

124.93 **Exemples d'application.** Les exemples d'application de ce texte sont nombreux en droit pénal spécial. Il convient de se référer aux textes réprimant l'infraction pour déterminer quels sont les biens, spécialement désignés par ces textes, qui sont susceptibles de confiscation. Ces textes sont par ailleurs recensés[5]. Ainsi en est-il, par exemple, de la peine complémentaire de confiscation des armes dont le condamné pour des faits d'atteinte à la vie est propriétaire ou dont il a la libre disposition[6].

124.94 **Absence de tout lien avec l'infraction.** Lorsqu'un tel bien est désigné par le texte réprimant l'infraction, il peut être confisqué sans qu'il soit nécessaire que soit établie l'existence d'un lien quelconque avec l'infraction.

Ainsi, dans une affaire où, après qu'une cour d'appel eut confisqué un véhicule qui appartenait à une personne déclarée coupable de trafic de stupéfiants, le demandeur au pourvoi soutenait, pour l'essentiel, que ce véhicule n'avait jamais servi au transport de produits stupéfiants, la chambre criminelle a considéré que la cour d'appel avait justifié sa décision en retenant seulement que le véhicule appartenait au prévenu pendant la période de prévention, dès lors que cette juridiction « [n'avait] fait qu'user de la faculté que lui donne l'article 222-44 5° du Code pénal »[7]. Pour approuver cette solution, il faut rappeler qu'il résulte de ce texte que les personnes physiques coupables de trafic de stupéfiants encourent notamment « la confiscation d'un

3. C. pén., art. 131-42.
4. Circ. Justice-DACG, 14 mai 1993, *Commentaire des dispositions de la partie Législative du nouveau Code pénal (livres I à V) et des dispositions de la loi du 16 décembre 1992 relative à son entrée en vigueur*, Journaux officiels, janv. 1993, n° 62.
5. J.-C. Crocq, *Le guide pénal – Le guide des infractions 2023*, 24e éd., « Guides Dalloz », 2022.
6. C. pén., art. 221-8, I, 5°.
7. Crim. 16 févr. 2010, n° 09-84.687, NP.

ou plusieurs véhicules » leur appartenant. Ces dispositions sont ainsi distinctes de celles du 7° du même article 222-44 qui prévoient que le condamné encourt « la confiscation de la chose qui a servi ou était destinée à commettre l'infraction ou de la chose qui en est le produit ». Parce que les véhicules appartenant au condamné sont spécialement désignés par le texte de répression, sans plus de précision, il n'est pas nécessaire, pour que leur confiscation soit ordonnée, qu'ils soient le produit ou l'instrument de l'infraction. Il est vrai toutefois, au cas particulier, que la confiscation du véhicule litigieux aurait tout aussi bien pu être prononcée sur le fondement de l'article 222-49 du Code pénal, c'est-à-dire à titre de confiscation de patrimoine, ces dispositions n'exigeant pas davantage que l'article 222-44, 5°, un lien quelconque du bien confisqué avec l'infraction.

La solution retenue est au reste très ancienne dans la jurisprudence de la chambre criminelle. En effet, dans un arrêt rendu le 10 octobre 1978, sous l'empire de l'ancien Code pénal et en matière de peines alternatives à l'emprisonnement, il avait été jugé que « l'article 43-3 alinéa 6 du Code pénal qui permet de prononcer à titre principal et comme substitut d'une peine d'emprisonnement sanctionnant un délit, la confiscation d'une ou plusieurs armes dont le prévenu est propriétaire ou dont il a la libre disposition, n'exige nullement que ladite arme ait été utilisée en vue de commettre l'infraction poursuivie »[1].

124.95 **Exceptions.** Cette position de la chambre criminelle, parfaitement conforme aux textes applicables, supporte des exceptions. Dans certains cas, en effet, les textes spéciaux prévoient la désignation de certains biens, tout en imposant que soit caractérisé un lien d'une nature particulière entre ces biens et l'infraction.

Ainsi, en matière de pratiques anti-concurrentielles, l'article L. 442-48 du Code de commerce dispose que la juridiction peut ordonner la confiscation « des produits offerts à la vente et des biens ayant permis la vente des produits ou l'offre de services ». Il en est de même, en matière d'infractions aux règles gouvernant les ventes aux enchères, s'agissant de la confiscation « des sommes ou objets irrégulièrement reçus par l'auteur de l'infraction, à l'exception des objets susceptibles de restitution »[2]. De telles dispositions se retrouvent en matière d'atteinte à l'administration publique[3]. Les exemples sont en vérité nombreux.

1. Crim. 10 oct. 1978, n° 78-90.843, P, n° 265.
2. C. com., art. 321-15.
3. C. pén., art. 432-17.

SECTION 4

RÈGLES PROPRES À LA CONFISCATION DES ANIMAUX

124.101 **Spécificité des textes applicables.** Les liens devant exister entre les animaux susceptibles de faire l'objet de la peine complémentaire criminelle, correctionnelle ou contraventionnelle de confiscation, et l'infraction poursuivie font l'objet des dispositions particulières de l'article 131-21-1 du Code pénal, applicable aux personnes physiques, et de celles des articles 131-39, 10°, et 131-43 du Code pénal, concernant les personnes morales, ce qui exclut donc l'application des textes généraux du Code pénal relatifs à la peine de confiscation.

124.102 **Instrument ou victime avéré de l'infraction.** Ces textes disposent que, lorsque la peine complémentaire de confiscation d'un animal est prévue par la loi ou le règlement, deux sortes d'animaux peuvent être confisqués. Tel est le cas, d'une part, de l'animal qui a été utilisé pour commettre l'infraction, c'est-à-dire de l'animal qui a constitué l'instrument de l'infraction consommée, les textes applicables aux personnes physiques étendant la répression aux animaux instrument de l'infraction seulement tentée. D'autre part, la confiscation peut aussi porter sur l'animal à l'encontre duquel l'infraction a été commise, c'est-à-dire celui qui a été la victime des faits poursuivis.

On relèvera que les textes n'exigent pas que l'animal soit la propriété de la personne condamnée, non plus que cette dernière en ait la libre disposition. Il semble ainsi que la peine de confiscation puisse être prononcée sans qu'il y ait lieu de s'interroger sur la propriété de l'animal concerné par la mesure.

124.103 **Instrument ou victime potentiel de l'infraction.** Par ailleurs, le second alinéa de l'article 131-21-1 du Code pénal prévoit que, lorsque la peine complémentaire de confiscation d'un animal est encourue, elle peut aussi porter sur les animaux dont le condamné est propriétaire ou dont il a la libre disposition, si ces animaux étaient susceptibles d'être utilisés pour commettre l'infraction ou si l'infraction aurait pu être commise à leur encontre. Peut ainsi être confisqué l'animal constituant l'instrument potentiel ou la victime éventuelle de l'infraction.

L'on relèvera cependant que, dans ce cas, seuls peuvent faire l'objet d'une telle peine de confiscation les animaux qui sont la propriété de la personne condamnée ou bien ceux dont l'intéressé a la libre disposition.

124.104 Spécificité des règles gouvernant le prononcé et l'exécution de la décision de confiscation. Si les conditions de fond de la confiscation des animaux sont donc peu spécifiques, l'on verra en revanche que les règles qui gouvernent le prononcé d'une telle peine sont particulières [1].

1. V. s^s n° 131.152.

CHAPITRE

125. Conditions relatives aux liens entre le condamné et le bien susceptible de confiscation

SECTION 0 ORIENTEUR

125.00 Sommaire du chapitre.

Sect. 1 Des biens « appartenant » à la personne condamnée

Sect. 2 Des biens à la libre disposition de la personne condamnée

Sect. 3 Des biens sans lien avec la personne condamnée

Division. Tous les biens entretenant avec l'infraction la relation le cas échéant prévue par la loi ou le règlement ne sont pas confiscables. En effet, le principe de la personnalité des peines et la nécessité de protéger les intérêts des tiers devraient en principe imposer que seuls les droits dont le condamné est titulaire puissent être confisqués. Ce principe, toutefois, n'est pas sans exception ; au contraire. Il faut en vérité distinguer entre les cas où le bien doit appartenir à la personne condamnée (sect. 1), ceux où il suffit que l'intéressé en ait la « libre disposition » (sect. 2), et enfin les situations particulières où aucun lien n'est exigé entre le bien confisqué et le condamné (sect. 3).

125.01 Principaux textes applicables.

TEXTES SOURCES

• C. pén., art. 131-6, 131-14, 131-16, 131-21, 131-21-1, 131-39, 131-42

TEXTES *IN EXTENSO*

• **C. pén., art. 131-6**

* V. s^s^ n° 111.01.

• **C. pén., art. 131-14**

* V. s^s^ n° 111.01.

• **C. pén., art. 131-16**

* V. s^s^ n° 111.01.

• **C. pén., art. 131-21**

* V. s^s^ n° 111.01.

• **C. pén., art. 131-21-1**

* V. s^s^ n° 111.01.

• **C. pén., art. 131-39**

* V. s^s^ n° 111.01.

• **C. pén., art. 131-42**

* V. s^s^ n° 111.01.

125.02 Jurisprudence de référence.

> Indifférence de la propriété des biens confisqués à titre d'objet ou de produit de l'infraction

• **Crim. 4 sept. 2012,** n° 11-87.143, P, n° 178

* V. s^s^ n° 125.31.

« La saisie des immeubles dont la confiscation est prévue par l'article 131-21 du Code pénal, prescrite par l'article 706-150 du Code de procédure pénale, n'est pas limitée aux biens dont les personnes visées par l'enquête sont propriétaires mais s'étend à tous les biens qui sont l'objet ou le produit direct ou indirect de l'infraction. »

> Réserve des droits du propriétaire de bonne foi en cas de confiscation du produit direct ou indirect de l'infraction

• **Crim. 7 nov. 2018,** n° 17-87.424, P, n° 188

* V. s^s^ n° 125.31.

« Vu l'article 6 § 2 de la directive 2014/42/UE du Parlement européen et du Conseil du 3 avril 2014, les articles 481 et 482 du Code de procédure pénale, ensemble l'article 131-21 du Code pénal ;

Attendu qu'il se déduit du troisième de ces textes que le jugement qui rejette une demande de restitution est susceptible d'appel de la part de la personne qui a formulé cette demande, sans que puisse lui être opposée l'autorité de la chose jugée de la décision ordonnant la confiscation ;

Attendu que, si la demande de restitution doit être examinée sur le fondement de l'article 481 du Code de procédure pénale lorsque les biens placés sous main de justice n'ont pas été confisqués, il doit être statué sur cette demande en faisant application des dispositions de l'article 131-21 du Code pénal lorsque les biens ont été confisqués ;

Attendu que, conformément aux dispositions précises et inconditionnelles de l'article 6 § 2 de la directive 2014/42/UE du Parlement européen et du Conseil du 3 avril 2014, les droits du propriétaire de bonne foi doivent être réservés, même lorsque le bien constitue le produit direct ou indirect de l'infraction. »

> Notion de bien susceptible de restitution à la victime

• **Crim. 19 avr. 2017,** n° 16-80.718, P, n° 108

* V. s^s n° 125.32.

« Ne méconnaît pas l'article 131-21 du Code pénal la cour d'appel qui ordonne, à titre de peine complémentaire, la confiscation de la créance figurant sur un contrat d'assurance-vie souscrit par l'auteur d'un abus de faiblesse même si les primes d'assurance sont issues de sommes que la victime lui a remises, dès lors que le droit de créance, dont seul bénéficie le souscripteur en exécution du contrat, n'est pas susceptible de restitution à la victime.

Une condamnation à des dommages-intérêts ne constitue pas une peine et peut par conséquent se cumuler avec une mesure de confiscation d'un contrat d'assurance-vie souscrit par l'auteur d'un abus de faiblesse au moyen de sommes remises par la victime, celle-ci pouvant le cas échéant demander, en application de l'article 706-164 du Code de procédure pénale, à ce que la somme qui lui a été allouée à titre de dommages-intérêts soit prélevée sur les fonds ainsi confisqués. »

> Notion de libre disposition

• **Crim. 25 nov. 2020,** n° 19-86.979, P, 109

* V. s^s n° 125.22.

« 34. En effet, il ressort des motifs propres et adoptés de l'arrêt attaqué qu'outre le fait que M. S... A... assurait seul la gestion locative de l'immeuble confisqué, le prêt afférent à son acquisition n'a pu être remboursé qu'au moyen des revenus occultes de l'intéressé, l'affectation des ressources de Mme U... à ce remboursement, compte tenu du train de vie du couple, parents de trois enfants, de l'importance de l'épargne de l'intéressée, et du remboursement du prêt conclu lors de l'acquisition du domicile familial, devant être retenue comme un montage réalisé dans le seul but de placer l'immeuble confisqué dans un état apparent d'indivision.

35. Il s'en déduit que M. S... À... était le propriétaire économique réel de la totalité de l'immeuble confisqué, nonobstant l'indivision apparente de l'immeuble organisée par le prévenu, de sorte que l'intéressé en avait la libre disposition au sens du sixième alinéa de l'article 131-21 du Code pénal. »

> Notion de propriétaire de bonne foi

• **Crim. 9 déc. 2014,** n° 13-85.150, NP

V. s^s n° 125.26.

« Attendu qu'il résulte de l'arrêt attaqué, de l'ordonnance qu'il confirme et des pièces de la procédure que M. X..., mis en examen des chefs, notamment, d'association de malfaiteurs, recel en bande organisée, escroqueries en bande organisée, faux et usage de faux, et sa compagne, Mme Y..., ont acquis en indivision des biens immobiliers situés à Roquefort et Bajamont (Lot-et-Garonne) ; que, par ordonnance du 24 janvier 2013, le juge d'instruction a prescrit la saisie de ces biens, à titre conservatoire, au visa des articles 131-21 du Code pénal, 706-141 à 706-147 et 706-150 à 706-152 du Code de procédure pénale ; que M. X... et Mme Y... ont relevé appel de cette décision ;

Attendu que, pour confirmer l'ordonnance entreprise, l'arrêt retient notamment que Mme Y..., propriétaire indivise des biens saisis, qui partageait le quotidien de son compagnon depuis 1997 et connaissait ses antécédents judiciaires, ne peut sérieusement prétendre avoir ignoré l'origine frauduleuse des fonds ayant permis au couple d'honorer le remboursement des prêts accordés pour l'acquisition de ces biens, au regard de la situation financière de son compagnon ;

Attendu qu'en l'état de ces énonciations, d'où il résulte que Mme Y... ne saurait être regardée comme une propriétaire de bonne foi au sens de l'article 131-21 du Code pénal et dès lors qu'il n'importe que la personne mise en examen ne dispose que de droits indivis sur les biens immobiliers saisis, la chambre de l'instruction a justifié sa décision. »

• **Crim. 3 févr. 2016,** n° 14-87.754, NP

* V. s^s n° 125.26.

« Attendu qu'en l'état de ces énonciations, caractérisant tant la connaissance par Mme Zinet X... des activités délictuelles de son fils, M. Haydar X..., que la libre disposition du bien immobilier, instrument de l'infraction, dont celui-ci bénéficiait, et dès lors que la saisie de l'immeuble dont la confiscation est prévue par l'article 131-21, alinéa 2, du Code pénal, peut, sous réserve du droit du propriétaire de bonne foi, porter sur tous les biens qui ont servi à commettre l'infraction, la chambre de l'instruction a justifié sa décision. »

> Caractère confiscable des biens indivis

• **Crim. 3 juin 2014,** n° 13-82.690, NP

* V. s^s n° 125.15.

« Attendu qu'il résulte de l'arrêt attaqué et des pièces de la procédure qu'au cours d'une information portant sur des faits en relation avec l'activité d'un cercle de jeux, Mme Y... a été mise en examen des chefs d'association de malfaiteurs, recel d'abus de confiance, recel d'extorsion de fonds en bande organisée et non-justification de ressources ; que, le 28 novembre 2012, le juge d'instruction a ordonné la saisie pénale d'un bien immobilier qu'elle possède en Corse en indivision avec M. X..., au motif qu'elle ne justifiait pas de l'origine licite des fonds lui ayant permis cette acquisition et qu'au regard des faits qui lui sont reprochés, elle encourait la confiscation de la partie indivise de cet immeuble ; que Mme Y... et M. X... ont interjeté appel de cette décision ;

Attendu que, pour confirmer l'ordonnance entreprise, la chambre de l'instruction prononce par les motifs repris au moyen ;

Attendu qu'en l'état des seuls motifs relatifs à l'absence de justification par Mme Y... de l'origine des fonds employés pour l'acquisition du bien en cause et à la peine complémentaire de confiscation encourue en répression des infractions reprochées, et dès lors que la saisie effectuée est destinée à garantir l'éventuelle confiscation de la partie indivise de l'immeuble dont elle est propriétaire, la chambre de l'instruction a justifié sa décision. »

• **Crim. 3 nov. 2016,** nº 15-85.751, P, nº 289

* V. s[s] nº 125.15.

« Attendu qu'il résulte de l'arrêt qu'après avoir condamné Mme X... pour non-justification de ressources, la cour d'appel a prononcé la confiscation du bien immobilier lui appartenant en indivision avec un tiers ;

Attendu que, si c'est à tort que la cour d'appel a appliqué l'article 131-21, alinéa 5, du Code pénal, l'arrêt n'encourt pas la censure ;

Qu'en premier lieu, l'article 321-10-1 du code précité permet la confiscation des biens divis ou indivis de la personne condamnée pour non-justification de ressources ;

Qu'en second lieu, Mme X... n'a pas justifié de l'origine des fonds au moyen desquels elle a, fût-ce partiellement, remboursé l'emprunt souscrit pour l'acquisition du bien confisqué ;

Qu'enfin, la demanderesse n'a pas qualité pour invoquer une atteinte aux droits de son coïndivisaire dans le bien confisqué, dévolu en situation d'indivision à l'État. »

• **Crim. 11 juill. 2017,** nº 16-83.773, NP

* V. s[s] nº 125.15.

« Attendu qu'il résulte de l'arrêt attaqué, de l'ordonnance qu'il confirme et des pièces de la procédure que M. Y... a été mis en cause dans une enquête, ouverte des chefs susvisés, portant sur des faits de recours abusif à la sous-traitance dans le cadre de marchés de gardiennage et de déclarations minorées des heures travaillées par les salariés concernés, susceptibles de représenter plus de 4,5 millions d'euros de cotisations éludées ; que, placé en garde à vue au mois d'octobre 2011, l'intéressé a été convoqué en vue d'une mise en examen prévue au mois d'août 2015 et qui a été repoussée ; que, le 18 décembre 2015, le juge d'instruction a ordonné la saisie pénale en valeur d'un immeuble situé à Toulon, estimé à 400 000 euros, et dont sont propriétaires, pour moitié indivise en pleine propriété, M. Y... et son épouse ; que les intéressés ont relevé appel de cette décision ;

Attendu que, pour confirmer l'ordonnance, l'arrêt, après avoir indiqué les raisons laissant penser que M. Y... a participé aux infractions poursuivies et les éléments permettant d'estimer le produit, direct ou indirect procuré par celles-ci, énonce notamment que l'article 706-141 du Code de procédure pénale n'exige pas, pour ordonner une saisie, que soit caractérisé un risque de dissipation du bien et qu'aux termes de l'article 131-21 du Code pénal, la confiscation en valeur peut être ordonnée sur tous biens appartenant au condamné ou, sous réserve des droits du propriétaire de bonne foi, dont il a la libre disposition ; que les juges ajoutent que le fait que l'immeuble soit indivis et que Mme Y... ne soit pas mise en cause, ne fait pas obstacle à sa saisie en totalité, laquelle ne suspend ni l'usage du bien ni le droit d'en percevoir les fruits, et réserve ses droits indivis, en cas de confiscation, au moment de la vente du bien ;

Attendu qu'en se déterminant par ces motifs, et en l'état de l'argumentation dont elle avait été saisie par Mme Y..., la chambre de l'instruction a justifié sa décision. »

• **Crim. 30 mars 2022,** nº 21-82.217, P

* V. s[s] nº 125.15.

« Lorsque le bien dont la confiscation est envisagée est en état d'indivision entre la personne condamnée et son époux de bonne foi, cette peine ne peut porter que sur la part indivise de la personne condamnée, les droits de l'époux de bonne foi devant lui être restitués, y compris lorsque le bien constitue le produit direct ou indirect de l'infraction (Crim. 7 nov. 2018, nº 17-87.424, *Bull. crim.* 2018, nº 188). »

> Caractère confiscable des biens communs

• **Crim. 9 sept. 2020,** nº 18-84.619, P, 197

* V. s[s] nº 125.16.

« La confiscation d'un bien commun prononcée en répression d'une infraction commise par l'un des époux ne peut qu'emporter sa dévolution pour le tout à l'État, sans qu'il demeure grevé des droits de l'époux non condamné pénalement, y compris lorsque ce dernier est de bonne foi.

Cette dévolution ne méconnaît pas les droits de l'époux non condamné pénalement, dès lors que la confiscation, qui constitue une pénalité évaluable en argent, est susceptible de faire naître un droit récompense pour la communauté lors de la dissolution de celle-ci, déduction faite du profit retiré par elle, en application de l'article 1417 du Code civil, au même titre qu'une amende encourue par un seul époux et payée par la communauté. »

• **Crim. 30 mars 2022,** nº 21-82.217, P

* V. s[s] nº 125.16.

« 13. En effet, lorsque le bien dont la confiscation est envisagée est en état d'indivision entre la personne condamnée et son époux de bonne foi, cette peine ne peut porter que sur la part indivise de la personne condamnée, les droits de l'époux de bonne foi devant lui être restitués, y compris lorsque le bien constitue le produit direct ou indirect de l'infraction (Crim. 7 nov. 2018, nº 17-87.424, *Bull. crim.* 2018, nº 188).

14. En revanche, lorsque le bien dont la confiscation est envisagée est commun à des époux mariés sous le régime de la communauté légale réduite aux acquêts et que l'époux non condamné pénalement est de bonne foi, la confiscation ne peut qu'emporter sa dévolution pour le tout à l'État, sans qu'il puisse demeurer grevé des droits de l'époux de bonne foi, la confiscation faisant naître un droit à récompense pour la communauté lors de la dissolution de celle-ci (Crim. 9 sept. 2020, nº 18-84.619).

15. Dans ce cas, il appartient à la cour d'appel saisie de l'appel interjeté par l'époux de bonne foi contre le jugement rejetant, en raison du prononcé de la peine complémentaire de confiscation, sa requête en restitution d'un bien commun placé sous main de justice, d'abord de s'assurer du caractère confiscable du bien dont la restitution est sollicitée, en application des conditions légales, en précisant la nature et l'origine de ce bien ainsi que le fondement de la mesure (Crim. 27 juin 2018, nº 16-87.009, *Bull. crim.* 2018, nº 128). Il lui appartient ensuite d'apprécier si, nonobstant la reconnaissance d'un droit à récompense pour la communauté, il y a lieu de confirmer la confiscation en tout ou partie, en restituant tout ou partie du bien à la communauté, au regard des circonstances de l'infraction, de la personnalité et de la situation de son auteur, ainsi que de la situation personnelle de l'époux de bonne foi, en s'expliquant, hormis le cas où la confiscation, qu'elle soit en nature ou en valeur, porte sur un bien qui, dans

sa totalité, constitue l'objet ou le produit de l'infraction, sur le caractère proportionné de l'atteinte portée au droit de propriété de l'époux de bonne foi lorsqu'une telle garantie est invoquée, ou procéder à cet examen d'office lorsqu'il s'agit d'une confiscation de tout ou partie du patrimoine. »

125.03 Bibliographie indicative.

Encyclopédies. *Rép. pén.*, V° « Confiscation », par A. Beziz-Ayache – *J.-Cl. Pén. code*, art. 131-21 et 131-21-1, fasc. 20, par E. Camous.

Thèses. J. Bourgais, *Le rôle du juge pénal en matière de saisies et confiscations, Étude de droit comparé (France – Angleterre)*, Poitiers, 2021 – M. Peter, *Les saisies pénales spéciales. Une évolution majeure pour une stratégie pénale patrimoniale repensée*, Aix-Marseille, 2018.

Articles. Ch. Blanchard, « La confiscation pénale des biens communs », *in* Coll., *Les coutures du droit, Mélanges en l'honneur de Philippe Théry*, LGDJ, Dalloz, 2022, p. 73 – M. Bourassin, « La saisie et la confiscation des propriétés collectives », *in* L. Ascensi, P. Beauvais et R. Parizot (dir.), *La confiscation des avoirs criminels, Nouveaux enjeux juridiques*, LGDJ, 2021, p. 125 – E. Camous, « Le droit de propriété et la peine de confiscation », *Dr. pén.* 2019, étude 8 – « Saisie et confiscation des biens faisant l'objet d'une propriété collective », *Dr. pén.* 2019, étude 26 – Ch. Cutajar et Y. Strickler, « Saisie et confiscation des biens et techniques juridiques opérant transfert de propriété », *La revue du Grasco*, n° 1, avr. 2012, p. 8 – E. Daoud, « Les droits de la personne mise en cause », *in* L. Ascensi, P. Beauvais et R. Parizot (dir.), *La confiscation des avoirs criminels, Nouveaux enjeux juridiques*, LGDJ, 2021, p. 65 – D. Guérin et C. Ducouloux-Favard, « La confiscation en droit pénal français », *Gaz. Pal.* 31 oct. 2002, n° 218, p. 9 – M. Hy, « Peine de confiscation : pour en finir avec la mauvaise foi », *AJ pénal* 2018. 505 – H. Matsopoulou, « La confiscation spéciale dans le nouveau Code pénal », *RSC* 1995. 301 ; « La saisie et la confiscation des biens des tiers », *in* L. Ascensi, P. Beauvais et R. Parizot (dir.), *La confiscation des avoirs criminels, Nouveaux enjeux juridiques*, LGDJ, 2021, p. 109 – H. Matsopoulou et H. Robert, « Confiscation des biens des tiers : les conditions de la libre disposition et de la bonne foi », *JCP G* 2020. 209 – A. Mihman, « La confiscation des profits illicites », *Gaz. Pal.* 13 mai 2014, n° 133, p. 9 – H. Robert, « Le juge pénal et l'instrumentalisation du patrimoine criminel », *RJ com.* 2015. 259 – L. Saenko, « Confiscation et droit de propriété : les liaisons dangereuses », *Gaz. Pal.* 6 nov. 2018, n° 38, p. 65 – R. Parizot, « La confiscation, sanction applicable en droit pénal des affaires », *in* H. Matsopoulou et C. Mascala (dir.), *Lamy Droit pénal des affaires*, Wolters Kluwer, 2020 – M. Segonds, « Les droits des tiers », *in* L. Ascensi, P. Beauvais et R. Parizot (dir.), *La confiscation des avoirs criminels, Nouveaux enjeux juridiques*, LGDJ, 2021, p. 85.

SECTION 1
DES BIENS « APPARTENANT » À LA PERSONNE CONDAMNÉE

125.11 Affirmation de la nécessité de la propriété des biens confisqués. Certaines peines de confiscation ont pour condition que le condamné soit propriétaire des biens confisqués, cette condition devant être comprise comme signifiant, ainsi qu'il a été vu, que le condamné doit être titulaire des droits faisant l'objet de la mesure [1].

Tel est le cas en matière de peines complémentaires applicables aux personnes physiques et, par renvoi de l'article 131-39 à l'article 131-21 du Code pénal, aux personnes morales. Cette condition est en effet énoncée par l'article 131-21 du Code pénal s'agissant de la confiscation de l'instrument de l'infraction [2], des biens dont l'origine n'a pu être justifiée [3] et de patrimoine [4], étant au contraire relevé que, s'agissant de la confiscation de l'objet ou du produit de l'infraction, celui-ci peut en principe être confisqué quel que soit son propriétaire [5] ; nous y reviendrons [6]. L'on pourrait aussi citer le neuvième alinéa du texte, qui permet la confiscation en valeur des biens appartenant au condamné, à condition de préciser que la confiscation en valeur constitue une modalité du prononcé de la peine complémentaire de confiscation, non un fondement de celle-ci, de sorte que la question sera examinée ultérieurement [7].

Cette exigence est aussi énoncée dans plusieurs dispositions de droit pénal spécial. Par exemple, l'auteur de faits d'homicide involontaire par le conducteur d'un véhicule terrestre à moteur encourt notamment la peine complémentaire de confiscation du véhicule dont il s'est servi pour commettre l'infraction s'il en est propriétaire [8], cette peine étant parfois obligatoire. Il en est de même s'agissant de l'auteur du délit de risque causé à autrui lorsque l'infraction a été commise à l'occasion de la conduite d'un véhicule terrestre à moteur [9].

Une telle exigence se retrouve en matière de confiscation des animaux, le second alinéa de l'article 131-21-1 du Code pénal disposant que, lorsqu'elle est prévue par un texte spécial, la confiscation concerne également les animaux dont le condamné est propriétaire, si ces animaux étaient susceptibles d'être utilisés pour commettre l'infraction ou si l'infraction aurait pu être commise à leur encontre.

Il en est enfin de même en matière de peines alternatives. Ainsi, s'agissant des personnes physiques, lorsqu'un délit est puni d'emprisonnement ou d'amende, le juge répressif peut prononcer à la place de cette peine la confiscation d'un ou de plusieurs véhicules, ou bien d'une ou de plusieurs

1. V. s^s n° 123.13.
2. C. pén., art. 131-21, al. 2.
3. C. pén., art. 131-21, al. 5.
4. C. pén., art. 131-21, al. 6.
5. C. pén., art. 131-21, al. 3.
6. V. s^s n° 125.31.
7. V. s^s n° 126.37.
8. C. pén., art. 221-8, 9°.
9. C. pén., art. 223-18.

armes, dont le condamné est propriétaire[1]. Tel est aussi le cas pour les contraventions de la cinquième classe, la confiscation d'une ou de plusieurs armes dont le condamné est propriétaire pouvant être prononcée à la place de l'amende[2].

125.12 Portée limitée de la nécessité de la propriété des biens confisqués. Nous verrons qu'en vérité la portée de la nécessité de la propriété des biens confisqués s'est trouvée largement diminuée par suite de réformes législatives successives, dès lors que, dans la grande majorité des cas précités, il suffit dorénavant qu'un bien soit à la « libre disposition » du condamné pour être confiscable[3].

Seul l'article 131-6 du Code pénal restreint la possibilité de confisquer un véhicule à titre de peine alternative délictuelle applicable aux personnes physiques au cas où le véhicule appartient purement et simplement au condamné.

125.13 Appréciation de la propriété. À l'instar du juge civil, et selon les règles du droit civil, le juge répressif apprécie souverainement quels sont les droits du condamné sur le bien dont la confiscation est envisagée ; et ce quand bien même ces droits présenteraient un caractère réel immobilier.

Cela ressort par exemple d'un arrêt de la chambre criminelle rendu en matière de saisies, dans lequel elle a posé pour principe que « le démembrement de propriété d'un bien immeuble, par l'effet d'une donation-partage, qui, au regard des conditions de sa réalisation et de ses modalités, n'a pas privé, effectivement, des attributs inhérents aux droits du propriétaire les personnes mises en examen pour des faits de blanchiment de fraude fiscale pour lesquels elles encouraient, à la date des faits reprochés, la peine complémentaire de confiscation de tout ou partie de leur patrimoine, ne constitue pas un obstacle à la saisie pénale dudit bien »[4]. Dans cette affaire, en effet, la chambre criminelle a approuvé la saisie d'un bien immobilier sur le fondement de l'article 706-148 du Code de procédure pénale, c'est-à-dire en tant que bien susceptible de faire l'objet d'une confiscation de patrimoine[5], alors qu'en l'état de la rédaction de l'article 131-21, alinéa 6, du Code pénal à la date des faits, seuls les biens « appartenant » au condamné pouvaient faire l'objet d'une telle peine. Or, au cas particulier, la propriété du bien saisi avait été démembrée par des parents, ultérieurement mis en examen, au profit de leurs deux enfants, parmi lesquels un seul avait lui aussi été mis en examen, une donation-partage de la nue-propriété ayant été consentie par les intéressés à leurs enfants, les parents conservant l'usufruit, de sorte qu'il était soutenu que le bien n'appartenait pas aux mis en examen. Pour néanmoins approuver la décision de saisie, la chambre criminelle, tout en affirmant que la détention de droits réels sur un bien ne suffit pas à justifier une telle confiscation, sur le fondement de l'article 131-21, alinéa 6, du Code pénal, a énoncé que la saisie était justifiée par le fait qu'il résultait de l'acte de donation que celle-ci n'avait pas privé les parents « des attributs inhérents aux droits du propriétaire ». Car, en effet, l'acte de donation-partage prévoyait que « les donateurs [interdisaient] aux donataires de vendre, aliéner, hypothéquer ou nantir sans leur accord les biens donnés, ceci durant la vie des donateurs, à peine de nullité des ventes, aliénations, hypothèques et nantissement et même de résolution de la donation si bon [semblait] aux donateurs ».

De même, pour approuver la confiscation d'un véhicule constituant l'instrument du délit de conduite en ayant fait l'usage de stupéfiants, il a été énoncé que « le certificat d'immatriculation du véhicule, qui ne constitue pas en soi un titre de propriété, produit par le prévenu et mentionnant le nom d'une tierce personne ne saurait suffire à établir de manière irréfutable le droit de propriété de celle-ci sur le véhicule, cette propriété pouvant être établie par tous moyens »[6].

Les caractères réel et immobilier des droits en cause sont à cet égard indifférents, dès lors qu'il a été posé pour principe « qu'une exception préjudicielle fondée sur l'existence de droits réels immobiliers ne peut être admise par les tribunaux répressifs qu'autant qu'elle est présentée par le prévenu et que les titres produits ou les faits invoqués sont de nature, dans le cas où ils seraient retenus par les juges compétents, à faire disparaître l'infraction »[7]. Si, en effet, l'article 384 du Code de procédure pénale dispose que « le tribunal saisi de l'action publique est compétent pour statuer sur toutes exceptions proposées par le prévenu pour sa défense, à moins que la loi n'en dispose autrement, ou que le prévenu n'excipe d'un droit réel immobilier », cette dernière exception au principe de la plénitude de juridiction du juge répressif doit, comme telle, être interprétée strictement[8] : outre le fait que cette excep-

1. C. pén., art. 131-6 et 131-7.
2. C. pén., art. 131-14.
3. V. s^s n° 125.21.
4. Crim. 31 mai 2017, n° 16-86.872, P, n° 147 – Crim. 31 mai 2017, n° 16-86.870, NP ; *D.* 2017. 2138, note J.-L. Lennon.
5. C. pén., art. 131-21, al. 6.
6. Crim. 11 sept. 2019, n° 19-80.300, NP.
7. Crim. 21 oct. 2020, n° 19-87.071, P, 88 ; *D.* 2020. 2067 ; *AJ pénal* 2021. 44, obs. M. Hy.
8. R. Merle et A. Vitu, *Traité de droit criminel*, t. II, 4e éd., Cujas, 1989, n° 597 : « Ces exceptions doivent être interprétées restrictivement, puisqu'elles dérogent à la plénitude de juridiction des tribunaux répressifs pour connaître de tout ce qui a trait à l'action publique. » – F. Desportes et L. Lazerges, *Traité de procédure pénale*, 4e éd., « Corpus droit privé », Economica, 2015, n° 784 : « Toutefois, cette exception est d'interprétation stricte […]. »

tion doit en tout état de cause être excipée par le prévenu, encore faut-il en effet – ainsi que la chambre criminelle le juge de manière constante[1] –, que l'exception, si elle est retenue, soit de nature à faire disparaître l'infraction, ce qui est exclu lorsque dépend de l'appréciation de la propriété immobilière la seule décision sur la peine de confiscation.

125.14 Effet de l'ouverture d'une procédure collective. Le jugement d'ouverture d'une procédure collective à l'égard du condamné n'est pas de nature à priver le juge répressif de la faculté d'ordonner la confiscation des biens appartenant à l'intéressé.

La chambre criminelle a en effet énoncé que « la mise en liquidation judiciaire de la personne poursuivie [...] ne s'oppose pas à son éventuelle condamnation à une peine de confiscation et à une mesure préalable de saisie destinée à garantir l'exécution de celle-ci, la confiscation ne pouvant s'analyser comme une action en paiement »[2], cette solution pouvant raisonnablement être étendue aux procédures de sauvegarde et de redressement judiciaire, en particulier eu égard à la jurisprudence comparable qui s'est développée en matière de saisies[3].

Il est vrai que le prononcé d'une peine complémentaire de confiscation n'a guère à voir avec les actions et procédures que le jugement d'ouverture de la procédure de liquidation judiciaire prohibe en application de l'article L. 622-21 du Code de commerce, auquel renvoie l'article L. 641-3 du même code.

125.15 Situation des biens indivis. Des dispositions législatives explicites fondent par ailleurs le caractère confiscable des biens indivis, à condition de préciser d'emblée que, hors le cas où le bien indivis est pour le tout à la libre disposition de l'indivisaire condamné pénalement, le co-indivisaire n'étant pas de bonne foi[4], la confiscation ne saurait porter sur davantage que la seule quote-part indivise du condamné – ce qui constitue déjà, ainsi qu'un auteur l'a relevé, une spécificité du droit pénal par rapport aux procédures civiles d'exécution, où les créanciers personnels d'un indivisaire ne peuvent saisir sa part dans les biens indivis, mais ont seulement la faculté de provoquer le partage au nom de leur débiteur ou d'intervenir dans le partage provoqué par lui, pour que se trouvent de cette façon préservés les intérêts des coïndivisaires du débiteur insolvable[5] : en droit pénal, la sauvegarde des intérêts particuliers des coïndivisaires doit céder face à l'intérêt général attaché à la répression des auteurs d'infractions[6].

En effet, les deuxième (confiscation de l'instrument de l'infraction), cinquième (confiscation des biens dont l'origine n'a pu être justifiée) et sixième alinéas (confiscation de patrimoine) de l'article 131-21 du Code pénal disposent que la confiscation des biens prévue par ces textes peut être prononcée qu'ils soient « divis ou indivis », et, si le législateur n'a pas précisé que les biens qui sont l'objet ou le produit de l'infraction sont confiscables même lorsque ces biens sont indivis, cette circonstance est inopérante, dès lors que, dans ce cas, la propriété du bien est en principe purement et simplement indifférente comme nous le verrons : l'existence d'un état d'indivision des biens dont la confiscation est envisagée est sans effet pour le juge répressif[7].

La portée de ces dispositions doit toutefois être précisée. En effet, en l'état de la rédaction des textes, l'on peut se demander si, en cas d'indivision, la confiscation du bien dans sa totalité et sa dévolution à l'État pour le tout est possible, ou bien si le juge répressif doit cantonner la mesure à la quote-part indivise appartenant au condamné.

Dans le dernier état de sa jurisprudence, la chambre criminelle considère que la seconde branche de l'alternative doit être retenue : seule peut être confisquée la quote-part indivise appartenant au condamné. Ainsi, dans un arrêt rendu le 3 juin 2014, dans une affaire où se trouvait contestée la saisie, par un juge d'instruction, d'un bien immobilier en état d'indivision, la chambre criminelle, pour rejeter le pourvoi, a notamment énoncé « que la saisie effectuée [était] destinée à garantir l'éventuelle confiscation de la partie indivise de l'immeuble dont [la mise en examen] était propriétaire »[8]. Cette position a été réaffirmée dans un arrêt ultérieurement rendu dans la même affaire, le 3 novembre 2016, sur le pourvoi interjeté par la personne mise en cause contre l'arrêt l'ayant déclarée coupable de non-justification de ressources et condamnée, notamment, à la confiscation du bien immobilier qui avait été préalablement saisi. En effet, pour approuver la cour d'appel d'avoir prononcé la confiscation de ce bien, la chambre criminelle a énoncé que « la demanderesse [n'avait] pas qualité

1. Crim. 20 juin 1963, nº 62-93.143, P, nº 219 – Crim. 22 févr. 1978, nº 77-92.142, P, nº 69 – Crim. 8 juill. 1986, nº 85-92.820, P, nº 231.
2. Crim. 23 oct. 2019, nº 18-85.820, P, 61 ; *D.* 2019. 2093 ; *AJ pénal* 2020. 34, obs. D. Miranda ; *ibid.* 2019. 613, obs. M. Hy.
3. V. s^s nº 231.164.
4. V. s^s nº 125.21.
5. C. civ., art. 815-17 – Les coïndivisaires du débiteur insolvable se trouvent ainsi protégés contre l'intrusion du créancier poursuivant au sein de leur communauté.
6. M. Bourassin, « La saisie et la confiscation des propriétés collectives », *in* L. Ascensi, P. Beauvais et R. Parizot (dir.), *La confiscation des avoirs criminels, Nouveaux enjeux juridiques*, LGDJ, 2021, p. 139.
7. V. s^s nº 125.31.
8. Crim. 3 juin 2014, nº 13-82.690, NP.

pour invoquer une atteinte aux droits de son coïndivisaire dans le bien confisqué, dévolu en situation d'indivision à l'État »[1]. S'il est exact que la chambre criminelle ne s'est pas prononcée sur le fond, comme ayant déclaré la demanderesse irrecevable à invoquer l'atteinte aux droits du tiers indivisaire, la précision selon laquelle le bien a été dévolu en situation d'indivision à l'État rejoint les énonciations de l'arrêt du 3 juin 2014 et fixe la jurisprudence de la chambre criminelle : les droits de l'État sur le bien étaient insusceptibles de porter sur davantage que la quote-part indivise de la personne condamnée au stade de l'exécution de la peine de confiscation. Citons encore un arrêt du 11 juillet 2017, dans lequel la chambre criminelle a approuvé une cour d'appel d'avoir confirmé l'ordonnance de saisie d'un immeuble dont étaient propriétaires, chacun pour moitié indivise, le mis en cause et son épouse, en relevant que le fait que l'immeuble soit indivis et que l'épouse du mis en cause ne soit pas elle-même mise en cause ne faisait pas obstacle à sa saisie en totalité, laquelle ne suspendait ni l'usage du bien, ni le droit d'en percevoir les fruits, et « réservait ses droits indivis, en cas de confiscation, au moment de la vente du bien »[2]. Enfin, il a été énoncé dans un arrêt du 30 mars 2022 que « lorsque le bien dont la confiscation est envisagée est en état d'indivision entre la personne condamnée et son époux de bonne foi, cette peine ne peut porter que sur la part indivise de la personne condamnée, les droits de l'époux de bonne foi devant lui être restitués, y compris lorsque le bien constitue le produit direct ou indirect de l'infraction »[3], cette règle n'étant pas spécifique à la situation considérée.

Il est vrai, à l'inverse, que les énonciations d'autres arrêts de la chambre criminelle sont moins claires, mais ces décisions ne sauraient pourtant être interprétées comme signifiant que la Cour de cassation reconnaîtrait au juge répressif la possibilité de confisquer pour le tout un bien en état d'indivision, au mépris, donc, des droits du tiers indivisaire. Ainsi, il est exact que, dans un arrêt du 3 février 2016, la chambre criminelle, pour rejeter le pourvoi formé par une personne mise en cause contre l'arrêt d'une chambre de l'instruction qui avait validé la saisie en valeur d'un bien immobilier dont elle était propriétaire indivise pour moitié avec son époux, a énoncé que « le propriétaire indivis d'un bien immobilier bénéficie d'un droit de propriété sur la totalité de celui-ci »[4]. Mais ces énonciations ne sauraient être comprises comme signifiant qu'un tel bien serait confiscable pour le tout. Si un bien indivis est saisissable dans sa totalité, comme nous le verrons[5], il n'est pas pour autant confiscable pour le tout, cette spécificité tenant à la particularité du régime juridique de l'indivision. Cet état a ceci de particulier, en effet, que, jusqu'au partage, le bien n'est pas divisible et chaque indivisaire dispose d'un droit de propriété qui s'exerce sur la totalité du bien, et non sur sa seule quote-part idéale[6]. Comme l'écrivait le doyen Carbonnier, empruntant à Victor Hugo : « Chacun en a sa part et tous l'ont tout entier. »[7] En revanche, au stade du prononcé de la peine, il est seulement possible de confisquer la quote-part indivise de la personne condamnée, ce qui aura des effets au stade de l'exécution de la mesure[8]. Au reste, la chambre criminelle a de surcroît considéré, en refusant de renvoyer au Conseil constitutionnel une question prioritaire de constitutionnalité à ce propos, que la possibilité de saisir pour le tout un bien appartenant indivisément à une personne mise en cause et à un tiers ne porte atteinte à aucun droit ou liberté que la Constitution garantit[9], en énonçant dans l'une de ces décisions que « si [...] la saisie immobilière, qui n'entraîne aucun transfert de propriété, ne peut faire l'objet d'une mainlevée partielle proportionnelle à la part du tiers propriétaire indivis lequel ne peut l'aliéner ni demander le partage de l'indivision, cette restriction de son droit de libre disposition du bien n'est que temporaire, les juges étant tenus en outre de statuer dans des délais raisonnables, car elle prend fin en cas de mainlevée totale de la saisie ou lorsqu'elle est suivie de la confiscation ordonnée, le cas échéant, par le juge du fond »[10]. Si la décision de confiscation met un terme à l'atteinte aux droits du tiers indivisaire, c'est bien que la décision de confiscation ne porte pas atteinte aux droits de ce dernier.

Des arguments sérieux soutiennent cette position de la chambre criminelle. En effet, techniquement, l'on ne voit guère, puisque la propriété du condamné est la condition de la confiscation du bien, comment l'État, une fois cette peine prononcée, pourrait avoir sur le bien davantage de droits que

1. Crim. 3 nov. 2016, n° 15-85.751, P, n° 289 ; *D.* 2016. 2283 ; *D.* 2017. 2501, obs. G. Roujou de Boubée, T. Garé, C. Ginestet, M.-H. Gozzi, S. Mirabail et E. Tricoire.
2. Crim. 11 juill. 2017, n° 16-83.773, NP.
3. Crim. 30 mars 2022, n° 21-82.217, P.
4. Crim. 3 févr. 2016, n° 15-83.513, NP.
5. V. s[s] n° 231.24.
6. EN CE SENS : Ch. Atias, *Les biens*, préc., n° 169 – G. Cornu, *Les biens*, préc., n° 57 – Ch. Larroumet, *Les biens, Droits réels principaux*, préc., n° 274 – M.-L. Mathieu, *Les biens*, préc., n° 389 – Y. Strickler, *Les biens*, préc., n° 337 – F. Terre et Ph. Simler, *Les biens*, préc., n° 575.
7. J. Carbonnier, *Droit civil*, t. II, « Quadrige », PUF, 2017, n° 741.
8. V. s[s] n° 132.81.
9. Crim. 28 févr. 2017, n° 16-83.773, NP – Crim. 28 févr. 2017, n° 16-83.777, NP – Crim. 28 févr. 2017, n° 16-83.779, NP – Crim. 28 juin 2017, n° 17-80.987, NP.
10. Crim. 28 juin 2017, n° 17-80.987, NP.

n'en avait l'intéressé. Par ailleurs, il résulte de l'antépénultième alinéa de l'article 131-21 du Code pénal que « la chose confisquée est, sauf disposition particulière prévoyant sa destruction ou son attribution, dévolue à l'État, mais elle demeure grevée, à concurrence de sa valeur, des droits réels licitement constitués au profit de tiers », ce qui signifie que la décision de confiscation ne saurait porter une atteinte quelconque aux droits du tiers indivisaire sur le bien. Le Conseil constitutionnel a d'ailleurs insisté, dans sa décision du 26 novembre 2010, sur le fait que l'article 131-21 du Code pénal préserve « le droit de propriété des tiers de bonne foi », pour considérer que ce texte n'était contraire à aucun droit ou liberté que la Constitution garantit[1]. Enfin, la position de la chambre criminelle peut être fondée sur le principe de la personnalité des peines.

En pratique, lorsqu'un bien est en état d'indivision, il importe que la décision de confiscation mentionne expressément que la peine porte sur la seule quote-part indivise du condamné, ou bien sur la totalité du bien. Car, en effet, ainsi que nous l'avons indiqué, il sera vu que, dans la plupart des cas, rien ne s'oppose à ce qu'un bien dont le condamné n'est pas propriétaire fasse l'objet d'une confiscation. Tel est le cas lorsque le condamné, sans être propriétaire du bien dont la confiscation est envisagée, en a la libre disposition[2]. Ainsi, il est parfaitement possible qu'un bien indivis soit confisqué pour le tout, au motif que la juridiction considère que le condamné, quoique seulement indivisaire du bien, en a la « libre disposition » en totalité et que le tiers indivisaire n'est pas de bonne foi. Il est donc impératif que le juge répressif se prononce expressément à cet égard dans sa décision.

Au plan procédural, la chambre criminelle veille à ce que le tiers indivisaire soit mis en mesure de faire valoir ses droits devant le juge répressif, ainsi qu'il sera vu[3]. En effet, il a été jugé que « doit être examinée [...] la requête de toute personne non condamnée pénalement qui est copropriétaire d'un bien indivis et qui soulève des incidents contentieux relatifs à l'exécution d'une décision pénale ordonnant la confiscation de ce bien »[4]. Dans cette affaire, une cour d'appel avait prononcé la confiscation d'un bien immobilier dont étaient propriétaires, en indivision, une personne condamnée pour trafic de stupéfiants et son épouse non mise en cause. Alors que la condamnation était devenue définitive, les époux avaient saisi la cour d'une requête en incident contentieux tendant à voir restituer à l'épouse les droits qu'elle détenait sur l'immeuble, mais les juges avaient rejeté la requête en énonçant que la confiscation de l'immeuble avait été prononcée dans son entier et s'appliquait *erga omnes*. Mais la chambre criminelle a cassé cette décision, après avoir énoncé le principe précité, en reprochant à la cour d'appel de s'être abstenue de statuer sur la demande de restitution de sa quote-part indivise présentée par l'épouse et sans dire si celle-ci pouvait ou non être considérée comme propriétaire de bonne foi de sa part indivise.

Il est en revanche tout aussi constant que, réciproquement, « le prévenu contre lequel a été prononcée la confiscation d'un immeuble indivis n'a pas qualité pour invoquer une atteinte aux droits de son coïndivisaire dans le bien confisqué, lequel est dévolu en situation d'indivision à l'État »[5].

125.16 Situation des biens communs. La situation des biens communs a longtemps été plus incertaine, à défaut de textes particuliers s'y rapportant et de jurisprudence de la chambre criminelle. Il se posait en effet la question de savoir si, lorsque des époux sont mariés sous un régime communautaire, la confiscation d'un bien commun prononcée en répression de l'infraction commise par un seul époux, l'autre étant de bonne foi, emportait dévolution du bien confisqué pour le tout à l'État, ou si ce bien demeurait grevé des droits de l'époux non condamné pénalement.

Cette question a été tranchée par un important arrêt de la chambre criminelle en date du 9 septembre 2020, rendu sur avis de la première chambre civile du 5 mars de la même année, dont le principe a été complété par quatre décisions dont l'apport est comparable, les deux premières, rendues sur questions prioritaires de constitutionnalité, en date du 15 septembre 2021[6], les deux autres, statuant sur le fond des pourvois, du 30 mars 2022[7]. Dans la première de ces décisions, il a été posé pour principe que « la confiscation d'un bien commun prononcée en répression d'une infraction commise par l'un des époux emporte sa dévolution pour le tout à l'État, sans qu'il demeure grevé des droits de l'époux non condamné pénalement », étant précisé que « cette dévolution ne méconnaît pas les droits de l'époux

1. Cons. const. 26 nov. 2010, n° 2010-66 QPC, *JO* 27 nov., p. 21117.
2. V. s[s] n° 125.21.
3. V. s[s] n° 132.181.
4. Crim. 20 mai 2015, n° 14-81.741, P, n° 121 ; *AJ pénal* 2015. 441, obs. L. Ascensi.
5. Crim. 3 nov. 2016, n° 15-85.751, P, n° 289 ; *D.* 2016. 2283 ; *D.* 2017. 2501, obs. G. Roujou de Boubée, T. Garé, C. Ginestet, M.-H. Gozzi, S. Mirabail et E. Tricoire – AUSSI : l'arrêt précité qui approuve la cour d'appel d'avoir rejeté la requête en incident contentieux de l'époux, « qui n'avait pas qualité pour la présenter ».
6. Crim. 15 sept. 2021, n°s 21-90.029 et 21-82.389, NP (2 arrêts).
7. Crim. 30 mars 2022, n° 21-82.217, P. – Crim. 30 mars 2022, n° 21-82.389, NP.

non condamné pénalement, dès lors que la confiscation, qui constitue une pénalité évaluable en argent, est susceptible de faire naître un droit récompense pour la communauté lors de la dissolution de celle-ci, déduction faite du profit retiré par elle, en application de l'article 1417 du Code civil »[1]. Ceci étant, les quatre autres décisions ont eu en commun de préciser que la peine complémentaire de confiscation n'en demeure pas moins facultative, en sorte qu'il appartient au juge répressif qui envisage d'ordonner la confiscation d'un bien commun, d'apprécier si, nonobstant la reconnaissance d'un droit à récompense pour la communauté, il y a lieu d'ordonner la confiscation du bien en tout ou seulement en partie, en restituant le surplus de celui-ci à la communauté, au regard des circonstances de l'infraction, de la personnalité et de la situation de son auteur, ainsi que de la situation personnelle de l'époux de bonne foi, en s'expliquant, hormis le cas où la confiscation, qu'elle soit en nature ou en valeur, porte sur un bien qui, dans sa totalité, constitue l'objet ou le produit de l'infraction, sur le caractère proportionné de l'atteinte portée au droit de propriété de l'époux de bonne foi lorsqu'une telle garantie est invoquée, ou procéder à cet examen d'office lorsqu'il s'agit d'une confiscation de tout ou partie du patrimoine.

Dans la première affaire, une cour d'appel avait définitivement déclaré un époux coupable d'abus de confiance et ordonné la confiscation, à titre de produit indirect de l'infraction, de deux immeubles appartenant au condamné et à son épouse, mariés sous le régime de la communauté légale. L'épouse de l'intéressé, qui était de bonne foi comme ayant bénéficié d'une ordonnance de non-lieu, avait ultérieurement saisi la cour d'appel d'une requête tendant à voir rectifier l'arrêt de condamnation en précisant que la confiscation ne portait que sur la seule part indivise des immeubles appartenant au condamné. La cour d'appel, raisonnant à tort comme en matière d'indivision, avait fait droit à cette requête et restitué à la requérante les « droits indivis » qu'elle détenait sur les biens confisqués.

La solution adoptée par la chambre criminelle est fondée sur le fait que le régime applicable aux biens communs fait absolument obstacle à ce qu'un bien confisqué puisse être dévolu à l'État en demeurant grevé des droits de l'époux non condamné pénalement. En effet, jusqu'à la liquidation de la communauté, les droits respectifs des époux sur les biens communs sont indéterminés, contrairement à ce qu'il en est en cas d'indivision, et cette liquidation ne peut intervenir qu'à la suite de la dissolution de la communauté pour l'un des motifs limitativement énumérés par l'article 1441 du Code civil, ainsi que l'énonce l'article 1467 du même code. Ainsi que l'a affirmé la chambre commerciale, « durant [la communauté], les droits de l'un ou l'autre des époux ne peuvent être individualisés sur tout ou partie des biens communs ou sur l'un d'entre eux »[2] ou, encore, « les droits de chaque époux sur l'actif de la communauté ne peuvent être individualisés durant celle-ci »[3]. Au reste, outre le fait que le calcul des droits de l'époux non condamné pénalement aurait impliqué une liquidation anticipée de la communauté contraire aux règles du droit civil, cette liquidation aurait de surcroît dû être partielle, dès lors que la confiscation porte sur un bien déterminé et non sur la totalité de l'actif commun, ce qui n'est pas non plus permis par la loi. Il était ainsi inenvisageable de mettre en œuvre une règle prétorienne inspirée des dispositions de l'article 38 de l'ancien Code pénal, qui disposait que, « si le condamné est marié, la confiscation ne portera que sur la part du condamné dans le partage de la communauté, ou des biens indivis entre son conjoint et lui », lequel texte n'était d'ailleurs pas applicable à la confiscation spéciale d'un bien déterminé, mais à la confiscation générale des biens présents et à venir, notamment mise en œuvre pendant l'Épuration[4].

Cette solution est ensuite conforme à la règle selon laquelle, dans le régime de la communauté légale, le pouvoir de gérer l'actif commun reconnu à chaque époux est corrélé à celui de l'engager vis-à-vis des tiers. L'article 1413 du Code civil dispose en effet que « le paiement des dettes dont chaque époux est tenu, pour quelque cause que ce soit, pendant la communauté, peut toujours être poursuivi sur les biens communs, à moins qu'il n'y ait eu fraude de l'époux débiteur et mauvaise du créancier, et sauf récompense due à la communauté s'il y a lieu », la fraude envisagée par le texte étant strictement comprise comme celle qui tend à porter atteinte aux droits de son époux dans la communauté. Cette extension du droit de gage général des

1. Crim. 9 sept. 2020, nº 18-84.619, P, 197 ; *D.* 2020. 2051, note N. Allix ; *ibid.* 2021. 379, chron. M. Fouquet, A.-L. Méano, A.-S. de Lamarzelle, C. Carbonaro et L. Ascensi ; *AJ fam.* 2020. 602, obs. J. Casey, obs. L. Mary ; *AJ pénal* 2020. 465, note A. Duval-Stalla et V. de Tonquédec ; *Rev. prat. rec.* 2020. 15, chron. I. Faivre, A.-I. Gregori, R. Laher et A. Provansal ; *RTD civ.* 2021. 191, obs. M. Nicod.

2. Com. 2 avr. 1996, nº 93-20.562, P. IV, nº 106.
3. Com. 22 mai 2012, nº 11-17.391, P. IV, nº 106.
4. À CE PROPOS : M. Lambert, « La confiscation générale des biens dans ses effets au regard du régime de communauté », *D.* 1950. 2 – H. Mazeaud, « La renonciation à succession et à réduction en cas de confiscation des biens à venir pour indignité nationale ou infraction à la législation économique », *D.* 1946. 13 – P. Voirin, « Les effets civils de la confiscation générale des biens », *JCP.* I. 504, nº 15 – « À propos de la confiscation générale des biens », *RTD civ.* 1952. 22, nº 13.

créanciers a d'ailleurs sa justification. Ainsi que des auteurs l'ont relevé : « La communauté n'est pas seulement affectée aux besoins du ménage. Elle exerce aussi le rôle de caisse commune raffermissant le crédit des époux, d'autant plus qu'elle contient souvent leurs seules richesses [...]. Si seules les dettes communes pouvaient être recouvrées sur la communauté, le commerce juridique des époux s'en serait trouvé profondément handicapé. »[1] L'extension du crédit des époux vis-à-vis des tiers a ainsi cette contrepartie que la communauté doit assumer les conséquences pécuniaires des obligations souscrites par chacun d'eux. On relèvera du reste que le principe énoncé par l'article 1413 s'applique aux dettes de toute nature, qu'elles soient contractuelles, délictuelles ou bien légales, la dette envers l'État née de la condamnation d'un époux au paiement d'une amende n'y faisant pas exception, comme le montre la référence aux amendes figurant à l'article 1417 du Code civil.

Enfin, le principe de la personnalité des peines ne se trouve pas pour autant ignoré par la chambre criminelle, dès lors que l'époux non condamné pénalement bénéficie au stade de la liquidation de la communauté des dispositions de l'article 1417 du Code civil, selon lequel « la communauté a droit à récompense, déduction faite, le cas échéant, du profit retiré par elle, quand elle a payé les amendes encourues par un époux, en raison d'infractions pénales, ou les réparations et dépens auxquels il avait été condamné pour les délits ou quasi-délits civils ». Dans le lexique du droit des régimes matrimoniaux, l'amende et la dette de réparation composent le « passif commun provisoire » et sont ainsi traitées comme une dette de la communauté à charge de récompense[2]. Il s'opère une dissociation entre l'obligation et la contribution à la dette : l'amende, comme la dette de réparation, seront payées au moyen de biens communs, mais, au stade de la liquidation de la communauté, récompense lui sera due par l'époux fautif. Or, il était justifié que ce texte soit mis en œuvre pour que soient préservés les droits de l'époux non condamné pénalement, dès lors que la confiscation comme l'amende peuvent être vues comme des pénalités évaluables en argent, ce qui justifie que l'une et l'autre se voient appliquer un régime juridique commun. On relèvera d'ailleurs que la première chambre civile a fait à plusieurs reprises une application extensive de ces dispositions. Ainsi, elle a reproché à une cour d'appel d'avoir décidé qu'une dette de plus de 200 000 euros envers le Trésor public était commune, en retenant que la dette fiscale provenait de la liquidation d'une astreinte prononcée contre l'époux seul assortissant sa condamnation à démolir des constructions irrégulières, que la condamnation était antérieure au divorce et que son fait générateur était la construction d'immeubles pendant la vie commune et au bénéfice de la communauté. Au contraire, la première chambre civile a considéré que cette astreinte était l'accessoire d'une condamnation pénale pour des faits commis personnellement par l'époux, ce dont il résultait qu'une récompense était due à la communauté par ce dernier[3]. Pourtant, « l'amende » envisagée par l'article 1417 est une chose ; l'astreinte en est une autre. De même, la première chambre civile a considéré que seul l'époux auteur d'une fraude fiscale doit contribuer aux pénalités fiscales en résultant, ce dont il se déduit que la communauté qui a assumé pécuniairement de telles pénalités a droit à récompense au stade de la liquidation[4]. Ainsi, comme en cas de paiement, au moyen de biens communs, d'une amende, d'une astreinte ou bien encore de pénalités fiscales, soit autant de « pénalités évaluables en argent », il a été posé pour principe que la confiscation ne provoque qu'un appauvrissement temporaire de la communauté, le fait que celle-ci ait assumé les conséquences pécuniaires de l'infraction lui donnant un droit à récompense portant sur la valeur du bien confisqué. Seul, ainsi, l'époux condamné pénalement subira au final les conséquences pécuniaires de l'infraction. On observera de surcroît que l'effectivité du mécanisme de protection des intérêts de l'époux non condamné pénalement se trouve assurée par le fait que le condamné peut se trouver contraint à la dissolution de la communauté et à la liquidation en résultant, dès lors que l'article 1441 du Code civil prévoit notamment que la communauté se dissout par la séparation de biens et que l'article 1443 du même code permet à un époux de poursuivre en justice cette séparation si, par le désordre des affaires de son conjoint, sa mauvaise administration ou son inconduite, il apparaît que le maintien de la communauté met en péril les intérêts de l'autre conjoint. Le principe de la personnalité des peines se trouve de cette façon préservé.

1. Ph. Malaurie et L. Aynes, *Les régimes matrimoniaux*, 4e éd., « Droit civil », LGDJ, 2013, p. 205 – AUSSI : F. Terre et Ph. Simler, *Les régimes matrimoniaux*, préc., n° 387.
2. *Rép. civ.*, V° « Communauté légale » (3°, Répartition des dettes), n° 212, par G. Yildirim – AUSSI : F. Terre et Ph. Simler, *Les régimes matrimoniaux*, 7e éd., « Précis », Dalloz, 2015, n° 432.
3. Civ. 1re, 12 nov. 2009, n° 08-19.443, P I, n° 226 ; *D.* 2009. 2863 ; *D.* 2010. 2392, obs. V. Brémond, M. Nicod et J. Revel ; *AJ fam.* 2009. 496, obs. P. Hilt.
4. Civ. 1re, 20 janv. 2004, n° 01-17.124, P I, n° 20 ; *AJDI* 2004. 229 ; *AJ fam.* 2004. 103, obs. S. Deis-Beauquesne ; *RTD civ.* 2004. 765, obs. B. Vareille – *A CONTRARIO* : Civ. 1re, 19 févr. 1991, n° 88-19.303, P I, n° 64 ; *D.* 2009. 2863 ; *D.* 2010. 2392, obs. V. Brémond, M. Nicod et J. Revel ; *AJ fam.* 2009. 496, obs. P. Hilt.

Il reste, ainsi que plusieurs commentateurs l'ont relevé[1], qu'en dépit de la reconnaissance d'un droit à récompense pour la communauté, la confiscation d'un bien commun ne sera évidemment pas sans effet sur la situation juridique, économique, voire personnelle de l'époux de bonne foi, de même que la réalisation du droit à récompense impliquera la dissolution de la communauté – par exemple par le changement de régime matrimonial ou la séparation de biens –, et aura pour conditions que les biens communs soient suffisants et que l'époux condamné pénalement ou ses héritiers soient solvables. Nul ne songerait en particulier à contester que l'époux de bonne foi « recueille un droit personnel éventuel en échange d'un droit réel actuel »[2]. Aussi, pour « tempérer »[3] la rigueur du premier principe énoncé, la chambre criminelle a rappelé dans quatre décisions ultérieures que la peine complémentaire de confiscation d'un bien commun demeure facultative et que, s'il est juridiquement impossible de restituer ses droits à l'époux de bonne foi, rien n'interdit en revanche au juge répressif, le cas échéant, de ne confisquer le bien qu'en partie, en restituant le surplus de celui-ci, certes pas à l'époux de bonne foi, mais à la communauté. Elle a de plus énoncé les critères d'appréciation devant être mis en œuvre à cet égard : il appartient au juge d'apprécier si, nonobstant la reconnaissance d'un droit à récompense pour la communauté, il y a lieu d'ordonner la confiscation du bien en tout ou seulement en partie, en restituant le surplus de celui-ci à la communauté, au regard des circonstances de l'infraction, de la personnalité et de la situation de son auteur, ainsi que de la situation personnelle de l'époux de bonne foi, en s'expliquant, hormis le cas où la confiscation, qu'elle soit en nature ou en valeur, porte sur un bien qui, dans sa totalité, constitue l'objet ou le produit de l'infraction, sur le caractère proportionné de l'atteinte portée au droit de propriété de l'époux de bonne foi lorsqu'une telle garantie est invoquée, ou procéder à cet examen d'office lorsqu'il s'agit d'une confiscation de tout ou partie du patrimoine[4].

En tout état de cause, le premier principe énoncé par la chambre criminelle pourrait être inévitable, sauf à admettre que les régimes matrimoniaux communautaires puissent constituer un obstacle à la confiscation. Le Conseil constitutionnel semble d'ailleurs avoir admis la conformité de cet état du droit à la Constitution, dès lors que, s'il a censuré certains aspects de l'article 131-21 du Code pénal au motif que ni les dispositions contestées, ni aucune autre disposition, ne prévoyaient que l'époux de bonne foi fût mis en mesure de présenter ses observations sur la mesure de confiscation devant la juridiction de jugement qui envisageait de la prononcer, il n'a pas censuré le fond du droit[5]. Certes le Conseil n'a pas examiné les griefs à cet égard compte tenu de la déclaration d'inconstitutionnalité, mais aurait-il laissé le législateur ne modifier que l'aspect processuel de l'état du droit, tout en considérant que celui-ci méconnaissait également, sur le fond, certains droits et libertés que la Constitution garantit ? Au reste, si une intervention législative a été appelée des vœux de certains auteurs[6], ce que permettrait l'autonomie du droit pénal[7], l'élaboration d'une procédure de liquidation anticipée et surtout partielle de la communauté, sans dissolution préalable de celle-ci, comme étant seulement destinée à évaluer les droits de l'époux de bonne foi sur le bien confisqué, est apparue difficilement envisageable à un auteur spécialiste des régimes matrimoniaux[8]. À cet égard, sans doute n'est-ce pas un hasard si l'ancien Code pénal, à son article 38, réservait les droits de l'époux de bonne foi en cas de confiscation *générale* des biens de l'époux condamné pénalement et non en cas de confiscation *spéciale*, la liquidation anticipée de la communauté pouvant difficilement se concevoir si elle n'est que partielle. De même, s'il a été proposé de prononcer, en lieu et place de la confiscation du bien commun, une confiscation en valeur consistant en une condamnation pécuniaire génératrice d'une dette d'amende dont la communauté devrait s'acquitter, mais qui porterait une moindre atteinte aux droits de l'époux de bonne foi, dès lors que la communauté pourrait choisir comment payer cette dette[9], des auteurs ont justement observé que

1. Ch. Blanchard, « La confiscation pénale des biens communs », *in* Coll., *Les coutures du droit, Mélanges en l'honneur de Philippe Théry*, LGDJ, Dalloz, 2022, p. 73 – A. Duval-Stalla et V. de Tonquédec, « Mariage avec un conjoint condamné : "Pour le meilleur et pour la peine" », *AJ pénal* 2020. 465 – L. Mary, « Regard du pénaliste », *AJ fam.* 2020. 602 – M. Hy, « Confiscation d'un bien commun : le civil tient le pénal en échec », *Lexbase pénal*, oct. 2020.
2. N. Catelan, « Confiscation d'un bien de communauté : l'épouse n'est pas un tiers », *Gaz. pal.* 16 mars 2021, nº 11, p. 63.
3. J.-H. Robert, « Confiscation », *JCP G* 2020. 1216.
4. Crim. 15 sept. 2021, nºs 21-90.029 et 21-82.389, NP (2 arrêts) – Crim. 30 mars 2022, nº 21-82.217, P. – Crim. 30 mars 2022, nº 21-82.389, NP – Crim. 5 oct. 2022, nº 21-86.870, NP.
5. Cons. const. 24 nov. 2021, nº 2021-949/950 QPC, *JO* 25 nov., nº 112.
6. H. Robert, « La confiscation d'un bien commun en répression d'une infraction commise par un des époux », *Gaz. Pal.* 10 nov. 2020, nº 39, p. 23.
7. Ch. Blanchard, « La confiscation pénale des biens communs », *in* Coll., *Les coutures du droit, Mélanges en l'honneur de Philippe Théry*, LGDJ, Dalloz, 2022, p. 82.
8. G. Champenois, « Confiscation d'un bien commun à titre de sanction pénale : dévolution à l'État », *Defrénois* 2020. 38.
9. Ph. Bouveau, « Confiscation d'un bien commun : marié pour le meilleur et pour la peine », *Gaz. pal.* 5 janv. 2021, nº 1, p. 89.

« cette confiscation par équivalent a pour effet de dénaturer la peine de confiscation en une sorte d'amende supplémentaire, raison pour laquelle les dispositions relatives à la contrainte judiciaire lui sont applicables, la confiscation portant alors, par subrogation réelle, sur une somme d'argent », et se sont demandés « en quoi, en ce cas, la distinguer encore de l'amende » [1] ?

SECTION 2
DES BIENS À LA LIBRE DISPOSITION DE LA PERSONNE CONDAMNÉE

125.21 Faculté de confisquer les biens à la « libre disposition » du condamné, « sous réserve des droits du propriétaire de bonne foi ». Il est dorénavant de principe que, sauf rares exceptions, un bien est confiscable, qu'il soit la propriété de la personne condamnée, ou bien que cette dernière en ait seulement la « libre disposition », sous réserve des droits du propriétaire de bonne foi, ce qui permet sous certaines conditions la confiscation de biens qui appartiennent à des tiers, conformément à la directive 2014/42/UE du 3 avril 2014 [2].

S'agissant de la peine complémentaire de confiscation, applicable aux personnes physiques comme morales par renvoi de l'article 131-39 du Code pénal à l'article 131-21 du même code, il résulte de ce dernier texte que peuvent être confisqués les biens « dont le condamné est propriétaire ou, sous réserve des droits du propriétaire de bonne foi, dont il a la libre disposition », quel que soit le fondement de cette peine : confiscation de l'instrument de l'infraction [3], confiscation des biens dont l'origine n'a pu être justifiée [4] et confiscation de patrimoine [5] ; étant relevé que, s'agissant de la confiscation de l'objet ou du produit de l'infraction, celui-ci peut en principe être confisqué sans qu'il y ait lieu de se préoccuper de son propriétaire ou de la personne qui en a la libre disposition [6]. Il en est de même lorsque la confiscation est prononcée en valeur conformément au neuvième alinéa de l'article 131-21 [7].

La généralité de ce principe est le résultat de l'évolution des textes depuis l'entrée en vigueur de la loi n° 2007-297 du 5 mars 2007 [8]. En effet, en l'état de l'article 131-21 issu de ce texte, la confiscation ne pouvait en principe porter que sur les biens appartenant au condamné. Deux exceptions seulement étaient prévues, comme en l'état actuel du droit positif : d'une part pouvaient être confisqué l'objet ou le produit de l'infraction quel que soit son propriétaire [9] ; d'autre part pouvait être confisqué l'instrument de l'infraction lorsqu'il appartenait au condamné ou lorsque ce dernier en avait la libre disposition, sous réserve des droits du propriétaire de bonne foi. La possibilité de confisquer les biens à la libre disposition du condamné, sous la réserve des droits du propriétaire de bonne foi, n'était ainsi nullement prévue en matière de confiscation des biens dont l'origine n'a pu être justifiée [10] et de confiscation de patrimoine [11]. La loi n° 2012-409 du 27 mars 2012 [12] est ainsi venue modifier ces deux alinéas de l'article 131-21, en prévoyant que la confiscation peut porter non seulement sur les biens dont le condamné est propriétaire, mais également sur ceux dont il a la libre disposition, sous réserve des droits du propriétaire de bonne foi [13]. L'on doit le vote de ces nouvelles dispositions à un amendement en Commission des lois de M. le président Warsmann qui, dans l'exposé des motifs de celui-ci, avait énoncé qu'il s'agissait de « lutter contre le recours à des prête-noms ou à des structures sociales, pratique qui permet au condamné de ne pas apparaître comme étant juridiquement propriétaire de biens dont il a la libre disposition et dont il est le propriétaire économique réel » [14]. La loi n° 2013-1117 du 6 décembre 2013 [15] a par la suite achevé d'étendre la faculté de confisquer les biens qui sont à la libre disposition du condamné en inscrivant cette notion à l'alinéa 9 de l'article 131-21 permettant de prononcer les confiscations en valeur.

Il est vrai que la nécessité du développement d'une telle notion en droit positif avait été rendue particulièrement sensible par un arrêt de la chambre criminelle du 26 mai 2010 qui avait énoncé, sur le

1. G. Beaussonie et J. Laurent, « Confiscation d'un bien commun entre époux : dévolution pour le tout à l'État et naissance d'une créance de récompense », *Defrénois* 2020. 32.
2. Dir. 2014/42/UE, Parlement et Conseil, 3 avr. 2014 *concernant le gel et la confiscation des instruments et des produits du crime dans l'Union européenne, JOUE* L 127, 29 avr., p. 39.
3. C. pén., art. 131-21, al. 2.
4. C. pén., art. 131-21, al. 5.
5. C. pén., art. 131-21, al. 6.
6. C. pén., art. 131-21, al. 3 – v. s^s n° 125.31.
7. V. s^s n° 126.37.
8. L. n° 2007-297, 5 mars 2007 *relative à la prévention de la délinquance, JO* 7 mars, p. 4297.
9. C. pén., art. 131-21, al. 3.
10. C. pén., art. 131-21, al. 5.
11. C. pén., art. 131-21, al. 6.
12. L. n° 2012-409, 27 mars 2012 *de programmation relative à l'exécution des peines, JO* 28 mars, p. 5592.
13. SUR CE TEXTE : Circ. Justice, 16 juill. 2012 *de présentation des dispositions relatives à l'exécution des peines de confiscation de la loi n° 2013-409 du 27 mars 2012 de programmation relative à l'exécution des peines*, NOR : JUS D 1229412 C, *BOMJ* n° 2012-07, 31 juill. 2012.
14. *Rapp. Ass. nat.* n° 4112 (XIIIe législ.), p. 148 – AUSSI : *Rapp. sénat* n° 302 (2011-2012), p. 87.
15. L. n° 2013-1117, 6 déc. 2013 *relative à la lutte contre la fraude fiscale et la grande délinquance économique et financière, JO* 7 déc., p. 19941.

fondement des dispositions de l'article 706-103 du Code de procédure pénale, que les mesures conservatoires prévues par ce texte « ne peuvent être prises que sur un bien dont le mis en examen est propriétaire »[1], le texte précité disposant que ces mesures peuvent être prises sur les biens, meubles ou immeubles, divis ou indivis, « de la personne mise en examen ». Elle avait ainsi annulé l'arrêt d'une chambre de l'instruction qui avait tenté d'interpréter l'article 706-103 de manière extensive, en autorisant la prise de mesures conservatoires sur des biens dont la personne mise en examen était la bénéficiaire économique réelle, à défaut d'en être propriétaire au sens juridique de ce terme[2] - non sans que la Cour de cassation ne propose immédiatement, dans son *Rapport annuel*, « de compléter l'article 706-103 [...] en y incluant la possibilité de mesures conservatoires sur les biens, meubles ou immeubles, divis ou indivis, dont la personne mise en examen est ayant droit économique »[3].

La notion de libre disposition se retrouve également en matière de peines alternatives. Ainsi, en matière délictuelle, peut être prononcée à l'encontre des personnes physiques la peine alternative de confiscation d'une ou de plusieurs armes dont le condamné est propriétaire ou dont il a la « libre disposition »[4]. De même, les personnes physiques reconnues coupables de contraventions de la cinquième classe peuvent être aussi condamnées, à titre de peine alternative, à la confiscation de telles armes[5].

125.22 Notion de « libre disposition ». La notion de « libre disposition » n'a été formellement définie ni par le législateur, ni par la chambre criminelle. Il faut, pour en saisir le sens, se tourner vers les travaux préparatoires des textes ayant développé la notion en droit positif, lesquels paraissent de surcroît traduire une évolution dans la compréhension de celle-ci.

Il semble en effet que, lors de la refonte de l'article 131-21 du Code pénal par la loi n° 2007-297 du 5 mars 2007[6], le législateur a compris la notion de libre disposition dans un sens commun : le bien à la libre disposition du condamné était celui qui appartenait véritablement à un tiers, mais dont le condamné avait néanmoins eu la faculté de disposer, de faire ce qu'il en voulait[7] ; nous dirons d'en user librement. Il a ainsi été relevé en seconde lecture, dans le rapport de la Commission des lois de l'Assemblée nationale, tout comme dans celui de la Commission des lois du Sénat que « l'Assemblée nationale a introduit en outre une distinction entre les biens ayant servi à commettre l'infraction et dont le condamné *n'est pas propriétaire*, qui ne peuvent être confisqués que sous réserve des droits du propriétaire de bonne foi, et les biens qui sont le produit de l'infraction et qui ne peuvent être confisqués s'ils sont susceptibles de restitution à la victime »[8]. Ainsi, il ne s'agissait nullement de permettre la confiscation d'instruments qui auraient appartenu au condamné sous la fausse apparence de la propriété d'un tiers, ce qui explique qu'aient été réservés les droits du propriétaire de bonne foi : dès lors que le bien appartenait véritablement à un tiers, sa confiscation ne pouvait paraître justifiée que si l'intéressé avait mis le bien à la libre disposition de l'auteur de l'infraction en connaissance de l'usage qui en serait fait[9].

Les contours de la notion de libre disposition paraissent cependant avoir évolué dans l'esprit du législateur lors de l'adoption de la loi n° 2012-409 du 27 mars 2012[10]. Il faut en effet rappeler qu'il ressort de l'exposé des motifs précité de l'amendement qui est à l'origine de la généralisation de la notion de libre disposition au sein de l'article 131-21 du Code pénal, que le législateur s'est donné pour objectif de lutter contre l'agissement consistant, pour faire échec à la confiscation des biens du condamné, à transférer la propriété de ces biens à un prête-nom ou une structure sociale n'exerçant en réalité aucun attribut du droit de propriété[11]. Une certaine doctrine est ainsi fondée à enseigner que la libre disposition renvoie à la situation de la personne qui, sans apparaître juridiquement propriétaire des biens, en a en réalité la propriété économique, cette notion aboutissant à « détruire l'écran artificiellement créé pour appréhender la réalité juridique derrière l'apparence »[12], afin de contrecarrer « l'instrumentalisation du patrimoine frauduleux qui a pour principal objectif de le protéger, autrement dit d'organiser les biens du délinquant, dans le dessein de prévenir leur appréhension par le transfert du droit de propriété à des tiers, personnes physiques ou morales, sans qu'il n'en perde effecti-

1. Crim. 26 mai 2010, n° 10-81.163, P, n° 94 ; *D.* 2010. 2558, obs. J. Pradel et L. Priou-Alibert ; *JCP G* 2010. 1085, obs. Ch. Cutajar et Ch. Duchaine ; *AJ pénal* 2010. 409.
2. Douai, 1er déc. 2009, n° 2212, *JCP G* 2010. 249, obs. Ch. Cutajar.
3. Cour de cassation, *Rapp. annuel* 2010, p. 44.
4. C. pén., art. 131-6 et 131-7.
5. C. pén., art. 131-14.
6. L. n° 2007-297, 5 mars 2007 *relative à la prévention de la délinquance, JO* 7 mars, p. 4297.
7. Le Robert, *Dictionnaire alphabétique et analogique de la langue française*, 1991, V° « disposition », sens 6.
8. *Rapp. Ass. nat.* n° 3674 (XIIe législ.), p. 72 – *Rapp. Sénat* n° 132 (2006-2007), p. 114.
9. V. ss n° 125.26.
10. L. n° 2012-409, 27 mars 2012 *de programmation relative à l'exécution des peines, JO* 28 mars, p. 5592.
11. V. ss n° 125.21.
12. Ch. Cutajar, « Le nouveau droit des saisies pénales », *AJ pénal* 2012. 124.

vement le bénéfice sinon immédiat, du moins à terme »[1]. La libre disposition de la personne condamnée sera ainsi caractérisée s'il est démontré que cette dernière exerce en réalité les attributs du droit de propriété (l'*usus*, le *fructus* et l'*abusus*) en lieu et place du tiers propriétaire, et non simplement si elle a le libre usage du bien[2]. Certains auteurs se demandent cependant « si le législateur ne devrait pas consacrer expressément la notion de "bénéficiaire économique", qui exprime sa volonté réelle, car celle de "libre disposition" prête à confusion avec sa définition juridique », un tel bénéficiaire – qui pourrait aussi être qualifié d'« effectif » –, étant entendu comme « celui qui maîtrise en fait le bien, qui en a l'usage et qui en retire les fruits, autrement dit celui qui, sans en être propriétaire en titre, s'approprie sa substance économique », ou encore celui qui use et jouit sans restriction du bien alors qu'il n'en est pas propriétaire[3]. Il reste que l'emploi de cette notion serait cette fois source de confusion avec celle de « bénéficiaire effectif », figurant aux articles L. 561-2-2 et R. 561-1 du Code monétaire et financier, dont la large définition, qui paraît justifiée dans le cadre de la lutte contre le blanchiment des capitaux et le financement du terrorisme, serait en revanche inadaptée en matière de confiscations et excéderait en tous les cas ce qu'était la volonté du législateur.

Même si, bien sûr, elle n'en partage pas la nature, la mise en œuvre par le juge répressif de la notion de libre disposition est par conséquent comparable à une action civile en déclaration de simulation[4], laquelle s'entend d'une « action en justice par laquelle un tiers, qui se verrait opposer l'acte apparent, peut obtenir qu'il ne soit tenu compte que de l'acte effectif, pour tout ce qui concerne ses intérêts »[5]. La libre disposition sera ainsi caractérisée par le constat de la matérialité de la propriété du condamné sous la fausse apparence de la propriété d'un tiers, tout comme le juge civil retient la simulation lorsqu'il est établi qu'un débiteur, pour échapper à la saisie de ses créanciers, a cédé fictivement un bien à un tiers, tandis qu'il résulte d'un acte secret que l'intéressé en est demeuré propriétaire. Il n'y a là que l'application d'une règle connue : en cas de simulation, il est loisible aux tiers de se prévaloir de l'acte secret[6]. L'on relèvera d'ailleurs en ce sens que, pour approuver la confiscation d'un bien dans sa totalité, alors que le condamné en était seulement indivisaire, la chambre criminelle a énoncé que ce dernier « était le *propriétaire économique réel* de la totalité de l'immeuble confisqué, nonobstant l'indivision *apparente* de l'immeuble organisée par le prévenu, de sorte que l'intéressé en avait la libre disposition au sens du sixième alinéa de l'article 131-21 du Code pénal »[7].

Au reste, la libre disposition sera caractérisée par le seul constat de la matérialité de la propriété du condamné nonobstant les apparences, sans qu'il y ait lieu de rapporter la preuve d'une intention frauduleuse. La libre disposition est en effet comparable à la simulation, non à la fraude s'en distinguant à condition de la comprendre strictement : « Le plus souvent la simulation tend à permettre une fraude à la loi, spécialement une fraude fiscale, ou aux droits des tiers, notamment des créanciers ou des héritiers. À ce titre, elle est considérée avec une certaine suspicion. Cependant, la simulation peut également avoir un but moralement neutre, tel, pour des commerçants, le souci de ne pas révéler leurs marchés à des concurrents, ou même louable, tel le désir de ne pas faire apparaître une action charitable. La simulation ne peut donc, malgré certaines tendances contestables de la jurisprudence, être assimilée à la fraude. »[8] Or se déduit de cette distinction une différence

1. H. Robert, « Le juge pénal et l'instrumentalisation du patrimoine criminel », *RJ com.* 2015. 261.
2. AUSSI : H. Robert, « Le juge pénal et l'instrumentalisation du patrimoine criminel », préc. : « En cas d'interposition d'une personne physique prête-nom, le juge pénal doit établir que le titulaire de la propriété n'exerce sur son bien aucune des prérogatives qui lui sont attachées (usus, abusus, fructus), voire n'en supporte aucune charge, et qu'au contraire le délinquant en a l'usage exclusif, profite de ses fruits, et pourrait le céder s'il le voulait. » – Ch. Cutajar, « Le nouveau droit des saisies pénales », préc. : « La seule démonstration de ce que la personne condamnée utilise ou jouit du bien ne suffira pas pour autoriser la confiscation. Il sera nécessaire de démontrer que le tiers qui revendique le bien ne jouit pas de la prérogative essentielle du droit de propriété, à savoir, le droit d'en disposer. »
3. H. Matsopoulou et H. Robert, « Confiscation des biens des tiers : les conditions de la libre disposition et de la bonne foi », *JCP G* 2020. 209 – H. Matsopoulou, « La saisie et la confiscation des biens des tiers », *in* L. Ascensi, P. Beauvais et R. Parizot (dir.), *La confiscation des avoirs criminels, Nouveaux enjeux juridiques*, LGDJ, 2021, p. 117.
4. POUR UNE PROPOSITION de mise en œuvre de la théorie de la simulation ou de la fraude : Ch. Cutajar et Y. Strickler, « Saisie et confiscation des biens et techniques juridiques opérant transfert de propriété », *La revue du Grasco*, n° 1, avr. 2012, p. 11.
5. G. Cornu (dir.), *Vocabulaire juridique*, préc., V° « Simulation » – (action en déclaration de).
6. J. Carbonnier, *Droit civil*, t. II, « Quadrige », PUF, 2017, n° 1000 – J. Ghestin, Ch. Jamin et M. Billiau, *Les effets du contrat*, 3e éd., « Traité de droit civil », LGDJ, 2001, n° 902 – F. Terré, Ph. Simler, Y. Lequette et F. Chénedé, *Droit civil, Les obligations*, 12e éd., « Précis », Dalloz, 2019, n° 740.
7. Crim. 25 nov. 2020, n° 19-86.979, P, 109 ; *D.* 2020. 2346 ; *AJ fam.* 2021. 57, obs. L. Mary ; *AJ pénal* 2021. 39, obs. M. Hy – AUSSI, se référant à cette notion : Crim. 13 avr. 2022, n° 21-83.786, NP – Crim. 28 juin 2023, n° 22-85.091, P.
8. J. Ghestin, Ch. Jamin et M. Billiau, *Les effets du contrat*, préc., n° 865.

d'éléments constitutifs des deux notions. En droit civil, la fraude implique que soit établie l'intention d'éluder la règle obligatoire car elle est matériellement irréprochable. Des auteurs l'ont justement relevé : « Le sujet cherche à obtenir un avantage dont il aurait dû être normalement privé ou à échapper à une obligation à laquelle il était tenu. Mais il ne crée nullement une apparence trompeuse. Tout est bien réel. La ruse est beaucoup plus habile. Elle consiste à créer les conditions d'application d'une règle de droit dont les effets neutralisent les conséquences juridiques défavorables de la situation initiale de l'individu. Il s'agit, en somme, de faire jouer les lois les unes contre les autres et ceci non pas fictivement mais en déclenchant véritablement un mécanisme apte à produire le résultat escompté ; de sorte que si on laissait fonctionner normalement les règles de droit, la ruse serait couronnée de succès. »[1] Au contraire, la simulation est amorale, tandis qu'elle se caractérise matériellement par un faux-semblant : elle est un « mensonge concerté » entre des contractants, un « mensonge commun » des parties à l'encontre des tiers, en définitive un « trompe l'œil »[2]. L'action en déclaration de simulation ne vise ainsi nullement à sanctionner une fraude, mais seulement à rétablir la réalité de la situation de droit pour en tirer toutes les conséquences juridiques. L'on comprend alors, grâce à ce détour par le droit civil, qu'il n'y a nullement lieu pour le juge répressif d'établir l'intention du condamné d'échapper à la confiscation, la mise en évidence de la réalité de sa propriété, nonobstant la fausse apparence de celle d'un tiers, suffisant.

Il reste que, dans cette seconde approche, comme nous le verrons[3], la réserve des droits du propriétaire de bonne est moins compréhensible, puisque, d'une part aucune atteinte ne sera réellement portée aux droits de ce dernier qui n'en a en réalité aucun, d'autre part la mauvaise foi paraît nécessairement se déduire de la simulation[4], le législateur ne semblant donc pas avoir tiré toutes les conséquences de l'évolution conceptuelle, même s'il est vrai que l'interrogation est dorénavant sans portée pratique, puisque des arguments de droit européen imposent de toute façon la protection des droits des tiers de bonne foi.

125.23 **Applications jurisprudentielles.** À compter de l'entrée en vigueur de la loi n° 2012-409 du 27 mars 2012[5], la chambre criminelle a produit une jurisprudence abondante relative à la notion de « libre disposition », qu'elle laisse à l'appréciation souveraine des juges du fond[6]. On relèvera seulement que cette jurisprudence s'est le plus souvent développée, non sur le terrain de l'appréciation de la validité des peines de confiscation, mais sur celui de la validité des saisies spéciales organisées par les articles 706-141 et suivants du Code de procédure pénale, ce qui s'explique par le fait que le caractère confiscable du bien constitue une condition de fond de la validité de ces mesures.

Ainsi, dans un premier arrêt du 23 mai 2013, la chambre criminelle a approuvé une chambre de l'instruction d'avoir rejeté le requête en nullité de la saisie d'un bien qui appartenait à une société civile immobilière dont 99,5 % des parts étaient détenues par les personnes mises en examen, au motif que « les héritiers indivisaires susceptibles d'être mis en examen du chef de blanchiment, qui [détenaient] 99,5 % des parts de la société civile immobilière, [avaient] le pouvoir de décider de l'affectation de l'actif net social résultant de la vente de l'immeuble de cette société, de sorte qu'ils [avaient] la libre disposition de cet élément d'actif »[7]. Cette interprétation des textes a été confirmée par deux arrêts rendus le 29 janvier

1. J. Ghestin, G. Goubeaux et M. Fabre-Magnan (avec le concours de), *Introduction générale*, 4e éd., « Traité de droit civil », LGDJ, 1994, n° 813.
2. F. Terré, Ph. Simler, Y. Lequette et F. Chénedé, *Droit civil, Les obligations*, préc., nos 724 et 728.
3. V. ss n° 125.26.
4. EN CE SENS : H. Matsopoulou et H. Robert, « Confiscation des biens des tiers : les conditions de la libre disposition et de la bonne foi », préc. : « Une société écran, mise en place pour la seule dissimulation d'une personne physique ou d'une autre personne morale par l'interposition de sa personnalité juridique propre, qu'elle soit de droit français ou de droit étranger, peut-elle jamais être un propriétaire de bonne foi ? En l'absence d'*affectio societatis*, à défaut d'entreprise commune entre les associés et d'organisation du partage du bénéfice, le juge pénal est légitime, selon nous, à considérer qu'une entité dotée de la personnalité morale est nécessairement un propriétaire de mauvaise foi en ne satisfaisant pas à la définition de la société fixée dans l'ordre juridique national par l'article 1832 du Code civil. Il serait paradoxal de reconnaître la bonne foi à une structure fictive mise en place pour organiser une fraude à la loi. »
5. L. n° 2012-409, 27 mars 2012 *de programmation relative à l'exécution des peines*, *JO* 28 mars, p. 5592.
6. Crim. 15 janv. 2014, n° 13-81.874, P, n° 12 ; *D.* 2014. 211 ; *Procédures* 2014, comm. 78, obs. A.-S. Chavent-Leclere – Crim. 8 nov. 2017, n° 17-82.632, P, n° 250 ; *D.* 2017. 2303 ; *D.* 2018. 196, chron. B. Laurent, G. Barbier, E. Pichon, L. Ascensi et G. Guého ; *AJ pénal* 2018. 101, obs. O. Violeau ; *Rev. sociétés* 2018. 463, note B. Bouloc – Crim. 3 avr. 2019, n° 18-83.052, NP – Crim. 24 juin 2020, n° 19-84.477, NP censurant des motifs insuffisants – Crim. 13 avr. 2022, n° 21-83.786, NP (*idem*) – Crim. 11 mai 2022, n° 21-82.940, NP (*idem*) – Crim. 7 juin 2023, n° 22-84.704, NP censurant des motifs insuffisants.
7. Crim. 23 mai 2013, n° 12-87.473, P, n° 113 ; *D.* 2013. 1778, obs. P. Labrousse ; *D.* 2013. 2713, obs. G. Roujou De Boubée ; *AJ pénal* 2013. 482, obs. L. Ascensi ; *JCP G* 2013. 804, obs. Ch. Cutajar ; *Dr. pén.* 2013, comm. 117, obs. A. Maron et M. Haas ; *Gaz. Pal.* 4 juill. 2013, n° 185, p. 185, obs. R. Mesa ; *RJDA* 2014. 79, obs. P. Labrousse.

2014[1]. Dans la première affaire, la chambre criminelle a validé l'ordonnance de saisie d'un immeuble appartenant à une société civile immobilière dont les mis en examen étaient les uniques porteurs de parts, de sorte qu'ils ont été considérés comme ayant la libre disposition de ce bien, tandis que, dans la seconde affaire, a été validée l'ordonnance de saisie d'un fonds de commerce exploité par une société commerciale dont l'une des mis en examen était unique porteuse de part, de sorte que son époux, également mis en examen, et elle, avaient la libre disposition du fonds. Il a encore été admis que soient saisies en valeur des créances de dividendes appartenant à quatre sociétés, en relevant que le mis en examen avait la libre disposition des fonds devant leur être versés, puisqu'elles étaient placées « sous son contrôle », l'intéressé détenant 100 % des titres de l'une des sociétés concernées[2]. Enfin, la chambre criminelle a approuvé une chambre d'instruction d'avoir confirmé la saisie pénale d'immeubles appartenant à une société civile immobilière qui avait des personnes mises en examen pour porteuses de parts uniques, en relevant que ces personnes avaient le pouvoir « de décider de l'affectation des immeubles saisis »[3].

Il ne saurait toutefois être déduit de ces décisions que, lorsque le bien appartient à une personne morale, la libre disposition impliquerait nécessairement que le mis en cause soit porteur unique ou, à tout le moins, majoritaire, de parts. Ainsi, une chambre de l'instruction a été approuvée d'avoir énoncé, pour caractériser la libre disposition du compte bancaire d'une société par la personne mise en cause, qui ne détenait pourtant que la moitié des parts sociales, que l'intéressé était « l'unique gérant de la société et [disposait] seul de la signature bancaire pour ce compte dont il [faisait] usage librement en procédant à des opérations inexpliquées au profit de son associée et compagne »[4]. De même, un mis en examen a été considéré comme ayant la libre disposition d'une maison d'habitation, propriété d'une société civile immobilière constituée à cette fin entre ses deux filles, dans une affaire où la chambre de l'instruction avait relevé que l'intéressé « [avait] fait de ce bien sa résidence principale dès son acquisition, sans payer aucun loyer, et gérait seul la société civile immobilière, dont il faisait fonctionner les comptes bancaires », la chambre criminelle ajoutant que « les intérêts de la société civile immobilière [...] se [confondaient] avec ceux du mis en examen »[5]. La chambre criminelle a encore jugé que « le recours à l'interposition d'une société immobilière entre la personne mise en examen et son patrimoine immobilier ainsi qu'à des prête-noms de l'entourage familial pour exercer les fonctions ou les rôles de dirigeant de droit, d'administrateurs et d'associés, joint à une gestion de fait de la société par l'intéressé, tous éléments qui relèvent de l'appréciation souveraine des juges du fond, [suffisaient] à caractériser la libre disposition du bien immobilier, ou de la créance résultant de son expropriation, propriété de ladite société, de nature à en permettre la saisie »[6]. Enfin, elle a approuvé une cour d'appel de s'être fondée, pour considérer qu'un condamné avait la libre disposition de biens immobiliers appartenant à une société civile immobilière familiale dont l'intéressé n'était pas porteur de parts, sur un ensemble de diverses circonstances de fait : le condamné occupait les lieux avec ses compagnes et ses enfants, il réglait à la société des loyers anormalement bas et partiels, son épouse et son père étaient les donneurs d'ordres de travaux de si grande envergure qu'ils devaient être vus comme consistant en des actes de disposition, ces travaux avaient été financés par le père du condamné à titre de donation en sa faveur, les relevés bancaires de la société étaient acheminés à l'adresse professionnelle du condamné et non à celle du gérant, la comptabilité sociale avait été découverte non pas au domicile du gérant mais à celui de la mère du condamné, et enfin, au cours d'une conversation téléphonique interceptée, le condamné se présentait comme le véritable propriétaire des biens, envisageant de les donner en location[7].

Enfin, hors le cas où le bien appartient à une personne morale, la chambre criminelle a approuvé une chambre de l'instruction d'avoir considéré, pour confirmer la saisie d'un immeuble qui était le lieu d'un trafic de stupéfiants, que l'intéressé avait la libre disposition du bien immobilier appartenant à sa mère, dès lors que « la boucherie et le domicile de [la mère du mis en examen étaient] étroitement imbriqués dans un ensemble immobilier appartenant à [cette dernière] [...], la mère laissant libre disposition et accès à son fils de cet ensemble où elle-même [demeurait] »[8]. De même, pour considérer qu'un condamné « était le propriétaire économique réel de la totalité de l'immeuble confisqué, nonobs-

1. Crim. 29 janv. 2014, n° 13-80.062, P, n° 32 ; *D.* 2014. 373 ; *AJ pénal* 2014. 310, obs. L. Ascensi – Crim. 29 janv. 2014, n° 13-80.063, P, n° 32 ; *AJ pénal* 2014. 310, obs. L. Ascensi.
2. Crim. 25 févr. 2015, n° 13-81.946, NP.
3. Crim. 25 sept. 2019, n° 18-85.211, NP.
4. Crim. 3 avr. 2019, n° 18-83.052, NP.
5. Crim. 19 nov. 2014, n°s 13-88.331 et 13-88.332, NP.
6. Crim. 8 nov. 2017, n° 17-82.632, P, n° 250 ; *D.* 2017. 2303 ; *D.* 2018. 196, chron. B. Laurent, G. Barbier, E. Pichon, L. Ascensi et G. Guého ; *AJ pénal* 2018. 101, obs. O. Violeau ; *Rev. sociétés* 2018. 463, note B. Bouloc.
7. Crim. 18 déc. 2019, n° 17-85.083, NP.
8. Crim. 3 févr. 2016, n° 14-87.754, NP.

tant l'indivision apparente de l'immeuble organisée par le prévenu, de sorte que l'intéressé en avait la libre disposition au sens du sixième alinéa de l'article 131-21 du Code pénal », la chambre criminelle a relevé qu'« il [ressortait] des motifs propres et adoptés de l'arrêt attaqué qu'outre le fait que M. S... A... assurait seul la gestion locative de l'immeuble confisqué, le prêt afférent à son acquisition [n'avait] pu être remboursé qu'au moyen des revenus occultes de l'intéressé, l'affectation des ressources de Mme U... à ce remboursement, compte tenu du train de vie du couple, parents de trois enfants, de l'importance de l'épargne de l'intéressée, et du remboursement du prêt conclu lors de l'acquisition du domicile familial, devant être retenue comme un montage réalisé dans le seul but de placer l'immeuble confisqué dans un état apparent d'indivision »[1].

125.24 **Appréciation.** Cette jurisprudence révèle que la chambre criminelle pourrait mettre en œuvre, sans les mots pour le dire, les deux conceptions précédemment décrites de la notion de libre disposition[2].

D'un côté, elle s'est résolument inscrite dans une conception économique ou encore matérielle de la libre disposition, conformément aux intentions du législateur qui étaient de dépasser l'apparence juridique pour permettre la saisie des biens du « propriétaire économique réel ». Tel est notamment le cas lorsque la chambre criminelle a approuvé les juges du fond d'avoir caractérisé la libre disposition à partir d'un ensemble de circonstances de fait dont il ressortait que la personne poursuivie exerçait en réalité, en lieu et place du propriétaire du bien litigieux, les attributs du droit de propriété[3]. Elle a d'ailleurs expressément déduit la libre disposition d'un bien de ce que le condamné en était, dans les circonstances de l'espèce, le « propriétaire économique réel »[4].

Il a cependant aussi été relevé que la chambre criminelle pourrait être allée au-delà de cette première compréhension de la libre disposition en déduisant celle-ci de la seule détention par la personne poursuivie de l'essentiel des parts sociales. Ainsi, à propos de la décision du 23 mai 2013, il a été soutenu que la chambre criminelle aurait davantage caractérisé « la notion de bénéficiaire effectif propre au droit du blanchiment », qui se trouve définie aux articles L. 561-2-2 et R. 561-1 du Code monétaire et financier comme la ou les personnes physiques qui contrôlent, directement ou indirectement, le client ou celles pour laquelle une transaction est exécutée ou une activité réalisée, c'est-à-dire, pour les sociétés, la ou les personnes physiques qui soit détiennent, directement ou indirectement, plus de 25 % du capital ou des droits de vote de la société, soit exercent, par tout autre moyen, un pouvoir de contrôle sur les organes de gestion, d'administration ou de direction de la société ou sur l'assemblée générale de ses associés. Ce faisant, la chambre criminelle n'aurait pas « débusqu[é] le propriétaire réel derrière l'écran de la personnalité morale abusivement interposé mais bien [nié] l'existence même de cet écran en considérant que le pouvoir de décision lié à la détention de la quasi-totalité des parts sociales entraîne *de facto* la libre disposition des biens »[5]. Il est vrai que cette interprétation ressort du communiqué publié sur le site internet de la Cour de cassation à propos de cette décision : « En affirmant [...] que les personnes susceptibles d'être mises en examen du chef de blanchiment devaient être regardées comme ayant la libre disposition de l'actif net social résultant de la vente d'un immeuble de cette société, en raison du nombre de parts qu'elles détenaient de façon indivise (99,55), qui leur conférait le droit de décider de l'affectation de cet élément de l'actif, la chambre criminelle, selon l'intention du législateur de 2012, ne s'arrête pas à l'écran de la personnalité morale de la société afin d'appréhender les véritables *intéressés à l'affaire.* »[6] Au reste, cette interprétation fait écho à la proposition qui avait été faite par la Cour de cassation dans son *Rapport annuel*, de permettre la prise de mesures conservatoires, en application de l'article 706-103 du Code de procédure pénale, sur les biens dont la personne mise en examen était ayant droit économique[7]. Il est vrai que la titularité de la majorité, voire de la totalité, des parts sociales ne change rien au fait que la société dispose d'un patrimoine propre, distinct de celui de ses porteurs de parts, outre le fait que ce patrimoine se trouve protégé contre les détournements des biens sociaux susceptibles d'être commis par ses dirigeants à travers les incriminations d'abus de biens sociaux ou de confiance. Dans une approche plus stricte de la libre disposition – comprise comme l'exercice par le condamné des attributs du droit de propriété en lieu et place du tiers propriétaire apparent –, il pourrait être proposé de ne retenir celle-ci que dans les seules hypothèses où les porteurs

1. Crim. 25 nov. 2020, n° 19-86.979, P, 109 ; *D.* 2020. 2346 ; *AJ fam.* 2021. 57, obs. L. Mary ; *AJ pénal* 2021. 39, obs. M. Hy – AUSSI, se référant à cette notion : Crim. 13 avr. 2022, n° 21-83.786, NP.
2. V. ss n° 125.22.
3. AINSI : Crim. 19 nov. 2014, préc. – Crim. 8 nov. 2017, préc. – Crim. 3 avr. 2019, préc. – Crim. 18 déc. 2019, préc.
4. Crim. 25 nov. 2020, préc.
5. Ch. Cutajar, « Saisie pénale et libre disposition : nouvelle illustration de l'autonomie du droit pénal des affaires », *JCP G* 2013. 804 – AUSSI : Ch. Cutajar, « Saisie pénale et libre disposition », *D.* 2012. 1652.
6. Nous soulignons.
7. Cour de cassation, *Rapp. annuel* 2010, p. 44.

de parts exercent de fait les attributs du droit de propriété, soit que la société soit fictive à défaut notamment d'*affectio societatis*, soit que la propriété du bien ait été artificiellement conférée à la société[1].

Quoi qu'il en soit, d'un autre côté, la chambre criminelle paraît ne pas non plus ignorer la conception de la libre disposition qui semble avoir été celle du législateur lors de l'adoption de la loi n° 2007-297 du 5 mars 2007[2]. En effet, en approuvant la saisie d'un immeuble appartenant à une mère qui, tout en y demeurant, en avait mis une partie à la disposition de son fils, non sans savoir qu'il y mettait en œuvre un trafic de stupéfiants, la chambre criminelle ne s'est nullement inscrite dans l'approche de la libre disposition qui s'est manifestée lors de l'adoption de la loi n° 2012-409 du 27 mars 2012[3]. La mère du mis en examen n'était en effet nullement un prête-nom dont la propriété dissimulait celle de l'intéressé. Elle était bien la propriétaire, en droit comme en fait, de l'immeuble saisi, qu'elle avait seulement *mis à la disposition* de son fils, ce qui est différent. Or, si l'on relève que cette affaire se distingue de l'ensemble des décisions précitées comme concernant la saisie d'un bien qui était l'instrument de l'infraction, l'on peut se demander si ne coexisteraient pas, dans la jurisprudence de la chambre criminelle, deux conceptions de la libre disposition.

125.25 Application au *trust* et à la fiducie. Le recours par le législateur à la notion de libre disposition et l'interprétation donnée à ce terme par la chambre criminelle pourraient permettre au juge répressif de dépasser l'obstacle à la confiscation que constitue l'utilisation, par certains auteurs d'infractions, du *trust* ou de la fiducie[4].

En effet, dès l'entrée en vigueur de la loi n° 2010-768 du 9 juillet 2010[5], il avait été relevé que les institutions du *trust* et de la fiducie étaient de nature à constituer un obstacle aux confiscations. Un auteur s'était ainsi demandé : « La fiducie et le *trust* de *common law* ne seraient-ils pas à ce jour l'angle mort de notre législation sur les saisies et confiscations pénales ? »[6] Au reste, le rapporteur de la loi du 9 juillet 2010 devant l'Assemblée nationale n'avait pas manqué de relever cette lacune juridique en affirmant que les mécanismes d'encadrement de la fiducie ne suffisaient pas toujours « à empêcher une utilisation de [celle-ci] à des fins de blanchiment »[7].

Il est exact que le contrat de fiducie des articles 2011 à 2030 du Code civil et ses équivalents de droit étranger pouvaient être de nature à constituer un obstacle aux confiscations. En effet, selon l'article 2011 du Code civil, « la fiducie est l'opération par laquelle un ou plusieurs constituants transfèrent des biens, des droits ou des sûretés, ou un ensemble de biens, de droits ou de sûretés, présents ou futurs, à un ou plusieurs fiduciaires qui, les tenants séparés de leur patrimoine propre, agissent dans un but déterminé au profit d'un ou plusieurs bénéficiaires », quand le *trust* – dont la réalité est plurielle, dès lors qu'il n'existe pas un type unique de *trust*, mais des relations juridiques toujours particulières comme variant en fonction des systèmes juridiques et des conventions de *trusts*[8] –, peut être approximativement défini « comme l'ensemble des relations juridiques créées dans le droit d'un État étranger par une personne, le constituant, par acte entre vifs ou à cause de mort, lorsque des biens ou des droits ont été placés, sous le contrôle d'un administrateur, le *trustee*, dans l'intérêt d'un ou de plusieurs bénéficiaires ou pour la réalisation d'un objectif déterminé »[9]. Les droits objet de l'opération ayant été transférés par le condamné à un tiers, l'on pouvait douter qu'ils puissent être confisqués.

La nouvelle possibilité de confisquer les biens dont le condamné a la libre disposition paraît de nature à permettre de dépasser cet obstacle juridique, mais à la condition qu'il résulte des éléments de la procédure que, malgré les apparences juridiques, le condamné a conservé la libre disposition de ses biens et que la décision des juges soit suffisamment motivée à cet égard[10]. Dès lors qu'il y a autant de sortes de *trusts* que de contrats et de mise en œuvre de ceux-ci, tout pourrait donc être affaire d'espèce, et ce même si certains auteurs demeurent réservés quant à la possibilité d'atteindre les patrimoines fiduciaires par la mise en œuvre

1. EN CE SENS : Ch. Cutajar, « Saisie pénale et libre disposition », préc. – « Saisie pénale et libre disposition : nouvelle illustration de l'autonomie du droit pénal des affaires », préc. – H. Robert, « Le juge pénal et l'instrumentalisation du patrimoine criminel », préc.
2. L. n° 2007-297, 5 mars 2007 *relative à la prévention de la délinquance, JO* 7 mars, p. 4297.
3. L. n° 2012-409, 27 mars 2012 *de programmation relative à l'exécution des peines, JO* 28 mars, p. 5592.
4. SUR CETTE NOTION : R. Ollard, « La fiducie : aspects de droit pénal », *RSC* 2009. 545 – AUSSI de façon plus générale sur les effets des *trusts* étrangers en droit français : *J.-Cl. Ing. patri.*, fasc. 2570 et 2571, par D. Le Grand de Belleroche.
5. L. n° 2010-768, 9 juill. 2010 *visant à faciliter la saisie et la confiscation en matière pénale, JO* 10 juill., p. 12753.
6. H. Robert, « Une importante réforme de procédure pénale inachevée. À propos de la loi du 9 juillet 2010 », *JCP G* 2010. 1067.
7. *Rapp. Ass. nat.* n° 1689 (XIIIe législ.), p. 24.
8. EN CE SENS : *J.-Cl. Ing. patri.*, fasc. 2570, préc.
9. Crim. 6 janv. 2021, n° 18-84.570, P, 40 ; *D.* 2021. 676, note F. Barrière ; *ibid.* 923, obs. S. Clavel et F. Jault-Seseke ; *AJ pénal* 2021. 146, obs. J. Goldszlagier.
10. EN CE SENS : H. Matsopoulou, « La saisie et la confiscation des biens des tiers », *in* L. Ascensi, P. Beauvais et R. Parizot (dir.), *La confiscation des avoirs criminels, Nouveaux enjeux juridiques*, LGDJ, 2021, p. 116.

du nouveau dispositif législatif, sauf à résolument considérer que les biens qui sont à la libre disposition du condamné s'entendent de ceux dont il est le « bénéficiaire économique » ou encore « effectif »[1].

Au soutien de la possibilité de considérer que les biens placés dans un *trust* sont demeurés à la libre disposition du condamné, on relèvera qu'en matière de fraude fiscale, la chambre criminelle a considéré que le juge pénal est compétent pour « analyser le fonctionnement concret [du *trust*] afin de rechercher si le constituant a, dans les faits, continué à exercer à l'égard des biens logés dans [celui-ci] des prérogatives qui sont révélatrices de l'exercice du droit de propriété, de telle sorte qu'il ne peut être considéré comme s'en étant véritablement dessaisi », ce qui emporte alors la nécessité pour les héritiers de l'intéressé de déclarer les biens litigieux lors de la succession, sauf à encourir des poursuites pour fraude fiscale[2]. *A fortiori*, le constituant qui continuerait à exercer à l'égard de biens logés dans un *trust* des prérogatives révélatrices de l'exercice du droit de propriété pourrait être vu comme ayant ces biens à sa libre disposition au sens de l'article 131-21 du Code pénal.

125.26 Notion de propriétaire de bonne foi. Si la propriété du condamné est donc indifférente tant qu'il a la libre disposition du bien confisqué, encore faut-il, toutefois, précise l'article 131-21 du Code pénal, que soient préservés les droits du « propriétaire de bonne foi », notion que la chambre criminelle s'est efforcée de définir dans le silence de la loi.

En vérité, étant relevé que l'interprétation faite de la notion par la chambre criminelle a pu être jugée insuffisamment protectrice des intérêts des tiers[3], la réserve des droits du propriétaire de bonne foi se comprend plus ou moins facilement selon la conception que l'on retient de la libre disposition. En effet, si le recours à la notion de libre disposition est destiné à permettre au juge répressif de dépasser la simulation à laquelle se sont livrés le condamné et le tiers propriétaire, afin de confisquer le bien dont la propriété se trouvait ainsi dissimulée, comme cela ressort des travaux préparatoires de la loi n° 2012-409 du 27 mars 2012[4], l'on comprend mal qu'il y ait lieu de réserver les droits du propriétaire de bonne foi, dès lors que la mise en évidence de la simulation impose de considérer que le tiers n'était en aucune manière propriétaire du bien litigieux. Quels droits, dont le tiers serait titulaire, y aurait-il lieu de réserver dans de telles circonstances ? Ce n'est ainsi que si l'on retient la conception de la libre disposition qui était vraisemblablement celle du législateur lorsque, en adoptant la loi n° 2007-297 du 5 mars 2007[5], il a introduit la notion au deuxième alinéa de l'article 131-21 du Code pénal prévoyant la confiscation de l'instrument de l'infraction, que la réserve des droits du propriétaire de bonne foi apparaît justifiée, sauf à permettre la confiscation d'un bien qu'un tiers aurait confié à l'auteur de l'infraction en ignorant l'usage qui en serait fait. Il semble donc que le législateur, lors de la généralisation de la référence à la libre disposition aux cinquième, sixième, puis finalement neuvième alinéas de l'article 131-21, ait également généralisé la réserve des droits du propriétaire de bonne foi, sans prendre en compte le fait que l'évolution conceptuelle de la libre disposition était susceptible de rendre cette réserve inappropriée.

Ceci étant, il n'en demeure pas moins que la chambre criminelle veille sans distinction à ce que soient réservés les droits du propriétaire de bonne foi, dès lors que cette réserve est énoncée de manière générale par l'article 131-21 du Code pénal et qu'elle est dans certains cas imposée par l'article 6 de la directive 2014/42/UE du 3 avril 2014[6], de même que, tout en la laissant à l'appréciation souveraine des juges[7], elle s'est efforcée de définir ce qu'il convient d'entendre par la notion de propriétaire de bonne foi, après avoir jugé, au terme d'une motivation classique, qu'il n'y avait pas matière à saisir le Conseil constitutionnel de l'imprécision du concept qu'un demandeur stigmatisait en considérant qu'elle portait atteinte au principe de la légalité

1. Ch. Cutajar, « Le nouveau droit des saisies pénales », *AJ pénal* 2012. 124 : « On peut douter que cette offensive atteigne l'objectif souhaité. En effet, la preuve de la libre disposition du bien nécessitera, en cas de recours d'un tiers, de rapporter la double preuve, d'une part du droit de propriété du prévenu sur le bien et, d'autre part, de la fausseté du titre revendiqué par le tiers, propriétaire apparent. Si le condamné transfère artificiellement des biens dans une fiducie ou dans une société en veillant à respecter l'étanchéité entre son patrimoine et celui de la société, ce qu'il est très facile de faire en recourant par exemple à des sociétés off shore dans les paradis fiscaux, une telle disposition ne sera d'aucune utilité. » – H. Matsopoulou et H. Robert, « Confiscation des biens des tiers : les conditions de la libre disposition et de la bonne foi », *JCP G* 2020. 209.
2. Crim. 6 janv. 2021, n° 18-84.570, P, 40 ; *D.* 2021. 676, note F. Barrière ; *ibid.* 923, obs. S. Clavel et F. Jault-Seseke ; *AJ pénal* 2021. 146, obs. J. Goldszlagier.
3. M. Hy, « Peine de confiscation : pour en finir avec la mauvaise foi », *AJ pénal* 2018. 505.
4. L. n° 2012-409, 27 mars 2012 de programmation relative à l'exécution des peines, *JO* 28 mars, p. 5592.
5. L. n° 2007-297, 5 mars 2007 *relative à la prévention de la délinquance, JO* 7 mars, p. 4297.
6. Dir. 2014/42/UE, Parlement et Conseil, 3 avr. 2014 *concernant le gel et la confiscation des instruments et des produits du crime dans l'Union européenne, JOUE* L 127, 29 avr., p. 39.
7. Crim. 15 janv. 2014, n° 13-81.874, P, n° 12 ; *D.* 2014. 211 ; *Procédures* 2014, comm. 78, obs. A.-S. Chavent-Leclere.

des délits et des peines et au droit de propriété. La chambre criminelle a en effet considéré que « la notion de bonne foi du propriétaire est suffisamment claire et précise pour que son application, qui relève de l'office du juge, ne porte pas atteinte au principe constitutionnel de la légalité des délits et des peines »[1].

Car il est vrai que la chambre criminelle a produit une jurisprudence fournie à propos de la définition de la bonne foi, laquelle a cependant connu une évolution. Dans un premier temps, il a été jugé que le propriétaire de bonne foi, dont les droits font obstacle au prononcé de la confiscation, est celui qui, dans les circonstances de la cause, pouvait ignorer les faits commis par le condamné qui avait la libre disposition du bien susceptible de confiscation. Cette position a été initiée, de façon relativement ancienne, dans le domaine voisin de la définition des biens susceptibles de restitution qui, en l'état des dispositions du deuxième alinéa de l'article 131-21 du Code pénal alors applicables (rédaction antérieure à l'entrée en vigueur de la loi n° 2004-204 du 9 mars 2004[2]), n'étaient pas susceptibles d'être confisqués à titre de produit de l'infraction, non plus que de son instrument. En effet, la chambre criminelle avait énoncé qu'un bien était susceptible de restitution lorsqu'il appartenait « à une personne de bonne foi dont le titre de propriété ou de détention est régulier », et que l'arrêt attaqué devait être cassé en ce qu'il avait prononcé la confiscation du véhicule qui avait servi à la commission des faits d'aide à l'entrée et au séjour irréguliers d'étrangers en France, sans que les juges n'aient répondu à l'argumentation consistant, pour le propriétaire du véhicule, à soutenir qu'il avait prêté le véhicule au prévenu « en ignorant l'usage qui en serait fait »[3]. La chambre criminelle n'a pas adopté une autre position lorsqu'elle a commencé à devoir définir la notion de propriétaire de bonne foi sur le fondement des dispositions législatives nouvelles. Ainsi, cette qualité a été refusée à une société propriétaire d'un véhicule confisqué après avoir servi à la commission de faits de conduite d'un véhicule malgré l'injonction de restituer le permis de conduire et d'excès de vitesse, dès lors que la cour d'appel avait relevé qu'il était douteux que cette société soit de bonne foi, puisque le prévenu en était le gérant unique[4]. Dans la même approche, il a par la suite été jugé que des sociétés, dont les immeubles avaient été saisis, ne pouvaient être considérées comme étant de bonne foi, dès lors que leur représentant légal avait été mis en examen ou en cause, l'une des chambres de l'instruction dont l'arrêt était attaqué ayant précisé que la société en cause « [n'existait] qu'à travers la personnalité de son représentant légal et seul porteur de parts », pour en déduire qu'il apparaissait impossible de la considérer de bonne foi[5]. Il a par ailleurs été énoncé, dans une affaire où avait été saisis divers biens immobiliers appartenant à la compagne du mis en examen, que cette dernière, « qui partageait le quotidien de son compagnon depuis 1997 et connaissait ses antécédents judiciaires, ne [pouvait] sérieusement prétendre avoir ignoré l'origine frauduleuse des fonds ayant permis au couple d'honorer le remboursement des prêts accordés pour l'acquisition de ces biens, au regard de la situation financière de son compagnon », de sorte que l'intéressée n'était pas de bonne foi[6]. C'est enfin ce qui ressort d'un arrêt ultérieur dans lequel une chambre de l'instruction a été approuvée d'avoir considéré que la mère d'un mis en examen n'avait pas la qualité de propriétaire de bonne foi de l'immeuble utilisé comme lieu de trafic de stupéfiants, motifs pris de ce qu'il résultait des énonciations de l'arrêt attaqué qu'elle avait connaissance des activités délictueuses de son fils, mis en examen de ce chef[7]. Cependant, dans un second temps, la chambre criminelle a fait évoluer sa jurisprudence dans un sens plus conforme non seulement à la volonté exprimée par le législateur français lors des travaux préparatoires de la loi n° 2012-409 du 27 mars 2012[8], mais aussi aux dispositions de l'article 6 de la directive 2014/42/UE[9] selon lesquelles les États membres prennent les mesures nécessaires pour permettre la confiscation de produits ou de biens dont la valeur correspond à celle des produits qui ont été transférés, directement ou indirectement, à des tiers par un suspect ou une personne poursuivie ou qui ont été acquis par des tiers auprès d'un suspect ou d'une personne poursuivie, « au moins dans les cas où ces tiers savaient ou auraient dû savoir que la finalité du transfert ou de l'acquisition était d'éviter la confiscation, sur la base d'éléments ou de circonstances concrets,

1. Crim. 14 oct. 2015, n° 15-83.113, NP.
2. L. n° 2004-204, 9 mars 2004 *portant adaptation de la justice aux évolutions de la criminalité*, *JO* 10 mars, p. 4567.
3. Crim. 13 avr. 1999, n° 97-85.443, P, n° 74 ; *D.* 1999. 144 ; *RSC* 1999. 811, obs. B. Bouloc.
4. Crim. 15 janv. 2014, n° 13-81.874, P, n° 12 ; *D.* 2014. 211 ; *Procédures* 2014, comm. 78, obs. A.-S. Chavent-Leclere.
5. Crim. 25 sept. 2019, n° 18-85.211, NP – Crim. 15 janv. 2020, n° 19-82.039, NP – Crim. 10 mars 2021, n° 20-84.117, P, 96 ; *RDI* 2021. 284, obs. G. Beaussonie ; *AJ pénal* 2021. 216, obs. M. Hy.
6. Crim. 9 déc. 2014, n° 13-85.150, NP.
7. Crim. 3 févr. 2016, n° 14-87.754, NP.
8. L. n° 2012-409, 27 mars 2012 *de programmation relative à l'exécution des peines*, *JO* 28 mars, p. 5592.
9. Dir. 2014/42/UE, Parlement et Conseil, 3 avr. 2014 *concernant le gel et la confiscation des instruments et des produits du crime dans l'Union européenne*, *JOUE* L 127, 29 avr., p. 39.

notamment le fait que le transfert ou l'acquisition a été effectué gratuitement ou en échange d'un montant sensiblement inférieur à la valeur marchande ». En effet, il ressort d'un important arrêt du 28 juin 2023, que la bonne foi du tiers propriétaire s'entend non pas de son ignorance des faits délictueux, mais dorénavant de celle de ne pas être le propriétaire économique réel du bien confisqué[1]. Pour le dire autrement, le tiers propriétaire qui est conscient que la personne condamnée est la propriétaire économique réelle du bien confisqué ne saurait être vu comme étant de bonne foi au sens de l'article 131-21 du Code pénal. Dans cette affaire, la cour d'appel dont l'arrêt se trouvait attaqué a ainsi été approuvée d'avoir jugé que les tiers propriétaires de l'un des biens confisqués n'étaient pas de bonne foi, dès lors que ces derniers « étaient bien conscients de servir de prête-nom et que l'immeuble était géré par [le prévenu] qui leur reversait l'équivalent des mensualités de crédit », quand la chambre criminelle a par ailleurs déduit du fait que les juges avaient constaté que la tiers propriétaire d'un autre bien confisqué avait quant à elle déclaré ignorer comment la personne condamnée « avait les moyens de payer les mensualités et l'entretien du véhicule », que l'intéressée savait qu'elle n'en était pas la propriétaire économique réelle, de sorte qu'elle n'était pas de bonne foi. Inversement, la chambre criminelle a censuré la décision qui lui était déférée en ce qu'elle avait confirmé la confiscation d'un autre véhicule, au motif que la cour d'appel s'était abstenue de rechercher si sa propriétaire, tiers à la procédure, savait que le prévenu condamné en était le propriétaire économique réel.

Il conviendra naturellement de demeurer attentif aux décisions qui feront suite à cette évolution de la jurisprudence de la chambre criminelle. Celle-ci devra notamment dire si cette nouvelle définition de la bonne foi s'applique à l'ensemble des cas de confiscation prévus par l'article 131-21 du Code pénal, l'arrêt précité ayant concerné des confiscations prononcées en application du cinquième alinéa de ce texte. Qu'en sera-t-il, en particulier, en cas de confiscation de l'instrument ou du produit de l'infraction, cas où la bonne foi s'entendait, jusqu'à cette décision, de la connaissance des faits délictueux que le bien confisqué avait servi à commettre ou dont il était le produit ; étant relevé, s'agissant du produit, que la réserve des droits du propriétaire de bonne foi ne résulte pas des dispositions du troisième alinéa de l'article 131-21 du Code pénal mais de la jurisprudence de la chambre criminelle[2] au visa des dispositions de la directive 2014/42/UE[3] ? Coexistera-t-il, dans la jurisprudence de la chambre criminelle, plusieurs définitions de la notion de bonne foi ? De même, devront être tranchées des questions aussi importantes que celles de la date d'appréciation de la bonne foi et de l'identification de la personne physique en la personne de laquelle doit être appréciée cette condition lorsque le tiers propriétaire est une personne morale. Sur ces deux points, pourrait être transposée la jurisprudence développée en matière de restitution. Il y sera renvoyé[4].

En tous les cas, comme le préconise l'Agrasc, la condition de la bonne foi doit inciter les enquêteurs à prendre en compte le tiers propriétaire au cours des investigations, tant par la collecte d'informations concernant son lien avec le bien, que par son audition[5].

125.27 Recevabilité du moyen pris de la bonne foi d'un tiers propriétaire. Il faut relever que la chambre criminelle a restreint les conditions de recevabilité du moyen pris de la propriété d'un tiers de bonne foi, lequel est fréquemment utilisé dans le cadre des procédures de contestation des peines de confiscation ou des saisies[6]. En effet, l'on observe que c'est bien souvent la personne poursuivie ou condamnée qui conteste la confiscation ou la saisie de biens dont elle prétend pourtant qu'ils ne lui appartiennent pas, en se fondant sur le fait que le bien appartient à un tiers de bonne foi. Un tel moyen est irrecevable car se trouve réservé au propriétaire de bonne foi le droit de contester la mesure portant sur un bien qui serait sa seule propriété[7]. Il a ainsi été très clairement énoncé qu'un « demandeur [au pourvoi] n'a pas qualité pour contester la confiscation de la part indivise de son épouse dans l'immeuble confisqué, seule celle-ci pouvant établir qu'elle est propriétaire de bonne foi »[8], ou encore qu'un « demandeur [au pourvoi] est sans intérêt, pour contester la confiscation de biens dont il a la libre disposition et qui ont servi à commettre les infractions dont il a été déclaré coupable, à invoquer la bonne foi de la société propriétaire de ces biens »[9].

125.28 Recours du tiers propriétaire. Enfin, le tiers propriétaire n'est désormais plus démuni de voies procédurales pour combattre la confiscation du bien lui appartenant. Si l'état du droit est complexe, et qu'il y a lieu de distinguer selon les

1. Crim. 28 juin 2023, n° 22-85.091, P.
2. V. ss n° 125.31.
3. Dir. 2014/42/UE, Parlement et Conseil, 3 avr. 2014 *concernant le gel et la confiscation des instruments et des produits du crime dans l'Union européenne*, *JOUE* L 127, 29 avr., p. 39.
4. V. ss n° 245.125.
5. Agrasc, *Rapp. annuel* 2019, p. 14.
6. V. ss n° 131.161.
7. Crim. 14 déc. 2016, n° 15-87.618, NP.
8. Crim. 4 mai 2016, n° 15-80.272, NP.
9. Crim. 8 mars 2017, n° 16-80.614, NP.

situations, le tiers propriétaire se voit désormais offrir la faculté d'être partie à l'audience de confiscation[1], d'exercer des voies de recours à l'encontre de la décision de confiscation[2], voire d'agir en difficulté d'exécution[3]. Il sera renvoyé aux divers développements à ce propos.

SECTION 3

DES BIENS SANS LIEN AVEC LA PERSONNE CONDAMNÉE

125.31 Indifférence de la propriété comme de la libre disposition des biens confisqués à titre de peine complémentaire. La propriété du condamné, tout comme la seule libre disposition des biens, sont parfois purement et simplement indifférentes au caractère confiscable des biens.

Tel est d'abord le cas, en application du troisième alinéa de l'article 131-21 du Code pénal, des biens qui sont l'objet ou le produit direct ou indirect de l'infraction, à l'exception de ceux qui sont susceptibles de restitution à la victime. Il n'est pas nécessaire que le condamné soit propriétaire des biens confisqués, non plus qu'il en ait la libre disposition.

Si la chambre criminelle a rappelé cette règle[4], la jurisprudence a en revanche été longtemps ambiguë sur la question de savoir si la bonne foi du propriétaire du bien dont la confiscation était envisagée pouvait néanmoins constituer un obstacle au prononcé de cette peine[5]. L'ambiguïté a été levée par un arrêt du 7 novembre 2018, confirmé par la suite[6], dans lequel la chambre criminelle a énoncé : « Conformément aux dispositions précises et inconditionnelles de l'article 6 § 2 de la directive 2014/42/UE[7] du 3 avril 2014, les droits du propriétaire de bonne foi doivent être réservés, même lorsque le bien constitue le produit direct ou indirect de l'infraction. »[8] Il est vrai que bien des arguments imposaient de réserver les droits du propriétaire de bonne foi – qui bénéficiera du même statut procédural que le propriétaire de bonne foi de biens à la libre disposition du condamné[9] –, en matière de confiscation du produit de l'infraction, comme s'agissant de l'objet de celle-ci en raison de l'identité de régime juridique de l'objet et du produit. S'il est vrai que l'article 131-21, alinéa 3, du Code pénal ne réserve pas les droits du propriétaire de bonne foi, il faut néanmoins d'abord rappeler que le Conseil constitutionnel a déclaré ce texte conforme à la Constitution en relevant qu'il « préserve le droit de propriété des tiers de bonne foi », énonciations pouvant être lues comme excluant que puisse être confisqué l'objet ou le produit de l'infraction dont un tiers serait devenu propriétaire sans connaître son origine illicite, même s'il est vrai que ces énonciations ne constituent pas une réserve d'interprétation[10]. De même, de façon plus déterminante, l'on relèvera que la directive 2014/42/UE citée par la chambre criminelle, qui a été transposée par la loi n° 2016-731 du 3 juin 2016[11], tout comme la décision-cadre 2005/212/JAI[12], qui a provoqué la refonte de l'article 131-21 par la loi n° 2007-297 du 5 mars 2007[13], réservent les droits du propriétaire de bonne foi y compris en cas de confiscation du produit de l'infraction. En effet, le premier paragraphe de l'article 6 de la directive 2014/42/UE énonce que « les États membres prennent les mesures nécessaires pour permettre la confiscation de produits ou de biens dont la valeur correspond à celle des produits qui ont été transférés, directement ou indirectement, à des tiers par un suspect ou une personne poursuivie ou qui ont été acquis par des tiers auprès d'un suspect ou d'une personne pour-

1. V. s[s] n° 131.41.
2. V. s[s] n° 131.161.
3. V. s[s] n° 132.181.
4. Crim. 25 nov. 2015, n° 14-84.985, P, n° 26 ; *D.* 2015. 2503.
5. Crim. 4 sept. 2012, n° 11-87.143, P, n° 178 ; *AJ pénal* 2013. 56, obs. J. Lasserre-Capdeville ; *Dr. sociétés* 2013, comm. 15, obs. R. Salomon – Crim. 23 juill. 2014, n° 13-85.558, NP ; *JCP G* 2013. 360, obs. A. Maron – Crim. 11 mars 2015, n° 13-88.250, NP – Crim. 3 févr. 2016, n° 15-83.505, NP – Crim. 20 juin 2017, n° 16-85.814, NP – CEPENDANT, un arrêt mentionne que « la saisie des immeubles dont la confiscation est prévue par l'article 131-21, alinéa 3, du Code pénal [...] peut, sous réserve du droit du propriétaire de bonne foi, porter sur tous les biens qui sont l'objet ou le produit direct ou indirect de l'infraction » : Crim. 5 mars 2014, n° 13-84.977, P, n° 67 ; *D.* 2014. 613 – Crim. 17 déc. 2014, n°s 13-87.779, 13-87.879 et 13-87.880, NP, dans lesquels la chambre criminelle a approuvé la chambre de l'instruction d'avoir relevé que les fonds saisis étaient le produit de l'infraction et que le membre de la famille du mis en examen (sa sœur dans certains arrêts, sa mère dans un autre), sur le compte de laquelle ces fonds avaient été saisis, « n'a pas pu ignorer les activités illicites de [l'intéressé] » – Crim. 25 nov. 2015, n° 14-84.985, P, n° 26 ; *D.* 2015. 2503.
6. Crim. 26 juin 2019, n°s 18-84.650 et 18-84.651, NP.
7. Dir. 2014/42/UE, Parlement et Conseil, 3 avr. 2014 *concernant le gel et la confiscation des instruments et des produits du crime dans l'Union européenne, JOUE* L 127, 29 avr., p. 39.
8. Crim. 7 nov. 2018, n° 17-87.424, P, n° 188 ; *D.* 2018. 2138 ; *AJ pénal* 2019. 45, obs. M. Hy.
9. V. s[s] n°s 125.27 et 125.28.
10. V. s[s] n° 112.11.
11. L. n° 2016-731, 3 juin 2016 *renforçant la lutte contre le crime organisé, le terrorisme et leur financement, et améliorant l'efficacité et les garanties de la procédure pénale, JO* 4 juin, n° 1.
12. Décis.-cadre 2005/212/JAI, Conseil, 24 févr. 2005 *relative à la confiscation des produits, des instruments et des biens en rapport avec le crime, JOUE* L 68, 15 mars, p. 49.
13. L. n° 2007-297, 5 mars 2007 *relative à la prévention de la délinquance, JO* 7 mars, p. 4297.

suivie, au moins dans les cas où ces tiers savaient ou auraient dû savoir que la finalité du transfert ou de l'acquisition était d'éviter la confiscation, sur la base d'éléments ou de circonstances concrets, notamment le fait que le transfert ou l'acquisition a été effectué gratuitement ou en échange d'un montant sensiblement inférieur à la valeur marchande ». Cependant, le second paragraphe de ce texte précise que ces dispositions ne portent pas atteinte « aux droits des tiers de bonne foi ». Par ailleurs, le troisième considérant de la décision-cadre 2005/212/JAI, qui, précisément, est le texte qui a déterminé la réécriture de l'article 131-21, prévoit que ce texte s'inscrit dans la continuité du plan d'action de Vienne qui prévoyait le rapprochement des dispositions nationales en matière de saisie et de confiscation des produits du crime, mais « en tenant compte des droits des tiers de bonne foi ». Ainsi, des arguments forts de droit européen viennent au soutien de l'interprétation donnée à l'article 131-21 par la chambre criminelle, et celle-ci a pu se fonder sur le caractère précis et inconditionnel des dispositions de la directive 2014/42/UE pour leur donner un effet direct favorable aux particuliers, conformément à sa jurisprudence [1], ainsi qu'à celle de la Cour de justice de l'Union européenne [2]. L'on observera par ailleurs, en droit interne, que certaines dispositions de droit pénal spécial réservent les droits du propriétaire de bonne foi en cas de confiscation du produit de l'infraction. En effet, les articles 222-49 et 222-66 du Code pénal prévoient notamment, en matière respectivement de trafic de stupéfiants et d'armes, la peine complémentaire obligatoire de confiscation des produits de l'infraction, à quelque personne qu'ils appartiennent et en quelque lieu qu'ils se trouvent, mais uniquement lorsque « leur propriétaire ne pouvait en ignorer l'origine ». Enfin, remarquons qu'en matière civile, hors le cas de la chose volée, laquelle obéit à un régime juridique particulier [3], le possesseur de bonne foi d'un bien meuble qui est le produit d'une infraction bénéficie de la protection des dispositions du premier alinéa de l'article 2276 du Code civil selon lequel : « En fait de meubles, la possession vaut titre. » [4] Admettre que puisse être confisqué le produit d'une infraction entre les mains d'un tiers propriétaire de bonne foi reviendrait ainsi à mieux traiter l'État que la victime de l'infraction qui, dans ses rapports avec le possesseur de bonne foi du bien, voit opposer à son action en revendication la règle « en fait de meubles... ». Il reste qu'il y aura lieu pour la chambre criminelle de préciser la portée de cette jurisprudence. Si le principe paraît acquis, l'on peut en revanche se demander s'il est susceptible d'interdire la confiscation de l'objet ou du produit de l'infraction dont un tiers est devenu propriétaire par l'effet d'une libéralité, ou bien après l'avoir acquis à vil prix. En effet, la directive 2014/42/UE [5] semble dans ce cas exclure la qualité de propriétaire de bonne foi en énonçant que la confiscation du produit de l'infraction doit être prévue par la législation des États membres au moins dans les cas où le tiers savait ou aurait dû savoir que la finalité du transfert ou de l'acquisition était d'éviter la confiscation, sur la base d'éléments ou de circonstances concrets, « notamment le fait que le transfert ou l'acquisition a été effectué gratuitement ou en échange d'un montant sensiblement inférieur à la valeur marchande » (art. 6, § 1), avant de préciser que ces dispositions ne portent pas atteinte « aux droits des tiers de bonne foi » (art. 6, § 2) [6]. Y a-t-il lieu de déduire de ces dispositions que le propriétaire de bonne foi s'entend seulement, en droit de l'Union européenne, de celui-ci qui a acquis le produit de l'infraction autrement qu'à vil prix ? Devrait-il ainsi être institué en droit interne une présomption de mauvaise foi lorsque le tiers est devenu propriétaire du bien à la suite d'une libéralité ou parce qu'il en a fait l'acquisition à vil prix ? Cette compréhension de la notion pourrait d'ailleurs être opportune, dès lors que la confiscation du bien n'emporte dans ce cas aucun appauvrissement de l'intéressé autre que celui résultant de la perte d'un bien dont l'acquisition ne lui a rien coûté.

La propriété du bien confisqué est par ailleurs également indifférente lorsqu'elle est prononcée en application de l'article 131-21, alinéa 7, du Code pénal comme portant sur des objets qualifiés de dangereux ou nuisibles par la loi ou le règlement, ou dont la détention est illicite, laquelle présente du reste un caractère obligatoire. Ce texte précise en effet que la confiscation doit être prononcée « que

1. Crim. 21 févr. 1994, nº 91-86.230, P, nº 74 ; *RSC* 1995. 113, obs. J. Francillon.
2. CJCE 19 janv. 1982, *Becker*, aff. 8/81, *Rec.* p. 53.
3. C. civ., art. 2276, al. 2, et 2277.
4. Civ. 6 juill. 1886, *DP* 1887. 1. 25 – Civ. 19 juin 1928, *DP* 1929. 1. 45 – Civ. 1re, 9 janv. 1996, nº 93-16.700, P I, nº 22 ; *JCP* 1996. I. 3972, nº 6, obs. H. Périnet-Marquet : « Le propriétaire d'un véhicule automobile de collection, victime d'un abus de confiance et non d'un vol, ne dispose pas de l'action en revendication de l'article 2279 [devenu 2276] du Code civil. Est légalement justifiée la décision qui consacre le droit de propriété de l'acquéreur de bonne foi de l'automobile détournée, dès lors qu'il est relevé que, malgré un dessaisissement involontaire dû à la procédure pénale, l'acquéreur a conservé la possession du véhicule, et que cette possession était exempte de vices ».
5. Dir. 2014/42/UE, Parlement et Conseil, 3 avr. 2014 *concernant le gel et la confiscation des instruments et des produits du crime dans l'Union européenne, JOUE* L 127, 29 avr., p. 39.
6. Aussi : R. Parizot, « La confiscation, sanction applicable en droit pénal des affaires », *in* H. Matsopoulou et C. Mascala (dir.), *Lamy Droit pénal des affaires*, Wolters Kluwer, 2020, nº 166.

ces biens soient ou non la propriété du condamné ». La bonne foi paraît ici indifférente compte tenu de la nature dangereuse, nuisible ou illicite du bien confisqué.

Enfin, en matière de confiscation des animaux, l'article 131-21-1, alinéa 1er, du Code pénal, dispose que « lorsqu'elle est encourue comme peine complémentaire, la confiscation d'un animal ou d'une catégorie d'animal concerne l'animal qui a été utilisé pour commettre ou tenter de commettre l'infraction ou à l'encontre duquel l'infraction a été commise », sans que le texte ne précise que l'animal doive être la propriété du condamné, alors même que le second alinéa du texte, relatif à la confiscation des animaux constituant l'instrument ou la victime potentiel de l'infraction comprend une telle restriction. La remarque vaut également s'agissant de la peine complémentaire de confiscation d'un animal susceptible d'être encourue par les personnes morales[1].

125.32 Notion de biens susceptibles de restitution à la victime[2]. Le fait que les biens dont la confiscation est envisagée soient susceptibles de restitution à la victime, limite cependant le pouvoir de confiscation du juge répressif lorsque se trouve envisagée la confiscation de l'objet ou du produit de l'infraction, sauf à préciser que la chambre criminelle interprète strictement cette restriction comme prohibant la seule confiscation des biens qui figuraient en nature dans le patrimoine de la victime au moment de la commission de l'infraction.

En effet, la chambre criminelle a fait application de cette règle dans une affaire où une cour d'appel avait ordonné la confiscation de sommes d'argent remises par la victime à l'auteur de faits d'abus de faiblesse, avant que ce dernier ne les investisse dans un contrat d'assurance sur la vie. Alors que le demandeur au pourvoi contestait le caractère confiscable de ces sommes, notamment en tirant argument de ce que les biens susceptibles de restitution à la victime n'étaient pas confiscables à titre de produit de l'infraction, la chambre criminelle a au contraire approuvé la cour d'appel d'avoir statué comme elle l'avait fait, considérant que « si les primes d'assurance [étaient] issues de sommes que la victime [avait] été conduite à remettre à l'auteur de l'abus de faiblesse, souscripteur du contrat d'assurance sur la vie, le droit de créance dont, seul, [bénéficiait] ce dernier en exécution du contrat, [n'était] pas susceptible de restitution à la victime »[3]. Si cette solution est parfaitement rigoureuse juridiquement, compte tenu des spécificités de droit civil des contrats d'assurance sur la vie, il faut ajouter qu'elle est aussi admissible en opportunité puisque les intérêts de la victime n'avaient pas, en l'espèce, totalement été sacrifiés sur l'autel de l'orthodoxie juridique, dès lors que la cour d'appel avait également condamné l'auteur des faits à verser à la victime une somme comprenant le montant de la créance figurant sur le contrat d'assurance sur la vie et que la chambre criminelle a quant à elle opportunément rappelé que « la partie civile [pouvait] le cas échéant demander, en application de l'article 706-164 du Code de procédure pénale, que la somme qui lui [avait] été allouée à titre de dommages-intérêts soit prélevée sur les fonds ainsi confisqués ». De même, dans le domaine voisin du contentieux de la restitution, il a été jugé que « la victime d'escroquerie et d'abus de confiance ne peut être considérée comme propriétaire des fonds qui en sont le produit au sens de l'article 99, alinéa 4, du Code de procédure pénale, lorsque ceux-ci ont été déposés sur un compte bancaire ou versés à titre de primes d'un contrat d'assurance-vie ouvert au nom de la personne mise en examen ou de membres de sa famille », étant à nouveau précisé par la chambre criminelle que « les droits de la partie civile qui a bénéficié d'une décision définitive lui accordant des dommages-intérêts en réparation du préjudice qu'elle a subi du fait d'une infraction pénale sont préservés par la faculté dont elle dispose, en application de l'article 706-164 du Code de procédure pénale, d'obtenir de l'Agrasc que ces sommes lui soient payées par prélèvement sur les fonds ou sur la valeur liquidative des biens de son débiteur dont la confiscation résulte d'une décision définitive »[4]. Cette solution rejoint d'ailleurs la jurisprudence de la première chambre civile[5] et de la chambre commerciale[6] de la Cour de cassation, selon laquelle le dépôt de fonds sur un compte bancaire en modifie la nature comme rendant le titulaire du compte créancier de la banque.

À l'inverse, la chambre criminelle a cassé l'arrêt d'une cour d'appel qui avait prononcé la confiscation d'un tableau et rejeté la demande de restitution présentée par la victime, motifs pris de ce qu'il n'était pas contestable que le tableau litigieux, revêtu d'une fausse signature, avait servi à commettre les délits dont les prévenus avaient été déclarés coupables, que la confiscation n'avait rien de personnelle, affectant l'objet de fraude, abstrac-

1. C. pén., art. 131-16, 10°, 131-39, 10°, et 131-43.
2. C. pén., art. 131-21, al. 3.
3. Crim. 19 avr. 2017, n° 16-80.718, P, n° 108 ; *AJ pénal* 2017. 345, obs. L. Grégoire ; *RSC* 2017. 283, obs. Y. Mayaud.
4. Crim. 23 oct. 2019, n° 18-85.820, P, 61 ; *D.* 2019. 2093 ; *AJ pénal* 2020. 34, obs. D. Miranda ; *ibid.* 2019. 613, obs. M. Hy.
5. Civ. 1re, 20 avr. 1983, n° 82-10.114, P I, n° 127 – Civ. 1re, 7 févr. 1984, n° 82-16.655, P I, n° 49.
6. Com. 13 janv. 1987, n° 85-13.997, P IV, n° 15 – Com. 23 oct. 1990, n° 89-14.365, NP.

tion faite du propriétaire et pouvant dès lors être prononcée même si l'objet n'appartenait pas à l'auteur de l'infraction et qu'en conséquence, le tableau litigieux, saisi et placé sous scellés, devait être confisqué. Au contraire, la chambre criminelle s'est placée sur le terrain, non plus du deuxième alinéa de l'article 131-21 du Code pénal (confiscation de l'instrument de l'infraction), mais sur celui du troisième (confiscation du produit de l'infraction), et a considéré que la « partie civile dont la responsabilité pénale [n'avait] pas été recherchée, [apparaissait] comme la victime de l'escroquerie commise par [le prévenu] » à l'occasion de la vente litigieuse[1].

125.33 Imprécisions des textes en matière de peines alternatives. On relèvera enfin, à nouveau, que les textes relatifs aux confiscations susceptibles d'être prononcées à titre de peines alternatives souffrent en revanche d'imprécision quant aux conditions relatives aux droits du condamné sur les biens confisqués, ce qui a été critiqué par un auteur appelant à une « harmonisation » des régimes juridiques, afin de garantir le respect du principe à valeur constitutionnelle de la personnalité des peines et d'assurer une égalité de traitement dans les situations envisagées[2].

S'agissant des peines alternatives délictuelles, l'article 131-6 du Code pénal dispose ainsi que peut être prononcée « la confiscation d'un ou de plusieurs véhicules appartenant au condamné » (4°), ou celle « d'une ou de plusieurs armes dont le condamné est propriétaire ou dont il a la libre disposition » (7°). De même, s'agissant des peines alternatives à l'amende venant réprimer les contraventions de la cinquième classe, l'article 131-14 du Code pénal dispose que peut être prononcée « la confiscation d'une ou de plusieurs armes dont le condamné est propriétaire ou dont il a la libre disposition ». En ce qui concerne ces peines, les observations qui précèdent demeurent pertinentes : les véhicules ne sont confiscables que s'ils sont la propriété du condamné ; les armes peuvent l'être si ce dernier en a seulement la libre disposition.

Que dire, en revanche, de la confiscation envisagée par le dixièmement de l'article 131-6 (peines alternatives à l'emprisonnement délictuel), de celle prévue par le sixièmement de l'article 131-14 (peines alternatives prévues pour les contraventions de la cinquième classe) ou bien encore de celle envisagée par le deuxièmement de l'article 131-42 du Code pénal prévoyant les peines alternatives aux amendes contraventionnelles de la cinquième classe pour les personnes morales ? En effet, ces textes disposent que peut être prononcée à la place de l'emprisonnement « la confiscation de la chose qui a servi ou était destinée à commettre l'infraction ou de la chose qui en est le produit », sauf en matière de délits de presse. Nulle mention, ici, de conditions relatives aux droits du condamné sur le bien confisqué. Doit-on en déduire que, contrairement à ce qu'il en est lorsque la confiscation est prononcée à titre de peine complémentaire, la confiscation pourrait intervenir, à titre de peine alternative, sans davantage de conditions ?

Au soutien de cette position, l'on pourrait indiquer que les dispositions de l'article 131-21 du Code pénal envisagent la confiscation seulement en tant que peine complémentaire, ce que n'est pas la confiscation prévue par les textes qui précèdent, laquelle compte parmi les « peines privatives ou restrictives de droits » alternatives à l'emprisonnement. Les conditions de l'une n'auraient donc pas vocation à s'appliquer à l'autre et la confiscation de l'instrument de l'infraction, comme celle de son produit, pourraient être prononcées à la place de l'emprisonnement sans qu'il soit nécessaire ni que le condamné soit propriétaire des biens confisqués, ni qu'il en ait la libre disposition. La confiscation prononcée à titre de peine alternative présenterait donc une plus grande sévérité puisque le produit de l'infraction pourrait être confisqué quand bien même il serait susceptible de restitution à la victime, de même que l'instrument de l'infraction pourrait l'être sans que le condamné en soit propriétaire ni qu'il en ait la libre disposition, contrairement à ce qu'il en est lorsque la confiscation est prononcée en tant que peine complémentaire.

Une telle interprétation littérale des textes nous semble toutefois douteuse. D'une part, l'on ne voit guère ce qui justifierait cette plus grande sévérité en matière de peines alternatives, outre le fait que cette sévérité serait mise en œuvre au mépris du principe de la personnalité des peines, des droits des tiers de bonne foi et même des victimes. D'autre part, il nous semble en réalité, comme nous l'avons vu[3], qu'il est possible de donner à l'article 131-21 du Code pénal une portée extensive de nature à compléter l'imprécision des textes en matière de peines alternatives. En effet, comme il a été vu, il ressort de la rédaction initiale du Code pénal et des énonciations de la circulaire du 14 mai 1993[4] que le législateur, pour-

1. Crim. 3 nov. 2011, n° 10-87.630, NP.
2. H. Matsopoulou, « La saisie et la confiscation des biens des tiers », *in* L. Ascensi, P. Beauvais et R. Parizot (dir.), *La confiscation des avoirs criminels, Nouveaux enjeux juridiques*, LGDJ, 2021, p. 124.
3. V. s[s] n° 111.41.
4. Circ. Justice-DACG, 14 mai 1993, *Commentaire des dispositions de la partie Législative du nouveau Code pénal (livres I à V) et des dispositions de la loi du 16 décembre 1992 relative à son entrée en vigueur*, Journaux officiels, janv. 1993, n° 62.

suivant un objectif de clarté des nouveaux textes, avait entendu définir les biens susceptibles de confiscation de manière uniforme dans le Code pénal, notamment en reproduisant dans les articles consacrés à la confiscation prononcée en tant que peine alternative, les formules employées à l'article 131-21. C'est à la suite de la réécriture de l'article 131-21 par la loi n° 2007-297 du 5 mars 2007[1] que le Code pénal a perdu son uniformité sur ce point, les dispositions du Code pénal relatives aux peines de confiscation alternatives semblant avoir été perdues de vue par le législateur, alors pourtant que rien, dans les travaux préparatoires de ce texte, n'indique que les rédacteurs du texte aient souhaité distinguer le régime juridique des confiscations prononcées à titre de peines alternatives et celles ordonnées en tant que peines complémentaires. Aussi, il nous semble que les conditions énoncées à l'article 131-21 relativement aux liens devant exister entre la personne condamnée et le bien susceptible de confiscation pourraient devoir s'appliquer aux confiscations prononcées à titre de peine alternative.

1. L. n° 2007-297, 5 mars 2007 *relative à la prévention de la délinquance, JO* 7 mars, p. 4297.

CHAPITRE

126. Modalités des confiscations

SECTION 0 ORIENTEUR

126.00 Sommaire du chapitre.

Sect. 1 Confiscation en nature
Sect. 2 Confiscation en valeur
§ 1 Règles communes aux deux formes de confiscation en valeur
§ 2 Règles propres à chacune des formes de confiscation en valeur

Division. Le législateur a organisé, à l'article 131-21, alinéa 9, du Code pénal, deux modalités de prononcé des peines complémentaires de confiscation, les peines alternatives ne paraissant pas concernées par cette distinction, la confiscation en valeur semblant exclue dans ce cas. Les confiscations prononcées à titre de peine complémentaire peuvent en effet porter, soit sur le bien lui-même dont la confiscation est prévue par la loi ou le règlement, soit sur un bien distinct du précédent qui, sans être lui-même confiscable, a une valeur égale au premier. Il s'agit, ainsi que l'a énoncé la chambre criminelle au sujet de la saisie en valeur, de confisquer un bien « représentant la valeur d'un autre bien donc la confiscation est prévue par l'article 131-21 du Code pénal » [1]. L'on parlera, dans le premier cas, de confiscation en nature (sect. 1) et, dans le second, de confiscation en valeur (sect. 2).

126.01 Principaux textes applicables.

TEXTES SOURCES

- C. pén., art. 131-21, al. 9
- C. pr. pén., art. 707-1, al. 1 à 3, 749 à 753

TEXTES *IN EXTENSO*

- **C. pén., art. 131-21, al. 9**

La confiscation peut être ordonnée en valeur. La confiscation en valeur peut être exécutée sur tous biens, quelle qu'en soit la nature, appartenant au condamné ou, sous réserve des droits du propriétaire de bonne foi, dont il a la libre disposition. Pour le recouvrement de la somme représentative de la valeur de la chose confisquée, les dispositions relatives à la contrainte judiciaire sont applicables.

- **C. pr. pén., art. 707-1, al. 1 à 3**

Le ministère public et les parties poursuivent l'exécution de la sentence chacun en ce qui le concerne.

Néanmoins, les poursuites pour le recouvrement des amendes et l'exécution des confiscations en valeur sont faites au nom du procureur de la République par le comptable public compétent ou, dans les cas où la confiscation en valeur s'exécute sur des biens préalablement saisis, par l'Agence de gestion et de recouvrement des avoirs saisis et confisqués.

L'exécution des autres confiscations est réalisée au nom du procureur de la République par l'Agence de gestion et de recouvrement des avoirs saisis et confisqués lorsqu'elles portent sur des biens meubles ou immeubles mentionnés aux 1° et 2° de l'article 706-160, même s'ils ne lui ont pas été préalablement confiés. Sauf cas d'affectation, l'Agence de gestion et de recouvrement des avoirs saisis et confisqués procède à la vente de ces biens, s'il y a lieu, aux formalités de publication et, dans tous les cas, jusqu'à leur vente, aux actes d'administration nécessaires à leur conservation et à leur valorisation.

- **C. pr. pén., art. 749**

En cas d'inexécution volontaire d'une ou plusieurs condamnations à une peine d'amende prononcées en matière criminelle ou en matière correctionnelle pour un délit puni d'une peine d'emprisonnement, y compris en cas d'inexécution volontaire de condamnations à des amendes fiscales ou douanières, le juge de l'application des peines peut ordonner, dans les conditions prévues par le présent titre, une contrainte judiciaire consistant en un emprisonnement dont la durée est fixée par ce magistrat dans la limite d'un maximum fixé par la loi en fonction du montant de l'amende ou de leur montant cumulé.

- **C. pr. pén., art. 750**

Le maximum de la durée de la contrainte judiciaire est fixé ainsi qu'il suit :

1° À vingt jours lorsque l'amende est au moins égale à 2 000 euros sans excéder 4 000 euros ;

1. Crim. 25 nov. 2015, n° 14-85.727, NP.

2° À un mois lorsque l'amende est supérieure à 4 000 euros sans excéder 8 000 euros ;

3° À deux mois lorsque l'amende est supérieure à 8 000 euros sans excéder 15 000 euros ;

4° À trois mois lorsque l'amende est supérieure à 15 000 euros.

• **C. pr. pén., art. 751**

La contrainte judiciaire ne peut être prononcée ni contre les personnes mineures au moment des faits, ni contre les personnes âgées d'au moins soixante-cinq ans au moment de la condamnation.

• **C. pr. pén., art. 752**

La contrainte judiciaire ne peut être prononcée contre les condamnés qui, par tout moyen, justifient de leur insolvabilité.

• **C. pr. pén., art. 753**

Elle ne peut être exercée simultanément contre le mari et la femme, même pour le recouvrement de sommes afférentes à des condamnations différentes.

126.02 Jurisprudence de référence.

> Confiscation en valeur du produit, de l'instrument ou de l'objet de l'infraction

• **Crim. 6 nov. 2019,** n° 19-82.683, P, 23

* V. s[s] n° 126.31.

« Vu les articles 706-141-1 et 706-153 du Code de procédure pénale, et 131-21 du Code pénal ;

Attendu qu'il résulte des deux premiers de ces textes qu'au cours de l'information judiciaire, le juge d'instruction peut ordonner la saisie des biens ou droits incorporels dont la confiscation est prévue par l'article 131-21 du Code pénal ; que la saisie peut être ordonnée en valeur ;

Que le troisième de ces textes dispose que la confiscation porte notamment sur les biens meubles ou immeubles, quelle qu'en soit la nature, divis ou indivis, ayant servi à commettre l'infraction ou qui étaient destinés à la commettre, et dont le condamné est propriétaire ou, sous réserve des droits du propriétaire de bonne foi, dont il a la libre disposition ; que la confiscation peut être ordonnée en valeur ;

Qu'il se déduit de ces textes que peuvent être saisis en valeur les biens ou droits incorporels dont le mis en cause est propriétaire ou, sous réserve des droits du propriétaire de bonne foi, dont il a la libre disposition, dont la valeur représente celle des biens ayant servi à commettre l'infraction ou qui étaient destinés à la commettre ;

Que, dans ce cas, il appartient au juge, d'une part, de s'assurer que les conditions de la confiscation de l'instrument de l'infraction prévues par le deuxième alinéa de l'article 131-21 du Code pénal étaient réunies au moment de la commission des faits, d'autre part, de vérifier que la valeur du bien saisi n'excède pas celle de l'instrument de l'infraction, enfin, lorsqu'une telle garantie est invoquée, d'apprécier le caractère proportionné de l'atteinte portée au droit de propriété de l'intéressé au regard de la gravité concrète des faits et de sa situation personnelle. »

• **Crim. 23 nov. 2022,** n° 21-85.668, P

* V. s[s] n° 126.31.

« Selon le neuvième alinéa de l'article 131-21 du Code pénal, la peine complémentaire de confiscation porte, notamment, sur les biens qui sont l'instrument, l'objet ou le produit direct ou indirect de l'infraction, à l'exception des biens susceptibles de restitution à la victime, et la confiscation peut en être ordonnée en valeur. »

> Mise en œuvre de la confiscation en valeur en cas de coaction et de complicité, et de faits multiples

• **Crim. 24 oct. 2018,** n° 18-80.834, P, n° 178

* V. s[s] n° 126.32.

« Attendu qu'il résulte de l'article 706-141-1 du Code de procédure pénale que le montant d'une saisie pénale en valeur ne doit pas excéder la valeur du bien susceptible de confiscation ;

Que lorsque plusieurs auteurs ou complices ont participé à un ensemble de faits, soit à la totalité soit à une partie de ceux-ci, chacun d'eux encourt la confiscation du produit de la seule ou des seules infractions qui lui sont reprochées, avec ou non la circonstance de bande organisée, à la condition que la valeur totale des biens confisqués n'excède pas celle du produit total de cette ou de ces infractions ;

Que, si le moyen pris de la violation du principe de proportionnalité au regard du droit de propriété est inopérant lorsque la saisie a porté sur la valeur du produit direct ou indirect de l'infraction [1], le juge qui ordonne la saisie en valeur d'un bien appartenant ou étant à la libre disposition d'une personne, alors qu'il ne résulte pas des pièces de la procédure de présomptions qu'elle a bénéficié de la totalité du produit de l'infraction, doit cependant apprécier, lorsque cette garantie est invoquée, le caractère proportionné de l'atteinte portée au droit de propriété de l'intéressé s'agissant de la partie du produit de l'infraction dont elle n'aurait pas tiré profit. »

• **Crim. 11 mai 2022,** n° 21-82.280, NP

* V. s[s] n° 126.32.

« Vu les articles 131-21, alinéas 3 et 9, du Code pénal, 706-141-1, 706-153 et 593 du Code de procédure pénale :

11. Il résulte de ces textes que le montant cumulé des saisies pénales en valeur ne doit pas excéder la valeur du bien susceptible de confiscation.

12. Par ailleurs, chacun des auteurs ou complices de l'infraction encourt la confiscation de la valeur totale de l'objet ou du produit de cette infraction, à la condition que la valeur de la totalité des biens confisqués à l'ensemble des auteurs et complices n'excède pas celle de l'objet ou du produit.

13. Cependant, si le moyen pris de la violation du principe de proportionnalité au regard du droit de propriété est inopérant lorsque la saisie a porté sur la valeur de l'objet ou du produit direct ou indirect de l'infraction, le juge qui ordonne la saisie en valeur d'un bien appartenant ou étant à la libre disposition d'un auteur ou complice de l'infraction, alors qu'il ne résulte pas des pièces de la procédure de présomptions qu'il a bénéficié de la totalité de l'objet ou du produit, doit néanmoins apprécier, lorsque cette garantie est invoquée, le caractère proportionné de l'atteinte portée au droit de pro-

1. Crim. 5 janv. 2017, n° 16-80.275, P, n° 7.

priété de l'intéressé s'agissant de la partie de l'objet ou du produit dont il n'aurait pas tiré profit. »

> Date d'évaluation du bien confisqué en valeur

• **Crim. 5 janv. 2023,** n° 21-86.237, NP

* V. s[s] n° 126.33.

« 24. En effet, d'une part, pour déterminer la valeur des biens susceptibles de confiscation en valeur, la cour d'appel devait se baser sur leur valeur au moment de la confiscation. »

> Évaluation des biens en cours de financement

• **Crim. 23 nov. 2022,** n° 21-85.668, P

* V. s[s] n° 126.33.

« Selon le neuvième alinéa de l'article 131-21 du Code pénal, la peine complémentaire de confiscation porte, notamment, sur les biens qui sont l'instrument, l'objet ou le produit direct ou indirect de l'infraction, à l'exception des biens susceptibles de restitution à la victime, et la confiscation peut en être ordonnée en valeur.

Il incombe en conséquence au juge qui décide de confisquer un bien en valeur, notamment, de s'assurer que celle-ci n'excède pas celle de l'instrument, de l'objet ou du produit de l'infraction.

Selon le dixième alinéa du texte précité, le bien confisqué est, sauf disposition particulière prévoyant sa destruction ou son attribution, dévolu à l'État, mais demeure grevé, à concurrence de sa valeur, des droits réels licitement constitués au profit de tiers.

Encourt la cassation l'arrêt de la cour d'appel qui ordonne une mesure de confiscation en valeur portant d'une part, sur un immeuble, sans rechercher, pour déduire de la valeur de l'immeuble confisqué le capital restant dû à l'établissement bancaire prêteur, si ce bien se trouvait grevé d'un privilège ou d'une hypothèque opposable par celui-ci à l'État à la suite de sa dévolution à ce dernier, d'autre part, sur un véhicule automobile, sans estimer la valeur de ce bien, ne mettant pas ainsi la Cour de cassation en mesure d'exercer son contrôle. »

> Équivalence de la valeur du bien confiscable en nature et du bien confisqué en valeur

• **Crim. 23 nov. 2022,** n° 21-85.668, P

* V. s[s] n° 126.34.

« 7. Il incombe en conséquence au juge qui décide de confisquer un bien en valeur, notamment, de s'assurer que celle-ci n'excède pas celle de l'instrument, de l'objet ou du produit de l'infraction. »

> Confiscation en valeur cantonnée

• **Crim. 3 mai 2018,** n° 17-82.098, P, n° 79

* V. s[s] n° 126.35.

« Attendu qu'après avoir déclaré la société d'investissement X… coupable d'abus de confiance et de faux et usage, la cour d'appel a ordonné à son encontre, à titre de peine complémentaire, la confiscation en valeur dans la limite de 500 000 euros d'un bien immobilier dont elle était propriétaire à […] ;

Attendu qu'en statuant ainsi, et dès lors qu'il ressort des énonciations de l'arrêt que la valeur de la part du bien confisqué n'excède pas le montant du produit des infractions dont la prévenue a été déclarée coupable, la cour d'appel a justifié sa décision. »

> Absence de lien entre le bien confisqué en valeur et l'infraction

• **Crim. 25 nov. 2015,** n° 14-85.727, NP

* V. s[s] n° 126.38.

« Vu l'article 706-141-1 du Code de procédure pénale ;

Attendu que ce texte autorise la saisie d'un bien représentant la valeur d'un autre bien dont la confiscation est prévue par l'article 131-21 du Code pénal ;

Attendu qu'il résulte de l'arrêt attaqué que Mme X… a été mise en examen, notamment, pour des faits d'escroqueries commises en 2011, au préjudice d'établissements de crédits, pour un montant total de 511 864 euros, et que ces fonds n'ont pas pu être appréhendés ;

Attendu que, pour infirmer l'ordonnance du juge d'instruction ayant ordonné la saisie d'un immeuble acquis par l'intéressée en 1992, pour représenter la valeur des sommes dissipées, la chambre de l'instruction énonce que la confiscation en valeur que peut ordonner la juridiction de jugement n'autorise nullement la saisie d'un bien non susceptible de confiscation ;

Mais attendu qu'en se déterminant ainsi, la chambre de l'instruction a méconnu le texte susvisé et le principe ci-dessus rappelé. »

126.03 **Bibliographie indicative.**

Article. S. Almaseanu, « La saisie et la confiscation en valeur en droit pénal français », *La revue du Grasco*, n° 19, juill. 2017, p. 35 – E. Camous, « La confiscation en valeur, Une peine en devenir », *Dr. pén.* 2017, étude 5.

SECTION 1
CONFISCATION EN NATURE

126.11 **Notion de confiscation en nature.** La confiscation en nature n'appelle guère d'observations : elle est le principe. C'est ainsi le bien dont la confiscation est envisagée qui, en lui-même, doit caractériser les conditions autorisant que sa confiscation soit ordonnée par le juge répressif. La décision de confiscation dépendra ainsi, comme il a été vu, de la nature de ce bien, de ses liens avec l'infraction, et des droits des personnes concernées sur celui-ci [1].

SECTION 2
CONFISCATION EN VALEUR

126.21 **Notion de confiscation en valeur.** La confiscation en valeur constitue la seconde modalité

1. V. s[s] titre 12.

du prononcé de la peine de confiscation prévue par l'article 131-21 du Code pénal. Le bien susceptible de confiscation ne sera pas confisqué ; le sera à sa place un bien distinct, non confiscable en nature, mais représentant la valeur du premier. Il pourra s'agir d'une somme d'argent au paiement de laquelle la personne poursuivie sera condamnée, ou d'un bien quelconque appartenant à la personne condamnée ou étant à sa libre disposition.

126.22 **Expansion historique.** La confiscation en valeur est ancienne dans le Code pénal, mais le législateur en a récemment étendu la portée.

Ainsi, l'article 131-21 du Code pénal disposait initialement que « lorsque la chose confisquée n'a pas été saisie ou ne peut être représentée, la confiscation est ordonnée en valeur » et que, « pour le recouvrement de la somme représentative de la valeur de la chose confisquée, les dispositions relatives à la contrainte judiciaire sont applicables ». Ces dispositions avaient été explicitées par la circulaire d'application du 14 mai 1993 [1] qui énonçait : « Plus novateur, le quatrième alinéa de l'article 131-21 règle le problème délicat soulevé par la confiscation lorsque l'objet n'a pas été saisi ou ne peut être représenté. En ce cas, l'article 131-21 prévoit expressément que la confiscation peut être ordonnée en valeur. La juridiction pénale pourra donc substituer à la confiscation une condamnation pécuniaire égale à la valeur de l'objet alors qu'en principe un tel procédé n'est pas admis aujourd'hui par la Cour de cassation. Pour le recouvrement de la somme représentative de la valeur de la chose confisquée, les dispositions relatives à la contrainte par corps sont applicables. » Le prononcé d'une peine de confiscation consistait donc en la condamnation du prévenu à payer une somme d'argent représentant la valeur du bien confisqué, laquelle était par la suite recouvrée par le comptable public, comme pouvaient l'être les peines d'amende. La confiscation en valeur consistait donc en une condamnation pécuniaire. C'était « une sorte d'amende qui [était] alors prélevée dans la seule limite de l'évaluation du bien confisqué » [2], au point que cette proximité a été vue comme estompant la différence existant entre l'amende et la confiscation [3]. Le prononcé d'une confiscation en valeur n'était toutefois possible que lorsque le bien confisqué n'avait pas été saisi ou ne pouvait pas être représenté, en sorte que la confiscation en valeur faisait figure d'exception.

Ces dispositions sont apparues insuffisantes au législateur, au point que le texte a fait l'objet de deux modifications successives, la première par la loi n° 2012-409 du 27 mars 2012 [4], la seconde par celle n° 2013-1117 du 6 décembre 2013 [5], lesquelles ont profondément modifié les contours de cette modalité des confiscations, qui a perdu son statut d'exception pour prendre celui de modalité alternative.

En effet, la loi du 27 mars 2012 a d'abord supprimé la condition de fond qui interdisait le prononcé d'une confiscation en valeur hors le cas où le bien confisqué n'avait pas été saisi ou ne pouvait être représenté. Ceci étant, la portée de ce texte a en réalité été plus importante que la nouvelle rédaction du texte semblait l'indiquer. En effet, les nouvelles dispositions sont issues de l'amendement en Commission des lois de M. le président Warsmann, lequel, d'une part, a inséré dans la loi du 27 mars 2012 la nouvelle rédaction du neuvième alinéa de l'article 131-21 du Code pénal, consistant à généraliser la confiscation en valeur, mais aussi les dispositions du nouvel article 706-141-1 du Code de procédure pénale organisant la procédure de saisie en valeur [6]. Il résulte de l'exposé des motifs de cet amendement que celui-ci visait à « étendre le champ des confiscations en valeur » : « Désormais, lorsqu'une personne sera condamnée pour une infraction, l'on calculera le produit tiré de l'infraction en valeur et l'on pourra saisir et confisquer ses biens à hauteur du montant correspondant, sans plus avoir à prouver qu'ils ont été acquis grâce au produit de l'infraction. Ainsi, si un trafiquant poursuivi habite une superbe propriété achetée il y a dix ans, qui ne peut avoir été financée par le produit de l'infraction poursuivie et commise au plus tôt trois ans auparavant [...], il sera néanmoins possible de la saisir pour rembourser la société, de même que tout

1. Circ. Justice-DACG, 14 mai 1993, *Commentaire des dispositions de la partie Législative du nouveau Code pénal (livres I à V) et des dispositions de la loi du 16 décembre 1992 relative à son entrée en vigueur*, Journaux officiels, janv. 1993, n° 62.
2. E. Dreyer, *Droit pénal général*, préc., n° 1353 – AUSSI : J. Pradel, « Le nouveau Code pénal (partie générale) », *D.* 1993. 163 : « Mais en dehors de tels textes, la jurisprudence n'admettait pas la confiscation en valeur. Il en ira différemment désormais, ce qui témoigne encore d'un accroissement des pouvoirs du juge, qui se trouve ainsi investi du droit de prononcer "une sorte d'amende supplémentaire". »
3. R. Parizot, « La confiscation, sanction applicable en droit pénal des affaires », *in* H. Matsopoulou et C. Mascala (dir.), *Lamy Droit pénal des affaires*, Wolters Kluwer, 2020, n° 164 – RÉCIPROQUEMENT sur l'évolution des amendes qui se rapprocheraient des confiscations : E. Dreyer, « Sur les fonctions respectives de l'amende et de la confiscation », *Gaz. Pal.* 13 mai 2014, n° 133, p. 16.
4. L. n° 2012-409, 27 mars 2012 *de programmation relative à l'exécution des peines, JO* 28 mars, p. 5592.
5. L. n° 2013-1117, 6 déc. 2013 *relative à la lutte contre la fraude fiscale et la grande délinquance économique et financière, JO* 7 déc., p. 19941.
6. V. s[s] n° 231.22.

autre bien acquis avant ou après les faits. L'amendement renforce ainsi notre arsenal juridique en offrant de nouvelles possibilités de saisie – pour éviter que la personne poursuivie n'organise son insolvabilité – puis, le cas échéant, de confiscation. »[1] Il reste qu'il semble que, dans l'esprit du législateur, la détermination des biens pouvant faire l'objet d'une confiscation en valeur devait avoir lieu au stade de l'exécution de la peine, dans le cadre d'une procédure post-sentencielle aux contours indéterminés. Le rapporteur de la Commission des lois de l'Assemblée nationale relevait en effet : « L'extension du champ d'application des confiscations en valeur permettra de faciliter le recouvrement et l'exécution des peines de confiscation : en décidant une confiscation en valeur, les juridictions ne sont pas contraintes de confisquer des biens déterminés de manière limitative dans leur décision ; elles peuvent prononcer des peines de confiscation déterminées d'après l'estimation de la valeur du produit des infractions, et non pas en fonction des avoirs qui auront pu être identifiés et saisis au cours de la procédure, ce qui autorise l'exécution de la décision de confiscation sur l'ensemble des biens du condamné, à hauteur du montant fixé par la juridiction, même si ces biens ne sont identifiés qu'ultérieurement ou n'ont pas de lien direct avec la commission de l'infraction. Au stade de l'exécution de la décision de confiscation, pourront être choisis les biens sur lesquels cette décision sera exécutée le plus facilement. »[2] Telle n'a cependant pas été la compréhension du texte retenue par l'Agrasc, les juridictions du fond et la chambre criminelle qui ont unanimement interprété ce texte comme permettant, outre de prononcer une condamnation pécuniaire, d'ordonner la confiscation d'un bien quelconque appartenant au condamné, sans lien avec l'infraction, mais ayant une valeur égale à celle d'un bien confiscable en nature. Ainsi, dans son rapport annuel pour l'année 2012, l'Agrasc a relevé à cet égard que « la loi du 27 mars 2012 sur l'exécution des peines a modifié l'article 131-21 du Code pénal pour permettre de façon générale la confiscation en valeur, c'est-à-dire une confiscation de biens par équivalence. Il s'agit en effet d'une confiscation qui s'exerce sur des biens appartenant au condamné, qui n'ont pas de relation avec l'infraction, mais qui correspondent par leur valeur au montant du profit qui a été généré par cette infraction »[3], tandis que la chambre criminelle a énoncé que « la confiscation en valeur peut être ordonnée sur tout bien quelle qu'en soit l'origine dont le prévenu a la propriété ou la libre disposition, même s'il ne constitue pas en lui-même le produit direct ou indirect de cette infraction »[4], ou encore que « la confiscation en valeur peut porter sur tous biens, même sans lien avec l'infraction »[5]. Or une telle interprétation du nouveau texte doit être approuvée, d'abord parce que la possibilité pour le juge répressif de confisquer en valeur un bien déterminé est le prolongement logique de la nouvelle possibilité, créée également par la loi du 27 mars 2012, de procéder à des saisies en valeur. Ensuite, faute pour le législateur d'avoir organisé une procédure judiciaire post-sentencielle d'exécution des confiscations en valeur, la portée pratique du nouveau texte aurait été limitée, dès lors que les comptables publics, qui ont la charge de l'exécution des confiscations en valeur consistant en une condamnation pécuniaire, ne disposent pas de pouvoirs de police judiciaire susceptibles de permettre l'identification des biens du condamné en vue de l'exécution forcée de la peine. Enfin, l'on ne voit guère comment l'interprétation des dispositions de la loi du 27 mars 2012 pouvant, il est vrai, se déduire des énonciations du Rapport de la Commission des lois de l'Assemblée nationale, aurait été par la suite compatible avec les dispositions issues de la loi du 6 décembre 2013 qui, comme nous allons le voir, ont autorisé la confiscation en valeur de biens dont le condamné a seulement la libre disposition, sous réserve des droits du propriétaire de bonne foi, la mise en œuvre de ces notions nécessitant une appréciation juridictionnelle.

En effet, la loi du 6 décembre 2013 a par la suite étendu les conditions d'application de la confiscation en valeur en permettant qu'elle puisse porter sur tout bien appartenant au condamné ou, sous réserve des droits du propriétaire de bonne foi, dont il a la libre disposition, c'est-à-dire plus uniquement sur les biens dont l'intéressé est propriétaire[6]. Cette dernière évolution avait été souhaitée par l'Agrasc dans son rapport d'activité pour l'année 2012, où il était relevé que la loi du 27 mars 2012 sur l'exécution des peines avait modifié l'article 131-21 du Code pénal pour permettre, de façon générale, la confiscation en valeur et que cette même loi avait, dans le même article 131-21, aux alinéas 5 et 6 (confiscation de biens dont l'origine n'a pu être justifiée et confiscation de patrimoine), mais égale-

1. *Rapp Ass. nat.* n° 4112 (XIIIe législ.), p. 146.
2. *Rapp. Ass. nat.* préc., p. 146. C'est aussi ce qui ressort des travaux de la Commission des lois du Sénat : *Rapp. Sénat* n° 302 (2011-2012), p. 86.
3. Agrasc, *Rapp. annuel* 2012, p. 29.
4. Crim. 12 nov. 2015, n° 15-83.784, NP.
5. Crim. 3 févr. 2016, n° 15-83.513, NP.
6. SUR CE TEXTE : Circ. Justice, 23 janv. 2014 *de présentation de la loi n° 2013-1117 en date du 6 décembre 2013 relative à la lutte contre la fraude fiscale et la grande délinquance économique et financière*, NOR : JUS D 1402112 C, *BOMJ* n° 2014-01, 31 janv. 2014, p. 14.

ment dans de nombreux textes spéciaux prévoyant la peine complémentaire de confiscation, permis que la confiscation puisse s'exercer à la fois sur des biens dont le condamné était propriétaire, mais aussi sur ceux dont il avait la libre disposition, sous réserve des droits du propriétaire de bonne foi. En revanche, il était regretté par l'agence que le législateur ait omis de faire figurer la notion de libre disposition à l'alinéa 9 de l'article 131-21 prévoyant la confiscation en valeur[1]. Le législateur a ainsi donné une suite favorable à ces préconisations en adoptant la loi du 6 décembre 2013, les rapporteurs du texte devant l'Assemblée nationale et le Sénat se référant d'ailleurs expressément au rapport de l'Agrasc[2].

Ainsi, dans sa rédaction issue de la loi du 6 décembre 2013, l'article 131-21, alinéa 9, du Code pénal dispose : « La confiscation peut être ordonnée en valeur. La confiscation en valeur peut être exécutée sur tous biens, quelle qu'en soit la nature, appartenant au condamné ou, sous réserve des droits du propriétaire de bonne foi, dont il a la libre disposition. Pour le recouvrement de la somme représentative de la valeur de la chose confisquée, les dispositions relatives à la contrainte judiciaire sont applicables. » Il se déduit de ces nouvelles dispositions, lues à la lumière des travaux préparatoires de la loi du 27 mars 2012, que la confiscation en valeur peut donc dorénavant prendre deux formes distinctes : soit, comme en l'état initial de l'article 131-21, elle prend la forme d'une condamnation pécuniaire ; soit elle consiste en la confiscation de n'importe quel bien appartenant au condamné ou, sous réserve des droits du propriétaire de bonne foi, dont il a la libre disposition, d'une valeur égale à celle d'un bien confiscable en nature.

126.23 Intérêt stratégique de la confiscation en valeur. La possibilité de confisquer en valeur présente un intérêt pratique certain pour l'autorité judiciaire en lui permettant de choisir, dans le patrimoine du condamné, les biens qu'il est le plus opportun de confisquer. En effet, rien ne s'oppose à ce que soit confisqué, non pas l'immeuble ou le fonds de commerce acquis avec le produit de l'infraction – ce qui peut présenter une certaine complexité au stade de l'exécution de la peine –, mais, en valeur, des sommes d'argent inscrites au crédit de comptes bancaires pour un montant équivalent à la valeur de cet immeuble ou de ce fonds, et ce alors même que ces sommes auraient une origine licite. Le développement de la confiscation en valeur invite ainsi à mener une réflexion stratégique lors du prononcé de la peine, afin que soient mises en œuvre les mesures les plus opportunes pour l'État. Pour reprendre les termes d'un important promoteur, en France, des saisies et confiscations pénales, la confiscation en valeur permet de « punir le condamné » en évitant de « punir l'État » par la confiscation d'un bien qu'il aurait été inopportun de confisquer en nature[3].

126.24 Plan. Quoi qu'il en soit, si chacune des deux formes de confiscation en valeur obéit à des règles propres (§ 2), elles se voient aussi appliquer un *corpus* de règles communes (§ 1).

§ 1
Règles communes aux deux formes de confiscation en valeur

126.31 Identification préalable d'un bien confiscable. Parce que la confiscation en valeur va consister à confisquer un bien d'une valeur équivalente à celle d'un bien susceptible de confiscation en nature, le préalable au prononcé d'une peine de confiscation selon de telles modalités va résider dans l'identification et l'évaluation d'un tel bien, laquelle doit être suffisamment précise pour que le juge répressif puisse ensuite s'assurer que la valeur du bien confisqué en valeur n'excède pas celle du bien confiscable en nature[4]. Cette démarche a d'ailleurs été décrite par la chambre criminelle qui a énoncé qu'« il incombe [...] au juge qui décide de confisquer un bien en valeur notamment de préciser quel est le fondement du caractère confiscable du bien auquel le bien confisqué se substitue, et de s'assurer que la valeur de ce bien n'excède pas celle de l'instrument, de l'objet ou du produit de l'infraction »[5].

Si tous les biens confiscables peuvent l'être en valeur, et ce quel que soit le fondement de leur caractère confiscable, on remarquera cependant, en pratique, qu'il n'y aurait pas de sens à confisquer en valeur un bien confiscable à titre de confiscation de patrimoine. En effet, lorsque la peine de confiscation de patrimoine est prévue par la loi, tout bien appartenant au condamné ou étant à sa libre disposition, sous réserve des droits du propriétaire de bonne foi, peut être confisqué, ce qui rend inutile le recours à la technique de la confiscation en valeur.

1. Agrasc, *Rapp. annuel* 2012, p. 29.
2. *Rapp. Ass. nat.* n°s 1130 et 1131 (XIVe législ.), p. 82 – *Rapp. Sénat* n° 738 (2012-2013), p. 88.
3. Ch. Duchaine (interview de), « De la nécessité d'un usage raisonné des saisies et confiscations. Punir le condamné ou punir l'État », *AJ pénal* 2015. 242.
4. Crim. 5 janv. 2023, n° 21-86.237, NP.
5. Crim. 17 nov. 2021, n° 20-86.847, NP – Crim. 5 janv. 2023, n° 21-86.237, NP.

Le plus souvent, car c'est bien ce qui ressort des travaux préparatoires de la loi nº 2012-409 du 27 mars 2012 [1] précités [2], des arrêts soumis au contrôle de la chambre criminelle [3] et de la circulaire du 16 juillet 2012 [4], ce sera à l'évaluation du produit de l'infraction que devra procéder le juge répressif.

Il s'en déduit la nécessité, pour les enquêteurs, que ce soit dans le cadre de l'enquête ou bien au cours de l'information judiciaire, de systématiser l'évaluation du produit de l'infraction, faute de quoi le juge répressif se trouvera en difficulté pour valablement motiver la décision de confiscation en valeur, sauf à procéder à cette évaluation lui-même à partir des éléments de faits résultant des pièces de la procédure. La confiscation en valeur renforce ainsi la nécessité d'une « mise en état patrimoniale des affaires pénales » [5].

Il reste que la confiscation en valeur ne porte pas nécessairement sur un bien d'une valeur équivalente au produit de l'infraction, et que rien ne s'oppose à ce que soit confisqué en valeur l'objet ou l'instrument de celle-ci. La chambre criminelle a en effet posé pour principe qu'« il se déduit des articles 706-141-1 et 706-153 du Code de procédure pénale, et 131-21 du Code pénal, que peuvent être saisis en valeur les biens ou droits incorporels dont le mis en cause est propriétaire ou, sous réserve des droits du propriétaire de bonne foi, dont il a la libre disposition, dont la valeur représente celle des biens ayant servi à commettre l'infraction ou qui étaient destinés à la commettre » [6], puis a fait application de ce principe par la suite [7]. L'objet de l'infraction pouvant également être confisqué en valeur, le principe est en conséquence le suivant : « La peine complémentaire de confiscation porte, notamment, sur les biens qui sont l'instrument, l'objet ou le produit direct ou indirect de l'infraction, à l'exception des biens susceptibles de restitution à la victime, et la confiscation peut en être ordonnée en valeur. » [8]

La chambre criminelle a cependant apporté une précision à ce principe, s'agissant de la confiscation en valeur de l'instrument de l'infraction, en énonçant qu'« il appartient dans ce cas au juge, d'une part, de s'assurer que les conditions de la confiscation de l'instrument de l'infraction prévues par le deuxième alinéa de l'article 131-21 du Code pénal étaient réunies au moment de la commission des faits, d'autre part, de vérifier que la valeur du bien saisi n'excède pas celle de l'instrument de l'infraction, enfin, lorsqu'une telle garantie est invoquée, d'apprécier le caractère proportionné de l'atteinte portée au droit de propriété de l'intéressé au regard de la gravité concrète des faits et de sa situation personnelle ». Si la deuxième condition est commune à la confiscation en valeur du produit, de l'objet et de l'instrument de l'infraction [9], tandis que la troisième ne constitue que la transposition, en matière de saisie et de confiscation en valeur, de la règle selon laquelle la proportionnalité de ces mesures, lorsqu'elles ont pour objet l'instrument de l'infraction et que cette garantie est invoquée, doit être contrôlée [10], il faut en revanche insister sur la première. En effet, le juge répressif qui envisage d'ordonner en valeur la confiscation de l'instrument de l'infraction doit spécialement s'assurer que les conditions de la confiscation de celui-ci, prévues par le deuxième alinéa de l'article 131-21 du Code pénal, étaient réunies « au moment de la commission des faits », en particulier s'agissant de la propriété ou de la libre disposition du bien litigieux, puisque, contrairement à ce qu'il en est en cas de confiscation de l'objet ou du produit, lorsque la confiscation de l'instrument est ordonnée en nature, un tel contrôle doit être mis en œuvre : un bien dont les conditions de la confiscation en nature ne sont pas réunies ne saurait être néanmoins confisqué en valeur, dès lors que la confiscation en valeur n'est qu'une modalité du prononcé des confiscations.

1. L. nº 2012-409, 27 mars 2012 *de programmation relative à l'exécution des peines, JO* 28 mars, p. 5592.
2. V. s[s] nº 126.22.
3. AINSI : Crim. 30 sept. 2015, nº 15-81.744, P, nº 213 – Crim. 30 sept. 2015, nºs 15-81.745 à 15-81.748, NP (4 arrêts) ; *Gaz. Pal.* 22 mars 2016, nº 12, p. 73, obs. B. Cerveau ; *JCP E* 2016. 1084, obs. R. Salomon ; *Dr. sociétés* 2015, comm. 222, obs. R. Salomon ; *Rev. sociétés* 2016. 154, obs. B. Bouloc ; *RGDA* 2015. 529, obs. R. Schulz – Crim. 12 nov. 2015, nº 15-83.114, P, nº 250 ; *Dr. pén.* 2017, chron. 1, obs. V. Georget – Crim. 25 nov. 2015, nº 14-85.727, NP – Crim. 12 juill. 2016, nºs 15-83.355 à 15-83.390, NP – Crim. 5 janv. 2017, nº 16-80.275, P, nº 7.
4. Circ. Justice, 16 juill. 2012 *de présentation des dispositions relatives à l'exécution des peines de confiscation de la loi nº 2013-409 du 27 mars 2012 de programmation relative à l'exécution des peines*, NOR : JUS D 1229412 C, *BOMJ* nº 2012-07, 31 juill. 2012, p. 4 : « La confiscation en valeur consiste à confisquer un bien dont la valeur équivaut au produit de l'infraction, mais qui ne constitue pas lui-même le produit direct ou indirect de cette infraction. »
5. E. Camous et G. Cotelle, « La mise en état patrimoniale des affaires pénales », *AJ pénal* 2013. 5 – AUSSI : Ch. Cutajar, « Les investigations financières au service de la lutte contre la criminalité organisée », *AJ pénal* 2019. 356.
6. Crim. 6 nov. 2019, nº 19-82.683, P, 23 ; *D.* 2019. 2139 ; *ibid.* 2020. 567, chron. A.-L. Méano, L. Ascensi, A.-S. de Lamarzelle, M. Fouquet et C. Carbonaro ; *ibid.* 2367, obs. G. Roujou de Boubée, C. Ginestet, M.-H. Gozzi, S. Mirabail et E. Tricoire.
7. Crim. 4 mars 2020, nº 19-81.818, P, 84, 205 ; *D.* 2020. 540 ; *ibid.* 2367, obs. G. Roujou de Boubée, C. Ginestet, M.-H. Gozzi, S. Mirabail et E. Tricoire.
8. Crim. 23 nov. 2022, nº 21-85.668, P – AUSSI : Crim. 17 nov. 2021, nº 20-86.847, NP – Crim. 5 janv. 2023, nº 21-86.237, NP.
9. V. s[s] nº 126.34.
10. V. s[s] nºs 122.51 et 231.25.

Pour le surplus, bien des motifs justifiaient que soit admise la confiscation en valeur de l'instrument de l'infraction, en plus de celle davantage intuitive du produit et de l'objet[1]. En effet, s'il est exact que la généralisation de la confiscation en valeur par la loi n° 2012-409 du 27 mars 2012 s'est opérée, comme il a été vu[2], en la seule contemplation de l'hypothèse de la confiscation en valeur du produit de l'infraction, et que toute la jurisprudence de la chambre criminelle relative à la saisie et à la confiscation en valeur s'est également construite sur cette hypothèse, outre le fait que, comme nous le verrons[3], les conventions internationales multilatérales organisant l'entraide judiciaire internationale aux fins de saisie et confiscation pénales ont pour point commun que ces mesures, lorsqu'elles sont ordonnées en valeur, ne peuvent porter que sur le seul produit, il n'en demeure pas moins que les énonciations du neuvième alinéa de l'article 131-21 du Code pénal, relatives à la confiscation en valeur, se rapportent à l'ensemble des alinéas qui précèdent, et donc notamment au deuxième alinéa prévoyant la confiscation de l'instrument de l'infraction. La reconnaissance de la saisie et de la confiscation en valeur de l'instrument de l'infraction peut de même s'appuyer sur la volonté du législateur européen, l'article 4 de la directive 2014/42/UE du 3 avril 2014[4] disposant que les États membres sont tenus de prendre les mesures nécessaires pour permettre la confiscation non seulement de tout ou partie des instruments et des produits des infractions, mais également « des biens dont la valeur correspond à celle de ces instruments ou produits ». Enfin, observons qu'il existe des manifestations spéciales de la confiscation en valeur de l'instrument de l'infraction en droit positif. Ainsi, l'article 225-26 du Code pénal fait encourir à l'auteur du délit de soumission à des conditions d'hébergement incompatibles avec la dignité humaine prévue à l'article 225-14 de ce code la confiscation des biens ayant servi à commettre l'infraction, en précisant que « lorsque les biens immeubles qui appartenaient à la personne condamnée au moment de la commission de l'infraction ont fait l'objet d'une expropriation pour cause d'utilité publique, le montant de la confiscation en valeur prévue au neuvième alinéa de l'article 131-21 est égal à celui de l'indemnité d'expropriation », ce qui revient à prévoir la confiscation en valeur de l'immeuble ayant servi à commettre l'infraction. Des exemples voisins pourraient être cités[5].

126.32 Évaluation de l'objet ou du produit de l'infraction confiscable en valeur en cas de faits multiples et de pluralité d'auteurs ou de complices. La confiscation en valeur de l'objet ou du produit de l'infraction obéit à des règles particulières lorsque se trouvent poursuivis des faits multiples commis par plusieurs auteurs ou complices.

Par un important arrêt rendu le 24 octobre 2018, la chambre criminelle a posé pour principe « que lorsque plusieurs auteurs ou complices ont participé à un ensemble de faits, soit à la totalité soit à une partie de ceux-ci, chacun d'eux encourt la confiscation du produit de la seule ou des seules infractions qui lui sont reprochées, avec ou non la circonstance de bande organisée, à la condition que la valeur totale des biens confisqués n'excède pas celle du produit total de cette ou de ces infractions », et « que si le moyen pris de la violation du principe de proportionnalité au regard du droit de propriété est inopérant lorsque la saisie a porté sur la valeur du produit direct ou indirect de l'infraction (Crim. 5 janv. 2017, n° 16-80.275, *Bull. crim.* n° 7), le juge qui ordonne la saisie en valeur d'un bien appartenant ou étant à la libre disposition d'une personne, alors qu'il ne résulte pas des pièces de la procédure de présomptions qu'elle a bénéficié de la totalité du produit de l'infraction, doit cependant apprécier, lorsque cette garantie est invoquée, le caractère proportionné de l'atteinte portée au droit de propriété de l'intéressé s'agissant de la partie du produit de l'infraction dont elle n'aurait pas tiré profit »[6]. La chambre criminelle a fait application de ce principe à plusieurs reprises par la suite[7], puis en a étendu l'application à la confiscation en valeur de l'objet de l'infraction[8].

Dans de telles circonstances, fréquentes en pratique si l'on songe par exemple aux affaires de vols ou d'escroqueries multiples, le cas échéant commis en bande organisée, les principes de la responsabilité pénale du fait personnel et de la personnalité des peines interdisent naturellement que soit confisqué en valeur dans le patrimoine d'un co-auteur ou d'un complice l'équivalent de l'objet ou du produit d'une

1. V. POUR UNE CRITIQUE de cette faculté : J. Bourgais, *Le rôle du juge pénal en matière de saisies et confiscations, Étude de droit comparé (France – Angleterre)*, Poitiers, 2021, n° 168.
2. V. s^s n° 126.22.
3. V. s^s n°s 311.44 et 312.44.
4. Dir. 2014/42/UE, Parlement et Conseil, 3 avr. 2014 *concernant le gel et la confiscation des instruments et des produits du crime dans l'Union européenne, JOUE* L 127, 29 avr., p. 39.
5. CCH, art. L. 123-3, L. 511-6, L. 511-22 et L. 521-4.
6. Crim. 24 oct. 2018, n° 18-80.834, P, n° 178 ; *D.* 2018. 2093, *ibid.* 2259, obs. G. Roujou de Boubée, T. Garé, G. Ginestet, S. Mirabail et E. Tricoire.
7. Crim. 21 nov. 2018, n°s 18-82.040 à 18-82.042, NP (implicite) – Crim. 26 juin 2019, n°s 18-84.650 et 18-84.651, NP – Crim. 25 mai 2022, n° 21-82.845, NP – Crim. 19 oct. 2022, n° 21-87.425, NP – Crim. 22 juin 2022, n° 21-85.671, P – Crim. 22 juin 2022, n° 21-85.672, NP.
8. Crim. 11 mai 2022, n°s 21-82.280 et 21-82.281, NP (2 arrêts) – Crim. 28 juin 2023, n° 22-85.990, NP.

ou de plusieurs infractions dont il n'aurait pas été déclaré coupable, en sorte que chaque auteur encourt la confiscation en valeur de l'objet ou du produit de la seule ou des seules infractions dont il a été reconnu coupable.

Réciproquement, cependant, lorsqu'une infraction a été commise par plusieurs auteurs ou complices, chacun d'eux encourt la confiscation de la totalité de l'objet ou du produit de l'infraction dont il a été reconnu coupable, alors même que ne serait pas rapportée la preuve qu'il a effectivement profité de cet objet ou produit, à la condition bien sûr que la valeur totale des biens effectivement confisqués en valeur dans le patrimoine de l'ensemble des auteurs et complices n'excède pas celle de l'objet ou du produit de l'infraction. Ce principe trouve un fondement dans les dispositions des alinéas 3 et 9 de l'article 131-21 du Code pénal prévoyant que peut être confisqué en valeur, dans le patrimoine du condamné, l'objet ou le produit direct ou indirect de l'infraction, sans soumettre le prononcé de cette peine à la démonstration de la perception effective par le condamné de cet objet ou produit. Au reste, l'on voit mal comment il pourrait être admis que puisse être opposée à l'État par les condamnés, au stade du prononcé de la peine, la clé de répartition de l'objet ou du produit de l'infraction convenue entre eux, outre le fait que soumettre le prononcé de la peine de confiscation en valeur à la preuve de la perception effective de l'objet ou du produit de l'infraction par tel auteur ou complice reviendrait à faire peser sur le ministère public la charge d'une preuve si difficile à rapporter qu'elle reviendrait à priver d'effet les nouvelles dispositions voulues par le législateur.

Il reste qu'un tel principe permet la confiscation en valeur d'un objet ou produit dont le condamné a pu ne pas bénéficier, en sorte qu'il paraît justifié que la chambre criminelle, pour en corriger les effets, ait dérogé à la règle selon laquelle le juge répressif n'est pas tenu de contrôler la proportionnalité de la confiscation en valeur de l'objet ou du produit de l'infraction, en énonçant que, s'il ne résulte pas des pièces de la procédure de présomptions que le condamné a bénéficié de la totalité de cet objet ou produit, ce juge doit apprécier, lorsque cette garantie est invoquée, le caractère proportionné de l'atteinte portée au droit de propriété de l'intéressé s'agissant de la partie de l'objet ou du produit de l'infraction dont il n'aurait pas tiré profit. Il reste que malgré cette restriction, un auteur jugeant la portée de cette jurisprudence excessive et appelant à la préciser, a proposé d'en restreindre l'application aux cas où les auteurs et complices ont organisé une « certaine opacité » s'agissant du devenir du produit de l'infraction[1].

126.33 Évaluation de la valeur du bien susceptible de confiscation en valeur. Le juge répressif devra ensuite procéder à l'évaluation de la valeur pécuniaire du bien susceptible de confiscation en valeur.

Il a été précisé que le juge pénal doit naturellement prendre en compte la valeur du bien à la date de la confiscation, et non sa date d'acquisition[2].

Par ailleurs, si le bien a été acquis au moyen d'un prêt en cours de remboursement, devra être déduit de son estimation le montant du capital restant dû à l'établissement bancaire prêteur à la date de la confiscation, mais seulement si le bien se trouve grevé d'un privilège ou d'une hypothèque opposable par la banque à l'État à la suite de la dévolution du bien à ce dernier[3]. En effet, le dixième alinéa de l'article 131-21 du Code pénal dispose que la chose confisquée est dévolue à l'État mais qu'elle demeure grevée des droits réels licitement constitués au profit de tiers. Il s'en déduit que les privilèges et hypothèques régulièrement constitués par l'établissement bancaire suivront le bien confisqué jusque dans le domaine privé de l'État, de sorte que l'enrichissement de ce dernier, tout comme l'appauvrissement de la personne condamnée, seront moindre que la valeur du bien. Il en ira en revanche autrement si l'emprunt a été garanti par une sûreté personnelle, laquelle survivra, dans le patrimoine du condamné, à la confiscation, de sorte qu'il n'y aura pas lieu de déduire de la valeur du bien confisqué le montant du capital restant dû.

126.34 Équivalence de la valeur du bien confiscable en nature et du bien confisqué en valeur. L'évaluation de la valeur des biens en cause est en effet indispensable car la chambre criminelle, dans de nombreux arrêts, a posé pour principe que ne peut être confisqué en valeur un bien d'une valeur supérieure à celle du bien susceptible de confiscation en nature. Ainsi, « il incombe [...] au juge qui décide de confisquer un bien en valeur notamment [...] de s'assurer que la valeur de ce bien n'excède pas celle de l'instrument, de l'objet ou du produit de l'infraction »[4]. La chambre criminelle a donc reproché à une chambre de l'instruction d'avoir confirmé une ordonnance de saisie en valeur « sans s'assurer que le montant de la saisie n'excédait pas celui du produit des infractions de recel et blanchiment »[5]

1. J. Bourgais, *Le rôle du juge pénal en matière de saisies et confiscations, Étude de droit comparé (France – Angleterre)*, Poitiers, 2021, n° 288.
2. Crim. 5 janv. 2023, n° 21-86.237, NP.
3. Crim. 23 nov. 2022, n° 21-85.668, P.
4. Crim. 17 nov. 2021, n° 21-86.847, NP – Crim. 5 janv. 2023, n° 21-86.237, NP.
5. Crim. 12 nov. 2015, n° 15-83.114, P, n° 250 ; *Dr. pén.* 2017, chron. 1, obs. V. Georget.

poursuivies, de même qu'elle a cassé l'arrêt d'une cour d'appel qui, pour ordonner une mesure de confiscation, avait prononcé par des énonciations dont il résultait que « la valeur de l'ensemble des biens confisqués au titre de la confiscation en valeur du produit de l'infraction ne pouvait qu'excéder celle du produit de l'infraction »[1], ou encore qu'elle a reproché à des juges de ne s'être pas assurés « que la valeur des biens confisqués n'excédait pas celle du produit des infractions poursuivies, et si cette valeur était supérieure, qu'elle était cantonnée à la hauteur de ce produit »[2]. À l'inverse, elle a approuvé une autre chambre de l'instruction d'avoir confirmé une décision de saisie immobilière en valeur, en relevant que « le prix de ces immeubles [n'excédait] pas le montant du produit des infractions poursuivies, qui [avait] été dissipé »[3], de même qu'elle a rejeté le pourvoi formé à l'encontre d'un arrêt de confirmation de saisie en valeur, en énonçant que « la saisie en valeur n'excédait pas le montant de l'objet ou du produit supposé des infractions »[4], des arrêts ultérieurs allant dans le même sens[5]. Enfin, il a pu arriver que la chambre criminelle s'assure elle-même de ce « que la valeur de l'ensemble des biens saisis [n'excédait] pas le montant estimé du produit des infractions d'abus de confiance et d'escroquerie »[6], objet de l'information judiciaire.

Bien que cette règle ressortait déjà en substance de plusieurs des décisions précitées, la chambre criminelle a par ailleurs posé pour principe qu'au stade du contrôle de l'équivalence des valeurs, il y a naturellement lieu pour le juge répressif de prendre en compte la valeur de l'ensemble des biens saisis ou confisqués pour la comparer à celle de la valeur du bien susceptible de saisie ou confiscation en nature. Ainsi a-t-il été énoncé que « le montant cumulé des saisies pénales en valeur ne doit pas excéder la valeur du bien susceptible de confiscation »[7], étant précisé qu'au stade de la saisie, sera prise en compte tout autant la valeur des biens objet d'une saisie spéciale que celle des biens objet d'une saisie de droit commun[8].

Il faut souligner que le contrôle que la chambre criminelle impose ici aux juges du fond est distinct du contrôle de proportionnalité exigé lors du prononcé de certaines confiscations[9]. Cela a été fort justement relevé : « Nous ne sommes pas là dans le contrôle, de plus en plus classique, de la proportionnalité, mais de l'équivalence. »[10]

126.35 Admission de la confiscation en valeur cantonnée. Si la valeur du bien effectivement confisqué ne doit pas excéder celle du bien confiscable en nature, rien ne s'oppose cependant à ce que la confiscation porte sur un bien d'une valeur supérieure, mais à la condition que la mesure soit cantonnée[11].

Ainsi, dans une affaire où une cour d'appel avait confisqué en valeur un bien immobilier dans la limite de 500 000 euros, la chambre criminelle a approuvé la décision des juges en relevant que « la valeur de la part du bien confisqué [n'excédait] pas le montant du produit des infractions dont la prévenue [avait] été déclarée coupable »[12].

De même, la chambre criminelle a rejeté le pourvoi formé contre la saisie en valeur d'un immeuble que les juges avaient « cantonn[ée] » au produit de l'infraction, en énonçant qu'« en application de l'article 706-151, alinéa 2, du Code de procédure pénale, la saisie immobilière, qui est une mesure temporaire et à caractère provisoire n'entraînant aucun transfert de propriété, les biens immobiliers [...] ne peuvent être saisis que dans leur totalité [...] »[13].

Encore faut-il cependant que le juge répressif veille à ce que le montant auquel la confiscation en valeur a été cantonnée n'excède pas celle du bien confiscable en nature ![14]

126.36 Nécessité, pour l'intéressé, de justifier de la valeur des éléments de patrimoine confisqués en valeur. Si le juge répressif qui prononce une confiscation en valeur doit s'assurer que la valeur des

1. Crim. 9 sept. 2020, n° 19-84.301, NP.
2. Crim. 5 janv. 2023, n° 21-86.237, NP.
3. Crim. 14 janv. 2015, n° 14-85.486, NP – Crim. 25 févr. 2015, n° 13-81.946, NP.
4. Crim. 5 janv. 2017, n° 16-80.275, P, n° 7.
5. Crim. 6 déc. 2017, n° 16-86.105, NP – Crim. 26 juin 2019, n° 18-85.209, P, n° 138 ; *D.* 2019. 1341 – Crim. 26 juin 2019, n° 18-85.220, NP – Crim. 25 sept. 2019, n° 18-84.649, NP – Crim. 23 oct. 2019, n° 18-85.618, NP – Crim. 17 nov. 2021, n° 20-86.847, NP – Crim. 15 févr. 2023, n° 21-86.857, NP.
6. Crim. 30 sept. 2015, n° 15-81.744, P, n° 213 – Crim. 30 sept. 2015, n°s 15-81.745 à 15-81.748, NP (4 arrêts) ; *Gaz. Pal.* 22 mars 2016, n° 12, p. 73, obs. B. Cerveau ; *JCP E* 2016. 1084, obs. R. Salomon ; *Dr. sociétés* 2015, comm. 222, obs. R. Salomon ; *Rev. sociétés* 2016. 154, obs. B. Bouloc ; *RGDA* 2015. 529, obs. R. Schulz – AUSSI : Crim. 3 avr. 2019, n° 18-83.052, NP – Crim. 13 avr. 2022, n°s 21-83.863 et 21-83.864, NP (2 arrêts) – Crim. 7 sept. 2022, n° 21-80.085, NP.
7. Crim. 11 mai 2022, n°s 21-82.280 et 21-82.281, NP (2 arrêts).
8. Mêmes arrêts.
9. V. s^s^ chap. 122.
10. S. Almaseanu, « La saisie et la confiscation en valeur en droit pénal français », *La revue du Grasco*, n° 19, juill. 2017, p. 39.
11. Crim. 5 janv. 2023, n° 21-86.237, NP.
12. Crim. 3 mai 2018, n° 17-82.098, P, n° 79.
13. Crim. 10 mars 2021, n° 20-84.117, P, 96 ; *RDI* 2021. 284, obs. G. Beaussonie ; *AJ pénal* 2021. 216, obs. M. Hy – AUSSI : Crim. 25 mai 2022, n°s 21-85.019 et 21-85.020, NP (2 arrêts).
14. Crim. 9 juin 2022, n° 21-82.138, NP.

biens confisqués n'excède pas celle des biens confiscables en nature, la chambre criminelle a énoncé, réciproquement, que les intéressés, pour être recevables à contester cette adéquation à l'occasion d'un pourvoi en cassation, doivent avoir préalablement soumis ce moyen aux juges du fond, de façon chiffrée. Le moyen est à défaut qualifié de nouveau, mélangé de droit et fait, et comme tel irrecevable[1]. En effet, dans une affaire où il était reproché à une chambre de l'instruction d'avoir confirmé plusieurs ordonnances de saisies en valeur de biens mobiliers, de créances et de sommes d'argent inscrites au crédit de comptes bancaires, après avoir souverainement fixé le produit estimé des infractions, mais sans préciser que les sommes, créances et biens saisis n'excédaient pas en valeur ce produit, la chambre criminelle a déclaré le moyen irrecevable en énonçant qu'il ne résultait ni des décisions contestées, ni des articulations essentielles des mémoires déposés par les intéressés « qu'ils aient soumis aux juges des indications chiffrées justifiant que les éléments de leur patrimoine objet de l'ensemble des saisies critiquées avaient une valeur supérieure au produit des délits retenus »[2].

126.37 Confiscation en valeur d'un bien à la libre disposition du condamné. Il suffit, pour le surplus, que le condamné soit propriétaire du bien confisqué en valeur, ou bien que l'intéressé en ait seulement la libre disposition, sous réserve des droits du propriétaire de bonne foi. Ces notions, déjà rencontrées, ne seront pas détaillées[3].

On observera, en revanche, ainsi que l'a justement relevé la direction des affaires criminelles et des grâces du ministère de la Justice[4], et comme l'a ensuite jugé la chambre criminelle[5], que ne peut être confisqué en valeur un bien appartenant à un tiers, quand bien même le produit de l'infraction serait entre les mains de ce dernier : seuls les biens dont le condamné est propriétaire ou dont il a la libre disposition peuvent faire l'objet d'une confiscation en valeur.

126.38 Absence de lien entre le bien confisqué en valeur et l'infraction. Enfin, il n'est pas nécessaire que le bien confisqué en valeur ait un lien quelconque avec une infraction. La chambre criminelle a d'ailleurs affirmé que « la confiscation en valeur peut être ordonnée sur tout bien quelle qu'en soit l'origine dont le prévenu a la propriété ou la libre disposition, même s'il ne constitue pas en lui-même le produit direct ou indirect de cette infraction »[6], ou encore a approuvé une chambre de l'instruction d'avoir énoncé que « la confiscation en valeur peut porter sur tous biens, même sans lien avec l'infraction »[7]. L'on trouve des affirmations ultérieures de ce principe[8].

§ 2
Règles propres à chacune des formes de confiscation en valeur

126.41 Contenu de la décision. Dans l'actuelle rédaction de l'article 131-21 du Code pénal, la confiscation en valeur peut prendre deux formes distinctes : soit cette mesure prendra la forme d'une condamnation pécuniaire, soit elle consistera en la confiscation de n'importe quel autre bien appartenant au condamné ou, sous réserve des droits du propriétaire de bonne foi, dont il a la libre disposition, d'une valeur égale à celle d'un bien confiscable en nature[9]. Le contenu de la décision de confiscation sera particulier dans l'un et l'autre cas.

Dans le premier cas, en effet, le prévenu, déclaré coupable des faits poursuivis, sera condamné au paiement d'une somme d'argent représentant la valeur du bien susceptible de confiscation. Il conviendra donc que le juge répressif indique, dans les motifs de sa décision, en quoi tel bien est susceptible de confiscation, conformément au droit commun, qu'il précise la valeur de ce bien, et enfin qu'il indique que la condamnation au paiement d'une certaine somme d'argent est prononcée, à titre de confiscation en valeur, sur le fondement de l'article 131-21, alinéa 9, du Code pénal[10].

Dans le second cas, il sera ordonné la confiscation de tel bien appartenant au condamné ou dont il a la libre disposition, représentant la valeur de tel autre bien susceptible de confiscation en nature. La motivation sera alors plus complexe puisqu'il conviendra, d'abord, d'indiquer en quoi tel bien est susceptible de confiscation, de préciser quelle est la valeur de ce bien ainsi que celle du bien qui sera confisqué en valeur – pour permettre à la chambre criminelle de contrôler l'équivalence de l'une et

1. SUR CETTE QUESTION : J. Boré et L. Boré, *La cassation en matière pénale*, préc., n° 112.00.
2. Crim. 12 juill. 2016, n°s 15-83.355 à 15-83.390, NP.
3. V. s^{s} n° 125.11.
4. DACG, *Guide des saisies et confiscations*, p. 29.
5. Crim. 26 juin 2019, n°s 18-84.650 et 18-84.651, NP – Crim. 7 déc. 2022, n° 22-80.147, NP.
6. Crim. 12 nov. 2015, n° 15-83.784, NP.
7. Crim. 3 févr. 2016, n° 15-83.513, NP.
8. Crim. 25 sept. 2019, n° 18-84.649, NP.
9. AUSSI SUR ces deux formes de confiscation en valeur : S. Almaseanu, « La saisie et la confiscation en valeur en droit pénal français », *La revue du Grasco*, n° 19, juill. 2017, p. 39.
10. PAR EX. : Crim. 2 déc. 2009, n° 08-86.381, P, n° 200 ; *D.* 2010. 2254, obs. J. Pradel ; *AJ pénal* 2010. 78, obs. G. Royer ; *RTD com.* 2010. 441, obs. B. Bouloc ; et l'arrêt de la cour d'appel de Paris attaqué.

l'autre –, et enfin d'énoncer à quel titre le condamné en est propriétaire ou en a la libre disposition.

126.42 **Exécution de la décision.** Les règles d'exécution de l'une et l'autre des formes de la confiscation en valeur diffèrent également. En effet, le deuxième alinéa de l'article 707-1 du Code de procédure pénale dispose : « Les poursuites pour le recouvrement des amendes et l'exécution des confiscations en valeur sont faites au nom du procureur de la République par le comptable public compétent ou, dans les cas où la confiscation en valeur s'exécute sur des biens préalablement saisis, par l'Agence de gestion et de recouvrement des avoirs saisis et confisqués. » Ce texte distingue *a priori* deux situations : lorsque la confiscation en valeur porterait sur un bien préalablement saisi, l'Agrasc serait toujours compétente pour procéder à son exécution, tandis que la compétence reviendrait au comptable public dans l'ensemble des autres cas, c'est-à-dire lorsque le bien confisqué n'aurait pas été préalablement saisi ou lorsque la confiscation en valeur prendrait la forme d'une condamnation pécuniaire. Il ne semble pourtant pas que la compétence du comptable public doive s'étendre au-delà de l'exécution des confiscations en valeur prenant la forme de condamnations pécuniaires, de même que les contours de la compétence de l'Agrasc en matière d'exécution des confiscations en valeur sont plus étroits qu'il n'y paraît.

Rappelons tout d'abord l'évolution des textes en matière d'exécution des confiscations pour tenter d'en comprendre l'économie. En effet, la rédaction de l'article 131-21, alinéa 9, du Code pénal, comme celle de l'article 707-1 du Code de procédure pénale, ont été modifiées par la loi n° 2012-409 du 27 mars 2012[1]. L'évolution du neuvième alinéa de l'article 131-21 a déjà été vue[2]. Elle a pour l'essentiel consisté à permettre que soient confisqués en valeur, non plus seulement une somme d'argent représentant la valeur d'un bien qui n'avait pas été saisi ou ne pouvait pas être représenté, mais également tout autre bien d'une valeur équivalente à celle de ce bien, que celui-ci ait été ou non préalablement saisi. Quant à l'article 707-1, celui-ci disposait à la suite de l'entrée en vigueur de la loi n° 2010-768 du 9 juillet 2010[3] : « Les poursuites pour le recouvrement des amendes et confiscations en valeur sont faites au nom du procureur de la République, par le comptable public compétent. L'exécution des autres confiscations est réalisée au nom du procureur de la République par l'Agence de gestion et de recouvrement des avoirs saisis et confisqués qui procède, s'il y a lieu, aux formalités de publication foncière aux frais du Trésor. » Et il dispose dorénavant : « Le ministère public et les parties poursuivent l'exécution de la sentence chacun en ce qui le concerne [C. pr. pén., art. 707-1, al. 1]. Néanmoins, les poursuites pour le recouvrement des amendes et l'exécution des confiscations en valeur sont faites au nom du procureur de la République par le comptable public compétent ou, dans les cas où la confiscation en valeur s'exécute sur des biens préalablement saisis, par l'Agence de gestion et de recouvrement des avoirs saisis et confisqués [C. pr. pén., art. 707-1, al. 2]. L'exécution des autres confiscations est réalisée au nom du procureur de la République par l'Agence de gestion et de recouvrement des avoirs saisis et confisqués lorsqu'elles portent sur des biens meubles ou immeubles mentionnés aux 1° et 2° de l'article 706-160, même s'ils ne lui ont pas été préalablement confiés. L'Agence de gestion et de recouvrement des avoirs saisis et confisqués procède, s'il y a lieu, aux formalités de publication [C. pr. pén., art. 707-1, al. 3]. » Ainsi, alors que les anciennes dispositions de l'article 707-1 pouvaient légitimement être interprétées comme signifiant que l'Agrasc était compétente pour exécuter l'ensemble des peines de confiscation, à l'exception des confiscations en valeur dont l'exécution relevait du comptable public, le nouveau texte a emporté deux évolutions. D'une part, il a réduit la compétence de l'Agrasc en matière d'exécution des confiscations en nature, comme nous le verrons, en limitant cette compétence à l'exécution des confiscations portant sur les sommes d'argent[4] et à celle des confiscations ayant pour objet les biens qui « nécessitent, pour leur conservation ou leur valorisation, des actes d'administrations »[5], biens en pratique qualifiés de « complexes », que ces biens aient été confiés à l'agence au stade de la saisie, ou bien qu'ils l'aient été par le procureur de la République postérieurement à la confiscation[6]. D'autre part, il a réparti la compétence en matière d'exécution des confiscations en valeur entre l'Agrasc et le comptable public, selon que la confiscation en valeur s'exécute sur un bien préalablement saisi ou non. Cette nouvelle rédaction a été voulue par l'Agrasc, dont la directrice de l'époque avait été entendue par la Commission des lois de l'Assemblée nationale. Les nouvelles dispositions étaient en effet destinées à éviter que soit donnée une interprétation

1. L. n° 2012-409, 27 mars 2012 *de programmation relative à l'exécution des peines, JO* 28 mars, p. 5592.
2. V. s[s] n° 126.22.
3. L. n° 2010-768, 9 juill. 2010 *visant à faciliter la saisie et la confiscation en matière pénale, JO* 10 juill., p. 12753.
4. C. pr. pén., art. 706-160, al. 1, 2°.
5. C. pr. pén., art. 706-160, al. 1, 1°.
6. V. s[s] n° 132.31 – ÉTANT RAPPELÉ que l'agence assure impérativement la gestion centralisée des sommes saisies lors des procédures pénales en application de l'article 706-160, alinéa 1er, 2°, du Code de procédure pénale.

trop extensive aux dispositions de l'article 707-1. Le rapporteur de la Commission des lois de l'Assemblée nationale relevait ainsi : « La rédaction issue de la loi du 9 juillet 2010 [...] pourrait laisser penser que le législateur a entendu confier à l'Agence l'exécution de l'ensemble des confiscations, en dehors des confiscations prononcées en valeur, ce qui n'est pas le cas. L'Agence n'a en effet pas vocation à se substituer au service des domaines - qui dispose d'une compétence par défaut pour la vente de tous les biens confisqués - pour la gestion et le recouvrement des avoirs saisis et confisqués lorsque ceux-ci sont des biens meubles simples. Pour ces biens, l'intervention de l'Agrasc n'apporte aucune plus-value et alourdit inutilement les circuits et délais de traitement des dossiers ; l'Agence ne dispose en outre pas des moyens matériels lui permettant de faire face à une telle mission. [...] Le I du présent article revient, par conséquent, à une rédaction plus conforme au souhait du législateur, tel qu'il ressort des travaux préparatoires de la loi du 9 juillet 2010, en limitant expressément le champ de compétence de l'Agence aux biens dont la gestion lui a été confiée au stade de la saisie ainsi qu'aux biens complexes, pour lesquels elle est susceptible d'apporter une réelle plus-value. »[1] Au reste, le rapport de la Commission des lois du Sénat comporte de semblables développements[2].

Ainsi, s'agissant de l'Agrasc, le deuxième alinéa de l'article 707-1 du Code de procédure pénale doit être lu à la lumière des intentions du législateur qui étaient de réserver l'intervention de l'agence à l'exécution des confiscations pour laquelle celle-ci apporte une plus-value, et des dispositions du troisième alinéa du même texte qui limite la compétence de l'Agrasc à l'exécution des confiscations portant sur des sommes d'argent saisies ou des biens complexes. Ainsi, nonobstant les dispositions très générales du deuxième alinéa de l'article 707-1 qui donnent compétence à l'Agrasc pour l'exécution de l'ensemble des confiscations en valeur portant sur des biens préalablement saisis, la compétence de l'agence est en réalité limitée à l'exécution des confiscations en valeur portant sur les biens saisis qui lui ont été confiés au cours de l'enquête ou de l'information judiciaire, ainsi que sur ceux qui lui ont été confiés par le procureur de la République au stade de l'exécution de la confiscation. À défaut, la peine doit être exécutée par le ministère public avec le concours du service des domaines, sauf à relever qu'un rapport parlementaire a proposé de conférer à l'Agrasc une compétence exclusive pour l'aliénation des biens confisqués[3].

Par ailleurs, nous ne pensons pas que la compétence du comptable public doive s'étendre à l'exécution de l'ensemble des confiscations en valeur portant sur les biens non saisis. En effet, rien n'indique, dans les travaux préparatoires de la loi n° 2012-409 du 27 mars 2012, que le législateur a entendu confier au comptable public plus de compétence qu'il n'en avait en l'état de la rédaction de l'article 707-1 du Code de procédure pénale alors en vigueur. Il semble donc que la compétence de cette administration doive demeurer cantonnée à l'exécution des confiscations en valeur prenant la forme de condamnations pécuniaires. Il s'en déduit que, lorsque le juge répressif prononce la confiscation en valeur d'un bien qui n'a pas été préalablement saisi, cette peine doit être exécutée selon le droit commun du premier alinéa de l'article 707-1, c'est-à-dire par le ministère public devant se faire remettre le bien confisqué, avec le concours de la force publique, et celui du service des domaines ou de l'Agrasc si le bien confisqué est tel que l'agence peut apporter une plus-value pour sa valorisation.

Ceci étant, l'on peut s'interroger sur l'effectivité du recouvrement de ces sommes par le comptable public, puisque celui-ci obéira aux mêmes règles que celles mises en œuvre pour le recouvrement des amendes, à savoir les dispositions prévues par le décret n° 64-1333 du 22 décembre 1964[4] *relatif au recouvrement des amendes et condamnations pécuniaires par les comptables de la direction générale des finances publiques*. Ceci explique qu'à compter de son rapport annuel pour l'année 2014, l'Agrasc ait exprimé le souhait que le législateur institue une procédure judiciaire post-sentencielle d'exécution des confiscations en valeur, pour le cas où cette peine porte sur une somme d'argent et non sur un bien spécialement désigné par le juge répressif[5]. Pour remédier aux difficultés rencontrées par les comptables publics, en particulier lorsque les biens appartenant au condamné sont situés à l'étranger, et assurer un recouvrement effectif des confiscations en valeur, il a ainsi été proposé par l'agence de permettre au procureur de la République, en cas de confiscation en valeur, soit d'en déléguer le recouvrement au comptable public comme en l'état du droit positif, soit de recourir à une procédure judiciaire post-sentencielle de détection et d'identification des biens appartenant au condamné suscep-

1. *Rapp. Ass. nat.* n° 4112, (XIIIe législ.), p. 148.
2. *Rapp. Sénat* n° 302 (2011-2012), p. 88.

3. L. Saint-Martin et J.-L. Warsmann, *Investir pour mieux saisir, confisquer pour mieux sanctionner, Rapport parlementaire*, nov. 2019, p. 37.
4. D. n° 64-1333, 22 déc. 1964 *relatif au recouvrement des amendes et condamnations pécuniaires par les comptables de la direction générale des finances publiques*, *JO* 29 déc., p. 11794 ; mod. par D. n° 2018-969, 8 nov. 2018.
5. Agrasc, *Rapp. annuel* 2014, p. 50 – *Rapp. annuel* 2015, p. 50.

tibles de servir d'assiette à l'exécution de la peine, laquelle serait mise en œuvre par la Plate-forme d'identification des avoirs criminels (PIAC)[1], ou bien, dans le dernier état de la proposition de l'agence, par l'Agrasc elle-même, à condition que lui soient alloués des moyens de police judiciaire[2]. À tout le moins, un auteur – par ailleurs chef du pôle opérationnel de l'Agrasc –, prenant acte de « l'extrême difficulté pratique des comptables du Trésor public pour recouvrer [...] les confiscations en valeur », a proposé de confier l'exécution de l'ensemble de ces mesures à l'Agrasc, moyennant la réécriture des articles 706-160 et 707-1 du Code de procédure pénale, et du décret du 22 décembre 1964 dont le champ d'application exclurait l'exécution des confiscations en valeur, tout en mettant à la disposition de l'agence, à défaut de se voir conférer des pouvoirs de police judiciaire, une unité de police judiciaire, rattachée à l'une des directions générales du ministère de l'intérieur (office central, corps de gendarmerie spécialisée ou unité *ad hoc* de police judiciaire construite sur les bases de l'actuel pôle opérationnel de l'Agrasc), ayant notamment pour mission de mettre en œuvre, à la demande de l'agence, les décisions de confiscation[3]. Depuis, un rapport parlementaire s'est prononcé en faveur d'une telle évolution, en proposant d'instaurer « une procédure d'enquête post-sententielle permettant d'identifier le patrimoine de la personne condamnée et ainsi de ramener la peine à exécution »[4]. Conçue sur le modèle de la procédure de recherche des personnes en fuite organisée par l'article 74-2 du Code de procédure pénale, cette procédure permettrait aux enquêteurs de la Plateforme d'identification des avoirs criminels (PIAC), sous le contrôle du procureur de la République, d'établir des réquisitions, de procéder à des constatations, de mener des perquisitions et de procéder à des auditions aux fins d'identifier les biens du condamné susceptibles de servir d'assiette à l'exécution de la condamnation en valeur prononcée. Au reste, dans le cadre d'un tel dispositif, l'actuelle compétence du comptable public se trouverait transférée à l'Agrasc à qui serait reconnue une compétence exclusive pour exécuter les confiscations. Il est vrai que certains systèmes de droit étrangers comprennent de telles procédures post-sentencielles d'exécution des peines de confiscation[5].

126.43 Application de la contrainte judiciaire. On observera enfin que, lorsque le prononcé d'une peine de confiscation en valeur consiste en une condamnation pécuniaire, et que l'exécution de la condamnation est donc de la compétence du comptable public territorialement compétent, l'exécution de cette peine est comparable à celle des peines d'amende. En particulier, l'article 131-21, alinéa 9, du Code pénal dispose que « pour le recouvrement de la somme représentative de la valeur de la chose confisquée, les dispositions relatives à la contrainte judiciaire sont applicables ».

On relèvera seulement que si, comme le texte l'indique expressément, les dispositions relatives à la contrainte judiciaire sont applicables, cela ne signifie pas que la contrainte judiciaire elle-même soit systématiquement encourue, outre le fait que la contrainte judiciaire paraît être, pour le moins, de mise en œuvre discrète[6]. En effet, l'article 749 du Code de procédure pénale dispose que la contrainte judiciaire est applicable uniquement en matière criminelle et en matière correctionnelle, lorsque le délit pour lequel la peine a été prononcée fait encourir une peine d'emprisonnement. En effet, ainsi que le relève un auteur, il ne serait pas juste que l'intéressé subisse une période de détention, du fait de la contrainte, alors que l'infraction qu'il a commise est suffisamment vénielle pour ne pas faire encourir de privation de liberté[7]. Il semble donc exclu que la contrainte judiciaire soit applicable en matière de confiscations en valeur contraventionnelles et délictuelles lorsque, dans ce dernier cas, l'infraction en répression de laquelle la confiscation a été ordonnée ne fait pas encourir l'emprisonnement.

De même, l'article 750 du Code de procédure pénale ne permet le prononcé de la contrainte judiciaire que lorsque l'amende est au moins égale à 2 000 euros. Ainsi, bien que les textes soient taisants à cet égard, il nous semble que, par analogie, la contrainte judiciaire ne puisse être appliquée lorsque le prévenu a été condamné au paiement d'une somme inférieure à 2 000 euros ou bien de sommes dont le montant cumulé est inférieur à 2 000 euros.

1. En l'état de la proposition figurant au *Rapport annuel* pour l'année 2014.
2. En l'état de la proposition figurant au *Rapport annuel* pour l'année 2015.
3. M. Peter, *Les saisies pénales spéciales. Une évolution majeure pour une stratégie pénale patrimoniale repensée*, thèse Aix-Marseille, 2018, n°s 1246 s.
4. L. Saint-Martin et J.-L. Warsmann, *Investir pour mieux saisir, confisquer pour mieux sanctionner, Rapport parlementaire*, préc., p. 54.
5. POUR UN EXEMPLE de telles procédures : J. Bourgais, « La procédure d'exécution post-sentencielle au Royaume-Uni », *in* L. Ascensi, P. Beauvais et R. Parizot (dir.), *La confiscation des avoirs criminels, Nouveaux enjeux juridiques*, LGDJ, 2021, p. 175.
6. Ministère de la Justice, *Séries statistiques des personnes placées sous main de justice*, mai 2014.
7. M. Herzog-Evans, *Droit de l'exécution des peines*, 5e éd., « Dalloz Action », 2015, n° 751.34.

Rappelons encore que la contrainte judiciaire ne peut être prononcée ni contre les personnes mineures au moment des faits, ni contre les personnes âgées d'au moins soixante-cinq ans au moment de la condamnation [1], de même qu'il est exclu qu'elle puisse être exercée simultanément contre le mari et la femme, même pour le recouvrement de sommes afférentes à des condamnations différentes [2].

Enfin, la contrainte judiciaire ne peut être prononcée contre les condamnés qui, par tout moyen, justifient de leur insolvabilité [3], le ministère public pouvant réciproquement prouver la solvabilité par tout moyen [4].

Ce ne sera finalement que dans ce domaine plus restreint que ne le laissent penser les dispositions de l'article 131-21, alinéa 9, du Code pénal, que le juge de l'application des peines pourra prononcer la contrainte judiciaire à l'encontre du prévenu condamné au paiement d'une somme correspondant à la valeur d'un bien susceptible de confiscation.

Les règles relatives au prononcé d'une telle décision et à ses effets seront celles du droit commun. Il y sera renvoyé. On relèvera seulement, tant ce domaine se prête au prononcé de mesures de confiscation en valeur, que si le maximum de la durée de la contrainte judiciaire est fixé par l'article 750 du Code de procédure pénale, cette durée est plus importante en matière d'infractions de trafic de stupéfiants [5] et d'infraction d'association de malfaiteurs prévue par l'article 450-1 du Code pénal lorsque celle-ci a pour objet de préparer l'une de ces infractions. L'article 706-31 du Code de procédure pénale dispose en effet que, par dérogation aux dispositions de l'article 750, le maximum de la durée de la contrainte judiciaire est porté à un an lorsque « l'amende et les condamnations pécuniaires prononcées pour l'une des infractions mentionnées à l'article 706-26 ou pour les infractions douanières connexes excèdent 100 000 euros ».

1. C. pr. pén., art. 751.
2. C. pr. pén., art. 753 – TOUTEFOIS : Crim. 2 févr. 1987, nº 85-96.262, P, nº 51, qui a décidé que l'article 753 du Code de procédure pénale n'interdit que l'exercice simultané contre le mari et la femme de toute mesure de contrainte par corps et non le prononcé de cette sanction à leur encontre.
3. C. pr. pén., art. 752.
4. Crim. 4 mai 2011, nº 10-84.294, P, nº 92 ; *D.* 2011. 1351 ; *D.* 2012. 1294, obs. J.-P. Céré, M. Herzog-Evans et E. Péchillon ; *AJ pénal* 2011. 469, obs. S. Porteron.
5. C. pén., art. 222-34 à 222-40.

TITRE

13. Mise en œuvre des confiscations

SECTION 0

Orienteur

13.00 Sommaire du titre.

Chap. 131		**Prononcé des confiscations**
Sect.	1	Décision de condamnation
Sect.	2	Intervention des tiers à l'audience
Sect.	3	Désignation du bien confisqué
Sect.	4	Motivation de la confiscation
Sect.	5	Confiscation obligatoire ou facultative
Sect.	6	Effets de la dispense de peine et de l'ajournement
Sect.	7	Exclusion du sursis simple et spécificités du sursis probatoire
Sect.	8	Exécution provisoire et saisie
Sect.	9	Dévolution du bien confisqué
Sect.	10	Recours contre la confiscation
Chap. 132		**Exécution des confiscations**
Sect.	1	Organes chargés de l'exécution des confiscations
Sect.	2	Conditions de l'exécution des confiscations
Sect.	3	Formes de l'exécution
Sect.	4	Difficultés d'exécution

13.01 Principaux textes applicables.

• **C. pén.,** art. 131-21, al. 7, 10 et 11, 131-21-1, al. 3, 5 et 6, 132-1, 132-31, al. 1, 132-32, 132-34, 132-45, 23°, 132-58, al. 1, 133-1, al. 1, 434-41

• **C. pén.,** art. R. 131-50, R. 131-51

• **C. pr. pén.,** art. 365-1, 373-1, 471, al. 4, 484-1, 485-1, 493-1, 706-37 à 706-39, 706-159, 706-160, 706-161, al. 3 et 4, 706-164, 707-1, al. 1, 2 et 3

• **C. pr. pén.,** art. R. 51, R. 51-1, R. 54-8, R. 54-9, D. 45-1-4, D. 45-2-1

• **L. nº 2021-1031, 4 août 2021 *relative au développement solidaire et à la lutte contre les inégalités mondiales,*** *JO* 5 août, nº 1 (extraits)

• **CGPPP,** art. L. 1124-1, L. 2222-9

• **C. com.,** art. L. 143-22

• **C. ass.,** art. L. 160-9

• **C. mut.,** art. L. 223-29

• **CSS,** art. L. 932-2

• **Arr. 10 sept. 2004 *pris pour l'application de l'article L. 69-2 du Code du domaine de l'État et relatif à l'affectation de biens mobiliers confisqués,*** *JO* 25 sept., p. 16561 (extraits)

• **D. nº 95-322, 17 mars 1995 *autorisant le rattachement par voie de fonds de concours du produit de cession des biens confisqués dans le cadre de la lutte contre les produits stupéfiants,*** *JO* 24 mars, p. 4683 (extraits)

• **Arr. 23 août 1995 *fixant les modalités de rattachement par voie de fonds de concours du produit de cession des biens confisqués dans le cadre de la lutte contre les produits stupéfiants,*** *JO* 28 sept., p. 14169 (extraits)

• **D. nº 2021-1428, 2 nov. 2021 *pris pour l'application du neuvième alinéa de l'article 706-160 du Code de procédure pénale relatif à l'affectation sociale des biens immobiliers confisqués,*** *JO* 3 nov., nº 17 (extraits)

13.03 Bibliographie indicative.

Encyclopédies. *Rép. pén., V*º « Confiscation », par A. Beziz-Ayache – *J.-Cl. Pén. code*, art. 131-21 et 131-21-1, fasc. 20, par E. Camous.

Articles. E. Allain, « Le premier rapport d'activité de l'Agrasc », *AJ pénal* 2012. 247 – S. Almaseanu, « Saisie et confiscation pénales des assurances sur la vie : l'état du droit positif après la loi du 6 décembre 2013 », *Gaz. Pal.* 19 juill. 2014, nº 200, p. 5 ; « L'exécution provisoire des confiscations », *Gaz. Pal.* 26 janv. 2016, nº 4, p. 12 ; « L'indemnisation des parties civiles sur les biens confisqués après la loi du 3 juill. 2016 », *Gaz. Pal.* 26 juill. 2016, nº 28, p. 16 – Ph. Belloir, « La confiscation obligatoire du véhicule automobile », *Gaz. Pal.* 6 nov. 2018, nº 38, p. 78 – J. Bourgais, « La procédure d'exécution post-sentencielle au Royaume-Uni », *in* L. Ascensi, P. Beauvais et R. Parizot (dir.), *La confiscation des* *avoirs criminels, Nouveaux enjeux juridiques*, LGDJ, 2021, p. 175 – E. Camous, « Évaluer le montant de la peine patrimoniale, prochain défi de la lutte contre les enrichissements illicites », *Dr. pén.* 2019, étude 25 – P. Carrale, « La modification de l'article 706-164 du Code de procédure pénale », *LPA* 20 févr. 2014, n° 37, p. 3 – Ch. Cutajar, « L'agence de gestion et de recouvrement des avoirs saisis et confisqués », *D.* 2011. 826 ; (propos recueillis par), « L'agence de gestion et de recouvrement des avoirs saisis et confisqués. Interview d'Elisabeth Pelsez, directrice générale de l'Agrasc », *AJ pénal* 2012. 139 ; « L'Agrasc publie son rapport 2013 », *JCP G* 2013. 1366 – H. Dantras-Bioy, « "Qui peut motiver plus doit s'abstenir de le faire...". Quelles perspectives pour la motivation du choix de la peine par les cours d'assises », *Dr. pén.* 2017, étude 10 – E. Dezeuze et M. Horion, « La confiscation comme mesure de réparation », *Gaz. Pal.* 6 nov. 2018, n° 38, p. 69 – E. Dreyer, « La motivation de toute peine : un revirement à regret ? », *AJ pénal* 2017. 175 – Ch. Duchaine (interview de), « De la nécessité d'un usage raisonné des saisies et confiscations. Punir le condamné ou punir l'État », *AJ pénal* 2015. 242 – F. Engel « Confiscation, l'inconstitutionnalité de plus », *Lexbase Pénal*, janv. 2022 – A. Fournier, « La nouvelle Agence de gestion et de recouvrement des avoirs saisis et confisqués (Agrasc) », *JCP N* 2011. 334 ; « L'Agrasc : une approche patrimoniale de la lutte contre la délinquance et la criminalité », *JCP N* 2016. 637 – A. Fournier et A. Fournier-Renault, « La confiscation des immeubles et leur aliénation. Agence de gestion et de recouvrement des avoirs saisis et confisqués (Agrasc) et Notariat : un partenariat exemplaire », *JCP N* 2012. 800 – M. Giacopelli, « Vers une généralisation de l'exigence de motivation en droit de la peine », *D.* 2017. 931 – D. Guérin, « La motivation de la peine : une exigence devenue fondamentale », *in* S. Pellé (dir.), *Quelles mutations pour la justice pénale du XXIe siècle ?*, « Thèmes et commentaires », Dalloz, 2020, p. 231 – J. Kan, « Synthèse du rapport annuel 2011 de l'Agence de gestion et de recouvrement des avoirs saisis et confisqués », *La revue du Grasco*, n° 2, juill. 2012, p. 14 ; (propos recueillis par), « Interview d'Elisabeth Pelsez, directrice générale de l'Agence de gestion et de recouvrement des avoirs saisis et confisqués », *La revue du Grasco*, n° 5, avr. 2013, p. 3 ; (propos recueillis par), « Interview de Nicolas Bessone, directeur général de l'Agence de gestion et de recouvrement des avoirs saisis et confisqués », *La revue du Grasco*, n° 32, janv. 2021, p. 3 – A. Kostomaroff, « L'effectivité de l'exécution des peines de confiscation », *in* L. Ascensi, P. Beauvais et R. Parizot (dir.), *La confiscation des avoirs criminels, Nouveaux enjeux juridiques*, LGDJ, 2021, p. 161 – B. Lavielle, « Payer : Combien ? Pourquoi ? Sur la motivation des peines d'amende », *LPA* 18 mai 2017, p. 7 – E. Lemaire, « La vente des biens de l'État à la suite de leurs confiscations pénales : de quelques points clés intéressant la pratique notariale confrontée à la loi du 9 juillet 2010 », *Defrénois* 2020. 17 – M. Léna, « Le rapport annuel 2012 de l'agence de gestion et de recouvrement des avoirs saisis et confisqués (Agrasc) », *AJ pénal* 2013. 507 – S. Le Tallec, « Le rôle de l'Agrasc dans l'effectivité de la peine de confiscation », *AJ pénal* 2019. 12 – A. Mihman, « La motivation des peines (en matière correctionnelle) », *Gaz. Pal.* 28 mars 2017, n° 13, p. 17 – E. Pelsez et H. Robert, « Pour une meilleure appréhension des patrimoines frauduleux. À propos de l'Agence de gestion et de recouvrement des avoirs saisis et confisqués (Agrasc) », *JCP G* 2011. 769 – F. Perrotin, « L'Agrasc, bilan 2013 », *LPA* 22 mai 2014, p. 4 ; « Focus sur l'activité de l'Agrasc », *LPA* 25 juill. 2018, p. 4 – E. Pichon, « Une jurisprudence vivante : selon la chambre criminelle de la Cour de cassation, si le choix de la peine prononcée par le juge en matière correctionnelle demeure libre, il doit désormais être justifié », *Dr. pén.* 2017, étude 7 – X. Pin, « La peine équitable », *in* Coll., *Les mots du droit, les choses de justice, Mélanges en l'honneur de Jean Danet*, Dalloz, 2020, p. 149 – N. Planchon, « La motivation et le contrôle de proportionnalité des décisions de saisie et de confiscation », *in* L. Ascensi, P. Beauvais et R. Parizot (dir.), *La confiscation des avoirs criminels, Nouveaux enjeux juridiques*, LGDJ, 2021, p. 145 – C. Saas, « Justifier et motiver les peines en matière correctionnelle : entre normativité et proportionnalité », *D.* 2017. 961 – M. Segonds, « Les droits des tiers », *in* L. Ascensi, P. Beauvais et R. Parizot (dir.), *La confiscation des avoirs criminels, Nouveaux enjeux juridiques*, LGDJ, 2021, p. 85 – R. Stiffel, « L'activité de l'Agrasc en matière de saisie pénale immobilière et de confiscations immobilières », *AJ pénal* 2012. 142.

CHAPITRE

131. Prononcé des confiscations

SECTION 0 ORIENTEUR

131.00 Sommaire du chapitre.

Sect.	1	Décision de condamnation
	§ 1	Principe
	§ 2	Extension aux confiscations obligatoires
Sect.	2	Intervention des tiers à l'audience
Sect.	3	Désignation du bien confisqué
Sect.	4	Motivation de la confiscation
Sect.	5	Confiscation obligatoire ou facultative
Sect.	6	Effets de la dispense de peine et de l'ajournement
Sect.	7	Exclusion du sursis simple et spécificités du sursis probatoire
Sect.	8	Exécution provisoire et saisie
	§ 1	Exécution provisoire de la confiscation
	§ 2	Saisie ordonnée par la décision de confiscation
Sect.	9	Dévolution du bien confisqué
	§ 1	Principe de la dévolution à l'État
	§ 2	Exceptions
Sect.	10	Recours contre la confiscation

131.01 Principaux textes applicables.

TEXTES SOURCES

- C. pén., art. 131-21, al. 7, 10 et 11, 131-21-1, al. 3, 5 et 6, 132-1, 132-31, al. 1, 132-32, 132-34, 132-45, 23°, 132-58, al. 1
- C. pén., art. R. 131-50, R. 131-51
- C. pr. pén., art. 365-1, 373-1, 471, al. 4, 484-1, 485-1, 706-37 à 706-39, 706-160, al. 1, 1° et 2°
- C. pr. pén., art. R. 51, R. 51-1, D. 45-1-4, D. 45-2-1
- CGPPP, art. L. 1124-1

TEXTES *IN EXTENSO*

> Code pénal

• C. pén., art. 131-21, al. 7,10 et 11

La confiscation est obligatoire pour les objets qualifiés de dangereux ou nuisibles par la loi ou le règlement, ou dont la détention est illicite, que ces biens soient ou non la propriété du condamné.

La chose confisquée est, sauf disposition particulière prévoyant sa destruction ou son attribution, dévolue à l'État, mais elle demeure grevée, à concurrence de sa valeur, des droits réels licitement constitués au profit de tiers.

Hors le cas mentionné au septième alinéa, lorsque la peine de confiscation porte sur des biens sur lesquels toute personne autre que le condamné dispose d'un droit de propriété, elle ne peut être prononcée si cette personne dont le titre est connu ou qui a réclamé cette qualité au cours de la procédure n'a pas été mise en mesure de présenter ses observations sur la mesure de confiscation envisagée par la juridiction de jugement aux fins, notamment, de faire valoir le droit qu'elle revendique et sa bonne foi.

• C. pén., art. 131-21-1, al. 3, 5 et 6

La juridiction qui prononce la confiscation de l'animal prévoit qu'il sera remis à une fondation ou à une association de protection animale reconnue d'utilité publique ou déclarée, qui pourra librement en disposer. [...]

Lorsque l'animal a été placé en cours de procédure, la juridiction qui ordonne sa confiscation peut mettre les frais de placement à la charge du condamné.

Lorsqu'il s'agit d'un animal dangereux, la juridiction peut ordonner qu'il soit procédé à son euthanasie, le cas échéant aux frais du condamné.

• C. pén., art. R. 131-50

Lorsque la juridiction qui prononce la peine de confiscation d'un animal prévue par l'article 131-21-1 ordonne que l'animal sera remis à une fondation ou à une association sans préciser l'identité de cette personne morale, le procureur de la République met à exécution cette peine auprès de la personne morale qu'il détermine.

• C. pén., art. R. 131-51

Lorsqu'en application des dispositions de l'article 99-1 du Code de procédure pénale l'animal confisqué a été placé au cours d'une procédure dirigée contre une personne qui n'en est pas propriétaire, la juridiction se prononce sur la mise à la charge du condamné des frais de placement.

• C. pén., art. 132-1

Lorsque la loi ou le règlement réprime une infraction, le régime des peines qui peuvent être prononcées obéit, sauf dispositions législatives contraires, aux règles du présent chapitre.

Toute peine prononcée par la juridiction doit être individualisée.

Dans les limites fixées par la loi, la juridiction détermine la nature, le quantum et le régime des peines prononcées en fonction des circonstances de l'infraction et de la personnalité de son auteur ainsi que de sa situation matérielle, familiale et sociale, conformément aux finalités et fonctions de la peine énoncées à l'article 130-1.

• **C. pén., art. 132-31, al. 1**

Le sursis simple est applicable, en ce qui concerne les personnes physiques, aux condamnations à l'emprisonnement prononcées pour une durée de cinq ans au plus, à l'amende ou à la peine de jours-amende, aux peines privatives ou restrictives de droits mentionnées à l'article 131-6, à l'exception de la confiscation, et aux peines complémentaires mentionnées à l'article 131-10, à l'exception de la confiscation, de la fermeture d'établissement et de l'affichage.

• **C. pén., art. 132-32**

Le sursis simple est applicable, en ce qui concerne les personnes morales, aux condamnations à l'amende et aux peines mentionnées aux 2°, 5°, 6° et 7° de l'article 131-39.

• **C. pén., art. 132-34**

Le sursis simple est applicable, en ce qui concerne les personnes physiques, aux condamnations aux peines privatives ou restrictives de droits mentionnées à l'article 131-14, à l'exception de la confiscation, aux peines complémentaires prévues par les 1°, 2° et 4° de l'article 131-16 ainsi qu'à la peine complémentaire prévue au premier alinéa de l'article 131-17. Il est également applicable à l'amende prononcée pour les contraventions de la 5e classe.

En ce qui concerne les personnes morales, le sursis simple est applicable à la peine d'interdiction d'émettre des chèques ou d'utiliser des cartes de paiement prévues par les articles 131-42 et 131-43. Il est également applicable à l'amende prononcée pour les contraventions de la 5e classe.

• **C. pén., art. 132-45, 23 °**

La juridiction de condamnation ou le juge de l'application des peines peut imposer spécialement au condamné l'observation de l'une ou de plusieurs des obligations suivantes : [...] 23° L'obligation de justifier de la remise d'un bien dont la confiscation a été ordonnée [...].

• **C. pén., art. 132-58, al. 1**

* V. ss no 111.01.

> Code de procédure pénale

• **C. pr. pén., art 365-1**

Le président ou l'un des magistrats assesseurs par lui désigné rédige la motivation de l'arrêt.

En cas de condamnation, la motivation consiste dans l'énoncé des principaux éléments à charge qui, pour chacun des faits reprochés à l'accusé, ont convaincu la cour d'assises et qui ont été exposés au cours des délibérations menées par la cour et le jury en application de l'article 356, préalablement aux votes sur les questions. La motivation consiste également dans l'énoncé des principaux éléments ayant convaincu la cour d'assises dans le choix de la peine, au vu des éléments exposés au cours de la délibération prévue à l'article 362. L'application des dispositions du troisième alinéa de l'article 706-53-13 est également motivée. La motivation des peines complémentaires obligatoires, de la peine de confiscation du produit ou de l'objet de l'infraction ou des obligations particulières du sursis probatoire n'est pas nécessaire.

Lorsqu'en raison de la particulière complexité de l'affaire, liée au nombre des accusés ou des crimes qui leur sont reprochés, il n'est pas possible de rédiger immédiatement la feuille de motivation, celle-ci doit alors être rédigée, versée au dossier et déposée au greffe de la cour d'assises au plus tard dans un délai de trois jours à compter du prononcé de la décision.

• **C. pr. pén., art. 373-1**

En cas de condamnation à une peine de confiscation portant sur un bien qui n'est pas sous main de justice, la cour statuant sans l'assistance des jurés peut, afin de garantir l'exécution de cette peine, ordonner la saisie, aux frais avancés du Trésor, du bien confisqué.

La cour peut également autoriser la remise à l'Agence de gestion et de recouvrement des avoirs saisis et confisqués, en vue de leur aliénation, des biens meubles confisqués dont elle ordonne la saisie, lorsque ces biens ne sont plus nécessaires à la manifestation de la vérité et que leur conservation serait de nature à en diminuer la valeur. Dans ce cas le produit de la vente est consigné.

La décision de la cour est exécutoire nonobstant l'appel qui peut être formé contre la condamnation et, le cas échéant, le caractère non avenu de l'arrêt en phase d'appel prévu à l'article 379-4. Toutefois, le président de la chambre de l'instruction peut ordonner, à la requête du procureur général ou à la demande d'une des parties, la mainlevée totale ou partielle de ces mesures, par décision spéciale et motivée.

Les arrêts d'acquittement ou qui ne confirment pas la confiscation du bien emportent de plein droit mainlevée de la saisie aux frais avancés du Trésor ou, si le propriétaire en fait la demande, restitution du produit de la vente.

• **C. pr. pén., art 471, al. 4**

Les sanctions pénales prononcées en application des articles 131-4-1 à 131-11 et 132-25 à 132-70 du Code pénal peuvent être déclarées exécutoires par provision.

• **C. pr. pén., art. 484-1**

En cas de condamnation à une peine de confiscation portant sur un bien qui n'est pas sous main de justice, le tribunal correctionnel peut, afin de garantir l'exécution de cette peine, ordonner la saisie, aux frais avancés du Trésor, du bien confisqué.

Le tribunal peut également autoriser la remise à l'Agence de gestion et de recouvrement des avoirs saisis et confisqués, en vue de leur aliénation, des biens meubles confisqués dont il ordonne la saisie, lorsque ces biens ne sont plus nécessaires à la manifestation de la vérité et que leur conservation serait de nature à en diminuer la valeur. Dans ce cas le produit de la vente est consigné.

La décision du tribunal est exécutoire nonobstant l'appel ou l'opposition qui peut être formé à l'encontre de la condamnation. Toutefois, le président de la chambre des appels correctionnels peut ordonner, à la requête du procureur de la République ou à la demande d'une des parties, la mainlevée totale ou partielle de ces mesures, par décision spéciale et motivée.

Les arrêts de relaxe ou qui ne confirment pas la confiscation du bien emportent de plein droit mainlevée de la saisie aux frais avancés du Trésor ou, si le propriétaire en fait la demande, restitution du produit de la vente.

• C. pr. pén., art 485-1

En cas de condamnation, sans préjudice des dispositions prévoyant la motivation spéciale de certaines peines, notamment des peines non aménagées d'emprisonnement ferme, la motivation doit également porter sur le choix de la peine au regard des dispositions des articles 132-1 et 132-20 du Code pénal, sauf s'il s'agit d'une peine obligatoire ou de la confiscation du produit ou de l'objet de l'infraction. Les obligations particulières du sursis probatoire n'ont pas à être motivées.

• C. pr. pén., art. 706-37

Le ministère public fait connaître au propriétaire de l'immeuble, au bailleur et au propriétaire du fonds où est exploité un établissement dans lequel sont constatés les faits visés au 2° de l'article 225-10 du Code pénal et fait mentionner au registre du commerce et aux registres sur lesquels sont inscrites les sûretés l'engagement des poursuites et la décision intervenue. Les modalités d'application du présent article sont déterminées par décret en Conseil d'État.

• C. pr. pén., art. 706-38

Lorsque la personne titulaire de la licence de débit de boissons ou de restaurant ou propriétaire du fonds de commerce dans lequel est exploité l'un des établissements visés au 2° de l'article 225-10 du Code pénal n'est pas poursuivie, les peines complémentaires prévues par l'article 225-22 du Code pénal ne peuvent être prononcées, par décision spéciale et motivée, que s'il est établi que cette personne a été citée à la diligence du ministère public avec indication de la nature des poursuites exercées et de la possibilité pour le tribunal de prononcer ces peines.

La personne visée à l'alinéa précédent peut présenter ou faire présenter par un avocat ses observations à l'audience. Si elle use de cette faculté, elle peut interjeter appel de la décision prononçant l'une des peines prévues par l'article 225-22 du Code pénal.

• C. pr. pén., art. 706-39

La décision qui, en application de l'article 225-22 du Code pénal, prononce la confiscation du fonds de commerce ordonne l'expulsion de toute personne qui, directement ou par personne interposée, détient, gère, exploite, dirige, fait fonctionner, finance ou contribue à financer l'établissement.

Cette même décision entraîne le transfert à l'État de la propriété du fonds confisqué et emporte subrogation de l'État dans tous les droits du propriétaire du fonds.

• C. pr. pén., art. 706-160, al. 1, 1 ° et 2 °

L'agence est chargée d'assurer, sur l'ensemble du territoire et sur mandat de justice :

1° La gestion de tous les biens, quelle que soit leur nature, saisis, confisqués ou faisant l'objet d'une mesure conservatoire au cours d'une procédure pénale, qui lui sont confiés et qui nécessitent, pour leur conservation ou leur valorisation, des actes d'administration.

2° La gestion centralisée de toutes les sommes saisies lors de procédures pénales.

• C. pr. pén., art. R. 51

L'information prévue par l'article 706-37 est effectuée par lettre recommandée avec demande d'avis de réception. Lorsqu'il ressort de l'accusé de réception que le destinataire est inconnu à l'adresse indiquée, la notification est effectuée par les services de police ou de gendarmerie.

La copie de la lettre recommandée ou le procès-verbal de police ou de gendarmerie est annexée à la procédure.

Cette information n'est pas effectuée auprès des personnes qui font elles-mêmes l'objet des poursuites.

• C. pr. pén., art. R. 51-1

Dès l'engagement des poursuites, lorsque celles-ci concernent un établissement dont le propriétaire ou l'exploitant est immatriculé au registre du commerce et des sociétés, le ministère public adresse au greffier du tribunal du commerce dans le ressort duquel est situé l'établissement une réquisition afin que soient portées à ce registre les informations mentionnées à l'article 706-37.

Cette réquisition, établie en double exemplaire, précise :

– l'identité de l'exploitant du fonds de commerce : nom et prénoms pour les personnes physiques ou forme et dénomination sociales pour les personnes morales ;

– l'identité de la personne poursuivie s'il ne s'agit pas de l'exploitant du fonds de commerce, la nature, le fondement et la date des poursuites engagées ;

– l'activité et l'adresse de l'établissement concerné et, le cas échéant, le nom commercial et l'enseigne de celui-ci.

Dès réception de la réquisition, les mentions sont portées par le greffier au registre du commerce et des sociétés et, le cas échéant, aux registres sur lesquels sont inscrits les privilèges et les sûretés. L'un des exemplaires de la réquisition est conservé au greffe en annexe du registre du commerce et des sociétés, l'autre est retourné au ministère public après apposition par le greffier d'une mention certifiant l'accomplissement des formalités requises et la date à laquelle celles-ci ont été effectuées. Le greffier joint à cet envoi un extrait actualisé du registre du commerce et des sociétés et, le cas échéant, un relevé des sûretés inscrites.

Il est procédé dans les mêmes formes lorsqu'intervient la décision judiciaire définitive.

En cas de non-lieu ou de relaxe, le ministère public adresse au greffier, selon les modalités définies au deuxième alinéa, une réquisition aux fins de radiation des mentions prévues ci-dessus. Le greffier procède aux radiations requises, annexe au registre du commerce et des sociétés un exemplaire de la réquisition et adresse l'autre exemplaire au ministère public après y avoir apposé une mention certifiant l'accomplissement des formalités requises et la date à laquelle celles-ci ont été effectuées. Il joint à cet envoi un extrait actualisé du registre du commerce et des sociétés et, le cas échéant, un relevé des sûretés inscrites.

• C. pr. pén., art. D. 45-1-4

En application du dernier alinéa de l'article 131-21 du Code pénal, lorsqu'est susceptible d'être prononcée par la cour d'assises statuant en premier ressort ou en appel la confiscation d'un bien sur lequel une personne autre que l'accusé dispose d'un droit de propriété, y compris s'il s'agit de l'époux de l'accusé et que le bien fait partie de la communauté, que ce titre est connu ou que cette personne a réclamé cette qualité au cours de la procédure, le ministère public avise celle-ci par tout moyen de la date d'audience, au moins un mois avant celle-ci.

Cet avis informe la personne que la confiscation de ce bien peut être ordonnée et qu'elle a le droit de présenter elle-même ou par un avocat ses observations à l'audience, le cas échéant selon les modalités prévues au troisième alinéa, aux fins, notamment, de faire valoir le droit qu'elle revendique et sa bonne foi. Cet avis précise que la personne devra si nécessaire communiquer tout justificatif établissant son titre de propriété.

Ces observations peuvent être faites par un document écrit remis au greffe de la cour d'assises et consigné par le greffier soit avant l'audience, soit pendant l'audience, ou adressées au greffe de la cour d'assises par lettre recommandée avec demande d'accusé de réception parvenue au moins 24 heures avant la date d'audience ; dans ce cas, le président de la cour d'assises informe les jurés de la teneur de ces observations.

Si le bien avait été placé sous main de justice, la personne peut demander sa restitution en application de l'article 373. Elle peut alors prétendre à la mise à disposition des seules pièces de la procédure se rapportant à la saisie de ce bien.

Si la confiscation du bien est prononcée par la cour d'assises, la personne peut, lorsque cette décision est définitive, en demander la restitution en application de l'article 710.

Les dispositions du présent article ne sont pas applicables en ce qui concerne la confiscation obligatoire des objets qualifiés de dangereux ou nuisibles par la loi ou le règlement, ou dont la détention est illicite.

Il n'y a pas lieu d'aviser la personne mentionnée au premier alinéa de la date d'audience conformément aux dispositions du présent article si celle-ci est convoquée comme témoin devant la cour d'assises. Dans ce cas, lors de sa déposition, le président lui rappelle qu'elle peut faire ses observations sur la peine de confiscation qui est susceptible d'être prononcée.

• **C. pr. pén., art. D. 45-2-1**

En application du dernier alinéa de l'article 131-21 du Code pénal, lorsqu'est susceptible d'être prononcée par le tribunal correctionnel ou la chambre des appels correctionnels la confiscation d'un bien sur lequel une personne autre que le prévenu dispose d'un droit de propriété, y compris s'il s'agit de l'époux du prévenu et que le bien fait partie de la communauté, que ce titre est connu ou que cette personne a réclamé cette qualité au cours de la procédure, le ministère public avise celle-ci par tout moyen de la date d'audience, au moins dix jours avant celle-ci. Ce délai de dix jours n'est pas applicable si le tribunal est saisi selon la procédure de comparution immédiate.

Cet avis informe la personne que la confiscation de ce bien peut être ordonnée et qu'elle a le droit de présenter elle-même ou par un avocat ses observations à l'audience, le cas échéant selon les modalités prévues au troisième alinéa, aux fins, notamment, de faire valoir le droit qu'elle revendique et sa bonne foi. Cet avis précise que la personne devra si nécessaire communiquer tout justificatif établissant son titre de propriété.

Ces observations peuvent être faites par un document écrit remis au greffe du tribunal correctionnel et consigné par le greffier soit avant l'audience, soit pendant l'audience, ou adressé au greffe du tribunal par lettre recommandée avec demande d'accusé de réception parvenue au moins 24 heures avant la date d'audience.

Si le bien avait été placé sous main de justice, la personne peut demander sa restitution en application de l'article 479. Elle peut alors prétendre à la mise à disposition des seules pièces de la procédure se rapportant à la saisie de ce bien.

Si la confiscation du bien est prononcée par le tribunal, la personne est informée par tout moyen de cette décision et, lorsque celle-ci est devenue définitive, elle peut demander la restitution de ce bien en application de l'article 710.

Les dispositions du présent article ne sont pas applicables en ce qui concerne la confiscation obligatoire des objets qualifiés de dangereux ou nuisibles par la loi ou le règlement, ou dont la détention est illicite.

Il n'y a pas lieu d'aviser la personne mentionnée au premier alinéa de la date d'audience conformément aux dispositions du présent article si celle-ci est convoquée comme témoin devant le tribunal correctionnel. Dans ce cas, lors de son audition, le président lui rappelle qu'elle peut faire ses observations sur la peine de confiscation qui est susceptible d'être prononcée.

> Code général de la propriété des personnes publiques

• **CGPPP, art. L. 1124-1**

Les biens, à caractère mobilier ou immobilier, dont la confiscation a été prononcée par décision de justice sont, sauf disposition particulière prévoyant leur destruction ou leur attribution, dévolus à l'État.

131.02 Jurisprudence de référence.

> Nécessité d'une décision de condamnation, y compris en cas de confiscation obligatoire

• **Crim. 13 nov. 2008,** n° 08-83.597, NP

* V. s^s n° 131.21.

« Attendu qu'il résulte du premier de ces textes que la confiscation, peine complémentaire encourue dans les cas prévus par la loi, ne peut être prononcée que si le prévenu est déclaré coupable. »

• **Crim. 13 oct. 2021,** n° 20-86.868, P

* V. s^s n° 131.33.

« Il résulte de l'article 131-21 du Code pénal que la confiscation obligatoire, peine complémentaire encourue dans les cas prévus par la loi, ne peut être prononcée que lorsque le prévenu est déclaré coupable. »

> Droits processuels des tiers propriétaires des biens confisqués

• **Crim. 15 janv. 2014,** n° 13-81.874, P, n° 12

* V. s^s n° 131.42.

« Attendu que si c'est à tort que la cour d'appel a énoncé, pour déclarer irrecevable l'intervention volontaire de la société Naala, propriétaire du véhicule automobile dont la confiscation, assortie de l'exécution provisoire, avait été ordonnée, que l'action de cette société ne pouvait intervenir que dans le cadre d'une procédure de restitution, l'arrêt n'encourt pas la censure dès lors que les juges ont souverainement apprécié, par une motivation exempte d'insuffisance comme de contradiction, que ladite société n'était pas propriétaire de bonne foi au sens des dispositions de l'article 131-21 du Code pénal. »

• **Crim. 7 sept. 2022,** n° 21-84.322, P

* V. s[s] n° 131.44.

« Il résulte des articles 6, § 1, et 13 de la Convention de sauvegarde des droits de l'homme et des libertés fondamentales et 1 du Protocole additionnel n° 1 à celle-ci que toute personne dont le titre est connu ou qui a revendiqué cette qualité pendant la procédure a droit à ce que sa cause soit entendue par une juridiction ordonnant la confiscation d'un bien dont elle est propriétaire ou dont elle revendique la propriété.

Il résulte de l'article 131-21 du Code pénal dans sa rédaction issue de la loi n° 2021-1729 du 22 décembre 2021, applicable à compter du 31 décembre 2021, que lorsque la peine de confiscation porte sur des biens sur lesquels toute personne autre que le condamné dispose d'un droit de propriété, elle ne peut être prononcée si cette personne, dont le titre est connu ou qui a réclamé cette qualité au cours de la procédure, n'a pas été mise en mesure de présenter ses observations sur la mesure de confiscation envisagée par la juridiction de jugement aux fins, notamment, de faire valoir le droit qu'elle revendique et sa bonne foi.

Pour tenir compte des décisions rendues tant par la Cour européenne des droits de l'homme (CEDH, arrêt du 16 avril 2019, *Bokova c. Russie*, n° 27879/13, § 55 ; CEDH, arrêt du 10 avril 2012, *Silickiene c. Lituanie*, n° 20496/02, § 50), que par la Cour de justice de l'Union européenne (CJUE, arrêt du 14 janvier 2021, OM, C-393/19, § 61), les personnes dont le titre est connu ou qui ont réclamé cette qualité au cours de la procédure sont recevables à interjeter appel ou à former un pourvoi en cassation contre la décision ordonnant la confiscation d'un bien leur appartenant.

Outre ce droit à exercer un recours contre la décision de confiscation, la personne propriétaire du bien dont la confiscation est envisagée dont le titre est connu ou qui a réclamé cette qualité au cours de la procédure et qui est convoquée conformément aux dispositions de l'article 131-21 susvisées, bénéficie des droits suivants.

D'une part, si l'article D. 45-2-1 du Code de procédure pénale, qui complète l'article 131-21 du Code pénal, prévoit que la personne concernée a le droit de présenter elle-même ou par un avocat ses observations à l'audience, il résulte de la jurisprudence de la Cour européenne des droits de l'homme et de la Cour de justice de l'Union européenne qu'elle a le droit également de bénéficier de l'assistance d'un avocat tout au long de la procédure, en première instance comme en appel ou en cassation.

D'autre part, la juridiction correctionnelle qui statue sur la mesure de confiscation est tenue de s'assurer que lui ont été communiqués en temps utile outre les procès-verbaux de saisie, en cas de saisie spéciale, les réquisitions aux fins de saisie, l'ordonnance et les pièces précisément identifiées de la procédure sur lesquelles elle se fonde dans ses motifs décisoires.

Encourt la cassation l'arrêt de la cour d'appel qui ordonne à l'encontre de la prévenue des mesures de confiscations de biens appartenant à des personnes morales qui n'ont pas été mises en mesure de présenter leurs observations au cours des débats. »

> Motivation de la confiscation

• **Crim. 8 mars 2017,** n° 15-87.422, P, n° 66

* V. s[s] n° 131.61.

« Attendu que le juge qui prononce une mesure de confiscation de tout ou partie d'un patrimoine doit motiver sa décision au regard de la gravité des faits, de la personnalité de son auteur et de sa situation personnelle, et apprécier le caractère proportionné de l'atteinte portée au droit de propriété de l'intéressé. »

• **Crim. 31 janv. 2018,** n° 17-81.876, P, n° 29

* V. s[s] n° 131.64.

« Le moyen, inopérant s'agissant de la peine de confiscation de biens qui sont le produit de l'infraction, ne saurait être accueilli. »

• **Crim. 27 juin 2018,** n° 16-87.009, P, n° 128

* V. s[s] n° 131.65.

« Attendu qu'en matière correctionnelle, le juge qui prononce une peine doit motiver sa décision au regard des circonstances de l'infraction, de la personnalité et de la situation personnelle de son auteur ;

Attendu que, hormis le cas où la confiscation, qu'elle soit en nature ou en valeur, porte sur un bien qui, dans sa totalité, constitue le produit de l'infraction, le juge, en ordonnant une telle mesure, doit apprécier le caractère proportionné de l'atteinte portée au droit de propriété de l'intéressé lorsqu'une telle garantie est invoquée ou procéder à cet examen d'office lorsqu'il s'agit d'une confiscation de tout ou partie du patrimoine ;

Qu'il incombe en conséquence au juge qui décide de confisquer un bien, après s'être assuré de son caractère confiscable en application des conditions légales, de préciser la nature et l'origine de ce bien ainsi que le fondement de la mesure et, le cas échéant, de s'expliquer sur la nécessité et la proportionnalité de l'atteinte portée au droit de propriété du prévenu. »

• **Crim. 19 avr. 2023,** n° 22-82.994, P

* V. s[s] n° 131.64.

« 6. Il ressort de l'article 131-21, alinéas 3 et 9, que la confiscation peut porter sur les biens qui sont le produit direct ou indirect de l'infraction, et qu'elle peut être ordonnée en valeur sur tous biens du condamné.

7. Il résulte des articles 132-1 du Code pénal et 485-1 du Code de procédure pénale qu'en matière correctionnelle, toute peine doit être motivée en tenant compte de la gravité des faits, de la personnalité de leur auteur et de sa situation personnelle, sauf s'il s'agit de la confiscation du produit ou de l'objet de l'infraction.

8. Cette dérogation au principe de motivation des peines étant d'interprétation stricte, la confiscation du produit de

l'infraction, lorsqu'elle est ordonnée en valeur, doit être motivée au regard des critères précités. »

> **Confiscation des véhicules**

• **Crim. 4 mars 2015,** n° 13-86.954, NP

* V. s^{s} n° 131.73.

« Attendu qu'en rejetant, par les motifs repris au moyen, la demande du prévenu, tendant à être dispensé de la confiscation obligatoire du véhicule dont il est propriétaire et dont il s'est servi pour commettre le délit de conduite en état d'ivresse manifeste en récidive, la cour d'appel, qui n'était pas tenue de suivre l'intéressé dans le détail de son argumentation, et qui n'a fait qu'user du pouvoir d'appréciation que lui reconnaît l'article L. 234-12, 1° du Code de la route, a justifié sa décision, sans méconnaître les dispositions conventionnelles invoquées. »

> **Principe de la dévolution du bien confisqué à l'État**

• **Crim. 15 mai 1997,** n° 96-81.046, P, n° 183

* V. s^{s} n° 131.141.

« Attendu qu'aux termes de l'article 131-21 du Code pénal la chose confisquée est, sauf disposition particulière prévoyant sa destruction ou son attribution, dévolue à l'État ;

Attendu qu'après avoir prononcé la confiscation de la somme saisie de 5 250 000 francs la cour d'appel a ordonné son affectation aux pénalités douanières auxquelles elle a condamné le prévenu, dans la limite de la somme totale de 4 181 000 francs ;

Mais attendu qu'en statuant ainsi, alors qu'aucun texte n'autorise une telle affectation, la cour d'appel a méconnu le sens et la portée des textes susvisés. »

• **Crim. 1er juin 2023,** n° 22-81.075, P

* V. s^{s} n° 131.141.

« Vu l'article L. 1124-1 du Code général de la propriété des personnes publiques :

7. Aux termes de ce texte, les biens, à caractère mobilier ou immobilier, dont la confiscation a été prononcée par décision de justice sont, sauf disposition particulière prévoyant leur destruction ou leur attribution, dévolus à l'État.

13. [...] En premier lieu, en l'absence de disposition prévoyant l'attribution du bien confisqué, il ne relève pas de l'office du juge qui prononce une mesure de confiscation de décider de l'attribution du dit bien.

14. En second lieu, l'affectation du bien confisqué relève de l'exécution de la mesure de confiscation. »

> **Confiscation des animaux**

• **Crim. 29 janv. 2013,** n° 12-82.218, NP

* V. s^{s} n° 131.152.

« Attendu que, pour ordonner, au titre de la peine complémentaire de confiscation, prévue par l'article 222-44, 11°, du Code pénal, l'euthanasie des animaux, l'arrêt retient, par motifs propres et adoptés, qu'en application, des dispositions de l'article 131-21-1 du même code, lorsque la confiscation de l'animal est encourue et que celui-ci est dangereux, la juridiction peur ordonner son euthanasie ; qu'en l'espèce, les deux chiens ont suffisamment démontré leur dangerosité par les sévères blessures occasionnées à la victime, les précédentes morsures à l'origine de deux autres procédures, les témoignages unanimes soulignant leur dangerosité et la crainte qu'ils inspirent ; que les juges ajoutent que l'un des animaux relève d'une des catégories de chiens susceptibles d'être dangereux prévue à l'article L. 211-12 du Code rural ;

Attendu qu'en l'état de ces motifs, la cour d'appel a justifié sa décision, tant au regard des dispositions des articles L. 211-11 et suivants du Code rural, relatifs aux animaux dangereux, que de celles de l'article 131-21-1 du Code pénal, sans méconnaître les textes conventionnés et légaux invoqués. »

> **Recours du condamné contre la confiscation**

• **Crim. 4 mai 2016,** n° 15-80.272, NP

* V. s^{s} n° 131.161.

« Le demandeur n'a pas qualité pour contester la confiscation de la part indivise de son épouse dans l'immeuble confisqué, seule celle-ci pouvant établir qu'elle est propriétaire de bonne foi. »

• **Crim. 3 nov. 2016,** n° 15-85.751, P, n° 289

* V. s^{s} n° 131.161.

« Le prévenu contre lequel a été prononcée la confiscation d'un immeuble indivis n'a pas qualité pour invoquer une atteinte aux droits de son coïndivisaire dans le bien confisqué, lequel est dévolu en situation d'indivision à l'État. »

• **Crim. 8 mars 2017,** n° 16-80.614, NP

* V. s^{s} n° 131.161.

« Attendu que le demandeur est sans intérêt, pour contester la confiscation de biens dont il a la libre disposition et qui ont servi à commettre les infractions dont il a été déclaré coupable, à invoquer la bonne foi de la société propriétaire de ces biens. »

• **Crim. 4 nov. 2021,** n° 20-84.441, NP

* V. s^{s} n° 131.161.

« Les demandeurs sont sans qualité pour contester la confiscation de biens appartenant à des tiers qui sont seuls recevables à invoquer la méconnaissance des [articles 6 de la Convention européenne des droits de l'homme, 16 de la Déclaration des droits de l'homme et du citoyen de 1789, préliminaire du Code de procédure pénale, 47 de la Charte des droits fondamentaux de l'Union européenne et 6, § 2, de la directive 2014/42/UE du 3 avril 2014, imposant que le tiers propriétaire d'un bien confisqué soit appelé à la procédure]. »

> **Recours des tiers contre la confiscation**

• **Crim. 26 janv. 2016,** n° 14-86.030, P, n° 19

* V. s^{s} n° 131.161.

« Doit être analysée en un rejet d'une demande de restitution susceptible d'appel, au sens de l'article 482 du Code de procédure pénale, la confiscation d'objets placés sous main de justice qui a été ordonnée par un tribunal alors qu'il était régulièrement saisi, par les parties civiles, d'une demande de restitution de ceux-ci. »

• **Crim. 7 nov. 2018,** n° 17-87.424, P, n° 188

* V. s^{s} n° 131.161.

« Vu l'article 6, § 2, de la directive 2014/42/UE du Parlement européen et du Conseil du 3 avril 2014, les articles 481 et

482 du Code de procédure pénale, ensemble l'article 131-21 du Code pénal ;

Attendu qu'il se déduit du troisième de ces textes que le jugement qui rejette une demande de restitution est susceptible d'appel de la part de la personne qui a formulé cette demande, sans que puisse lui être opposée l'autorité de la chose jugée de la décision ordonnant la confiscation ;

Attendu que, si la demande de restitution doit être examinée sur le fondement de l'article 481 du Code de procédure pénale lorsque les biens placés sous main de justice n'ont pas été confisqués, il doit être statué sur cette demande en faisant application des dispositions de l'article 131-21 du Code pénal lorsque les biens ont été confisqués ;

Attendu que, conformément aux dispositions précises et inconditionnelles de l'article 6, § 2, de la directive 2014/42/UE du Parlement européen et du Conseil du 3 avril 2014, les droits du propriétaire de bonne foi doivent être réservés, même lorsque le bien constitue le produit direct ou indirect de l'infraction. »

• **Crim. 18 déc. 2019,** n° 17-85.083, NP

* V. s^s n° 131.161.

« Attendu que M. Y… a été définitivement condamné pour escroquerie et blanchiment en bande organisée notamment à la confiscation d'un ensemble immobilier constitué de deux lots situés à Paris appartenant à la SCI Beau Soleil en retenant que le prévenu avait la libre disposition de ces biens et que cette société, qui avait sollicité la main levée de leur saisie, ne pouvait revendiquer la qualité de propriétaire de bonne foi ;

Attendu que ladite société, tiers intervenant, est sans qualité pour contester à hauteur de cassation, le fondement légal et la motivation de la confiscation prononcée à l'encontre de M. Y… »

• **Crim. 7 sept. 2022,** n° 21-84.322, P

* V. s^s n° 131.161.

« Il résulte des articles 6, § 1, et 13 de la Convention de sauvegarde des droits de l'homme et des libertés fondamentales et 1 du Protocole additionnel n° 1 à celle-ci que toute personne dont le titre est connu ou qui a revendiqué cette qualité pendant la procédure a droit à ce que sa cause soit entendue par une juridiction ordonnant la confiscation d'un bien dont elle est propriétaire ou dont elle revendique la propriété.

Il résulte de l'article 131-21 du Code pénal dans sa rédaction issue de la loi n° 2021-1729 du 22 décembre 2021, applicable à compter du 31 décembre 2021, que lorsque la peine de confiscation porte sur des biens sur lesquels toute personne autre que le condamné dispose d'un droit de propriété, elle ne peut être prononcée si cette personne, dont le titre est connu ou qui a réclamé cette qualité au cours de la procédure, n'a pas été mise en mesure de présenter ses observations sur la mesure de confiscation envisagée par la juridiction de jugement aux fins, notamment, de faire valoir le droit qu'elle revendique et sa bonne foi.

Pour tenir compte des décisions rendues tant par la Cour européenne des droits de l'homme (CEDH, arrêt 16 avr. 2019, *Bokova c. Russie*, n° 27879/13, § 55 ; CEDH, arrêt 10 avr. 2012, *Silickiene c. Lituanie*, n° 20496/02, § 50), que par la Cour de justice de l'Union européenne (CJUE, arrêt 14 janv. 2021, OM, C-393/19, § 61), les personnes dont le titre est connu ou qui ont réclamé cette qualité au cours de la procédure sont recevables à interjeter appel ou à former un pourvoi en cassation contre la décision ordonnant la confiscation d'un bien leur appartenant.

Outre ce droit à exercer un recours contre la décision de confiscation, la personne propriétaire du bien dont la confiscation est envisagée dont le titre est connu ou qui a réclamé cette qualité au cours de la procédure et qui est convoquée conformément aux dispositions de l'article 131-21 susvisées, bénéficie des droits suivants.

D'une part, si l'article D. 45-2-1 du Code de procédure pénale, qui complète l'article 131-21 du Code pénal, prévoit que la personne concernée a le droit de présenter elle-même ou par un avocat ses observations à l'audience, il résulte de la jurisprudence de la Cour européenne des droits de l'homme et de la Cour de justice de l'Union européenne qu'elle a le droit également de bénéficier de l'assistance d'un avocat tout au long de la procédure, en première instance comme en appel ou en cassation.

D'autre part, la juridiction correctionnelle qui statue sur la mesure de confiscation est tenue de s'assurer que lui ont été communiqués en temps utile outre les procès-verbaux de saisie, en cas de saisie spéciale, les réquisitions aux fins de saisie, l'ordonnance et les pièces précisément identifiées de la procédure sur lesquelles elle se fonde dans ses motifs décisoires.

Encourt la cassation l'arrêt de la cour d'appel qui ordonne à l'encontre de la prévenue des mesures de confiscations de biens appartenant à des personnes morales qui n'ont pas été mises en mesure de présenter leurs observations au cours des débats. »

> Modification du fondement de la confiscation sans que celui-ci ne doive être contradictoirement débattu

• **Crim. 1er févr. 2023,** n° 22-81.085, P

* V. s^s n° 131.162.

« 11. En effet, aucun texte légal ou conventionnel n'impose au juge saisi de l'action publique de soumettre au débat contradictoire la peine qu'il envisage de prononcer et qu'il détermine librement parmi les peines, principales et complémentaires, encourues par le prévenu.

12. Il en résulte que le juge peut ordonner l'une quelconque des mesures de confiscation prévues par la loi, sans que le fondement de cette peine doive être au préalable contradictoirement débattu. »

131.03 Bibliographie indicative.

Encyclopédies. *Rép. pén.*, V° « Confiscation », par A. Beziz-Ayache – *J.-Cl. Pén. code*, art. 131-21 et 131-21-1, fasc. 20, par E. Camous.

Articles. S. Almaseanu, « L'exécution provisoire des confiscations », *Gaz. Pal.* 26 janv. 2016, n° 4, p. 12 – Ph. Belloir, « La confiscation obligatoire du véhicule automobile », *Gaz. Pal.* 6 nov. 2018, n° 38, p. 78 – E. Camous, « Évaluer le montant de la peine patrimoniale, prochain défi de la lutte contre les enrichissements illicites », *Dr. pén.* 2019, étude 25 – H. Dantras-Bioy, « "Qui peut motiver plus doit s'abstenir de le faire…". Quelles perspectives pour la motivation du choix de la peine par les cours d'assises », *Dr. pén.* 2017, étude 10 – E. Dreyer, « La motivation de toute peine : un revirement à regret ? », *AJ pénal*

2017. 175 – Ch. Duchaine (interview de), « De la nécessité d'un usage raisonné des saisies et confiscations. Punir le condamné ou punir l'État », *AJ pénal* 2015. 242 – F. Engel « Confiscation, l'inconstitutionnalité de plus », *Lexbase Pénal*, janv. 2022 – M. Giacopelli, « Vers une généralisation de l'exigence de motivation en droit de la peine », *D.* 2017. 931 – D. Guérin, « La motivation de la peine : une exigence devenue fondamentale », *in* S. Pellé (dir.), *Quelles mutations pour la justice pénale du XXIe siècle ?*, « Thèmes et commentaires », Dalloz, 2020, p. 231 – B. Lavielle, « Payer : Combien ? Pourquoi ? Sur la motivation des peines d'amende », *LPA* 18 mai 2017, p. 7 – A. Mihman, « La motivation des peines (en matière correctionnelle) », *Gaz. Pal.* 28 mars 2017, n° 13, p. 17 – E. Pichon, « Une jurisprudence vivante : selon la chambre criminelle de la Cour de cassation, si le choix de la peine prononcée par le juge en matière correctionnelle demeure libre, il doit désormais être justifié », *Dr. pén.* 2017, étude 7 – X. Pin, « La peine équitable », *in* Coll., *Les mots du droit, les choses de justice, Mélanges en l'honneur de Jean Danet*, Dalloz, 2020, p. 149 – N. Planchon, « La motivation et le contrôle de proportionnalité des décisions de saisie et de confiscation », *in* L. Ascensi, P. Beauvais et R. Parizot (dir.), *La confiscation des avoirs criminels, Nouveaux enjeux juridiques*, LGDJ, 2021, p. 145 – C. Saas, « Justifier et motiver les peines en matière correctionnelle : entre normativité et proportionnalité », *D.* 2017. 961 – M. Segonds, « Les droits des tiers », *in* L. Ascensi, P. Beauvais et R. Parizot (dir.), *La confiscation des avoirs criminels, Nouveaux enjeux juridiques*, LGDJ, 2021, p. 85.

SECTION 1
DÉCISION DE CONDAMNATION

131.10 **Plan.** Parce que la confiscation est une peine, elle implique une préalable déclaration de culpabilité (§ 1), y compris en cas de confiscation obligatoire (§ 2).

§ 1
Principe

131.21 **Énoncé du principe.** Bien que les textes n'énoncent pas cette condition, la chambre criminelle a posé de façon très explicite le principe selon lequel le juge répressif ne saurait prononcer une peine de confiscation quelconque s'il n'est pas préalablement entré en voie de condamnation. Ce principe, qui est la conséquence de la nature des confiscations[1], est d'affirmation ancienne. Ainsi, par un arrêt du 19 avril 1833, la chambre criminelle a énoncé que « la confiscation des faux poids et des fausses mesures n'est que l'accessoire de la peine principale dont la loi punit ceux qui en ont été trouvés détenteurs, et que, dès lors, elle ne peut être prononcée contre le prévenu qui n'est pas déclaré coupable de cette contravention »[2]. De même, le 1er avril 1854, il a été affirmé que « la juridiction répressive ne peut, aux termes de l'article 161 du [Code d'instruction criminelle], maintenir la saisie des objets qui en ont été frappés, et prononcer leur confiscation, dans les cas où la loi la prescrit expressément, que lorsqu'elle réprime la contravention imputée au prévenu »[3]. Plus récemment, dans un arrêt du 13 novembre 2008, la chambre criminelle a enfin posé pour principe qu'il résulte de l'article 131-21 du Code pénal que « la confiscation, peine complémentaire encourue dans les cas prévus par la loi, ne peut être prononcée que si le prévenu est déclaré coupable »[4]. Dans cette affaire, une cour d'appel avait renvoyé des fins de la poursuite un prévenu poursuivi pour agressions sexuelles aggravées. Pourtant, après avoir relaxé l'intéressé, les juges avaient ordonné la confiscation des scellés, ce qui a provoqué l'annulation par la chambre criminelle de l'arrêt attaqué.

1. V. s[s] n° 111.20.

131.22 **Appréciation.** Ce principe est parfaitement conforme à la nature que le législateur a donnée aux confiscations lors de l'élaboration du nouveau Code pénal. Il ne fait aucun doute, en effet, que la confiscation constitue une peine, quelle que soit la nature de celle-ci, et, parce qu'elle constitue une peine, elle implique une préalable déclaration de culpabilité.

§ 2
Extension aux confiscations obligatoires

131.31 **Position du problème.** Si le principe selon lequel le prononcé d'une peine de confiscation implique une préalable déclaration de culpabilité n'a jamais fait aucun doute, s'est cependant posé la question de savoir si cette règle s'appliquait également à la confiscation obligatoire des biens dangereux ou nuisibles, ou dont la détention est illicite, avant que la chambre criminelle ne lève l'incertitude dans le sens de l'affirmative.

La doctrine semblait d'ailleurs partagée sur ce point. Ainsi, si certains auteurs enseignaient que la confiscation impliquait toujours une déclaration de culpabilité[5], d'autres estimaient au contraire que la confiscation pouvait intervenir même en cas de relaxe lorsqu'elle était prévue par la loi à titre de mesure de sûreté, dans le but de retirer de la circulation des objets illicites ou dangereux[6].

2. Crim. 19 avr. 1833, P, n° 147.
3. Crim. 1er avr. 1854, P, n° 96.
4. Crim. 13 nov. 2008, n° 08-83.597, NP.
5. *J.-Cl. Pén. code*, art. 131-21 et 131-21-1, fasc. 20, par E. Camous, n° 115.
6. M.-L. Rassat, *Droit pénal général*, préc., n° 475 – J.-H. Robert, *Droit pénal général*, préc., p. 431.

131.32 **Ancienneté de l'incertitude.** Les auteurs qui soutenaient que la confiscation de certains objets pouvait être prononcée malgré une décision de relaxe pouvaient s'appuyer sur des propositions doctrinales anciennes[1] qui se fondaient sur plusieurs arrêts de la chambre criminelle rendus au cours du dix-neuvième siècle. Ainsi, dans les décisions fréquemment citées des 3 janvier 1857 et 12 juillet 1860, la chambre criminelle avait il est vrai décidé que des marchandises falsifiées susceptibles d'être nuisibles pour la santé devaient être confisquées et détruites, même lorsque le prévenu avait été renvoyé des fins de la poursuite à raison de sa bonne foi[2].

131.33 **État du droit positif.** La chambre criminelle n'avait guère eu l'occasion de se prononcer sur la question dans un passé récent, hormis dans un arrêt du 29 avril 2009[3]. Dans cette décision dont la portée a déjà été examinée[4], en effet, la chambre criminelle avait énoncé « qu'il résulte [de l'article 131-21 du Code pénal] que la confiscation, peine complémentaire encourue dans les cas prévus par la loi, ne peut être prononcée que par une juridiction statuant sur le bien-fondé de la prévention » et avait cassé l'arrêt d'une cour d'appel qui, après avoir annulé une mesure de garde à vue et la citation du prévenu devant le tribunal correctionnel, avait implicitement renvoyé le ministère public à mieux se pourvoir, mais non sans avoir préalablement confirmé la confiscation d'armes et de munitions saisies ordonnée par les juges du premier degré. Il semblait donc que la chambre criminelle considérait toujours que la confiscation de certains objets dangereux ou nuisibles, ou dont la détention était illicite, pouvait être prononcée nonobstant un jugement de relaxe, mais à la condition que le juge répressif se prononce sur le fond de l'action publique. On soulignera en effet que la chambre criminelle avait énoncé que seule une juridiction statuant sur « le bien-fondé de la prévention » pouvait prononcer une peine de confiscation et non que cette possibilité aurait été réservée aux juridictions étant entrées en voie de condamnation.

La chambre criminelle a cependant clarifié sa jurisprudence par un arrêt du 13 octobre 2021 en posant pour principe que « la confiscation obligatoire, peine complémentaire encourue dans les cas prévus par la loi, ne peut être prononcée que lorsque le prévenu est déclaré coupable »[5].

1. E. Garçon, *Code pénal annoté,* préc., n° 48 – R. Garraud, *Droit pénal français*, n° 649.
2. Crim. 3 janv. 1857, P, n° 5 – Crim. 12 juill. 1860, P, n° 156.
3. Crim. 29 avr. 2009, n° 08-87.051, NP.
4. V. s^s^ n° 111.115.
5. Crim. 13 oct. 2021, n° 20-86.868, P.

131.34 **Appréciation.** Cette clarification est heureuse. En effet, si, comme l'enseignent certains auteurs, il apparaît souhaitable qu'au terme du procès pénal certains biens, saisis pendant l'enquête ou au cours de l'information judiciaire, soient retirés de la circulation, indépendamment de l'action publique, il aurait été peu orthodoxe que cet objectif soit atteint par le prononcé d'une peine de confiscation. Car, même si le législateur, à l'article 131-21 du Code pénal, a consacré un alinéa spécifique à la confiscation obligatoire des objets dangereux ou nuisibles, ou dont la détention est illicite, il n'en demeure pas moins que le prononcé d'une peine apparaît contestable hors déclaration de culpabilité. Il semble que l'objectif poursuivi par le législateur est plus exactement atteint en distinguant entre la question du prononcé des peines et celle du contentieux de la restitution. Le fait qu'un objet dangereux ou illicite ne soit pas confisqué ne fait pas obstacle à ce que sa restitution soit ultérieurement refusée à celui qui la solliciterait. La restitution peut en effet être refusée lorsqu'elle présente « un danger pour les personnes ou les biens »[6].

SECTION 2

INTERVENTION DES TIERS À L'AUDIENCE

131.41 **Position du problème.** Lorsque le juge répressif envisage de prononcer la confiscation d'un bien appartenant à un tiers non poursuivi pénalement, se pose la question de la prise en compte de l'intérêt de ce dernier au cours de la procédure de jugement. La question se pose en effet lorsque se trouve envisagée la confiscation d'un bien constituant l'objet ou le produit direct ou indirect de l'infraction, tout en appartenant à un tiers qui ne paraît pas de bonne foi, ou lorsque le bien semble confiscable car il pourrait être pour le tout à la libre disposition de la personne condamnée, le tiers propriétaire ne paraissant pas de bonne foi. S'il est certain que la motivation de la décision doit prendre en compte cette situation de droit particulière, quelle doit être la traduction procédurale de la nécessaire expression des intérêts des tiers ?

La question est longtemps demeurée pour l'essentiel inenvisagée par la loi : contrairement à ce qu'il en était du civilement responsable ou encore de l'assureur, qui subissent eux aussi les effets civils des condamnations pénales, le législateur n'avait pas organisé, dans le Code de procédure pénale, un statut particulier pour ces personnes, hors le

6. C. pr. pén., art. 41-4, 99, 177, 212, 373, 481, 484 et 543 – v. s^s^ n° 245.121.

domaine particulier du proxénétisme hôtelier[1], et la situation où le bien avait été préalablement saisi puisque, dans ce cas, le tiers peut en solliciter la restitution[2]. Il était ainsi revenu à la jurisprudence de la chambre criminelle de tenter de pallier ce vide législatif[3].

L'absence de statut, lors de l'audience de jugement, pour les tiers propriétaires des biens dont la confiscation était envisagée, paraissait pourtant contraire à la Constitution, au droit européen des droits de l'homme[4] et à celui de l'Union européenne, dès lors que, par arrêt du 14 janvier 2021, la Cour de justice de l'Union européenne avait dit pour droit que « l'article 4 de la décision-cadre 2005/212, lu à la lumière de l'article 47 de la Charte des droits fondamentaux, doit être interprété en ce sens qu'il s'oppose à une réglementation nationale qui permet la confiscation, dans le cadre d'une procédure pénale, d'un bien appartenant à une personne autre que celle qui a commis l'infraction pénale, sans que cette première personne dispose d'une voie de recours effective »[5]. Au reste, l'absence d'un tel statut était de nature à causer des difficultés d'exécution de la décision de confiscation[6]. Nous avions ainsi exprimé le souhait, dans la première édition de cet ouvrage, d'une intervention législative ; d'autres prises de position doctrinales étant aussi en ce sens[7].

Ce n'est qu'à la suite de trois décisions du Conseil constitutionnel abrogeant notamment l'essentiel des dispositions de l'article 131-21 du Code pénal, que le législateur a finalement institué un statut pour les tiers propriétaires des biens dont la confiscation est envisagée, en adoptant la loi n° 2021-1729 du 22 décembre 2021 *pour la confiance dans l'institution judiciaire*[8], complétée par le décret n° 2021-1794 du 23 décembre 2021 *modifiant le Code de procédure pénale et relatif notamment à la peine de confiscation*[9].

131.42 État de la jurisprudence. Avant l'adoption de ces textes, saisie de la difficulté, la chambre criminelle avait rendu, le 15 janvier 2014, un important arrêt dans lequel elle avait décidé qu'« une société commerciale, propriétaire non poursuivi d'un bien confisqué en première instance, [pouvait] intervenir à l'audience d'appel pour demander la restitution de son bien »[10]. Dans cette affaire, le tribunal correctionnel avait ordonné la confiscation d'un véhicule utilisé par le gérant d'une société commerciale qui avait été condamné pour des faits de conduite malgré injonction de restituer le permis de conduire et excès de vitesse. Sur l'appel principal du prévenu, la cour d'appel avait confirmé la décision de confiscation après avoir déclaré irrecevable l'intervention volontaire de la société propriétaire du véhicule confisqué. Saisie des pourvois formés par cette société et son gérant, la chambre criminelle les avait rejetés au motif que la cour d'appel avait relevé de façon suffisante et sans contradiction que la société n'était pas propriétaire de bonne foi du véhicule, mais elle avait reproché aux juges d'avoir déclaré irrecevable l'intervention volontaire de celle-ci. Ainsi, le tiers propriétaire d'un bien confisqué en première instance est fondé à intervenir volontairement en instance d'appel.

Par ailleurs, nous verrons que la chambre criminelle avait également reconnu au tiers prétendant être le propriétaire d'un bien ayant fait l'objet d'une décision de confiscation, la faculté de porter un incident contentieux devant le juge répressif en application de l'article 710 du Code de procédure pénale[11].

131.43 Dispositions applicables au proxénétisme hôtelier. Cet état du droit était particulièrement surprenant, si l'on relève que le législateur a, de manière ancienne, spécialement prévu des dispositions protectrices de l'intérêt des tiers lorsqu'il est envisagé de prononcer, notamment, la confiscation du fonds de commerce en répression du délit de proxénétisme hôtelier[12].

Il est ainsi d'abord prévu que le ministère public, selon les modalités de l'article R. 51 du Code de

1. V. s[s] n° 131.43.
2. V. s[s] n° 245.40.
3. V. s[s] n°s 131.42 et 132.181.
4. V. s[s] n° 113.68.
5. CJUE, 14 janv. 2021, *Okrazhna prokuratura – Haskovo et Apelativna prokuratura – Plovdiv/OM*, C-393/19.
6. V. s[s] n° 132.181.
7. R. Parizot, « La confiscation, sanction applicable en droit pénal des affaires », *in* H. Matsopoulou et C. Mascala (dir.), *Lamy Droit pénal des affaires*, Wolters Kluwer, 2020, n° 187 relevant, à propos de la faculté ouverte aux tiers prétendant avoir des droits sur un bien confisqué de saisir la juridiction de jugement d'un incident contentieux (v. s[s] n° 132.181), que « la voie de l'article 710 n'est pas satisfaisante, mais elle reste la seule possible tant que le législateur ne mettra pas l'intéressé en mesure d'assurer à l'audience la défense de ses droits, en l'informant qu'il peut faire valoir ses observations quand une confiscation est envisagée » – M. Segonds, « Les droits des tiers », *in* L. Ascensi, P. Beauvais et R. Parizot (dir.), *La confiscation des avoirs criminels, Nouveaux enjeux juridiques*, LGDJ, 2021, p. 104 – *Rép. pén.*, V° « Restitution », par O. Violeau, n° 71.
8. L. n° 2021-1729, 22 déc. 2021 *pour la confiance dans l'institution judiciaire, JO* 23 déc., n° 2.
9. D. n° 2021-1794, 23 déc. 2021 *modifiant le Code de procédure pénale et relatif notamment à la peine de confiscation, JO* 26 déc., n° 57.
10. Crim. 15 janv. 2014, n° 13-81.874, P, n° 12 ; *D.* 2014. 211 ; *Procédures* 2014, comm. 78, obs. A.-S. Chavent-Leclere.
11. V. s[s] n° 132.181.
12. C. pén., art. 225-10 et 225-22, 3°.

procédure pénale, doit faire connaître au propriétaire de l'immeuble, au bailleur et au propriétaire du fonds où est exploité l'établissement dans lequel ont été constatés les faits de prostitution, l'engagement des poursuites et la décision intervenue[1]. Il doit de surcroît être fait mention de ces décisions au registre du commerce et des sociétés, et au registre des privilèges et nantissements du tribunal de commerce dans les conditions de l'article R. 51-1 du Code de procédure pénale. Nous verrons que la publication de l'engagement des poursuites aura pour effet, en cas de confiscation du fonds de commerce, d'entraîner la nullité de plein droit des sûretés inscrites après la date de la publication, sauf décision contraire du tribunal[2].

Par ailleurs, la confiscation du fonds de commerce, tout comme d'ailleurs le retrait définitif de la licence de débit de boissons ou de restaurant, ainsi que la fermeture, à titre définitif ou pour une durée de cinq ans au plus, de la totalité de l'établissement ou des parties de l'établissement utilisées en vue de la prostitution[3], ne peuvent être prononcés, lorsque la personne titulaire de la licence de débit de boisson ou de restaurant ou propriétaire du fonds de commerce n'est pas poursuivie, que si cette dernière a été citée à l'audience par le ministère public, avec indication de la nature des poursuites exercées et de la possibilité pour le tribunal de prononcer la confiscation du fonds de commerce[4]. L'intéressée peut présenter ou faire présenter par un avocat des observations à l'audience, ainsi qu'interjeter appel de la décision prononçant la mesure.

Ces dispositions spéciales illustraient la nécessité de prendre en compte, au stade de l'audience de jugement, l'intérêt des tiers propriétaires des biens dont la confiscation est envisagée. D'ailleurs, la chambre criminelle applique strictement ces dispositions puisqu'elle a jugé, dans une affaire où avait été prononcée la fermeture d'un établissement dans lequel avaient été constatés des faits de prostitution, que cette peine était insusceptible d'être légalement prononcée, dès lors que la société propriétaire du fonds de commerce n'avait pas été citée à l'audience, et ce malgré le fait que les poursuites étaient dirigées à l'encontre du propre président directeur général de cette société[5]. La chambre criminelle a en effet relevé que « les auteurs des faits incriminés étaient des personnes physiques distinctes de la personne morale propriétaire du fonds ».

131.44 Création législative d'un statut pour les tiers. L'inconstitutionnalité du défaut de statut pour ces tiers a été reconnue par le Conseil constitutionnel, saisi par arrêt de la chambre criminelle[6], dans une importante décision du 23 avril 2021[7]. Il a en effet déclaré contraire à la Constitution les mots « ou, sous réserve des droits du propriétaire de bonne foi, dont elles ont la libre disposition » figurant à l'article 225-25 du Code pénal prévoyant que les personnes coupables de traite des êtres humains ou de proxénétisme peuvent être condamnées à la confiscation de tout ou partie des biens dont elles sont propriétaires, mais également à celle des biens qui sont à leur libre disposition, sous réserve des droits du propriétaire de bonne foi. Le Conseil a considéré que se trouvaient méconnus par ce texte le droit à un recours juridictionnel effectif et les droits de la défense garantis par l'article 16 de la Déclaration des droits de l'homme et du citoyen de 1789, en ce que « ni [l'article 225-25] ni aucune autre disposition ne prévoient que le propriétaire dont le titre est connu ou qui a réclamé cette qualité au cours de la procédure soit mis en mesure de présenter ses observations sur la mesure de confiscation envisagée par la juridiction de jugement aux fins, notamment, de faire valoir le droit qu'il revendique et sa bonne foi ». Le conseil a cependant reporté au 31 décembre 2021 la date d'abrogation de l'article 225-25 afin de permettre au législateur d'adopter les dispositions nécessaires.

Cette décision a été suivie de deux autres, l'une en date du 23 septembre 2021[8], l'autre du 24 novembre de la même année[9], abrogeant les dispositions de l'article 131-21 du Code pénal permettant la confiscation des biens appartenant à des tiers, avec report de la date d'abrogation respectivement aux 31 mars et 31 décembre 2022. Dans ces deux décisions, également rendues sur saisine de la chambre criminelle[10], c'est à nouveau l'absence de droits processuels reconnus au tiers propriétaire du bien dont la confiscation est envisagée, qui a justifié les déclarations d'inconstitutionnalité des dispositions contestées de l'article 131-21 : ni ces dispositions ni aucune autre disposition ne prévoyaient que le propriétaire dont le titre était connu ou qui avait réclamé cette qualité au cours de la procédure fût mis en mesure de présenter ses observations sur la

1. C. pr. pén., art. 706-37.
2. V. s[s] n° 132.123.
3. C. pén., art. 225-22.
4. C. pr. pén., art. 706-38.
5. Crim. 6 sept. 2006, n° 06-80.093, P, n° 214 ; *D.* 2006. 2627 ; *D.* 2007. 399, obs. G. Roujou de Boubée, T. Garé et S. Mirabail ; *Rev. sociétés* 2007. 143, note B. Bouloc.
6. Crim. 3 févr. 2021, n° 20-84.441, NP.
7. Cons. const. 23 avr. 2021, n° 2021-899 QPC, *D.* 2021. 801 ; *AJ pénal* 2021. 323.
8. Cons. const. 23 sept. 2021, n° 2021-932 QPC.
9. Cons. const. 24 nov. 2021, n° 2021-949/950 QPC.
10. Crim. 16 juin 2021, n° 20-87.060, NP – Crim. 15 sept. 2021, n°s 21-90.029 et 21-82.389, NP (2 arrêts).

mesure de confiscation envisagée par la juridiction de jugement aux fins, notamment, de faire valoir le droit qu'il revendiquait et sa bonne foi, en sorte que celles-ci méconnaissaient les exigences découlant de l'article 16 de la Déclaration des droits de l'homme et du citoyen de 1789. Pour remédier à l'inconstitutionnalité, le législateur a adopté la loi n° 2021-1729 du 22 décembre 2021 *pour la confiance dans l'institution judiciaire* [1] ajoutant un dernier alinéa à l'article 131-21 du Code pénal disposant que « hors le cas mentionné au septième alinéa, lorsque la peine de confiscation porte sur des biens sur lesquels toute personne autre que le condamné dispose d'un droit de propriété, elle ne peut être prononcée si cette personne dont le titre est connu ou qui a réclamé cette qualité au cours de la procédure n'a pas été mise en mesure de présenter ses observations sur la mesure de confiscation envisagée par la juridiction de jugement aux fins, notamment, de faire valoir le droit qu'elle revendique et sa bonne foi ». L'entrée en vigueur de ces dispositions – qui n'ont cependant fait l'objet d'aucune discussion lors de leur adoption en commission des lois du Sénat [2] – a été suivie par le vote de la loi n° 2022-299 du 2 mars 2022 *visant à combattre le harcèlement scolaire* [3] qui a apporté aux autres alinéas de l'article 131-21 certains ajustements rédactionnels. Enfin, ces textes ont été complétés par le décret n° 2021-1794 du 23 décembre 2021 *modifiant le Code de procédure pénale et relatif notamment à la peine de confiscation* [4].

Dorénavant, il résulte du dernier alinéa de l'article 131-21 du Code pénal, que, hors le cas où la confiscation, alors obligatoire, porte sur un objet qualifié de dangereux ou nuisible par la loi ou le règlement, ou dont la détention illicite, « lorsque la peine de confiscation porte sur des biens sur lesquels toute personne autre que le condamné dispose d'un droit de propriété, elle ne peut être prononcée si cette personne dont le titre est connu ou qui a réclamé cette qualité au cours de la procédure n'a pas été mise en mesure de présenter ses observations sur la mesure de confiscation envisagée par la juridiction de jugement aux fins, notamment, de faire valoir le droit qu'elle revendique et sa bonne foi » ; ces dispositions faisant directement écho – presque mot pour mot – aux énonciations des décisions du Conseil constitutionnel. On doit par ailleurs au décret d'avoir inclus l'époux de bonne foi dans le champ d'application des nouvelles dispositions, en cas de confiscation d'un bien commun [5], pour tenir compte de la décision du Conseil constitutionnel du 24 novembre 2021 qui concernait ce cas particulier [6], et ce même si cet époux pouvait d'ores et déjà être vu comme disposant d'un droit de propriété sur le bien litigieux [7]. Quoi qu'il en soit, il conviendra d'interpréter les nouvelles dispositions comme ne s'appliquant pas seulement aux tiers propriétaires des biens dont la confiscation est envisagée, au sens de l'article 544 du Code civil, mais plus généralement aux tiers titulaires des droits dont la confiscation est envisagée [8].

Ces dispositions ont été complétées, dans le Code de procédure pénale, par l'article D. 45-1-4 applicable devant la cour d'assises, et l'article D. 45-2-1 applicable devant le tribunal correctionnel [9] ainsi que, par renvoi, devant la chambre des appels correctionnels [10] et le tribunal de police [11].

Il est prévu par ces textes que le ministère public doit aviser la personne concernée de la date

1. L. n° 2021-1729, 22 déc. 2021 *pour la confiance dans l'institution judiciaire, JO* 23 déc., n° 2.
2. *Rapp. Sénat* n° 834 (2020-2021), p. 205.
3. L. n° 2022-299, 2 mars 2022 *visant à combattre le harcèlement scolaire, JO* 3 mars, n° 5.
4. D. n° 2021-1794, 23 déc. 2021 *modifiant le Code de procédure pénale et relatif notamment à la peine de confiscation, JO* 26 déc., n° 57.
5. C. pr. pén., art. D. 45-2 *bis* et D. 45-2-1 *bis* énonçant que les dispositions de ces textes s'appliquent lorsqu'est susceptible d'être prononcée la confiscation d'un bien sur lequel une personne autre que le prévenu dispose d'un droit de propriété, que ce titre est connu ou que cette personne a réclamé cette qualité au cours de la procédure, « y compris s'il s'agit de l'époux du prévenu et que le bien fait partie de la communauté ».
6. Cons. const. 24 nov. 2021, préc.
7. V. s^s n° 125.16.
8. V. s^s n° 123.13.
9. Le décret n° 2021-1794 du 23 décembre 2021, préc., avait inséré dans le Code de procédure pénale les articles D. 45-2 *bis*, applicable devant la cour d'assises, et D. 45-2-1 *bis*, applicable devant le tribunal correctionnel, lesquels sont devenus, respectivement, les articles D. 45-1-4 et D. 45-2-1 par suite de la renumérotation opérée successivement par le décret n° 2022-246 du 25 février 2022 *portant application de l'article 367 du Code de procédure pénale* (transformant le seul article D. 45-2-1 *bis* en un article D. 45-2-1 *ter*), puis le décret n° 2022-546 du 13 avril 2022 *portant application de diverses dispositions de procédure pénale de la loi n° 2021-1729 du 22 décembre 2021 pour la confiance dans l'institution, JO* 14 avr., n° 43.
10. C. pr. pén., art. D. 45-27 qui se réfère à tort à l'article D. 45-2 par suite d'une erreur matérielle figurant dans les dispositions de renumérotation du décret n° 2022-656 du 25 avril 2022 *renforçant la prise en compte des intérêts des victimes au cours de la procédure pénale, JO* 26 avr., n° 30. En son état issu du décret n° 2021-1794 du 23 décembre 2021, préc., l'article D. 45-27 se référait bien aux dispositions de l'ancien article D. 45-2-1 *bis* issu de ce texte, applicable devant le tribunal correctionnel, et devenu l'article D. 45-2-1 par suite de l'entrée en vigueur des décrets n° 2022-246 du 25 février 2022, préc., et n° 2022-546 du 13 avril 2022, préc.
11. C. pr. pén., art. D. 46-1-4 qui se réfère à tort, en raison d'un oubli de renumérotation, à l'article D. 45-2-1 *bis* alors que ce texte est devenu l'article D. 45-2-1 par suite de la renumérotation opérée par les décrets n° 2022-246 du 25 février 2022, préc., et n° 2022-546 du 13 avril 2022, préc.

d'audience au moins dix jours (tribunal correctionnel, chambre des appels correctionnels et tribunal de police) ou un mois (cour d'assises) avant celle-ci, hors le cas, précise l'article D. 45-2-1, où le tribunal correctionnel est saisi selon la procédure de comparution immédiate. Cet avis doit informer la personne que la confiscation du bien peut être ordonnée et qu'elle a le droit de présenter elle-même ou par un avocat ses observations à l'audience, le cas échéant au moyen d'un document écrit, aux fins, notamment, de faire valoir le droit qu'elle revendique et sa bonne foi. L'avis doit aussi préciser que la personne devra, si nécessaire, communiquer tout justificatif établissant son titre de propriété. Il n'est dérogé à cette règle que si la personne est convoquée comme témoin. Dans ce cas, c'est au président qu'il appartient de rappeler à la personne, lors de son audition, qu'elle peut faire ses observations sur la peine de confiscation qui est susceptible d'être prononcée. Cette exception à l'avis préalable est regrettable, comme constituant une restriction injustifiée aux droits de l'intéressé.

Si la personne choisit de formuler ses observations par écrit, le document doit être remis au greffe de la juridiction et consigné par le greffier soit avant l'audience, soit pendant l'audience, soit encore adressé au greffe par lettre recommandée avec demande d'accusé de réception parvenue au moins vingt-quatre heures avant la date d'audience. Devant la cour d'assises, le président doit alors informer les jurés de la teneur de ces observations. Il en va en effet de l'oralité des débats.

Ces dispositions ont été coordonnées avec celles relatives au contentieux de la restitution devant la juridiction de jugement. En effet, si le bien litigieux a été préalablement placé sous main de justice, la personne peut en solliciter la restitution et alors prétendre à la mise à disposition des seules pièces de la procédure se rapportant à la saisie de ce bien. Cette précision aurait pu être évitée, dès lors que cette faculté demeure de toute façon prévue par les articles 373 et 479 du Code de procédure pénale applicables, respectivement, devant la cour d'assises et le tribunal correctionnel.

Enfin, s'agissant du recours ouvert au tiers propriétaire à l'encontre de la décision de confiscation, au lieu de permettre à l'intéressé d'interjeter appel de la décision – comme cela avait été suggéré par la chambre criminelle dans les décisions de transmission des questions prioritaires de constitutionnalité à l'origine du nouveau dispositif, et étant relevé que telle est bien la voie de recours retenue en matière de proxénétisme hôtelier[1] –, l'autorité réglementaire s'est bornée à prévoir que l'intéressé peut, lorsque la décision de confiscation est devenue définitive, solliciter la restitution du bien en application de l'article 710 du Code de procédure pénale, conformément à la jurisprudence de la chambre criminelle qui a admis la possibilité d'un tel usage du texte[2]. Comme le relève la circulaire d'application : « Il n'est donc pas prévu que la personne puisse former appel contre la décision rendue » et, « même si elle doit être avisée de l'audience et doit pouvoir faire des observations, il ne s'agit pas d'une partie à la procédure comme l'accusé, la partie civile ou le civilement responsable. »[3] Elle ajoute du reste que « sous réserve de la jurisprudence de la Cour de cassation, il semble que le non-respect de ces nouvelles dispositions ne devrait pas entraîner la nullité de la confiscation prononcée, dans la mesure où la personne concernée pourra toujours solliciter la restitution du bien sur le fondement de l'article 710 du Code de procédure pénale »[4]. Pourtant, ainsi que cela a été justement relevé, on peut s'interroger sur « la volonté de l'exécutif de ne donner qu'une valeur très peu contraignante aux nouvelles dispositions »[5]. En effet, si la sanction de la méconnaissance des nouvelles dispositions réside dans la seule possibilité, pour le tiers, de saisir la juridiction de jugement d'une requête en difficulté d'exécution afin de solliciter la restitution du bien confisqué, cela signifie qu'en vérité cette méconnaissance n'est purement et simplement pas sanctionnée, dès lors que cette faculté lui a en tout état de cause été ouverte par la jurisprudence de la chambre criminelle[6]. Pour le dire autrement, « rien n'empêche donc de juger un tiers connu en son absence, puisque la voie de l'incident d'exécution lui est ouverte... », de sorte que « si le recours existe bien, son effectivité peut être questionnée ».

L'insuffisance de ces dispositions législatives et réglementaires a donc conduit la chambre criminelle à compléter la liste des droits reconnus aux tiers propriétaires, à tout le moins ceux dont le titre est connu ou qui ont réclamé cette qualité au cours de la procédure, en se fondant sur la jurisprudence de la Cour européenne des droits de l'homme et celle de la Cour de justice de l'Union européenne. Ainsi, dans une importante décision du 7 septembre 2022, la chambre criminelle a posé pour principe que, d'une part, « les personnes dont le titre est

1. V. s[s] n° 131.42.

2. V. s[s] n° 132.181.
3. Circ. Justice-DACG, 27 déc. 2021, *relative aux dispositions de la loi n° 2021-1729 du 22 décembre 2021 pour la confiance dans l'institution judiciaire tirant les conséquences de décisions QPC rendues par le Conseil constitutionnel*, NOR : JUSD2138990 C, p. 11.
4. Circ. Justice-DACG, 27 déc. 2021, préc., p. 10.
5. F. Engel « Confiscation, l'inconstitutionnalité de plus », *Lexbase Pénal*, janv. 2022.
6. V. s[s] n° 132.181.

connu ou qui ont réclamé cette qualité au cours de la procédure sont recevables à interjeter appel ou à former un pourvoi en cassation contre la décision ordonnant la confiscation d'un bien leur appartenant », d'autre part, ces personnes ont « le droit également de bénéficier de l'assistance d'un avocat tout au long de la procédure, en première instance comme en appel ou en cassation », ainsi que de se voir communiquer « en temps utile outre les procès-verbaux de saisie, en cas de saisie spéciale, les réquisitions aux fins de saisie, l'ordonnance et les pièces précisément identifiées de la procédure sur lesquelles [la juridiction] se fonde dans ses motifs décisoires », ce dont cette dernière est tenue de s'assurer[1]. Ce principe a été réaffirmé par la suite[2]. Ainsi plus complet, en ce qu'il prévoit notamment un accès partiel au dossier de la procédure, le statut des tiers propriétaires dont le titre est connu ou qui ont réclamé cette qualité au cours de la procédure, leur permet surtout d'exercer un recours véritable contre la décision de confiscation, sans plus devoir emprunter la seule voie de la contestation *a posteriori* de la décision au moyen d'une requête en difficulté d'exécution présentée en application de l'article 710 précité. Il est intéressant de relever que l'appel et le pourvoi en cassation sont recevables non seulement, bien sûr, lorsque le tiers propriétaire était partie à la décision de confiscation, comme étant intervenu après avoir été avisé de la date d'audience, mais aussi lorsque cette formalité n'a pas été accomplie. En effet, dans ces affaires, la chambre criminelle a déclaré recevables les pourvois de sociétés qui n'étaient pas parties à l'arrêt ayant prononcé la confiscation de biens leur appartenant en énonçant de surcroît : « Les personnes dont le titre est connu ou qui ont réclamé cette qualité au cours de la procédure sont recevables à interjeter appel ou à former un pourvoi en cassation contre la décision ordonnant la confiscation d'un bien leur appartenant. » Il est vrai que, hors le domaine des confiscations, la chambre criminelle a déjà admis, en se fondant sur les articles préliminaires du Code de procédure pénale et 6, § 1, de la Convention européenne des droits de l'homme, qu'une personne qui a été condamnée par une juridiction répressive de première instance sans avoir été partie au procès a le droit d'interjeter appel devant la juridiction supérieure[3]. Réciproquement, cette jurisprudence ne s'appliquera qu'aux seuls tiers propriétaires dont le titre est connu ou qui ont réclamé cette qualité au cours de la procédure. Hors ces cas, les tiers qui prétendent qu'a été confisqué un bien leur appartenant, ou plus généralement un droit dont ils sont titulaires, sans qu'ils aient été mis en mesure de se défendre, continueront à ne bénéficier que de la faculté d'intervenir volontairement en instance d'appel[4], et de celle de saisir la juridiction de jugement d'une requête en difficulté d'exécution[5].

1. Crim. 7 sept. 2022, nº 21-84.322, P.
2. Crim. 17 mai 2023, nº 20-87.060, NP.
3. Crim. 7 oct. 2003, nº 02-88.383, P, nº 181. SUR CE TEMPÉRAMENT : *Rép. pén.*, Vº « Appel », par Ch. Courtin, nº 43.

SECTION 3
DÉSIGNATION DU BIEN CONFISQUÉ

131.51 **Principe.** Lorsqu'il prononce une peine de confiscation, le juge répressif doit particulièrement veiller à précisément identifier le bien objet de cette mesure.

131.52 **Affirmation jurisprudentielle.** Cette nécessité a donné lieu à plusieurs arrêts de la chambre criminelle qui a renforcé son exigence à cet égard.

Ainsi, outre le fait que la chambre criminelle est périodiquement saisie d'arrêts rendus sur requêtes en difficulté d'exécution provoquées par l'imprécision des décisions de confiscation[6], elle a jugé, dans une affaire où avait été prononcée, sans davantage de précision, la confiscation « des biens mobiliers ayant servi directement ou indirectement à la prostitution », et où le demandeur reprochait à la cour d'appel de ne pas avoir désigné plus précisément les biens confisqués, que « si lors de la mise à exécution de cette mesure une contestation pouvait être élevée sur le point de savoir si certains biens étaient ou non compris dans la confiscation, l'incident qui en résulterait serait tranché par la juridiction qui aurait alors à statuer par application de l'article 710 du Code de procédure pénale »[7]. De même, dans plusieurs affaires où les demandeurs aux pourvois contestaient la régularité du prononcé de la confiscation « des scellés », selon la formule consacrée, en faisant valoir, pour l'essentiel, que les énonciations de la décision de confiscation ne permettaient pas d'identifier les biens qui avaient fait l'objet de la mesure, de telles argumentations ont été écartées par la chambre criminelle, qui a donc admis l'emploi de ces énonciations, en considérant que les biens confisqués étaient nécessairement identifiés comme ayant été placés sous scellés. Ainsi, si les biens confisqués n'étaient pas « identifiés » dans les énonciations de l'arrêt attaqué, ils n'en étaient pas

4. V. s^s nº 131.42.
5. V. s^s nº 132.181.
6. Crim. 24 nov. 2014, nº 04-82.025, NP – Crim. 7 sept. 2010, nº 09-88.721, NP – Crim. 16 janv. 2013, nº 12-82.883, NP – Crim. 2 sept. 2015, nº 14-86.605, NP.
7. Crim. 12 nov. 1963, nº 62-92.297, P, nº 317.

moins « identifiables » en procédure, comme ayant été placés sous scellés[1]. Ces décisions traduisaient une certaine tolérance de la chambre criminelle envers les juridictions du fond, ainsi qu'une approche pragmatique de la question. Réciproquement, cependant, ces arrêts devaient déjà être lus comme signifiant que les biens confisqués devaient pouvoir être identifiés dans la décision de confiscation.

Ceci étant, dans un arrêt rendu le 27 juin 2018, la chambre criminelle, réunie dans sa formation plénière, a posé pour principe qu'il incombe au juge qui décide de confisquer un bien, après s'être assuré de son caractère confiscable en application des conditions légales, notamment « de préciser la nature et l'origine de ce bien ainsi que le fondement de la mesure »[2]. Dorénavant, les biens confisqués doivent être précisément désignés dans la décision de condamnation.

131.53 Désignation des biens immobiliers. La désignation de certains biens revêt du reste une importance particulière. Tel est bien sûr le cas des immeubles, dans la mesure où la peine de confiscation devra faire l'objet de formalités de publicité foncière. Il est ainsi particulièrement important que le bien confisqué soit désigné avec la plus grande précision.

Conformément aux préconisations de l'Agrasc, le juge répressif devra ainsi d'abord indiquer l'adresse du bien, sa nature et ses références cadastrales comprenant la commune et son code postal, la section, le numéro et s'il y a lieu le numéro de lot.

En cas de copropriété, ce qui est une hypothèse fréquente, la désignation du bien devra nécessairement comporter les numéros de lot concernés par la peine, ainsi que les références de l'état descriptif de division, selon la formule suivante :

« Immeuble faisant l'objet d'un état descriptif de division en date du......... [*date*], par acte de Maître......... [*nom*], notaire à......... [*ville*] et publié le......... [*date*] à la conservation des hypothèques de......... [*ville et numéro de bureau s'il y a lieu*], sous la référence d'enliassement......... [*année, volume et numéro*]. »

Sera ensuite précisée l'origine de propriété, c'est-à-dire l'acte en vertu duquel l'intéressé est propriétaire du bien, selon la formule qui suit :

« Bien acquis le......... [*date*], par acte de Maître......... [*nom*], notaire à......... [*ville*] et publié le......... [*date*] à la conservation des hypothèques de......... [*ville et numéro de bureau s'il y a lieu*], sous la référence d'enliassement......... [*année, volume et numéro*]. »

Enfin, la décision mentionnera l'identité complète du propriétaire de l'immeuble [« *dont est propriétaire...* »] comprenant ses noms, prénoms, date et lieu de naissance, domicile, profession et situation familiale, lorsqu'il s'agit d'une personne physique ; et ses dénominations sociales, forme juridique, siège social, numéro de SIREN, désignation du registre du commerce et des sociétés s'il y a lieu, date et lieu de leur déclaration ou du dépôt de leur statut, s'il s'agit d'une association ou d'un syndicat, et enfin noms, prénoms et domicile du ou des représentants légaux.

131.54 Désignation des comptes bancaires. Lorsque la confiscation porte sur des sommes inscrites au crédit d'un compte bancaire, il est de même essentiel que soient précisées dans la décision les références du compte au crédit duquel figurent les sommes objet de la mesure.

Seront ainsi mentionnés dans la décision, conformément aux recommandations de l'Agrasc, le nom du titulaire du compte, le numéro du compte, le nom de la banque et le nom de la succursale tenant le compte.

Si, en application de l'article 484-1 du Code de procédure pénale, s'agissant du tribunal correctionnel, ou bien de l'article 373-1 du même code, en ce qui concerne la cour d'assises, le juge répressif ordonne de surcroît la saisie des sommes ainsi confisquées, comme il sera vu[3], il conviendra d'ordonner à l'établissement bancaire tenant le compte de se libérer des sommes confisquées en procédant à leur virement sur le compte ouvert au nom de l'Agrasc à la Caisse des dépôts et consignations, en précisant les références de ce compte, outre la nécessité, pour cet établissement de mentionner dans le libellé du virement les références de la juridiction ayant statué (TJ ou cour d'appel de...), la formation de jugement (tribunal correctionnel, chambre des appels correctionnels...), la date du jugement, le numéro de parquet de l'affaire, et enfin le nom du titulaire du compte ayant fait l'objet de la mesure. En effet, cette agence a le monopole de la gestion des sommes saisies lors des procédures pénales[4].

131.55 Désignation des créances figurant sur des contrats d'assurance sur la vie. En cas de confiscation d'une créance figurant sur un contrat d'assurance sur la vie, les énonciations de la décision

1. Crim. 24 oct. 2007, n° 07-80.646, NP – Crim. 12 mai 2010, n° 09-85.319, NP – Crim. 3 sept. 2014, n° 13-83.760, NP ; *AJ pénal* 2017. 142, obs. O. Violeau.
2. Crim. 27 juin 2018, n° 16-87.009, P, n° 128 ; *D.* 2018. 1494 ; *ibid* 2259, obs. G. Roujou de Boubée, T. Garé, C. Ginestet, S. Mirabail et E. Tricoire ; *Rev. sociétés* 2018. 674, note B. Bouloc ; *RTD com.* 2018. 804, obs. B. Bouloc.

3. V. s[s] n° 131.121.
4. C. pr. pén., art. 706-160, al. 1, 2°.

ordonnant cette mesure seront comparables à celles d'une décision de confiscation de sommes inscrites au crédit d'un compte bancaire.

Les juges devront ainsi veiller à indiquer le nom du titulaire du contrat, son intitulé et son numéro, le nom de l'établissement bancaire ou de la compagnie d'assurances, et enfin la désignation de la créance figurant sur le contrat lors de la confiscation.

Il sera également utile de rappeler dans la décision les dispositions issues de la loi n° 2013-1117 du 6 décembre 2013[1], que nous évoquerons bientôt[2], qui sont venues clarifier les règles d'exécution des décisions de confiscation en la matière, en prenant en compte les spécificités de droit civil des contrats d'assurance sur la vie. En effet, depuis l'entrée en vigueur de ce texte, les dispositions des articles L. 160-9 du Code des assurances, L. 223-29 du Code de la mutualité et L. 932-23-2 du Code de la sécurité sociale prévoient que « la décision définitive de confiscation d'une somme ou d'une créance figurant sur un contrat d'assurance sur la vie, prononcée par une juridiction pénale, entraîne de plein droit la résolution judiciaire du contrat et le transfert des fonds confisqués à l'État ».

131.56 **Désignation des droits confisqués.** Enfin, si les précisions qui précèdent faciliteront l'exécution des confiscations, il apparaît plus important encore que la décision indique précisément quels sont les droits faisant l'objet de la mesure, en particulier lorsque le bien est en état d'indivision.

Une incertitude sur la question de savoir si le bien a été confisqué dans sa totalité, ou bien si seuls les droits de tel indivisaire - le plus souvent de l'indivisaire qui a été condamné -, ont fait l'objet de la mesure, est de nature à entraîner des difficultés au stade de l'exécution de la peine, laquelle débouchera sur une requête en difficulté d'exécution de l'article 710 du Code de procédure pénale.

Il importe donc que la juridiction de jugement indique formellement, en cas de confiscation d'un bien indivis, que le bien a été confisqué dans sa totalité, car il est à la libre disposition du condamné et que le tiers indivisaire n'est pas de bonne foi, ou bien que seuls les droits du condamné ont été confisqués.

Les mêmes recommandations valent en cas de démembrement du droit de propriété.

1. L. n° 2013-1117, 6 déc. 2013 *relative à la lutte contre la fraude fiscale et la grande délinquance économique et financière*, *JO* 7 déc., p. 19941 – SUR CE TEXTE : Circ. Justice, 23 janv. 2014 *de présentation de la loi n° 2013-1117 en date du 6 décembre 2013 relative à la lutte contre la fraude fiscale et la grande délinquance économique et financière*, NOR : JUS D 1402112 C, *BOMJ* n° 2014-01, 31 janv. 2014, p. 14.
2. V. s[s] n° 132.112.

131.57 **Dispositions applicables à la confiscation de certains fonds de commerce.** Au stade du prononcé de la peine, la confiscation des fonds de commerce obéit enfin à des règles particulières lorsqu'elle est prononcée en répression de certaines infractions.

Ainsi, la décision qui, en application de l'article 225-22 du Code pénal faisant encourir la confiscation du fonds de commerce aux auteurs de faits de proxénétisme hôtelier[3], prononce cette peine, doit ordonner l'expulsion de toute personne qui, directement ou par personne interposée, détient, gère, exploite, dirige, fait fonctionner, finance ou contribue à financer l'établissement[4].

Le même texte prévoit que cette décision entraîne aussi le transfert à l'État de la propriété du fonds confisqué et emporte subrogation de l'État dans tous les droits du propriétaire du fonds, ce qui ne constitue cependant qu'une déclinaison particulière du principe énoncé par l'antépénultième alinéa de l'article 131-21 du Code pénal.

SECTION 4
MOTIVATION DE LA CONFISCATION

131.60 **Plan.** Le prononcé d'une mesure de confiscation, qui constitue une peine d'une nature particulière, doit être motivé. En vérité, il y a lieu de distinguer entre le devoir de motivation commun à l'ensemble des peines criminelles, correctionnelles ou de police, et celui propre aux confiscations.

131.61 **Devoir de motivation des peines correctionnelles.** Dans le cadre d'une évolution importante de sa jurisprudence, la chambre criminelle a imposé au juge répressif le devoir de motiver les mesures de confiscations en tant que peines correctionnelles.

Conformément à sa jurisprudence plus générale, la chambre criminelle a en effet longtemps dispensé le juge répressif du devoir de motiver les peines de confiscation. Ainsi, par un arrêt du 18 novembre 2009, la chambre criminelle avait approuvé la décision de confiscation d'un immeuble prise par une cour d'appel au motif que « l'essentiel de ce patrimoine [provenait] de façon constante et reconnue des fruits du trafic de stupéfiants », en énonçant que, « hormis les cas expressément prévus par la loi, les juges [n'étaient] pas tenus de motiver spécialement le choix de la sanction qu'ils [appliquaient] dans les limites légales »[5]. Il en a été de même dans un arrêt ultérieur[6].

3. C. pén., art. 225-10.
4. C. pr. pén., art. 706-39.
5. Crim. 18 nov. 2009, n° 09-81.710, NP.
6. Crim. 10 mars 2010, n° 09-80.480, NP.

Cet état de la jurisprudence de la chambre criminelle s'est trouvé profondément modifié à la suite de trois arrêts rendus le 1er février 2017 qui ont imposé aux juridictions correctionnelles le devoir de motiver spécialement les peines correctionnelles. Ainsi, par un premier arrêt, la chambre criminelle a posé pour principe qu'« en matière délictuelle, le juge qui prononce une amende doit motiver sa décision au regard des circonstances de l'infraction, de la personnalité et de la situation personnelle de son auteur, en tenant compte de ses ressources et de ses charges »[1]. Par une deuxième décision, la chambre criminelle a ensuite fait application de ce principe pour approuver une cour d'appel d'avoir prononcé à l'encontre d'un prévenu une peine d'amende et une peine complémentaire d'inéligibilité, en énonçant que la cour d'appel avait justifié sa décision en prononçant par des motifs qui, notamment, « [répondaient] à l'exigence, résultant des articles 132-1 du Code pénal et 485 du Code de procédure pénale, selon laquelle en matière correctionnelle toute peine doit être motivée au regard de la gravité des faits, de la personnalité de leur auteur et de sa situation personnelle »[2]. Enfin, dans un troisième et dernier arrêt, la chambre criminelle a rejeté le moyen développé à l'encontre de l'arrêt d'une cour d'appel qui avait prononcé à l'encontre d'un prévenu une peine complémentaire d'interdiction de gérer. Dans cette affaire, la chambre criminelle a énoncé que la motivation de la cour d'appel répondait « à l'exigence résultant des articles 132-1 du Code pénal et 485 du Code de procédure pénale, selon laquelle, en matière correctionnelle, toute peine doit être motivée en tenant compte de la gravité des faits, de la personnalité de leur auteur et de sa situation personnelle »[3].

Il en résulte que, « toute peine » devant être motivée en matière correctionnelle, le juge répressif qui prononce une peine de confiscation, complémentaire ou alternative, doit en principe motiver celle-ci en tenant compte de la gravité des faits, de la personnalité de leur auteur et de sa situation personnelle[4]. La chambre criminelle a d'ailleurs expressément fait application de cette nouvelle exigence en matière de confiscations en énonçant que « le juge qui prononce une mesure de confiscation de tout ou partie d'un patrimoine doit motiver sa décision au regard de la gravité des faits, de la personnalité de son auteur et de sa situation personnelle, et apprécier le caractère proportionné de l'atteinte portée au droit de propriété de l'intéressé »[5], ce qui revient à distinguer entre la motivation spécifique de la proportionnalité de la confiscation, lorsque celle-ci doit être contrôlée, et la motivation générale des confiscations en tant que peines correctionnelles[6]. La chambre criminelle a du reste fait application de ce principe par la suite pour reprocher à des juges d'avoir insuffisamment motivé des peines de confiscation au regard de la gravité des faits, de la personnalité de leur auteur et de sa situation personnelle, ou au contraire approuver leur motivation vis-à-vis de ces critères[7].

Il reste que rien ne s'oppose à ce que la motivation au regard de la gravité des faits, de la personnalité de leur auteur et de sa situation personnelle soit commune à plusieurs peines correctionnelles[8], la chambre criminelle ayant posé pour principe que, « lorsque plusieurs peines sont prononcées, le juge peut adopter une motivation commune à celles-ci »[9].

1. Crim. 1er févr. 2017, n° 15-83.984, P, n° 29 ; *GADPG*, 11e éd., Dalloz, 2018, n° 50 ; *JCP G* 2017. 277, obs. J. Leblois-Happe ; *Dr. pén.* 2017, comm. 69, obs. E. Bonis-Garcon ; *Procédures* 2017, comm. 72, obs. A.-S. Chavent-Leclere.
2. Crim. 1er févr. 2017, n° 15-84.511, P, n° 30 ; *GADPG*, 11e éd., Dalloz, 2018, n° 50 ; *JCP G* 2017. 277, obs. J. Leblois-Happe ; *Procédures* 2017, comm. 72, obs. A.-S. Chavent-Leclere ; *D.* 2017. 961, note C. Saas ; *AJDA* 2017. 256 ; *AJ pénal* 2017. 175, note E. Dreyer ; *AJCT* 2017. 288, obs. S. Lavric.
3. Crim. 1er févr. 2017, n° 15-85.199, P, n° 28 ; *GADPG*, 11e éd., Dalloz, 2018, n° 50 ; *D.* 2017. 961, note C. Saas ; *D.* 2017. 2501, obs. G. Roujou de Boubée, T. Garé, C. Ginestet, M.-H. Gozzi, S. Mirabail et E. Tricoire ; *JCP G* 2017. 277, obs. J. Leblois-Happe ; *Procédures* 2017, comm. 72, obs. A.-S. Chavent-Leclere ; *Dr. sociétés* 2017, comm. 71, obs. R. Salomon.
4. POUR LA PROPOSITION de prise en compte du « coût sociétale de l'infraction » au titre de la gravité de l'infraction : E. Camous, « Évaluer le montant de la peine patrimoniale, prochain défi de la lutte contre les enrichissements illicites », *Dr. pén.* 2019, étude 25.
5. Crim. 8 mars 2017, n° 15-87.422, P, n° 66 ; *D.* 2017. 648 ; *D.* 2017. 2501, obs. G. Roujou de Boubée, T. Garé, C. Ginestet, M.-H. Gozzi, S. Mirabail et E. Tricoire ; *RDI* 2017. 240, obs. G. Roujou de Boubée – Crim. 11 janv. 2023, n° 22-81.056, NP.
6. V. CEPENDANT pour un exemple de confusion entre ces deux aspects de la motivation : Crim. 5 sept. 2018, n° 17-82.888, NP.
7. Crim. 21 mars 2018, n° 16-87.008, NP – Crim. 21 mars 2018, n° 16-87.296, P, n° 50 ; *D.* 2018. 672 – Crim. 5 avr. 2018, n° 17-81.281, NP – Crim. 3 mai 2018, n° 17-80.933, NP – Crim. 30 janv. 2019, n° 17-82.558, NP – Crim. 19 juin 2019, n° 18-81.372, NP – Crim. 19 juin 2019, n° 18-84.069, NP – Crim. 2 déc. 2020, n° 19-84.363, NP – Crim. 8 avr. 2021, n° 20-84.347, NP – Crim. 17 mai 2022, n° 21-85.611, P, approuvant de manière atypique la cour d'appel d'avoir pris en compte « la personnalité et la situation personnelle du prévenu, ses ressources et ses charges » – Crim. 7 sept. 2022, n° 21-84.322, P – Crim. 7 juin 2023, n° 22-84.704, NP.
8. Crim. 14 nov. 2019, n° 18-85.688, NP – Crim. 3 déc. 2019, n° 18-85.401, NP.
9. Crim. 27 juin 2018, n° 16-87.009, P, n° 128 ; *D.* 2018. 1494 ; *ibid* 2259, obs. G. Roujou de Boubée, T. Garé, C. Ginestet, S. Mirabail et E. Tricoire ; *Rev. sociétés* 2018. 674, note B. Bouloc ; *RTD com.* 2018. 804, obs. B. Bouloc.

Enfin, l'on relèvera que cette jurisprudence a été consacrée par le législateur lors de l'adoption de la loi n° 2019-222 du 23 mars 2019[1] qui a introduit dans le Code de procédure pénale un article 485-1 disposant qu'« en cas de condamnation, sans préjudice des dispositions prévoyant la motivation spéciale de certaines peines, [...] la motivation doit également porter sur le choix de la peine au regard des dispositions des articles 132-1 et 132-20 du Code pénal », l'article 132-1 précité énonçant que « dans les limites fixées par la loi, la juridiction détermine la nature, le quantum et le régime des peines prononcées en fonction des circonstances de l'infraction et de la personnalité de son auteur ainsi que de sa situation matérielle, familiale et sociale, conformément aux finalités et fonctions de la peine énoncées à l'article 130-1 ».

131.62 **Devoir de motivation des peines criminelles.** Jusque dans un passé récent, l'état du droit était différent s'agissant des confiscations prononcées par les cours d'assises. Dans ce cas, la peine n'avait pas à être motivée. En effet, dans un arrêt du 8 février 2017, rendu au visa de l'article 365-1 du Code de procédure pénale, la chambre criminelle avait énoncé qu'il se déduisait de ce texte qu'« en cas de condamnation par la Cour d'assises, la motivation [consistait] dans l'énoncé des principaux éléments à charge qui [l'avaient] convaincue de la culpabilité de l'accusé », et qu'« en l'absence d'autres dispositions légales le prévoyant, la cour et le jury ne [devaient] pas motiver le choix de la peine qu'ils [prononçaient] dans les conditions définies par l'article 362 [du Code de procédure pénale] »[2]. Appliquant ce principe, la chambre criminelle avait d'ailleurs cassé l'arrêt de la cour d'assises attaqué qui, pour justifier la peine prononcée, avait fait état d'un ensemble de circonstances de faits propres à l'affaire considérée. Ainsi, alors qu'il était mis à la charge du tribunal correctionnel un devoir de motivation des peines délictuelles, et donc de la peine de confiscation, une prohibition pesait au contraire sur la cour d'assises à cet égard.

Cet état du droit a été jugé contraire à la Constitution par une importante décision du Conseil constitutionnel du 2 mars 2018[3]. Le Conseil a en effet jugé que les dispositions de l'article 365-1 du Code de procédure pénale étaient contraires à la Constitution, en ce qu'elles n'imposaient pas à la cour d'assises de motiver le choix de la peine, le législateur ayant notamment méconnu le principe d'individualisation des peines découlant de l'article 8 de la Déclaration des droits de l'homme et du citoyen de 1789 et impliquant qu'une sanction pénale ne puisse être appliquée que si le juge l'a expressément prononcée, en tenant compte des circonstances propres à chaque espèce, ainsi que la motivation des jugements et arrêts de condamnation pour la culpabilité comme pour la peine. L'abrogation de l'article 365-1 a cependant été reportée au 1er mars 2019, pour permettre au législateur de remédier à l'inconstitutionnalité constatée et le Conseil constitutionnel a jugé que, jusqu'à cette date, l'article 365-1 devait être interprété comme imposant à la cour d'assises d'énoncer, dans la feuille de motivation, « les principaux éléments l'ayant convaincue dans le choix de la peine », cette règle paraissant devoir être appliquée en matière de confiscations.

La loi n° 2019-222 du 23 mars 2019[4] a donc modifié l'article 365-1 du Code de procédure pénale dont il résulte dorénavant que la cour d'assises est en principe tenue de motiver la peine et que cette motivation « consiste [...] dans l'énoncé des principaux éléments ayant convaincu la cour d'assises dans le choix de la peine, au vu des éléments exposés au cours de la délibération prévue à l'article 362 ».

131.63 **Devoir de motivation des peines contraventionnelles.** Enfin, par un arrêt du 30 mai 2018, et sous l'influence de la jurisprudence du Conseil constitutionnel, la chambre criminelle a étendu à la matière contraventionnelle sa jurisprudence développée en matière délictuelle à partir des arrêts du 1er février 2017. Elle a ainsi affirmé « qu'en application des articles 132-1 et 132-20 du Code pénal, 485, 543 et 593 du Code de procédure pénale et des principes constitutionnels tels que dégagés dans la décision QPC du 2 mars 2018[5], la juridiction qui prononce une peine d'amende doit motiver sa décision au regard des circonstances de l'infraction, de la personnalité et de la situation personnelle de son auteur, en tenant compte de ses ressources et de ses charges », et « que cette obligation de motivation s'applique en matière contraventionnelle »[6]. Si la

1. L. n° 2019-222, 23 mars 2019 *de programmation 2018-2022 et de réforme pour la justice, JO* 24 mars, n° 2.
2. Crim. 8 févr. 2017, n° 16-80.391, P, n° 41 ; *D.* 2017. 1557, chron. G. Guého, E. Pichon, B. Laurent, L. Ascensi et G. Barbier ; *D.* 2017. 1676, obs. J. Pradel ; *Dr. pén.* 2017, comm. 63, obs. A. Maron et M. Haas ; *Procédures* 2017, comm. 71, obs. A.-S. Chavent-Leclere ; *Gaz. Pal.* 25 avr. 2017, n° 16, p. 63, obs. F. Fourment.
3. Cons. const. 2 mars 2018, n° 2017-694 QPC, *JO* 3 mars, n° 55 ; *GADPG*, 11e éd., Dalloz, 2018, n° 50 ; *AJDA* 2018. 1561, note M. Verpeaux ; *D.* 2018. 1191, note A. Botton ; *D.* 2018. 1611, obs. J. Pradel ; *Constitutions* 2018. 189, Décision.
4. L. n° 2019-222, 23 mars 2019 *de programmation 2018-2022 et de réforme pour la justice, JO* 24 mars, n° 2.
5. Cons. const. 2 mars 2018, n° 2017-694 QPC, *JO* 3 mars, n° 55, préc.
6. Crim. 30 mai 2018, n° 16-85.777, P, n° 106 ; *D.* 2018. 1208 ; *D.* 2018. 1711, chron. E. Pichon, G. Guého, G. Barbier, L. Ascensi et B. Laurent ; *AJ pénal* 2018. 407, note J.-B. Perrier.

chambre criminelle n'a pas encore étendu cette règle au domaine des confiscations, il nous semble néanmoins qu'il y a d'ores et déjà lieu de motiver les peines de confiscation contraventionnelles avec la même exigence que celle qui doit dorénavant présider à la motivation des peines d'amende, la référence à la décision du Conseil constitutionnel du 2 mars 2018, dont la portée est très générale, laissant présager une évolution de la jurisprudence de la chambre criminelle en ce sens.

131.64 Exception au devoir de motivation en cas de confiscation de l'objet ou du produit de l'infraction. Le principe de la motivation des peines de confiscation connaît une exception lorsque la mesure porte sur un bien qui est l'objet ou le produit de l'infraction, le prononcé de celle-ci n'ayant alors, en principe, pas lieu d'être motivé ; étant cependant relevé que cette restriction ne s'étend pas à la confiscation *en valeur* de l'objet ou du produit, comme l'a jugé la chambre criminelle, les dérogations au principe de motivation des peines étant, comme telles, d'interprétation stricte[1].

Il résulte en effet des dispositions des articles 365-1 et 485-1 du Code de procédure pénale, introduits par la loi n° 2019-222 du 23 mars 2019[2], qui sont respectivement applicables devant la cour d'assises et le tribunal correctionnel, qu'il n'y a pas lieu pour le juge répressif de motiver le prononcé de la confiscation de l'objet ou du produit de l'infraction.

Le législateur a ainsi consacré la jurisprudence de la chambre criminelle qui avait posé pour principe, dans un arrêt du 31 janvier 2018, confirmé par la suite[3], avant que son champ d'application ne soit étendu à la confiscation de l'objet[4], que « le moyen pris d'une insuffisance de motivation de la peine complémentaire de confiscation prononcée par la juridiction correctionnelle, au regard de la gravité des faits, de la personnalité de leur auteur et de sa situation personnelle, est inopérant s'agissant de la confiscation de biens qui sont le produit de l'infraction »[5].

Encore faut-il, cependant, que le bien confisqué soit dans sa totalité le produit de l'infraction, le devoir de motivation retrouvant à s'appliquer en cas de confiscation d'un bien qui a été acquis au moyen du produit de l'infraction et de fonds d'origine licite[6]. Sans doute cette jurisprudence est-elle antérieure à l'entrée en vigueur de la loi n° 2019-222 du 23 mars 2019, mais ce texte ne paraît de nature à la remettre en cause, dès lors qu'un tel bien ne saurait être totalement qualifié de produit de l'infraction.

De même, s'il n'y a donc pas lieu de motiver la confiscation d'un bien qui, dans sa totalité, est l'objet ou le produit de l'infraction, il n'en demeure pas moins que le juge répressif doit établir en quoi le bien confisqué constitue cet objet ou produit. Comme l'a énoncé à plusieurs reprises la chambre criminelle, à propos de la cour d'assises, si cette juridiction « n'a pas à préciser les raisons qui la conduisent à ordonner la confiscation du produit ou de l'objet de l'infraction, elle doit néanmoins énumérer les objets dont elle ordonne la confiscation et indiquer, pour chacun d'eux, s'ils constituent l'instrument, le produit ou l'objet de l'infraction, afin de mettre la Cour de cassation en mesure de s'assurer de la légalité de sa décision, et d'apprécier, le cas échéant, son caractère proportionné »[7]. En matière correctionnelle, elle a de même reproché à une cour d'appel de s'être abstenue d'expliquer « en quoi [un véhicule automobile] avait servi ou était destiné à commettre les infractions dont le prévenu [avait] été déclaré coupable, ou encore en était le produit »[8].

Cette dérogation rejoint la limite comparable apportée au champ d'application du contrôle de proportionnalité dont elle partage la rationalité[9]. Il a ainsi été relevé que « la confiscation du produit de l'infraction est [...] fondée sur le lien entre le bien confisqué et l'infraction », et que cet attachement « postule l'idée que l'individualisation légale de la sanction se fait *in rem* et vise à supprimer avant toute chose les effets de l'infraction »[10]. Cette individualisation *légale* exclut la nécessité de l'individualisation *judiciaire* qu'exprime la motiva-

1. Crim. 19 avr. 2023, n° 22-82.994, P.
2. L. n° 2019-222, 23 mars 2019 *de programmation 2018-2022 et de réforme pour la justice, JO* 24 mars, n° 2.
3. Crim. 18 juin 2019, n° 18-85.280, NP – Crim. 17 sept. 2019, n° 18-86.276, NP – *CONTRA* : Crim. 19 juin 2019, n° 18-81.372 dans lequel la chambre criminelle rejette sur le fond, sans donc les qualifier d'inopérant, le second moyen de cassation proposé pour M. C... et le second moyen de cassation proposé pour Mme T..., alors qu'avaient été ordonnées des confiscations en valeur respectivement de l'objet et du produit des infractions dont les intéressés avaient été déclarés coupables. Il est vrai cependant que cette qualification était seulement implicite s'agissant de M. C... alors que se trouvait par ailleurs encourue la peine de confiscation de patrimoine en répression des délits de blanchiment poursuivis, laquelle devait effectivement être motivée.
4. Crim. 25 mars 2020, n° 19-81.719, NP.
5. Crim. 31 janv. 2018, n° 17-81.876, P, n° 29 ; *AJDA* 2018. 252 ; *AJCT* 2018. 277, obs. J. Lasserre Capdeville.
6. Crim. 30 janv. 2019, n° 17-82.558, NP.
7. Crim. 20 oct. 2021, n° 21-80.637, NP – Crim. 10 nov. 2021, n° 20-86.292, NP – Crim. 24 nov. 2021, n° 20-87.253, NP – Crim. 9 mars 2022, n° 21-80.345, P – Crim. 6 avr. 2022, n° 21-81.232, NP.
8. Crim. 13 avr. 2022, n° 20-86.092, NP.
9. V. ss n° 122.41.
10. M. Giacopelli, « Le produit de l'infraction et le principe d'individualisation », *Annales de l'Institut de criminologie et de sciences pénales Roger Merle*, n° 1/2020, p. 148.

tion de la peine. Un auteur a cependant contesté cette exclusion, tout comme celle du contrôle de proportionnalité, en considérant qu'en l'état des textes, de la jurisprudence de la chambre criminelle et de la pratique, le produit confiscable excéderait le profit effectivement tiré de la commission de l'infraction par la personne condamnée, en sorte que la confiscation du produit présenterait un caractère punitif et pas seulement restitutif, justifiant l'individualisation et la motivation corrélative de la peine[1].

131.65 Exigences de motivation propres aux peines de confiscation. Outre le devoir de motiver les peines de confiscation qu'il prononce au regard des critères précités, le juge répressif doit de surcroît motiver le prononcé des peines de confiscation en fonction des conditions légales propres à celles-ci[2], ainsi que veiller à prononcer sur le caractère proportionné de la confiscation vis-à-vis du droit de propriété ou bien encore du droit au respect de la vie privée et familiale de ceux que la mesure concerne, dans les cas où le contrôle de proportionnalité s'applique[3].

On relèvera d'ailleurs que la chambre criminelle, réunie en formation plénière, a distingué entre ces deux niveaux de motivation des peines de confiscation[4]. D'une part, elle a rappelé « qu'en matière correctionnelle, le juge qui prononce une peine doit motiver sa décision au regard des circonstances de l'infraction, de la personnalité et de la situation personnelle de son auteur » : parce que la confiscation est une peine, elle doit être motivée en tant que telle. D'autre part, après avoir résumé l'état de sa jurisprudence relative à la proportionnalité des peines de confiscation en énonçant que, « hormis le cas où la confiscation, qu'elle soit en nature ou en valeur, porte sur un bien qui, dans sa totalité, constitue le produit de l'infraction, le juge, en ordonnant une telle mesure, doit apprécier le caractère proportionné de l'atteinte portée au droit de propriété de l'intéressé lorsqu'une telle garantie est invoquée ou procéder à cet examen d'office lorsqu'il s'agit d'une confiscation de tout ou partie du patrimoine », elle a posé pour principe « qu'il incombe [...] au juge qui décide de confisquer un bien, après s'être assuré de son caractère confiscable en application des conditions légales, de préciser la nature et l'origine de ce bien ainsi que le fondement de la mesure et, le cas échéant, de s'expliquer sur la nécessité et la proportionnalité de l'atteinte portée au droit de propriété du prévenu » : parce que la confiscation est une peine particulière, le juge répressif doit motiver son prononcé au regard de ses conditions légales et, le cas échéant, s'expliquer sur la proportionnalité de l'atteinte portée aux droits fondamentaux des intéressés.

Il est du reste important que le juge répressif précise la nature et l'origine des biens confisqués, ainsi que le fondement de la mesure, car à défaut la chambre criminelle n'est pas mise en mesure de contrôler la régularité de celle-ci, dès lors que les conditions de son prononcé dépendent de ces critères, non plus que le respect des exigences de motivation. Il en est ainsi en matière correctionnelle[5], mais aussi criminelle[6].

L'on pourra cependant s'interroger sur l'articulation qu'il convient d'opérer entre le devoir général de motivation des confiscations et l'obligation de motivation spéciale qui découle de l'application du

1. J. Bourgais, *Le rôle du juge pénal en matière de saisies et confiscations, Étude de droit comparé (France – Angleterre)*, Poitiers, 2021, n° 214.
2. POUR UN EXEMPLE de motivation insuffisante du fait que le bien confisqué est ou non le produit de l'infraction : Crim. 3 mai 2018, n° 17-80.933, NP – AUSSI : Crim. 16 janv. 2019, n° 17-86.581, P, n° 14 ; *D. actu.* 12 févr. 2020, obs. O. Claude ; *AJ pénal* 2019. 218, obs. J. Hennebois.
3. V. s[s] n° 122.05.
4. Crim. 27 juin 2018, n° 16-87.009, P, n° 128 ; *D.* 2018. 1494.
5. Crim. 19 juin 2019, n° 18-85.354, NP – Crim. 20 nov. 2019, n° 18-85.906, NP – Crim. 29 janv. 2020, n° 17-83.577, P, 47 ; *D.* 2020. 338 ; *AJ pénal* 2020. 302, obs. C. Litaudon ; *RTD com.* 2020. 497, obs. L. Saenko – Crim. 18 mars 2020, n° 18-83.986, NP – Crim. 22 avr. 2020, n° 19-84.431, NP – Crim. 2 sept. 2020, n° 19-81.577, NP – Crim. 25 nov. 2020, n° 19-81.444, NP – Crim. 2 déc. 2020, n°s 18-81.490 et 19-87.429, NP – Crim. 3 mars 2021, n° 19-87.093, NP – Crim. 17 mars 2021, n° 20-81.014, NP – Crim. 14 avr. 2021, n° 20-83.021, NP – Crim. 27 mai 2021, n° 20-82.370, NP – Crim. 6 oct. 2021, n° 20-83.413, NP – Crim. 3 nov. 2021, n° 21-80.451, NP – Crim. 17 nov. 2021, n° 20-86.847, NP – Crim. 15 déc. 2021, n° 20-85.075, NP – Crim. 5 janv. 2022, n° 21-80.638, NP – Crim. 12 janv. 2022, n° 21-80.866, NP – Crim. 15 févr. 2022, n°s 15-87.257 et 21-81.092, NP – Crim. 16 févr. 2022, n° 20-83.949, NP – Crim. 9 mars 2022, n° 21-83.089, NP – Crim. 13 avr. 2022, n° 20-86.092, NP – Crim. 21 avr. 2022, n° 21-82.790, NP – Crim. 11 mai 2022, n° 21-82.940, NP – Crim. 9 juin 2022, n° 21-85.875, NP – Crim. 15 juin 2022, n° 21-82.392, NP – Crim. 22 juin 2022, n° 21-82.909, NP – Crim. 29 juin 2022, n° 21-85.669, NP – Crim. 29 nov. 2022, n° 21-85.579, NP – Crim. 30 nov. 2022, n° 21-85.698, NP – Crim. 16 nov. 2022, n° 22-80.600, NP – Crim. 7 déc. 2022, n° 21-82.893, NP – Crim. 7 déc. 2022, n° 22-80.147, NP – Crim. 14 déc. 2022, n° 19-85.719, NP – Crim. 14 févr. 2023, n° 21-85.689, NP – Crim. 8 mars 2023, n° 21-85.967, NP – Crim. 8 mars 2023, n° 22-82.043, NP – Crim. 13 juin 2023, n° 22-86.048, NP – Crim. 14 juin 2023, n° 22-84.974, NP – Crim. 27 juin 2023, n° 22-84.208, NP.
6. Crim. 16 déc. 2020, n° 19-87.622, P, 18 ; *D.* 2021. 12 ; *AJ pénal* 2021. 163, obs. J.-B. Thierry – Crim. 27 mai 2021, n° 20-83.197, NP – Crim. 20 oct. 2021, n° 21-80.637, NP – Crim. 10 nov. 2021, n° 20-86.292, NP – Crim. 24 nov. 2021, n° 20-87.253, NP – Crim. 9 mars 2022, n° 21-80.345, P – Crim. 6 avr. 2022, n° 21-81.232, NP – Crim. 16 nov. 2022, n° 22-80.049, NP – Crim. 30 nov. 2022, n° 21-84.393, NP.

contrôle de proportionnalité. En effet, ainsi que la chambre criminelle l'a énoncé dans plusieurs décisions, dans le champ d'application du contrôle de proportionnalité, il y a lieu pour le juge répressif de contrôler la nécessité et la proportionnalité des confiscations, « au regard de la gravité des faits et de la situation personnelle »[1] du prévenu, ou bien encore « de sa situation personnelle et de la gravité concrète des faits »[2]. Or, force est de constater que les critères du contrôle de proportionnalité sont identiques, pour deux d'entre eux, aux critères généraux de motivation des peines (gravité des faits, personnalité de leur auteur et situation personnelle de l'intéressé). Pourtant, la chambre criminelle distingue clairement ces deux aspects de la démarche du juge répressif lorsqu'elle énonce que « le juge qui prononce une mesure de confiscation de tout ou partie d'un patrimoine doit motiver sa décision au regard de la gravité des faits, de la personnalité de son auteur et de sa situation personnelle, et apprécier le caractère proportionné de l'atteinte portée au droit de propriété de l'intéressé »[3]. Si les deux démarches sont proches, sans doute faut-il considérer que, dans le cadre du contrôle de proportionnalité, la gravité des faits et la situation personnelle du prévenu doivent être rapprochées de la valeur du bien confisqué ainsi que, s'il y a lieu, de l'intensité de l'atteinte portée au droit au respect à la vie privée et familiale, ce que n'exige pas formellement le devoir de motivation général des peines. Mais les deux approches seront probablement mêlées au sein de la démarche intellectuelle des juges, au point que le contrôle de proportionnalité pourrait être vu comme une modalité particulière de mise en œuvre du principe de motivation des peines[4].

Quoi qu'il en soit, la justification du caractère proportionné des confiscations prononcées, au regard de la gravité concrète des faits et de la situation personnelle des intéressés, doit être vue comme fondamentale, en ce qu'elle légitime la décision du juge répressif qui pourrait à défaut être jugée arbitraire par les personnes que ces mesures concernent. En effet, le fait que le contrôle de proportionnalité porte sur des termes qui sont de nature distincte et donc incomparable – atteinte au droit de propriété, gravité des faits et situation personnelle –, et largement incommensurables, le rend porteur d'une insécurité juridique que corrige la qualité de la motivation[5].

1. Crim. 30 mars 2016, n° 15-81.550, P, n° 104 ; *D.* 2016. 2424, obs. G. Roujou de Boubée, T. Garé, C. Ginestet, M.-H. Gozzi, L. Miniato et S. Mirabail.
2. Crim. 7 déc. 2016, n° 15-85.136, P, n° 330 ; *D.* 2017. 245, obs. E. Pichon ; *JCP G* 2017. 13, obs. J.-H. Robert ; *Dr. pén.* 2017, chron. 3, obs. V. Peltier – AUSSI : Crim. 22 mars 2017, n° 16-82.051, P, n° 80 ; *AJ pénal* 2017. 299.
3. Crim. 8 mars 2017, n° 15-87.422, P, n° 66 ; *D.* 2017. 648 ; *D.* 2017. 2501, obs. G. Roujou de Boubée, T. Garé, C. Ginestet, M.-H. Gozzi, S. Mirabail et E. Tricoire ; *RDI* 2017. 240, obs. G. Roujou de Boubée.
4. AUSSI : G. Chetard, *La proportionnalité de la répression, Étude sur les enjeux du contrôle de proportionnalité en droit pénal français*, « Collection des thèses », IFJD Institut Louis Joinet, 2020, n° 818 : « En réalité, les arrêts publiés dans cette matière révèlent une articulation des contrôles très semblable, sinon identique, à celle observée dans le domaine plus général de la motivation des peines. [...] Lorsque la chambre criminelle admet l'intervention de ce contrôle, ses modalités méthodologiques n'ont rien de spécifique à cette matière, que ce soit devant les juges du fond ou en cassation. L'objet du contrôle est simplement plus aisé à définir que pour d'autres sanctions pénales, parce que la confiscation constitue un moyen bien défini d'arriver à des fins déterminées et que ses effets, étant avant tout patrimoniaux, sont relativement aisés à évaluer. » – A. Dadoun, « L'intensité variable de la proportionnalité de la peine de confiscation », *Dr. pén.* 2017, chron. 6 : « Or, si la Cour de cassation n'apprécie pas la proportionnalité de la peine, on voit mal ce qui distingue en pratique les obligations de motivation tirées des exigences de proportionnalité et d'individualisation de la peine. Certes, la chambre criminelle distingue ces deux contrôles [...]. Il n'empêche que la proportionnalité de la confiscation générale devrait être appréciée au regard des mêmes éléments que l'individualisation, en particulier de la situation personnelle du condamné et de la gravité des faits. Dès lors, la motivation de la proportionnalité de la peine suffirait à motiver l'individualisation de la peine et inversement. Et l'absence de contrôle de proportionnalité de la confiscation du produit de l'infraction devrait ainsi, pour conserver son intérêt pratique, ne pas être remplacée par l'exigence d'individualisation de cette peine. » – E. Dreyer, « Confiscation et proportionnalité », *Gaz. Pal.* 6 nov. 2018, n° 38, p. 73 : « Il existe un lien évident entre motivation et contrôle de proportionnalité : sans motivation du prononcé d'une peine de confiscation, la Cour de cassation ne peut contrôler la mise en œuvre du contrôle de proportionnalité, voire discuter le résultat auquel les juges du fond sont parvenus. Mais, on le sait, la motivation a un objet plus large : elle existe, même indépendamment de tout contrôle de proportionnalité afin de convaincre chacun de la légitimité de la peine prononcée. Elle témoigne de ce que l'intérêt du prévenu autant que l'intérêt de la société ont bien été pris en compte au moment du choix de la nature et du quantum de chaque peine. Cela n'impose pas d'exercer un contrôle de proportionnalité en toute hypothèse. Les deux questions méritent donc d'être distinguées. Hélas, en pratique, cette origine commune conduit à aligner le régime du contrôle de proportionnalité sur celui de la motivation. Or, celui-ci se révèle décevant, en ce qu'il fait partager l'effort de justification de la peine à la personne poursuivie. » – M. Giacopelli, « Le produit de l'infraction et le principe d'individualisation », *Annales de l'Institut de criminologie et de sciences pénales Roger Merle*, n° 1/2020, p. 155 : « La question de l'articulation des contrôles se pose, tandis que sont mobilisés très critères très proches. »
5. EN CE SENS : G. Chetard, *La proportionnalité de la répression, Étude sur les enjeux du contrôle de proportionnalité en droit pénal français*, préc., n° 1562 – X. Pin, « La peine équitable », *in* Coll., *Les mots du droit, les choses de justice, Mélanges en l'honneur de Jean Danet*, Dalloz, 2020, p. 164.

SECTION 5
CONFISCATION OBLIGATOIRE OU FACULTATIVE

131.71 Principe du caractère facultatif de la confiscation. Parce que la confiscation est une peine, son prononcé présente en principe un caractère facultatif – lequel demeure y compris lorsque le texte prévoyant cette peine ne figure pas dans l'acte de poursuite[1] –, qui n'est que la conséquence du principe de l'individualisation des peines. Ce n'est ainsi que de façon exceptionnelle que le juge répressif aura l'obligation d'ordonner la confiscation d'un bien, soit que la loi lui en impose absolument le devoir, soit que ce magistrat ait l'obligation de motiver spécialement sa décision de ne pas prononcer cette sanction.

131.72 Caractère absolument obligatoire de la confiscation. Bien que les confiscations ne présentent qu'exceptionnellement un caractère absolument obligatoire, de telles exceptions ne sont pas rares en droit positif, même si le principe de l'individualisation de la peine se trouve alors malmené.

En ce qui concerne les dispositions de droit pénal général, on relèvera ainsi que le septième alinéa de l'article 131-21 du Code pénal prévoit que la confiscation est obligatoire « pour les objets qualifiés de dangereux ou nuisibles par la loi ou le règlement, ou dont la détention est illicite, que ces biens soient ou non la propriété du condamné ».

Nombre de dispositions de droit pénal spécial prévoient de même que certains biens doivent obligatoirement être confisqués par le juge répressif. Ainsi, en matière de trafic de stupéfiants[2] tout comme en matière de trafic d'armes[3], les articles 222-49 (trafic de stupéfiants) et 222-66 (trafic d'armes) du Code pénal prévoient la confiscation obligatoire des installations, matériels et de tout bien ayant servi, directement ou indirectement, à la commission de l'infraction, ainsi que tout produit provenant de celle-ci, à quelque personne qu'ils appartiennent et en quelque lieu qu'ils se trouvent, dès lors que leur propriétaire ne pouvait en ignorer l'origine ou l'utilisation frauduleuse. De même, l'article 442-13, alinéa 2, du Code pénal prévoit la confiscation obligatoire des pièces de monnaie et des billets de banque contrefaisants ou falsifiés, ainsi que des matières et instruments destinés à servir à leur fabrication, des dispositions comparables s'appliquant aux objets, imprimés ou formules prêtant à confusion avec les signes monétaires[4], en cas de refus de restitution de signes monétaires contrefaits ou falsifiés[5], d'utilisation de monnaie comme support de publicité[6] ou encore d'acceptation, détention ou utilisation de signes monétaires non autorisés[7], de falsification des titres ou autres valeurs fiduciaires émises par l'autorité publique[8], ou encore de falsification des marques de l'autorité[9]. Enfin, de nombreux exemples pourraient aussi être tirés de la législation pénale sur les armes[10].

131.73 Confiscation obligatoire sauf décision spécialement motivée. Par ailleurs, le législateur prévoit parfois que le prononcé de la confiscation d'un bien présente un caractère obligatoire, sauf décision spécialement motivée, ce qui sauvegarde l'application du principe de l'individualisation des peines.

Le droit pénal routier en fournit de nombreux exemples. Ainsi, le tribunal doit obligatoirement, sauf motivation spéciale, ordonner la confiscation du véhicule utilisé pour la commission des infractions de récidive de conduite en état alcoolique ou d'ivresse[11], récidive de conduite après usage de stupéfiants[12], homicide involontaire aggravé par le conducteur d'un véhicule terrestre à moteur, selon les distinctions prévues par le texte réprimant l'infraction[13], blessures involontaires par le conducteur d'un véhicule terrestre à moteur, selon les distinctions prévues par le texte réprimant l'infraction[14], conduite malgré la suspension, l'annulation, la rétention administrative du permis de conduire ou l'interdiction judiciaire d'obtenir un permis de conduire[15], récidive de conduite d'un véhicule non équipé d'un dispositif d'antidémarrage par éthylotest électronique[16], et récidive de grand excès de vitesse (supérieur à 50 km/h)[17].

Lorsqu'une telle peine est prévue par la loi, elle doit en principe être prononcée par le tribunal à la condition que, d'une part, le véhicule dont la confiscation est envisagée ait été utilisé pour com-

1. Crim. 8 juin 2022, n° 21-85.422, NP.
2. C. pén., art. 222-34 à 222-40.
3. C. pén., art. 222-52 à 222-60.
4. C. pén., art. 442-13, al. 4.
5. C. pén., art. R. 645-9.
6. C. pén., art. R. 642-4.
7. C. pén., art. R. 642-2.
8. C. pén., art. 443-6, R. 645-10, R. 645-11.
9. C. pén., art. 444-7.
10. CSI, art. L. 317-1-1, L. 317-3-1, L. 317-12 ; C. défense, art. L. 2339-2, L. 2339-4, L. 2339-19, L. 2341-4, L. 2342-80, L. 2451-7.
11. C. route, art. L. 234-12, I.
12. C. route., art. L. 235-4.
13. C. pén., art. 221-8.
14. C. pén., art. 222-44.
15. C. route, art. L. 224-16.
16. C. route, art. L. 234-16 III.
17. C. route, art. L. 413-1 – SUR CETTE PEINE : Ph. Belloir, « La confiscation obligatoire du véhicule automobile », *Gaz. Pal.* 6 nov. 2018, n° 38, p. 78.

mettre les faits, d'autre part, le condamné soit propriétaire de ce véhicule[1].

Le prononcé de la confiscation du véhicule ne présente toutefois aucun caractère automatique, ce qui est conforme au principe de l'individualisation des peines. Le tribunal peut, par décision « spécialement motivée », dire qu'il n'y a pas lieu à confiscation. Le législateur n'ayant prévu aucun critère au regard duquel cette décision doit être motivée, c'est conformément au droit commun qu'il y aura lieu pour le juge répressif de justifier sa décision en fonction des circonstances de l'infraction, de la personnalité de son auteur et de sa situation personnelle[2], outre le fait que la juridiction pourrait devoir contrôler le caractère proportionné de l'atteinte portée par la confiscation au droit de propriété du condamné si ce dernier invoque le caractère disproportionné de la mesure[3].

La compatibilité de la peine de confiscation du véhicule utilisé pour la commission d'une infraction routière avec le droit constitutionnel et le droit conventionnel a pu être interrogée par certains justiciables. La question avait été jugée suffisamment sérieuse par la chambre criminelle, sous l'angle du droit constitutionnel, pour qu'elle transmette au Conseil constitutionnel une question prioritaire de constitutionnalité posée par un contrevenant poursuivi du chef de grand excès de vitesse[4] ; mais, comme nous l'avons vu, le Conseil constitutionnel n'a pu directement répondre à la question[5]. Plus récemment, toutefois, la chambre criminelle a considéré, au sujet de la peine facultative de confiscation du véhicule encourue en matière de grand excès de vitesse, que « cette sanction, à caractère principalement dissuasif, dont l'objet est de lutter plus efficacement contre les grands excès de vitesse et de réduire le nombre de morts et de blessés causés par les accidents de la route, répond à un impératif d'intérêt général et ne méconnaît aucun des principes conventionnels invoqués »[6].

Pour le surplus, lorsque la confiscation du véhicule présente un caractère obligatoire, la chambre criminelle semble considérer que la décision de déroger à cette règle relève de l'appréciation souveraine des juges du fond qui, conformément au droit commun, doivent seulement motiver leur décision, sans insuffisance ni contradiction[7].

Observons enfin qu'un rapport parlementaire, reprenant une proposition de l'Agrasc[8], a suggéré de rendre obligatoire la confiscation des biens qui sont l'instrument, l'objet ou le produit de l'infraction, sauf motivation contraire[9]. Cette proposition, qui a été critiquée au moyen d'arguments sérieux[10], interroge au moins en ce qu'elle fait relever d'un même régime juridique d'une part la confiscation de l'instrument, d'autre part celle de ses objet et produit, alors qu'il est légitime que la première continue à suivre un régime moins strict que la seconde. Ce n'est en effet pas par hasard qu'à la différence de la confiscation de l'objet et du produit de l'infraction, celle de son instrument ne puisse porter que sur les biens qui appartiennent au condamné ou sont à sa libre disposition[11], qu'elle doive être motivée[12] et que le juge répressif soit tenu d'en contrôler le caractère proportionné[13]. Au contraire, un auteur a fort bien relevé, à propos de la confiscation de l'instrument, que « le rapport entre la valeur de cette chose, d'une part, et la culpabilité de l'auteur de l'infraction ou le préjudice collectif ou individuel qu'elle a causé, d'autre part, est le fruit du hasard : il suffit d'un mauvais couteau pour commettre un meurtre, mais les appareils les plus coûteux peuvent être l'instrument d'une infraction de médiocre gravité »[14]. La différence de nature des liens unissant à l'infraction d'une part son instrument, d'autre part ses objet et produit, est telle qu'elle interdit une identité de régime juridique de la confiscation de l'un et des autres : si l'on pourrait admettre que soit rendue obligatoire la confiscation de l'objet et du produit – à condition naturellement que les juges puissent y déroger pour que se trouve respecté le principe de l'individualisation de la peine –, l'on peine en revanche à trouver quelque argument en faveur du caractère obligatoire de la confiscation de l'instrument.

1. Crim. 18 nov. 2014, n° 13-88.340, NP.
2. C. pén., art. 132-1 – AUSSI : Ph. Belloir, « La confiscation obligatoire du véhicule automobile », préc.
3. Crim. 11 avr. 2018, n° 17-83.170, NP dans lequel, pour écarter le moyen de cassation tiré du défaut de contrôle de proportionnalité de la peine de confiscation du véhicule du condamné, la chambre criminelle relève que la cour d'appel « n'était saisie d'aucune demande du prévenu tendant à écarter le prononcé de cette peine en cas de déclaration de culpabilité ».
4. Crim. 14 sept. 2010, n° 10-90.090, NP.
5. V. s^s^ n° 112.11.
6. Crim. 10 févr. 2016, n° 15-82.324, P, n° 39 ; *D.* 2016. 425 ; *D.* 2016. 2424, obs. G. Roujou de Boubée, T. Garé, C. Ginestet, M.-H. Gozzi, L. Miniato et S. Mirabail ; *Gaz. Pal.* 26 avr. 2016, n° 16, p. 56, obs. S. Detraz.
7. Crim. 4 mars 2015, n° 13-86.954, NP.
8. Agrasc, *Rapp. annuel* 2018, p. 96.
9. L. Saint-Martin et J.-L. Warsmann, *Investir pour mieux saisir, confisquer pour mieux sanctionner, Rapport parlementaire*, nov. 2019, p. 49.
10. J. Bourgais, « Rapport parlementaire sur les saisies et confiscations : des propositions hasardeuses », *Dr. pén.* 2020, étude 4 – *Le rôle du juge pénal en matière de saisies et confiscations, Étude de droit comparé (France – Angleterre)*, Poitiers, 2021, n° 234.
11. V. ss nos 125.21 et 125.31.
12. V. ss nos 131.61 à 131.64.
13. V. ss nos 122.41 et 122.51.
14. J.-H. Robert, « Une QPC sur la confiscation en matière pénale », *JCP G* 2011. 15.

SECTION 6
EFFETS DE LA DISPENSE DE PEINE ET DE L'AJOURNEMENT

131.81 Spécificité de certaines confiscations. Le législateur a envisagé à l'article 132-58 du Code pénal l'effet sur les confiscations de la décision du juge répressif de dispenser le condamné de peine ou bien d'ajourner le prononcé de celle-ci. Ce texte dispose en effet qu'en matière correctionnelle ou contraventionnelle, lorsque la juridiction décide de dispenser le prévenu reconnu coupable de peine ou bien d'ajourner le prononcé de celle-ci, elle est tenue de statuer sur la confiscation des « objets dangereux ou nuisibles ». Comme il a été vu[1], apparaissent ici les caractères propres à certaines peines de confiscation qui conduisent certains auteurs à les qualifier, alors, de mesures de sûreté.

Si la règle est claire, la rédaction du texte n'en est pas moins malheureuse, dès lors qu'elle est distincte de celle du septième alinéa de l'article 131-21 du Code pénal disposant que la confiscation est obligatoire « pour les objets qualifiés de dangereux ou nuisibles par la loi ou le règlement, ou dont la détention est illicite ». En effet, les objets « dangereux ou nuisibles » ne sont pas les objets « qualifiés de dangereux ou nuisibles par la loi ou le règlement »[2], et l'article 131-21 prévoit la confiscation obligatoire des objets dont la détention illicite, lesquels ne sont pas envisagés par l'article 132-58. Il en résulte que la portée exacte des dispositions de l'article 132-58, en l'absence de jurisprudence de la chambre criminelle, est incertaine.

SECTION 7
EXCLUSION DU SURSIS SIMPLE ET SPÉCIFICITÉS DU SURSIS PROBATOIRE

131.91 Exclusion du sursis simple au bénéfice des personnes physiques. En matière criminelle, délictuelle comme contraventionnelle, le sursis simple peut en principe s'appliquer aux condamnations aux peines complémentaires et alternatives[3]. La peine de confiscation déroge toutefois à ce principe, le législateur ayant expressément exclu qu'une telle peine puisse être prononcée avec sursis ; ce qui a cependant été jugé contestable en exprimant la volonté que cette peine, assortie du sursis simple, puisse contribuer à prévenir la récidive et la réitération, dans une approche délibérément plus prospective que restitutive, où l'on se tourne vers l'avenir et la personne du condamné[4].

131.92 Exclusion du sursis simple au bénéfice des personnes morales. La même dérogation s'applique aux personnes morales[5].

131.93 Spécificités du sursis probatoire. S'il est exclu que le sursis simple puisse s'appliquer aux confiscations, ce qui a également été contesté[6], le législateur a en revanche adapté les règles du sursis probatoire à leur prononcé[7].

Ainsi, la loi n° 2019-222 du 23 mars 2019[8] a prévu parmi les obligations du sursis probatoire celle de « justifier de la remise d'un bien dont la confiscation a été ordonnée »[9].

Cette possibilité, destinée à garantir l'exécution des confiscations, s'ajoute donc à celle d'ordonner leur exécution provisoire ou la saisie des biens confisqués qui ne seraient pas d'ores et déjà placés sous main de justice au moment du prononcé de la peine[10].

SECTION 8
EXÉCUTION PROVISOIRE ET SAISIE

131.101 Position du problème. Se pose au stade de l'audience de jugement la question du sort du bien confisqué dans l'attente que la décision acquiert un caractère définitif. En effet, il résulte du premier alinéa de l'article 708 du Code de procédure pénale que « l'exécution de la ou des peines prononcées à la requête du ministère public a lieu lorsque la décision est devenue définitive ». Aussi, pendant le délai d'exercice des voies de recours et durant l'instance qui suit cet exercice, qu'il s'agisse de l'appel[11] ou du pourvoi en cassation[12], qui ont un

1. V. s^s n° 111.110.
2. V. s^s n° 243.26.
3. C. pén., art. 132-31 et 132-34.
4. J. Bourgais, *Le rôle du juge pénal en matière de saisies et confiscations, Étude de droit comparé (France – Angleterre)*, Poitiers, 2021, n° 329.
5. C. pén., art. 132-32 et 132-34.
6. J. Bourgais, *Le rôle du juge pénal en matière de saisies et confiscations, Étude de droit comparé (France – Angleterre)*, Poitiers, 2021, n° 331 proposant que la peine de confiscation puisse être assortie du sursis probatoire, cette peine constituant une garantie, alternative à l'emprisonnement, de la bonne exécution des obligations imposées à la personne condamnée.
7. SUR le sursis probatoire : P. Cazalbou, « Le "nouveau" sursis probatoire », *in* S. Pellé (dir.), *Quelles mutations pour la justice pénale du XXIe siècle ?*, « Thèmes et commentaires », Dalloz, 2020, p. 217.
8. L. n° 2019-222, 23 mars 2019 *de programmation 2018-2022 et de réforme pour la justice, JO* 24 mars, n° 2.
9. C. pén., art. 132-45.
10. V. s^s n° 131.101.
11. C. pr. pén., art. 506.
12. C. pr. pén., art. 569.

caractère suspensif, il doit être sursis à l'exécution de la peine de confiscation.

Cet état du droit est difficultueux en matière de confiscations puisque l'on ne peut exclure, lorsque le bien confisqué n'a pas fait l'objet d'une mesure préalable de saisie au cours de l'enquête ou de l'information judiciaire, que le condamné utilise cette période pour faire échapper aux poursuites le bien dont la confiscation a été prononcée.

Cette difficulté peut être contournée si l'on relève d'abord que, dans certains cas, le juge répressif peut ordonner l'exécution provisoire de la peine de confiscation (§ 1). Mais surtout, conscient de cette difficulté, le législateur a donné au juge répressif la possibilité d'ordonner la saisie des biens dont il prononce la confiscation (§ 2).

§ 1
Exécution provisoire de la confiscation

131.111 **État du droit.** Il résulte de l'article 471, alinéa 4, du Code de procédure pénale que « les sanctions pénales prononcées en application des articles 131-5 à 131-11 et 132-25 à 132-70 du Code pénal peuvent être déclarées exécutoires par provision ». Il s'en déduit que sont donc susceptibles de faire l'objet d'une exécution provisoire les confiscations prononcées à titre de peine alternative à l'emprisonnement et à l'amende[1], ainsi que les confiscations prononcées en tant que peines complémentaires[2].

131.112 **Difficulté d'interprétation.** S'il est vrai, ainsi que l'a relevé un auteur[3], que l'article 131-10 du Code pénal se réfère aux notions « d'objet » ou « d'animal », et qu'il est exact que « l'objet » n'est pas le « bien », non plus que le droit qui porte sur celui-ci, il nous semble, ainsi que nous l'avons vu[4], que ce texte doive être lu avec l'article 131-21 du Code pénal. Mais il est vrai que la chambre criminelle ne s'est jamais prononcée sur la question et qu'il serait souhaitable que la rédaction des textes de la partie générale du Code pénal soit harmonisée par le législateur[5].

1. C. pén., art. 131-6 et 131-7.
2. C. pén., art. 131-10.
3. S. Almaseanu, « L'exécution provisoire des confiscations », *Gaz. Pal.* 26 janv. 2016, n° 4, p. 12 – AUSSI, SUR CE POINT : Agrasc, *Rapp. annuel* 2016, p. 54.
4. V. s[s] n° 111.41.
5. CEPENDANT : Crim. 17 mai 2022, n° 21-85.611, P relevant que la cour d'appel a ordonné l'exécution provisoire de la peine complémentaire de confiscation sans que cet aspect de la décision ne soit censuré ; mais il est vrai que le fait que les juges aient ordonné l'exécution provisoire ne se trouvait pas contesté au moyen.

§ 2
Saisie ordonnée par la décision de confiscation

131.121 **Saisie ordonnée par le tribunal correctionnel.** Le juge répressif peut dorénavant ordonner la saisie des biens qu'il confisque. L'article 484-1 du Code de procédure pénale dispose ainsi qu'« en cas de condamnation à une peine de confiscation portant sur un bien qui n'est pas sous main de justice, le tribunal correctionnel peut, afin de garantir l'exécution de cette peine, ordonner la saisie, aux frais avancés du Trésor, du bien confisqué ». De surcroît, le législateur a prévu, comme il sera vu[6], que la juridiction peut autoriser la remise à l'Agrasc, en vue de leur aliénation, des biens meubles confisqués dont il ordonne la saisie, lorsque ces biens ne sont plus nécessaires à la manifestation de la vérité et que leur conservation serait de nature à en diminuer la valeur, le produit de la vente étant alors consigné.

Cette décision de saisie du tribunal est exécutoire nonobstant l'appel ou l'opposition susceptible d'être formé à l'encontre de la condamnation. Toutefois, le législateur a prévu la possibilité pour le président de la chambre des appels correctionnels d'ordonner, à la requête du procureur de la République ou à la demande de l'une des parties, la mainlevée totale ou partielle des mesures ordonnées par le tribunal, par décision spéciale et motivée.

Enfin, en cas d'arrêt de relaxe ou, en tous les cas, ne confirmant pas la confiscation du bien ainsi saisi, cette décision emporte de plein droit mainlevée de la mesure aux frais avancés par le Trésor ou, si le propriétaire en fait la demande, la restitution du prix de la vente.

131.122 **Saisie ordonnée par la cour d'assises.** Des dispositions comparables ont été prévues en matière criminelle à l'article 373-1 du Code de procédure pénale. Le texte prévoit que la décision de saisie est de la compétence de la cour statuant sans l'assistance des jurés, de même que les pouvoirs dévolus, en matière correctionnelle, au président de la chambre des appels correctionnels, le sont ici au président de la chambre de l'instruction, saisi par le procureur général ou à la demande de l'une des parties.

131.123 **Matière contraventionnelle.** Ces dispositions pourraient être applicables devant le tribunal de police par renvoi de l'article 543 du Code de procédure pénale à l'article 484-1. Il n'existe pas, cependant, de jurisprudence à cet égard.

6. V. s[s] n° 131.142.

131.124 Intérêt comparé de l'exécution provisoire et de la saisie. L'on pourra comparer les intérêts présentés par l'exécution provisoire, d'une part, la saisie ordonnée par la juridiction de jugement, d'autre part. Il apparaît en effet que, lorsque cette possibilité est offerte par la loi, le juge répressif qui a ordonné la confiscation d'un bien et est soucieux de l'exécution de sa décision, doit privilégier la saisie par rapport à l'exécution provisoire, ainsi que le recommande l'Agrasc[1].

En effet, il a été justement relevé, en prenant l'exemple de l'exécution de la confiscation de sommes inscrites au crédit d'un compte bancaire, que l'exécution provisoire de cette peine va entraîner le versement des sommes ainsi confisquées au budget général de l'État ou au fonds de concours « Stupéfiants », ce qui est de nature, en cas d'infirmation de la décision de confiscation, à poser à l'administration des difficultés pour récupérer les sommes objet de la mesure. De même, mais cette fois en matière immobilière, ordonner l'exécution provisoire de la confiscation d'un bien immobilier emporterait pour l'Agrasc le devoir de procéder aux formalités de publicité foncière, afin de rendre la mesure opposable aux tiers et rendre toute cession inopposable à l'État, avant de faire procéder à la mise en vente aux enchères publiques du bien, ce qui n'irait pas sans poser certaines difficultés en cas d'infirmation de la décision de confiscation. La difficulté est d'ailleurs si prégnante que l'Agrasc déconseille aux juridictions du premier degré d'ordonner l'exécution provisoire lorsque les biens ont préalablement été saisis au cours de l'enquête préliminaire ou de l'information judiciaire. Il semble ainsi préférable, lorsque le bien a été préalablement saisi, de s'abstenir d'ordonner l'exécution provisoire de la peine de confiscation et, à défaut de saisie, d'ordonner cette mesure au stade du jugement plutôt que d'ordonner l'exécution provisoire. En effet, « la saisie à l'audience joue exactement le rôle de l'exécution provisoire, mais sans en avoir les inconvénients »[2].

L'exécution provisoire pourrait en revanche avoir un intérêt en cas de condamnation à une confiscation immobilière prononcée par défaut. Ainsi que l'a relevé l'Agrasc dans son rapport annuel pour l'année 2016, « les confiscations ne peuvent être effectivement exécutées et les biens réalisés, c'est-à-dire liquidés, que lorsque les décisions ont acquis un caractère définitif », en sorte qu'en cas de condamnation par défaut, « l'absence de prononcé de l'exécution provisoire interdit à l'Agrasc d'exécuter la confiscation puisque celle-ci n'est pas définitive. Tant que l'opposition est recevable, la propriété du bien n'est pas transférée à l'État et l'Agrasc ne dispose donc d'aucun titre pour le vendre. Ce bien va se déprécier et s'il s'agit d'un lot de copropriété, l'absence de paiement des charges par le propriétaire condamné peut engendrer de sérieuses difficultés pour la copropriété »[3].

SECTION 9

DÉVOLUTION DU BIEN CONFISQUÉ

131.130 Plan. Si, en principe, la confiscation emporte dévolution du bien à l'État par le seul effet de la loi (§ 1), en sorte que le juge répressif n'a pas à se prononcer à cet égard, ce principe connaît quelques exceptions (§ 2).

§ 1
Principe de la dévolution à l'État

131.141 Principe. Il résulte de l'antépénultième alinéa de l'article 131-21 du Code pénal un principe clair : « La chose confisquée est, sauf disposition particulière prévoyant sa destruction ou son attribution, dévolue à l'État. » Ces dispositions rejoignent en vérité celles de l'article L. 1124-1 du Code général de la propriété des personnes publiques qui dispose que « les biens, à caractère mobilier ou immobilier, dont la confiscation a été prononcée par décision de justice sont, sauf disposition particulière prévoyant leur destruction ou leur attribution, dévolus à l'État ».

Il reste que ce principe était de droit positif bien avant l'entrée en vigueur du nouveau Code pénal. On notera par exemple que, par un arrêt du 9 juillet 1908, la chambre criminelle avait énoncé qu'un procureur de la République, demandeur au pourvoi, « ne saurait se faire grief au jugement de n'avoir pas statué sur les conclusions par lesquelles le ministère public demandait au tribunal d'ordonner la restitution de l'arme saisie à l'État, qui en était légitime propriétaire », dès lors « qu'en prononçant la confiscation de l'arme saisie, conformément aux prescriptions de l'article 4 de la loi [du 20 avril 1810], le tribunal [avait], par là même, ordonné que cette arme serait remise à la disposition de l'État et ainsi répondu, implicitement mais nécessairement, aux conclusions susvisées »[4].

Le juge répressif n'est donc pas compétent pour envisager une autre attribution du bien confisqué. La chambre criminelle a ainsi cassé l'arrêt d'une cour d'appel qui, après avoir ordonné la confisca-

1. S. Almaseanu, « L'exécution provisoire des confiscations », préc.
2. S. Almaseanu, « L'exécution provisoire des confiscations », préc.
3. Agrasc, *Rapp. annuel* 2016, p. 54.
4. Crim. 9 juill. 1908, P, n° 292.

tion de sommes saisies, en avait prononcé l'affectation aux pénalités douanières mises à la charge du prévenu. Elle a énoncé qu'en application de l'article 131-21 du Code pénal, la chose confisquée est, sauf disposition particulière prévoyant sa destruction ou son attribution, dévolue à l'État, et qu'aucun texte n'autorisait l'affectation litigieuse[1]. Plus récemment, en se fondant sur l'article L. 1124-1 du Code général de la propriété des personnes publiques dont les termes ont été rappelés, la chambre criminelle a énoncé qu'« en l'absence de disposition prévoyant l'attribution du bien confisqué, il ne relève pas de l'office du juge qui prononce une mesure de confiscation de décider de l'attribution du dit bien » et que « l'affectation du bien confisqué relève de l'exécution de la mesure de confiscation »[2]. Elle a ainsi censuré l'arrêt d'une cour d'appel qui avait affecté à la Mission interministérielle de lutte contre les drogues et les conduites addictives, un véhicule dont la confiscation avait été ordonnée.

131.142 Remise des biens à l'Agrasc pour aliénation en cas de saisie ordonnée par la juridiction de jugement. Si, en principe, la décision de confiscation opère *ipso facto* dévolution du bien confisqué à l'État et si la juridiction qui prononce cette peine n'est pas compétente pour donner au bien confisqué un autre sort, il n'en demeure pas moins que celle-ci a compétence pour spécialement confier les biens confisqués à l'Agrasc aux fins d'aliénation, lorsqu'elle en ordonne concomitamment la saisie en application des articles 373-1 (cour d'assises) ou 484-1 (tribunal correctionnel) du Code de procédure pénale[3]. Ces articles permettent en effet à la cour d'assises et au tribunal correctionnel, lorsqu'ils ordonnent la confiscation d'un bien qui n'est pas sous main de justice et sa saisie afin de garantir l'exécution de cette peine, d'en autoriser la remise à l'Agrasc en vue de son aliénation lorsque le bien n'est plus nécessaire à la manifestation de la vérité et que sa conservation serait de nature à en diminuer la valeur. Il y a toutefois là davantage une modalité de la dévolution à l'État plutôt qu'une exception au principe de celle-ci.

§ 2 Exceptions

131.151 Propriété intellectuelle. Le principe de la dévolution des biens confisqués à l'État connaît une exception notable en matière de propriété intellectuelle. Nous avons vu en effet que la confiscation présente des caractères de peine privée dans ce domaine particulier[4].

Ainsi, en matière de propriété littéraire et artistique, les articles L. 335-6 et L. 335-8 du Code de la propriété intellectuelle disposent qu'en cas de condamnation pour l'une des infractions prévues aux articles L. 335-2 à L. 335-4-2 du même code, la juridiction peut ordonner « la remise à la partie lésée des objets et choses retirés des circuits commerciaux ou confisqués, sans préjudice de tous dommages et intérêts ». De semblables dispositions existent du reste en cas d'atteinte aux droits des producteurs de bases de données[5].

Il en est par ailleurs de même, dans le domaine de la propriété industrielle, en matière de dessins et modèles[6], de brevets d'invention[7], d'obtentions végétales[8] ou encore de marques[9].

131.152 Confiscation des animaux. La confiscation des animaux répond de même à un régime juridique particulier issu des dispositions de l'article 131-21-1 du Code pénal.

Le texte dispose tout d'abord qu'il appartient au juge répressif prononçant la confiscation d'un animal de prévoir que celui-ci sera remis à une fondation ou à une association de protection animale reconnue d'utilité publique ou déclarée, qui pourra librement en disposer, de semblables dispositions étant reprises par l'article 521-1 du Code pénal réprimant les sévices graves ou les actes de cruauté envers les animaux. Il appartient ainsi au tribunal d'identifier et de désigner la fondation ou l'association qui se verra remettre l'animal confisqué. Dans l'hypothèse où la juridiction aurait omis de préciser l'identité de cette personne, l'article R. 131-50 du Code pénal prévoit qu'il appartient alors au procureur de la République de mettre cette peine à exécution auprès de la personne morale qu'il détermine, la difficulté ne se réglant donc pas par application de l'article 710 du Code de procédure pénale.

Par ailleurs, la juridiction peut décider, non pas d'attribuer l'animal confisqué, mais d'en ordonner l'euthanasie lorsque celui-ci présente un caractère dangereux. Le législateur n'a pas davantage défini ce qu'il convient d'entendre par la notion d'animal dangereux, et il a été soutenu que cette imprécision était de nature à entacher l'article 131-21-1 d'inconstitutionnalité. La chambre criminelle a

1. Crim. 15 mai 1997, n° 96-81.046, P, n° 183.
2. Crim. 1er juin 2023, n° 22-81.075, NP.
3. V. ss n° 131.121.
4. V. ss n° 111.130.
5. CPI, art. L. 343-4 à L. 343-6.
6. CPI, art. L. 521-10 à L. 521-12.
7. CPI, art. L. 615-14 à L. 615-14-3.
8. CPI, art. L. 623-32 à L. 623-32-2.
9. CPI, art. L. 716-9 à L. 716-13.

pourtant refusé de transmettre une telle question prioritaire de constitutionnalité, en énonçant « que l'article 131-21-1 du Code pénal, qui détermine les modalités d'application de la peine complémentaire de confiscation d'un animal, plus particulièrement, lorsqu'il s'agit d'un animal dangereux, son euthanasie, n'est pas un texte d'incrimination, que cette peine n'est ni obligatoire ni automatique et qu'il entre nécessairement dans l'office du juge d'apprécier, au cas par cas, la dangerosité de chaque animal, notamment au regard des dispositions des articles L. 211-11 et L. 211-12 du Code rural, de sorte qu'il n'est porté aucune atteinte aux principes constitutionnels invoqués »[1]. Dans la même affaire, la chambre criminelle a d'ailleurs approuvé la cour d'appel d'avoir ordonné l'euthanasie de deux chiens dangereux, en énonçant que cette juridiction avait justifié sa décision tant au regard des articles L. 211-11 et suivants du Code rural, relatifs aux animaux dangereux, que de celles de l'article 131-21-1 du Code pénal, la chambre criminelle laissant la décision d'euthanasie à l'appréciation souveraine des juges, à condition que leur décision soit motivée, sans insuffisance ni contradiction[2].

Ajoutons enfin que, lorsque l'animal a été placé en cours de procédure, le juge répressif a la possibilité de mettre les frais de placement à la charge du condamné en application des dispositions du cinquième alinéa de l'article 131-21-1. Ces dispositions ont été reprises à l'article R. 131-51 du Code pénal qui prévoit que lorsqu'en application des dispositions de l'article 99-1 du Code de procédure pénale l'animal confisqué a été placé au cours d'une procédure dirigée contre une personne qui n'en est pas propriétaire, la juridiction se prononce sur la mise à la charge du condamné des frais de placement.

SECTION 10

RECOURS CONTRE LA CONFISCATION

131.161 Spécificité des voies de recours. Les voies de recours contre la décision de confiscation sont ouvertes selon le droit commun. Cependant, parce que le bien confisqué est susceptible d'appartenir à un tiers non poursuivi pénalement, certaines règles spécifiques trouvent à s'appliquer. Nous distinguerons donc entre la situation du condamné et celle des tiers.

Parce que la confiscation est une peine prononcée en répression de l'infraction commise par le condamné, ce dernier peut toujours former un recours à l'encontre de la décision[3]. Ceci étant, l'intéressé ne sera pas recevable à invoquer n'importe quel moyen, que ce soit en cause d'appel ou bien devant la Cour de cassation. Ainsi, le moyen pris de la propriété d'un tiers de bonne foi, qui est susceptible de constituer un obstacle à la confiscation, ne saurait être invoqué par la personne poursuivie : seul ce tiers est recevable à invoquer sa bonne foi[4]. La chambre criminelle a en effet énoncé qu'un « demandeur [au pourvoi] n'a pas qualité pour contester la confiscation de la part indivise de son épouse dans l'immeuble confisqué, seule celle-ci pouvant établir qu'elle est propriétaire de bonne foi »[5], qu'un tel demandeur « n'a pas qualité pour invoquer une atteinte aux droits de son coïndivisaire dans le bien confisqué »[6], qu'il « est sans intérêt, pour contester la confiscation de biens dont il a la libre disposition et qui ont servi à commettre les infractions dont il a été déclaré coupable, à invoquer la bonne foi de la société propriétaire de ces biens »[7], ou bien encore qu'il est « sans qualité pour contester la confiscation de biens appartenant à des tiers qui sont seuls recevables à [faire valoir que la confiscation a été ordonnée sans qu'ils soient appelés à la procédure] »[8]. Il en est ainsi y compris lorsque le condamné est le bénéficiaire économique des sociétés à qui appartiennent les biens confisqués : seuls les représentants légaux de ces sociétés sont recevables à invoquer la méconnaissance de leurs droits[9]. Nous verrons que des règles comparables existent en matière de recours contre les décisions de saisie spéciale[10].

En ce qui concerne les tiers propriétaires, il faut distinguer à nouveau.

S'ils étaient parties à la décision de confiscation comme ayant saisi la juridiction de jugement d'une demande de restitution, la confiscation s'analyse pour eux en un rejet de leur demande qu'ils sont recevables à contester[11]. L'autorité de la chose jugée de la décision de confiscation ne saurait en effet être

1. Crim. 20 nov. 2012, n° 12-82.218, NP ; *Dr. pén.* 2013, comm. 35, obs. M. Véron ; *JCP G* 2013. 1032, obs. M. Véron.
2. Crim. 29 janv. 2013, n° 12-82.218, préc.
3. CEPENDANT : Crim. 21 janv. 2020, n° 19-80.595, NP : « Le demandeur, qui se prévaut de la vente de son véhicule antérieurement au prononcé de la décision, est sans intérêt à critiquer ladite décision au regard de l'article L. 234-12 du Code de la route. »
4. V. ss n° 125.27.
5. Crim. 4 mai 2016, n° 15-80.272, NP.
6. Crim. 3 nov. 2016, n° 15-85.751, P, n° 289 ; *D.* 2016. 2283 ; *D.* 2017. 2501, obs. G. Roujou de Boubée, T. Garé, C. Ginestet, M.-H. Gozzi, S. Mirabail et E. Tricoire.
7. Crim. 8 mars 2017, n° 16-80.614, NP.
8. Crim. 4 nov. 2021, n° 20-84.441, NP.
9. Crim. 7 sept. 2022, n° 21-86.002, NP.
10. V. ss n° 231.92.
11. Crim. 26 janv. 2016, n° 14-86.030, P, n° 19 – Crim. 7 nov. 2018, n° 17-87.424, P, n° 188 ; *D.* 2018. 2138 ; *AJ pénal* 2019. 45, obs. M. Hy – Crim. 22 janv. 2020, n° 19-80.918, NP.

opposée au requérant par la cour d'appel et celle-ci se trouve au contraire tenue d'examiner la demande de restitution au regard des dispositions de l'article 131-21 du Code pénal puis, si elle ne confirme pas la mesure, de celles de l'article 481 du Code de procédure pénale applicables au contentieux de la restitution devant la juridiction correctionnelle[1]. On relèvera cependant que, lorsque le bien confisqué appartient à une société, seule celle-ci, à l'exclusion de ses porteurs de parts, est recevable à interjeter appel de la décision de confiscation, hors bien entendu le cas où ceux-ci auraient été condamnés pénalement, puisque c'est alors en qualité de prévenus qu'ils seraient recevables à interjeter appel de la peine de confiscation prononcée à leur encontre[2].

Il en sera de même s'agissant des tiers qui, en application du dernier alinéa de l'article 131-21 du Code pénal, et de l'article D. 45-1-4 ou D. 45-2-1 du Code de procédure pénale, ont été avisés de la date d'audience pour qu'ils puissent faire valoir leurs observations à propos de l'éventuelle confiscation des biens sur lesquels ils prétendent être titulaire d'un droit de propriété, ou bien de ceux qui auraient dû l'être, dès lors que leur titre était connu ou qu'ils avaient réclamé cette qualité au cours de la procédure, compte tenu de la jurisprudence de la chambre criminelle[3]. Rappelons en effet que la chambre criminelle a reconnu à ces tiers le droit d'interjeter appel et de se pourvoir en cassation contre la décision de confiscation, ces voies de recours étant recevables y compris si les intéressés n'ont pas été destinataires de l'avis devant leur être adressé[4].

S'agissant en revanche des autres tiers, à savoir ceux dont le titre était inconnu de l'autorité judiciaire et qui s'étaient abstenus, au cours de la procédure, de revendiquer la qualité de propriétaire du bien confisqué, en sorte qu'ils n'ont pas été avisés de la date d'audience, ces derniers demeurent recevables soit à intervenir en cause d'appel en cas de confiscation prononcée par la juridiction du premier degré[5], soit à porter un incident contentieux devant le juge répressif en application de l'article 710 du Code de procédure pénale[6]. Quoi qu'il en soit, il semble que dans le cadre de son recours à l'encontre de la décision de confiscation, le tiers propriétaire du bien confisqué soit seulement recevable à contester le fait que le condamné a la libre disposition de celui-ci et à arguer de sa bonne foi, outre le fait qu'il peut invoquer le caractère disproportionné de l'atteinte portée par la mesure à ses droits conventionnellement protégés, notamment son droit au respect des biens[7]. Il paraît au contraire irrecevable à contester « le fondement légal et la motivation de la confiscation prononcée » à l'encontre du condamné, c'est-à-dire le surplus des conditions de fond et de forme du prononcé de la mesure[8]. Si cette jurisprudence se confirmait, il faudrait y voir la réciproque de la règle selon laquelle le condamné est irrecevable à invoquer la bonne foi du tiers propriétaire du bien confisqué.

131.162 Modification du fondement de la confiscation par la cour d'appel. Contrairement à ce qui a été jugé en matière de saisies[9], il a été posé pour principe que la cour d'appel peut modifier le fondement de la peine de confiscation prononcée par les premiers juges sans être tenue de préalablement le soumettre à la discussion contradictoire. La chambre criminelle a en effet considéré qu'« aucun texte légal ou conventionnel n'impose au juge saisi de l'action publique de soumettre au débat contradictoire la peine qu'il envisage de prononcer et qu'il détermine librement parmi les peines, principales et complémentaires, encourues par le prévenu »[10]. Cette règle n'est pas incohérente avec ce qui a été jugé en matière de saisies, dès lors que l'étendue de la saisine de la juridiction d'appel diffère dans l'un et l'autre cas. Au stade du jugement, en effet, et à la différence de la chambre de l'instruction, la cour d'appel se trouve saisie de l'intégralité de l'action publique.

1. V. s[s] n° 245.68.
2. Crim. 4 déc. 2019, n° 18-83.803, NP.
3. V. s[s] n° 131.44.
4. Crim. 7 sept. 2022, n° 21-84.322, P.
5. V. s[s] n° 131.42.
6. V. s[s] n° 132.181.
7. V. s[s] n° 122.102.
8. Crim. 18 déc. 2019, n° 17-85.083, NP.
9. V. s[s] n° 231.103.
10. Crim. 1er févr. 2023, n° 22-81.085, NP.

CHAPITRE

132. Exécution des confiscations

SECTION 0 ORIENTEUR

132.00 **Sommaire du chapitre.**

Sect. 1 Organes chargés de l'exécution des confiscations
§ 1 Compétence du procureur de la République
§ 2 Modalités de mise en œuvre de la compétence
Sect. 2 Conditions de l'exécution des confiscations
§ 1 Application du droit commun de l'exécution des peines
§ 2 Dérogations au droit commun
Sect. 3 Formes de l'exécution
§ 1 Formes ordinaires d'exécution
§ 2 Procédures d'exécution particulières
A. Confiscations impliquant des formalités de publication ou de notification
B. Exécution des confiscations de créances figurant sur des contrats d'assurance sur la vie
C. Exécution des confiscations de certains fonds de commerce
D. Paiement des dommages et intérêts sur les biens confisqués
E. Affectation des biens confisqués à un service d'enquête ou judiciaire
F. Abondement du fonds de concours stupéfiants
G. Affectation sociale des biens confisqués
H. Exécution des confiscations criminelles
Sect. 4 Difficultés d'exécution

132.01 **Principaux textes applicables.**

TEXTES SOURCES

• C. pén., art 131-21, al. 10 et 11, 133-1, al. 1, 434-41

• C. pr. pén., art. 493-1, 706-37, 706-39, 706-159, 706-160, 706-161, al. 3 et 4, 706-164, 707-1, al. 1, 2 et 3

• C. pr. pén., art. R. 51-1, R. 54-8, R. 54-9

• CGPPP, art. L. 1124-1, L. 2222-9

• L. n° 2021-1031, 4 août 2021 *relative au développement solidaire et à la lutte contre les inégalités mondiales, JO* 5 août, n° 1 (extraits)

• C. com., art. L. 143-22

• C. ass., art. L. 160-9

• C. mut., art. L. 223-29

• CSS, art. L. 932-2

• Arr. 10 sept. 2004 *pris pour l'application de l'article L. 69-2 du Code du domaine de l'État et relatif à l'affectation de biens mobiliers confisqués, JO* 25 sept., p. 16561 (extraits)

• D. n° 95-322, 17 mars 1995 *autorisant le rattachement par voie de fonds de concours du produit de cession des biens confisqués dans le cadre de la lutte contre les produits stupéfiants, JO* 24 mars, p. 4683 (extraits)

• Arr. 23 août 1995 *fixant les modalités de rattachement par voie de fonds de concours du produit de cession des biens confisqués dans le cadre de la lutte contre les produits stupéfiants, JO* 28 sept., p. 14169 (extraits)

• D. n° 2021-1428, 2 nov. 2021 *pris pour l'application du neuvième alinéa de l'article 706-160 du Code de procédure pénale relatif à l'affectation sociale des biens immobiliers confisqués, JO* 3 nov., n° 17 (extraits)

TEXTES *IN EXTENSO*

> Code pénal

• C. pén., art 131-21, al. 10 et 11

La chose confisquée est, sauf disposition particulière prévoyant sa destruction ou son attribution, dévolue à l'État, mais elle demeure grevée, à concurrence de sa valeur, des droits réels licitement constitués au profit de tiers.

Lorsque la chose confisquée est un véhicule qui n'a pas été saisi ou mis en fourrière au cours de la procédure, le condamné doit, sur l'injonction qui lui en est faite par le ministère public, remettre ce véhicule au service ou à l'organisme chargé de sa destruction ou de son aliénation.

• C. pén., art 133-1, al. 1

Le décès du condamné ou la dissolution de la personne morale, sauf dans le cas où la dissolution est prononcée par la juridiction pénale, la grâce et l'amnistie, empêchent ou arrêtent l'exécution de la peine. Toutefois, il peut être procédé au recouvrement de l'amende et des frais de justice ainsi qu'à l'exécution de la confiscation après le décès du condamné ou après la dissolution de la personne morale jusqu'à la clôture des opérations de liquidation.

• **C. pén., art. 434-41**

Est punie de deux ans d'emprisonnement et de 30 000 euros d'amende la violation, par le condamné, des obligations ou interdictions résultant des peines de suspension ou d'annulation du permis de conduire, d'interdiction de conduire certains véhicules terrestres à moteur, d'interdiction de paraître dans certains lieux ou de rencontrer certaines personnes, d'obligation d'accomplir un stage, d'interdiction de détenir ou de porter une arme, de retrait du permis de chasser, d'interdiction de détenir un animal, d'interdiction d'émettre des chèques ou d'utiliser des cartes de paiement, de fermeture d'établissement ou d'exclusion des marchés publics prononcées en application des articles 131-5-1,131-6,131-10,131-14,131-16 ou 131-17, d'interdiction de souscrire un nouveau contrat d'abonnement à un service de communication au public en ligne résultant de la peine complémentaire prévue en matière délictuelle par l'article L. 335-7 du Code de la propriété intellectuelle, d'interdiction d'acheter un bien immobilier ou un fonds de commerce d'un établissement recevant du public à usage total ou partiel d'hébergement résultant de la peine complémentaire prévue au 2° du I de l'article 225-26 du présent code, au 3° du III de l'article L. 511-22 du Code de la construction et de l'habitation.

Est puni des mêmes peines le fait de détruire, détourner ou tenter de détruire ou de détourner un véhicule immobilisé ou un véhicule, une arme, tout autre bien, corporel ou incorporel, ou un animal confisqués en application des articles 131-6,131-10,131-14,131-16,131-21 ou 131-39.

Est également puni des mêmes peines le fait, par une personne recevant la notification d'une décision prononçant à son égard, en application des articles précités, la suspension ou l'annulation du permis de conduire, le retrait du permis de chasser ou la confiscation d'un véhicule, d'une arme, de tout autre bien corporel ou incorporel ou d'un animal, de refuser de remettre le permis suspendu, annulé ou retiré, le bien ou l'animal confisqué à l'agent de l'autorité chargé de l'exécution de cette décision.

> Code général de la propriété des personnes publiques

• **CGPPP, art. L. 1124-1**

Les biens, à caractère mobilier ou immobilier, dont la confiscation a été prononcée par décision de justice sont, sauf disposition particulière prévoyant leur destruction ou leur attribution, dévolus à l'État.

• **CGPPP, art. L. 2222-9**

Les biens mobiliers dont, à l'occasion d'une procédure pénale, la propriété a été transférée à l'État suite à une décision judiciaire définitive peuvent être affectés, à titre gratuit, dans les conditions déterminées par arrêté interministériel, aux services judiciaires ou à des services de police, des unités de gendarmerie, des services de l'administration des douanes ou des services de l'Office français de la biodiversité lorsque ces services ou unités effectuent des missions de police judiciaire.

> Code de procédure pénale

• **C. pr. pén., 493-1**

En l'absence d'opposition, les biens confisqués par défaut deviennent la propriété de l'État à l'expiration du délai de prescription de la peine.

• **C. pr. pén., art. 707-1, al. 1, 2 et 3**

Le ministère public et les parties poursuivent l'exécution de la sentence chacun en ce qui le concerne.

Néanmoins, les poursuites pour le recouvrement des amendes et l'exécution des confiscations en valeur sont faites au nom du procureur de la République par le comptable public compétent ou, dans les cas où la confiscation en valeur s'exécute sur des biens préalablement saisis, par l'Agence de gestion et de recouvrement des avoirs saisis et confisqués.

L'exécution des autres confiscations est réalisée au nom du procureur de la République par l'Agence de gestion et de recouvrement des avoirs saisis et confisqués lorsqu'elles portent sur des biens meubles ou immeubles mentionnés aux 1° et 2° de l'article 706-160, même s'ils ne lui ont pas été préalablement confiés. Sauf cas d'affectation, l'Agence de gestion et de recouvrement des avoirs saisis et confisqués procède à la vente de ces biens, s'il y a lieu, aux formalités de publication et, dans tous les cas, jusqu'à leur vente, aux actes d'administration nécessaires à leur conservation et à leur valorisation.

• **C. pr. pén., art. 706-159**

L'Agence de gestion et de recouvrement des avoirs saisis et confisqués est un établissement public de l'État à caractère administratif placé sous la tutelle conjointe du ministre de la justice et du ministre chargé du budget.

• **C. pr. pén., art. 706-160**

L'agence est chargée d'assurer, sur l'ensemble du territoire et sur mandat de justice :

1° La gestion de tous les biens, quelle que soit leur nature, saisis, confisqués ou faisant l'objet d'une mesure conservatoire au cours d'une procédure pénale, qui lui sont confiés et qui nécessitent, pour leur conservation ou leur valorisation, des actes d'administration ;

2° La gestion centralisée de toutes les sommes saisies lors de procédures pénales ;

3° L'aliénation ou la destruction des biens dont elle a été chargée d'assurer la gestion au titre du 1° et qui sont ordonnées, sans préjudice de l'affectation de ces biens dans les conditions prévues aux articles L. 2222-9 du Code général de la propriété des personnes publiques et 707-1 du présent code ;

4° L'aliénation des biens ordonnée ou autorisée dans les conditions prévues aux articles 41-5 et 99-2 du présent code ;

5° La gestion des biens affectés à titre gratuit par l'autorité administrative dans les conditions prévues aux mêmes articles 41-5 et 99-2 et à l'article L. 2222-9 du Code général de la propriété des personnes publiques. [...]

L'agence peut mettre à disposition, le cas échéant à titre gratuit, un bien immobilier dont la gestion lui est confiée en application du 1° du présent article au bénéfice d'associations dont les activités entrent pour leur ensemble dans le champ du b du 1 de l'article 200 du Code général des impôts ainsi que d'associations, de fondations reconnues d'utilité publique et d'organismes bénéficiant de l'agrément prévu à l'article L. 365-2 du Code de la construction et de l'habitation. Les modalités de cette mise à disposition sont définies par voie réglementaire.

L'ensemble de ses compétences s'exerce pour les biens saisis ou confisqués, y compris ceux qui ne sont pas visés au titre XXIX.

La décision de transfert des biens faisant l'objet d'une saisie pénale à l'Agence de gestion et de recouvrement des avoirs saisis et confisqués est notifiée ou publiée selon les règles applicables à la saisie elle-même. [...]

• **C. pr. pén., art. 706-161, al. 3 et 4**

L'agence veille à l'abondement du fonds de concours recevant les recettes provenant de la confiscation des biens mobiliers ou immobiliers des personnes reconnues coupables d'infraction en matière de trafic de stupéfiants. L'agence peut également verser à l'État des contributions destinées au financement de la lutte contre la délinquance et la criminalité et au financement de la prévention de la prostitution et de l'accompagnement social et professionnel des personnes prostituées.

Elle peut informer les services compétents et les victimes, à leur demande ou à son initiative, sur les biens qui sont restitués sur décision de justice, afin d'assurer le paiement de leurs créances, notamment fiscales, douanières, sociales ou de dédommagement.

• **C. pr. pén., art. R. 54-8**

Les fonds de l'établissement sont déposés au Trésor public.

Toutefois, les sommes saisies et les sommes issues de l'aliénation des biens prévue aux 3° et 4° de l'article 706-160 ou du placement de ces sommes prévu au 4° de l'article 760-163 sont déposées sur un compte de dépôt ouvert à la Caisse des dépôts et consignations rémunéré par un intérêt déterminé selon les modalités prévues par l'article L. 518-23 du Code monétaire et financier.

• **C. pr. pén., art. R. 54-9**

L'établissement peut demander à l'administration chargée des domaines de procéder à l'aliénation des biens meubles placés sous main de justice qui ont été remis à l'agence en application des articles 41-5 et 99-2, ainsi que des biens meubles ou immeubles confisqués au cours d'une procédure pénale. L'aliénation a lieu avec publicité et concurrence.

• **C. pr. pén., art. 706-37**

Le ministère public fait connaître au propriétaire de l'immeuble, au bailleur et au propriétaire du fonds où est exploité un établissement dans lequel sont constatés les faits visés au 2° de l'article 225-10 du Code pénal et fait mentionner au registre du commerce et aux registres sur lesquels sont inscrites les sûretés l'engagement des poursuites et la décision intervenue. Les modalités d'application du présent article sont déterminées par décret en Conseil d'État.

• **C. pr. pén., art. 706-39**

La décision qui, en application de l'article 225-22 du Code pénal, prononce la confiscation du fonds de commerce ordonne l'expulsion de toute personne qui, directement ou par personne interposée, détient, gère, exploite, dirige, fait fonctionner, finance ou contribue à financer l'établissement.

Cette même décision entraîne le transfert à l'État de la propriété du fonds confisqué et emporte subrogation de l'État dans tous les droits du propriétaire du fonds.

• **C. pr. pén., art. R. 51-1**

Dès l'engagement des poursuites, lorsque celles-ci concernent un établissement dont le propriétaire ou l'exploitant est immatriculé au registre du commerce et des sociétés, le ministère public adresse au greffier du tribunal du commerce dans le ressort duquel est situé l'établissement une réquisition afin que soient portées à ce registre les informations mentionnées à l'article 706-37.

Cette réquisition, établie en double exemplaire, précise :

– l'identité de l'exploitant du fonds de commerce : nom et prénoms pour les personnes physiques ou forme et dénomination sociales pour les personnes morales ;

– l'identité de la personne poursuivie s'il ne s'agit pas de l'exploitant du fonds de commerce, la nature, le fondement et la date des poursuites engagées ;

– l'activité et l'adresse de l'établissement concerné et, le cas échéant, le nom commercial et l'enseigne de celui-ci.

Dès réception de la réquisition, les mentions sont portées par le greffier au registre du commerce et des sociétés et, le cas échéant, aux registres sur lesquels sont inscrits les privilèges et les sûretés. L'un des exemplaires de la réquisition est conservé au greffe en annexe du registre du commerce et des sociétés, l'autre est retourné au ministère public après apposition par le greffier d'une mention certifiant l'accomplissement des formalités requises et la date à laquelle celles-ci ont été effectuées. Le greffier joint à cet envoi un extrait actualisé du registre du commerce et des sociétés et, le cas échéant, un relevé des sûretés inscrites.

Il est procédé dans les mêmes formes lorsqu'intervient la décision judiciaire définitive.

En cas de non-lieu ou de relaxe, le ministère public adresse au greffier, selon les modalités définies au deuxième alinéa, une réquisition aux fins de radiation des mentions prévues ci-dessus. Le greffier procède aux radiations requises, annexe au registre du commerce et des sociétés un exemplaire de la réquisition et adresse l'autre exemplaire au ministère public après y avoir apposé une mention certifiant l'accomplissement des formalités requises et la date à laquelle celles-ci ont été effectuées. Il joint à cet envoi un extrait actualisé du registre du commerce et des sociétés et, le cas échéant, un relevé des sûretés inscrites.

• **C. pr. pén., art. 706-164**

Toute personne qui, s'étant constituée partie civile, a bénéficié d'une décision définitive lui accordant des dommages et intérêts en réparation du préjudice qu'elle a subi du fait d'une infraction pénale ainsi que des frais en application des articles 375 ou 475-1 et qui n'a pas obtenu d'indemnisation ou de réparation en application des articles 706-3 ou 706-14, ou une aide au recouvrement en application de l'article 706-15-1, peut obtenir de l'Agence de gestion et de recouvrement des avoirs saisis et confisqués que ces sommes lui soient payées par prélèvement sur les fonds ou sur la valeur liquidative des biens de son débiteur dont la confiscation a été décidée par une décision définitive et dont l'agence est dépositaire en application des articles 706-160 ou 707-1.

Cette demande de paiement doit, à peine de forclusion, être adressée par lettre recommandée à l'agence dans un délai de deux mois à compter du jour où la décision mentionnée au premier alinéa du présent article a acquis un caractère définitif.

En cas de pluralité de créanciers requérants et d'insuffisance d'actif pour les indemniser totalement, le paiement est réalisé au prix de la course et, en cas de demandes parvenues à même date, au marc l'euro.

Les dispositions qui précèdent ne sont pas applicables à la garantie des créances de l'État.

L'État est subrogé, à concurrence des sommes versées, dans les droits de la victime contre l'auteur de l'infraction dans le respect du rang des privilèges et sûretés de droit civil.

Les dossiers susceptibles d'ouvrir droit à cette action récursoire de l'État sont instruits par l'Agence de gestion et de recouvrement des avoirs saisis et confisqués puis communiqués au ministre chargé des finances qui en assure le recouvrement.

> Autres codes et textes

• L. n° 2021-1031, 4 août 2021, art. 2

XI. – Dans le cadre de la politique française de développement solidaire et de lutte contre les inégalités mondiales, et sous réserve de l'article 706-164 du Code de procédure pénale, sont restituées, au plus près de la population de l'État étranger concerné, les recettes provenant de la cession des biens confisqués aux personnes définitivement condamnées pour le blanchiment, le recel, le recel de blanchiment ou le blanchiment de recel de l'une des infractions prévues aux articles 314-1, 432-11 à 432-16, 433-1, 433-2, 433-4, 434-9, 434-9-1, 435-1 à 435-4 et 435-7 à 435-10 du Code pénal, lorsque la décision judiciaire concernée établit que l'infraction d'origine a été commise par une personne dépositaire de l'autorité publique d'un État étranger, chargée d'un mandat électif public dans un État étranger ou d'une mission de service public d'un État étranger, dans l'exercice de ses fonctions, à l'exclusion des frais de justice.

À cette fin, les recettes mentionnées au premier alinéa du présent XI donnent lieu à l'ouverture de crédits budgétaires au sein de la mission « Aide publique au développement », placés sous la responsabilité du ministère des affaires étrangères, et financent des actions de coopération et de développement dans les pays concernés au plus près des populations, dans le respect des principes de transparence et de redevabilité, et en veillant à l'association des organisations de la société civile. Le ministère des affaires étrangères définit, au cas par cas, les modalités de restitution de ces recettes de façon à garantir qu'elles contribuent à l'amélioration des conditions de vie des populations.

• C. com., art. L. 143-22

Lorsque la confiscation d'un fonds de commerce est prononcée par une juridiction répressive en application des articles 225-16, 225-19 et 225-22 du Code pénal et 706-39 du Code de procédure pénale, l'État doit procéder à la mise en vente du fonds confisqué selon les formes prévues par le présent titre dans un délai d'un an, sauf prorogation exceptionnelle de ce délai par ordonnance du président du tribunal judiciaire. Il n'est tenu à l'égard des créanciers qu'à concurrence du prix de vente de ce fonds.

Cette mise en vente doit être réalisée sous forme d'une annonce légale faite quarante-cinq jours au moins avant la vente, que celle-ci ait lieu par adjudication ou sous forme amiable.

Les sûretés inscrites après la date de la mention de l'engagement des poursuites pour l'une des infractions visées au premier alinéa sont nulles de plein droit sauf décision contraire du tribunal.

L'autorité administrative peut, à tout moment, demander la fixation du loyer à un taux correspondant à la valeur locative des locaux.

Lorsque le propriétaire du fonds confisqué est en même temps propriétaire des locaux dans lesquels le fonds est exploité, il doit être établi un bail dont les conditions sont fixées, à défaut d'accord amiable, par le président du tribunal judiciaire, qui statue dans les formes prévues pour les baux d'immeubles ou de locaux à usage commercial, industriel ou artisanal.

• C. ass., art. L. 160-9 – C. mut., art. L. 223-29 – CSS, art. L. 932-2

La décision définitive de confiscation d'une somme ou d'une créance figurant sur un contrat d'assurance sur la vie, prononcée par une juridiction pénale, entraîne de plein droit la résolution judiciaire du contrat et le transfert des fonds confisqués à l'État.

• Arr. 10 sept. 2004, art. 1

Les responsables des services visés à l'article L. 69-2 du Code du domaine de l'État peuvent adresser à l'administration centrale de leur ministère de rattachement, dès la prise d'une mesure de saisie judiciaire d'un bien mobilier susceptible de confiscation, dans le cadre d'une procédure judiciaire, une demande préalable tendant à obtenir l'affectation d'un ou de plusieurs biens mobiliers.

• Arr. 10 sept. 2004, art. 2

L'administration centrale saisie en application de l'article 1er procède aux consultations des autres services concernés et prend, le cas échéant, une décision d'affectation, au bénéfice soit du service demandeur, soit d'un autre service visé à l'article L. 69-2 du Code du domaine de l'État.

Cette décision est transmise au préfet territorialement compétent qui en informe le parquet de la juridiction saisie, dans l'attente de la décision judiciaire définitive.

Les biens gagés ou volés ne peuvent faire l'objet d'aucune proposition d'affectation.

• Arr. 10 sept. 2004, art. 3

Dès que la décision judiciaire est devenue définitive, le greffe de la juridiction compétente en adresse une copie au service chargé des domaines accompagnée, s'il y a lieu, de la décision d'affectation et d'un procès-verbal de remise au service affectataire désigné dans la décision.

Après l'avoir signé, le service des domaines transmet au service de police, à l'unité de gendarmerie ou au service des douanes, désigné dans la décision, ce procès-verbal de remise constatant l'affectation à titre gratuit du bien confisqué.

Le procès-verbal est signé par le représentant du service affectataire, qui peut procéder à l'enlèvement du bien.

Les frais de stockage antérieurs à la date de signature du procès-verbal par les domaines sont à la charge du ministère de la justice. Les frais postérieurs à cette date sont à la charge du service affectataire.

• **D. n° 95-322, 17 mars 1995, art. 1**

Le produit des recettes provenant de la confiscation des biens mobiliers ou immobiliers des personnes reconnues coupables d'infractions en matière de trafic de stupéfiants est assimilé à un fonds de concours pour dépenses d'intérêt public.

• **D. n° 95-322, 17 mars 1995, art. 2**

Le produit des recettes mentionnées à l'article Ier du présent décret est rattaché au budget des affaires sociales, de la santé et de la ville (I. : Affaires sociales et santé) selon des modalités fixées par un arrêté conjoint du ministre chargé du budget et du ministre chargé des affaires sociales et de la santé.

• **Arr. 23 août 1995, art. 1er**

Le produit des recettes provenant de la confiscation des biens mobiliers ou immobiliers des personnes reconnues coupables d'infractions en matière de trafic de stupéfiants est rattaché par voie de fonds de concours au chapitre 47-16 (Action interministérielle de lutte contre la toxicomanie) du budget des affaires sociales, de la santé et de la ville (I.- Affaires sociales et santé).

• **D. n° 2021-1428, 2 nov. 2021, art. 1**

L'Agence de gestion et de recouvrement des avoirs saisis et confisqués peut, en application du neuvième alinéa de l'article 706-160 du code de procédure pénale, mettre à disposition des associations, fondations et organismes qui y sont mentionnés les biens immobiliers libres d'occupants dont elle a la gestion ayant fait l'objet d'une décision de confiscation définitive.

• **D. n° 2021-1428, 2 nov. 2021, art. 2**

Ne peuvent faire l'objet d'une mise à disposition :

1° Les biens immobiliers grevés d'une mesure de sûreté réelle antérieure à la décision de saisie prise en application de l'article 706-150 du Code de procédure pénale ou, en l'absence de saisie préalable, à la décision de confiscation. Cette exclusion n'est toutefois pas applicable aux contrats de mise à disposition dans lesquels la personne morale bénéficiaire s'engage à ses frais à désintéresser les créanciers titulaires des sûretés ;

2° Les biens immobiliers qui font l'objet d'un arrêté d'insalubrité ou de péril.

Cette exclusion n'est toutefois pas applicable aux contrats de mise à disposition dans lesquels la personne morale bénéficiaire s'engage à ses frais à réhabiliter le bien immobilier ;

3° Les biens immobiliers mentionnés au XI de l'article 2 de la loi n° 2021-1031 du 4 août 2021 de programmation relative au développement solidaire et à la lutte contre les inégalités mondiales ;

4° Les biens immobiliers dont la cession est nécessaire à la mise en œuvre de l'article 706-164 du Code de procédure pénale.

• **D. n° 2021-1428, 2 nov. 2021, art. 3**

Les personnes morales dont le bulletin n° 2 du casier judiciaire ou celui de leurs dirigeants comporte une ou plusieurs condamnations incompatibles avec les exigences de moralité et d'honorabilité requises ne peuvent bénéficier de la mise à disposition d'un bien immobilier mentionné au dixième alinéa de l'article 706-160 du Code de procédure pénale.

• **D. n° 2021-1428, 2 nov. 2021, art. 4**

La mise à disposition en application du présent titre a lieu après publicité et concurrence.

Le directeur de l'Agence de gestion et de recouvrement des avoirs saisis et confisqués organise une procédure comportant des mesures de publicité permettant aux candidats potentiels de se manifester dans un délai qu'il détermine.

Les critères d'appréciation et de sélection des dossiers de candidature comprennent l'usage qui sera fait du bien immobilier et de sa contribution à l'intérêt général, l'aptitude à gérer et exploiter le bien immobilier, ainsi que, le cas échéant, le lien entre l'infraction en répression de laquelle la confiscation a été prononcée, l'objet social de la personne morale bénéficiaire et l'usage qu'elle souhaite faire de l'immeuble.

• **D. n° 2021-1428, 2 nov. 2021, art. 5**

Les dossiers de candidature sont adressés au directeur de l'Agence de gestion et de recouvrement des avoirs saisis et confisqués. Ils contiennent notamment :

1° Une description de l'usage qui sera fait du bien immobilier et de sa contribution à l'intérêt général ;

2° Des renseignements permettant d'apprécier l'aptitude à gérer et exploiter le bien immobilier du candidat, de ses capacités financières et techniques ;

3° Une attestation de régularité sociale et une attestation de régularité fiscale concernant la personne morale.

• **D. n° 2021-1428, 2 nov. 2021, art. 6**

Le directeur de l'Agence de gestion et de recouvrement des avoirs saisis et confisqués instruit et sélectionne les dossiers de candidatures. Il peut, à cette fin, solliciter toute personne dont l'avis lui paraît utile.

• **D. n° 2021-1428, 2 nov. 2021, art. 7**

Dans un délai qui ne peut excéder un an à compter de la réception de la décision de confiscation par l'Agence de gestion et de recouvrement des avoirs saisis et confisqués, le directeur général de l'agence soumet au conseil d'administration le projet de contrat de mise à disposition qu'il propose de conclure. Il lui transmet, outre le projet de contrat et le dossier de candidature :

1° Les éléments relatifs au bien immobilier dont la mise à disposition est proposée, notamment un état des mesures de sûreté grevant le bien ;

2° La décision définitive de confiscation ;

3° Les informations relatives au bénéficiaire de la mise à disposition ;

4° Une estimation des coûts supportés par l'État comprenant notamment :

a) Le coût résultant de l'éventuel écart entre le loyer acquitté par l'affectataire et le loyer de marché ;

b) Le coût d'immobilisation du bien, défini comme le produit de la valeur estimée du bien affecté par le taux d'intérêt des obligations ou bons du Trésor de même échéance que la durée du contrat ou, à défaut, d'échéance la plus proche ;

c) Le coût de gestion supporté par l'agence ;

5° Un avis motivé justifiant la conclusion du contrat de mise à disposition, au regard notamment de sa contribution à l'intérêt général.

• **D. n° 2021-1428, 2 nov. 2021, art. 8**

La conclusion du contrat de mise à disposition par le directeur général de l'Agence de gestion et de recouvrement des avoirs saisis et confisqués est autorisée par une délibération du conseil d'administration.

Les délibérations prises en application du présent article sont soumises à l'approbation expresse conjointe du ministre de la justice et du ministre chargé du budget.

• **D. n° 2021-1428, 2 nov. 2021, art. 9**

Le contrat de mise à disposition peut être conclu à titre gratuit ou onéreux. Dans tous les cas, les coûts liés à l'exploitation et à l'entretien courant du bien immobilier sont à la charge exclusive du bénéficiaire, de même que l'ensemble des taxes et contributions afférentes au bien.

Lorsqu'il est conclu à titre onéreux, le montant des sommes dues par la personne morale bénéficiaire peut prendre en compte les coûts de gestion supportés par l'Agence de gestion et de recouvrement des avoirs saisis et confisqués.

• **D. n° 2021-1428, 2 nov. 2021, art. 10**

Le contrat de mise à disposition peut prendre les formes suivantes :

1° Une convention d'occupation précaire du domaine privé ;

2° Un contrat de bail.

Le contrat de mise à disposition prévoit les conditions dans lesquelles le non-respect des engagements pris entraîne sa résolution.

Sa durée ne peut excéder trois ans renouvelable pour la même durée dans les conditions prévues aux articles 8 et 9 du présent décret. Cette limitation de durée n'est pas applicable s'agissant des contrats de bail à construction, emphytéotique ou à réhabilitation conclus avec un organisme mentionné à l'article L. 365-2 du Code de la construction et de l'habitation.

Les dispositions des articles 4 à 7 du présent décret ne sont pas applicables en cas de renouvellement du contrat de mise à disposition. Toutefois, lorsque le contrat de mise à disposition a déjà fait l'objet d'un renouvellement, chaque renouvellement supplémentaire a lieu après publicité et concurrence dans les conditions prévues aux articles 4 à 7 du présent décret.

• **D. n° 2021-1428, 2 nov. 2021, art. 11**

Les personnes bénéficiaires de la mise à disposition rendent compte annuellement à l'Agence de gestion et de recouvrement des avoirs saisis et confisqués de l'usage qu'elles ont fait du bien immobilier. Elles communiquent notamment à l'Agence l'ensemble des renseignements nécessaires à la vérification de la bonne exécution du contrat de mise à disposition et au maintien en bon état de l'immeuble.

L'Agence de gestion et de recouvrement des avoirs saisis et confisqués peut également solliciter la transmission de tels renseignements à tout moment et procéder sur place aux vérifications qu'elle estime nécessaires.

132.02 Jurisprudence de référence.

> Prescription de la peine de confiscation

• **Crim. 26 juin 2007**, n° 06-87.935, P, n° 175

* V. s^{s} n° 132.52.

« Vu les articles 131-21, 133-3 du Code pénal, 707, 707-1 et 593 du Code de procédure pénale ;

Attendu qu'il résulte des articles 131-21 et 133-3 du Code pénal que la peine de confiscation de sommes produites par un délit est soumise au délai de prescription des peines correctionnelles ;

Attendu que, selon l'article 707-1 du Code de procédure pénale, les poursuites pour le recouvrement des amendes et confiscations sont faites au nom du procureur de la République par le percepteur ;

Attendu que tout jugement ou arrêt doit comporter les motifs propres à justifier la décision ; que l'insuffisance ou la contradiction des motifs équivaut à leur absence ;

Attendu qu'il résulte de l'arrêt attaqué et des pièces de procédure que, par arrêt du 27 juin 1996, devenu définitif, la cour d'appel de Versailles a condamné Renée X..., épouse Y..., pour recel et complicité d'escroquerie, à dix-huit mois d'emprisonnement avec sursis, 10 000 francs d'amende et a ordonné, à titre de peine complémentaire, la confiscation de la somme de 660 713,90 francs saisie sur son compte bancaire ;

Attendu que Renée X..., épouse Y..., a présenté, le 29 décembre 2005, sur le fondement de l'article 710 du Code de procédure pénale, une requête aux fins de restitution de la somme confisquée en faisant valoir que la peine de confiscation n'avait pas été exécutée dans le délai de la prescription et que la banque détenait toujours les fonds, objet de la confiscation ;

Attendu que, pour refuser de faire droit à cette demande, l'arrêt énonce, notamment, que le transfert de propriété à l'État des fonds saisis a été réalisé le jour où la décision de la cour d'appel a acquis un caractère définitif ;

Mais attendu qu'en l'état de ces énonciations, qui ne mettent pas la Cour de cassation en mesure de s'assurer que la décision prononçant la confiscation a été transmise au comptable du Trésor pour exécution et que la peine n'est pas prescrite, la cour d'appel n'a pas justifié sa décision. »

> Effets de l'amnistie

• **Crim. 9 nov. 1982**, n° 82-91.256, P, n° 245

* V. s^{s} n° 132.53.

« Sur le moyen unique de cassation pris de la violation des articles 6 et 19 de la loi du 4 août 1981 et 593 du Code de procédure pénale ;

Vu lesdits articles ;

Attendu que l'application des dispositions de la loi du 4 août 1981 portant amnistie demeure sans effet sur l'exécution d'une peine qui a déjà été subie ;

Attendu qu'en faisant droit à la demande de X..., fondée sur la loi d'amnistie et tendant à la restitution de ses deux fusils de chasse font la confiscation avait été prononcée à titre de peine principale par application de l'article 43-3 du

Code pénal, la cour d'appel a violé le principe ci-dessus rappelé et n'a pas donné de base légale à sa décision ;

Que la cassation est, dès lors, encourue de ce chef. »

> Paiement des dommages et intérêts sur les biens confisqués

• **Civ. 2e, 20 oct. 2016,** nº 15-22.789, P II, nº 234

* V. s^s nº 132.133.

« Vu l'article 706-164, alinéa 1er, du Code de procédure pénale ;

Attendu qu'il résulte de ce texte que toute personne physique qui, s'étant constituée partie civile, a bénéficié d'une décision définitive lui accordant des dommages-intérêts en réparation du préjudice qu'elle a subi du fait d'une infraction pénale ainsi que des frais en application des articles 375 ou 475-1 et qui n'a pas obtenu d'indemnisation ou de réparation en application des articles 706-3 ou 706-14, ou une aide au recouvrement en application de l'article 706-15-1, peut obtenir de l'Agrasc que ces sommes lui soient payées prioritairement sur les biens de son débiteur dont la confiscation a été décidée par décision définitive ;

Attendu que pour débouter M. X..., M. Y... et M. Z... de leur demande, l'arrêt énonce qu'à défaut pour eux de justifier d'une saisine préalable et vaine de la Civi et du Sarvi à fins d'indemnisation, la demande qu'ils ont présentée auprès de l'Agrasc est irrecevable ;

Qu'en statuant ainsi, alors que les victimes justifiaient de ce qu'elles bénéficiaient d'une décision définitive leur octroyant des dommages-intérêts et de ce qu'elles n'avaient obtenu ni indemnisation, ni réparation, ni aide au recouvrement de la Civi et du Sarvi, la cour d'appel, ajoutant une condition que la loi ne prévoit pas, a violé le texte susvisé. »

> Application de l'article 41-6 du Code de procédure pénale aux biens confisqués

• **Crim. 9 janv. 2019,** nº 17-85.524, NP

* V. s^s nº 132.171.

« La confiscation définitive des scellés ne met pas obstacle à la mise en œuvre de l'article 41-6 du Code de procédure pénale qui ne suppose pas, par ailleurs, que la requête en révision ait été introduite par le condamné ni que celui-ci produise les éléments nouveaux pouvant la fonder, la chambre de l'instruction n'a pas justifié sa décision. »

> Difficultés d'exécution

• **Crim. 20 mai 2015,** nº 14-81.741, P, nº 121

* V. s^s nº 132.181.

« Attendu [...] que doit être examinée, au regard des articles susvisés du Code pénal, la requête de toute personne non condamnée pénalement qui est copropriétaire d'un bien indivis et qui soulève des incidents contentieux relatifs à l'exécution d'une décision pénale ordonnant la confiscation de ce bien. »

• **Crim. 10 avr. 2019,** nº 18-85.370, P, nº 73

* V. s^s nº 132.181.

« La personne définitivement acquittée, qui prétend être titulaire de droits sur un bien confisqué par la cour d'assises, peut saisir la chambre de l'instruction d'une requête en incident contentieux relatif à l'exécution, sur le fondement des articles 131-21 du Code pénal et 710 du Code de procédure pénale. »

• **Crim. 4 nov. 2021,** nº 21-80.487, NP

* V. s^s nº 132.181.

« Vu les articles 6, § 2, de la directive 2014/42/UE du Parlement européen et du Conseil du 3 avril 2014, 131-21 du Code pénal et 710 du Code de procédure pénale :

4. Doit être examinée au regard des deux derniers de ces textes la requête de toute personne non condamnée pénalement propriétaire d'un bien et qui soulève des incidents contentieux relatifs à l'exécution d'une décision pénale, même définitive, ordonnant la confiscation de ce bien. »

132.03 Bibliographie indicative.

Articles. E. Allain, « Le premier rapport d'activité de l'Agrasc », *AJ pénal* 2012. 247 – S. Almaseanu, « Saisie et confiscation pénales des assurances sur la vie : l'état du droit positif après la loi du 6 décembre 2013 », *Gaz. Pal.* 19 juill. 2014, nº 200, p. 5 ; « L'indemnisation des parties civiles sur les biens confisqués après la loi du 3 juill. 2016 », *Gaz. Pal.* 26 juill. 2016, nº 28, p. 16 – J. Bourgais, « La procédure d'exécution post-sentencielle au Royaume-Uni », *in* L. Ascensi, P. Beauvais et R. Parizot (dir.), *La confiscation des avoirs criminels, Nouveaux enjeux juridiques*, LGDJ, 2021, p. 175 – P. Carrale, « La modification de l'article 706-164 du Code de procédure pénale », *LPA* 20 févr. 2014, nº 37, p. 3 – Ch. Cutajar, « L'agence de gestion et de recouvrement des avoirs saisis et confisqués », *D.* 2011. 826 ; (propos recueillis par), « L'agence de gestion et de recouvrement des avoirs saisis et confisqués. Interview d'Elisabeth Pelsez, directrice générale de l'Agrasc », *AJ pénal* 2012. 139 ; « L'Agrasc publie son rapport 2013 », *JCP G* 2013. 1366 – E. Dezeuze et M. Horion, « La confiscation comme mesure de réparation », *Gaz. Pal.* 6 nov. 2018, nº 38, p. 69 – Ch. Duchaine (interview de), « De la nécessité d'un usage raisonné des saisies et confiscations. Punir le condamné ou punir l'État », *AJ pénal* 2015. 242 – A. Fournier, « La nouvelle Agence de gestion et de recouvrement des avoirs saisis et confisqués (Agrasc) », *JCP N* 2011. 334 ; « L'Agrasc : une approche patrimoniale de la lutte contre la délinquance et la criminalité », *JCP N* 2016. 637 – A. Fournier et A. Fournier-Renault, « La confiscation des immeubles et leur aliénation. Agence de gestion et de recouvrement des avoirs saisis et confisqués (Agrasc) et Notariat : un partenariat exemplaire », *JCP N* 2012. 800 – J. Kan, « Synthèse du rapport annuel 2011 de l'Agence de gestion et de recouvrement des avoirs saisis et confisqués », *La revue du Grasco*, nº 2, juill. 2012, p. 14 ; (propos recueillis par), « Interview d'Elisabeth Pelsez, directrice générale de l'Agence de gestion et de recouvrement des avoirs saisis et confisqués », *La revue du Grasco*, nº 5, avr. 2013, p. 3 ; (propos recueillis par), « Interview de Nicolas Bessone, directeur général de l'Agence de gestion et de recouvrement des avoirs saisis et confisqués », *La revue du Grasco*, nº 32, janv. 2021, p. 3 – A. Kostomaroff, « L'effectivité de l'exécution des peines de confiscation », *in* L. Ascensi, P. Beauvais et R. Parizot (dir.), *La confiscation des avoirs criminels, Nouveaux enjeux juridiques*, LGDJ, 2021, p. 161 – E. Lemaire, « La vente des biens de l'État à la suite de leurs confiscations pénales : de quelques points clés intéressant la pratique notariale confrontée à la loi du 9 juillet 2010 », *Defrénois* 2020. 17 – M. Léna, « Le rapport annuel 2012 de l'agence de gestion et de recouvrement des avoirs saisis et confisqués

(Agrasc) », *AJ pénal* 2013. 507 – S. Le Tallec, « Le rôle de l'Agrasc dans l'effectivité de la peine de confiscation », *AJ pénal* 2019. 12 – E. Pelsez et H. Robert, « Pour une meilleure appréhension des patrimoines frauduleux. À propos de l'Agence de gestion et de recouvrement des avoirs saisis et confisqués (Agrasc) », *JCP G* 2011. 769 – F. Perrotin, « L'Agrasc, bilan 2013 », *LPA* 22 mai 2014, p. 4 ; « Focus sur l'activité de l'Agrasc », *LPA* 25 juill. 2018, p. 4 – R. Stiffel, « L'activité de l'Agrasc en matière de saisie pénale immobilière et de confiscations immobilières », *AJ pénal* 2012. 142.

SECTION 1
ORGANES CHARGÉS DE L'EXÉCUTION DES CONFISCATIONS

132.10 Plan. Les confiscations ne dérogent pas au droit commun de l'exécution des peines, dès lors que leur exécution relève de la compétence du procureur de la République (§ 1). Il reste que cette compétence s'exerce selon des modalités particulières (§ 2).

§ 1
Compétence du procureur de la République

132.21 Conformité au droit commun. L'exécution des peines de confiscation ne déroge pas au principe énoncé par l'article 707-1, alinéa 1er, du Code de procédure pénale : la poursuite de l'exécution de la sentence pénale relève des attributions du ministère public. Ainsi, même si l'exécution de la peine de confiscation sera parfois poursuivie par le comptable public compétent ou bien par l'Agrasc, cette poursuite interviendra toujours, comme le précisent expressément les deuxième et troisième alinéas de l'article 707-1, « au nom du procureur de la République »[1].

§ 2
Modalités de mise en œuvre de la compétence

132.31 Intervention de l'Agrasc et du comptable public. Si l'exécution des peines de confiscation relèvera toujours de la compétence du procureur de la République, cette compétence pourra, dans certains cas, être exercée, non pas directement par ce magistrat, le cas échéant avec le concours du service des domaines, mais « en son nom » par le comptable public compétent ou bien par l'Agrasc, ainsi que le précise l'article 707-1 du Code de procédure pénale à ses alinéas 2 et 3 : « les poursuites pour [...] l'exécution des confiscations en valeur sont faites au nom du procureur de la République par le comptable public compétent ou, dans les cas où la confiscation en valeur s'exécute sur des biens préalablement saisis, par l'Agence de gestion et de recouvrement des avoirs saisis et confisqués », tandis que « l'exécution des autres confiscations est réalisée au nom du procureur de la République par l'Agence de gestion et de recouvrement des avoirs saisis et confisqués lorsqu'elles portent sur des biens meubles ou immeubles mentionnés aux 1° et 2° de l'article 706-160, même s'ils ne lui ont pas été préalablement confiés [...] ». Plusieurs situations doivent ainsi être distinguées, étant relevé que la matière pourrait évoluer, puisqu'il a été proposé par un rapport parlementaire de conférer à l'Agrasc la compétence pour assurer l'exécution des décisions de confiscation en valeur prenant la forme de condamnations pécuniaires – en lieu et place du comptable public –, et de lui assurer le monopole de l'aliénation des biens confisqués, en excluant ainsi le service des domaines du dispositif[2].

132.32 Répartition des compétences en cas de confiscation en nature. L'exécution des confiscations en nature sera poursuivie soit par le procureur de la République lui-même, soit par l'Agrasc au nom de ce magistrat.

Le troisième alinéa de l'article 707-1 du Code de procédure pénale dispose en effet que l'exécution des « autres confiscations », c'est-à-dire celle des confiscations autres que prononcées en valeur qui, elles-mêmes, sont régies par le deuxième alinéa du texte, est réalisée par l'Agrasc « lorsqu'elles portent sur des biens meubles ou immeubles mentionnés aux 1° et 2° de l'article 706-160, même s'ils ne lui ont pas été préalablement confiés ». Le renvoi à ces deux textes signifie que l'Agrasc aura compétence pour poursuivre l'exécution des peines de confiscation qui portent, d'une part, sur « tous les biens, quelle que soit leur nature, saisis, confisqués ou faisant l'objet d'une mesure conservatoire au cours d'une procédure pénale, qui lui sont confiés et qui nécessitent, pour leur conservation ou leur valorisation, des actes d'administration »[3], d'autre part, sur « les sommes saisies lors de procédures pénales » dont l'Agrasc a le monopole de la gestion[4], et ce même si ces biens ne lui ont pas été préalablement

1. SUR L'AGRASC : J. Buisson, « Agence de gestion et de recouvrement des avoirs saisis et confisqués », *Procédures* 2017, comm. 111 – Ch. Cutajar, « L'agence de gestion et de recouvrement des avoirs saisis et confisqués », *D.* 2011. 826 – A. Fournier, « La nouvelle Agence de gestion et de recouvrement des avoirs saisis et confisqués (Agrasc) », *JCP N* 2011. 334.

2. L. Saint-Martin et J.-L. Warsmann, *Investir pour mieux saisir, confisquer pour mieux sanctionner, Rapport parlementaire*, nov. 2019, p. 37.
3. C. pr. pén., art. 706-160, al. 1, 1°.
4. C. pr. pén., art. 706-160, al. 1, 2°.

confiés au cours de l'enquête ou de l'information judiciaire. Il s'en déduit que la compétence de l'agence s'étendra aux biens qui, soit lui auront été confiés au cours de l'enquête ou de l'information judiciaire à la suite de leur saisie, soit qui, sans avoir fait l'objet d'une telle mesure préalable, lui auront été confiés par le procureur de la République à la suite de la décision de confiscation aux fins d'exécution de celle-ci ; étant relevé que le monopole que la loi a reconnu à l'Agrasc pour la gestion des sommes d'argent ne donne aucune marge d'appréciation au procureur de la République en la matière, et qu'en pratique l'Agrasc exerce aussi un monopole en matière de confiscations immobilières et de fonds de commerce, dès lors que la loi lui a confié la charge de procéder aux formalités de publication [1]. Hors le cas où l'intervention de l'agence est impérative en raison de ces monopoles, les biens confiés à l'Agrasc au stade de la saisie ou de l'exécution de la confiscation seront les biens « complexes », c'est-à-dire ceux justifiant la mise en œuvre de l'expertise de l'agence pour leur conservation ou leur valorisation, plutôt que l'intervention habituelle du service des domaines.

La poursuite de l'exécution relèvera en revanche du seul procureur de la République dans tous les autres cas, avec, comme antérieurement à la création de l'Agrasc, le concours du service des domaines.

Au reste, lorsque la confiscation porte sur un bien qui n'a pas été préalablement saisi, il appartient au procureur de la République d'appréhender matériellement le bien, le cas échéant avec le concours de la force publique, en application du droit commun de l'article 709 du Code de procédure pénale.

132.33 Répartition des compétences en cas de confiscation en valeur. En revanche, en cas de confiscation en valeur, il résulte de l'article 707-1, alinéa 2, du Code de procédure pénale, que l'exécution devrait être poursuivie soit par le comptable public, soit par l'Agrasc dans les cas où la confiscation en valeur s'exécute sur des biens préalablement saisis. Il nous semble cependant, comme il a été vu [2], qu'il y a lieu de davantage distinguer.

Il ne fait pas de doute, en effet, que, lorsqu'une confiscation en valeur consiste en une condamnation pécuniaire, le comptable public est compétent pour poursuivre l'exécution de cette peine au nom du procureur de la République, comme en cas de condamnation au paiement d'une amende. En pratique, l'exécution de la confiscation sera poursuivie par ce service qui, au vu d'un relevé de condamnation délivré par le service de l'exécution des peines du procureur de la République, procédera au recouvrement en faisant application des règles prévues par le décret du 22 décembre 1964 [3] *relatif au recouvrement des amendes et condamnations pécuniaires par les comptables de la direction générale des finances publiques.*

Il n'est de même pas douteux que, lorsque le bien confisqué a été préalablement saisi et confié à l'Agrasc au cours de l'enquête ou de l'information judiciaire, celle-ci tient des dispositions de l'article 707-1 du Code de procédure pénale la compétence pour poursuivre l'exécution de la confiscation.

En revanche, pour les raisons déjà énoncées, l'Agrasc n'a pas vocation à exécuter les confiscations en valeur de tous les biens préalablement saisis. Lorsque la peine porte sur un bien pour lequel l'agence n'a pas de monopole de gestion et qui, en raison de ses caractères ordinaires, ne nécessite pas, pour sa valorisation, l'intervention de l'agence, la peine doit être exécutée selon le droit commun, c'est-à-dire par le ministère public avec le concours du service des domaines.

De même, lorsque la confiscation en valeur porte sur un bien déterminé qui n'a pas été préalablement saisi, il ne nous semble pas non plus que l'exécution relève de la compétence du comptable public. Il appartient au procureur de la République de se faire remettre le bien, le cas échéant avec le concours de la force publique [4], puis ce bien, selon sa nature et l'expertise qu'il nécessite ou non pour sa conservation ou sa valorisation, sera confié par le parquet soit au service des domaines, soit à l'Agrasc.

132.34 Caractère subsidiaire de l'intervention de l'Agrasc. Il résulte de ce qui précède que l'intervention de l'Agrasc au stade de l'exécution de la confiscation présente un caractère subsidiaire, ce qui cependant pourrait évoluer [5].

Ce caractère a été expressément voulu par le législateur à l'occasion du vote de la loi n° 2012-409 du 27 mars 2012 [6] qui a modifié la rédaction de l'article 707-1 du Code de procédure pénale issue de la loi n° 2010-768 du 9 juillet 2010 [7]. En effet, dans sa rédaction issue de ce dernier texte, le deuxième alinéa de l'article 707-1, qui avait intégré la création de l'Agrasc, disposait que « les poursuites pour le recouvrement des amendes et confiscations en valeur [étaient] faites au nom du procureur de la République, par le comptable public compétent » et

1. C. pr. pén., art. 706-151 et 706-157.
2. V. s^{s} n° 126.42.
3. D. n° 64-1333, 22 déc. 1964 *relatif au recouvrement des amendes et condamnations pécuniaires par les comptables de la direction générale des finances publiques, JO* 29 déc., p. 11794 ; mod par D. n° 2018-969, 8 nov. 2018.
4. C. pr. pén., art. 709.
5. V. s^{s} n° 132.31.
6. L. n° 2012-409, 27 mars 2012 *de programmation relative à l'exécution des peines, JO* 28 mars, p. 5592.
7. L. n° 2010-768, 9 juill. 2010 *visant à faciliter la saisie et la confiscation en matière pénale, JO* 10 juill., p. 12753.

que « l'exécution des autres confiscations [était] réalisée au nom du procureur de la République par l'Agence de gestion et de recouvrement des avoirs saisis et confisqués qui [procédait], s'il y [avait] lieu, aux formalités de publication foncière aux frais du Trésor ». Il était ainsi bien difficile de lire ce texte autrement que comme signifiant que la poursuite de l'exécution de l'ensemble des confiscations en nature avait vocation à être de la compétence de l'Agrasc. Cette situation avait été dénoncée par la directrice générale de l'agence au cours des travaux préparatoires de la loi du 27 mars 2012 [1]. Ce magistrat avait en effet relevé, devant la Commission des lois de l'Assemblée nationale, que la rédaction de l'article 707-1 du Code de procédure pénale pouvait laisser entendre que l'agence devait gérer tous les scellés confisqués, ce qui ne correspondait pas pourtant à son cœur de métier tel qu'il avait été voulu par le législateur en 2010 [2] et ne pouvait de surcroît être assumé en raison de moyens limités. La loi du 27 mars 2012 a ainsi modifié la rédaction discutable de l'article 707-1 dans le sens qui a été vu [3]. Il s'agissait, selon le rapporteur de la Commission des lois de l'Assemblée nationale, de revenir « à une rédaction plus conforme au souhait du législateur, tel qu'il ressort des travaux préparatoires de la loi du 9 juillet 2010, en limitant expressément le champ de compétence de l'Agence aux biens dont la gestion lui a été confiée au stade de la saisie ainsi qu'aux biens complexes, pour lesquels elle est susceptible d'apporter une réelle plus-value » [4].

SECTION 2
CONDITIONS DE L'EXÉCUTION DES CONFISCATIONS

132.40 **Plan.** Si les organes chargés de l'exécution des confiscations sont pour partie particuliers, celle-ci obéit en principe, pour le surplus, au droit commun de l'exécution des peines (§ 1). Il existe cependant des dérogations à ces règles (§ 2).

§ 1
Application du droit commun de l'exécution des peines

132.51 **Nécessité d'une décision définitive ou exécutoire par provision.** Conformément aux dispositions de droit commun du premier alinéa de l'article 708 du Code de procédure pénale, seules les peines de confiscation contenues dans une décision définitive peuvent être ramenées à exécution. Il n'en ira autrement que lorsque la décision aura été assortie de l'exécution provisoire, mais exécuter une telle peine sera générateur de difficultés en cas d'infirmation de la décision par la cour d'appel, ainsi qu'il a été vu [5].

132.52 **Application des règles de la prescription.** Les règles ordinaires de la prescription des peines trouvent de même à s'appliquer en matière de confiscations.

La chambre criminelle a clairement énoncé à cet égard que « la confiscation portant sur la chose qui est le produit de l'infraction, prévue par l'article 131-21, alinéa [3] du Code pénal, constitue une peine complémentaire soumise aux dispositions de l'article 133-3 dudit code relatives à la prescription des peines » [6]. Par arrêt définitif, une cour d'assises avait en effet ordonné la confiscation d'une somme de plus 600 000 francs qui avait été préalablement saisie sur le compte bancaire de l'accusée. Plus de neuf années plus tard, l'intéressée avait présenté, sur le fondement de l'article 710 du Code de procédure pénale, une requête tendant à se voir restituer cette somme, en faisant valoir que la peine de confiscation n'avait pas été exécutée dans le délai de la prescription et que la banque détenait toujours les fonds objet de la confiscation. Pour refuser de faire droit à cette demande, la cour d'appel avait notamment énoncé que le transfert de propriété à l'État des fonds saisis avait été réalisé le jour où la décision de la cour d'appel avait acquis un caractère définitif. La chambre criminelle a cassé cette décision, après avoir énoncé le principe précité, en considérant, sur le terrain du contrôle de la motivation, que les énonciations de l'arrêt attaqué ne la mettaient pas en mesure de s'assurer que la décision prononçant la confiscation avait été transmise au comptable du Trésor pour exécution et que la peine n'était pas prescrite.

Il se déduit de cette décision que les peines de confiscation ne sont donc pas imprescriptibles. La question pouvait se poser, dès lors que l'antépénultième alinéa de l'article 131-21 du Code pénal dispose que « la chose confisquée est [...] dévolue à l'État », cette règle étant du reste reprise à l'article L. 1124-1 du Code général de la propriété des personnes publiques. Pouvait-on déduire de ces dispositions, dans une approche inspirée du droit civil des contrats selon lequel, en matière de vente, le transfert de propriété s'opère *solo consensu*, que la confiscation ne laissait pas de place à l'exécution,

1. L. n° 2012-409, 27 mars 2012 *de programmation relative à l'exécution des peines, JO* 28 mars, p. 5592.
2. *Rapp. Ass. nat.* n° 4112 (XIIIe législ.), p. 245.
3. V. ss nos 132.32 s.
4. *Rapp. Ass. nat.* n° 4112 (XIIIe législ.) p. 148 – AUSSI : *Rapp. Sénat* n° 302 (2011-2012), p. 88.
5. V. ss n° 131.124.
6. Crim. 26 juin 2007, n° 06-87.935, P, n° 175 ; *D.* 2007. 2165.

dès lors qu'il s'opérait par le seul effet de la décision une dévolution totale du bien à l'État ? La chambre criminelle ne s'est pas engagée dans une telle voie. Il est vrai que, si la confiscation opère un transfert juridique de propriété par le seul effet de la décision de confiscation, il n'en demeure pas moins que doit s'opérer, à la suite de la décision, l'appréhension matérielle du bien confisqué qui implique des opérations d'exécution, et qu'il y a place, en la matière, pour l'exécution forcée de celle-ci. L'article 131-21, alinéa 9, du Code pénal dispose d'ailleurs que la contrainte judiciaire est applicable à l'une des formes de la confiscation en valeur[1].

132.53 Effet de la grâce et de l'amnistie. La grâce et l'amnistie font de même obstacle à l'exécution de la peine de confiscation, conformément au droit commun, faute de dispositions propres à la confiscation aux articles 133-7 et suivants et 133-9 et suivants du Code pénal.

Si la position contraire a été défendue par certains auteurs, les arrêts cités au soutien de celle-ci ne sauraient pourtant être interprétés en ce sens[2]. En effet, il est exact que, par arrêt du 14 décembre 1982, la chambre criminelle a affirmé que « [l'infraction à la réglementation sur les ventes aux enchères] étant punie, à titre obligatoire, de la confiscation des marchandises mises en vente et d'une amende, ne peut bénéficier des dispositions prévues par l'article 2-1° de la loi du 16 juillet 1974 portant amnistie reprise par la loi du 4 août 1981 »[3], mais cette affirmation renseigne uniquement sur la portée des lois des 16 juillet 1974 et 4 août 1981 qui ont amnistié les seuls délits punis d'une peine d'amende, et non ceux punis de deux peines, à savoir, par exemple, la confiscation de l'objet du délit et une amende. Un arrêt comparable a d'ailleurs été rendu le 16 octobre 1991 dans lequel il a été énoncé : « Les dispositions de l'article 2, 1° de la loi du 20 juillet 1988, portant amnistie, ne sont pas applicables lorsque l'infraction est punie d'une amende assortie de peines complémentaires, fussent-elles facultatives. Les délits de pêche, lorsque celle-ci est pratiquée selon un mode prohibé, punis seulement d'une amende en application des dispositions du décret-loi du 9 janvier 1852, ne sont pas amnistiés de droit dès lors que la loi du 5 juillet 1983[4], applicable au décret-loi précité, permet de prononcer la confiscation des matériels de pêche, sans qu'il soit nécessaire de rapporter la preuve de leur appréhension préalable. »[5] Or c'est une chose d'énoncer qu'une loi d'amnistie ne s'applique pas à certains délits aux motifs qu'ils sont punis d'une peine de confiscation et que cette loi ne vise que les délits punis d'une seule peine d'amende ; ce serait autre chose d'affirmer que l'amnistie d'un délit serait sans effet à l'égard de l'exécution de la peine de confiscation prononcée en répression de celui-ci.

En tous les cas, également en conformité avec le droit commun, il a été posé pour principe que « l'amnistie n'entraîne pas la restitution d'objets dont la confiscation, prononcée à titre de peine principale, a été exécutée »[6].

§ 2
Dérogations au droit commun

132.61 Décès du condamné ou dissolution de la personne morale. Le décès du condamné, tout comme la dissolution de la personne morale, qui constitue une sorte de mort civile, empêchent ou arrêtent en principe l'exécution de la peine[7].

Ce principe connaît pourtant une dérogation en matière de confiscations. Selon l'article 133-1 du Code pénal, en effet, « il peut être procédé au recouvrement de l'amende et des frais de justice ainsi qu'à l'exécution de la confiscation après le décès du condamné ou après la dissolution de la personne morale jusqu'à la clôture des opérations de liquidation ». Si cette dérogation au droit commun de l'exécution des peines a été justifiée, dans une réponse ministérielle régulièrement citée, par le fait que le décès du condamné aurait pour effet de faire perdre aux amendes et confiscations leur caractère pénal pour laisser subsister une dette civile[8], elle n'en a pas moins été critiquée par une certaine doctrine comme n'ayant pas de justification juridique satisfaisante et portant en vérité atteinte au principe de la personnalité des peines[9].

132.62 Dévolution à l'État des biens confisqués par jugement par défaut. La loi n° 2016-731 du 3 juin 2016[10] a de même récemment dérogé aux

1. V. s[s] n° 126.43.
2. *Rép. pén.*, *V°* « Confiscation », n°s 24, 30 et 33, par A. Beziz-Ayache – *J.-Cl. Pén. code*, préc., n° 151, par E. Camous.
3. Crim. 14 déc. 1982, n° 81-90.682, P, n° 290.
4. L. n° 83-582, 5 juill. 1983 *relative au régime de la saisie et complétant la liste des agents habilités à constater les infractions dans le domaine des pêches maritimes*, *JO* 6 juill., p. 2065.
5. Crim. 16 oct. 1991, n° 91-82.100, P, n° 350.
6. Crim. 9 nov. 1982, n° 82-91.256, P, n° 245.
7. C. pén., art. 133-1.
8. *JOAN Q* 23 sept. 1991, p. 3950.
9. S. Brezillon, *De la peine patrimoniale au patrimoine pénal. Essai pénologique, historique et prospectif*, thèse, Nantes, 2017, p. 172 – P. Buffetteau, « De la transmission de peines par voie successorale ou l'article 133-1 du nouveau Code pénal », *RSC* 1992. 729.
10. L. n° 2016-731, 3 juin 2016 *renforçant la lutte contre le crime organisé, le terrorisme et leur financement, et améliorant l'efficacité et les garanties de la procédure pénale*, *JO* 4 juin, n° 1.

effets de la prescription des peines en insérant dans le Code de procédure pénale un nouvel article 493-1 disposant : « En l'absence d'opposition, les biens confisqués par défaut deviennent la propriété de l'État à l'expiration du délai de prescription de la peine. » Ainsi que le relève le rapport de la Commission des lois de l'Assemblée nationale, il s'agissait pour le législateur « de garantir que le condamné ne pourra pas revendiquer la restitution des biens confisqués à l'expiration du délai de prescription de la peine »[1].

SECTION 3
FORMES DE L'EXÉCUTION

132.70 **Plan.** Il y a lieu de distinguer, s'agissant des formes de l'exécution des confiscations, entre la procédure ordinaire (§ 1) qui doit être suivie pour cette exécution, et les procédures d'exécution particulières (§ 2).

§ 1
Formes ordinaires d'exécution

132.81 **Confiscation en nature ou en valeur d'un bien désigné.** La poursuite de l'exécution des confiscations en nature ou en valeur, lorsque celles-ci portent sur un bien désigné dans la décision de confiscation, va consister, selon les cas, en sa conservation en l'état dans le patrimoine mobilier ou immobilier de l'État, en son aliénation en vue du versement du produit de la vente au budget général de l'État[2] – ce qui est la conséquence du principe de la non-affectation des recettes de l'État –, ou bien encore en sa destruction, par exemple si le bien est dangereux ou illicite, ou s'il est d'une nature telle que sa cession n'est pas économiquement pertinente pour l'État. En pratique, on relèvera qu'il est dans la très grande majorité des cas procédé à la liquidation des biens confisqués. Par exemple, sur les 110 immeubles confisqués entre 2011 et 2016, aucun n'a été conservé en nature par l'État[3].

Il reste que, ainsi que l'énonce l'antépénultième alinéa de l'article 131-21 du Code pénal, le bien confisqué sera dévolu à l'État grevé, à concurrence de sa valeur, des droits réels licitement constitués au profit de tiers. Il s'en déduit qu'au stade de l'exécution de la peine, l'organe qui en sera chargé devra procéder au désintéressement des tiers titulaires de droits ayant pour assiette le bien confisqué. Tel sera par exemple le cas des créanciers privilégiés titulaires de privilèges légaux ou de sûretés réelles opposables à l'État. De même, ont été exposées les difficultés consécutives à la confiscation d'un immeuble acquis en viager[4].

En cas d'indivision, sauf à ce que le bien ait été confisqué pour le tout, il est permis d'être hésitant s'agissant du régime juridique qui doit être appliqué. Dans une approche de droit privé, qui paraît être celle de l'Agrasc[5], il pourrait être soutenu qu'il appartiendra à l'État, en application des règles du droit civil et notamment de celle selon laquelle « nul ne peut être contraint à demeurer dans l'indivision »[6], soit d'obtenir du tiers indivisaire qu'il lui achète la quote-part indivise confisquée, soit de faire procéder à la cession du bien, le tiers indivisaire percevant sa quote-part du prix de vente. Le cas échéant, l'État devra poursuivre judiciairement le partage du bien indivis. Pour faciliter l'exécution des confiscations de quotes-parts indivises, l'Agrasc a d'ailleurs exprimé le souhait que soient assouplies les règles gouvernant la sortie de l'indivision, en permettant à l'État de vendre sa part sans l'accord de l'indivisaire[7]. Il reste que, dans une démarche de droit public, il a été soutenu que pourraient être plutôt mises en œuvre, en tous les cas lorsque le bien litigieux est un immeuble, les dispositions de l'article L. 3211-3 du Code général de la propriété des personnes publiques selon lesquelles « les immeubles de toute nature dont l'État est propriétaire en indivision avec d'autres personnes physiques ou morales, et qui sont insusceptibles de partage, sont vendus en totalité dans les formes et conditions fixées pour ceux qui lui appartiennent sans part d'autrui. Les indivisaires reçoivent leur part dans le prix, à la date du ou des paiements »[8].

En revanche, la situation sera plus délicate en cas de confiscation du seul démembrement d'un droit de propriété, c'est-à-dire de la nue-propriété d'un bien ou de son usufruit, compte tenu de ce que sont les règles d'extinction de l'usufruit[9]. Ainsi, s'il s'est opéré la dévolution à l'État de la seule nue-propriété d'un bien, l'administration sera contrainte, pour liquider les droits de l'État, soit d'obtenir de

1. *Rapp. Ass. nat.* n° 3515 (XIVe législ.), p. 339.
2. En 2021, et à s'en tenir aux confiscations dont l'exécution a été mise en œuvre par l'Agrasc, 126,144 M€ ont été versés au budget général de l'État (Agrasc, *Rapp. annuel* 2021, p. 124 et 126).
3. Agrasc, *Rapp. annuel* 2016, p. 31.
4. A. Kostomaroff, « L'effectivité de l'exécution des peines de confiscation », *in* L. Ascensi, P. Beauvais et R. Parizot (dir.), *La confiscation des avoirs criminels, Nouveaux enjeux juridiques*, LGDJ, 2021, p. 171.
5. Agrasc, *Rapp. annuel* 2019, p. 24.
6. C. civ., art. 815.
7. Agrasc, préc.
8. E. Lemaire, « La vente des biens de l'État à la suite de leurs confiscations pénales : de quelques points clés intéressant la pratique notariale confrontée à la loi du 9 juillet 2010 », *Defrénois* 2020. 17.
9. C. civ., art. 617.

l'usufruitier qu'il consente à la vente du bien afin qu'il puisse être procédé au partage du prix de vente selon les règles du droit civil, soit d'attendre que l'usufruit ne s'éteigne par la mort de l'usufruitier, en cas d'usufruit viager, ou par l'arrivée du terme. Dans la seconde hypothèse, jusqu'à l'extinction de l'usufruit, les relations entre l'État et l'usufruitier seront régies par les dispositions des articles 578 et suivants du Code civil, ce qui pourra être source de difficultés pratiques, en particulier si l'usufruitier a des liens avec le nu-propriétaire condamné pénalement. Inversement, s'il a été confisqué le seul usufruit, la portée pratique de la peine prononcée sera limitée dans le temps puisque les droits de l'État s'éteindront au moment du décès du titulaire initial de l'usufruit, seul véritable usufruitier, dès lors qu'il a été posé pour principe que ne saurait lui être assimilé le cessionnaire de l'usufruit[1]. En d'autres termes, la dévolution de l'usufruit à l'État lui confère les prérogatives de l'usufruitier et non cette qualité, de sorte que la confiscation est sans emport sur la durée de l'usufruit. C'est une conséquence de la mise en œuvre de la règle *nemo plus juris* : il ne saurait être transféré à l'État davantage de droits *ratione temporis* que n'en avait l'usufruitier lui-même dans son patrimoine. Pour sortir de ces difficultés, il a ainsi été proposé par un auteur, par ailleurs chef du pôle opérationnel de l'Agrasc, d'introduire dans le Code général de la propriété des personnes publiques de nouvelles dispositions permettant à l'État, en cas de confiscation du seul démembrement d'un droit de propriété ayant pour assiette un immeuble, et à défaut d'accord de rachat des droits de l'État par le tiers usufruitier ou nu-propriétaire, de faire procéder à la vente forcée du bien, le tiers recevant une part du prix de vente au *prorata* de ses droits[2].

En pratique, lorsque le bien confisqué n'a pas été préalablement saisi, il y a d'abord lieu pour le procureur de la République de se faire remettre le bien, au besoin avec le concours de la force publique[3]. À cet égard, l'on rappellera qu'il résulte de l'avant-dernier alinéa de l'article 131-21 du Code pénal que « lorsque la chose confisquée est un véhicule qui n'a pas été saisi ou mis en fourrière au cours de la procédure, le condamné doit, sur l'injonction qui lui en est faite par le ministère public, remettre ce véhicule au service ou à l'organisme chargé de sa destruction ou de son aliénation ». De surcroît, l'article 434-41 du Code pénal punit de deux ans d'emprisonnement et de 30 000 euros d'amende le fait de détruire, détourner ou tenter de détruire ou de détourner tout bien corporel ou incorporel, ou encore tout animal, confisqué en application des articles 131-6, 131-10, 131-14, 131-16, 131-21 ou 131-39 du Code pénal. Il en est de même lorsqu'une personne recevant la notification d'une décision prononçant à son égard, en application des mêmes textes, la confiscation d'un véhicule, d'une arme ou de tout autre bien corporel ou incorporel, refuse de remettre un tel bien ou animal à l'agent de l'autorité chargé de l'exécution de cette décision. La circonstance que le bien confisqué détourné soit situé à l'étranger est sans emport sur la compétence du juge pénal français[4]. En effet, la confiscation ayant été prononcée par une juridiction pénale française, cette décision, qui constitue l'un des éléments constitutifs du délit défini par l'article 434-41, fonde la compétence du juge pénal français en application de l'article 113-2 du Code pénal. On relèvera par ailleurs que, sur proposition de l'Agrasc[5], afin de sanctionner le refus d'exécution des peines de confiscation des biens corporels ou incorporels, en particulier des biens immobiliers[6], la loi n° 2013-1117 du 6 décembre 2013[7] a modernisé l'article 434-41, pour le mettre en cohérence avec le nouvel état du droit des confiscations pénales, en étendant la portée de ses anciennes dispositions, qui pouvaient être interprétées comme ne concernant que les personnes physiques, aux personnes morales, et en se référant non plus aux notions de « chose » ou d'« objet », mais à celle, davantage cohérente avec la terminologie de l'article 131-21 du Code pénal, de « bien, corporel ou incorporel »[8]. Ainsi que l'a relevé la circulaire d'application de ce texte, la nouvelle référence à la notion de bien englobe donc sans discussion possible les immeubles, ce qui est de nature à faciliter l'exécution des décisions de confiscation, particulièrement en matière immobilière[9]. Il reste que l'appréhension matérielle du bien confisqué n'est pas chose aisée, en sorte qu'il a été proposé de créer dans le Code de procédure pénale une procédure d'enquête post-sentencielle aux fins d'exécution des confiscations, sur le modèle de la procédure de recherche des

1. Civ. 3e, 26 janv. 1972, n° 70-12.594, P III, n° 69.
2. M. Peter, *Les saisies pénales spéciales. Une évolution majeure pour une stratégie pénale patrimoniale repensée*, thèse, Aix-Marseille, 2018, n° 1199.
3. C. pr. pén., art. 709.
4. Crim. 15 sept. 2021, n° 20-85.840, P.
5. Agrasc, *Rapp. annuel* 2012, p. 31.
6. *Rapp. Ass. nat.* nos 1130 et 1131 (XIVe législ.), p. 85 – *Rapp. Sénat* n° 738 (2012-2013), p. 92.
7. L. n° 2013-1117, 6 déc. 2013 *relative à la lutte contre la fraude fiscale et la grande délinquance économique et financière, JO* 7 déc., p. 19941.
8. SUR CE TEXTE : Circ. Justice, 23 janv. 2014 *de présentation de la loi n° 2013-1117 en date du 6 décembre 2013 relative à la lutte contre la fraude fiscale et la grande délinquance économique et financière*, NOR : JUS D 1402112 C, *BOMJ* n° 2014-01, 31 janv. 2014, p. 17.
9. Circ. Justice, 23 janv. 2014, préc., p. 18.

personnes en fuites[1], dirigée par le procureur de la République[2], outre le fait que pourrait être mise à la disposition de l'Agrasc une unité de police judiciaire créée aux mêmes fins[3]. Si le législateur n'est pas allé pour l'instant aussi loin, la loi n° 2019-222 du 23 mars 2019[4] a néanmoins inscrit parmi les obligations du sursis probatoire celle de « justifier de la remise d'un bien dont la confiscation a été ordonnée »[5].

Ensuite, lorsque l'exécution relève du procureur de la République lui-même et de son service de l'exécution des peines, la confiscation est exécutée avec le concours de l'administration chargée des domaines qui appartient à la direction générale des finances publiques. Le bien est remis à cette administration après état dressé par le greffe. Si l'administration n'entend pas conserver le bien dans le patrimoine de l'État, elle procède à la vente aux enchères publiques du bien[6]. Son produit est en principe versé au budget général de l'État. Si, en revanche, le bien confisqué n'a aucune valeur marchande, ou bien s'il présente un caractère dangereux ou illicite, il est procédé à sa destruction, un procès-verbal de destruction étant établi par le greffe en charge du service des scellés. Cependant, dans un souci de cohérence, il a été proposé d'exclure les domaines du dispositif et de confier à l'Agrasc l'exclusivité des ventes après confiscation[7].

L'aliénation des biens confisqués confiés à l'Agrasc, soit au stade de la saisie, soit après la décision de confiscation, obéit à un régime particulier quant à ses modalités. D'abord, à la demande de l'agence dans son rapport annuel pour l'année 2014, la loi n° 2016-731 du 3 juin 2016[8] a modifié le troisième alinéa de l'article 707-1 du Code de procédure pénale qui donne dorénavant compétence à l'agence pour procéder jusqu'à la vente des biens confisqués « aux actes d'administration nécessaires à leur conservation et à leur valorisation ». L'Agrasc avait en effet exprimé le souhait que lui soient conférés « tous les pouvoirs nécessaires à l'accomplissement des actes de gestion, de conservation et de valorisation du bien qu'elle est tenue de réaliser dans la phase qui se situe entre le moment où une décision définitive de confiscation lui est communiquée pour exécution par un parquet et le moment où intervient effectivement la vente du bien concerné »[9], en particulier s'agissant des biens immobiliers, des meubles complexes et des entreprises en activité qui ne pouvaient être laissées à l'abandon pendant plusieurs mois et pour lesquelles des décisions importantes ne pouvaient être prises à défaut de fondement juridique.

Par ailleurs, en raison de la spécificité des biens confiés à l'Agrasc, celle-ci n'est pas tenue de procéder à leur aliénation avec le concours de l'administration chargée des domaines. L'article R. 54-9 du Code de procédure pénale, issu du décret n° 2011-134 du 1er février 2011[10], dispose en effet que l'agence « peut demander à l'administration chargée des domaines de procéder à l'aliénation [...] des biens meubles ou immeubles confisqués au cours d'une procédure pénale » et que « l'aliénation a lieu avec publicité et concurrence ». Or « pouvoir », ce n'est pas « devoir », en sorte que l'agence a conclu et mis en œuvre un ensemble de partenariats lui permettant de faire procéder à l'aliénation des biens confisqués dans des conditions financièrement plus favorables que celles des ventes domaniales. L'article R. 54-9 précise cependant que « l'aliénation a lieu avec publicité et concurrence », ce que l'Agrasc considère être une difficulté, s'agissant de la vente de certains biens, en sorte qu'elle a exprimé la volonté d'être autorisée à réaliser certaines ventes de gré à gré[11]. Il est vrai que les dispositions du Code de procédure pénale paraissent plus restrictives à cet égard que celles du Code général de la propriété des personnes publiques qui, dans certains cas, autorise la cession à l'amiable des biens immobiliers[12] et des biens et droits mobiliers[13] du domaine privé de l'État. Un rapport parlementaire s'est d'ailleurs prononcé dans le sens d'un tel assouplissement[14].

Ainsi, s'agissant des biens immobiliers, l'Agrasc a conclu le 4 janvier 2012 une convention avec le Conseil supérieur du notariat (CSN) portant sur l'aliénation des biens immobiliers confisqués et qui poursuit l'objectif de parvenir, aux meilleures condi-

1. C. pr. pén., art. 74-2.
2. M. Peter, *Les saisies pénales spéciales. Une évolution majeure pour une stratégie pénale patrimoniale repensée*, thèse, Aix-Marseille, 2018, nos 1228 s.
3. À CE PROPOS : v. ss n° 126.42.
4. L. n° 2019-222, 23 mars 2019 *de programmation 2018-2022 et de réforme pour la justice*, *JO* 24 mars, n° 2.
5. C. pén., art. 132-45, 23° – v. ss n° 131.93.
6. CEPENDANT : les dispositions de droit commun des articles R. 3211-2 s. ainsi que R. 3211-38 s. du Code général de la propriété des personnes publiques s'agissant de la possibilité de procéder à la cession du bien confisqué à l'amiable.
7. L. Saint-Martin et J.-L. Warsmann, *Investir pour mieux saisir, confisquer pour mieux sanctionner, Rapport parlementaire*, nov. 2019, p. 37.
8. L. n° 2016-731, 3 juin 2016 *renforçant la lutte contre le crime organisé, le terrorisme et leur financement, et améliorant l'efficacité et les garanties de la procédure pénale*, *JO* 4 juin, n° 1.
9. Agrasc, *Rapp. annuel* 2014, p. 54.
10. D. n° 2011-134, 1er févr. 2011 relatif à l'agence de gestion et de recouvrement des avoirs saisis et confisqués, *JO* 3 févr., p. 2154.
11. Agrasc, *Rapp. annuel* 2017, p. 68.
12. CGPP, art. R. 3211-2.
13. CGPP, art. R. 3211-38.
14. L. Saint-Martin et J.-L. Warsmann, *Investir pour mieux saisir, confisquer pour mieux sanctionner, Rapport parlementaire*, préc., p. 37.

tions, à une vente dans le délai, selon les cas, de quatre ou six mois[1]. Pour l'essentiel, et même si demeurent certaines interrogations pour le notaire[2], si discrétionnairement l'agence décide de confier la vente d'un bien immobilier à un notaire, elle choisit celui qui sera chargé de la vente en principe en privilégiant un critère géographique de proximité au sein d'une liste de notaires ayant exprimé la volonté de collaborer avec l'agence. L'officier ministériel ainsi mandaté est tenu de requérir auprès de la direction compétente une évaluation par l'administration des domaines, l'avis domanial devant intervenir dans un délai d'un mois. De même, l'Agrasc a conclu en 2018 un marché public avec plusieurs agences immobilières[3], puis elle a contracté en 2021 avec une agence immobilière proposant un service d'enchères en ligne[4].

Il reste que l'exécution des confiscations immobilières se révèle en pratique fort délicate[5], même si 128 mesures ont été exécutées en 2021 pour un montant total de 17,555 M€, contre 140 en 2020, soit une augmentation de 44 %[6]. Comme l'a relevé l'agence dans son rapport annuel pour l'année 2015, le délai moyen d'une vente d'immeuble confisqué par les notaires est de dix-huit mois, ce qui est susceptible d'entraîner des charges financières non négligeables pour l'agence. Par ailleurs, elle indique être confrontée à l'occupation des lieux par la personne condamnée ou par un locataire de celle-ci. Dans ce cas, un délai compris entre trois et six mois en moyenne est laissé à la personne condamnée pour quitter les lieux, tandis que, si les lieux sont loués, un congé pour vendre est délivré au locataire dans les conditions légales[7]. Ceci explique que l'Agrasc, d'une part, ait développé la pratique consistant pour ses militaires ou fonctionnaires à se rendre dans les lieux confisqués, accompagnés des services de police ou de gendarmerie territorialement compétents, afin de visualiser le bien, d'évaluer les difficultés à venir, d'expliquer la procédure à l'ancien propriétaire ou au locataire, et de marquer la présence de l'État dans l'exécution de la sanction pénale, d'autre part, ait conclu le 3 juillet 2015 une convention de partenariat avec le Conseil national des huissiers de justice, devenus commissaires de justice, afin que les huissiers volontaires appuient l'agence dans le cadre des missions de signification d'acte ou de mise en œuvre des procédures civiles d'expulsion, dès lors qu'aucune procédure spécifique n'existe en matière pénale[8]. Il semble d'ailleurs que l'Agrasc sollicite dorénavant systématiquement un huissier de justice afin de dresser l'état du bien, d'identifier les occupants et de remettre à ces derniers un courrier de l'agence leur rappelant la situation juridique du bien immobilier confisqué[9]. À cet égard, l'Agrasc a proposé qu'il soit dérogé, en cas de confiscation immobilière, aux procédures civiles d'expulsion qu'elle doit mettre en œuvre en l'état des textes à l'encontre des personnes qui occupent les lieux confisqués sans droit ni titre[10], indépendamment du fait que ce maintien dans les lieux caractérise le délit de détournement de bien confisqué prévu par l'article 434-41 du Code pénal[11]. Il a en effet été relevé que le législateur avait exprimé, lors de l'adoption de la loi n° 2010-768 du 9 juillet 2010[12], la volonté d'affranchir le juge pénal du recours aux voies civiles d'exécution, en sorte qu'il a été proposé qu'un texte prévoie qu'en cas de confiscation immobilière, la condamnation vaudrait « autorisation d'expulser le condamné et les occupants de son chef passé un délai déterminé »[13]. Cette proposition a depuis été reprise par un rapport parlementaire[14]. Il est vrai que de telles dispositions existent en cas de confiscation d'un fonds de commerce prononcée en répression du délit de proxénétisme hôtelier[15]. De même, l'Agrasc a revendiqué pour ses agents des pouvoirs de police judiciaire, notamment en matière d'exécution des confiscations immobilières[16]. Enfin, elle a exprimé

1. Agrasc, *Rapp. annuel* 2012, p. 13 – A. Fournier et A. Fournier-Renault, « La confiscation des immeubles et leur aliénation. Agence de gestion et de recouvrement des avoirs saisis et confisqués (Agrasc) et Notariat : un partenariat exemplaire », *JCP N* 2012. 800.
2. E. Lemaire, « La vente des biens de l'État à la suite de leurs confiscations pénales : de quelques points clés intéressant la pratique notariale confrontée à la loi du 9 juillet 2010 », *Defrénois* 2020. 17.
3. Agrasc, *Rapp. annuel* 2018, p. 26.
4. Agrasc, *Rapp. annuel* 2021, p. 33.
5. POUR DES EXEMPLES de ces difficultés : A. Kostomaroff, « L'effectivité de l'exécution des peines de confiscation », *in* L. Ascensi, P. Beauvais et R. Parizot (dir.), *La confiscation des avoirs criminels, Nouveaux enjeux juridiques*, LGDJ, 2021, p. 161.
6. Agrasc, *Rapp. annuel* 2021, p. 31.
7. Agrasc, *Rapp. annuel* 2019, p. 24.
8. Agrasc, *Rapp. annuel* 2015, p. 32.
9. Agrasc, *Rapp. annuel* 2017, p. 32 – AUSSI : Agrasc, *Rapp. annuel* 2019, p. 24.
10. Agrasc, *Rapp. annuel* 2015, p. 51 – AUSSI : Agrasc, *Rapp. annuel* 2017, p. 70 ; *Rapp. annuel* 2019, p. 24 ; *Rapp. annuel* 2021, p. 32 et 174.
11. En 2018, neuf occupations sans titre ont été dénoncées par l'Agrasc aux parquets territorialement compétents (Agrasc, *Rapp. annuel* 2018, p. 25).
12. L. n° 2010-768, 9 juill. 2010 *visant à faciliter la saisie et la confiscation en matière pénale, JO* 10 juill., p. 12753.
13. Agrasc, *Rapp. annuel* 2015, p. 51 – AUSSI : M. Peter, *Les saisies pénales spéciales. Une évolution majeure pour une stratégie pénale patrimoniale repensée*, thèse, Aix-Marseille, 2018, n°s 1238 s.
14. L. Saint-Martin et J.-L. Warsmann, *Investir pour mieux saisir, confisquer pour mieux sanctionner, Rapport parlementaire*, préc., p. 56.
15. C. pr. pén., art. 706-39.
16. Agrasc, *Rapp. annuel* 2015, p. 50.

la volonté que le législateur fixe le sort des meubles meublants renfermés dans les immeubles confisqués lorsque leur confiscation n'a pas été prononcée, en lui reconnaissant le droit d'en disposer à l'expiration d'un délai de deux mois suivant une mise en demeure adressée à leur propriétaire [1].

S'agissant, par ailleurs, des biens mobiliers, l'Agrasc s'autorise à avoir recours aux services, dans un cadre partenarial, outre des commissaires aux ventes de l'administration des domaines, de commissaires-priseurs judiciaires – devenus commissaires de justice – en application d'un protocole du 21 mars 2012 [2] et révisé le 17 mars 2015 [3], de courtiers assermentés de marchandises sur le fondement d'un contrat de partenariat du 2 mars 2015 [4], ou encore d'huissiers de justice – également devenus commissaires de justice – dans le cadre d'une convention de partenariat avec le Conseil national des huissiers de justice du 3 juillet 2015 [5], dans le souci de parvenir à la meilleure liquidation possible des biens confisqués [6]. Ainsi, en 2021, outre les meubles remis à l'Agrasc aux fins d'aliénation avant jugement, par décision du procureur de la République ou du juge d'instruction [7], 435 biens ont été remis à l'Agrasc pour être vendus, sur décision du procureur de la République dans ses fonctions d'exécution des peines de confiscation [8].

Le troisième alinéa de l'article 706-161 du Code de procédure pénale dispose encore qu'outre le fait que l'Agrasc est tenue de veiller à l'abondement du fonds de concours stupéfiants [9], ce qui n'est qu'une conséquence des dispositions réglementaires l'organisant, celle-ci « peut [...] verser à l'État des contributions destinées au financement de la lutte contre la délinquance et la criminalité et au financement de la prévention de la prostitution et de l'accompagnement social et professionnel des personnes prostituées », ce qui déroge au principe de non-affectation des recettes de l'État. Ainsi, en 2021, ces dépenses qualifiées « d'intervention » par l'Agrasc et engagées sur décision de son conseil d'administration, se sont élevées à la somme totale de 6,620 M€ répartie entre le ministère de la Justice (1,070 M€), la police nationale (1,987 M€), la gendarmerie nationale (1,754 M€) et l'administration des douanes (0,185 M€) pour ce qui concerne la lutte contre la délinquance et la criminalité, et la direction générale de la cohésion sociale s'agissant de la prévention de la prostitution (0,844 M€), outre le versement de 0,780 M€ au financement des repentis [10].

Enfin, dans le souci de mettre le droit français en conformité avec les engagements internationaux de la France [11] issus de l'article 57 de la Convention des Nations unies *contre la corruption* du 31 octobre 2003 [12], dite de Mérida, et à la suite d'une précédente proposition de loi qui avait été adoptée en première lecture par le Sénat le 2 mai 2019 à l'initiative de M. le député Jean-Pierre Sueur [13], le Parlement a adopté les dispositions du XI de l'article 2 de la loi n° 2021-1031 du 4 août 2021 *relative au développement solidaire et à la lutte contre les inégalités mondiales* [14] permettant la restitution aux populations des États étrangers concernés de la valeur liquidative des biens confisqués aux personnes condamnées dans les affaires de « biens mal acquis », consistant dans le fait, pour le dirigeant d'un État étranger et ses proches, à investir sur le territoire français des fonds détournés du budget de cet État ou bien issus de la corruption. Le texte énonce ainsi que « dans le cadre de la politique française de développement solidaire et de lutte contre les inégalités mondiales, et sous réserve de l'article 706-164 du Code de procédure pénale, sont restituées, au plus près de la population de l'État étranger concerné, les recettes provenant de la cession des biens confisqués aux personnes définitivement condamnées pour le blanchiment, le recel, le recel de blanchiment ou le blanchiment de recel de l'une des infractions prévues aux articles 314-1, 432-11 à 432-16, 433-1, 433-2, 433-4, 434-9, 434-9-1, 435-1 à 435-4 et 435-7 à 435-10 du Code pénal, lorsque la décision judiciaire concernée établit que l'infraction d'origine a été commise par une

1. Agrasc, *Rapp. annuel* 2015, p. 52 – AUSSI : *Rapp. annuel* 2017, p. 70.
2. Agrasc, *Rapp. annuel* 2012, p. 13.
3. Agrasc, *Rapp. annuel* 2015, p. 49.
4. SUR CE PARTENARIAT, avec les références textuelles citées : Agrasc, *Rapp. annuel* 2014, p. 50 – Agrasc, *Rapp. annuel* 2015, p. 49.
5. Agrasc, *Rapp. annuel* 2015, p. 32.
6. Ch. Duchaine (interview de), « De la nécessité d'un usage raisonné des saisies et confiscations. Punir le condamné ou punir l'État », *AJ pénal* 2015. 242.
7. V. s[s] n° 242.00.
8. Agrasc, *Rapp. annuel* 2021, p. 41, exposant qu'en 2021, 2 903 biens mobiliers ont été remis à l'Agrasc par les juridictions judiciaires françaises aux fins d'aliénation, 85 % sur décision des juges d'instruction et procureurs de la République, et 15 % sur décision des procureurs de la République dans leurs fonctions d'exécution des peines. Ces remises se sont concrétisées par la vente de 2 453 meubles au total.
9. V. s[s] n° 132.151.
10. Agrasc, *Rapp. annuel* 2021, p. 117.
11. L. Saint-Martin et J.-L. Warsmann, *Investir pour mieux saisir, confisquer pour mieux sanctionner, Rapport parlementaire*, nov. 2019, p. 60.
12. Conv. Nations unies *contre la corruption*, 31 oct. 2003 (D. n° 2006-1113, 4 sept. 2006, *JO* 6 sept., n° 6).
13. Proposition de loi n° 109 *relative à l'affectation des avoirs issus de la corruption transnationale* (2018-2019).
14. L. n° 2021-1031, 4 août 2021 *de programmation relative au développement solidaire et à la lutte contre les inégalités mondiales*, *JO* 5 août, n° 1.

personne dépositaire de l'autorité publique d'un État étranger, chargée d'un mandat électif public dans un État étranger ou d'une mission de service public d'un État étranger, dans l'exercice de ses fonctions, à l'exclusion des frais de justice ». Il ressort de la référence à l'article 706-164 du Code de procédure pénale que, si le législateur a entendu organiser la restitution des fonds dont elles ont été privées aux populations victimes des infractions énumérées, celle-ci s'opérera seulement après la mise en œuvre de ce texte qui permet aux parties civiles d'obtenir le paiement des dommages et intérêts qui leurs sont dus auprès de l'Agrasc, sur les fonds ou la valeur liquidative des biens confisqués s'ils ont été confiés à l'agence[1]. Cette restitution prendra la forme de l'ouverture de crédits budgétaires au sein de la mission « Aide publique au développement », placée sous la responsabilité du ministère des Affaires étrangères. Ces crédits serviront à financer les actions de coopération et de développement dans les pays concernés, dans le respect des principes de transparence et de redevabilité, et en veillant à l'association des organisations de la société civile. À cette fin, le ministère des Affaires étrangères définira, au cas par cas, les modalités de restitution de ces recettes de façon à garantir qu'elles contribuent à l'amélioration des conditions de vie des populations. Il arrive en effet que les personnes condamnées en France pour de tels faits, ou bien leurs proches, exercent toujours le pouvoir dans les États concernés à la suite de la condamnation, de sorte qu'il était nécessaire de concevoir un mécanisme original garantissant aux populations victimes de bénéficier de la restitution.

132.82 **Confiscation en valeur consistant en une condamnation pécuniaire.** Lorsque le juge répressif a prononcé une condamnation au paiement d'une somme d'argent correspondant à la valeur d'un bien susceptible d'être confisqué, la poursuite de l'exécution relève de la compétence du comptable public qui agit au nom du procureur de la République. Dans ce cas, les règles applicables à la poursuite de l'exécution sont comparables à celles mises en œuvre en matière d'amendes. Le comptable public mettra en œuvre, pour obtenir le paiement de la condamnation pécuniaire, les procédures de recouvrement forcé prévues par le décret n° 64-1333 du 22 décembre 1964[2] *relatif au recouvrement des amendes et condamnations pécuniaires par les comptables de la direction générale des finances publiques*, ce qui peut, comme il a été vu[3], constituer une faiblesse du dispositif de confiscation en valeur, dès lors que les procédures d'exécution forcée ne présentent pas la même efficacité que les procédures de saisies pénales[4]. Il est vrai qu'il a été montré, à partir d'une étude des statistiques issues du casier judiciaire – lesquelles ne prennent en compte que les crimes, délits et contraventions de cinquième classe –, que le taux de recouvrement global des amendes avoisine seulement les 50 %, outre le fait que les poursuites engagées par le Trésor ne sont pas sans présenter un coût financier[5]. Cependant, rappelons que, comme en matière d'amendes et ainsi qu'il a été vu[6], les dispositions relatives à la contrainte judiciaire sont en principe applicables au recouvrement de la somme représentative de la valeur du bien susceptible de confiscation.

§ 2
Procédures d'exécution particulières

132.90 **Plan.** L'exécution des confiscations obéit parfois à des procédures particulières, soit que la nature du bien confisqué impose cette spécificité, soit qu'il soit dérogé à la mise en œuvre pure et simple de la dévolution du bien confisqué à l'État.

A.
Confiscations impliquant des formalités de publication ou de notification

132.101 **Publication.** La nature de certains biens implique que leur confiscation doive être suivie, au stade de l'exécution de la peine, de formalités de publication. L'article 707-1, alinéa 3, du Code de procédure pénale dispose à cet égard que l'Agrasc procède « s'il y a lieu, aux formalités de publication ». Il s'agit d'assurer l'opposabilité de la mesure aux tiers par l'État.

Tel est bien sûr le cas en matière immobilière. En effet, de même qu'au stade de la saisie l'article 706-151 du Code de procédure pénale dispose que la saisie pénale d'un immeuble n'est opposable aux tiers qu'à compter de la publication de la décision ordonnant la saisie au service de la publicité foncière ou, pour les départements du Bas-Rhin, du Haut-Rhin et de la Moselle, au livre foncier du lieu de situation de l'immeuble, et que les formalités de publication sont réalisées, au nom du procureur de

1. V. s[s] n° 132.131.
2. D. n° 64-1333, 22 déc. 1964 *relatif au recouvrement des amendes et condamnations pécuniaires par les comptables de la direction générale des finances publiques, JO* 29 déc., p. 11794 ; mod par D. n° 2018-969, 8 nov. 2018.
3. V. s[s] n° 126.42.
4. AUSSI : E. Camous, « La confiscation en valeur, Une peine en devenir », *Dr. pén.* 2017, chron. 5.
5. H. Dantras-Bioy, « L'(in)efficacité de la peine d'amende », *in* Ch. Claverie Rousset, *Analyse économique du droit et matière pénale*, LexisNexis, 2018, p. 179.
6. V. s[s] n° 126.43.

la République ou du juge d'instruction, par l'Agrasc, la décision de confiscation devra être publiée par cette agence au service compétent.

Il en va de même en cas de confiscation d'un fonds de commerce, dès lors qu'au stade de la saisie l'article 706-157 du Code de procédure pénale dispose que la saisie d'un fonds de commerce n'est opposable aux tiers qu'à compter de son inscription sur le registre des nantissements tenu au greffe du tribunal de commerce du lieu de situation du fonds et que, comme précédemment, depuis que la loi n° 2016-731 du 3 juin 2016[1] a modifié l'article 706-157, sur proposition de l'Agrasc[2], ces formalités sont réalisées par l'agence au nom du procureur de la République[3]. Il semble cependant que la publication des confiscations de fonds de commerce ne soit pour l'instant pas possible pour l'agence[4].

L'on peut en revanche se demander ce qu'il en est, en pratique, des formalités de publication prévues par l'article 19 de la loi n° 47-520 du 21 mars 1947[5]. Ce texte, adopté dans le contexte de l'Épuration, dispose en effet que « toute décision judiciaire prononçant la confiscation totale ou partielle d'un patrimoine est publiée par extrait au Journal officiel et dans un journal d'annonces légales du département à la diligence du ministère public ». Cette publication est destinée à permettre aux créanciers du condamné de déclarer leur créance afin d'être payés du montant de celle-ci, dans les conditions des articles 19 à 28 de cette loi. Or, lors de l'adoption de la loi n° 2010-768 du 9 juillet 2010[6], alors que l'on pouvait penser que ce texte étant tombé en désuétude, outre le fait qu'il concernait la confiscation générale ou partielle du patrimoine du condamné, entendu comme une universalité de droits, qui est distincte de l'actuelle confiscation de tout ou partie des biens composant le patrimoine de l'intéressé, le législateur a exprimé l'idée que ces dispositions demeuraient de droit positif et avaient vocation à être appliquées en cas de confiscation de patrimoine[7]. Le rapporteur du texte devant l'Assemblée nationale a en effet indiqué, à propos de ces dispositions : « Le principe de la publicité des décisions de confiscation portant sur tout ou partie du patrimoine est maintenu par la présente proposition de loi. Ce principe est contenu à l'article 19 de la loi du 21 mars 1947[8] relative à certaines dispositions d'ordre financier [...]. Ces dispositions protectrices des créanciers ayant des droits sur les biens ne sont pas modifiées par la présente proposition de loi. »[9] Force est pourtant de constater que ces dispositions, qui n'ont donné lieu à aucun contentieux devant la Cour de cassation, ne semblent pas mises en œuvre et que, surtout, elles paraissent s'appliquer à un type de confiscation distinct de ceux actuellement prévus par le Code pénal.

Il reste enfin que ce qui précède ne règle pas tout. Le législateur n'a pas prévu de formalités particulières de publication de la confiscation de certains biens dont la nature, pourtant, le justifierait. Tel est le cas, par exemple, en cas de confiscation de parts sociales, d'instruments financiers ou de valeurs mobilières, ou bien encore en matière de propriété industrielle. Cette carence pose le problème de l'opposabilité de ces confiscations aux tiers susceptibles d'avoir acquis des droits sur les biens confisqués postérieurement à la décision de confiscation. Il a ainsi été proposé par l'Agrasc et par un auteur d'instituer en France un registre des biens saisis et confisqués ou, à tout le moins, de prévoir des formalités de publication des confiscations sur les fichiers existants, tels que les registres des tribunaux de commerce s'agissant des parts sociales[10].

132.102 Notification. Certaines confiscations doivent de même faire l'objet de formalités de notification de la décision aux tiers.

Tel sera par exemple le cas en cas de confiscation de parts sociales, de valeurs mobilières, ou encore d'instruments financiers. La décision de confiscation devra être notifiée à la personne émettrice et, le cas échéant, aux intermédiaires financiers, c'est-à-dire aux personnes qui, lors de la saisie, en avaient reçu notification par application des dispositions de l'article 706-156 du Code de procédure pénale.

Il en sera de même en cas de confiscation d'une créance figurant sur un contrat d'assurance sur la vie s'agissant de l'assureur ou de l'organisme auprès duquel le contrat a été souscrit, non seulement au titre d'une application analogique des règles relatives à la saisie de telles créances[11], mais également

1. L. n° 2016-731, 3 juin 2016 *renforçant la lutte contre le crime organisé, le terrorisme et leur financement, et améliorant l'efficacité et les garanties de la procédure pénale, JO* 4 juin, n° 1.
2. Agrasc, *Rapp. annuel* 2015, p. 34 et 50.
3. *Rapp. Ass. nat.* n° 3515 (XIVe législ.), p. 339 – *Rapp. Sénat* n° 491 (2015-2016), t. I, p. 257.
4. M. Peter, *Les saisies pénales spéciales. Une évolution majeure pour une stratégie pénale patrimoniale repensée*, thèse, Aix-Marseille, 2018, n° 1141.
5. L. n° 47-520, 21 mars 1947 *relative à diverses dispositions d'ordre financier, JO* 25 mars, p. 2765.
6. L. n° 2010-768, 9 juill. 2010 *visant à faciliter la saisie et la confiscation en matière pénale, JO* 10 juill., p. 12753.
7. C. pén., art. 131-21, al. 6.
8. L. n° 47-520, 21 mars 1947 *relative à diverses dispositions d'ordre financier, JO* 25 mars, p. 2765.
9. *Rapp. Ass. nat.* n° 1689 (XIIIe législ.), p. 31.
10. Agrasc, *Rapp. annuel* 2017, p. 66 – M. Peter, *Les saisies pénales spéciales. Une évolution majeure pour une stratégie pénale patrimoniale repensée*, préc., nos 1131 s.
11. C. pr. pén., art. 706-155, al. 2.

parce que, comme il sera vu, la décision emportera la résolution de la convention[1].

Il nous semble enfin que toute décision de confiscation de créance doit nécessairement être notifiée au débiteur, que cette créance ait ou non été préalablement saisie[2] et, dans l'affirmative, que les fonds aient été ou non consignés auprès de l'Agrasc par l'intéressé, afin que ce dernier soit informé de la situation de sa dette.

B.
Exécution des confiscations de créances figurant sur des contrats d'assurance sur la vie

132.111 Spécificité des contrats d'assurance sur la vie. Les spécificités de droit civil des contrats d'assurance sur la vie ont emporté la nécessité, pour le législateur, de prévoir des règles d'exécution de la confiscation des créances figurant sur ces conventions. En effet, ces contrats sont fondés sur un mécanisme de stipulation pour autrui : ce sont des conventions par lesquelles une partie fait promettre à son cocontractant l'accomplissement d'une formalité au profit d'un tiers. Encore faut-il, toutefois, savoir ce qu'il convient d'entendre par la notion de contrat d'assurance sur la vie. Certaines de ces conventions constituent véritablement des contrats d'assurance, en ce qu'elles consistent à verser à l'assureur une prime en échange de laquelle ce dernier s'engage, en cas de décès de l'assuré, à verser une certaine somme à un ou plusieurs tiers en la forme d'un capital ou d'une rente. Ces contrats s'inscrivent dans une démarche de prévoyance et relèvent incontestablement de l'assurance. D'autres contrats, en revanche, ne constituent rien d'autre que des supports d'investissement financier. Ils consistent, pour l'assuré, à verser une somme d'argent à l'assureur en échange de laquelle ce dernier s'engage, en cas de décès de l'assuré, à verser le capital ainsi constitué à un ou plusieurs tiers, mais également à lui restituer ce capital majoré d'intérêts au terme fixé par la convention en cas de survie de l'intéressé. Ces contrats constituent des produits financiers, tout en bénéficiant d'avantages fiscaux. Pour distinguer ces deux types de contrats, l'on parle, en pratique, dans le premier cas, d'assurance-décès et, dans le second, d'assurance sur la vie.

Ce sont ces seconds contrats qui ont fait l'objet des réflexions du législateur depuis 2010. En effet, jusqu'à l'entrée en vigueur de la loi n° 2010-768 du 9 juillet 2010[3], les fonds placés sur les contrats d'assurance sur la vie étaient insusceptibles d'être saisis non plus que confisqués, en ce qu'ils ne constituaient plus la propriété juridique de l'assuré. Cette situation était regrettable dès lors qu'il est apparu que, pour ce motif, certains auteurs d'infractions avaient recours aux contrats d'assurance sur la vie pour mettre le produit de leur activité délinquante à l'abri des saisies[4], de même qu'il résultait de rapports du GAFI et de TRACFIN que l'assurance sur la vie jouait un rôle dans le blanchiment d'argent[5]. Ainsi, le rapporteur de la loi du 9 juillet 2010 devant l'Assemblée nationale stigmatisait l'existence « des techniques financières permettant de mettre à l'abri le produit de l'infraction, tel le recours aux assurances sur la vie que leur nature de contrat rend par nature insaisissable, ce qui en fait un mode d'investissement particulièrement utilisé par les membres du crime organisé »[6], au point que M. le président Warsmann avait qualifié les contrats d'assurance sur la vie « d'angle mort de notre législation », lors de la seconde lecture du texte devant l'Assemblée nationale, de même que le rapporteur du texte devant le Sénat avait fait le constat que ces contrats constituaient « un instrument de blanchiment fréquemment utilisé par les délinquants »[7].

C'est ce qui explique que la loi du 9 juillet 2010 a créé une procédure de saisie des sommes inscrites au crédit des contrats d'assurance sur la vie[8], sur laquelle nous reviendrons[9], et qui est pour l'essentiel caractérisée par le fait que, pour tenir compte des spécificités juridiques de ces conventions, la saisie n'emporte pas appréhension immédiate des créances figurant sur ces contrats, mais opère le « gel » de ceux-ci dans l'attente de l'éventuelle décision de confiscation. Il s'agit, en d'autres termes, en suspendant les droits du souscripteur et du bénéficiaire, de conserver leur valeur aux contrats dans l'attente de l'issue du procès pénal.

132.112 Particularités au stade de l'exécution de la décision de confiscation. Il résulte de ce qui précède que les règles d'exécution de la confiscation des créances figurant sur les contrats d'assurance sur la vie doivent nécessairement être spécifiques pour permettre l'appréhension effective des sommes confisquées par l'État. Or, la loi n° 2010-768 du

1. V. s^s^ n° 132.111.
2. C. pr. pén., art. 706-155, al. 1.
3. L. n° 2010-768, 9 juill. 2010 *visant à faciliter la saisie et la confiscation en matière pénale, JO* 10 juill., p. 12753.
4. *Rapp. Ass. nat.* n° 1689 (XIIIe législ.), p. 14 – *Rapp. Sénat* n° 738 (2012-2013), p. 88.
5. *Rapp. Sénat* n° 328 (2009-2010), p. 39 – AUSSI : S. Almaseanu, « Saisie et confiscation pénales des assurances-vie : l'état du droit positif après la loi du 6 décembre 2013 », *Gaz. Pal.* 19 juill. 2014, n° 200, p. 5.
6. *Rapp. Ass. nat.* n° 1689 (XIIIe législ.), p. 14.
7. *Rapp. Sénat* n° 328 (2009-2010), p. 39.
8. C. pr. pén., art. 706-155, al. 2.
9. V. s^s^ n° 234.121.

9 juillet 2010[1] n'avait rien prévu à cet égard, et la pratique consistait, pour le procureur de la République ou l'Agrasc, à attendre l'expiration du contrat pour appréhender les sommes confisquées[2], ce que prévoyait d'ailleurs la circulaire du 22 décembre 2010[3].

La question a été traitée par la loi n° 2013-1117 du 6 décembre 2013[4] qui a inséré dans le Code des assurances un article L. 160-9 dont il résulte que « la décision définitive de confiscation d'une somme ou d'une créance figurant sur un contrat d'assurance sur la vie, prononcée par une juridiction pénale, entraîne de plein droit la résolution judiciaire du contrat et le transfert des fonds confisqués à l'État », des dispositions identiques étant contenues aux articles L. 223-29 du Code de la mutualité et L. 932-23-2 du Code de la sécurité sociale pour les contrats gérés, respectivement, par les mutuelles et les institutions de prévoyance. Le prononcé de la peine de confiscation entraîne donc l'anéantissement du contrat qui se trouve résolu de plein droit et le transfert des fonds à l'État. Le rapporteur de la Commission des lois de l'Assemblée nationale relevait à ce propos que le texte était destiné à éviter qu'à la suite d'une décision de confiscation, l'État ne soit tenu d'attendre le dénouement du contrat afin de pouvoir ramener la peine à exécution, ce qui était effectivement la pratique en la matière[5].

L'application de ces dispositions a par la suite été étendue à la non-restitution définitive des créances figurant sur les contrats d'assurance sur la vie, dont la propriété est dévolue à l'État sur le fondement du dernier alinéa de l'article 41-4 du Code de procédure pénale[6].

Il reste, ainsi que l'a relevé un auteur, que le choix de la résolution, qui s'entend en principe d'un anéantissement rétroactif du contrat[7], est discutable en ce qu'il semble difficile pour les assureurs de remettre le contrat dans l'état où il était lors de sa souscription, en sorte que les dispositions susvisées entraîneront vraisemblablement la seule résiliation de la convention[8]. Néanmoins, c'est bien délibérément que le législateur a préféré la résolution à la résiliation de la convention, si l'on en croit le rapport de la Commission des lois du Sénat dans lequel il a été relevé que « l'option retenue de la résolution judiciaire du contrat – et non de la résiliation – permet en effet de remettre l'ensemble des acteurs dans la situation antérieure à la constitution d'un contrat dont l'origine est illicite, d'empêcher que les actifs en résultant et revêtant eux-mêmes un caractère illicite ne puissent entrer dans le patrimoine d'un tiers désigné au contrat qui ne subira aucun préjudice du fait de cette résolution, en l'absence de tout investissement de sa part, et de délier l'organisme gestionnaire de tout engagement découlant d'un tel contrat »[9].

C. Exécution des confiscations de certains fonds de commerce

132.120 **Plan.** L'exécution de la confiscation de certains fonds de commerce obéit à un régime particulier.

132.121 **Publication.** L'article 706-37 du Code de procédure pénale dispose ainsi que les confiscations de fonds de commerce prononcées en répression du délit de proxénétisme hôtelier[10] doivent être publiées au registre du commerce et des sociétés, et au registre des privilèges et nantissements du tribunal de commerce, dans les conditions de l'article R. 51-1 du même code.

132.122 **Expulsion.** De même, ainsi qu'il a été vu[11], l'article 706-39 du Code de procédure pénale prévoit que la décision qui, en application de l'article 225-22 du Code pénal, prononce la confiscation du fonds de commerce, ordonne l'expulsion de toute personne qui, directement ou par personne interposée, détient, gère, exploite, dirige, fait fonctionner, finance ou contribue à financer l'établissement. Il en résulte que la décision de confiscation suffit à permettre à l'autorité chargée de l'exécution de la peine de faire procéder à l'expulsion par la force publique des personnes ainsi désignées.

132.123 **Aliénation du fonds de commerce.** Enfin, le Code de commerce comprend des dispositions relatives aux conditions d'aliénation de certains fonds de commerce confisqués.

1. L. n° 2010-768, 9 juill. 2010 *visant à faciliter la saisie et la confiscation en matière pénale*, *JO* 10 juill., p. 12753.
2. S. Almaseanu, « Saisie et confiscation pénales des assurances-vie : l'état du droit positif après la loi du 6 décembre 2013 », préc.
3. Circ. Justice, 22 déc. 2010 *relative à la présentation de la loi n° 2010-768 du 9 juillet 2010 visant à faciliter la saisie et la confiscation en matière pénale*, NOR : JUS D 1033251 C, *BOMJ* n° 2011-01, 31 janv. 2011, p. 12.
4. L. n° 2013-1117, 6 déc. 2013 *relative à la lutte contre la fraude fiscale et la grande délinquance économique et financière*, *JO* 7 déc., p. 19941 – SUR CE TEXTE : Circ. Justice, 23 janv. 2014 *de présentation de la loi n° 2013-1117 en date du 6 décembre 2013 relative à la lutte contre la fraude fiscale et la grande délinquance économique et financière*, NOR : JUS D 1402112 C, *BOMJ* n° 2014-01, 31 janv. 2014, p. 14.
5. *Rapp. Ass. nat.* n°s 1130 et 1131 (XIVe législ.), p. 81.
6. V. s^s^ n° 245.162.
7. G. Cornu (dir.), *Vocabulaire juridique*, préc., V° « Résolution », sens 1.
8. AUSSI : S. Almaseanu, « Saisie et confiscation pénales des assurances-vie : l'état du droit positif après la loi du 6 décembre 2013 », préc.
9. *Rapp. Sénat* n° 738 (2012-2013), p. 88.
10. C. pén., art. 225-10 et 225-22.
11. V. s^s^ n° 131.57.

En effet, l'article L. 143-22 de ce code prévoit des règles spécifiques à cet égard, lorsqu'un fonds de commerce a été confisqué en répression de faits de soumission à des conditions de travail et d'hébergement contraires à la dignité de la personne, de travail forcé et de réduction en servitude commis par les personnes morales[1], de discrimination et de soumission à des conditions de travail et d'hébergement contraires à la dignité de la personne, de travail forcé et de réduction en servitude commis par les personnes physiques[2], et de proxénétisme hôtelier commis par les personnes physiques ou morales[3]. Le texte dispose que « l'État doit procéder à la mise en vente du fonds confisqué [...] dans un délai d'un an, sauf prorogation exceptionnelle de ce délai par ordonnance du président du tribunal judiciaire », et qu'il n'est « tenu à l'égard des créanciers qu'à concurrence du prix de vente de ce fonds », étant précisé que cette mise en vente doit être réalisée sous forme d'une annonce légale faite quarante-cinq jours au moins avant la vente, que celle-ci ait lieu par adjudication ou sous forme amiable.

Il est par ailleurs prévu, dès lors que, conformément au droit commun de l'article 131-21, antépénultième alinéa, du Code pénal, le fonds de commerce confisqué est dévolu à l'État grevé des droits réels licitement constitués au profit de tiers, que les sûretés inscrites après la date de la mention de l'engagement des poursuites pour les infractions susvisées sont nulles de plein droit sauf décision contraire du tribunal[4].

Enfin, le texte envisage la question de la fixation du montant du loyer dans l'attente de la vente du fonds de commerce. Il est ainsi précisé que l'autorité administrative peut, à tout moment, demander la fixation du loyer à un taux correspondant à la valeur locative des locaux. Dans l'hypothèse où le propriétaire du fonds confisqué est en même temps propriétaire de l'immeuble dans lequel le fonds est exploité, il doit être établi un bail dont les conditions sont fixées, à défaut d'accord amiable, par le président du tribunal judiciaire, qui statue dans les formes prévues pour les baux d'immeubles ou de locaux à usage commercial, industriel ou artisanal.

D.
Paiement des dommages et intérêts sur les biens confisqués

132.131 **Textes applicables.** L'article 706-164 du Code de procédure pénale, introduit par la loi n° 2010-768 du 9 juillet 2010[5], puis modifié par une disposition isolée de la loi d'habilitation n° 2014-1 du 2 janvier 2014[6] et plus substantiellement par la loi n° 2016-731 du 3 juin 2016[7], organise une procédure originale permettant que le paiement des dommages et intérêts alloués aux parties civiles soit effectué sur les biens confisqués[8]. On relèvera que ce texte est compris dans le titre du Code de procédure pénale consacré à l'Agrasc, le paiement des dommages et intérêts sur les biens confisqués étant envisagé par le législateur comme l'une des missions de cette agence, au même titre que la gestion, l'aliénation ou encore la destruction des biens qui lui sont confiés.

132.132 **Succès pratique.** Les parties civiles et leurs conseils ont rapidement perçu les avantages procurés par cette nouvelle procédure. En effet, en 2021, 259 parties civiles ont été indemnisées pour un montant total de 23,131 M€[9].

132.133 **Parties civiles bénéficiaires.** Il résulte des dispositions de l'article 706-164 du Code de procédure pénale que peut bénéficier de ce dispositif toute personne, physique ou morale[10], qui, s'étant constituée partie civile, a bénéficié d'une décision définitive lui accordant des dommages et intérêts en réparation du préjudice qu'elle a subi du fait d'une infraction pénale, ainsi que des frais en application des articles 375 (cours d'assises) ou 475-1 (tribunal correctionnel), et qui n'a pas obtenu d'indemnisation ou de réparation en application des articles 706-3 ou 706-14 (indemnisation par la Commission d'indemnisation des victimes d'infractions (Civi)), ou une aide au recouvrement en application de l'article 706-15-1 (Service d'aide au recouvrement des victimes d'infractions (Sarvi)).

Encore faut-il toutefois bien comprendre ce que recouvre la condition tenant à l'absence d'indemni-

1. C. pén., art. 225-16.
2. C. pén., art. 225-19.
3. C. pén., art. 225-22.
4. SUR CES FORMALITÉS : V. s[s] n° 131.43.

5. L. n° 2010-768, 9 juill. 2010 *visant à faciliter la saisie et la confiscation en matière pénale, JO* 10 juill., p. 12753.
6. L. n° 2014-1, 2 janv. 2014 *habilitant le gouvernement à simplifier et sécuriser la vie des entreprises, JO* 3 janv., p. 50.
7. L. n° 2016-731, 3 juin 2016 *renforçant la lutte contre le crime organisé, le terrorisme et leur financement, et améliorant l'efficacité et les garanties de la procédure pénale, JO* 4 juin, n° 1 – SUR CETTE ÉVOLUTION : *Rapp. Ass. nat.* n° 3515 (XIVe législ.), p. 340 – *Rapp. Sénat* n° 491 (2015-2016), t. I, p. 258.
8. SUR CETTE PROCÉDURE : S. Almaseanu, « L'indemnisation des parties civiles sur les biens confisqués après la loi du 3 juin 2016 », *Gaz. Pal.* 26 juill. 2016, n° 28, p. 16 – E. Dezeuze et M. Horion, « La confiscation comme mesure de réparation », *Gaz. Pal.* 6 nov. 2018, n° 38, p. 69.
9. Agrasc, *Rapp. annuel* 2021, p. 78, 124 et 126.
10. La loi n° 2014-1 du 2 janvier 2014 ayant abrogé les dispositions du texte réservant aux personnes physiques le bénéfice de cette procédure – SUR CETTE EXTENSION : P. Carrale, « La modification de l'article 706-164 du Code de procédure pénale », *Gaz. Pal.* 20 févr. 2014, n° 37, p. 3.

sation par la Civi ou d'aide au recouvrement par le Sarvi. L'on a en effet pu se demander si la recevabilité de la demande en paiement avait pour condition la saisine préalable mais vaine de la Civi ou du Sarvi, ou bien si le texte se bornait à prohiber que les parties civiles puissent profiter d'une double réparation. Cette question a fait l'objet d'une décision importante de la deuxième chambre civile de la Cour de cassation du 20 octobre 2016 [1]. Dans cette affaire, plusieurs victimes de faits d'escroquerie ayant donné lieu à une condamnation pénale et à l'octroi de dommages et intérêts, n'avaient pu recouvrer ces sommes et avaient donc saisi l'Agrasc d'une demande de paiement sur les biens confisqués. L'Agrasc ayant déclaré leur demande irrecevable, les parties civiles l'avaient assignée devant le tribunal de grande instance de Paris après que le juge administratif se fut déclaré incompétent pour connaître de la contestation de la décision de l'agence [2]. Les premiers juges avaient condamné l'Agrasc à payer aux parties civiles les sommes correspondant au montant des dommages et intérêts alloués aux parties civiles, mais cette décision avait été infirmée par la cour d'appel de Paris, faute pour les parties civiles d'avoir justifié d'une saisine préalable mais vaine de la Civi et du Sarvi. Les parties civiles s'étant pourvues en cassation, l'arrêt de la cour d'appel a été cassé par la deuxième chambre civile qui a posé pour principe « qu'il résulte [de l'article 706-164 du Code de procédure pénale] que toute personne physique qui, s'étant constituée partie civile, a bénéficié d'une décision définitive lui accordant des dommages-intérêts en réparation du préjudice qu'elle a subi du fait d'une infraction pénale ainsi que des frais en application des articles 375 ou 475-1 et qui n'a pas obtenu d'indemnisation ou de réparation en application des articles 706-3 ou 706-14, ou une aide au recouvrement en application de l'article 706-15-1, peut obtenir de l'Agrasc que ces sommes lui soient payées prioritairement sur les biens de son débiteur dont la confiscation a été décidée par décision définitive », puis en a déduit que la cour d'appel avait ajouté à la loi une condition qu'elle ne contient pas en soumettant le paiement de l'Agrasc à la saisine préalable de la Civi ou du Sarvi. Il était suffisant que les victimes aient justifié de ce qu'elles bénéficiaient d'une décision définitive leur octroyant des dommages et intérêts, et de ce qu'elles n'avaient obtenu ni indemnisation, ni aide au recouvrement, de la Civi et du Sarvi. En définitive, la deuxième chambre civile n'a pas lu dans les dispositions de l'article 706-164 un quelconque principe de subsidiarité dont il aurait résulté que la procédure instituée par cet article aurait été ouverte aux parties civiles si et seulement si elles avaient préalablement saisi la Civi ou le Sarvi.

Dans le silence des travaux préparatoires de la loi n° 2010-768 du 9 juillet 2010 [3], la Cour de cassation semble avoir considéré que soumettre l'action des parties civiles à de telles conditions serait revenu à leur imposer de s'engager dans des procédures le cas échéant vouées à l'échec, soit parce que les intéressés ne remplissaient pas les conditions d'une indemnisation par la Civi, soit car l'aide au recouvrement se serait *in fine* heurtée à l'insolvabilité du débiteur. Au reste, s'agissant du Sarvi, l'on voit mal comment il aurait été possible d'imposer la saisine préalable du Sarvi, alors que ce service ne peut être saisi par la partie civile avant l'expiration d'un délai de deux mois à compter du jour où la décision concernant les dommages et intérêts est devenue définitive, ce qui est précisément, comme nous le verrons, le délai au-delà duquel la partie civile est forclose à saisir l'Agrasc d'une demande en paiement des dommages et intérêts sur les biens confisqués.

On relèvera seulement qu'afin d'éviter que certaines parties civiles n'obtiennent une double indemnisation, l'Agrasc et le Fonds de garantie des victimes des actes de terrorisme et d'autres infractions (FGTI) ont signé le 12 avril 2011 un protocole d'échange d'informations [4].

132.134 Exclusion des créances de l'État. Au contraire, le quatrième alinéa de l'article 706-164 du Code de procédure pénale énonce que la procédure organisée par ce texte n'est pas applicable à la garantie des créances de l'État. Cette disposition a été ajoutée par la loi n° 2016-731 du 3 juin 2016 [5], car il était apparu qu'à partir de l'entrée en vigueur de la loi n° 2014-1 du 2 janvier 2014 [6], ayant permis aux personnes morales parties civiles de solliciter l'Agrasc pour obtenir le paiement des dommages et intérêts qui leur étaient dus, l'agence avait été saisie de demandes de paiement émanant de comptables publics, notamment de la douane et de la direction générale des finances publiques, ce qui ne correspondait pas à l'objectif du dispositif et revenait à

1. Civ. 2e, 20 oct. 2016, n° 15-22.789, P II, n° 234 ; *D.* 2016. 2170 ; *Gaz. Pal.* 22 nov. 2016, n° 41, p. 28, obs. G. Hilger ; *Resp. civ. et assur.* 2017, comm. 11, obs. H. Groutel.
2. TA Paris, 9 févr. 2012, nos 1109900-119858, *Paul G. et autres, AJ pénal* 2012. 348, obs. M. Le Coq.
3. L. n° 2010-768, 9 juill. 2010 *visant à faciliter la saisie et la confiscation en matière pénale, JO* 10 juill., p. 12753.
4. S. Almaseanu, « L'indemnisation des parties civiles sur les biens confisqués après la loi du 3 juin 2016 », préc., n° 11 – Agrasc, *Rapp. annuel* 2011, p. 8.
5. L. n° 2016-731, 3 juin 2016 *renforçant la lutte contre le crime organisé, le terrorisme et leur financement, et améliorant l'efficacité et les garanties de la procédure pénale, JO* 4 juin, n° 1.
6. L. n° 2014-1, 2 janv. 2014 *habilitant le gouvernement à simplifier et sécuriser la vie des entreprises, JO* 3 janv., p. 50.

contourner le principe de l'affectation des fonds confisqués au budget général de l'État, corollaire du principe de la non-affectation des recettes de l'État, en permettant à certaines administrations de se les approprier[1].

132.135 Compétence de l'Agrasc. L'originalité de ces dispositions tient au fait que la partie civile qui remplit les conditions précitées va pouvoir obtenir de l'Agrasc que les diverses sommes dont elle est créancière (dommages et intérêts et frais irrépétibles) lui soient payées par prélèvement sur les fonds ou bien sur la valeur liquidative des biens de son débiteur dont la confiscation a été décidée par une décision définitive et dont l'agence est dépositaire en application de l'article 706-160 ou 707-1 du Code de procédure pénale. Cette dernière condition est bien sûr essentielle. En effet, il ne suffit pas qu'un bien appartenant au débiteur de la partie civile ait été confisqué pour que celle-ci soit fondée à solliciter le paiement des dommages et intérêts sur le bien confisqué. Encore faut-il, en effet, que ledit bien ait été confié à l'Agrasc, soit au cours de l'enquête ou de l'information judiciaire, soit au stade de l'exécution de la peine de confiscation[2].

132.136 Procédure. La demande de paiement doit, à peine de forclusion, être adressée par lettre recommandée à l'Agrasc dans un délai de deux mois à compter du jour où la décision accordant des dommages et intérêts ainsi que des frais a acquis un caractère définitif. Il faut insister sur ce délai qui est particulièrement bref, au point qu'un rapport parlementaire a proposé de le porter à six mois, tout en envisageant de rendre obligatoire l'information de l'existence du dispositif par une mention dans le jugement en cas de confiscation, un avis oral à l'audience correctionnelle et la remise d'un formulaire précisant les modalités d'exercice de ce droit à l'attention des parties civiles[3]. Les préconisations de l'Agrasc sont aussi en ce sens[4].

132.137 Effets. Le législateur a prévu qu'en cas de pluralité de créanciers requérants et d'insuffisance d'actif pour les indemniser tous, le paiement sera réalisé au prix de la course, les premiers créanciers se manifestant étant indemnisés jusqu'à épuisement de l'actif et, en cas de demandes parvenues à une même date, au marc l'euro, c'est-à-dire au *prorata* de leur créance.

132.138 Action récursoire de l'État. Parce que cette procédure déroge au principe selon lequel les biens confisqués sont dévolus à l'État, le législateur lui a ouvert une action récursoire qu'il a été proposé de rendre obligatoire[5]. L'État se trouve en effet subrogé, à concurrence des sommes versées aux parties civiles, dans leurs droits contre l'auteur de l'infraction, dans le respect du rang des privilèges et sûretés de droit. La compétence pour mettre en œuvre cette action récursoire a été partagée entre l'Agrasc et le ministère des finances publiques puisque, si les dossiers susceptibles d'ouvrir droit à l'action récursoire de l'État sont instruits par l'Agrasc, ceux-ci doivent ensuite être communiqués au ministre chargé des finances publiques, qui en assurera le recouvrement.

132.139 Extension du dispositif à certains biens dévolus à l'État en raison de leur non-restitution définitive. Dans une importante décision du 28 juin 2023, la chambre criminelle a étendu l'application du dispositif institué par l'article 706-164 du Code de procédure pénale, à la dévolution à l'État, en application du troisième alinéa de l'article 41-4 du même code, de certains biens non-restitués définitivement. Il a ainsi été posé pour principe que « pour l'application de l'article 706-164 du Code de procédure pénale, la non-restitution de l'instrument et du produit direct ou indirect de l'infraction produit les mêmes effets que la confiscation lorsque la non-restitution a été décidée par la juridiction de jugement en application de l'article 481 du Code de procédure pénale, après la caractérisation par les juges des éléments constitutifs de l'infraction et de l'impossibilité d'entrer en voie de condamnation en raison d'une circonstance propre à la personne de l'auteur, telle que le décès, de nature à rendre impossible la déclaration de culpabilité et le prononcé de la confiscation »[6].

Cette extension du champ d'application de l'article 706-164 a été fondée par la chambre criminelle sur une interprétation de l'article 481 du Code de procédure pénale faite à la lumière de la directive 2014/42/UE du 3 avril 2014[7]. Il a en effet été relevé que « l'article 481 [...] de la directive [...], dont l'article 4, § 2, dispose que, lorsqu'il n'est pas possible de procéder à la confiscation à la suite d'une condamnation définitive, au moins lorsque cette impossibilité résulte d'une maladie ou de la fuite du

1. S. Almaseanu, « L'indemnisation des parties civiles sur les biens confisqués après la loi du 3 juin 2016 », préc., n° 17.
2. Civ. 2e, 16 janv. 2020, n° 18-20.973, NP.
3. L. Saint-Martin et J.-L. Warsmann, *Investir pour mieux saisir, confisquer pour mieux sanctionner, Rapport parlementaire*, nov. 2019, p. 57.
4. Agrasc, *Rapp. annuel* 2021, p. 175.
5. L. Saint-Martin et J.-L. Warsmann, *Investir pour mieux saisir, confisquer pour mieux sanctionner, Rapport parlementaire*, préc., p. 57.
6. Crim. 28 juin 2023, n° 21-87.417, P.
7. Dir. 2014/42/UE, Parlement et Conseil, 3 avr. 2014 *concernant le gel et la confiscation des instruments et des produits du crime dans l'Union européenne*, *JOUE* L 127, 29 avr., p. 39.

suspect ou de la personne poursuivie, les États membres prennent les mesures nécessaires pour permettre la confiscation des instruments ou produits dans le cas où une procédure pénale a été engagée concernant une infraction qui est susceptible de donner lieu, directement ou indirectement, à un avantage économique et où ladite procédure aurait été susceptible de déboucher sur une condamnation pénale si le suspect ou la personne poursuivie avait été en mesure de comparaître en justice ». Or, a-t-il été également constaté, « ces dispositions ont été transposées par l'article 84 de la loi n° 2016-731 du 3 juin 2016 qui a modifié l'article 481 du Code de procédure pénale en prévoyant que le tribunal correctionnel peut refuser la restitution d'un bien saisi lorsqu'il est le produit direct ou indirect de l'infraction ». La chambre criminelle en a ainsi déduit « que, si la non-restitution de l'instrument et du produit de l'infraction ne constitue pas une peine, dès lors que le seul objet de cette mesure est de prévenir le renouvellement d'infractions et de lutter contre toute forme d'enrichissement illicite, dans l'objectif de valeur constitutionnelle de sauvegarde de l'ordre public, la décision de non-restitution de l'instrument et du produit prononcée par la juridiction de jugement constitue néanmoins une alternative à la confiscation, lorsque le prononcé de celle-ci est impossible en raison, comme en l'espèce, d'une circonstance personnelle à la personne poursuivie, et en partage les effets comme emportant la dévolution du bien non restitué à l'État en application du troisième alinéa de l'article 41-4 du Code de procédure pénale ». En d'autres termes, le fait que la non-restitution de l'instrument ou du produit de l'infraction doive être dans certains cas analysée, au sens du droit de l'Union européenne, en une confiscation, justifiait, dans l'intérêt des parties civiles, cette extension du champ d'application du dispositif institué par l'article 706-164.

E.
Affectation des biens confisqués à un service d'enquête ou judiciaire

132.141 Textes applicables. Il résulte de l'article L. 2222-9 du Code général de la propriété des personnes publiques que « les biens mobiliers dont, à l'occasion d'une procédure pénale, la propriété a été transférée à l'État suite à une décision judiciaire définitive peuvent être affectés, à titre gratuit, dans les conditions déterminées par arrêté interministériel, aux services judiciaires ou à des services de police, des unités de gendarmerie, des services de l'administration des douanes ou des services de l'Office français de la biodiversité lorsque ces services ou unités effectuent des missions de police judiciaire ».

Dans un contexte de contraintes budgétaires très fortes pour les services d'enquête, il est apparu opportun de leur permettre de bénéficier gratuitement de certains moyens d'action. Ce texte a été complété par l'arrêté du 10 septembre 2004 [1] *pris pour l'application de l'article L. 69-2 du Code du domaine de l'État et relatif à l'affectation de biens mobiliers confisqués*, et a fait l'objet de la circulaire du 21 février 2005 [2]. C'est d'ailleurs au regard du manque de moyen des agents de la police environnementale que, sur l'initiative de la Commission de l'aménagement du territoire et du développement durable du Sénat [3], le législateur, en adoptant la loi n° 2019-773 du 24 juillet 2019 [4], a ajouté l'Office français de la biodiversité à la liste des services pouvant prétendre à l'affectation gratuite de biens confisqués. La même volonté a guidé l'ajout ultérieur des services judiciaires par la loi n° 2020-1721 du 29 décembre 2020 *de finances pour 2021* [5].

L'usage du dispositif est intense. En 2021, la gendarmerie nationale a bénéficié de l'affectation de 92 biens après jugement de confiscation, quand la police nationale, l'administration des douanes et l'Office français de la biodiversité se sont vus affecter respectivement 205, 15 et 8 biens dévolus à l'État par suite de confiscation [6]. La même année, les services judiciaires ont quant à eux profité de 43 biens affectés.

132.142 Conditions de fonds. On relèvera d'abord qu'en l'état des textes tous les biens confisqués ne sont pas susceptibles de faire l'objet d'une décision d'affectation aux services concernés. Seuls, en effet, selon l'article L. 2222-9 du Code général de la propriété des personnes publiques, les biens mobiliers – à l'exclusion donc des immeubles –, peuvent faire l'objet d'une telle décision.

De plus, les biens confisqués en répression d'infractions à la législation sur les stupéfiants sont exclus du dispositif : ils doivent être vendus afin que le produit de leur vente abonde le fonds de concours « Stupéfiants » [7].

1. Arr. 10 sept. 2004 *pris pour l'application de l'article L. 69-2 du Code du domaine de l'État et relatif à l'affectation de biens mobiliers confisqués*, NOR : INTC0400699A, *JO* 25 sept., p. 16561.
2. Circ. Intérieur, 21 févr. 2005 *relative à l'affectation gratuite à certains services de l'État de biens mobiliers confisqués*, NOR : INT C 0530012 J.
3. *Rapp. Sénat* n° 424 (2018-2019), p. 36.
4. L. n° 2019-773, 24 juill. 2019 *portant création de l'Office français de la biodiversité, modifiant les missions des fédérations de chasseurs et renforçant la police de l'environnement, JO* 26 juill., n° 2.
5. L. n° 2020-1721, 29 déc. 2020 *de finances pour 2021, JO* 30 déc., n° 1.
6. Agrasc, *Rapp. annuel* 2021, p. 51.
7. V. s^s n° 132.151 – EN CE SENS : Agrasc, *Rapp. annuel* 2021, p. 46.

L'arrêté du 10 septembre 2004 prévoit encore que les biens volés ou gagés sont insusceptibles de faire l'objet d'une décision d'affectation. À cet égard, la circulaire du 21 février 2005 – qui devra être modernisée[1] pour tenir compte, d'une part, de l'ajout de l'Office français de la biodiversité et des services judiciaires à la liste des services susceptibles de bénéficier d'une affectation, d'autre part, de la substitution de l'Agrasc au service des domaines pour assurer la gestion des biens affectés en application de l'article L. 2222-9 du Code général de la propriété des personnes publiques[2], par suite de l'entrée en vigueur de la loi n° 2020-1721 du 29 décembre 2020 *de finances pour 2021*[3] –, impose aux services concernés souhaitant se voir affecter un véhicule automobile de consulter préalablement le fichier national automobile (FNA), si le véhicule est immatriculé en France, ou bien, si le véhicule est immatriculé à l'étranger, d'effectuer une vérification auprès de la section centrale de coopération opérationnelle de police de la direction centrale de la police judiciaire (SCCOPOL) qui interrogera le pays concerné. Le résultat de ces vérifications doit d'ailleurs être joint à la demande d'affectation.

Par ailleurs, ainsi que le texte le prévoit, outre les services judiciaires, seuls les services administratifs qui effectuent des missions de police judiciaire sont recevables à solliciter l'affectation d'un bien confisqué.

Enfin, à côté de ces conditions impératives, la circulaire précise que le service ou l'unité demandeur ne peut solliciter l'affectation d'un bien que s'il est en cohérence avec « sa dotation, sa mission habituelle, et s'il dispose de la capacité de l'entretenir ».

132.143 **Procédure d'affectation.** L'arrêté du 10 septembre 2004 a organisé une procédure d'affectation en deux étapes.

Ainsi, tant que la décision de confiscation n'est pas intervenue, il appartient aux responsables des services précités d'adresser à l'administration centrale de leur ministère de rattachement, dès la saisie d'un bien mobilier susceptible de confiscation, une demande préalable tendant à obtenir l'affectation de ce bien. L'administration centrale est alors tenue de procéder à la consultation des autres services concernés, puis une décision d'affectation au service demandeur, ou bien à un autre service visé à l'article L. 2222-9 du Code général de la propriété des personnes publiques, est rendue par le directeur général de la direction concernée – la circulaire, qui devra être revue, citant le directeur général de la police nationale, le directeur général de la gendarmerie nationale ou le directeur général des douanes et des droits indirects –, ou, à Paris, par le préfet de police après avis du directeur général de la police nationale si le bien concerné est un véhicule automobile. Cette décision est ensuite transmise au préfet territorialement compétent qui en informe le procureur de la République de la juridiction saisie de l'affaire, dans l'attente de la décision de confiscation définitive.

Dès que la décision judiciaire est devenue définitive, le greffe de la juridiction compétente en adresse une copie à l'Agrasc – succédant comme il a été vu au service des domaines[4] –, accompagnée, s'il y a lieu, de la décision d'affectation et d'un procès-verbal de remise au service affectataire désigné dans la décision signée par le magistrat en charge du service de l'exécution des peines. L'Agrasc informe alors le service demandeur qui dispose d'un délai de quinze jours pour confirmer sa demande. Si celui-ci la confirme, l'agence transmet au service désigné dans la décision ce procès-verbal de remise signé constatant l'affectation à titre gratuit du bien confisqué. Le procès-verbal est enfin signé par le représentant du service affectataire, qui peut procéder à l'enlèvement du bien. Les frais de stockage antérieurs à la date de signature du procès-verbal sont à la charge du ministère de la justice, tandis que les frais postérieurs à cette date sont à la charge du service affectataire.

L'affectation à un service judiciaire connaît une spécificité puisque s'applique en la matière un principe empirique de séparation stricte entre « juridiction affectant » et « juridiction bénéficiant »[5]. La règle est que la juridiction qui prononce la confiscation n'a pas le pouvoir de s'attribuer le bien afin d'éviter tout doute sur son impartialité. En revanche, le bien peut être affecté au bénéfice d'une juridiction se trouvant dans le même ressort de cour d'appel que la juridiction prenant la décision d'affectation.

132.144 **Pratique.** La circulaire insiste sur la nécessité d'assurer la traçabilité de la demande au niveau du greffe de la juridiction compétente.

Ainsi, le bordereau de scellés doit mentionner expressément et de manière lisible que le bien saisi est susceptible de faire l'objet d'une décision d'affectation, en précisant l'identité et les coordonnées du service demandeur.

Le cas échéant, ce service peut solliciter du procureur de la République ou du juge d'instruction

1. La révision de ces textes étant en cour : Agrasc, *Rapp. annuel* 2021, p. 48.
2. C. pr. pén., art. 706-160, al. 1, 5°.
3. L. n° 2020-1721, 29 déc. 2020 *de finances pour 2021, JO* 30 déc., n° 1.
4. V. s[s] n° 132.142.
5. Agrasc, *Rapp. annuel* 2021, p. 48.

la possibilité d'être chargé de la garde du scellé pendant le temps de l'instruction de la demande d'affectation et de la procédure judiciaire, à charge de maintenir le bien en état de fonctionnement.

F.
Abondement du fonds de concours stupéfiants

132.151 Dérogation au principe de l'affectation des sommes confisquées au budget général de l'État. En application de l'antépénultième alinéa de l'article 131-21 du Code pénal, les biens confisqués sont en principe dévolus à l'État. Il s'en déduit que les sommes d'argent confisquées ou les fonds provenant de l'aliénation des biens confisqués doivent en principe être versés au budget général de l'État qui en disposera à son gré, ce qui est la conséquence du principe de la non-affectation des recettes de l'État.

Ce principe connaît une exception en matière d'infractions à la législation sur les stupéfiants, dont la suppression au profit d'un dispositif alternatif a cependant été proposée par un rapport parlementaire[1]. En effet, le décret n° 95-322 du 17 mars 1995[2] *autorisant le rattachement par voie de fonds de concours du produit de cession des biens confisqués dans le cadre de la lutte contre les produits stupéfiants* prévoit que le produit des recettes provenant de la confiscation des biens mobiliers ou immobiliers des personnes reconnues coupables d'infractions en matière de trafic de stupéfiants est assimilé à un fonds de concours pour dépenses d'intérêt public. Ce produit est formellement rattaché au budget des affaires sociales, de la santé et de la ville.

Ce décret a été complété par l'arrêté du 23 août 1995[3] *fixant les modalités de rattachement par voie de fonds de concours du produit de cession des biens confisqués dans le cadre de la lutte contre les produits stupéfiants* qui rattache ces recettes à un chapitre du budget du ministère chargé des affaires sociales et de la santé, c'est-à-dire à l'action ministérielle de lutte contre la toxicomanie. Ainsi, en matière d'infractions à la législation sur les stupéfiants, il s'opère un « fléchage » des fonds provenant des peines de confiscation prononcées vers l'action de l'État contre la toxicomanie, qu'il s'agisse de l'action répressive, préventive ou bien encore thérapeutique[4].

En 2021, l'Agrasc a versé 49,332 M€ au fonds de concours[5].

G.
Affectation sociale des biens confisqués

132.161 Origines de l'affectation sociale. Inspirée de la législation anti-mafia italienne[6] et complétant les dispositions des articles L. 3212-2 et R. 3212-2 du Code général de la propriété des personnes publiques qui autorisent l'État à céder aux associations caritatives reconnues d'utilité publique les biens meubles relevant de son domaine privé dont la valeur n'excède pas 300 euros[7], la loi n° 2021-401 du 8 avril 2021[8] *améliorant l'efficacité de la justice de proximité et de la réponse pénale* a institué une nouvelle procédure d'affectation sociale des immeubles confisqués permettant à l'Agrasc de mettre à la disposition de certaines personnes morales de tels immeubles, à des fins de réutilisation sociale[9]. Outre l'intérêt évident que présente un tel mécanisme pour ces groupements, il est vrai que celui-ci permet à l'État d'afficher le résultat concret du travail des services d'enquête et de l'institution judiciaire en matière de lutte contre la délinquance et la criminalité[10].

La loi du 8 avril 2021 a ainsi ajouté à l'article 706-160 du Code de procédure pénale, définissant les compétences de l'Agrasc, un nouvel alinéa énonçant : « L'agence peut mettre à disposition, le cas échéant à titre gratuit, un bien immobilier dont la gestion lui est confiée en application du 1° du présent article au bénéfice d'associations dont les activités entrent pour leur ensemble dans le champ du b du 1 de l'article 200 du Code général des impôts

1. L. Saint-Martin et J.-L. Warsmann, *Investir pour mieux saisir, confisquer pour mieux sanctionner, Rapport parlementaire*, nov. 2019, p. 42.
2. D. n° 95-322, 17 mars 1995 *autorisant le rattachement par voie de fonds de concours du produit de cession des biens confisqués dans le cadre de la lutte contre les produits stupéfiants, JO* 24 mars, p. 4683.
3. Arr. 23 août 1995 *fixant les modalités de rattachement par voie de fonds de concours du produit de cession des biens confisqués dans le cadre de la lutte contre les produits stupéfiants, JO* 28 sept., p. 14169.
4. S. Brezillon, *De la peine patrimoniale au patrimoine pénal. Essai pénologique, histoire et prospectif*, thèse, Nantes, 2017, n° 300 : pour une étude critique de l'emploi des crédits issus du fonds de concours stupéfiants utilisés, selon l'auteur, comme une ressource budgétaire complémentaire par les ministères de l'Intérieur, de la Défense, de la Justice, du Budget et des Affaires sociales.
5. Agrasc, *Rapp. annuel* 2021, p. 124 et 126.
6. L. Saint-Martin et J.-L. Warsmann, *Investir pour mieux saisir, confisquer pour mieux sanctionner, Rapport parlementaire*, nov. 2019, p. 58.
7. C. dom. Ét., art. A. 115-1.
8. L. n° 2021-401, 8 avr. 2021 améliorant l'efficacité de la justice de proximité et de la réponse pénale, *JO* 9 avr., n° 1.
9. POUR UN APERÇU de la mise en œuvre pratique du dispositif : Agrasc, *Rapp. annuel* 2021, p. 36.
10. À CE PROPOS : J. Kan (propos recueillis par), « Interview de Nicolas Bessone, directeur général de l'Agence de gestion et de recouvrement des avoirs saisis et confisqués », *La revue du Grasco*, n° 32, janv. 2021, p. 6.

ainsi que d'associations, de fondations reconnues d'utilité publique et d'organismes bénéficiant de l'agrément prévu à l'article L. 365-2 du Code de la construction et de l'habitation. Les modalités de cette mise à disposition sont définies par voie réglementaire. »

L'on relèvera qu'une proposition de loi en ce sens avait déjà été déposée le 17 octobre 2018 [1], adoptée en première lecture par les deux assemblées, puis votée en deuxième lecture par l'Assemblée nationale le 28 novembre 2019, mais que c'est donc finalement la loi du 8 avril 2021 qui a fait évoluer le droit positif par suite d'un amendement adopté par la Commission des lois du Sénat, laquelle a considéré que la perspective de l'examen par le Sénat, en deuxième lecture, de la proposition de loi du 17 octobre 2018 demeurait incertaine et qu'il paraissait dès lors judicieux de procéder à un changement de véhicule législatif [2].

La loi du 8 avril 2021 a été complétée par le décret n° 2021-1428 du 2 novembre 2021 *pris pour l'application du neuvième alinéa de l'article 706-160 du Code de procédure pénale relatif à l'affectation sociale des biens immobiliers confisqués* [3] qui précise les conditions de l'affectation et sa procédure.

132.162 Conditions de l'affectation sociale. En l'état des dispositions de l'article 706-160 du Code de procédure pénale, les conditions de son application paraissaient incertaines, à tout le moins s'agissant des biens susceptibles d'affectation sociale, mais l'incertitude a été levée par le décret d'application du texte.

Sans doute les personnes morales susceptibles de bénéficier de la mise à disposition d'un immeuble confisqué qui a été confié à la gestion de l'Agrasc sont-elles précisément identifiées par les nouvelles dispositions législatives. Ainsi en est-il des associations dont les activités entrent pour leur ensemble dans le champ du b du 1 de l'article 200 du Code général des impôts – à savoir les associations d'intérêt général ayant un caractère philanthropique, éducatif, scientifique, social, humanitaire, sportif, familial, culturel ou concourant à la mise en valeur du patrimoine artistique, à la défense de l'environnement naturel ou à la diffusion de la culture, de la langue et des connaissances scientifiques françaises –, des associations ou des fondations reconnues d'utilité publique, et des organismes bénéficiant de l'agrément prévu à l'article L. 365-2 du Code de la construction et de l'habitation – c'est-à-dire concourant aux objectifs de la politique d'aide au logement, soit principalement les sociétés foncières ayant pour objet la construction, l'acquisition et la rénovation de logements à destination des personnes en difficulté.

En revanche, l'identification des immeubles susceptibles d'être mis à la disposition de ces personnes morales était plus incertaine. En effet, si le texte mentionne les immeubles dont la gestion a été confiée à l'Agrasc en application du 1° de l'article 706-160 du Code de procédure pénale, ce qui renvoie à la fois aux immeubles saisis et confisqués, force est néanmoins de constater qu'en dépit de l'emploi, dans le rapport de la Commission des lois du Sénat, de certaines expressions traduisant une confusion entre les notions de saisie et de confiscation, il semble que les intentions du législateur étaient de réserver la procédure d'affectation instituée aux seuls immeubles confisqués et ainsi entrés dans le domaine privé de l'État, à l'exclusion des immeubles saisis, c'est-à-dire seulement placés sous main de justice. Il ressort en effet de ce rapport que les dispositions ajoutées à la proposition de loi étaient destinées à permettre à l'État de confier à certaines personnes morales la gestion de biens immeubles « dont il est devenu propriétaire à l'occasion d'une instance pénale » [4]. Il a de même été relevé qu'au cours d'une instance pénale, « l'État peut devenir propriétaire d'un bien immobilier qui a été confisqué ou saisi », et que l'État peut utiliser ou louer cet actif mais procède le plus souvent, par facilité, à sa vente, alors que le droit de l'Union européenne autorise les États à utiliser « les biens confisqués » à des fins d'intérêt public ou social [5]. Nonobstant la confusion entre saisie et confiscation, c'était bien les seuls immeubles dont l'État est devenu propriétaire qui se trouvaient visés par le législateur, soit les seuls immeubles confisqués. Cette interprétation du texte pouvait de même s'appuyer sur le fait que le législateur avait expressément inscrit les dispositions adoptées dont le prolongement de la proposition de loi du 17 octobre 2018 qui concernait les seuls immeubles confisqués. Enfin, la mise à disposition d'immeubles simplement saisis aurait posé des difficultés pratiques importantes en cas de décision de restitution de l'immeuble à son propriétaire, dès lors que l'usage d'un bien est susceptible de lui faire perdre de sa valeur. Pour que puissent être concernés les immeubles seulement placés sous main de justice, il aurait ainsi été nécessaire que soit prévue par la loi – ce qui n'est aucunement le cas –, une procédure d'évaluation de l'immeuble saisi préalablement à sa

1. Proposition de loi n° 1329 *visant à améliorer la trésorerie des associations* (XVe législ.), art. 4.
2. *Rapp. Sénat* n° 532 (2020-2021), p. 22.
3. D. n° 2021-1428, 2 nov. 2021 *pris pour l'application du neuvième alinéa de l'article 706-160 du Code de procédure pénale relatif à l'affectation sociale des biens confisqués, JO* 3 nov., n° 17.
4. *Rapp. Sénat* n° 532 (2020-2021), p. 21.
5. *Rapp. Sénat* n° 532 (2020-2021), p. 22.

mise à disposition, et que soit reconnu au propriétaire, en cas de restitution, le droit de percevoir une indemnité compensant la perte de valeur susceptible d'avoir été causée par l'usage de l'immeuble. De telles dispositions figurent d'ailleurs aux articles 41-5 et 99-2 du Code de procédure pénale qui organisent la faculté pour l'autorité judiciaire de remettre à l'Agrasc, en vue de leur affectation à titre gratuit aux services judiciaires et à certains services d'enquête, les biens meubles corporels placés sous main de justice[1]. Aussi, au final, il existait bien des raisons de considérer que l'application des nouvelles dispositions devait être réservée aux seuls immeubles ayant fait l'objet d'une décision définitive de confiscation, à condition bien sûr que ces immeubles aient été confiés à l'Agrasc en application du 1° de l'article 706-160 du Code de procédure pénale.

Le doute n'est en tout état de cause plus permis, dès lors que l'incertitude a été levée par les dispositions réglementaires. Ainsi, l'article 1er du décret n° 2021-1428 du 2 novembre 2021 prévoit que l'affectation a pour seul objet les biens immobiliers libres d'occupants dont l'Agrasc a la gestion et ayant fait l'objet d'une « décision de confiscation définitive ». De surcroît, certains immeubles ont été exclus du champ d'application du dispositif. En sont ainsi exclus, conformément à ce que prévoit l'article 2 du décret : les biens immobiliers grevés d'une mesure de sûreté réelle opposable à l'État[2], ceux qui ont fait l'objet d'un arrêté d'insalubrité ou de péril, ceux encore dont la valeur liquidative est susceptible d'être restituée aux populations des États étrangers victimes de leurs dirigeants condamnés dans les affaires de « biens mal acquis »[3], en application du XI de l'article 2 de la loi n° 2021-1031 du 4 août 2021[4], et ceux enfin dont la valeur liquidative est susceptible de servir au paiement des dommages et intérêts, et des frais, alloués aux parties civiles, en application de l'article 706-164 du Code de procédure pénale[5]. Ceci étant, ces exclusions ne sont pas absolues, en tous les cas les deux premières. Les immeubles grevés d'une mesure de sûreté réelle opposable à l'État peuvent être affectés à condition que le contrat de mise à disposition à la personne morale bénéficiaire comprenne son engagement à désintéresser à ses frais les créanciers titulaires des sûretés. Les immeubles objet d'un arrêté d'insalubrité ou de péril peuvent de même être mis à la disposition des personnes morales s'engageant à leurs frais à réhabiliter les lieux.

L'article 3 du décret exclut par ailleurs certaines personnes morales du dispositif : celles dont le bulletin n° 2 du casier judiciaire ou celui de leurs dirigeants comporte une ou plusieurs condamnations incompatibles avec les exigences de moralité et d'honorabilité requises.

132.163 Procédure d'affectation sociale. La procédure d'affectation sociale est entièrement organisée par le décret n° 2021-1428 du 2 novembre 2021 à ses articles 4 à 11.

La mise à disposition doit avoir lieu, après publicité et concurrence, au terme d'une procédure organisée par le directeur de l'Agrasc comportant des mesures de publicité permettant aux candidats de se manifester dans un délai qu'il détermine (art. 4 à 6). Les critères d'appréciation des candidatures comprennent : l'usage qui sera fait de l'immeuble et de sa contribution à l'intérêt général, l'aptitude à gérer et exploiter l'immeuble, et le cas échéant le lien entre l'infraction en répression de laquelle la confiscation a été prononcée, l'objet social de la personne morale bénéficiaire et l'usage de l'immeuble qu'elle envisage. Les dossiers de candidature doivent être constitués au regard de ces critères. Ils doivent ainsi comprendre, outre des attestations de régularité sociale et fiscale, une description de l'usage qui sera fait de l'immeuble et de sa contribution à l'intérêt général, et des renseignements permettant d'apprécier l'aptitude à gérer et exploiter l'immeuble du candidat, ainsi que ses capacités financières et techniques. Au terme de la phase de candidature, le directeur de l'agence instruit et sélectionne les dossiers en pouvant solliciter toute personne dont l'avis lui paraît utile.

Dans le délai d'un an au plus à compter de la réception par l'Agrasc de la décision de confiscation, son directeur soumet au conseil d'administration de l'agence le projet de contrat de mise à disposition qu'il propose de conclure, afin que le conseil l'y autorise au terme d'une délibération s'effectuant dans les conditions des articles 7 et 8 du décret. Les membres du conseil se prononcent au regard du projet de contrat et d'un dossier de candidature dont le contenu est décrit par le premier de ces textes. Il reste que les délibérations du conseil d'administration doivent ensuite être soumises à l'approbation expresse conjointe du ministre de la Justice et du ministre chargé du Budget, autorités de tutelle de l'agence. Le contrat de mise à disposition peut prendre la forme d'une convention d'occupation précaire du domaine privé

1. V. ss n° 244.45.
2. C'est-à-dire, comme le prévoit le texte, une sûreté antérieure à la décision de saisie prise en application de l'article 706-150 du Code de procédure pénale ou, en l'absence de saisie préalable, à la décision de confiscation.
3. V. ss n° 132.81 *in fine*.
4. L. n° 2021-1031, 4 août 2021 *de programmation relative au développement solidaire et à la lutte contre les inégalités*, *JO* 5 août, n° 1.
5. V. ss n° 132.131.

ou d'un contrat de bail (art. 10). Sa durée ne peut excéder trois ans renouvelable, pour la même durée, par décision du conseil d'administration et des autorités de tutelle de l'agence, hors le cas des contrats de bail à construction, emphytéotiques ou à réhabilitation avec un organisme mentionné à l'article L. 365-2 du Code de la construction et d'habitation - soit les sociétés foncières ayant pour objet la construction, l'acquisition et la rénovation de logements à destination des personnes en difficulté. À compter cependant du deuxième renouvellement, ceux ultérieurs ne peuvent intervenir qu'après publicité et concurrence dans les mêmes conditions que celles applicables à la conclusion du contrat de mise à disposition.

Ce contrat peut être conclu avec l'État à titre gratuit ou onéreux, sauf à préciser que, dans tous les cas, les coûts liés à l'exploitation et l'entretien courant de l'immeuble sont à la charge exclusive du bénéficiaire, de même que l'ensemble des taxes et contributions afférentes au bien (art. 9). Si le contrat est conclu à titre onéreux, le montant des sommes dues par la personne morale bénéficiaire peut prendre en compte les coûts de gestion supportés par l'Agrasc.

La personne morale bénéficiaire est enfin tenue de rendre compte annuellement à l'Agrasc de l'usage fait de l'immeuble, en communiquant notamment l'ensemble des renseignements nécessaires à la vérification de la bonne exécution du contrat de mise à disposition et au maintien du bon état de l'immeuble (art. 11). Cette obligation est complétée par le droit reconnu à l'agence de solliciter la transmission de renseignements à tout moment, outre celui de procéder sur place aux vérifications nécessaires.

H.
Exécution des confiscations criminelles

132.171 Extension jurisprudentielle du champ d'application de l'article 41-6 du Code de procédure pénale. Par un arrêt du 16 janvier 2019, implicitement confirmé par un arrêt ultérieur[1], la chambre criminelle a imposé le respect de la procédure organisée par l'article 41-6 du Code de procédure pénale en matière d'exécution des peines de confiscation criminelles[2].

Rappelons en effet, même si cette procédure sera examinée plus tard[3], que la loi n° 2014-640 du 20 juin 2014[4] a introduit dans le Code de procédure pénale un nouvel article 41-6 organisant une procédure devant être suivie par le procureur de la République ou le procureur général lorsque ce magistrat envisage, au terme d'une procédure s'étant achevée par une condamnation définitive prononcée par une cour d'assises, d'ordonner l'aliénation ou la destruction des biens placés sous main de justice, afin d'éviter la disparition d'objets utiles à la manifestation de la vérité, dans l'éventualité d'une future requête en révision. Le représentant du ministère public doit avertir le condamné du projet d'aliénation ou de destruction, l'intéressé pouvant s'y opposer, et le tout étant placé sous le contrôle de la chambre de l'instruction.

Tel que rédigé, le texte ne paraissait pas s'appliquer à l'aliénation ou la destruction des biens confisqués. En effet, l'article 41-6 dispose que la procédure décrite par ce texte s'applique « par dérogation aux articles 41-4 et 41-5 » du Code de procédure pénale. Or, ni l'un, ni l'autre de ces textes n'est applicable aux biens confisqués, le premier concernant la restitution des biens placés sous main de justice, quand le second permet au ministère public d'ordonner la destruction de tels biens. Il a d'ailleurs été formellement énoncé par la chambre criminelle que l'article 41-4 du Code de procédure pénale ne s'applique pas aux biens confisqués[5]. De plus, l'article 41-6 s'applique aux projets d'aliénation ou de destruction des objets « placés sous main de justice », ce qui ne correspond pas au statut de biens ayant fait l'objet d'une décision de confiscation, lesquels ne sont plus placés sous main de justice, mais dévolus à l'État par application de l'antépénultième alinéa de l'article 131-21 du Code pénal. En définitive, les biens qui paraissaient avoir été envisagés par le législateur étaient ceux qui demeuraient placés sous main de justice après la décision de condamnation.

Il reste que l'interprétation que la chambre criminelle paraît avoir donnée à l'article 41-6 peut être approuvée dans une approche téléologique. En effet, l'objectif du législateur était de faire en sorte que ne disparaissent pas des objets utiles à la manifestation de la vérité dans l'éventualité d'une future requête en révision. Or, un tel objectif peut être tout autant manqué par la destruction ou l'aliénation d'un bien demeurant placé sous main de justice postérieurement à la condamnation, que par celle d'un bien confisqué.

1. Crim. 2 sept. 2020, n° 19-80.196, NP.
2. Crim. 9 janv. 2019, n° 17-85.524, NP.
3. V. s[s] n°s 243.23 et 245.192.
4. L. n° 2014-640, 20 juin 2014 *relative à la réforme des procédures de révision et de réexamen d'une condamnation pénale définitive*, *JO* 21 juin, p. 10209.
5. V. s[s] n° 245.104 – Crim. 8 janv. 2014, n° 12-88.072, P, n° 4 ; *D.* 2014. 85 ; *D.* 2014. 1736, obs. J. Pradel – AUSSI : Crim. 14 oct. 2008, n° 08-81.476, NP – Crim. 16 sept. 2009, n° 08-86.682, NP – Crim. 30 nov. 2011, n° 11-82.357, NP – Crim. 6 mars 2018, n° 17-81.017, NP.

SECTION 4
DIFFICULTÉS D'EXÉCUTION

132.181 **Recevabilité des requêtes en difficulté d'exécution.** Le fait que puissent être prononcées des peines de confiscation portant sur des biens appartenant à des tiers est de nature à provoquer des difficultés d'exécution. En effet, la confiscation porte une atteinte aux droits des intéressés à qui il doit être offert la possibilité de défendre leurs intérêts.

S'il n'a pas été partie à la décision de confiscation, soit que l'intéressé ne soit pas intervenu pour solliciter la restitution du bien qui avait été saisi avant d'être confisqué[1], soit qu'il n'ait pas été avisé de la date d'audience en application des dispositions du dernier alinéa de l'article 131-21 du Code pénal et des articles D. 45-1-4 et D. 45-2-1 du Code de procédure pénale, au motif que son titre était inconnu de l'autorité judiciaire et qu'il n'avait pas revendiqué cette qualité au cours de la procédure – car dans le cas contraire il a été reconnu à l'intéressé le droit de faire appel et de se pourvoir en cassation contre la décision de confiscation[2] –, la chambre criminelle a posé pour principe « que doit être examinée, au regard des articles [131-21 et 222-49 du Code pénal], la requête de toute personne non condamnée pénalement qui est copropriétaire d'un bien indivis et qui soulève des incidents contentieux relatifs à l'exécution d'une décision pénale ordonnant la confiscation de ce bien »[3], la référence à l'article 222-49 s'expliquant par le fait qu'avait été confisqué un bien immobilier appartenant, de façon indivise, à une personne condamnée pour trafic de stupéfiants et encourant à ce titre la peine de confiscation de patrimoine des biens dont il avait la libre disposition, sous réserve des droits du propriétaire de foi. Ce principe a été par la suite généralisé : « Doit être examinée au regard des [articles 131-21 du Code pénal et 710 du Code de procédure pénale] la requête de toute personne non condamnée pénalement propriétaire d'un bien et qui soulève des incidents contentieux relatifs à l'exécution d'une décision pénale, même définitive, ordonnant la confiscation de ce bien. »[4]

Il est exact qu'en principe « une juridiction correctionnelle, saisie en application [de l'article 710 du Code de procédure pénale] d'un incident contentieux relatif à l'exécution d'une décision, n'a pas le pouvoir de restreindre ou d'accroître les droits qu'elle consacre et de modifier ainsi la chose jugée »[5].

Il reste cependant que l'autorité de la chose jugée ne saurait être valablement opposée au tiers non condamné pénalement qui va soulever un incident contentieux relativement à la décision ayant ordonné la confiscation, et à laquelle il n'était pas partie. En matière pénale comme en matière civile, ou encore dans le contentieux administratif, l'autorité de la chose jugée présente en principe un caractère subjectivement relatif. Si l'on cherchera en vain, dans le Code de procédure pénale, un équivalent à l'article 1355 du Code civil, il n'en demeure pas moins qu'il est admis que l'autorité de la chose jugée au criminel sur le criminel présente un caractère relatif[6]. La solution se déduit des dispositions de l'article 622-2, 2°, du Code de procédure pénale qui dispose que la révision d'une décision pénale définitive peut être demandée lorsque, après une condamnation pour crime ou délit, un nouvel arrêt ou jugement a condamné pour le même fait un autre accusé ou prévenu et que, les deux condamnations ne pouvant se concilier, leur contradiction est la preuve de l'innocence de l'un ou de l'autre condamné. Cet article reconnaît en effet implicitement la possibilité d'une contradiction entre deux décisions pénales. Or, cette contradiction ne pourrait se produire en cas d'autorité subjectivement absolue de la chose jugée. Mais surtout, l'autorité de la chose jugée attachée aux jugements répressifs ne saurait présenter un caractère subjectivement absolu sans violer le principe de la contradiction affirmé par l'article préliminaire du Code de procédure pénale, constitutionnellement garanti, et protégé par les engagements internationaux de la France[7], puisqu'il ne saurait être porté atteinte à la situation juridique d'un tiers sans que ce dernier ait été « entendu ou appelé »[8].

Parce que l'instance doit présenter un caractère contradictoire, il est essentiel que les effets du jugement ne s'étendent pas aux tiers, et ce d'autant que la procédure pénale présente une caractéristique majeure, laquelle la distingue d'ailleurs de la procédure civile et du contentieux administratif : elle ne connaît pas l'institution de la tierce-opposition qui permet précisément à un tiers de contester un

1. V. s^s n°s 131.41 et 131.161.
2. V. s^s n°s 131.44 et 131.161.
3. Crim. 20 mai 2015, n° 14-81.741, P, n° 121 ; *D.* 2015. 1210 ; *AJ pénal* 2015. 441, obs. L. Ascensi ; *Gaz. Pal.* 11 juill. 2015, n° 192, p. 4, obs. R. Mesa.
4. Crim. 4 nov. 2021, n° 21-80.487, NP.
5. AINSI en matière de confiscations : Crim. 7 sept. 2010, n° 09-88.721, NP – Crim. 2 sept. 2015, n° 14-86.605, NP – Crim. 18 janv. 2023, n° 21-86.606, NP.
6. R. Merle et A. Vitu, *Traité de droit criminel*, t. II, 4e éd., Cujas, 1989, n° 759.
7. Conv. EDH, art. 6.
8. L. Ascensi, *Du principe de la contradiction*, « Bibliothèque de droit privé », LGDJ, 2006, n° 291 – M.-A. Frison-Roche, *Généralités sur le principe du contradictoire*, thèse, Paris II, 1988 – L. Miniato, *Le principe du contradictoire en droit processuel*, « Bibliothèque de droit privé », LGDJ, 2008.

jugement portant atteinte à ses intérêts. Permettre, comme l'a jugé la chambre criminelle, au tiers propriétaire de solliciter la restitution du bien confisqué, nonobstant la décision de confiscation de celui-ci, est ainsi de nature à rétablir *a posteriori* le caractère contradictoire du procès pénal à son égard.

Ces principes ont du reste été mis en œuvre en matière criminelle, dans une affaire où une cour d'assises avait prononcé la confiscation d'un bien sur lequel une personne définitivement acquittée prétendait être titulaire de droits. Dans cette configuration procédurale particulière, il a été posé pour principe que « la personne définitivement acquittée, qui prétend être titulaire de droits sur un bien confisqué par la cour d'assises, peut saisir la chambre de l'instruction d'une requête en incident contentieux relatif à l'exécution, sur le fondement des articles 131-21 du Code pénal et 710 du Code de procédure pénale »[1]. En effet, en dépit du fait que l'intéressé était partie à la procédure, la voie de l'appel lui était fermée au motif qu'il avait été acquitté[2], de sorte qu'il était nécessaire de lui ouvrir un recours alternatif en la forme d'une requête en incident contentieux.

Seul cependant est recevable à agir le propriétaire juridique ou légal du bien confisqué, non condamné pénalement, qui conserve entier son droit de propriété sur celui-ci, nonobstant la libre disposition dont peut bénéficier une tierce personne : le recours de cette dernière est au contraire irrecevable[3].

De même, est irrecevable en son action, faute de qualité, l'associé et titulaire de parts d'une société civile immobilière qui est seule propriétaire de l'immeuble dont la confiscation a été prononcée, le requérant étant lui-même sans droits sur le bien confisqué[4].

Enfin, lorsque ce recours est exercé, les débats comme le prononcé de la décision doivent avoir lieu en chambre du conseil[5].

1. Crim. 10 avr. 2019, nº 18-85.370, P, nº 73 ; *D.* 2019. 762 ; *ibid.* 1626, obs. J. Pradel ; *AJ pénal* 2019. 401, obs. J. Hennebois ; *RSC* 2019. 662, obs. R. Parizot.
2. C. pr. pén., art. 380-1.
3. Crim. 5 oct. 2022, nº 21-86.043, P.
4. Crim. 7 sept. 2022, nº 21-86.958, NP.
5. Crim. 5 oct. 2022, nº 21-86.659, NP.

LIVRE

2. DROIT ET PRATIQUE DES SAISIES PÉNALES

SECTION 0
ORIENTEUR

2.00 Sommaire du livre.

Titre 21 Introduction
Chap. 211 Notion de saisie pénale
Chap. 212 Constitutionnalité des saisies pénales
Chap. 213 Conventionnalité des saisies pénales
Chap. 214 Légalité des saisies pénales
Titre 22 Saisies de droit commun
Chap. 221 Conditions des saisies de droit commun
Chap. 222 Effets des saisies de droit commun
Chap. 223 Sanction des règles applicables
Titre 23 Saisies spéciales
Chap. 231 Règles communes aux saisies spéciales
Chap. 232 Saisies de patrimoine
Chap. 233 Saisies immobilières
Chap. 234 Saisies de biens ou droits mobiliers incorporels
Chap. 235 Saisies sans dépossession
Titre 24 Devenir des objets saisis
Chap. 241 Gestion des objets saisis
Chap. 242 Aliénation avant jugement des objets saisis
Chap. 243 Destruction des meubles saisis
Chap. 244 Affectation avant jugement des meubles saisis
Chap. 245 Restitution des objets saisis

TITRE

21. Introduction

SECTION 0

ORIENTEUR

21.00 Sommaire du titre.

Chap.	211	Notion de saisie pénale
Sect.	1	Définition de la notion de saisie pénale
Sect.	2	Hétérogénéité de la catégorie des saisies pénales
Sect.	3	Concours de saisies pénales
Sect.	4	Succession de saisies pénales
Sect.	5	Distinction avec les notions voisines
Chap.	212	Constitutionnalité des saisies pénales
Sect.	1	Constitutionnalité des procédures de saisie
Sect.	2	Constitutionnalité des procédures postérieures aux saisies
Chap.	213	Conventionnalité des saisies pénales
Sect.	1	Détermination des normes applicables
Sect.	2	Mise en œuvre du contrôle de conventionnalité
Chap.	214	Légalité des saisies pénales
Sect.	1	Principe de la légalité des saisies pénales
Sect.	2	Application de la loi pénale dans le temps

21.01 Principaux textes applicables.

- **Déclaration des droits de l'homme et du citoyen (DDHC) 26 août 1789,** art. 2, 16 et 17
- **Convention européenne de sauvegarde des droits de l'homme et des libertés fondamentales (Conv. EDH),** art. 6, 7 et 8
- **Protocole additionnel n° 1 à la Conv. EDH,** art. 1

21.03 Bibliographie indicative.

Encyclopédies. *Rép. pén.*, V^is « Saisies spéciales », par L. Ascensi ; « Perquisitions – Saisies – Visites domiciliaires », par S. Rayne – *J.-Cl. Pr. pén.*, art. 706-141 à 706-147, fasc. 20, par E. Camous ; art. 706-148 à 706-158, fasc. 20, par E. Camous.

Articles. A. Botton, « La privation du produit de l'infraction et le droit à un recours juridictionnel », *Annales de l'Institut de criminologie et de sciences pénales Roger Merle,* n° 1/ 2020, p. 205.

CHAPITRE

211. Notion de saisie pénale

SECTION 0
ORIENTEUR

211.00 **Sommaire du chapitre.**

Sect. 1 Définition de la notion de saisie pénale
Sect. 2 Hétérogénéité de la catégorie des saisies pénales
Sect. 3 Concours de saisies pénales
Sect. 4 Succession de saisies pénales
Sect. 5 Distinction avec les notions voisines

211.02 **Jurisprudence de référence.**

> La décision de saisie peut viser cumulativement plusieurs fondements

• **Crim. 22 févr. 2017,** n° 16-83.257, P, n° 52

* V. s^s n° 211.32.

« Attendu que, pour confirmer l'ordonnance de saisie de la somme de 10 000 000 euros figurant à l'actif du compte-titres dont M. X... est titulaire auprès de la banque ADM Investor services international Ltd, l'arrêt, après avoir relevé que le juge d'instruction a sollicité l'avis préalable du ministère public, et constaté que M. X... encourait la peine de confiscation non seulement des biens constituant le produit ou l'objet des infractions qui lui sont reprochées en application de l'article 131-21, alinéa 3, du Code pénal, mais également, en cas de condamnation du chef de blanchiment en bande organisée, de tout ou partie de ses biens en application des articles 131-21, alinéa 6, et 324-7-12° du même code, énonce que, d'une part, lorsqu'un même bien peut faire l'objet d'une confiscation à plusieurs titres, aucune disposition légale n'interdit au juge d'instruction de se référer à plusieurs d'entre eux pour fonder la décision de saisie, d'autre part, les dispositions de l'article 706-141-1 du Code de procédure pénale qui régit la saisie en valeur sont immédiatement applicables aux faits commis avant leur entrée en vigueur ;

Attendu qu'en l'état de ces énonciations, et dès lors que, selon l'article 706-153 du Code de procédure pénale, immédiatement applicable aux procédures en cours, la saisie peut être ordonnée par le juge d'instruction pour garantir l'exécution de la peine complémentaire de confiscation d'un bien, meuble ou immeuble, laquelle était et demeure encourue en application des articles 131-21 et 324-7, 12° du Code pénal, dans leurs rédactions contemporaines des faits et actuelle, la chambre de l'instruction a justifié sa décision. »

> Faculté de choisir discrétionnairement le fondement de la saisie en cas de concours

• **Crim. 13 juin 2018,** n° 17-83.893, P, n° 110

* V. s^s n° 211.32.

« Attendu qu'aucune disposition du Code de procédure pénale ne faisant obligation au juge d'instruction de choisir, parmi les fondements des confiscations encourues, celui qui serait le plus favorable au propriétaire du bien saisi en vue de ladite confiscation, le moyen [...] ne peut être accueilli. »

• **Crim. 9 oct. 2019,** n° 19-82.172, NP

* V. s^s n° 211.32.

« Si les dispositions des articles 706-141-1 et 706-148 du Code de procédure pénale ont pour effet de conférer au juge d'instruction, dont c'est l'office, la faculté de saisir un bien en application soit du régime de la saisie en valeur, soit de celui de la saisie de patrimoine, sans qu'un critère ne commande le choix de ce magistrat, lorsque le bien dont la confiscation est envisagée peut être confisqué cumulativement sur le fondement du cinquième ou sixième alinéa de l'article 131-21 du Code pénal, et en application du neuvième alinéa du même texte, comme représentant la valeur d'un autre bien dont la confiscation est prévue par l'article 131-21 du Code pénal, cette faculté ne porte pas atteinte au principe d'égalité dès lors qu'elle ne crée entre les auteurs d'infractions semblables aucune discrimination injustifiée et que des garanties égales sont assurées aux justiciables quant au respect de leurs droits. »

> Aucune disposition de la loi n'interdit de saisir des biens placés sous main de justice

• **Crim. 16 déc. 2015,** n° 15-81.823, NP

* V. s^s n° 211.41.

« Attendu qu'aucune disposition de la loi n'interdit de saisir, en application de l'article 706-148 du Code de procédure pénale, des biens placés sous main de justice. »

> Distinction entre saisie et confiscation

• **Crim. 18 sept. 2012,** n° 12-82.759, P, n° 192

* V. s[s] n° 211.51.

« La saisie en cause, ordonnée à titre conservatoire pour garantir l'exécution de la confiscation encourue en cas de condamnation, ne constitue pas une peine, au sens de l'article 132-24 du Code pénal. »

> Distinction entre saisie et exécution de décision de gel de bien

• **Crim. 13 févr. 2013,** n° 12-82.999, P, n° 41

* V. s[s] n° 211.53.

« Attendu qu'il résulte de l'arrêt attaqué qu'à la suite d'une décision de gel de bien, rendue le 7 octobre 2010 par le procureur de la Reine au tribunal d'Amsterdam, le juge d'instruction de Périgueux, en application des dispositions propres à l'entraide entre la France et les autres États membres de l'Union européenne, a, le 21 juillet 2011, ordonné la saisie du solde créditeur d'un compte ouvert au nom de M. X... et de Madame Anne Victoria Y... au CIC Nord-Ouest ; que le conseil de cette banque, qui s'estimait créancier privilégié, a, le 1er août 2011, interjeté appel de cette décision, par déclaration au greffe du tribunal ;

Attendu que, pour déclarer cet appel irrecevable, les juges prononcent par les motifs repris au moyen ;

Attendu qu'en statuant ainsi, la chambre de l'instruction, abstraction faite d'un motif inopérant relatif à l'article 186-1 du Code de procédure pénale, a justifié sa décision ;

Qu'en effet, il résulte des dispositions de l'article 695-9-22 dudit code, seul applicable en l'espèce, que toute personne qui prétend avoir un droit sur un bien gelé peut, par voie de requête remise au greffe de la chambre de l'instruction de la cour d'appel territorialement compétente, dans les dix jours à compter de la date de mise à exécution de la décision considérée, former un recours à l'encontre de cette dernière, dans les formes prévues par l'article 173 du Code de procédure pénale. »

211.03 Bibliographie indicative.

Encyclopédies. *Rép. pén.*, *V[is]* « Saisies spéciales », par L. Ascensi ; « Perquisitions – Saisies – Visites domiciliaires », par S. Rayne – *J.-Cl. Pr. pén.*, art. 706-141 à 706-147, fasc. 20, par E. Camous ; art. 706-148 à 706-158, fasc. 20, par E. Camous.

SECTION 1
DÉFINITION DE LA NOTION DE SAISIE PÉNALE

211.11 Absence de définition formelle en droit positif. L'on cherchera en vain, dans le Code de procédure pénale, une définition formelle de la notion de saisie pénale.

Il se déduit cependant de plusieurs dispositions législatives que la saisie consiste pour le législateur dans le placement d'un objet « sous main de justice », l'une et l'autre de ces notions paraissant tenues pour synonymes dans plusieurs articles du Code de procédure pénale. L'on relèvera ainsi que les articles 41-4 à 41-6 du Code de procédure pénale, relatifs à la restitution, l'aliénation, la destruction et l'affectation à un service d'enquête ou judiciaire des objets saisis emploient indifféremment l'une ou l'autre de ces expressions. Il en est de même aux articles 99 et 99-2 du Code de procédure pénale qui permettent au juge d'instruction de prendre au cours de l'information judiciaire de telles décisions.

Cette assimilation se retrouve dans la jurisprudence de la chambre criminelle. Par exemple, dans une affaire où une chambre de l'instruction avait rejeté la demande de restitution d'un courrier qu'un juge d'instruction avait versé au dossier de l'information et provenant d'une autre procédure, aux motifs « qu'il ne peut y avoir restitution de documents qui n'ont jamais été placés sous main de justice », conformément à ce que prévoit l'article 99 du Code de procédure pénale, la chambre criminelle a rejeté le pourvoi formé contre cette décision en relevant « qu'il n'y a pas lieu de procéder à la saisie d'une copie d'une pièce provenant d'une autre procédure »[1], assimilant ainsi les notions de saisie et de placement sous main de justice. Les deux notions ont de même encore été liées lorsque la chambre criminelle s'est refusée à renvoyer au Conseil constitutionnel une question prioritaire de constitutionnalité portant sur les articles 706-141 à 706-165 du Code de procédure pénale, notamment relatifs aux saisies spéciales, au motif que « les articles 41-4, 99, 479 et 543 du Code de procédure pénale instituent des procédures de restitution des biens placés sous main de justice »[2].

211.12 Définition doctrinale de la notion. Peut-être le silence du législateur explique-t-il qu'un dictionnaire juridique de référence ne définisse pas spécialement la notion de saisie pénale, mais y voie une manifestation particulière de la notion générale de saisie, entendue comme la « mise d'un bien sous main de justice (plus généralement sous contrôle d'une autorité) destinée, dans l'intérêt public ou dans un intérêt privé légitime, à empêcher celui qui a ce bien entre les mains d'en faire un usage contraire à cet intérêt (le déplacer, en disposer, le détruire, causer un dommage...) ; englobe en ce sens même les saisies pratiquées d'office par une autorité. Ex. en matière pénale, saisie aux conditions de la loi (C. pr. pén., art. 56 s. et 97 s.) des documents ou objets découverts à la suite d'une perquisition, visites domiciliaires ou fouilles corporelles »[3].

1. Crim. 11 mai 2015, n° 05-81.157, NP.
2. Crim. 5 févr. 2013, n° 12-90.069, NP – Crim. 24 avr. 2013, n° 12-87.473, NP ; *D. actu.* 5 juin 2013, obs. M. Bombled ; *Dr. pén.* 2013, comm. 117, obs. A. Maron et M. Haas – Crim. 30 avr. 2014, n° 13-85.558, NP.
3. G. Cornu (dir.), *Vocabulaire juridique*, préc., *V°* « Saisie », sens I.

Une telle définition rejoint à vrai dire diverses propositions doctrinales. Ainsi la saisie consisterait-elle dans le « placement sous main de justice d'un document ou de tout autre objet utile à la manifestation de la vérité »[1], ou plus simplement dans « le placement d'un objet sous main de justice »[2].

211.13 **Proposition de définition.** De telles définitions nous apparaissent conformes à l'état du droit positif qui sera examiné bientôt. Les saisies pénales semblent effectivement pouvoir se définir à partir de critères organique, substantiel et fonctionnel, ces mesures s'analysant en des actes de l'autorité judiciaire, qui consistent à appréhender matériellement ou juridiquement un bien, dans l'objectif de la répression des auteurs d'infractions.

SECTION 2 HÉTÉROGÉNÉITÉ DE LA CATÉGORIE DES SAISIES PÉNALES

211.21 **Origine de l'hétérogénéité.** Si les saisies pénales peuvent être globalement définies, cette catégorie juridique n'en est pas moins caractérisée par une forte hétérogénéité. En effet, l'on doit distinguer entre, d'une part, les saisies organisées par les articles 56, 76 et 97 du Code de procédure pénale, à s'en tenir à ces trois textes essentiels applicables selon que la saisie intervient au cours de l'enquête de flagrance ou préliminaire, ou bien pendant l'information judiciaire, d'autre part, les saisies prévues par les articles 706-141 à 706-158 du même code, qualifiées de « saisies spéciales » par le législateur.

Jusqu'à l'entrée en vigueur de la loi n° 2010-768 du 9 juillet 2010[3], l'essentiel des règles applicables aux saisies pénales était contenu dans les premiers de ces textes. En application de ceux-ci, l'autorité judiciaire pouvait saisir les objets utiles à la manifestation de la vérité. Les saisies poursuivaient alors un objectif probatoire.

La loi du 9 juillet 2010 a modifié substantiellement cet état du droit puisque le législateur a introduit dans le livre quatrième du Code de procédure pénale un nouveau titre vingt-neuvième, intitulé « des saisies spéciales », qui est composé des articles 706-141 à 706-158. Cette catégorie est elle-même hétérogène, quatre types de saisies spéciales ayant été institués par cette loi : les saisies de patrimoine[4], les saisies immobilières[5], les saisies de biens ou droits mobiliers incorporels[6] – catégorie qui comprend notamment les saisies de sommes d'argent versées sur un compte bancaire et d'actifs numériques[7], les saisies de créances de sommes d'argent[8], les saisies de créances figurant sur un contrat d'assurance sur la vie[9], les saisies de parts sociales, valeurs mobilières et instruments financiers[10], et les saisies de fonds de commerce[11] –, et enfin les saisies sans dépossession[12]. Ces saisies ont un point commun : aucune ne porte sur des objets utiles à la manifestation de la vérité. Elles ne poursuivent donc pas un objectif probatoire. En revanche, elles ont pour finalité de garantir l'exécution des confiscations susceptibles d'être prononcées par le juge répressif, ainsi que l'énonce expressément l'article 706-141 du Code de procédure pénale. Elles partagent donc un objectif patrimonial.

211.22 **Inexactitude de la distinction entre saisies probatoires et saisies patrimoniales.** Est-ce à dire qu'il conviendrait d'opérer dorénavant une dichotomie entre, d'une part, les saisies spéciales poursuivant un objectif patrimonial, d'autre part, les « autres saisies » dont la fonction serait probatoire ?

Nous ne le pensons pas. En effet, il est certain que les saisies spéciales poursuivent un objectif exclusivement patrimonial : seuls les biens susceptibles de confiscation peuvent faire l'objet de telles mesures qui sont précisément destinées à garantir l'exécution de cette peine. Mais on ne peut en revanche valablement soutenir que les saisies organisées par les articles 56, 76 et 97 du Code de procédure pénale posséderaient une fonction exclusivement probatoire. Pour s'en convaincre, il suffit de se rappeler que l'alinéa 7 de l'article 56 dispose qu'avec l'accord du procureur de la République, l'officier de police judiciaire ne maintient que la saisie des objets, documents et données informatiques utiles à la manifestation de la vérité, « ainsi que des biens dont la confiscation est prévue à l'article 131-21 du Code pénal ». Ainsi, la saisie de deux types de biens peut être maintenue : ceux qui sont utiles à la manifestation de la vérité, mais également ceux dont la confiscation est prévue par l'article 131-21 du Code pénal, ce dont il se déduit que les saisies organisées

1. F. Desportes et L. Lazerges, *Traité de procédure pénale*, 4e éd., « Corpus droit privé », Economica, 2015, n° 2368.
2. *Rép. pén.*, V° « Enquête préliminaire », n° 71, par J. Buisson – S. Guinchard et J. Buisson, *Procédure pénale*, 11e éd., « Manuel », LexisNexis, 2018 ; 9e éd., 2013, n° 651.
3. L. n° 2010-768, 9 juill. 2010 *visant à faciliter la saisie et la confiscation en matière pénale, JO* 10 juill., p. 12753.
4. C. pr. pén., art. 706-148 et 706-149.
5. C. pr. pén., art. 706-150 à 706-152.
6. C. pr. pén., art. 706-153 à 706-157.
7. C. pr. pén., art. 706-154.
8. C. pr. pén, art. 706-155, al. 1.
9. C. pr. pén., art. 706-155, al. 2.
10. C. pr. pén., art. 706-156.
11. C. pr. pén., art. 706-157.
12. C. pr. pén., art. 706-158.

par l'article 56 peuvent poursuivre un objectif patrimonial.

Au reste, un tel critère de distinction n'est pas pertinent, si l'on observe que la saisie de certains objets peut poursuivre à la fois un objectif probatoire et un but patrimonial. Ainsi, lorsque, dans le cadre d'une enquête portant sur des faits de trafic de stupéfiants, un officier de police judiciaire saisit, lors d'une perquisition, des espèces désignées comme étant le produit de l'infraction, poursuit-il un objectif probatoire, ou bien une finalité patrimoniale ? Il poursuit bien sûr ces deux objectifs à la fois.

211.23 Principe de distinction entre les saisies spéciales et de droit commun. Le principe de distinction entre les saisies spéciales et les « autres saisies » est en conséquence à rechercher ailleurs.

Il se déduit en vérité des dispositions de l'article 706-141 du Code de procédure pénale que les saisies spéciales constituent une catégorie particulière au sein de celle, plus vaste, des saisies pénales, dans laquelle elles doivent être distinguées des saisies de droit commun, puisque ce texte dispose que les dispositions du Code de procédure pénale relatives aux saisies spéciales s'appliquent « aux saisies réalisées en application du présent code lorsqu'elles portent sur tout ou partie des biens d'une personne, sur un bien immobilier, sur un bien ou un droit mobilier incorporel ou une créance ainsi qu'aux saisies qui n'entraînent pas de dépossession du bien ». Ainsi, le législateur a identifié dans la catégorie des saisies pénales, pour les regrouper dans celle des saisies spéciales, certaines saisies particulières dont la procédure doit impérativement être suivie lorsque les conditions prévues par la loi se trouvent caractérisées. En dehors de ce champ d'application spécialement défini, les saisies doivent être effectuées selon le droit commun des articles 56, 76 et 97 du Code de procédure pénale.

Cette interprétation peut au reste s'appuyer sur les travaux préparatoires de la loi n° 2010-768 du 9 juillet 2010[1]. En effet, au cours de la discussion publique du texte devant le Sénat, un sénateur avait déposé un amendement n° 7 consistant à substituer la notion de saisies « en matière pénale » à celle de saisies « spéciales », le concept de saisies en matière pénale englobant, selon l'intéressé, « des saisies spéciales et des saisies de droit commun ». Cet amendement a finalement été retiré par son auteur, après que le rapporteur eut expliqué qu'il était évident que tout ce qui était évoqué dans le titre relatif aux saisies spéciales concernait la matière pénale[2], mais il permet de comprendre quel est le type de rapport qui, dans l'esprit du législateur, existe entre les notions de saisies pénales, saisies de droit commun et saisies spéciales.

Enfin, cette compréhension des textes s'est trouvée consacrée par la chambre criminelle lorsque, pour considérer que la saisie en valeur des biens meubles corporels à titre d'instrument, d'objet ou de produit de l'infraction devait s'effectuer en application du droit commun[3], elle a énoncé « qu'il résulte [de l'article 706-141 du Code de procédure pénale] que les dispositions des articles 706-141 à 706-158 du Code de procédure pénale s'appliquent aux saisies réalisées en application de ce code lorsqu'elles portent sur tout ou partie des biens d'une personne, sur un bien immobilier, sur un bien ou un droit mobilier incorporel ou une créance ainsi qu'aux saisies qui n'entraînent pas de dépossession du bien »[4] et « que, selon les [articles 94 et 97 du Code de procédure pénale], avec l'accord du juge d'instruction, l'officier de police judiciaire a le pouvoir de saisir les biens dont la confiscation est prévue à l'article 131-21 du Code pénal », pour en déduire « que la saisie en valeur des biens meubles corporels, qui ne sont pas visés à l'article 706-141 du Code de procédure pénale, ne peut être effectuée que sur le fondement des articles 94 et 97 du même code ». De même, dans un arrêt ultérieur, la chambre criminelle a posé pour principe qu'il résulte de l'article 706-141 du Code de procédure pénale que « les dispositions des articles 706-141 à 706-158 [du même code] s'appliquent aux saisies réalisées en application de ce code lorsqu'elles portent sur tout ou partie des biens d'une personne, sur un bien immobilier, sur un bien ou un droit mobilier incorporel ou une créance ainsi qu'aux saisies qui n'entraînent pas de dépossession du bien », pour reprocher à une chambre de l'instruction d'avoir confirmé « l'ordonnance de saisie » de documents et de spécimens de fossiles alors qu'il s'agissait de biens meubles corporels saisis à titre d'instrument, d'objet ou de produit de l'infraction, de sorte que leur saisie ne pouvait intervenir qu'en application de l'article 97 du Code de procédure pénale[5]. Pour le dire autrement : tout ce qui ne relève pas du champ d'application des saisies spéciales tombe dans celui des saisies de droit commun.

211.24 Critères de distinction entre les saisies spéciales et de droit commun. L'article 706-141 du Code de procédure pénale renseigne par ailleurs sur

1. L. n° 2010-768, 9 juill. 2010 *visant à faciliter la saisie et la confiscation en matière pénale, JO* 10 juill., p. 12753.
2. *JO Sénat CR*, 28 avr. 2010, p. 2928.
3. V. s^{s} n° 221.42.
4. Crim. 7 août 2019, n° 18-87.174, P, 148 ; *D.* 2019. 1654 ; *AJ pénal* 2019. 512, obs. M. Hy ; *RSC* 2019. 895, obs. J.-F. Renucci.
5. Crim. 23 févr. 2022, n° 21-82.588, P.

les critères permettant de distinguer entre les saisies spéciales et de droit commun.

En effet, il résulte de ce texte que la spécialité des premières tient soit au fondement du caractère confiscable du bien saisi (saisies de patrimoine) – à savoir l'article 131-21, alinéa 5 ou 6, du Code pénal –, soit à la nature particulière de ce bien (saisies immobilières ou de biens ou droits mobiliers incorporels), soit encore aux effets de la saisie (saisies sans dépossession). En dehors de ces hypothèses, qui rendent impératif le recours à une procédure de saisie spéciale, dès lors que l'application des dispositions spéciales doit par principe être préférée à celle des textes généraux, il sera procédé à une saisie selon le droit commun.

Le domaine des saisies de droit commun se définit donc négativement, ou encore « en creux » : la saisie d'un bien devra être effectuée conformément aux dispositions du droit commun des saisies pénales hors les cas où se trouvera caractérisé l'un des critères imposant le recours à l'une des quatre procédures de saisies spéciales, c'est-à-dire en dehors des cas où la saisie porte, en vue de garantir l'exécution de la confiscation, sur un bien quelconque confiscable sur le seul fondement du cinquième ou sixième alinéa de l'article 131-21 du Code pénal, un bien immobilier, un bien ou droit mobilier incorporel, ou encore un bien mobilier corporel dont on souhaite laisser la possession à son propriétaire ou son détenteur.

Positivement, cela signifie que sera opérée conformément au droit commun la saisie des biens, quels qu'ils soient, qui sont utiles à la manifestation de la vérité, ainsi que la saisie aux fins de confiscation des meubles corporels dont la confiscation est prévue par un autre texte que l'article 131-21, alinéa 5 ou 6, du Code pénal, et dont on souhaite déposséder le propriétaire ou le détenteur. En pratique, feront l'objet d'une saisie de droit commun tous les biens utiles à la manifestation de la vérité, ainsi que les bien meubles corporels confiscables, en nature ou en valeur, comme constituant l'instrument, l'objet ou le produit de l'infraction[1].

211.25 Portée pratique de la distinction. Cette distinction doit être perçue comme essentielle et la réalisation de toute saisie doit être précédée d'un questionnement systématique :

– Le bien dont la saisie est envisagée est-il utile à la manifestation de la vérité ?

– Dans l'affirmative, il sera procédé à la saisie selon le droit commun.

– Dans la négative, est-il confiscable ?

– Car, à défaut, le bien n'est pas saisissable.

– Enfin, si la réponse à la précédente question se révèle affirmative, le fondement du caractère confiscable du bien, la nature du bien ou encore la volonté de laisser un bien meuble corporel à la possession de son propriétaire ou son détenteur, n'impose-t-il pas le recours à l'une des procédures de saisies spéciales instituées par la loi ? Il faudra en effet procéder à une saisie de patrimoine si le bien est uniquement confiscable sur le fondement de l'article 131-21, alinéa 5 ou 6, du Code pénal, à une saisie immobilière ou de bien ou droit mobilier incorporel si la nature du bien le justifie, ou à une saisie sans dépossession s'il y a lieu de ne pas remettre en cause la possession du meuble corporel saisi.

211.26 Appréciation de la distinction. Il est d'ores et déjà permis de s'interroger sur la pertinence de la distinction entre saisies spéciales et de droit commun, dont les régimes juridiques sont très différents, en ce qu'elle ne correspond pas à une distinction entre saisies patrimoniales et probatoires.

En effet, ainsi que nous l'avons vu, les saisies de droit commun peuvent poursuivre un objectif probatoire et tel est, en pratique, le plus souvent le cas. La différence de régime juridique existant entre les saisies de droit commun et spécial peut alors être admise, dès lors que l'objectif poursuivi est probatoire s'agissant des premières, patrimonial en ce qui concerne les secondes.

Néanmoins, les saisies de droit commun peuvent aussi être mises en œuvre à des fins seulement patrimoniales. Tel est par exemple le cas lorsqu'un officier de police judiciaire saisit, au cours d'une perquisition, une somme d'argent en espèces, au seul motif que cette somme constitue le produit de l'infraction. Or, dans cette hypothèse, nous verrons que les garanties dont bénéficie le propriétaire des sommes saisies sont moindres qu'en matière de saisies spéciales, puisque l'ensemble de ces dernières mesures sont ordonnées par un magistrat du siège dont la décision peut être contestée par le propriétaire du bien saisi ou les tiers ayant des droits sur ce bien devant la chambre de l'instruction, en sorte qu'elles font l'objet d'un contrôle juridictionnel *a priori*. Au contraire, les saisies de droit commun constituent des actes d'enquête ou d'instruction dont la régularité peut seulement être contestée *a posteriori* par la voie d'une requête en nullité devant la chambre de l'instruction, et encore à condition qu'une information judiciaire ait été ouverte et que l'intéressé ait le statut de partie ou de témoin assisté, ou d'une exception de nullité en cas de saisine directe de la juridiction de jugement. Sans doute le saisi pourra-t-il également solliciter du procureur de la République ou du juge d'instruction la restitution du bien saisi, mais cette faculté ne remplacera pas le

1. C. pén., art. 131-21, al. 2, 3 et 9.

contrôle juridictionnel *a priori* prévu en matière de saisies spéciales. Ainsi, il existe dans certains cas une identité fonctionnelle entre les saisies de droit commun et spécial, à laquelle ne répond pas une identité de garanties. Cette asymétrie est souvent sans portée pratique, dès lors qu'en réalité les saisies de droit commun sont souvent effectuées dans un objectif à la fois probatoire et patrimonial. Dans le cadre d'une enquête diligentée du chef de trafic de stupéfiants, la saisie d'une somme d'argent en espèces est souvent réalisée à la fois car elle est utile à la manifestation de la vérité et à des fins de confiscation du produit de l'infraction. Parce que la saisie est aussi opérée à des fins probatoires, on peut admettre que son régime juridique ne soit pas le même qu'en matière de saisies spéciales. Mais l'argument ne sera pas pertinent en cas de saisie de droit commun en valeur, par exemple lorsque l'officier de police judiciaire saisira au cours d'une perquisition des espèces pour un montant égal à la valeur d'un véhicule volé qui n'a pu être découvert[1].

Ceci explique qu'un auteur ait fort justement proposé, afin « d'unifier le cadre des placements patrimoniaux sous main de justice », d'instaurer dans le Code de procédure pénale une dichotomie entre les saisies de droit commun, à finalité uniquement probatoire, et les saisies spéciales, à objectif seulement patrimonial, en créant parmi les procédures de saisies spéciales une procédure applicable à la saisie, aux fins de confiscation, des biens meubles corporels[2]. Il en résulterait que l'ensemble des saisies poursuivant un objectif seulement patrimonial obéiraient à un régime juridique pour l'essentiel commun, comprenant une identité de garanties pour les intéressés, tandis qu'il pourrait être admis que les saisies de droit commun, poursuivant un objectif uniquement probatoire, obéissent à un régime juridique distinct.

Un autre auteur, estimant que la distinction entre saisies probatoires et patrimoniales souffre d'une insuffisance conceptuelle que révèle l'existence de saisies mixtes, poursuivant à la fois un objectif probatoire et une finalité patrimoniale, a quant à lui proposé une refonte plus fondamentale du droit des saisies pénales en distinguant entre des saisies simplifiées, ordinaires ou renforcées – caractérisées par un niveau plus ou moins élevé de garanties –, applicables selon que ces mesures auraient pour objet un bien étant ou non en lien avec l'infraction, et qu'elles porteraient ou non atteinte au droit de jouir du bien saisi[3]. La proposition est intellectuellement séduisante, mais sans doute ébranlerait-elle fortement l'édifice français des saisies pénales et leur mise en œuvre, comme en convient d'ailleurs cet auteur.

Quoi qu'il en soit, il nous semble à tout le moins nécessaire que le législateur réglemente davantage la faculté pour l'officier de police judiciaire de procéder à des saisies de droit commun en valeur, hypothèse qui, sans doute, a été perdue de vue lors des travaux parlementaires qui se sont succédés en matière de saisies pénales.

SECTION 3
CONCOURS DE SAISIES PÉNALES

211.31 **Situations de concours.** Le caractère hétérogène de la catégorie des saisies pénales, en général, et de celle des saisies spéciales, en particulier, est générateur de situations de concours, entendues comme des situations de fait qui sont telles qu'un bien relève simultanément de plusieurs procédures de saisies.

Ainsi, un même bien peut être utile à la manifestation de la vérité et confiscable. Tel est le cas lorsqu'il est envisagé de procéder à la saisie d'un immeuble à la fois car il est utile à la manifestation de la vérité, comme constituant le lieu des faits, mais également car ce bien est confiscable comme étant l'instrument de l'infraction. Songeons, par exemple, à un immeuble qui a été le lieu d'un trafic de stupéfiants. Le saisir permettra aux enquêteurs de procéder aux relevés de traces et indices nécessaires à la manifestation de la vérité. Mais il n'en demeure pas moins que ce bien sera également saisissable comme étant confiscable en tant qu'instrument de l'infraction[4]. Parce qu'un tel bien sera utile à la manifestation de la vérité, il relèvera de la saisie de droit commun ; parce qu'il sera confiscable et de nature immobilière, il entrera dans le champ d'application de la procédure de saisie immobilière organisée par l'article 706-150 du Code de procédure pénale.

Mais ce n'est pas tout. En effet, même dans le cas où le caractère saisissable du bien tient à son seul caractère confiscable, les situations de concours ne sont pas rares entre les saisies spéciales et de droit commun. Tel sera le cas lorsqu'un bien sera confiscable sur plusieurs fondements. Ainsi, par exemple, lorsqu'un bien meuble corporel constituera le produit d'une infraction faisant encourir à son auteur la peine de confiscation de patrimoine définie par

1. V. s[s] nº 221.42.
2. M. Peter, *Les saisies pénales spéciales. Une évolution majeure pour une stratégie pénale patrimoniale repensée*, thèse, Aix-Marseille, 2018, nº 1100.
3. J. Bourgais, *Le rôle du juge pénal en matière de saisies et confiscations, Étude de droit comparé (France – Angleterre)*, Poitiers, 2021, nº 243.
4. C. pén., art. 131-21, al. 2.

l'article 131-21, alinéa 6, du Code pénal, ou bien celle d'un bien dont l'origine n'a pu être justifiée organisée par l'alinéa 5 du même texte, il pourra être procédé à la fois à une saisie de droit commun d'un bien corporel confiscable en tant que produit de l'infraction, et à une saisie de patrimoine compte tenu de l'un des fondements de son caractère confiscable.

Enfin, nous verrons que les situations de concours sont fréquentes au sein de la seule catégorie des saisies spéciales[1].

211.32 **Résolution des situations de concours.** Comment ces situations de concours sont-elles résolues ?

Nous verrons, s'agissant des situations de concours de saisies spéciales[2], que, par un arrêt du 22 février 2017, la chambre criminelle a approuvé une chambre de l'instruction d'avoir jugé que « lorsqu'un même bien peut faire l'objet d'une confiscation à plusieurs titres, aucune disposition légale n'interdit au juge d'instruction de se référer à plusieurs d'entre eux pour fonder la décision de saisie »[3], puis que, dans deux arrêts rendus le 13 juin 2018, elle a jugé « qu'aucune disposition du Code de procédure pénale ne [fait] obligation au juge d'instruction de choisir, parmi les fondements des confiscations encourues, celui qui serait le plus favorable au propriétaire du bien saisi en vue de ladite confiscation »[4], pour écarter des moyens de cassation selon lesquels, en raison de la concurrence existant dans ces affaires entre des saisies de patrimoine et des saisies immobilières ou de biens incorporels en valeur, le juge d'instruction était tenu de procéder à des saisies de patrimoine nécessitant l'avis du ministère public et présentant comme tel davantage de garanties pour la défense. Ainsi, en matière de saisies spéciales, lorsqu'un bien est saisissable parce qu'il est confiscable sur plusieurs fondements, rien ne s'oppose à ce que la décision ordonnant la saisie s'appuie sur l'ensemble de ces fondements, ou bien que l'un ou l'autre de ceux-ci soit discrétionnairement retenu.

De surcroît, nous verrons que par un arrêt du 9 octobre 2019, la chambre criminelle, après avoir rappelé que « les dispositions des articles 706-141-1 et 706-148 du Code de procédure pénale ont pour effet de conférer au juge d'instruction, dont c'est l'office, la faculté de saisir un bien en application soit du régime de la saisie en valeur, soit de celui de la saisie de patrimoine, sans qu'un critère ne commande le choix de ce magistrat, lorsque le bien dont la confiscation est envisagée peut être confisqué cumulativement sur le fondement du cinquième ou sixième alinéa de l'article 131-21 du Code pénal, et en application du neuvième alinéa du même texte, comme représentant la valeur d'un autre bien dont la confiscation est prévue par l'article 131-21 du Code pénal »[5], a considéré que cette faculté reconnue au juge répressif ne méconnaît pas les droits et libertés que la Constitution garantit[6].

Si cette jurisprudence a été développée dans le domaine particulier des saisies spéciales, il nous semble que rien ne s'oppose à ce que l'application de ces principes soit étendue aux situations de concours entre les saisies de droit commun et spéciale. Ainsi, lorsqu'il est envisagé de procéder à la saisie d'un bien mobilier corporel, par exemple une somme d'argent en espèces, au motif qu'il est confiscable comme constituant le produit de l'infraction, mais également parce que la personne poursuivie encourt la peine de confiscation de patrimoine, rien ne semble s'opposer à ce que ce bien fasse l'objet d'une saisie de droit commun sur le fondement de l'article 56, 76 ou 97 du Code de procédure pénale, en tant que produit de l'infraction, et à une saisie spéciale de patrimoine sur le fondement de l'article 706-148 du Code de procédure pénale, la peine de confiscation de patrimoine étant encourue.

SECTION 4
SUCCESSION DE SAISIES PÉNALES

211.41 **Saisie sur saisie... vaut !** Un bien pouvant être saisi sur plusieurs fondements, rien ne s'oppose non plus à ce qu'un bien placé sous main de justice, comme ayant déjà fait l'objet d'une décision de saisie pénale quelconque, fasse l'objet d'une nouvelle saisie. C'est ce qu'a énoncé la chambre criminelle le 16 décembre 2015. Alors que le demandeur au pourvoi soutenait qu'une saisie spéciale ne pouvait porter sur des biens déjà saisis et placés sous main de justice à l'occasion d'une perquisition, la chambre criminelle a au contraire rejeté le pourvoi en énonçant « qu'aucune disposition de la loi n'interdit de saisir en application de l'article 706-148 du Code de procédure pénale, des biens placés sous main de justice »[7]. Il résulte de ce principe, par exemple, que si, à l'occasion d'une perquisition, a

1. V. s^s n° 231.07.
2. V. s^s n° 231.07.
3. Crim. 22 févr. 2017, n° 16-83.257, P, n° 52 ; *AJ pénal* 2017. 244, obs. O. Violeau.
4. Crim. 13 juin 2018, n° 17-83.893, P, n° 110 – Crim. 13 juin 2018, n° 17-83.894, NP ; *AJ pénal* 2018. 426, obs. O. Violeau.
5. Crim. 9 oct. 2019, n° 19-82.172, NP.
6. V. s^s n° 212.41.
7. Crim. 16 déc. 2015, n° 15-81.823, NP ; *Gaz. Pal.* 8 mars 2016, n° 10, p. 22, obs. S. Almaseanu – POUR UN EXEMPLE D'APPLICATION : Crim. 8 mars 2017, n° 16-82.656, NP.

été saisie par l'officier de police judiciaire une somme d'argent considérée au moment de cet acte d'enquête comme étant le produit de l'infraction, et que les investigations démontrent finalement que ces fonds sont en réalité sans lien avec les faits poursuivis, rien ne s'oppose à ce que ceux-ci fassent l'objet d'une décision de saisie de patrimoine sur le fondement de l'article 706-148 du Code de procédure pénale si le bien est confiscable sur le fondement de l'article 131-21, alinéa 5 ou 6, du Code pénal.

SECTION 5
DISTINCTION AVEC LES NOTIONS VOISINES

211.50 **Plan.** La notion de saisie pénale doit être distinguée d'autres mesures ordonnées au cours du procès pénal, telles que les confiscations, les mesures conservatoires ou bien encore les mesures d'exécution des décisions de gel de biens.

211.51 **Notions voisines (confiscation).** Les saisies pénales doivent d'abord être distinguées des confiscations. En effet, tandis que la saisie constitue un acte du procès pénal consistant seulement à placer un bien quelconque sous le contrôle de l'autorité judiciaire à des fins conservatoires, ce dont l'on déduit le caractère provisoire de la mesure, la confiscation est une peine qui emporte dévolution du bien confisqué à l'État et relève à ce titre du droit pénal substantiel.

La chambre criminelle a d'ailleurs rappelé la nécessité de distinguer entre ces deux notions. Ainsi, au sujet des saisies spéciales, la chambre criminelle a énoncé, dans un arrêt du 18 septembre 2012, que la saisie de patrimoine effectuée en application de l'article 706-148 du Code de procédure pénale « ordonnée à titre conservatoire pour garantir l'exécution de la confiscation encourue en cas de condamnation, ne constitue pas une peine, au sens de l'article 132-24 du Code pénal »[1]. Cette solution avait d'ailleurs déjà été énoncée, en substance, dans six arrêts rendus le 9 mai 2012, dans lesquels la chambre criminelle avait considéré que les dispositions de l'article 706-148 avaient la nature de lois fixant les modalités des poursuites et les formes de la procédure, et étaient dès lors applicables immédiatement à la répression des infractions commises avant leur entrée en vigueur en application de l'article 112-2, 2°, du Code pénal[2]. Cette qualification de loi de procédure excluait ainsi celle de loi pénale de fond, et imposait de distinguer entre les saisies et les confiscations. Il a enfin été énoncé que « la saisie en valeur s'analyse, non comme une peine nouvelle, mais seulement comme une mesure conservatoire, ordonnée à titre provisoire et destinée à garantir, par équivalence, l'exécution de la confiscation susceptible d'être ultérieurement prononcée par la juridiction de jugement dans la limite des prévisions de la loi en vigueur au moment où les faits ont été commis »[3].

211.52 **Notions voisines (mesures conservatoires).** Les saisies pénales seront de même distinguées des mesures conservatoires prévues par les dispositions de l'article 706-103 du Code de procédure pénale, lesquelles sont tombées dans une certaine désuétude depuis l'entrée en vigueur de la loi n° 2010-768 du 9 juillet 2010[4] et l'introduction, dans le Code de procédure pénale, des procédures de saisies spéciales qui permettent de garantir l'exécution des peines de confiscation avec plus de simplicité, de sécurité juridique et d'efficacité. Il résulte en effet des dispositions de l'article 706-103 qu'en cas d'information ouverte pour l'une des infractions relevant de la procédure applicable à la criminalité et à la délinquance organisée[5], et afin de garantir le paiement des amendes encourues ainsi que, le cas échéant, l'indemnisation des victimes – et non plus, depuis l'entrée en vigueur de la loi du 9 juillet 2010, pour garantir l'exécution des confiscations –, le juge des libertés et de la détention, sur requête du procureur de la République, peut ordonner, aux frais avancés du Trésor, et selon les modalités prévues par les procédures civiles d'exécution, des mesures conservatoires sur les biens, meubles ou immeubles, divis ou indivis, de la personne mise en examen.

Il résulte de ce texte que les mesures conservatoires ainsi permises au cours du procès pénal se distinguent des saisies pénales puisque, bien qu'elles soient ordonnées au cours de l'information judiciaire par le juge des libertés et de la détention, elles conservent néanmoins leur nature de mesures de caractère civil.

211.53 **Notions voisines (exécution de décisions de gel de bien).** Les saisies pénales se distinguent enfin des mesures d'exécution des décisions de gel de biens prises par les autorités judiciaires des États membres de l'Union européenne, telles qu'elles sont

1. Crim. 18 sept. 2012, n° 12-82.759, P, n° 192 ; *D.* 2012. 2247 ; *JCP G* 2013. 360, obs. A. Maron.
2. Crim. 9 mai 2012, n° 11-85.522, P, n° 110 – Crim. 9 mai 2012, n°s 11-85.523 à 11-85.527 (5 arrêts) ; *D.* 2012. 1652, note Ch. Cutajar ; *AJ pénal* 2012. 427, obs. L. Ascensi ; *Procédures* 2012, comm. 231, obs. A.-S. Chavent-Leclere ; *Dr. pén.* 2012, comm. 111, obs. A. Maron et M. Haas ; *JCP G* 2012. 670, obs. J. Lasserre-Capdeville.
3. Crim. 8 juill. 2015, n° 15-81.744, NP ; *Rev. sociétés* 2016. 54, note B. Bouloc.
4. L. n° 2010-768, 9 juill. 2010 *visant à faciliter la saisie et la confiscation en matière pénale*, *JO* 10 juill., p. 12753.
5. C. pr. pén., art. 706-73, 706-73-1 et 706-74.

organisées par les articles 695-9-1 et suivants du Code de procédure pénale, issus de la loi n° 2005-750 du 4 juillet 2005[1], prise en application de la décision-cadre 2003/577/JAI du Conseil du 22 juillet 2003[2] *relative à l'exécution dans l'Union européenne des décisions de gel de biens ou d'éléments de preuve*, et auxquelles est dorénavant applicable le règlement (UE) 2018/1805 du Parlement et du Conseil du 14 novembre 2018[3] *concernant la reconnaissance mutuelle des décisions de gel et des décisions de confiscation*.

Cette autonomie a en effet été affirmée par la chambre criminelle dans deux arrêts du 13 février 2013, où elle a décidé que le recours contre la saisie d'un solde créditeur d'un compte bancaire en exécution de la décision de gel de biens rendue par l'autorité judiciaire néerlandaise devait être formé dans les conditions de l'article 695-9-22 du Code de procédure pénale, « seul applicable en l'espèce », et non dans celles de l'article 706-148 du Code de procédure pénale relatif à la saisie de patrimoine qui était invoquée par l'établissement bancaire qui, s'estimant créancier privilégié, avait relevé appel de la décision en application de ce dernier texte[4].

1. L. n° 2005-750, 4 juill. 2005 *portant diverses dispositions d'adaptation au droit communautaire dans le domaine de la justice, JO* 6 juill., p. 11136.
2. Décis.-cadre 2003/577/JAI, Conseil, 22 juill. 2003 *relative à l'exécution dans l'Union européenne des décisions de gel de biens ou d'éléments de preuve, JOUE* L 196, 2 août, p. 45.
3. Règl. (UE) 2018/1805, Parlement et Conseil, 14 nov. 2018 *concernant la reconnaissance mutuelle des décisions de gel et des décisions de confiscation, JOUE* L 303, 28 nov., p. 1.
4. Crim. 13 févr. 2013, n°s 12-82.999 et 12-83.000, P, n° 41 ; *AJ pénal* 2013. 357, obs. L. Ascensi ; *Dr. pén.* 2013, comm. 64, obs. A. Maron et M. Haas.

CHAPITRE

212. Constitutionnalité des saisies pénales

SECTION 0 ORIENTEUR

212.00 Sommaire du chapitre.

Sect.	1	Constitutionnalité des procédures de saisie
	§ 1	Décisions du Conseil constitutionnel
	§ 2	Décisions de la chambre criminelle
	A.	Constitutionnalité du droit des saisies spéciales en général
	B.	Constitutionnalité des procédures particulières
Sect.	2	Constitutionnalité des procédures postérieures aux saisies

212.01 Principaux textes applicables.

TEXTES SOURCES

• Déclaration des droits de l'homme et du citoyen (DDHC), 26 août 1789, art. 2, 16 et 17

TEXTES *IN EXTENSO*

• DDHC, art. 2

Le but de toute association politique est la conservation des droits naturels et imprescriptibles de l'Homme. Ces droits sont la liberté, la propriété, la sûreté, et la résistance à l'oppression.

• DDHC, art. 16

Toute Société dans laquelle la garantie des Droits n'est pas assurée, ni la séparation des Pouvoirs déterminée, n'a point de Constitution.

• DDHC, art. 17

La propriété étant un droit inviolable et sacré, nul ne peut en être privé, si ce n'est lorsque la nécessité publique, légalement constatée, l'exige évidemment, et sous la condition d'une juste et préalable indemnité.

212.02 Jurisprudence de référence.

> Constitutionnalité de l'article 706-153 du Code de procédure pénale

• Cons. const. 14 oct. 2016, n° 2016-583/584/585/586 QPC

* V. s^s n° 212.21.

« 2. L'article 706-153 du Code de procédure pénale, dans sa rédaction résultant de la loi du 6 décembre 2013 mentionnée ci-dessus, prévoit : [...].

7. En premier lieu, si la mesure de saisie prévue par les dispositions contestées a pour effet de rendre indisponibles les biens ou droits incorporels saisis, elle est ordonnée par un magistrat du siège et ne peut porter que sur des biens ou droits dont la confiscation peut être prononcée à titre de peine complémentaire en cas de condamnation pénale.

8. En deuxième lieu, toute personne qui prétend avoir un droit sur un bien placé sous main de justice peut en solliciter la restitution par requête auprès, selon le cas, du procureur de la République, du procureur général ou du juge d'instruction.

9. En troisième lieu, l'ordonnance du juge des libertés et de la détention ou du juge d'instruction autorisant ou prononçant la saisie est notifiée au propriétaire du bien ou du droit saisi et, s'ils sont connus, aux tiers ayant des droits sur ce bien ou sur ce droit qui peuvent la contester devant la chambre de l'instruction. Ces personnes, qu'elles aient fait appel ou non, peuvent par ailleurs être entendues par la chambre de l'instruction avant que celle-ci ne statue. Elles ne sont donc pas privées de la possibilité de faire valoir leurs observations et de contester la légalité de la mesure devant un juge.

10. En quatrième lieu, en ne prévoyant pas de débat contradictoire devant le juge des libertés et de la détention et devant le juge d'instruction et en ne conférant pas d'effet suspensif à l'appel devant la chambre de l'instruction, le législateur a entendu éviter que le propriétaire du bien ou du droit visé par la saisie puisse mettre à profit les délais consécutifs à ces procédures pour faire échec à la saisie par des manœuvres. Ce faisant, il a assuré le caractère effectif de la saisie et, ainsi, celui de la peine de confiscation.

11. En dernier lieu, le juge devant toujours statuer dans un délai raisonnable, l'absence d'un délai déterminé imposé à la chambre de l'instruction pour statuer sur l'appel de l'ordonnance prise par un juge autorisant la saisie ne saurait constituer une atteinte au droit à un recours juridictionnel effectif de nature à priver de garanties légales la protection constitutionnelle du droit de propriété.

12. Il résulte de ce qui précède que les dispositions contestées ne portent pas atteinte aux exigences découlant des articles 2, 16 et 17 de la Déclaration de 1789. Les griefs tirés de la méconnaissance du droit à un recours juridictionnel effectif et du droit de propriété doivent donc être écartés. Par conséquent, les dispositions de l'article 706-153 du Code de procédure pénale, qui ne méconnaissent aucun autre droit ou liberté que la Constitution garantit, doivent être déclarées conformes à la Constitution. »

> Constitutionnalité de l'article 706-154 du Code de procédure pénale

• **Cons. const. 8 juill. 2022,** n° 2022-1002 QPC

* V. s[s] n° 212.25.

« 1. La question prioritaire de constitutionnalité doit être considérée comme portant sur les dispositions applicables au litige à l'occasion duquel elle a été posée. Dès lors, le Conseil constitutionnel est saisi de l'article 706-154 du Code de procédure pénale dans sa rédaction résultant de la loi du 6 décembre 2013 mentionnée ci-dessus.

2. L'article 706-154 du Code de procédure pénale, dans cette rédaction, prévoit : [...]

3. La société requérante, rejointe par les parties intervenantes, soutient que, lorsque la saisie porte sur des sommes versées sur le compte bancaire d'un avocat, ces dispositions contraindraient ce dernier, pour contester cette saisie, à divulguer des informations protégées par le secret professionnel, relatives notamment à ses prestations et à ses clients. Il en résulterait une méconnaissance des droits de la défense et du droit au respect de la vie privée.

4. Par conséquent, la question prioritaire de constitutionnalité porte sur les mots "qui peuvent la déférer à la chambre de l'instruction" figurant à la première phrase du deuxième alinéa de l'article 706-154 du Code de procédure pénale.

5. Selon l'article 16 de la Déclaration des droits de l'homme et du citoyen de 1789 : "Toute société dans laquelle la garantie des droits n'est pas assurée, ni la séparation des pouvoirs déterminée, n'a point de Constitution". Sont garantis par ces dispositions les droits de la défense.

6. Selon le premier alinéa de l'article 706-154 du Code de procédure pénale, afin de garantir l'exécution de la peine complémentaire de confiscation prévue à l'article 131-21 du Code pénal, l'officier de police judiciaire peut être autorisé par le procureur de la République ou le juge d'instruction à procéder à la saisie d'une somme d'argent versée sur un compte bancaire. Cette mesure à caractère conservatoire est maintenue ou levée dans un délai de dix jours à compter de sa réalisation par une ordonnance motivée du juge des libertés et de la détention, saisi par le procureur de la République, ou du juge d'instruction

7. Les dispositions contestées du deuxième alinéa de l'article 706-154 du Code de procédure pénale prévoient que l'ordonnance relative à cette saisie peut être déférée à la chambre de l'instruction notamment par le titulaire du compte et, s'ils sont connus, les tiers ayant des droits sur ce compte.

8. En premier lieu, ces dispositions ont pour seul objet de prévoir un recours contre la saisie d'une somme d'argent dont l'exécution n'implique en elle-même ni recherche de preuves, ni investigations, ni divulgation d'informations se rapportant à cette somme.

9. En deuxième lieu, cette saisie est justifiée par l'existence d'indices laissant présumer la commission de l'infraction sur la base de laquelle elle est ordonnée et s'applique indifféremment à l'ensemble des sommes inscrites sur un compte bancaire au moment de sa réalisation et à concurrence, le cas échéant, du montant indiqué dans la décision de saisie. Sa contestation n'implique pas de justifier de l'origine de la somme qui en fait l'objet. Par conséquent, dans le cas où la saisie porte sur les sommes versées sur le compte professionnel d'un avocat, ce dernier peut la contester sans être tenu de révéler des informations portant sur ses clients ou les prestations à l'origine des sommes saisies.

10. En dernier lieu, à supposer même que l'avocat soit amené, pour exercer ses droits de la défense, à révéler des informations couvertes par le secret professionnel pour contester la saisie d'une somme versée sur son compte, il peut le faire sous la condition que ces révélations lui soient imposées par les strictes exigences de sa propre défense devant une juridiction.

11. Il résulte de ce qui précède que les dispositions contestées ne méconnaissent pas les droits de la défense.

12. Ces dispositions, qui ne méconnaissent pas non plus le droit au respect de la vie privée ni aucun autre droit ou liberté que la Constitution garantit, doivent donc être déclarées conformes à la Constitution. »

> Constitutionnalité de l'article 99 du Code de procédure pénale

• **Cons. const. 16 oct. 2015,** n° 2015-494 QPC

* V. s[s] n° 212.61.

« 1. Considérant que l'article 99 du Code de procédure pénale est relatif à la restitution, au cours de l'information judiciaire, des objets placés sous main de justice ; que le juge d'instruction est compétent pour statuer sur les demandes en restitution des biens saisis ; qu'aux termes du deuxième alinéa du même article dans sa rédaction issue de la loi du 4 janvier 1993 susvisée : [...] ;

7. Considérant que ni les dispositions contestées ni aucune autre disposition n'imposent au juge d'instruction de statuer dans un délai déterminé sur la demande de restitution d'un bien saisi formée en vertu du deuxième alinéa de l'article 99 du Code de procédure pénale ; que, s'agissant d'une demande de restitution d'un bien placé sous main de justice, l'impossibilité d'exercer une voie de recours devant la chambre de l'instruction ou toute autre juridiction en l'absence de tout délai déterminé imparti au juge d'instruction pour statuer conduit à ce que la procédure applicable méconnaisse les exigences découlant de l'article 16 de la Déclaration de 1789 et prive de garanties légales la protection constitutionnelle du droit de propriété ; que, par suite, les dispositions du deuxième alinéa de l'article 99 du Code de procédure pénale doivent être déclarées contraires à la Constitution. »

• **Cons. const. 18 nov. 2016,** n° 2016-596 QPC

* V. s[s] n° 212.61.

« 7. En application de la deuxième phrase du cinquième alinéa de l'article 99 du Code procédure pénale, l'ordonnance du juge d'instruction refusant ou accordant la restitution peut être contestée devant la chambre de l'instruction. Ces dispositions ne s'appliquent par conséquent que dans l'hypothèse où un juge a déjà statué sur la demande du requérant. La loi ne fixe cependant aucun délai au juge d'appel pour rendre sa décision.

8. Toutefois, le juge devant toujours statuer dans un délai raisonnable, l'absence d'un délai déterminé imposé à la chambre de l'instruction pour statuer sur l'appel de l'ordonnance prise par un juge refusant la restitution ne saurait constituer une atteinte au droit à un recours juridictionnel effectif de nature à priver de garanties légales la protection constitutionnelle du droit de propriété.

9. Il en résulte que les dispositions contestées ne portent pas atteinte aux exigences découlant des articles 2, 16 et 17 de la Déclaration de 1789. Les griefs tirés de la méconnaissance du droit à un recours juridictionnel effectif et du droit de propriété doivent donc être écartés.

10. Par conséquent, les dispositions de la deuxième phrase du cinquième alinéa de l'article 99 du Code de procédure pénale, qui ne méconnaissent aucun autre droit ou liberté que la Constitution garantit, doivent être déclarées conformes à la Constitution. »

• **Cons. const. 28 oct. 2022,** n° 2022-1020 QPC

* V. s^{s} n° 212.61.

« 1. Le dernier alinéa de l'article 99 du Code de procédure pénale, dans sa rédaction résultant de la loi du 23 mars 2019 mentionnée ci-dessus, prévoit, en cas d'appel de l'ordonnance du juge d'instruction statuant sur la restitution de biens placés sous main de justice : [...]

2. La requérante reproche à ces dispositions d'interdire au tiers à l'information judiciaire d'accéder au dossier de la procédure lorsqu'il conteste l'ordonnance du juge d'instruction refusant de lui restituer un bien saisi, ce qui rendrait excessivement difficile l'exercice de son recours. Il en résulterait une méconnaissance du droit à un procès équitable et du principe du contradictoire garantis par l'article 16 de la Déclaration des droits de l'homme et du citoyen de 1789.

3. Par conséquent, la question prioritaire de constitutionnalité porte sur les mots "mais il ne peut prétendre à la mise à sa disposition de la procédure" figurant au dernier alinéa de l'article 99 du Code de procédure pénale.

4. Selon l'article 16 de la Déclaration de 1789 : "Toute société dans laquelle la garantie des droits n'est pas assurée, ni la séparation des pouvoirs déterminée, n'a point de Constitution". Est garanti par cette disposition le droit des personnes intéressées à exercer un recours juridictionnel effectif.

5. L'article 99 du Code de procédure pénale prévoit que, outre la personne mise en examen ou la partie civile, toute personne prétendant avoir droit sur un objet placé sous main de justice peut, au cours de l'information judiciaire, demander sa restitution au juge d'instruction.

6. En application des dispositions contestées, lorsqu'il fait appel de l'ordonnance du juge d'instruction rejetant sa demande de restitution, le tiers ne peut prétendre à la mise à sa disposition de la procédure.

7. En premier lieu, en application de l'article 99 du Code de procédure pénale, le tiers à la procédure peut contester devant la chambre de l'instruction l'ordonnance du juge d'instruction refusant la restitution d'un objet placé sous main de justice. D'une part, ce refus ne peut être opposé que lorsque cette restitution est de nature à faire obstacle à la manifestation de la vérité ou à la sauvegarde des droits des parties, lorsque le bien saisi est l'instrument ou le produit de l'infraction, lorsque la restitution présente un danger pour les personnes ou les biens, ou lorsque la confiscation de l'objet est prévue par la loi. D'autre part, le juge d'instruction statue par ordonnance motivée. Ainsi, le tiers est mis à même de contester les motifs de la décision de refus.

8. En deuxième lieu, d'une part, à l'occasion de ce recours, le tiers a le droit d'être entendu par la chambre de l'instruction en ses observations. D'autre part, en lui interdisant d'exiger la communication de pièces relatives à la saisie, le législateur a entendu préserver le secret de l'enquête et de l'instruction et protéger les intérêts des personnes concernées par celles-ci. Ce faisant, il a poursuivi les objectifs de valeur constitutionnelle de prévention des atteintes à l'ordre public et de recherche des auteurs d'infractions et entendu garantir le droit au respect de la vie privée et de la présomption d'innocence, qui résulte des articles 2 et 9 de la Déclaration de 1789. Au demeurant, les dispositions contestées n'ont ni pour objet ni pour effet de faire obstacle à ce que la chambre de l'instruction puisse, si elle le juge nécessaire pour exercer son office, communiquer au tiers appelant certaines pièces du dossier se rapportant à la saisie.

9. En dernier lieu, à l'issue de l'instruction, la restitution peut également être sollicitée en cas de non-lieu ou de renvoi devant la juridiction de jugement. Dans ce dernier cas, en application des articles 373 et 479 du Code de procédure pénale, les procès-verbaux relatifs à la saisie des objets peuvent alors être communiqués aux personnes, autres que les parties, qui prétendent avoir droit sur des objets placés sous main de justice.

10. Par conséquent, le grief tiré de la méconnaissance des exigences résultant de l'article 16 de la Déclaration de 1789 doit être écarté.

11. Les dispositions contestées, qui ne méconnaissent aucun autre droit ou liberté que la Constitution garantit, doivent être déclarées conformes à la Constitution. »

> Constitutionnalité de l'article 41-4 du Code de procédure pénale

• **Cons. const. 9 juill. 2014,** n° 2014-406 QPC

* V. s^{s} n° 212.62.

« 1. Considérant qu'aux termes de l'article 41-4 du Code de procédure pénale : [...] ;

6. Considérant, d'une part, qu'en prévoyant le transfert à l'État de la propriété d'objets placés sous main de justice et qui n'ont pas été réclamés avant l'expiration d'un délai suivant la fin de l'enquête ou de la procédure pénale, les dispositions contestées n'entraînent pas une privation de propriété au sens de l'article 17 de la Déclaration de 1789 ; que le grief tiré de la méconnaissance de cet article doit être écarté ;

7. Considérant, d'autre part, que les dispositions contestées visent à permettre une gestion efficace des scellés conservés dans les juridictions et à permettre la clôture des dossiers ; qu'elles poursuivent ainsi les objectifs de valeur constitutionnelle de bonne administration de la justice et de bon emploi des deniers publics ;

8. Considérant qu'en elle-même, l'attribution à l'État des biens placés sous main de justice et qui n'ont été réclamés ni pendant toute la durée de la procédure ou de l'enquête ni pendant un délai supplémentaire de six mois à l'issue de celle-ci, ne porte pas au droit de propriété une atteinte disproportionnée au regard de l'objectif poursuivi ; que, par suite, le grief tiré de l'atteinte au droit de propriété garanti par l'article 2 de la Déclaration de 1789 doit être écarté ;

9. Considérant, en second lieu, qu'aux termes de l'article 16 de la Déclaration de 1789 : "Toute société dans laquelle la garantie des droits n'est pas assurée, ni la séparation des pouvoirs déterminée, n'a point de Constitution" ; qu'il résulte de cette disposition qu'il ne doit pas être porté d'atteintes substantielles au droit des personnes intéressées d'exercer un recours effectif devant une juridiction ;

10. Considérant, d'une part, qu'en prévoyant que la restitution peut être demandée pendant un délai qui court, selon le cas, à compter de "la décision de classement" ou de "la décision par laquelle la dernière juridiction saisie a épuisé sa compétence", le législateur a précisément fixé le point de départ de ce délai ; que le grief tiré de l'imprécision du point de départ de ce délai doit être écarté ;

11. Considérant, d'autre part, qu'il résulte du premier alinéa de l'article 41-4 du Code de procédure pénale que la requête aux fins de restitution ne peut être formée qu'après la décision de classement ou après que la juridiction saisie a épuisé sa compétence sans avoir statué sur la restitution des objets ; que le délai pour former cette réclamation est limité à six mois, quelle que soit la durée qui s'est écoulée entre la saisie des objets et la décision qui fait courir ce délai ;

12. Considérant que les personnes qui sont informées dans les conditions prévues par le Code de procédure pénale, selon le cas, de la décision de classement ou de la décision par laquelle la dernière juridiction saisie a épuisé sa compétence, sont ainsi mises à même d'exercer leur droit de réclamer la restitution des objets placés sous main de justice ; que, toutefois, la garantie du droit à un recours juridictionnel effectif impose que les propriétaires qui n'auraient pas été informés dans ces conditions soient mis à même d'exercer leur droit de réclamer la restitution des objets placés sous main de justice dès lors que leur titre est connu ou qu'ils ont réclamé cette qualité au cours de l'enquête ou de la procédure ; que, par suite, les dispositions contestées porteraient une atteinte disproportionnée au droit de ces derniers de former une telle réclamation si le délai de six mois prévu par les dispositions contestées pouvait commencer à courir sans que la décision de classement ou la décision par laquelle la dernière juridiction saisie a épuisé sa compétence ait été portée à leur connaissance ; que, sous cette réserve, les dispositions contestées ne méconnaissent pas les exigences de l'article 16 de la Déclaration de 1789 ;

13. Considérant que les dispositions contestées, qui ne sont contraires à aucun autre droit ou liberté que la Constitution garantit, doivent être déclarées conformes à la Constitution. »

• **Cons. const. 3 déc. 2021,** n° 2021-951 QPC

* V. s[s] n° 212.61.

« 6. En premier lieu, selon l'article 8 de la Déclaration des droits de l'homme et du citoyen de 1789 : "La loi ne doit établir que des peines strictement et évidemment nécessaires, et nul ne peut être puni qu'en vertu d'une loi établie et promulguée antérieurement au délit, et légalement appliquée". Les principes énoncés par cet article ne s'appliquent qu'aux peines et aux sanctions ayant le caractère d'une punition.

7. L'article 41-4 du Code de procédure pénale donne compétence au procureur de la République ou au procureur général pour statuer, d'office ou sur requête de toute personne intéressée, sur la restitution des objets placés sous main de justice au cours de l'enquête, lorsqu'aucune juridiction n'a été saisie ou que la juridiction saisie a épuisé sa compétence sans statuer sur le sort de ces objets.

8. Les dispositions contestées, telles qu'interprétées par la Cour de cassation, prévoient que la restitution peut être refusée lorsque le bien saisi est l'instrument ou le produit de l'infraction.

9. En permettant au ministère public de refuser la restitution d'un tel bien, les dispositions contestées ont pour objet d'empêcher qu'il ne serve à la commission d'autres infractions ou qu'il ne soit la source d'un enrichissement illicite. Ainsi, le refus de restitution pour ce motif ne constitue ni une peine ni une sanction ayant le caractère d'une punition. Le grief tiré de la méconnaissance de l'article 8 de la Déclaration de 1789 doit donc être écarté comme inopérant.

10. En second lieu, la propriété figure au nombre des droits de l'homme consacrés par les articles 2 et 17 de la Déclaration de 1789. Aux termes de son article 17 : "La propriété étant un droit inviolable et sacré, nul ne peut en être privé, si ce n'est lorsque la nécessité publique, légalement constatée, l'exige évidemment, et sous la condition d'une juste et préalable indemnité". En l'absence de privation de propriété au sens de cet article, il résulte néanmoins de l'article 2 de la Déclaration de 1789 que les atteintes portées à ce droit doivent être justifiées par un motif d'intérêt général et proportionnées à l'objectif poursuivi.

11. D'une part, les dispositions contestées, qui se bornent à prévoir que la restitution d'un bien saisi peut être refusée lorsqu'il a été l'instrument ou le produit de l'infraction, n'entraînent pas une privation de propriété au sens de l'article 17 de la Déclaration de 1789. Le grief tiré de la méconnaissance de cet article doit être écarté.

12. D'autre part, ces dispositions, qui visent à prévenir le renouvellement d'infractions et à lutter contre toute forme d'enrichissement illicite, poursuivent l'objectif de valeur constitutionnelle de sauvegarde de l'ordre public.

13. En outre, en application du deuxième alinéa de l'article 41-4 du Code de procédure pénale, la décision de non-restitution peut faire l'objet d'un recours suspensif par l'intéressé devant le président de la chambre de l'instruction ou la chambre de l'instruction, dans le délai d'un mois suivant sa notification. Il résulte de la jurisprudence constante de la Cour de cassation que la non-restitution du bien saisi, au motif qu'il constitue l'instrument ou le produit de l'infraction, n'est pas obligatoire et qu'il appartient à la juridiction compétente d'apprécier, sans porter atteinte aux droits du propriétaire de bonne foi, s'il y a lieu ou non de restituer le bien au regard des circonstances de l'infraction, de la personnalité de son auteur et de sa situation personnelle.

14. Dans ces conditions, les dispositions contestées ne portent pas au droit de propriété une atteinte disproportionnée au regard de l'objectif poursuivi. Le grief tiré de l'atteinte au droit de propriété garanti par l'article 2 de la Déclaration de 1789 doit donc être écarté.

15. Par conséquent, les dispositions contestées, qui ne méconnaissent pas non plus le principe d'égalité devant la loi ni aucun autre droit ou liberté que la Constitution garantit, doivent être déclarées conformes à la Constitution. »

• **Cons. const. 18 févr. 2022,** n° 2021-970 QPC

* V. s[s] n° 212.61.

« 5. Selon l'article 16 de la Déclaration des droits de l'homme et du citoyen de 1789 : "Toute société dans laquelle la garantie des droits n'est pas assurée, ni la séparation des pouvoirs déterminée, n'a point de Constitution". Il résulte de cette disposition qu'il ne doit pas être porté d'atteinte substantielle au droit des personnes intéressées d'exercer un recours effectif devant une juridiction.

6. L'article 41-4 du Code de procédure pénale donne compétence au procureur de la République ou au procureur général pour statuer, d'office ou sur requête de toute personne intéressée, sur la restitution des objets placés sous main de justice au cours de l'enquête, lorsqu'aucune juridiction n'a été saisie ou que la juridiction saisie a épuisé sa compétence sans statuer sur le sort de ces objets.

7. La décision de refus de restitution peut faire l'objet d'un recours suspensif de la personne intéressée devant le président de la chambre de l'instruction ou la chambre de l'instruction.

8. D'une part, en application des dispositions contestées, la personne intéressée dispose d'un délai d'un mois pour former un tel recours par déclaration au greffe du tribunal ou de la cour ou par lettre recommandée avec avis de réception.

9. D'autre part, ces dispositions prévoient que ce délai ne commence à courir qu'à compter du jour où la décision de refus de restitution a été effectivement portée à sa connaissance.

10. Dans ces conditions, la personne est mise à même d'exercer un recours contre la décision de refus de restitution d'un objet placé sous main de justice. Par conséquent, en ne prévoyant pas que la notification de cette décision doit faire mention des voies et délais de recours, les dispositions contestées ne méconnaissent pas le droit à un recours juridictionnel effectif.

11. Il résulte de ce qui précède que ces dispositions, qui ne méconnaissent pas non plus le droit de propriété ni aucun autre droit ou liberté que la Constitution garantit, doivent être déclarées conformes à la Constitution. »

> Constitutionnalité de l'article 41-5 du Code de procédure pénale (anc[t] C. pr. pén., art. 41-4, al. 4)

• **Cons. const. 11 avr. 2014,** n° 2014-390 QPC

* V. s[s] n° 212.62.

« 1. Considérant qu'aux termes du quatrième alinéa de l'article 41-4 du Code de procédure pénale : [...] ;

4. Considérant que, par les dispositions contestées, le législateur a entendu assurer la prévention des atteintes à l'ordre public, la bonne administration de la justice et le bon usage des deniers publics qui constituent des exigences constitutionnelles ; que ces dispositions permettent au procureur de la République d'ordonner, au cours d'une enquête, la destruction des biens meubles saisis lorsque, d'une part, la conservation de ces biens n'est plus utile à la manifestation de la vérité, et que, d'autre part, il s'agit d'objets qualifiés par la loi de dangereux ou nuisibles ou dont la détention est illicite ; que cette décision n'est susceptible d'aucun recours ;

5. Considérant qu'en permettant la destruction de biens saisis, sur décision du procureur de la République, sans que leur propriétaire ou les tiers ayant des droits sur ces biens et les personnes mises en cause dans la procédure en aient été préalablement avisés et qu'ils aient été mis à même de contester cette décision devant une juridiction afin de demander, le cas échéant, la restitution des biens saisis, les dispositions du quatrième alinéa de l'article 41-4 du Code de procédure pénale ne sont assorties d'aucune garantie légale ; qu'elles méconnaissent les exigences découlant de l'article 16 de la Déclaration de 1789. »

> Décisions de la chambre criminelle relatives aux procédures de saisie

• **Crim. 5 févr. 2013,** n° 12-90.069, NP (constitutionnalité des articles 706-141 à 706-165 du Code de procédure pénale)

* V. s[s] n° 212.41.

« Et attendu que la question posée n'est à l'évidence pas sérieuse dès lors que, d'une part, les saisies spéciales prévues par les textes visés ne peuvent être ordonnées, selon les conditions définies par l'article 131-21 du Code pénal, que si elles sont destinées à garantir l'exécution d'une peine de confiscation susceptible d'être prononcée dans les cas limitativement énumérés par ledit code, que d'autre part, ces saisies sont autorisées ou ordonnées par un juge, également compétent pour statuer sur leur exécution ou sur les actes ayant pour conséquence de transformer, modifier substantiellement le bien en cause ou d'en réduire la valeur, et qu'enfin, elles sont notifiées à la personne concernée, au propriétaire d'un bien ou du droit incorporel en cause ainsi qu'aux tiers intéressés qui peuvent les déférer à la chambre de l'instruction ; qu'en outre, les articles 41-4, 99, 479 et 543 du Code de procédure pénale instituent des procédures de restitution des biens placés sous main de justice qui sont assorties de voies de recours, les droits des tiers étant préservés par la mise en œuvre des articles 41-5 et 99-2 du même code. »

• **Crim. 29 juin 2016,** n° 16-90.011, P, n° 210 (constitutionnalité de l'article 706-144 du Code de procédure pénale)

* V. s[s] n° 212.41.

« Et attendu que la question posée ne présente pas un caractère sérieux, dès lors que le propriétaire du bien saisi, dont les droits ne sont pas atteints par une décision atténuant, au seul profit d'un tiers à l'instance pénale, les effets de la saisie pénale prononcée à son détriment, et qui bénéficie de toutes les garanties d'un procès équitable dans le cadre de la procédure civile d'exécution l'opposant au créancier poursuivant l'exécution forcée d'une obligation alléguée à son encontre, n'a aucun intérêt à s'opposer à une mesure qui n'entraîne pas l'aliénation forcée de son bien, une décision en ce sens ressortissant à la seule compétence du juge de l'exécution. »

• **Crim. 28 févr. 2017,** n° 16-83.773, NP (constitutionnalité de l'article 706-150 du Code de procédure pénale)

* V. s[s] n° 212.51.

« Et attendu que les questions posées ne présentent pas un caractère sérieux ;

Que, pour ce qui concerne les quatre premières, l'appelant d'une décision ordonnant une saisie pénale immobilière qui est partie à la procédure pénale, de même que le ministère public, sont dans des situations différentes de l'appelant qui est tiers à ladite procédure ; que l'article 706-150 du Code de procédure pénale, en limitant l'accès au dossier de la procédure de ce tiers aux seules pièces se rapportant à la saisie qu'il conteste, pièces qui sont ainsi clairement désignées, garantit un juste équilibre entre le droit de celui-ci à un recours effectif devant la chambre de l'instruction contre la décision de saisie d'un immeuble sur lequel il a des droits, d'une part, et la nécessité de protéger le secret de l'enquête et de l'instruction, d'autre part ;

Que, s'agissant des cinquième et sixième questions, ce même article 706-150, en prévoyant que la saisie est prononcée par une ordonnance motivée, qui est notifiée non seulement au ministère public et au propriétaire du bien saisi, mais également aux tiers qui ont des droits sur ce bien, opère une conciliation qui n'est pas déséquilibrée entre les exigences d'équité de la procédure que ces obligations garantissent, d'une part, et la nécessité de protéger le secret de l'enquête et de l'instruction comme la présomption d'innocence des personnes mises en cause, d'autre part ;

Qu'enfin, l'article 706-151 du Code de procédure pénale, objet de la septième et dernière question, en ce qu'il prévoit que la saisie porte sur la valeur totale de l'immeuble, tend à garantir le caractère effectif de cet acte conservatoire et, ainsi, de la peine de confiscation susceptible d'être prononcée, laquelle peut porter sur des biens divis ou indivis, ainsi que le prévoit l'article 131-21 du Code pénal, sans constituer une atteinte disproportionnée aux intérêts des indivisaires non visés par la procédure pénale, qui ne sont pas, du seul effet de la saisie, privés de leur droit de propriété et peuvent saisir l'autorité judiciaire compétente d'une demande de restitution en application des dispositions des articles 41-4, 99 et 479 du Code de procédure pénale. »

• **Crim. 28 mars 2017,** n° 17-90.002, NP (constitutionnalité de l'article 706-154 du Code de procédure pénale)

* V. s[s] n° 212.52.

« Et attendu que la question posée ne présente pas un caractère sérieux, dès lors que, s'il résulte de l'alinéa 2 de l'article 706-154 du Code de procédure pénale, dans sa rédaction issue de la loi n° 2013-1117 du 6 décembre 2013, que l'appelant de l'ordonnance du juge des libertés et de la détention ayant, en application de cet article, autorisé le maintien de la saisie des sommes versées sur son compte bancaire, n'a accès qu'aux seules pièces de la procédure se rapportant à la saisie qu'il conteste, cette disposition garantit, par la mise à disposition de certaines des pièces du dossier, un juste équilibre entre les droits de la personne concernée par la saisie et la nécessité de préserver le secret de l'enquête et de l'instruction. »

• **Crim. 28 juin 2017,** n° 17-80.987, NP (constitutionnalité des articles 706-141, 706-145 et 706-151, alinéa 2, du Code de procédure pénale)

* V. s[s] n° 212.51.

« Et attendu que la question posée ne présente pas un caractère sérieux, dès lors que la saisie d'un bien immobilier appartenant indivisément au mis en examen et à un tiers à la procédure, si elle ne peut porter, au regard de l'article 706-151 du Code de procédure pénale, que sur la totalité de ce bien, sur laquelle chaque indivisaire bénéficie d'un droit de propriété, ne peut être décidée que par un juge en vue de garantir l'exécution de la peine de confiscation qui serait prononcée, laquelle n'est encourue que dans les cas prévus par l'article 131-21 du Code pénal, aux termes d'une ordonnance motivée notifiée, en vertu de l'article 706-150 du Code de procédure pénale, au tiers intéressé qui, bénéficiant de recours effectifs, peut en interjeter appel et être entendu, même s'il n'en est pas appelant, par la chambre de l'instruction dont l'arrêt est susceptible d'un pourvoi en cassation ;

Que si, selon les dispositions combinées des articles 706-145 et 706-151, alinéa 2, du Code de procédure pénale, la saisie immobilière, qui n'entraîne aucun transfert de propriété, ne peut faire l'objet d'une mainlevée partielle proportionnelle à la part du tiers propriétaire indivis lequel ne peut l'aliéner ni demander le partage de l'indivision, cette restriction de son droit de libre disposition du bien n'est que temporaire, les juges étant tenus en outre de statuer dans des délais raisonnables, car elle prend fin en cas de mainlevée totale de la saisie ou lorsqu'elle est suivie de la confiscation ordonnée, le cas échéant, par le juge du fond ; qu'ainsi, la restriction apparaît proportionnée à l'objectif de lutte contre la criminalité. »

• **Crim. 31 janv. 2018,** n° 17-83.894, NP (constitutionnalité de l'article 706-150 du Code de procédure pénale)

* V. s[s] n° 212.51.

« Et attendu que la question posée ne présente pas un caractère sérieux ;

Qu'en effet, s'agissant de l'atteinte portée au principe d'égalité, il convient de rappeler que celui-ci ne s'oppose ni à ce que des règles différentes soient appliquées à des situations différentes, ni à ce qu'il soit dérogé à l'égalité pour des raisons d'intérêt général, pourvu que, dans l'un ou l'autre cas, la différence de traitement soit en rapport direct avec l'objet de la loi qui l'établit ; que la différence de situation entre la personne dont les biens font l'objet d'une mesure de saisie de patrimoine en application de l'article 706-148 du Code de procédure pénale, n'imposant pas la démonstration d'un lien entre lesdits biens et l'infraction commise, et celle qui fait l'objet d'une semblable mesure fondée uniquement sur les dispositions de l'article 706-150 du même code qui implique nécessairement que le bien immobilier saisi constitue le produit ou l'objet de l'infraction, ou correspond à la valeur de celui-ci, ou encore ait servi à commettre cette dernière, est en rapport avec la loi n° 2010-768 du 9 juillet 2010 qui a créé le régime des saisies spéciales et justifie la différence de traitement instaurée par le législateur ; qu'en tout état de cause, le ministère public bénéficie d'un recours devant la chambre de l'instruction lui permettant de soumettre la décision du juge d'instruction, dans l'hypothèse où il l'estimerait contestable, à une juridiction collégiale, celle-ci étant tenue de statuer dans un délai raisonnable ;

Que par ailleurs, la méconnaissance alléguée de ses compétences par le législateur ne porte pas atteinte au droit de propriété garanti par les articles 2 et 17 de la Déclaration des droits de l'homme et du citoyen non plus qu'aux droits de la défense et aux exigences du procès équitable résultant de l'article 16 de la Déclaration des Droits de l'Homme et du Citoyen, la mesure de saisie prévue par les dispositions contestées, ordonnée à titre provisoire et destinée à garantir, par équivalence, l'exécution de la confiscation susceptible d'être ultérieurement prononcée par la juridiction de jugement dans la limite des prévisions de la loi en vigueur au moment où les faits ont été commis, qui a pour effet de rendre indisponibles les biens immobiliers saisis, ne pouvant être décidée que par un magistrat du siège ; qu'en outre, toute personne qui prétend avoir un droit sur un bien placé sous main de justice peut, d'une part, en solliciter la restitution par requête auprès, selon le cas, du procureur de la République, du procureur général ou du juge d'instruction, d'autre part, exercer un recours contre cette décision. »

• **Crim. 30 janv. 2019,** n° 18-85.581, NP (constitutionnalité des règles de notification des ordonnances de saisie)

* V. s^s n° 212.51.

« Et attendu que la question posée ne présente pas un caractère sérieux, dès lors que, si les dispositions contestées ne précisent pas les modalités de la notification de la décision ordonnant ou autorisant la saisie, et n'indiquent notamment pas les voies et délais de recours contre celle-ci, d'une part ces dispositions doivent être interprétées avec celles de l'article 550, deuxième alinéa, du Code de procédure pénale, dont il résulte que les notifications sont faites par voie administrative, d'autre part la saisie, qui ne peut porter que sur des biens ou droits dont la confiscation peut être prononcée à titre de peine complémentaire en cas de condamnation pénale, est ordonnée ou autorisée par un magistrat du siège dont la décision est notifiée au propriétaire du bien saisi et, s'ils sont connus, aux tiers ayant des droits sur le bien, qui peuvent la déférer à la chambre de l'instruction dans le délai de dix jours à compter de sa notification, enfin les articles 41-4, 99, 479 et 543 du Code de procédure pénale instituent des procédures de restitution des biens placés sous main de justice qui sont assorties de voies de recours, en sorte que ni le droit d'accès au juge tel que garanti par l'article 16 de la Déclaration des droits de l'homme et du citoyen de 1789, ni le principe de l'égalité devant la justice, lequel n'interdit pas au législateur de prévoir des règles différentes selon les faits, les situations et les personnes auxquels elles s'appliquent, à la condition que ces différences ne procèdent pas de discriminations injustifiées, ne se trouvent méconnus. »

• **Crim. 24 juill. 2019,** n° 19-80.422, NP (constitutionnalité de l'article 706-154 du Code de procédure pénale)

* V. s^s n° 212.52.

« Et attendu que la question posée ne présente pas un caractère sérieux, dès lors que les dispositions législatives contestées concilient, avant toute déclaration de culpabilité, l'efficacité de la lutte contre la fraude, objectif à valeur constitutionnelle, avec le droit de propriété et la présomption d'innocence, constitutionnellement garantis, en ce que la saisie conservatoire de sommes d'argent, volatiles par essence, inscrites sur un compte de dépôts, si elle est opérée dans l'urgence par un officier de police judiciaire autorisé à y procéder par le procureur de la République, est provisoire, n'entraîne aucune dépossession des fonds qu'elle a pour seul effet de rendre indisponibles et doit être maintenue ou levée dans les dix jours de sa réalisation, par le juge des libertés et de la détention lequel doit s'assurer du caractère confiscable des fonds concernés sans avoir à organiser un débat contradictoire qui impliquerait des délais de nature à faire échec à son effectivité, la levée d'une telle mesure pouvant en outre être demandée à tout moment. »

• **Crim. 9 oct. 2019,** n° 19-82.172, NP (constitutionnalité de la faculté pour le juge répressif de choisir discrétionnairement le fondement de la saisie en cas de concours)

* V. s^s n° 212.41.

« Si les dispositions des articles 706-141-1 et 706-148 du Code de procédure pénale ont pour effet de conférer au juge d'instruction, dont c'est l'office, la faculté de saisir un bien en application soit du régime de la saisie en valeur, soit de celui de la saisie de patrimoine, sans qu'un critère ne commande le choix de ce magistrat, lorsque le bien dont la confiscation est envisagée peut être confisqué cumulativement sur le fondement du cinquième ou sixième alinéa de l'article 131-21 du Code pénal, et en application du neuvième alinéa du même texte, comme représentant la valeur d'un autre bien dont la confiscation est prévue par l'article 131-21 du Code pénal, cette faculté ne porte pas atteinte au principe d'égalité dès lors qu'elle ne crée entre les auteurs d'infractions semblables aucune discrimination injustifiée et que des garanties égales sont assurées aux justiciables quant au respect de leurs droits. »

• **Crim. 29 janv. 2020,** n° 19-84.631, NP (constitutionnalité de l'article 706-154 du Code de procédure pénale)

* V. s^s n° 212.52.

« 4. La question posée ne présente pas un caractère sérieux dès lors que, d'une part, il appartient au législateur, compétent en application de l'article 34 de la Constitution pour fixer les règles concernant le droit pénal et la procédure pénale, de déterminer les conditions et les modalités des enquêtes et informations judiciaires dans le respect de la dignité de la personne, d'autre part, les dispositions législatives contestées concilient, avant toute déclaration de culpabilité, l'efficacité de la lutte contre la fraude, objectif à valeur constitutionnelle, avec le principe à valeur constitutionnel de dignité, dont le Conseil constitutionnel n'a jamais considéré qu'il puisse, à lui seul, justifier une déclaration d'inconstitutionnalité.

5. En effet, les textes régissant les saisies spéciales introduites dans le Code de procédure pénale par la loi n° 2010-768 du 9 juillet 2010, parmi lesquels figurent les dispositions critiquées, tendent à garantir la peine de confiscation prévue par l'article 131-21 du Code pénal, lequel a été déclaré conforme à la Constitution par le Conseil constitutionnel (Cons. const. 26 nov. 2010, n° 2010-66 QPC), tout comme l'article 706-153 du Code de procédure pénale qui régit les saisies de droits incorporels et dont l'article 706-154 ne constitue qu'une déclinaison (Cons. Const. 16 oct. 2016, n° 2016-583/584/585/586 QPC).

6. La loi du 9 juillet 2010 a doté le juge pénal de prérogatives de puissance publique lui permettant de déroger largement aux règles de droit commun afin d'assurer rapidement l'indisponibilité des biens susceptibles d'être ultérieurement confisqués, parmi lesquels figurent les biens qui constituent le produit de l'infraction, ou qui sont équivalents à la valeur de celui-ci, dont il ne saurait être contesté qu'ils ne peuvent être légitimement conservés dans le patrimoine d'une personne condamnée pénalement.

7. Il appartient à la chambre de l'instruction, chaque fois qu'elle statue sur un recours formé contre une ordonnance emportant saisie spéciale, de s'assurer du caractère confiscable du bien concerné et, par là même, de l'existence de présomptions ou indices rassemblés contre la personne mise en cause, le caractère confiscable devant être apprécié au regard des seules infractions poursuivies le cas échéant.

8. En outre, sauf lorsqu'il ordonne la saisie d'un bien qui constitue, dans sa totalité, le produit de l'infraction, ou qui représente la valeur de celui-ci, le juge est tenu, d'office ou lorsque la personne concernée le demande, de se livrer à un contrôle de proportionnalité de la mesure de saisie qu'il décide, au regard de la gravité des faits et de la situation personnelle du demandeur.

9. Enfin, le magistrat ayant ordonné ou autorisé la saisie est compétent, en application de l'article 706-144 du Code de procédure pénale, pour statuer sur toutes les requêtes relatives à l'exécution de la saisie, et notamment, sur la situation financière dans laquelle est susceptible de se retrouver la personne titulaire d'un compte bancaire dont le solde a été saisi. »

• **Crim. 13 avr. 2022,** n° 22-80.954, NP (constitutionnalité de l'article 706-154 du Code de procédure pénale)

* V. s^s n° 212.52.

« 4. Les questions posées ne présentent pas un caractère sérieux.

5. Sur la première question, le juge devant toujours statuer dans un délai raisonnable, l'absence d'un délai déterminé imposé à la chambre de l'instruction pour statuer sur l'appel de la décision du juge d'instruction et du juge des libertés et de la détention ordonnant le maintien de la saisie en application de l'article 706-154 du Code de procédure pénale ne saurait constituer une atteinte au droit de propriété et une méconnaissance, par le législateur, de sa compétence.

6. Sur la seconde question, l'abrogation des dispositions de l'article 131-21 du Code pénal prive d'effets, à compter de la date de celle-ci, les dispositions de l'article 706-141 du Code de procédure pénale s'y référant, de sorte que les saisies pénales spéciales ne portent pas sur des biens qui ne seraient pas confiscables. »

• **Crim. 22 juin 2022,** n° 21-87.334, NP (constitutionnalité de l'article 706-150 du Code de procédure pénale)

* V. s^s n° 212.51.

« 4. La question posée ne présente pas un caractère sérieux.

5. En effet, d'une part, l'article 706-150 du Code de procédure pénale ne confère pas à la partie civile le droit de solliciter la saisie des immeubles dont la confiscation est prévue par l'article 131-21 du Code pénal, ni celui d'interjeter appel de l'ordonnance du juge d'instruction rejetant une telle demande, en sorte que le défaut de reconnaissance à la partie civile du droit de se pourvoir à l'encontre de l'arrêt de la chambre de l'instruction ayant infirmé l'ordonnance de saisie du juge d'instruction, n'est pas de nature à porter atteinte à l'effectivité des droits de la partie civile.

6. D'autre part, la confiscation, dont la saisie garantit l'exécution, constitue une peine complémentaire se rattachant à l'action publique qui est exercée, non par la partie civile qui n'est pas admise à intervenir dans la détermination de la peine, mais par le ministère public ou les fonctionnaires auxquels elle est confiée par la loi, et dont le prononcé est indifférent au droit de la partie civile d'obtenir la condamnation de l'auteur de l'infraction à réparer le préjudice en résultant.

7. Enfin, la saisie immobilière ne constitue pas une condition du prononcé de la peine complémentaire de confiscation, ni de la faculté, pour le ministère public, de confier les biens confisqués à l'Agrasc, en sorte que l'absence de saisie est sans emport sur le droit de la partie civile de solliciter la mise en œuvre des dispositions de l'article 706-164 du code de procédure pénale lui permettant de solliciter de l'Agrasc le règlement des dommages et intérêts, et des frais, au paiement desquels l'auteur de l'infraction a été définitivement condamné. »

• **Crim. 15 nov. 2022,** n° 22-82.941, NP (constitutionnalité de l'article 706-154 du Code de procédure pénale)

* V. s^s n° 212.52

« 4. La question posée ne présente pas un caractère sérieux, pour les motifs qui suivent.

5. En premier lieu, la personne concernée dispose d'un délai de dix jours, qui court à compter de la notification de l'ordonnance prise en application du premier alinéa de l'article 706-154 précité, pour former le recours prévu au second alinéa de ce texte, par déclaration au greffe du tribunal.

6. En deuxième lieu, le recours reste recevable si l'intéressé fait valoir à l'appui de son appel l'existence d'un obstacle de nature à l'avoir mis dans l'impossibilité d'exercer son recours en temps utile, tel que la remise tardive de la lettre recommandée de notification en raison d'une défaillance du système d'acheminement du courrier.

7. Enfin, l'intéressé dispose, par ailleurs, de la possibilité de demander la restitution des fonds saisis sur le fondement des articles 41-4 ou 99 du Code de procédure pénale et peut exercer un recours juridictionnel contre la décision de refus éventuellement opposé à sa demande.

8. Il en résulte que les dispositions critiquées ne portent aucune atteinte au droit d'exercer un recours effectif. »

> Décisions de la chambre criminelle relatives aux procédures applicables aux biens placés sous main de justice

• **Crim. 16 juill. 2010,** n° 10-90.083, NP (constitutionnalité de l'article 99 du Code de procédure pénale)

* V. s^s n° 212.63.

« Et attendu que la question posée ne présente pas de caractère sérieux, dès lors que, d'une part, le refus de restitution prévu par l'article 99 du Code de procédure pénale ne constitue pas une peine et ne porte pas atteinte à la présomption d'innocence, et que, d'autre part, le texte invoqué prévoit les recours qui peuvent être exercés contre les décisions du juge d'instruction statuant sur les demandes présentées aux fins de restitution. »

• **Crim. 7 juin 2011,** n° 11-90.035, NP (constitutionnalité de l'article 99 du Code de procédure pénale)

* V. s^s n° 212.63.

« Et attendu que cette question ne présente pas, à l'évidence, un caractère sérieux en ce que la disposition légale critiquée institue un régime spécifique pour les demandes de restitution présentées par les tiers qui ne sont pas des parties à l'information, et garantit un juste équilibre entre les droits de ces tiers et les règles imposant le secret de l'instruction. »

• **Crim. 19 juin 2013,** n° 12-88.367, NP (constitutionnalité de l'article 99-2, alinéa 2, du Code de procédure pénale)

* V. s^s n° 212.63.

« Et attendu que les questions posées ne présentent pas un caractère sérieux en ce que, d'une part, elles visent des dispositions justifiées par l'objectif à valeur constitutionnelle d'une bonne administration de la justice, soit la nécessité d'éviter la perte de valeur d'un bien maintenu sous main de justice, et que, d'autre part, la remise à l'agence de gestion et de recouvrement des avoirs saisis et confisqués d'un bien saisi en vue de son aliénation ne constitue pas une peine et ne porte atteinte ni à la présomption d'innocence ni aux droits de la défense, le texte invoqué prévoyant, sous réserve des droits des tiers, la notification de l'ordonnance du juge d'instruction, un recours contre cette ordonnance et la consignation pendant dix ans du produit de la vente du bien qui pourra être restitué au propriétaire sur sa demande, en l'absence de confiscation prononcée. »

• **Crim. 17 juin 2014,** n° 13-87.873, NP (constitutionnalité de l'article 99 du Code de procédure pénale)

* V. s^s n° 212.63.

« Et attendu que la question posée ne présente pas, à l'évidence, un caractère sérieux en ce que [...] le refus de restitution prévu par l'article 99 du Code de procédure pénale [tiré de ce que la restitution serait de nature à faire obstacle à la sauvegarde des droits des parties], est décidé à titre conservatoire, pour des motifs légitimes, dans un souci d'intérêt général et de protection des droits de toutes les parties. »

• **Crim. 7 oct. 2015,** n° 15-90.015 (constitutionnalité de l'article 41-5, alinéa 2, du Code de procédure pénale)

* V. s^s n° 212.63.

« Et attendu que la question posée ne présente pas un caractère sérieux en ce que, d'une part, elle vise des dispositions justifiées par l'objectif à valeur constitutionnelle de bonne administration de la justice, consistant à faciliter la gestion des scellés et à éviter la dépréciation de biens meubles saisis dont la conservation n'est plus nécessaire à la manifestation de la vérité, d'autre part, la remise d'un bien saisi à l'agence de gestion et de recouvrement des avoirs saisis et confisqués, qui n'implique aucune appréciation des charges, ne porte pas atteinte à la présomption d'innocence, enfin, la décision du procureur de la République est motivée, notifiée aux personnes ayant des droits sur le bien et aux personnes mises en cause, et susceptible de recours devant la chambre de l'instruction qui peut ordonner la restitution du bien saisi. »

• **Crim. 27 juin 2018,** n° 17-87.493, NP (constitutionnalité de l'article 41-4 du Code de procédure pénale)

* V. s^s n° 212.63.

« Et attendu que la question posée ne présente pas un caractère sérieux, dès lors qu'il résulte de l'article 41-4 du Code de procédure pénale, dans sa version en vigueur au moment des faits, que la décision du ministère public refusant la restitution des objets saisis pouvait être contestée devant le tribunal correctionnel ou la chambre des appels correctionnels et qu'il appartient alors à la juridiction saisie de trancher la contestation, fût-elle sérieuse, relative à la propriété des objets réclamés, lorsque la décision sur la restitution en dépend ; que, dans sa rédaction actuelle, ce texte, qui confère désormais cette compétence à la chambre de l'instruction, garantit, de même, les droits invoqués dans la question. »

• **Crim. 12 sept. 2018,** n° 18-81.110, NP (constitutionnalité de l'article 99-2, alinéa 3, du Code de procédure pénale)

* V. s^s n° 212.63.

« Et attendu que la question posée ne présente pas un caractère sérieux, en ce que, d'une part, les dispositions critiquées sont justifiées par l'objectif à valeur constitutionnelle d'une bonne administration de la justice, consistant à éviter que le bien meuble saisi, dont la conservation n'est plus nécessaire à la manifestation de la vérité et dont la confiscation est prévue par la loi, ne perde de sa valeur, soit, plus précisément, la nécessité d'éviter le dépérissement et la perte de valeur de scellés longuement immobilisés, en sorte que l'atteinte qui en résulte à la protection du droit de propriété prévue par l'article 2 de la Déclaration des droits de l'homme et du citoyen apparaît proportionnée à l'objectif poursuivi, d'autre part, ces dispositions ne sauraient être regardées comme privant le propriétaire de son droit de propriété au sens de l'article 17 de la Déclaration des droits de l'homme et du citoyen, dès lors que l'article 99-2 du Code de procédure pénale prévoit en cas de non-lieu, de relaxe ou d'acquittement, ou lorsque la confiscation n'est pas prononcée, que le propriétaire qui en fait la demande, peut obtenir la restitution du bien, assortie, s'il y a lieu, d'une indemnité compensant la perte de valeur qui a pu résulter de son usage, correspondant à la différence entre la valeur initiale, estimée par le service des domaines avant affectation à un service effectuant des missions de police judiciaire, et celle estimée au jour de la restitution. »

• **Crim. 3 avr. 2019,** n° 18-85.820, NP (constitutionnalité de l'article 99 du Code de procédure pénale)

* V. s^s n° 212.63.

« Et attendu que la question posée ne présente pas un caractère sérieux ;

Qu'en effet, d'une part, si, selon les dispositions critiquées, les juridictions d'instruction sont tenues de s'opposer à la restitution d'un bien saisi qui constitue le produit, direct ou indirect de l'infraction, cette restriction, qui peut faire l'objet d'un recours permettant ainsi à la chambre de l'instruction de contrôler la nature du produit de l'infraction, est de nature à préserver le respect de la présomption d'innocence, en ce que la restitution peut conduire à se prononcer implicitement sur les charges pesant sur la personne mise en examen, et celui de l'objectif général à valeur constitutionnelle d'efficacité dans l'établissement des infractions et l'identification de leurs auteurs ;

D'autre part, l'indisponibilité du bien saisi, qui n'est que temporaire, le juge d'instruction étant tenu de conduire son information dans un délai raisonnable sous le contrôle de la chambre de l'instruction et de son président, conformément aux articles 219 et suivants du Code de procédure pénale, et qui ne saurait s'assimiler à une privation du droit de propriété au sens de l'article 17 de la Déclaration des droits de l'homme, ne porte pas une atteinte disproportionnée aux droits du tiers de bonne foi dès lors qu'elle prend fin en cas de mainlevée de la saisie ou en cas de restitution du bien concerné par le tribunal sur le fondement de l'article 481 du Code de procédure pénale ou par le procureur de la République sur le fondement de l'article 41-4 du Code de procédure pénale ;

Qu'enfin, à supposer que le bien constituant le produit, direct ou indirect, de l'infraction ne soit pas restitué à son propriétaire, par ailleurs victime de l'infraction, à l'issue de l'information, ce défaut de restitution, serait compensé, d'une part, par le droit dont il dispose de se constituer partie civile aux fins d'obtenir de l'auteur des faits la réparation de son préjudice, d'autre part, par la mise en œuvre des dispositions de l'article 706-164 du Code de procédure pénale qui permet aux parties civiles bénéficiant d'une décision définitive leur octroyant des dommages-intérêts, d'obtenir de l'Agrasc que les sommes qui leur sont dues leur soient payées sur les fonds ou sur la valeur liquidative des biens de leur débiteur dont la confiscation a été décidée par une décision définitive. »

212.03 Bibliographie indicative.

Articles. A. Botton, « La privation du produit de l'infraction et le droit à un recours juridictionnel », *Annales de l'Institut de criminologie et de sciences pénales Roger Merle*, n° 1/2020, p. 205.

212.05 Évolution. Le développement concomitant, d'une part de la mise en œuvre de la procédure de la question prioritaire de constitutionnalité, d'autre part des procédures de saisies à des fins de confiscation, a produit mécaniquement un *corpus* important de décisions qui renseignent sur la conformité du dispositif législatif en vigueur à la Constitution.

Il y avait matière à question prioritaire de constitutionnalité, en effet, car si les saisies ne génèrent aucune privation du droit de propriété, il n'en demeure pas moins qu'elles entraînent une restriction certaine de l'exercice de ce droit. Or l'on sait que la propriété figure parmi les droits de l'homme consacrés par les articles 2 et 17 de la Déclaration des droits de l'homme et du citoyen de 1789 et que le Conseil constitutionnel considère qu'en l'absence de privation du droit de propriété au sens de l'article 17 de ce texte, il résulte néanmoins de l'article 2 que les limites portées à son exercice doivent être justifiées par un motif d'intérêt général et proportionnées à l'objectif poursuivi[1]. Nul n'ignore non plus que le Conseil constitutionnel a déduit le droit au recours juridictionnel effectif de l'article 16 de la Déclaration de 1789 aux termes duquel « toute société dans laquelle la garantie des droits n'est pas assurée, ni la séparation des pouvoirs déterminée, n'a point de Constitution »[2], et que sont garantis par cette disposition le droit à un procès équitable, ainsi que les droits de la défense lorsqu'est en cause une sanction ayant le caractère d'une punition[3]. Les procédures de saisies ont d'ailleurs été vues comme constituant le terrain privilégié du développement de la jurisprudence du Conseil constitutionnel relative au droit à un recours juridictionnel effectif[4].

Réciproquement, cependant, le législateur est tenu de concilier l'exercice des droits et libertés que la Constitution garantit avec certains objectifs qui sont nécessaires à la sauvegarde des droits et principes de valeur constitutionnelle. Ainsi en est-il, bien sûr, de la prévention des atteintes à l'ordre public et de la recherche des auteurs d'infractions[5], mais également de la bonne administration de la justice[6].

1. Cons. const. 12 nov. 2010, n° 2010-60 QPC, *JO* 13 nov., p. 20237 ; *Rec.* p. 321 ; *D.* 2011. 652, note A. Cheynet de Beaupré ; *D.* 2011. 2298, obs. B. Mallet-Bricout et N. Reboul-Maupin ; *RDI* 2011. 99, obs. L. Tranchant ; *RTD civ.* 2011. 144, obs. Th. Revet – Cons. const. 24 juin 2011, n° 2011-141 QPC, *JO* 25 juin, p. 10842 ; *Rec.* p. 304 ; *D.* 2011. 2694, obs. F. G. Trébulle ; *AJDA* 2011. 1299 ; *Constitutions* 2011. 573, chron. E. Guillaume et M.-L. de la Ville Baugé – Cons. const. 13 janv. 2012, n° 2011-208 QPC, *JO* 14 janv., p. 752 ; *Rec.* p. 75 ; *D.* 2012. 449, point de vue C.-J. Berr ; *AJ pénal* 2012. 232, obs. G. Roussel.
2. Cons. const. 9 avr. 1996, n° 96-373 DC, *JO* 13 avr., p. 5724 ; *Rec.* p. 43 ; *AJDA* 2013. 2118 ; *D.* 2013. 2469 ; *AJCT* 2014. 119, obs. S. Lavric ; *Constitutions* 2014. 218, chron. D. de Bellescize.
3. Cons. const. 27 juill. 2006, n° 2006-540 DC, *JO* 3 août, p. 11541 ; *Rec.* p. 88 ; *D.* 2006. 2157, chron. C. Castets-Renard ; *D.* 2006. 2878, chron. X. Magnon ; *D.* 2007. 1166, obs. V. Bernaud, L. Gay et C. Severino ; *RTD civ.* 2006. 791, obs. Th. Revet ; *RTD civ.* 2007. 80, obs. R. Encinas de Munagorri.
4. A. Botton, « La privation du produit de l'infraction et le droit à un recours juridictionnel », *Annales de l'Institut de criminologie et de sciences pénales Roger Merle*, n° 1/2020, p. 212.
5. Cons. const. 18 nov. 2011, n° 2011-191/194/195/196/197 QPC, *JO* 19 nov., p. 19480 ; *Rec.* p. 544 ; *D.* 2011. 3034, note H. Matsopoulou ; *D.* 2011. 3005, point de vue E. Vergès ; *D.* 2012. 1638, obs. V. Bernaud et N. Jacquinot ; *AJ pénal* 2012. 102, obs. J.-B. Perrier ; *RSC* 2012. 185, obs. J. Danet ; *RSC*. 217, obs. B. de Lamy.
6. Cons. const. 28 déc. 2006, n° 2006-545 DC, *JO* 31 déc., p. 20320 ; *Rec.* p. 138 ; *D.* 2007. 1166, obs. V. Bernaud, L. Gay et C. Severino ; *RDT* 2007. 84, étude A. Lyon-Caen ; *RDT* 2007. 120, obs. E. Serverin ; *RDT* 2007. 229, étude M.-L. Morin – Cons. const. 3 déc. 2009, n° 2009-595 DC, *JO* 11 déc., p. 21381 ; *Rec.* p. 206 ; *GDCC*, 19e éd., Dalloz, 2018, n° 55 ; *AJDA* 2009. 2318 ; *AJDA* 2010. 80, étude A. Roblot-Troizier ; *AJDA* 2010. 88, étude M. Verpeaux ; *RFDA* 2010. 1, étude B. Genevois ; *Constitutions* 2010. 229, obs. A. Levade ; *RSC* 2010. 201, obs. B. de Lamy ; *RTD civ.* 2010. 66, obs. P. Puig ; *RTD civ.* 2010. 517, obs. P. Puig – Cons. const. 29 nov. 2013, n° 2013-356 QPC, *JO* 1er déc., p. 19602 ; *Rec.* p. 1048 ; *D.* 2013. 2776 – Cons. const. 4 déc. 2013, n° 2013-679 DC, *JO* 7 déc., p. 19958 ; *Rec.* p. 1060 ; *GDCC*, 19e éd., Dalloz, 2018, n° 60 ; *Constitutions* 2014. 68, chron. A. Barilari ; *Constitutions* 2014. 76, chron. C. de la Mardière.

Il était ainsi inévitable que la constitutionnalité du droit naissant des saisies pénales à visée patrimoniale soit interrogée et les décisions rendues à la suite de questions prioritaires de constitutionnalité par le Conseil constitutionnel et la chambre criminelle sont très éclairantes, que ces décisions portent sur les procédures de saisies (sect. 1) ou celles postérieures à ces mesures (sect. 2).

SECTION 1
CONSTITUTIONNALITÉ DES PROCÉDURES DE SAISIE

212.10 **Plan.** Le nouveau droit des saisies spéciales a donné lieu à de nombreuses questions prioritaires de constitutionnalité dont a été saisie la chambre criminelle. Ces questions qui, le plus souvent, n'ont pas été renvoyées au Conseil constitutionnel, ont cependant donné lieu à une importante décision du Conseil qui a affirmé la constitutionnalité du nouveau dispositif (§ 1), confortant la position de la chambre criminelle à cet égard (§ 2).

§ 1
Décisions du Conseil constitutionnel

212.21 **Importance de la décision du 14 octobre 2016.** Le Conseil constitutionnel s'est prononcé sur la constitutionnalité du droit des saisies spéciales dans une décision du 14 octobre 2016[1] dont on doit d'emblée souligner la particulière importance, puisque sa portée pratique s'étend au-delà des seules dispositions dont la constitutionnalité était contestée. Si les questions prioritaires de constitutionnalité dont le Conseil était saisi portaient en effet sur la seule procédure de saisie de biens incorporels, nous verrons que les diverses décisions de saisies spéciales sont prises au terme de procédures strictement identiques, à l'exception de la procédure de saisie de patrimoine qui est à certains égards particulière, ce dont il se déduit que c'est bien l'essentiel du droit des saisies spéciales qui a été en substance déclaré conforme à la Constitution.

212.22 **Question posée.** Par quatre arrêts en date du 12 juillet 2016[2], la chambre criminelle avait en effet saisi le Conseil constitutionnel de questions prioritaires de constitutionnalité formulées en des termes identiques et relatives à la conformité à la Constitution de l'article 706-153 du Code de procédure pénale, dans sa rédaction résultant de la loi n° 2013-1117 du 6 décembre 2013[3], organisant la procédure de saisie de biens incorporels. Il était ainsi demandé au Conseil constitutionnel de dire si les dispositions de ce texte, en ouvrant seulement à la partie concernée un appel non suspensif dans un délai de dix jours, sans accès à la procédure de fond et sans fixer aucune date à la chambre de l'instruction pour statuer sur cet appel, étaient contraires à la Constitution, au regard du droit de propriété, du droit à un recours juridictionnel effectif, ainsi que du principe d'égalité, garantis par les articles 1, 2, 16 et 17 de la Déclaration des droits de l'homme et du citoyen de 1789.

212.23 **Position de la chambre criminelle.** La chambre criminelle avait en effet considéré que la question était sérieuse au regard du principe constitutionnel du droit à un recours juridictionnel effectif, en ce que l'article 706-153 du Code de procédure pénale n'impose aucun délai à la chambre de l'instruction pour statuer sur le recours formé devant elle contre l'ordonnance du juge des libertés et de la détention emportant saisie pénale des biens ou droits incorporels de l'appelant, et que ce recours ne présente pas de caractère suspensif.

212.24 **Constitutionnalité du dispositif.** Après avoir rappelé, conformément à sa jurisprudence plus générale, d'une part, qu'en l'absence de privation du droit de propriété au sens de l'article 17 de la Déclaration de 1789, il résulte néanmoins de l'article 2 de ce texte que les atteintes portées à ce droit doivent être justifiées par un motif d'intérêt général et proportionnées à l'objectif poursuivi, d'autre part, que l'article 16 du même texte garantit le droit des personnes intéressées à exercer un recours juridictionnel effectif, le droit à un procès équitable, ainsi que le principe du contradictoire, le Conseil constitutionnel a décidé que les dispositions attaquées étaient conformes à la Constitution.

Le Conseil a fondé sa décision sur des considérations de plusieurs ordres.

Il a tout d'abord énoncé des motifs dont il se déduit que les décisions prises en application de l'article 706-153 du Code de procédure pénale sont justifiées par un motif d'intérêt général sans être disproportionnées par rapport à l'objectif poursuivi. Ainsi, le Conseil a relevé que si la mesure de saisie prévue par les dispositions contestées a pour effet de rendre indisponibles les biens ou droits incorporels saisis, il n'en demeure pas moins que celle-ci est « ordonnée par un magistrat du siège », et ne peut porter « que sur des biens ou droits dont la confisca-

1. Cons. const. 14 oct. 2016, n°s 2016-583/584/585/586 QPC, *JO* 16 oct., n° 48 ; *D.* 2016. 2067 ; *AJ pénal* 2016. 602, obs. O. Violeau ; *Constitutions* 2016. 710, chron. ; *RFDC* 2017. 734, obs. J.-B. Perrier.
2. Crim. 12 juill. 2016, n° 16-82.302, NP – Crim. 12 juill. 2016, n° 16-82.304, NP – Crim. 12 juill. 2016, n° 16-82.306, NP – Crim. 12 juill. 2016, n° 16-82.307, NP.
3. L. n° 2013-1117, 6 déc. 2013 *relative à la lutte contre la fraude fiscale et la grande délinquance économique et financière, JO* 7 déc., p. 19941.

tion peut être prononcée à titre de peine complémentaire en cas de condamnation pénale ». Comme l'a relevé le commentaire aux *Cahiers* de cette décision, le Conseil s'est ainsi d'abord attaché à répondre au grief tiré de l'atteinte directe au droit de propriété.

Pour le surplus, le Conseil a considéré que le régime procédural organisé par le Code de procédure pénale ne méconnaît aucunement le droit des personnes intéressées à exercer un recours juridictionnel effectif, leur droit à un procès équitable, non plus que le principe du contradictoire. Les motifs de la décision sont à cet égard multiples.

Ainsi, le Conseil a tout d'abord relevé que « toute personne qui prétend avoir un droit sur un bien placé sous main de justice peut en solliciter la restitution par requête auprès, selon le cas, du procureur de la République, du procureur général ou du juge d'instruction ». Le Conseil a ainsi procédé à un examen global des règles du procès pénal pour considérer qu'indépendamment des règles instituées par le législateur à l'article 706-153 du Code de procédure pénale, il est loisible aux personnes prétendant avoir des droits sur un bien saisi d'en solliciter la restitution conformément au droit commun.

Par ailleurs, s'agissant de la procédure de saisie de biens incorporels elle-même, la décision de conformité à la Constitution a été fondée sur trois séries de motifs. Tout d'abord, il a été relevé que l'ordonnance du juge des libertés et de la détention ou du juge d'instruction autorisant ou ordonnant la saisie est notifiée au propriétaire du bien ou du droit saisi et, s'ils sont connus, aux tiers ayant des droits sur ce bien ou sur ce droit qui peuvent la contester devant la chambre de l'instruction, et que ces personnes, qu'elles aient fait appel ou non, peuvent par ailleurs être entendues par la chambre de l'instruction avant que celle-ci ne statue, ce dont il se déduit que ces personnes ne sont donc pas privées de la possibilité de faire valoir leurs observations et de contester la légalité de la mesure devant un juge. Ensuite, le Conseil a admis que le législateur n'ait pas prévu de débat contradictoire devant le juge des libertés et de la détention, non plus que devant le juge d'instruction, et n'ait pas conféré à l'appel de la décision autorisant ou ordonnant la saisie d'effet suspensif, motif pris de ce que le législateur a entendu éviter que le propriétaire du bien ou du droit visé par la saisie puisse mettre à profit les délais consécutifs à ces procédures pour faire échec à la saisie par des manœuvres, et a ce faisant assuré le caractère effectif de la saisie, ainsi que celui de la peine de confiscation. Enfin, l'absence d'un délai déterminé imposé à la chambre de l'instruction pour statuer sur l'appel de l'ordonnance prise par un juge autorisant la saisie est insusceptible de constituer une atteinte au droit à un recours juridictionnel effectif de nature à priver de garanties légales la protection constitutionnelle du droit de propriété, dès lors que, conformément au droit commun, le juge doit en tout état de cause toujours statuer dans un délai raisonnable.

212.25 Constitutionnalité de la saisie des comptes bancaires d'avocats. La décision du 14 octobre 2016 a été complétée par une décision du 8 juillet 2022 ayant déclaré conformes à la Constitution les mots « qui peuvent la déférer à la chambre de l'instruction » figurant à la première phrase du deuxième alinéa de l'article 706-154 du Code de procédure pénale organisant la procédure de saisie de sommes d'argent figurant sur un compte bancaire et d'actifs numériques [1].

La chambre criminelle avait en effet renvoyé au Conseil constitutionnel une question prioritaire de constitutionnalité dans laquelle il était soutenu que les dispositions de l'article 706-154 méconnaissaient le droit au respect de la vie privée, découlant de l'article 2 de la Déclaration des droits de l'homme et du citoyen de 1789, mais aussi les droits de la défense, garantis par l'article 16 de ce texte, en ce que la loi permettait la saisie de sommes d'argent déposées sur le compte bancaire d'un avocat, et le maintien de cette saisie, sans garanties procédurales spécifiques concernant la protection du secret professionnel de l'avocat [2]. Devant le Conseil, la requérante et les parties intervenantes, à savoir l'association des avocats pénalistes, le Conseil national des barreaux, l'ordre des avocats de Paris et le syndicat des avocats de France, avaient précisé que, lorsque la saisie portait sur des sommes versées sur le compte bancaire d'un avocat, ce dernier se trouvait contraint, pour contester la mesure devant la chambre de l'instruction, de divulguer des informations protégées par le secret professionnel, relatives notamment à ses prestations et à ses clients.

Cette argumentation a cependant été écartée par le Conseil constitutionnel pour trois motifs. D'une part, il a considéré que l'article 706-154 a pour seul objet de prévoir un recours contre la saisie dont l'exécution n'implique en elle-même ni recherche des preuves, ni investigations, ni divulgation d'informations se rapportant à la somme saisie. D'autre part, il a estimé que si la saisie se trouve justifiée par l'existence d'indices laissant présumer la commission de l'infraction sur la base de laquelle elle est ordonnée et s'applique indifféremment à l'ensemble des sommes inscrites sur le compte bancaire au moment de sa réalisation et à concur-

1. Cons. const. 8 juill. 2022, n° 2022-1002 QPC, *JO* 9 juill., n° 72.
2. Crim. 11 mai 2022, n° 21-85.796, NP.

rence, le cas échéant, du montant indiqué dans la décision de saisie, sa contestation n'implique pas de justifier de l'origine de la somme qui en fait l'objet, de sorte que l'avocat peut la contester sans être tenu de révéler des informations portant sur ses clients ou les prestations à l'origine des sommes saisies ; ce qui toutefois pourrait se discuter lorsque les fonds sont saisis au motif qu'ils seraient le produit de l'infraction, puisqu'il peut dans ce cas y avoir lieu de démontrer l'origine licite de ceux-ci. Enfin, à supposer même que l'avocat soit amené, pour exercer ses droits de la défense, à révéler des informations couvertes par le secret professionnel pour contester la saisie d'une somme versée sur son compte, il peut le faire sous la condition que ces révélations lui soient imposées par les strictes exigences de sa propre défense devant une juridiction.

§ 2
Décisions de la chambre criminelle

212.30 **Plan.** La chambre criminelle a fréquemment refusé de renvoyer des questions prioritaires de constitutionnalité portant sur le nouveau droit des saisies spéciales. Ces questions portaient soit sur l'ensemble du dispositif conçu par le législateur (A), soit sur telle procédure de saisie spéciale ou certains de ses aspects (B).

A.
Constitutionnalité du droit des saisies spéciales en général

212.41 **Décisions de la chambre criminelle.** Avant même que le Conseil constitutionnel n'affirme la constitutionnalité de l'essentiel du droit des saisies spéciales par la décision du 14 octobre 2016[1], la chambre criminelle a été interrogée sur la conformité aux droits et libertés que la Constitution garantit de ce dispositif législatif.

Ainsi, par un arrêt du 5 février 2013, la chambre criminelle a dit n'y avoir lieu de transmettre la question de la conformité à la Constitution des articles 706-141 à 706-165 du Code de procédure pénale – c'est-à-dire l'ensemble des titres vingt-neuvième, relatif aux saisies spéciales, et trentième, relatif à l'Agrasc, du livre quatrième de ce code. Il était en effet soutenu que ces dispositions méconnaissaient le droit de propriété garanti par les articles 2 et 17 de la Déclaration des droits de l'homme et du citoyen de 1789, la présomption d'innocence garantie par l'article 9, les droits de la défense prévus par l'article 16 et enfin le principe de proportionnalité des sanctions à la gravité des infractions énoncé par l'article 8, aux motifs que les dispositions attaquées organisaient un dispositif de saisies pénales sans désignation des personnes à l'encontre desquelles ces saisies pouvaient être opérées, par dérogation aux règles des voies d'exécution civiles, en prévoyant l'aliénation des biens saisis, dans différents cas, avant toute déclaration de culpabilité, en mettant les personnes saisies dans l'impossibilité d'assurer leur défense, en préjudiciant aux tiers titulaires de droits et, enfin, en visant les auteurs de délits même mineurs. Pour dire n'y avoir lieu à saisir le Conseil constitutionnel, la chambre criminelle s'est attachée à justifier l'atteinte portée au droit de propriété, à souligner que les intéressés bénéficiaient de la garantie judiciaire et d'un recours juridictionnel effectif et, comme le fera plus tard le Conseil constitutionnel, à inscrire les procédures de saisies spéciales dans le cadre plus global du procès pénal en rappelant que les intéressés ont la faculté de solliciter la restitution des biens placés sous main de justice. La chambre criminelle a ainsi énoncé que « les saisies spéciales prévues par les textes visés ne peuvent être ordonnées, selon les conditions définies par l'article 131-21 du Code pénal, que si elles sont destinées à garantir l'exécution d'une peine de confiscation susceptible d'être prononcée dans les cas limitativement énumérés par ledit code, que d'autre part, ces saisies sont autorisées ou ordonnées par un juge, également compétent pour statuer sur leur exécution ou sur les actes ayant pour conséquence de transformer, modifier substantiellement le bien en cause ou d'en réduire la valeur, et qu'enfin, elles sont notifiées à la personne concernée, au propriétaire d'un bien ou du droit incorporel en cause ainsi qu'aux tiers intéressés qui peuvent les déférer à la chambre de l'instruction », ajoutant « qu'en outre, les articles 41-4, 99, 479 et 543 du Code de procédure pénale instituent des procédures de restitution des biens placés sous main de justice qui sont assorties de voies de recours, les droits des tiers étant préservés par la mise en œuvre des articles 41-5 et 99-2 du même code ». Cette position de la chambre criminelle s'est ainsi trouvée consacrée, trois ans plus tard, par le Conseil constitutionnel.

Par ailleurs, la chambre criminelle a été interrogée sur la conformité à la Constitution de la procédure de l'article 706-144 du Code de procédure pénale, régissant les incidents contentieux des saisies spéciales, à l'occasion de la transmission d'une question prioritaire de constitutionnalité posée par le propriétaire d'un bien saisi reprochant au législateur d'avoir à tort réservé le droit d'exercer un recours contre la décision prise en application de ce texte au requérant et au procureur de la République, à l'exclusion donc du propriétaire du bien objet de la saisie, en particulier lorsque cette déci-

1. V. s[s] n° 212.21.

sion autorise un créancier à engager ou reprendre une procédure civile d'exécution sur celui-ci. Pour dire n'y avoir lieu de renvoyer la question au Conseil constitutionnel, la chambre criminelle a énoncé que « le propriétaire du bien saisi, dont les droits ne sont pas atteints par une décision atténuant, au seul profit d'un tiers à l'instance pénale, les effets de la saisie pénale prononcée à son détriment, et qui bénéficie de toutes les garanties d'un procès équitable dans le cadre de la procédure civile d'exécution l'opposant au créancier poursuivant l'exécution forcée d'une obligation alléguée à son encontre, n'a aucun intérêt à s'opposer à une mesure qui n'entraîne pas l'aliénation forcée de son bien, une décision en ce sens ressortissant à la seule compétence du juge de l'exécution »[1].

La chambre criminelle a enfin considéré que le fait que l'autorité judiciaire puisse trancher discrétionnairement, comme il sera vu[2], les situations de concours de saisies spéciales ne méconnaît pas le principe d'égalité devant la loi et la justice, alors même que les procédures en concours présentent certaines spécificités[3]. Il était en effet soutenu que, lorsqu'est encourue la peine de confiscation de patrimoine en répression de l'infraction poursuivie, une somme d'argent figurant sur un compte bancaire qui constitue, en nature ou en valeur, le produit de l'infraction, peut relever cumulativement de la saisie de patrimoine prévue par l'article 706-148 du Code de procédure pénale et de la procédure de saisie de compte bancaire organisée par l'article 706-154 du même code, alors que ces procédures ne comportent pas les mêmes garanties, la procédure de saisie de patrimoine imposant au juge d'instruction le recueil préalable de l'avis du ministère public, ce qui n'exige pas la procédure de saisie de compte bancaire. Sans contester l'existence de cette différence procédurale, la chambre criminelle a cependant considéré que la faculté reconnue au juge d'instruction de saisir un bien en application soit du régime de la saisie en valeur, soit de celui de la saisie de patrimoine, sans qu'un critère ne commande ce choix, ne méconnaît pas le principe d'égalité, dès lors que cette faculté ne crée entre les auteurs d'infractions semblables aucune discrimination injustifiée et que des garanties égales sont assurées aux justiciables quant au respect de leurs droits. En effet, outre le fait que les procédures de saisies spéciales présentent pour le surplus des garanties identiques, il a été relevé que, lorsqu'il choisit la saisie en valeur, qui n'implique donc pas que soit recueilli l'avis préalable du ministère public, le juge d'instruction est réciproquement tenu d'énoncer les motifs dont il résulte que le bien saisi représente la valeur de biens dont la confiscation est prévue par l'article 131-21 du Code pénal et qui comme tel présente un lien avec l'infraction, ce qui n'est pas exigé en cas de saisie de patrimoine. En d'autres termes, s'il peut exister entre les deux procédures une identité de circonstances de faits, il subsiste entre celles-ci une différence de circonstances de droit qui justifie que la loi n'ait pas imposé, en cas de saisie de compte bancaire mise en œuvre en application de l'article 706-154, le recueil préalable de l'avis du ministère public.

B.
Constitutionnalité des procédures particulières

212.50 **Plan.** La chambre criminelle s'est exprimée plusieurs fois sur la constitutionnalité des procédures de saisies immobilières et de biens incorporels, ou en tous les cas certains de leurs aspects.

212.51 **Constitutionnalité des saisies immobilières.** La chambre criminelle s'est ainsi prononcée à plusieurs reprises sur la constitutionnalité de la procédure de saisie immobilière organisée par les articles 706-150 à 706-152 du Code de procédure pénale. Si, par un arrêt du 30 avril 2014, elle a affirmé la conformité à la Constitution de l'article 706-150 du Code de procédure pénale au terme d'une motivation comparable à celle adoptée dans l'arrêt du 5 février 2013[4], des arrêts ultérieurs ont porté sur des aspects spécifiques du dispositif.

Ainsi, par trois arrêts du 28 février 2017, la chambre criminelle a refusé de transmettre au Conseil constitutionnel des questions prioritaires de constitutionnalité portant sur certains aspects des dispositions des articles 706-150 et 706-151 du Code de procédure pénale organisant la procédure de saisie immobilière[5].

Dans cette affaire, le demandeur contestait en effet la constitutionnalité des dispositions de l'article 706-150 en relevant d'abord que ce texte dispose qu'en cas d'appel de l'ordonnance de saisie, « l'appelant ne peut prétendre dans ce cadre qu'à la mise à disposition des seules pièces se rapportant à la saisie qu'il conteste », ce dont il déduisait plusieurs griefs d'inconstitutionnalité : cette notion n'était pas assez claire et précise pour connaître avec certitude les pièces de procédure qui seraient effectivement soumises à un débat contradictoire devant la juridiction d'appel ; l'appelant dépourvu du statut de mis en examen ou de témoin assisté disposait

1. Crim. 29 juin 2016, n° 16-90.011, P, n° 210.
2. V. s[s] n° 231.07.
3. Crim. 9 oct. 2019, n° 19-82.172, NP.
4. Crim. 30 avr. 2014, n° 13-85.558, NP – v. s[s] n° 212.41.
5. Crim. 28 févr. 2017, n° 16-83.773, NP – Crim. 28 févr. 2017, n° 16-83.777, NP – Crim. 28 févr. 2017, n° 16-83.779, NP.

seulement des pièces se rapportant à la saisie pour critiquer une ordonnance prise à la lumière de l'ensemble des pièces de la procédure, et il se trouvait, de surcroît, en situation d'infériorité par rapport au ministère public qui disposait, quant à lui, de l'ensemble de ces pièces ; le régime du recours contre l'ordonnance de saisie pénale ne permettait pas à l'appelant dépourvu du statut de mis en examen ou de témoin assisté, dont l'accès aux pièces de la procédure était restreint, de pouvoir critiquer utilement la motivation de l'ordonnance, tandis que la personne mise en examen ou bénéficiant du statut de témoin assisté avait accès à l'ensemble des pièces de la procédure, et ce bien que tous se trouvent placés dans la même situation du point de vue de la mesure de saisie prononcée à leur encontre. Le demandeur observait également que l'article 706-150 portait atteinte à l'objectif de valeur constitutionnelle de recherche des auteurs d'infractions et au principe de la présomption d'innocence, en ce que ce texte prévoyait la notification, aux tiers ayant des droits sur les biens, de l'ordonnance de saisie dont la motivation pouvait faire état d'éléments issus de l'enquête ou de l'instruction relatifs notamment aux éléments à charge retenus à l'encontre des personnes subissant la saisie. Enfin, il était soutenu que les dispositions de l'article 706-151 portaient atteinte au droit de propriété, protégé par les articles 2 et 17 de la Déclaration des droits de l'homme et du citoyen de 1789, en ce qu'elles permettaient la saisie portant sur la valeur totale d'un immeuble indivis, y compris à l'égard de l'indivisaire qui ne serait pas visé par l'enquête ou l'instruction.

Pour qualifier ces questions de non sérieuses, la chambre criminelle s'est d'abord prononcée sur la constitutionnalité de la règle limitant l'accès de l'appelant au dossier devant la chambre de l'instruction lorsqu'il n'est pas partie à la procédure. À cet égard, elle a relevé que l'appelant d'une décision ordonnant une saisie pénale immobilière qui est partie à la procédure pénale, de même que le ministère public, sont dans des situations différentes de l'appelant qui est tiers à ladite procédure et qu'ainsi, en limitant l'accès au dossier de la procédure de ce tiers aux seules pièces se rapportant à la saisie qu'il conteste, pièces qui sont ainsi clairement désignées, l'article 706-150 garantit un juste équilibre entre le droit de celui-ci à un recours effectif devant la chambre de l'instruction contre la décision de saisie d'un immeuble sur lequel il a des droits, d'une part, et la nécessité de protéger le secret de l'enquête et de l'instruction, d'autre part. La chambre criminelle a ensuite énoncé que la notification de l'ordonnance ordonnant ou autorisant la saisie immobilière ne méconnaît aucune disposition constitutionnelle, dès lors que l'article 706-150, en prévoyant que la saisie est prononcée par une ordonnance motivée, qui est notifiée non seulement au ministère public et au propriétaire du bien saisi, mais également aux tiers qui ont des droits sur ce bien, opère une conciliation qui n'est pas déséquilibrée entre les exigences d'équité de la procédure que ces obligations garantissent, d'une part, la nécessité de protéger le secret de l'enquête et de l'instruction comme la présomption d'innocence des personnes mises en cause, d'autre part. Enfin, la chambre criminelle a estimé que l'article 706-151, en ce qu'il prévoit que la saisie porte sur la valeur totale de l'immeuble, tend à garantir le caractère effectif de cet acte conservatoire et, ainsi, de la peine de confiscation susceptible d'être prononcée, laquelle peut porter sur des biens divis ou indivis, ainsi que le prévoit l'article 131-21 du Code pénal, sans constituer une atteinte disproportionnée aux intérêts des indivisaires non visés par la procédure pénale, qui ne sont pas, du seul effet de la saisie, privés de leur droit de propriété et peuvent saisir l'autorité judiciaire compétente d'une demande de restitution en application des dispositions des articles 41-4, 99 et 479 du Code de procédure pénale. En d'autres termes, si les dispositions de l'article 706-151 ne sont pas sans effet à l'égard des tiers, ces effets ne sont pas manifestement disproportionnés dès lors que le fait que la saisie porte sur la valeur totale de l'immeuble est justifié par la nécessité de garantir l'exécution de la peine de confiscation susceptible d'être prononcée, que les tiers ne sont pas privés de leur droit de propriété et que leur est ouverte la faculté de solliciter la restitution de l'immeuble saisi.

Cette position de la chambre criminelle a été reprise dans un arrêt du 28 juin 2017, au terme duquel elle s'est refusée à renvoyer au Conseil constitutionnel la question de la conformité à la Constitution des dispositions combinées des articles 131-21 du Code pénal, 706-141, 706-145 et 706-151, alinéa 2, du Code de procédure pénale, en ce qu'elles aboutissent, dans l'hypothèse de la saisie d'un bien immobilier détenu en indivision, à le rendre indisponible dans sa totalité, au préjudice du tiers de bonne foi[1]. Ainsi, pour dire que cette question ne présentait pas un caractère sérieux, la chambre criminelle a énoncé que « la saisie d'un bien immobilier appartenant indivisément au mis en examen et à un tiers à la procédure, si elle ne peut porter, au regard de l'article 706-151 du Code de procédure pénale, que sur la totalité de ce bien, sur laquelle chaque indivisaire bénéficie d'un droit de propriété, ne peut être décidée que par un juge en vue de garantir l'exécution de la peine de confisca-

1. Crim. 28 juin 2017, n° 17-80.987, NP.

tion qui serait prononcée, laquelle n'est encourue que dans les cas prévus par l'article 131-21 du Code pénal, aux termes d'une ordonnance motivée notifiée, en vertu de l'article 706-150 du Code de procédure pénale, au tiers intéressé qui, bénéficiant de recours effectifs, peut en interjeter appel et être entendu, même s'il n'en est pas appelant, par la chambre de l'instruction dont l'arrêt est susceptible d'un pourvoi en cassation ». Par ailleurs, elle a ajouté que « si, selon les dispositions combinées des articles 706-145 et 706-151, alinéa 2, du Code de procédure pénale, la saisie immobilière, qui n'entraîne aucun transfert de propriété, ne peut faire l'objet d'une mainlevée partielle proportionnelle à la part du tiers propriétaire indivis lequel ne peut l'aliéner ni demander le partage de l'indivision, cette restriction de son droit de libre disposition du bien n'est que temporaire, les juges étant tenus en outre de statuer dans des délais raisonnables, car elle prend fin en cas de mainlevée totale de la saisie ou lorsqu'elle est suivie de la confiscation ordonnée, le cas échéant, par le juge du fond ». Ainsi, « la restriction apparaît proportionnée à l'objectif de lutte contre la criminalité ».

La chambre criminelle s'est encore prononcée sur la constitutionnalité de la différence de régime juridique existant entre, d'une part, la procédure de saisie de patrimoine, d'autre part, la procédure de saisie immobilière (dont les dispositions sont identiques, sur le point discuté, à celles concernant les saisies de biens incorporels et les saisies sans dépossession), en ce que si le juge d'instruction ne peut ordonner une saisie de patrimoine que sur requête du procureur de la République ou d'office après avis du ministère public en application de l'article 706-148 du Code de procédure pénale, une telle condition n'est requise dans aucune des autres procédures de saisies spéciales[1].

Il était ainsi soutenu que cette différence de régime était contraire à la Constitution, dès lors que les dispositions de l'article 706-150 du Code de procédure pénale non seulement étaient entachées d'incompétence négative dans des conditions de nature à porter atteinte au droit de propriété protégé par les articles 2 et 17 de la Déclaration des droits de l'homme et du citoyen de 1789, ainsi qu'au principe des droits de la défense et aux exigences du procès équitable résultant de l'article 16 du même texte, mais de surcroît étaient contraires au principe d'égalité devant la loi résultant de l'article 6 du texte précité, en ce qu'elles n'obligeaient pas le juge d'instruction à recueillir l'avis préalable du ministère public pour ordonner une saisie pénale immobilière, tandis qu'un tel avis était exigé lorsque la saisie immobilière était ordonnée par le juge d'instruction sur le fondement d'une saisie de patrimoine régie par l'article 706-148.

La chambre criminelle a au contraire considéré que, s'agissant de l'atteinte portée au principe d'égalité, il convenait de rappeler que celui-ci ne s'oppose ni à ce que des règles différentes soient appliquées à des situations différentes, ni à ce qu'il soit dérogé à l'égalité pour des raisons d'intérêt général, pourvu que, dans l'un ou l'autre cas, la différence de traitement soit en rapport direct avec l'objet de la loi qui l'établit. Or, la différence de situation entre la personne dont les biens font l'objet d'une mesure de saisie de patrimoine en application de l'article 706-148 du Code de procédure pénale, n'imposant pas la démonstration d'un lien entre lesdits biens et l'infraction commise, et celle qui fait l'objet d'une semblable mesure fondée uniquement sur les dispositions de l'article 706-150 du même code qui implique nécessairement que le bien immobilier saisi constitue le produit ou l'objet de l'infraction, ou corresponde à la valeur de celui-ci, ou encore ait servi à commettre cette dernière, était en rapport avec la loi n° 2010-768 du 9 juillet 2010[2] qui a créé le régime des saisies spéciales et justifie la différence de traitement instaurée par le législateur. En outre, il a été relevé que le ministère public bénéficie d'un recours devant la chambre de l'instruction lui permettant de soumettre la décision du juge d'instruction, dans l'hypothèse où il l'estimerait contestable, à une juridiction collégiale, celle-ci étant tenue de statuer dans un délai raisonnable. Par ailleurs, la chambre criminelle a énoncé que la méconnaissance alléguée de ses compétences par le législateur ne porte pas atteinte au droit de propriété garanti par les articles 2 et 17 de la Déclaration des droits de l'homme et du citoyen de 1789, non plus qu'aux droits de la défense et aux exigences du procès équitable résultant de l'article 16 du même texte, la mesure de saisie prévue par les dispositions contestées, ordonnée à titre provisoire et destinée à garantir, par équivalence, l'exécution de la confiscation susceptible d'être ultérieurement prononcée par la juridiction de jugement dans la limite des prévisions de la loi en vigueur au moment où les faits ont été commis, qui a pour effet de rendre indisponibles les biens immobiliers saisis, ne pouvant être décidée que par un magistrat du siège. Au reste, toute personne qui prétend avoir un droit sur un bien placé sous main de justice peut, d'une part, en solliciter la restitution par requête auprès, selon le cas, du procureur de la République, du procureur général ou du juge d'instruction, d'autre part, exercer un recours contre cette décision.

1. Crim. 31 janv. 2018, n° 17-83.894, NP.

2. L. n° 2010-768, 9 juill. 2010 *visant à faciliter la saisie et la confiscation en matière pénale, JO* 10 juill., p. 12753.

Par un arrêt du 30 janvier 2019, la chambre criminelle s'est encore prononcée sur la constitutionnalité des règles de notification de l'ordonnance de saisie immobilière au ministère public, au propriétaire de l'immeuble saisi et aux tiers ayant des droits sur ce bien[1].

Il était en effet soutenu que, faute pour le législateur d'avoir précisé à l'article 706-150 du Code de procédure pénale les modalités de cette notification, et notamment la nécessité que soient indiquées dans l'acte de notification les voies et délais de recours, à des personnes qui ne sont pourtant pas officiellement mises en cause dans l'enquête et qui ne bénéficient dès lors pas nécessairement de l'assistance d'un avocat, le texte était contraire au droit d'accès au juge tel que garanti par l'article 16 de la Déclaration des droits de l'homme et du citoyen de 1789, ainsi qu'au droit à l'égalité devant la justice, en ce que pour d'autres recours contre des décisions non contradictoires, le législateur avait précisé les modalités d'information sur les voies et délais de recours, ou prévu des délais de recours moins brefs.

Cette question n'a cependant pas été renvoyée au Conseil constitutionnel pour deux séries de motifs. D'une part, s'agissant du défaut d'indication, à l'article 706-150, des modalités de la notification de l'ordonnance de saisie, la chambre criminelle a considéré que le grief manquait en quelque sorte en fait, dès lors que, s'il est vrai que ce texte ne précise aucunement quelles sont ces modalités, les dispositions litigieuses sont complétées par celles de l'article 550 du Code de procédure pénale, dont il ressort que la notification doit être effectuée par la voie administrative. D'autre part, pour ce qui concerne le défaut de mention, dans l'acte de notification, des formes et délais du recours contre l'ordonnance de saisie, la chambre criminelle a énoncé que les dispositions constitutionnelles invoquées ne se trouvaient pas méconnues dès lors que « la saisie, qui ne peut porter que sur des biens ou droits dont la confiscation peut être prononcée à titre de peine complémentaire en cas de condamnation pénale, est ordonnée ou autorisée par un magistrat du siège dont la décision est notifiée au propriétaire du bien saisi et, s'ils sont connus, aux tiers ayant des droits sur le bien, qui peuvent la déférer à la chambre de l'instruction dans le délai de dix jours à compter de sa notification », outre le fait que « les articles 41-4, 99, 479 et 543 du Code de procédure pénale instituent des procédures de restitution des biens placés sous main de justice qui sont assorties de voies de recours ». Car il est vrai qu'en cas d'irrecevabilité de l'appel irrégulièrement ou tardivement interjeté, il est toujours loisible à l'appelant de présenter une requête en restitution de l'immeuble placé sous main de justice au procureur de la République, sur le fondement de l'article 41-4 du Code de procédure pénale, ou au juge d'instruction, en application de l'article 99 du même code[2].

Enfin, la chambre criminelle a considéré que le fait que l'article 706-150 du Code de procédure pénale ne prévoie pas la possibilité pour les parties civiles de former un pourvoi en cassation contre l'arrêt de la chambre de l'instruction infirmant l'ordonnance de saisie immobilière du juge d'instruction, n'est pas contraire à l'article 16 de la Déclaration des droits de l'homme et du citoyen de 1789 garantissant le droit à un procès équitable et au respect des droits de la défense[3]. D'abord, la chambre criminelle a considéré que l'absence de faculté de se pourvoir est insusceptible de porter atteinte à l'effectivité des droits de la partie civile, dès lors que, précisément, celle-ci ne s'est vue reconnaître aucun droit par la loi au cours de la procédure de saisie immobilière : l'article 706-150 ne confère pas à la partie civile le droit de solliciter la saisie des immeubles confiscables, ni *a fortiori* celui de faire appel de l'ordonnance du juge d'instruction rejetant une telle demande. Ensuite, plus fondamentalement, il a été rappelé que la saisie garantit l'exécution de la peine complémentaire de confiscation se rattachant à la seule action publique qui est exercée, non par la partie civile, qui n'est pas admise à intervenir dans la détermination de la peine, mais par le ministère public ou plus exceptionnellement les fonctionnaires auxquels elle est confiée par la loi, et dont le prononcé est indifférent au droit de la partie civile d'obtenir la condamnation de l'auteur de l'infraction à réparer le préjudice en résultant. Enfin, la chambre criminelle n'a pas ignoré le fait que la partie civile a désormais un intérêt à la confiscation, dès lors que l'article 706-164 du Code de procédure pénale lui permet de solliciter de l'Agrasc le règlement des dommages et intérêts, et des frais, au paiement desquels l'auteur de l'infraction a été définitivement condamné[4]. Cependant, la chambre criminelle a relevé que la saisie ne constitue pas une condition du prononcé de la confiscation, ni de la faculté de mettre en œuvre l'article 706-164, de sorte que l'absence de saisie est sans emport sur les droits de la partie civile.

212.52 Constitutionnalité des saisies de biens incorporels. Par ailleurs, la chambre criminelle a affirmé la constitutionnalité des procédures de sai-

1. Crim. 30 janv. 2019, n° 18-85.581, NP.

2. V. ss nos 245.21 et 245.31.
3. Crim. 22 juin 2022, n° 21-87.334, NP.
4. V. ss n° 132.131.

sies de biens incorporels[1], soit de façon générale, dans des termes comparables à ceux retenus dans la décision du 5 février 2013[2], soit en réponse à des griefs plus spécifiques.

Ainsi, comme dans l'arrêt du 31 janvier 2018[3], la chambre criminelle a considéré que n'était pas sérieux le grief d'inconstitutionnalité pris de ce que la procédure de saisie de bien incorporel organisée par l'article 706-153 du Code de procédure pénale prévoit que le juge d'instruction peut ordonner une telle mesure sans avis du ministère public, alors qu'un tel avis est requis en cas de saisie de patrimoine[4].

Par ailleurs, la chambre criminelle a rendu de nombreuses décisions relatives à l'article 706-154 du Code de procédure pénale organisant la saisie des sommes d'argent versées sur un compte bancaire et des actifs numériques, il est vrai fréquemment mise en œuvre.

Ainsi, par une décision du 28 mars 2017 relative au grief pris de ce que ce texte limite l'accès de l'appelant aux pièces de la procédure, la chambre criminelle a énoncé que « s'il résulte de l'alinéa 2 de l'article 706-154 du Code de procédure pénale, dans sa rédaction issue de la loi du 6 décembre 2013[5], que l'appelant de l'ordonnance du juge des libertés et de la détention ayant, en application de cet article, autorisé le maintien de la saisie des sommes versées sur son compte bancaire, n'a accès qu'aux seules pièces de la procédure se rapportant à la saisie qu'il conteste, cette disposition garantit, par la mise à disposition de certaines des pièces du dossier, un juste équilibre entre les droits de la personne concernée par la saisie et la nécessité de préserver le secret de l'enquête et de l'instruction »[6]. Une question prioritaire de constitutionnalité ultérieure n'a pas été renvoyée au Conseil constitutionnel pour les mêmes motifs[7].

S'agissant par ailleurs de la critique du caractère inversé de cette procédure qui, comme il sera vu[8], permet à l'officier de police judiciaire d'être autorisé, par tout moyen, par le procureur de la République ou le juge d'instruction, à procéder à la saisie, avant que le juge des libertés et de la détention ou le juge d'instruction ne statue, dans un délai de dix jours à compter de la saisie, sur le maintien de celle-ci, la chambre criminelle a considéré que le grief était également infondé. Elle a estimé que cette dérogation au droit commun est justifiée par, d'une part, le caractère volatile des sommes d'argent inscrites au crédit des comptes bancaires, qui impose de permettre la réalisation de la saisie en urgence, d'autre part, le fait que les effets de la saisie effectuée par l'officier de police judiciaire sont provisoires, le contrôle d'un juge intervenant dans le délai de dix jours de la réalisation de la mesure[9]. Ces motifs ont été repris par la suite pour ne pas renvoyer au Conseil constitutionnel une question prioritaire de constitutionnalité comparable[10].

En ce qui concerne l'assiette de la saisie, il a de même été jugé que le fait que celle-ci « s'applique indifféremment à l'ensemble des sommes inscrites au crédit du compte bancaire d'une personne physique, sans que soit laissée à sa disposition, dans la limite du solde créditeur du ou des comptes au jour de la saisie, une somme à caractère alimentaire d'un montant égal au montant forfaitaire, pour un allocataire seul, du revenu de solidarité active » ne méconnaît aucun droit ou liberté que la Constitution garantit[11]. La chambre criminelle a fondé cette décision, en particulier, sur le fait que le juge répressif doit en principe contrôler la proportionnalité de la saisie qu'il décide au regard de la gravité des faits et de la situation personnelle du demandeur, et que le magistrat ayant ordonné la mesure est compétent, en application de l'article 706-144 du Code de procédure pénale, pour statuer sur toutes les requêtes relatives à l'exécution de celle-ci, et notamment sur la situation financière dans laquelle est susceptible de se retrouver la personne titulaire d'un compte bancaire dont le solde a été saisi.

La chambre criminelle a encore considéré que le fait que l'article 706-154 du Code de procédure pénale n'impose à la chambre de l'instruction aucun délai pour statuer sur l'appel interjeté à l'encontre de l'ordonnance de maintien de la saisie, alors que ce recours n'est pas suspensif, ne porte pas une atteinte disproportionnée au droit de propriété constitutionnellement garanti, dès lors que le juge doit toujours statuer dans un délai raisonnable[12]. Il est vrai que la jurisprudence du Conseil constitu-

1. Crim. 24 avr. 2013, n° 12-87.473, NP ; *D.* 2013. 1352, et les obs. ; *D.* 2013. 1778, chron. C. Roth, P. Labrousse, B. Laurent et M.-L. Divialle ; *D.* 2013. 2713, obs. G. Roujou de Boubée, T. Garé, M.-H. Gozzi, S. Mirabail et T. Potaszkin ; *AJ pénal* 2013. 482, obs. L. Ascensi ; *Rev. sociétés* 2013. 641, note B. Bouloc ; *D. actu*, 5 juin 2013, obs. M. Bombled ; *Dr. pén.* 2013. comm. 117, obs. A. Maron et M. Haas.
2. V. s[s] n° 212.41.
3. V. s[s] n° 212.51.
4. C. pr. pén., art. 706-148 – Crim. 31 janv. 2018, n° 17-83.893, NP ; *AJ pénal* 2018. 426, obs. O. Violeau.
5. L. n° 2013-1117, 6 déc. 2013 *relative à la lutte contre la fraude fiscale et la grande délinquance économique et financière, JO* 7 déc., p. 19941.
6. Crim. 28 mars 2017, n° 17-90.002, NP.
7. Crim. 9 oct. 2019, n° 19-82.172, NP.
8. V. s[s] n° 234.91.
9. Crim. 24 juill. 2019, n°s 19-80.422 et 19-80.426, NP (2 arrêts).
10. Crim. 3 févr. 2021, n° 20-84.966, NP.
11. Crim. 29 janv. 2020, n° 19-84.631, NP.
12. Crim. 13 avr. 2022, n° 22-80.954, NP.

tionnel est en ce sens dans le contentieux de la restitution[1].

Enfin, la chambre criminelle a jugé que le fait que le point du départ d'appel de l'ordonnance de maintien de la saisie, soit fixé à la date de l'envoi de la notification de cette ordonnance et non au jour où la décision a été effectivement portée à la connaissance du titulaire du compte bancaire saisi, ne méconnaît pas le droit de l'intéressé à un recours effectif tel que garanti par l'article 16 de la Déclaration des droits de l'homme et du citoyen de 1789[2]. Après avoir rappelé son interprétation critiquée de l'article 706-154 du Code de procédure pénale, la chambre criminelle a en effet relevé que le recours reste recevable si l'intéressé fait valoir à l'appui de son appel l'existence d'un obstacle de nature à l'avoir mis dans l'impossibilité d'exercer son recours en temps utile, tel que la remise tardive de la lettre recommandée de notification en raison d'une défaillance du système d'acheminement du courrier. Par ailleurs, l'intéressé dispose de la possibilité de demander la restitution des fonds saisis sur le fondement des articles 41-4 ou 99 du Code de procédure pénale, et peut exercer un recours juridictionnel contre la décision de refus éventuellement opposé à sa demande.

SECTION 2
CONSTITUTIONNALITÉ DES PROCÉDURES POSTÉRIEURES AUX SAISIES

212.60 **Plan.** Le développement des procédures de saisies dans le procès pénal a entraîné le développement du contentieux relatif au devenir des biens placés sous main de justice et conduit les justiciables à discuter la constitutionnalité des procédures organisant la restitution, l'aliénation ou bien encore la destruction de tels biens. Le Conseil constitutionnel et la chambre criminelle, d'ailleurs, ont lié ces questions, comme il a été vu[3], en trouvant dans les dispositions des articles 41-4 et 99 du Code de procédure pénale de quoi asseoir la constitutionnalité du droit naissant des saisies spéciales. Il est vrai que les contentieux de la saisie, de la restitution, de l'aliénation ou encore de la destruction des biens placés sous main de justice sont intimement liés les uns aux autres, en sorte qu'il était nécessaire que soit interrogée la constitutionnalité de l'ensemble du dispositif législatif.

212.61 **Décision du Conseil constitutionnel dans le contentieux de la restitution.** Le Conseil constitutionnel a ainsi rendu une importante décision le 16 octobre 2015, en matière de restitutions, à propos de l'article 99 du Code de procédure pénale applicable au cours de l'information judiciaire[4].

Le Conseil constitutionnel avait en effet été saisi d'une question prioritaire de constitutionnalité par la chambre criminelle[5], l'invitant à dire si les dispositions de l'article 99, alinéa 2, du Code de procédure pénale, qui n'impartissaient au juge d'instruction aucun délai pour statuer sur une requête en restitution d'un bien saisi dans le cadre d'une information judiciaire en l'état des textes alors applicables, portaient atteinte au droit de propriété ainsi qu'au droit à un recours effectif devant une juridiction, garantis par les articles 2, 16 et 17 de la Déclaration des droits de l'homme et du citoyen de 1789.

La décision de renvoi rendue par la chambre criminelle était manifestement justifiée, puisque le Conseil constitutionnel a déclaré les dispositions contestées contraires à la Constitution, en relevant que ni ces dispositions, ni aucune autre disposition, n'imposaient au juge d'instruction de statuer dans un délai déterminé sur la demande de restitution d'un bien saisi formée en vertu du deuxième alinéa de l'article 99 du Code de procédure pénale et que, s'agissant d'une demande de restitution d'un bien placé sous main de justice, « l'impossibilité d'exercer une voie de recours devant la chambre de l'instruction ou toute autre juridiction en l'absence de tout délai déterminé imparti au juge d'instruction pour statuer [conduisait] à ce que la procédure applicable méconnaisse les exigences découlant de l'article 16 de la Déclaration de 1789 et prive de garanties légales la protection constitutionnelle du droit de propriété ».

Nous verrons que cette décision a conduit le législateur à modifier les dispositions en cause lors de l'adoption de la loi n° 2016-731 du 3 juin 2016[6] et que, dorénavant, lorsque le juge d'instruction s'abstient de statuer sur la requête en restitution dont il est régulièrement saisi dans le délai d'un mois, le requérant peut saisir directement le président de la chambre de l'instruction qui statue conformément aux trois derniers alinéas de l'article 186-1 du Code de procédure pénale[7].

Par une décision ultérieure du 18 novembre 2016, le Conseil constitutionnel a au contraire considéré que l'absence de délai pour statuer sur

1. V. s[s] n° 212.61.
2. Crim. 15 nov. 2022, n° 22-82.941, NP.
3. V. s[s] n°s 212.24, 212.41 et 212.51.
4. Cons. const. 16 oct. 2015, n° 2015-494 QPC, *JO* 18 oct., p. 19447 ; *D.* 2015. 2077 ; *D.* 2016. 1727, obs. J. Pradel ; *Procédures* 2015, comm. 379, obs. J. Buisson.
5. Crim. 8 juill. 2015, n° 15-81.823, NP ; *Gaz. Pal.* 8 mars 2016, n° 10, p. 22, obs. S. Almaseanu.
6. L. n° 2016-731, 3 juin 2016 *renforçant la lutte contre le crime organisé, le terrorisme et leur financement, et améliorant l'efficacité et les garanties de la procédure pénale*, *JO* 4 juin, n° 1.
7. V. s[s] n° 245.35.

l'appel interjeté contre une ordonnance de refus de restitution d'un bien saisi ne rend pas l'article 99 du Code de procédure pénale contraire à la Constitution[1]. Le Conseil a estimé à cet égard que « le juge devant toujours statuer dans un délai raisonnable, l'absence d'un délai déterminé imposé à la chambre de l'instruction pour statuer sur l'appel de l'ordonnance prise par un juge refusant la restitution ne saurait constituer une atteinte au droit à un recours juridictionnel effectif de nature à priver de garanties légales la protection constitutionnelle du droit de propriété ». Ces motifs sont bien sûr à rapprocher de ceux de la décision du 14 octobre 2016[2]. Il est vrai que l'absence de délai imposé au juge d'instruction pour statuer sur les demandes de restitution dont il était saisi portait une atteinte totale au droit à un recours juridictionnel effectif, ce qui n'est pas le cas s'agissant de la chambre de l'instruction, dès lors que, lorsque cette juridiction statue, la demande de restitution a d'ores et déjà fait l'objet d'une première décision d'un magistrat du siège.

Par ailleurs, le Conseil constitutionnel a considéré, dans une décision du 28 octobre 2022, que le fait que l'article 99 prévoie que le tiers qui fait appel de l'ordonnance rendue par le juge d'instruction en application de ce texte, ne peut prétendre à la mise à disposition de la procédure, ne méconnaît pas le droit à un procès équitable, ni le principe du contradictoire garanti par l'article 16 de la Déclaration des droits de l'homme et du citoyen[3]. Le Conseil a en effet d'abord considéré que, le juge d'instruction devant statuer par ordonnance motivée, le tiers est de cette façon mis à même de contester les motifs de la décision de refus. Il a par ailleurs estimé qu'à l'occasion de son recours, le tiers a le droit d'être entendu par la chambre de l'instruction en ses observations et que si la loi lui interdit d'exiger la communication de pièces relatives à la saisie, le législateur a entendu préserver le secret de l'enquête et de l'instruction, et protéger les intérêts des personnes concernées par celles-ci, poursuivant ce faisant les objectifs de valeur constitutionnelle de prévention des atteintes à l'ordre public et de recherche des auteurs d'infractions, et garantissant le droit au respect de la vie privée et de la présomption d'innocence, qui résulte des articles 2 et 9 de la Déclaration des droits de l'homme et du citoyen de 1789. Enfin le Conseil a énoncé que les dispositions du dernier alinéa de l'article 99 ne font pas obstacle à ce que la chambre de l'instruction puisse, si elle le juge nécessaire pour exercer son office, communiquer au tiers appelant certaines pièces du dossier se rapportant à la saisie.

Ces décisions ont été complétées par celle du 18 février 2022, relative cette fois à l'article 41-4 du Code de procédure pénale applicable au contentieux de la restitution de la compétence du ministère public, dans laquelle le Conseil constitutionnel a considéré que ne méconnaît pas la Constitution le fait que le texte ne prévoie pas que l'acte de notification de la décision de refus de restitution doive indiquer les voies et délais de recours[4].

Enfin, la faculté pour le ministère public, prévue par l'article 41-4 du Code de procédure pénale, de refuser de restituer les biens qui sont l'instrument ou le produit direct ou indirect de l'infraction, y compris lorsqu'il se trouve saisi d'une demande de restitution après que la juridiction saisie a épuisé sa compétence sans avoir statué sur la restitution des objets placés sous main de justice, a été jugée conforme à la Constitution par le Conseil constitutionnel dans une décision du 3 décembre 2021[5]. Trois motifs ont été avancés par celui-ci. D'une part, ces dispositions, qui se bornent à prévoir que la restitution d'un bien saisi peut être refusée lorsqu'il a été l'instrument ou le produit de l'infraction, n'entraînent pas par elle-même une privation de propriété. D'autre part, ces dispositions visent à prévenir le renouvellement d'infractions et à lutter contre toute forme d'enrichissement illicite, en sortent qu'elles poursuivent l'objectif de valeur constitutionnelle de sauvegarde de l'ordre public. Enfin, la décision de non-restitution est placée sous le contrôle du juge. En effet, a-t-il été relevé, elle peut faire l'objet d'un recours suspensif par l'intéressé devant le président de la chambre de l'instruction ou la chambre de l'instruction, dans le délai d'un mois suivant sa notification, et il résulte de la jurisprudence de la chambre criminelle que la non-restitution du bien saisi, au motif qu'il constitue l'instrument ou le produit de l'infraction, n'est pas obligatoire et qu'il appartient à la juridiction compétente d'apprécier, sans porter atteinte aux droits du propriétaire de bonne foi, s'il y a lieu ou non de restituer le bien au regard des circonstances de l'infraction, de la personnalité de son auteur et de sa situation personnelle.

212.62 Décision du Conseil constitutionnel dans le contentieux de la destruction des biens saisis et de l'appropriation par l'État des biens non restitués. L'arrêt du 14 octobre 2016 est par ailleurs à rappro-

1. Cons. const. 18 nov. 2016, nº 2016-596 QPC, *JO* 20 nov., nº 32.
2. V. sˢ nº 212.21.
3. Cons. const. 28 oct. 2022, nº 2022-1020 QPC, *JO* 29 oct., nº 72. – SUR SAISINE de la chambre criminelle : Crim. 27 juill. 2022, nº 22-80.770, NP.
4. Cons. const. 18 févr. 2022, nº 2021-970 QPC, *JO* 19 févr., nº 66. – SUR SAISINE de la chambre criminelle : Crim. 1ᵉʳ déc. 2021, nº 21-81.083, NP.
5. Cons. const. 3 déc. 2021, nº 2021-951 QPC, *JO* 4 déc., nº 102. – SUR SAISINE de la chambre criminelle : Crim. 15 sept. 2021, nº 21-82.427, NP.

cher des décisions rendues par le Conseil constitutionnel les 11 avril[1] et 9 juillet 2014[2] au sujet des procédures permettant que soient détruits certains objets placés sous main de justice, ou bien que l'État se les approprie sous certaines conditions.

Ces décisions, rendues par le Conseil constitutionnel sur des questions prioritaires de constitutionnalité transmises par la chambre criminelle[3], ont en commun d'avoir porté sur certaines dispositions de l'article 41-4 du Code de procédure pénale. Dans sa rédaction alors en vigueur, ce texte prévoyait notamment que, d'une part, le procureur de la République avait le pouvoir d'ordonner la destruction des biens meubles saisis dont la conservation n'était plus nécessaire à la manifestation de la vérité, lorsqu'il s'agissait d'objets qualifiés par la loi de dangereux ou nuisibles, ou dont la détention était illicite[4], d'autre part, si la restitution d'un bien saisi n'avait pas été demandée au procureur de la République ou au procureur général, ou décidée dans un délai de six mois à compter de la décision de classement ou de la décision par laquelle la dernière juridiction saisie avait épuisé sa compétence, les objets non restitués devenaient propriété de l'État, sous réserve des droits des tiers[5]. Or, le Conseil a considéré que chacune de ces dispositions, avec une intensité variable, méconnaissait le droit à un recours juridictionnel effectif.

S'agissant de la décision du 11 avril 2014, le Conseil a admis que, « par les dispositions contestées, le législateur [avait] entendu assurer la prévention des atteintes à l'ordre public, la bonne administration de la justice et le bon usage des deniers publics qui constituent des exigences constitutionnelles ». Cependant, il a aussi considéré « qu'en permettant la destruction de biens saisis, sur décision du procureur de la République, sans que leur propriétaire ou les tiers ayant des droits sur ces biens et les personnes mises en cause dans la procédure en aient été préalablement avisés et qu'ils aient été mis à même de contester cette décision devant une juridiction afin de demander, le cas échéant, la restitution des biens saisis, les dispositions du quatrième alinéa de l'article 41-4 du Code de procédure pénale [n'étaient] assorties d'aucune garantie légale », et qu'ainsi « elles méconnaiss[aient] les exigences découlant de l'article 16 de la Déclaration de 1789 ».

Par ailleurs, en ce qui concerne la décision du 9 juillet 2014, si le Conseil a considéré que les dispositions du troisième alinéa de l'article 41-4 du Code de procédure pénale étaient conformes à la Constitution, il a néanmoins formulé une réserve d'interprétation, en énonçant que « la garantie du droit à un recours juridictionnel effectif impose que les propriétaires qui n'auraient pas été informés [de la décision de classement ou de la décision par laquelle la dernière juridiction saisie a épuisé sa compétence] soient mis à même d'exercer leur droit de réclamer la restitution des objets placés sous main de justice dès lors que leur titre est connu ou qu'ils ont réclamé cette qualité au cours de l'enquête ou de la procédure ». Sous cette réserve, le texte était conforme à la Constitution, notamment au motif que les dispositions contestées visaient à permettre « une gestion efficace des scellés conservés dans les juridictions et à permettre la clôture des dossiers » et qu'elles poursuivaient ainsi « les objectifs de valeur constitutionnelle de bonne administration de la justice et de bon emploi des deniers publics ».

On relèvera que, dans aucune de ces décisions, le Conseil constitutionnel n'a contesté la légitimité des motifs d'intérêt général ayant amené le législateur à adopter les procédures qui se trouvaient contestées, que ce soit la nécessité de placer les biens confiscables sous main de justice, celle d'assurer la prévention des atteintes à l'ordre public, la bonne administration de la justice et le bon usage des deniers publics, ou bien encore celle d'une gestion efficace des scellés conservés dans les juridictions. Ces objectifs, cependant, ne pouvaient être poursuivis sans que ne soit respecté le droit des personnes intéressées à un recours juridictionnel effectif qui implique notamment que les propriétaires ou les tiers ayant des droits sur les biens en cause soient mis à même de contester cette décision devant un juge et de solliciter la restitution des biens saisis.

En revanche, la décision du 11 avril 2014 a provoqué l'adoption de la loi n° 2015-177 du 16 février 2015[6] qui a modifié les dispositions des articles 41-4 et 41-5 du Code de procédure pénale[7], de même que celle du 9 juillet 2014 a provoqué une évolution de la jurisprudence de la chambre criminelle[8].

212.63 **Décisions de la chambre criminelle.** La chambre criminelle a quant à elle rendu de nom-

1. Cons. const. 11 avr. 2014, n° 2014-390 QPC, *JO* 13 avr., p. 6693 ; *D.* 2014. 873 ; *D.* 2015. 1457, obs. L. Gay et A. Mangiavillano ; *AJ pénal* 2014. 368, obs. P. Belloir.
2. Cons. const. 9 juill. 2014, n° 2014-406 QPC, *JO* 11 juill., p. 11613 ; *D.* 2014. 1498 – *CONTRA* : Crim. 15 févr. 2011, n° 10-90.124, P, n° 25.
3. RESPECTIVEMENT Crim. 11 févr. 2014, n° 13-90.036, NP – Crim. 6 mai 2014, n° 13-86.775, NP ; *D.* 2015. 13.
4. Anc^t^ C. pr. pén., art. 41-4, al. 4, devenu C. pr. pén., art. 41-5, al. 4.
5. C. pr. pén., art. 41-4, al. 3.
6. L. n° 2015-177, 16 févr. 2015 *relative à la modernisation et à la simplification du droit et des procedures dans les domaines de la justice et des affaires intérieures, JO* 17 févr., p. 2961.
7. V. s^s^ n° 243.21.
8. V. s^s^ n° 245.164.

breuses décisions relatives à la constitutionnalité des procédures de restitution des biens placés sous main de justice, de remise des biens meubles à l'Agrasc aux fins d'aliénation ou bien encore d'affectation de ceux-ci à un service d'enquête ou judiciaire avant jugement[1].

Ainsi, dans plusieurs arrêts, la chambre criminelle s'est refusée à renvoyer au Conseil constitutionnel la question de la conformité aux droits et libertés que la Constitution garantit des dispositions de l'article 99-2 du Code de procédure pénale permettant au juge d'instruction de remettre à l'Agrasc aux fins d'aliénation les biens meubles placés sous main de justice[2]. Il ressort de ces décisions que la chambre criminelle considère que ces dispositions ne sont manifestement pas contraires à la Constitution, dès lors qu'elles sont justifiées par l'objectif à valeur constitutionnelle d'une bonne administration de la justice, comme consistant à éviter que les biens maintenus sous main de justice ne perdent de leur valeur, que les décisions de remise à l'Agrasc ne constituent pas des peines, en sorte qu'elles ne méconnaissent pas la présomption d'innocence, que le produit de la vente de ces biens est consigné afin de pouvoir être restitué au propriétaire en cas de décision de non-lieu, de relaxe, d'acquittement ou si la confiscation n'est pas prononcée, et qu'enfin l'intéressé peut exercer un recours devant la chambre de l'instruction.

L'on retrouve, du reste, des énonciations comparables au sujet des dispositions voisines des alinéas 2 et 3 de l'article 41-5 du Code de procédure pénale permettant au procureur de la République, pendant l'enquête, de lui aussi remettre à l'Agrasc les biens meubles placés sous main de justice aux fins d'aliénation[3], ou bien d'affectation à titre gratuit à un service d'enquête ou judiciaire[4].

Enfin, la chambre criminelle a dit n'y avoir lieu de saisir le Conseil constitutionnel de questions portant sur la conformité à la Constitution des dispositions des articles 41-4 et 99 du Code de procédure pénale organisant les procédures de restitution des objets placés sous main de justice. Il a ainsi été énoncé que le refus de restitution fondé sur le caractère confiscable de l'objet, permis par l'article 99 du Code de procédure pénale au cours de l'information judiciaire, « ne constitue pas une peine et [ainsi] ne porte pas atteinte à la présomption d'innocence », outre le fait que ce texte « prévoit les recours qui peuvent être exercés contre les décisions du juge d'instruction statuant sur les demandes présentées aux fins de restitution »[5]. Le motif de non-restitution tiré de ce que la restitution ferait obstacle à la sauvegarde des droits des parties a de même été jugé conforme à la Constitution, dès lors que « le refus de restitution [...] est décidé à titre conservatoire, pour des motifs légitimes, dans un souci d'intérêt général et de protection des droits de toutes les parties »[6]. Au reste, si l'article 99 prévoit qu'en cas de recours des tiers requérants devant la chambre de l'instruction, les intéressés ne peuvent prétendre à la mise à leur disposition de la procédure, ces dispositions garantissent « un juste équilibre entre les droits de ces tiers et les règles imposant le secret de l'instruction »[7]. Enfin, la chambre criminelle s'est refusée à saisir le Conseil constitutionnel de la question de la conformité à la Constitution des dispositions voisines de l'article 41-4 du Code de procédure pénale[8].

Plus récemment, la chambre criminelle a eu à se prononcer sur la constitutionnalité de l'article 99 du Code de procédure pénale en ce qu'il impose, depuis l'entrée en vigueur de la loi n° 2016-731 du 3 juin 2016[9], le refus de restitution du bien qui est l'instrument ou le produit direct ou indirect de l'infraction[10]. Trois motifs ont été invoqués par la chambre criminelle pour ne pas renvoyer la question au Conseil constitutionnel. D'une part, cette restriction, qui peut faire l'objet d'un recours permettant à la chambre de l'instruction de contrôler la nature du produit de l'infraction, est de nature à concilier la présomption d'innocence et l'objectif à valeur constitutionnelle d'efficacité dans l'établissement des infractions et l'identification de leurs auteurs. D'autre part, l'indisponibilité du bien saisi, qui ne saurait s'assimiler à une privation du droit de propriété au sens de l'article 17 de la Déclaration des droits de l'homme et du citoyen de 1789, est temporaire, puisque le juge d'instruction est tenu de conduire son information dans un délai raisonnable, sous le contrôle de la chambre de l'instruction et de son président, et ne porte pas une atteinte

1. C. pr. pén., art. 41-4, 41-5, 99 et 99-2.
2. Crim. 10 mai 2011, n° 10-87.791, NP – Crim. 1er juin 2011, n° 10-87.928, NP – Crim. 19 juin 2013, n° 12-88.367, NP – Crim. 8 janv. 2014, nos 13-82.989, 13-82.990, NP – Crim. 9 févr. 2016, n° 15-83.223, NP.
3. Crim. 7 oct. 2015, n° 15-90.015, NP.
4. Crim. 12 sept. 2018, n° 18-81.110, NP – Crim. 12 sept. 2018, n° 18-81.117, NP – Crim. 12 sept. 2018, n° 18-81.118, NP.
5. Crim. 16 juill. 2010, n° 10-90.083, NP – AUSSI : Crim. 1er juin 2011, n° 10-87.928, NP : « Le refus de restitution prévu par l'article 99 du Code de procédure pénale, ne constitue pas une peine, est décidé provisoirement, pour des motifs légitimes, dans un souci d'intérêt général. »
6. Crim. 17 juin 2014, n° 13-87.873, NP.
7. Crim. 7 juin 2011, n° 11-90.035, NP.
8. Crim. 27 juin 2018, n° 17-87.493, NP.
9. L. n° 2016-731, 3 juin 2016 *renforçant la lutte contre le crime organisé, le terrorisme et leur financement, et améliorant l'efficacité et les garanties de la procédure pénale*, *JO* 4 juin, n° 1.
10. Crim. 3 avr. 2019, n° 18-85.820, NP.

disproportionnée aux droits du tiers de bonne foi, dès lors qu'elle prend fin en cas de mainlevée de la saisie ou en cas de restitution du bien concerné par le tribunal sur le fondement de l'article 481 du Code de procédure pénale ou par le procureur de la République sur le fondement de l'article 41-4 du Code de procédure pénale. Enfin, à supposer que le bien constituant le produit, direct ou indirect, de l'infraction ne soit pas restitué à son propriétaire, par ailleurs victime de l'infraction, à l'issue de l'information, ce défaut de restitution, serait compensé, d'une part, par le droit dont il dispose de se constituer partie civile aux fins d'obtenir de l'auteur des faits la réparation de son préjudice, d'autre part, par la mise en œuvre des dispositions de l'article 706-164 du Code de procédure pénale qui permet aux parties civiles bénéficiant d'une décision définitive leur octroyant des dommages-intérêts, d'obtenir de l'Agrasc que les sommes qui leur sont dues leur soient payées sur les fonds ou sur la valeur liquidative des biens de leur débiteur dont la confiscation a été décidée par une décision définitive.

CHAPITRE

213. Conventionnalité des saisies pénales

SECTION 0
ORIENTEUR

213.00 Sommaire du chapitre.

Sect. 1 Détermination des normes applicables

Sect. 2 Mise en œuvre du contrôle de conventionnalité

§ 1 Nécessité d'une base légale

§ 2 Poursuite d'un but légitime

§ 3 Proportionnalité de la saisie

213.01 Principaux textes applicables.

TEXTES SOURCES

- Convention européenne de sauvegarde des droits de l'homme et des libertés fondamentales (Conv. EDH), 4 nov. 1950, art. 6, 7 et 8
- Protocole additionnel n° 1 à la Conv. EDH, art. 1

TEXTES *IN EXTENSO*

- **Conv. EDH, art. 6**

1. Toute personne a droit à ce que sa cause soit entendue équitablement, publiquement et dans un délai raisonnable, par un tribunal indépendant et impartial, établi par la loi, qui décidera, soit des contestations sur ses droits et obligations de caractère civil, soit du bien-fondé de toute accusation en matière pénale dirigée contre elle. Le jugement doit être rendu publiquement, mais l'accès de la salle d'audience peut être interdit à la presse et au public pendant la totalité ou une partie du procès dans l'intérêt de la moralité, de l'ordre public ou de la sécurité nationale dans une société démocratique, lorsque les intérêts des mineurs ou la protection de la vie privée des parties au procès l'exigent, ou dans la mesure jugée strictement nécessaire par le tribunal, lorsque dans des circonstances spéciales la publicité serait de nature à porter atteinte aux intérêts de la justice.

2. Toute personne accusée d'une infraction est présumée innocente jusqu'à ce que sa culpabilité ait été légalement établie.

3. Tout accusé a droit notamment à :

a) être informé, dans le plus court délai, dans une langue qu'il comprend et d'une manière détaillée, de la nature et de la cause de l'accusation portée contre lui ;

b) disposer du temps et des facilités nécessaires à la préparation de sa défense ;

c) se défendre lui-même ou avoir l'assistance d'un défenseur de son choix et, s'il n'a pas les moyens de rémunérer un défenseur, pouvoir être assisté gratuitement par un avocat d'office, lorsque les intérêts de la justice l'exigent ;

d) interroger ou faire interroger les témoins à charge et obtenir la convocation et l'interrogation des témoins à décharge dans les mêmes conditions que les témoins à charge ;

e) se faire assister gratuitement d'un interprète, s'il ne comprend pas ou ne parle pas la langue employée à l'audience.

- **Conv. EDH, art. 7**

1. Nul ne peut être condamné pour une action ou une omission qui, au moment où elle a été commise, ne constituait pas une infraction d'après le droit national ou international. De même il n'est infligé aucune peine plus forte que celle qui était applicable au moment où l'infraction a été commise.

2. Le présent article ne portera pas atteinte au jugement et à la punition d'une personne coupable d'une action ou d'une omission qui, au moment où elle a été commise, était criminelle d'après les principes généraux de droit reconnus par les nations civilisées.

- **Conv. EDH, art. 8**

1. Toute personne a droit au respect de sa vie privée et familiale, de son domicile et de sa correspondance.

2. Il ne peut y avoir ingérence d'une autorité publique dans l'exercice de ce droit que pour autant que cette ingérence est prévue par la loi et qu'elle constitue une mesure qui, dans une société démocratique, est nécessaire à la sécurité nationale, à la sûreté publique, au bien-être économique du pays, à la défense de l'ordre et à la prévention des infractions pénales, à la protection de la santé ou de la morale, ou à la protection des droits et libertés d'autrui.

• **Protoc. add. n° 1 à la Conv. EDH, art. 1**

Toute personne physique ou morale a droit au respect de ses biens. Nul ne peut être privé de sa propriété que pour cause d'utilité publique et dans les conditions prévues par la loi et les principes généraux du droit international.

Les dispositions précédentes ne portent pas atteinte au droit que possèdent les États de mettre en vigueur les lois qu'ils jugent nécessaires pour réglementer l'usage des biens conformément à l'intérêt général ou pour assurer le paiement des impôts ou d'autres contributions ou des amendes.

213.02 **Jurisprudence de référence.**

V. annexe.

213.03 **Bibliographie indicative.**

* V. s[s] n° 211.03.

213.05 **Rareté des arrêts de la CEDH.** Les arrêts rendus par la Cour européenne des droits de l'homme portant sur la conformité à la Convention des seules décisions de saisies sont relativement rares. Cette rareté a deux explications. Elle tient à la fois à l'appréciation *in globo* du procès pénal propre à la Cour européenne des droits de l'homme et à la règle imposant aux requérants d'avoir épuisé l'exercice des voies de recours qui leur sont ouvertes en droit interne pour être recevables à saisir la Cour de Strasbourg : ce sera le plus souvent après la décision de confiscation que la Cour portera une appréciation sur l'atteinte portée par les juridictions internes au droit de propriété des requérants.

Quelques décisions renseignent néanmoins sur les critères d'appréciation de la conformité des décisions de saisie au droit au respect des biens protégé par l'article 1er du Protocole additionnel n° 1 à la Convention européenne des droits de l'homme.

Pour le surplus, il y a lieu de se reporter aux décisions rendues par la Cour en matière de confiscations si l'on s'interroge sur la conventionnalité d'une saisie, tant sont comparables les méthodes d'appréciation de la Cour en matière de saisies et de confiscations[1].

SECTION 1
DÉTERMINATION DES NORMES APPLICABLES

213.11 **La saisie constitue une réglementation de l'usage des biens.** En dépit de leur caractère provisoire, les saisies constituent pour la Cour européenne des droits de l'homme une ingérence dans l'exercice du droit au respect des biens. Certes, la saisie n'emporte pas privation du droit de propriété au sens du premier paragraphe de l'article 1er du Protocole additionnel n° 1, en raison de son caractère seulement conservatoire. Cependant, l'atteinte que porte la saisie à l'exercice du droit de propriété, comme entraînant son indisponibilité matérielle ou juridique, conduit la Cour à considérer que la saisie est une mesure ayant pour effet de « réglementer l'usage des biens » au sens du second paragraphe de l'article 1er du Protocole additionnel n° 1. Ainsi, dans l'arrêt *Smirnov contre Russie* du 7 juin 2007, fréquemment cité par la Cour, cette dernière énonce que la saisie d'un ordinateur, à titre de preuve, au cours d'une enquête pénale « doit être examinée sous l'angle du droit pour l'État de réglementer l'usage des biens conformément à l'intérêt général »[2].

SECTION 2
MISE EN ŒUVRE DU CONTRÔLE DE CONVENTIONNALITÉ

213.21 **Conditions de la conventionnalité de l'ingérence.** Si l'on rappelle qu'il résulte du second paragraphe de l'article 1er du Protocole additionnel n° 1 que le droit au respect des biens ne porte « pas atteinte au droit que possèdent les États de mettre en vigueur les lois qu'ils jugent nécessaires pour réglementer l'usage des biens conformément à l'intérêt général », l'on en déduira que, pour être conforme à la Convention européenne des droits de l'homme, la saisie doit être prévue par la loi (§ 1), poursuivre un objectif d'intérêt général (§ 2) et être proportionnée au but poursuivi (§ 3). L'approche est ainsi comparable à celle décrite en matière de confiscations.

§ 1
Nécessité d'une base légale

213.31 **Légalité de la saisie.** Pour être conforme à l'article 1er du Protocole n° 1, la saisie doit être prévue par la loi et légalement mise en œuvre. La Cour européenne des droits de l'homme énonce à cet égard : « L'article 1 du Protocole n° 1 exige, avant tout et surtout, qu'une ingérence de l'autorité publique dans la jouissance du droit au respect des biens soit légale. En particulier, le second paragraphe de l'article 1, s'il reconnaît que les États ont le droit de réglementer l'usage des biens, soumet ce droit à la condition qu'il soit exercé au travers de la mise en vigueur de "lois". »[3]

On relèvera simplement que, conformément à la jurisprudence plus générale de la Cour, la notion de « loi » ne doit naturellement pas être comprise dans son sens formel, mais dans la signification autonome

1. V. s[s] n° 113.11.

2. CEDH 7 juin 2007, *Smirnov c/Russie*, req. n° 71362/01, § 54.
3. CEDH 7 juin 2007, *Smirnov c/Russie*, préc., § 55.

que lui donne la Cour, ce qui revient à dire que les saisies, pour être compatibles avec le droit conventionnel, doivent être prévues par le droit interne.

De surcroît, si la saisie doit être prévue par la loi, le principe de légalité suppose également que les dispositions applicables soient suffisamment accessibles, précises et prévisibles dans leur mise en œuvre[1].

§ 2
Poursuite d'un but légitime

213.41 Poursuite d'un but d'intérêt général. La saisie doit par ailleurs poursuivre un but d'intérêt général.

Abstraitement, la Cour admet ainsi « que la rétention de preuves matérielles puisse être nécessaire dans l'intérêt d'une bonne administration de la justice, qui constitue un "but légitime" relevant de "l'intérêt général" de la communauté »[2].

Au reste, hors le domaine des saisies probatoires, la Cour a pu considérer qu'une « mesure interdisant l'aliénation des biens [...] avait pour but de garantir la satisfaction des demandes que d'éventuelles parties civiles auraient pu chercher à formuler », et elle « estime qu'une restriction de ce type peut en principe être considérée comme "nécessaire pour réglementer l'usage des biens conformément à l'intérêt général", au sens du second paragraphe de l'article 1 du Protocole n° 1 »[3], ce qu'elle a réaffirmé par la suite[4].

§ 3
Proportionnalité de la saisie

213.51 Proportionnalité de la saisie. Si la saisie peut ainsi être admise comme étant ordonnée dans l'intérêt d'une bonne administration de la justice, ou pour garantir les droits des parties civiles, encore faut-il cependant que l'ingérence dans l'exercice du droit de propriété soit proportionnée au but poursuivi. La Cour énonce à cet égard : « Il doit aussi y avoir un rapport raisonnable de proportionnalité entre le moyen employé et le but poursuivi par les mesures éventuellement appliquées par l'État, y compris celles destinées à contrôler l'usage de la propriété individuelle. Cette exigence s'exprime dans la notion de "juste équilibre" à ménager entre les impératifs de l'intérêt général de la communauté d'une part et les exigences de la protection des droits fondamentaux de l'individu d'autre part. »[5]

La Cour apprécie la proportionnalité de l'ingérence de manière concrète. Ainsi, en matière probatoire, la elle examine l'utilité de la saisie pour la manifestation de la vérité. Par exemple, dans une affaire où avait été saisi l'ordinateur du requérant, la Cour a considéré que l'atteinte au droit au respect des biens était disproportionnée, dès lors que l'ordinateur n'était en lui-même ni l'objet, ni l'instrument, ni le produit d'une infraction pénale, et que ce qui pouvait être utile et déterminant pour l'enquête, était les informations qui se trouvaient enregistrées sur le disque dur, lesquelles avaient été examinées par les enquêteurs, imprimées et versées au dossier de la procédure. La Cour a ainsi énoncé qu'elle ne parvenait pas à discerner la moindre raison justifiant la poursuite de la détention de l'ordinateur, saisi depuis six ans, étant précisé que l'ordinateur était l'instrument de travail du requérant qu'il utilisait pour rédiger des documents juridiques et pour conserver les dossiers de ses clients, en sorte que, non seulement la rétention de l'ordinateur avait été source de désagréments personnels pour l'intéressé, mais elle avait de plus entravé son activité professionnelle, ce qui pouvait au cas particulier avoir des répercussions sur l'administration de la justice[6].

Inversement, le placement des biens immobiliers et des voitures de requérants pendant une durée de douze ans n'a pas conduit la Cour à conclure à la violation de l'article 1er du Protocole additionnel n° 1, au motif que le juge répressif avait condamné les intéressés à des peines légères, alors que les infractions poursuivies faisaient encourir des peines d'emprisonnement importantes, tenant compte de la durée excessive de la procédure, ce qui avait « fourni aux requérants un redressement approprié pour les torts ayant pu leur être causé par l'immobilisation prolongée de leurs biens »[7].

Dans une autre affaire, la Cour a encore énoncé qu'il était opportun, au cas particulier, d'apprécier la proportionnalité de la saisie en fonction de « sa durée, sa nécessité au vu du déroulement des poursuites pénales, les conséquences de son application pour le requérant et les décisions prises par les autorités à ce sujet pendant et après la fin du procès pénal »[8]. En l'espèce, les autorités judiciaires

1. Même arrêt.
2. CEDH 7 juin 2007, *Smirnov c/Russie*, préc., § 57 – CEDH 13 juill. 2010, *Tendam c/Espagne*, req. n° 25720/05, § 48.
3. CEDH 31 oct. 2006, *Földes, Földesne Hajlik c/Hongrie*, req. n° 41463/02, § 26.
4. CEDH 13 juill. 2010, *Tendam c/Espagne*, préc., § 48.
5. CEDH 7 juin 2007, *Smirnov c/Russie*, préc., § 57 – CEDH 13 juill. 2010, *Tendam c/Espagne*, préc., § 49.
6. CEDH 7 juin 2007, *Smirnov c/Russie*, préc., § 58.
7. CEDH 31 oct. 2006, *Földes, Földesne Hajlik c/Hongrie*, préc., § 26.
8. CEDH 7 janv. 2010, *Petkov c/Bulgarie*, req. n° 32130/03, § 105.

avaient saisi à des fins probatoires le véhicule du requérant mis en cause pour des faits de violences avec arme. Ce véhicule avait été gardé sous main de justice pendant quatre ans avant d'être restitué à l'intéressé à la suite de son acquittement. Tout en relevant la durée de la rétention du véhicule, le fait que celui-ci était nécessaire à l'exercice professionnel du requérant qui exerçait la profession de chauffeur de taxi, et la circonstance que le véhicule avait été restitué en panne et privé de certains accessoires, en sorte que la saisie avait pu affecter l'activité professionnelle de l'intéressé après la restitution du véhicule, la Cour a néanmoins considéré que l'importance particulière du véhicule, à titre de preuve, pour la vérification de l'alibi du requérant et, de là, pour l'issue de la procédure pénale, était telle que la rétention du véhicule pendant la durée des poursuites pénales s'avérait nécessaire. En revanche, la Cour a estimé que la durée (un an et trois mois) et la complexité pour l'intéressé de la procédure de restitution avaient été telles que, compte tenu de la durée de la mesure en cause, de son impact sur sa situation, du déroulement des poursuites pénales à son encontre et des manquements des autorités dans le cas d'espèce, la rétention du véhicule n'était plus proportionnée au but légitime poursuivi à compter de la date de l'acquittement.

Enfin, il semble que l'appréciation du caractère proportionné des saisies puisse varier en fonction du sort réservé aux biens saisis au terme du procès pénal. En effet, pour conclure à l'irrecevabilité de la requête dont elle était saisie, dans une affaire où les requérants faisaient valoir que la saisie de meubles et d'immeubles était disproportionnée par rapport à l'infraction reprochée, la Cour a relevé que « les objets placés sous main de justice – pour lesquels les requérants ne [fournissaient] d'ailleurs pas de détails mais se [limitaient] à indiquer qu'il s'agissait de biens meubles et immeubles et que leur saisie portait préjudice à la continuation de l'activité – ont été finalement confisqués par le juge de première instance avec le jugement de condamnation »[1].

L'appréciation du caractère proportionné des saisies, au sens de l'article 1er du Protocole additionnel n° 1, n'est en définitive pas chose aisée puisque, outre le fait que l'appréciation de la Cour est à la fois concrète et globale, les critères utilisés semblent varier en fonction des circonstances concrètes des affaires.

213.52 Procéduralisation du droit substantiel au respect des biens. Comme en matière de confiscations, l'on constate, au reste, que la Cour a « procéduralisé » le droit au respect des biens en appréciant l'éventuelle violation de celui-ci à l'aune du caractère équitable des procédures. Elle a en effet affirmé que « nonobstant le silence de l'article 1 du Protocole n° 1 en matière d'exigences procédurales, les procédures applicables [...] doivent aussi offrir à la personne concernée une occasion adéquate d'exposer sa cause aux autorités compétentes afin de contester effectivement les mesures portant atteinte aux droits garantis par cette disposition », et que, « pour s'assurer du respect de cette condition, il y a lieu de considérer les procédures applicables d'un point de vue général »[2]. Il en résulte que, pour apprécier le caractère proportionné de la saisie, la Cour ne prend pas seulement en compte, sur le fond, ce qui rend nécessaire la mesure dans le cadre du procès pénal considéré et les conséquences pratiques de la mesure pour l'intéressé, mais également l'existence et la qualité des procédures permettant à ce dernier de la contester.

213.53 Intensité du contrôle de la Cour. La Cour exerce en matière de saisies un contrôle d'une intensité comparable à celle décrite dans le domaine des confiscations. Elle a ainsi rappelé, dans une décision sur la recevabilité, que « les Parties Contractantes sont, en principe, seuls juges de la nécessité de réglementer l'usage des biens, sous réserve que cette réglementation ne soit pas disproportionnée à son but »[3], ou encore, dans un arrêt plus important, qu'en contrôlant la proportionnalité entre les moyens employés et le but visé, elle « reconnaît à l'État une grande marge d'appréciation tant pour choisir les modalités de mise en œuvre que pour juger si leurs conséquences se trouvent légitimées, dans l'intérêt général, par le souci d'atteindre l'objectif de la loi en cause »[4].

Il reste qu'un arrêt isolé et rendu, il est vrai, dans une affaire singulière, tend à indiquer que le contrôle opéré par la Cour peut être davantage approfondi, celle-ci sanctionnant l'appréciation manifestement erronée du juge interne sur la régularité de la saisie. Ainsi, dans une affaire où un navire avait été immobilisé par les autorités turques comme étant suspecté de se livrer à de la contrebande d'armes, la Cour a reproché à la cour de sûreté de l'État d'avoir maintenu l'immobilisation du navire de manière arbitraire, en se fondant sur un précédent jurisprudentiel unique et ancien dont il avait été déduit qu'il existait un état de guerre entre la Turquie et Chypre et qu'il y avait donc lieu de poursuivre l'immobilisation du navire et de son chargement, alors que les juges avaient reçu une lettre du ministre des Affaires

1. CEDH 7 oct. 1999, *D'Acquisto c/Italie* (décis.), req. n° 30375/96.
2. CEDH 13 juill. 2010, *Tendam c/Espagne*, préc., § 49.
3. CEDH 7 oct. 1999, *D'Acquisto c/Italie* (décis.), préc.
4. CEDH 13 déc. 2007, *Compagnie de navigation de la République islamique d'Iran c/Turquie*, req. n° 40998/98, § 99.

étrangères dans laquelle celui-ci les informait que le chargement d'armes appartenait à la République islamique d'Iran, ainsi que diverses correspondances du même ministre et du premier ministre démentant l'existence d'un état de guerre entre Chypre et la Turquie. Il a été reproché aux juges internes de n'avoir donné aucune raison pour justifier leur rejet des déclarations et du certificat émanant des autorités compétentes de l'État et attestant qu'il n'y avait pas d'état de guerre, en sorte que le navire et son chargement auraient dû être libérés à la date de la décision erronée des juges, et leur immobilisation après cette date était arbitraire car rien ne permettait de soupçonner une contrebande d'armes, ni n'habilitait à saisir le navire à raison de l'existence d'un état de guerre entre la Turquie et Chypre[1].

213.54 **Conservation des biens placés sous main de justice.** La Cour fait par ailleurs peser sur les États, dans une certaine mesure, l'obligation d'assurer la conservation des biens placés sous main de justice et, en cas d'atteinte à l'intégrité de ces biens, de réparer le préjudice causé à l'intéressé. Ainsi, dans l'arrêt *Tendam contre Espagne* du 13 juillet 2010, la Cour a énoncé que « toute saisie entraîne un dommage, lequel ne doit toutefois pas dépasser les limites de l'inévitable », « que le propriétaire acquitté [...] doit en principe avoir le droit de recouvrer les articles saisis à la suite de sa relaxe », et que, si l'article 1er du Protocole additionnel n° 1 « ne consacre pas un droit pour la personne acquittée d'obtenir réparation pour tout dommage résultant de la saisie de ses biens effectuée au cours de l'instruction dans une procédure pénale », il n'en demeure pas moins que « lorsque les autorités judiciaires ou de poursuite saisissent des biens, elles doivent prendre les mesures raisonnables nécessaires à leur conservation, notamment en dressant un inventaire des biens et de leur état au moment de la saisie ainsi que lors de leur restitution au propriétaire acquitté »[2].

Aussi, lorsque l'État a manqué à son obligation d'assurer la conservation des biens saisis, l'intéressé est en droit de solliciter de celui-ci l'indemnisation de son préjudice et cette procédure doit présenter un caractère effectif : « La législation interne doit prévoir la possibilité d'entamer une procédure contre l'État afin d'obtenir réparation pour les préjudices résultant de la non-conservation de ces biens dans un relativement bon état [...]. Encore faut-il que cette procédure soit effective, pour permettre au propriétaire acquitté de défendre sa cause. »[3] Dans cette affaire, l'État espagnol n'avait pas été en capacité de restituer certains biens saisis au requérant, lesquels avaient disparu, tandis que d'autres lui avaient été restitués détériorés. S'il existait en droit espagnol une procédure en indemnisation pour fonctionnement anormal de la justice, les autorités judiciaires espagnoles et le Tribunal suprême avaient rejeté la demande d'indemnisation de l'intéressé au motif qu'il n'avait pas prouvé la disparition et la détérioration des biens saisis. La Cour a ainsi conclu, dans cette affaire, à la violation de l'article 1er du Protocole additionnel n° 1, en considérant que « la charge de la preuve concernant la situation des biens saisis manquants ou dégradés incombait à l'administration de justice, responsable de la conservation des biens pendant toute la période de la saisie, et non au requérant, acquitté plus de sept ans après la saisie des biens », et que « l'administration de justice n'ayant fourni après l'acquittement du requérant aucune justification sur la disparition et la dégradation des biens saisis, les préjudices résultant de la saisie lui [étaient] imputables », de sorte que les autorités internes, qui avaient refusé l'indemnisation réclamée par le requérant, avaient fait peser sur lui une charge disproportionnée et excessive[4].

Ces principes ont été confirmés par la Cour européenne des droits de l'homme dans l'arrêt OOO *KD-Konsalting contre Russie* du 29 mai 2018. Dans cette affaire, il a été conclu à la violation de l'article 1er du Protocole additionnel n° 1 à la suite du vol d'importantes quantités de zinc saisies à titre de preuve dans le cadre d'une enquête pénale diligentée pour des faits d'escroquerie. Pour parvenir à cette conclusion, la Cour a d'abord relevé que les juridictions internes s'étaient déclarées incompétentes pour examiner le recours en indemnisation formé par la société requérante, au motif que cette question ne pouvait être envisagée avant qu'il n'ait été statué sur la responsabilité pénale des personnes accusées du vol des scellés, alors que les investigations étaient en cours depuis plus de sept ans et qu'elles n'avaient abouti à aucun résultat concret. Par ailleurs, la Cour a retenu que les juridictions internes avaient également refusé de statuer sur la demande d'indemnisation formulée par la société requérante avant la clôture de l'enquête pénale pour escroquerie, alors que « cette dernière [s'était] enlisée et était toujours pendante dix ans après son ouverture »[5]. La Cour a donc estimé que « nonobstant la disparition du zinc, la société requérante [s'était] retrouvée pendant plusieurs années dans l'impossibilité d'entamer une procédure contre

1. CEDH 13 déc. 2007, *Compagnie de navigation de la République islamique d'Iran c/Turquie*, préc., §§ 97-98.
2. CEDH 13 juill. 2010, *Tendam c/Espagne*, préc., § 50.
3. CEDH 13 juill. 2010, *Tendam c/Espagne*, préc., § 51.
4. CEDH 13 juill. 2010, *Tendam c/Espagne*, préc., §§ 54-56.
5. CEDH 29 mai 2018, *OOO KD-Konsalting c/Russie*, req. n° 54184/11, § 59.

l'État afin de prouver que les autorités avaient failli à leur obligation de protéger ses biens et de réclamer une indemnisation en raison de leur manquement ».

213.55 Indemnisation de l'immobilisation. La Cour considère enfin que, lorsqu'un bien a été saisi de manière prolongée sans justification, les autorités internes doivent prévoir des procédures permettant aux intéressés d'obtenir une indemnisation. La Cour a en effet énoncé que « les modalités d'indemnisation sont aussi un élément pertinent à prendre en compte lorsqu'il s'agit d'apprécier si l'ingérence litigieuse a en l'espèce respecté le juste équilibre voulu et, notamment, si elle a fait peser sur la société requérante une charge disproportionnée. À cet égard, la réglementation arbitraire de l'usage d'un bien pendant une longue période sans justification doit normalement passer pour une ingérence disproportionnée, et une absence totale d'indemnisation ne saurait se justifier sur le terrain de l'article 1 du Protocole n° 1 »[1]. Dans cette affaire, il a été reproché à un État de s'être abstenu d'indemniser une société de transport maritime dont le navire qu'elle avait affrété avait été immobilisé sans justification pendant une durée de près de neuf mois.

1. CEDH 13 déc. 2007, *Compagnie de navigation de la République islamique d'Iran c/Turquie*, préc., §§ 99-103.

CHAPITRE

214. Légalité des saisies pénales

SECTION 0 ORIENTEUR

214.00 **Sommaire du chapitre.**

Sect. 1 Principe de la légalité des saisies pénales

Sect. 2 Application de la loi pénale dans le temps

214.02 **Jurisprudence de référence.**

> Applications dans le temps des lois relatives aux procédures de saisies spéciales

• **Crim. 9 mai 2012,** n° 11-85.522, P, n° 110

* V. s^{s} n° 214.21.

« Sur le moyen relevé d'office et pris de l'application de l'article 706-148 du Code de procédure pénale, dans sa rédaction issue de la loi du 27 mars 2012 ;

Vu ledit article, ensemble l'article 112-2-2° du Code pénal ;

Attendu, d'une part, qu'en application de l'article 112-2-2° du Code pénal, les lois fixant les modalités des poursuites et les formes de la procédure sont applicables immédiatement à la répression des infractions commises avant leur entrée en vigueur ;

Attendu, d'autre part, qu'il ressort des dispositions de l'article 706-148 du Code de procédure pénale, dans sa rédaction issue de la loi du 27 mars 2012, que la saisie à titre conservatoire des biens de la personne mise en examen, ou, sous réserve des droits du propriétaire de bonne foi, des biens dont celle-ci a la libre disposition, peut être autorisée au cours de l'instruction lorsque la loi qui réprime le crime ou le délit poursuivi prévoit leur confiscation ;

Attendu qu'il résulte de l'arrêt attaqué et des pièces de la procédure que, le 13 décembre 2010, le juge d'instruction a, en application des dispositions de l'article 706-148 du Code de procédure pénale alors en vigueur, ordonné la saisie d'un bien immobilier appartenant à la société civile immobilière Joinville Quai de la Seine dont toutes les parts étaient détenues par des membres de la famille de M. X..., mis en examen du chef de blanchiment en bande organisée d'escroqueries aggravées, au motif que ce dernier était le véritable dirigeant de la société au sens de ce texte ; que la société civile immobilière et M. X... ont relevé appel de la décision ;

Attendu que, pour accueillir l'argumentation des appelants qui faisaient valoir que la mesure conservatoire n'aurait pu être envisagée qu'à l'égard de la SCI, seule propriétaire de l'immeuble saisi, et infirmer l'ordonnance entreprise, l'arrêt énonce que M. X... ne détient aucune part dans la société civile immobilière Joinville Quai de la Seine, et que le bien en cause est la propriété de cette société, qui dispose d'un patrimoine propre ;

Mais attendu que si la chambre de l'instruction n'encourt aucune censure pour avoir statué comme elle l'a fait au jour de sa décision, la saisie de patrimoine contestée ne pouvant alors s'effectuer que sur les seuls biens appartenant au mis en examen, l'arrêt attaqué doit cependant être annulé afin qu'il soit prononcé au vu des dispositions de procédure précitées de la loi du 27 mars 2012, qui concernent une mesure conservatoire d'application immédiate. »

• **Crim. 24 sept. 2014,** n° 13-88.602, P, n° 198

* V. s^{s} n° 214.22.

« Attendu qu'en l'état de ces énonciations, d'où il résulte que le produit des infractions objet des poursuites ne pouvait être représenté et était donc susceptible de confiscation en valeur, conformément aux exigences de l'article 131-21 du Code pénal, dans sa rédaction antérieure à l'entrée en vigueur de la loi du 27 mars 2012, la chambre de l'instruction a, même pour les faits antérieurs à cette date, fait l'exacte application de l'article 706-141-1 du Code de procédure pénale autorisant la saisie en valeur, lequel est immédiatement applicable. »

• **Crim. 6 mai 2015,** n° 15-80.076, P, n° 101

* V. s^{s} n° 214.22.

« Qu'en effet, selon l'article 706-153 du Code de procédure pénale, immédiatement applicable aux procédures en cours, la saisie peut, sans requête préalable du ministère public, être ordonnée par le juge d'instruction pour garantir l'exécution de la peine complémentaire de confiscation d'un bien, meuble ou immeuble, laquelle était et demeure encourue en application de l'article 131-21 du Code pénal, dans ses rédactions contemporaines des faits et actuelle. »

> Application dans le temps des lois relatives aux procédures de restitution

• **Crim. 28 févr. 2018,** n° 17-81.577, P, n° 41

* V. s[s] n° 214.24.

« Attendu qu'en l'état de ces énonciations, et dès lors que, d'une part, les dispositions de l'article 99, alinéa 4, du Code de procédure pénale issu de la loi n° 2016-731 du 3 juin 2016, fixant des modalités de poursuites et des formes de la procédure, sont immédiatement applicables à une procédure engagée avant leur entrée en vigueur, d'autre part, les juges ont souverainement apprécié, sans insuffisance, que le véhicule en cause constituait le produit indirect des délits poursuivis et que les conditions entachant d'irrégularités l'acquisition du bien revendiquée par la requérante ne lui permettaient pas de justifier du bien-fondé de sa demande en restitution, la chambre de l'instruction a justifié sa décision. »

• **Crim. 28 juin 2023,** n° 21-87.417, P.

* V. s[s] n° 214.24.

« 82. En effet, d'une part, si les décisions de non-restitution du produit de l'infraction ont pour effet, comme la peine complémentaire de confiscation de celui-ci, de transférer à l'État la propriété des biens sur lesquels ces mesures portent, la non-restitution ne constitue pas pour autant une peine, comme ayant pour seul objet de lutter contre toute forme d'enrichissement illicite (Cons. const., 3 décembre 2021, décision n° 2021-951 QPC), de sorte que les dispositions de la loi n° 2016-731 du 3 juin 2016 ayant modifié les dispositions de l'article 481 du Code de procédure pénale en prévoyant que le tribunal peut refuser la restitution lorsque le bien saisi est le produit direct ou indirect de l'infraction, s'analysent en une loi de procédure s'appliquant aux faits commis avant son entrée en vigueur. »

214.03 **Bibliographie indicative.**

* V. s[s] n° 211.03.

SECTION 1
PRINCIPE DE LA LÉGALITÉ DES SAISIES PÉNALES

214.11 **Affirmation du principe de la légalité de la procédure pénale.** Bien que le principe de la légalité soit le plus souvent étudié dans les seuls ouvrages de droit pénal général, son application ne se limite pourtant pas au seul droit pénal substantiel, qui définit les infractions, les conditions de la responsabilité de leur auteur et les peines qui leur sont applicables.

Ainsi que cela a été énoncé, relèvent également de la seule compétence du législateur les règles gouvernant la procédure pénale[1]. L'article 34 de la Constitution du 4 octobre 1958 énonce en effet que la loi fixe les règles concernant la procédure pénale, la création de nouveaux ordres de juridiction et le statut des magistrats, outre la détermination des crimes et délits ainsi que les peines qui leur sont applicables. Le Conseil constitutionnel a d'ailleurs été amené à faire application de ce texte pour reprocher au législateur d'avoir méconnu sa compétence en la matière[2]. C'est également ce qui ressort de la jurisprudence de la Cour européenne des droits de l'homme[3].

Il ne fait ainsi aucun doute que seules les saisies prévues par la loi et mises en œuvre selon les modalités fixées par elle peuvent être opérées au cours du procès pénal.

SECTION 2
APPLICATION DE LA LOI PÉNALE DANS LE TEMPS

214.20 **Plan.** Si, en application de l'article 112-1 du Code pénal, dont les dispositions rejoignent plusieurs textes de valeur *supra*-législative[4], les lois pénales de fond sont gouvernées par le principe de la non-rétroactivité des lois plus sévères, ce principe ne s'applique pas en procédure pénale. En principe, conformément à l'article 112-2, 2°, du Code pénal, les lois de procédure nouvelles sont en effet applicables immédiatement aux infractions commises avant leur entrée en vigueur.

D'affirmation simple, la mise en œuvre de ce principe s'est avérée pourtant délicate dans la jurisprudence de la chambre criminelle lorsque s'est posée la question de l'application dans le temps des lois qui ont institué puis réformé les procédures de saisies spéciales. Si, dans un premier temps, ce principe a été appliqué purement et simplement par la chambre criminelle, sa portée a été plus tard nuancée.

214.21 **Affirmation du principe de l'application immédiate des lois relatives aux saisies spéciales.** Dans six arrêts rendus le 9 mai 2012, lesquels ont été très commentés comme il va être vu, la chambre criminelle a qualifié les lois ayant institué les procédures de saisies spéciales de lois de procédure, pour en déduire que ces textes étaient applicables à la répression des infractions commises avant leur entrée en vigueur sur le fondement de l'article 112-2, 2°, du Code pénal[5].

1. B. Bouloc, *Procédure pénale*, 26e éd., « Précis », Dalloz, 2017, n° 10.
2. Cons. const. 23 juill. 1975, n° 75-56 DC, *JO* 24 juill., p. 7533 ; *Rec.*, p. 22 ; *GADPG*, 11e éd., Dalloz, 2018, n° 1 – Cons. const. 25 avr. 2014, n° 2014-393 QPC, *JO* 27 avr., p. 7362 ; *AJDA* 2014. 888 ; *D.* 2014. 931 ; *AJDA* 2014. 1235, obs. J.-P. Céré, M. Herzog-Evans et E. Péchillon ; *AJDA* 2015. 1457, obs. L. Gay et A. Mangiavillano.
3. V. s[s] n° 213.31.
4. En particulier les articles 8 de la Déclaration des droits de l'homme et du citoyen de 1789 et 7 de la Convention européenne des droits de l'homme.
5. Crim. 9 mai 2012, n° 11-85.522, P, n° 110 – Crim. 9 mai 2012, n°s 11-85.523 à 11-85.527 (5 arrêts) ; *D.* 2012. 1652, note Ch. Cutajar ; *AJ pénal* 2012. 427, obs. L. Ascensi ; *Procédures* 2012, comm. 231, obs. A.-S. Chavent-Leclere ; *Dr. pén.* 2012, comm. 111, obs. A. Maron et M. Haas ; *JCP G* 2012. 670, obs. J. Lasserre-Capdeville.

Dans ces affaires, une chambre de l'instruction avait infirmé les décisions de saisie de patrimoine d'un juge d'instruction portant sur des biens appartenant à une société civile immobilière, mais qui avaient été considérés par ce magistrat comme étant à la libre disposition de la personne mise en examen, ce dernier étant qualifié de « véritable dirigeant de la société ». Pour accueillir l'argumentation de la société et du mis en examen qui faisaient valoir que la mesure n'aurait pu être envisagée qu'à l'égard de la société civile immobilière, seule propriétaire des immeubles saisis, et infirmer les ordonnances entreprises, la chambre de l'instruction avait énoncé que le mis en examen ne détenait aucune part sociale et que le bien en cause était la propriété de la société, qui disposait d'un patrimoine propre. Sur pourvoi du procureur général, la chambre criminelle a cassé ces décisions. Elle a d'abord posé pour principe, au visa de l'article 706-148 du Code de procédure pénale, dans sa rédaction issue de la loi n° 2012-409 du 27 mars 2012 [1], et de l'article 112-2, 2°, du Code pénal, qu'il ressort du premier de ces textes, dans sa rédaction issue de la loi précitée, que la saisie à titre conservatoire des biens de la personne mise en examen, ou, sous réserve des droits du propriétaire de bonne foi, des biens dont celle-ci a la libre disposition, peut être autorisée au cours de l'instruction lorsque la loi qui réprime le crime ou le délit poursuivi prévoit leur confiscation. Puis elle a déduit de ce principe que si la chambre de l'instruction n'encourait aucune censure pour avoir statué comme elle l'avait fait au jour de ses décisions, la saisie de patrimoine contestée ne pouvant alors s'effectuer que sur les seuls biens appartenant au mis en examen, les arrêts attaqués devaient cependant être annulés afin qu'il soit prononcé au vu des dispositions de procédure précitées de la loi du 27 mars 2012, concernant une mesure conservatoire d'application immédiate.

Pour saisir la portée de ces arrêts, il faut rappeler que, dans sa rédaction issue de la loi n° 2010-768 du 9 juillet 2010 [2], l'article 706-148 du Code de procédure pénale disposait que pouvaient être saisis en application de ce texte « tout ou partie des biens, lorsque la loi qui réprime le crime ou le délit prévoit la confiscation de tout ou partie des biens du condamné ou lorsque l'origine de ces biens ne peut être établie ». Seuls pouvaient ainsi être saisis les biens dont la personne poursuivie était propriétaire. Ce texte a cependant été modifié par la loi du 27 mars 2012 qui a étendu les possibilités de saisie de patrimoine aux biens dont la confiscation est « prévue en application des cinquième et sixième alinéas de l'article 131-21 du Code pénal ». Or la loi du 27 mars 2012 a aussi réformé l'article 131-21 du Code pénal. En effet, comme il a été vu [3], en l'état de ce texte issu de la loi n° 2007-297 du 5 mars 2007 [4], pouvaient notamment être confisqués, s'il s'agissait d'un crime ou d'un délit puni d'au moins cinq ans d'emprisonnement et ayant procuré un profit direct ou indirect, les biens meubles ou immeubles, quelle qu'en soit la nature, divis ou indivis, « appartenant au condamné » lorsque celui-ci, mis en mesure de s'expliquer sur les biens dont la confiscation était envisagée, n'avait pu en justifier l'origine [5], ainsi que tout ou partie des biens « appartenant au condamné », quelle qu'en soit la nature, meubles ou immeubles, divis ou indivis, lorsque la loi qui réprimait le crime ou le délit le prévoyait [6]. Mais la loi du 27 mars 2012 a étendu la portée de ces deux textes aux biens dont le condamné a seulement la libre disposition, sous réserve des droits du propriétaire de bonne foi.

Il s'en déduit qu'en invitant la chambre de l'instruction de renvoi à prononcer en application des nouvelles dispositions de l'article 706-148 du Code de procédure pénale issues de la loi du 27 mars 2012, la chambre criminelle a appliqué à des faits commis avant son entrée en vigueur une loi pénale plus sévère, dès lors que le texte ancien n'aurait pas permis de valablement réaliser la saisie contestée. Pour parvenir à cette solution, la chambre criminelle a qualifié le nouveau texte de loi de procédure et a fait application de l'article 112-2, 2°, du Code pénal, énonçant le principe de l'application immédiate d'une telle loi. Il reste que la solution n'allait pas de soi, au point qu'elle a été critiquée par une partie de la doctrine qui a relevé qu'il existait « un lien d'indivisibilité extrêmement fort » [7] entre saisie et confiscation, ou encore que l'une était « non détachable » [8] de l'autre, de sorte que, lorsque l'extension des possibilités de saisie était liée à celle de la portée de la peine de confiscation, cette extension ne pouvait s'appliquer qu'aux infractions commises postérieurement à la date d'entrée en vigueur des nouvelles dispositions. Pour le dire autrement, les conditions de fond de la saisie n'étant autres que celles de la peine de confiscation, la première devait être vue comme l'accessoire de la seconde, et donc en suivre le régime juridique.

1. L. n° 2012-409, 27 mars 2012 *de programmation relative à l'exécution des peines, JO* 28 mars, p. 5592.
2. L. n° 2010-768, 9 juill. 2010 *visant à faciliter la saisie et la confiscation en matière pénale, JO* 10 juill., p. 12753.
3. V. s^s n° 125.21.
4. L. n° 2007-297, 5 mars 2007 *relative à la prévention de la délinquance, JO* 7 mars, p. 4297.
5. C. pén., art. 131-21, al. 5.
6. C. pén., art. 131-21, al. 6.
7. Ch. Cutajar, préc.
8. A.-S. Chavent-Leclere, préc.

214.22 Confirmation du principe. Le principe énoncé par les arrêts du 9 mai 2012 a été confirmé à plusieurs reprises par la suite.

Après avoir été confirmée en matière de saisies de patrimoine[1], cette jurisprudence a été étendue par la chambre criminelle à la saisie en valeur. En effet, la loi n° 2012-409 du 27 mars 2012[2] a introduit dans le titre du Code de procédure pénale consacré aux saisies spéciales les nouvelles dispositions de l'article 706-141-1 permettant que la saisie soit « ordonnée en valeur ». Nous verrons que ce texte ne crée pas, à proprement parler, une nouvelle procédure de saisie spéciale, mais qu'il étend l'application des procédures de saisies spéciales aux biens d'une valeur équivalente à celle de biens confiscables – et donc saisissables – en nature[3]. D'ailleurs, l'article 706-141-1 n'organise aucune procédure, mais se borne à renvoyer aux diverses procédures de saisies spéciales : « Les règles propres à certains types de biens prévues aux chapitres III et IV du présent titre s'appliquent aux biens sur lesquels la saisie en valeur s'exécute. » Il s'est donc posé la question de savoir si une saisie immobilière ou de bien incorporel pouvait être réalisée en valeur en répression d'infractions commises avant l'entrée en vigueur de la loi du 27 mars 2012. La chambre criminelle a répondu à cette interrogation par l'affirmative, en énonçant que l'article 706-141-1 du Code de procédure pénale, autorisant la saisie en valeur, était « applicable immédiatement »[4], et a réaffirmé cette position par la suite[5].

Le principe de l'application immédiate des lois relatives aux saisies spéciales a également été énoncé en matière de saisies de biens incorporels, puisqu'il a été affirmé que l'article 706-153 du Code de procédure pénale était « immédiatement applicable aux procédures en cours »[6].

1. Crim. 23 mai 2013, n° 12-87.473, P, n° 113 ; *D.* 2013. 1778, obs. P. Labrousse ; *D.* 2013. 2713, obs. G. Roujou De Boubée ; *AJ pénal* 2013. 482, obs. L. Ascensi ; *JCP G* 2013. 804, obs. Ch. Cutajar ; *Dr. pén.* 2013. comm. 117, obs. A. Maron et M. Haas ; *Gaz. Pal.* 4 juill. 2013, n° 185, p. 9, obs. R. Mesa ; *RJDA* 2014. 79, obs. P. Labrousse.
2. L. n° 2012-409, 27 mars 2012 *de programmation relative à l'exécution des peines, JO* 28 mars, p. 5592.
3. V. s[s] n° 231.22.
4. Crim. 24 sept. 2014, n° 13-88.602, P, n° 198 ; *D.* 2014. 2227, obs. L. Saenko ; *D.* 2015. 110, chron. G. Barbier, B. Laurent, G. Guého et T. Azéma ; *AJ pénal* 2014. 592, obs. L. Ascensi ; *D. actu.* 9 oct. 2014, obs. C. Fonteix ; *Gaz. Pal.* 15 nov. 2014, n° 319, p. 19, obs. R. Mésa ; *JCP G* 2014. 1250, obs. D. Rebut.
5. Crim. 30 sept. 2015, n° 15-81.744, P, n° 213 – Crim. 30 sept. 2015, n°s 15-81.745 à 15-81.748, NP (4 arrêts) ; *Gaz. Pal.* 22 mars 2016, n° 12, p. 73, obs. B. Cerveau ; *JCP E* 2016. 1084, obs. R. Salomon ; *Dr. sociétés* 2015, comm. 222, obs. R. Salomon ; *Rev. sociétés* 2016. 154, obs. B. Bouloc ; *RGDA* 2015. 529, obs. R. Schulz.

214.23 Restrictions à l'application du principe de l'application immédiate. Il est incontestable que l'affirmation de l'application immédiate des procédures de saisies spéciales a été générale dans les arrêts du 9 mai 2012, les énonciations de ces décisions ne permettant guère de proposer quelque distinction. Ceci étant, un examen plus attentif des arrêts qui ont été ultérieurement rendus par la chambre criminelle impose de nuancer la portée de ce principe. Il y a lieu en vérité de distinguer selon que la loi nouvelle modifie les conditions de fond ou bien les modalités de la saisie.

Cette distinction est apparue pour la première fois dans l'arrêt du 24 septembre 2014 précité. Dans cette affaire, la personne poursuivie avait été mise en examen pour des faits de banqueroute, fraude fiscale, escroquerie, abus de biens sociaux et abus de confiance commis du 1er juillet 2009 au 4 juin 2013, c'est-à-dire pour des faits commis pour partie antérieurement à l'entrée en vigueur de la loi n° 2012-409 du 27 mars 2012[7] ayant étendu la portée de la confiscation en valeur et institué la possibilité d'ordonner des saisies spéciales en valeur, comme il vient d'être vu[8]. Le juge d'instruction avait ordonné la saisie immobilière des lots d'un immeuble appartenant au mis en examen, acquis par voie successorale le 23 août 1991 et représentatif du montant des sommes détournées. L'intéressé avait relevé appel de cette décision de saisie en valeur, mais la chambre de l'instruction l'avait confirmée. S'étant pourvu en cassation, le demandeur soutenait notamment que la confiscation en valeur était une peine complémentaire soumise au principe de légalité et ne pouvait, de ce chef, être appliquée en répression de faits antérieurs à l'entrée en vigueur de l'article 131-21 du Code pénal dans sa rédaction issue de la loi du 27 mars 2012 qui constituait une disposition pénale nouvelle plus sévère. Or, pour écarter cette argumentation et rejeter le pourvoi, la chambre criminelle a notamment énoncé qu'il résultait des énonciations de l'arrêt attaqué « que le produit des infractions objet des poursuites ne pouvait être représenté et était donc susceptible de confiscation en valeur, conformément aux exigences de l'article 131-21 du Code pénal, dans sa rédaction antérieure à l'entrée en vigueur de la loi du 27 mars 2012 », en sorte que « la chambre de l'instruction [avait], même pour les faits antérieurs à cette date, fait l'exacte application de l'article 706-141-1 du Code de procédure pénale

6. Crim. 6 mai 2015, n° 15-80.076, P, n° 101 – Crim. 6 mai 2015, n°s 15-80.077 à 15-80.080, NP (4 arrêts) ; *AJ pénal* 2015. 508, obs. L. Ascensi ; *Dr. pén.* 2016, étude 1, obs. V. Georget – Crim. 22 févr. 2017, n° 16-83.257, P, n° 52 ; *AJ pénal* 2017. 244, obs. O. Violeau.
7. L. n° 2012-409, 27 mars 2012 *de programmation relative à l'exécution des peines, JO* 28 mars, p. 5592.
8. V. s[s] n° 214.22.

autorisant la saisie en valeur, lequel [était] immédiatement applicable ». On relèvera ainsi que, pour justifier le fait que la nouvelle procédure de saisie en valeur était applicable aux faits de l'espèce, même commis antérieurement à l'entrée en vigueur de la loi du 27 mars 2012, la chambre criminelle a précisé que les biens saisis étaient susceptibles de confiscation en valeur en application de l'article 131-21 du Code pénal « dans sa rédaction antérieure à l'entrée en vigueur de la loi du 27 mars 2012 », approche qu'elle a aussi retenue dans un arrêt ultérieur du 7 septembre 2022[1]. Le caractère confiscable des biens saisis en application des anciennes dispositions de l'article 131-21, alinéa 9, du Code pénal, aurait sans doute pu être discuté si l'on observe, comme il a été vu, qu'en l'état du texte antérieur à la loi du 27 mars 2012, la peine de confiscation d'un bien en valeur ne consistait pas en la confiscation d'un autre bien d'une valeur équivalente, mais en une condamnation pécuniaire pour un montant équivalent à la valeur du bien n'ayant pu être confisqué en nature[2]. Certaines critiques de l'arrêt du 24 septembre 2014 sont d'ailleurs en ce sens[3]. Mais l'essentiel est ailleurs. En effet, l'important est que, pour justifier l'application immédiate du nouveau texte, la chambre criminelle s'est fondée sur le fait que la confiscation du bien saisi était encourue à la date des faits, une telle application semblant exclue *a contrario*.

Or, cette position a été confirmée par la suite. En effet, pour fonder l'application immédiate de la procédure de saisie de biens incorporels dans l'arrêt précité du 6 mai 2015, la chambre criminelle a énoncé que, « selon l'article 706-153 du Code de procédure pénale, immédiatement applicable aux procédures en cours, la saisie peut, sans requête préalable du ministère public, être ordonnée par le juge d'instruction pour garantir l'exécution de la peine complémentaire de confiscation d'un bien, meuble ou immeuble, laquelle était et demeure encourue en application de l'article 131-21 du Code pénal, dans ses rédactions contemporaines des faits et actuelle »[4]. L'on retrouve au reste de semblables énonciations dans un arrêt du 22 février 2017[5].

Enfin, pour approuver la confirmation de décisions de saisie immobilière, il a été relevé que la peine complémentaire de confiscation de tout ou partie du patrimoine pouvait, selon les dispositions de l'article 131-21, alinéa 6, du Code pénal « tant dans sa rédaction issue de la loi du 5 mars 2007 que dans ses versions ultérieures, porter sur tout ou partie des biens appartenant au condamné »[6].

Il peut être déduit de ces décisions que, lorsqu'un bien est saisissable en raison de l'entrée en vigueur, postérieurement aux faits poursuivis, d'une loi nouvelle rendant confiscable un bien qui ne l'était pas auparavant, il est exclu que ce bien puisse être saisi en application des nouveaux textes. Parce que la saisie est l'accessoire de la confiscation, dès lors que les conditions de fond de la première sont aussi celles de la seconde, il y a lieu d'écarter le principe de l'application immédiate des lois de procédure et de mettre en œuvre les règles qui gouvernent l'application dans le temps des lois de droit pénal substantiel prohibant l'application rétroactive des textes plus sévères. La solution est du reste opportune, dès lors qu'appliquer immédiatement la loi nouvelle de procédure en pareil cas reviendrait à autoriser la saisie d'un bien qui ne pourrait pas être confisqué au terme du procès pénal. Quel serait le sens pratique d'une telle saisie qui a été conçue par le législateur comme une garantie de l'exécution de la peine de confiscation ? L'atteinte au droit de propriété est telle qu'il faut, en la matière, s'en tenir à une règle simple : seuls les biens confiscables à la date des faits sont saisissables.

214.24 Affirmation du principe de l'application immédiate des lois relatives aux procédures de restitution. On relèvera qu'en miroir des principes appliqués aux procédures de saisies, la chambre criminelle a de même qualifié les dispositions de l'article 99, alinéa 4, du Code de procédure pénale, issues de la loi n° 2016-731 du 3 juin 2016[7], de loi fixant des modalités de poursuites et des formes de la procédure, immédiatement applicables comme telle aux procédures engagées avant son entrée en vigueur[8].

La même solution a par la suite été retenue s'agissant des dispositions de l'article 481 du Code de procédure pénale issues de la même loi[9].

1. Crim. 7 sept. 2022, n° 21-86.282, NP.
2. V. s[s] n° 126.22.
3. L. Saenko, « Instruction préparatoire et saisie immobilière en valeur », *D.* 2014. 2227.
4. Crim. 6 mai 2015, n° 15-80.076, P, n° 101 – Crim. 6 mai 2015, n°s 15-80.077 à 15-80.080, NP (4 arrêts) ; *AJ pénal* 2015. 508, obs. L. Ascensi ; *Dr. pén.* 2016, étude 1, obs. V. Georget.
5. Crim. 22 févr. 2017, n° 16-83.257, P, n° 52 ; *AJ pénal* 2017. 244, obs. O. Violeau.
6. Crim. 31 mai 2017, n° 16-86.872, P, n° 147 – Crim. 31 mai 2017, n° 16-86.870, NP ; *D.* 2017. 2138, note J.-L. Lennon.
7. L. n° 2016-731, 3 juin 2016 *renforçant la lutte contre le crime organisé, le terrorisme et leur financement, et améliorant l'efficacité et les garanties de la procédure pénale*, *JO* 4 juin, n° 1.
8. Crim. 28 févr. 2018, n° 17-81.577, P, n° 41 ; *AJ pénal* 2018. 264, obs. D. Miranda.
9. Crim. 28 juin 2023, n° 21-87.417, P – Crim. 28 juin 2023, n° 21-87.002, P – Crim. 28 juin 2023, n° 21-87.003 , NP.

TITRE

22. Saisies de droit commun

SECTION 0 ORIENTEUR

22.00 Sommaire du titre.

Chap. 221		**Conditions des saisies de droit commun**
Sect.	1	Enquête de flagrance
Sect.	2	Enquête préliminaire
Sect.	3	Information judiciaire
Chap. 222		**Effets des saisies de droit commun**
Sect.	1	Principe de l'indisponibilité du bien saisi
Sect.	2	Portée de l'indisponibilité du bien saisi
Chap. 223		**Sanction des règles applicables**
Sect.	1	Conditions de l'annulation des saisies
Sect.	2	Effets de l'annulation des saisies

22.01 Principaux textes applicables.

• **C. pr. pén.,** art. 54, 56 à 58, 76, 92, 94 à 98, 171, 174, 696-109, al. 1, 696-113, 696-126, 706-30-1, 802, 802-2

• **C. pén.,** art. 434-22

22.03 Bibliographie indicative.

Encyclopédie. *Rép. pén., V°* « Perquisitions – Saisies – Visites domiciliaires », par S. Rayne.

Articles. J. Bossan, « La protection du secret des sources des journalistes en procédure pénale », *Dr. pén.* 2010, étude 14 – E. Dreyer, « Sur la nécessité de protéger les sources des journalistes », *D.* 2012. 2282 – G. Étrillard, « La difficile contestation des saisies conservatoires en droit pénal des affaires. Constats et (rares) solutions », *Cahiers de droit de l'entreprise*, mars 2020, n° 2, dossier 9 – C. Fonteix, « De la saisie à la confiscation : un point sur le contentieux », *AJ pénal* 2015. 239 – L. François, « La stigmatisation européenne des perquisitions dans les locaux d'entreprises de presse », *Légipresse* 2012, n° 296, juill.-août 2012, p. 421 – A. Guedj, « Le secret des sources des journalistes », *AJ pénal* 2009, 163 – Ch. Ingrain et R. Lorrain, « Le rôle de l'avocat lors des perquisitions pénales à la lumière des développements récents », *AJ pénal* 2016. 246 – P. Mairé, « Perquisitions et protection du secret de la défense nationale », *Gaz. Pal.* 3 sept. 2009, n° 246, p. 2 – A. Oesterreicher, « Les juristes d'entreprise face aux saisies en droit pénal des affaires. Aspects pratiques », *Cahiers de droit de l'entreprise*, mars 2020, n° 2, dossier 8 – Ph. Piot, « Perquisitions : les garanties spéciales de procédure pour les avocats et les journalistes », *Gaz. Pal.* 11 févr. 2014, n° 42, p. 17 – C. Porteron, « Nullités des perquisitions au cours de l'instruction », *AJ pénal* 2005. 143 – J.-F. Renucci, « Les avocats dans la jurisprudence de la Cour européenne des droits de l'homme », *D.* 2016. 225 – C. Ribeyre, « Loi n° 2008-582 du 20 juin 2008, renforçant les mesures de prévention et de protection des personnes contre les chiens dangereux », *RSC* 2008. 944 ; « Loi n° 2009-928 du 29 juillet 2009, relative à la programmation militaire pour les années 2009-2014 – Secret défense », *RSC* 2009. 886 – P. Roussel, « L'emploi de l'informatique dans l'administration de la preuve », *Dr. pén.* 2005, étude 11 – J.-F. Seuvic, « Commerce électronique. Communication en ligne. Cryptologie. Cybercriminalité. "Télécommunications". Analyse de la loi 2004-575 du 21 juin 2004 pour la confiance dans l'économie Numérique », *RSC* 2004. 925 – S. Sontag Koenig, « Les perquisitions 2.0 : quand l'informatique se saisit de l'immatériel », *AJ pénal* 2016. 238.

CHAPITRE

221. Conditions des saisies de droit commun

SECTION 0 ORIENTEUR

221.00 Sommaire du chapitre.

Sect. 1 Enquête de flagrance
§ 1 Conditions de fond des saisies
A. Nature de l'objet saisi
B. Nécessité de la saisie
C. Protection de certains secrets et de certaines activités professionnelles
1° Principe de la « saisissabilité » des pièces couvertes par le secret professionnel
2° Protection des droits de la défense et du secret professionnel de la défense et du conseil
3° Protection du secret du délibéré
4° Protection du secret des sources des journalistes
5° Protection du secret de la défense nationale
§ 2 Conditions de forme des saisies
A. Conditions de forme générales
1° Compétence
2° Représentation des objets saisis
3° Placement sous scellés
4° Rédaction d'un procès-verbal
B. Conditions propres à certains objets
1° Produits stupéfiants
2° Données informatiques
3° Espèces, lingots, effets ou valeurs
4° Billets de banque ou pièces de monnaie libellés en euros contrefaisants
5° Animaux vivants
C. Conditions destinées à protéger certains secrets et certaines activités professionnelles
1° Protection du libre exercice de la profession d'avocat, du secret professionnel de la défense et du conseil, et des droits de la défense
2° Protection du libre exercice de la profession de journaliste, du secret des sources et du droit à l'information
3° Protection du secret de la défense nationale
4° Protection du secret du délibéré et de l'indépendance de la justice
Sect. 2 Enquête préliminaire
Sect. 3 Information judiciaire

Division. L'essentiel des conditions des saisies de droit commun sont énoncées aux articles 56 à 59 du Code de procédure pénale. Si ces textes sont compris dans la division du Code de procédure pénale consacrée aux enquêtes de flagrance, leur champ d'application s'étend néanmoins à l'enquête préliminaire et à l'information judiciaire par renvoi des textes consacrés à ces phases du procès pénal, moyennant les adaptations nécessaires. Seront donc d'abord évoquées les conditions des saisies opérées au cours de l'enquête de flagrance (sect. 1), puis seront ensuite examinées les spécificités des saisies effectuées dans les autres cadres juridiques d'investigations : l'enquête préliminaire (sect. 2) et l'information judiciaire (sect. 3).

221.01 Principaux textes applicables.

TEXTES SOURCES

• C. pr. pén., art. 54, 56 à 58, 76, 92, 94 à 98, 696-109, al. 1, 696-113, 696-126, 706-30-1

TEXTES *IN EXTENSO*

> Enquête de flagrance

• C. pr. pén., art. 54

En cas de crime flagrant, l'officier de police judiciaire qui en est avisé, informe immédiatement le procureur de la République, se transporte sans délai sur le lieu du crime et procède à toutes constatations utiles.

Il veille à la conservation des indices susceptibles de disparaître et de tout ce qui peut servir à la manifestation de la vérité. Il saisit les armes et instruments qui ont servi à commettre le crime ou qui étaient destinés à le commettre ainsi que tout ce qui paraît avoir été le produit direct ou indirect de ce crime.

Il représente les objets saisis, pour reconnaissance, aux personnes qui paraissent avoir participé au crime, si elles sont présentes.

• **C. pr. pén., art. 56**

Si la nature du crime est telle que la preuve en puisse être acquise par la saisie des papiers, documents, données informatiques ou autres objets en la possession des personnes qui paraissent avoir participé au crime ou détenir des pièces, informations ou objets relatifs aux faits incriminés, l'officier de police judiciaire se transporte sans désemparer au domicile de ces derniers pour y procéder à une perquisition dont il dresse procès-verbal. L'officier de police judiciaire peut également se transporter en tous lieux dans lesquels sont susceptibles de se trouver des biens dont la confiscation est prévue à l'article 131-21 du Code pénal, pour y procéder à une perquisition aux fins de saisie de ces biens ; si la perquisition est effectuée aux seules fins de rechercher et de saisir des biens dont la confiscation est prévue par les cinquième et sixième alinéas de ce même article, elle doit être préalablement autorisée par le procureur de la République. Lorsque l'enquête porte sur des infractions de violences, l'officier de police judiciaire peut, d'office ou sur instructions du procureur de la République, procéder à la saisie des armes qui sont détenues par la personne suspectée ou dont celle-ci a la libre disposition, quel que soit le lieu où se trouvent ces armes.

Il a seul, avec les personnes désignées à l'article 57 du présent code et celles auxquelles il a éventuellement recours en application de l'article 60, le droit de prendre connaissance des papiers, documents ou données informatiques avant de procéder à leur saisie.

Toutefois, sans préjudice de l'application des articles 56-1 à 56-5, il a l'obligation de provoquer préalablement toutes mesures utiles pour que soit assuré le respect du secret professionnel et des droits de la défense.

Tous objets et documents saisis sont immédiatement inventoriés et placés sous scellés. Cependant, si leur inventaire sur place présente des difficultés, ils font l'objet de scellés fermés provisoires jusqu'au moment de leur inventaire et de leur mise sous scellés définitifs et ce, en présence des personnes qui ont assisté à la perquisition suivant les modalités prévues à l'article 57.

Il est procédé à la saisie des données informatiques nécessaires à la manifestation de la vérité en plaçant sous main de justice soit le support physique de ces données, soit une copie réalisée en présence des personnes qui assistent à la perquisition.

Si une copie est réalisée, il peut être procédé, sur instruction du procureur de la République, à l'effacement définitif, sur le support physique qui n'a pas été placé sous main de justice, des données informatiques dont la détention ou l'usage est illégal ou dangereux pour la sécurité des personnes ou des biens.

Avec l'accord du procureur de la République, l'officier de police judiciaire ne maintient que la saisie des objets, documents et données informatiques utiles à la manifestation de la vérité, ainsi que des biens dont la confiscation est prévue à l'article 131-21 du Code pénal.

Le procureur de la République peut également, lorsque la saisie porte sur des espèces, lingots, effets ou valeurs dont la conservation en nature n'est pas nécessaire à la manifestation de la vérité ou à la sauvegarde des droits des personnes intéressées, autoriser leur dépôt à la Caisse des dépôts et consignations ou à la Banque de France ou sur un compte ouvert auprès d'un établissement bancaire par l'Agence de gestion et de recouvrement des avoirs saisis et confisqués.

Lorsque la saisie porte sur des billets de banque ou pièces de monnaie libellés en euros contrefaisants, l'officier de police judiciaire doit transmettre, pour analyse et identification, au moins un exemplaire de chaque type de billets ou pièces suspectés faux au centre d'analyse national habilité à cette fin. Le centre d'analyse national peut procéder à l'ouverture des scellés. Il en dresse inventaire dans un rapport qui doit mentionner toute ouverture ou réouverture des scellés. Lorsque les opérations sont terminées, le rapport et les scellés sont déposés entre les mains du greffier de la juridiction compétente. Ce dépôt est constaté par procès-verbal.

Les dispositions du précédent alinéa ne sont pas applicables lorsqu'il n'existe qu'un seul exemplaire d'un type de billets ou de pièces suspectés faux, tant que celui-ci est nécessaire à la manifestation de la vérité.

Si elles sont susceptibles de fournir des renseignements sur les objets, documents et données informatiques saisis, les personnes présentes lors de la perquisition peuvent être retenues sur place par l'officier de police judiciaire le temps strictement nécessaire à l'accomplissement de ces opérations.

• **C. pr. pén., art. 56-1**

Les perquisitions dans le cabinet d'un avocat ou à son domicile ne peuvent être effectuées que par un magistrat et en présence du bâtonnier ou de son délégué, à la suite d'une décision écrite et motivée prise par le juge des libertés et de la détention saisi par ce magistrat, qui indique la nature de l'infraction ou des infractions sur lesquelles portent les investigations, les raisons justifiant la perquisition, l'objet de celle-ci et sa proportionnalité au regard de la nature et de la gravité des faits. Le contenu de cette décision est porté à la connaissance du bâtonnier ou de son délégué dès le début de la perquisition par le magistrat effectuant celle-ci. Celui-ci et le bâtonnier ou son délégué ont seuls le droit de consulter ou de prendre connaissance des documents ou des objets se trouvant sur les lieux préalablement à leur éventuelle saisie. Lorsque la perquisition est justifiée par la mise en cause de l'avocat, elle ne peut être autorisée que s'il existe des raisons plausibles de le soupçonner d'avoir commis ou tenté de commettre, en tant qu'auteur ou complice, l'infraction qui fait l'objet de la procédure ou une infraction connexe au sens de l'article 203. Aucune saisie ne peut concerner des documents ou des objets relatifs à d'autres infractions que celles mentionnées dans la décision précitée. Les dispositions du présent alinéa sont édictées à peine de nullité.

Le magistrat qui effectue la perquisition veille à ce que les investigations conduites ne portent pas atteinte au libre exercice de la profession d'avocat et à ce qu'aucun document relevant de l'exercice des droits de la défense et couvert par le secret professionnel de la défense et du conseil, prévu à l'article 66-5 de la loi n° 71-1130 du 31 décembre 1971 portant réforme de certaines professions judiciaires et juridiques, ne soit saisi et placé sous scellé.

Le bâtonnier ou son délégué peut s'opposer à la saisie d'un document ou d'un objet s'il estime que cette saisie serait irrégulière. Le document ou l'objet doit alors être placé sous scellé fermé. Ces opérations font l'objet d'un procès-verbal mentionnant les objections du bâtonnier ou de son délégué, qui n'est pas joint au dossier de la procédure. Si d'autres documents ou d'autres objets ont été saisis au cours de la perquisition sans soulever de contestation, ce procès-verbal est distinct de celui prévu par l'article 57. Ce procès-verbal ainsi que le document ou l'objet placé sous scellé fermé sont transmis sans délai au juge des libertés et de la détention, avec l'original ou une copie du dossier de la procédure.

Dans les cinq jours de la réception de ces pièces, le juge des libertés et de la détention statue sur la contestation par ordonnance motivée.

À cette fin, il entend le magistrat qui a procédé à la perquisition et, le cas échéant, le procureur de la République, ainsi que l'avocat au cabinet ou au domicile duquel elle a été effectuée et le bâtonnier ou son délégué. Il peut ouvrir le scellé en présence de ces personnes.

S'il estime qu'il n'y a pas lieu à saisir le document ou l'objet, le juge des libertés et de la détention ordonne sa restitution immédiate, ainsi que la destruction du procès-verbal des opérations et, le cas échéant, la cancellation de toute référence à ce document, à son contenu ou à cet objet qui figurerait dans le dossier de la procédure.

Dans le cas contraire, il ordonne le versement du scellé et du procès-verbal au dossier de la procédure. Cette décision n'exclut pas la possibilité ultérieure pour les parties de demander la nullité de la saisie devant, selon les cas, la juridiction de jugement ou la chambre de l'instruction.

La décision du juge des libertés et de la détention peut faire l'objet d'un recours suspensif dans un délai de vingt-quatre heures, formé par le procureur de la République, l'avocat ou le bâtonnier ou son délégué devant le président de la chambre de l'instruction. Celui-ci statue dans les cinq jours suivant sa saisine, selon la procédure prévue au cinquième alinéa du présent article.

Ce recours peut également être exercé par l'administration ou l'autorité administrative compétente.

Les dispositions du présent article sont également applicables aux perquisitions effectuées dans les locaux de l'ordre des avocats ou des caisses de règlement pécuniaire des avocats. Dans ce cas, les attributions confiées au juge des libertés et de la détention sont exercées par le président du tribunal judiciaire qui doit être préalablement avisé de la perquisition. Il en est de même en cas de perquisition au cabinet ou au domicile du bâtonnier.

Les dispositions du présent article sont également applicables aux perquisitions ou visites domiciliaires effectuées, sur le fondement d'autres codes ou de lois spéciales, dans le cabinet d'un avocat ou à son domicile ou dans les locaux mentionnés à l'avant-dernier alinéa.

• **C. pr. pén., art. 56-1-1**

Lorsque, à l'occasion d'une perquisition dans un lieu autre que ceux mentionnés à l'article 56-1, il est découvert un document mentionné au deuxième alinéa du même article 56-1, la personne chez qui il est procédé à ces opérations peut s'opposer à la saisie de ce document. Le document doit alors être placé sous scellé fermé et faire l'objet d'un procès-verbal distinct de celui prévu à l'article 57. Ce procès-verbal ainsi que le document placé sous scellé fermé sont transmis sans délai au juge des libertés et de la détention, avec l'original ou une copie du dossier de la procédure. Les quatrième à neuvième alinéas de l'article 56-1 sont alors applicables.

• **C. pr. pén., art. 56-1-2**

Dans les cas prévus aux articles 56-1 et 56-1-1, sans préjudice des prérogatives du bâtonnier ou de son délégué prévues à l'article 56-1 et des droits de la personne perquisitionnée prévus à l'article 56-1-1, le secret professionnel du conseil n'est pas opposable aux mesures d'enquête ou d'instruction lorsque celles-ci sont relatives aux infractions mentionnées aux articles 1741 et 1743 du Code général des impôts et aux articles 421-2-2,433-1,433-2 et 435-1 à 435-10 du Code pénal ainsi qu'au blanchiment de ces délits, sous réserve que les consultations, correspondances ou pièces détenues ou transmises par l'avocat ou son client établissent la preuve de leur utilisation aux fins de commettre ou de faciliter la commission desdites infractions.

• **C. pr. pén., art. 56-2**

Les perquisitions dans les locaux d'une entreprise de presse, d'une entreprise de communication audiovisuelle, d'une entreprise de communication au public en ligne, d'une agence de presse, dans les véhicules professionnels de ces entreprises ou agences ou au domicile d'un journaliste lorsque les investigations sont liées à son activité professionnelle ne peuvent être effectuées que par un magistrat.

Ces perquisitions sont réalisées sur décision écrite et motivée du magistrat qui indique la nature de l'infraction ou des infractions sur lesquelles portent les investigations, ainsi que les raisons justifiant la perquisition et l'objet de celle-ci. Le contenu de cette décision est porté dès le début de la perquisition à la connaissance de la personne présente en application de l'article 57.

Le magistrat et la personne présente en application de l'article 57 ont seuls le droit de prendre connaissance des documents ou des objets découverts lors de la perquisition préalablement à leur éventuelle saisie. Aucune saisie ne peut concerner des documents ou des objets relatifs à d'autres infractions que celles mentionnées dans cette décision.

Ces dispositions sont édictées à peine de nullité.

Le magistrat qui effectue la perquisition veille à ce que les investigations conduites respectent le libre exercice de la profession de journaliste, ne portent pas atteinte au secret des sources en violation de l'article 2 de la loi du 29 juillet 1881 sur la liberté de la presse et ne constituent pas un obstacle ou n'entraînent pas un retard injustifié à la diffusion de l'information.

La personne présente lors de la perquisition en application de l'article 57 du présent code peut s'opposer à la saisie d'un document ou de tout objet si elle estime que cette saisie serait irrégulière au regard de l'alinéa précédent. Le document ou l'objet doit alors être placé sous scellé fermé. Ces opérations font l'objet d'un procès-verbal mentionnant les objections de la personne, qui n'est pas joint au dossier de la procédure. Si d'autres documents ou objets ont été saisis au cours de la perquisition sans soulever de contestation, ce procès-verbal est distinct de celui prévu par l'article 57. Ce procès-verbal ainsi que le document ou l'objet placé sous scellé fermé sont transmis sans délai au juge des libertés et de la détention, avec l'original ou une copie du dossier de la procédure.

Dans les cinq jours de la réception de ces pièces, le juge des libertés et de la détention statue sur la contestation par ordonnance motivée non susceptible de recours.

À cette fin, il entend le magistrat qui a procédé à la perquisition et, le cas échéant, le procureur de la République, ainsi que la personne en présence de qui la perquisition a été effectuée. Il peut ouvrir le scellé en présence de ces personnes. Si le journaliste au domicile duquel la perquisition a été réalisée n'était pas présent lorsque celle-ci a été effectuée, notamment s'il a été fait application du deuxième alinéa de l'article 57, le journaliste peut se présenter devant le juge des libertés et de la détention pour être entendu par ce magistrat et assister, si elle a lieu, à l'ouverture du scellé.

S'il estime qu'il n'y a pas lieu à saisir le document ou l'objet, le juge des libertés et de la détention ordonne sa restitution immédiate, ainsi que la destruction du procès-verbal des opérations et, le cas échéant, la cancellation de toute référence à ce document, à son contenu ou à cet objet qui figurerait dans le dossier de la procédure.

Dans le cas contraire, il ordonne le versement du scellé et du procès-verbal au dossier de la procédure. Cette décision n'exclut pas la possibilité ultérieure pour les parties de demander la nullité de la saisie devant, selon les cas, la juridiction de jugement ou la chambre de l'instruction.

• **C. pr. pén., art. 56-3**

Les perquisitions dans le cabinet d'un médecin, d'un notaire ou d'un huissier sont effectuées par un magistrat et en présence de la personne responsable de l'ordre ou de l'organisation professionnelle à laquelle appartient l'intéressé ou de son représentant.

• **C. pr. pén., art. 56-4**

I. – Lorsqu'une perquisition est envisagée dans un lieu précisément identifié, abritant des éléments couverts par le secret de la défense nationale, la perquisition ne peut être réalisée que par un magistrat en présence du président de la Commission du secret de la défense nationale. Ce dernier peut être représenté par un membre de la commission ou par des délégués, dûment habilités au secret de la défense nationale, qu'il désigne selon des modalités déterminées par décret en Conseil d'État. Le président ou son représentant peut être assisté de toute personne habilitée à cet effet.

La liste des lieux visés au premier alinéa est établie de façon précise et limitative par arrêté du Premier ministre. Cette liste, régulièrement actualisée, est communiquée à la Commission du secret de la défense nationale ainsi qu'au ministre de la Justice, qui la rendent accessible aux magistrats de façon sécurisée. Le magistrat vérifie si le lieu dans lequel il souhaite effectuer une perquisition figure sur cette liste.

Les conditions de délimitation des lieux abritant des éléments couverts par le secret de la défense nationale sont déterminées par décret en Conseil d'État.

Le fait de dissimuler dans les lieux visés à l'alinéa précédent des procédés, objets, documents, informations, réseaux informatiques, données informatisées ou fichiers non classifiés, en tentant de les faire bénéficier de la protection attachée au secret de la défense nationale, expose son auteur aux sanctions prévues à l'article 434-4 du Code pénal.

La perquisition ne peut être effectuée qu'en vertu d'une décision écrite du magistrat qui indique au président de la Commission du secret de la défense nationale les informations utiles à l'accomplissement de sa mission. Le président de la commission ou son représentant se transporte sur les lieux sans délai. Au commencement de la perquisition, le magistrat porte à la connaissance du président de la commission ou de son représentant, ainsi qu'à celle du chef d'établissement ou de son délégué, ou du responsable du lieu, la nature de l'infraction ou des infractions sur lesquelles portent les investigations, les raisons justifiant la perquisition, son objet et les lieux visés par cette perquisition.

Seul le président de la Commission du secret de la défense nationale, son représentant et, s'il y a lieu, les personnes qui l'assistent peuvent prendre connaissance d'éléments classifiés découverts sur les lieux. Le magistrat ne peut saisir, parmi les éléments classifiés, que ceux relatifs aux infractions sur lesquelles portent les investigations. Si les nécessités de l'enquête justifient que les éléments classifiés soient saisis en original, des copies sont laissées à leur détenteur.

Chaque élément classifié saisi est, après inventaire par le président de la commission, placé sous scellé. Les scellés sont remis au président de la Commission du secret de la défense nationale qui en devient gardien. Les opérations relatives aux éléments classifiés saisis ainsi que l'inventaire de ces éléments font l'objet d'un procès-verbal qui n'est pas joint au dossier de la procédure et qui est conservé par le président de la commission.

La déclassification et la communication des éléments mentionnés dans l'inventaire relèvent de la procédure prévue par les articles L. 2312-4 et suivants du Code de la défense.

II. – Lorsqu'à l'occasion d'une perquisition un lieu se révèle abriter des éléments couverts par le secret de la défense nationale, le magistrat présent sur le lieu ou immédiatement avisé par l'officier de police judiciaire en informe le président de la Commission du secret de la défense nationale. Les éléments classifiés sont placés sous scellés, sans en prendre connaissance, par le magistrat ou l'officier de police judiciaire qui les a découverts, puis sont remis ou transmis, par tout moyen en conformité avec la réglementation applicable aux secrets de la défense nationale, au président de la commission afin qu'il en assure la garde. Les opérations relatives aux éléments classifiés font l'objet d'un procès-verbal qui n'est pas joint au dossier de la procédure. La déclassification et la communication des éléments ainsi placés sous scellés relèvent de la procédure prévue par les articles L. 2312-4 et suivants du Code de la défense.

III (Supprimé).

IV. – Les dispositions du présent article sont édictées à peine de nullité.

• **C. pr. pén., art. 56-5**

Les perquisitions dans les locaux d'une juridiction ou au domicile d'une personne exerçant des fonctions juridictionnelles et qui tendent à la saisie de documents susceptibles d'être couverts par le secret du délibéré ne peuvent être effectuées que par un magistrat, sur décision écrite et motivée de celui-ci, en présence du premier président de la cour d'appel ou du premier président de la Cour de cassation ou de son délégué. Cette décision indique la nature de l'infraction sur laquelle portent les investigations, les raisons justifiant la perquisition et l'objet de celle-ci. Le contenu de la décision est porté dès le début de la perquisition à la connaissance du premier président ou de son délégué par le magistrat. Celui-ci, le premier président ou son délégué ont seuls le droit de consulter ou de prendre connaissance des documents ou des objets se trouvant sur les lieux préalablement à leur éventuelle saisie. Aucune saisie ne peut concerner des documents ou des objets relatifs à d'autres infractions que celles mentionnées dans la décision précitée. Les dispositions du présent alinéa sont prévues à peine de nullité.

Le magistrat qui effectue la perquisition veille à ce que les investigations conduites ne portent pas atteinte à l'indépendance de la justice.

Le premier président ou son délégué peut s'opposer à la saisie d'un document ou d'un objet s'il estime cette saisie irrégulière. Le document ou l'objet est alors placé sous scellé fermé. Ces opérations font l'objet d'un procès-verbal, qui n'est pas joint au dossier de la procédure, mentionnant les objections du premier président ou de son délégué.

Si d'autres documents ou objets ont été saisis au cours de la perquisition sans soulever d'opposition, ce procès-verbal est distinct de celui prévu à l'article 57. Le procès-verbal mentionné au troisième alinéa du présent article ainsi que le document ou l'objet placé sous scellé fermé sont transmis sans délai au juge des libertés et de la détention, avec l'original ou une copie du dossier de la procédure.

Dans un délai de cinq jours à compter de la réception de ces pièces, le juge des libertés et de la détention statue sur l'opposition par ordonnance motivée non susceptible de recours.

À cette fin, il entend le magistrat qui a procédé à la perquisition et, le cas échéant, le procureur de la République, ainsi que le premier président ou son délégué. Il ouvre le scellé en présence de ces personnes.

S'il estime qu'il n'y a pas lieu à saisir le document ou l'objet, le juge des libertés et de la détention ordonne sa restitution immédiate, ainsi que la destruction du procès-verbal mentionné au même troisième alinéa et, le cas échéant, la cancellation de toute référence à ce document ou à son contenu ou à cet objet figurant dans le dossier de la procédure.

Dans le cas contraire, il ordonne le versement du scellé et du procès-verbal au dossier de la procédure. Cette décision n'exclut pas la possibilité ultérieure pour les parties de demander la nullité de la saisie devant, selon les cas, la juridiction de jugement ou la chambre de l'instruction.

• C. pr. pén., art. 57

Sous réserve des articles 56-1 à 56-5 et du respect du secret professionnel et des droits de la défense mentionné à l'article 56, les opérations prescrites par ledit article sont faites en présence de la personne au domicile de laquelle la perquisition a lieu.

En cas d'impossibilité, l'officier de police judiciaire aura l'obligation de l'inviter à désigner un représentant de son choix ; à défaut, l'officier de police judiciaire choisira deux témoins requis à cet effet par lui, en dehors des personnes relevant de son autorité administrative.

Le procès-verbal de ces opérations, dressé ainsi qu'il est dit à l'article 66, est signé par les personnes visées au présent article ; au cas de refus, il en est fait mention au procès-verbal.

• C. pr. pén., art. 57-1

Les officiers de police judiciaire ou, sous leur responsabilité, les agents de police judiciaire peuvent, au cours d'une perquisition effectuée dans les conditions prévues par le présent code, accéder par un système informatique implanté sur les lieux où se déroule la perquisition à des données intéressant l'enquête en cours et stockées dans ledit système ou dans un autre système informatique, dès lors que ces données sont accessibles à partir du système initial ou disponibles pour le système initial.

Ils peuvent également, dans les conditions de perquisition prévues au présent code, accéder par un système informatique implanté dans les locaux d'un service ou d'une unité de police ou de gendarmerie à des données intéressant l'enquête en cours et stockées dans un autre système informatique, si ces données sont accessibles à partir du système initial.

S'il est préalablement avéré que ces données, accessibles à partir du système initial ou disponibles pour le système initial, sont stockées dans un autre système informatique situé en dehors du territoire national, elles sont recueillies par l'officier de police judiciaire, sous réserve des conditions d'accès prévues par les engagements internationaux en vigueur.

Les données auxquelles il aura été permis d'accéder dans les conditions prévues par le présent article peuvent être copiées sur tout support. Les supports de stockage informatique peuvent être saisis et placés sous scellés dans les conditions prévues par le présent code.

Les officiers de police judiciaire peuvent, par tout moyen, requérir toute personne susceptible :

1° D'avoir connaissance des mesures appliquées pour protéger les données auxquelles il est permis d'accéder dans le cadre de la perquisition ;

2° De leur remettre les informations permettant d'accéder aux données mentionnées au 1°.

À l'exception des personnes mentionnées aux articles 56-1 à 56-5, le fait de s'abstenir de répondre dans les meilleurs délais à cette réquisition est puni d'une amende de 3 750 €.

• C. pr. pén., art. 58

Sous réserve des nécessités des enquêtes, toute communication ou toute divulgation sans l'autorisation de la personne mise en examen ou de ses ayants droit ou du signataire ou du destinataire d'un document provenant d'une perquisition à une personne non qualifiée par la loi pour en prendre connaissance est punie de 4 500 euros d'amende et de deux ans d'emprisonnement.

> Enquête préliminaire

• C. pr. pén., art. 76

Les perquisitions, visites domiciliaires et saisies de pièces à conviction ou de biens dont la confiscation est prévue à l'article 131-21 du Code pénal ne peuvent être effectuées sans l'assentiment exprès de la personne chez laquelle l'opération a lieu.

Cet assentiment doit faire l'objet d'une déclaration écrite de la main de l'intéressé ou, si celui-ci ne sait écrire, il en est fait mention au procès-verbal ainsi que de son assentiment.

Les dispositions prévues par les articles 56 et 59 (premier alinéa) du présent code sont applicables.

Si les nécessités de l'enquête relative à un crime ou à un délit puni d'une peine d'emprisonnement d'une durée égale ou supérieure à trois ans l'exigent ou si la recherche de biens dont la confiscation est prévue à l'article 131-21 du Code pénal le justifie, le juge des libertés et de la détention du tribunal judiciaire peut, à la requête du procureur de la République, décider, par une décision écrite et motivée, que les opérations prévues au présent article seront effectuées sans l'assentiment de la personne chez qui elles ont lieu. À peine de nullité, la décision du juge des libertés et de la détention précise la qualification de l'infraction dont la preuve est recherchée ainsi que l'adresse des lieux dans lesquels ces opérations peuvent être effectuées ; cette décision est motivée par référence aux éléments de fait et de droit justifiant que ces opérations sont nécessaires. Les opérations sont effectuées sous le contrôle du magistrat qui les a autorisées, et qui peut se déplacer sur les lieux pour veiller au respect des dispositions légales. Ces opérations ne peuvent, à peine de nullité, avoir un autre objet que la recherche et la constatation des infractions visées dans la décision du juge des libertés et de la détention ou la saisie des biens dont la confiscation est prévue à l'article 131-21 du Code pénal. Toutefois, le fait que ces opérations révèlent des infractions autres que celles visées dans la décision ne constitue pas une cause de nullité des procédures incidentes.

Pour l'application des dispositions de l'alinéa précédent, est compétent le juge des libertés et de la détention du tribunal judiciaire dont le procureur de la République dirige l'enquête, quelle que soit la juridiction dans le ressort de laquelle la perquisition doit avoir lieu. Le juge des libertés et de la détention peut alors se déplacer sur les lieux quelle que soit leur localisation sur le territoire national. Le procureur de la République peut également saisir le juge des libertés et de la détention du tribunal judiciaire dans le ressort duquel la perquisition doit avoir lieu, par l'intermédiaire du procureur de la République de cette juridiction.

• **C. pr. pén., art. 706-112-3**

Lorsque les éléments recueillis au cours d'une enquête préliminaire font apparaître qu'une personne chez laquelle il doit être procédé à une perquisition fait l'objet d'une mesure de protection juridique révélant qu'elle n'est pas en mesure d'exercer seule son droit de s'opposer à la réalisation de cette opération, l'officier en avise par tout moyen son curateur ou son tuteur, afin que l'assentiment éventuel de la personne prévu aux deux premiers alinéas de l'article 76 ne soit donné qu'après qu'elle a pu s'entretenir avec lui. À défaut, la perquisition doit être autorisée par le juge des libertés et de la détention en application de l'avant-dernier alinéa du même article 76.

> Information judiciaire

• **C. pr. pén., art. 92**

Le juge d'instruction peut se transporter sur les lieux pour y effectuer toutes constatations utiles ou procéder à des perquisitions. Il en donne avis au procureur de la République, qui a la faculté de l'accompagner.

Le juge d'instruction est toujours assisté d'un greffier.

Il dresse un procès-verbal de ses opérations.

• **C. pr. pén., art. 94**

Les perquisitions sont effectuées dans tous les lieux où peuvent se trouver des objets ou des données informatiques dont la découverte serait utile à la manifestation de la vérité, ou des biens dont la confiscation est prévue à l'article 131-21 du Code pénal.

• **C. pr. pén., art. 95**

Si la perquisition a lieu au domicile de la personne mise en examen, le juge d'instruction doit se conformer aux dispositions des articles 57 et 59.

• **C. pr. pén., art. 96**

Si la perquisition a lieu dans un domicile autre que celui de la personne mise en examen, la personne chez laquelle elle doit s'effectuer est invitée à y assister. Si cette personne est absente ou refuse d'y assister, la perquisition a lieu en présence de deux de ses parents ou alliés présents sur les lieux, ou à défaut, en présence de deux témoins.

Le juge d'instruction doit se conformer aux dispositions des articles 57 (alinéa 2) et 59.

Toutefois, il a l'obligation de provoquer préalablement toutes mesures utiles pour que soit assuré le respect du secret professionnel et des droits de la défense.

Les dispositions des articles 56 et 56-1 à 56-5 sont applicables aux perquisitions effectuées par le juge d'instruction.

• **C. pr. pén., art. 97**

Lorsqu'il y a lieu, en cours d'information, de rechercher des documents ou des données informatiques et sous réserve des nécessités de l'information et du respect, le cas échéant, de l'obligation stipulée par l'alinéa 3 de l'article précédent, le juge d'instruction ou l'officier de police judiciaire par lui commis a seul le droit d'en prendre connaissance avant de procéder à la saisie.

Tous les objets, documents ou données informatiques placés sous main de justice sont immédiatement inventoriés et placés sous scellés. Cependant, si leur inventaire sur place présente des difficultés, l'officier de police judiciaire procède comme il est dit au quatrième alinéa de l'article 56.

Il est procédé à la saisie des données informatiques nécessaires à la manifestation de la vérité en plaçant sous main de justice soit le support physique de ces données, soit une copie réalisée en présence des personnes qui assistent à la perquisition.

Si une copie est réalisée dans le cadre de cette procédure, il peut être procédé, sur ordre du juge d'instruction, à l'effacement définitif, sur le support physique qui n'a pas été placé sous main de justice, des données informatiques dont la détention ou l'usage est illégal ou dangereux pour la sécurité des personnes ou des biens.

Avec l'accord du juge d'instruction, l'officier de police judiciaire ne maintient que la saisie des objets, documents et données informatiques utiles à la manifestation de la vérité, ainsi que des biens dont la confiscation est prévue à l'article 131-21 du Code pénal.

Lorsque ces scellés sont fermés, ils ne peuvent être ouverts et les documents dépouillés qu'en présence de la personne mise en examen, assistée de son avocat, ou eux dûment appelés. Toutefois, lorsque l'ouverture et la reconstitution du scellé fermé n'exigent pas que la personne mise en examen soit interrogée sur son contenu, elles peuvent être réalisées par le juge d'instruction assisté de son greffier hors la présence de celle-ci, en présence de son avocat ou celui-ci dûment convoqué.

Si les nécessités de l'instruction ne s'y opposent pas, copie ou photocopie des documents ou des données informatiques placés sous main de justice peuvent être délivrées à leurs frais, dans le plus bref délai, aux intéressés qui en font la demande.

Si la saisie porte sur des espèces, lingots, effets ou valeurs dont la conservation en nature n'est pas nécessaire à la manifestation de la vérité ou à la sauvegarde des droits des parties, il peut autoriser leur dépôt à la Caisse des dépôts et consignations ou à la Banque de France ou sur un compte ouvert auprès d'un établissement bancaire par l'Agence de gestion et de recouvrement des avoirs saisis et confisqués.

Lorsque la saisie porte sur des billets de banque ou pièces de monnaie libellés en euros contrefaisants, le juge d'instruction ou l'officier de police judiciaire par lui commis doit transmettre, pour analyse et identification, au moins un exemplaire de chaque type de billets ou pièces suspectés faux au centre d'analyse national habilité à cette fin. Le centre d'analyse national peut procéder à l'ouverture des scellés. Il en dresse inventaire dans un rapport qui doit mentionner toute ouverture ou réouverture des scellés. Lorsque les opérations sont terminées, le rapport et les scellés sont déposés entre les mains du greffier de la juridiction compétente. Ce dépôt est constaté par procès-verbal.

Les dispositions du précédent alinéa ne sont pas applicables lorsqu'il n'existe qu'un seul exemplaire d'un type de billets ou de pièces suspectés faux, tant que celui-ci est nécessaire à la manifestation de la vérité.

• **C. pr. pén., art. 97-1**

L'officier de police judiciaire peut, pour les nécessités de l'exécution de la commission rogatoire, procéder aux opérations prévues par l'article 57-1.

• **C. pr. pén., art. 98**

Sous réserve des nécessités de l'information judiciaire, toute communication ou toute divulgation sans autorisation de la personne mise en examen ou de ses ayants droit ou du signataire ou du destinataire d'un document provenant d'une perquisition, à une personne non qualifiée par la loi pour en prendre connaissance, est punie de 4 500 euros d'amende et de deux ans d'emprisonnement.

> Saisie de produits stupéfiants

• **C. pr. pén., art. 706-30-1**

Lorsqu'il est fait application des dispositions du quatrième alinéa de l'article 99-2 à des substances stupéfiantes saisies au cours de la procédure, le juge d'instruction doit conserver un échantillon de ces produits afin de permettre, le cas échéant, qu'ils fassent l'objet d'une expertise. Cet échantillon est placé sous scellés.

Il doit être procédé par le juge d'instruction ou par un officier de police judiciaire agissant sur commission rogatoire à la pesée des substances saisies avant leur destruction. Cette pesée doit être réalisée en présence de la personne qui détenait les substances, ou, à défaut, en présence de deux témoins requis par le juge d'instruction ou l'officier de police judiciaire et choisis en dehors des personnes relevant de leur autorité. La pesée peut également être réalisée, dans les mêmes conditions, au cours de l'enquête de flagrance ou de l'enquête préliminaire, par un officier de police judiciaire, ou, au cours de l'enquête douanière, par un agent des douanes de catégorie A ou B.

Le procès-verbal des opérations de pesée est signé par les personnes mentionnées ci-dessus. En cas de refus, il en est fait mention au procès-verbal.

> Procédures de la compétence du parquet européen

• **C. pr. pén., art. 696-109, al. 1**

Pour les infractions relevant de leur compétence, les procureurs européens délégués exercent, en application des articles 4 et 13 du règlement (UE) 2017/1939 du Conseil du 12 octobre 2017 précité, les attributions du procureur de la République et du procureur général près la cour d'appel, y compris pour l'application des articles 12,12-1,225 et 229-1 du présent code et pour l'exercice des voies de recours.

• **C. pr. pén., art. 696-113**

Dans les procédures relevant de sa compétence, le procureur européen délégué conduit les investigations conformément aux dispositions applicables à l'enquête de flagrance ou à l'enquête préliminaire et aux dispositions du Code des douanes.

• **C. pr. pén., art. 696-126**

Les perquisitions, visites domiciliaires et saisies doivent, en l'absence de flagrance ou d'assentiment exprès de la personne chez laquelle elles ont lieu, être effectuées avec l'autorisation du juge des libertés et de la détention saisi par réquisitions écrites et motivées du procureur européen délégué dans les conditions prévues à l'article 76.

221.02 Jurisprudence de référence.

> Saisie de droit commun en valeur

• **Crim. 7 août 2019,** n° 18-87.174, P, 148

* V. s[s] n° 221.42.

« Attendu qu'il résulte du troisième de ces textes que les dispositions des articles 706-141 à 706-158 du Code de procédure pénale s'appliquent aux saisies réalisées en application de ce code lorsqu'elles portent sur tout ou partie des biens d'une personne, sur un bien immobilier, sur un bien ou un droit mobilier incorporel ou une créance ainsi qu'aux saisies qui n'entraînent pas de dépossession du bien ;

Que, selon les deux premiers, avec l'accord du juge d'instruction, l'officier de police judiciaire a le pouvoir de saisir les biens dont la confiscation est prévue à l'article 131-21 du Code pénal ;

Qu'il s'en déduit que la saisie en valeur des biens meubles corporels, qui ne sont pas visés à l'article 706-141 du Code de procédure pénale, ne peut être effectuée que sur le fondement des articles 94 et 97 du même code. »

> Secret du délibéré

• **Crim. 22 mars 2016,** n° 15-83.207, P, n° 92

* V. s[s] n° 221.81.

« Attendu que si aucune disposition légale ne protège spécifiquement le secret du délibéré, principe indissociable des fonctions juridictionnelles en tant que garantie de l'indépendance des juges et d'un procès équitable, il se déduit de la disposition conventionnelle susvisée et des principes généraux du droit que l'atteinte que constitue la saisie par un juge d'instruction, dans le cadre des pouvoirs qu'il tient de l'article 81 du Code de procédure pénale, de documents couverts par ce secret, ne saurait être justifiée qu'à la condition qu'elle constitue une mesure nécessaire à l'établissement de la preuve d'une infraction pénale. »

> Secret des sources des journalistes

• **Crim. 25 févr. 2014,** n° 13-84.761, P, n° 54

* V. s[s] n° 221.91.

« Il résulte des dispositions des articles 10 de la Convention européenne des droits de l'homme et 2 de la loi du 29 juillet 1881 que le secret des sources des journalistes est protégé dans l'exercice de leur mission d'information du public, et qu'il ne peut être porté atteinte directement ou indirectement à ce secret que si un impératif prépondérant d'intérêt public le justifie et si les mesures envisagées sont strictement nécessaires et proportionnées au but légitime poursuivi.

Ne justifie pas sa décision au regard de ces dispositions l'arrêt d'une chambre de l'instruction qui, pour dire n'y avoir lieu à annulation de la perquisition suivie d'une saisie au domicile d'un journaliste, ni de réquisitions bancaires concernant un compte ouvert au nom de ce dernier, dans une information ouverte des chefs de violation du secret professionnel, complicité et recel à la suite de la divulgation dans la presse de pièces d'une procédure visant à rechercher un détenu évadé, retient que le déroulement de l'enquête a été gravement perturbé du fait de cette divulgation, que l'intérêt public nécessite que les enquêteurs ne commettent aucune violation du secret qui les lie, et qu'une telle violation justifie que toutes les mesures d'investigation utiles soient mises en œuvre, sans démontrer que les ingérences litigieuses procédaient d'un impératif prépondérant d'intérêt public, et que d'autres mesures auraient été insuffisantes pour rechercher l'existence d'une éventuelle violation du secret professionnel, et en identifier les auteurs. »

> Secret médical

• **Crim. 24 avr. 1969,** n° 68-93.507, P, n° 145

* V. s[s] n° 221.61.

« Attendu en effet que l'obligation de garder le secret des faits dont il a eu connaissance dans l'exercice de sa profession, que l'article 378 du Code pénal impose au médecin, ne mettait pas obstacle en l'espèce à ce que le juge d'instruction procédât à la saisie de tous documents, pièces ou objets utiles à la manifestation de la vérité, les pouvoirs que ce magistrat tient de l'article 81 du Code de procédure pénale ne souffrant en principe aucune restriction. »

> Secret bancaire

• **Crim. 23 mars 1977,** n° 75-92.170, P, n° 109

* V. s[s] n° 221.61.

« Qu'en effet, et d'une part, l'obligation imposée au commissionnaire agréé de garder le secret des faits dont il a eu connaissance dans l'exercice de sa profession, ne mettait pas obstacle à ce que le juge d'instruction procédât à la saisie de tous documents, pièces ou objets utiles à la manifestation de la vérité, les pouvoirs que ce magistrat tient de l'article 81 du Code de procédure pénale ne souffrant, en principe, aucune restriction. »

> Secret des ministres du culte

• **Crim. 17 déc. 2002,** n° 02-83.679, P, n° 231

* V. s[s] n° 221.61.

« Attendu que l'obligation imposée aux ministres du culte de garder le secret des faits dont ils ont connaissance dans l'exercice de leur ministère ne fait pas obstacle à ce que le juge d'instruction procède à la saisie de tous documents pouvant être utiles à la manifestation de la vérité. »

> Pouvoir d'appréhension matérielle de l'agent de police judiciaire agissant en enquête de flagrance

• **Crim. 14 avr. 2015,** n° 14-83.462, P, n° 80

* V. s[s] n° 221.132.

« Attendu qu'en cet état, l'arrêt n'encourt pas le grief allégué dès lors qu'en raison de sa fuite dans les circonstances de l'espèce, les agents de police judiciaire pouvaient valablement, sur le fondement des dispositions de l'article 78-2, alinéa 1er, du Code de procédure pénale puis de l'article 53 du même code, le poursuivre jusque dans un immeuble dont l'accès, selon le procès-verbal, n'était pas clos, puis l'arrêter en application de l'article 73 dudit code et appréhender matériellement la somme de 30 000 euros remise par l'intéressé, aux fins de la rapporter, pour saisie, à l'officier de police judiciaire devant lequel ils l'ont présenté. »

> Pouvoir d'appréhension matérielle de l'agent de police judiciaire adjoint agissant en enquête de flagrance

• **Crim. 17 avr. 2019,** n° 18-84.722, NP

* V. s[s] n° 221.132.

« Attendu qu'en l'état de ces énonciations, et dès lors qu'en raison de la fuite des mis en examen immédiatement après le vol avec effraction du véhicule de service de la police municipale, les policiers municipaux, qui ont la qualité d'agents de police judiciaire adjoints, pouvaient valablement, sur le fondement de l'article 53 du Code de procédure pénale, les poursuivre jusque dans la cour d'un immeuble dont l'accès, selon le procès-verbal, n'était pas clos, puis les interpeller en application de l'article 73 dudit code et appréhender matériellement les objets volés dissimulés par les intéressés, aux fins de les rapporter, pour saisie, à l'officier de police judiciaire devant lequel ils les ont présentés, la chambre de l'instruction, qui a parfaitement caractérisé l'état de flagrance, a justifié sa décision. »

> Absence d'avocat lors de la représentation des objets saisis

• **Crim. 22 oct. 2013,** n° 13-81.945, P, n° 196

* V. s[s] n° 221.142.

« Attendu que, pour rejeter le moyen de nullité pris des réponses faites par M. X…, hors la présence de son avocat, aux questions qui lui étaient posées par les officiers de police judiciaire durant la perquisition, l'arrêt retient que l'assistance de l'avocat, au cours de la garde à vue n'est prévue par le Code de procédure pénale que pour les auditions et confrontations ; que les juges ajoutent que l'absence de l'avocat lors de la perquisition n'a pas porté pas atteinte au droit de M. X... à un procès équitable, les objets saisis ne lui ayant été représentés qu'en vue d'une reconnaissance et non à l'occasion d'un interrogatoire et qu'il avait été informé de son droit de se taire ;

Attendu qu'en prononçant ainsi, conformément à l'article 54, dernier alinéa, du Code de procédure pénale, la chambre de l'instruction a fait l'exacte application des textes visés au moyen, lequel, dès lors, ne saurait être accueilli. »

> Régime juridique applicable à l'ouverture des scellés

• **Crim. 7 juin 1988,** n° 88-81.828, P, n° 258

* V. s[s] n° 221.154.

« Attendu que, contrairement à ce qui est allégué, il ne ressort d'aucune mention des procès-verbaux visés au moyen que lors de la présentation aux témoins et à une partie civile des deux scellés en cause il ait été procédé à leur ouverture ; qu'il résulte au contraire du procès-verbal du 18 septembre 1987 coté D. 340 que l'un était un scellé ouvert et l'autre un scellé fermé confectionné à l'aide d'un sac transparent au sujet duquel la partie civile entendue a fait une remarque ;

Qu'en cet état aucune violation de l'alinéa 4 de l'article 97 du Code de procédure pénale, qui ne peut trouver application que lors de l'ouverture d'un scellé fermé, n'est caractérisée. »

> Statut procédural des scellés

• **Crim. 12 nov. 2015,** n° 15-85.266, P, n° 248

* V. s[s] n° 221.155.

« M. X... ne saurait se faire un grief de l'absence, au dossier mis à la disposition de son avocat, d'une copie d'un disque compact, annexée à un procès-verbal de placement de ce document sous scellés, cette copie ne pouvant être consultée que dans les conditions prévues par l'article 97, alinéa 6, du Code de procédure pénale et ne constituant en conséquence pas une pièce de la procédure devant être communiquée aux avocats des parties dans les conditions prévues par l'article 197 du même code. »

• **Crim. 28 oct. 2014,** n° 14-84.796, P, n° 217

* V. s[s] n° 221.155.

« La demande de copie de documents placés sous scellés et déposés au greffe à titre de pièces à conviction, faite au juge d'instruction sur le fondement de l'article 97, alinéa 7, du Code de procédure pénale, doit être présentée selon les modalités de l'article 82-1 et dans les formes prévues par l'article 81, alinéa 10, du même code. »

> Saisie des produits stupéfiants

• **Crim. 24 janv. 2007,** n° 06-88.351, P, n° 20

* V. s[s] n° 221.182.

« Selon l'article 706-30-1, alinéa 2, du Code de procédure pénale, la pesée des produits stupéfiants avant leur destruction, effectuée par l'officier de police judiciaire au cours de l'enquête de flagrance, doit être réalisée en présence de la personne qui détenait la substance ou de deux témoins requis par lui.

Encourt la cassation en application de ce texte, l'arrêt d'une chambre de l'instruction qui, par des motifs contradictoires, refuse d'annuler partiellement le procès-verbal constatant la pesée effectuée hors la présence de la personne qui détenait les stupéfiants ou de témoins, et décide que le poids ainsi déterminé ne pourra être opposé au demandeur. »

• **Crim. 31 oct. 2017,** n° 17-80.872, P, n° 239

* V. s[s] n° 221.182.

« Attendu qu'il résulte de [l'article 706-30-1, alinéa 2, du Code de procédure pénale], que la pesée de produits stupéfiants ne peut être réalisée, au cours de l'enquête de flagrance ou de l'enquête préliminaire, qu'en présence de la personne qui détenait les substances, ou, à défaut, en présence de deux témoins ;

Qu'en cas de non respect de ces prescriptions, le grief de ladite personne résulte nécessairement de la destruction des substances stupéfiantes. »

• **Crim. 5 sept. 2018,** n° 18-80.334, P, n° 152

* V. s[s] n° 221.181.

« Attendu qu'en prononçant ainsi, la cour d'appel a fait l'exacte application de l'article 706-30-1 du Code de procédure pénale lequel, s'il exige que, dans les conditions d'application de ce texte, la pesée des produits appréhendés soit réalisée en présence de la personne qui les détenait ou celle de deux témoins, ne requiert pas, pour la réalisation de cette opération, la rédaction d'un procès-verbal distinct et spécifique, ni la présence de l'avocat de la personne concernée. »

• **Crim. 11 déc. 2019,** n° 18-84.912, P, 86

* V. s[s] n° 221.182.

« Attendu qu'en se déterminant ainsi, la cour d'appel a justifié sa décision dès lors que les dispositions de l'alinéa 1er de l'article 706-30-1 du Code de procédure pénale ne sont applicables qu'à l'instruction préparatoire, lorsque le juge d'instruction veut faire procéder à la destruction du produit, et ne sont pas applicables à l'enquête de flagrance. »

> Office du juge des libertés et de la détention en cas de perquisition dans un cabinet d'avocat

• **Crim. 8 août 2007,** n° 07-84.252, P, n° 188

* V. s[s] n° 221.241.

« Attendu qu'il résulte [des articles 56 et 56-1 du Code de procédure pénale] que le juge des libertés et de la détention ne peut refuser de statuer sur la contestation faisant suite à l'opposition du bâtonnier de l'ordre des avocats à la saisie de documents ou de données informatiques effectuée au cabinet ou au domicile d'un avocat. »

• **Crim. 25 juin 2013,** n° 12-88.021, P, n° 155

* V. s[s] n° 221.241.

« En cas de saisie au cabinet ou au domicile d'un avocat, le juge des libertés et de la détention, qui doit veiller à ne pas porter atteinte au libre exercice de la profession d'avocat, ne peut, comme le prévoit l'article 56-1 précité, qu'ordonner la restitution des documents saisis ou leur versement immédiat en procédure.

En conséquence, encourent également la cassation les motifs par lesquels la chambre de l'instruction, pour rejeter un moyen de nullité tiré de ce que le juge des libertés et de la détention avait décidé que l'ouverture de scellés, relatifs à des ordinateurs et à un disque dur, et la lecture des documents seraient effectuées par le magistrat instructeur, assisté d'un expert par lui commis et en présence du bâtonnier ou de son délégué, retient que ces conditions ont été sollicitées par le bâtonnier et acceptées par le mis en examen, alors qu'il appartenait au seul juge des libertés et de la détention, fut-ce en recourant lui-même à la mesure technique envisagée, de prendre connaissance des documents saisis et de décider s'ils devaient être restitués ou versés au dossier de la procédure. »

> Saisie des effets personnels d'un avocat à l'issue d'une fouille

• **Crim. 18 janv. 2022,** n° 21-83.728, NP

* V. s^s n° 221.245.

« 12. Il se déduit [des articles 56-1, 96 et 97 du Code de procédure pénale] que si les formes prévues pour les perquisitions dans le cabinet d'un avocat ou à son domicile ne peuvent recevoir application pour la fouille des effets personnels, assimilable à une perquisition, d'un avocat, effectuée par un officier de police judiciaire agissant sur commission rogatoire, celui-ci doit, en cas de saisie subséquente d'objets, documents ou données informatiques, afin que soit assuré le respect du secret professionnel, en garantir la connaissance et la consultation exclusives par le magistrat instructeur et le bâtonnier ou son délégué. En conséquence, l'omission de placer les biens sous scellés dès leur saisie ne préserve pas le secret professionnel de l'avocat et fait nécessairement grief aux intérêts de celui-ci. »

> Compétence de l'agent de police judiciaire au cours de l'enquête préliminaire

• **Crim. 7 déc. 2021,** n° 20-82.733, P

* V. s^s n° 221.282.

« Il se déduit des articles 75 et 76 du Code de procédure pénale que les agents de police judiciaire peuvent, au cours de l'enquête préliminaire et au contraire de l'enquête de flagrance, procéder à une perquisition dès lors qu'ils agissent sous le contrôle de l'officier de police judiciaire.

L'existence de ce contrôle est établie par une mention au procès-verbal de perquisition ou peut résulter, à défaut, d'une mention spécifique dans les pièces de procédure.

La nullité qui résulte de l'absence d'un tel contrôle relève des dispositions de l'article 802 du Code de procédure pénale.

N'encourt en conséquence pas la censure l'arrêt qui refuse d'annuler une perquisition effectuée par un agent de police judiciaire, en déduisant à tort l'existence du contrôle de l'officier de police judiciaire sur cet acte du visa du commissaire de police sur la transmission de la procédure au parquet, dès lors que l'occupant des lieux, qui n'a pas contesté la présence de l'objet qui y a été découvert, ne se prévaut d'aucun grief résultant de cette irrégularité. »

> Absence de recours contre l'ordonnance du juge des libertés et de la détention autorisant une perquisition sans assentiment au cours de l'enquête préliminaire

• **Crim. 23 nov. 2022,** n° 22-81.823, NP

* V. s^s n° 221.284.

« 12. En effet, l'ordonnance autorisant des perquisitions, visites domiciliaires et saisies de pièces à conviction sans assentiment rendue par le juge des libertés et de la détention sur le fondement de l'article 76 du Code de procédure pénale, n'est pas susceptible d'appel. »

> Motivation de l'ordonnance du juge des libertés et de la détention autorisant une perquisition sans assentiment au cours de l'enquête préliminaire

• **Crim. 23 nov. 2016,** n° 15-83.649, P, n° 307

* V. s^s n° 221.285.

« Attendu que l'ordonnance du juge des libertés et de la détention décidant, sur requête du procureur de la République à l'occasion d'une enquête préliminaire, que les opérations prévues par le premier de ces textes seront effectuées sans l'assentiment de la personne chez qui elles ont lieu, doit être motivée au regard des éléments de fait et de droit justifiant de leur nécessité ; que cette exigence d'une motivation adaptée et circonstanciée s'impose au regard des droits protégés par la Convention européenne des droits de l'homme et en tenant compte de l'évolution du statut et du rôle juridictionnel du juge des libertés et de la détention voulue par le législateur ; que cette motivation constitue une garantie essentielle contre le risque d'une atteinte disproportionnée au droit au respect de la vie privée de la personne concernée et doit permettre au justiciable de connaître les raisons précises pour lesquelles ces opérations ont été autorisées ;

Attendu qu'il se déduit de l'ensemble de ces éléments que l'ordonnance du juge des libertés et de la détention, qui se borne à se référer à la requête présentée par le procureur de la République aux fins de perquisition, en application de l'article 76, alinéa 4, du Code de procédure pénale, n'est pas conforme aux exigences de ce texte. »

• **Crim. 21 janv. 2020,** n° 18-84.899, P, 66

* V. s^s n° 221.285.

« Attendu qu'en prononçant ainsi, par des énonciations qui font ressortir que la motivation de l'ordonnance du juge des libertés et de la détention répondait aux prescriptions de l'article 76, alinéa 4, du Code de procédure pénale, la cour d'appel a justifié sa décision, peu important que les motifs de ladite décision, analysant les éléments de fait et de droit rendant nécessaire la mesure, soient exactement repris des termes de la requête du procureur de la République. »

> Saisies incidentes au cours de l'information judiciaire

• **Crim. 11 juin 1985,** n° 84-95.005, P, n° 227

* V. s^s n° 221.297.

« Que si les officiers de police judiciaire pratiquant dans un domicile des perquisitions ordonnées par commission rogatoire d'un juge d'instruction n'ont le droit d'y opérer une saisie se rapportant à une autre infraction qu'en cas de crime flagrant ou de délit flagrant puni d'un emprisonnement, ils tiennent des articles 56, 57 et 67 du Code de procédure pénale le pouvoir de saisir toute pièce à conviction s'y rapportant indépendamment de la procédure dans laquelle ils ont été commis. »

• **Crim. 17 mai 1994,** n° 93-82.252, P, n° 186

* V. s^s n° 221.297.

« Qu'en effet, lorsque des officiers de police judiciaire procédant à une perquisition, en exécution d'une commission rogatoire du juge d'instruction, découvrent des faits étrangers à l'information mais susceptibles d'incrimination pénale, ils peuvent saisir toute pièce à conviction se rapportant à ces faits, soit en vertu des articles 56, 57 et 67 du Code de procédure pénale s'il y a crime ou délit flagrant puni d'une peine d'emprisonnement, soit, en l'absence de flagrance, en vertu des articles 75 et 76 dudit Code s'ils ont l'assentiment, dans les formes prévues par ce dernier texte, de la personne chez qui l'opération a lieu, comme tel a été le cas en l'espèce. »

• **Crim. 26 mars 2003,** n° 03-80.084, P, n° 80

* V. s[s] n° 221.297.

« Attendu que si, en application de ces textes, l'officier de police judiciaire chargé de l'exécution d'une commission rogatoire ne peut instrumenter au-delà des faits dont le juge d'instruction est régulièrement saisi, il lui appartient, lorsqu'il découvre, à l'occasion de ses investigations, des objets pouvant intéresser l'exécution d'une autre délégation de même nature dont il est également porteur, de mettre en œuvre l'ensemble des pouvoirs qu'il tient de cette dernière. »

221.03 **Bibliographie indicative.**

Encyclopédie. *Rép. pén.*, *V°* « Perquisitions – Saisies – Visites domiciliaires », par S. Rayne.

Articles. J. Bossan, « La protection du secret des sources des journalistes en procédure pénale », *Dr. pén.* 2010, étude 14 – E. Dreyer, « Sur la nécessité de protéger les sources des journalistes », *D.* 2012. 2282 – G. Étrillard, « La difficile contestation des saisies conservatoires en droit pénal des affaires. Constats et (rares) solutions », *Cahiers de droit de l'entreprise*, mars 2020, n° 2, dossier 9 – C. Fonteix, « De la saisie à la confiscation : un point sur le contentieux », *AJ pénal* 2015. 239 – L. François, « La stigmatisation européenne des perquisitions dans les locaux d'entreprises de presse », *Légipresse* 2012, n° 296, juill.-août 2012, p. 421 – A. Guedj, « Le secret des sources des journalistes », *AJ pénal* 2009, 163 – Ch. Ingrain et R. Lorrain, « Le rôle de l'avocat lors des perquisitions pénales à la lumière des développements récents », *AJ pénal* 2016. 246 – P. Mairé, « Perquisitions et protection du secret de la défense nationale », *Gaz. Pal.* 3 sept. 2009, n° 246, p. 2 – A. Oesterreicher, « Les juristes d'entreprise face aux saisies en droit pénal des affaires. Aspects pratiques », *Cahiers de droit de l'entreprise*, mars 2020, n° 2, dossier 8 – Ph. Piot, « Perquisitions : les garanties spéciales de procédure pour les avocats et les journalistes », *Gaz. Pal.* 11 févr. 2014, n° 42, p. 17 – C. Porteron, « Nullités des perquisitions au cours de l'instruction », *AJ pénal* 2005. 143 – J.-F. Renucci, « Les avocats dans la jurisprudence de la Cour européenne des droits de l'homme », *D.* 2016. 225 – C. Ribeyre, « Loi n° 2008-582 du 20 juin 2008, renforçant les mesures de prévention et de protection des personnes contre les chiens dangereux », *RSC* 2008. 944 ; « Loi n° 2009-928 du 29 juillet 2009, relative à la programmation militaire pour les années 2009-2014 – Secret défense », *RSC* 2009. 886 – P. Roussel, « L'emploi de l'informatique dans l'administration de la preuve », *Dr. pén.* 2005, étude 11 – J.-F. Seuvic, « Commerce électronique. Communication en ligne. Cryptologie. Cybercriminalité. "Télécommunications". Analyse de la loi 2004-575 du 21 juin 2004 pour la confiance dans l'économie Numérique », *RSC* 2004. 925 – S. Sontag Koenig, « Les perquisitions 2.0 : quand l'informatique se saisit de l'immatériel », *AJ pénal* 2016. 238.

221.05 **Conséquences patrimoniales des saisies de droit commun.** Nous avons vu que la finalité patrimoniale d'une saisie n'implique pas nécessairement le recours à l'une des procédures de saisies spéciales[1]. Si les saisies spéciales ont toujours pour objectif de garantir l'exécution de la confiscation du bien saisi et ont donc pour condition de fond le caractère confiscable de celui-ci, il n'en demeure pas moins que les saisies de droit commun peuvent aussi être mises en œuvre pour garantir la confiscation de certains biens. Ce sera le cas chaque fois que les articles 706-141 à 706-158 du Code de procédure pénale n'imposeront pas le recours à une saisie spéciale. Positivement, feront l'objet d'une saisie de droit commun à finalité patrimoniale les biens meubles corporels, dont la confiscation est prévue par un autre texte que l'article 131-21, alinéa 5 ou 6, du Code pénal, et dont on souhaite déposséder le propriétaire ou le détenteur. En pratique, il s'agira de saisir, en nature ou en valeur, un bien meuble corporel qui est l'instrument, l'objet ou le produit de l'infraction, confiscable comme tel[2].

Au reste, comme il a été vu, un bien peut être saisissable à la fois car il est utile à la manifestation de la vérité et au motif qu'il est confiscable. C'est par exemple le cas du numéraire qui sera saisi à la fois comme preuve du trafic de stupéfiants, objet des investigations, et car il est confiscable en tant que produit de l'infraction.

Enfin, l'on conviendra que, du point de vue du saisi, l'atteinte au droit de propriété n'est pas d'une moindre intensité lorsque la saisie est pratiquée à des fins probatoires plutôt que patrimoniales, la Cour européenne des droits de l'homme examinant d'ailleurs la proportionnalité de l'atteinte portée au droit de propriété dans l'un et l'autre cas[3].

C'est ce qui explique que, dans le présent ouvrage, les règles gouvernant les saisies de droit commun seront autant examinées que celles régissant les saisies spéciales.

SECTION 1
ENQUÊTE DE FLAGRANCE

221.10 **Plan.** Pour examiner les conditions des saisies de droit commun opérées au cours de l'enquête de flagrance, il y a lieu de distinguer entre les conditions de fond (§ 1) et celles de forme (§ 2).

221.11 **Textes applicables.** L'essentiel des conditions des saisies de droit commun réalisées pendant

1. V. s[s] n° 211.21.
2. C. pén., art. 131-21, al. 2, 3 et 9.
3. V. s[s] n° 213.41.

l'enquête de flagrance est contenu à l'article 56 du Code de procédure pénale.

Il s'ajoute à ces dispositions, pour l'essentiel, celles de l'article 54 du même code, relatif au pouvoir de saisie de l'officier de police judiciaire intervenant sur les lieux d'une infraction flagrante, ainsi que celles des articles 56-1 à 56-5 qui organisent spécialement la saisie dans certains lieux, parce que cet acte porterait atteinte à certains secrets ou à certaines activités professionnelles que le législateur a entendu spécialement protéger.

221.12 Imbrication des règles relatives aux saisies et aux perquisitions. L'examen de l'article 56 du Code de procédure pénale révèle que les règles qui gouvernent les saisies de droit commun sont imbriquées de celles qui organisent les perquisitions, en sorte qu'il est impossible d'étudier les unes, sans examiner au moins partiellement les autres. La saisie est en effet le plus souvent abordée par le législateur comme la suite de la perquisition qui a permis la découverte de l'objet saisi, ce qui explique que l'une et l'autre de ces opérations obéissent à un régime juridique pour partie commun ; étant relevé que la loi n° 2010-768 du 9 juillet 2010[1] a créé la nouvelle catégorie des perquisitions patrimoniales, en prévoyant que, si une perquisition est effectuée aux seules fins de rechercher et de saisir des biens dont la confiscation est prévue par les cinquième (confiscation des biens dont l'origine n'a pu être justifiée) et sixième (confiscation de patrimoine) alinéas de l'article 131-21 du Code pénal, elle doit être préalablement autorisée par le procureur de la République[2]. Ces perquisitions sont particulières puisque, bien qu'organisées par l'article 56, elles conduiront, en cas de découverte d'un objet confiscable sur le fondement des textes précités, non pas à une saisie de droit commun, mais à une saisie de patrimoine prévue par l'article 706-148 du Code de procédure pénale.

221.13 Saisie sans perquisition. Est-ce à dire qu'il ne saurait y avoir de saisie sans perquisition ? Non, puisqu'il n'est pas rare, en pratique, qu'un objet quelconque soit saisi alors même qu'aucune perquisition n'a été nécessaire à sa découverte. Tel sera le cas lorsqu'il sera procédé à la saisie, par l'officier de police judiciaire, d'un bien qui lui aura été remis par son détenteur, ou bien encore lorsque cet enquêteur saisira un indice sur les lieux d'une infraction flagrante dans les conditions de l'article 54 du Code de procédure pénale. Ainsi, le relevé de traces et indices réalisé par les fonctionnaires d'une unité de police technique et scientifique ne saurait constituer une perquisition, mais elle débouchera pourtant sur la saisie d'objets utiles à la manifestation de la vérité.

Le législateur n'a pas spécialement réglementé cette possibilité de saisie, hormis à l'article 54 qui prévoit que l'officier de police judiciaire doit représenter les objets saisis, pour reconnaissance, aux personnes qui paraissent avoir participé au crime, si elles sont présentes, mais elle devra néanmoins être opérée dans le respect de règles gouvernant les saisies prévues par l'article 56 du Code de procédure pénale.

Un arrêt rendu par la chambre criminelle le 12 février 2008 en constitue une illustration. Dans cette affaire, le propriétaire d'un box avait découvert dans celui-ci un véhicule, des paquets suspects et de nombreuses pièces automobiles. Il avait requis l'intervention des fonctionnaires de police à qui il avait remis l'ensemble des objets, notamment des sacs paraissant contenir de la résine de cannabis et des armes. Après le transport de ces objets et le remorquage du véhicule au service de police, le procureur de la République, immédiatement informé, avait saisi le service régional de police judiciaire (SRPJ), dont un fonctionnaire avait ouvert une enquête de flagrance. Selon le procès-verbal, l'officier de police judiciaire s'était fait remettre les divers objets appréhendés, les avait saisis et placés sous scellés. À la suite de l'ouverture d'une information judiciaire, la personne mise en examen avait saisi la chambre de l'instruction d'une requête en nullité en soutenant notamment qu'il avait été procédé à une perquisition et à des saisies irrégulières. La chambre criminelle a approuvé la chambre de l'instruction d'avoir écarté l'argumentation du requérant, en énonçant que « les opérations critiquées ne constituaient pas une perquisition au sens de l'article 56 du Code de procédure pénale, les objets ayant été volontairement remis par leur détenteur », et que « les saisies et placements sous scellés [avaient] été régulièrement accomplis au regard de l'article 97 du Code de procédure pénale »[3].

Il en a été de même alors qu'un officier de police judiciaire avait procédé à la saisie d'un dossier médical qui lui avait été remis par le directeur d'un centre hospitalier[4], dans le cas de la remise de son plein gré, par la secrétaire-comptable d'un garage, de documents qu'elle détenait et qui avaient été placés

1. L. n° 2010-768, 9 juill. 2010 *visant à faciliter la saisie et la confiscation en matière pénale*, *JO* 10 juill., p. 12753.
2. V. s[s] n° 232.32.

3. Crim. 12 févr. 2008, n° 07-87.862, P, n° 35 ; *AJ pénal* 2008, obs. G. Roussel ; *RSC* 2009. 893, obs. J. Buisson – Crim. 12 févr. 2008, n° 07-87.753, P, n° 34 ; *D.* 2008. 2757, obs. J. Pradel ; *AJ pénal* 2008. 244, obs. G. Roussel.
4. Crim. 20 sept. 1995, n° 95-81.140, P, n° 276 ; *D.* 1996. 296, note M. Penneau ; *D.* 1996. 257, obs. J. Pradel ; *RSC* 1996. 141, obs. J.-P. Dintilhac.

sous main de justice[1], ou bien encore de la saisie d'objets trouvés sur la voie publique par un tiers et remis à l'officier de police judiciaire ultérieurement[2].

Dans ces situations, la saisie procédant non d'une perquisition, mais d'une remise volontaire, les formalités propres aux perquisitions ne sont pas applicables. Seules devront être respectées les règles de la saisie.

§ 1
Conditions de fond des saisies

221.20 **Plan.** À s'en tenir à l'essentiel, l'article 56 du Code de procédure pénale et les textes qui lui succèdent énoncent trois conditions nécessaires à la validité de la saisie : elles concernent la nature de l'objet saisi (A), la nécessité de la saisie (B) et la protection de certains secrets et de certaines activités professionnelles (C).

A.
Nature de l'objet saisi

221.31 **Les meubles corporels.** À lire l'article 56 du Code de procédure pénale, les objets susceptibles d'être saisis en application de ce texte sont caractérisés par une diversité certaine. Le texte envisage ainsi la saisie « des papiers, documents, données informatiques ou autres objets en la possession des personnes qui paraissent avoir participé au crime ou détenir des pièces, informations ou objets relatifs aux faits incriminés ». L'article 54 de ce code envisage de même la saisie, par l'officier de police judiciaire intervenant sur les lieux d'une infraction flagrante, des « armes et instruments qui ont servi à commettre le crime ou qui étaient destinés à le commettre ainsi que tout ce qui paraît avoir été le produit direct ou indirect de ce crime ». Assurément les formules sont générales.

Pour autant, la liste des objets susceptibles d'être saisis selon le droit commun n'est pas sans limite. Seuls, en effet, à première lecture, semblent pouvoir être saisis en application des dispositions de l'article 56 du Code de procédure pénale les meubles corporels.

Il reste qu'il conviendra de s'interroger plus avant sur la possibilité, pour l'officier de police judiciaire, de saisir les immeubles et les biens incorporels selon le droit commun.

1. Crim. 22 mai 2002, n° 01-86.184, NP.
2. Crim. 14 sept. 2004, n° 04-83.754, P, n° 206 ; *D.* 2004. 3116 ; *D.* 2005. 684, obs. J. Pradel ; *RSC* 2005. 389, obs. J. Buisson ; *Procédures* 2004, comm. 243, obs. J. Buisson.

221.32 **Situation des immeubles et des biens incorporels.** S'il semble acquis qu'une saisie de droit commun ne saurait concerner un bien incorporel, dès lors que l'on ne voit guère comment la saisie d'un tel bien pourrait être utile à la manifestation de la vérité, et que sa saisie aux fins de confiscation obéit dorénavant à des textes particuliers[3], doit-on également estimer qu'il est exclu qu'un immeuble puisse faire l'objet d'une saisie de droit commun ?

Nous ne le croyons pas. En effet, ainsi que des auteurs l'ont exactement observé, il paraît possible de considérer que le terme « objet » figurant à l'article 56 du Code de procédure pénale recouvre également les immeubles[4], étant relevé que la chambre criminelle a une conception compréhensive de cette notion[5]. Pour autant, la doctrine apparaît partagée à ce propos entre des auteurs qui soutiennent une telle possibilité[6], tandis que d'autres considèrent que si, assurément, des scellés peuvent être apposés sur un immeuble pour en interdire l'accès et ainsi garantir l'authenticité de ce qui y sera découvert lors des opérations de police judiciaire ultérieures, une telle mesure aurait peu à voir avec une saisie et n'en constituerait pas une à proprement parler, dès lors que celle-ci « n'emporte l'inscription d'aucune sûreté sur le bien et encore moins un transfert de propriété au profit du Trésor, de sorte que le propriétaire de l'immeuble placé sous scellés peut le vendre et en percevoir le prix, même si, en pratique, la présence de scellés ne constitue pas le meilleur argument de vente »[7]. Il est vrai qu'affirmer qu'un immeuble pourrait être saisi au même titre que peut l'être un meuble corporel quelconque est contre-intuitif. La discussion n'est cependant pas interdite.

En effet, si une saisie spéciale immobilière[8] fait l'objet de formalités de publicité foncière, cette inscription ne constitue pas une condition de la saisie, ni ne limite ses effets à l'égard du saisi. Nous verrons en effet qu'en application de l'article 706-145 du Code de procédure pénale, qui est applicable à l'ensemble des saisies spéciales, la saisie immobilière entraîne l'indisponibilité de l'immeuble[9]. Cet effet de la saisie est attaché à la décision de saisie elle-même et ne dépend pas d'un acte de publication quelconque. Si, en revanche, il résulte de l'arti-

3. C. pr. pén., art. 706-153 à 706-157.
4. F. Desportes et L. Lazerges, *Traité de procédure pénale*, préc., n° 2375.
5. V. s[s] n° 111.41.
6. M.-L. Rassat, *Procédure pénale*, 3e éd., Ellipses, 2017 ; 2e éd., 2013, n° 292 – J. Pradel, *Procédure pénale*, 16e éd., « Référence », Cujas, 2011, n° 441.
7. F. Desportes et L. Lazerges, *Traité de procédure pénale*, préc.
8. C. pr. pén., art. 706-150.
9. V. s[s] n° 231.140.

cle 706-151 du même code que la saisie n'est opposable aux tiers qu'à compter de la publication de la mesure[1], cette règle ne saurait être interprétée comme une limitation des effets de la saisie dans les rapports entre l'État et le propriétaire de l'immeuble, sauf à confondre les effets juridiques de la saisie à l'égard des parties et son opposabilité aux tiers. Ainsi, la saisie immobilière organisée par l'article 706-150 du Code de procédure pénale produit ses effets indépendamment de toute formalité de publication, ce dont il résulte qu'il est indifférent que l'article 56 ne prévoie pas de telles formalités.

Au reste, nous ne sommes pas certains de partager l'argument consistant à soutenir qu'un immeuble ne saurait être saisi selon le droit commun au motif que le saisi pourrait le vendre et en percevoir le prix. Selon nous, il n'en est rien, la saisie de droit commun emportant, comme nous le verrons, l'indisponibilité du bien saisi[2], en sorte que, dès l'acte de saisi, il est interdit au propriétaire du bien d'en disposer, c'est-à-dire de l'aliéner comme de le détruire, sauf à se rendre coupable du délit de détournement d'objet placé sous main de justice[3]. Et l'on ne saurait objecter qu'à défaut de publicité foncière, l'acte de cession conclu en violation de cette interdiction serait inopposable aux tiers, car un tel argument reviendrait à confondre le principe d'une prohibition et son efficacité. De surcroît, l'argument serait sans portée pratique puisque, si l'objectif de l'autorité judiciaire saisissante n'est pas probatoire, mais patrimonial, il lui est loisible de saisir l'immeuble une seconde fois, sur le fondement de l'article 706-150 du Code de procédure pénale. Si une telle seconde saisie n'est pas mise en œuvre, c'est que l'objectif poursuivi est uniquement probatoire, et il est sans portée pratique que l'immeuble ait été acquis par un tiers, puisque le fait que le bien soit placé sous scellés, comme ayant été saisi sur le fondement de l'article 56 du Code de procédure pénale, il sera interdit à l'intéressé d'en faire usage, sauf à commettre à son tour le délit de détournement d'objet placé sous scellés ou sous main de justice, en sorte que l'authenticité des éléments susceptibles d'être découverts dans les lieux sera garantie.

Rien ne s'oppose donc, selon nous, à ce que soit saisi sur le fondement du droit commun un immeuble s'il est utile à la manifestation de la vérité comme nous le verrons. Si cette saisie est seulement motivée par des considérations patrimoniales, alors il faudra bien sûr procéder à une saisie immobilière organisée par l'article 706-150 du Code de procédure pénale.

1. V. s[s] n° 233.51.
2. V. s[s] n° 222.11.
3. C. pén., art. 434-22.

221.33 Données informatiques. Si tout meuble corporel peut assurément faire l'objet d'une saisie selon le droit commun, la saisie de certains objets a fait l'objet d'une réglementation particulière. Tel est le cas des données informatiques[4].

Ainsi, le cinquième alinéa de l'article 56 du Code de procédure pénale prévoit qu'« il est procédé à la saisie des données informatiques nécessaires à la manifestation de la vérité en plaçant sous main de justice soit le support physique de ces données, soit une copie réalisée en présence des personnes qui assistent à la perquisition ». À proprement parler, ce ne seront donc pas les données informatiques elles-mêmes, mais leur support physique, qui fera l'objet de la saisie opérée par l'officier de police judiciaire.

Ces dispositions sont complétées par celles de l'article 57-1 du Code de procédure pénale qui organise l'accès aux données contenues dans les systèmes informatiques. Le texte prévoit, comme l'article 56, que « les données auxquelles il aura été permis d'accéder dans les conditions prévues par [l'article 57-1] peuvent être copiées sur tout support » et que « les supports de stockage informatique peuvent être saisis et placés sous scellés dans les conditions prévues par [le Code de procédure pénale] ».

221.34 Saisie et loyauté de la preuve. Rien ne s'oppose à ce que soit saisie une pièce obtenue de manière déloyale par une partie : l'origine de l'objet saisi est de ce point de vue indifférente.

Il a ainsi été jugé qu'était régulière la saisie par les officiers de police judiciaire agissant sur commission rogatoire de bandes magnétiques sur lesquelles avaient été enregistrées des conversations et des communications téléphoniques, et qui avaient été remises aux enquêteurs par la partie civile et des témoins[5]. Les enquêteurs avaient ensuite écouté puis retranscrit ces conversations sur procès-verbal. Il a été énoncé : « Les bandes ainsi saisies constituent des pièces à conviction et [...] la transcription de leur contenu dans des procès-verbaux n'est que la matérialisation dudit contenu afin d'en permettre la consultation ; [...] dès lors qu'il n'est ni établi, ni même allégué, que les enregistrements pratiqués ont été réalisés à l'instigation des officiers de police judiciaire ou par eux-mêmes, il ne saurait être imputé à ces derniers aucune violation ni de l'article 368 du Code pénal ni des droits de la défense non plus que de l'article 8 de la Convention européenne de sauvegarde des droits de l'homme et des libertés fondamentales du fait de cette saisie et de cette transcription, seuls actes de procédure

4. S. Sontag Koenig, « Les perquisitions 2.0 : quand l'informatique se saisit de l'immatériel », *AJ pénal* 2016. 238.
5. Crim. 28 avr. 1987, n° 86-96.621, P, n° 173.

susceptibles d'être annulés en application de l'article 172 du Code de procédure pénale. » Le principe est en effet celui qui suit : « Les enregistrements contestés qui, en eux-mêmes, ne sont pas des actes de l'information n'ont que la valeur d'indices de preuves, peuvent être discutés par les parties et faire l'objet de toutes mesures d'instruction utiles tant en ce qui concerne leur contenu que les circonstances dans lesquelles ils ont été établis. »

Cette position a été confirmée par la suite : « Le fait que des pièces produites par une partie pour sa défense auraient été obtenues par des moyens déloyaux ne permet pas au juge d'instruction de refuser de les joindre à la procédure, dès lors qu'elles ne constituent que des moyens de preuve dont la valeur peut être discutée contradictoirement. Il ne peut donc être reproché au juge d'instruction ni de saisir une bande magnétique, à lui remise par une partie, contenant l'enregistrement d'une conversation, ni de faire procéder à la transcription de cet enregistrement et de la joindre au dossier de la procédure, même si cet enregistrement a eu lieu à l'insu d'un des participants à cette conversation. »[1]

B.
Nécessité de la saisie

221.40 **Plan.** En raison de l'atteinte que porte toute saisie aux droits fondamentaux des personnes que cette mesure concerne, en particulier au droit de propriété et au droit au respect de la vie privée et familiale, celle-ci ne saurait être décidée sans qu'elle ne soit nécessaire. Les motifs de nature à justifier la saisie sont de deux ordres : cette mesure sera possible si l'objet de la saisie est utile à la manifestation de la vérité ou si cet objet est susceptible de confiscation dans les conditions de l'article 131-21 du Code pénal.

221.41 **Nécessité de la saisie pour la manifestation de la vérité.** Il résulte des dispositions de l'article 56 du Code de procédure pénale que peuvent être saisis les objets utiles à la manifestation de la vérité.

Les textes, toutefois, sont imprécis quant à la nature exacte de ce motif. Ainsi, l'article 56 du Code de procédure pénale dispose tout à la fois que l'officier de police judiciaire peut procéder à la saisie des données informatiques « nécessaires à la manifestation de la vérité », qu'avec l'accord du procureur de la République, cet enquêteur ne maintient que la saisie des objets, documents et données informatiques « utiles à la manifestation de la vérité », et enfin qu'une perquisition peut être effectuée « si la nature du crime est telle que la preuve en puisse être acquise par la saisie ». Or, la nécessité de la saisie, son utilité et la possibilité de la valeur probatoire de l'objet saisi sont autant de notions distinctes.

Sans doute cette imprécision est-elle inévitable et faut-il s'accorder sur l'idée que les saisies sont soumises à un principe de nécessité, tandis que, pour le surplus, le contenu de ce principe variera nécessairement selon le stade des investigations auquel sera décidée la mesure. L'on pourra probablement se contenter de la seule utilité de la saisie dans les premières heures d'une enquête de flagrance, tandis que la nécessité de la saisie sera appréciée plus strictement au terme de l'information judiciaire, à un moment où la vérité se sera davantage manifestée.

221.42 **Nécessité de la saisie en vue de la confiscation éventuelle.** Si, jusque dans un passé récent, seuls les objets nécessaires à la manifestation de la vérité pouvaient être saisis, le législateur, en adoptant la loi n° 2010-768 du 9 juillet 2010[2], a étendu le pouvoir de saisie selon le droit commun aux objets qui sont susceptibles de faire l'objet de la peine de confiscation. Ainsi, le premier alinéa de l'article 56 du Code de procédure pénale dispose dorénavant que « l'officier de police judiciaire peut également se transporter en tous lieux dans lesquels sont susceptibles de se trouver des biens dont la confiscation est prévue à l'article 131-21 du Code pénal, pour y procéder à une perquisition aux fins de saisie de ces biens », de telles dispositions se retrouvant au septième alinéa du texte qui prévoit que, avec l'accord du procureur de la République, l'officier de police judiciaire peut maintenir la saisie « des biens dont la confiscation est prévue à l'article 131-21 du Code pénal ». Cette évolution est majeure car elle traduit le changement de paradigme déjà signalé, la finalité des saisies n'étant plus seulement probatoire, mais aussi patrimoniale[3].

Il reste que les dispositions de l'article 56 ne sauraient être interprétées comme signifiant que tout bien confiscable serait susceptible d'être saisi selon le droit commun : comme il a été vu, il y a lieu de distinguer[4]. Si l'objet dont la saisie est envisagée est à la fois confiscable et utile à la manifestation de la vérité, il pourra bien sûr être saisi selon le droit commun. En revanche, s'il est seulement confiscable, la saisie sera opérée en application de l'article 56 si et seulement si aucun des critères d'application de l'une des procédures de saisies spéciales ne se trouve caractérisé. Positivement, seront saisis selon le droit commun les biens meubles corporels confiscables en application d'un autre texte que l'arti-

1. Crim. 11 févr. 1992, n° 91-86.067, P, n° 66.

2. L. n° 2010-768, 9 juill. 2010 *visant à faciliter la saisie et la confiscation en matière pénale*, *JO* 10 juill., p. 12753.
3. V. s^s n° 211.21.
4. V. s^s n° 211.21.

cle 131-21, alinéa 5 ou 6, du Code pénal, et dont on souhaite déposséder le propriétaire ou le détenteur, soit en pratique les biens meubles corporels confiscables, en nature ou en valeur, comme constituant l'instrument, l'objet ou le produit de l'infraction.

En particulier, alors que l'hésitation était permise, la chambre criminelle a posé pour principe que les biens meubles corporels confiscables en valeur, comme représentant l'instrument, l'objet ou le produit de l'infraction, peuvent être saisis selon le droit commun. Il a été énoncé dans une affaire où la question se posait au cours de l'instruction préparatoire : « La saisie pénale en valeur des biens meubles corporels doit être effectuée, au cours de l'information judiciaire, sur le fondement des articles 94 et 97 du Code de procédure pénale. »[1] En effet, en adoptant la loi n° 2012-409 du 27 mars 2012[2], le législateur a inséré parmi les seules dispositions du Code de procédure pénale organisant les procédures de saisies spéciales, l'article 706-141-1 énonçant que « la saisie peut également être ordonnée en valeur »[3], en sorte que l'on pouvait se demander selon quelle procédure les biens meubles corporels confiscables en valeur à titre d'instrument, d'objet ou de produit de l'infraction pouvaient être saisis : s'ils ne pouvaient l'être en application des procédures de saisies spéciales comme ne caractérisant aucun de leurs critères d'application, pouvaient-ils en revanche l'être selon le droit commun ? Ceci étant, la généralité des dispositions des articles 56, 76 et 97 du Code de procédure pénale était telle, en ce que ces textes prévoient la saisie des biens « dont la confiscation est prévue à l'article 131-21 du Code pénal », que ne pouvait qu'être posé par la chambre criminelle le principe précité, puisque les biens meubles corporels confiscables en valeur en application du neuvième alinéa de l'article 131-21 répondent à l'évidence à une telle définition. De surcroît, dès lors que les biens meubles corporels confiscables en valeur comme représentant l'instrument, l'objet ou le produit de l'infraction ne relèvent pas des procédures de saisies spéciales, ne pas admettre qu'ils puissent être saisis selon le droit commun serait revenu à interdire purement et simplement leur saisie, ce qui aurait méconnu la volonté exprimée par le législateur lors des travaux préparatoires de la loi n° 2010-768 du 9 juillet 2010[4], lequel entendait que tout bien confiscable soit saisissable[5].

1. Crim. 7 août 2019, n° 18-87.174, P, 148 ; *D.* 2019. 1654 ; *AJ pénal* 2019. 512, obs. M. Hy ; *RSC* 2019. 895, obs. J.-F. Renucci.
2. L. n° 2012-409, 27 mars 2012 *de programmation relative à l'exécution des peines, JO* 28 mars, p. 5592.
3. V. s[s] n° 231.22.
4. L. n° 2010-768, 9 juill. 2010 *visant à faciliter la saisie et la confiscation en matière pénale, JO* 10 juill., p. 12753.

221.43 Appréciation du caractère confiscable du bien. Si, comme nous venons de l'indiquer, il n'est pas douteux que l'officier de police judiciaire peut saisir, en application de l'article 56 du Code de procédure pénale, certains biens au seul motif qu'ils sont confiscables, c'est-à-dire lorsque les conditions examinées dans la première partie de cet ouvrage sont réunies, cette affirmation laisse entière la question de l'appréciation du caractère confiscable du bien au stade de la saisie. Pour le dire de façon plus concrète, lorsque la chambre de l'instruction est saisie d'une requête en nullité dirigée à l'encontre de la saisie d'un bien meuble corporel opérée au seul motif que celui-ci est confiscable, cette juridiction doit-elle apprécier ce caractère avec la même exigence que devrait le faire la juridiction de jugement ? Au contraire, doit-on admettre, dès lors que la saisie est intervenue au stade de l'enquête ou bien de l'information judiciaire, que les conditions qui déterminent le caractère confiscable du bien doivent faire l'objet d'un contrôle plus restreint qu'au moment de l'audience de jugement ? Une telle approche pourrait en effet être fondée sur le fait que l'objet des investigations restant à effectuer sera précisément de vérifier que ces conditions sont effectivement remplies et qu'il importe, dans l'attente de l'achèvement de l'enquête puis de l'instruction, de saisir le bien pour garantir l'exécution de la confiscation.

La chambre criminelle n'a pas eu l'occasion de se prononcer sur cette question en matière de saisies de droit commun. Nous verrons en revanche, en matière de saisies spéciales, qu'il résulte de plusieurs décisions que l'appréciation du caractère confiscable du bien saisi est portée différemment, selon que l'on se situe au stade de la saisie ou bien de la confiscation, cette solution pouvant être étendue aux saisies de droit commun[6].

221.44 Proportionnalité des saisies de droit commun. Il apparaît enfin que la chambre criminelle ne s'est jamais expressément prononcée sur la question de la mise en œuvre du contrôle de proportionnalité en matière de saisies de droit commun. La question peut être posée dans les termes qui suivent : le propriétaire d'un bien saisi en application de l'article 56 du Code de procédure pénale pourrait-il, une fois mis en examen, saisir la chambre de l'instruction d'une requête en nullité de la saisie fondée sur l'atteinte disproportionnée portée par cet acte d'enquête à son droit au respect des biens ou au respect de la vie privée et familiale ? Ou encore, un tel propriétaire, convoqué devant la juridiction de jugement, pourrait-il saisir celle-ci

5. *Rapp. Ass. nat.* n° 1689 (XIIIe législ.), p. 25.
6. V. s[s] n° 231.24.

d'une semblable exception de nullité ? La question pourrait du reste tout autant se poser en cas de mise en œuvre des dispositions de l'article 802-2 du Code de procédure pénale.

La réponse à cette interrogation pourrait ne pas être unique. Sans doute peut-on d'emblée écarter la mise en œuvre du contrôle de proportionnalité en cas de saisie de droit commun, en nature ou en valeur, aux fins de confiscation d'un meuble corporel constituant l'objet ou le produit de l'infraction, dès lors qu'en matière de saisies spéciales, il a été jugé que le juge répressif n'a pas à s'interroger sur la proportionnalité de la saisie d'un tel bien, comme nous le verrons [1].

La question est plus ouverte, en revanche, s'agissant de la saisie de droit commun à des fins de confiscation d'un meuble corporel constituant l'instrument de l'infraction et de la saisie de droit commun des objets utiles à la manifestation de la vérité. Dans le premier cas, la chambre criminelle considérant que le juge répressif doit contrôler la proportionnalité de la saisie spéciale de l'instrument de l'infraction [2], il pourrait y avoir lieu d'étendre la mise en œuvre de ce principe aux saisies de droit commun. Dans le second, la réponse est plus incertaine. Sans doute peut-on se demander si l'objectif à valeur constitutionnelle d'identification des auteurs d'infraction laisse de la place pour la mise en œuvre, en pareil cas, du contrôle de proportionnalité mais, réciproquement, nous savons que la Cour européenne des droits de l'homme procède au contrôle de la proportionnalité de l'atteinte portée par les saisies aux droits fondamentaux, y compris lorsque celles-ci ont été effectuées à des fins probatoires [3].

L'interprétation *a contrario* d'un arrêt – il est vrai unique – de la chambre criminelle pourrait du reste être en ce sens. Elle a en effet posé pour principe que « la saisie, par les enquêteurs, dans le but de rechercher les auteurs d'une infraction, d'un objet découvert abandonné sur la voie publique ou dans un conteneur collectif d'ordures ménagères ne constitue pas une atteinte à la vie privée, au sens de l'article 8 de la Convention européenne des droits de l'homme, nécessitant une autorisation judiciaire préalable à l'exploitation de son contenu » [4], ce qui revient, en creux, à ne pas avoir exclu les saisies probatoires du champ d'application de l'article 8 de la convention qui, tel qu'interprété par la Cour européenne des droits de l'homme, impose la mise en œuvre d'un contrôle de proportionnalité.

221.45 Saisie en tout état de cause des armes, lorsque l'enquête porte sur des infractions de violences. La loi n° 2020-936 du 30 juillet 2020 [5] a ajouté au premier alinéa de l'article 56 du Code de procédure pénale des dispositions dont il résulte que, lorsque l'enquête porte sur des infractions de violences, l'officier de police judiciaire, d'office ou sur instruction du procureur de la République, a le pouvoir de saisir les armes qui sont détenues par la personne suspectée ou dont celle-ci a la libre disposition, quel que soit le lieu où se trouvent ces armes, sans que leur saisie soit utile à la manifestation de la vérité, ni qu'elles soient confiscables.

Contrairement à ce qu'a été la perception du législateur, ces dispositions instituent un fondement autonome de saisissabilité des armes. En effet, il ressort des travaux préparatoires que le Parlement a envisagé la nouvelle rédaction de l'article 56 comme l'explicitation du droit existant. Ainsi, le rapport de la Commission des lois de l'Assemblée nationale énonce que « l'article 9 de la proposition de loi clarifie l'article 56 du Code de procédure pénale en précisant que, dans les affaires de violences susceptibles de se renouveler et particulièrement dans les infractions commises au sein du couple, l'officier de police judiciaire peut procéder à la saisie des armes détenues par le suspect ou présentes au domicile », et que « les forces de l'ordre ont fait part de leur satisfaction devant cette rédaction, qui explicite la possibilité de toujours saisir des armes dans les affaires de violence sans avoir à combiner l'article 56 du Code de procédure pénale à l'article 131-21 du Code pénal » [6]. D'ailleurs, alors que la proposition de loi prévoyait que seules les armes susceptibles de confiscation pourraient être saisies, la Commission des lois de l'Assemblée nationale a supprimé cette précision au motif qu'elle était « superflue », dès lors que « l'article 56 du Code de procédure pénale autorise déjà la saisie des biens "dont la confiscation est prévue à l'article 131-21 du Code pénal", biens parmi lesquels se trouvent "les objets qualifiés de dangereux [...], que ces biens soient ou non la propriété du condamné" » [7]. De même, selon le rapport de la Commission des lois du Sénat : « Le texte proposé par l'Assemblée nationale prévoit donc explicitement la possibilité pour l'officier de police judiciaire de saisir, sans qu'une instruction du procureur de la République soit nécessaire, les armes d'une personne suspecte d'être auteur de violence où qu'elles se trouvent. Il explicite ainsi essentiellement les possibilités déjà offertes aux officiers de police

1. V. s^{s} n° 231.25.
2. V. s^{s} n° 231.25.
3. V. s^{s} n° 213.51.
4. Crim. 6 avr. 2022, n° 21-84.092, P.
5. L. n° 2020-936, 30 juill. 2020 *visant à protéger les victimes de violences conjugales, JO* 31 juill., n° 2.
6. *Rapp. Ass. nat.* n° 2587 (XVe législ.), p. 45.
7. *Rapp. Ass. nat.* n° 2587 (XVe législ.), p. 46.

judiciaire par la combinaison des articles 56 du Code de procédure pénale et 131-21 du Code pénal. [...] Au cours de ses auditions, le rapporteur a été alerté sur deux points. D'une part, cette nouvelle rédaction étendrait le pouvoir des officiers de police judiciaire de saisir d'office les armes sans intervention du procureur. [...] Pour autant, il apparaît au rapporteur que la pratique, telle qu'elle résulte de la réforme de l'article 56 du Code de procédure pénale en 2010, a déjà permis ces évolutions de la pratique des officiers de police judiciaire dans le cadre de l'enquête. Le texte proposé par l'Assemblée nationale ne fait donc qu'expliciter ces évolutions vieilles de dix ans. »[1]

Il reste qu'étant relevé que, selon le rapport de la Commission des lois de l'Assemblée nationale, les nouvelles dispositions ont vocation à s'appliquer non seulement aux armes par nature, mais également à celles par destination au sens de l'article 132-75 du Code pénal[2], toute arme n'est pas nécessairement confiscable, alors que toute arme est dorénavant toujours saisissable lorsque l'enquête porte sur des infractions de violences. Toutes les armes par nature ou par destination, en effet, ne constituent pas nécessairement des « objets qualifiés de dangereux ou nuisibles par la loi ou le règlement », de même que leur détention n'est pas forcément illicite. Rappelons, en effet, que la chambre criminelle a une compréhension stricte de ces qualifications[3].

Or, cette extension des possibilités de saisie ne sera pas sans portée pratique pour les personnes mises en cause pour des infractions de violences, dès lors que, sans être nécessairement susceptibles d'être confisquées, les armes saisies pourront néanmoins ne pas être restituées au terme du procès pénal, dès lors que l'ensemble des textes organisant les procédures de restitution ont en commun de prévoir, comme il sera vu[4], que celle-ci peut être refusée lorsque l'objet présente un danger pour les personnes ou les biens[5] – sans donc que l'objet doive être qualifié de dangereux ou nuisible par la loi ou le règlement, ou que sa détention doive être illicite.

Ainsi, au stade du bilan, en réformant l'article 56 du Code de procédure pénale, le législateur a développé le pouvoir de l'autorité judiciaire de retirer définitivement aux personnes mises en cause pour des infractions de violences les armes par nature ou par destination qu'elles détiennent ou qu'elles ont à leur libre disposition.

1. *Rapp. Sénat* n° 482 (2019-2020), p. 49.
2. *Rapp. Ass. nat.* n° 2587 (XVe législ.), p. 44.
3. V. ss n° 243.26.
4. V. ss n° 245.121.
5. C. pr. pén., art. 41-4, 99, 177, 212, 373, 481, 484 et 543.

C. Protection de certains secrets et de certaines activités professionnelles

221.50 **Plan.** Le législateur a organisé la conciliation entre la nécessité de saisir certains objets au cours des investigations pénales et celle d'assurer la protection de certains secrets et de certaines activités professionnelles.

La question, en vérité, se dédouble puisque se pose, d'une part, la question de savoir si une pièce présentant un caractère secret ou s'inscrivant dans le cadre de certaines activités professionnelles peut être saisie, d'autre part, celle de la protection de ces intérêts à l'occasion des procédures de saisie. En d'autres termes, il y a lieu de distinguer entre la question du fond et celle de la forme. Il ne sera pour l'instant question que du fond.

Sur le fond, si les pièces couvertes par le seul secret professionnel peuvent être saisies (1°), des dispositions légales spécifiques tendent en revanche à protéger le secret nécessaire à l'exercice des droits de la défense (2°), le secret du délibéré (3°), le secret des sources des journalistes (4°), et enfin le secret de la défense nationale (5°).

1° Principe de la « saisissabilité » des pièces couvertes par le secret professionnel

221.61 **Origine prétorienne du principe.** Dans le silence de la loi, la chambre criminelle a produit une jurisprudence abondante dont il peut être déduit que le fait qu'un objet ou qu'un document soit couvert par le secret professionnel est insusceptible d'en interdire la saisie.

Ainsi, il a été jugé que « les pouvoirs que le juge d'instruction tient de l'article 81 du Code de procédure pénale ne souffrent en principe aucune restriction » et que « le secret [médical] ne met pas obstacle à la saisie par le juge d'instruction d'un dossier contenant des renseignements médicaux relatifs à l'admission et au séjour dans un établissement hospitalier d'un inculpé, dont ce magistrat a ordonné l'examen par des experts, afin de vérifier si son état, au moment de son hospitalisation, pouvait être médicalement expliqué ou s'il était simulé »[6]. L'on retrouve, au reste, la même affirmation à propos de la saisie de documents comptables relatifs à l'exploitation d'un cabinet dentaire[7].

Par ailleurs, dans le domaine bancaire, il a été affirmé que le secret professionnel est insusceptible de faire obstacle à « la saisie de documents comptables ayant trait à l'exploitation d'une charge de commissionnaire agréé près une bourse de commerce »[8].

6. Crim. 24 avr. 1969, n° 68-93.507, P, n° 145.
7. Crim. 8 juin 1966, n° 66-90.067, P, n° 167.
8. Crim. 23 mars 1977, n° 75-92.170, P, n° 109.

Enfin, de façon plus récente, il a été énoncé que « l'obligation imposée aux ministres du culte de garder le secret des faits dont ils ont connaissance dans l'exercice de leur ministère ne met pas obstacle à ce que le juge d'instruction procède à la saisie de tous documents, pièces ou objets utiles à la manifestation de la vérité »[1].

2°
Protection des droits de la défense et du secret professionnel de la défense et du conseil

221.70 **Plan.** La question de la « saisissabilité » des pièces couvertes par le secret professionnel de l'avocat avait donné lieu à une abondante jurisprudence de la chambre criminelle, sous l'influence de celle de la Cour européenne des droits de l'homme[2]. Selon cette jurisprudence, si, conformément au droit commun, le secret professionnel de l'avocat n'était pas de nature à interdire la saisie de pièces concernant l'activité professionnelle de l'intéressé[3], dès lors que la mesure était nécessaire, il en allait autrement lorsque la saisie portait atteinte au principe du respect des droits de la défense qui était toutefois compris strictement comme excluant les pièces établies dans le cadre de l'activité de conseil de l'avocat[4]. En effet, s'agissant des pièces concernées par l'exercice des droits de la défense, seules étaient saisissables celles propres à établir la preuve de la participation de l'avocat à une infraction[5].

L'état du droit a cependant substantiellement évolué à la suite de l'adoption de la loi n° 2021-1729 du 22 décembre 2021 *pour la confiance dans l'institution judiciaire*[6] qui a largement remis en cause la distinction entre le domaine du conseil et celui de la défense, pour généraliser le principe de la prohibition de la saisie des pièces relevant de l'exercice des droits de la défense, lequel connaît toutefois deux exceptions.

221.71 **Principe de la prohibition de la saisie des pièces relevant de l'exercice des droits de la défense et couvertes par le secret professionnel de la défense et du conseil.** La loi du 22 décembre 2021 a complété l'article préliminaire du Code de procédure pénale par un nouvel alinéa disposant que « le respect du secret professionnel de la défense et du conseil, prévu à l'article 66-5 de la loi n° 71-1130 du 31 décembre 1971 portant réforme de certaines professions judiciaires et juridiques, est garanti au cours de la procédure pénale dans les conditions prévues par le présent code ».

Les contours de la mise en œuvre de ce principe en matière de saisies ont été précisés à l'article 56-1 du Code de procédure pénale, relatif aux perquisitions susceptibles d'être effectuées dans les cabinets d'avocat ou à leur domicile, ainsi que dans un nouvel article 56-1-1 relatif à la saisie, dans tout autre lieu, de pièces susceptibles de relever de l'exercice des droits de la défense. Le deuxième alinéa du premier de ces textes dispose ainsi que le magistrat qui effectue la perquisition veille notamment à ce qu'aucun document « relevant de l'exercice des droits de la défense et couvert par le secret professionnel de la défense et du conseil, prévu à l'article 66-5 de la loi n° 71-1130 du 31 décembre 1971 portant réforme de certaines professions judiciaires et juridiques, ne soit saisi et placé sous scellé », quand le second prohibe la saisie d'un tel document quel que soit le lieu de sa découverte.

Ainsi rédigés à la suite de l'adoption d'une série d'amendements identiques en commission des lois de l'Assemblée nationale[7], les nouveaux textes reviennent sur la distinction jurisprudentielle entre le régime applicable à la saisie des documents établis dans le cadre de l'activité de conseil de l'avocat et

1. Crim. 17 déc. 2002, n° 02-83.679, P, n° 231 ; *D.* 2004. 302, obs. C. Bouvier-Le Berre ; *JCP G* 2003. II. 10036, obs. M.-L. Rassat ; *Gaz. Pal.* 23 mai 2003, n° 143, p. 12, concl. D. Commaret, obs. A. Damien et O. Échappé ; *RTD civ.* 2003. 575, obs. R. Libchaber.
2. J.-F. Renucci, « Les avocats dans la jurisprudence de la Cour européenne des droits de l'homme », *D.* 2016. 225 – NOTAMMENT : CEDH 16 déc. 1992, *Niemietz c/Allemagne*, req. n° 13710/88 ; *D.* 1993. Somm. 386, obs. J.-F. Renucci ; *Gaz. Pal.* 24 juin 1993, chron. G. Junoszazdrojewski.
3. Crim. 5 juin 1975, n° 74-92.792, P, n° 146 ; *GAPP*, 8e éd., Dalloz, 2016, nos 18 et 33 – Crim. 9 févr. 1988, n° 87-82.709, P, n° 63 ; *D.* 1991. 299, obs. A. Brunois ; *RSC* 1990. 73, obs. G. Levasseur – Crim. 20 janv. 1993, n° 92-85.548, P, n° 29 – Crim. 5 juill. 1993, n° 93-81.275, P, n° 236 – Crim. 7 mars 1994, n° 93-84.931, P, n° 87 ; *D.* 1995. 167, obs. A. Brunois ; *D.* 1994. 188, obs. J. Pradel ; *RSC* 1994. 576, obs. J.-C. Marin – Crim. 5 oct. 1999, n° 98-80.007, P, n° 206 ; *D.* 2000. 155, obs. B. Blanchard – Crim. 27 juin 2001, n° 01-81.865, P, n° 163 ; *D.* 2001. 2947 ; *RSC* 2001. 834, obs. D. N. Commaret – Crim. 14 janv. 2003, n° 02-87.062, P, n° 6 ; *D.* 2003. 944, et les obs. ; *RSC* 2003. 884, obs. J.-F. Renucci – Crim. 18 juin 2003, n° 03-81.979, P, n° 129 ; *Dr. pén.* 2003, comm. 116, obs. A. Maron ; *RSC* 2004. 422, obs. J. Buisson – Crim. 1er mars 2006, n° 05-87.252, P, n° 60 ; *D.* 2006. 1188 ; *AJ pénal* 2006. 304, note P. Remillieux – Crim. 4 oct. 2016, n° 16-82.308, NP – AUSSI, plus récemment, dans un contentieux voisin : Crim. 25 nov. 2020, n° 19-84.304, NP.
4. Crim. 13 déc. 2006, n° 06-87.169, P, n° 313 ; *D.* 2007. 973, obs. J. Pradel ; *D.* 2007. 306, obs. C. Girault – AUSSI : Crim. 9 févr. 1988, n° 87-82.709, P, n° 63 – Crim. 12 mars 1992, n° 91-86.843, P, n° 112 – Crim. 7 mars 1994, n° 93-84.931, P, n° 87 – Crim. 30 juin 1999, n° 97-86.318, P, n° 172 ; *D.* 1999. 458, obs. J. Pradel ; *Dr. pén.* 1999, comm. 155, obs. A. Maron ; *RSC* 2000. 840, obs. D. Commaret.
5. Crim. 12 mars 1992, n° 91-86.843, P, n° 112 – Crim. 20 janv. 1993, n° 92-85.548, P, n° 29 – Crim. 27 juin 2001, n° 01-81.865, P, n° 163 ; *D.* 2001. 2947 ; *RSC* 2001. 834, obs. D. Commaret – Crim. 5 oct. 1999, n° 98-80.007, P, n° 206 ; *D.* 2000. 155, obs. B. Blanchard – Crim. 18 juin 2003, n° 03-81.979, P, n° 129 ; *Dr. pén.* 2003, comm. 116, obs. A. Maron ; *RSC* 2004. 422, obs. J. Buisson – Crim. 1er mars 2006, n° 05-87.252, P, n° 60 ; *D.* 2006. 1188 ; *AJ pénal* 2006. 304, note P. Remillieux.
6. L. n° 2021-1729, 22 déc. 2021 *pour la confiance dans l'institution judiciaire*, *JO* 23 déc., n° 2.
7. *Rapp. Ass. nat.* nos 4146 et 4147 (XVe législ.), p. 400.

celui concernant la saisie de ceux élaborés pour son activité de défense : la saisie des documents relevant de l'exercice des droits de la défense est par principe prohibée, peu important la nature de l'activité de l'avocat. Un critère fonctionnel a été préféré à un critère tenant à la nature de l'activité.

Réciproquement, les nouveaux textes ne paraissent pas prohiber la saisie de l'ensemble des pièces relatives à l'activité de conseil et à celle de défense de l'avocat, et comme telles couvertes par le secret professionnel. La loi dispose que ne peuvent être saisis les documents relevant de l'exercice des droits de la défense « et » couvert par le secret professionnel de la défense et du conseil. Ont ainsi été énoncées deux conditions devant être cumulativement réunies pour que la saisie se trouve prohibée : le document litigieux doit être couvert par le secret professionnel de l'avocat, sans qu'il y ait lieu de distinguer selon le type d'activité de l'intéressé (défense ou conseil), mais il doit néanmoins relever de l'exercice des droits de la défense. Si cette condition sera par définition toujours satisfaite lorsque le document se rattachera à l'activité de défense de l'avocat, il en ira en revanche autrement en matière de conseil. Dans ce cas, la saisissabilité du document dépendra de la question de savoir si le document a été établi dans la perspective de la défense du client de l'avocat concerné.

Cette interprétation littérale du texte trouve un relais dans les travaux préparatoires de la loi du 22 décembre 2021. Pour justifier le fait que la commission des lois de l'Assemblée nationale ait étendu la prohibition de la saisie aux pièces relevant de l'exercice des droits de la défense et couvertes par le secret du conseil – et plus seulement de la défense –, le rapporteur a énoncé : « Les débats sur le présent article ont montré une volonté quasi-unanime pour que la protection attachée aux activités d'un avocat ne soit pas limitée aux tâches de défense pénale, mais au contraire étendue aux prestations de conseil. En apparence, l'avocat tient alors un rôle qui pourrait échoir à d'autres professionnels du droit, et on pourrait en déduire que l'activité en elle-même ne vaut pas d'être entourée de garanties. En réalité, les membres de la commission des lois ont souligné que le client d'un avocat peut rapidement passer d'une catégorie à l'autre, raison pour laquelle ils ont précisément choisi de se confier à un avocat plutôt qu'à un autre prestataire. Celui qui prend conseil parce qu'il s'attend à être prochainement poursuivi, ou parce qu'il sait avoir commis une infraction pénale, en réalité, prépare déjà sa défense. Saisir ces documents, officiellement de conseil, dans une perquisition ou par des interceptions téléphoniques revient très directement à violer les droits de la défense. »[1] Le rapport de la commission des lois du Sénat est aussi en ce sens. Il est relevé à propos de la modification apportée au projet de loi par l'Assemblée nationale : « L'article 56-1 du Code de procédure pénale en matière de perquisition a toutefois été complété par un amendement du Gouvernement à qui il n'est apparu "ni possible ni justifié d'étendre au cours de la procédure pénale l'inviolabilité des actes d'avocat relevant de son activité de conseil, car cette protection n'est justifiée que par l'exercice des droits de la défense". Cette modification rendrait plus explicite la nature du document sur lequel porte l'interdiction de saisie lors d'une perquisition chez un avocat : celui-ci devrait à la fois relever de l'exercice des droits de la défense et être couvert par le secret professionnel de la défense et du conseil. Cette précision maintiendrait l'exigence d'un lien avec l'exercice des droits de la défense, ce qui semble exclure ce qui relève uniquement d'une activité de conseil. »[2] Il est vrai que la volonté de ne prohiber que la seule saisie des pièces relevant de l'exercice des droits de la défense ressortait des motifs de l'amendement du Gouvernement adopté en commission des lois[3], complété par un sous-amendement du rapporteur de la commission[4] : « S'il ne paraît ni possible ni justifié d'étendre au cours de la procédure pénale l'inviolabilité des actes d'un avocat relevant de son activité de conseil, car cette protection n'est justifiée que par l'exercice des droits de la défense, il convient de préciser cette notion de façon extensive. Il est ainsi indiqué qu'elle couvre également la défense exercée avant même qu'une procédure pénale ne soit ouverte et que la personne ne soit mise en cause par l'autorité judiciaire. Toute personne ayant commis une infraction et sollicitant alors les conseils d'un avocat pour le cas où elle ferait l'objet d'une procédure pénale doit en effet pouvoir être assurée de la confidentialité absolue des échanges avec son conseil. »

Au reste, cette compréhension du texte est aussi celle du Conseil constitutionnel qui a relevé, précisément pour déclarer conforme à la Constitution, comme ne portant pas atteinte au principe du respect des droits de la défense, la restriction à la protection du secret professionnel de la défense et du conseil résultant des mots « relevant de l'exercice des droits de la défense » qui figurent au deuxième alinéa de l'article 56-1, que « les dispositions [de ce texte] interdisent la saisie des documents couverts par le secret professionnel de la défense et du conseil, prévu à l'article 66-5 de la loi du 31 décembre 1971 [...] » mais en précisant : « dès lors qu'ils relèvent de l'exercice des droits de la défense »[5].

1. *Rapp. Ass. nat.* n°s 4146 et 4147 (XVe législ.), p. 70 – AUSSI p. 402.
2. *Rapp. Sénat* n° 834 (2020-2021), p. 42.
3. Amendement n° CL 654.
4. Amendement n° CL 657.
5. Cons. const. 19 janv. 2023, n° 2022-103 QPC, *JO* 20 janv., n° 55.

221.72 **Exception : caractère saisissable des pièces relevant de l'exercice des droits de la défense et couvertes par le seul secret du conseil lorsque les investigations portent sur certaines infractions financières.** Par exception à ce qui précède, les rédacteurs de la loi du 22 décembre 2021 ont exclu, à l'initiative de la commission des lois du Sénat, que le secret du conseil puisse interdire la saisie de pièces, relèveraient-elles de l'exercice des droits de la défense, lorsque les investigations portent sur certaines infractions financières se trouvant énumérées au nouvel article 56-1-2 du Code de procédure pénale : fraude fiscale[1], financement du terrorisme[2], corruption et trafic d'influence[3], et blanchiment de ces infractions.

Selon le rapporteur de la commission des lois du Sénat, cette dérogation était destinée à préserver les moyens de lutte contre la délinquance économique et financière et se trouvait justifiée par l'objectif à valeur constitutionnelle de prévention des atteintes à l'ordre public et des infractions et les engagements internationaux de la France[4].

Cette exception est cependant conditionnée : encore faut-il, précise l'article 56-1-2, pour que la saisie soit régulière, que « les consultations, correspondances ou pièces détenues ou transmises par l'avocat ou son client établissent la preuve de leur utilisation aux fins de commettre ou de faciliter la commission desdites infractions ».

Le Conseil constitutionnel a considéré que ces dispositions sont conformes à la Constitution[5]. Outre le fait qu'elles poursuivent les objectifs de valeur constitutionnelle de recherche des auteurs d'infractions et de lutte contre la fraude fiscale, elles ne méconnaissent pas les droits de la défense, dès lors qu'elles ne s'appliquent pas aux documents couverts par le secret professionnel de la défense (seuls en effet les documents couverts par le secret du conseil sont compris dans le champ d'application de l'exception), que seuls peuvent être saisis les documents qui ont été utilisés afin de commettre ou de faciliter la commission des infractions visées par le texte, et qu'enfin le bâtonnier, son délégué ou la personne chez laquelle il est procédé à la perquisition peut s'opposer à la saisie dans les conditions du droit commun.

221.73 **Exception : caractère saissables des pièces propres à établir la preuve de la participation de l'avocat à une infraction.** La loi du 22 décembre 2021 n'a de même nullement remis en cause la faculté pour l'autorité judiciaire de saisir les pièces de nature à établir la preuve de la participation de l'avocat à une infraction, ces pièces relèveraient-elles de l'exercice des droits de la défense.

Au soutien de cette interprétation, l'on relèvera en effet que le premier alinéa de l'article 56-1 du Code de procédure pénale dispose notamment, dans sa nouvelle rédaction, que « lorsque la perquisition est justifiée par la mise en cause de l'avocat, elle ne peut être autorisée que s'il existe des raisons plausibles de le soupçonner d'avoir commis ou tenté de commettre, en tant qu'auteur ou complice, l'infraction qui fait l'objet de la procédure ou une infraction connexe au sens de l'article 203 ». Si de telles perquisitions sont expressément autorisées par la loi, il doit nécessairement en aller de même de la saisie des pièces susceptibles d'être découvertes.

Au reste, le représentant du Gouvernement avait relevé au cours des travaux de la commission des lois de l'Assemblé nationale qu'« il ne [s'agissait] pas de protéger l'avocat et, si l'avocat [était] suspecté d'avoir commis une infraction, il [était] normal qu'il soit traité comme n'importe quel justiciable. »[6]

3°
Protection du secret du délibéré

221.81 **Protection du secret du délibéré.** En l'absence de texte, la chambre criminelle a encadré la « saisissabilité » des pièces couvertes par le secret du délibéré.

En effet, dans une affaire à fort retentissement médiatique, la chambre criminelle a posé pour principe, au visa de l'article 6 § 1, de la Convention européenne des droits de l'homme, que « si aucune disposition légale ne protège spécifiquement le secret du délibéré, principe indissociable des fonctions juridictionnelles en tant que garantie de l'indépendance des juges et d'un procès équitable, il se déduit de la disposition conventionnelle susvisée et des principes généraux du droit que l'atteinte que constitue la saisie par un juge d'instruction, dans le cadre des pouvoirs qu'il tient de l'article 81 du Code de procédure pénale, de documents couverts par ce secret, ne saurait être justifiée qu'à la condition qu'elle constitue une mesure nécessaire à l'établissement de la preuve d'une infraction pénale »[7].

Dans cette affaire, des juges d'instruction avaient procédé à une perquisition à la Cour de cassation, au cours de laquelle ils avaient saisi, auprès du

1. CGI, art. 1741 et 1743.
2. C. pén., art. 421-2-2.
3. C. pén., art. 433-1, 433-2 et 435-1 à 435-10.
4. *Rapp. Sénat* n° 834 (2020-2021), p. 45.
5. Cons. const. 19 janv. 2023, n° 2022-103 QPC, *JO* 20 janv., n° 55.
6. *Rapp. Ass. nat.* n°s 4146 et 4147 (XVe législ.), p. 403.
7. Crim. 22 mars 2016, n° 15-83.207, P, n° 92 ; *D.* 2016. 713 ; *D.* 2016. 1727, obs. J. Pradel ; *RSC* 2016. 364, obs. F. Cordier ; *Dr. pén.* 2017, chron. 1, obs. V. Georget ; *Dr. pén.* 2017, comm. 86, obs. A. Maron et M. Haas ; *Procédures* 2016, comm. 171, obs. A.-S. Chavent-Leclere.

service informatique de cette juridiction, des documents couverts par le secret du délibéré, à savoir l'avis personnel du conseiller de la chambre criminelle ayant instruit un certain pourvoi, ainsi que le projet d'arrêt qu'il avait préparé en vue de l'audience collégiale. Cette perquisition et la saisie étaient intervenues postérieurement au refus de communiquer lesdits documents opposés aux juges d'instruction par les magistrats de la formation de jugement, en conformité avec leur serment de garder le secret du délibéré, prêté en application de l'article 6 de l'ordonnance n° 58-1270 du 27 décembre 1958[1].

Pour écarter le moyen d'annulation pris de l'irrégularité de la saisie de l'avis du rapporteur et du projet d'arrêt précités, couverts par le secret du délibéré, l'arrêt de la chambre de l'instruction avait retenu qu'aucun texte ne prévoyait une protection dérogatoire au droit commun de cette catégorie de documents et que le juge d'instruction tenait de l'article 81 du Code de procédure pénale le pouvoir de procéder à la saisie de toutes pièces ou document pouvant apparaître utile à la manifestation de la vérité, sans que puisse lui être opposé le secret professionnel.

La chambre criminelle a censuré cette appréciation, en considérant au contraire, en application du principe précédemment rappelé, que l'appréhension litigieuse n'était pas « indispensable » à la recherche de la preuve d'un trafic d'influence, dont seul était suspecté un magistrat étranger à la chambre criminelle, alors qu'il n'existait aucun indice de participation d'un membre de la formation de jugement ayant participé au délibéré à une quelconque infraction et qu'en conséquence, en procédant ainsi, les juges d'instruction avaient porté une atteinte « non nécessaire » au secret du délibéré.

À l'évidence, la chambre criminelle a entendu se montrer exigeante quant à la nécessité des saisies de pièces couvertes par le secret du délibéré. Selon le droit commun, une saisie doit être « utile », voire « nécessaire » à la manifestation de la vérité. Ici, la chambre criminelle a posé le principe de la nécessité de la saisie pour l'établissement de la preuve d'une infraction pénale, comme selon le droit commun, mais elle a *in fine* procédé à une appréciation plus stricte de cette nécessité, en jugeant qu'au cas particulier l'atteinte portée au secret du délibéré n'était pas nécessaire, dès lors que la mesure litigieuse n'était pas « indispensable ». L'on dira donc que la saisie d'une pièce couverte par le secret du délibéré doit être la condition *sine qua non* de la manifestation de la vérité et, à s'en tenir à cette analyse, il y aurait, entre les conditions de la saisie de pièces couvertes par le secret du délibéré et celles de la saisie de pièces ordinaires, une différence de degré plus que de nature.

Mais cet arrêt peut-il être interprété plus avant ? En effet, en l'état de cette première interprétation, les pièces couvertes par le secret du délibéré bénéficieraient d'un régime juridique moins protecteur que celles se rapportant à l'exercice des droits de la défense dont le régime juridique a été examiné[2]. En effet, ces dernières bénéficient d'un régime purement et simplement différent du droit commun, puisqu'il ne suffit pas que la saisie soit nécessaire à la manifestation de la vérité, dès lors que celle-ci doit être de nature à établir la preuve d'une infraction commise par l'avocat : la condition de la saisie n'est pas appréciée plus strictement ; elle est d'une nature plus étroite. Pourtant, certains aspects de l'arrêt du 22 mars 2016 pourraient être interprétés comme signifiant que les pièces couvertes par le secret du délibéré bénéficieraient d'un régime juridique comparable à celui des pièces relevant de l'exercice des droits de la défense, en ce qu'elles ne pourraient être saisies que dans la seule hypothèse où la saisie serait nécessaire à la caractérisation d'une infraction reprochée à l'un des magistrats ayant participé au délibéré. Pour considérer que la saisie était irrégulière, la chambre criminelle a en effet relevé que l'acte litigieux « n'était pas indispensable à la recherche de la preuve d'un trafic d'influence, dont seul était suspecté un magistrat étranger à la chambre criminelle, qu'il n'existait aucun indice de participation d'un membre de la formation de jugement ayant participé au délibéré à une quelconque infraction et qu'en conséquence, en procédant ainsi, les juges d'instruction avaient porté une atteinte non nécessaire au secret du délibéré ». Le caractère non nécessaire de la saisie a ainsi bien été déduit de ce que seul était suspecté de trafic d'influence un magistrat étranger à la chambre criminelle et qu'il n'existait aucun indice de participation d'un membre de la formation de jugement ayant participé au délibéré à une quelconque infraction. Aussi, faut-il comprendre que seule l'existence d'indices de la participation à une infraction d'un magistrat ayant participé au délibéré serait de nature à autoriser la saisie de pièces couvertes par le secret du délibéré ? Une telle position ne serait pas sans argument juridique, dès lors que le principe du secret du délibéré a été à juste titre rattaché à celui de l'indépendance des juridictions, qui a une valeur normative équivalente au principe du respect des droits de la défense, en sorte que les atteintes portées à l'un comme à l'autre pourraient devoir bénéficier

1. Ord. n° 58-1270, 22 déc. 1958 *portant loi organique relative au statut de la magistrature, JO* 23 déc., p. 11551.

2. V. s^s^ n° 221.70.

de régimes juridiques comparables. Telle a d'ailleurs été l'analyse de certains auteurs [1].

4°
Protection du secret des sources des journalistes

221.91 Protection du secret des sources. Le législateur a récemment renforcé la protection dont bénéficie le secret des sources des journalistes [2] en adoptant des dispositions destinées, selon le rapporteur de la Commission des lois de l'Assemblée nationale se référant à l'exposé des motifs du projet de loi, à « renforcer la liberté d'exercice du métier de journaliste, ainsi que, de manière plus générale, la crédibilité dont les journalistes pourront se prévaloir auprès de leurs informateurs en affirmant de manière solennelle et absolue le principe de la protection du secret de leurs sources et en tirant les conséquences de ce principe en matière de procédure pénale » [3], dès lors que le secret des sources est « une condition de la liberté et de la crédibilité de la presse » [4], ou encore « le corollaire de la liberté d'information et du droit des citoyens d'être informés » [5], eux-mêmes perçus comme étant consubstantiels à la démocratie.

Ces dispositions ont été adoptées par le Parlement en la contemplation explicite des exigences de la Cour européenne des droits de l'homme développées à partir de l'important arrêt *Goodwin contre Royaume-Uni* du 27 mars 1996 [6], dont les critères d'appréciation de la conventionnalité de l'atteinte au secret des sources des journalistes ont ainsi été inscrits dans la loi, et de celles de la Recommandation n° R (2000) 7 du Comité des ministres du Conseil de l'Europe *sur le droit des journalistes de ne pas révéler leurs sources d'information*, afin de mettre le droit français en conformité avec les engagements internationaux de la France.

La loi n° 2010-1 du 4 janvier 2010 [7] a ainsi modifié l'article 2 de la loi du 29 juillet 1881 [8] *sur la liberté de la presse*, dont le premier alinéa dispose dorénavant que « le secret des sources des journalistes est protégé dans l'exercice de leur mission d'information du public », tandis que le troisième prévoit qu'« il ne peut être porté atteinte directement ou indirectement au secret des sources que si un impératif prépondérant d'intérêt public le justifie et si les mesures envisagées sont strictement nécessaires et proportionnées au but légitime poursuivi », et que « cette atteinte ne peut en aucun cas consister en une obligation pour le journaliste de révéler ses sources », et que le cinquième énonce qu'« au cours d'une procédure pénale, il est tenu compte, pour apprécier la nécessité de l'atteinte, de la gravité du crime ou du délit, de l'importance de l'information recherchée pour la répression ou la prévention de cette infraction et du fait que les mesures d'investigation envisagées sont indispensables à la manifestation de la vérité » [9].

La structure de cet article est importante : le premier alinéa énonce le principe de la protection des sources des journalistes, tandis que le troisième prévoit les conditions générales de dérogation à celui-ci, lesquelles s'appliquent quelle que soit la procédure judiciaire ou administrative en cause, et que le cinquième précise comment ces conditions doivent être spécialement déclinées en matière pénale [10].

Si le texte n'a pas défini la notion de « source », motif pris de ce que celle-ci allait, semble-t-il, de soi [11], il a en revanche été énoncé une définition autonome de la notion de journaliste, distincte de celle issue du Code du travail [12] et directement inspirée de la définition retenue dans la Recommandation n° R (2000) 7 du Comité des ministres du Conseil de l'Europe, comme correspondant à « toute personne qui, exerçant sa profession dans une ou plusieurs entreprises de presse, de communication au public en ligne, de communication audiovisuelle ou une ou plusieurs agences de presse, y pratique, à titre régulier et rétribué, le recueil d'informations et leur diffusion au public » [13], le souci du législateur étant, pour reprendre les termes du rapport de la Commission des lois du Sénat, de faire « bénéficier l'ensemble de la chaîne de l'infor-

1. A. Maron et M. Haas, « Nouvelle victoire de Pyrrhus… mais toujours à la Pyrrhus ? », *Dr. pén.* 2016, comm. 86.
2. A. Guedj, « Le secret des sources des journalistes », *AJ pénal* 2009. 163 – J. Bossan, « La protection du secret des sources des journalistes en procédure pénale », *Dr. pén.* 2010, étude 14 – L. François, « La stigmatisation européenne des perquisitions dans les locaux d'entreprises de presse », *Légipresse* 2012, n° 296, juill.-août 2012, p. 421 – E. Dreyer, « Sur la nécessité de protéger les sources des journalistes », *D.* 2012. 2282.
3. *Rapp. Ass. nat.* n° 771 (XIIIe législ.), p. 6 – AUSSI : *Rapp. Sénat* n° 420 (2007-2008).
4. *Rapp. Ass. nat.* n° 771, préc., p. 7.
5. *Rapp. Ass. nat.* n° 771, préc., p. 27.
6. CEDH 27 mars 1996, *Goodwin c/Royaume-Uni de Grande-Bretagne et d'Irlande du Nord*, req. n° 17488/90 ; *AJDA* 1996. 1005, chron. J.-F. Flauss ; *D.* 1997. 211, obs. N. Fricero ; *RTD civ.* 1996. 1026, obs. J.-P. Marguénaud.
7. L. n° 2010-1, 4 janv. 2010 *relative à la protection du secret des sources des journalistes, JO* 5 janv., p. 272.
8. L. 29 juill. 1881 *sur la liberté de la presse, JO* 30 juill., p. 4201.
9. SUR CE TEXTE : circ. Justice, 20 janv. 2010 *de présentation des dispositions de la loi n° 2010-1 du 4 janvier 2010 relative à la protection des sources des journalistes modifiant la loi du 29 juillet 1881 sur la liberté de la presse et le Code de procédure pénale*, NOR : JUS D 1001800 C, *BOMJL* n° 2010-01, 28 févr. 2010.
10. *Rapp. Ass. nat.* n° 771, préc., p. 30 et 31.
11. *Rapp. Sénat* n° 420, préc., p. 27.
12. C. trav., art. L. 7111-3.
13. L. 29 juill. 1881, art. 2.

mation de la protection du secret des sources »[1]. La qualité de journaliste, au sens de la loi du 4 janvier 2010, tient ainsi à la nature, à l'importance et au lieu de l'activité litigieuse. On relèvera que la référence à la « diffusion » d'informations au public permet d'étendre la protection de la loi aux directeurs de publication, tandis que la condition relative à l'importance de l'activité ne permet pas à celui qui exerce son activité bénévolement ou à titre occasionnel de se prévaloir de la qualité de journaliste[2]. Ainsi que l'a précisé la circulaire du 20 janvier 2010[3], cette définition inclut donc les correspondants de presse ou les journalistes d'investigation publiant des ouvrages et tirant la majorité de leurs revenus de leurs droits d'auteur, alors qu'à l'inverse semblent devoir être exclus les stagiaires non rémunérés ou bien encore les personnes ayant uniquement publié une tribune dans un journal. Enfin, la référence aux entreprises de communication au public en ligne tient compte des évolutions techniques et de la nouvelle nature des médias.

Ces dispositions de la loi du 29 juillet 1881 s'ajoutent à celles de l'article 56-2 du Code de procédure pénale, profondément modifiées par la loi du 4 janvier 2010 comme nous le verrons[4], qui énoncent surtout des conditions de forme applicables aux perquisitions et aux saisies effectuées notamment dans les locaux des entreprises de presse. En d'autres termes, le législateur a inséré dans la loi de 1881 des dispositions énonçant un principe général qui « "irradie" l'ensemble de la procédure pénale : tout acte d'investigation qui concerne un journaliste doit appliquer le principe et ses exceptions »[5], ou encore « a vocation à irriguer l'ensemble de la législation et à s'imposer à toute autorité administrative ou judiciaire et dans toute procédure »[6], tandis que les dispositions de l'article 56-2 en constituent une déclinaison particulière.

Il se déduit de ce principe que la saisie d'un objet quelconque n'obéit pas à une simple condition de nécessité lorsqu'elle porte atteinte au secret des sources des journalistes. La saisie sera légalement possible si et seulement si, d'une part, un « impératif prépondérant d'intérêt public » la justifie, d'autre part, elle est « strictement nécessaire et proportionnée au but légitime poursuivi ». Au reste, le législateur a énoncé les critères que l'autorité judiciaire doit prendre en considération pour procéder à un tel contrôle de proportionnalité, puisqu'il devra être tenu compte de « la gravité du crime ou du délit », de « l'importance de l'information recherchée pour la répression ou la prévention de cette infraction », et du fait que « les mesures d'investigation envisagées sont indispensables à la manifestation de la vérité ». La saisie, en d'autres termes, doit être la condition *sine qua non* de la manifestation de la vérité à condition que, par ailleurs, le crime ou le délit poursuivi présente une gravité suffisante. Si la référence à la gravité suffisante a pu être jugée insuffisamment précise au cours des travaux préparatoires, elle a néanmoins été préférée à l'énonciation d'une liste d'infractions ou bien d'un *quantum* minimum de peine. Cette dernière solution a en effet été considérée comme étant moins protectrice encore, dès lors « qu'une liste *a priori* pourrait aussi avoir des effets pervers en laissant penser au juge qu'à partir du moment où l'infraction relève des catégories prédéfinies, il peut porter atteinte au secret des sources sans apprécier la nécessité ou la proportionnalité de l'atteinte dans chaque espèce »[7], et il a donc été estimé préférable de « laisser au juge le soin d'apprécier, au cas par cas, si l'infraction commise présente le caractère de particulière gravité justifiant qu'il puisse être porté atteinte au principe du secret des sources du journaliste ». Le terrorisme et la criminalité organisée ont cependant été cités comme présentant vraisemblablement la gravité suffisante[8]. Par ailleurs, les mesures d'investigations envisagées devront être jugées indispensables à la manifestation de la vérité, « soit que la levée du secret des sources constitue l'unique moyen pour les enquêteurs d'obtenir [l'information nécessaire] », « soit que la situation particulièrement urgente empêche les enquêteurs de mener eux-mêmes des investigations plus poussées »[9].

Si antérieurement à l'entrée en vigueur de ces textes, la chambre criminelle avait déjà imposé que soient contrôlées la nécessité et la proportionnalité de l'atteinte portée par les perquisitions et les saisies au secret des sources des journalistes et à la liberté d'expression que ce secret permet[10], elle s'est récemment fondée sur les dispositions nouvelles pour imposer aux juges du fond d'apprécier la légalité des saisies portant atteinte au secret des sources des

1. *Rapp. Sénat* n° 420, préc., p. 13.
2. *Rapp. Ass. nat.* n° 771, préc., p. 35.
3. Circ. Justice, 20 janv. 2010, préc., p. 4.
4. V. s[s] n° 221.251.
5. *Rapp. Ass. nat.* n° 771, préc., p. 17.
6. *Rapp. Sénat* n° 420, préc., p. 13.
7. *Rapp. Sénat* n° 420, préc., p. 19.
8. *Rapp. Ass. nat.* n° 771, préc., p. 32.
9. *Rapp. Ass. nat.* n° 771, p. 32 – AUSSI : la référence aux situations d'urgence dans le rapport de la Commission des lois du Sénat (p. 19) : « Votre rapporteur songe également aux situations d'urgence. »
10. Crim. 5 déc. 2000, n° 00-85.695, P, n° 362 ; *D.* 2002. 2769, obs. J.-Y. Dupeux, *RSC* 2001. 604, obs. J. Francillon ; *JCP* 2001. II. 10615, obs. Ph. Conte – Crim. 30 oct. 2006, n° 06-85.693, P, n° 258 ; *D.* 2007. 1240, obs. A. Guedj, *RSC* 2007. 106, obs. J. Francillon, *JCP* 2007. II. 10054, obs. F. Fourment, *Dr. pén.* 2007, chron. 1, obs. O. Mouysset – Crim. 4 déc. 2007, n° 07-86.086, NP ; *Procédures* 2008, comm. 59, obs. J. Buisson.

journalistes, en procédant au contrôle de la proportionnalité de cette atteinte au but poursuivi. En effet, dans un arrêt du 25 février 2014, la chambre criminelle a posé pour principe qu'il résulte des dispositions des articles 10 de la Convention européenne des droits de l'homme et 2 de la loi du 29 juillet 1881 que le secret des sources des journalistes est protégé dans l'exercice de leur mission d'information du public, et qu'il ne peut être porté atteinte directement ou indirectement à ce secret que si un impératif prépondérant d'intérêt public le justifie et si les mesures envisagées sont strictement nécessaires et proportionnées au but légitime poursuivi. Appliquant ce principe, elle a considéré qu'une chambre de l'instruction avait insuffisamment justifié sa décision au regard de ces dispositions, en rejetant notamment le moyen pris de la nullité de la perquisition suivie d'une saisie au domicile d'un journaliste dans une information ouverte des chefs de violation du secret professionnel, complicité et recel à la suite de la divulgation dans la presse de pièces d'une procédure visant à rechercher un détenu évadé, aux seuls motifs que le déroulement de l'enquête avait été gravement perturbé du fait de cette divulgation, que l'intérêt public nécessitait que les enquêteurs ne commettent aucune violation du secret les liants, et qu'une telle violation justifiait que toutes les mesures d'investigation utiles soient mises en œuvre. La chambre criminelle a en effet reproché aux juges de s'être abstenus de démontrer, au cas particulier, que les ingérences litigieuses procédaient d'un impératif prépondérant d'intérêt public, et que d'autres mesures auraient été insuffisantes pour rechercher l'existence d'une éventuelle violation du secret professionnel, et en identifier les auteurs [1].

Cet arrêt s'inscrit assurément dans le développement, dans la jurisprudence de la chambre criminelle, du contrôle de proportionnalité, la confrontation entre le secret des sources et l'objectif, de valeur constitutionnelle, d'identification des auteurs infractions se résolvant non plus au terme d'une réflexion sur la seule utilité de la saisie, mais en rapportant cette utilité à l'intensité de l'atteinte portée à l'exercice de la mission d'information du public reconnue aux journalistes, qui a pour condition le secret de leurs sources. Plus l'atteinte portée à ce secret sera importante, plus le juge devra se montrer exigeant quant à la nécessité de la saisie.

5°
Protection du secret de la défense nationale

221.101 Conciliation entre la recherche de la vérité et le secret de la défense nationale. La nécessité de concilier la nécessité de parvenir à la manifestation de la vérité et celle de protéger le secret de la défense nationale a conduit le législateur à organiser aux articles L. 2312-4 à L. 2312-8 du Code de la défense une procédure originale permettant au juge répressif d'obtenir la déclassification et la communication d'informations protégées au titre du secret de la défense nationale [2]. Ces dispositions complètent celles de l'article 56-4 du Code de procédure pénale qui organisent la saisie des éléments couverts par ce secret. Les articles L. 2312-4 à L. 2312-8 du Code de la défense organisent ainsi la procédure de déclassification et de communication au juge répressif des informations appréhendées en application des dispositions de l'article 56-4. Les premières concernent le fond ; les secondes portent sur la forme.

221.102 Origine de ces dispositions. Rappelons que ce dispositif législatif a été voulu par le législateur pour concilier le droit à un recours juridictionnel effectif, le droit à un procès équitable, ainsi que l'objectif de la recherche des auteurs d'infractions, qui sont autant d'exigences constitutionnelles, avec le secret de la défense nationale qui participe de la sauvegarde des intérêts fondamentaux de la Nation, ainsi que cela ressort d'une décision du Conseil constitutionnel que nous verrons [3].

En effet, comme le prévoient les deux premiers alinéas de l'article 413-9 du Code pénal, « présentent un caractère de secret de la défense nationale [...] les procédés, objets, documents, informations, réseaux informatiques, données informatisées ou fichiers intéressant la défense nationale qui ont fait l'objet de mesures de classification destinées à restreindre leur diffusion ou leur accès », et « peuvent faire l'objet de telles mesures les procédés, objets, documents, informations, réseaux informatiques, données informatisées ou fichiers dont la divulgation ou auxquels l'accès est de nature à nuire à la défense nationale ou pourrait conduire à la découverte d'un secret de la défense nationale ». Trois niveaux de classification existent, ainsi que l'énonce l'article R. 2311-2 du Code de la défense : « très

1. Crim. 25 févr. 2014, nº 13-84.761, P, nº 54 ; *D.* 2014. 1736, obs. J. Pradel ; *RSC* 2014. 369, obs. X. Salvat ; *AJ pénal* 2014. 434, obs. J. Lasserre-Capdeville.

2. SUR CES TEXTES : circ. Justice-DACG, 3 janv. 2008 *relative au secret de la défense nationale*, NOR : JUS D 0800121 C, *BOMJ* nº 2008-1, à laquelle a succédé la circ. Justice, 25 juin 2010 *relative au secret de la défense nationale*, NOR : JUS D 1016986 C, *BOMJL* nº 2010-05, 30 juill. 2010 annulant et remplaçant la précédente – AUSSI sur ces textes : C. Ribeyre, « Loi nº 2009-928 du 29 juillet 2009, relative à la programmation militaire pour les années 2009-2014 – Secret défense », *RSC* 2009. 886 – P. Mairé, « Perquisitions et protection du secret de la défense nationale », *Gaz. Pal.* 3 sept. 2009, nº 246, p. 2.

3. V. s^s nº 221.263 – Cons. const. 10 nov. 2011, nº 2011-192 QPC, *JO* 11 nov., p. 19005 ; *Rec.* p. 528 ; *AJDA* 2011. 2206 ; *D.* 2011. 2721, édito. F. Rome.

secret-défense », « secret-défense » et « confidentiel-défense », lesquels se matérialisent par l'apposition de tampons ou autres marquages. La classification en « très secret-défense » relève de la compétence du premier ministre, tandis que les autres niveaux de classification relèvent de la responsabilité de chaque ministre, dans les limites de sa compétence.

Or, le fait que les magistrats ne soient pas qualifiés pour prendre connaissance des informations classifiées, sauf à tomber sous le coup des dispositions de l'article 413-11, 1°, du Code pénal, qui réprime le fait, pour une personne non qualifiée, de « s'assurer la possession, accéder à, ou prendre connaissance d'un procédé, objet, document, information, réseau informatique, donnée informatisée ou fichier qui présente le caractère d'un secret de la défense nationale », le secret de la défense nationale entrave nécessairement l'exercice des fonctions de l'autorité judiciaire.

C'est ce qui explique que la loi n° 98-567 du 8 juillet 1998[1], appelée de ses vœux par le Conseil d'État dans son rapport public pour l'année 1995 où il avait qualifié le secret de la défense nationale d'« angle mort » de la transparence[2], a institué une autorité administrative indépendante *ad hoc*, la Commission consultative du secret de la défense nationale, chargée de donner un avis sur la déclassification et la communication des informations ayant fait l'objet d'une classification, laquelle est devenue la Commission du secret de la défense nationale suite à l'entrée en vigueur de la loi n° 2017-55 du 20 janvier 2017[3]. Ces dispositions figurent dorénavant dans le Code de la défense, aux articles L. 2312-1 à L. 2312-8, où elles ont été codifiées par l'ordonnance n° 2004-1374 du 20 décembre 2004[4].

221.103 Commission du secret de la défense nationale. L'article L. 2312-1 du Code de la défense dispose ainsi que la Commission du secret de la défense nationale est une autorité administrative indépendante qui est chargée de donner un avis sur la déclassification et la communication, notamment à l'autorité judiciaire, des informations ayant fait l'objet d'une classification en application de l'article 413-9 du Code pénal, à l'exclusion, a précisé le législateur, des informations dont les règles de classification ne relèvent pas des seules autorités françaises.

Cette commission est composée conformément aux dispositions de l'article L. 2312-2 du Code de la défense : elle comprend cinq membres, à savoir un président, un vice-président et un membre désignés pour une durée de six ans par le Président de la République sur une liste de six membres du Conseil d'État, de la Cour de cassation ou de la Cour des comptes établie conjointement par le vice-président du Conseil d'État, le premier président de la Cour de cassation et le premier président de la Cour des comptes, un député désigné pour la durée de la législature par le président de l'Assemblée nationale et un sénateur désigné après chaque renouvellement partiel par le président du Sénat.

L'article L. 2312-2 prévoit de surcroît des règles de nature à garantir la parité de l'institution.

Ces mandats, enfin, ne sont pas renouvelables.

221.104 Procédure de déclassification. Lorsqu'il a saisi, en application de l'article 56-4 du Code de procédure pénale, des éléments classifiés, ou bien lorsqu'il envisage de saisir une pièce classifiée dont il a connaissance de l'existence, le magistrat doit saisir l'autorité administrative, c'est-à-dire le ministre ou le premier ministre qui a procédé à la classification, d'une demande motivée de déclassification et de communication[5]. Le destinataire de la demande de déclassification n'est donc pas la Commission du secret de la défense nationale, mais l'autorité administrative qui a procédé à la classification, laquelle devra saisir sans délai pour avis la commission.

La circulaire du 25 juin 2010 insiste sur l'importance de la motivation de la demande de déclassification, qui a pour objectif de permettre à la commission de contrôler la validité de sa saisine, de vérifier que les éléments dont la déclassification est sollicitée intéressent effectivement la procédure, et de guider les investigations de celle-ci, étant relevé que la commission tend à proposer une déclassification plus large lorsque les motifs de la demande présentée par le magistrat sont explicites[6]. Du reste, il est à cet égard important pour les magistrats de concilier la nécessité de motiver la demande de déclassification et celle de respecter le secret de l'instruction. La circulaire précise ainsi que « si la demande de saisine de la commission n'a pas à décrire le contexte de la procédure ni à dévoiler des éléments couverts par le secret de l'instruction qui ne sont pas directement utiles à la mission de la commission, il apparaît en revanche important de lui permettre d'apprécier ce qui, dans les documents qui lui seront soumis, relève ou non de la procédure judiciaire, en

1. L. n° 98-567, 8 juill. 1998 *instituant une commission consultative du secret de la défense nationale, JO* 9 juill., p. 10488.
2. CE, *Rapp. annuel* 1995, « Considérations générales : La transparence et le secret », La documentation française, 1996, p. 157.
3. L. n° 2017-55, 20 janv. 2017 *portant statut général des autorités administratives indépendantes et des autorités publiques indépendantes, JO* 21 janv., n° 2.
4. Ord. n° 2004-1374, 20 déc. 2004 *relative à la partie législative du Code de la défense, JO* 21 déc., p. 21675.
5. C. déf., art. L. 2312-4.
6. Circ. Justice, 25 juin 2010, préc., p. 12.

mettant notamment en évidence les liens entre la procédure judiciaire et la requête présentée »[1].

La demande est instruite conformément aux dispositions de l'article L. 2312-5 du Code de la défense. Les membres de la Commission, qui sont eux-mêmes astreints au respect du secret de la défense nationale, sont autorisés à connaître de toute information classifiée dans le cadre de leur mission et sont habilités à procéder à l'ouverture des scellés constitués en application de l'article 56-4 du Code de procédure pénale dans les conditions que nous verrons[2]. Il en est alors fait mention dans le procès-verbal de séance. Par ailleurs, il est reconnu au président de la Commission, par l'article L. 2312-5, le pouvoir de mener toutes investigations utiles.

Dans le délai de deux mois à compter de sa saisine par l'autorité administrative, la Commission rend un avis qui peut être favorable à la déclassification, favorable à une déclassification partielle ou défavorable. Cet avis, précise l'article L. 2312-5, prend en considération, d'une part, les missions du service public de la justice, le respect de la présomption d'innocence et des droits de la défense, d'autre part, le respect des engagements internationaux de la France ainsi que la nécessité de préserver les capacités de la défense et la sécurité des personnels. En cas de partage des voix, celle du président de la Commission est prépondérante.

L'avis de la Commission est transmis à l'autorité administrative saisie de la demande de déclassification et de communication. Le sens de cet avis est de surcroît publié au Journal officiel.

Cet avis, cependant, n'est que consultatif, en sorte que le ministre qui a procédé à la classification peut ordonner la déclassification malgré l'avis défavorable de la commission, ou bien au contraire s'y opposer en dépit d'un avis favorable.

Dans un délai de quinze jours à compter de la réception de cet avis, ou bien à l'expiration du délai de deux mois donné à la Commission pour le rendre, l'autorité administrative notifie alors sa décision au procureur de la République.

Les éléments déclassifiés porteront la mention de la déclassification, ainsi que la date de la décision du ministre. Ils pourront alors être versés au dossier de la procédure.

§ 2
Conditions de forme des saisies

221.110 **Plan.** Les saisies de droit commun obéissent à des conditions de forme diverses. Certaines sont générales (A) : elles concernent la compétence pour procéder à la saisie ou, encore, sont destinées à garantir l'intégrité et l'authenticité de ce qui est saisi ; un auteur a parlé à cet égard d'un « formalisme d'authentification »[3]. D'autres sont particulières : le législateur a prévu des règles applicables à la saisie de certains biens en raison de leur nature (B), tandis que d'autres s'expliquent par la nécessité de garantir la protection de certains secrets ou de certaines activités professionnelles (C).

A.
Conditions de forme générales

221.120 **Plan.** La régularité formelle des saisies a pour conditions la compétence de l'autorité qui y procède (1°), le respect des règles garantissant l'intégrité et l'authenticité de ce qui est saisi – soit les règles imposant la représentation des objets saisis (2°) et leur placement sous scellés (3°) –, et la rédaction d'un procès-verbal relatant le déroulement de la saisie (4°).

1°
Compétence

221.131 **Compétence de l'officier de police judiciaire.** Il résulte de l'article 56 du Code de procédure pénale que le législateur a reconnu au seul officier de police judiciaire la compétence pour saisir les objets utiles à la manifestation de la vérité ou susceptibles d'être confisqués en application de l'article 131-21 du Code pénal, sous le contrôle du procureur de la République qui doit donner son « accord » au maintien de la saisie.

Le législateur a par ailleurs précisé, au second alinéa de l'article 56, que l'officier de police judiciaire a seul compétence, le cas échéant avec le concours d'une personne qualifiée au sens de l'article 60 du Code de procédure pénale, pour prendre connaissance des papiers, documents ou données informatiques avant de procéder à leur saisie. De surcroît, il résulte de l'article 58 du Code de procédure pénale que « sous réserve des nécessités des enquêtes, toute communication ou toute divulgation sans l'autorisation de la personne mise en examen ou de ses ayants droit ou du signataire ou du destinataire d'un document provenant d'une perquisition à une personne non qualifiée par la loi pour en prendre connaissance est punie de 4 500 euros d'amende et de deux ans d'emprisonnement ».

Le recours à une personne qualifiée implique cependant que cette dernière ait fait l'objet d'une réquisition régulière[4] et que, si elle n'est pas inscrite sur une liste d'experts, elle ait prêté le serment

1. Circ. Justice, 25 juin 2010, préc.
2. V. s[s] n° 221.260.
3. *Rép. pén.*, V° « Enquête préliminaire », n° 83, par J. Buisson.
4. Crim. 22 févr. 1996, n° 95-85.861, P, n° 87.

d'apporter son concours à la justice en son honneur et en sa conscience[1].

Les officiers de police judiciaire peuvent cependant être secondés par des agents de police judiciaire conformément au droit commun de l'article 20 du Code de procédure pénale. Dans ce cas, il a été jugé qu'ils n'ont pas à prêter le serment de l'article 60 du même code[2].

221.132 Situation des agents de police judiciaire. Il n'a pas été reconnu à l'agent de police judiciaire, non plus qu'à l'agent de police judiciaire adjoint, un pouvoir quelconque de saisie, y compris en cas de découverte d'objets utiles à la manifestation de la vérité ou susceptibles d'être saisis sur les lieux de la constatation d'une infraction flagrante[3].

Cette carence a été comblée par la chambre criminelle qui a reconnu à l'agent de police judiciaire le pourvoi d'appréhender matériellement certains objets pour les remettre à l'officier de police judiciaire, seul détenteur, en vertu de la loi, du pouvoir de saisie. Il a ainsi été posé pour principe que « la présence d'une arme, visible dans la boîte à gants disloquée d'un véhicule accidenté, constitue l'indice apparent d'un délit imputable au conducteur du véhicule, entrant dans les prévisions de l'article 53 du Code de procédure pénale », et que « les agents de police judiciaire qui découvrent cette arme sont habilités à la remettre, aux fins de saisie, à l'officier de police judiciaire compétent »[4]. Ce principe a été réaffirmé par la suite, par un arrêt énonçant qu'« un agent de police judiciaire qui découvre l'indice de commission d'une infraction est habilité à l'appréhender matériellement pour le remettre à l'officier de police judiciaire compétent aux fins de saisie »[5]. Des arrêts ultérieurs sont aussi en ce sens[6].

Plus récemment, cette jurisprudence a été étendue aux agents de police judiciaire adjoints[7].

221.133 Compétence du procureur de la République. Dans certaines situations, le législateur a réservé le pouvoir de saisie à un magistrat. Ainsi, l'article 56-3 du Code de procédure pénale dispose que les perquisitions dans le cabinet d'un médecin, d'un notaire ou d'un huissier de justice sont effectuées par un magistrat. Il est en outre prévu que doit être présent le responsable de l'ordre ou de l'organisation professionnelle à laquelle appartient l'intéressé, ou son représentant.

Il en est de même des saisies effectuées, en application de règles particulières que nous verrons[8], dans le cabinet d'un avocat ou à son domicile[9], dans les locaux d'une entreprise de presse, d'une entreprise de communication audiovisuelle, d'une entreprise de communication au public en ligne, d'une agence de presse, dans les véhicules professionnels de ces entreprises ou agences, ou au domicile d'un journaliste, lorsque les investigations sont liées à son activité professionnelle[10], dans un lieu précisément identifié abritant des éléments couverts par le secret de la défense nationale[11], ou enfin dans les locaux d'une juridiction ou au domicile d'une personne exerçant des fonctions juridictionnelles lorsque la perquisition tend à la saisie de documents susceptibles d'être couverts par le secret du délibéré[12].

221.134 Enquêtes de la compétence du parquet européen. Dans les enquêtes de flagrance relevant de la compétence du parquet européen, le procureur européen délégué exerce les attributions qui sont ordinairement celles du procureur de la République en matière de flagrance[13].

1. Crim. 27 mars 2019, n° 18-83.493, NP – Crim. 17 avr. 2019, n° 18-84.722, NP.
2. Crim. 27 juin 2001, n° 01-81.865, P, n° 163 ; *D.* 2001. 2947 ; *RSC* 2001. 832, obs. D. Commaret.
3. On notera que le décret n° 2016-1202 du 7 septembre 2016 *portant simplification des dispositions du Code de procédure pénale* a introduit dans ce code un article D. 15-5-1 qui autorise les agents de police judiciaire, les agents spécialisés, techniciens ou ingénieurs de police technique et scientifique (ces derniers personnels n'ont pas de pouvoirs de police judiciaire), conformément aux instructions d'un officier de police judiciaire, à procéder aux prélèvements prévus par les articles 55-1, 706-56 et D. 7 du Code de procédure pénale et au placement sous scellés des échantillons biologiques, des objets et des traces et indices utiles à la manifestation de la vérité, aux fins d'examens techniques et scientifiques. Ils doivent en dresser inventaire et en faire mention dans leur rapport. Le même décret a étendu l'application de ces nouvelles dispositions aux opérations réalisées sur commission rogatoire du juge d'instruction (C. pr. pén., art. D. 36-1). La circulaire du 8 septembre 2016 *de présentation des dispositions du décret n° 2016-1202 du 7 septembre 2016 portant simplification des dispositions du Code de procédure pénale* précise que ces nouvelles dispositions sont destinées à décharger les officiers de police judiciaire de leur présence sur les lieux, lorsque celle-ci n'apparaît pas indispensable au déroulement des investigations, et seront mises en œuvre, en pratique, dans le cadre du traitement des infractions relevant de la délinquance de masse (Circ. Justice, 8 sept. 2016, NOR : JUS D 1625322 C, *BOMJ* n° 2016-09, 30 sept. 2016, p. 7).
4. Crim. 2 mars 1993, n° 91-81.033, P, n° 93 ; *RSC* 1994. 123, obs. A. Braunschweig.
5. Crim. 14 avr. 2015, n° 14-83.462, P, n° 80, *AJ pénal* 2015. 549, obs. J. Andréi.
6. Crim. 11 déc. 2019, n° 19-83.183, NP.
7. Crim. 17 avr. 2019, n° 18-84.722, NP.
8. V. s^s n° 221.230.
9. C. pr. pén., art. 56-1.
10. C. pr. pén., art. 56-2.
11. C. pr. pén., art. 56-4.
12. C. pr. pén., art. 56-5.
13. C. pr. pén., art. 696-109 et 696-113.

2°
Représentation des objets saisis

221.141 **Généralité de la règle.** Le législateur a prévu à l'article 54 du Code de procédure pénale, qui détaille les pouvoirs détenus par l'officier de police judiciaire qui se transporte sur les lieux d'une infraction flagrante, une première formalité destinée à assurer l'authenticité des pièces saisies. Ainsi, le troisième alinéa de ce texte dispose que l'officier de police judiciaire « représente les objets saisis, pour reconnaissance, aux personnes qui paraissent avoir participé au crime, si elles sont présentes ».

De telles dispositions ne figurent pas formellement à l'article 56 du Code de procédure pénale, mais une règle comparable se déduit des dispositions du quatrième alinéa de ce texte dont il résulte que « tous objets et documents saisis sont immédiatement inventoriés et placés sous scellés » et que, si l'inventaire sur place présente des difficultés, ils font l'objet de scellés fermés provisoires jusqu'à leur inventaire et leur mise sous scellés définitifs, lesquels doivent avoir lieu en présence « des personnes qui ont assisté à la perquisition suivant les modalités prévues à l'article 57 ».

Pour assurer l'authenticité des pièces saisies, il faut que celles-ci soient représentées, selon les cas, à la personne mise en cause[1], ou bien aux personnes assistant à la perquisition conformément à l'article 57 du Code de procédure pénale[2]. Dans ce dernier cas, il s'agit de la personne au domicile de laquelle la perquisition a lieu, ou, en cas d'impossibilité, du représentant choisi par l'intéressé, ou encore, à défaut, de deux témoins requis par l'officier de police judiciaire en dehors des personnes relevant de son autorité[3]. À cet égard, il a été précisé que, lorsque le lieu de la perquisition a plusieurs occupants, la présence d'un seul d'entre eux suffit à rendre l'opération régulière[4]. Par ailleurs, lorsque l'officier de police judiciaire est conduit à requérir deux témoins, les dispositions de l'article 57 « excluent [qu'il] requière des agents de police municipale agissant dans l'exercice de leurs fonctions, dès lors qu'il résulte de l'article 21 du Code de procédure pénale que de tels agents sont agents de police judiciaire adjoints et ont pour mission de seconder les officiers de police judiciaire »[5].

221.142 **Absence d'avocat lors de la représentation des objets saisis.** Lorsqu'en application du dernier alinéa de l'article 54 du Code de procédure pénale, les pièces saisies sont représentées à la personne mise en cause, il n'est pas nécessaire en revanche, si cette dernière est placée en garde à vue, que la représentation ait lieu en présence d'un avocat, cet acte ne constituant pas une audition au sens de l'article 63-4-2 du Code de procédure pénale[6]. Ainsi, le recueil, dans ces conditions, des seuls propos par lesquels la personne reconnaît les objets qui lui sont représentés, ne porte pas atteinte au droit à un procès équitable garanti par l'article 6 de la Convention européenne des droits de l'homme.

Il en est de même lorsque la saisie a lieu lors d'une perquisition, aucune disposition légale non plus que réglementaire ne prévoyant la présence de l'avocat lors de cet acte d'enquête.

Il est vrai que l'article 3 du projet de loi *pour la confiance dans l'institution judiciaire* voté en première lecture par l'Assemblée nationale le 25 mai 2021, à la suite de l'adoption d'un amendement lors de la discussion du texte[7], insérait dans le Code de procédure pénale un nouvel article 57-2 organisant la présence de l'avocat lors des perquisitions, même lorsqu'il n'était pas procédé à l'audition de la personne chez qui elle avait lieu ; sauf à relever que des règles particulières étaient prévues pour l'hypothèse où l'audition de cette personne était nécessaire. Le texte prévoyait qu'en pareil cas, si l'avocat, qui n'avait pas à être avisé de la mesure, se présentait sur les lieux de la perquisition, y compris si elle avait déjà débuté, l'officier de police judiciaire ou le magistrat qui y procédait ne pouvait en principe s'opposer à la présence de l'intéressé. Il ne pouvait en aller autrement que pour des motifs liés à la sécurité de l'avocat, de la personne chez qui il était perquisitionné ou des personnes participant aux opérations, tous motifs devant figurer au procès-verbal. Lorsqu'il était présent, l'avocat pouvait présenter des observations qui étaient jointes à la procédure et adresser ces observations au procureur de la République. Il avait également la faculté de demander à ce qu'il soit procédé à la saisie d'objets ou documents jugés par lui utiles à la défense de son client, l'officier de police judiciaire ou le magistrat ne pouvant refuser de procéder à la saisie demandée qu'il s'il apparaissait que celle-ci n'était manifestement pas utile à la manifestation de la vérité, ce dont il devait être fait état au procès-verbal.

Il reste que ce projet d'évolution des textes a été abandonné à la suite de la discussion du projet de loi

1. C. pr. pén., art. 54.
2. C. pr. pén., art. 56.
3. C. pr. pén., art. 57.
4. Crim. 10 janv. 2023, n° 22-82.733, NP.
5. Crim. 13 sept. 2022, n° 22-80.515, P.
6. Crim. 22 oct. 2013, n° 13-81.945, P, n° 196 ; *D.* 2014. 115, note H. Matsopoulou ; *D.* 2014. 311, chron. B. Laurent, C. Roth, G. Barbier et P. Labrousse ; *AJ pénal* 2013. 668, note L. Ascensi ; *D. avocats* 2014. 24, obs. J. Danet – Crim. 6 févr. 2018, n° 17-84.380, P, n° 30 ; *D.* 2018. 352 ; *AJ pénal* 2018. 204, obs. Y. Capdepon.
7. *JO Ass. nat. CR*, 20 mai 2021, p. 5326.

devant le Sénat. Les membres de la commission des lois de cette assemblée ont en effet estimé qu'au-delà de la sécurité de l'avocat, les actuelles garanties étaient suffisantes, dès lors qu'en cas d'audition de l'intéressé, les règles de l'audition libre ou de la garde à vue s'appliquaient à peine de nullité du procès-verbal[1]. Il est vrai que les seules déclarations qui peuvent être recueillies de la personne qui assiste à la perquisition sont relatives à la reconnaissance des objets saisis[2].

3°
Placement sous scellés

221.151 **Principe.** Une règle générale veut que tous les objets saisis soient immédiatement inventoriés et placés sous scellés. Il s'agit, comme précédemment, de garantir leur authenticité. Mais il y a plus, puisque le placement sous scellés contribuera également à garantir leur intégrité.

La procédure de placement sous scellés est organisée par le quatrième alinéa de l'article 56 du Code de procédure pénale. En principe, « tous objets et documents saisis sont immédiatement inventoriés et placés sous scellés », cette opération devant avoir lieu en présence des personnes qui ont assisté à la perquisition en application de l'article 57 du même code.

Il est exact que le texte, tel que rédigé, ne prévoit formellement cette exigence que pour le cas où, l'officier de police judiciaire ayant réalisé un scellé provisoire dans les conditions qui seront vues, il n'est qu'ultérieurement procédé à l'inventaire et au placement sous scellés définitifs. Une telle rédaction s'explique toutefois par le fait que le législateur a pu juger inutile d'apporter une telle précision, dès lors que le placement doit en principe avoir lieu « immédiatement », c'est-à-dire au cours de la perquisition à laquelle assistent les personnes mentionnées par l'article 57 du Code de procédure pénale. Ce n'est que dans l'hypothèse du placement ultérieur sous scellés définitifs qu'il était nécessaire de rappeler le caractère impératif de la présence des personnes ayant assisté à la perquisition.

221.152 **Confection exceptionnelle de scellés provisoires.** Lorsque l'inventaire immédiat des pièces saisies présente des difficultés, il est permis par l'article 57 du Code de procédure pénale de recourir à un placement sous scellés provisoires jusqu'au moment de l'inventaire et du placement sous scellés définitifs.

Si le texte prévoit expressément que l'inventaire et le placement sous scellés définitifs doivent être réalisés en présence des personnes qui ont assisté à la perquisition, il en est de même, pour des motifs identiques à ceux qui précèdent, s'agissant du placement sous scellés provisoires.

Faisant application de ces dispositions, la chambre criminelle a approuvé une cour d'appel d'avoir constaté, pour déclarer régulières les opérations accomplies par des officiers de police judiciaire commis rogatoirement, qu'à l'occasion d'une perquisition opérée au domicile commun de deux personnes et en leur présence, « il [avait] été procédé à la saisie et à la mise sous scellés provisoires de divers documents dont l'inventaire sur place était impossible et qu'ultérieurement la mise sous scellés définitifs des objets découverts [avait] été faite en présence de l'un des occupants des lieux qui [avait] signé le procès-verbal dressé à cette fin »[3].

Il a pu être exceptionnellement admis que l'inventaire et le placement sous scellés des objets saisis soient purement et simplement différés, sans que ne doivent être confectionnés des scellés provisoires. La chambre criminelle l'a cependant accepté dans des circonstances exceptionnelles relatées par le procès-verbal dont il résultait qu'en raison du « climat insurrectionnel » sur le lieu d'interpellation du mis en cause, « les enquêteurs [avaient] été dans l'impossibilité de réaliser sur place l'inventaire de sa sacoche et [avaient] été contraints de se rendre, en compagnie de l'intéressé, à son domicile où ils [avaient] procédé, immédiatement et en sa présence, à l'inventaire de la sacoche et au placement sous scellés des objets s'y trouvant »[4].

221.153 **Application de la règle hors perquisition.** La procédure de placement sous scellés décrite par l'article 56 du Code de procédure pénale ne saurait voir son champ d'application limité aux saisies réalisées à la suite d'une perquisition. Au contraire, en raison de la finalité de cette formalité qui est d'assurer l'intégrité et l'authenticité des pièces saisies, elle doit être suivie, de façon plus générale, chaque fois qu'une chose corporelle mobilière est saisie. Ainsi doit-il en aller lorsque l'officier de police judiciaire, présent sur les lieux d'un crime ou d'un délit flagrant, procède à la saisie de tout ce qui peut servir à la manifestation de la vérité en la présence des personnes qui paraissent avoir participé au crime, si elles sont présentes[5], ou bien encore lorsque l'officier de police judiciaire procède à la saisie d'un bien qui lui est remis par une personne quelconque.

1. *Rapp. Sénat*, n° 834 (2020-2021), p. 45 – AUSSI *JO Sénat CR*, 29 sept. 2021, p. 5532.
2. Crim. 22 oct. 2013, préc. – Crim. 6 févr. 2018, préc.
3. Crim. 22 août 1989, n° 88-86.939, P, n° 307.
4. Crim. 1er déc. 2020, n° 20-83.039, NP.
5. C. pr. pén., art. 54, al. 3.

221.154 **Scellés ouverts ou fermés.** La pratique judiciaire distingue par ailleurs entre les scellés dits « ouverts », et ceux qualifiés de « fermés ».

En vérité, le placement sous scellés consistera toujours dans l'apposition d'un cachet de cire d'une façon telle que celui-ci serait brisé en cas de tentative d'accès à la pièce saisie. La différence entre les scellés ouverts et fermés tient en réalité au fait que, dans le premier cas, la pièce saisie pourra être examinée sans qu'il ne soit nécessaire de procéder au bris du scellé, tandis qu'un tel bris sera inévitable lorsque le scellé sera fermé, la pièce saisie étant placée dans un contenant quelconque sur l'ouverture duquel a été appliqué le cachet de cire.

En pratique, ce seront souvent les documents dont la consultation sera nécessaire au cours de l'enquête ou de l'information judiciaire qui feront l'objet d'un placement sous scellés ouverts, et ce afin d'éviter, au cours de l'information judiciaire, la lourdeur inhérente à la procédure d'ouverture des scellés organisée par l'article 97 du Code de procédure pénale[1].

221.155 **Statut procédural des scellés.** Dans plusieurs arrêts, la chambre criminelle a précisé quel était le statut procédural des scellés en énonçant qu'ils ne font pas partie du dossier de la procédure.

Ainsi, il a été jugé que « les documents ou objets saisis placés sous scellés et déposés au greffe à titre de pièces à conviction ne font pas partie du dossier de la procédure au sens de l'article 197, alinéa 3, du Code de procédure pénale »[2]. Dans cette affaire, il en était ainsi de la copie d'un disque compact, annexée à un procès-verbal de placement de ce document sous scellés, qui ne pouvait donc, comme l'original, être consulté que dans les conditions prévues par l'article 97, alinéa 6, du Code de procédure pénale.

De même, la chambre criminelle a estimé que « la demande de copie de documents placés sous scellés et déposés au greffe à titre de pièces à conviction, faite au juge d'instruction sur le fondement de l'article 97, alinéa 7, du Code de procédure pénale, doit être présentée selon les modalités de l'article 82-1 et dans les formes prévues par l'article 81, alinéa 10, du même code »[3].

221.156 **Sanction de l'erreur dans la confection ou la conservation des scellés.** Un arrêt de la chambre criminelle du 20 septembre 2011 renseigne sur les conséquences procédurales d'une erreur lors de la confection des scellés ou d'une altération de ceux-ci.

En effet, il a d'une part été jugé que « l'erreur de comptage des enquêteurs, découverte lors des opérations d'expertise, n'affecte en rien la validité des opérations de placement sous scellés exécutées, de même que celles d'ouverture desdits scellés par l'expert, conformément aux prescriptions légales », en sorte que « doit être approuvé l'arrêt qui énonce que la seule conséquence d'une altération des scellés était la perte du caractère probant normalement attaché au placement sous scellés ; une telle irrégularité ne [pouvant] affecter la validité de l'acte de placement sous scellés, auquel elle est postérieure »[4].

D'autre part, le même arrêt a approuvé une chambre de l'instruction d'avoir rejeté la demande d'annulation du placement sous scellés en raison de l'altération subie par certains de ceux-ci en posant pour principe « que l'altération de scellés est sans incidence sur la validité du placement sous scellés ».

4° Rédaction d'un procès-verbal

221.161 **Droit commun.** En application de l'article 66 du Code de procédure pénale, l'officier de police judiciaire doit dresser sur le champ un procès-verbal relatant les saisies qui ont été opérées.

Lorsque des objets ont été saisis au cours d'une perquisition, il doit être dressé un procès-verbal commun de perquisition et de saisie comportant notamment l'inventaire de ce qui a été saisi et relatant l'accomplissement des formalités prévues par l'article 56 du Code de procédure pénale. Ainsi qu'il est dit à l'article 57, dernier alinéa, du même code, ce procès-verbal doit être signé par les personnes qui ont assisté à la perquisition en application de ce texte, à savoir la personne au domicile de laquelle la perquisition a eu lieu, en cas d'impossibilité le représentant de son choix et, à défaut, les deux témoins qui doivent être requis par l'officier de police judiciaire en dehors des personnes relevant de son autorité administrative. Si l'intéressé refuse de signer le procès-verbal, il en sera fait mention.

Si la saisie n'intervient pas au cours d'une perquisition, par exemple parce que l'officier de police judiciaire a saisi un objet qui lui a été spontanément remis, le procès-verbal décrit uniquement l'acte de saisie.

B. Conditions propres à certains objets

221.170 **Plan.** La nature particulière de certains objets a conduit le législateur à organiser de façon spécifique les modalités de leur saisie. Il en est ainsi des produits stupéfiants (1°),

1. V. s^s^ n° 221.296.
2. Crim. 12 nov. 2015, n° 15-85.266, P, n° 248.
3. Crim. 28 oct. 2014, n° 14-84.796, P, n° 217 ; *AJ pénal* 2015. 216, obs. G. Royer ; *Dr. pén.* 2016, étude 1, obs. V. Georget.
4. Crim. 20 sept. 2011, n° 11-84.554, P, n° 182 ; *D.* 2012. 171, chron. C. Roth, A. Leprieur et M.-L. Divialle.

des données informatiques (2°), des espèces, lingots, effets ou valeurs (3°), des billets de banque ou pièces de monnaie libellée en euros contrefaisants (4°), et enfin des animaux vivants (5°).

1°
Produits stupéfiants

221.181 Règles dérogatoires. La saisie de produits stupéfiants obéit aux règles spécifiques de l'article 706-30-1 du Code de procédure pénale.

Le premier alinéa de ce texte dispose en effet qu'en cas de saisie de stupéfiants, et lorsqu'a été prise par le juge d'instruction, en application de l'article 99-2 du Code de procédure pénale, la décision de procéder à la destruction de ces substances, ce magistrat doit tout d'abord conserver un échantillon de ces produits afin de permettre, le cas échéant, qu'ils fassent l'objet d'une expertise. Cet échantillon doit être placé sous scellés. Le défaut de conservation d'un échantillon constitue une irrégularité faisant nécessairement grief à l'intéressé[1].

Par ailleurs, selon le deuxième alinéa, il doit être procédé par le juge d'instruction ou par un officier de police judiciaire agissant sur commission rogatoire à la pesée des substances saisies avant leur destruction, laquelle pesée doit être réalisée en présence de la personne qui détenait les substances – « ce qui doit s'entendre comme celle entre les mains de laquelle elles ont été saisies »[2] – ou, à défaut, en présence de deux témoins requis par le juge d'instruction ou l'officier de police judiciaire, et choisis en dehors des personnes relevant de leur autorité. Encore faut-il cependant, pour que cette règle trouve à s'appliquer, qu'il soit procédé à la destruction des stupéfiants saisis : toute pesée de produits stupéfiants effectuée pendant l'enquête ne doit pas être réalisée en présence de l'intéressé ou de deux témoins ; ces modalités de pesée ne s'appliquent que préalablement à leur destruction[3].

Au reste, le texte précise que cette pesée peut être réalisée, dans les mêmes conditions, au cours de l'enquête préliminaire ou de flagrance, par un officier de police judiciaire, ou, au cours de l'enquête douanière, par un agent des douanes de catégorie A ou B.

En tout état de cause, le procès-verbal de pesée doit être signé par les personnes assistant à cette opération, sauf à ce que soit mentionné le refus de signer opposé par les intéressés. Ceci étant, rien n'impose que soit rédigé un procès-verbal de pesée distinct et spécifique, ni la présence de l'avocat de la personne concernée[4]. De même, le défaut de signature du procès-verbal n'emporte pas son annulation s'il est établi par d'autres pièces de la procédure que les personnes le devant ont effectivement assisté à la pesée[5].

221.182 Application du texte pendant l'enquête. La règle énoncée par le premier alinéa de l'article 706-30-1 du Code de procédure pénale ne s'applique pas pendant l'enquête, de sorte que le placement sous scellés d'un échantillon des produits stupéfiants saisis n'est pas obligatoire au cours de cette phase du procès pénal, la preuve de leur nature étant soumise au principe de la libre administration de la preuve[6].

En revanche, si la mise en œuvre de la règle prévue par le deuxième alinéa de ce texte pouvait apparaître facultative, en raison de l'emploi du verbe « pouvoir », il a néanmoins été jugé qu'« il résulte de l'article 706-30-1, deuxième alinéa, du Code de procédure pénale, que la pesée de produits stupéfiants ne peut être réalisée, au cours de l'enquête de flagrance ou de l'enquête préliminaire, qu'en présence de la personne qui détenait les substances, ou, à défaut, en présence de deux témoins, et qu'en cas de non respect de ces prescriptions, le grief de ladite personne résulte nécessairement de la destruction des substances stupéfiantes »[7]. Les dispositions du deuxième alinéa de l'article 706-30-1 s'appliquent donc quel que soit le cadre juridique des investigations.

221.183 Nature de la sanction encourue. Les règles énoncées à l'article 706-30-1 du Code de procédure pénale concernent une phase de la procédure pénale postérieure à la saisie des stupéfiants, en sorte que le manquement à celles-ci ne saurait entraîner la nullité de la saisie.

En revanche, le respect de ces prescriptions conditionne la validité du procès-verbal de pesée. Ainsi, il a été reproché à une chambre de l'instruction d'avoir refusé d'annuler le procès-verbal constatant la pesée effectuée hors la présence de la personne qui détenait les stupéfiants ou de témoins, et décidé que le poids ainsi déterminé ne pourrait être opposé au demandeur à la nullité[8]. Au reste, une telle irrégularité de la pesée fait nécessairement grief à l'intéressé[9]. Ainsi qu'il a été énoncé par la chambre criminelle, « le grief de ladite personne résulte

1. Crim. 16 déc. 2020, nº 20-83.377, NP.
2. Crim. 9 nov. 2021, nº 21-83.095, P – Crim. 9 nov. 2021, nº 21-83.094, NP.
3. Crim. 6 févr. 2018, nº 17-84.700, NP.
4. Crim. 5 sept. 2018, nº 18-80.334, P, nº 152.
5. Crim. 16 déc. 2020, nº 20-83.377, NP.
6. Crim. 11 déc. 2019, nº 18-84.912, P, 86 ; *D.* 2019. 2411 ; *AJ pénal* 2020. 143 – Crim. 11 déc. 2019, nº 19-83.183, NP.
7. Crim. 31 oct. 2017, nº 17-80.872, P, nº 239 ; *D.* 2017. 2253 ; *AJ pénal* 2018. 95, obs. F.-X. Roux-Demare.
8. Crim. 24 janv. 2007, nº 06-88.351, P, nº 20 ; *RSC* 2008. 645, obs. J. Buisson ; *AJ pénal* 2007. 143, obs. G. Roussel ; *Procédures* 2007, comm. 148, obs. J. Buisson.
9. Crim. 31 oct. 2017, nº 17-80.872, P, nº 239 – Crim. 6 févr. 2018, nº 17-84.700, NP.

nécessairement de la destruction des substances stupéfiantes »[1].

2°
Données informatiques

221.191 Saisie du support physique des données informatiques ou réalisation d'une copie. La saisie de données informatiques obéit à des règles particulières prévues par les articles 56, alinéa 5, et 57-1 du Code de procédure pénale[2]. En effet, le caractère immatériel des données informatiques faisant l'objet de la saisie imposait assurément l'adoption de règles adaptées. Ainsi, l'article 56 dispose que ce ne sont pas tant les données informatiques, que « le support physique de ces données » ou bien une « copie réalisée en présence des personnes qui assistent à la perquisition », que saisit l'autorité judiciaire.

L'article 56, alinéa 5, du Code de procédure pénale précise par ailleurs que, si une copie est réalisée, il peut être procédé, sur instruction du procureur de la République, à l'effacement définitif, sur le support physique des données qui n'a pas été placé sous main de justice, des « données informatiques dont la détention ou l'usage est illégal ou dangereux pour la sécurité des personnes ou des biens ». Tel sera par exemple le cas de l'image d'un mineur présentant un caractère pornographique, même si, dans ces affaires, le matériel informatique de la personne mise en cause est le plus souvent saisi.

3°
Espèces, lingots, effets ou valeurs

221.201 Conservation en valeur. Lorsque la saisie porte sur des « espèces, lingots, effets ou valeurs », et que leur conservation en nature n'est pas nécessaire à la manifestation de la vérité, ou à la sauvegarde des droits des personnes intéressées, le procureur de la République tient du huitième alinéa de l'article 56 du Code de procédure pénale le pouvoir d'autoriser le dépôt des objets saisis à la Caisse des dépôts et consignations ou à la Banque de France, ou sur un compte ouvert auprès d'un établissement bancaire par l'Agrasc. En raison de leur fongibilité, la conservation de ces objets par l'autorité judiciaire s'effectue donc en valeur et non en nature.

1. Crim. 31 oct. 2017, n° 17-80.872, P, n° 239 ; *D.* 2017. 2253 ; *AJ pénal* 2018. 95, obs. F.-X. Roux-Demare.
2. P. Roussel, « L'emploi de l'informatique dans l'administration de la preuve », *Dr. pén.* 2005, étude 11 – J.-F. Seuvic, « Commerce électronique. Communication en ligne. Cryptologie. Cybercriminalité. "Télécommunications". Analyse de la loi 2004-575 du 21 juin 2004 pour la confiance dans l'économie numérique », *RSC* 2004. 925.

4°
Billets de banque ou pièces de monnaie libellés en euros contrefaisants

221.211 Remise d'un exemplaire au moins au centre d'analyse national. Si la saisie porte sur des billets de banque ou des pièces de monnaie libellées en euros contrefaisants, l'officier de police judiciaire est tenu, en application du neuvième alinéa de l'article 56 du Code de procédure pénale, de transmettre, pour analyse et identification, au moins un exemplaire de chaque type de billets ou pièces suspectés au centre d'analyse national habilité à cette fin.

Après transmission, le centre d'analyse peut procéder à l'ouverture des scellés ainsi constitués par l'officier de police judiciaire. Il en dresse inventaire dans un rapport qui doit mentionner toute ouverture ou réouverture des scellés.

Ce rapport et les scellés seront finalement déposés au greffe de la juridiction compétente, ce qui sera constaté par procès-verbal.

221.212 Exception. Il sera dérogé à cette obligation dans le cas où il n'existera qu'un seul exemplaire d'un type de billets ou de pièces suspectés faux, tant que celui-ci est nécessaire à la manifestation de la vérité. Il peut être nécessaire, en effet, de conserver cet exemplaire unique, par exemple pour procéder sur celui-ci à des recherches de traces papillaires ou encore à des fins d'expertise génétique.

5°
Animaux vivants

221.221 Principe du placement de l'animal saisi. Quand, au cours d'une procédure judiciaire, la saisie porte sur un animal vivant, il résulte des dispositions de l'article 99-1, alinéa 1er, du Code de procédure pénale que le procureur de la République ou, au cours de l'information judiciaire, le juge d'instruction, peut décider de placer l'animal dans un lieu de dépôt prévu à cet effet ou le confier à une fondation ou à une association de protection animale reconnue d'utilité publique ou déclarée[3].

La notion de procédure judiciaire a été précisée par la première chambre civile de la Cour de cassation, dans une affaire où, en application de règles que nous verrons[4], le président du tribunal de grande instance, sur réquisitions du procureur de la République, avait ordonné qu'il soit procédé à l'euthanasie de l'animal. En effet, il a été jugé que

3. C. Ribeyre, « Loi n° 2008-582 du 20 juin 2008, renforçant les mesures de prévention et de protection des personnes contre les chiens dangereux », *RSC* 2008. 944.
4. V. ss n° 221.222.

constituait une telle procédure « l'enquête, ouverte afin de déterminer les causes et les circonstances de l'agression [d'un enfant par un chien], d'établir les éventuelles infractions commises et d'en identifier les auteurs », qui « avait été effectuée par des agents et officiers de police judiciaire sous le contrôle du procureur de la République, dans le respect des règles du Code de procédure pénale »[1].

Le texte ajoute que la décision précise le lieu de placement et vaut jusqu'à ce qu'il ait été statué sur l'infraction poursuivie.

Si l'article 99-1 ne prévoit pas de recours contre la décision de placement, y compris lorsque celle-ci est prise par le procureur de la République, en sorte qu'il y avait un risque que le droit à un recours effectif devant une juridiction se soit trouvé méconnu, le Conseil constitutionnel, sur renvoi d'une question prioritaire de constitutionnalité par la chambre criminelle[2], a conclu à la conformité à la Constitution de cet aspect du texte, au motif que, dès lors que la décision de placement porte nécessairement sur un animal qui a été placé sous main de justice, le propriétaire de l'animal peut en solliciter la restitution sur le fondement de l'article 41-4 ou 99 du Code de procédure pénale et bénéficie indirectement, de cette façon, d'un recours contre la décision de placement[3].

221.222 Cession ou euthanasie de l'animal saisi. Par exception à ces dispositions, les alinéas 2 à 4 de l'article 99-1 du Code de procédure pénale permettent, lorsque les conditions du placement sont susceptibles de rendre l'animal dangereux ou de mettre sa santé en péril, que le juge d'instruction, lorsqu'il est saisi, ou le président du tribunal judiciaire ou un magistrat du siège délégué par lui, décide, par ordonnance motivée prise sur les réquisitions du procureur de la République et après avis d'un vétérinaire, que l'animal sera cédé à titre onéreux ou confié à un tiers, ou qu'il sera euthanasié[4].

L'ordonnance prise en application de ce texte est notifiée au propriétaire, s'il est connu, qui peut la déférer soit au premier président de la cour d'appel du ressort ou à un magistrat délégué par lui, soit, lorsque la décision émane du juge d'instruction, à la chambre de l'instruction dans les conditions prévues aux cinquième et sixième alinéas de l'article 99 du Code de procédure pénale.

Le produit de la vente de l'animal est consigné pendant une durée de cinq ans. Lorsque l'instance judiciaire dans le cadre de laquelle l'animal a été saisi se conclut par un non-lieu ou par une décision de relaxe ou d'acquittement, le produit de la vente est restitué à la personne qui était propriétaire de l'animal au moment de la saisie si l'intéressé en fait la demande. De même, si l'animal a été confié à un tiers, son propriétaire peut saisir le juge d'instruction ou le président du tribunal judiciaire afin que l'animal lui soit restitué.

221.223 Remise de l'animal à l'autorité administrative. Le dernier alinéa de l'article 99-1 du Code de procédure pénale envisage l'hypothèse particulière, distincte de la précédente, où l'animal saisi, dont la conservation n'est plus utile à la manifestation de la vérité, est susceptible de présenter un danger qualifié par la loi de « grave et immédiat pour les personnes ou les animaux ». Dans ce cas, le texte prévoit que le procureur de la République ou le juge d'instruction, lorsque ce dernier est saisi, ordonne sa remise à l'autorité administrative afin que celle-ci mette en œuvre la procédure prévue au II de l'article L. 211-11 du Code rural et de la pêche maritime.

Ce dernier texte prévoit que le maire ou à défaut le préfet peut ordonner par arrêté que l'animal sera placé dans un lieu de dépôt adapté à sa garde ou qu'il sera procédé à son euthanasie.

L'euthanasie, lorsqu'il a été décidé par l'autorité administrative, peut intervenir sans délai, après avis d'un vétérinaire désigné par le préfet, étant précisé que cet avis doit être donné quarante-huit heures après le placement de l'animal. À défaut, l'avis est réputé favorable à l'euthanasie.

221.224 Frais de garde de l'animal. L'article 99-1, alinéa 5, du Code de procédure pénale prévoit que les frais exposés pour la garde de l'animal dans le lieu de son dépôt sont en principe à la charge du propriétaire.

Il n'en va autrement que sur décision contraire du juge d'instruction ou du président du tribunal judiciaire ou de son délégué saisi d'une demande d'exonération, ou bien du tribunal statuant sur le fond. Cette exonération, précise le texte, peut également être accordée en cas de décision de non-lieu, de relaxe ou d'acquittement.

Une seconde exception résulte des dispositions de l'article R. 131-51 du Code pénal qui est applicable lorsque la juridiction de jugement a confisqué l'animal qui avait été préalablement saisi. Il résulte en effet de ce texte que, lorsqu'en application de l'article 99-1 du Code de procédure pénale, l'animal confisqué a été placé au cours d'une procédure dirigée contre une personne qui n'en était pas propriétaire, la juridiction de jugement se prononce sur la mise à la charge du condamné des frais de

1. Civ. 1re, 9 juill. 2009, no 07-19.796, P. I, no 171 ; *D.* 2009. 1977 ; *AJ pénal* 2009. 411, obs. D. Péchillon.
2. Crim. 19 mars 2019, no 19-90.007, NP – AUSSI : Crim. 25 juin 2019, no 18-87.014, NP.
3. Cons. const. 7 juin 2019, no 2019-788 QPC, *JO* 8 juin 2019, no 76.
4. POUR DES APPLICATIONS : Crim. 4 févr. 2003, no 02-85.006, NP – Civ. 1re, 24 janv. 2006, no 04-14.037, P I, no 26.

placement. Il s'en déduit que, dans cette hypothèse, le propriétaire de l'animal échappera à l'obligation de s'acquitter des frais de garde, puisque ceux-ci auront été mis à la charge du condamné.

C. Conditions destinées à protéger certains secrets et certaines activités professionnelles

221.230 **Plan.** Les articles 56 et 56-1 à 56-5 du Code de procédure pénale organisent la protection de certains secrets et de certaines activités professionnelles.

Ainsi, de façon générale, l'article 56 dispose que l'officier de police judiciaire a l'obligation de provoquer toutes mesures utiles pour que soit assuré le respect du secret professionnel et des droits de la défense.

Ce principe général est complété par les règles énoncées aux articles 56-1 à 56-5 dont l'objet est de parvenir à la conciliation entre la nécessité de saisir certains objets et celle de protéger le libre exercice de la profession d'avocat, le secret professionnel de la défense et du conseil, et les droits de la défense[1] (1°), le libre exercice de la profession de journaliste, le secret des sources et le droit à l'information[2] (2°), le secret de la défense nationale[3] (3°) ou le secret du délibéré et l'indépendance de la justice[4] (4°).

Rappelons encore que l'article 56-3 réserve au seul magistrat le pouvoir de procéder à des perquisitions et des saisies dans le cabinet d'un médecin[5], d'un notaire ou d'un huissier, et encore en présence de la personne responsable de l'ordre ou de l'organisation professionnelle à laquelle appartient le professionnel intéressé, ou de son représentant.

1° Protection du libre exercice de la profession d'avocat, du secret professionnel de la défense et du conseil, et des droits de la défense

221.241 **Principe.** Les articles 56-1 et 56-1-1 du Code de procédure pénale énoncent les règles voulues par le législateur pour assurer la protection du libre exercice de la profession d'avocat, du secret professionnel de la défense et du conseil, et des droits de la défense. Le premier de ces textes organise les perquisitions dans le cabinet des avocats et à leur domicile, ainsi que dans les locaux de l'ordre des avocats, les caisses de règlement pécuniaire des avocats (Carpa) et les cabinet et domicile du bâtonnier, quand le second gouverne les perquisitions et saisies effectuées en tout autre lieu, lorsque se trouve découvert un document susceptible de relever de l'exercice des droits de la défense et couvert par le secret professionnel de la défense et du conseil. Ces textes sont issus de la loi n° 2021-1729 du 22 décembre 2021 *pour la confiance dans l'institution judiciaire*[6] qui a ajouté aux garanties qui figuraient déjà à l'ancien article 56-1, et a introduit dans le Code de procédure pénale le nouvel article 56-1-1.

221.242 **Perquisitions et saisies effectuées dans le cabinet d'un avocat, à son domicile ou dans un lieu assimilé.** Les garanties entourant les perquisitions et saisies effectuées dans le cabinet d'un avocat ou à son domicile ont été renforcées par la loi du 22 décembre 2021 dans le souci de protéger le libre exercice de la profession d'avocat, le secret professionnel de la défense et du conseil, et les droits de la défense. Les mêmes dispositions sont applicables lorsque les investigations sont effectuées dans les locaux de l'ordre des avocats, dans ceux des caisses de règlement pécuniaire des avocats (Carpa), ou encore au cabinet ou au domicile du bâtonnier, sauf à ce que dans l'ensemble de ces cas, les attributions confiées au juge des libertés et de la détention, que nous examinerons bientôt, le soient au président du tribunal judiciaire.

Comme dans l'ancien état du droit, les perquisitions en de tels lieux ne peuvent être effectuées que par un magistrat et en présence du bâtonnier de l'ordre des avocats ou de son délégué.

La perquisition ne peut être effectuée qu'à la suite d'une décision écrite et motivée prise par le juge des libertés et de la détention – et non plus, comme dans l'état antérieur du droit, par le magistrat effectuant la perquisition –, qui indique la nature de l'infraction ou des infractions sur lesquelles portent les investigations, les raisons justifiant la perquisition, l'objet de celle-ci et sa proportionnalité au regard de la nature et de la gravité des faits. De surcroît, lorsque la perquisition est justifiée par la mise en cause de l'avocat, elle ne peut être autorisée que s'il existe des « raisons plausibles » de le soupçonner d'avoir commis ou tenté de commettre, en tant qu'auteur ou complice, l'infraction qui fait l'objet de la procédure ou une infraction connexe, ce que la

1. C. pr. pén., art. 56-1, 56-1-1 et 56-1-2.
2. C. pr. pén., art. 56-2.
3. C. pr. pén., art. 56-4.
4. C. pr. pén., art. 56-5.
5. Crim. 8 juin 1999, n°s 99-81.291 et 99-81.807, P, n° 124 ; *D.* 1999. 221 : « La chambre d'hôtel occupée par le médecin attaché à une équipe sportive en déplacement ne pouvait être considérée comme un cabinet médical. » – Crim. 20 sept. 1995, n° 95-81.140, P, n° 276 ; *D.* 1996. 296, note M. Penneau ; *D.* 1996. 257, obs. J. Pradel ; *RSC* 1996. 141, obs. J.-P. Dintilhac : « L'opération par laquelle un officier de police judiciaire, agissant sur commission rogatoire, se fait remettre des documents par une personne ou une administration en vue de procéder à leur saisie, entre dans les prévisions de l'article 81, alinéa 1er, du Code de procédure pénale. Elle ne constitue pas une "perquisition", dès lors que l'officier de police ne se livre à aucune recherche pour entrer en possession des documents. »
6. L. n° 2021-1729, 22 déc. 2021 *pour la confiance dans l'institution judiciaire*, *JO* 23 déc., n° 2.

décision doit nécessairement énoncer, l'expression « raisons plausibles » ayant été jugée conforme à la Constitution par le Conseil constitutionnel[1].

La portée de cette dernière précision est incertaine. En effet, tel que rédigé, le texte ne saurait être interprété comme n'autorisant qu'une perquisition soit effectuée dans le cabinet d'un avocat ou à son domicile, que dans le seul cas où il existe des raisons plausibles de le soupçonner d'avoir commis ou tenté de commettre une infraction. En effet, si, en pareille situation, la motivation de la décision du juge des libertés et de la détention doit être particulière, cette spécificité signifie nécessairement qu'une perquisition peut être effectuée régulièrement hors ce cas. Une spécificité ne s'entend en effet que par rapport à un cas plus général. Ceci étant, il semble que les intentions du législateur étaient différentes à cet égard entre l'une et l'autre des deux assemblées. En effet, l'intention de l'Assemblée nationale était vraisemblablement de prohiber de telles perquisitions hors ce cas particulier. Le rapporteur de la commission des lois de l'Assemblée nationale a ainsi énoncé, lors de la discussion du projet de loi : « Il faut raison garder : il convient de permettre la perquisition chez un avocat dès lors que l'on dispose des éléments qui permettraient de le placer en garde à vue. Tel est l'équilibre que nous avons trouvé. Il nous semble protecteur pour l'avocat – on ne pourra pas perquisitionner chez lui sans les éléments qui permettraient de le placer en garde à vue. »[2] Tel était d'ailleurs aussi la volonté exprimée par le Gouvernement dans l'exposé des motifs du projet de loi[3]. Il reste que ce n'est pas ainsi que le texte a été compris par le Sénat : « Une perquisition chez un avocat ne pourrait ainsi être autorisée, s'il est lui-même objet de soupçons, que si le magistrat dispose des éléments qui permettraient de le placer en garde à vue. En revanche, cette exigence nouvelle ne s'appliquerait pas dès lors que la perquisition serait justifiée par une infraction commise par un tiers, le droit en vigueur étant maintenu inchangé sur ce point. »[4] Autant dire qu'au moment de l'interprétation, il sera vain de se référer à l'intention du législateur qui a été double !

La motivation de la décision du juge des libertés et de la détention est un acte essentiel, puisqu'il a été jugé, sur le fondement des dispositions de l'ancien article 56-1, « que l'absence, dans la décision, prise par un magistrat, de perquisition du cabinet d'un avocat, des motifs justifiant la perquisition et décrivant l'objet de celle-ci, qui prive le bâtonnier, chargé de la protection des droits de la défense, de l'information qui lui est réservée et interdit ensuite le contrôle réel et effectif de cette mesure par le juge des libertés et de la détention éventuellement saisi, porte nécessairement atteinte aux intérêts de l'avocat concerné », et entraîne en conséquence la nullité des actes de perquisition et saisie[5]. Au reste, le juge des libertés et de la détention qui ordonnerait le versement, au dossier de l'information, des documents saisis au cours d'une telle perquisition excéderait ses pouvoirs, ce qui emporterait l'annulation de sa décision et la restitution des documents[6]. Le caractère essentiel de la motivation de la décision de perquisition a été réaffirmé ultérieurement, à propos des perquisitions dans les caisses de règlement pécuniaire des avocats (Carpa)[7].

Dès le début de la perquisition, le contenu de la décision doit être porté à la connaissance du bâtonnier ou de son délégué par le magistrat.

Au cours de la perquisition, seul le magistrat, ainsi que le bâtonnier ou son délégué sont en droit de consulter ou de prendre connaissance des documents ou des objets se trouvant sur les lieux préalablement à leur éventuelle saisie, étant précisé qu'aucune saisie ne peut concerner des documents ou des objets relatifs à d'autres infractions que celles mentionnées dans la décision du magistrat, ces dispositions, comme les précédentes relatives à la préparation de la perquisition, étant prescrites à peine de nullité.

Il est encore prévu que le magistrat qui effectue la perquisition doit veiller à ce que les investigations conduites dans les locaux protégés ne portent pas atteinte au libre exercice de la profession d'avocat et à ce qu'aucun document relevant de l'exercice des droits de la défense et couvert par le secret profes-

1. Cons. const. 19 janv. 2023, n° 2022-1030 QPC, *JO* 20 janv., n° 55.
2. *JO Ass. nat. CR*, 20 mai 2021, p. 5315.
3. Projet de loi *pour la confiance dans l'institution judiciaire*, n° 4091, 14 avr. 2021, p. 5 : « [Le projet de loi] améliore les garanties en matière de perquisition au cabinet ou au domicile d'un avocat, en ne permettant ces perquisitions que s'il existe contre l'avocat des raisons plausibles de le soupçonner d'avoir commis ou tenté de commettre l'infraction qui fait l'objet de la procédure [...]. » – AUSSI : *Rapp. Ass. nat.* n°s 4146 et 4147 (XVe législ.), p. 319 : « Les actes d'enquête diligentés à l'encontre d'un avocat, à savoir l'exploitation de ses données de connexion ou l'interception de ses communications téléphoniques, comme la perquisition de son lieu d'activité professionnelle, seront plus strictement encadrés et subordonnés à l'existence de raisons plausibles de son implication dans la commission de l'infraction à l'origine de l'enquête. »
4. *Rapp. Sénat* n° 834 (2020-2021), p. 39.
5. Crim. 9 févr. 2016, n° 15-85.063, P, n° 34 ; *D.* 2016. 427 ; *D.* 2016. 1727, obs. J. Pradel ; *Procédures* 2016, comm. 141, obs. A.-S. Chavent-Leclere ; *Dr. pén.* 2016, chron. 1, obs. V. Georget ; *Gaz. Pal.* 1er mars 2016, n° 9, p. 33, obs. V. Nioré.
6. Crim. 8 juill. 2020, n° 19-85.491, P, 143 ; *D.* 2020. 1463 ; *AJ pénal* 2020. 420, obs. G. Roussel.
7. Crim. 18 janv. 2022, n° 21-83.751, P.

sionnel de la défense et du conseil ne soit saisi et placé sous scellé.

La saisie proprement dite obéit à des règles également particulières. Ainsi, le bâtonnier ou son délégué peut s'opposer à la saisie d'un document ou d'un objet s'il estime que cette saisie est irrégulière. Le document ou l'objet doit alors être placé sous scellés fermés, cette opération faisant l'objet d'un procès-verbal mentionnant les objections du bâtonnier ou de son délégué. Ce procès-verbal n'est pas joint au dossier de la procédure et, si d'autres documents ou d'autres objets ont été saisis au cours de la perquisition sans soulever de contestation, ce procès-verbal est distinct de celui prévu par l'article 57 du Code de procédure pénale.

La suite de la procédure se déroule devant le juge des libertés et de la détention. En effet, le document ou l'objet litigieux, placé sous scellés fermés, ainsi que le procès-verbal spécialement établi pour en relater la saisie, sont transmis sans délai au juge des libertés et de la détention, avec l'original ou une copie du dossier de la procédure. Dans les cinq jours de la réception de ces pièces – délai que le Conseil constitutionnel a jugé conforme à la Constitution[1] –, le juge des libertés et de la détention statue sur la contestation par ordonnance motivée. À cette fin, il entend le magistrat qui a procédé à la perquisition et, le cas échéant, le procureur de la République, ainsi que l'avocat au cabinet ou au domicile duquel l'acte a été effectué, le bâtonnier ou son délégué. C'est en présence de ces personnes que le juge des libertés et de la détention peut ouvrir le scellé.

Au terme de cette procédure, le juge des libertés et de la détention peut estimer qu'il n'y a pas lieu de saisir le document ou l'objet. Il ordonne alors la restitution immédiate de celui-ci, la destruction du procès-verbal des opérations et, le cas échéant, la cancellation de toute référence à ce document, à son contenu ou à cet objet qui figurerait dans le dossier de la procédure.

À l'inverse, le juge des libertés et de la détention peut ordonner le versement du scellé et du procès-verbal au dossier de la procédure, cette décision ne privant cependant pas les parties de la possibilité ultérieure de demander la nullité de la saisie devant la juridiction de jugement ou bien la chambre de l'instruction.

Contrairement à ce qu'il en était avant l'entrée en vigueur de la loi du 22 décembre 2021, un recours peut être exercé contre la décision du juge des libertés et de la détention. La décision de ce magistrat peut faire l'objet d'un recours suspensif dans un délai de vingt-quatre heures, formé par le procureur de la République, l'avocat ou le bâtonnier ou son délégué devant le président de la chambre de l'instruction. Celui-ci statue dans les cinq jours suivant sa saisine, selon une procédure identique à celle ayant été suivie devant le juge des libertés et de la détention. Il reste que d'autres recours sont envisageables : la décision de verser des pièces saisies au dossier de la procédure n'exclut pas la possibilité pour les parties de demander ultérieurement la nullité tant de la perquisition que de la saisie, ou encore de solliciter la restitution des pièces placées sous main de justice[2].

221.243 Perquisitions et saisies effectuées en tout autre lieu. Le nouvel article 56-1-1 du Code de procédure pénale, qui y a été introduit par la loi du 22 décembre 2021, organise par ailleurs la saisie des documents découverts en tout autre lieu que ceux mentionnés à l'article 56-1 du même code, alors que ceux-ci sont susceptibles de relever de l'exercice des droits de la défense et d'être couverts par le secret professionnel de la défense et du conseil.

En pareil cas, la personne chez qui il est procédé à la perquisition peut s'opposer à la saisie de tels documents qui doivent alors être placés sous scellés fermés et faire l'objet d'un procès-verbal distinct de celui prévu à l'article 57 du Code de procédure pénale.

Ce procès-verbal ainsi que les documents placés sous scellés fermés sont alors transmis sans délai au juge des libertés et de la détention, avec l'original ou une copie du dossier de la procédure.

Il est ensuite procédé conformément aux quatrième à neuvième alinéas de l'article 56-1.

Cet apport de la loi du 22 décembre 2021, que l'on doit à l'adoption d'un amendement au cours de la discussion du texte à l'Assemblée nationale, est heureux car, jusqu'à l'entrée en vigueur de celui-ci, il n'existait aucun contrôle juridictionnel *a priori* de la saisie des pièces susceptibles de relever de l'exercice des droits de la défense, hors le cas où la mesure avait lieu dans le cabinet d'un avocat, à son domicile ou dans un lieu leur étant assimilé, alors qu'ainsi que l'avait relevé lors de la discussion le représentant du Gouvernement, « le secret n'est pas dans le lieu, il est dans le document »[3]. Il était seulement possible à l'intéressé de contester la régularité de la saisie au moyen d'une requête en nullité de la mesure ou d'une exception de nullité. Le contrôle n'intervenait ainsi qu'*a posteriori*, comme cela a d'ailleurs été relevé par le rapporteur de la commission des lois du Sénat[4].

1. Cons. const. 19 janv. 2023, n° 2022-1030 QPC, *JO* 20 janv., n° 55.
2. Crim. 7 janv. 2020, n° 19-82.011, NP.
3. *JO Ass. nat. CR*, 20 mai 2021, p. 5319.
4. *Rapp. Sénat* n° 834 (2020-2021), p. 42.

221.244 Extension de la protection aux données informatiques. L'article 56-1 du Code de procédure pénale se borne, en l'état de sa rédaction, à organiser la protection des « documents ou objets » se trouvant dans le cabinet ou au domicile de l'avocat.

Ces dispositions, qui figuraient déjà dans l'ancien article 56-1, ont toutefois été interprétées de manière extensive par la chambre criminelle, en ce qu'elles tendent à la protection de droits fondamentaux. Ainsi, elle a posé pour principe que le juge des libertés et de la détention ne peut refuser de statuer sur la contestation faisant suite à l'opposition du bâtonnier de l'ordre des avocats à la saisie de documents ou de données informatiques effectuée au domicile ou au cabinet d'un avocat, et elle a annulé, pour méconnaissance de l'étendue de ses pouvoirs, l'ordonnance par laquelle un juge des libertés et de la détention, pour déclarer la contestation d'un bâtonnier irrecevable, avait retenu que l'article 56 du Code de procédure pénale n'envisageait que la saisie de documents, alors qu'il lui incombait d'exercer le contrôle prévu par l'article 56-1, afin de rechercher si la saisie de données informatiques ne portait pas atteinte au libre exercice de la profession d'avocat, au respect du secret professionnel et à celui des droits de la défense[1].

Il est vrai qu'en l'état de l'informatisation des cabinets d'avocat, exclure les données informatiques du champ de la protection de l'article 56-1 serait revenu à largement priver le texte de portée pratique.

221.245 Fouille des effets personnels d'un avocat. Les saisies consécutives à la fouille des effets personnels d'un avocat obéissent en revanche à un régime juridique original directement fondé sur la nécessité que soit protégé le secret professionnel de l'avocat.

Il a en effet été déduit des articles 56-1, 96 et 97 du Code de procédure pénale que « si les formes prévues pour les perquisitions dans le cabinet d'un avocat ou à son domicile ne peuvent recevoir application pour la fouille des effets personnels, assimilable à une perquisition, d'un avocat, effectuée par un officier de police judiciaire agissant sur commission rogatoire, celui-ci doit, en cas de saisie subséquente d'objets, documents ou données informatiques, afin que soit assuré le respect du secret professionnel, en garantir la connaissance et la consultation exclusives par le magistrat instructeur et le bâtonnier ou son délégué », et qu'« en conséquence, l'omission de placer les biens sous scellés dès leur saisie ne préserve pas le secret professionnel de l'avocat et fait nécessairement grief aux intérêts de celui-ci »[2].

L'avocat bénéficie ainsi de deux garanties : d'une part la connaissance et la consultation des objets saisis doivent être exclusivement réservées au magistrat et au bâtonnier ou son délégué ; d'autre part l'omission de placer les objets sous scellés dès leur saisie fait nécessairement grief aux intérêts de l'avocat, puisque la saisie ne préserve alors pas le secret professionnel de ce dernier.

221.246 Office du JLD. La chambre criminelle a précisé quel est le rôle du juge des libertés et de la détention qui est saisi en application de l'article 56-1 du Code de procédure pénale.

Il a tout d'abord été jugé, sur le terrain de l'impartialité, qu'« aucun principe ni aucune disposition légale ne fait obstacle, pour statuer, en application de l'article 56-1 du Code de procédure pénale, sur l'opposition du bâtonnier de l'Ordre à la saisie d'un document dans le cabinet ou le domicile d'un avocat, à la compétence du juge des libertés et de la détention appartenant à la même juridiction que le juge d'instruction en charge de l'information qui a procédé à la perquisition litigieuse, quand bien même celle-ci aurait été effectuée dans un autre ressort »[3].

Par ailleurs, il a été rappelé que c'est bien au seul juge des libertés et de la détention qu'il appartient, en application de l'article 56-1 du Code de procédure pénale, de prendre connaissance des documents saisis pour décider de les restituer ou de les verser au dossier de la procédure. Il a en effet été énoncé qu'« en cas de saisie au cabinet ou au domicile d'un avocat, le juge des libertés et de la détention, qui doit veiller à ne pas porter atteinte au libre exercice de la profession d'avocat, ne peut, comme le prévoit l'article 56-1 précité, qu'ordonner la restitution des documents saisis ou leur versement immédiat en procédure », et il en a été déduit qu'« encourent [...] la cassation les motifs par lesquels la chambre de l'instruction, pour rejeter un moyen de nullité tiré de ce que le juge des libertés et de la détention avait décidé que l'ouverture de scellés, relatifs à des ordinateurs et à un disque dur, et la lecture des documents seraient effectuées par le magistrat instructeur, assisté d'un expert par lui commis et en présence du bâtonnier ou de son délégué, retient que ces conditions ont été sollicitées par le bâtonnier et acceptées par le mis en examen, alors qu'il appartenait au seul juge des libertés et de la détention, fut-ce en recourant lui-même à la

1. Crim. 8 août 2007, n° 07-84.252, P, n° 188 ; *D.* 2007. 2307 ; *D.* 2008. 944, obs. B. Blanchard ; *AJ pénal* 2007. 492, obs. C. Saas ; *Procédures* 2007, comm. 264, obs. J. Buisson.

2. Crim. 18 janv. 2022, n° 21-83.728, P.
3. Crim. 22 juin 2005, n° 05-82.759, P, n° 190 ; *D.* 2005. 2103.

mesure technique envisagée, de prendre connaissance des documents saisis et de décider s'ils devaient être restitués ou versés au dossier de la procédure »[1]. S'il a donc été reconnu au juge des libertés et de la détention, saisi sur le fondement de l'article 56-1, le pouvoir de recourir à une mesure technique lorsque celle-ci lui est nécessaire pour prendre connaissance des informations dont la saisie est contestée, il n'en demeure pas moins qu'une fois cette mesure accomplie, c'est bien à ce seul magistrat que revient le devoir de statuer sur le sort des objets saisis.

Enfin, il a été posé pour principe qu'« il n'entre pas dans l'office du juge des libertés et de la détention statuant en application de l'article 56-1 du Code de procédure pénale d'examiner la régularité de la saisine du juge d'instruction »[2].

221.247 Portée de la procédure de l'article 56-1 du Code de procédure pénale. Il convient enfin de ne pas se méprendre sur la portée de la procédure instituée par l'article 56-1 du Code de procédure pénale. Ainsi que l'a jugé la chambre criminelle, cette procédure a pour objectif d'assurer la protection du libre exercice de la profession d'avocat, du secret professionnel de la défense et du conseil et des droits de la défense en soumettant la saisie à un contrôle *a priori* du juge des libertés et de la détention.

Cette procédure laisse cependant entière la possibilité, pour les parties, lorsque ce magistrat a ordonné le versement du scellé et du procès-verbal au dossier de la procédure, de contester la régularité de la saisie pour le motif que nous avons vu d'atteinte au principe du respect des droits de la défense et au secret professionnel de la défense et du conseil[3]. Le sixième alinéa de l'article 56-1 dispose à cet égard expressément que la décision du juge des libertés et de la détention « n'exclut pas la possibilité ultérieure pour les parties de demander la nullité de la saisie devant, selon les cas, la juridiction de jugement ou la chambre de l'instruction ».

C'est ce qui explique que la chambre criminelle ait également décidé que l'absence d'opposition du bâtonnier à la saisie était insusceptible de permettre au juge répressif, saisi d'une demande de nullité de cette saisie, de s'abstenir d'en apprécier la régularité au regard des conditions de fond de cet acte d'enquête[4].

1. Crim. 25 juin 2013, n° 12-88.021, P, n° 155 ; *D.* 2015. 491 ; *AJ pénal* 2013. 539, obs. L. Belfanti ; *Procédures* 2013, comm. 260, obs. A.-S. Chavent-Leclere.
2. Crim. 18 janv. 2022, n° 21-83.751, P.
3. V. s[s] n° 221.71.
4. Crim. 25 juin 2013, préc.

2°
Protection du libre exercice de la profession de journaliste, du secret des sources et du droit à l'information

221.251 Principe. L'article 56-2 du Code de procédure pénale, introduit dans ce code par la loi n° 2010-1 du 4 janvier 2010[5], réglemente les perquisitions qui sont effectuées dans les locaux d'une entreprise de presse, d'une entreprise de communication audiovisuelle, d'une entreprise de communication au public en ligne, d'une agence de presse, dans les véhicules professionnels de ces entreprises ou agences, ou encore au domicile d'un journaliste lorsque les investigations sont liées à son activité professionnelle[6]. Il s'agit ici de protéger le libre exercice de la profession de journaliste, le secret des sources et le droit à l'information, ainsi que l'énonce le cinquième alinéa du texte, ces nouvelles dispositions ayant été vues par le législateur comme constituant une déclinaison particulière du principe général du secret des sources[7].

Jusqu'à l'entrée en vigueur de ces nouvelles dispositions, en effet, les garanties prévues par l'article 56-2 étaient réduites, puisque ce texte se bornait à prévoir que les perquisitions dans les locaux des entreprises de presse et de communication audiovisuelle devaient être effectuées par un magistrat qui devait veiller à ce que les investigations ne portent pas atteinte au libre exercice de la profession de journaliste et ne constituent pas un obstacle ou n'entraînent pas un retard injustifié à la diffusion de l'information.

Les dispositions de l'article 56-2 sont, pour l'essentiel, comparables à celles applicables aux avocats, sauf à indiquer qu'il n'a pas été prévu la présence d'un représentant de la profession lors de la saisie, lequel aurait, il est vrai, été difficile à déterminer, dès lors que la profession n'est pas organisée en ordre professionnel[8]. Les dispositions de l'article 56-2 ont d'ailleurs été adoptées expressément en contemplation de celles applicables aux avocats[9].

On remarquera d'abord que la loi du 4 janvier 2010 a étendu le champ d'application de l'article 56-2 aux agences de presse, aux domiciles des

5. L. n° 2010-1, 4 janv. 2010 *relative à la protection du secret des sources des journalistes*, *JO* 5 janv., p. 272.
6. SUR CE TEXTE : circ. Justice, 20 janv. 2010 *de présentation des dispositions de la loi n° 2010-1 du 4 janvier 2010 relative à la protection des sources des journalistes modifiant la loi du 29 juillet 1881 sur la liberté de la presse et le Code de procédure pénale*, NOR : JUS D 1001800 C, *BOMJL* n° 2010-01, 28 févr. 2010.
7. *Rapp. Sénat* n° 420, (2007-2008), p. 35.
8. AUSSI : Circ. Justice, 20 janv. 2010, préc., p. 6.
9. *Rapp. Ass. nat.* n° 771 (XIIIe législ.), p. 40 – *Rapp. Sénat* n° 420, (2007-2008), p. 35.

journalistes et aux véhicules professionnels des entreprises et agences de presse qui en constituent le prolongement (à l'exclusion donc des véhicules personnels des journalistes), pour tenir compte de la réalité de l'exercice du journalisme et de l'importance prise par les agences de presse dans la diffusion de l'information. Si le législateur n'a pas défini la notion de journaliste à l'article 56-2, il a néanmoins été indiqué au cours des travaux préparatoires que devait s'appliquer en la matière la définition énoncée à l'article 2 de la loi du 29 juillet 1881 qui énonce le principe du secret de leurs sources [1].

Dans le champ d'application ainsi défini, les perquisitions et saisies doivent impérativement être réalisées par un magistrat, sur décision écrite et motivée de celui-ci qui indique la nature de l'infraction, ainsi que les raisons justifiant la perquisition et l'objet de celle-ci. Le contenu de cette décision doit être porté dès le début de la perquisition à la connaissance de la personne présente lors de la perquisition en application de l'article 57 du Code de procédure pénale, afin que celle-ci soit à même de vérifier que les documents dont la saisie est envisagée entrent bien dans le champ de la décision préalable [2].

Par ailleurs, le magistrat qui effectue la perquisition veille à ce que les investigations conduites respectent le libre exercice de la profession de journaliste, ne portent pas atteinte au secret des sources en violation de l'article 2 de la loi du 29 juillet 1881 et ne constituent pas un obstacle ou n'entraînent pas un retard injustifié dans la diffusion de l'information. Selon le rapport de la Commission des lois de l'Assemblée nationale, « cette formulation doit être comprise comme un encadrement dans l'espace et dans le temps des investigations menées, afin que l'activité de l'entreprise de presse puisse se dérouler normalement » [3].

Le surplus des dispositions de l'article 56-2 concerne la saisie des documents susceptibles d'être découverts au cours de la perquisition. D'une part, le troisième alinéa du texte prévoit que seul le magistrat qui effectue la perquisition et la personne présente en application de l'article 57 du Code de procédure pénale ont le droit de prendre connaissance des documents ou des objets découverts lors de la perquisition préalablement à leur éventuelle saisie. D'autre part, le législateur a organisé aux alinéas 6 à 10 de l'article 56-2 une procédure permettant à la personne présente en application de l'article 57 de s'opposer à la saisie. Ainsi, cette personne peut s'opposer à la saisie d'un document ou de tout autre objet si elle estime que cette saisie serait irrégulière comme portant atteinte au libre exercice de la profession de journaliste, au secret des sources ou encore comme constituant un obstacle ou entraînant un retard injustifié à la diffusion de l'information. Dans ce cas, le document ou l'objet doit être placé sous scellés fermés, l'opération faisant l'objet d'un procès-verbal mentionnant les objections de la personne, lequel n'est pas joint au dossier de la procédure et est distinct de celui dressé en application de l'article 57 du Code de procédure pénale.

Ce procès-verbal, ainsi que le document ou l'objet placé sous scellés fermés, sont transmis sans délai au juge des libertés et de la détention, avec l'original ou une copie du dossier de la procédure. Dans les cinq jours de la réception de ces pièces, le juge des libertés et de la détention statue sur la contestation par ordonnance motivée non susceptible de recours. À cette fin, le juge des libertés et de la détention entend le magistrat qui a procédé à la perquisition, le cas échéant, le procureur de la République, la personne en présence de qui la perquisition a été effectuée et le journaliste au domicile duquel la perquisition a été réalisée, si ce dernier n'était pas présent lorsque celle-ci a été effectuée. Le juge des libertés et de la détention peut ouvrir le scellé en présence de ces personnes. Deux possibilités s'offrent alors à ce magistrat. S'il estime qu'il n'y a pas lieu à saisir le document ou l'objet, il ordonne sa restitution immédiate, ainsi que la destruction du procès-verbal des opérations, et, le cas échéant, la cancellation de toute référence à ce document, à son contenu ou à cet objet qui figurerait dans le dossier de la procédure. Dans le cas contraire, le juge des libertés et de la détention ordonne le versement du scellé et du procès-verbal au dossier de la procédure.

Il reste que cette décision laisse entière la possibilité ultérieure pour les parties de demander la nullité de la saisie devant la juridiction de jugement ou bien la chambre de l'instruction.

3°
Protection du secret de la défense nationale

221.260 **Plan.** La loi n° 2009-928 du 29 juillet 2009 [4] a inséré dans le Code de procédure pénale un article 56-4 réglementant la saisie d'éléments couverts par le secret de la défense nationale [5].

1. *Rapp. Sénat* n° 420, préc., p. 36.
2. *Rapp. Ass. nat.* n° 771, préc., p. 42.
3. *Rapp. Ass. nat.* n° 771, préc., p. 43.
4. L. n° 2009-928, 29 juill. 2009 *relative à la programmation militaire pour les années 2009 à 2014 et portant diverses dispositions concernant la défense, JO* 31 juill., p. 12713.
5. SUR CE TEXTE : circ. Justice, 25 juin 2010 *relative au secret de la défense nationale*, NOR : JUS D 1016986 C, *BOMJL* n° 2010-05, 30 juill. 2010 – AUSSI, sur ce texte : J. Buisson, « Éléments couverts par le secret de la défense nationale », *Procédures* 2009, comm. 329 – C. Ribeyre, « Loi n° 2009-928 du 29 juillet 2009, relative à la programmation militaire pour les années 2009-2014 – Secret défense », *RSC* 2009. 886.

Il faut relever que l'adoption de ce texte a constitué une étape importante de la construction, par le législateur, de la conciliation entre la nécessité pour l'autorité judiciaire de parvenir à la manifestation de la vérité et celle de préserver le secret de la défense nationale. Cette importance est comparable à celle de la loi n° 98-567 du 8 juillet 1998 [1] qui, dix ans plus tôt, avait institué la Commission du secret de la défense nationale. En effet, ainsi que l'avait relevé le Conseil d'État, saisi par le ministre de la défense et le garde des Sceaux, ministre de la Justice, dans un important avis du 5 avril 2017 [2], le législateur n'avait jusqu'alors édicté aucune règle particulière de procédure permettant, s'agissant de l'entrée dans les lieux où pouvait intervenir l'autorité judiciaire et où pouvaient se trouver des informations couvertes par le secret de la défense nationale, de concilier l'objectif constitutionnel de recherche des auteurs d'infraction et celui de la sauvegarde des intérêts fondamentaux de la Nation. Aussi, le Conseil d'État considérait-il qu'à l'instar des dispositions de procédure pénale énonçant les conditions dans lesquelles le pouvoir de perquisition du juge d'instruction se conciliait avec la protection d'intérêts légitimes tels que le secret médical, le secret professionnel ou les droits de la défense s'agissant de la correspondance entre l'avocat et son client, il apparaissait indispensable d'édicter des règles législatives fixant les conditions dans lesquelles seraient définis les obligations et les pouvoirs respectifs du chef d'établissement, chargé de la protection des secrets de la défense nationale, et du juge d'instruction, chargé de la manifestation de la vérité. De même, il apparaissait utile au Conseil d'État, afin de concilier plus sûrement les objectifs constitutionnels de recherche des auteurs d'infractions pénales et de sauvegarde des intérêts fondamentaux de la Nation, que le législateur complète les règles de procédure applicables et fixe précisément les conditions dans lesquelles pourraient être saisis et mis sous scellés, sans risque de divulgation à des personnes non qualifiées de secrets protégés, des documents classifiés dont l'autorité judiciaire ne pouvait savoir s'ils seraient utiles à son instruction, les prérogatives de la Commission du secret de la défense nationale étant jugées susceptibles d'être utilement étendues afin de lui permettre d'intervenir lors de la découverte de documents classifiés, notamment en zone protégée. C'est dans ces conditions que le législateur a adopté la loi du 29 juillet 2009, les travaux préparatoires du texte se référant d'ailleurs expressément à l'avis précité du Conseil d'État, avec l'objectif « de concilier, par une extension du champ d'intervention de la Commission du secret de la défense nationale, les deux objectifs constitutionnels de même valeur que sont la recherche des auteurs d'infractions pénales et la sauvegarde des intérêts fondamentaux de la Nation, qui justifie la protection du secret de la défense nationale » [3], et s'inspirant des dispositions de l'article 56-1 du Code de procédure pénale organisant les perquisitions dans le cabinet ou au domicile d'un avocat.

1. L. n° 98-567, 8 juill. 1998 *instituant une commission consultative du secret de la défense nationale, JO* 9 juill., p. 10488.
2. CE, assemblée générale, avis n° 374.120, 5 avr. 2017.
3. *Rapp. Sénat* n° 513 (2008-2009), p. 136.

Dans son état initial, le texte envisageait trois situations : la perquisition des lieux précisément identifiés abritant des éléments couverts par le secret de la défense nationale [4], la découverte au cours d'une perquisition ordinaire d'éléments couverts par ce secret [5], et enfin la réalisation de perquisitions dans un lieu lui-même classifié au titre du secret de la défense nationale [6]. Par une décision du 10 novembre 2011, le Conseil constitutionnel a cependant abrogé, à compter du 1er décembre 2011, les dernières dispositions du texte [7]. Il y a donc lieu de présenter l'état du droit positif relatif aux deux premières configurations procédurales envisagées par l'article 56-4, avant d'exposer les motifs qui ont conduit le Conseil à invalider le surplus du texte.

221.261 **Perquisition des lieux abritant des éléments couverts par le secret de la défense nationale.** Le I de l'article 56-4 du Code de procédure pénale organise tout d'abord le régime applicable aux perquisitions effectuées dans un lieu abritant des éléments couverts par le secret de la défense nationale.

Lorsqu'une telle perquisition est envisagée, celle-ci ne peut être réalisée que par un magistrat, en présence du président de la Commission du secret de la défense nationale qui a déjà été évoquée [8]. Ce dernier peut être représenté par un membre de la commission ou par des délégués, habilités au secret de la défense nationale, qu'il désigne selon des modalités fixées par décret en Conseil d'État. Le président ou son représentant, au reste, peut être assisté de toute personne habilitée à cet effet.

Les deuxième et troisième alinéas du texte définissent ce qu'il convient d'entendre par la notion de lieux abritant des éléments couverts par le secret de la défense nationale. La liste de tels lieux est établie de façon précise et limitative par un arrêté du premier ministre et, régulièrement actualisée, elle est communiquée à la Commission du secret de la défense nationale ainsi qu'au ministre de la Justice qui la rendent accessible aux magistrats de façon sécurisée. Ainsi, chaque magistrat est à même de vérifier si le lieu dans lequel il souhaite effectuer une perquisition figure sur cette liste. Les conditions de délimitation des lieux abritant des éléments couverts par le secret de la défense nationale sont par ailleurs déterminées par décret en Conseil d'État. Ces dispositions doivent être lues avec celles de l'article R. 2311-9-1 du Code de la défense dont il résulte que la liste de ces lieux est établie par arrêté du premier ministre, sur proposition des ministres

4. C. pr. pén., art. 56-4, I.
5. C. pr. pén., art. 56-4, II.
6. C. pr. pén., art. 56-4, III.
7. Cons. const. 10 nov. 2011, n° 2011-192 QPC, *JO* 11 nov., p. 19005 ; *Rec.* p. 528 ; *AJDA* 2011. 2206 ; *D.* 2011. 2721, édito. F. Rome.
8. V. s[s] n° 221.101.

intéressés. Cette liste désigne les lieux en cause dans des conditions de nature à permettre l'identification exacte de ceux-ci par la Commission du secret de la défense nationale et les magistrats, et elle peut comporter des catégories de locaux, classés par département ministériel, lorsque cette désignation suffit à l'identification des lieux ou, dans le cas contraire, des localisations individuelles. Ainsi élaborée, cette liste est ensuite transmise au ministre de la Justice et au président de la Commission du secret de la défense nationale, le ministre de la Justice mettant en œuvre, dans des conditions définies par arrêté du premier ministre, un accès sécurisé à la liste, de nature à préserver la confidentialité de celle-ci et permettant à chaque magistrat de vérifier si le lieu dans lequel il souhaite effectuer une perquisition y figure. La circulaire du 25 juin 2010 précise qu'en pratique, le magistrat qui envisage de procéder à une perquisition dans un tel lieu doit préalablement vérifier si celui-ci figure sur cette liste en prenant l'attache du bureau compétent de la direction des affaires criminelles et des grâces ou de la permanence de cette direction qui est en capacité d'indiquer chaque jour de l'année, 24 heures sur 24, si le lieu visé figure sur la liste des lieux abritant des éléments couverts par le secret de la défense nationale[1].

Dans les lieux ainsi déterminés, la perquisition ne peut être effectuée qu'en vertu d'une décision écrite du magistrat qui indique au président de la Commission du secret de la défense nationale les informations utiles à l'accomplissement de sa mission. Le président de la Commission ou son représentant se transporte alors sur les lieux sans délai. Au commencement de la perquisition, le magistrat porte à la connaissance du président de la commission ou de son représentant, ainsi qu'à celle du chef d'établissement ou de son délégué, ou du responsable du lieu, la nature de l'infraction ou des infractions sur lesquelles portent les investigations, les raisons justifiant la perquisition, son objet et les lieux visés par cette perquisition. Le rapport de la Commission des lois de l'Assemblée nationale relevait à ce propos que la motivation de cette décision doit répondre aux mêmes exigences de précision et de clarté que les demandes de déclassification, afin que le représentant de la Commission du secret de la défense nationale puisse utilement apporter son assistance au juge d'instruction lors de la perquisition, puisqu'il appartiendra à ce représentant de procéder au tri des pièces couvertes par le secret de la défense nationale et de retenir celles qui auront un lien avec l'objet de la perquisition, dès lors que ces pièces ne pourront pas être consultées par le magistrat lui-même[2]. Au reste, selon le même rapport, « la question de la violation du secret de l'instruction ne saurait être ici valablement soulevée dès lors que le secret de l'instruction et le secret défense sont deux obligations de nature législative et que la Commission du secret de la défense nationale a besoin de partager le secret de l'instruction pour la partie strictement en rapport avec sa saisine »[3].

On notera également que ces dispositions prévoient deux stades d'information. Il y a lieu dans un premier temps pour le magistrat, par décision écrite, d'indiquer au président de la Commission du secret de la défense nationale les informations utiles à l'accomplissement de sa mission, puis, seulement au commencement de la perquisition, de porter à la connaissance de ce dernier et du responsable du lieu où elle se tient, la nature de l'infraction ou des infractions sur lesquelles portent les investigations, les raisons justifiant la mesure, son objet et les lieux visés par celle-ci. Il faut le relever car le projet de loi prévoyait que la transmission au président de la décision écrite et motivée du magistrat comprenant l'ensemble de ces informations devait intervenir dès sa saisine, tandis qu'il était prévu qu'elle ne devait être portée à la connaissance du chef d'établissement qu'au commencement de la perquisition pour assurer l'efficacité des investigations. L'Assemblée nationale a modifié le projet en dissociant la saisine du président par décision écrite mentionnant les seules informations utiles, à ce stade, à l'accomplissement de sa mission, et la communication au président par le magistrat des informations relatives aux infractions, aux raisons justifiant la perquisition, à son objet et aux lieux visés qui n'intervient qu'au commencement de la mesure, au même titre qu'elles sont communiquées au responsable des lieux[4].

Lorsqu'au cours d'une perquisition effectuée dans de telles conditions sont découverts des éléments classifiés, seuls le président de la Commission du secret de la défense nationale, son représentant et, s'il y a lieu, les personnes qui l'assistent, peuvent prendre connaissance de ceux-ci. On relèvera, en particulier, que le magistrat n'a pas qualité pour connaître des secrets de la défense nationale, ainsi que l'avait d'ailleurs relevé le Conseil d'État dans son avis du 5 avril 2007.

Si les nécessités de l'enquête justifient que les éléments classifiés soient saisis en original, des copies sont laissées à leur détenteur. La circulaire du 25 juin 2010 précise qu'il peut le cas échéant être recouru, en cas de saisie de données sur support informatique, à la procédure prévue par les articles 56, alinéa 5, et 97, alinéa 3, du Code de procédure pénale, permettant de placer sous main de

1. Circ. Justice, 25 juin 2010, préc., p. 14.
2. *Rapp. Ass. nat.* n° 1615 (XIIIe législ.), t. I, p. 201.
3. *Rapp. Ass. nat.* n° 1615, préc.
4. *Rapp. Sénat* n° 513, préc., p. 150.

justice une copie du support plutôt que l'original ; à défaut, et quel que soit le support de l'élément classifié, une copie de travail devra être effectuée et laissée à la disposition de l'autorité administrative.

Chaque élément classifié saisi est placé sous scellés et remis au président de la commission qui en devient gardien. Les opérations relatives aux éléments classifiés saisis, ainsi que l'inventaire de ces éléments, font l'objet d'un procès-verbal qui n'est pas joint au dossier de la procédure et qui est conservé par le président de la commission.

Ce n'est qu'ensuite qu'il sera procédé à l'éventuelle déclassification des éléments saisis dans les conditions des articles L. 2312-4 et suivants du Code de la défense qui ont déjà été examinées [1].

221.262 Découverte fortuite d'éléments couverts par le secret de la défense nationale. Le II de l'article 56-4 du Code de procédure pénale énonce par ailleurs les règles applicables lorsque, de façon fortuite, il est découvert que le lieu objet d'une perquisition abrite des éléments couverts par le secret de la défense nationale.

Dans cette situation, le magistrat présent sur les lieux ou immédiatement avisé par l'officier de police judiciaire en informe le président de la Commission du secret de la défense nationale.

Les éléments classifiés sont placés sous scellés, sans en prendre connaissance par le magistrat ou l'officier de police judiciaire qui les a découverts, puis sont remis ou transmis, par tout moyen en conformité avec la réglementation applicable aux secrets de la défense nationale, au président de la commission afin qu'il en assure la garde.

Les opérations relatives aux éléments classifiés font l'objet d'un procès-verbal qui n'est pas joint au dossier de la procédure.

Pour le surplus, la procédure de déclassification est comparable à celle suivie en cas de perquisition dans un lieu abritant des éléments couverts par le secret de la défense nationale.

221.263 Déclaration d'inconstitutionnalité de l'article 56-4, III, du Code de procédure pénale. Le III de l'article 56-4 du Code de procédure pénale envisageait enfin les perquisitions réalisées dans les lieux classifiés au titre du secret de la défense nationale.

Ces dispositions ont été déclarées contraires à la Constitution par le Conseil constitutionnel dans une décision du 10 novembre 2011 [2], à qui la chambre criminelle avait renvoyé une question prioritaire de constitutionnalité portant notamment sur l'article 56-4 du Code de procédure pénale [3]. La chambre criminelle avait en effet jugé que la question était suffisamment sérieuse pour être renvoyée au Conseil, aux motifs, notamment, qu'en application de l'article 56-4 du Code de procédure pénale, l'autorité judiciaire n'était pas qualifiée pour accéder à des informations classifiées au titre du secret de la défense nationale, alors même qu'elle estimait que leur connaissance serait nécessaire à la manifestation de la vérité, que ladite autorité ne pouvait avoir connaissance de telles informations que sur décision ministérielle après avis consultatif d'une autorité administrative indépendante, que l'autorité judiciaire ne pouvait pénétrer dans certains lieux classifiés qu'après leur déclassification et qu'enfin elle ne pouvait procéder à des perquisitions dans ces lieux et dans ceux abritant des éléments classifiés qu'en présence du président de la Commission du secret de la défense nationale, sans pouvoir prendre connaissance de tels éléments.

Si le Conseil constitutionnel a considéré que les dispositions des I et II de l'article 56-4 n'étaient pas contraires à la Constitution, tel n'a pas été le cas de celles du III de ce texte. Le Conseil a en effet considéré que « la classification d'un lieu [avait] pour effet de soustraire une zone géographique définie aux pouvoirs d'investigation de l'autorité judiciaire ; qu'elle [subordonnait] l'exercice de ces pouvoirs d'investigation à une décision administrative ; qu'elle [conduisait] à ce que tous les éléments de preuve, quels qu'ils soient, présents dans ces lieux lui soient inaccessibles tant que cette autorisation [n'avait] pas été délivrée », et « que, par suite, en autorisant la classification de certains lieux au titre du secret de la défense nationale et en subordonnant l'accès du magistrat aux fins de perquisition de ces mêmes lieux à une déclassification temporaire, le législateur [avait] opéré, entre les exigences constitutionnelles précitées [à savoir entre le droit des personnes intéressées à exercer un recours juridictionnel effectif, le droit à un procès équitable ainsi que la recherche des auteurs d'infractions, et les exigences constitutionnelles inhérentes à la sauvegarde des intérêts fondamentaux de la Nation], une conciliation qui [était] déséquilibrée ».

4°
Protection du secret du délibéré et de l'indépendance de la justice

221.271 Origine du texte. La loi n° 2016-731 du 3 juin 2016 [4] a introduit dans le Code de procédure

1. V. s^s n° 221.101.
2. Cons. const. 10 nov. 2011, n° 2011-192 QPC, préc.
3. Crim. 31 août 2011, n° 11-90.065, P, n° 169 ; *AJDA* 2011. 1655 ; *D.* 2011. 2117.
4. L. n° 2016-731, 3 juin 2016 *renforçant la lutte contre le crime organisé, le terrorisme et leur financement, et améliorant l'efficacité et les garanties de la procédure pénale*, *JO* 4 juin, n° 1.

pénale un nouvel article 56-5 qui organise la saisie des documents susceptibles d'être protégés par le secret du délibéré et vise à garantir l'indépendance de la justice.

Le vote de ce texte a été rendu nécessaire par la décision du Conseil constitutionnel du 4 décembre 2015 [1] qui, dans une affaire à fort retentissement médiatique, avait déclaré contraire à la Constitution le troisième alinéa de l'article 56 et certaines dispositions de l'article 57 du Code de procédure pénale, faute pour ces textes de contenir des dispositions spécifiques à la protection du secret du délibéré, le législateur ayant ainsi méconnu l'étendue de sa compétence dans des conditions affectant par elle-même le principe d'indépendance des juridictions. Le Conseil constitutionnel avait toutefois reporté au 1er octobre 2016 les effets de la déclaration d'inconstitutionnalité, en sorte que le législateur avait dû prévoir un régime de saisie propre à protéger le secret du délibéré. Il a donc introduit dans le Code de procédure pénale un nouvel article 56-5, protégeant le secret du délibéré lors des opérations de saisie en instaurant une procédure particulière inspirée par les dispositions des articles 56-1 et 56-2 du Code de procédure pénale [2].

221.272 **Régime applicable.** Le contenu de l'article 56-5 du Code de procédure pénale ne saurait donc surprendre comme rejoignant celui des articles qui le précèdent.

Ainsi, il est prévu que les perquisitions dans les locaux d'une juridiction ou au domicile d'une personne exerçant des fonctions juridictionnelles et qui tendent à la saisie de documents susceptibles d'être couverts par le secret du délibéré ne peuvent être effectuées que par un magistrat, sur décision écrite et motivée de celui-ci, en présence du premier président de la cour d'appel ou du premier président de la Cour de cassation ou de son délégué.

La décision préalable doit indiquer la nature de l'infraction sur laquelle portent les investigations, les raisons justifiant la perquisition et l'objet de celle-ci.

Le contenu de cette décision doit être porté dès le début de la perquisition à la connaissance du premier président ou de son délégué par le magistrat.

1. Cons. const. 4 déc. 2015, n° 2015-506 QPC, *JO* 6 déc., p. 22502 ; *D.* 2015. 2504 ; *D.* 2016. 1727, obs. J. Pradel ; *AJ pénal* 2016. 276, obs. J.-B. Perrier ; *Dr. pén.* 2017, chron. 1, obs. V. Georget ; *ibid.* 2016, comm. 16, obs. A. Maron et M. Haas ; *Procédures* 2016, comm. 27, obs. A.-S. Chavent-Leclere ; *LPA* 27 juill. 2016, n° 149, p. 4, obs. V. Tellier-Cayrol.
2. *Rapp. Ass. nat.* n° 3515 (XIVe législ.), p. 305 – *Rapp. Sénat* n° 491 (2015-2016), t. I, p. 211.

Au cours de la perquisition, le magistrat qui effectue cet acte d'enquête, le premier président ou son délégué ont seuls le droit de consulter ou de prendre connaissance des documents ou des objets se trouvant sur les lieux préalablement à leur éventuelle saisie, étant précisé qu'aucune saisie ne peut concerner des documents ou des objets relatifs à d'autres infractions que celles mentionnées dans la décision du magistrat, ces dispositions, comme les précédentes relatives à la préparation de la perquisition, étant prescrites à peine de nullité. Enfin, le magistrat qui effectue la perquisition veille à ce que les investigations conduites ne portent pas atteinte à l'indépendance de la justice.

La saisie proprement dite obéit à des règles déjà rencontrées, puisque le premier président ou son délégué peut s'opposer à la saisie d'un document ou d'un objet s'il estime cette saisie irrégulière. Le document ou l'objet est alors placé sous scellés fermés et ces opérations font l'objet d'un procès-verbal mentionnant les objections du premier président ou de son délégué. Ce procès-verbal n'est pas joint au dossier de la procédure et, si d'autres documents ou d'autres objets ont été saisis au cours de la perquisition sans soulever d'opposition, ce procès-verbal est distinct de celui prévu par l'article 57 du Code de procédure pénale.

La phase ultérieure se déroule devant le juge des libertés et de la détention. En effet, le document ou l'objet litigieux, placé sous scellés fermés, ainsi que le procès-verbal spécialement établi pour en relater la saisie, sont transmis sans délai au juge des libertés et de la détention, avec l'original ou une copie du dossier de la procédure. Dans les cinq jours de la réception de ces pièces, le juge des libertés et de la détention statue sur la contestation par ordonnance motivée non susceptible de recours. À cette fin, il entend le magistrat qui a procédé à la perquisition et, le cas échéant, le procureur de la République, ainsi que le premier président ou son délégué. C'est en présence de ces personnes que le juge des libertés et de la détention ouvre le scellé.

Au terme de cette procédure, le juge des libertés et de la détention peut estimer qu'il n'y a pas lieu de saisir le document ou l'objet. Il ordonne alors la restitution immédiate de celui-ci, la destruction du procès-verbal des opérations et, le cas échéant, la cancellation de toute référence à ce document, à son contenu ou à cet objet qui figurerait dans le dossier de la procédure. À l'inverse, le juge des libertés et de la détention peut ordonner le versement du scellé et du procès-verbal au dossier de la procédure, cette décision ne privant cependant pas les parties de la possibilité ultérieure de demander la nullité de la saisie devant la juridiction de jugement ou bien la chambre de l'instruction.

SECTION 2
ENQUÊTE PRÉLIMINAIRE

221.281 Applicabilité des règles de l'enquête de flagrance. Les règles applicables aux saisies effectuées en cours d'une enquête préliminaire, régies par le seul article 76 du Code de procédure pénale, sont largement comparables à celles devant être suivies pendant l'enquête de flagrance. Le second alinéa de ce texte prévoit en effet que les dispositions prévues par l'article 56 du Code de procédure pénale sont applicables pendant l'enquête préliminaire. Ainsi, les formalités prévues par ce texte devront être mises en œuvre pendant l'enquête préliminaire, sauf à respecter les règles particulières énoncées par l'article 76. Il en est spécialement ainsi des règles destinées à assurer l'intégrité et l'authenticité des objets saisis. Sont de même applicables celles de nature à assurer la protection de certains secrets et de certaines activités professionnelles, dès lors que l'article 56, auquel renvoie l'article 76, se réfère lui-même, à son alinéa 3, aux articles 56-1 à 56-5 du Code de procédure pénale[1].

Nous insisterons ainsi sur les seules différences qui existent entre l'un et l'autre de ces cadres d'enquête et renverrons aux développements qui précèdent pour le surplus[2].

221.282 Compétence des OPJ et APJ. Contrairement à ce qu'il en est au cours de l'enquête de flagrance, les officiers de police judiciaire n'ont pas le monopole du pouvoir de saisie pendant l'enquête préliminaire. Les saisies peuvent être réalisées pendant les enquêtes préliminaires par les officiers et les agents de police judiciaire, sauf, conformément au droit commun, lorsqu'elles sont effectuées à l'occasion d'une perquisition effectuée dans les lieux spécialement protégés où doit intervenir un magistrat[3]. En effet, les saisies ne dérogent pas à la règle énoncée par l'article 75 du Code de procédure pénale dont il résulte que « les officiers de police judiciaire et, sous le contrôle de ceux-ci, les agents de police judiciaire désignés à l'article 20 procèdent à des enquêtes préliminaires soit sur les instructions du procureur de la République, soit d'office ».

La chambre criminelle a d'ailleurs posé pour principe qu'« il se déduit des articles 75 et 76 du Code de procédure pénale que les agents de police judiciaire peuvent, au cours de l'enquête préliminaire et au contraire de l'enquête de flagrance, procéder à une perquisition dès lors qu'ils agissent sous le contrôle de l'officier de police judiciaire »[4]. L'existence de ce contrôle doit toutefois être établie par une mention au procès-verbal de perquisition ou résulter, à défaut, d'une mention spécifique dans les pièces de procédure, ce que ne saurait constituer le seul visa du commissaire de police, chef de service, apposé sur le soit-transmis de clôture de la procédure. Il en va de la régularité des opérations de perquisition et de saisie, sauf à préciser que leur nullité ne sera prononcée qu'à condition que l'irrégularité ait causé au requérant un grief, c'est-à-dire un préjudice ne se résumant pas à sa seule mise en cause par l'acte critiqué.

Le fait que l'agent de police judiciaire ait au cours de l'enquête préliminaire un pouvoir que ne lui reconnaît pas la loi pendant l'enquête de flagrance ne saurait surprendre. En effet, les saisies opérées dans le cadre de l'enquête préliminaire impliquent, comme nous le verrons, soit le consentement de l'intéressé, soit l'autorisation du juge des libertés et de la détention, alors que, pendant l'enquête de flagrance, la saisie est imposée par l'enquêteur, ce qui explique que ce pouvoir ait été réservé au seul officier de police judiciaire.

221.283 Assentiment des intéressés. Aucune saisie de droit commun ne saurait en effet être opérée sans qu'en principe n'y consentent les intéressés. Le Code de procédure pénale, sans distinguer entre les perquisitions, les visites domiciliaires et les saisies, dispose à cet égard, au premier alinéa de l'article 76, que « les perquisitions, visites domiciliaires et saisies de pièces à conviction ou de biens dont la confiscation est prévue à l'article 131-21 du Code pénal ne peuvent être effectuées sans l'assentiment exprès de la personne chez laquelle l'opération a lieu ». Le second alinéa ajoute que cet assentiment doit faire l'objet d'une déclaration écrite de la main de l'intéressé ou, si celui-ci ne sait écrire, il en est fait mention au procès-verbal ainsi que de son assentiment. Le législateur a ainsi prévu un assentiment global relatif à la fois à la perquisition et à la saisie.

Il a été précisé qu'en cas de perquisition et de saisies dans un local donné à bail, le bailleur est naturellement sans qualité pour autoriser les enquêteurs à y pénétrer, les dispositions de l'article 76 protégeant le droit au respect de la vie privée[5].

L'instruction générale pour l'application du Code de procédure pénale recommande que le consentement de l'intéressé soit exprimé comme suit : « Sachant que je puis m'opposer à la visite de mon domicile, je consens expressément à ce que vous y opériez les perquisitions et saisies que vous jugerez

1. AUSSI : *J.-Cl. Pr. pén.*, art. 75 à 78, fasc. 20 : enquête préliminaire, par V. Lesclou.
2. V. s[s] n° 221.10.
3. C. pr. pén., art. 56, 56-1 à 56-5 et 76.
4. Crim. 7 déc. 2021, n° 20-82.733, P.
5. Crim. 9 nov. 2021, n° 21-81.359, NP.

utiles à l'enquête en cours. »[1] Il reste qu'une telle formule n'est pas formellement exigée par la chambre criminelle qui admet que soient utilisées d'autres formules équivalentes. Il a ainsi été jugé que « si le texte constatant l'assentiment de [l'intéressé] n'est que partiellement écrit de la main de celui-ci, la nature des passages manuscrits et la mention, également manuscrite, "lu et approuvé", qui précède sa signature, mettent la Cour de cassation en mesure de s'assurer qu'il a été satisfait, en l'espèce, aux exigences de l'article 76 »[2].

Lorsqu'une saisie est opérée sans que cette mesure ne fasse suite à une perquisition, par exemple parce qu'un objet quelconque, utile à la manifestation de la vérité, est remis par son propriétaire à l'officier de police judiciaire, doit de même être recueilli par l'enquêteur le consentement écrit de l'intéressé à la saisie[3]. En revanche, il a été jugé qu'en cas de découverte d'un objet dans les parties communes d'un immeuble, sa saisie peut intervenir sans autorisation judiciaire[4].

Enfin, lorsque les éléments recueillis au cours d'une enquête préliminaire font apparaître qu'une personne chez laquelle il doit être procédé à une perquisition fait l'objet d'une mesure de protection juridique révélant qu'elle n'est pas en mesure d'exercer seule son droit de s'opposer à la réalisation de cette opération, l'article 706-112-3 du Code de procédure pénale impose à l'officier de police judiciaire d'aviser par tout moyen son curateur ou son tuteur, afin que l'assentiment éventuel de la personne ne soit donné qu'après qu'elle a pu s'entretenir avec lui. À défaut, la perquisition doit être autorisée par le juge des libertés et de la détention[5]. Ces dispositions sont issues de la loi n° 2021-1729 du 22 décembre 2021 *pour la confiance dans l'institution judiciaire*[6] qui a tiré les conséquences de la déclaration d'inconstitutionnalité des anciennes dispositions de l'article 706-113 du Code de procédure pénale qui ne prévoyaient rien en une telle situation[7].

221.284 Autorisation du juge des libertés et de la détention. Par dérogation au principe qui précède, le législateur a permis à l'officier de police judiciaire de procéder à des perquisitions et des saisies hors l'assentiment de la personne chez laquelle l'opération a lieu. En effet, le troisième alinéa de l'article 76 du Code de procédure pénale prévoit que, si les nécessités de l'enquête relative à un crime ou à un délit puni d'une peine d'emprisonnement d'une durée supérieure ou égale à trois ans l'exigent ou si la recherche de biens dont la confiscation est prévue par l'article 131-21 du Code pénal le justifie, le juge des libertés et de la détention peut, à la requête du procureur de la République, décider que les opérations de perquisition et de saisie seront effectuées sans l'assentiment de la personne chez qui elles ont lieu. À cet effet, seront concurremment compétents le juge des libertés et de la détention du tribunal judiciaire dont le procureur de la République dirige l'enquête, quelle que soit la juridiction dans le ressort de laquelle la perquisition doit avoir lieu, et le juge des libertés et de la détention du tribunal judiciaire dans le ressort duquel la perquisition doit avoir lieu, par l'intermédiaire du procureur de la République de cette juridiction.

L'ordonnance du juge des libertés et de la détention doit être rendue à la requête du procureur de la République. Si, en principe, cette circonstance se déduit de la date portée sur la requête, l'absence de mention de celle-ci ne saurait constituer une cause de nullité si les indications figurant dans d'autres actes établissent que son existence était antérieure à la décision du juge des libertés et de la détention[8].

La décision du juge des libertés et de la détention doit obéir à des formes particulières. Ainsi, l'autorisation de perquisition et de saisie sans assentiment doit prendre la forme d'une décision écrite et motivée – en pratique une ordonnance –, qui doit préciser la qualification de l'infraction dont la preuve est recherchée, ainsi que l'adresse des lieux dans lesquels les opérations peuvent être effectuées. De surcroît, la décision du juge des libertés et de la détention doit être motivée par référence aux éléments de fait et de droit justifiant que les opérations sont nécessaires, ce que contrôle la chambre criminelle[9].

Il est encore précisé par le législateur que les opérations autorisées par le juge des libertés et de la détention sont effectuées sous le contrôle de ce magistrat, lequel se voit reconnaître la faculté de se déplacer sur les lieux pour veiller au respect des dispositions légales, y compris lorsque les opérations ont lieu en dehors du ressort du tribunal judiciaire dont il relève.

Des dispositions habituelles dans le Code de procédure pénale prévoient par ailleurs que si les

1. C. pr. pén., 5e partie, art. C. 136 – Instruction générale pour l'application du Code de procédure pénale (C. pr. pén., 5e partie), 27 févr. 1958, *JO* 28 févr., p. 2892.
2. Crim. 28 janv. 1987, n° 85-95.180, P, n° 48 ; *D.* 1987. 258, obs. G. Azibert.
3. AUSSI : S. Guinchard et J. Buisson, *Procédure pénale*, préc., n° 1024.
4. Crim. 24 nov. 2021, n° 21-80.346, NP.
5. V. ss n° 221.284.
6. L. n° 2021-1729, 22 déc. 2021 *pour la confiance dans l'institution judiciaire, JO* 23 déc., n° 2.
7. Cons. const. 15 janv. 2021, n° 2020-873 QPC, *JO* 16 janv., n° 71 – EN CE SENS : *Rapp. Ass. nat.* nos 4146 et 4147 (XVe législ.), p. 147 – AUSSI : *Rapp. Sénat* n° 834 (2020-2021), p. 95.
8. Crim. 26 mars 2019, n° 18-85.047, NP.
9. Crim. 26 mars 2019, préc. – Crim. 9 mai 2019, n° 18-85.619, NP.

opérations autorisées ne peuvent avoir, à peine de nullité, un autre objet que la recherche et la constatation des infractions visées dans la décision du juge des libertés et de la détention ou la saisie des biens dont la confiscation est prévue à l'article 131-21 du Code pénal, le fait que ces opérations révèlent des infractions autres que celles visées dans la décision ne constitue pas une cause de nullité des procédures incidentes.

Enfin, à défaut de dispositions législatives le prévoyant, il a été jugé que la décision du juge des libertés et de la détention est insusceptible de recours [1], sans que cela ne soit contraire aux droits et libertés que la Constitution garantit [2]. Il est vrai, ainsi que l'a relevé la chambre criminelle, que la personne poursuivie n'est pas sans voie de droit pour contester la régularité de l'ordonnance du juge des libertés et de la détention, et des opérations de perquisition et de saisie, que ce soit devant la chambre de l'instruction saisie d'une requête en nullité, ou la juridiction de jugement au moyen d'une exception de nullité. De même, entrent dans la compétence du juge judiciaire, sur le recours de la personne chez qui la perquisition a eu lieu mais qui n'est pas poursuivie, d'une part l'action indemnitaire en cas d'illégalité des mesures d'investigation et de saisie, d'autre part la demande de restitution. En cas d'appel de l'ordonnance du juge des libertés et de la détention, seule la chambre de l'instruction est cependant compétente pour déclarer l'appel irrecevable, son président n'ayant pas le pouvoir de déclarer l'appel non-admis sur le fondement de l'article 186 du Code de procédure pénale [3].

221.285 Évolution de l'exigence de la chambre criminelle quant à la motivation de l'ordonnance du JLD. La chambre criminelle a élevé son niveau d'exigence relativement à la motivation des ordonnances rendues en la matière par le juge des libertés et de la détention, en prohibant la motivation par adoption des motifs des réquisitions du procureur de la République, tout en admettant cependant la reprise des termes de la requête du procureur de la République à la condition qu'en ressortent les éléments de fait et de droit rendant nécessaire la perquisition sans assentiment.

Dans un premier temps, la chambre criminelle a admis la pratique de la motivation de l'ordonnance du juge des libertés et de la détention par adoption des motifs de la requête du procureur de la République. Elle jugeait, à cet égard, « qu'aucune disposition légale ne [faisait] obstacle à ce que l'ordonnance du juge des libertés et de la détention se réfère expressément à la requête présentée par le procureur de la République aux fins de perquisition, en application de l'article 76, alinéa 4, du Code de procédure pénale, lorsque celle-ci [comportait] toutes les indications exigées par ce texte à peine de nullité » [4]. Ainsi, il suffisait que les réquisitions du procureur de la République soient motivées conformément aux exigences de l'article 76 du Code de procédure pénale, c'est-à-dire qu'elles soient motivées par référence aux éléments de fait et de droit justifiant que les opérations de perquisition et de saisie aient lieu sans assentiment, et que l'ordonnance du juge des libertés et de la détention se réfère à ces motifs, pour qu'il soit conclu à la régularité de l'ordonnance. Cette solution avait été confirmée par la suite [5].

L'état du droit a toutefois évolué. Par un arrêt à la motivation détaillée du 23 novembre 2016, confirmé par la suite [6], et auquel la chambre criminelle a donné une large publicité, cette juridiction a en effet posé pour principe « que l'ordonnance du juge des libertés et de la détention décidant, sur requête du procureur de la République à l'occasion d'une enquête préliminaire, que les opérations prévues par le premier de ces textes seront effectuées sans l'assentiment de la personne chez qui elles ont lieu, doit être motivée au regard des éléments de fait et de droit justifiant de leur nécessité ; que cette exigence d'une motivation adaptée et circonstanciée s'impose au regard des droits protégés par la Convention européenne des droits de l'homme et en tenant compte de l'évolution du statut et du rôle juridictionnel du juge des libertés et de la détention voulue par le législateur ; que cette motivation constitue une garantie essentielle contre le risque d'une atteinte disproportionnée au droit au respect de la vie privée de la personne concernée et doit permettre au justiciable de connaître les raisons précises pour lesquelles ces opérations ont été autorisées », et « qu'il se déduit de l'ensemble de ces éléments que l'ordonnance du juge des libertés et de la détention, qui se borne à se référer à la requête présentée par le procureur de la République aux fins de perquisition, en application de l'article 76, alinéa 4, du Code de procédure pénale, n'est pas conforme aux exigences de ce texte » [7].

Dans cette affaire, une chambre de l'instruction, pour écarter la requête en nullité des ordonnances

1. Crim. 23 nov. 2022, n° 22-81.823, NP.
2. Crim. 10 janv. 2017, n° 16-90.027, NP.
3. Crim. 23 nov. 2022, préc.
4. Crim. 6 mars 2013, n° 12-87.810, P, n° 62 ; *D.* 2013. 1993, obs. J. Pradel ; *AJ pénal* 2013. 349, obs. J. Pronier.
5. Crim. 29 mai 2013, n° 13-80.908, NP.
6. Crim. 21 janv. 2020, n° 19-80.806, NP.
7. Crim. 23 nov. 2016, n° 15-83.649, P, n° 307 ; *D.* 2016. 2402, obs. N. explicative de la Cour de cassation ; *D.* 2017. 245, chron. G. Guého, L. Ascensi, E. Pichon, B. Laurent et G. Barbier ; *AJ pénal* 2017. 43, obs. J.-B. Thierry ; *AJ pénal* 2017. 76, note J.-B. Thierry.

du juge des libertés et de la détention autorisant les perquisitions et les saisies litigieuses, avait énoncé qu'« il [ressortait] qu'après visa des textes, de la requête du parquet et de la procédure d'enquête en cours, de la nature de celle-ci et des délits dont elle [était] l'objet, [...] suivis des textes applicables, le juge [avait] mentionné que les éléments de fait, exposés dans la requête du parquet, dont les motifs [étaient] adoptés, [laissaient] présumer l'existence de "l'infraction dont la preuve [était] recherchée, punie d'une peine d'emprisonnement égale ou supérieure à cinq ans" et [justifiaient] les opérations de perquisitions sollicitées, dans les lieux précisés au bas de l'acte », et « qu'ainsi, ces décisions [répondaient] aux exigences prescrites par l'article susinvoqué ». La chambre de l'instruction s'était en d'autres termes conformée à la jurisprudence de la chambre criminelle issue des arrêts de 2013. Cette motivation a pourtant été censurée par la chambre criminelle qui a fait évoluer sa jurisprudence dans le sens d'une interprétation de l'article 76 davantage protectrice des droits fondamentaux.

Cette évolution repose sur l'évolution du rôle et du statut du juge des libertés et de la détention, tout en participant à la « consolidation » de sa place et de son rôle[1]. Les garanties statutaires de ce dernier ont en effet été renforcées par le législateur, ce qui est un indicateur de l'importance de son rôle puisqu'il est devenu, depuis son institution, l'autorité de contrôle, au cours de l'enquête, des atteintes les plus sérieuses portées aux droits fondamentaux. Or, renforcer le devoir de motivation, c'est renforcer l'effectivité du contrôle opéré par le juge des libertés et de la détention, dès lors que « la motivation est en quelque sorte le censeur de la qualité de la décision »[2] ; c'est permettre « le contrôle du contrôle ». Il a en effet été relevé par un auteur que « motiver consiste à s'expliquer mais aussi à se soumettre à un contrôle ; du point de vue des parties, le droit de savoir se prolonge par un droit de contester »[3].

Il reste que la chambre criminelle a par la suite tempéré son revirement en posant pour principe que « la motivation de l'ordonnance du juge des libertés et de la détention qui analyse les éléments de fait et de droit rendant nécessaire une perquisition sans assentiment répond aux prescriptions de l'article 76, alinéa 4, du Code de procédure pénale », et qu'« il n'importe que cette motivation soit exactement reprise des termes de la requête du procureur de la République »[4].

En définitive, ce qui importe à la chambre criminelle est le fait que l'ordonnance du juge des libertés et de la détention fasse apparaître les circonstances de fait et de droit rendant nécessaire que la perquisition soit effectuée sans assentiment, peu important que ces motifs soient précisément ceux des réquisitions du ministère public. Il faut que « les motifs contenus dans la seule ordonnance du juge des libertés et de la détention [...] expliquent suffisamment en quoi l'intéressée était concernée par les faits objet de l'enquête, et caractérisent la nécessité de la perquisition de son domicile »[5].

221.286 Délai pour effectuer la perquisition et portée de l'autorisation du JLD. Il ressort de deux décisions de la chambre criminelle que, si l'article 76 du Code de procédure pénale n'impose nullement que les perquisitions et saisies autorisées par le juge des libertés et de la détention soient effectuées par les enquêteurs dans un délai quelconque, ce magistrat peut réciproquement fixer un tel délai, de même que la personne concernée par ces mesures est recevable à saisir la chambre de l'instruction ou le tribunal correctionnel du moyen pris de leur nullité, tiré de ce que celles-ci, à la date où elles sont intervenues, n'étaient plus nécessaires.

Par un arrêt du 16 mai 2018, la chambre criminelle s'est en effet prononcée à la fois sur la question de savoir si les enquêteurs sont tenus d'effectuer la perquisition autorisée par le juge des libertés et de la détention dans un certain délai, ainsi que sur la portée de l'autorisation de ce magistrat[6]. Dans cette affaire, un juge des libertés et de la détention avait autorisé la réalisation d'une perquisition sans assentiment, mais cet acte d'enquête avait été effectué près de six mois plus tard. Poursuivi devant le tribunal correctionnel du chef de trafic de stupéfiants, le prévenu avait sollicité l'annulation de la perquisition en faisant valoir que celle-ci avait été réalisée tardivement. Pour rejeter ce moyen, la cour d'appel avait énoncé qu'entre la date de l'ordonnance et celle de la perquisition, aucun acte de procédure apportant des éléments nouveaux n'avait été réalisé par les services d'enquête, que ces opérations avaient été effectuées en conformité avec les dispositions de l'ordonnance du juge des libertés et de la détention, et que l'article 76, alinéa 4, du Code de procédure pénale ne prévoit aucun délai entre la décision de ce magistrat et la mise en œuvre des

1. A. Gogorza, « La place et le rôle du JLD dans l'enquête pénale », *in* S. Pellé (dir.), *Quelles mutations pour la justice pénale du XXIe siècle ?*, « Thèmes et commentaires », Dalloz, 2020, p. 97.
2. D. Guérin, « La motivation de la peine : une exigence devenue fondamentale », *in* S. Pellé (dir.), *Quelles mutations pour la justice pénale du XXIe siècle ?*, « Thèmes et commentaires », Dalloz, 2020, p. 243.
3. L. Cadiet (dir.), *Dictionnaire de la Justice*, PUF, 2004, V° « Motivation ».
4. Crim. 21 janv. 2020, n° 18-84.899, P, 66 ; *D.* 2020. 152 ; *AJ pénal* 2020. 309, obs. D. Miranda.
5. Crim. 1er déc. 2020, n° 20-81.993, NP.
6. Crim. 16 mai 2018, n° 17-84.909, P, n° 95 ; *D.* 2018. 1080.

mesures qu'elle énumère. Saisie du pourvoi formé par le prévenu, la chambre criminelle a approuvé cette motivation, en ajoutant qu'« il [n'était] pas établi, ni même allégué que les opérations de perquisition sans l'assentiment de la personne chez qui elles [avaient] eu lieu n'étaient plus nécessaires au moment de leur réalisation ».

Cette décision est porteuse d'un premier enseignement : la chambre criminelle interprète l'article 76 du Code de procédure pénale comme n'imposant pas que la perquisition autorisée par le juge des libertés et de la détention soit réalisée dans un délai quelconque après l'ordonnance rendue par ce magistrat. Cet apport est important puisqu'il va à l'encontre de la compréhension du texte proposée par la circulaire du 21 septembre 2004 [1] qui précisait que les perquisitions autorisées par le juge des libertés et de la détention devaient avoir lieu dans les « meilleurs délais ».

Mais un second enseignement peut être dégagé de cette décision. En effet, en précisant, pour écarter le moyen, qu'il n'était pas allégué que les opérations de perquisition n'étaient plus nécessaires au moment de leur réalisation, la chambre criminelle indique que la décision du juge des libertés et de la détention n'interdit pas aux personnes ayant qualité pour le faire de contester *a posteriori*, devant la chambre de l'instruction ou la juridiction de jugement, la régularité de la perquisition, motif pris de ce que cet acte, bien qu'autorisé par le juge des libertés et de la détention, n'était pas nécessaire [2].

Cette jurisprudence a été complétée par un arrêt du 9 avril 2019, dans lequel la chambre criminelle a dit n'y avoir lieu de renvoyer au Conseil constitutionnel la question prioritaire de la constitutionnalité de l'article 76 du Code de procédure pénale, tirée de ce que ce texte ne prévoit pas de délai dans lequel doivent se dérouler les opérations de perquisition et de saisie autorisées par le juge des libertés et de la détention [3]. Pour justifier cette décision, sans remettre en cause le fait que l'article 76 ne prévoit aucun délai, la chambre criminelle a notamment énoncé deux règles : d'une part, le juge des libertés et de la détention tire du contrôle effectif que lui confèrent les dispositions de l'article 76, alinéa 4, du Code de procédure pénale, celui de fixer le délai dans lequel la mesure qu'il autorise doit être exécutée ; d'autre part, ces dispositions ne s'opposent pas à ce que la personne concernée saisisse le juge d'une requête en nullité tirée de la tardiveté des opérations de perquisition et de saisie, si elle démontre qu'elles n'étaient plus nécessaires à la recherche et à la constatation des infractions en cause. Cette décision a du reste été suivie par un second arrêt refusant aussi de renvoyer au Conseil constitutionnel une question comparable [4].

221.287 Enquêtes de la compétence du parquet européen. Les règles qui précèdent s'appliquent également dans les enquêtes préliminaires relevant de la compétence du parquet européen, le juge des libertés et de la détention compétent étant alors celui de Paris [5]. L'article 696-126 du Code de procédure pénale énonce en effet à ce propos : « Les perquisitions, visites domiciliaires et saisies doivent, en l'absence de flagrance ou d'assentiment exprès de la personne chez laquelle elles ont lieu, être effectuées avec l'autorisation du juge des libertés et de la détention saisie par réquisitions écrites et motivées du procureur européen délégué dans les conditions prévues à l'article 76. »

SECTION 3
INFORMATION JUDICIAIRE

221.291 Applicabilité des règles de l'enquête de flagrance. Les saisies de droit commun opérées au cours de l'information judiciaire sont régies par l'article 97 du Code procédure pénale. Les règles que ce texte institue sont comparables à celles de l'article 56 du même code, applicable pendant l'enquête de flagrance, les pouvoirs du procureur de la République étant confiés au juge d'instruction.

Ainsi, les biens saisissables [6] et les règles destinées à assurer leur intégrité et leur authenticité [7] sont identiques. Il en est de même des règles particulières applicables aux produits stupéfiants [8], aux données informatiques [9], aux espèces, lingots, effets ou valeurs [10], aux billets de banque ou pièces de monnaie libellés en euros contrefaisants [11], ou aux animaux vivants [12]. Par ailleurs, l'article 96 du Code de procédure pénale, relatif aux perquisitions effectuées pendant l'instruction préparatoire, précise que les dispositions des articles 56 et 56-1 à 56-5 du Code de procédure pénale sont applicables aux

1. Circ. Justice, 21 sept. 2004 *de présentation des dispositions générales de procédure pénale de la loi n° 2004-204 du 9 mars 2004 portant adaptation de la justice aux évolutions de la criminalité applicables à compter du 1er octobre 2004*, NOR : JUS D 0430184 C, *BOMJ* n° 95, 1er juill. – 30 sept. 2004, p. 8.
2. POUR UN EXEMPLE D'APPLICATION : Crim. 25 avr. 2017, n° 15-87.590, NP.
3. Crim. 9 avr. 2019, n° 19-90.010, P, n° 72 ; *D.* 2019. 891 ; *AJ pénal* 2019. 397, obs. E. Clément.
4. Crim. 2 oct. 2019, n° 19-81.577, NP.
5. C. pr. pén., art. 696-110.
6. C. pr. pén., art. 97, al. 1 et 5.
7. C. pr. pén., art. 97, al. 2.
8. C. pr. pén., art. 706-30-1.
9. C. pr. pén., art. 97, al. 3 et 4.
10. C. pr. pén., art. 97, al. 8.
11. C. pr. pén., art. 97, al. 9 et 10.
12. C. pr. pén., art. 99-1.

perquisitions effectuées par le juge d'instruction. Il s'en déduit que les règles particulières de saisies destinées, pendant l'enquête de flagrance, à protéger certains secrets ou certaines activités professionnelles, sont applicables pendant l'information judiciaire.

Nous nous bornerons ainsi à envisager les seules conditions propres à l'information judiciaire et renverrons pour le surplus aux développements consacrés à l'enquête de flagrance[1].

221.292 Compétence du juge d'instruction et de l'officier de police judiciaire. Il résulte d'abord du premier alinéa de l'article 97 du Code de procédure pénale qu'au cours de l'information judiciaire, la décision de saisie relève du juge d'instruction ou bien de l'officier de police judiciaire agissant sur commission rogatoire.

Ce n'est que lorsque sont saisis des objets lors de perquisitions réalisées dans des lieux spécialement protégés que, conformément au droit commun, la compétence revient au seul magistrat instructeur[2].

Enfin, comme pendant l'enquête, seul le juge d'instruction ou bien l'officier de police judiciaire agissant sur commission rogatoire peut prendre connaissance des documents ou des données informatiques avant de procéder à leur saisie[3], sauf à indiquer qu'il se déduit des dispositions de l'article 56 du Code de procédure pénale, auquel renvoie l'article 96 du même code relatif aux perquisitions effectuées en cours d'information judiciaire, qu'un expert peut participer à la perquisition et prendre connaissance des pièces avant qu'elles ne soient saisies. Ainsi que l'a énoncé la chambre criminelle, rien ne s'oppose donc à la consultation par l'expert des documents à saisir, dès lors que cela répond aux nécessités de l'information[4].

221.293 Pas d'obligation de saisir. Il ne pèse en revanche aucune obligation de procéder à une saisie sur le juge d'instruction ou son délégué.

Il a ainsi été énoncé qu'« aucune prescription n'impose à peine de nullité aux officiers de police judiciaire [qui agissaient en l'espèce sur commission rogatoire] qui, selon l'article 56 du Code de procédure pénale, ont le droit de prendre connaissance des papiers et documents avant toute saisie, d'appréhender obligatoirement ceux qu'ils découvrent au cours d'une fouille à corps assimilable à une perquisition », mais qu'en revanche « il est de leur devoir de révéler au magistrat instructeur tous les faits dont ils ont eu connaissance au cours de leur enquête et qui dès lors seront soumis au principe de la discussion contradictoire »[5].

De même, il a été jugé que « l'omission de la saisie d'un véhicule sur lequel les officiers de police judiciaire ont opéré des constatations, ne justifie pas l'annulation des actes de l'information relatifs à ces constatations, non plus que la cancellation, non prévue par la loi, des mentions s'y référant dans divers procès-verbaux »[6].

Enfin, « lorsque des disquettes informatiques ou documents remis à un officier de police judiciaire ne sont que le support d'informations demandées par celui-ci et conservées par l'auteur de la remise, il n'est pas nécessaire de procéder à leur saisie en application de l'article 97 du Code de procédure pénale »[7].

221.294 Protection du secret de l'instruction. Le législateur a prévu à l'article 98 du Code de procédure pénale des dispositions destinées à protéger le secret de l'instruction, lesquelles sont comparables à celles de l'article 58 du Code de procédure pénale relatif à l'enquête de flagrance. Ainsi, sous réserve des nécessités de l'information judiciaire, toute communication ou toute divulgation sans autorisation de la personne mise en examen ou de ses ayants droit ou du signataire ou du destinataire d'un document provenant d'une perquisition, à une personne non qualifiée par la loi pour en prendre connaissance, est punie de 4 500 euros d'amende et de deux ans d'emprisonnement.

221.295 Faculté de remettre aux intéressés une copie des documents saisis. L'article 97, alinéa 7, du Code de procédure pénale prévoit la possibilité, sur demande des intéressés, et si les nécessités de l'instruction ne s'y opposent pas, de leur remettre une copie ou photocopie des documents ou données informatiques placés sous main de justice ; l'application de ce texte s'étendant à la copie de travail du support numérique de stockage placé sous scellés[8]. Cette opération a lieu à leur frais.

La chambre criminelle a précisé que « la demande de copie de documents placés sous scellés et déposés au greffe à titre de pièces à conviction, faite au juge d'instruction sur le fondement de l'article 97, alinéa 7, du Code de procédure pénale, doit être présentée selon les modalités de l'article 82-1 et dans les formes prévues par l'article 81, alinéa 10, du même code »[9].

1. V. s^s n° 221.10.
2. C. pr. pén., art. 56, 56-1 à 56-5, 96.
3. C. pr. pén., art. 97, al. 1.
4. Crim. 10 mars 2004, n° 03-87.441, P, n° 65 ; *D.* 2004. 1237, et les obs. ; *RTD com.* 2004. 608, obs. C. Mascala ; *RTD com.* 2004. 627, obs. B. Bouloc.
5. Crim. 11 juin 1985, n° 84-95.053, P, n° 226.
6. Crim. 21 mars 1989, n° 89-80.080, P, n° 139.
7. Crim. 30 oct. 2001, n° 01-84.779, P, n° 223 ; *AJ pénal* 2017. 133, obs. T. Herran.
8. Crim. 5 oct. 2021, n° 21-82.331, P.
9. Crim. 28 oct. 2014, n° 14-84.796, P, n° 217 ; *AJ pénal* 2015. 216, obs. G. Royer ; *Dr. pén.* 2016, étude 1, obs. V. Georget.

221.296 **Formalisme de l'ouverture des scellés.** Des règles particulières gouvernent l'ouverture des scellés pendant l'information judiciaire. L'article 97, alinéa 6, du Code de procédure pénal dispose en effet qu'en principe, lorsque les scellés sont fermés, ils ne peuvent être ouverts et les documents dépouillés qu'en présence de la personne mise en examen, assistée de son avocat, ou eux dûment appelés.

Ceci étant, afin de limiter les contraintes pratiques qui découlent de cette règle pour le juge d'instruction, la loi nº 2019-222 du 23 mars 2019[1] a prévu une dérogation lorsque l'ouverture et la reconstitution du scellé fermé n'exigent pas que la personne mise en examen soit interrogée sur son contenu. Dans ce cas, elles peuvent être réalisées par le juge d'instruction assisté de son greffier hors la présence de celle-ci, en présence de son avocat ou celui-ci dûment convoqué.

Outre le fait que cette règle ne trouve pas à s'appliquer lorsqu'aucune personne n'est mise en examen[2], la présence de la personne mise en examen n'est cependant nécessaire que s'il y a eu ouverture d'un scellé fermé. À défaut, il a été jugé que « ne commet aucune violation de l'article 97, alinéa 4, du Code de procédure pénale le juge d'instruction qui se borne à présenter à des témoins ou parties civiles, hors la présence de l'inculpé, des scellés ouverts ou fermés sans qu'il y ait eu ouverture d'un scellé fermé »[3], ou encore que « l'ouverture des scellés fermés prévue par l'article 97, alinéa 4, du Code de procédure pénale ne s'impose pas au juge d'instruction lorsque ces scellés sont transparents et permettent l'identification des pièces à conviction déjà inventoriées qu'ils renferment »[4].

Au reste, en cas de méconnaissance des dispositions de l'article 97, alinéa 6, la nullité ne sera encourue que si l'irrégularité a causé un grief à l'intéressé, ainsi que l'a affirmé la chambre criminelle[5]. Dans cette affaire, des officiers de police judiciaire agissant sur commission rogatoire avaient procédé à la présentation à des témoins d'un blouson saisi au domicile de la personne mise en examen, après ouverture du scellé, en l'absence de l'intéressé et de son avocat. Pour écarter le moyen pris de la violation de l'article 97 du Code de procédure pénale, la chambre d'accusation avait retenu qu'en dépit de l'irrégularité affectant l'ouverture de ce scellé, l'annulation n'était pas encourue, dès lors que la simple présentation aux témoins d'un blouson que le mis en examen, interrogé ultérieurement, avait déclaré semblable à celui saisi, à la différence d'une déchirure à la doublure, n'avait pas été de nature à porter atteinte aux intérêts de la personne concernée. Cette motivation a été approuvée par la chambre criminelle qui a considéré que les juges avaient appliqué à bon droit l'article 802 du Code de procédure pénale, ce dont il se déduit que la nullité n'était pas encourue faute de grief.

221.297 **Spécialité de la saisie et saisie incidente.** Enfin, il n'est pas rare, en pratique, qu'à l'occasion d'une perquisition, le juge d'instruction ou l'officier de police judiciaire, agissant en exécution d'une commission rogatoire, découvre des objets sans lien avec les faits objet de l'information judiciaire, mais en rapport avec une infraction distincte. Ce sera le cas, par exemple, en cas de découverte de produits stupéfiants, d'armes dont la détention est illicite ou encore d'objets recélés, pour n'évoquer que les situations les plus fréquemment rencontrées en pratique. En pareil cas, il est exclu que le juge d'instruction ou l'officier de police judiciaire saisisse ces objets qui, comme étant sans lien avec les infractions dont est saisi le magistrat instructeur, ne sont pas utiles à la manifestation de la vérité, ni ne sont susceptibles d'être confisqués en raison de la commission des infractions poursuivies. Il est cependant admis que ces objets fassent l'objet d'une saisie par l'officier de police judiciaire dans une procédure distincte. Cette saisie sera alors qualifiée « d'incidente ».

Selon que les objets découverts révéleront une infraction flagrante ou non, la saisie sera opérée dans le cadre d'une enquête de flagrance ou bien préliminaire. Dans le second cas, il conviendra que soit recueilli l'assentiment écrit de l'intéressé à la saisie. C'est ce qu'a jugé la chambre criminelle en posant pour principe qu'« aucune irrégularité ne résulte de ce que les officiers de police judiciaire, pratiquant une perquisition sur commission rogatoire d'un juge d'instruction et découvrant des faits étrangers à l'information, mais susceptibles d'incrimination pénale, saisissent des documents se rapportant à ces faits, en vertu des pouvoirs qu'ils tiennent des articles 75 et 76 du Code de procédure pénale, pourvu qu'ils aient recueilli, au préalable, l'assentiment exprès à cette saisie, de la personne chez laquelle a lieu la perquisition »[6]. Ce principe est venu compléter le principe antérieurement énoncé selon lequel « si les officiers de police judiciaire pratiquant dans un domicile des perquisitions ordonnées par commission rogatoire d'un juge

1. L. nº 2019-222, 23 mars 2019 *de programmation 2018-2022 et de réforme pour la justice*, *JO* 24 mars, nº 2.
2. Crim. 16 mai 2000, nº 00-80.905, P, nº 190 ; *D.* 2000. 205.
3. Crim. 7 juin 1988, nº 88-81.828, P, nº 258.
4. Crim. 17 oct. 1989, nº 89-84.404, P, nº 365.
5. Crim. 11 oct. 2000, nº 00-82.238, P, nº 296 ; *AJ pénal* 2015. 214, obs. J. Lasserre Capdeville ; *RTD eur.* 2015. 348-26, obs. B. Thellier de Poncheville.
6. Crim. 17 mai 1994, nº 93-82.252, P, nº 186.

d'instruction ont le droit d'opérer une saisie se rapportant à une autre infraction qu'en cas de crime flagrant ou de délit flagrant puni d'une peine d'emprisonnement, ils tiennent des articles 56, 57 et 67 du Code de procédure pénale le pouvoir de saisir toute pièce à conviction s'y rapportant indépendamment de la procédure dans laquelle ils ont été commis »[1]. La saisie est ainsi possible que l'infraction révélée soit flagrante ou non, sauf à ce que, dans le second cas, soit recueilli l'assentiment express de l'intéressé.

En tout état de cause, il conviendra que la saisie soit effectuée par un officier de police judiciaire territorialement compétent. Cette nécessité aura pour conséquence pratique qu'en cas de perquisition effectuée par le juge d'instruction, ou bien par un officier de police judiciaire agissant sur commission rogatoire dans un lieu où il est territorialement incompétent, il conviendra que l'intéressé se fasse accompagner par un officier de police judiciaire territorialement compétent afin que ce dernier puisse constater les infractions incidemment révélées par la perquisition et procéder aux saisies nécessaires. La chambre criminelle a jugé à cet égard, quoique dans une configuration procédurale voisine, que « l'assistance [...] par un officier de police judiciaire territorialement compétent, est destinée à assurer la régularité d'une éventuelle procédure incidente »[2].

Le cas échéant, la saisie incidente pourra intervenir dans le cadre de l'exécution d'une autre commission rogatoire dont l'officier de police judiciaire procédant à la perquisition sera porteur. Il a en effet été posé pour principe que « si [...] l'officier de police judiciaire chargé de l'exécution d'une commission rogatoire ne peut instrumenter au-delà des faits dont le juge d'instruction est régulièrement saisi, il lui appartient, lorsqu'il découvre, à l'occasion de ses investigations, des objets pouvant intéresser l'exécution d'une autre délégation de même nature dont il est également porteur, de mettre en œuvre l'ensemble des pouvoirs qu'il tient de cette dernière »[3]. Dans cette affaire, des gendarmes agissant en exécution d'une commission rogatoire avaient effectué une perquisition lors de laquelle ils avaient découvert des faits étrangers à l'information judiciaire, mais se rattachant à des faits ayant donné lieu à l'ouverture d'une information judiciaire distincte. Étant également porteurs, dans le cadre de cette seconde procédure, d'une commission rogatoire, ils avaient incidemment saisi les objets en exécution de la seconde délégation. Saisie d'une requête en nullité, la chambre de l'instruction avait notamment annulé la saisie litigieuse aux motifs que les gendarmes n'avaient pas informé le magistrat instructeur des faits étrangers à l'information, et qu'ils avaient à tort procédé à des actes revêtant un caractère coercitif sans avoir reçu sur ce point d'instructions du juge mandant. Ces motifs ont été censurés par la chambre criminelle qui a cassé l'arrêt de la chambre de l'instruction après avoir énoncé le principe ci-dessus énoncé.

Lorsque les officiers de police judiciaire agissant sur commission rogatoire procèdent ainsi à des saisies incidentes après avoir découvert, lors d'une perquisition, des faits nouveaux, ils ne sont d'ailleurs nullement tenus d'aviser préalablement le juge d'instruction des faits nouveaux, étrangers à l'objet de l'information judiciaire, ainsi découverts[4].

1. Crim. 11 juin 1985, n° 84-95.005, P, n° 227 – Crim. 18 avr. 2000, n° 99-88.086, P, n° 151 ; *D.* 2000. 198 – Crim. 15 févr. 2012, n° 11-84.879, NP – Crim. 23 juin 2015, n° 15-81.071, P, n° 157.
2. Crim. 7 mai 2018, n° 17-86.775, NP – Crim. 5 juin 2018, n° 17-87.128, NP.
3. Crim. 26 mars 2003, n° 03-80.084, P, n° 80 ; *D.* 2003. 1605, et les obs. ; *RSC* 2004. 426, obs. J. Buisson.
4. Crim. 30 oct. 2012, n° 11-87.244, P, n° 228 ; *D.* 2012. 2805 ; *D.* 2013. 2713, obs. G. Roujou de Boubée, T. Garé, M.-H. Gozzi, S. Mirabail et T. Potaszkin ; *AJ pénal* 2013. 284.

CHAPITRE

222. Effets des saisies de droit commun

SECTION 0 ORIENTEUR

222.00 Sommaire du chapitre.

Sect. 1 Principe de l'indisponibilité du bien saisi
Sect. 2 Portée de l'indisponibilité du bien saisi

222.01 Principal texte applicable.

• **C. pén., art. 434-22**

Le bris de scellés apposés par l'autorité publique est puni de deux ans d'emprisonnement et de 30 000 euros d'amende. La tentative de bris de scellés est punie des mêmes peines.

Est puni des mêmes peines tout détournement d'objet placé sous scellés ou sous main de justice.

222.02 Jurisprudence de référence.

• **Crim. 4 mai 2011,** n° 10-84.456, P, n° 90

* V. s[s] n° 222.12.

« Attendu que, pour déclarer M. X... coupable de blanchiment aggravé du délit de détournement de fonds placés sous main de justice, l'arrêt relève que M. Y..., qui avait une parfaite connaissance de la situation juridique des fonds transférés à la Caisse des dépôts et consignations, qui n'a présenté aucune requête aux fins de main levée de la mesure judiciaire de blocage avant de procéder à ces transferts et qui n'a informé quiconque, hormis les dirigeants des sociétés et M. X..., qu'il détenait ces fonds placés sous main de justice, s'est rendu coupable du délit de détournement de scellés ; que les juges ajoutent que M. Y..., professionnel du droit, ne peut se prévaloir d'aucune erreur de droit ; qu'ils énoncent encore que M. X..., en utilisant les facilités que lui procurait sa profession d'avocat, a apporté sciemment son concours au placement de ces sommes d'argent dont il savait qu'elles avaient été prélevées sur des comptes bloqués ;

Attendu qu'en l'état de ces énonciations, et dès lors que le fait, pour un mandataire liquidateur de verser sur un compte ouvert à la Caisse des dépôts et consignations au nom d'une société en liquidation judiciaire des fonds appartenant à cette dernière mais provenant d'un compte bloqué par décision d'un juge d'instruction sans en informer ce dernier est constitutif d'un détournement au sens de l'article 434-22 du Code pénal, article dont les termes suffisamment précis ne sont pas contraires au principe de la légalité des délits et des peines, la cour d'appel qui a, dans les limites de sa saisine, caractérisé, en tous ses éléments le délit dont elle a déclaré le prévenu coupable, a justifié sa décision. »

222.03 Bibliographie indicative.

* V. s[s] n° 221.03.

SECTION 1 PRINCIPE DE L'INDISPONIBILITÉ DU BIEN SAISI

222.11 Silence législatif. La lecture des dispositions du Code de procédure pénale consacrées aux saisies de droit commun révèle que les effets de ces mesures n'ont pas été décrits par le législateur. L'on cherchera en vain, dans le Code de procédure pénale, quels sont les effets des saisies de droit commun.

La situation est regrettable, si l'on observe qu'au contraire, s'agissant des saisies spéciales, ces effets ont été envisagés de manière assez détaillée[1]. L'article 706-145 du Code de procédure pénale dispose ainsi que « nul ne peut valablement disposer des biens saisis dans le cadre d'une procédure pénale hors les cas prévus aux articles 41-5 et 99-2 et au présent chapitre ». De surcroît, le surplus des dispositions de l'article 706-145 organise les effets des saisies spéciales à l'égard des procédures civiles d'exécution, de même que l'article 706-147 du même code traite, mais il est vrai de manière partielle comme nous le verrons[2], de la question des effets des saisies spéciales vis-à-vis des procédures collectives.

Sans doute les dispositions de l'article 706-145 sont-elles très générales et il est tentant d'y recon-

1. V. s[s] n° 231.130.
2. V. s[s] n° 231.164.

naître un principe général d'indisponibilité des biens saisis, que la mesure soit intervenue en vertu des dispositions de droit commun du Code de procédure pénale, ou bien sur le fondement de celles relatives aux saisies spéciales. Une telle interprétation pourrait cependant se heurter au fait que l'article 706-141 du Code de procédure pénale dispose que le titre relatif aux saisies spéciales, qui comprend l'article 706-145, « s'applique [...] aux saisies réalisées en application [du Code de procédure pénale] lorsqu'elles portent sur tout ou partie des biens d'une personne, sur un bien immobilier, sur un bien ou un droit mobilier incorporel ou une créance ainsi qu'aux saisies qui n'entraînent pas de dépossession du bien », ce dont il se déduit que les dispositions de l'article 706-145 et le principe qu'elles énoncent paraissent s'appliquer aux seules saisies spéciales.

L'absence de texte en matière de saisies de droit commun peut s'expliquer par le fait que ces mesures portent le plus souvent sur des meubles corporels, en sorte que cet acte entraîne l'appréhension matérielle de l'objet saisi, ce qui le rend matériellement indisponible. Au reste, lorsqu'une telle saisie porte sur un immeuble, des scellés en interdisent l'accès, ce qui entraîne une indisponibilité de même nature. La question de l'indisponibilité se pose au contraire dans le domaine des saisies spéciales car, en principe, les biens saisis ne font pas l'objet d'une appréhension matérielle, sauf s'agissant des saisies qui portent sur les sommes inscrites au crédit de comptes bancaires ou les actifs numériques[1], et sur les créances ayant pour objet une somme d'argent, hors le cas où ces créances figurent sur un contrat d'assurance sur la vie[2]. Il fallait donc affirmer l'indisponibilité juridique du bien saisi, faute d'indisponibilité matérielle.

Pour autant, la question ne nous semble pas uniquement théorique. L'on peut par exemple se demander, en effet, s'agissant des meubles corporels, si leur saisie de droit commun a pour effet de faire obstacle à leur cession. En effet, le transfert de propriété s'opérant, en droit des contrats, par le seul effet de l'échange des consentements, l'acquéreur de bonne foi, comme étant ignorant de la situation pénale de l'objet saisi, pourrait-il solliciter la restitution du bien ? De même, le propriétaire d'un immeuble ayant fait l'objet d'une saisie de droit commun comme étant utile à la manifestation de la vérité (s'il avait été saisi au seul motif qu'il était confiscable, il aurait fait l'objet d'une saisie immobilière régie par l'article 706-150 du Code de procédure pénale), pourrait-il détruire le bien, voire le céder, c'est-à-dire en disposer ?

1. C. pr. pén., art. 706-154.
2. C. pr. pén., art. 706-155.

222.12 Principe d'indisponibilité des biens objet des saisies de droit commun. Il ne nous semble pourtant guère douteux que les saisies de droit commun emportent indisponibilité juridique de l'objet saisi.

D'une part, il serait difficilement justifiable que tel ne soit pas le cas, alors qu'un tel principe a été affirmé en matière de saisies spéciales. En effet, comment expliquer qu'un tel effet puisse varier selon la nature de la saisie, c'est-à-dire selon le seul fondement juridique du caractère confiscable du bien saisi, sa seule nature immobilière ou incorporelle, ou bien encore la seule volonté de l'autorité saisissante de laisser le meuble corporel saisi à la disposition matérielle de son propriétaire ou détenteur, cas dans lesquels il doit être procédé à une saisie spéciale et non de droit commun ? Par exemple, au cours d'une enquête préliminaire, le ministère public peut envisager de saisir un véhicule de luxe. Si ce véhicule a été acquis avec le produit de l'infraction, il sera saisi sur le fondement de l'article 76 du Code de procédure pénale : il sera procédé par l'officier de police judiciaire à la saisie de droit commun de ce meuble corporel confiscable à titre de produit de l'infraction. Au contraire, si ce véhicule est seulement confiscable car les faits poursuivis font encourir à la personne mise en cause la peine de confiscation de patrimoine, il sera procédé à une saisie de patrimoine ordonnée par le juge des libertés et de la détention sur le fondement de l'article 706-148 du Code de procédure pénale. Serait-il admissible que la saisie emporte indisponibilité juridique du véhicule seulement dans le second cas ?

D'autre part, le principe de l'indisponibilité juridique des biens objet de saisies de droit commun se déduit des dispositions de l'article 434-22, alinéa 2, du Code pénal qui punit de deux ans d'emprisonnement et de 30 000 euros d'amende le « détournement d'objet placé sous scellés ou sous main de justice ». En effet, bien que le législateur n'ait pas spécialement défini la notion de « détournement », il a été jugé par la chambre criminelle qu'« est constitutif d'un détournement au sens de l'article 434-22 du Code pénal, le fait, pour un mandataire liquidateur, de verser sur un compte ouvert à la Caisse des dépôts et consignations au nom d'une société en liquidation judiciaire des fonds appartenant à cette dernière mais provenant d'un compte bloqué par décision d'un juge d'instruction sans en informer ce dernier »[3]. Dans cette affaire, un juge d'instruction avait procédé au blocage de comptes bancaires dont plusieurs sociétés étaient titulaires.

3. Crim. 4 mai 2011, nº 10-84.456, P, nº 90 ; *D.* 2012. 1698, obs. C. Mascala ; *JCP G* 2011. 894, obs. E. Dreyer ; *Dr. pén.* 2011, comm. 101, obs. M. Véron ; *RSC* 2011. 840, obs. H. Matsopoulou.

Cependant, nonobstant ce blocage et l'absence de mainlevée ordonnée par l'autorité judiciaire, l'établissement bancaire avait adressé au mandataire liquidateur de ces deux sociétés un courrier dans lequel il indiquait être contraint, pour des raisons administratives, de clôturer ces comptes, courrier auquel étaient joints deux chèques correspondant aux soldes desdits comptes. Ce mandataire liquidateur avait ainsi déposé ces chèques à la Caisse des dépôts et consignations, sur des comptes ouverts aux noms desdites sociétés, puis les fonds avaient été transférés sur le compte Carpa du conseil des dirigeants de ces sociétés, sous le couvert d'opérations sur fonds de commerce, avant d'être virés, directement ou indirectement, sur des comptes ouverts aux noms des associés ou des gérants des sociétés mises en cause. Or, la chambre criminelle a approuvé la condamnation du mandataire liquidateur du chef de détournement d'objet placé sous main de justice et celle du conseil des sociétés du chef de blanchiment de ce délit, en énonçant le principe précédemment mentionné, précisant ainsi le sens de la notion de détournement.

Cette décision est intéressante si l'on relève qu'elle a été rendue à propos d'une saisie de droit commun mise en œuvre avant l'entrée en vigueur de la loi n° 2010-768 du 9 juillet 2010[1] et qui emporte donc la prohibition pénalement sanctionnée de l'appréhension de l'objet saisi. On observera de surcroît que le rapporteur de cet arrêt se référait à la jurisprudence développée par la chambre criminelle sur le fondement de l'article 314-6 du Code pénal, réprimant le fait de détourner un objet saisi entre ses mains en garantie des droits d'un créancier et confié à sa garde ou à celle d'un tiers. Or, il a été jugé, en application de ce texte, que le détournement peut consister dans le déplacement de l'objet suivi de l'opposition à sa représentation pour faire échec à l'adjudication[2], la vente des objets saisis indépendamment de tout déplacement[3], ou bien encore celle de parts sociales réalisée postérieurement à une saisie-arrêt[4].

SECTION 2

PORTÉE DE L'INDISPONIBILITÉ DU BIEN SAISI

222.21 Effets à l'égard des procédures civiles d'exécution. Contrairement à ce qu'il en est en matière de saisies spéciales à l'article 706-145 du Code de procédure pénale, le législateur n'a pas envisagé l'effet des saisies de droit commun sur les procédures civiles d'exécution.

La question, cependant, a été envisagée par la chambre criminelle qui a posé pour principe que « les articles 94 et 97 du Code de procédure pénale confèrent au juge d'instruction le droit d'effectuer des perquisitions dans tous les lieux où peuvent se trouver des objets dont la découverte serait utile à la manifestation de la vérité et, le cas échéant, de saisir de tels objets », et que, dès lors, « la personne au domicile de laquelle la saisie d'objets est effectuée, ne peut opposer au juge d'instruction un droit de rétention, même s'il lui est reconnu par une décision de justice, dès lors que ce droit présente un caractère d'ordre privé et strictement personnel »[5]. La chambre criminelle reconnaît ainsi à l'autorité judiciaire des prérogatives de puissance publique devant lesquelles doivent céder les intérêts privés. Nous verrons d'ailleurs que cette idée a été exprimée pendant les travaux préparatoires de la loi n° 2010-768 du 9 juillet 2010[6].

Si un tel principe de la primauté des saisies pénales sur les procédures civiles d'exécution peut être admis, il nous semble cependant que, lorsque la saisie de droit commun d'un bien a été effectuée pour garantir l'exécution de sa confiscation, il faut, au stade de l'exécution de la peine, que les droits constitués par le créancier antérieurement à la saisie puissent être opposés à l'État. C'est précisément la solution qui a été retenue par le législateur en matière de saisies spéciales[7], et l'application de ces règles pourrait être étendue aux saisies de droit commun[8]. Au reste, selon l'antépénultième alinéa de l'article 131-21 du Code pénal, la chose confisquée est dévolue à l'État, « mais elle demeure grevée [...] des droits réels licitement constitués au profit de tiers ».

222.22 Effets à l'égard des procédures collectives. Le législateur n'a de même nullement prévu quelles étaient les règles de mise en œuvre des saisies de droit commun en cas de procédure de redressement ou de liquidation judiciaire, contrairement à ce qu'il en est, certes imparfaitement, en matière de saisies spéciales, à l'article 706-147 du Code de procédure pénale[9].

1. L. n° 2010-768, 9 juill. 2010 *visant à faciliter la saisie et la confiscation en matière pénale, JO* 10 juill., p. 12753.
2. Crim. 20 juin 1963, n° 62-93.695, P, n° 218.
3. Crim. 1er avr. 1954, P, n° 137.
4. Crim. 24 sept. 1997, n° 94-86.197, NP ; *Dr. pén.* 1998, comm. 18, obs. M. Véron.
5. Crim. 20 juin 1972, n° 72-90.211, P, n° 210 ; *D.* 2014. 1095 ; *AJ pénal* 2014. 543, obs. J. Lasserre Capdeville.
6. L. n° 2010-768, 9 juill. 2010 *visant à faciliter la saisie et la confiscation en matière pénale, JO* 10 juill., p. 12753 – v. ss n° 231.160.
7. C. pr. pén., art. 706-145.
8. V. ss n° 231.163.
9. V. ss n° 231.164.

CHAPITRE

223. Sanction des règles applicables

SECTION 0 ORIENTEUR

223.00 Sommaire du chapitre.

Sect. 1 Conditions de l'annulation des saisies
Sect. 2 Effets de l'annulation des saisies

223.01 Principaux textes applicables.

TEXTES SOURCES

• C. pr. pén., art. 171, 174, 802, 802-2

TEXTES *IN EXTENSO*

• C. pr. pén., art. 171

Il y a nullité lorsque la méconnaissance d'une formalité substantielle prévue par une disposition du présent code ou toute autre disposition de procédure pénale a porté atteinte aux intérêts de la partie qu'elle concerne.

• C. pr. pén., art. 174

Lorsque la chambre de l'instruction est saisie sur le fondement de l'article 173 ou de l'article 221-3, tous moyens pris de nullité de la procédure qui lui est transmise doivent, sans préjudice du droit qui lui appartient de les relever d'office, lui être proposés. À défaut, les parties ne sont plus recevables à en faire état, sauf le cas où elles n'auraient pu les connaître.

La chambre de l'instruction décide si l'annulation doit être limitée à tout ou partie des actes ou pièces de la procédure viciée ou s'étendre à tout ou partie de la procédure ultérieure et procède comme il est dit au troisième alinéa de l'article 206.

Les actes ou pièces annulés sont retirés du dossier d'information et classés au greffe de la cour d'appel. Les actes ou pièces de la procédure partiellement annulés sont cancellés après qu'a été établie une copie certifiée conforme à l'original, qui est classée au greffe de la cour d'appel. Il est interdit de tirer des actes et des pièces ou parties d'actes ou de pièces annulés aucun renseignement contre les parties, à peine de poursuites disciplinaires pour les avocats et les magistrats.

• C. pr. pén., art. 802

En cas de violation des formes prescrites par la loi à peine de nullité ou d'inobservation des formalités substantielles, toute juridiction, y compris la Cour de cassation, qui est saisie d'une demande d'annulation ou qui relève d'office une telle irrégularité ne peut prononcer la nullité que lorsque celle-ci a eu pour effet de porter atteinte aux intérêts de la partie qu'elle concerne.

• C. pr. pén., art. 802-2

Toute personne ayant fait l'objet d'une perquisition ou d'une visite domiciliaire en application des dispositions du présent code et qui n'a pas été poursuivie devant une juridiction d'instruction ou de jugement au plus tôt six mois après l'accomplissement de cet acte peut, dans un délai d'un an à compter de la date à laquelle elle a eu connaissance de cette mesure, saisir le juge des libertés et de la détention d'une demande tendant à son annulation.

La requête est formée par déclaration au greffe de la juridiction où la procédure a été menée ou, à défaut, de la juridiction dans le ressort de laquelle la mesure a été réalisée. Dans le second cas, elle est transmise sans délai à la juridiction ayant suivi la procédure. Elle n'a aucun effet suspensif sur l'enquête ou l'instruction en cours.

Le juge statue, dans le mois suivant la réception de la requête, après avoir recueilli les observations écrites du procureur de la République, du requérant et, le cas échéant, de son avocat. Si les nécessités de l'enquête le justifient, le procureur de la République peut, par réquisitions écrites, demander au juge des libertés et de la détention de se prononcer dans un délai de huit jours. Le juge statue par une ordonnance motivée susceptible d'appel, dans un délai de dix jours à compter de sa notification, devant le président de la chambre de l'instruction.

Si la perquisition est intervenue à l'occasion d'une procédure pour laquelle des poursuites ont été engagées à l'encontre d'autres personnes que celle ayant formé la demande d'annulation, celle-ci est transmise par le juge des libertés et de la détention soit au président de la chambre de l'instruction lorsqu'une instruction est en cours, soit au président de la juridiction de jugement lorsque celle-ci est saisie.

Dans le cadre des recours examinés conformément aux troisième et avant-dernier alinéas, le requérant ne peut prétendre qu'à la mise à disposition des seules pièces de la procédure se rapportant à la perquisition qu'il conteste.

223.02 **Jurisprudence de référence.**

> Recevabilité de la demande de nullité

• **Crim. 7 sept. 2021,** n° 21-80.642, P

* V. s^s^ n°s 223.12 et 223.13.

« Vu les articles 171 et 802 du Code de procédure pénale :

11. Il résulte desdits articles que l'inobservation des formalités substantielles ou prescrites à peine de nullité doit entraîner la nullité de la procédure, lorsqu'il en est résulté une atteinte aux intérêts de la partie concernée.

12. Il s'ensuit les principes généraux suivants.

13. Hors les cas de nullité d'ordre public, qui touchent à la bonne administration de la justice, la chambre de l'instruction, saisie d'une requête en nullité, doit successivement d'abord rechercher si le requérant a intérêt à demander l'annulation de l'acte, puis, s'il a qualité pour la demander et, enfin, si l'irrégularité alléguée lui a causé un grief.

14. Le requérant a intérêt à agir s'il a un intérêt à obtenir l'annulation de l'acte.

15. Pour déterminer si le requérant a qualité pour agir en nullité, la chambre de l'instruction doit rechercher si la formalité substantielle ou prescrite à peine de nullité, dont la méconnaissance est alléguée, a pour objet de préserver un droit ou un intérêt qui lui est propre.

16. L'existence d'un grief est établie lorsque l'irrégularité elle-même a occasionné un préjudice au requérant, lequel ne peut résulter de la seule mise en cause de celui-ci par l'acte critiqué.

17. Le présent pourvoi pose spécifiquement la question de savoir quel requérant a qualité pour agir en cas de méconnaissance d'une formalité substantielle lors d'une perquisition.

18. La Cour de cassation juge que la méconnaissance des formalités substantielles régissant les perquisitions et les saisies ne peut être invoquée à l'appui d'une demande d'annulation d'actes que par la partie titulaire d'un droit sur le local dans lequel elles ont été effectuées (Crim. 6 févr. 2018, n° 17-84.380, *Bull. crim.* 2018, n° 30).

19. Cependant, certaines de ces formalités ont pour objet d'authentifier la présence effective sur les lieux des objets découverts et saisis au cours de la perquisition.

20. Il en est ainsi de la formalité, qui est en cause en l'espèce, de la signature par l'occupant des lieux ou l'un de ses représentants ou, à défaut, par deux témoins, du procès-verbal de perquisition et de saisie, prévue à l'article 57, alinéa 3, du Code de procédure pénale.

21. Or, il se déduit des articles 6 de la Convention européenne des droits de l'homme, tel qu'interprété par la Cour européenne des droits de l'homme (CEDH, arrêt du 10 mars 2009, *Bykov c. Russie*, n° 4378/02), et préliminaire du Code de procédure pénale que tout requérant doit se voir offrir la possibilité de remettre en question l'authenticité des éléments de preuve et de s'opposer à leur utilisation.

22. Dès lors, la jurisprudence précitée au paragraphe 18, qui réserve au seul titulaire d'un droit sur le local perquisitionné la qualité pour agir en nullité, ne peut être maintenue en cas de violation d'une formalité substantielle dont l'objet est de garantir le caractère contradictoire du déroulement des opérations de perquisition ainsi que la présence effective sur les lieux des objets découverts et saisis.

23. Il s'ensuit que toute partie a qualité pour invoquer la méconnaissance de la formalité prise de l'absence de signature du procès-verbal de perquisition et saisie. »

• **Crim. 7 sept. 2021,** n° 20-87.191, P

* V. s^s^ n°s 223.12 et 223.13.

« 17. Il résulte des articles 171 et 802 du Code de procédure pénale que l'inobservation des formalités substantielles ou prescrites à peine de nullité doit entraîner la nullité de la procédure, lorsqu'il en est résulté une atteinte aux intérêts de la partie concernée.

18. Il s'ensuit les principes généraux suivants.

19. Hors les cas de nullité d'ordre public, qui touchent à la bonne administration de la justice, la chambre de l'instruction, saisie d'une requête en nullité, doit successivement d'abord rechercher si le requérant a intérêt à demander l'annulation de l'acte, puis, s'il a qualité pour la demander et, enfin, si l'irrégularité alléguée lui a causé un grief.

20. Le requérant a intérêt à agir s'il a un intérêt à obtenir l'annulation de l'acte.

21. Pour déterminer si le requérant a qualité pour agir en nullité, la chambre de l'instruction doit rechercher si la formalité substantielle ou prescrite à peine de nullité, dont la méconnaissance est alléguée, a pour objet de préserver un droit ou un intérêt qui lui est propre.

22. L'existence d'un grief est établie lorsque l'irrégularité elle-même a occasionné un préjudice au requérant, lequel ne peut résulter de la seule mise en cause de celui-ci par l'acte critiqué. »

> Notion de grief

• **Crim. 7 sept. 2021,** n° 21-80.642, P

• **Crim. 7 sept. 2021,** n° 20-87.191, P

* V. s^s^ n° 223.15.

« 16. L'existence d'un grief est établie lorsque l'irrégularité elle-même a occasionné un préjudice au requérant, lequel ne peut résulter de la seule mise en cause de celui-ci par l'acte critiqué. »

> Mise en œuvre de la notion de grief

• **Crim. 26 sept. 1986,** n° 86-93.748, P, n° 259

* V. s^s^ n° 223.15.

« Attendu qu'il résulte de la procédure que par procès-verbal du 7 juin 1985 le juge d'instruction a saisi, sans l'assistance de son greffier, sept clichés photographiques déposés le 6 mai précédent par X… à l'appui d'un mémoire devant la Chambre d'accusation ; qu'ainsi, les dispositions de l'article 92, alinéa 2, du Code de procédure pénale ayant été méconnues par le juge d'instruction, la nullité prévue par l'article 172 du même Code est caractérisée ;

Mais attendu que l'inculpé a été interrogé postérieurement à l'acte critiqué, que ses conseils ont eu connaissance de la procédure et qu'aucune protestation n'a été élevée ; qu'il n'est ainsi établi, ni même allégué, que l'irrégularité commise a eu pour effet de porter atteinte aux intérêts de X… ; qu'il s'ensuit, par application de l'article 802 du Code de procédure pénale, que le moyen doit être écarté. »

• **Crim. 17 sept. 1996,** n° 96-82.105, P, n° 316

* V. s^s^ n° 223.15.

« Attendu que Mario X… a également demandé l'annulation d'une perquisition effectuée à son domicile sur commission rogatoire du juge d'instruction, en faisant valoir qu'il n'avait pas signé le procès-verbal relatant celle-ci, contrairement aux prescriptions de l'article 57, alinéa 3 du Code de procédure pénale, auquel renvoie son article 95, et que les documents saisis à cette occasion n'avaient pas fait l'objet de scellés provisoires, en violation des articles 56 et 97 du même Code ;

Attendu que, pour refuser d'annuler les procès-verbaux afférents à ces opérations, la chambre d'accusation, après avoir relevé que les perquisition et saisie critiquées ont eu lieu en présence de Mario X…, et que celui-ci a assisté à l'inventaire et à la mise sous scellés définitifs des documents saisis, sans en contester ni l'identité, ni l'origine, énonce à bon droit que les formalités prévues par les textes susvisés ne sont pas exclues du champ d'application de l'article 802 du Code de procédure pénale, et que leur méconnaissance, en l'espèce, n'avait pas eu pour effet de porter atteinte aux intérêts de la personne mise en examen ;

Que, dès lors, le moyen ne saurait être admis. »

• **Crim. 15 juin 2000,** n° 00-81.334, P, n° 229

* V. s^s n° 223.15.

« Attendu qu'il résulte des pièces de la procédure que les policiers agissant dans le cadre de l'enquête de crime flagrant, ont procédé, au domicile de Max X…, à la saisie d'objets et à leur placement sous scellés, en l'absence de l'intéressé, alors en garde à vue au commissariat ;

Attendu que l'arrêt attaqué, après avoir relevé l'irrégularité de ces opérations, effectuées en violation des prescriptions de l'article 57 du Code de procédure pénale, retient, pour dire n'y avoir lieu à annulation d'actes de la procédure, qu'elle n'a pas eu pour effet de porter atteinte aux intérêts de Max X… qui n'a émis aucune contestation sur l'origine des objets lorsqu'ils lui ont été représentés durant sa garde à vue ;

Attendu que l'arrêt attaqué n'encourt pas la censure, dès lors que le demandeur ne justifie d'aucun grief consécutif à la perquisition effectuée en son absence. »

• **Crim. 30 mars 2016,** n° 15-86.693, P, n° 110

* V. s^s n° 223.15.

« Attendu qu'il résulte de l'arrêt attaqué et des pièces de la procédure qu'à la suite du vol de cinquante-deux kilogrammes de cocaïne dans les locaux de la brigade des stupéfiants de la préfecture de police de Paris, M. X…, fonctionnaire de police, affecté à ce service, a été interpellé et placé en garde à vue le 2 août 2014 ; qu'un téléphone portable, trouvé en sa possession, a été appréhendé par les enquêteurs et déposé dans sa fouille de sécurité avant qu'il en soit porté mention, le même jour, à l'inventaire de celle-ci ; que les enquêteurs ont établi, le lendemain, une réquisition aux fins d'exploitation et d'analyse par un service spécialisé du contenu de ce téléphone ; qu'il a été procédé à sa saisie et à son placement sous scellés le 4 août 2014 ;

Attendu que, pour rejeter le moyen de nullité, tiré du caractère tardif de la saisie et du placement sous scellés de ce téléphone, l'arrêt prononce par les motifs reproduits au moyen ;

Attendu qu'en cet état, et dès lors que, d'une part, il résulte de ces constatations que ce téléphone est toujours resté sous le contrôle de l'Inspection générale de la police nationale jusqu'à sa saisie par un fonctionnaire de ce service, de sorte qu'il n'existe aucun doute sur l'identité du téléphone saisi, d'autre part, les allégations du demandeur, selon lesquelles il aurait pu être porté atteinte à l'intégrité de son contenu avant le placement sous scellés sont, en l'absence de toute contestation sur les données extraites et transcrites dans les procès-verbaux, hypothétiques et, en conséquence, dépourvues de fondement, la chambre de l'instruction, qui a relevé l'absence d'atteinte démontrée aux intérêts du mis en examen, a justifié sa décision. »

• **Crim. 7 déc. 2021,** n° 20-82.733, P

* V. s^s n° 223.15.

« Il se déduit des articles 75 et 76 du Code de procédure pénale que les agents de police judiciaire peuvent, au cours de l'enquête préliminaire et au contraire de l'enquête de flagrance, procéder à une perquisition dès lors qu'ils agissent sous le contrôle de l'officier de police judiciaire.

L'existence de ce contrôle est établie par une mention au procès-verbal de perquisition ou peut résulter, à défaut, d'une mention spécifique dans les pièces de procédure.

La nullité qui résulte de l'absence d'un tel contrôle relève des dispositions de l'article 802 du Code de procédure pénale.

N'encourt en conséquence pas la censure l'arrêt qui refuse d'annuler une perquisition effectuée par un agent de police judiciaire, en déduisant à tort l'existence du contrôle de l'officier de police judiciaire sur cet acte du visa du commissaire de police sur la transmission de la procédure au parquet, dès lors que l'occupant des lieux, qui n'a pas contesté la présence de l'objet qui y a été découvert, ne se prévaut d'aucun grief résultant de cette irrégularité. »

> Portée de l'annulation

• **Crim. 10 déc. 1968,** n° 68-92.028, P, n° 333

* V. s^s n° 223.21.

« Vu lesdits articles, et ensemble l'article 206 du Code de procédure pénale ;

Attendu que la procédure de l'information en cours contre les demandeurs était soumise à l'examen de la chambre d'accusation en vertu d'une ordonnance du juge d'instruction rendue en application de l'article 171, alinéa 1, du Code de procédure pénale, ce en vue de l'annulation éventuelle de plusieurs opérations de saisies ainsi que des actes en dérivant ;

Attendu que l'arrêt attaqué, après avoir constaté l'irrégularité de plusieurs saisies qu'il précise, énonce qu'il y a lieu de les annuler et d'étendre l'annulation à tous les actes concomitants ou ultérieurs ayant un rapport de causalité avec les opérations annulées ;

Attendu que les deux actes visés aux moyens, inventoriés au dossier de la procédure sous les numéros D65 et D72, apparaissent susceptibles de présenter un tel rapport ;

Que cependant ces actes ne figurent pas parmi ceux dont l'arrêt prononce l'annulation ;

Attendu qu'en s'abstenant de rechercher si les deux pièces en question ne devaient pas être annulées au même titre que les autres comme dérivant des actes de saisie entachés de nullité, la cour d'appel n'a pas donné une base légale à sa décision. »

• **Crim. 4 juin 1997,** n° 97-81.706, P, n° 221

* V. s^s n° 223.21.

« Vu les articles précités ;

Attendu que sont nuls, par voie de conséquence, les actes d'instruction qui procèdent d'actes dont l'annulation a été prononcée dans la même procédure ;

Attendu que, pour refuser d'annuler tant la commission rogatoire du 8 mars 1995, en ce qu'elle prescrivait d'entendre Jean-François M..., que le procès-verbal d'audition de ce témoin ainsi que le réquisitoire supplétif du 30 mars 1995 et les autres actes subséquents dont la mise en examen de Françoise I... la chambre d'accusation énonce que le juge d'instruction avait le pouvoir, avant communication au procureur de la République, de faire procéder à "un acte de vérification sommaire de nature à confirmer la réalité des faits" ;

Mais attendu que le témoin Jean-François M... a été entendu, en exécution de la commission rogatoire du 8 mars 1995, dont la cancellation est ordonnée pour le reste par l'arrêt attaqué, au sujet de factures saisies au cours d'une perquisition dont l'annulation est prononcée par le même arrêt ;

D'où il suit que la chambre d'accusation a méconnu le principe ci-dessus rappelé et que la cassation est également encourue de ce chef. »

> Sort des biens dont la saisie est annulée

• **Crim. 23 févr. 2022,** n° 21-82.588, P

* V. s^s n° 223.22.

« Il se déduit de l'article 174 du Code de procédure pénale que le juge qui constate l'annulation d'une saisie et, partant, l'inexistence de tout titre permettant de conserver le bien concerné sous main de justice, est tenu au préalable de restituer celui-ci avant de procéder, le cas échéant, à une nouvelle saisie.

Encourt la cassation l'arrêt de la chambre de l'instruction qui confirme l'ordonnance du juge d'instruction prescrivant la saisie pénale de biens meubles corporels dont la saisie initiale a été annulée par un arrêt précédent et refusant la restitution desdits biens. »

> Réitération de la saisie après annulation

• **Crim. 23 mars 1977,** n° 75-92.170, P, n° 109

* V. s^s n° 223.23.

« Attendu qu'il appert de l'arrêt attaqué que, au cours d'une information ouverte contre X des chefs d'escroqueries et abus de confiance sur plaintes de diverses parties civiles, le juge d'instruction a été amené à procéder à une perquisition dans les locaux de la société anonyme Georges Maurer, commissionnaire agréé près la bourse de commerce de Paris, et à la saisie de nombreux documents, tels que répertoires, journaux de compensation et feuilles de journées, qu'en exécution d'un précédent arrêt de la chambre d'accusation de la cour d'appel de Paris, en date du 15 février 1975, annulant certains actes de la procédure, les pièces saisies ont été restituées à la société demanderesse, le 12 mars 1975, mais ont fait l'objet d'une nouvelle saisie ordonnée par le magistrat instructeur, suivant procès-verbal du même jour ;

Qu'enfin, et par ordonnance du 22 avril 1975, ce magistrat a rejeté la demande de restitution présentée par la société Georges Maurer ;

Attendu que, pour confirmer cette dernière décision et déclarer la saisie régulière, la chambre d'accusation, statuant dans les conditions prévues par l'article 99 du Code de procédure pénale, énonce notamment que le procès-verbal de perquisition et de saisie ne se réfère en aucune façon aux pièces de procédure dont l'arrêt de la chambre en date du 15 février 1975 avait ordonné l'annulation et le dépôt au greffe, et qu'il ne saurait être soutenu que le fait par le juge d'instruction d'avoir conservé la numérotation des pièces telle qu'elle existait dans les précédents scellés constitue une référence à la saisie annulée ;

Qu'en effet il s'agit, en l'espèce, d'un simple procédé de classification matérielle, sans aucune incidence juridique ;

Attendu qu'en l'état de ces constatations, d'où il résulte qu'il n'y a eu en l'espèce aucune violation des textes visés au moyen, la chambre d'accusation a, sans insuffisance, répondu aux articulations essentielles des mémoires de la demanderesse et justifié sa décision. »

> Prohibition de la reconstitution de l'acte de saisie annulé

• **Crim. 23 janv. 1990,** n° 89-85.607, P, n° 42

* V. s^s n° 223.23.

« Vu lesdits articles ;

Attendu qu'aux termes de l'article 173 du Code de procédure pénale les actes annulés sont retirés du dossier d'information et il est interdit d'y puiser aucun renseignement contre les parties au débat ; que cette interdiction doit s'étendre à tout procédé ou artifices qui serait de nature à reconstituer, au mépris de ce texte, la substance des actes annulés ;

Attendu qu'il ressort de l'arrêt attaqué et des pièces de la procédure qu'après annulation, pour méconnaissance des dispositions de l'article 687 du Code de procédure pénale, par arrêt de la chambre d'accusation du 24 novembre 1988, des actes de l'information ouverte le 9 mars 1988 ayant entraîné l'inculpation des quatre demandeurs des chefs d'infraction à la législation sur les stupéfiants et intérêt à la fraude, le procureur de la République, se fondant sur la présence au greffe du tribunal correctionnel de scellés dont les étiquettes mentionnaient qu'ils contenaient des stupéfiants, a procédé à l'audition des officiers de police judiciaire ayant participé à la découverte des objets et produits en cause et à la confection desdits scellés ;

Que ces enquêteurs ont précisé, le 24 novembre 1988, les conditions dans lesquelles le 24 juin 1988, lors d'une surveillance organisée à l'aéroport de Roissy, avait été observé le comportement de Y... et X... puis comment avaient été saisis dans une chambre d'hôtel, retenue par Florence Z... et dont Hafiza B... avait la clé, les objets et stupéfiants placés sous les scellés déposés au greffe du Tribunal ; que le procureur de la République a, ensuite, le même jour, requis l'ouverture d'une nouvelle information contre René X..., Georges Y..., Florence Z... et Hafiza B... des mêmes chefs et à raison des mêmes faits que ceux, objet de l'information précédente annulée ;

Attendu que, pour considérer que l'audition par un magistrat du ministère public des deux officiers de police judiciaire ne caractérisait pas la reconstitution par artifice des procès-verbaux ayant constaté la saisie pratiquée le 24 juin 1988, annulés par l'arrêt du 24 novembre 1988 avec l'ensemble des actes de l'information ouverte le 9 mars 1988, les juges énoncent que les dispositions de l'article 173 du Code de procédure pénale ne s'appliquent pas lorsqu'il s'agit de procédures distinctes, que les objets eux-mêmes ne sont pas atteints par l'annulation et que les étiquettes apposées sur les scellés ne sont que "l'identification matérielle des objets et font corps avec eux" ;

Mais attendu qu'il résulte de la procédure que les objets et stupéfiants saisis le 24 juin 1988 l'ont été au cours de l'exécution d'une commission rogatoire, délivrée par le juge d'instruction, annulée, ainsi que tous les actes de l'information dans laquelle elle s'inscrivait, par l'arrêt du 24 novembre 1988, devenu définitif ; qu'ainsi l'audition le même jour, par un magistrat du ministère public, des officiers de police judiciaire ayant pratiqué la saisie en vertu de cette commission rogatoire ne vise qu'à reconstituer les procès-verbaux rapportant les circonstances dans lesquelles ladite saisie a été opérée et la relation pouvant exister entre celle-ci et les inculpés ; que si, après annulation d'une saisie, rien n'interdit d'en opérer une nouvelle, ce qui n'a pas été le cas, les actes relatifs à la procédure annulée sont réputés inexistants, y compris ceux qui rattachent les objets à cette procédure ;

Qu'enfin l'information requise le 24 novembre 1988, portant sur les mêmes faits et visant les mêmes inculpés que celle ouverte le 9 mars 1988 dont l'annulation a été prononcée, ne saurait, au regard de l'article 173 du Code de procédure pénale, être considérée comme une procédure complètement distincte de celle précédemment suivie dans laquelle elle trouve son origine ;

D'où il suit qu'en se prononçant comme elle l'a fait la chambre d'accusation a méconnu les textes visés au moyen et que la cassation est encourue. »

223.03 Bibliographie indicative.

* V. s[s] n° 221.03.

SECTION 1
CONDITIONS DE L'ANNULATION DES SAISIES

223.11 Nature du contentieux. Contrairement à ce qu'il en est en matière de saisies spéciales, domaine qui a été juridictionnalisé, puisque la décision ordonnant la saisie peut faire l'objet d'un appel devant la chambre de l'instruction, la décision de saisie de droit commun constitue un acte d'enquête ou d'instruction qui est susceptible, comme tel, d'être attaqué devant la chambre de l'instruction, ou bien devant la juridiction de jugement, par la voie d'une requête en nullité ou d'une exception de nullité, outre la nouvelle faculté offerte par la loi n° 2019-222 du 23 mars 2019[1] à « toute personne ayant fait l'objet d'une perquisition ou d'une visite domiciliaire en application des dispositions du [Code de procédure pénale] et qui n'a pas été poursuivie devant une juridiction d'instruction ou de jugement au plus tôt six mois après l'accomplissement de cet acte », de saisir, « dans un délai d'un an à compter de la date à laquelle elle a eu connaissance de cette mesure, le juge des libertés et de la détention d'une demande tendant à son annulation », dans les conditions du nouvel article 802-2 du Code de procédure pénale[2]. S'interroger sur la sanction des règles encadrant le pouvoir reconnu à l'autorité judiciaire de saisir certains objets revient donc à se demander quelle est la mise en œuvre qui est faite, en la matière, des dispositions des articles 171 et 802 du Code de procédure pénale.

223.12 Intérêt à agir en nullité de la saisie. Le demandeur à la nullité de la saisie devra d'abord justifier d'un intérêt à agir, lequel s'entend de l'« intérêt à obtenir l'annulation de l'acte »[3].

L'on sait que cette condition est généralement peu problématique, puisque les nullités ne sont que rarement poursuivies sans que le requérant n'y ait un intérêt quelconque.

En matière de saisies, cet intérêt pourra être de deux ordres, selon qu'a été saisi un objet utile à la manifestation de la vérité, ou bien que la saisie est destinée à garantir l'exécution de la peine de confiscation. Dans le premier cas, le requérant aura intérêt à solliciter l'annulation de la saisie d'un objet le mettant en cause, tandis que, dans le second, l'intérêt à agir résidera dans le fait que la saisie porte une atteinte à l'exercice du droit de propriété ou au droit au respect de la vie privée et familiale.

223.13 Qualité pour agir en nullité de la saisie. Il est en revanche plus délicat, comme souvent, de se demander si le requérant a qualité pour agir en nullité de la saisie.

L'article 802 du Code de procédure pénale dispose en effet qu'« en cas de violation des formes

1. L. n° 2019-222, 23 mars 2019 *de programmation 2018-2022 et de réforme pour la justice, JO* 24 mars, n° 2.
2. SUR CETTE VOIE DE RECOURS : A. Gogorza, « La place et le rôle du JLD dans l'enquête pénale », *in* S. Pellé (dir.), *Quelles mutations pour la justice pénale du XXIe siècle ?*, « Thèmes et commentaires », 2020, p. 97, discutant le choix du législateur d'avoir confié ce contentieux à la compétence du juge des libertés et de la détention, faisant ainsi de ce magistrat non plus le juge du contrôle *a priori* de la nécessité et de la proportionnalité des actes d'enquête, mais le juge du contrôle *a posteriori* de la régularité des actes d'enquête, non plus « un juge dans l'enquête », mais « un juge de l'enquête » – SUR LA CONSTITUTIONNALITÉ de ce texte, en ce qu'il prévoit que le requérant peut prétendre à la mise à disposition des seules pièces de la procédure se rapportant à la perquisition qu'il conteste : Crim. 21 sept. 2021, n° 21-90.030, NP.
3. Crim. 7 sept. 2021, n° 21-80.642, P – Crim. 7 sept. 2021, n° 20-87.191, P.

prescrites par la loi à peine de nullité ou d'inobservation des formalités substantielles, toute juridiction, y compris la Cour de cassation, qui est saisie d'une demande d'annulation ou qui relève d'office une telle irrégularité ne peut prononcer la nullité que lorsque celle-ci a eu pour effet de porter atteinte aux intérêts de la partie qu'elle concerne », ces dispositions étant comparables à celles de l'article 171 du même code relatif au contentieux des nullités devant la chambre de l'instruction.

Interprétant ces textes, la chambre criminelle considère de façon constante - si l'on excepte la parenthèse jurisprudentielle des années 2006 à 2012 -, que la méconnaissance des formalités auxquelles est subordonné l'accomplissement des actes de procédure ne peut être invoquée, pour obtenir l'annulation de l'acte dont l'irrégularité est alléguée, que par la partie que la formalité concerne. Par deux très importants arrêts du 7 septembre 2021, elle a cependant précisé le contenu de la qualité se trouvant requise pour être recevable à agir en nullité d'un acte de procédure[1].

Jusqu'à ces décisions, la chambre criminelle appréciait acte par acte la qualité pour agir en nullité. Ainsi, il avait été jugé dans deux arrêts importants que « la méconnaissance des formalités substantielles auxquelles [étaient] subordonnée la garde à vue ne [pouvait] être invoquée à l'appui d'une demande d'annulation d'acte ou de pièce de procédure que par la partie qu'elle [concernait] »[2], principe qui avait été par la suite fréquemment rappelé, de même qu'il avait été énoncé que « le moyen pris de l'irrégularité de l'audition de tiers qui auraient dû, selon les demandeurs, être placés en garde à vue [était] inopérant dès lors que cette irrégularité ne [pouvait] être invoquée que par les personnes qu'elle [concernait] »[3]. Par ailleurs, dans le domaine de la sonorisation et de la captation d'images, comme dans celui des simples constatations visuelles, la chambre criminelle avait estimé qu'une personne qui n'était titulaire d'aucun droit sur les lieux ayant fait l'objet de ces actes d'enquête et dont ni la parole, ni l'image, n'avait été captée, était irrecevable à invoquer les irrégularités éventuellement commises par les enquêteurs, dès lors qu'il n'avait été porté atteinte à aucun droit ou intérêt qui lui aurait été propre[4], tandis qu'elle avait jugé, en matière de géolocalisation, que seuls les titulaires de droits sur l'objet géolocalisé, ou bien les personnes qui avaient été elles-mêmes géolocalisées, avaient qualité pour agir en nullité des procès-verbaux relatant ces opérations[5]. Il avait encore été jugé qu'un mis en examen n'était pas recevable à invoquer le défaut d'autorisation donnée par le procureur de la République, conformément à l'article 77-1-1 du Code de procédure pénale, à des réquisitions téléphoniques, dès lors qu'il ne prétendait pas être le titulaire, non plus que l'utilisateur, des lignes téléphoniques concernées et qu'il n'avait pas été porté atteinte à sa vie privée par ces recherches[6]. Enfin, cette jurisprudence « des droits propres », s'était manifestée dans le contentieux des perquisitions, domaine où avaient régulièrement été déclarés irrecevables les moyens pris de la nullité de ces actes d'enquête, motif pris de ce que le demandeur n'avait aucun droit sur les lieux objet de la mesure[7].

1. Crim. 7 sept. 2021, n° 21-80.642, P – Crim. 7 sept. 2021, n° 20-87.191, P.
2. Crim. 14 févr. 2012, n° 11-84.694, P, n° 42 ; *D.* 2012. 779, note H. Matsopoulou ; *D.* 2012. 775, concl. D. Boccon-Gibod ; *D.* 2012. 2118, obs. J. Pradel ; *AJ pénal* 2012. 159, note C. Guéry ; *RSC* 2012. 394, obs. D. Boccon-Gibod – Crim. 14 févr. 2012, n° 11-87.757, P, n° 43 ; *D.* 2012. 612 ; *RSC* 2012. 394, obs. D. Boccon-Gibod – Crim. 7 mars 2012, n° 11-88.118, P, n° 64 – Crim. 13 mars 2012, n°s 11-88.737 et 11-88.159, P, n° 67 ; *D.* 2012. 948 – Crim. 3 mai 2012, n° 11-85.702, NP – Crim. 10 mai 2012, n° 11-87.328, P, n° 116 ; *D.* 2012. 1485 – Crim. 11 juill. 2012, n° 11-85.220, P, n° 166 ; *D.* 2012. 2026 – Crim. 8 août 2012, n° 12-81.732, NP – Crim. 12 sept. 2012, n° 11-87.281, P, n° 185 – Crim. 5 mars 2014, n° 12-82.233, NP – Crim. 10 sept. 2014, n° 13-87.858, NP.
3. Crim. 11 déc. 2013, n° 12-83.296, P, n° 254 – Crim. 17 juin 2015, n° 14-80.886, P, n° 155 – AUSSI EN MATIÈRE DOUANIÈRE : Crim. 30 janv. 2019, n° 17-86.618, P, n° 30.
4. Crim. 23 janv. 2013, n° 12-85.059, P, n° 29 ; *D.* 2013. 1045, note T. Potaszkin ; *AJ pénal* 2013. 227, obs. J. Pronier – Crim. 26 juin 2013, n° 13-81.491, P, n° 164 ; *RSC* 2013. 591, obs. J. Danet ; *RTD eur.* 2014. 470, obs. B. Thellier de Poncheville – Crim. 14 janv. 2014, n° 13-84.909, P, n° 8 ; *D.* 2013. 2779 – Crim. 15 avr. 2015, n° 14-87.616, P, n° 90 – Crim. 5 oct. 2016, n° 16-81.842, NP – Crim. 10 avr. 2018, n° 17-85.301, P, n° 69 ; *D.* 2018. 353.
5. Crim. 15 oct. 2014, n° 12-82.391, P, n° 208 ; *RSC* 2014. 797, obs. D. Boccon-Gibod – Crim. 7 juin 2016, n° 15-87.755, P, n° 174 ; *D.* 2016. 1314 ; *D.* 2016. 1597, chron. B. Laurent, L. Ascensi, E. Pichon et G. Guého ; *D.* 2016. 2535, obs. J.-D. Bretzner et A. Aynès ; *RSC* 2016. 847, obs. J.-F. Renucci – Crim. 2 nov. 2016, n° 16-81.716, P, n° 281 ; *D.* 2017. 279, note J.-L. Lennon ; *D.* 2017. 1676, obs. J. Pradel – Crim. 21 févr. 2017, n° 16-85.542, NP – Crim. 27 mars 2018, n° 17-85.603, P, n° 53 ; *D.* 2018. 725 ; *D.* 2018. 1611, obs. J. Pradel ; *D.* 2018. 1711, chron. E. Pichon, G. Guého, G. Barbier, L. Ascensi et B. Laurent ; *AJ pénal* 2018. 317, obs. F. Engel.
6. Crim. 6 févr. 2018, n° 17-84.380, P, n° 30 ; *D.* 2018. 352 ; *AJ pénal* 2018. 204, obs. Y. Capdepon – Crim. 27 mars 2018, n° 17-85.603, P, n° 53 ; *D.* 2018. 725 ; *D.* 2018. 1611, obs. J. Pradel ; *D.* 2018. 1711, chron. E. Pichon, G. Guého, G. Barbier, L. Ascensi et B. Laurent ; *AJ pénal* 2018. 317, obs. F. Engel.
7. Crim. 6 mars 2013, n° 12-87.810, P, n° 62 ; *D.* 2013. 1993, obs. J. Pradel ; *AJ pénal* 2013. 349, obs. J. Pronier – Crim. 6 oct. 2015, n° 15-82.247, P, n° 217 ; *D.* 2016. 1727, obs. J. Pradel – Crim. 23 nov. 2016, n° 16-81.904, P, n° 306 ; *D.* 2016. 2402 ; *D.* 2017. 245, chron. G. Guého, L. Ascensi, E. Pichon, B. Laurent et G. Barbier ; *AJ pénal* 2017. 76, note J.-B. Thierry.

La chambre criminelle avait de surcroît estimé que cette interprétation constante des dispositions des articles 171 et 802 du Code de procédure pénale n'était contraire ni à la Convention européenne des droits de l'homme, ni aux droits et libertés que la Constitution garantit. Ainsi, en s'inscrivant résolument dans une approche *in globo* du procès pénal, inspirée de la jurisprudence de la Cour européenne des droits de l'homme, elle avait énoncé que cette interprétation ne méconnaissait aucunement le droit à un procès équitable, au motif que le respect de celui-ci s'appréciait en tenant compte de la procédure dans son ensemble, et qu'au cas particulier, la personne déclarée irrecevable à agir en nullité d'un acte d'enquête ou d'instruction, faute de qualité, avait néanmoins la faculté, dans l'hypothèse où elle aurait été renvoyée devant une juridiction de jugement, de contester la force probante des indices et des éléments de preuve qui auraient été éventuellement retenus contre elle[1]. De même, la chambre criminelle avait dit n'y avoir lieu de renvoyer au Conseil constitutionnel la question de la constitutionnalité de cette interprétation des textes précités, en considérant notamment que se trouvait opérée une conciliation équilibrée entre les droits de la défense au stade de l'instruction préparatoire et les principes de valeur constitutionnelle de prévention des atteintes à l'ordre public et de recherche des auteurs d'infractions, notamment en raison de la faculté pour les intéressés de discuter la valeur probante des indices et éléments de preuve retenus à charge devant la juridiction de jugement[2].

Cette jurisprudence avait été logiquement mise en œuvre en matière de saisies. Il avait ainsi été énoncé « que les moyens, qui [invoquaient] la nullité de la perquisition et des saisies effectuées au domicile de [tiers], aux motifs, d'une part, de l'absence de signature du procès-verbal de perquisition par les témoins requis, d'autre part, de l'irrégularité de l'inventaire de l'argent saisi, [étaient] irrecevables en ce qu'ils [visaient] des opérations effectuées dans un local sur lequel les demandeurs ne [pouvaient] se prévaloir d'aucun droit »[3]. Puis le principe qui suit avait été posé : « Attendu qu'il résulte de la combinaison [des articles 57, 170 et 171 du Code de procédure pénale] qu'hors le cas où il a été recouru à un procédé déloyal par une autorité publique, la méconnaissance des formalités substantielles régissant les perquisitions et les saisies ne peut être invoquée à l'appui d'une demande d'annulation d'actes ou de pièces de procédure que par la partie titulaire d'un droit sur le local dans lequel elles ont été effectuées. »[4] Ce principe avait été réaffirmé quelques mois plus tard avec l'ajout au visa de l'article 56 du Code de procédure pénale[5].

Ces conditions de recevabilité du recours en nullité des saisies de droit commun paraissaient cependant excessivement étroites, de sorte que la chambre criminelle a fait évoluer sa jurisprudence le 7 septembre 2021, en décidant dorénavant d'apprécier la qualité pour agir en nullité, non plus acte par acte, mais selon la formalité dont la méconnaissance se trouve alléguée. Dorénavant, le principe est que, « pour déterminer si le requérant a qualité pour agir en nullité, la chambre de l'instruction doit examiner si la formalité substantielle ou prescrite à peine de nullité, dont la méconnaissance est alléguée, a pour objet de préserver un droit ou un intérêt qui lui est propre »[6]. Rappelant son ancienne jurisprudence en matière de perquisitions et de saisies, la chambre criminelle a en effet relevé que certaines formalités ont pour objet d'authentifier la présence effective sur les lieux des objets découverts et saisis au cours de la perquisition – telles que la formalité de la signature par l'occupant des lieux ou l'un de ses représentants ou, à défaut, par deux témoins, du procès-verbal de perquisition et de saisie prévue par l'article 57, alinéa 3, du Code de procédure pénale –, quand il se déduit des articles 6 de la Convention européenne des droits de l'homme, tel qu'interprété par la Cour européenne des droits de l'homme, et préliminaire du Code de procédure pénale que tout requérant doit se voir notifier la possibilité de remettre en question l'authenticité des éléments de preuve et de s'opposer à leur utilisation[7]. La chambre en a déduit que sa jurisprudence réservant la qualité pour agir en nullité d'une perquisition à la personne ayant des droits sur les lieux objet de la mesure, ne pouvait être maintenue en cas de méconnaissance d'une formalité substantielle dont l'objet est de garantir le caractère contradictoire du déroulement des opérations, ainsi que la présence effective sur les lieux des objets découverts et saisis. Ainsi, toute partie devait avoir qualité pour invoquer la méconnaissance de la formalité prise de l'absence de signature du procès-verbal de perquisition et de saisie.

L'apport de ces décisions étant essentiellement méthodologique, elles ne règlent naturellement pas toute la question de la détermination de la qualité

1. Crim. 10 avr. 2018, n° 17-85.301, P, n° 69 ; *D.* 2018. 852 ; *D.* 2018. 1611, obs. J. Pradel ; *D.* 2018. 1711, chron. E. Pichon, G. Guého, G. Barbier, L. Ascensi et B. Laurent.
2. Crim. 6 févr. 2018, n° 17-85.301, P, n° 32 ; *D.* 2018. 353.
3. Crim. 14 oct. 2015, n° 15-81.765, P, n° 223 ; *D.* 2015. 2130 ; *AJ pénal* 2016. 154, obs. J. Gallois ; *RSC* 2015. 900, obs. F. Cordier ; *Procédures* 2015, comm. 373, obs. A.-S. Chavent-Leclère.
4. Crim. 12 juill. 2016, n° 16-81.198, NP.
5. Crim. 20 déc. 2017, n° 17-82.345, NP.
6. Crim. 7 sept. 2021, n° 21-80.642, préc – Crim. 7 sept. 2021, n° 20-87.191, préc.
7. Crim. 7 sept. 2021, n° 21-80.642, préc.

pour agir en nullité des perquisitions et saisies. Il appartiendra ainsi à la chambre criminelle, dans de futures décisions, de décliner l'application de cette méthode selon les diverses formalités entourant les perquisitions et saisies, sauf à relever qu'elle a commencé à y procéder. Ainsi, il a été jugé que « les dispositions de l'article 76 du Code de procédure pénale, en ce qu'elles exigent l'assentiment de l'occupant des lieux à la perquisition, et celles du premier alinéa de l'article 57 du même code ont pour objet la protection de la vie et du domicile privés », ce dont il se déduit que « le requérant qui ne dispose d'aucun droit sur le local en cause est irrecevable à contester la régularité de la perquisition diligentée en application de ces textes »[1]. Inversement, s'agissant de la règle du deuxième alinéa de l'article 57, selon laquelle, lorsque la mesure de saisie ne peut avoir lieu en présence de l'occupant des lieux ou de l'un de ses représentants, l'officier de police judiciaire doit procéder à cette mesure en présence de deux témoins requis à cet effet par lui, en dehors des personnes relevant de son autorité administrative, la chambre criminelle a considéré qu'« une telle obligation a pour finalité de garantir le caractère contradictoire du déroulement des opérations de saisie ainsi que d'authentifier la présence effective sur les lieux des objets découverts et saisis », de sorte que « toute partie qui y a intérêt a qualité pour invoquer la nullité tirée de la méconnaissance de ces dispositions »[2]. De même, « les dispositions de l'article 706-30-1 du Code de procédure pénale ont pour objet de garantir le caractère contradictoire du déroulement des opérations de pesée des produits stupéfiants saisis et ainsi d'authentifier leur poids, de sorte que "toute partie qui y a intérêt" est recevable à critiquer la régularité de ces opérations »[3]. Par ailleurs, il a été jugé que la personne identifiée comme auteur d'une infraction au moyen d'une photographie trouvée dans un téléphone portable découvert et saisi par les enquêteurs dans les parties communes d'un immeuble, a qualité pour contester les conditions dans lesquelles cet objet a été découvert et saisi[4]. Il faut dire, pour comprendre que le requérant ait pu être vu comme ayant qualité pour agir en nullité de la saisie, qu'il soutenait que la saisie était intervenue en enquête préliminaire sans l'autorisation prévue par l'article 76 du Code de procédure pénale et sans que le téléphone n'ait été immédiatement placé sous scellés comme le prescrit l'article 56 du même code, soit des règles concernant, l'une la compétence des enquêteurs pour procéder à la saisie – soit une règle pouvant être vue comme d'ordre public et donc d'intérêt général –, l'autre le formalisme d'authentification.

1. Crim. 9 nov. 2021, n° 21-83.095, P – Crim. 9 nov. 2021, n° 21-83.094, NP – AUSSI : Crim. 9 nov. 2021, n° 21-81.359, NP.
2. Crim. 13 sept. 2022, n° 22-80.515, P.
3. Mêmes arrêts.
4. Crim. 24 nov. 2021, n° 21-80.346, NP.

Ceci étant, la partie qui a des droits sur les lieux perquisitionnés ou bien qui établit qu'à l'occasion de la perquisition, il a été porté atteinte à sa vie privée, paraît avoir qualité pour invoquer la méconnaissance de n'importe quelle formalité régissant la mesure. Il a en effet été énoncé qu'il résulte de la combinaison des articles 8 de la Convention européenne des droits de l'homme, 171 et 802 du Code de procédure pénale que « la méconnaissance des formalités substantielles régissant une perquisition peut être invoquée à l'appui d'une demande d'annulation d'actes ou de pièces de la procédure par la partie qui se prévaut d'un droit sur le local perquisitionné ou qui établit qu'il a, à l'occasion d'une telle investigation, été porté atteinte à l'intimité de sa vie privée »[5]. L'on comprend en effet qu'une telle personne puisse à la fois invoquer la méconnaissance des règles garantissant l'authenticité de la preuve – en sa qualité de partie – et celle des formalités protégeant la vie privée – en sa qualité de titulaire de droits sur les lieux perquisitionnés ou de personne justifiant d'une atteinte portée à l'intimité de sa vie privée.

223.14 Nullité textuelle ou substantielle. L'article 802 du Code de procédure pénale distingue par ailleurs entre deux types de nullité : celles qui seront encourues en cas de « violation des formes prévues par la loi à peine de nullité » et celles provoquées par le manquement aux « formalités substantielles ». L'on oppose ainsi les nullités dites « textuelles » aux nullités dites « substantielles », tout en convenant que les formes prescrites par la loi à peine de nullité sont en vérité peu nombreuses dans le Code de procédure pénale, ce qui n'empêche pas la chambre criminelle de contrôler la conformité des actes de procédure à nombre de règles de procédure pénale, leur reconnaissant par là même la nature de formalités substantielles.

Le domaine des saisies de droit commun ne déroge pas à cette tendance : certaines formalités sont prescrites à peine de nullité ; d'autres ne le sont pas. L'article 59 du Code de procédure pénale prévoit ainsi que l'ensemble des formalités prévues par les articles 56, 56-1 et 57 de ce code doivent être observées à peine de nullité. Du reste, l'article 56-1, relatif aux saisies effectuées dans le cabinet d'un avocat ou à son domicile, énonce aussi cette règle, tout comme l'article 56-4, protégeant le secret de la défense nationale, qui prévoit que toutes les forma-

5. Crim. 13 déc. 2022, n° 22-82.860, NP.

lités prévues par ce texte le sont à peine de nullité. En revanche, les articles 56-2 et 56-5 du Code de procédure pénale, garantissant l'exercice de la profession de journaliste et l'indépendance de la justice, distinguent entre des règles prescrites à peine de nullité, et d'autres ne l'étant pas. Le surplus des formalités applicables aux saisies de droit commun ne semble pas être prévu à peine de nullité : seule la méconnaissance des formalités substantielles peut emporter l'annulation de la mesure.

Ce qui précède vaut lorsque la saisie est effectuée pendant l'enquête préliminaire ou l'information judiciaire, dès lors que les formalités applicables sont les mêmes, par renvoi des textes relatifs à ces phases du procès pénal[1]. Du reste, pendant l'enquête préliminaire, l'article 76 du Code de procédure pénale impose à peine de nullité que la décision du juge des libertés et de la détention précise la qualification de l'infraction dont la preuve est recherchée, ainsi que l'adresse des lieux dans lesquels les opérations seront effectuées.

223.15 Nullité à grief. La question se pose enfin de savoir si la nullité des saisies de droit commun implique que doive être établi que l'irrégularité a causé un grief au requérant, ou bien si le manquement lui fait nécessairement grief ; la notion de grief s'entendant, dans la jurisprudence de la chambre criminelle issue des importants arrêts du 7 septembre 2021, du préjudice causé au requérant par l'irrégularité procédurale, lequel ne peut résulter de la seule mise en cause de l'intéressé par l'acte critiqué[2], ce qui reviendrait confondre grief et intérêt à agir[3]. Il va de soi qu'il ne saurait être apporté à cette interrogation une réponse unique. Cela dépend, en effet, du contenu de la règle qui a été méconnue.

De façon constante, cependant, la chambre criminelle considère de manière générale que « les formalités prévues par les dispositions du Code de procédure pénale en matière de perquisition et de saisie ne sont pas exclues du champ d'application de l'article 802 du même Code », ce dont il résulte que « leur inobservation ne saurait entraîner de nullité de procédure lorsqu'aucune atteinte n'a été portée aux intérêts de la personne concernée »[4].

Ainsi, le fait de procéder à une saisie sans respecter les règles destinées à garantir l'authenticité de l'objet saisi ne cause pas nécessairement grief à l'intéressé qui doit établir, pour obtenir la nullité de la saisie, le grief que lui a causé l'irrégularité, ce qui implique, en pratique, que l'intéressé ait contesté l'authenticité des objets saisis[5]. À cet égard, il a par exemple été jugé que « justifie sa décision la chambre de l'instruction qui, pour dire n'y avoir lieu à l'annulation de la saisie et de la mise sous scellés d'un téléphone portable effectuées postérieurement à son dépôt dans la fouille de sécurité d'une personne lors de son placement en garde à vue et à son examen technique par un fonctionnaire spécialisé, énonce qu'en l'absence de doute sur l'identité de ce téléphone et d'altération de l'intégrité du contenu de cet appareil, il n'a pas été porté atteinte aux intérêts du mis en examen »[6], ce dont il se déduit que l'irrégularité ne cause pas nécessairement grief à l'intéressé. Dans cette affaire, à l'occasion d'une interpellation et de la palpation de sécurité qui l'avait suivie, les enquêteurs avaient appréhendé un téléphone portable qui avait été porté à l'inventaire de la fouille deux heures et demie plus tard, puis placé sous scellés plus de quarante-huit heures après, sans qu'aucun scellé provisoire ne soit constitué dans l'intervalle. Mis en examen, l'intéressé avait saisi la chambre de l'instruction d'une requête en nullité de la saisie de son téléphone portable, en faisant valoir que le manquement aux dispositions de l'article 56 du Code de procédure pénale, selon lesquelles les objets saisis doivent être immédiatement inventoriés et placés

1. C. pr. pén., art. 76 et 96.
2. Crim. 7 sept. 2021, nº 21-80.642, préc – Crim. 7 sept. 2021, nº 20-87.191, préc. mettant en œuvre cette définition du grief en énonçant que le préjudice allégué, selon lequel les opérations de perquisition et de saisie critiquées avaient été invoquées par le juge des libertés et de la détention dans ses décisions, ne résultait pas de l'irrégularité elle-même et ne constituait ainsi pas un grief au sens de l'article 802 du Code de procédure pénale.
3. V. s^s nº 223.12.
4. Crim. 26 sept. 1986, nº 86-93.748, P, nº 259 – Crim. 17 sept. 1996, nº 96-82.105, P, nº 316 ; *D.* 1997. 144, obs. J. Pradel ; *RSC* 1997. 149, obs. J.-P. Dintilhac – Crim. 15 juin 2000, nº 00-81.334, P, nº 229 ; *D.* 2001. 520, obs. J. Pradel.
5. Crim. 28 févr. 1995, nº 94-81.553, NP – Crim. 21 mars 1995, nº 93-84.597, NP, *Procédures* 1995, comm. 144, obs. J. Buisson – Crim. 17 sept. 1996, nº 96-82.105, P, nº 316 – Crim. 15 juin 2000, nº 00-81.334, P, nº 229 – Crim. 11 oct. 2000, nº 00-82.238, P, nº 296 ; *Dr. pén.* 2001. comm. 13, obs. A. Maron – Crim. 14 sept. 2004, nº 04-83.754, P, nº 206 ; *D.* 2005. 684, obs. J. Pradel ; *RSC* 2005. 389, obs. J. Buisson ; *Procédures* 2004, comm. 243, obs. J. Buisson – Crim. 24 janv. 2007, nº 06-88.351, P, nº 20 ; *D.* 2007. 729 ; *AJ pénal* 2007. 143, obs. G. Roussel ; *RSC* 2008. 645, obs. J. Buisson ; *RSC* 2008. 645, obs. J. Buisson ; *Procédures* 2007, comm. 148, obs. J. Buisson – Crim. 12 févr. 2008, nº 07-87.753, P, nº 34 ; *D.* 2008. 2757, obs. J. Pradel ; *AJ pénal* 2008. 244, obs. G. Roussel – Crim. 12 févr. 2008, nº 07-87.862, P, nº 35 ; *AJ pénal* 2008, obs. G. Roussel – Crim. 20 sept. 2011, nº 11-84.554, P, nº 182 ; *D.* 2012. 171, chron. C. Roth, A. Leprieur et M.-L. Divialle – Crim. 18 nov. 2015, nº 15-83.400, P, nº 260 – Crim. 31 oct. 2017, nº 17-81.611, NP – Crim. 13 févr. 2018, nº 17-83.370, NP – Crim. 13 sept. 2022, nº 22-80.515, P – Crim. 13 juin 2023, nº 22-86.239, NP.
6. Crim. 30 mars 2016, nº 15-86.693, P, nº 110 ; *AJ pénal* 2016. 396, obs. D. Brach-Thiel.

sous scellés, lui avait fait grief, dès lors qu'il avait été entendu sur les données extraites de l'appareil. La requête ayant été rejetée par la chambre de l'instruction, le demandeur s'était pourvu en cassation en faisant valoir des arguments comparables à ceux développés devant les juges. La chambre criminelle a rejeté le pourvoi, en se fondant sur deux arguments. D'une part, il n'existait aucun doute sur l'identité du téléphone saisi. D'autre part, les allégations de l'intéressé selon lesquelles, à défaut de placement immédiat sous scellés, il aurait pu être porté atteinte à l'intégrité du contenu du téléphone étaient hypothétiques, faute pour le demandeur d'avoir contesté les données qui avaient été extraites de l'appareil et transcrites dans les procès-verbaux.

De même, lorsqu'il ne résulte d'aucune pièce de la procédure que l'agent de police judiciaire qui a procédé à la saisie au cours de l'enquête préliminaire, a agi sous le contrôle d'un officier de police judiciaire, cette irrégularité n'entraîne la nullité de la saisie qu'à la condition que le requérant ait contesté la présence de l'objet saisi dans les lieux de la perquisition. À défaut, l'irrégularité ne lui a causé aucun préjudice, donc aucun grief, ce qui justifie que l'annulation de la saisie ne soit pas prononcée [1].

Il reste que le manquement à certaines autres règles, ainsi qu'il a été vu, fait néanmoins nécessairement grief à la personne intéressée. Rappelons, par exemple, qu'il a été posé pour principe qu'en cas de manquement aux dispositions de l'article 706-30-1 du Code de procédure pénale relatif à la destruction des produits stupéfiants placés sous main de justice, « le grief de ladite personne résulte nécessairement de la destruction des substances stupéfiantes » [2].

SECTION 2
EFFETS DE L'ANNULATION DES SAISIES

223.21 Portée de l'annulation. L'annulation de la saisie entraînera celle des actes dont elle était le support nécessaire en application de la règle énoncée par l'article 174 du Code de procédure pénale qui gouverne l'ensemble du contentieux des nullités [3].

Ainsi, il a été jugé qu'« encourt la cassation la chambre d'accusation qui refuse d'annuler le procès-verbal d'audition d'un témoin entendu au sujet de pièces saisies au cours d'une perquisition dont l'annulation est prononcée par le même arrêt » [4].

De même, mais de façon plus ancienne, il avait été reproché à une chambre d'accusation de s'être abstenue, après avoir constaté la nullité d'une saisie, « de rechercher si d'autres actes dérivant de la saisie entachée de nullité, ne [devaient] pas être eux-mêmes annulés » [5].

En conséquence, les procès-verbaux relatant l'exploitation des objets saisis, les réquisitions qui auront été délivrées à partir d'informations obtenues seulement grâce à cette exploitation, ou encore les auditions et interrogatoires portant sur les objets saisis, devront être annulés ou, le cas échéant, cancellés, comme ayant la saisie pour support nécessaire.

223.22 Sort des biens dont la saisie est annulée. La chambre criminelle n'a que tardivement énoncé ce que doit être le sort des biens dont la saisie se trouve annulée. Ainsi, dans un arrêt du 23 février 2022, elle a posé pour principe qu'« il se déduit de l'article 174 du Code de procédure pénale que le juge qui constate l'annulation d'une saisie et, partant, l'inexistence de tout titre permettant de conserver le bien concerné sous main de justice, est tenu au préalable de restituer celui-ci avant de procéder, le cas échéant, à une nouvelle saisie » [6]. En application de ce principe, elle a donc cassé l'arrêt d'une chambre de l'instruction qui avait confirmé l'ordonnance du juge d'instruction prescrivant la saisie pénale de biens meubles corporels dont la saisie initiale avait été annulée par un arrêt précédent et refusant la restitution de ces biens.

223.23 Réitération ou reconstitution de la saisie annulée. En cas d'annulation d'une saisie, rien ne s'oppose à ce que, après restitution des objets saisis, la mesure soit réitérée. Il a ainsi été posé pour principe qu'« aucune disposition légale ne s'oppose à ce que le juge d'instruction procède à une nouvelle saisie de pièces déjà saisies puis restituées en exécution d'une précédente décision prononçant l'annulation d'actes de la procédure, dès lors que le procès-verbal de perquisition et de saisie ne se réfère en aucune façon aux actes annulés » [7].

Il reste cependant que la reconstitution de l'acte annulé demeure prohibée s'il ne peut être procédé à une nouvelle saisie. Un principe de portée plus générale veut en effet « qu'aux termes de l'article 173 du Code de procédure pénale les actes annulés sont retirés du dossier d'information et il est interdit d'y puiser aucun renseignement contre les parties au débat », et « que cette interdiction doit s'étendre à tout procédé ou artifices qui serait de

1. Crim. 7 déc. 2021, n° 20-82.733, P.
2. Crim. 31 oct. 2017, n° 17-80.872, P, n° 239 ; *D.* 2017. 2253 ; *AJ pénal* 2018. 95, obs. F.-X. Roux-Demare.
3. Crim. 4 juin 1969, n° 69-91.071, P, n° 186.
4. Crim. 4 juin 1997, n° 97-81.706, P, n° 221 ; *RSC* 1997. 855, obs. J.-P. Dintilhac.
5. Crim. 10 déc. 1968, n° 68-92.028, P, n° 333.
6. Crim. 23 févr. 2022, n° 21-82.588, P – Crim. 17 nov. 2021, n° 21-82.588, NP.
7. Crim. 23 mars 1977, n° 75-92.170, P, n° 109.

nature à reconstituer, au mépris de ce texte, la substance des actes annulés »[1]. Il a ainsi été reproché à une chambre d'accusation d'avoir refusé d'annuler une information judiciaire ouverte par un procureur de la République qui, après annulation d'une saisie de produits stupéfiants et de la procédure subséquente, avait procédé à l'audition des enquêteurs ayant réalisé cette saisie et, se fondant sur ces auditions, avait ouvert une nouvelle information judiciaire portant sur les mêmes faits et visant les mêmes individus que celle dont l'annulation avait été prononcée. La chambre criminelle a en effet notamment considéré que ce procédé visait en réalité à « reconstituer les procès-verbaux rapportant les circonstances dans lesquelles [la] saisie [avait] été opérée et la relation pouvant exister entre celle-ci et les inculpés ». Elle a de même censuré l'arrêt d'une chambre de l'instruction qui avait confirmé une ordonnance de saisie ayant pour objet des biens dont la précédente saisie avait été annulée, alors que le juge d'instruction s'était abstenu de modifier les numéros de scellés enregistrés lors de la saisie qui avait fait l'objet de l'annulation, ce qui revenait à avoir maintenu la saisie initiale[2].

1. Crim. 23 janv. 1990, n° 89-85.607, P, n° 42 ; *AJ pénal* 2014. 430, obs. J.-B. Perrier.

2. Crim. 23 févr. 2022, n° 21-82.588, P.

TITRE

23. Saisies spéciales

SECTION 0
ORIENTEUR

23.00 Sommaire du titre.

Chap. 231		**Règles communes aux saisies spéciales**
Sect.	1	Conditions communes
Sect.	2	Effets communs
Chap. 232		**Saisies de patrimoine**
Sect.	1	Conditions des saisies de patrimoine
Sect.	2	Effets des saisies de patrimoine
Chap. 233		**Saisies immobilières**
Sect.	1	Conditions des saisies immobilières
Sect.	2	Effets des saisies immobilières
Chap. 234		**Saisies de biens ou droits mobiliers incorporels**
Sect.	1	Dispositions générales
Sect.	2	Dispositions particulières
Chap. 235		**Saisies sans dépossession**
Sect.	1	Conditions des saisies sans dépossession
Sect.	2	Effets des saisies sans dépossession

23.01 Principaux textes applicables.

- **C. pr. pén.**, art. 56, al. 1, 696-128, 706-141 à 706-158
- **C. pr. pén.**, art. D. 43-5
- **C. pén.**, art. 131-21, al. 1, 5 et 6, 434-22

23.03 Bibliographie indicative.

Encyclopédies. *Rép. pén.*, *V°* « Saisies spéciales », par L. Ascensi – *J.-Cl. Pr. pén.*, art. 706-148 à 706-158, fasc. 20, par E. Camous ; *J.-Cl. Pr. pén.*, art. 706-141 à 706-147, fasc. 20, par E. Camous.

Thèse. J. Bourgais, *Le rôle du juge pénal en matière de saisies et confiscations, Étude de droit comparé (France – Angleterre)*, Poitiers, 2021 – G. Chetard, *La proportionnalité de la répression, Étude sur les enjeux du contrôle de proportionnalité en droit pénal français*, « Collection des thèses », IFJD Institut Louis Joinet, 2020 – M. Peter, *Les saisies pénales spéciales. Une évolution majeure pour une stratégie pénale patrimoniale repensée,* Aix-Marseille, 2018.

Articles. E. Allain, « Le premier rapport d'activité de l'Agrasc », *AJ pénal* 2012. 247 – S. Almaseanu, « Saisie et confiscation pénales des assurances-vie : l'état du droit positif après la loi du 6 décembre 2013 », *Gaz. Pal.* 19 juill. 2014, n° 200, p. 5 ; « La saisie et la confiscation en valeur en droit pénal français », *La revue du Grasco*, n° 19, juill. 2017, p. 35 – R. Alméras, « Saisie pénale immobilière contre hypothèque judiciaire provisoire », *Dr. et patr.* 2/2019, p. 12 ; « Le risque de dissipation, condition de la saisie pénale ou circonstance indifférente ? », *LPA* 22 janv. 2020, p. 10 – L. Ascensi, « Les saisies et confiscations en matière pénale après la loi du 9 juillet 2010 : l'édifice parachevé ? », *AJ pénal* 2015. 228 ; « État des saisies et confiscations immobilières », *AJ pénal* 2016. 66 ; « Les saisies et confiscations pénales dans la jurisprudence de la Cour de cassation », *AJ pénal* 2020. 440 – N. Bessone (interview), « Saisissons plus, saisissons mieux ! », *AJ pénal* 2020. 444 – J. Betemps et M. Wagner, « Peine complémentaire de confiscation : bien (mal) acquis ne profite jamais ? », *Dr. pén.* 2013, fiche pratique 1 – A. Bollé, « Une loi pour "frapper les délinquants au portefeuille" », *Gaz. Pal.* 19 août 2010, n° 231, p. 12 – M. Bourassin, « La saisie et la confiscation des propriétés collectives », *in* L. Ascensi, P. Beauvais et R. Parizot (dir.), *La confiscation des avoirs criminels, Nouveaux enjeux juridiques*, LGDJ, 2021, p. 125 – J. Bourgais et C. Olivier, « La saisie pénale des actifs numériques : une saisie virtuelle ? », *Gaz. pal.* 14 févr. 2023, n° 5, p. 10 – J. Buisson, « Saisie et confiscation en matière pénale », *Dr. pén.* 2010, comm. 352 ; « Loi n° 2011-267 du 14 mars 2011 d'orientation et de programmation pour la performance de la sécurité intérieure », *Procédures* 2011, étude 5 ; « Lutte contre la fraude fiscale et la grande délinquance économique et financière », *Procédures* 2014, comm. 82 ; « Agence de gestion et de recouvrement des avoirs saisis et confisqués », *Procédures* 2017, comm. 111 – E. Camous, « Les saisies en procédure pénale : un régime juridique éparpillé », *Dr. pén.* 2010, étude 5 ; « Les saisies en procédure pénale : un régime juridique modernisé. Commentaire des dispositions de droit interne de la loi n° 2010-768 du 9 juillet 2010 visant à faciliter la saisie et la confiscation en matière pénale », *Dr. pén.* 2011, étude 1 ; « Le contrôle de proportionnalité des saisies pénales », *JCP G* 2019. 150 – E. Camous et G. Cotelle, « La mise en état patrimoniale des affaires pénales », *Dr. pén.* 2013, étude 12 – E. Camous et J.-F. Thony, « Gel, saisie et confiscation des avoirs criminels : les nouveaux outils de la loi française », *RID pén.* 2013, n° 1-2, p. 207 – Ch. Cutajar, « Garantir que le crime ne paie pas. À propos de dix priorités stratégiques proposées par la Commission européenne », *JCP G* 2008. 733 ; « Commentaire des dispositions de droit interne de la loi n° 2010-768 du 9 juillet 2010 visant à faciliter la saisie et la confiscation en matière pénale », *D.* 2010. 2305 ; « L'agence de gestion et de recouvrement des avoirs saisis et confisqués », *D.* 2011. 826 ; « Le nouveau droit des saisies pénales », *AJ pénal* 2012. 124 ; (propos recueillis par), « L'Agence de gestion et de recouvrement des avoirs saisis et confisqués, Agrasc. Interview d'Elisabeth Pelsez, Directrice générale de l'Agrasc », *AJ pénal* 2012. 139 ; « La lutte contre la fraude fiscale à l'épreuve des droits fondamentaux », *JCP G* 2013. 824 ; « Le nouvel arsenal de lutte contre la fraude fiscale et la grande délinquance économique et financière », *JCP G* 2013. 1366 ; « L'Agrasc publie son rapport 2013 », *JCP G* 2014. 614 ; « Les investigations financières au service de la lutte contre la criminalité organisée », *AJ pénal* 2019. 356 – E. Daoud, « Les droits de la personne mise en cause », *in* L. Ascensi, P. Beauvais et R. Parizot (dir.), *La confiscation des avoirs criminels, Nouveaux enjeux juridiques*, LGDJ, 2021, p. 65 – A. Darmstädter-Delmas, « La mise en œuvre et le sort d'une procédure civile d'exécution confrontée à une saisie pénale », *Droit et procédures*, juin 2012, p. 146 – V. Desry, « Pour une procédure de contestation des saisies pénales dans le cadre de l'enquête économique et financière », *Gaz. pal.* 16 mars 2021, n° 11, p. 82 – Ch. Duchaine, « Cas pratique », *AJ pénal* 2012. 143 ; (interview de), « De la nécessité d'un usage raisonné des saisies et confiscations. Punir le condamné ou punir l'État », *AJ pénal* 2015. 242 – J.-D. Errard, « L'assurance-vie est-elle toujours un contrat aléatoire ? », *Dr. et patr.* 3/2014, p. 20 – G. Étrillard, « La difficile contestation des saisies conservatoires en droit pénal des affaires. Constats et (rares) solutions », *Cahiers de droit de l'entreprise*, mars 2020, n° 2, dossier 9 – C. Fonteix, « De la saisie à la confiscation : un point sur le contentieux », *AJ pénal* 2015. 239 – A. Fournier, « La saisie pénale des immeubles : spécificités et incertitudes pour le conservateur », *JCP N* 2010. 913 ; « La nouvelle Agence de gestion et de recouvrement des avoirs saisis et confisqués (Agrasc) », *JCP N* 2011. 334 – E. Garçon et V. Peltier, « Un an de droit de la peine. Janvier – décembre 2010 », *Dr. pén.* 2011, chron. 2 ; « Commentaire de la loi n° 2012-409 du 27 mars 2012 de programmation relative à l'exécution des peines », *Dr. pén.* 2012, étude 11 – N. Guerreo, « Saisies pénales : regard pratique sur l'actualité d'un dispositif de plus en plus utilisé », *Gaz. Pal.* 25 juill. 2013, n° 206, p. 5 – M. Hy, « Droits de la défense : faudra-t-il un Outreau de la saisie pénale ? », *AJ pénal* 2020. 452 – J. Kan, « Synthèse du rapport annuel 2011 de l'Agence de gestion et de recouvrement des avoirs saisis et confisqués », *La revue du Grasco*, n° 2, juill. 2012, p. 14 ; (propos recueillis par), « Interview d'Elisabeth Pelsez, directrice générale de l'Agence de gestion et de recouvrement des avoirs saisis et confisqués », *La revue du Grasco*, n° 5, avr. 2013, p. 3 ; (propos recueillis par), « Interview de Nicolas Bessone, directeur général de l'Agence de gestion et de recouvrement des avoirs saisis et confisqués », *La revue du Grasco*, n° 32, janv. 2021, p. 3 – P. Labrousse, « Saisie à titre conservatoire des biens appartenant à une société dans le cadre d'une enquête pénale », *RJDA* 2014. 79 – E. Lemaire, « La vente des biens de l'État à la suite de leurs confiscations pénales : de quelques points clés intéressant la pratique notariale confrontée à la loi du 9 juillet 2010 », *Defrénois* 2020. 17 – M. Léna, « Le rapport annuel 2012 de l'agence de gestion et de recouvrement des avoirs saisis et confisqués (Agrasc) », *AJ pénal* 2013. 507 – S. Le Tallec, « Le rôle de l'Agrasc dans l'effectivité de la peine de confiscation », *AJ pénal* 2019. 12 – M. Massé, « Notes brèves sur la rencontre de deux expressions : crime organisé et espace judiciaire européen », *RSC* 2000. 469 ; « L'évolution du droit en matière de gel et de confiscation », *RSC* 2006. 463 – J. Mattout et P.-N. Sanzey, « La saisie pénale immobilière : un outil populaire aux lourds effets juridiques », *RTDI* 2014. 5 – G. Notté, « Loi d'orientation et de programmation pour la performance de la sécurité intérieure (LOPPSI II) », *JCP E* 2011. Actu. 86 et 150 – M. Pattin, J. Gojkovic-Lette et J.-P. Lebeau, « Le cadre juridique du dispositif de captation des avoirs criminels et sa mise en œuvre par la Gendarmerie nationale », *AJ pénal* 2012. 130 – E. Pelsez et H. Robert, « Pour une meilleure appréhension des patrimoines frauduleux. À propos de l'Agence de gestion et de recouvrement des avoirs saisis et confisqués (Agrasc) », *JCP G* 2011. 769 – F. Perrotin, « L'Agrasc, bilan 2013 », *LPA* 22 mai 2014, p. 4 ; « Focus sur l'activité de l'Agrasc », *LPA* 25 juill. 2018, p. 4 – B. Petit, « Une nouvelle approche de la lutte contre la criminalité organisée : la prise en compte du volet financier des enquêtes », *AJ pénal* 2012. 148 – N. Planchon, « La motivation et le contrôle de proportionnalité des décisions de saisie et de confiscation », *in* L. Ascensi, P. Beauvais et R. Parizot (dir.), *La confiscation des avoirs criminels, Nouveaux enjeux juridiques*, LGDJ, 2021, p. 145 – J. Pronier, « Saisies patrimoniales et saisies spéciales en matière pénale : une articulation complexe », *AJ pénal* 2012. 661 – C. Ribeyre, « Loi n° 2010-768 du 9 juillet 2010, visant à faciliter la saisie et la confiscation en matière pénale », *RSC* 2010. 937 – H. Robert, « Une importante réforme de procédure pénale inachevée. À propos de la loi du 9 juillet 2010 », *JCP G* 2010. 1607 ; « Une nouvelle étape normative dans le renforcement des moyens de lutte contre la criminalité d'argent. À propos de la loi du 6 décembre 2013 », *JCP G* 2014. 182 – W. Roumier, « Adoption de la loi visant à faciliter la saisie et la confiscation en matière pénale », *Dr. pén.* 2010, alerte 44 – R. Schulz, « La saisie pénale sur contrat d'assurance-vie, un mécanisme difficile à appréhender », *RGDA* 1er juin 2017, n° 6, p. 369 – M. Segonds, « Les droits des tiers », *in* L. Ascensi, P. Beauvais et R. Parizot (dir.), *La confiscation des avoirs criminels, Nouveaux enjeux juridiques*, LGDJ, 2021, p. 85 – E. Senecal et S. Almaseanu, « Saisie pénale des avoirs bancaires : décryptage d'un fait d'actualité », *JCP E* 2013. 632 – R. Stiffel, « L'activité de l'Agrasc en matière de saisie pénale immobilière et de confiscations immobilières », *AJ pénal* 2012. 142 – A. Tarrago, « La détection et la captation des avoirs criminels : un acte d'enquête à part entière », *AJ pénal* 2020. 447 – G. Valdelièvre, « Les saisies pénales spéciales. Une jurisprudence en mouvement », *Cahiers de droit de l'entreprise*, mars 2020, n° 2, dossier 9.

CHAPITRE

231. Règles communes aux saisies spéciales

SECTION 0 ORIENTEUR

231.00 **Sommaire du chapitre.**

Sect. 1 Conditions communes
§ 1 Conditions de fond
§ 2 Conditions de forme
A. Compétence
1° Enquête préliminaire ou de flagrance
2° Information judiciaire
B. Formes de la décision
C. Recours contre la décision
1° Conditions de l'appel
2° Effets de l'appel
3° Spécificités du pourvoi en cassation
Sect. 2 Effets communs
§ 1 Indisponibilité du bien saisi
A. Principe de l'indisponibilité du bien saisi
B. Portée de l'indisponibilité du bien saisi
§ 2 Décisions relatives à l'exécution de la saisie

Division. Les règles communes aux différents types de saisies spéciales sont contenues aux articles 706-141 à 706-147 du Code de procédure pénale. Il s'y ajoute des dispositions qui, quoiqu'énoncées par les textes propres aux types particuliers de saisies spéciales, n'en sont pas moins communes à l'ensemble de ces mesures. Parmi ces règles, l'on peut distinguer entre celles qui énoncent des conditions communes aux décisions de saisies spéciales (sect. 1) et celles qui prévoient les effets communs de celles-ci (sect. 2).

231.01 **Principaux textes applicables.**

TEXTES SOURCES

- C. pr. pén., art. 696-128, 706-141 à 706-158
- C. pr. pén., art. D. 43-5
- C. pén., art. 434-22

TEXTES *IN EXTENSO*

> Code de procédure pénale

> > Dispositions communes

• C. pr. pén., art. 706-141

Le présent titre s'applique, afin de garantir l'exécution de la peine complémentaire de confiscation selon les conditions définies à l'article 131-21 du Code pénal, aux saisies réalisées en application du présent code lorsqu'elles portent sur tout ou partie des biens d'une personne, sur un bien immobilier, sur un bien ou un droit mobilier incorporel ou une créance ainsi qu'aux saisies qui n'entraînent pas de dépossession du bien.

• C. pr. pén., art. 706-141-1

La saisie peut également être ordonnée en valeur. Les règles propres à certains types de biens prévues aux chapitres III et IV du présent titre s'appliquent aux biens sur lesquels la saisie en valeur s'exécute.

• C. pr. pén., art. 706-142

Le procureur de la République, le juge d'instruction ou, avec leur autorisation, l'officier de police judiciaire peuvent requérir le concours de toute personne qualifiée pour accomplir les actes nécessaires à la saisie des biens visés au présent titre et à leur conservation.

• C. pr. pén., art. 706-143

Jusqu'à la mainlevée de la saisie ou la confiscation du bien saisi, le propriétaire ou, à défaut, le détenteur du bien est responsable de son entretien et de sa conservation. Il en supporte la charge, à l'exception des frais qui peuvent être à la charge de l'État.

En cas de défaillance ou d'indisponibilité du propriétaire ou du détenteur du bien, et sous réserve des droits des tiers de bonne foi, le procureur de la République ou le juge d'instruction peuvent autoriser la remise à l'Agence de gestion et de recouvrement des avoirs saisis et confisqués du bien saisi dont la vente par anticipation n'est pas envisagée afin que cette agence réalise, dans la limite du mandat qui lui est confié, tous les actes juridiques et matériels nécessaires à la conservation, l'entretien et la valorisation de ce bien.

Tout acte ayant pour conséquence de transformer, modifier substantiellement le bien ou d'en réduire la valeur est soumis à l'autorisation préalable du juge des libertés et de la détention, sur requête du procureur de la République qui en a ordonné ou autorisé la saisie, du juge d'instruction qui en a ordonné ou autorisé la saisie ou du juge d'instruction en cas d'ouverture d'une information judiciaire postérieurement à la saisie.

• **C. pr. pén., art. 706-144**

Le magistrat qui a ordonné ou autorisé la saisie d'un bien ou le juge d'instruction en cas d'ouverture d'une information judiciaire postérieurement à la saisie sont compétents pour statuer sur toutes les requêtes relatives à l'exécution de la saisie, sans préjudice des dispositions relatives à la destruction et à l'aliénation des biens saisis au cours de l'enquête ou de l'instruction prévues aux articles 41-5 et 99-2.

Lorsque la décision ne relève pas du procureur de la République, son avis est sollicité préalablement.

Le requérant et le procureur de la République peuvent, dans un délai de dix jours à compter de la notification de cette décision, faire appel de la décision devant la chambre de l'instruction. Cet appel est suspensif.

• **C. pr. pén., art. 706-145**

Nul ne peut valablement disposer des biens saisis dans le cadre d'une procédure pénale hors les cas prévus aux articles 41-5 et 99-2 et au présent chapitre.

À compter de la date à laquelle elle devient opposable et jusqu'à sa mainlevée ou la confiscation du bien saisi, la saisie pénale suspend ou interdit toute procédure civile d'exécution sur le bien objet de la saisie pénale.

Pour l'application du présent titre, le créancier ayant diligenté une procédure d'exécution antérieurement à la saisie pénale est de plein droit considéré comme titulaire d'une sûreté sur le bien, prenant rang à la date à laquelle cette procédure d'exécution est devenue opposable.

• **C. pr. pén., art. 706-146**

Si le maintien de la saisie du bien en la forme n'est pas nécessaire, un créancier muni d'un titre exécutoire constatant une créance liquide et exigible peut être autorisé, dans les conditions prévues à l'article 706-144, à engager ou reprendre une procédure civile d'exécution sur le bien, conformément aux règles applicables à ces procédures. Toutefois, il ne peut alors être procédé à la vente amiable du bien et la saisie pénale peut être reportée sur le solde du prix de cession, après désintéressement des créanciers titulaires d'une sûreté ayant pris rang antérieurement à la date à laquelle la saisie pénale est devenue opposable. Le solde du produit de la vente est consigné. En cas de classement sans suite, de non-lieu ou de relaxe, ou lorsque la peine de confiscation n'est pas prononcée, ce produit est restitué au propriétaire du bien s'il en fait la demande.

En cas de reprise d'une procédure civile d'exécution suspendue par la saisie pénale, les formalités qui ont été régulièrement accomplies n'ont pas à être réitérées.

• **C. pr. pén., art. 706-147**

Les mesures ordonnées en application du présent titre sont applicables y compris lorsqu'elles sont ordonnées après la date de cessation des paiements et nonobstant les dispositions de l'article L. 632-1 du Code de commerce.

> > Saisies de patrimoine

• **C. pr. pén., art. 706-148**

Si l'enquête porte sur une infraction punie d'au moins cinq ans d'emprisonnement, le juge des libertés et de la détention peut, sur requête du procureur de la République, ordonner par décision motivée la saisie, aux frais avancés du Trésor, des biens dont la confiscation est prévue en application des cinquième et sixième alinéas de l'article 131-21 du Code pénal lorsque la loi qui réprime le crime ou le délit le prévoit ou lorsque l'origine de ces biens ne peut être établie. Le juge d'instruction peut, sur requête du procureur de la République ou d'office après avis du ministère public, ordonner cette saisie dans les mêmes conditions.

La décision prise en application du premier alinéa est notifiée au ministère public, au propriétaire du bien saisi et, s'ils sont connus, aux tiers ayant des droits sur ce bien, qui peuvent la déférer à la chambre de l'instruction par déclaration au greffe du tribunal dans un délai de dix jours à compter de la notification de la décision. Cet appel n'est pas suspensif. L'appelant ne peut prétendre dans ce cadre qu'à la mise à disposition des seules pièces de la procédure se rapportant à la saisie qu'il conteste. S'ils ne sont pas appelants, le propriétaire du bien et les tiers peuvent néanmoins être entendus par la chambre de l'instruction, sans toutefois pouvoir prétendre à la mise à disposition de la procédure.

• **C. pr. pén., art. 706-149**

Les règles propres à certains types de biens prévues par le présent titre, à l'exclusion de celles relatives à la décision de saisie, s'appliquent aux biens compris en tout ou partie dans le patrimoine saisi.

> > Saisies immobilières

• **C. pr. pén., art. 706-150**

Au cours de l'enquête de flagrance ou de l'enquête préliminaire, le juge des libertés et de la détention, saisi par requête du procureur de la République, peut ordonner par décision motivée la saisie, aux frais avancés du Trésor, des immeubles dont la confiscation est prévue par l'article 131-21 du Code pénal. Le juge d'instruction peut, au cours de l'information, ordonner cette saisie dans les mêmes conditions.

La décision prise en application du premier alinéa est notifiée au ministère public, au propriétaire du bien saisi et, s'ils sont connus, aux tiers ayant des droits sur ce bien, qui peuvent la déférer à la chambre de l'instruction par déclaration au greffe du tribunal dans un délai de dix jours à compter de la notification de la décision. Cet appel n'est pas suspensif. L'appelant ne peut prétendre dans ce cadre qu'à la mise à disposition des seules pièces de la procédure se rapportant à la saisie qu'il conteste. S'ils ne sont pas appelants, le propriétaire du bien et les tiers peuvent néanmoins être entendus par la chambre de l'instruction, sans toutefois pouvoir prétendre à la mise à disposition de la procédure.

• **C. pr. pén., art. 706-151**

La saisie pénale d'un immeuble est opposable aux tiers à compter de la publication de la décision ordonnant la saisie au bureau des hypothèques ou, pour les départements du Bas-Rhin, du Haut-Rhin et de la Moselle, au livre foncier du lieu de situation de l'immeuble. Les formalités de cette publication sont réalisées, au nom du procureur de la République ou du juge d'instruction, par l'Agence de gestion et de recouvrement des avoirs saisis et confisqués.

Jusqu'à la mainlevée de la saisie pénale de l'immeuble ou la confiscation de celui-ci, la saisie porte sur la valeur totale de l'immeuble, sans préjudice des privilèges et hypothèques préalablement inscrits ou des privilèges visés à l'article 2378 du Code civil et nés antérieurement à la date de publication de la décision de saisie pénale immobilière.

La publication préalable d'un commandement de saisie sur l'immeuble ne fait pas obstacle à la publication de la décision de saisie pénale immobilière.

• **C. pr. pén., art. 706-152**

La cession de l'immeuble conclue avant la publication de la décision de saisie pénale immobilière et publiée après cette publication à la conservation des hypothèques ou au livre foncier pour les départements concernés est inopposable à l'État, sauf mainlevée ultérieure de la saisie. Toutefois, si le maintien de la saisie du bien en la forme n'est pas nécessaire et que la vente n'apparaît pas frauduleuse eu égard à ses conditions et au prix obtenu, le magistrat compétent peut décider le report de la saisie pénale sur le prix de la vente, après désintéressement des créanciers titulaires d'une sûreté ayant pris rang antérieurement à la date à laquelle la saisie pénale est devenue opposable. Dans ce cas, la publication de la décision et la consignation du solde du prix de vente rendent la vente opposable à l'État.

Lorsque les frais de conservation de l'immeuble saisi sont disproportionnés par rapport à sa valeur en l'état, le juge des libertés et de la détention, sur requête du procureur de la République, ou le juge d'instruction, après avis du procureur de la République, peut autoriser l'Agence de gestion et de recouvrement des avoirs saisis et confisqués à l'aliéner par anticipation. Cette décision d'autorisation fait l'objet d'une ordonnance motivée. Elle est notifiée aux parties intéressées ainsi qu'aux tiers ayant des droits sur le bien, qui peuvent la déférer à la chambre de l'instruction dans les conditions prévues aux deux derniers alinéas de l'article 99.

Le produit de la vente est consigné. En cas de non-lieu, de relaxe ou d'acquittement ou lorsque la peine de confiscation n'est pas prononcée, ce produit est restitué au propriétaire du bien s'il en fait la demande, sauf si le produit résulte de la vente d'un bien ayant été l'instrument ou le produit, direct ou indirect, d'une infraction.

> > Saisies portant sur certains biens ou droits mobiliers incorporels

• **C. pr. pén., art. 706-153**

Au cours de l'enquête de flagrance ou de l'enquête préliminaire, le juge des libertés et de la détention, saisi par requête du procureur de la République, peut ordonner par décision motivée la saisie, aux frais avancés du Trésor, des biens ou droits incorporels dont la confiscation est prévue par l'article 131-21 du Code pénal. Le juge d'instruction peut, au cours de l'information, ordonner cette saisie dans les mêmes conditions.

La décision prise en application du premier alinéa est notifiée au ministère public, au propriétaire du bien ou du droit saisi et, s'ils sont connus, aux tiers ayant des droits sur ce bien ou sur ce droit, qui peuvent la déférer au président de la chambre de l'instruction ou à la chambre de l'instruction par déclaration au greffe du tribunal dans un délai de dix jours à compter de la notification de la décision. Cet appel n'est pas suspensif. L'appelant ne peut prétendre dans ce cadre qu'à la mise à disposition des seules pièces de la procédure se rapportant à la saisie qu'il conteste. S'ils ne sont pas appelants, le propriétaire du bien et les tiers peuvent néanmoins être entendus par la chambre de l'instruction, sans toutefois pouvoir prétendre à la mise à disposition de la procédure.

• **C. pr. pén., art. 706-154**

Par dérogation à l'article 706-153, l'officier de police judiciaire peut être autorisé, par tout moyen, par le procureur de la République ou par le juge d'instruction à procéder, aux frais avancés du Trésor, à la saisie d'une somme d'argent versée sur un compte ouvert auprès d'un établissement habilité par la loi à tenir des comptes de dépôts ou d'actifs numériques mentionnés à l'article L. 54-10-1 du Code monétaire et financier. Le juge des libertés et de la détention, saisi par le procureur de la République, ou le juge d'instruction se prononce par ordonnance motivée sur le maintien ou la mainlevée de la saisie dans un délai de dix jours à compter de sa réalisation.

L'ordonnance prise en application du premier alinéa est notifiée au ministère public, au titulaire du compte ou au propriétaire de l'actif numérique et, s'ils sont connus, aux tiers ayant des droits sur ce compte ou cet actif, qui peuvent la déférer à la chambre de l'instruction par déclaration au greffe du tribunal dans un délai de dix jours à compter de la notification de l'ordonnance. Cet appel n'est pas suspensif. L'appelant ne peut prétendre dans ce cadre qu'à la mise à disposition des seules pièces de la procédure se rapportant à la saisie qu'il conteste. S'ils ne sont pas appelants, le titulaire du compte et les tiers peuvent néanmoins être entendus par la chambre de l'instruction, sans toutefois pouvoir prétendre à la mise à disposition de la procédure.

Lorsque la saisie porte sur une somme d'argent versée sur un compte ouvert auprès d'un établissement habilité par la loi à tenir des comptes de dépôts ou sur des actifs numériques mentionnés au même article L. 54-10-1, elle s'applique indifféremment à l'ensemble des sommes inscrites au crédit de ce compte ou à l'ensemble des actifs numériques détenus au moment de la saisie et à concurrence, le cas échéant, du montant indiqué dans la décision de saisie.

• **C. pr. pén., art. 706-155**

Lorsque la saisie porte sur une créance ayant pour objet une somme d'argent, le tiers débiteur doit consigner sans délai la somme due à la Caisse des dépôts et consignations ou auprès de l'Agence de gestion et de recouvrement des avoirs saisis et confisqués lorsqu'elle est saisie. Toutefois, pour les créances conditionnelles ou à terme, les fonds sont consignés lorsque ces créances deviennent exigibles.

Lorsque la saisie porte sur une créance figurant sur un contrat d'assurance sur la vie, elle entraîne la suspension des facultés de rachat, de renonciation et de nantissement de ce contrat, dans l'attente du jugement définitif au fond. Cette saisie interdit également toute acceptation postérieure du bénéfice du contrat dans l'attente de ce jugement et l'assureur ne peut alors plus consentir d'avances au contractant. Cette saisie est notifiée au souscripteur ainsi qu'à l'assureur ou à l'organisme auprès duquel le contrat a été souscrit.

• **C. pr. pén., art. 706-156**

La saisie de parts sociales, valeurs mobilières, instruments financiers ou autres biens ou droits incorporels est notifiée à la personne émettrice.

Le cas échéant, la saisie est également notifiée à l'intermédiaire financier mentionné aux 2° à 7° de l'article L. 542-1 du Code monétaire et financier teneur du compte ainsi qu'à l'intermédiaire inscrit mentionné à l'article L. 228-1 du Code de commerce.

• C. pr. pén., art. 706-157

La saisie d'un fonds de commerce est opposable aux tiers à compter de son inscription, aux frais avancés du Trésor, sur le registre des nantissements tenu au greffe du tribunal de commerce du lieu de situation du fonds.

Les formalités de cette publication sont réalisées, au nom du procureur de la République, du juge d'instruction ou de la juridiction de jugement, par l'Agence de gestion et de recouvrement des avoirs saisis et confisqués.

• C. pr. pén., art. D. 43-5

Conformément aux articles 41-4, 41-6, 99, 706-153 et 778, le président de la chambre de l'instruction est compétent pour statuer seul sur les demandes ou les recours ou contentieux relatifs :

– à la restitution d'objets placés sous-main de justice ;

– à la saisie de biens ou droits incorporels ;

– à des demandes de rectification de l'état civil.

L'auteur de la demande ou du recours peut toutefois préciser dans sa demande ou son recours qu'il saisit la chambre de l'instruction dans sa formation collégiale.

À défaut, le président peut décider, au regard de complexité du dossier, que celui-ci soit examiné par la chambre dans sa composition collégiale.

> > Saisies sans dépossession

• C. pr. pén., art. 706-158

Au cours de l'enquête de flagrance ou de l'enquête préliminaire, le juge des libertés et de la détention, saisi par requête du procureur de la République, peut ordonner par décision motivée la saisie, aux frais avancés du Trésor, des biens dont la confiscation est prévue par l'article 131-21 du Code pénal sans en dessaisir le propriétaire ou le détenteur. Le juge d'instruction peut, au cours de l'information, ordonner cette saisie dans les mêmes conditions.

La décision prise en application du premier alinéa est notifiée au ministère public, au propriétaire du bien saisi et, s'ils sont connus, aux tiers ayant des droits sur ce bien, qui peuvent la déférer à la chambre de l'instruction par déclaration au greffe du tribunal dans un délai de dix jours à compter de la notification de la décision. Cet appel n'est pas suspensif. L'appelant ne peut prétendre dans ce cadre qu'à la mise à disposition des seules pièces de la procédure se rapportant à la saisie qu'il conteste. S'ils ne sont pas appelants, le propriétaire du bien et les tiers peuvent néanmoins être entendus par la chambre de l'instruction, sans toutefois pouvoir prétendre à la mise à disposition de la procédure.

Le magistrat qui ordonne la saisie sans dépossession désigne la personne à laquelle la garde du bien est confiée et qui doit en assurer l'entretien et la conservation, aux frais le cas échéant du propriétaire ou du détenteur du bien qui en est redevable conformément à l'article 706-143 du présent code.

En dehors des actes d'entretien et de conservation, le gardien du bien saisi ne peut en user que si la décision de saisie le prévoit expressément.

> > Procédures de la compétence du parquet européen

• C. pr. pén., art. 696-128

Les décisions ordonnant les saisies spéciales prévues au titre XXIX du présent livre et les mesures conservatoires prévues à l'article 706-166 sont prises par le juge des libertés et de la détention, saisi par réquisitions écrites et motivées du procureur européen délégué, sous réserve des pouvoirs propres du procureur prévus au premier alinéa de l'article 706-154.

> Code pénal

• C. pén., art. 434-22

* V. s[s] n° 222.01.

231.02 Jurisprudence de référence.

> Non-lieu à un choix parmi les divers fondements de la saisie

• Crim. 22 févr. 2017, n° 16-83.257, P, n° 52

* V. s[s] n° 231.07.

« Attendu que, pour confirmer l'ordonnance de saisie de la somme de 10 000 000 euros figurant à l'actif du compte-titres dont M. X... est titulaire auprès de la banque ADM Investor services international Ltd, l'arrêt, après avoir relevé que le juge d'instruction a sollicité l'avis préalable du ministère public, et constaté que M. X... encourait la peine de confiscation non seulement des biens constituant le produit ou l'objet des infractions qui lui sont reprochées en application de l'article 131-21, alinéa 3, du Code pénal, mais également, en cas de condamnation du chef de blanchiment en bande organisée, de tout ou partie de ses biens en application des articles 131-21, alinéa 6, et 324-7-12° du même code, énonce que, d'une part, lorsqu'un même bien peut faire l'objet d'une confiscation à plusieurs titres, aucune disposition légale n'interdit au juge d'instruction de se référer à plusieurs d'entre eux pour fonder la décision de saisie, d'autre part, les dispositions de l'article 706-141-1 du Code de procédure pénale qui régit la saisie en valeur sont immédiatement applicables aux faits commis avant leur entrée en vigueur ;

Attendu qu'en l'état de ces énonciations, et dès lors que, selon l'article 706-153 du Code de procédure pénale, immédiatement applicable aux procédures en cours, la saisie peut être ordonnée par le juge d'instruction pour garantir l'exécution de la peine complémentaire de confiscation d'un bien, meuble ou immeuble, laquelle était et demeure encourue en application des articles 131-21 et 324-7, 12° du Code pénal, dans leurs rédactions contemporaines des faits et actuelle, la chambre de l'instruction a justifié sa décision. »

> Non-lieu à un choix, parmi les divers fondements de la confiscation encourue, de celui qui serait le plus favorable au propriétaire du bien saisi en vue de ladite confiscation

• Crim. 13 juin 2018, n° 17-83.893, P, n° 110

* V. s[s] n° 231.07.

« Attendu qu'aucune disposition du Code de procédure pénale ne faisant obligation au juge d'instruction de choisir, parmi les fondements des confiscations encourues, celui qui serait le plus favorable au propriétaire du bien saisi en vue de ladite confiscation, le moyen qui, pris en sa première branche, est devenu sans objet, la Cour de cassation ayant refusé de transmettre au Conseil constitutionnel la question prioritaire de constitutionnalité critiquant les dispositions de l'article 706-153 du Code de procédure pénale, et qui, pris en sa deuxième branche, manque en fait, ne peut être accueilli. »

> Appréciation au stade de la saisie du caractère confiscable du bien

• **Crim. 15 janv. 2020,** n° 19-80.891, P, 20, 118

* V. s[s] n° 231.24.

« La juridiction d'instruction doit apprécier et vérifier, sur la base des indices dont elle dispose, la nature de produit de l'infraction du bien saisi chaque fois qu'elle statue sur cette mesure ou sur une demande de restitution. »

• **Crim. 4 mars 2020,** n° 19-81.371, P, 209

* V. s[s] n° 231.24.

« Il se déduit [des articles 593 et 706-153 du Code de procédure pénale] que, si la saisie de biens ou droits incorporels n'est pas subordonnée à la mise en examen de leur propriétaire ou titulaire (Crim. 7 déc. 2016, n° 16-81.280), la chambre de l'instruction saisie de l'appel d'une ordonnance de saisie pénale spéciale doit apprécier l'existence d'indices de commission d'une infraction de nature à justifier la mesure de saisie pénale. »

> Appréciation au stade de la saisie du caractère confiscable du bien en cas d'indivision

• **Crim. 11 oct. 2017,** n° 17-80.987, NP

* V. s[s] n° 231.24.

« Attendu qu'en statuant ainsi, et dès lors que les biens immobiliers appartenant au mis en examen, fussent-ils indivis, susceptibles de confiscation, sous réserve des droits du propriétaire de bonne foi, dont il a la libre disposition, ne sont, aux termes de l'article 706-151, alinéa 2, du Code de procédure pénale, saisissables que dans leur totalité et que les indivisaires exercent des droits identiques sur ces mêmes biens sans que les parts de chacun ne soient matériellement divisibles, peu important, par ailleurs, qu'ils aient été acquis avant la période de prévention dans le cas d'une saisie d'éléments de patrimoine, la chambre de l'instruction a, sans insuffisance, justifié sa décision. »

> Appréciation au stade de la saisie du caractère confiscable des biens susceptibles de restitution à la victime

• **Crim. 30 oct. 2012,** n° 12-84.961, P, n° 229

* V. s[s] n° 231.24.

« Attendu que, pour confirmer l'ordonnance entreprise, l'arrêt énonce que l'argumentation relative à l'impossibilité de confisquer les biens susceptibles de restitution à la victime, outre le fait qu'elle conduirait à une reconnaissance par le mis en examen que les sommes saisies appartiendraient donc bien à la partie civile, ne concerne que la phase de jugement et non celle de la saisie au cours de l'information ;

Attendu qu'en l'état de ces énonciations, la cour d'appel a justifié sa décision. »

> Saisie des biens soumis à une clause de tontine

• **Crim. 7 déc. 2022,** n° 21-80.743, P

* V. s[s] n° 231.24.

« Les droits concurrents sur un immeuble grevé d'une telle clause, dont est titulaire la personne mise en cause, constituent un bien dont la confiscation est prévue par l'article 131-21 du Code pénal et dont la saisie, qui ne suspend ni l'usage du bien ni le droit d'en percevoir les fruits, s'étend nécessairement à la totalité de l'immeuble en application de l'article 706-151, alinéa 2, du Code de procédure pénale.

13. La confiscation encourue des droits concurrents du condamné ne porte pas atteinte aux droits du coacquéreur du bien grevé de la clause de tontine, dès lors que ce dernier demeure titulaire de ses propres droits, la condition de survie continuant à devoir être appréciée en la personne des coacquéreurs.

14. Le bien est en revanche confiscable dans sa totalité dans le cas où il est à la libre disposition du condamné, le coacquéreur n'étant pas de bonne foi. »

> Contrôle de la proportionnalité de la saisie

• **Crim. 25 sept. 2019,** n° 18-85.211, NP

* V. s[s] n° 231.25.

« Qu'en effet, hormis le cas où la saisie, qu'elle soit en nature ou en valeur, porte sur un bien qui, dans sa totalité, constitue l'objet ou le produit de l'infraction, le juge, en autorisant ou ordonnant une telle mesure, doit apprécier le caractère proportionné de l'atteinte portée au droit de propriété de l'intéressé, au regard de la situation personnelle de ce dernier et de la gravité concrète des faits, lorsqu'une telle garantie est invoquée ou procéder à cet examen d'office lorsqu'il s'agit d'une saisie de patrimoine. »

> Non-lieu à la caractérisation d'un risque de dissipation du bien saisi

• **Crim. 24 oct. 2018,** n° 18-80.834, P, n° 178

* V. s[s] n° 231.26.

« Attendu que le demandeur ne saurait se faire grief de ce que la chambre de l'instruction n'a pas caractérisé le risque de dissipation de l'immeuble saisi, dès lors que l'article 706-150 du Code de procédure pénale n'exige pas, pour ordonner une saisie, que soit caractérisé un tel risque. »

> Non-lieu à la recherche d'autres biens susceptibles d'être plus opportunément saisis

• **Crim. 21 mars 2018,** n° 16-87.074, NP

* V. s[s] n° 231.27.

« Attendu qu'en l'état de ses énonciations, et dès lors que, d'une part, Mme X… n'a invoqué, devant les juges du fond, aucun élément de nature à démontrer que la saisie de l'immeuble qu'elle critiquait en ce qu'il constituait son domicile, portait une atteinte excessive à sa vie privée et familiale, d'autre part, les juges n'étaient pas tenus de rechercher si M. Y… était propriétaire d'autres biens susceptibles de faire l'objet d'une saisie, la chambre de l'instruction a justifié sa décision. »

> Indifférence de la mise en examen lorsque la saisie intervient au cours de l'information judiciaire

• **Crim. 7 déc. 2016,** n° 16-81.280, NP

* V. s^s n° 231.28.

« Attendu qu'en l'état de ces énonciations, et de celles de l'ordonnance du juge d'instruction, d'où il résulte que la somme saisie représente la valeur de l'objet de l'infraction de blanchiment sur laquelle porte l'information et dès lors qu'une telle saisie, d'une part, ne nécessite pas l'avis préalable du ministère public, d'autre part, n'est pas subordonnée à la mise en examen du propriétaire des fonds saisis, la chambre de l'instruction a justifié sa décision. »

> Défaut d'atteinte à la présomption d'innocence par la saisie

• **Crim. 12 mai 2015,** n° 14-81.590, NP

* V. s^s n° 231.29.

« Attendu qu'en l'état de ces énonciations, dépourvues d'insuffisance comme de contradiction, et dès lors que, d'une part, la juridiction du second degré s'est déterminée à partir des seules pièces de procédure dont la défense a pu prendre connaissance et ne conteste pas qu'ont été mises à sa disposition celles se rapportant à la saisie, d'autre part, la saisie prononcée n'emporte aucune décision à caractère définitif que la juridiction de jugement n'aurait pas le pouvoir de trancher et ne porte pas atteinte à la présomption d'innocence, la chambre de l'instruction a fait une exacte application des articles 706-141 et 706-150 du Code de procédure pénale, sans méconnaître les dispositions conventionnelles ni l'article préliminaire du Code de procédure pénale invoqués. »

> Compétence *ratione temporis* du juge des libertés et de la détention

• **Crim. 8 avr. 2021,** n° 20-85.474, P, 58

* V. s^s n° 231.55.

« Il résulte de l'article 706-150 du Code de procédure pénale qu'au cours de l'enquête de flagrance ou de l'enquête préliminaire, le juge des libertés et de la détention, saisi par requête du procureur de la République, peut ordonner par décision motivée la saisie des immeubles dont la confiscation est prévue par l'article 131-21 du Code pénal.

Encourt la cassation l'arrêt de la chambre de l'instruction qui confirme les ordonnances de saisie immobilière du juge des libertés et de la détention, alors qu'elle avait constaté qu'à la date de ces ordonnances, l'enquête était terminée en raison de la convocation du mis en cause devant le tribunal correctionnel, en sorte que le juge des libertés et de la détention n'était plus compétent pour ordonner les mesures contestées, peu important qu'il ait été saisi par le procureur de la République pendant l'enquête. »

> Les décisions de saisies spéciales du juge d'instruction ne nécessitent pas l'avis préalable du ministère public, à l'exception des saisies de patrimoine

• **Crim. 11 juill. 2012,** n° 12-82.050, P, n° 168

* V. s^s n° 231.62.

« Mais attendu qu'en décidant ainsi, alors que la saisie effectuée constituait, au sens de l'article 706-148 du Code de procédure pénale, une saisie de patrimoine nécessitant l'avis préalable du ministère public, la chambre de l'instruction a méconnu le texte susvisé et le principe ci-dessus rappelé. »

• **Crim. 18 sept. 2012,** n° 12-80.662, P, n° 193

* V. s^s n° 231.61.

« Attendu qu'en cet état, et dès lors que, d'une part, la confiscation des biens ayant servi à commettre l'infraction ou qui en sont le produit direct ou indirect est encourue en vertu des articles 311-14, 4° et 313-7, 4° du Code pénal et 79-5 de la loi du 30 septembre 1986 prévoyant des peines complémentaires en répression des délits pour lesquels M. X… a été mis en examen, que, d'autre part, selon l'article 706-154 du Code de procédure pénale seul texte applicable en l'espèce, la saisie de sommes d'argent versées sur un compte bancaire s'applique indifféremment à l'ensemble des sommes inscrites au crédit de ce compte au moment de la saisie, et qu'enfin, la saisie effectuée en application de ce dernier texte ne constituait pas, en l'espèce, au sens de l'article 706-148 du Code de procédure pénale, une saisie de patrimoine nécessitant l'avis préalable du ministère public, la chambre de l'instruction, abstraction faite du motif inopérant de l'arrêt faisant référence à l'article 131-21, alinéa 6, du Code pénal, a justifié sa décision. »

• **Crim. 5 mars 2014,** n° 13-84.977, P, n° 67

* V. s^s n° 231.61.

« Justifie sa décision la chambre de l'instruction qui, pour confirmer l'ordonnance du juge d'instruction prescrivant le maintien de la saisie de sommes inscrites au crédit du compte bancaire d'une personne mise en examen des chefs, notamment, d'escroqueries et captation frauduleuse de programmes télédiffusés cryptés, retient que, d'une part, la confiscation des biens ayant servi à commettre ces infractions ou qui en sont le produit direct ou indirect est encourue à titre de peine complémentaire, et que, d'autre part, selon l'article 706-154 du Code de procédure pénale, seul applicable en l'espèce, la saisie s'applique indifféremment à l'ensemble des sommes inscrites au crédit du compte au moment de la saisie et ne nécessite pas l'avis préalable du ministère public, dès lors qu'elle ne constitue pas une saisie de patrimoine au sens de l'article 706-148 du Code de procédure pénale. »

> Motivation de l'ordonnance de saisie

• **Crim. 25 sept. 2019,** n° 18-86.779, NP

* V. s^s n° 231.72.

« 12. Il résulte de la jurisprudence de la Cour de cassation que dès lors que le juge des libertés et de la détention ordonne ou autorise un acte qui porte atteinte à un droit fondamental, l'ordonnance qu'il rend ne peut se limiter à renvoyer aux motifs de la requête et doit contenir une motivation justifiant, en droit et en fait, de la nécessité de la mesure (Crim. 8 juill. 2015, n° 15-81.731, P, n° 174 ; Crim. 23 nov. 2016, n° 15-83.649, P, n° 307).

13. En l'espèce, l'ordonnance autorisant une saisie immobilière est de nature à porter atteinte au droit de propriété. »

• **Crim. 6 nov. 2019,** n° 18-86.918, NP

* V. s^s n° 231.72.

« En reproduisant les motifs énoncés dans la requête du ministère public qui analysent les éléments de fait et de droit rendant nécessaire la saisie, le juge des libertés et de la détention a justifié de la nécessité de la mesure et s'est conformé à l'exigence de motivation prévue à l'article 706-150 du Code de procédure pénale. »

> Règles de notification de l'ordonnance de saisie

• **Crim. 30 janv. 2019,** n° 18-85.581, NP

* V. s[s] n° 231.91.

« Et attendu que la question posée ne présente pas un caractère sérieux, dès lors que, si les dispositions contestées ne précisent pas les modalités de la notification de la décision ordonnant ou autorisant la saisie, et n'indiquent notamment pas les voies et délais de recours contre celle-ci, d'une part ces dispositions doivent être interprétées avec celles de l'article 550, deuxième alinéa, du Code de procédure pénale, dont il résulte que les notifications sont faites par voie administrative, d'autre part la saisie, qui ne peut porter que sur des biens ou droits dont la confiscation peut être prononcée à titre de peine complémentaire en cas de condamnation pénale, est ordonnée ou autorisée par un magistrat du siège dont la décision est notifiée au propriétaire du bien saisi et, s'ils sont connus, aux tiers ayant des droits sur le bien, qui peuvent la déférer à la chambre de l'instruction dans le délai de dix jours à compter de sa notification, enfin les articles 41-4, 99, 479 et 543 du Code de procédure pénale instituent des procédures de restitution des biens placés sous main de justice qui sont assorties de voies de recours, en sorte que ni le droit d'accès au juge tel que garanti par l'article 16 de la Déclaration des droits de l'homme et du citoyen de 1789, ni le principe de l'égalité devant la justice, lequel n'interdit pas au législateur de prévoir des règles différentes selon les faits, les situations et les personnes auxquels elles s'appliquent, à la condition que ces différences ne procèdent pas de discriminations injustifiées, ne se trouvent méconnus. »

• **Crim. 20 mars 2019,** n° 18-85.581, NP

* V. s[s] n° 231.91.

« Attendu que pour déclarer le recours de la société Dagard irrecevable comme ayant été formé après l'expiration du délai de dix jours prévu par l'article 706-150 du Code de procédure pénale, l'arrêt relève notamment qu'aucune disposition légale n'imposant que les conditions de forme et de délai du recours soient portées à la connaissance du propriétaire du bien immobilier saisi, la première notification du 28 avril 2018 était parfaitement régulière et a fait courir le délai de recours de dix jours ;

Attendu qu'en statuant ainsi, la chambre de l'instruction a fait l'exacte application des textes visés au moyen sans méconnaître les dispositions conventionnelles invoquées, dès lors que la saisie autorisée constitue une mesure provisoire et que les articles 41-4, 99, 479 et 543 du Code de procédure pénale instituent des procédures de restitution des biens placés sous main de justice qui sont assorties de voies de recours. »

• **Crim. 19 juin 2019,** n° 18-83.090, NP

* V. s[s] n° 231.91.

« Attendu qu'il se déduit de [l'article 706-153 du Code de procédure pénale] qu'il est dérogé aux prescriptions légales relatives aux délais d'appel lorsque l'appelant démontre l'existence d'un obstacle de nature à le mettre dans l'impossibilité d'exercer son recours en temps utile. »

• **Crim. 1er avr. 2020,** n° 19-84.082, NP

* V. s[s] n° 231.91.

« En l'état de ces énonciations, d'où il résulte que les juges se sont assurés que l'ordonnance du juge des libertés et de la détention a été notifiée à l'adresse de Mme D..., qui était tiers à la procédure et, comme tel, non soumise à l'obligation de déclarer son adresse, peu important que la mention portée par le greffier sur l'ordonnance soit affectée d'une erreur matérielle s'agissant du numéro de la voie, et dès lors qu'il appartenait à l'intéressée de démontrer l'existence d'un obstacle de nature à la mettre dans l'impossibilité d'exercer son recours en temps utile, la chambre de l'instruction, qui a répondu aux moyens péremptoires du mémoire de l'appelante sans être tenue de rentrer dans le détail de l'argumentation de l'intéressée, a suffisamment justifié sa décision. »

> Sanction du défaut de notification de l'ordonnance de saisie

• **Crim. 3 févr. 2016,** n° 15-83.513, NP

* V. s[s] n° 231.91.

« Attendu qu'il résulte de l'arrêt attaqué et des pièces de la procédure que, dans le cadre de l'enquête préliminaire diligentée à la suite de la plainte de la caisse primaire d'assurance-maladie de l'Hérault contre Mme X..., dentiste, pour des faits susceptibles de recevoir la qualification d'escroquerie et de faux et usage, le juge des libertés et de la détention, sur requête du procureur de la République, a ordonné la saisie en valeur d'un bien immobilier dont la mise en cause est propriétaire indivise pour moitié avec son époux ; que l'intéressée a interjeté appel de cette décision et a soutenu devant la chambre de l'instruction que l'ordonnance attaquée était entachée de nullité dès lors qu'elle n'avait pas été notifiée à son conjoint ;

Attendu que, pour rejeter l'exception de nullité invoquée et confirmer l'ordonnance attaquée, les juges énoncent notamment que d'une part la notification de celle-ci, dont le seul objet est de faire courir le délai de recours, n'est pas prescrite à peine de nullité et ne constitue ni une formalité substantielle, ni une règle d'ordre public, d'autre part la confiscation en valeur peut porter sur tous biens, même sans lien avec l'infraction ;

Attendu qu'en prononçant ainsi, et dès lors que le propriétaire indivis d'un bien immobilier bénéficie d'un droit de propriété sur la totalité de celui-ci, la chambre de l'instruction n'a méconnu aucun des textes visés au moyen. »

> Recevabilité de l'appel contre l'ordonnance de saisie

• **Crim. 3 mai 2018,** n° 16-87.534, P, n° 82

* V. s[s] n° 231.92.

« Attendu que les demandeurs au pourvoi, en tant qu'associés et titulaires de parts de la SCI Luna, seule propriétaire du bien saisi, ne sont pas des tiers ayant des droits sur ce bien au sens de l'article 706-150 du Code de procédure pénale et n'avaient donc pas qualité pour exercer un recours contre l'ordonnance de saisie immobilière ni pour se pourvoir en cassation. »

• **Crim. 13 juin 2019,** n° 18-84.256, NP

* V. s^s n° 231.92.

« Attendu que M. M… H…, gérant de la société Eden et simple occupant de l'appartement saisi, est sans intérêt pour exercer un recours en son nom personnel contre la même décision dès lors que, d'une part, il n'est ni justifié, ni même allégué qu'il occupe les deux garages saisis, d'autre part, la saisie de l'appartement et de la cave est sans incidence sur son statut et qu'il n'est pas démontré, ni même allégué, que cette mesure serait la cause d'un trouble de jouissance. »

• **Crim. 15 janv. 2020,** n° 18-80.059, P, 205

* V. s^s n° 231.92.

« Mais attendu qu'en se déterminant ainsi par des motifs inopérants relatifs à la durée de la procédure judiciaire en cours et à l'absence de risque de dissipation des fonds sans emport sur la validité de la saisie qui a pu être contestée par l'appelante, alors qu'il lui appartenait seulement de contrôler que le juge des libertés et de la détention avait régulièrement autorisé le procureur de la République à procéder à la saisie de la valeur du produit des infractions représentée en partie par une somme figurant au compte bancaire de la personne morale mise en cause, après s'être assuré de son caractère confiscable en application des conditions légales et avoir précisé le fondement de la mesure, la chambre de l'instruction a méconnu les textes susvisés. »

• **Crim. 9 juin 2022,** n° 21-86.360, P

* V. s^s n° 231.92.

« Lorsque l'ordonnance de saisie est fondée sur la circonstance que le bien concerné est à la libre disposition de la personne mise en cause ou mise en examen, cette dernière, qui peut être assimilée au propriétaire du bien saisi ou à un tiers ayant des droits sur ce bien, est recevable à interjeter appel de l'ordonnance de saisie. »

> Appel du procureur de la République à l'encontre de l'ordonnance de rejet de sa requête aux fins de saisie spéciale

• **Crim. 17 févr. 2021,** n° 20-81.397, P, 37

* V. s^s n° 231.93.

« Vu les articles 6 de la Convention européenne des droits de l'homme, 1er du protocole additionnel n° 1 à la Convention européenne des droits de l'homme, préliminaire et 706-153 du Code de procédure pénale :

Il se déduit de ces textes qu'en cas d'appel interjeté par le procureur de la République, en application de l'article 185 du Code de procédure pénale, à l'encontre de l'ordonnance du juge des libertés et de la détention rejetant sa requête aux fins de saisie de bien ou droit incorporel, le propriétaire du bien ou du droit saisi et, s'ils sont connus, les tiers ayant des droits sur ce bien ou sur ce droit, qui doivent être convoqués devant la chambre de l'instruction, peuvent prétendre dans ce cadre à la mise à disposition des pièces de la procédure se rapportant à la saisie. »

> Accès aux pièces de la procédure devant la chambre de l'instruction

• **Crim. 13 juin 2018,** n° 17-83.238, NP

* V. s^s n° 231.94.

« Constituent les seules pièces de la procédure se rapportant à la saisie, au sens du second alinéa de l'article 706-150 du Code de procédure pénale, la requête du ministère public, l'ordonnance attaquée et la décision de saisie précisant les éléments sur lesquels se fonde la mesure de saisie immobilière. »

• **Crim. 13 juin 2018,** n° 17-83.893, P, n° 110

* V. s^s n° 231.94.

« Attendu que la chambre de l'instruction saisie d'un recours formé contre une ordonnance de saisie spéciale au sens des articles 706-141 à 706-158 du Code de procédure pénale, qui, pour justifier d'une telle mesure, s'appuie sur une ou des pièces précisément identifiées de la procédure, est tenue de s'assurer que celles-ci ont été communiquées à la partie appelante. »

• **Crim. 24 juin 2020,** n° 19-84.631, P, 65

* V. s^s n° 231.94.

« Constituent des pièces de la procédure se rapportant à la saisie, au sens du second alinéa des articles 706-153 et 706-154 du Code de procédure pénale, dans leur rédaction issue de la loi n° 2013-1117 du 6 décembre 2013, le procès-verbal constatant les opérations de saisie initiale, la requête du ministère public sollicitant le maintien de celle-ci, l'ordonnance attaquée et la décision de saisie précisant les éléments sur lesquels se fonde cette mesure.

Encourt la cassation l'arrêt de la chambre de l'instruction qui ne met pas la Cour de cassation en mesure de s'assurer que ces pièces ont été mises à la disposition de l'appelant auquel elles doivent être nécessairement communiquées en application des dispositions susvisées. »

• **Crim. 8 mars 2022,** n° 22-80.896, P

* V. s^s n° 231.94.

« 10. Il résulte, d'une part, de l'article 706-158 du Code de procédure pénale que l'appelant d'une ordonnance de saisie sans dépossession d'un bien ne peut prétendre, dans le cadre de son recours, qu'à la mise à disposition des seules pièces de la procédure se rapportant à la saisie qu'il conteste, consistant en l'ordonnance attaquée et, le cas échéant, le procès-verbal constatant les opérations initiales de saisie et la requête du ministère public, d'autre part, de l'article 6 de la Convention européenne des droits de l'homme que la chambre de l'instruction doit s'assurer que lui ont été communiquées les pièces précisément identifiées de la procédure sur lesquelles elle s'appuie, dans ses motifs décisoires, pour justifier la mesure.

11. L'arrêt attaqué mentionne que le procureur général a déposé le dossier et ses réquisitions écrites au greffe de la chambre de l'instruction pour être tenus à la disposition des avocats des parties.

12. Cette mention ne met pas la Cour de cassation en mesure de vérifier que le tiers appelant, d'une part, a eu accès aux pièces auxquelles il peut prétendre en application de l'article 706-158 du Code de procédure pénale, d'autre part, a eu communication, le cas échéant, de celles auxquelles la chambre de l'instruction est tenue de lui donner accès pour le respect du principe du contradictoire.

13. En effet, en premier lieu, le terme de « dossier » est équivoque, en ce qu'il renvoie à un ensemble de pièces sans

les identifier individuellement, et qu'il peut se rapporter tant au dossier de l'information judiciaire tenu par le juge d'instruction qu'à celui mis en état par le procureur général pour être soumis à la chambre de l'instruction, et qui serait constitué des seules pièces accessibles au tiers appelant.

14. En second lieu, cette mention est affectée d'une ambiguïté, en ce qu'elle ne précise pas si les parties auxquelles elle fait référence doivent s'entendre des parties à la procédure d'information ou de celles à l'instance devant la cour d'appel.

15. Les conclusions qui précèdent permettent de dégager les principes suivants.

16. Lorsqu'elle statue sur le recours du tiers appelant sur la saisie d'un bien ou droit incorporel, la chambre de l'instruction ne peut satisfaire aux exigences relatives à l'accès du demandeur aux pièces du dossier par la seule mention, conforme aux dispositions de l'article 197, alinéa 3 du Code de procédure pénale, selon laquelle le procureur général a déposé le dossier et ses réquisitions écrites au greffe de la chambre de l'instruction pour être tenus à la disposition des avocats des parties.

17. Les mentions de l'arrêt doivent en conséquence énoncer que le tiers appelant a eu accès aux pièces de la procédure se rapportant à la saisie qu'il conteste et, le cas échéant, aux pièces précisément identifiées sur lesquelles elle se fonde pour justifier la mesure dans ses motifs décisoires, ainsi qu'identifier, directement ou par renvoi à un inventaire éventuellement dressé par le procureur général, auquel l'article 194, alinéa 1er, du Code de procédure pénale confie la mise en état de l'affaire, chacune des pièces mises à la disposition de l'avocat du tiers appelant. »

> Faculté pour la chambre de l'instruction de fonder sa décision sur des actes de la procédure effectués postérieurement à l'ordonnance de saisie

• **Crim. 26 juin 2019,** n° 18-85.209, P, n° 138

* V. s^s n° 231.110.

« En cas d'appel interjeté à l'encontre d'une décision de saisie pénale, aucune disposition légale non plus que réglementaire n'interdit à la chambre de l'instruction d'avoir communication des actes de la procédure accomplis postérieurement à l'ordonnance de saisie attaquée, à la condition que ces pièces soient mises à la disposition de l'appelant si les juges fondent la décision sur celles-ci précisément identifiées. »

> Modification du fondement de la saisie par la chambre de l'instruction

• **Crim. 27 nov. 2012,** n° 12-85.344, P, n° 259

* V. s^s n° 231.103.

« Mais attendu qu'en se déterminant ainsi, la chambre de l'instruction, qui, sous le couvert d'une substitution de motifs, a en réalité modifié le fondement de la saisie effectuée, laquelle constituait, au sens de l'article 706-148 du Code de procédure pénale, une saisie de patrimoine nécessitant l'avis préalable du ministère public, a méconnu le texte susvisé et le principe ci-dessus rappelé. »

• **Crim. 17 févr. 2016,** n° 14-87.845, P, n° 56

* V. s^s n° 231.103.

« Attendu que, selon ces textes, la chambre de l'instruction, statuant sur appel d'une ordonnance de saisie, ne peut modifier d'office le fondement de celle-ci sans avoir invité au préalable les parties à en débattre. »

• **Crim. 16 mai 2018,** n° 17-83.584, P, n° 96

* V. s^s n° 231.103.

« Attendu qu'aux termes de l'alinéa 1 de [l'article 706-148 du Code de procédure pénale], dans sa version en vigueur, issue de la loi du 3 juin 2016, si l'enquête porte sur une infraction punie d'au moins cinq ans d'emprisonnement, le juge des libertés et de la détention peut, sur requête du procureur de la République, ordonner par décision motivée la saisie des biens dont la confiscation est prévue en application de l'article 131-21, alinéa 5 ou 6, du Code pénal lorsque la loi qui réprime le crime ou le délit prévoit la confiscation des biens du condamné ou lorsque l'origine de ces biens ne peut être établie ;

Qu'il se déduit de ce texte que la chambre de l'instruction, saisie d'un appel formé contre une ordonnance du juge des libertés et de la détention ayant autorisé, sur requête du procureur de la République, la saisie en valeur de biens, peut, en raison de l'effet dévolutif de l'appel, et après débat contradictoire, modifier le fondement légal de la saisie de ces biens dès lors que cette mesure a été précédée d'une requête du ministère public, peu important le fondement visé par celle-ci, et doit, s'il s'agit d'une saisie de patrimoine, l'ordonner elle-même. »

> Unique objet de l'appel contre l'ordonnance de saisie

• **Crim. 22 févr. 2017,** n° 16-83.257, P, n° 52

* V. s^s n° 231.104.

« Attendu que M. X... ne pouvait, à l'occasion de son appel contre l'ordonnance de saisie, invoquer l'exception tirée de l'application du principe *ne bis in idem*, étrangère à l'unique objet de l'appel, dès lors que, mis en examen dans le cadre de l'information, il disposait d'autres voies de droit pour en exciper. »

• **Crim. 25 oct. 2017,** n° 16-87.111, NP

* V. s^s n° 231.104.

« Attendu que, pour refuser au demandeur l'accès à l'ensemble des pièces établies au cours de l'enquête préliminaire et confirmer l'ordonnance autorisant la saisie de la créance figurant sur le contrat d'assurance sur la vie souscrit par celui-ci, l'arrêt énonce que la chambre de l'instruction n'est pas en mesure d'opérer le contrôle demandé par le mis en cause, qui échappe à sa compétence, seule la juridiction du fond pouvant être saisie d'une éventuelle exception de nullité ; que, s'agissant des critiques prises de l'atteinte au principe de loyauté de la preuve, les juges relèvent, soit qu'elles sont sans incidence sur la caractérisation des infractions susceptibles d'être reprochées au demandeur, soit que ce dernier dénature les pièces litigieuses ;

Attendu qu'en l'état de ces énonciations, et dès lors que, d'une part, l'article 706-153, alinéa 2, du Code de procédure pénale qui prévoit que l'appelant d'une ordonnance de saisie de biens ou droits incorporels ne peut prétendre devant la chambre de l'instruction qu'à la mise à disposition des seules pièces de la procédure se rapportant à la saisie qu'il conteste, ne méconnaît aucune des dispositions conventionnelles invoquées en ce qu'elles garantissent un juste équilibre entre les droits de la personne concernée par la saisie et la nécessité de protéger le secret de l'enquête et de l'instruction, d'autre part, aucune disposition du Code de procédure pénale ne donne compétence à la chambre de l'instruction, saisie d'un appel formé contre une ordonnance de saisie, en l'absence d'ouverture d'information, pour statuer sur des demandes d'annulation de la procédure d'enquête, la chambre de l'instruction a justifié sa décision. »

• **Crim. 26 juin 2019,** n° 19-80.235, P, n° 137

* V. s^{s} n° 231.104.

« En statuant sur l'appel interjeté à l'encontre d'une ordonnance de saisie pénale du juge d'instruction, la chambre de l'instruction ne peut remettre en cause l'existence des indices graves ou concordants justifiant la mise en examen des personnes poursuivies. Encourt la cassation l'arrêt qui, pour infirmer une telle ordonnance, retient qu'un doute sérieux demeure quant à la réalité de l'état de faiblesse des parties civiles, la principale plaignante s'étant entourée des conseils de professionnels du droit. »

> Effet du décès de la personne mise en cause en instance d'appel

• **Crim. 21 nov. 2018,** n° 18-80.089, P, n° 195

* V. s^{s} n° 231.105.

« Vu l'article 131-21 du Code pénal, et les articles 6, 706-141, 706-141-1, 706-148, 706-153, 706-154 et 593 du Code de procédure pénale ;

Attendu qu'il se déduit de ces textes qu'il appartient à la chambre de l'instruction saisie d'un appel formé à l'encontre d'une ordonnance emportant saisie spéciale de biens appartenant à une personne mise en cause par une enquête préliminaire, laquelle décède au cours de l'instance, de sorte que l'action publique ne peut plus être mise en mouvement à son encontre, de s'assurer, même d'office, que les conditions légales de la saisie, dont celle du caractère confiscable des biens en application de l'article 131-21 du Code pénal, demeurent réunies ; qu'à défaut, elle est tenue d'ordonner la mainlevée de la saisie. »

> Effet de l'altération irréversible des facultés mentales de la personne mise en examen

• **Crim. 22 juin 2022,** n° 21-86.620, P

* V. s^{s} n° 231.106.

« Il appartient à la chambre de l'instruction saisie d'un appel formé à l'encontre d'une ordonnance de saisie spéciale d'un bien appartenant à une personne mise en examen présentant une altération des facultés telle que celle-ci se trouve, de manière irréversible, dans l'impossibilité de se défendre personnellement contre l'accusation dont elle fait l'objet, même en présence de son tuteur ou de son curateur et avec l'assistance d'un avocat, en sorte qu'il devra être définitivement sursis à son renvoi devant la juridiction de jugement, de s'assurer, même d'office, que les conditions légales de la saisie demeurent réunies, dont celle du caractère confiscable du bien en application de l'article 131-21 du Code pénal au regard de la peine de confiscation susceptible d'être encourue par une autre personne mise en cause en répression des faits qui lui sont reprochés, après avoir convoqué cette personne si le bien lui appartient ou est à sa libre disposition, l'intéressé pouvant prétendre à la mise à disposition des pièces de la procédure se rapportant à la saisie.

À défaut, la chambre de l'instruction est tenue d'ordonner la mainlevée de la saisie. »

> Effet du classement sans suite de l'enquête en instance d'appel

• **Crim. 23 oct. 2019,** n° 18-86.058, NP

* V. s^{s} n° 231.107.

« Vu les articles 706-141 et 706-154 du Code de procédure pénale, ensemble les articles 706-141-1, 706-153 de ce code et 131-21, alinéas 3 et 9, du Code pénal ;

Attendu qu'il se déduit de ces textes qu'il appartient à la chambre de l'instruction saisie d'un appel formé à l'encontre d'une ordonnance emportant saisie spéciale de biens rendue au cours d'une enquête ayant ultérieurement fait l'objet d'un classement sans suite, d'ordonner la mainlevée de la saisie, sous réserve de l'application des dispositions du deuxième alinéa de l'article 41-4 du Code de procédure pénale. »

> Effet de la convocation devant la juridiction de jugement en instance d'appel

• **Crim. 20 nov. 2019,** n° 18-86.781, P, 78

* V. s^{s} n° 231.108.

« Attendu qu'il appartient à la chambre de l'instruction saisie d'un appel formé à l'encontre d'une ordonnance emportant saisie spéciale de biens rendue au cours d'une enquête ayant, à la date où elle statue, fait l'objet de poursuites, de s'assurer du caractère confiscable des biens saisis au regard des seules infractions poursuivies. »

> Nature des décisions de la chambre de l'instruction

• **Crim. 12 nov. 2014,** n° 14-84.705, P, n° 233

* V. s^{s} n° 231.111.

« Vu l'article 593 du Code de procédure pénale ;

Attendu que tout arrêt de la chambre de l'instruction doit comporter les motifs propres à justifier la décision ; que l'insuffisance ou la contradiction des motifs équivaut à leur absence ;

Attendu qu'il résulte de l'arrêt attaqué et des pièces de la procédure que, dans une information suivie contre M. X... des chefs susvisés, le juge d'instruction a, le 29 mai 2013, en application des articles 131-21, alinéas 3 et 9, du Code pénal, 706-141 à 706-147, 706-150 à 706-152 du Code de procédure pénale, ordonné la saisie pénale de biens immobiliers dont il était propriétaire ; que, par arrêt du 17 octobre 2013, la chambre de l'instruction a infirmé cette décision ; que, par ordonnance du 10 février 2014, le juge d'instruction a de nouveau prescrit la saisie pénale des mêmes biens immobiliers en application des mêmes dispositions législatives ;

Attendu que, pour infirmer, sur l'appel de la personne mise en examen, l'ordonnance entreprise, la chambre de l'instruction relève que cette décision, rendue sur un fondement identique à celui de l'ordonnance du 29 mai 2013 infirmée, se heurte à l'autorité de la chose jugée ;

Mais attendu qu'en statuant ainsi, alors que le premier arrêt ayant prononcé sur une saisie conservatoire présente le caractère d'une décision avant dire droit à laquelle ne peut s'attacher l'autorité de la chose jugée et qu'il lui appartenait de se prononcer sur l'ordonnance contestée en l'état du dossier qui lui était soumis, la chambre de l'instruction n'a pas justifié sa décision. »

> Modification du fondement de la saisie par la Cour de cassation

• **Crim. 4 mars 2020,** n° 19-81.818, P, 84, 205

* V. s^s n° 231.122.

« La Cour de cassation peut procéder à la requalification du fondement d'une saisie lorsque la question a été mise dans le débat. »

> Portée de l'indisponibilité du bien saisi sur les procédures civiles d'exécution

• **Civ. 2e, 5 déc. 2019,** n° 17-23.576, P II, 103, 135, 175

* V. s^s n° 231.163.

« 17. Un juge de l'exécution ne peut poursuivre la vente sur surenchère d'un immeuble, quand bien même l'audience d'orientation aurait fixé les termes de la vente sur adjudication du bien immobilier et une première adjudication aurait déjà été prononcée, lorsque la saisie pénale de la créance, cause de la saisie immobilière, a été ordonnée par un juge d'instruction postérieurement à la première adjudication. Dans cette hypothèse, la vente sur surenchère de l'immeuble ne peut avoir lieu que sur l'autorisation du juge des libertés et de la détention ou du juge d'instruction délivrée en application des articles 706-143 et 706-144 du Code de procédure pénale, ce juge pouvant décider que la saisie pénale sera reportée sur la somme revenant au créancier dans le prix d'adjudication et consignée sans délai auprès de l'Agence de gestion et de recouvrement des avoirs saisis et confisqués sur le fondement de l'article 706-160, alinéa 1, 2° du même code. »

> Portée de l'indisponibilité du bien saisi sur les procédures collectives

• **Com. 15 nov. 2017,** n° 16-17.868, P IV, n° 152

* V. s^s n° 231.164.

« Il résulte de l'article 706-150 du Code de procédure pénale que le liquidateur, s'il entend contester la validité ou l'opposabilité à la procédure collective de la saisie pénale immobilière, ordonnée par un juge d'instruction après le jugement d'ouverture de la liquidation judiciaire du propriétaire de l'immeuble saisi, doit exercer tout recours devant la juridiction pénale compétente. En conséquence, justifie légalement sa décision une cour d'appel, qui, statuant à la suite du juge-commissaire, rejette la requête du liquidateur tendant à voir ordonner la vente aux enchères publiques de biens rendus indisponibles par la saisie pénale. »

• **Crim. 23 oct. 2019,** n° 18-85.820, P, 61

* V. s^s n° 231.164.

« La mise en liquidation judiciaire de la personne poursuivie [...] ne s'oppose pas à son éventuelle condamnation à une peine de confiscation et à une mesure préalable de saisie destinée à garantir l'exécution de celle-ci. »

• **Civ. 2e, 5 déc. 2019,** n° 17-23.576, P II, 103, 135, 175

* V. s^s n° 231.164.

« 12. Le prononcé d'une mesure de sauvegarde n'interdit pas que soit ordonnée une saisie pénale d'une créance, ni ne limite les effets d'une telle saisie préalablement ordonnée. »

• **Crim. 24 juin 2020,** n° 19-85.874, P, 60

* V. s^s n° 231.164.

« 8. Si c'est à tort que la chambre de l'instruction s'est fondée sur les dispositions de l'article 706-147 du Code de procédure pénale qui ne sont pas applicables en l'espèce, l'arrêt n'encourt cependant pas la censure, dès lors que le prononcé d'une mesure de sauvegarde au bénéfice du propriétaire d'un immeuble n'interdit pas que soit ordonnée la saisie pénale de celui-ci.

9. En effet, aucune disposition légale non plus que réglementaire n'interdit au juge des libertés et de la détention, ni au juge d'instruction d'ordonner la saisie pénale d'un immeuble en application de l'article 706-150 du Code de procédure pénale, dont le propriétaire bénéficie d'une procédure de sauvegarde, dès lors que cette mesure, que ces magistrats ont le pouvoir d'ordonner dans le cadre des procédures pénales afin de garantir l'exécution de la peine complémentaire de confiscation selon les conditions définies à l'article 131-21 du Code pénal, est d'une nature propre et ne s'analyse pas en une procédure d'exécution au sens de l'article L. 622-21, II, du Code de commerce (2e Civ., 5 déc. 2019, n° 17-23.576 ; Crim. 23 oct. 2019, n° 18-85.820). »

> Autorisation d'aliénation des biens saisis à la demande de leur propriétaire avec report de la saisie sur le prix de vente

• **Crim. 15 sept. 2021,** n° 20-84.674, P

* V. s^s n° 231.171.

« 13. [...] en application de l'article 706-144 du [Code de procédure pénale], le magistrat qui a ordonné la saisie d'un bien ou le juge d'instruction en cas d'ouverture d'une information judiciaire postérieurement à la saisie sont compétents pour statuer sur toutes les requêtes relatives à l'exécution de la saisie, en sollicitant au besoin l'avis du procureur de la République.

14. Il se déduit de ce texte que le juge des libertés et de la détention, pendant l'enquête, ou le juge d'instruction, au cours de l'information judiciaire, est compétent pour autoriser, par ordonnance motivée rendue à la requête du propriétaire du bien ou du droit objet d'une saisie pénale spéciale, ou son représentant, et après avis du procureur de la République, l'aliénation de ce bien, lorsque le maintien de la saisie du bien ou du droit en la forme n'est pas nécessaire et que la vente n'apparaît pas frauduleuse.

15. Ce magistrat doit également déterminer les conditions de cet acte, et décider du report de la saisie sur le prix de vente qui doit être consigné auprès de l'Agence de gestion et de recouvrement des avoirs saisis et confisqués (Agrasc) après, le cas échéant, désintéressement des créanciers titulaires d'une sûreté ayant pris rang antérieurement à la date à laquelle la saisie pénale spéciale est devenue opposable. »

231.03 Bibliographie indicative.

Encyclopédies. *Rép. pén., V°* « Saisies spéciales », par L. Ascensi – *J.-Cl. Pr. pén.*, art. 706-148 à 706-158, fasc. 20, par E. Camous ; *J.-Cl. Pr. pén.*, art. 706-141 à 706-147, fasc. 20, par E. Camous.

Thèse. J. Bourgais, *Le rôle du juge pénal en matière de saisies et confiscations, Étude de droit comparé (France – Angleterre)*, Poitiers, 2021 – G. Chetard, *La proportionnalité de la répression, Étude sur les enjeux du contrôle de proportionnalité en droit pénal français*, « Collection des thèses », IFJD Institut Louis Joinet, 2020 – M. Peter, *Les saisies pénales spéciales. Une évolution majeure pour une stratégie pénale patrimoniale repensée*, Aix-Marseille, 2018.

Articles. E. Allain, « Le premier rapport d'activité de l'Agrasc », *AJ pénal* 2012. 247 – S. Almaseanu, « La saisie et la confiscation en valeur en droit pénal français », *La revue du Grasco*, n° 19, juill. 2017, p. 35 – R. Alméras, « Le risque de dissipation, condition de la saisie pénale ou circonstance indifférente ? », *LPA* 22 janv. 2020, p. 10 – L. Ascensi, « Les saisies et confiscations en matière pénale après la loi du 9 juillet 2010 : l'édifice parachevé ? », *AJ pénal* 2015. 228 ; Les saisies et confiscations pénales dans la jurisprudence de la Cour de cassation », *AJ pénal* 2020. 440 – N. Bessone (interview), « Saisissons plus, saisissons mieux ! », *AJ pénal* 2020. 444 – J. Betemps et M. Wagner, « Peine complémentaire de confiscation : bien (mal) acquis ne profite jamais ? », *Dr. pén.* 2013, fiche pratique 1 – A. Bollé, « Une loi pour "frapper les délinquants au portefeuille" », *Gaz. Pal.* 19 août 2010, n° 231, p. 12 – M. Bourassin, « La saisie et la confiscation des propriétés collectives », *in* L. Ascensi, P. Beauvais et R. Parizot (dir.), *La confiscation des avoirs criminels, Nouveaux enjeux juridiques*, LGDJ, 2021, p. 125 – J. Buisson, « Saisie et confiscation en matière pénale », *Dr. pén.* 2010, comm. 352 ; « Loi n° 2011-267 du 14 mars 2011 d'orientation et de programmation pour la performance de la sécurité intérieure », *Procédures* 2011, étude 5 ; « Lutte contre la fraude fiscale et la grande délinquance économique et financière », *Procédures* 2014, comm. 82 ; « Agence de gestion et de recouvrement des avoirs saisis et confisqués », *Procédures* 2017, comm. 111 – E. Camous, « Les saisies en procédure pénale : un régime juridique éparpillé », *Dr. pén.* 2010, étude 5 ; « Les saisies en procédure pénale : un régime juridique modernisé. Commentaire des dispositions de droit interne de la loi n° 2010-768 du 9 juillet 2010 visant à faciliter la saisie et la confiscation en matière pénale », *Dr. pén.* 2011, étude 1 ; « Le contrôle de proportionnalité des saisies pénales », *JCP G* 2019. 150 – E. Camous et G. Cotelle, « La mise en état patrimoniale des affaires pénales », *Dr. pén.* 2013, étude 12 – E. Camous et J.-F. Thony, « Gel, saisie et confiscation des avoirs criminels : les nouveaux outils de la loi française », *RID pén.* 2013, n° 1-2, p. 207 – Ch. Cutajar, « Garantir que le crime ne paie pas. À propos de dix priorités stratégiques proposées par la Commission européenne », *JCP G* 2008. 733 ; « Commentaire des dispositions de droit interne de la loi n° 2010-768 du 9 juillet 2010 visant à faciliter la saisie et la confiscation en matière pénale », *D.* 2010. 2305 ; « L'agence de gestion et de recouvrement des avoirs saisis et confisqués », *D.* 2011. 826 ; « Le nouveau droit des saisies pénales », *AJ pénal* 2012. 124 ; (propos recueillis par), « L'Agence de gestion et de recouvrement des avoirs saisis et confisqués, Agrasc. Interview d'Elisabeth Pelsez, Directrice générale de l'Agrasc », *AJ pénal* 2012. 139 ; « La lutte contre la fraude fiscale à l'épreuve des droits fondamentaux », *JCP G* 2013. 824 ; « Le nouvel arsenal de lutte contre la fraude fiscale et la grande délinquance économique et financière », *JCP G* 2013. 1366 ; « L'Agrasc publie son rapport 2013 », *JCP G* 2014. 614 ; « Les investigations financières au service de la lutte contre la criminalité organisée », *AJ pénal* 2019. 356 – E. Daoud, « Les droits de la personne mise en cause », *in* L. Ascensi, P. Beauvais et R. Parizot (dir.), *La confiscation des avoirs criminels, Nouveaux enjeux juridiques*, LGDJ, 2021, p. 65 – A. Darmstädter-Delmas, « La mise en œuvre et le sort d'une procédure civile d'exécution confrontée à une saisie pénale », *Droit et procédures*, juin 2012, p. 146 – V. Desry, « Pour une procédure de contestation des saisies pénales dans le cadre de l'enquête économique et financière », *Gaz. pal.* 16 mars 2021, n° 11, p. 82 – Ch. Duchaine, « Cas pratique », *AJ pénal* 2012. 143 ; (interview de), « De la nécessité d'un usage raisonné des saisies et confiscations. Punir le condamné ou punir l'État », *AJ pénal* 2015. 242 – G. Étrillard, « La difficile contestation des saisies conservatoires en droit pénal des affaires. Constats et (rares) solutions », *Cahiers de droit de l'entreprise*, mars 2020, n° 2, dossier 9 – C. Fonteix, « De la saisie à la confiscation : un point sur le contentieux », *AJ pénal* 2015. 239 – A. Fournier, « La nouvelle Agence de gestion et de recouvrement des avoirs saisis et confisqués (Agrasc) », *JCP N* 2011. 334 ; « L'Agrasc : une approche patrimoniale de la lutte contre la délinquance et la criminalité », *JCP N* 2016. 637 – E. Garçon et V. Peltier, « Un an de droit de la peine. Janvier – décembre 2010 », *Dr. pén.* 2011, chron. 2 ; « Commentaire de la loi n° 2012-409 du 27 mars 2012 de programmation relative à l'exécution des peines », *Dr. pén.* 2012, étude 11 – N. Guerreo, « Saisies pénales : regard pratique sur l'actualité d'un dispositif de plus en plus utilisé », *Gaz. Pal.* 25 juill. 2013, n° 206, p. 5 – M. Hy, « Droits de la défense : faudra-t-il un Outreau de la saisie pénale ? », *AJ pénal* 2020. 452 – J. Kan, « Synthèse du rapport annuel 2011 de l'Agence de gestion et de recouvrement des avoirs saisis et confisqués », *La revue du Grasco*, n° 2, juill. 2012, p. 14 ; (propos recueillis par), « Interview d'Elisabeth Pelsez, directrice générale de l'Agence de gestion et de recouvrement des avoirs saisis et confisqués », *La revue du Grasco*, n° 5, avr. 2013, p. 3 ; (propos recueillis par), « Interview de Nicolas Bessone, directeur général de l'Agence de gestion et de recouvrement des avoirs saisis et confisqués », *La revue du Grasco*, n° 32, janv. 2021, p. 3 – P. Labrousse, « Saisie à titre conservatoire des biens appartenant à une société dans le cadre d'une enquête pénale », *RJDA* 2014. 79 – M. Léna, « Le rapport annuel 2012 de l'agence de gestion et de recouvrement des avoirs saisis et confisqués (Agrasc) », *AJ pénal* 2013. 507 – S. Le Tallec, « Le rôle de l'Agrasc dans l'effectivité de la peine de confiscation », *AJ pénal* 2019. 12 – M. Massé, « Notes brèves sur la rencontre de deux expressions : crime organisé et espace judiciaire européen », *RSC* 2000. 469 ; « L'évolution du droit en matière de gel et de confiscation », *RSC* 2006. 463 – G. Notté, « Loi d'orientation et de programmation pour la performance de la sécurité intérieure (LOPPSI II) », *JCP E* 2011. Actu. 86 et 150 – M. Pattin, J. Gojkovic-Lette et J.-P. Lebeau, « Le cadre juridique du dispositif de captation des avoirs criminels et sa mise en œuvre par la Gendarmerie nationale », *AJ pénal* 2012. 130 – E. Pelsez et H. Robert, « Pour une meilleure appréhension des patrimoines frauduleux. À propos de l'Agence de gestion et de recouvrement des avoirs saisis et confisqués (Agrasc) », *JCP G* 2011. 769 – F. Perrotin, « L'Agrasc, bilan 2013 », *LPA*

22 mai 2014, p. 4 ; « Focus sur l'activité de l'Agrasc », *LPA* 25 juill. 2018, p. 4 – B. Petit, « Une nouvelle approche de la lutte contre la criminalité organisée : la prise en compte du volet financier des enquêtes », *AJ pénal* 2012. 148 – N. Planchon, « La motivation et le contrôle de proportionnalité des décisions de saisie et de confiscation », *in* L. Ascensi, P. Beauvais et R. Parizot (dir.), *La confiscation des avoirs criminels, Nouveaux enjeux juridiques*, LGDJ, 2021, p. 145 – J. Pronier, « Saisies patrimoniales et saisies spéciales en matière pénale : une articulation complexe », *AJ pénal* 2012. 661 – C. Ribeyre, « Loi n° 2010-768 du 9 juillet 2010, visant à faciliter la saisie et la confiscation en matière pénale », *RSC* 2010. 937 – H. Robert, « Une importante réforme de procédure pénale inachevée. À propos de la loi du 9 juillet 2010 », *JCP G* 2010. 1607 ; « Une nouvelle étape normative dans le renforcement des moyens de lutte contre la criminalité d'argent. À propos de la loi du 6 décembre 2013 », *JCP G* 2014. 182 – W. Roumier, « Adoption de la loi visant à faciliter la saisie et la confiscation en matière pénale », *Dr. pén.* 2010, alerte 44 – M. Segonds, « Les droits des tiers », *in* L. Ascensi, P. Beauvais et R. Parizot (dir.), *La confiscation des avoirs criminels, Nouveaux enjeux juridiques*, LGDJ, 2021, p. 85 – A. Tarrago, « La détection et la captation des avoirs criminels : un acte d'enquête à part entière », *AJ pénal* 2020. 447 – G. Valdelièvre, « Les saisies pénales spéciales. Une jurisprudence en mouvement », *Cahiers de droit de l'entreprise*, mars 2020, n° 2, dossier 9.

231.05 **Notion de saisies spéciales.** Comme il a été vu, les saisies spéciales sont caractérisées par leur diversité, tout en partageant un objectif commun [1].

En effet, la loi n° 2010-768 du 9 juillet 2010 [2] a introduit dans le livre quatrième du Code de procédure pénale un nouveau titre vingt-neuvième, intitulé « des saisies spéciales », qui est composé des articles 706-141 à 706-158. Quatre types de saisies spéciales ont été institués par cette loi : les saisies de patrimoine [3], les saisies immobilières [4], les saisies de biens ou droits mobiliers incorporels [5] – catégorie qui comprend notamment les saisies de sommes d'argent versées sur un compte bancaire et d'actifs numériques [6], les saisies de créances de sommes d'argent [7], les saisies de créances figurant sur un contrat d'assurance sur la vie [8], les saisies de parts sociales, valeurs mobilières ou instruments financiers [9], et les saisies de fonds de commerce [10] –, et enfin les saisies sans dépossession [11].

Ces saisies ont cependant un point commun : aucune ne porte sur des objets utiles à la manifestation de la vérité. Elles ne poursuivent donc pas un objectif probatoire. Elles ont en revanche pour finalité de garantir l'exécution des confiscations susceptibles d'être prononcées par le juge répressif, ainsi que l'énonce expressément l'article 706-141 du Code de procédure pénale. Leur objectif est patrimonial.

231.06 **Distinction avec les saisies de droit commun.** Nous avons vu, par ailleurs, que les saisies spéciales sont à distinguer des saisies de droit commun et que l'article 706-141 du Code de procédure pénale renseigne sur les critères permettant de distinguer entre les premières et les secondes [12]. En effet, il résulte de ce texte que la spécialité de ces saisies tient soit au fondement du caractère confiscable du bien saisi (saisies de patrimoine) – à savoir l'article 131-21, alinéa 5 ou 6, du Code pénal –, soit à la nature particulière de ce bien (saisies immobilières ou de biens incorporels), soit encore aux effets de la saisie (saisies sans dépossession). En dehors de ces hypothèses rendant obligatoire le recours à une procédure de saisie spéciale – puisque l'application des règles spéciales doit être préférée à celle des règles générales –, il sera procédé à une saisie de droit commun.

231.07 **Concours de saisies spéciales.** Le caractère hétérogène de la catégorie des saisies spéciales, qui est la conséquence du fait que le critère d'application de certaines d'entre elles tient à la nature du bien saisi, alors que celui d'autres réside dans le fondement juridique de la saisie, est générateur de concours de procédures. Il peut en effet arriver que la saisie d'un bien ne relève pas du domaine d'application d'une seule procédure de saisie spéciale, deux situations devant être distinguées à cet égard.

Il se peut en effet que le bien dont la saisie est envisagée relève d'une première procédure de saisie spéciale en raison de sa nature (un immeuble ou un bien incorporel), et d'une seconde au titre du fondement unique de son caractère confiscable, lequel consiste dans le fait que le bien peut être confisqué seulement à titre de confiscation de patrimoine ou de bien dont l'origine n'a pu être justifiée [13]. Dans cette situation, ni la procédure de saisie immobilière [14] ou de bien incorporel [15] – selon la nature du bien dont la saisie est envisagée –, ni la procédure de saisie de patrimoine [16], ne semble

1. V. s^s n° 211.21.
2. L. n° 2010-768, 9 juill. 2010 *visant à faciliter la saisie et la confiscation en matière pénale, JO* 10 juill., p. 12753.
3. C. pr. pén., art. 706-148 et 706-149.
4. C. pr. pén., art. 706-150 à 706-152.
5. C. pr. pén., art. 706-153 à 706-157.
6. C. pr. pén., art. 706-154.
7. C. pr. pén, art. 706-155, al. 1.
8. C. pr. pén., art. 706-155, al. 2.
9. C. pr. pén., art. 706-156.
10. C. pr. pén., art. 706-157.
11. C. pr. pén., art. 706-158.
12. V. s^s n° 211.21.
13. C. pén., art. 131-21, al. 5 ou 6.
14. C. pr. pén., art. 706-150 à 706-152.
15. C. pr. pén., art. 706-153 à 706-157.
16. C. pr. pén., art. 706-148.

pouvoir être seule appliquée : la première au motif que le fondement du caractère confiscable du bien paraît rendre nécessaire la mise en œuvre d'une saisie de patrimoine ; la seconde car le bien est d'une nature spécifique semblant imposer le recours à une saisie immobilière ou de bien incorporel. Cette première situation est illustrée, par exemple, lorsque des fonds inscrits au crédit d'un compte bancaire doivent être saisis au motif, non pas qu'ils sont l'objet ou le produit direct ou indirect de l'infraction poursuivie, ni son instrument, mais que le crime ou le délit qui est reproché au mis en cause lui fait encourir la confiscation de patrimoine [1]. À première vue, la saisie d'un tel bien relève de la procédure de saisie de sommes d'argent inscrites au crédit de comptes bancaires de l'article 706-154 du Code de procédure pénale, ou plus généralement de la procédure de saisie de biens incorporels qu'organise l'article 706-153 du même code, mais aussi de la procédure de saisie de patrimoine de l'article 706-148 en raison du fondement de son caractère confiscable. Cette situation, qui est très fréquente en pratique, a fait l'objet de dispositions législatives spécifiques, à l'article 706-149 du Code de procédure pénale, qui prévoit que, lorsqu'il est pratiqué une saisie de patrimoine sur le fondement de l'article 706-148, « les règles propres à certains types de biens prévues par le présent titre, à l'exclusion de celles relatives à la décision de saisie, s'appliquent aux biens compris en tout ou partie dans le patrimoine saisi ». Le conflit ne se règle donc pas par la prévalence de l'une des procédures en concours sur l'autre, mais au terme d'une distinction entre les règles applicables à la décision de saisie et celles relatives au régime juridique de la mesure postérieurement à la décision. Ainsi, dans l'exemple retenu, la décision de saisie devra être prise conformément aux dispositions de l'article 706-148 relatif aux saisies de patrimoine, tandis que, pour le surplus, trouveront à s'appliquer les règles relatives aux saisies de sommes d'argent versées sur un compte bancaire.

Mais une autre situation doit par ailleurs être examinée, puisque l'immeuble ou le bien incorporel dont la saisie est envisagée peut aussi être confiscable sur plusieurs fondements. Ce bien peut être confiscable à titre de confiscation de patrimoine ou de bien dont l'origine n'a pu être justifiée [2], et en tant qu'objet, produit ou instrument de l'infraction [3], en sorte que l'on peut se demander comment saisir un bien qui semble relever cumulativement de la saisie de patrimoine et de la saisie immobilière ou de bien incorporel. Cette seconde situation trouve à s'illustrer lorsque, par exemple, il doit être procédé à la saisie d'un immeuble qui est tout à la fois confiscable parce qu'il est le produit direct ou indirect de l'infraction poursuivie [4], et car les faits poursuivis font encourir la peine de confiscation de patrimoine [5]. Il peut ainsi être procédé à la saisie immobilière de ce bien sur le fondement de l'article 706-150 du Code de procédure pénale en considérant que l'immeuble dont la saisie est envisagée est le produit de l'infraction, mais également à une saisie de patrimoine de l'article 706-148 en prenant en compte le fait qu'est encourue la confiscation de patrimoine. Comment ce concours doit-il être résolu ?

La circulaire du 22 décembre 2010 [6] énonçait à ce propos que, « d'une manière générale, [l'article 706-148 du Code de procédure pénale organisant la procédure de saisie de patrimoine] n'a vocation à s'appliquer que pour des éléments qui ne sont pas susceptibles d'être saisis ou confisqués sur un autre fondement ». Dans le cas contraire, poursuivait le texte, « le régime juridique spécifiquement applicable selon la nature du bien concerné paraît devoir être préféré ».

Mais cette interprétation des textes n'a pas été retenue par la chambre criminelle. Par un arrêt du 22 février 2017, elle a au contraire approuvé une chambre de l'instruction d'avoir jugé que « lorsqu'un même bien peut faire l'objet d'une confiscation à plusieurs titres, aucune disposition légale n'interdit au juge d'instruction de se référer à plusieurs d'entre eux pour fonder la décision de saisie » [7]. Rien ne s'oppose donc à ce qu'un immeuble ou un bien incorporel soit saisi à la fois en application de l'article 706-148 du Code de procédure pénale (saisie de patrimoine), parce que la peine de confiscation prévue par l'article 131-21, alinéa 5 ou 6, du Code pénal est encourue, et sur le fondement de l'article 706-150 ou 706-153 (saisie immobilière ou de bien incorporel), car le bien est l'objet, le produit ou l'instrument de l'infraction, et est en conséquence confiscable au titre de l'alinéa 2 ou 3 du même texte.

Par ailleurs, il a également été jugé, dans deux arrêts du 13 juin 2018, « qu'aucune disposition du Code de procédure pénale ne [fait] obligation au juge d'instruction de choisir, parmi les fondements des confiscations encourues, celui qui serait le plus

1. C. pén., art. 131-21, al. 6.
2. C. pén., art. 131-21, al. 5 ou 6.
3. C. pén., art. 131-21, al. 2 ou 3.
4. C. pén., art. 131-21, al. 3.
5. C. pén., art. 131-21, al. 6.
6. Circ. Justice, 22 déc. 2010 *relative à la présentation de la loi n° 2010-768 du 9 juillet 2010 visant à faciliter la saisie et la confiscation en matière pénale*, NOR : JUS D 1033251 C, *BOMJL* n° 2011-01, 31 janv. 2011, p. 6.
7. Crim. 22 févr. 2017, n° 16-83.257, P, n° 52 ; *AJ pénal* 2017. 244, obs. O. Violeau.

favorable au propriétaire du bien saisi en vue de ladite confiscation »[1], pour écarter des moyens de cassation selon lesquels, en raison de la concurrence existant dans ces affaires entre des saisies de patrimoine et des saisies immobilières ou de biens incorporels en valeur, le juge d'instruction était tenu de procéder à des saisies de patrimoine nécessitant l'avis du ministère public et présentant comme tel davantage de garanties pour la défense.

C'est ainsi discrétionnairement que les juges peuvent trancher ce type de concours, et cette solution, qui a été jugée conforme à la Constitution par la chambre criminelle[2], ne peut qu'être approuvée, si l'on observe que l'interprétation retenue par la circulaire ne reposait sur aucune base légale, que rien, dans les travaux préparatoires de la loi nº 2010-768 du 9 juillet 2010[3], ne venait au soutien d'une telle interprétation, et que l'on ne voit guère, en droit comme en opportunité, ce qui pourrait interdire à un juge, soit de viser les deux fondements légaux d'une décision juridictionnelle, soit de préférer l'un à l'autre en opportunité, à défaut de hiérarchie entre eux. Il nous semble même que la position retenue par la chambre criminelle doit conduire les magistrats, dans une démarche prudente, à se référer systématiquement à l'ensemble des fondements susceptibles de fonder la décision de saisie, dès lors qu'en cas d'appel, la modification du fondement de la saisie par la chambre de l'instruction est source de contentieux[4].

231.08 Succession de saisies spéciales. Rappelons enfin que nous avons vu qu'aucune disposition n'interdit que fasse l'objet d'une saisie pénale un bien déjà placé sous main de justice[5]. Si ce principe a été énoncé dans une espèce où une saisie spéciale avait porté sur un bien ayant préalablement fait l'objet d'une saisie de droit commun, rien ne semble s'opposer à ce qu'une décision de saisie spéciale porte sur un bien ayant déjà fait l'objet d'une telle décision.

SECTION 1 CONDITIONS COMMUNES

231.10 Plan. Parmi les conditions communes à l'ensemble des décisions de saisies spéciales, l'on doit distinguer entre les conditions de fond (§ 1) et celles de forme (§ 2).

1. Crim. 13 juin 2018, nº 17-83.893, P, nº 110 ; *AJ pénal* 2018. 426, obs. O. Violeau – Crim. 13 juin 2018, nº 17-83.894, NP.
2. V. s[s] nº 212.41.
3. L. nº 2010-768, 9 juill. 2010 *visant à faciliter la saisie et la confiscation en matière pénale, JO* 10 juill., p. 12753.
4. V. s[s] nº 231.103.
5. V. s[s] nº 211.41.

§ 1 Conditions de fond

231.21 Caractère saisissable des biens confiscables. À l'occasion de l'adoption de la loi nº 2010-768 du 9 juillet 2010[6], le législateur a énoncé une règle simple et claire, laquelle est applicable quel que soit le type de saisies spéciales envisagé par l'autorité judiciaire : peuvent faire l'objet d'une décision de saisie spéciale les biens confiscables en application de l'article 131-21 du Code pénal.

Ce principe, qui est très important car il structure l'ensemble de l'édifice législatif, résulte de plusieurs dispositions du Code de procédure pénale. Ainsi, l'article 706-141 de ce code prévoit que les saisies spéciales ont pour objet « de garantir l'exécution de la peine de complémentaire de confiscation selon les conditions définies à l'article 131-21 du Code pénal ». C'est ainsi l'éventualité de la confiscation qui justifie la possibilité de la saisie, en sorte que les conditions de fond de la première sont aussi celles de la seconde.

Ce principe est au reste clairement affirmé aux articles 706-148 (saisie de patrimoine), 706-150 (saisie immobilière), 706-153 (saisie de biens ou droits mobiliers incorporels) et 706-158 (saisie sans dépossession) du Code de procédure pénale. Ces textes ont en commun, en effet, de disposer que peuvent être saisis les biens « dont la confiscation est prévue par l'article 131-21 du Code pénal ».

Seul l'article 706-148 du Code de procédure pénale est plus restrictif à cet égard, puisqu'il prévoit que peuvent faire l'objet d'une saisie de patrimoine les biens « dont la confiscation est prévue en application des cinquième et sixième alinéas de l'article 131-21 du Code pénal ». Cette spécificité, toutefois, ne remet nullement en cause le principe précité : elle en constitue une déclinaison particulière.

L'on relèvera, au reste, que ce principe a été affirmé à plusieurs reprises au cours des travaux préparatoires de la loi du 9 juillet 2010[7]. Le rapporteur du texte devant l'Assemblée nationale relevait ainsi que l'objet de l'article 1er du texte était d'étendre « les possibilités de perquisition et de saisie à l'ensemble des biens confiscables au sens de l'article 131-21 du Code pénal »[8].

231.22 Caractère saisissable des biens représentant la valeur des biens confiscables en nature : la saisie en valeur. À la règle selon laquelle tout bien confiscable peut faire l'objet d'une saisie spéciale

6. L. nº 2010-768, 9 juill. 2010, préc.
7. L. nº 2010-768, 9 juill. 2010 *visant à faciliter la saisie et la confiscation en matière pénale, JO* 10 juill., p. 12753.
8. *Rapp. Ass. nat.* nº 1689 (XIIIe législ.), p. 25.

s'ajoute une seconde, puisque sont saisissables non seulement les biens susceptibles d'être confisqués en nature, mais également ceux pouvant l'être en valeur, comme ayant une valeur égale à celle des premiers.

Bien que cette règle aurait pu être déduite des dispositions selon lesquelles les biens « dont la confiscation est prévue par l'article 131-21 du Code pénal » sont saisissables, dès lors que les biens confiscables en valeur le sont incontestablement en application du neuvième alinéa de ce texte[1], le législateur a néanmoins clairement énoncé cette règle à l'article 706-141-1 du Code de procédure pénale. En effet, la loi n° 2012-409 du 27 mars 2012[2] a étendu les conditions de fond des saisies spéciales en ajoutant au titre du Code de procédure pénale consacré à ces mesures cet article disposant que « la saisie peut également être ordonnée en valeur »[3].

Cette extension des possibilités de saisie est la conséquence de celle du contenu de la peine complémentaire de confiscation, puisque la loi du 27 mars 2012 est également celle qui a réformé le neuvième alinéa de l'article 131-21 du Code pénal, en permettant au juge répressif d'ordonner la confiscation en valeur sans que cette possibilité ne soit plus limitée, comme en l'état initial de l'article 131-21 du Code pénal, aux seuls cas où le bien confiscable en nature n'avait pas été saisi ou ne pouvait pas être représenté, non plus que la confiscation en valeur ne doive prendre la forme d'une condamnation pécuniaire, c'est-à-dire de la condamnation du prévenu au paiement d'une somme d'argent représentant la valeur du bien confiscable en nature.

Ainsi, en vue du prononcé de la peine de confiscation en valeur, le juge des libertés et de la détention et le juge d'instruction peuvent saisir l'ensemble des biens de la personne poursuivie à la condition, comme il a été vu[4], que ces biens aient une valeur égale à celle de biens confiscables en nature en application des dispositions générales de l'article 131-21 du Code pénal ou de toute autre disposition de droit pénal spécial prévoyant la confiscation. Le plus souvent sera ainsi saisi un bien dont la valeur est égale à celle du produit de l'infraction ; mais rien ne s'oppose à ce que soit ordonnée la saisie en valeur de l'instrument ou de l'objet de l'infraction.

Il se pose cependant la question de savoir selon quelle procédure doivent s'opérer les saisies en valeur. À cet égard, l'article 706-141-1 dispose que « les règles propres à certains types de biens prévues aux chapitres III et IV du présent titre s'appliquent aux biens sur lesquels la saisie en valeur s'exécute », le chapitre III organisant les saisies immobilières, tandis que le chapitre IV prévoit les règles applicables aux saisies de biens ou droits mobiliers incorporels. Ainsi, la saisie en valeur d'un immeuble d'une valeur équivalente au produit de l'infraction sera ordonnée conformément aux dispositions de l'article 706-150 du Code de procédure pénale relatif aux saisies immobilières, de même que l'on fera application des dispositions des articles 706-153 et suivants de ce code s'il y a lieu de procéder à la saisie en valeur de biens ou droits mobiliers incorporels. Il s'en déduit que, dans l'esprit du législateur, la saisie en valeur n'a nullement été conçue comme une saisie spéciale particulière, l'article 706-141-1 se bornant en réalité à étendre le champ d'application des procédures de saisies dont les règles sont par ailleurs définies : la saisie en valeur n'est qu'une modalité des saisies pénales. Hors le domaine des saisies spéciales, les biens confiscables en valeur sont d'ailleurs saisis selon le droit commun[5].

Sans doute, cette extension des possibilités de saisie ne présente-t-elle guère d'utilité lorsque l'infraction poursuivie fait encourir à son auteur la peine de confiscation de patrimoine de l'article 131-21, alinéa 6, du Code pénal, puisque peuvent être corrélativement saisis l'ensemble des biens de l'intéressé sur le fondement de l'article 706-148 du Code de procédure pénale. En revanche, dans tous les autres cas – qui sont aussi les plus nombreux –, les nouvelles mesures permettent de saisir et confisquer des biens, à la hauteur, notamment, du produit de l'infraction, alors même que ce produit a été dissipé et que ne subsistent plus que des biens acquis avec des fonds d'origine licite ou encore antérieurement à la commission des faits. De surcroît, ainsi que cela fut relevé par M. le président Warsmann, auteur de l'amendement à l'origine des dispositions de l'article 706-141-1 du Code de procédure pénale, les saisies et confiscations en valeur permettent de choisir les biens sur lesquels ces décisions seront exécutées le plus facilement[6]. En effet, rien ne s'oppose à ce que soit saisi, non pas l'immeuble

1. AUSSI : Circ. Justice, 16 juill. 2012 *de présentation des dispositions relatives à l'exécution des peines de confiscation de la loi n° 2013-409 du 27 mars 2012 de programmation relative à l'exécution des peines*, NOR : JUS D 1229412 C, *BOMJ* n° 2012-07, 31 juill. 2012, p. 4 : « La loi nouvelle consacre ainsi une solution qui découlait implicitement des dispositions de la loi du 9 juillet 2010. »
2. L. n° 2012-409, 27 mars 2012 *de programmation relative à l'exécution des peines, JO* 28 mars, p. 5592.
3. SUR CE TEXTE : Circ. Justice, 16 juill. 2012 *de présentation des dispositions relatives à l'exécution des peines de confiscation de la loi n° 2013-409 du 27 mars 2012 de programmation relative à l'exécution des peines*, NOR : JUS D 1229412 C, *BOMJ* n° 2012-07, 31 juill. 2012.
4. V. s^{s} n° 126.21.
5. V. s^{s} n° 221.42.
6. Amendement n° CL 156.

acquis avec le produit de l'infraction sur le fondement de l'article 706-150 du Code de procédure pénale, ce qui peut présenter une certaine lourdeur, mais, en valeur, des sommes d'argent versées sur un compte bancaire pour un montant équivalent à la valeur de cet immeuble, sur le fondement de l'article 706-154, et ce alors même que rien n'établit que ces fonds constituent aussi le produit de l'infraction. L'institution des saisies spéciales en valeur élargit donc les possibilités de saisies et invite à mener une réflexion stratégique en la matière[1]. En revanche, il est indispensable qu'il soit procédé, au cours de l'enquête ou de l'information judiciaire, à l'évaluation du produit de l'infraction, préalable indispensable à la saisie de biens pour une valeur équivalente, comme il a été vu lors de l'étude de la confiscation en valeur[2].

231.23 Identité des conditions de fond des confiscations et des conditions de fond des saisies spéciales. Il résulte des deux règles qui précèdent que les conditions de fond des saisies spéciales sont identiques à celles des confiscations. Ces conditions ont par ailleurs été étudiées : il y sera renvoyé[3].

En pratique, le magistrat qui envisage d'ordonner la saisie spéciale d'un bien quelconque doit ainsi commencer par se poser une première question : le bien est-il confiscable en vertu de l'article 131-21 du Code pénal ou d'une disposition de droit pénal spécial ? Ce n'est que dans l'affirmative qu'il y aura lieu de poursuivre la réflexion. Il doit donc s'opérer un raisonnement « à rebours », allant de la confiscation vers la saisie[4].

231.24 Appréciation du caractère confiscable au stade de la saisie. Il reste que le caractère confiscable du bien ne sera pas toujours apprécié de la même manière au stade de la saisie et à celui de la confiscation.

On relèvera tout d'abord que le caractère confiscable du bien saisi ne saurait être apprécié avec la même exigence pendant l'enquête ou l'information judiciaire, et lors de l'audience de jugement. Si, au stade du jugement, il doit être prouvé que le bien est confiscable, une telle exigence ne saurait avoir sa place lors de la phase de mise en état du procès pénal. À ce stade, en effet, les investigations sont en cours et l'exigence doit nécessairement être moindre. Car, à défaut, les saisies ne pourraient être ordonnées à un stade suffisamment précoce, ce qui ne permettrait donc guère de garantir l'exécution de la peine complémentaire de confiscation, tout retard dans la décision de saisie augmentant le risque de dissipation des biens dont la confiscation pourrait être envisagée. Aussi, au terme d'une certaine évolution lexicale[5], la chambre criminelle a posé pour principe que la saisie a pour condition la seule existence « d'indices » de la commission des infractions justifiant la mesure et du caractère confiscable du bien objet de celle-ci en application des conditions légales[6], ce que le juge des libertés et de la détention, le juge d'instruction et la chambre de l'instruction sont cependant tenus de vérifier[7] : il faut – mais il suffit –, que de tels indices soient caractérisés. Ainsi, il a notamment été énoncé que « la chambre de l'instruction saisie de l'appel d'une ordonnance de saisie pénale spéciale doit apprécier l'existence d'indices de commission d'une infraction de nature à justifier la mesure »[8], de même que « la juridiction d'instruction doit apprécier et vérifier, sur la base des indices dont elle dispose, la nature de produit de l'infraction du bien saisi chaque fois qu'elle statue sur la mesure de saisie ou sur une demande de restitution »[9]. La chambre criminelle a toutefois admis que les juges caractérisent les indices de la commission de l'infraction justifiant la saisie en faisant usage des présomptions le cas échéant prévues par la loi, telles que celle organisée par l'article 324-1-1 du Code pénal applicable en matière de blanchiment[10].

1. V. CEPENDANT : J. Bourgais, *Le rôle du juge pénal en matière de saisies et confiscations, Étude de droit comparé (France – Angleterre)*, Poitiers, 2021, n° 252 proposant de soumettre la saisie en valeur à un principe de subsidiarité par rapport à la saisie en nature, comme devant être justifiée soit par la dissipation du bien saisissable en nature, soit par les difficultés particulières de la saisie en nature ou le caractère disproportionné de son coût.
2. V. s[s] n° 126.31.
3. V. s[s] titre 12.
4. EN SENS : S. Brezillon, *De la peine patrimoniale au patrimoine pénal. Essai pénologique, historique et prospectif*, thèse, Nantes, 2017, p. 244.
5. Crim. 19 nov. 2014, n° 14-80.569, NP – Crim. 19 nov. 2014, n° 14-80.570, NP – Crim. 14 juin 2017, n°s 16-84.260 à 14-84.262, NP (3 arrêts) – Crim. 11 juill. 2017, n° 16-83.779, NP – Crim. 22 nov. 2017, n°s 17-80.328 et 17-80.329, NP – Crim. 26 juin 2019, n°s 18-84.650 et 18-84.651, NP – Crim. 25 sept. 2019, n° 18-84.649, NP – Crim. 20 nov. 2019, n° 18-86.782.
6. Crim. 23 oct. 2019, n° 18-85.636, NP – Crim. 1er avr. 2020, n° 19-82.898, NP – Crim. 24 juin 2020, n° 19-85.874, P, 60 ; *D.* 2020. 1363 – Crim. 13 avr. 2022, n°s 21-83.863 et 21-83.864, NP (2 arrêts) – Crim. 15 févr. 2023, n° 22-81.326, NP – Crim. 5 avr. 2023, n° 22-81.178, NP.
7. Crim. 25 sept. 2019, n° 18-84.649, NP – Crim. 24 juin 2020, n° 19-84.631, P, 65 ; *D.* 2020. 1363 ; *AJ pénal* 2020. 421, obs. M. Hy – Crim. 21 oct. 2020, n° 19-87.783, NP – Crim. 10 mars 2021, n° 20-85.007, NP – Crim. 8 mars 2023, n° 22-82.229, NP.
8. Crim. 4 mars 2020, n° 19-81.371, P, 209 ; *D.* 2020. 539 ; *AJ pénal* 2020. 311, obs. M. Hy.
9. Crim. 15 janv. 2020, n° 19-80.891, P, 20, 118 ; *D.* 2020. 86 ; *ibid.* 1643, obs. J. Pradel ; *AJ pénal* 2020. 145, obs. M. Hy – Crim. 15 janv. 2020, n°s 19-80.892 à 19-80.899, NP (8 arrêts) – Crim. 15 janv. 2020, n° 19-80.869, NP.
10. Crim. 15 févr. 2023, n° 22-81.326, NP – Crim. 22 mars 2023, n° 22-81.995, NP.

Ensuite, s'il a été vu qu'en cas d'indivision, hors le cas où le juge répressif considère que l'ensemble du bien indivis est à la libre disposition de la personne condamnée et que l'indivisaire non poursuivi n'est pas de bonne foi, seule la part indivise du condamné peut être confisquée[1], il en va autrement au stade de la saisie. Après avoir rendu quelques arrêts dont l'interprétation était délicate[2], la chambre criminelle a en effet considéré que la totalité d'un bien indivis peut être saisie, alors même que seul l'un des indivisaires est mis en cause. Elle a expressément fondé cette solution, d'une part, sur les spécificités de l'indivision, d'autre part, sur les dispositions du deuxième alinéa de l'article 706-151 du Code de procédure pénale dont il résulte que « jusqu'à la mainlevée de la saisie pénale de l'immeuble ou la confiscation de celui-ci, la saisie porte sur la valeur totale de l'immeuble ». Ainsi, pour approuver la saisie pour le tout d'un immeuble dont la personne mise en examen était seulement indivisaire, la chambre criminelle a énoncé une première fois que « le propriétaire indivis d'un bien immobilier bénéficie d'un droit de propriété sur la totalité de celuici »[3], puis, de façon plus détaillée, que de tels biens « ne sont, aux termes de l'article 706-151, alinéa 2, du Code de procédure pénale, saisissables que dans leur totalité et que les indivisaires exercent des droits identiques sur ces mêmes biens sans que les parts de chacun ne soient matériellement divisibles »[4]. Elle a de surcroît estimé que le droit de propriété de l'indivisaire de bonne foi était suffisamment protégé – ce qui a pu être discuté[5] –, en approuvant, sur le terrain conventionnel, une chambre de l'instruction d'avoir jugé que la saisie « ne suspend ni l'usage du bien ni le droit d'en percevoir les fruits, et réserve ses droits indivis, en cas de confiscation, au moment de la vente du bien »[6], et en considérant que la faculté de saisir un bien indivis pour le tout n'est pas contraire à la Constitution, dès lors que, « si [...] la saisie immobilière, qui n'entraîne aucun transfert de propriété, ne peut faire l'objet d'une mainlevée partielle proportionnelle à la part du tiers propriétaire indivis lequel ne peut l'aliéner ni demander le partage de l'indivision, cette restriction de son droit de libre disposition du bien n'est que temporaire, les juges étant tenus en outre de statuer dans des délais raisonnables, car elle prend fin en cas de mainlevée totale de la saisie ou lorsqu'elle est suivie de la confiscation ordonnée, le cas échéant, par le juge du fond »[7]. D'autres décisions pourraient être citées[8].

Une solution identique a été retenue en cas de saisie d'un immeuble soumis à un pacte tontinier. Si seuls sont confiscables les droits concurrents dont la personne condamnée est titulaire en vertu de la clause de tontine[9], il n'en demeure pas moins que le bien est saisissable dans sa totalité. Comme l'a retenu la chambre criminelle, la saisie « s'étend nécessairement à la totalité de l'immeuble en application de l'article 706-151, alinéa 2, du Code de procédure pénale »[10].

Enfin, alors qu'en application de l'article 131-21, alinéa 3, du Code pénal, l'objet ou le produit de l'infraction n'est pas confiscable lorsqu'il est susceptible de restitution à la victime, de tels biens sont pourtant jugés saisissables par la chambre criminelle. C'est ce qui a été jugé par un arrêt du 30 octobre 2012 dans lequel il a été affirmé que « l'argumentation relative à l'impossibilité de confisquer les biens susceptibles de restitution à la victime [...] ne concerne que la phase de jugement et non celle de la saisie au cours de l'information »[11]. Cette solution a été confirmée par un arrêt du 15 novembre 2017 dans lequel il a été énoncé que « la discussion concernant l'éventuelle restitution de l'immeuble saisi à son propriétaire de bonne foi, victime de l'infraction, ne concerne que la phase de jugement et non celle de l'information judiciaire »[12]. Cette position pourrait s'expliquer par la spécificité de la place de la victime dans le procès pénal. En effet, au stade de la saisie, les droits de la victime sont hypothétiques puisque, sauf à méconnaître le principe de la présomption d'innocence, c'est l'objet même de l'enquête et de l'information judiciaire que d'établir la matérialité des faits dont découlera la reconnaissance, par la juridiction de jugement, de la qualité de victime à la partie civile. Cette idée apparaît d'ailleurs dans l'arrêt du

1. V. s^{s} n° 125.15.
2. Crim. 3 juin 2014, n° 13-82.690, NP où la chambre de l'instruction mettait en doute la bonne foi de l'indivisaire non poursuivi pénalement – Crim. 9 déc. 2014, n° 13-85.150, NP faisant référence à la mauvaise foi de l'indivisaire non poursuivi pénalement.
3. Crim. 3 févr. 2016, n° 15-83.513, NP.
4. Crim. 11 oct. 2017, n° 17-80.987, NP.
5. M. Bourassin, « La saisie et la confiscation des propriétés collectives », *in* L. Ascensi, P. Beauvais et R. Parizot (dir.), *La confiscation des avoirs criminels, Nouveaux enjeux juridiques*, LGDJ, 2021, p. 125.
6. Crim. 11 juill. 2017, n° 16-83.773, NP – Crim. 11 juill. 2017, n° 16-83.777, NP – Crim. 11 juill. 2017, n° 16-83.779, NP.
7. Crim. 28 juin 2017, n° 17-80.987, NP – AUSSI : Crim. 28 févr. 2017, n° 16-83.773, NP – Crim. 28 févr. 2017, n° 16-83.777, NP – Crim. 28 févr. 2017, n° 16-83.779, NP.
8. Crim. 15 mars 2017, n° 16-80.801, P, n° 74 ; *D.* 2017. 705 ; *D.* 2017. 2501, obs. G. Roujou de Boubée, T. Garé, C. Ginestet, M.-H. Gozzi, S. Mirabail et E. Tricoire ; *AJ pénal* 2017. 299, obs. O. Violeau – Crim. 6 déc. 2017, n° 16-86.105, NP.
9. V. s^{s} n° 123.14.
10. Crim. 7 déc. 2022, n° 21-80.743, P.
11. Crim. 30 oct. 2012, n° 12-84.961, P, n° 229 ; *D.* 2012. 2606 ; *RGDA* 2013. 458, obs. R. Schulz.
12. Crim. 15 nov. 2017, n° 15-80.799, NP.

30 octobre 2012 dans lequel la chambre criminelle a énoncé que l'argumentation écartée « conduirait à une reconnaissance par le mis en examen que les sommes saisies appartiendraient donc bien à la partie civile ». Au reste, la solution est opportune pour la victime, puisque la saisie du bien préviendra tout risque de dissipation et permettra *in fine* sa restitution à l'intéressée dont la qualité aura été reconnue.

On pouvait se demander si cette solution était transposable, de façon plus générale, lorsque se trouvait envisagée la saisie d'un bien étant à la libre disposition de la personne mise en cause. Dans ce cas, s'il ne faisait pas de doute que le bien était confiscable seulement s'il était établi que le tiers propriétaire n'était pas de bonne foi, qu'en était-il au stade de la saisie ? L'incertitude a été levée par un arrêt de la chambre criminelle du 6 janvier 2021, qui a approuvé une chambre de l'instruction d'avoir infirmé une ordonnance de saisie sans dépossession au motif qu'il n'était pas établi que la société propriétaire du bien saisi n'était pas de bonne foi[1]. L'affaire paraît donc entendue et la solution doit être approuvée. Il aurait pu en effet être soutenu, en contemplation de la jurisprudence qui précède, que la discussion relative à la bonne foi du tiers propriétaire n'avait pas sa place au stade de la saisie et qu'elle devait être repoussée au stade du jugement. Dans cette approche, il aurait alors suffit d'établir, au stade la saisie, l'existence d'indices démontrant que le bien était à la libre disposition de la personne mise en cause, peu important la bonne foi du tiers propriétaire. Si cette solution n'a pas été retenue, c'est parce que la position du tiers propriétaire n'est pas comparable à celle de la victime et que les arguments qui précèdent ne sont donc pas ici de nature à justifier une dérogation aux dispositions de l'article 131-21. Il apparaît de surcroît que le principe selon lequel seuls les biens confiscables sont saisissables ne saurait supporter trop d'exceptions. S'il existe des arguments juridiques pour expliquer la dérogation à ce principe en matière d'indivision ou lorsque le bien appartient à la victime, l'on voit moins ce qui aurait pu justifier que le juge d'instruction ou le juge des libertés et de la détention puisse s'affranchir du devoir de rechercher s'il existe des indices de la mauvaise foi du tiers propriétaire.

En revanche, s'il a été énoncé dans un arrêt publié que, lorsque sont saisies des sommes d'argent versées sur un compte bancaire, au motif qu'elles constituent le produit de l'infraction poursuivie, la saisie porte, en application du troisième alinéa de l'article 706-154 du Code de procédure pénale, sur l'ensemble des sommes inscrites au crédit du compte au moment de la saisie et à concurrence, le cas échéant, du montant indiqué dans la décision de saisie, pour écarter la branche d'un moyen où il était soutenu que la saisie ne pouvait excéder les gains engendrés par les faits reprochés, et qu'au cas particulier l'essentiel des fonds saisis provenait des revenus des intéressés et d'un héritage, en sorte que, à supposer que les délits poursuivis soient effectivement caractérisés, ils avaient rapporté bien moins que les fonds saisis, cette décision ne rend plus compte de l'état de la jurisprudence de la chambre criminelle. En effet, dans nombre de décisions[2], elle s'est assurée que les fonds qui avaient été saisis sur des comptes bancaires étaient confiscables en application de l'article 131-21 du Code pénal et a exigé sur la forme que le montant de la somme d'argent saisie soit mentionné dans la décision de saisie du juge des libertés et de la détention ou du juge d'instruction[3]. Le fait que le dernier alinéa de l'article 706-154 mentionne que « la saisie s'applique indifféremment à l'ensemble des sommes inscrites au crédit [du compte] au moment de la saisie et à concurrence, le cas échéant, du montant indiqué dans la décision de saisie », doit être vu comme la reconnaissance à l'autorité judiciaire de la faculté de cantonner la saisie, mais ne saurait permettre le placement sous main de justice de fonds qui ne seraient pas confiscables.

231.25 Caractère proportionné de la saisie. À l'instar de ce qu'elle a fait en matière de confiscations[4], et sous l'influence de la jurisprudence de la Cour européenne des droits de l'homme, la chambre criminelle a fait application du principe de proportionnalité à certaines décisions de saisies spéciales. D'ailleurs, les règles gouvernant à cet égard les saisies sont comparables à celles mises en œuvre en matière de confiscation.

S'agissant du champ d'application de ce principe, les juges ne doivent pas s'interroger sur le caractère proportionné de l'atteinte portée par toute saisie spéciale au droit au respect des biens. Il y a lieu de distinguer selon le fondement du caractère confiscable du bien dont la saisie est envisagée. En effet,

1. Crim. 6 janv. 2021, n° 20-81.667, NP.

2. Crim. 17 déc. 2014, n° 13-87.779, NP – Crim. 17 déc. 2014, n° 13-87.879, NP – Crim. 17 déc. 2014, n° 13-87.880, NP – Crim. 17 déc. 2014, n° 13-87.881, NP – Crim. 25 févr. 2015, n° 14-86.447, P, n° 36 – Crim. 25 févr. 2015, n° 14-86.450, NP – Crim. 3 févr. 2016, n° 15-83.505, NP – Crim. 20 juin 2017, n° 16-85.814, NP – Crim. 21 nov. 2018, n° 18-82.042, NP – Crim. 3 avr. 2019, n° 18-83.052, NP – Crim. 23 oct. 2019, n° 18-85.618, NP – Crim. 20 nov. 2019, n° 18-86.781, P, 78 ; *D.* 2019. 2249 – Crim. 4 mars 2020, n° 19-81.818, P, 84, 205 ; *D.* 2020. 540 ; *ibid.* 2367, obs. G. Roujou de Boubée, C. Ginestet, M.-H. Gozzi, S. Mirabail et E. Tricoire.

3. Crim. 20 nov. 2019, n° 18-86.781, P, 78 ; *D.* 2019. 2249.

4. V. s^s^ n° 122.05.

faisant la synthèse de sa jurisprudence, la chambre criminelle a posé pour principe que « hormis le cas où la saisie, qu'elle soit en nature ou en valeur, porte sur un bien qui, dans sa totalité, constitue l'objet ou le produit de l'infraction, le juge, en autorisant ou ordonnant une telle mesure, doit apprécier le caractère proportionné de l'atteinte portée au droit de propriété de l'intéressé, au regard de la situation personnelle de ce dernier et de la gravité concrète des faits, lorsqu'une telle garantie est invoquée ou procéder à cet examen d'office lorsqu'il s'agit d'une saisie de patrimoine »[1], ou encore que « sauf lorsqu'il ordonne la saisie d'un bien qui constitue, dans sa totalité, le produit de l'infraction, ou qui représente la valeur de celui-ci, le juge est tenu, d'office, s'agissant d'une saisie de patrimoine, ou lorsque la personne concernée le demande, de se livrer à un contrôle de proportionnalité de la mesure de saisie qu'il décide, au regard de la gravité des faits et de la situation personnelle du demandeur »[2].

La chambre criminelle a en effet d'abord développé le contrôle de proportionnalité en matière de saisies de patrimoine[3], mesure la plus attentatoire au droit de propriété, dès lors qu'elle porte sur des biens qui n'ont aucun lien avec l'infraction poursuivie et ne comporte ainsi aucune limite. Si, dans un premier arrêt en date du 15 mars 2017, la chambre criminelle avait déjà approuvé une chambre de l'instruction d'avoir relevé « que cette mesure ne [portait] pas une atteinte disproportionnée au droit de propriété des indivisaires et qu'il relevait de l'office du juge d'instruction de l'ordonner sur ledit bien quand bien même il abritait le domicile familial et que le mis en examen était propriétaire d'autres immeubles »[4], l'application du principe de proportionnalité en la matière a été plus nettement énoncée dans un arrêt du 4 mai 2017. Dans cette affaire, en effet, un juge d'instruction avait ordonné la saisie de cinq biens immobiliers dont le mis en examen était propriétaire en considérant que, d'une part, la valeur totale desdits biens équivalait, en partie, au produit de l'infraction poursuivie, d'autre part, en vertu de l'article 324-7, 12°, du Code pénal, l'intéressé encourrait la peine complémentaire de confiscation de tout ou partie de son patrimoine. Pour confirmer cette décision dont l'intéressé avait relevé appel, la chambre de l'instruction, devant laquelle l'appelant invoquait l'atteinte portée à son droit de propriété, sans pour autant préciser en quoi consistait cette atteinte, avait retenu que les saisies en cause n'étaient pas de nature à constituer une atteinte à la propriété privée, dès lors qu'elles ne constituaient que des mesures conservatoires. La chambre criminelle a cassé cette décision, en reprochant à la chambre de l'instruction de s'être abstenue de « rechercher si les mesures critiquées, en ce qu'elles [concernaient] des éléments de patrimoine insusceptibles de constituer le produit de l'infraction, ne portaient pas une atteinte disproportionnée au droit de propriété du demandeur »[5]. On relèvera que si, dans l'un et l'autre de ces arrêts, les saisies de patrimoine en cause portaient sur des biens confiscables sur le seul fondement du sixième alinéa de l'article 131-21 du Code pénal (confiscation de patrimoine), en sorte que l'on pouvait se demander si le principe de proportionnalité s'appliquait aussi aux saisies de patrimoine portant sur des biens dont l'origine n'était pas justifiée[6], le doute n'est à l'évidence plus permis, dès lors que, par l'arrêt du 25 septembre 2019 précité, la chambre criminelle a imposé au juge répressif de contrôler d'office le caractère proportionné des saisies de patrimoine, sans distinguer selon le fondement du caractère confiscable du bien saisi. Ce sont donc l'ensemble des saisies de patrimoine qui entrent dans le champ d'application du principe de proportionnalité.

La chambre criminelle a par la suite imposé le contrôle de proportionnalité de la saisie de l'instrument de l'infraction, en posant pour principe que « le juge qui prononce une mesure de saisie d'un bien constituant l'instrument de l'infraction doit apprécier le caractère proportionné de l'atteinte portée au droit de propriété lorsque le propriétaire invoque cette garantie »[7], ce qu'elle a confirmé par la suite[8], avant d'étendre la solution à la saisie en valeur de l'instrument[9].

Au contraire, la chambre criminelle a en principe exclu la mise en œuvre d'un quelconque contrôle de la proportionnalité de l'atteinte portée au droit de propriété par la saisie, en nature ou en valeur, de l'objet ou du produit, direct ou indirect, de l'infraction poursuivie. Ainsi, par un arrêt du 12 octobre 2016, elle a énoncé que « les saisies litigieuses ayant porté sur le produit supposé d'une infraction, le grief tiré de la violation du principe de proportionnalité [était] inopérant »[10]. De même, le 5 janvier

1. Crim. 25 sept. 2019, n° 18-85.211, NP – Crim. 9 nov. 2022, n° 22-81.157, NP en des termes proches.
2. Crim. 9 déc. 2020, n° 20-81.907, NP.
3. C. pr. pén., art. 706-148.
4. Crim. 15 mars 2017, n° 16-80.801, P, n° 74 ; *D.* 2017. 705 ; *D.* 2017. 2501, obs. G. Roujou de Boubée, T. Garé, C. Ginestet, M.-H. Gozzi, S. Mirabail et E. Tricoire ; *AJ pénal* 2017. 299, obs. O. Violeau.
5. Crim. 4 mai 2017, n° 16-87.330, NP.
6. C. pén., art. 131-21, al. 5.
7. Crim. 25 sept. 2019, n° 18-86.627, NP – Crim. 25 sept. 2019, n° 18-86.641, NP.
8. Crim. 20 nov. 2019, n° 18-86.782, NP – Crim. 24 juin 2020, n° 19-85.874, P, 60 ; *D.* 2020. 1363.
9. Crim. 4 mars 2020, n° 19-81.818, P, 84, 205 ; *D.* 2020. 540 ; *ibid.* 2367, obs. G. Roujou de Boubée, C. Ginestet, M.-H. Gozzi, S. Mirabail et E. Tricoire.
10. Crim. 12 oct. 2016, n° 16-82.322, P, n° 265.

2017, elle a posé pour principe qu'est « inopérant le moyen pris de la violation du principe de proportionnalité par une mesure de saisie pénale en valeur au regard du droit de propriété dès lors que cette saisie a porté sur la valeur de l'objet ou du produit direct ou indirect supposé de l'infraction »[1]. Cette solution a été confirmée par la suite[2]. Ainsi, lorsque l'objet ou le produit de l'infraction est saisi, que ce soit en nature ou en valeur, la discussion n'a pas à porter sur le caractère proportionné ou non de l'atteinte portée par la mesure au droit de propriété. Ce principe connaît toutefois deux exceptions. D'une part, comme il a été vu[3], lorsqu'en cas de coaction ou de complicité, est ordonnée la saisie en valeur, dans le patrimoine d'une personne suspectée d'être l'auteur ou le complice de l'infraction poursuivie, du produit de l'infraction, alors qu'il ne résulte pas des pièces de la procédure d'indices qu'elle a bénéficié de la totalité de ce produit, le caractère proportionné de l'atteinte portée au droit de propriété de l'intéressé, s'agissant de la partie du produit de l'infraction dont il n'aurait pas tiré profit, doit être contrôlé par le juge répressif lorsque cette garantie est invoquée[4]. D'autre part, si le bien saisi a été acquis à la fois au moyen de l'objet ou du produit de l'infraction et de fonds licites, il y a lieu de distinguer. La chambre criminelle a en effet posé pour principe « que le juge qui autorise ou ordonne la saisie d'un bien acquis au moyen de fonds constituant l'objet ou le produit de l'infraction et de fonds licites, doit motiver sa décision, s'agissant de ces derniers, au regard de la nécessité et la proportionnalité de l'atteinte ainsi portée au droit de propriété »[5]. Elle a confirmé ce principe par la suite[6]. La même règle pourrait d'ailleurs s'appliquer à la saisie en valeur cantonnée d'un bien indivisible, à titre d'objet ou de produit de l'infraction[7], dès lors que le cantonnement ne retire rien au fait que le bien est frappé d'indisponibilité dans sa totalité tant qu'il se trouve placé sous main de justice. Si la chambre criminelle n'a jamais énoncé une telle règle, elle pourrait en effet se déduire d'un arrêt dans lequel elle a écarté le moyen reprochant à la chambre de l'instruction de s'être abstenue de contrôler le caractère proportionné d'une saisie immobilière en valeur cantonnée à l'équivalent du produit de l'infraction, non pas en énonçant qu'un tel contrôle se trouvait dans ce cas exclu, mais seulement au motif que le demandeur au pourvoi était sans qualité, au cas particulier, pour invoquer le caractère disproportionné de la saisie[8].

L'examen de la jurisprudence de la chambre criminelle révèle encore que le juge répressif ne doit pas seulement contrôler le caractère proportionné de la saisie vis-à-vis du droit de propriété, mais peut devoir exercer ce contrôle à l'égard du droit au respect de la vie privée et familiale, à la condition que l'atteinte portée à ce droit soit spécialement invoquée[9]. Le champ d'application du contrôle de la proportionnalité de l'atteinte portée par la saisie au droit au respect de la vie privée et familiale pourrait d'ailleurs excéder celui de l'atteinte portée au droit de propriété[10]. Il semble en vérité que le contrôle de proportionnalité de la saisie a vocation à s'appliquer chaque fois que celle-ci porte une atteinte quelconque à un droit fondamental protégé par la Convention européenne des droits de l'homme. Encore faut-il, cependant, que le droit dont la méconnaissance est alléguée soit invoqué par celui qui en est titulaire. Ainsi, il a été énoncé qu'« une société civile immobilière n'a pas qualité pour invoquer une atteinte au droit à la vie privée et au respect du domicile de ses associés »[11].

Enfin, alors que s'est longtemps posée la question de savoir si le contrôle du caractère proportionné de la saisie devait être effectué d'office, ou seulement lorsque cette garantie était invoquée par l'appelant, la chambre criminelle a finalement aligné les règles applicables en matière de saisie sur celles mises en œuvre dans le domaine des confiscations[12], en posant pour principe, dans l'arrêt précité du 25 septembre 2019, que le juge répressif « doit apprécier le caractère proportionné de l'atteinte portée au droit

1. Crim. 5 janv. 2017, n° 16-80.275, P, n° 7.
2. Crim. 25 oct. 2017, n° 16-87.111, NP – Crim. 25 oct. 2017, n° 16-87.113, NP – Crim. 13 juin 2018, n° 17-83.893, P, n° 110 ; *AJ pénal* 2018. 426, obs. O. Violeau – Crim. 13 juin 2018, n° 17-83.894, NP – Crim. 26 juin 2019, n° 18-85.209, P, n° 138 ; *D.* 2019. 1341 – Crim. 26 juin 2019, n° 18-85.220, NP – Crim. 26 juin 2019, n° 19-80.235, P, n° 137 ; *D.* 2019. 1337 – Crim. 23 oct. 2019, n° 18-85.636, NP – Crim. 15 janv. 2020, n° 19-80.869, NP – Crim. 15 janv. 2020, n° 19-80.891, P, 20, 118 ; *D.* 2020. 86 ; *ibid.* 1643, obs. J. Pradel ; *AJ pénal* 2020. 145, obs. M. Hy – Crim. 15 janv. 2020, n°s 19-80.892 à 19-80.899, NP (8 arrêts).
3. V. s^s^ n° 126.32.
4. Crim. 24 oct. 2018, n° 18-80.834, P, n° 178 ; *D.* 2018. 2093 ; *ibid.* 2259, obs. G. Roujou de Boubée, T. Garé, G. Ginestet, S. Mirobail et E. Tricoire.
5. Crim. 27 juin 2018, n° 17-84.280, P, n° 127 ; *D.* 2018. 2259, obs. G. Roujou de Boubée, T. Garé, C. Ginestet, S. Mirabail et E. Tricoire.
6. Crim. 9 sept. 2020, n° 19-87.321, NP.
7. V. s^s^ n° 126.35.
8. Crim. 10 mars 2021, n° 20-84.117, P, 96 ; *RDI* 2021. 284, obs. G. Beaussonie ; *AJ pénal* 2021. 216, obs. M. Hy.
9. Crim. 15 mars 2017, n° 16-80.801, P, n° 74 ; *D.* 2017. 705 ; *D.* 2017. 2501, obs. G. Roujou de Boubée, T. Garé, C. Ginestet, M.-H. Gozzi, S. Mirabail et E. Tricoire ; *AJ pénal* 2017. 299, obs. O. Violeau – Crim. 21 mars 2018, n° 16-87.074, NP – Crim. 9 nov. 2022, n° 22-81.157, NP.
10. V. s^s^ n° 122.81s.
11. Crim. 16 janv. 2019, n° 17-83.006, P, n° 20 – Crim. 16 janv. 2019, n° 17-82.997, NP.
12. V. s^s^ n° 122.101.

de propriété de l'intéressé [...] lorsqu'une telle garantie est invoquée ou procéder à cet examen d'office lorsqu'il s'agit d'une saisie de patrimoine »[1]. Hors le cas des saisies de patrimoine, le contrôle de proportionnalité ne doit pas intervenir d'office, mais seulement lorsque le caractère disproportionné de la saisie est invoqué devant la chambre de l'instruction saisie du recours contre la mesure ordonnée.

Pour le surplus, le contrôle opéré par la chambre criminelle en la matière est comparable à celui exercé dans le domaine du contrôle de la proportionnalité des confiscations[2]. Ainsi que nous l'avons déjà indiqué, il n'entre pas dans l'office du juge de cassation d'apprécier les circonstances de pur fait, en sorte que le caractère proportionné ou non de l'atteinte portée par la saisie aux droits fondamentaux de l'intéressé relève nécessairement de l'appréciation souveraine des juges du fond. La chambre criminelle se limite à contrôler la motivation de leur décision qui doit être, conformément au droit commun de l'article 593 du Code de procédure pénale, suffisante, exempte de contradiction, et répondre aux articulations essentielles des mémoires des parties.

De même, les critères au regard desquels le contrôle de proportionnalité doit être effectué par les juges du fond sont identiques à ceux devant être utilisés en matière de confiscations : comme il a été vu, ce contrôle doit s'opérer au regard de la gravité concrète des faits et de la situation personnelle de l'intéressé[3]. À ainsi été qualifié d'inopérant le grief qui invoquait « le caractère disproportionné de la saisie, non pas avec la gravité concrète des faits et la situation personnelle du demandeur, mais avec la seule créance découlant du préjudice causé par l'infraction, que la saisie n'a pas pour fonction de garantir »[4]. De même, le fait que l'instrument de l'infraction saisi ait une valeur qui excède le produit de l'infraction ne rend pas nécessairement la saisie disproportionnée, tant que les juges justifient leur décision au regard de la gravité des faits et de la situation de l'intéressé[5]. Le contrôle de la proportionnalité de la saisie doit cependant bien être effectué au regard des deux critères que sont la gravité concrète des faits et la situation personnelle de la personne concernée. Ainsi, la chambre criminelle a cassé l'arrêt d'une chambre de l'instruction qui avait contrôlé la proportionnalité au regard de la seule gravité des faits, omettant de prendre en considération la situation personnelle de la personne concernée[6]. S'agissant des personnes morales, cependant, il a pu être énoncé, dans un arrêt certes isolé, que le caractère proportionné de la saisie s'appréciait au regard non pas de la situation personnelle de celle-ci, mais de sa situation économique, outre la gravité concrète des faits[7].

231.26 Non-lieu à la caractérisation d'un risque de dissipation. D'autres conditions, parfois invoquées par les propriétaires de biens saisis, ont au contraire été écartées par la chambre criminelle.

Ainsi, les juges qui ordonnent la saisie ne sont pas tenus de rechercher s'il existe un risque de dissipation du bien à défaut de saisie, ce qui a pu être contesté[8]. En effet, la chambre criminelle a approuvé une chambre de l'instruction d'avoir énoncé que « l'article 706-141 du Code de procédure pénale n'exige pas, pour ordonner une saisie, que soit caractérisé un risque de dissipation du bien »[9]. De même, elle a écarté la branche d'un moyen consistant à soutenir que les juges s'étaient à tort abstenus « de caractériser un quelconque risque de dissipation des biens et de rechercher si compte tenu de la situation, la saisie pénale du montant en cause était nécessaire pour garantir l'exécution d'une éventuelle peine complémentaire de confiscation prononcée par les juges du fond »[10], et aussi repoussé l'argumentation reprochant à une cham-

1. Crim. 25 sept. 2019, n° 18-85.211, NP – AUSSI : Crim. 9 déc. 2020, n° 20-81.907, NP – Crim. 28 juin 2023, n° 22-85.527, NP.
2. V. s^s n° 122.111.
3. Crim. 25 sept. 2019, n° 18-85.211, NP – Crim. 9 déc. 2020, n° 20-81.907, NP.
4. Crim. 16 janv. 2019, n° 17-83.006, P, n° 20 – Crim. 16 janv. 2019, n° 17-82.997, NP.
5. Crim. 20 nov. 2019, n° 18-86.782, NP – Crim. 24 juin 2020, n° 19-85.874, P, 60 ; *D.* 2020. 1363.
6. Crim. 9 déc. 2020, n° 20-81.907, NP.
7. Crim. 4 mars 2020, n° 19-81.818, P, 84, 205 ; *D.* 2020. 540 ; *ibid.* 2367, obs. G. Roujou de Boubée, C. Ginestet, M.-H. Gozzi, S. Mirabail et E. Tricoire.
8. R. Alméras, « Le risque de dissipation, condition de la saisie pénale ou circonstance indifférente ? », *LPA* 22 janv. 2020, p. 10 – J. Bourgais, *Le rôle du juge pénal en matière de saisies et confiscations, Étude de droit comparé (France – Angleterre)*, Poitiers, 2021, n° 251 proposant que le risque de dissipation du bien soit pris en compte non pas en tant que condition autonome de la saisie, mais dans le cadre du contrôle de la proportionnalité de celle-ci – N. Catelan, « La saisie pénale : sanction provisoire ? », *Gaz. pal.* 2 juin 2020, n° 20, p. 23.
9. Crim. 11 juill. 2017, n° 16-83.773, NP – Crim. 11 juill. 2017, n° 16-83.777, NP – Crim. 11 juill. 2017, n° 16-83.779, NP – CEPENDANT, de façon plus ancienne : Crim. 11 déc. 2012, n° 11-89.111, NP, où la chambre criminelle relève, pour l'approuver, qu'une chambre de l'instruction a énoncé : « Après avoir détaillé les éléments de l'enquête et les indices réunis à l'encontre des personnes soupçonnées [...] que la saisie des sommes déposées sur les comptes bancaires apparaît nécessaire pour éviter toute disparition ou dissipation alors qu'elles pourraient faire l'objet d'une éventuelle confiscation, compte tenu de la nature de l'infraction. »
10. Crim. 25 oct. 2017, n° 16-87.111, NP – Crim. 25 oct. 2017, n° 16-87.113, NP.

bre de l'instruction d'avoir omis de caractériser un quelconque risque de dissipation d'un immeuble saisi en valeur et de rechercher si, compte tenu de l'évolution favorable de la situation, la saisie immobilière en valeur était nécessaire pour garantir une exécution d'une éventuelle peine complémentaire de confiscation prononcée par le juge du fond, la chambre criminelle ayant estimé que les juges « [avaient] souverainement apprécié la nécessité de la saisie et [s'étaient] assurés que son montant n'excédait pas celui du produit des infractions en cause »[1]. Enfin, la chambre criminelle a énoncé qu'un demandeur au pourvoi ne pouvait se faire un grief de ce que la chambre de l'instruction n'avait pas caractérisé le risque de dissipation du bien saisi, « dès lors que l'article 706-150 du Code de procédure pénale n'exige pas, pour ordonner une saisie, que soit caractérisé un tel risque »[2].

La chambre criminelle a d'ailleurs cassé l'arrêt d'une chambre de l'instruction qui avait infirmé l'ordonnance d'un juge des libertés et de la détention ayant autorisé la saisie de sommes versées sur un compte bancaire, en reprochant aux juges d'avoir retenu que « la taille et l'implication dans le tissu socio-économique français, de la [société mise en cause], [rendait] particulièrement faible le risque de dissipation des sommes qui pourraient être réclamées, tout comme celui de soustraction de cette société à ses obligations qui résulteraient d'une éventuelle condamnation judiciaire ». Elle a au contraire énoncé que « l'absence de risque de dissipation des fonds » était « sans emport sur la validité de la saisie »[3]. Il en a été de même s'agissant de l'arrêt d'une chambre de l'instruction ayant énoncé, pour infirmer l'ordonnance de saisie immobilière attaquée, que « le mis en examen [n'avait] aucun intérêt à dissiper les biens dont il [était] propriétaire, ce dernier et [sa co-mise en examen], depuis leur remise en liberté, n'ayant entrepris aucune manœuvre destinée à organiser leur insolvabilité »[4]. Enfin, ont été censurés des « motifs inopérants tenant au risque de dissipation du bien » saisi[5]. D'autres exemples de cassation pour ce motif pourraient être cités[6].

La question du risque de dissipation du bien saisi doit en définitive demeurée indifférente au juge répressif lorsque celui-ci apprécie les conditions de la saisie. Nous verrons que cette règle a également été énoncée en matière de restitution[7].

231.27 Non-lieu à la recherche d'autres biens susceptibles d'être plus opportunément saisis. Par ailleurs, la chambre criminelle a considéré que les juges saisis d'un recours formé contre une ordonnance ordonnant une saisie ne sont pas tenus de rechercher si la personne mise en cause est propriétaire d'autres biens susceptibles d'être saisis. Ainsi, dans une affaire où il était reproché à une chambre de l'instruction d'avoir confirmé la saisie d'un bien immobilier appartenant à la compagne du mis en cause et constituant le domicile familial du couple, alors que l'enquête visait spécialement ce dernier, et sans qu'il ait été recherché si d'autres biens appartenant en propre au mis en cause ne pouvaient pas être saisis, la chambre criminelle a énoncé que « les juges n'étaient pas tenus de rechercher si [le mis en cause] était propriétaire d'autres biens susceptibles de faire l'objet d'une saisie »[8]. Elle a également écarté le moyen d'un demandeur qui faisait notamment valoir qu'une chambre de l'instruction ne s'était pas expliquée, comme elle en était requise, sur le point de savoir si la saisie litigieuse revêtait un caractère de nécessité au regard d'autres mesures alternatives de nature à procurer une garantie équivalente[9].

231.28 Indifférence de la mise en examen de la personne poursuivie. Lorsque la saisie est ordonnée au cours de l'information judiciaire, il a de même été jugé que la mise en examen de la personne poursuivie ne constitue pas un préalable nécessaire à la saisie des biens lui appartenant[10]. Cette solution peut s'appuyer sur le fait que l'ensemble de ces mesures peuvent être ordonnées au cours de l'enquête préliminaire ou de flagrance, période du procès pénal où la personne poursuivie est insusceptible d'être mise en examen.

231.29 Défaut d'atteinte à la présomption d'innocence. Enfin, le fait que la saisie de biens puisse être ordonnée à un stade du procès pénal où leur propriétaire est présumé innocent a conduit certains propriétaires de biens saisis à soutenir devant la Cour de cassation que leur droit à la présomption d'innocence a été méconnu, mais la chambre criminelle a écarté avec constance cette argumentation. Ainsi, il a été énoncé que « la saisie

1. Crim. 6 déc. 2017, nº 16-86.105, NP.
2. Crim. 24 oct. 2018, nº 17-84., P, nº 178 ; *D.* 2018. 2093 ; *ibid.* 2259, obs. G. Roujou de Boubée, T. Garé, G. Ginestet, S. Mirobail et E. Tricoire.
3. Crim. 5 déc. 2018, nº 18-80.059, P, nº 205 ; *AJ pénal* 2019. 159, obs. J. Hennebois.
4. Crim. 26 juin 2019, nº 19-80.235, P, nº 137 ; *D.* 2019. 1337.
5. Crim. 21 oct. 2020, nº 19-87.783, NP.
6. Crim. 8 mars 2023, nº 22-82.229, NP.
7. V. s^s nº 245.92.
8. Crim. 21 mars 2018, nº 16-87.074, NP.
9. Crim. 17 juin 2015, nº 14-83.236, NP.
10. Crim. 7 déc. 2016, nº 16-81.280, NP – Crim. 11 oct. 2017, nº 17-81.144, NP – Crim. 26 juin 2019, nº 18-85.018, NP – Crim. 4 mars 2020, nº 19-81.371, P, 209 ; *D.* 2020. 539 ; *AJ pénal* 2020. 311, obs. M. Hy – Crim. 24 juin 2020, nº 19-85.874, P, 60 ; *D.* 2020. 1363.

[...] n'emporte aucune décision à caractère définitif que la juridiction de jugement n'aurait pas le pouvoir de trancher et ne porte pas atteinte à la présomption d'innocence »[1]. L'on retrouve une telle affirmation par la suite[2].

§ 2
Conditions de forme

231.30 **Plan.** La plupart des procédures de saisies spéciales obéissent à des conditions de forme identiques, seules les saisies de patrimoine étant décidées au terme d'une procédure particulière. Cette identité concerne l'autorité compétente pour ordonner la saisie (A), les formes de la décision (B) et les voies de recours (C).

On relèvera au reste que le législateur a par ailleurs spécialement organisé la possibilité, pour l'autorité judiciaire, de requérir le concours de personnes qualifiées pour accomplir les actes nécessaires aux saisies spéciales et à la conservation des biens saisis[3].

A.
Compétence

231.40 **Plan.** Les saisies spéciales sont ordonnées, selon le cadre juridique dans lequel elles interviennent, par le juge des libertés et de la détention ou le juge d'instruction. Nous distinguerons entre l'état du droit applicable au cours de l'enquête préliminaire ou de flagrance (1°), et celui en vigueur pendant l'information judiciaire (2°).

1°
Enquête préliminaire ou de flagrance

231.51 **Ensemble des procédures de saisies spéciales.** Au cours de l'enquête préliminaire ou de flagrance, l'ensemble des procédures de saisies spéciales obéissent à la même structure : la saisie doit être ordonnée par le juge des libertés et de la détention requis à cet effet par le procureur de la République[4], sauf à relever que la mise en œuvre de ces règles est particulière en cas de saisie de sommes d'argent versées sur un compte bancaire ou d'actifs numériques, comme nous le verrons[5].

Deux actes juridiques sont en conséquence nécessaires : la requête du parquet aux fins de saisie spéciale et l'ordonnance du juge des libertés et de la détention ordonnant cette mesure.

231.52 **Enquêtes de la compétence du parquet européen.** Lorsque l'enquête préliminaire ou de flagrance relève de la compétence du parquet européen, les décisions de saisie spéciale sont prises par le juge des libertés et de la détention de Paris[6], saisi par réquisitions écrites et motivées du procureur européen délégué[7].

Pour le surplus, il se déduit des dispositions des articles 696-109 et 696-113 du Code de procédure pénale que le procureur européen délégué exerce en matière de saisies spéciales, dans les procédures relevant de sa compétence, les attributions qui sont ordinairement celles du procureur de la République et du procureur général dans les enquêtes de flagrance et préliminaire, y compris pour l'exercice des voies de recours.

231.53 **Évolution des textes.** Cet état du droit est le produit d'une heureuse évolution des textes depuis l'entrée en vigueur de la loi n° 2010-768 du 9 juillet 2010[8] dont les étapes seront rappelées.

En effet, dans l'état initial des articles 706-148, 706-150, 706-153 et 706-158 du Code de procédure pénale, et jusqu'à l'entrée en vigueur de la loi n° 2016-731 du 3 juin 2016[9], les saisies spéciales n'étaient pas ordonnées par le juge des libertés et de la détention, mais par le procureur de la République, sur autorisation du juge des libertés et de la détention requis à cet effet. Il appartenait ainsi au magistrat du parquet de saisir par requête le juge des libertés et de la détention, afin que ce magistrat autorise la saisie. Ce n'était que muni de cette autorisation que le ministère public pouvait ensuite ordonner la saisie. Trois actes juridiques – et non deux – étaient en conséquence nécessaires : la requête du parquet aux fins d'autorisation de saisie spéciale, l'ordonnance du juge des libertés et de la détention autorisant cette mesure, et la décision de saisie prise par le ministère public. La distinction entre les prérogatives du procureur de la République et celles du juge des libertés et de la détention était d'ailleurs suffisamment essentielle pour être rappelée par la circulaire du 22 décem-

1. Crim. 12 mai 2015, n° 14-81.590, NP, *AJDI* 2015. 614 – ANTÉRIEUREMENT : Crim. 17 déc. 2014, n° 14-80.064, P, n° 280, où, en réponse à un moyen selon lequel, notamment, la saisie litigieuse aurait porté atteinte à la présomption d'innocence, la chambre criminelle a énoncé, pour rejeter le pourvoi, que les dispositions de l'article 706-153 du Code de procédure pénale n'étaient pas contraires à celles de l'article 6 de la Convention européenne des droits de l'homme.
2. Crim. 22 févr. 2017, n° 16-83.257, P, n° 52 ; *AJ pénal* 2017. 244, obs. O. Violeau – Crim. 13 juin 2018, n° 17-83.238, NP – Crim. 13 juin 2018, n° 17-83.242, NP.
3. C. pr. pén., art. 706-142.
4. C. pr. pén., art. 706-148, 706-150, 706-153 et 706-158.
5. C. pr. pén., art. 706-154 – v. s^s n° 234.81.
6. C. pr. pén., art. 696-110.
7. C. pr. pén., art. 696-128.
8. L. n° 2010-768, 9 juill. 2010 *visant à faciliter la saisie et la confiscation en matière pénale*, *JO* 10 juill., p. 12753.
9. L. n° 2016-731, 3 juin 2016 *renforçant la lutte contre le crime organisé, le terrorisme et leur financement, et améliorant l'efficacité et les garanties de la procédure pénale*, *JO* 4 juin, n° 1.

bre 2010[1] : le juge des libertés et de la détention avait le pouvoir d'autoriser la saisie ; il n'avait pas celui de l'ordonner, lequel appartenait au seul parquet.

La loi du 3 juin 2016[2] a cependant modifié cet état du droit, en réformant le premier alinéa de l'article 706-148 du Code de procédure pénale, organisant la saisie de patrimoine, pour lui faire disposer, comme actuellement, que le juge des libertés et de la détention peut, sur requête du procureur de la République, non plus « autoriser », mais « ordonner » la saisie. Ainsi, la décision de saisie de patrimoine ne relevait plus de la compétence du procureur de la République, mais de celle du juge des libertés et de la détention.

Cet aspect de la loi du 3 juin 2016, qui a été adopté en première lecture par l'Assemblée nationale à la suite d'un amendement gouvernemental déposé en Commission des lois, n'a pas fait l'objet de discussions particulières au cours des travaux préparatoires. L'évolution a d'ailleurs été à tort présentée par le rapporteur de la Commission des lois de l'Assemblée nationale comme étant de nature purement « rédactionnelle »[3], tandis que l'exposé des motifs de l'amendement n° CL 227 déposé par le Gouvernement ne comportait aucun motif se rapportant à l'évolution considérée. L'on peut cependant penser que le transfert au juge des libertés et de la détention du pouvoir d'ordonner la saisie - non plus seulement de l'autoriser - a pour explication la volonté d'élever le niveau de la garantie judiciaire en matière de saisies de patrimoine, laquelle mesure présente un caractère davantage attentatoire au droit de propriété que les autres procédures, en ce qu'elle porte sur des biens qui n'ont aucun lien avec l'infraction poursuivie et est ainsi sans limite. Il reste qu'alors que la portée de l'évolution n'était sans doute que symbolique, puisque la garantie judiciaire semble assurée, que le juge des libertés et de la détention autorise ou ordonne la saisie, elle posait des difficultés pratiques. En effet, il était aisé pour les magistrats, jusqu'à l'entrée en vigueur de la loi du 3 juin 2016, de donner plusieurs fondements à une même saisie[4]. Dans l'état initial de l'article 706-148 du Code de procédure pénale, en effet, il suffisait au procureur de la République et au juge des libertés et de la détention de viser, le premier dans ses réquisitions et sa décision de saisie, le second dans son ordonnance autorisant la mesure, les fondements multiples de celle-ci. Or, cette pratique était rendue plus délicate par l'entrée en vigueur de la loi du 3 juin 2016, dès lors que le juge des libertés et de la détention n'autorisait plus les saisies de patrimoine, mais les ordonnait lui-même, contrairement à ce qu'il en était s'agissant de l'ensemble des autres saisies spéciales. Ainsi, par exemple, lorsque le parquet envisageait de saisir un immeuble ou un bien incorporel qui était confiscable à la fois car il était le produit de l'infraction ou d'une valeur équivalente à celui-ci, et parce que la peine de confiscation de patrimoine ou bien celle des biens dont l'origine n'avait pu être justifiée était encourue, il devait dorénavant être requis du juge des libertés et de la détention que, d'une part, il « ordonne » la saisie du patrimoine du bien sur le fondement de l'article 706-148 du Code de procédure pénale, d'autre part, il en « autorise » par ailleurs la saisie immobilière ou de bien incorporel sur le fondement de l'article 706-150 ou 706-153 du même code, selon la nature du bien considéré. Ces ordonnances obtenues, le ministère public devait alors prendre une décision de saisie immobilière ou de bien incorporel sur le fondement de l'article 706-150 ou 706-153, mais s'en abstenir s'agissant de la saisie de patrimoine, dès lors que l'ordonnance du juge des libertés et de la détention, qui ordonnait la saisie, se suffisait à elle-même : elle était l'acte de saisie. Dans ce type de situation, il paraissait donc nécessaire de mener parallèlement deux procédures de saisies spéciales, sauf à saisir le juge des libertés et de la détention de réquisitions complexes aux termes desquelles il était sollicité de ce magistrat qu'il autorise la saisie sur le fondement de l'article 706-150 ou 706-153, et qu'il l'ordonne en application de l'article 706-148, le juge des libertés et de la détention procédant à une semblable distinction dans le dispositif de son ordonnance. De même, la rédaction des textes était problématique lorsqu'à la suite d'un recours, la chambre de l'instruction envisageait de modifier le fondement de la saisie[5].

Ceci explique que, dans ses rapports annuels pour les années 2016 et 2017, l'Agrasc avait proposé d'étendre la modification introduite par la loi du 3 juin 2016 à l'ensemble des procédures de saisies spéciales, afin de rétablir l'uniformité processuelle qui avait été rompue par ce texte[6].

1. Circ. Justice, 22 déc. 2010 *relative à la présentation de la loi n° 2010-768 du 9 juillet 2010 visant à faciliter la saisie et la confiscation en matière pénale*, NOR : JUS D 1033251 C, *BOMJL* n° 2011-01, 31 janv. 2011, p. 6.
2. L. n° 2016-731, 3 juin 2016 *renforçant la lutte contre le crime organisé, le terrorisme et leur financement, et améliorant l'efficacité et les garanties de la procédure pénale*, *JO* 4 juin, n° 1.
3. *Rapp. Ass. nat.* n° 3515 (XIVe législ.), p. 338.
4. V. s^s^ n° 231.07.
5. V. s^s^ n° 231.103.
6. Agrasc, *Rapp. annuel* 2016, p. 53 : « Pour mettre un terme à ces difficultés, il conviendrait d'étendre la modification apportée par la loi du 3 juin 2016 à l'ensemble des saisies spéciales visées au titre 29 du Code de procédure pénale, quel que soit leur fondement. Ainsi, dans tous les cas, le juge des libertés et de la détention saisi par le parquet rendrait une ordonnance de saisie qui serait notifiée par son greffe. Le parquet n'aurait, en dehors de ses réquisitions ▶

Il est ainsi heureux que la loi n° 2019-222 du 23 mars 2019[1] ait rétabli l'identité de procédure qui avait été perdue à la suite de l'entrée en vigueur de la loi du 3 juin 2016, en généralisant à l'ensemble des saisies spéciales l'évolution qui avait été introduite par ce texte dans le seul domaine des saisies de patrimoine : au cours de l'enquête préliminaire ou de flagrance, quelle que soit la procédure de saisie spéciale considérée, la mesure est ordonnée par décision du juge des libertés et de la détention à la requête du procureur de la République.

231.54 Caractère non-contradictoire de la décision du juge des libertés et de la détention. La procédure de saisie ne présente pas de caractère contradictoire, le propriétaire du bien saisi et les tiers ayant des droits sur ce bien n'étant pas invités à faire valoir leurs observations préalablement à la décision de saisie du juge des libertés et de la détention.

Cet état du droit est évidemment inévitable pour éviter que les intéressés ne mettent à profit le temps de la procédure pour soustraire le bien au projet de saisie, la même préoccupation expliquant que le recours contre la décision de saisie ne présente pas de caractère suspensif[2].

D'ailleurs, le Conseil constitutionnel, à propos de la procédure de saisie de biens incorporels organisée par l'article 706-153 du Code de procédure pénale, n'a pas considéré que le défaut de débat contradictoire préalable à la décision de saisie méconnaissait les droits et libertés que la Constitution garantit. Au contraire, il a relevé qu'« en ne prévoyant pas de débat contradictoire devant le juge des libertés et de la détention et devant le juge d'instruction et en ne conférant pas d'effet suspensif à l'appel devant la chambre de l'instruction, le législateur a entendu éviter que le propriétaire du bien ou du droit visé par la saisie puisse mettre à profit les délais consécutifs à ces procédures pour faire échec à la saisie par des manœuvres », et que, « ce faisant, il a assuré le caractère effectif de la saisie et, ainsi, celui de la peine de confiscation »[3]. Au reste, la chambre criminelle n'a pas adopté une autre position sur le terrain conventionnel en considérant que le caractère non-contradictoire de la procédure de saisie ne méconnaît ni l'article 6, ni l'article 13 de la Convention européenne des droits de l'homme, dès lors que les saisies spéciales constituent des mesures temporaires prévues par la loi, qu'elles poursuivent un but d'intérêt général comme garantissant l'éventuelle peine complémentaire de confiscation, qu'elles sont prononcées par un juge, et enfin qu'elles sont entourées de garanties procédurales permettant, notamment, aux personnes concernées, qui ne sont pas, du seul effet de la saisie, privées de leur droit de propriété, d'exercer un recours contre la décision de saisie, non plus que de solliciter la restitution du bien saisi à chacune des phases du procès pénal, les juges étant tenus de se prononcer dans un délai raisonnable[4].

231.55 Compétence *ratione temporis* du juge des libertés et de la détention. La compétence du juge des libertés et de la détention pour ordonner la saisie des biens confiscables en application de l'article 131-21 du Code pénal se trouve limitée *ratione temporis*. C'est en effet seulement « au cours de l'enquête », ainsi que le précisent expressément certains des textes organisant les saisies spéciales[5], que le juge des libertés et de la détention peut ordonner la saisie de ces biens, le classement sans suite de la procédure, ou l'exercice de poursuites devant le juge d'instruction ou la juridiction de jugement, privant ce magistrat d'une telle compétence.

Par quatre arrêts du 8 avril 2021, la chambre criminelle a d'ailleurs cassé les arrêts d'une chambre de l'instruction qui avaient confirmé les ordonnances de saisie immobilière rendues par un juge des libertés et de la détention alors que les personnes mises en cause avaient d'ores et déjà été poursuivies devant le tribunal correctionnel, la chambre criminelle précisant qu'il importait peu que ce magistrat ait été saisi par le procureur de la République à une date où l'enquête préliminaire était toujours en cours[6].

► préalables, plus aucun acte à formaliser. Cette modification allégerait la charge de travail des magistrats et des greffes, économiserait des frais de justice liés à la notification de décisions successives et éliminerait pour l'avenir une source importante de contentieux. » – AUSSI : Agrasc, *Rapp. annuel* 2017, p. 64 – M. Peter, *Les saisies pénales spéciales. Une évolution majeure pour une stratégie pénale patrimoniale repensée*, thèse, Aix-Marseille, 2018, n° 1123.

1. L. n° 2019-222, 23 mars 2019 *de programmation 2018-2022 et de réforme pour la justice, JO* 24 mars, n° 2.
2. V. s[s] n° 231.101.
3. Cons. const. 14 oct. 2016, n°s 2016-583/584/585/586 QPC, *JO* 16 oct., n° 48 ; *D.* 2016. 2067, *AJ pénal* 2016. 602, obs. O. Violeau ; *Constitutions* 2016. 710, chron. ; *RFDC* 2017. 734, obs. J.-B. Perrier.
4. Crim. 25 sept. 2019, n° 18-86.779, NP.
5. C. pr. pén., art. 706-150, 706-153 et 706-158 – Étant relevé que l'article 706-148 du Code de procédure pénale précise que le juge des libertés et de la détention peut ordonner la saisie des biens dont la confiscation est prévue en application des cinquième et sixième alinéas de l'article 131-21 du Code pénal « si l'enquête porte sur une infraction punie d'au moins cinq ans d'emprisonnement », ce qui implique que cette enquête soit en cours, de même que l'article 706-154 de ce code ne fait que prévoir des modalités particulières de mise en œuvre de l'article 706-153.
6. Crim. 8 avr. 2021, n° 20-85.474, P, 58 – Crim. 8 avr. 2021, n°s 20-85.451, 20-85.453 et 20-85.473, NP.

2°
Information judiciaire

231.61 **Ensemble des procédures de saisies spéciales, à l'exception des saisies de patrimoine.** Au cours de l'information judiciaire, l'ensemble des procédures de saisies spéciales, à l'exception des saisies de patrimoine, obéissent à une structure identique : la décision de saisie est prise par ordonnance du juge d'instruction[1], sans que cette décision ne doive être précédée de réquisitions ou même d'un avis du procureur de la République[2], la mise en œuvre de cette règle étant particulière en cas de saisie de sommes d'argent versées sur un compte bancaire ou d'actifs numériques[3], ainsi qu'il sera vu[4].

Il est à cet égard indifférent que les parties civiles soient à l'initiative de la décision du juge d'instruction[5]. En effet, ainsi que l'a relevé la chambre criminelle, en tout état de cause, « le juge d'instruction tient des dispositions [légales] le pouvoir d'ordonner même d'office une telle mesure » et le fait que l'ordonnance de saisie ait été rendue à la demande des parties civiles n'est pas en soi de nature à faire naître un doute sur l'impartialité du magistrat instructeur[6].

Si la doctrine a pu débattre de la question de savoir si des réquisitions du ministère public préalables à l'ordonnance du juge d'instruction étaient nécessaires en matière de saisies immobilières, de biens ou droits mobiliers incorporels ou sans dépossession, dès lors que cette formalité était expressément exigée par la loi, comme nous le verrons[7], en matière de saisies de patrimoine, la question est aujourd'hui tranchée dans la jurisprudence de la chambre criminelle[8]. La difficulté tenait au fait que les articles 706-150, 706-153 et 706-158 du Code de procédure pénale ont en commun de disposer, après avoir décrit la procédure de saisie devant être suivie pendant l'enquête, au cours de laquelle l'ordonnance du juge des libertés et de la détention ordonnant la saisie doit être délivrée sur requête du procureur de la République, que le juge d'instruction peut ordonner de telles saisies « dans les mêmes conditions ». Ces dispositions pouvaient ainsi être lues comme imposant que l'ordonnance du juge d'instruction soit elle aussi précédée de réquisitions du ministère public[9]. La chambre criminelle a au contraire considéré, dans plusieurs décisions, qu'il n'était pas nécessaire, hors le cas des saisies de patrimoine, que l'ordonnance du juge d'instruction soit précédée d'un avis du procureur de la République. Ainsi, par un premier arrêt du 18 septembre 2012, la chambre criminelle a décidé que les saisies de sommes d'argent versées sur un compte bancaire et d'actifs numériques, organisées par l'article 706-154 du Code de procédure pénale, ne nécessitent pas l'avis préalable du ministère public lorsqu'elles sont ordonnées par le juge d'instruction[10]. Dans cette affaire, un juge d'instruction avait rendu, sans recueillir préalablement l'avis du ministère public, une ordonnance maintenant la saisie de sommes inscrites au crédit d'un compte bancaire effectuée par des officiers de police judiciaire agissant sur commission rogatoire. Le recours contre cette décision ayant été rejeté par la chambre de l'instruction, il avait été formé un pourvoi en cassation et avait été notamment développé le moyen selon lequel, en matière de saisies spéciales, le parquet, si la saisie n'a pas été ordonnée à sa requête, doit donner systématiquement un avis. Au contraire, la chambre criminelle a considéré que la saisie effectuée en application de l'article 706-154 ne constituait pas, en l'espèce, au sens de l'article 706-148 du Code de procédure pénale, une saisie de patrimoine nécessitant l'avis du ministère public. La solution pouvait sans doute être étendue aux saisies immobilières, aux saisies de biens ou droits mobiliers incorporels et aux saisies sans dépossession, mais il est vrai que la rédaction de l'article 706-154, seul concerné dans cette affaire, est distincte de celles des articles 706-150, 706-153 et 706-158, et ne souffre pas, sur le point litigieux, de la même imprécision. En effet, l'article 706-154 dispose à cet égard, plus clairement, qu'après que l'officier de police judiciaire a procédé, sur autorisation du procureur de la République ou du juge d'instruction, à la saisie d'une somme d'argent versée sur un compte bancaire, « le juge des libertés et de la détention, saisi par le procureur de la République, ou le juge d'instruction se prononce par ordonnance motivée sur le main-

1. CEPENDANT : J. Bourgais, *Le rôle du juge pénal en matière de saisies et confiscations, Étude de droit comparé (France – Angleterre)*, Poitiers, 2021, n° 98 proposant que les prérogatives du juge d'instruction soient transférées au juge des libertés et de la détention, tiers aux investigations, en réponse à la duplicité fonctionnelle du juge d'instruction, à la fois directeur des investigations et garant des droits fondamentaux de la personne à l'encontre de laquelle les investigations sont diligentées.
2. C. pr. pén., art. 706-150, 706-153, 706-154 et 706-158.
3. C. pr. pén., art. 706-154.
4. V. s[s] n° 234.81.
5. Crim. 6 mai 2015, n° 15-80.076, P, n° 101 – Crim. 6 mai 2015, n°s 15-80.077 à 15-80.080, NP (4 arrêts) ; *AJ pénal* 2015. 508, obs. L. Ascensi ; *Dr. pén.* 2016, étude 1, obs. V. Georget.
6. Crim. 25 sept. 2019, n° 18-83.770, NP.
7. V. s[s] n° 231.62.
8. SUR CETTE DISCUSSION : *Rép. pén.*, V° « Saisies spéciales », n° 31, par L. Ascensi.
9. EN CE SENS : *J.-Cl. Pr. pén.*, art. 706-148 à 706-158, fasc. 20, par E. Camous.
10. Crim. 18 sept. 2012, n° 12-80.662, P, n° 193 ; *JCP G* 2013. 360, obs. A. Maron.

tien ou la mainlevée de la saisie dans le délai de dix jours à compter de sa réalisation ». Un arrêt ultérieur du 3 mars 2014 est en revanche plus déterminant[1]. En effet, dans cette décision, la chambre criminelle a approuvé une chambre de l'instruction d'avoir confirmé l'ordonnance d'un juge d'instruction ayant ordonné une saisie immobilière sans que n'ait été préalablement recueilli l'avis du ministère public, en relevant que les articles 706-150 à 706-152 du Code de procédure pénale « ne prévoient pas l'avis préalable du ministère public, mais la notification de cette ordonnance au parquet ». S'il est exact que les demandeurs au pourvoi ne contestaient pas cette interprétation des textes, mais soutenaient que la saisie qui avait été ordonnée était en réalité fondée sur l'article 706-148 du Code de procédure pénale organisant la saisie de patrimoine et imposant au juge d'instruction de solliciter préalablement à la saisie l'avis du ministère public, il n'en demeure pas moins que la chambre criminelle a rappelé la motivation de la chambre de l'instruction et considéré que les juges avaient fait une exacte application de l'article 706-150 du Code de procédure pénale. Au reste, cet arrêt a été publié au *Bulletin* sous un sommaire énonçant qu'« il résulte de l'article 706-150 du Code de procédure pénale que le juge d'instruction peut, sans recueillir l'avis du ministère public, et sous réserve des droits des propriétaires de bonne foi, saisir les immeubles qui sont l'objet ou le produit, direct ou indirect, de l'infraction ». Cette solution a été confirmée ensuite[2], puis affirmée en matière de saisies en valeur[3].

Cette interprétation des textes doit être approuvée, en ce qu'elle rejoint ce qui ressort de l'examen des travaux préparatoires de la loi n° 2010-768 du 9 juillet 2010[4]. En effet, dans le texte voté en première lecture par l'Assemblée nationale, les dispositions actuelles des articles 706-150, 706-153 et 706-158 du Code de procédure pénale prévoyaient en substance que les saisies étaient, selon les cas, ordonnées ou autorisées par le procureur de la République ou le juge d'instruction. Il n'était alors nullement question de soumettre ces saisies effectuées en cours d'enquête au contrôle du juge des libertés et de la détention. Deux situations étaient seulement distinguées : la décision de saisie relevait soit du procureur de la République au cours de l'enquête, soit du juge d'instruction pendant l'information judiciaire, ce magistrat n'étant nullement tenu de solliciter préalablement l'avis du ministère public. Ces dispositions ont été modifiées par le Sénat qui a adopté ce qui est devenu la version définitive du texte après son vote en seconde lecture par l'Assemblée nationale. En effet, la rédaction du premier alinéa des articles 706-150, 706-153 et 706-158 issus de la loi du 9 juillet 2020 est directement issue de l'amendement n° 15 présenté par M. le sénateur Zocchetto, rapporteur du texte devant le Sénat, au cours de la discussion publique devant cette assemblée. En déposant cet amendement, le rapporteur avait exposé qu'il s'agissait « de renforcer le rôle du juge des libertés et de la détention dans toutes les procédures de saisie visant la confiscation », l'objectif étant « de sécuriser ces procédures, notamment au regard d'une récente jurisprudence de la Cour européenne des droits de l'homme, l'arrêt *Medvedyev contre France* »[5]. Cette volonté a par ailleurs été largement exprimée au cours de la discussion du texte devant le Sénat, elle a fait l'objet d'autres amendements sénatoriaux, finalement abandonnés par suite de l'adoption de l'amendement présenté par le rapporteur du texte, et elle a enfin été ultérieurement exprimée par le rapporteur du texte devant l'Assemblée nationale[6]. La substitution de l'actuelle rédaction des articles 706-150, 706-153 et 706-158 aux dispositions initiales, qui étaient insusceptibles d'être lues comme imposant au juge d'instruction de recueillir préalablement à la saisie l'avis du ministère public, a ainsi été motivée par la seule volonté du législateur de soumettre la décision de saisie spéciale du procureur de la République au contrôle du juge des libertés et de la détention pendant l'enquête. N'a au contraire jamais été exprimée la volonté de contraindre le juge d'instruction à solliciter l'avis du ministère public pendant l'information judiciaire.

231.62 Spécificité de la procédure de saisie de patrimoine. Au contraire, comme nous le verrons lors de l'étude de la saisie de patrimoine[7], il ne fait aucun doute que, lorsque le juge d'instruction procède à une saisie de patrimoine en application de l'article 706-148 du Code de procédure pénale, ce magistrat doit agir soit sur réquisitions du procureur de la République, soit, s'il agit d'office, après avoir recueilli l'avis du parquet. Le premier alinéa de l'article 706-148 dispose en effet que « le juge d'instruction peut, sur requête du procureur de la République ou d'office après avis du ministère public, ordonner cette saisie dans les mêmes conditions » qu'au cours de l'enquête. À la différence des autres procédures de saisies spéciales, le juge d'ins-

1. Crim. 5 mars 2014, n° 13-84.977, P, n° 67 ; *D.* 2014. 613.
2. Crim. 24 oct. 2018, n° 17-86.220, NP.
3. Crim. 8 juill. 2015, n° 15-81.670, NP – Crim. 7 déc. 2016, n° 16-81.280, NP – Crim. 16 mars 2022, n° 21-85.596, NP.
4. L. n° 2010-768, 9 juill. 2010 *visant à faciliter la saisie et la confiscation en matière pénale, JO* 10 juill., p. 12753.
5. *JO Sénat CR*, 29 avr. 2010, p. 2930.
6. *Rapp. Ass. nat.* n° 2626 (XIIIe législ.), p. 25.
7. V. s[s] n° 232.33.

truction ne saurait donc ordonner la saisie d'un bien sur le fondement de l'article 706-148 sans avoir préalablement recueilli l'avis du ministère public par ordonnance de soit-communiqué, ou bien sans que la réalisation de la mesure ait été spontanément requise par le parquet.

Il faut d'ores et déjà insister sur cette spécificité, car elle a donné lieu à un intense contentieux devant la chambre criminelle qui a rappelé l'importance de cette condition aux juridictions du fond [1].

Au reste, le fait que le régime juridique applicable aux saisies de patrimoine soit plus strict n'est pas sans conséquence pratique, lorsqu'ainsi qu'il sera vu [2], la chambre de l'instruction envisage de modifier le fondement de la saisie.

B.
Formes de la décision

231.71 Défaut de formalisme. Les actes des procédures de saisies spéciales n'ont été soumis à aucun formalisme particulier par le législateur, à l'exception des décisions du juge des libertés et de la détention ordonnant la saisie, lesquelles doivent être motivées.

L'on doit en vérité à la pratique des juridictions du fond et de l'Agrasc d'avoir, depuis l'entrée en vigueur de la loi n° 2010-768 du 9 juillet 2010 [3], formalisé les actes des procédures de saisies spéciales. L'Agrasc a notamment conçu divers modèles d'actes qu'elle tient à la disposition des magistrats sur son site intranet.

231.72 Motivation des ordonnances du juge des libertés et de la détention. Les textes relatifs aux procédures de saisies spéciales ont cependant en commun de prévoir que les ordonnances rendues par le juge des libertés et de la détention doivent être motivées [4].

Contrairement à ce qu'elle a dans un premier temps jugé [5], la chambre criminelle considère que l'exigence de motivation des ordonnances de saisies spéciales du juge des libertés et de la détention n'est pas satisfaite lorsque ce magistrat se borne à adopter les motifs de la requête du ministère public. Elle a en effet énoncé que, « dès lors que le juge des libertés et de la détention ordonne ou autorise un acte qui porte atteinte à un droit fondamental, l'ordonnance qu'il rend ne peut se limiter à renvoyer aux motifs de la requête et doit contenir une motivation justifiant, en droit et en fait, de la nécessité de la mesure », ce qui est le cas en matière de saisies spéciales, dès lors que « l'ordonnance autorisant une [telle saisie] est de nature à porter atteinte au droit de propriété » [6]. Mais il est vrai que la jurisprudence de la chambre criminelle a connu une évolution comparable s'agissant de la motivation des ordonnances du juge des libertés et de la détention autorisant les perquisitions sans assentiment sur le fondement de l'article 76 du Code de procédure pénale [7].

Inversement, cependant, rien ne s'oppose à ce que l'ordonnance du juge des libertés et de la détention reproduise les motifs énoncés dans la requête du ministère public analysant les éléments de fait et de droit rendant nécessaire la saisie [8].

231.73 Motivation des ordonnances du juge d'instruction. Bien que les textes ne l'énoncent guère, l'on peut également penser que les décisions de saisies spéciales rendues par le juge d'instruction au cours de l'information judiciaire doivent de même être motivées. L'on relèvera d'ailleurs que, si les articles 706-148, 706-150, 706-153 et 706-158 du Code de procédure pénale ne disent rien à cet égard, il en va autrement de l'article 706-154, relatif aux saisies de sommes d'argent inscrites au crédit de comptes bancaires et d'actifs numériques qui dispose que « le juge des libertés et de la détention, saisi par le procureur de la République, ou le juge d'instruction, se prononce par ordonnance motivée sur le maintien ou la mainlevée de la saisie dans un délai de dix jours à compter de sa réalisation ». Ainsi, alors qu'une telle saisie constitue, dans le Code de procédure pénale, un type particulier de saisie de biens ou droits mobiliers incorporels, il serait douteux que l'ordonnance du juge d'instruction autorisant le maintien de la saisie doive être motivée et qu'une telle motivation ne soit pas exigée du juge d'instruction qui ordonne la saisie d'un autre bien incorporel. De même, comment pourrait-on justifier qu'une telle décision de saisie doive être motivée et que ne le doive pas la décision du juge d'instruction ordonnant une saisie de patrimoine, alors que cette mesure présente un caractère plus attentatoire encore au droit de propriété ?

1. Crim. 11 juill. 2012, n° 12-82.050, P, n° 168 – Crim. 11 juill. 2012, n°s 12-82.051 et 12-82.052, NP ; *D.* 2012. 1964 ; *AJ pénal* 2012. 661, obs. J. Pronier ; *Dr. Pén.*, 2012, comm. 138, obs. A. Maron et M. Haas – Crim. 18 sept. 2012, n° 12-82.759, P, n° 192 ; *D.* 2012. 2247, *JCP G* 2013. 360, obs. A. Maron – Crim. 18 sept. 2012, n° 12-80.662, P, n° 193 – Crim. 27 nov. 2012, n° 12-85.344, P, n° 259 ; *AJ pénal* 2013. 171, obs. L. Ascensi ; *JCP G* 2013. 360, obs. A. Maron.
2. V. s^{s} n° 231.103.
3. L. n° 2010-768, 9 juill. 2010 *visant à faciliter la saisie et la confiscation en matière pénale, JO* 10 juill., p. 12753.
4. C. pr. pén., art. 706-148, 706-150, 706-153, 706-154 et 706-158.
5. Crim. 11 déc. 2012, n° 11-89.111, NP.
6. Crim. 25 sept. 2019, n° 18-86.779, NP – Crim. 6 nov. 2019, n° 18-86.918, NP.
7. V. s^{s} n° 221.285.
8. Crim. 25 sept. 2019, n° 18-86.779, NP – Crim. 6 nov. 2019, n° 18-86.918, NP.

231.74 Accès du juge des libertés et de la détention au dossier de la procédure. Il paraît évident que le juge des libertés et de la détention est fondé à solliciter du ministère public l'ayant saisi afin qu'il ordonne une mesure de saisie spéciale, qu'il lui communique l'entier dossier de la procédure. Ceci étant, il a été posé pour principe que l'appelant d'une telle décision est irrecevable « à faire vérifier dans quelles conditions le juge prend connaissance des pièces du dossier de la procédure mis à sa disposition »[1]. Cette règle n'est cependant ni nouvelle, ni spécifique, comme ayant déjà été énoncée dans le contentieux de la détention provisoire[2]. En effet, la façon dont un juge prend connaissance des pièces de la procédure a été considérée comme relevant de l'intimité de l'acte de juger.

C.
Recours contre la décision

231.80 Plan. Les décisions de saisies spéciales sont susceptibles de faire l'objet des voies de recours habituelles que sont l'appel et le pourvoi en cassation. Seront ainsi examinées les conditions (1°) et les effets (2°) de cet appel, puis évoquées les spécificités du pourvoi en cassation (3°).

1°
Conditions de l'appel

231.91 Droit d'appel devant la chambre de l'instruction. Dans l'ensemble des procédures de saisies spéciales, l'ordonnance de saisie du juge des libertés et de la détention ou du juge d'instruction doit être notifiée au ministère public, au propriétaire du bien saisi, ainsi qu'aux tiers ayant des droits sur ce bien, qui peuvent la déférer en la forme d'un « appel » à la chambre de l'instruction, par déclaration au greffe du tribunal et dans un délai de dix jours suivant la notification qui a été faite[3].

Ceci étant, par dérogation à ce qui précède, la loi n° 2019-222 du 23 mars 2019[4] a modifié l'article 706-153 du Code de procédure pénale organisant la saisie des biens ou droits mobiliers incorporels pour permettre que l'appel soit porté devant la chambre de l'instruction ou bien son seul président[5]. Il faut cependant bien relever que cette faculté est prévue dans ce seul cas, et n'a curieusement pas été retenue dans le cadre de la procédure dérogatoire de l'article 706-154 du Code de procédure pénale applicable à la saisie des sommes d'argent figurant sur les comptes bancaires et des actifs numériques[6]. On observera de surcroît que ces nouvelles dispositions de l'article 706-153 du Code de procédure pénale ont été complétées par celles de l'article D. 43-5 du même code selon lesquelles, d'une part, « l'auteur [...] du recours peut [...] préciser dans [...] son recours qu'il saisit la chambre de l'instruction dans sa formation collégiale », d'autre part, « le président peut décider, au regard de complexité du dossier, que celui-ci soit examiné par la chambre dans sa composition collégiale ». La compétence du président de la chambre de l'instruction est donc le principe ; celle de la formation collégiale l'exception.

En ce qui concerne les formes de la notification de l'ordonnance de saisie, il ressort de deux décisions de la chambre criminelle rendues dans la même affaire, l'une sur question prioritaire de constitutionnalité, l'autre sur le fond du pourvoi que, d'une part, la notification doit être effectuée « par voie administrative », c'est-à-dire par lettre recommandée avec accusé de réception, dès lors que les dispositions des articles 706-148, 706-150, 706-153, 706-154 et 706-158 du Code de procédure pénale doivent être interprétées avec celles de l'article 550 du même code[7], d'autre part, il n'y a pas lieu de préciser dans l'acte de notification les formes et délais du recours[8]. Au reste, il a été jugé que la notification de la décision n'est pas prescrite à peine de nullité, ne constitue ni une formalité substantielle, ni une règle d'ordre public, et que son seul objet est de faire courir les délais de recours[9].

S'agissant du délai d'appel, à l'instar des règles applicables à l'appel des ordonnances du juge d'instruction, lesquelles ont été jugées conformes au droit constitutionnel[10] et conventionnel[11], ce délai commence à courir à compter de la date d'expédition de la lettre recommandée de notification[12], pour expirer le dixième jour à la fermeture du greffe ; la date d'expédition résultant de la mention portée par le greffier en marge de l'ordonnance lors de la mise sous pli, laquelle fait foi jusqu'à preuve contraire qui est susceptible de résulter du cachet de la poste apposé lors de la remise effective du pli

1. Crim. 26 juin 2019, n° 18-85.209, P, n° 138 ; *D.* 2019. 1341 – Crim. 26 juin 2019, n° 18-85.220, NP.
2. Crim. 10 août 2016, n° 16-83.318, P, n° 227 – Crim. 8 juin 2017, n° 17-82.183, NP.
3. C. pr. pén., art. 706-148, 706-150, 706-153, 706-154 et 706-158.
4. L. n° 2019-222, 23 mars 2019 *de programmation 2018-2022 et de réforme pour la justice, JO* 24 mars, n° 2.
5. V. s[s] n° 234.43.
6. Crim. 2 juin 2021, n° 20-81.100, P, 153.
7. Crim. 30 janv. 2019, n° 18-85.581, NP.
8. Crim. 30 janv. 2019, n° 18-85.581, NP – Crim. 20 mars 2019, n° 18-85.581, NP.
9. Crim. 3 févr. 2016, n° 15-83.513, NP.
10. Crim. 8 juin 2017, n° 16-86.853, NP.
11. Crim. 2 nov. 2017, n° 16-86.853, NP.
12. Crim. 12 janv. 1988, n° 86-94.087, P, n° 12 – Crim. 19 oct. 1988, n° 87-84.566, P, n° 358 – Crim. 27 mars 1995, n° 94-82.758, P, n° 126.

recommandé à ce service[1]. C'est en définitive l'examen du bordereau de dépôt de la lettre recommandée qui est déterminant. Il peut en aller cependant autrement en cas de notification de la décision à une personne se trouvant sur le territoire d'un État étranger. Dans ce cas, le délai d'appel ne commencera à courir qu'à compter du jour où l'ordonnance de saisie aura été notifiée dans les conditions prévues par la convention d'entraide judiciaire internationale[2]. Encore faut-il, cependant, qu'une convention internationale applicable prévoie des règles dérogeant au droit commun[3].

Il appartient de surcroît à la chambre de l'instruction saisie de l'appel tardif d'un tiers à la procédure de contrôler que la notification a bien été faite à l'adresse de celui-ci[4]. Si, en effet, au cours de l'information judiciaire, le troisième alinéa de l'article 183 du Code de procédure pénale dispose que « toute notification d'acte à une partie par lettre recommandée expédiée à la dernière adresse déclarée par l'intéressée est réputée faite à sa personne », de telles dispositions ne sauraient à l'évidence recevoir application pendant l'enquête et, s'agissant des tiers, pendant l'information judiciaire. En ce qui concerne ces derniers, la chambre de l'instruction ne saurait s'abstenir de s'assurer que la lettre recommandée de notification a bien été expédiée à l'adresse du destinataire.

Enfin, si le délai de recours est en principe de dix jours, celui-ci peut se trouver allonger, comme en droit commun[5], « lorsque l'appelant démontre l'existence d'un obstacle de nature à le mettre dans l'impossibilité d'exercer son recours en temps utile »[6]. Dans cette affaire, après avoir énoncé ce principe, la chambre criminelle a reproché à une chambre de l'instruction d'avoir déclaré irrecevable l'appel d'une ordonnance du juge d'instruction de saisie de créance interjeté par un tiers à la procédure, en retenant que celui-ci, qui expliquait n'avoir disposé que de quatre jours, comprenant un week-end, pour faire traduire le document, comprendre qu'il pouvait faire appel et solliciter un avocat, ne justifiait néanmoins pas avoir été absolument empêché d'exercer son recours par une circonstance indépendante de sa volonté, cas de force majeure ou obstacle invincible. La chambre criminelle a au contraire énoncé qu'en statuant ainsi, les juges du second degré avaient méconnu le principe précité, dès lors que « le requérant, tiers à la procédure et, comme tel, non soumis à l'obligation de déclarer son adresse, était étranger et résidait hors du territoire national ». La circonstance insurmontable peut notamment consister dans « la remise tardive de la lettre recommandée de notification en raison d'une défaillance du système d'acheminement du courrier »[7]. Ce principe a été confirmé par la suite[8].

231.92 Recevabilité de l'appel. La chambre criminelle apprécie strictement la recevabilité de l'appel des ordonnances de saisies spéciales : seuls le ministère public, le propriétaire du bien saisi ou le mis en cause ayant ce bien à sa libre disposition, ainsi que les personnes ayant des droits sur ce bien – à condition qu'ils justifient d'un intérêt à agir –, sont recevables à interjeter appel. Au reste, lorsque l'appel est jugé recevable, l'appelant demeure irrecevable à invoquer l'atteinte susceptible d'être portée par la saisie aux droits des tiers. Mais il est vrai que cette jurisprudence n'est que la conséquence de la rédaction des articles 706-148, 706-150, 706-153, 706-154 et 706-158 du Code de procédure pénale, qui, à l'intérêt à agir, ont ajouté une qualité particulière dont dépend la recevabilité de l'appel.

Dans plusieurs arrêts, la chambre criminelle a ainsi considéré qu'étaient irrecevables les appels formés à l'encontre d'ordonnances de saisies spéciales, lorsque ces recours étaient exercés par des personnes n'étant titulaires d'aucun droit sur les biens saisis[9]. En particulier, lorsque le bien appartient à une société, seule celle-ci, par l'intermédiaire de son représentant légal, peut exercer un recours à l'encontre de la décision de saisie, à l'exclusion de ses actionnaires ou porteurs de parts. Il ne pourrait en aller autrement que si ces derniers, indépendamment de leur qualité d'associé, justifiaient être personnellement titulaires de droits sur les biens saisis[10]. Il a en effet été énoncé que les associés et titulaires de parts d'une société civile immobilière, seule propriétaire du bien saisi, ne sont pas des tiers ayant des droits sur ce bien au sens de l'article 706-

1. Crim. 22 mai 2008, n° 07-88.267, P, n° 130 – Crim. 28 oct. 2008, n° 08-82.524, P, n° 216 ; *D.* 2009. 44, chron. P. Chaumont et E. Degorce ; *AJ pénal* 2008. 516 – Crim. 14 juin 2023, n° 22-85.277, NP.
2. Crim. 23 nov. 2022, n° 22-80.870, NP à propos d'une notification faite en République populaire du Congo.
3. Crim. 14 juin 2023, n° 22-85.277, NP.
4. Crim. 1er avr. 2020, n° 19-84.082, NP.
5. Crim. 17 déc. 2013, n° 12-87.467, P, n° 260 ; *D.* 2014. 15 ; *AJ pénal* 2014. 190, obs. G. Royer.
6. Crim. 19 juin 2019, n° 18-83.090, NP.
7. Crim. 15 nov. 2022, n° 22-82.941, NP.
8. Crim. 1er avr. 2020, n° 19-84.082, NP – Crim. 5 oct. 2022, n° 21-84.705, NP – Crim. 10 mai 2023, n° 22-82.941, NP – Crim. 14 juin 2023, n° 22-85.277, NP.
9. Crim. 3 févr. 2016, n° 14-87.754, NP – Crim. 22 févr. 2017, n° 16-81.176, NP – Crim. 15 mars 2017, n° 16-80.801, P, n° 74 ; *D.* 2017. 705 ; *D.* 2017. 2501, obs. G. Roujou de Boubée, T. Garé, C. Ginestet, M.-H. Gozzi, S. Mirabail et E. Tricoire ; *AJ pénal* 2017. 299, obs. O. Violeau – Crim. 4 mars 2020, n° 19-80.593, NP.
10. EN CE SENS : M. Segonds, « Les droits des tiers », *in* L. Ascensi, P. Beauvais et R. Parizot (dir.), *La confiscation des avoirs criminels, Nouveaux enjeux juridiques*, LGDJ, 2021, p. 100.

150 du Code de procédure pénale et n'ont donc pas qualité pour exercer un recours contre l'ordonnance de saisie immobilière, ni pour se pourvoir en cassation[1]. De même, un associé et titulaire de parts d'une société civile immobilière, seule titulaire du compte bancaire saisi, a été déclaré irrecevable à exercer un recours à l'encontre de l'ordonnance de saisie, comme n'ayant pas la qualité de tiers ayant des droits sur le compte, au sens de l'article 706-154 du Code de procédure pénale[2]. Il en va *a fortiori* de même du bénéficiaire économique de la société associée majoritaire ou unique de la société civile immobilière à qui appartient l'immeuble saisi[3]. Hors les groupements, il a été posé pour principe que « la partie civile constituée dans une information au cours de laquelle le juge des libertés et de la détention a autorisé la saisie en valeur d'une créance dont est titulaire une des personnes mises en examen, n'est pas un tiers ayant des droits sur le bien saisi au sens de l'article 706-153 du Code de procédure pénale et n'a donc pas qualité pour se pourvoir en cassation contre l'arrêt de la chambre de l'instruction statuant sur cette saisie »[4], ce qui a pu être discuté[5]. La règle s'applique également lorsque la partie civile est la débitrice de la créance, objet de la saisie, dont la personne mise en cause est titulaire à son encontre, en sorte que cette partie civile n'a pas qualité pour se pourvoir en cassation contre l'arrêt de la chambre de l'instruction infirmant l'ordonnance de saisie[6]. Hors ce cas particulier, il en va plus généralement de même du débiteur de la créance saisie en application de l'article 706-153 du Code de procédure pénale, lequel « n'est pas un tiers ayant des droits sur ce bien au sens de ce texte et n'a donc pas qualité pour exercer un recours contre l'ordonnance de saisie ni pour se pourvoir en cassation »[7]. Le débiteur d'une créance ne peut en effet être vu comme ayant des droits sur le rapport d'obligation dont il est précisément le débiteur ; mais il est vrai qu'une autre voie de recours a été ouverte à l'intéressé[8]. Cette règle a aussi été appliquée à la banque qui n'est pas recevable à interjeter appel de l'ordonnance de saisie de sommes d'argent figurant sur un compte bancaire, dès lors que « le solde créditeur d'un compte bancaire constitue, au sens de l'article 706-153 du Code de procédure pénale, une créance détenue par le titulaire de ce compte à l'encontre de l'établissement bancaire auprès duquel il est ouvert », et que la banque a donc la qualité de débiteur de la créance et ne peut pour ce motif être vue comme étant un tiers ayant des droits sur le bien saisi[9]. Rappelons en effet que la chambre criminelle[10], la première chambre civile[11] et la chambre commerciale[12] de la Cour de cassation considèrent toutes trois que le dépôt d'une somme d'argent sur un compte bancaire en modifie la nature, le titulaire du compte devenant créancier de la banque. Dans l'hypothèse où la banque contesterait devoir consigner les fonds auprès de l'Agrasc, par exemple en raison de l'existence d'une convention d'unité de comptes, il lui appartiendrait de saisir le juge ayant ordonné la saisie d'une requête relative à l'exécution de celle-ci sur le fondement de l'article 706-144 du Code de procédure pénale[13]. Enfin, il a été jugé de manière peu douteuse que la seule notification de l'ordonnance de saisie ne confère pas à l'intéressé qualité pour interjeter appel de celle-ci[14].

La chambre criminelle a cependant étendu la qualité pour interjeter appel à la personne mise en cause ou mise en examen, lorsque le bien a été saisi au motif qu'il est à sa libre disposition. Ainsi a-t-il été posé le principe suivant : « Lorsque l'ordonnance de saisie est fondée sur la circonstance que le bien concerné est à la libre disposition de la personne mise en cause ou mise en examen, cette dernière, qui peut être assimilée au propriétaire du bien saisi ou à un tiers ayant des droits sur ce bien, est recevable à interjeter appel de l'ordonnance de saisie. »[15] Encore faut-il, cependant, que l'ordonnance de saisie ait été fondée sur la circonstance que le bien était à la libre disposition de la personne mise en cause, la seule qualité de mis en cause ne suffisant pas[16]. Cette règle, qui a été expressément fondée sur le fait qu'en pareil cas la personne mise

1. Crim. 3 mai 2018, n° 16-87.534 P, n° 82 – AUSSI : Crim. 16 janv. 2019, n° 17-83.006, P, n° 20 – Crim. 16 janv. 2019, n° 17-82.997, NP.
2. Crim. 3 avr. 2019, n° 18-83.052, NP.
3. Crim. 17 nov. 2021, n°s 21-82.701 et 21-82.702, NP (2 arrêts).
4. Crim. 21 nov. 2018, n° 16-82.315, P, n° 196 – Crim. 21 nov. 2018, n° 16-82.317, NP – Crim. 21 nov. 2018, n° 16-82.321, NP.
5. M. Segonds, « Les droits des tiers », *in* L. Ascensi, P. Beauvais et R. Parizot (dir.), *La confiscation des avoirs criminels, Nouveaux enjeux juridiques*, LGDJ, 2021, p. 102.
6. Crim. 26 janv. 2022, n° 21-83.388, P.
7. Crim. 20 nov. 2019, n° 18-82.066, P, 82 ; *D.* 2019. 2249.
8. V. s^s^ n° 234.114.
9. Crim. 19 oct. 2022, n° 21-86.652, P.
10. Crim. 23 oct. 2019, n° 18-85.820, P, 61 ; *D.* 2019. 2093 ; *AJ pénal* 2020. 34, obs. D. Miranda ; *ibid*. 2019. 613, obs. M. Hy.
11. Civ. 1re, 20 avr. 1983, n° 82-10.114, P I, n° 127 – Civ. 1re, 7 févr. 1984, n° 82-16.655, P I, n° 49.
12. Com. 13 janv. 1987, n° 85-13.997, P IV, n° 15 – Com. 23 oct. 1990, n° 89-14.365, NP.
13. Crim. 19 oct. 2022, préc.
14. Crim. 9 juin 2022, n° 21-85.805, NP – Crim. 5 oct. 2022, nos 21-86.223, 21-86.224 et 21-86.225 (3 arrêts), NP.
15. Crim. 9 juin 2022, n° 21-86.360, P – Crim. 9 juin 2022, nos 21-86.363 et 21-86.366, NP (2 arrêts) – AUSSI : Crim. 1er févr. 2023, n° 22-83.272, NP.
16. Crim. 5 oct. 2022, nos 21-86.223, 21-86.224 et 21-86.225 (3 arrêts), NP.

en cause est considérée comme étant la propriétaire économique réelle du bien saisi[1], doit pour ce motif être approuvée : dès lors que, dans l'ordre du droit substantiel, la libre disposition du bien permet la saisie comme étant tenue pour équivalente à la propriété du bien objet de la mesure, cette notion doit de la même façon être assimilée à la propriété dans l'ordre du droit processuel. Les intentions du législateur étaient de plus vraisemblablement en ce sens si l'on relève que, dans l'exposé des motifs du projet de loi à l'origine de l'adoption de la loi n° 2013-1117 du 6 décembre 2013[2], qui a réformé l'appel en matière de saisies spéciales, il était énoncé que, dans le cadre des procédures de saisies spéciales, le recours est ouvert « à la personne à l'encontre de laquelle la saisie est ordonnée, ainsi qu'à toute personne ayant un droit sur le bien saisi »[3]. De même, dans le domaine voisin de l'entraide aux fins de reconnaissance et d'exécution des décisions de gel entre les États membres de l'Union européenne, le règlement (UE) 2018/1805[4] reconnaît un droit au recours aux « personnes concernées » (art. 33, § 1), lesquelles s'entendent de « la personne à l'encontre de laquelle une décision de gel ou une décision de confiscation a été émise », de « la personne propriétaire des biens faisant l'objet de ladite décision », ainsi que de « tout tiers, y compris les tiers de bonne foi, dont les droits afférents à ces biens sont directement lésés par la décision en question » (considérant 15). La directive 2014/42/UE du 3 avril 2014[5] est aussi en ce sens (considérant 33).

Par ailleurs, sur le terrain cette fois de l'intérêt à agir, l'occupant d'un immeuble objet d'une saisie immobilière[6], tout comme l'exploitant d'une propriété viticole ayant fait l'objet d'une telle mesure[7], n'ont pas été considérés comme ayant intérêt à contester la décision de saisie, dès lors que l'indisponibilité du bien saisi est seulement juridique. Il n'en aurait été autrement que si les intéressés avaient démontré un trouble de jouissance.

Au reste, lorsque l'appel est recevable, l'appelant ne saurait être pour autant recevable à saisir la chambre de l'instruction de moyen pris de l'atteinte portée par la saisie aux droits de tiers[8]. Par exemple, le bénéficiaire d'un trust a été déclaré irrecevable à invoquer la bonne foi du *trustee*[9].

231.93 Appel du procureur de la République à l'encontre de l'ordonnance de rejet de sa requête aux fins de saisie spéciale. Le législateur n'a pas envisagé, aux articles 706-141 et suivants du Code de procédure pénale, l'éventualité d'un appel du procureur de la République à l'encontre de l'ordonnance du juge des libertés et de la détention, ou bien du juge d'instruction, rejetant sa requête aux fins de saisie spéciale : seul se trouve prévu l'appel susceptible d'être interjeté à l'encontre de l'ordonnance de saisie. La question avait été incidemment envisagée par le représentant du Gouvernement lors des débats devant le Sénat, préalablement à l'adoption de la loi n° 2010-768 du 9 juillet 2010[10], mais il n'avait été tiré aucune conséquence textuelle de son intervention[11].

La question a cependant été résolue par application du droit commun. En effet, par un arrêt du 17 février 2021, la chambre criminelle a reconnu au procureur de la République la faculté d'interjeter appel de l'ordonnance du juge des libertés et de la détention rejetant sa requête aux fins de saisie, en se fondant sur les dispositions de l'article 185 du Code de procédure pénale énonçant, à son premier alinéa, que « le procureur de la République a le droit d'interjeter appel devant la chambre de l'instruction de toute ordonnance du juge d'instruction ou du juge des libertés et de la détention »[12].

Il reste que la reconnaissance d'un tel droit ne pouvait que s'accompagner de l'organisation prétorienne du statut du propriétaire du bien dont la saisie est requise, et des tiers ayant des droits sur ce bien, qui ne pouvaient avoir moins de droits devant la chambre de l'instruction en cas d'appel du procureur de la République à l'encontre de la

1. V. s[s] n° 125.22.
2. L. n° 2013-1117, 6 déc. 2013, *relative à la lutte contre la fraude fiscale et la grande délinquance économique et financière, JO* 7 déc., p. 19941.
3. Projet de loi n° 1011 *relatif à la lutte contre la fraude fiscale et la grande délinquance économique et financière* (XIVe législ.), p. 20.
4. Règl. (UE) 2018/1805, Parlement et Conseil, 14 nov. 2018 *concernant la reconnaissance mutuelle des décisions de gel et des décisions de confiscation, JOUE* L 303, 28 nov., p. 1.
5. Dir. 2014/42/UE, Parlement et Conseil, 3 avr. 2014 *concernant le gel et la confiscation des instruments et des produits du crime dans l'Union européenne, JOUE* L 127, 29 avr. 2014, p. 39.
6. Crim. 13 juin 2019, n° 18-84.256, NP – Crim. 17 nov. 2021, n°s 21-82.701 et 21-82.702, NP (2 arrêts).
7. Crim. 15 janv. 2020, n° 19-80.891, P, 20, 118 ; *D.* 2020. 86 ; *ibid.* 1643, obs. J. Pradel ; *AJ pénal* 2020. 145, obs. M. Hy – Crim. 15 janv. 2020, n°s 19-80.892 à 19-80.899, NP (8 arrêts).
8. Crim. 15 mars 2017, n° 16-80.801, P, n° 74 ; *D.* 2017. 705 ; *D.* 2017. 2501, obs. G. Roujou de Boubée, T. Garé, C. Ginestet, M.-H. Gozzi, S. Mirabail et E. Tricoire ; *AJ pénal* 2017. 299, obs. O. Violeau – Crim. 16 janv. 2019, n° 17-83.006, P, n° 20 – Crim. 16 janv. 2019, n° 17-82.997, NP.
9. Crim. 20 nov. 2019, n° 18-86.782, NP.
10. L. n° 2010-768, 9 juill. 2010 *visant à faciliter la saisie et la confiscation en matière pénale, JO* 10 juill., p. 12753.
11. *JO Sénat CR*, 29 avr. 2010, p. 2928 : « Dans les autres cas, notamment dans l'hypothèse d'un recours contre une ordonnance refusant la saisie, le caractère suspensif n'est pas nécessaire. »
12. Crim. 17 févr. 2021, n° 20-81.397, P, 37 ; *AJ pénal* 2021. 167.

décision de rejet de sa requête aux fins de saisie, qu'en cas de recours contre l'ordonnance de saisie, les textes relatifs aux saisies spéciales reconnaissant en effet au seul appelant le droit de prétendre à la mise à disposition des pièces se rapportant à la saisie qu'il conteste, tandis que, s'ils ne sont pas appelants, le propriétaire du bien et les tiers peuvent seulement être entendus par la chambre de l'instruction [1]. Aussi, s'inspirant de ces textes, la chambre criminelle a posé le principe qui suit : « En cas d'appel interjeté par le procureur de la République, en application de l'article 185 du Code de procédure pénale, à l'encontre de l'ordonnance du juge des libertés et de la détention rejetant sa requête aux fins de saisie de bien ou droit incorporel, le propriétaire du bien ou du droit saisi et, s'ils sont connus, les tiers ayant des droits sur ce bien ou sur ce droit, qui doivent être convoqués devant la chambre de l'instruction, peuvent prétendre dans ce cadre à la mise à disposition des pièces de la procédure se rapportant à la saisie. » [2] Ces personnes doivent être convoquées devant la chambre de l'instruction où elles sont titulaires des mêmes droits que si elles avaient interjeté appel de l'ordonnance de saisie.

Ceci étant, en cas de rejet de sa requête aux fins de saisie, il y a lieu pour le procureur de la République de s'interroger sur l'opportunité d'un appel, dès lors qu'en cas d'exercice de cette voie de recours, l'instance se poursuit devant la chambre de l'instruction sans que le bien dont la saisie est recherchée ne soit placé sous main de justice et comme tel indisponible. Il existe ainsi un risque de dissipation du bien tant que la chambre de l'instruction n'a pas statué, en particulier si le bien dont la saisie est requise est un bien incorporel tel qu'une somme d'argent figurant au crédit d'un compte bancaire. Dans certaines situations, il est davantage opportun pour le ministère public de s'abstenir d'interjeter appel et, ultérieurement, de saisir à nouveau le juge des libertés et de la détention, ou le juge d'instruction, de nouvelles réquisitions aux fins de saisie fondées sur l'évolution du dossier de la procédure – dès lors que les décisions en matière de saisies spéciales ont la nature de décisions avant dire droit à laquelle ne peut s'attacher l'autorité de la chose jugée [3].

231.94 Procédure devant la chambre de l'instruction. L'appel de l'ordonnance de saisie est évoqué devant la chambre de l'instruction selon les formes ordinaires, le propriétaire du bien saisi et les tiers ayant des droits sur ce bien pouvant cependant être entendus par la chambre de l'instruction, même s'ils ne sont pas appelants, mais sans pouvoir prétendre à la mise à disposition de la procédure [4].

Sous réserve de l'application des dispositions propres aux saisies spéciales, la procédure suivie devant la chambre de l'instruction est celle des articles 197 et suivants du Code de procédure pénale. Il a ainsi été reproché à une chambre de l'instruction d'avoir méconnu l'article 199 du Code de procédure pénale, selon lequel le mis en examen ou son avocat doit avoir la parole en dernier [5], tandis que, réciproquement, l'on a jugé que le propriétaire d'un bien saisi ne bénéficie pas d'un tel droit lorsqu'il n'a pas la qualité de mis en examen [6]. De même, rien ne s'oppose à ce que la partie civile produise un mémoire et soit entendue par la chambre de l'instruction [7]. Une chambre de l'instruction s'est encore vue reprocher de s'être abstenue de faire état d'une demande de renvoi et de statuer sur celle-ci [8], de ne pas avoir mis la Cour de cassation en mesure d'exercer son contrôle sur le respect des délais pendant lesquels le dossier et les réquisitions écrites du procureur général devaient être mis à la disposition de l'appelant [9], ou bien encore d'avoir déclaré irrecevable le mémoire déposé au greffe de la chambre de l'instruction par un avocat, au motif qu'il n'était pas signé, alors qu'il avait été déposé au moyen du réseau privé virtuel des avocats (RPVA), de sorte que l'identité de son auteur et son authenticité ne faisaient aucun doute [10]. Enfin, c'est aussi en se fondant sur le droit commun que la chambre criminelle a considéré que le président de la chambre de l'instruction ne détient pas le pouvoir de rendre une ordonnance de non-admission d'un appel formé contre une ordonnance de saisie [11].

Les textes en la matière ont cependant connu une évolution relative au droit d'accès au dossier de la procédure devant la chambre de l'instruction, lequel est générateur d'un intense contentieux.

En effet, dans la rédaction des textes issue de la loi n° 2010-768 du 9 juillet 2010 [12], il était commun à l'ensemble des procédures de saisies spéciales que le

1. V. s^s^ n° 231.94.
2. Crim. 17 févr. 2021, préc.
3. V. s^s^ n° 231.111.
4. C. pr. pén., art. 706-148, 706-150, 706-153, 706-154 et 706-158.
5. Crim. 28 juin 2017, n° 17-81.018, NP – Crim. 14 mars 2018, n° 17-86.006, NP.
6. Crim. 17 févr. 2016, n° 14-87.845, P, n° 56 ; *AJ pénal* 2016. 221, obs. O. Violeau – Crim. 13 juin 2018, n° 17-83.893, NP ; *AJ pénal* 2018. 426, obs. O. Violeau – Crim. 13 juin 2018, n° 17-83.894, NP.
7. Crim. 13 juin 2018, n° 17-83.893, NP ; *AJ pénal* 2018. 426, obs. O. Violeau – Crim. 13 juin 2018, n° 17-83.894, NP.
8. Crim. 20 janv. 2021, n°s 20-81.627 et 20-81.628, NP (2 arrêts).
9. Crim. 17 nov. 2021, n°s 21-80.867 à 21-80.870 (4 arrêts), NP.
10. Crim. 23 nov. 2022, n° 22-80.708, NP.
11. Crim. 17 févr. 2021, n° 20-83.504, P, 13 ; *AJ pénal* 2021. 167 – Crim. 20 avr. 2022, n° 21-86.006, NP.
12. L. n° 2010-768, 9 juill. 2010 *visant à faciliter la saisie et la confiscation en matière pénale, JO* 10 juill., p. 12753.

propriétaire du bien saisi et les tiers pouvaient être entendus par la chambre de l'instruction, mais que les tiers ne pouvaient prétendre à la mise à disposition de la procédure. Le législateur s'était ainsi efforcé de concilier les droits de la défense des intéressés et le secret de l'enquête et de l'instruction en distinguant selon l'appelant. La formule n'était en vérité guère heureuse car, en disposant que « les tiers ne [pouvaient] toutefois pas prétendre à la mise à disposition de la procédure », le législateur ne précisait pas s'il s'agissait des tiers à la procédure ou bien des tiers ayant des droits sur le bien saisi, ainsi que l'avait relevé la circulaire du 23 janvier 2014[1]. Sans doute la formule signifiait-elle que seules les parties à la procédure, conformément au droit commun, pouvaient consulter le dossier de la procédure, mais cela revenait à priver les appelants ne bénéficiant pas d'un tel statut d'une part essentielle des droits de la défense.

Aussi, la loi n° 2013-1117 du 6 décembre 2013[2] a modifié les articles 706-148, 706-150, 706-153, 706-154 et 706-158 qui disposent dorénavant que « l'appelant ne peut prétendre dans ce cadre qu'à la mise à disposition des seules pièces de la procédure se rapportant à la saisie qu'il conteste ». L'appelant, quel qu'il soit, c'est-à-dire le propriétaire du bien saisi ou le tiers ayant des droits sur ce bien, ne peut prétendre qu'à la mise à disposition des seules pièces se rapportant à la saisie contestée ; sauf à indiquer qu'il va néanmoins de soi que, si l'appelant est partie à la procédure comme ayant par exemple été mis en examen, il pourra toujours consulter le dossier de l'information judiciaire conformément au droit commun.

En adoptant cette règle, le législateur, ayant convenu du peu de clarté des dispositions issues de la loi du 9 juillet 2010, a entendu opérer « une conciliation plus adéquate entre les droits du propriétaire et l'efficacité des enquêtes », pour reprendre les termes du rapport de la Commission des lois de l'Assemblée nationale[3]. Au reste, au cours des travaux préparatoires, la Commission des lois du Sénat avait procédé à l'audition de représentants du Conseil national des barreaux (CNB) qui avaient fait valoir leurs réserves vis-à-vis du texte en préparation, soutenant que l'exercice des droits de la défense rendait nécessaire l'accès par l'avocat à l'intégralité des pièces de la procédure afin de pouvoir contester utilement la saisie[4], en sorte que c'est bien en toute conscience que le législateur s'est efforcé de concilier les droits de la défense et le secret de l'enquête et de l'instruction.

Si la nécessité d'un tel arbitrage est difficilement contestable, une certaine doctrine a néanmoins relevé l'imprécision de la notion de « pièces de la procédure se rapportant à la saisie ». Ainsi, un auteur a estimé qu'en ne précisant pas ce que recouvre cette notion, le législateur aurait méconnu le principe de légalité qui impose que les limites aux droits fondamentaux soient formulées de manière précise et prévisible[5].

Il nous semble surtout que cette notion, de caractère ouvert, est de mise en œuvre excessivement délicate pour le juge répressif. En effet, si l'on peut nommer assurément certaines de ces pièces, l'état du droit est plus incertain au-delà. Ainsi, il ne fait aucun doute que la requête du procureur de la République aux fins de saisie, l'ordonnance du juge des libertés et de la détention ordonnant cette mesure, ou encore l'ordonnance de saisie du juge d'instruction, constituent autant de pièces de la procédure se rapportant à la saisie contestée devant la chambre de l'instruction. Mais qu'en est-il pour le surplus ? Par exemple, quelles pièces le procureur général doit-il mettre à la disposition de l'appelant en cas d'appel d'une décision de saisie en valeur d'une créance de somme d'argent, laquelle implique l'évaluation du produit, de l'objet ou de l'instrument de l'infraction poursuivie ?

Cette question a en conséquence donné lieu à une abondante jurisprudence, dont il ressort d'abord que la restriction apportée au contradictoire ne méconnaît pas les exigences conventionnelles. Ainsi, il a été jugé, en matière de saisies de sommes d'argent versées sur un compte bancaire et d'actifs numériques, que « la restriction ainsi apportée à la mise à disposition des pièces du dossier ne méconnaît pas les dispositions de l'article 6 de la Convention européenne des droits de l'homme, en ce qu'elle garantit un juste équilibre entre les droits de la personne concernée par la saisie et la nécessité de préserver le secret de l'enquête et de l'instruction »[6], cette solution ayant été ensuite étendue aux saisies immobilières[7] et de biens ou droits mobiliers incorporels[8].

1. Circ. Justice, 23 janv. 2014 *de présentation de la loi n° 2013-1117 en date du 6 décembre 2013 relative à la lutte contre la fraude fiscale et la grande délinquance économique et financière*, NOR : JUS D 1402112 C, *BOMJ* n° 2014-01, 31 janv. 2014, p. 16.
2. L. n° 2013-1117, 6 déc. 2013 *relative à la lutte contre la fraude fiscale et la grande délinquance économique et financière, JO* 7 déc., p. 19941.
3. *Rapports* n°s 1130 et 1131 (XIVe législ.), p. 84.
4. *Rapp. Sénat* n° 738 (2012-2013), p. 92.
5. Ch. Cutajar, « La lutte contre la fraude fiscale à l'épreuve des droits fondamentaux », *JCP G* 2013. 824.
6. Crim. 25 févr. 2015, n° 14-86.447, P, n° 36 – Crim. 25 févr. 2015, n° 14-86.450, NP – *AJ pénal* 2015. 266, obs. L. Ascensi ; *Procédures* 2015, comm. 136, obs. A.-S. Chavent-Leclere ; *JCP G* 2015. 500, obs. S. Detraz.
7. C. pr. pén., art. 706-150.
8. C. pr. pén., art. 706-153 – Crim. 17 juin 2015, n° 14-83.236, NP – Crim. 12 juill. 2016, n°s 15-83.355 à 15-83.390, NP – Crim. 29 juin 2016, n° 15-81.752, NP ; *D.* 2015. 2078 – Crim. 25 oct. 2017, n°s 16-87.111 et 16-87.113, NP (2 arrêts).

Il est clair, ensuite, que la chambre de l'instruction est pour sa part fondée à solliciter la production par le ministère public de toutes les pièces de la procédure ; mieux encore, elle en a l'obligation lorsqu'elle constate qu'elle n'est pas en mesure de se prononcer en l'état des pièces dont elle dispose, et ce n'est qu'à défaut de cette production qu'elle peut statuer au vu des seuls éléments produits. C'est ce qui résulte d'abord de deux arrêts rendus le 19 novembre 2014 [1]. Dans cette affaire, il avait été relevé appel d'ordonnances d'un juge des libertés et de la détention ayant autorisé des saisies d'immeubles susceptibles de constituer le produit de faits d'abus de biens sociaux. Saisie de ces appels, et constatant qu'elle ne disposait que de certains procès-verbaux de l'enquête, la chambre de l'instruction, par arrêt avant dire droit, avait ordonné le versement au dossier de l'intégralité de la procédure et renvoyé, à cette fin, l'examen de l'affaire à une audience ultérieure. Lors de cette audience, le ministère public avait exposé être dans l'impossibilité de communiquer les pièces sollicitées par les juges. Pour infirmer les ordonnances attaquées et dire n'y avoir lieu à la saisie des immeubles, la chambre de l'instruction avait alors énoncé qu'il ne ressortait pas du seul fragment de procédure qui lui était soumis qu'il existait des raisons plausibles de soupçonner que le mis en cause avait commis les faits d'abus de biens sociaux qui lui étaient reprochés. Des pourvois ayant été formés par le procureur général, la chambre criminelle a approuvé les juges d'avoir ainsi statué, en énonçant que la chambre de l'instruction avait suffisamment justifié sa décision, en l'état de ces énonciations « procédant de son appréciation souveraine des seuls éléments dont elle disposait ». Il se déduit de ces arrêts que la chambre de l'instruction est donc fondée à solliciter du ministère public la production de pièces complémentaires se rapportant à la saisie contestée, et qu'à défaut d'une telle communication, les juges ont le pouvoir de tirer toutes les conséquences de celui-ci, en s'appuyant sur les seules pièces figurant au dossier de la procédure. Ceci étant, par un arrêt ultérieur du 28 novembre 2022, la chambre criminelle a précisé, en se fondant sur le principe de l'effet dévolutif de l'appel, que la chambre de l'instruction « est tenue, lorsqu'elle constate qu'elle n'est pas en mesure de se prononcer en l'état des pièces dont elle dispose, de préciser, avant dire droit, les pièces qui lui paraissent nécessaires pour en demander la production par le ministère public, qui ne peut opposer un refus », et que ce n'est qu'« à défaut de cette production, [que] la chambre de l'instruction statue au vu des seuls éléments dont elle dispose » [2].

1. Crim. 19 nov. 2014, n°s 14-80.569 et 14-80.570, NP (2 arrêts).

Au reste, rien ne s'oppose à ce que soient communiqués à la chambre de l'instruction des actes de la procédure accomplis postérieurement à l'ordonnance de saisie, sauf à ce que ces pièces soient mises à la disposition de l'appelant si les juges fondent leur décision sur celles-ci, précisément identifiées, conformément à la règle qui sera vue (v. *infra*) [3].

Enfin, s'agissant de la délicate question de la détermination du contenu de la notion de « pièces de la procédure se rapportant à la saisie que [l'appelant] conteste », il ressort en substance de la jurisprudence de la chambre criminelle, qui paraît désormais stabilisée, que doivent être communiquées à l'appelant, d'une part, l'ordonnance de saisie et la requête du ministère public – outre la décision de saisie prise par le ministère public s'agissant des mesures ordonnées jusqu'à l'entrée en vigueur de la loi n° 2019-222 du 23 mars 2019 et le procès-verbal de saisie de l'officier de police judiciaire en cas de mise en œuvre de l'article 706-154 du Code de procédure pénale –, d'autre part, les pièces précisément identifiées de la procédure sur lesquelles la chambre de l'instruction s'appuie, dans les motifs décisoires de son arrêt, pour justifier la saisie.

En effet, d'une part, la chambre criminelle a énoncé, dans un arrêt en date du 31 mai 2017, que « la requête du procureur de la République aux fins d'autorisation de saisie [doit] nécessairement être mise à disposition de l'appelant » [4]. Puis, dans deux arrêts rendus dans la même affaire le 13 juin 2018, elle a considéré que « constituent les seules pièces de la procédure se rapportant à la saisie, au sens du second alinéa de l'article 706-150 du Code de procédure pénale, la requête du ministère public, l'ordonnance attaquée et la décision de saisie précisant les éléments sur lesquels se fonde la mesure de saisie immobilière » [5] ; étant précisé qu'il s'est ajouté ultérieurement à ces pièces le procès-verbal de saisie de l'officier de police judiciaire, en cas de saisie de compte bancaire ou d'actifs numériques selon la procédure organisée par l'article 706-154 du Code de procédure pénale [6].

D'autre part, dans deux autres arrêts du 13 juin 2018, la chambre criminelle a posé pour principe, en se fondant non pas sur les dispositions du Code de procédure pénale organisant les saisies spéciales, mais sur l'article 6 de la Convention européenne des droits de l'homme, que « la chambre de l'instruc-

2. Crim. 23 nov. 2022, n° 22-80.659, P – *CONTRA* : Crim. 6 janv. 2021, n° 20-81.667, NP.
3. Crim. 26 juin 2019, n° 18-85.209, P, n° 138 ; *D.* 2019. 1341 – Crim. 26 juin 2019, n° 18-85.220, NP.
4. Crim. 31 mai 2017, n° 16-83.238, NP.
5. Crim. 13 juin 2018, n°s 17-83.238 et 17-83.242, NP.
6. Crim. 24 juin 2020, n° 19-84.631, P, 65 ; *D.* 2020. 1363 ; *AJ pénal* 2020. 421, obs. M. Hy – Crim. 5 mai 2021, n° 20-85.917, NP.

tion saisie d'un recours formé contre une ordonnance de saisie spéciale au sens des articles 706-141 à 706-158 du Code de procédure pénale, qui, pour justifier d'une telle mesure, s'appuie sur une ou des pièces précisément identifiées de la procédure, est tenue de s'assurer que celles-ci ont été communiquées à la partie appelante », et a cassé les arrêts d'une chambre de l'instruction qui avait confirmé les saisies contestées, sans s'assurer que l'appelant avait été destinataire d'une copie de la plainte de l'administration fiscale sur laquelle elle se fondait[1]. La chambre criminelle a d'ailleurs fait application de cette jurisprudence par la suite, en reprochant à une chambre de l'instruction de s'être abstenue de faire mettre à la disposition de l'appelant la copie de pièces sur lesquelles elle s'était fondée, dans ses motifs décisoires, pour confirmer l'ordonnance de saisie attaquée[2], ou bien au contraire en rejetant des moyens alléguant le caractère insuffisant des pièces mises à la disposition de l'appelant[3].

En définitive, il nous semble que la question de la détermination de l'étendue des droits de l'appelant devant la chambre de l'instruction se dédouble. De même qu'en matière civile le juge doit faire observer et observer lui-même le principe de la contradiction[4], il y a lieu, pour ce qui nous concerne, de distinguer entre deux questions : celle de la mise en œuvre du contradictoire dans les relations entre l'appelant et le ministère public, et celle de l'application de ce principe dans les rapports entre l'appelant et la chambre de l'instruction. Si, dans le respect des intentions du législateur, la chambre criminelle admet que le ministère public et l'appelant jouissent d'un accès asymétrique aux pièces de la procédure, elle exige en revanche de la chambre de l'instruction qu'elle observe elle-même strictement le principe du contradictoire en communiquant à l'appelant les pièces sur lesquelles elle entend spécialement fonder sa décision. Cette différence peut s'expliquer, si l'on relève que l'intensité de l'atteinte portée au principe du contradictoire est moindre dans le premier cas que dans le second. Nul ne songerait à contester bien sûr que l'accès restreint de l'appelant aux pièces de la procédure constitue une entorse aux principes du contradictoire et de l'égalité des armes, de même qu'il a été justement relevé qu'en l'état du droit, l'appelant se trouve privé de la faculté d'apprécier lui-même quelles sont les pièces utiles à sa défense[5], mais l'atteinte à la contradiction serait plus forte encore si l'on admettait que l'appelant puisse ne pas se voir communiquer les pièces sur lesquelles la chambre de l'instruction entend fonder sa décision. L'on est là au plus près de l'acte de juger, ce qui impose un plus strict respect du contradictoire.

S'agissant enfin de la preuve de la communication des pièces se rapportant à la saisie contestée, la chambre criminelle a dans un premier temps posé pour principe que « la mention de l'arrêt selon laquelle le procureur général a déposé le dossier et ses réquisitions écrites au greffe de la chambre de l'instruction pour être tenus à la disposition des parties, qui fait foi jusqu'à inscription de faux, fait présumer que les parties ont eu accès à l'ensemble des pièces du dossier lors des débats »[6]. Elle a cependant fait évoluer sa jurisprudence par trois arrêts du 8 mars 2023. Dorénavant, le principe est le suivant : « Les mentions de l'arrêt doivent [...] énoncer que le tiers appelant a eu accès aux pièces de la procédure se rapportant à la saisie qu'il conteste et, le cas échéant, aux pièces précisément identifiées sur lesquelles elle se fonde pour justifier la mesure dans ses motifs décisoires, ainsi qu'identifier, directement ou par renvoi à un inventaire éventuellement dressé par le procureur général, auquel l'article 194, alinéa 1er, du Code de procédure pénale confie la mise en état de l'affaire, chacune des pièces mises à la disposition de l'avocat du tiers appelant. »[7] En effet, ainsi que le relèvent ces décisions, bien des motifs justifiaient une évolution de la jurisprudence : d'une part, le terme de « dossier » auquel se référait le principe ancien était équivoque, en ce qu'il renvoyait à un ensemble de pièces sans les identifier individuellement, et qu'il pouvait se rapporter tant au dossier de l'information judiciaire tenu par le juge d'instruction qu'à celui mis en état par le procureur général pour être soumis à la chambre de l'instruction, et qui serait constitué des

1. Crim. 13 juin 2018, n° 17-83.893, P, n° 110 – Crim. 13 juin 2018, n° 17-83.894, NP ; *AJ pénal* 2018. 426, obs. O. Violeau – AUSSI ANTÉRIEUREMENT : Crim. 12 mai 2015, n° 14-81.590, NP ; *AJDI* 2015. 614.
2. Crim. 30 janv. 2019, n° 18-82.644, P, n° 31 – Crim. 23 oct. 2019, n° 18-87.097, P, 65 ; *D.* 2019. 2095 – Crim. 20 nov. 2019, nos 19-80.422 et 19-80.426, NP – Crim. 5 mai 2021, n° 20-85.917, NP.
3. Crim. 26 juin 2019, n° 18-85.209, P, n° 138 ; *D.* 2019. 1341 – Crim. 26 juin 2019, n° 18-85.220, NP – Crim. 25 sept. 2019, n° 18-84.649, NP – Crim. 26 juin 2019, nos 18-84.650 et 18-84.651, NP – Crim. 25 sept. 2019, nos 18-86.627 et 18-86.641, NP – Crim. 15 janv. 2020, n° 19-80.869, NP – Crim. 15 janv. 2020, n° 19-80.891, P, 20, 118 ; *D.* 2020. 86 ; *ibid.* 1643, obs. J. Pradel ; *AJ pénal* 2020. 145, obs. M. Hy – Crim. 15 janv. 2020, nos 19-80.892 à 19-80.899, NP (8 arrêts) – Crim. 1er avr. 2020, n° 19-80.875, P, 13 ; *D.* 2020. 1564, note G. Daïeff et G. Poissonnier ; *ibid.* 1807, obs. C. Mascala ; *RSC* 2020. 950, obs. H. Matsopoulou – Crim. 10 mars 2021, n° 20-84.966, NP – Crim. 15 févr. 2023, n° 22-81.326, NP.
4. C. pr. civ., art. 16.
5. E. Daoud, « Les droits de la personne mise en cause », *in* L. Ascensi, P. Beauvais et R. Parizot (dir.), *La confiscation des avoirs criminels, Nouveaux enjeux juridiques*, LGDJ, 2021, p. 78.
6. Crim. 4 nov. 2021, n° 21-80.360, NP.
7. Crim. 8 mars 2023, n° 22-80.896, P – Crim. 8 mars 2023, nos 22-80.897 et 22-80.898, NP (2 arrêts).

seules pièces accessibles au tiers appelant ; d'autre part, la mention se trouvait affectée d'une ambiguïté, en ce qu'elle ne précisait pas si les parties auxquelles elle faisait référence devaient s'entendre des parties à la procédure d'information ou de celles à l'instance devant la cour d'appel. La chambre criminelle a fait application de ce principe par la suite[1].

2°
Effets de l'appel

231.101 **Défaut d'effet suspensif de l'appel.** Ni le délai d'appel, ni l'exercice de cette voie de recours, ne présente un caractère suspensif.

Il s'agit en effet d'éviter que, la notification de l'ordonnance ayant été effectuée, l'un des intéressés n'utilise ce délai ou la durée de la procédure devant la chambre de l'instruction pour organiser la dissipation des biens objet de la mesure, ce qu'a admis le Conseil constitutionnel à propos de la procédure de saisie de biens incorporels[2].

Au reste, il convient que la décision de saisie soit mise en œuvre dès la notification de celle-ci, spécialement lorsque le bien saisi présente un caractère aisément dissipable. Tel est en particulier le cas en matière de saisies de sommes d'argent, le législateur ayant spécialement prévu dans ce cas, comme nous le verrons, que le tiers débiteur doit consigner sans délai la somme due à la Caisse des dépôts et consignations ou auprès de l'Agrasc[3].

231.102 **Effet dévolutif de l'appel.** Conformément au droit commun, l'appel emporte en revanche un effet dévolutif qui détermine l'office de la chambre de l'instruction appelée à apprécier non seulement la régularité de l'ordonnance de saisie, mais également son bien-fondé à la date où elle statue.

Ainsi, comme l'a énoncé la chambre criminelle, la chambre de l'instruction doit contrôler la régularité de la procédure suivie devant le premier juge, ainsi que le caractère confiscable du bien saisi au regard des conditions légales, en précisant le fondement de la mesure[4]. De même a-t-il été énoncé, dans un arrêt ultérieur, « qu'il appartient à la chambre de l'instruction, saisie d'un recours formé contre une ordonnance de maintien de saisie d'un compte bancaire, en vertu de l'effet dévolutif de l'appel, de statuer sur la légalité et le bien-fondé de cette mesure, au besoin en substituant aux motifs insuffisants, voire erronés, du premier juge des motifs répondant aux exigences légales »[5].

La chambre de l'instruction ne saurait au contraire se borner à apprécier la régularité de la procédure suivie devant le premier juge, en constatant par exemple que ce dernier a estimé que les éléments de la procédure laissaient penser que le mis en cause a commis les faits qui lui sont reprochés, comme étant « tenue de s'assurer, par des motifs propres, de l'existence d'indices laissant présumer la commission des infractions sur la base desquelles la saisie [...] a été ordonnée, à la date où elle se prononce sur le maintien de celle-ci »[6].

Cet office perdure lorsque, postérieurement à l'ordonnance de saisie, le juge d'instruction a rejeté en tout ou partie une requête en restitution du bien objet de la mesure : l'appel de l'ordonnance de saisie n'est pas sans objet et il appartient à la chambre de l'instruction de statuer sur la validité de la saisie[7]. Cette règle constitue une conséquence de la dissociation du contentieux de la saisie et de celui de la restitution[8].

Cette jurisprudence explique que la chambre de l'instruction soit tenue, comme nous le verrons, de prendre en compte dans son appréciation ces circonstances nouvelles que constituent, au cours de l'instance d'appel, le décès du mis en cause[9], l'altération irréversible de ses facultés mentales[10], le classement sans suite de l'enquête[11], ou bien encore la convocation de l'intéressé devant la juridiction de jugement[12]. Rien ne s'oppose de même, pour ce même motif, à ce que la chambre de l'instruction se fonde sur un acte de la procédure effectué postérieurement à l'ordonnance de saisie[13]. Enfin, c'est encore en raison de l'effet dévolutif de l'appel que la chambre de l'instruction s'est vue reconnaître par la chambre criminelle le pouvoir de substituer ses propres motifs à ceux de l'ordonnance attaquée[14], ou bien de modifier le fondement de la saisie[15], quand inversement le principe de l'unique objet de l'appel, qui découle de cet effet, vient limiter l'office de la chambre de l'instruction[16].

1. Crim. 17 mai 2023, n°s 22-80.879 et 22-81.058 (2 arrêts) – Crim. 28 juin 2023, n° 22-86.693, NP.
2. Cons. const. 14 oct. 2016, n°s 2016-583/584/585/586 QPC, *JO* 16 oct., n° 48 ; *D.* 2016. 2067, *AJ pénal* 2016. 602, obs. O. Violeau ; *Constitutions* 2016. 710, chron. ; *RFDC* 2017. 734, obs. J.-B. Perrier.
3. V. s^{s} n° 234.113.
4. Crim. 5 déc. 2018, n° 18-80.059, P, n° 205 – Crim. 26 juin 2019, n° 19-80.235, P, n° 137 ; *D.* 2019. 1337.
5. Crim. 23 nov. 2022, n° 22-80.659, NP.
6. Crim. 24 juin 2020, n° 19-84.631, P, 65 ; *D.* 2020. 1363 ; *AJ pénal* 2020. 421, obs. M. Hy.
7. Crim. 22 juin 2022, n° 21-82.352, NP.
8. V. s^{s} n° 245.36.
9. V. s^{s} n° 231.105.
10. V. s^{s} n° 231.106.
11. V. s^{s} n° 231.107.
12. V. s^{s} n° 231.108.
13. V. s^{s} n° 231.110.
14. Crim. 4 nov. 2021, n° 21-80.571, NP.
15. V. s^{s} n° 231.103.
16. V. s^{s} n° 231.104.

Au reste, l'on remarquera qu'affirmer que la chambre de l'instruction doit apprécier si les conditions légales de la saisie sont réunies, revient à considérer, mais en creux, que cette juridiction n'est donc pas juge de l'opportunité de la mesure. Ainsi, il a été reproché à des juges d'avoir infirmé des ordonnances de saisie en se fondant sur la durée de la procédure, l'absence de risque de dissipation du bien saisi ou encore la faiblesse des indices réunis à l'encontre des personnes mises examen – alors que la chambre de l'instruction ne peut remettre en cause la mise en examen lorsqu'elle statue sur l'appel interjeté contre une ordonnance de saisie[1] –, tous éléments sans emport sur la validité de la saisie[2].

231.103 **Modification du fondement de la saisie.** La chambre de l'instruction qui est saisie de l'appel d'une ordonnance de saisie peut en modifier le fondement, la chambre criminelle ayant expressément fondé ce pouvoir sur l'effet dévolutif de l'appel[3].

Le fait, cependant, que la procédure de saisie de patrimoine présente des spécificités par rapport aux autres procédures de saisies spéciales au cours de l'information judiciaire peut être source de difficultés pour la chambre de l'instruction.

Pendant l'information judiciaire, lorsque la chambre de l'instruction constate que le bien saisi par le juge d'instruction sur le fondement des articles 706-150 (saisie immobilière) ou 706-153 à 706-155 (saisie de biens ou droits mobiliers incorporels) du Code de procédure pénale n'entretient aucun rapport avec l'infraction, y compris si la saisie est ordonnée en valeur[4], et n'est donc pas confiscable à ce titre, mais que la peine de confiscation prévue par les alinéas 5 ou 6 de l'article 131-21 du Code pénale est encourue, elle ne peut en effet confirmer la décision de saisie sur le fondement de l'article 706-148 du Code de procédure pénale si la décision attaquée n'a pas été précédée de réquisitions ou de l'avis préalable du ministère public, dès lors que ce texte prévoit que le juge d'instruction ne peut ordonner une saisie de patrimoine que « sur requête du procureur de la République ou d'office après avis du ministère public ». Il a en effet été énoncé : « Encourt la censure l'arrêt d'une chambre de l'instruction qui, pour confirmer l'ordonnance du juge d'instruction prescrivant, au visa de l'article 706-154 du Code de procédure pénale, le maintien de la saisie de sommes inscrites au crédit des comptes bancaires d'une personne mise en examen des chefs d'infractions à la législation sur les stupéfiants comme étant le produit direct ou indirect des infractions, et pour écarter son argumentation selon laquelle l'origine des fonds saisis était sans rapport avec ces infractions, retient, en substituant ses motifs à ceux du premier juge, que la personne en cause encourt, en application des articles 131-21, alinéa 6, et 222-49, alinéa 2, du Code pénal, la confiscation de ses biens quelle qu'en soit l'origine, alors que la mesure litigieuse constituait une saisie de patrimoine, au sens de l'article 706-148 du Code de procédure pénale, qui nécessitait l'avis préalable du ministère public. »[5] Cette règle a été confirmée par la suite[6].

La jurisprudence a en revanche varié, comme nous le verrons au sujet de la procédure de saisie de patrimoine[7], sur le contenu des réquisitions du ministère public et la question de savoir s'il suffit, pour que la chambre de l'instruction puisse modifier le fondement de la saisie et substituer une saisie de patrimoine à la saisie envisagée par le juge d'instruction, que le procureur de la République ait pris des réquisitions, peu important leur contenu, ou s'il est nécessaire que ce magistrat ait formellement requis une saisie de patrimoine. Il a en effet été jugé, dans un premier temps, que les réquisitions du ministère public devaient formellement porter sur une telle saisie[8]. Dans cette affaire, un juge d'instruction avait ordonné la saisie d'un bien immobilier en valeur, en retenant que le mis en examen était le véritable propriétaire du bien qui avait été acquis pour un prix équivalant en partie au produit de l'infraction poursuivie. La chambre de l'instruction avait confirmé cette décision en énonçant que l'intéressé encourait la peine complémentaire de confiscation de patrimoine en application des dispositions des articles 131-21, alinéa 6, et 324-7 du Code pénal, et que la saisie contestée était régulière sur le fondement de l'article 706-148 du Code de procédure pénale, dès lors qu'elle avait été précédée de réquisitions du ministère public. La chambre criminelle a au contraire censuré cet arrêt en observant que « les réquisitions du ministère public portaient sur une saisie en valeur, et non sur la saisie d'un élément de patrimoine ». Cette solution a été confirmée par la suite[9].

1. V. s[s] n° 231.104.
2. Crim. 5 déc. 2018, préc. – Crim. 26 juin 2019, préc.
3. Crim. 17 déc. 2014, n° 13-87.779, NP – Crim. 17 déc. 2014, n°s 13-87.879 à 13-87.881, NP – Crim. 16 mai 2018, n° 17-83.584, P, n° 96 ; Crim. 16 mai 2018, n°s 17-83.585 et 17-83.586, NP ; *D.* 2018. 1075 ; *D.* 2018. 1711, chron. E. Pichon, G. Guého, G. Barbier, L. Ascensi et B. Laurent.
4. C. pr. pén., art. 706-141-1.
5. Crim. 27 nov. 2012, n° 12-85.344, P, n° 259 ; *AJ pénal* 2013. 171, obs. L. Ascensi ; *JCP G* 2013. 360, obs. A. Maron.
6. Crim. 4 mai 2016, n° 15-87.716, NP.
7. V. s[s] n° 232.33.
8. Crim. 19 mai 2016, n° 16-80.682, NP.
9. Crim. 4 mai 2017, n° 16-87.253, NP.

Cette jurisprudence semble cependant avoir été abandonnée par la chambre criminelle qui, dans trois arrêts du 16 mai 2018, a approuvé une chambre de l'instruction d'avoir modifié le fondement des décisions d'un juge des libertés et de la détention ayant autorisé des saisies spéciales, en substituant des saisies de patrimoine à des saisies en valeur. La chambre criminelle a notamment énoncé qu'une telle substitution était possible, dès lors que ces mesures avaient été précédées d'une requête du ministère public, « peu important le fondement visé par celle-ci »[1]. En application de ces trois décisions, il faut, mais il suffit, que le ministère public ait requis la saisie, sans qu'il ne soit plus nécessaire qu'il l'ait requise sur le fondement de l'article 706-148 du Code de procédure pénale, pour que la chambre de l'instruction puisse fonder la saisie sur ce dernier texte. Il est exact que, dans cette affaire, le contentieux s'était noué pendant l'enquête préliminaire, la saisie ayant été autorisée par le juge des libertés et de la détention, mais il serait douteux qu'il demeure nécessaire, au cours de l'information judiciaire, que le ministère public fonde formellement ses réquisitions sur l'article 706-148 du Code de procédure pénale pour que le juge d'instruction puisse ordonner une saisie de patrimoine, alors qu'un tel formalisme a été écarté pendant l'enquête.

En tout état de cause, ces exigences ne sont pas sans conséquence pratique pour les magistrats. En effet, si la chambre criminelle autorise la chambre de l'instruction à modifier le fondement juridique de la saisie, il n'en demeure pas moins qu'une telle requalification en saisie de patrimoine sera absolument exclue si la saisie n'a pas été requise par le procureur de la République, et qu'elle a également pu l'être, à s'en tenir aux arrêts antérieurs au 16 mai 2018, lorsque le ministère public n'avait pas formellement requis qu'il soit procédé à une saisie de patrimoine.

Cette difficulté ne peut qu'inciter, d'une part, les juges d'instruction à systématiquement solliciter l'avis du ministère public lorsqu'ils envisagent d'ordonner une saisie spéciale, d'autre part, les magistrats du parquet, en l'état de la relative incertitude jurisprudentielle préalablement décrite quant au contenu attendu de leurs réquisitions, à requérir la saisie du bien visé à titre de saisie de patrimoine, chaque fois que les conditions prévues par ce texte sont réunies ; étant rappelé que la chambre criminelle admet qu'il puisse être donné plusieurs fondements à une saisie spéciale[2]. Par exemple, lorsqu'il est envisagé de procéder à la saisie d'un immeuble[3] ou d'un bien incorporel[4] considéré comme confiscable en tant qu'instrument[5] ou produit de l'infraction[6], le cas échéant en valeur[7], et qu'en tout état de cause, ce bien est aussi saisissable sur le fondement de l'article 706-148 car se trouve encourue la peine complémentaire de confiscation prévue par l'alinéa 5 ou 6 de l'article 131-21 du Code pénal, il y aura un intérêt certain, pour le juge d'instruction, à solliciter l'avis du ministère public, et, pour le représentant de ce dernier, à requérir la saisie du bien sur l'ensemble de ces fondements. En effet, si ces précautions sont prises, dans l'hypothèse où la chambre de l'instruction considérerait, à l'occasion d'un recours, qu'il n'est pas suffisamment établi qu'un lien quelconque existe entre le bien saisi et l'infraction poursuivie, et qu'ainsi le bien est seulement confiscable sur le fondement de l'alinéa 5 ou 6 de l'article 131-21 du Code pénal, la saisie pourra néanmoins être confirmée par les juges en tant que saisie de patrimoine. À défaut, elle ne le pourra pas.

En revanche, l'entrée en vigueur de la loi n° 2019-222 du 23 mars 2019[8], qui a rétabli l'identité des procédures de saisies spéciales pendant l'enquête, a mis un terme aux difficultés qui étaient apparues en cas de requalification de la saisie, par suite des modifications apportées au seul article 706-148 du Code de procédure pénale par la loi n° 2016-731 du 3 juin 2016[9]. En effet, lorsque la chambre de l'instruction envisageait de modifier le fondement de la saisie « autorisée » par le juge des libertés et de la détention sur le fondement de l'article 706-150 (saisie immobilière) ou 706-153 (saisie de biens ou droits mobiliers incorporels) du Code de procédure pénale, dans leur rédaction issue de la loi n° 2010-768 du 9 juillet 2010[10], en substituant à cette saisie une saisie de patrimoine, elle ne pouvait se borner à confirmer la décision attaquée, mais devait ordonner elle-même la saisie de patrimoine du bien litigieux. En effet, dans ce cas, par suite de l'entrée en vigueur de la loi du 3 juin 2016, la saisie ne devait déjà plus être « autorisée » par le juge des libertés et de la détention, mais « ordon-

1. Crim. 16 mai 2018, n° 17-83.584, P, n° 96 ; Crim. 16 mai 2018, n°s 17-83.585 et 17-83.586, NP ; *D.* 2018. 1075 ; *D.* 2018. 1711, chron. E. Pichon, G. Guého, G. Barbier, L. Ascensi et B. Laurent.
2. V. s^{s} n° 231.07.
3. C. pr. pén., art. 706-150.
4. C. pr. pén., art. 706-153.
5. C. pén., art. 131-21, al. 2.
6. C. pén., art. 131-21, al. 3.
7. C. pén., art. 131-21, al. 9 et C. pr. pén., art. 706-141-1.
8. L. n° 2019-222, 23 mars 2019 *de programmation 2018-2022 et de réforme pour la justice, JO* 24 mars, n° 2.
9. L. n° 2016-731, 3 juin 2016 *renforçant la lutte contre le crime organisé, le terrorisme et leur financement, et améliorant l'efficacité et les garanties de la procédure pénale, JO* 4 juin, n° 1 – v. s^{s} n° 231.53.
10. L. n° 2010-768, 9 juill. 2010 *visant à faciliter la saisie et la confiscation en matière pénale, JO* 10 juill., p. 12753.

née » par ce magistrat, en sorte qu'il ne pouvait suffire que les seconds juges confirment la décision du premier. C'est ce qu'avait décidé la chambre criminelle dans trois arrêts du 16 mai 2018 qui avaient précisé quel était l'office de la chambre de l'instruction dans cette configuration procédurale particulière. Il avait été posé pour principe que la chambre de l'instruction, saisie d'un appel formé contre une ordonnance du juge des libertés et de la détention ayant autorisé, sur requête du procureur de la République, la saisie en valeur de biens, pouvait, en raison de l'effet dévolutif de l'appel, et après débat contradictoire, modifier le fondement légal de la saisie de ces biens, dès lors que cette mesure avait été précédée d'une requête du ministère public, peu important le fondement visé par celle-ci, et devait, s'il s'agissait d'une saisie de patrimoine, « l'ordonner elle-même »[1]. Les textes aboutissaient ainsi à imposer à la chambre de l'instruction de rendre une décision inutilement compliquée, à laquelle la loi n° 2019-222 du 23 mars 2019 a heureusement mis un terme.

La chambre de l'instruction ne saurait par ailleurs modifier le fondement de la saisie sans que ne soit respecté le principe du contradictoire. Il a ainsi été posé pour principe que « la chambre de l'instruction, statuant sur appel d'une ordonnance de saisie, ne peut modifier d'office le fondement de celle-ci sans avoir invité au préalable les parties à en débattre »[2]. Pour que la censure soit encourue en raison de la méconnaissance de la contradiction, encore faut-il, cependant, que les juges aient véritablement modifié le fondement de la saisie ! Tel n'est pas le cas lorsqu'ils ont substitué à la saisie en valeur du produit d'une l'escroquerie constitué par des dividendes distribués, une saisie en valeur de l'objet du blanchiment de ce délit et constitué par les mêmes dividendes[3]. En effet, l'objet du blanchiment n'étant autre que le produit de l'infraction d'origine[4], la saisie portait bien en l'espèce sur le même bien que celui saisi par le premier juge, et elle était de plus ordonnée sur le même fondement.

1. Crim. 16 mai 2018, n° 17-83.584, P, n° 96 ; Crim. 16 mai 2018, n°s 17-83.585 et 17-83.586, NP ; *D.* 2018. 1075 ; *D.* 2018. 1711, chron. E. Pichon, G. Guého, G. Barbier, L. Ascensi et B. Laurent.
2. Crim. 17 févr. 2016, n° 14-87.845, P, n° 56 ; *AJ pénal* 2016. 221, obs. O. Violeau ; *Dr. pén.* 2017, chron. 1, obs. V. Georget ; *Dr. pén.* 2016, comm. 69, obs. A. Maron et M. Haas – Crim. 17 mai 2017, n° 16-87.320, NP – Crim. 26 juill. 2017, n° 17-81.260, NP – Crim. 16 mai 2018, n° 17-83.584, P, n° 96 ; Crim. 16 mai 2018, n°s 17-83.585 et 17-83.586, NP ; *D.* 2018. 1075 ; *D.* 2018. 1711, chron. E. Pichon, G. Guého, G. Barbier, L. Ascensi et B. Laurent – Crim. 17 mai 2023, n° 22-80.879, NP.
3. Crim. 15 févr. 2023, n° 22-81.053, NP.
4. V. s^{s} n°s 124.33 et 124.44.

231.104 Unique objet de l'appel. Conformément au droit commun, la chambre criminelle a fait application de la règle de l'unique objet de l'appel – qui découle de son effet dévolutif –, au recours formé à l'encontre des décisions de saisies spéciales.

Ainsi, dans une affaire où une personne mise en examen, à l'occasion de son appel de l'ordonnance de saisie d'une somme d'argent inscrite au crédit d'un compte-titre dont l'intéressé était titulaire, avait fait valoir que le principe *ne bis in idem* faisait obstacle aux poursuites dont il était l'objet, la chambre criminelle a au contraire énoncé que l'intéressé « ne pouvait, à l'occasion de son appel contre l'ordonnance de saisie, invoquer l'exception tirée de l'application du principe *ne bis in idem*, étrangère à l'unique objet de l'appel, dès lors que, mis en examen dans le cadre de l'information, il disposait d'autres voies de droit pour en exciper »[5]. Elle a confirmé cette jurisprudence par la suite[6].

De même, lorsque la chambre de l'instruction est saisie d'un appel formé contre une ordonnance de saisie spéciale, aucune disposition du Code de procédure pénale ne lui donne compétence pour statuer sur des demandes d'annulation de la procédure d'enquête[7].

Les indices graves ou concordants ayant justifié la mise en examen ne saurait enfin être discutés devant la chambre de l'instruction. Il a en effet été posé pour principe qu'« en statuant sur l'appel interjeté à l'encontre d'une ordonnance de saisie pénale du juge d'instruction, la chambre de l'instruction ne peut remettre en cause l'existence des indices graves ou concordants justifiant la mise en examen des personnes poursuivies »[8]. On trouve une affirmation ultérieure de ce principe[9].

Inversement, la chambre criminelle paraît considérer que l'appelant d'une ordonnance de saisie spéciale est recevable à invoquer l'incompétence de l'autorité judiciaire ayant requis ou ordonné la mesure. En effet, alors qu'elle était saisie d'un pourvoi formé à l'encontre de l'arrêt d'une chambre de l'instruction ayant confirmé une ordonnance de saisie rendue par le juge des libertés et de la détention, et qu'il était soutenu pour la première fois en cause de cassation que les faits poursuivis excédaient le champ de la compétence matérielle du procureur national financier ayant requis la saisie, en sorte que celle-ci était irrégulière, la chambre

5. Crim. 22 févr. 2017, n° 16-83.257, P, n° 52 ; *AJ pénal* 2017. 244, obs. O. Violeau.
6. Crim. 23 oct. 2019, n° 18-85.636, NP.
7. Crim. 25 oct. 2017, n° 16-87.111, NP – Crim. 25 oct. 2017, n° 16-87.113, NP.
8. Crim. 26 juin 2019, n° 19-80.235, P, n° 137 ; *D.* 2019. 1337.
9. Crim. 17 nov. 2021, n° 21-82.701, NP *a contrario*.

criminelle n'a pas déclaré le moyen irrecevable et l'a rejeté sur le fond[1]. La solution paraît pouvoir être expliquée par le fait que le moyen pris de l'incompétence de l'auteur d'un acte juridictionnel ou de procédure est d'ordre public.

De même, il a été posé pour principe que « la chambre de l'instruction, saisie de l'appel formé contre une ordonnance de saisie spéciale rendue dans le cadre d'une enquête préliminaire diligentée des chefs de crimes de guerre et de crimes contre l'humanité commis à l'étranger et dont les éventuelles poursuites sont conditionnées par la résidence en France de la seule personne mise en cause, est tenue, nonobstant la règle de l'unique objet, d'examiner les éléments soumis par l'intéressé qui invoque l'immunité pénale liée aux fonctions qu'il occupait à la date des faits et à la nature des actes qui lui sont reprochés »[2].

231.105 Décès du mis en cause en instance d'appel. La chambre de l'instruction est susceptible d'être confrontée au décès de la personne mise en cause au cours de l'instance d'appel. Quels sont les effets de ce décès sur l'office des juges du second degré ?

La chambre criminelle a posé pour principe qu'« il appartient à la chambre de l'instruction saisie d'un appel formé à l'encontre d'une ordonnance emportant saisie spéciale de biens appartenant à une personne mise en cause par une enquête préliminaire, laquelle décède au cours de l'instance, de sorte que l'action publique ne peut plus être mise en mouvement à son encontre, de s'assurer, même d'office, que les conditions légales de la saisie, dont celle du caractère confiscable des biens en application de l'article 131-21 du Code pénal, demeurent réunies », et qu'« à défaut, elle est tenue d'ordonner la mainlevée de la saisie »[3].

En effet, dans une telle situation, la chambre de l'instruction ne saurait, en se fondant sur le seul décès, infirmer l'ordonnance de saisie, puisque le procureur de la République, qui dirige l'enquête, tout comme le juge d'instruction, en cas d'information judiciaire, ne sont pas saisis *in personam* mais uniquement *in rem*, en sorte que le décès n'entraîne pas l'extinction de l'action publique *erga omnes*, rien n'excluant que le bien saisi demeure confiscable à raison de la participation d'autres personnes aux faits objet des investigations. Réciproquement, la saisie, qui est destinée à garantir l'exécution de la peine de confiscation, ne se conçoit que dans la perspective de l'éventuel prononcé de cette peine. Il s'en déduit que les juges sont donc tenus, en cas de décès du mis en cause au cours de l'instance d'appel, de s'assurer que, nonobstant le décès, les conditions de la saisie, en particulier celles tenant au caractère confiscable du bien objet de la mesure, demeurent réunies.

231.106 Effet de l'altération irréversible des facultés mentales de la personne mise en examen. Dans la situation voisine où, pendant l'information judiciaire, la personne mise en examen dont le bien a été saisi vient à présenter une altération de ses facultés mentales telle qu'elle se trouve, de manière irréversible, dans l'impossibilité de se défendre personnellement contre l'accusation dont elle fait l'objet, même en présence de son tuteur ou de son curateur et avec l'assistance d'un avocat – ce qui aura pour conséquence qu'il devra être définitivement sursis à son renvoi devant la juridiction de jugement conformément à la jurisprudence de la chambre criminelle[4] –, la chambre de l'instruction est tenue d'exercer un office comparable au précédent : elle doit s'assurer, même d'office, que les conditions légales de la saisie demeurent réunies, dont celle du caractère confiscable du bien en application de l'article 131-21 du Code pénal au regard de la peine de confiscation susceptible d'être encourue par une autre personne mise en cause en répression des faits qui lui sont reprochés, après avoir convoqué cette personne si le bien lui appartient ou est à sa libre disposition, l'intéressé pouvant prétendre à la mise à disposition des pièces de la procédure se rapportant à la saisie[5]. À défaut, la chambre de l'instruction est tenue d'ordonner la mainlevée de la saisie.

231.107 Effet du classement sans suite en instance d'appel. L'on ne saurait de même exclure que l'enquête fasse l'objet d'une décision de classement sans suite entre la date de l'ordonnance de saisie et celle de l'arrêt de la chambre de l'instruction.

En pareille hypothèse, il a été posé pour principe « qu'il appartient à la chambre de l'instruction saisie d'un appel formé à l'encontre d'une ordonnance emportant saisie spéciale de biens rendue au cours d'une enquête ayant ultérieurement fait l'objet d'un classement sans suite, d'ordonner la mainlevée de la saisie, sous réserve de l'application des dispositions du deuxième alinéa de l'article 41-4 du Code de procédure pénale »[6]. L'on trouve des affirmations ultérieures de ce principe[7].

1. Crim. 1er avr. 2020, nº 19-80.875, P, 13 ; *D.* 2020. 1564, note G. Daïeff et G. Poissonnier ; *ibid.* 1807, obs. C. Mascala ; *RSC* 2020. 950, obs. H. Matsopoulou – Crim. 1er avr. 2020, nº 19-80.877, NP.
2. Crim. 1er févr. 2023, nº 22-82.235, P.
3. Crim. 21 nov. 2018, nº 18-80.089, P, nº 195 ; *D.* 2018. 2308.
4. Crim. 11 juill. 2007, nº 07-83.056, P, nº 185 – Crim. 19 sept. 2018, nº 18-83.868, P, nº 161 – Crim. 18 nov. 2020, nº 20-84.872, NP.
5. Crim. 22 juin 2022, nº 21-86.620, P.
6. Crim. 13 juin 2019, nº 18-83.411, P, nº 115 ; *D.* 2019. 1287 ; *ibid.* 1568, chron. L. Ascensi, A.-L. Méano, C. Carbonaro et A.-S. de Lamarzelle.
7. Crim. 23 oct. 2019, nºs 18-86.058 à 18-86.062, NP.

La difficulté se règle donc de la manière suivante : parce que les saisies spéciales n'ont pas d'autre objectif que de garantir l'exécution de la peine complémentaire de confiscation, le classement sans suite de l'enquête emporte nécessairement infirmation de l'ordonnance de saisie ; parce que le bien litigieux est sous main de justice à la date où la chambre de l'instruction statue, celle-ci doit se placer sur le terrain de l'article 41-4 du Code de procédure pénale pour dire s'il y a lieu d'ordonner la restitution[1].

231.108 Convocation devant la juridiction de jugement en instance d'appel. Par ailleurs, quel est l'office de la chambre de l'instruction lorsque, depuis l'ordonnance de saisie frappée d'appel, les mis en cause ont fait l'objet de poursuites pour des infractions distinctes de celles ayant fondé l'ordonnance de saisie ?

Il a été jugé qu'« il appartient à la chambre de l'instruction saisie d'un appel formé à l'encontre d'une ordonnance emportant saisie spéciale de biens rendue au cours d'une enquête ayant, à la date où elle statue, fait l'objet de poursuites, de s'assurer du caractère confiscable des biens saisis au regard des seules infractions poursuivies »[2]. En effet, dans le cadre d'une enquête diligentée pour travail dissimulé et blanchiment, avait été ordonnée par le juge des libertés et de la détention, à titre de saisie de patrimoine, la saisie d'une somme d'argent figurant sur le compte bancaire du mis en cause qui avait interjeté appel de la décision. Devant la chambre de l'instruction, l'intéressé avait allégué que, depuis la date de l'ordonnance, il avait fait l'objet de poursuites devant le tribunal correctionnel, sans que le ministère public n'ait retenu le délit de blanchiment dans l'acte de poursuite, de sorte que la somme saisie n'était plus confiscable à titre de confiscation de patrimoine, aucune des infractions retenues ne lui faisant encourir une telle peine. Cependant, la chambre de l'instruction n'en avait pas moins confirmé l'ordonnance, en retenant « qu'il [était] indifférent que [le mis en cause] soit dorénavant poursuivi devant le tribunal correctionnel des chefs d'infractions faisant encourir la seule confiscation de biens ayant servi à commettre l'infraction ou qui en sont le produit, dès lors qu'à la date de la saisie il était soupçonné de blanchiment de fraude fiscale, infraction faisant encourir la confiscation de patrimoine, et que l'appréciation de la chambre de l'instruction doit se faire à ce stade de la procédure sans préjudice de l'appréciation faite ultérieurement par la juridiction de jugement ni quant à l'étendue de sa saisine *in rem*, ni quant aux qualifications retenues, ni quant à la validité de la confiscation ». La chambre de criminelle a donc cassé cette décision, en reprochant aux juges de s'être abstenus de vérifier les allégations de l'appelant, dès lors que, dans l'hypothèse où celles-ci auraient été fondées, il leur aurait appartenu « de s'assurer du caractère confiscable des biens saisis au regard des seules infractions poursuivies ».

Il est vrai que le raisonnement de la chambre de l'instruction revenait à fonder la saisie sur l'éventuelle requalification des faits par la juridiction de jugement – soit des circonstances hypothétiques –, et qu'il paraissait de surcroît paradoxal de fonder cette mesure sur des infractions dont la poursuite avait précisément été abandonnée par le ministère public au stade de l'examen des charges.

231.109 Effets du prononcé de la confiscation ou de la décision ordonnant la mainlevée de la mesure en instance d'appel de l'ordonnance de saisie. Dans l'hypothèse où, en cours d'instance d'appel, la confiscation du bien saisi a été prononcée par la juridiction de jugement, ou bien dans celle dans laquelle a été ordonnée la mainlevée de la mesure, l'appel de l'ordonnance de saisie ne perdra pas nécessairement son objet. Il y a lieu de distinguer, puisqu'il n'en sera ainsi que dans le seul cas où la peine de confiscation ou bien la décision de mainlevée aura acquis un caractère définitif au moment de la décision de la chambre de l'instruction. La chambre criminelle a en effet posé pour principe qu'« il se déduit des articles 706-141, 706-143, 706-145 et 708 du Code de procédure pénale qu'une ordonnance de saisie pénale cesse irrévocablement de produire ses effets uniquement lorsque la décision ordonnant la mainlevée de la mesure ou la confiscation du bien saisi est devenue définitive », de sorte que la chambre de l'instruction ne saurait déclarer sans objet l'appel formé contre une ordonnance de saisie, au motif que l'appelant a été condamné par le tribunal correctionnel, notamment à la confiscation des biens saisis, alors qu'un recours ayant été formé contre cette décision, la peine complémentaire prononcée n'est pas définitive[3].

231.110 Faculté de fonder la décision sur des actes de la procédure effectués postérieurement à l'ordonnance de saisie. La chambre criminelle a enfin reconnu à la chambre de l'instruction la faculté de fonder sa décision sur les actes de la procédure qui ont été effectués postérieurement à l'ordonnance de saisie[4].

1. V. s[s] chap. 245.
2. Crim. 20 nov. 2019, n° 18-86.781, P, 78 ; *D.* 2019. 2249.
3. Crim. 9 nov. 2022, n° 21-86.996, P – Crim. 9 nov. 2022, n°s 22-80.681 et 22-80.682, NP (2 arrêts).
4. Crim. 26 juin 2019, n° 18-85.209, P, n° 138 ; *D.* 2019. 1341.

Cette faculté doit cependant être exercée dans le respect d'une règle déjà examinée : la chambre de l'instruction est tenue de communiquer ces pièces à l'appelant si elle fonde sa décision sur celles-ci, précisément identifiées dans les motifs décisoires de son arrêt[1].

231.111 Défaut d'autorité de la chose jugée. Il a été jugé que les arrêts des chambres de l'instruction prononçant sur les saisies spéciales ont la nature de décisions avant dire droit à laquelle ne peut s'attacher l'autorité de la chose jugée[2]. Dans cette affaire, une chambre de l'instruction avait infirmé la décision d'un juge d'instruction ayant ordonné la saisie pénale d'immeubles appartenant à une personne mise en examen. Par une ordonnance ultérieure, ce juge d'instruction avait de nouveau ordonné la saisie des mêmes biens immobiliers, en application des mêmes dispositions législatives. Pour infirmer à nouveau l'ordonnance du juge d'instruction, la chambre de l'instruction, sur appel de la personne mise en examen, avait énoncé que l'ordonnance attaquée se heurtait à l'autorité de la chose jugée comme ayant été rendue sur un fondement identique à celui de l'ordonnance précédemment infirmée. Sur le pourvoi du procureur général, la chambre criminelle a cassé cette décision en considérant au contraire qu'aucune autorité de la chose jugée n'était attachée au premier arrêt, et qu'il appartenait donc à la chambre de l'instruction, en pareilles circonstances, de statuer sur l'ordonnance contestée en l'état du dossier qui lui était à nouveau soumis.

231.112 Effet de l'appel, voie d'annulation. Si le recours prévu par la loi est un appel, voie de réformation à laquelle se trouve attaché un effet dévolutif, il n'en demeure pas moins que la chambre de l'instruction saisie de l'appel d'une ordonnance de saisie spéciale n'est pas seulement tenue d'apprécier le bien-fondé de la saisie : elle doit aussi contrôler la régularité de la procédure suivie devant le premier juge. L'appel est ainsi tout à la fois une voie de réformation et une voie d'annulation.

En cas d'irrégularité, il y a lieu pour la chambre de l'instruction de prononcer l'annulation de l'ordonnance de saisie et d'en ordonner la mainlevée. Comme l'a énoncé la chambre criminelle, « ne disposant de la faculté d'évoquer que lorsqu'elle statue dans le cadre d'une information judiciaire en application de l'article 207, alinéa 2, du Code de procédure pénale, la chambre de l'instruction ne peut, si elle prononce l'annulation d'une ordonnance de maintien de saisie d'une somme d'argent, qu'en constater la mainlevée »[3].

1. V. s[s] n° 231.94.
2. Crim. 12 nov. 2014, n° 14-84.705, P, n° 233.
3. Crim. 4 nov. 2021, n° 21-80.571, NP.

3° Spécificités du pourvoi en cassation

231.121 Recevabilité du pourvoi en cassation. Conformément au droit commun, l'arrêt de la chambre de l'instruction statuant sur l'appel de la décision ordonnant la saisie peut faire l'objet d'un pourvoi en cassation.

Néanmoins, s'appliquent les dispositions des articles 570 et 571 du Code de procédure pénale dont il résulte que, lorsqu'il porte sur un arrêt distinct de l'arrêt sur le fond, le pourvoi n'est immédiatement recevable que si la décision met fin à la procédure, sauf décision d'admission du président de la chambre criminelle.

Cette règle a pour conséquence, en matière de saisies spéciales, que le pourvoi est immédiatement recevable seulement lorsqu'il émane d'un tiers à la procédure. Au contraire, en cas de pourvoi formé en cours d'information judiciaire par une partie, cette dernière doit présenter une requête aux fins d'examen immédiat du pourvoi dans les conditions prévues par le dernier alinéa de l'article 570.

231.122 Modification du fondement de la saisie par la Cour de cassation. La chambre criminelle s'est reconnue le pouvoir de modifier le fondement de la saisie à l'instar des chambres de l'instruction. Elle a en effet posé pour principe que « la Cour de cassation peut procéder à la requalification du fondement d'une saisie lorsque la question a été mise dans le débat »[4]. Il est vrai qu'avant même l'affirmation formelle de ce principe, la chambre criminelle avait déjà procédé à la modification du fondement d'une saisie pour rejeter le pourvoi dont elle était saisie[5].

SECTION 2 EFFETS COMMUNS

231.130 Plan. Le législateur a prévu, pour l'ensemble des décisions de saisies spéciales, des effets communs. La saisie emporte indisponibilité du bien qui en est l'objet (§ 1) et les décisions relatives à l'exécution de celle-ci (§ 2) relèvent d'un même régime.

231.131 Une saisie ne constitue pas un préjudice rendant recevable la constitution de partie civile. En revanche, il a été jugé par la chambre criminelle – de façon il est vrai assez évidente –, que la saisie spéciale d'un bien ne saurait avoir pour effet, comme ne constituant pas un préjudice au sens de

4. Crim. 4 mars 2020, n° 19-81.818, P, 84, 205 ; *D.* 2020. 540 ; *ibid.* 2367, obs. G. Roujou de Boubée, C. Ginestet, M.-H. Gozzi, S. Mirabail et E. Tricoire.
5. Crim. 29 juin 2016, n° 15-81.426, NP.

la loi, de rendre son propriétaire recevable à se constituer partie civile au cours de l'information judiciaire[1].

231.132 Une saisie ne constitue pas un acte utile à la manifestation de la vérité. De même, il a été posé pour principe qu'« une saisie pénale n'ayant pas le caractère d'un acte utile à la manifestation de la vérité, une telle décision n'a pas pour effet d'entraîner la caducité de l'avis de fin d'information notifié par le juge d'instruction aux parties en application de l'article 175 du Code de procédure pénale »[2].

§ 1
Indisponibilité du bien saisi

231.140 Plan. Le législateur a donné pour effet à l'ensemble des décisions de saisies spéciales de rendre juridiquement, et parfois aussi matériellement, indisponible le bien saisi (A). Si ce principe est d'affirmation simple, sa portée doit être précisée (B).

A.
Principe de l'indisponibilité du bien saisi

231.151 Affirmation du principe. Le premier effet de l'ensemble des décisions de saisies spéciales consiste en l'indisponibilité du bien saisi, ainsi que l'énonce l'article 706-145, alinéa 1er, du Code de procédure pénale : « Nul ne peut valablement disposer des biens saisis dans le cadre d'une procédure pénale. »

Seules deux exceptions à ce principe ont été envisagées par le législateur : la possibilité pour le procureur de la République et pour le juge d'instruction, en application des articles 41-5 et 99-2 du Code de procédure pénale, de décider que le bien saisi sera détruit ou bien remis à l'Agrasc en vue de son aliénation. Ces deux exceptions ne sont toutefois nullement spécifiques à la matière des saisies spéciales et seront examinées ultérieurement[3].

B.
Portée de l'indisponibilité du bien saisi

231.160 Plan. La portée de l'indisponibilité du bien saisi doit être envisagée en général et dans deux situations particulières : d'une part lorsque le bien saisi fait l'objet d'une procédure civile d'exécution ; d'autre part en cas de procédure collective. Dans l'un et l'autre cas, en effet, les rédacteurs de la loi n° 2010-768 du 9 juillet 2010[4] ont entendu déroger au droit commun en reconnaissant au juge répressif des prérogatives de puissance publique pour saisir les biens confiscables. Le rapporteur du texte devant l'Assemblée nationale estimait ainsi « choquant que l'État ne puisse pas user de prérogatives de puissance publique face à des trafiquants de haut vol qui se servent de la complexité de nos procédures pour ménager leur impunité »[5], tandis que le rapporteur de la Commission des lois du Sénat relevait, au sujet des nouvelles procédures de saisies spéciales, que « celles-ci se traduisent par "l'octroi de larges prérogatives de puissance publique au juge pénal" »[6].

231.161 Portée générale de l'indisponibilité. De façon générale, et ainsi que cela a été relevé lors des travaux préparatoires de la loi n° 2010-768 du 9 juillet 2010[7], l'indisponibilité du bien sera juridique et emportera à ce titre nullité de tous les actes de disposition contrevenant à la mesure[8]. Ce qui est prohibé, c'est de « disposer des biens », ainsi que l'énonce l'article 706-145, alinéa 1er, du Code de procédure pénale, c'est-à-dire d'accomplir des actes de disposition consistant par exemple à vendre le bien, le donner ou bien encore le détruire.

Nous verrons d'ailleurs que le législateur a prévu à l'article 706-143 du Code de procédure pénale des dispositions permettant au juge des libertés et de la détention ou au juge d'instruction d'autoriser les actes éventuellement nécessaires qui auraient pour conséquence de transformer, modifier substantiellement le bien ou d'en réduire la valeur[9]. À défaut d'autorisation, la nullité de ces actes sera encourue.

Au contraire, il ne s'opère juridiquement aucun transfert de propriété au profit de l'État – ce qui distingue les saisies des confiscations – et, matériellement, le propriétaire conserve le bien. Il en conserve l'*usus* et le *fructus*. Ainsi, par exemple, le propriétaire d'un immeuble qui a fait l'objet d'une saisie immobilière[10] peut continuer à y habiter, ou bien encore le louer et percevoir les loyers, sauf à ce que soient également saisies par l'autorité judiciaire

1. Crim. 5 mars 2014, n° 13-84.978, P, n° 65 ; *D.* 2014. 613.
2. Crim. 21 juin 2016, n° 16-81.084, P, n° 190.
3. V. s[s] n°s 242.10 et 243.11.
4. L. n° 2010-768, 9 juill. 2010 *visant à faciliter la saisie et la confiscation en matière pénale, JO* 10 juill., p. 12753.
5. *Rapp. Ass. nat.* n° 1689 (XIIIe législ.), p. 18. Il a de même été regretté au cours de la discussion publique, au sujet des mesures conservatoires de l'article 706-103 du Code de procédure pénale, que « ces procédures civiles d'exécution, où l'État ne bénéficie d'aucune prérogative de puissance publique, [restaient] […] très largement inadaptées aux saisies pénales, et leur caractère tout à la fois lourd et coûteux [décourageaient] bien souvent les magistrats souhaitant recourir à ces mesures » (*JOAN CR*, 5 juin 2009, p. 4967).
6. *Rapp. Sénat* n° 328 (2009-2010), p. 31.
7. L. n° 2010-768, 9 juill. 2010 *visant à faciliter la saisie et la confiscation en matière pénale, JO* 10 juill., p. 12753.
8. *Rapp. Ass. nat.* n° 1689 (XIIIe législ.), p. 47.
9. V. s[s] n° 241.31.
10. C. pr. pén., art. 706-150.

les créances de loyer[1] ; ce qui peut toutefois être source de difficultés pratiques pour l'Agrasc qui doit alors assurer une véritable activité de gestion locative qui peut être complexe[2]. La chambre criminelle a en effet énoncé à cet égard que « la saisie d'un bien immobilier ne [prive] pas le propriétaire des revenus générés par ce bien »[3]. Il en est de même en cas de saisie de parts sociales : l'associé continuera à exercer ses droits politiques et financiers, mais il ne pourra pas disposer de ses parts rendues indisponibles par la saisie.

Ce n'est qu'exceptionnellement que la saisie spéciale opérera indisponibilité matérielle. Tel sera le cas en cas de saisies de créances de sommes d'argent[4]. Dans ce cas, en effet, les sommes seront consignées sur le compte de l'Agrasc tenu par la Caisse des dépôts et consignations, l'agence ayant le monopole de la gestion centralisée de toutes les sommes saisies lors de procédures pénales[5].

Il pourra en être de même, comme nous le verrons[6], lorsque, le propriétaire ou le détenteur du bien méconnaissant son devoir d'entretien et de conservation du bien saisi, celui-ci sera remis à l'Agrasc qui, en exécution d'un mandat de gestion qui lui sera confié, réalisera, dans la limite de ce mandat, les actes juridiques et matériels nécessaires à la conservation, l'entretien et la valorisation du bien[7].

231.162 Sanction pénale. L'indisponibilité des biens objet d'une saisie spéciale est de surcroît pénalement sanctionnée conformément au droit commun.

Le second alinéa de l'article 434-22 du Code pénal réprime en effet de deux ans d'emprisonnement et de 30 000 euros d'amende tout détournement d'objet placé sous main de justice.

L'applicabilité de ce texte ne fait pas de doute puisque, outre le fait que le rapporteur de la Commission des lois de l'Assemblée nationale a énoncé que les dispositions de l'article 434-22 s'appliqueraient en cas de méconnaissance de l'indisponibilité du bien saisi[8], la chambre criminelle a quant à elle jugé, certes en application des textes antérieurs à l'entrée en vigueur de la loi n° 2010-768 du 9 juillet 2010[9], qu'« est constitutif d'un détournement au sens de l'article 434-22 du Code pénal, le fait, pour un mandataire liquidateur de verser sur un compte ouvert à la Caisse des dépôts et consignations au nom d'une société en liquidation judiciaire des fonds appartenant à cette dernière mais provenant d'un compte bloqué par décision d'un juge d'instruction sans en informer ce dernier »[10].

Au reste, nous avons vu que la chambre criminelle considère que constitue un détournement non seulement le déplacement matériel d'un bien saisi, mais également sa simple cession[11].

231.163 Portée de l'indisponibilité du bien saisi sur les procédures civiles d'exécution. Les effets des saisies spéciales sur les procédures civiles d'exécution sont doubles, selon que le bien saisi pénalement est *l'assiette* ou bien la *cause* de cette procédure.

La question des effets des saisies spéciales sur les procédures civiles d'exécution ayant pour *assiette* un bien ayant fait l'objet d'une telle saisie ont été envisagés par le législateur à l'article 706-145, alinéa 2, du Code de procédure pénale, où il a affirmé la primauté de ces mesures vis-à-vis des procédures civiles d'exécution en énonçant qu'« à compter de la date à laquelle elle devient opposable et jusqu'à sa mainlevée ou la confiscation du bien saisi, la saisie pénale suspend ou interdit toute procédure civile d'exécution sur le bien objet de la saisie pénale ».

Il faut d'emblée relever que la portée de ce texte a été interrogée par certains auteurs qui se sont demandés si, au sens de celui-ci, les procédures civiles d'exécution doivent s'entendre des seules mesures d'exécution forcée, ou bien aussi des mesures conservatoires organisées par le livre V du Code des procédures civiles d'exécution[12]. Il est vrai que l'hésitation est permise. En effet, d'un côté, les mesures conservatoires comptent à l'évidence pour le législateur parmi les procédures civiles d'exécution, si l'on veut bien relever que celui-ci en traite dans un seul et même Code des « procédures civiles d'exécution ». Mais, d'un autre côté, le rapporteur de la Commission des lois de l'Assemblée nationale avait relevé, à propos de la saisie immobilière, que

1. Le propriétaire de l'immeuble saisi peut consentir un bail postérieurement à la saisie, sauf si ce bail est tel qu'il constitue un acte de disposition. – EN CE SENS : E. Lemaire, « La vente des biens de l'État à la suite de leurs confiscations pénales : de quelques points clés intéressant la pratique notariale confrontée à la loi du 9 juillet 2010 », *Defrénois* 2020. 17.
2. Agrasc, *Rapp. annuel* 2021, p. 61.
3. Crim. 15 janv. 2020, n° 19-82.039, NP.
4. C. pr. pén., art. 706-155, al. 1.
5. C. pr. pén., art. 706-160, al. 1, 2°.
6. V. s^s n° 241.40.
7. C. pr. pén., art. 706-143, al. 2.
8. *Rapp. Ass. nat.* n° 1689 (XIIIe législ.), p. 46.
9. L. n° 2010-768, 9 juill. 2010 *visant à faciliter la saisie et la confiscation en matière pénale, JO* 10 juill., p. 12753.
10. Crim. 4 mai 2011, n° 10-84.456, P, n° 90 ; *D.* 2012. 1698, obs. C. Mascala ; *RSC* 2011. 840, obs. H. Matsopoulou ; *RTD com.* 2011. 807, obs. B. Bouloc.
11. V. s^s n° 222.12.
12. R. Alméras, « Saisie pénale immobilière contre hypothèque judiciaire provisoire », *Dr. et patr.* 2/2019, p. 12 – *J.-Cl. Pr. pén.*, art. 706-141 à 706-147, fasc. 20, par E. Camous, n° 159 – A. Darmstädter-Delmas, « La mise en œuvre et le sort d'une procédure civile d'exécution confrontée à une saisie pénale », *Droit et procédures*, juin 2012, p. 146 – M. Peter, *Les saisies pénales spéciales. Une évolution majeure pour une stratégie pénale patrimoniale repensée*, thèse, Aix-Marseille, 2018, n° 896.

celle-ci « ne [ferait] pas obstacle à l'inscription de sûretés immobilières postérieurement à sa publication », en précisant cependant que « le bénéfice du droit de privilège résultant de ces inscriptions [serait] subordonné à la mainlevée de la saisie » [1] ; puis, s'agissant de la saisie de fonds de commerce, que celle-ci « ne [ferait] pas obstacle à l'inscription postérieure de nantissements sur le fonds de commerce saisi », en indiquant à nouveau que « le bénéfice du droit de privilège et de préférence serait inopposable à l'État, sauf en cas de mainlevée ultérieure de la saisie » [2]. Si l'on peut donc être hésitant, il nous semble, outre le fait que la volonté exprimée par le législateur est claire, qu'il n'y aurait guère d'arguments d'opportunité à opposer à la reconnaissance pour les créanciers de la faculté d'inscrire des mesures conservatoires sur un bien saisi pénalement [3], à condition de préciser que ces mesures ne sauraient être opposées à l'État au stade de l'exécution de la confiscation, mais auraient pour seul effet de permettre aux intéressés de prendre rang dans l'hypothèse où le bien ne serait finalement pas confisqué [4]. De telles inscriptions seraient d'ailleurs déjà mises en œuvre [5].

Ceci étant, cet effet « exorbitant du droit commun », pour reprendre l'expression employée par M. le sénateur Mézard au cours de la discussion de la loi nº 2010-768 du 9 juillet 2010 [6], est très pénalisant pour le créancier qui poursuit l'exécution forcée d'un titre exécutoire. Il n'en demeure pas moins qu'il y a là l'expression d'une volonté délibérée du législateur. En effet, la question avait été débattue en séance publique devant le Sénat et il avait notamment été rejeté un amendement nº 3 qui était destiné à préserver certains des droits du créancier en matière de saisies immobilières. Pour motiver un avis défavorable de la Commission des lois, le rapporteur du texte avait expliqué qu'un tel amendement allait à l'encontre de l'économie générale du texte, dont le but était de permettre au juge pénal d'assurer rapidement l'indisponibilité des biens susceptibles d'être ultérieurement confisqués, ajoutant qu'à cette fin, la saisie pénale serait « prioritaire par rapport aux procédures civiles d'exécution » [7].

Pour néanmoins préserver les intérêts des créanciers poursuivant l'exécution de leur créance, le législateur a prévu certaines dispositions.

D'abord, le troisième alinéa de l'article 706-145 prévoit que « le créancier ayant diligenté une procédure d'exécution antérieurement à la saisie pénale est de plein droit considéré comme titulaire d'une sûreté sur le bien, prenant rang à la date à laquelle cette procédure d'exécution est devenue opposable ».

Ensuite, il résulte de l'article 706-146, alinéa 1er, du Code de procédure pénale que, si le maintien de la saisie du bien en la forme n'est pas nécessaire, le créancier, muni d'un titre exécutoire constatant une créance liquide et exigible, peut être autorisé, dans les conditions prévues par l'article 706-144 du même code, à engager ou reprendre une procédure civile d'exécution sur le bien, conformément aux règles applicables à ces procédures, sauf à indiquer que la vente amiable du bien est alors prohibée [8]. Il s'agit en effet d'éviter, ainsi que cela a été relevé au cours des travaux en Commission des lois de l'Assemblée nationale, « toute forme d'arrangement entre le mis en cause et son créancier, aux dépens de l'État » [9]. Le bien vendu, les créanciers titulaires d'une sûreté ayant pris rang antérieurement à la date à laquelle la saisie est devenue opposable à l'État sont désintéressés et la saisie est reportée sur le solde du prix de cession qui est consigné jusqu'au prononcé éventuel de la peine de confiscation. À défaut, en cas de classement sans suite, de non-lieu, de relaxe, d'acquittement, ou bien lorsque la peine de confiscation n'est pas prononcée, le solde du prix de la cession est restitué au propriétaire du bien s'il en fait la demande. Il reste qu'ainsi que cela a été relevé, l'objectif du créancier poursuivant étant le paiement de sa créance et non la cession du bien au meilleur prix, la saisie risque en pratique d'être reportée sur une somme d'argent inférieure à ce qu'elle aurait été en cas d'aliénation du bien par l'Agrasc. Il a ainsi été proposé de permettre au juge autorisant l'engagement ou la reprise de la procédure civile d'exécution sur le bien saisi de soumettre cette autorisation à une condition de prix de cession minimum [10], ce qui constitue aussi une préconisation de l'Agrasc [11].

1. *Rapp. Ass. nat.* nº 1689 (XIIIe législ.), p. 26.
2. *Rapp. Ass. nat.* nº 1689 (XIIIe législ.), p. 27.
3. CONTRA : *J.-Cl. Pr. pén.*, art. 706-141 à 706-147, fasc. 20, par E. Camous, préc.
4. AUSSI : A. Darmstädter-Delmas, « La mise en œuvre et le sort d'une procédure civile d'exécution confrontée à une saisie pénale », préc. – M. Peter, *Les saisies pénales spéciales. Une évolution majeure pour une stratégie pénale patrimoniale repensée*, préc. – CONTRA : R. Alméras, « Saisie pénale immobilière contre hypothèque judiciaire provisoire », préc., soutenant que l'hypothèque judiciaire provisoire serait opposable à l'État lors de l'exécution de la peine de confiscation du bien qui en est l'assiette.
5. M. Peter, *Les saisies pénales spéciales. Une évolution majeure pour une stratégie pénale patrimoniale repensée*, préc.
6. L. nº 2010-768, 9 juill. 2010 *visant à faciliter la saisie et la confiscation en matière pénale*, *JO* 10 juill., p. 12753.
7. *JO Sénat CR*, 29 avr. 2010, p. 2931.
8. POUR UN EXEMPLE D'APPLICATION : Crim. 6 mai 2015, nº 14-87.902, NP.
9. *Rapp. Sénat* nº 328 (2009-2010), p. 48.
10. M. Peter, *Les saisies pénales spéciales. Une évolution majeure pour une stratégie pénale patrimoniale repensée*, thèse, Aix-Marseille, 2018, nos 1064 et 1166.
11. Agrasc, *Rapp. annuel* 2018, p. 17.

Enfin, le second alinéa de l'article 706-146 du Code de procédure pénale dispose qu'en cas de reprise d'une procédure civile d'exécution suspendue par la saisie spéciale, les formalités qui ont été régulièrement accomplies n'ont pas à être réitérées.

La circulaire du 22 décembre 2010[1] a fort bien résumé l'état du droit résultant des textes qui précèdent : « La prééminence procédurale de la saisie pénale sur les voies d'exécution civiles pendant la durée de la procédure pénale ne modifie [...] pas l'ordre des créanciers ni ne confère de privilège à l'État. » Il est vrai que les saisies spéciales interdisent les procédures civiles d'exécution, dès l'instant où elles sont opposables et jusqu'à leur mainlevée ou la confiscation du bien, de même qu'elles suspendent celles qui sont en cours à partir du moment où elles deviennent opposables. Mais, outre le fait que des exceptions ont été apportées à la paralysie des procédures civiles d'exécution, les saisies spéciales sont sans effet sur le fond du droit : au stade de l'exécution de la peine de confiscation susceptible d'être prononcée, les intérêts du créancier ayant diligenté une procédure civile d'exécution antérieurement à la saisie spéciale seront préférés à ceux de l'État. En définitive, l'atteinte aux intérêts des créanciers est procédurale ; elle n'est pas substantielle.

L'on doit en revanche à la seule jurisprudence de la Cour de cassation d'avoir envisagé la question distincte des effets des saisies spéciales sur les procédures civiles d'exécution ayant pour *cause* une créance saisie pénalement en application de l'article 706-153 du Code de procédure pénale, en énonçant que la saisie d'une telle créance suspend la procédure civile d'exécution dont elle est la cause, sauf à ce que le juge répressif qui a ordonné la saisie autorise la poursuite de la procédure et le report de celle-ci sur les fonds en résultant. La deuxième chambre civile de la Cour de cassation a en effet posé pour principe que « dès lors que le commandement de saisie immobilière, que l'article R. 321-1 du Code des procédures civiles d'exécution assimile à un acte de disposition et qui constitue un acte d'exécution forcée, a été délivré après que la créance cause de la saisie a été rendue indisponible par une saisie pénale en application de l'article 706-145 du Code de procédure pénale, la mainlevée de la saisie immobilière doit être ordonnée »[2] ; puis plus généralement, sur avis de la chambre criminelle[3], qu'« un juge de l'exécution ne peut poursuivre la vente sur surenchère d'un immeuble, quand bien même l'audience d'orientation aurait fixé les termes de la vente sur adjudication du bien immobilier et une première adjudication aurait déjà été prononcée, lorsque la saisie pénale de la créance, cause de la saisie immobilière, a été ordonnée par un juge d'instruction postérieurement à la première adjudication » et que, « dans cette hypothèse, la vente sur surenchère de l'immeuble ne peut avoir lieu que sur l'autorisation du juge des libertés et de la détention ou du juge d'instruction délivrée en application des articles 706-143 et 706-144 du Code de procédure pénale, ce juge pouvant décider que la saisie pénale sera reportée sur la somme revenant au créancier dans le prix d'adjudication et consignée sans délai auprès de l'Agence de gestion et de recouvrement des avoirs saisis et confisqués sur le fondement de l'article 706-160, alinéa 1er, 2° du même code »[4].

La question de savoir si le créancier dont la créance a été saisie pénalement pouvait valablement faire délivrer un commandement de saisie immobilière, n'était guère douteuse, dès lors qu'ainsi que l'a relevé la deuxième chambre civile, un tel acte constitue un acte de disposition selon le Code des procédures civiles d'exécution, comme tel nécessairement prohibé par l'article 706-145 du Code de procédure pénale. Ceci étant, hors ce cas particulier, il ne pouvait qu'en aller de même, dès lors que l'article 706-145 soumet tout acte ayant pour effet de transformer un bien objet d'une saisie spéciale à l'autorisation préalable du juge des libertés et de la détention ou du juge d'instruction ayant ordonné la saisie et que, précisément, la procédure civile d'exécution est de nature à emporter paiement de la créance saisie pénalement entre les mains du créancier et donc extinction de celle-ci. Au reste, la poursuite de la procédure civile d'exécution postérieurement à l'ordonnance de saisie spéciale aurait été incompatible avec les dispositions du premier alinéa de l'article 706-155 du Code de procédure pénale, dont il résulte que, lorsque la saisie porte sur une créance exigible ayant pour objet une somme d'argent, le tiers débiteur doit consigner sans délai la somme due à la Caisse des dépôts et consignations ou auprès de l'Agrasc.

Ceci étant, rien ne s'opposait cependant à ce que la deuxième chambre civile reconnaisse au juge des libertés et de la détention ou au juge d'instruction ayant ordonné la saisie de la créance, la faculté d'autoriser, sous son contrôle, la poursuite de la procédure civile d'exécution avec report de la mesure sur les fonds en résultant. En effet, comme il

1. Circ. Justice, 22 déc. 2010 *relative à la présentation de la loi n° 2010-768 du 9 juillet 2010 visant à faciliter la saisie et la confiscation en matière pénale*, NOR : JUS D 1033251 C, *BOMJL* n° 2011-01, 31 janv. 2011, p. 8.
2. Civ. 2e, 18 févr. 2016, n° 14-24.321, P II, n° 57 ; *AJDI* 2016. 621, obs. F. de La Vaissière ; *RTD civ.* 2016. 444, obs. P. Théry.
3. Crim. 7 août 2019, n° 19-80.988, NP.
4. Civ. 2e, 5 déc. 2019, n° 17-23.576, P II, 103, 135, 175 ; *D.* 2019. 2412 ; *ibid.* 2020. 1380, obs. A. Leborgne ; *AJ pénal* 2020. 90, obs. M. Hy.

sera vu[1], l'article 706-143 du Code de procédure pénale donne compétence à l'un ou l'autre de ces magistrats pour autoriser les actes ayant pour conséquence de transformer, modifier substantiellement le bien saisi ou d'en réduire la valeur, au terme de la procédure décrite par l'article 706-144 du même code[2]. C'est d'ailleurs suivant cette procédure qu'en application de l'article 706-146 du Code de procédure pénale, un créancier peut se voir autorisé par le magistrat ayant ordonné la saisie à poursuivre l'exécution d'une procédure civile d'exécution ayant pour assiette un bien saisi pénalement[3], étant au surplus relevé que le Code de procédure pénale n'ignore de toute façon pas la possibilité pour, selon les cas, le ministère public, le juge d'instruction ou encore le juge des libertés et de la détention, d'ordonner l'aliénation d'un bien objet d'une saisie spéciale, avec report de la saisie sur le produit de la vente[4].

231.164 Portée de l'indisponibilité du bien saisi sur les procédures collectives. Les saisies spéciales produisent par ailleurs leurs effets nonobstant les procédures collectives dont le propriétaire du bien saisi est susceptible de faire l'objet, qu'il s'agisse d'une procédure de sauvegarde, de redressement ou de liquidation judiciaire, et quand bien même la décision de saisie serait postérieure au jugement d'ouverture de la procédure.

En effet, si le législateur a envisagé en partie l'incidence des saisies spéciales sur les procédures collectives en affirmant, à l'article 706-147 du Code de procédure pénale, que les saisies spéciales « sont applicables y compris lorsqu'elles sont ordonnées après la date de cessation des paiements et nonobstant les dispositions de l'article L. 632-1 du Code de commerce », la Cour de cassation a affirmé en des termes plus généraux le principe de la primauté des saisies spéciales sur les procédures collectives. Ainsi, la deuxième chambre civile, statuant après avis de la chambre criminelle[5], a posé pour principe que « le prononcé d'une mesure de sauvegarde n'interdit pas que soit ordonnée une saisie pénale d'une créance, ni ne limite les effets d'une telle saisie préalablement ordonnée »[6], avant que la chambre criminelle n'énonce un principe comparable[7], et affirme par ailleurs la primauté des saisies spéciales sur les procédures de liquidation judiciaire : « La mise en liquidation judiciaire de la personne poursuivie [...] ne s'oppose pas à son éventuelle condamnation à une peine de confiscation et à une mesure préalable de saisie destinée à garantir l'exécution de celle-ci, la confiscation ne pouvant s'analyser comme une action en paiement. »[8]

Il s'en déduit, du reste, que ni le tribunal de commerce, ni le juge de l'exécution lorsque la question se pose à lui, n'a compétence pour apprécier la validité d'une saisie spéciale, la chambre commerciale ayant posé pour principe qu'« il résulte de l'article 706-150 du Code de procédure pénale que le liquidateur, s'il entend contester la validité ou l'opposabilité à la procédure collective de la saisie pénale immobilière, ordonnée par un juge d'instruction après le jugement d'ouverture de la liquidation judiciaire du propriétaire de l'immeuble saisi, doit exercer tout recours devant la juridiction pénale compétente » et qu'« en conséquence, justifie légalement sa décision une cour d'appel, qui, statuant à la suite du juge-commissaire, rejette la requête du liquidateur tendant à voir ordonner la vente aux enchères publiques de biens rendus indisponibles par la saisie pénale »[9], quand la deuxième chambre civile a quant à elle énoncé que « le juge de l'exécution ne peut apprécier la validité de la saisie pénale au regard des règles relatives à la procédure de sauvegarde »[10].

Ces précisions jurisprudentielles étaient nécessaires, tant la portée des dispositions de l'article 706-147 du Code de procédure pénale est en vérité limitée. En effet, s'il est affirmé que les saisies spéciales sont applicables même lorsqu'elles sont ordonnées après la date de cessation des paiements, l'examen de l'origine de ce texte interdit de l'interpréter comme signifiant que le législateur aurait ainsi formellement énoncé un principe de primauté des saisies spéciales vis-à-vis des procédures collectives et que les saisies spéciales pourraient, sur le seul fondement de ce texte, valablement être ordonnées postérieurement à la date du jugement d'ouverture d'une procédure collective.

Pour mesurer la portée de ces dispositions, il faut en effet rappeler qu'en cas d'ouverture d'une procédure de redressement judiciaire, l'article L. 632-1 du Code de commerce prévoit la nullité de certains actes intervenus postérieurement à la date de cessation des paiements, c'est-à-dire pendant la période qu'il est convenu de qualifier de « suspecte »,

1. V. s[s] n° 241.31.
2. V. s[s] n° 231.170.
3. Crim. 6 mai 2015, n° 14-87.902, NP.
4. C. pr. pén., art. 41-5 et 99-2 en matière mobilière et art. 706-152 en matière immobilière.
5. Crim. 7 août 2019, n° 19-80.988, NP.
6. Civ. 2e, 5 déc. 2019, n° 17-23.576, P II, 103, 135, 175 ; *D.* 2019. 2412 ; *ibid.* 2020. 1380, obs. A. Leborgne ; *AJ pénal* 2020. 90, obs. M. Hy.
7. Crim. 24 juin 2020, n° 19-85.874, P, 60 ; *D.* 2020. 1363.
8. Crim. 23 oct. 2019, n° 18-85.820, P, 61 ; *D.* 2019. 2093 ; *AJ pénal* 2020. 34, obs. D. Miranda ; *ibid.* 2019. 613, obs. M. Hy.
9. Com. 15 nov. 2017, n° 16-17.868, P IV, n° 152 ; *D.* 2017. 2366.
10. Civ. 2e, 5 déc. 2019, n° 17-23.576, P II, 103, 135, 175 ; *D.* 2019. 2412 ; *ibid.* 2020. 1380, obs. A. Leborgne ; *AJ pénal* 2020. 90, obs. M. Hy.

laquelle court entre la date de cessation de paiement, qui est fixée par le tribunal de commerce[1], et la date du jugement d'ouverture de la procédure. Tel est en particulier le cas de « toute mesure conservatoire, à moins que l'inscription ou l'acte de saisie ne soit antérieur à la date de cessation de paiement », conformément à ce que prévoit le 7° du texte. Il est incontestable que le législateur a prévu que les saisies spéciales dérogent purement et simplement à ces dispositions du Code de commerce qui ne sauraient recevoir application. Mais est-ce à dire, sur le seul fondement de ce texte, qu'une saisie spéciale peut être ordonnée postérieurement à la date du jugement d'ouverture de la procédure ? Au reste, qu'en est-il en cas de procédure de sauvegarde, les dispositions de l'article 706-147 du Code de procédure pénale étant alors inapplicables, ainsi que l'a jugé la chambre criminelle[2], faute précisément de période suspecte dans ce cas.

En vérité, il ne semble pas que cette question ait été envisagée par le législateur lorsqu'il a adopté les dispositions de l'article 706-147, cette adoption étant intervenue en considération de la seule hypothèse où la saisie spéciale a été ordonnée entre la date de la cessation des paiements et celle du jugement d'ouverture de la procédure, c'est-à-dire au cours de la période suspecte. En effet, lors des travaux en Commission des lois de l'Assemblée nationale, avait été évoquée l'affaire dite du *Château de la Poupelière* mettant en cause l'application des dispositions de l'article 706-103 du Code de procédure pénale permettant sous certaines conditions, au cours de l'information judiciaire, d'ordonner, selon les modalités prévues par les procédures civiles d'exécution, des mesures conservatoires sur les biens de la personne mise en examen. Dans le cadre de cette information judiciaire ouverte dans une juridiction interrégionale spécialisée, un juge des libertés et de la détention, saisi d'une requête du procureur de la République, avait ordonné la prise d'une inscription provisoire d'hypothèque sur les biens immobiliers de la société. Celle-ci avait par la suite fait l'objet d'un jugement d'ouverture d'une procédure de redressement judiciaire, le tribunal de commerce fixant la date de cessation des paiements à une date antérieure à la prise de l'hypothèque judiciaire. La société avait alors obtenu du tribunal de commerce l'annulation de l'inscription sur le fondement du 7° de l'article L. 632-1 du Code de commerce. En réaction à cette affaire, il avait été inséré dans la proposition de loi déposée par MM. les députés Warsmann et Geoffroy la modification de l'article 706-103 qui devait comprendre les actuelles dispositions de l'article 706-147. Ces dispositions ont ensuite été étendues aux saisies spéciales par suite d'un amendement n° CL 7 déposé en Commission des lois par le rapporteur du texte, M. le député Geoffroy. Finalement, seules ces dernières dispositions ont figuré dans le texte qui a été voté par les deux assemblées, par suite de l'adoption de l'amendement n° 4 rectifié *bis* déposé en première lecture devant le Sénat par M. le sénateur Mézard. Force est ainsi de constater que le législateur a entendu donner un plein effet aux saisies spéciales ordonnées entre la date de cessation des paiements et celle du jugement d'ouverture de la procédure de redressement judiciaire mais que, pour le surplus, il ne semble pas que la question de savoir si une saisie spéciale peut être ordonnée postérieurement à l'ouverture de la procédure collective ait été vue.

Il reste qu'ainsi que l'ont jugé la deuxième chambre civile et la chambre criminelle, les dispositions de l'article 706-147 du Code de procédure pénale étaient en réalité surabondantes pour considérer que les saisies spéciales produisent leurs effets nonobstant l'ouverture d'une procédure collective. En effet, outre le fait que les prérogatives de puissance publique expressément reconnues au juge répressif par le législateur en matière de saisies spéciales pouvaient par définition justifier qu'il soit donné à ces mesures des effets dérogatoires au droit commun[3], celles-ci ne sauraient être vues comme des actions en paiement ou des procédures d'exécution, au sens de l'article L. 622-21 du Code de commerce, interrompues ou interdites par le jugement d'ouverture de la procédure collective[4]. Ainsi que l'a énoncé la chambre criminelle, la saisie spéciale que le juge des libertés et de la détention et le juge d'instruction « ont le pouvoir d'ordonner dans le cadre des procédures pénales afin de garantir l'exécution de la peine complémentaire de confiscation selon les conditions définies à l'article 131-21 du Code pénal, est d'une nature propre et ne s'analyse pas en une procédure d'exécution au sens de l'article L. 622-21, II, du Code de commerce »[5], non plus que comme une « action en paiement ».

§ 2
Décisions relatives à l'exécution de la saisie

231.170 **Plan.** L'article 706-144 du Code de procédure pénale organise la procédure devant être suivie pour statuer sur « toutes les requêtes relatives à l'exécution de la saisie, sans préjudice des dispositions relatives à la destruction et à

1. C. com., art. L. 631-8.
2. Crim. 24 juin 2020, n° 19-85.874, P, 60 ; *D.* 2020. 1363.
3. V. s[s] n° 231.160.
4. Les dispositions de ce texte étant applicables aux procédures de redressement et de liquidation judiciaires en vertu, respectivement, des dispositions des articles L. 631-14 et L. 641-3 du Code de commerce.
5. Crim. 24 juin 2020, n° 19-85.874, P, 60 ; *D.* 2020. 1363.

l'aliénation des biens saisis au cours de l'enquête ou de l'instruction prévues aux articles 41-5 et 99-2 ». Avant de présenter cette procédure, il y a lieu de préciser les contours de son domaine d'application.

231.171 **Domaine d'application.** Il semble que le domaine d'application de ce texte ait connu une restriction, depuis l'entrée en vigueur de la loi n° 2010-768 du 9 juillet 2010[1], le limitant aux seuls incidents d'exécution.

Il résulte en effet des travaux préparatoires de ce texte que le législateur a vraisemblablement envisagé la procédure décrite par l'article 706-144 du Code de procédure pénale comme devant s'appliquer à l'ensemble des décisions postérieures à la saisie, à l'exception des décisions de destruction du bien saisi ou de remise à l'Agrasc aux fins d'aliénation, demeurant soumises aux dispositions des articles 41-5 et 99-2 du Code de procédure pénale. Il apparaît en particulier que l'article 706-144 a pu être envisagé par le Parlement comme devant s'appliquer aux demandes de restitution du bien saisi. Telle a d'ailleurs été la position retenue par la direction des affaires criminelles et des grâces du ministère de la Justice qui a présenté ce texte comme s'appliquant aux demandes de restitution portant sur les biens objet de saisies spéciales à l'exclusion des dispositions de droit commun des articles 41-4 et 99 du Code de procédure pénale présentées comme s'appliquant uniquement aux demandes de restitution des biens meubles corporels susceptibles, comme tels, d'être saisis selon le droit commun[2]. Il est vrai que cette interprétation du texte n'était pas sans argument puisque, dans la version de celui-ci adoptée en première lecture par l'Assemblée nationale, il était énoncé que l'appel formé contre les décisions rendues en application de ce texte était suspensif lorsque celles-ci ordonnaient « la mainlevée totale ou partielle de la saisie », ce dont il se déduit nécessairement que l'article 706-144 était bien envisagé comme s'appliquant aux demandes de restitution des biens ayant fait l'objet d'une saisie spéciale.

Il reste que telle ne semble pas avoir été l'interprétation du texte retenue par les juridictions du fond et la chambre criminelle. En effet, outre le fait que les dispositions de l'article 706-144 ne semblent guère mises en œuvre par les juridictions du fond, la chambre criminelle considère en tout état de cause que l'ensemble des demandes de restitution des biens placés sous main de justice sont régies, notamment, par les dispositions des articles 41-4 et 99 du Code de procédure pénale, sans qu'il y ait lieu de distinguer entre les biens ayant fait l'objet d'une saisie spéciale et ceux saisis selon le droit commun. Ainsi, dans un arrêt du 5 février 2013, pour dire n'y avoir lieu de transmettre la question de la conformité à la Constitution des articles 706-141 à 706-165 du Code de procédure pénale, la chambre criminelle a notamment énoncé que « les articles 41-4, 99, 479 et 543 du Code de procédure pénale instituent des procédures de restitution des biens placés sous main de justice qui sont assorties de voies de recours »[3], ce dont il se déduit que, pour la chambre criminelle, la demande de restitution d'un bien objet d'une saisie spéciale ne doit pas être présentée sur le fondement de l'article 706-144, mais sur celui des dispositions de droit commun. Un tel argument se retrouve d'ailleurs par la suite[4].

Il semble ainsi, en définitive, que le domaine d'application de l'article 706-144 soit limité aux incidents d'exécution de la saisie. En particulier, la procédure décrite par ce texte s'appliquera à la demande du créancier du saisi fondée sur l'article 706-146 du Code de procédure pénale[5], à celle du titulaire de la créance saisie envisageant la mise en œuvre d'une procédure civile d'exécution[6], à celle du débiteur d'une telle créance tendant à être déchargé de l'obligation de consigner les fonds dus au saisi auprès de l'Agrasc[7], à celle du titulaire du compte bancaire saisi qui souhaiterait, eu égard à sa situation financière, voir laisser à sa disposition une somme à caractère alimentaire[8], ou bien encore, en cas de délégation imparfaite, à titre de sûreté d'une dette par ailleurs souscrite par le saisi, d'une créance saisie pénalement postérieurement à l'acte de délégation, à la demande du délégataire désireux d'obtenir l'autorisation de poursuivre le paiement de sa créance[9].

La procédure décrite par ce texte permet aussi au propriétaire du bien saisi d'obtenir l'autorisation de le vendre, avec report de la saisie sur le prix de vente, lorsqu'il n'entend pas continuer à le conserver en nature. La chambre criminelle a en effet déduit de l'article 706-144 que « le juge des libertés et de la détention, pendant l'enquête, ou le juge d'instruction, au cours de l'information judiciaire, est compétent pour autoriser, par ordonnance motivée

1. L. n° 2010-768, 9 juill. 2010 *visant à faciliter la saisie et la confiscation en matière pénale*, *JO* 10 juill., p. 12753.
2. DACG, *Guide des saisies et confiscations*, Min. Justice, MILDECA, p. 81.
3. Crim. 5 févr. 2013, n° 12-90.069, NP.
4. Crim. 28 févr. 2017, n° 16-83.773, NP – Crim. 30 janv. 2019, n° 18-85.581, NP.
5. V. s^s n° 231.163 – Crim. 6 mai 2015, n° 14-87.902, NP.
6. V. s^s n° 231.163 – Civ. 2e, 5 déc. 2019, n° 17-23.576, P II, 103, 135, 175 ; *D.* 2019. 2412 ; *ibid.* 2020. 1380, obs. A. Leborgne ; *AJ pénal* 2020. 90, obs. M. Hy.
7. V. s^s n° 234.114 – Crim. 20 nov. 2019, n° 18-82.066, P, 82 ; *D.* 2019. 2249.
8. V. s^s n° 234.101 – Crim. 29 janv. 2020, n° 19-84.631, NP.
9. V. s^s n° 234.127 – Crim. 28 juin 2023, n° 21-87.002, P – Crim. 28 juin 2023, n° 21-87.003, NP.

rendue à la requête du propriétaire du bien ou du droit objet d'une saisie pénale spéciale, ou son représentant, et après avis du procureur de la République, l'aliénation de ce bien, lorsque le maintien de la saisie du bien ou du droit en la forme n'est pas nécessaire et que la vente n'apparaît pas frauduleuse »[1]. Dans ce cas, a-t-il été précisé, « ce magistrat doit également déterminer les conditions de cet acte, et décider du report de la saisie sur le prix de vente qui doit être consigné auprès de l'Agence de gestion et de recouvrement des avoirs saisis et confisqués (Agrasc) après, le cas échéant, désintéressement des créanciers titulaires d'une sûreté ayant pris rang antérieurement à la date à laquelle la saisie pénale spéciale est devenue opposable ». Cette mise en œuvre particulière de l'article 706-144, revenant à avoir créé un nouveau cas d'aliénation avant jugement de bien placé sous main de justice, a cependant conduit la chambre criminelle a organisé de manière spécifique le droit d'appel contre la décision du juge des libertés et de la détention, ou du juge d'instruction[2].

231.172 **Procédure de décision.** Pour le surplus, l'article 706-144 du Code de procédure pénale prévoit que le magistrat qui a ordonné ou autorisé la saisie, ou le juge d'instruction en cas d'ouverture d'une information judiciaire postérieurement à la saisie, est compétent pour statuer sur toutes les requêtes relatives à l'exécution de la mesure. Mais ce texte précise aussi que, lorsque la décision ne relève pas du procureur de la République, son avis est sollicité.

Le texte étant ainsi rédigé, il n'est pas aisé de déterminer quels sont les magistrats compétents pour statuer sur les requêtes en difficulté d'exécution, hors le cas où a été ouverte une information judiciaire : dans cette hypothèse, en effet, la décision relève de la compétence du juge d'instruction statuant après avis du procureur de la République.

Mais qu'en est-il lorsque n'a pas été ouverte d'information judiciaire ? En effet, une première lecture du texte pourrait suggérer qu'est alors compétent le juge des libertés et de la détention statuant après avoir recueilli l'avis du ministère public. Pendant l'enquête, le juge des libertés et de la détention est en effet le magistrat qui, désormais, ordonne la saisie[3]. Mais la mention selon laquelle « lorsque la décision ne relève pas du procureur de la République, son avis est sollicité préalablement », pourrait laisser entendre que, dans certains cas, la compétence devrait revenir à ce magistrat.

En vérité, il semble que l'imprécision rédactionnelle s'explique par le fait que le texte de l'article 706-144 est demeuré dans l'état où il se trouvait dans la proposition de loi de MM. les députés Warsmann et Geoffroy ayant conduit à l'adoption de la loi n° 2010-768 du 9 juillet 2010[4], et que le législateur n'a par la suite tenu compte ni de la modification ayant consisté à soumettre les décisions de saisies spéciales prises au cours de l'enquête préliminaire ou de flagrance à l'autorisation préalable du juge des libertés et de la détention[5], ni de celles plus récentes dont il ressort que, dorénavant, l'ensemble des saisies spéciales sont décidées – et non plus autorisées –, par le juge des libertés et de la détention pendant cette phase du procès pénal[6]. La proposition de loi prévoyait en effet, d'abord, selon que la mesure interviendrait pendant l'enquête ou au cours de l'information judiciaire, que les saisies de patrimoine seraient autorisées par le juge des libertés et de la détention sur requête du procureur de la République, ou ordonnées par le juge d'instruction, sur requête ou après avis du ministère public. Les saisies immobilières devaient quant à elles être ordonnées par le procureur de la République ou par le juge d'instruction. Enfin, il était prévu que le procureur de la République ou le juge d'instruction autorise les officiers de police judiciaire à procéder aux saisies de biens incorporels et aux saisies sans dépossession. Il en résultait que, selon les cas, les saisies pouvaient donc être soit autorisées par le procureur de la République, le juge d'instruction ou le juge des libertés et de la détention, soit ordonnées par le procureur de la République ou le juge d'instruction, ce qui permet de comprendre la rédaction alors prévue pour l'article 706-144 : selon les situations, ces trois magistrats pouvaient avoir compétence pour statuer sur les difficultés d'exécution de la décision qu'ils avaient rendue.

Il convient cependant d'interpréter désormais l'article 706-144 à la lumière de l'état actuel des dispositions organisant les saisies spéciales et des intentions initiales du législateur qui étaient de conférer au magistrat ayant ordonné ou autorisé la saisie ce qu'un auteur a qualifié de « véritable droit de suite »[7]. Il en résulte que, lorsque la saisie a été ordonnée par le juge des libertés et de la détention, la compétence pour statuer sur les requêtes en difficulté d'exécution de la saisie relève en principe de ce magistrat statuant après avis du ministère public. En revanche, en cas d'ouverture d'une infor-

1. Crim. 15 sept. 2021, n° 20-84.674, P.
2. V. s^s n° 231.173.
3. V. s^s n° 231.53.
4. L. n° 2010-768, 9 juill. 2010 *visant à faciliter la saisie et la confiscation en matière pénale, JO* 10 juill., p. 12753.
5. *Proposition* n° 1255 (XIIIe législ.), p. 8.
6. V. s^s n° 231.53.
7. *J.-Cl. Pr. pén.*, art. 706-141 à 706-147, fasc. 20, par E. Camous, n° 223.

mation judiciaire postérieurement à la saisie, ou bien lorsque la saisie a été ordonnée par le juge d'instruction, la compétence revient à ce dernier qui devra lui aussi statuer après avoir préalablement recueilli l'avis du parquet.

231.173 Recours contre la décision. Conformément au dernier alinéa de l'article 706-144 du Code de procédure pénale, la décision prise en application de ce texte peut être frappée d'appel devant la chambre de l'instruction par le requérant ou le procureur de la République dans un délai de dix jours à compter de la notification de la décision. Cet appel présente un caractère suspensif quel que soit l'objet de la décision.

Les conditions de recevabilité de cet appel paraissent trop restrictives : l'on ne comprend guère que ce recours ne soit pas ouvert au propriétaire du bien saisi et aux tiers ayant des droits sur celui-ci, à tout le moins lorsque la décision est telle qu'elle porte atteinte à leurs intérêts.

C'est d'ailleurs ce qui a conduit la chambre criminelle à étendre la recevabilité du droit d'appel, en cas de mise en œuvre de l'article 706-144 aux fins d'autorisation d'aliénation du bien saisi à la demande de son propriétaire, lorsque ce dernier n'entend pas conserver le bien en nature, avec report de la saisie sur le prix de vente[1]. Dans ce cas, le principe est que « toute partie intéressée peut déférer devant la chambre de l'instruction toute décision autorisant le propriétaire du bien ou du droit saisi ou son représentant, à aliéner ledit bien ou droit »[2]. Ce principe a été fondé, outre sur les aspects processuels du droit au respect des biens garanti par l'article 1er du Protocole additionnel no 1 à la Convention européenne des droits de l'homme, tel qu'interprété par la Cour[3], sur la considération que les conditions de recevabilité de l'appel des décisions emportant aliénation avant jugement des biens placés sous main de justice, notamment prévues par les articles 99-2 et 706-152 du Code de procédure pénale, sont plus larges que celles des décisions de saisie spéciale qui ne peuvent être contestées devant la chambre de l'instruction que par le procureur de la République, le propriétaire du bien ou du droit saisi, et les tiers ayant des droits sur ce bien ou sur ce droit. En effet, les décisions emportant une telle aliénation peuvent être déférées à la chambre de l'instruction par toute partie intéressée[4]. Il devait donc nécessairement en aller de même au cas particulier.

231.174 Difficultés d'exécution postérieures à la saisine de la juridiction de jugement. Ces dispositions laissent entière la question de savoir si le juge des libertés et de la détention ou le juge d'instruction est compétent pour statuer sur les difficultés d'exécution postérieurement à la saisine de la juridiction de jugement.

La réponse pourrait être négative, si l'on observe que le texte dessaisit le juge des libertés et de la détention de cette compétence, au profit du juge d'instruction, en cas d'ouverture d'une information judiciaire : la saisine de la juridiction de jugement pourrait semblablement priver ces deux magistrats de toute compétence pour connaître des incidents d'exécution.

Étant relevé qu'aucun texte ne donne non plus compétence à la juridiction de jugement pour statuer sur les difficultés d'exécution des saisies, et que la chambre criminelle a par ailleurs jugé que cette juridiction n'a pas le pouvoir d'autoriser l'aliénation des biens saisis au cours de la procédure[5], l'on comprend que l'Agrasc ait proposé d'insérer dans le Code de procédure pénale des dispositions conférant une compétence en la matière à la juridiction de jugement – ou à la chambre de l'instruction pour les procédures criminelles hors session de la cour d'assises –, à l'instar des mécanismes prévus pour les demandes liées à la détention provisoire ou au contrôle judiciaire[6].

1. V. ss no 231.171.
2. Crim. 15 sept. 2021, no 20-84.674, P.
3. V. ss no 113.68.
4. V. ss nos 242.53 et 242.63.
5. V. ss no 242.00.
6. Agrasc, *Rapp. annuel* 2018, p. 97.

CHAPITRE

232. Saisies de patrimoine

SECTION 0
ORIENTEUR

232.00 Sommaire du chapitre.

Sect.	1	Conditions des saisies de patrimoine
	§ 1	Conditions de fond
	§ 2	Conditions de forme
Sect.	2	Effets des saisies de patrimoine

232.01 Principaux textes applicables.

TEXTES SOURCES

• C. pr. pén., art. 56, al. 1, 706-148 et 706-149

• C. pén., art. 131-21, al. 1, 5 et 6

TEXTES *IN EXTENSO*

> Code de procédure pénale

• C. pr. pén., art. 56, al. 1

* V. s^{s} n° 221.01.

• C. pr. pén., art. 706-148

* V. s^{s} n° 231.01.

• C. pr. pén., art. 706-149

* V. s^{s} n° 231.01.

> Code pénal

• C. pén., art. 131-21, al. 1, 5 et 6

La peine complémentaire de confiscation est encourue dans les cas prévus par la loi ou le règlement. Elle est également encourue de plein droit pour les crimes et pour les délits punis d'une peine d'emprisonnement d'une durée supérieure à un an, à l'exception des délits de presse.

S'il s'agit d'un crime ou d'un délit puni d'au moins cinq ans d'emprisonnement et ayant procuré un profit direct ou indirect, la confiscation porte également sur les biens meubles ou immeubles, quelle qu'en soit la nature, divis ou indivis, appartenant au condamné ou, sous réserve des droits du propriétaire de bonne foi, dont il a la libre disposition, lorsque ni le condamné, ni le propriétaire, mis en mesure de s'expliquer sur les biens dont la confiscation est envisagée, n'ont pu en justifier l'origine.

Lorsque la loi qui réprime le crime ou le délit le prévoit, la confiscation peut aussi porter sur tout ou partie des biens appartenant au condamné ou, sous réserve des droits du propriétaire de bonne foi, dont il a la libre disposition, quelle qu'en soit la nature, meubles ou immeubles, divis ou indivis.

232.02 Jurisprudence de référence.

> Les décisions de saisies de patrimoine rendues par le juge d'instruction nécessitent l'avis préalable du ministère public

• **Crim. 11 juill. 2012**, n° 12-82.050, P, n° 168

* V. s^{s} n° 232.33.

« Vu l'article 706-148 du Code de procédure pénale ;

Attendu, qu'il ressort des dispositions de ce texte, que si l'enquête porte sur une infraction punie d'au moins cinq ans d'emprisonnement, le juge des libertés et de la détention peut, dans les cas prévus aux cinquième et sixième alinéas de l'article 131-21 du Code pénal et sur requête du procureur de la République, autoriser par ordonnance motivée la saisie, aux frais avancés du Trésor, de tout ou partie des biens, lorsque la loi qui réprime le crime ou le délit prévoit la confiscation des biens du condamné ou lorsque l'origine de ces biens ne peut être établie ; que le juge d'instruction peut, sur requête du procureur de la République ou d'office après avis du ministère public, ordonner cette saisie dans les mêmes conditions ;

Attendu qu'il résulte de l'arrêt attaqué et des pièces de la procédure qu'au cours de l'information suivie contre les époux X... des chefs d'escroqueries, faux et usage de faux, travail dissimulé et blanchiment de fraude fiscale, le juge d'instruction a rendu le 1er février 2012, au visa des articles 131-21, alinéa 6, et 324-7, 12°, du Code pénal, une ordonnance maintenant la saisie pénale, opérée le 26 janvier précédent par des officiers de police judiciaire, de sommes inscrites au crédit de comptes bancaires dont les intéressés étaient titulaires ;

Attendu que, pour confirmer l'ordonnance entreprise et rejeter l'argumentation des époux X... qui faisaient valoir notamment que l'avis du ministère public n'avait pas été recueilli préalablement à la mesure, l'arrêt énonce que le juge d'instruction n'était pas tenu, au regard des dispositions de l'article 706-153 du Code de procédure pénale, de solliciter l'avis du procureur de la République avant de prendre son ordonnance ;

Mais attendu qu'en décidant ainsi, alors que la saisie effectuée constituait, au sens de l'article 706-148 du Code de procédure pénale, une saisie de patrimoine nécessitant l'avis préalable du ministère public, la chambre de l'instruction a méconnu le texte susvisé et le principe ci-dessus rappelé. »

> Contenu des réquisitions ou de l'avis du ministère public

• **Crim. 16 mai 2018,** n° 17-83.584, P, n° 96

* V. s^s n° 232.33.

« Vu l'article 706-148 du Code de procédure pénale ;

Attendu qu'aux termes de l'alinéa 1 de ce texte dans sa version en vigueur, issue de la loi n° 2016-731 du 3 juin 2016, si l'enquête porte sur une infraction punie d'au moins cinq ans d'emprisonnement, le juge des libertés et de la détention peut, sur requête du procureur de la République, ordonner par décision motivée la saisie des biens dont la confiscation est prévue en application de l'article 131-21, alinéa 5 ou 6, du Code pénal lorsque la loi qui réprime le crime ou le délit prévoit la confiscation des biens du condamné ou lorsque l'origine de ces biens ne peut être établie ;

Qu'il se déduit de ce texte que la chambre de l'instruction, saisie d'un appel formé contre une ordonnance du juge des libertés et de la détention ayant autorisé, sur requête du procureur de la République, la saisie en valeur de biens, peut, en raison de l'effet dévolutif de l'appel, et après débat contradictoire, modifier le fondement légal de la saisie de ces biens dès lors que cette mesure a été précédée d'une requête du ministère public, peu important le fondement visé par celle-ci, et doit, s'il s'agit d'une saisie de patrimoine, l'ordonner elle-même ;

Attendu qu'il résulte de l'arrêt attaqué et des pièces de la procédure que, au cours d'une enquête préliminaire ouverte après une plainte de l'administration fiscale pour des faits de fraude fiscale, blanchiment, abus de biens sociaux et travail dissimulé mettant en cause M. X..., le juge des libertés et de la détention a, sur requête du procureur de la République formulée en ce sens, au visa des articles 131-21, alinéa 9, du Code pénal, 706-141-1, 706-153 et 706-155 alinéa 2 du Code de procédure pénale, autorisé la saisie pénale d'une créance figurant sur un contrat d'assurance à concurrence de la somme de 388 516 euros ; que M. X... a interjeté appel ; que la chambre de l'instruction a ordonné le renvoi de l'affaire à une audience ultérieure et invité les parties à présenter des observations sur l'éventuelle modification d'office du fondement de la saisie en faisant application de l'article 131-21, alinéa 6, du Code pénal aux motifs que M. X... est impliqué dans des faits de blanchiment qui lui font encourir, au titre de l'article 324-7, 12°, du Code pénal, la confiscation de tout ou partie de son patrimoine ;

Attendu que, pour confirmer, après substitution d'une saisie de patrimoine à la saisie en valeur, l'ordonnance du juge des libertés et de la détention, l'arrêt prononce par les motifs repris au moyen ;

Mais attendu qu'en décidant ainsi, alors qu'il lui appartenait d'ordonner elle-même la saisie de patrimoine, et non pas seulement de confirmer une autorisation de saisir, la chambre de l'instruction a méconnu le texte susvisé et le principe ci-dessus rappelé. »

232.03 Bibliographie indicative.

* V. s^s n° 23.03.

SECTION 1 CONDITIONS DES SAISIES DE PATRIMOINE

232.10 Plan. Les saisies de patrimoine, organisées par les articles 706-148 et 706-149 du Code de procédure pénale, portent au droit de propriété une atteinte d'une intensité supérieure à celle causée par d'autres formes de saisies, en ce que ces mesures ont comme objet un bien qui, soit n'entretient aucun lien avec l'infraction poursuivie, soit est simplement présumé provenir d'une activité délictueuse (§ 1). Cette atteinte justifie que le législateur, ainsi que la chambre criminelle, aient soumis les saisies de patrimoine à des conditions de forme plus restrictives que s'agissant des autres types de saisies spéciales (§ 2).

§ 1 Conditions de fond

232.21 Biens saisissables. Feront l'objet d'une saisie de patrimoine les biens, quelle qu'en soit la nature, qui sont seulement confiscables sur le fondement de l'alinéa 5 ou 6 de l'article 131-21 du Code pénal, ainsi que l'énonce l'article 706-148, alinéa 1er, du Code de procédure pénale : « Si l'enquête porte sur une infraction punie d'au moins cinq ans d'emprisonnement, le juge des libertés et de la détention peut, sur requête du procureur de la République, ordonner par décision motivée la saisie, aux frais avancés du Trésor, des biens dont la confiscation est prévue en application des cinquième et sixième alinéas de l'article 131-21 du Code pénal lorsque la loi qui réprime le crime ou le délit le prévoit ou lorsque l'origine de ces biens ne peut être établie. » Un pouvoir identique est conféré au juge d'instruction pendant l'information judiciaire.

Deux types de biens seront donc saisis dans les conditions de l'article 706-148 : d'une part les biens dont l'origine n'a pu être justifiée, c'est-à-dire, « s'il s'agit d'un crime ou d'un délit puni d'au moins cinq ans d'emprisonnement et ayant procuré un profit direct ou indirect », « les biens meubles ou immeubles, quelle qu'en soit la nature, divis ou indivis, appartenant au condamné ou, sous réserve des droits du propriétaire de bonne foi, dont il a la libre disposition, lorsque ni le condamné, ni le propriétaire, mis en mesure de s'expliquer sur les biens dont la confiscation est envisagée, n'ont pu en justifier l'origine »[1] ; d'autre part les biens pouvant faire l'objet d'une confiscation de patrimoine, c'est-à-dire, « lorsque la loi qui réprime le crime ou le délit

1. C. pén., art. 131-21, al. 5.

le prévoit », « les biens appartenant au condamné ou, sous réserve des droits du propriétaire de bonne foi, dont il a la libre disposition, quelle qu'en soit la nature, meubles ou immeubles, divis ou indivis »[1].

La précision est importante car une lecture littérale de l'article 706-148 aurait pu donner lieu à une autre interprétation. En effet, à lire strictement le texte, l'on aurait pu considérer que, pour procéder à une saisie de patrimoine, il était nécessaire que les investigations portent sur une infraction punie d'au moins cinq ans d'emprisonnement et que, cette condition remplie, la saisie pouvait porter sur les biens confiscables en application du cinquième ou sixième alinéa de l'article 131-21.

Un tel état du droit aurait été problématique car, si les biens confiscables en application du cinquième alinéa de l'article 131-21 le sont nécessairement pour des infractions punies d'une peine d'emprisonnement d'au moins cinq ans, en sorte qu'il y aurait toujours eu, dans ce cas, identité entre les conditions de la confiscation et celles de la saisie quant à la peine devant être encourue, il en serait allé autrement s'agissant des biens confiscables en application du sixième alinéa du texte. En effet, le sixième alinéa de l'article 131-21 n'énonce aucune condition relative à la peine encourue, ce dont il résulte que rien ne s'oppose à ce que le législateur prévoie une telle peine pour une infraction punie de moins de cinq ans d'emprisonnement. Dans un tel cas, le bien aurait été confiscable en application de l'article 131-21, alinéa 6, et du texte de droit pénal spécial prévoyant pour l'infraction considérée la peine de confiscation de patrimoine, mais insaisissable sur le fondement de l'article 706-148 car les investigations n'auraient pas porté sur une infraction faisant encourir une peine d'emprisonnement d'une durée suffisante.

Ce n'est néanmoins pas ainsi que le texte doit être lu, la précision que l'enquête doit porter sur une infraction punie d'au moins cinq ans d'emprisonnement ne constituant que la reproduction de l'une des conditions prévues au cinquième alinéa de l'article 131-21 qui prévoit la confiscation des biens dont l'origine n'a pu être justifiée.

Bien des arguments, en effet, commandent une interprétation autre que littérale du texte. Ainsi, le rapporteur de la Commission des lois de l'Assemblée nationale relevait, au sujet des dispositions qui sont devenues celles de l'article 706-148, que « le premier alinéa de cet article donne compétence au juge des libertés et de la détention, sur requête du procureur de la République, de rendre une ordonnance motivée par laquelle il autorise la saisie de tout ou partie des biens de l'auteur d'une infraction dans deux cas : — lorsque la loi qui réprime le crime ou le délit prévoit la peine complémentaire de confiscation de l'ensemble du patrimoine ; — lorsque l'origine des biens ne peut être établie et que l'enquête porte sur une infraction punie d'au moins cinq ans d'emprisonnement »[2]. C'est aussi ce qui ressort des travaux du rapporteur de la Commission des lois du Sénat[3]. Ainsi, la saisie de patrimoine a été conçue par le législateur pour les biens susceptibles d'être confisqués en application du cinquième ou sixième alinéa de l'article 131-21, et ce n'est qu'en contemplation du premier de ces deux textes qu'il a été introduit à l'article 706-148 la précision selon laquelle les investigations doivent porter sur une infraction punie d'une peine d'emprisonnement d'au moins cinq ans. On remarquera par ailleurs que telle est aussi la pratique des juridictions, la circulaire du 22 décembre 2010[4] prévoyant que la saisie de patrimoine peut être ordonnée lorsque « l'origine [des biens] ne peut être établie et l'enquête porte sur une infraction punie d'au moins cinq ans d'emprisonnement ou, la loi qui réprime le crime ou le délit prévoit la confiscation de tout ou partie des biens du condamné ». Enfin, force est de constater que la chambre criminelle n'a jamais lu dans les premiers mots de l'article 706-148 une condition autonome du recours à la saisie de patrimoine.

232.22 Caractère impératif du recours à la saisie de patrimoine. S'il est exact d'énoncer que les biens confiscables en application du cinquième ou sixième alinéa de l'article 131-21 du Code pénal peuvent être saisis sur le fondement de l'article 706-148 du Code de procédure pénale, c'est à la condition d'ajouter que la saisie de tels biens, s'ils ne sont pas confiscables sur un autre fondement comme étant par exemple l'objet, le produit ou bien encore l'instrument de l'infraction poursuivie, doit impérativement s'effectuer selon la procédure prévue par ce texte.

Bien que les articles 56, 76, 97 (saisies de droit commun), 706-150 (saisies immobilières), 706-153 (saisies de biens ou droits mobiliers incorporels), 706-154 (saisies de sommes d'argent inscrites au crédit de comptes bancaires et d'actifs numériques) et 706-158 (saisies sans dépossession) du Code de procédure pénale disposent que peuvent être saisis les biens dont la confiscation est prévue par l'article 131-21 du Code pénal, sans réserver le cas où le bien est confiscable en application des alinéas 5 et 6 de ce texte, cet état des textes ne change rien au fait que, si de tels biens ne sont pas

1. C. pén., art. 131-21, al. 6.

2. *Rapp. Ass. nat.* n° 1689 (XIIIe législ.), p. 49.
3. *Rapp. Sénat* n° 328 (2009-2010), p. 36.
4. Circ. Justice, 22 déc. 2010 *relative à la présentation de la loi n° 2010-768 du 9 juillet 2010 visant à faciliter la saisie et la confiscation en matière pénale*, NOR : JUS D 1033251 C, *BOMJL* n° 2011-01, 31 janv. 2011, p. 9.

confiscables sur un autre fondement, il faut, pour les saisir, avoir recours à la procédure de saisie de patrimoine. L'application de la règle spéciale doit en effet être préférée à celle de la règle générale. La jurisprudence de la chambre criminelle est d'ailleurs en ce sens [1].

232.23 Application du droit commun. Pour le surplus, il sera fait application du droit commun des saisies spéciales, en particulier s'agissant de l'application du principe de proportionnalité [2].

§ 2
Conditions de forme

232.31 Conformité au droit commun. Les conditions de forme des saisies de patrimoine sont comparables à celles du droit commun des saisies spéciales [3]. Ne seront ici développées que les règles de forme propres aux saisies de patrimoine ordonnées au cours de l'enquête et de l'information judiciaire.

232.32 Perquisitions patrimoniales. La loi nº 2010-768 du 9 juillet 2010 [4] a tout d'abord institué des formes particulières pour les perquisitions qui sont diligentées à la seule fin de procéder à la saisie de biens confiscables sur le fondement du cinquième ou sixième alinéa de l'article 131-21 du Code pénal, c'est-à-dire dans les deux hypothèses où doit être mise en œuvre la procédure de saisie de patrimoine organisée par l'article 706-148 du Code de procédure pénale.

En effet, l'article 56 du même code, relatif aux perquisitions et saisies effectuées pendant l'enquête de flagrance, dispose dorénavant que « si la perquisition est effectuée aux seules fins de rechercher et de saisir des biens dont la confiscation est prévue par les cinquième et sixième alinéas de [l'article 131-21 du Code pénal], elle doit être préalablement autorisée par le procureur de la République ».

Ce n'est cependant que si la perquisition est diligentée à ces « seules fins » qu'une telle autorisation est requise. Si la perquisition poursuit d'autres buts, tels que la recherche et la saisie de biens utiles à la manifestation de la vérité, ou bien encore celles de biens confiscables sur un autre fondement que les alinéas 5 et 6 de l'article 131-21, par exemple parce que l'on recherche l'instrument, l'objet ou le produit de l'infraction, l'officier de police judiciaire peut y procéder sans autorisation préalable du procureur de la République.

Lorsque cette autorisation est requise, elle ne doit revêtir aucune forme particulière, comme n'ayant pas à être écrite, et peut donc faire l'objet d'une simple mention au procès-verbal de perquisition.

Si ces dispositions ont été introduites au seul article 56 du Code de procédure pénale, elles s'appliquent cependant aussi pendant l'enquête préliminaire et l'information judiciaire, dès lors que les articles 76 et 96 du même code renvoient à l'article 56, l'autorisation relevant du juge d'instruction au cours de l'instruction préparatoire.

Lorsque la perquisition a pour seul objectif de rechercher et de saisir de tels biens, il se posera la question de savoir comment ceux-ci pourront être effectivement saisis par l'officier de police judiciaire dès lors que, s'agissant par définition de biens confiscables seulement sur le fondement du cinquième ou sixième alinéa de l'article 131-21 du Code pénal, cette saisie devra être ordonnée, selon que la perquisition interviendra pendant l'enquête ou l'information judiciaire, par le juge des libertés et de la détention ou le juge d'instruction dans les conditions prévues par l'article 706-148 du Code de procédure pénale. L'autorisation de procéder à la perquisition dont a bénéficié l'officier de police judiciaire ne suffit donc pas à lui permettre de saisir les biens qu'il est susceptible de découvrir.

La question a été envisagée par la circulaire du 22 décembre 2010 [5] qui énonce qu'il est « souhaitable que le procureur de la République qui autorise la perquisition saisisse, dans le même temps, le juge des libertés et de la détention aux fins d'autorisation de la saisie des biens qui seront découverts dans le cadre de la perquisition, afin d'éviter de devoir en suspendre le cours au moment de la découverte des biens saisissables ». Et elle ajoute que « s'agissant d'une mesure de saisie et de confiscation élargie, portant sur l'ensemble du patrimoine ou sur tout bien dont l'origine ne peut être justifiée, rien ne s'oppose en effet à ce que l'autorisation de la perquisition par le procureur et celle de la saisie par le juge des libertés et de la détention interviennent préalablement aux opérations de perquisition » [6]. Il

1. Crim. 11 juill. 2012, nº 12-82.050, P, nº 168 – Crim. 11 juill. 2012, nºs 12-82.051 et 12-82.052, NP ; *D.* 2012. 1964 ; *AJ pénal* 2012. 661, obs. J. Pronier ; *Dr. Pén.*, 2012, comm. 138, obs. A. Maron et M. Haas – Crim. 27 nov. 2012, nº 12-85.344, P, nº 259 ; *AJ pénal* 2013. 171, obs. L. Ascensi ; *JCP G* 2013. 360, obs. A. Maron.
2. V. sˢ nº 231.21.
3. V. sˢ nº 231.30.
4. L. nº 2010-768, 9 juill. 2010 *visant à faciliter la saisie et la confiscation en matière pénale, JO* 10 juill., p. 12753.
5. Circ. Justice, 22 déc. 2010 *relative à la présentation de la loi nº 2010-768 du 9 juillet 2010 visant à faciliter la saisie et la confiscation en matière pénale*, NOR : JUS D 1033251 C, *BOMJL* nº 2011-01, 31 janv. 2011, p. 9.
6. Circ. Justice, 22 déc. 2010 *relative à la présentation de la loi nº 2010-768 du 9 juillet 2010 visant à faciliter la saisie et la confiscation en matière pénale*, NOR : JUS D 1033251 C, *BOMJL* nº 2011-01, 31 janv. 2011, p. 5.

est ainsi proposé aux magistrats du parquet de solliciter du juge des libertés et de la détention une « ordonnance-cadre » décidant abstraitement de la saisie de l'ensemble des biens confiscables sur le fondement des cinquième et sixième alinéas de l'article 131-21 du Code pénal susceptibles d'être découverts en perquisition.

Nous ne partageons cependant pas cette analyse, dès lors que l'on ne voit guère comment une telle ordonnance pourrait être rendue dans le respect du principe de proportionnalité dont la chambre criminelle a imposé la mise en œuvre en matière de saisie de patrimoine, lequel implique nécessairement la prise en compte de la nature des biens saisis[1]. Il nous paraît ainsi inévitable qu'en cas de découverte de biens saisissables sur le fondement du cinquième ou sixième alinéa de l'article 131-21, soit les opérations de perquisition soient suspendues dans l'attente d'une ordonnance du juge des libertés et de la détention ordonnant la saisie, soit qu'il soit reconnu aux officiers de police judiciaire un pouvoir d'appréhension matérielle des biens découverts en perquisition, à charge pour eux d'en rendre compte immédiatement au procureur de la République qui saisira avec la même immédiateté le juge des libertés et de la détention aux fins de saisie. La reconnaissance d'un tel pouvoir apparaît envisageable, si l'on rappelle que la chambre criminelle n'a pas adopté une autre démarche lorsqu'elle a reconnu à l'agent de police judiciaire et à l'agent de police judiciaire adjoint agissant en enquête flagrance, un pouvoir d'appréhension matérielle des objets utiles à la manifestation de la vérité, pour les remettre à l'officier de police judiciaire compétent aux fins de saisie[2]. La seule hypothèse où il pourrait être envisagé de solliciter une ordonnance de saisie du juge des libertés et de la détention préalablement à la perquisition est celle où la perquisition est mise en œuvre dans la perspective de la saisie d'un bien préalablement identifié et localisé par les enquêteurs. Telle est d'ailleurs la pratique de certains magistrats et enquêteurs[3].

232.33 Spécificités des saisies de patrimoine pendant l'information judiciaire. Par ailleurs, ainsi que cela a déjà été pour partie évoqué, le législateur, dès l'entrée en vigueur de loi n° 2010-768 du 9 juillet 2010[4], a prévu en matière de saisies de patrimoine des règles de forme particulières lorsque cette mesure est ordonnée au cours de l'information judiciaire[5]. Pendant cette phase du procès pénal, en effet, alors que, dans l'ensemble des autres procédures de saisies spéciales, ces mesures peuvent être ordonnées d'office par le juge d'instruction, sans qu'il soit nécessaire que ce magistrat recueille préalablement l'avis du procureur de la République, un niveau plus élevé de garanties a été prévu en matière de saisies de patrimoine.

Depuis son entrée en vigueur, l'article 706-148 du Code de procédure pénale dispose à cet égard que le juge d'instruction peut ordonner des saisies de patrimoine « sur requête du procureur de la République ou d'office après avis du ministère public ».

Il faut insister sur cette spécificité qui a donné lieu, dès l'entrée en vigueur de la loi du 9 juillet 2010, à un contentieux intense devant la chambre criminelle qui a rappelé, dans plusieurs décisions, que la procédure de saisie de patrimoine déroge sur ce point au droit commun des saisies spéciales[6].

Comme il a été vu, la jurisprudence a en revanche évolué sur le contenu des réquisitions du ministère public[7]. Fallait-il que le représentant du parquet requière formellement que le juge d'instruction ordonne une saisie de patrimoine, ou bien suffisait-il que des réquisitions aient été prises, peu important le fondement donné aux réquisitions de saisie ?

En effet, il a pu être énoncé que les réquisitions du ministère public devaient formellement porter sur une saisie de patrimoine, pour reprocher à une chambre de l'instruction d'avoir substitué une telle saisie à une saisie immobilière en valeur, alors que « les réquisitions du ministère public portaient sur une saisie en valeur, et non sur la saisie d'un élément de patrimoine »[8]. Cette solution a du reste été mise en œuvre par la suite, pour approuver des chambres de l'instruction d'avoir confirmé des ordonnances de juges d'instruction ayant ordonné des saisies de patrimoine, sur réquisitions du ministère public envisageant formellement de telles mesures, le cas échéant après qu'il fut nécessaire d'examiner lesdites réquisitions pour déterminer sur quel fondement la saisie avait été requise. Le fait qu'une saisie de patrimoine ait été requise a ainsi pu être déduit par la chambre criminelle de la mention, dans les réquisitions du texte prévoyant, pour

1. V. s^s n° 231.25.
2. V. s^s n° 221.132.
3. EN CE SENS : A. Tarrago, « La détection et la captation des avoirs criminels : un acte d'enquête à part entière », *AJ pénal* 2020. 450.
4. L. n° 2010-768, 9 juill. 2010 *visant à faciliter la saisie et la confiscation en matière pénale, JO* 10 juill., p. 12753.
5. V. s^s n° 231.61.
6. Crim. 11 juill. 2012, n° 12-82.050, P, n° 168 – Crim. 11 juill. 2012, n°s 12-82.051 et 12-82.052, NP ; *D.* 2012. 1964 ; *AJ pénal* 2012. 661, obs. J. Pronier ; *Dr. Pén.*, 2012, comm. 138, obs. A. Maron et M. Haas – Crim. 18 sept. 2012, n° 12-82.759, P, n° 192 ; *D.* 2012. 2247 ; *JCP G* 2013. 360, obs. A. Maron – Crim. 18 sept. 2012, n° 12-80.662, P, n° 193 – Crim. 27 nov. 2012, n° 12-85.344, P, n° 259 ; *AJ pénal* 2013. 171, obs. L. Ascensi ; *JCP G* 2013. 360, obs. A. Maron.
7. V. s^s n° 231.103.
8. Crim. 19 mai 2016, n° 16-80.682, NP.

l'infraction poursuivie, que la peine de confiscation de patrimoine était encourue[1].

La chambre criminelle semble cependant avoir abandonné cette jurisprudence par trois arrêts rendus le 16 mai 2018. Dans ces décisions, en effet, elle a approuvé une chambre de l'instruction d'avoir modifié le fondement des ordonnances d'un juge des libertés et de la détention qui avait autorisé des saisies spéciales, en substituant des saisies de patrimoine à des saisies en valeur. La chambre criminelle a énoncé qu'une telle substitution n'encourait pas la censure, dès lors que ces mesures avaient été précédées d'une requête du ministère public, « peu important le fondement visé par celle-ci »[2]. Ces décisions signifient que, s'il faut que le procureur de la République ait requis la saisie ordonnée par le juge d'instruction, il n'est en revanche pas nécessaire que ces réquisitions portent sur une saisie de patrimoine. Il est vrai que ces trois décisions ont été rendues dans des affaires où la saisie litigieuse avait été autorisée par le juge des libertés et de la détention, et non ordonnée par le juge d'instruction, mais il serait curieux qu'il soit nécessaire, pendant l'information judiciaire, que le ministère public fonde formellement ses réquisitions sur l'article 706-148 du Code de procédure pénale pour que le juge d'instruction puisse ordonner une saisie de patrimoine, alors que le juge des libertés et de la détention pourrait quant à lui ordonner une telle saisie sur des réquisitions quelconques du parquet.

Quoi qu'il en soit, nous avons vu que ces exigences avaient des conséquences pratiques importantes pour les magistrats, puisque la possibilité pour la chambre de l'instruction de modifier le fondement de la saisie et de substituer une saisie de patrimoine à une saisie immobilière ou de bien ou droit mobilier incorporel de l'instrument, de l'objet ou du produit de l'infraction, le cas échéant en valeur, dépend de l'existence de réquisitions du ministère public[3].

232.34 Application conjointe des règles propres à la nature des biens saisis. Les procédures de saisies de patrimoine sont par ailleurs caractérisées par le fait que, sur le fondement de l'article 706-149 du Code de procédure pénale, « les règles propres à certains types de biens prévues par le présent titre, à l'exclusion de celles relatives à la décision de saisie, s'appliquent aux biens compris en tout ou partie dans le patrimoine saisi ».

Cette règle était inévitable : elle tient au caractère hétérogène des critères de spécialité des saisies organisées par les articles 706-141 et suivants du Code de procédure pénale. Nous avons vu[4], en effet, que le critère d'application des saisies spéciales tient tantôt au fondement du caractère confiscable du bien saisi, tantôt à la nature immobilière ou incorporelle de celui-ci, tantôt encore aux modalités de la saisie envisagée s'agissant de la saisie sans dépossession. Il en résulte d'inévitables situations de concours de saisies, puisqu'un même bien pourra relever à la fois de la procédure de saisie de patrimoine s'il est confiscable seulement sur le fondement du cinquième ou sixième alinéa de l'article 131-21 du Code pénal, et de la procédure de saisie immobilière ou de biens incorporels s'il possède une telle nature.

Le législateur a réglé ces situations de concours en retenant un principe d'application distributive des règles applicables. Ainsi, la décision de saisie sera prise dans les conditions de l'article 706-148, en application de règles plus protectrices des droits des intéressés, mais, pour le surplus, il sera fait application des règles propres à la nature du bien saisi, à savoir celles des articles 706-150 à 706-152 pour les immeubles, et celles des articles 706-153 à 706-157 pour les biens incorporels, qui gouvernent les modalités de la saisie. En pratique, cela concerne essentiellement les règles de notification, de publication et d'opposabilité de la décision.

L'article 706-149 permet ainsi une coordination entre les diverses saisies spéciales, mais il laisse entière la question de savoir selon quelles modalités doit être effectuée la saisie de patrimoine des biens corporels relevant du droit commun des saisies pénales. En d'autres termes, selon quelles modalités doit-on saisir un meuble corporel confiscable seulement en application du cinquième ou sixième alinéa de l'article 131-21 ? Dans ce cas, la saisie ne peut assurément être pratiquée qu'en application de l'article 706-148 du Code de procédure pénale et nous savons dorénavant selon quelle procédure la décision sera rendue. Mais, pour le surplus, le texte ne dit rien des modalités de la saisie. Il nous semble, dans ce cas, qu'il y a lieu de faire application des règles applicables aux saisies de droit commun. Par exemple, lorsqu'il est découvert au cours d'une perquisition réalisée pendant une enquête de flagrance une somme d'argent en espèces seulement confiscable sur le fondement du sixième alinéa de l'article 131-21, il nous semble qu'il y a lieu, pour l'officier de police judiciaire et le procureur de la République, certes d'obtenir du juge des libertés et de

1. Crim. 4 mai 2017, n° 16-87.253, NP – Crim. 11 oct. 2017, n° 17-80.987, NP – Crim. 11 oct. 2017, n°s 17-80.978, 17-80.980, 17-80.981, 17-80.983, 17-80.985 et 17-80.986, NP (6 arrêts).
2. Crim. 16 mai 2018, n° 17-83.584, P, n° 96 – Crim. 16 mai 2018, n°s 17-83.585 et 17-83.586, NP ; *D.* 2018. 1075 ; *D.* 2018. 1711, chron. E. Pichon, G. Guého, G. Barbier, L. Ascensi et B. Laurent.
3. V. s^s^ n° 231.103.
4. V. s^s^ n° 231.07.

la détention une décision ordonnant la saisie sur le fondement de l'article 706-148, mais également de procéder à la saisie selon les modalités de droit commun prévues par l'article 56 du Code de procédure pénale.

SECTION 2
EFFETS DES SAISIES DE PATRIMOINE

232.41 **Effets non spécifiques.** Les effets des saisies de patrimoine ne sont pas spécifiques à celles-ci. Une fois décidée par le juge des libertés et de la détention ou le juge d'instruction, la saisie de patrimoine produira les effets communs à l'ensemble des décisions de saisies spéciales. Il sera renvoyé aux développements qui y sont consacrés [1].

1. V. s^s n° 231.130.

CHAPITRE

233. Saisies immobilières

SECTION 0 ORIENTEUR

233.00 **Sommaire du chapitre.**

Sect. 1 Conditions des saisies immobilières
§ 1 Conditions de fond
§ 2 Conditions de forme
A. Décision de saisie
B. Formalités de publication
Sect. 2 Effets des saisies immobilières
§ 1 Effets à l'égard des titulaires de privilèges et hypothèques
§ 2 Effets à l'égard des tiers acquéreurs
§ 3 Aliénation par anticipation

233.01 **Principaux textes applicables.**

TEXTES SOURCES

• C. pr. pén., art. 706-150 à 706-152

TEXTES *IN EXTENSO*

• **C. pr. pén., art. 706-150**

* V. s[s] n° 231.01.

• **C. pr. pén., art. 706-151**

* V. s[s] n° 231.01.

• **C. pr. pén., art. 706-152**

* V. s[s] n° 231.01.

233.02 **Jurisprudence de référence.**

> « Insaisissabilité » des locaux diplomatiques

• **Crim. 5 mars 2014,** n° 13-84.977, P, n° 67

* V. s[s] n° 233.24.

« Attendu qu'il résulte de l'arrêt attaqué et des pièces de la procédure que, le 2 décembre 2008, l'association *Transparency International France* a porté plainte et s'est constituée partie civile contre, notamment, le président en exercice de la République de Guinée équatoriale et son fils, M. Téodoro A..., pour détournement de fonds publics, abus de biens sociaux, abus de confiance, blanchiment, recel et complicité de ces délits, en exposant que des biens provenant des infractions dénoncées étaient détenus par ces personnes sur le territoire français ; que, le 19 juillet 2012, le juge d'instruction a saisi, à titre conservatoire, au visa des articles 706-141 à 706-147 et 706-150 à 706-152 du Code de procédure pénale, un ensemble immobilier sis à Paris, dont il a retenu qu'il était le produit du délit de blanchiment et qu'il était détenu par M. Téodoro A..., au travers de plusieurs sociétés suisses et françaises dont celui-ci était, depuis décembre 2004, l'unique actionnaire ; que la République de Guinée équatoriale et les sociétés précitées ont relevé appel de cette décision ; [...]

Les moyens étant réunis ;

Attendu que, pour confirmer l'ordonnance entreprise et écarter l'argumentation de la République de Guinée équatoriale qui exposait que, d'une part, l'avis du ministère public n'avait pas été recueilli préalablement à la mesure, d'autre part, le bien saisi était devenu sa propriété du fait de la cession que M. Téodoro A... lui avait consentie, le 15 septembre 2011, de ses actions dans le capital des sociétés détentrices de l'immeuble, enfin, celui-ci, affecté à sa mission diplomatique, ce dont elle avait informé le ministère des Affaires étrangères par note du 4 octobre 2011, bénéficiait de l'immunité prévue à l'article 22 de la convention de Vienne du 18 avril 1961 *sur les relations diplomatiques*, l'arrêt énonce que le bien, produit direct de l'infraction de blanchiment, a été à juste titre saisi par le juge d'instruction au visa des articles 706-150 à 706-152 du Code de procédure pénale, qui ne prévoient pas l'avis préalable du ministère public ; que les juges ajoutent qu'il ne résulte pas des investigations diligentées postérieurement à l'acte de cession précité que le transfert de propriété de l'immeuble ait été effectif, toutes les pièces qui le composent étant réservées à un usage exclusif d'habitation privée ; qu'ils relèvent, enfin, que selon le ministre des Affaires étrangères et européennes, les locaux saisis relèvent du droit commun et ne constituent en aucun cas une adresse officielle de la République de Guinée équatoriale ;

Attendu qu'en l'état de ces énonciations, d'où il se déduit que l'ensemble immobilier, n'étant pas un local de la mission diplomatique de la République de Guinée équatoriale, ne bénéficiait pas de l'immunité invoquée, et dès lors que la saisie des immeubles dont la confiscation est prévue par l'article 131-21, alinéa 3 du Code pénal, seul fondement retenu en l'espèce, peut, sous réserve du droit du propriétaire de bonne foi, porter sur tous les biens qui sont l'objet ou le produit direct ou indirect de l'infraction, la chambre de l'instruction, qui a fait une exacte application de l'article 706-150 du Code de procédure pénale, a justifié sa décision ;

D'où il suit que les moyens ne peuvent être admis. »

233.03 **Bibliographie indicative.**

Articles. R. Alméras, « Saisie pénale immobilière contre hypothèque judiciaire provisoire », *Dr. et patr.* 2/2019, p. 12 – L. Ascensi, « État des saisies et confiscations immobilières », *AJ pénal* 2016. 66 – A. Fournier, « La saisie pénale des immeubles : spécificités et incertitudes pour le conservateur », *JCP N* 2010. 913 – E. Lemaire, « La vente des biens de l'État à la suite de leurs confiscations pénales : de quelques points clés intéressant la pratique notariale confrontée à la loi du 9 juillet 2010 », *Defrénois* 2020. 17 – J. Mattout et P.-N. Sanzey, « La saisie pénale immobilière : un outil populaire aux lourds effets juridiques », *RTDI* 2014. 5 – R. Stiffel, « L'activité de l'Agrasc en matière de saisie pénale immobilière et de confiscations immobilières », *AJ pénal* 2012. 142.

233.05 **Importance quantitative.** En dépit de la complexité de la procédure de saisie immobilière, notamment en ce qu'elle implique des formalités de publicité foncière, celle-ci s'est peu à peu inscrite dans la pratique judiciaire, si l'on relève que, depuis 2011, l'Agrasc a enregistré 6 544 saisies immobilières, et qu'il a été procédé, au seul titre de l'année 2021, à 660 enregistrements de saisies[1].

SECTION 1
CONDITIONS DES SAISIES IMMOBILIÈRES

233.10 **Plan.** La spécialité des saisies immobilières tient à la nature du bien sur lequel elles portent. Comme la dénomination de ce type de saisies l'indique, la saisie immobilière sera mise en œuvre lorsqu'il sera envisagé de saisir un immeuble susceptible de confiscation (§ 1), la nature du bien objet de la mesure expliquant la spécificité procédurale de celle-ci (§ 2).

§ 1
Conditions de fond

233.21 **Immeuble susceptible de confiscation.** Il résulte des dispositions de l'article 706-150 du Code de procédure pénale que peuvent faire l'objet d'une saisie immobilière les « immeubles dont la confiscation est prévue par l'article 131-21 du Code pénal ». Le texte énonce ainsi deux conditions qui permettent – mais aussi imposent – le recours à une saisie immobilière : conformément au droit commun des saisies spéciales, le bien dont la confiscation est envisagée doit être confiscable ; il doit par ailleurs avoir une nature immobilière.

La première de ces conditions ne sera pas davantage développée, les conditions dont dépend le caractère confiscable d'un bien ayant été par ailleurs étudiées, en sorte qu'il y sera renvoyé[2].

L'on relèvera seulement que, comme il a été vu, si l'immeuble est confiscable seulement en application du cinquième ou sixième alinéa de l'article 131-21 du Code pénal, il doit être procédé non pas à une saisie immobilière[3], mais à une saisie de patrimoine[4], dans le cadre de laquelle il sera fait partiellement application du régime des saisies immobilières[5].

En revanche, quelle est la nature des biens visés par le texte ? Rappelons, à cet égard, qu'il résulte de l'article 517 du Code civil que « les biens sont immeubles, ou par leur nature, ou par leur destination, ou par l'objet auquel ils s'appliquent ». Les immeubles, ce sont ainsi d'abord les immeubles par nature. Ce sont la terre elle-même et tout ce qui lui est attaché à la date de la saisie[6]. Ce sont aussi les immeubles par destination, biens meubles par nature qui partagent le régime juridique applicable aux immeubles comme étant attachés matériellement ou fonctionnellement à l'un d'eux[7]. Ce sont enfin les immeubles par l'objet auquel ils s'appliquent[8], c'est-à-dire les droits substantiels ou processuels portant sur un immeuble par nature : « sont immeubles, par l'objet auquel ils s'appliquent : l'usufruit des choses immobilières ; les servitudes ou services fonciers, les actions qui tendent à revendiquer un immeuble », dispose l'article 526 du Code civil. Cette liste, cependant, n'est pas limitative, puisque partageront en réalité la nature d'immeuble l'ensemble des droits réels démembrés portant sur un immeuble par nature.

233.22 **Cas des immeubles incorporels.** L'on remarquera que les immeubles par l'objet auquel ils s'appliquent sont ainsi des droits, c'est-à-dire des biens incorporels. Ce double caractère immobilier et incorporel propre aux immeubles incorporels aurait pu générer un concours entre les saisies immobilières et les saisies de biens incorporels. En effet, quelle procédure appliquer à de tels biens ?

La question a été traitée par le législateur, quoique de manière imparfaite. En effet, un concours existe, à lire les dispositions des articles 706-150, relatif aux saisies immobilières, et 706-153, organisant les

1. Agrasc, *Rapp. annuel* 2021, p. 31.

2. V. s[s] n° 231.21.
3. C. pr. pén., art. 706-150.
4. C. pr. pén., art. 706-148 – v. s[s] n° 232.22.
5. C. pr. pén., art. 706-149 – v. s[s] n° 232.34.
6. C. civ., 518, 519, 520, 521, 522, 523.
7. C. civ., art. 524, 525.
8. C. civ., art. 526.

saisies de biens incorporels. Le premier de ces textes, nous l'avons vu, dispose en effet que la saisie immobilière porte sur les « immeubles » susceptibles d'être confisqués en application de l'article 131-21 du Code pénal, tandis que le second prévoit que la saisie de biens incorporels s'applique aux « biens ou droits incorporels » confiscables en vertu du même article 131-21.

Cependant, la question paraît réglée, si l'on se reporte aux dispositions de l'article 706-141 du Code de procédure pénale qui dispose, de manière plus précise que les deux précédents textes, que les dispositions du Code de procédure pénale consacrées aux saisies spéciales s'appliquent notamment aux saisies pénales qui portent sur « un bien immobilier » ou « un bien ou un droit mobilier incorporel ». Au reste, les articles 706-153 à 706-157 du Code de procédure pénal sont contenus dans un chapitre intitulé « des saisies portant sur certains biens ou droits mobiliers incorporels ».

Ainsi, bien que cette précision ne figure pas à l'article 706-150, le législateur a indubitablement fait relever les immeubles incorporels du droit des saisies immobilières.

233.23 **Exemples d'application.** Pour le surplus, l'on relèvera que la chambre criminelle a d'ores et déjà eu à connaître d'une grande variété de biens immobiliers ayant fait l'objet de saisies : saisies d'ensembles immobiliers[1], le cas échéant industriels[2] ou commerciaux[3], d'hôtels particuliers[4], d'appartements[5], de maisons d'habitation[6], de terrains non bâtis[7], de terres agricoles[8], ou encore de propriétés viticoles[9].

233.24 **Exclusion des locaux diplomatiques.** Enfin, il semble exclu, en application du droit commun, que les locaux des missions diplomatiques puissent faire l'objet de saisies immobilières.

En effet, par un arrêt du 5 mars 2014, la chambre criminelle a approuvé une chambre de l'instruction d'avoir confirmé la décision d'un juge d'instruction ayant ordonné la saisie d'un ensemble immobilier, en relevant que ce bien, « n'étant pas un local de la mission diplomatique de la République de Guinée équatoriale, ne bénéficiait pas de l'immunité invoquée »[10], pour écarter le moyen de cassation selon lequel les juges avaient méconnu la convention de Vienne *sur les relations diplomatiques* du 18 avril 1961[11].

Il est vrai que cette prohibition peut s'appuyer sur les dispositions de l'article 22 de la convention de Vienne, selon lesquelles « les locaux de la mission, leur ameublement et les autres objets qui s'y trouvent, ainsi que les moyens de transport de la mission, ne peuvent faire l'objet d'aucune perquisition, réquisition, saisie ou mesure d'exécution », la notion de « locaux de la mission » s'entendant « des bâtiments ou des parties de bâtiments et du terrain attenant qui, quel qu'en soit le propriétaire, sont utilisés aux fins de la mission, y compris la résidence du chef de la mission »[12]. Au reste, la demeure privée d'un agent diplomatique bénéficie de la même protection[13].

1. Crim. 5 mars 2014, n° 13-84.977, P, n° 67 ; *D.* 2014. 613 – Crim. 12 nov. 2015, n° 15-83.114, P, n° 250 ; *Dr. pén.* 2017, chron. 1, obs. V. Georget – Crim. 22 févr. 2017, n° 16-81.176, NP – Crim. 31 mai 2017, n° 16-86.872, P, n° 147 – Crim. 31 mai 2017, n° 16-86.870, NP ; *D.* 2017. 2138, note J.-L. Lennon – Crim. 25 sept. 2019, n°s 18-85.211 et 18-85.216, NP.
2. Crim. 20 mars 2019, n° 18-85.581, NP.
3. Crim. 1er avr. 2020, n° 19-80.875, P, 13 ; *D.* 2020. 1564, note G. Daïeff et G. Poissonnier ; *ibid.* 1807, obs. C. Mascala ; *RSC* 2020. 950, obs. H. Matsopoulou – Crim. 1er avr. 2020, n° 19-80.877, NP – Crim. 24 juin 2020, n° 19-85.874, P, 60 ; *D.* 2020. 1263.
4. Crim. 18 mars 2020, n° 19-82.646, NP.
5. Crim. 4 sept. 2012, n° 11-87.143, P, n° 178 ; *AJ pénal* 2013. 56, obs. J. Lasserre-Capdeville ; *Dr. sociétés* 2013, comm. 15, obs. R. Salomon ; *JCP G* 2013. 360, obs. A. Maron – Crim. 12 juin 2014, n° 13-83.545, NP – Crim. 23 juill. 2014, n° 13-85.558, NP – Crim. 12 nov. 2014, n° 14-84.705, P, n° 233 – Crim. 6 mai 2015, n° 14-87.902, NP – Crim. 9 mars 2016, n° 15-80.955, NP – Crim. 17 mai 2017, n° 16-87.320, NP – Crim. 13 juin 2019, n° 18-84.256, NP – Crim. 26 juin 2019, n° 18-85.018, NP – Crim. 25 sept. 2019, n° 18-86.627, NP – Crim. 25 sept. 2019, n° 18-86.641, NP – Crim. 25 sept. 2019, n° 18-86.779, NP.
6. Crim. 3 juin 2014, n° 13-82.690, NP – Crim. 19 nov. 2014, n°s 13-88.331 et 13-88.332, NP – Crim. 19 nov. 2014, n°s 14-80.569 et 14-80.570, NP – Crim. 14 janv. 2015, n° 14-85.486, NP – Crim. 12 mai 2015, n° 14-81.590, NP ; *AJDI* 2015. 614 – Crim. 17 juin 2015, n° 14-83.236, NP – Crim. 3 févr. 2016, n° 15-83.513, NP – Crim. 3 févr. 2016, n° 14-87.754, NP – Crim. 4 mai 2016, n° 15-87.716, NP – Crim. 15 mars 2017, n° 16-80.801, P, n° 74 ; *D.* 2017. 705 ; *D.* 2017. 2501, obs. G. Roujou de Boubée, T. Garé, C. Ginestet, M.-H. Gozzi, S. Mirabail et E. Tricoire ; *AJ pénal* 2017. 299, obs. O. Violeau – Crim. 4 mai 2017, n° 16-87.330, NP – Crim. 28 juin 2017, n° 17-81.018, NP – Crim. 11 oct. 2017, n° 17-80.987, NP – Crim. 16 janv. 2019, n° 17-82.997, NP – Crim. 16 janv. 2019, n° 17-83.006, P, n° 20 – Crim. 26 juin 2019, n° 19-80.235, P, n° 137 ; *D.* 2019. 1337 – Crim. 23 oct. 2019, n° 18-87.097, P, 65 ; *D.* 2019. 2095 – Crim. 6 nov. 2019, n° 18-86.918, NP – Crim. 4 mars 2020, n° 19-80.593, NP.
7. Crim. 9 déc. 2014, n° 13-85.150, NP – Crim. 15 nov. 2017, n° 15-80.799, NP.
8. Crim. 8 avr. 2021, n° 20-85.474, P, 58 – Crim. 8 avr. 2021, n°s 20-85.451, 20-85.453 et 20-85.473, NP.
9. Crim. 15 janv. 2020, n° 19-80.891, P, 20, 118 ; *D.* 2020. 86 ; *ibid.* 1643, obs. J. Pradel ; *AJ pénal* 2020. 145, obs. M. Hy – Crim. 15 janv. 2020, n°s 19-80.892 à 19-80.899, NP (8 arrêts) – Crim. 15 janv. 2020, n° 19-80.869, NP.
10. Crim. 5 mars 2014, n° 13-84.977, P, n° 67 ; *D.* 2014. 613.
11. Conv. Vienne, 18 avr. 1961 *sur les relations diplomatiques*, publié par D. n° 71-284, 29 mars 1971, *JO* 17 avr., p. 3695.
12. Conv. Vienne, 18 avr. 1961, art. 1er, i.
13. Conv. Vienne, 18 avr. 1961, art. 30.

Mais encore faut-il, cependant, ainsi que cela résulte de l'arrêt du 5 mars 2014, que l'État étranger ait bien déclaré à l'administration française l'immeuble saisi, et que celui-ci soit effectivement utilisé aux fins de la mission diplomatique.

Cette interprétation a été par la suite confortée par la décision rendue dans cette même affaire par la Cour internationale de justice qui a jugé qu'un immeuble ne saurait bénéficier de la protection de l'article 22 de la convention de Vienne si l'État sur le territoire duquel l'immeuble est situé a objecté à la désignation par l'État étranger de ce bien comme faisant partie des locaux de sa mission diplomatique, et si cette objection a été communiquée en temps utile et n'a un caractère ni arbitraire ni discriminatoire[1].

233.25 Application du droit commun. Il sera fait pour le surplus application du droit commun des saisies spéciales, notamment s'agissant de l'appréciation du caractère confiscable du bien objet de la saisie, de la possibilité de procéder à des saisies en valeur et de la mise en œuvre du contrôle de proportionnalité[2].

§ 2 Conditions de forme

233.30 Plan. Les conditions de forme des saisies immobilières sont pour l'essentiel celles du droit commun des saisies spéciales s'agissant de la décision initiale de saisie (A), mais le législateur a tenu compte de la spécificité de la matière immobilière en ajoutant à ces premières dispositions des formalités de publication de la décision (B).

A. Décision de saisie

233.41 Conformité au droit commun. La décision initiale de saisie obéit pour l'essentiel au droit commun des saisies spéciales[3]. Ainsi, la décision relève soit, pendant l'enquête, du juge des libertés et de la détention requis à cet effet par le procureur de la République, soit, au cours de l'information judiciaire, du juge d'instruction statuant le cas échéant d'office et sans qu'il lui soit nécessaire de solliciter préalablement l'avis du ministère public.

233.42 Désignation de l'immeuble saisi. Il est par ailleurs essentiel que l'ordonnance ordonnant la saisie désigne avec précision l'immeuble objet de la mesure.

Comme en matière de confiscations, et conformément aux recommandations de l'Agrasc, il y aura d'abord lieu d'indiquer l'adresse du bien, sa nature, et ses références cadastrales comprenant la commune et son code postal, la section, le numéro et s'il y a lieu le numéro de lot. En cas de copropriété, ce qui est une hypothèse fréquente, la désignation du bien devra nécessairement comporter les numéros de lot concernés par la saisie, ainsi que les références de l'état descriptif de division, selon la formule suivante :

« Immeuble faisant l'objet d'un état descriptif de division en date du......... [*date*], par acte de Maître......... [*nom*], notaire à......... [*ville*] et publié le......... [*date*] à la conservation des hypothèques de......... [*ville et numéro de bureau s'il y a lieu*], sous la référence d'enliassement......... [*année, volume et numéro*]. »

Sera ensuite précisée l'origine de propriété, c'est-à-dire l'acte en vertu duquel l'intéressé est propriétaire du bien selon la formule qui suit :

« Bien acquis le......... [*date*], par acte de Maître... [*nom*], notaire à......... [*ville*] et publié le......... [*date*] à la conservation des hypothèques de......... [*ville et numéro de bureau s'il y a lieu*], sous la référence d'enliassement......... [*année, volume et numéro*]. »

Enfin, la décision mentionnera l'identité complète du propriétaire de l'immeuble (« *dont est propriétaire...* ») comprenant ses nom, prénoms, date et lieu de naissance, domicile, profession et situation familiale, lorsqu'il s'agit d'une personne physique, et ses dénomination sociale, forme juridique, siège social, numéro de Siren, désignation du registre du commerce et des sociétés s'il y a lieu, date et lieu de leur déclaration ou du dépôt de leur statut s'il s'agit d'une association ou d'un syndicat, et enfin nom, prénoms et domicile du ou des représentants légaux.

233.43 Formalités de notification et voies de recours. Si le recours à l'encontre de la décision du juge des libertés et de la détention ou du juge d'instruction s'exerce en la matière conformément au droit commun des saisies spéciales, il n'en demeure pas moins que les formalités de notification de la décision ordonnant la saisie revêtent ici une importance particulière, dès lors qu'il est fréquent, en matière immobilière, que des tiers aient des droits sur le bien objet de la saisie : ce sont les indivisaires, les titulaires de démembrements du droit de propriété, ou bien encore les créanciers titulaires de sûretés réelles ayant le bien saisi pour assiette.

À cet égard, la circulaire du 22 décembre 2010 énonce que les titulaires d'une créance hypothécaire inscrits aux fichiers immobiliers doivent être considérés comme des tiers ayant des droits sur le bien et

1. CIJ, *Immunités et procédures pénales (Guinée équatoriale c. France)*, 11 déc. 2020, nº 163.
2. V. s^{s} nº 231.21.
3. V. s^{s} nº 231.30.

doivent en conséquence se voir notifier la décision de saisie[1]. Tel sera par exemple le cas des établissements de crédit ayant prêté au mis en cause les fonds nécessaires à l'acquisition du bien saisi.

B.
Formalités de publication

233.51 Contenu des formalités de publication de la saisie. Pour tenir compte des contraintes de la publicité foncière, le législateur a organisé à l'article 706-151, alinéa 1er, du Code de procédure pénale, les formalités de publication de la saisie immobilière permettant de la rendre opposable aux tiers.

En effet, la saisie n'est opposable aux tiers qu'à compter de la publication de la décision ordonnant la saisie au service de la publicité foncière ou, pour les départements du Bas-Rhin, du Haut-Rhin et de la Moselle, au livre foncier de situation de l'immeuble.

Les formalités de publication ne sont pas réalisées par le procureur de la République ou le juge d'instruction mais par l'Agrasc au nom de ce magistrat. La circulaire du 22 décembre 2010[2] souligne d'ailleurs cette spécificité en excluant que le magistrat ayant requis ou ordonné la saisie procède lui-même à la publication de la décision.

La loi, en revanche, n'enferme la réalisation de cette formalité dans aucun délai, de même que la saisie produira ses effets sans limitation de durée, jusqu'à la décision de mainlevée de la saisie ou bien de confiscation. Il va néanmoins de soi que, la saisie ne produisant ses effets à l'égard des tiers qu'à compter de la publication de la décision comme nous le verrons, cette formalité doit être effectuée rapidement.

SECTION 2
EFFETS DES SAISIES IMMOBILIÈRES

233.60 Plan. Les saisies immobilières partagent les effets de l'ensemble des saisies spéciales : elles emportent indisponibilité juridique de l'immeuble dans les conditions du droit commun de l'article 706-145 du Code de procédure pénale[3].

Ces saisies possèdent néanmoins leurs effets propres, que ce soit à l'égard des tiers titulaires de privilèges et d'hypothèques sur le bien saisi (§ 1), ou encore sur les tiers acquéreurs de l'immeuble (§ 2).

Le législateur a par ailleurs prévu la faculté pour l'autorité judiciaire de faire procéder à l'aliénation par anticipation des immeubles lorsque les frais de conservation de ceux-ci sont disproportionnés par rapport à leur valeur en l'état (§ 3).

§ 1
Effets à l'égard des titulaires de privilèges et hypothèques

233.70 Plan. Le législateur a organisé, à l'article 706-151, alinéa 2, du Code de procédure pénale, les effets particuliers des saisies immobilières, en posant le principe que ces mesures exercent leurs effets sur la valeur totale de l'immeuble, mais dans le respect des droits des tiers titulaires de privilèges et hypothèques publiés antérieurement à la publication de la décision de saisie.

233.71 Principe de la saisie à concurrence de la valeur totale de l'immeuble. Il résulte du second alinéa de l'article 706-151 du Code de procédure pénale que « jusqu'à la mainlevée de la saisie pénale de l'immeuble ou la confiscation de celui-ci, la saisie porte sur la valeur totale de l'immeuble ».

Les saisies immobilières se distinguent ainsi des procédures civiles d'exécution ainsi que des mesures conservatoires de l'article 706-103 du Code de procédure pénale, puisqu'elles n'ont pas pour objet de garantir le paiement d'une créance d'un montant déterminé, mais de garantir l'exécution de la peine de confiscation, laquelle n'est pas susceptible d'être valorisée.

C'est ce qui explique que la circulaire du 22 décembre 2010[4] recommande de n'inscrire aucun montant, ni aucune valeur, lors de la publication aux fichiers immobiliers, afin d'éviter le risque de contentieux ultérieur.

233.72 Protection des droits des tiers titulaires de privilèges et hypothèques publiés antérieurement à la publication de la saisie immobilière. Le principe de la saisie à concurrence de la valeur totale de l'immeuble est cependant mis en œuvre dans le respect des droits des tiers titulaires de privilèges et hypothèques sur l'immeuble saisi. Ainsi que le prévoit le second alinéa de l'article 706-151 du Code de procédure pénale, ce principe s'applique en effet « sans préjudice des privilèges et hypothèques préalablement inscrits ou des privilèges visés à

1. Circ. Justice, 22 déc. 2010 *relative à la présentation de la loi n° 2010-768 du 9 juillet 2010 visant à faciliter la saisie et la confiscation en matière pénale*, NOR : JUS D 1033251 C, *BOMJL* n° 2011-01, 31 janv. 2011, p. 11.
2. Circ. Justice, 22 déc. 2010 *relative à la présentation de la loi n° 2010-768 du 9 juillet 2010 visant à faciliter la saisie et la confiscation en matière pénale*, NOR : JUS D 1033251 C, *BOMJL* n° 2011-01, 31 janv. 2011, p. 10.
3. V. ss n° 231.130.
4. Circ. Justice, 22 déc. 2010 *relative à la présentation de la loi n° 2010-768 du 9 juillet 2010 visant à faciliter la saisie et la confiscation en matière pénale*, NOR : JUS D 1033251 C, *BOMJL* n° 2011-01, 31 janv. 2011, p. 10.

l'article 2378 du Code civil et nés antérieurement à la date de publication de la décision ».

Il résulte de ce texte que l'opposabilité de la saisie immobilière aux tiers est donc fonction d'un critère chronologique, puisqu'elle demeure inopposable à ceux titulaires de titres publiés antérieurement à l'accomplissement des formalités de publicité foncière. À l'inverse, la publication d'un titre postérieurement à celle de la saisie sera inopposable à l'État, quand bien même le titre litigieux serait né antérieurement à la publication de la décision de saisie immobilière.

Une règle spécifique a cependant été prévue par le législateur pour les privilèges dispensés de publication en application de l'article 2378 du Code civil, et dont la liste figure aux articles 2374 et 2375 du même code. En effet, c'est dans ce cas la date à laquelle est née la créance privilégiée qui doit être comparée à celle de la publication de la saisie immobilière.

§ 2
Effets à l'égard des tiers acquéreurs

233.80 **Plan.** Le législateur a envisagé à l'article 706-152 du Code de procédure pénale les effets des saisies immobilières en cas de cession du bien saisi. La question est importante, car l'on ne peut exclure que la personne mise en cause ne tente, au cours de l'enquête ou de l'information judiciaire, de céder frauduleusement ses immeubles pour éviter qu'ils ne soient saisis. Dans cette perspective, il a été posé un principe d'inopposabilité à l'État de la cession intervenue, auquel il a été prévu une atténuation.

233.81 **Principe de l'inopposabilité de la cession à l'État.** L'article 706-152 du Code de procédure pénale dispose en effet que « la cession de l'immeuble conclue avant la publication de la décision de saisie pénale immobilière et publiée après cette publication à la conservation des hypothèques ou au livre foncier pour les départements concernés est inopposable à l'État, sauf mainlevée ultérieure de la saisie ».

L'opposabilité de la cession de l'immeuble saisi à un tiers tient donc non pas à la date de cet acte et à celle de la saisie immobilière, mais à la date de publication de chacun de ces actes : seule la cession publiée antérieurement à la publication de la saisie immobilière sera opposable à l'État, à la différence de la cession intervenue antérieurement à la publication de la saisie, mais publiée postérieurement à elle.

Ce texte lèse incontestablement les intérêts du tiers acquéreur de bonne foi ayant acquis le bien antérieurement à la publication de la décision de saisie immobilière et dans l'ignorance de cette mesure. Cette atteinte a toutefois été assumée lors des travaux en Commission des lois de l'Assemblée nationale, lors desquels il a été relevé que, si l'atteinte aux intérêts du tiers acquéreur de bonne foi est certaine, il n'en demeure pas moins que les dispositions litigieuses transposent une règle traditionnelle en matière de droits sur les immeubles selon laquelle c'est la date de publication d'une cession qui importe, et non la date de la cession elle-même [1].

La chambre criminelle a fait application de ces dispositions dans un arrêt rendu le 12 juin 2014 [2]. Dans cette affaire, un juge d'instruction avait saisi un ensemble immobilier appartenant à la personne mise en examen. À l'occasion de l'appel formé par ce dernier à l'encontre de la décision du juge d'instruction, la partie civile avait sollicité la mainlevée de la saisie au motif que le mis en examen n'était plus propriétaire de l'un des appartements dépendant de cet ensemble, lequel lui avait été vendu par acte sous seing privé, le compromis de vente n'ayant pas été suivi d'un acte authentique, mais ayant donné lieu au paiement du solde du prix. La chambre de l'instruction avait rejeté cette demande en considérant, notamment, qu'en application de l'article 706-152 du Code de procédure pénale, la cession d'un immeuble conclue avant la publication de la décision de saisie et publiée après cette publication était inopposable à l'État. La chambre criminelle a rejeté le pourvoi formé contre cette décision par la partie civile, en relevant que le compromis de vente stipulait que « par dérogation à l'article 1179 du Code civil, le transfert de propriété de l'immeuble [aurait] lieu le jour de la signature de l'acte authentique de vente », laquelle n'était jamais intervenue. Cette solution mérite certainement d'être approuvée, mais il nous semble que la solution aurait également pu être fondée sur le défaut de publication de la cession à la date de celle de la saisie immobilière.

233.82 **Dérogation.** Le principe énoncé par l'article 706-152 du Code de procédure pénale connaît cependant une dérogation destinée à protéger l'intérêt des tiers acquéreurs de bonne foi. Le texte dispose en effet que, « si le maintien de la saisie du bien en la forme n'est pas nécessaire et que la vente n'apparaît pas frauduleuse eu égard à ses conditions et au prix obtenu, le magistrat compétent peut décider le report de la saisie pénale sur le prix de vente, après désintéressement des créanciers titulaires d'une sûreté ayant pris rang antérieurement à la date à laquelle la saisie pénale est devenue opposable ». « Dans ce cas, ajoute le texte, la publication de la décision et la consignation du solde du prix de vente rendent la vente opposable à l'État. »

1. *Rapp. Ass. nat.* n° 1689 (XIIIe législ.), p. 52.
2. Crim. 12 juin 2014, n° 13-83.545, NP.

À défaut de précision du texte, la circulaire du 22 décembre 2010 a précisé que la notion de « magistrat compétent » s'entendait du juge des libertés et de la détention ou bien du juge d'instruction en cas d'information judiciaire.

Cette interprétation des dispositions de l'article 706-152 du Code de procédure pénale doit être approuvée, puisqu'elle résulte de la seule application des dispositions communes de l'article 706-144 du Code de procédure pénale, dont il résulte que « le magistrat qui a ordonné ou autorisé la saisie d'un bien ou le juge d'instruction en cas d'ouverture d'une information judiciaire postérieurement à la saisie sont compétents pour statuer sur toutes les requêtes relatives à l'exécution de la saisie »[1].

233.83 Situation des cessions conclues postérieurement à la publication de la saisie. Si le législateur a donc envisagé les effets des cessions immobilières conclues antérieurement à la publication de la saisie immobilière, il n'a en revanche pas spécialement énoncé quel devait être le sort des cessions conclues postérieurement à la publication de celle-ci.

Cette situation s'explique par le fait que les effets d'une telle cession sont implicitement prévus par les dispositions de l'article 706-145 du Code de procédure pénale qui énonce le principe de l'indisponibilité des biens saisis : « Nul ne peut valablement disposer des biens saisis dans le cadre d'une procédure pénale. »

1. V. s[s] n° 231.172.

Il reste que cette imprécision a conduit à des inscriptions par les services de la publicité foncière de cessions ou de donations immobilières conclues malgré la publication antérieure d'une saisie immobilière, ces services n'étant pas juges de la validité des actes dont l'inscription est sollicitée[2].

Pour éviter les difficultés qu'engendrent ces pratiques, l'Agrasc a donc proposé au législateur d'énoncer explicitement à l'article 706-152 du Code de procédure pénale la règle qui se déduit du principe affirmé à l'article 706-145 du Code de procédure pénale, à savoir que « la cession de l'immeuble conclue après la publication de la décision de saisie pénale immobilière est nulle »[3].

§ 3
Aliénation par anticipation

233.90 Renvoi. Le législateur a prévu à l'article 706-145 du Code de procédure pénale la faculté, pour l'autorité judiciaire, de faire procéder avant jugement à l'aliénation par anticipation de l'immeuble saisi.

Ces dispositions sont à rapprocher de celles de droit commun des articles 41-5 et 99-2 du Code de procédure pénale permettant notamment l'aliénation avant jugement des objets placés sous main de justice, en sorte que seront examinées plus loin l'ensemble de ces dispositions[4].

2. SUR CETTE PRATIQUE : Agrasc, *Rapp. annuel* 2015, p. 52.
3. Agrasc, préc.
4. V. s[s] n° 242.61.

CHAPITRE

234. Saisies de biens ou droits mobiliers incorporels

SECTION 0
ORIENTEUR

234.00 Sommaire du chapitre.

Sect. 1 Dispositions générales
- § 1 Conditions des saisies de biens ou droits mobiliers incorporels
  - A. Conditions de fond
  - B. Conditions de forme
- § 2 Effets des saisies de biens ou droits mobiliers incorporels

Sect. 2 Dispositions particulières
- § 1 Dispositions applicables aux saisies de sommes d'argent versées sur un compte bancaire et d'actifs numériques
  - A. Origine du droit applicable
  - B. Conditions des saisies de comptes bancaires et d'actifs numériques
  - C. Effets des saisies de comptes bancaires et d'actifs numériques
- § 2 Dispositions applicables aux saisies de créances de sommes d'argent
- § 3 Dispositions applicables aux saisies de créances figurant sur des contrats d'assurance sur la vie
- § 4 Dispositions applicables aux saisies de parts sociales, valeurs mobilières et instruments financiers
- § 5 Dispositions applicables aux saisies de fonds de commerce

Division. Les saisies de biens ou droits mobiliers incorporels sont organisées au chapitre IV du titre XXIX du livre IV du Code de procédure pénale, qui est composé des articles 706-153 à 706-157. Le législateur n'a pas prévu en la matière un régime juridique unique qui serait applicable à la saisie de l'ensemble de ces biens. Il convient de distinguer entre le régime général prévu par les dispositions de l'article 706-153 du Code de procédure pénale, qui peut être qualifié de régime de droit commun des saisies de biens incorporels (sect. 1), et les régimes particuliers applicables à certains de ces biens (sect. 2).

234.01 Principaux textes applicables.

TEXTES SOURCES

- C. pr. pén., art. 696-128, 706-153 à 706-157
- C. pr. pén., art. D. 43-5

TEXTES *IN EXTENSO*

> Dispositions générales

- **C. pr. pén., art. 706-153**

* V. s^s n° 231.01.

- **C. pr. pén., art. D. 43-5**

* V. s^s n° 231.01.

> Saisies de sommes d'argent versées sur un compte bancaire et d'actifs numériques

- **C. pr. pén., art. 706-154**

* V. s^s n° 231.01.

- **C. pr. pén., art. 696-128**

* V. s^s n° 231.01.

> Saisies de créances ayant pour objet une somme d'argent

- **C. pr. pén., art. 706-155, al. 1**

* V. s^s n° 231.01.

> Saisies de créances figurant sur un contrat d'assurance sur la vie

- **C. pr. pén., art. 706-155, al. 2**

* V. s^s n° 231.01.

> Saisies de parts sociales, valeurs mobilières, instruments financiers ou autres biens ou droits incorporels

- **C. pr. pén., art. 706-156**

* V. s^s n° 231.01.

> Saisies de fonds de commerce

- **C. pr. pén., art. 706-157**

* V. s^s n° 231.01.

234.02 **Jurisprudence de référence.**

> Saisies de sommes d'argent versées sur un compte bancaire et d'actifs numériques

• **Crim. 7 juin 2017,** n° 16-86.898, P, n° 153

* V. s^{s} n° 234.93.

« Vu l'article 706-154 du Code de procédure pénale ;

Attendu qu'il résulte de ce texte que, si, par dérogation aux dispositions de l'article 706-153 de ce code, l'officier de police judiciaire peut être autorisé par le procureur de la République ou par le juge d'instruction à procéder à la saisie d'une somme d'argent versée sur un compte ouvert auprès d'un établissement habilité par la loi à tenir des comptes de dépôts, il appartient à ce dernier magistrat, saisi à la suite de l'ouverture d'une information, de se prononcer, par ordonnance motivée, sur le maintien ou la mainlevée de ladite saisie dans un délai de dix jours à compter de sa réalisation, l'autorisation donnée cessant de produire effet à l'expiration de ce délai ;

Attendu qu'il résulte de l'arrêt attaqué et des pièces de la procédure qu'au cours d'une enquête de flagrance relative à un trafic de stupéfiants, le procureur de la République a autorisé un officier de police judiciaire à procéder le 12 février 2016 à la saisie des sommes créditant deux comptes bancaires ouverts respectivement par M. Mohamed X... dans une agence de la Société Générale et par Mme Anaïs Y... dans une agence de la banque FPE, alors que les intéressés avaient été désignés par l'enquête pour leur participation active à ce trafic et que des stupéfiants avaient été découverts à leurs domiciles ; que, saisi de la procédure selon réquisitoire introductif du 13 février 2016, le juge d'instruction a autorisé le maintien des saisies opérées sur les sommes inscrites au crédit de ces deux comptes bancaires par ordonnances, en date du 1er mars 2016 ; que les mis en examen ont relevé appel de ces ordonnances ;

Attendu que, pour confirmer lesdites ordonnances, l'arrêt retient que si, selon l'article 706-154 du Code de procédure pénale, le juge doit se prononcer sur le maintien ou la mainlevée dans les dix jours de la réalisation de la saisie d'une somme d'argent versée sur un compte bancaire, ce délai n'est pas prévu à peine de nullité ; que les juges ajoutent que le dépassement de ce délai ne cause aucun préjudice à la personne concernée dès lors que cette dernière peut interjeter appel de l'ordonnance de maintien de la saisie même rendue tardivement ;

Mais attendu qu'en statuant ainsi, alors que le juge d'instruction, ayant omis de se prononcer, dans le délai de dix jours à compter des saisies de sommes d'argent opérées le 12 février 2016 sur les comptes bancaires de M. X... et de Mme Y..., sur le maintien ou la mainlevée de ces dernières, l'autorisation donnée par le procureur de la République avait cessé de produire effet, la chambre de l'instruction a méconnu le texte susvisé et le principe ci-dessus rappelé. »

• **Crim. 17 avr. 2019,** n° 18-84.057, P, n° 83

* V. s^{s} n° 234.92.

« Attendu que, pour écarter le moyen tiré de ce qu'il ne résultait pas de la procédure que la saisie effectuée par l'officier de police judiciaire avait été autorisée par le procureur de la République, l'arrêt relève qu'il résulte du procès-verbal de la DRPJ d'Ajaccio que l'officier de police judiciaire a procédé à la saisie selon les instructions du procureur de la République, ladite saisie ayant été validée dans le délai de dix jours à compter de sa réalisation par ordonnance du juge des libertés et de la détention d'Ajaccio en date du 4 octobre 2017 ;

Attendu qu'en statuant ainsi, et dès lors qu'il résulte de l'article 706-154 du Code de procédure pénale que le procureur de la République peut autoriser par tout moyen l'officier de police judiciaire à saisir les sommes versées sur un compte bancaire, la chambre de l'instruction a justifié sa décision. »

• **Crim. 1er avr. 2020,** n° 19-85.770, P, 40

* V. s^{s} n° 234.92.

« Vu les articles 706-145 et 706-154 du Code de procédure pénale :

7. Il résulte du second de ces textes que, si l'officier de police judiciaire peut être autorisé par le procureur de la République ou le juge d'instruction à procéder à la saisie d'une somme d'argent versée sur un compte ouvert auprès d'un établissement habilité par la loi à tenir des comptes de dépôts, le juge des libertés et de la détention, saisi par le procureur de la République, ou le juge d'instruction est tenu de se prononcer par ordonnance motivée sur le maintien ou la mainlevée de la saisie dans un délai de dix jours à compter de sa réalisation, l'autorisation donnée cessant de produire effet à l'expiration de ce délai.

8. Selon le premier, nul ne peut valablement disposer des biens saisis dans le cadre d'une procédure pénale.

9. Il se déduit de ces textes que la date de la notification de la décision de saisie par l'officier de police judiciaire à l'établissement tenant le compte objet de la mesure, qui entraîne l'indisponibilité immédiate de la somme d'argent versée sur le compte, constitue le point de départ du délai de dix jours prévu par l'article 706-154 du Code de procédure pénale, peu important la date à laquelle la somme a été consignée auprès de l'Agence de gestion et de recouvrement des avoirs saisis et confisqués (Agrasc). »

• **Crim. 20 nov. 2019,** n° 18-86.781, P, 78

* V. s^{s} n° 234.94.

« C'est à tort que l'ordonnance du juge des libertés et de la détention ne mentionne pas le montant des sommes saisies. »

• **Crim. 24 avr. 2023** n° 22-84.323, NP

* V. s^{s} n° 234.94.

« 11. [...], c'est dans l'ordonnance de maintien de la saisie, qui intervient dans les dix jours de la saisie pratiquée, que les comptes bancaires sont précisément identifiés et les montants saisis indiqués. »

> Saisies de créances ayant pour objet une somme d'argent

• **Crim. 20 nov. 2019,** n° 18-82.066, P, 82

* V. s^{s} n° 234.114.

« Attendu que la demanderesse au pourvoi, en sa qualité de débitrice de la créance dont la société Sun Pacific Investment est titulaire, n'a pas de droit, au sens de l'article 706-153 du Code de procédure pénale, sur le bien saisi et n'a donc pas qualité pour se pourvoir en cassation contre l'arrêt de la chambre de l'instruction confirmant l'ordonnance de saisie du juge des libertés et de la détention ;

Que, lorsque le débiteur d'une créance ayant pour objet une somme d'argent conteste devoir consigner la somme due auprès de l'Agence de gestion et de recouvrement des avoirs saisis et confisqués, il lui appartient de saisir le magistrat qui a ordonné ou autorisé la saisie ou le juge d'instruction en cas d'ouverture d'une information judiciaire postérieurement à la saisie d'une requête relative à l'exécution de celle-ci sur le fondement de l'article 706-144 du Code de procédure pénale. »

> Saisies de créances figurant sur un contrat d'assurance sur la vie

• **Crim. 30 oct. 2012,** n° 12-84.961, P, n° 229
* V. s^s^ n° 234.121.

« Vu l'article 706-155, alinéa 2, du Code de procédure pénale ;

Attendu qu'il résulte de ce texte que la saisie spéciale d'une créance figurant sur un contrat d'assurance sur la vie ne peut qu'entraîner, dans l'attente du jugement sur le fond, la suspension des facultés de rachat, de renonciation et de nantissement de ce contrat, ainsi que l'interdiction de toute acceptation postérieure du bénéfice dudit contrat, l'assureur ne pouvant plus consentir d'avances au contractant ;

Attendu que, pour confirmer la décision du juge d'instruction ordonnant la saisie des soldes des contrats d'assurance sur la vie souscrits par M. X..., l'arrêt retient que si l'article 706-155 du Code de procédure pénale permet au juge d'instruction, dans l'attente d'un jugement sur le fond, de suspendre les facultés de rachat, de renonciation et de nantissement des créances figurant sur un contrat d'assurance sur la vie, aucune disposition légale ne lui interdit de procéder, en application de l'article 706-153 du même code, à la saisie des sommes placées sur de tels comptes qui correspondent au sens de l'article 131-21, alinéa 3, du Code pénal, aux produits directs ou indirects de l'infraction poursuivie ;

Mais attendu qu'en statuant ainsi, alors que les dispositions des articles 706-141 à 706-157 du Code de procédure pénale relatives aux saisies spéciales, qui peuvent être ordonnées dans les cas énumérés par l'article 131-21 du Code pénal pour garantir l'exécution de la peine de confiscation, définissent les formes et modalités de ces saisies selon la nature du bien saisi, et en particulier, celles qui s'appliquent, de façon exclusive, aux contrats d'assurance sur la vie, la chambre de l'instruction a méconnu le texte susvisé et le principe ci-dessus rappelé. »

• **Crim. 20 avr. 2017,** n° 16-82.842, NP
* V. s^s^ n° 234.124.

« Attendu qu'il résulte de l'arrêt attaqué que M. X..., dirigeant des holdings des sociétés Franprix et Leader Price jusqu'en avril 2007, a été mis en examen des chefs d'abus de confiance, abus de biens sociaux, faux et usage, et escroquerie en bande organisée, pour avoir, entre 2003 et 2007, détourné ou obtenu frauduleusement des fonds provenant des ressources des sociétés filiales Franprix et Leader Price, le préjudice global étant estimé à 90 millions d'euros ; que, le 12 décembre 2013, le juge d'instruction a ordonné la saisie pénale de la créance figurant sur le contrat d'assurance sur la vie, souscrit par M. X..., dont la valeur totale de rachat au 4 décembre 2013 était de 22 137 547, 74 euros et dont les bénéficiaires sont l'épouse, pour deux des polices, et les quatre enfants du susnommé, pour les quatre autres ;

Attendu que, le 19 janvier 2015, Mme X... a sollicité la mainlevée de la saisie de cette créance sur les quatre polices d'assurance dont elle est le bénéficiaire avec ses sœurs et son frère ; que le juge d'instruction a rejeté cette demande par ordonnance du 1er octobre 2015 ;

Attendu que, pour confirmer cette décision, l'arrêt prononce par les motifs repris au moyen ;

Attendu qu'en l'état de ces énonciations, et dès lors que, d'une part, nonobstant l'acceptation expresse des bénéficiaires du contrat d'assurance-vie souscrit par M. X..., celui-ci conservait une créance sur l'assureur constituée par la faculté de rachat dudit contrat, dont il n'est pas allégué qu'il n'en bénéficiait pas, ladite créance étant saisissable en vertu de l'article 706-141-1 du Code de procédure pénale comme pouvant représenter, en valeur, le produit, susceptible de confiscation, de certaines des infractions poursuivies, d'autre part, le droit personnel et direct, mais éventuel, des bénéficiaires de ce contrat envers l'assureur n'est pas remis en cause par la procédure de saisie, la chambre de l'instruction, qui a répondu aux articulations essentielles du mémoire produit par la demanderesse, a justifié sa décision ;

D'où il suit que le moyen, devenu inopérant en sa première branche par suite du refus, par la Cour de cassation, de transmettre au Conseil constitutionnel la question prioritaire de constitutionnalité présentée par la demanderesse, doit être écarté. »

• **Crim. 15 déc. 2021,** n° 21-82.015, P
* V. s^s^ n° 234.124.

« Seules sont applicables à la saisie de la créance dont dispose le bénéficiaire d'un contrat d'assurance sur la vie sur l'assureur, les dispositions du premier alinéa de l'article 706-155 du Code de procédure pénale qui font obligation au tiers débiteur de consigner sans délai la somme due à la Caisse des dépôts et consignations ou à l'Agence de recouvrement des avoirs saisis et confisqués, lorsqu'elle est saisie, cette consignation ne devant intervenir, s'agissant des créances conditionnelles ou à terme, que lorsque celles-ci sont exigibles.

Les dispositions du second alinéa de l'article précité ne régissent quant à elles que les effets de la saisie de la créance que détient, avant son décès, le souscripteur d'un tel contrat sur l'assureur.

Justifie cependant sa décision l'arrêt de la chambre de l'instruction qui énonce que la saisie de la créance détenue par le bénéficiaire d'un contrat d'assurance sur la vie a pour fondement les dispositions de l'article 706-153 du Code de procédure pénale qui prévoit la saisie des droits incorporels. »

• **Crim. 28 juin 2023,** n° 21-87.002, P
* V. s^s^ n° 234.127.

« 41. En premier lieu, en cas de saisie pénale d'une créance figurant sur un contrat d'assurance sur la vie ayant préalablement fait l'objet d'un acte de délégation imparfaite, en garantie d'une dette par ailleurs souscrite par le titulaire de la créance, le délégataire, fût-il de bonne foi, qui est sans droit sur la créance saisie pénalement demeurée dans le patrimoine de son titulaire, est pour ce motif infondé à obtenir la mainlevée de la mesure de saisie pénale.

42. En second lieu, le délégataire de la créance saisie pénalement, qui est lui-même titulaire d'une créance ayant le même objet à l'encontre du débiteur de la créance saisie pénalement, par l'effet de l'acte de délégation, ne saurait se faire un grief de ce que la mesure de saisie pénale le prive de la faculté d'obtenir le paiement de sa propre créance.

43. En effet, la saisie pénale entraîne l'indisponibilité de la créance sur laquelle elle porte et interdit pour ce motif le paiement de la créance dont est titulaire le délégataire à l'encontre du délégué, y compris lorsque l'acte de délégation est antérieur à la saisie pénale, dès lors qu'à défaut, le paiement par le délégué de sa dette éteindrait la créance saisie pénalement à due concurrence en application de l'article 1339 du Code civil.

44. Cependant, d'une part, en cas d'antériorité de la délégation par rapport à la saisie pénale, la créance du délégataire à l'encontre du délégué est opposable à l'État lors de l'exécution de la peine de confiscation ou de la décision de non-restitution.

45. Cette opposabilité s'exerce, en cas de confiscation de la créance saisie pénalement, au moment de l'exécution de cette peine, qui, en application des articles L. 160-9 du Code des assurances, L. 223-29 du Code de la mutualité ou L. 932-23-2 du Code de la sécurité sociale, entraîne la résolution judiciaire de la convention et le transfert des fonds confisqués à l'État.

46. Il en est de même en cas de décision définitive de non-restitution de la créance saisie pénalement, qui entraîne le transfert de la propriété de la créance à l'État dans les conditions du troisième alinéa de l'article 41-4 du Code de procédure pénale, ainsi que la résolution du contrat d'assurance sur la vie et le transfert des fonds à l'État, en application des textes précités (Crim., 8 mars 2023, pourvoi n° 22-81.100, publié au Bulletin).

47. D'autre part, il est loisible au délégataire, au cours de l'enquête ou de l'information, lorsque l'acte de délégation est antérieur à l'ordonnance de saisie, de former devant le magistrat ayant ordonné cette mesure une requête relative à l'exécution de celle-ci, en application de l'article 706-144 du Code de procédure pénale, afin de solliciter l'autorisation de poursuivre le paiement de sa créance à l'encontre du délégué, la saisie pénale se reportant sur le solde restant dû par ce dernier au délégant au titre de la créance qu'il détient à son encontre. »

234.03 Bibliographie indicative.

Articles. S. Almaseanu, « Saisie et confiscation pénales des assurances-vie : l'état du droit positif après la loi du 6 décembre 2013 », *Gaz. Pal.* 19 juill. 2014, n° 200, p. 5 – J. Bourgais et C. Olivier, « La saisie pénale des actifs numériques : une saisie virtuelle ? », *Gaz. pal.* 14 févr. 2023, n° 5, p. 10 – J.-D. Errard, « L'assurance-vie est-elle toujours un contrat aléatoire ? », *Dr. et patr.* 3/2014, p. 20 – R. Schulz, « La saisie pénale sur contrat d'assurance-vie, un mécanisme difficile à appréhender », *RGDA* 1er juin 2017, n° 6, p. 369 – E. Senecal et S. Almaseanu, « Saisie pénale des avoirs bancaires : décryptage d'un fait d'actualité », *JCP E* 2013. 632.

SECTION 1
DISPOSITIONS GÉNÉRALES

234.10 Plan. L'essentiel des dispositions générales relatives aux saisies de biens ou droits mobiliers incorporels sont contenues à l'article 706-153 du Code de procédure pénale. Le régime juridique prévu par ce texte est très peu différent du régime de droit commun des saisies spéciales qui a déjà été décrit. L'on distinguera donc brièvement entre les conditions (§ 1) et les effets de ces mesures (§ 2), en insistant sur les règles particulières.

§ 1
Conditions des saisies de biens ou droits mobiliers incorporels

234.20 Plan. La spécialité des saisies de biens ou droits mobiliers incorporels tient, comme pour ce qui concerne les saisies immobilières, à la nature du bien sur lequel elles portent. Comme la dénomination de ce type de saisies l'indique, elles seront mises en œuvre lorsqu'il sera envisagé de saisir un meuble incorporel susceptible de confiscation (A), de même que la nature particulière de certains de ces biens emportera l'application de règles de forme spécifiques (B).

A.
Conditions de fond

234.31 Biens ou droits mobiliers incorporels susceptibles de confiscation. Il résulte des dispositions de l'article 706-153 du Code de procédure pénale que peuvent faire l'objet d'une saisie de biens incorporels les « biens ou droits incorporels dont la confiscation est prévue par l'article 131-21 du Code pénal ». Deux conditions permettent et imposent le recours à une saisie de biens incorporels : conformément au droit commun des saisies spéciales, le bien dont la confiscation est envisagée doit être confiscable ; il doit par ailleurs avoir la nature prévue par la loi.

La première de ces conditions a déjà été examinée ; elle ne sera pas reprise ici[1]. L'on relèvera seulement que, comme il a été vu, si le bien ou droit incorporel est confiscable seulement en application du cinquième ou sixième alinéa de l'article 131-21 du Code pénal, il doit être procédé non pas à une saisie de biens incorporels[2], mais à une saisie de patrimoine[3], dans le cadre de laquelle il sera fait partiellement application du régime des saisies de biens incorporels[4].

1. V. s^s n° 231.21.
2. C. pr. pén., art. 706-153.
3. C. pr. pén., art. 706-148 – v. s^s n° 232.22.
4. C. pr. pén., art. 706-149 – v. s^s n° 232.34.

L'on se demandera en revanche quelle est la nature des biens visés par le texte ? Cette catégorie juridique regroupe en vérité une variété infinie de biens. Opposée à la catégorie des biens corporels, la catégorie rassemble « des biens ou valeurs qui échappent à toute appréhension matérielle »[1]. Ces biens n'ont aucune matière, aucun *corpus*, en sorte qu'ils n'ont d'existence autre que juridique. Leur catégorie n'est au reste pas homogène, puisqu'elle englobe un ensemble hétéroclite de droits produisant leurs effets à l'égard de tiers déterminés, tels que les droits de créance, les droits d'associé ou encore ceux d'actionnaire, et les « propriétés » incorporelles qui portent sur un objet autre que matériel. Ce sont les droits divers à une clientèle, qu'elle soit commerciale ou civile, mais également l'ensemble des propriétés industrielles ou littéraires et artistiques, les licences et autres autorisations administratives ayant une valeur pécuniaire, ou encore les actifs numériques[2]. L'Agrasc fait du reste état, dans ses rapports annuels, de saisies de biens plus atypiques, telles que celles de concessions de cultures marines ostréicoles ou de tontines financières[3]. Elle signale aussi la saisie de créances de dividendes, de créances de salaire ou de pensions de retraite, de produits de ventes immobilières entre les mains des notaires ou encore de cautionnements[4].

L'on a vu cependant qu'en pratique la confiscation de certains de ces biens pourrait poser un certain nombre de difficultés, en sorte qu'au stade de la saisie, il y a lieu de s'interroger sur la portée pratique de la mesure lors de l'éventuel prononcé de la peine[5].

234.32 Cas des immeubles incorporels. Comme il a été vu[6], bien que l'article 706-153 du Code de procédure ne le précise pas, ce ne sont pas tous les biens ou droits incorporels qui peuvent faire l'objet de la procédure de saisie organisée par ce texte, mais les seuls biens mobiliers, ainsi que cela résulte des dispositions générales de l'article 706-141 du même code et du titre du chapitre regroupant les articles 706-153 à 706-157 du Code de procédure pénale.

234.33 Exemples d'application. Les exemples de biens incorporels ayant fait l'objet d'arrêts de la chambre criminelle sont peu variés. Le plus souvent, en effet, sont saisies des sommes d'argent inscrites au crédit de comptes bancaires ou des créances figurant sur des contrats d'assurance sur la vie. Quelques cas de saisies de créances de sommes d'argent, notamment de dividendes, ont cependant été soumis à la chambre criminelle[7], ou encore celles de contrats de capitalisation[8], de créances de loyers[9], ou bien encore de comptes-titres et de plans d'épargne en actions[10].

234.34 Application du droit commun. Il sera fait pour le surplus application du droit commun des saisies spéciales, notamment s'agissant de l'appréciation du caractère confiscable du bien objet de la saisie, de la possibilité de procéder à des saisies en valeur et de la mise en œuvre du contrôle de proportionnalité[11].

B. Conditions de forme

234.41 Conformité au droit commun. La décision initiale de saisie obéit pour l'essentiel au droit commun des saisies spéciales[12]. Ainsi, la décision relève soit, pendant l'enquête, du juge des libertés et de la détention requis à cet effet par le procureur de la République, soit, au cours de l'information judiciaire, du juge d'instruction statuant le cas échéant d'office et sans qu'il lui soit nécessaire de solliciter préalablement l'avis du ministère public.

234.42 Défaut de publication. L'on remarquera que, si le législateur a prévu en matière de saisies de fonds de commerce des formalités de publication[13], tout comme ont été créées des règles de notification particulière des saisies de parts sociales, valeurs mobilières et instruments financiers[14], le législateur n'a pas prévu, en matière de saisies de biens incor-

1. G. Cornu (dir.), *Vocabulaire juridique*, préc., *V°* « Incorporel, elle », sens 1.
2. SUR CETTE NOTION, v. s^s n°s 123.15 et 234.91.
3. Agrasc, *Rapp. annuel* 2017, p. 18.
4. Agrasc, *Rapp. annuel* 2021, p. 61.
5. V. s^s n° 123.15.
6. V. s^s n° 233.22.
7. Crim. 23 mai 2013, n° 12-87.473, P, n° 113 ; *D.* 2013. 1778, obs. P. Labrousse ; *D.* 2013. 2713, obs. G. Roujou De Boubée ; *AJ pénal* 2013. 482, obs. L. Ascensi ; *JCP G* 2013. 804, obs. Ch. Cutajar ; *Dr. pén.* 2013, comm. 117, obs. A. Maron et M. Haas ; *Gaz. Pal.* 4 juill. 2013, n° 184, p. 11, obs. R. Mesa ; *RJDA* 2014. 79, obs. P. Labrousse – Crim. 25 févr. 2015, n° 13-81.946, NP – Crim. 6 mai 2015, n° 15-80.076, P, n° 101 – Crim. 6 mai 2015, n°s 15-80.077 à 15-80.080, NP (4 arrêts) ; *AJ pénal* 2015. 508, obs. L. Ascensi ; *Dr. pén.* 2016, étude 1, obs. V. Georget.
8. Crim. 30 sept. 2015, n° 15-81.744, P, n° 213 – Crim. 30 sept. 2015, n°s 15-81.745 à 15-81.748, NP (4 arrêts) ; *Gaz. Pal.* 22 mars 2016, n° 12, p. 73, obs. B. Cerveau ; *JCP E* 2016. 1084, obs. R. Salomon ; *Dr. sociétés* 2015, comm. 222, obs. R. Salomon ; *Rev. sociétés* 2016. 154, obs. B. Bouloc ; *RGDA* 2015. 529, obs. R. Schulz.
9. Crim. 11 oct. 2017, n°s 17-80.978, 17-80.980, 17-80.981, 17-80.983, 17-80.985 et 17-80.986, NP (6 arrêts).
10. Crim. 25 sept. 2019, n° 18-84.649, NP.
11. V. s^s n° 231.21.
12. V. s^s n° 231.30.
13. V. s^s n° 234.143.
14. V. s^s n° 234.133.

porels, de formalités plus générales de publication de la mesure.

Cette carence pose des difficultés comparables à celles déjà évoquées s'agissant des confiscations de biens incorporels, puisque, si, dans les relations entre l'État et le titulaire des droits incorporels saisis, la mesure entraîne leur indisponibilité juridique, cet effet laisse entière la question de l'opposabilité de la mesure aux tiers. En cas de cession du bien saisi à un tiers de bonne foi, sans doute le saisi sera-t-il poursuivi pour détournement de bien placé sous main de justice, mais l'État ne pourra pas opposer la décision de saisie au tiers, ce qui privera la mesure de ses effets.

L'Agrasc, consciente de cette difficulté, a ainsi proposé la création d'un registre des biens patrimoniaux sous main de justice ou bien, à tout le moins, de prévoir la publication des saisies de biens incorporels dans les fichiers existants, et par exemple d'insérer dans le Code de procédure pénale des dispositions organisant la publication des saisies de parts sociales au registre des nantissements et des privilèges, ou au registre des gages sans dépossession, du tribunal de commerce, selon la nature civile ou commerciale des parts [1]. Des propositions doctrinales sont du reste en ce sens [2].

234.43 **Spécificité du recours.** Comme il a été vu [3], le législateur a en revanche prévu des règles spécifiques de recours en matière de saisies de biens ou droits mobiliers incorporels.

En effet, alors que l'appel contre l'ordonnance de saisie doit en principe être porté devant la chambre de l'instruction, ce recours peut aussi être exercé, en cas de saisie d'un bien incorporel, devant le seul président de cette juridiction, la loi n° 2019-222 du 23 mars 2019 [4] ayant modifié le second alinéa de l'article 706-153 du Code de procédure pénale qui énonce que la décision de saisie peut être déférée « au président de la chambre de l'instruction ou à la chambre de l'instruction ».

Il s'est cependant ajouté à ces nouvelles dispositions, celles de l'article D. 43-5 du Code de procédure pénale énonçant que « l'auteur [...] du recours peut [...] préciser dans [...] son recours qu'il saisit la chambre de l'instruction dans sa formation collégiale », de même que « le président peut décider, au regard de la complexité du dossier, que celui-ci soit examiné par la chambre dans sa composition collégiale ». La compétence du président de la chambre de l'instruction est donc le principe ; celle de la formation collégiale l'exception.

La chambre criminelle a précisé que lorsque le président de la chambre de l'instruction statue seul sur l'appel de l'ordonnance de saisie de biens ou droits mobiliers incorporels, « c'est selon la procédure applicable devant la chambre de l'instruction » [5]. C'est ainsi à tort qu'un président de chambre de l'instruction a statué seul par ordonnance motivée mais rendue sans débat contradictoire, et qualifiée d'insusceptible de recours.

§ 2
Effets des saisies de biens ou droits mobiliers incorporels

234.51 **Conformité au droit commun.** En l'absence de dispositions spécifiques, les effets des saisies de biens incorporels en général sont ceux prévus par les dispositions communes à l'ensemble des saisies spéciales [6].

SECTION 2
DISPOSITIONS PARTICULIÈRES

234.60 **Plan.** Le législateur a prévu aux articles 706-154 à 706-157 du Code de procédure pénale des dispositions propres à certains types de biens incorporels, à savoir les sommes d'argent versées sur les comptes bancaires et les actifs numériques (§ 1), les créances de sommes d'argent (§ 2), les créances figurant sur les contrats d'assurance sur la vie (§ 3), les parts sociales, valeurs mobilières et instruments financiers (§ 4), et enfin les fonds de commerce (§ 5).

§ 1
Dispositions applicables aux saisies de sommes d'argent versées sur un compte bancaire et d'actifs numériques

234.70 **Plan.** À l'issue du rappel des origines du dispositif législatif applicable (A), seront examinées les conditions (B) puis les effets (C) des saisies de comptes bancaires et d'actifs numériques.

A.
Origine du droit applicable

234.81 **Textes applicables.** Au sein des dispositions du Code de procédure pénale applicables aux saisies de biens ou droits mobiliers incorporels, le

1. Agrasc, *Rapp. annuel* 2017, p. 66.
2. M. Peter, *Les saisies pénales spéciales. Une évolution majeure pour une stratégie pénale patrimoniale repensée*, thèse, Aix-Marseille, 2018, n° 1131.
3. V. s^s n° 231.91.
4. L. n° 2019-222, 23 mars 2019 *de programmation 2018-2022 et de réforme pour la justice*, *JO* 24 mars, n° 2.
5. Crim. 7 déc. 2021, n° 21-83.514, NP.
6. V. s^s n° 231.130.

législateur a prévu un article 706-154 applicable aux saisies de sommes d'argent versées sur un compte bancaire et d'actifs numériques, « par dérogation aux dispositions de l'article 706-153 ». Ainsi, la saisie de tels biens peut être alternativement effectuée, soit selon le droit commun de l'article 706-153 du Code de procédure pénale, soit selon la procédure de l'article 706-154 ; la procédure devant être suivie dans le second cas étant celle organisée par ce seul texte qui ne s'ajoute pas à l'article 706-153, mais s'y substitue.

Le recours à la seule procédure organisée par l'article 706-153 sera cependant impératif lorsqu'il s'agira de saisir des sommes d'argent figurant sur un compte bancaire ouvert dans les livres d'une banque située sur le territoire d'un État étranger[1], ou bien des actifs numériques gérés par une plateforme d'échange située à l'étranger[2]. Dans ce cas, en effet, le principe de la souveraineté des États interdit à l'autorité judiciaire française, notamment à l'officier de police judiciaire, d'enjoindre à la banque ou à la plateforme de transférer les fonds ou les actifs saisis à l'Agrasc. Il conviendra ainsi d'appliquer la seule procédure de l'article 706-153 : une ordonnance de saisie devra être rendue par le juge des libertés et de la détention pendant l'enquête, ou le juge d'instruction au cours de l'information judiciaire, laquelle sera suivie d'une demande d'entraide judiciaire internationale destinée à obtenir la mise à exécution de la saisie par l'autorité judiciaire étrangère territorialement compétente.

234.82 Importance quantitative. Les saisies de sommes d'argents inscrites au crédit de comptes bancaires effectuées chaque année sont nombreuses en raison des intérêts pratiques de ces mesures qui, en raison de l'objet sur lequel elles portent, n'ont pas à être suivies de la mise en œuvre d'actes de gestion et d'aliénation contraignants et onéreux pour les services de l'État, notamment l'Agrasc. Ainsi, étant relevé que ce chiffre est très fiable dès lors que l'Agrasc, sur le fondement de l'article 706-160, alinéa 1er, 2°, du Code de procédure pénale, a le monopole de la gestion des sommes saisies lors des procédures pénales, 2 565 saisies de ce type ont été mises en œuvre en 2016[3].

Le nombre des saisies d'actifs numériques a par ailleurs augmenté de manière considérable depuis 2018. Ainsi, la valeur des actifs numériques saisis s'élevait au 31 décembre 2022 à la somme de 60 M€, quand 500 saisies ont été mises en œuvre en 2022 contre 2 en 2013, 8 en 2018, 20 en 2020 et 60 en 2021[4]. L'Agrasc avait ainsi en gestion, à la date du 18 février 2022, des actifs numériques évalués à la somme de 48,593 M€[5]. Une trentaine d'actifs numériques différents étaient représentés.

234.83 Consécration et approfondissement de la pratique antérieure. Avant d'examiner le détail de ces dispositions, il convient au préalable de rappeler qu'en organisant à l'article 706-154 du Code de procédure pénale les saisies de sommes d'argent versées sur un compte bancaire, la loi n° 2010-768 du 9 juillet 2010[6] est venue consacrer la pratique antérieure des magistrats et des officiers de police judiciaire, tout en l'encadrant.

En effet, en raison de l'utilité indéniable de ce type de mesures, il était procédé jusqu'alors par voie de réquisitions de blocage au débit de ces comptes.

Si la jurisprudence avait validé ce type de réquisitions, il est néanmoins heureux que le législateur ait donné un fondement légal et un encadrement juridique à cette pratique.

234.84 Évolution du texte. Il reste qu'en dépit du caractère récent de la création de cette procédure particulière de saisie, l'article 706-154 du Code de procédure pénale n'en a pas moins déjà connu plusieurs rédactions.

Dans l'état du texte résultant de la loi n° 2010-768 du 9 juillet 2010[7], l'article 706-154 ne prévoyait pas, en la matière, de procédure de saisie particulière, mais se bornait à donner aux saisies de biens ou droits mobiliers incorporels, décidées en application des dispositions générales de l'article 706-153 du Code de procédure pénale, des effets spécifiques. Le texte disposait en effet que, lorsque la saisie portait sur une somme d'argent versée sur un compte bancaire, elle s'appliquait indifféremment à l'ensemble des sommes inscrites au crédit de ce compte au moment de la saisie et à concurrence, le cas échéant, du montant indiqué dans la décision de saisie. La procédure de saisie n'était donc nullement spécifique : elle était celle applicable à l'ensemble des saisies spéciales ; les dispositions de l'article 706-154 ne faisaient que s'ajouter à celles de l'article 706-153.

Si les dispositions initiales de l'article 706-154 composent aujourd'hui le troisième alinéa de l'article 706-154, la loi n° 2011-267 du 14 mars 2011[8] a

1. V. s^s n° 234.91.
2. V. s^s n° 234.102.
3. Agrasc, *Rapp. annuel* 2016, p. 30.
4. J. Bourgais et C. Olivier, « La saisie pénale des actifs numériques : une saisie virtuelle ? », *Gaz. pal.* 14 févr. 2023, n° 5, p. 10 – AUSSI : Agrasc, *Rapp. annuel* 2021, p. 74.
5. Agrasc, *Rapp. annuel* 2021, p. 72.
6. L. n° 2010-768, 9 juill. 2010 *visant à faciliter la saisie et la confiscation en matière pénale, JO* 10 juill., p. 12753.
7. L. n° 2010-768, 9 juill. 2010 *visant à faciliter la saisie et la confiscation en matière pénale, JO* 10 juill., p. 12753.
8. L. n° 2011-267, 14 mars 2011 *d'orientation et de programmation pour la performance de la sécurité intérieure, JO* 15 mars, p. 4582.

profondément remanié la matière en instituant une procédure originale de saisie des sommes inscrites au crédit de comptes bancaires.

La rapidité de la réécriture de ce texte s'explique par le fait qu'il était apparu aux praticiens que la lourdeur de la procédure de saisie des biens incorporels prévue par l'article 706-153 s'avérait peu adaptée à la volatilité des sommes inscrites au crédit des comptes bancaires. Ainsi, il était nécessaire d'instituer une procédure plus efficace, comme comportant un contrôle juridictionnel *a posteriori*, ce qu'a admis la chambre criminelle devant laquelle ont pu être contestées la constitutionnalité[1] et la conventionnalité[2] du nouveau texte.

Les nouvelles dispositions sont issues d'un amendement n° 424 présenté par le rapporteur du texte devant le Sénat, reprenant un amendement n° 375 de M. le sénateur Zocchetto, lequel relevait, dans l'exposé des motifs du texte déposé que « si une autorisation par ordonnance motivée du juge des libertés et de la détention se justifie, dès le départ, pour la plupart des saisies envisagées (saisie de patrimoine ou saisie immobilière notamment), au cours des enquêtes préliminaires ou de flagrance, elle est peu adaptée aux saisies des comptes bancaires : en raison de l'extrême mobilité des fonds, ces saisies doivent intervenir dans de très courts délais ». Il était ainsi proposé de modifier l'article 706-154 « pour que l'officier de police judiciaire puisse procéder rapidement à la saisie d'un compte bancaire, sur autorisation, par tous moyens, du procureur de la République ou du juge d'instruction », tout en imposant au juge des libertés et de la détention, avisé de l'autorisation de saisie, ou au juge d'instruction, de se prononcer, par ordonnance motivée, sur le maintien de la saisie dans un délai de dix jours.

Ce qui a justifié la création de la procédure de l'article 706-154 a par la suite conduit le législateur à étendre son champ d'application aux actifs numériques en adoptant la loi n° 2023-22 du 24 janvier 2023 *d'orientation et de programmation du ministère de l'intérieur*[3]. Ce texte, « attendu sur le terrain », a été voulu par le législateur au regard de la « place grandissante » prise par les actifs numériques et du fait qu'ils peuvent, « comme les sommes d'argent déposées sur un compte bancaire, être très rapidement transférés pour échapper à une saisie »[4]. Il a aussi été relevé, outre à nouveau le fait que les actifs numériques sont « aussi rapidement transférables, et donc dissipés, que les fonds détenus sur un compte bancaire », de sorte que « la nécessité de solliciter préalablement le juge des libertés et de la détention est susceptible de ralentir, et donc de faire échouer certaines saisies », que ces actifs sont « massivement utilisés dans le cadre d'extorsions par rançongiciel pour les demandes de rançon ou encore dans le cadre d'échanges ayant pour but le financement d'activités terroristes »[5].

B.
Conditions des saisies de comptes bancaires et d'actifs numériques

234.91 **Conditions de fond.** Le législateur est demeuré silencieux quant aux conditions de fond des saisies de comptes bancaires et d'actifs numériques. L'article 706-154, alinéa 1er, du Code de procédure pénale se limite en effet à évoquer la « saisie d'une somme d'argent versée sur un compte ouvert auprès d'un établissement habilité par la loi à tenir des comptes de dépôt ou d'actifs numériques ».

Bien que le texte ne le dise pas, nul ne contestera qu'il s'ajoute à cette condition le fait que ne pourront être saisies que les biens dont la confiscation est prévue par l'article 131-21 du Code pénal, à l'exception de ceux uniquement confiscables sur le fondement du cinquième ou sixième alinéa de ce texte, lesquels relèvent de la procédure de saisie de patrimoine[6]. L'article 706-154 doit en effet être lu avec l'article 706-153 du Code de procédure pénale, auquel il ne déroge que s'agissant de la procédure.

De même, la notion de « compte ouvert auprès d'un établissement habilité par la loi à tenir des comptes de dépôts » est imprécise. Face à la multitude des produits financiers proposés par ces établissements, il est néanmoins possible de distinguer entre les comptes pouvant faire l'objet d'une saisie en application de l'article 706-154 et ceux relevant des seules dispositions générales de l'article 706-153, si l'on observe que la saisie ne porte pas sur le compte, mais sur les sommes inscrites au crédit de celui-ci. Encore faut-il, donc, que l'objet de la saisie ait la nature d'une créance portant sur une somme d'argent. Tel est assurément le cas des comptes de dépôt et des comptes courants, des livrets A, des livrets de développement durable (LDD), des divers livrets bancaires, ou encore des livrets jeunes. Tel ne sera pas le cas, en revanche, des comptes-titres ou des plans d'épargne en action (PEA), puisque les fonds versés sur ces comptes perdent la nature de sommes d'argent comme étant investis en titres divers.

1. Crim. 24 juill. 2019, nos 19-80.422 et 19-80.426, NP – Crim. 3 févr. 2021, n° 20-84.966, NP.
2. Crim. 10 mars 2021, n° 20-84.966, NP.
3. L. n° 2023-22, 24 janv. 2023 *d'orientation et de programmation du ministère de l'intérieur, JO* 25 janv., n° 1.
4. *Rapp. Sénat* n° 19 (2022-2023), p. 29.
5. *Rapp. Ass. nat.* n° 436 (XVIe législ.), p. 37.
6. C. pr. pén., art. 706-148 – v. ss n° 232.22.

Il est par ailleurs exclu que la procédure organisée par l'article 706-154 soit mise en œuvre pour la saisie de sommes inscrites sur un compte bancaire ouvert dans les livres d'une banque située sur le territoire d'un État étranger. Cette restriction se déduit d'une décision de la chambre criminelle du 5 janvier 2023, rendue sur le fondement de l'article 706-153 du Code de procédure pénale, dans laquelle elle a posé pour principe que « si le juge des libertés et de la détention, requis par le procureur de la République financier dans le cadre d'une enquête préliminaire, est compétent pour ordonner une mesure de saisie de sommes figurant au crédit d'un compte bancaire dont l'exécution doit intervenir sur le territoire d'un État étranger, il ne peut, hors de toute procédure d'entraide pénale, exiger d'un établissement bancaire domicilié sur le territoire dudit État et auquel il a notifié l'ordonnance attaquée, qu'il se libère des sommes saisies par virement au crédit du compte ouvert à la Caisse des dépôts et consignation au nom de l'Agrasc, sans méconnaître les règles de compétence territoriale et de souveraineté des États »[1]. Dès lors qu'en application des articles 706-153 du Code de procédure pénale, le juge des libertés et de la détention ne peut enjoindre à une banque étrangère de consigner les sommes figurant sur un compte bancaire qu'elle tient auprès de l'Agrasc, il ne saurait *a fortiori* être admis que l'officier de police judiciaire puisse procéder à la saisie de tels fonds sur le fondement de l'article 706-154. En pareil cas, doit être suivie la méthodologie proposée par l'arrêt précité : il convient que le juge des libertés et de la détention, pendant l'enquête, ou le juge d'instruction, au cours de l'information judiciaire, rende une ordonnance de saisie en application de l'article 706-153, puis que l'exécution de cette décision soit sollicitée de l'autorité judiciaire étrangère au moyen d'une demande d'entraide judiciaire internationale[2]. Il conviendra toutefois de veiller, pour garantir l'effectivité de la mesure, à ne notifier l'ordonnance au titulaire du compte et aux tiers ayant des droits sur ce compte, que postérieurement à l'exécution de la saisie par l'autorité judiciaire étrangère, ce que rien d'interdit dès lors qu'il a été jugé que la notification de la décision n'est pas prescrite à peine de nullité, ne constitue ni une formalité substantielle, ni une règle d'ordre public, et que son seul objet est de faire courir les délais de recours[3].

Enfin, la notion d'actifs numériques se trouve quant à elle définie par l'article L. 54-10-1 du Code monétaire financier[4]. Les actifs numériques peuvent appartenir à deux catégories. La première regroupe « les jetons mentionnés à l'article L. 552-2 [du Code monétaire et financier], à l'exclusion de ceux remplissant les caractéristiques des instruments financiers mentionnés à l'article L. 211-1 et des bons de caisse mentionnés à l'article L. 223-1 », étant précisé que constitue un jeton numérique (*token*), selon l'article L. 552-2 précité, « tout bien incorporel représentant, sous forme numérique, un ou plusieurs droits pouvant être émis, inscrits, conservés ou transférés au moyen d'un dispositif d'enregistrement électronique partagé permettant d'identifier, directement ou indirectement, le propriétaire dudit bien ». Ces jetons sont en pratique créés, enregistrés et transférés sur une *blockchain*[5]. La seconde catégorie comprend « toute représentation numérique d'une valeur qui n'est pas émise ou garantie par une banque centrale ou par une autorité publique, qui n'est pas nécessairement attachée à une monnaie ayant cours légal et qui ne possède pas le statut juridique d'une monnaie, mais qui est acceptée par des personnes physiques ou morales comme un moyen d'échange et qui peut être transférée, stockée ou échangée électroniquement ». Ce sont les cryptomonnaies (*coins*), telles que par exemple le *Bitcoin*. Tout indique cependant que les actifs numériques gérés par une plateforme d'échange située sur le territoire d'un État étranger échappent au champ d'application de l'article 706-154, le principe de la souveraineté des États faisant obstacle à ce que l'officier de police judiciaire puisse enjoindre à la plateforme de transférer les actifs saisis à l'Agrasc. La jurisprudence est en effet en ce sens en matière de saisie de comptes bancaires[6]. Il faut, dans ce cas, que le juge des libertés et de la détention, pendant l'enquête, ou le juge d'instruction, au cours de l'information judiciaire, rende une ordonnance de saisie en application de l'article 706-153 du Code de procédure pénale, dont l'exécution sera sollicitée de l'autorité judiciaire étrangère au moyen d'une demande d'entraide judiciaire internationale.

234.92 **Conditions de forme.** La saisie sera, en la forme, décidée selon la procédure spécifique, structurée en deux phases, qui est organisée par l'article 706-154 du Code de procédure pénale, dans sa rédaction issue de la loi n° 2011-267 du 14 mars 2011[7].

Dans un premier temps, c'est à l'officier de police judiciaire qu'il revient de procéder, par voie de

1. Crim. 5 janv. 2023, n° 22-81.155, P.
2. V. s^s n°s 311.16, 311.154 et 311.155.
3. Crim. 3 févr. 2016, n° 15-83.513, NP – v. s^s n° 231.91.
4. SUR CES ACTIFS : J. Bourgais et C. Olivier, « La saisie pénale des actifs numériques : une saisie virtuelle ? », *Gaz. pal.* 14 févr. 2023, n° 5, p. 10.
5. Base de données contenant l'historique de tous les échanges effectués entre les utilisateurs depuis sa création.
6. V. *supra*.
7. L. n° 2011-267, 14 mars 2011 *d'orientation et de programmation pour la performance de la sécurité intérieure*, *JO* 15 mars, p. 4582.

réquisition, comme dans la pratique antérieure, à la saisie des sommes d'argent inscrites au crédit des comptes bancaires visés ou des actifs numériques, après que cet enquêteur y ait été autorisé par le procureur de la République au cours de l'enquête ou bien par le juge d'instruction pendant l'information judiciaire, sauf à ce que cette autorisation soit donnée par le procureur européen délégué dans les enquêtes relevant de la compétence du parquet européen[1].

Dans un souci de célérité le législateur a prévu que cette autorisation peut être donnée « par tout moyen », ce qui signifie qu'il n'est nullement nécessaire que cet accord soit donné par écrit, mais l'officier de police judiciaire, à peine de nullité de la saisie, ne doit pas omettre d'en faire mention au procès-verbal de saisie. La chambre criminelle a d'ailleurs approuvé une chambre de l'instruction d'avoir rejeté le moyen pris de l'irrégularité d'une ordonnance de saisie de compte bancaire, tiré du défaut de justification de l'autorisation préalable du ministère public, en retenant « qu'il résulte du procès-verbal de saisie que l'officier de police judiciaire a procédé à cette mesure selon les instructions du procureur de la République, dès lors que, selon l'article 706-154 du Code de procédure pénale, ce dernier peut donner par tout moyen à l'officier de police judiciaire cette autorisation de procéder à la saisie d'une somme d'argent versée sur un compte ouvert auprès d'un établissement habilité »[2].

Ce n'est que dans un second temps que la procédure est juridictionnalisée, puisque le juge des libertés et de la détention, saisi par le procureur de la République, ou bien le juge d'instruction, prononce par ordonnance motivée le maintien ou la mainlevée de la saisie dans le délai de dix jours à compter de la réalisation de la mesure effectuée par l'officier de police judiciaire, ce qui s'entend de « la date de la notification de la décision de saisie par l'officier de police judiciaire à l'établissement tenant le compte objet de la mesure, [...], peu important la date à laquelle la somme a été consignée auprès de l'Agence de gestion et de recouvrement des avoirs saisis et confisqués »[3], la computation du délai s'effectuant pour le surplus dans les conditions de l'article 801 du Code de procédure pénale[4]. En effet, ainsi que la chambre criminelle l'a relevé dans cette décision, cette notification « entraîne l'indisponibilité immédiate de la somme d'argent versée sur le compte », et donc l'atteinte aux droits fondamentaux du titulaire du compte, de sorte que c'est bien dans le délai de dix jours à compter de cette date que l'intéressé doit bénéficier de la garantie judiciaire.

Enfin, si le juge des libertés et de la détention ou le juge d'instruction doit en principe ordonner le « maintien » de la saisie, et non « ordonner » celle-ci, l'erreur terminologique a été jugée indifférente par la chambre criminelle, qui a considéré que celle-ci ne cause aucun grief aux intéressés, dès lors que la décision a été prise dans le respect des garanties prévues par l'article 706-154 du Code de procédure pénale, et que ces décisions « maintenant » ou « ordonnant » la saisie ont l'une et l'autre pour objet et pour effet de rendre indisponible le bien saisi[5].

234.93 Sanction du dépassement du délai de dix jours. Dans le silence du texte, la chambre criminelle s'est prononcée sur la sanction du dépassement du délai de dix jours dans lequel le juge des libertés et de la détention ou le juge d'instruction doit ordonner le maintien ou la mainlevée de la saisie.

Dans un arrêt du 7 juin 2017, en effet, la chambre criminelle a énoncé « qu'il résulte de [l'article 706-154 du Code de procédure pénale] que, si, par dérogation aux dispositions de l'article 706-153 de ce code, l'officier de police judiciaire peut être autorisé par le procureur de la République ou par le juge d'instruction à procéder à la saisie d'une somme d'argent versée sur un compte ouvert auprès d'un établissement habilité par la loi à tenir des comptes de dépôts, il appartient à ce dernier magistrat, saisi à la suite de l'ouverture d'une information, de se prononcer, par ordonnance motivée, sur le maintien ou la mainlevée de ladite saisie dans un délai de dix jours à compter de sa réalisation, l'autorisation donnée cessant de produire effet à l'expiration de ce délai »[6].

Dans cette affaire, au cours d'une enquête portant sur des faits de trafic de stupéfiants, le procureur de la République avait autorisé un officier de police judiciaire à saisir les sommes d'argent versées sur deux comptes ouverts au nom du mis en cause. Une information judiciaire avait été ouverte le lendemain de la saisie et le juge d'instruction avait ordonné le maintien de celle-ci par ordonnance motivée dix-huit jours plus tard. Les intéressés avaient relevé appel de la décision et soutenu, devant la chambre de l'instruction, notamment que s'était trouvé dépassé le délai dix jours ouvert au juge

1. C. pr. pén., art. 696-128.
2. Crim. 17 avr. 2019, n° 18-84.057, P, n° 83 – Crim. 17 avr. 2019, n°s 18-84.081 et 18-84.082, NP.
3. Crim. 1er avr. 2020, n° 19-85.770, P, 40 ; *D.* 2020. 878 ; *ibid.* 1750, chron. G. Barbier, A.-S. de Lamarzelle, A.-L. Méano, M. Fouquet, E. Pichon, C. Carbonaro et L. Ascensi.
4. EN CE SENS, dans l'arrêt précité, la référence au « lundi » 18 février 2019.
5. Crim. 17 avr. 2019, n° 18-84.057, P, n° 83 – Crim. 17 avr. 2019, n°s 18-84.081 et 18-84.082, NP.
6. Crim. 7 juin 2017, n° 16-86.898, P, n° 153.

d'instruction pour ordonner le maintien ou la mainlevée de la saisie.

La chambre de l'instruction n'en avait pas moins confirmé la mesure, en retenant en particulier « que si, selon l'article 706-154 du Code de procédure pénale, le juge doit se prononcer sur le maintien ou la mainlevée dans les dix jours de la réalisation de la saisie d'une somme d'argent versée sur un compte bancaire, ce délai n'est pas prévu à peine de nullité », et « que le dépassement de ce délai ne cause aucun préjudice à la personne concernée dès lors que cette dernière peut interjeter appel de l'ordonnance de maintien de la saisie même rendue tardivement ».

Telle n'a pas été l'analyse de la chambre criminelle qui, après avoir affirmé le principe précédemment énoncé, a cassé sans renvoi l'arrêt de la chambre de l'instruction, faisant elle-même application de la règle de droit en constatant que, d'une part, le délai de dix jours avait été dépassé par le juge d'instruction, d'autre part, en conséquence de ce dépassement, la saisie avait cessé de produire ses effets.

Il est vrai que consacrer la solution retenue par la chambre de l'instruction serait revenu à priver d'effet les exigences légales quant au délai.

234.94 Désignation des comptes bancaires et de la somme d'argent saisie. Il est par ailleurs essentiel que soient désignés avec précision le compte bancaire objet de la saisie, ainsi que le montant de la somme d'argent saisie.

Seront ainsi mentionnés dans la décision ordonnant le maintien de la saisie, conformément aux recommandations de l'Agrasc, le nom du titulaire du compte, le numéro du compte, le nom de la banque et le nom de la succursale tenant le compte.

De même, le montant de la somme saisie doit figurer dans l'ordonnance. Cette nécessité ressort d'un premier arrêt de la chambre criminelle qui a énoncé que « c'est à tort que l'ordonnance du juge des libertés et de la détention ne mentionne pas le montant des sommes saisies »[1], puis d'un second affirmant que « c'est dans l'ordonnance de maintien de la saisie, qui intervient dans les dix jours de la saisie pratiquée, que les comptes bancaires sont précisément identifiés et les montants saisis indiqués », tout en considérant au contraire qu'il était sans emport que les montants saisis ne figurent pas dans le procès-verbal de saisie, « dès lors que la mention du procès-verbal de saisie des cinq comptes bancaires, qui [visait] l'autorisation [...] du juge d'instruction compétent, [suffisait] à établir que ce dernier [avait] autorisé la saisie desdits comptes pour l'ensemble des sommes qui y [figuraient] »[2].

1. Crim. 20 nov. 2019, nº 18-86.781, P, 78 ; *D.* 2019. 2249.

En effet, nonobstant les dispositions du dernier alinéa de l'article 706-154 du Code de procédure pénale selon lesquelles la saisie « s'applique indifféremment à l'ensemble des sommes inscrites au crédit [du compte] au moment de la saisie et à concurrence, le cas échéant, du montant indiqué dans la décision de saisie », qui doivent être lues seulement comme autorisant le juge des libertés et de la détention ou le juge d'instruction à cantonner la saisie d'un compte bancaire[3], il est indispensable que le montant de la somme d'argent saisie soit précisé dans l'ordonnance puisque la connaissance de ce montant est la condition du contrôle du caractère confiscable de cette somme au regard des conditions légales[4]. Comment, par exemple, contrôler qu'une somme est le produit d'une infraction si son montant est indéterminé ? Comment, encore, effectuer un quelconque contrôle de proportionnalité lorsque ce contrôle est exigé ?

234.95 Désignation des actifs numériques saisis. S'agissant des actifs numériques, contrairement à ce qu'énonce le dernier alinéa de l'article 706-154 du Code de procédure pénale, qui aurait dû être modifié, la décision de saisie ne saurait mentionner le « montant » de la saisie. Ainsi que cela a été justement relevé : « Le terme "montant", issu de l'ancien texte, renvoie à la "somme à laquelle s'élève un compte". S'il est adapté à la somme d'argent, il ne sied pas, en revanche, à la saisie d'actifs numériques. Ces derniers, qui n'ont pas la nature d'une somme d'argent, ne devraient pas être saisis (ou confisqués) pour un montant déterminé. La saisie porte sur un nombre d'actifs, et non sur leur valeur monétaire au jour de la saisie (leur cours varie). »[5] La décision doit donc plutôt mentionner la nature, le nombre et le propriétaire des actifs saisis.

234.96 Voie de recours : conformité au droit commun. Les dispositions de l'article 706-154, alinéa 2, du Code de procédure pénale qui organisent le recours contre la décision du juge des libertés et de la détention ou du juge d'instruction ordonnant la mainlevée ou le maintien de la saisie ne sont pas spécifiques. Cette décision, qui doit être notifiée au ministère public, au titulaire du compte bancaire ou au propriétaire des actifs numériques, et, s'ils sont connus, aux tiers ayant des droits sur ce compte ou sur ces actifs, peut en effet faire l'objet d'un recours devant la chambre de l'instruction conformément au droit commun[6].

2. Crim. 24 avr. 2023, nº 22-84.323, NP.
3. V. s[s] nº 234.101.
4. V. s[s] nº 231.24.
5. J. Bourgais et C. Olivier, « La saisie pénale des actifs numériques : une saisie virtuelle ? », *Gaz. pal.* 14 févr. 2023, nº 5, p. 10.
6. V. s[s] nº 231.91.

Ainsi que l'a jugé la chambre criminelle[1], le président de la chambre de l'instruction est donc incompétent pour statuer sur l'appel interjeté à l'encontre de la décision du juge des libertés et de la détention ou du juge d'instruction ordonnant le maintien ou la mainlevée de la saisie, contrairement à ce qu'il en est lorsque la mesure a été ordonnée sur le fondement de l'article 706-153 du Code de procédure pénale[2].

234.97 **Saisies des comptes bancaires d'avocats.** La chambre criminelle a considéré que les dispositions de l'article 706-154 du Code de procédure pénale, qui ne comportent pas de dispositions s'appliquant spécifiquement à la saisie des comptes bancaires professionnels dont les avocats sont titulaires, ne méconnaissent pas pour autant le droit au respect de la vie privée et familiale garanti par l'article 8 de la Convention européenne des droits de l'homme, en particulier la confidentialité des correspondances entre les avocats et leurs clients[3].

Il était en effet reproché à la procédure organisée par l'article 706-154 de ne pas comporter de garanties procédurales spécifiques concernant la protection du secret professionnel des avocats, telles que l'information du bâtonnier ou de son délégué afin qu'il puisse, le cas échéant, s'opposer à la mesure ou à son maintien, alors que, pour obtenir la mainlevée de la saisie, l'avocat pouvait se trouver contraint de justifier de l'origine des sommes figurant sur son compte et d'établir que ces sommes ne constituaient pas le produit d'une infraction, mais correspondaient à des honoraires perçus en contrepartie de prestations licites. La saisie pouvait ainsi conduire, sans être accompagnée de garanties procédurales adéquates, à la révélation d'éléments couverts par le secret professionnel, tels que l'identité des clients de l'avocat, la nature des prestations fournies à ses clients, les conventions d'honoraires passées avec ceux-ci et les facturations y afférentes.

La chambre criminelle a au contraire écarté cette argumentation en se fondant sur des considérations comparables à celles retenues par le Conseil constitutionnel lorsque ce dernier a été interrogé sur la conformité de l'article 706-154 à la Constitution[4]. Ainsi, la chambre criminelle a d'abord énoncé que les dispositions de ce texte ont pour seul objet de prévoir un recours contre la saisie d'une somme d'argent dont l'exécution n'implique en elle-même ni recherche de preuves, ni investigations, ni divulgation d'informations se rapportant à cette somme. Ensuite, elle a relevé que cette saisie doit être justifiée par l'existence d'indices laissant présumer la commission de l'infraction sur la base de laquelle elle est ordonnée et s'applique indifféremment à l'ensemble des sommes inscrites sur un compte bancaire au moment de sa réalisation et à concurrence, le cas échéant, du montant indiqué dans la décision de saisie, et que sa contestation n'implique pas de justifier de l'origine de la somme qui en fait l'objet, en sorte que, dans le cas où la saisie porte sur les sommes versées sur le compte professionnel d'un avocat, ce dernier peut la contester sans être tenu de révéler des informations portant sur ses clients ou les prestations à l'origine des sommes saisies. Enfin, elle a retenu qu'à supposer même que l'avocat soit amené, pour exercer ses droits de la défense, à révéler des informations couvertes par le secret professionnel pour contester la saisie d'une somme versée sur son compte, il peut le faire sous la condition que ces révélations lui soient imposées par les strictes exigences de sa propre défense devant une juridiction. Ce dernier motif est important, dès lors qu'en cas de saisie de sommes considérées comme étant le produit de l'infraction objet des investigations, l'on ne peut exclure que, pour contester la saisie, l'avocat soit amené à révéler certaines informations couvertes par le secret professionnel. Quoi qu'il en soit, la chambre criminelle a déduit des circonstances qui précèdent que les dispositions de l'article 706-154 assurent une conciliation équilibrée entre, d'une part les droits de la défense, d'autre part le droit de toute personne au respect de sa vie privée et familiale, de son domicile et de sa correspondance, incluant la confidentialité de la correspondance entre un avocat et son client, garanti par l'article 8 de la Convention européenne des droits de l'homme.

C. Effets des saisies de comptes bancaires et d'actifs numériques

234.101 **Portée de la saisie.** Les effets des saisies de comptes bancaires et d'actifs numériques ne sont pour l'essentiel pas spécifique, mais sont ceux organisés par les dispositions communes aux saisies spéciales[5].

Le législateur a cependant prévu des dispositions particulières à l'article 706-154 du Code de procédure pénale relatives à la portée de la mesure. Il résulte en effet de ce texte que la saisie « s'applique indifféremment à l'ensemble des sommes inscrites au crédit de ce compte ou à l'ensemble des actifs numériques détenus au moment de la saisie et à concurrence, le cas échéant, du montant indiqué

1. Crim. 2 juin 2021, n° 20-81.100, P, 153.
2. V. s[s] n° 231.91.
3. Crim. 5 janv. 2023, n° 21-85.796, NP.
4. V. s[s] n° 212.25.
5. V. s[s] n° 231.130.

dans la décision de saisie ». Si la décision de saisie ne mentionne aucun montant, cette mesure produira ses effets à l'égard de la totalité de la somme inscrite au crédit du compte au moment de la mise en œuvre de la saisie, mais rien ne s'oppose à ce que la décision de saisie soit prise à concurrence d'un certain montant. Il en va de même en cas de saisie d'actifs numériques : la saisie peut porter sur tous les actifs numériques détenus par le propriétaire du portefeuille, ou bien seulement sur une partie d'entre eux.

Ceci étant, que la saisie soit ou non ainsi cantonnée, il convient que les fonds ou les actifs numériques sur lesquels elle porte soient confiscables en application de l'article 131-21 du Code pénal[1], et la chambre criminelle a d'ailleurs imposé la mention du montant des fonds saisis dans l'ordonnance de saisie pour permettre le contrôle de cette condition[2].

L'on observera enfin que le législateur n'a nullement prévu que doive être laissée au titulaire du compte une somme à caractère alimentaire. Cet état du droit se trouve cependant compensé par le fait, ainsi que l'a jugé la chambre criminelle, que le caractère proportionné de la saisie doit en principe être contrôlé par le juge répressif au regard de la gravité des faits et de la situation personnelle de l'intéressé, et que le magistrat ayant ordonné la mesure est compétent, en application de l'article 706-144 du Code de procédure pénale, pour statuer sur toutes les requêtes relatives à l'exécution de celle-ci et notamment sur la situation financière dans laquelle est susceptible de se retrouver la personne titulaire d'un compte[3].

234.102 Consignation des sommes et actifs numériques saisis. Bien que le texte ne le dise pas, la décision de saisie emporte obligation pour l'établissement bancaire de transférer les fonds saisis sur le compte de l'Agrasc, tenu par la Caisse des dépôts et consignations. Les actifs numériques doivent de même être transférés sur le portefeuille numérique de l'Agrasc correspondant à la nature de l'actif saisi[4].

Cette obligation trouve deux fondements : d'une part les dispositions de l'article 706-160, alinéa 1er, 2°, du Code de procédure pénale, qui dispose que l'agence est chargée d'assurer « la gestion centralisée de toutes les sommes saisies lors de procédures pénales », à condition de considérer, s'agissant des actifs numériques, que la généralité de la notion de « sommes » lui permet de s'étendre à ces actifs ; d'autre part, à tout le moins s'agissant des saisies de comptes bancaires, celles de l'article 706-155, alinéa 1er, du Code de procédure pénale, relatif à l'obligation de consignation des sommes d'argent objet des créances saisies pénalement, dès lors que la chambre criminelle[5], la première chambre civile[6] et la chambre commerciale[7] de la Cour de cassation ont en commun de considérer que le dépôt de fonds sur un compte bancaire en modifie la nature comme rendant le titulaire du compte créancier de la banque[8]. Il eût cependant été souhaitable que le législateur prévoie expressément l'obligation pour le propriétaire ou le détenteur des actifs numériques saisis de les consigner auprès de l'Agrasc, étant relevé que les intentions du législateur étaient en ce sens, dès lors qu'il a été relevé par le rapporteur de la commission des lois du Sénat que « les opérations de saisie doivent en effet être réalisées sur des portefeuilles que l'Agrasc a ouvert auprès d'intermédiaires, chaque portefeuille correspondant à une crypto-monnaie différente ; préalablement à la saisie des actifs, l'enquêteur devra donc prendre attache avec l'agence pour savoir sur quel portefeuille *l'actif devra être versé* »[9].

Il nous semble cependant qu'en cas de saisie de compte à terme, il ne saurait être ordonné à l'établissement tenant le compte de consigner les fonds saisis sur celui de l'Agrasc avant l'arrivée du terme, l'article 706-155 disposant en effet que, « pour les créances conditionnelles ou à terme, les fonds sont consignés lorsque ces créances deviennent exigibles ».

Il reste que le transfert à l'Agrasc des actifs numériques saisis n'est pas chose aisée puisqu'il a été montré que « la complexité se niche en réalité dans la mise en œuvre de la saisie car elle dépend [...] du mode d'accès aux actifs numériques »[10]. Lorsque les actifs sont gérés par une plateforme d'échange de cryptoactifs, celle-ci est fréquemment située à l'étranger, ce qui interdit à l'autorité judiciaire française, notamment aux officiers de police judiciaire en application de l'article 706-154 du Code de procédure pénale, de requérir directement le transfert des actifs saisis sur le portefeuille de

1. V. s[s] n° 231.24.
2. V. s[s] n° 234.94.
3. Crim. 29 janv. 2020, n° 19-84.631, NP.
4. V. TOUTEFOIS le souhait exprimer par l'Agrasc que la Caisse des dépôts et consignations puisse lui offrir un service de conservation et transfert d'actifs numériques : Agrasc, *Rapp. annuel* 2021, p. 176.
5. Crim. 23 oct. 2019, n° 18-85.820, P, 61 ; *D.* 2019. 2093 ; *AJ pénal* 2020. 34, obs. D. Miranda ; *ibid.* 2019. 613, obs. M. Hy.
6. Civ. 1re, 20 avr. 1983, n° 82-10.114, P I, n° 127 – Civ. 1re, 7 févr. 1984, n° 82-16.655, P I, n° 49.
7. Com. 13 janv. 1987, n° 85-13.997, P IV, n° 15 – Com. 23 oct. 1990, n° 89-14.365, NP.
8. V. s[s] n° 234.113.
9. *Rapp. Sénat* n° 19 (2022-2023), p. 29. Nous soulignons.
10. J. Bourgais et C. Olivier, « La saisie pénale des actifs numériques : une saisie virtuelle ? », *Gaz. pal.* 14 févr. 2023, n° 5, p. 10 – AUSSI : Agrasc, *Rapp. annuel* 2021, p. 72.

l'Agrasc et impose la mise en œuvre d'une procédure d'entraide judiciaire internationale à la suite de la délivrance d'une ordonnance de saisie de biens incorporels par le juge des libertés et de la détention, pendant l'enquête, ou le juge d'instruction, au cours de l'information judiciaire, sur le fondement de l'article 706-153 du même code[1]. La situation n'est pas nécessairement plus favorable lorsque le saisi gère lui-même ses actifs conservés dans un portefeuille numérique, *hot* ou *cold wallet*. Il conviendra que les enquêteurs obtiennent le code d'accès à l'application (*hot wallet*) ou au *cold wallet* – tel qu'un *ledger*, coffre-fort numérique externe semblable à une clé USB – qu'ils doivent alors avoir en leur possession, ou bien la clé privée ou la phrase de récupération, suite de douze ou vingt-cinq caractères permettant de réaliser un transfert sans le support physique et les codes de déverrouillage du *hot* ou *cold wallet*. Selon les cas, le propriétaire des actifs remettra ces informations et matériels aux enquêteurs, ou bien il leur appartiendra de les saisir après avoir découvert, lors d'une perquisition, le *cold wallet* ainsi que les codes et clés susceptibles d'avoir été inscrits par l'intéressé dans un document quelconque.

§ 2
Dispositions applicables aux saisies de créances de sommes d'argent

234.111 **Textes applicables.** Des dispositions applicables spécifiquement aux saisies de créances ayant pour objet une somme d'argent figurent à l'article 706-155, alinéa 1er, du Code de procédure pénale.

Contrairement à ce qu'il en est en matière de saisies de sommes d'argent versées sur un compte bancaire, les saisies de créances de sommes d'argent ne bénéficient nullement, à proprement parler, d'un régime juridique dérogatoire aux dispositions générales de l'article 706-153 du Code de procédure pénale applicable aux saisies de biens ou droits mobiliers incorporels. L'application des articles 706-153 et 706-155 est donc cumulative : le premier régit la décision, quand le second gouverne ses effets.

234.112 **Conditions de droit commun des saisies de créance de sommes d'argent.** La spécificité prévue par l'article 706-155, alinéa 1er, du Code de procédure pénale ne concerne pas les conditions de fond non plus que de forme des saisies de créances de sommes d'argent. Ces conditions ne sont donc autres que celles prévues à l'article 706-153 du Code de procédure pénale[2].

234.113 **Obligation de consignation.** En revanche, s'agissant des effets de ces mesures, si ceux-ci ne sont pas distincts de ceux d'une saisie de biens ou droits mobiliers incorporels de droit commun[3], l'article 706-155, alinéa 1er, du Code de procédure pénale fait obligation au tiers débiteur de consigner la somme due à la Caisse des dépôts et consignations ou auprès de l'Agrasc, le texte distinguant toutefois entre deux hypothèses.

En effet, la consignation doit en principe être réalisée « sans délai », c'est-à-dire dès que la mesure a été notifiée.

Par dérogation à ce principe, cependant, il a été prévu que, si la créance saisie est conditionnelle ou à terme, l'obligation de consigner ne sera exécutée par le tiers débiteur que lorsque la créance sera devenue exigible.

Ainsi, si rien ne s'oppose, en application de ce texte, à ce que soit saisie une créance conditionnelle ou à terme, la décision de saisie ne nuira pas cependant aux intérêts du débiteur qui ne sera pas tenu de payer sa dette plus précocement qu'il n'y était juridiquement tenu dans ses rapports avec le titulaire de la créance saisie.

La chambre criminelle a fait application de cette règle en rejetant le pourvoi d'un demandeur qui faisait valoir qu'avait été saisie à tort la créance qu'il détenait sur un office notarial consécutivement à la vente d'un immeuble lui appartenant. L'intéressé relevait en effet que la décision ordonnant la saisie avait été rendue par le juge d'instruction la veille de la signature de l'acte authentique, en sorte que la créance n'était pas exigible à la date de la saisie. La chambre criminelle a au contraire énoncé que « la saisie de la créance, sur l'office notarial, de la personne mise en examen correspondant à sa part sur le prix de vente d'un bien immeuble [...] [avait été] opérée au moyen d'une injonction qu'il appartenait au tiers saisi d'exécuter dès qu'il se trouvait en mesure de le faire indépendamment de toute circonstance extérieure à l'objet de l'opération de saisie »[4]. Une chambre de l'instruction a de même été approuvée d'avoir confirmé la saisie de créances de loyer, comme telles à exécution successive, en énonçant que « la circonstance qu'est reportée à la date de leur exigibilité la consignation des créances conditionnelles ou à terme [en application de l'article 706-155, alinéa 1er, du Code de procédure

1. V. *mutatis mutandis* ss no 234.91 à propos de la saisie des comptes bancaires tenus par des banques étrangères – AUSSI : *Rapp. Sénat* no 19 (2022-2023), p. 30.
2. V. ss no 234.20.
3. V. ss no 234.51.
4. Crim. 11 oct. 2017, no 17-81.000, NP.

pénale] est sans incidence sur le caractère saisissable de créances de loyers »[1].

234.114 **Recours du débiteur.** Dans le silence des textes, la chambre criminelle a tranché la question du recours ouvert au débiteur de la créance saisie pénalement qui contesterait devoir consigner la somme due.

Il a ainsi été posé pour principe que « le débiteur d'une créance saisie en application de l'article 706-153 du Code de procédure pénale n'est pas un tiers ayant des droits sur ce bien au sens de ce texte et n'a donc pas qualité pour exercer un recours contre l'ordonnance de saisie ni pour se pourvoir en cassation ». Aussi, « il appartient au débiteur, lorsqu'il conteste devoir consigner la somme due auprès de l'Agence de gestion et de recouvrement des avoirs saisis et confisqués, de saisir le magistrat qui a ordonné ou autorisé la saisie ou le juge d'instruction en cas d'ouverture d'une information judiciaire postérieurement à la saisie d'une requête relative à l'exécution de celle-ci sur le fondement de l'article 706-144 du Code de procédure pénale »[2].

Le débiteur ne pouvait en effet se voir reconnaître le droit d'interjeter appel de l'ordonnance de saisie. D'une part, le droit d'appel est ouvert, outre au ministère public, au titulaire de la créance saisie et aux tiers ayant des droits sur celle-ci, et le débiteur qui conteste devoir consigner la somme due ne pouvait assurément être vu comme ayant des droits sur le rapport d'obligation dont, précisément, il était le débiteur ; sauf à confondre la créance saisie et la somme d'argent objet de celle-ci. D'autre part, l'obligation de consignation est un effet de la saisie, non une condition de celle-ci.

Ceci étant, il y avait néanmoins lieu d'ouvrir un recours au débiteur, dès lors que le premier alinéa de l'article 706-155 du Code de procédure pénale pose pour condition que la consignation est due, pour les créances conditionnelles ou à terme, seulement lorsque ces créances « deviennent exigibles », en sorte que ne pas autoriser le débiteur à exercer un recours quelconque serait revenu à ne pas permettre le contrôle de cette condition légale.

Ainsi, la chambre criminelle s'est placée sur le terrain de l'exécution de la saisie, en considérant que le refus du débiteur de consigner la somme due constitue une difficulté d'exécution qui, comme telle, relève de la procédure spécialement organisée par l'article 706-144 du Code de procédure pénale[3].

1. Crim. 11 oct. 2017, n°s 17-80.978, 17-80.980, 17-80.981, 17-80.983, 17-80.985 et 17-80.986, NP (6 arrêts).
2. Crim. 20 nov. 2019, n° 18-82.066, P, 82 ; *D.* 2019. 2249.
3. V. s^s^ n° 231.170.

§ 3
Dispositions applicables aux saisies de créances figurant sur des contrats d'assurance sur la vie

234.121 **Textes applicables.** L'article 706-155, alinéa 2, du Code de procédure pénale prévoit des dispositions propres aux saisies de créances figurant sur les contrats d'assurance sur la vie.

Comme en matière de saisies de créances de sommes d'argent, les dispositions de ce texte s'appliquent cumulativement avec celles de l'article 706-153 du Code de procédure pénale ; mais encore faut-il préciser les contours de ce cumul.

En effet, dans un arrêt rendu le 30 octobre 2012, dans une affaire à fort retentissement médiatique, la chambre criminelle a précisé que les dispositions de l'article 706-155, alinéa 2, s'appliquaient de manière exclusive à la saisie de créances figurant sur des contrats d'assurance sur la vie, excluant donc l'application des dispositions plus générales de l'article 706-153[4].

Ainsi, dans une information judiciaire suivie des chefs d'abus de faiblesse et de blanchiment, le juge d'instruction avait ordonné la saisie des soldes disponibles de trois contrats d'assurance sur la vie en enjoignant à l'assureur d'effectuer un virement sur le compte ouvert à la Caisse des dépôts et consignations au nom de l'Agrasc, aux motifs que ces sommes constituaient le produit direct des infractions reprochées au mis en examen et étaient de surcroît confiscables sur le fondement de l'article 131-21, alinéa 5, du Code pénal, à titre de bien dont l'origine n'était pas justifiée.

Le mis en examen ayant interjeté appel de cette décision, la chambre de l'instruction avait confirmé l'ordonnance attaquée, en retenant que, si l'article 706-155, alinéa 2, permettait au juge d'instruction, dans l'attente d'un jugement sur le fond, de suspendre les facultés de rachat, de renonciation et de nantissement des créances figurant sur un contrat d'assurance sur la vie, aucune disposition légale ne lui interdisait de procéder, sur le fondement de l'article 706-153, à la saisie des sommes placées sur de tels comptes. Il en résultait, selon la chambre de l'instruction, que le juge d'instruction était en droit de procéder à la saisie des sommes elles-mêmes qui avaient alimenté les contrats d'assurance sur la vie et figuraient à leur crédit, plutôt que les créances résultant de ces contrats, de pratiquer la saisie directement entre les mains de l'assureur, et d'enjoindre à ce dernier de se libérer des sommes entre les mains de l'Agrasc.

4. Crim. 30 oct. 2012, n° 12-84.961, P, n° 229 ; *D.* 2012. 2606 ; *RGDA* 2013. 458, obs. R. Schulz.

Cette analyse n'a pas été celle de la chambre criminelle. En effet, elle a considéré que les dispositions du second alinéa de l'article 706-155 s'appliquent de manière exclusive à la saisie de créances figurant sur un contrat d'assurance sur la vie, après avoir rappelé que le texte énonce que la saisie d'une créance figurant sur un tel contrat ne peut qu'entraîner, dans l'attente du jugement sur le fond, la suspension des facultés de rachat, de renonciation et de nantissement du contrat, ainsi que toute acceptation postérieure du bénéfice dudit contrat.

Une telle solution doit être approuvée, puisque l'application d'une règle spéciale doit être préférée à celle de la règle générale, mais il reste que les dispositions de l'article 706-153 ne sauraient être totalement exclues, puisque ce texte organise les conditions procédurales et de fond des saisies de biens incorporels, alors même que l'article 706-155 ne dit rien à cet égard. Car, à défaut, si l'application de l'article 706-153 devait être absolument exclue, selon quelles règles de fond et de forme une créance figurant sur un contrat d'assurance sur la vie devrait-elle être saisie ? Il apparaît ainsi évident que les dispositions de l'article 706-155, alinéa 2, n'excluent pas tant celles de l'article 706-153, que celles de l'article 706-155, alinéa 1er, dont il résulte que, lorsqu'une saisie est ordonnée sur une créance ayant pour objet une somme d'argent, le tiers débiteur doit consigner sans délai la somme due à la Caisse des dépôts et consignations ou auprès de l'Agrasc. En d'autres termes, l'exclusivité de l'application de l'article 706-155, alinéa 2, porte non pas sur les conditions de la saisie, mais sur ses effets : la saisie d'une créance figurant sur un contrat d'assurance sur la vie doit donc être ordonnée dans les conditions de l'article 706-153, mais ses effets dérogent au droit commun des saisies de créances ayant pour objet une somme d'argent comme étant exclusivement ceux de l'article 706-155, alinéa 2, à l'exclusion de ceux du premier alinéa de ce texte.

234.122 **Position du problème.** On doit par ailleurs relever que l'instauration d'une procédure de saisie de ce type de créances est importante et n'allait pas de soi compte tenu de la spécificité des contrats d'assurance sur la vie, au point qu'un auteur a pu se demander si une telle procédure ne remettait pas en cause la nature de ces conventions[1]. Comme il a été vu, ces contrats sont fondés sur un mécanisme de stipulation pour autrui : l'assuré verse une certaine somme d'argent à l'assureur en échange de laquelle ce dernier s'engage, en cas de décès de l'assuré, à verser le capital ainsi constitué à un ou plusieurs tiers, mais également à lui restituer ce capital majoré d'intérêts au terme fixé par la convention en cas de survie de l'intéressé[2]. Les fonds versés n'étant plus la propriété de l'assuré, ceux-ci ont pendant longtemps été insusceptibles de faire l'objet d'une mesure de saisie et il était nécessaire que le législateur prévoie des dispositions adaptées à la spécificité de ces conventions. Aussi, si les dispositions du second alinéa de l'article 706-155 étaient absentes de la proposition de loi et du texte adopté en première lecture par l'Assemblée nationale, elles y ont été finalement introduites à la suite de l'adoption d'un amendement du rapporteur du texte devant le Sénat.

234.123 **Importance quantitative.** Au titre de l'année 2016, l'Agrasc a enregistré 214 saisies de créances figurant sur des contrats d'assurance sur la vie[3]. Ce chiffre pourrait cependant être en réalité plus important puisque, comme nous le verrons[4], ces saisies emportent seulement « gel » du contrat, et non transfert des sommes d'argent visées sur le compte détenu par l'Agrasc à la Caisse des dépôts et consignations, ce qui distingue ces mesures des saisies de sommes d'argent versées sur un compte bancaire et des saisies de créances de sommes d'argent. Ainsi, même si l'agence recommande aux magistrats de lui adresser l'ensemble des décisions rendues dans ce domaine à des fins statistiques et dans la perspective de l'exécution d'une éventuelle confiscation, il est vraisemblable que certaines saisies de créances figurant sur des contrats d'assurance sur la vie soient mises en œuvre sans que l'agence n'en soit informée, le nombre de telles saisies opérées chaque année pouvant donc être supérieur à celui communiqué par elle dans ses rapports annuels.

234.124 **Conditions des saisies de contrats d'assurance sur la vie.** Les conditions de la saisie des créances figurant sur les contrats d'assurance sur la vie ne sont spécifiques ni sur le fond, ni sur la forme. L'on se reportera donc aux développements consacrés aux saisies de biens ou droits mobiliers incorporels organisées par l'article 706-153 du Code de procédure pénale[5].

L'article 706-155, alinéa 2, du Code de procédure pénale ajoute seulement à ces conditions que la décision de saisie doit être notifiée au souscripteur du contrat, ainsi qu'à l'assureur ou à l'organisme auprès duquel le contrat a été souscrit.

S'agissant des conditions de fond de la mesure, la chambre criminelle a posé pour principe que les dispositions de ce texte ne sont applicables qu'à la

1. J.-D. Errard, « L'assurance-vie est-elle toujours un contrat aléatoire ? », *Dr. et patr.* 3/2014, p. 20.

2. V. ss no 132.111.
3. Agrasc, *Rapp. annuel* 2016, p. 30.
4. V. ss no 234.126.
5. V. ss no 234.20.

saisie de « la créance que détient, avant son décès, le souscripteur d'un tel contrat sur l'assureur ». Au contraire, elles ne concernent pas « la créance dont dispose le bénéficiaire d'un contrat d'assurance sur la vie sur l'assureur »[1] qui relève des seules dispositions du premier alinéa de l'article 706-155 du Code de procédure pénale qui font obligation au tiers débiteur de consigner sans délai la somme due à l'Agrasc, cette consignation ne devant intervenir, s'agissant des créances conditionnelles ou à terme, que lorsque celles-ci sont exigibles. Ainsi, en cas de décès du souscripteur, la saisie de la créance dont dispose le bénéficiaire d'un contrat d'assurance sur la vie sur l'assureur doit donner lieu à la mise en œuvre des seuls articles 706-153 et 706-155, alinéa 1er, du Code de procédure pénale régissant les saisies de créances de sommes d'argent[2].

Par ailleurs, par cinq arrêts en date du 20 avril 2017, il a été précisé qu'une créance figurant sur un contrat d'assurance sur la vie peut être saisie nonobstant l'acceptation expresse du bénéficiaire du contrat.

Dans cette affaire, un juge d'instruction avait ordonné la saisie en valeur d'une créance figurant sur un contrat d'assurance sur la vie souscrit par un mis en examen, et dont les bénéficiaires étaient l'épouse, pour deux des polices, et les quatre enfants de l'intéressé, pour les quatre autres. L'épouse et les enfants du mis en examen contestaient les décisions de la chambre de l'instruction ayant confirmé la saisie, notamment en faisant valoir que seul le bénéficiaire du contrat l'ayant accepté peut se prévaloir d'un droit sur les sommes d'argent versées par le souscripteur, en sorte que le mis en examen était sans droit sur la créance saisie.

Pour rejeter les pourvois, la chambre criminelle a au contraire énoncé que « nonobstant l'acceptation expresse des bénéficiaires du contrat d'assurance-vie souscrit par [le mis en examen], celui-ci conservait une créance sur l'assureur constituée par la faculté de rachat dudit contrat, dont il n'est pas allégué qu'il n'en bénéficiait pas », et que « le droit personnel et direct, mais éventuel, des bénéficiaires de ce contrat envers l'assureur n'est pas remis en cause par la procédure de saisie »[3].

Si, ainsi que l'a relevé un auteur, la persistance dans le temps de la pertinence du motif retenu par la chambre criminelle peut être interrogée, dès lors que l'article L. 132-9 du Code des assurances, dans sa rédaction issue de la loi n° 2007-1775 du 17 décembre 2007[4], prohibe dorénavant, en principe, tout rachat par le souscripteur après l'acceptation du bénéficiaire de la convention[5] – ces dispositions n'ayant pas été appliquées au cas d'espèce en raison du contenu des dispositions transitoires de la loi nouvelle –, il n'en demeure pas moins que la solution adoptée peut être approuvée, dès lors que ni l'article 706-153, ni l'article 706-155, qui organisent la saisie des créances figurant sur des contrats d'assurance sur la vie, ne réservent le cas où le bénéfice de l'assurance a été accepté.

Au reste, il n'était nullement dans les intentions du législateur d'interdire la saisie en cas d'acceptation des bénéficiaires de la convention ; au contraire. On observera en effet que, dans le premier état de la proposition du rapporteur de la Commission des lois du Sénat (amendement n° 5 en Commission des lois), avaient été organisées deux procédures distinctes : lorsque le bénéfice de l'assurance n'avait pas été accepté par le bénéficiaire, il était prévu que le tiers débiteur consigne sans délai la somme à la Caisse des dépôts et consignations ou auprès de l'Agrasc. En revanche, lorsque le bénéfice avait été accepté, il était envisagé que le juge d'instruction ou le juge des libertés et de la détention, sur réquisitions du procureur de la République, puisse exiger que soit consignée une somme du même montant que la créance figurant au contrat[6]. Il est exact que cette proposition a été abandonnée au cours de la discussion publique devant le Sénat qui a adopté le nouvel amendement déposé par le rapporteur de la Commission des lois, lequel contenait les actuelles dispositions du second alinéa de l'article 706-155. Mais il reste que l'adoption de cette nouvelle rédaction a seulement été motivée, ainsi que cela résulte de l'exposé des motifs de l'amendement, par la volonté d'éviter des difficultés pratiques lorsque la confiscation ne serait pas prononcée et que les fonds devraient être restitués. À cette fin, il a été préféré par le législateur le simple « gel » des contrats d'assurance sur la vie à l'appréhension immédiate des fonds placés sur ceux-ci. Au reste, au cours de la discussion publique, le rapporteur de la Commission des lois relevait : « Comme je l'ai indiqué précédemment, l'utilisation de l'assu-

1. Crim. 15 déc. 2021, n° 21-82.015, P.
2. V. s^s n° 234.111.
3. Crim. 20 avr. 2017, n°s 16-82.841 à 16-82.845, NP (5 arrêts) ; *Resp. civ. ass.* 2017, comm. 207, obs. Ph. Pierre – ANTÉRIEUREMENT, dans la même affaire, mais de façon implicite : Crim. 30 sept. 2015, n° 15-81.744, P, n° 213 – Crim. 30 sept. 2015, n°s 15-81.745 à 15-81.748, NP (4 arrêts) ; *Gaz. Pal.* 22 mars 2016, n° 12, p. 73, obs. B. Cerveau ; *JCP E* 2016. 1084, obs. R. Salomon ; *Dr. sociétés* 2015, comm. 222, obs. R. Salomon ; *Rev. sociétés* 2016. 154, obs. B. Bouloc ; *RGDA* 2015. 529, obs. R. Schulz.
4. L. n° 2007-1775, 17 déc. 2007 *permettant la recherche des bénéficiaires des contrats d'assurance sur la vie non réclamés et garantissant les droits des assurés*, *JO* 18 déc., p. 20358.
5. Ph. Pierre, préc.
6. *Rapp. Sénat* n° 328 (2009-2010), p. 98.

rance sur la vie tend à se généraliser. La manœuvre est facile : le tiers bénéficiaire du contrat, rarement indépendant, est le plus souvent sous l'influence, le contrôle, voire la contrainte du délinquant, et ce dernier pourra facilement récupérer l'argent figurant sur le contrat une fois la procédure terminée. Il nous fallait donc impérativement trouver un moyen de bloquer ces sommes. »[1] Ainsi, il ne semble pas que le législateur ait varié dans sa volonté de permettre la saisie des créances figurant sur les contrats d'assurance sur la vie, même lorsque le bénéfice du contrat a été accepté antérieurement à la saisie.

234.125 Désignation de la créance saisie. Il conviendra par ailleurs de veiller à inscrire, dans l'ordonnance de saisie, le nom du titulaire du contrat, son intitulé et son numéro, le nom de l'établissement bancaire ou de la compagnie d'assurance, et enfin la désignation de la créance figurant sur le contrat lors de la saisie.

234.126 Effet spécifique de « gel » du contrat. C'est en revanche en raison d'un effet particulier que les saisies de contrats d'assurance sur la vie se distinguent des autres saisies de bien incorporels, spécialement celles qui portent sur des sommes d'argent.

L'article 706-155, alinéa 2, du Code de procédure pénale dispose en effet que la saisie entraîne la « suspension des facultés de rachat, de renonciation et de nantissement du contrat, dans l'attente du jugement définitif au fond ». Le texte ajoute que, « cette saisie interdit également toute acceptation postérieure du bénéficiaire du contrat dans l'attente de ce jugement et l'assureur ne peut alors plus consentir d'avance au contractant ».

Ce texte est intéressant en raison de ce qu'il énonce, mais également de ce qu'il ne dit pas. En effet, ainsi que le relève d'ailleurs la circulaire du 22 décembre 2010[2], il résulte de ces dispositions que la décision de saisie n'emporte pas appréhension immédiate des créances figurant sur le contrat, ce qu'a d'ailleurs rappelé la chambre criminelle le 30 octobre 2012 comme il a été vu[3]. L'article 706-155 se borne donc à organiser le « gel » de l'exécution du contrat, d'une part en suspendant les droits du souscripteur de la convention, d'autre part en interdisant au tiers bénéficiaire d'accepter le bénéfice du contrat. Il s'agit, en définitive, de conserver sa valeur au contrat dans l'attente de l'éventuelle décision de confiscation. Ce sera à ce stade qu'en application des dispositions déjà rencontrées des articles L. 160-9 du Code des assurances (pour les compagnies d'assurance), L. 223-29 du Code de la mutualité (pour les mutuelles) et L. 932-23-2 du Code de la sécurité sociale (pour les institutions de prévoyance), issues de la loi n° 2013-1117 du 6 décembre 2013[4], qui est venue opportunément clarifier ce point, que la décision de confiscation prononcée par la juridiction de jugement entraînera de plein droit la résolution judiciaire du contrat et le transfert des fonds confisqués à l'État[5]. Le dispositif voté par le Parlement fut d'ailleurs très exactement exposé en ces termes par le rapporteur du texte, en seconde lecture devant l'Assemblée nationale : « Lors de son examen du texte en première lecture, le Sénat a conforté ces dispositions et les a enrichies, dans le prolongement parfois des remarques faites par votre rapporteur : tel est le cas de la saisie des contrats d'assurance sur la vie bien souvent utilisés par les délinquants pour recevoir les produits de leurs trafics et dont la nature juridique rend difficile la saisie. Le rapporteur de la Commission des lois du Sénat, François Zocchetto, a proposé un dispositif, adopté par la Commission puis réécrit en séance publique avec l'accord du Gouvernement, qui permet de "geler" les fonds déposés sur un tel contrat pendant l'enquête, ce qui rend possible la confiscation lors du jugement. »[6]

234.127 Effets de la saisie en cas de délégation, antérieurement à la saisie, de la créance objet de la mesure. Les effets de la saisie d'une créance figurant sur un contrat d'assurance sur la vie ayant fait l'objet, antérieurement à la saisie, d'un acte de délégation imparfaite, à titre de sûreté d'une dette par ailleurs souscrite par le titulaire de la créance, sont très spécifiques. Ils ont été énoncés par la chambre criminelle dans deux importantes décisions du 28 juin 2023[7].

Dans ces affaires, deux créances figurant sur des contrats d'assurance sur la vie avaient fait l'objet, antérieurement à leur saisie, d'actes de délégation imparfaite, à titre de sûreté de deux prêts souscrits par la personne mise en cause. Quels étaient les effets réciproques de la saisie pénale et de la délégation de créance ?

La chambre criminelle a énoncé trois règles. D'une part, il a été posé pour principe que « la saisie pénale entraîne l'indisponibilité de la créance sur

1. *JO Sénat CR*, 29 avr. 2010, p. 2932.
2. Circ. Justice, 22 déc. 2010 *relative à la présentation de la loi n° 2010-768 du 9 juillet 2010 visant à faciliter la saisie et la confiscation en matière pénale*, NOR : JUS D 1033251 C, *BOMJL* n° 2011-01, 31 janv. 2011, p. 10.
3. V. s^s^ n° 234.121.
4. L. n° 2013-1117, 6 déc. 2013 *relative à la lutte contre la fraude fiscale et la grande délinquance économique et financière*, *JO* 7 déc., p. 19941.
5. V. s^s^ n° 132.111.
6. *Rapp. Ass. nat.* n° 2626 (XIIIe législ.), p. 8.
7. Crim. 28 juin 2023, n° 21-87.002, P – Crim. 28 juin 2023, n° 21-87.003, NP.

laquelle elle porte et interdit pour ce motif le paiement de la créance dont est titulaire le délégataire à l'encontre du délégué, y compris lorsque l'acte de délégation est antérieur à la saisie pénale, dès lors qu'à défaut, le paiement par le délégué de sa dette éteindrait la créance saisie pénalement à due concurrence en application de l'article 1339 du code civil », et que « le délégataire, fût-il de bonne foi, qui est sans droit sur la créance saisie pénalement demeurée dans le patrimoine de son titulaire, est pour ce motif infondé à obtenir la mainlevée de la mesure de saisie pénale ». En effet, la délégation imparfaite de la créance emporte un dédoublement du lien d'obligation et, si le délégant et le délégataire sont tous deux titulaires d'une créance à l'encontre du délégué, ayant le même objet, le délégataire ne saurait pour autant être vu comme ayant des droits sur le lien d'obligation existant entre le délégant et le délégué, sauf à confondre le rapport d'obligation et son objet. D'autre part, pour préserver les droits du délégataire de bonne foi, qui est titulaire d'une sûreté constituée antérieurement à la saisie, a été énoncé un principe d'opposabilité à l'État de l'acte de délégation postérieurement à la dévolution à ce dernier de la créance saisie pénalement, que ce soit en cas de confiscation ou de non-restitution définitive. Ainsi a-t-il été énoncé : « En cas d'antériorité de la délégation par rapport à la saisie pénale, la créance du délégataire à l'encontre du délégué est opposable à l'État lors de l'exécution de la peine de confiscation ou de la décision de non-restitution. Cette opposabilité s'exerce, en cas de confiscation de la créance saisie pénalement, au moment de l'exécution de cette peine, qui, en application des articles L. 160-9 du Code des assurances, L. 223-29 du Code de la mutualité ou L. 932-23-2 du Code de la sécurité sociale, entraîne la résolution judiciaire de la convention et le transfert des fonds confisqués à l'État. Il en est de même en cas de décision définitive de non-restitution de la créance saisie pénalement, qui entraîne le transfert de la propriété de la créance à l'État dans les conditions du troisième alinéa de l'article 41-4 du Code de procédure pénale, ainsi que la résolution du contrat d'assurance sur la vie et le transfert des fonds à l'État, en application des textes précités (Crim. 8 mars 2023, nº 22-81.100, P). » Si donc la saisie emporte une paralysie procédurale de la sûreté dont est titulaire le délégataire, celle-ci est sans emport sur le fond du droit. Enfin, pour tempérer la rigueur de cette paralysie, la chambre criminelle a énoncé un dernier principe, selon lequel « il est loisible au délégataire, au cours de l'enquête ou de l'information, lorsque l'acte de délégation est antérieur à l'ordonnance de saisie, de former devant le magistrat ayant ordonné cette mesure une requête relative à l'exécution de celle-ci, en application de l'article 706-144 du Code de procédure énale, afin de solliciter l'autorisation de poursuivre le paiement de sa créance à l'encontre du délégué, la saisie pénale se reportant sur le solde restant dû par ce dernier au délégant au titre de la créance qu'il détient à son encontre. »

Force est ainsi de constater que la chambre criminelle s'est efforcée de concilier les effets de la saisie et ceux de la sûreté, c'est-à-dire les intérêts de l'État et ceux du délégataire titulaire d'une sûreté, en s'inspirant des dispositions législatives organisant la coexistence des saisies pénales et des procédures civiles d'exécution[1], ainsi que celle des saisies pénales immobilières et des sûretés réelles[2].

§ 4
Dispositions applicables aux saisies de parts sociales, valeurs mobilières et instruments financiers

234.131 Textes applicables. Les saisies de parts sociales, valeurs mobilières et instruments financiers font l'objet des dispositions spécifiques de l'article 706-156 du Code de procédure pénale.

234.132 Conditions et effets de droit commun des saisies de biens incorporels. Les conditions et les effets des saisies de parts sociales, valeurs mobilières et instruments financiers sont celles et ceux résultant du droit commun des saisies de biens ou droits mobiliers incorporels, le législateur s'étant borné à prévoir des formalités particulières de notification de la mesure[3].

234.133 Notification de la saisie. Il résulte de l'article 706-156 du Code de procédure pénale que les saisies de « parts sociales, de valeurs mobilières, d'instruments financiers ou autres biens ou droits incorporels » doivent être notifiées à la personne émettrice ou, encore, le cas échéant, à l'intermédiaire financier mentionné aux 2° à 7° de l'article L. 542-1 du Code monétaire et financier teneur du compte, ainsi qu'à l'intermédiaire inscrit mentionné à l'article L. 228-1 du Code de commerce, en sorte qu'il convient de distinguer entre trois hypothèses.

Ainsi, doivent d'abord recevoir notification de la saisie les personnes qui ont émis les parts sociales, les valeurs mobilières, les instruments financiers ou encore tout autre bien ou droit mobilier incorporel objet de la saisie. Les exemples sont bien sûr multiples allant de la société anonyme dont certaines des actions ont été saisies, jusqu'aux organismes de placement collectif en valeurs mobilières

1. V. s^s nº 231.163.
2. V. s^s nº 233.72.
3. V. s^s n°s 234.20 et 234.51.

(OPCVM), sociétés d'investissements à capital variable (SICAV) ou fonds communs de placement (FCP), dont les parts, acquises par la personne poursuivie, ont fait l'objet de la saisie.

De même, doivent recevoir une telle notification les intermédiaires financiers mentionnés aux 2° à 7° de l'article L. 542-1 du Code monétaire et financier, tels que les établissements de crédit ou les entreprises d'investissements établies en France, seuls autorisés à exercer les activités de tenue de compte-conservation d'instruments financiers.

Enfin, il résulte de l'article L. 228-1 du Code de commerce que, si les valeurs mobilières ont été inscrites en compte au nom de leur propriétaire, il est permis, lorsque ces titres ont été admis aux négociations sur un marché réglementé et que leur propriétaire n'a pas son domicile sur le territoire national, qu'un intermédiaire soit inscrit pour le compte de son propriétaire en la forme d'un compte collectif ou en plusieurs comptes individuels correspondant chacun à un propriétaire. En cas de saisie de valeurs mobilières, cet intermédiaire devra recevoir notification de la mesure.

§ 5
Dispositions applicables aux saisies de fonds de commerce

234.141 Textes applicables. Les saisies de fonds de commerce obéissent au régime général des saisies de biens incorporels organisé par l'article 706-153 du Code de procédure pénale, auquel le législateur a ajouté les dispositions de l'article 706-157 du Code de procédure pénale, seul texte spécifiquement applicable à la matière.

234.142 Conditions et effets de droit commun des saisies de biens incorporels. Les conditions et les effets des saisies de fonds de commerce sont identiques à celles et ceux que connaît toute saisie de biens ou droits mobiliers incorporels, le législateur ayant seulement prévu des formalités particulières de publication de la mesure[1].

234.143 Publication de la saisie. Le législateur a en effet rendu les effets des saisies de fonds de commerce dépendants de formalités de publication prévues par l'article 706-157 du Code de procédure pénale. Ainsi, selon ce texte, « la saisie d'un fonds de commerce est opposable aux tiers à compter de son inscription, aux frais avancés par le Trésor, sur le registre des nantissements tenu au greffe du tribunal de commerce du lieu de situation du fonds ».

La loi n° 2016-731 du 3 juin 2016[2], à la suite d'une proposition de l'Agrasc[3], a donné compétence à l'agence pour procéder à ces formalités de publication au nom du procureur de la République ou du juge d'instruction, comme en matière de saisies immobilières.

234.144 Difficultés pratiques et importance quantitative. En raison des difficultés pratiques que posent les saisies et confiscations de fonds de commerce, lesquelles ont déjà été décrites[4], et de la doctrine de l'Agrasc qui en découle - laquelle consiste, comme il a été vu, à privilégier la saisie et la confiscation des seuls éléments économiquement pertinents composant le fonds –, peu de saisies de fonds de commerce sont en pratique mises en œuvre. Ainsi, au titre de l'année 2016, l'Agrasc a qualifié de « très faible » le nombre de saisies de fonds de commerce qu'elle a enregistrées[5].

1. V. s[s] n°s 234.20 et 234.51.
2. L. n° 2016-731, 3 juin 2016 *renforçant la lutte contre le crime organisé, le terrorisme et leur financement, et améliorant l'efficacité et les garanties de la procédure pénale*, *JO* 4 juin, n° 1 – ÉGALEMENT : *Rapp. Ass. nat.* n° 3515 (XIVe législ.), p. 339 – *Rapp. Sénat* n° 491 (2015-2016), t. I, p. 257.
3. Agrasc, *Rapp. annuel* 2014, p. 54.
4. V. s[s] n° 123.15.
5. Agrasc, *Rapp. annuel* 2016, p. 30.

CHAPITRE

235. Saisies sans dépossession

SECTION 0 ORIENTEUR

235.00 **Sommaire du chapitre.**

Sect. 1 Conditions des saisies sans dépossession

Sect. 2 Effets des saisies sans dépossession

Division. La présentation des saisies sans dépossession n'est pas chose aisée. Il y a au moins deux raisons à cela. En effet, outre le fait que les dispositions de l'article 706-158 du Code de procédure pénale, qui régit la matière, ne sont guère explicites, ces saisies semblent rarement utilisées par les magistrats, comme en témoigne le fait qu'il n'existe que peu d'arrêts rendus par la chambre criminelle sur le fondement de ce texte. C'est dans ce contexte qu'il convient néanmoins de préciser quelles sont les conditions de ces saisies (sect. 1), ainsi que leurs effets (sect. 2).

235.01 **Principaux textes applicables.**

TEXTES SOURCES

• C. pr. pén., art. 706-158

TEXTES *IN EXTENSO*

• **C. pr. pén., art. 706-158**

* V. s^{s} n° 231.01.

235.02 **Jurisprudence de référence.**

> Recours contre la désignation du gardien

• **Crim. 15 janv. 2020,** n° 18-86.714, P, 124

* V. s^{s} n° 235.13.

« 12. Le choix du gardien désigné dans le cadre d'une saisie sans dépossession en application de l'article 706-158 du Code de procédure pénale relève du pouvoir discrétionnaire du juge et échappe en conséquence au contrôle de la Cour de cassation. »

235.03 **Bibliographie indicative.**

* V. s^{s} n° 23.03.

SECTION 1 CONDITIONS DES SAISIES SANS DÉPOSSESSION

235.10 **Plan.** Les dispositions de l'article 706-158 du Code de procédure pénale sont pour l'essentiel sans apport lorsqu'il s'agit d'identifier les conditions de forme des saisies sans dépossession, mais au contraire quelque peu mystérieuses en ce qui concerne les conditions de fond de ces mesures : « Au cours de l'enquête de flagrance ou de l'enquête préliminaire, le juge des libertés et de la détention, saisi par requête du procureur de la République, peut ordonner par ordonnance motivée la saisie, aux frais avancés du Trésor, des biens dont la confiscation est prévue par l'article 131-21 du Code pénal sans en dessaisir le propriétaire ou le détenteur. Le juge d'instruction peut, au cours de l'information, ordonner cette saisie dans les mêmes conditions. »

235.11 **Conditions de fond.** Que dire des conditions de fond des saisies sans dépossession, censées porter sur « des biens dont la confiscation est prévue par l'article 131-21 du Code pénal sans en dessaisir le propriétaire ou le détenteur » ? Doit-on comprendre que tout bien, meuble ou immeuble, corporel ou incorporel, peut faire l'objet d'une telle saisie s'il est confiscable ? Cette interprétation pourrait surprendre, puisque nous avions compris, jusqu'à présent, que plusieurs saisies spéciales ont pour effet de ne pas déposséder le propriétaire du bien de celui-ci, la mesure entraînant une indisponibilité seulement juridique – et non pas matérielle –, du bien. Tel est le cas de la saisie immobilière et de la plupart des saisies de biens incorporels, à l'exception de celles portant sur une créance de somme d'argent. Ainsi, en quoi les saisies sans dépossession seraient-elles originales ?

En vérité, il semble que l'article 706-158 du Code de procédure pénale doive être lu comme organisant la saisie sans dépossession des seuls meubles corporels dont la confiscation est prévue par l'article 131-21 du Code pénal.

C'est ce qui ressort en effet des travaux préparatoires de la loi n° 2010-768 du 9 juillet 2010[1]. Ainsi, le rapporteur du texte devant le Sénat relevait que les dispositions de l'article 706-158 permettaient « d'adapter à la procédure pénale certaines procédures civiles de saisies sans dépossession, telles que la saisie des véhicules par déclaration à la préfecture instituée par l'article 57 de la loi du 9 juillet 1991 portant réforme des procédures civiles d'exécution, qui a pour but de rendre impossible toute transaction sans pour autant priver le propriétaire de l'usage de son véhicule »[2]. De même, il avait été expliqué par le représentant du Gouvernement, en discussion publique, que le texte permettrait « par des saisies sans dépossession, d'assurer la représentation des biens qui ne sont pas matériellement saisis et retirés à leur détenteur »[3].

Telle est aussi l'interprétation qui a été retenue par la circulaire du 22 décembre 2010. Celle-ci énonce à cet égard : « Les dispositions spécifiques à la saisie sans dépossession concernent les biens meubles corporels, dont la saisie entraîne en principe le placement sous scellé judiciaire. Cette procédure spécifique vise à donner un cadre juridique à la pratique consistant à saisir des biens au cours d'une perquisition, sans que les enquêteurs ne jugent opportun ou ne puissent matériellement les appréhender et les emporter au service. Il arrivait dans cette hypothèse que les biens soient inventoriés et placés sous la garde de leur propriétaire ou détenteur, l'ensemble étant consigné sur procès-verbal. »[4]

Les saisies sans dépossession de l'article 706-158 porteront ainsi sur les seuls meubles corporels dont la confiscation est prévue par l'article 131-21 du Code pénal, lorsqu'il sera jugé opportun de ne pas dessaisir le propriétaire ou le détenteur du bien de celui-ci.

L'on relèvera seulement que, comme il a été vu, si le meuble corporel dont la saisie sans dépossession est envisagée n'est confiscable qu'en application du cinquième ou sixième alinéa de l'article 131-21 du Code pénal, il doit être procédé non pas à une saisie sans dépossession[5], mais à une saisie de patrimoine[6], dans le cadre de laquelle il sera fait partiellement application du régime des saisies sans dépossession[7].

1. L. n° 2010-768, 9 juill. 2010 *visant à faciliter la saisie et la confiscation en matière pénale, JO* 10 juill., p. 12753.
2. *Rapp. Sénat* n° 328 (2009-2010), p. 41.
3. *JOAN CR*, 5 juin 2009, p. 4965.
4. Circ. Justice, 22 déc. 2010 *relative à la présentation des dispositions spécifiques de la loi n° 2010-768 du 9 juillet 2010 visant à permettre l'exécution transfrontalière des confiscations en matière pénale (articles 694-10 à 694-13 et 713 à 713-41 du Code de procédure pénale)*, NOR : JUS D 1033289 C, *BOMJ* n° 2011-01, 31 janv. 2011, p. 12.
5. C. pr. pén., art. 706-158.
6. C. pr. pén., art. 706-148 – v. s^s^ n° 232.22.

235.12 Exemples d'application. L'examen de la jurisprudence de la chambre criminelle révèle la mise en œuvre de la saisie sans dépossession pour le placement sous main de justice d'aéronefs[8], d'un navire[9], d'un stock de marchandises d'une société commerciale[10], ou encore d'œuvres d'art[11].

Dans chacun de ces cas, ce sont bien les conséquences financières et pratiques de la conservation des biens qui ont conduit l'autorité judiciaire à préférer la mise en œuvre d'une saisie sans dépossession, plutôt que celle d'une saisie effectuée selon le droit commun qui aurait emporté une appréhension matérielle.

235.13 Conditions de forme. Les conditions de forme des saisies sans dépossession sont en revanche plus communes, en ce qu'elles obéissent pour l'essentiel à la structure de l'ensemble des procédures de saisies spéciales[12].

La procédure est particulière uniquement en ce que le troisième alinéa de l'article 706-158 du Code de procédure pénale ajoute aux modalités de ces saisies que le juge qui ordonne la mesure doit désigner la personne à laquelle la garde du bien est confiée et qui doit en assurer l'entretien et la conservation, aux frais le cas échéant du propriétaire du bien qui en est redevable conformément aux dispositions générales de l'article 706-143 du Code de procédure pénale.

À cet égard, il a été posé pour principe par la chambre criminelle que « le choix du gardien [...] relève du pouvoir discrétionnaire du juge et échappe en conséquence au contrôle de la Cour de cassation », en sorte que « le moyen qui critique les motifs de l'ordonnance par laquelle le juge d'instruction a décidé de substituer un nouveau gardien du bien saisi à celui initialement désigné est [...] irrecevable »[13].

SECTION 2

EFFETS DES SAISIES SANS DÉPOSSESSION

235.21 Effets communs. Les effets des saisies sans dépossession ne dérogent pas aux effets communs des saisies spéciales[14].

Bien sûr, le fait que le propriétaire du bien ou son détenteur demeure en possession de celui-ci,

7. C. pr. pén., art. 706-149 – v. s^s^ n° 232.34.
8. Crim. 20 nov. 2019, n° 18-86.782, NP – Crim. 6 janv. 2021, n° 20-81.667, NP.
9. Crim. 9 sept. 2020, n° 19-87.321, NP.
10. Crim. 26 juin 2019, n°s 18-84.650 et 18-84.651, NP.
11. Crim. 15 janv. 2020, n° 18-86.714, P, 124 ; *D.* 2020. 86.
12. V. s^s^ n° 231.30.
13. Crim. 15 janv. 2020, n° 18-86.714, P, 124 ; *D.* 2020. 86.
14. V. s^s^ n° 231.130.

nonobstant la décision de saisie ne change rien à l'indisponibilité juridique du bien saisi.

La portée de cette indisponibilité se trouve cependant en pratique diminuée, dès lors que l'autorité judiciaire s'expose au détournement du bien par le gardien et à ce que, en cas de cession du bien, l'acquéreur de bonne foi oppose à l'État les dispositions de l'article 2276 du Code civil.

235.22 Droits du gardien sur le bien saisi. Le dernier alinéa de l'article 706-158 du Code de procédure pénale organise en revanche spécialement les droits du gardien sur le bien saisi.

En effet, en dehors des actes d'entretien et de conservation, le gardien du bien saisi ne peut en user que si la décision le prévoit expressément.

Cette dernière restriction explique que la dénomination de saisie sans dépossession ait été jugée impropre juridiquement – dès lors que la possession d'un bien implique en droit civil l'exercice de prérogatives sur celui-ci – et que la dénomination de saisie sans appréhension matérielle ait été jugée préférable[1].

1. J. Bourgais, *Le rôle du juge pénal en matière de saisies et confiscations, Étude de droit comparé (France – Angleterre)*, Poitiers, 2021, nº 238.

TITRE

24. Devenir des objets saisis

SECTION 0 ORIENTEUR

24.00 Sommaire du titre.

Chap. 241	**Gestion des objets saisis**
Sect. 1	Principe de la gestion des objets saisis par leur détenteur
Sect. 2	Transfert à l'Agrasc de la gestion des objets saisis
Chap. 242	**Aliénation avant jugement des objets saisis**
Sect. 1	Aliénation avant jugement des meubles saisis
Sect. 2	Aliénation avant jugement des immeubles saisis
Chap. 243	**Destruction des meubles saisis**
Sect. 1	Destruction avant jugement des biens meubles dont la restitution est impossible
Sect. 2	Destruction des objets qualifiés par la loi de dangereux ou nuisibles, ou dont la détention est illicite
Chap. 244	**Affectation avant jugement des meubles saisis**
Sect. 1	Conditions de fond de l'affectation avant jugement des meubles saisis
Sect. 2	Conditions de forme de l'affectation avant jugement des meubles saisis
Chap. 245	**Restitution des objets saisis**
Sect. 1	Procédures de restitution des objets placés sous main de justice
Sect. 2	Conditions de fond de la restitution des objets placés sous main de justice
Sect. 3	Exécution de la restitution
Sect. 4	Dévolution à l'État des objets non restitués

Division. Le devenir des objets qui ont été placés sous main de justice est caractérisé par une grande diversité.

Ce devenir, d'ailleurs, a déjà été largement évoqué dans cet ouvrage, si l'on relève que les biens saisis seront parfois confisqués.

Il reste que le devenir d'un bien saisi ne se réduit pas à sa confiscation : la restitution (chap. 245) ou la destruction en cours de procédure ou après que la dernière juridiction saisie a épuisé sa compétence (chap. 243), l'aliénation (chap. 242) ou l'affectation à un service d'enquête ou judiciaire avant jugement (chap. 244), ou encore la dévolution à l'État en l'absence de confiscation, constitueront autant de destins possibles pour les objets placés sous main de justice, lesquels doivent de surcroît faire l'objet d'actes de gestion tant que dure la saisie (chap. 241).

On relèvera par ailleurs que ces procédures ont été profondément remaniées par le législateur dans un passé récent, notamment sous l'influence de la jurisprudence du Conseil constitutionnel qui a conduit le Parlement à réécrire en partie la matière.

Dans un souci de clarté, seul sera exposé l'état actuel du droit positif sur ces questions, mais celui-ci sera complété par l'examen de la jurisprudence de la chambre criminelle qui, bien que rendue en application de textes anciens, ne contribue pas moins à préciser la portée des nouvelles dispositions.

24.01 Principaux textes applicables.

- **C. pr. pén.**, art. 41-4, 41-5, 41-6, 99, 99-2, 177, 212, 373, 375-2, 420-1, 420-2, 478 à 484, 495-2-1, 543, 573, 706-143, 706-152, 706-159 à 706-163
- **C. pr. pén.**, art. R. 15-33-66-1 à R. 15-33-66-3, R. 15-41-1 à R. 15-41-3, R. 54-8, R. 54-9, R. 92, D. 43-5, D. 15-5-1-1

24.03 Bibliographie indicative.

Encyclopédies. *Rép. pén.*, *V°* « Restitution », par O. Violeau – *J.-Cl. Pr. pén.*, art. 99 à 99-2, fasc. 20, par L. Eyrignac.

Articles. E. Allain, « Le premier rapport d'activité de l'Agrasc, *AJ pénal* 2012. 247 – S. Almaseanu, « Les nouveaux articles 41-4 et 41-5 du Code de procédure pénale tels que modifiés par la loi du 16 février 2015 », *Gaz. Pal.* 28 mars 2015, n° 87, p. 11 ; « Le refus de restitution de l'instrument ou du produit de l'infraction en procédure pénale », *Gaz. Pal.* 17 janv. 2017, n° 3, p. 16 – G. Cotelle, « Consécration implicite de la procédure de confiscation sans condamnation préalable », *AJ pénal* 2016. 463 – Ch. Cutajar, « L'agence de gestion et de recouvrement des avoirs saisis et confisqués », *D.* 2011. 826 ; (propos recueillis par), « L'agence de gestion et de recouvrement des avoirs saisis et confisqués. Interview d'Elisabeth Pelsez, directrice générale de l'Agrasc », *AJ pénal* 2012. 139 ; « L'Agrasc publie son rapport 2013 », *JCP G* 2013. 1366 – E. Daoud, « Les droits de la personne mise en cause », *in* L. Ascensi, P. Beauvais et R. Parizot (dir.), *La confiscation des avoirs criminels, Nouveaux enjeux juridiques*, LGDJ, 2021, p. 65 – Ch. Duchaine, « Vente avant jugement d'un meuble placé sous main de justice et poursuite du propriétaire du bien (CPP, art. 99-2, al. 2) », *Dr. pén.* 2014, étude 11 ; (interview de), « De la nécessité d'un usage raisonné des saisies et confiscations. Punir le condamné ou punir l'État », *AJ pénal* 2015. 242 – G. Étrillard, « La difficile contestation des saisies conservatoires en droit pénal des affaires. Constats et (rares) solutions », *Cahiers de droit de l'entreprise*, mars 2020, n° 2, dossier 9 – C. Fonteix, « De la saisie à la confiscation : un point sur le contentieux », *AJ pénal* 2015. 239 – A. Fournier, « La nouvelle Agence de gestion et de recouvrement des avoirs saisis et confisqués (Agrasc) », *JCP N* 2011. 334 ; « L'Agrasc : une approche patrimoniale de la lutte contre la délinquance et la criminalité », *JCP N* 2016. 637 – J. Kan, « Synthèse du rapport annuel 2011 de l'Agence de gestion et de recouvrement des avoirs saisis et confisqués », *La revue du Grasco*, n° 2, juill. 2012, p. 14 ; (propos recueillis par), « Interview d'Elisabeth Pelsez, directrice générale de l'Agence de gestion et de recouvrement des avoirs saisis et confisqués », *La revue du Grasco*, n° 5, avr. 2013, p. 3 ; (propos recueillis par), « Interview de Nicolas Bessone, directeur général de l'Agence de gestion et de recouvrement des avoirs saisis et confisqués », *La revue du Grasco*, n° 32, janv. 2021, p. 3 – M. Léna, « Le rapport annuel 2012 de l'agence de gestion et de recouvrement des avoirs saisis et confisqués (Agrasc) », *AJ pénal* 2013. 507 – S. Le Tallec, « Le rôle de l'Agrasc dans l'effectivité de la peine de confiscation », *AJ pénal* 2019. 12 – E. Pelsez et H. Robert, « Pour une meilleure appréhension des patrimoines frauduleux. À propos de l'Agence de gestion et de recouvrement des avoirs saisis et confisqués (Agrasc) », *JCP G* 2011. 769 – F. Perrotin, « L'Agrasc, bilan 2013 », *LPA* 22 mai 2014, p. 4 ; « Focus sur l'activité de l'Agrasc », *LPA* 25 juill. 2018, p. 4 – R. Stiffel, « L'activité de l'Agrasc en matière de saisie pénale immobilière et de confiscations immobilières », *AJ pénal* 2012. 142.

CHAPITRE

241. Gestion des objets saisis

SECTION 0
ORIENTEUR

241.00 **Sommaire du chapitre.**

Sect. 1 Principe de la gestion des objets saisis par leur détenteur

§ 1 Saisies de droit commun

§ 2 Saisies spéciales

Sect. 2 Transfert à l'Agrasc de la gestion des objets saisis

§ 1 Gestion facultative en cas de défaillance ou d'indisponibilité du propriétaire ou du détenteur d'un bien objet d'une saisie spéciale

§ 2 Gestion facultative des biens nécessitant, pour leur conservation ou leur valorisation, des actes d'administration

§ 3 Gestion centralisée impérative des sommes saisies lors des procédures pénales

Division. Jusque dans un passé récent, la gestion des biens saisis ne faisait guère l'objet de dispositions législatives ou réglementaires particulières : la gestion de ces objets était abandonnée à la charge administrative et financière des juridictions.

La matière s'est trouvée profondément modifiée par la loi n° 2010-768 du 9 juillet 2010 [1], dont certaines dispositions ont envisagé autrement la question de la gestion des objets placés sous main de justice et, en instituant l'Agrasc, lui ont donné pour compétence, notamment, de gérer les biens saisis sur mandat de l'autorité judiciaire.

Il ressort de ce nouvel état du droit un principe et une exception : la gestion des objets saisis est en principe à la charge de leur détenteur (sect. 1), mais celle-ci peut exceptionnellement être confiée à l'Agrasc (sect. 2).

1. L. n° 2010-768, 9 juill. 2010 *visant à faciliter la saisie et la confiscation en matière pénale, JO* 10 juill., p. 12753.

241.01 **Principaux textes applicables.**

TEXTES SOURCES

- C. pr. pén., art. 706-143, 706-159 à 706-163
- C. pr. pén., art. R. 54-8, R. 54-9, R. 92

TEXTES *IN EXTENSO*

- **C. pr. pén., art. 706-143**

* V. s^{s} n° 231.01.

- **C. pr. pén., art. 706-159**

L'Agence de gestion et de recouvrement des avoirs saisis et confisqués est un établissement public de l'État à caractère administratif placé sous la tutelle conjointe du ministre de la Justice et du ministre chargé du budget.

- **C. pr. pén., art. 706-160**

L'agence est chargée d'assurer, sur l'ensemble du territoire et sur mandat de justice :

1° La gestion de tous les biens, quelle que soit leur nature, saisis, confisqués ou faisant l'objet d'une mesure conservatoire au cours d'une procédure pénale, qui lui sont confiés et qui nécessitent, pour leur conservation ou leur valorisation, des actes d'administration ;

2° La gestion centralisée de toutes les sommes saisies lors de procédures pénales ;

3° L'aliénation ou la destruction des biens dont elle a été chargée d'assurer la gestion au titre du 1° et qui sont ordonnées, sans préjudice de l'affectation de ces biens dans les conditions prévues aux articles L. 2222-9 du Code général de la propriété des personnes publiques et 707-1 du présent code ;

4° L'aliénation des biens ordonnée ou autorisée dans les conditions prévues aux articles 41-5 et 99-2 du présent code.

5° La gestion des biens affectés à titre gratuit par l'autorité administrative dans les conditions prévues aux mêmes articles 41-5 et 99-2 et à l'article L. 2222-9 du Code général de la propriété des personnes publiques.

Les sommes transférées à l'Agence de gestion et de recouvrement des avoirs saisis et confisqués en application du 2° du présent article et dont l'origine ne peut être déterminée sont transférées à l'État à l'issue d'un délai de quatre ans après leur réception, lors de la clôture des comptes annuels. En cas de décision de restitution postérieure au délai de quatre ans, l'État rembourse à l'agence les sommes dues.

L'agence peut, dans les mêmes conditions, assurer la gestion des biens saisis, procéder à l'aliénation ou à la destruction des biens saisis ou confisqués et procéder à la répartition du produit de la vente en exécution de toute demande d'entraide ou de coopération émanant d'une autorité judiciaire étrangère.

L'ensemble de ses compétences s'exerce pour les biens saisis ou confisqués, y compris ceux qui ne sont pas visés au titre XXIX.

La décision de transfert des biens faisant l'objet d'une saisie pénale à l'Agence de gestion et de recouvrement des avoirs saisis et confisqués est notifiée ou publiée selon les règles applicables à la saisie elle-même.

Dans l'exercice de ses compétences, l'agence peut obtenir le concours ainsi que toutes informations utiles auprès de toute personne physique ou morale, publique ou privée, sans que le secret professionnel lui soit opposable, sous réserve des dispositions de l'article 66-5 de la loi n° 71-1130 du 31 décembre 1971 portant réforme de certaines professions judiciaires et juridiques.

• **C. pr. pén., art. 706-161**

L'agence fournit aux juridictions pénales et aux procureurs de la République, à leur demande ou à son initiative, les orientations ainsi que l'aide juridique et pratique utiles à la réalisation des saisies et confiscations envisagées ou à la gestion des biens saisis et confisqués.

Elle peut mener toute action d'information ou de formation destinée à faire connaître son action et à promouvoir de bonnes pratiques en matière de saisie et de confiscation.

L'agence veille à l'abondement du fonds de concours recevant les recettes provenant de la confiscation des biens mobiliers ou immobiliers des personnes reconnues coupables d'infraction en matière de trafic de stupéfiants. L'agence peut également verser à l'État des contributions destinées au financement de la lutte contre la délinquance et la criminalité et au financement de la prévention de la prostitution et de l'accompagnement social et professionnel des personnes prostituées.

Elle peut informer les services compétents et les victimes, à leur demande ou à son initiative, sur les biens qui sont restitués sur décision de justice, afin d'assurer le paiement de leurs créances, notamment fiscales, douanières, sociales ou de dédommagement.

L'agence met en œuvre un traitement de données à caractère personnel qui centralise les décisions de saisie et de confiscation dont elle est saisie quelle que soit la nature des biens, ainsi que toutes les informations utiles relatives aux biens visés, à leur localisation et à leurs propriétaires ou détenteurs.

Les magistrats et greffiers affectés au sein de l'Agence de gestion et de recouvrement des avoirs saisis et confisqués peuvent accéder directement aux informations et aux données à caractère personnel enregistrées dans le bureau d'ordre national automatisé des procédures judiciaires dans le cadre des attributions de l'agence, pour le besoin des procédures pour lesquelles sont envisagées ou ont été réalisées des saisies ou des confiscations et dans la mesure du besoin d'en connaître.

L'agence établit un rapport annuel d'activité, comprenant notamment un bilan statistique, ainsi que toute réflexion et toute proposition visant à l'amélioration du droit et des pratiques en matière de saisie et de confiscation.

• **C. pr. pén., art. 706-162**

L'agence est administrée par un conseil d'administration dont le président est un magistrat de l'ordre judiciaire nommé par décret.

• **C. pr. pén., art. 706-163**

Les ressources de l'agence comportent :

1° Les subventions, avances et autres contributions de l'État et de ses établissements publics, de l'Union européenne, des collectivités territoriales, de leurs groupements et de leurs établissements publics ainsi que de toute autre personne morale publique ou privée ;

2° Les recettes fiscales affectées par la loi ;

3° Une partie, à l'exception des recettes mentionnées au présent 4°, plafonnée conformément au I de l'article 46 de la loi n° 2011-1977 du 28 décembre 2011 de finances pour 2012 des sommes confisquées gérées par l'agence ainsi que, du produit de la vente des biens confisqués lorsque l'agence est intervenue pour leur gestion ou leur vente, sauf lorsque la loi prévoit la restitution intégrale à la personne saisie de ce produit et des intérêts échus le cas échéant, et sous réserve de l'affectation de ces sommes ou de ce produit au fonds de concours recevant les recettes provenant de la confiscation des biens mobiliers ou immobiliers des personnes reconnues coupables d'infractions en matière de trafic de stupéfiants ;

4° Les recettes provenant de la confiscation des biens et produits prévue au 1° de l'article 225-24 du Code pénal ;

5° Le produit du placement des sommes saisies ou acquises par la gestion des avoirs saisis et versées sur son compte à la Caisse des dépôts et consignations, dans les mêmes limites et sous les mêmes réserves que pour les ventes visées au 3° ;

6° Le produit des dons et legs.

• **C. pr. pén., art. R. 54-8**

Les fonds de l'établissement sont déposés au Trésor public.

Toutefois, les sommes saisies et les sommes issues de l'aliénation des biens prévue aux 3° et 4° de l'article 706-160 ou du placement de ces sommes prévu au 4° de l'article 760-163 sont déposées sur un compte de dépôt ouvert à la Caisse des dépôts et consignations rémunéré par un intérêt déterminé selon les modalités prévues par l'article L. 518-23 du Code monétaire et financier.

• **C. pr. pén., art. R. 54-9**

L'établissement peut demander à l'administration chargée des domaines de procéder à l'aliénation des biens meubles placés sous main de justice qui ont été remis à l'agence en application des articles 41-5 et 99-2, ainsi que des biens meubles ou immeubles confisqués au cours d'une procédure pénale. L'aliénation a lieu avec publicité et concurrence.

• **C. pr. pén., art. R. 92**

Les frais de justice criminelle, correctionnelle et de police sont : [...]

5° Les frais de mise sous séquestre, ceux de saisie, de garde et de destruction en matière de scellés judiciaires ainsi que, si le condamné ne les a pas payés, les frais d'enlèvement et de garde en fourrière de son véhicule faisant l'objet d'une immobilisation autorisée ou prononcée à titre de peine par l'autorité judiciaire.

241.03 **Bibliographie indicative.**

Articles. E. Allain, « Le premier rapport d'activité de l'Agrasc », *AJ pénal* 2012. 247 – Ch. Cutajar, « L'agence de gestion et de recouvrement des avoirs saisis et confisqués », *D.* 2011. 826 ; (propos recueillis par), « L'agence de gestion et de recouvrement des avoirs saisis et confisqués. Interview d'Elisabeth Pelsez, directrice générale de l'Agrasc », *AJ pénal* 2012. 139 ; « L'Agrasc publie son rapport 2013 », *JCP G* 2013. 1366 – Ch. Duchaine (interview de), « De la nécessité d'un usage raisonné des saisies et confiscations. Punir le condamné ou punir l'État », *AJ pénal* 2015. 242 – A. Fournier, « La nouvelle Agence de gestion et de recouvrement des avoirs saisis et confisqués (Agrasc) », *JCP N* 2011. 334 ; « L'Agrasc : une approche patrimoniale de la lutte contre la délinquance et la criminalité », *JCP N* 2016. 637 – J. Kan, « Synthèse du rapport annuel 2011 de l'Agence de gestion et de recouvrement des avoirs saisis et confisqués », *La revue du Grasco*, nº 2, juill. 2012, p. 14 ; (propos recueillis par), « Interview d'Elisabeth Pelsez, directrice générale de l'Agence de gestion et de recouvrement des avoirs saisis et confisqués », *La revue du Grasco*, nº 5, avr. 2013, p. 3 ; (propos recueillis par), « Interview de Nicolas Bessone, directeur général de l'Agence de gestion et de recouvrement des avoirs saisis et confisqués », *La revue du Grasco*, nº 32, janv. 2021, p. 3 – M. Léna, « Le rapport annuel 2012 de l'agence de gestion et de recouvrement des avoirs saisis et confisqués (Agrasc) », *AJ pénal* 2013. 507 – S. Le Tallec, « Le rôle de l'Agrasc dans l'effectivité de la peine de confiscation », *AJ pénal* 2019. 12 – E. Pelsez et H. Robert, « Pour une meilleure appréhension des patrimoines frauduleux. À propos de l'Agence de gestion et de recouvrement des avoirs saisis et confisqués (Agrasc) », *JCP G* 2011. 769 – F. Perrotin, « L'Agrasc, bilan 2013 », *LPA* 22 mai 2014, p. 4 ; « Focus sur l'activité de l'Agrasc », *LPA* 25 juill. 2018, p. 4 – R. Stiffel, « L'activité de l'Agrasc en matière de saisie pénale immobilière et de confiscations immobilières », *AJ pénal* 2012. 142.

SECTION 1
PRINCIPE DE LA GESTION DES OBJETS SAISIS PAR LEUR DÉTENTEUR

241.10 **Plan.** Le principe de la gestion des objets saisis par leur détenteur se manifeste à deux égards en droit positif, comme s'exprimant à la fois en matière de saisies de droit commun (§ 1) et spéciales (§ 2).

§ 1
Saisies de droit commun

241.21 **Conséquences de l'appréhension matérielle.** La charge de la gestion des objets saisis pèse sur l'autorité judiciaire lorsque la mesure est prise en application du droit commun.

Comme il a été vu, ces mesures portent le plus souvent sur des meubles corporels qui font l'objet d'une appréhension matérielle par un représentant de l'autorité judiciaire et d'un placement sous scellés.

Ces scellés seront conservés par le service de police ou de gendarmerie en charge de l'enquête ou de l'exécution de la commission rogatoire, puis ils seront remis au greffe du tribunal judiciaire, accompagnés d'un état des scellés, avant d'être stockés par le greffe dans les locaux de la juridiction où leur gestion constitue un enjeu important pour des raisons d'encombrement, de sécurité et de santé publique. L'article R. 123-5 du Code de l'organisation judiciaire fait d'ailleurs relever de la compétence du directeur de greffe « la garde des scellés et de toutes sommes et pièces déposées au greffe ».

Seuls les objets saisis les plus encombrants pourront être confiés à la garde d'un tiers. Ce sera fréquemment le cas des véhicules automobiles, des aéronefs et des navires.

241.22 **Conséquences financières.** Le fait que pèse sur l'autorité judiciaire la charge d'assurer la gestion des biens objet d'une saisie de droit commun a sa traduction financière.

En effet, l'article R. 92, 5°, du Code de procédure pénale prévoit que les frais de saisie et de garde constituent des frais de justice criminelle, correctionnelle ou de police : « Les frais de justice criminelle, correctionnelle et de police sont : [...] 5° Les frais de mise sous séquestre, ceux de saisie, de garde et de destruction en matière de scellés judiciaires ainsi que, si le condamné ne les a pas payés, les frais d'enlèvement et de garde en fourrière de son véhicule faisant l'objet d'une immobilisation autorisée ou prononcée à titre de peine par l'autorité judiciaire. »

Le montant de ces frais est prévu par les dispositions de l'article R. 147 du Code de procédure pénale. Par exemple, les frais de garde d'un véhicule varient, selon le poids de celui-ci, de 2,44 à 6,10 euros par jour, ce qui révèle l'importance de l'enjeu de la gestion des biens saisis pour l'autorité judiciaire.

§ 2
Saisies spéciales

241.31 **Réglementation particulière.** Les saisies spéciales ont fait l'objet d'une réglementation particulière dès l'entrée en vigueur de la loi nº 2010-768 du 9 juillet 2010[1].

1. L. nº 2010-768, 9 juill. 2010 *visant à faciliter la saisie et la confiscation en matière pénale*, *JO* 10 juill., p. 12753.

Le premier alinéa de l'article 706-143 du Code de procédure pénale dispose en effet que « jusqu'à la mainlevée de la saisie ou la confiscation du bien saisi, le propriétaire ou, à défaut, le détenteur du bien est responsable de son entretien et de sa conservation », et qu'« il en supporte la charge, à l'exception des frais qui peuvent être à la charge de l'État ».

La portée de ce principe peut être éclairée par les travaux préparatoires de la loi du 9 juillet 2010. Ainsi, le rapporteur de la Commission des lois de l'Assemblée nationale relevait : « Le premier alinéa de cet article pose le principe selon lequel le propriétaire du bien saisi demeure responsable de l'entretien et de la conservation de ce bien pendant toute la durée de la saisie, c'est-à-dire de la décision du magistrat jusqu'à soit la décision de confiscation du bien, soit la mainlevée de la saisie. Si le propriétaire du bien fait défaut, c'est sur le détenteur du bien que pèse cette responsabilité. »[1] Puis il ajoutait : « A été évoqué devant votre rapporteur l'exemple de l'entretien d'un bateau saisi : c'est à son propriétaire de veiller à son entretien ; lorsque des parts sociales saisies sont saisies, l'associé conserve, sauf décision contraire du magistrat, l'exercice de ses droits sociaux, tels que le vote aux assemblées ; de même lorsqu'un fonds de commerce est saisi, son exploitant conserve la charge de son entretien et de sa conservation. »

Le principe de l'article 706-143 s'explique par le fait qu'en principe les saisies spéciales n'emportent pas appréhension matérielle du bien saisi. Le propriétaire ou le détenteur du bien en conserve la détention ; la saisie et l'indisponibilité du bien ne sont que juridiques[2]. Il n'est donc pas incohérent que l'intéressé soit responsable de l'entretien et de la conservation du bien, et doive en supporter la charge. Ce ne sera qu'à titre exceptionnel, comme nous le verrons[3], que la gestion du bien objet de la saisie spéciale pourra être confiée à l'Agrasc.

241.32 Nature des actes d'entretien et de conservation. Le législateur n'a pas indiqué positivement ce qu'il convient d'entendre par la notion d'actes d'entretien et de conservation du bien saisi.

Ces actes se trouvent toutefois définis en creux par le dernier alinéa de l'article 706-143 du Code de procédure pénale qui dispose que les actes ayant pour conséquence de « transformer, modifier substantiellement le bien ou en réduire la valeur » sont soumis à l'autorisation préalable du juge des libertés et de la détention ou du juge d'instruction qui a ordonné la saisie, ou bien du juge d'instruction en cas d'ouverture d'une information judiciaire postérieurement à la saisie ordonnée par le juge des libertés et de la détention.

Il s'en déduit qu'il appartiendra au propriétaire ou détenteur du bien objet de la saisie spéciale d'accomplir sur le bien les actes d'administration et conservatoires nécessaires, à l'exclusion de tout acte de disposition.

SECTION 2
TRANSFERT À L'AGRASC DE LA GESTION DES OBJETS SAISIS

241.40 Plan. En créant l'Agrasc par la loi n° 2010-768 du 9 juillet 2010[4], le législateur a entendu confier à cet établissement public la mission d'assurer la gestion de certains objets placés sous main de justice.

Les contours de cette mission de l'agence doivent être bien circonscrits, puisque celle-ci n'a nullement vocation à gérer l'ensemble des biens placés sous main de justice. D'ailleurs, comment le pourrait-elle en l'état de ses moyens ? Mais, inversement, la mission de l'agence ne saurait s'arrêter à la seule gestion des biens ayant fait l'objet d'une saisie spéciale.

Ces deux idées ressortent clairement des travaux préparatoires de la loi du 9 juillet 2010. Ainsi, le rapporteur de la Commission des lois du Sénat relevait « qu'il était souhaitable de circonscrire la compétence de l'agence aux biens nécessitant, pour leur conservation ou leur valorisation, des actes d'administration ». Puis il était plus particulièrement relevé : « L'agence ne devrait pas être chargée de la conservation de l'ensemble des scellés des juridictions, ni de la prise en charge des biens faisant l'objet d'une réglementation spéciale (armes, stupéfiants, etc.), qui relèvent de problématiques spécifiques. » Mais, inversement, il était aussi observé que « les compétences de l'agence ne se limitent pas aux biens saisis en application de la procédure spéciale créée par l'article 3 de la proposition de loi : de ce fait, l'agence peut être notamment chargée de la gestion des biens saisis dans le cadre des saisies "classiques" réalisées en enquête de flagrance, en enquête préliminaire ou dans le cadre de l'instruction conformément aux dispositions figurant à l'article 1er de la proposition de loi »[5].

Le droit positif est le reflet de la volonté du législateur puisque, si le transfert de la gestion des objets saisis est prévu en matière de saisies spéciales en tant que dérogation au principe énoncé par le premier alinéa de l'article 706-143 du Code de procédure pénale, en cas de défaillance ou d'indisponibilité du propriétaire ou du détenteur d'un bien objet d'une saisie spéciale (§ 1), il a aussi été inscrit, parmi les missions de l'Agrasc, celle générale d'assurer la gestion de tout objet saisi nécessitant, pour sa conservation ou sa valorisation, des actes d'administration (§ 2), outre le monopole de la gestion centralisée des sommes d'argent saisies (§ 3).

1. *Rapp. Ass. nat.* n° 1689 (XIIIe législ.), p. 46.
2. V. ss n° 231.161.
3. V. ss n° 241.40.
4. L. n° 2010-768, 9 juill. 2010 *visant à faciliter la saisie et la confiscation en matière pénale, JO* 10 juill., p. 12753.
5. *Rapp. Sénat* n° 328 (2009-2010), p. 42.

§ 1

Gestion facultative en cas de défaillance ou d'indisponibilité du propriétaire ou du détenteur d'un bien objet d'une saisie spéciale

241.51 **Conditions de fond.** Il résulte du deuxième alinéa de l'article 706-143 du Code de procédure pénale, mis en œuvre pour la première fois en 2021 en matière immobilière[1], qu'en cas de défaillance ou d'indisponibilité du propriétaire ou du détenteur du bien objet de la saisie spéciale dont la vente par anticipation, c'est-à-dire l'aliénation avant jugement, n'est pas envisagée, et sous réserve des droits des tiers de bonne foi, le bien peut être remis à l'Agrasc afin que l'agence, dans la limite du mandat qui lui est alors confié, réalise tous les actes juridiques et matériels nécessaires à la conservation, l'entretien et la valorisation du bien.

Cette possibilité, dérogatoire au droit commun, est limitée. Ainsi, non seulement est-elle fondée sur l'incapacité du propriétaire ou du détenteur du bien à assumer la responsabilité de la gestion du bien saisi, mais encore faut-il que la vente par anticipation de celui-ci ne soit pas envisagée. La circulaire du 3 février 2011[2] prévoit à cet égard que « sauf à épuiser les moyens humains et financiers de l'agence, au détriment de l'accomplissement de ses missions, cette faculté ne devra être mise en œuvre qu'avec mesure, s'agissant notamment de biens ne nécessitant nullement son expertise ».

241.52 **Procédure.** L'article 706-143, alinéa 2, du Code de procédure pénale ne prévoit aucune forme particulière pour cette décision, le texte se bornant à prévoir que la décision de remise à l'Agrasc relève du procureur de la République ou du juge d'instruction, étant relevé qu'il a été proposé d'étendre cette compétence à la juridiction de jugement à compter de sa saisine – il est vrai qu'il existe un vide législatif qu'il conviendrait de combler[3].

L'on relèvera que le législateur n'a pas entendu juridictionnaliser cette décision, non plus que prévoir un recours contre celle-ci, ce qui peut s'expliquer par le fait que la décision de remise à l'agence n'entraînera sur le bien la réalisation d'aucun acte de disposition, mais seulement l'accomplissement d'actes d'administration ou conservatoires.

Il reste que la décision de remise à l'Agrasc, même à la seule fin d'accomplissement de tels actes, n'est pas sans concerner le propriétaire du bien saisi et les tiers ayant des droits sur ce bien. Au reste, lorsqu'un bien est transféré à l'agence en application de l'article 706-160, alinéa 1er, 1°, du Code de procédure pénale, il est au moins prévu que « la décision de transfert [...] est notifiée ou publiée selon les règles applicables à la saisie elle-même »[4]. Aussi, l'article 706-143, alinéa 2, du Code de procédure pénale pourrait être interprété à la lumière de l'article 706-160, alinéa 5, du même code pour imposer la formalisation de la décision de remise et la notification de celle-ci selon les règles applicables à la saisie du bien concerné, de même que l'on pourrait songer à reconnaître un droit d'appel au propriétaire du bien remis et aux tiers ayants des droits sur celui-ci en application des mêmes règles. Alternativement, l'on pourrait aussi songer à voir dans la décision de remise un incident d'exécution de la saisie justifiant la mise en œuvre de la procédure de l'article 706-144 du Code de procédure pénale[5].

§ 2

Gestion facultative des biens nécessitant, pour leur conservation ou leur valorisation, des actes d'administration

241.60 **Plan.** L'article 706-160, alinéa 1er, 1°, du Code de procédure pénale permet à l'autorité judiciaire de confier à l'Agrasc la gestion des biens saisis nécessitant, pour leur conservation ou leur valorisation, des actes d'administration. Ce texte donne à cette mission un large domaine, qui excède les limites de celui des saisies spéciales, mais n'énonce que les seules conditions de fond de ce mandat, la procédure de remise à l'Agrasc relevant pour l'essentiel de la seule pratique.

241.61 **Champ d'application.** Le champ d'application des dispositions du 1° de l'article 706-160 du Code de procédure pénale est particulièrement large : sont visés « tous les biens, quelle que soit leur nature, saisis, confisqués ou faisant l'objet d'une mesure conservatoire au cours d'une procédure pénale ».

En particulier, ainsi que cela avait été dit lors des travaux préparatoires de la loi n° 2010-768 du 9 juillet 2010[6], la faculté de confier la gestion d'un bien saisi à l'Agrasc est possible que celui-ci ait fait l'objet d'une saisie de droit commun ou spécial.

1. Agrasc, *Rapp. annuel* 2021, p. 32.
2. Circ. Justice, 3 févr. 2011 de *présentation de l'Agence de gestion et de recouvrement des avoirs saisis et confisqués (Agrasc) et de ses missions*, NOR : JUS D 1103707 C, p. 14, *BOMJL*, n° 2011-02, 28 févr. 2011.
3. Agrasc, *Rapp. annuel* 2018, p. 97.
4. C. pr. pén., art. 706-160, al. 5 – v. s[s] n° 241.63.
5. V. s[s] n° 231.170.
6. L. n° 2010-768, 9 juill. 2010 *visant à faciliter la saisie et la confiscation en matière pénale, JO* 10 juill., p. 12753.

L'article 706-160, alinéa 4, prévoit d'ailleurs de façon plus générale, au sujet de l'agence dans son ensemble, que « l'ensemble de ses compétences s'exerce pour les biens saisis ou confisqués, y compris ceux qui ne sont pas visés au titre XXIX ».

241.62 Conditions de fond. Les conditions de fond du mandat de gestion sont plus précises, puisque pourront être confiés à la gestion de l'Agrasc les biens « qui nécessitent, pour leur conservation ou leur valorisation, des actes d'administration ».

Cette restriction rejoint la préoccupation du législateur qui était de ne confier à l'Agrasc que les seuls biens dont la gestion présentait une certaine complexité, laissant les autres biens saisis à la seule charge des greffes des juridictions.

Le caractère de cette définition des biens susceptibles d'être confiés à la gestion de l'Agrasc implique nécessairement un échange entre celle-ci et les magistrats en charge des investigations, afin que ne fassent l'objet d'un mandat de gestion que les seuls biens à la gestion desquels l'agence apportera une valeur ajoutée.

241.63 Procédure. Le législateur n'a en revanche pas défini, à l'article 706-160 du Code de procédure pénale, les contours du « mandat de justice » simplement nommé au premier alinéa du texte. Tout au plus prévoit-il que « la décision de transfert des biens faisant l'objet d'une saisie pénale à l'Agence de gestion et de recouvrement des avoirs saisis et confisqués est notifiée ou publiée selon les règles applicables à la saisie elle-même » [1].

S'il y a donc lieu de se rapporter aux dispositions prévoyant ces modalités, le texte implique la nécessaire formalisation du mandat de justice qui prendra la forme, soit d'une décision du procureur de la République (biens ayant fait l'objet d'une saisie de droit commun), soit d'une ordonnance du juge des libertés et de la détention ou du juge d'instruction (biens ayant fait l'objet d'une saisie spéciale), et emportera transfert de la garde et de la gestion du bien concerné à l'Agrasc.

À cet égard, la circulaire du 3 février 2011 précitée – rédigée avant que la loi n'impose que les décisions de saisies spéciales soient prises pendant l'enquête par le juge des libertés et de la détention, et non plus par le procureur de la République sur autorisation de ce magistrat –, prévoit qu'il est nécessaire que le mandat de justice saisissant l'agence de la gestion d'un bien soit un acte rédigé sur le modèle de l'acte de saisie : il s'agira ainsi, indique la circulaire, soit d'une décision du procureur de la République, soit d'une ordonnance du juge d'instruction, et non d'un simple soit-transmis [2].

1. C. pr. pén., art. 706-160, al. 5.

Bien que le texte ne le prévoie pas, il pourrait être reconnu aux personnes ayant des droits sur le bien confié à la gestion de l'Agrasc et aux tiers ayant des droits sur ce bien, le droit d'exercer un recours à l'encontre de la décision de remise selon les règles applicables à la saisie elle-même.

§ 3
Gestion centralisée impérative des sommes saisies lors des procédures pénales

241.71 Monopole de l'Agrasc. Dès sa création, l'Agrasc s'est vue conférer par le législateur un monopole pour la gestion des sommes saisies lors des procédures pénales. Ce monopole a été affirmé par le 2° de l'article 706-160, alinéa 1er, du Code de procédure pénale : « L'agence est chargée d'assurer, sur l'ensemble du territoire et sur mandat de justice : [...] 2° La gestion centralisée de toutes les sommes saisies lors de procédures pénales. » L'exercice de ce monopole fait cependant l'objet de règles particulières.

241.72 Conditions de fond. Le monopole de l'Agrasc en la matière s'étend à toutes les sommes saisies, que celles-ci l'aient été de manière matérielle ou immatérielle, c'est-à-dire que les fonds aient été saisis sur un compte bancaire quelconque, qu'ils résultent de la consignation d'une somme objet d'une créance saisie pénalement, ou bien qu'ait été placé sous main de justice du numéraire.

De même, il n'y a pas lieu de distinguer selon la nature de la saisie, de droit commun ou spécial. Cela se déduit des dispositions de l'article 706-160, alinéa 4, du Code de procédure pénale selon lesquelles l'ensemble des compétences de l'Agrasc s'exerce pour les biens saisis ou confisqués, y compris ceux qui ne sont pas visés au titre XXIX.

241.73 Conditions de forme. La décision de transfert de sommes saisies à l'Agrasc est mise en œuvre selon les mêmes formes que celles entourant le transfert d'un bien quelconque [3]. Comme il a été vu [4], la décision de transfert des biens faisant l'objet d'une saisie pénale à l'Agrasc est notifiée ou publiée selon les règles applicables à la saisie elle-même. Aucun recours ne paraît cependant ici envisageable : les sommes saisies doivent impérativement être confiées à la gestion de l'agence par application de la loi [5].

2. Circ. Justice, 3 févr. 2011 de *présentation de l'Agence de gestion et de recouvrement des avoirs saisis et confisqués (Agrasc) et de ses missions*, NOR : JUS D 1103707 C, p. 14, *BOMJL*, n° 2011-02, 28 févr. 2011.
3. C. pr. pén., art. 706-160, al. 1, 1°.
4. V. s^s n° 241.63.
5. C. pr. pén., art. 706-160, al. 1, 2°.

241.74 Destination des fonds transférés à l'Agrasc. Le législateur et l'autorité réglementaire ont par ailleurs envisagé le sort des fonds transférés à l'agence.

Ainsi, l'article 706-160, alinéa 2, du Code de procédure pénale, dans sa rédaction issue de la loi n° 2016-731 du 3 juin 2016 [1], prévoit que les sommes transférées à l'Agrasc en application du 2° de ce texte et dont l'origine ne peut être déterminée sont transférées à l'État à l'issue d'un délai de quatre ans après leur réception, lors de la clôture des comptes annuels. Le transfert à l'État, cependant, ne s'opère pas au préjudice des personnes susceptibles d'avoir des droits sur les fonds ainsi transférés, puisqu'il est prévu qu'en cas de restitution postérieure au délai de quatre ans, l'État rembourse à l'agence les sommes dues.

La destination des fonds transférés à l'Agrasc a par ailleurs été prévue par le décret n° 2011-134 du 1er février 2011 [2], qui a notamment inséré dans le Code de procédure pénale l'article R. 54-8, dont il résulte que « les fonds de l'établissement sont déposés au Trésor public » et que, « toutefois, les sommes saisies issues de l'aliénation des biens prévue au 3° ou 4° de l'article 706-160 du Code de procédure pénale ou du placement de ces sommes prévu au 4° de l'article 706-163 sont déposées sur un compte de dépôt ouvert à la Caisse des dépôts et consignations rémunéré par un intérêt déterminé selon les modalités prévues par l'article L. 518-23 du Code monétaire et financier ». Il résulte de ce texte que les fonds transférés à l'Agrasc seront en pratique portés au crédit de comptes bancaires ouverts par l'agence à la Caisse des dépôts et consignations.

Le plus souvent, les fonds seront directement virés depuis le compte sur lequel ils auront été saisis vers le compte de l'Agrasc, la décision de saisie enjoignant à l'établissement tenant le compte de virer les fonds sur celui de l'agence comme le prévoit l'article 706-155, alinéa 1er, du Code de procédure pénale relatif aux saisies de créances de sommes d'argent.

Lorsque la saisie portera sur des espèces, celles-ci seront déposées par les enquêteurs ou les greffes sur le compte ouvert au nom de l'Agrasc.

241.75 Modalités pratiques du transfert. Les modalités pratiques de ces transferts ont été prévues par la circulaire du 3 février 2011 [3].

La circulaire précise que, lorsqu'il est enjoint à un établissement de crédit de consigner les sommes saisies sur le compte de l'Agrasc, il est impératif, pour que l'agence puisse identifier l'origine de la décision et ainsi assurer la traçabilité et le suivi comptable de cette somme, qu'une copie certifiée conforme de la décision de saisie lui soit transmise dans les plus brefs délais par tout moyen, de préférence sous forme dématérialisée.

S'agissant du numéraire, les sommes doivent dans un premier temps être déposées sur le compte du directeur de greffe ouvert à la Caisse des dépôts et consignations ou à la Banque de France, ce dépôt ne devant être effectué que sur autorisation délivrée par le magistrat en charge de la procédure et une fois un numéro de parquet attribué à celle-ci. Il est préconisé que le dépôt soit effectué dans les meilleurs délais, les tribunaux ne devant conserver aucun numéraire pour des raisons de sécurité et de bonne gestion.

Le directeur de greffe doit ensuite transmettre à l'Agrasc, dans les plus brefs délais après le versement, si possible sous forme dématérialisée, la copie de la déclaration de recette, c'est-à-dire du bordereau de dépôt, qui, le cas échéant, aura été remis au directeur de greffe par l'officier de police judiciaire ayant matériellement procédé au dépôt. Ce bordereau doit comporter outre le numéro identifiant, le numéro de parquet par affaire, le détail des numéros de scellés et le montant versé. L'envoi de la déclaration de recette à l'Agrasc devra être accompagné d'un soit-transmis contenant les coordonnées de la juridiction d'origine, ainsi que d'une impression écran des affaires concernées par les dépôts sur laquelle figureront le nom des mis en cause, celui des victimes, ainsi que les codes NATINF et NATAF des infractions poursuivies.

L'administration centrale de la justice et la Caisse des dépôts et consignations sont convenus de ce que le teneur du compte ouvert au nom du directeur de greffe procédera automatiquement, le soir même du dépôt, au virement sur le compte de l'agence des sommes déposées. Le libellé du virement reprendra la date et le numéro de la déclaration de recette et le nom de la juridiction, afin de rattacher le virement au dépôt effectué et de préserver la traçabilité des flux.

On relèvera enfin, ainsi que cela ressort de la circulaire, que la création de l'Agrasc a rendu nécessaire le transfert sur le compte de l'établissement de l'ensemble des fonds qui figuraient alors au crédit des comptes ouverts au nom des directeurs de greffe. Les greffes et l'Agrasc ont dû veiller, au cours de cette phase de « gestion des stocks », à assurer la traçabilité de l'ensemble des sommes qui étaient virées sur le compte de l'agence.

1. L. n° 2016-731, 3 juin 2016 *renforçant la lutte contre le crime organisé, le terrorisme et leur financement, et améliorant l'efficacité et les garanties de la procédure pénale, JO* 4 juin, n° 1 – ÉGALEMENT : *Rapp. Ass. nat.* n° 3515 (XIVe législ.), p. 339 – *Rapp. Sénat* n° 491 (2015-2016), t. I, p. 257.
2. D. n° 2011-134, 1er févr. 2011 *relatif à l'agence de gestion et de recouvrement des avoirs saisis et confisqués, JO* 3 févr., p. 2154.
3. Circ. Justice, 3 févr. 2011 de *présentation de l'Agence de gestion et de recouvrement des avoirs saisis et confisqués (Agrasc) et de ses missions*, NOR : JUS D 1103707 C, p. 3, *BOMJL*, n° 2011-02, 28 févr. 2011.

CHAPITRE

242. Aliénation avant jugement des objets saisis

SECTION 0 ORIENTEUR

242.00 **Sommaire du chapitre.**

Sect. 1 Aliénation avant jugement des meubles saisis
§ 1 Conditions de fond
A. Biens meubles dont la conservation n'est plus nécessaire à la manifestation de la vérité et dont la restitution s'avère impossible
B. Biens meubles confiscables susceptibles de dévalorisation
§ 2 Conditions de forme
Sect. 2 Aliénation avant jugement des immeubles saisis

Division. Le législateur a organisé aux articles 41-5, alinéas 1 et 2, et 99-2, alinéas 1 et 2, du Code de procédure pénale, complétés par les articles R. 15-33-66-1 à R. 15-33-66-3 et R. 15-41-1 à R. 15-41-3 du même code, la possibilité, pour le procureur de la République ou le juge d'instruction, pendant l'enquête ou l'information judiciaire, de faire procéder à l'aliénation de certains biens placés sous main de justice avant la saisine de la juridiction de jugement.

Il est d'emblée notable que la possibilité d'ordonner l'aliénation des biens placés sous main de justice n'a été prévue par la loi qu'au cours de l'enquête et de l'information judiciaire. Au contraire, aucun texte n'envisage une telle possibilité à compter de la saisine de la juridiction de jugement. Ainsi, comme l'a énoncé la chambre criminelle : la cour d'appel ne tient « d'aucune […] disposition législative ou réglementaire, le pouvoir d'autoriser l'aliénation des biens saisis au cours de la procédure. »[1] En reconnaissant un tel pouvoir à la juridiction le jugement, ainsi que celui de statuer sur les éventuelles difficultés d'exécution des saisies[2], le législateur ferait œuvre utile.

On relèvera que les dispositions de l'article 41-5 du Code de procédure pénale ont été profondément modifiées par la loi n° 2015-177 du 16 février 2015[3], qui a uniformisé les procédures existantes en confiant au procureur de la République, et non plus au juge des libertés et de la détention, sous le contrôle de la chambre de l'instruction, la compétence pour statuer sur l'aliénation des biens meubles placés sous main de justice, ainsi que, comme nous le verrons bientôt, la destruction de ces biens[4] ou leur affectation à un service d'enquête ou judiciaire[5], tandis que la loi n° 2016-731 du 3 juin 2016[6] est venue supprimer l'essentiel des différences de régime juridique – difficilement justifiables[7] –, qui existaient selon que la question de l'aliénation, la destruction ou l'affectation à un service d'enquête ou judiciaire, se posait pendant l'enquête[8] ou au cours de l'information judiciaire[9].

1. Crim. 15 févr. 2023, n° 21-87.146, P.
2. V. s[s] n° 231.174.
3. L. n° 2015-177, 16 févr. 2015 *relative à la modernisation et à la simplification du droit et des procédures dans les domaines de la justice et des affaires intérieures, JO* 17 févr., p. 2961 – ÉGALEMENT : *Rapp. Ass. nat.* n° 2200 (XIVe législ.), p. 45 – *Rapp. Sénat* n° 215 (2014-2015), p. 39 – SUR CE TEXTE : Circ. Justice-DACG, 31 mars 2015 de *présentation des dispositions de procédure pénale de la loi n° 2015-177 du 16 février 2015 relative à la modernisation et à la simplification du droit et des procédures dans les domaines de la justice et des affaires intérieures en matière de scellés*, NOR : JUS D 1508367 C, *BOMJ* n° 2015-4, 30 avr. 2015.
4. V. s[s] chap. 243.
5. V. s[s] chap. 244.
6. L. n° 2016-731, 3 juin 2016 *renforçant la lutte contre le crime organisé, le terrorisme et leur financement, et améliorant l'efficacité et les garanties de la procédure pénale, JO* 4 juin, n° 1.
7. SUR LA QUESTION : *Rapp. Ass. nat.* n° 3515 (XIVe législ.), p. 338 – *Rapp. Sénat* n° 491 (2015-2016), t. I, p. 254.
8. C. pr. pén., art. 41-5.
9. C. pr. pén., art. 99-2 – Jusqu'à l'entrée en vigueur de la loi n° 2016-731 du 3 juin 2016, l'article 99-2, alinéa 2, du Code de procédure pénale, applicable pendant l'information judiciaire, ne permettait pas l'aliénation avant jugement des biens placés sous main de justice s'ils n'appartenaient pas aux personnes poursuivies. Sur proposition de l'Agrasc, cette restriction a été supprimée par le nouveau texte (Agrasc, *Rapp. annuel* 2013, p. 25 – *Rapp. annuel* 2014, p. 51). L'ancien texte, en effet, interdisait l'aliénation avant jugement pendant l'information judiciaire des biens qui cependant pouvaient être saisis comme étant à la libre disposition ►

Seules persistent quelques différences qu'il a cependant été proposé de supprimer[1].

Nous verrons, enfin, que les articles 41-5 et 99-2 ne concernent que les seuls biens meubles et que la loi du 3 juin 2016 les a complétés, en insérant dans le Code de procédure pénale de nouvelles dispositions à l'article 706-152 permettant d'autoriser l'Agrasc à aliéner les immeubles objet de saisies immobilières.

Doit toutefois être ajoutée aux procédures organisées par ces textes, la possibilité, reconnue par la chambre criminelle au propriétaire d'un bien objet d'une décision de saisie spéciale, de solliciter du juge des libertés et de la détention, ou du juge d'instruction, l'autorisation de vendre le bien lorsqu'il n'entend pas le conserver en nature, avec report de la saisie sur le prix de vente[2].

Si l'on excepte cette dernière possibilité, il y a donc dorénavant lieu de distinguer entre l'aliénation avant jugement des biens meubles (sect. 1) et immeubles (sect. 2).

242.01 Principaux textes applicables.

TEXTES SOURCES

- C. pr. pén., art. 41-5, 99-2, 706-152, 706-160, al. 1, 4°
- C. pr. pén., art. R. 15-33-66-1 à R. 15-33-66-3, R. 15-41-1 à R. 15-41-3, R. 54-9

TEXTES *IN EXTENSO*

- **C. pr. pén., art. 41-5**

Lorsqu'au cours de l'enquête la restitution des biens meubles saisis et dont la conservation n'est plus nécessaire à la manifestation de la vérité s'avère impossible, soit parce que le propriétaire ne peut être identifié, soit parce que le propriétaire ne réclame pas l'objet dans un délai d'un mois à compter d'une mise en demeure adressée à son domicile, le procureur de la République peut, sous réserve des droits des tiers, autoriser la destruction de ces biens ou leur remise à l'Agence de gestion et de recouvrement des avoirs saisis et confisqués aux fins d'aliénation.

Le procureur de la République peut également autoriser la remise à l'Agence de gestion et de recouvrement des avoirs saisis et confisqués, en vue de leur aliénation, des biens meubles saisis dont la conservation en nature n'est plus nécessaire à la manifestation de la vérité et dont la confiscation est prévue par la loi, lorsque le maintien de la saisie serait de nature à diminuer la valeur du bien. S'il est procédé à la vente du bien, le produit de celle-ci est consigné. En cas de classement sans suite, de non-lieu ou de relaxe, ou lorsque la peine de confiscation n'est pas prononcée, ce produit est restitué au propriétaire des objets s'il en fait la demande.

Lorsque le maintien de la saisie serait de nature à diminuer la valeur du bien, le procureur de la République peut également ordonner, sous réserve des droits des tiers, de remettre à l'agence de gestion et de recouvrement des avoirs saisis et confisqués, en vue de leur affectation à titre gratuit par l'autorité administrative et après que leur valeur a été estimée, aux services judiciaires ou à des services de police, des unités de gendarmerie, à l'Office français de la biodiversité ou à des services placés sous l'autorité du ministre chargé du budget qui effectuent des missions de police judiciaire, des biens meubles placés sous main de justice dont la conservation n'est plus nécessaire à la manifestation de la vérité et dont la confiscation est prévue par la loi. En cas de classement sans suite, de non-lieu, de relaxe ou d'acquittement, ou lorsque la peine de confiscation n'est pas prononcée, le propriétaire qui en fait la demande obtient la restitution du bien, assortie s'il y a lieu d'une indemnité compensant la perte de valeur qui a pu résulter de l'usage du bien.

Au cours de l'enquête ou lorsqu'aucune juridiction n'a été saisie ou que la juridiction saisie a épuisé sa compétence sans avoir statué sur le sort des scellés, le procureur de la République peut ordonner la destruction des biens meubles saisis dont la conservation n'est plus nécessaire à la manifestation de la vérité, s'il s'agit d'objets qualifiés par la loi de dangereux ou nuisibles, ou dont la détention est illicite.

Les décisions prises en application des quatre premiers alinéas sont motivées. Elles sont notifiées par tout moyen aux personnes ayant des droits sur le bien, si celles-ci sont connues, et aux personnes mises en cause. Ces personnes peuvent contester ces décisions devant la chambre de l'instruction afin de demander, le cas échéant, la restitution du bien saisi. Cette contestation doit intervenir dans les cinq jours qui suivent la notification de la décision, par déclaration au greffe du tribunal ou à l'autorité qui a procédé à cette notification ; en cas de notification orale d'une décision de destruction de produits stupéfiants prise en application du quatrième alinéa, le délai de contestation est de vingt-quatre heures. Ces délais et l'exercice du recours sont suspensifs.

Un décret en Conseil d'État détermine les modalités d'application du présent article.

- **C. pr. pén., art. 99-2**

Lorsque, au cours de l'instruction, la restitution des biens meubles placés sous main de justice et dont la conservation n'est plus nécessaire à la manifestation de la vérité s'avère impossible, soit parce que le propriétaire ne peut être identifié, soit parce que le propriétaire ne réclame pas l'objet dans un délai d'un mois à compter d'une mise en demeure adressée à son domicile, le juge d'instruction peut ordonner, sous réserve des droits des tiers, la destruction de ces biens ou leur remise à l'Agence de gestion et de recouvrement des avoirs saisis et confisqués aux fins d'aliénation.

Le juge d'instruction peut également ordonner, sous réserve des droits des tiers, de remettre à l'Agence de gestion et de recouvrement des avoirs saisis et confisqués, en vue de leur aliénation, des biens meubles placés sous main de justice, dont la conservation n'est plus nécessaire à la manifestation de la vérité et dont la confiscation est prévue par la loi,

▶ des personnes poursuivies – SUR LES APPORTS de la loi n° 2016-731 du 3 juin 2016 à cet égard : Circ. Justice, 17 juin 2016 *de présentation des dispositions générales de procédure pénale immédiatement applicables de la loi n° 2016-731 du 3 juin 2016 renforçant la lutte contre le crime organisé, le terrorisme et leur financement, et améliorant l'efficacité et les garanties de la procédure pénale*, NOR : JUS D 1616979 C, *BOMJ* n° 2016-06, 30 juin 2016, p. 34.

1. Agrasc, *Rapp. annuel* 2017, p. 67 – AUSSI : M. Peter, *Les saisies pénales spéciales. Une évolution majeure pour une stratégie pénale patrimoniale repensée*, thèse, Aix-Marseille, 2018, n° 1145.
2. V. s[s] n° 231.171.

lorsque le maintien de la saisie serait de nature à diminuer la valeur du bien. S'il est procédé à la vente du bien, le produit de celle-ci est consigné pendant une durée de dix ans. En cas de non-lieu, de relaxe ou d'acquittement, ou lorsque la peine de confiscation n'est pas prononcée, ce produit est restitué au propriétaire des objets s'il en fait la demande.

Lorsque le maintien de la saisie serait de nature à diminuer la valeur du bien, le juge d'instruction peut également ordonner, sous réserve des droits des tiers, de remettre à l'agence de gestion et de recouvrement des avoirs saisis et confisqués, en vue de leur affectation à titre gratuit par l'autorité administrative et après que leur valeur a été estimée, aux services judiciaires ou à des services de police, des unités de gendarmerie, à l'Office français de la biodiversité ou à des services placés sous l'autorité du ministre chargé du budget qui effectuent des missions de police judiciaire, des biens meubles placés sous main de justice, dont la conservation n'est plus nécessaire à la manifestation de la vérité et dont la confiscation est prévue par la loi. En cas de non-lieu, de relaxe ou d'acquittement, ou lorsque la peine de confiscation n'est pas prononcée, le propriétaire qui en fait la demande obtient la restitution du bien, assortie s'il y a lieu d'une indemnité compensant la perte de valeur qui a pu résulter de l'usage du bien.

Le juge d'instruction peut également ordonner la destruction des biens meubles placés sous main de justice dont la conservation n'est plus nécessaire à la manifestation de la vérité, lorsqu'il s'agit d'objets qualifiés par la loi de dangereux ou de nuisibles, ou dont la détention est illicite.

Les décisions prises en application du présent article font l'objet d'une ordonnance motivée. Cette ordonnance est prise soit sur réquisitions du procureur de la République, soit d'office après avis de ce dernier. Elle est notifiée au ministère public, aux parties intéressées et, s'ils sont connus, au propriétaire ainsi qu'aux tiers ayant des droits sur le bien, qui peuvent la déférer à la chambre de l'instruction dans les conditions prévues aux cinquième et sixième alinéas de l'article 99. Toutefois, en cas de notification orale d'une décision, prise en application du quatrième alinéa du présent article, de destruction de produits stupéfiants susceptibles d'être saisis à l'occasion de l'exécution d'une commission rogatoire, cette décision peut être déférée dans un délai de vingt-quatre heures devant la chambre de l'instruction, par déclaration au greffe du juge d'instruction ou à l'autorité qui a procédé à cette notification. Ces délais et l'exercice du recours sont suspensifs.

Un décret en Conseil d'État détermine les modalités d'application du présent article.

• **C. pr. pén., art. 706-152**

* V. s^{s} n° 231.01.

• **C. pr. pén., art. 706-160, al. 1, 4°**

L'agence est chargée d'assurer, sur l'ensemble du territoire et sur mandat de justice : [...]

4° L'aliénation des biens ordonnée ou autorisée dans les conditions prévues aux articles 41-5 et 99-2 du présent code.

• **C. pr. pén., art. R. 54-9**

L'établissement peut demander à l'administration chargée des domaines de procéder à l'aliénation des biens meubles placés sous main de justice qui ont été remis à l'agence en application des articles 41-5 et 99-2, ainsi que des biens meubles ou immeubles confisqués au cours d'une procédure pénale. L'aliénation a lieu avec publicité et concurrence.

• **C. pr. pén., art. R. 15-33-66-1**

Il est procédé à la vente des biens meubles placés sous main de justice et, le cas échéant, à la restitution du produit de cette vente, telles que prévues au deuxième alinéa de l'article 41-5, selon les modalités déterminées par les articles suivants.

• **C. pr. pén., art. R. 15-33-66-2**

Les biens meubles placés sous main de justice sont remis, sur autorisation du procureur de la République, à l'Agence de gestion et de recouvrement des avoirs saisis et confisqués qui procède à leur aliénation.

Le produit de la vente est consigné à la Caisse des dépôts et consignations. Il en est porté mention dans un registre spécial tenu par le greffe du tribunal judiciaire.

• **C. pr. pén., art. R. 15-33-66-3**

Le procureur de la République qui a dirigé l'enquête ou celui de la juridiction saisie des poursuites informe par tout moyen le propriétaire des biens meubles de son droit à restitution du produit de la vente dès qu'il classe sans suite la procédure ou qu'intervient une décision définitive de non-lieu, de relaxe, d'acquittement ou de condamnation sans que la confiscation ait été prononcée.

Le propriétaire des biens meubles doit exercer son droit à restitution dans les deux mois qui suivent la notification prévue à l'alinéa précédent. Le procureur de la République lui délivre alors une attestation au vu de laquelle il peut demander à la Caisse des dépôts et consignations que les sommes déposées lui soient versées sans délai, augmentées, le cas échéant, des intérêts échus.

• **C. pr. pén., art. R. 15-41-1**

En application des dispositions du deuxième alinéa de l'article 99-2, il est procédé à la vente des biens meubles placés sous main de justice et à la restitution, lorsqu'elle a lieu, du produit de la vente au propriétaire de ces biens selon des modalités déterminées par la présente sous-section.

• **C. pr. pén., art. R. 15-41-2**

Les biens meubles placés sous main de justice sont remis à l'Agence de gestion et de recouvrement des avoirs saisis et confisqués qui procède à leur aliénation. Le produit de la vente est versé à la Caisse des dépôts et consignations.

Ce versement est mentionné dans un registre spécial tenu par le greffe du tribunal judiciaire.

• **C. pr. pén., art. R. 15-41-3**

Dès qu'est devenue définitive une décision de non-lieu, de relaxe ou d'acquittement ou une décision de condamnation n'ayant pas prononcé la peine de confiscation, le procureur de la République de la juridiction devant laquelle s'est déroulée l'instruction informe, par lettre recommandée avec demande d'avis de réception, le propriétaire des biens des modalités de restitution du produit de la vente. Dans les six mois suivant cette notification, la demande de restitution doit être formée auprès du même procureur de la République par déclaration contre récépissé ou par lettre recommandée avec demande d'avis de réception.

Lorsqu'il estime que les conditions prévues par la loi sont remplies, ce magistrat délivre à l'intéressé une attestation au vu de laquelle celui-ci peut demander à la Caisse des dépôts et consignations que les sommes déposées lui soient versées sans délai, augmentées, le cas échéant, des intérêts échus. Dans le cas contraire, la décision du procureur de la République de refuser de délivrer l'attestation mentionnée à l'alinéa précédent peut être contestée dans les conditions prévues par le deuxième alinéa de l'article 41-4.

242.02 Jurisprudence de référence.

> Seuls les biens confiscables peuvent faire l'objet d'une décision de remise à l'Agrasc aux fins d'aliénation sur le fondement du deuxième alinéa des articles 41-5 et 99-2 du Code de procédure pénale

• **Crim. 14 avr. 2015,** n° 14-80.896, P, n° 81

* V. s^s n° 242.41.

« Attendu que, pour confirmer la décision du juge des libertés et de la détention ordonnant la remise à l'Agence de gestion et de recouvrement des avoirs saisi et confisqués (Agrasc), aux fins d'aliénation, d'un véhicule BMW appartenant à M. X..., gérant de sociétés, mis en examen du chef, notamment, de travail dissimulé, l'arrêt retient que celui-ci utilisait le véhicule pour se rendre sur les chantiers où il surveillait les travailleurs en cause et qu'il s'en était servi pour transporter l'un d'eux ;

Attendu qu'en se déterminant par ces motifs, la chambre de l'instruction a justifié sa décision dès lors que le véhicule saisi a servi directement ou indirectement à commettre le délit de travail dissimulé ou été utilisé à cette occasion, de sorte qu'il était susceptible d'une confiscation en application de l'article L. 8224-3, 3°, du Code du travail, et, par voie de conséquence, d'une remise à l'Agrasc dans les conditions fixées par l'article 41-5, alinéa 2, du Code de procédure pénale dans sa rédaction alors en vigueur. »

> Seuls les biens susceptibles de dépréciation peuvent faire l'objet d'une décision de remise à l'Agrasc aux fins d'aliénation sur le fondement du deuxième alinéa des articles 41-5 et 99-2 du Code de procédure pénale

• **Crim. 11 janv. 2001,** n° 00-82.764, P, n° 8

* V. s^s n° 242.41.

« Attendu que, pour confirmer l'ordonnance du juge d'instruction ordonnant la remise au service des Domaines, en vue de sa vente, d'un véhicule automobile appartenant à X..., mise en examen pour blanchiment aggravé, l'arrêt attaqué relève que le maintien sous scellés du véhicule de l'intéressée n'est plus nécessaire à la manifestation de la vérité, que sa confiscation est susceptible d'être ordonnée en vertu de l'article 324-7 du Code pénal ;

Qu'il ajoute que sa dépréciation ne manquera pas de se produire en cas de prolongation de la procédure d'instruction et que, dès lors, l'aliénation du véhicule par le service des Domaines et la consignation de son prix apparaissent conformes à l'intérêt de la personne mise en examen, dans l'hypothèse d'un non-lieu, d'une relaxe ou de non-prononcé de la peine complémentaire de la confiscation ;

Attendu qu'en l'état de ces énonciations, procédant de son appréciation souveraine, la cour d'appel, qui n'a méconnu aucun des textes invoqués, a fait l'exacte application de l'article 99-2, alinéa 2, du Code de procédure pénale issu de la loi du 23 juin 1999. »

• **Crim. 6 déc. 2005,** n° 05-82.484, P, n° 322

* V. s^s n° 242.41.

« Attendu que, pour confirmer la décision du juge d'instruction ordonnant la remise au service des Domaines, en vue de sa vente, d'un véhicule automobile appartenant à Diana X..., mise en examen notamment pour blanchiment aggravé et travail dissimulé, l'arrêt attaqué relève que le maintien sous scellés du véhicule de l'intéressée n'est plus nécessaire à la manifestation de la vérité et que sa confiscation est susceptible d'être ordonnée en vertu de l'article 324-7 du Code pénal et de l'article L. 362-4 du Code du Travail ; que les juges ajoutent que sa dépréciation ne manquera pas de se produire au regard de la durée prévisible de la procédure et, qu'en prévoyant l'aliénation du véhicule par le service des Domaines, la consignation de son prix ainsi que sa restitution en cas de non-lieu, de relaxe ou de non-prononcé de la peine complémentaire de la confiscation, l'article 92-2 du Code de procédure pénale ne porte atteinte ni à la présomption d'innocence ni à la protection de la propriété ;

Attendu qu'en l'état de ces énonciations, procédant de son appréciation souveraine, la chambre de l'instruction qui n'avait pas à répondre au mémoire mieux qu'elle ne l'a fait, a exactement appliqué l'article 99-2, alinéa 2, du Code de procédure pénale, sans méconnaître les dispositions conventionnelles invoquées. »

> Contrôle de proportionnalité dans le contentieux de la remise à l'Agrasc aux fins d'aliénation

• **Crim. 13 juin 2018,** n° 17-82.278, NP

* V. s^s n° 242.43.

« Attendu qu'est inopérant le moyen qui, dans le cadre du contentieux relatif à une mesure de remise à l'Agrasc, invoque une atteinte disproportionnée au droit de propriété. »

• **Crim. 1er juin 2023,** n° 22-86.463, P

* V. s^s n° 242.43.

« Le moyen est inopérant, dès lors qu'il résulte des énonciations de l'arrêt que, bien qu'elle ait écarté la qualité de domicile du bateau des demandeurs, la chambre de l'instruction a opéré un contrôle de la proportionnalité de l'atteinte portée à leur droit à une vie privée et familiale et au domicile par la décision de remise de leur bateau à l'Agrasc en vue de son aliénation, en considération des éléments relatifs à la gravité concrète des faits et à la situation personnelle des personnes mises en examen. »

> Le recours contre la décision de remise à l'Agrasc aux fins d'aliénation implique l'existence d'un intérêt à agir, mais cet intérêt est suffisant

• **Crim. 31 janv. 2018,** n° 17-81.408, P, n° 28

* V. s^s n° 242.53.

« Attendu qu'il résulte de l'arrêt attaqué et des pièces de la procédure que M. À... a été mis en examen des chefs de blanchiment aggravé et usage de faux dans le cadre d'une information judiciaire portant sur l'achat de produits parapharmaceutiques auprès de M. Y..., gérant de pharmacie, moyennant une commission, et leur revente par internet à des consommateurs chinois ; que, par ordonnance du 26 mai 2016, en application des dispositions des articles 131-21, alinéa 3, du Code pénal et 99-2 du Code de procédure pénale, le juge d'instruction a ordonné la remise à l'Agence de gestion et de recouvrement des avoirs saisis et confisqués (Agrasc), en vue de leur aliénation, de plusieurs centaines de cartons contenant de tels articles saisis lors d'une perquisition au domicile de M. A... ; que, le 14 octobre 2016, les sociétés Pierre Fabre dermo-cosmétique et Pierre Fabre médicament, arguant que la vente aux enchères de produits de leurs marques Furterer, Elgydium et Avène porterait atteinte aux droits qu'elles détiennent sur leurs réseaux de distribution sélective, ont déposé auprès du greffe d'instruction une requête en contestation de ladite ordonnance aux fins de retrait des lots concernés de la vente et destruction de ceux-ci ;

Attendu que les demandeurs ne sauraient se faire un grief de ce que la chambre de l'instruction a déclaré irrecevable leur requête faute de qualité à agir en tant que tiers au sens de l'article 99-2 du Code de procédure pénale, dès lors que la remise à l'Agrasc de biens meubles saisis, en vue de leur aliénation, dans le respect de ce texte et de l'article 131-21 du Code pénal, ne porte pas, par elle-même, atteinte aux droits résultant des contrats de distribution sélective dont font l'objet ces produits, non plus qu'à ceux du titulaire de la marque pour ces derniers. »

• **Crim. 7 sept. 2022,** n° 20-80.678, NP

* V. s[s] n° 242.53.

« Vu l'article 99-2 du Code de procédure pénale :

5. Selon ce texte, le juge d'instruction peut ordonner, sous réserve des droits des tiers, de remettre à l'Agrasc, en vue de leur aliénation, des biens meubles placés sous main de justice, dont la conservation n'est plus nécessaire à la manifestation de la vérité et dont la confiscation est prévue par la loi, lorsque le maintien de la saisie serait de nature à diminuer la valeur du bien.

6. L'ordonnance de remise à l'Agrasc est notifiée au ministère public, aux parties intéressées et, s'ils sont connus, au propriétaire ainsi qu'aux tiers ayant des droits sur le bien, qui peuvent la déférer à la chambre de l'instruction dans les conditions prévues aux cinquième et sixième alinéas de l'article 99 du Code de procédure pénale.

7. Par partie intéressée, il faut entendre toute personne ayant un intérêt à s'opposer à une telle décision (Crim. 15 sept. 2021, n° 20-84.674, publié au Bulletin).

8. Pour déclarer irrecevable l'appel interjeté par Mme [B], l'arrêt relève que sa qualité à agir n'est pas démontrée, dès lors qu'elle n'est pas propriétaire du véhicule saisi et ne peut faire valoir aucun droit sur celui-ci puisqu'il a été acquis par la société [1], que la qualité d'associée de cette personne morale ne permet pas de confondre les patrimoines distincts de la personne morale et de ses associés, et qu'enfin la qualité de créancière de la société [1] qu'elle revendique pour justifier son action ne remplit aucune des conditions imposées par la loi.

9. Les juges en concluent que, dans ces conditions, Mme [B] sera déclarée irrecevable à agir au fond pour contester la remise du bien à l'Agrasc.

10. En se déterminant ainsi, la chambre de l'instruction, qui, en déclarant l'appel irrecevable au motif que l'appelante ne justifiait d'aucun droit sur le bien remis à l'Agrasc, a ajouté à la loi une condition de recevabilité de l'appel qu'elle ne contient pas, a méconnu le texte susvisé et le principe ci-dessus rappelé. »

> Compétence de la chambre de l'instruction pour statuer sur l'appel de l'ordonnance du juge d'instruction de remise à l'Agrasc aux fins d'aliénation, à l'exclusion de son seul président

• **Crim. 15 déc. 2021,** n° 21-80.411, P

* V. s[s] n° 242.53.

« Vu l'article 99-2 du Code de procédure pénale :

9. Selon ce texte, l'ordonnance par laquelle le juge d'instruction ordonne la remise d'un bien meuble placé sous main de justice à l'Agrasc en vue de son aliénation est notifiée au ministère public, aux parties intéressées et, s'ils sont connus, au propriétaire ainsi qu'aux tiers ayant des droits sur le bien, qui peuvent la déférer à la chambre de l'instruction dans les conditions prévues aux cinquième et sixième alinéas de l'article 99 du Code de procédure pénale.

10. Les dispositions des articles 99 et D. 43-5 du Code de procédure pénale, prévoyant que le président de la chambre de l'instruction est compétent pour statuer seul, notamment, sur les recours relatifs à la restitution d'objets placés sous main de justice, sauf si l'auteur du recours a précisé qu'il saisit la chambre de l'instruction dans sa formation collégiale, ne concernent pas le recours formé contre l'ordonnance prévue par l'article 99-2 du même code.

11. Le président de la chambre de l'instruction ne peut donc statuer seul sur l'appel de l'ordonnance par laquelle le juge d'instruction a ordonné la remise à l'Agrasc d'un bien meuble placé sous main de justice en vue de son aliénation. »

> Articulation du contentieux de la remise aux fins d'aliénation avec celui de la restitution

• **Crim. 6 mai 2014,** n° 13-83.203, P, n° 123

* V. s[s] n° 242.54.

« Attendu qu'il se déduit de ces textes que lorsque le juge d'instruction a été saisi d'une requête en restitution d'un bien meuble placé sous main de justice, il ne peut ordonner la remise de ce bien à l'Agence de gestion et de recouvrement des avoirs saisis et confisqués en vue de son aliénation qu'après avoir statué par ordonnance motivée sur cette requête. »

• **Crim. 22 févr. 2017,** n° 16-86.547, P, n° 54

* V. s[s] n° 242.54.

« Attendu qu'il se déduit de ces textes que le juge saisi par le propriétaire d'un bien meuble placé sous main de justice d'une requête en restitution de ce bien est tenu de statuer sur son bien-fondé indépendamment de l'existence d'une décision, fût-elle définitive, de remise à l'Agence de gestion et de recouvrement des avoirs saisis et confisqués (Agrasc) en vue de son aliénation. »

• **Crim. 11 oct. 2017,** n°s 17-82.131 et 17-82.132, NP

* V. s[s] n° 242.54.

« L'ordonnance de remise à l'Agrasc d'un bien saisi n'est pas exécutoire tant qu'il n'a pas été définitivement statué sur toute demande de restitution présentée par le propriétaire dudit bien antérieurement à la décision de remise. »

• **Crim. 8 nov. 2017,** n° 17-82.527, P, n° 251

* V. s[s] n° 242.54.

« Attendu que l'exercice d'un recours contre une ordonnance de refus de restitution d'un bien saisi ne prive pas le juge d'instruction de la faculté d'ordonner sa remise, aux fins d'aliénation, à l'Agrasc dans les conditions du deuxième alinéa [de l'article 99-2 du Code de procédure pénale]. »

• **Crim. 18 déc. 2019,** n° 19-82.612, NP

* V. s[s] n° 242.54.

« Il résulte [de l'article 41-5, alinéa 5, du Code de procédure pénale] que la décision de remise à l'Agrasc aux fins d'aliénation d'un bien meuble saisi peut être contestée devant la chambre de l'instruction par les personnes ayant des droits sur le bien et les personnes mises en cause, afin de demander, le cas échéant, la restitution du bien saisi. »

• **Crim. 11 mai 2022,** n° 21-85.420, P

* V. s[s] n° 242.54.

« En cas d'appel de l'ordonnance de destruction, ou de remise à l'Agrasc aux fins d'aliénation ou d'affectation de biens meubles placés sous main de justice, rendue par le juge d'instruction, la chambre de l'instruction n'a pas le pouvoir de statuer sur la restitution des biens objet de ces décisions. »

242.03 **Bibliographie indicative.**

Articles. S. Almaseanu, « Les nouveaux articles 41-4 et 41-5 du Code de procédure pénale tels que modifiés par la loi du 16 février 2015 », *Gaz. Pal.* 28 mars 2015, n° 87, p. 11 – E. Daoud, « Les droits de la personne mise en cause », *in* L. Ascensi, P. Beauvais et R. Parizot (dir.), *La confiscation des avoirs criminels, Nouveaux enjeux juridiques*, LGDJ, 2021, p. 65 – Ch. Duchaine, « Vente avant jugement d'un meuble placé sous main de justice et poursuite du propriétaire du bien (CPP, art. 99-2, al. 2) », *Dr. pén.* 2014, étude 11.

SECTION 1
ALIÉNATION AVANT JUGEMENT DES MEUBLES SAISIS

242.10 **Plan.** L'aliénation des biens meubles avant jugement obéit à des conditions de fond (§ 1) et de forme (§ 2).

§ 1
Conditions de fond

242.20 **Plan.** Les articles 41-5 et 99-2 du Code de procédure pénale distinguent entre deux types de biens susceptibles de faire l'objet, pendant l'enquête ou l'information judiciaire, d'une décision d'aliénation avant jugement : d'une part les biens meubles dont la restitution s'avère impossible (A), d'autre part ceux confiscables et susceptibles de dévalorisation (B), mais à la condition que la conservation des uns et des autres ne soit plus nécessaire à la manifestation de la vérité.

En permettant l'aliénation avant jugement de ces deux types de biens, le législateur poursuit des objectifs distincts. En effet, l'aliénation avant jugement de la première catégorie de ces biens revient à épargner à l'État les frais de la conservation durable de biens en tout état de cause insusceptibles de restitution, tandis que celle de la seconde poursuit un intérêt commun à l'État et au propriétaire du bien, celui d'éviter qu'à l'issue de la procédure le bien saisi ait perdu de sa valeur, ce qui ne serait de l'intérêt ni de l'État, en cas de confiscation, ni du propriétaire, en cas de restitution. C'est bien ainsi, d'ailleurs, que la chambre criminelle a compris le sens de ce dispositif, lorsqu'elle s'est refusée à renvoyer au Conseil constitutionnel la question de la constitutionnalité du deuxième alinéa des articles 41-5 et 99-2 du Code de procédure pénale, en énonçant notamment que les dispositions de ces textes sont « justifiées par l'objectif à valeur constitutionnelle de bonne administration de la justice, consistant à faciliter la gestion des scellés et à éviter la dépréciation de biens meubles saisis dont la conservation n'est plus nécessaire à la manifestation de la vérité »[1], ou encore « justifiées par l'objectif à valeur constitutionnelle d'une bonne administration de la justice, soit, plus précisément, la nécessité d'éviter le dépérissement et la perte de valeur de scellés longuement immobilisés »[2].

A.
Biens meubles dont la conservation n'est plus nécessaire à la manifestation de la vérité et dont la restitution s'avère impossible

242.31 **Définition des objets concernés.** Pourront tout d'abord faire l'objet d'une décision d'aliénation avant jugement, « sous réserve des droits des tiers », « les biens meubles saisis et dont la conservation n'est plus nécessaire à la manifestation de la vérité » et dont la restitution « s'avère impossible »[3].

Quatre conditions cumulatives doivent ainsi être caractérisées.

Tout d'abord, seuls peuvent faire l'objet d'une décision d'aliénation les biens meubles, ce qui exclut donc qu'un immeuble quel qu'il soit puisse faire l'objet d'une décision d'aliénation avant jugement en application de ces dispositions générales. Nous verrons que des dispositions spécifiques existent en matière immobilière[4].

Il faut ensuite que le bien dont l'aliénation est envisagée ne soit plus nécessaire à la manifestation de la vérité, ce qui pourrait s'entendre, à suivre la jurisprudence applicable dans le contentieux de la destruction avant jugement des objets saisis, de l'inutilité du bien non seulement pour la caractéri-

1. Crim. 7 oct. 2015, n° 15-90.015, NP.
2. Crim. 10 mai 2011, n° 10-87.791, NP.
3. C. pr. pén., art. 41-5, al. 1, et 99-2, al. 1.
4. V. s[s] n° 242.61.

sation des infractions objet de la procédure, mais également pour l'élucidation des circonstances de leur commission susceptibles d'avoir une influence sur l'appréciation de la gravité des faits poursuivis[1].

La restitution du bien doit encore s'avérer impossible. À cet égard, le législateur a précisé, aux articles 41-5 et 99-2, ce qu'il convient d'entendre par ce qualificatif. Cette impossibilité devra tenir, en effet, soit au fait que le propriétaire n'a pu être identifié[2], soit au fait que le propriétaire n'a pas réclamé le bien concerné dans un délai d'un mois à compter d'une mise en demeure adressée à son domicile[3]. Encore faut-il cependant que ces circonstances soient constatées par les juges, à suivre la jurisprudence applicable dans le contentieux de la destruction avant jugement des objets saisis[4].

Enfin, la décision d'aliénation avant jugement ne saurait être prise au mépris des droits sur le bien dont des tiers sont susceptibles d'être titulaires.

B. Biens meubles confiscables susceptibles de dévalorisation

242.41 **Définition des objets concernés.** Le deuxième alinéa des articles 41-5 et 99-2 du Code de procédure pénale prévoit que pourront faire l'objet d'une décision d'aliénation avant jugement les « biens meubles saisis dont la conservation en nature n'est plus nécessaire à la manifestation de la vérité et dont la confiscation est prévue par la loi, lorsque le maintien de la saisie serait de nature à diminuer la valeur du bien ».

Quatre conditions doivent comme précédemment être réunies, mais elles diffèrent de celles prévues par le premier alinéa de chacun de ces textes.

Il convient d'abord que le bien dont l'aliénation est envisagée soit un meuble, d'autre part que sa conservation en nature ne soit plus nécessaire à la manifestation de la vérité[5], ce qui pourrait à nouveau s'entendre, si l'on se réfère à la jurisprudence applicable dans le contentieux de la destruction avant jugement des objets saisis, de l'inutilité du bien non seulement pour la caractérisation des infractions objet de la procédure, mais également pour l'élucidation des circonstances de leur commission susceptibles d'avoir une influence sur l'appréciation de la gravité des faits poursuivis[6]. Il est comme précédemment exclu qu'un immeuble puisse faire l'objet d'une décision d'aliénation avant jugement en application de ces dispositions générales[7].

Le bien doit par ailleurs être confiscable, selon les règles du droit pénal substantiel[8]. Contrôlant l'application de cette condition, la chambre criminelle a par exemple approuvé la décision de confirmation d'une décision de remise d'un véhicule à l'Agrasc aux fins d'aliénation en relevant que « le véhicule saisi [avait] servi directement ou indirectement à commettre le délit de travail dissimulé ou été utilisé à cette occasion, de sorte qu'il était susceptible d'une confiscation en application de l'article L. 8224-3, 3°, du Code du travail, et, par voie de conséquence, d'une remise à l'Agrasc dans les conditions fixées par l'article 41-5, alinéa 2, du Code de procédure pénale, dans sa rédaction alors en vigueur »[9].

Le maintien de la saisie doit enfin être de nature à diminuer la valeur du bien, condition qu'il a été proposé de supprimer[10]. Il appartient aux juges du fond de rechercher si cette condition se trouve caractérisée dans les circonstances de la cause, mais la chambre criminelle la laisse à leur appréciation souveraine, tant que leur décision est motivée suffisamment et sans contradiction[11]. D'ailleurs, le moyen pris de ce que le maintien de la saisie ne serait pas de nature à diminuer la valeur des biens ne saurait être présenté pour la première fois devant la Cour de cassation, où il serait qualifié de nouveau, mélangé de droit et de fait, et comme tel irrecevable[12].

1. V. s[s] n° 243.27.
2. POUR UN EXEMPLE D'APPLICATION : Crim. 5 janv. 2010, n° 09-81.949, P, n° 2 ; *AJ pénal* 2010. 194, obs. G. Roussel ; *Procédures* 2010, comm. 162, obs. J. Buisson ; *Dr. pén.* 2010, comm. 68, obs. M. Véron.
3. Ce délai a été unifié à un mois (deux mois auparavant) dans l'une et l'autre des procédures par suite de l'entrée en vigueur de la loi n° 2015-177 du 16 février 2015 et de la loi n° 2016-731 du 3 juin 2016 – SUR CE DERNIER TEXTE : Circ. Justice, 17 juin 2016 *de présentation des dispositions générales de procédure pénale immédiatement applicables de la loi n° 2016-731 du 3 juin 2016 renforçant la lutte contre le crime organisé, le terrorisme et leur financement, et améliorant l'efficacité et les garanties de la procédure pénale*, NOR : JUS D 1616979 C, *BOMJ* n° 2016-06, 30 juin 2016, p. 34.
4. V. s[s] n° 243.11.
5. POUR UN EXEMPLE D'APPLICATION : Crim. 1er déc. 2021, n° 21-81.651, NP.
6. V. s[s] n° 243.27.
7. V. s[s] n° 242.61.
8. V. s[s] titre 12.
9. Crim. 14 avr. 2015, n° 14-80.896, P, n° 81 ; *AJ pénal* 2015. 384, obs. L. Ascensi ; *Dr. soc.* 2016. 34, chron. R. Salomon.
10. L. Saint-Martin et J.-L. Warsmann, *Investir pour mieux saisir, confisquer pour mieux sanctionner, Rapport parlementaire*, nov. 2019, p. 54.
11. Crim. 11 janv. 2001, n° 00-82.764, P, n° 8 ; *D.* 2001. 1592 – Crim. 6 déc. 2005, n° 05-82.484, P, n° 322 – Crim. 23 janv. 2007, n° 06-85.851, NP – Crim. 1er févr. 2011, n° 10-84.341, NP – Crim. 17 juin 2014, n° 13-81.682, NP – Crim. 20 sept. 2016, n° 15-83.223, NP – Crim. 28 févr. 2018, n°s 17-82.157 à 17-82.159, NP (3 arrêts) – Crim. 1er déc. 2021, n° 21-81.651, NP.
12. Crim. 31 oct. 2012, n° 12-81.482, NP.

242.42 Défaut d'atteinte à la présomption d'innocence. Négativement, il a été jugé que la décision de remise à l'Agrasc d'un tel bien avant jugement ne méconnaît pas la présomption d'innocence, comme ne préjugeant pas de la décision de confiscation de la juridiction de jugement[1].

242.43 Contrôle de proportionnalité. La question de savoir si le juge répressif est tenu de contrôler la proportionnalité de l'atteinte portée aux droits fondamentaux du propriétaire du bien saisi, par son aliénation avant jugement, ne donne pas lieu à une réponse unique.

La chambre criminelle a en effet exclu la mise en œuvre du contrôle de la proportionnalité de l'atteinte portée au droit de propriété de l'intéressé par l'aliénation. Elle a ainsi énoncé, dans un arrêt du 13 juin 2018, « qu'est inopérant le moyen qui, dans le cadre du contentieux relatif à une mesure de remise à l'Agrasc, invoque une atteinte disproportionnée au droit de propriété »[2]. Des décisions antérieures, moins explicites cependant, étaient du reste déjà en ce sens[3]. Il est vrai que l'aliénation sert à la fois les intérêts du propriétaire et ceux de l'État, comme il a été vu[4].

Ceci étant, la règle est autre lorsque se pose la question de la proportionnalité de l'atteinte portée au droit au respect de la vie privée et familiale du propriétaire, la justification qui précède étant ici impropre à justifier l'exclusion du contrôle de proportionnalité. Dans une décision du 1er juin 2023, la chambre criminelle a ainsi approuvé des juges d'avoir procédé au contrôle de la proportionnalité de l'atteinte portée à ce droit fondamental par la décision d'aliénation d'un navire qui était susceptible de constituer le domicile des personnes mises en cause[5].

§ 2
Conditions de forme

242.50 Plan. La procédure d'aliénation des biens meubles avant jugement est identique, selon qu'elle se déroule au cours de l'enquête ou bien pendant l'information judiciaire. Les seules différences concernent l'autorité compétente pour prendre la décision d'aliénation et les conditions d'exercice des voies de recours.

1. Crim. 6 déc. 2005, n° 05-82.484, P, n° 322 – Crim. 23 janv. 2007, n° 06-85.851, NP – Crim. 1er févr. 2011, n° 10-84.341, NP – Crim. 24 sept. 2014, n° 13-88.458, NP.
2. Crim. 13 juin 2018, n° 17-82.278, NP.
3. Crim. 1er févr. 2011, n° 10-84.341, NP – Crim. 23 janv. 2007, n° 06-85.851, NP – Crim. 17 juin 2014, n° 13-81.682, NP – Crim. 20 sept. 2016, n° 15-83.223, NP.
4. V. ss n° 242.20.
5. Crim. 1er juin 2023, n° 22-86.463, P.

242.51 Autorité compétente. En l'état actuel des textes, compétence a été donnée par le législateur au procureur de la République, pendant l'enquête, et au juge d'instruction, au cours de l'information judiciaire, pour décider de l'aliénation des biens meubles saisis avant jugement.

242.52 Forme de la décision. Que la décision d'aliénation soit prise par le procureur de la République ou le juge d'instruction, celle-ci doit être motivée.

L'article 99-2, alinéa 5, du Code de procédure pénale, applicable pendant l'information judiciaire, précise au reste que la décision du juge d'instruction doit prendre la forme d'une ordonnance nécessairement prise, soit sur réquisitions du procureur de la République, soit d'office après avis de ce magistrat.

242.53 Recours contre la décision. La décision d'aliénation du procureur de la République, comme celle du juge d'instruction, peuvent faire l'objet d'un recours suspensif devant la chambre de l'instruction, lequel a la nature et les effets de l'appel, de sorte qu'il présente un effet dévolutif permettant à la chambre de l'instruction, en cas de confirmation de la décision du procureur de la République, de substituer ses motifs à ceux du premier magistrat[6]. L'agrasc a cependant proposé de supprimer ou, à tout le moins, de réformer selon des modalités diverses le caractère suspensif de ce recours[7].

La juridiction compétente pour statuer sur ce recours est bien la seule chambre de l'instruction, à l'exclusion de son président. Il a en effet été posé pour principe que « le président de la chambre de l'instruction ne peut statuer seul sur l'appel de l'ordonnance, prévue par l'article 99-2 du Code de procédure pénale, par laquelle le juge d'instruction ordonne la remise d'un bien meuble placé sous main de justice à l'Agence de gestion et de recouvrement des avoirs saisis et confisqués (Agrasc) en vue de son aliénation »[8]. Si l'avant-dernier alinéa de l'article 99-2 dispose que le ministère public, les parties intéressées, le propriétaire du bien litigieux et les tiers ayant des droits sur ce bien peuvent déférer la décision du juge d'instruction à la chambre de l'instruction « dans les conditions prévues aux cinquième et sixième alinéas de l'article 99 du Code de procédure pénale », et s'il est vrai que, dans le contentieux de la restitution, ce dernier texte donne compétence à la chambre de l'instruction ou bien à son seul président pour statuer sur l'appel interjeter à l'encontre de la décision du juge d'instruction, ces textes ne sauraient pourtant être interprétés comme signifiant que, dans le contentieux de la remise à

6. Crim. 23 nov. 2022, n° 22-80.950, P.
7. Agrasc, *Rapp. annuel* 2021, p. 176.
8. Crim. 15 déc. 2021, n° 21-80.411, P.

l'Agrasc également, le président de la chambre de l'instruction pourrait statuer seul sur le recours formé contre la décision du juge d'instruction. Le renvoi de l'article 99-2 à l'article 99 du Code de procédure pénale ne concerne en effet que les modalités d'exercice du recours et la procédure devant être spécialement suivie devant la chambre de l'instruction.

La même règle s'applique en matière de destruction d'objet saisi, qui obéit à la même procédure, dans le champ d'application de l'article 41-5 du Code de procédure pénale : le président de la chambre de l'instruction excède ses pouvoirs lorsqu'il statue seul sur la contestation de la décision de destruction prise par le procureur de la République [1].

Les formalités de notification de la décision et d'exercice de cette voie de recours diffèrent, de façon contestable [2], selon que la décision intervient pendant l'enquête ou l'information judiciaire.

Ainsi, pendant l'enquête, la décision du procureur de la République doit être notifiée par tout moyen aux personnes ayant des droits sur le bien, si celles-ci sont connues, et aux personnes mises en cause. Ces personnes peuvent contester la décision devant la chambre de l'instruction afin de demander, le cas échéant, la restitution du bien saisi. Cette contestation, précise le texte, doit intervenir dans les cinq jours qui suivent la notification de la décision par déclaration au greffe du tribunal ou à l'autorité qui a procédé à la notification [3]. L'appel formé par lettre recommandée avec demande d'avis de réception est irrecevable [4].

Au cours de l'information judiciaire, en revanche, la décision d'aliénation doit être notifiée au ministère public, aux parties intéressées et, s'ils sont connus, au propriétaire ainsi qu'aux tiers ayant des droits sur le bien qui pourront former un recours devant la chambre de l'instruction par requête déposée au greffe du juge d'instruction dans les dix jours qui suivent la notification de la décision [5]. Il s'en déduit que le seul intérêt à agir rend recevable à interjeter appel de l'ordonnance, la notion de partie intéressée s'entendant de toute personne ayant intérêt à s'opposer à la décision [6]. En effet, contrairement à ce qu'il en est dans le contentieux des saisies spéciales, le législateur n'a pas ajouté à la condition commune de l'intérêt à agir, une condition qui aurait tenu à une quelconque qualité pour agir [7]. Il a été précisé, conformément au droit commun [8] et certes dans le domaine voisin de l'affectation avant jugement des meubles saisis – lequel voit cependant s'appliquer la même procédure [9] –, qu'à condition qu'elle soit régulière, la notification fait courir le délai d'appel, peu important que celle-ci soit suivie d'une seconde notification [10]. L'appel formé plus de dix jours après la première notification est ainsi irrecevable, sauf pour l'appelant à démontrer l'existence d'un obstacle indépendant de sa volonté l'ayant mis dans l'impossibilité d'exercer son recours en temps utile. De même, à nouveau conformément au droit commun, l'appel doit impérativement être formé par une déclaration au greffe signée par le greffier et l'appelant lui-même, son avocat ou un fondé de pouvoir spécial, et non par lettre recommandée avec demande d'avis de réception [11]. À défaut, l'appel est irrecevable, sauf à ce que l'appelant justifie avoir été confronté à une impossibilité de se conformer aux dispositions de l'article 502 du Code de procédure pénale.

La circulaire du 31 mars 2015 [12] précise que la notification de la décision du magistrat peut être effectuée par les services d'enquête, qui devront l'acter sur procès-verbal distinct comportant mention des voies de recours ouvertes et le faire signer par l'intéressé, un exemplaire lui étant remis. Il est vrai que rien ne semble s'opposer à cette possibilité.

En application du droit commun, il s'ajoute à ces dispositions, qui réservent la qualité pour contester la décision de remise à l'Agrasc aux fins d'aliénation à certaines personnes, l'exigence d'un intérêt à agir, comme l'a rappelé la chambre criminelle. Ainsi, dans une affaire où des fabricants de produits pharmaceutiques avaient contesté devant la chambre de l'instruction la décision de remise à l'Agrasc, aux fins d'aliénation, d'un stock de leurs produits, arguant que leur vente aux enchères aurait porté atteinte aux droits qu'ils détenaient sur leurs réseaux de distribution sélective et sur leurs marques, la chambre criminelle a approuvé la chambre

1. Crim. 23 nov. 2022, n° 22-80.950, P.
2. AUSSI : J. Bourgais, *Le rôle du juge pénal en matière de saisies et confiscations, Étude de droit comparé (France – Angleterre)*, Poitiers, 2021, n° 98 qui propose notamment d'harmoniser le délai de recours (dix jours) contre la décision d'aliénation, que celle-ci ait été rendue par le procureur de la République ou le juge d'instruction.
3. C. pr. pén., art. 41-5, al. 5.
4. Crim. 19 déc. 2018, n° 18-81.191, NP.
5. C. pr. pén., art. 99, al. 5 et 6, 99-2, al. 5, 186, al. 4, 502 et 503.
6. Crim. 7 sept. 2022, n° 22-80.678, P – Crim. 22 mars 2023, n° 22-82.943, NP.
7. V. s^s^ n° 231.92.
8. Crim. 3 juill. 1989, n° 89-82.416, P, n° 281 – Crim. 11 déc. 2007, n° 07-86.806, NP.
9. V. s^s^ n° 244.41.
10. Crim. 19 mai 2021, n°s 20-86.364 et 20-86.365, NP.
11. Crim. 23 nov. 2021, n° 21-81.848, NP.
12. Circ. Justice-DACG, 31 mars 2015 de *présentation des dispositions de procédure pénale de la loi n° 2015-177 du 16 février 2015 relative à la modernisation et à la simplification du droit et des procédures dans les domaines de la justice et des affaires intérieures en matière de scellés*, NOR : JUS D 1508367 C, *BOMJ* n° 2015-04, 30 avr. 2015, p. 6.

de l'instruction d'avoir déclaré leur recours irrecevable, dès lors que la décision « ne [portait] pas, par elle-même, atteinte aux droits résultant des contrats de distribution sélective dont [faisaient] l'objet ces produits, non plus qu'à ceux du titulaire de la marque pour ces derniers »[1]. Il est vrai que la décision de remise à l'Agrasc aux fins d'aliénation est une chose ; les modalités de la vente en découlant en sont une autre, dès lors que, comme nous le verrons, l'Agrasc peut faire procéder à la vente des biens qui lui sont remis pour aliénation selon des modalités diverses[2].

La procédure devant la chambre de l'instruction n'est pas décrite par l'article 41-5 du Code de procédure pénale ; elle ne l'est que par l'article 99-2 du même code. En effet, lorsque la décision relève du juge d'instruction, l'article 99-2 renvoie aux dispositions de l'article 99. Il résulte du dernier alinéa de ce texte que les tiers, au même titre que les parties, peuvent être entendus par la chambre de l'instruction en leurs observations, mais ils ne peuvent prétendre à la mise à disposition de la procédure. On pourra se reporter aux développements relatifs à cette procédure qui lui sont consacrés à propos du contentieux de la restitution[3].

Qu'en est-il lorsque la procédure relève du procureur de la République ? Il nous semble qu'en contemplation des règles applicables au cours de l'information judiciaire, les personnes ayant des droits sur le bien ainsi que les personnes mises en cause doivent pouvoir être entendues par la chambre de l'instruction en leurs observations, mais que le secret de l'enquête fait obstacle à ce que la procédure soit mise à la disposition des intéressés. D'ailleurs, il résultait des dispositions de l'article 41-5, qui étaient applicables avant l'entrée en vigueur de la loi n° 2015-177 du 16 février 2015[4], que « le propriétaire et les tiers [pouvaient] être entendus par la chambre de l'instruction » mais que « les tiers ne [pouvaient] toutefois pas prétendre à la mise à disposition de la procédure ». Sur ce point, la circulaire du 31 mars 2015[5] indique que « si le recours est formé à l'occasion d'une enquête qui est toujours en cours, l'accès à l'entier dossier n'est [...] pas possible en raison du secret de l'enquête (il est dès lors limité aux pièces relatives à la saisie), ce qui n'est pas le cas si le recours est formé alors que la juridiction saisie a définitivement statué sur la procédure ». Il reste que, pour concilier le caractère contradictoire de la procédure et le secret de l'enquête, l'on pourrait songer à étendre au contentieux de l'aliénation avant jugement des biens meubles les règles d'accès à la procédure mises en œuvre en cas d'appel interjeté contre les décisions de saisies spéciales[6].

Enfin, il est exclu qu'à l'occasion du recours contre la décision de remise, soit contestée la validité de la saisie. Ainsi, la chambre criminelle a énoncé « qu'est inopérant le moyen qui critique le fondement de la saisie dans le cadre de l'appel contre une mesure de remise à l'Agrasc, cette question relevant du contentieux de la saisie proprement dite »[7].

242.54 Articulation du contentieux de la remise aux fins d'aliénation avec celui de la restitution. La chambre criminelle a rendu plusieurs arrêts importants coordonnant le contentieux de la remise aux fins d'aliénation avant jugement avec celui de la restitution.

S'agissant d'abord de la possibilité pour la chambre de l'instruction de statuer ou non sur la restitution du bien litigieux lorsqu'elle se trouve saisie du recours formé contre la décision de remise de ce bien à l'Agrasc aux fins d'aliénation, il a été posé pour principe, en application des dispositions explicites du cinquième alinéa de l'article 41-5 du Code de procédure pénale, que « la décision de remise à l'Agrasc aux fins d'aliénation d'un bien meuble saisi peut être contestée devant la chambre de l'instruction par les personnes ayant des droits sur le bien et les personnes mises en cause, afin de demander, le cas échéant, la restitution du bien saisi »[8], alors qu'au contraire il a été jugé, sur le fondement de l'article 99-2 du même code, qu'« en cas d'appel de l'ordonnance de destruction, ou de remise à l'Agrasc aux fins d'aliénation ou d'affectation de biens meubles placés sous main de justice, rendue par le juge d'instruction, la chambre de l'instruction n'a pas le pouvoir de statuer sur la restitution des biens objet de ces décisions »[9]. Cette différence de régimes juridiques a plusieurs justifications dont a expressément fait état la chambre criminelle dans la seconde de ces décisions. D'une part, contrairement à l'article 41-5 qui s'applique pendant l'enquête, l'article 99-2, applicable au cours de l'information judiciaire, ne prévoit pas qu'à l'occasion de leur recours les personnes recevables à interjeter appel de la décision du juge d'instruction peuvent demander la restitution des biens saisis, ni que la chambre de

1. Crim. 31 janv. 2018, n° 17-81.408, P, n° 28 – AUSSI : Crim. 7 déc. 2016, n° 15-87.717, NP.
2. V. s[s] n° 242.55.
3. V. s[s] n° 245.36.
4. L. n° 2015-177, 16 févr. 2015 *relative à la modernisation et à la simplification du droit et des procédures dans les domaines de la justice et des affaires intérieures, JO* 17 févr., p. 2961.
5. Circ. Justice-DACG, 31 mars 2015 préc., p. 8.
6. V. s[s] n° 231.94.
7. Crim. 13 juin 2018, n° 17-82.278, NP – Crim. 18 déc. 2019, n° 19-90.035, NP.
8. Crim. 18 déc. 2019, n° 19-82.612, NP.
9. Crim. 11 mai 2022, n° 21-85.420, P.

l'instruction peut en ordonner d'office la restitution. D'autre part, le deuxième alinéa de l'article 99 du Code de procédure pénale donne compétence à la chambre de l'instruction pour directement statuer sur les requêtes en restitution seulement lorsque la requête a été formée conformément à l'avant-dernier alinéa de l'article 81 du même code et que le juge d'instruction s'est abstenu de statuer dans le délai d'un mois, le requérant pouvant alors saisir directement le président de la chambre de l'instruction qui statue conformément aux trois derniers alinéas de l'article 186-1 de ce code. Enfin, interpréter l'article 99-2 comme permettant à l'appelant des décisions de destruction, ou de remise à l'Agrasc aux fins d'aliénation ou d'affectation de biens meubles placés sous main de justice, rendues par le juge d'instruction, de saisir la chambre de l'instruction d'une demande de restitution des biens objet de ces décisions, aurait porté atteinte aux droits des parties intéressées – lesquelles s'entendent des personnes à qui la restitution est susceptible de faire grief[1] –, à qui les décisions de restitution rendues par le juge d'instruction doivent être notifiées et qu'elles peuvent déférer à la chambre de l'instruction en application de l'article 99 du Code de procédure pénale : ces personnes auraient été privées d'un recours.

En ce qui concerne ensuite les effets réciproques produits entre la requête en restitution dont le juge d'instruction est susceptible d'être saisi et la décision de ce magistrat d'ordonner la remise du bien saisi à l'Agrasc aux fins d'aliénation, la chambre criminelle a énoncé qu'« il se déduit des articles 6 de la Convention européenne des droits de l'homme, 99 et 99-2 du Code de procédure pénale que, lorsque le juge d'instruction a été saisi d'une requête en restitution d'un bien meuble placé sous main de justice, il ne peut ordonner la remise de ce bien à l'Agence de gestion et de recouvrement des avoirs saisis et confisqués (Agrasc), en vue de son aliénation, qu'après avoir statué par ordonnance motivée sur cette requête »[2]. Une chambre de l'instruction s'est en effet vue reprocher, en application de ce principe, d'avoir confirmé l'ordonnance de remise à l'Agrasc aux fins d'aliénation d'un véhicule automobile appartenant au mis en examen, rendue par le juge d'instruction à une date où ce magistrat était d'ores et déjà saisi d'une demande de restitution à laquelle il n'avait pas répondu. Puis la chambre criminelle a ajouté qu'« il se déduit des articles 6, § 1, de la Convention européenne des droits de l'homme, premier du Protocole additionnel à ladite Convention, 99 et 99-2 du Code de procédure pénale que le juge saisi par le propriétaire d'un bien meuble placé sous main de justice d'une requête en restitution de ce bien est tenu de statuer sur son bien-fondé indépendamment de l'existence d'une décision, fût-elle définitive, de remise à l'Agence de gestion et de recouvrement des avoirs saisis et confisqués (Agrasc) en vue de son aliénation », et il a été reproché à une chambre de l'instruction d'avoir méconnu ces dispositions en énonçant, pour confirmer l'ordonnance du juge d'instruction tendant au refus de restitution d'un bien, que celui-ci avait fait l'objet d'une décision définitive de remise à l'Agrasc en vue de son aliénation[3]. L'apport de ces deux arrêts peut être résumé en deux propositions : le juge d'instruction ne peut ordonner la remise d'un bien à l'Agrasc aux fins d'aliénation tant qu'il n'a pas statué sur une demande de restitution dont il est saisi ; il doit par ailleurs statuer sur les demandes de restitution dont il est saisi même quand le bien sur lequel porte la demande a préalablement fait l'objet d'une décision définitive de remise à l'Agrasc aux fins d'aliénation. Cette dernière solution s'explique, ainsi que l'a justement relevé un auteur, par le fait que la décision de remise à l'Agrasc aux fins d'aliénation ne change rien au statut du bien qui demeure placé sous main de justice et dont la restitution peut ainsi être sollicitée ; étant relevé que, dans l'hypothèse où le bien aurait été cédé par l'agence, la restitution porterait alors sur le produit de la vente[4].

Enfin, s'agissant des effets du recours contre l'ordonnance de refus de restitution rendue par le juge d'instruction sur son pouvoir d'ordonner la remise du bien saisi à l'Agrasc aux fins d'aliénation, la chambre criminelle a posé pour principe que « l'exercice d'un recours contre une ordonnance de refus de restitution d'un bien saisi ne prive pas le juge d'instruction de la faculté d'ordonner sa remise, aux fins d'aliénation, à l'Agrasc dans les conditions du deuxième alinéa du second de ces textes »[5]. Dans cette affaire, une société mise en examen pour blanchiment en bande organisée et propriétaire de plusieurs véhicules automobiles de luxe saisis avait présenté une requête en restitution de l'un d'eux, laquelle avait été rejetée par le juge d'instruction. Frappée d'appel par la mise en examen, le juge d'instruction, sans attendre que la chambre de l'instruction ne statue sur le recours, avait ordonné la remise du véhicule à l'Agrasc aux fins d'aliénation. Pour annuler l'ordonnance de remise, la chambre de l'instruction avait au contraire retenu que l'ordon-

1. V. s[s] n° 245.36.
2. Crim. 6 mai 2014, n° 13-83.203, P, n° 123 ; *AJ pénal* 2014. 543, obs. J. Lasserre-Capdeville.
3. Crim. 22 févr. 2017, n° 16-86.547, P, n° 54 ; *D.* 2017. 508 ; *Dr. pén.* 2017, comm. 66, obs. A. Maron et M. Haas ; *Gaz. Pal.* 14 mars 2017, n° 11, p. 22, obs. S. Almaseanu.
4. S. Almaseanu, préc.
5. Crim. 8 nov. 2017, n° 17-82.527, P, n° 251 ; *D.* 2017. 2305 ; *AJ pénal* 2018. 160.

nance attaquée avait été rendue prématurément, alors que la décision ayant rejeté la demande de restitution n'était pas définitive et qu'ainsi l'appelant avait été privé de son droit à un recours effectif, mais cette position n'a pas été partagée par la chambre criminelle. Cependant, cette dernière a aussi énoncé, quelques jours plus tôt, que « l'ordonnance de remise à l'Agrasc d'un bien saisi n'est pas exécutoire tant qu'il n'a pas été définitivement statué sur toute demande de restitution présentée par le propriétaire dudit bien antérieurement à la décision de remise »[1]. Il résulte de ces décisions que, si l'existence d'un appel interjeté à l'encontre d'une ordonnance de refus de restitution ne fait donc pas obstacle, en soi, à ce que soit rendue une décision de remise à l'Agrasc aux fins d'aliénation, il n'en demeure pas moins que cette dernière décision ne saurait être exécutée avant qu'il n'ait été définitivement statué sur la demande de restitution.

242.55 **Suite de la décision.** Comme le prévoient les alinéas 1 et 2 des articles 41-5 et 99-2 du Code de procédure pénale, la décision du procureur de la République ou du juge d'instruction emporte remise du bien saisi à l'Agrasc aux fins d'aliénation.

Rappelons en effet que le 4° de l'article 706-160 du Code de procédure pénale donne compétence à l'Agrasc pour assurer « l'aliénation des biens ordonnée ou autorisée dans les conditions prévues aux articles 41-5 et 99-2 [du Code de procédure pénale] », et que les articles R. 15-33-66-2 (enquête) et R. 15-41-2 (information judiciaire) du Code de procédure pénale prévoient que les biens concernés sont matériellement remis à l'Agrasc qui procède à leur aliénation.

Il reviendra ainsi à l'Agrasc de faire procéder à la vente du bien dans les conditions prévues par l'article R. 54-9 du Code de procédure pénale, selon lequel l'agence « peut » demander à l'administration chargée des domaines de procéder à l'aliénation des biens qui lui ont été remis en application des articles 41-5 et 99-2, sans toutefois que le recours à cette administration ne lui ait été imposé par le législateur. Comme il a été vu en ce qui concerne l'aliénation des biens confisqués[2], l'agence peut avoir recours à des intermédiaires divers pour procéder à l'aliénation aux meilleures conditions des biens qui lui sont confiés, sauf à indiquer qu'ainsi que le précise l'article R. 54-9, l'aliénation doit avoir lieu avec publicité et concurrence. L'Agrasc a d'ailleurs exprimé le souhait d'être autorisée à procéder à des ventes de gré à gré[3].

Ainsi, au titre de l'année 2019, l'Agrasc a fait procéder à 3 007 ventes de meubles avant jugement pour un montant total de 8,371 M€[4]. Au reste, les statistiques publiées par l'agence révèlent la complémentarité des réseaux qu'elle est susceptible de solliciter pour procéder à l'aliénation des meubles qui lui sont remis, puisque 903 biens ont été vendus par le service des domaines (2,1 M€), 1 855 par des commissaires-priseurs judiciaires (4,5 M€) et 301 par des huissiers de justice (0,703 M€)[5], lesquels sont depuis devenus commissaires de justice.

242.56 **Consignation du produit de la vente.** Lorsque la décision d'aliénation porte sur un bien confiscable susceptible de dévalorisation[6], le produit de la vente doit être consigné afin qu'il puisse être confisqué ou bien au contraire restitué au propriétaire du bien saisi s'il en fait la demande, en cas de classement sans suite, de non-lieu, de relaxe, d'acquittement, ou lorsque la juridiction de jugement n'a pas prononcé de confiscation.

Les dispositions des articles 41-5 et 99-2 du Code de procédure pénale sont à cet égard comparables, sauf à indiquer qu'au cours de l'information judiciaire, le législateur a prévu que le produit de la vente doit être consigné pendant une durée de 10 ans[7] et que de telles dispositions n'ont pas d'équivalent à l'article 41-5.

Les articles R. 15-33-66-2 et R. 15-41-2 du Code de procédure pénale, applicables selon que la décision d'aliénation est intervenue pendant l'enquête ou l'information judiciaire, prévoient que le produit de la vente sera consigné à la Caisse des dépôts et consignations, et qu'il doit en être porté mention dans un registre spécial tenu par le greffe du tribunal judiciaire.

242.57 **Restitution du produit de la vente.** L'éventuelle restitution du produit de la vente est organisée par les articles R. 15-33-66-3 et R. 15-41-3 du Code de procédure pénale, les règles selon lesquelles les fonds seront restitués au propriétaire des biens vendus différant selon que la décision d'aliénation est intervenue pendant l'enquête ou l'information judiciaire.

1. Crim. 11 oct. 2017, n° 17-82.131, NP – Crim. 11 oct. 2017, n° 17-82.132, NP ; *AJ pénal* 2018. 160, obs. O. Violeau.
2. V. s[s] n° 132.81.
3. Agrasc, *Rapp. annuel* 2017, p. 68.
4. Agrasc, *Rapp. annuel* 2019, p. 21. La somme de 8,371 M€ inclut cependant le produit de la vente de 53 biens meubles confisqués, remis à l'Agrasc en application de l'article 707-1 du Code de procédure pénale. En 2021, 2 468 biens meubles ont été remis à l'Agrac aux fins d'aliénation avant jugement. Cependant, le rapport annuel ne précise pas quel est le nombre de biens qui ont été effectivement vendus, non plus que leur valeur liquidative totale (Agrasc, *Rapp. annuel* 2021, p. 41).
5. Agrasc, préc.
6. C. pr. pén., art. 41-5, al. 2, et 99-2, al. 2.
7. C. pr. pén., art. 99-2, al. 2.

Dans le premier cas, l'article R. 15-33-66-3 prévoit que le procureur de la République qui a dirigé l'enquête ou bien celui de la juridiction saisie des poursuites est tenu d'informer par tout moyen le propriétaire des biens vendus de son droit à restitution du produit de la vente, dès l'instant où il classe sans suite la procédure ou qu'intervient une décision définitive de non-lieu, de relaxe, d'acquittement ou encore de condamnation sans que la confiscation ait été prononcée. Ce propriétaire doit alors exercer son droit à restitution dans les deux mois qui suivent la notification ainsi prévue. Si ce droit est exercé, le procureur de la République délivre à l'intéressé une attestation au vu de laquelle il peut demander à la Caisse des dépôts et consignations que les sommes consignées lui soient versées sans délai, augmentées, le cas échéant, des intérêts échus.

Lorsque la décision d'aliénation a été prise par le juge d'instruction, l'article R. 15-41-3 dispose que, dès qu'est devenue définitive la décision de non-lieu, de relaxe ou d'acquittement ou la décision de condamnation n'ayant pas prononcé la peine de confiscation, le procureur de la République de la juridiction devant lequel s'est déroulée l'instruction doit informer, par lettre recommandée avec demande d'avis de réception, le propriétaire des biens des modalités de restitution du produit de la vente. Dans les six mois suivant cette notification, la demande de restitution doit être formée auprès du même procureur de la République par déclaration contre récépissé ou par lettre recommandée avec demande d'avis de réception. Lorsque le procureur de la République estime que les conditions prévues par la loi sont remplies, il doit délivrer à l'intéressé une attestation au vu de laquelle celui-ci peut demander à la Caisse des dépôts et consignations que les sommes déposées lui soient versées sans délai, augmentées, le cas échéant, des intérêts échus. Dans le cas contraire, la décision du procureur de la République de refuser de délivrer l'attestation mentionnée à l'alinéa précédent peut être contestée dans les conditions prévues par le deuxième alinéa de l'article 41-4 du Code de procédure pénale.

Il nous semble que ces régimes juridiques, qui présentent des différences difficilement justifiables, pourraient être unifiés.

SECTION 2
ALIÉNATION AVANT JUGEMENT DES IMMEUBLES SAISIS

242.61 **Origine du texte.** L'article 706-152 du Code de procédure pénale organise, à ses alinéas 2 et 3, la possibilité d'aliéner, en cours d'enquête ou d'information judiciaire, les immeubles ayant fait l'objet d'une saisie immobilière prévue par l'article 706-150 du Code de procédure pénale.

Ces dispositions ont été insérées à l'article 706-152 par la loi n° 2016-731 du 3 juin 2016[1], sur proposition de l'Agrasc[2], et dont une première application a été faite en 2021[3].

On relèvera que, lors de son adoption par l'Assemblée nationale, ces nouvelles dispositions avaient été introduites à l'article 706-143 du Code de procédure pénale, ce dont il résultait qu'elles avaient vocation à s'appliquer à tout bien ayant fait l'objet d'une saisie spéciale. Il s'agissait, selon le rapporteur de la Commission des lois de l'Assemblée nationale, « de permettre au juge d'instruction ou, sur requête du parquet, au juge des libertés et de la détention, de décider l'aliénation (par cession ou destruction) d'un bien saisi dont les frais de conservation [apparaissaient] sans proportion avec sa valeur avant qu'intervienne le jugement au fond »[4].

Le texte a cependant été modifié par le Sénat, avant d'être adopté en l'état par la Commission mixte paritaire. La Haute Assemblée a en effet déplacé les dispositions nouvelles de l'article 706-143, de portée générale en matière de saisies spéciales, à l'article 706-152, relatif aux seules saisies immobilières, puisqu'il a été relevé, lors des travaux en Commission des lois, que « la nouvelle procédure d'aliénation des biens avant jugement au fond [...] [présentait] une difficulté, en ce qu'elle [visait] l'ensemble des biens, meubles et immeubles »[5]. Or, ainsi qu'il a été observé, si cette procédure était nouvelle pour les immeubles, tel n'était pas le cas pour les meubles faisant déjà l'objet des dispositions équivalentes des articles 41-5 et 99-2 du Code de procédure pénale[6]. Les dispositions adoptées par l'Assemblée nationale ont donc été modifiées pour limiter leur application aux seuls immeubles.

Il résulte de ce rappel des travaux préparatoires de la loi du 3 juin 2016 que l'aliénation avant jugement des biens saisis obéit à deux régimes juridiques distincts : elle relève d'une part des articles 41-5 et 99-2 du Code de procédure pénale lorsqu'elle porte

1. L. n° 2016-731, 3 juin 2016 *renforçant la lutte contre le crime organisé, le terrorisme et leur financement, et améliorant l'efficacité et les garanties de la procédure pénale*, *JO* 4 juin, n° 1 – SUR CE TEXTE : Circ. Justice, 17 juin 2016 *de présentation des dispositions générales de procédure pénale immédiatement applicables de la loi n° 2016-731 du 3 juin 2016 renforçant la lutte contre le crime organisé, le terrorisme et leur financement, et améliorant l'efficacité et les garanties de la procédure pénale*, NOR : JUS D 1616979 C, *BOMJ* n° 2016-06, 30 juin 2016, p. 34.
2. Agrasc, *Rapp. annuel* 2014, p. 51.
3. Agrasc, *Rapp. annuel* 2021, p. 32.
4. *Rapp. Ass. nat.* n° 3515 (XIVe législ.), p. 339 – *Rapp. Sénat* n° 491 (2015-2016), t. I, p. 258.
5. *Rapp. Sénat* n° 491 (2015-2016), p. 259.
6. V. s^s n° 242.10.

sur un bien meuble – que celui-ci ait fait l'objet d'une saisie de droit commun ou spéciale –, d'autre part de l'article 706-152 lorsqu'elle concerne un immeuble objet d'une saisie immobilière.

242.62 **Conditions de fond.** Outre le fait que la saisie doit porter sur un immeuble, l'article 706-152 du Code de procédure pénale dispose que l'aliénation du bien est envisageable seulement lorsque « les frais de conservation de l'immeuble saisi sont disproportionnés par rapport à sa valeur en l'état ».

Rappelons, à cet égard, que l'article 706-143, alinéa 1er, du Code de procédure pénale prévoit que, jusqu'à la mainlevée de la saisie ou de la confiscation du bien saisi, le propriétaire ou le détenteur du bien est en principe responsable de son entretien et de sa conservation. C'est normalement lui qui en supporte la charge, à l'exception des frais qui peuvent être à celle de l'État. Par exception, cependant, le deuxième alinéa de ce texte dispose qu'en cas de défaillance ou d'indisponibilité de l'intéressé, et sous réserve des droits du propriétaire de bonne foi, le procureur de la République ou le juge d'instruction peut autoriser la remise à l'Agrasc des biens saisis dont la vente par anticipation n'est pas envisagée afin que l'agence réalise, dans la limite du mandat qui lui est ainsi confié, tous les actes juridiques et matériels nécessaires à la conservation, l'entretien et la valorisation de ces biens[1].

Ainsi que cela avait été relevé par le rapporteur de la Commission des lois du Sénat, des frais importants peuvent ainsi découler de la gestion des biens saisis, à la charge de l'Agrasc. Assumer de tels frais peut bien sûr avoir du sens lorsque le bien géré par l'agence présente une valeur importante et qu'il sera finalement dévolu à l'État par suite de sa confiscation. Mais tel ne sera pas toujours le cas, ce qui explique que le législateur ait permis, lorsque le bien a été confié à la gestion de l'Agrasc, la vente anticipée de l'immeuble objet de la saisie spéciale en cas de disproportion entre sa valeur et les frais générés par sa conservation.

Le législateur n'a pas davantage précisé cette condition de fond de l'aliénation, et il est probable que la chambre criminelle laissera cette notion éminemment factuelle à l'appréciation souveraine des juges, en limitant son contrôle à celui de la motivation de leur décision qui devra être suffisante et exempte de contradictions conformément au droit commun.

242.63 **Procédure.** La procédure d'aliénation des immeubles est décrite par l'article 706-152 du Code de procédure pénale.

Ainsi, l'Agrasc sera autorisée à aliéner l'immeuble par anticipation par le juge des libertés et de la détention, sur requête du procureur de la République, pendant l'enquête, et par le juge d'instruction, après avis du procureur de la République, au cours de l'information judiciaire.

Cette décision d'autorisation devra faire l'objet d'une ordonnance motivée du juge des libertés et de la détention ou du juge d'instruction.

Elle devra être notifiée aux parties intéressées ainsi qu'aux tiers ayant des droits sur le bien qui pourront la déférer à la chambre de l'instruction dans les conditions prévues aux deux derniers alinéas de l'article 99 du Code de procédure pénale.

Le régime de l'aliénation des immeubles avant jugement emprunte donc à celui applicable aux meubles[2]. Il résulte de ce renvoi que le recours prévu par l'article 706-152 sera exercé par le dépôt d'une simple requête déposée au greffe du juge des libertés et de la détention ou du juge d'instruction dans les dix jours qui suivent la notification de la décision[3], ce délai étant suspensif.

Les tiers, au même titre que les parties, pourront être entendus par la chambre de l'instruction en leurs observations, sans pouvoir cependant prétendre à la mise à disposition de la procédure.

242.64 **Consignation, confiscation et restitution du produit de la vente.** Comme en matière mobilière, le produit de la vente sera consigné.

Cette consignation effectuée, soit le produit de la vente sera confisqué par la juridiction de jugement, soit il sera restitué au propriétaire de l'immeuble s'il en fait la demande, en cas de non-lieu, de relaxe ou d'acquittement, ou lorsque la peine de confiscation ne sera pas prononcée. On peut sans doute ajouter à cette liste le classement sans suite, dès lors que la saisie immobilière peut avoir été ordonnée au cours d'une enquête préliminaire ou de flagrance.

On relèvera que le législateur n'a pas prévu, à l'article 706-152 du Code de procédure pénale, les règles en application desquelles devra s'opérer la restitution au propriétaire des fonds consignés. Ainsi, il n'existe pas, en la matière, de dispositions comparables à celles des articles R. 15-33-66-1 à R. 15-33-66-3 et R. 15-41-1 à R. 15-41-3 du même code qui, en l'état de leur rédaction, ne concernent que l'aliénation des biens meubles et la restitution du produit de celle-ci.

De telles dispositions devront pourtant être prévues. Il nous semble que la décision de restitution du produit de la vente doit être, comme en matière mobilière, de la compétence du procureur de la République et que le refus éventuellement opposé par ce magistrat doit pouvoir être contesté devant la chambre de l'instruction.

1. V. ss no 241.40.

2. V. ss no 242.50.
3. C. pr. pén., art. 99, 186, 502 et 503.

CHAPITRE

243. Destruction des meubles saisis

SECTION 0
ORIENTEUR

243.00 Sommaire du chapitre.

Sect.	1	Destruction avant jugement des biens meubles dont la restitution est impossible
Sect.	2	Destruction des objets qualifiés par la loi de dangereux ou nuisibles, ou dont la détention est illicite

Division. Deux textes permettent la destruction des biens meubles placés sous main de justice avant la saisine de la juridiction de jugement ou bien après que la juridiction saisie a épuisé sa compétence sans avoir statué sur leur sort : les articles 41-5 et 99-2 du Code de procédure pénale. L'un concerne l'enquête, la situation où aucune juridiction n'a été saisie ou encore celle où la juridiction saisie a épuisé sa compétence sans avoir statué sur le sort de ces biens, tandis que l'autre s'applique à l'information judiciaire. Chacun de ces deux textes envisage la destruction de deux catégories de biens distincts : d'une part les biens meubles dont la restitution s'avère impossible (sect. 1) ; d'autre part ceux qui sont qualifiés par la loi de dangereux ou de nuisible, ou dont la détention est illicite (sect. 2).

243.01 Principaux textes applicables.

TEXTES SOURCES

- C. pr. pén., art. 41-5, 41-6, 99-2
- C. pr. pén., art. D. 43-5

TEXTES *IN EXTENSO*

- **C. pr. pén., art. 41-5**

* V. s^{s} nº 242.01.

- **C. pr. pén., art. 41-6**

Par dérogation aux articles 41-4 et 41-5, lorsqu'une procédure s'est achevée par une condamnation définitive prononcée par une cour d'assises, le procureur de la République ou le procureur général qui envisage d'ordonner la remise au service des domaines ou à l'Agence de gestion et de recouvrement des avoirs saisis et confisqués ou la destruction des objets placés sous main de justice dans le cadre de cette procédure en avertit au préalable par écrit le condamné. Celui-ci dispose, à compter de la notification de cet avertissement, d'un délai de deux mois pour lui faire part de son opposition. En cas d'opposition, si le procureur de la République ou le procureur général n'entend pas renoncer à la remise ou à la destruction des objets placés sous main de justice, il saisit par voie de requête le président de la chambre de l'instruction ou la cambre de l'instruction, qui se prononce dans un délai d'un mois. Dans les cas mentionnés au présent article, le procureur de la République ou le procureur général réexamine tous les cinq ans, dans les mêmes formes, l'opportunité de procéder à la remise ou à la destruction des objets placés sous main de justice.

- **C. pr. pén., art. 99-2**

* V. s^{s} nº 242.01.

- **C. pr. pén., art. D. 43-5**

* V. s^{s} nº 231.01.

243.02 Jurisprudence de référence.

> Formes de la décision de destruction prise par le procureur de la République

- **Crim. 15 févr. 2023,** nº 22-83.956, P

* V. s^{s} nº 243.22.

« Vu l'article 41-5 du Code de procédure pénale :

14. Selon ce texte, la décision par laquelle le procureur de la République ordonne la destruction des biens meubles saisis dont la conservation n'est plus nécessaire à la manifestation de la vérité, s'il s'agit d'objets qualifiés par la loi de dangereux ou nuisibles, ou dont la détention est illicite est motivée. Elle est notifiée par tout moyen aux personnes ayant des droits sur le bien, si celles-ci sont connues, et aux personnes mises en cause.

15. Il ressort des travaux préparatoires de la loi nº 2015-177 du 16 février 2015 dont sont issues ces dispositions que celles-ci ont été adoptées afin de simplifier le régime juridique applicable à la gestion des scellés au cours de l'enquête préliminaire ou de flagrance.

16. Il se déduit de ce qui précède que la décision de destruction prise par le procureur de la République peut être écrite ou orale, à condition que le procès-verbal d'enquête rende compte de cette décision et de ses motifs. »

> Unique objet de l'instance en contestation de la décision de destruction devant la chambre de l'instruction

• **Crim. 23 nov. 2022,** n° 22-80.950, P

* V. s^{s} n° 243.22.

« Est inopérant le moyen qui critique le fondement de la saisie dans le cadre de l'appel contre une mesure de destruction de biens saisis prise en application de l'article 41-5 du Code de procédure pénale, cette question relevant du contentieux de la saisie proprement dite. »

> Distinction entre la procédure de destruction de l'article 99-2 du Code de procédure pénale et celle de l'article 389 *bis* du Code des douanes

• **Crim. 19 mars 2014,** n° 13-87.157, P, n° 90

* V. s^{s} n° 243.25.

« Vu l'article 99-2 du Code de procédure pénale ;

Attendu que cet article, qui reconnaît au mis en examen un droit d'appel de l'ordonnance par laquelle le juge d'instruction, sur réquisitions ou après avis du ministère public, ordonne la destruction d'objets saisis, n'est applicable qu'aux biens placés sous main de justice ;

Attendu qu'il résulte de l'arrêt attaqué et des pièces de la procédure que, le 8 juin 2013, des agents de l'administration des douanes ont procédé au contrôle d'un ensemble routier conduit par M. X..., dans lequel ils ont découvert et saisi 154,3 kg de résine de cannabis ; que celui-ci a été mis en examen des chefs d'importation en contrebande de marchandises prohibées, importation et détention non autorisées de stupéfiants ; que, par requête du 21 juin 2013, l'administration des douanes a sollicité, sur le fondement de l'article 389 *bis* du Code des douanes, la destruction de ces produits ; que, par ordonnance du 4 juillet 2013, le juge d'instruction, après avoir constaté que des échantillons de stupéfiants avaient été prélevés conformément aux prescriptions dudit article, a fait droit à la demande ; que le mis en examen a interjeté appel de cette décision ;

Attendu que, pour le recevoir en son appel et infirmer l'ordonnance, l'arrêt énonce que, si, en application de l'article précité, cette décision n'avait pas à lui être notifiée, le mis en examen pouvait cependant en relever appel sur le fondement de l'article 99-2 du Code de procédure pénale ;

Mais attendu qu'en statuant ainsi, alors que les biens saisis n'étaient pas placés sous main de justice et que l'article 389 *bis* du Code des douanes réserve au seul propriétaire des objets sous saisie douanière le droit d'interjeter appel de l'ordonnance par laquelle le juge d'instruction, sur requête de l'administration des douanes, autorise la destruction de ces objets, la chambre de l'instruction a méconnu le texte susvisé et le principe ci-dessus énoncé. »

> Notion de biens qualifiés par la loi de dangereux ou nuisibles, ou dont la détention est illicite

• **Crim. 6 mars 2007,** n° 06-87.446, P, n° 71

* V. s^{s} n° 243.26.

« Vu l'article 99-2 du Code de procédure pénale ;

Attendu qu'il résulte du texte précité que le juge d'instruction ne peut ordonner la destruction des biens meubles placés sous main de justice dont la conservation n'est plus nécessaire à la manifestation de la vérité que s'il s'agit d'objets qualifiés par la loi de dangereux ou de nuisibles, ou dont la détention est illicite ou, à défaut, si la restitution s'avère impossible, soit parce que le propriétaire ne peut être identifié, soit parce que le propriétaire ne réclame pas l'objet dans un délai de deux mois à compter d'une mise en demeure adressée à son domicile ;

Attendu qu'il résulte de l'arrêt attaqué et des pièces de la procédure que, le 27 février 2006, un cargo appartenant à la société panaméenne Angara maritime corporation a été arraisonné par les autorités maritimes françaises alors qu'il transportait 1,8 tonne de cocaïne ; que le navire a été placé sous main de justice ; que le capitaine, A... Y..., et l'ensemble des membres d'équipage, dont X... Z..., ont été mis en examen pour infractions à la législation sur les stupéfiants ; que, par ordonnance du 3 avril 2006, le juge d'instruction a prescrit la destruction du navire, dont la conservation n'apparaissait plus utile à la manifestation de la vérité ;

Attendu que, pour confirmer cette ordonnance, la chambre de l'instruction retient que ledit navire est dangereux et nuisible en raison de son mauvais état d'entretien et des difficultés de garde et de conservation à l'approche de la saison cyclonique annoncée comme devant être d'une particulière intensité ;

Mais attendu qu'en prononçant ainsi, sans rechercher si la loi elle-même qualifiait cet objet de dangereux ou de nuisible, ou en interdisait la détention, et, à défaut, sans constater que la restitution s'avérait impossible, la chambre de l'instruction a méconnu le sens et la portée du texte susvisé et du principe ci-dessus énoncé. »

• **Crim. 11 févr. 2009,** n° 08-83.516, P, n° 35

* V. s^{s} n° 243.26.

« Attendu qu'il résulte de l'arrêt attaqué et des pièces de la procédure qu'au cours de l'année 2005, des agents des douanes ont saisi des vêtements, importés de Turquie par les sociétés AX 26 et Jacob H, dont Jennifer et Jacob X... sont les gérants, qui contrefaisaient la marque Red *Bull* et ses signes figuratifs, propriété exclusive de la société autrichienne éponyme pour la fabrication et la commercialisation d'une boisson énergétique, dont la distribution avait été interdite en France jusqu'en avril 2008, date avant laquelle cette société n'y diffusait aucun produit dérivé ;

Attendu que, pour confirmer l'ordonnance du juge d'instruction prescrivant la destruction des vêtements, présentés sous la marque contrefaite, saisis au cours de l'enquête et de l'information, à l'exception d'échantillons représentatifs des lots saisis, l'arrêt retient, notamment, que la détention de marchandises dont la commercialisation a été interdite par une décision judiciaire irrévocable est nécessairement illicite ; que les juges relèvent que la destruction ordonnée n'est de nature ni à empêcher la manifestation de la vérité ni à faire obstacle aux droits des parties lors de l'audience de jugement, des descriptions très précises des marchandises figurant au dossier et des échantillons de chaque lot d'articles contrefaits étant conservés sous scellés ; qu'ils ajoutent que le juge d'instruction a retenu, à juste titre ; que cette destruction était de nature à limiter le coût des frais de justice lié à la conservation des vêtements ;

Attendu qu'en l'état de ces énonciations, qui établissent, sans insuffisance ni contradiction, que la détention des biens meubles placés sous main de justice était illicite et que leur conservation n'était plus nécessaire à la manifestation de la vérité, la chambre de l'instruction, qui a répondu aux articulations essentielles du mémoire des demandeurs, a fait l'exacte application de l'article 99-2, alinéa 3, du Code de procédure pénale, sans méconnaître les dispositions légales et conventionnelles invoquées. »

• **Crim. 23 sept. 2022,** n° 22-80.950, P

* V. s[s] n° 243.26.

« La loi qualifie les armes de dangereuses au travers des dispositions de l'article 132-75, alinéa 1er, du Code pénal et de celles de l'article L. 311-2 du Code de la sécurité intérieure. »

> Notion de nécessité de la conservation du bien pour la manifestation de la vérité

• **Crim. 15 sept. 2021,** n° 21-80.814, P

* V. s[s] n° 243.27.

« Selon l'article 99-2 du Code de procédure pénale, le juge d'instruction ne peut ordonner la destruction des biens meubles placés sous main de justice dont la conservation n'est plus nécessaire à la manifestation de la vérité que s'il s'agit d'objets qualifiés par la loi de dangereux ou de nuisibles, ou dont la détention est illicite, ou, à défaut, si la restitution s'avère impossible, soit parce que le propriétaire ne peut être identifié, soit parce que le propriétaire ne réclame pas l'objet dans un délai d'un mois à compter d'une mise en demeure adressée à son domicile.

Encourt la censure l'arrêt qui, pour ordonner la destruction d'une turbine d'aéronef, en premier lieu énonce que sa conservation n'est pas utile à la caractérisation des infractions poursuivies alors que la manifestation de la vérité ne se réduit pas à la seule caractérisation des infractions, mais s'étend aux circonstances de leur commission susceptibles d'avoir une influence sur l'appréciation de la gravité des faits poursuivis, et en second lieu s'est abstenue de constater soit que la restitution de la turbine s'avère impossible au motif que son propriétaire ne l'a pas réclamée dans un délai d'un mois à compter d'une mise en demeure adressée à son domicile, soit que la loi elle-même qualifie cet objet de dangereux ou de nuisible, ou en interdit la détention. »

> Défaut de contrôle de la proportionnalité de l'atteinte portée au droit de propriété par la destruction

• **Crim. 23 nov. 2022,** n° 22-80.950, P

* V. s[s] n° 243.28.

« 15. Est inopérant le grief qui, dans le cadre du contentieux relatif à une mesure de destruction d'un bien qualifié par la loi de dangereux ou nuisible, ou dont la détention est illicite, ordonnée sur le fondement de l'article 41-5 du Code de procédure pénale, invoque une atteinte disproportionnée au droit de propriété. »

243.03 Bibliographie indicative.

Article. S. Almaseanu, « Les nouveaux articles 41-4 et 41-5 du Code de procédure pénale tels que modifiés par la loi du 16 février 2015 », *Gaz. Pal.* 28 mars 2015, n° 87, p. 11 – E. Daoud, « Les droits de la personne mise en cause », *in* L. Ascensi, P. Beauvais et R. Parizot (dir.), *La confiscation des avoirs criminels, Nouveaux enjeux juridiques*, LGDJ, 2021, p. 65.

SECTION 1
DESTRUCTION AVANT JUGEMENT DES BIENS MEUBLES DONT LA RESTITUTION EST IMPOSSIBLE

243.11 Régime de l'aliénation des biens meubles saisis avant jugement. Les règles en vertu desquelles le procureur de la République, pendant l'enquête[1], ou le juge d'instruction, au cours de l'information judiciaire[2], peut autoriser la destruction des biens meubles placés sous main de justice dont la restitution est impossible ne feront pas l'objet de développements particuliers.

Ces règles, en effet, sont strictement identiques à celles prévues pour l'aliénation avant jugement des biens meubles placés sous main de justice : ce sont les mêmes dispositions qui organisent l'aliénation et la destruction avant jugement des biens meubles saisis, pendant l'enquête et l'information judiciaire, à savoir le premier alinéa des articles 41-5 et 99-2 du Code de procédure pénale.

Ainsi, dès lors qu'un bien meuble placé sous main de justice n'est plus nécessaire à la manifestation de la vérité et que sa restitution s'avère impossible, soit parce que le propriétaire ne peut être identifié, soit parce que ce dernier ne réclame pas l'objet dans le délai prévu par la loi, celui-ci peut être soit remis à l'Agrasc aux fins d'aliénation, soit détruit. Encore faut-il cependant que ces circonstances soient constatées par les juges[3].

Il conviendra donc de se reporter aux développements consacrés à cette question[4].

SECTION 2
DESTRUCTION DES OBJETS QUALIFIÉS PAR LA LOI DE DANGEREUX OU NUISIBLES, OU DONT LA DÉTENTION EST ILLICITE

243.20 Plan. La destruction des biens qualifiés par la loi de dangereux ou de nuisibles, ou dont la détention est illicite, obéit à des règles particulières énoncées au quatrième alinéa des articles 41-5 et 99-2 du Code de procédure pénale, applicables pendant l'enquête, lorsqu'aucune juridiction n'a été saisie ou quand la juridiction saisie a épuisé sa compétence sans avoir statué sur leur sort, ou bien au cours de l'information judiciaire.

243.21 Nouveauté des dispositions de l'article 41-5, alinéa 4, du Code de procédure pénale. Si les dispositions de l'article 99-2, alinéa 4, du Code

1. C. pr. pén., art. 41-5, al. 1.
2. C. pr. pén., art. 99-2, al. 1.
3. Crim. 15 sept. 2021, n° 21-80.814, P – Crim. 15 sept. 2021, n°s 21-80.813 et 21-80.815 à 21-80.818 (5 arrêts), NP.
4. V. s[s] n° 242.10.

de procédure pénale sont anciennes, tel n'est pas le cas de celles de l'article 41-5. En effet, les dispositions de ce texte sont issues de la loi n° 2015-177 du 16 février 2015 [1] qui a dû être adoptée à la suite de l'abrogation des anciennes dispositions du dernier alinéa de l'article 41-4 du Code de procédure pénale par la décision du 11 avril 2014 du Conseil constitutionnel, qui a déclaré celles-ci contraires à la Constitution [2]. Ce texte disposait en effet que « le procureur de la République [pouvait] ordonner la destruction des biens meubles saisis dont la conservation [n'était] plus nécessaire à la manifestation de la vérité, lorsqu'il [s'agissait] d'objets qualifiés par la loi de dangereux ou nuisibles, ou dont la détention [était] illicite », ces dispositions pouvant apparaître comme étant insuffisamment protectrices des intérêts des personnes ayant des droits sur les biens détruits. Le Conseil constitutionnel a ainsi considéré « qu'en permettant la destruction de biens saisis, sur décision du procureur de la République, sans que leur propriétaire ou les tiers ayant des droits sur ces biens et les personnes mises en cause dans la procédure en aient été préalablement avisés et qu'ils aient été mis à même de contester cette décision devant une juridiction afin de demander, le cas échéant, la restitution des biens saisis, les dispositions du quatrième alinéa de l'article 41-4 du Code de procédure pénale [n'étaient] assorties d'aucune garantie légale », et qu'ainsi « elles [méconnaissaient] les exigences découlant de l'article 16 de la Déclaration de 1789 » [3].

243.22 **Procureur de la République.** Les nouvelles dispositions de l'article 41-5, alinéa 4, du Code de procédure pénale permettent au procureur de la République, au cours de l'enquête, lorsqu'aucune juridiction n'a été saisie, ou lorsque la juridiction saisie a épuisé sa compétence sans avoir statué sur le sort des scellés, d'ordonner la destruction des biens meubles saisis lorsque deux conditions de fond sont réunies : leur conservation ne doit plus être nécessaire à la manifestation de la vérité et ils doivent être qualifiés par la loi de dangereux ou nuisibles, ou leur détention doit être illicite.

Les formes de la décision de destruction ne sont pas originales puisqu'elles sont identiques à celles de la décision d'aliénation avant jugement des biens meubles placés sous main de justice. La procédure est en effet toujours la même puisqu'elle est celle prévue par le dernier alinéa de l'article 41-5 [4].

On relèvera simplement que le législateur a spécialement prévu, en la matière, que la contestation de la décision de destruction doit intervenir dans un délai raccourci lorsque la décision de destruction porte sur des produits stupéfiants. Ainsi, le dernier alinéa de l'article 41-5 prévoit qu'en cas de notification orale d'une décision de destruction de produits stupéfiants prise en application du quatrième alinéa du texte, le délai de contestation n'est plus de cinq jours, mais de seulement vingt-quatre heures. Des préoccupations de sécurité et de santé publiques fondent cette dérogation.

De même, il a été posé pour principe que la décision de destruction prise par le procureur de la République « peut être écrite ou orale, à condition que le procès-verbal d'enquête rende compte de cette décision et de ses motifs » [5]. Outre le fait que le texte est taisant à cet égard, ce principe a été fondé sur la circonstance qu'il ressort des travaux préparatoires de la loi n° 2015-177 du 16 février 2015 [6], dont sont issues les dispositions de l'article 41-5, que celles-ci ont été adoptées afin de simplifier le régime juridique applicable à la gestion des scellés au cours de l'enquête préliminaire ou de flagrance.

Il a par ailleurs été précisé qu'en cas d'appel de la décision de destruction, la régularité de la saisie ne saurait être discutée devant la chambre de l'instruction. En effet, « est inopérant le moyen qui critique le fondement de la saisie dans le cadre de l'appel contre une mesure de destruction de biens saisis, cette question relevant du contentieux de la saisie proprement dite » [7].

243.23 **Procédure spécifique en matière criminelle.** Par dérogation à ce qui précède, la loi n° 2014-640 du 20 juin 2014 [8] a introduit des dispositions spécifiques lorsqu'il est envisagé par le procureur de la République ou le procureur général de détruire un

1. L. n° 2015-177, 16 févr. 2015 *relative à la modernisation et à la simplification du droit et des procédures dans les domaines de la justice et des affaires intérieures, JO* 17 févr., p. 2961 – ÉGALEMENT : *Rapp. Ass. nat.* n° 2200 (XIVe législ.), p. 45 – *Rapp. Sénat* n° 215 (2014-2015), p. 39 – SUR CE TEXTE : Circ. Justice-DACG, 31 mars 2015 de *présentation des dispositions de procédure pénale de la loi n° 2015-177 du 16 février 2015 relative à la modernisation et à la simplification du droit et des procédures dans les domaines de la justice et des affaires intérieures en matière de scellés*, NOR : JUS D 1508367 C, *BOMJ* n° 2015-04, 30 avr. 2015.
2. J.-B. Perrier, « Procédure pénale : modernisation (Loi n° 2015-177 du 16 février 2015 relative à la modernisation et à la simplification du droit et des procédures dans les domaines de la justice et des affaires intérieures) », *RSC* 2015. 451.
3. Cons. const. 11 avr. 2014, n° 2014-390 QPC, *JO* 13 avr., p. 6693 ; *D.* 2014. 873 ; *D.* 2015. 1457, obs. L. Gay et A. Mangiavillano ; *AJ pénal* 2014. 368, obs. P. Belloir.
4. V. ss n° 242.50.
5. Crim. 15 févr. 2023, n° 22-83.956, P.
6. L. n° 2015-177, 16 févr. 2015 *relative à la modernisation et à la simplification du droit et des procédures dans les domaines de la justice et des affaires intérieures, JO* 17 févr., p. 2961.
7. Crim. 23 nov. 2022, n° 22-80.950, P.
8. L. n° 2014-640, 20 juin 2014 *relative à la réforme des procédures de révision et de réexamen d'une condamnation pénale définitive, JO* 21 juin, p. 10209.

bien placé sous main de justice, alors que la procédure s'est achevée par une condamnation définitive prononcée par une cour d'assises.

Ces dispositions ont été adoptées par le législateur, après que la Commission de révision des condamnations pénales eut relevé, depuis le *Rapport annuel de la Cour de cassation* pour l'année 2003, la difficulté que présentait pour elle la non-conservation des pièces à conviction[1], avec la préoccupation de « mieux concilier la nécessité de conserver les pièces, souvent déterminantes au cours d'une procédure en révision, et les contraintes matérielles et financières liées à leur gestion »[2]. En effet, la conservation des scellés revêt dorénavant une importance particulière compte tenu des progrès scientifiques, notamment dans le domaine de la génétique.

Ainsi, en application des nouvelles dispositions de l'article 41-6 du Code de procédure pénale, le représentant du ministère public doit avertir au préalable par écrit le condamné du projet de destruction. L'intéressé dispose alors, à compter de la notification, d'un délai de deux mois pour faire part de son opposition.

Il va de soi, ainsi que le précise la circulaire du 24 septembre 2014[3], qu'en cas de pluralité de personnes condamnées, chacune d'elles doit recevoir l'avis prévu par la loi. Le même texte ajoute que cet avis sera donné, si le condamné est détenu, par notification par l'intermédiaire du greffe de l'établissement pénitentiaire, et, si le condamné est libre, par lettre recommandée avec avis de réception.

En cas d'opposition, si le procureur de la République ou le procureur général n'entend pas renoncer au projet, il doit saisir par requête le président de la chambre de l'instruction ou la chambre de l'instruction qui se prononce dans le délai d'un mois, le président de la chambre de l'instruction pouvant décider s'il est saisi, au regard de la complexité du dossier, que celui-ci sera examiné par la chambre dans sa formation collégiale[4]. La compétence du président de la chambre de l'instruction est le principe, quand celle de la formation collégiale fait figure d'exception. En effet, bien que les dispositions de l'article D. 43-5 du Code de procédure pénale ne mentionnent curieusement pas qu'il s'applique au contentieux de la destruction des objets placés sous main de justice, elles se réfèrent en revanche à l'article 41-6.

L'office de la chambre de l'instruction consiste à trancher la contestation en fonction de l'utilité de l'objet dont la destruction est envisagée pour la manifestation de la vérité, dans l'éventualité d'une future requête en révision. Ceci étant, il a été précisé par la chambre criminelle que la mise en œuvre de l'article 41-6 « ne suppose pas [...] que la requête en révision ait été introduite par le condamné ni que celui-ci produise les éléments nouveaux pouvant la fonder »[5]. Elle n'implique pas davantage « qu'un recours devant la Cour européenne des droits de l'homme ait été introduit par le condamné »[6]. Réciproquement, la décision de confiscation définitive des objets litigieux ne fait pas obstacle à la mise en œuvre de la procédure prévue par le texte[7].

Si la destruction n'a pas été ordonnée, le procureur de la République ou le procureur général réexamine tous les cinq ans, dans les mêmes conditions, l'opportunité d'y procéder.

243.24 Règles applicables pendant l'information judiciaire. Au cours de l'information judiciaire, c'est au juge d'instruction que l'article 99-2, alinéa 4, du Code de procédure pénale donne le pouvoir d'ordonner la destruction des biens meubles placés sous main de justice dont la conservation n'est plus nécessaire à la manifestation de la vérité lorsqu'il s'agit d'objets qualifiés par la loi de dangereux ou de nuisibles, ou dont la détention est illicite.

S'agissant des formes de la décision du juge d'instruction, il en est de l'article 99-2 comme de l'article 41-5 du Code de procédure pénale, puisque la décision du juge d'instruction sera prise selon les mêmes modalités qu'en matière d'aliénation avant jugement de biens meubles placés sous main de justice[8].

On remarquera seulement, comme précédemment, que la loi n° 2016-731 du 3 juin 2016[9] a modifié le dernier alinéa de l'article 99-2 en réduisant à vingt-quatre heures le délai de contestation de la décision

1. Cour de cassation, *Rapp. annuel* 2003, p. 586 – PLUS EXPLICITEMENT, cette observation à partir du *Rapport annuel* pour l'année 2005 (p. 489) : « La destruction, de plus en plus fréquente et de plus en plus rapide, des pièces à conviction, après décision définitive, en application des dispositions de l'article 41-4 du Code de procédure pénale, interdisant toute expertise complémentaire qui aurait pourtant pu être utile en raison notamment des progrès scientifiques, est de nature à entraver la recherche de la vérité. »
2. *Rapp. Ass. nat.* n° 1807 (XIVe législ.), p. 51 – AUSSI : *Rapp. Sénat* n° 467 (2013-2014), p. 25.
3. Circ. Justice, 24 sept. 2014 *de présentation des dispositions de procédure pénale de la loi n° 2014-640 du 20 juin 2014 relative à la réforme des procédures de révision et de réexamen d'une condamnation pénale définitive*, NOR : JUS D 1422669 C, *BOMJ* n° 2014-10, 31 oct. 2014, p. 8.
4. C. pr. pén., art. D. 43-5.
5. Crim. 9 janv. 2019, n° 17-85.524, NP.
6. Crim. 2 sept. 2020, n° 19-80.196, NP.
7. V. s^s n° 132.171 – Crim. 9 janv. 2019, n° 17-85.524, NP.
8. V. s^s n° 242.50.
9. L. n° 2016-731, 3 juin 2016 *renforçant la lutte contre le crime organisé, le terrorisme et leur financement, et améliorant l'efficacité et les garanties de la procédure pénale, JO* 4 juin, n° 1 – ÉGALEMENT : *Rapp. Ass. nat.* n° 3515 (XIVe législ.), p. 338 – *Rapp. Sénat* n° 491 (2015-2016), t. I, p. 254.

de destruction de produits stupéfiants en cas de notification orale de celle-ci[1].

243.25 Distinction avec la décision de destruction de marchandises objet de saisies douanières. La décision de destruction susceptible d'être prise par le juge d'instruction en application de l'article 99-2 du Code de procédure pénale doit être distinguée de celle que peut rendre ce même magistrat sur le fondement de l'article 389 *bis* du Code des douanes.

L'article 389 *bis* prévoit en effet qu'en cas de saisie douanière de marchandises qualifiées par la loi de dangereuses ou de nuisibles, ou dont la fabrication, le commerce ou la détention, est illicite, ainsi que de marchandises destinées à l'alimentation humaine ou animale mais qui ne peuvent être vendues en application de l'article 389 parce qu'elles sont impropres à la consommation, ou qui ne peuvent être conservées sans risque de détérioration, le juge des libertés et de la détention du tribunal judiciaire dans le ressort duquel sont situés les biens ou le juge d'instruction saisi de l'affaire peuvent, à la requête de l'administration des douanes, sous réserve d'un prélèvement préalable d'échantillons, autoriser la destruction des objets saisis. Les décisions prises en application de ce texte font l'objet d'une ordonnance motivée qui doit être notifiée au propriétaire des biens s'il est connu, qui peut la déférer à la chambre de l'instruction par déclaration au greffe du tribunal dans les dix jours qui suivent la notification de la décision. Cet appel est suspensif et le propriétaire peut être entendu par la chambre de l'instruction.

Or, la chambre criminelle a affirmé l'autonomie de la procédure de l'article 99-2 du Code de procédure pénale par rapport à celle de l'article 389 *bis* du Code des douanes dans un arrêt du 19 mars 2014. Dans cette affaire, en effet, des agents de l'administration des douanes avaient saisi 154,3 kg de résine de cannabis dans un ensemble routier dont le chauffeur avait été mis en examen des chefs d'importation en contrebande de marchandises prohibées, importation et détention non autorisées de stupéfiants. À la requête de l'administration des douanes, sur le fondement de l'article 389 *bis* du Code des douanes, le juge d'instruction avait ordonné la destruction des produits stupéfiants saisis, après avoir constaté que des échantillons avaient été prélevés conformément aux prescriptions du texte. La chambre de l'instruction avait déclaré l'appel du mis en examen recevable en retenant que si, en application de l'article 389 *bis* du Code des douanes, la décision de destruction n'avait pas à lui être notifiée, l'intéressé pouvait cependant en relever appel sur le fondement de l'article 99-2 du Code de procédure pénale. Pour casser cette décision sur le pourvoi de l'administration des douanes, la chambre criminelle a posé pour principe que l'article 99-2, « qui reconnaît au mis en examen un droit d'appel de l'ordonnance par laquelle le juge d'instruction, sur réquisitions ou après avis du ministère public, ordonne la destruction d'objets saisis, n'est applicable qu'aux biens placés sous main de justice », et a relevé, au cas particulier que, d'une part, « les biens saisis n'étaient pas placés sous main de justice », d'autre part, « l'article 389 *bis* du Code des douanes réserve au seul propriétaire des objets sous saisie douanière le droit d'interjeter appel de l'ordonnance par laquelle le juge d'instruction, sur requête de l'administration des douanes, autorise la destruction de ces objets »[2].

Ainsi, le juge d'instruction appliquera la procédure de l'article 99-2 du Code de procédure pénale ou bien celle de l'article 389 *bis* du Code des douanes, selon que les biens ont fait l'objet d'une saisie pénale ou bien douanière, ces procédures n'étant pas assimilables l'une à l'autre.

243.26 Notion de biens qualifiés par la loi de dangereux ou nuisibles, ou dont la détention est illicite. La chambre criminelle a par ailleurs une conception stricte de la notion de « biens qualifiés par la loi de dangereux ou nuisibles, ou dont la détention est illicite ».

Ainsi, elle a approuvé une chambre de l'instruction d'avoir confirmé l'ordonnance d'un juge d'instruction prescrivant la destruction de vêtements contrefaits placés sous main de justice, à l'exception d'échantillons représentatifs des lots saisis, qui avait relevé « que la détention de marchandises dont la commercialisation [avait] été interdite par une décision judiciaire irrévocable [était] nécessairement illicite », et « que la destruction ordonnée [n'était] de nature ni à empêcher la manifestation de la vérité ni à faire obstacle aux droits des parties lors de l'audience de jugement, des descriptions très précises des marchandises figurant au dossier et des échantillons de chaque lot d'articles contrefaits étant conservés sous scellés ». La chambre criminelle a considéré que ces énonciations « [établissaient], sans insuffisance ni contradiction, que la détention des biens meubles placés sous main de justice était illicite et que leur conservation n'était plus nécessaire à la manifestation de la vérité »[3].

1. SUR CE TEXTE : Circ. Justice, 17 juin 2016 *de présentation des dispositions générales de procédure pénale immédiatement applicables de la loi n° 2016-731 du 3 juin 2016 renforçant la lutte contre le crime organisé, le terrorisme et leur financement, et améliorant l'efficacité et les garanties de la procédure pénale*, NOR : JUS D 1616979 C, *BOMJ* n° 2016-06, 30 juin 2016, p. 34.

2. Crim. 19 mars 2014, n° 13-87.157, P, n° 90 ; *D.* 2014. 781 ; *D.* 2014. 781 ; *ibid.* 1414, chron. B. Laurent, C. Roth, G. Barbier, P. Labrousse et C. Moreau.

3. Crim. 11 févr. 2009, n° 08-83.516, P, n° 35 ; *D.* 2009. 876 ; *AJ pénal* 2009. 236.

En revanche, la chambre criminelle a cassé l'arrêt d'une chambre de l'instruction ayant confirmé l'ordonnance du juge d'instruction ayant prescrit la destruction d'un navire ayant été saisi après avoir été arraisonné alors qu'il transportait une importante quantité de cocaïne, en retenant que ce navire était « dangereux et nuisible en raison de son mauvais état d'entretien et des difficultés de garde et de conservation à l'approche de la saison cyclonique annoncée comme devant être d'une particulière intensité ». La chambre criminelle a en effet reproché aux juges d'avoir ainsi prononcé, sans « rechercher si la loi elle-même qualifiait cet objet de dangereux ou de nuisible, ou en interdisait la détention, et, à défaut, sans constater que la restitution s'avérait impossible »[1]. Cette compréhension de la notion a été réaffirmée par la suite[2].

L'on déduira de ces arrêts que l'objet « qualifié par la loi de dangereux ou de nuisible » n'est pas « l'objet dangereux ou nuisible ». Les dispositions des articles 41-5 et 99-2 rejoignent à cet égard celles de l'article 131-21 du Code pénal lorsqu'il définit la peine obligatoire de confiscation[3].

Pourront en définitive être détruits soit les biens dont la détention est illicite, soit ceux que le législateur a lui-même qualifié de dangereux ou de nuisibles, ce qui n'est sans doute pas très fréquent.

Ceci étant, cette qualification d'objet dangereux ou nuisible peut ressortir seulement en substance du texte légal. Ainsi, la chambre criminelle s'est fondée sur les dispositions des articles 132-75, alinéa 1er, du Code pénal et L. 311-2 du Code de la sécurité intérieure pour considérer que les armes sont qualifiées de dangereuses par la loi[4]. Observons en effet que, si le premier de ces textes ne qualifie pas formellement les armes, dont la définition figure au second, de dangereuses, cette qualification en ressort néanmoins en substance, dès lors qu'il est énoncé que sont assimilés aux armes les objets susceptibles de présenter un danger pour les personnes, dès lors qu'ils sont utilisés pour tuer, blesser ou menacer ou qu'ils sont destinés, par celui qui en est porteur, à tuer, blesser ou menacer (ce sont les armes par destination).

243.27 Appréciation de la nécessité de la conservation pour la manifestation de la vérité. La chambre criminelle a précisé la façon d'apprécier la nécessité de la conservation de l'objet dont la destruction est envisagée, pour la manifestation de la vérité. Il a en effet été jugé que la manifestation de la vérité ne se réduit pas à la caractérisation des infractions, mais s'étend aux circonstances de leurs commission susceptibles d'avoir une influence sur l'appréciation de la gravité des faits poursuivis[5].

Ainsi, dans une information judiciaire portant sur un commerce frauduleux de turbines d'hélicoptères auxquelles étaient joints de faux certificats de navigabilité et de fausses fiches « matricule équipement » comportant notamment l'historique des opérations de maintenance, il a été reproché à la chambre de l'instruction d'avoir considéré que la conservation des turbines saisies n'était pas nécessaire à la manifestation de la vérité, au motif qu'il n'apparaissait pas qu'une expertise technique relative à l'état réel des turbines ait été de nature à modifier d'une quelconque manière la nature des infractions éventuellement commises en faisant disparaître l'un de leurs éléments constitutifs, s'agissant notamment de faux et usage, tromperie ou mise en circulation de documents falsifiés, quand bien même une telle expertise aurait été de nature à déterminer que les turbines en cause avaient encore un potentiel d'exploitation et que leur état n'était pas de nature à les rendre intrinsèquement inaptes au vol[6]. La chambre criminelle a au contraire considéré que la manifestation de la vérité ne se réduisait pas à la seule caractérisation des infractions, mais s'étendait aux circonstances de leur commission susceptibles d'avoir une influence sur l'appréciation de la gravité des faits poursuivis, quand il était évident que la gravité des faits poursuivis ne pouvait évidemment être la même, selon qu'indépendamment de la falsification des certificats de navigabilité et des fiches « matricule équipement », les turbines étaient ou non aptes au vol.

243.28 Défaut de contrôle de la proportionnalité de l'atteinte portée au droit de propriété par la destruction. Il a enfin été exclu par la chambre criminelle que puisse être valablement invoqué, dans le contentieux de la destruction des objets qualifiés par la loi de dangereux ou nuisible, ou dont la détention est illicite, le caractère disproportionné de l'atteinte portée au droit de propriété garanti par l'article 1er du premier protocole additionnel à la Convention européenne des droits de l'homme[7]. Ce grief a été qualifié d'inopérant en pareil cas.

Le fondement de la solution est à rechercher du côté de la nature spécifique de l'intérêt protégé par la décision de destruction.

1. Crim. 6 mars 2007, n° 06-87.446, P, n° 71 ; *AJ pénal* 2007. 288.
2. Crim. 15 sept. 2021, n° 21-80.814, P – Crim. 15 sept. 2021, nos 21-80.813 et 21-80.815 à 21-80.818 (5 arrêts), NP – Crim. 23 nov. 2022, n° 22-80.950, P.
3. V. ss n° 123.16.
4. Crim. 23 nov. 2022, n° 22-80.950, P.
5. Crim. 15 sept. 2021, n° 21-80.814, P – Crim. 15 sept. 2021, nos 21-80.813 et 21-80.815 à 21-80.818 (5 arrêts), NP – Crim. 23 nov. 2022, n° 22-80.950, P.
6. Crim. 15 sept. 2021 préc.
7. Crim. 23 nov. 2022, n° 22-80.950, P.

CHAPITRE

244. Affectation avant jugement des meubles saisis

SECTION 0
ORIENTEUR

244.00 **Sommaire du chapitre.**

Sect. 1 Conditions de fond de l'affectation avant jugement des meubles saisis

§ 1 Biens susceptibles d'être affectés

§ 2 Services concernés

Sect. 2 Conditions de forme de l'affectation avant jugement des meubles saisis

Division. Le législateur a prévu aux articles 41-5, alinéa 3, et 99-2, alinéa 3, du Code de procédure pénale, dont les dispositions ne sont en soi contraires ni à l'article 6 de la Convention européenne des droits de l'homme, ni à l'article 1er du Protocole additionnel n° 1 à cette convention, malgré le fait qu'elles s'appliquent à des personnes qui n'ont pas été condamnées pénalement [1], la possibilité, pour le procureur de la République ou le juge d'instruction, d'ordonner, pendant l'enquête ou l'information judiciaire, la remise d'un bien placé sous main de justice à l'Agrasc en vue de son affectation à titre gratuit soit à un service judiciaire, soit à un service de police, une unité de gendarmerie, l'Office français de la biodiversité, ou un service de l'administration des douanes, qui effectue des missions de police judiciaire.

Ces dispositions ont été complétées par la circulaire interministérielle du 11 septembre 2013 qui décrit la procédure d'affectation [2]. Cette circulaire porte cependant sur la seule affectation des véhicules automobiles.

Le dispositif est largement employé par les magistrats et services concernés. En 2021, la police nationale a ainsi bénéficié de 186 décisions d'affectation de biens meubles avant jugement, quand la gendarmerie nationale a profité de 92 décisions. Un bien a par ailleurs été affecté à l'administration des douanes [3].

L'affectation de biens saisis aux services d'enquête ou judiciaires, qui obéit à une procédure comparable à celle permettant l'aliénation avant jugement de tels biens, est soumise à des conditions de fond (sect. 1) et de forme (sect. 2).

1. Crim. 5 déc. 2018, n° 18-81.110, NP – Crim. 16 janv. 2019, nos 18-81.117 et 18-81.118, NP.

244.01 **Principaux textes applicables.**

TEXTES SOURCES

• C. pr. pén., art. 41-5, 99-2

TEXTES *IN EXTENSO*

• **C. pr. pén., art. 41-5**

* V. ss n° 241.01.

• **C. pr. pén., art. 99-2**

* V. ss n° 241.01.

244.03 **Bibliographie indicative.**

* V. ss n° 24.03.

SECTION 1
CONDITIONS DE FOND DE L'AFFECTATION AVANT JUGEMENT DES MEUBLES SAISIS

244.10 **Plan.** Les dispositions relatives à l'affectation des biens meubles saisis aux services d'enquête ou judiciaire sont identiques, en ce qui concerne les biens concernés (§ 1), à celles relatives à la remise à l'Agrasc aux fins d'aliénation. Le texte précise, en revanche, quels sont les services susceptibles de bénéficier d'une telle affectation (§ 2).

2. Circ. interministérielle, 11 sept. 2013 *d'application de la loi n° 2011-267 du 14 mars 2011 d'orientation et de programmation pour la performance de la sécurité intérieure (LOPPSI), relative aux conditions de mise en œuvre de la procédure d'affectation aux services d'enquête de véhicules saisis avant jugement*, NOR : INT C 1323437 C – AUSSI sur ce texte : Circ. Justice, 16 juill. 2012 *de présentation des dispositions relatives à l'exécution des peines de confiscation de la loi n° 2013-409 du 27 mars 2012 de programmation relative à l'exécution des peines*, NOR : JUS D 1229412 C, *BOMJ* n° 2012-07, 31 juill. 2012 qui évoque la procédure d'affectation.
3. Agrasc, *Rapp. annuel* 2021, p. 51.

§ 1
Biens susceptibles d'être affectés

244.21 Application des règles applicables à l'aliénation avant jugement. Les biens susceptibles d'être affectés, avant jugement, à un service d'enquête ou judiciaire, sont identiques à certains des biens susceptibles d'être remis à l'Agrasc aux fins d'aliénation. Peuvent en effet faire l'objet d'une telle mesure les « biens meubles placés sous main de justice dont la conservation n'est plus nécessaire à la manifestation de la vérité et dont la confiscation est prévue par la loi », mais à la condition que le maintien de la saisie soit de nature à diminuer la valeur du bien. Les contours de cette catégorie de bien ont déjà été examinés : il y sera renvoyé[1].

On relèvera simplement que si, initialement, seuls pouvaient faire l'objet d'une décision d'affectation les biens « appartenant aux personnes poursuivies », cette condition a été supprimée de l'article 41-5 du Code de procédure pénale par la loi nº 2015-177 du 16 février 2015[2], et de l'article 99-2 du même code par la loi nº 2016-731 du 3 juin 2016[3], laquelle a ainsi réunifié le régime juridique applicable pendant l'enquête et l'information judiciaire[4].

§ 2
Services concernés

244.31 Services judiciaires ou d'enquête. La procédure d'affectation des biens meubles placés sous main de justice prévue par les articles 41-5 et 99-2 du Code de procédure pénale bénéficie soit aux services judiciaires, soit aux seuls services de police, unités de gendarmerie, Office français de la biodiversité et services placés sous l'autorité du ministre du budget – en pratique le Service national de la douane judiciaire (SNDJ)[5] –, qui effectuent des missions de police judiciaire.

L'on relèvera que l'Office français de la biodiversité a été ajouté à la liste des services concernés par la loi nº 2019-773 du 24 juillet 2019[6], à l'initiative de la Commission de l'aménagement du territoire et du développement durable du Sénat[7], dans l'objectif de pallier le manque de moyen des agents de la police environnementale. C'est ensuite la loi nº 2020-1721 du 29 décembre 2020[8] *de finances pour 2021*, qui est venue ajouter les services judiciaires aux mêmes fins.

À proprement parler, cependant, les biens objet d'une telle décision ne sont pas affectés par le procureur de la République ou le juge d'instruction au service concerné. Textuellement, ils sont remis à l'Agrasc – que la loi du 29 décembre 2020 a substitué au service des domaines –, en vue de leur affectation, à titre gratuit, au service qui bénéficie de la mesure. Il reste que le choix du service attributaire du bien saisi est déterminé dès le stade de la décision de remise, en sorte que l'Agrasc ne semble pas être titulaire d'un pouvoir de décision quelconque à cet égard. En effet, la circulaire du 11 septembre 2013[9] – qui il est vrai a été rédigée avant que l'Agrasc ne soit intégrée au dispositif –, prévoit que la décision de remise doit mentionner obligatoirement le service ou l'unité attributaire du bien.

SECTION 2
CONDITIONS DE FORME DE L'AFFECTATION AVANT JUGEMENT DES MEUBLES SAISIS

244.41 Application des règles applicables à l'aliénation avant jugement. Le législateur n'a pas prévu de procédure propre aux décisions d'affectation des biens meubles saisis avant jugement. C'est une même procédure qui est applicable aux décisions de remise aux fins d'aliénation et d'affectation avant jugement[10]. Il sera renvoyé aux développements consacrés à cette procédure[11].

En vérité, c'est à la circulaire du 11 septembre 2013 – qui devra être modernisée pour tenir compte

1. V. sˢ nº 242.41.
2. L. nº 2015-177, 16 févr. 2015 *relative à la modernisation et à la simplification du droit et des procédures dans les domaines de la justice et des affaires intérieures, JO* 17 févr., p. 2961.
3. L. nº 2016-731, 3 juin 2016 *renforçant la lutte contre le crime organisé, le terrorisme et leur financement, et améliorant l'efficacité et les garanties de la procédure pénale, JO* 4 juin, nº 1.
4. *Rapp. Ass. nat.* nº 3515 (XIVᵉ législ.), p. 388 – *Rapp. Sénat* nº 3515 (2015-2016), t. I, p. 254.
5. Les articles 41-5 et 99-2 du Code de procédure pénale mentionnaient « *les services de l'administration des douanes* » jusqu'à l'entrée en vigueur de la loi nº 2018-898 du 23 octobre 2018 *relative à la lutte contre la fraude* (*JO* 24 oct., nº 1).
6. L. nº 2019-773, 24 juill. 2019 *portant création de l'Office français de la biodiversité, modifiant les missions des fédérations de chasseurs et renforçant la police de l'environnement, JO* 26 juill., nº 2.
7. *Rapp. Sénat* nº 424 (2018-2019), p. 36.
8. L. nº 2020-1721, 29 déc. 2020 *de finances pour 2021, JO* 30 déc., nº 1.
9. Circ. interministérielle, 11 sept. 2013 *d'application de la loi nº 2011-267 du 14 mars 2011 d'orientation et de programmation pour la performance de la sécurité intérieure (LOPPSI), relative aux conditions de mise en œuvre de la procédure d'affectation aux services d'enquête de véhicules saisis avant jugement*, NOR : INT C 1323437 C.
10. C. pr. pén., art. 41-5, al. 5 et 99-2, al. 5.
11. V. sˢ nº 242.50.

de l'ajout de l'Office français de la biodiversité et des services judiciaires à la liste des services susceptibles de bénéficier d'une affectation, ainsi que de la substitution de l'Agrasc au service des domaines –, qu'il revient d'avoir décrit l'essentiel de la procédure – étonnamment complexe –, applicable à l'affectation des biens saisis aux services d'enquête ou judiciaires pendant l'enquête ou l'information judiciaire.

244.42 **Demande d'affectation par le service ou l'unité enquêteur.** Il ressort de cette circulaire que lorsqu'un service ou unité mentionné aux articles 41-5 et 99-2 du Code de procédure pénale souhaite obtenir l'affectation gratuite d'un bien meuble placé sous main de justice, il appartient d'abord au chef de ce service d'adresser par la voie hiérarchique une demande d'affectation avant jugement à l'administration centrale dont il relève – le texte mentionnant, en l'état de sa rédaction, la sous-direction de l'équipement et de la logistique (SDEL) de la direction des ressources et des compétences de la police nationale (DRCPN), la sous-direction de la police judiciaire de la direction générale de la gendarmerie nationale (DGGN) et le siège du service national des douanes judiciaires (SNDJ).

244.43 **Instruction de la demande par l'administration concernée.** La demande du service est instruite par l'administration centrale concernée selon les procédures qui lui sont propres. En tout état de cause, chaque administration s'attachera à contrôler l'intérêt de l'affectation compte tenu des missions exercées par le service ou l'unité, l'évaluation technique du bien, la soutenabilité budgétaire de l'affectation – puisque l'usage de certains véhicules occasionnera des frais d'entretien importants –, ainsi que l'évaluation du risque de dédommagement en cas de non confiscation du bien au terme du procès pénal. Ce ne sera qu'en cas d'accord de l'administration centrale que le service demandeur sera autorisé à saisir le procureur de la République ou le juge d'instruction d'une demande d'affectation.

244.44 **Décision de remise en vue d'affectation du bien.** Lorsque les conditions prévues par l'article 41-5, alinéa 3, ou 99-2, alinéa 3, du Code de procédure pénale sont réunies, le procureur de la République ou le juge d'instruction peut décider de remettre le bien concerné à l'Agrasc en vue de son affectation au service demandeur.

Bien que le texte soit ambigu à cet égard, la circulaire du 11 septembre 2013 précise que la décision de remise doit obligatoirement mentionner quel est le service ou l'unité attributaire du bien. Comme il a été vu, si le bien n'est donc pas directement affecté au service demandeur par le magistrat, mais remis à l'Agrasc en vue de son affectation à ce service, il n'en demeure pas moins que le choix du service est arrêté dès la décision judiciaire.

244.45 **Remise du bien à l'Agrasc et estimation.** Outre les formalités prévues par le dernier alinéa des articles 41-5 et 99-2 du Code de procédure pénale, qui ne sont pas spécifiques, la décision doit être adressée à l'Agrasc.

Il appartient alors à l'agence de prendre matériellement possession du bien et de procéder à son estimation. Les articles 41-5 et 99-2 du Code de procédure pénale prévoient en effet que le procureur de la République ou le juge d'instruction peut remettre des biens saisis à l'Agrasc en vue de leur affectation à titre gratuit, seulement « après que leur valeur a été estimée »[1]. La nécessité d'une estimation s'explique par le fait qu'il est envisageable, à ce stade de la procédure, que la propriété du bien affecté ne soit jamais transférée à l'État. Il en sera ainsi en cas de décision de classement sans suite, de non-lieu, de relaxe ou d'acquittement, ou bien encore si, en cas de condamnation, la peine de confiscation n'est pas prononcée par la juridiction de jugement. Dans ce cas, en effet, il a naturellement été prévu que le propriétaire qui en fait la demande doit obtenir la restitution du bien et qu'il pourra de surcroît recevoir, s'il y a lieu, une indemnité compensant la perte de valeur qui a pu résulter de l'usage de bien. C'est dans cette perspective qu'il est nécessaire de procéder préalablement à la remise à une première estimation de la valeur du bien.

244.46 **Remise du bien au service attributaire.** À l'issue du délai d'appel de la décision de remise et après réalisation de l'estimation, un procès-verbal d'affectation à titre gratuit est signé par le représentant de l'Agrasc et le chef du service attributaire, l'estimation du bien figurant sur ce document.

Copie de ce procès-verbal sera adressée à l'administration centrale concernée, ainsi qu'au procureur de la République ou au juge d'instruction pour être versé au dossier de la procédure.

Cet acte est important sur un plan budgétaire, puisqu'il emportera transfert au service attributaire de la prise en charge des frais de garde du bien concerné.

244.47 **Utilisation du bien par le service attributaire.** Les règles d'utilisation des biens ainsi attribués sont déterminées par le caractère précaire de cette attribution, laquelle est liée au défaut de transfert de propriété. Ainsi, la circulaire du 11 septembre 2013 prévoit que le bien ne doit subir aucune modification visant à l'adapter aux besoins du service attributaire, que les frais d'entretien et de remise en état

1. La loi n° 2016-731 du 3 juin 2016 a substitué à la nécessité d'une expertise du bien, celle d'une seule estimation, ce qui constitue une moindre garantie pour les personnes ayant des droits sur le bien et une source de contentieux en cas de restitution.

sont à la charge de ce service, et, s'il s'agit d'un véhicule automobile, qu'il ne pourra pas faire l'objet d'une nouvelle immatriculation.

Il a été relevé que la conservation de l'immatriculation du véhicule affecté peut être en pratique source de difficultés pour le titulaire du certificat d'immatriculation en cas de constatation automatisée d'infractions routières, en sorte qu'il est apparu nécessaire qu'il soit procédé au changement d'immatriculation du véhicule[1].

244.48 Suites de l'affectation. Le devenir du bien affecté variera selon les situations.

Ainsi, en cas de confiscation du bien attribué par la juridiction de jugement, il appartiendra au service attributaire d'en solliciter l'affectation définitive selon la procédure qui a déjà été examinée[2].

En revanche, en cas de décision de classement sans suite, de non-lieu, de relaxe ou d'acquittement, ou lorsque la peine de confiscation ne sera pas prononcée, le propriétaire qui en fera la demande pourra obtenir la restitution du bien, assortie, s'il y a lieu, d'une indemnité compensant la perte de valeur qui a pu résulter de l'usage du bien[3].

1. M. Peter, *Les saisies pénales spéciales. Une évolution majeure pour une stratégie pénale patrimoniale repensée*, thèse, Aix-Marseille, 2018, n° 1155.

2. V. s^{s} n° 132.141.
3. C. pr. pén., art. 41-5, al. 3, et 99-2, al. 3.

CHAPITRE

245. Restitution des objets saisis

SECTION 0 ORIENTEUR

245.00 Sommaire du chapitre.

Sect. 1 Procédures de restitution des objets placés sous main de justice

§ 1 Restitution lors de l'enquête, lorsqu'aucune juridiction n'a été saisie ou quand la juridiction saisie a épuisé sa compétence sans avoir statué sur la restitution

§ 2 Restitution lors de l'information judiciaire

§ 3 Restitution lors du jugement

A. Cour d'assises

B. Tribunal correctionnel

C. Tribunal de police

D. cour d'appel

Sect. 2 Conditions de fond de la restitution des objets placés sous main de justice

§ 1 Conditions relatives à la nature et au statut de l'objet dont la restitution est envisagée

§ 2 Conditions relatives à la propriété de l'objet dont la restitution est envisagée

§ 3 Motifs de non-restitution

Sect. 3 Exécution de la restitution

Sect. 4 Dévolution à l'État des objets non restitués

§ 1 Conditions de fond

A. Objets dont la restitution n'a pas été demandée ou décidée

B. Objets dont la restitution n'a pas été demandée après mise en demeure

C. Objets dont la restitution est de nature à créer un danger pour les personnes ou les biens

§ 2 Procédure

Division. Les règles qui gouvernent la restitution des objets placés sous main de justice sont caractérisées par une grande diversité. Celle-ci tient au fait que la restitution peut être décidée à tout moment du procès pénal et qu'à chacun de ces stades s'appliqueront des règles particulières. Il reste que cette diversité est surtout processuelle. Elle concerne essentiellement les procédures de restitution (sect. 1) tandis que, sur le fond, les conditions de la restitution des objets placés sous main de justice sont largement communes aux diverses procédures (sect. 2). L'exécution des décisions de restitution (sect. 3), tout comme le devenir des biens non restitués (sect. 4) font par ailleurs l'objet de dispositions particulières.

245.01 Principaux textes applicables.

TEXTES SOURCES

• C. pr. pén., art. 41-4, 41-6, 99, 177, 212, 373, 375-2, 420-1, 420-2, 478 à 484, 495-2-1, 543, 573, 706-161, al. 4

• C. pr. pén., art. D. 15-5-1-2, D. 43-5

TEXTES *IN EXTENSO*

> Dispositions générales

• C. pr. pén., art. D. 15-5-1-2

Lorsque la saisie d'un bien susceptible de faire l'objet d'une confiscation ultérieure a été effectuée en application des dispositions du présent code, la personne concernée en est informée soit lors de la perquisition, soit lors d'une audition ultérieure, dès lors que cette information ne risque pas de compromettre le déroulement des investigations. Elle est alors avisée, au moins brièvement, des motifs de la saisie. Il en est fait mention dans le procès-verbal.

À défaut de l'information prévue par le présent article, aucun délai de forclusion ne peut être opposé à la personne concernant une éventuelle demande de restitution du bien saisi.

> Restitution par le procureur de la République

• C. pr. pén., art. 41-4

Au cours de l'enquête ou lorsqu'aucune juridiction n'a été saisie ou que la juridiction saisie a épuisé sa compétence sans avoir statué sur la restitution des objets placés sous main de justice, le procureur de la République ou le procureur général est compétent pour décider, d'office ou sur requête, de la restitution de ces objets lorsque la propriété n'en est pas sérieusement contestée.

Il n'y a pas lieu à restitution lorsque celle-ci est de nature à créer un danger pour les personnes ou les biens, lorsque le bien saisi est l'instrument ou le produit direct ou indirect de l'infraction ou lorsqu'une disposition particulière prévoit la destruction des objets placés sous main de justice ; la décision de non-restitution prise pour l'un de ces motifs ou pour tout autre motif, même d'office, par le procureur de la République ou le procureur général peut être déférée par l'intéressé au président de la chambre de l'instruction ou à la chambre de l'instruction, dans le délai d'un mois suivant sa notification, par déclaration au greffe du tribunal ou de la cour ou par lettre recommandée avec demande d'avis de réception ; ce recours est suspensif.

Si la restitution n'a pas été demandée ou décidée dans un délai de six mois à compter de la décision de classement ou de la décision par laquelle la dernière juridiction saisie a épuisé sa compétence, les objets non restitués deviennent propriété de l'État, sous réserve des droits des tiers. Il en est de même lorsque le propriétaire ou la personne à laquelle la restitution a été accordée ne réclame pas l'objet dans un délai d'un mois à compter d'une mise en demeure adressée à son domicile. Les objets dont la restitution est de nature à créer un danger pour les personnes ou les biens deviennent propriété de l'État, sous réserve des droits des tiers, dès que la décision de non-restitution ne peut plus être contestée, ou dès que l'arrêt de non-restitution est devenu définitif.

• **C. pr. pén., art. 41-6**

* V. s^{s} n° 243.01.

• **C. pr. pén., art. D. 43-5**

* V. s^{s} n° 231.01.

> Restitution par le juge d'instruction et la chambre de l'instruction

• **C. pr. pén., art. 99**

Au cours de l'information, le juge d'instruction est compétent pour décider de la restitution des objets placés sous main de justice.

Il statue, par ordonnance motivée, soit sur réquisitions du procureur de la République, soit, après avis de ce dernier, d'office ou sur requête de la personne mise en examen, de la partie civile ou de toute autre personne qui prétend avoir droit sur l'objet. Lorsque la requête est formée conformément à l'avant-dernier alinéa de l'article 81, faute pour le juge d'instruction d'avoir statué dans un délai d'un mois, la personne peut saisir directement le président de la chambre de l'instruction, qui statue conformément aux trois derniers alinéas de l'article 186-1.

Il peut également, avec l'accord du procureur de la République, décider d'office de restituer ou de faire restituer à la victime de l'infraction les objets placés sous main de justice dont la propriété n'est pas contestée.

Il n'y a pas lieu à restitution lorsque celle-ci est de nature à faire obstacle à la manifestation de la vérité ou à la sauvegarde des droits des parties, lorsque le bien saisi est l'instrument ou le produit direct ou indirect de l'infraction ou lorsqu'elle présente un danger pour les personnes ou les biens. Elle peut être refusée lorsque la confiscation de l'objet est prévue par la loi.

L'ordonnance du juge d'instruction mentionnée au deuxième alinéa du présent article est notifiée soit au requérant en cas de rejet de la demande, soit au ministère public et à toute autre partie intéressée en cas de décision de restitution. Elle peut être déférée au président de la chambre de l'instruction ou à la chambre de l'instruction, sur simple requête déposée au greffe du tribunal, dans le délai et selon les modalités prévus par le quatrième alinéa de l'article 186. Ce délai est suspensif.

Le tiers peut, au même titre que les parties, être entendu par le président de la chambre de l'instruction ou la chambre de l'instruction en ses observations, mais il ne peut prétendre à la mise à sa disposition de la procédure.

• **C. pr. pén., art. 177**

Si le juge d'instruction estime que les faits ne constituent ni crime, ni délit, ni contravention, ou si l'auteur est resté inconnu, ou s'il n'existe pas de charges suffisantes contre la personne mise en examen, il déclare, par une ordonnance, qu'il n'y a lieu à suivre.

Lorsque l'ordonnance de non-lieu est motivée par l'existence de l'une des causes d'irresponsabilité pénale prévue par les articles 122-2,122-3,122-4,122-5 et 122-7 du Code pénal ou par le décès de la personne mise en examen, elle précise s'il existe des charges suffisantes établissant que l'intéressé a commis les faits qui lui sont reprochés.

Les personnes mises en examen qui sont provisoirement détenues sont mises en liberté. L'ordonnance met fin au contrôle judiciaire.

Le juge d'instruction statue par la même ordonnance sur la restitution des objets placés sous main de justice. Il peut refuser la restitution lorsque celle-ci présente un danger pour les personnes ou les biens. La décision relative à la restitution peut être déférée, par tout personne qui y a intérêt, à la chambre de l'instruction dans les conditions et selon les modalités prévues par l'article 99.

• **C. pr. pén., art. 212**

Si la chambre de l'instruction estime que les faits ne constituent ni crime, ni délit, ni contravention ou si l'auteur est resté inconnu ou s'il n'existe pas de charges suffisantes contre la personne mise en examen, elle déclare qu'il n'y a lieu à suivre.

Les personnes mises en examen qui sont provisoirement détenues sont remises en liberté. L'arrêt met fin au contrôle judiciaire ou à une assignation à résidence avec surveillance électronique.

La chambre de l'instruction statue par le même arrêt sur la restitution des objets placés sous main de justice. Elle peut refuser la restitution lorsque celle-ci présente un danger pour les personnes ou les biens.

• **C. pr. pén., art. D. 43-5**

* V. s^{s} n° 231.01.

> Restitution par la cour d'assises

• **C. pr. pén., art. 373**

La cour peut ordonner, d'office ou sur demande d'une partie ou de toute personne intéressée, la restitution des objets placés sous la main de la justice. Toutefois, s'il y a eu condamnation, cette restitution n'est effectuée que si son bénéficiaire justifie que le condamné a laissé passer les délais sans se pourvoir en cassation, ou s'il s'est pourvu, que l'affaire est définitivement jugée.

La cour peut refuser la restitution lorsque celle-ci présente un danger pour les personnes ou les biens ou lorsque le bien saisi est l'instrument ou le produit direct ou indirect de l'infraction.

En cas de demande de restitution émanant d'une personne autre que les parties, seuls les procès-verbaux relatifs à la saisie des biens peuvent lui être communiqués.

• **C. pr. pén., art. 375-2**

Les personnes condamnées pour un même crime sont tenues solidairement des restitutions et des dommages-intérêts.

En outre, la cour peut, par décision spéciale et motivée, ordonner que l'accusé qui s'est entouré de coauteurs ou de complices insolvables sera tenu solidairement des amendes.

• **C. pr. pén., art. 573**

Peuvent toutefois donner lieu à un recours en cassation de la part des parties auxquelles ils font grief les arrêts prononcés par la cour d'assises soit après acquittement dans les conditions prévues par l'article 371, soit après acquittement ou exemption de peine dans les conditions prévues par l'article 372.

Il en est de même des arrêts statuant sur les restitutions, comme il est dit à l'article 373.

> Restitution par le tribunal correctionnel et la cour d'appel

• **C. pr. pén., art. 420-1**

Par dérogation aux dispositions qui précèdent, toute personne qui se prétend lésée peut se constituer partie civile, directement ou par son avocat, par lettre recommandée avec avis de réception, par télécopie ou par le moyen d'une communication électronique parvenue au tribunal vingt-quatre heures au moins avant la date de l'audience, lorsqu'elle demande soit la restitution d'objets saisis, soit des dommages-intérêts ; elle joint à sa demande toutes les pièces justificatives de son préjudice. Ces documents sont immédiatement joints au dossier. Lorsque le délai de vingt-quatre heures n'a pas été respecté mais que le tribunal a effectivement eu connaissance, avant les réquisitions du ministère public sur le fond, de la constitution de partie civile, son irrecevabilité ne peut être relevée.

Avec l'accord du procureur de la République, la demande de restitution ou de dommages-intérêts peut également être formulée par la victime, au cours de l'enquête de police, auprès d'un officier ou d'un agent de police judiciaire, qui en dresse procès-verbal. Cette demande vaut constitution de partie civile si l'action publique est mise en mouvement et que le tribunal correctionnel ou de police est directement saisi.

Dans les cas prévus aux deux alinéas précédents, la partie civile n'est pas tenue de comparaître.

En cas de contestation sur la propriété des objets dont la restitution est demandée, ou si le tribunal ne trouve pas dans la demande, dans les pièces jointes à celle-ci et dans le dossier, les motifs suffisants pour statuer, la décision sur les seuls intérêts civils est renvoyée à une audience ultérieure à laquelle toutes les parties sont citées à la diligence du ministère public.

• **C. pr. pén., art. 420-2**

La décision rendue sur la demande de restitution d'objets saisis ou de dommages-intérêts présentée conformément aux dispositions de l'article 420-1 produit tous les effets d'une décision contradictoire ; elle est signifiée à la partie civile par exploit d'huissier conformément aux dispositions des articles 550 et suivants.

• **C. pr. pén., art. 478**

Le prévenu, la partie civile ou la personne civilement responsable, peut réclamer au tribunal saisi de la poursuite la restitution des objets placés sous la main de la justice.

Le tribunal peut ordonner d'office cette restitution.

• **C. pr. pén., art. 479**

Toute personne autre que le prévenu, la partie civile ou la personne civilement responsable qui prétend avoir droit sur des objets placés sous la main de la justice, peut également en réclamer la restitution au tribunal saisi de la poursuite.

Seuls, les procès-verbaux relatifs à la saisie des objets peuvent lui être communiqués.

Le tribunal statue par jugement séparé, les parties entendues.

• **C. pr. pén., art. 480**

Si le tribunal accorde la restitution, il peut prendre toutes mesures conservatoires pour assurer jusqu'à décision définitive sur le fond la représentation des objets restitués.

• **C. pr. pén., art. 480-1**

Les personnes condamnées pour un même délit sont tenues solidairement des restitutions et des dommages-intérêts.

En outre, le tribunal peut, par décision spéciale et motivée, ordonner que le prévenu qui s'est entouré de coauteurs ou de complices insolvables sera tenu solidairement des amendes.

• **C. pr. pén., art. 481**

Si le tribunal estime que les objets placés sous la main de la justice sont utiles à la manifestation de la vérité ou susceptibles de confiscation, il surseoit à statuer jusqu'à sa décision sur le fond.

Dans ce cas, le jugement n'est susceptible d'aucun recours.

Le tribunal peut refuser la restitution lorsque celle-ci présente un danger pour les personnes ou les biens ou lorsque le bien saisi est l'instrument ou le produit direct ou indirect de l'infraction.

• **C. pr. pén., art. 482**

Le jugement qui rejette une demande de restitution est susceptible d'appel de la part de la personne qui a formé cette demande.

Le jugement qui accorde la restitution est susceptible d'appel de la part du ministère public et de la part du prévenu, de la personne civilement responsable, ou de la partie civile à qui cette décision ferait grief.

La cour ne peut être saisie qu'après que le tribunal a statué au fond.

• **C. pr. pén., art. 484**

Lorsque la cour d'appel est saisie du fond de l'affaire, elle est compétente pour statuer sur les restitutions dans les conditions prévues par les articles 478 à 481.

La cour d'appel peut refuser la restitution lorsque celle-ci présente un danger pour les personnes ou les biens.

• **C. pr. pén., art. 495-2-1**

Lorsque la victime des faits a formulé au cours de l'enquête de police une demande de dommages et intérêts ou de restitution valant constitution de partie civile conformément au deuxième alinéa de l'article 420-1, le président statue sur cette demande dans l'ordonnance pénale. S'il ne peut statuer sur cette demande pour l'une des raisons mentionnées au dernier alinéa du même article 420-1, il renvoie le dossier au ministère public aux fins de saisir le tribunal sur les intérêts civils. L'article 495-5-1 est alors applicable.

> Restitution par le tribunal de police

• **C. pr. pén., art. 543**

Sont applicables à la procédure devant le tribunal de police les articles 475-1 à 486 concernant les frais de justice et dépens, la restitution des objets placés sous la main de la justice et la forme des jugements.

Toutefois, les dispositions de l'article 480-1 ne sont applicables qu'aux condamnés pour contraventions de la cinquième classe.

> Exécution de la restitution.

• **C. pr. pén., art. 706-161, al. 4**

[L'Agrasc] peut informer les services compétents et les victimes, à leur demande ou à son initiative, sur les biens qui sont restitués sur décision de justice, afin d'assurer le paiement de leurs créances, notamment fiscales, douanières, sociales ou de dédommagement.

245.02 Jurisprudence de référence.

> Toute décision de non-restitution du ministère public peut être déférée à la chambre de l'instruction

• **Crim. 25 avr. 2017,** n° 16-83.154, P, n° 120

* V. s[s] n°s 245.24 et 245.191.

« Attendu qu'il résulte de [l'article 41-4 du Code de procédure pénale] que toute décision de non-restitution d'un objet placé sous main de justice, prise par le procureur de la République ou le procureur général dans les conditions prévues au premier alinéa, peut être déférée à la chambre de l'instruction par la personne intéressée, que le refus ou l'irrecevabilité opposée à la demande soit fondé sur l'un des motifs mentionnés au deuxième alinéa ou sur la circonstance que l'objet réclamé est devenu la propriété de l'État par suite de l'expiration du délai de six mois fixé au troisième alinéa. »

> Recevabilité du recours contre la décision de non-restitution du ministère public

• **Crim. 20 mars 2019,** n° 18-82.198, P, n° 60

* V. s[s] n° 245.24.

« Attendu que les demandeurs au pourvoi, en tant qu'associés de la SCI L… et héritiers d'W… B… R…, associé de cette société, seule propriétaire du bien saisi, n'avaient pas qualité pour exercer un recours contre la décision de non-restitution prise par le procureur général ni pour se pourvoir en cassation. »

> Compétence du juge d'instruction

• **Crim. 1er févr. 2005,** n°s 04-84.785 à 04-84.787, P, n° 35

* V. s[s] n° 245.32.

« Le juge d'instruction compétent, en application de l'article 99 du Code de procédure pénale, pour décider de la restitution des objets placés sous main de justice, est celui qui est en charge de l'information et non celui qui a fait procéder à la saisie en exécution d'une commission rogatoire délivrée par le juge mandant. »

• **Crim. 8 mars 2017,** n° 16-80.372, P, n° 65

* V. s[s] n° 245.32.

« La compétence du juge d'instruction pour décider de la restitution des objets placés sous main de justice ne s'étend qu'aux objets saisis dans le cadre de l'information dont il a la charge. »

> Compétence de la chambre de l'instruction

• **Crim. 13 janv. 1998,** n° 96-86.619, P, n° 15

* V. s[s] n° 245.36.

« Lorsque le juge d'instruction s'est dessaisi de la procédure en se déclarant territorialement incompétent et en renvoyant le ministère public à mieux se pourvoir, la chambre d'accusation, qui statue sur l'appel d'une ordonnance de refus de restitution rendue au cours de l'information, doit en apprécier le bien-fondé au regard de l'article 99 du Code de procédure pénale, en considérant les circonstances de l'espèce antérieures à l'ordonnance d'incompétence. »

• **Crim. 30 avr. 2002,** n° 01-84.750, P, n° 93

* V. s[s] n° 245.36.

« Le recours de toute partie intéressée contre l'ordonnance par laquelle le juge d'instruction décide de la restitution d'objets placés sous main de justice est porté devant la chambre de l'instruction. La chambre de l'instruction demeure compétente pour examiner un tel recours, même formé postérieurement à l'ordonnance de règlement, dès lors qu'il a été formé dans le délai prévu par le quatrième alinéa de l'article 186 du Code de procédure pénale. »

> Nature et formes du recours contre la décision du juge d'instruction

• **Crim. 19 févr. 1985,** n° 84-91.956, P, n° 79

* V. s[s] n° 245.36.

« Attendu que, selon l'alinéa 4 de l'article 99 du Code de procédure pénale, en matière de restitution, la chambre d'accusation peut être saisie sur simple requête dans les dix jours de la notification de l'ordonnance du juge d'instruction ;

Que ladite requête peut prendre la forme d'un acte d'appel inscrit au registre tenu au greffe de la juridiction concernée. »

• **Crim. 30 oct. 2001,** n° 01-84.779, P, n° 223

* V. s[s] n° 245.36.

« La procédure instituée par l'article 173 du Code de procédure pénale ne [peut] être utilisée pour contester une ordonnance de restitution à l'encontre de laquelle seul peut être exercé le recours ouvert par l'article 99 du même Code. »

> Recevabilité du recours contre l'ordonnance de restitution du juge d'instruction

• **Crim. 29 janv. 1991,** n° 90-81.563, P, n° 51

* V. s[s] n° 245.36.

« Le seul fait qu'une personne ait intérêt à s'opposer à la restitution, par le juge d'instruction, d'un objet placé sous main de justice la rend recevable à déférer à la chambre d'accusation l'ordonnance de restitution, conformément à l'article 99, alinéa 5, du Code de procédure pénale. »

> Procédure devant la chambre de l'instruction

• **Crim. 27 janv. 1981,** n° 80-91.118, P, n° 36

* V. s[s] n° 245.36.

« Encourt la cassation l'arrêt qui statue sur l'appel d'une partie civile d'une ordonnance du juge d'instruction ayant accordé la main-levée d'une saisie à la requête d'un tiers sans que ce dernier ait été avisé de la date de l'audience conformément aux dispositions de l'article 197 du Code de procédure pénale. »

• **Crim. 19 déc. 1974,** n° 73-92.165, P, n° 372

* V. s[s] n° 245.36.

« Les articles 197, 198 et 199 du Code de procédure pénale prévoient la participation de la partie civile aux débats devant la chambre d'accusation sans aucune restriction. Il en est ainsi, notamment, lorsque la chambre d'accusation statue sur une demande de restitution d'objets placés sous la main de la justice, dans les conditions prévues par l'article 373 alinéa 2 dudit Code. »

• **Crim. 19 déc. 2018,** n° 18-84.303, P, n° 219

* V. s[s] n° 245.36.

« Attendu qu'il ne saurait être fait grief au président de la chambre de l'instruction d'avoir méconnu les textes susvisés en n'informant pas le mis en examen de son droit, au cours des débats, de faire des déclarations, de répondre aux questions qui lui seraient posées ou de se taire, une telle notification ne s'imposant pas devant la chambre de l'instruction saisie de l'appel de l'ordonnance du juge d'instruction ayant statué sur la restitution d'objets placés sous main de justice, dès lors qu'une telle limitation n'est pas contraire aux dispositions conventionnelles invoquées, l'audition du mis en examen ayant pour objet, non pas d'apprécier la nature des indices pesant sur lui, cette appréciation ayant déjà eu lieu à l'occasion de la mise en examen, après que le juge d'instruction l'eut expressément informé du droit de garder le silence, mais de déterminer si les conditions permettant de faire droit à la demande de restitution, prévues par l'article 99 du Code de procédure pénale, sont caractérisées. »

• **Crim. 5 avr. 2023,** n° 22-80.770, P

* V. s[s] n° 245.36.

« 7. Il résulte de l'article 1er du Protocole additionnel à la Convention européenne des droits de l'homme, tel qu'interprété par la Cour européenne des droits de l'homme, que toute personne physique ou morale a droit au respect de ses biens et que, si ces dispositions ne portent pas atteinte au droit que possèdent les États de mettre en vigueur les lois qu'ils jugent nécessaires pour réglementer l'usage des biens conformément à l'intérêt général, les intéressés doivent bénéficier d'une procédure équitable, qui comprend le droit au caractère contradictoire de l'instance.

8. Il s'en déduit que la chambre de l'instruction saisie de l'appel interjeté par un tiers à l'encontre de l'ordonnance rendue par le juge d'instruction en application de l'article 99 du Code de procédure pénale est tenue de s'assurer, si la saisie a été opérée entre ses mains ou s'il justifie être titulaire de droits sur le bien dont la restitution est sollicitée, que lui ont été communiqués en temps utile, outre les procès-verbaux de saisie ou, en cas de saisie spéciale, les réquisitions aux fins de saisie et l'ordonnance de saisie, les pièces précisément identifiées de la procédure sur lesquelles elle se fonde dans ses motifs décisoires. »

> Unique objet de l'instance en restitution devant la chambre de l'instruction

• **Crim. 13 janv. 1986,** n° 85-93.061, P, n° 20

* V. s[s] n° 245.36.

« Attendu que l'article 99 du Code de procédure pénale, en donnant compétence aux juridictions d'instruction, avant clôture de l'information, pour connaître des demandes de restitution d'objets placés sous la main de la justice, institue une procédure exceptionnelle qui n'autorise pas ces juridictions à statuer, à cette occasion, sur le bien-fondé de la poursuite en cours. »

• **Crim. 2 juill. 1992,** n° 91-85.065, P, n° 266

* V. s[s] n° 245.36.

« Attendu que les dispositions de l'article 99 du Code de procédure pénale, constituant en faveur de tout tiers qui prétend avoir droit sur un objet placé sous la main de la justice, une procédure lui permettant d'en réclamer la restitution, ne l'autorise pas à faire juger, à cette occasion, la régularité des actes de la procédure, fût-ce de ceux en vertu desquels le placement sous la main de la justice a été opéré. »

• **Crim. 6 mai 2008,** n° 07-86.829, P, n° 104

* V. s[s] n° 245.36.

« La chambre de l'instruction, qui ne se trouvait pas dans l'un des cas limitativement énumérés par l'article 207 de ce code, ne pouvait, sans excéder sa saisine, ordonner, sur le fondement de l'article 99-2 dudit code, la remise aux domaines du bien placé sous main de justice. »

• **Crim. 25 sept. 2019,** n° 18-86.700, NP

* V. s[s] n° 245.36.

« Attendu que, sous couvert de critiquer les motifs de l'ordonnance de refus de restitution, le grief revient à remettre en cause la régularité de la saisie qu'il appartenait au demandeur de contester par la voie d'une requête en nullité, l'objet de l'appel de l'ordonnance attaquée étant limité aux motifs de celle-ci ; qu'en conséquence, le grief est irrecevable. »

> Recevabilité du pourvoi en cassation à l'encontre des arrêts rendus par la chambre de l'instruction au cours de l'information judiciaire

• **Crim. 21 août 1986,** n° 85-91.868, P, n° 248

* V. s[s] n° 245.37.

« Attendu que si le pourvoi d'un tiers intervenant, formé en application de l'article 99 précité et dirigé contre l'arrêt de la Chambre d'accusation statuant sur l'ordonnance qui a accueilli ou rejeté la requête, est immédiatement recevable devant la Cour de cassation, il n'en est pas de même du pourvoi de l'inculpé ou de la partie civile qui, à la différence du tiers intervenant, sont parties au procès pénal ; qu'à leur égard, une décision telle que celle qui est attaquée entre dans la classe des arrêts d'instruction visés par la disposition finale de l'article 571 du Code de procédure pénale. »

> Les juridictions de l'instruction apprécient souverainement s'il y a lieu de faire droit aux demandes de restitution

• **Crim. 11 déc. 1973,** n° 73-91.525, P, n° 459

* V. s^s n°s 245.38.

« Attendu qu'il appartient à la juridiction d'instruction, saisie d'une requête aux fins de restitution de documents placés sous main de justice, d'examiner les éléments fournis par l'information et d'apprécier souverainement, aux vus desdits documents et compte tenu de l'état de la procédure, s'il y a lieu, ou non, de faire droit à cette demande. »

> Compétence de la cour seule, à l'exclusion de la cour et du jury, pour ordonner la restitution des objets saisis en matière criminelle

• **Crim. 8 nov. 1976,** n° 76-91.869, P, n° 318

* V. s^s n° 245.52.

« La cour seule peut ordonner la restitution des objets saisis, la cour et le jury réunis n'ont pas compétence pour le faire. Cette disposition illégale de l'arrêt de condamnation doit être annulée par voie de retranchement, dès lors qu'elle n'affecte ni le prononcé de la peine, ni les réparations allouées aux parties civiles. »

> Compétence de la juridiction correctionnelle pour statuer sur la demande de restitution des seuls objets placés sous main de justice dans la procédure dont elle est saisie

• **Crim. 17 févr. 1992,** n° 91-83.184, P, n° 74

* V. s^s n° 245.62.

« La juridiction correctionnelle est incompétente pour statuer sur la demande de restitution de tout objet placé sous main de justice au cours d'une procédure distincte des poursuites dont elle est saisie. »

> Faculté de donner mandat à un tiers de présenter une requête en restitution, dès lors que l'existence de ce mandat est prouvée et que le nom du mandant figure dans chaque acte de procédure effectué par le mandataire

• **Crim. 20 mai 2015,** n° 14-81.147, P, n° 122

* V. s^s n° 245.63.

« Attendu qu'aucun texte n'interdit de donner mandat à un tiers de présenter une requête en restitution dès lors que l'existence de ce mandat est prouvée et que le nom du mandant figure dans chaque acte de procédure effectué par le mandataire. »

> Accès du requérant au dossier devant le tribunal correctionnel

• **Crim. 21 oct. 2020,** n° 19-87.071, P, 88

* V. s^s n° 245.65.

« La juridiction correctionnelle qui statue sur la requête en restitution d'un objet placé sous main de justice présentée par un tiers est tenue de s'assurer, si la saisie a été opérée entre ses mains ou s'il justifie être titulaire de droits sur le bien dont la restitution est sollicitée, que lui ont été communiqués en temps utile, outre les procès-verbaux de saisie ou, en cas de saisie spéciale, les réquisitions aux fins de saisie, l'ordonnance et, le cas échéant, la décision de saisie, conformément au deuxième alinéa de l'article 479 du Code de procédure pénale, les pièces précisément identifiées de la procédure sur lesquelles elle se fonde dans ses motifs décisoires. Au besoin, il appartient à la juridiction correctionnelle de renvoyer l'examen de la demande de restitution à une audience ultérieure après avoir statué sur la culpabilité et sur la peine, sans que puisse être opposée au tiers requérant l'autorité de la chose jugée de la décision ayant éventuellement ordonné la confiscation, ni que puisse être exécutée cette mesure tant qu'il n'a pas été définitivement statué sur la demande de restitution. »

> Portée de la confiscation ordonnée par le tribunal correctionnel sur la demande de restitution à l'égard du requérant et de la cour d'appel

• **Crim. 26 janv. 2016,** n° 14-86.030, P, n° 19

* V. s^s n° 245.68.

« Doit être analysée en un rejet d'une demande de restitution susceptible d'appel, au sens de l'article 482 du Code de procédure pénale, la confiscation d'objets placés sous main de justice qui a été ordonnée par un tribunal alors qu'il était régulièrement saisi, par les parties civiles, d'une demande de restitution de ceux-ci. »

• **Crim. 7 nov. 2018,** n° 17-87.424, P, n° 188

* V. s^s n° 245.68.

« Attendu qu'il se déduit [de l'article 482 du Code de procédure pénale] que le jugement qui rejette une demande de restitution est susceptible d'appel de la part de la personne qui a formulé cette demande, sans que puisse lui être opposée l'autorité de la chose jugée de la décision ordonnant la confiscation ;

Attendu que, si la demande de restitution doit être examinée sur le fondement de l'article 481 du Code de procédure pénale lorsque les biens placés sous main de justice n'ont pas été confisqués, il doit être statué sur cette demande en faisant application des dispositions de l'article 131-21 du Code pénal lorsque les biens ont été confisqués. »

> Indifférence du consentement à la restitution

• **Crim. 6 févr. 1979,** n° 77-92.469, P, n° 55

* V. s^s n° 245.91.

« C'est à bon droit qu'une chambre d'accusation, saisie d'une demande de restitution d'objets saisis présentée par une personne étrangère aux poursuites, rejette cette requête en l'état de l'information et en vue de protéger les droits éventuels des tiers alors même que l'inculpé consentirait à la restitution. »

> Indifférence du défaut de risque de dissipation

• **Crim. 15 juin 2016,** n° 15-83.636, NP

* V. s^s n° 245.92.

« La chambre de l'instruction n'avait pas à expliquer en quoi la restitution des sommes en cause serait susceptible de faire obstacle à leur confiscation. »

> Effets des procédures collectives

• **Crim. 23 oct. 2019,** n° 18-85.820, P, 61

* V. s^s n° 245.93.

« La mise en liquidation judiciaire de la personne poursuivie [...] fait obstacle à toute demande de restitution au stade de l'information. »

• **Crim. 28 juin 2023,** n° 21-87.417, P

* V. s^s n° 245.93.

« 73. La demanderesse ne saurait se faire un grief de ce que la cour d'appel n'a pas répondu au moyen tiré des conséquences de l'ouverture d'une procédure collective à son encontre, dès lors que la mise en liquidation judiciaire, qui ne s'oppose ni au prononcé d'une peine de confiscation, ni à une mesure préalable de saisie destinée à en garantir l'exécution (Crim., 23 octobre 2019, pourvoi n° 18-85.820, publié au Bulletin), n'est pour ce motif pas propre à imposer la mainlevée d'une telle mesure.»

> Application du principe de proportionnalité

• **Crim. 18 mars 2020,** n° 19-82.978, P, n° 192

* V. s^s n° 245.94.

« 9. Hormis le cas où le bien saisi constitue, dans sa totalité, l'objet ou le produit de l'infraction ou la valeur de ceux-ci, le juge qui en refuse la restitution, doit apprécier le caractère proportionné de l'atteinte ainsi portée au droit de propriété de l'intéressé, au regard de la situation personnelle de ce dernier et de la gravité concrète des faits, lorsqu'une telle garantie est invoquée ou procéder à cet examen d'office lorsqu'il s'agit d'une saisie de patrimoine. »

> Les prélèvements effectués sur le corps humain à des fins de recherches médico-légales pour les nécessités d'une enquête ou d'une information, qui ne peuvent faire l'objet d'un droit patrimonial aux termes de l'article 16-1 du Code civil, ne constituent pas des objets susceptibles de restitution au sens de l'article 41-4 du Code de procédure pénale

• **Crim. 3 févr. 2010,** n° 09-83.468, P, n° 18

* V. s^s n° 245.101.

« Les prélèvements effectués sur le corps humain à des fins de recherches médico-légales pour les nécessités d'une enquête ou d'une information, qui ne peuvent faire l'objet d'un droit patrimonial aux termes de l'article 16-1 du Code civil, ne constituent pas des objets susceptibles de restitution au sens de l'article 41-4 du Code de procédure pénale. »

> La restitution doit porter sur des objets placés sous main de justice

• **Crim. 10 nov. 1998,** n° 97-86.693, P, n° 296

* V. s^s n° 245.102.

« Attendu qu'il résulte de l'article 373 du Code de procédure pénale que la cour d'assises ne peut ordonner de restitutions qu'autant que, distinctes des dommages-intérêts alloués en réparation du préjudice causé par l'infraction, elles portent sur des objets identifiés et placés sous la main de la justice. »

> La procédure de restitution prévue par l'article 41-4 du Code de procédure pénale n'est pas applicable aux biens confisqués

• **Crim. 8 janv. 2014,** n° 12-88.072, P, n° 4

* V. s^s n° 245.104.

« La procédure en restitution prévue par l'article 41-4 du Code de procédure pénale n'est pas applicable aux biens dont la confiscation a été ordonnée. »

> Portée des droits dont le requérant est titulaire sur l'objet dont la restitution est sollicitée

• **Crim. 20 avr. 2017,** n° 16-81.679, P, n° 116

* V. s^s n° 245.111.

« Selon l'article 41-4 du Code de procédure pénale, dans sa rédaction antérieure à la loi n° 2016-731 du 3 juin 2016, la restitution des objets placés sous main de justice, dont la propriété n'est pas sérieusement contestée, doit être ordonnée lorsqu'elle n'est pas de nature à créer un danger pour les personnes ou les biens et qu'aucune disposition particulière ne prévoit la destruction desdits objets. Méconnaît ces dispositions la cour d'appel qui, pour rejeter une requête en restitution d'une somme d'argent, se borne à relever qu'il n'est pas établi que cette somme soit la propriété du requérant, entre les mains duquel elle a été saisie, sans constater que cette somme était revendiquée par un tiers ou que sa restitution présentait un danger pour les personnes ou les biens. »

• **Crim. 1er avr. 2020,** n° 19-84.630, NP

* V. s^s n° 245.111.

« 13. Il résulte de [l'article 99 du Code de procédure pénale] qu'il appartient à la juridiction d'instruction appelée à statuer sur la requête en restitution présentée par la personne entre les mains de laquelle le bien a été saisi, non pas de rechercher si le demandeur justifie d'un droit lui permettant de détenir légitimement celui-ci, mais seulement de rechercher si la propriété est contestée. »

• **Crim. 15 févr. 2015,** n° 04-81.060, P, n° 60

* V. s^s n° 245.111.

« Lorsque le bien placé sous main de justice a été saisi entre les mains d'une tierce personne, sa restitution ne pourra être accordée que si le demandeur justifie d'un droit lui permettant de détenir légitimement la chose réclamée. »

• **Crim. 5 févr. 2002,** n° 01-82.110, P, n° 21

* V. s^s n° 245.111.

« La juridiction saisie, sur le fondement de l'article 710 du Code de procédure pénale [alors applicable], de la difficulté d'exécution résultant du refus de restitution d'objets mobiliers décidé [alors que la juridiction saisie a épuisé sa compétence sans avoir statué sur la restitution des objets placés sous main de justice], en application de l'article 41-4, alinéa 1er, de ce code, par le procureur de la République ou le procureur général, est tenue de trancher la contestation relative à la propriété des objets réclamés lorsque la décision sur la restitution en dépend. »

• **Crim. 26 mars 2019,** n° 17-87.493, NP

* V. s^s n° 245.111.

« Attendu que la juridiction saisie, sur le fondement de l'article 710 du Code de procédure pénale [alors applicable], de la difficulté d'exécution résultant du refus de restitution d'objets mobiliers décidé [à la suite d'une décision de classement sans suite], en application de l'article 41-4 alinéa 1er de ce code, par le procureur de la République ou le procureur général, est tenue de trancher la contestation relative à la propriété des objets réclamés, lorsque la décision sur la restitution en dépend. »

• **Crim. 22 mai 1997,** nº 96-82.080, P, nº 201

* V. ss nº 245.112.

« Attendu que, selon les dispositions des articles 481 et 484 du Code de procédure pénale, lorsque les objets saisis ne sont pas susceptibles de confiscation et ne sont pas revendiqués par un tiers, la juridiction correctionnelle ne peut en refuser la restitution que si celle-ci présente un danger pour les personnes ou les biens ;

Attendu que, pour rejeter la demande de restitution d'objets saisis présentée par le prévenu, la cour d'appel se borne à énoncer qu'il n'a pas établi que ces objets étaient sa propriété ;

Mais attendu qu'en prononçant ainsi, sans rechercher si les objets saisis étaient revendiqués par un tiers, si leur restitution présentait un danger pour les personnes ou les biens, ou s'ils étaient susceptibles de confiscation en vertu de l'article 441-10 du Code pénal, la juridiction du second degré n'a pas donné de base légale à sa décision. »

• **Crim. 28 oct. 1987,** nº 86-94.229, P, nº 379

* V. ss nº 245.112.

« La cour d'appel saisie à la fois de la demande de restitution d'objets par la personne entre les mains de laquelle ils ont été saisis et par l'action en revendication d'un tiers qui prétend avoir des droits sur ces mêmes objets est tenue de rechercher les éléments lui permettant de statuer sur ces demandes. »

• **Crim. 1er févr. 2005,** nº 04-81.962, P, nº 37

* V. ss nº 245.112.

« Attendu qu'il ressort de l'arrêt attaqué que la société Montjoie Art Transactions, qui exploite un fonds de commerce de négoce d'œuvres d'art, a fait l'acquisition, en indivision avec un autre galeriste, notamment, d'un bronze de Rodin dit "Jean d'Aire" ou "le Bourgeois de Calais" acheté le 13 décembre 1999 auprès de la galerie Tillier et d'un tableau de Marie Laurencin ayant pour titre "Portrait de la femme au chien", vendu le 20 décembre 1999 par la galerie Thomire ; que ces œuvres provenant d'un vol commis entre le 29 octobre et le 5 novembre 1999 au préjudice des consorts A... ont été saisies au cours de l'information ouverte contre Jean-François X..., Francis Y... et Gérard Z... du chef de recel ;

Attendu que le tribunal correctionnel, après avoir prononcé sur l'action publique, a fait droit à la demande de restitution des consorts A..., constitués parties civiles ; qu'il a déclaré recevable la constitution de partie civile de la société Montjoie Art Transactions mais l'a déboutée de sa demande de restitution ;

Attendu que, pour confirmer la décision entreprise, l'arrêt prononce par les motifs reproduits au moyen ;

Attendu qu'en l'état de ces constatations et énonciations, la cour d'appel a justifié sa décision ;

Qu'en effet, les tribunaux apprécient souverainement, au vu des éléments de preuve régulièrement soumis aux débats contradictoires, la régularité de la possession et la bonne foi dont peut se prévaloir, en application de l'article 2279, alinéa 1er, du Code civil, l'acquéreur d'un bien mobilier. »

> Principe du caractère limitatif de l'énoncé des motifs de non-restitution

• **Crim. 5 oct. 1999,** nº 98-87.593, P, nº 209

* V. ss nº 245.122.

« Au cours de l'information, la juridiction d'instruction ne peut refuser de restituer un objet placé sous main de justice que pour l'un des motifs prévus par l'article 99 du Code de procédure pénale. »

> Caractère facultatif du motif de non-restitution de l'instrument de l'infraction prévu par l'article 41-4 du Code de procédure pénale

• **Crim. 20 janv. 2021,** nº 20-81.118, P, nº 73

* V. ss nº 245.123.

« Lorsque la requête aux fins de restitution est présentée après que la juridiction de jugement saisie a épuisé sa compétence sans avoir statué sur la restitution des objets placés sous main de justice, la non-restitution de l'instrument de l'infraction ne saurait présenter un caractère obligatoire. [...]

Aussi, il appartient à la chambre de l'instruction à laquelle est déférée la décision de non-restitution de l'instrument de l'infraction rendue par le ministère public après que la juridiction de jugement saisie a épuisé sa compétence sans avoir statué sur la restitution des objets placés sous main de justice, d'apprécier, sans porter atteinte aux droits du propriétaire de bonne foi, s'il y a lieu ou non de restituer le bien au regard des circonstances de l'infraction, de la personnalité de son auteur et de sa situation personnelle. »

> Caractère facultatif du motif de non-restitution du produit de l'infraction prévu par l'article 41-4 du Code de procédure pénale

• **Crim. 26 janv. 2022,** nº 21-81.052, NP

* V. ss nº 245.123.

« Lorsque la requête aux fins de restitution est présentée après que la juridiction de jugement saisie a épuisé sa compétence sans avoir statué sur la restitution des objets placés sous main de justice, la non-restitution du produit de l'infraction ne saurait présenter un caractère obligatoire, mais constitue une simple faculté. »

> Absence de motivation de la décision de non-restitution du produit de l'infraction prise par la juridiction de jugement

• **Crim. 28 juin 2023,** nº 21-87.417, P

* V. ss nº 245.123.

« 85. Enfin, la restitution d'un bien saisi constituant le produit direct ou indirect de l'infraction constitue une faculté pour la juridiction saisie, de sorte que la décision qui la refuse n'a pas lieu d'être motivée. »

> Extension des motifs de non-restitution énoncés par l'article 41-4 du Code de procédure pénale

• **Crim. 6 nov. 2019,** nº 18-86.921, P, nº 74

* V. ss nº 245.124.

« La chambre de l'instruction statuant, au cours de l'enquête, sur une demande de restitution présentée sur le fondement de l'alinéa 2 de l'article 41-4 du Code de procédure pénale et de l'alinéa 5 de l'article 41-5 du même code peut refuser de restituer les biens saisis lorsque la confiscation desdits biens est prévue par la loi ou lorsque la restitution est de nature à faire obstacle à la manifestation de la vérité. »

> Appréciation au stade de la restitution du caractère confiscable du bien

• **Crim. 15 janv. 2020,** n° 19-80.891, P, 20, n° 118

* V. s[s] n° 245.124.

« La juridiction d'instruction doit apprécier et vérifier, sur la base des indices ou des présomptions dont elle dispose, la nature de produit de l'infraction du bien saisi chaque fois qu'elle statue sur cette mesure ou sur une demande de restitution. »

> Réserve des droits du propriétaire de bonne foi en cas de non-restitution de l'instrument ou du produit de l'infraction

• **Crim. 27 juin 2018,** n° 17-87.424, P, n° 129

* V. s[s] n° 245.125.

« Les dispositions de l'article 481, alinéa 3, du Code de procédure pénale, qui doivent être interprétées à la lumière des dispositions de la directive 2014/42/UE du Parlement européen et du Conseil du 3 avril 2014 et dont il résulte que le refus de restitution d'un bien saisi constituant l'instrument ou le produit direct ou indirect de l'infraction est une simple faculté pour la juridiction saisie, [impliquent] nécessairement d'être mises en œuvre en préservant les droits du requérant de bonne foi dont le titre de propriété ou de détention est régulier, ce dernier bénéficiant en outre d'un recours contre la décision rendue. »

• **Crim. 26 janv. 2022,** n° 21-81.053, NP

* V. s[s] n° 245.125.

« [L'article 41-4 du Code de procédure pénale] doit être interprété à la lumière des dispositions de l'article 6, § 2, de la directive 2014/42/UE du Parlement européen et du Conseil du 3 avril 2014, ce dont il résulte que les droits du propriétaire de bonne foi doivent être réservés, que le bien soit l'instrument ou le produit direct ou indirect de l'infraction. »

• **Crim. 24 avr. 2023,** n° 22-85.243, NP

* V. s[s] n° 245.125.

« 8. Selon [l'article 99, alinéa 4, du Code de procédure pénale], il n'y a pas lieu à restitution par la juridiction d'instruction notamment lorsque le bien saisi est l'instrument ou le produit direct ou indirect de l'infraction.

9. Cependant, ce texte doit être interprété à la lumière des dispositions de l'article 6, § 2, de la directive 2014/42/UE du Parlement européen et du Conseil du 3 avril 2014, ce dont il résulte que les droits du tiers de bonne foi doivent être réservés, que le bien soit l'instrument ou le produit direct ou indirect de l'infraction. »

• **Crim. 28 juin 2023,** n° 21-87.417, P

* V. s[s] n° 245.125.

« En matière de restitution de l'instrument ou du produit direct ou indirect de l'infraction, la bonne foi du requérant, qui fait obstacle au maintien sous main de justice du bien objet de la requête, doit être appréciée à la date où l'intéressé a acquis ses droits sur le bien.

En matière de restitution de l'instrument ou du produit direct ou indirect de l'infraction, la bonne foi de la personne morale requérante doit être appréciée en la personne de l'organe ou du représentant qui a accepté, pour le compte de celle-ci, la possession du bien objet de la requête. »

> Restitution du produit et de l'instrument de l'infraction en cas de classement sans suite

• **Crim. 1er févr. 2023,** n° 22-80.461, P

* V. s[s] n° 245.125.

« Vu l'article 41-4 du Code de procédure pénale :

9. Aux termes du premier alinéa de ce texte, au cours de l'enquête ou lorsqu'aucune juridiction n'a été saisie ou que la juridiction saisie a épuisé sa compétence sans avoir statué sur la restitution des objets placés sous main de justice, le procureur de la République ou le procureur général est compétent pour décider, d'office ou sur requête, de la restitution de ces objets lorsque la propriété n'en est pas sérieusement contestée.

10. Selon le deuxième alinéa, il n'y a pas lieu à restitution lorsque celle-ci est de nature à créer un danger pour les personnes ou les biens, lorsque le bien saisi est l'instrument ou le produit direct ou indirect de l'infraction ou lorsqu'une disposition particulière prévoit la destruction des objets placés sous main de justice.

11. Lorsque la requête est présentée alors qu'aucune juridiction n'a été saisie en raison du classement sans suite de la procédure au cours de laquelle le bien objet de la requête en restitution a été saisi, la restitution ne peut être refusée au motif que le bien est le produit ou l'instrument de l'infraction, dès lors qu'en l'état dudit classement, aucune juridiction de jugement n'est susceptible de constater l'existence de cette infraction.

12. La restitution ne peut dans ce cas être refusée que si elle est de nature à créer un danger pour les personnes ou les biens ou lorsqu'une disposition particulière prévoit la destruction du bien. »

> Faculté pour la juridiction de jugement de prescrire une mesure d'expertise avant de statuer sur la demande de restitution

• **Crim. 5 oct. 1995,** n° 93-83.973, P, n° 296

* V. s[s] n° 245.126.

« Une juridiction de jugement, saisie d'une demande de restitution portant sur des produits chimiques, peut, si elle ne s'estime pas suffisamment informée pour prononcer la restitution, ou pour ordonner la destruction de substances dangereuses, prescrire une mesure d'expertise avant de statuer sur la demande. »

> Maintien de la saisie des objets saisis au cabinet d'un avocat ou à son domicile

• **Crim. 6 févr. 1997,** n° 96-83.462, P, n° 55

* V. s[s] n°s 245.103.

« La juridiction d'instruction doit justifier le refus de restitution d'un objet placé sous main de justice par l'un des motifs prévus à l'article 99 du Code de procédure pénale, notamment l'obstacle à la manifestation de la vérité ou la sauvegarde des droits des tiers.

Encourt la cassation l'arrêt d'une chambre d'accusation qui, pour rejeter, sur le fondement de l'article 97 du Code de procédure pénale, la requête d'un avocat, resté étranger à la procédure et sollicitant la restitution de notes de travail et de correspondances avec ses clients, saisies à son cabinet par le juge d'instruction, se borne à énoncer que ces documents, afférents à des montages juridiques et financiers intéressant l'information en cours, ne concernent pas la défense des personnes mises en examen, dont ledit avocat n'a pas été chargé, et ne sauraient revêtir un caractère de confidentialité. »

• **Crim. 30 juin 1999,** n° 97-86.318, P, n° 172

* V. s^s n° 245.103.

« Il résulte des articles 97 et 99 du Code de procédure pénale et de l'article 8 de la Convention européenne de sauvegarde des droits de l'homme que le juge d'instruction peut s'opposer à la restitution de documents saisis dans le cabinet d'un avocat et couverts par le secret professionnel, dès lors que leur maintien sous la main de la justice en vue de déterminer l'existence d'infractions pénales est nécessaire à la manifestation de la vérité et qu'il ne porte pas atteinte aux droits de la défense. »

• **Crim. 23 oct. 2019,** n° 18-84.738, NP

* V. s^s n° 245.103.

« Mais attendu qu'en se déterminant ainsi, sans rechercher si le contenu des documents dont la restitution était sollicitée, s'agissant de correspondances entre la personne visée par l'enquête et son avocat, était étranger à l'exercice des droits de la défense et si l'atteinte portée au secret des correspondances invoqué était nécessaire et proportionnée au but recherché, la chambre de l'instruction a privé sa décision de base légale. »

> Dévolution à l'État des biens dont la restitution n'a pas été sollicitée

• **Crim. 9 déc. 2014,** n° 13-86.775, P, n° 263

* V. s^s n° 245.164.

« Le délai de six mois, prévu par l'article 41-4, alinéa 3, [du Code de procédure pénale], au terme duquel les objets saisis dont la restitution n'a pas été demandée ou décidée deviennent propriété de l'État, sous réserve des droits des tiers, a commencé à courir au jour où le prévenu a eu connaissance de la décision sur l'action publique par laquelle le tribunal a épuisé sa compétence. »

• **Crim. 21 juin 2016,** n° 15-83.175, P, n° 193

* V. s^s n° 245.164.

« Encourt la cassation l'arrêt qui, pour refuser la restitution d'un objet saisi et dire que celui-ci est devenu propriété de l'État, au motif que cette demande n'a pas été présentée dans le délai de six mois à compter de la décision de classement sans suite de la procédure en application de l'article 41-4, alinéa 3, du Code de procédure pénale, retient, au titre de preuve de la date de l'envoi de l'avis de classement au propriétaire du bien saisi, la production d'une extraction de données du bureau d'ordre national informatisé "Cassiopée", ce que ce seul document n'établit pas. »

• **Crim. 24 juin 2020,** n° 19-84.961, P, 57

* V. s^s n° 245.164.

« La chambre de l'instruction ne peut rejeter, au motif de l'écoulement d'un délai de six mois, une demande de restitution présentée par une personne qui n'a pas été informée dans les conditions prévues par le Code de procédure pénale de la décision de classement sans suite ou de la décision par laquelle la dernière juridiction saisie a épuisé sa compétence sans statuer sur la restitution des biens placés sous main de justice, mais dont le titre est connu, ou qui a réclamé cette qualité au cours de l'enquête ou de la procédure au plus tard dans un délai de six mois à compter de la décision, qu'après avoir constaté, d'une part, que la preuve de la notification de la décision, ainsi que de la date de celle-ci, est rapportée par le ministère public, d'autre part, qu'il s'est écoulé plus de six mois entre la date de la notification et celle de la demande de restitution. »

• **Crim. 26 févr. 2020,** n° 19-82.425, P, 27

* V. s^s n° 245.164.

« La date à prendre en considération pour déterminer le terme du délai pendant lequel une demande de restitution peut être présentée par courrier est celle à laquelle la demande parvient à l'autorité compétente pour y donner suite. »

• **Crim. 8 mars 2023,** n° 22-81.100, P

* V. s^s n°s 245.161 et 245.162.

« 16. En effet, il résulte des dispositions des premier et troisième alinéas de l'article 41-4 du Code de procédure pénale que si la restitution n'a pas été demandée ou décidée dans un délai de six mois à compter de la décision par laquelle la dernière juridiction saisie a épuisé sa compétence, les objets placés sous main de justice qui n'ont pas été restitués deviennent propriété de l'État, sous réserve des droits des tiers.

17. Ces dispositions ne distinguant pas selon la nature des biens placés sous main de justice, elles s'appliquent notamment aux créances figurant sur les contrats d'assurance sur la vie saisies en application des articles 706-153 et 706-155, alinéa 2, du Code de procédure pénale.

18. La circonstance qu'en application du second de ces textes, la saisie de tels biens n'entraîne pas, pour l'assureur ou l'organisme auprès duquel le contrat d'assurance sur la vie a été souscrit, l'obligation de consigner la somme objet de ces créances auprès de l'AGRASC, est par ailleurs sans emport sur leur indisponibilité prévue par l'article 706-145 du Code de procédure pénale.

19. Il s'en déduit qu'à l'expiration du délai de six mois précité, les créances figurant sur les contrats d'assurance sur la vie saisies sont dévolues à l'État lorsque la juridiction saisie a épuisé sa compétence sans avoir statué sur leur restitution.

20. Cette dévolution entraîne de surcroît la résolution du contrat d'assurance sur la vie et le transfert des fonds objet de la créance à l'État en application de l'article L. 160-9 du Code des assurances, L. 223-29 du Code de la mutualité ou L. 932-23-2 du Code de la sécurité sociale, disposant que la décision définitive de confiscation d'une somme ou d'une

créance figurant sur un contrat d'assurance sur la vie, prononcée par une juridiction pénale, entraîne de plein droit la résolution judiciaire du contrat et le transfert des fonds confisqués à l'État.

21. En effet, les textes précités sont issus de la loi n° 2013-1117 du 6 décembre 2013 qui a été adoptée afin d'éviter que l'État ne soit tenu d'attendre le dénouement du contrat d'assurance sur la vie pour ramener à exécution la peine de confiscation de la créance figurant sur cette convention (Rapport n°s 1130 et 1131 fait au nom de la commission des lois constitutionnelles, de la législation et de l'administration générale de l'Assemblée nationale, XIVe législature, p. 81).

22. À la suite de l'entrée en vigueur de ce texte, la loi n° 2016-731 du 3 juin 2016 a modifié l'article 41-4 du Code de procédure pénale pour permettre au procureur de la République, notamment lorsque la dernière juridiction saisie a épuisé sa compétence sans avoir statué sur la restitution des biens placés sous main de justice, de refuser la restitution des biens qui sont l'instrument ou le produit direct ou indirect de l'infraction, en plus de ceux dont la restitution est de nature à créer un danger pour les personnes ou les biens, et ceux dont la destruction est prévue par une disposition particulière. Cette loi a également modifié en ce sens l'article 481 du Code de procédure pénale applicable devant le tribunal correctionnel.

23. La loi du 3 juin 2016 constitue la transposition des dispositions de l'article 4 de la directive 2014/42/UE du Parlement européen et du Conseil imposant aux États membres de prendre les mesures nécessaires pour permettre, dans certains cas, la confiscation de l'instrument et du produit de l'infraction sans condamnation préalable de son auteur.

24. Si la non-restitution définitive des biens placés sous main de justice ne constitue pas une peine, dès lors que le seul objet de cette mesure est de prévenir le renouvellement d'infractions et de lutter contre toute forme d'enrichissement illicite, dans l'objectif de valeur constitutionnelle de sauvegarde de l'ordre public (Cons. const., 3 décembre 2021, décision n° 2021-951 QPC), la non-restitution doit dorénavant être vue comme une alternative à la confiscation dont elle partage les effets comme emportant, au même titre que cette peine, la dévolution du bien non-restitué à l'État en application du troisième alinéa de l'article 41-4 du Code de procédure pénale.

25. En conséquence, les effets de la dévolution à l'État des créances figurant sur les contrats d'assurance sur la vie prévus par les articles L. 160-9 du Code des assurances, L. 223-29 du Code de la mutualité et L. 932-23-2 du Code de la sécurité sociale doivent s'étendre à celles qui sont devenues la propriété de l'État en application du troisième alinéa de l'article 41-4 du Code de procédure pénale. »

245.03 Bibliographie indicative.

Encyclopédies. *Rép. pén.*, *V°* « Restitution », par O. Violeau – *J.-Cl. Pr. pén.*, art. 99 à 99-2, fasc. 20, par L. Eyrignac.

Articles. S. Almaseanu, « Les nouveaux articles 41-4 et 41-5 du Code de procédure pénale tels que modifiés par la loi du 16 février 2015 », *Gaz. Pal.* 28 mars 2015, n° 87, p. 11 ; « Le refus de restitution de l'instrument ou du produit de l'infraction en procédure pénale », *Gaz. Pal.* 17 janv. 2017, n° 3, p. 16 – G. Cotelle, « Consécration implicite de la procédure de confiscation sans condamnation préalable », *AJ pénal* 2016. 463 – E. Daoud, « Les droits de la personne mise en cause », *in* L. Ascensi, P. Beauvais et R. Parizot (dir.), *La confiscation des avoirs criminels, Nouveaux enjeux juridiques*, LGDJ, 2021, p. 65 – G. Étrillard, « La difficile contestation des saisies conservatoires en droit pénal des affaires. Constats et (rares) solutions », *Cahiers de droit de l'entreprise*, mars 2020, n° 2, dossier 9 – C. Fonteix, « De la saisie à la confiscation : un point sur le contentieux », *AJ pénal* 2015. 239 – M. Segonds, « Les droits des tiers », *in* L. Ascensi, P. Beauvais et R. Parizot (dir.), *La confiscation des avoirs criminels, Nouveaux enjeux juridiques*, LGDJ, 2021, p. 85.

245.05 Notion de restitution. Il est enseigné dans un traité important que, « dans son sens courant, la restitution est la remise au propriétaire légitime de l'objet sur lequel a porté l'infraction (ainsi les bijoux volés, l'argent détourné), ou qui a été saisi comme pièce à conviction : en ce sens, la restitution sanctionne un droit de propriété préexistant ; elle ne peut porter sur les objets retrouvés en nature, et non sur ceux qui auraient été acquis avec le prix des choses détournées ou volées : la subrogation réelle n'est pas admise ici »[1]. Cette définition rejoint une définition plus générale proposée par le dictionnaire juridique de référence : « Fait de remettre au propriétaire une chose dont il avait été privé indûment ou involontairement. Ex. restitution d'une chose volée ou perdue. »[2]

Il est exact, en pratique, que ce sera le plus souvent à leur propriétaire que seront restitués les biens saisis pendant l'enquête ou l'information judiciaire, mais il reste que l'action en restitution n'est pas assimilable à une action en revendication. La chambre criminelle a en effet développé une compréhension particulière de la notion. Ainsi, dans des arrêts relativement anciens, une chambre d'accusation avait été approuvée d'avoir énoncé que la demande de restitution « n'a pas pour objet de faire statuer sur le droit de propriété concernant le bien revendiqué mais seulement de faire remettre les choses dans l'état où elles se trouvaient antérieurement »[3], tandis qu'avait été rejeté le pourvoi formé contre l'arrêt d'une autre juridiction qui avait relevé « qu'en l'absence de toute revendication présentée par une autre personne prétendant à des droits sur les fonds litigieux, la cour n'a pas à résoudre une question de propriété et qu'il lui appartient seulement de rétablir, du point de vue de la détention et de la possession, la situation antérieure à la sai-

1. R. Merle et A. Vitu, *Traité de droit criminel, Procédure pénale*, préc., n° 113.
2. G. Cornu (dir.), *Vocabulaire juridique*, préc., *V°* « Restitution ».
3. Crim. 18 mai 1987, n° 86-94.678, P, n° 199.

sie »[1]. Demander la restitution d'un objet placé sous main de justice, c'est en définitive solliciter le retour au *statu quo ante*, sans qu'il n'y ait lieu, en principe, d'examiner le fond des droits du requérant sur l'objet dont la restitution est sollicitée. Comme l'a énoncé un auteur, « restituer, c'est [...] remettre à son légitime détenteur un objet préalablement placé sous main de justice »[2]. Ce ne sera qu'en cas de contestation par un tiers des droits du requérant sur le bien qu'il y aura lieu, pour le juge répressif, d'examiner les droits des parties. Cette différence est fondamentale et nous verrons qu'elle a des conséquences pratiques importantes[3].

SECTION 1

PROCÉDURES DE RESTITUTION DES OBJETS PLACÉS SOUS MAIN DE JUSTICE

245.11 **Diversité des procédures.** Plusieurs procédures de restitution ont été organisées par le législateur[4]. La compétence pour décider de la restitution des objets placés sous main de justice a ainsi été confiée par le législateur au ministère public au cours de l'enquête, lorsqu'aucune juridiction n'a été saisie et à compter de l'instant où celle-ci a épuisé sa compétence sans avoir statué sur la restitution[5] (§ 1), au juge d'instruction pendant l'information judiciaire[6] (§ 2), et enfin à la juridiction de jugement tant qu'elle est saisie[7] (§ 3).

§ 1

Restitution lors de l'enquête, lorsqu'aucune juridiction n'a été saisie ou quand la juridiction saisie a épuisé sa compétence sans avoir statué sur la restitution

245.21 **Textes applicables.** L'article 41-4, alinéa 1er, du Code de procédure pénale, qui a été substantiellement modifié par la loi n° 2015-177 du 16 février 2015[8], organise la restitution des objets placés sous main de justice dans trois situations : lorsque la restitution intervient « au cours de l'enquête », « lorsqu'aucune juridiction n'a été saisie » et quand « la juridiction saisie a épuisé sa compétence sans avoir statué sur la restitution ».

En pratique, la procédure prévue par ces dispositions gouvernera la restitution pendant l'enquête, à la suite du classement sans suite de la procédure, après que l'ordonnance ou l'arrêt de non-lieu a acquis un caractère définitif, ou bien encore lorsque la juridiction de jugement a épuisé sa compétence, sans avoir statué sur la restitution des objets saisis.

245.22 **Compétence.** Dans le champ d'application ainsi défini, l'article 41-4 du Code de procédure pénale donne compétence au procureur de la République ou au procureur général pour décider de la restitution des objets saisis.

Il a d'ailleurs été précisé, pour le cas où la juridiction saisie a épuisé sa compétence sans avoir statué sur la restitution, que seul le procureur de la République ou le procureur général est compétent pour décider d'office ou sur requête de la restitution des objets saisis, le juge répressif ne pouvant être saisi qu'en cas de contestation de la décision de non-restitution[9].

Le procureur de la République sera ainsi compétent au cours de l'enquête, si aucune juridiction n'a été saisie ou encore si une juridiction du premier degré a épuisé sa compétence sans avoir statué sur la restitution des objets et qu'aucun appel n'a été interjeté, tandis que la compétence reviendra au procureur général pour décider de la restitution des objets saisis lorsque la cour d'appel aura omis de statuer sur leur restitution.

Cependant, lorsque le contentieux de la restitution se noue après que la juridiction de jugement saisie a épuisé sa compétence sans avoir statué sur le sort des objets placés sous main de justice – qu'elle n'a ni confisqué, ni restitué –, il a été proposé que la compétence du procureur de la République soit transférée à la juridiction de jugement, comme en l'état initial du Code de procédure pénale, en raison de la proximité existant entre la peine de confiscation – dont le prononcé est de la seule compétence de la juridiction de jugement – et la décision de non-

1. Crim. 23 oct. 1979, n° 78-93.974, P, n° 294.
2. *Rép. pén.*, V° « Restitution », n° 2, par O. Violeau.
3. V. s[s] n° 245.110.
4. SUR L'APPLICATION DANS LE TEMPS des lois relatives aux procédures de restitution v° s[s] n° 214.24.
5. C. pr. pén., art. 41-4.
6. C. pr. pén., art. 99.
7. C. pr. pén., art. 373, 478, 484 et 543.
8. L. n° 2015-177, 16 févr. 2015 *relative à la modernisation et à la simplification du droit et des procédures dans les domaines de la justice et des affaires intérieures, JO* 17 févr., p. 2961 – ÉGALEMENT : *Rapp. Ass. nat.* n° 2200 (XIVe législ.), p. 45 – *Rapp. Sénat* n° 215 (2014-2015), p. 39 – SUR CE TEXTE : Circ. Justice-DACG, 31 mars 2015 de *présentation des dispositions de procédure pénale de la loi n° 2015-177 du 16 février 2015 relative à la modernisation et à la simplification du droit et des procédures dans les domaines de la justice et des affaires intérieures en matière de scellés*, NOR : JUS D 1508367 C, *BOMJ* n° 2015-04, 30 avr. 2015.
9. Crim. 14 avr. 1992, n° 91-81.133, P, n° 163 – Crim. 10 janv. 1994, n° 93-80.299, P, n° 13 – Crim. 12 déc. 1996, n° 96-81.894, P, n° 467 – Crim. 5 févr. 2002, n° 01-81.803, P, n° 22 – Crim. 20 juin 2006, n° 05-86.839, P, n° 186 ; *AJ pénal* 2006. 458, obs. P. R.

restitution, lesquelles ont en commun d'emporter le transfert à l'État de la propriété des biens objet de ces mesures [1]. Il est vrai que ce transfert de compétence pourrait également participer à régler le problème de la mise en œuvre de la possibilité, introduite par la loi n° 2016-731 du 3 juin 2016 [2], de refuser, à ce stade du procès pénal, la restitution d'un bien au motif qu'il est l'instrument ou le produit direct ou indirect de l'infraction [3], soit un motif de non-restitution dont la mise en œuvre a pour préalable – si les mots ont un sens – l'existence d'une infraction à la loi pénale, ce que, dans un État de droit, seule une juridiction de jugement peut être autorisée à établir.

245.23 Demandeur. Le représentant du ministère public a le pouvoir de décider de la restitution des objets placés sous main de justice, soit d'office, soit sur requête.

Quoique le texte soit taisant à cet égard, il est permis de considérer, au regard du droit applicable pendant l'information judiciaire ou devant la juridiction de jugement, qu'ont qualité pour présenter une telle demande de restitution les seules personnes prétendant avoir un droit sur l'objet saisi. La chambre criminelle a d'ailleurs jugé que seules ces personnes sont recevables à exercer un recours contre la décision de non-restitution du ministère public [4].

Il semble au reste que la requête en restitution puisse être présentée par un tiers, tant que l'existence du mandat est prouvée et que le nom du mandant figure dans chaque acte de procédure effectué par le mandataire [5].

245.24 Recours contre la décision. La décision de non-restitution du ministère public, prise même d'office, pour l'un des motifs prévus par l'article 41-4 du Code de procédure pénale ou pour tout autre motif, peut être déférée par l'intéressé à la chambre de l'instruction ou son président dans le délai d'un mois suivant sa notification par déclaration au greffe du tribunal ou par lettre recommandée avec demande d'avis de réception. Dans ce dernier cas, la date à prendre en considération, pour déterminer le terme du délai pendant lequel le recours peut être formé, est celle à laquelle la lettre parvient aux services du procureur de la République qui a rendu la décision contestée [6]. Pour le surplus, le texte ne prévoit pas que l'acte de notification de la décision doive mentionner quels sont les voies et délais de recours, ce que le Conseil constitutionnel n'a pas jugé contraire à la Constitution [7]. En revanche, pour être régulière, la notification doit être faite à l'adresse déclarée complète des personnes intéressées [8].

Si la loi n° 2019-222 du 23 mars 2019 [9] a introduit la possibilité de contester la décision du ministère public soit devant la chambre de l'instruction, soit devant son seul président, ces dispositions doivent être lues avec celles de l'article D. 43-5 du Code de procédure pénale selon lesquelles, d'une part, « l'auteur [...] du recours peut [...] préciser dans [...] son recours qu'il saisit la chambre de l'instruction dans sa formation collégiale », d'autre part, « le président peut décider, au regard de complexité du dossier, que celui-ci soit examiné par la chambre dans sa composition collégiale ». La compétence du président de la chambre de l'instruction est ainsi le principe.

Il a du reste été très clairement jugé que « toute décision de non-restitution d'un objet placé sous main de justice, prise par le procureur de la République ou le procureur général dans les conditions prévues au premier alinéa de ce texte, peut être déférée à la chambre de l'instruction par la personne intéressée, que le refus ou l'irrecevabilité opposée à la demande soit fondé sur l'un des motifs mentionnés au deuxième alinéa ou sur la circonstance que l'objet réclamé est devenu la propriété de l'État par suite de l'expiration du délai de six mois fixé au troisième alinéa » [10]. Il existe des affirmations ultérieures de ce principe [11].

Réciproquement, il a été posé pour principe que seules les personnes ayant des droits sur le bien placé sous main de justice sont recevables à exercer un recours contre la décision de non-restitution prise par le ministère public. La chambre criminelle a ainsi énoncé que « les associés d'une société civile immobilière, seule propriétaire de l'immeuble placé sous main de justice, n'ont pas qualité pour exercer un recours contre la décision de non-restitution prise par le ministère public en application de l'article 41-4 du Code de procédure pénale, ni pour

1. J. Bourgais, *Le rôle du juge pénal en matière de saisies et confiscations, Étude de droit comparé (France – Angleterre)*, Poitiers, 2021, n° 82.
2. L. n° 2016-731, 3 juin 2016 *renforçant la lutte contre le crime organisé, le terrorisme et leur financement, et améliorant l'efficacité et les garanties de la procédure pénale*, *JO* 4 juin, n° 1.
3. V. s[s] n° 245.125.
4. V. s[s] n° 245.24.
5. V. s[s] n° 245.63.
6. Crim. 22 juin 2022, n° 21-81.083, NP.
7. Cons. const. 18 févr. 2022, n° 2021-970 QPC – SUR SAISINE de la chambre criminelle : Crim. 1er déc. 2021, n° 21-81.083, NP.
8. Crim. 20 oct. 2021, n° 20-84.512, NP.
9. L. n° 2019-222, 23 mars 2019 *de programmation 2018-2022 et de réforme pour la justice*, *JO* 24 mars, n° 2.
10. Crim. 25 avr. 2017, n° 16-83.154, P, n° 120 – ANTÉRIEUREMENT : Crim. 18 oct. 2000, n° 00-82.904, P, n° 305 ; *D.* 2001. 44 – Crim. 9 mai 1994, n° 92-83.092, P, n° 175.
11. Crim. 20 mars 2019, n° 18-82.198, P, n° 60 ; *D.* 2019. 591 ; *AJ pénal* 2019. 282, obs. M. Hy.

se pourvoir en cassation »[1]. Une qualité pour agir s'est ainsi ajoutée à l'intérêt à agir, sans doute dans le souci d'unifier les règles de recevabilité du recours contre les décisions de non-restitution du ministère public et du juge d'instruction[2].

Si l'article 41-4 dispose que le recours contre la décision du ministère public présente un caractère suspensif, la procédure qui doit être suivie devant la chambre de l'instruction n'est pour le surplus pas décrite par ce texte. Il semble donc qu'il doive être fait application du droit commun. La chambre criminelle a d'ailleurs retenu cette solution dans plusieurs arrêts rendus au sujet de la procédure de restitution qui doit être suivie pendant l'information judiciaire en application de l'article 99 du Code de procédure pénale[3].

Il se posera notamment la question de savoir si le requérant peut, devant la chambre de l'instruction, être entendu et prétendre à la mise à disposition du dossier de la procédure. En effet, alors que l'article 99 du Code de procédure pénale précise, au sujet du contentieux de la restitution de la compétence du juge d'instruction, que le tiers peut, au même titre que les parties, être entendu par la chambre de l'instruction en ses observations, mais qu'il ne peut prétendre à la mise à disposition de la procédure, l'article 41-4 ne règle pas cette question. Une application analogique des dispositions de l'article 99, telles qu'interprétées par la chambre criminelle dans un sens favorable aux droits de la défense, semble envisageable, à tout le moins lorsque la décision de non-restitution a été rendue pendant l'enquête[4]. Au cours de cette phase du procès pénal, tout comme pendant l'information judiciaire, le caractère secret de la procédure s'oppose à un accès de l'appelant à l'entier dossier de la procédure, quand inversement le principe du contradictoire impose l'accès de l'appelant à certaines pièces.

§ 2
Restitution lors de l'information judiciaire

245.31 **Textes applicables.** Pendant l'information judiciaire, la restitution des objets placés sous main de justice est organisée par les dispositions de l'article 99 du Code de procédure pénale, ainsi que par celles des articles 177 et 212 du même code qui sont applicables lorsqu'il est statué sur la restitution au stade du règlement de l'information judiciaire[5].

245.32 **Compétence.** Ces trois textes donnent compétence au juge d'instruction[6] ou à la chambre de l'instruction[7], pour statuer sur la restitution des objets placés sous main de justice.

Il a été précisé par la chambre criminelle que le juge d'instruction compétent pour statuer sur une requête en restitution est celui en charge de l'information, et non celui qui a fait procéder à la saisie d'un bien en exécution d'une commission rogatoire[8].

Par ailleurs, la compétence du juge d'instruction pour décider de la restitution des objets placés sous main de justice ne s'étend qu'aux objets saisis dans le cadre de l'information dont il a la charge[9].

245.33 **Procédure devant le juge d'instruction.** Le juge d'instruction doit statuer par ordonnance motivée sur les restitutions, soit sur réquisitions du procureur de la République, soit, après avis de ce magistrat, d'office ou sur requête de la personne mise en examen, de la partie civile ou de toute autre personne qui prétend avoir un droit sur l'objet. Seuls le ministère public, les parties et les tiers prétendant avoir droit sur les objets placés sous main de justice sont ainsi recevables à en solliciter la restitution : une qualité particulière a été ajoutée à l'intérêt à agir. A par exemple cette qualité la compagnie d'assurance subrogée dans les droits du propriétaire de l'objet saisi[10].

Lorsqu'un tel requérant entend solliciter du juge d'instruction la restitution d'un objet placé sous main de justice, il doit en présenter la requête dans les conditions de l'avant-dernier alinéa de l'article 81 du Code de procédure pénale, c'est-à-dire par déclaration au greffe du juge d'instruction saisi du dossier. La demande sera constatée et datée par le greffier qui la signera, ainsi que le demandeur ou son avocat, sauf à ce que le demandeur ne puisse signer. Dans ce cas, il en sera fait mention. Par dérogation, lorsque le demandeur ou son avocat ne réside pas dans le ressort de la juridiction compétente, la déclaration peut être faite au moyen d'une lettre recommandée avec demande d'avis de réception. Enfin, lorsque la personne mise en examen est détenue, elle peut solliciter la restitution d'un objet placé sous main de justice par déclaration faite au chef de l'établissement pénitentiaire, laquelle doit être signée et datée par le demandeur et ce fonction-

1. Crim. 20 mars 2019, n° 18-82.198, P, n° 60 ; *D.* 2019. 591 ; *AJ pénal* 2019. 282, obs. M. Hy.
2. V. s^s n° 245.36.
3. V. s^s n° 245.36.
4. V. s^s n° 245.36.
5. Il doit dans ce cas être statué par une seule et même décision : Crim. 2 oct. 2001, n°s 00-85.724 et 00-85.725, P, n° 194 ; *D.* 2002. 1458, obs. J. Pradel.
6. C. pr. pén., art. 99 et 177.
7. C. pr. pén., art. 212.
8. Crim. 1er févr. 2005, n°s 04-84.785, 04-84.786 et 04-84.787, P, n° 35 ; *D.* 2005. 858.
9. Crim. 8 mars 2017, n° 16-80.372, P, n° 65.
10. Crim. 6 nov. 2007, n° 07-82.917, NP.

naire. La demande sera adressée sans délai, en original ou en copie, au greffier du juge d'instruction.

Il semble du reste que la requête en restitution puisse être présentée par un tiers, tant que l'existence du mandat est prouvée et que le nom du mandant figure dans chaque acte de procédure effectué par le mandataire [1].

Lorsque le juge d'instruction est saisi d'une demande de restitution présentée par une partie ou toute autre personne prétendant avoir un droit sur un objet saisi, il est tenu de statuer sur celle-ci dans le délai d'un mois. Si ce délai n'a pas été respecté, le requérant peut directement saisir le président de la chambre de l'instruction [2], outre le fait que la méconnaissance du délai raisonnable ouvre un droit à réparation à l'intéressé [3].

Il a enfin été jugé que l'ordonnance de restitution d'objets saisis rendue par le juge d'instruction est un acte interruptif du délai de prescription de l'action publique [4].

245.34 Articulation du contentieux de la restitution et du contentieux de la remise à l'Agrasc aux fins d'aliénation. La chambre criminelle, ainsi que cela a été vu [5], a précisément articulé le contentieux de la restitution et celui de la remise à l'Agrasc aux fins d'aliénation.

245.35 Saisine directe de la chambre de l'instruction. Faute pour le juge d'instruction d'avoir respecté le délai d'un mois, le requérant peut saisir directement le président de la chambre de l'instruction qui, en application de l'article 186-1 du Code de procédure pénale, doit décider, dans les huit jours de la réception du dossier, par une ordonnance insusceptible de recours, s'il y a lieu ou non de saisir la chambre de l'instruction. Dans l'affirmative, il transmet le dossier au procureur général qui procède à l'audiencement de la demande ; dans la négative, il ordonne par décision motivée que le dossier de l'information soit renvoyé au juge d'instruction.

On relèvera que la possibilité, pour le requérant, de saisir directement la chambre de l'instruction a été introduite par la loi n° 2016-731 du 3 juin 2016 [6], après que le Conseil constitutionnel, par décision en date du 16 octobre 2015, eut décidé que les dispositions de l'article 99 du Code de procédure pénale alors en vigueur étaient contraires à la Constitution, en ce que « ni les dispositions contestées ni aucune autre disposition [n'imposaient] au juge d'instruction de statuer dans un délai déterminé sur la demande de restitution d'un bien saisi formée en vertu du deuxième alinéa de [ce texte] », et « que, s'agissant d'une demande de restitution d'un bien placé sous main de justice, l'impossibilité d'exercer une voie de recours devant la chambre de l'instruction ou toute autre juridiction en l'absence de tout délai déterminé imparti au juge d'instruction pour statuer [conduisait] à ce que la procédure applicable méconnaisse les exigences découlant de l'article 16 de la Déclaration de 1789 et prive de garanties légales la protection constitutionnelle du droit de propriété » [7]. Le Conseil constitutionnel avait cependant reporté les effets de l'abrogation au 1er janvier 2017, afin d'éviter que l'abrogation immédiate du deuxième alinéa du texte ne fasse disparaître toute voie de droit permettant de demander la restitution d'objets placés sous main de justice.

245.36 Recours devant la chambre de l'instruction. L'article 99 du Code de procédure pénale dispose que l'ordonnance du juge d'instruction est notifiée soit au requérant en cas de rejet de la demande, soit au ministère public et à toute autre partie intéressée en cas de décision de restitution.

En contemplation de la solution retenue dans le contentieux des saisies spéciales, il est permis de considérer que le défaut de notification a pour seule conséquence de ne pas faire courir à l'égard de l'intéressé le délai de recours [8].

Cette ordonnance peut être déférée à la chambre de l'instruction ou à son seul président par requête déposée au greffe du tribunal dans le délai de dix jours à compter de la notification de la décision, par déclaration au greffe du juge d'instruction ou bien auprès du chef de l'établissement pénitentiaire, lorsque le requérant est détenu [9].

Le législateur n'a pas formellement qualifié ce recours, mais la chambre criminelle a jugé que celui-ci peut prendre la forme d'un acte d'appel inscrit au registre tenu au greffe de la juridiction concernée [10]. C'est ce seul recours qui doit être formé, à l'exclusion d'une requête en nullité contre la décision du juge d'instruction. En effet, il a aussi été jugé que la personne mise en examen n'est pas recevable à contester, par la voie d'une requête en nullité

1. V. ss n° 245.63.
2. V. ss n° 245.35.
3. Crim. 11 oct. 2017, n° 17-82.131, NP.
4. Crim. 10 févr. 2004, n° 03-87.283, P, n° 36.
5. V. ss n° 242.54.
6. L. n° 2016-731, 3 juin 2016 *renforçant la lutte contre le crime organisé, le terrorisme et leur financement, et améliorant l'efficacité et les garanties de la procédure pénale, JO* 4 juin, n° 1 – ÉGALEMENT : *Rapp. Ass. nat.* n° 3515 (XIVe législ.), p. 313 – *Rapp. Sénat* n° 491 (2015-2016), t. I, p. 222.
7. Cons. const. 16 oct. 2015, n° 2015-494 QPC, *JO* 18 oct., p. 19447 ; *D.* 2015. 2077 ; *D.* 2016. 1727, obs. J. Pradel ; *Procédures* 2015, comm. 379, obs. J. Buisson.
8. V. ss n° 231.91.
9. C. pr. pén., art. 99, al. 5, 186, al. 4, 502 et 503 – Crim. 19 févr. 1985, n° 84-91.956, P, n° 79.
10. Crim. 19 févr. 1985, n° 84-91.956, P, n° 79.

présentée sur le fondement de l'article 173 du Code de procédure pénale, la régularité de la restitution d'objets placés sous main de justice, seul pouvant être exercé par elle le recours ouvert par l'article 99 à l'encontre de l'ordonnance de restitution [1].

La faculté de porter le recours soit devant la chambre de l'instruction, soit devant son seul président, a été introduite par la loi n° 2019-222 du 23 mars 2019 [2]. L'article D. 43-5 du Code de procédure pénale précise cependant que « l'auteur [...] du recours peut toutefois préciser dans [...] son recours qu'il saisit la chambre de l'instruction dans sa formation collégiale », de même qu'il est loisible au président de la chambre de l'instruction de « décider, au regard de complexité du dossier, que celui-ci soit examiné par la chambre dans sa composition collégiale ». La compétence du président de la chambre de l'instruction est ainsi le principe.

S'agissant des règles gouvernant la recevabilité du recours à l'encontre de la décision du juge d'instruction, l'article 99 distingue selon le sens de la décision de ce dernier. Étant relevé que, conformément au droit commun [3], le ministère public peut interjeter appel de toute ordonnance du juge d'instruction, il y a lieu pour le surplus de distinguer selon que le magistrat a fait droit à la demande de restitution dont il était saisi, ou bien a rejeté celle-ci. Dans le premier cas, la chambre criminelle considère que « le seul fait qu'une personne ait intérêt à s'opposer à la restitution, par le juge d'instruction, d'un objet placé sous main de justice la rend recevable à déférer à [la chambre de l'instruction] l'ordonnance de restitution » [4] : l'intérêt à agir, qui se trouve caractérisé lorsque la décision est susceptible de modifier « les droits et obligations » de l'appelant [5], suffit à rendre recevable le recours contre les ordonnances de restitution du juge d'instruction. Du reste, nonobstant la rédaction du texte, le recours est recevable quand bien même l'intéressé ne serait pas partie à l'information judiciaire : « Le tiers saisi, à qui l'ordonnance de restitution est susceptible de faire grief, est une partie intéressée au sens de l'article 99, alinéa 5, du Code de procédure pénale, et a, dès lors, qualité pour déférer à la chambre d'accusation la décision du juge d'instruction ayant prononcé sur une demande de restitution portant sur des fonds dont il est détenteur. » [6] Dans le second cas, les règles de recevabilité du recours paraissent plus strictes, comme réservant la faculté d'exercer celui-ci aux seules personnes qui prétendent avoir un droit sur l'objet dont la restitution est poursuivie, le premier alinéa de l'article 99 énonçant en effet que peuvent saisir le juge d'instruction d'une demande de restitution la personne mise en examen, la partie civile ou toute autre personne « qui prétend avoir droit sur l'objet ». La jurisprudence de la chambre criminelle est d'ailleurs en ce sens en application des dispositions voisines de l'article 41-4 du Code de procédure pénale [7].

S'il est recevable, la chambre de l'instruction devra examiner le recours, même formé postérieurement à l'ordonnance de règlement, dès lors qu'il a été formé dans le délai prévu par le quatrième alinéa de l'article 186 du Code de procédure pénale [8]. De même, lorsque le juge d'instruction s'est dessaisi de la procédure en se déclarant territorialement incompétent et en renvoyant le ministère public à mieux se pourvoir, la chambre de l'instruction, qui statue sur l'appel d'une ordonnance de non-restitution rendue au cours de l'information judiciaire, doit en apprécier le bien-fondé au regard de l'article 99 du Code de procédure pénale, en considérant les circonstances de l'espèce antérieures à l'ordonnance d'incompétence [9].

Pour le surplus, l'affaire sera examinée par la chambre de l'instruction selon la procédure ordinaire, sauf à préciser que, s'il n'est pas appelant, le tiers requérant doit être convoqué devant la chambre de l'instruction [10]. Ainsi, outre le fait que la chambre de l'instruction n'est pas tenue de statuer dans un délai quelconque, ce que le Conseil constitutionnel n'a pas jugé contraire à la Constitution [11], il a été jugé par la chambre criminelle, sous l'empire d'anciennes dispositions cependant, que « les articles 197, 198 et 199 du Code de procédure pénale prévoient la participation de la partie civile aux débats devant la chambre d'accusation sans aucune restriction », et que cette juridiction « statue sur une demande de restitution d'objets placés sous la main de la justice, dans les conditions prévues par l'article 373 alinéa 2 dudit Code » [12]. De même, faute de dispositions légales le prévoyant à l'article 199 du Code de procédure pénale, relatif aux débats devant la chambre de l'instruction, il n'y a pas lieu de notifier le droit de se taire à la personne mise en examen appelante d'une ordonnance du juge d'instruction ayant statué sur la restitution d'objets

1. Crim. 30 oct. 2001, n° 01-84.779, P, n° 223.
2. L. n° 2019-222, 23 mars 2019 *de programmation 2018-2022 et de réforme pour la justice, JO* 24 mars, n° 2.
3. C. pr. pén., art. 185, al. 1.
4. Crim. 29 janv. 1991, n° 90-81.563, P, n° 51 ; *RSC* 1991. 791, obs. A. Braunschweig.
5. Crim. 26 janv. 2022, n° 21-83.389, P.
6. Crim. 8 juill. 1997, n° 96-84.306, P, n° 268.
7. V. s[s] n° 245.24.
8. Crim. 30 avr. 2002, n° 01-84.750, P, n° 93.
9. Crim. 13 janv. 1998, n° 96-86.619, P, n° 15.
10. Crim. 27 janv. 1981, n° 80-91.118, P, n° 36 – Crim. 4 nov. 1991, n° 90-84.567, P, n° 393.
11. V. s[s] n° 212.61 – Cons. const. 18 nov. 2016, n° 2016-596 QPC, *JO* 20 nov., n° 32.
12. Crim. 19 déc. 1974, n° 73-92.165, P, n° 372.

placés sous main de justice[1]. En effet, ainsi que l'a relevé la chambre criminelle, « la comparution devant la chambre de l'instruction n'a pas pour objet l'examen de la nature des indices pesant sur l'intéressé. » Inversement, la personne mise en examen ou son avocat doit avoir la parole en dernier[2].

Ceci étant, le dernier alinéa de l'article 99 prévoit qu'au même titre que les parties, les tiers peuvent être entendus par la chambre de l'instruction, mais qu'ils ne peuvent prétendre à la mise à disposition de la procédure. Après avoir dans un premier temps jugé que cette restriction n'était contraire ni à la Constitution[3], ni aux articles 6 de la Convention européenne des droits de l'homme et 1er du Protocole additionnel n° 1 à cette convention[4] – ce qui rejoignait la position du Conseil constitutionnel interrogé sur question prioritaire de constitutionnalité[5] – la chambre criminelle a procédé à un revirement en posant pour principe que « la chambre de l'instruction saisie de l'appel interjeté par un tiers à l'encontre de l'ordonnance rendue par le juge d'instruction en application de l'article 99 du Code de procédure pénale est tenue de s'assurer, si la saisie a été opérée entre ses mains ou s'il justifie être titulaire de droits sur le bien dont la restitution est sollicitée, que lui ont été communiqués en temps utile, outre les procès-verbaux de saisie ou, en cas de saisie spéciale, les réquisitions aux fins de saisie et l'ordonnance de saisie, les pièces précisément identifiées de la procédure sur lesquelles elle se fonde dans ses motifs décisoires »[6]. En se fondant expressément sur l'interprétation donnée par la Cour européenne des droits de l'homme à l'article 1er du Protocole additionnel n° 1 à la Convention, et comme le proposaient certains auteurs[7], la chambre criminelle a ainsi étendu au contentieux de la restitution de la compétence du juge d'instruction, sa jurisprudence développée en matière de saisie spéciale[8], laquelle avait d'ailleurs déjà été étendue au contentieux de la restitution de la compétence du tribunal correctionnel[9].

En ce qui concerne enfin l'étendue de l'office de la chambre de l'instruction, il a été précisé par la chambre criminelle, se fondant à la fois sur la règle de l'unique objet de l'appel et le fait qu'aucune disposition du Code de procédure pénale n'autorise les tiers à contester devant la chambre de l'instruction la régularité des actes de la procédure, que « les dispositions de l'article 99 du Code de procédure pénale instituant, en faveur de tout tiers qui prétend avoir droit sur un objet placé sous la main de la justice, une procédure lui permettant d'en réclamer la restitution, ne l'autorisent pas à faire juger, à cette occasion, la régularité des actes de l'information, fût-ce de ceux en vertu desquels le placement sous la main de la justice a été opéré »[10]. Il en est de même s'agissant des parties à qui il appartient de contester la saisie par la voie d'une requête en nullité[11]. Cette dissociation du contentieux de la saisie et de celui de la restitution a pour conséquence que « la chambre de l'instruction saisie de l'appel interjeté contre l'ordonnance du juge d'instruction rejetant une demande de restitution peut refuser celle-ci lorsque la confiscation de l'objet est prévue par la loi, peu important le fondement de la saisie »[12]. La chambre de l'instruction n'est donc pas liée par le fondement de la saisie : il lui appartient seulement d'apprécier souverainement s'il y a lieu, ou non, au regard des dispositions de l'article 99 du Code de procédure pénale, de faire droit à la demande de restitution. De même, cette dissociation a pour autre conséquence que la chambre de l'instruction ne saurait déclarer sans objet l'appel de l'ordonnance de saisie lorsque celle-ci a été suivie d'une ordonnance du juge d'instruction rejetant en tout ou partie une requête en restitution du bien objet de la mesure : il lui appartient même dans ce cas de statuer sur la validité de la saisie[13]. De même, il a été jugé que la chambre de l'instruction, saisie sur le fondement de l'article 99 du Code de procédure pénale, ne saurait « remettre en cause l'existence des indices graves et concordants de commission du délit [poursuivi] justifiant la mise en examen »[14], ou

1. Crim. 19 déc. 2018, n° 18-84.303, P, n° 219 – Crim. 19 déc. 2018, n° 18-84.304, NP.
2. Crim. 16 janv. 2019, n°s 18-81.117 et 18-81.118, NP – Si ces arrêts ont été rendus en matière d'affectation avant jugement de biens saisis, il y a lieu de les mentionner, car il s'applique en la matière la même procédure que celle devant être suivie devant la chambre de l'instruction dans le contentieux de la restitution, par renvoi de l'article 99-2 du Code de procédure pénale à l'article 99 du même code.
3. Crim. 7 juin 2011, n° 11-90.035, NP.
4. Crim. 8 janv. 2013, n° 12-81.389, NP.
5. Cons. const. 28 oct. 2022, n° 2022-1020 QPC, *JO* 29 oct., n° 72 – v. s^{s} n° 212.61.
6. Crim. 5 avr. 2023, n° 22-80.770, P – Crim. 24 avr. 2023, n°s 22-83.521 et n° 22-80.883, NP (2 arrêts).
7. *Rép. pén., V°* « Restitution », par O. Violeau, n° 57 : « On peut toujours imaginer une solution qui se rapprocherait de l'équilibre atteint en matière de contestation de saisie, tant les situations semblent proches. »
8. V. s^{s} n° 231.94.
9. V. s^{s} n° 245.65.
10. Crim. 2 juill. 1992, n° 91-85.065, P, n° 266 – Crim. 13 janv. 1998, n° 96-86.619, P, n° 15 – Crim. 4 févr. 2003, n° 02-83.176, NP.
11. Crim. 25 sept. 2019, n° 18-86.700, NP.
12. Crim. 17 nov. 2021, n° 21-82.084, P.
13. Crim. 22 juin 2022, n° 21-82.352, NP.
14. Crim. 8 nov. 2017, n° 17-82.525, NP – Crim. 8 nov. 2017, n° 17-82.544, NP.

bien encore prononcer sur « le bien-fondé de la poursuite en cours »[1], puisqu'il a été reproché à une chambre de l'instruction d'avoir confirmé l'ordonnance d'un juge d'instruction faisant droit à une demande de restitution, en énonçant que le texte visé à la prévention apparaissait ne pouvoir s'appliquer aux faits de la cause et qu'en l'absence de fondement légal des poursuites, le maintien sous main de justice du bien dont la restitution était sollicitée ne pouvait être ordonnée. Dans cette dernière affaire, la chambre criminelle a en effet considéré que la chambre de l'instruction avait anticipé sur les résultats de l'information en cours, en prononçant par des motifs relevant des articles 177 ou 212 du Code de procédure pénale, et avait ainsi excédé ses pouvoirs. Enfin, la chambre de l'instruction qui statue sur l'appel de l'ordonnance du juge d'instruction ayant prononcé sur une demande de restitution n'est pas autorisée à évoquer, après infirmation de l'ordonnance, pour ordonner la remise du bien litigieux au service compétent pour aliénation[2]. En effet, ainsi que la chambre criminelle l'a expressément énoncé, ce recours ne figure pas dans les cas limitativement énumérés à l'article 207 du Code de procédure pénale.

245.37 **Pourvoi en cassation.** Si la décision de la chambre de l'instruction peut faire l'objet d'un pourvoi en cassation en application du droit commun, la chambre criminelle a précisé les règles gouvernant l'examen de ce recours.

Il faut en effet rappeler qu'en application de l'article 570 du Code de procédure pénale, lorsque le tribunal ou la cour d'appel statue par jugement ou arrêt distinct de l'arrêt sur le fond, le pourvoi en cassation est immédiatement recevable seulement si cette décision met fin à la procédure. À défaut, ce n'est que par exception que, dans les conditions des articles 570 et 571 du Code de procédure pénale, le président de la chambre criminelle peut, dans l'intérêt de l'ordre public ou d'une bonne administration de la justice, d'office ou sur requête du demandeur, ordonner l'examen immédiat du pourvoi. Faute d'une telle décision, le jugement ou l'arrêt est exécutoire, le tribunal ou la cour d'appel statue au fond, et le pourvoi ne sera examiné qu'en même temps que le pourvoi qui sera formé contre le jugement ou l'arrêt sur le fond.

Appliquant ces dispositions, la chambre criminelle considère que le pourvoi formé contre un arrêt rendu en matière de restitutions par la chambre de l'instruction est soumis aux règles prévues par les articles 570 et 571 du Code de procédure pénale lorsqu'il émane de l'une des parties au procès pénal et qu'il ne met pas fin à la procédure, tandis que le pourvoi formé par un tiers est, de droit, immédiatement recevable[3].

Cette qualification n'est pas sans conséquence pratique. Il s'en déduit en effet que les parties à l'information judiciaire devront, si elles souhaitent que soit immédiatement examiné le pourvoi qu'elles ont formé à l'encontre d'un arrêt de la chambre de l'instruction statuant en matière de restitutions, déposer la requête aux fins d'examen immédiat prévue par les articles 570 et 571 du Code de procédure pénale. Rien de tel ne sera nécessaire pour les tiers.

245.38 **Contrôle de l'appréciation des juridictions de l'instruction.** La chambre criminelle reconnaît aux juridictions de l'instruction le pouvoir d'apprécier souverainement les conditions de la restitution des objets saisis.

En effet, la chambre criminelle a posé pour principe que « la juridiction d'instruction apprécie souverainement, [au regard des dispositions de l'article 99 du Code de procédures pénales] et au vu des éléments fournis par l'information, s'il y a lieu, ou non, de faire droit à la demande de restitution d'un objet saisi »[4]. Seuls donc sont contrôlés les motifs de l'arrêt attaqué qui doivent être suffisants et exempts de contradictions conformément au droit commun de l'article 593 du Code de procédure pénale.

§ 3
Restitution lors du jugement

245.40 **Plan.** Le législateur a donné compétence à l'ensemble des juridictions de jugement pour statuer sur la restitution des objets placés sous main de justice. Des règles particulières sont ainsi applicables devant la cour d'assises (A), le tribunal correctionnel (B), le tribunal de police (C) et la cour d'appel (D).

1. Crim. 13 janv. 1986, n° 85-93.061, P, n° 20.
2. Crim. 6 mai 2008, n° 07-86.829, P, n° 104 ; *AJ pénal* 2008. 382.
3. Crim. 27 mai 1964, n° 62-93.252, P, n° 178 – Crim. 6 juill. 1966, n° 66-90.134, P, n° 191 – Crim. 18 juill. 1967, n° 67-90.616, P, n° 220 – Crim. 23 janv. 1973, n° 71-93.473, P, n° 28 – Crim. 23 mars 1977, n° 75-92.170, P, n° 109 – Crim. 27 janv. 1981, n° 80-91.118, P, n° 36 – Crim. 21 août 1986, n° 85-91.868, P, n° 248 – Crim. 3 juill. 1987, n° 85-95.826, P, n° 283 – Crim. 30 janv. 1992, n° 91-85.346, P, n° 42 – Crim. 16 juin 1992, nos 91-86.829 et 92-80.418, P, n° 239 ; *D.* 1993. 35, obs. A. Robert.
4. Crim. 6 juill. 1966, n° 66-90.134, P, n° 191 – Crim. 20 juin 1972, n° 72-90.211, P, n° 210 – Crim. 11 déc. 1973, n° 73-91.525, P, n° 459 – Crim. 23 mars 1977, n° 75-92.170, P, n° 109 – Crim. 21 févr. 1989, n° 88-86.700, P, n° 85 – Crim. 8 févr. 1996, n° 95-80.242, P, n° 72 ; *RSC* 1996. 850, obs. B. Bouloc – Crim. 30 avr. 1996, n° 96-80.829, P, n° 183.

A.
Cour d'assises

245.51 **Textes applicables.** L'article 373 du Code de procédure pénale, dans sa rédaction issue de la loi n° 2016-731 du 3 juin 2016[1], prévoit que la cour d'assises peut, d'office, ou bien sur demande de l'une des parties ou de toute personne intéressée, ordonner la restitution des objets placés sous main de justice[2].

245.52 **Compétence.** Il a été précisé par la chambre criminelle que la compétence pour ordonner la restitution appartient à la cour seule, et non à la cour et le jury[3].

Lorsque cette règle a été méconnue, l'irrégularité concernant les seuls intérêts des propriétaires des objets saisis et n'affectant ni l'action publique, ni le prononcé de la peine, la cassation est encourue par voie de retranchement des dispositions relatives aux restitutions illégalement ordonnées par la cour et le jury.

245.53 **Demandeur.** Nonobstant la généralité des dispositions de l'article 373 du Code de procédure pénale, il n'est pas évident qu'il suffise d'avoir un intérêt à la restitution pour être recevable à saisir la cour d'assises d'une telle demande.

En effet, outre le fait que les articles 99 et 479 du Code de procédure pénale réservent cette faculté aux seules personnes qui prétendent avoir droit sur les objets placés sous main de justice – outre les parties –, la chambre criminelle a jugé que seules les personnes prétendant être titulaires de droits sur l'objet saisi sont recevables à contester la décision de non-restitution du procureur de la République rendue en application de l'article 41-4 du Code de procédure pénale, alors même que ce texte confère à tout « intéressé » le droit de déférer cette décision à la chambre de l'instruction. La faculté de solliciter la restitution des objets placés sous main de justice paraît ainsi réservée, quel que soit le cadre juridique de la demande, aux seules personnes prétendant avoir droit sur ces objets, une qualité pour agir s'ajoutant à l'intérêt à agir.

Il semble au reste que la requête en restitution puisse être présentée par un tiers, tant que l'existence du mandat est prouvée et que le nom du mandant figure dans chaque acte de procédure effectué par le mandataire[4].

245.54 **Accès au dossier.** Le troisième alinéa de l'article 373 du Code de procédure pénale a organisé le droit d'accès au dossier des requérants qui ne seraient pas parties à la procédure. Il paraît exclu, en effet, que ces derniers bénéficient d'un accès complet aux pièces de la procédure. Aussi, le législateur a prévu que seuls les procès-verbaux relatifs à la saisie des biens peuvent leur être communiqués. Un plus large accès au dossier pourrait cependant être reconnu au requérant compte tenu de l'évolution de l'état du droit en matière correctionnelle[5].

245.55 **Exécution de la restitution.** Si la demande de restitution peut être présentée en tout état de cause, il y a lieu en revanche, s'agissant de l'exécution de la mesure, de distinguer.

Le premier alinéa de l'article 373 du Code de procédure pénale prévoit en effet que, s'il y a eu condamnation, la restitution n'est effectuée que si son bénéficiaire justifie que le condamné a laissé passer les délais sans se pourvoir en cassation, ou, s'il s'est pourvu, que l'affaire est définitivement jugée.

Cette restriction s'explique par le fait que, la cour d'assises ne pouvant pas refuser la restitution en se fondant sur la nécessité de son maintien sous main de justice pour la manifestation de la vérité, l'exécution de la restitution doit nécessairement coïncider avec l'acquisition par l'arrêt de la cour d'assises d'un caractère définitif.

245.56 **Recours contre la décision.** L'article 573 du Code de procédure pénale prévoit enfin des règles spécifiques en matière de voies de recours permettant aux parties auxquelles les arrêts statuant sur les restitutions font grief de se pourvoir en cassation à l'encontre de ces décisions.

Il fallait en effet prévoir des dispositions particulières, dès lors qu'il résulte de l'article 572 du Code de procédure pénale qu'en principe, les arrêts d'acquittement prononcés par les cours d'assises ne peuvent faire l'objet d'un pourvoi que dans le seul intérêt de la loi, et sans préjudicier à la partie acquittée.

1. L. n° 2016-731, 3 juin 2016 *renforçant la lutte contre le crime organisé, le terrorisme et leur financement, et améliorant l'efficacité et les garanties de la procédure pénale*, *JO* 4 juin, n° 1 – ÉGALEMENT : *Rapp. Ass. nat.* n° 3515 (XIVe législ.), p. 339 – *Rapp. Sénat* n° 491 (2015-2016), t. I, p. 253.
2. SUR CE TEXTE : Circ. Justice, 17 juin 2016 *de présentation des dispositions générales de procédure pénale immédiatement applicables de la loi n° 2016-731 du 3 juin 2016 renforçant la lutte contre le crime organisé, le terrorisme et leur financement, et améliorant l'efficacité et les garanties de la procédure pénale*, NOR : JUS D 1616979 C, *BOMJ* n° 2016-06, 30 juin 2016, p. 34.
3. Crim. 8 nov. 1976, n° 76-91.869, P, n° 318 – Crim. 20 nov. 1985, n° 85-92.246, P, n° 369.
4. V. s[s] n° 245.63.
5. V. s[s] n° 245.65.

B. Tribunal correctionnel

245.61 Textes applicables. Le législateur a organisé aux articles 420-1, 420-2 et 478 à 482 du Code de procédure pénale la procédure de restitution des objets placés sous main de justice qui doit être suivie devant le tribunal correctionnel. Il s'ajoute cependant à ces textes les dispositions qui organisent la restitution lorsque les faits sont poursuivis selon la procédure simplifiée de l'ordonnance pénale[1].

245.62 Compétence du tribunal correctionnel. Si le tribunal correctionnel est compétent, sur le fondement des textes précités, pour statuer sur les demandes de restitution dont il est saisi, encore faut-il, cependant, que la demande porte sur un objet saisi dans le cadre de la poursuite dont il est saisi. Au contraire, il a été jugé que « la juridiction correctionnelle est incompétente pour statuer sur la demande de restitution de toute somme d'argent ou objet placé sous main de justice au cours d'une procédure distincte des poursuites dont elle est saisie »[2].

245.63 Demandeur. Outre le fait que le tribunal correctionnel peut ordonner d'office la restitution des objets placés sous main de justice, nombreuses sont les personnes qui peuvent en présenter la demande.

Si les articles 420-1 et 420-2 du Code de procédure pénale organisent spécialement la possibilité, pour la victime, de demander la restitution des objets saisis, il résulte plus largement des articles 478 et 479 du même code que peuvent solliciter la restitution de ces objets le prévenu, la partie civile, le civilement responsable[3], ainsi que toute autre personne qui prétend avoir droit sur ceux-ci[4].

Dans un arrêt très remarqué du 20 mai 2015, la chambre criminelle a de surcroît décidé « qu'aucun texte n'interdit de donner mandat à un tiers de présenter une requête en restitution dès lors que l'existence de ce mandat est prouvée et que le nom du mandant figure dans chaque acte de procédure effectué par le mandataire »[5]. Dans cette affaire, l'Association française d'épargne et de retraite (AFER), qui avait reçu mandat individuel spécial et exclusif de 55 114 de ses adhérents, avait saisi la cour d'appel de Paris, en application de l'article 710 du Code de procédure pénale, d'une requête en restitution de la somme de près de 25 M€ qui se trouvait sur les comptes titres et espèces, ouverts dans les livres de la banque Rothschild, lorsqu'elle avait fait l'objet d'une mesure de confiscation, à titre de peine complémentaire, à l'encontre de deux prévenus condamnés par un arrêt définitif pour un abus de confiance portant notamment sur ces fonds, l'association se chargeant de répartir cette somme entre tous ses mandants, dont elle avait produit la liste et les mandats. Pour déclarer cette requête irrecevable, la cour d'appel avait énoncé que « nul ne plaide par procureur » et que, même si l'association avait reçu mandat de représenter chacun de ses adhérents, elle entendait exercer, en leur lieu et place, leur droit à demander la restitution de sommes placées sous main de justice, cette demande s'apparentant à une « *class action* ». La chambre criminelle a censuré cette décision en reprochant à la cour d'appel d'avoir déclaré la requête de l'association irrecevable, alors que les juges avaient constaté l'existence d'un mandat individuel d'agir en restitution, donné à l'association par chacun des adhérents nommément désignés. Il est vrai qu'outre le fait que la solution retenue présente un intérêt pratique évident, la règle « nul ne plaide par procureur » prohibe seulement que la présence d'un mandataire ait pour conséquence de masquer l'identité des parties[6], ce qui n'était pas le cas en l'espèce, de même que l'action de l'AFER ne pouvait en aucune façon être qualifiée d'action de groupe, dès lors que cette association agissait en représentation de mandants qui étaient tous identifiés.

245.64 Formes de la demande. Seules les demandes de restitution formulées par la victime font l'objet de dispositions particulières du Code de procédure pénale, ces modalités étant identiques à celles que doivent revêtir les demandes de dommages et intérêts susceptibles d'être présentées par la victime, même s'il a été à plusieurs reprises rappelé que les deux notions sont juridiquement distinctes[7]. Hors cette hypothèse, la demande de restitution prendra la forme d'une intervention du requérant.

La demande de restitution peut tout d'abord être présentée par la victime dans les conditions générales des articles 418 à 420 du Code de procédure pénale. Rappelons, à cet égard, que toute personne

1. C. pr. pén., art. 495-2-1.
2. Crim. 7 juin 1982, n° 81-91.671, P, n° 150 – Crim. 17 févr. 1992, n° 91-83.184, P, n° 74.
3. C. pr. pén., art. 478.
4. C. pr. pén., art. 479.
5. Crim. 20 mai 2015, n° 14-81.147, P, n° 122 ; *D.* 2015. 1419, note N. Dissaux ; *AJ pénal* 2015. 607, obs. C. Girault ; *RTD com.* 2015. 600, obs. B. Bouloc ; *JCP G.* 831, obs. J.-B. Perrier ; *Procédures* 2015, comm. 237, obs. A.-S. Chavent-Leclere ; *Gaz. Pal.* 11 juill. 2015, n° 192, p. 4, obs. R. Mésa.
6. L. Cadiet et E. Jeuland, *Droit judiciaire privé*, 9e éd., « Manuel », LexisNexis, 2016, n° 443.
7. Crim. 14 mars 1973, n° 72-91.258, P, n° 126 – Crim. 8 nov. 1982, n° 81-93.002, P, n° 243 – Crim. 3 févr. 1986, n° 84-94.813, P, n° 42 – Crim. 7 sept. 1999, n° 98-86.127, P, n° 180 ; *D.* 1999. 248.

qui, conformément à l'article 2 du Code de procédure pénale, prétend avoir été lésée par un délit, peut se constituer partie civile à l'audience du tribunal correctionnel, sans que le ministère d'un avocat ne soit obligatoire. À cette occasion, bien que l'article 418 n'envisage que la possibilité pour la partie civile de demander des dommages et intérêts, il ne fait aucun doute qu'elle pourra aussi présenter une demande de restitution. Formellement, la déclaration de constitution de partie civile se fera soit avant l'audience, au greffe, soit pendant l'audience par déclaration contresignée par le greffier ou bien par dépôt de conclusions[1]. Lorsqu'elle est faite avant l'audience, la déclaration de partie civile doit préciser l'infraction poursuivie et contenir élection de domicile dans le ressort du tribunal, à moins que la partie civile n'y soit domiciliée[2]. Elle est alors immédiatement transmise par le greffier au ministère public qui cite la partie civile pour l'audience.

Dans le souci de faciliter l'accès, par les victimes, au statut de partie civile, le législateur a ajouté à ces dispositions celles des articles 420-1 et 420-2 du Code de procédure pénale qui, pour ce qui nous concerne, étendent la possibilité, pour la victime, de solliciter la restitution d'un bien lui appartenant. Ainsi, en application du premier de ces textes, toute personne qui se prétend lésée par un délit peut se constituer partie civile, directement ou par son avocat, par lettre recommandée avec avis de réception, par télécopie ou par courrier électronique parvenu au tribunal vingt-quatre heures au moins avant la date de l'audience, lorsqu'elle demande notamment la restitution d'objets saisis[3]. Par ailleurs, mais dans ce cas avec l'accord du procureur de la République, la demande de restitution peut également être formulée par la victime, au cours de l'enquête de police, auprès d'un officier ou agent de police judiciaire, qui en dresse procès-verbal[4]. La demande présentée par la partie civile présentera des effets comparables à celle présentée selon les formes ordinaires. En effet, la décision rendue sur la demande de restitution présentée dans ces conditions dérogatoires au droit commun produira tous les effets d'une décision contradictoire qui sera signifiée à la partie civile par exploit d'huissier conformément aux dispositions des articles 550 et suivants du Code de procédure pénale[5].

245.65 **Accès au dossier.** Comme devant la cour d'assises, le législateur a accordé aux requérants qui ne sont pas parties à l'instance pénale un accès restreint au dossier de la procédure. L'article 479 du Code de procédure pénale prévoit, à cet égard, que la personne qui, prétendant avoir un droit sur un objet saisi, en sollicite la restitution, aura accès aux seuls procès-verbaux relatifs à la saisie de l'objet dont la restitution est sollicitée.

La chambre criminelle a cependant étendu les droits processuels du requérant en se fondant sur l'article 1er du protocole additionnel n° 1 à la Convention européenne des droits de l'homme qui, tel qu'interprété par la Cour européenne des droits de l'homme, impose que les personnes qui encourent une atteinte au droit au respect des biens bénéficient d'une procédure équitable comprenant le droit au caractère contradictoire de l'instance[6]. Par un arrêt du 21 octobre 2020, elle a en effet posé pour principe – s'inspirant du droit des saisies spéciales[7] –, que « la juridiction correctionnelle qui statue sur la requête en restitution d'un objet placé sous main de justice présentée par un tiers est tenue de s'assurer, si la saisie a été opérée entre ses mains ou s'il justifie être titulaire de droits sur le bien dont la restitution est sollicitée, que lui ont été communiqués en temps utile, outre les procès-verbaux de saisie ou, en cas de saisie spéciale, les réquisitions aux fins de saisie, l'ordonnance et, le cas échéant, la décision de saisie, conformément au deuxième alinéa de l'article 479 du Code de procédure pénale, les pièces précisément identifiées de la procédure sur lesquelles elle se fonde dans ses motifs décisoires »[8]. Puis elle a précisé qu'« au besoin, il appartient à la juridiction correctionnelle de renvoyer l'examen de la demande de restitution à une audience ultérieure après avoir statué sur la culpabilité et sur la peine, sans que puisse être opposée au tiers requérant l'autorité de la chose jugée de la décision ayant éventuellement ordonné la confiscation, ni que puisse être exécutée cette mesure tant qu'il n'a pas été définitivement statué sur la demande de restitution ».

L'évolution doit être bien comprise. En premier lieu, l'accès étendu aux pièces de la procédure n'est pas accordé à tout requérant. Encore faut-il que la demande soit présentée par la personne entre les mains desquelles la saisie a été opérée, ou bien par une personne qui justifie être titulaire de droits sur le bien dont la restitution est sollicitée, soit les conditions subjectives de la restitution[9]. En effet, si l'audience est en principe publique, il n'en demeure pas moins que le dossier est susceptible de contenir des informations relatives à la vie privée des personnes, et il ne saurait suffire de présenter une requête en restitution pour être fondé à recevoir communi-

1. C. pr. pén., art. 419.
2. C. pr. pén., art. 420.
3. C. pr. pén., art. 420-1, al. 1.
4. C. pr. pén., art. 420-1, al. 2.
5. C. pr. pén., art. 420-2.
6. V. ss n° 113.68.
7. V. ss n° 231.94.
8. Crim. 21 oct. 2020, n° 19-87.071, P, 88 ; *D.* 2020. 2067 ; *AJ pénal* 2021. 44, obs. M. Hy.
9. V. ss n° 245.110.

cation des pièces de la procédure. Un premier débat – qui est de toute façon tel qu'il ne nécessite pas d'accès au dossier –, doit donc porter sur la question de savoir si le requérant est titulaire de droits sur le bien dont la restitution est sollicitée, à moins que l'intéressé soit la personne entre les mains desquelles la saisie a été opérée. Par ailleurs, pour permettre la mise en œuvre en temps utile de la communication des pièces de la procédure sans imposer un renvoi de l'affaire dans sa globalité, alors que la demande de restitution peut être présentée à l'audience et que l'identification des pièces sur lesquelles les juges vont fonder leur décision est susceptible d'intervenir seulement lors du délibéré, il leur est permis de renvoyer à une audience ultérieure l'examen de la demande de restitution, tout en statuant sur la culpabilité et sur la peine. Ce renvoi, qui permet au requérant de recevoir la communication des pièces de la procédure ne lui préjudicie pas : d'une part l'autorité de la chose jugée de la décision ayant éventuellement ordonné la confiscation ne peut lui être opposée ; d'autre part cette mesure ne peut être exécutée tant qu'il n'a pas été définitivement statué sur la demande de restitution. Ces règles, qui permettent d'équilibrer le dispositif juridique applicable, ne sauraient surprendre : elles ont déjà été affirmées à propos de questions voisines [1].

245.66 **Formes de la décision.** En principe il est statué sur le fond et sur la demande de restitution par un seul et même jugement.

Au contraire, lorsque la demande est présentée par un tiers, il doit être statué sur la restitution par jugement séparé, les parties ayant été entendues [2].

Ces dispositions ne sont pas, cependant, prescrites à peine de nullité, ainsi que l'a relevé la chambre criminelle qui a précisé que la nullité ne serait encourue qu'en cas de violation des droits des parties en cause [3]. Elle a ainsi écarté le moyen de cassation développé par un prévenu, pris de ce qu'une cour d'appel, devant laquelle sont applicables les dispositions de l'article 479 du Code de procédure pénale par renvoi de l'article 484 du même code, avait fait droit à la requête en restitution d'un tiers en s'abstenant de statuer par arrêt séparé. Il a en effet été relevé qu'aucune atteinte n'avait été portée aux droits du prévenu, dès lors que l'arrêt mentionnait que ce dernier et son avocat avaient été entendus en leurs moyens de défense et précisait même que le prévenu avait eu la parole en dernier, constatations s'appliquant tant à la défense sur le fond qu'à la requête en restitution.

1. V. s[s] n° 242.54.
2. C. pr. pén., art. 479, al. 3.
3. Crim. 19 déc. 1967, n° 67-91.036, P, n° 334.

245.67 **Contenu de la décision.** Le contenu de la décision du tribunal saisi d'une demande de restitution est caractérisé par une diversité certaine.

Ainsi, il est loisible au tribunal, s'il estime que les objets placés sous main de justice sont utiles à la manifestation de la vérité ou sont susceptibles d'être confisqués, de surseoir à statuer jusqu'à la décision sur le fond [4]. Il ne s'agit pas de motifs de non-restitution, comme lorsque le juge d'instruction, pour de telles raisons, est fondé à rejeter une demande de restitution. Il s'agit seulement, pour le tribunal, de « ménager l'avenir », en reportant la décision à une date où il aura été statué sur le fond. Il sera temps, alors, si le bien n'a pas été confisqué, de statuer sur la demande de restitution. Dans ce cas, précise le texte, ce jugement avant dire droit n'est susceptible d'aucun recours.

Lorsqu'il statue sur le fond de la demande, le tribunal a ensuite le choix entre rejeter celle-ci, y faire droit purement et simplement, ou bien encore accorder la restitution en prenant toutes mesures conservatoires pour assurer jusqu'à la décision définitive sur le fond de l'action publique la représentation des objets restitués [5].

245.68 **Voies de recours.** Le législateur a organisé à l'article 482 du Code de procédure pénale les recours pouvant être exercés à l'encontre de la décision du tribunal sur la demande de restitution. Il est ainsi prévu que le jugement qui rejette une demande de restitution est susceptible d'appel de la part de la personne qui a formé cette demande, que celle-ci soit tiers ou partie à la procédure.

À cet égard, devra être analysée en un rejet de la demande de restitution susceptible d'appel, au sens de l'article 482 du Code de procédure pénale, la confiscation d'objets placés sous main de justice qui a été ordonnée par un tribunal alors qu'il était régulièrement saisi d'une demande de restitution de ceux-ci. [6] Il s'en déduit qu'en cas d'appel, l'autorité de la chose jugée de la décision ordonnant la confiscation ne saurait être opposée au requérant et que, si la demande de restitution doit en principe être examinée sur le fondement de l'article 481 du Code de procédure pénale lorsque les biens placés sous main de justice n'ont pas été confisqués, il doit être statué sur celle-ci en faisant application des dispositions de l'article 131-21 du Code pénal lorsque ces biens l'ont été. [7] En pareil cas, la démarche de la cour d'appel doit donc être construite en deux temps : elle doit, en application des dispositions de

4. C. pr. pén., art. 481.
5. C. pr. pén., art. 480.
6. Crim. 26 janv. 2016, n° 14-86.030, P, n° 19.
7. Crim. 7 nov. 2018, n° 17-87.424, P, n° 188 ; *D.* 2018. 2138 ; *AJ pénal* 2019. 45, obs. M. Hy – Crim. 22 janv. 2020, n° 19-80.918, NP.

l'article 131-21 du Code pénal, dire s'il y a lieu de confirmer la décision de confiscation – ce qui emportera mécaniquement le rejet de la demande de restitution –, et ce n'est que dans la négative qu'il y a lieu pour les juges de prononcer sur la demande de restitution sur le fondement des dispositions de l'article 481 du Code de procédure pénale.

Réciproquement, le jugement qui accorde la restitution est susceptible d'appel de la part du ministère public et de la part du prévenu, de la personne civilement responsable ou de la partie civile à qui la décision fait grief.

En tout état de cause, la cour d'appel ne peut être saisie qu'après que le tribunal a statué au fond.

245.69 **Procédure simplifiée.** Lorsqu'un délit est poursuivi en la forme de la procédure simplifiée, dite d'ordonnance pénale, les dispositions particulières de l'article 495-2-1 du Code de procédure pénale doivent s'appliquer.

Ce texte prévoit en effet que, lorsque la victime a formulé au cours de l'enquête une demande de dommages et intérêts, ou de restitution, valant constitution de partie civile en application de l'article 420-1 du Code de procédure pénale, le président du tribunal, saisi de réquisitions aux fins d'ordonnance pénale, est compétent pour statuer sur cette demande dans ladite ordonnance.

En cas de contestation sur la propriété des objets dont la restitution est demandée, ou si le président du tribunal ne trouve pas dans la demande de restitution, dans les pièces jointes à celle-ci et dans le dossier, les motifs suffisants pour statuer, il renvoie le dossier au ministère public aux fins de saisine du tribunal correctionnel sur intérêts civils [1].

C.
Tribunal de police

245.71 **Règles applicables en matière correctionnelle.** Le Code de procédure pénale n'a pas prévu de règles propres au tribunal de police en matière de restitutions. Ainsi que le prévoit expressément l'article 543 de ce code, seront applicables à la procédure suivie devant le tribunal de police les articles 475-1 à 486 du Code de procédure pénale relatifs au tribunal correctionnel et concernant notamment la restitution des objets placés sous main de justice.

D.
cour d'appel

245.81 **Règles applicables en matière correctionnelle.** Les règles organisant les restitutions susceptibles d'être ordonnées par la chambre des appels correctionnels ne sont pas spécifiques à cette juridiction. Comme en ce qui concerne le tribunal de police, le législateur s'est borné à prévoir que la cour d'appel est compétente pour statuer sur les restitutions dans les conditions prévues par les articles 478 à 481 du Code de procédure pénale [2].

SECTION 2
CONDITIONS DE FOND DE LA RESTITUTION DES OBJETS PLACÉS SOUS MAIN DE JUSTICE

245.90 **Plan.** Les textes applicables au contentieux de la restitution ont en commun de soumettre la restitution des objets placés sous main de justice à des conditions positives et négatives. Si la restitution doit, positivement, porter sur un objet placé sous main de justice (§ 1), il faut, négativement, que la propriété du bien visé ne soit pas contestée (§ 2) et qu'il n'existe pas de motif de non-restitution (§ 3).

245.91 **Indifférence du consentement du mis en examen à la restitution.** On relèvera par ailleurs que, lorsque les motifs de rejet de la demande de restitution prévus par l'article 99 du Code de procédure pénale sont caractérisés, la chambre de l'instruction peut rejeter celle-ci, même lorsque la personne mise en examen consent à la restitution, circonstance qui a été jugée inopérante [3].

245.92 **Indifférence de l'absence de risque de dissipation.** De même, le moyen pris de l'absence de risque de dissipation des biens dont la restitution est sollicitée est inopérant, y compris lorsque le requérant s'engage à consigner les fonds dont il sollicite la restitution [4].

245.93 **Effets des procédures collectives.** L'ouverture d'une procédure collective à l'encontre du demandeur à la restitution est indifférente à l'appréciation de sa demande. Il a en effet été jugé que cette circonstance n'est pas propre à imposer la mainlevée de la saisie [5]. Cette règle est en effet la réciproque de celle selon laquelle une telle mesure ne s'oppose pas au prononcé d'une peine de confiscation, non plus qu'à une mesure préalable de saisie [6].

Réciproquement, la procédure collective a pour effet d'interdire la restitution à des tiers des biens dont le débiteur était détenteur au moment de la saisie. Ainsi, il a été posé pour principe que « la mise en liquidation judiciaire de la personne poursuivie [...] fait obstacle à toute demande de restitution au

1. C. pr. pén., art. 420-1 et 495-2-1.

2. C. pr. pén., art. 484.
3. Crim. 6 févr. 1979, n° 77-92.469, P, n° 55.
4. Crim. 15 juin 2016, n° 15-83.636, NP.
5. Crim. 28 juin 2023, n° 21-87.417, P.
6. V. s^s n°s 125.14 et 231.164.

stade de l'information »[1]. En effet, la procédure pénale de restitution ne saurait avoir pour effet de privilégier le requérant par rapport aux autres créanciers[2].

245.94 Mise en œuvre du contrôle de proportionnalité. Par un arrêt du 19 décembre 2018, enfin, la chambre criminelle a imposé au juge répressif saisi d'une demande de restitution de contrôler la proportionnalité de l'atteinte portée par le maintien de la saisie au droit de propriété du requérant, hors le cas où le bien dont la restitution est sollicitée constitue, dans sa totalité, en nature ou en valeur, le produit de l'infraction. Dans le cadre d'une information judiciaire suivie des chefs de recel, faux et usage, abus de biens sociaux et blanchiment aggravé, un juge d'instruction avait en effet saisi des biens immobiliers et maintenu sous main de justice le produit de leur vente après apurement d'une dette fiscale du mis en examen, ainsi que des créances figurant sur des contrats d'assurance sur la vie. Après avoir été renvoyé devant le tribunal correctionnel, le prévenu avait saisi cette juridiction d'une requête en restitution des biens ainsi placés sous main de justice, en faisant notamment valoir que la persistance dans le temps des saisies portait une atteinte disproportionnée à son droit de propriété, étant relevé que l'intéressé s'était par ailleurs vu imposer, dans le cadre de son contrôle judiciaire, de consigner la somme de 3,2 millions d'euros. La demande de restitution ayant été rejetée par les juges dont la décision avait été confirmée par la cour d'appel, la chambre criminelle a cassé la décision qui lui était déférée en reprochant à la juridiction du second degré de ne pas avoir prononcé « sur l'atteinte disproportionnée alléguée au droit au respect des biens par le maintien des saisies pénales », « à supposer que les biens ne constituent pas en totalité, en nature ou en valeur, le produit de l'infraction »[3].

La chambre criminelle a confirmé cette jurisprudence par la suite, en affirmant expressément l'application du contrôle de proportionnalité à la non-restitution de l'instrument de l'infraction[4], en réaffirmant l'exclusion du contrôle de proportionnalité en cas de non-restitution du produit de l'infraction[5], en étendant cette exclusion au cas où le bien dont la restitution est sollicitée constitue, en nature ou en valeur, l'objet de celle-ci[6], et en précisant que le contrôle de proportionnalité doit être effectué seulement lorsque cette garantie est invoquée, à moins que le bien dont la restitution est sollicitée ait fait l'objet d'une saisie de patrimoine, ainsi que les critères au regard desquels le contrôle doit être effectué, à savoir la situation personnelle de l'intéressé et la gravité concrète des faits[7]. À cet égard, la seule référence à la disproportion du niveau de vie de la personne mise en examen par rapport à ses revenus déclarés est impropre à satisfaire cette exigence de motivation : c'est au regard de la gravité concrète des faits et de la situation personnelle de l'intéressé que la proportionnalité doit être appréciée[8]. De façon plus spécifique, lorsque l'infraction a été commise par plusieurs auteurs ou complices, et que chacun d'eux encourt alors la confiscation en valeur du produit de cette infraction dans sa totalité, quand bien même il n'en aurait pas profité pour le tout[9], il a été dérogé à l'exclusion pure et simple du contrôle de proportionnalité de l'atteinte portée au droit de propriété : « Le juge qui refuse la restitution d'un bien appartenant ou étant à la libre disposition d'une personne, alors qu'il ne résulte pas des pièces de la procédure de présomptions qu'elle a bénéficié de la totalité du produit de l'infraction, doit cependant apprécier, lorsque cette garantie est invoquée, le caractère proportionné de l'atteinte portée par la non-restitution au droit de propriété de l'intéressé s'agissant de la partie du produit de l'infraction dont elle n'aurait pas tiré profit. »[10]

Par ailleurs, la chambre criminelle a imposé de manière générale au juge répressif de contrôler la proportionnalité de l'atteinte portée par le refus de restitution au droit au respect de la vie privée et familiale, à condition cependant que cette garantie soit invoquée[11].

Enfin, la chambre criminelle a fait une application originale du principe de proportionnalité en cas de refus de restitution de bien dangereux pour la sécurité des personnes et des biens concomitant à une déclaration d'irresponsabilité pénale pour cause de trouble mental. Elle a en effet posé pour principe qu'« il se déduit des articles 1er du premier Protocole additionnel de la Convention européenne des droits de l'homme, 706-127 et 212 du Code de procédure pénale que, lorsque la chambre de l'instruction, après avoir relevé des charges suffisantes contre une personne d'avoir commis les faits qui lui sont reprochés et l'avoir déclarée irresponsable pénalement pour cause de trouble mental, refuse à l'intéressée la restitution d'un objet placé sous main de justice lui appartenant

1. Crim. 23 oct. 2019, n° 18-85.820, P. 61 ; *D.* 2019. 2093 ; AJ pénal 2020. 34, obs. D. Miranda ; *ibid.* 2019. 613, obs. M. Hy.
2. AUSSI : Crim. 12 déc. 1994, n° 93-84.832 – Crim. 2 févr. 2000, n° 98-87.175, NP – Crim. 22 mai 1995, n° 94-82.018, P, n° 182.
3. Crim. 19 déc. 2018, n° 18-85.712, P, n° 218 ; *D.* 2019. 74.
4. Crim. 18 mars 2020, n° 19-82.978, P, 192 ; *D.* 2020. 2367, obs. G. Roujou de Boubée, C. Ginestet, M.-H. Gozzi, S. Mirabail et E. Tricoire ; *AJ pénal* 2020. 372, obs. M. Hy – Crim. 30 mars 2022, n° 21-82.427, P.
5. Crim. 18 juin 2023, n° 21-87.417, P.
6. Crim. 25 sept. 2019, n° 18-86.700, NP – Crim. 18 mars 2020, préc.
7. Crim. 18 mars 2020, préc. – Crim. 30 mars 2022, préc.
8. Crim. 24 avr. 2023, n° 22-83.521, NP.
9. V. s[s] n° 126.32.
10. Crim. 24 avr. 2023, préc.
11. Crim. 24 avr. 2023, préc.

quand celle-ci présente un danger pour la sécurité des personnes et des biens, elle doit veiller à ce qu'il n'en résulte pas pour la personne concernée, non condamnée pénalement, une privation de sa propriété qui serait disproportionnée au regard de la cause d'utilité publique qui fonde la mesure » et que, si tel est le cas, il appartient à la chambre de l'instruction, certes pas de restituer le véhicule, mais d'ordonner sa remise à l'Agrasc et, en cas d'aliénation du bien, la restitution du solde du produit de la vente à la personne déclarée pénalement irresponsable pour cause de trouble mental[1]. Si l'on ne saurait nier l'innovation que constitue cette décision, en ce que, pour éviter une atteinte disproportionnée au droit au respect des biens, la chambre criminelle a combiné les dispositions des articles 99-2 et 212 du Code de procédure pénale pour consacrer ce qui constitue, en définitive, un droit à la restitution par équivalent, il faut inversement se garder d'exagérer la portée de cette décision. En effet, outre le fait que celle-ci a été rendue dans une configuration procédurale éminemment spécifique, le bien dont la restitution était sollicitée ne présentait pas de dangerosité intrinsèque, mais était dangereux seulement au regard de la personnalité du requérant, comme s'agissant d'un véhicule automobile.

Au stade du bilan, après avoir imposé au juge répressif de contrôler le caractère proportionné des saisies et confiscations, la chambre criminelle a entendu que soit mis en œuvre un tel contrôle en matière de restitutions. Aussi, s'il ne saurait être question, à l'occasion d'une requête en restitution, de pouvoir valablement invoquer le caractère disproportionné de la décision de saisie, laquelle relève de voies de recours particulières, le propriétaire d'un bien doit néanmoins pouvoir faire valoir que la persistance de la saisie dans le temps porte une atteinte disproportionnée à ses droits fondamentaux. Il conviendra bien sûr que la chambre criminelle continue à préciser les contours de la mise en œuvre du contrôle de proportionnalité en matière de restitutions, mais force est de constater qu'elle s'est engagée dans la voie d'une transposition des règles applicables en matière de saisies et confiscations[2].

§ 1
Conditions relatives à la nature et au statut de l'objet dont la restitution est envisagée

245.101 Nature des objets restituables. En l'état du droit applicable, tout objet saisi semble pouvoir faire l'objet de restitution.

L'ensemble des textes évoquent en effet la restitution des « objets » placés sous main de justice. L'expression est particulièrement compréhensive et renvoie à toute chose corporelle ou incorporelle, mobilière ou immobilière.

Il n'y a pas de doute, en particulier, sur le fait que les immeubles sont concernés puisque, pour dire qu'il n'y avait pas lieu de renvoyer une question prioritaire de constitutionnalité portant notamment sur l'article 706-151 du Code de procédure pénale, qui concerne les saisies immobilières, la chambre criminelle a relevé que ce texte n'était manifestement pas contraire aux droits et libertés que la Constitution garantit, notamment car l'autorité judiciaire avait compétence pour statuer sur la restitution des immeubles saisis « en application des dispositions des articles 41-4, 99 et 479 du Code de procédure pénale »[3].

La chambre criminelle a cependant restreint la portée de ces dispositions en affirmant que « les prélèvements effectués sur le corps humain, à des fins de recherches médico-légales pour les nécessités d'une information, ne constituent pas des objets susceptibles de restitution au sens de l'article 99 du Code de procédure pénale »[4]. De même, il a par la suite été énoncé que « les prélèvements effectués sur le corps humain à des fins de recherches médico-légales pour les nécessités d'une enquête ou d'une information, qui ne peuvent faire l'objet d'un droit patrimonial aux termes de l'article 16-1 du Code civil, ne constituent pas des objets susceptibles de restitution au sens de l'article 41-4 du Code de procédure pénale »[5]. Cette solution a cependant été critiquée par une certaine doctrine qui a relevé que celle-ci pouvait ne pas être compatible avec la jurisprudence de la Cour européenne des droits de l'homme[6].

Le devenir des prélèvements biologiques a ainsi fait l'objet des nouvelles dispositions de la loi n° 2011-525 du 17 mai 2011[7] qui a introduit dans le Code de procédure pénale un article 230-30 dont il résulte que, « lorsque les prélèvements biologiques réalisés au cours d'une autopsie judiciaire ne sont plus nécessaires à la manifestation de la vérité, l'autorité judiciaire compétente peut ordonner leur destruction », laquelle s'effectuera selon les modalités de l'article R. 1335-11 du Code de la santé

1. Crim. 21 mai 2019, n° 18-84.004, P, n° 98 ; *D.* 2019. 1109 ; *AJ pénal* 2019. 400, obs. M. Hy.
2. V. s^{s} n°s 122.05 et 231.25.
3. Crim. 28 févr. 2017, n° 16-83.773, NP.
4. Crim. 3 avr. 2002, n° 01-81.592, P, n° 75 ; *D.* 2002. 1809 ; *RSC* 2002. 842, obs. D. Commaret.
5. Crim. 3 févr. 2010, n° 09-83.468, P, n° 18 ; *D.* 2010. 655 ; *D.* 2010. 1653, chron. P. Chaumont, A. Leprieur et E. Degorce ; *AJ pénal* 2010. 250, obs. G. Royer ; *RTD civ.* 2010. 354, obs. Th. Revet.
6. G. Royer, « Absence de restitution des organes aux proches après autopsie », *AJ pénal* 2010. 250.
7. L. n° 2011-525, 17 mai 2011 *de simplification et d'amélioration de la qualité du droit, JO* 18 mai, p. 8537.

publique. Exceptionnellement, toutefois, il est prévu que « sous réserve des contraintes de la santé publique et lorsque ces prélèvements constituent les seuls éléments ayant permis l'identification du défunt, l'autorité judiciaire compétente peut autoriser leur restitution en vue d'une inhumation ou d'une crémation ».

Ces dispositions, qui ont été introduites au cours des travaux en Commission des lois du Sénat, à la suite de plusieurs propositions de loi demeurées sans effet, ont été voulues par le Parlement pour combler le vide législatif existant et en contemplation de la jurisprudence de la chambre criminelle [1]. Le *Rapport annuel de la Cour de cassation* pour l'année 2009 avait d'ailleurs relevé que « les demandes de restitution d'organes soulèvent des enjeux humains majeurs touchant tant à la dignité de l'être humain qu'à des considérations morales », et qu'il y avait, « dans le silence des textes, une opportunité de légiférer en la matière » [2].

245.102 Objets placés sous main de justice. La restitution doit par ailleurs concerner un objet « placé sous main de justice ». Il a ainsi été jugé que « la cour d'assises ne peut ordonner de restitution qu'autant que, distincts des dommages-intérêts alloués en réparation du préjudice causé, elles portent sur des objets identifiés et placés sous la main de la justice » [3]. De même, l'on a énoncé que des restitutions ne peuvent être ordonnées « qu'autant qu'elles concernent des objets placés sous main de justice » [4]. D'autres décisions pourraient être citées [5].

Pour le surplus, la restitution de tels objets peut être sollicitée sans qu'il y ait lieu de distinguer selon la nature de la saisie dont ils ont fait l'objet : la seule condition est que le bien soit placé sous main de justice. Ce sera bien sûr le cas lorsque l'objet aura fait l'objet d'une saisie de droit commun, mais il n'en ira pas autrement lorsque se trouvera concerné un bien ayant fait l'objet d'une saisie spéciale comme il a été vu [6].

245.103 Protection de l'exercice des droits de la défense. La chambre criminelle a ajouté à ces dispositions générales des conditions propres à assurer la protection de l'exercice des droits de la défense. Lorsqu'est sollicitée la restitution de documents saisis dans le cabinet d'un avocat, il a en effet été posé pour principe que la restitution peut être refusée « dès lors que leur maintien sous la main de la justice en vue de déterminer l'existence d'infractions pénales est nécessaire à la manifestation de la vérité et qu'il ne porte pas atteinte aux droits de la défense » [7]. Ce principe constitue la déclinaison, dans le contentieux de la restitution, des règles destinées à protéger l'exercice des droits de la défense en matière de saisies [8]. Dans cette affaire, la chambre criminelle a ainsi approuvé une chambre de l'instruction d'avoir confirmé l'ordonnance d'un juge d'instruction ayant rejeté la demande de restitution de documents qui avaient été saisis dans le cabinet d'un avocat en énonçant, après avoir décrit de manière précise chacune des pièces placées sous scellés, lesquelles consistaient en des correspondances, actes ou projets d'actes destinés à la réalisation de l'opération litigieuse, que les indices graves déjà recueillis au cours de l'information faisaient présumer la présence dans un cabinet d'avocats de documents relatifs au montage d'une opération financière révélant des faits délictueux, que les documents saisis étaient en relation étroite avec les faits objet de la poursuite, et que leur restitution était, en l'état, de nature à faire obstacle à la manifestation de la vérité.

Cette règle a été ultérieurement confirmée par un arrêt dans lequel la chambre criminelle a reproché à une chambre de l'instruction d'avoir confirmé le rejet d'une demande de restitution de documents saisis dans les locaux d'un conseil régional « sans rechercher si le contenu des documents dont la restitution était sollicitée, s'agissant de correspondances entre la personne visée par l'enquête et son avocat, était étranger à l'exercice des droits de la défense et si l'atteinte portée au secret des correspondances invoqué était nécessaire et proportionnée au but recherché » [9].

Pour le surplus, le droit commun s'applique à la restitution des objets saisis au cabinet d'un avocat ou à son domicile. Il ne suffit pas, en effet, pour justifier le maintien de la saisie, de relever que celui-ci ne porte pas atteinte au principe du respect de l'exercice des droits de la défense. Encore faut-il que l'un des motifs de non-restitution prévu par la loi se trouve caractérisé [10].

245.104 Inapplicabilité de la procédure de l'article 41-4 du Code de procédure pénale aux biens confisqués. En revanche, la procédure de restitution organisée par l'article 41-4 n'est pas applicable aux biens dont la confiscation a été ordonnée par la juridiction de jugement, cette décision excluant que

1. *Rapp. Sénat* n° 20 (2010-2011), p. 198.
2. Cour de cassation, *Rapp. annuel* 2009, p. 32.
3. Crim. 10 nov. 1998, n° 97-86.693, P, n° 296.
4. Crim. 14 mars 1973, n° 72-91.258, P, n° 126.
5. Crim. 8 nov. 1982, n° 81-93.002, P, n° 243 – Crim. 11 mai 2005, n° 05-81.157, NP.
6. V. s^s n° 231.171.
7. Crim. 30 juin 1999, n° 97-86.318, P, n° 172 ; *D.* 1999. 458, obs. J. Pradel ; *D.* 1999. 322, obs. J. Pradel ; *Procédures* 1999, comm. 236, obs. J. Buisson ; *RSC* 1999. 840, obs. D. N. Commaret.
8. V. s^s n° 221.70.
9. Crim. 23 oct. 2019, n° 18-84.738, NP.
10. Crim. 6 févr. 1997, n° 96-83.462, P, n° 55.

la restitution de tels biens puisse être accordée au requérant en application de ce texte[1].

La personne prétendant avoir des droits sur de tels biens disposera cependant d'autres voies de droit pour défendre ses intérêts. Si elle a saisi d'une demande de restitution la juridiction de jugement ayant ordonné la confiscation elle pourra en effet, comme il a été vu, interjeter appel de la décision de confiscation, laquelle s'analyse pour elle en un refus de restitution[2]. De même, si son titre était connu de l'autorité judiciaire ou qu'elle avait revendiqué la qualité de propriétaire au cours de la procédure, sans pourtant avoir été avisée de la date d'audience pour faire valoir ses observations sur la mesure de confiscation envisagée[3], il lui a été reconnue la faculté d'interjeter appel et de se pourvoir en cassation contre la décision de confiscation[4]. Hors ces cas, la personne pourra saisir la juridiction d'une requête en difficulté d'exécution sur le fondement de l'article 710 du Code de procédure pénale[5].

§ 2
Conditions relatives à la propriété de l'objet dont la restitution est envisagée

245.110 **Plan.** Certains des textes organisant la restitution des objets placés sous main de justice prévoient que seuls peuvent être restitués les objets dont la propriété n'est pas contestée. Tel est le cas de l'article 41-4 du Code de procédure pénale, relatif aux restitutions de la compétence du ministère public, et de l'article 99 du Code de procédure pénale applicable au cours de l'information judiciaire. Au contraire, les textes qui règlent le contentieux de la restitution devant les juridictions de jugement ne prévoient pas cette condition.

À partir de l'ensemble de ces dispositions, la chambre criminelle a dégagé de façon ancienne un principe clair : en cas de contestation de la propriété d'un objet placé sous main de justice, seule la juridiction de jugement pourra en ordonner la restitution.

Ceci étant, la mise en œuvre de cette règle se révèle particulièrement délicate.

245.111 **Compétence du procureur de la République ou du juge d'instruction.** Lorsque le contentieux de la restitution se noue à un stade du procès pénal où il relève de la compétence du ministère public ou du juge d'instruction, la restitution d'un bien ne peut être accordée que si sa propriété n'est pas « sérieusement contestée »[6], ou encore « n'est pas contestée »[7], ce qu'il appartient aux juges de rechercher[8].

De nombreux arrêts portent sur cette condition dont il faut préciser le contenu, en distinguant entre la situation la plus commune où la restitution est sollicitée par la personne entre les mains de laquelle l'objet a été saisi, et celle où la demande émane d'une personne qui n'en était pas détentrice au moment de la saisie.

Dans la première situation, il résulte de plusieurs décisions de la chambre criminelle que cette condition ne sera pas satisfaite seulement si la propriété de l'objet dont la restitution est sollicitée est revendiquée par un tiers. C'est par exemple ce qui ressort d'un arrêt du 20 avril 2017[9]. Dans cette affaire, la chambre de l'instruction avait confirmé, en application de l'article 41-4 du Code de procédure pénale, le refus du procureur de la République de restituer à une personne condamnée pénalement une somme d'argent que n'avait pas confisquée le tribunal correctionnel, en retenant que l'origine des fonds demeurait indéterminée et qu'aucune présomption de propriété n'était susceptible de découler de la procédure douanière à l'issue de laquelle l'intéressé avait été condamné, non pas comme le propriétaire, mais comme le détenteur de sommes non déclarées en douanes, sommes dont il avait constamment dit qu'il n'était pas le propriétaire et

1. Crim. 8 janv. 2014, n° 12-88.072, P, n° 4 ; *D.* 2014. 85 ; *D.* 2014. 1736, obs. J. Pradel – AUSSI : Crim. 14 oct. 2008, n° 08-81.476, NP – Crim. 16 sept. 2009, n° 08-86.682, NP – Crim. 30 nov. 2011, n° 11-82.357, NP – Crim. 6 mars 2018, n° 17-81.017, NP énonçant cependant, selon nous à tort, que « lorsque la décision par laquelle la juridiction répressive a ordonné, fût-ce par erreur, la confiscation d'objets placés sous main de justice a acquis un caractère définitif, l'autorité de la chose jugée fait obstacle à l'action en restitution du légitime propriétaire fondée sur l'article 41-4 du Code de procédure pénale, seule pouvant alors être recherchée, le cas échéant, la responsabilité de l'État du chef d'un éventuel dysfonctionnement du service public de la justice, action qui est de la compétence de la seule juridiction civile ». En effet, il est loisible aux tiers à la procédure prétendant avoir des droits sur le bien définitivement confisqué de saisir la juridiction ayant prononcé la confiscation d'une requête en incident contentieux sur le fondement de l'article 710 du Code de procédure pénale (v. s[s] n° 132.181). Ceci étant, au cas particulier, il eût été possible de relever, pour néanmoins rejeter le pourvoi, et ainsi que l'avait d'ailleurs justement retenu la chambre de l'instruction dont l'arrêt se trouvait attaqué, que la Caisse d'assurances mutuelles du Crédit agricole (CAMCA) se prévalait à tort de la qualité de tiers à la procédure, alors qu'elle était en réalité subrogée dans les droits de la société Valiance Fiduciaire, partie au procès pénal, qui s'était abstenue de former un pourvoi en cassation contre la décision de confiscation. Cette décision était pour ce motif opposable à la CAMCA. – Crim. 7 déc. 2022, n° 22-83.328, NP.
2. V. s[s] n° 245.68.
3. V. s[s] n° 131.44.
4. V. s[s] n°s 131.44 et 131.161.
5. V. s[s] n° 132.181.
6. C. pr. pén., art. 41-4.
7. C. pr. pén., art. 99.
8. Crim. 1er avr. 2020, n° 19-84.630, NP.
9. Crim. 20 avr. 2017, n° 16-81.679, P, n° 116 ; *RTD com.* 2017. 465, obs. B. Bouloc ; *Procédures* 2017, comm. 169, obs. A.-S. Chavent-Leclere.

qu'elles ne lui avaient été remises que pour les passer en Turquie. Mais la chambre criminelle a cassé cette décision en reprochant aux juges de s'être abstenus de « relever que les sommes saisies, qui n'étaient pas confisquées, étaient revendiquées par un tiers ou que leur restitution présentait un danger pour les personnes ou les biens ». Réciproquement, le refus de restitution à un galeriste d'un tableau saisi dans une galerie d'art a été approuvé, au motif que la propriété de ce tableau était sérieusement contestée par la partie civile qui avait d'ailleurs porté plainte et s'était constituée partie civile du chef de recel[1]. La restitution est donc exclue lorsque s'oppose à la demande une contestation effective de la propriété des biens concernés émanant de tiers. À défaut d'une telle contestation, le bien doit en principe être restitué au requérant entre les mains duquel il a été saisi, sans que le procureur de la République, le juge d'instruction ou la chambre de l'instruction ne puisse exiger de l'intéressé la preuve de son droit de propriété sur le bien saisi entre ses mains[2].

Il se déduit cependant de certains arrêts que le procureur de la République et les juridictions de l'instruction pourraient en réalité devoir plus largement rechercher si, indépendamment de la contestation susceptible d'être effectivement formée par un tiers, l'apparence de la propriété du requérant est régulière. Il a ainsi été énoncé, dans une affaire où le requérant, partie civile intervenante, prétendait obtenir la restitution d'un véhicule saisi entre ses mains, qu'il soutenait avoir acquis auprès d'un individu dont il ne connaissait pas l'identité, devant une gare ferroviaire, et pour un prix de 140 000 francs versés sur-le-champ en espèces, alors que le véhicule était au nom d'un tiers et avait été déclaré volé, que « la restitution peut [...] être refusée en cours d'information lorsque celui qui la réclame ne peut invoquer à l'appui de sa demande que des droits sérieusement contestés ou lorsque cette mesure serait de nature à porter atteinte à la sauvegarde des droits légitimes des tiers »[3]. De même, l'origine suspecte de véhicules saisis dans le cadre d'une information judiciaire portant sur un trafic d'automobiles volées et maquillées a également pu justifier qu'il ne soit pas fait droit à la demande de restitution de l'un de ces véhicules[4]. Dans cette affaire, pour approuver la décision des juges, la chambre criminelle a relevé qu'il ressortait des énonciations de l'arrêt attaqué, « d'une part, que la propriété du véhicule pouvait être contestée et, d'autre part, que la restitution était de nature à faire obstacle à la manifestation de la vérité ». La propriété du véhicule « pouvait être contestée », ce qui revient à dire qu'elle ne l'était pas. Enfin, il a été déduit que la propriété d'un bien pouvait être sérieusement contestée, de ce que la requérante avait, « au cours de ses auditions, expliqué que [les sommes dont la restitution était sollicitées] correspondaient "aux économies de l'activité personnelle de son mari", et qu'ainsi, [elle n'avait] pas revendiqué la propriété de ces sommes devant les enquêteurs »[5]. Il se déduisait de ces décisions que, si la preuve de la propriété n'était pas exigée, le juge pouvait néanmoins devoir en rechercher l'apparence, même lorsque la propriété n'était pas effectivement contestée, ce que la chambre criminelle a cependant explicité en posant pour principe qu'il appartient en principe au président de la chambre de l'instruction ou à la chambre de l'instruction à qui est déférée la décision de non-restitution rendue par le procureur de la République ou le procureur général sur la requête présentée par la personne entre les mains de laquelle a été saisi, non pas de rechercher si le demandeur justifie d'un droit lui permettant de détenir légitimement celui-ci, mais seulement de rechercher si la propriété est contestée ou « susceptible de l'être »[6]. Ainsi que des auteurs l'ont justement relevé : le droit de propriété ne doit pas apparaître d'emblée « contestable »[7].

En revanche, lorsque la demande de restitution émane d'une personne qui n'était pas détentrice de l'objet au moment de sa saisie, la situation est différente, puisqu'il faut alors que « le demandeur justifie d'un droit lui permettant de détenir légitimement la chose réclamée »[8]. Ainsi, dans deux arrêts rendus le 12 septembre 2018, une chambre de l'instruction a été approuvée d'avoir confirmé le rejet de demandes de restitution formées par des parties civiles et portant sur des tableaux saisis chez un marchand d'art, notamment au motif que les

1. Crim. 19 janv. 2010, n° 09-81.430, NP – Crim. 19 janv. 2010, n° 09-81.431, NP.
2. AUSSI : Crim. 10 déc. 1970, n° 70-91.338, P, n° 335 – Crim. 11 juill. 1978, n° 78-90.762, P, n° 232 – Crim. 16 oct. 1979, n° 78-93.577, P, n° 283 – Crim. 23 oct. 1979, n° 78-93.974, P, n° 294 – Crim. 12 mai 1982, n° 81-92.315, P, n° 123 – Crim. 9 mai 1985, n° 84-91.548, P, n° 179 – Crim. 30 oct. 1996, n° 95-85.233, P, n° 388 – Crim. 5 déc. 2001, n° 01-80.315, P, n° 254 ; *D.* 2002. 620 – Crim. 19 nov. 2002, n° 02-82.330, NP – Crim. 7 juin 2006, n° 05-84.193, P, n° 163 ; *AJ pénal* 2006. 372, obs. P. R. – Crim. 18 oct. 2006, n° 05-86.869, NP – Crim. 17 mars 2015, n° 13-87.873, P, n° 59 ; *D.* 2015. 685 ; *AJ pénal* 2015. 329, obs. C. Otero.
3. Crim. 23 oct. 1984, n° 84-91.244, P, n° 315.
4. Crim. 18 avr. 2000, n° 99-86.350, NP.
5. Crim. 1er avr. 2020, n° 19-84.612, NP.
6. Crim. 6 janv. 2021, n° 20-80.128, P, 70 ; *D.* 2021. 16 ; *AJ pénal* 2021. 105.
7. F. Desportes et L. Lazerges, *Traité de procédure pénale*, préc., n° 2401.
8. Crim. 15 févr. 2005, n° 04-81.060, P, n° 60 – Crim. 1er avr. 2020, n° 19-84.612, NP – Crim. 1er avr. 2020, n° 19-84.630, NP.

requérants n'avaient pas établi être les propriétaires des œuvres saisies et que la restitution, si elle était ordonnée, était de nature à faire obstacle aux droits des parties et, en particulier, à ceux des autres légataires de la propriétaire [1]. Au reste, encore faut-il, dans ce cas, que les droits invoqués à l'appui de sa demande par le requérant ne soient pas sérieusement contestés. Ainsi, le refus de restitution de biens volés à la partie civile a été jugé justifié, dès lors que l'antiquaire entre les mains duquel ces biens avaient été saisis avait précisé avoir acheté les meubles lors d'une foire, les avoir réglés par chèque, et avoir inscrit l'achat sur son livre de police, soutenait qu'il était possesseur de bonne foi, et revendiquait l'application des articles 2276 et 2277 [2] du Code civil [3]. Cette solution ressort aussi d'un arrêt qui a cassé la décision d'une chambre de l'instruction qui avait accordé à la victime la restitution de biens qui avait été saisis au domicile du mis en examen, alors même que ce dernier faisait valoir que les objets lui appartenaient et que, notamment, il apportait la justification de la propriété de l'un d'eux par la production d'un bon de garantie et d'une facture [4]. Il a été énoncé par la chambre criminelle que les juges avaient insuffisamment justifié leur décision, dès lors qu'il résultait des énonciations de la décision attaquée que la propriété des objets restitués était sérieusement contestée. Il ne s'agit pas, dans ce cas, de rétablir le *statu quo ante*, mais de restituer un bien à une personne qui ne le détenait pas, et n'est donc pas en situation de bénéficier de l'apparence. Enfin, il a été jugé que « la victime d'escroquerie et d'abus de confiance ne peut être considérée comme propriétaire des fonds qui en sont le produit au sens de l'article 99, alinéa 4, du Code de procédure pénale, lorsque ceux-ci ont été déposés sur un compte bancaire ou versés à titre de primes d'un contrat d'assurance-vie ouverts au nom de la personne mise en examen ou de membres de sa famille » [5]. Cette solution est comparable à celle retenue par la première chambre civile [6] et la chambre commerciale [7] de la Cour de cassation : le dépôt de fonds sur un compte bancaire en modifie la nature comme rendant le titulaire du compte créancier de la banque.

Enfin, il convient d'appliquer un régime particulier au cas où la demande de restitution est présentée alors que la juridiction saisie a épuisé sa compétence sans avoir statué sur la restitution d'un objet placé sous main de justice, ou bien dans le cas où aucune juridiction n'a été saisie, l'affaire s'étant achevée par une décision de classement sans suite ou de non-lieu. Dans ce cas, lorsque la propriété est contestée, la situation doit se dénouer, selon les règles du droit civil, devant la chambre de l'instruction saisie du recours contre la décision de non-restitution. C'est ce qui ressort d'un arrêt du 5 février 2002, rendu dans une affaire où une requête en restitution avait été présentée après une décision de condamnation rendue sans que la juridiction n'ait statué sur la restitution d'objets saisis au cours de la procédure, et dans lequel il a été énoncé que « la juridiction saisie, sur le fondement de l'article 710 du Code de procédure pénale, de la difficulté d'exécution résultant du refus de restitution d'objets mobiliers décidé, en application de l'article 41-4, alinéa 1er [du Code de procédure pénale], par le procureur de la République ou le procureur général, est tenue de trancher la contestation relative à la propriété des objets réclamés lorsque la décision sur la restitution en dépend » [8]. De même, il a été posé pour principe dans un arrêt du 6 janvier 2021, rendu en application des dispositions législatives désormais applicables, « qu'il appartient en principe au président de la chambre de l'instruction ou à la chambre de l'instruction à qui est déférée la décision de non-restitution rendue par le procureur de la République ou le procureur général sur la requête présentée par la personne entre les mains de laquelle le bien a été saisi, non pas de rechercher si le demandeur justifie d'un droit lui permettant de détenir légitimement celui-ci, mais seulement de rechercher si la propriété est contestée ou susceptible de l'être », mais que « néanmoins, lorsqu'aucune juridiction n'a été saisie au terme de l'enquête ou lorsque la juridiction saisie a épuisé sa compétence sans avoir statué sur la restitution des objets placés sous main de justice, le président de la chambre de l'instruction ou la chambre de l'instruction est tenu de trancher la contestation relative à la propriété des objets réclamés si la décision sur la restitution en dépend » [9]. La même solution a été retenue par la chambre criminelle en cas de classement sans suite : il appartient à la chambre de l'instruction de « trancher la

1. Crim. 12 sept. 2018, nº 17-85.562, NP – Crim. 12 sept. 2018, nº 17-86.147, NP.
2. C. civ., art. 2279 et 2280 DEVENUS C. civ., art. 2276 et 2277 [L. nº 2008-561, 17 juin 2008, art. 2].
3. Crim. 3 nov. 1999, nº 99-83.254, NP.
4. Crim. 27 sept. 2005, nº 05-80.106, P, nº 239 ; *RSC* 2006. 104, obs. A. Giudicelli.
5. Crim. 23 oct. 2019, nº 18-85.820, P, 61 ; *D.* 2019. 2093 ; *AJ pénal* 2020. 34, obs. D. Miranda ; *ibid.* 2019. 613, obs. M. Hy.
6. Civ. 1re, 20 avr. 1983, nº 82-10.114, P I, nº 127 – Civ. 1re, 7 févr. 1984, nº 82-16.655, P I, nº 49.
7. Com. 13 janv. 1987, nº 85-13.997, P IV, nº 15 – Com. 23 oct. 1990, nº 89-14.365, NP.
8. Crim. 5 févr. 2002, nº 01-82.110, P, nº 21 ; *D.* 2002. 1240, et les obs.
9. Crim. 6 janv. 2021, nº 20-80.128, P, 70 ; *D.* 2021. 16 ; *AJ pénal* 2021. 105.

contestation, fût-elle sérieuse, relative à la propriété des objets réclamés, lorsque la décision de restitution en dépend »[1].

245.112 Compétence de la juridiction de jugement. Une telle condition ne concerne pas la juridiction de jugement qui ne peut s'arrêter à la contestation sérieuse de la propriété du requérant pour refuser de faire droit à la demande de restitution dont elle est saisie : à ce stade du procès pénal, le juge répressif doit impérativement statuer sur la restitution des objets placés sous main de justice en tranchant les éventuelles contestations. En vérité, deux cas sont à distinguer.

En l'absence de revendication par un tiers, le juge répressif ne peut pas refuser de faire droit à la demande de restitution dont il est saisi au motif que le requérant ne justifierait pas de la propriété des biens saisis entre ses mains[2].

Au contraire, lorsque deux personnes prétendent obtenir la restitution d'un même bien, le juge ne peut rejeter les deux demandes en affirmant que les éléments de l'espèce ne lui permettent pas de déterminer quel est le véritable propriétaire des objets placés sous main de justice[3]. Il lui appartient, en ce cas, de rechercher les éléments lui permettant de statuer sur les demandes qui lui sont présentées. Il doit par exemple, à cette fin, apprécier souverainement, au vu des éléments de preuve régulièrement soumis aux débats contradictoires, la régularité de la possession et la bonne foi dont peut se prévaloir un requérant, en application du droit civil[4].

En tout état de cause, les juges doivent, lorsqu'ils statuent sur une demande de restitution, respecter l'autorité de la chose jugée attachée à la décision rendue sur l'action publique. Ainsi, il a été reproché à une cour d'appel d'avoir méconnu ce principe en refusant la restitution d'une voiture volée, au motif que le requérant était de mauvaise foi lors de son acquisition, alors qu'une décision antérieure, ayant acquis force de chose jugée, avait relaxé celui-ci d'une poursuite du chef de recel, le prévenu ayant ignoré, lors de l'achat, l'origine frauduleuse du véhicule[5].

1. Crim. 27 juin 2018, n° 17-87.493, NP – Crim. 26 mars 2019, n° 17-87.493, NP – Crim. 26 janv. 2022, n° 20-86.776, NP.
2. Crim. 22 mai 1997, n° 96-82.080, P, n° 201.
3. Crim. 28 oct. 1987, n° 86-94.229, P, n° 379 – *CONTRA* : Crim. 4 janv. 2005, n° 04-82.443, NP où la demande de restitution est rejetée au motif que le bien est revendiqué par un tiers mais sans que la juridiction ne tranche la contestation.
4. Crim. 30 oct. 1969, n° 69-90.372, P, n° 277 – Crim. 31 mars 1978, n° 77-91.639, P, n° 120 – Crim. 1er févr. 2005, n° 04-81.962, P, n° 37 – Crim. 16 sept. 2014, n° 12-87.003, NP – Crim. 27 juin 2018, n° 17-83.645, NP.
5. Crim. 29 avr. 1980, n° 79-92.218, P, n° 124 – AUSSI : Crim. 12 mai 1982, n° 81-92.315, P, n° 123.

§ 3
Motifs de non-restitution

245.121 Textes applicables. Les motifs permettant à l'autorité judiciaire de refuser la restitution d'un objet placé sous main de justice varient selon le stade auquel la demande est présentée.

L'alinéa 2 de l'article 41-4 énonce ainsi les motifs pouvant être opposés au requérant par le procureur de la République ou le procureur général pour refuser la restitution d'un objet saisi. En effet, il n'y a pas lieu à restitution lorsque celle-ci est « de nature à créer un danger pour les personnes ou les biens »[6], lorsque le bien saisi est « l'instrument ou le produit direct ou indirect de l'infraction », par suite d'un ajout introduit, comme nous le verrons, par la loi n° 2016-731 du 3 juin 2016[7], ou enfin lorsqu'une disposition particulière prévoit la destruction des objets placés sous main de justice.

Le quatrième alinéa de l'article 99 du Code de procédure pénale énonce par ailleurs les motifs justifiant que le juge d'instruction refuse la restitution d'un objet placé sous main de justice : il n'y a pas lieu à restitution lorsqu'elle est de nature à faire obstacle à la manifestation de la vérité[8] ou à la sauvegarde des droits des parties[9], lorsque le bien saisi est l'instrument ou le produit direct ou indirect de l'infraction, depuis l'entrée en vigueur de la loi du 3 juin 2016[10], ou lorsqu'elle présente un danger pour les personnes ou les biens[11]. La restitution peut

6. POUR DES EXEMPLES D'APPLICATION : Crim. 7 juin 2017, n° 16-85.119, NP – Crim. 27 févr. 2018, n° 17-82.437, NP – Crim. 5 sept. 2018, n° 17-82.512, NP.
7. L. n° 2016-731, 3 juin 2016 *renforçant la lutte contre le crime organisé, le terrorisme et leur financement, et améliorant l'efficacité et les garanties de la procédure pénale*, *JO* 4 juin, n° 1 – SUR CE TEXTE : Circ. Justice, 17 juin 2016 *de présentation des dispositions générales de procédure pénale immédiatement applicables de la loi n° 2016-731 du 3 juin 2016 renforçant la lutte contre le crime organisé, le terrorisme et leur financement, et améliorant l'efficacité et les garanties de la procédure pénale*, NOR : JUS D 1616979 C, *BOMJ* n° 2016-06, 30 juin 2016, p. 33.
8. POUR DES EXEMPLES D'APPLICATION : Crim. 11 déc. 1973, n° 73-91.525, P, n° 459 – Crim. 21 févr. 1989, n° 88-86.700, P, n° 85 – Crim. 18 avr. 2000, n° 99-86.350, NP – Crim. 16 sept. 2003, n° 03-80.471, NP – Crim. 8 janv. 2013, n° 12-81.389, NP – Crim. 8 nov. 2017, n° 17-82.525, NP.
9. POUR DES EXEMPLES D'APPLICATION : Crim. 6 janv. 2009, n° 08-85.860, P, n° 3 ; *AJ pénal* 2009. 187, obs. J. Demarchi ; *Dr. pén.* 2010, chron. 1, obs. D. Guérin ; *Procédures* 2009. 124, obs. J. Buisson – Crim. 29 oct. 2013, n° 12-87.814, NP – Crim. 17 mars 2015, n° 13-87.873, P, n° 59 ; *D.* 2015. 685 ; *AJ pénal* 2015. 329, obs. C. Otero ; *Dr. pén.* 2016, étude 1, obs. V. Georget.
10. POUR DES EXEMPLES D'APPLICATION : Crim. 8 nov. 2017, n° 17-82.544, NP – Crim. 8 nov. 2017, n° 17-82.525, NP.
11. POUR DES EXEMPLES D'APPLICATION : Crim. 30 avr. 1996, n° 96-80.829, P, n° 183 – Crim. 30 avr. 1998, n° 96-80.885, P, n° 146.

par ailleurs être refusée lorsque la confiscation de l'objet est prévue par la loi[1], ce qui doit être établi par des motifs suffisants[2].

Au stade du règlement de l'information judiciaire cependant, le juge d'instruction et la chambre de l'instruction ne peuvent refuser la restitution que lorsque celle-ci présente un danger pour les personnes ou les biens[3], dès lors que les autres motifs de l'article 99 ne seraient pas pertinents, puisque l'information judiciaire s'est achevée par un non-lieu[4].

S'agissant, enfin, des juridictions de jugement, l'article 373 du Code de procédure pénale permet à la cour d'assises de refuser la restitution dans deux cas : d'une part lorsque la restitution présenterait un danger pour les personnes ou les biens ; d'autre part lorsque l'objet est l'instrument ou le produit direct ou indirect de l'infraction, depuis l'entrée en vigueur de la loi du 3 juin 2016. Il n'y aurait pas de justification, en effet, à ce que la restitution puisse être refusée au motif que le bien serait confiscable ou bien encore qu'il serait utile à la manifestation de la vérité. Au stade du jugement, les motifs pris des nécessités de la manifestation de la vérité ne sont plus pertinents, et il en est de même de ceux tirés du caractère confiscable du bien, puisque la juridiction de jugement ne saurait à la fois ne pas ordonner la confiscation d'un bien et en refuser la restitution au motif que celui-ci aurait pu cependant être confisqué. Des dispositions comparables figurent, au sujet du tribunal correctionnel, à l'article 481 du Code de procédure pénale, lequel est aussi applicable au tribunal de police. On relèvera en revanche, au sujet de la cour d'appel, que l'article 484 du Code de procédure pénale dispose que celle-ci peut refuser la restitution lorsqu'elle présente un danger pour les personnes ou les biens, sans énoncer qu'il peut en être également ainsi lorsque le bien saisi est l'instrument ou le produit direct ou indirect de l'infraction. L'on peine à distinguer ce qui pourrait justifier cette différence, sauf à former l'hypothèse d'un oubli du législateur. En tous les cas, l'interprétation du texte est délicate sur ce point puisque, si la possibilité de refuser la restitution de l'instrument ou du produit direct ou indirect de l'infraction ne figure pas formellement à l'article 484, ce texte renvoie néanmoins à l'article 481 qui lui prévoit cette faculté.

245.122 Énumération limitative des motifs de refus de restitution. Les motifs de non-restitution doivent être considérés comme étant limitativement énumérés par les textes : « La juridiction d'instruction ne peut refuser de restituer un objet placé sous main de justice que pour l'un des motifs prévus par l'article 99 du Code de procédure pénale », a énoncé la chambre criminelle[5]. Ce principe est méconnu lorsque la chambre de l'instruction refuse la restitution d'un véhicule automobile et d'une caravane, motifs pris de ce que l'information permet de présumer fortement que la requérante n'était pas en France uniquement pour des raisons de vacances, que le maintien du véhicule sous main de la justice doit permettre de garantir la représentation de l'intéressée et de son époux devant la justice française ainsi que les droits des victimes des infractions, outre le fait que la requérante ne justifie pas suffisamment que la caravane est son domicile principal.

De même, la restitution d'un bien ne saurait être refusée en raison de son utilité dans une information distincte. Il a été énoncé à cet égard que « les pièces saisies ne peuvent être conservées sous main de justice que pour les nécessités de l'information à l'occasion de laquelle leur saisie a été ordonnée » et que « l'intérêt qu'elles sont susceptibles de présenter dans une autre procédure ne peut pas être pris en considération pour en refuser la restitution »[6]. Ces principes ont été confirmés par la suite[7].

245.123 Motifs facultatifs ou obligatoires. S'il ressort par ailleurs des textes précités que certains motifs de non-restitution seraient facultatifs, alors que d'autres présenteraient un caractère obligatoire, cette distinction pourrait être en vérité assez incertaine.

En effet, les motifs pouvant être invoqués par le ministère public[8] et le juge d'instruction au cours de l'information judiciaire[9] seraient obligatoires, à l'exception de celui tiré du caractère confiscable de l'objet placé sous main de justice pendant l'instruc-

1. POUR DES EXEMPLES D'APPLICATION : Crim. 14 juin 1972, n° 71-93.701, P, n° 203 – Crim. 20 avr. 1983, n° 82-92.311, P, n° 113 – Crim. 3 mai 1984, n° 83-93.792, P, n° 155 – Crim. 8 févr. 1996, n° 95-80.242, P, n° 72 ; *RSC* 1996. 850, obs. B. Bouloc – Crim. 5 janv. 2010, n° 09-81.949, P, n° 2 ; *AJ pénal* 2010. 194, obs. G. Roussel ; *Procédures* 2010, comm. 162, obs. J. Buisson ; *Dr. pén.* 2010, comm. 68, obs. M. Véron – Crim. 1er mars 2011, n° 10-85.718, NP – Crim. 30 janv. 2013, n° 12-82.769, NP – Crim. 17 déc. 2013, n° 12-87.376, NP – Crim. 15 juin 2016, n° 15-83.636, NP.
2. Crim. 1er avr. 2020, n° 19-83.841, NP.
3. POUR UN EXEMPLE D'APPLICATION : Crim. 21 mai 2019, n° 18-84.004, P, n° 98 ; *D.* 2019. 1109 ; *AJ pénal* 2019. 400, obs. M. Hy.
4. C. pr. pén., art. 177 et 212.
5. Crim. 5 oct. 1999, n° 98-87.593, P, n° 209 ; *D.* 2000. 385, obs. M.-C. Amauger-Lattes.
6. Crim. 22 févr. 1968, n° 67-92.754, P, n° 60.
7. Crim. 10 juill. 1996, n° 95-85.629, P, n° 295 ; *RSC* 1997. 152, obs. J.-P. Dintilhac – Crim. 6 févr. 1997, n° 96-83.462, P, n° 55 – Crim. 10 sept. 2002, n° 01-87.573, P, n° 159 ; *D.* 2002. 2849 – Crim. 7 sept. 2022, n° 20-84.366, NP.
8. C. pr. pén., art. 41-4, al. 2 : « il n'y a pas lieu à restitution lorsque… ».
9. C. pr. pén., art. 99, al. 4 : « Il n'y a pas lieu à restitution lorsque… ».

tion[1], quand ceux susceptibles d'être opposés par les juridictions de l'instruction au terme de l'information judiciaire[2] ou bien par les juridictions de jugement[3] seraient facultatifs.

En vérité, il ne fait pas de doute que le caractère confiscable du bien objet de la demande de restitution ne constitue qu'un motif facultatif de non-restitution au cours de l'information judiciaire, de même que, devant les juridictions de jugement, celui tiré de ce que l'objet placé sous main de justice est le produit ou l'instrument de l'infraction poursuivie. En effet, il a été posé pour principe que « la juridiction d'instruction apprécie souverainement s'il y a lieu, ou non, au regard des dispositions de l'article 99 du Code de procédure pénale modifié par la loi du 30 décembre 1985, d'accorder la restitution d'un objet placé sous main de justice » et qu'« il n'importe que l'objet en cause soit susceptible d'être confisqué par la juridiction de jugement »[4], de même que la chambre criminelle a énoncé, pour dire n'y avoir lieu de renvoyer au Conseil constitutionnel une question prioritaire de constitutionnalité portant sur l'article 481 du Code de procédure pénale, que « le refus de restitution d'un bien saisi constituant l'instrument ou le produit direct ou indirect de l'infraction est une simple faculté pour la juridiction saisie »[5], avant de préciser que « la restitution d'un bien saisi constituant le produit direct ou indirect de l'infraction constitue une faculté pour la juridiction saisie, de sorte que la décision qui la refuse n'a pas lieu d'être motivée »[6].

L'on peut en revanche hésiter sur la question de savoir si les motifs de non-restitution énoncés par l'article 41-4 du Code de procédure pénale et le surplus de ceux qui le sont par l'article 99 du même code présentent, pour le ministère public et le juge d'instruction, un caractère impératif ou non. Ce caractère pourrait il est vrai se déduire de la formulation employée par le législateur (« il n'y a pas lieu à restitution lorsque... »). Il reste cependant que si le caractère dangereux de l'objet litigieux pour les personnes ou les biens pourrait effectivement être obligatoire au cours de l'information judiciaire[7] et lorsque la restitution est de la compétence du ministère public[8], tel n'est en revanche pas le cas lors de la clôture de l'information judiciaire[9] ou au stade du jugement[10] : à ces deux moments du procès pénal, la juridiction « peut refuser » la restitution lorsque celle-ci présente un danger pour les personnes ou les biens. De même, pour des motifs identiques, si la non-restitution de l'instrument et du produit de l'infraction paraît présenter un caractère obligatoire lorsque la demande de restitution est présentée au ministère public[11] ou au juge d'instruction[12], celle-ci est en revanche facultative devant la juridiction de jugement[13]. La cohérence fait à l'évidence défaut à la matière.

Aussi, par un arrêt du 20 janvier 2021, la chambre criminelle a posé pour principe que « lorsque la requête aux fins de restitution est présentée après que la juridiction de jugement saisie a épuisé sa compétence sans avoir statué sur la restitution des objets placés sous main de justice, la non-restitution de l'instrument ne saurait présenter un caractère obligatoire », de sorte qu'« il appartient à la chambre de l'instruction à laquelle est déférée la décision de non-restitution de l'instrument de l'infraction rendue par le ministère public après que la juridiction de jugement saisie a épuisé sa compétence sans avoir statué sur la restitution des objets placés sous main de justice, d'apprécier, sans porter atteinte aux droits du propriétaire de bonne foi, s'il y a lieu ou non de restituer le bien au regard des circonstances de l'infraction, de la personnalité de son auteur et de sa situation personnelle », soit des critères inspirés du droit des peines[14]. Pour fonder ces principes, la chambre criminelle a relevé non seulement qu'« en application de l'article 481, alinéa 3, du Code de procédure pénale, le refus de restitution d'un bien saisi constituant l'instrument ou le produit direct ou indirect de l'infraction est une simple faculté pour la juridiction saisie », mais aussi que « l'article 131-21, alinéa 2, du Code pénal ne prévoit pas que la peine complémentaire de confiscation de l'instrument de l'infraction présente un caractère obligatoire ». C'est ainsi le souci de la cohérence qui l'a déterminée : comme aurait-elle pu juger que l'omission de la juridiction de jugement d'ordonner la confiscation ou la restitution de l'instrument de l'infraction – lesquelles mesures présentent un caractère facultatif –, aurait pour effet d'interdire ensuite sa restitution, lorsque le contentieux se noue devant le ministère public ? Au reste, l'on peut ajouter au soutien de cette solution que, comme il

1. C. pr. pén., art. 99, al. 4 *in fine* : « peut être refusée lorsque... ».
2. C. pr. pén., art. 177 et 212 : « peut refuser la restitution lorsque... ».
3. C. pr. pén., art. 373, 481 et 484 : « peut refuser la restitution lorsque... ».
4. Crim. 21 févr. 1989, n° 88-86.700, P, n° 85.
5. Crim. 27 juin 2018, n° 17-87.424, P, n° 129 ; *D.* 2018. 2138 ; *AJ pénal* 2019. 45, obs. M. Hy.
6. Crim. 28 juin 2023, n° 21-87.417, P – Crim. 28 juin 2023, n° 21-87.002, P – Crim. 28 juin 2023, n° 21-87.003, NP.
7. C. pr. pén., art. 99, al. 4.
8. C. pr. pén., art. 41-4, al. 4.
9. C. pr. pén., art. 177 et 212.
10. C. pr. pén., art. 373, 481 et 484.
11. C. pr. pén., art. 41-4, al. 4.
12. C. pr. pén., art. 99, al. 4.
13. C. pr. pén., art. 373, 481 et 484.
14. Crim. 20 janv. 2021, n° 20-81.118, P, 73 ; *D.* 2021. 138 ; *AJ pénal* 2021. 164, obs. M. Hy.

sera vu[1], les dispositions du Code de procédure pénale prohibant la restitution de l'instrument ou du produit de l'infraction constituent la transposition de la directive 2014/42/UE du 3 avril 2014[2], laquelle impose aux États membres de prévoir la possibilité de confisquer l'instrument et le produit de l'infraction « lorsqu'il n'est pas possible de procéder à la confiscation [...], à tout le moins lorsque cette impossibilité résulte d'une maladie ou de la fuite du suspect ou de la personne poursuivie, [...] dans le où une procédure a été engagée concernant une infraction pénale qui est susceptible de donner lieu, directement ou indirectement, à un avantage économique et où ladite procédure aurait été susceptible de déboucher sur une condamnation si le suspect ou la personne poursuivie avait été en mesure de comparaître en justice ». La non-restitution de l'instrument de l'instrument et du produit de l'infraction peut ainsi être vue comme une alternative à la confiscation, en sorte qu'il est logique qu'elle en partage les conditions de fond. Par la suite, la chambre criminelle a ainsi reproché à une chambre de l'instruction qui avait refusé à un requérant la restitution d'un téléphone portable et d'un ordinateur, au motif qu'ils étaient l'instrument de l'infraction dont il avait été déclaré coupable, de s'être insuffisamment expliquée sur la personnalité de l'intéressé et sa situation personnelle, et de répondre aux conclusions de ce dernier qui avait fait valoir que les objets dont il demandait la restitution contenaient ses travaux universitaires et de nombreuses photos ou vidéos familiales ayant pour lui une importance particulière[3].

Une approche comparable a guidé la chambre criminelle lorsque, dans un arrêt ultérieur, elle a posé pour principe que « lorsque la requête aux fins de restitution est présentée après que la juridiction de jugement saisie a épuisé sa compétence sans avoir statué sur la restitution des objets placés sous main de justice, la non-restitution du produit de l'infraction ne saurait présenter un caractère obligatoire, mais constitue une simple faculté »[4]. La circonstance que la confiscation du produit de l'infraction n'a pas à être motivée, et le fait qu'il a été jugé, en application de l'article 481, alinéa 3, du Code de procédure pénale applicable au contentieux de la restitution de la compétence du tribunal correctionnel, que le refus de restitution d'un bien saisi constituant l'instrument ou le produit, direct ou indirect, de l'infraction est une simple faculté pour la juridiction saisie[5], imposaient de considérer que, lorsque la question de la restitution se pose après que la juridiction de jugement saisie a épuisé sa compétence sans avoir statué sur la restitution des objets placés sous main de justice, la non-restitution du produit de l'infraction constituait pour les juges une simple faculté.

On observera que le régime applicable à la non-restitution de l'instrument de l'infraction diffère de celui dont relève la non-restitution de son produit : la non-restitution du premier doit être motivée au regard des circonstances de l'infraction, de la personnalité de son auteur et de sa situation personnelle, quand celle du second n'a pas à l'être, comme constituant une simple faculté. Cette différence s'explique, pour les motifs qui ont été vus, par la différence existant entre le régime applicable à la confiscation de l'instrument et celui relatif à celle du produit : la première doit être motivée ; pas la seconde[6].

245.124 Non-restitution des objets dont la restitution est de nature à faire obstacle à la manifestation de la vérité ou à la sauvegarde des droits des parties, ou dont la confiscation est prévue par la loi. Selon l'article 99, alinéa 4, du Code de procédure pénale, il n'y a pas lieu à restitution lorsque celle-ci est de nature à faire obstacle à la manifestation de la vérité ou à la sauvegarde des droits des parties, de même que peut être refusée la restitution des biens dont la confiscation est prévue par la loi.

Outre le fait que ces notions devront être explicitées, il y a lieu d'emblée de relever que, si le caractère limitatif de la liste des motifs de non-restitution figurant à l'article 41-4, alinéa 2, du Code de procédure pénale semble en revanche exclure que puissent être légalement refusés, pendant l'enquête, la restitution de tels objets, cette analyse n'a pas été celle de la chambre criminelle qui a posé pour principe que « la chambre de l'instruction statuant, au cours de l'enquête, sur une demande de restitution présentée sur le fondement de l'alinéa 2 de l'article 41-4 du Code de procédure pénale et de l'alinéa 5 de l'article 41-5 du même code peut refuser de restituer les biens saisis lorsque la confiscation desdits biens est prévue par la loi ou lorsque la restitution est de nature à faire obstacle à la manifestation de la vérité »[7].

Il est vrai que, comme nous l'avions relevé dans la première édition de cet ouvrage, une application

1. V. s[s] n° 245.125.
2. Dir. 2014/42/UE, Parlement et Conseil, 3 avr. 2014 *concernant le gel et la confiscation des instruments et des produits du crime dans l'Union européenne, JOUE* L 127, 29 avr. 2014, p. 39.
3. Crim. 9 nov. 2022, n° 21-82.348, NP.
4. Crim. 26 janv. 2022, n° 21-81.052, NP.
5. Crim. 27 juin 2018, n° 17-87.424, P, n° 129 ; *D.* 2018. 2138 ; *AJ pénal* 2019. 45, obs. M. Hy.
6. V. s[s] n° 131.60.
7. Crim. 6 nov. 2019, n° 18-86.921, P, 74 ; *D.* 2019. 2138 ; *AJ pénal* 2020. 36, obs. M. Hy.

littérale du texte aurait été difficultueuse, alors que, comme il a été vu, la question de la restitution est susceptible d'intervenir à un stade où les investigations sont toujours en cours. On comprend un tel état du droit lorsque la demande de restitution est présentée alors qu'est intervenue une décision de classement sans suite, de non-lieu, ou bien encore lorsque la juridiction saisie a épuisé sa compétence : l'enquête étant terminée, il paraît exclu d'opposer à la demande de restitution l'utilité de l'objet saisi pour la manifestation de la vérité ou son caractère confiscable. Les motifs justifiant que celui-ci ne soit pas restitué ne peuvent être que limités. Au contraire, ces motifs sont à l'évidence trop étroits lorsque la demande de restitution est présentée alors que les investigations sont en cours.

Cet état du texte s'explique par son évolution rédactionnelle. Ces conditions étaient en effet déjà celles en vigueur dans l'état initial de l'article 41-4, mais, à cette époque, ce texte ne s'appliquait que dans le cas où aucune juridiction n'avait été saisie, c'est-à-dire lorsque l'enquête s'était conclue par un classement sans suite, ou bien lorsque la juridiction saisie avait épuisé sa compétence sans statuer sur la restitution des objets saisis, qu'il s'agisse des juridictions de l'instruction, en cas de non-lieu, ou des juridictions de jugement. Il était donc justifié que les motifs autorisant la non-restitution soient limités. Au contraire, en cours d'enquête, s'appliquaient les dispositions de l'article 56, alinéa 7, du Code de procédure pénale dont il résulte que l'officier de police judiciaire, avec l'accord du procureur de la République, ne maintient que la saisie des objets utiles à la manifestation de la vérité, ainsi que celle des biens dont la confiscation est prévue à l'article 131-21 du Code pénal[1]. Or, cette cohérence a été rompue lorsque la loi n° 2015-177 du 16 février 2015[2] a ajouté au premier alinéa de l'article 41-4 des dispositions selon lesquelles ce texte s'applique également « au cours de l'enquête », car lorsque la demande de restitution est présentée à un tel stade du procès pénal, il apparaît justifié que le procureur de la République puisse opposer à l'intéressé les nécessités de la manifestation de la vérité ou que le bien saisi est susceptible d'être confisqué par la juridiction de jugement susceptible d'être saisie.

Il y avait donc lieu pour la chambre criminelle de faire différer les motifs permettant qu'un objet placé sous main de justice ne soit pas restitué, selon que la demande de restitution est formée pendant l'enquête ou dans l'ensemble des autres cas. Pendant l'enquête, en effet, le refus de restitution doit pouvoir se fonder sur le fait que l'objet dont la restitution est sollicitée est utile à la manifestation de la vérité ou bien qu'il peut être confisqué. Deux arguments textuels fondent cette position. D'une part, il n'apparaît nullement qu'en adoptant la loi du 16 février 2015, le législateur ait entendu remettre en cause les dispositions de l'article 56 du Code de procédure pénale selon lesquelles « avec l'accord du procureur de la République, l'officier de police judiciaire ne maintient que la saisie des objets, documents et données informatiques utiles à la manifestation de la vérité, ainsi que des biens dont la confiscation est prévue à l'article 131-21 du Code pénal ». Or, interpréter littéralement l'article 41-4 même lorsque la demande de restitution est présentée alors que l'enquête est toujours en cours priverait de portée ces dispositions. D'autre part, l'interprétation proposée de l'article 41-4 est cohérente avec les dispositions de l'article 99 du Code de procédure pénale selon lesquelles le juge d'instruction peut refuser la restitution notamment lorsqu'elle « est de nature à faire obstacle à la manifestation de la vérité ou à la sauvegarde des droits des parties », ou bien lorsque « la confiscation de l'objet est prévue par la loi ». Il nous semble en effet que les motifs autorisant à refuser de restituer un bien saisi doivent être les mêmes, que la demande soit présentée pendant l'enquête ou au cours de l'information judiciaire.

Par ailleurs, si l'obstacle à la manifestation de la vérité – lequel pourrait s'entendre, au regard de la jurisprudence applicable dans le contentieux de la destruction des objets saisis avant jugement, de l'utilité du bien non seulement pour la caractérisation des infractions objet de la procédure, mais également pour l'élucidation des circonstances de leur commission susceptibles d'avoir une influence sur l'appréciation de la gravité des faits poursuivis[3] – et à la sauvegarde des droits des parties, dont la constitutionnalité a été vainement contestée[4], ont été rapprochés par le législateur lorsqu'il a posé pour principe que tous deux justifiaient la non-restitution des objets placés sous main de justice, tout comme par la chambre criminelle qui parfois ne distingue pas entre l'un et l'autre, en ce qu'ils partagent une même justification[5], ces deux notions doivent néanmoins être différenciées. En effet, dans l'un et l'autre cas, sans doute s'agit-il de prohiber la restitution en raison du caractère inachevé de l'information judiciaire nécessitant que l'autorité judiciaire conserve l'objet litigieux. Ceci étant,

1. Ces dispositions s'appliquant aussi pendant l'enquête préliminaire par renvoi de l'article 76, alinéa 3, du Code de procédure pénale à l'article 56 du même code.
2. L. n° 2015-177, 16 févr. 2015 *relative à la modernisation et à la simplification du droit et des procédures dans les domaines de la justice et des affaires intérieures, JO* 17 févr., p. 2961.
3. V. s^{s} n° 243.27.
4. Crim. 17 juin 2014, n° 13-87.873, NP.
5. Crim. 8 janv. 2013, n° 12-81.389, NP.

l'objet dont la restitution ferait obstacle à la manifestation de la vérité doit être vu comme l'un des moyens pour l'information de parvenir à la manifestation de la vérité, alors que l'objet dont la restitution ferait obstacle à la sauvegarde des droits des parties doit être compris comme l'un des enjeux de cette information : la situation juridique de l'objet saisi étant incertaine en l'état de l'information judiciaire, il ne saurait être fait droit à la demande de restitution sans que ne soit pris le risque de porter atteinte aux droits de l'une ou l'autre des parties. Ainsi, dans une affaire où des véhicules et une somme d'argent avaient été saisis au motif qu'il existait des indices suffisants pour considérer qu'ils provenaient de détournements de fonds publics, la chambre criminelle a approuvé la décision d'une chambre de l'instruction qui, pour confirmer la décision de non-restitution du juge d'instruction, avait énoncé « qu'en l'état de la procédure, le maintien sous main de justice des biens et espèces saisis apparaît encore nécessaire à la sauvegarde des droits des parties, la restitution faisant courir un risque de disparition »[1].

Il reste qu'ainsi défini, le motif de non-restitution tiré de ce que la restitution ferait obstacle à la sauvegarde des droits des parties présente peu d'autonomie vis-à-vis de la condition préalable tenant au caractère non-contesté de la propriété telle que celle-ci est interprétée par la chambre criminelle. En effet, la restitution d'un objet dont la propriété est contestable peut être vue comme menaçant les droits des parties. Il est d'ailleurs arrivé à la chambre criminelle de se fonder sur l'une et l'autre de ces conditions pour approuver la confirmation du rejet de demandes de restitution. Ainsi a-t-elle pu relever que la « propriété [d'un véhicule] était contestée », avant d'énoncer que « la chambre de l'instruction [avait] fait l'exacte application de l'article 99 du Code de procédure pénale, dès lors que selon l'alinéa 4 de ce texte, il n'y a pas lieu à restitution lorsque celle-ci est de nature à faire obstacle à la sauvegarde des droits des parties »[2]. De même, il a été énoncé « qu'il appartient à la juridiction d'instruction appelée à statuer sur une requête en restitution de vérifier si le droit de propriété est sérieusement contesté et de refuser de faire droit à la demande dans le cas où la restitution est de nature à faire obstacle à la sauvegarde des droits des parties »[3]. Enfin, le rejet d'une demande de restitution d'œuvres d'art a été approuvé au motif que « le requérant [n'établissait] pas être le propriétaire des œuvres saisies et que la restitution, si elle était ordonnée, serait de nature à faire obstacle aux droits des parties et en particulier des autres légataires de Julie F... D... et Françoise B..., qui [pouvaient], à tout moment, se constituer partie civile »[4].

Il n'en demeure pas moins qu'il a été justement soutenu que « la "sauvegarde des droits des parties" dépasse la contestation de propriété du bien »[5], dès lors que, nonobstant le caractère certain de la propriété, l'on ne peut exclure que la restitution ne porte atteinte à un autre droit quelconque de l'une ou l'autre des parties. Ainsi la chambre criminelle a-t-elle cassé l'arrêt d'une chambre de l'instruction qui avait confirmé la restitution d'un trousseau de clés à la propriétaire d'une maison d'habitation dont la personne mise en examen était locataire, motifs pris de ce que les clés appartenaient bien à la requérante et que la restitution n'affectait pas les droits de la défense, en rappelant qu'« il n'y a pas lieu à restitution lorsque celle-ci est de nature à faire obstacle à la sauvegarde des droits des parties » et que la « restitution était de nature à préjudicier au locataire qui était le détenteur légitime desdites clés »[6]. Plus fondamentalement, un retour à une interprétation plus stricte du caractère non contesté de la propriété[7] pourrait donner davantage d'autonomie au motif de non-restitution tiré de l'obstacle à la sauvegarde des droits des parties : lorsque la propriété est contestable, sans être effectivement contestée, la restitution pourrait être refusée au seul motif du risque d'atteinte aux droits des parties. Ceci étant, il faudrait alors nécessairement permettre au ministère public d'opposer ce motif de non-restitution aux demandes de restitution formées pendant l'enquête.

Enfin, s'agissant du motif de non-restitution tiré du caractère confiscable de l'objet saisi qui s'apprécie en application de règles déjà examinées[8], il faut relever que, comme en matière de saisies[9], il a été jugé que c'est en fonction des seuls « indices ou présomptions » dont elle dispose au moment où elle statue que la juridiction d'instruction doit apprécier la nature de produit de l'infraction du bien saisi pour le cas échéant en refuser la restitution au titre de son caractère confiscable[10]. En effet, lorsque le

1. Crim. 11 juill. 2017, n° 16-84.061, NP.
2. Crim. 29 oct. 2013, n° 12-87.814, NP.
3. Crim. 17 mars 2015, n° 13-87.873, P, n° 59 ; *D.* 2015. 685 ; *AJ pénal* 2015. 329, obs. C. Otero ; *JAC* 2015, n° 24, p. 12, obs. J.-M. Pastor.
4. Crim. 12 sept. 2018, n° 17-85.562, NP.
5. *Rép. pén., V°* « Restitution », par O. Violeau, n° 28.
6. Crim. 6 janv. 2009, n° 08-85.860, P, n° 3 ; *AJ pénal* 2009. 187, obs. J.-R. Demarchi.
7. V. s^s n° 245.111.
8. V. s^s titre 12.
9. V. s^s n° 231.24.
10. Crim. 15 janv. 2020, n° 19-80.891, P, 20, 118 ; *D.* 2020. 86 ; *ibid.* 1643, obs. J. Pradel ; *AJ pénal* 2020. 145, obs. M. Hy – Crim. 15 janv. 2020, n°s 19-80.892 à 19-80.899, NP (8 arrêts) – Crim. 15 janv. 2020, n° 19-80.869, NP.

contentieux de la restitution se noue en amont du procès pénal, à un stade où les investigations sont encore en cours, l'exigence probatoire doit nécessairement être moindre.

245.125 Non-restitution de l'instrument ou du produit de l'infraction. Observons par ailleurs que la loi n° 2016-731 du 3 juin 2016 [1] a modifié l'ensemble des textes applicables aux restitutions, à l'exception des articles 177 et 212 du Code de procédure pénale comme il a été vu, en permettant dorénavant que soit refusée la restitution d'un objet placé sous main de justice, au motif qu'il est « l'instrument ou le produit direct ou indirect de l'infraction » [2].

Il résulte de l'examen des travaux préparatoires de la loi du 3 juin 2016 que ces dispositions constituent la transposition de la directive 2014/42/UE [3] du 3 avril 2014 *concernant le gel et la confiscation des instruments et des produits du crime dans l'Union européenne*, modifiant et étendant les dispositions des décisions-cadres 2001/500/JAI [4] et 2005/212/JAI [5]. En effet, l'article 4 de ce texte prévoit que « les États membres prennent les dispositions nécessaires pour permettre la confiscation de tout ou partie des instruments et des produits ou des biens dont la valeur correspond à celle de ces instruments ou produits, sous réserve d'une condamnation définitive pour une infraction pénale, qui peut aussi avoir été prononcée dans le cadre d'une procédure par défaut », et que « lorsqu'il n'est pas possible de procéder à la confiscation sur la base [des dispositions qui précèdent], à tout le moins lorsque cette impossibilité résulte d'une maladie ou d'une fuite du suspect ou de la personne poursuivie, les États membres prennent les mesures nécessaires pour permettre la confiscation des instruments ou produits dans le cas où une procédure pénale a été engagée concernant une infraction pénale qui est susceptible de donner lieu, directement ou indirectement, à un avantage économique et où ladite procédure aurait été susceptible de déboucher sur une condamnation pénale si le suspect ou la personne poursuivie avait été en mesure de comparaître en justice ».

Si la législation française semblait d'ores et déjà conforme à ces dispositions en cas de confiscation, compte tenu des modifications apportées par la loi n° 2007-297 du 5 mars 2007 [6] à l'article 131-21 du Code pénal, aucune disposition ne permettait en revanche de refuser la restitution d'un bien non confisqué au motif que celui-ci était l'instrument ou le produit direct ou indirect d'une infraction. En adoptant la loi du 3 juin 2016, le législateur s'est donc efforcé de mettre le droit français en conformité avec la directive 2014/42/UE. Le rapporteur de la Commission des lois du Sénat relevait ainsi que le magistrat saisi d'une demande de restitution d'un bien placé sous main de justice ne pouvait opposer un refus à cette restitution sur un autre fondement que ceux qui étaient prévus par les articles 41-4, 99, 373 et 481 du Code de procédure pénale, et invoquer en particulier le fait que le bien dont la restitution était demandée était l'instrument ou le produit, direct ou indirect, de l'infraction, et qu'il avait une compétence liée pour restituer le bien s'il répondait aux conditions posées par ces textes. Il en était déduit que l'état du droit n'était pas conforme à la directive et qu'il convenait de créer un cas supplémentaire pour lequel la restitution ne pouvait être effectuée quand le bien était l'instrument ou le produit direct ou indirect de l'infraction, que ce soit au cours de l'instruction [7], dans la phase de jugement [8], ou après le jugement [9].

Il reste que, si le Conseil constitutionnel a considéré que l'article 41-4 du Code de procédure pénale n'est pas contraire à la Constitution en ce qu'il permet au ministère public de ne pas restituer l'instrument et le produit de l'infraction y compris après que la juridiction de jugement a épuisé sa compétence sans avoir statué sur la restitution des objets placés sous main de justice [10], tandis que la chambre criminelle a quant à elle estimé que ce texte ne méconnaît ni l'autorité de la chose jugée prévue par l'article 6 du Code de procédure pénale, ni le principe *ne bis in idem* garanti par l'article 4 du Protocole additionnel n° 7 à la Convention européenne des droits de l'homme [11], ces nouvelles

1. L. n° 2016-731, 3 juin 2016 *renforçant la lutte contre le crime organisé, le terrorisme et leur financement, et améliorant l'efficacité et les garanties de la procédure pénale*, *JO* 4 juin, n° 1.
2. *Rapp. Ass. nat.* n° 3515 (XIVe législ.), p. 338 – *Rapp. Sénat* n° 491 (2015-2016), t. I, p. 250 – SUR CES NOUVELLES DISPOSITIONS : G. Cotelle, « Consécration implicite de la procédure de confiscation sans condamnation préalable », *AJ pénal* 2016. 463.
3. Dir. 2014/42/UE, Parlement et Conseil, 3 avr. 2014 *concernant le gel et la confiscation des instruments et des produits du crime dans l'Union européenne, JOUE* L 127, 29 avr. 2014, p. 39.
4. Décis.-cadre 2001/500/JAI, Conseil, 26 juin 2001 *concernant le blanchiment d'argent, l'identification, le dépistage, le gel ou la saisie et la confiscation des instruments et des produits du crime, JOUE* L 182, 5 juill. p. 1.
5. Décis.-cadre 2005/212/JAI, Conseil, 24 févr. 2005 *relative à la confiscation des produits, des instruments et des biens en rapport avec le crime, JOUE* L 68, 15 mars, p. 49.
6. L. n° 2007-297, 5 mars 2007 *relative à la prévention de la délinquance, JO* 7 mars, p. 4297.
7. C. pr. pén., art. 99.
8. C. pr. pén., art. 373 et 481.
9. C. pr. pén., art. 41-4 – *Rapp. Sénat* n° 491 (2015-2016), p. 250.
10. Cons. const. 3 déc. 2021, n° 2021-951 QPC – v. s^s n° 212.61.
11. Crim. 30 mars 2022, n° 21-82.427, P.

dispositions poseront nombre de difficultés d'application, en particulier en ce qu'elles impliquent, si ce n'est une déclaration de culpabilité, ce que la loi ne prévoit pas, au moins que l'infraction poursuivie soit objectivement caractérisée[1].

Sans doute ce motif de non-restitution ne posera-t-il pas de difficultés lorsqu'il sera opposé au requérant pendant l'enquête[2] ou au cours de l'information judiciaire[3]. Dans ce cas, en effet, le maintien de l'objet sous main de justice pour ce motif paraît justifié, dès lors qu'en tant qu'instrument ou produit direct ou indirect de l'infraction, celui-ci sera le plus souvent confiscable en application de l'article 131-21 du Code pénal ou de dispositions de droit pénal spécial, si la peine encourue est inférieure ou égale à un an d'emprisonnement. Au reste, si l'objet n'est pas confiscable parce qu'aucun texte ne le prévoit, le maintien de la saisie pourra néanmoins être admis, si l'on observe qu'à ce stade de la procédure, la saisine d'une juridiction de jugement est possible. Il est donc envisageable, à ce stade, qu'une juridiction de jugement dise *in fine* que l'infraction sur laquelle portent les investigations est objectivement caractérisée, soit qu'elle entre en voie de condamnation, soit que la personne poursuivie soit relaxée ou acquittée en raison d'une cause d'irresponsabilité pénale. On peut donc admettre que le procureur de la République, le juge d'instruction ou la chambre de l'instruction, pendant l'enquête ou l'information judiciaire, refuse la restitution d'un bien au motif qu'il constitue l'instrument ou le produit direct ou indirect de l'infraction susceptible d'être objectivement caractérisée par la juridiction de jugement lorsqu'elle sera saisie, de simples indices pouvant être considérés comme suffisants au cours de ces phases situées en amont du procès pénal.

De même, il n'y aura pas de difficultés en cas de déclaration de culpabilité, que soit saisie de la requête en restitution la juridiction de jugement[4] ou le représentant du ministère public après que la juridiction de jugement aura épuisé sa saisine sans avoir statué sur la restitution des objets placés sous main de justice[5], puisque le refus de restituer l'instrument ou le produit direct ou indirect de l'infraction pourra se fonder sur le constat juridictionnel de la commission de l'infraction.

En revanche, qu'en sera-t-il lorsque ce motif de non-restitution sera opposé au requérant après une décision de classement sans suite, de non-lieu, de relaxe ou d'acquittement, soit par le représentant du ministère public saisi après que la juridiction d'instruction ou de jugement aura épuisé sa compétence sans avoir statué sur la restitution des objets placés sous main de justice[6], soit par la juridiction de jugement[7] ? Il pourrait dans ce cas être tentant de distinguer selon les motifs de ces décisions, selon que celles-ci seraient fondées sur le défaut de caractérisation de l'infraction ou sur l'existence d'une cause d'irresponsabilité pénale, un tel refus de restitution ne paraissant envisageable que dans le second cas, faute, dans le premier, d'infraction juridictionnellement constatée. Cette interprétation ne semble d'ailleurs pas s'opposer à la directive, dès lors que celle-ci, comme il a été vu, envisage la confiscation des biens qui n'ont pu être confisqués conformément au droit commun en raison « d'une maladie » ou de la « fuite du suspect ou de la personne poursuivie », c'est-à-dire pour des motifs personnels. De surcroît, à l'inverse, la directive prévoit que le bien doit être confisqué seulement dans le cas où la procédure « aurait été susceptible de déboucher sur une condamnation pénale si le suspect ou la personne poursuivie avait été en mesure de comparaître en justice ».

Ceci étant, si cette approche paraît possible à la suite d'une décision de relaxe ou d'acquittement ayant dit que l'infraction a été commise, il ne pourra en aller de même lorsque le ministère public sera saisi d'une demande de restitution à la suite d'une décision de classement sans suite, ou bien lorsque les juridictions de l'instruction auront prononcé un non-lieu sans statuer sur la restitution des objets placés sous main de justice. En cas de classement sans suite ou de non-lieu, il paraît tout au plus possible de dire que, nonobstant ces décisions, il existe des raisons plausibles ou bien des charges permettant de considérer que l'infraction poursuivie est objectivement caractérisée, seule une juridiction de jugement saisie du fond de l'action publique ayant la pouvoir de dire qu'une infraction est constituée. Le législateur a d'ailleurs précisément procédé à une telle distinction, au sujet des décisions de non-lieu, de relaxe ou d'acquittement motivées par l'existence de l'une des causes d'irres-

1. AUSSI : S. Almaseanu, « Les saisies et les confiscations en matière pénale depuis la loi nº 2016-731 du 3 juin 2016 », *La revue du Grasco*, nº 17, nov. 2016, p. 24 : « Cette nouvelle possibilité va ouvrir de grandes possibilités, mais présentera également des limites. Imaginons [...] qu'un tribunal correctionnel décide de la relaxe d'un prévenu, mais ne prononce pas la restitution des biens qui lui avaient été saisis. On voit mal le parquet s'opposer à une demande de restitution qui serait formée devant lui en affirmant que les biens revendiqués sont le produit direct ou indirect d'une infraction dont le prévenu a été jugé innocent : cela reviendrait à contredire indirectement une décision en affirmant la culpabilité d'une personne définitivement relaxée. »
2. C. pr. pén., art. 41-4.
3. C. pr. pén., art 99.
4. C. pr. pén., art. 373 et 481.
5. C. pr. pén., art. 41-4.
6. C. pr. pén., art. 41-4.
7. C. pr. pén., art. 373 et 481.

ponsabilité pénale prévues par les articles 122-1 à 122-7 du Code pénal puisque, si le tribunal correctionnel ou la cour d'assises, qui relaxe ou acquitte la personne poursuivie pour un tel motif, doit dire si l'intéressé a « commis les faits qui lui étaient reprochés »[1], les juridictions de l'instruction ne peuvent que préciser s'il existe des « charges suffisantes » établissant que l'intéressé a commis les faits qui lui sont reprochés[2]. Au reste, au soutien de cette interprétation, on relèvera que le législateur n'a pas modifié les articles 177 et 212 du Code de procédure pénale pour permettre aux juridictions de l'instruction, qui ordonnent le non-lieu, de refuser la restitution de l'instrument ou du produit direct ou indirect de l'infraction, la nature de cette décision paraissant exclure, faute d'infraction, la possibilité de refuser la restitution d'un objet placé sous main de justice pour un tel motif.

Il semble donc, en définitive, que l'application de ce nouveau motif de refus de restitution pourrait devoir être réservée aux seuls cas où il a été jugé par une juridiction de jugement que l'infraction a été commise ou bien qu'une telle décision est encore susceptible d'être rendue, ce qui reviendrait à restreindre l'application des nouveaux textes aux cas où l'enquête ou l'information judiciaire est encore en cours, ainsi qu'à ceux où la juridiction de jugement a constaté que l'infraction poursuivie a été commise sans avoir statué sur la restitution des objets placés sous main de justice, que cette juridiction soit entrée en voie de condamnation ou que la personne poursuivie ait bénéficié d'une relaxe ou d'un acquittement en raison d'une cause d'irresponsabilité pénale.

Bien que la chambre criminelle n'ait pas positivement défini les contours du champ d'application du motif de non-restitution tiré de ce que le bien saisi est le produit ou l'instrument de l'infraction, elle s'est en revanche résolument inscrite dans l'approche qui précède, en posant pour principe, au visa de l'article 41-4 du Code de procédure pénale, que « lorsque la requête est présentée alors qu'aucune juridiction n'a été saisie en raison du classement sans suite de la procédure au cours de laquelle le bien objet de la requête en restitution a été saisi, la restitution ne peut être refusée au motif que le bien est le produit ou l'instrument de l'infraction, dès lors qu'en l'état dudit classement, aucune juridiction de jugement n'est susceptible de constater l'existence de cette infraction », et que « la restitution ne peut dans ce cas être refusée que si elle est de nature à créer un danger pour les personnes ou les biens ou lorsqu'une disposition particulière prévoit la destruction du bien »[3]. La circonstance qu'en l'état d'un classement sans suite, aucune juridiction de jugement n'est par hypothèse susceptible de constater l'existence de l'infraction au regard de laquelle la restitution du bien saisi pourrait être refusée au motif qu'il en serait l'instrument ou le produit, a ainsi été jugé déterminant ; étant relevé que l'éventuelle reprise des investigations, que n'interdit nullement le classement sans suite, présente un caractère hypothétique, pour ce motif impropre à justifier la non-restitution.

Enfin, comment ne pas relever que le motif de non-restitution tiré de ce que le bien saisi est l'instrument de l'infraction est davantage attentatoire au droit de propriété que ne l'est la confiscation de cet instrument puisque le texte ne préserve pas les droits du propriétaire de bonne foi, contrairement à l'article 131-21, alinéa 2, du Code pénal applicable aux confiscations ? Ne peut en effet être confisqué, sur le fondement de ce texte, que le seul instrument de l'infraction dont le condamné est propriétaire ou, « sous réserve des droits du propriétaire de bonne foi », dont il a la libre disposition. Les nouvelles dispositions devaient-elles être interprétées comme signifiant qu'un instrument de l'infraction, qui n'était pas confiscable, n'en était pas moins non-restituable à son propriétaire de bonne foi ? Telle n'a pas été l'interprétation qui a été retenue par la chambre criminelle qui, lorsqu'elle a été saisie de la question de la constitutionnalité des nouvelles dispositions de l'article 481 du Code de procédure pénale, a jugé, par un arrêt du 27 juin 2018, que « les dispositions de l'article 481 alinéa 3 du Code de procédure pénale, qui doivent être interprétées à la lumière des dispositions de la directive 2014/42/UE du Parlement européen et du Conseil du 3 avril 2014[4] et dont il résulte que le refus de restitution d'un bien saisi constituant l'instrument ou le produit direct ou indirect de l'infraction est une simple faculté pour la juridiction saisie, [impliquent] nécessairement d'être mises en œuvre en préservant les droits du requérant de bonne foi dont le titre de propriété ou de détention est régulier, ce dernier bénéficiant en outre d'un recours contre la décision rendue »[5]. Ainsi, la restitution d'un bien ne saurait être refusée au requérant de bonne foi par le tribunal correctionnel, que la requête porte sur l'instrument ou le produit de l'infraction. De même, par arrêt du 20 janvier 2021, rendu cette fois sur le fondement de l'article 41-4 du

1. C. pr. pén., art. 349-1, 361-1, 706-129 et 706-133.
2. C. pr. pén., art. 177, 706-120 et 706-125.
3. Crim. 1er févr. 2023, n° 22-80.461, P.
4. Dir. 2014/42/UE, Parlement et Conseil, 3 avr. 2014 *concernant le gel et la confiscation des instruments et des produits du crime dans l'Union européenne, JOUE* L 127, 29 avr. 2014, p. 39.
5. Crim. 27 juin 2018, n° 17-87.424, P, n° 129 ; *D.* 2018. 2138 ; *AJ pénal* 2019. 45, obs. M. Hy. – AUSSI : Crim. 7 nov. 2018, n° 17-87.424, P, n° 188.

Code de procédure pénale, la chambre criminelle a énoncé qu'il appartient à la chambre de l'instruction à laquelle est déférée la décision de non-restitution de l'instrument de l'infraction rendue par le ministère public après que la juridiction de jugement saisie a épuisé sa compétence sans avoir statué sur la restitution des objets placés sous main de justice, d'apprécier s'il y a lieu ou non de restituer le bien au regard des circonstances de l'infraction, de la personnalité de son auteur et de sa situation personnelle, mais « sans porter atteinte aux droits du propriétaire de bonne foi »[1] ; ce qui a ensuite été jugé s'agissant de la restitution du produit[2]. Le même principe a enfin été énoncé sur le fondement de l'article 99 du Code de procédure pénale : « Selon ce texte, il n'y a pas lieu à restitution par la juridiction d'instruction notamment lorsque le bien saisi est l'instrument ou le produit direct ou indirect de l'infraction », mais « ce texte doit être interprété à la lumière des dispositions de l'article 6, § 2, de la directive 2014/42/UE du Parlement européen et du Conseil du 3 avril 2014, ce dont il résulte que les droits du tiers de bonne foi doivent être réservés, que le bien soit l'instrument ou le produit direct ou indirect de l'infraction »[3]. Cette position protectrice du droit de propriété des tiers de bonne foi peut se fonder sur les dispositions mêmes de la directive, dont l'exposé des motifs énonce qu'« en tout état de cause, il convient de ne pas porter atteinte aux droits des tiers de bonne foi » (dir. 2014/42/UE, § 24), ou encore que « la [...] directive porte sensiblement atteinte aux droits des personnes, non seulement des suspects ou des personnes poursuivies, mais aussi des tiers qui ne font pas l'objet de poursuites », et qu'il est donc « nécessaire de prévoir des garanties spécifiques et des voies de recours judiciaires afin de garantir la sauvegarde des droits fondamentaux de ces personnes lors de la mise en œuvre de la [...] directive » (dir. 2014/42/UE, § 33). De même, l'article 8 de la directive, relatifs aux « garanties », prévoit que « les tiers sont en droit de faire valoir leur titre de propriété ou d'autres droits de propriété, y compris dans les cas visés à l'article 6 » de la directive, c'est-à-dire en cas de confiscation d'avoirs appartenant à des tiers, étant relevé que ce dernier texte précise qu'une telle confiscation ne saurait porter atteinte aux droits des tiers de bonne foi. Dès lors que la non-restitution de l'instrument ou du produit de l'infraction a été conçue par le législateur européen, à l'article 4 de la directive, comme une alternative aux confiscations ne pouvant être mises en œuvre en raison de l'impossibilité de faire comparaître en justice la personne poursuivie malade ou en fuite, les garanties prévues pour les tiers de bonne foi en matière de confiscations doivent nécessairement s'appliquer dans le contentieux de la restitution : l'identité de fonctions doit emporter une identité de garanties.

La chambre criminelle a par la suite précisé les conditions d'appréciation de la bonne foi des tiers propriétaires dans une importante décision du 28 juin 2023[4]. Ainsi a-t-elle jugé, d'une part, que « la bonne foi du requérant doit être appréciée à la date où ce dernier a acquis ses droits sur les biens objet de sa requête, et non à la date de celle-ci ». D'autre part, lorsque le tiers est une personne morale, la bonne foi doit être appréciée en la personne de l'organe ou du représentant ayant accepté la possession pour le compte de la personne morale. De même que les personnes morales sont pénalement responsables des infractions commises pour leur compte par leurs organes ou représentants, c'est en la personne de ces derniers qu'il y a lieu d'apprécier la bonne foi des tiers propriétaires dans le contentieux de la restitution[5].

245.126 Non-restitution des objets dangereux. On notera encore, s'agissant du motif de non-restitution tiré du caractère dangereux de l'objet placé sous main de justice, qui est apprécié souverainement par les juges du fond[6], qu'en cas de doute sur la dangerosité de celui-ci, il appartient au juge d'ordonner une expertise à cet égard. Ainsi, il a été jugé qu'« une juridiction de jugement, saisie d'une demande de restitution portant sur des produits chimiques, peut, si elle ne s'estime pas suffisamment informée pour prononcer la restitution, ou pour ordonner la destruction de substances dangereuses, prescrire une mesure d'expertise avant de statuer sur la demande », que « les frais de cette expertise, et ceux susceptibles d'être occasionnés par la destruction des produits dangereux, sont compris dans les frais en matière de scellés, tels que prévus par l'article R. 92, 5°, du Code de procédure pénale, et sont pris en charge par l'État au titre des frais de justice criminelle », et qu'« encourt, dès lors, la cassation, l'arrêt d'une cour d'appel qui, statuant sur une demande de restitution de médicaments et de produits servant à leur fabrication, accorde la restitution, en la plaçant sous le contrôle du président du conseil départemental de l'Ordre des pharmaciens, en chargeant celui-ci de faire procéder aux frais du demandeur à l'analyse et à la destruction des substances susceptibles de présenter un danger »[7].

1. Crim. 20 janv. 2021, n° 20-81.118, P, 73 ; *D.* 2021. 138 ; *AJ pénal* 2021. 164, obs. M. Hy.
2. Crim. 26 janv. 2022, n° 21-81.053, NP.
3. Crim. 24 avr. 2023, n° 22-85.243, NP.
4. Crim. 28 juin 2023, n° 21-87.417, P.
5. C. pén., art. 121-2.
6. Crim. 26 févr. 2003, n° 02-81.736, NP – Crim. 5 sept. 2018, n° 17-82.512, NP.
7. Crim. 5 oct. 1995, n° 93-83.973, P, n° 296.

SECTION 3
EXÉCUTION DE LA RESTITUTION

245.131 Information des victimes et des administrations. L'article 706-161 du Code de procédure pénale donne compétence à l'Agrasc, en cas de décision de restitution d'un bien géré par elle, pour informer les personnes et les administrations susceptibles d'être intéressées par les biens restitués. Le quatrième alinéa de ce texte énonce en effet que l'agence « peut informer les services compétents et les victimes, à leur demande ou à son initiative, sur les biens qui sont restitués sur décision de justice, afin d'assurer le paiement de leurs créances, notamment fiscales, douanières, sociales ou de dédommagement ».

Ainsi, en cas de décision de restitution de sommes d'argent que l'Agrasc gère impérativement, ou bien d'un objet quelconque dont la gestion lui a été confiée par l'autorité judiciaire, l'agence pourra faciliter les poursuites susceptibles d'être exercées par les victimes et les administrations à l'encontre de la personne bénéficiaire de la restitution[1].

S'agissant plus particulièrement des victimes, la circulaire du 3 février 2011[2] prévoit que, pour permettre à l'agence de remplir sa mission, il est nécessaire que les juridictions transmettent, idéalement de manière dématérialisée, la copie certifiée conforme des décisions accordant des dommages et intérêts aux parties civiles dans les affaires ayant donné lieu au transfert à l'Agrasc de la gestion des biens saisis.

245.132 Restitution par le directeur de greffe ou l'Agrasc. Lorsque les biens restitués auront été confiés à l'Agrasc, il appartiendra à cet établissement de procéder à la restitution qui aura été décidée[3]. À défaut, cette compétence reviendra au directeur de greffe.

Lorsque la restitution porte sur une somme d'argent, la circulaire du 3 février 2011 précitée prévoit que l'agent comptable de l'Agrasc a compétence pour donner l'autorisation à la Caisse des dépôts et consignations de procéder à la restitution, au vu de la décision.

1. Ce texte a donné lieu à la conclusion d'une convention entre l'Agrasc et douze créanciers publics le 21 juillet 2011 (Agrasc, *Rapp. annuel* 2011, p. 10). En 2021, l'Agrasc a procédé à 1 152 versements à des créanciers publics pour un montant total de 5,297 M€ (Agrasc, *Rapp. annuel* 2021, p. 76, 124 et 125).
2. Circ. Justice, 3 févr. 2011 de *présentation de l'Agence de gestion et de recouvrement des avoirs saisis et confisqués (Agrasc) et de ses missions*, NOR : JUS D 1103707 C, p. 3, *BOMJL*, n° 2011-02, 28 févr. 2011.
3. En 2021, l'Agrasc a procédé à 1 561 restitutions pour un montant total de 77,935 M€ (Agrasc, *Rapp. annuel* 2021, p. 125).

SECTION 4
DÉVOLUTION À L'ÉTAT DES OBJETS NON RESTITUÉS

245.140 Plan. Le troisième alinéa de l'article 41-4 du Code de procédure pénale, complété par l'article D. 15-5-1-2 du même code et auquel il convient d'ajouter les dispositions propres à la matière criminelle de l'article 41-6, envisage le sort des objets placés sous main de justice qui n'ont pas été restitués : la propriété de ces biens est en principe acquise à l'État.

On se rappellera cependant que, à d'étroites conditions cependant, la chambre criminelle a étendu le champ d'application des dispositions de l'article 706-164 du Code de procédure pénale – organisant le paiement des dommages et intérêts dus aux parties civile au moyen des biens confisqués – aux biens non restitués de manière définitive ayant été dévolus à l'État en application du troisième alinéa de l'article 41-4[4].

Si l'article 41-4 se borne à énoncer les conditions de fond de la dévolution, en distinguant entre les différents objets dont la propriété peut être transférée à l'État (§ 1), l'on doit à la jurisprudence d'en avoir précisé les conditions procédurales en organisant le recours contre cette issue (§ 2).

§ 1
Conditions de fond

245.150 Plan. Trois types d'objets sont susceptibles d'être dévolus à l'État, faute de restitution : ceux dont la restitution n'a pas été demandée ou décidée (A), ceux qui n'ont pas été réclamés après une mise en demeure (B), et ceux dont la restitution est de nature à créer un danger pour les personnes ou les biens (C).

A.
Objets dont la restitution n'a pas été demandée ou décidée

245.161 Objets dont la restitution n'a pas été demandée ou décidée dans un délai de six mois. Les premiers objets à avoir été envisagés par l'article 41-4 du Code de procédure pénale sont ceux dont la restitution n'a pas été demandée ou décidée dans un délai de six mois à compter de la décision de classement sans suite ou de celle par laquelle la dernière juridiction saisie a épuisé sa compétence sans avoir statué sur la restitution des objets placés sous main de justice. Sans qu'il y ait lieu de distinguer entre les biens meubles ou immeubles[5], corporels ou incorporels[6] – y compris les créances

4. V. s[s] n° 132.139.
5. Crim. 19 oct. 2022, n° 21-87.450, NP.
6. Crim. 19 févr. 2014, n° 13-81.159, P, n° 46 – Crim. 9 déc. 2014, n° 13-86.775, P, n° 263 – Crim. 25 févr. 2017, n° 16-83.154, P, n° 120.

figurant sur les contrats d'assurance sur la vie [1] –, ces objets deviennent en principe la propriété de l'État, sous réserve des droits des tiers, sans que ces dispositions ne soient contraires au droit au respect des biens garanti par l'article 1er du Protocole additionnel n° 1 à la Convention européenne des droits de l'homme [2], ni à l'article 8 de la directive 2014/42/UE du 3 avril 2014 [3], relatif aux garanties dont doivent bénéficier les personnes concernées par les mesures de gel et de confiscation [4].

En effet, il n'aurait pas été justifié que le champ d'application du texte soit limité aux seuls biens meubles corporels. Outre le fait que le texte ne distingue selon la nature des biens, il a été justement relevé dans le commentaire aux *Cahiers* de la décision du Conseil constitutionnel du 9 juillet 2014 relative au dernier alinéa de l'article 41-4 [5] que « l'objectif de bonne gestion des scellés », qui se rattache aux objectifs de valeur constitutionnelle de bonne administration de la justice et de bon emploi des deniers publics « ne se réduit pas à une question de surface et de volume d'objets saisis » : « Cela affecte aussi l'administration de ces saisies, même lorsque cette administration est immatérielle. Les opérations liées à la gestion et à la clôture des comptes bancaires pouvaient donc être placées sous l'égide du même objectif que les opérations relatives à la gestion des objets matériellement stockés dans les juridictions. » Les mêmes motifs valent pour les immeubles, dès lors que, si en principe la saisie est sans emport sur le droit de son propriétaire d'utiliser l'immeuble et d'en percevoir les fruits, les saisies immobilières n'en font pas moins l'objet d'un suivi de l'Agrasc.

Les dispositions de l'article 41-4 ont cependant été complétées par celles de l'article D. 15-5-1-1 du Code de procédure pénale [6], devenu D. 15-5-1-2 [7], qui prévoient, s'agissant des saisies de droit commun, que « lorsque la saisie d'un bien susceptible de faire l'objet d'une confiscation ultérieure a été effectuée en application des dispositions du [Code de procédure pénale], la personne concernée en est informée soit lors de la perquisition, soit lors d'une audition ultérieure, dès lors que cette information ne risque pas de compromettre le déroulement des investigations », que cette personne « est alors avisée, au moins brièvement, des motifs de la saisie », ce dont « il [...] est fait mention dans le procès-verbal », et qu'« à défaut de l'information [...], aucun délai de forclusion ne peut être opposé à la personne concernant une éventuelle demande de restitution du bien saisi ». Comme nous allons le voir, l'autorité réglementaire paraît avoir tenté de tirer les conséquences de la décision du Conseil constitutionnel du 9 juillet 2014 [8].

245.162 Spécificité des créances figurant sur les contrats d'assurance sur la vie. La chambre criminelle a étendu l'application des articles L. 160-9 du Code des assurances, L. 223-29 du Code de la mutualité et L. 932-23-2 du Code de la sécurité sociale à la non-restitution définitive des créances figurant sur les contrats d'assurance sur la vie : comme en cas de confiscation [9], leur dévolution à l'État, sur le fondement du dernier alinéa de l'article 41-4 du Code de procédure pénale, entraîne de plein droit la résolution judiciaire du contrat et le transfert des fonds à l'État [10].

En effet, si, comme l'a jugé le Conseil constitutionnel [11], la non-restitution ne constitue pas formellement une peine [12], y compris lorsqu'elle porte sur l'instrument ou le produit, direct ou indirect, de l'infraction, dès lors que le seul objet de cette mesure est de prévenir le renouvellement d'infractions et de lutter contre toute forme d'enrichissement illicite, dans l'objectif de valeur constitutionnelle de sauvegarde de l'ordre public, il n'en demeure pas moins qu'elle partage les effets de la peine de confiscation. De surcroît, depuis l'entrée en vigueur de la loi n° 2016-731 du 3 juin 2016 [13], ayant prévu la non-restitution de l'instrument et du produit, en transposant la directive 2014/42/UE du 3 avril 2014 [14], la non-restitution doit être vue comme une alternative à la confiscation, la non-restitution de l'instrument et du produit constituant, au sens du droit de l'Union, une mesure de confiscation [15].

1. Crim. 8 mars 2023, n° 22-81.100, P.
2. Crim. 3 juin 2008, n° 07-87.727, NP.
3. Dir. 2014/42/UE, Parlement et Conseil, 3 avr. 2014 *concernant le gel et la confiscation des instruments et des produits du crime dans l'Union européenne, JOUE* L 127, 29 avr., p. 39.
4. Crim. 19 oct. 2022, préc.
5. Cons. const. 9 juill. 2014, n° 2014-406 QPC, *JO* 11 juill., p. 11613 ; *D.* 2014. 1498.
6. D. n° 2016-1455, 28 oct. 2016 *portant renforcement des garanties de la procédure pénale et relatif à l'application des peines en matière de terrorisme, JO* 30 oct., n° 11.
7. D. n° 2019-507, 24 mai 2019 *pris pour l'application des dispositions pénales de la loi n° 2019-222 du 23 mars 2019 de programmation 2018-2022 et de réforme pour la justice relatives à la procédure numérique, aux enquêtes et aux poursuites JO* 25 mai, n° 3.
8. V. *infra*.
9. V. ss n° 132.112.
10. Crim. 8 mars 2023, n° 22-81.100, P.
11. Cons. const. 3 déc. 2021, n° 2021-951 QPC.
12. V. ss n° 212.61.
13. L. n° 2016-731, 3 juin 2016 *renforçant la lutte contre le crime organisé, le terrorisme et leur financement, et améliorant l'efficacité et les garanties de la procédure pénale, JO* 4 juin, n° 1.
14. Dir. 2014/42/UE, Parlement et Conseil, 3 avr. 2014 *concernant le gel et la confiscation des instruments et des produits du crime dans l'Union européenne, JOUE* L 127, 29 avr. 2014, p. 39.
15. V. ss n° 245.125.

245.163 **Point de départ du délai de six mois : jurisprudence du Conseil constitutionnel.** Le point de départ du délai de six mois a en effet fait l'objet d'une réserve d'interprétation du Conseil constitutionnel dans une décision du 9 juillet 2014 dont il résulte que si, au cours de la procédure, le propriétaire de l'objet a été identifié ou si cette qualité a simplement été revendiquée par une personne quelconque, l'intéressé doit être informé de la décision de classement sans suite ou de celle par laquelle la dernière juridiction saisie a épuisé sa compétence, faute de quoi la prescription acquisitive ne saurait lui être opposée.

Le Conseil constitutionnel a en effet considéré que les personnes qui ont été informées, dans les conditions prévues par le Code de procédure pénale, de la décision de classement sans suite ou de celle par laquelle la dernière juridiction saisie a épuisé sa compétence, sont mises à même d'exercer leur droit de réclamer la restitution des objets placés sous main de justice, en sorte que leur droit d'exercer un recours effectif devant une juridiction se trouve sauvegardé.

En revanche, il n'en était pas de même des propriétaires d'objets saisis n'ayant pas été informés d'une telle décision. Il était ainsi nécessaire que ces derniers soient mis à même d'exercer leur droit de réclamer la restitution de leur bien, dès lors que leur titre était connu ou qu'ils avaient réclamé cette qualité au cours de la procédure.

Il en a été déduit que les dispositions de la première phrase de l'article 41-4 du Code de procédure pénale « porteraient une atteinte disproportionnée au droit de ces derniers de former une telle réclamation si le délai de six mois prévu par les dispositions contestées pouvait commencer à courir sans que la décision de classement ou la décision par laquelle la dernière juridiction saisie a épuisé sa compétence ait été portée à leur connaissance »[1].

Ce n'est ainsi que sous cette réserve que le Conseil constitutionnel a considéré que les dispositions contestées ne méconnaissaient pas les exigences de l'article 16 de la Déclaration des droits de l'homme et du citoyen de 1789 garantissant le droit à un recours juridictionnel effectif.

Il reste qu'il ressort aussi de cette décision, lue à la lumière de son commentaire aux *Cahiers*, que la prescription acquisitive organisée par l'article 41-4 pourra être opposée à des tiers qui n'auront pas eu connaissance de la décision de classement sans suite ou de celle par laquelle la dernière juridiction saisie a épuisé compétence, sans que la Constitution ne se trouve méconnue. Le commentaire relève en effet : « La réserve formulée par le Conseil concerne les seuls "autres propriétaires dont le titre est connu ou qui ont réclamé cette qualité au cours de l'enquête ou de la procédure". Il peut s'agir en particulier du tiers qui a sollicité, pendant l'enquête ou l'instruction, la restitution du bien, celle-ci lui ayant été refusée car le bien était nécessaire à la manifestation de la vérité, ou encore du propriétaire dont le nom figure sur le bien saisi. Le droit à un recours effectif impose qu'il soit, dans ce cas, mis en mesure de faire valoir ses droits. En revanche, lorsque le propriétaire est inconnu, aucune démarche spécifique ne s'impose. »[2] Cette solution s'explique par le fait que les dispositions de l'article 41-4 poursuivent un objectif à valeur constitutionnel, celui de la bonne administration de la justice et de bon emploi des deniers publics, dès lors que les dispositions en cause visent à permettre une gestion efficace des objets saisis et à permettre la clôture des dossiers. Si cet objectif ne suffisait pas à justifier l'atteinte portée aux droits des propriétaires connus de l'autorité judiciaire et des personnes ayant revendiqué cette qualité au cours de la procédure, il était en revanche suffisant pour fonder l'atteinte portée aux droits des propriétaires inconnus de l'autorité judiciaire.

245.164 **Point de départ du délai de six mois : jurisprudence de la Cour de cassation.** La chambre criminelle a apporté plusieurs précisions sur le point de départ du délai de six mois, certaines d'entre elles étant la conséquence directe de la décision du Conseil constitutionnel du 9 juillet 2014[3].

Elle a tout d'abord jugé que la décision de la cour d'assises d'appel constatant le désistement de l'accusé épuisait la compétence de cette juridiction, en sorte que cette décision marquait le point de départ du délai de six mois prévu par l'article 41-4 du Code de procédure pénale[4].

De même, elle a posé pour principe que « le délai de six mois, prévu par l'article 41-4, alinéa 3, du Code de procédure pénale, au terme duquel les objets saisis dont la restitution n'a pas été demandée ou décidée deviennent propriété de l'État, sous réserve des droits des tiers, court à compter du jour où le prévenu a eu connaissance de la décision sur l'action publique par laquelle la dernière juridiction saisie a épuisé sa compétence de sorte que la requête en restitution qu'il présente après l'expiration de ce délai est irrecevable »[5]. Le délai part ainsi de la date

1. Cons. const. 9 juill. 2014, n° 2014-406 QPC, *JO* 11 juill., p. 11613 ; *D.* 2014. 1498.

2. *Commentaire, décision n° 2014-406 QPC du 9 juillet 2014*, p. 20, § 1.
3. V. *supra*.
4. Crim. 13 mars 2012, n° 11-85.331, P, n° 68.
5. Crim. 9 déc. 2014, n° 13-86.775, P, n° 263 ; *D.* 2015. 13 – AUSSI : Crim. 3 juin 2008, n° 07-87.727, NP – Crim. 23 nov. 2011, n° 11-82.931, NP.

du jugement lorsque celui-ci présente un caractère contradictoire[1], peu important que la décision ait par la suite été de surcroît notifiée[2]. Il en va de même lorsque le prévenu ne comprend pas la langue française : le délai court à compter du jugement rendu contradictoirement, mais à condition que celui-ci ait été traduit oralement par un interprète, aucune disposition légale ou conventionnelle n'imposant qu'un tel jugement fasse l'objet d'une traduction écrite[3].

Elle s'est enfin prononcée sur la question plus délicate du point de départ du délai de six mois lorsque l'affaire a fait l'objet d'une décision de classement sans suite par le procureur de la République. Il a en effet été décidé que « le juge ne peut rejeter une demande de restitution d'objet saisi au motif de l'écoulement d'un délai de six mois depuis une notification de décision de classement sans suite de la procédure qu'après avoir constaté que la preuve de l'envoi de l'avis de classement au propriétaire du bien saisi, ainsi que de la date de cet envoi, est rapportée par le ministère public, ce que la seule production d'une extraction de données du bureau d'ordre national informatisé Cassiopée n'établit pas »[4]. En effet, à la suite du classement sans suite d'une enquête préliminaire diligentée pour non justification de ressources en raison du décès de la personne mise en cause, les ayants droits de l'intéressé avaient sollicité, plus de six mois après la décision de classement, la restitution d'une montre de valeur et de la somme de 12 000 euros dont était porteur l'intéressé au moment de son interpellation. Le procureur de la République avait notifié aux requérants sa décision de refuser la restitution, motif pris du caractère tardif de la demande. En application des dispositions de l'article 41-4, les intéressés avaient contesté la décision du procureur de la République devant le tribunal correctionnel à cette époque compétent, qui avait déclaré cette requête recevable, dit que le délai de six mois n'avait pas commencé à courir, et ordonné la restitution de la montre. Saisie de l'appel du ministère public et des ayants droits de la personne décédée, la chambre des appels correctionnels avait infirmé le jugement au motif que la décision de classement avait été notifiée au mis en cause, que celui-ci n'avait pas sollicité la restitution de la montre et de la somme d'argent, et qu'à la date de la requête en restitution déposée par ses ayants droit, un délai de plus de six mois s'était écoulé depuis la notification du classement sans suite de la procédure. Saisie par le pourvoi formé par les requérants, la chambre criminelle a au contraire reproché aux juges de s'être abstenus de constater que le ministère public avait rapporté la preuve de l'envoi de l'avis de classement sans suite au propriétaire des biens saisis, ainsi que celle de la date de cet envoi et, se prononçant sur le contenu de cette preuve, a énoncé que la seule production d'une extraction de données du bureau d'ordre national informatisé *Cassiopée* était insuffisante à cet égard.

Ces premiers arrêts ont été suivis de l'affirmation plus générale du principe selon lequel « la chambre de l'instruction ne peut rejeter, au motif de l'écoulement d'un délai de six mois, une demande de restitution présentée par une personne qui n'a pas été informée dans les conditions prévues par le Code de procédure pénale de la décision de classement sans suite ou de la décision par laquelle la dernière juridiction saisie a épuisé sa compétence sans statuer sur la restitution des biens placés sous main de justice, mais dont le titre est connu, ou qui a réclamé cette qualité au cours de l'enquête ou de la procédure au plus tard dans un délai de six mois à compter de la décision, qu'après avoir constaté, d'une part, que la preuve de la notification de la décision, ainsi que de la date de celle-ci, est rapportée par le ministère public, d'autre part, qu'il s'est écoulé plus de six mois entre la date de la notification et celle de la demande de restitution »[5]. Deux règles ressortent de cet énoncé. D'une part, s'agissant des parties à la procédure ainsi que des tiers dont le titre est connu ou qui ont réclamé cette qualité au cours de la procédure, le point de départ du délai de six mois est fixé à la date de la notification de la décision à l'intéressé, le ministère public devant rapporter la preuve de celle-ci et de sa date. D'autre part, en ce qui concerne les personnes dont le titre n'était pas connu ou qui n'avaient pas réclamé cette qualité avant la décision de classement sans suite ou celle par laquelle la dernière juridiction saisie a épuisé sa compétence, aucune obligation particulière de recherche ne pèse sur l'autorité judiciaire, en sorte que les personnes prétendant avoir des droits sur ces biens doivent se manifester au plus tard dans le délai de six mois à compter de la date de la décision si elles en acquièrent la connaissance d'une façon quelconque et il appartient dans ce cas au ministère public de leur notifier formellement la décision, cet acte faisant courir à l'égard des intéressés un nouveau délai de six mois.

245.165 **Terme du délai de six mois.** Enfin, il a été jugé que « la date à prendre en considération pour déterminer le terme du délai pendant lequel une demande en restitution peut être présentée par courrier est celle à laquelle la demande parvient à

1. Crim. 19 oct. 2022, n° 21-87.450, NP.
2. Crim. 19 oct. 2022, n° 22-80.271, NP.
3. Crim. 8 mars 2023, n° 22-83.151, NP.
4. Crim. 21 juin 2016, n° 15-83.175, P, n° 193 – AUSSI : Crim. 12 déc. 2018, n° 16-87.756, NP.
5. Crim. 24 juin 2020, n° 19-84.961, P, 57 ; *D.* 2020. 1361.

l'autorité compétente pour y donner suite »[1]. C'est ainsi la date de réception, et non celle d'expédition, qui détermine si la demande de restitution a été présentée avant l'expiration du délai de six mois.

B.
Objets dont la restitution n'a pas été demandée après mise en demeure

245.171 Objets dont la restitution n'a pas été demandée après mise en demeure. Le législateur a prévu un régime juridique comparable au précédent pour les objets qui n'ont pas été réclamés par le propriétaire ou la personne à qui la restitution a été accordée, dans un délai d'un mois à compter d'une mise en demeure adressée à son domicile.

C.
Objets dont la restitution est de nature à créer un danger pour les personnes ou les biens

245.181 Objets dont la restitution est de nature à créer un danger pour les personnes ou les biens. L'article 41-4 du Code de procédure pénale prévoit la dévolution à l'État des objets placés sous main de justice dont la restitution serait de nature à créer un danger pour les personnes ou les biens. Le ministère public, les juridictions de l'instruction et les juridictions de jugement étant fondées à refuser la restitution de tels biens[2], il était en effet nécessaire de prévoir des dispositions permettant, à compter de l'instant où la décision refusant la restitution ne peut plus être contestée, ou dès que l'arrêt de non-restitution est devenu définitif, leur prise en charge matérielle par l'administration.

§ 2
Procédure

245.191 Recours. En envisageant le transfert à l'État de la propriété de certains objets placés sous main de justice au dernier alinéa de l'article 41-4 du Code de procédure pénale, le législateur n'a pas envisagé la possibilité, pour les personnes revendiquant la propriété de ces biens, de contester cette dévolution, ce qui pouvait apparaître contestable.

La chambre criminelle a ainsi interprété les dispositions de l'article 41-4 comme signifiant que la décision du procureur de la République qui refuse de faire droit à une demande de restitution, au motif que la propriété de l'objet visé a été transférée à l'État, peut faire l'objet d'un recours devant la chambre de l'instruction. Elle a en effet posé pour principe qu'« il résulte de l'article 41-4 du Code de procédure pénale que toute décision de non-restitution d'un objet placé sous main de justice, prise par le procureur de la République ou le procureur général dans les conditions prévues au premier alinéa de ce texte, peut être déférée à la chambre de l'instruction par la personne intéressée, que le refus ou l'irrecevabilité opposée à la demande soit fondé sur l'un des motifs mentionnés au deuxième alinéa ou sur la circonstance que l'objet réclamé est devenu la propriété de l'État par suite de l'expiration du délai de six mois fixé au troisième alinéa »[3]. Elle a donc cassé la décision d'une chambre de l'instruction qui avait déclaré irrecevable la requête lui déférant la décision du procureur de la République disant n'y avoir lieu à restitution du solde d'un compte bancaire saisi au cours d'une information judiciaire, au motif que ce refus ne pouvait s'analyser qu'en une décision d'irrecevabilité, tenant à la tardiveté de la demande, et non en une décision de non-restitution, au sens du deuxième alinéa de l'article 41-4. Ce principe a été confirmé par la suite[4].

245.192 Procédure spécifique en matière criminelle. Enfin, par dérogation à ce qui précède, la dévolution à l'État ne peut s'opérer que dans le respect des dispositions de l'article 41-6 du Code de procédure pénale, issues de la loi n° 2014-640 du 20 juin 2014[5], lorsque la procédure s'est achevée par une condamnation définitive prononcée par une cour d'assises. Ces dispositions sont identiques à celles devant être mises en œuvre par le ministère public lorsqu'il envisage, dans de telles circonstances, la destruction d'un objet placé sous main de justice. Il y sera renvoyé[6].

On notera cependant que la rédaction de l'article 41-6 du Code de procédure pénale est en vérité assez confuse, en ce que le texte prévoit que, par dérogation aux articles 41-4 et 41-5 de ce code, la procédure qu'il organise doit être suivie « lorsqu'une procédure s'est achevée par une condamnation définitive prononcée par une cour d'assises », et que le ministère public envisage « d'ordonner la remise au service des domaines ou à l'Agence de gestion et de recouvrement des avoirs saisis et confisqués » un objet placé sous main de justice.

1. Crim. 26 févr. 2020, n° 19-82.425, P, 27 ; *D.* 2020. 439.
2. C. pr. pén., art. 41-4, 99, 177, 212, 373 et 481.
3. Crim. 25 avr. 2017, n° 16-83.154, P, n° 120 – *CONTRA :* Crim. 8 avr. 2008, n° 07-84.440, P, n° 95 ; *AJ pénal* 2008. 382.
4. Crim. 20 mars 2019, n° 18-82.198, P, n° 60 ; *D.* 2019. 591 ; *AJ pénal* 2019. 282, obs. M. Hy.
5. L. n° 2014-640, 20 juin 2014 *relative à la réforme des procédures de révision et de réexamen d'une condamnation pénale définitive, JO* 21 juin, p. 10209.
6. V. s[s] n° 243.23.

Le fait que cette procédure ne doive être suivie qu'après une condamnation criminelle définitive interdit d'interpréter ce texte comme signifiant que la procédure qu'il prévoit devrait être suivie lorsqu'il est envisagé de remettre à l'Agrasc aux fins d'aliénation un objet placé sous main de justice en application de l'article 41-5 du Code de procédure pénale. En effet, une telle remise est prévue par ce dernier texte seulement « au cours de l'enquête », et non après que la juridiction saisie a épuisé sa compétence sans avoir statué sur le sort des scellés, ce qui est le cas en cas de condamnation définitive prononcée par une cour d'assises. Ainsi, la référence, dans l'article 41-6, à l'article 41-5, doit être comprise seulement comme signifiant que, par dérogation à ce texte, la procédure de l'article 41-6 doit être suivie lorsque, après une condamnation définitive prononcée par une cour d'assises, le ministère public envisage d'ordonner la destruction d'un bien meuble placé sous main de justice en application du quatrième alinéa de l'article 41-5. De même, les dispositions selon lesquelles la procédure de l'article 41-6 doit être suivie en cas de projet de remise au service des domaines ou à l'Agrasc doivent être rapprochées de la référence à l'article 41-4 pour être lues comme signifiant que la procédure de l'article 41-6 devra être suivie lorsque le ministère public, considérant qu'un objet placé sous main de justice est devenu la propriété de l'État en application du dernier alinéa de l'article 41-4, envisage de remettre cet objet à l'administration.

Cette interprétation ressort d'ailleurs des travaux préparatoires de la loi du 20 juin 2014[1]. Le rapporteur du texte devant le Sénat relevait en effet, évoquant l'état du droit : « Si la restitution n'a pas été demandée ou décidée dans le délai de six mois, les objets non restitués, n'étant plus utiles à la manifestation de la vérité, deviennent la propriété de l'État, qui peut soit les vendre par l'intermédiaire du service France domaine, soit les détruire, soit les remettre à l'agence de gestion et de recouvrement des avoirs saisis et confisqués (Agrasc). »[2] Puis il approuvait les nouvelles dispositions de l'article 41-6 en constatant qu'elles prévoyaient « une nouvelle dérogation au principe de la conservation pendant six mois des scellés pour les seules affaires ayant fait l'objet d'une condamnation définitive par une cour d'assises »[3].

La procédure de l'article 41-6 semble en définitive avoir vocation à s'appliquer dans deux hypothèses : lorsqu'après une condamnation définitive prononcée par une cour d'assises le ministère public envisage d'ordonner la destruction d'un objet placé sous main de justice en application de l'article 41-5, alinéa 4, du Code de procédure pénale ; lorsque, dans de telles circonstances, il envisage de remettre au service des domaines ou à l'Agrasc un tel objet qui est devenu la propriété de l'État par l'écoulement du temps, sur le fondement de l'article 41-4, alinéa 3, du même code. Il s'y ajoute celle, cette fois d'origine jurisprudentielle, de la destruction ou de l'aliénation des biens confisqués en raison de l'extension que la chambre criminelle a donnée au champ d'application de l'article 41-6[4].

Appliquant ce texte, la chambre criminelle a quant à elle considéré, dans un arrêt du 28 novembre 2018, « qu'il résulte des dispositions de l'article 41-6 du Code de procédure pénale, qui déroge à celles des articles 41-4 et 41-5 du même code, que, lorsqu'une procédure s'est achevée par une condamnation définitive prononcée par une cour d'assises, les objets non restitués ne deviennent pas propriété de l'État, mais que le ministère public, s'il estime opportun que les scellés soient détruits ou vendus, doit mettre en œuvre la procédure prévue par la loi »[5]. Dans cette affaire, un accusé avait été condamné par arrêt définitif d'une cour d'assises du 24 janvier 2012, sans que cette juridiction ne se fût prononcée sur le sort des scellés de la procédure. Le 17 décembre 2015, le procureur général avait informé l'intéressé de son intention de faire procéder à la destruction ou à la vente des objets placés sous scellés dans le cadre de cette affaire. Ce dernier ayant fait connaître son opposition à celle d'une chevalière en or portant ses initiales, le magistrat avait saisi la chambre de l'instruction sur le fondement de l'article 41-6. Pour rejeter la requête, la chambre de l'instruction avait énoncé que, contrairement à ce que soutenait le ministère public, la chevalière, dont la destruction ou la vente était sollicitée, n'appartenait pas à l'État par l'effet des dispositions dérogatoires de l'article 41-6 applicables aux décisions antérieures à son entrée en vigueur et de la notification du 17 décembre 2015 suivie de l'opposition du condamné. La chambre criminelle a purement et simplement approuvé ces motifs, en énonçant le principe précité, et ainsi rejeté le pourvoi qui avait été formé par le procureur général contre cette décision. Il eût néanmoins été possible de considérer que le bien en cause était devenu la propriété de l'État, en application du dernier alinéa de l'article 41-4, tout en imposant la mise en œuvre de la procédure organisée par l'article 41-6 avant de procéder à la destruction ou à l'aliénation de celui-ci. Cette approche aurait per-

1. L. n° 2014-640, 20 juin 2014 *relative à la réforme des procédures de révision et de réexamen d'une condamnation pénale définitive, JO* 21 juin, p. 10209.
2. *Rapp. Sénat* n° 467 (2013-2014), p. 25.
3. *Rapp. Sénat* n° 467 (2013-2014), p. 27.
4. V. s^s n° 132.171 – Crim. 9 janv. 2019, n° 17-85.524, NP.
5. Crim. 28 nov. 2018, n° 18-82.918, NP.

mis de concilier les dispositions de l'un et l'autre de ces textes, au lieu de faire prévaloir le second sur le premier, l'article 41-6 restreignant, dans les conditions de ce texte, la faculté pour le ministère public de détruire ou d'aliéner les biens placés sous main de justice, mais ne prohibant pas en soi leur dévolution à l'État, ce dernier se trouvant simplement contraint de les conserver en nature dans son patrimoine dans l'éventualité d'une future requête en révision.

LIVRE

3. DROIT ET PRATIQUE DE L'ENTRAIDE JUDICIAIRE INTERNATIONALE AUX FINS DE SAISIE ET CONFISCATION PÉNALES

SECTION 0 ORIENTEUR

3.00 **Sommaire du livre.**

Titre	**31**	**Droit commun de l'entraide judiciaire internationale aux fins de saisie et confiscation pénales**
Chap.	311	Droit commun de l'entraide judiciaire internationale aux fins de saisie pénale
Chap.	312	Droit commun de l'entraide judiciaire internationale aux fins de confiscation pénale
Titre	**32**	**Entraide judiciaire internationale aux fins de saisie et confiscation pénales entre les États membres de l'Union européenne**
Chap.	321	Entraide judiciaire internationale aux fins de saisie pénale entre les États membres de l'Union européenne
Chap.	322	Entraide judiciaire internationale aux fins de confiscation pénale entre les États membres de l'Union européenne

Division. L'entraide judiciaire internationale aux fins de saisie et confiscation pénales ne se trouve pas régie par un ensemble monolithique de principes et de règles. En la matière comme dans tant d'autres, une distinction cardinale doit être opérée selon que l'autorité judiciaire française est en relation avec un État qui est ou non membre de l'Union européenne.

À cet égard, l'entraide entre la France et le Royaume-Uni fait dorénavant figure d'exception. En effet, sauf en ce qui concerne les décisions de gel et les décisions de confiscation qui ont été adressées à l'autorité d'exécution avant le 31 décembre 2020 à minuit, qui demeurent régies par le droit de l'Union européenne conformément à l'article 62 de l'accord de retrait[1], s'appliquent dans ce domaine les nouvelles règles de l'accord de commerce et de coopération[2]. Or ces dispositions, qui sont fortement inspirées du droit de l'Union, rendent pour ce motif l'état du droit particulièrement atypique – pour ne pas dire unique –, en matière d'entraide avec un État extérieur à l'Union européenne. Il y sera donc pour l'instant seulement renvoyé.

Sous cette réserve, il sera distingué entre le droit commun de l'entraide judiciaire internationale aux fins de saisie et confiscation pénales (titre 31), et celui qui est applicable à l'entraide entre les États membres de l'Union européenne (titre 32).

1. Accord *sur le retrait du Royaume-Uni de Grande-Bretagne et d'Irlande du Nord de l'Union européenne et de la Communauté européenne de l'énergie atomique, JOUE* C 384, 12 nov. 2019, p. 1.
2. Accord *de commerce et de coopération entre l'Union européenne et la Communauté européenne de l'énergie atomique, d'une part, et le Royaume-Uni de Grande-Bretagne et d'Irlande du Nord, d'autre part, JOUE* L 149, 30 avr. 2021, p. 10.

TITRE

31. Droit commun de l'entraide judiciaire internationale aux fins de saisie et confiscation pénales

SECTION 0

ORIENTEUR

31.00 **Sommaire du titre.**

Chap. 311	**Droit commun de l'entraide judiciaire internationale aux fins de saisie pénale**
Sect. 1	Fondements de l'entraide judiciaire internationale aux fins de saisie pénale
Sect. 2	Conditions de fond de l'entraide judiciaire internationale aux fins de saisie pénale
Sect. 3	Mise en œuvre de l'entraide judiciaire internationale aux fins de saisie pénale
Chap. 312	**Droit commun de l'entraide judiciaire internationale aux fins de confiscation pénale**
Sect. 1	Fondements de l'entraide judiciaire internationale aux fins de confiscation pénale
Sect. 2	Conditions de fond de l'entraide judiciaire internationale aux fins de confiscation pénale
Sect. 3	Mise en œuvre de l'entraide judiciaire internationale aux fins de confiscation pénale

Division. Lorsque la question de l'entraide judiciaire internationale se pose entre la France et un État qui n'est pas membre de l'Union européenne, des règles distinctes s'appliquent en matière de saisie (chap. 311) et de confiscation pénales (chap. 312).

31.01 **Principaux textes applicables.**

• **C. pr. pén.,** art. 627-1 à 627-3, 627-16, 627-17, 694 à 694-4-1, 694-10 à 694-13, 706-160, al. 3, 713-36 à 713-41

• ***Conv. européenne d'entraide judiciaire en matière pénale,*** 20 avr. 1959, art. 1, § 1, 3, § 1, 5

• **Deuxième protocole additionnel à la *Convention européenne d'entraide judiciaire en matière pénale,*** 8 nov. 2001, art. 12

• **Conv. *relative au blanchiment, au dépistage, à la saisie et à la confiscation des produits du crime,*** 8 nov. 1990, art. 1, 7, 11 à 18, 22, 27

• **Conv. Conseil de l'Europe *relative au blanchiment, au dépistage, à la saisie et à la confiscation des produits du crime et au financement du terrorisme,*** 16 mai 2005, art. 1, 15, 21 à 28, 32, 37

• **Conv. Nations unies *contre le trafic illicite de stupéfiants et de substances psychotropes*,** 20 déc. 1988, art. 1er, 5

• **Conv. Nations unies *contre la criminalité transnationale organisée*,** 15 nov. 2000, art. 2, 13, 14

• **Conv. Nations unies *contre la corruption*,** 31 oct. 2003, art. 2, 54, 55, 57

• ***Statut de Rome de la Cour pénale internationale*,** art. 93, 109

31.03 Bibliographie indicative.

Encyclopédies. *Rép. int.*, V° « Commission rogatoire : matière pénale », par C. Lombois – V° « Entraide judiciaire : matière pénale », par. B. Aubert – V° « Jugement étranger : matière pénale », par. C. Mauro – *J.-Cl. Pr. pén.*, art. 694 à 694-9, fasc. 20, par. O. Beauvallet ; art. 694-10 à 694-13, fasc. 20, par O. Beauvallet.

Thèses. M. Peter, *Les saisies pénales spéciales. Une évolution majeure pour une stratégie pénale patrimoniale repensée*, Aix-Marseille, 2018.

Articles. T. Diallo, « L'entraide répressive internationale en matière pénale : esquisse d'une problématique », *RSC* 1992. 541 – C. Ghica-Lemarchand, « La commission rogatoire internationale en droit pénal », *RSC* 1992. 541 – M. Massé, « L'évolution du droit en matière de gel et de confiscation », *RSC* 2006. 463 – R. Parizot, « La confiscation, sanction applicable en droit pénal des affaires », *in* H. Matsopoulou et C. Mascala (dir.), *Lamy Droit pénal des affaires*, Wolters Kluwer, 2020.

Ouvrages. H. Donnedieu de Vabres, *Les principes modernes du droit pénal international*, Recueil Sirey, 1928 – A. Huet et R. Koering-Joulin, *Droit pénal international*, 3e éd., « Thémis droit », PUF, 2005 – D. Rebut, *Droit pénal international*, 3e éd., « Précis », Dalloz, 2019.

CHAPITRE

311. Droit commun de l'entraide judiciaire internationale aux fins de saisie pénale

SECTION 0

ORIENTEUR

311.00 Sommaire du chapitre.

Sect. 1 Fondements de l'entraide judiciaire internationale aux fins de saisie pénale

Sect. 2 Conditions de fond de l'entraide judiciaire internationale aux fins de saisie pénale

§ 1 Nature et objet de l'entraide judiciaire internationale aux fins de saisie pénale

A. Conventions internationales bilatérales

B. Conventions internationales multilatérales

1° Conventions du Conseil de l'Europe

2° Conventions des Nations unies

§ 2 Motifs de non-exécution

A. Motifs de non-exécution selon le droit conventionnel

1° Conventions internationales bilatérales

2° Conventions internationales multilatérales

B. Motifs de non-exécution selon le droit interne

§ 3 Protection des droits des tiers de bonne foi

Sect. 3 Mise en œuvre de l'entraide judiciaire internationale aux fins de saisie pénale

§ 1 Émission des demandes d'entraide

§ 2 Transmission des demandes d'entraide

§ 3 Exécution des demandes d'entraide

A. Loi applicable à l'exécution des demandes d'entraide

B. Compétence pour l'exécution des demandes adressées à l'autorité judiciaire française

C. Procédure d'exécution des demandes adressées à l'autorité judiciaire française

D. Nature de l'acte d'exécution des demandes d'entraide

§ 4 Recours contre l'exécution des demandes d'entraide

A. Recours contre l'exécution des demandes adressées à l'autorité judiciaire française

B. Recours contre l'exécution des demandes adressées par l'autorité judiciaire française

§ 5 Devenir des biens saisis

Division. Après l'exposé de leurs fondements juridiques (sect. 1), seront examinées les conditions de fond (sect. 2) et les règles de mise en œuvre (sect. 3) de l'entraide judiciaire internationale aux fins de saisie pénale patrimoniale entre les États qui ne sont pas membres de l'Union européenne.

311.01 Principaux textes applicables.

TEXTES SOURCES

• C. pr. pén., art. 627-1 à 627-3, 694 à 694-4-1, 694-10 à 694-13, 706-160, al. 3, 713-37

• *Conv. européenne d'entraide judiciaire en matière pénale*, 20 avr. 1959, art. 1, § 1, 3, § 1, 5

• Deuxième protocole additionnel à la *Convention européenne d'entraide judiciaire en matière pénale*, 8 nov. 2001, art. 12

• Conv. *relative au blanchiment, au dépistage, à la saisie et à la confiscation des produits du crime*, 8 nov. 1990, art. 1, 7, 11, 12, 18, 22, 27

• Conv. Conseil de l'Europe *relative au blanchiment, au dépistage, à la saisie et à la confiscation des produits du crime et au financement du terrorisme,* 16 mai 2005, art. 1, 15, 21, 22, 28, 32, 37

• Conv. Nations unies *contre le trafic illicite de stupéfiants et de substances psychotropes*, 20 déc. 1988, art. 1er, 5

• Conv. Nations unies *contre la criminalité transnationale organisée*, 15 nov. 2000, art. 2, 13

• Conv. Nations unies *contre la corruption*, 31 oct. 2003, art. 2, 54, 55

• *Statut de Rome de la Cour pénale internationale*, art. 93

TEXTES *IN EXTENSO*

> Dispositions de droit interne générales

• C. pr. pén., art. 694

En l'absence de convention internationale en stipulant autrement :

1° Les demandes d'entraide émanant des autorités judiciaires françaises et destinées aux autorités judiciaires étrangères sont transmises par l'intermédiaire du ministère de la justice. Les pièces d'exécution sont renvoyées aux autorités de l'État requérant par la même voie ;

2° Les demandes d'entraide émanant des autorités judiciaires étrangères et destinées aux autorités judiciaires françaises sont transmises par la voie diplomatique. Les pièces d'exécution sont renvoyées aux autorités de l'État requérant par la même voie.

En cas d'urgence, les demandes d'entraide sollicitées par les autorités françaises ou étrangères peuvent être transmises directement aux autorités de l'État requis compétentes pour les exécuter. Le renvoi des pièces d'exécution aux autorités compétentes de l'État requérant est effectué selon les mêmes modalités. Toutefois, sauf convention internationale en stipulant autrement, les demandes d'entraide émanant des autorités judiciaires étrangères et destinées aux autorités judiciaires françaises doivent faire l'objet d'un avis donné par la voie diplomatique par le gouvernement étranger intéressé.

• C. pr. pén., art. 694-1

En cas d'urgence, les demandes d'entraide émanant des autorités judiciaires étrangères sont transmises, selon les distinctions prévues à l'article 694-2, au procureur de la République ou au juge d'instruction du tribunal judiciaire territorialement compétent. Elles peuvent également être adressées à ces magistrats par l'intermédiaire du procureur général.

Si le procureur de la République reçoit directement d'une autorité étrangère une demande d'entraide qui ne peut être exécutée que par le juge d'instruction, il la transmet pour exécution à ce dernier ou saisit le procureur général dans le cas prévu à l'article 694-4.

Avant de procéder à l'exécution d'une demande d'entraide dont il a été directement saisi, le juge d'instruction la communique immédiatement pour avis au procureur de la République.

• C. pr. pén., art. 694-2

Les demandes d'entraide émanant des autorités judiciaires étrangères sont exécutées par le procureur de la République ou par les officiers ou agents de police judiciaire requis à cette fin par ce magistrat.

Elles sont exécutées par le juge d'instruction ou par des officiers de police judiciaire agissant sur commission rogatoire de ce magistrat lorsqu'elles nécessitent certains actes de procédure qui ne peuvent être ordonnés ou exécutés qu'au cours d'une instruction préparatoire.

• C. pr. pén., art. 694-3

Les demandes d'entraide émanant des autorités judiciaires étrangères sont exécutées selon les règles de procédure prévues par le présent code.

Toutefois, si la demande d'entraide le précise, elle est exécutée selon les règles de procédure expressément indiquées par les autorités compétentes de l'État requérant, à condition, sous peine de nullité, que ces règles ne réduisent pas les droits des parties ou les garanties procédurales prévus par le présent code. Lorsque la demande d'entraide ne peut être exécutée conformément aux exigences de l'État requérant, les autorités compétentes françaises en informent sans délai les autorités de l'État requérant et indiquent dans quelles conditions la demande pourrait être exécutée. Les autorités françaises compétentes et celles de l'État requérant peuvent ultérieurement s'accorder sur la suite à réserver à la demande, le cas échéant, en la subordonnant au respect desdites conditions.

L'irrégularité de la transmission de la demande d'entraide ne peut constituer une cause de nullité des actes accomplis en exécution de cette demande.

• C. pr. pén., art. 694-4

Si l'exécution d'une demande d'entraide émanant d'une autorité judiciaire étrangère est de nature à porter atteinte à l'ordre public ou aux intérêts essentiels de la Nation, le procureur de la République saisi de cette demande ou avisé de cette demande en application du troisième alinéa de l'article 694-1 la transmet au procureur général qui détermine, s'il y a lieu, d'en saisir le ministre de la justice et donne, le cas échéant, avis de cette transmission au juge d'instruction.

S'il est saisi, le ministre de la justice informe l'autorité requérante, le cas échéant, de ce qu'il ne peut être donné suite, totalement ou partiellement, à sa demande. Cette information est notifiée à l'autorité judiciaire concernée et fait obstacle à l'exécution de la demande d'entraide ou au retour des pièces d'exécution.

• C. pr. pén., art. 694-4-1

Si une demande d'entraide émanant d'une autorité judiciaire étrangère concerne des faits commis hors du territoire national susceptibles d'être en lien avec les missions réalisées, aux fins de la défense et de la promotion des intérêts fondamentaux de la Nation prévus à l'article L. 811-3 du Code de la sécurité intérieure, par un service spécialisé de renseignement prévu à l'article L. 811-2 du même code, le procureur de la République saisi de cette demande, ou avisé en application de l'article 694-1 du présent code, la transmet au procureur général qui en saisit le ministre de la justice, et informe, le cas échéant, le juge d'instruction de cette transmission.

Le ministre de la justice en informe le ministre dont relève le service spécialisé de renseignement concerné et recueille son avis.

Dans le délai d'un mois, ce dernier fait connaître au ministre de la justice si l'exécution de la demande d'entraide est de nature à porter atteinte aux intérêts fondamentaux de la Nation.

Le ministre de la justice informe, s'il y a lieu, l'autorité requérante de ce qu'il ne peut être donné suite, totalement ou partiellement, à sa demande. Cette décision est notifiée à l'autorité judiciaire initialement saisie et fait obstacle à l'exécution de la demande d'entraide ou au retour des pièces d'exécution.

> Dispositions de droit interne relatives à l'exécution des demandes d'entraide aux fins de saisie pénale patrimoniale émanant des autorités judiciaires étrangères

• C. pr. pén., art. 694-10

En l'absence de convention internationale en stipulant autrement, les articles 694-11 à 694-13 sont applicables aux demandes d'entraide émanant des autorités étrangères compétentes, tendant à la saisie, en vue de leur confiscation ultérieure, des biens meubles ou immeubles, quelle qu'en soit la nature, ayant servi ou qui étaient destinés à commettre l'infraction ou qui paraissent être le produit direct ou indirect de l'infraction ainsi que de tout bien dont la valeur correspond au produit de cette infraction.

• C. pr. pén., art. 694-11

Sans préjudice de l'application de l'article 694-4, la demande présentée en application de l'article 694-10 est rejetée si l'un des motifs de refus mentionnés à l'article 713-37 apparaît d'ores et déjà constitué.

• C. pr. pén., art. 694-12

L'exécution sur le territoire de la République de saisies faisant l'objet d'une demande présentée par une autorité judiciaire étrangère, en application d'une convention internationale, est ordonnée, aux frais avancés du Trésor et selon les modalités du présent code, par le juge d'instruction sur requête ou après avis du procureur de la République.

• C. pr. pén., art. 694-13

Le refus d'autoriser l'exécution de la décision de confiscation prononcée par la juridiction étrangère emporte de plein droit, aux frais du Trésor, mainlevée des saisies ordonnées. Il en est de même lorsque les poursuites engagées à l'étranger ont pris fin.

• C. pr. pén., art. 713-37

Sans préjudice de l'application de l'article 694-4, l'exécution de la confiscation est refusée :

1° Si les faits à l'origine de la demande ne sont pas constitutifs d'une infraction selon la loi française ;

2° Si les biens sur lesquels elle porte ne sont pas susceptibles de faire l'objet d'une confiscation selon la loi française ;

3° Si la décision étrangère a été prononcée dans des conditions n'offrant pas de garanties suffisantes au regard de la protection des libertés individuelles et des droits de la défense ;

4° S'il est établi que la décision étrangère a été émise dans le but de poursuivre ou de condamner une personne en raison de son sexe, de sa race, de sa religion, de son origine ethnique, de sa nationalité, de sa langue, de ses opinions politiques ou de son orientation ou identité sexuelle ;

5° Si le ministère public français avait décidé de ne pas engager de poursuites pour les faits à raison desquels la confiscation a été prononcée par la juridiction étrangère ou si ces faits ont déjà été jugés définitivement par les autorités judiciaires françaises ou par celles d'un État autre que l'État demandeur, à condition, en cas de condamnation, que la peine ait été exécutée, soit en cours d'exécution ou ne puisse plus être ramenée à exécution selon les lois de l'État de condamnation ;

6° Si elle porte sur une infraction politique.

> Dispositions de droit interne relatives à la coopération avec la Cour pénale internationale

• C. pr. pén., art. 627-1

Les demandes d'entraide émanant de la Cour pénale internationale sont adressées aux autorités compétentes en vertu de l'article 87 du statut en original ou en copie certifiée conforme accompagnées de toutes pièces justificatives.

Ces documents sont transmis au procureur de la République antiterroriste qui leur donne toutes suites utiles.

En cas d'urgence, ces documents peuvent être transmis directement et par tout moyen à ce magistrat. Ils sont ensuite transmis dans les formes prévues aux alinéas précédents.

• C. pr. pén., art. 627-2

Les demandes d'entraide sont exécutées, selon les cas, par le procureur de la République antiterroriste ou par le juge d'instruction de Paris qui agissent sur l'ensemble du territoire national en présence, le cas échéant, du procureur près la Cour pénale internationale ou de son représentant, ou de toute autre personne mentionnée dans la demande de la Cour pénale internationale.

Les procès-verbaux établis en exécution de ces demandes sont adressés à la Cour pénale internationale par les autorités compétentes en vertu de l'article 87 du statut.

En cas d'urgence, les copies certifiées conformes des procès-verbaux peuvent être adressées directement et par tout moyen à la Cour pénale internationale. Les procès-verbaux sont ensuite transmis dans les formes prévues aux alinéas précédents.

• C. pr. pén., art. 627-3

L'exécution sur le territoire français des mesures conservatoires mentionnées au k du paragraphe 1 de l'article 93 du statut est ordonnée, aux frais avancés du Trésor et selon les modalités prévues par le présent code, par le procureur de la République antiterroriste. La durée maximale de ces mesures est limitée à deux ans. Elles peuvent être renouvelées dans les mêmes conditions avant l'expiration de ce délai à la demande de la Cour pénale internationale.

Le procureur de la République antiterroriste transmet aux autorités compétentes, en vertu de l'article 87 du statut, toute difficulté relative à l'exécution de ces mesures, afin que soient menées les consultations prévues aux articles 93, paragraphe 3, et 97 du statut.

> Dispositions de droit interne relatives à l'Agrasc

• C. pr. pén., art. 706-160, al. 3

L'agence peut, dans les mêmes conditions, assurer la gestion des biens saisis, procéder à l'aliénation ou à la destruction des biens saisis ou confisqués et procéder à la répartition du produit de la vente en exécution de toute demande d'entraide ou de coopération émanant d'une autorité judiciaire étrangère.

> *Conv. européenne d'entraide judiciaire en matière pénale*, 20 avr. 1959 (extraits)

• Art. 1, § 1

Les Parties contractantes s'engagent à s'accorder mutuellement, selon les dispositions de la présente convention, l'aide judiciaire la plus large possible dans toute procédure visant des infractions dont la répression est, au moment où l'entraide est demandée, de la compétence des autorités judiciaires de la partie requérante.

• Art. 3, § 1

La partie requise fera exécuter, dans les formes prévues par sa législation, les commissions rogatoires relatives à une affaire pénale qui lui seront adressées par les autorités judiciaires de la partie requérante et qui ont pour objet d'accomplir des actes d'instruction ou de communiquer des pièces à conviction, des dossiers ou des documents.

• Art. 5

1. Toute Partie contractante pourra, au moment de la signature de la présente convention ou du dépôt de son instrument de ratification ou d'adhésion, par déclaration adressée au Secrétaire Général du Conseil de l'Europe, se réserver la faculté de soumettre l'exécution des commissions rogatoires aux fins de perquisition ou saisie d'objets à une ou plusieurs des conditions suivantes :

a) l'infraction motivant la commission rogatoire doit être punissable selon la loi de la partie requérante et de la partie requise ;

b) l'infraction motivant la commission rogatoire doit être susceptible de donner lieu à extradition dans le pays requis ;

c) l'exécution de la commission rogatoire doit être compatible avec la loi de la partie requise.

2. Lorsqu'une Partie contractante aura fait une déclaration conformément au paragraphe 1er du présent article, toute autre Partie pourra appliquer la règle de la réciprocité.

> Deuxième protocole additionnel à la *Convention européenne d'entraide judiciaire en matière pénale*, 8 nov. 2001 (extraits)

• Art. 12

1. La Partie requise peut, sur demande de la Partie requérante et sans préjudice des droits des tiers de bonne foi, mettre des objets obtenus par des moyens illicites à la disposition de la Partie requérante en vue de leur restitution à leur propriétaire légitime.

2. Dans le cadre de l'application des articles 3 et 6 de la Convention, la Partie requise peut renoncer, soit avant, soit après leur remise à la Partie requérante, au renvoi des objets qui ont été remis à la Partie requérante si cela peut favoriser la restitution de ces objets à leur propriétaire légitime. Les droits des tiers de bonne foi ne sont pas affectés.

3. Au cas où la Partie requise renonce au renvoi des objets avant leur remise à la Partie requérante, elle ne fait valoir aucun droit de gage ni aucun autre droit de recours découlant de la législation fiscale ou douanière sur ces objets.

4. Une renonciation conformément au paragraphe 2 n'affecte pas le droit de la Partie requise de percevoir auprès du propriétaire légitime des taxes ou droits de douane.

> Conv. *relative au blanchiment, au dépistage, à la saisie et à la confiscation des produits du crime du 8 novembre 1990* (extraits)

• Art. 1 – Terminologie

Aux fins de la présente Convention, l'expression :

a) « produit » désigne tout avantage économique tiré d'infractions pénales. Cet avantage peut consister en tout bien tel que défini à l'alinéa b du présent article ;

b) « bien » comprend un bien de toute nature, qu'il soit corporel ou incorporel, meuble ou immeuble, ainsi que les actes juridiques ou documents attestant d'un titre ou d'un droit sur le bien ;

c) « instruments » désigne tous objets employés ou destinés à être employés de quelque façon que ce soit, en tout ou partie, pour commettre une ou des infractions pénales ;

d) « confiscation » désigne une peine ou une mesure ordonnée par un tribunal à la suite d'une procédure portant sur une ou des infractions pénales, peine ou mesure aboutissant à la privation permanente du bien [...].

• Art. 7 – Principes généraux et mesures de coopération internationale

1. Les Parties coopèrent dans la mesure la plus large possible les unes avec les autres aux fins d'investigations et de procédures visant à la confiscation des instruments et des produits.

2. Chaque Partie adopte les mesures législatives et autres qui se révéleront nécessaires pour lui permettre de répondre, aux conditions prévues dans ce chapitre, aux demandes :

a) de confiscation de biens particuliers consistant en des produits ou instruments, ainsi que de confiscation des produits consistant en l'obligation de payer une somme d'argent correspondant à la valeur du produit ;

b) d'entraide aux fins d'investigations et de mesures provisoires ayant pour but l'une des formes de confiscation mentionnées au point a ci-dessus.

• Art. 11 – Obligation d'ordonner des mesures provisoires

1. Une Partie prend, à la demande d'une autre Partie qui a engagé une procédure pénale ou une action en confiscation, les mesures provisoires qui s'imposent, telles que le gel ou la saisie, pour prévenir toute opération, tout transfert ou toute aliénation relativement à tout bien qui, par la suite, pourrait faire l'objet d'une demande de confiscation ou qui pourrait permettre de faire droit à une telle demande.

2. Une Partie qui a reçu une demande de confiscation conformément à l'article 13 prend, si la demande en est faite, les mesures mentionnées au paragraphe 1 du présent article, relativement à tout bien qui fait l'objet de la demande ou qui pourrait permettre de faire droit à une telle demande.

• Art. 12 – Exécution des mesures provisoires

1. Les mesures provisoires visées à l'article 11 sont exécutées conformément au droit interne de la Partie requise et en vertu de celui-ci, et conformément aux procédures précisées dans la demande, dans la mesure où elles ne sont pas incompatibles avec ce droit interne.

2. Avant de lever toute mesure provisoire prise conformément au présent article, la Partie requise donne, si possible, à la Partie requérante la faculté d'exprimer ses raisons en faveur du maintien de la mesure.

• **Art. 18 – Motifs de refus**

[...] 2. La coopération prévue par la section 2, dans la mesure où l'entraide sollicitée implique des mesures coercitives, et celle prévue par la section 3 du présent chapitre peuvent également être refusées dans les cas où les mesures sollicitées ne pourraient pas être prises en vertu du droit interne de la Partie requise à des fins d'investigations ou de procédures, s'il s'agissait d'une affaire interne analogue.

3. Lorsque la législation de la Partie requise l'exige, la coopération prévue par la section 2, dans la mesure où l'entraide sollicitée implique des mesures coercitives, et celle prévue par la section 3 du présent chapitre peuvent aussi être refusées dans le cas où les mesures sollicitées ou toutes autres mesures ayant des effets analogues ne seraient pas autorisées par la législation de la Partie requérante, ou, en ce qui concerne les autorités compétentes de la Partie requérante, si la demande n'est autorisée ni par un juge ni par une autre autorité judiciaire, y compris le ministère public, ces autorités agissant en matière d'infractions pénales.

4. La coopération prévue par la section 4 du présent chapitre peut aussi être refusée si :

a) la législation de la Partie requise ne prévoit pas la confiscation pour le type d'infraction sur lequel porte la demande ; ou

b) sans préjudice de l'obligation relevant de l'article 13, paragraphe 3, elle irait à l'encontre des principes du droit interne de la Partie requise en ce qui concerne les possibilités de confiscation relativement aux liens entre une infraction et :

i) un avantage économique qui pourrait être assimilé à son produit ; ou

ii) des biens qui pourraient être assimilés à ses instruments ; ou

c) en vertu de la législation de la Partie requise, la décision de confiscation ne peut plus être prononcée ou exécutée pour cause de prescription [...].

• **Art. 22 – Reconnaissance de décisions étrangères**

1. Saisie d'une demande de coopération au titre des sections 3 et 4, la Partie requise reconnaît toute décision judiciaire rendue dans la Partie requérante en ce qui concerne les droits revendiqués par des tiers.

2. La reconnaissance peut être refusée :

a) si des tiers n'ont pas eu une possibilité suffisante de faire valoir leurs droits ; ou

b) si la décision est incompatible avec une décision déjà rendue dans la Partie requise sur la même question ; ou

c) si elle est incompatible avec l'ordre public de la Partie requise ; ou

d) si la décision a été rendue contrairement aux dispositions en matière de compétence exclusive prévues par le droit de la Partie requise.

• **Art. 27 – Contenu de la demande**

1. Toute demande de coopération prévue par le présent chapitre doit préciser : [...]

e) si nécessaire et dans la mesure du possible : [...]

ii) les biens en relation desquels la coopération est sollicitée, leur emplacement, leurs liens avec la ou les personne(s) en question, tout lien avec l'infraction ainsi que toute information dont on dispose concernant les intérêts d'autrui afférents à ces biens ; [...]

2. Lorsqu'une demande de mesures provisoires présentée en vertu de la section 3 vise la saisie d'un bien qui pourrait faire l'objet d'une décision de confiscation consistant en l'obligation de payer une somme d'argent, cette demande doit aussi indiquer la somme maximale que l'on cherche à récupérer sur ce bien. [...]

> Conv. Conseil de l'Europe *relative au blanchiment, au dépistage, à la saisie et à la confiscation des produits du crime et au financement du terrorisme*, 16 mai 2005 (extraits)

• **Art. 1 – Terminologie**

Aux fins de la présente Convention, l'expression :

a) « produit » désigne tout avantage économique provenant directement ou indirectement de la commission d'une infraction pénale ou obtenu directement ou indirectement en la commettant. Cet avantage peut consister en tout bien tel que défini à l'alinéa b du présent article ;

b) « bien » comprend un bien de toute nature, qu'il soit corporel ou incorporel, meuble ou immeuble, ainsi que les actes juridiques ou documents attestant d'un titre ou d'un droit sur le bien ;

c) « instruments » désigne tous biens employés ou destinés à être employés de quelque façon que ce soit, en tout ou en partie, pour commettre une ou des infractions pénales ;

d) « confiscation » désigne une peine ou une mesure ordonnée par un tribunal à la suite d'une procédure portant sur une ou des infractions pénales, peine ou mesure aboutissant à la privation permanente du bien ; [...]

g) « gel » ou « saisie » désigne l'interdiction temporaire du transfert, de la destruction, de la conversion, de la disposition ou du mouvement de biens ou le fait d'assumer temporairement la garde ou le contrôle de biens, sur décision d'un tribunal ou d'une autre autorité compétente [...].

• **Art. 15 – Principes généraux et mesures de coopération internationale**

1. Les Parties coopèrent mutuellement dans la mesure la plus large possible les unes avec les autres aux fins d'investigations et de procédures visant à la confiscation des instruments et des produits.

2. Chaque Partie adopte les mesures législatives et autres qui se révéleront nécessaires pour lui permettre de répondre, aux conditions prévues dans ce chapitre, aux demandes :

a) de confiscation de biens particuliers consistant en des produits ou instruments, ainsi que de confiscation des produits consistant en l'obligation de payer une somme d'argent correspondant à la valeur du produit ;

b) d'entraide aux fins d'investigations et de mesures provisoires ayant pour but l'une des formes de confiscation mentionnées au point a ci-dessus.

3. L'entraide et les mesures provisoires prévues au paragraphe 2.b sont exécutées conformément au droit interne de la Partie requise et en vertu de celui-ci. Lorsque la demande portant sur une de ces mesures prescrit une formalité ou une procédure donnée imposée par la législation de la Partie requérante, même si la formalité ou la procédure demandée n'est pas familière à la Partie requise, cette Partie donne satis-

faction à la demande dans la mesure où cela n'est pas contraire aux principes fondamentaux de son droit interne.

4. Chaque Partie adopte les mesures législatives ou autres qui se révèlent nécessaires pour que les demandes émanant d'autres Parties aux fins d'identification, de dépistage, de gel ou de saisie des produits et des instruments, se voient accorder la même priorité que dans le cadre de procédures internes.

• **Art. 21 – Obligation d'ordonner des mesures provisoires**

1. Une Partie prend, à la demande d'une autre Partie qui a engagé une procédure pénale ou une action en confiscation, les mesures provisoires qui s'imposent, telles que le gel ou la saisie, pour prévenir toute opération, tout transfert ou toute aliénation relativement à tout bien qui, par la suite, pourrait faire l'objet d'une demande de confiscation ou qui pourrait permettre de faire droit à une telle demande.

2. Une Partie qui a reçu une demande de confiscation conformément à l'article 23 prend, si la demande en est faite, les mesures mentionnées au paragraphe 1 du présent article, relativement à tout bien qui fait l'objet de la demande ou qui pourrait permettre de faire droit à une telle demande.

• **Art. 22 – Exécution des mesures provisoires**

1. Après l'exécution des mesures provisoires demandées en application du paragraphe 1 de l'article 21, la Partie requérante fournit spontanément et dès que possible à la Partie requise toute information susceptible de remettre en cause ou de modifier l'objet ou l'étendue de ces mesures. La Partie requérante fournit également et sans délai toute information complémentaire demandée par la Partie requise et qui est nécessaire pour la mise en œuvre et le suivi des mesures provisoires.

2. Avant de lever toute mesure provisoire prise conformément au présent article, la Partie requise donne, si possible, à la Partie requérante la faculté d'exprimer ses raisons en faveur du maintien de la mesure.

• **Art. 28 – Motifs de refus**

[...] 2. La coopération prévue par la section 2, dans la mesure où l'entraide sollicitée implique des mesures coercitives, et celle prévue par la section 3 du présent chapitre peuvent également être refusées dans les cas où les mesures sollicitées ne pourraient pas être prises en vertu du droit interne de la Partie requise à des fins d'investigations ou de procédures, s'il s'agissait d'une affaire interne analogue.

3. Lorsque la législation de la Partie requise l'exige, la coopération prévue par la section 2, dans la mesure où l'entraide sollicitée implique des mesures coercitives, et celle prévue par la section 3 du présent chapitre peuvent aussi être refusées dans le cas où les mesures sollicitées ou toutes autres mesures ayant des effets analogues ne seraient pas autorisées par la législation de la Partie requérante, ou, en ce qui concerne les autorités compétentes de la Partie requérante, si la demande n'est autorisée ni par un juge ni par une autre autorité judiciaire, y compris le ministère public, ces autorités agissant en matière d'infractions pénales.

4. La coopération prévue par la section 4 du présent chapitre peut aussi être refusée si :

a) la législation de la Partie requise ne prévoit pas la confiscation pour le type d'infraction sur lequel porte la demande ; ou

b) sans préjudice de l'obligation relevant de l'article 23, paragraphe 3, elle irait à l'encontre des principes du droit interne de la Partie requise en ce qui concerne les possibilités de confiscation relativement aux liens entre une infraction et :

i) un avantage économique qui pourrait être assimilé à son produit ; ou

ii) des biens qui pourraient être assimilés à ses instruments ; ou

c) en vertu de la législation de la Partie requise, la décision de confiscation ne peut plus être prononcée ou exécutée pour cause de prescription [...].

• **Art. 32 – Reconnaissance de décisions étrangères**

1. Saisie d'une demande de coopération au titre des sections 3 et 4, la Partie requise reconnaît toute décision judiciaire rendue dans la Partie requérante en ce qui concerne les droits revendiqués par des tiers.

2. La reconnaissance peut être refusée :

a) si des tiers n'ont pas eu une possibilité suffisante de faire valoir leurs droits ; ou

b) si la décision est incompatible avec une décision déjà rendue dans la Partie requise sur la même question ; ou

c) si elle est incompatible avec l'ordre public de la Partie requise ; ou

d) si la décision a été rendue contrairement aux dispositions en matière de compétence exclusive prévues par le droit de la Partie requise.

• **Art. 37 – Contenu de la demande**

1. Toute demande de coopération prévue par le présent chapitre doit préciser : [...]

e) si nécessaire, et dans la mesure du possible : [...]

ii) les biens en relation desquels la coopération est sollicitée, leur emplacement, leurs liens avec la ou les personne(s) en question, tout lien avec l'infraction ainsi que toute information dont on dispose concernant les intérêts d'autrui afférents à ces biens ; [...]

2. Lorsqu'une demande de mesures provisoires présentée en vertu de la section 3 vise la saisie d'un bien qui pourrait faire l'objet d'une décision de confiscation consistant en l'obligation de payer une somme d'argent, cette demande doit aussi indiquer la somme maximale que l'on cherche à récupérer sur ce bien. [...]

> Conv. Nations unies *contre le trafic illicite de stupéfiants et de substances psychotropes,* 20 déc. 1988 (extraits)

• **Art. 1er – Définitions**

Sauf indication expresse en sens contraire ou sauf si le contexte exige qu'il en soit autrement, les définitions ci-après s'appliquent à toutes les dispositions de la présente Convention : [...]

f) Le terme « confiscation » désigne la dépossession permanente de biens sur décision d'un tribunal ou d'une autre autorité compétente ; [...]

l) Les termes « gel » ou « saisie » désignent l'interdiction temporaire du transfert, de la conversion, de la disposition ou du mouvement de biens ou le fait d'assumer temporairement la garde ou le contrôle de biens sur décision d'un tribunal ou d'une autre autorité compétente ; [...]

p) Le terme « produit » désigne tout bien provenant directement ou indirectement de la commission d'une infraction établie conformément au paragraphe 1 de l'article 3 ou obtenu directement ou indirectement en la commettant ; […]

q) Le terme « biens » désigne tous les types d'avoirs, corporels ou incorporels, meubles ou immeubles, tangibles ou intangibles, ainsi que les actes juridiques ou documents attestant la propriété de ces avoirs ou des droits y relatifs […].

• **Art. 5 – Confiscation**

[…] 4. […] b) Lorsqu'une demande est faite en vertu du présent article par une autre Partie qui a compétence pour connaître d'une infraction établie conformément au paragraphe 1 de l'article 3, la Partie requise prend des mesures pour identifier, détecter et geler ou saisir les produits, les biens, les instruments ou toutes autres choses visés au paragraphe 1 du présent article, aux fins de confiscation éventuelle ordonnée soit par la Partie requérante, soit, suite à une demande formulée en vertu de l'alinéa a du présent paragraphe, par la Partie requise ;

c) Les décisions ou mesures prévues aux alinéas a et b du présent paragraphe sont prises par la Partie requise conformément à son droit interne et selon les dispositions dudit droit, et conformément à ses règles de procédure ou à tout traité, accord ou arrangement bilatéral ou multilatéral la liant à la Partie requérante ;

d) Les dispositions des paragraphes 6 à 19 de l'article 7 s'appliquent *mutatis mutandis*. Outre les renseignements visés au paragraphe 10 de l'article 7, les demandes faites conformément au présent article contiennent les renseignements suivants : […]

iii) Lorsque la demande relève de l'alinéa b, un exposé des faits sur lesquels se fonde la Partie requérante et une description des mesures demandées ;

e) Chaque Partie communique au Secrétaire général le texte de ses lois et règlements qui donnent effet au présent paragraphe ainsi que le texte de toute modification ultérieurement apportée à ces lois et règlements ;

f) Si une Partie décide de subordonner l'adoption des mesures visées aux alinéas a et b du présent paragraphe à l'existence d'un traité en la matière, elle considère la présente Convention comme une base conventionnelle nécessaire et suffisante ;

g) Les Parties s'efforcent de conclure des traités, accords ou arrangements bilatéraux et multilatéraux afin de renforcer l'efficacité de la coopération internationale aux fins du présent article. […]

6. a) Si des produits ont été transformés ou convertis en d'autres biens, ces biens peuvent faire l'objet des mesures visées au présent article en lieu et place de ces produits ;

b) Si des produits ont été mêlés à des biens acquis légitimement, ces biens, sans préjudice de tous pouvoirs de saisie ou de gel, peuvent être confisqués à concurrence de la valeur estimée des produits qui y ont été mêlés ;

c) Les revenus et autres avantages tirés :

i) Des produits,

ii) Des biens en lesquels ces produits ont été transformés ou convertis, ou

iii) Des biens auxquels ont été mêlés des produits peuvent aussi faire l'objet des mesures visées au présent article de la même manière et dans la même mesure que des produits.

7. Chaque Partie peut envisager de renverser la charge de la preuve en ce qui concerne l'origine licite des produits présumés ou autres biens pouvant faire l'objet d'une confiscation, dans la mesure où cela est conforme aux principes de son droit interne et à la nature de la procédure judiciaire et des autres procédures.

8. L'interprétation des dispositions du présent article ne doit en aucun cas porter atteinte aux droits des tiers de bonne foi.

9. Aucune disposition du présent article ne porte atteinte au principe selon lequel les mesures qui y sont visées sont définies et exécutées conformément au droit interne de chaque Partie et selon les dispositions dudit droit.

> Conv. des Nations unies *contre la criminalité transnationale organisée,* 15 nov. 2000 (extraits)

• **Art. 2 – Terminologie**

[…] d) Le terme « biens » désigne tous les types d'avoirs, corporels ou incorporels, meubles ou immeubles, tangibles ou intangibles, ainsi que les actes juridiques ou documents attestant la propriété de ces avoirs ou les droits y relatifs ;

e) L'expression « produit du crime » désigne tout bien provenant directement ou indirectement de la commission d'une infraction ou obtenu directement ou indirectement en la commettant ;

f) Les termes « gel » ou « saisie » désignent l'interdiction temporaire du transfert, de la conversion, de la disposition ou du mouvement de biens, ou le fait d'assumer temporairement la garde ou le contrôle de biens sur décision d'un tribunal ou d'une autre autorité compétente ;

g) Le terme « confiscation » désigne la dépossession permanente de biens sur décision d'un tribunal ou d'une autre autorité compétente […].

• **Art. 13 – Coopération internationale aux fins de confiscation**

[…] 2. Lorsqu'une demande est faite par un autre État Partie qui a compétence pour connaître d'une infraction visée par la présente Convention, l'État Partie requis prend des mesures pour identifier, localiser et geler ou saisir le produit du crime, les biens, les matériels ou les autres instruments visés au paragraphe 1 de l'article 12 de la présente Convention, en vue d'une éventuelle confiscation à ordonner soit par l'État Partie requérant, soit comme suite à une demande formulée en vertu du paragraphe 1 du présent article, par l'État Partie requis.

3. Les dispositions de l'article 18 de la présente Convention s'appliquent *mutatis mutandis* au présent article. Outre les informations visées au paragraphe 15 de l'article 18, les demandes faites conformément au présent article contiennent : […]

c) Lorsque la demande relève du paragraphe 2 du présent article, un exposé des faits sur lesquels se fonde l'État Partie requérant et une description des mesures demandées.

4. Les décisions ou mesures prévues aux paragraphes 1 et 2 du présent article sont prises par l'État Partie requis conformément à son droit interne et selon les dispositions dudit droit, et conformément à ses règles de procédure ou à tout

traité, accord ou arrangement bilatéral ou multilatéral le liant à l'État Partie requérant.

5. Chaque État Partie remet au Secrétaire général de l'Organisation des Nations unies une copie de ses lois et règlements qui donnent effet au présent article ainsi qu'une copie de toute modification ultérieurement apportée à ces lois et règlements ou une description de ces lois, règlements et modifications ultérieures.

6. Si un État Partie décide de subordonner l'adoption des mesures visées aux paragraphes 1 et 2 du présent article à l'existence d'un traité en la matière, il considère la présente Convention comme une base conventionnelle nécessaire et suffisante.

7. Un État Partie peut refuser de donner suite à une demande de coopération en vertu du présent article dans le cas où l'infraction à laquelle elle se rapporte n'est pas une infraction visée par la présente Convention.

8. L'interprétation des dispositions du présent article ne doit en aucun cas porter atteinte aux droits des tiers de bonne foi. [...]

> Conv. Nations unies *contre la corruption*, 31 oct. 2003 (extraits)

• Art. 2 – Terminologie

[...] d) On entend par « biens » tous les types d'avoirs, corporels ou incorporels, meubles ou immeubles, tangibles ou intangibles, ainsi que les actes juridiques ou documents attestant la propriété de ces avoirs ou les droits y relatifs ;

e) On entend par « produit du crime » tout bien provenant directement ou indirectement de la commission d'une infraction ou obtenu directement ou indirectement en la commettant ;

f) On entend par « gel » ou « saisie » l'interdiction temporaire du transfert, de la conversion, de la disposition ou du mouvement de biens, ou le fait d'assumer temporairement la garde ou le contrôle de biens sur décision d'un tribunal ou d'une autre autorité compétente ;

g) On entend par « confiscation » la dépossession permanente de biens sur décision d'un tribunal ou d'une autre autorité compétente [...].

• Art. 54 – Mécanismes de recouvrement de biens par la coopération internationale aux fins de confiscation

[...] 2. Afin d'accorder l'entraide judiciaire qui lui est demandée en application du paragraphe 2 de l'article 55, chaque État Partie, conformément à son droit interne :

a) Prend les mesures nécessaires pour permettre à ses autorités compétentes de geler ou de saisir des biens, sur décision d'un tribunal ou d'une autorité compétente d'un État Partie requérant ordonnant le gel ou la saisie, qui donne à l'État Partie requis un motif raisonnable de croire qu'il existe des raisons suffisantes de prendre de telles mesures et que les biens feront ultérieurement l'objet d'une ordonnance de confiscation aux fins de l'alinéa a du paragraphe 1 du présent article ;

b) Prend les mesures nécessaires pour permettre à ses autorités compétentes de geler ou de saisir des biens sur la base d'une demande donnant à l'État Partie un motif raisonnable de croire qu'il existe des raisons suffisantes de prendre de telles mesures et que les biens feront ultérieurement l'objet d'une ordonnance de confiscation aux fins de l'alinéa a du paragraphe 1 du présent article ; et

c) Envisage de prendre des mesures supplémentaires pour permettre à ses autorités compétentes de préserver les biens en vue de leur confiscation, par exemple sur la base d'une arrestation ou d'une inculpation intervenue à l'étranger en relation avec leur acquisition.

• Art. 55 – Coopération internationale aux fins de confiscation

[...] 2. Lorsqu'une demande est faite par un autre État Partie qui a compétence pour connaître d'une infraction établie conformément à la présente Convention, l'État Partie requis prend des mesures pour identifier, localiser et geler ou saisir le produit du crime, les biens, les matériels ou les autres instruments visés au paragraphe 1 de l'article 31 de la présente Convention, en vue d'une confiscation ultérieure à ordonner soit par l'État Partie requérant, soit, comme suite à une demande formulée en vertu du paragraphe 1 du présent article, par l'État Partie requis.

3. Les dispositions de l'article 46 de la présente Convention s'appliquent *mutadis mutandis* au présent article. Outre les informations visées au paragraphe 15 de l'article 46, les demandes faites en application du présent article contiennent : [...]

c) Lorsque la demande relève du paragraphe 2 du présent article, un exposé des faits sur lesquels se fonde l'État Partie requérant et une description des mesures demandées ainsi que, lorsqu'elle est disponible, une copie légalement admissible de la décision sur laquelle la demande est fondée.

4. Les décisions ou mesures prévues aux paragraphes 1 et 2 du présent article sont prises par l'État Partie requis conformément à son droit interne et sous réserve des dispositions dudit droit, et conformément à ses règles de procédure ou à tout accord ou arrangement bilatéral ou multilatéral le liant à l'État Partie requérant.

5. Chaque État Partie remet au Secrétaire général de l'Organisation des Nations unies une copie de ses lois et règlements qui donnent effet au présent article ainsi qu'une copie de toute modification ultérieurement apportée à ces lois et règlements ou une description de ces lois, règlements et modifications ultérieures.

6. Si un État Partie décide de subordonner l'adoption des mesures visées aux paragraphes 1 et 2 du présent article à l'existence d'un traité en la matière, il considère la présente Convention comme une base conventionnelle nécessaire et suffisante.

7. La coopération en vertu du présent article peut aussi être refusée ou les mesures conservatoires peuvent être levées si l'État Partie requis ne reçoit pas en temps voulu des preuves suffisantes ou si le bien est de valeur minime.

8. Avant de lever toute mesure conservatoire prise en application du présent article, l'État Partie requis donne, si possible, à l'État Partie requérant la faculté de présenter ses arguments en faveur du maintien de la mesure.

9. Les dispositions du présent article ne doivent pas être interprétées comme portant atteinte aux droits des tiers de bonne foi.

> ***Statut de Rome de la Cour pénale internationale* (extraits)**

• **Art. 93**

1. Les États Parties font droit, conformément aux dispositions du présent chapitre et aux procédures prévues par leur législation nationale, aux demandes d'assistance de la Cour liées à une enquête ou à des poursuites et concernant : [...]

k) L'identification, la localisation, le gel ou la saisie du produit des crimes, des biens, des avoirs et des instruments qui sont liés aux crimes, aux fins de leur confiscation éventuelle, sans préjudice des droits des tiers de bonne foi ; [...]

3. Si l'exécution d'une mesure particulière d'assistance décrite dans une demande présentée en vertu du paragraphe 1 est interdite dans l'État requis en vertu d'un principe juridique fondamental d'application générale, ledit État engage sans tarder des consultations avec la Cour pour tenter de régler la question. Au cours de ces consultations, il est envisagé d'apporter l'assistance demandée sous une autre forme ou sous certaines conditions. [...]

5. Avant de rejeter une demande d'assistance visée au paragraphe 1, alinéa l), l'État requis détermine si l'assistance peut être fournie sous certaines conditions, ou pourrait l'être ultérieurement ou sous une autre forme, étant entendu que si la Cour ou le Procureur acceptent ces conditions, ils sont tenus de les observer.

6. L'État requis qui rejette une demande d'assistance fait connaître sans retard ses raisons à la Cour ou au Procureur.

311.02 Jurisprudence de référence.

> **Nécessité d'un fondement conventionnel aux demandes d'entraide aux fins de saisie pénale**

• **Crim. 26 janv. 2016,** n° 12-81.785, NP

* V. s^{s} n° 311.12.

« Sur le premier moyen de cassation, pris de la violation des articles 591, 593, 694-10 et 694-12 du Code de procédure pénale ;

« en ce que, pour confirmer la saisie pénale internationale conservatoire sur le bien appartenant à la société Fotopark, la chambre de l'instruction s'est fondée, entre autres conventions internationales, sur la Convention européenne d'entraide judiciaire du 20 avril 1959 ;

« aux motifs que [...]

« 1°) alors que de telles mesures conservatoires ne peuvent résulter, en vertu de l'article 694-12 du Code de procédure pénale, que "d'une demande présentée par une autorité judiciaire étrangère, en application d'une convention internationale" ; qu'à ce titre, l'ordonnance de mise en œuvre de la saisie conservatoire prononcée par le juge d'instruction doit nécessairement viser la convention internationale sur le fondement de laquelle elle est requise ; qu'en multipliant, sans s'expliquer sur leur applicabilité, les références à diverses conventions internationales, dont certaines ne contiennent nullement dans leurs prévisions le gel des biens en vue de leur confiscation, la chambre de l'instruction a privé sa décision de base légale ;

« 2°) alors que l'article 694-10 du Code de procédure pénale, qui ne s'applique qu'"en l'absence de convention internationale en stipulant autrement", doit seulement être interprété comme donnant la priorité, dans le cas où elles seraient prévues, aux modalités procédurales de mise en œuvre de la saisie conservatoire contenues dans la convention internationale ; qu'en déduisant de la rédaction de cet article une autorisation générale de recourir à des saisies conservatoires internationales, sauf dans le cas où une convention internationale en disposerait autrement, afin de considérer comme applicable en l'espèce la Convention européenne d'entraide judiciaire du 20 avril 1959, la chambre de l'instruction a, de plus fort, méconnu le sens et la portée des textes susvisés » ;

« Attendu que, si c'est à tort que, pour dire régulière la saisie ordonnée par les juges d'instruction, l'arrêt retient que l'article 3 de la Convention européenne d'entraide judiciaire en matière pénale du 20 avril 1959 et son protocole additionnel du 17 mars 1978 en constituent le fondement conventionnel suffisant et se borne, pour le surplus, à citer les conventions relatives à la lutte contre la criminalité organisée auxquelles ont adhéré la France et la Fédération de Russie, sans en préciser les dispositions autorisant expressément une des parties signataires à solliciter de l'autre une telle mesure, la décision n'encourt pas pour autant la censure ;

« Qu'en effet, les articles 2, 3, 11 et 12 de la Convention du 8 novembre 1990 relative au blanchiment, au dépistage, à la saisie et à la confiscation des produits du crime, ratifiée par la France le 8 octobre 1996 et par la Russie le 2 août 2001, prévoient expressément, d'une part, la mesure provisoire de saisie d'un immeuble, d'autre part, son exécution conformément au droit interne de la partie requise et en vertu de celui-ci, et conformément aux procédures précisées dans la demande, dès lors qu'elles ne sont pas incompatibles avec ce droit interne, soit, pour la saisie d'un immeuble, conformément aux articles 694-10 à 694-13, 713-37 et 706-150 du Code de procédure pénale. »

> **Pouvoir d'interprétation des conventions internationales**

• **Crim. 27 juin 2018,** n° 17-85.101, P, n° 125

* V. s^{s} n° 311.63.

« Attendu que, pour rejeter la demande d'annulation de la procédure concernant le fondement de la mesure de saisie, l'arrêt énonce que le juge d'instruction a été saisi, sur requête du procureur de la République du parquet détaché de Saint-Martin le 7 février 2017, aux fins de saisie d'un bien mobilier sur le territoire de la République française, à la demande des autorités judiciaires néerlandaises, en application de la Convention européenne d'entraide pénale du 20 avril 1959, ratifiée par la France et les Pays-Bas ; que les juges ajoutent que la procédure suivie est rigoureusement conforme aux dispositions de l'article 694-12 du Code de procédure pénale ;

Attendu qu'en prononçant ainsi, et dès lors que, d'une part, les articles 1er, 3 et 5 de la Convention européenne d'entraide judiciaire en matière pénale du 20 avril 1959 autorisent un État signataire à demander l'exécution, par un État co-contractant, d'une mesure provisoire de saisie, laquelle doit être mise en œuvre conformément au droit interne de l'État requis, soit pour la saisie d'un bateau sur le territoire de la République française, en application des articles 76, 694-10 à 694-13 et 706-37 du Code de procédure pénale, d'autre part, l'article 4 du second protocole additionnel à ladite Convention, du 8 novembre 2001, à l'égard duquel la France n'a formulé aucune réserve, prévoit que les demandes d'entraide peuvent être adressées directement par l'autorité judiciaire de la Partie requérante à l'autorité judiciaire de la Partie requise et renvoyées par la même voie, la chambre de l'instruction a justifié sa décision. »

> Date d'appréciation par les autorités judiciaires françaises saisies d'une demande d'entraide aux fins de saisie pénale de la condition de double confiscabilité du bien

• **Crim. 6 mars 2019,** n° 18-82.087, NP

* V. s[s] n° 311.121.

« La condition tenant au caractère confiscable, selon le droit français, du bien concerné par la demande d'entraide, posée par l'article 713-37, 2° du Code de procédure pénale, qui vise à écarter l'exécution d'une décision étrangère de confiscation contraire aux règles en vigueur sur le territoire national, s'apprécie au regard des règles applicables à la date où la juridiction française saisie de la demande statue. »

> Conventionnalité de l'exécution des demandes d'entraide aux fins de saisie pénale par les autorités judiciaires françaises

• **Crim. 11 juin 2008,** n° 07-87.319, P, n° 145

* V. s[s] n° 311.234.

« Attendu qu'il résulte de l'arrêt attaqué et des pièces de la procédure qu'en exécution d'une commission rogatoire internationale délivrée par les autorités judiciaires du Guatemala, sur le fondement de la Convention des Nations unies contre la corruption, dans la procédure suivie contre Antonio X… Z…, ancien président de la République de cet État et Maria Y…, divorcée de ce dernier, du chef de corruption, le juge d'instruction de Paris a fait procéder à la saisie d'un compte bancaire joint, ouvert au nom de celle-ci et de sa fille Otilia X… Y… ;

Attendu que, pour refuser de faire droit aux demandes de ces dernières tendant à voir prononcer la nullité de cette saisie et ordonner sa mainlevée, en raison de la violation des droits de la défense et de leur droit de propriété, l'arrêt, après avoir relevé qu'il résulte de la commission rogatoire internationale, qu'Antonio X… Z…, tenterait de blanchir de l'argent provenant d'actes de corruption par des transactions financières opérées par l'intermédiaire des intéressées à partir d'un établissement bancaire français, énonce que le juge d'instruction n'avait pas à aviser les requérantes préalablement à la saisie de leurs biens et à leur donner accès à la procédure, ni à apprécier le bien-fondé et la proportionnalité des actes sollicités par rapport aux faits reprochés ;

Attendu qu'en l'état de ces seules énonciations, et dès lors que la mesure de saisie, exécutée en application de l'article 694-3 du Code de procédure pénale, conformément à l'article 97 dudit code et destinée à empêcher les requérantes d'user de leurs biens, suivait un objectif d'intérêt général, résidant dans l'exécution par l'État français de ses obligations résultant de la Convention des Nations unies contre la corruption, la chambre de l'instruction a, sans méconnaître les dispositions conventionnelles invoquées au moyen, justifié sa décision. »

> Compétence du juge pénal français pour apprécier la régularité, au regard des formes prévues par la loi nationale, de l'exécution par les autorités judiciaires françaises des demandes d'entraide aux fins de saisie pénale émanant des autorités judiciaires étrangères

• **Crim. 29 juin 2016,** n° 15-81.752, NP

* V. s[s] n° 311.232.

« Il n'appartenait pas à la juridiction française saisie d'apprécier le bien-fondé des mesures sollicitées par l'autorité tunisienne requérante mais seulement de contrôler la régularité de l'exécution de la demande d'entraide au regard des formes prévues par la loi nationale. »

> Défaut de compétence du juge pénal français pour apprécier la régularité, au regard de la loi étrangère, des demandes d'entraide aux fins de saisie pénale émanant des autorités judiciaires étrangères

• **Crim. 27 juin 2018,** n° 17-85.101, P, n° 125

* V. s[s] n° 311.232.

« Attendu que, si la chambre de l'instruction est compétente pour apprécier la régularité des actes d'exécution d'une commission rogatoire internationale adressée par un magistrat étranger, elle est sans pouvoir pour se prononcer sur d'éventuelles irrégularités commises dans le cadre de la procédure étrangère en l'absence de toute intervention d'un juge national. »

> Défaut de compétence du juge pénal français pour apprécier le bien-fondé des demandes d'entraide aux fins de saisie pénale émanant des autorités judiciaires étrangères

• **Crim. 1er févr. 2005,** n°s 04-84.785 à 04-84.787 (3 arrêts), P, n° 35

* V. s[s] n° 311.234.

« Attendu que, pour refuser de faire droit à ces demandes, les juges relèvent, d'une part, que la transmission en retour de la commission rogatoire internationale est un acte d'administration, d'autre part, que les requérants critiquent non pas la régularité de la procédure mais le bien-fondé de la saisie dont l'appréciation relève de la compétence du seul juge d'instruction en charge de la procédure. »

> Recevabilité de l'appel de la personne à l'encontre de laquelle a été émise la demande d'entraide, à l'encontre de l'ordonnance de saisie spéciale rendue en exécution de la demande

• **Crim. 9 juin 2022,** n° 21-82.780, P

* V. s[s] n° 311.236.

« Lorsque l'exécution de la demande d'entraide est ordonnée par le juge d'instruction selon les modalités des articles 706-141 à 706-158 du Code de procédure pénale, la personne à l'encontre de laquelle la demande a été émise est recevable à interjeter appel de l'ordonnance de saisie spéciale et par voie de conséquence contester la régularité de l'exécution de la demande d'entraide au regard des formes prévues par la loi nationale. »

> Défaut de compétence du juge pénal français pour apprécier la régularité de l'exécution par les autorités judiciaires étrangères des demandes d'entraide aux fins de saisie pénale, sauf méconnaissance des droits de la défense et des principes généraux du droit

• **Crim. 17 mars 2015,** n° 14-88.351, P, n° 54

* V. s[s] n° 311.243.

« Attendu que, pour écarter le moyen de nullité pris, d'une part, de l'irrégularité de la commission rogatoire internationale qui, visant les articles 81 et 151 du Code de procédure pénale, tendait à la saisie d'un bien immobilier, alors que la finalité de cette saisie n'était pas probatoire mais de garantie, d'autre part, de ce que le demandeur n'a pas été informé de la saisie pratiquée par l'autorité judiciaire belge, en violation de ses droits, l'arrêt prononce par les motifs repris au moyen ;

Attendu que, par ces énonciations, les juges ont justifié leur décision dès lors que, d'une part, la commission rogatoire a été délivrée en application de la Convention relative à l'entraide judiciaire en matière pénale pour les États membres de l'Union européenne du 29 mai 2000 et du protocole d'application en date du 16 octobre 2000, d'autre part, contrairement à ce que soutient la seconde branche du moyen, la mesure de saisie décidée par l'autorité judiciaire belge n'a pas été accomplie en violation des droits de la défense, ni d'aucun principe général du droit. »

• **Crim. 12 oct. 2016,** n° 16-82.322, P, n° 265

* V. s[s] n° 311.243.

« Attendu que pour confirmer l'ordonnance de refus de restitution, l'arrêt énonce, notamment, d'une part, que les opérations de saisies effectuées en Suisse sur les comptes détenus par le demandeur sont régies par le droit de ce pays et qu'il n'appartient donc pas aux juridictions françaises d'en apprécier la régularité, d'autre part, que la demande de restitution et le refus opposé par le juge d'instruction ont conféré à ces saisies un caractère contradictoire ;

Attendu qu'en l'état de ces énonciations, et dès lors que la Cour de cassation est en mesure de s'assurer que les actes critiqués n'ont pas été accomplis en violation des droits de la défense du demandeur, la chambre de l'instruction a justifié sa décision. »

311.03 Bibliographie indicative.

Encyclopédies. *Rép. int.*, V° « Commission rogatoire : matière pénale », par C. Lombois – V° « Entraide judiciaire : matière pénale », par. B. Aubert – *J.-Cl. Pr. pén.*, art. 694 à 694-9, fasc. 20, par. O. Beauvallet ; art. 694-10 à 694-13, fasc. 20, par O. Beauvallet.

Thèses. M. Peter, *Les saisies pénales spéciales. Une évolution majeure pour une stratégie pénale patrimoniale repensée*, Aix-Marseille, 2018.

Articles. R. Alméras, « Réflexion sur le contrôle par le juge français des décisions étrangères de saisie pénale », *in* G. Cerqueira et G. Tepedino (textes réunis par), *Études en l'honneur du professeur Iacyr de Aguilar Vieira*, t. 1, Société de législation comparée, 2022, p. 537 – T. Diallo, « L'entraide répressive internationale en matière pénale : esquisse d'une problématique », *RSC* 1992. 541 – C. Ghica-Lemarchand, « La commission rogatoire internationale en droit pénal », *RSC* 1992. 541 – M. Massé, « L'évolution du droit en matière de gel et de confiscation », *RSC* 2006. 463.

Ouvrages. H. Donnedieu de Vabres, *Les principes modernes du droit pénal international*, Recueil Sirey, 1928 – A. Huet et R. Koering-Joulin, *Droit pénal international*, 3e éd., « Thémis droit », PUF, 2005 – D. Rebut, *Droit pénal international*, 3e éd., « Précis », Dalloz, 2019.

SECTION 1
FONDEMENTS DE L'ENTRAIDE JUDICIAIRE INTERNATIONALE AUX FINS DE SAISIE PÉNALE

311.11 Textes de droit interne applicables. Les règles de droit interne applicables à l'entraide judiciaire internationale aux fins de saisie pénale patrimoniale sont contenues aux articles 694 à 694-4-1 et 694-10 à 694-13 du Code de procédure pénale, auxquels il convient cependant d'ajouter les articles 627-1 à 627-3 de ce code relatifs aux demandes d'entraide émanant de la Cour pénale internationale en application de l'article 93 du *Statut de Rome*.

Les seconds de ces articles organisent les modalités d'exécution, sur le territoire français, de telles demandes d'entraide lorsqu'elles émanent des autorités judiciaires étrangères. S'ils ont été introduits par la loi n° 2010-768 du 9 juillet 2010[1] dans le souci de codifier partiellement à la fois la loi n° 90-1010 du 14 novembre 1990 *portant adaptation de la législation française aux dispositions de l'article 5 de la convention des Nations unies contre le trafic illicite de stupéfiants et de substances psychotropes, faite à Vienne le 20 décembre 1988*[2], et celle n° 96-392 du 13 mai 1996 *relative à la lutte contre le blanchiment et le trafic de stupéfiants et à la coopération internationale en matière de saisie et confiscation des produits du crime*[3], ainsi que cela résulte de l'exposé des motifs de l'amendement déposé en Commission des lois de l'Assemblée nationale qui en est à l'origine[4], ces textes ont cependant été rédigés d'une façon si générale qu'ils doivent en vérité s'appliquer à toute demande d'entraide aux fins de saisie des instruments des infractions ou bien, en nature ou en valeur, de leurs produits, présentée sur le fondement

1. L. n° 2010-768, 9 juill. 2010 *visant à faciliter la saisie et la confiscation en matière pénale, JO* 10 juill., p. 12753.
2. L. n° 90-1010, 14 nov. 1990 *portant adaptation de la législation française aux dispositions de l'article 5 de la convention des Nations unies contre le trafic illicite de stupéfiants et de substances psychotropes, faite à Vienne le 20 décembre 1988, JO* 16 nov., p. 14049.
3. L. n° 96-392, 13 mai 1996 *relative à la lutte contre le blanchiment et le trafic de stupéfiants et à la coopération internationale en matière de saisie et confiscation des produits du crime, JO* 14 mai, p. 7208.
4. *Rapp. Ass. nat.* n° 2626 (XIIIe législ.), p. 76 – AUSSI : *Rapp. Sénat* n° 328 (2009-2010), p. 72.

d'une convention internationale. Cette interprétation est d'ailleurs celle retenue par la circulaire d'application de la loi du 9 juillet 2010. Celle-ci énonce en effet à cet égard : « Ces nouvelles dispositions sont applicables à [...] toutes [...] les mesures conservatoires demandées en application d'une convention internationale, en particulier des conventions de Vienne, de Strasbourg, de Palerme, de Mérida, etc. et aux demandes émanant d'une cour pénale internationale. »[1]

L'on observera d'emblée - nous y reviendrons -, que si seules sont envisagées les demandes d'entraide aux fins de saisie des instruments des infractions ou bien, en nature ou en valeur, de leurs produits - alors que le droit interne connaît aussi les saisies de patrimoine[2], celles des biens dont l'origine n'est pas justifiée[3], ou encore la saisie en valeur de l'instrument de l'infraction[4] -, cette restriction est en vérité sans conséquence, dès lors que les conventions internationales n'autorisent pas les demandes d'entraide aux fins de la saisie d'autres biens : l'état du droit interne coïncide avec celui du droit conventionnel.

Au contraire, parce que le Code de procédure pénale ne contient aucune disposition régissant particulièrement les demandes d'entraide aux fins de saisie pénale patrimoniale adressées par les autorités judiciaires françaises aux autorités judiciaires étrangères, il convient, s'agissant de ces demandes, de faire application des dispositions des articles 694 à 694-4 du Code de procédure pénale constituant le droit commun interne de l'entraide judiciaire internationale.

Ceci étant, ces dispositions ont en commun de ne prévoir que les règles applicables en l'absence de convention internationale en disposant autrement, en raison de l'application du principe de primauté des traités et accords internationaux sur le droit interne (Constitution, art. 55), de sorte que ce seront en vérité ces conventions qui détermineront les conditions de fond et de forme de l'entraide judiciaire internationale aux fins de saisie pénale, les dispositions de droit interne ne faisant que suppléer ou compléter les règles conventionnelles.

311.12 Nécessité d'une convention internationale. Il paraît de surcroît exclu qu'une saisie pénale patrimoniale puisse valablement être mise en œuvre au moyen d'une demande d'entraide judiciaire internationale en l'absence de convention internationale le prévoyant.

Il en est particulièrement ainsi des demandes d'entraide émanant des autorités étrangères, nonobstant les énonciations à tout le moins mystérieuses de l'article 694-10 du Code de procédure pénale, qui autorisaient à être hésitant, avant que la chambre criminelle ne se prononce sur la question.

En effet, ce texte énonce qu'« en l'absence de convention internationale en stipulant autrement, les articles 694-11 à 694-13 sont applicables aux demandes d'entraide émanant des autorités étrangères compétentes, tendant à la saisie, en vue de leur confiscation ultérieure, des biens meubles ou immeubles, quelle qu'en soit la nature, ayant servi ou qui étaient destinés à commettre l'infraction ou qui paraissent être le produit direct ou indirect de l'infraction ainsi que tout bien dont la valeur correspond au produit de cette infraction ». Comment ce texte devait-il être interprété ? Devait-il être compris comme signifiant que, sauf convention internationale en stipulant autrement, il suffisait à fonder le pouvoir de l'autorité judiciaire française d'exécuter les demandes d'entraide aux fins de saisie de l'instrument ou du produit direct ou indirect, en nature ou en valeur, de l'infraction, selon les modalités des articles 694-11 à 694-13 du Code de procédure pénale ? Ou bien, plutôt, la subsidiarité énoncée à l'article 694-10 ne concernait-elle que les seules modalités d'exécution de ces demandes, énoncées aux articles 694-11 à 694-13, l'autorité judiciaire française devant préalablement s'assurer que la mesure sollicitée présente un fondement conventionnel ?

La chambre criminelle a retenu la seconde branche de l'alternative dans un arrêt, certes non publié, du 26 janvier 2016, dont il ressort que l'article 694-10 du Code de procédure pénale doit être compris comme signifiant que les demandes d'entraide aux fins de saisie de l'instrument ou, en nature ou en valeur, du produit direct ou indirect de l'infraction, doivent être exécutées selon les modalités des articles 694-11 à 694-13 de ce code, « en l'absence de convention internationale en stipulant autrement », mais à la condition préalable que la demande de saisie présentée par l'autorité judiciaire étrangère ait un fondement conventionnel[5]. Dans cette affaire, des juges d'instruction, agissant en exécution d'une demande d'entraide émanant des autorités judiciaires de la Fédération de Russie, avaient, par ordonnance du 22 novembre 2010, prescrit l'inscription d'une hypothèque judiciaire provisoire sur un bien immobilier appartenant à une

1. Circ. Justice, 22 déc. 2010 *de présentation des dispositions spécifiques de la loi n° 2010-768 du 9 juillet 2010 visant à permettre l'exécution transfrontalière des confiscations en matière pénale (articles 694-10 à 694-13 et 713 à 713-41 du Code de procédure pénale)*, NOR : JUS D 1033289 C, *BOMJL* n° 2011-01, 31 janv. 2011, p. 4.
2. C. pr. pén., art. 706-148 – C. pén., art. 131-21, al. 6.
3. C. pr. pén., art. 706-148 – C. pén., art. 131-21, al. 5.
4. C. pr. pén., art. 706-141-1 – C. pén., art. 131-21, al. 2 et 9.

5. Crim. 26 janv. 2016, n° 12-81.785, NP.

société de droit britannique, sur le fondement de l'article 706-103 du Code de procédure pénale dans sa rédaction alors applicable. Saisie de l'appel interjeté par cette société à l'encontre de la décision des juges d'instruction, la chambre de l'instruction l'avait confirmée. En cause de cassation, la société soutenait que la chambre de l'instruction avait méconnu, notamment, les dispositions des articles 694-10 et 694-12 du Code de procédure pénale aux motifs que, d'une part, les juges avaient omis de préciser en vertu de quelle convention internationale avait été prescrite l'inscription litigieuse, d'autre part, l'article 694-10 du même code, disposant que les articles 694-10 à 694-13 s'appliquent « en l'absence de convention internationale en stipulant autrement », devait être interprété comme donnant la priorité, dans le cas où elles seraient prévues, aux modalités procédurales de mise en œuvre de la saisie conservatoire contenues dans la convention internationale, et non comme conférant au juge d'instruction une autorisation générale de recourir à des saisies conservatoires internationales, sauf dans le cas où une convention internationale en disposerait autrement. Or, pour écarter cette argumentation, la chambre criminelle a reproché à la chambre de l'instruction de s'être fondée sur des conventions internationales sans en préciser les dispositions autorisant expressément une des parties signataires à solliciter la mesure qui avait été ordonnée, puis a elle-même énoncé quels étaient les articles de la Convention *relative au blanchiment, au dépistage, à la saisie et à la confiscation des produits du crime* du 8 novembre 1990[1], dite de Strasbourg, signée et ratifiée par la France et par la Russie, prévoyant expressément la faculté, pour les autorités judiciaires de ces deux États, de demander aux autorités judiciaires étrangères d'ordonner la saisie d'immeubles. En d'autres termes, la chambre criminelle n'a pas lu dans les dispositions de l'article 694-10 une autorisation générale pour le juge d'instruction de procéder à des saisies pénales patrimoniales lorsqu'une telle mesure lui est demandée par une autorité judiciaire étrangère, mais a considéré que la mesure sollicitée doit toujours être prévue par une convention internationale.

De même, dans un arrêt ultérieur du 27 juin 2018, la chambre criminelle a écarté la branche d'un moyen selon lequel aucune convention internationale ne prévoyait la possibilité pour les autorités judiciaires étrangères de demander l'exécution, sur le territoire français, d'une mesure de saisie de patrimoine à l'encontre d'une personne suspectée d'avoir commis une infraction avant toute décision de condamnation, en recherchant la convention permettant l'exécution de la demande dont la régularité se trouvait contestée[2].

Cette interprétation de l'article 694-10 du Code de procédure pénale peut en tous les cas s'appuyer sur les dispositions de l'article 694-12 du même code, énonçant que l'exécution sur le territoire de la République de saisies faisant l'objet d'une demande présentée par une autorité judiciaire étrangère « en application d'une convention internationale » est ordonnée, selon les modalités du Code de procédure pénale, par le juge d'instruction sur requête ou après avis du procureur de la République. Il résulte de ce texte que si, au stade de l'exécution de la demande d'entraide, s'appliquent les règles du Code de procédure pénale, il n'en demeure pas moins que celle-ci doit avoir un fondement conventionnel : une convention internationale doit prévoir la faculté, pour l'État requérant, d'adresser à l'autorité judiciaire française une demande d'entraide aux fins de mise en œuvre de la mesure sollicitée.

En d'autres termes, si l'article 694-10 énonce que « les articles 694-11 à 694-13 sont applicables aux demandes d'entraide émanant des autorités étrangères compétentes, tendant à la saisie, en vue de leur confiscation ultérieure, des biens meubles ou immeubles, quelle qu'en soit la nature, ayant servi ou qui étaient destinés à commettre l'infraction ou qui paraissent être le produit direct ou indirect de l'infraction ainsi que tout bien dont la valeur correspond au produit de cette infraction », ces énonciations ne sont que descriptives de l'état des conventions internationales applicables et ne sauraient être lues comme fondant à elles seules le pouvoir de l'autorité judiciaire française de faire droit à une demande d'entraide aux fins de saisie pénale patrimoniale : la mesure sollicitée, quant à sa nature et son objet, doit être prévue par le droit conventionnel.

Au reste, une règle semblable existe lorsque l'autorité judiciaire française est requérante : les demandes d'entraide aux fins de saisie pénale patrimoniale destinées aux autorités étrangères doivent trouver leur fondement dans le droit conventionnel.

Cette règle ressort d'un arrêt du 17 mars 2015 dans lequel la chambre criminelle a relevé que « la commission rogatoire [avait] été délivrée en application de la convention relative à l'entraide judiciaire en matière pénale pour les États membres de l'Union européenne du 29 mai 2000 et du protocole d'application en date du 16 octobre 2000 », pour écarter l'argumentation du demandeur au pourvoi qui reprochait à la chambre de l'instruction d'avoir écarté le moyen pris de la nullité d'une saisie

1. Conv. *relative au blanchiment, au dépistage, à la saisie et à la confiscation des produits du crime*, 8 nov. 1990 (D. n° 97-183, 25 févr. 1997, *JO* 4 mars, p. 3417).

2. Crim. 27 juin 2018, n° 17-85.101, P, n° 125.

conservatoire immobilière mise en œuvre par l'autorité judiciaire belge en exécution de la commission rogatoire internationale du juge d'instruction, tiré de ce qu'une telle mesure relevait en droit interne de la seule compétence du juge des libertés et de la détention en application de l'article 706-103 du Code de procédure pénale[1]. Si cette décision justifiera d'autres observations[2], retenons pour l'instant que, pour approuver la décision des juges, la chambre criminelle s'est attachée à rechercher le fondement conventionnel de la demande d'entraide.

311.13 **Entraide au titre de la réciprocité.** Il aurait été pourtant envisageable de permettre l'entraide judiciaire internationale aux fins de saisie pénale patrimoniale sur le seul fondement du principe de réciprocité, que l'autorité judiciaire française soit destinataire ou émettrice d'une telle demande.

Il est en effet enseigné dans un ouvrage de référence que le droit pénal international est gouverné par les principes généraux du droit international public, tels que le principe de la souveraineté des États, qui fonde le principe de non-exécution d'actes de recherche de preuves et de poursuites à l'étranger, ainsi que le principe de réciprocité, découlant de la courtoisie internationale, « qui fonde l'exécution des demandes d'extradition, d'entraide judiciaire ou de transfèrement en l'absence de convention internationale »[3]. Au reste, rappelons ce que Donnedieu de Vabres relevait dans *Les principes*, certes à propos de la question voisine de la force exécutoire des jugements répressifs étrangers : « Mais si le jugement répressif ne possède pas, en vertu de sa nature propre, une valeur qui le rende exécutoire, de plein droit, hors de son territoire d'origine, autre est la question de savoir si cette force qui lui manque, les gouvernements étrangers n'ont pas le devoir de la lui donner. Or, cet acte de collaboration leur est imposé par leur intérêt même, le plus direct et le plus évident. L'État qui s'y refuse s'expose à rencontrer, le jour où il voudra, pour assurer l'exécution de ses propres sentences, faire appel au concours des autres, une mauvaise volonté réciproque, une inertie semblable. [...] Dans ces conditions, l'appui donné à l'autorité étrangère est tout autre chose qu'une concession gracieuse ou qu'un acte de courtoisie. L'intérêt, lorsqu'il est certain, lorsqu'il est commun à tous les États, lorsqu'il est conforme à la justice, est le fondement d'un *devoir*, le devoir d'assistance juridique, de collaboration internationale. »[4]

1. Crim. 17 mars 2015, n° 14-88.351, P, n° 54.
2. V. s^s n° 311.154.
3. D. Rebut, *Droit pénal international*, 3e éd., « Précis », Dalloz, 2019, n° 17.
4. H. Donnedieu de Vabres, *Les principes modernes du droit pénal international*, Recueil Sirey, 1928, p. 334.

Or, nonobstant l'absence de convention internationale, l'exécution d'une demande d'entraide ne paraît pas méconnaître le principe de souveraineté des États, dès lors que l'exécution de la demande *à charge de réciprocité* peut être vue comme la contrepartie de l'atteinte portée à la souveraineté de l'État requis. Telle est d'ailleurs la position de la direction des affaires criminelles et des grâces du ministère de la Justice[5].

311.14 **Interprétation des conventions internationales.** Si les énonciations des conventions internationales déterminent la possibilité pour les États de valablement adresser aux autorités judiciaires étrangères des demandes d'entraide aux fins de saisie pénale patrimoniale, la chambre criminelle se reconnaît, comme il sera vu[6] et conformément au droit commun, le pouvoir d'interpréter ces conventions, notamment leurs dispositions générales qui peuvent fonder de telles demandes[7].

311.15 **Coordination des conventions.** Se pose encore la question - habituelle en droit international -, de la coordination des conventions internationales, dès lors qu'il n'est pas rare que plusieurs conventions bilatérales et multilatérales s'appliquent simultanément aux relations entre les États concernés par la demande d'entraide.

Il convient, en pareil cas, de faire application des dispositions des conventions destinées à assurer cette coordination. Ainsi, par exemple, l'article 26 de la *Convention européenne d'entraide judiciaire en matière pénale* du 20 avril 1959[8] prévoit que « sous réserve des dispositions du paragraphe 7 de l'article 15 et du paragraphe 3 de l'article 16, la [...] convention abroge, en ce qui concerne les territoires auxquels elle s'applique, celles des dispositions des traités, conventions ou accords bilatéraux qui, entre deux Parties contractantes, régissent l'entraide judiciaire en matière pénale », que « toutefois la [...] convention n'affectera pas les obligations contenues dans les dispositions de toute autre convention internationale de caractère bilatéral ou multilatéral, dont certaines clauses régissent ou régiront, dans un domaine déterminé, l'entraide judiciaire sur des points particuliers », et que « les Parties contractantes ne pourront conclure entre elles des accords bilatéraux ou multilatéraux relatifs à l'entraide judiciaire en matière pénale que pour compléter les

5. DACG, *Guide des saisies et confiscations*, p. 117.
6. V. s^s n° 311.63.
7. Crim. 15 janv. 2014, n° 13-84.778, P, n° 11 ; *AJ pénal* 2014. 243, obs. P. de Combles de Nayves ; *RSC* 2014. 127, obs. J. Danet.
8. *Conv. européenne d'entraide judiciaire en matière pénale*, 20 avr. 1959 (D. n° 67-636, 23 juill. 1967, *JO* 4 août, p. 7809).

dispositions de la [...] convention ou pour faciliter l'application des principes contenus dans celle-ci ».

On peut ainsi s'interroger, par exemple – en l'absence de jurisprudence cependant –, sur la portée juridique de la Convention *franco-israëlienne relative à l'entraide judiciaire en matière pénale* du 12 novembre 1958 [1] qui pourrait s'être trouvée abrogée par la convention de 1959.

311.16 Entraide aux fins de saisie ou d'exécution de décision de saisie ? Enfin, il existe des arguments pour considérer que, si certaines conventions organisent formellement l'entraide judiciaire internationale aux fins de saisie pénale patrimoniale, celle-ci consiste sur le fond non pas à obtenir d'une autorité étrangère l'accomplissement d'un acte de saisie en application de son droit national, mais davantage à faire procéder par cette autorité à l'exécution, selon les modalités de ce droit, d'une décision de saisie prise par l'autorité judiciaire de l'État requérant : l'objet de l'entraide n'est pas tant *la saisie* que *l'exécution d'une décision de saisie*.

C'est notamment ce qui ressort du droit interne qui se borne à prévoir que l'exécution des demandes d'entraide aux fins de saisie est ordonnée « selon les modalités » du Code de procédure pénale [2] – soit les seules conditions de forme qu'il énonce – [3], de la jurisprudence de la chambre criminelle affirmant la compétence du juge des libertés et de la détention pour ordonner pendant l'enquête la saisie de biens situés sur le territoire d'un État étranger [4], ainsi que de celle relative au contrôle de l'exécution des demandes d'entraide – laquelle abandonne le contrôle du bien-fondé et de la proportionnalité de la mesure à la compétence des autorités judiciaires de l'État requérant – [5], et enfin de certaines conventions internationales qui se réfèrent à la décision de saisie prise par l'autorité judiciaire requérante [6]. Au reste, cette compréhension des textes les rapproche de ceux gouvernant les matières voisines de l'entraide aux fins de saisie entre les États membres de l'Union européenne [7], ainsi que de l'entraide aux fins de confiscation [8], où celle-ci consiste expressément, non pas à obtenir de l'État requis une décision de gel ou de confiscation, mais à faire exécuter une telle décision par celui-ci. Enfin, plus fondamentalement, si la doctrine distingue de manière ancienne [9] entre la question de l'entraide judiciaire internationale par laquelle un État prête son concours, par la mise en œuvre de son droit interne, à l'autorité judiciaire d'un autre État, et le problème de l'exécution des jugements répressifs étrangers, et fait relever les saisies pénales patrimoniales de l'entraide [10], la juridictionnalisation de ces mesures opérée en France par la loi n° 2010-768 du 9 juillet 2010 [11] relativise cette distinction – à tout le moins lorsque la France est l'État requérant –, et invite à aborder la question à travers le prisme de la reconnaissance et de l'exécution des jugements répressifs étrangers [12].

Une telle conception ne paraît pas s'opposer aux principes du droit pénal international, dès lors que la souveraineté des États fait obstacle à la seule *exécution* d'actes d'enquête, d'instruction ou de poursuite sur le territoire d'un État étranger, et non à ce que soit ordonnée, dans le seul ordre juridique de l'État requérant, la saisie d'un bien se trouvant à l'étranger. La chambre criminelle a d'ailleurs distingué entre ces deux questions, en posant pour principe que « si le juge des libertés et de la détention, requis par le procureur de la République financier dans le cadre d'une enquête préliminaire, est compétent pour ordonner une mesure de saisie

1. Conv. *franco-israëlienne relative à l'entraide judiciaire en matière pénale,* 12 nov. 1958 (D. n° 59-1249, 27 oct. 1959, *JO* 1er nov., p. 10388).
2. C. pr. pén., art. 694-12.
3. V. ss n° 311.181.
4. V. ss n° 311.155.
5. V. ss n° 311.243.
6. V. ss n° 311.155.
7. V. ss n° 321.72.
8. V. ss nos 312.14 et 322.191.
9. H. Donnedieu de Vabres, *Les principes modernes du droit pénal international*, préc., distinguant, d'une part, « l'entente internationale pour la recherche, l'arrestation et le jugement des malfaiteurs » (p. 220), incluant « l'assistance judiciaire internationale » (p. 242), d'autre part, « la valeur internationale des jugements répressifs » (p. 302).
10. D. Rebut, *Droit pénal international*, préc., qui distingue de manière habituelle entre « la coopération judiciaire pénale » et « les effets des condamnations pénales étrangères », et fait relever « les mesures destinées à permettre une confiscation » de la première question (n° 504).
11. L. n° 2010-768, 9 juill. 2010 *visant à faciliter la saisie et la confiscation en matière pénale, JO* 10 juill., p. 12753.
12. L'on observera d'ailleurs, en veillant à ne pas exagérer la portée de l'argument, que Donnedieu de Vabres envisageait dans ses développements relatifs à « la valeur internationale des jugements répressifs » à la fois la saisie et la confiscation des biens du condamné situés à l'étranger : « Parfois, enfin, le délinquant, condamné par les tribunaux d'un État, possède sur le territoire d'un autre État des biens, meubles ou immeubles. La *saisie* et la confiscation de ces biens pourront-elles, le cas échéant, être opérées sur le fondement de la sentence étrangère. » (Donnedieu de Vabres H., *Les principes modernes du droit pénal international*, préc., p. 303, aussi p. 325). Aussi *Rép. int.*, « Jugement étranger : matière pénale », par. C. Mauro, n° 41 traitant des saisies au sein de développements consacrés à la force exécutoire et à l'autorité des jugements étrangers en matière pénale : « D'abord, certaines conventions, tout en excluant l'exécution d'une sanction étrangère, obligent les États signataires à procéder à la saisie ou à la confiscation des biens du prévenu ou du produit d'une infraction dont elles prévoient la définition. Certes, à proprement parler, il ne s'agit pas de l'exécution d'une sanction prononcée à l'étranger. Il s'agit cependant de donner une certaine force exécutoire à un jugement étranger. »

de sommes figurant au crédit d'un compte bancaire dont l'exécution doit intervenir sur le territoire d'un État étranger, il ne peut, hors de toute procédure d'entraide pénale, exiger d'un établissement bancaire domicilié sur le territoire dudit État et auquel il a notifié l'ordonnance attaquée, qu'il se libère des sommes saisies par virement au crédit du compte ouvert à la Caisse des dépôts et consignation au nom de l'Agrasc, sans méconnaître les règles de compétence territoriale et de souveraineté des États »[1].

Nous verrons que cette distinction est en pratique très importante, car elle détermine les règles de compétence et de procédure en matière d'émission des demandes d'entraide aux fins de saisie, tout comme elle définit l'office du juge répressif saisi d'une telle demande ou du recours formé contre son exécution.

SECTION 2
CONDITIONS DE FOND DE L'ENTRAIDE JUDICIAIRE INTERNATIONALE AUX FINS DE SAISIE PÉNALE

311.21 Saisie de l'instrument ou, en nature ou en valeur, du produit de l'infraction. Plusieurs conventions internationales, bilatérales ou multilatérales, prévoient la faculté, pour les États parties, de s'adresser des demandes d'entraide judiciaire internationale aux fins de saisie pénale patrimoniale.

Si le contenu de ces conventions, quant à la nature et à l'objet des mesures envisagées, est caractérisé par une grande diversité, l'on relèvera que nombre d'entre elles – les plus récentes –, ont néanmoins en commun de permettre aux États parties de solliciter des autorités judiciaires étrangères la saisie aux fins de confiscation de l'instrument de l'infraction, ainsi que du produit de celle-ci, direct ou indirect, en nature ou en valeur.

Inversement, force est de constater que la plupart des conventions internationales ont en commun de ne pas permettre que soient mises en œuvre des demandes d'entraide aux fins de saisie pénale patrimoniale de biens n'entretenant aucun lien avec l'infraction, c'est-à-dire comparables aux saisies de patrimoine permises en droit interne par l'article 706-148 du Code de procédure pénale. Il en est de même s'agissant de la saisie en valeur de l'instrument de l'infraction admise par le droit interne. Seul l'accord conclu entre le Royaume-Uni et les États membres de l'Union européenne présente, comme nous le verrons, une originalité à cet égard[2]. Il faut dire que cet accord intègre l'acquis du droit de l'Union européenne.

311.22 Motifs de refus et protection des droits des tiers de bonne foi. Réciproquement, si certaines conventions internationales organisent l'entraide judiciaire internationale aux fins de saisie de l'instrument et, en nature ou en valeur, du produit de l'infraction – voire portant sur davantage de biens –, ces conventions et le droit interne, de façon classique en droit pénal international, prévoient des motifs de refus d'exécution susceptibles d'être opposés aux demandes présentées à cette fin, certains de ces motifs concernant spécialement les demandes d'entraide aux fins de saisie pénale patrimoniale. De même, doivent être préservés les droits des tiers de bonne foi. Ce seront autant de circonstances qui conduiront à ce que les demandes d'entraide ne soient pas exécutées par l'État requis.

311.23 Division. Ainsi, l'entraide judiciaire internationale aux fins de saisie pénale patrimoniale ne sera permise que si la nature et l'objet de la saisie sollicitée sont prévus par une convention internationale (§ 1), et sauf si la demande se heurte à un motif de non-exécution (§ 2) ou méconnaît les droits des tiers de bonne foi (§ 3).

§ 1
Nature et objet de l'entraide judiciaire internationale aux fins de saisie pénale

311.30 Plan. La nature et l'objet des saisies pénales patrimoniales pouvant faire l'objet d'une demande d'entraide judiciaire internationale varient selon que s'applique une convention internationale bilatérale (A) ou multilatérale (B).

A.
Conventions internationales bilatérales

311.41 Diversité des conventions internationales bilatérales. Seules certaines conventions internationales bilatérales récentes contiennent des dispositions prévoyant la possibilité de solliciter, au moyen d'une demande d'entraide judiciaire internationale, la saisie de biens aux fins de confiscation pénale, le contenu de ces conventions étant au reste très divers.

311.42 Défaut d'entraide aux fins de saisie pénale patrimoniale. L'on relèvera d'abord que certaines conventions ne contiennent pas de dispositions relatives aux saisies pénales patrimoniales. Il en est ainsi de plusieurs conventions conclues, souvent de façon ancienne, avec certains États des

1. Crim. 5 janv. 2023, n° 22-81.155, P.
2. V. s[s] n° 311.45.

continents américain[1], africain[2], asiatique[3] et européen[4].

311.43 **Entraide aux fins de restitution.** Parmi ces conventions, cependant, certaines prévoient que pourront être présentées des demandes d'entraide destinées à restituer à la victime les biens lui apparte-

1. Conv. *d'entraide judiciaire en matière pénale entre le Gouvernement de la République française et le Gouvernement de la République fédérative du Brésil*, 28 mai 1996 (D. n° 2000-314, 3 avr. 2000, *JO* 8 avr., p. 5407) – Conv. *d'entraide judiciaire en matière pénale entre le Gouvernement de la République française et le Gouvernement du Canada*, 15 déc. 1989 (D. n° 91-447, 7 mai 1991, *JO* 16 mai, p. 6487) – Conv. *d'entraide judiciaire en matière pénale entre le Gouvernement de la République française et le Gouvernement de la République de Cuba*, 22 sept. 1998 (D. n° 2002-926, 6 juin 2002, *JO* 11 juin, p. 10354) – Conv. *d'entraide judiciaire en matière pénale entre le Gouvernement de la République française et le Gouvernement des États-Unis du Mexique*, 27 janv. 1994 (D. n° 95-433, 14 avr. 1995, *JO* 23 avr., p. 6328) – Conv. *d'entraide judiciaire en matière pénale entre le Gouvernement de la République française et le Gouvernement de la République dominicaine*, 14 janv. 1999 (D. n° 2002-920, 31 mai 2002, *JO* 7 juin, p. 10138).
2. Accord *de coopération en matière de justice entre la République française et la République populaire du Bénin*, 27 févr. 1975 (D. n° 77-1537, 21 déc. 1977, *JO* 10 janv. 1978, p. 258) – Accord *de coopération en matière de justice entre la République française et la République de Haute-Volta* (Burkina-Faso), 24 avr. 1961 (D. n° 62-136, 23 janv. 1962, *JO* 6 févr. 1962, p. 1261) – Accord *de coopération en matière de justice entre le Gouvernement de la République française et le Gouvernement de la République Unie du Cameroun*, 21 févr. 1974 (D. n° 75-1154, 8 déc. 1975, *JO* 17 déc., p. 12895) – Accord *de coopération en matière de justice entre la France et la République centrafricaine*, 18 janv. 1965 (D. n° 67-402, 27 avr. 1967, *JO* 19 mai, p. 4916) – Conv. *de coopération en matière judiciaire entre la République française et la République populaire du Congo*, 1er janv. 1974 (D. n° 82-140, 3 févr. 1982, *JO* 10 févr., p. 514) – Traité *de coopération entre la République française et la République de Côte d'Ivoire*, 24 avr. 1961 (D. n° 62-136, 23 janv. 1962, *JO* 6 févr., p. 1261) – Conv. *d'entraide judiciaire en matière pénale entre le Gouvernement de la République française et le Gouvernement de la République de Djibouti*, 27 sept. 1986 (D. n° 92-807, 19 août 1992, *JO* 21 août, p. 11378) – Conv. *entre le Gouvernement de la République française et le Gouvernement de la République arabe d'Égypte de coopération judiciaire en matière pénale*, 15 mars 1982 (D. n° 83-655, 8 juill. 1983, *JO* 19 juill., p. 2228) – Conv. *d'aide mutuelle judiciaire, d'exequatur des jugements et d'extradition entre la France et le Gabon*, 23 juill. 1963 (D. n° 65-159, 25 févr. 1965, *JO* 2 mars, p. 1723) – *Accords de coopération entre le Gouvernement de la République française et le Gouvernement de la République malgache*, 4 août 1973 (D. n° 75-674, 22 juill. 1975, *JO* 30 juill., p. 7708) – Accord *de coopération en matière de justice entre la France et le Mali*, 9 mars 1962 (D. n° 64-694, 17 juin 1964, *JO* 10 juill., p. 6128) – Accord *en matière de justice avec échange de lettres entre la République française et la République islamique de Mauritanie*, 19 juin 1961 (D. n° 62-137, 24 janv. 1962, *JO* 6 févr., p. 1324) – Conv. *de coopération en matière judiciaire entre la République française et la République du Niger*, 19 févr. 1977 (D. n° 80-295, 21 avr. 1980, *JO* 26 avr., p. 1055) – Conv. *de coopération en matière judiciaire entre le Gouvernement de la République française et le Gouvernement de la République du Sénégal*, 29 mars 1974 (D. n° 76-1072, 17 nov. 1976, *JO* ▶ 30 nov., p. 6868) (POUR UN EXEMPLE D'APPLICATION : Crim. 22 mars 2017, n° 16-85.773, NP – Crim. 11 juill. 2017, n° 16-85.773, NP) – Accord *en matière judiciaire entre le Gouvernement de la République française et le Gouvernement de la République du Tchad*, 6 mars 1976 (D. n° 78-568, 21 avr. 1978, *JO* 30 avr., p. 1925) – Conv. *judiciaire entre le Gouvernement de la République française et le Gouvernement de la République togolaise*, 23 mars 1976 (D. n° 82-183, 18 févr. 1982, *JO* 25 févr., p. 666) – Conv. *entre la France et la Tunisie relative à l'entraide judiciaire en matière pénale et à l'extradition et protocole additionnel*, 28 juin 1972 (D. n° 74-250, 11 mars 1974, *JO* 17 mars, p. 3079).
3. Conv. *d'entraide judiciaire en matière pénale entre le Gouvernement de la République française et le Gouvernement de la République de Corée*, 2 mars 1995 (D. n° 97-354, 10 avr. 1997, *JO* 17 avr., p. 5812) – Conv. *franco-israëlienne relative à l'entraide judiciaire en matière pénale*, 12 nov. 1958 (D. n° 59-1249, 27 oct. 1959, *JO* 1er nov., p. 10388) – Conv. *franco-laotienne d'entraide judiciaire et d'établissement d'une procédure d'exequatur simplifiée*, 16 nov. 1956 (D. n° 60-342, 4 avr. 1960, *JO* 10 avr., p. 3332).
4. Conv. entre la République française et la République fédérale d'Allemagne additionnelle à la Convention européenne d'entraide judiciaire en matière pénale du 20 avril 1959, 24 oct. 1974 (D. n° 81-19, 8 janv. 1981, *JO* 13 janv., p. 234) – Accord entre la République française et la République d'Autriche additionnel à la Convention européenne d'entraide judiciaire en matière pénale, 18 nov. 1983, p. 234 – Accord entre la République française et la République d'Autriche additionnel à la Convention européenne d'entraide judiciaire en matière pénale, 18 nov. 1983 (D. n° 86-851, 15 juill. 1986, *JO* 19 juill., p. 8953) – Conv. entre le Gouvernement de la République française et le Gouvernement espagnol relative à l'entraide judiciaire en matière pénale, 9 avr. 1969 (D. n° 70-755, 14 août 1970, *JO* 25 août, p. 7972) – Conv. entre la République française et la République populaire hongroise relative à l'entraide judiciaire en matière civile et familiale, à la reconnaissance et à l'exécution des décisions ainsi qu'à l'entraide judiciaire en matière pénale et à l'extradition, 31 juill. 1980 (D. n° 82-148, 4 févr. 1982, *JO* 12 févr., p. 550) – Conv. entre la République française et la République socialiste de Roumanie relative à l'entraide judiciaire en matière pénale et à l'extradition, 5 nov. 1974 (D. n° 75-1067, 4 nov. 1975, *JO* 18 nov., p. 11788) – Conv. entre le Gouvernement de la République française et le Gouvernement de la République de Saint-Marin relative à l'aide mutuelle judiciaire en matière civile, commerciale et pénale, et à l'exequatur des jugements en matière civile et commerciale, 15 mai 1967 (D. n° 69-226, 6 mars 1969, *JO* 15 mars, p. 2660) – Accord entre le Gouvernement de la République française et le Conseil fédéral suisse en vue de compléter la Convention européenne d'entraide judiciaire en matière pénale du 20 avril 1959, 28 oct. 1996 (D. n° 2000-452, 22 mai 2000, *JO* 27 mai, p. 8002) – Conv. relative à l'entraide judiciaire en matière pénale entre la République française et la République socialiste fédérative de Yougoslavie, 29 oct. 1969 (D. n° 70-1088, 24 nov. 1970, *JO* 1er déc., p. 10979) dont les dispositions ont été reprises par la Bosnie-Herzegovine (D. n° 2004-96, 26 janv. 2004, *JO* 31 janv., p. 2225), la Croatie (D. n° 96-711, 7 août 1996, *JO* 13 août, p. 12281), le Kosovo (D. n° 2003-457, 16 mai 2003, *JO* 23 mai, p. 8825 – D. n° 2013-349, 24 avr. 2013, *JO* 26 avr., n° 2), la Macédoine (D. n° 96-726, 8 août 1996, *JO* 20 août, ▶

nant. Ainsi, l'accord conclu avec la Suisse en vue de compléter la *Convention européenne d'entraide judiciaire en matière pénale* du 20 avril 1959, prévoit que « hormis les pièces à conviction, dossiers ou documents mentionnés à l'article 3 de la Convention, sont aussi remis à l'État requérant, en vue de leur restitution au lésé, les biens provenant d'une infraction ainsi que leurs produits, qui peuvent être saisis selon le droit de l'État requis », sauf à préciser que « toute prétention élevée par une personne étrangère à l'infraction sur ces biens, qui n'a pas été satisfaite ou garantie, demeure réservée » (art. VI)[1]. De même, les conventions conclues avec l'Allemagne (art. 3, § 3) et l'Autriche (art. 4, § 3) à la même fin prévoient que « les objets et valeurs provenant d'une infraction, trouvés en possession de l'auteur de celle-ci, sont remis à l'État contractant qui en fait la demande, par l'autre État, aux fins de restitution à la victime si aucune personne ou autorité n'excipe d'un droit sur ces objets ou valeurs »[2]. En dehors du continent européen, l'article 5 de la convention conclue avec la Corée prévoit aussi que les demandes d'entraide peuvent avoir pour objet « de restituer à la victime, sans préjudice des droits de tierces parties, conformément aux dispositions législatives applicables, des objets ou valeurs provenant d'une infraction trouvée en la possession de l'auteur de celle-ci »[3]. L'on trouve des dispositions comparables dans les conventions conclues avec Cuba (art. 5), le Mexique (art. 5) et la République dominicaine (art. 5)[4].

Ceci étant, ces conventions n'ont pas le monopole des dispositions autorisant de telles demandes. En effet, plusieurs conventions qui, comme il sera vu[5], permettent que soit sollicitée la saisie de biens aux fins de confiscation, comportent également des dispositions relatives à la restitution du produit de l'infraction à la victime. Ainsi, la convention conclue avec l'Argentine prévoit que « la Partie requérante peut demander à la Partie requise de restituer à la victime, dans le respect des droits des tiers, tous biens ou valeurs susceptibles de provenir d'une infraction » (art. 9)[6]. Les dispositions des conventions négociées avec la Colombie (art. 5) et la Thaïlande (art. 12) sont presque identiques[7], quand celles des accords avec le Costa Rica (art. 15), le Maroc (art. 21) et le Pérou (art. 23) sont comparables : « La partie requise peut, sur demande de la Partie requérante et sans préjudice des droits des tiers de bonne foi, mettre des objets obtenus par des moyens illicites à la disposition de la Partie requérante, dans la mesure où sa législation le permet, en vue de leur restitution à leur propriétaire légitime. »[8] Les énonciations de la convention entre la France et les États-Unis d'Amérique sont en revanche plus elliptiques, le texte se bornant à énoncer que « chaque État prête assistance à l'autre État, dans les limites autorisées par sa législation, en vue de faciliter la restitution » (art. 13)[9].

► p. 12534), le Montenegro (D. n° 2003-457, 16 mai 2003, *JO* 23 mai, p. 8825 – D. n° 2012-621, 2 mai 2012, *JO* 4 mai, n° 11), la Serbie (D. n° 2003-457, 16 mai 2003, *JO* 23 mai, p. 8825) et la Slovénie (D. n° 96-229, 15 mars 1996, *JO* 22 mars, p. 4442).

1. Accord *entre le Gouvernement de la République française et le Conseil fédéral suisse en vue de compléter la Convention européenne d'entraide judiciaire en matière pénale du 20 avril 1959*, 28 oct. 1996 (D. n° 2000-452, 22 mai 2000, *JO* 27 mai, p. 8002).
2. Conv. *entre la République française et la République fédérale d'Allemagne additionnelle à la Convention européenne d'entraide judiciaire en matière pénale du 20 avril 1959*, 24 oct. 1974 (D. n° 81-19, 8 janv. 1981, *JO* 13 janv., p. 234) – Accord *entre la République française et la République d'Autriche additionnel à la Convention européenne d'entraide judiciaire en matière pénale*, 18 nov. 1983 (D. n° 86-851, 15 juill. 1986, *JO* 19 juill., p. 8953).
3. Conv. *d'entraide judiciaire en matière pénale entre le Gouvernement de la République française et le Gouvernement de la République de Corée*, 2 mars 1995 (D. n° 97-354, 10 avr. 1997, *JO* 17 avr., p. 5812).
4. Conv. *d'entraide judiciaire en matière pénale entre le Gouvernement de la République française et le Gouvernement de la République de Cuba*, 22 sept. 1998 (D. n° 2002-926, 6 juin 2002, *JO* 11 juin, p. 10354) – Conv. *d'entraide judiciaire en matière pénale entre le Gouvernement de la République française et le Gouvernement des États-Unis du Mexique*, 27 janv. 1994 (D. n° 95-433, 14 avr. 1995, *JO* 23 avr., p. 6328) – Conv. *d'entraide judiciaire en matière pénale entre le Gouvernement de la République française et le Gouvernement de la République dominicaine*, 14 janv. 1999 (D. n° 2002-920, 31 mai 2002, *JO* 7 juin, p. 10138).
5. V. s[s] n° 311.44.
6. Conv. *d'entraide judiciaire en matière pénale entre le Gouvernement de la République française et le Gouvernement de la République Argentine*, 14 oct. 1998 (D. n° 2007-333, 12 mars 2007, *JO* 14 mars, p. 4805).
7. Conv. *d'entraide judiciaire en matière pénale entre le Gouvernement de la République française et le Gouvernement de la République de Colombie*, 21 mars 1997 (D. n° 2001-548, 20 juin 2001, *JO* 28 juin, p. 10247) – Conv. *d'entraide judiciaire en matière pénale entre le Gouvernement de la République française et le Gouvernement du Royaume de Thaïlande*, 11 sept. 1997 (D. n° 2000-553, 15 juin 2000, *JO* 23 juin, p. 9442).
8. Conv. *d'entraide judiciaire en matière pénale entre le Gouvernement de la République française et le Gouvernement de la République du Costa Rica*, 4 nov. 2013 (D. n° 2018-742, 22 août 2018, *JO* 24 août, n° 15) – Conv. *d'entraide judiciaire en matière pénale entre le Gouvernement de la République française et le Gouvernement du Royaume du Maroc*, 18 avr. 2008 (D. n° 2011-960, 16 août 2011, *JO* 18 août, p. 13986) – Conv. *d'entraide judiciaire en matière pénale entre le Gouvernement de la République française et le Gouvernement de la République du Pérou*, 15 nov. 2012 (D. n° 2016-916, 4 juill. 2016, *JO* 6 juill., n° 2).
9. Traité *d'entraide judiciaire en matière pénale entre la France et les États-Unis d'Amérique*, 10 déc. 1998 (D. n° 2001-1122, 28 nov. 2001, *JO* 29 nov., p. 18964).

311.44 Entraide aux fins de saisie du produit et de l'instrument de l'infraction. Au contraire, de nombreuses conventions plus récentes prévoient que les saisies pénales patrimoniales peuvent faire l'objet d'une demande d'entraide, l'État requis étant tenu de prendre, sur demande de l'État requérant, les mesures nécessaires autorisées par sa législation en vue de geler, bloquer ou encore saisir les instruments et produits des infractions objet des investigations diligentées par les autorités requérantes [1].

Parmi ces conventions, cependant, celle conclue entre la France et Monaco est d'interprétation délicate, dès lors qu'elle se borne à prévoir que « l'entraide judiciaire accordée en application de la [...] Convention peut être demandée pour fournir tout type d'assistance compatible avec le droit interne de la Partie requise, et notamment : [...] d) effectuer des perquisitions, gels et saisies, [...] h) identifier ou localiser des produits du crime, des biens, des instruments ou d'autres choses afin de recueillir des éléments de preuve ». La référence à la notion de « gel » qui, dans le lexique du droit pénal international, renvoie aux saisies patrimoniales et non à celles qui ont une visée probatoire, ainsi que, par ailleurs, la mention des produits et instruments des infractions, pourraient être interprétées comme permettant l'entraide aux fins de saisie patrimoniale, étant relevé que la liste d'actes figurant à l'article 1 du texte n'est pas limitative ; mais ce sont les seules dispositions du texte qui sont en ce sens.

Ces deux catégories de biens sont parfois visées par assimilation de l'instrument de l'infraction au produit de celle-ci. Les conventions conclues avec la Chine (art. XVI), le Costa Rica (art. 19), le Maroc (art. 20) et le Pérou (art. 22) prévoient à cet égard que « les produits d'une infraction incluent les instruments utilisés pour la commission de cette infraction ». La convention conclue avec Hong Kong (art. XVIII) contient des dispositions comparables, tandis que celle négociée avec l'Inde (art. 18) comporte des énonciations plus originales : « Les produits d'une infraction incluent les instruments utilisés en corrélation avec la commission d'une infraction, à savoir tout bien, toute somme d'argent et tous biens meubles ou immeubles, tangibles ou intangibles, notamment tous intérêts échus tirés ou réalisés directement ou indirectement ou utilisés par une personne à la suite d'une ou plusieurs infractions, ou la valeur de ces biens. »

Ceci étant, certaines conventions bilatérales n'envisagent que la seule entraide aux fins de saisie du produit des infractions. C'est le cas de plusieurs conventions conclues avec des États sud-américains, à savoir l'Argentine, la Colombie, le Paraguay et l'Uruguay, mais également celui de la convention conclue avec l'Australie [2].

Enfin, les notions de produit et d'instrument de l'infraction se trouvent définies dans certaines conventions bilatérales. L'article 15 de la convention avec l'Algérie prévoit ainsi que « l'expression

1. Conv. *d'entraide judiciaire en matière pénale entre le Gouvernement de la République française et le Gouvernement de la République d'Afrique du Sud*, 31 mai 2001 (D. n° 2004-266, 23 mars 2004, *JO* 26 mars, p. 5775) (art. 11) – Conv. *d'entraide judiciaire en matière pénale entre le Gouvernement de la République française et le Gouvernement de la République algérienne démocratique et populaire*, 5 oct. 2016 (D. n° 2018-442, 4 juin 2018, *JO* 6 juin, n° 30) (art. 1er, 14 et 15) – Accord *d'entraide judiciaire en matière pénale entre le Gouvernement de la République française et le Gouvernement de la République populaire de Chine*, 18 avr. 2005 (D. n° 2007-1450, 9 oct. 2007, *JO* 11 oct., p. 16634) (art. Ier, XV et XVI) – Conv. *d'entraide judiciaire en matière pénale entre le Gouvernement de la République française et le Gouvernement de la République du Costa Rica*, 4 nov. 2013 (D. n° 2018-742, 22 août 2018, *JO* 24 août, n° 15) (art. 18 et 19) – Conv. *d'entraide judiciaire en matière pénale entre le Gouvernement de la République française et le Gouvernement de l'État des Émirats arabes unis*, 2 mai 2007 (D. n° 2009-1156, 29 sept. 2009, *JO* 1er oct., p. 15903) (art. 9 et 10) – Traité *d'entraide judiciaire en matière pénale entre la France et les États-Unis d'Amérique*, 10 déc. 1998 (D. n° 2001-1122, 28 nov. 2001, *JO* 29 nov., p. 18964) (art. 11) – Conv. *d'entraide judiciaire en matière pénale entre le Gouvernement de la République française et le Gouvernement de Hong Kong*, 25 juin 1997 (D. n° 99-846, 30 sept. 1999, *JO* 1er oct., p. 14566) (art. Ier et XVIII) – Conv. *d'entraide judiciaire en matière pénale entre le Gouvernement de la République française et le Gouvernement de la République de l'Inde*, 25 janv. 1998 (D. n° 2006-589, 23 mai 2006, *JO* 25 mai, p. 7737) (art. 1er et 18) – Conv. *d'entraide judiciaire en matière pénale entre le Gouvernement de la République française et le Gouvernement du Royaume hachémite de Jordanie*, 20 juill. 2011 (D. n° 2016-54, 28 janv. 2016, *JO* 30 janv., n° 2) (art. 10 et 11) – Conv. *d'entraide judiciaire en matière pénale entre le Gouvernement de la République française et le Gouvernement du Royaume du Maroc*, 18 avr. 2008 (D. n° 2011-960, 16 août 2011, *JO* 18 août, p. 13986) (art. 19 et 20) – Conv. *d'entraide judiciaire en matière pénale entre le Gouvernement de la République française et le Gouvernement de Son Altesse Sérénissime le Prince de Monaco*, 8 nov. 2005 (D. n° 2008-1126, 3 nov. 2008, *JO* 5 nov., p. 16852) (art. 1) – Conv. *d'entraide judiciaire en matière pénale entre le Gouvernement de la République française et le Gouvernement de la République du Pérou*, 15 nov. 2012 (D. n° 2016-916, 4 juill. 2016, *JO* 6 juill., n° 2) (art. 1er, 21 et 22) – Conv. *d'entraide judiciaire en matière pénale entre le Gouvernement de la République française et le Gouvernement de Sainte-Lucie*, 30 sept. 2016 (D. n° 2018-1149, 13 déc. 2018, *JO* 15 déc., n° 7) (art. 1er, 14 et 15) – Conv. *d'entraide judiciaire en matière pénale entre le Gouvernement de la République française et le Gouvernement du Royaume de Thaïlande*, 11 sept. 1997 (D. n° 2000-553, 15 juin 2000, *JO* 23 juin, p. 9442) (art. 1er et 16).

2. Conv. *d'entraide judiciaire en matière pénale entre le Gouvernement de la République française et le Gouvernement de l'Australie*, 14 janv. 1993 (D. n° 94-385, 10 mai 1994, *JO* 18 mai, p. 7287) (art. 1er et 15) – Conv. *d'entraide judiciaire en matière pénale entre le Gouvernement de la République française et le Gouvernement de la République* ▶

"produit de l'infraction" désigne le bien de toute nature dérivé ou obtenu, directement ou indirectement de la commission d'une infraction et l'expression "instrument de l'infraction" désigne tout bien utilisé ou destiné à être utilisé pour commettre une infraction »[1]. Ces dispositions rejoignent celles de l'article 14 de la convention conclue avec Sainte-Lucie[2].

311.45 Entraide aux fins de saisie pénale élargie entre le Royaume-Uni et les États membres de l'Union européenne. L'entraide aux fins de saisie pénale patrimoniale entre le Royaume-Uni et les États membres de l'Union européenne fait figure d'exception, en ce que l'accord conclu entre ces États à la suite du retrait du Royaume-Uni de l'Union européenne, prévoit que l'entraide peut porter sur une plus grande variété de biens que les seuls produit et instrument de l'infraction poursuivie par les autorités judiciaires de l'État requérant.

Ainsi, peuvent faire l'objet d'une demande d'entraide les saisies pénales portant, en nature ou en valeur, sur les biens qui sont l'instrument ou le produit de l'infraction, mais aussi sur les biens qui sont passibles « de confiscation en application de toute autre disposition relative aux pouvoirs de confiscation au titre du droit de l'État requérant à la suite d'une procédure en lien avec une infraction pénale, y compris de confiscation des avoirs des tiers, de confiscation élargie et de confiscation sans condamnation préalable »[3]. Ces dispositions sont originales, en ce qu'elles permettent l'entraide aux fins de saisie en valeur non seulement du produit de l'infraction, mais aussi de son instrument, qu'elles organisent par ailleurs l'entraide aux fins de saisie pénale élargie – comme pouvant porter sur des biens qui n'ont aucun lien avec l'infraction, soit les saisies organisées en droit interne par l'article 706-148 du Code de procédure pénale –, et qu'enfin le champ d'application de l'accord s'étend aux procédures de saisie et de confiscation sans condamnation préalable. Cette intégration dans l'accord de l'acquis du droit de l'Union européenne le distingue de l'ensemble des autres conventions internationales.

En revanche, la définition des notions d'instrument et de produit de l'infraction est sans particularité, l'instrument s'entendant de tout bien employé ou destiné à être employé de quelque façon que ce soit, en tout ou en partie, pour commettre une ou des infractions pénales (art. LAW.CONFISC. 2, c, xx), quand le produit correspond à tout avantage économique provenant directement ou indirectement de la commission d'une infraction pénale, ou obtenu directement ou indirectement en la commettant, ou une somme d'argent équivalant à cet avantage économique (art. LAW.CONFISC. 2, e, xix). De même, la saisie peut porter sur des biens de toute nature : corporel ou incorporel, meuble ou immeuble, ou bien encore tout acte juridique ou document attestant d'un titre ou d'un droit sur un bien (art. LAW.CONFISC. 2, f).

B.
Conventions internationales multilatérales

311.50 Plan. Les conventions internationales multilatérales organisant l'entraide aux fins de saisie pénale patrimoniale ont été adoptées dans le cadre du Conseil de l'Europe (1°) ou de l'Organisation des Nations unies (2°).

1°
Conventions du Conseil de l'Europe

311.60 Plan. Les conventions internationales conclues dans le cadre institutionnel du Conseil de l'Europe envisagent diversement la question de l'entraide judiciaire internationale aux fins de saisie pénale patrimoniale.

Si l'ancienneté de la *Convention européenne d'entraide judiciaire en matière pénale* du 20 avril 1959[4] explique sans doute que ce texte ne prévoie pas, formellement, qu'une demande d'entraide puisse avoir pour objet la saisie d'un bien aux fins de confiscation, des conventions thématiques plus récentes ont intégré l'évolution de la politique criminelle ayant consisté à porter la lutte contre la criminalité et la délinquance sur le terrain patrimonial.

► *Argentine*, 14 oct. 1998 (D. n° 2007-333, 12 mars 2007, *JO* 14 mars, p. 4805) (art. 1er et 10) – Conv. *d'entraide judiciaire en matière pénale entre le Gouvernement de la République française et le Gouvernement de la République de Colombie*, 21 mars 1997 (D. n° 2001-548, 20 juin 2001, *JO* 28 juin, p. 10247) (art. 1er 4) – Conv. *d'entraide judiciaire en matière pénale entre le Gouvernement de la République française et le Gouvernement de la République du Paraguay*, 16 mars 1997 (D. n° 2003-127, 12 févr. 2003, *JO* 19 févr., p. 2967) (art. 1 et 4) – Conv. *d'entraide judiciaire en matière pénale entre le Gouvernement de la République française et le Gouvernement de la République orientale de l'Uruguay*, 5 nov. 1996 (D. n° 2003-496, 5 juin 2003, *JO* 13 juin, p. 9956) (art. 1er et 14).

1. Conv. *d'entraide judiciaire en matière pénale entre le Gouvernement de la République française et le Gouvernement de la République algérienne démocratique et populaire*, 5 oct. 2016 (D. n° 2018-442, 4 juin 2018, *JO* 6 juin, n° 30).
2. Conv. *d'entraide judiciaire en matière pénale entre le Gouvernement de la République française et le Gouvernement de Sainte-Lucie*, 30 sept. 2016 (D. n° 2018-1149, 13 déc. 2018, *JO* 15 déc., n° 7).
3. Accord *de commerce et de coopération entre l'Union européenne et la Communauté européenne de l'énergie atomique, d'une part, et le Royaume-Uni de Grande-Bretagne et d'Irlande du Nord, d'autre part, JOUE* L 149, 30 avr. 2021, art. LAW.CONFISC. 2, f.
4. *Conv. européenne d'entraide judiciaire en matière pénale*, 20 avr. 1959 (D. n° 67-636, 23 juill. 1967, *JO* 4 août, p. 7809).

En effet, la Convention *relative au blanchiment, au dépistage, à la saisie et à la confiscation des produits du crime* du 8 novembre 1990[1], dite de Strasbourg, et la Convention du Conseil de l'Europe *relative au blanchiment, au dépistage, à la saisie et à la confiscation des produits du crime et au financement du terrorisme* du 16 mai 2005[2], dite de Varsovie, ont en commun de permettre aux États parties de s'adresser des demandes d'entraide aux fins de saisie de l'instrument de l'infraction, ainsi qu'en nature ou valeur, de son produit.

311.61 Convention européenne d'entraide judiciaire en matière pénale de 1959. La *Convention européenne d'entraide judiciaire en matière pénale* du 20 avril 1959[3], ratifiée par les quarante-sept États membres du Conseil de l'Europe, ainsi que par le Chili, Israël et la République de Corée[4], ne prévoit pas qu'une demande d'entraide judiciaire puisse avoir pour objet la saisie d'un bien aux fins de confiscation, l'article 5 de ce texte se rapportant aux seules perquisitions et saisies probatoires[5].

C'est d'ailleurs ce qui ressort du *Rapport explicatif de la Convention relative au blanchiment, au dépistage, à la saisie et à la confiscation des produits du crime du 8 novembre 1990*, qui a été conclue dans le même cadre juridique. En effet, ce rapport énonce que l'un des objectifs majeurs de la nouvelle convention était précisément de compléter la convention de 1959 qui « ne s'applique pas au dépistage et à la saisie de biens en vue de leur confiscation »[6].

311.62 Protocoles additionnels à la convention. Si le *Premier protocole additionnel* à cette convention du 17 mars 1978[7] ne contient pas davantage de dispositions relatives aux saisies pénales patrimoniales, le *Deuxième protocole additionnel* du 8 novembre 2001[8] comporte en revanche certaines dispositions applicables en la matière.

Ainsi, l'article 12 de ce texte permet qu'une demande d'entraide ait pour objet, certes pas la saisie, mais la restitution à son propriétaire d'un bien obtenu par des moyens illicites, sous réserve des droits des tiers de bonne foi. Le premier paragraphe de cet article énonce en effet que « la Partie requise peut, sur demande de la Partie requérante et sans préjudice des droits des tiers de bonne foi, mettre des objets obtenus par des moyens illicites à la disposition de la Partie requérante en vue de leur restitution à leur propriétaire légitime ».

Par ailleurs, le *Deuxième protocole additionnel* contient un article 24, relatif aux « mesures provisoires », prévoyant à son premier paragraphe qu'« à la demande de la Partie requérante, la Partie requise, en conformité avec sa loi nationale, peut ordonner des mesures provisoires en vue de préserver des moyens de preuve, de maintenir une situation existante, ou de protéger des intérêts juridiques menacés », l'État requis pouvant cependant ne faire droit à la demande que partiellement ou sous réserve de conditions, notamment en limitant la durée des mesures prises (art. 24, § 2). Ces dispositions pourraient être lues comme permettant que des demandes d'entraide aient pour objet des saisies pénales patrimoniales.

311.63 Interprétation jurisprudentielle de la convention. Il reste que les interrogations qui précèdent sont essentiellement théoriques, dès lors que la chambre criminelle a interprété la convention de 1959 comme permettant que des demandes d'entraide aient pour objet des saisies aux fins de confiscation.

Dans un important arrêt du 27 juin 2018, la chambre criminelle a en effet énoncé que « les articles 1er, 3 et 5 de la *Convention européenne d'entraide judiciaire en matière pénale* du 20 avril 1959 autorisent un État signataire à demander l'exécution, par un autre État co-contractant, d'une mesure provisoire de saisie, laquelle doit être mise en œuvre conformément au droit interne de l'État requis »[9], approuvant ainsi la saisie d'un navire sur

1. Conv. *relative au blanchiment, au dépistage, à la saisie et à la confiscation des produits du crime,* 8 nov. 1990 (D. n° 97-183, 25 févr. 1997, *JO* 4 mars, p. 3417).
2. Con. Conseil de l'Europe *relative au blanchiment, au dépistage, à la saisie et à la confiscation des produits du crime et au financement du terrorisme,* 16 mai 2005 (D. n° 2016-499, 22 avr. 2016, *JO* 24 avr., n° 1).
3. *Conv. européenne d'entraide judiciaire en matière pénale,* 20 avr. 1959 (D. n° 67-636, 23 juill. 1967, *JO* 4 août, p. 7809), signée puis ratifiée par la France les 28 avril 1961 et 23 mai 1967, et entrée en vigueur à l'égard de la France le 21 août 1967 – POUR DES EXEMPLES D'APPLICATION : Crim. 29 juin 2016, n° 15-82.147, NP – Crim. 27 juin 2018, n° 17-85.101, P, n° 125.
4. État des signatures et ratifications de la convention : https://www.coe.int/fr/web/conventions/full-list/-/conventions/treaty/030
5. CEPENDANT : v. ss n° 311.63.
6. Conseil de l'Europe, *Rapport explicatif de la Convention relative au blanchiment, au dépistage, à la saisie et à la confiscation des produits du crime*, 8 nov. 1990, § 9, p. 2.
7. *Premier protocole additionnel à la Convention européenne d'entraide judiciaire en matière pénale*, 17 mars 1978 (D. n° 91-386, 17 avr. 1991, *JO* 25 avr., p. 5476), signé puis ratifié par la France les 28 mars 1990 et 1er février 1991, et entré en vigueur à l'égard de la France le 2 mai 1991. État des signatures et ratifications du protocole : https://www.coe.int/fr/web/conventions/full-list/-/conventions/treaty/099
8. *Deuxième protocole additionnel à la Convention européenne d'entraide judiciaire en matière pénale,* 8 nov. 2001 (D. n° 2012-813, 16 juin 2012, *JO* 20 juin, n° 1), signé puis ratifié par la France les 8 novembre 2001 et 6 février 2012, et entré en vigueur à l'égard de la France le 1er juin 2012. État des signatures et ratifications du protocole : https://www.coe.int/fr/web/conventions/full-list/-/conventions/treaty/182.
9. Crim. 27 juin 2018, n° 17-85.101, P, n° 125 – *CONTRA* : Crim. 26 janv. 2016, n° 12-81.785, NP et le rapport explicatif précité du Conseil de l'Europe.

le territoire français à la demande des autorités judiciaires néerlandaises.

Il est vrai que le premier paragraphe de l'article 1er de la convention prévoit que les Parties contractantes s'engagent à s'accorder mutuellement, selon les dispositions de la convention, « l'aide judiciaire la plus large possible » dans toute procédure visant des infractions dont la répression est, au moment où l'entraide est demandée, de la compétence des autorités judiciaires de la partie requérante.

Il reste cependant que cette interprétation s'oppose à celle ressortant du *Rapport explicatif* de la convention de Strasbourg, comme il a été vu[1], et que, de plus, les dispositions sur lesquelles la chambre criminelle s'est fondée se retrouvent en réalité dans la quasi-totalité des conventions internationales gouvernant l'entraide judiciaire internationale en matière pénale.

311.64 **Convention de Strasbourg.** À l'inverse, la Convention *relative au blanchiment, au dépistage, à la saisie et à la confiscation des produits du crime* du 8 novembre 1990[2], dite de Strasbourg, contient, comme son intitulé l'indique, des dispositions permettant l'entraide judiciaire internationale aux fins de saisie de l'instrument et, en nature ou en valeur, du produit de l'infraction.

Cette convention a d'ailleurs précisément pour objet de compléter les instruments juridiques adoptés dans le cadre du Conseil de l'Europe, en prenant en compte, tout en l'améliorant, l'acquis de la Convention des Nations unies *contre le trafic illicite de stupéfiants et de substances psychotropes* du 20 décembre 1988[3], dite de Vienne, afin de « priver le délinquant des produits du crime » (préambule) en développant et harmonisant, dans le droit interne des États parties, les instruments juridiques permettant le dépistage, la saisie et la confiscation des produits du crime, ainsi que la pénalisation du blanchiment de ces produits et la coopération pénale internationale dans ce domaine ; car il est vrai que l'harmonisation des législations nationales est la condition préalable de l'entraide judiciaire internationale[4].

Ce texte est très important car, s'il est thématique, il a précisément pour objet de permettre l'entraide judiciaire internationale en matière de saisies et confiscations pénales, il a été ratifié par les quarante-sept États membres du Conseil de l'Europe, ainsi que par l'Australie et le Kazakhstan, et il s'applique quelle que soit l'infraction poursuivie[5]. En effet, la convention a été conçue comme un texte de portée universelle, devant être ouvert, comme tel, à l'adhésion d'États non membres du Conseil de l'Europe, au point que l'adjectif « européen » a été délibérément omis de son intitulé[6].

Par ailleurs, bien que la convention soit notamment relative au blanchiment, son champ d'application *ratione materiae* est plus vaste. La convention s'applique ainsi, en matière de demande d'entraide aux fins de saisie pénale patrimoniale, quelle que soit l'infraction poursuivie par les autorités judiciaires de l'État requérant. Nous verrons, s'agissant des confiscations, que la convention permet aux États parties de faire des déclarations excluant l'application de celle-ci à certaines infractions[7], mais rien de tel n'a été prévu s'agissant des mesures provisoires. Le *Rapport explicatif* est univoque à cet égard : « Bien qu'une Partie puisse déclarer quelles sont les infractions ou catégories d'infractions qu'elle tient à soumettre à l'obligation prévue à l'article 2 [relatif aux confiscations], elle doit néanmoins adopter des moyens permettant la prise de mesures d'investigation et de mesures provisoires en ce qui concerne toutes les infractions ou catégories d'infractions. S'agissant des liens entre cet article et le chapitre III [concernant la coopération internationale], une Partie ne devrait pas avoir la faculté de refuser des mesures prévues par les sections 2 ou 3 simplement parce qu'elle a fait, en vertu de l'article 2, paragraphe 2, une déclaration visant une certaine infraction. La faculté d'appliquer l'article 18, paragraphe 1.f, subsiste évidemment [condition de double incrimination]. En vertu de l'article 7, les Parties doivent adopter des mesures leur permettant de répondre, aux conditions prévues dans le chapitre III, aux demandes d'entraide aux

1. V. ss no 311.61.
2. Conv. *relative au blanchiment, au dépistage, à la saisie et à la confiscation des produits du crime,* 8 nov. 1990 (D. no 97-183, 25 févr. 1997, *JO* 4 mars, p. 3417), signée puis ratifiée par la France les 5 juillet 1991 et 8 octobre 1996, et entrée en vigueur à l'égard de la France le 1er février 1997 – POUR UN EXEMPLE D'APPLICATION : Crim. 26 janv. 2016, no 12-81.785, NP.
3. Conseil de l'Europe, *Rapport explicatif de la Convention relative au blanchiment, au dépistage, à la saisie et à la confiscation des produits du crime*, préc, § 9, p. 2 et § 14, p. 4.
4. EN CE SENS : Conseil de l'Europe, *Rapport explicatif de la Convention relative au blanchiment, au dépistage, à la saisie et à la confiscation des produits du crime*, préc., § 8, p. 2 : « On a estimé que la coopération internationale, qui repose traditionnellement sur des concepts et principes juridiques communs, risquait d'être gravement compromise par ces divergences. Aussi, la convention devrait-elle prévoir des moyens propres à permettre de surmonter ces divergences, impliquant éventuellement la nécessité, pour les États qui souhaitent la ratifier, de modifier parfois considérablement leur législation. »
5. État des signatures et ratifications : https://www.coe.int/fr/web/conventions/full-list/-/conventions/treaty/141
6. Conseil de l'Europe, *Rapport explicatif de la Convention relative au blanchiment, au dépistage, à la saisie et à la confiscation des produits du crime*, préc., § 18, p. 5.
7. V. ss no 312.63.

fins d'investigation et prendre des mesures provisoires. »[1]

S'agissant des mesures susceptibles d'être sollicitées sur le fondement de cette convention, le chapitre III de celle-ci, relatif à la « coopération internationale », pose tout d'abord pour principes généraux, à son article 7, contenu dans une première section intitulée « principes de coopération internationale », que « les Parties coopèrent dans la mesure la plus large possible les unes avec les autres aux fins d'investigations et de procédures visant à la confiscation des instruments et des produits » et que, dans ce but, les États parties sont tenus d'adopter les mesures législatives nécessaires pour répondre, dans les conditions de la convention, aux demandes « de confiscation de biens particuliers consistant en des produits ou instruments, ainsi que de confiscation des produits consistant en l'obligation de payer une somme d'argent correspondant à la valeur du produit », et « d'entraide aux fins d'investigations et de mesures provisoires ayant pour but l'une des formes de confiscations [précitées] ». Ces énonciations sont importantes car, ainsi que cela résulte du *Rapport explicatif*, elles ont été rédigées pour préciser la portée et les objectifs de la coopération internationale détaillée dans les sections suivantes, et ont donc vocation à éclairer leur interprétation[2].

En application de ces principes, l'article 11 de la convention, inaugurant une section 3 intitulée « mesures provisoires », prévoit que peuvent faire l'objet d'une demande d'entraide les mesures provisoires, telles que le « gel ou la saisie », qui s'imposent pour « prévenir toute opération, tout transfert ou toute aliénation relativement à tout bien qui, par la suite, pourrait faire l'objet d'une demande de confiscation ou qui pourrait permettre de faire droit à une telle demande ».

Observons d'emblée, comme le relève le *Rapport explicatif*, que « le gel et la saisie ne sont que des exemples de mesures provisoires » et « ne font référence à aucun instrument juridique particulier défini par le droit interne »[3]. La notion se définit ainsi par son objectif qui est de « prévenir toute opération, tout transfert ou toute aliénation relativement à tout bien qui, par la suite, pourrait faire l'objet d'une demande de confiscation ou qui pourrait permettre de faire droit à une telle demande » (art. 11). Cette façon de procéder est une conséquence de la volonté des auteurs de la convention de créer une terminologie autonome qui, à la lumière des lois internes en cause, doit être interprétée de manière à garantir l'application la plus fidèle et la plus efficace de la convention. Il s'en déduit, par exemple, que « si le "gel" d'un compte bancaire est demandé, l'État requis ne devra pas refuser de coopérer au seul motif que le droit interne ne prévoit qu'une mesure de saisie dans le cas considéré »[4]. C'est l'effet utile de la convention qui se trouve recherché.

Bien que l'article 11 de la convention soit taisant à propos de la nature des biens susceptibles de faire l'objet d'une demande d'entraide aux fins de saisie, tout comme des liens qu'ils doivent entretenir avec l'infraction objet des investigations diligentées par les autorités de l'État requérant, il ressort de l'article 13, relatif aux demandes d'entraide aux fins de confiscation auxquelles se réfère l'article 11 précité, que peuvent être saisis les biens qui sont le produit ou l'instrument des faits poursuivis et sont situés sur le territoire de l'État requis (art. 13, § 1, a).

Les notions de bien, de produit et d'instrument se trouvent définies par l'article 1er de la convention. Elle s'applique ainsi aux biens de toute nature, qu'ils soient corporels ou incorporels, meubles ou immeubles, ainsi qu'aux actes juridiques ou documents attestant d'un titre ou d'un droit sur le bien (art. 1, b). Ce sont donc l'ensemble des droits patrimoniaux qui sont susceptibles de faire l'objet d'une demande d'entraide aux fins de saisie. La chambre criminelle a d'ailleurs considéré que la convention permet les demandes d'entraide aux fins de saisie immobilière[5].

Par ailleurs, la notion de produit de l'infraction renvoie à « tout avantage économique tiré d'infractions pénales », celui-ci pouvant consister en tout bien au sens de la convention (art. 1, b), tandis que doit être considéré comme constituant l'instrument de l'infraction « tous objets employés ou destinés à être employés de quelque façon que ce soit, en tout ou partie, pour commettre une ou des infractions pénales ». Ces définitions rejoignent celles du droit interne et du droit de l'Union européenne.

Le *Rapport explicatif* précise, à propos de la notion de produit, que les rédacteurs de la convention se sont demandés si l'expression « avantage économique » impliquait que la dépense engagée pour réaliser le profit, comme par exemple le prix d'achat des stupéfiants, devait être déduite du profit brut et qu'il était apparu que les législations nationales étaient très différentes à cet égard, de sorte qu'ils avaient estimé que les différences entre les parties étaient insuscep-

1. Conseil de l'Europe, *Rapport explicatif de la Convention relative au blanchiment, au dépistage, à la saisie et à la confiscation des produits du crime*, préc, § 28, p. 9.
2. Conseil de l'Europe, *Rapport explicatif de la Convention relative au blanchiment, au dépistage, à la saisie et à la confiscation des produits du crime*, préc., § 35, p. 11.
3. Conseil de l'Europe, *Rapport explicatif de la Convention relative au blanchiment, au dépistage, à la saisie et à la confiscation des produits du crime*, préc., § 39, p. 13.
4. Conseil de l'Europe, *Rapport explicatif de la Convention relative au blanchiment, au dépistage, à la saisie et à la confiscation des produits du crime*, préc., § 20, p. 6.
5. Crim. 26 janv. 2016, n° 12-81.785, NP.

tibles d'être invoquées comme un obstacle à la coopération internationale. Il a seulement été arrêté, en matière d'infractions à la législation sur les stupéfiants, que « la valeur de l'achat initial de la drogue entrerait toujours dans la définition des produits »[1].

De même, la notion d'objet de l'infraction, que le droit français permet de saisir et confisquer[2], ne figure pas dans la convention. Rien ne s'oppose cependant à ce qu'un tel bien fasse l'objet d'une demande d'entraide aux fins de saisie sur le fondement de la convention. Le *Rapport explicatif* énonce en effet : « Après discussion, les experts ont décidé de ne pas inclure "les objets des infractions" dans le champ d'application de la convention. En effet, la définition des termes "produits" et "instrument" est suffisamment large pour couvrir, le cas échéant, les objets des infractions. La définition large des "produits" pourrait notamment comprendre les biens volés - des œuvres d'art, par exemple - ou le commerce d'espèces menacées. »[3]

Il est enfin important de relever que la convention permet que les demandes d'entraide aient pour objet la saisie en valeur des produits de l'infraction poursuivie par les autorités de l'État requérant. En effet, l'article 13, § 3, de la convention prévoit que les dispositions du premier paragraphe de ce texte, relatif aux demandes d'entraide aux fins de confiscation, « s'appliquent également à la confiscation consistant en l'obligation de payer une somme d'argent correspondant à la valeur du produit, si des biens sur lesquels peut porter la confiscation se trouvent sur le territoire de la Partie requise ». « En pareil cas, précise le texte, en procédant à la confiscation conformément au paragraphe 1, la Partie requise, à défaut de paiement, fait recouvrer sa créance sur tout bien disponible à cette fin. » Le texte envisage ainsi expressément la faculté pour les États parties d'adresser des demandes d'entraide non seulement aux fins de confiscation de biens déterminés, mais également aux fins d'exécution de peines de confiscation en valeur consistant en des condamnations pécuniaires. Or, l'article 11, § 1, de la convention dispose que l'État requis prend les mesures provisoires qui s'imposent pour prévenir toute opération, tout transfert ou toute aliénation relativement à tout bien qui, par la suite, soit pourrait faire l'objet d'une demande de confiscation, soit « pourrait permettre de faire droit à une telle demande ». Si la première branche de l'alternative ne correspond pas à la confiscation en valeur au sens de la convention, la seconde doit en revanche être lue comme signifiant que sont envisagées par celle-ci les demandes d'entraide aux fins de saisie en valeur permettant à un État partie de faire saisir sur le territoire d'un autre État tout bien de nature à garantir le paiement futur de la condamnation pécuniaire susceptible d'être prononcée à titre de confiscation en valeur. Cette analyse est d'ailleurs corroborée par le *Rapport explicatif*. Il en ressort en effet que les rédacteurs de la convention ont constaté que coexistaient dans les législations internes des États membres du Conseil de l'Europe la confiscation de biens déterminés tels que les produits et les instruments des infractions, et la confiscation en valeur consistant en une obligation de verser une somme d'argent calculée d'après l'estimation de la valeur des produits tirés directement des infractions, ou des biens de substitution - étant précisé qu'à la suite d'une telle confiscation, l'État peut faire valoir une créance à l'encontre du condamné, laquelle peut être exécutée sur tout bien appartenant à l'intéressé, qu'il ait été acquis légalement ou illégalement. Ainsi il a été décidé « de mettre sur le même plan les deux systèmes de confiscation (confiscation de la valeur et confiscation du bien) et d'établir un texte faisant clairement ressortir ce point »[4], ce qui explique les énonciations de l'article 13 de la convention. Or, le rapport relève qu'il en va de même au stade des mesures provisoires : « Tous les biens, y compris ceux légalement acquis dans les cas de confiscation de la valeur, sont visés. Ces biens ne devraient évidemment faire l'objet de mesures provisoires que dans les cas où celles-ci sont explicitement demandées par la Partie requérante. »[5]

311.65 Convention de Varsovie. La convention de Strasbourg[6], dont l'importance vient d'être soulignée, a été suivie par l'adoption, le 16 mai 2005, de la Convention du Conseil de l'Europe *relative au blanchiment, au dépistage, à la saisie et à la confiscation des produits du crime et au financement du terrorisme*[7], dite de Varsovie. Ce texte a été ratifié par

1. Conseil de l'Europe, *Rapport explicatif de la Convention relative au blanchiment, au dépistage, à la saisie et à la confiscation des produits du crime*, préc., § 21, p. 6.
2. C. pén., art. 131-21, al. 3.
3. Conseil de l'Europe, *Rapport explicatif de la Convention relative au blanchiment, au dépistage, à la saisie et à la confiscation des produits du crime*, préc., § 22, p. 7.
4. Conseil de l'Europe, *Rapport explicatif de la Convention relative au blanchiment, au dépistage, à la saisie et à la confiscation des produits du crime*, préc., § 15, p. 4.
5. Conseil de l'Europe, *Rapport explicatif de la Convention relative au blanchiment, au dépistage, à la saisie et à la confiscation des produits du crime*, préc., § 39, p. 13.
6. Conv. *relative au blanchiment, au dépistage, à la saisie et à la confiscation des produits du crime*, 8 nov. 1990 (D. n° 97-183, 25 févr. 1997, *JO* 4 mars, p. 3417).
7. Conv. Conseil de l'Europe *relative au blanchiment, au dépistage, à la saisie et à la confiscation des produits du crime et au financement du terrorisme*, 16 mai 2005 (D. n° 2016-499, 22 avr. 2016, *JO* 24 avr., n° 1), signée puis ratifiée par la France les 23 mars 2011 et 8 décembre 2015, et entrée en vigueur à l'égard de la France le 1er avril 2016.

trente-cinq États membres du Conseil de l'Europe[1]. Au même titre que la convention de Strasbourg, l'adhésion au texte n'est cependant pas réservée aux États membres du Conseil de l'Europe. La convention est ouverte à l'adhésion d'États non membres à la condition qu'ils y aient été invités par le Comité des ministres du Conseil de l'Europe, ainsi que le prévoit l'article 50. D'ailleurs, le Canada, les États-Unis d'Amérique, le Japon, le Mexique, le Saint-Siège et l'Union européenne ont participé à l'élaboration du texte, l'Union européenne l'ayant de surcroît signé le 2 avril 2009.

Il reste que la convention de Varsovie, qui a été adoptée en contemplation de la convention de Strasbourg et dans le souci d'en améliorer les dispositions pour accentuer la lutte contre le financement du terrorisme, contient des dispositions identiques à la précédente en matière d'entraide judiciaire internationale aux fins de saisie pénale, ainsi que le relève le *Rapport explicatif de la Convention du Conseil de l'Europe relative au blanchiment, au dépistage, à la saisie et à la confiscation des produits du crime et au financement du terrorisme* du 16 mai 2005[2]. Il s'en déduit que les observations relatives à la convention de Strasbourg sont également pertinentes s'agissant de celle de Varsovie[3].

Ceci étant, les notions de « gel » et de « saisie » se sont trouvées dorénavant définies à l'article 1er, g, de la convention, comme désignant « l'interdiction temporaire du transfert, de la destruction, de la conversion, de la disposition ou du mouvement de biens ou le fait d'assumer temporairement la garde ou le contrôle de biens, sur décision d'un tribunal ou d'une autre autorité compétente ». Il reste que cette définition, qui est inspirée de celle figurant aux articles 1er, l, de la Convention des Nations unies *contre le trafic illicite de stupéfiants et de substances psychotropes* du 20 décembre 1988[4], et 2, f, des Conventions des Nations unies *contre la criminalité transnationale organisée* du 15 novembre 2000[5] et *contre la corruption* du 31 octobre 2003[6] – c'est-à-dire des conventions de Vienne, Palerme et Mérida –, ainsi que de celle retenue à l'article 2 de la décision-cadre 2003/577/JAI du Conseil du 22 juillet 2003 *relative à l'exécution dans l'Union européenne des décisions de gel de biens ou d'éléments de preuve*[7], ne change rien au fait que la terminologie de la convention de Varsovie présente comme celle de la convention de Strasbourg un caractère autonome[8].

2°
Conventions des Nations unies

311.71 **Succession de conventions.** Trois conventions successivement adoptées dans le cadre des Nations unies sont caractérisées par le fait qu'elles contiennent des dispositions permettant aux États parties d'obtenir l'exécution de demandes d'entraide judiciaire internationale aux fins de saisie pénale patrimoniale. Il en est ainsi de la Convention des Nations unies *contre le trafic illicite de stupéfiants et de substances psychotropes* du 20 décembre 1988[9], dite de Vienne, de la Convention des Nations unies *contre la criminalité transnationale organisée* du 15 novembre 2000[10], dite de Palerme, et de la Convention des Nations unies *contre la corruption* du 31 octobre 2003[11], dite de Mérida, qui ont été ratifiées par près de deux-cents États[12].

1. État des signatures et ratifications : https://www.coe.int/fr/web/conventions/full-list/-/conventions/treaty/198
2. Conseil de l'Europe, *Rapport explicatif de la Convention du Conseil de l'Europe relative au blanchiment, au dépistage, à la saisie et à la confiscation des produits du crime et au financement du terrorisme*, 16 mai 2005, § 155, p. 27.
3. V. ss n° 311.64.
4. Conv. Nations unies *contre le trafic illicite de stupéfiants et de substances psychotropes*, 20 nov. 1988 (D. n° 91-271, 8 mars 1991, *JO* 14 mars, p. 3622).
5. Conv. Nations unies *contre la criminalité transnationale organisée*, 15 nov. 2000 (D. n° 2003-875, 8 sept. 2003, *JO* 13 sept., p. 15705).
6. Conv. Nations unies *contre la corruption*, 31 oct. 2003 (D. n° 2006-1113, 4 sept. 2006, *JO* 6 sept., n° 6).
7. Décis.-cadre 2003/577, Conseil, 22 juill. 2003 *relative à l'exécution dans l'Union européenne des décisions de gel de biens ou d'éléments de preuve, JOUE* L 196, 2 août, p. 45.
8. Conseil de l'Europe, *Rapport explicatif de la Convention du Conseil de l'Europe relative au blanchiment, au dépistage, à la saisie et à la confiscation des produits du crime et au financement du terrorisme*, préc., § 30, p. 7.
9. Conv. Nations unies *contre le trafic illicite de stupéfiants et de substances psychotropes*, 20 nov. 1988 (D. n° 91-271, 8 mars 1991, *JO* 14 mars, p. 3622), signée et ratifiée par la France les 13 février 1989 et 31 décembre 1990, et entrée en vigueur à l'égard de la France le 31 mars 1991 – État des signatures et ratifications : https://treaties.un.org/pages/ViewDetails.aspx ?src=TREATY&mtdsg_no=VI-19&chapter=6&clang=_fr
10. Conv. Nations unies *contre la criminalité transnationale organisée*, 15 nov. 2000 (D. n° 2003-875, 8 sept. 2003, *JO* 13 sept., p. 15705), signée et ratifiée par la France les 12 septembre 2000 et 29 octobre 2002, et entrée en vigueur à l'égard de la France le 29 septembre 2003 – État des signatures et ratifications : https://treaties.un.org/pages/ViewDetails.aspx?src=TREATY&mtdsg_no=XVIII-12&chapter=18&clang=_fr
11. Conv. Nations unies *contre la corruption*, 31 oct. 2003 (D. n° 2006-1113, 4 sept. 2006, *JO* 6 sept., n° 6), signée puis ratifiée par la France les 9 décembre 2003 et 11 juillet 2005, et entrée en vigueur à l'égard de la France le 14 décembre 2005 – État des signatures et ratifications : https://treaties.un.org/pages/ViewDetails.aspx?src=TREATY&mtdsg_no=XVIII-14&chapter=18&clang=_fr. – POUR UN EXEMPLE D'APPLICATION : Crim. 11 juin 2008, n° 07-87.319, P, n° 145 ; *D.* 2008. 2082, obs. S. Lavric ; *AJ pénal* 2008. 423, obs. G. Royer ; *RSC* 2008. 932, obs. R. Finielz.
12. 191 États en ce qui concerne la convention de Vienne, 190 État s'agissant de la convention de Palerme et 186 État pour ce qui concerne la convention de Mérida.

Il faut souligner l'importance de la première de ces conventions, dont les énonciations ont influencé les rédacteurs des conventions de Strasbourg[1] et de Varsovie[2], adoptées dans le cadre du Conseil de l'Europe, mais également ceux de nombreuses conventions internationales bilatérales. Observons en effet que les conventions bilatérales envisageant l'entraide judiciaire internationale aux fins de saisie pénale patrimoniale ont en commun d'être postérieures à la convention de Vienne. Il faut dire, ainsi que cela est énoncé à son préambule, que cette convention a été rédigée avec le double objectif de priver ceux qui se livrent au trafic de stupéfiants du fruit de leur activité et d'améliorer l'entraide judiciaire internationale en la matière. Il a été relevé à cet égard « que le trafic illicite est la source de gains financiers et de fortunes importantes qui permettent aux organisations criminelles transnationales de pénétrer, contaminer et corrompre les structures de l'État, les activités commerciales et financières légitimes et la société à tous les niveaux », qu'il est nécessaire de « priver ceux qui se livrent au trafic illicite du fruit de leurs activités criminelles et à supprimer ainsi leur principal mobile », ou encore « d'éliminer [...] les gains énormes tirés du trafic illicite », et que par ailleurs « l'élimination du trafic illicite relève de la responsabilité collective de tous les États et qu'une action coordonnée dans le cadre de la coopération internationale est nécessaire à cette fin ».

311.72 Domaine d'application *ratione materiae* limité. Ces conventions ont un premier point commun : leur champ d'application est limité à seulement certaines infractions de la compétence de l'État requérant.

Ainsi, dans la convention de Vienne[3], les demandes d'entraide aux fins de saisie pénale patrimoniale ne sont envisagées que s'agissant des infractions de la compétence de l'État requérant et établies conformément au premier paragraphe de l'article 3 de la convention (art. 5, § 4, a), à savoir les infractions à la législation sur les stupéfiants définies par ce texte et auxquelles les États parties sont tenus de conférer le caractère d'infractions pénales.

Il en est de même en ce qui concerne les demandes d'entraide organisées par la convention de Palerme[4], lesquelles ne sont prévues que lorsqu'elles émanent d'un État compétent pour connaître d'une infraction visée par la convention (art. 13, § 2). Or, le domaine d'application de la convention est limité aux faits présentant un caractère transnational, au sens du second paragraphe de l'article 3, et qui consistent en la participation à un groupe criminel organisé (art. 5), ou bien sont constitutifs de blanchiment (art. 6), de corruption (art. 8), ou d'infractions qualifiées de « graves » comme étant passibles d'une peine privative de liberté dont le maximum ne doit pas être inférieur à quatre ans (art. 2, b). Le septième paragraphe de l'article 13 de la convention, relatif à la coopération internationale aux fins de saisie et de confiscation, prévoit d'ailleurs qu'un État « peut refuser de donner suite à une demande de coopération [...] dans le cas où l'infraction à laquelle elle se rapporte n'est pas une infraction visée par la [...] Convention ».

Il en est enfin également de même s'agissant de la convention de Mérida[5] dont les dispositions relatives à l'entraide judiciaire internationale aux fins de saisie pénale patrimoniale s'appliquent, lorsqu'elles sont de la compétence de l'État requérant, aux infractions définies aux articles 15 à 25 du texte : corruption d'agents publics nationaux, étrangers, et de fonctionnaires d'organisations internationales publiques, soustraction, détournement ou autre usage illicite de biens par un agent public, trafic d'influence, abus de fonction, enrichissement illicite, corruption dans le secteur privé, soustraction de biens dans le secteur privé, blanchiment du produit du crime, recel de l'une des infractions définies par la convention et entrave au bon fonctionnement de la justice (art. 55, § 2).

311.73 Nature et objet des demandes d'entraide. La condition tenant à l'infraction poursuivie étant remplie, les conventions des Nations unies permettent que les demandes d'entraide judiciaire internationale portent sur la saisie, soit du produit de l'infraction, en nature ou en valeur, soit sur l'instrument de celle-ci ; les énonciations des conventions de Palerme et de Mérida étant largement comparables à celles de la convention de Vienne.

311.74 Convention de Vienne. Ainsi, l'article 5, § 4, de la convention de Vienne[6] prévoit que les États parties territorialement compétents pour connaître d'une infraction à la législation sur les

1. Conv. *relative au blanchiment, au dépistage, à la saisie et à la confiscation des produits du crime*, 8 nov. 1990 (D. n° 97-183, 25 févr. 1997, *JO* 4 mars, p. 3417).
2. Conv. Conseil de l'Europe *relative au blanchiment, au dépistage, à la saisie et à la confiscation des produits du crime et au financement du terrorisme*, 16 mai 2005 (D. n° 2016-499, 22 avr. 2016, *JO* 24 avr., n° 1).
3. Conv. Nations unies *contre le trafic illicite de stupéfiants et de substances psychotropes*, 20 nov. 1988 (D. n° 91-271, 8 mars 1991, *JO* 14 mars, p. 3622).
4. Conv. Nations unies *contre la criminalité transnationale organisée*, 15 nov. 2000 (D. n° 2003-875, 8 sept. 2003, *JO* 13 sept., p. 15705).
5. Conv. Nations unies *contre la corruption*, 31 oct. 2003 (D. n° 2006-1113, 4 sept. 2006, *JO* 6 sept., n° 6).
6. Conv. Nations unies *contre le trafic illicite de stupéfiants et de substances psychotropes*, 20 nov. 1988 (D. n° 91-271, 8 mars 1991, *JO* 14 mars, p. 3622).

stupéfiants telle que définie par la convention peuvent saisir les autres parties afin qu'elles prennent « des mesures pour [...] geler ou saisir les produits, les biens, les instruments ou toutes autres choses visés au paragraphe 1 [précité], aux fins de confiscation éventuelle ordonnée soit par la Partie requérante, soit, suite à une demande formulée en vertu de l'alinéa a du présent paragraphe, par la Partie requise » (art. 5, § 4), ledit paragraphe 1 envisageant la confiscation « des produits tirés d'infractions [...] ou des biens dont la valeur correspond à celle desdits produits » (art. 5, § 1, a) et celle « des stupéfiants, substances psychotropes, matériels et équipements ou autres instruments utilisés ou destinés à être utilisés de quelque manière que ce soit pour [ces] infractions » (art. 5, § 1, b). Au reste, la convention de Vienne apporte plusieurs précisions au principe qui précède.

Ainsi, la convention définit de manière précise les notions de gel, de saisie et de produit de l'infraction, étant rappelé, comme il vient d'être vu, que la saisie en valeur autant qu'en nature est envisagée par le texte. En effet, les termes de « gel » et « saisie » désignent « l'interdiction temporaire du transfert, de la conversion, de la disposition ou du mouvement de biens ou le fait d'assumer temporairement la garde ou le contrôle de biens sur décision d'un tribunal ou d'une autre autorité compétente », (art. 1er, l), tandis que le terme « produit » renvoie à « tout bien provenant directement ou indirectement de la commission d'une infraction établie conformément au paragraphe 1 de l'article 3 ou obtenu directement ou indirectement en la commettant » (art. 1er, p). Il est d'ailleurs précisé à cet égard que peuvent également faire l'objet d'une demande d'entraide aux fins de saisie les biens qui sont le résultat de la transformation ou de la conversion du produit de l'infraction (art. 5, § 6, a), que si des produits ont été mêlés à des biens acquis légitimement, ces biens peuvent être saisis en vue de leur confiscation à concurrence de la valeur estimée des produits qui y ont été mêlés (art. 5, § 6, b) – ce qui diffère du droit interne [1] –, et qu'enfin peuvent être saisis les revenus et autres avantages tirés des produits de l'infraction, des biens en lesquels ces produits ont été transformés ou convertis, ou encore des biens auxquels ont été mêlés des produits (art. 5, § 6, c).

Si la convention de Vienne n'envisage pas la saisie aux fins de confiscation de biens qui n'auraient pas de lien avec l'infraction poursuivie, de sorte qu'il paraît exclu qu'un bien confiscable sur le fondement du sixième alinéa de l'article 131-21 du Code pénal puisse faire l'objet d'une demande d'entraide aux fins de saisie, l'on relèvera en revanche que l'article 5, § 7, prévoit que « chaque Partie peut envisager de renverser la charge de la preuve en ce qui concerne l'origine licite des produits présumés ou autres biens pouvant faire l'objet d'une confiscation, dans la mesure où cela est conforme aux principes de son droit interne et à la nature de la procédure judiciaire et des autres procédures ». Il s'en déduit que, si les États parties ne sont nullement tenus de prévoir dans leur législation interne la saisie et la confiscation des biens dont l'origine n'est pas établie par la personne poursuivie en adoptant des mesures comparables à celles des articles 131-21, alinéa 5, du Code pénal, et 706-148 du Code de procédure pénale, et corrélativement de faire droit à des demandes d'entraide qui leur seraient adressées aux fins de saisie de ces biens, il n'en demeure pas moins que la convention en reconnaît la faculté aux États. Les autorités judiciaires françaises paraissent ainsi pouvoir solliciter d'un autre État la saisie des biens confiscables sur le fondement du cinquième alinéa de l'article 131-21 du Code pénal, à la condition que le droit interne de cet État prévoie lui aussi une telle possibilité de saisie.

Enfin, tous les biens, sans distinction, peuvent être saisis, la notion s'entendant de « tous les types d'avoirs, corporels ou incorporels, meubles ou immeubles, tangibles ou intangibles, ainsi que les actes juridiques ou documents attestant la propriété de ces avoirs ou des droits y relatifs » (art. 1er, q).

311.75 Conventions de Palerme et de Mérida. Les dispositions des conventions de Palerme [2] et de Mérida [3] applicables aux demandes d'entraide judiciaire internationale aux fins de saisie pénale patrimoniale sont pour le surplus à peu près identiques à celles de la convention de Vienne venant d'être examinées.

On relèvera seulement que les dispositions relatives aux demandes d'entraide aux fins de saisie ou de confiscation font, dans la convention de Palerme, l'objet d'un article 13 qui leur est spécifiquement consacré, alors que, dans la convention de Vienne, ces dispositions sont mêlées à celles imposant aux États de permettre les saisies et les confiscations dans leur droit interne (art. 5) ; tandis que l'essentiel des dispositions pertinentes de la convention de Mérida est contenu dans son chapitre V, intitulé « recouvrement d'avoirs », qui comprend un article 55 consacré, notamment, à l'entraide judiciaire internationale aux fins de saisie pénale patrimoniale.

1. V. s^s^ n° 124.35.

2. Conv. Nations unies *contre la criminalité transnationale organisée*, 15 nov. 2000 (D. n° 2003-875, 8 sept. 2003, *JO* 13 sept., p. 15705).

3. Conv. Nations unies *contre la corruption*, 31 oct. 2003 (D. n° 2006-1113, 4 sept. 2006, *JO* 6 sept., n° 6).

§ 2
Motifs de non-exécution

311.80 **Plan.** Conformément au droit commun, l'État destinataire d'une demande d'entraide judiciaire internationale aux fins de saisie pénale patrimoniale peut opposer à l'État requérant les motifs généraux de refus d'exécution habituellement contenus dans les conventions internationales bilatérales ou multilatérales, tels que, selon la convention applicable, l'absence de double incrimination des faits poursuivis[1], le caractère militaire, politique ou fiscal de l'infraction en cause, le principe *non bis in idem*, ou bien encore l'atteinte que porterait l'exécution de la demande à la souveraineté de l'État requis, à sa sécurité ou à son ordre public[2].

Il s'ajoute cependant à ce droit commun des dispositions de droit conventionnel (A) et de droit interne (B) prévoyant spécifiquement, en matière d'entraide judiciaire internationale aux fins de saisie pénale patrimoniale, certains motifs de non-exécution.

A.
Motifs de non-exécution selon le droit conventionnel

311.90 **Plan.** Les motifs de non-exécution des demandes d'entraide aux fins de saisie pénale patrimoniale sont distincts selon que s'applique une convention internationale bilatérale (1°) ou multilatérale (2°).

1°
Conventions internationales bilatérales

311.101 **Motifs spécifiques de non-exécution prévus par les conventions internationales bilatérales.** Les conventions bilatérales peuvent contenir des motifs de refus propres aux demandes d'entraide judiciaire internationale aux fins de saisie pénale patrimoniale.

Ainsi, certaines conventions bilatérales font application du principe de la double incrimination spécialement dans le domaine des saisies aux fins de confiscation. Les articles 6 de la convention conclue avec l'Argentine et 4 des conventions négociées avec le Paraguay et l'Uruguay, prévoient ainsi que l'entraide peut être refusée « si la demande a pour objet une perquisition, une saisie, une mise sous séquestre et que les faits à l'origine de la requête ne constituent pas une infraction au sens de la législation de la Partie requise »[3]. Il en va de même de la convention conclue avec la Colombie dont l'article 4 énonce que l'entraide peut être refusée « si la demande a pour objet une perquisition ou une mesure conservatoire, et que les faits à l'origine de la requête ne constituent pas une infraction au sens de la législation de la Partie requise »[4]. C'est enfin également ce que prévoit la convention conclue avec les États-Unis, dont l'article 11 énonce que si l'État requis peut prendre des mesures conservatoires afin d'immobiliser temporairement les produits ou instruments des infractions pénales pour garantir leur disponibilité aux fins de confiscation, c'est à la condition que « les faits à l'origine de la demande [soient] constitutifs d'infraction selon la législation des deux États »[5].

Les motifs de non-exécution des demandes d'entraide aux fins de saisie pénale patrimoniale sont de même spécialement prévus par l'accord conclu entre le Royaume-Uni et les États membres de l'Union européenne[6]. Ainsi, l'entraide peut être refusée en cas de méconnaissance du principe *non bis in idem* (art. LAW.CONFISC. 15, 1, a), à défaut de double incrimination (art. LAW.CONFISC. 15, 1, b) – sauf à ce que les États aient informé le comité spécialisé sur la coopération des services répressifs et judiciaires qu'ils renonçaient, sur la base de la réciprocité, à la condition de double incrimination pour certaines infractions punies d'une peine privative de liberté d'au moins trois ans (art. LAW.CONFISC. 15, 2) –, lorsque la mesure sollicitée ne pourrait pas être prise en vertu du droit interne de l'État requis dans une affaire interne similaire (double saisissabilité) (art. LAW.CONFISC. 15, 3), ou, si le droit interne de l'État requis l'exige, lorsque la

1. À CET ÉGARD : Crim. 29 juin 2016, nº 15-82.147, NP énonçant que « la loi ne requiert pas l'exigence de double incrimination pour l'application de la Convention européenne d'entraide judiciaire du 20 avril 1959 qui ne consacre pas ce principe ».
2. PAR EXEMPLE : D. Rebut, *Droit pénal international*, préc., nos 538 s.
3. Conv. *d'entraide judiciaire en matière pénale entre le Gouvernement de la République française et le Gouvernement de la République Argentine*, 14 oct. 1998 (D. nº 2007-333, 12 mars 2007, *JO* 14 mars, p. 4805) – Conv. *d'entraide judiciaire en matière pénale entre le Gouvernement de la République française et le Gouvernement de la République du Paraguay*, 16 mars 1997 (D. nº 2003-127, 12 févr. 2003, *JO* 19 févr., p. 2967) – Conv. *d'entraide judiciaire en matière pénale entre le Gouvernement de la République française et le Gouvernement de la République orientale de l'Uruguay*, 5 nov. 1996 (D. nº 2003-496, 5 juin 2003, *JO* 13 juin, p. 9956).
4. Conv. *d'entraide judiciaire en matière pénale entre le Gouvernement de la République française et le Gouvernement de la République de Colombie*, 21 mars 1997 (D. nº 2001-548, 20 juin 2001, *JO* 28 juin, p. 10247).
5. Traité *d'entraide judiciaire en matière pénale entre la France et les États-Unis d'Amérique*, 10 déc. 1998 (D. nº 2001-1122, 28 nov. 2001, *JO* 29 nov., p. 18964).
6. Accord *de commerce et de coopération entre l'Union européenne et la Communauté européenne de l'énergie atomique, d'une part, et le Royaume-Uni de Grande-Bretagne et d'Irlande du Nord, d'autre part, JOUE* L 149, 30 avr. 2021, art. LAW.CONFISC. 15.

mesure sollicitée ne serait pas autorisée en vertu du droit interne de l'État requérant, ou, en ce qui concerne les autorités compétentes de l'État requérant, si la demande n'est pas autorisée par une autorité judiciaire agissant en matière d'infractions pénales (art. LAW.CONFISC. 15, 4). Il y a lieu de souligner que les autorités judiciaires de l'État requis ne peuvent refuser d'exécuter la demande d'entraide en se fondant sur la méconnaissance des principes de nécessité et de proportionnalité. Cette appréciation relève des seules autorités de l'État requérant. Ainsi que l'énonce l'accord, « lorsqu'il présente une demande de confiscation, une demande d'entraide aux fins d'investigations et une demande de mesures provisoires aux fins de confiscation, l'État requérant veille au respect des principes de nécessité et de proportionnalité » (art. LAW.CONFISC. 1, 5). La mise en œuvre de ces principes relève donc de la seule appréciation des autorités de l'État requérant.

2°
Conventions internationales multilatérales

311.111 Conventions du Conseil de l'Europe. Les conventions du Conseil de l'Europe organisant l'entraide judiciaire internationale aux fins de saisie pénale patrimoniale prévoient des motifs de non-exécution propres à la matière. Il en est ainsi de la convention de Strasbourg[1] comme de la convention de Varsovie[2]. Seules les dispositions du premier de ces textes seront cependant examinées, dès lors que celles du second sont identiques (art. 28, § 2, § 3, § 4, a à c).

Ainsi, le premier de ces textes prévoit à son article 18, indépendamment des motifs généraux de refus d'exécution qui sont par ailleurs prévus (art. 18, § 1), que « la coopération prévue [...] [en matière de mesures provisoires] [peut] également être refusées dans les cas où les mesures sollicitées ne pourraient pas être prises en vertu du droit interne de la Partie requise à des fins d'investigations ou de procédures, s'il s'agissait d'une affaire interne analogue » (art. 18, § 2). Ces dispositions donnent ainsi la possibilité à l'État requis de refuser d'exécuter la demande d'entraide dans l'hypothèse où la saisie ne pourrait pas être ordonnée selon son droit interne si l'affaire était purement intérieure, ce qui revient à avoir posé un principe de double saisissabilité. Ceci étant, ainsi que le souligne le *Rapport explicatif*, en faisant mention d'une affaire interne « analogue », les rédacteurs de la convention ont entendu signifier qu'il n'est pas pour autant nécessaire que tous les éléments objectifs soient les mêmes, et ce d'autant que l'État requis doit aussi tenir compte de l'urgence des mesures demandées et sera parfois obligé d'examiner certaines demandes d'entraide « dans un esprit large »[3]. L'interprétation de ce motif de refus d'exécution paraît donc devoir être étroite.

Inversement, bien que le texte ne le dise pas, il ressort du *Rapport explicatif* que le motif de refus précité doit être interprété comme autorisant le refus d'une demande d'entraide aux fins de saisie lorsque se trouvent caractérisés certains motifs justifiant le refus d'exécution d'une demande d'entraide aux fins de confiscation énoncés au paragraphe 4, a à c, de l'article 18 de la convention, à savoir : lorsque la législation de la Partie requise ne prévoit pas la confiscation pour le type d'infraction sur lequel porte la demande, lorsque l'entraide irait à l'encontre des principes du droit interne de la Partie requise en ce qui concerne les possibilités de confiscation relativement aux liens entre une infraction et un avantage économique qui pourrait être assimilé à son produit ou des biens qui pourraient être assimilés à ses instruments, ou enfin lorsqu'en vertu de la législation de la Partie requise, la décision de confiscation ne pourrait plus être prononcée ou exécutée pour cause de prescription. Le *Rapport explicatif* énonce en effet à cet égard : « Les experts ont examiné, lors de l'élaboration de la convention, s'il serait nécessaire d'élaborer pour ces mesures des motifs de refus analogues à ceux figurant à l'article 18, paragraphe 4, sous-paragraphes a à c. Toutefois, il a été convenu que le libellé de l'article 18, paragraphe 2, s'appliquerait aussi à ces situations. »[4] Chacun de ces trois motifs mérite d'être examiné à la lumière du *Rapport explicatif*.

En effet, le premier motif revient à reconnaître, à côté du principe de double incrimination qui constitue un motif général de refus d'exécution prévu par le premier paragraphe de l'article 18 de la convention (art. 18, § 1, f), un principe de double confiscabilité du bien en cause (art. 18, § 4, a). Il a été précisé par le *Rapport explicatif*, à ce propos, que le refus est permis seulement si la confiscation n'est « pas du tout prévue » en répression de l'infraction poursuivie dans le droit de cet État. Dès lors qu'en application de l'article 2, § 1, de la convention les

1. Conv. *relative au blanchiment, au dépistage, à la saisie et à la confiscation des produits du crime*, 8 nov. 1990 (D. n° 97-183, 25 févr. 1997, *JO* 4 mars, p. 3417).
2. Conv. Conseil de l'Europe *relative au blanchiment, au dépistage, à la saisie et à la confiscation des produits du crime et au financement du terrorisme*, 16 mai 2005 (D. n° 2016-499, 22 avr. 2016, *JO* 24 avr., n° 1).
3. Conseil de l'Europe, *Rapport explicatif de la Convention relative au blanchiment, au dépistage, à la saisie et à la confiscation des produits du crime*, préc., § 67, p. 22.
4. Conseil de l'Europe, *Rapport explicatif de la Convention relative au blanchiment, au dépistage, à la saisie et à la confiscation des produits du crime*, préc., § 68, p. 22.

États parties sont tenus d'adopter les mesures législatives et autres qui se révèlent nécessaires pour leur permettre de confisquer des instruments et des produits, en nature ou en valeur, des infractions, sauf déclaration faite par ces États dans les conditions du second paragraphe du texte, il en résulte nécessairement que le refus d'exécution de la demande d'entraide pour ce premier motif n'est permis que s'agissant des infractions qui ont fait l'objet d'une telle déclaration[1].

Le second motif (art. 18, § 4, b) est de même à distinguer du premier motif général de refus d'exécution prévu par la convention, à savoir l'atteinte aux principes fondamentaux de l'ordre juridique de la Partie requise (art. 18, § 1, a). En effet, le *Rapport explicatif* relève que les rédacteurs se sont ici référés aux lois autres que celles se rapportant aux principes fondamentaux du système juridique de la Partie requise. Sans que ne soient en cause ces principes fondamentaux, les lois de la Partie requise peuvent limiter les possibilités de confiscation au regard de la relation entre l'infraction et le bien dont la saisie est envisagée, et celle-ci doit pouvoir refuser l'exécution des demandes d'entraide aux fins de saisie de biens qui n'entretiennent pas avec l'infraction la relation prévue par son droit interne. Ceci étant, ces dispositions ne sauraient être interprétées comme permettant aux États dont le droit interne ne comporte pas de règles permettant la saisie et la confiscation en valeur de refuser d'exécuter les demandes d'entraide aux fins de saisie de biens qui n'ont aucun lien avec l'infraction, mais dont la valeur correspond à celle du produit de celle-ci. En effet, il a été précisé que ce motif de refus d'exécution doit être mis en œuvre « sans préjudice de l'obligation relevant de l'article 13, paragraphe 3 », de la convention, qui impose la reconnaissance de la confiscation en valeur. Il en résulte que, si le droit interne de l'État requis ne permet pas la confiscation et la saisie en valeur, cette circonstance ne permet pas, en soi, de refuser l'exécution de la demande d'entraide. Elle ne peut être refusée que « si l'évaluation du produit réalisée par la Partie requérante est contraire aux principes du droit interne de la Partie requise, en raison du lien lointain entre l'infraction et le produit »[2].

S'agissant du troisième motif, qui permet de refuser l'exécution des demandes d'entraide aux fins de saisie lorsque la confiscation ne peut plus être prononcée ou exécutée pour cause de prescription, la Partie requise doit apprécier la prescription comme s'il s'agissait d'une affaire interne analogue[3].

Enfin, l'article 18 de la convention de Strasbourg permet que soit refusée l'exécution d'une demande d'entraide aux fins de saisie « dans le cas où les mesures sollicitées ou toutes autres mesures ayant des effets analogues ne seraient pas autorisées par la législation de la Partie requérante », ou « en ce qui concerne les autorités compétentes de la Partie requérante, si la demande n'est autorisée ni par un juge ni par une autre autorité judiciaire, y compris le ministère public, ces autorités agissant en matière d'infractions pénales » (art. 18, § 3). Positivement, cela signifie qu'il convient que la saisie dont l'exécution est sollicitée soit prévue par le droit de l'État requérant et que la demande d'entraide soit autorisée par une autorité judiciaire, y compris le ministère public, compétente dans le domaine pénal.

311.112 Conventions des Nations unies. S'agissant par ailleurs des conventions des Nations unies, la convention de Mérida[4] contient à son article 55, § 7, des dispositions originales selon lesquelles l'entraide judiciaire aux fins de saisie « peut [...] être refusée ou les mesures conservatoires peuvent être levées si l'État partie requis ne reçoit pas en temps voulu des preuves suffisantes ou si le bien est de valeur minime », ces deux motifs pouvant être vus comme laissant en pratique une large marge d'appréciation de l'opportunité de l'exécution de la demande à l'État requis.

B.
Motifs de non-exécution selon le droit interne

311.121 Motifs spécifiques de refus prévus par le droit interne. Le législateur a prévu à l'article 694-11 du Code de procédure pénale les motifs susceptibles d'être opposés par les autorités judiciaires françaises aux demandes d'entraide aux fins de saisie pénale patrimoniale émanant des autorités judiciaires étrangères, en renvoyant aux motifs permettant de refuser l'exécution des demandes d'entraide aux fins de confiscation énoncés par l'article 713-37 du même code ; sauf à relever que ces motifs ne sont opposables que sous réserve qu'une convention internationale n'en dispose pas autrement.

L'article 694-11 dispose en effet que « sans préjudice de l'application de l'article 694-4, la demande présentée en application de l'article 694-10 est reje-

1. Conseil de l'Europe, *Rapport explicatif de la Convention relative au blanchiment, au dépistage, à la saisie et à la confiscation des produits du crime*, préc., § 70, p. 22.
2. Conseil de l'Europe, *Rapport explicatif de la Convention relative au blanchiment, au dépistage, à la saisie et à la confiscation des produits du crime*, préc., § 71, p. 22.
3. Conseil de l'Europe, *Rapport explicatif de la Convention relative au blanchiment, au dépistage, à la saisie et à la confiscation des produits du crime*, préc., § 72, p. 23.
4. Conv. Nations unies *contre la corruption*, 31 oct. 2003 (D. nº 2006-1113, 4 sept. 2006, *JO* 6 sept., nº 6).

tée si l'un des motifs de refus mentionnés à l'article 713-37 apparaît d'ores et déjà constitué ». Ces motifs sont au nombre de six. L'exécution peut ainsi être refusée si les faits à l'origine de la demande ne sont pas constitutifs d'une infraction selon la loi française (principe de double incrimination) (1°), si les biens sur lesquels elle porte ne sont pas susceptibles de faire l'objet d'une confiscation selon la loi française (principe de double confiscabilité) (2°), si la décision étrangère a été prononcée dans des conditions n'offrant pas de garanties suffisantes au regard de la protection des libertés individuelles et des droits de la défense (3°), s'il est établi que la décision étrangère a été émise dans le but de poursuivre ou de condamner une personne en raison de son sexe, de sa race, de sa religion, de son origine ethnique, de sa nationalité, de sa langue, de ses opinions politiques ou de son orientation sexuelle ou identité de genre (4°), si le ministère public français avait décidé de ne pas engager de poursuites sur les faits à raison desquels la confiscation a été prononcée par la juridiction étrangère ou si ces faits ont déjà été jugés définitivement par les autorités judiciaires françaises ou par celles d'un État autre que l'État demandeur, à condition, en cas de condamnation, que la peine ait été exécutée, soit en cours d'exécution ou ne puisse plus être ramenée à exécution selon les lois de l'État de condamnation (5°), ou enfin si elle porte sur une infraction politique (6°).

La chambre criminelle a eu l'occasion de préciser le deuxième motif envisagé par l'article 713-37 du Code de procédure pénale, tenant au fait que la demande de saisie ne saurait être exécutée par les autorités judiciaires françaises si les biens sur lesquels elle porte ne sont pas susceptibles de faire l'objet d'une confiscation selon la loi française. Un arrêt du 6 mars 2019 a en effet énoncé, dans une logique d'*exequatur* que révèle la mention selon laquelle le motif litigieux « vise à écarter l'exécution d'une décision étrangère de confiscation contraire aux règles en vigueur sur le territoire national », que cette condition doit être appréciée « à la date où la juridiction française saisie de la demande statue »[1], et non à la date des faits. Il était ainsi indifférent, au cas particulier, que les faits poursuivis par l'autorité judiciaire étrangère aient été commis antérieurement à l'entrée en vigueur de la loi n° 2007-297 du 5 mars 2007[2] ayant étendu l'assiette de la peine de confiscation aux biens appartenant à des tiers, par le recours à la notion de libre disposition.

1. Crim. 6 mars 2019, n° 18-82.087, NP – Crim. 6 mars 2019, n° 18-82.088, NP – Crim. 6 mars 2019, n° 18-82.090, NP – Crim. 6 mars 2019, n° 18-82.091, NP.
2. L. n° 2007-297, 5 mars 2007 *relative à la prévention de la délinquance, JO* 7 mars, p. 4297.

Il reste que, comme l'indique expressément le texte, s'ajoute à ces motifs les dispositions générales de l'article 694-4 du Code de procédure pénale qui instituent une procédure particulière devant être suivie lorsque la demande d'entraide des autorités judiciaires étrangères est de nature à porter atteinte à l'ordre public ou aux intérêts essentiels de la France, motif classique de refus d'exécution des demandes d'entraide judiciaire internationale. Le texte prévoit en effet que « si l'exécution d'une demande d'entraide émanant d'une autorité judiciaire étrangère est de nature à porter atteinte à l'ordre public ou aux intérêts essentiels de la Nation, le procureur de la République saisi de cette demande ou avisé de cette demande en application du troisième alinéa de l'article 694-1 la transmet au procureur général qui détermine, s'il y a lieu, d'en saisir le ministre de la justice et donne, le cas échéant, avis de cette transmission au juge d'instruction », ajoutant que « s'il est saisi, le ministre de la justice informe l'autorité requérante, le cas échéant, de ce qu'il ne peut être donné suite, totalement ou partiellement, à sa demande », et que « cette information est notifiée à l'autorité judiciaire concernée et fait obstacle à l'exécution de la demande d'entraide ou au retour des pièces d'exécution ».

§ 3
Protection des droits des tiers de bonne foi

311.131 Conventions internationales bilatérales. Certaines conventions bilatérales réservent l'intérêt des tiers de bonne foi.

L'article 15 de la convention conclue avec l'Australie prévoit ainsi que l'État requis peut prendre les mesures conservatoires nécessaires pour garantir la confiscation du produit de l'infraction dans la seule mesure permise par sa législation et « dans le respect des droits des tiers »[3].

C'est aussi ce qui ressort de l'article 11 de la convention négociée avec la Jordanie qui prévoit qu'en matière d'entraide judiciaire aux fins de saisie patrimoniale, « les droits et intérêts légitimes de la Partie requise, des victimes, des propriétaires et des tiers de bonne foi sur les produits et les instruments sont préservés conformément à la législation de la Partie requise »[4].

3. Conv. *d'entraide judiciaire en matière pénale entre le Gouvernement de la République française et le Gouvernement de l'Australie*, 14 janv. 1993 (D. n° 94-385, 10 mai 1994, *JO* 18 mai, p. 7287).
4. Conv. *d'entraide judiciaire en matière pénale entre le Gouvernement de la République française et le Gouvernement du Royaume hachémite de Jordanie*, 20 juill. 2011 (D. n° 2016-54, 28 janv. 2016, *JO* 30 janv., n° 2).

Enfin, l'accord conclu entre le Royaume-Uni et les États membres de l'Union européenne prévoit que, saisi d'une demande d'entraide aux fins de saisie pénale patrimoniale, l'État requis reconnaît toute décision judiciaire rendue dans l'État requérant en ce qui concerne les droits revendiqués par des tiers[1]. La reconnaissance de cette décision ne peut être refusée (art. LAW.CONFISC. 20, 2) que si les tiers n'ont pas eu une possibilité suffisante de faire valoir leurs droits (a), la décision est incompatible avec une décision déjà rendue dans l'État requis sur la même question (b), elle est incompatible avec l'ordre public de l'État requis (c), ou la décision a été rendue contrairement aux dispositions en matière de compétence exclusive prévues par le droit interne de l'État requis (d). Ces dispositions peuvent-elles être lues comme prohibant l'exécution des demandes d'entraide portant sur des biens appartenant à des tiers de bonne foi ? Il est permis d'hésiter. Si cette circonstance ne constitue pas, en soi, un motif de non-exécution, de même que l'accord s'étend à la saisie des avoirs des tiers (art. LAW.CONFISC. 2, f, xxi), il n'en demeure pas moins que l'affirmation d'un principe de reconnaissance des décisions concernant les droits revendiqués par les tiers ne paraît avoir de sens que si l'existence de tels droits est susceptible d'avoir un effet quelconque au stade de la décision sur l'exécution de la demande. Ceci étant, l'interrogation pourrait être sans emport, à tout le moins lorsque la question se pose dans les rapports entre la France et le Royaume-Uni : lorsque la France est l'État requérant, la demande est insusceptible de porter sur un bien appartenant à un tiers de bonne foi, dès lors qu'en droit interne un tel bien ne peut en principe être saisi ; lorsque la France est l'État requis, l'exécution est soumise à une condition de double saisissabilité, de sorte que l'autorité judiciaire française est fondée à refuser l'exécution de la demande (art. LAW.CONFISC. 15, 3).

311.132 Conventions internationales multilatérales. Il en est de même de plusieurs conventions multilatérales.

S'agissant des conventions adoptées dans le cadre du Conseil de l'Europe, la convention de Strasbourg[2] contient un article 5 qui pose pour principe général, dans les affaires internes, que « les personnes affectées par les mesures [de saisie et de confiscation pénales] disposent de recours juridiques effectifs pour préserver leurs droits », ainsi qu'un article 22 relatif à la mise en œuvre de ce principe en matière d'entraide, et dont il ressort que l'État destinataire d'une demande d'entraide aux fins de gel ou de saisie est tenu de reconnaître toute décision judiciaire rendue dans l'ordre juridique de l'État requérant concernant les droits revendiqués par les tiers (art. 22, § 1), la reconnaissance pouvant cependant être refusée si des tiers n'ont pas eu la possibilité de faire valoir leurs droits (a), si la décision est incompatible avec une décision déjà rendue dans la Partie requise sur la même question (b), si elle est incompatible avec l'ordre public de la Partie requise (c) ou si la décision a été rendue contrairement aux dispositions en matière de compétence exclusive prévues par le droit de la Partie requise (d) (art. 22, § 2). Au reste, la convention précise que les demandes d'entraide doivent contenir « toute information dont on dispose concernant les intérêts d'autrui afférents [aux biens] » (art. 27, § 1, e, ii). Comme l'énonce le *Rapport explicatif* : « Rien dans la présente convention ne saurait être interprété de façon à porter préjudice au droit des tiers de bonne foi. »[3] Il en ressort du reste plus particulièrement que les rédacteurs de la convention, sans méconnaître la pratique du recours par certains auteurs d'infractions à des prête-noms destinés à faire échapper leurs biens à la confiscation, ont néanmoins entendu protéger les droits légitimes des tiers sur les biens visés, ces tiers correspondant, dans l'esprit des rédacteurs, à toutes les personnes autres que l'auteur de l'infraction[4]. Ainsi, il est indispensable que ces tiers aient pu faire valoir leurs droits à un moment quelconque de la procédure, soit dans l'ordre juridique de l'État requérant, au stade de la décision de saisie, soit dans celui de l'État requis, au moment de la décision sur l'exécution de la demande d'entraide. Lorsque les droits des tiers ont déjà été débattus devant les autorités judiciaires de l'État requérant, le principe est que la décision doit être reconnue, hors la présence de l'un des motifs de non-reconnaissance énoncés au second paragraphe de l'article 22. Inversement, si les droits des tiers n'ont pas été examinés par les autorités judiciaires de l'État requérant, celles de l'État requis ne sauraient y voir un motif de non-exécution de la demande d'entraide, mais se trouvent alors tenues de permettre à ces personnes de faire valoir leurs prétentions, ou bien de soumettre l'exécution de la demande d'entraide à la reconnaissance des droits des tiers dans les conditions de l'article 20 de la convention. La

1. Accord *de commerce et de coopération entre l'Union européenne et la Communauté européenne de l'énergie atomique, d'une part, et le Royaume-Uni de Grande-Bretagne et d'Irlande du Nord, d'autre part, JOUE* L 149, 30 avr. 2021, art. LAW.CONFISC. 20, 1.
2. Conv. *relative au blanchiment, au dépistage, à la saisie et à la confiscation des produits du crime*, 8 nov. 1990 (D. n° 97-183, 25 févr. 1997, *JO* 4 mars, p. 3417).
3. Conseil de l'Europe, *Rapport explicatif de la Convention relative au blanchiment, au dépistage, à la saisie et à la confiscation des produits du crime*, préc., § 81, p. 26.
4. Conseil de l'Europe, *Rapport explicatif de la Convention relative au blanchiment, au dépistage, à la saisie et à la confiscation des produits du crime*, préc., § 81, pp. 25 et 26.

convention de Varsovie[1] contient des dispositions comparables à ses articles 8, 32 et 37.

Il en est de même des conventions des Nations unies. Ainsi, la convention de Vienne[2] prévoit à son article 5, relatif aux confiscations et aux mesures de gel et de saisie, que « l'interprétation des dispositions [de cet] article ne doit en aucun cas porter atteinte aux droits des tiers de bonne foi » (art. 5, § 8). Les conventions de Palerme[3] (art. 12, § 8) et de Mérida[4] (art. 55, § 9) contiennent des dispositions identiques.

SECTION 3
MISE EN ŒUVRE DE L'ENTRAIDE JUDICIAIRE INTERNATIONALE AUX FINS DE SAISIE PÉNALE

311.140 **Plan.** Envisager les règles de mise en œuvre de l'entraide judiciaire internationale aux fins de saisie pénale patrimoniale implique d'examiner les règles d'émission (§ 1), de transmission (§ 2) et d'exécution (§ 3) des demandes d'entraide, mais également d'étudier les voies de recours ouvertes à l'encontre des décisions d'exécution de celles-ci (§ 4), ainsi que le devenir des biens dont la saisie a été effectuée (§ 5).

§ 1
Émission des demandes d'entraide

311.151 **Application des règles générales.** Les conventions internationales bilatérales comme multilatérales n'énoncent guère de conditions propres à l'émission des demandes d'entraide judiciaire internationale aux fins de saisie pénale patrimoniale. Il y a donc lieu d'appliquer les règles prévues de façon générale pour l'émission des demandes d'entraide par la convention applicable, à laquelle il convient de se reporter : ces conditions porteront sur la compétence de l'autorité émettrice, la rédaction de la demande, et sa traduction.

311.152 **Formalisme spécifique prévu par les conventions internationales bilatérales.** Certaines conventions bilatérales comportent cependant des dispositions particulières.

Ainsi, l'article 4 de la convention conclue avec l'Algérie prévoit que la demande d'entraide contient les informations de nature à faciliter l'exécution de celle-ci, telles qu'« une description aussi précise que possible des biens à rechercher, à saisir ou à confisquer, ainsi que l'endroit où ils se trouvent, s'il est connu »[5]. Il en est de même à l'article 5 de la convention négociée avec Sainte-Lucie[6].

Par ailleurs, de nombreuses conventions bilatérales prévoient que l'autorité judiciaire de l'État requérant doit indiquer dans la demande d'entraide les motifs sur lesquels repose la conviction de cet État que les biens dont la saisie est envisagée se trouvent sur le territoire de l'État requis[7].

1. Conv. Conseil de l'Europe *relative au blanchiment, au dépistage, à la saisie et à la confiscation des produits du crime et au financement du terrorisme,* 16 mai 2005 (D. n° 2016-499, 22 avr. 2016, *JO* 24 avr., n° 1).
2. Conv. Nations unies *contre le trafic illicite de stupéfiants et de substances psychotropes*, 20 nov. 1988 (D. n° 91-271, 8 mars 1991, *JO* 14 mars, p. 3622).
3. Conv. Nations unies *contre la criminalité transnationale organisée*, 15 nov. 2000 (D. n° 2003-875, 8 sept. 2003, *JO* 13 sept., p. 15705).
4. Conv. Nations unies *contre la corruption*, 31 oct. 2003 (D. n° 2006-1113, 4 sept. 2006, *JO* 6 sept., n° 6).
5. Conv. *d'entraide judiciaire en matière pénale entre le Gouvernement de la République française et le Gouvernement de la République algérienne démocratique et populaire*, 5 oct. 2016 (D. n° 2018-442, 4 juin 2018, *JO* 6 juin, n° 30).
6. Conv. *d'entraide judiciaire en matière pénale entre le Gouvernement de la République française et le Gouvernement de Sainte-Lucie*, 30 sept. 2016 (D. n° 2018-1149, 13 déc. 2018, *JO* 15 déc., n° 7).
7. Conv. *d'entraide judiciaire en matière pénale entre le Gouvernement de la République française et le Gouvernement de l'Australie*, 14 janv. 1993 (D. n° 94-385, 10 mai 1994, *JO* 18 mai, p. 7287) (art. 15) – Accord *d'entraide judiciaire en matière pénale entre le Gouvernement de la République française et le Gouvernement de la République populaire de Chine*, 18 avr. 2005 (D. n° 2007-1450, 9 oct. 2007, *JO* 11 oct., p. 16634) (art. XVI) – Conv. *d'entraide judiciaire en matière pénale entre le Gouvernement de la République française et le Gouvernement de la République du Costa Rica*, 4 nov. 2013 (D. n° 2018-742, 22 août 2018, *JO* 24 août, n° 15) (art. 5) – Conv. *d'entraide judiciaire en matière pénale entre le Gouvernement de la République française et le Gouvernement de l'État des Émirats arabes unis*, 2 mai 2007 (D. n° 2009-1156, 29 sept. 2009, *JO* 1er oct., p. 15903) (art. 10) – Traité *d'entraide judiciaire en matière pénale entre la France et les États-Unis d'Amérique*, 10 déc. 1998 (D. n° 2001-1122, 28 nov. 2001, *JO* 29 nov., p. 18964) (art. 11) – Conv. *d'entraide judiciaire en matière pénale entre le Gouvernement de la République française et le Gouvernement de Hong Kong*, 25 juin 1997 (D. n° 99-846, 30 sept. 1999, *JO* 1er oct., p. 14566) (art. XVIII) – Conv. *d'entraide judiciaire en matière pénale entre le Gouvernement de la République française et le Gouvernement de la République de l'Inde*, 25 janv. 1998 (D. n° 2006-589, 23 mai 2006, *JO* 25 mai, p. 7737) (art. 18) – Conv. *d'entraide judiciaire en matière pénale entre le Gouvernement de la République française et le Gouvernement du Royaume hachémite de Jordanie*, 20 juill. 2011 (D. n° 2016-54, 28 janv. 2016, *JO* 30 janv., n° 2) (art. 11) – Conv. *d'entraide judiciaire en matière pénale entre le Gouvernement de la République française et le Gouvernement du Royaume du Maroc*, 18 avr. 2008 (D. n° 2011-960, 16 août 2011, *JO* 18 août, p. 13986) (art. 20) – Conv. *d'entraide judiciaire en matière pénale entre le Gouvernement de la République française et le Gouvernement de la République du Pérou*, 15 nov. 2012 (D. n° 2016-916, 4 juill. 2016, *JO* 6 juill., n° 2) (art. 22) – Conv. *d'entraide judiciaire en matière pénale entre le Gouvernement de la République française et le Gouvernement de Sainte-Lucie*, 30 sept. 2016 (D. n° 2018-1149, 13 déc. 2018, *JO* 15 déc., n° 7) (art. 15).

L'accord conclu entre le Royaume-Uni et les États membres de l'Union européenne fait à nouveau figure d'exception, comme organisant, de manière très détaillée, la forme des demandes d'entraide aux fins de saisie pénale patrimoniale [1].

311.153 Formalisme spécifique prévu par les conventions internationales multilatérales. L'on retrouve de telles dispositions dans certaines conventions multilatérales qui ajoutent au formalisme général qu'elles organisent.

Ainsi, s'agissant des conventions conclues dans le cadre des Nations unies, la convention de Vienne [2] prévoit que, si les demandes d'entraide aux fins de saisie pénale patrimoniale obéissent aux règles de forme générales prévues par ce texte en matière d'entraide judiciaire internationale et doivent contenir les renseignements exigés pour toute demande tendant à cette fin, il y a spécialement lieu en matière de saisies, pour l'État requérant, de mentionner dans la demande d'entraide « un exposé des faits sur lesquels se fonde la Partie requérante » et « une description des mesures demandées » (art. 5, § 4, d, iii). Si des dispositions identiques figurent à l'article 13 de la convention de Palerme [3] (art. 13, § 3, c), ainsi qu'à l'article 55 de la convention de Mérida [4], il y a lieu de relever que le second de ces textes prévoit que la demande doit contenir, outre l'exposé des faits et la description des mesures demandées, « une copie légalement admissible de la décision sur laquelle la demande est fondée », lorsque celle-ci est disponible (art. 55, § 3, c). Cette exigence a pour conséquence pratique, en matière d'entraide judiciaire sortante (active), que, lorsque le bien se trouvant sur le territoire de l'État étranger relève d'une procédure de saisie spéciale, il y a lieu pour l'autorité judiciaire française requérante de joindre à la demande d'entraide une copie de l'ordonnance de saisie spéciale [5].

Les conventions conclues dans le cadre du Conseil de l'Europe comportent elles aussi des dispositions propres aux demandes d'entraide aux fins de saisie pénale patrimoniale. Ainsi, l'article 27 de la convention de Strasbourg [6], lequel concerne la forme des demandes d'entraide, prévoit notamment que la demande doit contenir des détails relativement aux « biens en relation desquels la coopération est sollicitée, leur emplacement, leurs liens avec la ou les personne(s) en question, tout lien avec l'infraction ainsi que toute information dont on dispose concernant les intérêts d'autrui afférents à ces biens » (art. 27, § 1, e, ii). De même, il est prévu que « lorsqu'une demande de mesures provisoires présentée en vertu de la section 3 vise la saisie d'un bien qui pourrait faire l'objet d'une décision de confiscation consistant en l'obligation de payer une somme d'argent, cette demande doit aussi indiquer la somme maximale que l'on cherche à récupérer sur ce bien » (art. 27, § 2). Ces dernières dispositions, qui concernent donc la saisie aux fins de confiscation en valeur, impliquent qu'il soit mentionné dans la demande d'entraide l'évaluation du produit de l'infraction. Ces exigences ont été reprises à l'article 37 de la convention de Varsovie [7] (art. 37, § 1, e, ii, et § 2).

311.154 Compétence de l'autorité judiciaire française émettrice. Les conventions internationales, tout comme les articles 694 à 694-4 du Code de procédure pénale, laissent entière la question de la détermination des autorités judiciaires françaises compétentes pour adresser à des autorités étrangères une demande d'entraide judiciaire aux fins de saisie pénale patrimoniale, et la jurisprudence de la chambre criminelle est peu éclairante à cet égard. En effet, des dispositions conventionnelles qui envisagent seulement la compétence des autorités des États parties, peuvent-elles suffire à fonder la compétence d'une autorité judiciaire française particulière pour solliciter la saisie pénale patrimoniale d'un bien par les autorités judiciaires étrangères, ou bien cette compétence est-elle réservée à celles disposant d'un tel pouvoir de saisie dans les affaires internes ? De même, lorsque l'État français a fait, lors de la signature d'une convention, une déclaration désignant les autorités judiciaires françaises compétentes pour adresser aux autorités judiciaires étrangères une demande d'entraide, l'ensemble de ces autorités peuvent-elles adresser une telle demande aux fins de saisie pénale patrimoniale, ou doit-on considérer que cette compétence est réservée à celles qui disposent d'un tel pouvoir de saisie dans l'ordre juridique interne ? Qu'en est-il, par exemple, en cas d'application de la *Convention européenne d'entraide*

1. Accord *de commerce et de coopération entre l'Union européenne et la Communauté européenne de l'énergie atomique, d'une part, et le Royaume-Uni de Grande-Bretagne et d'Irlande du Nord, d'autre part, JOUE* L 149, 30 avr. 2021, art. LAW.CONFISC. 23 à LAW.CONFISC. 26.
2. Conv. Nations unies *contre le trafic illicite de stupéfiants et de substances psychotropes*, 20 nov. 1988 (D. n° 91-271, 8 mars 1991, *JO* 14 mars, p. 3622).
3. Conv. Nations unies *contre la criminalité transnationale organisée*, 15 nov. 2000 (D. n° 2003-875, 8 sept. 2003, *JO* 13 sept., p. 15705).
4. Conv. Nations unies *contre la corruption*, 31 oct. 2003 (D. n° 2006-1113, 4 sept. 2006, *JO* 6 sept., n° 6).
5. V. s[s] n° 311.155.
6. Conv. *relative au blanchiment, au dépistage, à la saisie et à la confiscation des produits du crime*, 8 nov. 1990 (D. n° 97-183, 25 févr. 1997, *JO* 4 mars, p. 3417).
7. Conv. Conseil de l'Europe *relative au blanchiment, au dépistage, à la saisie et à la confiscation des produits du crime et au financement du terrorisme*, 16 mai 2005 (D. n° 2016-499, 22 avr. 2016, *JO* 24 avr., n° 1).

judiciaire en matière pénale du 20 avril 1959[1], la France ayant déclaré que doivent être considérées comme autorités judiciaires françaises au sens de la convention : les premiers présidents, présidents, conseillers et juges des juridictions répressives, les juges d'instruction desdites juridictions et les membres du ministère public près lesdites juridictions ?

Saisie de cette question, la chambre criminelle a paru considérer qu'une telle demande d'entraide ne peut être émise que par une autorité judiciaire qui aurait, dans une affaire interne analogue, le pouvoir de saisir le bien dont le gel est envisagé à l'étranger. Ainsi, pour approuver une cour d'appel d'avoir rejeté une requête destinée à ce qu'elle sollicite des autorités judiciaires du Liechtenstein le blocage d'un compte bancaire, la chambre criminelle a énoncé que « la compétence des juridictions de jugement pour statuer sur la restitution ou la confiscation des objets saisis n'implique pas la possibilité d'ordonner des mesures provisoires »[2]. Il pouvait donc être déduit de cette décision que la compétence pour solliciter d'une autorité judiciaire étrangère une saisie pénale patrimoniale en application d'une convention internationale était réservée aux autorités judiciaires disposant d'un tel pouvoir de saisie selon le droit français dans une affaire interne analogue.

Ceci étant, la chambre criminelle a rendu ultérieurement un arrêt plus ambigu dans lequel elle a semblé fonder sur le seul droit conventionnel la compétence pour émettre une demande d'entraide judiciaire internationale aux fins de saisie pénale patrimoniale. En effet, dans une affaire où se trouvait contestée la compétence d'un juge d'instruction pour solliciter des autorités judiciaires belges, au moyen d'une commission rogatoire internationale, la saisie immobilière d'un bien situé en Belgique, au motif que la finalité de la saisie était patrimoniale – et non probatoire –, de sorte que la demande ne pouvait trouver sa base légale dans les articles 81 et 151 et suivants du Code de procédure pénale, la chambre criminelle a uniquement relevé, pour rejeter le pourvoi, que « la commission rogatoire [avait] été délivrée en application de la convention relative à l'entraide judiciaire en matière pénale pour les États membres de l'Union européenne du 29 mai 2000 et du protocole d'application en date du 16 octobre 2000 », et a approuvé l'arrêt attaqué d'avoir notamment énoncé « qu'en l'espèce la saisie conservatoire s'effectue sur un bien immobilier (ou sur le produit de sa vente) en Belgique sur la base d'une information […], ce qui exclut l'application de 706-103 au profit des règles de l'entraide internationale telles que rappelée dans la commission rogatoire internationale du 2 septembre 2011 saisissant les autorités judiciaires belges de la demande de saisie conservatoire »[3]. La chambre criminelle a ainsi fondé la compétence du juge d'instruction pour adresser aux autorités judiciaires belges la demande d'entraide litigieuse sur le seul droit conventionnel, alors qu'il eût été envisageable de relever qu'à la date de la commission rogatoire internationale, à savoir l'année 2011, il entrait déjà dans les pouvoirs du juge d'instruction d'ordonner la saisie des immeubles confiscables en application des textes relatifs aux saisies spéciales[4].

Cette incertitude est regrettable, alors qu'il existe des arguments pour considérer que la compétence pour émettre des demandes d'entraide aux fins de saisie pénale patrimoniale doit être réservée aux autorités judiciaires ayant compétence pour ordonner de telles mesures dans les affaires internes comparables.

Cette solution paraît en effet s'imposer par analogie avec l'état du droit applicable à l'entraide judiciaire aux fins de saisie pénale patrimoniale entre les États membres de l'Union européenne qui sera bientôt examiné[5]. En effet, en cette matière, l'article 695-9-7 du Code de procédure pénale dispose que les autorités judiciaires françaises compétentes pour prendre des décisions de gel de bien sont, dans les mêmes cas et conditions, celles compétentes pour ordonner une saisie de biens en vertu des dispositions du Code de procédure pénale.

Au reste, une approche comparable a été retenue en matière de décisions d'enquête européenne, l'article 694-20 du Code de procédure pénale disposant que les autorités judiciaires françaises ne peuvent émettre une telle décision que « pour l'exécution des mesures qu'elles sont elles-mêmes habilitées à ordonner ou exécuter conformément aux dispositions [du Code de procédure pénale] ».

Enfin, de façon plus fondamentale, cette solution s'impose dès l'instant où l'on considère que l'autorité judiciaire émettrice de la demande d'entraide ne sollicite pas de l'autorité judiciaire étrangère une décision de saisie, mais l'exécution d'une telle décision rendue en application du droit interne[6]. Ce sont ici l'objet de la demande d'entraide et la nature de l'acte d'exécution sollicité qui déterminent la nécessité, pour l'autorité judiciaire émettrice, d'être compétente pour rendre la décision dont elle sollicite la mise en œuvre à l'étranger.

Si donc il semble que la compétence en matière d'émission de demandes d'entraide judiciaire inter-

1. *Conv. européenne d'entraide judiciaire en matière pénale*, 20 avr. 1959 (D. n° 67-636, 23 juill. 1967, *JO* 4 août, p. 7809).
2. Crim. 9 févr. 2011, n° 10-81.485, NP.
3. Crim. 17 mars 2015, n° 14-88.351, P, n° 54.
4. C. pr. pén., art. 706-150.
5. V. s[s] chap. 321.
6. V. s[s] n° 311.16.

nationale aux fins de saisie pénale patrimoniale doit être réservée aux autorités judiciaires ayant compétence pour prendre de telles décisions selon le droit français, dans des affaires internes analogues, il reste que cette affirmation ne règle pas tout. Si, en effet, il ne fait pas de doute que le juge d'instruction a toujours compétence pour adresser aux autorités judiciaires étrangères de telles demandes pendant l'information judiciaire, dès lors que ce magistrat est compétent, au cours de cette phase du procès pénal, pour prendre l'ensemble des décisions de saisie, en nature ou en valeur, des biens qui sont l'instrument ou le produit direct ou indirect de l'infraction, et ce quelle que soit la nature du bien dont la saisie est décidée (saisie de biens meubles corporels en application du droit commun ou saisie d'immeubles ou de biens ou droits mobiliers incorporels en application du droit des saisies spéciales), il est permis d'être davantage hésitant s'agissant du ministère public. En effet, depuis l'entrée en vigueur des lois nº 2016-731 du 3 juin 2016[1] et nº 2019-222 du 23 mars 2019[2], le procureur de la République ne dispose plus que du seul pouvoir de saisir, en nature ou en valeur, les biens meubles corporels qui sont l'instrument ou le produit direct ou indirect de l'infraction, en application des articles 56 et 76 du Code de procédure pénale. Au contraire, il ne dispose dorénavant plus d'un tel pouvoir lorsque le bien dont la saisie est envisagée est un immeuble ou un bien ou droit mobilier incorporel. La saisie de ces biens, qu'elle intervienne en nature ou en valeur, relève de la compétence du juge des libertés et de la détention qui, sur requête du procureur de la République, est l'autorité judiciaire qui « ordonne » la saisie, comme le prévoient les articles 706-150 et 706-153 du Code de procédure pénale. Aussi, s'il paraît peu envisageable que le juge des libertés et de la détention, qui ne dirige pas l'enquête et épuise sa compétence en ordonnant la saisie, puisse adresser à une autorité judiciaire étrangère une demande d'entraide, il nous semble réciproquement que la compétence du ministère public pour adresser une telle demande implique nécessairement que la saisie ait été préalablement ordonnée par le juge des libertés et de la détention selon le droit interne, la chambre criminelle ayant reconnu la compétence de ce dernier magistrat pour ordonner la saisie d'un bien, en l'occurrence des sommes d'argent figurant au crédit d'un compte bancaire, dont l'exécution doit intervenir sur le territoire d'un État étranger[3].

311.155 Nécessité d'un acte juridictionnel préalable de saisie. Au reste, il y a lieu de s'interroger plus généralement sur la nécessité – y compris pour le juge d'instruction –, lorsque l'instrument ou le produit de l'infraction dont la saisie est envisagée entre dans le champ des procédures de saisies spéciales, parce qu'il s'agit d'un immeuble ou d'un bien incorporel, de formaliser une ordonnance de saisie en application des articles 706-150 ou 706-153 du Code de procédure pénale préalablement à l'émission de la demande d'entraide. En effet, le fait que la matière ait été juridictionnalisée par la loi nº 2010-768 du 9 juillet 2010[4] pourrait avoir pour effet, sauf à abaisser le niveau de garanties lorsque la mesure intervient dans un cadre international, d'imposer une telle décision permettant aux propriétaires des biens saisis ou aux tiers ayant des droits sur ces biens de contester le bien-fondé de la mesure selon le droit interne par la voie de l'appel.

Au reste, il sera vu[5] que les demandes d'entraide sont exécutées selon les modalités prévues par la loi du *for*, c'est-à-dire la loi de l'État destinataire de la demande d'entraide, mais que la décision de saisie elle-même relève de la seule appréciation de l'autorité judiciaire émettrice, ce dont il résulte qu'elle doit être rendue non seulement par l'autorité judiciaire compétente, mais aussi selon les règles de fond et de forme du droit interne de l'État requérant, la compétence d'une autorité quelconque étant indissociable des règles gouvernant son exercice. En matière d'entraide judiciaire internationale, la saisie doit en effet être vue comme une coproduction de l'État requérant et de l'État requis : exécutée selon le droit du second, la saisie n'en est pas moins décidée en application du droit du premier ; l'entraide consiste pour les autorités judiciaires de l'État requis à exécuter la décision de saisie rendue par les autorités de l'État requérant, non à l'ordonner elle-même[6].

Ce formalisme est d'ailleurs imposé par certaines conventions internationales, est préconisé dans certains cas par la direction des affaires criminelles et des grâces du ministère de la Justice, et paraît opportun comme étant davantage protecteur des intérêts des propriétaires de biens saisis ou des personnes ayant des droits sur ces biens, sans porter atteinte à l'efficacité des mesures. Observons en effet, d'abord, que la convention de Mérida[7] prévoit que les demandes d'entraide judiciaire aux fins de saisie pénale patrimoniale doivent contenir

1. L. nº 2016-731, 3 juin 2016 *renforçant la lutte contre le crime organisé, le terrorisme et leur financement, et améliorant l'efficacité et les garanties de la procédure pénale*, *JO* 4 juin, nº 1.
2. L. nº 2019-222, 23 mars 2019 *de programmation 2018-2022 et de réforme pour la justice*, *JO* 24 mars, nº 2.
3. Crim. 5 janv. 2023, nº 22-81.155, P.
4. L. nº 2010-768, 9 juill. 2010 *visant à faciliter la saisie et la confiscation en matière pénale*, *JO* 10 juill., p. 12753.
5. V. s[s] nº 311.181.
6. V. s[s] nº 311.16.
7. Conv. Nations unies *contre la corruption*, 31 oct. 2003 (D. nº 2006-1113, 4 sept. 2006, *JO* 6 sept., nº 6).

« lorsqu'elle est disponible, une copie légalement admissible de la décision sur laquelle la demande est fondée » (art. 55, § 3, c), ce qui implique la conformité à la convention d'une telle décision juridictionnelle préalable et l'encourage. De même, le *Guide des saisies et confiscations* élaboré par la direction des affaires criminelles et des grâces du ministère de la Justice recommande aux magistrats, lorsque la demande est adressée aux États de *common law*, de rendre, préalablement à la formalisation d'une demande d'entraide, une décision de saisie spéciale selon le droit interne[1]. Enfin, cette pratique nous semble opportune, dès lors qu'elle permet qu'il soit statué selon le droit interne sur le bien-fondé de la saisie, et que le propriétaire du bien saisi et les tiers ayant des droits sur ce bien, à qui la décision doit être notifiée, puissent contester cette appréciation devant la chambre de l'instruction dans le cadre d'une procédure contradictoire.

Il reste naturellement que l'efficacité de la mesure est dans ce cas subordonnée à ce que la décision ne soit notifiée que postérieurement à l'exécution de la demande d'entraide par les autorités judiciaires étrangères – ce que rien n'interdit, dès lors que le retard dans la notification des ordonnances de saisie a pour seul effet de ne pas faire courir le délai d'appel et que les ordonnances de saisie sont exécutoires par provision[2].

La jurisprudence s'oriente d'ailleurs en ce sens. En effet, si la chambre criminelle n'a pas rendu de décision dans laquelle elle aurait imposé la nécessité qu'une ordonnance de saisie soit rendue par le juge d'instruction ou le juge des libertés et de la détention préalablement à l'émission de la demande d'entraide, elle a en revanche affirmé la compétence du juge des libertés et de la détention pour ordonner, au cours de l'enquête, la saisie de biens se trouvant sur le territoire d'un État étranger. Elle a ainsi énoncé que « le juge des libertés et de la détention, requis par le procureur de la République financier dans le cadre d'une enquête préliminaire, est compétent pour ordonner une mesure de saisie de sommes figurant au crédit d'un compte bancaire dont l'exécution doit intervenir sur le territoire d'un État étranger », même si, en revanche, « il ne peut, hors de toute procédure d'entraide pénale, exiger d'un établissement bancaire domicilié sur le territoire dudit État et auquel il a notifié l'ordonnance attaquée, qu'il se libère des sommes saisies par virement au crédit du compte ouvert à la Caisse des dépôts et consignation au nom de l'Agrasc, sans méconnaître les règles de compétence territoriale et de souveraineté des États »[3].

1. DACG, *Guide des saisies et confiscations*, p. 120.
2. V. s[s] n° 231.91.
3. Crim. 5 janv. 2023, n° 22-81.155, P.

311.156 **Nécessité d'une décision préalable du juge des libertés et de la détention autorisant la saisie sans assentiment au cours de l'enquête préliminaire.** De même, lorsque la demande d'entraide du procureur de la République a pour objet la saisie d'un bien relevant du champ d'application des saisies de droit commun, il semble que ce magistrat, au cours de l'enquête préliminaire, doit préalablement solliciter du juge des libertés et de la détention qu'il autorise, dans les conditions de l'article 76 du Code de procédure pénale, que la saisie soit effectuée sans assentiment, sauf à considérer que pourraient être effectuées à l'étranger, au moyen d'une demande d'entraide judiciaire internationale, des saisies qui ne pourraient l'être dans une affaire interne analogue à défaut d'une telle autorisation.

311.157 **Concours de l'Agrasc.** Bien que les articles 706-160 et 706-161 du Code de procédure pénale ne confèrent pas formellement une telle compétence à l'Agrasc, il se déduit des énonciations du second de ces textes, qui donne compétence à l'agence pour apporter aux juridictions pénales et aux procureurs de la République une « aide juridique et pratique utiles à la réalisation des saisies et confiscations envisagées », que celle-ci peut apporter son concours au stade de la formalisation, par l'autorité judiciaire française, des demandes d'entraides judiciaires internationales aux fins de saisie pénale patrimoniale. D'ailleurs, dans son *Rapport annuel* pour l'année 2018, l'Agrasc déclare être « à la disposition des juridictions, aux côtés du bureau de l'entraide pénale internationale (BEPI) de la direction des affaires criminelles et des grâces (DACG) et des magistrats de liaison, pour les conseillers sur la rédaction [...] des demandes d'entraide pénale internationale aux fins de saisie et confiscation »[4]. En 2019, l'agence a d'ailleurs assuré le suivi de 313 dossiers d'entraide judiciaire internationale active[5].

§ 2
Transmission des demandes d'entraide

311.161 **Défaut de spécificité dans les conventions internationales.** Les règles gouvernant la transmission des demandes d'entraide judiciaire internationale aux fins de saisie pénale patrimoniale ne sont pas spécifiques : elles sont celles prévues de façon générale par les conventions applicables. Selon les cas, la demande doit être transmise soit par la voie diplomatique, soit par l'intermédiaire d'une autorité centrale désignée par les États parties en

4. Agrasc, *Rapp. annuel* 2018, p. 37.
5. Agrasc, *Rapp. annuel* 2019, p. 33.

application de la convention, soit encore de manière directe entre les autorités judiciaires compétentes. Dans les deux premières hypothèses, il peut être prévu que la transmission peut être directe en cas d'urgence.

311.162 Dispositions de droit interne applicables. En l'absence de convention internationale en stipulant autrement, l'article 694 du Code de procédure pénale prévoit que les demandes d'entraide émanant des autorités françaises et destinées aux autorités judiciaires étrangères doivent être transmises par l'intermédiaire du ministère de la Justice, et les pièces d'exécution doivent être renvoyées aux autorités de l'État requérant par la même voie, tandis que les demandes émanant des autorités judiciaires étrangères et destinées aux autorités judiciaires françaises doivent être transmises par la voie diplomatique, les pièces d'exécution étant renvoyées aux autorités de l'État requérant par la même voie, sauf à relever que l'irrégularité de la transmission ne saurait constituer une cause de nullité des actes accomplis par l'autorité judiciaire française[1].

Ce n'est qu'en cas d'urgence que ces textes permettent que les demandes d'entraide soient transmises directement aux autorités de l'État requis compétentes pour les exécuter, qu'il s'agisse de la France ou d'un État étranger, le renvoi des pièces d'exécution aux autorités compétentes de l'État requérant étant effectué selon les mêmes modalités. Ceci étant, même dans ce cas, et sauf convention internationale en stipulant autrement, les demandes émanant des autorités judiciaires étrangères et destinées aux autorités judiciaires françaises doivent faire l'objet d'un avis donné par la voie diplomatique par le gouvernement étranger intéressé.

L'article 694-1 du Code de procédure précise d'ailleurs les règles de mise en œuvre de cette exception lorsque les demandes d'entraide émanent des autorités judiciaires étrangères : elles sont transmises au procureur de la République ou au juge d'instruction du tribunal judiciaire territorialement compétent, le cas échéant par l'intermédiaire du procureur général. Si le procureur de la République reçoit directement une demande d'entraide aux fins de saisie pénale patrimoniale, domaine qui est de la compétence du juge d'instruction[2], il est tenu de la transmettre pour exécution à ce magistrat ou de saisir le procureur général dans le cas prévu à l'article 694-4[3]. Réciproquement, avant de procéder à l'exécution d'une demande d'entraide dont il a été directement saisi, le juge d'instruction doit la communiquer immédiatement pour avis au procureur de la République, cette règle rejoignant celle, propre à l'entraide aux fins de saisie pénale patrimoniale, selon laquelle le juge d'instruction ne peut statuer sur l'exécution de la demande que sur requête ou après avis du procureur de la République[4].

§ 3
Exécution des demandes d'entraide

311.170 Plan. Conformément à une règle commune gouvernant la matière, les demandes d'entraide judiciaire internationale aux fins de saisie pénale patrimoniale sont exécutées selon la loi de l'État requis (A). Ceci étant, lorsqu'une telle demande est adressée à l'autorité judiciaire française, se posent les questions de la détermination de la compétence pour statuer sur l'exécution de la demande (B), de la procédure applicable (C) et de la nature de l'acte d'exécution (D).

A.
Loi applicable à l'exécution des demandes d'entraide

311.181 Principe de l'application de la loi du *for*. Il s'applique aux demandes d'entraide aux fins de saisie pénale patrimoniale la règle générale selon laquelle les demandes d'entraide judiciaire internationale sont en principe exécutées dans les formes prévues par la loi de l'État requis. Ce principe est énoncé de façon générale par toutes les conventions internationales.

Il est du reste spécialement énoncé en matière de saisies par certaines conventions internationales, telles que celles adoptées dans le cadre du Conseil de l'Europe, l'article 12 de la convention de Strasbourg[5] prévoyant que les mesures provisoires « sont exécutées conformément au droit interne de la Partie requise et en vertu de celui-ci, et conformément aux procédures précisées dans la demande, dans la mesure où elles ne sont pas incompatibles avec ce droit interne » (art. 12, § 1). La convention de Varsovie[6] affirme ce principe en des termes comparables (art. 15, § 3).

Il en est de même des conventions adoptées dans le cadre des Nations unies. Le dernier paragraphe de l'article 5 de la convention de Vienne[7] dispose ainsi

1. C. pr. pén., art. 694-3, al. 3.
2. V. s^s n° 311.191.
3. V. s^s n° 311.121.
4. V. s^s n° 311.121.
5. Conv. *relative au blanchiment, au dépistage, à la saisie et à la confiscation des produits du crime*, 8 nov. 1990 (D. n° 97-183, 25 févr. 1997, *JO* 4 mars, p. 3417).
6. Conv. Conseil de l'Europe *relative au blanchiment, au dépistage, à la saisie et à la confiscation des produits du crime et au financement du terrorisme*, 16 mai 2005 (D. n° 2016-499, 22 avr. 2016, *JO* 24 avr., n° 1).
7. Conv. Nations unies *contre le trafic illicite de stupéfiants et de substances psychotropes*, 20 nov. 1988 (D. n° 91-271, 8 mars 1991, *JO* 14 mars, p. 3622).

qu'« aucune disposition [de cet article] ne porte atteinte au principe selon lequel les mesures qui y sont visées sont définies et exécutées conformément au droit interne de chaque Partie et selon les dispositions dudit droit » (art. 5, § 9). Un tel principe est aussi affirmé par la convention de Palerme[1], dont l'article 13 prévoit que « les décisions ou mesures prévues aux paragraphes 1 et 2 [de cet article] sont prises par l'État Partie requis conformément à son droit interne et selon les dispositions dudit droit, et conformément à ses règles de procédure ou à tout traité, accord ou arrangement bilatéral ou multilatéral le liant à l'État Partie requérant » (art. 13, § 4). Une règle identique est énoncée par la convention de Mérida[2] (art. 55, § 4).

L'accord conclu entre le Royaume-Uni et les États membres de l'Union européenne énonce quant à lui que l'entraide aux fins de saisie pénale patrimoniale est exécutée conformément au, et en vertu, du droit interne de l'État requis[3].

Enfin, en droit interne, ce principe de l'application de la loi du *for*, qui est affirmé de façon générale à l'article 694-2 du Code de procédure pénale, a été décliné par le législateur en matière d'exécution, par l'autorité judiciaire française, des demandes d'entraide aux fins de saisie. L'article 694-12 du Code de procédure pénale dispose en effet que les demandes d'entraide aux fins de saisie de l'instrument ou du produit, direct ou indirect, en nature ou en valeur, de l'infraction, doivent être exécutées « selon les modalités du présent code ».

311.182 Application dérogatoire de la loi de l'État requérant. Par exception à ce qui précède, nombre de conventions internationales permettent à l'État requérant de solliciter de l'État requis la mise en œuvre de modalités d'exécution particulières des demandes d'entraide, à la condition que l'application de ces règles de forme ne soit pas contraire aux principes fondamentaux du système juridique de l'État requis.

Comme il a été vu[4], cette règle est spécialement énoncée en matière d'entraide judiciaire internationale aux fins de saisie pénale patrimoniale par les conventions de Strasbourg[5] et de Varsovie[6], ou bien encore, en matière bilatérale, dans l'accord conclu entre le Royaume-Uni et les États membres de l'Union européenne[7].

Elle figure de plus parmi les dispositions de droit interne gouvernant de façon générale l'exécution en France des demandes d'entraide judiciaire internationale. L'article 694-3 du Code de procédure pénale dispose ainsi, à son deuxième alinéa : « Si la demande d'entraide le précise, elle est exécutée selon les règles de procédure expressément indiquées par les autorités compétentes de l'État requérant, à condition, sous peine de nullité, que ces règles ne réduisent pas les droits des parties ou les garanties procédurales prévus par le présent code. Lorsque la demande d'entraide ne peut être exécutée conformément aux exigences de l'État requérant, les autorités compétentes françaises en informent sans délai les autorités de l'État requérant et indiquent dans quelles conditions la demande pourrait être exécutée. Les autorités françaises compétentes et celles de l'État requérant peuvent ultérieurement s'accorder sur la suite à réserver à la demande, le cas échéant, en la subordonnant au respect desdites conditions. »

B.
Compétence pour l'exécution des demandes adressées à l'autorité judiciaire française

311.191 Compétence *ratione materiae* du juge d'instruction. Le Code de procédure pénale énonce à l'article 694-12 les règles de compétence pour l'exécution en France des demandes d'entraide aux fins de saisie patrimoniale, en conférant cette compétence au juge d'instruction : « L'exécution sur le territoire de la République de saisies faisant l'objet d'une demande présentée par une autorité judiciaire étrangère, en application d'une convention internationale, est ordonnée [...] par le juge d'instruction sur requête ou après avis du procureur de la République. »

311.192 Compétence *ratione loci* du juge d'instruction. Ce texte laisse cependant entière la question de la détermination des règles de compétence territoriale applicables en la matière. Le juge d'ins-

1. Conv. Nations unies *contre la criminalité transnationale organisée*, 15 nov. 2000 (D. nº 2003-875, 8 sept. 2003, *JO* 13 sept., p. 15705).
2. Conv. Nations unies *contre la corruption*, 31 oct. 2003 (D. nº 2006-1113, 4 sept. 2006, *JO* 6 sept., nº 6).
3. Accord *de commerce et de coopération entre l'Union européenne et la Communauté européenne de l'énergie atomique, d'une part, et le Royaume-Uni de Grande-Bretagne et d'Irlande du Nord, d'autre part, JOUE* L 149, 30 avr. 2021, art. LAW.CONFISC. 1, 3.
4. V. ss nº 311.181.
5. Conv. *relative au blanchiment, au dépistage, à la saisie et à la confiscation des produits du crime*, 8 nov. 1990 (D. nº 97-183, 25 févr. 1997, *JO* 4 mars, p. 3417).
6. Conv. Conseil de l'Europe *relative au blanchiment, au dépistage, à la saisie et à la confiscation des produits du crime et au financement du terrorisme*, 16 mai 2005 (D. nº 2016-499, 22 avr. 2016, *JO* 24 avr., nº 1).
7. Accord *de commerce et de coopération entre l'Union européenne et la Communauté européenne de l'énergie atomique, d'une part, et le Royaume-Uni de Grande-Bretagne et d'Irlande du Nord, d'autre part, JOUE* L 149, 30 avr. 2021, art. LAW.CONFISC. 1, 3.

truction est compétent pour exécuter les demandes d'entraide aux fins de saisie. Oui, mais lequel ?

Cette question a été tranchée par la chambre criminelle dans un arrêt du 29 juin 2016. Il a été posé pour principe, en effet, que le juge d'instruction compétent doit être celui dans le ressort duquel est situé l'un des biens objet de la demande. Dans cette affaire, le juge d'instruction d'Aix-en-Provence avait, en exécution d'une commission rogatoire internationale des autorités judiciaires suisses, ordonné la saisie de deux biens immobiliers, situés respectivement dans les ressorts des tribunaux de grande instance de Digne et d'Aix-en-Provence, dont l'épouse du mis en cause, elle-même domiciliée dans le ressort de cette dernière juridiction, était propriétaire. Ayant interjeté appel de cette décision, l'intéressée avait saisi la chambre de l'instruction du moyen pris de l'incompétence territoriale du juge d'instruction pour saisir l'immeuble situé dans le ressort du tribunal de grande instance de Digne, en se fondant sur les dispositions de l'article 52 du Code de procédure pénale. Pour approuver les juges d'avoir écarté ce moyen, la chambre criminelle a énoncé « que, d'une part, il ne saurait se déduire de l'article 694-3 du Code de procédure pénale dont il résulte que les commissions rogatoires internationales adressées à la France sont exécutées selon les règles prévues par le Code de procédure pénale, que sont applicables à l'exécution des actes délégués celles édictées par l'article 52 du même code, qui ne concernent que la désignation du juge d'instruction en charge d'une information, d'autre part, il ressort de l'arrêt et des pièces de procédure que l'un des biens saisis se situe dans le ressort du tribunal de grande instance au sein duquel siège le juge d'instruction chargé de l'exécution de la commission rogatoire internationale »[1].

Au soutien de cette solution, l'on relèvera, outre son intérêt pratique évident comme permettant la centralisation du contentieux lorsque la demande d'entraide porte sur un ensemble de biens disséminés sur l'ensemble du territoire national, que celle-ci est comparable à celle retenue à l'article 695-9-11 du Code de procédure pénale applicable à l'exécution des décisions de gel de biens à la demande des autorités judiciaires d'un État membre de l'Union européenne, dans le champ d'application de la décision-cadre 2003/577/JAI, lequel dispose que le juge d'instruction territorialement compétent pour l'exécution est celui « du lieu où se situe l'un quelconque des biens faisant l'objet de la demande de gel », le juge d'instruction de Paris étant compétent si le lieu n'est pas précisé[2]. La règle est du reste comparable dans le champ d'application du règlement (UE) 2018/1805, à l'article 695-9-30-1, 2°, du Code de procédure pénale[3]. C'est par ailleurs aussi ce qui est prévu en matière d'entraide aux fins d'exécution des décisions de confiscation étrangères, que ces décisions émanent ou non des autorités judiciaires d'un État membre de l'Union européenne[4].

C. Procédure d'exécution des demandes adressées à l'autorité judiciaire française

311.201 **Procédure *sui generis*.** Si les demandes d'entraide aux fins de saisie pénale patrimoniale doivent être exécutées par le juge d'instruction, les dispositions de l'article 694-12 du Code de procédure pénale énoncent pour le surplus une règle qui, à appliquer le texte littéralement, pourrait avoir pour effet pratique d'imposer au juge d'instruction d'exécuter la demande au terme d'une procédure juridictionnelle *sui generis*.

En effet, l'article 694-12 dispose que l'exécution des demandes d'entraide adressées à la France est « ordonnée » par le juge d'instruction, sur requête ou après avis du procureur de la République, « selon les modalités » du Code de procédure pénale. Or ces énonciations sont dans certaines circonstances contradictoires. En effet, si le Code de procédure pénale prévoit que la saisie, en nature ou en valeur, des immeubles et des biens incorporels qui sont le produit ou l'instrument de l'infraction est décidée par ordonnance du juge d'instruction en application respectivement de l'article 706-150 ou 706-153 du Code de procédure pénale, et si la rédaction du texte n'est dans ce cas aucunement difficultueuse[5], force est de constater, en revanche, que la saisie des biens meubles corporels à titre de produit ou d'instrument de l'infraction, qu'elle intervienne en nature ou en valeur, constitue un acte d'instruction prévu par l'article 97 du Code de procédure pénale qui n'impose pas que le juge d'instruction rende une ordonnance quelconque. Le plus souvent, d'ailleurs, la saisie est effectuée par les officiers de police judiciaire agissant en exécution de la commission rogatoire que leur a délivrée le magistrat instructeur. Une telle saisie de biens meubles corporels ne requiert au reste nullement la requête, non plus que l'avis, du ministère public. Ainsi, dans

1. Crim. 29 juin 2016, n° 15-82.147, NP.
2. V. s^s^ n° 321.272.
3. V. s^s^ n° 321.262.
4. V. s^s^ n°s 312.192, 322.262 et 322.272.
5. POUR DES EXEMPLES de demandes d'entraide exécutées en la forme d'ordonnances de saisie spéciale : Crim. 26 janv. 2016, n° 12-81.785, NP – Crim. 29 juin 2016, n° 15-82.147, NP – Crim. 6 mars 2019, n° 18-82.087, NP – Crim. 6 mars 2019, n° 18-82.088, NP – Crim. 6 mars 2019, n° 18-82.090, NP – Crim. 6 mars 2019, n° 18-82.091, NP.

ces hypothèses, et à proprement parler, il est impossible au juge d'instruction « d'ordonner » la saisie « selon les modalités » du Code de procédure pénale.

Cet état du droit peut sans doute être expliqué par le fait que le législateur a pu perdre de vue, lors de l'adoption de la loi n° 2010-768 du 9 juillet 2010[1], que la juridictionnalisation des saisies pénales aux fins de confiscation, opérée au moyen de la création des procédures de saisies spéciales, a été incomplète, la saisie des biens meubles corporels confiscables en tant qu'instrument ou produit de l'infraction demeurant un acte d'enquête ou d'instruction[2]. Cela ressort par exemple de la circulaire du 22 décembre 2010 qui énonce, s'agissant du nouvel état du droit de l'exécution des demandes d'entraide aux fins de saisie pénale patrimoniale, que « la loi du 9 juillet 2010 ayant instauré une procédure de saisie pénale, le recours aux procédures civiles d'exécution a été supprimé ; le gel des biens ou les mesures conservatoires ordonnés dans un contexte international doivent donc être opérés en recourant aux nouvelles dispositions applicables au plan national »[3] ; mais de telles énonciations reviennent à omettre le fait que les saisies aux fins de confiscation de certains biens échappent aux nouvelles procédures instaurées par la loi du 9 juillet 2010. La même omission ressort du reste des travaux préparatoires de ce texte. En effet, il était relevé par le rapporteur de la commission des lois du Sénat, pour justifier les dispositions du nouvel article 694-12 du Code de procédure pénale, que ce texte, « en cohérence avec les modifications introduites par l'article 10 de la présente proposition de loi, confie au juge d'instruction, et non plus au président du tribunal de grande instance comme le prévoient actuellement les deux lois précitées, la compétence pour faire exécuter les mesures conservatoires demandées par une autorité judiciaire étrangère en application d'une convention internationale », et que « ces mesures conservatoires seraient ordonnées, conformément aux procédures de saisie pénale créées par la proposition de loi, dès lors que le propriétaire des biens ne pouvait en ignorer l'origine ou l'utilisation frauduleuse »[4]. La difficulté pourrait cependant être dépassée de deux manières.

1. L. n° 2010-768, 9 juill. 2010 *visant à faciliter la saisie et la confiscation en matière pénale, JO* 10 juill., p. 12753.
2. V. s[s] n° 211.21.
3. Circ. Justice, 22 déc. 2010 *de présentation des dispositions spécifiques de la loi n° 2010-768 du 9 juillet 2010 visant à permettre l'exécution transfrontalière des confiscations en matière pénale (articles 694-10 à 694-13 et 713 à 713-41 du Code de procédure pénale)*, NOR : JUS D 1033289 C, *BOMJL* n° 2011-01, 31 janv. 2011, p. 4.
4. *Rapp. Sénat* n° 328 (2009-2010), p. 72.

Il pourrait être envisagé, dans une première approche, de procéder à une application distributive des dispositions de l'article 694-12 du Code de procédure pénale consistant pour le juge d'instruction à, d'une part, rendre dans tous les cas une ordonnance, sur requête ou après avis du ministère public, statuant sur la demande d'entraide de l'État requérant, d'autre part, procéder à la saisie dans les formes prévues par le Code de procédure pénale. Dans l'hypothèse où la demande porterait sur un bien relevant du droit des saisies spéciales, le juge d'instruction pourrait sans doute statuer sur la demande d'entraide et ordonner la saisie par une seule et même ordonnance, tandis qu'il y aurait lieu pour ce magistrat, dans le cas où la demande porterait sur un bien relevant du droit commun, de saisir ou faire procéder à la saisie du bien litigieux par commission rogatoire après avoir statué par ordonnance sur la demande d'entraide.

Dans une seconde approche, l'on pourrait considérer, nonobstant la référence de l'article 694-12 au fait que le juge d'instruction doit « ordonner » l'exécution des saisies faisant l'objet de demandes d'entraide, que hors le champ du droit des saisies spéciales, il n'y aurait pas lieu pour le juge d'instruction de prononcer sur la demande par ordonnance, et que la décision d'exécution ne devrait pas prendre une autre forme que celle d'un acte de saisie opéré selon le droit commun par le juge d'instruction ou par un officier de police judiciaire agissant sur commission rogatoire, sauf à ce que soient toujours préalablement obtenues les réquisitions du ministère public.

Si la seconde branche de cette alternative pourrait devoir être préférée, dès lors qu'elle évite que doive être rendue une ordonnance dont le régime juridique n'a absolument pas été décrit par le législateur, il n'en demeure pas moins que la chambre criminelle, dans un arrêt certes unique, paraît avoir admis que soit rendue par le juge d'instruction une ordonnance de saisie d'un bien meuble corporel ne relevant pourtant du champ d'application d'aucune procédure de saisie spéciale. En effet, dans un arrêt du 27 juin 2018, la chambre criminelle a rejeté le pourvoi qui avait été formé à l'encontre de l'arrêt d'une chambre de l'instruction qui avait confirmé « l'ordonnance de saisie et de remise d'un bateau aux autorités néerlandaises », considéré comme constituant le produit de l'infraction de blanchiment reprochée par ces autorités à la personne poursuivie[5]. S'il est vrai que le recours à une ordonnance n'était pas contesté par le demandeur, force est cependant de constater que la chambre criminelle n'a pas non

5. Crim. 27 juin 2018, n° 17-85.101, P, n° 125.

plus relevé d'office une irrégularité quelconque. Cette décision doit-elle être interprétée comme signifiant que, pour la chambre criminelle, le juge d'instruction doit en tout état de cause statuer par ordonnance ? Mais il est vrai qu'exiger la formalisation d'une telle ordonnance présente l'avantage d'imposer au juge d'instruction de justifier que les conditions de l'exécution de la demande d'entraide se trouvent réunies.

D. Nature de l'acte d'exécution des demandes d'entraide

311.211 Nature *sui generis*. La saisie effectuée en exécution d'une demande d'entraide par l'autorité judiciaire française ou une autorité étrangère est d'une nature *sui generis*, distincte de celle d'une saisie accomplie dans une affaire interne [1].

En effet, si les demandes d'entraide aux fins de saisie sont exécutées, comme il a été vu [2], en application de la loi pénale du *for*, il n'en demeure pas moins que l'office des autorités de l'État requis ne consiste pas à apprécier si les conditions de la saisie se trouvent caractérisées, mais si le sont les conditions d'exécution de la décision de saisie, ce qui est différent : il s'agit pour elles seulement de dire si la décision de saisie est telle qu'elle doit, en application du droit conventionnel et du droit interne, être mise en œuvre selon les modalités de ce droit. Les saisies effectuées en exécution d'une demande d'entraide partagent donc avec les saisies qui le sont dans les affaires internes leurs conditions de forme, mais elles s'en distinguent sur le fond, en sorte que les premières et les secondes ne sauraient partager une seule et même nature juridique.

Cette distinction ressortira d'ailleurs clairement des règles gouvernant les recours formés contre l'exécution des demandes d'entraide [3].

§ 4 Recours contre l'exécution des demandes d'entraide

311.220 Plan. Les recours contre l'exécution des demandes d'entraide aux fins de saisie pénale patrimoniale diffèrent selon qu'il s'agit de contester l'exécution d'une demande adressée par une autorité judiciaire étrangère à l'autorité judiciaire française (A) ou bien l'inverse (B).

1. V. s^{s} n° 311.16.
2. V. s^{s} n° 311.181.
3. V. s^{s} n° 311.231.

A. Recours contre l'exécution des demandes adressées à l'autorité judiciaire française

311.231 Principes. Le contrôle de l'exécution, par l'autorité judiciaire française, des demandes d'entraide aux fins de saisie pénale patrimoniale, qui a donné lieu à un abondant contentieux devant la chambre criminelle, obéit à quelques principes jurisprudentiels clairs, à condition que l'on distingue selon l'objet du contrôle. Ainsi, il y a lieu d'envisager distinctement la question de la régularité formelle de l'exécution de la demande d'entraide, celle des conditions de fond de l'exécution de la demande d'entraide aux fins de saisie, et enfin celle du « bien-fondé de la saisie ». Il y a donc trois questions : la demande d'entraide a-t-elle été exécutée selon les modalités prévues par la loi pénale française ? La saisie sollicitée entrait-elle dans les prévisions conventionnelles applicables ? La décision de saisie des autorités judiciaires étrangères était-elle fondée ?

Nous verrons que seules les deux premières questions relèvent de la compétence du juge chargé du contrôle de l'exécution des demandes d'entraide, cette très importante répartition des compétences étant d'affirmation ancienne en droit pénal international, si l'on relève qu'elle était énoncée dès 1928 par Donnedieu de Vabres dans *Les principes*. S'interrogeant sur la question voisine de la force exécutoire des jugements répressifs étrangers, et notamment sur l'exécution des décisions de saisie et de confiscation, il relevait que si une telle exécution nécessitait une procédure d'*exequatur*, le contrôle exercé à cette occasion par l'autorité judiciaire de l'État requis ne pouvait aller jusqu'à une remise en cause du fond de la décision : « La solution qu'exclut, en revanche, le respect de la souveraineté étrangère, c'est celle qui consiste à subordonner l'*exequatur* à la révision du procès : prétention qui reviendrait, de la part de l'État requis, à s'attribuer la fonction d'une juridiction supérieure, et qui serait contraire à l'Égalité des États. » [4]

311.232 Contrôle de la régularité formelle, au regard de la loi pénale française, de l'exécution des demandes d'entraide par la chambre de l'instruction. Ainsi, il ne fait d'abord aucun doute que la chambre de l'instruction est compétente pour contrôler la régularité formelle, au regard de la loi pénale française, de l'exécution des demandes d'entraide qui émanent des autorités judiciaires étrangères.

4. H. Donnedieu de Vabres, *Les principes modernes du droit pénal international*, préc. p. 334.

En effet, depuis l'important arrêt *Russo* du 24 juin 1997[1], la chambre criminelle considère, de façon générale, que la chambre de l'instruction, saisie selon les modalités prévues par l'article 173 du Code de procédure pénale, est compétente pour apprécier la régularité des pièces d'exécution en France des demandes d'entraide judiciaire internationale adressées par les autorités judiciaires étrangères, à la condition que ces pièces, et non de simples copies si celles-ci sont produites par le seul requérant[2], puissent être mises à sa disposition pour en assurer le contrôle. Ainsi, hors le cas où les pièces d'exécution ont d'ores et déjà été transmises à l'autorité judiciaire étrangère requérante par le juge d'instruction chargé de l'exécution – la transmission de ces pièces constituant un acte d'administration judiciaire[3] –, sans que l'autorité judiciaire n'ait conservé de copie de ces pièces, la chambre de l'instruction est compétente pour apprécier la régularité des pièces d'exécution de la demande par l'autorité judiciaire française en application de la loi nationale et le cas échéant les annuler.

Ce principe, qui a été fréquemment réaffirmé par la suite[4], a été décliné en matière de saisies pénales patrimoniales. Ainsi, dans une affaire où une chambre de l'instruction avait confirmé l'ordonnance de saisie immobilière rendue par un juge d'instruction en exécution d'une demande d'entraide émanant des autorités judiciaires tunisiennes, la chambre criminelle a énoncé qu'il appartenait à la chambre de l'instruction de « contrôler la régularité de l'exécution de la demande d'entraide au regard des formes prévues par la loi nationale »[5]. De même, il a été affirmé, alors que se trouvait contestée la confirmation par la chambre de l'instruction de l'ordonnance d'un juge d'instruction prescrivant l'inscription d'une hypothèque judiciaire provisoire sur un bien immobilier, qu'il incombe à la chambre de l'instruction « de contrôler la régularité de l'exécution de la demande d'entraide au regard des formes prévues par la loi nationale »[6]. Enfin, dans une autre affaire de saisie, il a été rappelé que « la chambre de l'instruction est compétente pour apprécier la régularité des actes d'exécution d'une commission rogatoire internationale adressée par un magistrat étranger »[7]. D'autres arrêts sont aussi en ce sens[8].

311.233 Contrôle des conditions de fond de l'exécution des demandes d'entraide par l'autorité judiciaire française. Par ailleurs, bien que la chambre criminelle n'ait jamais formalisé un tel principe, sauf à relever qu'elle a énoncé qu'il incombe à la chambre de l'instruction d'exercer son contrôle de la régularité de l'exécution de la demande d'entraide au regard des formes prévues par la loi nationale et « dans le respect des règles conventionnelles éventuellement applicables »[9], il s'induit de plusieurs décisions que le juge répressif français, qu'il s'agisse du juge d'instruction ou de la chambre de l'instruction, est compétent pour contrôler les conditions de fond de l'exécution des demandes d'entraide aux fins de saisie pénale patrimoniale prévues par le droit conventionnel et le droit interne, c'est-à-dire si la saisie sollicitée, notamment au regard de sa nature et de son objet, entre bien dans les prévisions conventionnelles applicables. Ainsi, il y aura lieu pour les juges de notamment contrôler qu'une convention internationale prévoyait la faculté, pour les autorités judiciaires étrangères, de solliciter de l'autorité judiciaire française la saisie du bien considéré et qu'aucun motif de refus ne se trouvait en l'espèce caractérisé. Ils doivent ainsi s'assurer de l'existence d'une convention internationale prévoyant la demande d'entraide[10], de ce que les conditions permettant à l'autorité judiciaire étrangère de solliciter la saisie du bien litigieux, notamment celles relatives à sa relation avec l'infraction, étaient réunies[11], et de ce qu'aucun motif de refus d'exécution ne se trouvait caractérisé[12].

1. Crim. 24 juin 1997, n° 96-85.581, P, n° 252 ; *D.* 1997. 199 ; *RSC* 1998. 351, obs. J.-P. Dintilhac – AUSSI, toujours hors le domaine des saisies pénales patrimoniales : Crim. 16 févr. 2010, n° 09-88.273, P, n° 29 ; *D.* 2010. 769 ; *AJ pénal* 2010. 290, obs. L. Ascensi – Crim. 14 avr. 2010, n° 10-82.256, NP.
2. AINSI, hors le domaine des saisies pénales patrimoniales : Crim. 3 juin 2003, n° 02-87.484, P, n° 113 – Crim. 3 juin 2003, n° 02-87.500, NP.
3. Crim. 1er févr. 2005, nos 04-84.785 à 04-84.787 (3 arrêts), P, n° 35 ; *D.* 2005. 858.
4. Crim. 3 juin 2003, n° 02-87.484, P, n° 113 – Crim. 3 juin 2003, n° 02-87.500, NP – Crim. 16 févr. 2010, n° 09-88.273, P, n° 29 ; *D.* 2010. 769 ; *AJ pénal* 2010. 290, obs. L. Ascensi – Crim. 14 avr. 2010, n° 10-82.256, NP.
5. Crim. 29 juin 2016, n° 15-81.752, NP.
6. Crim. 26 janv. 2016, n° 12-81.785, NP.
7. Crim. 27 juin 2018, n° 17-85.101, P, n° 125.
8. Crim. 6 oct. 2015, n° 15-81.752, P, n° 218 ; *D.* 2015. 2078 – Crim. 6 mars 2019, n° 18-82.087, NP – Crim. 6 mars 2019, n° 18-82.088, NP – Crim. 6 mars 2019, n° 18-82.090, NP – Crim. 6 mars 2019, n° 18-82.091, NP.
9. Crim. 6 oct. 2015, n° 15-81.752, P, n° 218 ; *D.* 2015. 2078 – Crim. 26 janv. 2016, n° 12-81.785, NP.
10. Crim. 26 janv. 2016, n° 12-81.785, NP – Crim. 27 juin 2018, n° 17-85.101, P, n° 125.
11. Crim. 27 juin 2018, n° 17-85.101, P, n° 125 approuvant la chambre de l'instruction d'avoir suffisamment énoncé les motifs la portant à considérer que le bien saisi constituait le produit de l'infraction.
12. Crim. 26 janv. 2016, n° 12-81.785, NP – Crim. 29 juin 2016, n° 15-82.147, NP – Crim. 6 mars 2019, n° 18-82.087, NP – Crim. 6 mars 2019, n° 18-82.088, NP – Crim. 6 mars 2019, n° 18-82.090, NP – Crim. 6 mars 2019, n° 18-82.091, NP.

311.234 Défaut de contrôle du bien-fondé des saisies sollicitées par les autorités judiciaires étrangères et de la régularité de la demande d'entraide au regard de la loi étrangère. Inversement, la chambre criminelle considère avec la même constance que le juge français n'est titulaire d'aucune compétence pour apprécier, outre la régularité de la demande d'entraide judiciaire internationale au regard de la loi étrangère[1], ainsi que les modalités de délivrance et de transmission de cette demande - en conformité avec les dispositions du dernier alinéa de l'article 694-3 du Code de procédure pénale[2] -, le « bien-fondé » des saisies sollicitées par les autorités judiciaires étrangères. Un tel contrôle porterait en effet atteinte à la souveraineté de l'État étranger[3]. L'accord conclu entre le Royaume-Uni et les États membres de l'Union européenne énonce d'ailleurs formellement cette règle : « Les motifs de fond ayant conduit aux mesures demandées [...] ne sont pas contestés devant un tribunal de l'État requis. »[4] Ainsi, une chambre de l'instruction a été approuvée d'avoir énoncé, pour écarter le moyen pris de la nullité de la saisie de sommes figurant au crédit de comptes bancaires mise en œuvre par un juge d'instruction à la demande d'un magistrat instructeur belge, en l'état du droit antérieur à l'entrée en vigueur de la loi n° 2010-768 du 9 juillet 2010[5], que les requérants critiquaient vainement « le bien-fondé de la saisie dont l'appréciation [relevait] de la compétence du seul juge d'instruction en charge de la procédure »[6]. De même, a été écarté le pourvoi formé contre l'arrêt d'une chambre de l'instruction qui, pour rejeter la requête en nullité de la saisie d'un compte bancaire pratiquée à la demande des autorités judiciaires du Guatemala, avait jugé que le juge d'instruction n'avait pas « à apprécier le bien-fondé et la proportionnalité des actes sollicités par rapport aux faits reprochés »[7]. On relèvera enfin, outre le fait que la chambre criminelle a énoncé qu'une chambre de l'instruction n'avait pas le pouvoir d'apprécier le bien-fondé de l'inscription d'une hypothèque judiciaire provisoire sollicitée par les autorités judiciaires de la Fédération de Russie[8], qu'elle a aussi rejeté le pourvoi formé à l'encontre de la décision d'une chambre de l'instruction qui avait confirmé l'ordonnance du juge d'instruction prescrivant la saisie d'un bien immobilier en exécution d'une commission rogatoire internationale, en énonçant « qu'il n'appartenait pas à la juridiction française saisie d'apprécier le bien-fondé des mesures sollicitées par l'autorité tunisienne requérante »[9]. C'est également ce qui ressort d'autres décisions[10].

La chambre criminelle a par la suite précisé sa jurisprudence en rendant des arrêts dont il résulte que se trouvent exclues du contrôle de l'exécution des demandes d'entraide aux fins de saisie pénale patrimoniale les conditions de fond de ces mesures dans l'ordre juridique interne de l'État requérant, que celles-ci soient relatives à la relation entre le bien saisi et l'infraction poursuivie, aux liens entre ce bien et la personne mise en cause ou les tiers, ou bien encore à la proportionnalité de la mesure. Ainsi, la chambre criminelle a affirmé que « la chambre de l'instruction, statuant sur la régularité des ordonnances de saisie de biens immobiliers rendues, sur le fondement de l'article 706-150 du Code de procédure pénale, pour l'exécution d'une commission rogatoire internationale, n'est pas compétente pour apprécier le bien-fondé de ces mesures, notamment au regard de la bonne foi du propriétaire des biens saisis, dont l'examen relève du seul juge en charge de la procédure »[11]. De même, il a par la suite été énoncé dans quatre arrêts que « le juge français chargé de l'exécution d'une demande d'entraide n'est pas compétent pour apprécier le bien-fondé des saisies sollicitées tenant à l'identification et la traçabilité du produit de l'infraction, à la bonne foi des personnes concernées par ces mesures ainsi qu'à la nécessité et à la proportionnalité de celles-ci, qui doit être soumis au juge étranger requérant »[12]. On peut cependant se demander si cette jurisprudence est totalement conforme aux conventions internationales, notamment celles

1. Crim. 27 juin 2018, n° 17-85.101, P, n° 125.
2. AINSI, hors le domaine des saisies pénales patrimoniales : Crim. 4 nov. 1997, n° 97-82.274, P, n° 365 ; *RSC* 1998. 351, obs. J.-P. Dintilhac.
3. V. s[s] n° 311.231.
4. Accord *de commerce et de coopération entre l'Union européenne et la Communauté européenne de l'énergie atomique, d'une part, et le Royaume-Uni de Grande-Bretagne et d'Irlande du Nord, d'autre part, JOUE* L 149, 30 avr. 2021, art. LAW.CONFISC. 34, 2.
5. L. n° 2010-768, 9 juill. 2010 *visant à faciliter la saisie et la confiscation en matière pénale, JO* 10 juill., p. 12753.
6. Crim. 1er févr. 2005, n°s 04-84.785 à 04-84.787 (3 arrêts), P, n° 35 ; *D.* 2005. 858.
7. Crim. 11 juin 2008, n° 07-87.319, P, n° 145 ; *D.* 2008. 2082, obs. S. Lavric ; *AJ pénal* 2008. 423, obs. G. Royer ; *RSC* 2008. 932, obs. R. Finielz.
8. Crim. 26 janv. 2016, n° 12-81.785, NP.
9. Crim. 29 juin 2016, n° 15-81.752, NP.
10. Crim. 6 oct. 2015, n° 15-81.752, NP – Crim. 29 juin 2016, n° 15-82.147, NP.
11. Crim. 29 juin 2016, n° 15-82.147, NP.
12. Crim. 6 mars 2019, n° 18-82.087, NP – Crim. 6 mars 2019, n° 18-82.088, NP – Crim. 6 mars 2019, n° 18-82.090, NP – Crim. 6 mars 2019, n° 18-82.091, NP – AUSSI, s'agissant du contrôle de la proportionnalité : Crim. 11 juin 2008, n° 07-87.319, P, n° 145 ; *D.* 2008. 2082, obs. S. Lavric ; *AJ pénal* 2008. 423, obs. G. Royer ; *RSC* 2008. 932, obs. R. Finielz ; approuvant une chambre de l'instruction d'avoir énoncé qu'elle n'avait pas « à apprécier le bien-fondé et la proportionnalité des actes sollicités par rapport aux faits reprochés ».

adoptées dans le cadre du Conseil de l'Europe, qui imposent à l'État requis de s'assurer que les droits des tiers de bonne foi ont été préservés dans l'ordre juridique de l'État requérant et, à défaut, d'y remédier au stade de l'exécution de la demande d'entraide[1].

Il faut particulièrement souligner combien l'appréciation de la proportionnalité de la saisie relève de la seule responsabilité de l'État requérant, la chambre de l'instruction n'étant nullement tenue de mettre en œuvre un contrôle quelconque à cet égard. Il a d'ailleurs été précisé, s'agissant de la proportionnalité non plus de la saisie, mais de l'exécution de la demande d'entraide aux fins de saisie, que celle-ci échappe toujours au grief de disproportion, dès lors qu'il s'agit pour l'État français d'exécuter ses obligations résultant des conventions internationales[2].

311.235 Distinction entre le contrôle des conditions de la saisie et celui des conditions de l'exécution de la demande d'entraide aux fins de saisie. La chambre criminelle opère en définitive une distinction entre le contrôle des conditions de la saisie, lequel échappe à la compétence de la chambre de l'instruction, et celui des conditions de l'exécution de la demande d'entraide aux fins de saisie, que cette juridiction a le pouvoir de contrôler. Il lui appartiendra de contrôler non seulement la régularité formelle – c'est-à-dire les modalités –, de la mise en œuvre de la saisie, laquelle doit être ordonnée selon les formes prévues par le Code de procédure pénale, mais aussi les conditions de la demande d'entraide prévues par la convention internationale applicable et le droit interne. En revanche, comme en matière d'entraide aux fins de confiscation pénale où cette règle est expressément énoncée par le Code de procédure pénale[3], le contrôle de ces dernières conditions sera opéré au regard des seules circonstances de fait ressortant de la demande d'entraide : il peut être qualifié de restreint[4].

Par exemple, en cas d'appel formé à l'encontre d'une décision de saisie pénale immobilière rendue par un juge d'instruction à la demande d'une autorité judiciaire étrangère, il y aura lieu pour la chambre de l'instruction de s'assurer que les modalités prévues par l'article 706-150 du Code de procédure pénale ont été respectées, et de vérifier que le juge d'instruction était fondé à exécuter une telle demande en application d'une convention internationale et des conditions énoncées par ce texte, ainsi que par le droit interne. Toutefois, ce contrôle devra être opéré au regard des seules circonstances de fait ressortant de la demande d'entraide sur lesquelles le juge répressif français ne dispose d'aucun pouvoir de contrôle, ce dernier ne disposant d'ailleurs pas des pièces de la procédure diligentée par les juridictions de l'État requérant. Ainsi l'appelant ne sera pas recevable à contester sur le fond la circonstance que l'autorité judiciaire de l'État requérant considère que l'immeuble litigieux est le produit de l'infraction, alors qu'il pourra faire valoir qu'il ne ressort pas de la demande d'entraide que l'immeuble est le produit de l'infraction, de sorte que la saisie du bien échappe aux prévisions conventionnelles. Le contrôle de la chambre de l'instruction saisie sur le fondement de l'article 706-150 est donc plus restreint lorsque la saisie a été ordonnée en exécution d'une demande d'entraide judiciaire internationale, que dans une affaire interne.

Cette jurisprudence est en vérité comparable à celle développée dans le domaine voisin de l'entraide judiciaire internationale aux fins de mise en examen. En effet, si la chambre criminelle considère que « l'appréciation du bien-fondé de la mise en examen relève du seul magistrat de l'État requérant en charge de la procédure » et que « le juge français [n'a] pas à connaître de l'intégralité de la procédure suivie [dans l'État requérant] pour procéder à l'exécution de la commission rogatoire [internationale] »[5], il n'en demeure pas moins que la chambre de l'instruction doit s'assurer que les dispositions conventionnelles prévoient la faculté, pour l'État requérant, de saisir les autorités judiciaires française d'une demande d'entraide judiciaire internationale aux fins de mise en examen[6]. En d'autres termes, l'appréciation des indices échappe au juge pénal français, mais ce dernier doit s'assurer que l'acte de mise en examen entre dans les prévisions conventionnelles.

1. V. s[s] n° 311.132.
2. Crim. 11 juin 2008, n° 07-87.319, P, n° 145 ; *D.* 2008. 2082, obs. S. Lavric ; *AJ pénal* 2008. 423, obs. G. Royer ; *RSC* 2008. 932, obs. R. Finielz.
3. V. s[s] n° 312.222.
4. AUSSI : R. Alméras, « Réflexions sur le contrôle par le juge français des décisions étrangères de saisie pénale », *in* G. Cerqueira et G. Tepedino (textes réunis par), *Études en l'honneur du professeur Iacyr de Aguilar Vieira*, t. 1, Société de législation comparée, 2022, p. 541 : « L'étendue de la saisie fait donc l'objet d'un contrôle limité. […] Le contrôle de la demande étrangère de saisie est donc soumis à deux exigences opposées. La première s'oppose à tout nouvel examen au fond de la saisie, afin de favoriser la coopération judiciaire internationale. La seconde exigence impose la prise en compte des faits de l'espèce, afin de s'assurer du respect des dispositions pénales françaises. Le juge civil est lui-même confronté depuis longtemps au même dilemme en matière d'*exequatur* : il ne peut procéder à une révision au fond de la décision étrangère mais doit assurer la protection de son ordre juridique. »
5. Crim. 31 oct. 2018, n° 17-86.107, NP.
6. Crim. 30 mars 1999, n° 97-85.451, P, n° 60 ; *RSC* 2001. 891, obs. M. Massé.

311.236 Nature du recours à l'encontre de l'exécution des demandes d'entraide par l'autorité judiciaire française. La nature du recours susceptible d'être formé devant la chambre de l'instruction varie selon les situations et, si le régime juridique attaché à ces recours est en principe celui du droit commun, il fait cependant l'objet de certaines adaptations.

S'il ressort de l'important arrêt *Russo* du 24 juin 1997[1] que la requête en nullité a été la voie de recours initialement retenue par la chambre criminelle pour permettre aux intéressés de faire contrôler par la chambre de l'instruction, conformément aux règles applicables au contentieux de la nullité des actes d'enquête et d'instruction, la régularité de l'exécution des demandes d'entraide judiciaire internationale[2], sans que les dispositions de l'article 173 du Code de procédure pénale ne fassent obstacle à une telle requête[3], la juridictionnalisation des saisies pénales patrimoniales opérée par la loi n° 2010-768 du 9 juillet 2010[4], au moyen de la création des procédures de saisies spéciales, a conduit la chambre criminelle à admettre que ce contrôle puisse être opéré par la chambre de l'instruction par la voie de l'appel, lorsque l'exécution de la demande a donné lieu à une ordonnance de saisie du juge d'instruction[5]. De même que les demandes d'entraide aux fins de saisie doivent être exécutées par le juge d'instruction selon les modalités prévues par le Code de procédure pénale, la régularité de cette exécution peut être contestée par l'exercice de la voie de recours ouverte aux intéressés dans une affaire interne analogue : ces derniers sont recevables à saisir la chambre de l'instruction d'une requête en nullité, dans les conditions de l'article 173 du Code de procédure pénale, lorsque l'exécution de la demande a pris la forme d'un acte de saisie effectué par le juge d'instruction selon le droit commun ; il leur appartient de contester par la voie de l'appel les ordonnances de saisies immobilières ou de biens incorporels rendues par le juge d'instruction en application du droit des saisies spéciales.

Ce recours suit le régime juridique prévu par le droit interne, le cas échéant moyennant certaines adaptations. Ainsi, si le juge d'instruction a rendu une ordonnance de saisie immobilière ou de bien incorporel, il y a lieu de notifier la décision au propriétaire du bien saisi et, s'ils sont connus, aux tiers ayant des droits sur celui-ci qui peuvent la déférer à la chambre de l'instruction par déclaration au greffe du tribunal dans un délai de dix jours à compter de la notification de la décision, conformément aux dispositions des articles 706-150, 706-153 ou 706-154 du Code de procédure pénale. Il sera alors suivi devant la chambre de l'instruction la procédure ordinaire, sauf à relever, conformément aux textes précités, que l'appelant pourra se faire communiquer les seules pièces se rapportant à la saisie contestée[6].

La chambre criminelle considère cependant, à juste titre, que les règles procédurales internes doivent être amendées en fonction des spécificités du droit conventionnel et interne propre à la matière. Ainsi, il a été posé pour principe que « lorsque l'exécution de la demande d'entraide est ordonnée par le juge d'instruction selon les modalités des articles 706-141 à 706-158 du Code de procédure pénale, la personne à l'encontre de laquelle la demande a été émise est recevable à interjeter appel de l'ordonnance de saisie spéciale et par voie de conséquence contester la régularité de l'exécution de la demande d'entraide au regard des formes prévues par la loi nationale »[7]. Cette règle a été expressément fondée sur la circonstance que certains des motifs de non-exécution de la demande concernent la personne visée par celle-ci[8], en sorte qu'il devait être permis à l'intéressé d'en invoquer la caractérisation, sauf à méconnaître son droit à un recours effectif. De même, dans une affaire où, en exécution d'une demande d'entraide émanant des autorités sénégalaises, un juge d'instruction avait ordonné le maintien de la saisie, effectuée par un officier de police judiciaire sur son autorisation, de sommes inscrites au crédit d'un compte bancaire, la chambre criminelle a déduit des articles 10 et 11 de la Convention *de coopération en matière judiciaire entre le Gouvernement de la République française et le Gouvernement de la République du Sénégal* du 29 mars 1974[9] que le délai d'appel de l'ordonnance n'avait commencé à courir que du jour où cette décision avait été remise à son destinataire par les autorités de l'État requérant[10].

1. Crim. 24 juin 1997, n° 96-85.581, P, n° 252 ; *D.* 1997. 199 ; *RSC* 1998. 351, obs. J.-P. Dintilhac.
2. POUR DES EXEMPLES de tels recours : Crim. 1er févr. 2005, nos 04-84.785 à 04-84.787 (3 arrêts), P, n° 35 ; *D.* 2005. 858 – Crim. 11 juin 2008, n° 07-87.319, P, n° 145 ; *D.* 2008. 2082, obs. S. Lavric ; *AJ pénal* 2008. 423, obs. G. Royer ; *RSC* 2008. 932, obs. R. Finielz.
3. Crim. 6 oct. 2015, n° 15-81.752, P, n° 218 ; *D.* 2015. 2078.
4. L. n° 2010-768, 9 juill. 2010 *visant à faciliter la saisie et la confiscation en matière pénale, JO* 10 juill., p. 12753.
5. POUR DES EXEMPLES de tels recours : Crim. 26 janv. 2016, n° 12-81.785, NP – Crim. 29 juin 2016, n° 15-81.752, NP – Crim. 29 juin 2016, n° 15-82.147, NP – Crim. 11 juill. 2017, n° 16-85.773, NP – Crim. 6 mars 2019, n° 18-82.087, NP.
6. Crim. 29 juin 2016, n° 15-81.752, NP.
7. Crim. 9 juin 2022, n° 21-82.780, P.
8. C. pr. pén., art. 713-37, 3° et 4° – v. ss n° 311.121.
9. Conv. *de coopération en matière judiciaire entre le Gouvernement de la République française et le Gouvernement de la République du Sénégal*, 29 mars 1974 (D. n° 76-1072, 17 nov. 1976, *JO* 30 nov., p. 6868).
10. Crim. 22 mars 2017, n° 16-85.773, NP – Crim. 11 juill. 2017, n° 16-85.773, NP.

En cas de requête en nullité, les dispositions du droit interne doivent aussi recevoir certaines adaptations, sauf à ne pouvoir faire l'objet d'une application effective, dès lors que la requête ne peut nécessairement pas être présentée par une « partie », au sens de l'article 173 du Code de procédure pénale[1]. Il semble ainsi nécessaire d'admettre la recevabilité des requêtes présentées par la personne visée par la demande d'entraide, le propriétaire du bien saisi ou les tiers ayant des droits sur ce bien. D'ailleurs, en matière d'exécution de décisions de gel de biens prises par les autorités des États membres de l'Union européenne, le recours contre la décision du juge d'instruction est ouvert, quelle que soit la nature de la décision de ce magistrat, à « celui qui détient le bien objet de la décision de gel ou toute autre personne qui prétend avoir un droit sur ledit bien »[2], ce qui invite à retenir une règle comparable en droit commun[3].

B.
Recours contre l'exécution des demandes adressées par l'autorité judiciaire française

311.241 Principes. Comme pour ce qui concerne l'entraide judiciaire entrante (passive), le contrôle de l'exécution des demandes d'entraide judiciaire internationale aux fins de saisie pénale patrimoniale adressées aux autorités judiciaires étrangères par l'autorité judiciaire française varie en fonction de son objet : il convient de distinguer entre la question du contrôle de l'exécution par les autorités judiciaires étrangères de la demande d'entraide et celle du contrôle de la demande d'entraide elle-même.

311.242 Défaut de contrôle de l'exécution par les autorités judiciaires étrangères des saisies sollicitées par l'autorité judiciaire française. Lorsque c'est l'autorité judiciaire française qui adresse une demande d'entraide à une autorité judiciaire étrangère aux fins de saisie pénale patrimoniale, il est exclu que puisse être sollicité du juge répressif interne qu'il contrôle la régularité de l'exécution par l'autorité judiciaire étrangère de la mesure, hors violation des droits de la défense ou méconnaissance d'un principe général du droit[4].

Ce principe a été affirmé à plusieurs reprises. Ainsi, alors que se trouvait contestée la décision d'une chambre de l'instruction qui, au cours d'une information judiciaire, avait confirmé l'ordonnance d'un juge d'instruction rejetant une demande de restitution, notamment en relevant que les opérations de saisie effectuées en Suisse sur les comptes détenus par le requérant étaient régies par le droit de ce pays et qu'il n'appartenait donc pas aux juridictions françaises d'en apprécier la régularité, la chambre criminelle a approuvé ces motifs en ajoutant qu'elle était « en mesure de s'assurer que les actes critiqués [n'avaient] pas été accomplis en violation des droits de la défense du demandeur »[5]. De même, dans une affaire où se trouvait attaqué l'arrêt d'une chambre de l'instruction qui avait rejeté le moyen pris de la nullité de l'exécution par un juge d'instruction belge d'une demande d'entraide émanant d'un magistrat instructeur français aux fins de saisie immobilière, la chambre criminelle a rejeté le pourvoi en énonçant notamment que « la mesure de saisie décidée par l'autorité judiciaire belge n'avait pas été accomplie en violation des droits de la défense, ni d'aucun principe général du droit »[6].

Si la notion de « principe général du droit » n'a pas été plus précisément définie par la chambre criminelle, sans doute cette notion renvoie-t-elle aux principes communs à la plupart des législations pénales et affirmés par les principales conventions internationales de protection des droits de l'homme.

311.243 Contrôle du bien-fondé de la saisie et de la régularité des demandes d'entraide adressées aux autorités judiciaires étrangères par l'autorité judiciaire française. En revanche, le juge répressif français est compétent pour contrôler à la fois le bien-

1. EN CE SENS, mais de façon plus générale : F. Desportes, « Coopération judiciaire en matière pénale, Panorama de la jurisprudence de la chambre criminelle », *in* Cour de cassation, *Rapp. annuel* 1999 : « Cette assimilation ne peut cependant être complète. Selon l'article 173, la requête en nullité peut être présentée par le ministère public ou l'une des "parties". Or, l'on peut se demander quelles sont ici les personnes ayant la qualité de "parties", aucune procédure n'étant suivie en France. L'arrêt *Lorenzo* précité du 30 novembre 1999 fournit peut-être un élément de réponse. Dans l'espèce concernée, la chambre d'accusation avait relevé que le requérant, au domicile duquel la perquisition critiquée avait été effectuée, était, dans la procédure suivie en Italie, "dans une situation assimilable à celle d'une personne mise en examen". Bien que la question n'ait pas été soulevée, il est permis de supposer que cette circonstance justifiait la recevabilité de la requête. Si l'on transpose la solution retenue en matière d'extradition, il ne semble pas en revanche que l'État requérant puisse être assimilé à une partie (Crim. 12 mars 1991, *Bull.* nº 165). Mais le débat reste ouvert. Par ailleurs, en l'absence de procédure suivie en France, il convient de noter que le pourvoi en cassation est recevable immédiatement sans que le demandeur ait à déposer la requête prévue par les articles 570 et 571, Code de procédure pénale. »
2. C. pr. pén., art. 695-9-22.
3. V. s[s] nº 321.363.
4. AUSSI, hors le domaine des saisies pénales patrimoniales : Crim. 20 juin 1992, nº 12-81.024, P, nº 157 ; *D.* 2012. 1890 ; *AJ pénal* 2013. 53, obs. G. Poissonnier ; *RSC* 2012. 624, obs. J. Danet – Crim. 4 oct. 1997, nº 17-81.291, NP – Crim. 7 juin 2017, nº 16-87.114, P, nº 151 ; *AJ pénal* 2017. 452, obs. J. Gallois.
5. Crim. 12 oct. 2016, nº 16-82.322, P, nº 265.
6. Crim. 17 mars 2015, nº 14-88.351, P, nº 54.

fondé de la saisie dont l'exécution a été sollicitée, et le respect des conditions de fond et de forme de la demande d'entraide émise par l'autorité judiciaire française.

Ainsi, pour écarter le moyen pris de la nullité d'une saisie immobilière ordonnée par l'autorité judiciaire belge en exécution de la commission rogatoire internationale émise par un juge d'instruction français, la chambre criminelle a relevé que « la commission rogatoire [avait] été délivrée en application de la convention relative à l'entraide judiciaire en matière pénale pour les États membres de l'Union européenne du 29 mai 2000 et du protocole d'application en date du 16 octobre 2000 »[1]. La chambre criminelle a également rejeté le pourvoi formé contre l'arrêt d'une chambre de l'instruction qui avait confirmé le rejet par le juge d'instruction d'une demande de restitution portant sur des fonds saisis en Suisse en exécution de commissions rogatoires internationales, en relevant, après avoir énoncé qu'il n'appartenait pas aux juridictions françaises d'apprécier la régularité des saisies au regard du droit suisse et que les actes accomplis n'avaient pas été accomplis en violation des droits de la défense de l'intéressé, que les saisies litigieuses ayant porté sur le produit supposé d'une infraction, le grief tiré de la violation du principe de proportionnalité était inopérant[2]. Enfin, pour approuver une chambre de l'instruction d'avoir confirmé l'ordonnance d'un juge d'instruction ayant rejeté la demande de restitution de fonds saisis par les autorités judiciaires belges, la chambre criminelle a constaté qu'il se déduisait de la motivation des juges que « les sommes supposées constituer le produit des infractions étaient saisissables »[3].

Le juge répressif saisi de la contestation de la saisie mise en œuvre à l'étranger à la demande de l'autorité judiciaire française doit ainsi s'assurer que la décision de saisie était justifiée en application du droit interne, qu'une convention internationale fondait la demande d'entraide, que les conditions de fond prévues par cette convention étaient réunies, et que la demande d'entraide judiciaire a été régulièrement adressée.

311.244 **Nature du recours.** L'on peut en revanche s'interroger sur la nature du recours permettant aux intéressés de contester les mesures mises en œuvre à l'étranger en exécution de la demande d'entraide de l'autorité judiciaire française, la question n'étant spécialement envisagée par aucun texte.

Pour l'essentiel, il ressort de la rare jurisprudence de la chambre criminelle rendue à ce propos que la contestation doit être portée au moyen d'une requête en nullité de la saisie au cours de l'information judiciaire ou d'une exception de nullité devant la juridiction de jugement, quand la faculté de contester la régularité de la saisie à l'occasion d'une demande de restitution a été abandonnée ; sauf à relever que, lorsque la mesure relève du droit des saisies spéciales, celle-ci pourrait être contestée par la voie de l'appel interjeté à l'encontre de l'ordonnance de saisie spéciale précédant la demande d'entraide.

Ainsi, la chambre criminelle a pu rejeter le pourvoi formé à l'encontre de l'arrêt d'une chambre de l'instruction qui avait rejeté le moyen pris de la nullité d'une saisie immobilière mise en œuvre en Belgique en exécution de la commission rogatoire internationale d'un juge d'instruction français[4] : à défaut de pouvoir contester, devant le juge répressif français, la régularité de l'exécution de la demande d'entraide par les autorités judiciaires étrangères, les intéressés peuvent contester le bien-fondé et la régularité de la demande d'entraide elle-même. Si cette possibilité ne fait pas de doute pendant l'information judiciaire, il semble en aller de même lorsque la demande d'entraide a été émise au cours de l'enquête préliminaire ou de flagrance, le bien-fondé et la régularité de celle-ci paraissant pouvoir être contestés devant la juridiction de jugement au moyen d'une exception de nullité.

En revanche, alors qu'il ressortait de certains arrêts que la contestation pouvait également être formée à l'occasion d'une demande de restitution des biens saisis – alors même qu'en principe, dans les affaires internes, il est exclu que soit recevable lors d'une instance en restitution le moyen pris de l'irrégularité de la saisie[5] [6]–, cette jurisprudence a été abandonnée dans un mouvement d'unification de l'état du droit dans les affaires internes et en cas de recours à l'entraide. Par un arrêt du 9 septembre 2020, la chambre criminelle a en effet rejeté le pourvoi qui avait été formé à l'encontre de l'arrêt d'une chambre de l'instruction ayant confirmé l'ordonnance de refus de restitution d'un juge d'instruction, en énonçant que « sous couvert de critiquer les motifs du refus de restitution, les moyens [revenaient] à remettre en cause la régularité de la saisie qu'il appartenait au demandeur de contester par la voie d'une requête en nullité, l'objet de l'appel de l'ordonnance attaquée étant limité aux motifs de celle-ci »[7].

1. Crim. 17 mars 2015, n° 14-88.351, P, n° 54.
2. Crim. 12 oct. 2016, n° 16-82.322, P, n° 265.
3. Crim. 11 oct. 2017, n° 17-81.444, NP.
4. Crim. 17 mars 2015, n° 14-88.351, P, n° 54.
5. V. s[s] n° 245.36.
6. Crim. 17 mars 2015, n° 14-88.351, P, n° 54 – Crim. 11 oct. 2017, n° 17-81.444, NP.
7. Crim. 9 sept. 2020, n° 19-85.873, NP.

Ceci étant, à supposer que l'on admette[1] que les demandes d'entraide aux fins de saisie de biens devant, en droit interne, faire l'objet d'une procédure de saisie spéciale, doivent être précédées d'une ordonnance de saisie rendue en application des articles 706-141 et suivants du Code de procédure pénale, l'appel formé par les propriétaires des biens ainsi saisis ou les tiers ayant des droits sur ces biens à l'encontre de la décision devrait permettre d'en discuter le bien-fondé et la régularité.

§ 5
Devenir des biens saisis

311.251 Conservation et gestion des biens saisis par l'État requis. Les biens saisis sont en principe conservés, jusqu'à leur confiscation ou leur restitution par l'État requérant, sur le territoire de l'État requis, où leur devenir est régi par certaines dispositions de droit conventionnel et interne. Il n'en va autrement qu'en cas de dispositions organisant le transfert de ces biens sur le territoire de l'État requérant.

Certaines dispositions conventionnelles régissent en effet le devenir du bien à compter de son placement sous main de justice par les autorités judiciaires de l'État requis. Ainsi, l'article 22 de la convention de Varsovie[2], relatif à l'exécution des mesures provisoires, prévoit qu'après l'exécution de la saisie, l'État requérant fournit spontanément et dès que possible à l'État requis toute information susceptible de remettre en cause ou de modifier l'objet ou l'étendue de ces mesures, de même que, réciproquement, l'État requérant fournit également et sans délai toute information complémentaire demandée par la Partie requise et qui est nécessaire pour la mise en œuvre et le suivi des mesures provisoires. Ces dispositions expriment une recherche de « bonne pratique » de l'entraide judiciaire internationale, destinée à « assurer, pour l'exécution des mesures provisoires qui parfois ont une certaine durée, une actualisation des renseignements à la disposition de la Parie requise »[3]. Réciproquement, avant de lever une telle mesure, l'État requis donne, si possible, à l'État requérant la faculté d'exprimer ses raisons en faveur du maintien de la mesure (art. 15, § 2). Seules ces dernières dispositions figurent dans la convention de Strasbourg[4] qui est plus ancienne (art. 12, § 2).

En droit interne, l'article 694-13 du Code de procédure pénale dispose par ailleurs que « le refus d'autoriser l'exécution de la décision de confiscation prononcée par la juridiction étrangère emporte de plein droit, aux frais du Trésor, mainlevée des saisies ordonnées » et qu'« il en est de même lorsque les poursuites engagées à l'étranger ont pris fin ».

Par exception, certaines conventions bilatérales organisent le transfert des biens saisis sur le territoire de l'État requérant. Ainsi, la convention conclue entre la France et les Émirats arabes unis prévoit que les avoirs gelés ou saisis, au même titre que les pièces à conviction objet de saisies probatoires, sont susceptibles d'être transmis aux autorités de l'État requérant à condition que cet État « accepte les termes et conditions proposés par l'État requis pour cette transmission » (art. 9, § 2)[5]. Il en est de même des conventions avec l'Algérie (art. 14, § 3) et le Maroc (art. 19, § 3) énonçant, dans un article envisageant tout à la fois les perquisitions, les gels d'avoirs et les saisies de pièces à conviction, que « la Partie requérante se conforme à toute condition imposée par la Partie requise quant aux objets saisis et remis à la Partie requérante » (art. 14, § 3)[6]. La convention avec le Pérou comporte des énonciations comparables, ajoutant cependant que « la Partie requise peut refuser de remettre les biens si la Partie requérante n'est pas en mesure de respecter les conditions imposées [par l'État requis] » (art. 21, § 3 et 4)[7].

Il reste que la remise du bien saisi à l'État requérant ne saurait raisonnablement intervenir tant que les actes d'exécution de la demande d'entraide demeurent susceptibles de faire l'objet d'un recours devant les autorités judiciaires de l'État requis, tant sont incertains les effets, dans l'ordre juridique de l'État requérant, de l'éventuelle remise

1. V. s[s] n° 311.155.
2. Conv. Conseil de l'Europe *relative au blanchiment, au dépistage, à la saisie et à la confiscation des produits du crime et au financement du terrorisme,* 16 mai 2005 (D. n° 2016-499, 22 avr. 2016, *JO* 24 avr., n° 1).
3. Conseil de l'Europe, *Rapport explicatif de la Convention du Conseil de l'Europe relative au blanchiment, au dépistage, à la saisie et à la confiscation des produits du crime et au financement du terrorisme*, préc., § 159, p. 28.
4. Conv. *relative au blanchiment, au dépistage, à la saisie et à la confiscation des produits du crime,* 8 nov. 1990 (D. n° 97-183, 25 févr. 1997, *JO* 4 mars, p. 3417).
5. Conv. *d'entraide judiciaire en matière pénale entre le Gouvernement de la République française et le Gouvernement de l'État des Émirats arabes unis*, 2 mai 2007 (D. n° 2009-1156, 29 sept. 2009, *JO* 1er oct., p. 15903).
6. Conv. *d'entraide judiciaire en matière pénale entre le Gouvernement de la République française et le Gouvernement de la République algérienne démocratique et populaire*, 5 oct. 2016 (D. n° 2018-442, 4 juin 2018, *JO* 6 juin, n° 30) – Conv. *d'entraide judiciaire en matière pénale entre le Gouvernement de la République française et le Gouvernement du Royaume du Maroc*, 18 avr. 2008 (D. n° 2011-960, 16 août 2011, *JO* 18 août, p. 13986).
7. Conv. *d'entraide judiciaire en matière pénale entre le Gouvernement de la République française et le Gouvernement de la République du Pérou*, 15 nov. 2012 (D. n° 2016-916, 4 juill. 2016, *JO* 6 juill., n° 2).

en cause de ces actes par ces autorités[1]. En effet, si l'on pourrait considérer, en première analyse, qu'une telle invalidation doit nécessairement emporter restitution du bien saisi à l'État requis, l'élaboration juridique d'une telle restitution n'est pas chose aisée en ce qu'elle revient à permettre à un jugement étranger de remettre en cause le statut du bien saisi dans l'ordre juridique de l'État requérant, ce que le principe de la souveraineté des États ne saurait admettre. Observons d'ailleurs, dans un domaine voisin, que l'article 694-24 du Code de procédure pénale, relatif aux décisions d'enquête européenne émises par les autorités judiciaires françaises, dispose que « le fait que la mesure d'enquête réalisée dans l'État d'exécution ait été contestée avec succès devant les autorités de cet État et conformément au droit de cet État n'entraîne pas par lui-même la nullité des éléments de preuve adressés aux autorités judiciaires françaises, mais ces éléments ne peuvent servir de seul fondement à la condamnation de la personne », ce qui constitue la transposition des dispositions de l'article 14, § 7, de la directive 2014/41/UE du 3 avril 2014 *concernant la décision d'enquête européenne en matière pénale*, énonçant de manière sibylline que l'État d'émission « tient compte » du fait que la reconnaissance ou l'exécution d'une décision d'enquête européenne ait été contestée avec succès conformément à son droit national[2]. Ainsi, même entre les États membres de l'Union européenne, les décisions juridictionnelles faisant droit aux contestations élevées contre les actes d'exécution d'une décision d'enquête européenne ne produisent pas directement leurs effets dans les ordres juridiques étrangers. Dans l'hypothèse de la remise du bien saisi à l'État requérant, sans que celle-ci n'ait été effectuée sous réserve de restitution en cas d'invalidation des actes d'exécution de la demande d'entraide – ce qui pourrait pourtant être vu comme une sage précaution –, deux solutions pourraient être envisagées. Dans une première approche, la solution pourrait être recherchée dans les relations entre États, en ayant recours aux mécanismes de l'entraide judiciaire internationale susceptibles de permettre aux autorités de l'État requis de solliciter de celles de l'État requérant, au moyen d'une demande d'entraide, la restitution du bien saisi aux fins d'exécution de la décision d'invalidation des actes d'exécution de la demande d'entraide aux fins de saisie pénale patrimoniale. De même que l'État requis a exécuté la demande d'entraide aux fins de saisie, l'État requérant se trouverait tenu de faire droit à la demande d'entraide aux fins de restitution. Dans une seconde approche, où la solution pourrait cette fois être recherchée dans les rapports entre l'État requérant et le justiciable titulaire de droits sur le bien saisi ayant obtenu la décision d'invalidation des actes d'exécution de la demande d'entraide, il pourrait être envisagé, dans une approche inspirée du droit international privé, de permettre à l'intéressé d'agir en nullité de la saisie en se fondant sur la décision étrangère, à charge pour la juridiction répressive française saisie de s'assurer que la décision étrangère a été rendue dans les conditions minimales permettant sa reconnaissance dans l'ordre juridique français, telles que la compétence de la juridiction étrangère ayant statué, la conformité de la décision à l'ordre public international de fond et de procédure, ainsi que l'absence de fraude à la loi[3].

311.252 Concours de l'Agrasc. De même que l'Agrasc tient des dispositions de l'article 706-161, alinéa 1er, du Code de procédure pénale une compétence pour prêter son assistance aux juridictions pénales et aux procureurs de la République pour l'émission de demandes d'entraide judiciaires internationales aux fins de saisie pénale patrimoniale[4], elle est compétente pour exercer sur les biens saisis en exécution d'une demande d'entraide l'ensemble des compétences qu'elle tient de la loi dans les affaires internes. L'alinéa 706-160, alinéa 3, du Code de procédure pénale dispose en effet : « L'agence peut, dans les mêmes conditions, assurer la gestion des biens saisis, procéder à l'aliénation ou à la destruction des biens saisis ou confisqués et procéder à la répartition du produit de la vente en exécution de toute demande d'entraide ou coopération émanant d'une autorité judiciaire étrangère. » L'Agrasc rappelle d'ailleurs, dans son *Rapport annuel* pour l'année 2018, que « lorsque les demandes émanent d'autorités judiciaires étrangères et portent sur des biens situés sur le territoire français, [ses missions] s'exercent pleinement, tant s'agissant de l'assistance que de ses missions monopolistiques : gestion des sommes saisies, publication des saisies pénales immobilières ou ventes avant jugement »[5].

1. POUR une illustration de la difficulté : Crim. 9 sept. 2020, n° 19-85.873, NP.
2. Dir. 2014/41/UE, Parlement et Conseil, 3 avr. 2014 *concernant la décision d'enquête européenne en matière pénale*, *JOUE* L 130, 1er mai, p. 1.
3. EN CE SENS en matière de commissions rogatoires en matière civile : *Rép. int.*, *V°* « Commission rogatoire : matière civile », par J.-P. Beraudou, n° 90 – *CONTRA* : *Rép. int.*, *V°* « Commission rogatoire : matière pénale », par C. Lombois, n° 50 énonçant que « l'annulation prive d'effet en France les actes qui comportaient des conséquences juridiques, telles notifications d'inculpation ou saisie. Elle entraîne le retrait du dossier des pièces qui sont censées n'y avoir pas été mises. Cependant, les renseignements qu'elles contenaient, sortis du dossier avec elles, ne s'évacuent pas, du même coup, de la mémoire des autorités qui les ont reçus ».
4. V. ss n° 311.157.
5. Agrasc, *Rapp. annuel* 2018, p. 37.

311.253 Pouvoirs des autorités de l'État requis postérieurement à la saisie. Il reste que l'étendue des pouvoirs des autorités judiciaires de l'État requis postérieurement à la saisie est relativement indéterminée. En particulier, lorsque la France est l'État requis, quels sont les pouvoirs du juge d'instruction à compter de la saisie ? Ce magistrat a-t-il le pouvoir, en cas de saisie spéciale, de statuer sur les difficultés d'exécution de la saisie comme dans les affaires internes ? Peut-il confier la gestion d'un bien saisi à l'Agrasc ? Est-il fondé à exercer les pouvoirs qu'il tient de l'article 99-2 du Code de procédure pénale ? Peut-il être saisi d'une demande de restitution en application de l'article 99 du Code de procédure pénale ?

Au soutien d'une réponse affirmative s'agissant de la gestion du bien postérieurement à la saisie et des éventuelles difficultés d'exécution, il peut être relevé que les conventions internationales soumettent l'exécution des demandes d'entraide aux fins de saisie pénale patrimoniale au droit de l'État requis [1], de même que, dans le cas où la France est l'État requis, le législateur a conféré compétence à l'Agrasc pour assurer la gestion des biens saisis, et procéder à leur aliénation ou destruction [2].

Il reste que ces arguments ne paraissent pas absolument décisifs, dès lors que le principe de l'application de la loi pénale du *for* peut être compris comme s'appliquant à l'exécution de la saisie proprement dite, de même que les compétences reconnues à l'Agrasc ne sauraient nécessairement signifier que l'autorité judiciaire française aurait le pouvoir, quelle que soit la convention internationale applicable, d'exercer à l'égard des biens saisis les pouvoirs qu'elle tient de la loi dans les affaires internes. Au contraire, force est de constater que les conventions internationales et le droit interne ne prévoient rien à cet égard, alors que la question se trouve spécialement envisagée lorsqu'elle se pose entre les États membres de l'Union européenne [3]. D'ailleurs, la chambre criminelle a pu se montrer stricte lorsqu'il lui a été demandé de préciser quels étaient les pouvoirs du juge d'instruction à la suite de l'exécution d'une décision de gel émise par les autorités judiciaires d'un État membre de l'Union européenne. Elle a en effet considéré que « le juge français qui a pour mission d'exécuter une mesure de gel décidée par une juridiction étrangère en vertu des dispositions des articles 695-9-1 et suivants du Code de procédure pénale, ne dispose pas des pouvoirs à lui dévolus par les articles 706-144 et 706-146 du même code lorsqu'il ordonne lui-même une mesure de saisie » [4].

Au final, il pourrait être reconnu au juge d'instruction certains pouvoirs en se fondant sur le principe selon lequel l'État requis a le devoir de conserver matériellement le bien dans l'attente de sa restitution ou de sa confiscation. Tel pourrait être le cas du pouvoir de confier les biens objet de saisies spéciales à la gestion de l'Agrasc en cas de défaillance du propriétaire ou détenteur [5], ou bien au motif que les biens saisis nécessitent, pour leur conservation ou leur valorisation, des actes d'administration particuliers [6], ainsi que du pouvoir de remettre les biens à l'agence aux fins d'aliénation lorsque le maintien de la saisie serait de nature à diminuer leur valeur [7]. Dans chacun de ces cas, ce sont bien la conservation et la valorisation des biens saisis qui sont en jeu et qui pourraient fonder la compétence du juge d'instruction. Il reste qu'en tout état de cause, dès lors que, si le bien est matériellement conservé en France, il n'en est pas moins placé sous main de justice dans le cadre de la procédure diligentée dans l'ordre juridique de l'État requérant, les décisions du juge d'instruction paraissent devoir être précédées de l'accord des autorités judiciaires requérantes.

Cette circonstance que le bien est placé sous main de justice dans le cadre de la procédure étrangère constitue de même un argument pour considérer qu'une demande de restitution du bien saisi ne saurait être présentée au juge d'instruction sur le fondement de l'article 99 du Code de procédure pénale, lorsque ce magistrat a procédé à la saisie sur le fondement d'une demande d'entraide étrangère, seule l'autorité étrangère ayant compétence pour éventuellement ordonner la restitution du bien saisi. On observera d'ailleurs, au soutien de cette position, que des textes particuliers gouvernent cette situation en droit de l'Union européenne [8], de même que, dans les affaires internes, la chambre criminelle considère que le juge d'instruction compétent pour statuer sur une requête en restitution est celui en charge de l'information, et non celui qui a fait procéder à la saisie d'un bien en exécution d'une commission rogatoire [9]. En tout état de cause, dans l'hypothèse où l'article 99 serait applicable, le juge d'instruction ne saurait apprécier la demande de restitution au regard des conditions énoncées par ce texte, mais devrait uniquement statuer sur l'actualité des conditions d'exécution de la demande d'entraide.

1. V. s[s] n° 311.181.
2. V. s[s] n° 311.252.
3. V. s[s] n°s 321.391 et 321.401.
4. Crim. 1er avr. 2020, n° 19-81.760, P, 43 ; *D.* 2020. 880.
5. C. pr. pén., art. 706-143, al. 2.
6. C. pr. pén., art. 706-160, al. 1, 1°, et 5.
7. C. pr. pén., art. 99-2, al. 2.
8. V. s[s] n°s 321.393 et 321.403.
9. Crim. 1er févr. 2005, n°s 04-84.785 à 04-84.787 (3 arrêts), P, n° 35 ; *D.* 2005. 858.

CHAPITRE

312. Droit commun de l'entraide judiciaire internationale aux fins de confiscation pénale

SECTION 0 ORIENTEUR

312.00 **Sommaire du chapitre.**

Sect. 1 Fondements de l'entraide judiciaire internationale aux fins de confiscation pénale

Sect. 2 Conditions de fond de l'entraide judiciaire internationale aux fins de confiscation pénale

§ 1 Nature et objet de l'entraide judiciaire internationale aux fins de confiscation pénale

A. Conventions internationales bilatérales

B. Conventions internationales multilatérales

1° Conventions du Conseil de l'Europe

2° Conventions des Nations unies

§ 2 Motifs de non-exécution

A. Motifs de non-exécution selon le droit conventionnel

1° Conventions internationales bilatérales

2° Conventions internationales multilatérales

B. Motifs de non-exécution selon le droit interne

§ 3 Protection des droits des tiers de bonne foi

Sect. 3 Mise en œuvre de l'entraide judiciaire internationale aux fins de confiscation pénale

§ 1 Émission des demandes

§ 2 Transmission des demandes

§ 3 Exécution des demandes

A. Loi applicable

B. Compétence pour statuer sur l'exécution des demandes adressées à l'autorité judiciaire française

C. Procédure pour statuer sur l'exécution des demandes adressées à l'autorité judiciaire française

§ 4 Recours contre l'exécution des demandes d'entraide

A. Recours contre l'exécution des demandes adressées à l'autorité judiciaire française

B. Recours contre l'exécution des demandes adressées par l'autorité judiciaire française

§ 5 Devenir des biens confisqués

Division. Après l'exposé de leurs fondements juridiques (sect. 1), seront examinées les conditions de fond (sect. 2) et les règles de mise en œuvre (sect. 3) de l'entraide judiciaire internationale aux fins de confiscation pénale entre les États qui ne sont pas membres de l'Union européenne.

312.01 **Principaux textes applicables.**

TEXTES SOURCES

• C. pr. pén., 627-16, 627-17, 694 à 694-4-1, 713-36 à 713-41, 706-160, al. 3

• Conv. *relative au blanchiment, au dépistage, à la saisie et à la confiscation des produits du crime*, 8 nov. 1990, art. 1, 7, 13 à 18, 22, 27

• Conv. Conseil de l'Europe *relative au blanchiment, au dépistage, à la saisie et à la confiscation des produits du crime et au financement du terrorisme*, 16 mai 2005, art. 1, 15, 23 à 28, 32, 37

• Conv. Nations unies *contre le trafic illicite de stupéfiants et de substances psychotropes*, 20 déc. 1988, art. 1er, 5

• Conv. Nations unies *contre la criminalité transnationale organisée*, 15 nov. 2000, art. 2, 13, 14

• Conv. Nations unies *contre la corruption*, 31 oct. 2003, art. 2, 54, 55, 57

• *Statut de Rome de la Cour pénale internationale*, art. 109

TEXTES *IN EXTENSO*

> Dispositions de droit interne générales

• C. pr. pén., art. 694

* V. s^{s} n° 311.01.

• C. pr. pén., art. 694-1

* V. s^{s} n° 311.01.

• C. pr. pén., art. 694-2

* V. s^{s} n° 311.01.

• C. pr. pén., art. 694-3

* V. s^{s} n° 311.01.

• C. pr. pén., art. 694-4

* V. s^{s} n° 311.01.

• C. pr. pén., art. 694-4-1

* V. s^{s} n° 311.01.

> Dispositions de droit interne relatives à l'exécution des décisions de confiscation prononcées par les autorités judiciaires étrangères

• C. pr. pén., art. 713-36

En l'absence de convention internationale en disposant autrement, les articles 713-37 à 713-40 sont applicables à l'exécution des décisions de confiscation prononcées par les autorités judiciaires étrangères, tendant à la confiscation des biens meubles ou immeubles, quelle qu'en soit la nature, ayant servi ou qui étaient destinés à commettre l'infraction ou qui paraissent en être le produit direct ou indirect ainsi que de tout bien dont la valeur correspond au produit de cette infraction.

• C. pr. pén., art. 713-37

Sans préjudice de l'application de l'article 694-4, l'exécution de la confiscation est refusée :

1° Si les faits à l'origine de la demande ne sont pas constitutifs d'une infraction selon la loi française ;

2° Si les biens sur lesquels elle porte ne sont pas susceptibles de faire l'objet d'une confiscation selon la loi française ;

3° Si la décision étrangère a été prononcée dans des conditions n'offrant pas de garanties suffisantes au regard de la protection des libertés individuelles et des droits de la défense ;

4° S'il est établi que la décision étrangère a été émise dans le but de poursuivre ou de condamner une personne en raison de son sexe, de sa race, de sa religion, de son origine ethnique, de sa nationalité, de sa langue, de ses opinions politiques ou de son orientation sexuelle ou identité de genre ;

5° Si le ministère public français avait décidé de ne pas engager de poursuites pour les faits à raison desquels la confiscation a été prononcée par la juridiction étrangère ou si ces faits ont déjà été jugés définitivement par les autorités judiciaires françaises ou par celles d'un État autre que l'État demandeur, à condition, en cas de condamnation, que la peine ait été exécutée, soit en cours d'exécution ou ne puisse plus être ramenée à exécution selon les lois de l'État de condamnation ;

6° Si elle porte sur une infraction politique.

• C. pr. pén., art. 713-38

L'exécution de la confiscation ordonnée par une autorité judiciaire étrangère en application de l'article 713-36 est autorisée par le tribunal correctionnel, sur requête du procureur de la République.

L'exécution est autorisée à la condition que la décision étrangère soit définitive et exécutoire selon la loi de l'État requérant.

L'autorisation d'exécution ne peut avoir pour effet de porter atteinte aux droits licitement constitués au profit des tiers, en application de la loi française, sur les biens dont la confiscation a été prononcée par la décision étrangère. Toutefois, si cette décision contient des dispositions relatives aux droits des tiers, elle s'impose aux juridictions françaises à moins que les tiers n'aient pas été mis à même de faire valoir leurs droits devant la juridiction étrangère dans des conditions analogues à celles prévues par la loi française.

Le refus d'autoriser l'exécution de la décision de confiscation prononcée par la juridiction étrangère emporte de plein droit mainlevée de la saisie. Il en est de même lorsque les poursuites engagées à l'étranger ont pris fin ou n'ont pas conduit à la confiscation des biens saisis.

• C. pr. pén., art. 713-39

S'il l'estime utile, le tribunal correctionnel entend, le cas échéant par commission rogatoire, le propriétaire du bien saisi, la personne condamnée ainsi que toute personne ayant des droits sur les biens qui ont fait l'objet de la décision étrangère de confiscation.

Les personnes mentionnées à l'alinéa précédent peuvent se faire représenter par un avocat.

Le tribunal correctionnel est lié par les constatations de fait de la décision étrangère. Si ces constatations sont insuffisantes, il peut demander par commission rogatoire à l'autorité étrangère ayant rendu la décision, la fourniture, dans un délai qu'il fixe, des informations complémentaires nécessaires.

• C. pr. pén., art. 713-40

L'exécution sur le territoire de la République d'une décision de confiscation émanant d'une juridiction étrangère entraîne transfert à l'État français de la propriété des biens confisqués, sauf s'il en est convenu autrement avec l'État requérant.

Les biens ainsi confisqués peuvent être vendus selon les dispositions du Code du domaine de l'État.

Les frais d'exécution de la décision de confiscation sont imputés sur le total des montants recouvrés.

Les sommes d'argent recouvrées et le produit de la vente des biens confisqués, déduction faite des frais d'exécution, sont dévolus à l'État français lorsque ce montant est inférieur à 10 000 € et dévolus pour moitié à l'État français et pour moitié à l'État requérant dans les autres cas.

Si la décision étrangère prévoit la confiscation en valeur, la décision autorisant son exécution rend l'État français créancier de l'obligation de payer la somme d'argent correspondante. À défaut de paiement, l'État fait recouvrer sa créance sur tout bien disponible à cette fin. Le montant recouvré, déduction faite de tous les frais, est partagé selon les règles prévues au présent article.

• **C. pr. pén., art. 713-41**

Pour l'application de la présente section, le tribunal correctionnel compétent est celui du lieu de l'un des biens objet de la demande ou, à défaut, le tribunal correctionnel de Paris.

> Dispositions de droit interne relatives à la coopération avec la Cour pénale internationale

• **C. pr. pén., art. 627-16**

Lorsque la Cour pénale internationale en fait la demande, l'exécution des peines d'amende et de confiscation ou des décisions concernant les réparations prononcées par celle-ci est autorisée par le tribunal correctionnel de Paris saisi, à cette fin, par le procureur de la République. La procédure suivie devant le tribunal correctionnel obéit aux règles du présent code.

Le tribunal est lié par la décision de la Cour pénale internationale, y compris en ce qui concerne les dispositions relatives aux droits des tiers. Toutefois, dans le cas d'exécution d'une ordonnance de confiscation, il peut ordonner toutes les mesures destinées à permettre de récupérer la valeur du produit, des biens ou des avoirs dont la cour a ordonné la confiscation, lorsqu'il apparaît que l'ordonnance de confiscation ne peut pas être exécutée. Le tribunal entend le condamné ainsi que toute personne ayant des droits sur les biens, au besoin par commission rogatoire. Ces personnes peuvent se faire représenter par un avocat.

Lorsque le tribunal constate que l'exécution d'une ordonnance de confiscation ou de réparation aurait pour effet de porter préjudice à un tiers de bonne foi qui ne peut relever appel de ladite ordonnance, il en informe le procureur de la République aux fins de renvoi de la question à la Cour pénale internationale qui lui donne toutes suites utiles.

• **C. pr. pén., art. 627-17**

L'autorisation d'exécution rendue par le tribunal correctionnel en vertu de l'article précédent entraîne, selon la décision de la Cour pénale internationale, transfert du produit des amendes et des biens confisqués ou du produit de leur vente à la cour ou au fonds en faveur des victimes. Ces biens ou sommes peuvent également être attribués aux victimes, si la cour en a décidé et a procédé à leur désignation.

Toute contestation relative à l'affectation du produit des amendes, des biens ou du produit de leur vente est renvoyée à la Cour pénale internationale qui lui donne les suites utiles.

> Dispositions de droit interne relatives à l'Agrasc

• **C. pr. pén., art. 706-160, al. 3**

* V. s[s] n° 311.01.

> Conv. *relative au blanchiment, au dépistage, à la saisie et à la confiscation des produits du crime*, 8 nov. 1990 (extraits)

• **Art. 1 – Terminologie**

* V. s[s] n° 311.01.

• **Art. 7 – Principes généraux et mesures de coopération internationale**

* V. s[s] n° 311.01.

• **Art. 13 – Obligation de confiscation**

1. Une Partie qui a reçu d'une autre Partie une demande de confiscation concernant des instruments ou des produits, situés sur son territoire, doit :

a) exécuter une décision de confiscation émanant d'un tribunal de la Partie requérante en ce qui concerne ces instruments ou ces produits ; ou

b) présenter cette demande à ses autorités compétentes pour obtenir une décision de confiscation et, si celle-ci est accordée, l'exécuter.

2. Aux fins de l'application du paragraphe 1.b du présent article, toute Partie a, si besoin est, compétence pour engager une procédure de confiscation en vertu de son droit interne.

3. Les dispositions du paragraphe 1 du présent article s'appliquent également à la confiscation consistant en l'obligation de payer une somme d'argent correspondant à la valeur du produit, si des biens sur lesquels peut porter la confiscation se trouvent sur le territoire de la Partie requise. En pareil cas, en procédant à la confiscation conformément au paragraphe 1, la Partie requise, à défaut de paiement, fait recouvrer sa créance sur tout bien disponible à cette fin.

4. Si une demande de confiscation vise un bien déterminé, les Parties peuvent convenir que la Partie requise peut procéder à la confiscation sous forme d'une obligation de payer une somme d'argent correspondant à la valeur du bien.

• **Art. 14 – Exécution de la confiscation**

1. Les procédures permettant d'obtenir et d'exécuter la confiscation en vertu de l'article 13 sont régies par la loi de la Partie requise.

2. La Partie requise est liée par la constatation des faits dans la mesure où ceux-ci sont exposés dans une condamnation ou une décision judiciaire de la Partie requérante, ou dans la mesure où celle-ci se fonde implicitement sur eux.

3. Chaque Partie peut, au moment de la signature ou au moment du dépôt de son instrument de ratification, d'acceptation, d'approbation ou d'adhésion, par une déclaration adressée au Secrétaire Général du Conseil de l'Europe, déclarer que le paragraphe 2 du présent article ne s'applique que sous réserve de ses principes constitutionnels et des concepts fondamentaux de son système juridique.

4. Si la confiscation consiste en l'obligation de payer une somme d'argent, l'autorité compétente de la Partie requise en convertit le montant en devises de son pays au taux de change en vigueur au moment où est prise la décision d'exécuter la confiscation.

5. Dans le cas visé à l'article 13, paragraphe 1.a, la Partie requérante a seule le droit de statuer relativement à toute demande de révision de la décision de confiscation.

• **Art. 15 – Biens confisqués**

La Partie requise dispose selon son droit interne de tous les biens confisqués par elle, sauf s'il en est convenu autrement par les Parties concernées.

• **Art. 16 – Droit d'exécution et montant maximal de la confiscation**

1. Une demande de confiscation faite conformément à l'article 13 ne porte pas atteinte au droit de la Partie requérante d'exécuter elle-même la décision de confiscation.

2. Rien dans la présente Convention ne saurait être interprété comme permettant que la valeur totale des biens confisqués soit supérieure à la somme fixée par la décision de

confiscation. Si une Partie constate que cela pourrait se produire, les Parties concernées procèdent à des consultations pour éviter une telle conséquence.

• **Art. 17 – Contrainte par corps**

La Partie requise ne peut pas prononcer la contrainte par corps ni prendre aucune autre mesure restrictive de liberté à la suite d'une demande présentée en vertu de l'article 13 si la Partie requérante l'a précisé dans la demande.

• **Art. 18 – Motifs de refus**

[…] 4. La coopération prévue par la section 4 du présent chapitre peut aussi être refusée si :

a) la législation de la Partie requise ne prévoit pas la confiscation pour le type d'infraction sur lequel porte la demande ; ou

b) sans préjudice de l'obligation relevant de l'article 13, paragraphe 3, elle irait à l'encontre des principes du droit interne de la Partie requise en ce qui concerne les possibilités de confiscation relativement aux liens entre une infraction et :

i) un avantage économique qui pourrait être assimilé à son produit ; ou

ii) des biens qui pourraient être assimilés à ses instruments ; ou

c) en vertu de la législation de la Partie requise, la décision de confiscation ne peut plus être prononcée ou exécutée pour cause de prescription ; ou

d) la demande ne porte pas sur une condamnation antérieure, ni sur une décision de caractère judiciaire, ni sur une déclaration figurant dans une telle décision, déclaration selon laquelle une ou plusieurs infractions ont été commises, et qui est à l'origine de la décision ou de la demande de confiscation ; ou

e) soit la confiscation n'est pas exécutoire dans la Partie requérante, soit elle est encore susceptible de voies de recours ordinaires ; ou

f) la demande se rapporte à une décision de confiscation rendue en l'absence de la personne visée par la décision et si, selon la Partie requise, la procédure engagée par la Partie requérante et qui a conduit à cette décision n'a pas satisfait aux droits minima de la défense reconnus à toute personne accusée d'une infraction.

5. Aux fins du paragraphe 4.f du présent article, une décision n'est pas réputée avoir été rendue en l'absence de l'accusé :

a) si elle a été confirmée ou prononcée après opposition par l'intéressé ; ou

b) si elle a été rendue en appel, à condition que l'appel ait été interjeté par l'intéressé.

6. En examinant, pour les besoins du paragraphe 4.f du présent article, si les droits minima de la défense ont été respectés, la Partie requise tiendra compte du fait que l'intéressé a délibérément cherché à se soustraire à la justice ou que cette personne, après avoir eu la possibilité d'introduire un recours contre la décision rendue en son absence, a choisi de ne pas introduire un tel recours. Il en ira de même lorsque l'intéressé, après avoir été dûment cité à comparaître, aura choisi de ne pas comparaître ou de ne pas demander l'ajournement de l'affaire.

7. Une Partie ne saurait invoquer le secret bancaire pour justifier son refus de toute coopération prévue au présent chapitre. Lorsque son droit interne l'exige, une Partie peut exiger qu'une demande de coopération qui impliquerait la levée du secret bancaire soit autorisée, soit par un juge, soit par une autre autorité judiciaire, y compris le ministère public, ces autorités agissant en matière d'infractions pénales.

8. Sans préjudice du motif de refus prévu au paragraphe 1.a du présent article :

a) le fait que la personne qui fait l'objet d'une investigation menée ou d'une décision de confiscation prise par les autorités de la Partie requérante soit une personne morale ne saurait être invoqué par la Partie requise comme un obstacle à toute coopération en vertu du présent chapitre ;

b) le fait que la personne physique contre laquelle a été rendue une décision de confiscation de produits soit décédée par la suite ainsi que le fait qu'une personne morale contre laquelle a été rendue une décision de confiscation de produits ait été dissoute par la suite ne sauraient être invoqués comme des obstacles à l'entraide prévue par l'article 13, paragraphe 1.a.

• **Art. 22 – Reconnaissance des décisions étrangères**

* V. s[s] n° 311.01.

• **Art. 27 – Contenu de la demande**

1. Toute demande de coopération prévue par le présent chapitre doit préciser : […]

e) si nécessaire et dans la mesure du possible : […]

ii) les biens en relation desquels la coopération est sollicitée, leur emplacement, leurs liens avec la ou les personne(s) en question, tout lien avec l'infraction ainsi que toute information dont on dispose concernant les intérêts d'autrui afférents à ces biens ; […]

3. En plus des indications mentionnées au paragraphe 1, toute demande formulée en application de la section 4 doit contenir :

a) dans le cas de l'article 13, paragraphe 1.a :

i) une copie certifiée conforme de la décision de confiscation rendue par le tribunal de Partie requérante et l'exposé des motifs à l'origine de la décision, s'ils ne sont pas indiqués dans la décision elle-même ;

ii) une attestation de l'autorité compétente de la Partie requérante selon laquelle la décision de confiscation est exécutoire et n'est pas susceptible de voies de recours ordinaires ;

iii) des informations concernant la mesure dans laquelle la décision devrait être exécutée ; et

iv) des informations concernant la nécessité de prendre des mesures provisoires ;

b) dans le cas de l'article 13, paragraphe 1.b, un exposé des faits invoqués par la Partie requérante qui soit suffisant pour permettre à la Partie requise d'obtenir une décision en vertu de son droit interne ;

c) lorsque des tiers ont eu la possibilité de revendiquer des droits, des documents révélant qu'ils ont eu cette possibilité.

> Convention du Conseil de l'Europe *relative au blanchiment, au dépistage, à la saisie et à la confiscation des produits du crime et au financement du terrorisme* du 16 mai 2005 (extraits)

• **Art. 1 – Terminologie**

* V. s[s] n° 311.01.

• **Art. 15 – Principes généraux et mesures de coopération internationale**

* V. s[s] n° 311.01.

• **Art. 23 – Obligation de confiscation**

1. Une Partie qui a reçu d'une autre Partie une demande de confiscation concernant des instruments ou des produits, situés sur son territoire, doit :

a) exécuter une décision de confiscation émanant d'un tribunal de la Partie requérante en ce qui concerne ces instruments ou ces produits ; ou

b) présenter cette demande à ses autorités compétentes pour obtenir une décision de confiscation et, si celle-ci est accordée, l'exécuter.

2. Aux fins de l'application du paragraphe 1.b du présent article, toute Partie a, si besoin est, compétence pour engager une procédure de confiscation en vertu de son droit interne.

3. Les dispositions du paragraphe 1 du présent article s'appliquent également à la confiscation consistant en l'obligation de payer une somme d'argent correspondant à la valeur du produit, si des biens sur lesquels peut porter la confiscation se trouvent sur le territoire de la Partie requise. En pareil cas, en procédant à la confiscation conformément au paragraphe 1, la Partie requise, à défaut de paiement, fait recouvrer sa créance sur tout bien disponible à cette fin.

4. Si une demande de confiscation vise un bien déterminé, les Parties peuvent convenir que la Partie requise peut procéder à la confiscation sous forme d'une obligation de payer une somme d'argent correspondant à la valeur du bien.

5. Les Parties coopèrent dans la mesure la plus large possible en conformité avec leur droit interne avec les Parties qui sollicitent l'exécution de mesures équivalentes à la confiscation et conduisant à une privation de propriété, qui ne constituent pas des sanctions pénales, dès lors que de telles mesures ont été ordonnées par une autorité judiciaire de la Partie requérante sur la base d'une infraction pénale et dans la mesure où il est établi que les biens constituent des produits ou des biens visés à l'article 5 de cette Convention.

• **Art. 24 – Exécution de la confiscation**

1. Les procédures permettant d'obtenir et d'exécuter la confiscation en vertu de l'article 23 sont régies par la loi de la Partie requise.

2. La Partie requise est liée par la constatation des faits dans la mesure où ceux-ci sont exposés dans une condamnation ou une décision judiciaire de la Partie requérante, ou dans la mesure où celle-ci se fonde implicitement sur eux.

3. Chaque État ou la Communauté européenne peut, au moment de la signature ou au moment du dépôt de son instrument de ratification, d'acceptation, d'approbation ou d'adhésion, par une déclaration adressée au Secrétaire Général du Conseil de l'Europe, déclarer que le paragraphe 2 du présent article ne s'applique que sous réserve de ses principes constitutionnels et des concepts fondamentaux de son système juridique.

4. Si la confiscation consiste en l'obligation de payer une somme d'argent, l'autorité compétente de la Partie requise en convertit le montant en devises de son pays au taux de change en vigueur au moment où est prise la décision d'exécuter la confiscation.

5. Dans le cas visé à l'article 23, paragraphe 1.a, la Partie requérante a seule le droit de statuer relativement à toute demande de révision de la décision de confiscation.

• **Art. 25 – Biens confisqués**

1. Une Partie qui confisque des biens en application des articles 23 et 24 de la Convention, en dispose conformément à son droit interne et à ses procédures administratives.

2. Lorsqu'une Partie agit à la demande d'une autre Partie en application des articles 23 et 24 de cette Convention, elle doit, dans la mesure où son droit interne le lui permet et si la demande lui en est faite, envisager à titre prioritaire de restituer les biens confisqués à la Partie requérante, afin que cette dernière puisse indemniser les victimes de l'infraction ou restituer ces biens à leur propriétaire légitime.

3. Lorsqu'une Partie agit à la demande d'une autre Partie en application des articles 23 et 24 de cette Convention, elle peut envisager spécialement de conclure des accords ou arrangements prévoyant de partager ces biens avec d'autres Parties, systématiquement ou au cas par cas, conformément à son droit interne ou à ses procédures administratives.

• **Art. 26 – Droit d'exécution et montant maximal de la confiscation**

1. Une demande de confiscation faite conformément aux articles 23 et 24 ne porte pas atteinte au droit de la Partie requérante d'exécuter elle-même la décision de confiscation.

2. Rien dans la présente Convention ne saurait être interprété comme permettant que la valeur totale des biens confisqués soit supérieure à la somme fixée par la décision de confiscation. Si une Partie constate que cela pourrait se produire, les Parties concernées procèdent à des consultations pour éviter une telle conséquence.

• **Art. 27 – Contrainte par corps**

La Partie requise ne peut pas prononcer la contrainte par corps ni prendre aucune autre mesure restrictive de liberté à la suite d'une demande présentée en vertu de l'article 23 si la Partie requérante l'a précisé dans la demande.

• **Art. 28 – Motifs de refus**

[...] 4. La coopération prévue par la section 4 du présent chapitre peut aussi être refusée si :

a) la législation de la Partie requise ne prévoit pas la confiscation pour le type d'infraction sur lequel porte la demande ; ou

b) sans préjudice de l'obligation relevant de l'article 23, paragraphe 3, elle irait à l'encontre des principes du droit interne de la Partie requise en ce qui concerne les possibilités de confiscation relativement aux liens entre une infraction et :

i) un avantage économique qui pourrait être assimilé à son produit ; ou

ii) des biens qui pourraient être assimilés à ses instruments ; ou

c) en vertu de la législation de la Partie requise, la décision de confiscation ne peut plus être prononcée ou exécutée pour cause de prescription ;

d) sans préjudice de l'article 23, paragraphe 5, la demande ne porte pas sur une condamnation antérieure, ni sur une décision de caractère judiciaire, ni sur une déclaration figurant dans une telle décision, déclaration selon laquelle une ou plusieurs infractions ont été commises, et qui est à l'origine de la décision ou de la demande de confiscation ; ou

e) soit la confiscation n'est pas exécutoire dans la Partie requérante, soit elle est encore susceptible de voies de recours ordinaires ; ou

f) la demande se rapporte à une décision de confiscation rendue en l'absence de la personne visée par la décision et si, selon la Partie requise, la procédure engagée par la Partie requérante et qui a conduit à cette décision n'a pas satisfait aux droits minima de la défense reconnus à toute personne accusée d'une infraction.

5. Aux fins du paragraphe 4.f du présent article, une décision n'est pas réputée avoir été rendue en l'absence de l'accusé :

a) si elle a été confirmée ou prononcée après opposition par l'intéressé ; ou

b) si elle a été rendue en appel, à condition que l'appel ait été interjeté par l'intéressé.

6. En examinant, pour les besoins du paragraphe 4.f du présent article, si les droits minima de la défense ont été respectés, la Partie requise tiendra compte du fait que l'intéressé a délibérément cherché à se soustraire à la justice ou que cette personne, après avoir eu la possibilité d'introduire un recours contre la décision rendue en son absence, a choisi de ne pas introduire un tel recours. Il en ira de même lorsque l'intéressé, après avoir été dûment cité à comparaître, aura choisi de ne pas comparaître ou de ne pas demander l'ajournement de l'affaire. […]

8. Sans préjudice du motif de refus prévu au paragraphe 1.a du présent article :

a) le fait que la personne qui fait l'objet d'une investigation menée ou d'une décision de confiscation prise par les autorités de la Partie requérante soit une personne morale ne saurait être invoqué par la Partie requise comme un obstacle à toute coopération en vertu du présent chapitre ;

b) le fait que la personne physique contre laquelle a été rendue une décision de confiscation de produits soit décédée ainsi que le fait qu'une personne morale contre laquelle a été rendue une décision de confiscation de produits ait été dissoute par la suite ne sauraient être invoqués comme des obstacles à l'entraide prévue par l'article 23, paragraphe 1.a ;

c) le fait que la personne faisant l'objet d'une enquête ou d'une décision de confiscation prise par les autorités de la Partie requérante soit mentionnée dans la requête à la fois comme l'auteur de l'infraction principale et de l'infraction de blanchiment en application de l'article 9.2.b de cette Convention, ne saurait être invoqué par la Partie requise comme un obstacle à toute coopération en vertu du présent chapitre.

• **Art. 32 – Reconnaissance des décisions étrangères**

* V. s[s] n° 311.01.

• **Art. 37 – Contenu de la demande**

1. Toute demande de coopération prévue par le présent chapitre doit préciser : […]

e) si nécessaire, et dans la mesure du possible : […]

ii) les biens en relation desquels la coopération est sollicitée, leur emplacement, leurs liens avec la ou les personne(s) en question, tout lien avec l'infraction ainsi que toute information dont on dispose concernant les intérêts d'autrui afférents à ces biens ; […]

3. En plus des indications mentionnées au paragraphe 1, toute demande formulée en application de la section 4 doit contenir :

a) dans le cas de l'article 23, paragraphe 1.a :

i) une copie certifiée conforme de la décision de confiscation rendue par le tribunal de la Partie requérante et l'exposé des motifs à l'origine de la décision, s'ils ne sont pas indiqués dans la décision elle-même ;

ii) une attestation de l'autorité compétente de la Partie requérante selon laquelle la décision de confiscation est exécutoire et n'est pas susceptible de voies de recours ordinaires ;

iii) des informations concernant la mesure dans laquelle la décision devrait être exécutée ; et

iv) des informations concernant la nécessité de prendre des mesures provisoires ;

b) dans le cas de l'article 23, paragraphe 1.b, un exposé des faits invoqués par la Partie requérante qui soit suffisant pour permettre à la Partie requise d'obtenir une décision en vertu de son droit interne ;

c) lorsque des tiers ont eu la possibilité de revendiquer des droits, des documents révélant qu'ils ont eu cette possibilité.

> Convention des Nations unies *contre le trafic illicite de stupéfiants et de substances psychotropes* du 20 décembre 1988 (extraits)

• **Art. 1er – Définitions**

* V. s[s] n° 311.01.

• **Art. 5 – Confiscation**

[…] 4. a) Lorsqu'une demande est faite en vertu du présent article par une autre Partie qui a compétence pour connaître d'une infraction établie conformément au paragraphe 1 de l'article 3, la Partie sur le territoire de laquelle sont situés des produits, des biens, des instruments ou toutes autres choses visées au paragraphe 1 du présent article :

i) Transmet la demande à ses autorités compétentes en vue de faire prononcer une décision de confiscation et, si cette décision intervient, la fait exécuter, ou

ii) Transmet à ses autorités compétentes, afin qu'elle soit exécutée dans les limites de la demande, la décision de confiscation prise par la Partie requérante conformément au paragraphe 1 du présent article, pour ce qui est des produits, des biens, des instruments ou toutes autres choses visés au paragraphe I situés sur le territoire de la Partie requise ; […]

c) Les décisions ou mesures prévues aux alinéas a et b du présent paragraphe sont prises par la Partie requise conformément à son droit interne et selon les dispositions dudit droit, et conformément à ses règles de procédure ou à tout traité, accord ou arrangement bilatéral ou multilatéral la liant à la Partie requérante ;

d) Les dispositions des paragraphes 6 à 19 de l'article 7 s'appliquent *mutatis mutandis*. Outre les renseignements visés au paragraphe 10 de l'article 7, les demandes faites conformément au présent article contiennent les renseignements suivants :

i) Lorsque la demande relève de l'alinéa a, i, du présent paragraphe, une description des biens à confisquer et un exposé des faits sur lesquels se fonde la Partie requérante qui permette à la Partie requise de faire prononcer une décision de confiscation dans le cadre de son droit interne ;

ii) Lorsque la demande relève de l'alinéa a, ii, une copie légalement admissible de la décision de confiscation rendue par la Partie requérante sur laquelle la demande est fondée, un exposé des faits et des renseignements indiquant dans quelles limites il est demandé d'exécuter la décision ; [...]

5. a) Toute Partie qui confisque des produits ou des biens en application du paragraphe 1 ou du paragraphe 4 du présent article en dispose conformément à son droit interne et à ses procédures administratives ;

b) Lorsqu'une Partie agit à la demande d'une autre Partie en application du présent article, elle peut envisager spécialement de conclure des accords prévoyant :

i) De verser la valeur de ces produits et biens, ou les fonds provenant de leur vente, ou une partie substantielle de la valeur desdits produits et biens, à des organismes intergouvernementaux spécialisés dans la lutte contre le trafic illicite et l'abus des stupéfiants et des substances psychotropes ;

ii) De partager avec d'autres Parties, systématiquement ou au cas par cas, ces produits ou ces biens, ou les fonds provenant de leur vente, conformément à son droit interne, ses procédures administratives ou aux accords bilatéraux ou multilatéraux conclus à cette fin.

6. a) Si des produits ont été transformés ou convertis en d'autres biens, ces biens peuvent faire l'objet des mesures visées au présent article en lieu et place de ces produits ;

b) Si des produits ont été mêlés à des biens acquis légitimement, ces biens, sans préjudice de tous pouvoirs de saisie ou de gel, peuvent être confisqués à concurrence de la valeur estimée des produits qui y ont été mêlés ;

c) Les revenus et autres avantages tirés :

i) Des produits,

ii) Des biens en lesquels ces produits ont été transformés ou convertis, ou

iii) Des biens auxquels ont été mêlés des produits peuvent aussi faire l'objet des mesures visées au présent article de la même manière et dans la même mesure que des produits.

7. Chaque Partie peut envisager de renverser la charge de la preuve en ce qui concerne l'origine licite des produits présumés ou autres biens pouvant faire l'objet d'une confiscation, dans la mesure où cela est conforme aux principes de son droit interne et à la nature de la procédure judiciaire et des autres procédures.

8. L'interprétation des dispositions du présent article ne doit en aucun cas porter atteinte aux droits des tiers de bonne foi.

9. Aucune disposition du présent article ne porte atteinte au principe selon lequel les mesures qui y sont visées sont définies et exécutées conformément au droit interne de chaque Partie et selon les dispositions dudit droit.

> Convention des Nations unies *contre la criminalité transnationale organisée* du 15 novembre 2000 (extraits)

• Art. 2 – Terminologie

* V. s^{s} n° 311.01.

• Art. 13 – Coopération internationale aux fins de confiscation

1. Dans toute la mesure possible dans le cadre de son système juridique national, un État Partie qui a reçu d'un autre État Partie ayant compétence pour connaître d'une infraction visée par la présente Convention une demande de confiscation du produit du crime, des biens, des matériels ou autres instruments visés au paragraphe 1 de l'article 12 de la présente Convention, qui sont situés sur son territoire :

a) Transmet la demande à ses autorités compétentes en vue de faire prononcer une décision de confiscation et, si celle-ci intervient, la faire exécuter ; ou

b) Transmet à ses autorités compétentes, afin qu'elle soit exécutée dans les limites de la demande, la décision de confiscation prise par un tribunal situé sur le territoire de l'État Partie requérant conformément au paragraphe 1 de l'article 12 de la présente Convention, pour ce qui est du produit du crime, des biens, des matériels ou autres instruments visés au paragraphe 1 de l'article 12 situés sur le territoire de l'État Partie requis. [...]

3. Les dispositions de l'article 18 de la présente Convention s'appliquent *mutatis mutandis* au présent article. Outre les informations visées au paragraphe 15 de l'article 18, les demandes faites conformément au présent article contiennent :

a) Lorsque la demande relève de l'alinéa a du paragraphe 1 du présent article, une description des biens à confisquer et un exposé des faits sur lesquels se fonde l'État Partie requérant qui permettent à l'État Partie requis de faire prononcer une décision de confiscation dans le cadre de son droit interne ;

b) Lorsque la demande relève de l'alinéa b du paragraphe 1 du présent article, une copie légalement admissible de la décision de confiscation rendue par l'État Partie requérant sur laquelle la demande est fondée, un exposé des faits et des informations indiquant dans quelles limites il est demandé d'exécuter la décision ; [...]

4. Les décisions ou mesures prévues aux paragraphes 1 et 2 du présent article sont prises par l'État Partie requis conformément à son droit interne et selon les dispositions dudit droit, et conformément à ses règles de procédure ou à tout traité, accord ou arrangement bilatéral ou multilatéral le liant à l'État Partie requérant.

5. Chaque État Partie remet au Secrétaire général de l'Organisation des Nations unies une copie de ses lois et règlements qui donnent effet au présent article ainsi qu'une copie de toute modification ultérieurement apportée à ces lois et règlements ou une description de ces lois, règlements et modifications ultérieures.

6. Si un État Partie décide de subordonner l'adoption des mesures visées aux paragraphes 1 et 2 du présent article à l'existence d'un traité en la matière, il considère la présente Convention comme une base conventionnelle nécessaire et suffisante.

7. Un État Partie peut refuser de donner suite à une demande de coopération en vertu du présent article dans le cas où l'infraction à laquelle elle se rapporte n'est pas une infraction visée par la présente Convention.

8. L'interprétation des dispositions du présent article ne doit en aucun cas porter atteinte aux droits des tiers de bonne foi.

9. Les États Parties envisagent de conclure des traités, accords ou arrangements bilatéraux ou multilatéraux afin de renforcer l'efficacité de la coopération internationale instaurée aux fins du présent article.

• Art. 14 – Disposition du produit du crime ou des biens confisqués

1. Un État Partie qui confisque le produit du crime ou des biens en application de l'article 12 ou du paragraphe 1 de l'article 13 de la présente Convention en dispose conformément à son droit interne et à ses procédures administratives.

2. Lorsque les États Parties agissent à la demande d'un autre État Partie en application de l'article 13 de la présente Convention, ils doivent, dans la mesure où leur droit interne le leur permet et si la demande leur en est faite, envisager à titre prioritaire de restituer le produit du crime ou les biens confisqués à l'État Partie requérant, afin que ce dernier puisse indemniser les victimes de l'infraction ou restituer ce produit du crime ou ces biens à leurs propriétaires légitimes.

3. Lorsqu'un État Partie agit à la demande d'un autre État Partie en application des articles 12 et 13 de la présente Convention, il peut envisager spécialement de conclure des accords ou arrangements prévoyant :

a) De verser la valeur de ce produit ou de ces biens, ou les fonds provenant de leur vente, ou une partie de ceux-ci, au compte établi en application de l'alinéa c du paragraphe 2 de l'article 30 de la présente Convention et à des organismes intergouvernementaux spécialisés dans la lutte contre la criminalité organisée ;

b) De partager avec d'autres États Parties, systématiquement ou au cas par cas, ce produit ou ces biens, ou les fonds provenant de leur vente, conformément à son droit interne ou à ses procédures administratives.

> Convention des Nations unies *contre la corruption* du 31 octobre 2003 (extraits)

• Art. 2 – Terminologie

* V. s[s] n° 311.01.

• Art. 54 – Mécanismes de recouvrement de biens par la coopération internationale aux fins de confiscation

1. Afin d'assurer l'entraide judiciaire prévue à l'article 55 de la présente Convention concernant les biens acquis au moyen d'une infraction établie conformément à la présente Convention ou utilisés pour une telle infraction, chaque État Partie, conformément à son droit interne :

a) Prend les mesures nécessaires pour permettre à ses autorités compétentes de donner effet à une décision de confiscation d'un tribunal d'un autre État Partie ;

b) Prend les mesures nécessaires pour permettre à ses autorités compétentes, lorsqu'elles ont compétence en l'espèce, d'ordonner la confiscation de tels biens d'origine étrangère, en se prononçant sur une infraction de blanchiment d'argent ou une autre infraction relevant de sa compétence, ou par d'autres procédures autorisées par son droit interne ; et

c) Envisage de prendre les mesures nécessaires pour permettre la confiscation de tels biens en l'absence de condamnation pénale lorsque l'auteur de l'infraction ne peut être poursuivi pour cause de décès, de fuite ou d'absence ou dans d'autres cas appropriés. […]

• Art. 55 – Coopération internationale aux fins de confiscation

1. Dans toute la mesure possible dans le cadre de son système juridique interne, un État Partie qui a reçu d'un autre État Partie ayant compétence pour connaître d'une infraction établie conformément à la présente Convention une demande de confiscation du produit du crime, des biens, des matériels ou autres instruments visés au paragraphe 1 de l'article 31 de la présente Convention, qui sont situés sur son territoire :

a) Transmet la demande à ses autorités compétentes en vue de faire prononcer une décision de confiscation et, si celle-ci intervient, de la faire exécuter ; ou

b) Transmet à ses autorités compétentes, afin qu'elle soit exécutée dans les limites de la demande, la décision de confiscation prise par un tribunal situé sur le territoire de l'État Partie requérant conformément au paragraphe 1 de l'article 31 et à l'alinéa a du paragraphe 1 de l'article 54 de la présente Convention, pour autant qu'elle porte sur le produit du crime, les biens, les matériels ou autres instruments visés au paragraphe 1 de l'article 31, qui sont situés sur son territoire. […]

3. Les dispositions de l'article 46 de la présente Convention s'appliquent *mutadis mutandis* au présent article. Outre les informations visées au paragraphe 15 de l'article 46, les demandes faites en application du présent article contiennent :

a) Lorsque la demande relève de l'alinéa a du paragraphe 1 du présent article, une description des biens à confisquer, y compris, dans la mesure du possible, le lieu où ceux-ci se trouvent et, selon qu'il convient, leur valeur estimative et un exposé des faits sur lesquels se fonde l'État Partie requérant qui soit suffisant pour permettre à l'État Partie requis de demander une décision de confiscation sur le fondement de son droit interne ;

b) Lorsque la demande relève de l'alinéa b du paragraphe 1 du présent article, une copie légalement admissible de la décision de confiscation émanant de l'État Partie requérant sur laquelle la demande est fondée, un exposé des faits et des informations indiquant dans quelles limites il est demandé d'exécuter la décision, une déclaration spécifiant les mesures prises par l'État Partie requérant pour aviser comme il convient les tiers de bonne foi et garantir une procédure régulière, et une déclaration selon laquelle la décision de confiscation est définitive ; […]

4. Les décisions ou mesures prévues aux paragraphes 1 et 2 du présent article sont prises par l'État Partie requis conformément à son droit interne et sous réserve des dispositions dudit droit, et conformément à ses règles de procédure ou à tout accord ou arrangement bilatéral ou multilatéral le liant à l'État Partie requérant.

5. Chaque État Partie remet au Secrétaire général de l'Organisation des Nations unies une copie de ses lois et règlements qui donnent effet au présent article ainsi qu'une copie de toute modification ultérieurement apportée à ces lois et règlements ou une description de ces lois, règlements et modifications ultérieures.

6. Si un État Partie décide de subordonner l'adoption des mesures visées aux paragraphes 1 et 2 du présent article à l'existence d'un traité en la matière, il considère la présente Convention comme une base conventionnelle nécessaire et suffisante.

7. La coopération en vertu du présent article peut aussi être refusée ou les mesures conservatoires peuvent être levées si l'État Partie requis ne reçoit pas en temps voulu des preuves suffisantes ou si le bien est de valeur minime.

8. Avant de lever toute mesure conservatoire prise en application du présent article, l'État Partie requis donne, si possible, à l'État Partie requérant la faculté de présenter ses arguments en faveur du maintien de la mesure.

9. Les dispositions du présent article ne doivent pas être interprétées comme portant atteinte aux droits des tiers de bonne foi.

• **Art. 57 – Restitution et disposition des avoirs**

1. Un État Partie ayant confisqué des biens en application de l'article 31 ou 55 de la présente Convention en dispose, y compris en les restituant à leurs propriétaires légitimes antérieurs, en application du paragraphe 3 du présent article et conformément aux dispositions de la présente Convention et à son droit interne.

2. Chaque État Partie adopte, conformément aux principes fondamentaux de son droit interne, les mesures législatives et autres nécessaires pour permettre à ses autorités compétentes de restituer les biens confisqués, lorsqu'il agit à la demande d'un autre État Partie, conformément à la présente Convention, et compte tenu des droits des tiers de bonne foi.

3. Conformément aux articles 46 et 55 de la présente Convention et aux paragraphes 1 et 2 du présent article, l'État Partie requis :

a) Dans les cas de soustraction de fonds publics ou de blanchiment de fonds publics soustraits, visés aux articles 17 et 23 de la présente Convention, lorsque la confiscation a été exécutée conformément à l'article 55 et sur la base d'un jugement définitif rendu dans l'État Partie requérant, exigence à laquelle il peut renoncer, restitue les biens confisqués à l'État Partie requérant ;

b) Dans le cas du produit de toute autre infraction visée par la présente Convention, lorsque la confiscation a été exécutée conformément à l'article 55 de la présente Convention et sur la base d'un jugement définitif dans l'État Partie requérant, exigence à laquelle il peut renoncer, restitue les biens confisqués à l'État Partie requérant, lorsque ce dernier fournit des preuves raisonnables de son droit de propriété antérieur sur lesdits biens à l'État Partie requis ou lorsque ce dernier reconnaît un préjudice à l'État Partie requérant comme base de restitution des biens confisqués ;

c) Dans tous les autres cas, envisage à titre prioritaire de restituer les biens confisqués à l'État Partie requérant, de les restituer à ses propriétaires légitimes antérieurs ou de dédommager les victimes de l'infraction.

4. S'il y a lieu, et sauf si les États Parties en décident autrement, l'État Partie requis peut déduire des dépenses raisonnables encourues pour les enquêtes, poursuites ou procédures judiciaires ayant abouti à la restitution ou à la disposition des biens confisqués en application du présent article.

5. S'il y a lieu, les États Parties peuvent aussi envisager en particulier de conclure, au cas par cas, des accords ou des arrangements mutuellement acceptables pour la disposition définitive des biens confisqués.

> ***Statut de Rome de la Cour pénale internationale* (extraits)**

• **Art. 109**

1. Les États Parties font exécuter les peines d'amende et les mesures de confiscation ordonnées par la Cour en vertu du chapitre VII, sans préjudice des droits des tiers de bonne foi et conformément à la procédure prévue par leur législation interne.

2. Lorsqu'un État Partie n'est pas en mesure de donner effet à l'ordonnance de confiscation, il prend des mesures pour récupérer la valeur du produit, des biens ou des avoirs dont la Cour a ordonné la confiscation, sans préjudice des droits des tiers de bonne foi.

3. Les biens, ou le produit de la vente de biens immobiliers ou, le cas échéant, d'autres biens, obtenus par un État Partie en exécution d'un arrêt de la Cour sont transférés à la Cour.

312.02 Jurisprudence de référence.

> **Date d'appréciation de la condition de double confiscabilité du bien**

• **Crim. 5 déc. 2018,** n° 17-86.695, P, n° 204

* V. s[s] n° 312.121.

« La condition tenant au caractère confiscable, selon le droit français, du bien concerné par la demande d'entraide, posée par l'article 713-37, 2°, du Code de procédure pénale, qui vise à écarter l'exécution d'une décision étrangère de confiscation contraire aux règles en vigueur sur le territoire national, s'apprécie au regard des règles applicables à la date où la juridiction française saisie de la demande statue.

N'encourt pas la censure l'arrêt qui, se fondant sur les dispositions de l'article 131-21 du [Code pénal] en vigueur à la date où la cour d'appel a statué, a autorisé, après avoir vérifié que les conditions étaient réunies, l'exécution en France d'une confiscation en valeur ordonnée par une juridiction étrangère sur un immeuble dont le condamné n'était pas propriétaire, mais avait la libre disposition. »

> **Réserve des droits des tiers de bonne foi**

• **Crim. 5 janv. 2023,** n° 21-87.017, P

* V. s[s] n° 312.132.

« Selon l'article 713-37, 2° et 3°, du Code de procédure pénale, l'exécution des décisions de confiscation prononcées par les autorités judiciaires étrangères est refusée si les biens sur lesquels elles portent ne sont pas susceptibles de faire l'objet d'une confiscation selon la loi française, ou bien si la décision étrangère a été prononcée dans des conditions n'offrant pas de garanties suffisantes au regard de la protection des libertés individuelles et des droits de la défense.

Selon l'article 131-21, alinéa 3, du Code pénal, les biens appartenant à des tiers propriétaires de bonne foi ne sauraient être confisqués, y compris lorsqu'ils constituent l'objet ou le produit direct ou indirect de l'infraction (Crim. 7 nov. 2018, n° 17-87.424, *Bull. crim.* 2018, n° 188).

L'article 713-38, alinéa 3, du Code de procédure pénale dispose que l'autorisation d'exécution ne peut avoir pour effet de porter atteinte aux droits licitement constitués au profit des tiers, en application de la loi française, sur les biens dont la confiscation a été prononcée par la décision étrangère. Toutefois, si cette décision contient des dispositions relatives aux droits des tiers, elle s'impose aux juridictions françaises à moins que les tiers n'aient pas été mis à même de faire valoir leurs droits devant la juridiction étrangère dans des conditions analogues à celles prévues par la loi française.

Encourt la cassation l'arrêt de la cour d'appel qui confirme l'autorisation d'exécution d'une décision de confiscation prononcée par une autorité judiciaire étrangère, sans rechercher, à partir des constatations de fait de cette décision, et au besoin en demandant aux autorités judiciaires étrangères, par commission rogatoire, la fourniture des informations complémentaires nécessaires, si le propriétaire du bien confisqué est de bonne foi, ni mieux établir, selon les mêmes modalités, qu'il a été mis à même de faire valoir ses droits devant la juridiction étrangère dans des conditions analogues à celles prévues par la loi française, alors qu'il ressort des énonciations du jugement étranger que le propriétaire du bien confisqué n'était pas partie à cette décision qui lui a été notifiée après qu'elle fut passée en force de chose jugée. »

> Exécution par les autorités judiciaires françaises des décisions de confiscation préventives étrangères

• **Crim. 13 nov. 2003,** n° 03-80.371, P, n° 213

* V. s[s] n° 312.222.

« Attendu qu'il résulte de l'arrêt attaqué et des pièces de la procédure que, par ordonnance du 17 décembre 1999, le tribunal de Milan a prononcé, à titre de mesure préventive, la confiscation d'un immeuble sis à Antibes, appartenant aux époux X... ; que cette décision a été confirmée par la Cour suprême de cassation italienne qui, par arrêt du 19 mars 2001, a considéré comme suffisants les indices permettant d'établir que l'immeuble en cause était le produit du blanchiment de capitaux provenant de trafic de stupéfiants comme ayant été racheté puis restauré grâce aux profits retirés de ce trafic ; qu'en application de la Convention relative au blanchiment, au dépistage, à la saisie et à la confiscation des produits du crime, entrée en vigueur pour la France le 1er février 1997, et de la loi du 13 mai 1996 relative à la lutte contre le blanchiment et le trafic de stupéfiants et à la coopération internationale en matière de saisie et de confiscation des produits du crime, les autorités judiciaires italiennes ont saisi le procureur de la République près le tribunal de grande instance de Grasse, d'une requête aux fins d'autoriser sur le territoire français l'exécution de la décision étrangère susvisée ;

Attendu que, pour faire droit à cette demande, les juges du fond constatent que les conditions prévues pour cette exécution par la loi du 13 mai 1996, notamment en ses articles 12 à 14, sont réunies ; qu'ils relèvent ainsi que la décision de confiscation est définitive et exécutoire et que le bien confisqué est susceptible de l'être dans des circonstances analogues selon la loi française, en ses articles 131-21 et 324-7 du Code pénal ; qu'ils ajoutent enfin que l'exécution de la décision précitée ne peut porter atteinte à l'ordre public dès lors que la requête tend à la confiscation d'un immeuble acquis par le blanchiment de sommes issues d'une organisation criminelle ;

Attendu qu'en cet état, la cour d'appel a justifié sa décision sans encourir les griefs allégués ;

Qu'en effet, il résulte de la Convention susvisée applicable dans les relations entre la France et l'Italie, qu'une partie, ayant reçu de l'autre partie une demande de confiscation concernant des produits situés sur son territoire, est tenue de l'exécuter lorsque, comme en l'espèce, les conditions prévues par le texte conventionnel et la loi de l'État requis sont réunies. »

> Compétence pour autoriser l'exécution des décisions de confiscation prononcées par les autorités judiciaires étrangères

• **Crim. 25 mars 2003,** n° 02-82.079, P, n° 74

* V. s[s] n° 312.191.

« Il résulte des articles 13 et 14 de la Convention relative au blanchiment, au dépistage, à la saisie et à la confiscation des produits du crime du 8 novembre 1990, applicable dans les relations entre la France et la Suisse, qu'une Partie qui a reçu de l'autre Partie une demande de confiscation concernant des instruments ou des produits situés sur son territoire, est tenue de l'exécuter, dans les conditions prévues par le texte conventionnel, en suivant les procédures organisées par son droit interne.

Aux termes de l'article 12 de la loi n° 96-392 du 13 mai 1996 relative à la lutte contre le blanchiment et le trafic de stupéfiants et à la coopération internationale en matière de saisie et de confiscation des produits du crime, lorsqu'elle fait l'objet d'une demande présentée en application des articles précités de la Convention du 8 novembre 1990, l'exécution sur le territoire français d'une décision de confiscation prononcée par une juridiction de l'un des États parties à ladite convention est autorisée par le tribunal correctionnel, lequel est saisi, à cette fin, par le procureur de la République. »

> Procédure d'exécution par les autorités judiciaires françaises des décisions de confiscation prononcées par les autorités judiciaires étrangères

• **Crim. 5 janv. 2023,** n° 21-87.017, P

* V. s[s] n° 312.221.

« Le jugement du tribunal correctionnel autorisant l'exécution d'une décision de confiscation prononcée par une autorité judiciaire étrangère doit être notifié à la personne condamnée et au tiers propriétaire du bien confisqué si son titre est connu ou s'il a revendiqué cette qualité au cours de la procédure.

Ces personnes sont recevables à interjeter appel de la décision dans un délai de dix jours par déclaration au greffe du tribunal correctionnel ou se pourvoir en cassation contre l'arrêt ordonnant l'exécution de la décision de confiscation.

Elles ont droit à l'assistance d'un avocat au cours de l'instance d'appel, ainsi qu'à la communication en temps utile des pièces de la procédure. »

312.03 Bibliographie indicative.

Encyclopédies. *Rép. int.*, V° « Entraide judiciaire : matière pénale », par. B. Aubert – V° « Jugement étranger : matière pénale », par. C. Mauro.

Thèses. M. Peter, *Les saisies pénales spéciales. Une évolution majeure pour une stratégie pénale patrimoniale repensée*, Aix-Marseille, 2018.

Articles. M. Massé, « L'évolution du droit en matière de gel et de confiscation », *RSC* 2006. 463 – R. Parizot, « La confiscation, sanction applicable en droit pénal des affaires », *in* H. Matsopoulou et C. Mascala (dir.), *Lamy Droit pénal des affaires*, Wolters Kluwer, 2020.

Ouvrages. H. Donnedieu de Vabres, *Les principes modernes du droit pénal international*, Recueil Sirey, 1928 – A. Huet et R. Koering-Joulin, *Droit pénal international*, 3e éd., « Thémis droit », PUF, 2005 – D. Rebut, *Droit pénal international*, 3e éd., « Précis », Dalloz, 2019, no 17.

SECTION 1
FONDEMENTS DE L'ENTRAIDE JUDICIAIRE INTERNATIONALE AUX FINS DE CONFISCATION PÉNALE

312.11 Textes de droit interne applicables. Les règles de droit interne relatives à l'entraide judiciaire internationale aux fins de confiscation pénale figurent aux articles 694 à 694-4-1 et 713-36 à 713-41 du Code de procédure pénale. Il s'y ajoute les articles 627-16 et 627-17 de ce code concernant l'exécution, en application de l'article 109 du *Statut de Rome*, des peines de confiscation prononcées par la Cour pénale internationale.

Les articles 713-36 à 713-41 gouvernent l'exécution, par les autorités judiciaires françaises, des décisions de confiscation prononcées par les autorités judiciaires étrangères. À l'instar des articles 694-10 à 694-13, applicables à l'exécution, par les autorités judiciaires françaises, des demandes d'entraide aux fins de saisie pénale patrimoniale, ces textes ont été introduits dans le Code de procédure pénale par la loi no 2010-768 du 9 juillet 2010[1] pour codifier partiellement la loi no 90-1010 du 14 novembre 1990 *portant adaptation de la législation française aux dispositions de l'article 5 de la convention des Nations unies contre le trafic illicite de stupéfiants et de substances psychotropes, faite à Vienne le 20 décembre 1988*[2], ainsi que celle no 96-392 du 13 mai 1996 *relative à la lutte contre le blanchiment et le trafic de stupéfiants et à la coopération internationale en matière de saisie et confiscation des produits du crime*[3], comme cela ressort des travaux préparatoires de la loi du 9 juillet 2010[4]. Le champ d'application de ces articles excède cependant celui de ces deux lois puisque les articles 713-36 à 713-41 doivent être vus comme s'appliquant à toute demande d'exécution de décision de confiscation prononcée par une autorité judiciaire étrangère. Le législateur a en effet rédigé ces textes de manière générale, sans en restreindre l'application aux demandes d'entraide présentées sur le fondement de quelque convention, la circulaire d'application de la loi du 9 juillet 2010 ayant d'ailleurs relevé que ce texte a « [étendu] la portée des lois de 1990 et 1996 relatives à l'exécution des décisions de confiscation »[5].

Comme en matière de saisies, les articles 713-36 à 713-41 du Code de procédure pénale se bornent à envisager l'exécution des décisions de confiscation, en nature ou en valeur, du produit de l'infraction, ou bien de son instrument. Au contraire, ils ne prévoient pas l'exécution des décisions de confiscation de biens qui n'entretiendraient aucun lien avec les faits poursuivis. Tel est le résultat de l'expression d'un choix du législateur, ainsi que cela ressort des travaux préparatoires de la loi du 9 juillet 2010. Le rapporteur de la Commission des lois du Sénat relevait en effet : « Ainsi, conformément au choix réalisé en matière de reconnaissance mutuelle des décisions de confiscation [...] en l'absence de convention internationale en stipulant autrement, la France ne prévoit pas l'exécution sur son territoire de décisions de confiscation portant, dans le cadre d'une procédure de confiscation élargie, sur des biens n'ayant aucun rapport avec l'infraction. »[6] Ce choix n'est toutefois pas difficultueux, puisque nous verrons qu'aucune convention internationale n'envisage l'exécution transfrontalière de décisions de confiscation de biens autres que constituant l'instrument ou le produit, le cas échéant en valeur, de l'infraction.

L'on cherchera en revanche en vain, dans le Code de procédure pénale, un texte quelconque organisant spécialement la faculté, pour les autorités judiciaires françaises, de solliciter des autorités judiciaires étrangères qu'elles exécutent, sur leur territoire, les décisions de confiscation françaises. Il convient donc d'appliquer en la matière les dispositions des articles 694 à 694-4 du Code de procédure

1. L. no 2010-768, 9 juill. 2010 *visant à faciliter la saisie et la confiscation en matière pénale, JO* 10 juill., p. 12753.
2. L. no 90-1010, 14 nov. 1990 *portant adaptation de la législation française aux dispositions de l'article 5 de la convention des Nations unies contre le trafic illicite de stupéfiants et de substances psychotropes, faite à Vienne le 20 décembre 1988, JO* 16 nov., p. 14049.
3. L. no 96-392, 13 mai 1996 *relative à la lutte contre le blanchiment et le trafic de stupéfiants et à la coopération internationale en matière de saisie et confiscation des produits du crime, JO* 14 mai, p. 7208.
4. *Rapp. Ass. nat.* no 2626 (XIIIe législ.), p. 76 – AUSSI : *Rapp. Sénat* no 328 (2009-2010), p. 69.
5. Circ. Justice, 22 déc. 2010 *de présentation des dispositions spécifiques de la loi no 2010-768 du 9 juillet 2010 visant à permettre l'exécution transfrontalière des confiscations en matière pénale (articles 694-10 à 694-13 et 713 à 713-41 du Code de procédure pénale)*, NOR : JUS D 1033289 C, *BOMJL* no 2011-01, 31 janv. 2011, p. 20 : « La portée de ces dispositions législatives était ainsi limitée aux conventions internationales dont elles visaient à assurer la mise en œuvre. La France a depuis ratifié d'autres instruments internationaux contenant des dispositions ayant le même objet, notamment la convention des Nations unies contre la criminalité transnationale organisée (dite « convention de Palerme », ouverte à la signature en 2000) et la convention des Nations unies contre la corruption (dite « convention de Mérida », ouverture à la signature en 2003). Les dispositions relatives à l'exécution d'une décision étrangère de confiscation ont été codifiées et harmonisées aux articles 713-36 à 713-41 du Code de procédure pénale. »
6. *Rapp. Sénat* no 328 (2009-2010), p. 69.

pénale gouvernant de manière générale l'entraide judiciaire internationale.

Il reste cependant que l'ensemble des textes précités ne s'appliquent que sous réserve qu'une convention internationale n'en dispose autrement. Outre le fait que cette restriction résulte des dispositions de l'article 713-36 du Code de procédure pénale, le juge répressif ne saurait en effet faire prévaloir ces dispositions de droit interne sur les conventions internationales régulièrement ratifiées, sans méconnaître les dispositions de l'article 55 de la Constitution.

312.12 Nécessité d'une convention internationale ou exécution au titre de la réciprocité. Comme en matière d'entraide judiciaire internationale aux fins de saisie pénale patrimoniale, et en se fondant sur les mêmes arguments, il est possible de se demander s'il est envisageable de mettre en œuvre une demande d'entraide aux fins de confiscation pénale sur le seul fondement du principe de réciprocité, c'est-à-dire en l'absence de convention internationale le prévoyant, que la France soit requise ou requérante. La question n'a jamais été soumise à la chambre criminelle, mais elle pourrait recevoir la même réponse qu'en matière de saisies pénales où l'entraide au titre de la réciprocité paraît avoir été exclue [1].

312.13 Interprétation et coordination des conventions internationales. Comme en matière d'entraide judiciaire internationale aux fins de saisie pénale patrimoniales, et selon le droit commun, le juge pénal français est compétent pour interpréter les conventions internationales applicables [2] et se posent des questions de coordination de ces conventions comparables [3].

312.14 Entraide aux fins de confiscation ou d'exécution de décision de confiscation ? Enfin, ainsi que cela est fort justement relevé dans un ouvrage de référence [4], l'on verra que les conventions internationales, qu'elles soient bilatérales ou multilatérales, distinguent - non sans parfois une certaine ambiguïté –, entre l'entraide judiciaire internationale afin que soit prononcée, par les autorités judiciaires de l'État requis, une décision de confiscation et celle poursuivant l'exécution, par ces autorités, de la décision de confiscation rendue par celles de l'État requérant. Comme en matière de saisies [5] - mais cette fois plus explicitement –, il y a l'entraide aux fins de *confiscation* et l'entraide aux fins *d'exécution d'une décision de confiscation*. Il reste que, comme cela a été aussi relevé par cet auteur, le droit français ne connaît que la seconde forme d'entraide.

1. V. s[s] n°s 311.12 et 311.13.
2. V. s[s] n° 311.14.
3. V. s[s] n° 311.15.
4. D. Rebut, *Droit pénal international*, préc., n° 507.
5. V. s[s] n° 311.16.

SECTION 2
CONDITIONS DE FOND DE L'ENTRAIDE JUDICIAIRE INTERNATIONALE AUX FINS DE CONFISCATION PÉNALE

312.20 Plan. Comme en matière d'entraide judiciaire internationale aux fins de saisie pénale patrimoniale, l'entraide aux fins de confiscation pénale ne sera permise que si la nature et l'objet de la mesure sont prévus par une convention internationale (§ 1), et à condition que la demande ne se heurte pas à un motif de non-exécution (§ 2), ni ne méconnaisse les droits d'un tiers de bonne foi (§ 3).

§ 1
Nature et objet de l'entraide judiciaire internationale aux fins de confiscation pénale

312.30 Plan. La nature et l'objet des confiscations pénales pouvant faire l'objet d'une demande d'entraide judiciaire internationale varient selon que s'applique une convention internationale bilatérale (A) ou multilatérale (B).

A.
Conventions internationales bilatérales

312.41 Diversité des conventions bilatérales. Les conventions internationales bilatérales sont caractérisées, en matière d'entraide judiciaire internationale aux fins de confiscation pénale, par la même diversité que celle rencontrée s'agissant de l'entraide aux fins de saisie pénale patrimoniale [6].

312.42 Défaut d'entraide aux fins de confiscation pénale. Les conventions bilatérales les plus anciennes ont en commun de ne pas contenir de dispositions envisageant l'entraide judiciaire internationale aux fins de confiscation pénale. Ces conventions, conclues avec certains États africains [7],

6. V. s[s] n° 311.41.
7. Accord *de coopération en matière de justice entre la République française et la République populaire du Bénin*, 27 févr. 1975 (D. n° 77-1537, 21 déc. 1977, *JO* 10 janv. 1978, p. 258) – Accord *de coopération en matière de justice entre la République française et la République de Haute-Volta* (Burkina-Faso), 24 avr. 1961 (D. n° 62-136, 23 janv. 1962, *JO* 6 févr. 1962, p. 1261) – Accord *de coopération en matière de justice entre le Gouvernement de la République française et le Gouvernement de la République Unie du Cameroun*, 21 févr. 1974 (D. n° 75-1154, 8 déc. 1975, *JO* 17 déc., p. 12895) – Accord *de coopération en matière de justice entre la France et la République centrafricaine*, 18 janv. 1965 (D. n° 67-402, 27 avr. 1967, *JO* 19 mai, p. 4916) – Conv. *de coopération en matière judiciaire entre la République française et la République populaire du Congo*, 1er janv. 1974 (D. n° 82-140, 3 févr. 1982, *JO* 10 févr.,p. 514) – Traité *de coopération entre la République* ▶

américains[1], asiatiques[2], ou encore européens[3], sont, pour l'essentiel, les mêmes que celles qui ont été citées comme ne permettant pas l'entraide aux fins de saisie pénale patrimoniale[4].

À cet égard, si les conventions conclues avec le Burkina-Faso et le Cameroun autorisent l'entraide aux fins d'exécution des condamnations pécuniaires, de telles dispositions ne sauraient être interprétées comme autorisant l'entraide aux fins d'exécution des peines de confiscation en valeur prononcées pour un montant déterminé, dès lors que ces conventions ont été conclues avant l'entrée en vigueur du nouveau Code pénal qui a créé en droit positif cette

► *française et la République de Côte d'Ivoire*, 24 avr. 1961 (D. n° 62-136, 23 janv. 1962, *JO* 6 févr., p. 1261) – Conv. *d'entraide judiciaire en matière pénale entre le Gouvernement de la République française et le Gouvernement de la République de Djibouti*, 27 sept. 1986 (D. n° 92-807, 19 août 1992, *JO* 21 août, p. 11378) – Conv. *entre le Gouvernement de la République française et le Gouvernement de la République arabe d'Égypte de coopération judiciaire en matière pénale*, 15 mars 1982 (D. n° 83-655, 8 juill. 1983, *JO* 19 juill., p. 2228) – Conv. *d'aide mutuelle judiciaire, d'exequatur des jugements et d'extradition entre la France et le Gabon*, 23 juill. 1963 (D. n° 65-159, 25 févr. 1965, *JO* 2 mars, p. 1723) – Accords *de coopération entre le Gouvernement de la République française et le Gouvernement de la République malgache*, 4 août 1973 (D. n° 75-674, 22 juill. 1975, *JO* 30 juill., p. 7708) – Accord *de coopération en matière de justice entre la France et le Mali*, 9 mars 1962 (D. n° 64-694, 17 juin 1964, *JO* 10 juill., p. 6128) – Accord *en matière de justice avec échange de lettres entre la République française et la République islamique de Mauritanie*, 19 juin 1961 (D. n° 62-137, 24 janv. 1962, *JO* 6 févr., p. 1324) – Conv. *de coopération en matière judiciaire entre la République française et la République du Niger*, 19 févr. 1977 (D. n° 80-295, 21 avr. 1980, *JO* 26 avr., p. 1055) – Conv. *de coopération en matière judiciaire entre le Gouvernement de la République française et le Gouvernement de la République du Sénégal*, 29 mars 1974 (D. n° 76-1072, 17 nov. 1976, *JO* 30 nov., p. 6868) – Accord *en matière judiciaire entre le Gouvernement de la République française et le Gouvernement de la République du Tchad*, 6 mars 1976 (D. n° 78-568, 21 avr. 1978, *JO* 30 avr., p. 1925) – Conv. *judiciaire entre le Gouvernement de la République française et le Gouvernement de la République togolaise*, 23 mars 1976 (D. n° 82-183, 18 févr. 1982, *JO* 25 févr., p. 666) – Conv. *entre la France et la Tunisie relative à l'entraide judiciaire en matière pénale et à l'extradition et protocole additionnel*, 28 juin 1972 (D. n° 74-250, 11 mars 1974, *JO* 17 mars, p. 3079).

1. Conv. *d'entraide judiciaire en matière pénale entre le Gouvernement de la République française et le Gouvernement de la République fédérative du Brésil*, 28 mai 1996 (D. n° 2000-314, 3 avr. 2000, *JO* 8 avr., p. 5407) – Conv. *d'entraide judiciaire en matière pénale entre le Gouvernement de la République française et le Gouvernement du Canada*, 15 déc. 1989 (D. n° 91-447, 7 mai 1991, *JO* 16 mai, p. 6487) – Conv. *d'entraide judiciaire en matière pénale entre le Gouvernement de la République française et le Gouvernement de la République de Cuba*, 22 sept. 1998 (D. n° 2002-926, 6 juin 2002, *JO* 11 juin, p. 10354) – Conv. *d'entraide judiciaire en matière pénale entre le Gouvernement de la République française et le Gouvernement des États-Unis du Mexique*, 27 janv. 1994 (D. n° 95-433, 14 avr. 1995, *JO* 23 avr., p. 6328) – Conv. *d'entraide judiciaire en matière pénale entre le Gouvernement de la République française et le Gouvernement de la République dominicaine*, 14 janv. 1999 (D. n° 2002-920, 31 mai 2002, *JO* 7 juin, p. 10138).
2. Conv. *d'entraide judiciaire en matière pénale entre le Gouvernement de la République française et le Gouvernement de la République de Corée*, 2 mars 1995 (D. n° 97-354, 10 avr. 1997, *JO* 17 avr., p. 5812) – Conv. *franco-israëlienne relative à l'entraide judiciaire en matière pénale*, 12 nov. 1958 (D. n° 59-1249, 27 oct. 1959, *JO* 1er nov., p. 10388) – Conv. *franco-laotienne d'entraide judiciaire et d'établissement d'une procédure d'exequatur simplifiée*, 16 nov. 1956 (D. n° 60-342, 4 avr. 1960, *JO* 10 avr., p. 3332).
3. Conv. *entre la République française et la République fédérale d'Allemagne additionnelle à la Convention européenne d'entraide judiciaire en matière pénale du 20 avril 1959*, 24 oct. 1974 (D. n° 81-19, 8 janv. 1981, *JO* 13 janv., p. 234) – Accord *entre la République française et la République d'Autriche additionnel à la Convention européenne d'entraide judiciaire en matière pénale*, 18 nov. 1983 (D. n° 86-851, 15 juill. 1986, *JO* 19 juill., p. 8953) – Conv. *entre le Gouvernement de la République française et le Gouvernement espagnol relative à l'entraide judiciaire en matière pénale*, 9 avr. 1969 (D. n° 70-755, 14 août 1970, *JO* 25 août, p. 7972) – Conv. *entre la République française et la République populaire hongroise relative à l'entraide judiciaire en matière civile et familiale, à la reconnaissance et à l'exécution des décisions ainsi qu'à l'entraide judiciaire en matière pénale et à l'extradition*, 31 juill. 1980 (D. n° 82-148, 4 févr. 1982, *JO* 12 févr., p. 550) – Conv. *d'entraide judiciaire en matière pénale entre le Gouvernement de la République française et le Gouvernement de Son Altesse Sérénissime le Prince de Monaco*, 8 nov. 2005 (D. n° 2008-1126, 3 nov. 2008, *JO* 5 nov., p. 16852) – Conv. *entre la République française et la République socialiste de Roumanie relative à l'entraide judiciaire en matière pénale et à l'extradition*, 5 nov. 1974 (D. n° 75-1067, 4 nov. 1975, *JO* 18 nov., p. 11788) – Conv. *entre le Gouvernement de la République française et le Gouvernement de la République de Saint-Marin relative à l'aide mutuelle judiciaire en matière civile, commerciale et pénale, et à l'exequatur des jugements en matière civile et commerciale*, 15 mai 1967 (D. n° 69-226, 6 mars 1969, *JO* 15 mars, p. 2660) – Accord *entre le Gouvernement de la République française et le Conseil fédéral suisse en vue de compléter la Convention européenne d'entraide judiciaire en matière pénale du 20 avril 1959*, 28 oct. 1996 (D. n° 2000-452, 22 mai 2000, *JO* 27 mai, p. 8002) – Conv. *relative à l'entraide judiciaire en matière pénale entre la République française et la République socialiste fédérative de Yougoslavie*, 29 oct. 1969 (D. n° 70-1088, 24 nov. 1970, *JO* 1er déc., p. 10979) dont les dispositions ont été reprises par la Bosnie-Herzegovine (D. n° 2004-96, 26 janv. 2004, *JO* 31 janv., p. 2225), la Croatie (D. n° 96-711, 7 août 1996, *JO* 13 août, p. 12281), le Kosovo (D. n° 2003-457, 16 mai 2003, *JO* 23 mai, p. 8825 – D. n° 2013-349, 24 avr. 2013, *JO* 26 avr., n° 2), la Macédoine (D. n° 96-726, 8 août 1996, *JO* 20 août, p. 12534), le Montenegro (D. n° 2003-457, 16 mai 2003, *JO* 23 mai, p. 8825 – D. n° 2012-621, 2 mai 2012, *JO* 4 mai, n° 11), la Serbie (D. n° 2003-457, 16 mai 2003, *JO* 23 mai, p. 8825) et la Slovénie (D. n° 96-229, 15 mars 1996, *JO* 22 mars, p. 4442).
4. V. ss n° 311.42.

modalité particulière de prononcé des peines de confiscations[1].

Il convient également d'ajouter à cette liste la convention conclue entre la France et Monaco dont certaines dispositions peuvent être interprétées comme permettant l'entraide aux fins de saisie pénale patrimoniale, mais qui ne comporte pas de dispositions relatives aux confiscations pénales[2].

312.43 Entraide aux fins de décision de confiscation ou d'exécution de décision de confiscation. Plusieurs conventions, plus récentes, ont au contraire en commun de permettre l'entraide judiciaire internationale aux fins de confiscation du produit ou de l'instrument de l'infraction. Ceci étant, il y a lieu de distinguer entre les conventions organisant l'entraide aux fins de confiscation et celle aux fins d'exécution des décisions de confiscation[3].

Certaines conventions bilatérales prévoient en effet qu'une demande d'entraide peut avoir pour objet l'exécution par l'État requis d'une décision de confiscation du produit ou de l'instrument de l'infraction rendue par les autorités judiciaires de l'État requérant. Il est ainsi expressément prévu par la convention conclue avec les États-Unis qu'« à la demande de l'État requérant, l'État requis peut exécuter une décision définitive de confiscation prononcée par les autorités judiciaires de l'État requérant » (art. 11, § 4)[4]. Des énonciations comparables se retrouvent dans les conventions conclues avec l'Australie[5] et l'Algérie[6], tandis que la convention négociée avec l'Inde prévoit qu'« une demande d'entraide visant à garantir la confiscation de produits d'une infraction est exécutée si, dans des conditions analogues, la législation de la Partie requise autorise la confiscation desdits produits » (art. 18, § 3), énonciations perdant leur ambiguïté si l'on relève que le troisième paragraphe de l'article 1er du texte dispose qu'il est inapplicable aux condamnations, « sauf dans le cas d'une confiscation » : c'est bien l'entraide aux fins d'exécution des décisions de confiscation rendues par les autorités judiciaires de l'État requérant que permet cette convention[7].

D'autres conventions, tout en excluant purement et simplement leur application à l'exécution des condamnations, permettent néanmoins qu'une demande d'entraide ait pour objet la confiscation du produit ou de l'instrument de l'infraction par les autorités judiciaires de l'État requis, ce qui revient à autoriser qu'au moyen d'une demande d'entraide, les autorités judiciaires de l'État requérant sollicitent celles de l'État requis, non pas afin qu'elles exécutent une décision de confiscation rendue dans l'ordre juridique de l'État requérant, mais qu'elles prononcent elles-mêmes une confiscation. Ainsi en est-il des conventions conclues avec l'Afrique du Sud, les Émirats arabes unis, Hong Kong et le Maroc[8].

Il reste que la majorité des conventions envisageant l'entraide aux fins de confiscation sont atteintes d'une imprécision terminologique pouvant conduire à relativiser la distinction entre entraide aux fins de confiscation et entraide aux fins d'exécution de décision de confiscation. De nombreuses conventions ont en effet en commun de contenir des dispositions techniques prévoyant que les demandes d'entraide peuvent avoir pour objet la confiscation du produit ou de l'instrument de l'infraction – et non l'exécution des décisions de confiscation portant sur de tels biens –, tout en s'étant données un champ d'application défini dans des termes dont il résulte incontestablement qu'en

1. Accord *de coopération en matière de justice entre la République française et la République de Haute-Volta* (Burkina-Faso), 24 avr. 1961 (D. n° 62-136, 23 janv. 1962, *JO* 6 févr. 1962, p. 1261) (art. 34) – Accord *de coopération en matière de justice entre le Gouvernement de la République française et le Gouvernement de la République Unie du Cameroun*, 21 févr. 1974 (D. n° 75-1154, 8 déc. 1975, *JO* 17 déc., p. 12895) (art. 26).
2. Conv. *d'entraide judiciaire en matière pénale entre le Gouvernement de la République française et le Gouvernement de Son Altesse Sérénissime le Prince de Monaco*, 8 nov. 2005 (D. n° 2008-1126, 3 nov. 2008, *JO* 5 nov., p. 16852).
3. V. ss n° 312.14.
4. Traité *d'entraide judiciaire en matière pénale entre la France et les États-Unis d'Amérique*, 10 déc. 1998 (D. n° 2001-1122, 28 nov. 2001, *JO* 29 nov., p. 18964).
5. Conv. *d'entraide judiciaire en matière pénale entre le Gouvernement de la République française et le Gouvernement de l'Australie*, 14 janv. 1993 (D. n° 94-385, 10 mai 1994, *JO* 18 mai, p. 7287) (art. 15, § 2, b).
6. Conv. *d'entraide judiciaire en matière pénale entre le Gouvernement de la République française et le Gouvernement de la République algérienne démocratique et populaire*, 5 oct. 2016 (D. n° 2018-442, 4 juin 2018, *JO* 6 juin, n° 30) (art. 15, § 3).
7. Conv. *d'entraide judiciaire en matière pénale entre le Gouvernement de la République française et le Gouvernement de la République de l'Inde*, 25 janv. 1998 (D. n° 2006-589, 23 mai 2006, *JO* 25 mai, p. 7737).
8. Conv. *d'entraide judiciaire en matière pénale entre le Gouvernement de la République française et le Gouvernement de la République d'Afrique du Sud*, 31 mai 2001 (D. n° 2004-266, 23 mars 2004, *JO* 26 mars, p. 5775) (art. 1er et 11) – Conv. *d'entraide judiciaire en matière pénale entre le Gouvernement de la République française et le Gouvernement de l'État des Émirats arabes unis*, 2 mai 2007 (D. n° 2009-1156, 29 sept. 2009, *JO* 1er oct., p. 15903) (art. 1er et 10) – Conv. *d'entraide judiciaire en matière pénale entre le Gouvernement de la République française et le Gouvernement de Hong Kong*, 25 juin 1997 (D. n° 99-846, 30 sept. 1999, *JO* 1er oct., p. 14566) (art. Ier et XVIII) – Conv. *d'entraide judiciaire en matière pénale entre le Gouvernement de la République française et le Gouvernement du Royaume du Maroc*, 18 avr. 2008 (D. n° 2011-960, 16 août 2011, *JO* 18 août, p. 13986) (art. 1er et 20).

réalité, c'est bien la reconnaissance et l'exécution des décisions de confiscation qui se trouvent organisées. Par exemple, si la convention conclue avec l'Uruguay prévoit que « si la confiscation des produits est sollicitée, la demande est exécutée conformément à la législation de la Partie requise » (art. 14, § 4) – énonciations pouvant être lues comme permettant l'entraide aux fins de confiscation prononcée par les autorités judiciaires de l'État requis –, le texte dispose aussi qu'il « ne s'applique [pas] à l'exécution des décisions d'arrestation et des condamnations, sauf en cas de confiscation » (art. 1er, § 2) et, de surcroît, que les mesures de saisie prises en exécution d'une demande d'entraide doivent empêcher que les biens ne fassent l'objet d'une transaction ou ne soient transférés ou cédés avant que l'autorité compétente de l'État requérant n'ait pris « une décision définitive » à leur égard (art. 14, § 4)[1]. Cela signifie que c'est bien l'exécution des décisions de confiscation prises par les autorités judiciaires de l'État requérant qui peut faire l'objet d'une demande d'entraide. Or, bien d'autres conventions bilatérales sont affectées d'une telle imprécision. Il en est ainsi de plusieurs conventions conclues avec des États sud-américains[2], mais également avec la Chine[3], la Jordanie[4], et la Thaïlande[5].

Enfin, parmi l'ensemble des conventions bilatérales, celle négociée avec Sainte-Lucie, ainsi que l'accord conclu entre le Royaume-Uni et les États membres de l'Union européenne font figure d'exceptions. La première semble en effet autoriser les deux types de demandes d'entraide : celles aux fins de décision de confiscation comme celles aux fins d'exécution de telles décisions. Ainsi, l'article 15 de ce texte prévoit que « la Partie requise exécute, conformément à sa législation, une demande d'entraide visant à procéder à la confiscation des produits d'une infraction » (§ 4), mais également qu'« à la demande de la Partie requérante, la Partie requise peut exécuter une décision définitive de confiscation prononcée par les autorités judiciaires de la Partie requérante » (§ 6)[6]. Il en est de même de l'accord conclu avec le Royaume-Uni qui envisage aussi les deux formes d'entraide. Ce texte prévoit en effet que l'État qui a reçu une demande de confiscation de biens situés sur son territoire, soit « exécute une décision de confiscation émanant d'un tribunal de l'État requérant en ce qui concerne ces biens », soit « présente cette demande à ses autorités compétentes pour obtenir une décision de confiscation et, si celle-ci est accordée, l'exécuter »[7].

312.44 Entraide aux fins de confiscation du produit et de l'instrument de l'infraction. Sous les réserves qui précèdent, les conventions bilatérales qui permettent l'entraide judiciaire internationale aux fins de confiscation réservent cette faculté aux mesures portant sur les biens qui sont le produit ou l'instrument de l'infraction poursuivie par les autorités judiciaires de l'État requérant. Les observations faites à ce propos s'agissant de l'entraide aux fins de saisie pénale patrimoniale sont ici également pertinentes : les mêmes textes définissent les biens pouvant faire l'objet d'une demande d'entraide aux fins de saisie pénale ou bien de confiscation[8]. Rappelons, à cet égard, que certaines conventions visent ces deux catégories de biens par assimilation de l'instrument de l'infraction à son produit, quand d'autres n'envisagent que la seule entraide aux fins de confiscation du produit. La définition de ces notions est enfin évidemment la même en matière de saisies et de confiscations pénales.

1. Conv. *d'entraide judiciaire en matière pénale entre le Gouvernement de la République française et le Gouvernement de la République orientale de l'Uruguay*, 5 nov. 1996 (D. n° 2003-496, 5 juin 2003, *JO* 13 juin, p. 9956).
2. Conv. *d'entraide judiciaire en matière pénale entre le Gouvernement de la République française et le Gouvernement de la République Argentine*, 14 oct. 1998 (D. n° 2007-333, 12 mars 2007, *JO* 14 mars, p. 4805) (art. 1er, 2 et 10) – Conv. *d'entraide judiciaire en matière pénale entre le Gouvernement de la République française et le Gouvernement de la République de Colombie*, 21 mars 1997 (D. n° 2001-548, 20 juin 2001, *JO* 28 juin, p. 10247) (art. 1er et 13) – Conv. *d'entraide judiciaire en matière pénale entre le Gouvernement de la République française et le Gouvernement de la République du Costa Rica*, 4 nov. 2013 (D. n° 2018-742, 22 août 2018, *JO* 24 août, n° 15) (art. 1er et 19) – Conv. *d'entraide judiciaire en matière pénale entre le Gouvernement de la République française et le Gouvernement de la République du Paraguay*, 16 mars 1997 (D. n° 2003-127, 12 févr. 2003, *JO* 19 févr., p. 2967) (art. 1er et 14) – Conv. *d'entraide judiciaire en matière pénale entre le Gouvernement de la République française et le Gouvernement de la République du Pérou*, 15 nov. 2012 (D. n° 2016-916, 4 juill. 2016, *JO* 6 juill., n° 2) (art. 3 et 22).
3. Accord *d'entraide judiciaire en matière pénale entre le Gouvernement de la République française et le Gouvernement de la République populaire de Chine*, 18 avr. 2005 (D. n° 2007-1450, 9 oct. 2007, *JO* 11 oct., p. 16634) (art. Ier et XVI).
4. Conv. *d'entraide judiciaire en matière pénale entre le Gouvernement de la République française et le Gouvernement du Royaume hachémite de Jordanie*, 20 juill. 2011 (D. n° 2016-54, 28 janv. 2016, *JO* 30 janv., n° 2) (art. 1er et 11).
5. Conv. *d'entraide judiciaire en matière pénale entre le Gouvernement de la République française et le Gouvernement du Royaume de Thaïlande*, 11 sept. 1997 (D. n° 2000-553, 15 juin 2000, *JO* 23 juin, p. 9442) (art. 1er et 16).
6. Conv. *d'entraide judiciaire en matière pénale entre le Gouvernement de la République française et le Gouvernement de Sainte-Lucie*, 30 sept. 2016 (D. n° 2018-1149, 13 déc. 2018, *JO* 15 déc., n° 7).
7. Accord *de commerce et de coopération entre l'Union européenne et la Communauté européenne de l'énergie atomique, d'une part, et le Royaume-Uni de Grande-Bretagne et d'Irlande du Nord, d'autre part, JOUE* L 149, 30 avr. 2021, art. LAW.CONFISC. 10, 1.
8. V. ss n° 311.44.

Comme en matière de saisies pénales patrimoniales, l'accord conclu entre le Royaume-Uni et les États membres de l'Union européenne fait figure d'exception[1]. Outre le fait que l'entraide peut porter sur une plus grande variété de biens – les mêmes qu'en cas d'entraide aux fins de saisie –, l'accord s'applique également aux confiscations pénales consistant en l'obligation de payer une somme d'argent correspondant à la valeur du produit de l'infraction, si des biens sur lesquels peut porter la confiscation se trouvent sur le territoire de l'État requis ; dans ce cas, l'État requis, à défaut de paiement, fait recouvrer sa créance sur tout bien disponible à cette fin. Mieux encore, l'accord prévoit que, si une demande de confiscation vise un bien déterminé, l'État requérant et l'État requis peuvent convenir que l'État requis peut procéder à la confiscation sous forme d'une obligation de payer une somme d'argent correspondant à la valeur du bien[2].

B.
Conventions internationales multilatérales

312.50 **Plan.** Les conventions internationales multilatérales organisant l'entraide aux fins de confiscation pénale ont été adoptées dans le cadre du Conseil de l'Europe (1°) ou de l'Organisation des Nations unies (2°).

1°
Conventions du Conseil de l'Europe

312.61 **Diversité des conventions.** Les conventions conclues au sein du Conseil de l'Europe envisagent l'entraide judiciaire internationale aux fins de confiscation pénale avec la même diversité qu'en matière de saisies pénales patrimoniales. Ainsi, en raison de son ancienneté, la *Convention européenne d'entraide judiciaire en matière pénale* du 20 avril 1959[3] n'envisage aucunement la mise en œuvre transfrontalière de confiscations pénales, alors que la Convention *relative au blanchiment, au dépistage, à la saisie et à la confiscation des produits du crime* du 8 novembre 1990[4], dite de Strasbourg, et la Convention du Conseil de l'Europe *relative au blanchiment, au dépistage, à la saisie et à la confiscation des produits du crime et au financement du terrorisme* du 16 mai 2005[5], dite de Varsovie, ont notamment pour objet de permettre une telle entraide judiciaire internationale.

312.62 **Convention européenne d'entraide judiciaire en matière pénale de 1959.** La *Convention européenne d'entraide judiciaire en matière pénale* du 20 avril 1959[6], qui a déjà fait l'objet d'une présentation générale[7], ne contient pas de dispositions relatives à d'éventuelles demandes d'entraide aux fins de confiscation pénale.

L'on sait cependant que la chambre criminelle, dans un arrêt du 27 juin 2018[8], a interprété certaines dispositions de cette convention comme permettant que des demandes d'entraide aient pour objet des saisies aux fins de confiscation en se fondant sur la généralité des prévisions du premier paragraphe de l'article 1er du texte, dont il résulte que les Parties contractantes s'engagent à s'accorder mutuellement « l'aide judiciaire la plus large possible » dans toute procédure visant des infractions dont la répression est, au moment où l'entraide est demandée, de la compétence des autorités judiciaires de la partie requérante[9].

Ceci étant, nous avons vu qu'il existe des arguments pour considérer que cette interprétation de la convention pourrait excéder les intentions de ses rédacteurs, de sorte que l'extension de la portée de cette jurisprudence à l'entraide judiciaire internationale aux fins de confiscation pénale paraît douteuse.

312.63 **Convention de Strasbourg.** Force est en revanche de constater que les énonciations de la Convention *relative au blanchiment, au dépistage, à la saisie et à la confiscation des produits du crime* du 8 novembre 1990[10], dite de Strasbourg, sont autres, comme organisant formellement l'entraide judiciaire internationale aux fins de confiscation pénale.

1. V. ss no 311.45.
2. Accord *de commerce et de coopération entre l'Union européenne et la Communauté européenne de l'énergie atomique, d'une part, et le Royaume-Uni de Grande-Bretagne et d'Irlande du Nord, d'autre part, JOUE* L 149, 30 avr. 2021, art. LAW.CONFISC. 10, 3 et 4.
3. *Conv. européenne d'entraide judiciaire en matière pénale*, 20 avr. 1959 (D. no 67-636, 23 juill. 1967, *JO* 4 août, p. 7809).
4. Conv. *relative au blanchiment, au dépistage, à la saisie et à la confiscation des produits du crime*, 8 nov. 1990 (D. no 97-183, 25 févr. 1997, *JO* 4 mars, p. 3417).
5. Conv. *Conseil de l'Europe relative au blanchiment, au dépistage, à la saisie et à la confiscation des produits du crime et au financement du terrorisme*, 16 mai 2005 (D. no 2016-499, 22 avr. 2016, *JO* 24 avr., no 1).
6. *Conv. européenne d'entraide judiciaire en matière pénale*, 20 avr. 1959 (D. no 67-636, 23 juill. 1967, *JO* 4 août, p. 7809), signée puis ratifiée par la France les 28 avril 1961 et 23 mai 1967, et entrée en vigueur à l'égard de la France le 21 août 1967.
7. V. ss no 311.61.
8. Crim. 27 juin 2018, no 17-85.101, P, no 125 – *CONTRA* : Crim. 26 janv. 2016, no 12-81.785, NP.
9. V. ss no 311.63.
10. Conv. *relative au blanchiment, au dépistage, à la saisie et à la confiscation des produits du crime*, 8 nov. 1990 (D. no 97-183, 25 févr. 1997, *JO* 4 mars, p. 3417), signée puis ratifiée par la France les 5 juill. 1991 et 8 octobre 1996, et entrée en vigueur à l'égard de la France le 1er février 1997.

Bien que ce texte ait déjà été examiné[1], il faut à nouveau en souligner l'importance, même si son champ d'application *ratione materiae* est plus restreint en matière de confiscations qu'en matière de saisies pénales patrimoniales où la convention s'applique quelle que soit l'infraction poursuivie. En effet, en matière de confiscations, il résulte de l'article 2 de la convention que le texte s'applique quelle que soit l'infraction poursuivie par les autorités judiciaires de l'État requérant, sauf déclaration contraire de l'État ayant exclu certaines infractions ou catégories d'infractions de son champs d'application. Le second paragraphe de l'article 2 prévoit en effet que « chaque Partie peut, au moment de la signature ou au moment du dépôt de son instrument de ratification, d'acceptation, d'approbation ou d'adhésion, par une déclaration adressée au Secrétaire Général du Conseil de l'Europe, déclarer que le paragraphe 1 du présent article ne s'applique qu'aux infractions ou catégories d'infractions précisées dans la déclaration » ; étant précisé que le texte auquel se réfèrent ces dispositions énonce la règle selon laquelle les États parties doivent adopter « les mesures législatives et autres qui se révèlent nécessaires pour lui permettre de confisquer des instruments et des produits ou des biens dont la valeur correspond à ces produits ».

Il reste que rien ne s'oppose à ce qu'un État partie exécute une demande d'entraide concernant une infraction pour laquelle il a formulé une telle réserve. Au soutien de cette interprétation, l'on observera que l'article 1er de la convention définit le produit et les instruments susceptibles de faire l'objet d'une demande d'entraide aux fins de saisie et de confiscation pénales dans les termes les plus généraux, sans se référer à des infractions ou des catégories d'infractions particulières. Du reste, cela ressort du *Rapport explicatif* de la convention qui relève que « le simple fait qu'une Partie puisse formuler une réserve concernant une certaine infraction ne signifie pas nécessairement qu'elle soit tenue de refuser de faire droit à une demande présentée par une Partie qui n'a pas fait de réserve analogue »[2].

En ce qui concerne la nature et l'objet des confiscations susceptibles d'être sollicitées sur le fondement de la convention, son article 7, qui est compris dans la première section du troisième chapitre du texte relative aux « principes de coopération internationale », énonce que « les Parties coopèrent dans la mesure la plus large possible les unes avec les autres aux fins d'investigations et de procédures visant à la confiscation des instruments et des produits », et qu'à cette fin les États parties doivent adopter les mesures législatives nécessaires pour répondre, dans les conditions de la convention, aux demandes « de confiscation de biens particuliers consistant en des produits ou instruments, ainsi que de confiscation des produits consistant en l'obligation de payer une somme d'argent correspondant à la valeur du produit ». Ces énonciations sont importantes car, comme le relève le *Rapport explicatif*, l'ensemble des dispositions du chapitre 3 de la convention, relatif à la coopération internationale – incluant donc les règles relatives à l'entraide aux fins de confiscation –, doivent être interprétées à la lumière des principes énoncés par l'article 7[3].

En application de ces principes, l'article 13 de la convention prévoit que les États parties, à condition que les biens en cause soient situés sur leur territoire, sont tenus d'exécuter les demandes de confiscation portant sur le produit des infractions poursuivies par les autorités judiciaires de l'État requérant, ainsi que sur l'instrument de leur commission. En vérité, à la manière des conventions internationales bilatérales[4], l'article 13 distingue entre deux cas : l'entraide judiciaire internationale afin que soit prononcée, par les autorités judiciaires de l'État requis, une décision de confiscation et celle poursuivant l'exécution, par ces autorités, de la décision de confiscation rendue par celles de l'État requérant. Le texte prévoit en effet qu'une Partie qui a reçu d'une autre Partie une demande de confiscation concernant des instruments ou des produits, situés sur son territoire, doit soit « exécuter une décision de confiscation émanant d'un tribunal de la Partie requérante en ce qui concerne ces instruments ou ces produits » (art. 13, § 1, a), soit « présenter cette demande à ses autorités compétentes pour obtenir une décision de confiscation et, si celle-ci est accordée, l'exécuter » (art. 13, § 1, b). Le second paragraphe de l'article 13 énonce d'ailleurs, pour permettre le prononcé de telles confiscations par les autorités judiciaires de l'État requérant, une règle de compétence : « Aux fins de l'application du paragraphe 1.b du présent article, toute Partie a, si besoin est, compétence pour engager une procédure de confiscation en vertu de son droit interne. »

La convention envisage du reste l'entraide aux fins de confiscation du produit de l'infraction en nature comme en valeur. Le troisième paragraphe de l'article 13 prévoit en effet que les dispositions des

1. V. s[s] n° 311.64.
2. Conseil de l'Europe, *Rapport explicatif de la Convention relative au blanchiment, au dépistage, à la saisie et à la confiscation des produits du crime*, 8 nov. 1990, § 27, p. 8.
3. Conseil de l'Europe, *Rapport explicatif de la Convention relative au blanchiment, au dépistage, à la saisie et à la confiscation des produits du crime*, préc., § 35, p. 11.
4. V. s[s] n°s 312.14 et 312.43.

deux premiers paragraphes de ce texte « s'appliquent également à la confiscation consistant en l'obligation de payer une somme d'argent correspondant à la valeur du produit, si des biens sur lesquels peut porter la confiscation se trouvent sur le territoire de la Partie requise », et qu'« en pareil cas, en procédant à la confiscation conformément au paragraphe 1, la Partie requise, à défaut de paiement, fait recouvrer sa créance sur tout bien disponible à cette fin ». Les rédacteurs de la convention ont ainsi expressément organisé l'entraide aux fins d'exécution des peines de confiscation en valeur consistant en des condamnations pécuniaires. Ceci étant, il semble possible d'interpréter ces dispositions, combinées avec celles des paragraphes 1 et 2 de l'article 13 de la convention, comme signifiant que rien ne s'oppose à ce que la confiscation en valeur d'un bien déterminé fasse l'objet d'une demande d'entraide sur le fondement de la convention de Strasbourg. L'intention des rédacteurs de la convention paraît d'ailleurs être en ce sens, puisque ces derniers ont exprimé le souci « de mettre sur le même plan les deux systèmes de confiscation (confiscation de la valeur et confiscation du bien) et d'établir un texte faisant clairement ressortir ce point »[1], ce qui explique les énonciations de l'article 13. Il serait du reste curieux que ne puisse être sollicitée l'exécution de la confiscation en valeur d'un bien déterminé, à titre de produit de l'infraction, alors que l'exécution des peines de confiscation en nature des biens constituant le produit de l'infraction, tout comme celle des peines de confiscation en valeur de ce produit consistant en des condamnations pécuniaires, sont prévues par la convention. La confiscation en valeur de biens déterminés à titre de produit de l'infraction paraît en effet, en définitive, n'être que la contraction des deux systèmes envisagés. La convention va d'ailleurs au-delà puisque, dans un souci de souplesse, le dernier paragraphe de l'article 13 prévoit que « si une demande de confiscation vise un bien déterminé, les Parties peuvent convenir que la Partie requise peut procéder à la confiscation sous forme d'une obligation de payer une somme d'argent correspondant à la valeur du bien ». Le système de la confiscation en nature et celui de la confiscation en valeur coexistent donc dans la convention ; mieux, ils y sont combinés.

Pour l'application de ces dispositions, la confiscation doit s'entendre, au sens de l'article 1er de la convention, de toute « peine ou [...] mesure ordonnée par un tribunal à la suite d'une procédure portant sur une ou des infractions pénales, peine ou mesure aboutissant à la privation permanente du bien ». Cette définition est intéressante puisqu'il en ressort que ce ne sont pas seulement les peines de confiscation prononcées en répression des infractions pénales qui sont susceptibles de faire l'objet d'une demande d'entraide sur le fondement de la convention de Strasbourg. Ainsi que cela ressort du *Rapport explicatif*, la convention s'applique aussi aux confiscations civiles, connues de certains systèmes juridiques, tant que la mesure est liée à une infraction. Il est ainsi énoncé : « La définition de la "confiscation" a été élaborée pour préciser, d'une part, que la convention ne traite que des activités criminelles ou des actes connexes tels que les actes liés à des actions civiles *in rem* et, d'autre part, que les différences organisationnelles entre les systèmes judiciaires et entre les règles de procédure n'écartent pas l'application de la convention. Ainsi, le fait que dans certains États la confiscation ne soit pas considérée comme une sanction pénale mais comme une mesure de sûreté ou une mesure analogue n'est pas pertinent dans la mesure où la confiscation est liée à une activité criminelle. De même, il n'entre pas en ligne de compte que la confiscation puisse parfois être ordonnée par un juge qui, à proprement parler, n'est pas un juge pénal, aussi longtemps que la décision est prise par un juge. Le terme "tribunal" a la signification qui lui est reconnue dans le cadre de l'article 6 de la Convention européenne des Droits de l'Homme. Les experts ont admis que le champ d'application de la convention ne s'étendait pas aux confiscations purement administratives. »[2] Ce texte s'applique en effet à toute mesure aboutissant à la privation permanente d'un bien, à la condition que, d'une part, cette mesure soit ordonnée par un tribunal, d'autre part, cette juridiction statue à la suite d'une procédure portant sur une ou des infractions pénales. Ces considérations ont d'ailleurs conduit la chambre criminelle à juger que la convention de Strasbourg permet l'entraide aux fins d'exécution des mesures de confiscations préventives italiennes[3].

Pour le surplus, les notions de biens, de produit et d'instrument ont dans la convention la même signification en matière d'entraide judiciaire internationale aux fins de saisie ou de confiscation pénale. Rappelons, tout en renvoyant aux développements relatifs au contenu de la convention en matière d'entraide aux fins de saisie pénale patrimoniale[4], que ces notions se trouvent définies à l'article 1er de la convention, laquelle s'applique aux biens de toute nature, qu'ils soient corporels ou incorporels, meubles ou immeubles, ainsi qu'aux

1. Conseil de l'Europe, *Rapport explicatif de la Convention relative au blanchiment, au dépistage, à la saisie et à la confiscation des produits du crime*, préc., § 15, p. 4.
2. Conseil de l'Europe, *Rapport explicatif de la Convention relative au blanchiment, au dépistage, à la saisie et à la confiscation des produits du crime*, préc., § 23, p. 7.
3. V. s^s^ n° 312.156.
4. V. s^s^ n° 311.64.

actes juridiques ou documents attestant d'un titre ou d'un droit sur le bien (art. 1, b) : l'ensemble des droits patrimoniaux peuvent donc faire l'objet d'une demande d'entraide aux fins de confiscation. La notion de produit de l'infraction renvoie quant à elle à « tout avantage économique tiré d'infractions pénales », celui-ci pouvant consister en tout bien au sens de la convention (art. 1, b), de même que « tous objets employés ou destinés à être employés de quelque façon que ce soit, en tout ou partie, pour commettre une ou des infractions pénales » peuvent être vus comme l'instrument de l'infraction.

Enfin, si l'objet de l'infraction ne figure pas dans la convention, contrairement à ce qu'il en est en droit interne au troisième alinéa de l'article 131-21 du Code pénal, rappelons que le *Rapport explicatif* énonce à cet égard : « Après discussion, les experts ont décidé de ne pas inclure "les objets des infractions" dans le champ d'application de la convention. En effet, la définition des termes "produits" et "instrument" est suffisamment large pour couvrir, le cas échéant, les objets des infractions. La définition large des "produits" pourrait notamment comprendre les biens volés - des œuvres d'art, par exemple - ou le commerce d'espèces menacées. »[1]

312.64 Convention de Varsovie. La Convention du Conseil de l'Europe *relative au blanchiment, au dépistage, à la saisie et à la confiscation des produits du crime et au financement du terrorisme* du 16 mai 2005[2], dite de Varsovie, qui a succédé à la convention de Strasbourg dans le souci d'en améliorer les dispositions, et qui a déjà fait l'objet d'une présentation générale[3], contient des dispositions identiques à la précédente en matière d'entraide judiciaire internationale aux fins de confiscation pénale, ainsi que le relève le *Rapport explicatif*[4].

2°
Conventions des Nations unies

312.71 Succession de conventions. Les trois conventions adoptées dans le cadre des Nations unies contenant des dispositions prévoyant l'entraide judiciaire internationale aux fins de saisie pénale patrimoniale ont en commun d'également contenir des dispositions permettant que soient mises en œuvre des demandes d'entraide aux fins de confiscation. Ainsi en est-il en effet de la Convention des Nations unies *contre le trafic illicite de stupéfiants et de substances psychotropes* du 20 décembre 1988[5], dite de Vienne, de la Convention des Nations unies *contre la criminalité transnationale organisée* du 15 novembre 2000[6], dite de Palerme, et de la Convention des Nations unies *contre la corruption* du 31 octobre 2003[7], dite de Mérida, dont l'importance et le champ d'application ont déjà été examinés[8].

312.72 Nature et objet des demandes d'entraide. Ces trois conventions ont en commun de prévoir la possibilité pour les États parties, dans le champ d'application de chacune d'elle, de s'adresser des demandes d'entraide en vue de faire prononcer une décision de confiscation ou bien de faire exécuter la décision de confiscation prise par la Partie requérante[9], lorsque ces mesures portent sur l'instrument ou bien le produit, en nature ou en valeur, d'une infraction de la compétence des autorités judiciaires requérantes.

312.73 Convention de Vienne. L'article 5, § 4, de la convention de Vienne[10] prévoit en effet que les États parties peuvent s'adresser des demandes d'entraide soit en vue de faire prononcer par les autorités judiciaires de l'État requis une décision de confiscation et, si cette décision intervient, de la faire exécuter (art. 5, § 4, a, i), soit afin de faire exécuter, dans les limites de la demande, la décision de confiscation prise par les autorités judiciaires de l'État requérant (art. 5, § 4, a, ii) ; étant relevé que ces mesures peuvent porter sur les « produits tirés d'infractions établies conformément au paragraphe 1 de l'article 3 » ou les « biens dont la valeur correspond à celle desdits produits » (art. 5, § 1, a),

1. Conseil de l'Europe, *Rapport explicatif de la Convention relative au blanchiment, au dépistage, à la saisie et à la confiscation des produits du crime*, préc., § 22, p. 7.
2. Conv. *Conseil de l'Europe relative au blanchiment, au dépistage, à la saisie et à la confiscation des produits du crime et au financement du terrorisme*, 16 mai 2005 (D. n° 2016-499, 22 avr. 2016, *JO* 24 avr., n° 1), signée puis ratifiée par la France les 23 mars 2011 et 8 décembre 2015, et entrée en vigueur à l'égard de la France le 1er avril 2016.
3. V. ss n° 311.65.
4. Conseil de l'Europe, *Rapport explicatif de la Convention du Conseil de l'Europe relative au blanchiment, au dépistage, à la saisie et à la confiscation des produits du crime et au financement du terrorisme*, 16 mai 2005, § 155, p. 27.
5. Conv. Nations unies *contre le trafic illicite de stupéfiants et de substances psychotropes*, 20 nov. 1988 (D. n° 91-271, 8 mars 1991, *JO* 14 mars, p. 3622).
6. Conv. Nations unies *contre la criminalité transnationale organisée*, 15 nov. 2000 (D. n° 2003-875, 8 sept. 2003, *JO* 13 sept., p. 15705).
7. Conv. Nations unies *contre la corruption*, 31 oct. 2003 (D. n° 2006-1113, 4 sept. 2006, *JO* 6 sept., n° 6).
8. V. ss n° 311.71.
9. V. ss n° 312.14.
10. Conv. Nations unies *contre le trafic illicite de stupéfiants et de substances psychotropes*, 20 nov. 1988 (D. n° 91-271, 8 mars 1991, *JO* 14 mars, p. 3622), signée et ratifiée par la France les 13 février 1989 et 31 décembre 1990, et entrée en vigueur à l'égard de la France le 31 mars 1991. État des signatures et ratifications : https://treaties.un.org/pages/ViewDetails.aspx?src=TREATY&mtdsg_no=VI-19&chapter=6&clang=_fr

ou bien encore sur les « stupéfiants, substances psychotropes, matériels et équipements ou autres instruments utilisés ou destinés à être utilisés de quelque manière que ce soit pour [ces mêmes infractions] » (art. 5, § 1, b).

S'il y a lieu de préciser que la notion de confiscation s'entend de « la dépossession permanente de biens sur décision d'un tribunal ou d'une autre autorité compétente » (art. 1er, f), les définitions des notions de produit et de bien ne sont pour le surplus pas différentes de celles retenues dans le domaine de l'entraide aux fins de saisie pénale patrimoniale : la notion de produit renvoie à « tout bien provenant directement ou indirectement de la commission d'une infraction établie conformément au paragraphe 1 de l'article 3 ou obtenu directement ou indirectement en la commettant » (art. 1er, p), quand celle de bien correspond à « tous les types d'avoirs, corporels ou incorporels, meubles ou immeubles, tangibles ou intangibles, ainsi que les actes juridiques ou documents attestant la propriété de ces avoirs ou des droits y relatifs » (art. 1er, q).

L'on rappellera de même que le sixième paragraphe de l'article 5 de la convention prévoit que l'entraide peut avoir pour finalité la confiscation de biens qui sont le résultat de la transformation ou de la conversion du produit de l'infraction (art. 5, § 6, a), c'est-à-dire son produit indirect, que si des produits d'infraction ont été mêlés à des biens acquis légitimement, ces biens peuvent être confisqués à concurrence de la valeur estimée des produits qui y ont été mêlés (art. 5, § 6, b), et qu'enfin la confiscation peut s'étendre aux revenus et autres avantages tirés des produits de l'infraction, des biens en lesquels ces produits ont été transformés ou convertis et enfin des biens auxquels ont été mêlés les produits (art. 5, § 6, c).

Enfin, comme en matière de saisies, l'article 5, § 7, prévoit que « chaque Partie peut envisager de renverser la charge de la preuve en ce qui concerne l'origine licite des produits présumés ou autres biens pouvant faire l'objet d'une confiscation, dans la mesure où cela est conforme aux principes de son droit interne et à la nature de la procédure judiciaire et des autres procédures », ces énonciations pouvant être lues comme autorisant les États à s'adresser des demandes d'entraide aux fins de confiscation de biens dont l'origine illicite est seulement présumée, c'est-à-dire comparables aux confiscations prononcées en droit interne sur le fondement du cinquième alinéa de l'article 131-21 du Code pénal, sauf à relever que l'exécution de telles demandes d'entraide ne seront exécutées que si la législation de l'État requis prévoit de telles possibilités de confiscation. Il semble en revanche qu'il n'en est rien s'agissant des confiscations de patrimoine définies par le sixième alinéa de l'article 131-21 du Code pénal.

312.74 **Conventions de Palerme et de Mérida.** Les énonciations des conventions de Palerme[1] (art. 12, § 1, a et b, § 3, § 4, § 5, § 7, et 13, § 1, a et b) et de Mérida[2] (art. 31, § 1, a et b, § 4, § 5, § 6, § 8, et art. 55, § 1, a et b) sont pour l'essentielle identiques, pour ce qui concerne l'entraide aux fins de confiscation pénale, à celles de la convention de Vienne.

§ 2
Motifs de non-exécution

312.80 **Plan.** Comme en matière d'entraide judiciaire internationale aux fins de saisie pénale patrimoniale, il va de soi que s'appliquent en matière de confiscations pénales les motifs généraux de refus d'exécution contenus dans les conventions internationales bilatérales ou multilatérales comme, selon les cas, l'absence de double incrimination des faits poursuivis, le caractère militaire, politique ou fiscal de l'infraction en cause, le principe *non bis in idem*, ou bien encore l'atteinte que porterait l'exécution de la demande à la souveraineté de l'État requis, à sa sécurité ou à son ordre public. L'étude de ces motifs excéderait les limites de l'ouvrage, de sorte que seuls seront examinés les motifs de non-exécution propres à la matière en distinguant entre le droit conventionnel (A) et le droit interne (B).

A.
Motifs de non-exécution selon le droit conventionnel

312.90 **Plan.** Les motifs de non-exécution des demandes d'entraide aux fins de confiscation pénale sont distincts selon que s'applique une convention internationale bilatérale (1°) ou multilatérale (2°).

1°
Conventions internationales bilatérales

312.101 **Motifs spécifiques de non-exécution prévus par les conventions bilatérales.** Certaines conventions internationales bilatérales contiennent

1. Conv. Nations unies *contre la criminalité transnationale organisée*, 15 nov. 2000 (D. n° 2003-875, 8 sept. 2003, *JO* 13 sept., p. 15705), signée et ratifiée par la France les 12 septembre 2000 et 29 octobre 2002, et entrée en vigueur à l'égard de la France le 29 septembre 2003. État des signatures et ratifications : https://treaties.un.org/pages/ViewDetails.aspx?src=TREATY&mtdsg_no=XVIII-12&chapter=18&clang=_fr
2. Conv. Nations unies *contre la corruption*, 31 oct. 2003 (D. n° 2006-1113, 4 sept. 2006, *JO* 6 sept., n° 6), signée puis ratifiée par la France les 9 décembre 2003 et 11 juillet 2005, et entrée en vigueur à l'égard de la France le 14 décembre 2005. État des signatures et ratifications : https://treaties.un.org/pages/ViewDetails.aspx?src=TREATY&mtdsg_no=XVIII-14&chapter=18&clang=_fr

des motifs de non-exécution propres aux demandes d'entraide judiciaire internationale aux fins de confiscation pénale.

Les conventions conclues avec l'Argentine, le Costa Rica, le Paraguay et l'Uruguay prévoient ainsi un principe de double incrimination spécialement en de domaine[1].

Par ailleurs, d'autres conventions prévoient quant à elle un principe de double confiscabilité : les demandes de confiscation doivent être exécutées par l'État requis si et seulement si les biens en cause sont également susceptibles de confiscation en répression de l'infraction poursuivie dans l'ordre juridique interne de cet État. Il en est ainsi des conventions conclues avec l'Algérie, l'Inde et Sainte-Lucie[2].

L'accord conclu entre le Royaume-Uni et les États membres de l'Union européenne prévoit, en matière d'entraide aux fins de confiscation, des motifs de non-exécution identiques à ceux pouvant être opposés lorsque l'entraide porte sur une demande de saisie pénale patrimoniale (méconnaissance du principe *non bis in idem* et principe de double incrimination)[3]. L'accord y ajoute cependant des motifs propres à l'entraide aux fins de confiscation[4]. Elle peut être refusée dans les cas suivants : le droit de l'État requis ne permet pas qu'il soit procédé à une confiscation pour le type d'infraction visée par la demande (double confiscabilité) (art. LAW.CONFISC. 15, 5, a) ; l'exécution irait à l'encontre des principes du droit interne de l'État requis relatifs à la confiscation en valeur du produit et de l'instrument de l'infraction, ce qui rejoint le principe de double confiscabilité (art. LAW.CONFISC. 15, 5, b) ; l'action publique ou la peine est prescrite en application du droit de l'État requis (art. LAW.CONFISC. 15, 5, c) ; la demande ne porte pas sur une condamnation antérieure, ni sur une décision à caractère judiciaire, ni sur une déclaration figurant dans une telle décision, déclaration selon laquelle une ou plusieurs infractions ont été commises, et qui est à l'origine de la décision ou de la demande de confiscation (art. LAW.CONFISC. 15, 5, d) ; la confiscation n'est pas exécutoire dans l'État requérant ou est encore susceptible de voies de recours ordinaire (art. LAW.CONFISC. 15, 5, e) ; enfin la demande se rapporte à une décision de confiscation rendue en l'absence de la personne visée par la décision et si, selon l'État requis, la procédure engagée par l'État requérant et qui a conduit à cette décision n'a pas satisfait aux droits *minima* de la défense reconnus à toute personne accusée d'une infraction pénale (art. LAW.CONFISC. 15, 5, f), motif de non-exécution dont la mise en œuvre est précisément réglée par le texte (art. LAW.CONFISC. 15, 6 et 7).

2°
Conventions internationales multilatérales

312.111 Conventions du Conseil de l'Europe. L'article 18, § 4, de la convention de Strasbourg[5], énonce plusieurs motifs de non-exécution propres aux demandes d'entraide aux fins de confiscation pénale, ces dispositions figurant aussi à l'article 28 de la convention de Varsovie[6] (art. 28, § 4), laquelle ne sera donc pas examinée.

L'article 18, § 4, de la convention de Strasbourg prévoit que l'entraide peut être refusée pour six motifs : si la législation de la Partie requise ne prévoit pas la confiscation pour le type d'infraction sur lequel porte la demande (principe de double confiscabilité) (a), si elle irait à l'encontre des principes du droit interne de la Partie requise en ce qui concerne les possibilités de confiscation relativement aux liens entre une infraction et, soit un avantage économique qui pourrait être assimilé à

1. Conv. *d'entraide judiciaire en matière pénale entre le Gouvernement de la République française et le Gouvernement de la République Argentine*, 14 oct. 1998 (D. n° 2007-333, 12 mars 2007, *JO* 14 mars, p. 4805) (art. 6, § 2) – Conv. *d'entraide judiciaire en matière pénale entre le Gouvernement de la République française et le Gouvernement de la République du Costa Rica*, 4 nov. 2013 (D. n° 2018-742, 22 août 2018, *JO* 24 août, n° 15) (art. 2, § 1, c) – Conv. *d'entraide judiciaire en matière pénale entre le Gouvernement de la République française et le Gouvernement de la République du Paraguay*, 16 mars 1997 (D. n° 2003-127, 12 févr. 2003, *JO* 19 févr., p. 2967) (art. 4, § 2) – Conv. *d'entraide judiciaire en matière pénale entre le Gouvernement de la République française et le Gouvernement de la République orientale de l'Uruguay*, 5 nov. 1996 (D. n° 2003-496, 5 juin 2003, *JO* 13 juin, p. 9956) (art. 4, § 2).
2. Conv. *d'entraide judiciaire en matière pénale entre le Gouvernement de la République française et le Gouvernement de la République algérienne démocratique et populaire*, 5 oct. 2016 (D. n° 2018-442, 4 juin 2018, *JO* 6 juin, n° 30) (art. 3, § 1, c) – Conv. *d'entraide judiciaire en matière pénale entre le Gouvernement de la République française et le Gouvernement de la République de l'Inde*, 25 janv. 1998 (D. n° 2006-589, 23 mai 2006, *JO* 25 mai, p. 7737) (art. 18, § 3) – Conv. *d'entraide judiciaire en matière pénale entre le Gouvernement de la République française et le Gouvernement de Sainte-Lucie*, 30 sept. 2016 (D. n° 2018-1149, 13 déc. 2018, *JO* 15 déc., n° 7) (art. 4, § 1, c).
3. V. s[s] n° 311.101.
4. Accord *de commerce et de coopération entre l'Union européenne et la Communauté européenne de l'énergie atomique, d'une part, et le Royaume-Uni de Grande-Bretagne et d'Irlande du Nord, d'autre part*, *JOUE* L 149, 30 avr. 2021, art. LAW.CONFISC. 15, 5.
5. Conv. *relative au blanchiment, au dépistage, à la saisie et à la confiscation des produits du crime*, 8 nov. 1990 (D. n° 97-183, 25 févr. 1997, *JO* 4 mars, p. 3417).
6. Conv. Conseil de l'Europe *relative au blanchiment, au dépistage, à la saisie et à la confiscation des produits du crime et au financement du terrorisme*, 16 mai 2005 (D. n° 2016-499, 22 avr. 2016, *JO* 24 avr., n° 1).

son produit, soit des biens qui pourraient être assimilés à ses instruments (b), si en vertu de la législation de la Partie requise, la décision de confiscation ne peut plus être prononcée ou exécutée pour cause de prescription (c), si la demande ne porte pas sur une condamnation antérieure, ni sur une décision de caractère judiciaire, ni sur une déclaration figurant dans une telle décision, déclaration selon laquelle une ou plusieurs infractions ont été commises, et qui est à l'origine de la décision ou de la demande de confiscation (d), si soit la confiscation n'est pas exécutoire dans la Partie requérante, soit elle est encore susceptible de voies de recours ordinaires (e), si la demande se rapporte à une décision de confiscation rendue en l'absence de la personne visée par la décision ou si, selon la Partie requise, la procédure engagée par la Partie requérante et qui a conduit à cette décision n'a pas satisfait aux droits *minima* de la défense reconnus à toute personne accusée d'une infraction (f).

Le dernier de ces motifs fait l'objet de précisions énoncées aux cinquième et sixième paragraphe du texte. Ainsi, une décision ne saurait être réputée avoir été rendue en l'absence de l'accusé « si elle a été confirmée ou prononcée après opposition par l'intéressé » (art. 18, § 5, a) ou « si elle a été rendue en appel, à condition que l'appel ait été interjeté par l'intéressé » (art. 18, § 5, b). De même, lorsqu'elle examine, pour les besoins de l'appréciation de ce motif de non-exécution, si les droits *minima* de la défense ont été respectés, la Partie requise est tenue de tenir compte du fait que l'intéressé a délibérément cherché à se soustraire à la justice ou que cette personne, après avoir eu la possibilité d'introduire un recours contre la décision rendue en son absence, a choisi de ne pas introduire un tel recours, ou bien encore de ce que l'intéressé, après avoir été dûment cité à comparaître, aura choisi de ne pas comparaître ou de ne pas demander l'ajournement de l'affaire (art. 18, § 6).

Chacun de ces motifs a fait l'objet de commentaires dans le *Rapport explicatif*, les trois premiers motifs, qui s'appliquent à l'entraide aux fins de saisie comme aux fins de confiscation, ayant déjà été examinés, de sorte qu'il sera renvoyé à ces précédentes observations[1].

Pour le surplus de ces motifs, il est apporté par le *Rapport explicatif* des précisions importantes à propos de la possibilité de refuser l'exécution lorsque la demande ne porte pas sur condamnation antérieure, ni sur une décision de caractère judiciaire, ni sur une déclaration figurant dans une telle décision, déclaration selon laquelle une ou plusieurs infractions ont été commises, et qui est à l'origine de la décision ou de la demande de confiscation (art. 18, § 4, d). En effet, l'exécution ne saurait être refusée lorsque, comme le permettent certains États, la confiscation est prononcée en l'absence d'une condamnation formelle du délinquant, parfois parce que celui-ci est en fuite ou parce qu'il est décédé, ou bien encore lorsque la législation permet de prendre en compte, lors de la confiscation, des infractions autres que celle jugée, sans mise en accusation formelle, par exemple en matière de trafic de stupéfiants. Dans ces deux cas, « l'entraide judiciaire ne devrait pas être écartée [...] pourvu [...] qu'une décision de caractère judiciaire existe ou que figure dans cette décision une déclaration précisant qu'une ou plusieurs infractions ont été commises ». Si l'on ne saurait nier le caractère quelque peu ambigu de ces énonciations, il nous semble qu'elles doivent être comprises comme signifiant que l'exécution de la demande d'entraide a pour condition qu'existe une décision de caractère judiciaire constatant qu'une ou plusieurs infractions ont été commises, sans qu'il ne doive nécessairement s'agir d'une décision de condamnation. Au reste, si les décisions administratives sont exclues, la notion de décision judiciaire englobe les décisions des juridictions administratives. Nous verrons que ces énonciations constituent des arguments forts au soutien de la jurisprudence de la chambre criminelle ayant considéré que la convention de Strasbourg permet aux autorités judiciaires italiennes de solliciter des autorités judiciaires françaises qu'elles exécutent les mesures de confiscation préventives prévues en droit italien[2].

De même, la possibilité de refuser l'exécution parce que soit la confiscation n'est pas exécutoire dans la Partie requérante, soit elle est encore susceptible de voies de recours ordinaires (art. 18, § 4, e), a été inscrite dans la convention après que ses rédacteurs eurent constaté que, dans les systèmes juridiques des États membres du Conseil de l'Europe, les décisions de confiscation peuvent être exécutoires, sans cependant présenter un caractère définitif, en sorte qu'il a été jugé nécessaire de distinguer entre deux possibilités : celle de refuser l'exécution au motif qu'elle n'est pas exécutoire ou bien parce que la décision, tout en étant qualifiée d'exécutoire en application du droit de l'État requérant, peut encore faire l'objet de voies de recours ordinaire.

Enfin, si l'État requis peut refuser l'exécution des décisions de confiscation rendues par défaut, il ressort de la convention et du rapport explicatif la volonté des rédacteurs d'entendre strictement cette notion afin de « limiter les possibilités pour les

1. V. s[s] n° 311.111.

2. V. s[s] n° 312.156.

criminels de se soustraire à la justice par le simple refus de se soumettre aux citations à comparaître » (art. 18, § 4, f). Au reste, c'est au regard du droit interne de l'État requis que les autorités judiciaires de celui-ci doivent apprécier ce motif de non-exécution, à la lumière des circonstances énoncées aux paragraphes 5 et 6 de la convention.

312.112 Conventions des Nations unies. Enfin, la convention de Mérida[1], contient à son article 55, paragraphe 7, des dispositions originales, communes à l'entraide aux fins dc saisie et de confiscation pénales, selon lesquelles l'entraide judiciaire aux fins de confiscation « peut [...] être refusée [...] si l'État partie requis ne reçoit pas en temps voulu des preuves suffisantes ou si le bien est de valeur minime ». Comme en matière de saisies, ces motifs laissent en pratique une large marge d'appréciation de l'opportunité de l'exécution de la demande d'entraide aux autorités judiciaires de l'État requis.

B.
Motifs de non-exécution selon le droit interne

312.121 Motifs spécifiques de refus prévus par le droit interne. Le Code de procédure pénale contient à son article 713-37 une liste de motifs excluant l'exécution par les autorités judiciaires françaises des demandes d'entraide judiciaire internationale aux fins de confiscation pénale. Ces motifs sont strictement identiques à ceux s'appliquant en matière d'entraide aux fins de saisie pénale, dès lors que, précisément, l'article 694-11 du Code de procédure pénale, applicable dans le domaine des saisies, renvoie aux dispositions de l'article 713-37 s'agissant des motifs devant emporter refus d'exécution.

L'article 713-37 prévoit six motifs de non-exécution des demandes d'entraide aux fins de confiscation pénale. L'exécution devra être refusée si les faits à l'origine de la demande ne sont pas constitutifs d'une infraction selon la loi française (principe de double incrimination) (1°), si les biens sur lesquels elle porte ne sont pas susceptibles de faire l'objet d'une confiscation selon la loi française (principe de double confiscabilité) (2°), si la décision étrangère a été prononcée dans des conditions n'offrant pas de garanties suffisantes au regard de la protection des libertés individuelles et des droits de la défense (3°), s'il est établi que la décision étrangère a été émise dans le but de poursuivre ou de condamner une personne en raison de son sexe, de sa race, de sa religion, de son origine ethnique, de sa nationalité, de sa langue, de ses opinions politiques ou de son orientation sexuelle ou identité de genre (4°), si le ministère public français avait décidé de ne pas engager de poursuites pour les faits à raison desquels la confiscation a été prononcée par la juridiction étrangère ou si ces faits ont déjà été jugés définitivement par les autorités judiciaires françaises ou par celles d'un État autre que l'État demandeur, à condition, en cas de condamnation, que la peine ait été exécutée, soit en cours d'exécution ou ne puisse plus être ramenée à exécution selon les lois de l'État de condamnation (5°), ou enfin si elle porte sur une infraction politique (6°).

Dans un arrêt du 5 décembre 2018, la chambre criminelle a précisé que la condition de double confiscabilité[2] doit être appréciée à la date d'examen de la demande d'entraide par le juge pénal français, et non à la date des faits poursuivis. Ainsi, la chambre criminelle s'est résolument inscrite dans une logique d'*exequatur*, comme l'indique la mention selon laquelle la condition de double confiscabilité « vise à écarter l'exécution d'une décision étrangère de confiscation contraire aux règles en vigueur sur le territoire national », en énonçant que « la condition tenant au caractère confiscable, selon le droit français, du bien concerné par la demande d'entraide, posée par l'article 713-37, 2°, du Code de procédure pénale, qui vise à écarter l'exécution d'une décision étrangère de confiscation contraire aux règles en vigueur sur le territoire national, s'apprécie au regard des règles applicables à la date où la juridiction française saisie de la demande statue »[3]. Elle a ainsi approuvé l'arrêt d'une cour d'appel qui, se fondant sur les dispositions de l'article 131-21 du Code pénal en vigueur à la date où la cour d'appel avait statué, avait autorisé, après avoir vérifié que les conditions étaient réunies, l'exécution en France d'une confiscation en valeur ordonnée par une juridiction étrangère sur un immeuble dont le condamné n'était pas propriétaire, mais avait la libre disposition. La même règle s'applique donc en matière de saisies et de confiscations pénales[4].

Il reste que ces motifs de non-exécution s'appliquent sans préjudice des dispositions de l'article 694-4 du Code de procédure pénale organisant une procédure spécifique devant être mise en œuvre lorsque la demande d'entraide des autorités judiciaires étrangères est susceptible de porter atteinte à l'ordre public ou aux intérêts essentiels de la France. Le texte prévoit en effet que « si l'exécution d'une demande d'entraide émanant d'une autorité judiciaire étrangère est de nature à porter atteinte à l'ordre public ou aux intérêts essentiels de la Nation,

1. Conv. Nations unies *contre la corruption*, 31 oct. 2003 (D. n° 2006-1113, 4 sept. 2006, *JO* 6 sept., n° 6).

2. C. pr. pén., art. 713-37, 2°.
3. Crim. 5 déc. 2018, n° 17-86.695, P, n° 204 ; *D.* 2018. 2416.
4. V. s[s] n° 311.121.

le procureur de la République saisi de cette demande ou avisé de cette demande en application du troisième alinéa de l'article 694-1 la transmet au procureur général qui détermine, s'il y a lieu, d'en saisir le ministre de la justice et donne, le cas échéant, avis de cette transmission au juge d'instruction », que « s'il est saisi, le ministre de la justice informe l'autorité requérante, le cas échéant, de ce qu'il ne peut être donné suite, totalement ou partiellement, à sa demande », et que « cette information est notifiée à l'autorité judiciaire concernée et fait obstacle à l'exécution de la demande d'entraide ou au retour des pièces d'exécution ».

Ces motifs seront cependant mis en œuvre sous réserve que la convention internationale applicable n'en dispose autrement.

§ 3
Protection des droits des tiers de bonne foi

312.131 Conventions bilatérales et multilatérales. Les conventions internationales bilatérales comme multilatérales, que ces dernières aient été conclues dans le cadre du Conseil de l'Europe ou dans celui des Nations unies, contiennent des dispositions protectrices des droits des tiers de bonne foi. Dans ces conventions, ces droits sont protégés par des dispositions communes à l'entraide judiciaire aux fins de saisie et confiscation pénales, de sorte qu'il y a lieu de se reporter aux développements relatifs à l'entraide aux fins de saisie pénale patrimoniale[1]. Il reste qu'il y a lieu de rappeler combien il ressort de ces textes internationaux un principe fort, en empruntant aux énonciations du *Rapport explicatif* de la convention de Strasbourg : rien, dans ces conventions, ne saurait être interprété « de façon à porter préjudice au droit des tiers de bonne foi »[2], ce qui précisément rejoint l'état du droit interne et de l'Union européenne[3].

312.132 Droit interne. Le droit interne n'ignore en effet nullement les droits des tiers de bonne foi. Ainsi, le troisième alinéa de l'article 713-38 du Code de procédure pénale dispose que l'autorisation d'exécution « ne peut avoir pour effet de porter atteinte aux droits licitement constitués au profit de tiers, en application de la loi française, sur les biens dont la confiscation a été prononcée par la décision étrangère », tout en tempérant la portée de cette règle en énonçant aussi que, si la décision étrangère « contient des dispositions relatives aux droits des tiers, elle s'impose aux juridictions françaises à moins que les tiers n'aient pas été mis à même de faire valoir leurs droits devant la juridiction étrangère dans des conditions analogues à celles prévues par la loi française ».

Il ressort de ce texte qu'en cas de contrariété entre l'appréciation de la licéité des droits des tiers selon la loi française et les énonciations de la décision étrangère de confiscation, cette dernière doit prévaloir, mais à la condition que les tiers aient pu bénéficier devant la juridiction étrangère de droits de la défense analogues à ceux prévus par la loi française. Le principe de la primauté de la décision étrangère se trouve ainsi tempéré par un critère procédural.

Au reste, la chambre criminelle n'a pas compris ce texte autrement. En effet, dans une importante décision du 5 janvier 2023, après avoir rappelé, outre les énonciations de l'article 713-38 du Code de procédure pénale, que l'article 713-37, 2° et 3°, du Code de procédure pénale dispose que l'exécution des décisions de confiscation prononcées par les autorités judiciaires étrangères est refusée si les biens sur lesquels elles portent ne sont pas susceptibles de faire l'objet d'une confiscation selon la loi française, ou bien si la décision étrangère a été prononcée dans des conditions n'offrant pas de garanties suffisantes au regard de la protection des libertés individuelles et des droits de la défense, et que l'article 131-21 du Code pénal est interprété comme prohibant la confiscation des biens appartenant à des tiers de bonne foi, y compris lorsqu'ils constituent le produit direct ou indirect de l'infraction, la chambre criminelle a reproché à une cour d'appel qui avait confirmé l'autorisation d'exécution d'une décision de confiscation étrangère, de s'être abstenue de « rechercher, à partir des constatations de fait de la décision étrangère, et au besoin en demandant aux autorités judiciaires suisses, par commission rogatoire, la fourniture des informations complémentaires nécessaires, si la société [en cause] était de bonne foi, ni mieux établir, selon les mêmes modalités, que cette société avait été mise à même de faire valoir ses droits devant la juridiction suisse dans des conditions analogues à celles prévues par la loi française, alors qu'il [ressortait] des énonciations du jugement du tribunal pénal fédéral que la société […] n'était pas partie à cette décision qui lui [avait] été notifiée après qu'elle fut passée en force de chose jugée »[4].

Ces dispositions et leur interprétation ne paraissent ne pas se heurter aux énonciations de la plupart des conventions internationales, et l'on peut même relever qu'elles sont en deçà de ce qui

1. V. s[s] n° 311.132.
2. Conseil de l'Europe, *Rapport explicatif de la Convention relative au blanchiment, au dépistage, à la saisie et à la confiscation des produits du crime*, préc., § 81, p. 26.
3. V. s[s] n° 322.101.
4. Crim. 5 janv. 2023, n° 21-87.017, P.

aurait pu être énoncé au regard de la convention de Strasbourg qui, si elle consacre un principe de primauté des énonciations de la décision étrangère à propos des droits des tiers, autorise néanmoins l'État requis à écarter cette primauté si la décision est incompatible avec une décision déjà rendue dans la Partie requise sur la même question, si elle est incompatible avec l'ordre public de la Partie requise, ou si la décision a été rendue contrairement aux dispositions en matière de compétence exclusive prévues par le droit de la Partie requise (art. 22, § 2, b à d). L'article 713-38 du Code de procédure pénale pourrait ainsi être moins protecteur des intérêts de l'État français qu'il aurait pu l'être [1].

SECTION 3
MISE EN ŒUVRE DE L'ENTRAIDE JUDICIAIRE INTERNATIONALE AUX FINS DE CONFISCATION PÉNALE

312.140 **Plan.** Envisager les règles de mise en œuvre de l'entraide judiciaire internationale aux fins de confiscation pénale implique d'examiner les règles d'émission (§ 1), de transmission (§ 2) et d'exécution (§ 3) des demandes d'entraide, mais également d'étudier les voies de recours ouvertes à l'encontre des décisions d'exécution de celles-ci (§ 4), ainsi que le devenir des biens confisqués (§ 5).

§ 1
Émission des demandes

312.151 **Application des règles générales.** Les demandes d'entraide judiciaire internationale aux fins de confiscation pénale obéissent, s'agissant des conditions de leur émission, aux règles générales prévues par les conventions internationales bilatérales ou multilatérales relatives à la compétence de l'autorité judiciaire les émettant, la rédaction de la demande et sa traduction.

312.152 **Formalisme spécifique prévu par les conventions internationales bilatérales.** Les demandes d'entraide aux fins de confiscation pénale sont cependant parfois régies par certaines dispositions particulières des conventions internationales bilatéralcs.

Les articles 4 de la convention conclue entre la France et l'Algérie et 5 de celle négociée avec Sainte-Lucie prévoient ainsi que les demandes d'entraide aux fins de confiscation pénale doivent contenir une description aussi précise que possible des biens en cause, ainsi que préciser leur localisation [2].

Il est par ailleurs prévu par plusieurs autres conventions bilatérales que l'État requérant est tenu d'indiquer dans sa demande d'entraide les motifs sur lesquels repose sa conviction que les biens litigieux sont situés sur le territoire de l'État requis [3].

Enfin, l'accord conclu entre le Royaume-Uni et les États membres de l'Union européenne fait à nouveau figure d'exception, comme organisant très précisément la forme des demandes d'entraide aux fins de confiscation pénale [4].

1. V. s[s] n° 311.132.

2. Conv. *d'entraide judiciaire en matière pénale entre le Gouvernement de la République française et le Gouvernement de la République algérienne démocratique et populaire*, 5 oct. 2016 (D. n° 2018-442, 4 juin 2018, *JO* 6 juin, n° 30) – Conv. *d'entraide judiciaire en matière pénale entre le Gouvernement de la République française et le Gouvernement de Sainte-Lucie*, 30 sept. 2016 (D. n° 2018-1149, 13 déc. 2018, *JO* 15 déc., n° 7).
3. Conv. *d'entraide judiciaire en matière pénale entre le Gouvernement de la République française et le Gouvernement de l'Australie*, 14 janv. 1993 (D. n° 94-385, 10 mai 1994, *JO* 18 mai, p. 7287) (art. 15, § 1) – Accord *d'entraide judiciaire en matière pénale entre le Gouvernement de la République française et le Gouvernement de la République populaire de Chine*, 18 avr. 2005 (D. n° 2007-1450, 9 oct. 2007, *JO* 11 oct., p. 16634) (art. XVI, § 1) – Conv. *d'entraide judiciaire en matière pénale entre le Gouvernement de la République française et le Gouvernement de la République du Costa Rica*, 4 nov. 2013 (D. n° 2018-742, 22 août 2018, *JO* 24 août, n° 15) (art. 19, § 1) – Conv. *d'entraide judiciaire en matière pénale entre le Gouvernement de la République française et le Gouvernement de l'État des Émirats arabes unis*, 2 mai 2007 (D. n° 2009-1156, 29 sept. 2009, *JO* 1er oct., p. 15903) (art. 10, § 1) – Traité *d'entraide judiciaire en matière pénale entre la France et les États-Unis d'Amérique*, 10 déc. 1998 (D. n° 2001-1122, 28 nov. 2001, *JO* 29 nov., p. 18964) (art. 11, § 2) – Conv. *d'entraide judiciaire en matière pénale entre le Gouvernement de la République française et le Gouvernement de Hong Kong*, 25 juin 1997 (D. n° 99-846, 30 sept. 1999, *JO* 1er oct., p. 14566) (art. XVIII, § 1) – Conv. *d'entraide judiciaire en matière pénale entre le Gouvernement de la République française et le Gouvernement de la République de l'Inde*, 25 janv. 1998 (D. n° 2006-589, 23 mai 2006, *JO* 25 mai, p. 7737) (art. 18, § 1) – Conv. *d'entraide judiciaire en matière pénale entre le Gouvernement de la République française et le Gouvernement du Royaume hachémite de Jordanie*, 20 juill. 2011 (D. n° 2016-54, 28 janv. 2016, *JO* 30 janv., n° 2) (art. 11, § 1) – Conv. *d'entraide judiciaire en matière pénale entre le Gouvernement de la République française et le Gouvernement du Royaume du Maroc*, 18 avr. 2008 (D. n° 2011-960, 16 août 2011, *JO* 18 août, p. 13986) (art. 20, § 1) – Conv. *d'entraide judiciaire en matière pénale entre le Gouvernement de la République française et le Gouvernement de la République du Pérou*, 15 nov. 2012 (D. n° 2016-916, 4 juill. 2016, *JO* 6 juill., n° 2) (art. 22, § 1) – Conv. *d'entraide judiciaire en matière pénale entre le Gouvernement de la République française et le Gouvernement de Sainte-Lucie*, 30 sept. 2016 (D. n° 2018-1149, 13 déc. 2018, *JO* 15 déc., n° 7) (art. 15, § 2).
4. Accord *de commerce et de coopération entre l'Union européenne et la Communauté européenne de l'énergie atomique, d'une part, et le Royaume-Uni de Grande-Bretagne et d'Irlande du Nord, d'autre part*, *JOUE* L 149, 30 avr. 2021, art. LAW.CONFISC. 23 à LAW.CONFISC. 26.

312.153 Formalisme spécifique prévu par les conventions internationales multilatérales. Plusieurs conventions multilatérales prévoient de même des règles spécifiques gouvernant l'émission des demandes d'entraide aux fins de confiscation pénale.

Les conventions adoptées dans le cadre des Nations unies distinguent à cet égard entre les formes des demandes d'entraide aux fins de décision de confiscation prononcée par les autorités judiciaires de l'État requis et celles des demandes poursuivant l'exécution d'une décision de confiscation rendue par les autorités judiciaires de l'État requérant[1]. Ainsi, la convention de Vienne[2] prévoit que les demandes aux fins de décision de confiscation doivent contenir une description des biens, ainsi qu'un exposé des faits poursuivis, tandis que les demandes poursuivant l'exécution d'une décision de confiscation doivent être accompagnées d'une copie légalement admissible de la décision, outre un exposé des faits et des renseignements indiquant dans quelle limite est demandée l'exécution de la mesure (art. 5, § 4, d).

Des exigences comparables ressortent de la convention de Palerme[3] (art. 13, § 3), tandis que la convention de Mérida[4] ajoute à ce formalisme. En effet, en cas de demande d'entraide aux fins de décision de confiscation, l'État requérant doit préciser dans sa demande la valeur des biens dont la confiscation est sollicitée, tandis que, si se trouve poursuivie l'entraide aux fins d'exécution d'une décision de confiscation, il convient que l'État requérant indique les mesures prises pour aviser les tiers de bonne foi et garantir une procédure régulière, et fasse une déclaration selon laquelle la décision de confiscation est définitive. Cette exigence a pour conséquence pratique d'imposer à l'autorité judiciaire française, lorsqu'elle est requérante, de préciser que la décision de confiscation, conformément au droit interne, ne porte pas atteinte aux droits des tiers de bonne foi.

En ce qui concerne les conventions conclues dans le cadre du Conseil de l'Europe, la convention de Strasbourg[5] prévoit un formalisme spécifique à son article 27, en distinguant aussi entre l'entraide aux fins de décision de confiscation prononcée par les autorités judiciaires de l'État requis et celle poursuivant l'exécution d'une décision de confiscation rendue par les autorités judiciaires de l'État requérant. Dans le premier cas, la demande doit contenir « un exposé des faits invoqués par la Partie requérante qui soit suffisant pour permettre à la Partie requise d'obtenir une décision en vertu de son droit interne » (art. 27, § 3, b). Dans le second, l'État requérant doit joindre à sa demande « une copie certifiée conforme de la décision de confiscation rendue par le tribunal de la Partie requérante et l'exposé des motifs à l'origine de la décision, s'ils ne sont pas indiqués dans la décision elle-même », « une attestation de l'autorité compétente de la Partie requérante selon laquelle la décision de confiscation est exécutoire et n'est pas susceptible de voies de recours ordinaires », « des informations concernant la mesure dans laquelle la décision devrait être exécutée », et enfin « des informations concernant la nécessité de prendre des mesures provisoires » (art. 27, § 3, a, i à iv). Enfin, dans tous les cas, lorsque des tiers ont eu la possibilité de revendiquer des droits, doivent être joints « des documents révélant qu'ils ont eu cette possibilité ». Il s'agit de permettre à l'État requis de contrôler la préservation des droits des tiers de bonne foi (art. 27, § 3, c).

Des dispositions comparables figurent à l'article 37 de la convention de Varsovie[6] (art. 37, § 3).

312.154 Compétence de l'autorité judiciaire française émettrice. La question de la détermination de l'autorité judiciaire française compétente pour émettre une demande d'entraide aux fins de confiscation n'est pas aussi problématique que dans le domaine des saisies pénales patrimoniales[7].

En effet, le droit pénal français ignore la faculté reconnue à la France par plusieurs conventions internationales de solliciter des autorités judiciaires étrangères qu'elles prononcent, sur le fondement d'une demande d'entraide, la confiscation de biens situés sur leur territoire[8], et il nous semble par ailleurs que, comme en matière de saisies, la compétence pour solliciter l'exécution d'une décision de confiscation doit être réservée aux autorités judiciaires ayant une telle compétence dans les affaires internes. Il en résulte qu'il entre dans la seule compétence du procureur de la République ou du procureur général de solliciter des autorités judiciaires étrangères qu'elles exécutent les décisions

1. V. s[s] n° 312.14.
2. Conv. Nations unies *contre le trafic illicite de stupéfiants et de substances psychotropes*, 20 nov. 1988 (D. n° 91-271, 8 mars 1991, *JO* 14 mars, p. 3622).
3. Conv. Nations unies *contre la criminalité transnationale organisée*, 15 nov. 2000 (D. n° 2003-875, 8 sept. 2003, *JO* 13 sept., p. 15705).
4. Conv. Nations unies *contre la corruption*, 31 oct. 2003 (D. n° 2006-1113, 4 sept. 2006, *JO* 6 sept., n° 6).
5. Conv. *relative au blanchiment, au dépistage, à la saisie et à la confiscation des produits du crime*, 8 nov. 1990 (D. n° 97-183, 25 févr. 1997, *JO* 4 mars, p. 3417).
6. Conv. Conseil de l'Europe *relative au blanchiment, au dépistage, à la saisie et à la confiscation des produits du crime et au financement du terrorisme*, 16 mai 2005 (D. n° 2016-499, 22 avr. 2016, *JO* 24 avr., n° 1).
7. V. s[s] n° 311.154.
8. V. s[s] n° 312.14.

définitives de confiscation prononcées par les juridictions de jugement françaises, l'article 32 du Code de procédure pénale posant en effet pour principe que le ministère public « assure l'exécution des décisions de justice », tandis que l'article 707-1 du même code lui confère la compétence pour exécuter les peines.

C'est donc en définitive au procureur de la République ou au procureur général, et à leur service de l'exécution des peines, d'établir les demandes d'entraide nécessaires à l'exécution, sur le territoire des États étrangers, des peines de confiscation définitivement prononcées par les juridictions de jugement françaises.

312.155 Nécessité d'une décision définitive et exécutoire de confiscation. Conformément à ce que prévoient plusieurs conventions internationales, l'exécution des demandes d'entraide aux fins d'exécution des décisions de confiscation a pour condition que celles-ci soient à la fois définitives et exécutoires. C'est ce qui ressort des énonciations des conventions de Strasbourg[1] (art. 18, § 4, e, et 27, § 3, a, ii) et de Varsovie[2] (art. 28, § 4, e, et 37, § 3, a, ii), quand la convention de Mérida[3] se borne à exiger que la décision de confiscation soit définitive (art. 55, § 3, b). L'accord conclu entre le Royaume-Uni et les États membres de l'Union européenne contient aussi des dispositions en ce sens[4].

Ces conditions conventionnelles rejoignent celles du droit interne, puisqu'il est énoncé par l'article 713-38 du Code de procédure pénale que « l'exécution est autorisée à la condition que la décision étrangère soit définitive et exécutoire selon la loi de l'État requérant ».

Ces exigences sont opportunes puisque l'exécution, à l'étranger, de décisions de confiscation qui présenteraient un caractère seulement exécutoire poserait d'importantes difficultés pratiques en cas de remise en cause de celles-ci, puisqu'elle emporterait la nécessité que l'État requérant sollicite de l'État requis qu'il restitue à l'intéressé le bien confisqué en exécution de la demande d'entraide. Il y aurait là une difficulté comparable à celle rencontrée en cas d'exécution, dans l'ordre juridique interne, d'une peine de confiscation assortie de l'exécution provisoire[5], sauf à relever que les éléments d'extranéité rendraient la difficulté plus intense encore.

On relèvera d'ailleurs, à cet égard, qu'à défaut de caractère définitif, les décisions de confiscation seulement assorties de l'exécution provisoire ne sont pas susceptibles de faire l'objet d'une demande d'entraide aux fins d'exécution de la décision.

312.156 Confiscations ne constituant pas des peines. L'on observera par ailleurs que, lorsque certaines conventions internationales le prévoient, il peut y avoir lieu pour le juge répressif français d'exécuter des décisions de confiscation ne constituant pas des peines prononcées en répression d'infractions pénales.

La chambre criminelle a ainsi approuvé une cour d'appel qui, en application de la convention de Strasbourg[6], avait fait droit à la demande d'exécution de la décision de confiscation préventive d'un immeuble, rendue par une juridiction italienne, et approuvée par la Cour suprême de cassation italienne, qui avait considéré comme suffisants les indices permettant d'établir que l'immeuble en cause était le produit du blanchiment de capitaux provenant d'un trafic de stupéfiants comme ayant été racheté puis restauré grâce aux profits retirés de ce trafic[7]. Alors que les demandeurs au pourvoi faisaient valoir que la juridiction italienne qui avait prononcé la confiscation de leur immeuble était une juridiction de prévention ayant notamment le pouvoir, selon la loi italienne, de prononcer des mesures de confiscation indépendamment de poursuites pénales ou de condamnations pénales, qu'une telle mesure, comme constituant une sanction, aurait dû

1. Conv. *relative au blanchiment, au dépistage, à la saisie et à la confiscation des produits du crime,* 8 nov. 1990 (D. n° 97-183, 25 févr. 1997, *JO* 4 mars, p. 3417).
2. Conv. Conseil de l'Europe *relative au blanchiment, au dépistage, à la saisie et à la confiscation des produits du crime et au financement du terrorisme,* 16 mai 2005 (D. n° 2016-499, 22 avr. 2016, *JO* 24 avr., n° 1).
3. Conv. Nations unies *contre la corruption*, 31 oct. 2003 (D. n° 2006-1113, 4 sept. 2006, *JO* 6 sept., n° 6).
4. Accord *de commerce et de coopération entre l'Union européenne et la Communauté européenne de l'énergie atomique, d'une part, et le Royaume-Uni de Grande-Bretagne et d'Irlande du Nord, d'autre part, JOUE* L 149, 30 avr. 2021, art. LAW.CONFISC. 15, 5, e.
5. V. s[s] n° 131.111.
6. Conv. *relative au blanchiment, au dépistage, à la saisie et à la confiscation des produits du crime,* 8 nov. 1990 (D. n° 97-183, 25 févr. 1997, *JO* 4 mars, p. 3417).
7. SUR LA QUESTION : A. Aiello, « L'administration et la gestion des entreprises confisquées à la Mafia », *LPA* 31 oct. 2002, p. 62 – A. Bernardi, « La confiscation préventive dans la législation anti-mafia italienne », *in* L. Ascensi, P. Beauvais et R. Parizot (dir.), *La confiscation des avoirs criminels, Nouveaux enjeux juridiques*, LGDJ, 2021, p. 45 – F. Diamanti, E. A. A. Dei Cas et S. Bolis, « *Italy* », *in* A. Bernardi (dir.), *Improving confiscation procedures in the European Union*, Jovene Editore, 2019, p. 287 – G. Fiandaca et C. Visconti, « Les nouvelles formes de confiscation italiennes dans la lutte contre le crime organisé : mesures patrimoniales à titre de prévention », *Gaz pal.* 31 oct. 2002, n° 218, p. 60 – F. Menditto, « La "confiscation anti-mafia" et le sort des biens confisqués en Italie », *La revue du Grasco*, n° 6, juill. 2013, p. 123 – S. Mogini, « L'affaire *Crisafulli* : les mesures de confiscation préventives anti-mafia à l'épreuve des mécanismes de la coopération judiciaire internationale », *LPA* 19 nov. 2004, p. 6 – M. Papa, « La nouvelle législation italienne en matière de criminalité organisée », *RSC* 1993. 725.

être insusceptible d'être prononcée indépendamment d'une déclaration de culpabilité au titre d'une infraction précise, prévoyant une telle confiscation à titre de peine, et que la confiscation ne peut, selon la loi française, être prononcée qu'à titre de peine complémentaire et non comme une mesure de prévention, la chambre criminelle a néanmoins approuvé la cour d'appel d'avoir constaté que les conditions prévues par la loi alors applicable nº 96-392 du 13 mai 1996 [1] étaient réunies : la décision de confiscation était définitive et exécutoire, le bien confisqué était susceptible de l'être dans des circonstances analogues selon la loi française, en ses articles 131-21 et 324-7 du Code pénal, et l'exécution de la décision précitée ne pouvait porter atteinte à l'ordre public, dès lors que la requête tendait à la confiscation d'un immeuble acquis par le blanchiment de sommes issues d'une organisation criminelle. Pour approuver ces motifs, la chambre criminelle a énoncé « qu'en effet il résulte de la Convention [de Strasbourg] dans les relations entre la France et l'Italie, qu'une partie, ayant reçu de l'autre partie une demande de confiscation concernant des produits situés sur son territoire, est tenue de l'exécuter lorsque, comme en l'espèce, les conditions prévues par le texte conventionnel et la loi de l'État requis sont réunies ».

Il reste que la solution ne saurait bien sûr être généralisée, puisqu'elle n'est que la conséquence des spécificités de la convention de Strasbourg que nous avons évoquées [2]. D'autres conventions internationales, cependant, paraissent s'appliquer aux confiscations non pénales. L'accord conclu entre le Royaume-Uni et les États membres prévoit ainsi : « Un État coopère dans la mesure la plus large possible en conformité avec son droit interne avec un État qui sollicite l'exécution de mesures équivalentes à la confiscation, lorsque cette demande n'est pas émise dans le cadre d'une procédure en matière pénale, dès lors que de telles mesures ont été ordonnées par une autorité judiciaire de l'État requérant sur la base d'une infraction pénale et dans la mesure où il est établi que les biens constituent des produits ou : (a) d'autres biens en lesquels les produits ont été transformés ou convertis ; (b) des biens acquis légitimement, si les produits ont été mêlés, entièrement ou partiellement, à de tels biens, à concurrence de la valeur estimée du produit qui y a été mêlé ; ou (c) des revenus ou d'autres avantages tirés des produits, des biens en lesquels les produits ont été transformés ou convertis ou des biens auxquels ils ont été mêlés, à concurrence de la valeur estimée des produits qui y ont été mêlés, de la même manière et dans la même mesure que les produits. » [3]

§ 2
Transmission des demandes

312.161 Défaut de spécificité dans les conventions internationales. À défaut de règles propres à la transmission des demandes d'entraide judiciaire internationale aux fins de confiscation pénale, il y a lieu d'appliquer les règles prévues de façon générale par la convention applicable : la demande doit être transmise soit par la voie diplomatique, soit par l'intermédiaire d'une autorité centrale désignée par les États parties en application de la convention, soit encore de manière directe entre les autorités judiciaires compétentes. Dans les deux premiers cas, il peut être prévu que la transmission peut être directe en cas d'urgence.

312.162 Dispositions de droit interne applicables. L'article 694 du Code de procédure pénale prévoit qu'à défaut de convention internationale en stipulant autrement, les demandes d'entraide émanant des autorités françaises et destinées aux autorités judiciaires étrangères doivent être transmises par l'intermédiaire du ministère de la Justice, et les pièces d'exécution doivent être renvoyées aux autorités de l'État requérant par la même voie, tandis que les demandes émanant des autorités judiciaires étrangères et destinées aux autorités judiciaires françaises doivent être transmises par la voie diplomatique, les pièces d'exécution étant renvoyées aux autorités de l'État requérant par la même voie. Il reste que l'irrégularité de la transmission de la demande d'entraide ne saurait constituer une cause de nullité des actes accomplis en exécution de cette demande [4].

En cas d'urgence, ces textes permettent que les demandes d'entraide soient transmises directement aux autorités de l'État requis compétentes pour les exécuter, qu'il s'agisse de la France ou d'un État étranger, le renvoi des pièces d'exécution aux autorités compétentes de l'État requérant étant effectué en suivant la même voie. Néanmoins, même dans ce cas, et sauf convention internationale en stipulant autrement, les demandes d'entraide émanant des autorités judiciaires étrangères et destinées aux autorités judiciaires françaises doivent faire l'objet

1. L. nº 96-392, 13 mai 1996 *relative à la lutte contre le blanchiment et le trafic de stupéfiants et à la coopération internationale en matière de saisie et confiscation des produits du crime, JO* 14 mai, p. 7208.
2. V. s^s nº 312.111.
3. Accord *de commerce et de coopération entre l'Union européenne et la Communauté européenne de l'énergie atomique, d'une part, et le Royaume-Uni de Grande-Bretagne et d'Irlande du Nord, d'autre part, JOUE* L 149, 30 avr. 2021, art. LAW.CONFISC. 10, 5.
4. C. pr. pén., art. 694-3, al. 3.

d'un avis donné par la voie diplomatique par le gouvernement étranger intéressé.

L'article 694-1 du Code de procédure pénale précise d'ailleurs les règles de mise en œuvre de cette exception lorsque les demandes d'entraide émanent des autorités judiciaires étrangères. Il se déduit de ce texte, en matière d'entraide aux fins de confiscation pénale, que les demandes doivent être transmises au procureur de la République territorialement compétent, éventuellement par l'intermédiaire du procureur général, dès lors que c'est à ce magistrat qu'il appartient de saisir par requête le tribunal correctionnel à qui le législateur a conféré la compétence pour autoriser l'exécution des demandes d'entraide aux fins d'exécution des décisions de confiscation pénale émanant des autorités judiciaires étrangères[1].

§ 3
Exécution des demandes

312.170 **Plan.** Conformément à une règle commune gouvernant la matière, les demandes d'entraide judiciaire internationale aux fins de confiscation pénale sont exécutées selon la loi de l'État requis (A). Ceci étant, lorsqu'une telle demande est adressée à l'autorité judiciaire française, se posent les questions de la détermination de la compétence pour statuer sur l'exécution de la demande (B) et de la procédure applicable (C).

A.
Loi applicable

312.181 **Principe de l'application de la loi du *for*.** Comme en matière d'entraide aux fins de saisie pénale patrimoniale, il s'applique aux demandes d'entraide aux fins de confiscation le principe général selon lequel les demandes sont exécutées dans les formes prévues par la loi de l'État requis.

Ce principe ressort de l'ensemble des conventions bilatérales[2], mais également des conventions adoptées dans les cadres multilatéraux. Il en est ainsi des trois conventions des Nations unies, puisque la convention de Vienne[3] prévoit que « les décisions ou mesures [de confiscation] sont prises par la Partie requise conformément à son droit interne et selon les dispositions dudit droit, et conformément à ses règles de procédure ou à tout traité, accord ou arrangement bilatéral ou multilatéral la liant à la Partie requérante » (art. 5, § 4, c) et que l'on trouve des dispositions comparables dans les conventions de Palerme[4] (art. 13, § 4) et de Mérida[5] (art. 55, § 4). Ce même principe est aussi énoncé dans la convention de Strasbourg[6] selon laquelle « les procédures permettant d'obtenir et d'exécuter la confiscation en vertu de l'article 13 sont régies par la loi de la Partie requise » (art. 14, § 1), ces énonciations rejoignant celles de l'article 24 de la convention de Varsovie[7] (art. 24, § 1).

Le droit interne prévoit du reste aussi le principe de l'application de la loi du *for*. Ce principe est

1. V. s[s] nº 312.191.

2. Conv. *d'entraide judiciaire en matière pénale entre le Gouvernement de la République française et le Gouvernement de la République algérienne démocratique et populaire,* 5 oct. 2016 (D. nº 2018-442, 4 juin 2018, *JO* 6 juin, nº 30) (art. 15, § 3) – Conv. *d'entraide judiciaire en matière pénale entre le Gouvernement de la République française et le Gouvernement de la République Argentine*, 14 oct. 1998 (D. nº 2007-333, 12 mars 2007, *JO* 14 mars, p. 4805) (art. 10, § 4) – Conv. *d'entraide judiciaire en matière pénale entre le Gouvernement de la République française et le Gouvernement de la République de Colombie*, 21 mars 1997 (D. nº 2001-548, 20 juin 2001, *JO* 28 juin, p. 10247) (art. 13, § 4) – Conv. *d'entraide judiciaire en matière pénale entre le Gouvernement de la République française et le Gouvernement de la République du Costa Rica,* 4 nov. 2013 (D. nº 2018-742, 22 août 2018, *JO* 24 août, nº 15) (art. 19, § 3) – Traité *d'entraide judiciaire en matière pénale entre la France et les États-Unis d'Amérique*, 10 déc. 1998 (D. nº 2001-1122, 28 nov. 2001, *JO* 29 nov., p. 18964) (art. 11, § 4) – Conv. *d'entraide judiciaire en matière pénale entre le Gouvernement de la République française et le Gouvernement de Hong Kong*, 25 juin 1997 (D. nº 99-846, 30 sept. 1999, *JO* 1er oct., p. 14566) (art. XVIII, § 3) – Conv. *d'entraide judiciaire en matière pénale entre le Gouvernement de la République française et le Gouvernement de la République du Paraguay*, 16 mars 1997 (D. nº 2003-127, 12 févr. 2003, *JO* 19 févr., p. 2967) (art. 14, § 4) – Conv. *d'entraide judiciaire en matière pénale entre le Gouvernement de la République française et le Gouvernement de la République du Pérou*, 15 nov. 2012 (D. nº 2016-916, 4 juill. 2016, *JO* 6 juill., nº 2) (art. 22, § 3) – Accord *de commerce et de coopération entre l'Union européenne et la Communauté européenne de l'énergie atomique, d'une part, et le Royaume-Uni de Grande-Bretagne et d'Irlande du Nord, d'autre part*, *JOUE* L 149, 30 avr. 2021, art. LAW.CONFISC. 11 – Conv. *d'entraide judiciaire en matière pénale entre le Gouvernement de la République française et le Gouvernement de Sainte-Lucie*, 30 sept. 2016 (D. nº 2018-1149, 13 déc. 2018, *JO* 15 déc., nº 7) (art. 15, § 4) – Conv. *d'entraide judiciaire en matière pénale entre le Gouvernement de la République française et le Gouvernement de la République orientale de l'Uruguay,* 5 nov. 1996 (D. nº 2003-496, 5 juin 2003, *JO* 13 juin, p. 9956) (art. 14, § 4).

3. Conv. Nations unies *contre le trafic illicite de stupéfiants et de substances psychotropes*, 20 nov. 1988 (D. nº 91-271, 8 mars 1991, *JO* 14 mars, p. 3622).

4. Conv. Nations unies *contre la criminalité transnationale organisée*, 15 nov. 2000 (D. nº 2003-875, 8 sept. 2003, *JO* 13 sept., p. 15705).

5. Conv. Nations unies *contre la corruption*, 31 oct. 2003 (D. nº 2006-1113, 4 sept. 2006, *JO* 6 sept., nº 6).

6. Conv. *relative au blanchiment, au dépistage, à la saisie et à la confiscation des produits du crime*, 8 nov. 1990 (D. nº 97-183, 25 févr. 1997, *JO* 4 mars, p. 3417).

7. Conv. *du Conseil de l'Europe relative au blanchiment, au dépistage, à la saisie et à la confiscation des produits du crime et au financement du terrorisme*, 16 mai 2005 (D. nº 2016-499, 22 avr. 2016, *JO* 24 avr., nº 1).

affirmé de façon générale à l'article 694-2 du Code de procédure pénale.

312.182 Application dérogatoire de la loi de l'État requérant. Par exception à ce qui précède, les dispositions plus générales de nombre de conventions internationales permettent à l'État requérant de solliciter de l'État requis la mise en œuvre de modalités d'exécution particulières des demandes d'entraide, à la condition que l'application de ces règles de forme ne soit pas contraire aux principes fondamentaux du système juridique de l'État requis.

Cette règle figure d'ailleurs parmi les dispositions de droit interne gouvernant de façon générale l'exécution en France des demandes d'entraide judiciaire internationale. L'article 694-3 du Code de procédure pénale dispose ainsi à son deuxième alinéa : « Si la demande d'entraide le précise, elle est exécutée selon les règles de procédure expressément indiquées par les autorités compétentes de l'État requérant, à condition, sous peine de nullité, que ces règles ne réduisent pas les droits des parties ou les garanties procédurales prévus par le présent code. Lorsque la demande d'entraide ne peut être exécutée conformément aux exigences de l'État requérant, les autorités compétentes françaises en informent sans délai les autorités de l'État requérant et indiquent dans quelles conditions la demande pourrait être exécutée. Les autorités françaises compétentes et celles de l'État requérant peuvent ultérieurement s'accorder sur la suite à réserver à la demande, le cas échéant, en la subordonnant au respect desdites conditions. »

B. Compétence pour statuer sur l'exécution des demandes adressées à l'autorité judiciaire française

312.191 Compétence *ratione materiae* du tribunal correctionnel. L'article 713-38 du Code de procédure pénale confère au tribunal correctionnel la compétence pour autoriser l'exécution des demandes d'entraide aux fins d'exécution des décisions de confiscation pénale émanant des autorités judiciaires étrangères.

Il est en particulier exclu que la chambre de l'instruction puisse exercer une compétence quelconque à cet égard, ainsi que l'a jugé la chambre criminelle[1] à propos de la convention de Strasbourg[2].

312.192 Compétence *ratione loci* du tribunal correctionnel. Le législateur a tranché à l'article 713-41 du Code de procédure pénale la question de la compétence territoriale du tribunal correctionnel en posant pour règle que le tribunal compétent est celui du lieu de l'un des biens objet de la demande. À défaut, la juridiction compétente sera le tribunal correctionnel de Paris.

La règle, qui permet comme en matière de saisies[3] de centraliser le contentieux devant une seule et même juridiction en cas de confiscation portant sur des biens situés dans plusieurs ressorts juridictionnels, est la même qu'en matière d'exécution des décisions de gel[4] et de confiscation[5] émanant des autorités judiciaires des États membres de l'Union européenne.

La compétence « par défaut » du tribunal correctionnel de Paris s'appliquera lorsque la localisation des biens confisqués n'aura pas été précisée. C'est en effet ce que prévoit plus explicitement l'article 695-9-11 du Code de procédure pénale applicable en matière d'exécution des décisions de gel émanant des autorités judiciaires des États membres de l'Union européenne dans le champ d'application de la décision-cadre 2003/577/JAI[6].

C. Procédure pour statuer sur l'exécution des demandes adressées à l'autorité judiciaire française

312.201 Procédure devant le tribunal correctionnel. La procédure suivie devant le tribunal correctionnel a été décrite par le législateur à l'article 713-39 du Code de procédure pénale que le Conseil constitutionnel a déclaré conforme à la Constitution par décision du 11 février 2022[7] ; mais elle l'a été fort peu.

Outre le fait que cette juridiction doit être saisie par requête du procureur de la République[8] – ce qui implique donc que ce magistrat exerce un premier contrôle des conditions d'exécution de la demande d'entraide –, il est prévu que le tribunal correctionnel peut entendre, s'il l'estime utile, le cas échéant par le moyen d'une commission rogatoire, le propriétaire des biens confisqués, la personne condamnée ainsi que toute personne ayant des droits sur les

1. Crim. 25 mars 2003, n° 02-82.079, P, n° 74 ; *RTD com.* 2003. 580, obs. B. Bouloc.
2. Conv. *relative au blanchiment, au dépistage, à la saisie et à la confiscation des produits du crime,* 8 nov. 1990 (D. n° 97-183, 25 févr. 1997, *JO* 4 mars, p. 3417).
3. V. s[s] n° 311.192.
4. V. s[s] n°s 321.262 et 321.272.
5. V. s[s] n°s 322.262 et 322.272.
6. V. s[s] n° 321.272.
7. Cons. const. 11 févr. 2022, n° 2021-969 QPC, *JO* 12 févr., n° 88.
8. C. pr. pén., art. 713-38.

biens litigieux. Ces personnes sont par ailleurs en droit de se faire représenter par un avocat.

Le tribunal correctionnel est de plus fondé à demander par commission rogatoire à l'autorité étrangère ayant rendu la décision de confiscation, la fourniture, dans un délai qu'il fixe, des informations complémentaires nécessaires. Ce pouvoir est la contrepartie du niveau restreint de contrôle de la juridiction correctionnelle sur les circonstances de fait de la décision de confiscation étrangère. Nous verrons en effet que le tribunal correctionnel est lié par les constatations de fait de la décision étrangère[1].

La procédure suivie devant le tribunal correctionnel n'est cependant pas davantage décrite, ce qui est source d'insécurité juridique. Si, en l'état des textes et de la jurisprudence de la chambre criminelle[2], il paraît acquis que la procédure devant être suivie devant le tribunal correctionnel ne doive pas nécessairement présenter un caractère contradictoire – l'audition du propriétaire des biens confisqués, de la personne condamnée et des personnes ayant des droits sur les biens litigieux étant facultative pour les juges, ce que n'a d'ailleurs pas ignoré le Conseil constitutionnel dans la décision précitée (considérant 14) –, l'on observe cependant que le procureur de la République financier et le tribunal judiciaire de Paris paraissent avoir pour pratique de faire adresser des avis d'audience aux personnes condamnées, l'instance obéissant pour le surplus au droit commun de la procédure correctionnelle[3]. Cette pratique paraît souhaitable, comme étant la plus respectueuse du droit à un procès équitable, outre le fait qu'il ne serait guère cohérent que les intéressés aient moins de droits dans le contentieux de l'exécution des décisions de confiscation étrangères que dans le contentieux interne de l'exécution des sentences pénales où la procédure présente un caractère contradictoire[4]. Il reste qu'elle expose à ce que les biens confisqués soient dissipés s'ils n'ont pas été préalablement placés sous main de justice. Ceci étant, contrairement à ce qu'il en est dans le contentieux de l'exécution des décisions de confiscation entre les États membres de l'Union européenne[5], le tribunal correctionnel ne semble pas avoir le pouvoir d'ordonner la saisie des biens confisqués lorsqu'il décide de faire droit à la demande d'exécution de la décision de confiscation, en sorte qu'il ne paraît pas y avoir de justification à ce que la procédure ne présente pas de caractère contradictoire.

§ 4
Recours contre l'exécution des demandes d'entraide

312.210 **Plan.** Les recours contre l'exécution des demandes d'entraide aux fins de confiscation pénale diffèrent selon qu'il s'agit de contester l'exécution d'une demande adressée par une autorité judiciaire étrangère à l'autorité judiciaire française (A) ou bien l'inverse (B).

A.
Recours contre l'exécution des demandes adressées à l'autorité judiciaire française

312.221 **Droit au recours.** Le Code de procédure pénale n'organise pas spécialement le recours du ministère public et des personnes concernées par l'exécution de la décision de confiscation – le propriétaire des biens confisqués, la personne condamnée et les personnes ayant des droits sur les biens litigieux –, à l'encontre de la décision du tribunal correctionnel, que cette juridiction fasse droit ou au contraire rejette la requête du procureur de la République.

La cour d'appel de Paris a cependant complété ces dispositions en énonçant, pour déclarer recevable l'appel du procureur de la République à l'encontre d'un jugement du tribunal judiciaire de Paris ayant rejeté la requête de ce magistrat aux fins d'exécution d'une décision de confiscation « qu'il ne peut être dérogé que par une disposition expresse de la loi à la règle générale posée par l'article 496 du Code de procédure pénale selon laquelle les jugements en matière correctionnelle peuvent être attaqués par la voie de l'appel ; que les articles 731-36 à 713-41 du Code de procédure pénale instaurant la procédure applicable en matière d'exécution d'une décision de confiscation prononcée par les autorités judiciaires étrangères et attribuant compétence au tribunal correctionnel n'excluent pas cette voie de recours », « que le droit d'appeler que le procureur de la République tient de l'article 497 du Code de procédure pénale ne souffre en cette matière d'aucune exception », et « que fermer la voie de l'appel au seul représentant du ministère public requérant devant la juridiction correctionnelle, serait contraire au principe d'égalité des armes entre les parties », le fait qu'il agisse à la demande d'un État requérant étant à cet égard sans portée, étant relevé que l'exécution de la décision de confiscation par l'autorité judiciaire française

1. V. s[s] n° 312.222.
2. Crim. 5 janv. 2023, n° 21-87.017, P – v. s[s] n° 312.221.
3. PAR EXEMPLE : TGI Paris, 26 sept. 2016, n° 15350000121 – Paris, 14 mars 2018, n° 17/03650.
4. C. pr. pén., art. 711.
5. V. s[s] n°s 322.291 et 322.312.

entraîne transfert à l'État français de la propriété des biens confisqués [1].

Cette décision a été suivie par un important arrêt de la chambre criminelle du 5 janvier 2023 qui, sur le fondement des articles 6, § 1, et 13 de la Convention européenne des droits de l'homme, et 1er du Protocole additionnel nº 1 à cette convention, a posé pour principe que « le jugement du tribunal correctionnel autorisant l'exécution d'une décision de confiscation prononcée par une autorité judiciaire étrangère doit être notifié à la personne condamnée et au tiers propriétaire du bien confisqué si son titre est connu ou s'il a revendiqué cette qualité au cours de la procédure », que « ces personnes sont recevables à interjeter appel de la décision dans un délai de dix jours par déclaration au greffe du tribunal correctionnel », et qu'« elles ont droit à l'assistance d'un avocat au cours de l'instance d'appel, ainsi qu'à la communication en temps utile des pièces de la procédure » [2]. La même décision a par ailleurs reconnu à ces personnes le droit de se pourvoir en cassation contre l'arrêt de la cour d'appel ordonnant l'exécution de la décision de confiscation.

On relèvera de surcroît que, lorsque le Conseil constitutionnel a déclaré conforme à la Constitution la procédure d'exécution des décisions de confiscation prononcées par les juridictions étrangères, il a relevé – bien que cela ne fût pas véritablement évident à la date de la décision – qu'« il [résultait] de la jurisprudence constante de la Cour de cassation, telle qu'elle [ressortait] de la décision de renvoi de la question prioritaire de constitutionnalité, que les personnes intéressées [bénéficiaient], selon les conditions de droit commun, d'un droit d'appel contre la décision du tribunal correctionnel autorisant l'exécution de la décision étrangère de confiscation », et que « le droit d'exercer un tel recours impliqu[ait] nécessairement que cette décision [fût] portée à leur connaissance » [3].

Cette jurisprudence doit être approuvée en ce qu'elle peut s'appuyer sur deux arguments. D'une part, la décision d'exécuter la peine de confiscation étrangère porte à l'évidence atteinte aux droits fondamentaux des intéressés, notamment leur droit de propriété, et cette décision doit de surcroît être conforme à des conditions conventionnelles et légales, de sorte que les personnes concernées doivent être mises en mesure de discuter ces conditions au cours d'une procédure équitable, sauf à ce que se trouve méconnu leur droit à un recours effectif. On observera en particulier, comme l'a d'ailleurs fait la chambre criminelle dans l'arrêt précité du 5 janvier 2023, que les motifs de non-exécution par l'autorité judiciaire française des décisions de confiscation prononcées par les autorités judiciaires étrangères, énoncés par l'article 713-37 du Code de procédure pénale, concernent soit la personne condamnée par les autorités judiciaires étrangères, soit le tiers propriétaire du bien confisqué, ce qui justifie que l'une comme l'autre soient recevables à exercer un recours contre la décision du tribunal correctionnel. D'autre part, cette jurisprudence s'impose par analogie avec le droit applicable à l'exécution des décisions de confiscation prises par les autorités judiciaires des États membres de l'Union européenne. En effet, l'article 713-29 du Code de procédure pénale prévoit que le condamné, celui qui détient le bien objet de la décision de confiscation, et les personnes prétendant avoir des droits sur ce bien peuvent saisir la chambre des appels correctionnels territorialement compétente dans les dix jours de la date de mise à exécution de la décision considérée [4]. Serait-il admissible que l'état du droit diffère à ce point, sur un aspect aussi fondamental, selon que la décision de confiscation émane d'un État qui est ou non membre de l'Union européenne ?

312.222 Étendue du contrôle. Il appartient au tribunal correctionnel – sous le contrôle de la cour d'appel –, de contrôler les conditions de l'exécution des demandes d'entraide adressées par les autorités judiciaires étrangères aux fins d'exécution des décisions de confiscation. Ce contrôle paraît cependant aussi restreint qu'en matière d'entraide judiciaire internationale aux fins de saisie pénale patrimoniale [5]. Le juge répressif doit en effet contrôler non pas les conditions de la confiscation – ce qui relève de la seule compétence de la juridiction étrangère en application de la loi étrangère –, mais uniquement les conditions de l'exécution de la décision de confiscation prononcée par l'autorité judiciaire étrangère telles qu'elles ressortent de la convention internationale applicable et du droit interne. Dans le sens d'un tel contrôle restreint, l'accord conclu entre le Royaume-Uni et les États membres de l'Union européenne prévoit d'ailleurs que les motifs de fond ayant conduit aux confiscations ne peuvent être contestés devant les juridictions de l'État requis [6]. De surcroît, l'accord énonce : « L'État requis est lié par la constatation des faits dans la mesure où ceux-ci sont exposés dans une condamnation ou une décision judiciaire émise par un

1. Paris, 14 mars 2018, nº 17/03650.
2. Crim. 5 janv. 2023, nº 21-87.017, P.
3. Cons. const. 11 févr. 2022, nº 2021-969 QPC, *JO* 12 févr., nº 88.

4. V. s[s] nº 322.381.
5. V. s[s] nº 311.231.
6. *Accord de commerce et de coopération entre l'Union européenne et la Communauté européenne de l'énergie atomique, d'une part, et le Royaume-Uni de Grande-Bretagne et d'Irlande du Nord, d'autre part*, *JOUE* L 149, 30 avr. 2021, art. LAW.CONFISC. 34, 2.

tribunal de l'État requérant, ou dans la mesure où celle-ci se fonde implicitement sur eux. »[1]

Sous l'empire de la loi nº 96-392 du 13 mai 1996[2], la chambre criminelle a ainsi approuvé une cour d'appel d'avoir énoncé, pour autoriser l'exécution d'une confiscation préventive prononcée par une juridiction italienne, que « les conditions prévues pour cette exécution par la loi du 13 mai 1996, notamment en ses articles 12 à 14, [étaient] réunies », dès lors que « la décision de confiscation [était] définitive et exécutoire », « que le bien confisqué [était] susceptible de l'être dans des circonstances analogues selon la loi française, en ses articles 131-21 et 324-7 du Code pénal », et enfin « que l'exécution de la décision précitée ne [pouvait] porter atteinte à l'ordre public dès lors que la requête [tendait] à la confiscation d'un immeuble acquis par le blanchiment de sommes issues d'une organisation criminelle ». La chambre criminelle a du reste ajouté, pour approuver les juges : « En effet, il résulte de la Convention susvisée applicable dans les relations entre la France et l'Italie, qu'une partie, ayant reçu de l'autre partie une demande de confiscation concernant des produits situés sur son territoire, est tenue de l'exécuter lorsque, comme en l'espèce, les conditions prévues par le texte conventionnel et la loi de l'État requis sont réunies. »[3]

Une autre cour d'appel a de même été approuvée d'avoir autorisé l'exécution d'une mesure de confiscation analogue en constatant, « après s'être assurée de la régularité de la décision, base de la demande », que « les faits, notamment d'usure, d'escroquerie et de blanchiment en relation avec la criminalité organisée reprochés [au condamné], au soutien de ladite décision, [entraient] dans les prévisions des dispositions de la loi française autorisant une mesure de confiscation », et que « ladite décision, après épuisement des voies de recours, [était] exécutoire »[4].

Enfin, la chambre criminelle a rejeté le pourvoi formé contre l'arrêt d'une cour d'appel qui avait autorisé l'exécution d'une peine de confiscation prononcée par une juridiction britannique, après s'être assurée que la condition de double confiscabilité se trouvait en l'espèce remplie[5].

L'on retiendra de ces décisions qu'il appartient donc au juge correctionnel de contrôler que les dispositions conventionnelles et légales prévoient bien la faculté, pour l'autorité judiciaire étrangère requérante, de solliciter de l'autorité judiciaire française l'exécution de la décision de confiscation ayant pour objet le bien litigieux, qu'aucun motif de refus d'exécution ne se trouve en l'espèce caractérisé, et que l'exécution de la mesure ne porte pas atteinte aux droits des tiers de bonne foi.

L'on relèvera inversement que, si la chambre criminelle a approuvé une cour d'appel d'avoir autorisé l'exécution d'une décision de confiscation « après s'être assurée de la régularité de la décision »[6], ces énonciations ne sauraient être comprises comme signifiant que le juge répressif français aurait une compétence quelconque pour contrôler la légalité formelle de la décision à exécuter au regard de la loi étrangère. Une telle interprétation s'opposerait d'ailleurs absolument aux principes généraux applicables à l'entraide judiciaire internationale, selon lesquels le juge répressif ne saurait apprécier la régularité des actes d'une autorité étrangère, non plus qu'appliquer une loi étrangère. Les énonciations qui précèdent doivent, comme toujours, être interprétées au regard des contestations qui étaient élevées devant la Cour de cassation, le demandeur soutenant que la décision dont l'exécution était sollicitée avait été rendue en violation « des dispositions de l'article 6 § 1 de la Convention européenne des droits de l'homme, faute de publicité des débats », et qu'ainsi se trouvait caractérisé le motif de refus d'exécution prévu par le 3° de l'article 713-37 du Code de procédure pénale énonçant que l'exécution de la confiscation est refusée « si la décision étrangère a été prononcée dans des conditions n'offrant pas de garanties suffisantes au regard de la protection des libertés individuelles et des droits de la défense ». Il s'agissait donc uniquement, pour le juge répressif, de s'assurer que la décision étrangère n'avait pas été rendue au mépris des droits de la défense et des principes généraux du procès pénal, ce que la convention de Strasbourg[7] exprime en érigeant en motif de refus d'exécution le fait que la procédure engagée par la Partie requérante et qui a conduit à la décision de confiscation n'a pas satisfait aux « droits *minima* de la défense reconnus à toute personne accusée d'une infraction » (art. 18, § 4, f).

De même, bien qu'il semble que la chambre criminelle ne l'ait jamais formellement énoncé, le juge répressif ne saurait contrôler la régularité des deman-

1. Accord *de commerce et de coopération entre l'Union européenne et la Communauté européenne de l'énergie atomique, d'une part, et le Royaume-Uni de Grande-Bretagne et d'Irlande du Nord, d'autre part, préc.*, LAW.CONFISC. 11, 2.
2. L. nº 96-392, 13 mai 1996 *relative à la lutte contre le blanchiment et le trafic de stupéfiants et à la coopération internationale en matière de saisie et confiscation des produits du crime*, *JO* 14 mai, p. 7208.
3. Crim. 13 nov. 2003, nº 03-80.371, P, nº 213 ; *D.* 2003. 3008.
4. Crim. 19 oct. 2011, nº 11-80.247, NP.
5. Crim. 5 déc. 2018, nº 17-86.695, P, nº 204 ; *D.* 2018. 2416.
6. Crim. 19 oct. 2011, préc.
7. Conv. *relative au blanchiment, au dépistage, à la saisie et à la confiscation des produits du crime*, 8 nov. 1990 (D. nº 97-183, 25 févr. 1997, *JO* 4 mars, p. 3417).

des d'entraide émises par les autorités judiciaires, non plus que celle de leur transmission, tous contrôles qui ont été exclus dans le domaine voisin de l'entraide judiciaire internationale aux fins de saisie pénale patrimoniale[1]. Le dernier alinéa de l'article 694-3 du Code de procédure pénale dispose d'ailleurs que « l'irrégularité de la transmission de la demande d'entraide ne peut constituer une cause de nullité des actes accomplis en exécution de cette demande ».

Enfin, ainsi que l'énonce le dernier alinéa de l'article 713-39 du Code de procédure pénale, le tribunal correctionnel, dans l'exercice de son contrôle, est lié par les constatations de fait de la décision étrangère. Comme en matière de saisie pénale patrimoniale, le juge français ne saurait remettre en cause de telles constatations sans porter atteinte à la souveraineté de l'État étranger[2].

312.223 Effet du refus d'exécution sur les saisies. L'article 713-38 du Code de procédure pénale dispose que le refus d'exécution de la décision de confiscation prononcée par la juridiction étrangère emporte de plein droit mainlevée de la saisie.

Il se posera alors la question délicate de la mise en œuvre de la restitution du bien qui avait été placé sous main de justice à la demande de l'autorité judiciaire étrangère. Il nous semble qu'à ce stade de la procédure, cette compétence pourrait appartenir au ministère public et qu'il pourrait y avoir lieu pour le magistrat du parquet, comme en matière de restitution, non pas de restituer le bien saisi à son propriétaire, mais davantage de revenir au *statuo quo ante* en remettant le bien entre les mains de celui-ci qui le détenait au moment de la saisie. Tout comme l'action en restitution n'a pas pour objet de faire statuer sur le droit de propriété concernant le bien revendiqué, mais seulement de faire remettre les choses dans l'état où elles se trouvaient antérieurement[3], le ministère public pourrait devoir s'en tenir aux apparences.

B. Recours contre l'exécution des demandes adressées par l'autorité judiciaire française

312.231 Principes. Le Code de procédure pénale ne contient pas de dispositions particulières permettant à une personne définitivement condamnée à une peine de confiscation par une juridiction de jugement française de contester l'exécution de cette mesure par les autorités judiciaires étrangères en exécution d'une demande d'entraide judiciaire internationale émise par le ministère public. C'est ainsi devant les seules juridictions étrangères qu'il appartiendra à l'intéressé, selon les voies de droit prévues par la loi pénale étrangère, de contester les conditions de l'exécution dans l'ordre juridique étranger de l'exécution de la peine.

§ 5 Devenir des biens confisqués

312.241 Conventions internationales bilatérales. Si certaines conventions internationales bilatérales s'abstiennent d'envisager le sort des biens confisqués[4], la plupart de celles-ci retiennent cependant le principe de leur conservation par l'État requis, sauf accord conclu avec l'État requérant[5].

Certaines conventions bilatérales comportent cependant des prévisions plus exceptionnelles, soit

1. V. ss n° 311.234.
2. V. ss n° 311.235.
3. Crim. 18 mai 1987, n° 86-94.678, P, n° 199 – v. ss n° 245.05.

4. Conv. *d'entraide judiciaire en matière pénale entre le Gouvernement de la République française et le Gouvernement de la République d'Afrique du Sud*, 31 mai 2001 (D. n° 2004-266, 23 mars 2004, *JO* 26 mars, p. 5775) – Conv. *d'entraide judiciaire en matière pénale entre le Gouvernement de la République française et le Gouvernement de la République du Costa Rica*, 4 nov. 2013 (D. n° 2018-742, 22 août 2018, *JO* 24 août, n° 15).
5. Conv. *d'entraide judiciaire en matière pénale entre le Gouvernement de la République française et le Gouvernement de la République Argentine*, 14 oct. 1998 (D. n° 2007-333, 12 mars 2007, *JO* 14 mars, p. 4805) (art. 10, § 5) – Conv. *d'entraide judiciaire en matière pénale entre le Gouvernement de la République française et le Gouvernement de la République de Colombie*, 21 mars 1997 (D. n° 2001-548, 20 juin 2001, *JO* 28 juin, p. 10247) (art. 14, § 5) – Conv. *d'entraide judiciaire en matière pénale entre le Gouvernement de la République française et le Gouvernement de l'État des Émirats arabes unis*, 2 mai 2007 (D. n° 2009-1156, 29 sept. 2009, *JO* 1er oct., p. 15903) (art. 10, § 3) – Conv. *d'entraide judiciaire en matière pénale entre le Gouvernement de la République française et le Gouvernement de Hong Kong*, 25 juin 1997 (D. n° 99-846, 30 sept. 1999, *JO* 1er oct., p. 14566) (art. XVIII, § 4) – Conv. *d'entraide judiciaire en matière pénale entre le Gouvernement de la République française et le Gouvernement de la République de l'Inde*, 25 janv. 1998 (D. n° 2006-589, 23 mai 2006, *JO* 25 mai, p. 7737) (art. 18, § 4) – Conv. *d'entraide judiciaire en matière pénale entre le Gouvernement de la République française et le Gouvernement du Royaume hachémite de Jordanie*, 20 juill. 2011 (D. n° 2016-54, 28 janv. 2016, *JO* 30 janv., n° 2) (art. 11, § 3) – Conv. *d'entraide judiciaire en matière pénale entre le Gouvernement de la République française et le Gouvernement de la République du Paraguay*, 16 mars 1997 (D. n° 2003-127, 12 févr. 2003, *JO* 19 févr., p. 2967) (art. 14, § 5) – Conv. *d'entraide judiciaire en matière pénale entre le Gouvernement de la République française et le Gouvernement du Royaume de Thaïlande*, 11 sept. 1997 (D. n° 2000-553, 15 juin 2000, *JO* 23 juin, p. 9442) (art. 16, § 5) – Conv. *d'entraide judiciaire en matière pénale entre le Gouvernement de la République française et le Gouvernement de la République orientale de l'Uruguay*, 5 nov. 1996 (D. n° 2003-496, 5 juin 2003, *JO* 13 juin, p. 9956) (art. 14, § 5).

qu'elles prévoient que les biens confisqués demeurent acquis en tout état de cause à l'État requis[1], le cas échéant en réservant la possibilité pour celui-ci de décider discrétionnairement que la propriété de tout ou partie des biens confisqués ou du produit de leur vente sera transféré à l'État requérant - notamment si la coopération entre les deux États a contribué au prononcé de la décision définitive de confiscation[2] -, soit qu'elles comportent des dispositions plus spécifiques. Ainsi, la convention conclue avec l'Algérie prévoit qu'« à la demande de la Partie requérante, la Partie requise doit dans la mesure où sa législation le permet, envisager à titre prioritaire de restituer à celle-ci les produits et instruments des infractions, notamment en vue de l'indemnisation des victimes ou de la restitution au propriétaire légitime, sous réserve des droits des tiers de bonne foi », et que, « sauf si les Parties en décident autrement, la Partie requise peut déduire, le cas échéant, les dépenses raisonnables encourues pour les enquêtes, poursuites ou procédures judiciaires ayant abouti à la restitution ou à la disposition des biens confisqués en application du présent article »[3]. Le texte énonce en outre que « les Parties peuvent convenir, au cas par cas, de la disposition définitive des biens confisqués ou du partage du produit de la vente des biens confisqués »[4]. L'on trouve des énonciations comparables dans les conventions conclues avec la Chine, le Maroc et Sainte-Lucie : « La Partie requise doit, dans la mesure où sa législation le permet, envisager à titre prioritaire de restituer à celle-ci les produits des infractions, notamment en vue de l'indemnisation des victimes ou de la restitution au propriétaire légitime, sous réserve des droits des tiers de bonne foi. »[5] Comme reprenant l'acquis du droit de l'Union européenne, l'accord conclu entre le Royaume-Uni et les États membres de l'Union européenne contient les dispositions les plus détaillées s'agissant du devenir des biens confisqués. Si le texte donne la priorité à l'indemnisation des victimes et à la restitution des biens à leur légitime propriétaire, il organise pour le surplus le partage des biens confisqués entre les États. Si le montant de la somme d'argent obtenue du fait de l'exécution de la décision de confiscation n'excède pas 10 000 euros, il revient à l'État requis. S'il excède cette somme, l'État requis transfère 50 % du montant recouvré à l'État requérant[6].

312.242 Conventions internationales multilatérales. Les conventions multilatérales conclues dans le cadre des Nations unies et dans celui du Conseil de l'Europe ont en commun de retenir que l'État requis dispose des biens confisqués selon son droit interne, mais qu'il peut cependant être dérogé à ce principe dans certaines circonstances. Ceci étant, chacune de ces conventions comporte des dispositions spécifiques à cet égard.

S'agissant des conventions des Nations unies, la convention de Vienne[7] prévoit que l'État requis dispose des biens confisqués conformément à son droit interne et à ses procédures administratives (art. 5, § 5, a), mais que celui-ci peut cependant envisager, soit de verser la valeur des biens confisqués ou du produit de leur vente à des « organismes intergouvernementaux spécialisés dans la lutte contre le trafic illicite et l'abus des stupéfiants et ses substances psychotropes » (art. 5, § 5, b, i), soit de partager ces biens avec l'État requérant en application d'un accord propre à l'affaire considérée ou de manière plus systématique en application du droit interne de l'État requis, de ses procédures administratives, ou bien encore d'accords bilatéraux ou multilatéraux conclus à cette fin (art. 5, § 5, b, ii).

Si la convention de Palerme[8] comporte le même principe que la convention de Vienne (art. 14, § 1), elle s'en distingue cependant, d'une part en conte-

1. Conv. *d'entraide judiciaire en matière pénale entre le Gouvernement de la République française et le Gouvernement de l'Australie*, 14 janv. 1993 (D. n° 94-385, 10 mai 1994, *JO* 18 mai, p. 7287) (art. 15, § 4).
2. Traité *d'entraide judiciaire en matière pénale entre la France et les États-Unis d'Amérique*, 10 déc. 1998 (D. n° 2001-1122, 28 nov. 2001, *JO* 29 nov., p. 18964) (art. 11, § 5).
3. Conv. *d'entraide judiciaire en matière pénale entre le Gouvernement de la République française et le Gouvernement de la République algérienne démocratique et populaire*, 5 oct. 2016 (D. n° 2018-442, 4 juin 2018, *JO* 6 juin, n° 30) (art. 15, § 4 et § 5).
4. Conv. *d'entraide judiciaire en matière pénale entre le Gouvernement de la République française et le Gouvernement de la République algérienne démocratique et populaire*, 5 oct. 2016, préc. (art. 15, § 6).
5. Accord *d'entraide judiciaire en matière pénale entre le Gouvernement de la République française et le Gouvernement de la République populaire de Chine*, 18 avr. 2005 (D. n° 2007-1450, 9 oct. 2007, *JO* 11 oct., p. 16634) (art. XVI, § 4) – Conv. *d'entraide judiciaire en matière pénale entre le Gouvernement de la République française et le Gouvernement du Royaume du Maroc*, 18 avr. 2008 (D. n° 2011-960, 16 août 2011, *JO* 18 août, p. 13986) (art. 20, § 4) – Conv. *d'entraide judiciaire en matière pénale entre le Gouvernement de la République française et le Gouvernement de Sainte-Lucie*, 30 sept. 2016 (D. n° 2018-1149, 13 déc. 2018, *JO* 15 déc., n° 7) (art. 5, 7 et 8).
6. Accord *de commerce et de coopération entre l'Union européenne et la Communauté européenne de l'énergie atomique, d'une part, et le Royaume-Uni de Grande-Bretagne et d'Irlande du Nord, d'autre part*, *JOUE* L 149, 30 avr. 2021, art. LAW.CONFISC. 12, 3.
7. Conv. Nations unies *contre le trafic illicite de stupéfiants et de substances psychotropes*, 20 nov. 1988 (D. n° 91-271, 8 mars 1991, *JO* 14 mars, p. 3622).
8. Conv. Nations unies *contre la criminalité transnationale organisée*, 15 nov. 2000 (D. n° 2003-875, 8 sept. 2003, *JO* 13 sept., p. 15705).

nant un article 14 spécifiquement consacré au devenir des biens confisqués et intitulé comme tel « disposition du produit du crime ou des biens confisqués », d'autre part en prévoyant des exceptions particulières. Il est ainsi énoncé que l'État requis est tenu, dans la mesure où son droit interne de lui permet et si la demande lui en est faite, d'« envisager à titre prioritaire de restituer le produit du crime ou les biens confisqués à l'État Partie requérant, afin que ce dernier puisse indemniser les victimes de l'infraction ou restituer ce produit du crime ou ces biens à leurs propriétaires légitimes » (art. 14, § 2). L'indemnisation des victimes et la restitution des biens confisqués à leur propriétaire légitime constituent donc des objectifs de la convention permettant de déroger au principe selon lequel les biens confisqués sont dévolus à l'État requis. Il reste cependant, outre le fait que cette règle doit être appliquée dans la seule mesure où le droit interne de l'État requis le permet, que cette exception paraît de mise en œuvre difficile lorsque la France est requérante puisque, en l'état du droit positif, les biens susceptibles de restitution à la victime ne sont pas confiscables[1], et que, par ailleurs, l'indemnisation des victimes à partir des fonds confisqués ou de la valeur liquidative des biens confisqués n'est envisagée par le Code de procédure pénale que s'agissant des biens qui ont été spécialement confiés à l'Agrasc. La mise en œuvre de ce texte impliquerait donc que la France prenne l'engagement vis-à-vis de l'État requis de confier à l'Agrasc les biens confisqués susceptibles d'être remis par l'État requis, afin de permettre la mise en œuvre des dispositions de l'article 706-164 du Code de procédure pénale. La convention de Palerme prévoit par ailleurs, dans un esprit comparable à celui de la convention de Vienne, que l'État requis peut soit envisager de verser la valeur des biens confisqués ou du produit de leur vente sur un compte institué par la convention dans le cadre d'un mécanisme de financement des Nations unies destiné à fournir une assistance technique aux pays en développement et aux pays à économie en transition pour les aider à répondre à leurs besoins aux fins de l'application de la convention (art. 14, § 3, a, et 30, § 2, c), soit partager avec l'État requérant les biens confisqués, de manière ponctuelle ou systématique, conformément à son droit interne ou à ses procédures administratives (art. 14, § 3, b).

La convention de Mérida[2] contient enfin des dispositions plus détaillées, comme envisageant avec davantage d'intensité la question de la restitution des biens confisqués à l'État requérant, cette préoccupation s'expliquant par la nature des infractions auxquelles s'applique cette convention. Ainsi, dans un article 57 intitulé « restitution et disposition des avoirs », la convention énonce certes que l'État requis dispose des biens confisqués (§ 1), mais elle prévoit aussi, outre que la restitution des biens confisqués constitue une façon pour l'État requis d'en disposer, que les États parties sont tenus d'adopter les mesures législatives et autres pour permettre à leurs autorités de restituer les biens confisqués (§ 2). Ce devoir est au reste spécialement prévu lorsque les biens ont été confisqués en répression de la soustraction de fonds publics ou de blanchiment de tels fonds, lorsque, quelle que soit l'infraction poursuivie, l'État requérant fournit des preuves raisonnables de son droit de propriété antérieur sur les biens confisqués ou lorsque l'État requis reconnaît un préjudice à l'État requérant comme base de restitution des biens confisqués, et lorsque la restitution des biens confisqués à l'État requérant a pour finalité la restitution de ces biens à son légitime propriétaire ou bien l'indemnisation des victimes (§ 3). En cas de restitution, l'État requis peut cependant, sauf si les États en décident autrement, déduire les dépenses raisonnables exposées pour la mise en œuvre des procédures ayant abouti à la restitution des biens confisqués à l'État requérant (§ 4). Ce n'est donc que de façon subsidiaire que se trouve envisagé le partage consensuel des biens confisqués entre l'État requis et l'État requérant (§ 5).

Les conventions multilatérales adoptées dans le cadre du Conseil de l'Europe comportent par ailleurs des prévisions comparables. Ainsi, si la convention de Strasbourg[3] se borne à énoncer que « la partie requise dispose selon son droit interne de tous les biens confisqués par elle, sauf s'il en est convenu autrement par les Parties concernées » (art. 15), la convention de Varsovie[4] contient des dispositions manifestement inspirées des conventions des Nations unies. En effet, ce texte prévoit, après avoir énoncé le principe selon lequel les biens confisqués sont dévolus à l'État requis, que, par exception, il doit, dans la mesure où son droit le lui permet et si la demande lui en est faite – ces conditions affaiblissant bien sûr la portée pratique de l'exception –, « envisager à titre prioritaire de restituer les biens confisqués à la Partie requérante, afin que cette dernière puisse indemniser ou resti-

1. C. pén., art. 131-21, al. 3.
2. Conv. Nations unies *contre la corruption*, 31 oct. 2003 (D. n° 2006-1113, 4 sept. 2006, *JO* 6 sept., n° 6).
3. Conv. *relative au blanchiment, au dépistage, à la saisie et à la confiscation des produits du crime*, 8 nov. 1990 (D. n° 97-183, 25 févr. 1997, *JO* 4 mars, p. 3417).
4. Conv. Conseil de l'Europe *relative au blanchiment, au dépistage, à la saisie et à la confiscation des produits du crime et au financement du terrorisme*, 16 mai 2005 (D. n° 2016-499, 22 avr. 2016, *JO* 24 avr., n° 1).

tuer des biens à leur propriétaire légitime ». Ce n'est que subsidiairement que la convention envisage la possibilité que les États conviennent de partager les biens confisqués, soit systématiquement, soit dans une affaire particulière (art. 25).

312.243 Droit interne. En droit interne, l'article 713-40 du Code de procédure pénale énonce des règles pour l'essentiel conformes aux engagements internationaux de la France, voire même les dépassant grâce à une procédure distinguant entre, d'une part, le sort des biens confisqués autres que des sommes d'argent, d'autre part, celui du produit de la vente de ces biens ainsi que des sommes d'argent confisquées.

S'agissant des biens autres que des sommes d'argent, le texte dispose que l'exécution sur le territoire français d'une décision de confiscation prononcée par une juridiction étrangère entraîne le transfert à l'État français de la propriété du bien confisqué, sauf s'il en est convenu autrement avec l'État requérant. Hors le cas où un tel accord est conclu, les biens confisqués sont traités comme ceux faisant l'objet d'une peine de confiscation dans une affaire interne.

Par ailleurs, les sommes d'argent confisquées et, en cas de vente, la valeur liquidative des biens confisqués autres que des sommes d'argent seront exclusivement dévolues à l'État français ou bien partagées entre ce dernier et l'État requérant selon que leur montant est inférieur ou bien supérieur ou égal à 10 000 euros, le quatrième alinéa du texte énonçant à cet égard : « Les sommes d'argent recouvrées et le produit de la vente des biens confisqués, déduction faite des frais d'exécution, sont dévolus à l'État français lorsque ce montant est inférieur à 10 000 euros et dévolus pour moitié à l'État français et pour moitié à l'État requérant dans les autres cas. »

Ces règles s'appliquent aussi en cas de décision d'exécution, par le juge répressif français, d'une décision de confiscation en valeur consistant en une condamnation pécuniaire. S'il est prévu que la décision d'exécution a pour effet de rendre l'État français créancier de l'obligation pesant sur le condamné de payer la somme d'argent correspondante, et que cette créance est recouvrée sur tout bien disponible à cette fin, le sort du montant recouvré se trouve déterminé par les mêmes règles que celles applicables en cas de confiscation portant sur un bien déterminé : la somme sera dévolue entièrement à l'État français ou partagée par moitié avec l'État requérant, selon qu'elle sera inférieure, ou supérieure ou égale à 10 000 euros, après déduction des frais d'exécution.

Si ces dispositions paraissaient conformes à la plupart des engagements internationaux souscrits par la France, que ce soit dans un cadre bilatéral ou multilatéral, elles demeuraient néanmoins en deçà de ce qui se trouve imposé par la convention de Mérida[1]. Ceci explique qu'ont été adoptées de nouvelles dispositions législatives permettant la restitution de la valeur liquidative des biens confisqués aux populations victimes dans les affaires de « biens mal acquis ».[2]

312.244 Compétence de l'Agrasc. En vertu de l'article 706-160, alinéa 3, du Code de procédure pénale, l'Agrasc est compétente pour procéder à l'aliénation ou à la destruction des biens confisqués et procéder à la répartition du produit de leur vente en exécution de toute demande d'entraide judiciaire internationale, cette compétence s'exerçant dans les mêmes conditions que s'agissant des affaires internes.

L'agence est ainsi notamment compétente pour négocier les accords de partage des biens confisqués entre la France et les États étrangers. En 2021, 18 accords de partage ont été conclus pour un montant total de 1,822 M€, dont près de 1,733 M€ attribués à la France[3].

312.245 Mise en œuvre de la contrainte judiciaire. La question de savoir si, lorsque le tribunal correctionnel autorise l'exécution d'une peine de confiscation du produit de l'infraction prononcée en valeur comme consistant en une condamnation pécuniaire, la contrainte judiciaire prévue par l'article 131-21, alinéa 9, du Code pénal est applicable, est plus incertaine.

Outre le fait, en effet, que l'article 713-40 du Code de procédure pénale, dernier alinéa, se borne à disposer que « la décision autorisant [l'exécution de la confiscation en valeur] rend l'État français créancier de l'obligation de payer la somme d'argent correspondante », et qu'« à défaut de paiement, l'État fait recouvrer sa créance sur tout bien disponible à cette fin », sans donc ni envisager, ni exclure, la mise en œuvre de la contrainte judiciaire, les énonciations de certaines conventions internationales ne sont guère plus éclairantes. Ainsi, les articles 17 de la convention de Strasbourg[4] et 27 de la convention de Varsovie[5] énoncent seulement que « la Partie requise ne peut pas prononcer la contrainte par corps ni prendre aucune autre mesure

1. Conv. Nations unies *contre la corruption*, 31 oct. 2003 (D. n° 2006-1113, 4 sept. 2006, *JO* 6 sept., n° 6).
2. V. s[s] n° 132.81.
3. Agrasc, *Rapp. annuel* 2021, p. 82.
4. Conv. *relative au blanchiment, au dépistage, à la saisie et à la confiscation des produits du crime*, 8 nov. 1990 (D. n° 97-183, 25 févr. 1997, *JO* 4 mars, p. 3417).
5. Conv. Conseil de l'Europe *relative au blanchiment, au dépistage, à la saisie et à la confiscation des produits du crime et au financement du terrorisme*, 16 mai 2005 (D. n° 2016-499, 22 avr. 2016, *JO* 24 avr., n° 1).

restrictive de liberté à la suite d'une demande présentée en vertu de l'article 23 si la Partie requérante l'a précisé dans la demande ». De même, l'accord conclu entre le Royaume-Uni et les États membres de l'Union européenne prévoit que « l'État requis ne peut pas prononcer la contrainte par corps ni prendre aucune autre mesure restrictive de liberté [...] sans le consentement de l'État requérant »[1]. Il semble donc, à lire ces conventions, que le prononcé de la contrainte par corps soit envisageable si le droit interne de l'État requis le prévoit, conformément au principe selon lequel les demandes d'entraide aux fins de confiscation sont exécutées conformément à la loi de l'État requis, sauf si cette mesure a été expressément exclue dans la demande. Comme le révèlent les rapports explicatifs, guère plus explicites, les rédacteurs se sont manifestement efforcés de concilier les différentes traditions juridiques en la matière : « Dans certains États, il est possible d'emprisonner des individus qui n'ont pas respecté une décision de confiscation d'une somme d'argent, ou lorsque le bien confisqué est hors d'atteinte des services répressifs de l'État. D'autres mesures restreignant la liberté de l'intéressé existent dans certains États. Dans d'autres États, il se peut que l'incarcération ou d'autres mesures du même ordre aient été déclarées inconstitutionnelles. »[2] S'il est donc certain, en application de ces conventions, que la contrainte judiciaire ne saurait être mise en œuvre en France pour l'exécution d'une demande d'entraide dans laquelle une telle mise en œuvre a été formellement exclue, la question demeure, en tout état de cause, de savoir s'il existe, en droit interne, une base légale pour que soit prononcée en pareil cas la contrainte judiciaire.

Il nous semble en définitive, étant observé que la contrainte judiciaire porte atteinte à rien de moins que la liberté individuelle, que l'absence de référence à cette mesure dans les énonciations de l'article 713-40 du Code de procédure pénale, ajoutée au fait que l'article 131-21, alinéa 9, du Code pénal ne s'applique qu'aux seules peines de confiscation prononcées par les juridictions françaises, devrait conduire à exclure la mise en œuvre de la contrainte judiciaire en cas de défaut de paiement, par le condamné, de la créance de l'État français née de la décision d'exécution de la peine de confiscation en valeur prononcée par la juridiction étrangère.

1. Accord *de commerce et de coopération entre l'Union européenne et la Communauté européenne de l'énergie atomique, d'une part, et le Royaume-Uni de Grande-Bretagne et d'Irlande du Nord, d'autre part, JOUE* L 149, 30 avr. 2021, art. LAW.CONFISC. 14.

2. Conseil de l'Europe, *Rapport explicatif de la Convention relative au blanchiment, au dépistage, à la saisie et à la confiscation des produits du crime*, préc, § 57, p. 19 – Conseil de l'Europe, *Rapport explicatif de la Convention du Conseil de l'Europe relative au blanchiment, au dépistage, à la saisie et à la confiscation des produits du crime et au financement du terrorisme*, préc., § 197, p. 34 – AINSI l'exemple de la procédure d'exécution post-sentencielle britannique dans le cadre de laquelle des peines d'emprisonnement importantes sont encourues en cas d'inexécution de la peine de confiscation en valeur : J. Bourgais, « La procédure d'exécution post-sentencielle au Royaume-Uni », *in* L. Ascensi, P. Beauvais et R. Parizot (dir.), *La confiscation des avoirs criminels, Nouveaux enjeux juridiques*, LGDJ, 2021, p. 175.

TITRE

32. Entraide judiciaire internationale aux fins de saisie et confiscation pénales entre les États membres de l'Union européenne

SECTION 0
ORIENTEUR

32.00 Sommaire du titre.

Chap. 321 Entraide judiciaire internationale aux fins de saisie pénale entre les États membres de l'Union européenne

Sect. 1 Fondements de l'entraide judiciaire aux fins de saisie pénale entre les États membres de l'Union européenne

Sect. 2 Conditions de fond de l'entraide judiciaire aux fins de saisie pénale entre les États membres de l'Union européenne

Sect. 3 Mise en œuvre de l'entraide judiciaire aux fins de saisie pénale entre les États membres de l'Union européenne

Chap. 322 Entraide judiciaire internationale aux fins de confiscation pénale entre les États membres de l'Union européenne

Sect. 1 Fondements de l'entraide judiciaire aux fins de confiscation pénale entre les États membres de l'Union européenne

Sect. 2 Conditions de fond de l'entraide judiciaire aux fins de confiscation pénale entre les États membres de l'Union européenne

Sect. 3 Mise en œuvre de l'entraide judiciaire aux fins de confiscation pénale entre les États membres de l'Union européenne

Division. Bien que l'adoption du règlement (UE) 2018/1805 du Parlement et du Conseil du 14 novembre 2018 *concernant la reconnaissance mutuelle des décisions de gel et des décisions de confiscation*[1] ait conduit à un rapprochement des règles applicables à l'entraide judiciaire internationale aux fins de saisie (chap. 321) et de confiscation pénales (chap. 322) entre les États membres de l'Union européenne, il y a néanmoins lieu de continuer à distinguer entre ces deux matières qui demeurent pour partie et inévitablement régies par des règles distinctes.

1. Règl. (UE) 2018/1805, Parlement et Conseil, 14 nov. 2018 *concernant la reconnaissance mutuelle des décisions de gel et des décisions de confiscation, JOUE* L 303, 28 nov., p. 1.

32.01 **Principaux textes applicables.**

• **C. pr. pén.,** art. 695-9-1 à 695-9-30

• **Règl. (UE) 2018/1805, Parlement et Conseil, 14 nov. 2018** ***concernant la reconnaissance mutuelle des décisions de gel et des décisions de confiscation,*** art. 1 à 13, 23 à 29, 31 à 34

32.03 **Bibliographie indicative.**

Encyclopédies. *J.-Cl. Pr. pén.*, art. 695 à 695-9-53, fasc. 20, par. O. Beauvallet.

Thèses. M. Peter, *Les saisies pénales spéciales. Une évolution majeure pour une stratégie pénale patrimoniale repensée*, Aix-Marseille, 2018.

Articles. R. Alméras, « Réflexion sur le contrôle par le juge français des décisions étrangères de saisie pénale », *in* G. Cerqueira et G. Tepedino (textes réunis par), *Études en l'honneur du professeur Iacyr de Aguilar Vieira*, t. 1, Société de législation comparée, 2022, p. 537 – Th. Cassuto, « Le règlement européen Gel et confiscation : un instrument orienté vers l'efficacité et le respect des droits fondamentaux », *AJ pénal* 2019. 368 – J. Lelieur, « Le dispositif juridique de l'Union européenne pour la captation des avoirs criminels », *AJ pénal* 2015. 232 – M. Massé, « Notes brèves sur la rencontre de deux expressions : crime organisé et espace judiciaire européen » *RSC* 2000. 469 ; « L'évolution du droit en matière de gel et de confiscation », *RSC* 2006. 463 – R. Parizot, « La confiscation, sanction applicable en droit pénal des affaires », *in* H. Matsopoulou et C. Mascala (dir.), *Lamy Droit pénal des affaires*, Wolters Kluwer, 2020 – « Le règlement sur le gel et la confiscation : révélateur de la légistique européenne », *Rev. dr. Assas*, n° 24, déc. 2022, p. 93 – E. Rubi-Cavagna, « Le règlement UE du 14 novembre 2018 concernant la reconnaissance mutuelle des décisions de gel et des décisions de confiscation », *D.* 2019. 480.

Ouvrages. A. Bernardi (dir.), *Improving confiscation procedures in the European Union*, Jovene Editore, 2019 – A. Huet et R. Koering-Joulin, *Droit pénal international*, 3e éd., « Thémis droit », PUF, 2005 – D. Rebut, *Droit pénal international*, 3e éd., « Précis », Dalloz, 2019.

CHAPITRE

321. Entraide judiciaire internationale aux fins de saisie pénale entre les États membres de l'Union européenne

SECTION 0 ORIENTEUR

321.00 **Sommaire du chapitre.**

Sect. 1 Fondements de l'entraide judiciaire aux fins de saisie pénale entre les États membres de l'Union européenne

Sect. 2 Conditions de fond de l'entraide judiciaire aux fins de saisie pénale entre les États membres de l'Union européenne

§ 1 Domaine d'application de l'entraide judiciaire aux fins de saisie pénale entre les États membres de l'Union européenne

A. Règlement (UE) 2018/1805

B. Décision-cadre 2003/577/JAI

§ 2 Nature et objet des décisions de gel susceptibles d'entraide judiciaire entre les États membres de l'Union européenne

A. Règlement (UE) 2018/1805

B. Décision-cadre 2003/577/JAI

§ 3 Protection des droits des tiers de bonne foi

A. Règlement (UE) 2018/1805

B. Décision-cadre 2003/577/JAI

§ 4 Proportionnalité de la reconnaissance et de l'exécution des décisions de gel

A. Règlement (UE) 2018/1805

B. Décision-cadre 2003/577/JAI

§ 5 Motifs de non-reconnaissance ou de non-exécution

A. Règlement (UE) 2018/1805

B. Décision-cadre 2003/577/JAI

Sect. 3 Mise en œuvre de l'entraide judiciaire aux fins de saisie pénale entre les États membres de l'Union européenne

§ 1 Émission des décisions de gel

§ 2 Transmission des décisions de gel

A. Règlement (UE) 2018/1805

B. Décision-cadre 2003/577/JAI

§ 3 Reconnaissance et exécution des décisions de gel

A. Loi applicable à l'exécution des décisions de gel

B. Compétence pour statuer sur la reconnaissance et l'exécution des décisions de gel adressées à l'autorité judiciaire française

1° Règlement (UE) 2018/1805

2° Décision-cadre 2003/577/JAI

C. Procédure de reconnaissance et d'exécution des décisions de gel adressées à l'autorité judiciaire française

1° Règlement (UE) 2018/1805

2° Décision-cadre 2003/577/JAI

§ 4 Recours contre l'exécution des décisions de gel
A. Règlement (UE) 2018/1805
1° Recours contre l'exécution des décisions de gel par l'autorité judiciaire française
2° Recours contre l'exécution des décisions de gel par les autorités judiciaires étrangères
B. Décision-cadre 2003/577/JAI
1° Recours contre l'exécution des décisions de gel par l'autorité judiciaire française
2° Recours contre l'exécution des décisions de gel par les autorités judiciaires étrangères
§ 5 Devenir des biens gelés
A. Règlement (UE) 2018/1805
B. Décision-cadre 2003/577/JAI

Division. Après l'exposé de leurs fondements juridiques (sect. 1), seront examinées les conditions de fond (sect. 2) et les règles de mise en œuvre (sect. 3) de l'entraide judiciaire internationale aux fins de saisie pénale patrimoniale entre les États membres de l'Union européenne.

321.01 Principaux textes applicables.

TEXTES SOURCES

• C. pr. pén., art. 695-9-1 à 695-9-30

• Règl. (UE) 2018/1805, Parlement et Conseil, 14 nov. 2018 *concernant la reconnaissance mutuelle des décisions de gel et des décisions de confiscation,* art. 1 à 13, 23 à 29, 31 à 34

TEXTES *IN EXTENSO*

> Entraide en application des dispositions de transposition de la décision-cadre 2003/577/JAI du Conseil du 22 juillet 2003 *relative à l'exécution dans l'Union européenne des décisions de gel de biens ou d'éléments de preuve* (extraits)

• C. pr. pén., art. 695-9-1

Une décision de gel de biens est une décision prise par une autorité judiciaire d'un État membre de l'Union européenne, appelé État d'émission, afin d'empêcher la destruction, la transformation, le déplacement, le transfert ou l'aliénation d'un bien susceptible de faire l'objet d'une confiscation et se trouvant sur le territoire d'un autre État membre, appelé État d'exécution.

L'autorité judiciaire est compétente, selon les règles et dans les conditions déterminées par la présente section, pour prendre et transmettre aux autorités judiciaires des autres États membres de l'Union européenne ou pour exécuter, sur leur demande, une décision de gel de biens.

La décision de gel de biens est soumise aux mêmes règles et entraîne les mêmes effets juridiques que la saisie.

• C. pr. pén., art. 695-9-2

Peut faire l'objet d'une décision de gel tout bien meuble ou immeuble, corporel ou incorporel, ainsi que tout acte juridique ou document attestant d'un titre ou d'un droit sur ce bien, dont l'autorité judiciaire de l'État d'émission estime qu'il est le produit d'une infraction ou correspond en tout ou partie à la valeur de ce produit, ou constitue l'instrument ou l'objet d'une infraction.

Les dispositions de la présente section ne sont pas applicables aux demandes tendant à empêcher la destruction, la transformation, le déplacement, le transfert ou l'aliénation d'un objet, document ou donnée, susceptible de servir de pièce à conviction, même s'il s'agit du produit d'une infraction ou qu'il constitue l'instrument ou l'objet d'une infraction, ces demandes devant faire l'objet d'une décision d'enquête européenne conformément aux dispositions de la section 1 du présent chapitre.

• C. pr. pén., art. 695-9-3

Toute décision de gel de biens est accompagnée d'un certificat décerné par l'autorité judiciaire ayant ordonné la mesure et comprenant les mentions suivantes :

1° L'identification de l'autorité judiciaire qui a pris, validé ou confirmé la décision de gel et de l'autorité compétente pour exécuter ladite décision dans l'État d'émission, si celle-ci est différente de l'autorité d'émission ;

2° (Abrogé) ;

3° La date et l'objet de la décision de gel ;

4° Les données permettant d'identifier les biens ou éléments de preuve faisant l'objet de la décision de gel, notamment la description précise de ces biens ou éléments, leur localisation dans l'État d'exécution et la désignation de leur propriétaire ou de leur gardien ;

5° L'identité de la ou des personnes physiques ou morales soupçonnées d'avoir commis l'infraction ou qui ont été condamnées et qui sont visées par la décision de gel ;

6° Les motifs de la décision de gel, le résumé des faits connus de l'autorité judiciaire qui en est l'auteur, la nature et la qualification juridique de l'infraction qui la justifie y compris, s'il y a lieu, l'indication que ladite infraction entre, en vertu de la loi de l'État d'émission, dans l'une des catégories d'infractions mentionnées à l'article 694-32 et y est punie d'une peine privative de liberté d'une durée égale ou supérieure à trois ans d'emprisonnement ;

7° La description complète de l'infraction lorsque celle-ci n'entre pas dans l'une des catégories d'infractions visées au 6° ;

8° Les voies de recours contre la décision de gel pour les personnes concernées, y compris les tiers de bonne foi, ouvertes dans l'État d'émission, la désignation de la juridiction devant laquelle ledit recours peut être introduit et le délai dans lequel celui-ci peut être formé ;

9° Le cas échéant, les autres circonstances pertinentes de l'espèce ;

10° La signature de l'autorité judiciaire d'émission ou celle de son représentant attestant l'exactitude des informations contenues dans le certificat.

• C. pr. pén., art. 695-9-4

La décision de gel de biens est accompagnée d'une demande d'exécution d'une décision de confiscation du bien.

À défaut, le certificat contient l'instruction de conserver le bien dans l'État d'exécution jusqu'à la réception de la demande visée à l'alinéa précédent et mentionne la date probable à laquelle une telle demande sera présentée.

La demande est transmise par l'État d'émission et traitée par l'État d'exécution conformément aux règles applicables à l'entraide judiciaire en matière pénale et à la coopération internationale en matière de confiscation.

• **C. pr. pén., art. 695-9-5**

Le certificat doit être traduit dans la langue officielle ou dans une des langues officielles de l'État d'exécution ou dans l'une des langues officielles des institutions des Communautés européennes acceptées par cet État.

• **C. pr. pén., art. 695-9-6**

La décision de gel et le certificat sont, sous réserve des dispositions du deuxième alinéa, transmis directement par l'autorité judiciaire de l'État d'émission à l'autorité judiciaire de l'État d'exécution, par tout moyen laissant une trace écrite et dans des conditions permettant à cette dernière autorité, d'en vérifier l'authenticité.

Lorsqu'un État membre de l'Union européenne a fait une déclaration à cet effet, la décision de gel et le certificat sont expédiés par l'intermédiaire d'une ou plusieurs autorités centrales désignées par ledit État.

• **C. pr. pén., art. 695-9-7**

Le procureur de la République, les juridictions d'instruction, le juge des libertés et de la détention et les juridictions de jugement compétent, en vertu des dispositions du présent code, pour ordonner une saisie de biens, sont compétents pour prendre, dans les mêmes cas et conditions, des décisions de gel visant des biens ou des éléments de preuve situés sur le territoire d'un autre État membre de l'Union européenne et pour établir les certificats afférents à ces décisions.

• **C. pr. pén., art. 695-9-8**

La décision de gel prise par un juge d'instruction est transmise par celui-ci, avec son certificat, à l'autorité judiciaire de l'État d'exécution, selon les modalités prévues à l'article 695-9-6. Dans les autres cas, la décision et le certificat sont transmis par le ministère public près la juridiction qui en est l'auteur.

• **C. pr. pén., art. 695-9-9**

Les décisions qui emportent mainlevée de la décision de gel sont transmises sans délai, selon les modalités prévues à l'article 695-9-8, à l'autorité judiciaire de l'État d'exécution.

• **C. pr. pén., art. 695-9-10**

Le juge d'instruction est compétent pour statuer sur les demandes de gel de biens ainsi que pour les exécuter.

• **C. pr. pén., art. 695-9-11**

La décision de gel et le certificat émanant de l'autorité judiciaire de l'État d'émission sont transmis, selon les modalités prévues à l'article 695-9-6, au juge d'instruction territorialement compétent, le cas échéant par l'intermédiaire du procureur de la République ou du procureur général.

Le juge d'instruction territorialement compétent est celui du lieu où se situe l'un quelconque des biens faisant l'objet de la demande de gel ou, si ce lieu n'est pas précisé, le juge d'instruction de Paris.

Si l'autorité judiciaire à laquelle la demande de gel a été transmise n'est pas compétente pour y donner suite, elle la transmet sans délai à l'autorité judiciaire compétente et en informe l'autorité judiciaire de l'État d'émission.

• **C. pr. pén., art. 695-9-12**

Avant d'y statuer, le juge d'instruction saisi directement d'une demande de gel la communique pour avis au procureur de la République.

Le procureur de la République qui reçoit directement une demande de gel la transmet pour exécution, avec son avis, au juge d'instruction.

Dans le cas prévu à l'article 694-4, le procureur de la République saisit le procureur général.

• **C. pr. pén., art. 695-9-13**

Après s'être assuré de la régularité de la demande, le juge d'instruction se prononce sur l'exécution de la décision de gel dans les meilleurs délais et, si possible, dans les vingt-quatre heures suivant la réception de ladite décision.

Il exécute ou fait exécuter immédiatement la décision de gel.

Il informe sans délai l'autorité judiciaire de l'État d'émission de l'exécution de la décision de gel par tout moyen laissant une trace écrite.

• **C. pr. pén., art. 695-9-15**

Les décisions de gel de biens ordonnées à des fins de confiscation ultérieure sont exécutées, aux frais avancés du Trésor, selon les modalités prévues par le présent code.

• **C. pr. pén., art. 695-9-16**

L'exécution d'une décision de gel peut être refusée si le certificat n'est pas produit, s'il est établi de manière incomplète ou s'il ne correspond manifestement pas à la décision de gel. Toutefois, le juge d'instruction peut impartir un délai à l'auteur de la décision pour que le certificat soit produit, complété ou rectifié, accepter un document équivalent ou, s'il s'estime suffisamment éclairé, dispenser l'autorité judiciaire de l'État d'émission de toute production complémentaire.

• **C. pr. pén., art. 695-9-17**

Sans préjudice de l'application de l'article 694-4, l'exécution d'une décision de gel est refusée dans l'un des cas suivants :

1° Si une immunité y fait obstacle ou si le bien ou l'élément de preuve est insaisissable selon la loi française ;

2° S'il ressort du certificat que la décision de gel se fonde sur des infractions pour lesquelles la personne visée dans ladite décision a déjà été jugée définitivement par les autorités judiciaires françaises ou par celles d'un État autre que l'État d'émission, à condition, en cas de condamnation, que la peine ait été exécutée, soit en cours d'exécution ou ne puisse plus être ramenée à exécution selon les lois de l'État de condamnation ;

3° S'il est établi que la décision de gel a été prise dans le but de poursuivre ou de condamner une personne en raison de son sexe, de sa race, de sa religion, de son origine ethnique, de sa nationalité, de sa langue, de ses opinions politiques ou de son orientation sexuelle ou identité de genre, ou que l'exécution de ladite décision peut porter atteinte à la situation de cette personne pour l'une de ces raisons ;

4° Si la décision de gel a été prise à des fins de confiscation ultérieure d'un bien et que les faits qui la justifient ne constituent pas une infraction permettant, selon la loi française, d'ordonner la saisie de ce bien.

Toutefois, le motif de refus prévu au 4° n'est pas opposable lorsque la décision de gel concerne une infraction qui, en vertu de la loi de l'État d'émission, entre dans l'une des catégories d'infractions mentionnées à l'article 694-32 et y est punie d'une peine privative de liberté d'une durée égale ou supérieure à trois ans d'emprisonnement.

• **C. pr. pén., art. 695-9-18**

Nonobstant les dispositions du 4° de l'article 695-9-17, l'exécution de la décision de gel ne peut, en matière de taxes ou d'impôts, de douanes et de change, être refusée au motif que la loi française ne prévoit pas le même type de taxes ou d'impôts ou le même type de réglementation en matière de taxes ou d'impôts, de douane et de change que la loi de l'État d'émission.

• **C. pr. pén., art. 695-9-19**

Le refus d'exécuter une décision de gel de biens ou d'éléments de preuve est motivé. Il est notifié sans délai à l'autorité judiciaire de l'État d'émission par tout moyen laissant une trace écrite.

Lorsqu'il est impossible d'exécuter la décision de gel parce que le bien a disparu, a été détruit, n'a pas été retrouvé à l'endroit indiqué dans le certificat ou qu'il n'a pas été possible de le localiser, même après consultation de l'autorité judiciaire de l'État d'émission, le juge d'instruction en informe sans délai l'autorité judiciaire dudit État par tout moyen laissant une trace écrite.

• **C. pr. pén., art. 695-9-20**

L'exécution d'une décision de gel de biens peut être différée :

1° Lorsqu'elle risque de nuire à une enquête pénale en cours ;

2° Lorsque l'un quelconque des biens en cause a déjà fait l'objet d'une mesure de gel ou de saisie dans le cadre d'une procédure pénale ;

3° Lorsque la décision de gel est prise en vue de la confiscation ultérieure d'un bien et que celui-ci fait déjà l'objet d'une décision de gel ou de saisie dans le cadre d'une procédure non pénale en France ;

4° Lorsque l'un quelconque des biens en cause est un document ou un support protégé au titre de la défense nationale, tant que la décision de le déclassifier n'a pas été notifiée par l'autorité administrative compétente au juge d'instruction en charge de l'exécution de la décision de gel.

Le juge d'instruction qui décide de différer l'exécution de la décision de gel en informe sans délai l'autorité judiciaire de l'État d'émission par tout moyen laissant une trace écrite, en lui précisant le motif du report et, si possible, sa durée prévisible.

• **C. pr. pén., art. 695-9-21**

Dès que le motif de report n'existe plus, le juge d'instruction procède à l'exécution de la décision de gel, dans les conditions prévues à l'article 695-9-13.

• **C. pr. pén., art. 695-9-22**

Celui qui détient le bien objet de la décision de gel ou toute autre personne qui prétend avoir un droit sur ledit bien peut, par voie de requête remise au greffe de la chambre de l'instruction de la cour d'appel territorialement compétente dans les dix jours à compter de la date de mise à exécution de la décision considérée, former un recours à l'encontre de cette dernière. Les dispositions de l'article 173 sont alors applicables.

Le recours n'est pas suspensif et ne permet pas de contester les motifs de fond de la décision de gel.

La chambre de l'instruction peut, par une décision qui n'est susceptible d'aucun recours, autoriser l'État d'émission à intervenir à l'audience par l'intermédiaire d'une personne habilitée par ledit État à cet effet ou, le cas échéant, directement par l'intermédiaire des moyens de télécommunications prévus à l'article 706-71. Lorsque l'État d'émission est autorisé à intervenir, il ne devient pas partie à la procédure.

• **C. pr. pén., art. 695-9-24**

La personne intéressée par la décision de gel peut également s'informer, auprès du greffe du juge d'instruction, des voies de recours contre la décision de gel ouvertes dans l'État d'émission et mentionnées dans le certificat.

• **C. pr. pén., art. 695-9-25**

Le procureur général informe l'autorité judiciaire de l'État d'émission du recours éventuellement exercé et des moyens soulevés, afin que cette autorité puisse produire ses observations, le cas échéant par l'intermédiaire des moyens de télécommunications prévus à l'article 706-71. Il l'avise des résultats de cette action.

• **C. pr. pén., art. 695-9-27**

Lorsque la demande a été émise en vue de la confiscation ultérieure du bien, celui-ci est conservé sur le territoire français selon les règles du présent code.

Si le juge d'instruction, en application de ces règles, envisage de ne pas conserver le bien, il en avise l'autorité judiciaire de l'État d'émission et la met à même de produire ses observations avant de prendre sa décision.

• **C. pr. pén., art. 695-9-29**

Le juge d'instruction informe l'autorité judiciaire de l'État d'émission de toute autre mesure de gel ou saisie dont le bien concerné par la décision de gel fait l'objet.

• **C. pr. pén., art. 695-9-30**

La mainlevée totale ou partielle de la mesure de gel peut être demandée par toute personne intéressée.

Lorsque le juge d'instruction envisage, d'office ou à la demande de toute personne intéressée, de donner mainlevée de la mesure de gel, il en avise l'autorité judiciaire de l'État d'émission et la met à même de produire ses observations.

La mainlevée de la décision de gel prononcée par l'autorité judiciaire de l'État d'émission emporte de plein droit, aux frais avancés du Trésor, mainlevée des mesures d'exécution prises à la demande de cette autorité.

> Entraide en application des dispositions du Règlement (UE) 2018/1805 du Parlement et du Conseil du 14 novembre 2018 *concernant la reconnaissance mutuelle des décisions de gel et des décisions de confiscation* (extraits)

• **Art. premier**

Objet

1. Le présent règlement fixe les règles selon lesquelles un État membre reconnaît et exécute sur son territoire des décisions de gel et des décisions de confiscation émises par un autre État membre dans le cadre de procédures en matière pénale.

2. Le présent règlement n'a pas pour effet de modifier l'obligation de respecter les droits fondamentaux et principes juridiques inscrits à l'article 6 du traité sur l'Union européenne.

3. Lorsqu'elle émet des décisions de gel ou des décisions de confiscation, l'autorité d'émission veille au respect des principes de nécessité et de proportionnalité.

4. Le présent règlement ne s'applique pas aux décisions de gel ou aux décisions de confiscation émises dans le cadre de procédures en matière civile ou administrative.

• **Art. 2**

Définitions

Aux fins du présent règlement, on entend par :

1. « décision de gel », une décision émise ou validée par une autorité d'émission dans le but d'empêcher la destruction, la transformation, le déplacement, le transfert ou la disposition de biens en vue de permettre leur confiscation ;

2. « décision de confiscation », une peine ou une mesure définitive ordonnée par une juridiction à la suite d'une procédure en lien avec une infraction pénale, aboutissant à priver de biens une personne physique ou morale de façon définitive ;

3. « bien », un bien de toute nature, qu'il soit corporel ou incorporel, meuble ou immeuble, ainsi que les actes juridiques ou documents attestant d'un titre ou d'un droit sur ce bien, dont l'autorité d'émission estime :

a) qu'il constitue le produit d'une infraction pénale ou son équivalent, que ce soit le montant total de la valeur de ce produit ou seulement une partie de cette valeur ;

b) qu'il constitue l'instrument d'une infraction pénale ou la valeur de cet instrument ;

c) qu'il est passible de confiscation par l'application, dans l'État d'émission, de l'un des pouvoirs de confiscation prévus par la directive 2014/42/UE ; ou

d) qu'il est passible de confiscation en application de toute autre disposition relative aux pouvoirs de confiscation, y compris de confiscation sans condamnation définitive, au titre du droit de l'État d'émission à la suite d'une procédure en lien avec une infraction pénale ;

4. « produit », tout avantage économique tiré, directement ou indirectement, d'une infraction pénale, qui peut consister en tout type de bien et qui comprend tout réinvestissement ou toute transformation ultérieurs des produits directs et tout autre gain de valeur ;

5. « instrument », tout bien employé ou destiné à être employé, de quelque façon que ce soit, en tout ou en partie, pour commettre une infraction pénale ;

6. « État d'émission », l'État membre dans lequel une décision de gel ou une décision de confiscation est émise ;

7. « État d'exécution », l'État membre auquel une décision de gel ou une décision de confiscation est transmise aux fins de sa reconnaissance et de son exécution ;

8. « autorité d'émission » :

a) dans le cas d'une décision de gel :

i) un juge, une juridiction ou un procureur compétent dans l'affaire concernée ; ou

ii) une autre autorité compétente qui est désignée en tant que telle par l'État d'émission et qui est compétente en matière pénale pour ordonner le gel de biens ou l'exécution d'une décision de gel conformément au droit national. En outre, avant d'être transmise à l'autorité d'exécution, la décision de gel est validée par un juge, une juridiction ou un procureur de l'État d'émission après examen de sa conformité avec les conditions d'émission d'une telle décision prévues par le présent règlement. Lorsque la décision a été validée par un juge, une juridiction ou un procureur, cette autre autorité compétente peut également être considérée comme une autorité d'émission aux fins de la transmission de la décision ;

b) dans le cas d'une décision de confiscation, une autorité qui est désignée en tant que telle par l'État d'émission et qui est compétente en matière pénale pour exécuter une décision de confiscation émise par une juridiction conformément au droit national ;

9. « autorité d'exécution », une autorité qui est compétente pour reconnaître une décision de gel ou une décision de confiscation et pour en assurer l'exécution conformément au présent règlement et aux procédures applicables dans le droit national au gel et à la confiscation des biens ; lorsque ces procédures exigent qu'une juridiction enregistre la décision et en autorise l'exécution, l'autorité d'exécution comprend l'autorité compétente pour demander cet enregistrement et cette autorisation ;

10. « personne concernée », la personne physique ou morale à l'encontre de laquelle une décision de gel ou une décision de confiscation est émise, ou la personne physique ou morale propriétaire des biens faisant l'objet de ladite décision, ainsi que tout tiers dont les droits afférents à ces biens sont directement lésés par ladite décision conformément au droit de l'État d'exécution.

• **Art. 3**

Infractions pénales

I. Les décisions de gel ou les décisions de confiscation sont exécutées sans contrôle de la double incrimination des faits ayant donné lieu à de telles décisions si ces faits sont passibles dans l'État d'émission d'une peine privative de liberté d'une durée maximale d'au moins trois ans et constituent une ou plusieurs des infractions pénales ci-après, telles qu'elles sont définies par le droit de l'État d'émission :

1. participation à une organisation criminelle ;
2. terrorisme ;
3. traite des êtres humains ;
4. exploitation sexuelle des enfants et pédopornographie ;
5. trafic de stupéfiants et de substances psychotropes ;
6. trafic d'armes, de munitions et d'explosifs ;
7. corruption ;
8. fraude, y compris la fraude et les autres infractions pénales portant atteinte aux intérêts financiers de l'Union définies dans la directive (UE) 2017/1371 du Parlement européen et du Conseil ;
9. blanchiment des produits du crime ;
10. faux monnayage et contrefaçon de monnaie, y compris de l'euro ;
11. cybercriminalité ;
12. crimes contre l'environnement, y compris le trafic d'espèces animales menacées et le trafic d'espèces et d'essences végétales menacées ;
13. aide à l'entrée et au séjour irréguliers ;
14. homicide volontaire ou coups et blessures graves ;
15. trafic d'organes et de tissus humains ;
16. enlèvement, séquestration ou prise d'otage ;
17. racisme et xénophobie ;

18. vol organisé ou vol à main armée ;
19. trafic de biens culturels, y compris d'antiquités et d'œuvres d'art ;
20. escroquerie ;
21. racket et extorsion de fonds ;
22. contrefaçon et piratage de produits ;
23. falsification de documents administratifs et trafic de faux ;
24. falsification de moyens de paiement ;
25. trafic de substances hormonales et d'autres facteurs de croissance ;
26. trafic de matières nucléaires et radioactives ;
27. trafic de véhicules volés ;
28. viol ;
29. incendie volontaire ;
30. crimes relevant de la compétence de la Cour pénale internationale ;
31. détournement d'aéronefs ou de navires ;
32. sabotage.

II. Pour les infractions pénales autres que celles visées au paragraphe 1, l'État d'exécution peut subordonner la reconnaissance et l'exécution d'une décision de gel ou d'une décision de confiscation à la condition que les faits donnant lieu à la décision de gel ou à la décision de confiscation constituent une infraction pénale dans le droit de l'État d'exécution, quels que soient les éléments constitutifs ou la qualification de celle-ci dans le droit de l'État d'émission.

• **Art. 4**

Transmission des décisions de gel

1. Une décision de gel est transmise au moyen d'un certificat de gel. L'autorité d'émission transmet le certificat de gel prévu à l'article 6 directement à l'autorité d'exécution ou, s'il y a lieu, à l'autorité centrale visée à l'article 24, paragraphe 2, par tout moyen permettant de laisser une trace écrite et dans des conditions qui permettent à l'autorité d'exécution d'établir l'authenticité du certificat de gel.

2. Les États membres peuvent faire une déclaration indiquant que, lorsqu'un certificat de gel leur est transmis à des fins de reconnaissance et d'exécution d'une décision de gel, l'autorité d'émission doit transmettre la décision de gel originale ou une copie certifiée conforme de celle-ci, avec le certificat de gel. Toutefois, seul le certificat de gel doit être traduit, conformément à l'article 6, paragraphe 2.

3. Les États membres peuvent faire la déclaration visée au paragraphe 2 avant la date d'application du présent règlement ou à une date ultérieure. Ils peuvent retirer cette déclaration à tout moment. Les États membres informent la Commission lorsqu'ils font ou retirent une telle déclaration. La Commission met ces informations à la disposition de tous les États membres et du RJE.

4. Dans le cas d'une décision de gel concernant une somme d'argent, lorsque l'autorité d'émission a des motifs raisonnables de croire que la personne à l'encontre de laquelle la décision de gel a été émise a des biens ou des revenus dans un État membre, elle transmet le certificat de gel à cet État membre.

5. Dans le cas d'une décision de gel concernant des biens spécifiques, lorsque l'autorité d'émission a des motifs raisonnables de croire que ces biens sont situés dans un État membre, elle transmet le certificat de gel à cet État membre.

6. Le certificat de gel :

a) est accompagné d'un certificat de confiscation transmis conformément à l'article 14 ; ou

b) contient une instruction indiquant que les biens doivent rester gelés dans l'État d'exécution dans l'attente de la transmission et de l'exécution de la décision de confiscation conformément à l'article 14, auquel cas l'autorité d'émission indique la date estimée de cette transmission dans le certificat de gel.

7. L'autorité d'émission informe l'autorité d'exécution dès lors qu'elle a connaissance de l'existence de personnes concernées. L'autorité d'émission communique, en outre, à l'autorité d'exécution, à la demande de celle-ci, toute information concernant toute réclamation que les personnes concernées peuvent vouloir formuler à l'égard des biens, y compris des informations permettant d'identifier ces personnes.

8. Lorsque, malgré les informations mises à disposition conformément à l'article 24, paragraphe 3, l'autorité d'exécution compétente est inconnue de l'autorité d'émission, l'autorité d'émission effectue toutes les recherches nécessaires, y compris par l'intermédiaire des points de contact du RJE, en vue de déterminer quelle est l'autorité compétente pour la reconnaissance et l'exécution de la décision de gel.

9. Lorsque l'autorité de l'État d'exécution qui reçoit un certificat de gel n'est pas compétente pour reconnaître la décision de gel ou pour prendre les mesures nécessaires à son exécution, elle transmet immédiatement le certificat de gel à l'autorité d'exécution compétente dans son État membre et en informe l'autorité d'émission.

• **Art. 5**

Transmission d'une décision de gel à un ou plusieurs États d'exécution

1. Un certificat de gel n'est transmis en vertu de l'article 4 qu'à un seul État d'exécution à la fois, sauf si le paragraphe 2 ou 3 du présent article s'applique.

2. Lorsqu'une décision de gel concerne des biens spécifiques, le certificat de gel peut être transmis simultanément à plusieurs États d'exécution lorsque :

a) l'autorité d'émission a des motifs raisonnables de croire que différents biens faisant l'objet de la décision de gel sont situés dans différents États d'exécution ; ou

b) le gel d'un bien spécifique faisant l'objet de la décision de gel nécessiterait d'agir dans plusieurs États d'exécution.

3. Lorsqu'une décision de gel concerne une somme d'argent, le certificat de gel peut être transmis simultanément à plusieurs États d'exécution lorsque l'autorité d'émission estime nécessaire de le faire pour une raison particulière, notamment lorsque la valeur estimée des biens qui peuvent être gelés dans l'État d'émission et dans un seul État d'exécution risque de ne pas être suffisante pour geler le montant total visé par la décision de gel.

• **Art. 6**

Certificat de gel standard

1. En vue de transmettre une décision de gel, l'autorité d'émission remplit le certificat de gel figurant à l'annexe I, le signe et certifie son contenu comme étant exact et correct.

2. L'autorité d'émission fournit à l'autorité d'exécution une traduction du certificat de gel dans une langue officielle de l'État d'exécution ou dans toute autre langue que l'État d'exécution acceptera conformément au paragraphe 3.

3. Tout État membre peut, à tout moment, indiquer dans une déclaration déposée auprès de la Commission qu'il acceptera des traductions de certificats de gel dans une ou plusieurs langues officielles de l'Union autres que la ou les langues officielles de cet État membre. La Commission met les déclarations à la disposition de tous les États membres et du RJE.

• **Art. 7**

Reconnaissance et exécution des décisions de gel

1. L'autorité d'exécution reconnaît toute décision de gel transmise conformément à l'article 4 et prend les mesures nécessaires à son exécution de la même manière que pour une décision de gel émise au niveau national par une autorité de l'État d'exécution, à moins que l'autorité d'exécution ne se prévale de l'un des motifs de non-reconnaissance et de non-exécution prévus à l'article 8 ou de l'un des motifs de sursis prévus à l'article 10.

2. L'autorité d'exécution fait rapport à l'autorité d'émission sur l'exécution de la décision de gel, notamment en fournissant une description des biens gelés et, si celle-ci est disponible, une estimation de leur valeur. Il est fait rapport par tout moyen permettant de laisser une trace écrite, sans retard indu dès que l'autorité d'exécution a été informée de l'exécution de la décision de gel.

• **Art. 8**

Motifs de non-reconnaissance et de non-exécution des décisions de gel

1. L'autorité d'exécution peut décider de ne pas reconnaître ou de ne pas exécuter une décision de gel uniquement dans les cas suivants :

a) l'exécution de la décision de gel serait contraire au principe *non bis in idem* ;

b) le droit de l'État d'exécution prévoit un privilège ou une immunité qui empêcherait le gel des biens concernés, ou il existe des règles de détermination ou de limitation de la responsabilité pénale ayant trait à la liberté de la presse ou à la liberté d'expression dans d'autres médias qui empêchent d'exécuter la décision de gel ;

c) le certificat de gel est incomplet ou manifestement incorrect et n'a pas été complété après la consultation visée au paragraphe 2 ;

d) la décision de gel concerne une infraction pénale commise, en tout ou en partie, en dehors du territoire de l'État d'émission et, en tout ou en partie, sur le territoire de l'État d'exécution, et les faits pour lesquels la décision de gel a été émise ne constituent pas une infraction pénale au titre du droit de l'État d'exécution ;

e) dans un cas relevant de l'article 3, paragraphe 2, les faits pour lesquels la décision de gel a été émise ne constituent pas une infraction pénale au titre du droit de l'État d'exécution ; toutefois, dans les cas où sont concernées des réglementations en matière de taxes et d'impôts, ou de douane et de change, la reconnaissance ou l'exécution de la décision de gel ne peut être refusée au motif que le droit de l'État d'exécution n'impose pas le même type de taxes ou d'impôts ou ne prévoit pas le même type de réglementation en matière de taxes et d'impôts ou de douane et de change que le droit de l'État d'émission ;

f) dans des situations exceptionnelles, il existe des motifs sérieux de croire, sur la base d'éléments précis et objectifs, que l'exécution de la décision de gel entraînerait, dans les circonstances particulières de l'espèce, une violation manifeste d'un droit fondamental pertinent énoncé dans la Charte, en particulier le droit à un recours effectif, le droit à accéder à un tribunal impartial et les droits de la défense.

2. Dans l'un quelconque des cas visés au paragraphe 1, avant de décider de ne pas reconnaître ou de ne pas exécuter, en tout ou en partie, la décision de gel, l'autorité d'exécution consulte l'autorité d'émission par tout moyen approprié et, s'il y a lieu, lui demande de fournir sans tarder toute information nécessaire.

3. Toute décision de refus de reconnaissance ou de refus d'exécution de la décision de gel est prise sans tarder et notifiée immédiatement à l'autorité d'émission par tout moyen permettant de laisser une trace écrite.

4. Lorsque l'autorité d'exécution a reconnu une décision de gel, mais se rend compte, au cours de son exécution, que l'un des motifs de non-reconnaissance ou de non-exécution s'applique, elle prend immédiatement contact avec l'autorité d'émission par tout moyen approprié afin de discuter des mesures adéquates à prendre. Sur cette base, l'autorité d'émission peut décider de retirer la décision de gel. Si, à l'issue de ces discussions, aucune solution n'a pu être trouvée, l'autorité d'exécution peut décider de mettre fin à l'exécution de la décision de gel.

• **Art. 9**

Délais pour la reconnaissance et l'exécution des décisions de gel

1. L'autorité d'exécution prend la décision relative à la reconnaissance et à l'exécution de la décision de gel et exécute cette décision sans tarder et avec la même rapidité et le même degré de priorité que dans un cas similaire au niveau national après avoir reçu le certificat de gel.

2. Lorsque l'autorité d'émission a indiqué dans le certificat de gel que l'exécution de la décision de gel devait avoir lieu à une date précise, l'autorité d'exécution en tient compte dans toute la mesure du possible. Lorsque l'autorité d'émission a indiqué qu'une coordination est nécessaire entre les États membres concernés, l'autorité d'exécution et l'autorité d'émission se coordonnent afin de convenir de la date d'exécution de la décision de gel. Lorsqu'aucun accord ne peut être trouvé, l'autorité d'exécution décide de la date d'exécution de la décision de gel, en tenant compte dans toute la mesure du possible des intérêts de l'autorité d'émission.

3. Sans préjudice du paragraphe 5, lorsque l'autorité d'émission a indiqué dans le certificat de gel qu'un gel immédiat est nécessaire dans la mesure où il existe des motifs légitimes de croire que les biens en question sont sur le point d'être déplacés ou détruits, ou lorsque cela est nécessaire aux fins d'une enquête ou d'une procédure dans l'État d'émission, l'autorité d'exécution se prononce sur la reconnaissance de la décision de gel au plus tard 48 heures après l'avoir reçue. L'autorité d'exécution prend les mesures concrètes

nécessaires à l'exécution de la décision au plus tard 48 heures après que l'autorité d'exécution s'est prononcée.

4. L'autorité d'exécution communique sa décision concernant la reconnaissance et l'exécution de la décision de gel à l'autorité d'émission, sans tarder et par tout moyen permettant de laisser une trace écrite.

5. S'il s'avère impossible, dans un cas spécifique, de respecter les délais énoncés au paragraphe 3, l'autorité d'exécution en informe immédiatement l'autorité d'émission, par tout moyen, en indiquant les raisons pour lesquelles ce délai n'a pas pu être respecté, et elle consulte l'autorité d'émission aux fins de fixer une date appropriée pour la reconnaissance et l'exécution de la décision de gel.

6. L'expiration des délais énoncés au paragraphe 3 ne dispense pas l'autorité d'exécution de son obligation d'adopter une décision concernant la reconnaissance et l'exécution de la décision de gel et d'exécuter cette décision, et ce sans tarder.

• **Art. 10**

Sursis à l'exécution des décisions de gel

1. L'autorité d'exécution peut surseoir à l'exécution d'une décision de gel transmise conformément à l'article 4 lorsque :

a) son exécution risque de nuire à une enquête pénale en cours, auquel cas il peut être sursis à l'exécution de la décision de gel jusqu'au moment où l'autorité d'exécution le juge raisonnable ;

b) les biens font déjà l'objet d'une décision de gel existante, auquel cas il peut être sursis à l'exécution de la décision de gel jusqu'à ce que cette décision ait été retirée ; ou

c) les biens font déjà l'objet d'une décision existante émise dans le cadre d'une autre procédure dans l'État d'exécution, auquel cas il peut être sursis à l'exécution de la décision de gel jusqu'à ce que la décision existante ait été retirée ; toutefois, le présent point ne s'applique que si la décision existante est prioritaire, en vertu du droit national, par rapport à des décisions de gel nationales ultérieures en matière pénale.

2. L'autorité d'exécution fait immédiatement rapport à l'autorité d'émission, par tout moyen permettant de laisser une trace écrite, sur le sursis à l'exécution de la décision de gel, en précisant les motifs du sursis et, si possible, la durée escomptée du sursis.

3. Dès que les motifs de sursis à l'exécution ont cessé d'exister, l'autorité d'exécution prend immédiatement les mesures nécessaires à l'exécution de la décision de gel et en informe l'autorité d'émission par tout moyen permettant de laisser une trace écrite.

• **Art. 11**

Confidentialité

1. Pendant l'exécution d'une décision de gel, l'autorité d'émission et l'autorité d'exécution tiennent dûment compte du caractère confidentiel de l'enquête dans le cadre de laquelle la décision de gel a été émise.

2. Sauf dans la mesure nécessaire à l'exécution de la décision de gel, l'autorité d'exécution garantit la confidentialité des faits et du contenu de la décision de gel, conformément à son droit national. Sans préjudice du paragraphe 3 du présent article, dès que la décision de gel a été exécutée, l'autorité d'exécution en informe les personnes concernées conformément à l'article 32.

3. En vue de préserver des enquêtes en cours, l'autorité d'émission peut demander à l'autorité d'exécution de retarder le moment auquel elle informera les personnes concernées de l'exécution de la décision de gel conformément à l'article 32. Dès qu'il n'est plus nécessaire de retarder le moment d'informer les personnes concernées en vue de protéger des enquêtes en cours, l'autorité d'émission en informe l'autorité d'exécution de façon que l'autorité d'exécution puisse informer les personnes concernées de l'exécution de la décision de gel conformément à l'article 32.

4. Si l'autorité d'exécution ne peut pas respecter les obligations de confidentialité prévues au présent article, elle en informe immédiatement l'autorité d'émission et ce, si possible, avant l'exécution de la décision de gel.

• **Art. 12**

Durée des décisions de gel

1. Les biens qui font l'objet d'une décision de gel restent gelés dans l'État d'exécution jusqu'à ce que l'autorité compétente de cet État ait apporté une réponse définitive à une décision de confiscation transmise conformément à l'article 14 ou jusqu'à ce que l'autorité d'émission ait informé l'autorité d'exécution de toute décision ou mesure ayant pour effet de faire perdre à la décision son caractère exécutoire ou de faire retirer la décision, conformément à l'article 27, paragraphe 1.

2. L'autorité d'exécution peut, en tenant compte des circonstances de l'espèce, présenter à l'autorité d'émission une demande motivée visant à limiter la durée pendant laquelle le gel des biens est maintenu. Cette demande, y compris toute information utile à l'appui de celle-ci, est transmise par tout moyen permettant de laisser une trace écrite et dans des conditions qui permettent à l'autorité d'émission d'établir l'authenticité de la demande. Lorsqu'elle examine une telle demande, l'autorité d'émission prend en compte tous les intérêts, y compris ceux de l'autorité d'exécution. L'autorité d'émission répond à la demande dans les plus brefs délais. Si l'autorité d'émission n'est pas d'accord avec la limitation, elle en donne les raisons à l'autorité d'exécution. Dans ce cas, le gel des biens est maintenu conformément au paragraphe 1. Si l'autorité d'émission ne répond pas dans les six semaines qui suivent la réception de la demande, l'autorité d'exécution n'est plus tenue d'exécuter la décision de gel.

• **Art. 13**

Impossibilité d'exécuter une décision de gel

1. Lorsque l'autorité d'exécution estime qu'il est impossible d'exécuter une décision de gel, elle le notifie sans tarder à l'autorité d'émission.

2. Avant d'adresser une notification à l'autorité d'émission conformément au paragraphe 1, l'autorité d'exécution consulte, le cas échéant, l'autorité d'émission.

3. La non-exécution d'une décision de gel au titre du présent article ne peut être justifiée que si les biens :

a) ont déjà été confisqués ;

b) ont disparu ;

c) ont été détruits ;

d) ne peuvent être trouvés à l'endroit indiqué sur le certificat de gel ; ou

e) ne peuvent être trouvés parce que l'endroit où ils se trouvent n'a pas été indiqué de manière suffisamment précise, malgré les consultations visées au paragraphe 2.

4. En ce qui concerne les situations mentionnées au paragraphe 3, points b), d) et e), lorsque l'autorité d'exécution obtient par la suite des informations lui permettant de localiser les biens, elle peut exécuter la décision de gel sans qu'il soit nécessaire de transmettre un nouveau certificat de gel, à condition d'avoir, préalablement à l'exécution de la décision de gel, vérifié auprès de l'autorité d'émission que la décision de gel est encore valable.

5. Nonobstant le paragraphe 3, lorsque l'autorité d'émission a indiqué que des biens d'une valeur équivalente pouvaient être gelés, l'autorité d'exécution n'est pas tenue d'exécuter la décision de gel si l'on se trouve dans l'une des situations énoncées au paragraphe 3 et s'il n'existe aucun bien de valeur équivalente susceptible d'être gelé.

• **Art. 23**

Droit régissant l'exécution

1. L'exécution des décisions de gel et des décisions de confiscation est régie par le droit de l'État d'exécution, et ses autorités sont seules compétentes pour décider des modalités d'exécution de ces décisions et déterminer toutes les mesures y afférentes.

2. Une décision de gel ou une décision de confiscation émise à l'encontre d'une personne morale est exécutée même si l'État d'exécution ne reconnaît pas le principe de la responsabilité pénale des personnes morales.

3. Nonobstant l'article 18, paragraphes 2 et 3, l'État d'exécution ne peut, sans le consentement de l'État d'émission, imposer des mesures qui se substitueraient à la décision de gel transmise en vertu de l'article 4 ou à la décision de confiscation transmise en vertu de l'article 14.

• **Art. 24**

Notification relative aux autorités compétentes

1. Au plus tard le 19 décembre 2020, chaque État membre communique à la Commission le nom de l'autorité ou des autorités telles qu'elles sont définies à l'article 2, points 8) et 9), qui sont compétentes en vertu de son droit, dans les cas où ledit État membre est, respectivement, l'État d'émission ou l'État d'exécution.

2. Chaque État membre peut désigner, si cela est nécessaire en raison de la structure de son système juridique interne, une ou plusieurs autorités centrales qui seront chargées d'assurer la transmission et la réception administratives des certificats de gel et des certificats de confiscation et d'assister ses autorités compétentes. Chaque État membre communique à la Commission le nom de toute autorité qu'elle désigne à ce titre.

3. La Commission met les informations reçues en vertu du présent article à la disposition de tous les États membres et du RJE.

• **Art. 25**

Communication

1. Si nécessaire, l'autorité d'émission et l'autorité d'exécution se consultent sans tarder et par tout moyen de communication approprié, pour garantir l'application efficiente du présent règlement.

2. Toutes les communications, y compris celles visant à traiter de difficultés concernant la transmission ou l'authentification de tout document nécessaire à l'exécution d'une décision de gel ou d'une décision de confiscation, sont effectuées directement entre l'autorité d'émission et l'autorité d'exécution et, lorsqu'un État membre a désigné une autorité centrale conformément à l'article 24, paragraphe 2, elles sont effectuées, s'il y a lieu, en y associant cette autorité centrale.

• **Art. 26**

Décisions multiples

1. Si l'autorité d'exécution reçoit deux ou plusieurs décisions de gel ou décisions de confiscation émises par des États membres différents à l'encontre de la même personne et si cette personne n'a pas suffisamment de biens dans l'État d'exécution pour satisfaire à l'ensemble de ces décisions, ou si l'autorité d'exécution reçoit plusieurs décisions de gel ou décisions de confiscation relatives au même bien spécifique, l'autorité d'exécution décide laquelle de ces décisions sera exécutée conformément au droit de l'État d'exécution, sans préjudice de la possibilité de surseoir à l'exécution d'une décision de confiscation conformément à l'article 21.

2. Lorsqu'elle prend sa décision, l'autorité d'exécution tient compte en priorité, dans la mesure du possible, de l'intérêt des victimes. Elle prend également en considération toutes les autres circonstances pertinentes, notamment les suivantes :

a) le fait que les avoirs soient déjà gelés ou non ;

b) les dates des différentes décisions et leurs dates de transmission ;

c) la gravité de l'infraction pénale concernée ; et

d) le lieu où l'infraction pénale a été commise.

• **Art. 27**

Cessation de l'exécution d'une décision de gel ou d'une décision de confiscation

1. Lorsque la décision de gel ou la décision de confiscation ne peut plus faire l'objet d'une exécution ou n'est plus valable, l'autorité d'émission procède sans tarder au retrait de la décision de gel ou de la décision de confiscation.

2. L'autorité d'émission informe immédiatement l'autorité d'exécution, par tout moyen permettant de laisser une trace écrite, du retrait d'une décision de gel ou d'une décision de confiscation, et de toute décision ou mesure entraînant le retrait d'une décision de gel ou d'une décision de confiscation.

3. L'autorité d'exécution met fin à l'exécution de la décision de gel ou de la décision de confiscation, dans la mesure où l'exécution n'a pas encore été réalisée, dès qu'elle a été informée par l'autorité d'émission conformément au paragraphe 2. L'autorité d'exécution envoie à l'État d'émission une confirmation de la cessation, sans retard indu et par tout moyen permettant de laisser une trace écrite.

• **Art. 28**

Gestion et disposition des biens gelés et confisqués

1. La gestion des biens gelés et confisqués est régie par le droit de l'État d'exécution.

2. L'État d'exécution gère les biens gelés ou confisqués de manière à prévenir leur dépréciation. À cet effet, il peut, eu égard à l'article 10 de la directive 2014/42/UE, vendre ou transférer les biens gelés.

3. Les biens gelés et les sommes d'argent obtenues à la suite de la vente de tels biens conformément au paragraphe 2 restent dans l'État d'exécution jusqu'à ce qu'un certificat de confiscation ait été transmis et que la décision de confiscation ait été exécutée, sans préjudice de la possibilité de restituer les biens prévus à l'article 29.

4. L'État d'exécution n'est pas tenu de vendre ou de restituer des biens spécifiques faisant l'objet d'une décision de confiscation lorsque ces biens constituent des biens culturels au sens de l'article 2, point 1), de la directive 2014/60/UE du Parlement européen et du Conseil. Le présent règlement est sans incidence sur l'obligation de restituer les biens culturels en vertu de cette directive.

• **Art. 29**

Restitution de biens gelés à la victime

1. Lorsque l'autorité d'émission ou une autre autorité compétente de l'État d'émission a émis, conformément à son droit national, une décision de restitution des biens gelés à la victime, l'autorité d'émission inscrit les informations relatives à cette décision dans le certificat de gel ou communique les informations relatives à cette décision à l'autorité d'exécution à un stade ultérieur.

2. Lorsque l'autorité d'exécution a été informée d'une décision de restitution de biens gelés à la victime conformément au paragraphe 1, elle prend les mesures nécessaires pour garantir que, lorsque les biens concernés ont été gelés, ils soient restitués à la victime dans les plus brefs délais, selon les règles de procédure de l'État d'exécution, au besoin par l'intermédiaire de l'État d'émission, à condition :

a) que le titre de la victime sur ces biens ne soit pas contesté ;

b) que les biens ne soient pas requis comme éléments de preuve dans le cadre d'une procédure pénale dans l'État d'exécution ; et

c) qu'il ne soit pas porté atteinte aux droits des personnes concernées.

L'autorité d'exécution informe l'autorité d'émission lorsque les biens sont transférés directement à la victime.

3. Lorsque l'autorité d'exécution n'a pas acquis la conviction que les conditions énoncées au paragraphe 2 sont réunies, elle consulte l'autorité d'émission sans tarder et par tout moyen approprié, afin de trouver une solution. Si aucune solution ne peut être trouvée, l'autorité d'exécution peut décider de ne pas restituer les biens gelés à la victime.

• **Art. 31**

Coûts

1. Chaque État membre supporte les frais résultant de l'application du présent règlement, sans préjudice des dispositions relatives à la disposition des biens confisqués énoncés à l'article 28.

2. L'autorité d'exécution peut soumettre à l'autorité d'émission une proposition de partage des coûts lorsqu'il apparaît, soit antérieurement soit postérieurement à l'exécution d'une décision de gel ou d'une décision de confiscation, que l'exécution de cette décision engendrerait des frais élevés ou exceptionnels.

Une telle proposition est accompagnée d'une ventilation détaillée des coûts encourus par l'autorité d'exécution. À la suite d'une telle proposition, l'autorité d'émission et l'autorité d'exécution se consultent. S'il y a lieu, Eurojust peut faciliter ces consultations.

Les consultations, ou du moins le résultat de celles-ci, sont enregistrées par tout moyen permettant de laisser une trace écrite.

• **Art. 32**

Obligation d'informer les personnes concernées

1. Sans préjudice de l'article 11, à la suite de l'exécution d'une décision de gel ou à la suite de la décision de reconnaître et d'exécuter une décision de confiscation, l'autorité d'exécution informe sans tarder, dans la mesure du possible, de cette exécution et de cette décision les personnes concernées dont elle a connaissance, conformément aux procédures prévues par son droit national.

2. Les informations à fournir conformément au paragraphe 1 précisent le nom de l'autorité d'émission et les voies de recours disponibles en vertu du droit de l'État d'exécution. Ces informations précisent également, au moins brièvement, les raisons justifiant la décision.

3. S'il y a lieu, l'autorité d'exécution peut demander à l'autorité d'émission son assistance pour accomplir les tâches visées au paragraphe 1.

• **Art. 33**

Voies de recours dans l'État d'exécution contre la reconnaissance et l'exécution d'une décision de gel ou d'une décision de confiscation

1. Les personnes concernées ont droit à des voies de recours effectives dans l'État d'exécution contre la décision relative à la reconnaissance et à l'exécution de décisions de gel en vertu de l'article 7 et de décisions de confiscation en vertu de l'article 18. Le droit à une voie de recours est invoqué devant une juridiction de l'État d'exécution conformément à son droit. En ce qui concerne les décisions de confiscation, l'exercice d'une voie de recours peut avoir un effet suspensif si le droit de l'État d'exécution le prévoit.

2. Les raisons de fond qui ont conduit à l'émission de la décision de gel ou de la décision de confiscation ne peuvent être contestées devant une juridiction de l'État d'exécution.

3. L'autorité compétente de l'État d'émission est informée de toute voie de recours exercée conformément au paragraphe 1.

4. Le présent article s'entend sans préjudice de l'application, dans l'État d'émission, de garanties et de recours conformément à l'article 8 de la directive 2014/42/UE.

• **Art. 34**

Remboursement

1. Lorsque l'État d'exécution est responsable, en vertu de son droit, du préjudice causé à une personne concernée résultant de l'exécution d'une décision de gel qui lui a été transmise en vertu de l'article 4 ou d'une décision de confiscation qui lui a été transmise en vertu de l'article 14, l'État d'émission rembourse à l'État d'exécution tous les dommages et intérêts versés à la personne concernée. Toutefois,

lorsque l'État d'émission peut démontrer à l'État d'exécution que le préjudice, ou une partie du préjudice, était exclusivement imputable au comportement de l'État d'exécution, l'État d'émission et l'État d'exécution conviennent entre eux de la somme à rembourser.

2. Le paragraphe 1 s'entend sans préjudice du droit des États membres applicable aux demandes de réparation des personnes physiques ou morales.

• **C. pr. pén., art. 695-9-30-1**

Pour l'application du règlement (UE) 2018/1805 du Parlement européen et du Conseil du 14 novembre 2018 concernant la reconnaissance mutuelle des décisions de gel et des décisions de confiscation, les autorités compétentes mentionnées aux 8 et 9 de l'article 2 du même règlement sont les suivantes :

1° Les autorités d'émission des décisions de gel sont le procureur de la République, les juridictions d'instruction, le juge des libertés et de la détention et les juridictions de jugement compétents en application du présent code ;

2° L'autorité d'exécution des décisions de gel prises par les juridictions d'un autre État membre de l'Union européenne est le juge d'instruction territorialement compétent, le cas échéant par l'intermédiaire du procureur de la République ou du procureur général. Le juge d'instruction territorialement compétent est celui du lieu où se situe l'un des biens gelés ou, à défaut, le juge d'instruction de Paris.

• **C. pr. pén., art. 695-9-30-2**

Il est procédé dans les conditions prévues aux articles 695-9-22 et 695-9-24 du présent code pour l'application de l'article 33 du règlement (UE) 2018/1805 du Parlement européen et du Conseil du 14 novembre 2018 concernant la reconnaissance mutuelle des décisions de gel et des décisions de confiscation.

321.02 Jurisprudence de référence.

> Modalités de la notification des actes d'exécution des décisions de gel par l'autorité judiciaire française

• **Crim. 5 avr. 2018,** n° 16-87.169, P, n° 64

* V. s^s n° 321.362.

« En application de l'article 695-9-22 du Code de procédure pénale, qui renvoie aux dispositions de l'article 173 du même code, le recours contre la décision d'exécution d'une mesure de gel d'un bien prise par une autorité étrangère doit être exercé dans les dix jours de la date à laquelle le juge d'instruction a notifié celle-ci aux personnes détenant le bien ou prétendant avoir un droit sur ledit bien, sous la forme d'une déclaration faite au greffe de la juridiction compétente.

Ces dispositions, qui garantissent l'effectivité du recours, font une exacte transposition de la décision-cadre n° 2003/577/JAI du 22 juillet 2003, laquelle, si elle exige, en application du principe d'équivalence, que les États membres, qui bénéficient d'une marge d'appréciation, organisent le recours contre la décision d'exécution de la mesure de gel conformément à la législation en vigueur, n'impose toutefois pas que celle-ci comporte des informations précises sur les délais et modalités dudit recours. »

> Nature, modalités et délai du recours contre les actes d'exécution des décisions de gel par l'autorité judiciaire française

• **Crim. 13 févr. 2013,** n° 12-82.999, P, n° 41

* V. s^s n° 321.363.

« Il résulte des dispositions de l'article 695-9-22 du Code de procédure pénale que toute personne, qui prétend avoir un droit sur un bien gelé, peut, par voie de requête soumise au greffe de la chambre de l'instruction de la cour d'appel territorialement compétente, dans les dix jours de la date de mise à exécution de la décision considérée, former un recours à l'encontre de cette dernière, dans les formes prévues par l'article 173 du Code de procédure pénale.

Est, en conséquence, irrecevable, l'appel interjeté par une banque, au greffe du tribunal, contre l'ordonnance du juge d'instruction saisissant des fonds déposés sur un compte bancaire, en exécution d'une demande d'entraide des autorités judiciaire néerlandaises. »

> Étendue du contrôle par le juge répressif français des actes d'exécution des décisions de gel étrangères

• **Crim. 4 déc. 2019,** n°s 19-80.407, 19-80.409, 19-80.411 et 19-80.413, NP.

* V. s^s n°s 321.362, 321.367

« 21. Les autres motifs doivent être analysés comme surabondants, la Cour de cassation retenant que le juge français en charge de l'exécution d'une commission rogatoire internationale n'est pas compétent pour apprécier la régularité d'un acte au regard de la législation étrangère (Crim. 29 juin 2016, n° 15-81.752 ; Crim. 27 juin 2018, n° 17-85.101, *Bull.* n° 125), le bien-fondé des mesures qu'il ordonne à la demande du juge étranger requérant (Crim. 1er févr. 2005, n° 04-84.785, *Bull.* n° 35), ou encore le bien-fondé des saisies tenant à l'identification et la traçabilité du produit de l'infraction, à la bonne foi des personnes concernées par ces mesures ainsi qu'à la nécessité et à la proportionnalité de celles-ci (Crim. 6 mars 2019, n° 18-82.088).

22. Les personnes concernées par l'exécution d'une demande d'entraide pénale internationale en matière de saisie ou de confiscation peuvent cependant soumettre l'appréciation du bien-fondé de la saisie entreprise, comme le contrôle de l'origine des fonds saisis, à l'autorité judiciaire étrangère requérante qui peut être saisi dans les formes applicables dans le pays concerné. »

> Limites de la compétence du juge répressif français pour statuer sur le devenir des biens saisis en exécution des décisions de gel étrangères

• **Crim. 1er avr. 2020,** n° 19-81.760, P, 43

* V. s^s n°s 321.362, 321.367, 321.401

« Le juge français qui a pour mission d'exécuter une mesure de gel décidée par une juridiction étrangère, en vertu des dispositions des articles 695-9-1 et suivants du Code de procédure pénale, ne dispose pas des pouvoirs à lui dévolus par les articles 706-144 et 706-146 du même code lorsqu'il ordonne lui-même une mesure de saisie. »

321.03 **Bibliographie indicative.**

Encyclopédies. *J.-Cl. Pr. pén.*, art. 695 à 695-9-53, fasc. 20, par. O. Beauvallet.

Thèses. M. Peter, *Les saisies pénales spéciales. Une évolution majeure pour une stratégie pénale patrimoniale repensée*, Aix-Marseille, 2018.

Articles. Th. Cassuto, « Le règlement européen Gel et confiscation : un instrument orienté vers l'efficacité et le respect des droits fondamentaux », *AJ pénal* 2019. 368 – J. Lelieur, « Le dispositif juridique de l'Union européenne pour la captation des avoirs criminels », *AJ pénal* 2015. 232 – M. Massé, « Notes brèves sur la rencontre de deux expressions : crime organisé et espace judiciaire européen » *RSC* 2000. 469 ; « L'évolution du droit en matière de gel et de confiscation », *RSC* 2006. 463 – R. Parizot, « Le règlement sur le gel et la confiscation : révélateur de la légistique européenne », *Rev. dr. Assas*, n° 24, déc. 2022, p. 93 – E. Rubi-Cavagna, « Le règlement UE du 14 novembre 2018 concernant la reconnaissance mutuelle des décisions de gel et des décisions de confiscation », *D.* 2019. 480.

Ouvrages. A. Bernardi (dir.), *Improving confiscation procedures in the European Union*, Jovene Editore, 2019 – A. Huet et R. Koering-Joulin, *Droit pénal international*, 3e éd., « Thémis droit », PUF, 2005 – D. Rebut, *Droit pénal international*, 3e éd., « Précis », Dalloz, 2019.

SECTION 1

FONDEMENTS DE L'ENTRAIDE JUDICIAIRE AUX FINS DE SAISIE PÉNALE ENTRE LES ÉTATS MEMBRES DE L'UNION EUROPÉENNE

321.11 **Textes applicables.** Il a amplement été dit combien les évolutions récentes du droit pénal et de la procédure pénale internes en matière de saisies et confiscations ont été influencées par le droit de l'Union européenne. Sans doute la volonté du législateur interne, à partir des années 2000, a-t-elle rejoint celle du législateur européen mais, précisément, elle ne l'a que rejointe. Or, l'influence du droit de l'Union n'a pas seulement consisté à imposer le développement, dans le droit interne des États membres, de la peine de confiscation et des procédures de saisie pénales : elle a aussi concerné les procédures d'entraide judiciaire internationale aux fins de saisie et confiscation pénales.

S'agissant des saisies pénales, si la Convention *relative à l'entraide judiciaire en matière pénale entre les États membres de l'Union européenne* [1] ne contenait pas de dispositions propres à l'entraide judiciaire internationale en la matière, à l'exception d'énonciations relatives aux restitutions (art. 8), l'état du droit s'est trouvé profondément modifié par l'adoption de la décision-cadre 2003/577/JAI du Conseil du 22 juillet 2003 *relative à l'exécution dans l'Union européenne des décisions de gel de biens ou d'éléments de preuve* [2], dont les dispositions ont été transposées en droit interne aux articles 695-9-1 à 695-9-30 du Code de procédure pénale par la loi n° 2005-750 du 4 juillet 2005 *portant diverses dispositions d'adaptation au droit communautaire dans le domaine de la justice* [3].

Pendant plus de quinze ans, la décision-cadre 2003/577/JAI et ses dispositions de transposition ont constitué, entre les États membres de l'Union européenne, les textes juridiques de référence de l'entraide judiciaire internationale aux fins de saisie pénale, sauf à relever qu'à compter de l'adoption de la directive 2014/41/UE du Parlement européen et du Conseil du 3 avril 2014 *concernant la décision d'enquête européenne en matière pénale* [4], puis de sa transposition aux articles 694-15 à 694-50 du Code de procédure pénale par l'ordonnance n° 2016-1636 du 1er décembre 2016 *relative à la décision d'enquête européenne en matière pénale* [5], le champ d'application de la décision-cadre et de ses textes de transposition s'est trouvé limité aux seules saisies pénales patrimoniales, les saisies pénales poursuivant une finalité probatoire relevant du domaine d'application de la décision d'enquête européenne.

Cet état du droit s'est cependant trouvé profondément modifié par l'adoption du règlement (UE) 2018/1805 du Parlement et du Conseil du 14 novembre 2018 *concernant la reconnaissance mutuelle des décisions de gel et des décisions de confiscation* [6] qui est applicable depuis le 19 décembre 2020 (art. 39), et dont les dispositions ont été complétées par les articles 695-9-30-1 et 695-9-30-2 du Code de procédure pénale issus de la loi n° 2021-1729 du 22 décembre 2021 *pour la confiance dans l'institution judiciaire* [7].

Ce règlement a en effet dû être adopté en raison de la mise en œuvre et de l'application jugées insuffi-

1. Conv. *relative à l'entraide judiciaire en matière pénale entre les États membres de l'Union européenne, JOUE* C 197, 12 juill. 2000, p. 3.
2. Décis.-cadre 2003/577/JAI, Conseil, 22 juill. 2003 *relative à l'exécution dans l'Union européenne des décisions de gel de biens ou d'éléments de preuve, JOUE* L 196, 2 août, p. 45.
3. L. n° 2005-750, 4 juill. 2005 *portant diverses dispositions d'adaptation au droit communautaire dans le domaine de la justice, JO* 6 juill., p. 11136.
4. Dir. 2014/41/UE, Parlement et Conseil, 3 avr. 2014 *concernant la décision d'enquête européenne en matière pénale, JOUE* L 130, 1er mai, p. 1.
5. Ord. n° 2016-1636, 1er déc. 2016 *relative à la décision d'enquête européenne en matière pénale, JO* 2 déc., n° 37.
6. Règl. (UE) 2018/1805, Parlement et Conseil, 14 nov. 2018 *concernant la reconnaissance mutuelle des décisions de gel et des décisions de confiscation, JOUE* L 303, 28 nov., p. 1.
7. L. n° 2021-1729, 22 déc. 2021 *pour la confiance dans l'institution judiciaire, JO* 23 déc., n° 2.

samment uniformes de la décision-cadre 2003/577/JAI dans les États membres, tout comme celles de la décision-cadre 2006/783/JAI du Conseil du 6 octobre 2006 *relative à l'application du principe de reconnaissance mutuelle aux décisions de confiscation*[1], ainsi que cela résulte du sixième considérant du nouveau texte, mais également pour adapter le cadre juridique de l'Union européenne en matière de reconnaissance mutuelle des décisions de gel et des décisions de confiscation à l'évolution des droits internes des États membres provoquée par l'entrée en vigueur de la directive 2014/42/UE du Parlement et du Conseil du 3 avril 2014 *concernant le gel et la confiscation des instruments et des produits du crime dans l'Union européenne*[2], comme cela est relevé au huitième considérant. C'est du reste aussi ce qui ressort de l'exposé des motifs de la proposition de règlement[3].

Ceci étant, le règlement, qui, comme tel, est directement applicable dans les États membres, ne s'est pas entièrement substitué aux dispositions de transposition des décisions-cadres à partir du 19 décembre 2020. En effet, l'article 39 du règlement dispose que celui-ci remplace les décisions-cadres seulement en ce qui concerne les États membres liés par le règlement. Or, il ressort des derniers considérants de ce texte que celui-ci ne lie pas la République d'Irlande et le Royaume du Danemark, de sorte que l'entraide judiciaire aux fins de saisie et confiscation pénales entre ces États et les autres États membres de l'Union européenne, comme la France, demeure régie par les décisions-cadres, à condition bien sûr que ceux-ci les aient transposées[4]. C'est ainsi à une « mosaïque de textes qu'il faut se référer pour connaître la situation juridique applicable à telle ou telle demande en matière de gel ou de confiscation, mosaïque de textes européens qui nourrit des mosaïques de textes nationaux »[5].

Au reste, le règlement contient des dispositions transitoires à son article 40, dont il ressort que le nouveau texte s'applique aux certificats de gel et aux certificats de confiscation transmis le 19 décembre 2020 ou après cette date, tandis que les certificats de gel et les certificats de confiscation transmis antérieurement continuent d'être régis par les décisions-cadres 2003/577/JAI et 2006/783/JAI entre les États membres liés par le règlement, et ce jusqu'à l'exécution définitive de la décision de gel ou de la décision de confiscation.

321.12 Incertitudes procédurales. Il reste que l'entrée en vigueur du règlement (UE) 2018/1805 ne réglait pas tout, malgré le fait que celui-ci soit par définition applicable directement dans le droit interne des États membres.

En effet, dès lors que ce texte ne pouvait évidemment prévoir, dans le détail, selon quelles modalités les autorités judiciaires des divers États membres le mettraient en œuvre, il était nécessaire que le législateur français vote, avant le 19 décembre 2020, des dispositions de droit interne d'adaptation. Or, aucun texte en ce sens n'a été adopté dans ce délai, en sorte que les modalités de mise en œuvre du règlement sont demeurées incertaines jusqu'à l'entrée en vigueur des articles 695-9-30-1 et 695-9-30-2 du Code de procédure pénale, où ils ont été introduits par la loi nº 2021-1729 du 22 décembre 2021 *pour la confiance dans l'institution judiciaire*[6].

La difficulté a d'ailleurs été expressément envisagée au cours des travaux préparatoires au sein du Conseil. En effet, alors que les États membres ont intensément débattu du choix de l'instrument juridique proposé par la Commission, certains d'entre eux ont exprimé la volonté que l'adoption d'une directive soit préférée à celle d'un règlement, aux motifs, notamment, que les directives doivent être transposées en droit interne, ce qui permet d'adapter leurs dispositions aux besoins particuliers des États et leur offre la souplesse nécessaire à la bonne mise en œuvre du texte, qu'il serait plus simple pour les praticiens de se référer à des dispositions entièrement contenues dans leur code national, plutôt que d'avoir à prendre en compte un instrument distinct de droit de l'Union[7], et que certaines dispositions du règlement proposé étaient insuffisamment claires et

1. Décis.-cadre 2006/783/JAI, Conseil, 6 oct. 2006 *relative à l'application du principe de reconnaissance mutuelle aux décisions de confiscation, JOUE* L 328, 24 nov., p. 59.
2. Dir. 2014/42/UE, Parlement et Conseil, 3 avr. 2014 *concernant le gel et la confiscation des instruments et des produits du crime dans l'Union européenne, JOUE* L 127, 29 avr., p. 39.
3. Commission, *Proposition de règlement du Parlement européen et du Conseil concernant la reconnaissance mutuelle des décisions de gel et de confiscation*, COM(2016) 819 final, p. 5.
4. L'état des transpositions figure sur le site internet du Réseau judiciaire européen (RJE).
5. R. Parizot, « Le règlement sur le gel et la confiscation : révélateur de la légistique européenne », *Rev. dr. Assas*, nº 24, déc. 2022, p. 98.
6. L. nº 2021-1729, 22 déc. 2021 *pour la confiance dans l'institution judiciaire, JO* 23 déc., nº 2.
7. Conseil, *Proposal for a Regulation of the European Parliament and of the Council on the mutual recognition of freezing and confiscation orders – Legal form of the instrument (Regulation or Directive)*, 12 mai 2017, 8924/17, p. 2 : « *The Member States noted that, since Directives have to be transposed in national law, this allows them to adapt the provisions to their specific needs and gives them the necessary flexibility to make the instrument work well. Member States also said that it would be easier for practitioners to maintain all legislation in one place (their national codes), and not to have a separate EU instrument which they should also take account of.* »

précises [1] ; ce à quoi la Commission a rétorqué que le règlement pourrait laisser « de la marge » aux États membres, en particulier en ce qui concerne l'exécution des décisions de gel et des décisions de confiscation [2]. Or, force est de constater que cette marge n'a guère été investie par le législateur français.

Jusqu'à l'entrée en vigueur de la loi du 22 décembre 2021, tout au plus les autorités françaises avaient-elles notifié à la Commission européenne le 21 décembre 2020, par l'intermédiaire de la représentation permanente de la France auprès de l'Union européenne, que les autorités compétentes pour émettre des décisions de gel seraient le procureur de la République, le parquet européen, les juridictions d'instruction, le juge des libertés et de la détention et les juridictions de jugement – soit les autorités judiciaires ayant compétence, dans les affaires internes, pour ordonner les saisies pénales patrimoniales qui constituent, au sens du règlement, les décisions de gel –, et que le juge d'instruction serait l'autorité judiciaire compétente pour exécuter les décisions de gel étrangères [3].

Ceci étant, les modalités de mise en œuvre du règlement sont dorénavant énoncées aux articles 695-9-30-1 et 695-9-30-2 du Code de procédure pénale qui, d'une part, désignent les autorités judiciaires françaises compétentes pour émettre et exécuter les décisions de gel, d'autre part, organisent le recours contre la mise à exécution de ces décisions en renvoyant à certaines des dispositions de transposition de la décision-cadre 2003/577/JAI – à savoir les dispositions des articles 695-9-22 et 695-9-24 du Code de procédure pénale.

L'adoption des dispositions des articles 695-9-30-1 et 695-9-30-2 n'a cependant qu'en partie réglé le problème de la mise en œuvre du règlement (UE) 2018/1805. D'une part, force est de constater que ces dispositions ne décrivent que très partiellement les procédures d'émission et d'exécution des décisions de gel, alors que celles du règlement présentent une généralité qui aurait justifié l'adoption de dispositions de droit interne plus précises. D'autre part, l'entrée en vigueur des dispositions de droit interne a été tardive : elle laisse entière la question de ce que devaient être les modalités de mise en œuvre du règlement jusqu'à celle-ci.

Ces deux difficultés ne sont cependant pas indépassables. Il pourrait être envisagé, de façon générale, d'appliquer les dispositions procédurales de transposition de la décision-cadre 2003/577/JAI lorsque se pose un problème de mise en œuvre du règlement (UE) 2018/1805 ; à tout le moins lorsque ces dispositions sont compatibles avec les énonciations du règlement dont la valeur normative est supérieure à celle de la loi. En effet, si les articles 695-9-1 à 695-9-30 du Code de procédure pénale constituent incontestablement la transposition des dispositions de la décision-cadre 2003/577/JAI, ils n'en restent pas moins autonomes par rapport à ce texte comme organisant, sans distinction, l'émission et l'exécution des décisions de gel, soit les décisions prises « par une autorité judiciaire d'un État membre de l'Union européenne, appelé État d'émission, afin d'empêcher la destruction, la transformation, le déplacement, le transfert ou l'aliénation d'un bien susceptible de faire l'objet d'une confiscation et se trouvant sur le territoire d'un autre État membre appelé État d'exécution », ainsi que l'énonce l'article 695-9-1, ce qui correspond, presque mot pour mot, à la définition des décisions de gel énoncée à l'article 2, § 1, du règlement. Tel est du reste l'esprit de la loi du 22 décembre 2021 qui, pour l'application du règlement, a désigné les mêmes autorités judiciaires que celles qui sont compétentes dans le champ d'application de la décision-cadre, et, s'agissant du recours contre la mise à exécution des décisions de gel, a renvoyé aux dispositions de transposition de la décision-cadre. Mieux encore, au cours des travaux préparatoires de la loi du 22 décembre 2021, à un stade de la procédure parlementaire où l'Assemblée nationale envisageait d'autoriser le Gouvernement à prendre par ordonnance les mesures d'adaptation nécessaires à l'application du règlement, le rapporteur de la Commission des lois de cette assemblée avait énoncé, à propos de ce qui figurait alors à l'article 32 du projet de loi *pour la confiance dans l'institution judiciaire*, que « dans la mesure où le règlement 2018/1805 ne sera pas applicable au Danemark et à l'Irlande, le choix a été fait de reprendre le dispositif jusqu'à présent retenu sous l'empire des deux décisions-cadres antérieures [...], qui continueront de s'appliquer dans les rapports avec ces deux pays » [4].

1. Conseil, *Proposal for a Regulation of the European Parliament and of the Council on the mutual recognition of freezing and confiscation orders – Legal form of the instrument (Regulation or Directive)*, 19 oct. 2017, 13293/17, p. 2 : « *Such implementation would also be appropriate since several provisions of the proposed instrument would not be clear or would not be precise.* »
2. Conseil, *Proposal for a Regulation of the European Parliament and of the Council on the mutual recognition of freezing and confiscation orders – Legal form of the instrument (Regulation or Directive)*, 12 mai 2017, préc., p. 3 : « *The Commission underlined, however, that the Regulation could leave some room to Member States, in particular as regards the execution of freezing and confiscation orders.* »
3. Représentation permanente de la France auprès de l'Union européenne, *Note des autorités françaises*, 21 déc. 2020 (disponible sur le site internet du Réseau judiciaire européen) – Dépêche, 21 déc. 2020, *relative à l'entrée en vigueur du règlement 2018/1805 du 14 novembre 2018 concernant la reconnaissance mutuelle des décisions de gel et des décisions de confiscation*, BOL-2020-00131, p. 3.
4. *Rapp. Ass. nat.* n°s 4146 et 4147 (XVe législ.), p. 274.

SECTION 2

Conditions de fond de l'entraide judiciaire aux fins de saisie pénale entre les États membres de l'Union européenne

321.20 **Plan.** Bien que l'entraide judiciaire aux fins de saisie pénale patrimoniale entre les État membre de l'Union européenne obéisse à des règles distinctes de celles mises en œuvre en application des conventions internationales, il n'en demeure pas moins que ces règles ont trait à des questions communes. Ainsi, quel est le domaine d'application de l'entraide (§ 1) ? Quels sont les actes de saisie pouvant faire l'objet d'une demande d'entraide et quel doit être leur objet (§ 2) ? Dans quelle mesure les droits des tiers de bonne foi sont-ils de nature à faire obstacle à l'entraide (§ 3) ? Le principe de proportionnalité est-il mis en œuvre et dans l'affirmative selon quelles modalités (§ 4) ? Quels sont enfin les motifs de non-exécution de la demande d'entraide (§ 5) ?

§ 1

Domaine d'application de l'entraide judiciaire aux fins de saisie pénale entre les États membres de l'Union européenne

321.30 **Plan.** Le règlement (UE) 2018/1805 (A) se trouve caractérisé par un domaine d'application plus étendu que celui de la décision-cadre 2003/577/JAI (B).

A.

Règlement (UE) 2018/1805

321.41 **Nature étendue des procédures concernées.** Il ressort de l'article premier, § 1, du règlement (UE) 2018/1805 que ce texte a pour objet de fixer les règles selon lesquelles un État membre, qualifié d'État d'exécution, reconnaît et exécute sur son territoire les décisions de gel et les décisions de confiscation émises par un autre État membre, qualifié d'État d'exécution, dans le cadre de procédures en « matière pénale », à l'exclusion formelle des procédures en « matière civile ou administrative », ainsi que cela est énoncé au quatrième paragraphe du texte. De même, l'article 2, § 2, du règlement définit la décision de confiscation comme une peine ou une mesure définitive ordonnée par une juridiction à la suite d'une « procédure en lien avec une infraction pénale » aboutissant à priver de biens une personne physique ou morale de façon définitive.

Comme le relève le considérant 13 du règlement, la notion de procédure en matière pénale constitue une notion autonome du droit de l'Union : ce terme couvre tous les types de décisions de gel et de confiscation émises « à l'issue d'une procédure en lien avec une infraction pénale, et pas uniquement les décisions relevant de la directive 2014/42/UE », ainsi que « d'autres types de décisions rendues sans condamnation définitive ».

S'il paraît entendu que les procédures pénales internes constituent, au sens du règlement, des procédures en matière pénale, il semble réciproquement que l'autorité judiciaire française ne saurait refuser de faire application du règlement au seul motif que la décision de gel qu'il lui est demandé d'exécuter n'aurait pas été émise dans le cadre d'une procédure pénale *stricto sensu*, c'est-à-dire d'une procédure tendant au prononcé d'une peine en répression de la commission juridictionnellement constatée d'une infraction pénale. En effet, il faut, mais il suffit, que la procédure diligentée par les autorités de l'État d'émission soit « en lien avec une infraction pénale ». Le règlement le précise d'ailleurs expressément : « Même si le système juridique d'un État membre ne prévoit pas ce type de décisions, l'État membre concerné devrait être en mesure de reconnaître et d'exécuter une telle décision émise par un autre État membre. » (consid. 13)

En conséquence, le règlement paraît applicable aux procédures au terme desquelles peuvent être prononcées des confiscations non pénales, tantôt de nature civile, tantôt de nature administrative, prévues par le droit de certains États membres de l'Union européenne, telles que les confiscations préventives italiennes organisées depuis l'entrée en vigueur de la loi n° 646/1982 du 13 septembre 1982, dite « Rognoni-La Torre »[1], ou encore certaines mesures mises en œuvre en Bulgarie, Lituanie, Slovaquie et Slovénie[2]. En effet, il est certain que ces confiscations ne constituent pas des peines fondées sur la culpabilité de l'intéressé établie selon les règles du procès pénal, mais des mesures décidées en

1. SUR LA QUESTION : A. Aiello, « L'administration et la gestion des entreprises confisquées à la Mafia », *LPA* 31 oct. 2002, p. 62 – A. Bernardi, « La confiscation préventive dans la législation anti-mafia italienne », *in* L. Ascensi, P. Beauvais et R. Parizot (dir.), *La confiscation des avoirs criminels, Nouveaux enjeux juridiques*, LGDJ, 2021, p. 45 – F. Diamanti, E. A. A. Dei Cas et S. Bolis, « *Italy* », *in* A. Bernardi (dir.), *Improving confiscation procedures in the European Union*, Jovene Editore, 2019, p. 287 – G. Fiandaca et C. Visconti, « Les nouvelles formes de confiscation italiennes dans la lutte contre le crime organisé : mesures patrimoniales à titre de prévention », *Gaz pal.* 31 oct. 2002, n° 218, p. 60 – F. Menditto, « La "confiscation anti-mafia" et le sort des biens confisqués en Italie », *La revue du Grasco*, n° 6, juill. 2013, p. 123 – S. Mogini, « L'affaire *Crisafulli* : les mesures de confiscation préventives anti-mafia à l'épreuve des mécanismes de la coopération judiciaire internationale », *LPA* 19 nov. 2004, p. 6 – M. Papa, « La nouvelle législation italienne en matière de criminalité organisée », *RSC* 1993. 725.
2. EN CE SENS : V. Weyer, « *Mutual recognition aspects* », *in* A. Bernardi (dir.), *Improving confiscation procedures in the European Union*, Jovene Editore, 2019, p. 537 et 543.

raison de sa seule dangerosité découlant de la présomption de la commission d'infractions, le tout au terme de procédures que caractérise un affaissement des standards probatoires propres à la matière pénale. Ceci étant, ces mesures ont bien en commun d'être « en lien avec une infraction pénale ».

Les travaux préparatoires du règlement lèvent d'ailleurs les ambiguïtés du texte. En effet, si la proposition de la Commission européenne avait expressément exclu l'application du règlement aux procédures de confiscations non pénales, après que cette option ait été étudiée, comme prévoyant que celui-ci s'appliquerait seulement aux décisions de gel et de confiscation émises dans le cadre d'une « procédure pénale » [1], ce choix a été remis en cause lors du passage du texte devant le Conseil et le Parlement qui l'ont modifié pour lui faire énoncer qu'il s'appliquerait non plus aux mesures prises dans le cadre d'une « procédure pénale », mais d'une procédure « en matière pénale » ; non plus à la suite d'une procédure « portant sur une infraction pénale », mais d'une procédure « en lien avec une infraction pénale ». Or cette évolution a eu pour objectif précisément de faire relever les procédures de confiscations non pénales du champ d'application du règlement, si l'on observe que la modification de la proposition de la Commission est due à une initiative de la délégation italienne suggérant « de parler de "procédures en matière pénale", ce qui permettrait d'inclure son système de confiscation préventive, tandis que les décisions de gel et de confiscation émises dans le cadre de procédures civiles et administratives seraient explicitement exclues » [2].

En définitive, si les contours du champ d'application du règlement paraissent pour l'instant encore un peu indéterminés [3], et qu'ainsi, lors de la mise en œuvre du texte, l'on ne pourra sans doute éviter une certaine casuistique, il semble néanmoins d'ores et déjà acquis que le règlement s'appliquera aux procédures préventives italiennes. Une telle compréhension du texte ne sera d'ailleurs guère difficultueuse en droit interne, puisque la chambre criminelle a d'ores et déjà admis, sur le fondement du droit commun, que soit exécutée dans l'ordre juridique interne une telle peine de confiscation [4].

1. Commission, *Prop. de règlement du Parlement européen et du Conseil concernant la reconnaissance et l'exécution des décisions de gel et de confiscation*, 21 déc. 2016, COM(2016) 819 final, p. 10-11 ; *Commission staff working document, Impact assessment*, 21 déc. 2016, SWD(2016) 468 final, p. 38.
2. Conseil, *Proposition de règlement du Parlement européen et du Conseil concernant la reconnaissance mutuelle des décisions de gel et de confiscation – Question au sujet du « champ d'application »*, 2 oct. 2017, 12685/17, p. 3.
3. EN CE SENS : R. Parizot, « Le règlement sur le gel et la confiscation : révélateur de la légistique européenne », *Rev. dr. Assas*, n° 24, déc. 2022, p. 100.

321.42 Indifférence de l'infraction objet de la procédure. Le champ d'application du règlement (UE) 2018/1805 s'étend de même à toutes les infractions pénales objet de la procédure diligentée dans l'État d'émission, sa mise en œuvre n'étant pas réservée aux formes les plus graves de criminalité revêtant une dimension transfrontalière comme le souligne le quatorzième considérant.

Nous verrons cependant plus tard que la nature de l'infraction n'est pas indifférente à l'application du règlement puisque, selon la nature et la gravité de celle-ci, sera ou non reconnue à l'État d'exécution la faculté de subordonner la reconnaissance et l'exécution de la décision de gel à la condition de double incrimination [5].

B.
Décision-cadre 2003/577/JAI

321.51 Nature limitée des procédures concernées. Le champ d'application de la décision-cadre 2003/577/JAI et de ses dispositions de transposition paraît davantage limité que celui du règlement (UE) 2018/1805 s'agissant des types de procédures auxquelles elles s'appliquent, puisque l'article premier de la décision-cadre dispose que celle-ci a pour objet de fixer les règles selon lesquelles un État membre reconnaît et exécute sur son territoire une décision de gel émise par une autorité judiciaire d'un État membre dans le cadre d'une « procédure pénale », et ce en vue « de la confiscation ultérieure du bien » (art. 3, § 1, b).

Si, ni la notion de procédure pénale, ni celle de confiscation, ne se trouve définie par la décision-cadre, il pourrait cependant être soutenu, compte tenu des énonciations du règlement, que le champ d'application de la première pourrait devoir être délimité plus strictement que celui du second, comme s'arrêtant aux procédures pénales *stricto sensu* aboutissant au prononcé d'une confiscation à la suite d'une condamnation pénale.

Cette interprétation peut du reste s'appuyer sur les travaux préparatoires du règlement qui a été adopté précisément avec le projet d'étendre son champ d'application aux procédures de confiscations non pénales [6].

321.52 Indifférence de l'infraction objet de la procédure. En revanche, tout comme le règlement, la décision-cadre 2003/577/JAI s'applique quelle

4. V. s[s] n° 312.156.
5. V. s[s] n° 321.163.
6. V. s[s] n° 321.41.

que soit la nature de l'infraction objet de la procédure diligentée dans l'État d'émission, sauf à relever, ainsi que nous le verrons, que la reconnaissance et l'exécution de la décision de gel seront ou non soumises à une condition de double confiscabilité du bien dont la saisie est envisagée, selon la nature de l'infraction en cause [1].

§ 2
Nature et objet des décisions de gel susceptibles d'entraide judiciaire entre les États membres de l'Union européenne

321.60 **Plan.** Les mesures de saisie susceptibles de faire l'objet d'une demande d'entraide entre les États membres de l'Union européenne sont caractérisées par une plus grande diversité lorsque s'applique le règlement (UE) 2018/1805 (A) plutôt que la décision-cadre 2003/577/JAI (B).

A.
Règlement (UE) 2018/1805

321.71 **Principe.** Dans le cadre de son champ d'application, le règlement (UE) 2018/1805 énonce les règles applicables à la reconnaissance et à l'exécution des décisions de gel, en nature ou en valeur, des biens de toute nature constituant le produit ou l'instrument de l'infraction, en vue de leur confiscation, ainsi que des autres biens confiscables par application dans l'État d'émission des dispositions de transposition de la directive 2014/42/UE du 3 avril 2014 [2], ou de toute autre disposition, y compris permettant la confiscation sans condamnation définitive, à la suite d'une procédure en lien avec une infraction pénale.

Ce principe se déduit de la lecture combinée de l'article premier, § 1, du règlement, disposant que celui-ci s'applique à la reconnaissance ainsi qu'à l'exécution par un État membre, sur son territoire, des décisions de gel émises par un autre État membre, et de l'article 2, § 1, du même texte, selon lequel la décision de gel s'entend d'« une décision émise ou validée par une autorité d'émission dans le but d'empêcher la destruction, la transformation, le déplacement, le transfert ou la disposition de biens en vue de permettre leur confiscation », quand la notion de bien renvoie à « un bien de toute nature, qu'il soit corporel ou incorporel, meuble ou immeuble, ainsi que les actes juridiques ou documents attestant d'un titre ou d'un droit sur ce bien, dont l'autorité d'émission estime : a) qu'il constitue le produit d'une infraction pénale ou son équivalent, que ce soit le montant total de la valeur de ce produit ou seulement une partie de cette valeur ; b) qu'il constitue l'instrument d'une infraction pénale ou la valeur de cet instrument ; c) qu'il est passible de confiscation par l'application, dans l'État d'émission, de l'un des pouvoirs de confiscation prévus par la directive 2014/42/UE ; ou d) qu'il est passible de confiscation en application de toute autre disposition relative aux pouvoirs de confiscation, y compris de confiscation sans condamnation définitive, au titre du droit de l'État d'émission à la suite d'une procédure en lien avec une infraction pénale » (art. 2, § 3).

321.72 **Nature de la décision de gel : une décision de saisie pénale patrimoniale.** L'on relèvera d'abord que la notion de « décision de gel », qui constitue l'objet de la demande de reconnaissance et d'exécution, est une notion autonome du droit de l'Union qui recouvre la notion interne de décision de saisie pénale aux fins de confiscation, c'est-à-dire de décision de saisie pénale patrimoniale. En d'autres termes, la décision interne de saisie spéciale ou de droit commun aux fins de confiscation qui porte sur un bien situé sur le territoire d'un autre État membre de l'Union européenne doit être qualifiée, au sens du règlement (UE) 2018/1805 et pour les besoins de sa mise en œuvre, de décision de gel : la décision interne de saisie *est* la décision de gel. Ainsi, une seule et même décision changera de qualification selon l'ordre juridique d'où elle sera vue : elle sera une décision de saisie spéciale ou de droit commun dans l'ordre juridique interne ; une décision de gel dans l'ordre juridique de l'Union. Il s'en déduit, en pratique, lorsque la France est l'État d'émission, qu'il ne saurait s'ajouter, dans le dossier de la procédure, une décision de gel à une décision de saisie.

321.73 **Objet de la décision gel : le produit ou l'instrument de l'infraction, en nature ou en valeur.** Observons, ensuite, que relèvent du domaine d'application du règlement (UE) 2018/1805 les décisions de saisie ayant pour objet, en nature ou en valeur, le produit ou l'instrument de l'infraction, dont la confiscation est prévue par le droit interne de l'État d'émission.

S'il est vrai que le troisième paragraphe de l'article 3 ne prévoit nullement que le produit ou l'instrument objet de la décision de gel doit être confiscable pour que celle-ci relève du champ d'application du règlement, cette restriction se déduit cependant de la définition même de la décision de gel qui s'entend d'une décision prise « en vue de permettre [la] confiscation » (art. 2, § 2).

1. V. s^{s} n° 321.172.
2. Dir. 2014/42/UE, Parlement et Conseil, 3 avr. 2014 *concernant le gel et la confiscation des instruments et des produits du crime dans l'Union européenne, JOUE* L 127, 29 avr., p. 39.

Pour le surplus, la définition des notions de produit et d'instrument sont peu spécifiques. Ainsi, le produit s'entend de « tout avantage économique tiré, directement ou indirectement, d'une infraction pénale, qui peut consister en tout type de bien et qui comprend tout réinvestissement ou toute transformation ultérieurs des produits directs et tout autre gain en valeur » (art. 2, § 4), quand « tout bien employé ou destiné à être employé, de quelque façon que ce soit, en tout ou en partie, pour commettre une infraction pénale » (art. 2, § 5) doit être vu comme l'instrument.

Il reste que l'évolution du règlement est notable au regard du droit commun de l'entraide judiciaire internationale aux fins de saisie pénale patrimoniale, comme de la décision-cadre 2003/577/JAI, puisque le règlement est le premier texte international à envisager l'entraide judiciaire internationale aux fins de saisie pénale en valeur de l'instrument de l'infraction. Mais il est vrai que cette évolution s'inscrit dans un mouvement plus global, puisque la directive 2014/42/UE du 3 avril 2014 [1] avait préalablement imposé aux États membres de prévoir dans leur droit interne la saisie et la confiscation en valeur non seulement du produit de l'infraction, mais également de son instrument (art. 4 et 7).

On relèvera au contraire que le règlement n'envisage pas la situation de l'objet de l'infraction, contrairement à la décision-cadre [2]. Cette omission est cependant indifférente, d'une part parce qu'en droit interne [3], comme en droit international [4], a été exprimée l'idée que la notion d'objet peut être assimilée à celle, selon les cas, de produit ou d'instrument de l'infraction, d'autre part parce que le règlement prévoit en tout état de cause l'entraide aux fins de saisie pénale de tout bien confiscable selon le droit interne de l'État d'émission.

321.74 Objet de la décision gel : autres biens confiscables selon le droit interne de l'État d'émission. Enfin – cela accentuant considérablement l'originalité du règlement (UE) 2018/1805 par rapport aux autres instruments juridiques internationaux –, sont également régies par le règlement les décisions de gel ayant pour objet des biens qui, sans être l'instrument de l'infraction, ni son produit, n'en sont pas moins confiscables « par l'application, dans l'État d'émission, de l'un des pouvoirs de confiscation prévus par la directive 2014/42/UE » ou « de toute autre disposition relative aux pouvoirs de confiscation, y compris de confiscation sans condamnation définitive, au titre du droit de l'État d'émission à la suite d'une procédure en lien avec une infraction pénale ».

Il suffit donc que la décision de gel porte sur un bien confiscable selon le droit interne de l'État d'émission pour que celle-ci relève du régime institué par le règlement, que la confiscation soit prévue par les dispositions de transposition de la directive 2014/42/UE du 3 avril 2014 [5] ou toute autre disposition de droit interne.

L'on rappellera brièvement, à ce propos, que la directive a en effet imposé aux États membres de prévoir dans leur droit interne la confiscation, en nature ou en valeur, du produit ou de l'instrument de l'infraction (art. 4), mais aussi celle, lorsque l'infraction a donné lieu directement ou indirectement à un avantage économique, des biens présumés provenir d'activités criminelles (art. 5), et celle du produit de l'infraction appartenant aux tiers de mauvaise foi (art. 6), autant de cas de confiscation prévus par le droit interne à l'article 131-21 du Code pénal.

Il faut insister sur l'importance de ces dispositions qui permettent l'entraide judiciaire internationale aux fins de saisie pénale de biens n'entretenant aucun lien avec l'infraction, telles que les confiscations de patrimoine prévues par l'article 131-21, alinéa 6, du Code pénal, ou appartenant à des tiers de mauvaise foi.

B.
Décision-cadre 2003/577/JAI

321.80 Plan. Les dispositions de la décision-cadre 2003/577/JAI et de ses textes de transposition ne diffèrent pas de celles du règlement (UE) 2018/1805 s'agissant de la nature des saisies susceptibles de faire l'objet d'une demande de reconnaissance et d'exécution en application de la décision-cadre, mais sont significativement en retrait de celles-ci en ce qui concerne l'objet de ces mesures.

321.81 Nature de la décision de gel : une décision de saisie patrimoniale. En effet, la définition de la notion de gel retenue par la décision-cadre 2003/577/JAI est en substance identique à celle qui l'a été par le règlement (UE) 2018/1805.

Ainsi, le premier alinéa de l'article 695-9-1 du Code de procédure pénale, reprenant la définition énoncée à l'article 2, c, de la décision-cadre, dispose que la notion de décision de gel s'entend d'une « décision prise par une autorité judiciaire d'un État

1. Dir. 2014/42/UE, Parlement et Conseil, 3 avr. 2014 *concernant le gel et la confiscation des instruments et des produits du crime dans l'Union européenne, JOUE* L 127, 29 avr., p. 39.
2. V. s^s n° 321.82.
3. V. s^s n° 124.41.
4. V. s^s n° 311.64.

5. Dir. 2014/42/UE, Parlement et Conseil, 3 avr. 2014 *concernant le gel et la confiscation des instruments et des produits du crime dans l'Union européenne, JOUE* L 127, 29 avr., p. 39.

membre de l'Union européenne, appelé État d'émission, afin d'empêcher la destruction, la transformation, le déplacement, le transfert ou l'aliénation d'un bien susceptible de faire l'objet d'une confiscation et se trouvant sur le territoire d'un autre État membre, appelé État d'exécution ».

Il n'y a donc pas de différence substantielle entre la notion de décision de gel, propre au droit de l'Union, et celle de décision de saisie pénale patrimoniale, de droit interne. Le troisième alinéa de l'article 695-9-1 précise d'ailleurs expressément que « la décision de gel de biens est soumise aux mêmes règles et entraîne les mêmes effets juridiques que la saisie » : il y a identité, sur le fond, entre les deux notions, une même décision prenant la qualification de décision de gel ou bien celle de décision de saisie selon l'ordre juridique d'où elle est vue [1].

321.82 Objet de la décision gel : produit, en nature ou en valeur, instrument ou objet de l'infraction. En revanche, le premier alinéa de l'article 695-9-2 du Code de procédure pénale dispose, en conformité avec les dispositions de l'article 2, d, de la décision-cadre 2003/577/JAI, que peut faire l'objet d'une décision de gel « tout bien meuble ou immeuble, corporel ou incorporel, ainsi que tout acte juridique ou document attestant d'un titre ou d'un droit sur ce bien, dont l'autorité judiciaire de l'État d'émission estime qu'il est le produit d'une infraction ou correspond en tout ou partie à la valeur de ce produit, ou constitue l'instrument ou l'objet d'une infraction ».

Il en ressort que la variété des décisions de gel susceptibles de faire l'objet d'une demande d'entraide se trouve limitée à celles portant, en nature ou en valeur, sur le produit de l'infraction, ainsi qu'à celles ayant pour objet l'instrument ou l'objet de celle-ci.

L'on relèvera l'originalité que constitue la référence à l'objet de l'infraction, la décision-cadre étant à notre connaissance le seul texte de droit international s'y référant, alors que plusieurs droits internes, à l'instar du droit français, connaissent la notion. Cela a sans doute à voir avec le fait que ce texte a été adopté à la suite d'une initiative de la France, de la Belgique et du Danemark, alors qu'au moins les deux premiers de ces États ont en commun de comprendre cette notion dans leur droit interne [2].

1. V. s[s] n° 321.72.
2. F. Lugentz et D. Vandermeersh, *Saisie et confiscation en matière pénale*, Bruylant, 2015, p. 21 – Y. Cartuyvels, Ch. Guillain et Th. Slingeneyer, « *Belgium* », *in* A. Bernardi (dir.), *Improving confiscation procedures in the European Union*, préc., p. 95.

321.83 Situation des instruments, objets et produits susceptibles de servir de pièces à conviction. Enfin, le second alinéa de l'article 695-9-2 du Code de procédure pénale envisage la situation particulière des biens qui, tout en constituant l'instrument, l'objet ou le produit de l'infraction, n'en sont pas moins utiles à la manifestation de la vérité : les demandes tendant au gel de tels biens ne relèvent pas du champ d'application des articles 695-9-1 et suivants du Code de procédure pénale, mais doivent faire l'objet d'une décision d'enquête européenne [3].

§ 3 Protection des droits des tiers de bonne foi

321.90 Plan. Bien que ce soit selon des modalités distinctes, la protection des droits des tiers de bonne foi est assurée de manière comparable dans le règlement (UE) 2018/1805 (A) et la décision-cadre 2003/577/JAI (B).

A. Règlement (UE) 2018/1805

321.101 Défaut de protection des droits substantiels des tiers de bonne foi. Le règlement (UE) 2018/1805 ne fait pas des droits des tiers de bonne foi un obstacle à la reconnaissance et à l'exécution des décisions de gel, en se bornant à reconnaître à ces derniers des droits processuels leur permettant d'exercer un recours à l'encontre de la reconnaissance et de l'exécution de ces décisions. Les tiers de bonne foi sont en effet autorisés à discuter, devant l'autorité d'exécution, la seule réunion des conditions de la reconnaissance et de l'exécution de la décision de gel, l'atteinte que porteraient celles-ci à leurs droits substantiels ne semblant en revanche pas constituer, en soi, un obstacle quelconque. Si l'on ne peut bien sûr exclure que le droit de l'État d'émission s'oppose à la saisie pénale aux fins de confiscation d'un bien qui serait l'assiette de droits dont serait titulaire un tiers de bonne foi, il appartiendra dans de telles circonstances à l'intéressé de porter son recours, non pas devant les juridictions de l'État d'exécution, mais devant celles de l'État d'émission, seules compétentes pour apprécier le bien-fondé de la décision de gel comme nous le verrons (art. 33, § 2) [4].

En effet, il est relevé, au considérant 15 du règlement, que la coopération entre les États membres, qui est fondée sur le principe de la reconnaissance mutuelle et sur l'exécution immédiate des

3. C. pr. pén., art. 694-15 à 694-50.
4. V. s[s] n° 321.335.

décisions judiciaires, repose sur la certitude que les décisions à reconnaître et à exécuter sont toujours rendues dans le respect des principes de légalité, de subsidiarité et de proportionnalité, et qu'ainsi elle présuppose également que « les droits des personnes concernées par une décision de gel ou une décision de confiscation devraient être préservés ». Or, il est précisé que, parmi les personnes concernées, qui peuvent être des personnes physiques ou morales, devraient notamment figurer la personne à l'encontre de laquelle une décision de gel ou de confiscation a été émise ou la personne propriétaire des biens faisant l'objet de ladite décision, « ainsi que tout tiers, y compris les tiers de bonne foi, dont les droits afférents à ces biens sont directement lésés par la décision en question » ; étant relevé que la question de savoir si une décision de gel porte directement atteinte aux droits des tiers doit être tranchée par application du droit de l'État d'exécution : « C'est le droit de l'État d'exécution qui devrait déterminer si une décision de gel ou une décision de confiscation porte directement atteinte à ces tiers » (considérant 15 *in fine*). Ces considérations expliquent que le règlement inclut les tiers ayant des droits sur les biens objet de la décision de saisie dans la définition de la « personne concernée », laquelle s'entend de la personne physique ou morale à l'encontre de laquelle une décision de gel ou une décision de confiscation est émise, ou de « la personne physique ou morale propriétaire des biens faisant l'objet de ladite décision, ainsi que tout tiers dont les droits afférents à ces biens sont directement lésés par ladite décision conformément au droit de l'État d'exécution » (art. 2, § 10). Ainsi identifiés par application du droit de l'État d'exécution, les tiers de bonne foi bénéficient, dans le règlement, des mêmes droits processuels que les personnes mises en cause dans la procédure pénale diligentée dans l'État d'émission[1]. En revanche, l'atteinte susceptible d'être portée par la reconnaissance et l'exécution de la décision de gel aux droits des tiers de bonne foi ne figure pas dans la liste limitative des motifs permettant à l'État d'exécution de ne pas reconnaître ou de ne pas exécuter la décision de gel (art. 8)[2], alors que tel est le cas au stade de la reconnaissance et de l'exécution des décisions de confiscation, l'article 19, § 1, e, du règlement autorisant le refus d'exécution lorsque « les droits des personnes concernées rendraient l'exécution de la décision de confiscation impossible en vertu du droit de l'État d'exécution, y compris lorsque cette impossibilité découle de l'utilisation de voies de recours conformément à l'article 33 »[3].

Cette position peut du reste à s'appuyer sur les travaux préparatoires du règlement. L'on observera en effet qu'un amendement 101 de la Commission des libertés civiles, de la justice et des affaires intérieures du Parlement, destiné à étendre les droits des tiers de bonne foi, proposait d'ériger en un motif de non-exécution le fait que « la décision de gel porte sur un bien déterminé qui n'est la propriété ni de la personne physique ou morale contre laquelle la décision de confiscation a été rendue dans l'État d'émission, ni d'aucune autre personne physique ou morale ayant été partie à la procédure dans l'État d'émission »[4]. Or, ce motif n'a finalement pas été retenu, après que la présidence du Conseil eut estimé que le champ d'application d'un tel motif était trop étendu au stade du gel[5]. Réciproquement, il a été tenu compte d'un amendement 133 consistant à insérer dans le règlement un article intitulé « garanties », imposant aux États membres de prévoir « la possibilité effective, pour la personne dont les biens sont concernés, d'attaquer la décision de gel ou de confiscation en justice, conformément aux procédures prévues dans le droit national », ce recours devant permettre aux tiers « de faire valoir leur titre de propriété ou d'autres droits de propriété »[6]. Certes, de telles dispositions ne figurent pas dans le règlement tel qu'il a été adopté, mais elles y sont inscrites en substance, au quatrième paragraphe de l'article 33 relatif aux voies de recours dans l'État d'exécution, où il est énoncé que le texte « s'entend sans préjudice de l'application, dans l'État d'émission, de garanties et de recours conformément à l'article 8 de la directive 2014/42/UE »[7]. Or, ledit article 8 dispose que, dans le cadre de leur recours contre les décisions de gel et de confiscation prises par les autorités judiciaires des États mem-

1. V. s[s] n° 321.331.
2. V. s[s] n° 321.162.
3. V. s[s] n° 322.162.

4. Parlement, *Rapport sur la proposition de règlement du Parlement européen et du Conseil concernant la reconnaissance mutuelle des décisions de gel et de confiscation*, 12 janv. 2018, A8-0001/2018, p. 51.
5. Conseil, *Proposal for a Regulation of the European Parliament and of the Council on the mutual recognition of freezing and confiscation orders – Four column table with Presidency comments/suggestions*, 15 févr. 2018, 5410/18, p. 81 : « *Is such a ground for non-recognition, which could have a very wide field of application, appropriate in the context of freezing orders ?* »
6. Parlement, *Rapport sur la proposition de règlement du Parlement européen et du Conseil concernant la reconnaissance mutuelle des décisions de gel et de confiscation*, préc., p. 63.
7. SUR LE LIEN entre cet amendement et ces dispositions : Conseil, *Proposal for a Regulation of the European Parliament and of the Council on the mutual recognition of freezing and confiscation orders – Revised four column table following the third trilogue on 20 March and the technical meeting on 22 March 2018*, 6 avr. 2018, 7525/2018, p. 116 où, à propos de l'amendement, il est renvoyé à l'article 33, § 4, du règlement [« *See article 33(4)* »].

bres, « les tiers sont en droit de faire valoir leur titre de propriété ou d'autres droits de propriété, y compris dans les cas visés à l'article 6 », relatif à la confiscation des avoirs des tiers de mauvaise foi.

En définitive, les tiers de bonne foi sont recevables à discuter devant les juridictions de l'État d'exécution les conditions de la reconnaissance et de l'exécution des décisions de gel, mais c'est devant les juridictions de l'État d'émission qu'ils sont susceptibles de faire valoir les droits dont ils sont titulaires sur le bien saisi pour s'opposer à la mesure.

B.
Décision-cadre 2003/577/JAI

321.111 Défaut de protection des droits substantiels des tiers de bonne foi. L'état du droit issu de la décision-cadre 2003/577/JAI ne semble pas différent de celui résultant du règlement (UE) 2018/1805 : la décision-cadre confère aux tiers ayant des droits sur le bien objet de la décision de gel des droits processuels leur permettant de contester la reconnaissance et l'exécution de la mesure, mais les droits substantiels de ces derniers ne paraissent pas constituer un obstacle à la reconnaissance et à l'exécution de celle-ci. L'atteinte à ces droits devra être invoquée à l'occasion d'un recours formé contre le bien-fondé de la décision de gel devant les juridictions de l'État d'émission, si le droit de cet état prohibe les saisies pénales patrimoniales en pareilles circonstances, ces juridictions étant seules compétentes pour apprécier les raisons substantielles qui sont à l'origine de la mesure (décis.-cadre, art. 11, § 2 et C. pr. pén., art. 695-9-22, al. 2).

En effet, le considérant 5 de la décision-cadre prévoit que « les droits accordés aux parties ou aux tiers intéressés de bonne foi devraient être préservés », mais l'article 7 du texte, dont les dispositions ont été transposées à l'article 695-9-17 du Code de procédure pénale, énonce une liste limitative de motifs de non-reconnaissance ou de non-exécution qui ne comporte pas l'atteinte susceptible d'être portée aux droits des tiers de bonne foi[1]. Les seuls droits conférés à ces tiers sont donc de nature processuelle, puisque l'article 11, § 1, de la décision-cadre, relatif aux voies de recours, énonce que « les États membres prennent toutes les dispositions nécessaires pour garantir que toute mesure de gel exécutée en application de l'article 5 puisse faire l'objet de la part de toute personne concernée y compris les tiers de bonne foi, et en vue de préserver leur intérêt légitime, d'un moyen de recours non suspensif », de même que l'article 695-9-22, alinéa 1, du Code de procédure pénale dispose que toute personne « qui prétend avoir un droit sur [le bien objet de la décision de gel] peut, par voie de requête remise au greffe de la chambre de l'instruction de la cour d'appel territorialement compétente dans les dix jours à compter de la date de mise à exécution de la décision considérée, former un recours à l'encontre de cette dernière » dans les conditions de l'article 173 du même code[2].

§ 4
Proportionnalité de la reconnaissance et de l'exécution des décisions de gel

321.120 Plan. Le règlement (UE) 2018/1805 (A) et la décision-cadre 2003/577/JAI (B) ont en commun de soumettre l'entraide judiciaire aux fins de saisie pénale patrimoniale au principe de proportionnalité mais de faire relever sa mise en œuvre de la seule autorité d'émission.

A.
Règlement (UE) 2018/1805

321.131 Responsabilité de l'État d'émission. Le règlement (UE) 2018/1805 soumet la reconnaissance et l'exécution des décisions de gel au principe de proportionnalité, mais fait relever sa mise en œuvre de la compétence de l'autorité d'émission. En d'autres termes, c'est au moment de l'émission de la décision de gel que doit être contrôlé, par l'autorité émettrice, le caractère proportionné de la mesure. Au contraire, l'autorité d'exécution ne saurait refuser l'exécution de la mesure en se fondant sur le caractère disproportionné de celle-ci.

Cette règle très importante est affirmée à l'article 1er, § 3, du règlement selon lequel, « lorsqu'elle émet des décisions de gel ou des décisions de confiscation, l'autorité d'émission veille au respect des principes de nécessité et de proportionnalité », ce qui rejoint les énonciations du considérant 21 : « Il convient que l'autorité d'émission veille, lorsqu'elle émet une décision de gel ou une décision de confiscation, au respect des principes de nécessité et de proportionnalité. En application du présent règlement, une décision de gel ou une décision de confiscation ne devrait être émise et transmise à l'autorité d'exécution d'un autre État membre que lorsqu'elle aurait pu être émise et utilisée dans le cadre d'une procédure purement nationale. L'autorité d'émission devrait être chargée d'évaluer au cas par cas la nécessité et la proportionnalité de ces décisions étant donné que la reconnaissance et l'exécution des décisions de gel et des décisions de confiscation ne devraient pas être refusées pour des

1. V. ss n° 321.172.

2. V. ss n° 321.363.

motifs autres que ceux prévus par le présent règlement. »

Au contraire, l'on observera que le caractère disproportionné de la décision de saisie ne figure pas dans la liste limitative des motifs de refus de reconnaissance et d'exécution de la décision de gel (art. 8)[1].

Cette règle a d'ailleurs été très clairement affirmée au cours des travaux préparatoires du règlement. Ainsi, alors que la question de savoir si l'autorité d'exécution pouvait refuser d'exécuter une décision de gel était traitée de manière ambiguë dans la proposition de la Commission[2], les États membres, au cours de leur discussion au sein du Conseil, ont considéré à une vaste majorité que l'appréciation de la proportionnalité du gel devait relever de la seule appréciation de l'autorité d'émission[3].

B. Décision-cadre 2003/577/JAI

321.141 Responsabilité de l'État d'émission. La décision-cadre 2003/577/JAI, comme le règlement (UE) 2018/1805, a fait de la proportionnalité l'un des principes gouvernant l'exécution dans l'Union européenne des décisions de gel, et comporte des énonciations permettant d'interpréter ce texte comme faisant relever de la seule compétence de l'État d'émission le contrôle de proportionnalité de l'atteinte portée par la saisie aux droits fondamentaux des personnes concernées. Il reste que l'affirmation de cette règle est davantage discrète dans la décision-cadre que dans le règlement.

Cette règle peut en effet être déduite, d'une part du considérant 4 de la décision-cadre, d'autre part du caractère limitatif de la liste des motifs de non-reconnaissance ou de non-exécution figurant à l'article 7 du texte. Ainsi, l'on relèvera que le considérant 4 énonce que la coopération entre les États membres, fondée sur le principe de la reconnaissance mutuelle et de l'exécution immédiate des décisions judiciaires, repose sur la certitude que les décisions à reconnaître et à exécuter sont toujours prises dans le respect, notamment, du principe « de proportionnalité » : parce que le contrôle de proportionnalité est présumé avoir été mis en œuvre par l'autorité ayant rendue la décision à reconnaître et à exécuter, il ne saurait y avoir lieu, pour l'autorité d'exécution, d'y procéder. Par ailleurs, force est de constater que le caractère disproportionné de l'atteinte susceptible d'être portée par la saisie aux droits fondamentaux des intéressés ne figure pas parmi les motifs de non-reconnaissance ou de non-exécution de la décision de gel énoncés à l'article 7 de la décision-cadre, dont les dispositions ont été transposées à l'article 695-9-17 du Code de procédure pénale[4].

§ 5 Motifs de non-reconnaissance ou de non-exécution

321.150 Plan. Les motifs de non-reconnaissance ou de non-exécution des demandes d'entraide aux fins de saisie pénale patrimoniale diffèrent en partie selon que s'applique le règlement (UE) 2018/1805 (A) ou la décision-cadre 2003/577/JAI (B).

A. Règlement (UE) 2018/1805

321.161 Principe de la reconnaissance et de l'exécution des décisions de gel. Lorsque la décision de gel dont la reconnaissance et l'exécution sont sollicitées remplit les conditions prévues par le règlement (UE) 2018/1805, celle-ci doit en principe être reconnue et exécutée de la même manière que s'il s'agissait d'une décision de saisie émise au niveau national par une autorité de l'État d'exécu-

1. V. s[s] n° 321.162.
2. Commission, *Proposition de règlement du Parlement et du Conseil concernant la reconnaissance mutuelle des décisions de gel et de confiscation*, 23 déc. 2016, COM(2016) 819 final, art. 13 : « 1. L'autorité d'émission peut émettre une décision de gel pour autant que les conditions suivantes soient réunies : (a) l'émission de la décision est nécessaire et proportionnée pour empêcher à titre provisoire toute opération de destruction, de transformation, de déplacement, de transfert ou d'aliénation de biens en vue de leur éventuelle confiscation ultérieure en tenant compte des droits de la personne concernée ; [...]. 3. Lorsque l'autorité d'exécution a des motifs de croire que les conditions énoncées au paragraphe 1 ne sont pas remplies, elle peut, après exécution de la décision, consulter l'autorité d'émission sur l'importance de maintenir le gel. Cette consultation ne retarde pas l'exécution de la décision de gel. À son issue, l'autorité d'émission peut décider de retirer la décision. »
3. Conseil, *Proposal for a Regulation of the European Parliament and of the Council on the mutual recognition of freezing and confiscation orders – Questions concerning the EP amendments and other issues related to the draft Regulation*, 15 févr. 2018, 5621/18, p. 6 : « *In its proposal, COM had inserted provisions on the necessity and proportionality of freezing orders (see Article 13 COM proposal). The Council in its GA had, with a large majority, agreed to delete these provisions ; in the GA, only recital 18c makes reference to the principles of necessity and proportionality. At the time, MS indicated that it is for the issuing authorities, and for them alone, to make their assessment about whether a freezing order should be issued ; framing this in binding rules should be avoided, since this could lead to checks/legal action that could jeopardise the freedom of the issuing authorities.* »
4. V. s[s] n° 321.172.

tion, sauf à ce que se trouve caractérisé l'un des motifs de non-reconnaissance ou de non-exécution prévu par l'article 8 du règlement (art. 7, § 1).

321.162 Liste limitative des motifs de non-reconnaissance ou de non-exécution. Les motifs, dont la liste est limitative, permettant à l'autorité d'exécution de refuser de reconnaître ou d'exécuter la décision de gel sont au nombre de six, sans qu'il n'ait été distingué entre des motifs obligatoires et facultatifs [1], contrairement à ce qui fut proposé par le Parlement [2].

Ainsi, l'article 8, § 1, du règlement (UE) 2018/1805 dispose que l'autorité d'exécution peut décider de ne pas reconnaître ou ne pas exécuter une décision de gel uniquement dans les cas suivants : l'exécution de la décision de gel serait contraire au principe *non bis in idem* (art. 8, § 1, a), le droit de l'État d'exécution prévoit un privilège ou une immunité qui empêcherait le gel des biens concernés, ou il existe des règles de détermination ou de limitation de la responsabilité pénale ayant trait à la liberté de la presse ou à la liberté d'expression dans d'autres médias qui empêchent d'exécuter la décision de gel (art. 8, § 1, b), le certificat de gel est incomplet ou manifestement incorrect et n'a pas été complété après la consultation visée au paragraphe 2 du texte (art. 8, § 1, c), la décision de gel concerne une infraction pénale commise, en tout ou en partie, en dehors du territoire de l'État d'émission et, en tout ou en partie, sur le territoire de l'État d'exécution, et les faits pour lesquels la décision de gel a été émise ne constituent pas une infraction pénale au titre du droit de l'État d'exécution (art. 8, § 1, d), dans un cas relevant de l'article 3, paragraphe 2, du règlement les faits pour lesquels la décision de gel a été émise ne constituent pas une infraction pénale au titre du droit de l'État d'exécution, étant précisé que, dans les cas où sont concernées des réglementations en matière de taxes et d'impôts, ou de douane et de change, la reconnaissance ou l'exécution de la décision de gel ne peut être refusée au motif que le droit de l'État d'exécution n'impose pas le même type de taxes ou d'impôts ou ne prévoit pas le même type de réglementation en matière de taxes et d'impôts ou de douane et de change que le droit de l'État d'émission (principe de double incrimination) (art. 8, § 1, e), ou enfin, dans des situations exceptionnelles, il existe des motifs sérieux de croire, sur la base d'éléments précis et objectifs, que l'exécution de la décision de gel entraînerait, dans les circonstances particulières de l'espèce, une violation manifeste d'un droit fondamental pertinent énoncé dans la Charte, en particulier le droit à un recours effectif, le droit à accéder à un tribunal impartial et les droits de la défense (art. 8, § 1, f).

321.163 Portée de la condition de double incrimination. La portée du motif de non-reconnaissance ou de non-exécution tenant à l'absence de double incrimination (art. 8, § 1, e) – qui est davantage favorable à l'entraide que le principe de double saisissabilité prévu par la décision-cadre 2003/577/JAI [3] –, est doublement limitée.

D'une part, conformément aux dispositions de l'article 3 du règlement (UE) 2018/1805, le refus de reconnaissance ou d'exécution fondé sur le défaut de double incrimination est exclu si les faits ayant donné lieu à la décision de gel sont passibles dans l'État d'émission d'une peine privative de liberté d'une durée maximale d'au moins trois ans et constituent une ou plusieurs des trente-deux infractions pénales dont la liste suit telles qu'elles sont définies par le droit de l'État d'émission :

– participation à une organisation criminelle ;
– terrorisme ;
– traite des êtres humains ;
– exploitation sexuelle des enfants et pédopornographie ;
– trafic de stupéfiants et de substances psychotropes ;
– trafic d'armes, de munitions et d'explosifs ;
– corruption ;
– fraude, y compris la fraude et les autres infractions pénales portant atteinte aux intérêts financiers de l'Union définies dans la directive (UE) 2017/1371 du Parlement européen et du Conseil ;
– blanchiment des produits du crime ;
– faux monnayage et contrefaçon de monnaie, y compris de l'euro ;
– cybercriminalité ;
– crimes contre l'environnement, y compris le trafic d'espèces animales menacées et le trafic d'espèces et d'essences végétales menacées ;
– aide à l'entrée et au séjour irréguliers ;
– homicide volontaire ou coups et blessures graves ;
– trafic d'organes et de tissus humains ;
– enlèvement, séquestration ou prise d'otage ;
– racisme et xénophobie ;
– vol organisé ou vol à main armée ;
– trafic de biens culturels, y compris d'antiquités et d'œuvres d'art ;
– escroquerie ;

1. Conseil, *Proposal for a Regulation of the European Parliament and of the Council on the mutual recognition of freezing and confiscation orders – Questions concerning the EP amendments and other issues related to the draft Regulation*, 15 févr. 2018, 5621/18, p. 3.
2. Parlement, *Rapport sur la proposition de règlement du Parlement européen et du Conseil concernant la reconnaissance mutuelle des décisions de gel et de confiscation*, 12 janv. 2018, A8-0001/2018, p. 37 et 49.
3. V. s[s] n° 321.173.

– racket et extorsion de fonds ;
– contrefaçon et piratage de produits ;
– falsification de documents administratifs et trafic de faux ;
– falsification de moyens de paiement ;
– trafic de substances hormonales et d'autres facteurs de croissance ;
– trafic de matières nucléaires et radioactives ;
– trafic de véhicules volés ;
– viol ;
– incendie volontaire ;
– crimes relevant de la compétence de la Cour pénale internationale ;
– détournement d'aéronefs ou de navires ;
– sabotage.

D'autre part, si ces conditions cumulatives ne sont pas réunies, le règlement ne soumet nullement la reconnaissance et l'exécution des décisions de gel à une condition de double incrimination, mais prévoit simplement la faculté, pour les États membres, de subordonner la reconnaissance et l'exécution des décisions de gel à cette condition. Le second paragraphe de l'article 3 du règlement énonce ainsi : « Pour les infractions pénales autres que celles visées au paragraphe 1, l'État d'exécution peut subordonner la reconnaissance et l'exécution d'une décision de gel ou d'une décision de confiscation à la condition que les faits donnant lieu à la décision de gel ou à la décision de confiscation constituent une infraction pénale dans le droit de l'État d'exécution, quels que soient les éléments constitutifs ou la qualification de celle-ci dans le droit de l'État d'émission. »

Il faut relever que les dispositions de l'article 3 du règlement sont comparables à celles figurant à l'article 695-33 du Code de procédure pénale applicable en matière d'exécution des mandats d'arrêt européens, de sorte que la jurisprudence développée par la chambre criminelle sur le fondement de ce texte pourra utilement éclairer l'application du règlement.

Rappelons en effet qu'il a été jugé que, lorsque l'autorité d'émission fonde le mandat d'arrêt européen sur l'une des trente-deux infractions figurant à l'article 695-33 et que cette infraction est punie, aux termes de la loi de l'État d'émission, d'une peine privative de liberté d'une durée égale ou supérieure à trois ans d'emprisonnement ou d'une mesure privative de liberté d'une durée similaire, la qualification retenue par l'autorité judiciaire de l'État d'émission s'impose à la chambre de l'instruction statuant sur l'exécution du mandat d'arrêt européen, sauf « inadéquation manifeste » entre les faits et cette qualification[1]. Ainsi, pour ce qui nous concerne, le juge répressif français, autorité d'exécution de la décision de gel, pourrait être lié par la qualification donnée aux faits poursuivis par l'autorité d'émission, exclusive du contrôle de double incrimination, si les faits ayant donné lieu à la décision de gel sont passibles dans l'État d'émission d'une peine privative de liberté d'une durée maximale supérieure ou égale à trois ans, sauf inadéquation manifeste entre ces faits et cette qualification.

Par ailleurs, pour le cas où il convient de procéder au contrôle de la double incrimination, il y a lieu pour le juge répressif français de qualifier les faits fondant la décision étrangère de gel pour déterminer s'ils caractérisent une infraction pénale dans l'ordre juridique français, sans cependant avoir compétence pour remettre en cause la matérialité des faits dès lors que, comme il sera vu[2], l'article 33, § 2, du règlement dispose que les raisons de fond qui ont conduit à l'émission de la décision de gel ne peuvent être contestées devant une juridiction de l'État d'exécution. Il s'en déduit que pourrait être transposée en la matière la jurisprudence relative à l'exécution des mandats d'arrêt européens selon laquelle « il n'appartient pas à la chambre de l'instruction d'apprécier le bien-fondé de la poursuite exercée par les autorités judiciaires de l'État membre d'émission »[3]. C'est ainsi à partir des faits relatés par l'autorité d'émission qu'il y a lieu pour le juge répressif français de dire si ceux-ci sont ou non constitutifs d'une infraction pénale interne[4], le cas échéant en sollicitant des informations complémentaires de l'autorité d'émission, puisqu'il sera vu qu'avant de décider de ne pas reconnaître ou de ne pas exécuter, en tout ou en partie, la décision de gel, l'autorité d'exécution est tenue de consulter l'autorité d'émission par tout moyen approprié et, s'il y a lieu, de lui demander de fournir sans tarder toute information nécessaire (art. 8, § 2)[5].

321.164 Date d'appréciation de la condition de double incrimination. En pareil cas, il se pose la question habituelle de savoir à quelle date l'autorité d'exécution doit se placer pour apprécier la condition de double incrimination. Cette question se trouve tranchée par le règlement (UE) 2018/1805 dont il ressort que c'est au moment où elle statue sur la reconnaissance de la décision de gel que l'autorité d'exécution doit se placer pour apprécier la condition de double incrimination.

En effet, le considérant 20 du règlement énonce que, lors de l'appréciation de la double incrimination,

1. Crim. 21 nov. 2007, nº 07-87.540, P, nº 291 ; *D.* 2008. 22 ; *AJ pénal* 2008. 195, obs. J. Lelieur.
2. V. s[s] nº 321.335.
3. Crim. 19 avr. 2005, nº 05-81.677, P, nº 136 ; *D.* 2005. 1305.
4. POUR DES EXEMPLES d'application en matière de mandat d'arrêt européen : Crim. 29 nov. 2006, nº 06-87.993, P, nº 302 ; *D.* 2007. 20, obs. E. Allain ; *AJ pénal* 2007. 92 – Crim. 9 juill. 2008, nº 08-84.195, NP.
5. V. s[s] nº 321.293.

l'autorité d'exécution devrait vérifier si les éléments factuels à la base de l'infraction pénale concernée, tels que reflétés dans le certificat de gel ou dans le certificat de confiscation soumis par l'autorité compétente de l'État d'émission, seraient également, en tant que tels, passibles d'une sanction pénale sur le territoire de l'État d'exécution dans l'hypothèse où ils se seraient produits dans cet État « au moment de la décision relative à la reconnaissance de la décision de gel ou de la décision de confiscation ».

Ces énonciations rejoignent l'état de la jurisprudence de la chambre criminelle en droit commun de l'entraide judiciaire internationale aux fins de saisie et confiscation pénales, puisqu'il a été posé pour principe que l'appréciation de la condition de double confiscabilité pouvant être prévue par certaines conventions internationales doit se faire à la date où l'autorité judiciaire de l'État destinataire de la demande d'entraide statue[1].

321.165 Refus tiré du principe *non bis in idem*. Pour opposer à l'autorité d'émission le motif de refus de reconnaissance et d'exécution tiré du principe *non bis in idem* il y a lieu pour l'autorité judiciaire française de s'attacher à rechercher si les faits fondant la décision de saisie et ceux pour lesquels la personne visée dans la décision a été condamnée sont ou non matériellement les mêmes.

Étant relevé que ce motif constitue aussi un motif de refus d'exécution des mandats d'arrêt européens figurant à l'article 695-22 du Code de procédure pénale, il est utile de rappeler que la chambre criminelle a reproché à une chambre de l'instruction « pour refuser la remise de la personne recherchée, [de s'être bornée] à énoncer qu'en raison de deux condamnations prononcées contre l'intéressé pour infractions à la législation sur les stupéfiants, les faits, objet du mandat d'arrêt, avaient pu être poursuivis et jugés définitivement en France alors qu'il appartenait à cette juridiction de vérifier si les faits objet des deux condamnations prononcées par le tribunal correctionnel français incluaient ceux pour lesquels la personne était réclamée par les autorités judiciaires espagnoles »[2]. Inversement, une chambre de l'instruction a été approuvée d'avoir autorisé la remise d'une personne visée par un mandat d'arrêt européen aux autorités espagnoles, en énonçant « que le mandat d'arrêt européen vise des faits de participation à une organisation terroriste qui, selon les pièces judiciaires fournies par les autorités espagnoles, auraient été commis jusqu'en novembre 2002 dans la province de Guipuzcoa en Espagne alors que par jugement définitif du 14 septembre 2007, le tribunal correctionnel de Paris a condamné Mme X... du chef de participation à une association de malfaiteurs à caractère terroriste pour des faits commis en France, notamment dans les Pyrénées-Atlantiques, courant 2002 et jusqu'au 18 décembre 2002 », et « qu'il s'en déduit que la personne recherchée n'a pas été condamnée en France pour les mêmes faits »[3].

321.166 Refus tiré de la méconnaissance des droits fondamentaux énoncés dans la Charte. En reconnaissant à l'État d'exécution la faculté, que ne prévoit pas la décision-cadre 2003/577/JAI, de refuser de reconnaître et d'exécuter une décision de gel lorsqu'il existe des motifs sérieux de croire, sur la base d'éléments précis et objectifs, que l'exécution entraînerait, dans les circonstances particulières de l'espèce, une violation manifeste d'un droit fondamental pertinent énoncé dans la *Charte des droits fondamentaux de l'Union européenne*, en particulier le droit à un recours effectif, le droit à accéder à un tribunal impartial et les droits de la défense (art. 8, § 1, f), le législateur européen a manifesté sa volonté d'élever le niveau de la protection des droits fondamentaux au sein de l'espace commun de liberté, de sécurité et de justice, en contemplation d'autres instruments de droit dérivé de l'Union européenne, de la jurisprudence de la Cour de justice de l'Union européenne en matière de mandat d'arrêt européen et du droit constitutionnel des États membres[4].

En effet, la question avait initialement été débattue par les États membres au sein du Conseil, au point que l'Allemagne – dont la position était partagée par l'Autriche et la République Tchèque[5] –,

1. V. s^s^ n°s 311.121 et 312.121.
2. Crim. 26 avr. 2006, n° 06-82.164, P, n° 115 ; *D.* 2006. 1637 ; *AJ pénal* 2006. 315, obs. C. Girault.
3. Crim. 18 déc. 2013, n° 13-87.755, P, n° 268 ; *RTD eur.* 2014. 465, obs. B. Thellier de Poncheville.
4. Parlement, *Rapport sur la proposition de règlement du Parlement européen et du Conseil concernant la reconnaissance mutuelle des décisions de gel et de confiscation*, 12 janv. 2018, A8-0001/2018, p. 19 – Conseil, *Proposal for a Regulation of the European Parliament and of the Council on the mutual recognition of freezing and confiscation orders – Questions on a ground for non-recognition and on the management and disposal of frozen and confiscated property / costs*, 15 sept. 2017, 11970/17, p. 2 – Conseil, *Proposition de règlement du Parlement européen et du Conseil concernant la reconnaissance mutuelle des décisions de gel et des décisions de confiscation – Orientation générale*, 8 déc. 2017, 15104/17, p. 1 – EN CE SENS : E. Rubi-Cavagna, « Le règlement UE du 14 novembre 2018 concernant la reconnaissance mutuelle des décisions de gel et des décisions de confiscation », *D.* 2019. 480 – R. Parizot, « Le règlement sur le gel et la confiscation : révélateur de la légistique européenne », *Rev. dr. Assas*, n° 24, déc. 2022, p. 100.
5. Conseil, *Proposal for a Regulation of the European Parliament and of the Council on the mutual recognition of freezing and confiscation orders – Questions on a ground for non-recognition and on the management and disposal of frozen and confiscated property / costs*, 15 sept. 2017, ▶

avait exprimé son rejet de l'orientation générale de la proposition de règlement comme ne garantissant pas suffisamment le respect des droits fondamentaux. Ainsi, soutenait-elle : « Garantir un recouvrement transfrontière d'avoirs aussi complet que possible est cohérent avec le principe de confiance mutuelle. Cependant, la coopération atteint ses limites lorsque, dans des cas très exceptionnels, les droits fondamentaux ne sont plus préservés. Dès le début des négociations, l'Allemagne a donc préconisé d'opter pour un texte qui serait non seulement précis et facile à mettre en œuvre en pratique mais comprendrait aussi une mention claire et transparente soulignant que les décisions de reconnaissance et d'exécution doivent respecter les droits fondamentaux. Les différentes suggestions de compromis proposées par l'Allemagne aux États membres et à la Commission, dont certaines étaient très ambitieuses, visaient en particulier à prendre en compte la jurisprudence la plus récente de la Cour de justice de l'Union européenne. »[1] Cependant, l'option vainement défendue par ces États devant le Conseil a été retenue par le rapporteur de la Commission des libertés civiles, de la justice et des affaires intérieures du Parlement, qui a proposé l'insertion d'une « clause de non-reconnaissance et de non-exécution des décisions de gel ou de confiscation, fondée sur le non-respect des droits fondamentaux »[2]. Il était relevé : « Les instruments de reconnaissance mutuelle contiennent, très souvent, une clause de non-reconnaissance fondée sur le respect des droits fondamentaux, soit implicite (décision-cadre 2002/584), soit explicite (décision-cadre 2005/214/JHA, directive 2014/41/UE), en outre développée par le droit national. Deuxièmement, la Cour de Justice de l'Union européenne a confirmé l'existence et l'importance d'une telle clause (arrêt *Aranyosi/Caldararu* du 5 avril 2016 – C404/15). Troisièmement, l'insertion d'une telle clause pourra permettre de prévenir une contradiction possible entre le droit européen et le droit constitutionnel national. Dès lors il est important d'avoir une telle clause dans ce règlement européen. »[3]

Au final, le texte figurant dans le règlement doit être vu comme le résultat d'un compromis entre la Commission, le Conseil et le Parlement. En effet, le Parlement entendait, de façon très générale, que constitue un motif de non-exécution de la décision de gel l'existence de « motifs sérieux de croire que l'exécution de la décision de gel serait incompatible avec les obligations de l'État d'exécution au titre de l'article 6 du TUE et de la charte »[4], sans donc distinguer selon la nature des droits fondamentaux, non plus que l'intensité de la violation. Au contraire, la Commission craignait que la consécration d'un tel motif de non-exécution ne soit interprété largement, au point de remettre en cause le principe de reconnaissance mutuelle des décisions de gel[5]. Dans une recherche de position médiane, la présidence du Conseil a donc proposé que le motif de non-exécution souhaité par le Parlement et certains États membres soit limité aux violations manifestes et caractérisées des droits à un recours effectif et à un procès équitable : « *Exceptionally, there are substantial grounds to believe, on the basis of objective, reliable, specific and properly updated evidence, that the execution of the order would, in the particular circumstances of the case, entail a manifest breach of the right to an effective remedy and a fair trial under the Charter.* »[6] Les négociations qui se sont poursuivies[7] ont finalement conduit à un compromis consistant, d'un côté, à admettre la référence générale à la méconnaissance d'un droit fondamental énoncé dans la *Charte des droits fondamentaux de*

► 11970/17, p. 2 : « *Three Member States (CZ/DE/AT) would like to add, in Art. 9 (freezing) and 22 (confiscation) a ground for non-recognition based on human rights, worded along the following line : "there are substantial grounds to believe that the execution of the freezing / confiscation order would be incompatible with the executing State's obligations in accordance with Article 6 TEU and the Charter".* »

1. Conseil, *Proposition de règlement du Parlement européen et du Conseil concernant la reconnaissance mutuelle des décisions de gel et des décisions de confiscation – Orientation générale*, 8 déc. 2017, 15104/17, p. 1 – AUSSI : Conseil, *Proposition de règlement du Parlement européen et du Conseil concernant la reconnaissance mutuelle des décisions de gel et des décisions de confiscation – Résultats des discussions menées au sein du Conseil JAI le 8 décembre 2017*, 15 déc. 2017, 15451/17, p. 2.
2. Parlement, *Rapport sur la proposition de règlement du Parlement européen et du Conseil concernant la reconnaissance mutuelle des décisions de gel et de confiscation*, préc., p. 71.
3. Parlement, préc., p. 19.
4. Parlement, préc., p. 52.
5. Conseil, *Proposal for a Regulation of the European Parliament and of the Council on the mutual recognition of freezing and confiscation orders – Questions concerning the EP amendments and other issues related to the draft Regulation*, 5 févr. 2018, 5621/18, p. 3 : « *COM expressed the position that such a ground for non-recognition could be interpreted very widely, and could therefore jeopardise the functioning of the system of mutual recognition as set up under the Regulation.* »
6. Conseil, *Proposal for a Regulation of the European Parliament and of the Council on the mutual recognition of freezing and confiscation orders – Questions for Member States*, 6 avr. 2018, 7527/18, p. 4.
7. Conseil, *Proposal for a Regulation of the European Parliament and of the Council on the mutual recognition of freezing and confiscation orders – Analysis of compromise text in view of the fifth trilogue*, 17 mai 2018, 8876/18 ; *Proposal for a Regulation of the European Parliament and of the Council on the mutual recognition of freezing and confiscation orders – Follow-up of Coreper*, 23 mai 2018, 9177/18 ; *Proposal for a Regulation of the European Parliament and of the Council on the mutual recognition of freezing and confiscation orders – Preparation for the trilogue*, 25 mai 2018, 9284/18.

l'Union européenne, tout en mentionnant particulièrement le droit à un recours effectif, le droit à accéder à un tribunal impartial et les droits de la défense, mais d'un autre côté à limiter la portée du motif de non-exécution en le réservant aux violations manifestes d'un droit fondamental dont le risque est fondé sur des motifs sérieux et basé sur des éléments précis et objectifs [1]. Au reste, si le droit de propriété n'a pas été inscrit à l'article 8, § 1, f, il a été énoncé au considérant 34 que « le droit de propriété ne devrait en principe pas être pertinent, étant donné que le gel et la confiscation d'avoirs impliquent nécessairement une ingérence dans le droit de propriété d'une personne et que les garanties nécessaires à cet égard sont déjà prévues par le droit de l'Union, y compris par le présent règlement » ; nouvelle expression d'une recherche d'équilibre, dont la portée est cependant bien délicate à mesurer puisque, si la violation manifeste du droit de propriété ne « devrait » pas, « en principe », constituer un motif de non-exécution de la décision de gel, c'est bien que cette éventualité n'est pas absolument exclue.

Quoi qu'il en soit, l'avenir dira quelle sera la mise en œuvre de ce motif de non-exécution par les juridictions nationales, mais il conviendra assurément « d'en définir les contours sous le contrôle de la [Cour de justice de l'Union européenne] afin de préserver l'effectivité de ces droits tout en garantissant la bonne fin des décisions de gel » [2].

B. Décision-cadre 2003/577/JAI

321.171 Principe de la reconnaissance et de l'exécution de la décision de gel. La décision-cadre 2003/577/JAI, comme le règlement (UE) 2018/1805, énonce un principe de reconnaissance et d'exécution des décisions de gel par l'État d'exécution lorsque les conditions de fond énoncées par le texte se trouvent caractérisées dans les circonstances de la cause.

Le premier paragraphe de l'article 5 de la décision-cadre dispose ainsi que « les autorités judiciaires compétentes de l'État d'exécution reconnaissent toute décision de gel, transmise conformément à l'article 4, sans qu'aucune autre formalité ne soit requise et prennent sans délai les mesures nécessaires à son exécution immédiate, de la même manière que pour une décision de gel prise par une autorité de l'État d'exécution, à moins que cette autorité ne décide de se prévaloir de l'un des motifs de non-reconnaissance ou de non-exécution prévus à l'article 7 ou de l'un des motifs de report prévus à l'article 8 ».

321.172 Liste limitative des motifs de non-reconnaissance ou de non-exécution. Dans le champ d'application de la décision-cadre 2003/577/JAI, les motifs de refus d'exécution des décisions de gel sont énoncés à ses articles 3 et 7, dont les dispositions ont été transposées aux articles 695-9-16 à 695-9-18 du Code de procédure pénale qui distinguent entre des motifs de procédure et de fond, auxquels s'ajoute celui de l'article 694-4 du même code.

S'agissant des motifs de procédure, l'article 695-9-16 dispose ainsi que l'exécution de la décision de gel peut être refusée si « le certificat n'est pas produit », « s'il est établi de manière incomplète » ou « s'il ne correspond manifestement pas à la décision de gel ». La portée de ce motif de refus d'exécution demeure cependant relative, puisque le juge d'instruction qui, comme nous le verrons [3], est l'autorité judiciaire française compétente pour statuer sur l'exécution des décisions de gel, peut impartir un délai à l'autorité d'émission pour que le certificat soit produit, complété ou rectifié, accepter un document équivalent ou, s'il s'estime suffisamment éclairé, dispenser l'autorité judiciaire de l'État d'émission de toute production complémentaire.

En ce qui concerne les motifs de fond, le premier alinéa de l'article 695-9-17 prévoit que l'exécution de la décision de gel est refusée si une immunité y fait obstacle ou si le bien est insaisissable selon la loi française (1°), s'il ressort du certificat que la décision de gel se fonde sur des infractions pour lesquelles la personne visée dans ladite décision a déjà été jugée définitivement par les autorités judiciaires françaises ou par celles d'un État autre que l'État d'émission, à condition, en cas de condamnation, que la peine ait été exécutée, soit en cours d'exécution ou ne puisse plus être ramenée à exécution selon les lois de l'État de condamnation (principe *non bis in idem*) (2°), s'il est établi que la décision de gel a été prise dans le but de poursuivre ou de condamner une personne en raison de son sexe, de sa race, de sa religion, de son origine ethnique, de sa nationalité, de sa langue, de ses opinions politiques ou de son orientation sexuelle ou identité de genre, ou que l'exécution de ladite décision peut porter atteinte à la situation de cette personne pour l'une de ces raisons (3°), ou enfin si la décision de gel a été prise à des fins de confiscation ultérieure d'un bien et que les faits qui la justifient ne constituent pas une infraction permet-

1. Conseil, *Proposal for a Regulation of the European Parliament and of the Council on the mutual recognition of freezing and confiscation orders – Preparation for the trilogue*, 12 juin 2018, 9752/18, p. 1.
2. Th. Cassuto, « Le règlement européen Gel et confiscation : un instrument orienté vers l'efficacité et le respect des droits fondamentaux », *AJ pénal* 2019. 368.
3. V. s^s n° 321.271.

tant, selon la loi française, d'ordonner la saisie de ce bien (double saisissabilité) (4°).

Il s'ajoute à ces motifs celui, de droit commun de l'entraide judiciaire internationale, tiré de l'atteinte que porterait la reconnaissance et l'exécution de la décision de gel à l'ordre public ou aux intérêts fondamentaux de la Nation. En effet, l'article 695-9-17 du Code de procédure pénale, énonçant les motifs de fond de non-reconnaissance ou de non-exécution des décisions de gel étrangères par l'autorité judiciaire française, précise que ces motifs sont prévus « sans préjudice de l'application de l'article 694-4 du Code de procédure pénale ». Ainsi, moyennant le respect de la procédure décrite par ce texte, la reconnaissance et l'exécution de la décision de gel peuvent être refusées « si l'exécution [de celle-ci] est de nature à porter atteinte à l'ordre public ou aux intérêts essentiels de la Nation ». L'on peut cependant se demander si ces dispositions sont conformes à celles de la décision-cadre qui ne prévoit pas une telle restriction à la reconnaissance et l'exécution des décisions de gel.

321.173 **Portée de la condition de double saisissabilité.** La portée du motif de refus de reconnaissance et d'exécution de la décision de gel tiré du défaut de double saisissabilité du bien objet de la mesure se trouve limitée par le second alinéa de l'article 695-9-17 du Code de procédure pénale dont il ressort que celui-ci n'est pas opposable lorsque la décision de gel concerne une infraction qui, en vertu de la loi de l'État d'émission, entre dans l'une des trente-deux catégories d'infractions mentionnées à l'article 694-32, relatif à la reconnaissance des décisions d'enquête européenne, et y est punie d'une peine privative de liberté d'une durée égale ou supérieure à trois ans d'emprisonnement :

- Participation à une organisation criminelle ;
- Terrorisme ;
- Traite des êtres humains ;
- Exploitation sexuelle des enfants et pédopornographie ;
- Trafic de stupéfiants et de substances psychotropes ;
- Trafic d'armes, de munitions et d'explosifs ;
- Corruption ;
- Fraude, y compris la fraude portant atteinte aux intérêts financiers des Communautés européennes au sens de la convention du 26 juillet 1995 relative à la protection des intérêts financiers des Communautés européennes ;
- Blanchiment des produits du crime ;
- Faux-monnayage et contrefaçon de monnaie, y compris de l'euro ;
- Cybercriminalité ;
- Crimes et délits contre l'environnement, y compris le trafic d'espèces animales menacées et le trafic d'espèces et d'essences végétales menacées ;
- Aide à l'entrée et au séjour irréguliers ;
- Homicide volontaire, coups et blessures graves ;
- Trafic d'organes et de tissus humains ;
- Enlèvement, séquestration et prise d'otage ;
- Racisme et xénophobie ;
- Vol organisé ou vol à main armée ;
- Trafic illicite de biens culturels, y compris d'antiquités et d'œuvres d'art ;
- Escroquerie ;
- Extorsion ;
- Contrefaçon et piratage de produits ;
- Falsification de documents administratifs et trafic de faux ;
- Falsification de moyens de paiement ;
- Trafic illicite de substances hormonales et d'autres facteurs de croissance ;
- Trafic illicite de matières nucléaires et radioactives ;
- Trafic de véhicules volés ;
- Viol ;
- Incendie volontaire ;
- Crimes et délits relevant de la Cour pénale internationale ;
- Détournement illicite d'aéronefs ou de navires ;
- Sabotage.

En énonçant la règle selon laquelle, hors le cas qui précède, la reconnaissance et l'exécution de la décision de gel de bien peut être refusée lorsque les faits qui la justifie ne constituent pas une infraction permettant, selon la loi française, d'ordonner la saisie de ce bien, laquelle revient à avoir soumis la reconnaissance et l'exécution d'une telle décision à une condition de double saisissabilité, le législateur français a exercé une faculté qui lui était accordée par l'article 3, § 4, de la décision-cadre 2003/577/JAI. En effet, hors le cas des infractions mentionnées au deuxième paragraphe du texte, lesquelles figurent à l'article 694-32 du Code de procédure pénale, le quatrième paragraphe de celui-ci autorisait les États membres à subordonner la reconnaissance et l'exécution de la décision de gel émise aux fins de confiscation « à la condition que les faits pour lesquels cette décision a été prononcée constituent une infraction qui, au regard du droit de cet état, pouvaient entraîner ce type de gel, quels que soient les éléments constitutifs ou la qualification de l'infraction dans le droit de l'État d'émission ». Réciproquement, la décision-cadre ayant offert cette faculté aux États membres, il convient que les autorités judiciaires françaises qui envisagent de solliciter d'un autre État membre la reconnaissance et l'exécution d'une décision de gel en application de ce texte, recherchent si cet État a soumis celles-ci à la condition de double saisissabilité, ou seulement à la condition de double incrimination prévue par l'article 7, § 1, d, de la décision-cadre, avant d'examiner l'état de son droit pénal à cet égard.

Sur le fond, lorsqu'il y a lieu pour le juge répressif français de statuer sur la reconnaissance et l'exécution de la décision de gel, ce dernier devra vraisemblablement faire application, au stade de l'appréciation de ce motif de non-reconnaissance ou de non-exécution, de principes comparables à ceux devant être mis en œuvre en matière de mandat d'arrêt européen, où l'article 695-23 du Code de procédure pénale impose dans certains cas le contrôle de la double incrimination [1].

321.174 Date d'appréciation de la condition de double saisissabilité. Lorsque la France est l'État d'exécution, se pose la question de savoir à quelle date il y a lieu d'apprécier la condition de la double saisissabilité.

Cette question n'a été tranchée ni par la décision-cadre 2003/577/JAI, ni par ses dispositions de transposition.

Il semble que, si la question venait à se poser malgré la large substitution du règlement (UE) 2018/1805 à la décision-cadre, il pourrait être fait application de la règle énoncée dans ce dernier texte, selon laquelle c'est à la date de la décision de reconnaissance de la décision de gel que l'autorité judiciaire française doit se placer pour apprécier la condition de double incrimination [2].

Du reste, telle est la solution qui a été retenue par la chambre criminelle en droit commun de l'entraide judiciaire internationale aux fins de saisie et confiscation pénales [3].

321.175 Refus tiré du principe *non bis in idem*. Comme dans le champ d'application du règlement (UE) 2018/1805, le juge répressif français pourrait, lors de l'appréciation du motif de refus de reconnaissance et d'exécution fondé sur le principe *non bis in idem*, s'appuyer sur la jurisprudence développée par la chambre criminelle en matière d'exécution des mandats d'arrêt européen [4].

SECTION 3
MISE EN ŒUVRE DE L'ENTRAIDE JUDICIAIRE AUX FINS DE SAISIE PÉNALE ENTRE LES ÉTATS MEMBRES DE L'UNION EUROPÉENNE

321.180 Plan. Envisager les règles de mise en œuvre de l'entraide judiciaire aux fins de saisie pénale patrimoniale entre les États membres de l'Union européenne implique d'examiner les règles d'émission (§ 1), de transmission (§ 2), de reconnaissance et d'exécution (§ 3) des décisions de gel, mais également d'étudier les voies de recours ouvertes aux intéressés (§ 4), ainsi que le devenir des biens dont la saisie a été effectuée (§ 5).

§ 1
Émission des décisions de gel

321.191 Application du régime juridique des décisions internes de saisie dans le règlement et la décision-cadre. Ni le règlement (UE) 2018/1805, ni la décision-cadre 2003/577/JAI et ses dispositions de transposition, n'énoncent les conditions de l'émission des décisions de gel.

Il ne s'agit nullement d'une omission quelconque des législateurs européen et interne, cet état du droit s'expliquant par le fait que la décision de gel constitue une notion autonome de droit de l'Union qui n'est pas substantiellement distincte de la décision interne de saisie [5], ce dont il se déduit que les conditions d'émission de la décision de gel ne sont autres que celles de la décision de saisie dans le droit interne des États membres.

Le dernier alinéa de l'article 695-9-1 du Code de procédure pénale, applicable dans le champ d'application de la décision-cadre, l'énonce d'ailleurs à sa manière en disposant que « la décision de gel de biens est soumise aux mêmes règles et entraîne les mêmes effets juridiques que la saisie », tout comme l'article 695-9-7 du même code prévoit que « le procureur de la République, les juridictions d'instruction, le juge des libertés et de la détention et les juridictions de jugement compétents, en vertu des dispositions du Code de procédure pénale, pour ordonner une saisie de biens, sont compétents pour prendre, dans les mêmes cas et conditions, des décisions de gel visant des biens situés sur le territoire d'un autre État membre de l'Union européenne et pour établir les certificats afférents à ces décisions ».

De même, dans le champ d'application du règlement, la France a notifié à la Commission européenne, en application de l'article 24 du texte, que les autorités compétentes pour émettre des décisions de gel sont le procureur de la République, le parquet européen, les juridictions d'instruction, le juge des libertés et de la détention et les juridictions de jugement [6], ce qu'énonce aussi l'article 695-9-30-1, 1°, du Code de procédure pénale.

1. V. s[s] n° 321.163.
2. V. s[s] n° 321.164.
3. V. s[s] n°s 311.121 et 312.121.
4. V. s[s] n° 321.165.
5. V. s[s] n° 321.72.
6. Représentation permanente de la France auprès de l'Union européenne, *Note des autorités françaises*, 21 déc. 2020 (disponible sur le site internet du Réseau judiciaire européen) – Dépêche, 21 déc. 2020, *relative à l'entrée en vigueur du règlement 2018/1805 du 14 novembre 2018 concernant la reconnaissance mutuelle des décisions de gel et des décisions de confiscation*, BOL-2020-00131, p. 3.

En conséquence, les décisions de gel seront rendues par les autorités judiciaires compétentes, selon le droit interne, pour prendre les décisions de saisies pénales patrimoniales, et selon les conditions de fond et de forme prévues par celui-ci. Selon les cas, ces décisions seront de la compétence du procureur de la République, du juge des libertés et de la détention, du juge d'instruction, voire de la cour d'assises et du tribunal correctionnel à qui, rappelons-le, les articles 373-1 et 484-1 du Code de procédure pénale ont conféré un pouvoir de saisie des biens dont ils ordonnent la confiscation alors qu'ils ne sont pas d'ores et déjà placés sous main de justice[1].

Ajoutons qu'en application de l'article 695-9-7 du Code de procédure pénale, l'autorité judiciaire qui a compétence pour prendre la décision de gel a également compétence pour établir le certificat de gel afférent à celle-ci[2]. C'est aussi ce qui ressort du règlement[3].

321.192 Nécessité d'une décision *sui generis* de saisie, en cas de saisie de droit commun. Le fait, néanmoins, qu'en droit interne, les saisies pénales patrimoniales relèvent soit du droit commun des saisies pénales, soit du droit des saisies spéciales, constitue une source de difficulté pratique au stade de l'émission de la décision de saisie qui doit être dépassée par la formalisation, lorsque la saisie relève du droit commun, d'une décision *sui generis* de saisie.

En effet, contrairement à ce qu'il en est dans le domaine des saisies spéciales, qui est caractérisé par la mise en œuvre d'un contrôle juridictionnel *a priori* prenant la forme d'une ordonnance motivée du juge des libertés et de la détention ou du juge d'instruction, les saisies de droit commun ont la nature, non pas d'un acte juridictionnel, mais d'un acte d'enquête ou d'instruction, qui ne prend pas une autre forme que celle d'un procès-verbal de saisie, le plus souvent établi, non pas par le procureur de la République ou le juge d'instruction, mais par l'officier de police judiciaire agissant sous le contrôle de l'un ou l'autre de ces magistrats. Or, en matière d'entraide judiciaire internationale, l'établissement d'un procès-verbal de saisie est exclu, puisque la saisie sera exécutée non pas par l'autorité requérante, mais par l'autorité destinataire. Cela paraît imposer, lorsque la saisie relève du droit commun dans une affaire interne, l'établissement par le procureur de la République ou le juge d'instruction d'une décision *sui generis* de saisie.

Par exemple, s'il s'agit de faire saisir par les autorités judiciaires d'un État membre de l'Union européenne un bien meuble corporel, comme un véhicule automobile, qui constitue le produit ou l'instrument de l'infraction, alors que dans une affaire interne il y aurait lieu pour le procureur de la République ou le juge d'instruction – le cas échéant par l'intermédiaire d'un officier de police judiciaire –, de saisir le bien dans les conditions de l'article 56, 76 ou 97 du Code de procédure pénale, il conviendra, au cas particulier, pour l'un ou l'autre de ces magistrats, de formaliser une décision de saisie énonçant les motifs de cette mesure au regard des conditions prévues par ces textes.

Telle est d'ailleurs l'analyse de la direction des affaires criminelles et des grâces du ministère de la Justice qui considère que « si en droit interne [le procureur de la République et le juge d'instruction] n'ont pas systématiquement à établir une ordonnance de saisie (par exemple s'agissant de la saisie d'un bien meuble corporel), la rédaction d'une telle ordonnance de saisie [...] d'un bien susceptible de confiscation situé à l'étranger ainsi que la rédaction d'un certificat y afférent seront nécessaires lorsque le bien se trouve à l'étranger »[4].

321.193 Nécessité d'une décision préalable du juge des libertés et de la détention autorisant la saisie sans assentiment au cours de l'enquête préliminaire. Lorsque la décision relève du droit commun des saisies et qu'elle est prise par le procureur de la République au cours de l'enquête préliminaire, il convient, comme en droit commun de l'entraide judiciaire internationale aux fins de saisie pénale patrimonial – pour des motifs identiques[5] –, que la décision de saisie de ce magistrat, dont la reconnaissance et l'exécution est sollicitée de l'autorité judiciaire étrangère, soit précédée d'une décision du juge des libertés et de la détention, prise dans les conditions de l'article 76 du Code de procédure pénale, autorisant que la saisie soit effectuée sans assentiment.

321.194 Report de la notification des ordonnances de saisie spéciale. Enfin, lorsque la décision de saisie relève du domaine des procédures de saisies spéciales, il est en pratique indispensable de reporter la notification de l'ordonnance de saisie au propriétaire et aux tiers ayant des droits sur le bien, jusqu'au moment où la décision a été exécutée par l'autorité judiciaire étrangère, sauf à prendre le risque d'une dissipation du bien pendant le temps nécessaire à la reconnaissance et à l'exécution de la décision.

1. V. s[s] n° 131.121.
2. V. s[s] n° 321.221.
3. V. s[s] n° 321.212.
4. DACG, *Guide des saisies et confiscations*, p. 134.
5. V. s[s] n° 311.156.

Rien ne s'y oppose, puisqu'il a été jugé que la notification de l'ordonnance a pour seul objet de faire courir le délai de recours, n'est pas prescrite à peine de nullité et ne constitue ni une formalité substantielle, ni une règle d'ordre public[1].

Le règlement (UE) 2018/1805 est d'ailleurs en ce sens, si l'on relève que son article 11, § 2, organise un report de l'information des personnes concernées après la date de l'exécution de la décision de gel.

§ 2
Transmission des décisions de gel

321.200 **Plan.** Les règles de transmission des décisions de gel diffèrent pour partie selon que s'applique le règlement (UE) 2018/1805 (A) ou la décision-cadre 2003/577/JAI (B).

A.
Règlement (UE) 2018/1805

321.211 **Envoi d'un certificat de gel.** La transmission de la décision de gel se trouve organisée par l'article 4 du règlement (UE) 2018/1805, la règle étant que celle-ci doit être faite au moyen de l'envoi à l'autorité d'exécution du certificat de gel prévu par l'article 6 du règlement (art. 4, § 1). L'autorité d'émission doit remplir ce certificat, le signer, et certifier son contenu comme étant exact et correct (art. 6, § 1).

321.212 **Compétence pour établir le certificat de gel.** Le certificat de gel doit être établi par l'autorité d'émission. Lorsque la France est l'État d'émission, il s'agira donc, selon les cas, du procureur de la République, du parquet européen, des juridictions d'instruction, du juge des libertés et de la détention ou des juridictions de jugement[2].

321.213 **Traduction du certificat de gel.** En principe, selon les paragraphes 2 et 3 de l'article 6 du règlement (UE) 2018/1805, l'autorité d'émission est tenue de fournir à l'autorité d'exécution une traduction du certificat de gel dans une langue officielle de l'État d'exécution ou dans toute autre langue que l'État d'exécution a acceptée dans une déclaration déposée auprès de la Commission.

Ces déclarations, qui peuvent être faites à tout moment par les États membres, sont mises à la disposition de l'ensemble des autres États, ainsi que du Réseau judiciaire européen.

321.214 **Pièces jointes au certificat de gel.** Selon l'article 4 du règlement (UE) 2018/1805, lors de sa transmission, le certificat de gel doit être obligatoirement accompagné, soit d'un certificat de confiscation lorsque la décision de confiscation a déjà été prise dans l'État d'émission, soit d'une instruction indiquant que les biens doivent rester gelés dans l'État d'exécution dans l'attente de la transmission et de l'exécution de la décision de confiscation, auquel cas l'autorité d'émission indique la date estimée de cette transmission dans le certificat de gel (art. 4, § 6).

Par ailleurs, il peut y avoir lieu pour l'autorité d'émission de joindre au certificat de gel la décision de gel elle-même, en originale ou en copie certifiée conforme (art. 4, § 2 et 3). Le texte prévoit en effet que les États membres peuvent faire une déclaration indiquant que, lorsqu'un certificat de gel leur est transmis à des fins de reconnaissance et d'exécution d'une décision de gel, l'autorité d'émission doit transmettre la décision de gel originale ou une copie certifiée conforme de celle-ci, avec le certificat de gel. Dans ce cas, cependant, seul le certificat de gel doit être traduit. Les États membres peuvent faire cette déclaration avant la date d'entrée en vigueur du règlement ou à une date ultérieure, et cette déclaration peut réciproquement être retirée à tout moment. Les États membres sont à cet égard tenus d'informer la Commission lorsqu'ils font ou retirent une telle déclaration, la Commission mettant ces informations à la disposition de tous les États membres et du Réseau judiciaire européen.

L'autorité d'émission est enfin tenue d'informer l'autorité d'exécution dès lors qu'elle a connaissance de l'existence de personnes concernées, ainsi qu'à la demande de celle-ci, toute information concernant toute réclamation que les personnes concernées peuvent vouloir formuler à l'égard des biens, y compris des informations permettant d'identifier ces personnes (art. 4, § 7).

321.215 **Transmission directe ou indirecte.** Comme souvent en matière d'entraide judiciaire internationale, se pose la question de savoir si la transmission de la décision de gel peut se faire directement entre l'autorité d'émission et l'autorité d'exécution, ou bien s'il y a lieu de la faire transiter par une autorité centrale.

L'article 4 du règlement (UE) 2018/1805 a retenu pour principe que le certificat de gel est directement transmis à l'autorité d'exécution par tout moyen permettant de laisser une trace écrite et dans des conditions qui permettent à l'autorité d'exécution d'établir l'authenticité du certificat de gel (art. 4, § 1).

Il n'en va autrement que si l'État membre d'exécution a désigné auprès de la Commission une ou plusieurs autorités centrales chargées d'assurer la transmission et la réception administratives des certificats de gel et des certificats de confiscation, et

1. V. s^s n° 231.91.
2. V. s^s n° 321.191.

d'assister ses autorités compétentes (art. 4, § 1, et 24). Les États membres devaient informer la Commission de ces désignations avant le 19 décembre 2020, pour permettre à celle-ci d'en informer l'ensemble des États membres et le Réseau judiciaire européen.

Il reste que, lorsque l'autorité destinataire du certificat de gel n'est pas compétente pour en connaître, il y a lieu pour elle de transmettre immédiatement le certificat de gel à l'autorité d'exécution compétente dans son État et d'en aviser l'autorité d'émission (art. 4, § 9).

321.216 Choix de l'autorité d'exécution. Enfin, bien que cela puisse paraître assez évident, le règlement (UE) 2018/1805 précise que le certificat de gel doit être adressé à l'autorité d'exécution de l'État membre dans lequel l'autorité d'émission a « des motifs raisonnables » de croire que les biens dont le gel est envisagé se situent (art. 4, § 4 et 5).

Le règlement distingue pour le surplus entre deux cas : dans le cas d'une décision de gel concernant une somme d'argent (art. 4, § 4), le choix de l'État membre est déterminé par le fait que la personne à l'encontre de laquelle la décision de gel a été émise « a des biens ou des revenus dans [cet] État membre », tandis que si la décision de gel concerne des biens spécifiques (art. 4, § 5), le choix est guidé par le fait que « les biens sont situés dans [cet] État membre ».

La distinction ainsi formulée peut interroger, puisqu'une somme d'argent peut aussi être vue comme un bien spécifique objet de saisie pénale patrimoniale. Il semble en réalité que la première hypothèse renvoie à un type de saisie en valeur, ignoré du droit interne, consistant à ordonner la saisie non pas de biens déterminés, fût-ce en valeur, mais seulement pour un montant déterminé devant être recouvré sur n'importe quel bien de l'intéressé. Il s'agit, au stade de la saisie, de procéder comme lorsqu'en application de l'article 131-21, alinéa 9, du Code pénal, se trouve prononcée une peine de confiscation en valeur n'ayant pas pour objet un bien déterminé, mais consistant en une condamnation pécuniaire qui sera recouvrée par le comptable public comme le serait une amende[1].

321.217 Transmission à plusieurs États membres. Le règlement (UE) 2018/1805, à son article 5, prévoit des règles particulières qui sont applicables lorsqu'il y a lieu de solliciter l'exécution de la décision de gel de la part de plusieurs États membres : si le principe est celui de la transmission du certificat de gel à un seul État membre, à savoir celui sur le territoire duquel se situe le bien objet de la décision, il est possible d'y déroger dans deux situations, le texte distinguant entre la saisie de biens déterminés et la saisie en valeur pour un montant déterminé[2].

Dans le premier cas, il est possible de transmettre le certificat de gel à plusieurs États membres, soit lorsque la décision de gel a pour objet plusieurs biens et qu'ils sont situés dans plusieurs États membres, soit lorsque la saisie d'un bien unique nécessite d'agir dans plusieurs États membres (art. 5, § 2).

Dans le second, lorsque la valeur estimée des biens qui peuvent être gelés dans l'État d'émission et dans un seul État d'exécution risque de ne pas être suffisante pour geler le montant total visé par la décision de gel, outre le fait que le règlement prévoit qu'il est également possible de procéder de la sorte lorsque l'autorité d'émission « estime nécessaire de le faire pour une raison particulière », ce qui offre à l'autorité d'émission une marge d'appréciation certaine (art. 5, § 3).

B.
Décision-cadre 2003/577/JAI

321.221 Transmission de la décision et d'un certificat de gel traduit. Selon les articles 695-9-3 et 695-9-5 du Code de procédure pénale, transposant les dispositions des articles 4 et 9 de la décision-cadre 2003/577/JAI, la décision de gel dont la reconnaissance et l'exécution sont sollicitées dans le cadre juridique institué par ce texte, doit être transmise à l'autorité d'exécution accompagnée d'un certificat de gel décerné par l'autorité judiciaire ayant ordonné la mesure, et qui doit être traduit dans l'une des langues officielles de l'État d'exécution ou dans l'une des langues officielles des institutions de l'Union européenne acceptée par cet État. Ainsi, contrairement à ce qu'il en est dans le champ d'application du règlement (UE) 2018/1805, le certificat de gel doit toujours être accompagné de la décision de gel elle-même, sauf à préciser que celle-ci n'a cependant pas à être elle aussi traduite.

Lorsque l'État d'exécution est la France, l'article 695-9-7 du Code de procédure pénale donne compétence à l'autorité judiciaire qui a pris la décision de gel – à savoir le procureur de la République, le juge des libertés et de la détention, le juge d'instruction ou la juridiction de jugement –, pour établir le certificat de gel afférent à la décision.

Le certificat de gel doit mentionner : l'identification de l'autorité judiciaire qui a pris, validé ou confirmé la décision de gel et de l'autorité compétente pour exécuter ladite décision dans l'État d'émis-

1. V. s^s n° 126.21.

2. V s^s n° 321.216.

sion, si celle-ci est différente de l'autorité d'émission[1] ; la date et l'objet de la décision de gel[2] ; les données permettant d'identifier les biens [...] faisant l'objet de la décision de gel, notamment la description précise de ces biens [...], leur localisation dans l'État d'exécution et la désignation de leur propriétaire ou de leur gardien[3] ; l'identité de la ou des personnes physiques ou morales soupçonnées d'avoir commis l'infraction ou qui ont été condamnées et qui sont visées par la décision de gel[4] ; les motifs de la décision de gel, le résumé des faits connus de l'autorité judiciaire qui en est l'auteur, la nature et la qualification juridique de l'infraction qui la justifie y compris, s'il y a lieu, l'indication que ladite infraction entre, en vertu de la loi de l'État d'émission, dans l'une des catégories d'infractions mentionnées à l'article 694-32 et y est punie d'une peine privative de liberté d'une durée égale ou supérieure à trois ans d'emprisonnement[5] ; la description complète de l'infraction lorsque celle-ci n'entre pas dans l'une des catégories d'infractions visées au 6°[6] ; les voies de recours contre la décision de gel pour les personnes concernées, y compris les tiers de bonne foi, ouvertes dans l'État d'émission, la désignation de la juridiction devant laquelle ledit recours peut être introduit et le délai dans lequel celui-ci peut être formé[7] ; le cas échéant, les autres circonstances pertinentes de l'espèce[8] ; la signature de l'autorité judiciaire d'émission ou celle de son représentant attestant l'exactitude des informations contenues dans le certificat[9].

321.222 Pièces jointes au certificat de gel. Outre la décision de gel, il doit en principe être joint au certificat de gel la demande de confiscation du bien objet de la mesure (décis.-cadre, art. 10, § 1, b, et C. pr. pén., art. 695-9-4, al. 1).

Cette hypothèse n'est cependant certainement pas de réalisation fréquente, puisque c'est le plus souvent au stade de la mise en état du procès pénal que les États membres sont sollicités pour exécuter une décision de gel.

Aussi, à défaut de décision de confiscation d'ores et déjà prononcée, le certificat peut contenir l'instruction de conserver le bien dans l'État d'exécution jusqu'à la réception de la demande de confiscation et mentionne alors la date probable à laquelle cette demande sera présentée (décis.-cadre, art. 10, § 1, c, et C. pr. pén., art. 695-9-4, al. 2).

1. C. pr. pén., art. 695-9-3, 1°.
2. C. pr. pén., art. 695-9-3, 3°.
3. C. pr. pén., art. 695-9-3, 4°.
4. C. pr. pén., art. 695-9-3, 5°.
5. C. pr. pén., art. 695-9-3, 6°.
6. C. pr. pén., art. 695-9-3, 7°.
7. C. pr. pén., art. 695-9-3, 8°.
8. C. pr. pén., art. 695-9-3, 9°.
9. C. pr. pén., art. 695-9-3, 10°.

321.223 Transmission directe ou indirecte. Comme en vertu du règlement (UE) 2018/1805, la transmission de la décision de gel et du certificat se fait directement entre l'autorité d'émission et l'autorité d'exécution, par tout moyen laissant une trace écrite et dans des conditions permettant à l'autorité d'exécution d'en vérifier l'authenticité, hors le cas où l'État d'exécution a imposé, par le dépôt d'une déclaration, la transmission par l'intermédiaire d'une ou plusieurs autorités centrales désignées par cet État (décis.-cadre, art. 4, § 1 et § 2 et C. pr. pén., art. 695-9-6).

En matière d'entraide judiciaire sortante (active), les décisions de gel émises par l'autorité judiciaire française seront ainsi transmises à l'autorité d'exécution étrangère ou à l'autorité centrale désignée par l'État étranger, soit par le juge d'instruction, soit par le ministère public. L'article 695-9-8 du Code de procédure pénale dispose en effet à cet égard : « La décision de gel prise par un juge d'instruction est transmise par celui-ci, avec son certificat, à l'autorité judiciaire de l'État d'exécution, selon les modalités prévues à l'article 695-9-6. Dans les autres cas, la décision et le certificat sont transmis par le ministère public près la juridiction qui en est l'auteur. » Il se déduit de la seconde phrase de ce texte que le procureur de la République transmettra, outre ses propres décisions de gel (en cas de saisie de droit commun portant, en nature ou en valeur, sur l'instrument, l'objet ou le produit de l'infraction), celles prises par le juge des libertés et de la détention ou le tribunal correctionnel, tandis que le procureur général se chargera des décisions de gel rendues par la cour d'assises.

321.224 Transmission de la décision emportant mainlevée de la décision de gel. L'article 695-9-9 du Code de procédure pénale dispose réciproquement que l'autorité judiciaire française qui a transmis une décision de gel à une autorité judiciaire étrangère se trouve réciproquement tenue de lui transmettre selon les mêmes modalités les décisions qui emportent mainlevée de cette décision.

§ 3
Reconnaissance et exécution des décisions de gel

321.230 Plan. Conformément à une règle commune gouvernant la matière, les décisions de gel sont exécutées selon la loi de l'État requis (A). Ceci étant, lorsqu'une décision de gel est adressée à l'autorité judiciaire française par les autorités d'un autre État membre de l'Union européenne, quelle est l'autorité compétente pour statuer sur la reconnaissance de cette décision et l'exécuter (B) et quelle est la procédure qui doit être suivie (C) ?

A. Loi applicable à l'exécution des décisions de gel

321.241 Exécution selon la loi du *for*. Comme en droit commun de l'entraide judiciaire internationale[1], le règlement (UE) 2018/1805 et la décision-cadre 2003/577/JAI prévoient que l'exécution de la décision de gel est régie par le droit de l'État d'exécution, ce dont il se déduit que les décisions de saisie reçues des autorités étrangères seront exécutées par les autorités judiciaires françaises selon les modalités du Code de procédure pénale. L'article 23, § 1, du règlement énonce ainsi que « l'exécution des décisions de gel et des décisions de confiscation est régie par le droit de l'État d'exécution, et ses autorités sont seules compétentes pour décider des modalités d'exécution de ces décisions et déterminer toutes les mesures y afférentes », quand l'article 695-9-15 du Code de procédure pénale, dans le champ d'application de la décision-cadre, dispose que « les décisions de gel de biens ordonnées à des fins de confiscation ultérieure sont exécutées, aux frais avancés du Trésor, selon les modalités prévues par le présent code ».

B. Compétence pour statuer sur la reconnaissance et l'exécution des décisions de gel adressées à l'autorité judiciaire française

321.250 Plan. Que ce soit en application du règlement (UE) 2018/1805 (1°) ou de la décision-cadre 2003/577/JAI (2°), le juge d'instruction est l'autorité judiciaire française compétente pour statuer sur la reconnaissance des décisions de gel transmises à la France et les exécuter.

1° Règlement (UE) 2018/1805

321.261 Compétence *ratione materiae* du juge d'instruction. Le règlement n'indique pas quelle est l'autorité judiciaire française compétente pour reconnaître et exécuter les décisions de gel émises par les autorités judiciaires étrangères.

Cependant, en application de l'article 24 du règlement, la France a notifié à la Commission que cette autorité serait, comme dans le champ d'application de la décision-cadre 2003/577/JAI, le juge d'instruction[2]. C'est aussi ce qu'énonce l'article 695-9-30-1, 2°, du Code de procédure pénale.

1. V. s^s n° 311.181.

321.262 Compétence *ratione loci* du juge d'instruction. L'article 695-9-30-1, 2°, du Code de procédure pénale, tout en conférant au juge d'instruction la compétence pour exécuter les décisions de gel étrangères, règle la question complémentaire de la compétence territoriale de ce magistrat : est territorialement compétent le juge d'instruction du lieu où se situe l'un des biens gelés ; « à défaut », ce sera le juge d'instruction de Paris.

Ces dispositions sont comparables à celles énoncées à l'article 695-9-11 du Code de procédure pénale, applicable dans le champ d'application de la décision-cadre 2003/577/JAI[3], ainsi qu'à celles de l'article 713-41 du même code relatif à l'exécution des demandes d'entraide aux fins d'exécution des décisions de confiscation prises par les autorités judiciaires étrangères[4] et à la jurisprudence de la chambre criminelle en droit commun de l'entraide judiciaire internationale aux fins de saisie pénale patrimoniale[5]. Elles permettent la centralisation entre les mains d'un seul et même juge des décisions de gel qui porteraient sur des biens situés dans le ressort de plusieurs magistrats instructeurs.

Ce rapprochement permet de comprendre les dispositions selon lesquelles « à défaut » de juge territorialement compétent à raison de la localisation dans son ressort de l'un des biens gelés, sera compétent le juge d'instruction de Paris. Elles signifient que ce dernier magistrat sera compétent lorsque le lieu où se situe le bien saisi n'aura pas été précisé. C'est en effet ce que prévoit plus clairement l'article 695-9-11 du Code de procédure pénale applicable dans le champ d'application de la décision-cadre[6].

2° Décision-cadre 2003/577/JAI

321.271 Compétence *ratione materiae* du juge d'instruction. L'article 695-9-10 du Code de procédure pénale confère au juge d'instruction la compétence pour statuer sur la reconnaissance des décisions de gel transmises par les autorités étrangères et les exécuter.

Les décisions de gel accompagnées du certificat doivent ainsi être adressées au juge d'instruction

2. Représentation permanente de la France auprès de l'Union européenne, *Note des autorités françaises*, 21 déc. 2020 (disponible sur le site internet du Réseau judiciaire européen) – Dépêche, 21 déc. 2020, *relative à l'entrée en vigueur du règlement 2018/1805 du 14 novembre 2018 concernant la reconnaissance mutuelle des décisions de gel et des décisions de confiscation*, BOL-2020-00131, p. 3.
3. V. s^s n° 321.272.
4. V. s^s n° 312.192.
5. V. s^s n° 311.192.
6. V. s^s n° 321.272.

territorialement compétent par l'autorité d'émission, le cas échéant par l'intermédiaire du procureur de la République ou du procureur général[1], étant relevé que, si l'autorité judiciaire à laquelle la demande de gel a été transmise n'est pas compétente pour y donner suite, elle est tenue de l'adresser sans délai à l'autorité judiciaire compétente et d'en informer l'autorité judiciaire de l'État d'émission[2].

321.272 Compétence *ratione loci* du juge d'instruction. Les règles de compétence territoriale du juge d'instruction sont énoncées par l'article 695-9-11 du Code de procédure pénale dont il ressort que le juge d'instruction territorialement compétent est celui du lieu où se situe l'un quelconque des biens faisant l'objet de la demande de gel ou, si ce lieu n'est pas précisé, le juge d'instruction de Paris[3].

Le texte, comparable à celui qui est applicable dans le champ d'application du règlement (UE) 2018/1805[4], permet donc que soient centralisées entre les mains d'un seul et même juge les décisions de gel qui porteraient sur des biens situés dans le ressort de plusieurs magistrats instructeurs, ce qui rejoint les dispositions comparables applicables en matière d'entraide aux fins d'exécution des décisions de confiscation, qu'elles émanent d'un État membre de l'Union européenne[5] ou non[6], et la jurisprudence de la chambre criminelle en droit commun de l'entraide judiciaire internationale aux fins de saisie pénale patrimoniale[7].

C.
Procédure de reconnaissance et d'exécution des décisions de gel adressées à l'autorité judiciaire française

321.280 Plan. Bien que le règlement (UE) 2018/1805 contienne de nombreuses dispositions relatives à la procédure de reconnaissance et d'exécution des décisions de gel (1°), celle-ci reste en l'état davantage indéterminée que celle résultant de la décision-cadre 2003/577/JAI et de ses dispositions de transposition (2°).

1°
Règlement (UE) 2018/1805

321.291 Délai pour la reconnaissance et l'exécution de la décision de gel. L'article 9 du règlement (UE) 2018/1805 contient des dispositions importantes à propos du délai accordé à l'autorité d'exécution pour statuer sur la reconnaissance et l'exécution des décisions de gel. Ce texte, qui a fait l'objet d'intenses discussions sur ce point[8], se montre à cet égard plus précis que la décision-cadre 2003/577/JAI se bornant à prévoir un principe de reconnaissance et d'exécution « immédiates » (décis.-cadre, art. 5, § 1).

Le texte énonce en effet le principe que l'autorité d'exécution prend la décision relative à la reconnaissance et à l'exécution de la décision de gel, et exécute cette décision sans tarder et « avec la même rapidité et le même degré de priorité que dans un cas similaire au niveau national » après avoir reçu le certificat de gel (art. 9, § 1).

Cependant, il est loisible à l'autorité d'émission de solliciter que le gel soit exécuté à une date particulière, voire dans un délai de quatre-vingt-seize heures.

Ainsi, l'autorité d'émission peut indiquer dans le certificat de gel que l'exécution de la décision de gel doit avoir lieu à une date précise, ce dont l'autorité d'exécution doit tenir compte dans toute la mesure du possible (art. 9, § 2). Si l'autorité d'émission a indiqué, de surcroît, qu'une coordination est nécessaire entre les États membres concernés, l'autorité d'exécution et l'autorité d'émission doivent se coordonner afin de convenir de la date d'exécution de la décision de gel. Si aucun accord ne peut être trouvé, l'autorité d'exécution décide alors de la date d'exécution de la décision de gel, en tenant compte dans toute la mesure du possible des intérêts de l'autorité d'émission.

L'autorité d'émission a toutefois également la faculté de solliciter, dans le certificat de gel, l'exécution immédiate du gel, dans la mesure où il existe des motifs légitimes de croire que les biens en cause sont sur le point d'être déplacés ou détruits, ou lorsque cela est nécessaire aux fins d'une enquête ou d'une procédure dans l'État d'émission. L'autorité d'exécution se prononce alors sur la reconnaissance de la décision de gel au plus tard quarante-huit heures après l'avoir reçue, puis prend les mesures concrètes nécessaires à l'exécution de la décision au plus tard quarante-huit heures après s'être prononcée (art. 9, § 3). S'il s'avère impossible, dans un cas spécifique, de respecter ces délais, il appartient à l'autorité d'exécution d'en informer l'autorité d'émission par tout moyen, en indiquant les raisons pour lesquelles le délai n'a pas été respecté, puis de la consulter afin de fixer une date appropriée pour la reconnaissance et l'exécution de la décision de gel (art. 9, § 5).

1. C. pr. pén., art. 695-9-11, al. 1.
2. C. pr. pén., art. 695-9-11, al. 3.
3. C. pr. pén., art. 695-9-11, al. 2.
4. V. s[s] nº 321.262.
5. V. s[s] nºs 322.262 et 322.272.
6. V. s[s] nº 312.192.
7. V. s[s] nº 311.192.
8. Conseil, *Proposal for a Regulation of the European Parliament and of the Council on the mutual recognition of freezing and confiscation orders – Questions concerning the EP amendments and other issues related to the draft Regulation*, 5 févr. 2018, 5621/18, p. 4.

En tous les cas, le non respect des délais ne dispense pas l'autorité d'exécution de son obligation de se prononcer sur la reconnaissance de la décision de gel et de l'exécuter sans tarder (art. 9, § 6).

321.292 Cessation de l'exécution de la décision de gel. Réciproquement, lorsque la décision de gel ne peut plus faire l'objet d'une exécution ou n'est plus valable pour un motif quelconque tiré du droit interne de l'État d'émission, celui-ci se trouve tenu de procéder sans tarder au retrait de la décision et d'en informer immédiatement l'autorité d'exécution par tout moyen permettant de laisser une trace écrite (art. 27, § 1 et § 2). Il en est de même s'agissant de toute décision ou mesure entraînant le retrait d'une décision de gel.

L'autorité d'exécution doit alors mettre fin à la procédure d'exécution de la décision de gel et en informer l'autorité d'émission sans retard indu et par tout moyen permettant de laisser une trace écrite (art. 27, § 3).

321.293 Procédure de non-reconnaissance ou de non-exécution des décisions de gel. L'autorité d'exécution peut refuser de reconnaître ou d'exécuter la décision de gel en se fondant sur l'un des motifs limitativement énumérés à l'article 8 du règlement (UE) 2018/1805. Ceci étant, le règlement ajoute à ces conditions de fond, déjà examinées[1], des conditions procédurales.

D'abord, quel que soit le motif du refus de reconnaissance ou d'exécution, et qu'il s'agisse de refuser d'exécuter totalement la décision de gel ou seulement en partie, l'autorité d'exécution est tenue de préalablement consulter l'autorité d'émission et doit, le cas échéant, lui demander de fournir toute information nécessaire (art. 8, § 2).

Ensuite, la décision de refus de reconnaissance ou d'exécution de la décision de gel doit être prise sans tarder et notifiée immédiatement à l'autorité d'émission, par tout moyen permettant de laisser une trace écrite (art. 8, § 3).

Enfin, si c'est en cours d'exécution qu'apparaît l'un des motifs de non-reconnaissance ou de non-exécution, l'autorité d'exécution doit immédiatement en aviser l'autorité d'émission afin d'engager une phase de discussion. À l'issue de celle-ci, dans l'hypothèse où aucune solution n'aurait été trouvée, soit l'autorité d'émission revient sur la décision de gel, soit l'autorité d'exécution est fondée à décider de mettre fin à l'exécution de la mesure (art. 8, § 4).

321.294 Impossibilité d'exécution d'une décision de gel reconnue. L'autorité d'exécution peut par ailleurs opposer à l'autorité d'émission l'impossibilité d'exécuter la décision de gel dans les conditions de l'article 13 du règlement (UE) 2018/1805.

Contrairement aux motifs de non-reconnaissance ou de non-exécution, qui constituent des circonstances fondant *la faculté*, pour l'autorité d'exécution, de refuser de reconnaître et d'exécuter la décision de gel, les cas d'impossibilité d'exécution constituent des circonstances mettant l'autorité d'exécution dans *l'incapacité* d'exécuter la mesure par ailleurs reconnue.

Ainsi en est-il si les biens ont déjà été confisqués (art. 13, § 3, a), ont disparu (art. 13, § 3, b), ont été détruits (art. 13, § 3, c), ne peuvent être trouvés à l'endroit indiqué sur le certificat de gel (art. 13, § 3, d), ou ne peuvent être trouvés parce que l'endroit où ils se trouvent n'a pas été indiqué de manière suffisamment précise en dépit du fait que l'autorité d'exécution a consulté l'autorité d'émission à ce propos (art. 13, § 3, e). Il en est d'ailleurs de même lorsque, nonobstant le fait que l'autorité d'émission a indiqué que des biens d'une valeur équivalente pouvaient être gelés, il n'existe pas de tels biens sur le territoire de l'État d'exécution susceptibles de l'être (art. 13, § 5).

En effet, la faculté pour l'autorité d'exécution d'opposer l'impossibilité d'exécuter la décision de gel est soumise à des conditions procédurales. Outre le fait qu'elle est tenue d'informer sans tarder l'autorité d'émission de la cause d'impossibilité à laquelle elle se trouve confrontée (art. 13, § 1), elle doit surtout préalablement consulter l'autorité d'émission (art. 13, § 2). Cette consultation, comme il a été vu, est d'ailleurs une condition de la faculté, pour l'autorité d'exécution, de faire valoir auprès de l'autorité d'émission le fait qu'elle se trouve dans l'impossibilité de donner une suite favorable à sa demande pour le motif que les biens objet de la décision de saisie ne peuvent être trouvés parce que l'endroit où ils se trouvent n'a pas été indiqué de manière suffisamment précise sur le certificat de gel.

Dans l'hypothèse où la décision de gel ne pourrait être immédiatement exécutée car le bien objet de celle-ci a disparu, ne peut être trouvé à l'endroit indiqué sur le certificat de gel ou ne peut être trouvé parce que l'endroit où il se trouve n'a pas été indiqué de manière suffisamment précise en dépit du fait que l'autorité d'exécution a consulté l'autorité d'émission à ce propos (art. 13, § 3, b, d, e), le caractère potentiellement temporaire de ces circonstances de fait a cet effet que, dans l'hypothèse où le bien serait finalement localisé par l'autorité d'exécution, celle-ci peut exécuter la décision sans qu'il y ait lieu pour l'autorité d'émission de lui transmettre un nouveau certificat de gel, sauf à ce qu'elle ait vérifié auprès de l'autorité d'émission que la décision de gel est encore valable.

1. V. s[s] n° 321.162.

321.295 **Sursis à l'exécution de la décision de gel reconnue.** L'article 10 du règlement (UE) 2018/1805 prévoit enfin la faculté pour l'autorité d'exécution de simplement différer l'exécution de la décision de gel par ailleurs reconnue.

Le règlement distingue à cet égard entre trois cas : l'exécution de la décision de gel risque de nuire à une enquête pénale en cours et, dans ce cas, il peut être sursis à l'exécution jusqu'au moment où l'autorité d'exécution le juge raisonnable (art. 10, § 1, a), les biens font déjà l'objet d'une décision de gel existante et, dans ce cas, il peut être sursis à l'exécution jusqu'à ce que cette décision ait été retirée (art. 10, § 1, b), ou enfin les biens font déjà l'objet d'une décision de saisie émise dans le cadre d'une autre procédure diligentée dans l'État d'exécution et, dans ce cas, il peut être sursis à l'exécution de la décision de gel jusqu'à ce que la décision existante ait été retirée (art. 10, § 1, c). Une restriction est cependant énoncée dans ce dernier cas qui ne s'applique que si la décision interne est prioritaire en vertu du droit national par rapport à des décisions de gel nationales ultérieures en matière pénale : les décisions de gel étrangères ne sauraient se voir appliquer un régime juridique moins favorable que les décisions de gel internes (art. 7, § 1).

L'application de ces dispositions pourrait être délicate lorsque la France est l'État d'exécution. En effet, rien ne s'oppose, en droit interne, à ce qu'un bien placé sous main de justice fasse à nouveau l'objet d'une saisie pénale[1]. De même, il n'existe pas de règle de priorité entre les décisions successives de saisie. Il s'en déduit que le bien placé sous main de justice à plusieurs reprises sera susceptible d'être confisqué dans la procédure qui donnera lieu, la première, à une décision définitive de confiscation. Ainsi, lorsqu'elle est saisie d'une demande d'exécution de décision de gel de bien, la France pourrait être infondée à surseoir à l'exécution de la mesure au motif que le bien visé a été placé sous main de justice dans une procédure interne, alors même que le bien serait ainsi susceptible d'être confisqué par l'autorité étrangère avant que ne soit rendue une décision définitive interne de confiscation, ce qui ne sera pas sans effet sur le devenir des biens confisqués[2].

Procéduralement, comme lorsque se trouve opposé un motif de non-reconnaissance ou de non-exécution, ou un motif d'impossibilité d'exécution, l'autorité d'exécution se trouve tenue d'informer l'autorité d'émission de sa décision de surseoir à statuer, par tout moyen permettant de laisser une trace écrite, en précisant les motifs du sursis et la durée escomptée de celui-ci (art. 10, § 2).

Enfin, dès que les motifs de sursis à l'exécution ont disparu, l'autorité d'exécution est tenue de prendre les mesures nécessaires pour mettre à exécution la décision de gel, et d'en informer pareillement l'autorité d'émission (art. 10, § 3).

321.296 **Régime applicable en cas de décisions de gel multiples.** De façon originale, l'article 26 du règlement (UE) 2018/1805 envisage la situation où l'État d'exécution se trouve destinataire de décisions de gel concurrentes émises par plusieurs États membres, soit qu'en cas de saisie en valeur pour un montant déterminé plusieurs décisions concernent un même individu, soit que plusieurs décisions aient pour un objet un même bien particulier (art. 26, § 1).

S'il appartient à l'autorité d'exécution de décider laquelle de ces décisions sera exécutée, le règlement a institué une règle de priorité et par ailleurs énoncé des critères de décision. Ainsi, si l'autorité « tient compte en priorité, dans la mesure du possible, de l'intérêt des victimes » (art. 26, § 2), elle prend ailleurs en considération « toutes les circonstances pertinentes », et notamment les suivantes : le fait que les avoirs soient déjà gelés ou non (art. 26, § 2, a), les dates des différentes décisions et leurs dates de transmission (art. 26, § 2, b), la gravité de l'infraction pénale concernée (art. 26, § 2, c), et le lieu où l'infraction a été commise (art. 26, § 2, d).

En pratique, il semble ainsi, lorsqu'une autorité judiciaire française émet une décision de gel, qu'il peut y avoir un intérêt, pour l'hypothèse où la décision de gel française entrerait en concurrence avec une ou plusieurs décisions de gel étrangères, à mentionner l'existence, en droit français, des dispositions de l'article 706-164 du Code de procédure pénale permettant aux parties civiles d'obtenir le paiement des dommages et intérêts qui leur sont dus sur les biens confisqués ou leur valeur liquidative[3].

321.297 **Modalités de la décision.** Pour le surplus, le règlement, non plus que les dispositions d'adaptation des articles 695-9-30-1 et 695-9-30-2 du Code de procédure pénale, ne disent rien des modalités de la décision du juge d'instruction sur la reconnaissance et l'exécution des décisions de gel. Quelle est la procédure préalable à sa décision ? En particulier, l'avis du ministère public est-il nécessaire ? Que doit contrôler le juge d'instruction ? Quelles doivent être les formes de sa décision ? Ce sont autant de questions que le législateur français aurait dû envisager.

1. V. s^s n° 211.41.
2. V. s^s n° 322.412.
3. V. s^s n° 132.131.

Dans le silence de la loi, mais pour les raisons déjà exposées[1], il pourrait y avoir lieu, dans le champ d'application du règlement, de faire application des articles 695-9-12 à 695-9-15 du Code de procédure pénale, en écartant cependant l'application des dispositions législatives qui seraient contraires au règlement, telles que celles relatives au délai de décision figurant à l'article 695-9-13, dès lors que le législateur européen a envisagé cette question à nouveaux frais[2], ou bien encore la référence à l'article 694-4 du Code de procédure pénale se trouvant à l'article 695-9-12. L'on se reportera donc aux développements qui y sont consacrés[3].

En tout état de cause, sur le fond, l'office du juge d'instruction consiste, comme en droit commun de l'entraide judiciaire internationale et dans le champ d'application de la décision-cadre, non pas à apprécier le bien-fondé de la décision de gel – qui relève de l'appréciation de la seule autorité d'émission –, mais à contrôler que se trouvent réunies les conditions de fond et de forme de la reconnaissance et de l'exécution de cette décision[4]. D'ailleurs, à propos du recours contre la décision de reconnaissance et d'exécution, l'article 33, § 2, du règlement (UE) 2018/1805 exclut que le bien-fondé de la décision de gel puisse être contesté devant les juridictions de l'État d'exécution[5].

2°
Décision-cadre 2003/577/JAI

321.301 Procédure préalable à la décision du juge d'instruction. Dans le champ d'application de la décision-cadre 2003/577/JAI, la procédure au terme de laquelle il est statué sur la demande de reconnaissance et d'exécution des décisions de gel est organisée par les articles 695-9-12 et 695-9-13 du Code de procédure pénale.

Le juge d'instruction est d'abord tenu de statuer après avis du ministère public, ce qui, dans la jurisprudence de la chambre criminelle, constitue une condition de régularité de la décision de reconnaissance et d'exécution[6].

L'article 695-9-12 distingue à cet égard entre deux situations, en prévoyant qu'avant de statuer sur l'exécution de la décision de gel, le juge d'instruction saisi directement de la demande doit la communiquer pour avis au procureur de la République (al. 1), tandis que ce magistrat, lorsqu'il reçoit directement une telle demande, est tenu de la transmettre pour exécution, avec son avis, au juge d'instruction (al. 2).

S'il apparaît au procureur de la République que la reconnaissance et l'exécution de la décision de gel sont susceptibles de porter atteinte à l'ordre public français ou aux intérêts essentiels de la Nation, il s'ajoute à la procédure celle prévue par l'article 694-4 du Code de procédure pénale : le procureur de la République transmet la demande au procureur général qui détermine s'il y a lieu d'en saisir le ministre de la Justice, en donnant, le cas échéant, avis de cette transmission au juge d'instruction. Une fois saisi, le ministre de la Justice informe l'autorité d'émission, le cas échéant, de ce qu'il ne peut être donné suite, totalement ou partiellement, à la demande de reconnaissance et d'exécution de la décision de gel, cette information étant par ailleurs notifiée à l'autorité judiciaire concernée et faisant obstacle à la reconnaissance et l'exécution de la décision de gel. L'on peut cependant se demander si ces dispositions sont conformes à la décision-cadre.

321.302 Décision du juge d'instruction sur la reconnaissance et l'exécution : fond. C'est à ce stade qu'il appartient au juge d'instruction de statuer sur la reconnaissance et l'exécution de la décision de gel, en contrôlant que sont réunies les conditions de forme et de fond de celles-ci : outre la régularité formelle, le magistrat instructeur doit contrôler que la décision de gel, émise dans une procédure entrant dans le champ d'application de la décision-cadre, a pour nature et comme objet ceux envisagés par ce texte, et que ne s'y oppose aucun motif de non-reconnaissance ou de non-exécution. C'est ce qu'énonce l'article 695-9-13 du Code de procédure pénale : « Après s'être assuré de la régularité de la demande, le juge d'instruction se prononce sur l'exécution de la décision de gel dans les meilleurs délais et, si possible, dans les vingt-quatre heures suivant la réception de ladite décision. »

321.303 Décision du juge d'instruction sur la reconnaissance et l'exécution : forme. Si le législateur est demeuré taisant s'agissant de la forme que doit prendre la décision du juge d'instruction sur la demande de reconnaissance et d'exécution de la décision de gel, sauf à avoir précisé que le juge d'instruction doit statuer dans les meilleurs délais et idéalement dans les vingt-quatre heures suivant la réception de la demande[7], il semble, même si l'état du droit est incertain à cet égard, que celle-ci doive toujours prendre la forme d'un acte juridictionnel, en l'occurrence d'une ordonnance.

1. V. s^s n° 321.12.
2. V. s^s n° 321.291.
3. V. s^s n°s 321.301 à 321.308.
4. V. s^s n° 321.302.
5. V. s^s n° 321.335.
6. Crim. 10 oct. 2017, n° 17-80.118, NP.
7. C. pr. pén., art. 695-9-13, al. 1.

En effet, le législateur a distingué entre la décision du juge d'instruction sur la demande de reconnaissance et d'exécution de la décision de gel, et l'exécution même de celle-ci, en énonçant au premier alinéa de l'article 695-9-13 du Code de procédure pénale qu'« après s'être assuré de la régularité de la demande, le juge d'instruction se prononce sur l'exécution de la décision de gel », puis à son deuxième qu'« il exécute ou fait exécuter immédiatement la décision de gel ». Visiblement, la décision sur la reconnaissance et l'exécution de la décision de gel est une chose ; son exécution en est une autre.

Au soutien de cette analyse, on relèvera du reste que l'autonomie de la décision sur la reconnaissance et l'exécution apparaît en cas de refus de reconnaissance et d'exécution, puisque le premier alinéa de l'article 695-9-19 du Code de procédure pénale dispose que « le refus d'exécuter une décision de gel de biens [...] est motivé » et « est notifié sans délai à l'autorité judiciaire de l'État d'émission par tout moyen laissant une trace écrite ».

Enfin, en opportunité, il paraît important que le juge d'instruction formalise le contrôle qu'il exerce sur les conditions de forme et de fond de la reconnaissance et de l'exécution de la décision de gel.

Il reste que, compte tenu de la juridictionnalisation seulement partielle des saisies pénales patrimoniales opérée par la loi n° 2010-768 du 9 juillet 2010[1], rien ne semble s'opposer à ce que, lorsque l'exécution de la décision de gel prend la forme, dans l'ordre juridique interne, d'une décision juridictionnelle de saisie spéciale, le juge d'instruction reconnaisse et exécute la décision de gel en rendant une seule et même ordonnance dans laquelle il énonce les motifs le portant à considérer que les conditions de la reconnaissance et de l'exécution de la mesure se trouvent réunies.

Il pourrait n'y avoir lieu de statuer sur la reconnaissance et l'exécution de la décision de gel par une ordonnance particulière qu'en cas de refus de celles-ci, ou bien lorsque la saisie porte sur un bien meuble corporel constituant l'instrument de l'infraction ou, en nature ou en valeur, son produit, dès lors que, dans ce cas, en droit interne, la saisie ne prend pas la forme d'un acte juridictionnel, mais d'un acte d'instruction qu'effectue le juge d'instruction en personne ou par l'intermédiaire d'un officier de police judiciaire agissant sur commission rogatoire.

321.304 Exécution de la décision de gel. C'est aussi au juge d'instruction qu'il appartient de procéder ou de faire procéder à l'exécution de la décision de gel dans l'ordre juridique interne selon les modalités prévues par le Code de procédure pénale.

Comme l'énonce le deuxième alinéa de l'article 695-9-13 du Code de procédure pénale, « il exécute ou fait exécuter immédiatement la décision de gel », cette exécution s'effectuant selon les modalités prévues par le même code[2].

Ainsi, selon la nature du bien objet de la décision de gel, sa relation avec l'infraction et le fondement de son caractère confiscable, il y aura lieu pour le juge d'instruction soit de rendre une ordonnance de saisie spéciale, soit de saisir le bien par procès-verbal, sauf dans le second cas à faire procéder à la saisie par un officier de police judiciaire agissant en exécution de sa commission rogatoire. Dans les deux situations seront respectées les modalités prévues par le Code de procédure pénale.

Il appartiendra enfin au juge d'instruction d'informer l'autorité d'émission de l'exécution de la décision de gel[3].

321.305 Nature de l'acte d'exécution de la décision de gel. Si la décision de gel est exécutée selon les modalités prévues par le Code de procédure pénale, en la forme d'une ordonnance de saisie spéciale ou d'un procès-verbal de saisie de droit commun, comme il vient d'être vu, il n'en demeure pas moins que cet acte d'exécution possède une nature propre à laquelle correspond un régime juridique particulier. En d'autres termes, si dans l'ordre juridique de l'État d'émission, il y a identité entre la décision de gel – au sens du droit de l'Union –, et la décision de saisie – au sens du droit interne –, une telle identité ne se retrouve pas dans l'ordre juridique de l'État d'exécution entre la décision d'exécution de la décision de gel et la décision de saisie : la première n'emprunte à la seconde que ses seules *modalités*, leurs *conditions de fond* différant autant que leurs *régimes juridiques*.

Sur le fond, les conditions des décisions d'exécution des décisions de gel diffèrent de celles des décisions internes de saisie pénale patrimoniale, puisqu'il y a lieu pour le juge d'instruction d'apprécier si se trouvent réunies non pas les conditions de la saisie prévues par le droit interne, mais les conditions de la reconnaissance et de l'exécution de la décision de gel fixées par les dispositions de transposition de la décision-cadre 2003/577/JAI.

À cette différence de conditions de fond répond du reste une différence de régimes juridiques. Ainsi, il a été jugé que, lorsque la décision d'exécution d'une décision de gel prend la forme d'une ordonnance de saisie spéciale, le recours contre la décision du juge d'instruction doit être exercé dans les seules

1. L. n° 2010-768, 9 juill. 2010 *visant à faciliter la saisie et la confiscation en matière pénale, JO* 10 juill., p. 12753.

2. C. pr. pén., art. 695-9-15.
3. C. pr. pén., art. 695-9-13, al. 3.

conditions prévues par l'article 695-9-22 du Code de procédure pénale, et non selon les dispositions des articles 706-141 et suivants de ce code applicables aux saisies spéciales. La chambre criminelle a en effet posé pour principe qu'« il résulte des dispositions de l'article 695-9-22 du Code de procédure pénale que toute personne, qui prétend avoir un droit sur un bien gelé, peut, par voie de requête soumise au greffe de la chambre de l'instruction de la cour d'appel territorialement compétente, dans les dix jours de la date de mise à exécution de la décision considérée, former un recours à l'encontre de cette dernière, dans les formes prévues par l'article 173 du Code de procédure pénale », et qu'est ainsi « irrecevable, l'appel interjeté par une banque, au greffe du tribunal, contre l'ordonnance du juge d'instruction saisissant des fonds déposés sur un compte bancaire, en exécution d'une demande d'entraide des autorités judiciaire néerlandaises »[1]. De même, il a été dit pour droit que « le juge français qui a pour mission d'exécuter une mesure de gel décidée par une juridiction étrangère en vertu des dispositions des articles 695-9-1 et suivants du Code de procédure pénale, ne dispose pas des pouvoirs à lui dévolus par les articles 706-144 et 706-146 du même code lorsqu'il ordonne lui-même une mesure de saisie », pour écarter le moyen de cassation présenté par un établissement bancaire reprochant à une chambre de l'instruction d'avoir confirmé la décision d'un juge d'instruction s'étant déclaré incompétent pour statuer sur la demande tendant à être autorisé à poursuivre des procédures civiles d'exécution sur des biens immobiliers ayant fait l'objet d'ordonnances de saisies spéciales en exécution d'une décision de gel des autorités judiciaires roumaines[2]. Le régime juridique des actes d'exécution des décisions de gel doit donc être recherché dans les seules dispositions des articles 695-9-1 et suivants du Code de procédure pénale.

321.306 **Refus de reconnaissance et d'exécution.** S'il lui apparaît que les conditions de la reconnaissance et de l'exécution de la décision de gel ne sont pas réunies, par exemple car se trouve caractérisé un motif de non-reconnaissance ou de non-exécution[3], il appartient au juge d'instruction de rejeter la demande de l'autorité d'émission, mais cette décision doit alors respecter le formalisme prévu par le premier alinéa de l'article 695-9-19 du Code de procédure pénale : le refus doit être motivé et notifié sans délai à l'autorité d'émission.

1. Crim. 13 févr. 2013, n° 12-82.999, P, n° 41 ; *D.* 2013. 642 ; *AJ pénal* 2013. 357, obs. L. Ascensi.
2. Crim. 1er avr. 2020, n° 19-81.760, P, 43 ; *D.* 2020. 880.
3. V. ss n° 321.172.

321.307 **Impossibilité d'exécution.** De même, lorsque les conditions de la reconnaissance de la décision de gel sont réunies, mais que les circonstances de fait sont telles que l'exécution est impossible, il appartient au juge d'instruction d'en informer sans délai l'autorité d'émission par tout moyen laissant une trace écrite[4].

Les motifs d'impossibilité d'exécution sont énoncés au second alinéa de l'article 695-9-19 du Code de procédure pénale transposant les dispositions de l'article 7, § 4, de la décision-cadre 2003/577/JAI. Ainsi en est-il en cas de disparition du bien, de destruction de celui-ci, ou s'il n'a pas été retrouvé à l'endroit indiqué dans le certificat ou qu'il n'a pas été possible de le localiser, même après consultation de l'autorité d'émission – ce qui nécessairement implique sa consultation préalable.

321.308 **Report de l'exécution.** Il est enfin loisible au juge d'instruction, tout en reconnaissant la décision de gel, d'en reporter l'exécution dans les conditions des articles 695-9-20 et 695-9-21 du Code de procédure pénale, reprenant les dispositions de l'article 8 de la décision-cadre 2003/577/JAI.

Le premier alinéa de l'article 695-9-20 énonce en effet quatre motifs de report de l'exécution de la décision de gel : lorsque l'exécution risque de nuire à une enquête pénale en cours (1°), lorsque l'un quelconque des biens en cause a déjà fait l'objet d'une mesure de gel ou de saisie dans le cadre d'une procédure pénale (2°), lorsque le bien a déjà fait l'objet d'une décision de gel ou de saisie dans le cadre d'une procédure non pénale en France (3°), et lorsque l'un quelconque des biens en cause est un document ou un support protégé au titre de la défense nationale, tant que la décision de déclassifier n'a pas été notifiée par l'autorité administrative compétente au juge d'instruction en charge de l'exécution de la décision de gel (4°).

On relèvera que la chambre criminelle a énoncé, à propos du motif de report tiré de ce que le bien litigieux fait l'objet d'une autre saisie, que ce motif présente un caractère facultatif[5]. Il est vrai que le texte énonce que, pour les motifs qui précèdent, l'exécution « peut » être différée. Ceci étant, l'on ne voit guère comment le juge d'instruction pourrait ne pas différer l'exécution de la décision de gel lorsque le quatrième motif de report se trouve caractérisé.

En cas de report, il appartient au juge d'instruction d'en informer sans délai l'autorité d'émission par tout moyen laissant une trace écrite, en lui précisant le motif du report et, si possible, sa durée prévisible[6].

4. C. pr. pén., art. 695-9-19, al. 2.
5. Crim. 10 oct. 2017, n° 17-80.118, NP.
6. C. pr. pén., art. 695-9-20, al. 2.

En tous les cas, la décision du juge d'instruction est par définition temporaire et il appartient à ce magistrat, dès que le motif de report n'existe plus, de procéder à l'exécution de la décision de gel[1].

§ 4
Recours contre l'exécution des décisions de gel

321.310 **Plan.** Les règles gouvernant le recours contre l'exécution des décisions de gel diffèrent en partie selon que s'applique le règlement (UE) 2018/1805 (A) ou la décision-cadre 2003/577/JAI (B).

A.
Règlement (UE) 2018/1805

321.320 **Plan.** La question du recours contre l'exécution des décisions de gel se pose en des termes distincts selon qu'il s'agit de contester l'exécution par l'autorité judiciaire française d'une décision de gel étrangère (1°) ou bien l'inverse (2°).

1°
Recours contre l'exécution des décisions de gel par l'autorité judiciaire française

321.331 **Principe du droit au recours des personnes concernées.** Les articles 32 et 33 du règlement (UE) 2018/1805 reconnaissent aux personnes concernées le droit d'être informées de l'exécution de la décision de gel, ainsi que d'exercer un recours à l'encontre de la décision de reconnaissance et d'exécution de celle-ci, ces personnes devant s'entendre de celles, physiques ou morales, à l'encontre desquelles la décision de gel a été émise, ainsi que de celles, physiques ou morales, propriétaires des biens faisant l'objet de la décision, ainsi que tous tiers dont les droits afférents à ces biens sont directement lésés par la décision conformément au droit de l'État d'exécution (art. 2, § 10).

321.332 **Mise en œuvre du droit au recours : information des personnes concernées.** En vertu de ce principe, l'autorité d'exécution est tenue, selon son droit national, d'informer sans tarder et dans la mesure du possible les personnes concernées de l'exécution de la décision de gel, le cas échéant avec l'assistance de l'État d'émission, notamment dans l'hypothèse où l'un des intéressés serait domicilié sur le territoire de cet État (art. 32, § 1 et § 3).

L'information doit préciser, outre le nom de l'autorité d'émission et les voies de recours ouvertes à l'intéressé dans le droit de l'État d'exécution, « au moins brièvement, les raisons justifiant la décision » (art. 32, § 2). Il s'en déduit que la décision de reconnaissance et d'exécution doit présenter un caractère motivé.

Alors que cette question a été discutée par les États membres au sein du Conseil[2], on relèvera que l'étendue du droit à l'information ne diffère nullement suivant le type de personne concernée : personne à l'encontre de laquelle la décision de gel a été émise, propriétaire du bien faisant l'objet de cette décision, tiers dont les droits afférents au bien sont directement lésés par celle-ci.

321.333 **Limite à l'information des personnes concernées.** Le droit à l'information des personnes concernées se trouve cependant limité *ratione temporis*.

En effet, selon l'article 11 du règlement (UE) 2018/1805, « pendant l'exécution » d'une décision de gel, l'autorité d'émission et l'autorité d'exécution doivent prendre en compte le caractère confidentiel de l'enquête dans le cadre de laquelle la décision de gel a été émise. À cet égard, sauf dans la mesure nécessaire à l'exécution de la décision de gel, l'autorité d'exécution est tenue de garantir la confidentialité des faits et du contenu de la décision de gel, conformément à son droit national (art. 11, § 1 et § 2).

Ce n'est qu'à l'issue de l'exécution de la décision de gel que l'autorité d'exécution en informe les personnes concernées (art. 11, § 2), sauf à ce que l'autorité d'émission ait demandé à l'autorité d'exécution de retarder le moment de cette information en vue de préserver des enquêtes en cours. Elle interviendra alors dès que l'autorité d'émission aura avisé celle d'exécution de la possibilité d'informer les personnes concernées (art 11, § 3).

Si l'autorité d'exécution ne peut pas respecter une telle confidentialité, elle en informe immédiatement l'autorité d'émission et ce, si possible, avant l'exécution de la décision de gel (art. 11, § 4).

321.334 **Mise en œuvre du droit au recours : exercice d'une voie de recours.** Cette information est complétée par le droit reconnu aux personnes concernées d'exercer un recours dans l'État d'exécution contre la décision relative à la reconnaissance et à l'exécution de la décision de gel, dans les conditions prévues par le droit interne de cet État (art. 33, § 1).

Il faut ainsi souligner que, d'une part, le droit de recours reconnu par le règlement a pour objet la décision de reconnaissance et d'exécution de la décision de gel – non la décision de gel qui obéit au

1. C. pr. pén., art. 695-9-21.

2. Conseil, *Proposal for a Regulation of the European Parliament and of the Council on the mutual recognition of freezing and confiscation orders – Revised text following the Working Party on 28-29 September and the (JHA) Council on 12 October 2017*, 18 oct. 2017, 12923/17, p. 2.

seul droit interne de l'État d'émission –, d'autre part, le règlement se limite à prévoir le principe d'un droit de recours, les modalités de celui-ci étant celles prévues par le droit interne de l'État d'exécution.

En tout état de cause, l'autorité d'exécution est tenue d'informer l'autorité d'émission de toute voie de recours exercée à l'encontre de la décision relative à la reconnaissance et à l'exécution de la décision de gel (art. 33, § 3).

321.335 Étendue du contrôle des juridictions de l'État d'exécution. Le contrôle exercé par les juridictions de l'État d'exécution lors de l'examen de la demande de reconnaissance et d'exécution de la décision de gel est conçu comme restreint par le règlement.

L'article 33, § 2, du règlement prévoit en effet que « les raisons de fond qui ont conduit à l'émission de la décision de gel ne peuvent être contestées devant une juridiction de l'État d'exécution ».

Cette règle rejoint le principe jurisprudentiel selon lequel il n'appartient pas au juge répressif français, lors de l'examen d'une demande d'entraide judiciaire internationale aux fins de saisie pénale patrimoniale présentée selon le droit commun, d'apprécier le bien-fondé de la mesure[1]. Tel est du reste aussi l'état du droit qui résulte de la décision-cadre 2003/577/JAI[2].

321.336 Modalités du recours contre la décision du juge d'instruction. Conformément aux dispositions de l'article 695-9-30-2 du Code de procédure pénale, les modalités du recours contre la décision du juge d'instruction ne sont autres que celles prévues, dans le champ d'application de la décision-cadre, aux articles 695-9-22 et 695-9-24 du Code de procédure pénale. Il sera renvoyé à leur étude[3].

2°
Recours contre l'exécution des décisions de gel par les autorités judiciaires étrangères

321.341 Nature du recours. En cas de reconnaissance et d'exécution, par les autorités judiciaires étrangères, d'une décision de gel émise par les autorités judiciaires françaises, il appartient aux personnes ayant des droits sur le bien saisi de contester la décision de reconnaissance et d'exécution devant les juridictions étrangères, conformément au règlement et aux modalités de la loi étrangère.

En revanche, la décision de gel elle-même – c'est-à-dire la décision interne de saisie –, devra être contestée devant les juridictions françaises, les juridictions étrangères étant incompétentes, comme il a été vu[4], pour apprécier le bien-fondé de cette décision.

Le règlement distingue d'ailleurs expressément entre ces deux voies de recours à son article 33. Si ce texte organise en effet les voies de recours dans l'État d'exécution contre la reconnaissance et l'exécution de la décision de gel, il exclut le contrôle du bien-fondé de la mesure de la compétence des juridictions de l'État d'exécution en énonçant que « les raisons de fond qui ont conduit à l'émission de la décision de gel ou de la décision de confiscation ne peuvent être contestées devant une juridiction de l'État d'exécution » (§ 2), et précise réciproquement que l'article 33 « s'entend sans préjudice de l'application, dans l'État d'émission, de garanties et de recours conformément à l'article 8 de la directive 2014/42/UE » (§ 4).

La nature du recours porté devant les juridictions françaises varie selon que la décision de saisie reconnue et exécutée par les autorités judiciaires étrangères relève du droit commun des saisies ou des procédures de saisies spéciales. Dans le premier cas, le bien-fondé de la décision doit être contesté au moyen d'une requête en nullité dont est saisie la chambre de l'instruction pendant l'information judiciaire, ou bien d'une exception de nullité devant la juridiction de jugement. En revanche, en cas de saisie spéciale, le ministère public, le propriétaire du bien saisi ou les tiers ayant des droits sur ce bien sont recevables à interjeter appel de la décision de saisie dans les conditions prévues par les articles 706-141 et suivants du Code de procédure pénale.

321.342 Étendue du contrôle. En cas de recours à l'encontre de la décision de gel reconnue et exécutée par les autorités judiciaires étrangères, les juridictions françaises ne sauraient cependant contrôler la régularité, au regard de la loi de l'État d'exécution, des actes d'exécution de la mesure : le contrôle ne saurait porter sur autre chose que la régularité et le bien-fondé de la décision de gel elle-même, sauf à admettre que le requérant ou l'appelant soit recevable à invoquer la méconnaissance par l'autorité d'exécution des droits de la défense ou d'un principe général du droit.

B.
Décision-cadre 2003/577/JAI

321.350 Plan. La question du recours contre l'exécution des décisions de gel se pose en des termes distincts selon qu'il s'agit de contester l'exécution par l'autorité judiciaire française d'une décision de gel étrangère (1°) ou bien l'inverse (2°).

1. V. s[s] n° 311.234.
2. V. s[s] n° 321.367.
3. V. s[s] n° 321.361.
4. V. s[s] n° 321.335.

1°
Recours contre l'exécution des décisions de gel par l'autorité judiciaire française

321.361 Principe du droit au recours des personnes concernées. Dans le cadre du champ d'application de la décision-cadre 2003/577/JAI, les articles 695-9-22 à 695-9-25 du Code de procédure pénale reconnaissent aux personnes titulaires de droits sur le bien objet de la décision de gel un recours contre l'exécution de la mesure par le juge d'instruction.

321.362 Notification de l'acte d'exécution. Bien que cette formalité n'ait pas été imposée par le législateur, la chambre criminelle a posé pour principe, afin d'assurer l'effectivité du droit au recours des personnes concernées par la décision de gel, que le juge d'instruction qui a exécuté une telle décision est tenu de notifier sa décision de saisie aux personnes ayant des droits sur le bien par lettre recommandée, la date d'expédition de cette lettre constituant le point de départ du délai de dix jours pendant lequel ces personnes ont le droit de saisir la chambre de l'instruction d'une requête en nullité comme il sera vu[1, 2].

Cet apport jurisprudentiel est heureux, même s'il ne règle pas tout. Il est heureux, en effet, que la chambre criminelle ait donné pour point de départ au délai de recours la date de la notification de la décision à la personne concernée, et non celle de la décision elle-même, puisque, lorsque l'exécution de la saisie prend la forme d'une ordonnance de saisie spéciale, il s'opère une indisponibilité seulement juridique du bien objet de la mesure, de sorte que les personnes concernées peuvent fort bien tout ignorer de la décision dont le bien litigieux fait l'objet. Donner pour point de départ au délai de recours l'ordonnance de saisie et non la date de sa notification serait ainsi revenu à priver les intéressés de tout recours effectif. Ceci étant, cette jurisprudence ne règle pas tout, puisque, lorsque l'exécution de la décision de gel relève du droit des saisies de droit commun, l'acte d'exécution de la décision de gel prend la forme d'un procès-verbal de saisie et non d'une ordonnance quelconque. Le point de départ du délai de recours pourrait donc être la notification du procès-verbal de saisie, sauf à ce que celle-ci ait lieu en présence de la personne concernée en application de l'article 97 du Code de procédure pénale renvoyant à l'article 56 du même code.

En revanche, dans les mêmes décisions, la chambre criminelle a considéré que rien n'impose de préciser dans la notification les modalités d'exercice de la voie de recours. Pour justifier cette position, il a été énoncé, d'un point de vue constitutionnel, que cela « ne prive pas les parties de la possibilité d'exercer un recours effectif devant la chambre de l'instruction et permet l'exercice, également effectif, des droits de la défense, les règles posées par l'article 695-9-22 du Code de procédure pénale, lequel renvoie à l'article 173 du même code quant à la forme du recours, étant accessibles au justiciable, soit, s'il estime devoir assurer seul sa défense, par lui-même, soit sur indication de son avocat, choisi ou commis d'office »[3], et, sur le terrain conventionnel et du droit de l'Union, que « ces dispositions, qui garantissent l'effectivité du recours, font une exacte transposition de la décision-cadre n° 2003/577/JAI du 22 juillet 2003, laquelle, si elle exige, en application du principe d'équivalence, que les États-membres, qui bénéficient d'une marge d'appréciation, organisent le recours contre la décision d'exécution de la mesure de gel conformément à la législation en vigueur, n'impose toutefois pas que celle-ci comporte des informations précises sur les délais et modalités dudit recours »[4].

Enfin, par analogie avec le droit interne des saisies spéciales[5], le défaut de notification de l'acte d'exécution de la décision de gel ne saurait emporter l'irrégularité de celle-ci en ce que cette formalité, comme étant d'origine jurisprudentielle, n'est par définition pas prescrite par la loi à peine de nullité, ne constitue pas une formalité substantielle, ni une règle d'ordre public, et a pour seul objet de faire courir le délai de recours. La seule conséquence du défaut de notification réside donc dans le fait que la forclusion ne saurait être opposée à l'auteur du recours.

321.363 Nature du recours. Bien que la nature du recours susceptible d'être exercé à la suite de la reconnaissance et de l'exécution d'une décision de gel par l'autorité judiciaire française ait été imparfaitement déterminés par le législateur, il résulte de la jurisprudence de la chambre criminelle que se trouve reconnu aux personnes ayant des droits sur l'objet saisi le droit de former une requête en nullité à l'encontre de l'acte d'exécution de la mesure, que celui-ci ait pris la forme d'un acte d'instruction ou d'une ordonnance de saisie spéciale.

1. V. s[s] n° 321.363.
2. Crim. 11 juill. 2017, n° 16-87.169, NP – Crim. 5 avr. 2018 n° 16-87.169, P, n° 64 ; *D.* 2018. 800 ; *RSC* 2018. 465, obs. F. Cordier – Crim. 11 juill. 2017, n° 16-87.199, NP – Crim. 5 avr. 2018, n° 16-87.199, NP.
3. Crim. 11 juill. 2017, n° 16-87.169, NP – Crim. 11 juill. 2017, n° 16-87.199, NP.
4. Crim. 5 avr. 2018, n° 16-87.169, P, n° 64 ; *D.* 2018. 800 ; *RSC* 2018. 465, obs. F. Cordier – Crim. 5 avr. 2018, n° 16-87.199, NP.
5. V. s[s] n° 231.91.

En effet, l'article 695-9-22, alinéa 1, du Code de procédure pénale dispose que « celui qui détient le bien objet de la décision de gel ou toute autre personne qui prétend avoir un droit sur ledit bien peut, par voie de requête remise au greffe de la chambre de l'instruction de la cour d'appel territorialement compétente dans les dix jours à compter de la date de mise à exécution de la décision considérée, former un recours à l'encontre de cette dernière », et que « les dispositions de l'article 173 sont alors applicables ».

Lorsque le bien objet de la décision de gel, compte tenu de sa nature et de la relation qu'il entretient avec l'infraction, relève du champ d'application des saisies de droit commun et que le juge d'instruction exécute donc la mesure en la forme d'un acte d'instruction, le cas échéant après avoir délivré une commission rogatoire à un officier de police judiciaire, il est logique que cet acte puisse être attaqué par la voie d'une requête en nullité.

En revanche, lorsque le bien objet de la décision de gel est tel que s'appliquent les procédures de saisies spéciales, ce qui implique que la mesure soit mise à exécution en la forme d'une ordonnance du juge d'instruction, le recours reconnu aux personnes ayant des droits sur le bien objet de la mesure aurait pu être celui prévu par les articles 706-150 ou 706-153 du Code de procédure pénale, soit l'appel pouvant être formé à l'encontre de la décision du juge d'instruction dans les dix jours de la notification de celle-ci.

Le texte étant cependant ce qu'il est, la chambre criminelle n'a pu que considérer que la voie de recours n'est pas celle organisée par ces textes, mais la seule requête en nullité prévue par l'article 695-9-22, affirmant ainsi l'autonomie du régime juridique des actes d'exécution des décisions de gel de biens par rapport à celui des décisions internes de saisies spéciales, même si les premières peuvent être prises selon les modalités des secondes[1]. Par arrêt du 13 février 2013, il a en effet été posé pour principe « qu'il résulte des dispositions de l'article 695-9-22 [du Code de procédure pénale], seul applicable en l'espèce, que toute personne qui prétend avoir un droit sur un bien gelé peut, par voie de requête remise au greffe de la chambre de l'instruction de la cour d'appel territorialement compétente, dans les dix jours à compter de la date de mise à exécution de la décision considérée, former un recours à l'encontre de cette dernière »[2]. Dans cette affaire, à la suite d'une décision de gel rendue par l'autorité judiciaire néerlandaise, un juge d'instruction avait ordonné la saisie du solde créditeur d'un compte ouvert au nom des mis en cause auprès d'un établissement bancaire français. La banque, s'estimant créancier privilégié, avait interjeté appel de la décision par déclaration au greffe du tribunal. Cependant, la chambre criminelle a approuvé la chambre de l'instruction d'avoir déclaré l'appel irrecevable en énonçant le principe précité.

Cet état du droit, qui n'est que l'exacte conséquence des actuelles dispositions de l'article 695-9-22, est cependant insatisfaisant, tant il eût paru plus cohérent de reconnaître aux personnes ayant des droits sur le bien objet de la décision de gel le droit d'exercer le même recours que celui prévu dans les affaires internes pour contester le type de mesure concernée : une requête en nullité à l'encontre des actes d'instruction ou un appel de l'ordonnance de saisie spéciale ; sauf à adapter la première, comme en l'état du droit, au fait que la saisie n'intervient pas au cours d'une information judiciaire de droit interne où seules les parties sont recevables à saisir la chambre de l'instruction d'un tel recours.

L'état du droit est en effet contestable, puisque les voies de nullité ne peuvent en principe être exercées à l'encontre des actes juridictionnels, tels que les ordonnances du juge d'instruction, et que l'article 173 du Code de procédure pénale dispose d'ailleurs que les requêtes en nullité ne peuvent en principe être exercées à l'encontre des actes de procédure qui peuvent faire l'objet d'un appel de la part des parties.

Au reste, la solution retenue par le législateur revient à faire varier la nature – et donc le régime juridique –, de la voie de recours pouvant être utilisée à l'encontre des ordonnances de saisie spéciale du juge d'instruction, selon que celles-ci sont rendues dans une affaire interne ou en exécution d'une décision de gel. Si, bien sûr, les actes d'exécution des décisions de gel ne sauraient être confondus avec les décisions internes de saisie, en ce que leurs conditions de fond diffèrent[3], il n'en demeure pas moins, dès lors que ces actes et ces décisions obéissent aux mêmes modalités[4], qu'il eût été plus logique d'ouvrir aux intéressés des voies de recours identiques.

Enfin, la volonté exprimée par le législateur lors de l'adoption de la rédaction initiale de l'article 695-9-22 était incontestablement de faire dépendre la nature de la voie de recours de celle de l'acte d'exécution de la décision de gel. Il faut en

1. V. s[s] n° 321.305.

2. Crim. 13 févr. 2013, n° 12-82.999, P, n° 41 ; *D.* 2013. 642 ; *AJ pénal* 2013. 357, obs. L. Ascensi – CEPENDANT : Crim. 4 déc. 2019, n°s 19-80.407, 19-80.409, 19-80.411 et 19-80.413, NP, où l'irrecevabilité des appels qui avaient été interjetés contre les ordonnances du juge d'instruction n'a pas été soulevée d'office.
3. V. s[s] n° 321.305.
4. C. pr. pén., art. 695-9-15.

effet rappeler que, dans sa rédaction issue de la loi nº 2005-750 du 4 juillet 2005[1] ayant transposé la décision-cadre 2003/577/JAI qui portait sur l'exécution dans l'Union européenne à la fois des décisions de gel de biens aux fins de confiscation et des décisions de gel d'éléments de preuve, l'article 695-9-22 envisageait deux recours distincts. Lorsque la décision de gel concernait un élément de preuve et que celle-ci était donc exécutée par le juge d'instruction, il était prévu, comme en l'état actuel du droit, que toute personne ayant des droits sur l'élément de preuve était recevable à saisir la chambre de l'instruction d'une requête en nullité à l'encontre de la mise à exécution de la décision de gel dans les conditions de l'article 173 du Code de procédure pénale. Il était en effet logique que cette voie de recours ait été retenue par le législateur, puisqu'il s'agissait de contester un acte d'instruction. En revanche, lorsque la décision de gel avait été prise en vue de la confiscation d'un bien, l'article 695-9-23 du Code de procédure pénale, qui a été depuis abrogé par la loi nº 2010-768 du 9 juillet 2010[2], prévoyait que « les voies de recours prévues en matière de procédures civiles d'exécution [étaient] applicables ». Il faut se souvenir, en effet, qu'antérieurement à l'entrée en vigueur de la loi du 9 juillet 2010, les saisies de biens aux fins de confiscation pénale relevaient de l'article 706-103 du Code de procédure pénale qui donnait compétence au juge des libertés et de la détention, au cours de l'information judiciaire ouverte pour l'une des infractions entrant dans le champ d'application des articles 706-73 et 706-74 du Code de procédure pénale, pour ordonner, selon les modalités prévues par les procédures civiles d'exécution, des mesures conservatoires sur les biens de la personne mise en examen. Ceci explique que l'article 695-9-10 du Code de procédure pénale, à cette époque, répartissait la compétence pour statuer sur la reconnaissance et l'exécution des décisions de gel entre le juge d'instruction et le juge des libertés et de la détention : le premier était compétent pour prononcer sur les demandes de gel d'éléments de preuve ainsi que pour les exécuter ; le second l'était pour statuer sur les demandes de gel de biens en vue de leur confiscation ultérieure selon les modalités de l'article 706-103[3]. Cela explique aussi, s'agissant du recours contre la décision du juge des libertés et de la détention, que le législateur n'ait pas prévu la possibilité pour les intéressés de saisir la chambre de l'instruction d'une requête en nullité, mais leur ait plutôt offert la faculté d'exercer le recours *ad hoc* prévu en matière de procédures civiles d'exécution. La circulaire d'application de la loi du 4 juillet 2005 précisait d'ailleurs à cet égard : « L'appel doit être formé, dans le délai de quinze jours à compter de la notification de la décision, par déclaration au secrétariat-greffe de la cour d'appel avec représentation obligatoire. »[4] En définitive, la volonté initiale du législateur était bien de prévoir un recours correspondant à la nature de l'acte d'exécution de la décision de gel. Or, à la suite de l'entrée en vigueur de la loi du 9 juillet 2010, qui a notamment donné compétence au juge d'instruction pour saisir des biens aux seules fins de confiscation, selon le droit commun ou celui des saisies spéciales, le législateur a imparfaitement tiré les conséquences de cette réforme à l'article 695-9-22. S'il a conféré au juge d'instruction la compétence pour statuer sur les demandes de gel de biens en vue de leur confiscation en modifiant l'article 695-9-10, et a abrogé l'article 695-9-23, le législateur s'est à tort borné à étendre à l'ensemble des décisions du juge d'instruction le champ d'application du recours organisé par l'article 695-9-22 qui, pourtant, avait initialement été conçu en considération de l'exécution des seules décisions de gel d'éléments de preuve, et alors même que certaines saisies pénales patrimoniales – celles relevant du champ d'application des procédures de saisies spéciales –, avaient été juridictionnalisées par la loi du 9 juillet 2010.

321.364 Délai et modalités de l'exercice du recours. Quelle que soit la nature de l'acte d'exécution de la décision de gel, la personne qui détient le bien objet de la mesure ou toute autre personne qui prétend avoir un droit sur ledit bien peut former un recours à l'encontre de cet acte d'exécution « par voie de requête remise au greffe de la chambre de l'instruction de la cour d'appel territorialement compétente » et « dans les dix jours à compter de la date de mise à exécution de la décision considérée »[5], la date de mise à exécution de la décision considérée devant s'entendre, dans la jurisprudence de la chambre criminelle, de la date d'expédition de la lettre recommandée de notification de la décision[6]. Le texte n'en dit pas davantage, et renvoie pour le surplus à l'application des dispositions de droit commun de l'article 173 du Code de procédure pénale.

1. L. nº 2005-750, 4 juill. 2005 *portant diverses dispositions d'adaptation au droit communautaire dans le domaine de la justice, JO* 6 juill., p. 11136.
2. L. nº 2010-768, 9 juill. 2010 *visant à faciliter la saisie et la confiscation en matière pénale, JO* 10 juill., p. 12753.
3. C. pr. pén., art. 695-9-10.
4. Circ. Justice, 10 août 2005 *de présentation des dispositions du Code de procédure pénale relatives au gel de biens ou d'éléments de preuve résultant de la loi nº 2005-750 du 4 juillet 2005 portant diverses dispositions d'adaptation au droit communautaire dans le domaine de la justice*, NOR : JUS D 05-30117 C 1033289 C, p. 14, note nº 23.
5. C. pr. pén., art. 695-9-22, al. 1.
6. V. s[s] nº 321.362.

Le délai de recours doit cependant être « prorogé lorsqu'un obstacle insurmontable a mis [la personne] dans l'impossibilité d'exercer son recours en temps utile »[1].

321.365 Caractère non suspensif du recours. Comme dans le droit interne des saisies spéciales, le législateur a énoncé que « le recours n'est pas suspensif »[2]. La justification de cette règle est aisée à deviner : il ne faudrait pas que les personnes concernées mettent à profit l'exercice d'un recours pour faire échapper le bien à la main de la justice.

321.366 Procédure devant la chambre de l'instruction. En cas de recours à l'encontre de l'exécution de la décision de gel, il appartient à la chambre de l'instruction de suivre la même procédure que celle prévue par le Code de procédure pénale dans les affaires internes en cas de dépôt d'une requête en nullité, sauf à respecter les quelques formalités particulières prévues par le législateur.

Ainsi, le troisième alinéa de l'article 695-9-22 du Code de procédure pénale dispose que la chambre de l'instruction peut, par une décision qui n'est susceptible d'aucun recours, autoriser l'État d'émission à intervenir à l'audience par l'intermédiaire d'une personne habilitée par cet État à cet effet ou, le cas échéant, directement par l'intermédiaire des moyens de télécommunications prévus à l'article 706-71, sans cependant que l'État d'émission ne devienne pour autant partie à la procédure. Il pourrait en être déduit, comme en matière d'extradition, que l'État d'émission est en conséquence irrecevable à déposer un mémoire devant la chambre de l'instruction, l'article 696-16 du Code de procédure pénale disposant en effet de manière comparable en ce domaine que, « lorsque l'État requérant est autorisé à intervenir, il ne devient pas partie à la procédure »[3].

Ces dispositions sont complétées par celles de l'article 695-9-25 du même code dont il résulte que le procureur général est tenu d'informer l'autorité judiciaire de l'État d'émission du recours éventuellement exercé et des moyens soulevés à l'encontre des actes d'exécution de la décision de gel, afin que cette autorité puisse produire ses observations dans les conditions qui précèdent. Ce magistrat est de même tenu d'aviser l'État d'émission des résultats de cette action.

321.367 Étendue du contrôle. Le contrôle que doit exercer la chambre de l'instruction sur l'acte d'exécution de la décision de gel est pour l'essentiel identique à celui, de caractère restreint, qui doit être mis en œuvre selon le droit commun de l'entraide judiciaire internationale aux fins de saisie pénale patrimoniale[4].

Comme en droit commun, le juge répressif français ne saurait contrôler le bien-fondé non plus que la régularité formelle de la décision de gel elle-même. Cette décision, qui relève d'un ordre juridique étranger, ne peut être contestée sur le fond comme sur la forme que devant les seules juridictions de l'État d'émission. Le droit de l'Union rejoint d'ailleurs formellement le droit commun, puisque l'article 695-9-22, alinéa 2, du Code de procédure pénale dispose que le requérant ne peut contester devant la chambre de l'instruction « les motifs de la décision de gel », de même qu'il résulte de l'article 695-9-24 de ce code que la personne intéressée par la décision de gel peut s'informer, auprès du greffe du juge d'instruction, des voies de recours contre la décision de gel ouvertes dans l'État d'émission et mentionnées dans le certificat de gel. La jurisprudence de la chambre criminelle est du reste expressément en ce sens. Ainsi, il a été énoncé, pour rejeter les pourvois qui avaient été formés contre les arrêts d'une chambre de l'instruction qui avaient rejeté les recours formés contre les ordonnances de saisie de comptes bancaires et d'un compte-titres rendues par un juge d'instruction en exécution d'une décision de gel des autorités judiciaires grecques, que « le juge français en charge de l'exécution d'une commission rogatoire internationale n'est pas compétent pour apprécier la régularité d'un acte au regard de la législation étrangère [...], le bien-fondé des mesures qu'il ordonne à la demande du juge étranger requérant [...], ou encore le bien-fondé des saisies tenant à l'identification et la traçabilité du produit de l'infraction, à la bonne foi des personnes concernées par ces mesures ainsi qu'à la nécessité et à la proportionnalité de celles-ci [...] », mais que « les personnes concernées par l'exécution d'une demande d'entraide pénale internationale en matière de saisie ou de confiscation peuvent cependant soumettre l'appréciation du bien-fondé de la saisie entreprise, comme le contrôle de l'origine des fonds saisis, à l'autorité judiciaire étrangère requérante qui peut être saisi dans les formes applicables dans le pays concerné », la chambre criminelle se référant dans ses décisions à la jurisprudence rendue en droit commun[5].

En revanche, la question de savoir si l'autorité judiciaire française peut contrôler la régularité formelle de la demande de reconnaissance et d'exécution de la décision de gel, c'est-à-dire du certificat de

1. Crim. 11 juill. 2017, n° 16-87.169, NP – Crim. 11 juill. 2017, n° 16-87.199, NP.
2. C. pr. pén., art. 695-9-22, al. 2.
3. Crim. 9 avr. 2014, n° 14-80.436, P, n° 110 ; *D.* 2014. 982.
4. V. s[s] n° 311.231.
5. Crim. 4 déc. 2019, n°s 19-80.407, 19-80.409, 19-80.411 et 19-80.413, NP.

gel, et de sa transmission, ne se résout pas comme en droit commun[1]. Si, dans ce dernier domaine, le principe est que le juge répressif français n'est pas compétent pour contrôler la régularité des demandes d'entraide judiciaire internationale étrangères, non plus que celle de leur transmission, il a été jugé que le juge d'instruction et la chambre de l'instruction doivent contrôler la régularité du certificat de gel, cette règle trouvant un appui dans les dispositions du premier alinéa de l'article 695-9-13 du Code de procédure pénale énonçant que le juge d'instruction se prononce sur l'exécution de la décision de gel « après s'être assuré de la régularité de la demande ». Dans un arrêt rendu en matière de gel d'éléments de preuve – qui relevait des mêmes dispositions que le gel de biens aux fins de confiscation avant que n'entre en vigueur l'ordonnance nº 2016-1636 du 1er décembre 2016[2] transposant les dispositions de la directive 2014/41/UE du Parlement européen et du Conseil du 3 avril 2014[3] instituant la procédure de décision d'enquête européenne –, la chambre criminelle a ainsi approuvé une chambre de l'instruction d'avoir rejeté le moyen pris de l'insuffisance de motivation de l'ordonnance de saisie, tiré de ce que le juge d'instruction s'était abstenu de contrôler la régularité du certificat de gel, ainsi que celui pris de l'irrégularité du certificat de gel, tiré de ce que celui-ci ne comportait pas le délai dans lequel un recours pouvait être formé dans l'État d'émission contre la décision de gel de biens. Elle a en effet énoncé que, d'une part, « il ne [résultait] pas de la procédure que l'exécution de la décision de gel ait été ordonnée par le juge d'instruction sans que ce dernier ait examiné le certificat figurant au dossier de procédure », d'autre part, « les requérants [avaient] été avisés de l'existence d'une voie de recours dans l'État d'émission et [il] leur appartenait de se renseigner sur le délai pendant lequel celle-ci pouvait être exercée », la chambre de l'instruction étant du reste approuvée d'avoir relevé que « ledit certificat [mentionnait] le nom et les coordonnées du juge devant lequel le recours [pouvait] être formé, que l'indication des voies de recours [pouvait] résulter d'un autre document que le certificat et que, conformément aux dispositions de l'article 695-9-24 du Code de procédure pénale, la personne concernée [pouvait] s'informer auprès du greffier d'instruction des voies de recours ouvertes dans l'État d'émission contre la décision de gel »[4]. De même, cette fois en matière de gel de biens aux fins de confiscation, la chambre criminelle a approuvé une chambre de l'instruction d'avoir confirmé les ordonnances de saisie de comptes bancaires et d'un compte-titres rendues par un juge d'instruction en exécution d'une décision de gel des autorités judiciaires grecques, en énonçant que les juges avaient prononcé par des motifs la mettant en mesure de s'assurer que la demande de gel de biens était « conforme aux exigences de l'article 695-9-3 du Code de procédure pénale »[5].

Pour le surplus, il y a lieu pour le juge d'instruction et la chambre de l'instruction de s'assurer que les conditions de fond de la reconnaissance et l'exécution, telles que prévues par les dispositions de transposition de la décision-cadre 2003/577/JAI, sont caractérisées, et, plus particulièrement pour la chambre de l'instruction, que la procédure interne de reconnaissance de la décision de gel et les modalités de droit interne de l'acte de saisie du juge d'instruction en exécution de la décision de gel ont bien été respectées par ce magistrat. Ainsi, la chambre criminelle a approuvé une chambre de l'instruction d'avoir, pour rejeter le grief pris de ce que le procureur de la République n'avait pas donné son avis sur la mise à exécution de la décision de gel, retenu que ce magistrat, en transmettant la requête au juge d'instruction « pour exécution de la présente demande en application des dispositions de l'article 695-9-1 et suivants du Code de procédure pénale », avait implicitement mais nécessairement émis un avis favorable, ce qui revient à avoir consacré la nécessité, pour les seconds juges, de contrôler la régularité de la procédure de reconnaissance et d'exécution[6]. De même, dans cet arrêt, la chambre de l'instruction s'est aussi vue approuvée, pour rejeter le grief tiré de l'exécution de la décision de gel malgré l'insaisissabilité du bien, d'avoir énoncé que le fait que le tableau ait été saisi antérieurement par la douane ne constituait pas une obligation pour le juge d'instruction de refuser l'exécution de la décision de gel, mais une simple faculté laissée à son appréciation, conformément aux dispositions de l'article 695-9-20, 2°, du Code de procédure pénale. La chambre criminelle a en effet retenu que, « d'une part, la décision de différer l'exécution d'une décision de gel en raison d'une autre saisie est facultative, d'autre part, l'antériorité de la saisie du bien par la douane, fût-elle contestée en justice, n'est pas une cause d'insaisissabilité prévue par la loi et ne méconnaît pas l'exercice des droits de la défense et le droit à un recours effectif », lesquels étaient invoqués au moyen. Il en ressort qu'il entre donc dans l'office du juge d'instruction,

1. V. s^s nº 311.234.
2. Ord. nº 2016-1636, 1er déc. 2016 *relative à la décision d'enquête européenne en matière pénale*, *JO* 2 déc., nº 37.
3. Dir. 2014/41/UE, Parlement et Conseil, 3 avr. 2014 *concernant la décision d'enquête européenne en matière pénale*, *JOUE* L 130, 1er mai, p. 1.
4. Crim. 10 oct. 2017, nº 17-80.118, NP.
5. Crim. 4 déc. 2019, nos 19-80.407, 19-80.409, 19-80.411 et 19-80.413, NP.
6. Crim. 10 oct. 2017, préc.

comme dans celui de la chambre de l'instruction, de s'assurer, non seulement que la décision de gel, en raison de sa nature et de la relation que le bien qui en est l'objet entretient avec l'infraction poursuivie, est susceptible de faire l'objet d'une demande de reconnaissance et d'exécution en application des dispositions de transposition de la décision-cadre 2003/577/JAI, mais encore de prononcer sur les motifs de non-reconnaissance ou de non-exécution, voire sur l'impossibilité ou le report de l'exécution.

Bien que la chambre criminelle ne se soit pas prononcée à cet égard, il semble enfin qu'il n'y ait pas lieu pour les juridictions internes de contrôler le caractère proportionné de la reconnaissance et de l'exécution de la décision de gel : la proportionnalité de l'atteinte portée par le gel à l'exercice des droits fondamentaux relève de la responsabilité de l'État d'émission et le principe de confiance mutuelle interdit aux autorités de l'État d'exécution d'exercer un nouveau contrôle à cet égard[1].

2°
Recours contre l'exécution des décisions de gel par les autorités judiciaires étrangères

321.371 **Nature du recours.** Les dispositions de transposition de la décision-cadre 2003/577/JAI n'envisagent pas la question du recours contre la reconnaissance et l'exécution des décisions de gel de biens des autorités judiciaires françaises par les autorités judiciaires étrangères, la décision-cadre 2003/577/JAI se bornant, il est vrai, à prévoir que « les États membres prennent toutes les dispositions nécessaires pour garantir que toute mesure de gel exécutée [...] puisse faire l'objet de la part de toute personne concernée, y compris des tiers de bonne foi, et en vue de préserver leur intérêt légitime, d'un moyen de recours non suspensif », et que « l'action est engagée devant un tribunal de l'État d'émission ou de l'État d'exécution conformément à la législation nationale de chacun de ces États » (art. 11, § 1), sauf à préciser que « les raisons substantielles qui sont à l'origine de l'émission de la décision de gel ne peuvent être contestées que par une action devant un tribunal de l'État d'émission » (art. 11, § 2).

Il s'en déduit qu'en cas de reconnaissance et d'exécution d'une décision de gel des autorités judiciaires françaises par les autorités judiciaires étrangères, la reconnaissance et l'exécution doivent être contestées devant les juridictions étrangères, selon les modalités prévues par la loi étrangère, mais que le bien-fondé de la décision de gel ne peut être discuté que devant les seules juridictions françaises en exerçant la voie de recours correspondant à la nature de la décision.

Lorsque la décision de saisie relève du droit commun, il convient de faire application des dispositions du Code de procédure pénale réglant le contentieux des nullités : il est loisible aux parties, soit de saisir la chambre de l'instruction d'une requête en nullité à l'encontre de la décision de saisie pendant l'information judiciaire, soit de soulever une exception de nullité devant la juridiction de jugement.

En revanche, dans le champ d'application des procédures de saisies spéciales, il appartient au ministère public, au propriétaire du bien saisi ou aux tiers ayant des droits sur ce bien de faire appel de l'ordonnance de saisie dans les conditions prévues par les articles 706-141 et suivants du Code de procédure pénale.

321.372 **Étendue du contrôle.** Il n'a pas été donné à la chambre criminelle l'occasion de se prononcer sur l'étendue du contrôle de la reconnaissance et de l'exécution, par les autorités judiciaires des États membres de l'Union européenne, des décisions de gel émises par les autorités judiciaires françaises. La matière pourrait cependant obéir à des règles comparables à celles mises en œuvre en droit commun de l'entraide judiciaire internationale aux fins de saisie pénale patrimoniale[2].

Rappelons qu'il y a lieu de distinguer entre le contrôle du bien-fondé et de la régularité de la demande d'entraide émise par l'autorité judiciaire française et celui de la régularité des actes d'exécution de l'autorité judiciaire étrangère : s'il est exclu que le juge répressif français puisse contrôler la régularité des actes d'exécution par l'autorité judiciaire étrangère de la demande d'entraide, hors la violation des droits de la défense ou la méconnaissance d'un principe général du droit, il entre en revanche dans l'office de ce juge de contrôler à la fois le bien-fondé et la régularité de la demande d'entraide qui a été émise par l'autorité judiciaire française.

Il s'en déduit, dans le champ d'application de la décision-cadre 2003/577/JAI – étant d'ailleurs observé que l'article 11, § 2, fait expressément relever le contrôle des raisons substantielles qui sont à l'origine de l'émission de la décision de gel de la compétence des juridictions de l'État d'émission –, qu'il entre dans l'office des juridictions françaises de contrôler le bien-fondé et la régularité de la décision de gel, au regard du droit interne : parce que la décision de gel, au sens du droit de l'Union, n'est autre qu'une décision de saisie, au sens du droit

1. V. s[s] nº 321.141.

2. V. s[s] nº 311.241.

interne, et qu'elle en partage donc les conditions de fond et de forme, il y a lieu pour le juge répressif de s'assurer, comme il le ferait pour une décision de saisie prise dans une affaire interne, que les conditions de la mesure ont bien été respectées. En revanche, le juge répressif ne saurait contrôler la régularité des actes de reconnaissance et d'exécution de la décision de gel par l'autorité judiciaire étrangère, sauf s'il est allégué la méconnaissance des droits de la défense ou d'un principe général du droit.

§ 5
Devenir des biens gelés

321.380 **Plan.** Le devenir des biens gelés diffère selon que s'applique le règlement (UE) 2018/1805 (A) ou la décision-cadre 2003/577/JAI (B).

A.
Règlement (UE) 2018/1805

321.391 **Conservation et gestion du bien par l'État d'exécution.** Selon le règlement (UE) 2018/1805, à la suite de la reconnaissance et de l'exécution de la décision de gel, les biens demeurent en principe gelés dans l'État d'exécution jusqu'à ce que son autorité ait statué sur la reconnaissance et l'exécution de la décision de confiscation susceptible d'être transmise par l'État d'émission, ou bien jusqu'à ce que l'autorité d'émission ait informé l'autorité d'exécution du retrait de la décision de gel conformément à l'article 27 du règlement[1] (art. 12, § 1). Jusqu'à cette date, la destruction, la transformation, le déplacement, le transfert ou la disposition des biens gelés se trouve prohibé.

Le règlement prévoit cependant la faculté, pour l'autorité d'exécution, de saisir l'autorité d'émission d'une demande motivée visant à limiter la durée du gel selon la procédure décrite au second paragraphe de l'article 12. On relèvera à propos de cette procédure que, hors le cas où l'autorité d'émission laisserait sans réponse la demande de l'autorité d'exécution pendant plus de six semaines, l'autorité d'émission peut imposer à l'autorité d'exécution le refus d'une telle limitation : « Si l'autorité d'émission n'est pas d'accord avec la limitation, elle en donne les raisons à l'autorité d'exécution. Dans ce cas, le gel des biens est maintenu conformément au paragraphe 1. »

Pendant la période de gel, la gestion du bien est régie par le droit de l'État d'exécution qui doit en assumer le coût, hors le cas où des frais élevés ou exceptionnels autorisent un partage (art. 31). Il lui est notamment loisible, pour prévenir la dépréciation du bien, de le vendre ou transférer (art. 28, § 2). En tout état de cause, le bien ou sa valeur liquidative demeurent dans l'État d'exécution jusqu'à l'exécution de la décision de confiscation (art. 28, § 3).

Lorsque la France est l'État d'exécution, se trouve donc applicable l'article 99-2 du Code de procédure pénale, qui permet au juge d'instruction d'ordonner la remise à l'Agrasc des biens meubles placés sous main de justice aux fins d'aliénation. Une telle faculté est d'ailleurs aussi prévue dans le champ d'application de la décision-cadre par l'article 695-9-27, alinéa 2, du Code de procédure pénale[2]. Ceci étant, la mise en œuvre de ce texte devra sans doute connaître certaines adaptations, le caractère confiscable du bien saisi, notamment, ne pouvant être discuté, dès lors que l'appréciation du bien-fondé de la décision de gel, et donc du caractère confiscable du bien qui est l'objet de la mesure, relève de la seule compétence de l'autorité d'émission[3].

La gestion du bien saisi paraît de même pouvoir être confiée à l'Agrasc[4].

321.392 **Intervention de l'Agrasc.** Comme en droit commun, l'Agrasc est compétente pour exercer sur les biens saisis la totalité des compétences qui sont les siennes dans les affaires internes[5].

321.393 **Restitution des biens gelés.** L'article 29 du règlement (UE) 2018/1805 organise la restitution des biens gelés à la victime.

Ce texte prévoit en effet que, lorsqu'une autorité quelconque de l'État d'émission a rendu, conformément à son droit national, une décision de restitution du bien saisi à la victime, l'autorité d'émission en informe l'autorité d'exécution, soit en inscrivant les informations relatives à cette décision dans le certificat de gel, soit ultérieurement (art. 29, § 1). La première de ces hypothèses est importante, puisqu'elle revient à avoir organisé l'entraide entre les États membres de l'Union européenne aux fins de restitution de biens à la victime, cette nouvelle faculté ayant été immédiatement exercée par les États membres, puisqu'en 2021, 17 restitutions ont été opérées, dont 12 dans le cadre de demandes d'entraide émises par des autorités judiciaires françaises[6].

1. V. s^s^ n° 321.292.

2. V. s^s^ n° 321.401.
3. V. s^s^ n° 321.367.
4. C. pr. pén., art. 706-143, al. 2, et 706-160, al. 1, 1°.
5. C. pr. pén., art. 706-160, al. 3 – v. s^s^ n° 311.252.
6. Agrasc, *Rapp. annuel* 2021, p. 83.

Ainsi informée, l'autorité d'exécution est tenue de prendre les mesures nécessaires pour garantir que, lorsque les biens ont été saisis, ils soient restitués à la victime dans les plus brefs délais, selon les règles de procédure de l'État d'exécution, au besoin par l'intermédiaire de l'État d'émission, mais à trois conditions : que le titre de la victime sur ces biens ne soit pas contesté (art. 29, § 2, a), que les biens ne soient requis comme éléments de preuve dans le cadre d'une procédure pénale dans l'État d'exécution (art. 29, § 2, b), et qu'il ne soit pas porté atteinte aux droits des personnes concernées (art. 29, § 2, c). Il s'ajoute cependant à ces conditions de fond de la restitution des biens saisis à la victime des conditions procédurales : lorsqu'il apparaît à l'autorité d'exécution que les conditions précitées ne sont pas réunies, elle est tenue de consulter l'autorité d'émission sans tarder et par tout moyen approprié, afin de trouver une solution. Ce n'est qu'à l'issue de cette phase de conciliation qu'il est loisible à l'autorité d'exécution de décider de ne pas restituer les biens gelés à la victime (art. 29, § 3). Lorsqu'au contraire les biens ont été transférés à la victime, l'autorité d'exécution en informe l'autorité d'émission (art. 29, § 2).

Bien que le texte ne le prévoie pas, il semble, lorsque la France est l'État requis, que le juge d'instruction, autorité d'exécution, doive statuer sur l'exécution de la décision étrangère de restitution à la victime par ordonnance motivée, dès lors qu'il appartient à ce magistrat de rechercher si les conditions précitées de cette exécution se trouvent réunies et qu'il est nécessaire que sa décision à cet égard soit formalisée.

Plus fondamentalement, il ressort de ces dispositions que, bien que la décision de gel comme la décision de restitution relèvent du seul ordre juridique de l'État d'émission, la reconnaissance et l'exécution de la décision de gel par l'autorité d'exécution ont néanmoins pour effet de conférer à l'État d'exécution le pouvoir de passer outre la décision de restitution à la victime, non seulement lorsque le bien présente un intérêt probatoire dans le cadre d'une procédure pénale de l'État d'exécution, mais aussi lorsque les droits de la victime sur le bien sont contestés, ou lorsque la restitution porterait atteinte aux droits des personnes concernées. Ainsi, lorsque la France est l'État d'émission de la décision de gel et que l'autorité judiciaire française rend une décision de restitution à la victime du bien saisi par l'autorité d'exécution, aux motifs que les droits de la victime ne sont pas sérieusement contestables et qu'il n'existe pas de motif de non-restitution[1], l'État d'exécution est fondé à ne pas restituer le bien à la victime si ses autorités estiment, contrairement à l'autorité judiciaire française, que le titre de la victime est contesté, ou que la restitution porterait atteinte aux droits des personnes concernées.

Par ailleurs, ces dispositions signifient que le contentieux de la restitution des biens placés sous main de justice en exécution d'une décision de gel doit être porté devant les autorités judiciaires de l'État d'émission et non devant celles de l'État d'exécution, cette solution s'expliquant par le fait que, si la saisie a été exécutée sur le territoire de l'État d'exécution, la décision de gel n'en a pas moins été rendue dans le seul ordre juridique de l'État d'émission : c'est dans une procédure diligentée dans l'ordre juridique de l'État d'émission que le bien litigieux se trouve placé sous main de justice. Aussi, lorsque la France est l'État d'exécution, la mise en œuvre de l'article 99 du Code de procédure pénale – qui permet, dans les affaires internes, de saisir le juge d'instruction d'une requête en restitution –, paraît exclue. Réciproquement, si l'autorité judiciaire française est compétente pour statuer sur la restitution des biens placés sous main de justice sur le territoire d'un État membre de l'Union européenne en exécution d'une décision de gel, conformément aux textes du Code de procédure pénale relatifs au contentieux de la restitution tels que les articles 41-4 ou 99 du Code de procédure pénale, la mise en œuvre de l'éventuelle décision de restitution ne pourra se faire en application du règlement que si le bien est restitué à la victime. La décision de restitution du bien à la personne mise en cause ou à un tiers ne pourra être mise en œuvre par l'État d'exécution en application du règlement. Dans l'hypothèse où il serait décidé par l'autorité judiciaire française de restituer le bien saisi à la personne entre les mains de laquelle se trouvait le bien au moment de l'exécution de la décision de gel, il semble qu'il serait nécessaire, non pas de solliciter de l'autorité étrangère l'exécution de la décision de restitution – ce que le règlement ne prévoit pas –, mais plutôt d'informer cette autorité du retrait de la décision entraîné par la décision de restitution, sur le fondement de l'article 27 du règlement[2].

Il faut enfin préciser qu'en cas de mise en œuvre de la décision de restitution par l'autorité d'exécution, il est exclu que le bien objet de la mesure soit directement restitué à la victime. Ainsi, lorsque la France est l'État requérant, les fonds restitués à la victime par l'autorité d'exécution doivent transiter par le compte de l'Agrasc ouvert à la Caisse des dépôts et consignations[3]. Il appartiendra ensuite à la victime de saisir l'agence pour se les voir restituer.

1. C. pr. pén., art. 41-4 et 99.

2. V. s[s] n° 321.292.

3. Agrasc, *Rapp. annuel* 2021, p. 83.

B. Décision-cadre 2003/577/JAI

321.401 Conservation et gestion du bien par l'État d'exécution. Le devenir des biens saisis en exécution d'une décision de gel est envisagé, dans le champ d'application de la décision-cadre 2003/577/JAI, à l'article 695-9-27 du Code de procédure pénale : le bien est en principe conservé sur le territoire français, selon les règles prévues par le Code de procédure pénale.

Le second alinéa de ce texte dispose, par dérogation, que « si le juge d'instruction, en application de ces règles, envisage de ne pas conserver le bien, il en avise l'autorité judiciaire de l'État d'émission et la met à même de produire ses observations avant de prendre sa décision ». Ces dispositions paraissent pouvoir être interprétées comme autorisant le juge d'instruction, selon les règles prévues par l'article 99-2 du Code de procédure pénale, à ordonner la remise du bien saisi à l'Agrasc aux fins d'aliénation, voire – même si ces hypothèses paraissent un peu théoriques –, sa remise au service des domaines aux fins d'affectation à un service d'enquête ou judiciaire, ou bien encore sa destruction. En effet, négativement, ces dispositions ne sauraient être lues comme organisant l'éventuelle restitution du bien saisi, dès lors que celle-ci fait l'objet des dispositions distinctes de l'article 695-9-30 du Code de procédure pénale. Par ailleurs, cette fois positivement, cette interprétation du texte peut s'appuyer sur son évolution rédactionnelle et les travaux préparatoires de la loi n° 2005-750 du 4 juillet 2005[1] ayant transposé les dispositions de la décision-cadre. En effet, dans son état initial, l'article 695-9-27 s'appliquait aux seuls éléments de preuve saisis en exécution d'une décision de gel, lequel acte relève dorénavant, depuis l'entrée en vigueur de l'ordonnance n° 2016-1636 du 1er décembre 2016[2], de la procédure de décision d'enquête européenne. Le texte disposait alors que « si le juge d'instruction, en application de ces règles, envisage de ne pas conserver l'élément de preuve, il en avise l'autorité judiciaire de l'État d'émission et la met à même de produire ses observations avant de prendre sa décision ». L'on doit à la loi n° 2010-768 du 9 juillet 2010[3] d'avoir ultérieurement étendu le champ d'application de ce texte aux biens saisis aux fins de confiscation pénale en exécution d'une décision de gel, afin de tenir compte du nouveau pouvoir de saisie aux fins de confiscation pénale conféré par ce texte au juge d'instruction, puis à l'ordonnance n° 2016-1636 du 1er décembre 2016[4] d'avoir omis du texte la référence aux éléments de preuve pour tenir compte de la transposition par ce texte de la directive 2014/41/UE du Parlement européen et du Conseil du 3 avril 2014 *concernant la décision d'enquête européenne en matière pénale*[5]. Or, il ressort des travaux préparatoires de la loi du 4 juillet 2015 qu'en énonçant que si le juge d'instruction, en application des règles du Code de procédure pénale, envisage de ne pas conserver l'élément de preuve, il en avise l'autorité judiciaire de l'État d'émission et la met à même de produire ses observations avant de prendre sa décision, le législateur entendait conférer au magistrat instructeur la compétence pour, le cas échéant, ordonner la destruction de l'élément de preuve saisi. Le rapport de la Commission des lois de l'Assemblée nationale énonce ainsi : « Lorsque l'autorité judiciaire n'a pas demandé le transfert, l'élément de preuve est alors conservé sur le territoire français selon les règles applicables aux éléments saisis par le juge d'instruction et prévues par le Code de procédure pénale (premier alinéa de l'article 695-9-27). Cette référence aux règles de procédures nationales permet d'envisager l'hypothèse où le juge d'instruction ne souhaite pas conserver l'élément de preuve. Si tel est le cas, le second alinéa de l'article 695-9-27 dispose qu'il doit en aviser l'autorité judiciaire de l'État d'émission et la mettre "à même de produire ses observations avant de prendre sa décision", ce qui confère au juge d'instruction une certaine latitude quant aux moyens retenus à cette fin. »[6] De même, le rapporteur de la Commission des lois du Sénat relevait que « le projet de loi pose pour principe l'information préalable de l'autorité judiciaire de l'État d'émission avant que le magistrat français ne mette un terme à la mesure de gel (non conservation de l'élément de preuve quand le Code de procédure pénale le permet, non renouvellement des sûretés ordonnées sur un bien, décision de main-levée à l'initiative du juge ou, à la demande de toute personne intéressée) »[7]. Force est ainsi de constater que le législateur entendait que le juge d'instruction puisse, sans restituer l'élément de preuve saisi, ne pas pour autant le conserver. La circulaire d'application de la loi du 4 juillet 2005 était ainsi fondée à considérer que « le juge d'instruction qui envisage, en application du

1. L. n° 2005-750, 4 juill. 2005 *portant diverses dispositions d'adaptation au droit communautaire dans le domaine de la justice, JO* 6 juill., p. 11136.
2. Ord. n° 2016-1636, 1er déc. 2016 *relative à la décision d'enquête européenne en matière pénale, JO* 2 déc., n° 37.
3. L. n° 2010-768, 9 juill. 2010 *visant à faciliter la saisie et la confiscation en matière pénale, JO* 10 juill., p. 12753.
4. Ord. n° 2016-1636, 1er déc. 2016 *relative à la décision d'enquête européenne en matière pénale, JO* 2 déc., n° 37.
5. Dir. 2014/41/UE, Parlement et Conseil, 3 avr. 2014 *concernant la décision d'enquête européenne en matière pénale, JOUE* L 130, 1er mai, p. 1.
6. *Rapp. Ass. nat.* n° 2291 (XIIe législ.), p. 45.
7. *Rapp. Sénat* n° 392 (2004-2005), p. 55.

deuxième alinéa de l'article 99-2 du Code de procédure pénale, de procéder à la destruction d'un élément de preuve en raison notamment de sa dangerosité ou de son caractère nuisible, doit en aviser préalablement l'autorité judiciaire de l'État d'émission et la mettre en mesure de produire ses observations »[1]. Telles étaient bien, en effet, les intentions du législateur et les pouvoirs offerts au juge d'instruction par l'article 99-2 du Code de procédure pénale paraissent applicables lorsque le magistrat instructeur a saisi un bien en exécution d'une décision de gel, sous réserve que l'autorité d'émission ait été préalablement mise en mesure de présenter ses observations. Comme dans le champ d'application du règlement (UE) 2018/1805, la mise en œuvre de ce texte devra cependant sans doute connaître certaines adaptations[2].

En revanche, il a été jugé par la chambre criminelle, à défaut de textes le permettant, que « le juge français qui a pour mission d'exécuter une mesure de gel décidée par une juridiction étrangère en vertu des dispositions des articles 695-9-1 et suivants du Code de procédure pénale, ne dispose pas des pouvoirs à lui dévolus par les articles 706-144 et 706-146 du même code lorsqu'il ordonne lui-même une mesure de saisie »[3]. Cette règle doit être vue comme une conséquence de la nature spécifique des actes d'exécution des décisions de gel[4] et s'explique par ailleurs par le fait que le bien litigieux se trouve placé sous main de justice dans le seul ordre juridique de l'État d'émission.

321.402 **Intervention de l'Agrasc.** Comme en droit commun et dans le champ d'application du règlement (UE) 2018/1805, l'Agrasc est compétente pour exercer sur les biens saisis la totalité des compétences qui sont les siennes dans les affaires internes[5,6].

321.403 **Restitution du bien saisi.** Enfin, compte tenu de la nature particulière des actes d'exécution des décisions de gel, les demandes de restitution des biens objet de ces mesures ne sont pas régies par l'article 99 du Code de procédure pénale, applicable dans les affaires internes, mais par l'article 695-9-30 du même code dont il résulte que la « mainlevée totale ou partielle de la mesure de gel peut être demandée par toute personne intéressée ».

On relèvera d'ailleurs que la décision-cadre 2003/577/JAI ne prévoyait nullement une telle procédure, comme se bornant à permettre à l'État d'exécution de poser des conditions afin de limiter la durée du gel du bien et de donner mainlevée de la mesure conformément à ces conditions (décis.-cadre, art. 6, § 2), solution logique si l'on observe que le contentieux de la restitution a sa place devant les juridictions de l'État d'émission, et non devant celle de l'État d'exécution, dès lors que c'est dans la seule procédure diligentée dans l'ordre juridique de l'État d'émission que le bien objet de la décision de gel se trouve placé sous main de justice.

Quoi qu'il en soit, ce texte ne prévoit pas de conditions de fond, ni de procédure particulière, comme se bornant à préciser que le juge d'instruction qui envisage, d'office ou à la demande de tout intéressé, de donner mainlevée de la saisie, est tenu d'en aviser préalablement l'autorité d'émission et de la mettre à même de produire ses observations.

Il semble cependant, sur le fond, que le juge d'instruction ne saurait, à l'occasion de l'examen de la demande de mainlevée de la mesure de gel, apprécier le bien-fondé de la mesure, dont l'appréciation est de la compétence des seules autorités judiciaires de l'État d'émission, mais uniquement porter une appréciation sur l'actualité de la réunion des conditions de la reconnaissance et l'exécution de la décision de gel[7]. Le contentieux de la restitution proprement dit doit être porté devant les juridictions de l'État d'émission.

Par ailleurs, sur le terrain procédural, l'on peut se demander si la décision du juge d'instruction peut faire l'objet d'un recours devant la chambre de l'instruction. Il nous semble que, de même que la décision d'exécuter la décision de gel peut faire l'objet d'un recours devant la chambre de l'instruction[8], la décision sur la demande de restitution doit pouvoir être contestée dans les mêmes conditions.

En revanche, le texte prévoit de façon logique qu'en cas de mainlevée de la décision de gel prononcée par l'autorité judiciaire de l'État d'émission, cette décision emporte de plein droit, aux frais avancés du Trésor, mainlevée des mesures d'exécution prises par l'autorité judiciaire française. Il nous semble, en vérité, que c'est bien devant ces juridictions que doit être porté le contentieux de la restitution des biens placés sous main de justice en exécution de décisions de gel.

1. Circ. Justice, 10 août 2005 *de présentation des dispositions du Code de procédure pénale relatives au gel de biens ou d'éléments de preuve résultant de la loi n° 2005-750 du 4 juillet 2005 portant diverses dispositions d'adaptation au droit communautaire dans le domaine de la justice*, NOR : JUS D 0530117 C, p. 13.
2. V. s^s n° 321.391.
3. Crim. 1er avr. 2020, n° 19-81.760, P, 43 ; *D.* 2020. 880.
4. V. s^s n° 321.305.
5. C. pr. pén., art. 706-160, al. 3.
6. V. s^s n°s 311.252 et 321.392.
7. V. s^s n° 321.367.
8. V. s^s n° 321.363.

CHAPITRE

322. Entraide judiciaire internationale aux fins de confiscation pénale entre les États membres de l'Union européenne

SECTION 0
ORIENTEUR

322.00 Sommaire du chapitre.

Sect. 1 Fondements de l'entraide judiciaire aux fins de confiscation pénale entre les États membres de l'Union européenne

Sect. 2 Conditions de fond de l'entraide judiciaire aux fins de confiscation pénale entre les États membres de l'Union européenne

§ 1 Domaine d'application de l'entraide judiciaire aux fins de confiscation pénale entre les États membres de l'Union européenne

A. Règlement (UE) 2018/1805

B. Décision-cadre 2006/783/JAI

§ 2 Nature et objet des décisions de confiscation susceptibles d'entraide judiciaire entre les États membres de l'Union européenne

A. Règlement (UE) 2018/1805

B. Décision-cadre 2006/783/JAI

§ 3 Protection des droits des tiers de bonne foi

A. Règlement (UE) 2018/1805

B. Décision-cadre 2006/783/JAI

§ 4 Proportionnalité de la reconnaissance et de l'exécution des décisions de confiscation

A. Règlement (UE) 2018/1805

B. Décision-cadre 2006/783/JAI

§ 5 Motifs de non-reconnaissance ou de non-exécution des décisions de confiscation

A. Règlement (UE) 2018/1805

B. Décision-cadre 2006/783/JAI

Sect. 3 Mise en œuvre de l'entraide judiciaire aux fins de confiscation pénale entre les États membres de l'Union européenne

§ 1 Émission des décisions de confiscation

§ 2 Transmission des décisions de confiscation

A. Règlement (UE) 2018/1805

B. Décision-cadre 2006/783/JAI

§ 3 Reconnaissance et exécution des décisions de confiscation

A. Loi applicable à l'exécution des décisions de confiscation

B. Compétence pour statuer sur la reconnaissance et l'exécution des demandes adressées à l'autorité judiciaire française

1° Règlement (UE) 2018/1805

2° Décision-cadre 2006/783/JAI
C. Procédure de reconnaissance et d'exécution des décisions de confiscation adressées à l'autorité judiciaire française
1° Règlement (UE) 2018/1805
2° Décision-cadre 2006/783/JAI
§ 4 Recours contre l'exécution des décisions de confiscation
A. Règlement (UE) 2018/1805
1° Recours contre l'exécution des décisions de confiscation par l'autorité judiciaire française
2° Recours contre l'exécution des décisions de confiscation par les autorités judiciaires étrangères
B. Décision-cadre 2006/783/JAI
1° Recours contre l'exécution des décisions de confiscation par l'autorité judiciaire française
2° Recours contre l'exécution des décisions de confiscation par les autorités judiciaires étrangères
§ 5 Devenir des biens confisqués
A. Règlement (UE) 2018/1805
B. Décision-cadre 2006/783/JAI

Division. Après l'exposé de leurs fondements juridiques (sect. 1), seront examinées les conditions de fond (sect. 2) et les règles de mise en œuvre (sect. 3) de l'entraide judiciaire internationale aux fins de confiscation pénale entre les États membres de l'Union européenne.

322.01 Principaux textes applicables.

TEXTES SOURCES

• C. pr. pén., art. 713 à 713-35

• Règl. (UE) 2018/1805, Parlement et Conseil, 14 nov. 2018 *concernant la reconnaissance mutuelle des décisions de gel et des décisions de confiscation,* art. 1 à 3, 14 à 28, 30 à 34.

TEXTES *IN EXTENSO*

> Entraide en application des dispositions de transposition de la décision-cadre 2006/783/JAI du Conseil du 6 octobre 2006 *relative à l'application du principe de reconnaissance mutuelle aux décisions de confiscation* (*JOUE* L 328 du 24 nov., p. 59)

• C. pr. pén., art. 713

Une décision de confiscation est une peine ou une mesure définitive ordonnée par une juridiction d'un État membre de l'Union européenne, appelé État d'émission, à la suite d'une procédure portant sur une ou plusieurs infractions pénales, aboutissant à la privation permanente d'un ou plusieurs biens.

L'autorité judiciaire est compétente, selon les règles et dans les conditions déterminées par la présente section, pour transmettre aux autorités compétentes des autres États membres de l'Union européenne, appelés États d'exécution, ou pour exécuter, sur leur demande, une décision de confiscation de biens.

• C. pr. pén., art. 713-1

Les décisions de confiscation qui peuvent donner lieu à la transmission ou à l'exécution dans un autre État sont celles qui confisquent des biens, meubles ou immeubles, corporels ou incorporels, ainsi que tout acte juridique ou document attestant d'un titre ou d'un droit sur ce bien, au motif :

1° Qu'ils constituent l'instrument ou l'objet d'une infraction ;

2° Qu'ils constituent le produit d'une infraction ou correspondent en tout ou en partie à la valeur de ce produit ;

3° Qu'ils sont passibles de confiscation en application de toute autre disposition de la législation de l'État d'émission bien qu'ils ne soient pas l'instrument, l'objet ou le produit de l'infraction.

• C. pr. pén., art. 713-2

Toute décision de confiscation est accompagnée d'un certificat établi par l'autorité compétente de l'État d'émission comprenant les mentions suivantes :

1° L'identification de l'État d'émission ;

2° L'identification de la juridiction de l'État d'émission ayant rendu la décision ;

3° L'identité des personnes physiques ou morales à l'encontre desquelles la décision de confiscation a été rendue ;

4° Les données permettant d'identifier les biens faisant l'objet de la décision de confiscation dans l'État d'exécution, notamment la description précise de ces biens, leur localisation et la désignation de leur gardien ou le montant de la somme à confisquer ;

5° Les motifs de la décision de confiscation, la description des faits constitutifs de l'infraction, la nature et la qualification juridique de l'infraction qui la justifie, y compris, le cas échéant, l'indication que ladite infraction entre, en vertu de la loi de l'État d'émission, dans l'une des catégories d'infractions mentionnées à l'article 694-32 et y est punie d'une peine privative de liberté d'une durée égale ou supérieure à trois ans d'emprisonnement ;

6° La description complète de l'infraction lorsque celle-ci n'entre pas dans l'une des catégories d'infractions mentionnées au 5° ;

7° La mention que la décision a été rendue à titre définitif et n'est pas prescrite ;

8° La mention que la personne visée par la décision de confiscation s'est vu dûment notifier la procédure engagée à son encontre et les modalités et délais de recours ;

9° L'éventuelle exécution partielle de la décision, y compris l'indication des montants déjà confisqués et des sommes restant à recouvrer ;

10° La possibilité d'appliquer dans l'État d'émission des peines de substitution et, le cas échéant, l'acceptation éventuelle de l'État d'émission pour l'application de telles peines, la nature de ces peines et la sanction maximale prévue pour chacune d'elles ;

11° La signature de l'autorité judiciaire de l'État d'émission ou celle de son représentant attestant l'exactitude des informations contenues dans le certificat.

• **C. pr. pén., art. 713-3**

Le certificat doit être traduit dans la langue officielle ou dans une des langues officielles de l'État d'exécution ou dans l'une des langues officielles des institutions des Communautés européennes acceptées par cet État.

• **C. pr. pén., art. 713-4**

La décision de confiscation ou la copie certifiée conforme de celle-ci et le certificat sont, sous réserve du deuxième alinéa, transmis par l'autorité compétente de l'État d'émission directement à l'autorité compétente de l'État d'exécution par tout moyen laissant une trace écrite et dans des conditions permettant à cette autorité d'en vérifier l'authenticité.

Lorsqu'un État membre de l'Union européenne a effectué une déclaration à cet effet, la décision de confiscation ou la copie certifiée conforme de celle-ci et le certificat sont expédiés par l'intermédiaire d'une ou plusieurs autorités centrales désignées par ledit État.

Sur demande de l'autorité compétente de l'État d'émission, la copie certifiée conforme de la décision de confiscation et l'original du certificat sont adressés dans les meilleurs délais.

Toutes les communications s'effectuent directement entre les autorités compétentes.

• **C. pr. pén., art. 713-5**

Le ministère public près la juridiction qui a ordonné la confiscation établit le certificat y afférent et transmet la décision et le certificat, selon les modalités visées à l'article 713-4, à l'autorité compétente du ou des États compétents en application des articles 713-6 à 713-10.

Cette transmission n'empêche pas la poursuite de l'exécution, en tout ou partie sur le territoire de la République, de la confiscation.

• **C. pr. pén., art. 713-6**

La décision de confiscation est en principe transmise pour exécution à un seul État.

Si la décision de confiscation concerne des biens déterminés, le ministère public la transmet avec le certificat à l'autorité compétente de l'État d'exécution dans lequel il a des raisons de croire que se trouvent ces biens.

• **C. pr. pén., art. 713-7**

Toutefois, si le ministère public a des raisons de croire que la confiscation d'un bien spécifique implique d'agir dans plusieurs États, ou qu'un ou plusieurs biens visés par la décision de confiscation se trouvent dans différents États, il transmet la décision de confiscation et le certificat aux autorités compétentes de ces États.

• **C. pr. pén., art. 713-8**

Si la décision de confiscation concerne une somme d'argent, le ministère public la transmet avec le certificat à l'autorité compétente de l'État dans lequel il a des raisons de croire que la personne physique ou morale possède des biens ou des revenus.

Toutefois, il peut adresser la décision de confiscation à plusieurs États lorsqu'il estime, pour des raisons particulières, nécessaire de le faire.

Le montant total des sommes recouvrées dans plusieurs États, en exécution de cette décision, ne peut être supérieur au montant spécifié dans la décision de confiscation.

• **C. pr. pén., art. 713-9**

S'il n'existe aucun moyen permettant de déterminer l'État dans lequel se trouvent les biens ou les revenus de la personne à l'encontre de laquelle la décision a été rendue, le ministère public transmet la décision de confiscation et le certificat à l'autorité compétente de l'État dans lequel la personne concernée a sa résidence habituelle ou son siège.

• **C. pr. pén., art. 713-10**

Lorsque la décision de confiscation porte sur une somme d'argent et que l'autorité compétente de l'État d'exécution y a substitué la confiscation d'un bien, le consentement au transfert de ce bien est donné par le ministre de la justice.

• **C. pr. pén., art. 713-11**

Le ministère public près la juridiction qui a ordonné la confiscation d'un bien informe immédiatement l'autorité compétente de l'État d'exécution, par tout moyen laissant une trace écrite, de tout ce qui a pour effet soit de retirer à la décision son caractère exécutoire ou de soustraire son exécution à l'État d'exécution, soit de modifier l'exécution de la décision.

Lorsque la décision de confiscation a été exécutée en partie, le ministère public précise le montant ou les biens restant à recouvrer.

• **C. pr. pén., art. 713-12**

Le tribunal correctionnel, sur requête du procureur de la République, est compétent pour statuer sur l'exécution d'une décision de confiscation émanant d'une juridiction d'un autre État membre.

• **C. pr. pén., art. 713-13**

La décision de confiscation et le certificat sont transmis selon les modalités prévues à l'article 713-4 ou adressés au procureur de la République près le tribunal correctionnel territorialement compétent, directement ou par l'intermédiaire du procureur général.

Le tribunal correctionnel territorialement compétent est celui du lieu où se situe l'un quelconque des biens confisqués ou, à défaut, le tribunal correctionnel de Paris.

Si le procureur de la République auquel la demande a été adressée n'est pas territorialement compétent pour y donner suite, il la transmet sans délai au procureur de la République près le tribunal correctionnel territorialement compétent et en informe l'autorité compétente de l'État d'émission.

• **C. pr. pén., art. 713-14**

Le procureur de la République saisit, avec son avis, le tribunal correctionnel de la demande de reconnaissance et d'exécution de la décision de confiscation.

• **C. pr. pén., art. 713-15**

Après s'être assuré de la régularité de la demande, le tribunal correctionnel statue sans délai sur l'exécution de la décision de confiscation.

• **C. pr. pén., art. 713-16**

S'il l'estime utile, le tribunal correctionnel entend, le cas échéant par commission rogatoire, le condamné ainsi que toute personne ayant des droits sur les biens qui ont fait l'objet de la décision de confiscation. Ces personnes peuvent se faire représenter par un avocat.

• C. pr. pén., art. 713-17

Le tribunal correctionnel peut surseoir à statuer lorsqu'il juge nécessaire la traduction de la décision ou lorsque le bien fait déjà l'objet soit d'une mesure de saisie ou de gel, soit d'une décision de confiscation définitive dans le cadre d'une autre procédure.

Lorsqu'il sursoit à statuer, le tribunal correctionnel peut ordonner des mesures de saisie selon les modalités prévues à l'article 484-1.

En cas de sursis à statuer, le procureur de la République en informe sans délai l'autorité compétente de l'État d'émission par tout moyen laissant une trace écrite, en précisant les motifs et, si possible, la durée du sursis à statuer.

• C. pr. pén., art. 713-18

Dès que le motif du sursis à statuer n'existe plus, le tribunal correctionnel statue sur l'exécution de la décision de confiscation. Le procureur de la République en informe l'autorité compétente de l'État d'émission par tout moyen laissant une trace écrite.

• C. pr. pén., art. 713-19

Lorsque le tribunal correctionnel envisage de refuser l'exécution d'une décision de confiscation sur le fondement de l'un des motifs visés aux 1°, 3° et 7° de l'article 713-20 ou à l'article 713-22, il en avise, avant de statuer, l'autorité compétente de l'État d'émission et la met à même de produire ses observations.

• C. pr. pén., art. 713-20

Sans préjudice de l'application de l'article 694-4, l'exécution d'une décision de confiscation est refusée dans l'un des cas suivants :

1° Si le certificat n'est pas produit, s'il est établi de manière incomplète ou s'il ne correspond manifestement pas à la décision de confiscation ;

2° Si une immunité y fait obstacle ou si le bien, par sa nature ou son statut, ne peut faire l'objet d'une confiscation selon la loi française ;

3° Si la décision de confiscation se fonde sur des infractions pour lesquelles la personne à l'encontre de laquelle la décision a été rendue a déjà été jugée définitivement par les autorités judiciaires françaises ou par celles d'un État autre que l'État d'émission, à condition, en cas de condamnation, que la peine ait été exécutée, soit en cours d'exécution ou ne puisse plus être mise à exécution selon les lois de l'État de condamnation ;

4° S'il est établi que la décision de confiscation a été émise dans le but de poursuivre ou de condamner une personne en raison de son sexe, de sa race, de sa religion, de son origine ethnique, de sa nationalité, de sa langue, de ses opinions politiques ou de son orientation sexuelle ou identité de genre ou que l'exécution de ladite décision peut porter atteinte à la situation de cette personne pour l'une de ces raisons ;

5° Si la confiscation est fondée sur des faits qui ne constituent pas des infractions permettant, selon la loi française, d'ordonner une telle mesure ;

6° Si les droits d'un tiers de bonne foi rendent impossible, selon la loi française, l'exécution de la décision de confiscation ;

7° Si, selon les indications portées dans le certificat, l'intéressé n'a pas comparu en personne lors du procès à l'issue duquel la confiscation a été prononcée sauf si, selon ces indications, il se trouve dans l'un des cas prévus aux 1° à 3° de l'article 695-22-1 ;

8° Si les faits sur lesquels la décision est fondée relèvent de la compétence des juridictions françaises et que la décision de confiscation est prescrite au regard de la loi française.

Toutefois, le motif de refus prévu au 5° n'est pas opposable lorsque la décision de confiscation concerne une infraction qui, en vertu de la loi de l'État d'émission, entre dans l'une des catégories d'infractions mentionnées à l'article 694-32 et y est punie d'une peine privative de liberté d'une durée égale ou supérieure à trois ans d'emprisonnement.

L'exécution d'une décision de confiscation est également refusée, le cas échéant partiellement, si la décision de confiscation se fonde sur le motif visé au 3° de l'article 713-1. Dans ce cas, il est fait application du cinquième alinéa de l'article 713-24.

• C. pr. pén., art. 713-21

Nonobstant les dispositions du 5° de l'article 713-20, l'exécution de la décision de confiscation ne peut, en matière de taxes ou d'impôts, de douane et de change, être refusée au motif que la loi française ne prévoit pas le même type de taxes ou d'impôts ou le même type de réglementation en matière de taxes ou d'impôts, de douane et de change que la loi de l'État d'émission.

• C. pr. pén., art. 713-22

L'exécution d'une décision de confiscation peut être refusée dans l'un des cas suivants :

1° Si la décision de confiscation est fondée sur une procédure pénale relative à des infractions commises en tout ou partie sur le territoire de la République ;

2° Si la décision de confiscation est fondée sur une procédure pénale relative à des infractions qui ont été commises hors du territoire de l'État d'émission et que la loi française n'autorise pas la poursuite de ces faits lorsqu'ils sont commis hors du territoire de la République.

• C. pr. pén., art. 713-23

Lorsque la décision de confiscation porte sur une somme d'argent exprimée en devises, le tribunal correctionnel convertit le montant à confisquer en euros au taux de change en vigueur à la date à laquelle la décision de confiscation a été prononcée.

• C. pr. pén., art. 713-24

Sous réserve des dispositions des quatre alinéas suivants, le tribunal correctionnel ne peut ni appliquer des mesures qui se substitueraient à la décision de confiscation, ni modifier la nature du bien confisqué ou le montant faisant l'objet de la décision de confiscation.

Lorsque l'intéressé est en mesure de fournir la preuve de la confiscation, totale ou partielle, dans un autre État, le tribunal correctionnel, après consultation de l'autorité compétente de l'État d'émission, déduit intégralement du montant qui doit être confisqué en France toute fraction déjà recouvrée dans cet autre État en application de la décision de confiscation.

Lorsque l'autorité compétente de l'État d'émission y consent, le tribunal correctionnel peut ordonner le paiement d'une somme d'argent correspondant à la valeur du bien en remplacement de la confiscation de celui-ci.

Lorsque la décision de confiscation porte sur une somme d'argent qui ne peut être recouvrée, le tribunal correctionnel peut ordonner la confiscation de tout autre bien disponible dans la limite du montant de cette somme d'argent.

Lorsque la décision de confiscation porte sur des biens qui ne pourraient être confisqués en France relativement aux faits commis, le tribunal correctionnel ordonne qu'elle soit exécutée dans les limites prévues par la loi française pour des faits analogues.

• **C. pr. pén., art. 713-25**

Le refus d'exécuter une décision de confiscation de biens est motivé et notifié sans délai à l'autorité compétente de l'État d'émission par tout moyen laissant une trace écrite.

• **C. pr. pén., art. 713-26**

Lorsque l'endroit où se trouve le bien n'a pas été indiqué de manière assez précise dans le certificat, le procureur de la République consulte l'autorité compétente de l'État d'émission.

Lorsque le bien mentionné dans la décision de confiscation a déjà été confisqué, a disparu, a été détruit ou ne peut être retrouvé à l'endroit indiqué dans le certificat ou lorsque le montant ne peut être recouvré et que la personne ne dispose d'aucun bien sûr le territoire de la République, le procureur de la République informe l'autorité compétente de l'État d'émission de l'impossibilité d'exécuter la décision par tout moyen laissant une trace écrite.

• **C. pr. pén., art. 713-27**

Le tribunal correctionnel, sur requête du procureur de la République, peut ordonner, selon les modalités de l'article 484-1, la saisie des biens lorsqu'un recours est formé contre la décision autorisant l'exécution de la confiscation ou lorsque l'exécution d'une décision de confiscation est différée par le ministère public.

• **C. pr. pén., art. 713-28**

Si plusieurs décisions de confiscation rendues à l'encontre de la même personne portent soit sur une somme d'argent et que cette personne ne dispose pas en France de biens suffisants pour que toutes les décisions puissent être exécutées, soit sur le même bien spécifique, le tribunal correctionnel détermine la ou les décisions de confiscation à exécuter en tenant compte de toutes les circonstances, dont l'existence éventuelle de mesures de gel concernant ces biens dans l'affaire, la gravité relative et le lieu de commission des infractions, ainsi que les dates auxquelles les différentes décisions ont été rendues et transmises.

Le procureur de la République informe de cette décision les autorités compétentes du ou des États d'émission par tout moyen laissant une trace écrite.

• **C. pr. pén., art. 713-29**

Le condamné peut faire appel de la décision autorisant en France l'exécution de la confiscation.

Celui qui détient le bien objet de la décision de confiscation ou toute autre personne qui prétend avoir un droit sur ce bien peut, par voie de requête remise au greffe de la chambre des appels correctionnels territorialement compétente dans les dix jours à compter de la date de mise à exécution de la décision considérée, former un recours à l'encontre de cette dernière.

En cas de recours contre la décision de confiscation, le procureur général informe par tout moyen laissant une trace écrite l'autorité compétente de l'État d'émission du recours formé.

Le recours est suspensif mais ne permet pas de contester les raisons substantielles qui ont conduit au prononcé de la décision de confiscation.

La cour peut, par une décision qui n'est susceptible d'aucun recours, autoriser l'État d'émission à intervenir à l'audience par l'intermédiaire d'une personne habilitée par ledit État à cet effet ou, le cas échéant, directement par l'intermédiaire des moyens de télécommunications prévus à l'article 706-71. Lorsque l'État d'émission est autorisé à intervenir, il ne devient pas partie à la procédure.

• **C. pr. pén., art. 713-30**

Le ministère public près la juridiction ayant statué poursuit l'exécution de la décision d'autorisation de confiscation lorsque celle-ci est définitive selon les modalités prévues à l'article 707 et informe l'autorité compétente de l'État d'émission par tout moyen laissant une trace écrite de la mise à exécution de la décision.

• **C. pr. pén., art. 713-31**

Le ministère public peut différer l'exécution d'une décision de confiscation dans les cas suivants :

1° Lorsque la décision de confiscation porte sur une somme d'argent et que le montant recouvré risque d'être supérieur au montant spécifié dans la décision de confiscation en raison de l'exécution de celle-ci dans plusieurs États ;

2° Lorsque l'exécution de la décision de confiscation risque de nuire à une enquête ou une procédure pénale en cours.

Le ministère public qui diffère l'exécution de la décision de confiscation en informe sans délai l'autorité compétente de l'État d'émission par tout moyen laissant une trace écrite, en lui précisant les motifs du report et, si possible, sa durée prévisible.

Dès que le motif de report n'existe plus, le ministère public exécute la décision de confiscation et en informe l'autorité compétente de l'État d'émission par tout moyen laissant une trace écrite.

• **C. pr. pén., art. 713-32**

Les biens autres que des sommes d'argent, confisqués en application de la décision de confiscation, peuvent être vendus selon les dispositions du Code du domaine de l'État.

Les sommes d'argent recouvrées et le produit de la vente des biens confisqués sont dévolus à l'État français lorsque le montant recouvré est inférieur à 10 000 €, et dévolus pour moitié à l'État français et pour moitié à l'État d'émission dans les autres cas.

Les frais d'exécution de la décision de confiscation ne sont pas imputés sur le montant dévolu à l'État d'émission. Toutefois, lorsque des frais élevés ou exceptionnels ont dû être supportés, des indications détaillées sur ces frais peuvent être communiquées à l'État d'émission afin d'en obtenir le partage.

Les biens confisqués qui ne sont pas vendus sont dévolus à l'État français sauf accord contraire avec l'État d'émission.

• **C. pr. pén., art. 713-33**

Lorsque la personne à l'encontre de laquelle la décision a été rendue est en mesure de justifier de l'exécution, totale ou partielle, de la confiscation dans un autre État, le ministère public consulte l'autorité compétente de l'État d'émission par tous les moyens appropriés.

Toute partie du montant recouvré en application de la décision de confiscation dans un autre État est déduite intégralement du montant qui doit être recouvré.

• **C. pr. pén., art. 713-34**

Le ministère public met fin à l'exécution de la décision de confiscation dès qu'il est informé de toute décision ou mesure qui a pour effet de retirer à la décision son caractère exécutoire ou de soustraire l'exécution de la décision aux autorités judiciaires françaises.

• **C. pr. pén., art. 713-35**

Lorsque la décision est amnistiée par la loi française ou fait l'objet d'une grâce accordée en France, le ministère public met fin à l'exécution de la décision de confiscation et en informe dans les meilleurs délais par tout moyen laissant une trace écrite l'autorité compétente de l'État d'émission.

> Entraide en application des dispositions du Règlement (UE) 2018/1805 du Parlement et du Conseil du 14 novembre 2018 *concernant la reconnaissance mutuelle des décisions de gel et des décisions de confiscation* (extraits)

• **Art. premier**

* V. s[s] n° 321.01.

• **Art. 2**

* V. s[s] n° 321.01.

• **Art. 3**

* V. s[s] n° 321.01.

• **Art. 14**

Transmission des décisions de confiscation

1. Une décision de confiscation est transmise au moyen d'un certificat de confiscation. L'autorité d'émission transmet le certificat de confiscation prévu à l'article 17 directement à l'autorité d'exécution ou, s'il y a lieu, à l'autorité centrale visée à l'article 24, paragraphe 2, par tout moyen permettant de laisser une trace écrite et dans des conditions qui permettent à l'autorité d'exécution d'établir l'authenticité du certificat de confiscation.

2. Les États membres peuvent faire une déclaration indiquant que, lorsqu'un certificat de confiscation leur est transmis à des fins de reconnaissance et d'exécution d'une décision de confiscation, l'autorité d'émission doit transmettre la décision de confiscation originale ou une copie certifiée conforme de celle-ci avec le certificat de confiscation. Toutefois, seul le certificat de confiscation doit être traduit, conformément à l'article 17, paragraphe 2.

3. Les États membres peuvent faire la déclaration visée au paragraphe 2 avant la date d'application du présent règlement ou à une date ultérieure. Ils peuvent retirer une telle déclaration à tout moment. Les États membres informent la Commission lorsqu'ils font ou retirent une telle déclaration. La Commission met ces informations à la disposition de tous les États membres et du RJE.

4. Dans le cas d'une décision de confiscation concernant une somme d'argent, lorsque l'autorité d'émission a des motifs raisonnables de croire que la personne à l'encontre de laquelle la décision de confiscation a été émise a des biens ou des revenus dans un État membre, elle transmet le certificat de confiscation à cet État membre.

5. Dans le cas d'une décision de confiscation concernant des biens spécifiques, lorsque l'autorité d'émission a des motifs raisonnables de croire que ces biens sont situés dans un État membre, elle transmet le certificat de confiscation à cet État membre.

6. L'autorité d'émission informe l'autorité d'exécution dès lors qu'elle a connaissance de l'existence de personnes concernées. L'autorité d'émission communique en outre à l'autorité d'exécution, à la demande de celle-ci, toute information concernant toute réclamation que les personnes concernées peuvent vouloir formuler à l'égard des biens, y compris des informations permettant d'identifier ces personnes.

7. Lorsque, malgré les informations mises à disposition conformément à l'article 24, paragraphe 3, l'autorité d'exécution compétente est inconnue de l'autorité d'émission, l'autorité d'émission effectue toutes les recherches nécessaires, y compris par l'intermédiaire des points de contact du RJE, en vue de déterminer quelle est l'autorité compétente pour la reconnaissance et l'exécution de la décision de confiscation.

8. Lorsque l'autorité de l'État d'exécution qui reçoit un certificat de confiscation n'est pas compétente pour reconnaître la décision de confiscation ou pour prendre les mesures nécessaires à son exécution, elle transmet immédiatement le certificat de confiscation à l'autorité d'exécution compétente dans son État membre et en informe l'autorité d'émission.

• **Art. 15**

Transmission d'une décision de confiscation à un ou plusieurs États d'exécution

1. Un certificat de confiscation n'est transmis, en vertu de l'article 14, qu'à un seul État d'exécution à la fois, sauf si le paragraphe 2 ou 3 du présent article s'applique.

2. Lorsqu'une décision de confiscation concerne des biens spécifiques, le certificat de confiscation peut être transmis simultanément à plusieurs États d'exécution lorsque :

a) l'autorité d'émission a des motifs raisonnables de croire que différents biens faisant l'objet de la décision de confiscation sont situés dans différents États d'exécution ; ou

b) la confiscation d'un bien spécifique faisant l'objet de la décision de confiscation nécessiterait d'agir dans plusieurs États d'exécution.

3. Lorsqu'une décision de confiscation concerne une somme d'argent, le certificat de confiscation peut être transmis simultanément à plusieurs États d'exécution lorsque

l'autorité d'émission estime nécessaire de le faire pour une raison particulière, notamment lorsque :

a) les biens concernés n'ont pas été gelés en vertu du présent règlement ; ou

b) la valeur estimée des biens qui peuvent être confisqués dans l'État d'émission et dans un seul État d'exécution risque de ne pas être suffisante pour parvenir à confisquer la totalité du montant visé par la décision de confiscation.

• **Art. 16**

Conséquences de la transmission des décisions de confiscation

1. La transmission d'une décision de confiscation conformément aux articles 14 et 15 ne limite pas le droit de l'État d'émission d'exécuter la décision.

2. Le montant total provenant de l'exécution d'une décision de confiscation concernant une somme d'argent ne peut pas dépasser le montant maximal précisé dans la décision, que cette décision ait été transmise à un ou à plusieurs États d'exécution.

3. L'autorité d'émission informe immédiatement l'autorité d'exécution par tout moyen permettant de laisser une trace écrite, lorsque :

a) elle estime qu'il existe un risque que la confiscation dépasse le montant maximal, en particulier sur la base d'informations fournies par l'autorité d'exécution en application de l'article 21, paragraphe 1, point b) ;

b) tout ou partie de la décision de confiscation a été exécutée dans l'État d'émission ou dans un État d'exécution différent, auquel cas elle précise le montant pour lequel la décision de confiscation n'a pas encore été exécutée ; ou

c) après la transmission d'un certificat de confiscation conformément à l'article 14, une autorité de l'État d'émission reçoit une somme d'argent qui a été versée au titre de la décision de confiscation.

Lorsque le point a) du premier alinéa s'applique, l'autorité d'émission informe l'autorité d'exécution dans les plus brefs délais quand le risque visé audit point cesse d'exister.

• **Art. 17**

Certificat de confiscation standard

1. En vue de transmettre une décision de confiscation, l'autorité d'émission remplit le certificat de confiscation figurant à l'annexe II, le signe et certifie son contenu comme étant exact et correct.

2. L'autorité d'émission fournit à l'autorité d'exécution une traduction du certificat de confiscation dans une langue officielle de l'État d'exécution ou dans toute autre langue que l'État d'exécution acceptera conformément au paragraphe 3.

3. Tout État membre peut, à tout moment, indiquer dans une déclaration déposée auprès de la Commission qu'il acceptera des traductions de certificats de confiscation dans une ou plusieurs langues officielles de l'Union autres que la ou les langues officielles de cet État membre. La Commission met les déclarations à la disposition de tous les États membres et du RJE.

• **Art. 18**

Reconnaissance et exécution des décisions de confiscation

1. L'autorité d'exécution reconnaît toute décision de confiscation transmise conformément à l'article 14 et prend les mesures nécessaires à son exécution, de la même manière que pour une décision de confiscation émise au niveau national par une autorité de l'État d'exécution, à moins que l'autorité d'exécution ne se prévale de l'un des motifs de non-reconnaissance et de non-exécution prévus à l'article 19 ou de l'un des motifs de sursis prévus à l'article 21.

2. Lorsqu'une décision de confiscation concerne un bien spécifique, l'autorité d'émission et l'autorité d'exécution peuvent, lorsque le droit de l'État d'émission le prévoit, convenir que la confiscation dans l'État d'exécution peut s'effectuer par la confiscation d'une somme d'argent correspondant à la valeur du bien qui devait être confisqué.

3. Lorsqu'une décision de confiscation concerne une somme d'argent et que l'autorité d'exécution est dans l'impossibilité d'obtenir le paiement de cette somme, elle exécute ladite décision conformément au paragraphe 1 en confisquant tout bien qui est disponible à cette fin. Au besoin, l'autorité d'exécution convertit le montant à confisquer dans la monnaie de l'État d'exécution au taux de change journalier de l'euro tel qu'il est publié au Journal officiel de l'Union européenne, série C, à la date à laquelle la décision de confiscation a été émise.

4. Toute partie du montant recouvré en application de la décision de confiscation dans tout État autre que l'État d'exécution est intégralement déduite du montant qui doit être confisqué dans l'État d'exécution.

5. Lorsque l'autorité d'émission a émis une décision de confiscation mais n'a pas émis de décision de gel, l'autorité d'exécution peut, parmi les mesures prévues au paragraphe 1, décider d'office du gel des biens concernés conformément à son droit national, en vue d'une exécution ultérieure de la décision de confiscation. En pareil cas, l'autorité d'exécution informe l'autorité d'émission sans tarder et, si possible, avant de procéder au gel des biens concernés.

6. Dès que l'exécution de la décision de confiscation est réalisée, l'autorité d'exécution informe l'autorité d'émission des résultats de cette exécution, par tout moyen permettant de laisser une trace écrite.

• **Art. 19**

Motifs de non-reconnaissance et de non-exécution des décisions de confiscation

1. L'autorité d'exécution peut décider de ne pas reconnaître et de ne pas exécuter une décision de confiscation uniquement dans les cas suivants :

a) l'exécution de la décision de confiscation serait contraire au principe *non bis in idem* ;

b) le droit de l'État d'exécution prévoit un privilège ou une immunité qui empêcherait la confiscation des biens concernés, ou il existe des règles de détermination ou de limitation de la responsabilité pénale ayant trait à la liberté de la presse ou à la liberté d'expression dans d'autres médias qui empêchent d'exécuter la décision de confiscation ;

c) le certificat de confiscation est incomplet ou manifestement incorrect et n'a pas été complété après la consultation visée au paragraphe 2 ;

d) la décision de confiscation concerne une infraction pénale commise, en tout ou en partie, en dehors du territoire de l'État d'émission et, en tout ou en partie, sur le territoire de l'État d'exécution, et les faits pour lesquels la décision de confiscation a été émise ne constituent pas une infraction pénale dans le droit de l'État d'exécution ;

e) les droits des personnes concernées rendraient l'exécution de la décision de confiscation impossible en vertu du droit de l'État d'exécution, y compris lorsque cette impossibilité découle de l'utilisation de voies de recours conformément à l'article 33 ;

f) dans un cas relevant de l'article 3, paragraphe 2, les faits pour lesquels la décision de confiscation a été émise ne constituent pas une infraction pénale dans le droit de l'État d'exécution ; toutefois, dans les cas où sont concernées des réglementations en matière de taxes et d'impôts, ou de douane et de change, la reconnaissance ou l'exécution de la décision de confiscation ne peut être refusée au motif que le droit de l'État d'exécution n'impose pas le même type de taxes ou d'impôts ou ne prévoit pas le même type de réglementation en matière de taxes et d'impôts ou de douane et de change que le droit de l'État d'émission ;

g) selon le certificat de confiscation, la personne à l'encontre de laquelle la décision de confiscation a été émise n'a pas comparu en personne au procès qui a abouti à la décision de confiscation liée à une condamnation définitive, à moins que le certificat de confiscation n'indique que, conformément à d'autres exigences procédurales définies dans le droit de l'État d'émission, l'intéressé :

i) a été cité à comparaître en personne en temps utile et a ainsi été informé de la date et du lieu fixés pour le procès qui a abouti à la décision de confiscation, ou a été informé officiellement et effectivement par d'autres moyens de la date et du lieu fixés pour ce procès, de telle sorte qu'il a été établi de manière non équivoque que l'intéressé a eu connaissance du procès prévu et a été informé en temps utile qu'une décision de confiscation pourrait être émise en cas de non-comparution ;

ii) ayant eu connaissance du procès prévu, a donné mandat à un avocat, qui a été désigné soit par l'intéressé soit par l'État, pour le défendre au procès, et a été effectivement défendu par cet avocat pendant le procès ; ou

iii) après s'être vu signifier la décision de confiscation et avoir été expressément informé de son droit à une nouvelle procédure de jugement ou à une procédure d'appel à laquelle il aurait le droit de participer et qui permettrait de réexaminer l'affaire sur le fond, en tenant notamment compte de nouveaux éléments de preuve, et qui pourrait aboutir à une infirmation de la décision initiale, a indiqué expressément qu'il ne contestait pas la décision de confiscation, ou n'a pas demandé une nouvelle procédure de jugement ou une procédure d'appel dans les délais impartis ;

h) dans des situations exceptionnelles, il existe des motifs sérieux de croire, sur la base d'éléments précis et objectifs, que l'exécution de la décision de confiscation entraînerait, dans les circonstances particulières de l'espèce, une violation manifeste d'un droit fondamental pertinent énoncé dans la Charte, en particulier le droit à un recours effectif, le droit à accéder à un tribunal impartial et les droits de la défense.

2. Dans l'un quelconque des cas mentionnés au paragraphe 1, avant de décider de ne pas reconnaître ou de ne pas exécuter, en tout ou en partie, une décision de confiscation, l'autorité d'exécution consulte l'autorité d'émission par tout moyen approprié et, s'il y a lieu, lui demande de fournir sans tarder toute information nécessaire.

3. Toute décision de refus de reconnaissance ou de refus d'exécution de la décision de confiscation est prise sans tarder et notifiée immédiatement à l'autorité d'émission par tout moyen permettant de laisser une trace écrite.

• **Art. 20**

Délais pour la reconnaissance et l'exécution des décisions de confiscation

1. L'autorité d'exécution prend la décision relative à la reconnaissance et à l'exécution de la décision de confiscation sans tarder et, sans préjudice du paragraphe 4, au plus tard 45 jours après avoir reçu le certificat de confiscation.

2. L'autorité d'exécution communique, sans tarder et par tout moyen permettant de laisser une trace écrite, à l'autorité d'émission sa décision concernant la reconnaissance et l'exécution de la décision de confiscation.

3. Sauf s'il existe des motifs de sursis en vertu de l'article 21, l'autorité d'exécution prend les mesures concrètes qui sont nécessaires pour exécuter la décision de confiscation sans tarder et, au minimum, avec la même rapidité et le même degré de priorité que pour une décision de confiscation similaire prise au niveau national.

4. S'il s'avère impossible, dans un cas spécifique, de respecter le délai énoncé au paragraphe 1, l'autorité d'exécution en informe sans tarder l'autorité d'émission, par tout moyen, en indiquant les raisons pour lesquelles le délai n'a pas pu être respecté, et elle consulte l'autorité d'émission aux fins de fixer une date appropriée pour la reconnaissance et l'exécution de la décision de confiscation.

5. L'expiration du délai énoncé au paragraphe 1 ne dispense pas l'autorité d'exécution de son obligation d'adopter une décision concernant la reconnaissance et l'exécution de la décision de confiscation et d'exécuter cette décision, et ce sans tarder.

• **Art. 21**

Sursis à l'exécution des décisions de confiscation

1. L'autorité d'exécution peut surseoir à la reconnaissance ou à l'exécution d'une décision de confiscation transmise conformément à l'article 14 lorsque :

a) son exécution risque de nuire à une enquête pénale en cours, auquel cas il peut être sursis à l'exécution de la décision de confiscation jusqu'au moment où l'autorité d'exécution le juge raisonnable ;

b) elle estime, lorsque la décision de confiscation concerne une somme d'argent, qu'il existe un risque que le montant total provenant de l'exécution de cette décision de confiscation dépasse de manière considérable le montant précisé dans la décision de confiscation en raison de l'exécution simultanée de la décision de confiscation dans plusieurs États membres ;

c) les biens font déjà l'objet d'une procédure de confiscation en cours dans l'État d'exécution ; ou

d) une voie de recours telle qu'elle est visée à l'article 33 a été exercée.

2. Nonobstant l'article 18, paragraphe 5, l'autorité compétente de l'État d'exécution prend, aussi longtemps que dure le sursis à l'exécution de la décision de confiscation, tou-

tes les mesures qu'elle prendrait dans un cas similaire au niveau national pour éviter que le bien ne soit plus disponible aux fins de l'exécution de la décision de confiscation.

3. L'autorité d'exécution fait rapport à l'autorité d'émission, sans tarder et par tout moyen permettant de laisser une trace écrite, sur le sursis à l'exécution de la décision de confiscation, en précisant les motifs du sursis et, si possible, sur la durée escomptée du sursis.

4. Dès que les motifs de sursis ont cessé d'exister, l'autorité d'exécution prend sans tarder les mesures nécessaires à l'exécution de la décision de confiscation et en informe l'autorité d'émission par tout moyen permettant de laisser une trace écrite.

• **Art. 22**

Impossibilité d'exécuter une décision de confiscation

1. Lorsque l'autorité d'exécution estime qu'il est impossible d'exécuter une décision de confiscation, elle le notifie sans tarder à l'autorité d'émission.

2. Avant d'adresser une notification à l'autorité d'émission conformément au paragraphe 1, l'autorité d'exécution consulte, le cas échéant, l'autorité d'émission, en tenant également compte des possibilités prévues à l'article 18, paragraphe 2 ou 3.

3. La non-exécution d'une décision de confiscation au titre du présent article ne peut être justifiée que si les biens :

a) ont déjà été confisqués ;

b) ont disparu ;

c) ont été détruits ;

d) ne peuvent être trouvés à l'endroit indiqué sur le certificat de confiscation ; ou

e) ne peuvent être trouvés parce que l'endroit où ils sont situés n'a pas été indiqué de manière suffisamment précise, malgré les consultations visées au paragraphe 2.

4. En ce qui concerne les situations mentionnées au paragraphe 3, points b), d) et e), lorsque l'autorité d'exécution obtient par la suite des informations lui permettant de localiser les biens, elle peut exécuter la décision de confiscation sans qu'il soit nécessaire de transmettre un nouveau certificat de confiscation, à condition d'avoir, préalablement à l'exécution de la décision de confiscation, vérifié auprès de l'autorité d'émission que la décision de confiscation est encore valable.

5. Nonobstant le paragraphe 3, lorsque l'autorité d'émission a indiqué que des biens de valeur équivalente pouvaient être confisqués, l'autorité d'exécution n'est pas tenue d'exécuter la décision de confiscation si l'on se trouve dans l'une des situations énoncées au paragraphe 3 et s'il n'y a aucun bien de valeur équivalente susceptible d'être confisqué.

• **Art. 23**

* V. s^{s} n° 321.01.

• **Art. 24**

* V. s^{s} n° 321.01.

• **Art. 25**

* V. s^{s} n° 321.01.

• **Art. 26**

* V. s^{s} n° 321.01.

• **Art. 27**

* V. s^{s} n° 321.01.

• **Art. 28**

* V. s^{s} n° 321.01.

• **Art. 30**

Disposition des biens confisqués ou des sommes d'argent obtenues par la vente de tels biens

1. Lorsque l'autorité d'émission ou une autre autorité compétente de l'État d'émission a émis, conformément à son droit national, une décision de restitution à la victime des biens confisqués ou une décision d'indemnisation de la victime, l'autorité d'émission inscrit les informations relatives à cette décision dans le certificat de confiscation ou communique, à un stade ultérieur, les informations relatives à cette décision à l'autorité d'exécution.

2. Lorsque l'autorité d'exécution a été informée d'une décision de restitution à la victime des biens confisqués conformément au paragraphe 1, elle prend les mesures nécessaires pour garantir que, lorsque les biens concernés ont été confisqués, ils soient restitués à la victime dans les plus brefs délais, au besoin par l'intermédiaire de l'État d'émission. L'autorité d'exécution informe l'autorité d'émission lorsque les biens sont transférés directement à la victime.

3. Lorsqu'il s'avère impossible pour l'autorité d'exécution de restituer les biens à la victime conformément au paragraphe 2, mais qu'une somme d'argent a été obtenue du fait de l'exécution d'une décision de confiscation concernant ces biens, le montant correspondant est transféré à la victime aux fins de la restitution, au besoin par l'intermédiaire de l'État d'émission. L'autorité d'exécution informe l'autorité d'émission lorsque la somme d'argent est transférée directement à la victime. Il est disposé de tout bien restant conformément au paragraphe 7.

4. Lorsque l'autorité d'exécution a été informée d'une décision d'indemnisation de la victime conformément au paragraphe 1, et qu'une somme d'argent a été obtenue du fait de l'exécution d'une décision de confiscation, le montant correspondant, dans la mesure où il n'excède pas celui indiqué dans le certificat, est transféré à la victime aux fins de son indemnisation, au besoin par l'intermédiaire de l'État d'émission. L'autorité d'exécution informe l'autorité d'émission lorsque la somme d'argent est transférée directement à la victime. Il est disposé de tout bien restant conformément au paragraphe 7.

5. Lorsqu'une procédure de restitution des biens à la victime ou d'indemnisation de la victime est en cours dans l'État d'émission, l'autorité d'émission en informe l'autorité d'exécution. L'État d'exécution s'abstient de disposer des biens confisqués jusqu'à ce que les informations relatives à la décision de restitution des biens à la victime ou à la décision d'indemnisation de la victime soient communiquées à l'autorité d'exécution, même lorsque la décision de confiscation a déjà été exécutée.

6. Sans préjudice des paragraphes 1 à 5, il est disposé des biens, autres que les sommes d'argent obtenues du fait de l'exécution de la décision de confiscation, conformément aux règles suivantes :

a) les biens peuvent être vendus, auquel cas il est disposé du produit de la vente conformément au paragraphe 7 ;

b) les biens peuvent être transférés à l'État d'émission pour autant que, lorsque la décision de confiscation concerne une somme d'argent, l'autorité d'émission ait consenti au transfert des biens à l'État d'émission ;

c) sous réserve du point d), s'il s'avère impossible d'appliquer le point a) ou b), il peut être disposé des biens d'une autre manière conformément au droit de l'État d'exécution ; ou

d) les biens peuvent être utilisés pour des objectifs sociaux ou d'intérêt général dans l'État d'exécution conformément à son droit, sous réserve du consentement de l'État d'émission.

7. À moins que la décision de confiscation ne soit accompagnée d'une décision de restitution des biens à la victime ou d'une décision d'indemnisation de la victime conformément aux paragraphes 1 à 5, ou que les États membres concernés n'en aient décidé autrement, l'État d'exécution dispose de la somme d'argent obtenue du fait de l'exécution d'une décision de confiscation de la manière suivante :

a) si le montant provenant de l'exécution de la décision de confiscation n'excède pas 10 000 EUR, il revient à l'État d'exécution ; ou

b) si le montant provenant de l'exécution de la décision de confiscation excède 10 000 EUR, 50 % de ce montant sont transférés par l'État d'exécution à l'État d'émission.

• **Art. 31**
* V. s[s] n° 321.01.

• **Art. 32**
* V. s[s] n° 321.01.

• **Art. 33**
* V. s[s] n° 321.01.

• **Art. 34**
* V. s[s] n° 321.01.

• **C. pr. pén., art. 713-35-1**

Pour l'application du règlement (UE) 2018/1805 du Parlement européen et du Conseil du 14 novembre 2018 concernant la reconnaissance mutuelle des décisions de gel et des décisions de confiscation, les autorités compétentes mentionnées aux 8 et 9 de l'article 2 du même règlement sont les suivantes :

1° L'autorité d'émission des décisions de confiscation prononcées par les juridictions françaises est le ministère public près la juridiction qui a ordonné la confiscation ;

2° L'autorité d'exécution des décisions de confiscation prononcées par les juridictions d'un autre État membre de l'Union européenne est le tribunal correctionnel territorialement compétent, saisi sur requête du procureur de la République. Le tribunal correctionnel territorialement compétent est celui du lieu où se situe l'un des biens confisqués ou, à défaut, le tribunal correctionnel de Paris.

• **C. pr. pén., art. 713-35-2**

Il est procédé dans les conditions prévues à l'article 713-29 du présent code pour l'application de l'article 33 du règlement (UE) 2018/1805 du Parlement européen et du Conseil du 14 novembre 2018 concernant la reconnaissance mutuelle des décisions de gel et des décisions de confiscation.

322.03 Bibliographie indicative.

Thèses. M. Peter, *Les saisies pénales spéciales. Une évolution majeure pour une stratégie pénale patrimoniale repensée*, Aix-Marseille, 2018.

Articles. Th. Cassuto, « Le règlement européen Gel et confiscation : un instrument orienté vers l'efficacité et le respect des droits fondamentaux », *AJ pénal* 2019. 368 – J. Lelieur, « Le dispositif juridique de l'Union européenne pour la captation des avoirs criminels », *AJ pénal* 2015. 232 – M. Massé, « Notes brèves sur la rencontre de deux expressions : crime organisé et espace judiciaire européen » *RSC* 2000. 469 ; « L'évolution du droit en matière de gel et de confiscation », *RSC* 2006. 463 – R. Parizot, « La confiscation, sanction applicable en droit pénal des affaires », *in* H. Matsopoulou et C. Mascala (dir.), *Lamy Droit pénal des affaires*, Wolters Kluwer, 2020 – « Le règlement sur le gel et la confiscation : révélateur de la légistique européenne », *Rev. dr. Assas*, n° 24, déc. 2022, p. 93 – E. Rubi-Cavagna, « Le règlement UE du 14 novembre 2018 concernant la reconnaissance mutuelle des décisions de gel et des décisions de confiscation », *D.* 2019. 480.

Ouvrages. A. Bernardi (dir.), *Improving confiscation procedures in the European Union*, Jovene Editore, 2019 – A. Huet et R. Koering-Joulin, *Droit pénal international*, 3e éd., « Thémis droit », PUF, 2005 – D. Rebut, *Droit pénal international*, 3e éd., « Précis », Dalloz, 2019.

SECTION 1

FONDEMENTS DE L'ENTRAIDE JUDICIAIRE AUX FINS DE CONFISCATION PÉNALE ENTRE LES ÉTATS MEMBRES DE L'UNION EUROPÉENNE

322.11 Textes applicables. Les textes applicables à l'entraide judiciaire internationale aux fins de confiscation pénale entre les États membres de l'Union européenne ont connu une évolution comparable à ceux relatifs à l'entraide aux fins de saisie pénale patrimoniale.

Alors que la Convention *relative à l'entraide judiciaire en matière pénale entre les États membres de l'Union européenne*[1] ne contenait pas de dispositions concernant les confiscations pénales, a été adoptée la décision-cadre 2006/783/JAI du Conseil du 6 octobre 2006 *relative à l'application du principe de reconnaissance mutuelle aux décisions de confiscation*[2] dont les dispositions ont été transposées aux articles 713 à 713-35 du Code de procédure pénale par la loi n° 2010-768 du 9 juillet 2010 *visant à faciliter la saisie et la confiscation en matière pénale*[3].

Ce texte a été adopté non seulement pour décliner en matière de confiscations le principe de recon-

1. Conv. *relative à l'entraide judiciaire en matière pénale entre les États membres de l'Union européenne, JOUE* C 197, 12 juill. 2000, p. 3.
2. Décis.-cadre 2006/783/JAI du Conseil, 6 oct. 2006 *relative à l'application du principe de reconnaissance mutuelle aux décisions de confiscation, JOUE* L 328, 24 nov., p. 59.
3. L. n° 2010-768, 9 juill. 2010 *visant à faciliter la saisie et la confiscation en matière pénale, JO* 10 juill., p. 12753.

naissance mutuelle des décisions répressives affirmé lors du Conseil européen de Tampere des 15 et 16 octobre 1999 (consid. 1), mais également dans le but de compléter la décision-cadre 2003/577/JAI du Conseil du 22 juillet 2003 *relative à l'exécution dans l'Union européenne des décisions de gel de biens ou d'éléments de preuve*[1], puisqu'il a été justement relevé qu'« afin de prévenir et de combattre efficacement la criminalité organisée, il convient [...] de concentrer les efforts sur le dépistage, le gel, la saisie et la confiscation des produits du crime », et « il ne suffit pas d'assurer la reconnaissance mutuelle, dans l'Union européenne, des mesures provisoires telles que le gel et la saisie, car une lutte efficace contre la criminalité économique exige en outre la reconnaissance mutuelle des décisions de confiscation des produits du crime » (cons. 7).

Cet état du droit a cependant été bouleversé par l'adoption, pour des motifs qui ont déjà été examinés[2], du règlement (UE) 2018/1805 du Parlement et du Conseil du 14 novembre 2018 *concernant la reconnaissance mutuelle des décisions de gel et des décisions de confiscation*[3] qui s'applique depuis le 19 décembre 2020 (art. 41), auquel il convient d'ajouter les dispositions d'adaptation des articles 713-35-1 et 713-35-2 du Code de procédure pénale issues de la loi n° 2021-1729 du 22 décembre 2021 *pour la confiance dans l'institution judiciaire*[4].

Il reste que, comme en matière de saisies pénales, le règlement ne s'est pas entièrement substitué aux dispositions de transposition de la décision-cadre à compter de cette date, puisque l'article 39 du nouveau texte dispose qu'il ne remplace la décision-cadre qu'en ce qui concerne les États membres liés par le règlement. Or, les derniers considérants de ce texte excluent son application à la République d'Irlande et au Royaume du Danemark, ce qui signifie que l'entraide judiciaire aux fins de confiscation pénale entre ces deux États et les autres États membres de l'Union européenne demeure régie par la décision-cadre, à condition que les États concernés aient transposé celle-ci[5].

De surcroît, selon les dispositions transitoires énoncées à l'article 40 du règlement, celui-ci ne s'applique qu'aux certificats de confiscation transmis le 19 décembre 2020 ou après cette date, ceux transmis antérieurement continuant d'être régis par la décision-cadre jusqu'à l'exécution définitive de la décision de confiscation.

322.12 Incertitudes procédurales. Ceci étant, comme en matière de saisies pénales patrimoniales[6] et nonobstant le caractère direct de l'application du règlement, le législateur interne s'est à tort abstenu de prévoir, avant l'entrée en vigueur de ce texte, les modalités procédurales selon lesquelles les autorités judiciaires françaises mettraient en œuvre le nouveau texte.

Si, par acte du 21 décembre 2020, les autorités françaises avaient notifié à la Commission européenne que les autorités compétentes pour la France seraient, pour les décisions de confiscation, le ministère public en qualité d'autorité d'émission et le tribunal correctionnel sur requête du procureur de la République en qualité d'autorité d'exécution[7], cette notification demeurait insuffisante s'agissant de l'exécution des décisions de confiscation étrangères transmises à l'autorité judiciaire française – la question de la procédure d'émission de la décision de confiscation par les autorités judiciaires françaises ne présentant pas la même difficulté, dès lors que cette décision, au sens du règlement, n'est autre que le jugement ou l'arrêt prononçant la peine de confiscation, qui doit être rendu conformément aux procédures de jugement des infractions prévues par le Code de procédure pénale et dont l'exécution doit être poursuivie par le ministère public. En effet, si le tribunal correctionnel, saisi par requête du procureur de la République, était donc l'autorité compétente pour exécuter les décisions de confiscation étrangères, qu'en était-il de sa compétence territoriale ? Quelle procédure devait être suivie devant cette juridiction ? Les personnes condamnées ou ayant des droits sur le bien confisqué devaient-elles être convoquées devant le tribunal correctionnel ? La décision sur la reconnaissance et l'exécution de la décision de confiscation était-elle susceptible de recours ? Quelles étaient les conditions de celui-ci ? Autant de questions, pour l'essentiel non résolues par le règlement, qui imposaient une intervention législative claire et précise, mais qui n'était pas intervenue à la date d'entrée en application du règlement.

1. Décis.-cadre 2003/577/JAI du Conseil, 22 juill. 2003 *relative à l'exécution dans l'Union européenne des décisions de gel de biens ou d'éléments de preuve, JOUE* L 196, 2 août, p. 45.
2. V. s[s] n° 321.11.
3. Règl. (UE) 2018/1805, Parlement et Conseil, 14 nov. 2018 *concernant la reconnaissance mutuelle des décisions de gel et des décisions de confiscation, JOUE* L 303, 28 nov., p. 1.
4. L. n° 2021-1729, 22 déc. 2021 *pour la confiance dans l'institution judiciaire, JO* 23 déc., n° 2.
5. L'état des transpositions figure sur le site internet du Réseau judiciaire européen.
6. V. s[s] n° 321.12.
7. Représentation permanente de la France auprès de l'Union européenne, *Note des autorités françaises*, 21 déc. 2020 (disponible sur le site internet du Réseau judiciaire européen) – Dépêche, 21 déc. 2020, *relative à l'entrée en vigueur du règlement 2018/1805 du 14 novembre 2018 concernant la reconnaissance mutuelle des décisions de gel et des décisions de confiscation*, BOL-2020-00131, p. 3.

La difficulté se trouve désormais heureusement en partie envisagée aux articles 713-35-1 et 713-35-2 du Code de procédure pénale, où ils ont été introduits par la loi n° 2021-1729 du 22 décembre 2021 *pour la confiance dans l'institution judiciaire*[1]. Le premier de ces textes règle la compétence des autorités judiciaires françaises pour émettre et exécuter les décisions de confiscation, quand le second organise le recours contre les décisions d'exécuter les décisions de confiscation étrangères en renvoyant aux dispositions de transposition de la décision-cadre 2006/783/JAI, soit celles contenues à l'article 713-29 du Code de procédure pénale.

Il reste que l'adoption de ces dispositions n'est qu'en partie satisfaisante. D'une part, la tardiveté de leur entrée en vigueur laisse entière la question de ce que devaient être les modalités de mise en œuvre du règlement jusqu'à celle-ci. D'autre part, nombre des interrogations précitées demeurent sans réponse dans les nouvelles dispositions.

La difficulté n'est cependant pas insurmontable. Comme en matière de gel et pour des motifs comparables[2], l'on pourrait tenter de la dépasser en considérant que, si les articles 713 à 713-35 du Code de procédure pénale constituent la transposition de la décision-cadre 2006/783/JAI, ces dispositions n'en sont pas moins autonomes par rapport à ce texte et doivent, comme telles, être appliquées à l'émission et l'exécution des décisions de confiscation entre la France et les autres États membres de l'Union européenne, que l'entraide intervienne dans le cadre du règlement ou de la décision-cadre, mais à la condition, dans le premier cas, d'écarter les dispositions législatives qui seraient contraires au règlement. Au reste, l'esprit de la loi du 22 décembre 2021 était en ce sens, dès lors que le rapport de la Commission des lois de l'Assemblée nationale énonce, à propos des dispositions contenues dans ce qui était l'article 32 du projet de loi *pour la confiance dans l'institution judiciaire* – qui à ce stade des travaux préparatoires donnait compétence au Gouvernement pour prendre les mesures d'adaptations nécessaires à l'application du règlement par voie d'ordonnance –, que « dans la mesure où le règlement 2018/1805 ne sera pas applicable au Danemark et à l'Irlande, le choix a été fait de reprendre le dispositif jusqu'à présent retenu sous l'empire des deux décisions-cadres antérieures [...], qui continueront de s'appliquer dans les rapports avec ces deux pays »[3].

1. L. n° 2021-1729, 22 déc. 2021 *pour la confiance dans l'institution judiciaire, JO* 23 déc., n° 2.
2. V. s^{s} n° 321.11.
3. *Rapp. Ass. nat.* n°s 4146 et 4147 (XVe législ.), p. 274.

SECTION 2

Conditions de fond de l'entraide judiciaire aux fins de confiscation pénale entre les États membres de l'Union européenne

322.20 **Plan.** L'entraide judiciaire aux fins de confiscation pénale entre les État membre de l'Union européenne obéit à des règles parfaitement distinctes de celles mises en œuvre en application des conventions internationales. Il reste que ces règles ont trait à des questions pour partie communes. Ainsi quel est le domaine d'application de l'entraide (§ 1) ? Quelles sont les mesures de confiscation pouvant faire l'objet d'une demande d'entraide et quel doit être leur objet (§ 2) ? Dans quelle mesure les droits des tiers de bonne foi sont-ils préservés (§ 3) ? Selon quelles modalités le principe de proportionnalité est-il mis en œuvre (§ 4) ? Enfin quels sont les motifs de non-exécution de la demande d'entraide (§ 5) ?

§ 1

Domaine d'application de l'entraide judiciaire aux fins de confiscation pénale entre les États membres de l'Union européenne

322.30 **Plan.** Le règlement (UE) 2018/1805 (A) se trouve caractérisé par un domaine d'application plus étendu que celui de la décision-cadre 2006/783/JAI (B).

A.

Règlement (UE) 2018/1805

322.41 **Domaine commun en matière de confiscations et de gel.** Le domaine d'application du règlement (UE) 2018/1805 ne diffère pas selon qu'il s'agit de le mettre en œuvre en vue de l'exécution d'une décision de gel ou de confiscation : le texte s'applique aux mêmes procédures et aux mêmes infractions.

Ainsi, comme il a été vu[4], le champ d'application du règlement s'étend à l'exécution des confiscations prononcées dans l'État d'émission à l'issue d'une procédure diligentée en matière pénale, à l'exclusion donc des matières civiles ou administratives, c'est-à-dire de toute procédure en lien avec une infraction pénale, quand bien même la confiscation ne constituerait pas une peine prononcée en répression d'une condamnation pénale. Les confiscations non pénales mises en œuvre par certains États membres de l'Union européenne entrent donc dans le champ d'application du règlement.

4. V. s^{s} n° 321.41.

Le domaine d'application du règlement s'étend de même à toutes les infractions pénales objet de la procédure diligentée dans l'État d'émission, même si, selon la nature de l'infraction concernée, l'État d'exécution aura ou non la faculté de subordonner la reconnaissance et l'exécution de la confiscation à la condition de double incrimination[1].

B. Décision-cadre 2006/783/JAI

322.51 Nature incertaine des procédures concernées. Le domaine d'application de la décision-cadre 2006/783/JAI et de ses dispositions de transposition est plus incertain. En l'état du texte, il est en effet permis de s'interroger sur la question de savoir s'il se limite aux procédures pénales *stricto sensu* ou si, comme le règlement (UE) 2018/1805, il s'étend aux confiscations non pénales[2], dès lors que la mesure est en lien avec une infraction pénale. Ceci étant, la Cour de justice de l'Union européenne semble avoir retenu la première branche de l'alternative.

En effet, l'article 713, alinéa 1, du Code de procédure pénale dispose qu'« une décision de confiscation est une peine ou une mesure définitive ordonnée par une juridiction d'un État membre de l'Union européenne, appelé État d'émission, à la suite d'une procédure portant sur une ou plusieurs infractions pénales, aboutissant à la privation permanente d'un ou plusieurs biens », ce qui rejoint les énonciations du premier paragraphe de l'article premier de la décision-cadre : « La présente décision-cadre a pour objet de fixer les règles selon lesquelles un État membre reconnaît et exécute sur son territoire une décision de confiscation rendue par un tribunal compétent en matière pénale d'un autre État membre. » Or, force est de constater que ces dispositions sont plus proches de celles du règlement[3], que de celles de la décision-cadre 2003/577/JAI du Conseil du 22 juillet 2003 *relative à l'exécution dans l'Union européenne des décisions de gel de biens ou d'éléments de preuve*[4][5], le premier s'appliquant aux décisions de gel et aux décisions de confiscation émises « dans le cadre de procédures en matière pénale », quand la seconde s'applique aux décisions de gel émises « dans le cadre d'une procédure pénale ». Inversement, la référence de l'article premier de la décision-cadre aux décisions rendues par un tribunal « compétent en matière pénale » va dans le sens d'un champ d'application de la décision-cadre limité aux confiscations prononcées par une juridiction pénale en répression de la commission d'une infraction pénale, peu important en revanche la nature précise de la mesure.

Il reste que la question pourrait avoir été implicitement tranchée par un arrêt rendu le 19 mars 2020 par la Cour de justice de l'Union européenne dans lequel, pour considérer que la décision-cadre 2005/212/JAI du Conseil du 24 février 2005 *relative à la confiscation des produits, des instruments et des biens en rapport avec le crime*[6] n'est pas applicable aux confiscations non pénales, elle s'est notamment fondée sur le fait que « la décision-cadre 2005/212 est associée à une proposition du Royaume de Danemark ayant conduit à l'adoption de la décision-cadre 2006/783/JAI du Conseil, du 6 octobre 2006, relative à l'application du principe de reconnaissance mutuelle aux décisions de confiscation », et qu'« ainsi que l'indique le considérant 8 de cette dernière décision-cadre, l'objet de celle-ci est de faciliter la coopération entre les États membres en matière de reconnaissance mutuelle et d'exécution des décisions de confiscation de biens de sorte qu'un État membre soit obligé de reconnaître et d'exécuter sur son territoire les décisions de confiscation rendues par un tribunal compétent en matière pénale d'un autre État membre »[7]. Les énonciations de la décision-cadre 2006/783/JAI ayant constitué un motif contextuel pour considérer que la décision-cadre 2005/212/JAI ne s'applique pas aux confiscations non pénales, il serait douteux que le champ d'application de l'un et l'autre de ces textes diffèrent.

Enfin, cette interprétation pourrait encore s'appuyer sur les travaux préparatoires du règlement qui a été adopté précisément avec le projet d'étendre son domaine d'application aux confiscations non pénales[8].

322.52 Indifférence de l'infraction objet de la procédure. La nature de l'infraction objet de la procédure pénale est par ailleurs indifférente à l'application de la décision-cadre 2006/783/JAI, étant cependant relevé que, selon la nature de l'infraction concernée, s'appliquera ou non la condition de double confiscabilité du bien objet de la décision de confiscation[9].

1. V. s[s] n° 321.42.
2. V. s[s] n° 321.41.
3. V. s[s] n° 321.41.
4. Décis.-cadre 2003/577/JAI, Conseil, 22 juill. 2003 *relative à l'exécution dans l'Union européenne des décisions de gel de biens ou d'éléments de preuve, JOUE* L 196, 2 août, p. 45.
5. V. s[s] n° 321.51.
6. Décis.-cadre 2005/212/JAI, Conseil, 24 févr. 2005 *relative à la confiscation des produits, des instruments et des biens en rapport avec le crime, JOUE* L 68, 15 mars, p. 49.
7. CJUE, 19 mars 2020, *Komisia za protivodeystvie na korupt-siyata i za otnemane na nezakonno pridobitoto imushtestvo*, aff. C-234/18, point 55 ; *Dr. pén.* 2020, étude 15, obs. L. Ascensi.
8. V. s[s] n° 321.41.
9. V. s[s] n° 322.173.

§ 2
Nature et objet des décisions de confiscation susceptibles d'entraide judiciaire entre les États membres de l'Union européenne

322.60 **Plan.** Les mesures de confiscation pouvant faire l'objet d'une demande d'entraide entre les États membres de l'Union européenne sont caractérisées par une plus grande diversité lorsque s'applique le règlement (UE) 2018/1805 (A) plutôt que la décision-cadre 2006/783/JAI (B).

A.
Règlement (UE) 2018/1805

322.71 **Principe.** Le règlement (UE) 2018/1805 organise la reconnaissance et l'exécution, entre les États membres de l'Union européenne, des décisions de confiscation, au sens autonome que le règlement confère à ce terme, ayant pour objet les mêmes biens que ceux pouvant être l'objet des décisions de gel, dont la reconnaissance et l'exécution sont par ailleurs organisées par le texte : se trouve prévue l'entraide aux fins de reconnaissance et d'exécution des mesures de confiscation, en nature ou valeur, des biens de toute nature constituant le produit ou l'instrument de l'infraction, ainsi que des autres biens confiscables par application, dans l'État d'émission, des dispositions de transposition de la directive 2014/42/UE du 3 avril 2014 [1] ou de toute autre disposition, y compris permettant la confiscation sans condamnation définitive, à la suite d'une procédure en lien avec une infraction pénale.

322.72 **Nature de la décision de confiscation.** L'article 2, § 2, du règlement (UE) 2018/1805 définit la notion de décision de confiscation comme « une peine ou une mesure définitive ordonnée par une juridiction à la suite d'une procédure en lien avec une infraction pénale, aboutissant à priver de biens une personne physique ou morale de façon définitive ».

La décision de confiscation constitue donc une notion autonome de droit de l'Union qui se distingue de la notion de droit interne de peine de confiscation. Si, à l'évidence, les peines complémentaires de confiscations prévues par l'article 131-21 du Code pénal, mais également les peines alternatives de confiscation, constituent des décisions de confiscation au sens du règlement, d'autres mesures aboutissant à la privation de la propriété d'un bien à la suite d'une procédure en lien avec une infraction pénale, prévues par le droit interne ou certains systèmes de droit étrangers, devront également être vues comme des confiscations susceptibles de faire l'objet d'une demande de reconnaissance et d'exécution en application du règlement, alors même qu'elles ne constituent pas des peines de même nature que celles prévues par le droit interne [2].

Ainsi, en droit interne, la décision de non-restitution d'un bien constituant le produit ou l'instrument de l'infraction rendue par la juridiction de jugement [3], ou par le ministère public dans le cas où la juridiction saisie a épuisé sa compétence sans avoir statué sur la restitution des objets placés sous main de justice [4], pourrait-elle être vue comme une décision de confiscation au sens du règlement. Rappelons, en effet, que les dispositions permettant de refuser la restitution de tels biens constituent la transposition de l'article 4, § 2, de la directive 2014/42/UE du 3 avril 2014 [5] imposant que puissent être confisqués le produit et l'instrument de l'infraction dans certains cas où il n'a pas été possible, pour un motif tenant à la personne du mis en cause, de prononcer une condamnation pénale [6]. Pour le législateur européen, la mesure qui doit pouvoir être prononcée en pareil cas constitue ainsi un type particulier de confiscation, en sorte que, lorsque le bien dont la restitution a été refusée par la juridiction de jugement ou le ministère public se trouve gelé sur le territoire d'un État membre de l'Union européenne appliquant le règlement, la reconnaissance et l'exécution de la décision de non-restitution paraissent pouvoir être sollicitées sur le fondement de ce texte, sauf à devoir attendre l'expiration du délai de six mois prévu par le dernier alinéa de l'article 41-4 du Code de procédure pénale au terme duquel, dans les affaires internes, les biens non restitués deviennent la propriété de l'État [7].

322.73 **Objet de la décision de confiscation.** Pour le surplus, l'objet que doit avoir la confiscation pour être susceptible de valablement faire l'objet d'une demande de reconnaissance et d'exécution en application du règlement est strictement identique à celui, déjà examiné [8], des décisions de gel envisagées par ce texte, à savoir les biens de toute nature constituant, en nature ou en valeur, le produit ou l'instrument de l'infraction, ou tout autre bien dont la confiscation

1. Dir. 2014/42/UE, Parlement et Conseil, 3 avr. 2014 *concernant le gel et la confiscation des instruments et des produits du crime dans l'Union européenne*, *JOUE* L 127, 29 avr., p. 39.

2. V. s[s] n° 321.41.
3. C. pr. pén., art. 373 et 481.
4. C. pr. pén., art. 41-4.
5. Dir. 2014/42/UE, Parlement et Conseil, 3 avr. 2014 *concernant le gel et la confiscation des instruments et des produits du crime dans l'Union européenne*, préc.
6. V. s[s] n° 245.125.
7. V. s[s] n° 245.140.
8. V. s[s] n°s 321.73 et 321.74.

est prévue par le droit interne de l'État d'émission, que ce soit en application des dispositions de transposition de la directive 2014/42/UE du 3 avril 2014[1] ou de toute autre disposition.

B. Décision-cadre 2006/783/JAI

322.80 **Plan.** Si la nature des décisions de confiscation envisagées sont comparables selon que l'on applique le règlement (UE) 2018/1805 ou la décision-cadre 2006/783/JAI, sauf à relever que le champ d'application de la décision-cadre est limité aux procédures pénales *stricto sensu* et donc aux confiscations prononcées en répression d'infractions pénales[2], les objets sur lesquels portent ces mesures diffèrent en revanche à certains égards.

322.81 **Nature de la décision de confiscation.** Il résulte en effet de l'article 713 du Code de procédure pénale qu'« une décision de confiscation est une peine ou une mesure définitive ordonnée par une juridiction d'un État membre de l'Union européenne, appelé État d'émission, à la suite d'une procédure portant sur une ou plusieurs infractions pénales, aboutissant à la privation permanente d'un ou plusieurs biens », ce qui correspond à la définition énoncée à l'article 2, c), de la décision-cadre 2006/783/JAI.

Cette définition inclut donc les peines de confiscation, c'est-à-dire, s'agissant du droit interne, les peines complémentaires ou alternatives de confiscation prévues par le Code pénal, tout en excédant les contours de ces seules catégories juridiques comme recouvrant aussi les mesures de confiscation ne constituant pas des peines, qui sont susceptibles d'être prononcées par certaines juridictions étrangères en répression d'infractions pénales.

Comme dans le champ d'application du règlement (UE) 2018/1805, l'on pourrait considérer que certaines décisions internes de non-restitution du produit ou de l'instrument de l'infraction constituent des décisions de confiscation au sens de la décision-cadre[3].

322.82 **Objet de la décision de confiscation.** L'objet des décisions de confiscation qui sont susceptibles de donner lieu à une demande d'entraide aux fins d'exécution en application de la décision-cadre 2006/783/JAI est également comparable à celui qui a été retenu par le règlement (UE) 2018/1805, sauf à devoir distinguer selon que la décision de confiscation est émise par la France ou au contraire adressée à elle en vue de son exécution par un autre État membre de l'Union européenne.

En effet, l'article 713-1 du Code de procédure pénale dispose largement que les décisions de confiscation qui peuvent donner lieu à exécution dans un autre État membres sont celles qui portent sur des « biens, meubles ou immeubles, corporels ou incorporels, ainsi que tout acte juridique ou document attestant d'un titre ou d'un droit sur ce bien, au motif : 1° Qu'ils constituent l'instrument ou l'objet d'une infraction ; 2°) Qu'ils constituent le produit d'une infraction ou correspondent en tout ou en partie à la valeur de ce produit ; 3°) Qu'ils sont passibles de confiscation en application de toute autre disposition de la législation de l'État d'émission bien qu'ils ne soient pas l'instrument, l'objet ou le produit de l'infraction ». Il s'en déduit que la confiscation peut porter sur les biens qui ont un lien avec l'infraction, comme constituant son instrument, son objet, ou, en nature ou en valeur, son produit, mais aussi plus généralement sur tout bien susceptible de confiscation selon le droit de l'État d'émission, ce qui permet l'entraide aux fins d'exécution de mesures de confiscation pénale élargie, telles que les confiscations prévues en droit interne par les articles 5 et 6 de l'article 131-21 du Code pénal.

Sans doute le législateur français a-t-il transposé de manière extensive la décision-cadre. En effet, selon l'article 2, d), de ce texte, celui-ci est uniquement applicable à la confiscation des biens de toute nature qui constituent, en nature ou en valeur, le produit d'une infraction (art. 2, d, i), son instrument (art. 2, d, ii), sont passibles de confiscation en application dans l'État d'émission de l'un des pouvoirs de confiscation élargis prévus à l'article 3, § 1 et § 2, de la décision-cadre 2005/212/JAI[4] (art. 2, d, iii) – qui a donné lieu à la réécriture de l'article 131-21 du Code pénal par la loi n° 2007-297 du 5 mars 2007 *relative à la prévention de la délinquance*[5] –, ou qui sont passibles de confiscation en application de toute autre disposition relative aux pouvoirs de confiscation élargis au regard de la législation de l'État d'émission (art. 2, d, iv). La décision-cadre n'a ainsi pas formellement envisagé l'exécution des décisions de confiscation des biens qui sont l'objet de l'infraction, ce que le législateur français a donc ajouté à la loi de transposition vraisemblablement pour tenir compte des dispositions de l'article 131-21, alinéa 3, du Code pénal qui prévoient, à côté de la confiscation du produit et de l'instrument de

1. Dir. 2014/42/UE, Parlement et Conseil, 3 avr. 2014 *concernant le gel et la confiscation des instruments et des produits du crime dans l'Union européenne*, préc.
2. V. s[s] n° 322.51.
3. V. s[s] n° 322.72.
4. Décis.-cadre 2005/212/JAI, Conseil, 24 févr. 2005 *relative à la confiscation des produits, des instruments et des biens en rapport avec le crime, JOUE* L 68, 15 mars, p. 49.
5. L. n° 2007-297, 5 mars 2007 *relative à la prévention de la délinquance, JO* 7 mars, p. 4297.

l'infraction, celle de son objet. Cette extension ne paraît cependant pas contraire aux intentions des rédacteurs de la décision-cadre, dès lors que ce texte s'applique non seulement à l'exécution des décisions de confiscation ayant pour objet l'instrument de l'infraction, ou, en nature ou en valeur, le produit de celle-ci, mais également aux biens qui sont passibles de confiscation « en application de toute autre disposition relative aux pouvoirs de confiscation élargis au regard de la législation de l'État d'émission », de sorte qu'en envisageant l'exécution des décisions de confiscation portant sur l'objet de l'infraction, le législateur français n'a pas excédé les possibilités de toute façon plus vastes que lui offrait la décision-cadre. Du reste, l'on sait que certaines conventions internationales assimilent l'objet de l'infraction à son produit ou à son instrument[1], et que la décision-cadre 2003/577/JAI envisage formellement l'exécution des décisions de gel portant sur l'objet de l'infraction[2].

Il reste que, si ces dispositions permettent à l'autorité judiciaire française de solliciter des autres États membres de l'Union européenne l'exécution d'une large variété de peines de confiscation, la France n'admet pas pour autant, comme nous le verrons[3], l'exécution des mesures de confiscation qui seraient fondées sur des faits qui ne constituent pas des infractions permettant, selon la loi française, d'ordonner de telles mesures (principe de double confiscabilité).

Cette asymétrie résulte de la décision-cadre qui, afin de favoriser l'entraide aux fins de confiscation, définit largement les biens dont la confiscation peut faire l'objet d'une demande d'exécution (art. 2, d), tout en reconnaissant aux États membres la faculté de s'opposer aux demandes dont ils sont destinataires lorsque l'infraction fondant la décision de confiscation ne constitue pas une infraction permettant la confiscation au regard de leur législation (art. 8, § 2, b), ou de les exécuter seulement dans les limites prévues par celle-ci (art. 8, § 3) : les contours du champ d'application de la décision-cadre excèdent ceux de l'obligation de reconnaissance et d'exécution.

Pour le surplus, les notions de produit et d'instrument doivent être entendues dans le sens habituel qu'on leur connaît en droit international et de l'Union européenne. L'article 2, e, de la décision-cadre définit le produit de l'infraction comme « tout avantage économique tiré d'infractions pénales », cet avantage pouvant consister en « tout type de bien », de même que l'instrument s'entend, conformément à l'article 2, f, du texte, de « tout bien employé ou destiné à être employé, de quelque façon que ce soit, en tout ou en partie, pour commettre une ou des infractions pénales ».

Il n'y a enfin nullement à distinguer selon la nature du bien concerné, ainsi que l'énonce expressément l'article 713-1 précité, tout comme l'article 2, d, de la décision-cadre.

1. V. s^s n° 312.63.
2. V. s^s n° 321.82.
3. V. s^s n° 322.173.

§ 3
Protection des droits des tiers de bonne foi

322.90 **Plan.** Bien que ce soit selon des modalités diverses, la protection des droits des tiers de bonne foi est assurée de manière comparable dans le règlement (UE) 2018/1805 (A) et la décision-cadre 2006/783/JAI (B).

A.
Règlement (UE) 2018/1805

322.101 **Protection processuelle et substantielle des droits des tiers de bonne foi.** Il ressort du considérant 15 du règlement (UE) 2018/1805 que l'entraide judiciaire entre les États membres de l'Union européenne aux fins de confiscation pénale doit notamment préserver les droits des tiers de bonne foi. Ce texte énonce en effet que doivent être préservés les droits des personnes concernées par une décision de gel ou une décision de confiscation, y compris les tiers de bonne foi dont les droits afférents aux biens faisant l'objet de ces décisions sont directement lésés par la décision en question, et qu'il appartient au droit de l'État d'exécution de déterminer si une décision de gel ou une décision de confiscation porte directement atteinte à ces tiers.

Si les rédacteurs du règlement n'ont pas donné à cette préoccupation une déclinaison autre que processuelle s'agissant de la reconnaissance et de l'exécution des décisions de gel[4], le règlement pourrait en revanche être lu comme reconnaissant aux tiers de bonne foi des droits non seulement processuels, mais également substantiels, puisque l'atteinte susceptible d'être portée à leurs droits par la reconnaissance et l'exécution de la décision de confiscation semble avoir été érigée en un motif de non-reconnaissance ou de non-exécution susceptible d'être opposé par l'État d'exécution à l'État d'émission.

En effet, comme en matière de gel, le règlement reconnaît aux « tiers dont les droits afférents [aux biens] sont directement lésés par [la] décision conformément au droit de l'État d'exécution », la faculté d'exercer un recours à l'encontre de la reconnaissance et de l'exécution de la décision de

4. V. s^s n° 321.101.

confiscation, puisqu'ils constituent, conformément à l'article 2, § 10, du règlement, des « personnes concernées » à qui sont reconnus les mêmes droits processuels que les personnes mises en cause dans la procédure pénale diligentée par les autorités judiciaires de l'État d'émission[1].

La protection des droits des tiers de bonne foi semble cependant aller au-delà de la reconnaissance de ces seuls droits puisque l'article 19, § 1, e, du règlement prévoit par ailleurs – cette fois sur le fond du droit –, que l'autorité d'exécution peut décider de ne pas reconnaître et de ne pas exécuter une décision de confiscation lorsque « les droits des personnes concernées rendraient l'exécution de la décision de confiscation impossible en vertu du droit de l'État d'exécution, y compris lorsque cette impossibilité découle de l'utilisation de voies de recours conformément à l'article 33 ».

Il semble donc qu'en se fondant sur ce motif, le juge répressif français saisi d'une demande de reconnaissance et d'exécution d'une décision de confiscation étrangère pourrait s'y refuser en opposant le fait que le droit interne impose en tout état de cause – d'ailleurs conformément au droit de l'Union européenne[2] –, que les droits des tiers de bonne foi soient préservés.

B. Décision-cadre 2006/783/JAI

322.111 Protection processuelle et substantielle des droits des tiers de bonne foi. Les droits des tiers de bonne foi font l'objet, dans le champ d'application de la décision-cadre 2006/783/JAI, d'une protection processuelle et substantielle comme en application du règlement.

En effet, lorsque la France est l'État d'exécution, outre le fait que l'article 713-29, alinéa 2, du Code de procédure pénale permet à « celui qui détient le bien objet de la décision de confiscation ou toute autre personne qui prétend avoir un droit sur ce bien » d'exercer un recours contre la décision, il faut relever que l'article 713-20, alinéa 1, 6°, du même code autorise le refus d'exécution de la décision de confiscation « si les droits d'un tiers de bonne foi rendent impossible, selon la loi française, l'exécution de la décision de confiscation ».

Ces dispositions rejoignent celles de la décision-cadre elle-même. Outre le fait que le considérant 9 du texte énonce que la coopération entre les États membres « présuppose que les droits accordés aux parties ou aux tiers intéressés de bonne foi soient préservés », son article 9, § 1, reconnaît à ces tiers un droit au recours contre la reconnaissance et l'exécution des décisions de confiscation, de même que son article 8, § 2, d, érige l'atteinte aux droits des tiers de bonne foi en un motif possible de refus de reconnaissance et d'exécution de ces décisions.

IL semble donc que le juge répressif français ne saurait autoriser l'exécution de la décision de confiscation lorsque celle-ci porte atteinte aux droits des tiers de bonne foi.

1. V. s[s] n° 322.351.
2. V. s[s] n° 125.31.

§ 4 Proportionnalité de la reconnaissance et de l'exécution des décisions de confiscation

322.120 Plan. Le règlement (UE) 2018/1805 (A) et la décision-cadre 2006/783/JAI (B) ont en commun de soumettre l'entraide judiciaire aux fins de confiscation pénale au principe de proportionnalité mais de faire relever sa mise en œuvre de la seule autorité d'émission.

A. Règlement (UE) 2018/1805

322.131 Responsabilité de l'État d'émission. Comme en matière de gel, le règlement (UE) 2018/1805 soumet la reconnaissance et l'exécution des décisions de confiscation entre les États membres de l'Union européenne au respect du principe de proportionnalité, mais il attribue aux seules autorités judiciaires de l'État d'émission la compétence pour le mettre en œuvre. Il s'en déduit que l'autorité d'exécution ne saurait refuser de reconnaître et d'exécuter la décision de confiscation de l'autorité d'émission en se fondant sur le caractère disproportionné des conséquences de celle-ci au regard de la gravité des faits et de la situation personnelle du condamné.

Outre le fait que l'article 19 du règlement, énumérant les motifs de non-reconnaissance ou de non-exécution des décisions de confiscation[3], n'envisage nullement le caractère disproportionné de la mesure de confiscation, l'article premier, paragraphe 3, du règlement dispose expressément que « lorsqu'elle émet des décisions de gel ou des décisions de confiscation, l'autorité d'émission veille au respect des principes de nécessité et de proportionnalité », ce qui rejoint les énonciations du considérant 21 : « Il convient que l'autorité d'émission veille, lorsqu'elle émet une décision de gel ou une décision de confiscation, au respect des principes de nécessité et de proportionnalité. En application du présent règlement, une décision de

3. V. s[s] n° 322.162.

gel ou une décision de confiscation ne devrait être émise et transmise à l'autorité d'exécution d'un autre État membre que lorsqu'elle aurait pu être émise et utilisée dans le cadre d'une procédure purement nationale. L'autorité d'émission devrait être chargée d'évaluer au cas par cas la nécessité et la proportionnalité de ces décisions étant donné que la reconnaissance et l'exécution des décisions de gel et des décisions de confiscation ne devraient pas être refusées pour des motifs autres que ceux prévus par le présent règlement. »

B.
Décision-cadre 2006/783/JAI

322.141 Défaut de dispositions spécifiques. À l'instar du règlement (UE) 2018/1805, la décision-cadre 2006/783/JAI fait de la proportionnalité l'un des principes de la coopération entre les États membres de l'Union européenne aux fins d'exécution des confiscations pénales, et fait relever le contrôle de la proportionnalité de l'atteinte portée par la mesure aux droits fondamentaux des intéressés de la seule compétence de l'autorité d'émission.

Le considérant 9 de la décision-cadre énonce en effet à ce propos : « La coopération entre les États membres, fondée sur le principe de la reconnaissance mutuelle et de l'exécution immédiate des décisions judiciaires, repose sur la certitude que les décisions à reconnaître et à exécuter sont toujours rendues dans le respect des principes de légalité, de subsidiarité et de proportionnalité. » Cela signifie que, lorsque la décision de confiscation est adressée à l'autorité d'exécution, le contrôle de proportionnalité est présumé avoir déjà été mis en œuvre par l'autorité d'émission.

De surcroît, le caractère disproportionné des conséquences de l'exécution de la décision de confiscation ne figure pas parmi les motifs de refus d'exécution qui sont énoncés par l'article 8 de la décision-cadre dont les dispositions ont été transposées à l'article 713-20 du Code de procédure pénale.

§ 5
Motifs de non-reconnaissance ou de non-exécution des décisions de confiscation

322.150 Plan. Les motifs de non-reconnaissance ou de non-exécution des demandes d'entraide aux fins de confiscation pénale diffèrent en partie selon que s'applique le règlement (UE) 2018/1805 (A) ou la décision-cadre 2006/783/JAI (B).

A.
Règlement (UE) 2018/1805

322.161 Principe de la reconnaissance et de l'exécution de la décision de confiscation. Comme en matière de gel, le règlement (UE) 2018/1805 pose un principe de reconnaissance et d'exécution des décisions de confiscation entre les États membres de l'Union européenne. Par principe, les décisions de confiscation émises par un État membre doivent être reconnues et exécutées par les autres États membres comme s'il s'agissait d'une décision interne de confiscation. Ce n'est que de façon exceptionnelle que peut être opposé par l'État d'exécution un motif de non-reconnaissance ou de non-exécution. L'article 18, § 1, du règlement énonce en effet à cet égard : « L'autorité d'exécution reconnaît toute décision de confiscation transmise conformément à l'article 14 et prend les mesures nécessaires à son exécution, de la même manière que pour une décision de confiscation émise au niveau national par une autorité de l'État d'exécution, à moins que l'autorité d'exécution ne se prévale de l'un des motifs de non-reconnaissance et de non-exécution prévus à l'article 19 ou de l'un des motifs de sursis prévus à l'article 21. »

Nous verrons cependant, en examinant les règles de mise en œuvre de la reconnaissance et de l'exécution des décisions de confiscation, que ce principe est complété par la faculté reconnue sous certaines conditions à l'État d'exécution de procéder à la conversion du bien objet de la mesure[1].

322.162 Liste limitative des motifs de non-reconnaissance ou de non-exécution. L'article 19 du règlement (UE) 2018/1805 prévoit que la reconnaissance et l'exécution de la décision de confiscation peut être refusée dans huit cas, sans qu'il n'y ait lieu de distinguer entre des motifs obligatoires et facultatifs[2], malgré ce qui fut proposé par le Parlement[3].

Ainsi, l'autorité d'exécution peut décider de ne pas reconnaître et de ne pas exécuter la décision de confiscation lorsque l'exécution de celle-ci serait contraire au principe *non bis in idem* (art. 19, § 1, a), lorsque le droit de l'État d'exécution prévoit un privilège ou une immunité qui empêcherait la

1. V. s^s n° 322.293.
2. Conseil, *Proposal for a Regulation of the European Parliament and of the Council on the mutual recognition of freezing and confiscation orders – Questions concerning the EP amendments and other issues related to the draft Regulation*, 15 févr. 2018, 5621/18, p. 3.
3. Parlement, *Rapport sur la proposition de règlement du Parlement européen et du Conseil concernant la reconnaissance mutuelle des décisions de gel et de confiscation*, 12 janv. 2018, A8-0001/2018, p. 37 et 49.

confiscation des biens concernés, ou lorsqu'il existe des règles de détermination ou de limitation de la responsabilité pénale ayant trait à la liberté de la presse ou à la liberté d'expression dans d'autres médias qui empêchent d'exécuter la décision de confiscation (art. 19, § 1, b), lorsque le certificat de confiscation est incomplet ou manifestement incorrect et n'a pas été complété après la consultation visée au paragraphe 2 (art. 19, § 1, c), lorsque la décision de confiscation concerne une infraction pénale commise, en tout ou en partie, en dehors du territoire de l'État d'émission et, en tout ou en partie, sur le territoire de l'État d'exécution, et les faits pour lesquels la décision de confiscation a été émise ne constituent pas une infraction pénale dans le droit de l'État d'exécution (art. 19, § 1, d), lorsque les droits des personnes concernées rendraient l'exécution de la décision de confiscation impossible en vertu du droit de l'État d'exécution, y compris lorsque cette impossibilité découle de l'utilisation de voies de recours conformément à l'article 33 (art. 19, § 1, e), lorsque, dans un cas relevant de l'article 3, § 2, les faits pour lesquels la décision de confiscation a été émise ne constituent pas une infraction pénale dans le droit de l'État d'exécution, sauf à relever que, dans les cas où sont concernées des réglementations en matière de taxes et d'impôts, ou de douane et de change, la reconnaissance ou l'exécution de la décision de confiscation ne peut être refusée au motif que le droit de l'État d'exécution n'impose pas le même type de taxes ou d'impôts ou ne prévoit pas le même type de réglementation en matière de taxes et d'impôts ou de douane et de change que le droit de l'État d'émission (principe de double incrimination) (art. 19, § 1, f), lorsque, selon le certificat de confiscation, la décision de confiscation a été rendue par défaut (art. 19, § 1, g), ou enfin, dans des situations exceptionnelles, lorsqu'il existe des motifs sérieux de croire, sur la base d'éléments précis et objectifs, que l'exécution de la décision de confiscation entraînerait, dans les circonstances particulières de l'espèce, une violation manifeste d'un droit fondamental pertinent énoncé dans la Charte, en particulier le droit à un recours effectif, le droit à accéder à un tribunal impartial et les droits de la défense (art. 19, § 1, h).

322.163 Portée et appréciation de la condition de double incrimination. Le motif de non-reconnaissance ou de non-exécution tiré du défaut de double incrimination (art. 19, § 1, f) a une portée comparable à celui applicable en matière de gel : en application des dispositions de l'article 3, § 1, du règlement (UE) 2018/1805, le refus de reconnaissance et d'exécution est exclu si les faits ayant donné lieu à la décision de confiscation sont passibles, dans l'État d'émission, d'une peine privative de liberté d'une durée maximale d'au moins trois ans et constituent une ou plusieurs des infractions pénales, telles qu'elles sont définies par le droit de l'État d'émission, énoncées par ce texte[1].

Si ces conditions ne sont pas réunies, la reconnaissance et l'exécution ne sont pas exclues par principe, mais le règlement reconnaît à l'État d'exécution la faculté de subordonner la reconnaissance et l'exécution de la décision de confiscation à la condition de double incrimination, le second paragraphe de l'article 3 du règlement énonçant en effet que « pour les infractions pénales autres que celles visées au paragraphe 1, l'État d'exécution peut subordonner la reconnaissance et l'exécution d'une décision de gel ou d'une décision de confiscation à la condition que les faits donnant lieu à la décision de gel ou à la décision de confiscation constituent une infraction pénale dans le droit de l'État d'exécution, quels que soient les éléments constitutifs ou la qualification de celle-ci dans le droit de l'État d'émission ».

Pour le surplus, comme en matière de gel[2], il ressort du considérant 20 du règlement que c'est au moment où elle statue sur la reconnaissance de la décision de confiscation que l'autorité d'exécution doit se placer pour apprécier la condition de double incrimination, ce qui rejoint l'état de la jurisprudence de la chambre criminelle en droit commun de l'entraide judiciaire internationale aux fins de saisie et confiscation pénales, puisqu'il a été posé pour principe que l'appréciation de la condition de double confiscabilité pouvant être prévue par certaines conventions internationales doit se faire à la date où l'autorité judiciaire de l'État destinataire de la demande d'entraide statue[3].

322.164 Influence du défaut sur la reconnaissance de la décision de confiscation. L'article 19, § 1, g, du règlement (UE) 2018/1805 permet à l'État d'exécution de ne pas reconnaître, ni d'exécuter, les décisions de confiscation lorsque « selon le certificat de confiscation, la personne à l'encontre de laquelle la décision de confiscation a été émise n'a pas comparu en personne au procès qui a abouti à la décision de confiscation liée à une condamnation définitive ». Ce principe n'est cependant pas absolu, puisque le texte prévoit des exceptions dont il ressort, s'agissant des peines de confiscation prononcées par les juridictions pénales françaises, que seules les décisions de confiscation prononcées par défaut paraissent susceptibles de se voir opposer ce motif de non-reconnaissance ou de non-exécution, et encore hors le cas où l'intéressé, mis en mesure de le faire, s'est abstenue de former opposition.

1. V. s^{s} n° 321.163.
2. V. s^{s} n° 321.164.
3. V. s^{s} n°s 311.121 et 312.121.

En effet, la mise en œuvre de ce motif est exclue lorsque le certificat de confiscation indique que, conformément à d'autres exigences procédurales définies dans le droit de l'État d'émission, l'intéressé « a été cité à comparaître en personne en temps utile et a ainsi été informé de la date et du lieu fixés pour le procès qui a abouti à la décision de confiscation, ou a été informé officiellement et effectivement par d'autres moyens de la date et du lieu fixés pour ce procès, de telle sorte qu'il a été établi de manière non équivoque que l'intéressé a eu connaissance du procès prévu et a été informé en temps utile qu'une décision de confiscation pourrait être émise en cas de non-comparution » (art. 19, § 1, g, i), que l'intéressé « ayant eu connaissance du procès prévu, a donné mandat à un avocat, qui a été désigné soit par l'intéressé soit par l'État, pour le défendre au procès, et a été effectivement défendu par cet avocat pendant le procès » (art. 19, § 1, g, ii), ou encore que l'intéressé, « après s'être vu signifier la décision de confiscation et avoir été expressément informé de son droit à une nouvelle procédure de jugement ou à une procédure d'appel à laquelle il aurait le droit de participer et qui permettrait de réexaminer l'affaire sur le fond, en tenant notamment compte de nouveaux éléments de preuve, et qui pourrait aboutir à une infirmation de la décision initiale, a indiqué expressément qu'il ne contestait pas la décision de confiscation » (art. 19, § 1, g, iii).

L'on peut se demander si ce motif de refus de reconnaissance et d'exécution se trouve caractérisé lorsque la procédure a connu plusieurs instances successives et que l'une d'elles seulement a été rendue par défaut. Cette circonstance suffit-elle à fonder la non-reconnaissance et la non-exécution de la décision de confiscation ? La question a été tranchée par la Cour de justice de l'Union européenne dans le domaine voisin de l'exécution des mandats d'arrêt européens où l'article 4 *bis*, § 1, de la décision-cadre 2002/584/JAI [1], modifiée par la décision-cadre 2009/299/JAI [2], énonce notamment que l'autorité judiciaire d'exécution peut également refuser d'exécuter le mandat d'arrêt européen délivré aux fins d'exécution d'une peine ou d'une mesure de sûreté privative de liberté, si l'intéressé n'a pas comparu en personne au « procès qui a mené à la décision », expression proche de celle de « procès qui a abouti à la décision de confiscation liée à une condamnation définitive ». La Cour a en effet énoncé à ce propos que, « dès lors que l'État membre d'émission a prévu une procédure pénale comportant plusieurs degrés de juridiction et pouvant ainsi donner lieu à des décisions judiciaires successives dont l'une au moins a été rendue par défaut, la notion de « procès qui a mené à la décision », au sens de l'article 4 *bis*, § 1, de la décision-cadre 2002/584/JAI du Conseil, du 13 juin 2002, relative au mandat d'arrêt européen et aux procédures de remise entre États membres, telle que modifiée par la décision-cadre 2009/299/JAI du Conseil, du 26 février 2009, doit être interprétée en ce sens qu'elle vise la seule instance à l'issue de laquelle a été rendue la décision qui a statué définitivement sur la culpabilité de l'intéressé ainsi que sur sa condamnation à une peine, telle qu'une mesure privative de liberté, à la suite d'un nouvel examen, en fait comme en droit, de l'affaire quant au fond » [3].

322.165 Refus tiré de la méconnaissance des droits fondamentaux énoncés dans la Charte. Comme en matière de gel, le règlement (UE) 2018/1805 autorise à de strictes conditions la non-reconnaissance et la non-exécution des décisions de confiscation lorsque l'exécution de la mesure entraînerait une violation manifeste d'un droit fondamental énoncé dans la *Charte des droits fondamentaux de l'Union européenne*, en particulier le droit à un recours effectif, le droit à accéder à un tribunal impartial et les droits de la défense (art. 19, § 1, h). Ce motif constitue un apport important du règlement, mais il n'est pas différent de celui prévu en matière de gel : il y sera renvoyé [4].

322.166 Refus tiré du principe *non bis in idem*. Enfin, tout comme en matière de gel, il pourrait y avoir lieu pour le juge répressif français, lors de l'appréciation du motif refus de reconnaissance et d'exécution fondé sur le principe *non bis in idem*, de se référer à la jurisprudence développée par la chambre criminelle en matière d'exécution des mandats d'arrêt européens [5].

B. Décision-cadre 2006/783/JAI

322.171 Principe de la reconnaissance et de l'exécution de la décision de confiscation. Comme dans le champ d'application du règlement, la décision-cadre 2006/783/JAI pose pour principe que les

1. Décis.-cadre 2002/584/JAI, Conseil, 13 juin 2002 *relative au mandat d'arrêt européen et aux procédures de remise entre États membres, JOUE* L 190, 18 juill., p. 1.
2. Décis.-cadre 2009/299/JAI, Conseil, 26 févr. 2009 *portant modification des décisions-cadres 2002/584/JAI, 2005/214/JAI, 2006/783/JAI, 2008/909/JAI et 2008/947/JAI, renforçant les droits procéduraux des personnes et favorisant l'application du principe de reconnaissance mutuelle aux décisions rendues en l'absence de la personne concernée lors du procès, JOUE* L 81, 27 mars, p. 24.
3. CJUE, 10 août 2017, *Tupikas et Zdziaszek*, aff. C-270/17 et C-271/17.
4. V. s^s^ n° 321.166.
5. V. s^s^ n° 321.165.

autorités d'exécution sont tenues de reconnaître et d'exécuter les décisions de confiscation dont elles sont destinataires : « Les autorités compétentes de l'État d'exécution reconnaissent une décision de confiscation qui a été transmise conformément aux articles 4 et 5, sans qu'aucune autre formalité ne soit requise, et prennent sans délai toutes les mesures nécessaires pour son exécution, sauf si les autorités compétentes décident de se prévaloir d'un des motifs de non-reconnaissance ou de non-exécution prévus à l'article 8, ou d'un des motifs de report de l'exécution prévus à l'article 10. » (art. 7, § 1).

322.172 Liste limitative des motifs de non-reconnaissance ou de non-exécution. Si la reconnaissance et l'exécution des décisions de confiscation est le principe, il n'en demeure pas moins que l'article 8 de la décision-cadre 2006/783/UE permet d'y déroger, en énonçant plusieurs motifs de non-reconnaissance ou de non-exécution qui ont été transposés aux articles 713-20 à 713-22 du Code de procédure pénale qui distinguent entre des motifs obligatoires et facultatifs.

L'article 713-20 du Code de procédure pénale énonce ainsi neuf motifs obligatoires de non-exécution par l'autorité judiciaire française de la décision de confiscation : si le certificat de confiscation n'est pas produit, s'il est établi de manière incomplète ou s'il ne correspond manifestement pas à la décision de confiscation (1°), si une immunité y fait obstacle ou si le bien, par sa nature ou son statut, ne peut faire l'objet d'une confiscation selon la loi française (2°), si la décision de confiscation se fonde sur des infractions pour lesquelles la personne à l'encontre de laquelle la décision a été rendue a déjà été jugée définitivement par les autorités judiciaires françaises ou par celles d'un État autre que l'État d'émission, à condition, en cas de condamnation, que la peine ait été exécutée, soit en cours d'exécution ou ne puisse plus être mise à exécution selon les lois de l'État de condamnation (principe *non bis in idem*) (3°), s'il est établi que la décision de confiscation a été émise dans le but de poursuivre ou de condamner une personne en raison de son sexe, de sa race, de sa religion, de son origine ethnique, de sa nationalité, de sa langue, de ses opinions politiques ou de son orientation sexuelle ou identité de genre ou que l'exécution de ladite décision peut porter atteinte à la situation de cette personne pour l'une de ces raisons (4°), si la confiscation est fondée sur des faits qui ne constituent pas des infractions permettant, selon la loi française, d'ordonner une telle mesure, hors le cas où la décision de confiscation concerne une infraction qui, en vertu de la loi de l'État d'émission, entre dans l'une des catégories d'infractions mentionnées à l'article 694-32 du Code de procédure pénale et y est punie d'une peine privative de liberté d'une durée égale ou supérieure à trois ans d'emprisonnement, sauf à préciser que l'exécution de la décision de confiscation ne peut, en matière de taxes ou d'impôts, de douane et de change, être refusée au motif que la loi française ne prévoit pas le même type de taxes ou d'impôts ou le même type de réglementation en matière de taxes ou d'impôts, de douane et de change que la loi de l'État d'émission (principe de double confiscabilité) (5° et C. pr. pén., art. 713-20, al. 2 et 713-21), si les droits d'un tiers de bonne foi rendent impossible, selon la loi française, l'exécution de la décision de confiscation (6°), si, selon les indications portées dans le certificat de confiscation, l'intéressé n'a pas comparu en personne lors du procès à l'issue duquel la confiscation a été prononcée sauf si, selon ces indications, il se trouve dans l'un des cas prévus aux 1° à 3° de l'article 695-22-1 du Code de procédure pénale (7°), si les faits sur lesquels la décision est fondée relèvent de la compétence des juridictions françaises et que la décision de confiscation est prescrite au regard de la loi française (8°), et enfin si la décision de confiscation a pour objet un bien qui ne constitue pas l'instrument, l'objet ou, en nature ou en valeur, le produit de l'infraction, mais est néanmoins confiscable en application d'une disposition quelconque de la législation de l'État d'émission, sauf à ce que, dans ce cas, soit ordonnée par le juge répressif français l'exécution de la confiscation dans les limites de ce qui est prévue par la loi française pour des faits analogues conformément à l'article 713-24, alinéa 5, du Code de procédure pénale[1].

Comme en matière de gel, il s'ajoute à ces motifs obligatoires celui, de droit commun de l'entraide judiciaire internationale, tiré de l'atteinte que porterait la reconnaissance et l'exécution de la décision de confiscation à l'ordre public ou aux intérêts fondamentaux de la Nation. En effet, l'article 713-20, alinéa 1, du Code de procédure pénale, qui énonce les motifs obligatoires de non-exécution des décisions de confiscation étrangères par l'autorité judiciaire française, précise que ces motifs sont prévus « sans préjudice de l'application de l'article 694-4 du Code de procédure pénale ». Ainsi, l'exécution de la décision de confiscation peut être refusée « si l'exécution [de celle-ci] est de nature à porter atteinte à l'ordre public ou aux intérêts essentiels de la Nation », au terme de la procédure décrite par l'article 694-4 ; sauf à se demander si ces dispositions sont conformes à celles de la décision-cadre qui ne prévoit pas une telle restriction à la reconnaissance et l'exécution des décisions de confiscation.

1. C. pr. pén., art. 713-20, al. 3.

Par ailleurs, l'article 713-22 du Code de procédure pénale prévoit deux motifs facultatifs d'exécution de la décision de confiscation. Selon ce texte, l'exécution peut être refusée si la décision de confiscation est fondée sur une procédure pénale relative à des infractions commises en tout ou partie sur le territoire de la République (1°), ou si la décision de confiscation est fondée sur une procédure pénale relative à des infractions qui ont été commises hors du territoire de l'État d'émission et que la loi française n'autorise pas la poursuite de ces faits lorsqu'ils sont commis hors du territoire de la République (2°). Le législateur a ainsi permis au juge répressif, d'une part, de donner prééminence à la loi pénale française lorsque se trouve caractérisé un critère de compétence territoriale de celle-ci, d'autre part, de s'abstenir d'accorder l'exécution de la décision de confiscation dans le cas où l'infraction à l'origine de la confiscation entretient avec l'État d'émission un lien tellement distendu qu'en pareil cas les faits échapperaient à l'application de la loi pénale française. Il appartient bien sûr au juge répressif français d'apprécier l'opportunité d'invoquer ces motifs de non-exécution.

322.173 Portée et appréciation de la condition de double confiscabilité du bien. Si la reconnaissance et l'exécution de la décision de confiscation peuvent être refusées par l'autorité judiciaire française en cas de défaut de double confiscabilité du bien objet de la décision de confiscation, c'est-à-dire lorsque la confiscation est fondée sur des faits qui ne constituent pas des infractions permettant, selon la loi française, d'ordonner une telle mesure, ce principe n'est pas absolu (C. pr. pén., art. 713-20, al. 1, 5° et al. 2).

En effet, d'une part, ce motif de non-exécution ne saurait être invoqué par le juge répressif français dans le cas où la décision de confiscation concerne une infraction qui, en vertu de la loi de l'État d'émission, entre dans l'une des catégories d'infractions mentionnées à l'article 694-32 du Code de procédure pénale relatif à la reconnaissance des décisions d'enquête européenne et y est punie d'une peine privative de liberté d'une durée égale ou supérieure à trois ans d'emprisonnement. On relèvera au reste à ce propos que, comme en matière de gel, en prévoyant un tel motif de refus d'exécution, le législateur français a exercé une faculté qui lui était accordée par l'article 6, § 3, de la décision-cadre 2006/783/UE, autorisant les États membres, pour les infractions autres que celles visées au premier paragraphe du texte, à subordonner la reconnaissance et l'exécution de la décision de confiscation à une condition de double confiscabilité. Il reste qu'il n'y a là qu'une faculté offerte aux États membres par la décision-cadre, de sorte que l'autorité judiciaire française qui envisage de solliciter d'un autre État membre la reconnaissance et l'exécution d'une décision de confiscation en application de ce texte doit rechercher si cet État, comme l'a fait la France, a soumis celles-ci à la condition de double confiscabilité.

D'autre part, les dispositions du 5° du premier alinéa de l'article 713-20 du Code de procédure pénale doivent être coordonnées avec celles du dernier alinéa de ce texte, dont il résulte que « l'exécution d'une décision de confiscation est également refusée, le cas échéant, partiellement, si la décision de confiscation se fonde sur le motif visé au 3° de l'article 713-1 » – lequel prévoit que les biens auxquels s'appliquent les dispositions des articles 713-1 et suivants du Code de procédure pénale sont notamment ceux qui « sont passibles de confiscation en application de toute autre disposition de la législation de l'État d'émission bien qu'ils ne soient pas l'instrument, l'objet ou le produit de l'infraction » –, et que, « dans ce cas, il est fait application du cinquième alinéa de l'article 713-24 » autorisant le juge répressif français à ordonner que la décision de confiscation étrangère soit exécutée dans les limites prévues par la loi française pour des faits analogues. Ainsi, lorsque la décision de confiscation qu'il est demandé à l'autorité judiciaire française d'exécuter porte sur un bien qui n'entretient aucun lien avec l'infraction, comme n'étant ni son instrument, ni son produit, ni encore son objet, mais est néanmoins confiscable selon la législation de l'État d'émission, il y a lieu pour le juge répressif français de rechercher si le bien est néanmoins confiscable en application du droit français et de n'exécuter la mesure que dans l'affirmative voire, si tel n'est pas le cas, dans les limites prévues par la loi française.

Enfin, la condition de double confiscabilité doit vraisemblablement être appréciée à la date où l'autorité d'exécution statue. Outre le fait que telle est la règle retenue par le règlement (UE) 2018/1805 en matière de gel comme de confiscation[1], tel est aussi l'état de la jurisprudence de la chambre criminelle en droit commun de l'entraide judiciaire internationale aux fins de saisie et confiscation pénales[2].

322.174 Non-exécution fondée sur la circonstance que la décision a été rendue par défaut. S'agissant par ailleurs du motif de refus d'exécution de la décision de confiscation fondé sur le fait que l'intéressé n'a pas comparu en personne lors du procès à l'issue duquel la confiscation a été prononcée[3], cette

1. V. s^s n°s 321.173 et 322.163.
2. V. s^s n°s 311.121 et 312.121.
3. C. pr. pén., art. 713-20, al. 1, 7°.

seule circonstance ne fonde pas nécessairement une décision de refus d'exécution.

Le texte précise en effet que ce motif ne peut être invoqué que si l'intéressé se trouve dans l'un des cas prévus aux 1° à 3° de l'article 695-22-1 du Code de procédure pénale, applicable en matière de mandat d'arrêt européen, c'est-à-dire s'il a été informé dans les formes légales et effectivement, de manière non équivoque, en temps utile, par voie de citation ou par tout autre moyen, de la date du lieu fixés pour le procès et de la possibilité qu'une décision puisse être rendue à son encontre en cas de non-comparution[1], si, ayant eu connaissance de la date et du lieu du procès, il a été défendu pendant celui-ci par un conseil, désigné soit par lui-même, soit à la demande de l'autorité publique, auquel il avait donné mandat à cet effet[2], ou si, ayant reçu signification de la décision et ayant été expressément informé de son droit d'exercer à l'encontre de celle-ci un recours permettant d'obtenir un nouvel examen de l'affaire au fond, en sa présence, par une juridiction ayant le pouvoir de prendre une décision annulant la décision initiale ou se substituant à celle-ci, il a indiqué expressément qu'il ne contestait pas la décision initiale ou n'a pas exercé dans le délai imparti le recours qui lui était ouvert[3].

Comme dans le champ d'application du règlement (UE) 2018/1805, il semble donc que seules les décisions de confiscation prononcées par défaut soient susceptibles de se voir opposer ce motif de non-reconnaissance ou de non-exécution, et encore à condition que l'intéressé, mis en mesure de le faire, ne se soit pas abstenu de former opposition.

Compte tenu du renvoi de l'article 713-20 à l'article 695-22-1, la consultation de la jurisprudence produite par la Cour de justice de l'Union européenne et la chambre criminelle en matière de mandat d'arrêt européen sera particulièrement utile[4].

322.175 **Refus tiré du principe *non bis in idem*.** Enfin, autant que dans le champ d'application du règlement (UE) 2018/1805, le juge répressif français pourrait, au stade de l'appréciation du motif de refus de reconnaissance et d'exécution fondé sur le principe *non bis in idem*, se fonder sur la jurisprudence de la chambre criminelle relative à l'exécution des mandats d'arrêt européens[5].

1. C. pr. pén., art. 695-22-1, al. 1, 1°.
2. C. pr. pén., art. 695-22-1, al. 1, 2°.
3. C. pr. pén., art. 695-22-1, al. 3°.
4. V. s[s] n° 322.164.
5. V. s[s] n° 321.165.

SECTION 3
MISE EN ŒUVRE DE L'ENTRAIDE JUDICIAIRE AUX FINS DE CONFISCATION PÉNALE ENTRE LES ÉTATS MEMBRES DE L'UNION EUROPÉENNE

322.180 **Plan.** Envisager les règles de mise en œuvre de l'entraide judiciaire aux fins de confiscation pénale entre les États membres de l'Union européenne implique d'examiner les règles d'émission (§ 1), de transmission (§ 2), de reconnaissance et d'exécution (§ 3) des décisions de confiscation, mais également d'étudier les voies de recours ouvertes aux intéressés (§ 4), ainsi que le devenir des biens dont la confiscation a été exécutée (§ 5).

§ 1
Émission des décisions de confiscation

322.191 **Jugement ou arrêt de condamnation à une peine de confiscation.** Le règlement (UE) 2018/1805, tout comme la décision-cadre 2006/783/JAI et ses dispositions de transposition, ont en commun de ne pas contenir de dispositions propres à l'émission des décisions de confiscation dont la reconnaissance et l'exécution sont sollicitées sur le fondement de ces textes. La décision de confiscation, au sens du droit de l'Union, n'est en effet autre que la décision de droit interne prononçant la mesure dont l'exécution est sollicitée des autorités étrangères, l'article 2, § 2, du règlement énonçant, à cet égard, que constitue une décision de confiscation « une peine ou une mesure définitive ordonnée par une juridiction à la suite d'une procédure en lien avec une infraction pénale, aboutissant à priver de biens une personne physique ou morale de façon définitive ». Ainsi, lorsque la France est l'État d'émission, le *negotium* et l'*instrumentum* de la décision de confiscation, au sens du règlement, ne sont autres que ceux de la décision de condamnation à la peine de confiscation rendue par le juge pénal français. C'est ainsi la peine prononcée par le jugement ou l'arrêt de condamnation qui fait l'objet de la demande de reconnaissance et d'exécution par l'un ou l'autre des États membres de l'Union européenne.

322.192 **Nécessité du caractère définitif de la décision.** Il a cependant été prévu par le règlement (UE) 2018/1805, tout comme par la décision-cadre 2006/783/JAI et ses dispositions de transposition[6], que seules les mesures de confiscation présentant un caractère définitif sont susceptibles d'être reconnues et exécutées sur le fondement de ces textes.

6. C. pr. pén., art. 713, al. 1.

La précision, qui rejoint le droit commun de l'entraide judiciaire internationale aux fins de confiscation pénale[1], est heureuse, car l'exécution d'une décision simplement exécutoire poserait de délicates difficultés en cas de remise en cause ultérieure de la décision de confiscation.

§ 2 Transmission des décisions de confiscation

322.200 **Plan.** Les règles de transmission des décisions de confiscation diffèrent pour partie selon que s'applique le règlement (UE) 2018/1805 (A) ou la décision-cadre 2006/783/JAI (B).

A. Règlement (UE) 2018/1805

322.211 **Transmission d'un certificat de confiscation.** Les modalités de la transmission des décisions de confiscation sont comparables à celles de la transmission des décisions de gel : selon l'article 14, § 1, du règlement (UE) 2018/1805, l'autorité d'émission doit envoyer à l'autorité d'exécution, par tout moyen permettant de laisser une trace écrite et dans les conditions qui permettent à l'autorité d'exécution d'en établir l'authenticité, le certificat de confiscation prévu par l'article 17 du même texte, lequel certificat doit être rempli, signé et voir son contenu certifié comme étant exact et correct (art. 17, § 1).

322.212 **Compétence pour transmettre.** En application de l'article 24 du règlement (UE) 2018/1805, la France a notifié à la Commission que le procureur de la République est l'autorité judiciaire compétente pour établir et transmettre les décisions de confiscation des juridictions françaises[2].

C'est aussi ce qui ressort de l'article 713-35-1, 1°, du Code de procédure pénale, selon lequel l'autorité d'émission des décisions de confiscation prononcées par les juridictions françaises est le ministère public près la juridiction qui a ordonné la confiscation.

Cette compétence, qui est aussi celle retenue dans le champ d'application de la décision-cadre 2006/783/JAI[3], doit être vue comme le prolongement, en matière d'entraide, de celle reconnue par le Code de procédure pénale au ministère public pour assurer l'exécution des décisions de justice et des peines[4].

322.213 **Traduction du certificat de confiscation.** L'autorité d'émission est tenue de fournir à l'autorité d'exécution la traduction du certificat de confiscation dans une langue officielle de l'État d'exécution ou dans toute autre langue que l'État d'exécution a acceptée en faisant une déclaration en ce sens auprès de la Commission, étant relevé que de telles déclarations peuvent être faites à tout moment par les États membres et sont mises à la disposition de l'ensemble de ces derniers et du Réseau judiciaire européen (art. 17, § 2 et 3).

322.214 **Pièces jointes au certificat de confiscation.** Selon les États d'exécution, l'État d'émission peut être tenu de joindre au certificat de confiscation la décision de confiscation originale ou une copie certifiée de conforme de celle-ci, sans cependant avoir l'obligation de traduire cette pièce (art. 14, § 2). Les États membres peuvent en effet faire une déclaration en ce sens avant la date d'entrée en vigueur du règlement ou à une date ultérieure, tout comme retirer cette déclaration à tout moment. Il leur appartient d'informer la Commission lorsqu'ils font ou retirent cette déclaration, à charge pour elle de mettre ces informations à la disposition de tous les États membres et du Réseau judiciaire européen (art. 14, § 3).

De même, l'autorité d'émission a l'obligation d'informer l'autorité d'exécution dès lors qu'elle a connaissance des personnes concernées par la décision de confiscation, ainsi que de fournir à la demande de celle-ci toute information concernant toute réclamation que les personnes concernées peuvent vouloir formuler à l'égard des biens, y compris des informations permettant d'identifier ces personnes (art. 14, § 6).

322.215 **Transmission directe ou indirecte.** La question de savoir si le certificat de confiscation doit être transmis directement à l'autorité d'exécution ou bien par l'intermédiaire d'une autorité centrale se règle comme en matière de gel, puisque l'article 14, § 1, du règlement (UE) 2018/1805 énonce que le certificat de confiscation est directement transmis à l'autorité d'exécution, sauf si l'État d'exécution a désigné auprès de la Commission une ou plusieurs autorités centrales chargées d'assurer la transmission et la réception administratives des certificats de gel et des certificats de confiscation, et d'assister ses autorités compétentes dans les conditions de l'article 24 du règlement, qui est commun aux décisions de gel et de confiscation[5]. Dans ce cas,

1. V. s[s] n° 312.155.
2. Représentation permanente de la France auprès de l'Union européenne, *Note des autorités françaises*, 21 déc. 2020 (disponible sur le site internet du Réseau judiciaire européen) – Dépêche, 21 déc. 2020, *relative à l'entrée en vigueur du règlement 2018/1805 du 14 novembre 2018 concernant la reconnaissance mutuelle des décisions de gel et des décisions de confiscation*, BOL-2020-00131, p. 3.
3. V. s[s] n° 322.222.
4. C. pr. pén., art. 32 et 707-1.
5. V. s[s] n° 321.215.

la Commission met les informations relatives à l'autorité centrale désignée à la disposition des États membres et du Réseau judiciaire européen.

Ceci étant, comme en matière de gel, lorsque l'autorité de l'État d'exécution qui reçoit un certificat de confiscation n'est pas compétente pour reconnaître la décision de confiscation ou pour prendre les mesures nécessaires à son exécution, elle est tenue de transmettre immédiatement le certificat de confiscation à l'autorité d'exécution compétente dans son État membre et d'en informer l'autorité d'émission (art. 14, § 8).

322.216 Choix de l'autorité d'exécution. Le choix de l'autorité d'exécution est régi par le règlement (UE) 2018/1805 en distinguant, comme il a été vu en matière de gel[1], entre les confiscations ayant pour objet des biens déterminés et celles, prononcées en valeur, consistant en des condamnations pécuniaires. Au sens du règlement, les premières constituent des décisions de confiscation « concernant des biens spécifiques » (art. 14, § 5), quand les secondes correspondent aux décisions de confiscation « concernant une somme d'argent » (art. 14, § 4).

S'agissant des premières, de manière non surprenante, le certificat de confiscation doit être adressé à l'autorité compétente de l'État membre dans lequel l'autorité d'émission a des motifs raisonnables de croire que les biens confisqués sont situés.

En ce qui concerne les secondes, le certificat doit être adressé à l'autorité compétente de l'État membre dans lequel l'autorité d'émission a des motifs raisonnables de croire que la personne à l'encontre de laquelle la décision de confiscation a été émise a des biens ou des revenus, puisque la décision de confiscation sera recouvrée sur ces biens ou revenus en application du droit de l'État d'exécution.

322.217 Transmission à plusieurs États membres. L'article 15 du règlement (UE) 2018/1805 organise l'exécution des décisions de confiscation par plusieurs États membres, tout en énonçant qu'un certificat de confiscation n'est en principe transmis qu'à un seul État d'exécution, et en distinguant entre les confiscations portant sur des biens déterminés et celles consistant en une condamnation pécuniaire.

Ainsi, d'une part, lorsqu'une décision de confiscation concerne des biens déterminés, le certificat de confiscation peut être transmis simultanément à plusieurs États d'exécution soit lorsque l'autorité d'émission a des motifs raisonnables de croire que différents biens faisant l'objet de la décision de confiscation sont situés dans différents États d'exécution (art. 15, § 2, a), soit lorsque la confiscation d'un bien spécifique faisant l'objet de la décision de confiscation nécessite d'agir dans plusieurs États d'exécution (art. 15, § 2, b).

D'autre part, lorsqu'une décision de confiscation, prononcée en valeur, consiste en une condamnation pécuniaire, le certificat de confiscation peut être transmis simultanément à plusieurs États d'exécution lorsque l'autorité d'émission « estime nécessaire de le faire pour une raison particulière », notamment lorsque les biens concernés n'ont pas été gelés en vertu du présent règlement (art. 15, § 3, a), ou lorsque la valeur estimée des biens qui peuvent être confisqués dans l'État d'émission et dans un seul État d'exécution risque de ne pas être suffisante pour parvenir à confisquer la totalité du montant visé par la décision de confiscation (art. 15, § 3, b). Il s'en déduit que, lorsqu'a été prononcée une peine de confiscation en valeur consistant en une condamnation pécuniaire, le ministère public peut se fonder sur ces dispositions pour poursuivre le recouvrement de cette somme dans plusieurs États membres s'il lui apparaît que les biens appartenant au condamné en France et dans un autre unique État membre de l'Union européenne sont insuffisants pour parvenir au recouvrement du montant total de la condamnation[2].

322.218 Cessation de l'exécution de la décision de confiscation. Comme en matière de gel, l'article 27 du règlement (UE) 2018/1805 précise les conditions dans lesquelles l'autorité d'émission met un terme à la procédure d'entraide lorsque la décision de confiscation ne peut plus faire l'objet d'une exécution ou n'est plus valable.

B.
Décision-cadre 2006/783/JAI

322.221 Transmission de la décision et d'un certificat de confiscation. Dans le champ d'application de la décision-cadre 2006/783/JAI, la décision de confiscation dont l'exécution est sollicitée d'un autre État membre de l'Union européenne doit être adressée par l'autorité d'émission à l'autorité d'exécution par tout moyen laissant une trace écrite et dans des conditions permettant à l'autorité d'exécution d'en vérifier l'authenticité, accompagnée d'un certificat de confiscation, lequel doit être signé par l'autorité d'émission ou celle de son représentant attestant l'exactitude des informations contenues dans le certificat[3].

Le troisième alinéa de l'article 713-4 du Code de procédure pénale précise que, sur demande de

1. V. s[s] n° 321.216.

2. V. s[s] n° 126.21.
3. C. pr. pén., art. 713-2 et 713-4, al. 1.

l'autorité compétente de l'État d'émission, la copie certifiée conforme de la décision de confiscation et l'original du certificat doivent être adressés dans les meilleurs délais, ce dont il se déduit que la transmission peut en principe s'effectuer par voie dématérialisée.

322.222 Compétence pour transmettre. Lorsque la France est l'État d'émission, il ressort de l'article 713-5, alinéa 1, du Code de procédure pénale que l'autorité compétente pour établir et transmettre à l'autorité d'exécution le certificat de confiscation est le ministère public près la juridiction qui a ordonné la mesure.

Comme dans le champ d'application du règlement (UE) 2018/1805, cette attribution de compétence est cohérente avec celle reconnue par la loi au ministère public pour assurer l'exécution des décisions de justice et des peines[1].

Le second alinéa de l'article 713-5 précise que la transmission n'empêche pas la poursuite de l'exécution en tout ou partie, sur le territoire de la République, de la confiscation. Cette précision constitue la transposition de l'important principe de l'article 14, § 1, de la décision-cadre 2006/783/JAI selon lequel « la transmission d'une décision de confiscation à un ou plusieurs États d'exécution conformément aux articles 4 et 5 ne limite pas le droit de l'État d'émission d'exécuter lui-même la décision de confiscation ». Cette règle est utile pour permettre à l'autorité judiciaire française, en cas de confiscation en valeur consistant en une condamnation pécuniaire, de tenter de recouvrer la somme due par l'exercice des voies de droit qui sont à la disposition du comptable public[2].

322.223 Traduction du certificat de confiscation. En application de l'article 713-3 du Code de procédure pénale, le certificat de confiscation doit être traduit dans la langue officielle ou dans une des langues officielles de l'État d'exécution, ou dans l'une des langues officielles des institutions de l'Union européennes acceptées par cet État.

Rappelons, en effet, qu'en application de l'article 19 de la décision-cadre 2006/783/JAI, tout État membre peut, soit lors de l'adoption de la décision-cadre, soit à une date ultérieure, indiquer dans une déclaration déposée auprès du secrétariat général du Conseil qu'il acceptera une traduction dans une ou plusieurs langues officielles des institutions de l'Union européenne.

322.224 Transmission directe ou indirecte. La transmission du certificat de confiscation et de la décision s'effectue en principe directement entre les autorités compétentes, tout comme les communications ultérieures[3].

Ce principe, cependant, n'est pas absolu s'agissant de la transmission. En effet, lorsqu'un État membre a effectué une déclaration à cet effet, la décision de confiscation ou la copie certifiée conforme de celle-ci, et le certificat de confiscation doivent être expédiés par l'intermédiaire d'une ou plusieurs autorités centrales désignées par ledit État[4].

Rappelons en effet que, si a été retenu à l'article 4, § 2, de la décision-cadre 2006/783/JAI, le principe d'une transmission et d'une communication directes entre autorités compétentes, l'article 3 du texte permet néanmoins à chaque État membre de désigner, si cela est rendu nécessaire par son organisation interne, une ou plusieurs autorités centrales chargées d'assurer la transmission et la réception administrative des décisions de confiscation, et d'assister les autorités compétentes, le secrétariat général du Conseil mettant les informations reçues à cet égard à la disposition des États membres.

322.225 Choix de l'autorité d'exécution. Le législateur français a transposé aux articles 713-6 à 713-9 du Code de procédure pénale les dispositions de l'article 4 de la décision-cadre 2006/783/JAI organisant le choix de l'autorité d'exécution lorsque la France est l'État d'émission de la décision de confiscation.

Ces textes ont en commun de faire une distinction entre les décisions de confiscation « concernant des biens déterminés » et celles « concernant une somme d'argent ». Parce qu'une somme d'argent peut naturellement aussi être vue comme un bien déterminé susceptible de confiscation, comme en cas de confiscation de sommes figurant sur un compte bancaire, il va de soi que cette distinction revient à opposer les confiscations prononcées en nature ou en valeur mais portant sur un bien particulier, et celles prononcées en valeur mais consistant en une condamnation pécuniaire[5].

Dans le premier cas, les pièces d'exécution doivent être adressées à l'autorité compétente de l'État d'exécution dans lequel l'autorité d'émission a des raisons de croire que se trouvent des biens confisqués[6].

Dans le second, l'autorité d'émission doit s'adresser à l'autorité compétente de l'État dans lequel elle a des raisons de croire que la personne physique ou morale possède des biens ou des revenus qui pourront constituer l'assiette du recouvrement de la

1. C. pr. pén., art. 32 et 707-1.
2. V. s[s] n° 126.42.
3. C. pr. pén., art. 713-4, al. 1 et 4.
4. C. pr. pén., art. 713-4, al. 2.
5. V. s[s] n° 126.21.
6. C. pr. pén., art. 713-6, al. 2.

somme à confisquer[1]. S'il n'existe aucun moyen permettant de déterminer l'État dans lequel se trouvent les biens ou les revenus de la personne à l'encontre de laquelle la décision a été rendue, le ministère public transmet la décision de confiscation et le certificat à l'autorité compétente de l'État dans lequel la personne concernée a sa résidence habituelle[2].

322.226 Transmission à plusieurs États membres. Par dérogation au principe selon lequel « la décision de confiscation est [...] transmise pour exécution à un seul État »[3], les articles 713-7 et 713-8, alinéa 2, du Code de procédure pénale permettent la transmission des pièces d'exécution à plusieurs États membres, en distinguant entre le cas de la confiscation d'un bien déterminé, et celui de la confiscation en valeur consistant en une condamnation pécuniaire.

Dans le premier cas, il est permis au ministère public, lorsqu'il a des raisons de croire que la confiscation implique d'agir dans plusieurs États, ou qu'un ou plusieurs biens visés par la décision de confiscation se trouvent dans différents États, de transmettre la décision de confiscation et le certificat aux autorités compétentes de ces États. L'on relèvera que le législateur n'a pas transposé une troisième hypothèse de transmission à plusieurs États membres prévue par l'article 5, § 2, de la décision-cadre 2006/783/JAI, à savoir celle où l'autorité d'émission est fondée à croire qu'un bien spécifique objet de la décision de confiscation est susceptible de se trouver, alternativement, sur le territoire de plusieurs États d'exécution : elle peut alors transmettre les pièces d'exécution à chacun de ces États membre. Ce défaut de transposition ne paraît pas insurmontable, dès lors que l'article 713-7 du Code de procédure pénale, qui dispose que le ministère public peut transmettre les pièces d'exécution à plusieurs États membres lorsqu'il a « des raisons de croire que la confiscation [...] implique d'agir dans plusieurs États », peut être interprété comme englobant la faculté envisagée par la décision-cadre et non formellement transposée.

Dans le second cas, le ministère public peut transmettre la décision à plusieurs États membres « lorsqu'il estime, pour des raisons particulières, nécessaire de le faire ». La formule n'est guère heureuse, mais tel pourra être le cas s'il apparaît au ministère public que le condamné est propriétaire de biens situés dans plusieurs États et que le montant de la somme que doit payer l'intéressé est telle que son recouvrement devra s'exécuter sur davantage de biens qu'il n'en possède dans un seul État. Cette interprétation, de toute façon guère douteuse, peut s'appuyer sur les dispositions de l'article 5, § 3, de la décision-cadre 2006/783/JAI selon lesquelles une décision de confiscation portant sur une somme d'argent peut être transmise simultanément à plusieurs États d'exécution lorsque l'autorité compétente de l'État d'émission estime nécessaire de le faire pour une raison particulière, par exemple lorsque « la valeur du bien qui peut être confisqué dans l'État d'émission et dans tout État d'exécution risque de n'être pas suffisante pour exécuter le montant total visé par la décision de confiscation ». Évidemment, le texte précise que le montant total des sommes recouvrées dans plusieurs États, en exécution de cette décision, ne peut être supérieur au montant spécifié dans la décision de confiscation. L'on devra de surcroît prendre en compte les sommes susceptibles d'avoir été recouvrées en France par le comptable public[4].

§ 3
Reconnaissance et exécution des décisions de confiscation

322.230 Plan. Conformément à une règle commune gouvernant la matière, les décisions de confiscation sont exécutées selon la loi de l'État requis (A). Ceci étant, lorsqu'une décision de confiscation est adressée à l'autorité judiciaire française par les autorités d'un autre État membre de l'Union européenne, quelle est l'autorité compétente pour statuer sur la reconnaissance de cette décision et l'exécuter (B) et quelle est la procédure qui doit être suivie (C) ?

A.
Loi applicable à l'exécution des décisions de confiscation

322.241 Exécution selon la loi du *for*. À l'instar du droit commun de l'entraide judiciaire internationale aux fins de confiscation[5], le règlement (UE) 2018/1805 et la décision-cadre 2006/783/JAI posent pour principe que l'exécution des décisions de confiscation est gouvernée par le droit de l'État d'exécution.

C'est ce qu'énoncent les dispositions déjà examinées de l'article 23, § 1, du règlement, lesquelles sont communes aux décisions de gel et de confiscation[6], de même que l'article 713-30 du Code de procédure pénale dispose, dans le champ d'application de la décision-cadre, que le ministère public

1. C. pr. pén., art. 713-8, al. 1.
2. C. pr. pén., art. 713-9.
3. C. pr. pén., art. 713-6, al. 1 et décis.-cadre, art. 5, § 1.
4. V. s[s] n° 126.42.
5. V. s[s] n° 312.181.
6. V. s[s] n° 321.241.

près la juridiction ayant statué sur la reconnaissance et l'exécution de la décision de confiscation poursuit l'exécution de la décision « selon les modalités prévues à l'article 707 » du Code de procédure pénale, ce qui constitue la transposition du principe énoncé par l'article 12, § 1, de la décision-cadre : « L'exécution de la décision de confiscation est régie par la législation de l'État d'exécution et ses autorités sont seules compétentes pour décider des modalités d'exécution et déterminer toutes les mesures y afférentes. »

B. Compétence pour statuer sur la reconnaissance et l'exécution des demandes adressées à l'autorité judiciaire française

322.250 **Plan.** Que ce soit en application du règlement (UE) 2018/1805 (1°) ou de la décision-cadre 2006/783/JAI (2°), le tribunal correctionnel est l'autorité judiciaire française compétente pour statuer sur la reconnaissance des décisions de confiscation transmises à la France.

1° Règlement (UE) 2018/1805

322.261 **Compétence *ratione materiae* du tribunal correctionnel.** En l'état de la notification faite par la France en application de l'article 24 du règlement (UE) 2018/1805, l'autorité judiciaire compétente pour statuer sur la reconnaissance et l'exécution des décisions de confiscation est le tribunal correctionnel, saisi par requête du procureur de la République[1].

Cette règle se trouve aussi énoncée à l'article 713-35-1, 2°, du Code de procédure pénale disposant que l'autorité d'exécution des décisions de confiscation prononcées par les juridictions d'un autre État membre de l'Union européenne est le tribunal correctionnel territorialement compétent, saisi sur requête du procureur de la République.

La règle est ainsi la même, que l'on se situe dans le champ d'application du règlement ou bien dans celui de la décision-cadre 2006/783/JAI[2].

322.262 **Compétence *ratione loci* du tribunal correctionnel.** L'article 713-35-1, 2°, du Code de procédure pénale règle par ailleurs la compétence territoriale du tribunal correctionnel : le tribunal correctionnel territorialement compétent est celui du lieu où se situe l'un des biens confisqués ou, à défaut, le tribunal correctionnel de Paris.

Cette règle, qui permet la centralisation du contentieux devant une seule et même juridiction en cas de confiscation de biens situés dans plusieurs ressorts, est comparable à celle énoncée par l'article 713-13, alinéa 2, du Code de procédure pénale, applicable dans le champ d'application de la décision-cadre 2006/783/JAI[3]. Elle est aussi celle qui s'applique en matière d'exécution de décisions de gel[4], et en droit commun de l'entraide judiciaire internationale aux fins de saisie[5] et confiscation pénales[6].

Ce rapprochement facilite l'interprétation des dispositions selon lesquelles « à défaut » de tribunal correctionnel territorialement compétent à raison de la localisation dans son ressort de l'un des biens confisqués, sera compétent le tribunal correctionnel de Paris. Ces énonciations doivent être comprises comme signifiant que cette juridiction sera compétente lorsque le lieu où se situe le bien confisqué ne sera pas précisé. C'est en effet ce que prévoit plus explicitement l'article 695-9-11 du Code de procédure pénale applicable en matière d'exécution de décisions de gel dans le champ d'application de la décision-cadre 2003/577/JAI[7].

2° Décision-cadre 2006/783/JAI

322.271 **Compétence *ratione materiae* du tribunal correctionnel.** Il entre dans la compétence du tribunal correctionnel de statuer sur la reconnaissance et l'exécution des décisions de confiscation émanant d'une juridiction d'un autre État membre de l'Union européenne[8].

322.272 **Compétence *ratione loci* du tribunal correctionnel.** Le tribunal correctionnel territorialement compétent est celui du lieu où se situe l'un quelconque des biens confisqués ou, à défaut, le tribunal correctionnel de Paris[9].

Cette règle, déjà rencontrée en droit commun de l'entraide aux fins de saisie[10] et confiscation pénales[11], et en matière de reconnaissance et d'exé-

1. Représentation permanente de la France auprès de l'Union européenne, *Note des autorités françaises*, 21 déc. 2020 (disponible sur le site internet du Réseau judiciaire européen) – Dépêche, 21 déc. 2020, *relative à l'entrée en vigueur du règlement 2018/1805 du 14 novembre 2018 concernant la reconnaissance mutuelle des décisions de gel et des décisions de confiscation*, BOL-2020-00131, p. 3.
2. V. s[s] n° 322.271.
3. V. s[s] n° 322.272.
4. V. s[s] n°s 321.262 et 321.272.
5. V. s[s] n° 311.192.
6. V. s[s] n° 312.192.
7. V. s[s] n° 321.272.
8. C. pr. pén., art. 713-12.
9. C. pr. pén., art. 713-13, al. 2.
10. V. s[s] n° 311.192.
11. V. s[s] n° 312.192.

cution des décisions de gel[1], permet la centralisation du contentieux de l'exécution devant une seule et même juridiction.

Ce rapprochement aide à comprendre le sens des dispositions selon lesquelles « à défaut » de tribunal correctionnel territorialement compétent à raison de la localisation dans son ressort de l'un des biens confisqués, sera compétent le tribunal correctionnel de Paris. Elles signifient que cette juridiction sera compétente lorsque le lieu où se situe le bien confisqué ne sera pas précisé. Les dispositions de l'article 695-9-11 du Code de procédure pénale, applicable en matière d'exécution de décisions de gel dans le champ d'application de la décision-cadre 2003/577/JAI, sont en effet plus explicitement en ce sens[2].

C.
Procédure de reconnaissance et d'exécution des décisions de confiscation adressées à l'autorité judiciaire française

322.280 **Plan.** Bien que le règlement (UE) 2018/1805 contienne de nombreuses dispositions relatives à la procédure de reconnaissance et d'exécution des décisions de confiscation (1°), celle-ci reste en l'état davantage indéterminée que celle résultant de la décision-cadre 2006/783/JAI et de ses dispositions de transposition (2°).

1°
Règlement (UE) 2018/1805

322.291 **Procédure devant le tribunal correctionnel.** Le législateur français s'est abstenu de décrire la procédure devant être suivie devant le tribunal correctionnel pour statuer sur la reconnaissance et l'exécution des décisions de confiscation.

Pour les raisons déjà énoncées[3], il pourrait y avoir lieu de faire application, dans le champ d'application du règlement, des articles 713-13 à 713-16 du Code de procédure pénale décrivant - certes insuffisamment -, la procédure devant être suivie pour statuer sur la reconnaissance et l'exécution des décisions de confiscation transmises en vertu de la décision-cadre 2006/783/JAI. Il sera renvoyé à l'examen de ces textes[4].

322.292 **Délai pour la reconnaissance et l'exécution de la décision de confiscation.** Le législateur européen a soumis l'exécution des décisions de confiscation à des conditions de délai comparables à celles prévues en matière de gel, quoi que moins strictes, en distinguant le délai dans lequel doit être prise la décision de reconnaissance et d'exécution, et celui de la mise en œuvre concrète de la décision de confiscation. Ces délais constituent l'un des apports importants du règlement (UE) 2018/1805, et ont d'ailleurs été très discutés pendant les travaux préparatoires[5].

L'article 20, § 1, du règlement dispose ainsi que l'autorité d'exécution prend la décision relative à la reconnaissance et l'exécution de la décision de confiscation sans tarder et, sans préjudice du paragraphe 4 envisageant l'hypothèse de l'impossibilité de respecter ce délai, au plus tard 45 jours après avoir reçu le certificat de confiscation. L'autorité d'exécution est du reste tenue de communiquer, sans tarder et par tout moyen permettant de laisser une trace écrite, à l'autorité d'émission sa décision concernant la reconnaissance et l'exécution de la décision de confiscation (art. 20, § 2).

Dans l'hypothèse où il serait impossible, dans un cas spécifique, de respecter le délai de 45 jours, l'autorité d'exécution doit en informer sans tarder l'autorité d'émission, par tout moyen, en indiquant les raisons pour lesquelles le délai n'a pas pu être respecté, et consulter l'autorité d'émission aux fins de fixer une date appropriée pour la reconnaissance et l'exécution de la décision de confiscation (art. 20, § 4), outre le fait qu'en tout état de cause, l'expiration de ce délai ne dispense pas l'autorité d'exécution de son obligation d'adopter une décision concernant la reconnaissance et l'exécution de la décision de confiscation, et d'exécuter cette décision, le tout sans tarder (art. 20, § 5).

Lorsqu'a été rendue une décision de reconnaissance et d'exécution de la décision de confiscation, sauf s'il existe des motifs de sursis en vertu de l'article 21 du règlement, l'autorité d'exécution prend les mesures concrètes qui sont nécessaires pour exécuter la mesure sans tarder et, au minimum, avec la même rapidité et le même degré de priorité que pour une décision similaire prise au niveau national (art. 20, § 3).

322.293 **Modalités de l'exécution.** Si, comme il a été vu, le règlement (UE) 2018/1805 énonce un principe de reconnaissance et d'exécution des décisions de confiscation entre les États membres de l'Union européenne[6], l'article 18 du texte permet sous certaines conditions à l'État d'exécution de procéder à la conversion de l'objet de la confiscation.

1. V. s^s n°s 321.262 et 321.272.
2. V. s^s n° 321.272.
3. V. s^s n° 322.12.
4. V. s^s n° 322.312.
5. Conseil, *Proposal for a Regulation of the European Parliament and of the Council on the mutual recognition of freezing and confiscation orders – Questions concerning the EP amendments and other issues related to the draft Regulation*, 5 févr. 2018, 5621/18, p. 4.
6. V. s^s n° 322.161.

En effet, lorsque la décision de confiscation porte sur un bien spécifique, l'autorité d'émission et l'autorité d'exécution peuvent, lorsque le droit de l'État d'émission le prévoit, convenir que la confiscation dans l'État d'exécution peut s'effectuer par la confiscation d'une somme d'argent correspondant à la valeur du bien qui devait être confisqué. Il est ainsi procédé à la conversion d'une confiscation en nature ou en valeur portant sur un bien déterminé, le cas échéant une somme d'argent, en la confiscation d'une somme d'argent déterminée quelconque (art. 18, § 2).

Réciproquement, lorsqu'une décision de confiscation concerne une somme d'argent et que l'autorité d'exécution est dans l'impossibilité d'obtenir le paiement de celle-ci – ce qui signifie qu'est envisagée ici l'hypothèse de la confiscation en valeur consistant en une condamnation pécuniaire –, l'autorité d'exécution exécute la décision en confisquant tout bien qui est disponible à cette fin, au besoin en convertissant le montant à confisquer dans la monnaie de l'État d'exécution au taux de change journalier de l'euro tel qu'il est publié au Journal officiel de l'Union européenne, série C, à la date à laquelle la décision de confiscation a été émise (art. 18, § 3).

322.294 Concours d'exécution de la décision de confiscation. Le règlement (UE) 2018/1805 organise la situation où plusieurs État vont concurremment participer à l'exécution des décisions de confiscation concernant une somme d'argent, c'est-à-dire des décisions de confiscation consistant en une condamnation pécuniaire, qu'il s'agisse de plusieurs États d'exécution à qui la décision de confiscation a été concurremment transmise, ou du concours de l'État d'émission et d'un ou plusieurs États d'exécution.

En effet, le règlement permet qu'une telle décision de confiscation soit transmise à plusieurs État d'exécution [1], de même que le premier paragraphe de l'article 16 de ce texte pose pour principe que « la transmission d'une décision de confiscation [...] ne limite pas le droit de l'État d'émission d'exécuter la décision ». Il existe ainsi un risque que soient payées par le condamné des sommes dont le montant cumulé excède celui de la somme d'argent au paiement de laquelle l'intéressé a été condamné à titre de confiscation en valeur.

L'article 16, § 2, du règlement dispose à cet égard que « le montant total provenant de l'exécution d'une décision de confiscation concernant une somme d'argent ne peut pas dépasser le montant maximal précisé dans la décision, que cette décision ait été transmise à un ou à plusieurs États d'exécution ».

Du reste, pour assurer l'effectivité de ce principe, le troisième paragraphe de l'article 16 fait peser sur l'autorité d'émission un devoir d'information des autorités d'exécution. Ainsi, celle-ci est tenue d'informer immédiatement la ou les autorités d'exécution, par tout moyen permettant de laisser une trace écrite, lorsque : elle estime qu'il existe un risque que la confiscation dépasse le montant maximal, en particulier sur la base d'informations que lui aurait fournies l'autorité d'exécution, en cas de transmission de la décision de confiscation à plusieurs États d'exécution (art. 16, § 3, a), tout ou partie de la décision de confiscation a été exécutée dans l'État d'émission ou dans un État d'exécution différent, auquel cas elle précise le montant pour lequel la décision de confiscation n'a pas encore été exécutée (art. 16, § 3, b) ou, après la transmission d'un certificat de confiscation, une autorité de l'État d'émission reçoit une somme d'argent qui a été versée au titre de la décision de confiscation (art. 16, § 3, a).

Le premier de ces motifs d'information étant par définition temporaire, il appartient à l'autorité d'émission d'informer l'autorité d'exécution dans les plus brefs délais lorsque le risque a cessé d'exister (art. 16, § 4).

322.295 Gel des biens confisqués par l'État d'exécution. L'article 18, § 5, du règlement (UE) 2018/1805 contient des dispositions d'inspiration proche de celle des dispositions internes des articles 373-1 et 484-1 du Code de procédure pénale [2], permettant à l'autorité d'exécution, lorsque la décision de confiscation a pour objet un bien qui n'a pas fait l'objet, dans l'ordre juridique de l'État d'émission, d'une décision de gel, de « décider d'office du gel des biens concernés conformément à son droit national, en vue de l'exécution ultérieure de la décision de confiscation ». Ainsi, de même que le tribunal correctionnel et la cour d'assises peuvent ordonner, en application des textes précités, la saisie des biens dont ils prononcent la confiscation, afin de garantir l'exécution de cette peine, l'autorité d'exécution, selon son droit national, peut ordonner le gel des biens objet de la décision de confiscation. Il s'en déduit que, dans le cadre de la procédure de reconnaissance et d'exécution des décisions de confiscation, le tribunal correctionnel est fondé à mettre en œuvre les pouvoirs qu'il tient, dans les affaires internes, de l'article 484-1.

L'autorité d'exécution a cependant le devoir, en pareil cas, d'informer sans tarder, et si possible avant de procéder au gel, l'autorité d'émission.

1. V. s^s n° 322.217.

2. V. s^s n° 131.121.

322.296 **Information de l'autorité d'émission.** Selon, l'article 18, § 6, du règlement (UE) 2018/1805, l'autorité d'exécution est tenue d'informer l'autorité d'émission des résultats de l'exécution de la décision de confiscation, par tout moyen permettant de laisser une trace écrite.

322.297 **Procédure de non-reconnaissance ou de non-exécution des décisions de confiscation.** Inversement, l'article 19 du règlement (UE) 2018/1805 impose à l'autorité d'exécution le respect de certaines conditions procédurales lorsqu'elle envisage d'opposer à l'autorité d'émission l'un des motifs de non-reconnaissance ou de non-exécution énumérés par ce texte, lesquels ont déjà été examinés [1].

Ainsi, le deuxième paragraphe du texte précise que, quel que soit le motif invoqué, l'autorité d'exécution doit, avant de décider de ne pas reconnaître ou de ne pas exécuter, en tout ou en partie, une décision de confiscation, consulter l'autorité d'émission par tout moyen approprié et, s'il y a lieu, lui demander de fournir sans tarder toute information nécessaire.

Le troisième paragraphe prévoit de même que toute décision de refus de reconnaissance ou d'exécution de la décision de confiscation est prise sans tarder et notifiée immédiatement à l'autorité d'émission par tout moyen permettant de laisser une trace écrite.

322.298 **Impossibilité d'exécution.** Sans que ne se trouve caractérisée une circonstance de droit ou de fait fondant la *faculté*, pour l'autorité d'exécution, de refuser la reconnaissance et l'exécution de la décision de confiscation, le règlement (UE) 2018/1805 envisage à son article 22 la situation où cette autorité se trouve dans *l'impossibilité* d'exécuter la mesure.

La plupart de ces dispositions sont comparables à celles prévues en matière de gel [2].

Il en est ainsi lorsque les biens objet de la décision de confiscation ont déjà été confisqués (art. 22, § 3, a), ont disparu (art. 22, § 3, b), ont été détruits (art. 22, § 3, c), ne peuvent être trouvés à l'endroit indiqué sur le certificat de confiscation (art. 22, § 3, d), ou ne peuvent être trouvés parce que l'endroit où ils se trouvent n'a pas été indiqué de manière suffisamment précise en dépit du fait que l'autorité d'exécution a consulté l'autorité d'émission à ce propos (art. 22, § 3, e). Au reste, dans le cas où l'autorité d'émission a indiqué que la décision de confiscation peut être exécutée en valeur, c'est-à-dire en faisant porter la confiscation sur des biens d'une valeur équivalente au bien objet de la décision de confiscation, l'impossibilité d'exécution pour ces motifs peut être opposée lorsqu'il n'y a sur le territoire de l'État d'exécution aucun bien de valeur équivalente susceptible d'être confisqué (art. 22, § 6).

Il s'ajoute à ces conditions de fond des conditions procédurales : lorsque l'autorité d'exécution estime qu'il est impossible d'exécuter une décision de confiscation, elle le notifie sans tarder à l'autorité d'émission (art. 22, § 1) et, avant d'adresser une notification à cette dernière, l'autorité d'exécution la consulte le cas échéant (art. 22, § 2).

De même, dans l'hypothèse où la décision de confiscation ne pourrait être immédiatement exécutée car le bien objet de celle-ci a disparu, ne peut être trouvé à l'endroit indiqué sur le certificat de confiscation ou ne peut être trouvé parce que l'endroit où il se trouve n'a pas été indiqué de manière suffisamment précise en dépit du fait que l'autorité d'exécution a consulté l'autorité d'émission à ce propos (art. 22, § 3, b, d, e), le caractère potentiellement temporaire de ces circonstances de fait a cet effet que, dans l'hypothèse où le bien serait finalement localisé par l'autorité d'exécution, celle-ci peut exécuter la décision sans qu'il y ait lieu pour l'autorité d'émission de lui transmettre un nouveau certificat de confiscation, sauf à ce qu'elle ait vérifié auprès de l'autorité d'émission que la décision de confiscation est encore valable.

Il reste cependant que des dispositions particulières s'appliquent en matière de décisions de confiscation. Le deuxième paragraphe du texte offre en effet la possibilité aux autorités d'émission et d'exécution, dans le cadre de leurs échanges, d'utiliser les facultés qui sont offertes par l'article 18 du règlement [3].

322.299 **Sursis à l'exécution de la décision de confiscation.** L'article 21 du règlement (UE) 2018/1805 organise la possibilité pour l'autorité d'exécution de surseoir à la reconnaissance ou à l'exécution de la décision de confiscation.

Ces dispositions sont comparables à celles de l'article 10 du règlement applicable en matière de gel, sauf à relever que ce dernier texte permet à l'autorité d'exécution de surseoir seulement à l'exécution de la décision de gel [4].

Quatre cas sont distingués par le premier paragraphe de l'article 21 : l'autorité d'exécution peut surseoir à la reconnaissance ou à l'exécution d'une décision de confiscation lorsque son exécution risque de nuire à une enquête pénale en cours – auquel cas il peut être sursis à l'exécution de la décision de confiscation jusqu'au moment où l'autorité d'exé-

1. V. s^s n° 322.162.
2. V. s^s n° 321.294.
3. V. s^s n° 322.293.
4. V. s^s n° 321.295.

cution le juge raisonnable – (art. 21, § 1, a), elle estime, lorsque la décision de confiscation concerne une somme d'argent, qu'il existe un risque que le montant total provenant de l'exécution de cette décision de confiscation dépasse de manière considérable le montant précisé dans la décision de confiscation en raison de l'exécution simultanée de cette décision dans plusieurs États membres (art. 21, § 1, b), les biens font déjà l'objet d'une procédure de confiscation en cours dans l'État d'exécution (art. 21, § 1, c), ou une voie de recours a été exercée dans l'État d'exécution contre la reconnaissance et l'exécution de la décision de confiscation dans les conditions de l'article 33 du règlement (art. 21, § 1, d).

La portée de ces dispositions est cependant doublement limitée.

D'une part, leur mise en œuvre ne saurait compromettre la possibilité d'exécuter la décision de confiscation à l'issue de la période de sursis à statuer. Ainsi, le texte prévoit que l'autorité d'exécution est tenue de prendre, aussi longtemps que dure le sursis à l'exécution de la décision de confiscation, toutes les mesures qu'elle prendrait dans un cas similaire au niveau national pour éviter que le bien ne soit plus disponible aux fins de l'exécution de la décision de confiscation (art. 21, § 2), étant rappelé que l'autorité d'exécution tient de l'article 18, § 5, du règlement la faculté, lorsque l'autorité d'émission a émis une décision de confiscation mais n'a pas émis de décision de gel, de décider d'office du gel des biens concernés conformément à son droit national, en vue de l'exécution ultérieure de la décision de confiscation, sauf à informer l'autorité d'émission sans tarder et, si possible, avant de procéder au gel des biens concernés. En pareil cas, il y a donc lieu pour le tribunal correctionnel d'ordonner la saisie du bien en application de l'article 484-1 du Code de procédure pénale[1].

D'autre part, le sursis à l'exécution est par définition temporaire : dès que les motifs de sursis ont cessé d'exister, l'autorité d'exécution se trouve tenue de prendre sans tarder les mesures nécessaires à l'exécution de la décision de confiscation et d'en informer l'autorité d'émission par tout moyen permettant de laisser une trace écrite (art. 21, § 4).

Enfin, les conditions de fond du sursis à l'exécution des décisions de confiscation s'accompagnent de conditions procédurales, puisque, lorsqu'il est sursis à l'exécution, l'autorité d'exécution doit en informer l'autorité d'émission, sans tarder et par tout moyen permettant de laisser une trace écrite, en précisant les motifs de sursis et, si possible, sa durée escomptée (art. 21, § 3).

1. V. s^s n° 322.295.

322.300 Régime applicable en cas de décisions de confiscation multiples. Le règlement (UE) 2018/1805 envisage enfin, par des dispositions communes aux décisions de gel et de confiscation, la situation où l'État d'exécution se trouve destinataire de décisions de confiscations concurrentes émises par plusieurs États membres. Il sera donc renvoyé aux développements consacrés à ces dispositions en matière de gel[2].

2°
Décision-cadre 2006/783/JAI

322.311 Procédure préalable à la saisine du tribunal correctionnel. Dans le champ d'application de la décision-cadre 2006/783/JAI, préalablement à la saisine du tribunal correctionnel compétent pour statuer sur la demande de reconnaissance et d'exécution de la décision de confiscation, celle-ci et le certificat de confiscation sont transmis par l'autorité d'émission, selon les modalités de l'article 713-4 du Code de procédure pénale, au procureur de la République près le tribunal correctionnel territorialement compétent, directement ou par l'intermédiaire du procureur général[3].

Si le procureur de la République auquel la demande a été adressée n'est pas territorialement compétent, il appartient à ce magistrat de transmettre les pièces reçues au procureur de la République près la juridiction correctionnelle territorialement compétente, ainsi que d'en informer l'autorité d'émission[4].

322.312 Procédure devant tribunal correctionnel. Le tribunal correctionnel, qui doit statuer à la requête du procureur de la République sur l'exécution de la décision de confiscation, est saisi par ce magistrat, avec son avis, de la demande de reconnaissance et d'exécution[5].

Cette juridiction est alors tenue de statuer sans délai sur la demande[6].

La procédure devant le tribunal correctionnel est régie par l'article 713-16 du Code de procédure pénale : s'il l'estime utile, le tribunal peut entendre, le cas échéant sur commission rogatoire, le condamné, ainsi que toute personne ayant des droits sur les biens qui font l'objet de la décision de confiscation, lesquelles peuvent se faire représenter par un avocat. La procédure n'est donc pas nécessairement contradictoire.

Cette entorse aux règles du procès équitable s'explique par le fait que la procédure devant le tribunal

2. V. s^s n° 321.296.
3. C. pr. pén., art. 713-13, al. 1.
4. C. pr. pén., art. 713-13, al. 3.
5. C. pr. pén., art. 713-14.
6. C. pr. pén., art. 713-15.

correctionnel se tient à un stade où le bien confisqué ne se trouve pas nécessairement placé sous main de justice, en sorte qu'imposer le respect du principe du contradictoire serait de nature à priver d'effectivité la reconnaissance de la décision étrangère. Le caractère équitable de la procédure se trouve rétabli *a posteriori* par la reconnaissance aux intéressés d'un droit d'appel[1], alors que l'exécution de la confiscation se trouve garantie par le pouvoir reconnu au tribunal correctionnel de saisir le bien confisqué[2].

322.313 Sens de la décision du tribunal correctionnel. Au terme de cette procédure, il sera loisible au tribunal correctionnel d'autoriser l'exécution de la décision de confiscation, de refuser l'exécution en se fondant sur un motif obligatoire ou facultatif de non-reconnaissance ou de non-exécution, ou bien encore de surseoir à statuer, non sans pouvoir ordonner la saisie du bien en application de l'article 484-1 du Code de procédure pénale.

322.314 Principe de l'immutabilité de l'objet de la confiscation et exceptions. Lorsqu'il autorise l'exécution de la décision de confiscation, le tribunal correctionnel n'est en principe pas autorisé à modifier l'objet de cette mesure.

Le premier alinéa de l'article 713-24 du Code de procédure pénale dispose en effet que le tribunal ne peut en principe « ni appliquer des mesures qui se substitueraient à la décision de confiscation, ni modifier la nature du bien confisqué ou le montant faisant l'objet de la décision de confiscation ».

Le principe de l'immutabilité n'est cependant pas absolu, l'article 713-24 du Code de procédure pénale lui apportant plusieurs dérogations.

D'une part, l'article 713-24 autorise le tribunal correctionnel à convertir la confiscation d'un bien déterminé en l'obligation de payer une somme d'argent, tout comme l'inverse. Ce texte énonce en effet que « lorsque l'autorité compétente de l'État d'émission y consent, le tribunal correctionnel peut ordonner le paiement d'une somme d'argent correspondant à la valeur du bien en remplacement de la confiscation de celui-ci », tout comme, inversement, « lorsque la décision de confiscation porte sur une somme d'argent qui ne peut être recouvrée, le tribunal correctionnel peut ordonner la confiscation de tout autre bien disponible dans la limite du montant de cette somme d'argent »[3]. L'on relèvera que le consentement de l'autorité d'émission est requis dans le premier cas ; il ne l'est pas dans le second. Plus fondamentalement, force est de constater que le législateur a institué, en matière d'entraide judiciaire internationale aux fins de confiscation pénale, un mécanisme de substitution qui n'a pas d'équivalent dans les affaires internes où il pourrait cependant présenter une certaine utilité.

D'autre part, en cas de confiscation consistant en une condamnation pécuniaire, lorsque l'intéressé est en mesure de fournir la preuve de la confiscation, totale ou partielle, dans un autre État, le tribunal correctionnel, après consultation de l'autorité d'émission, déduit intégralement du montant qui doit être confisqué en France toute fraction déjà recouvrée dans cet autre État en application de la décision de confiscation[4].

322.315 Conversion de la somme d'argent confisquée. Par ailleurs, l'article 713-23 du Code de procédure pénale dispose que lorsque la décision de confiscation porte sur une somme d'argent exprimée en devises, le tribunal correctionnel convertit le montant à confisquer en euros au taux de change en vigueur à la date à laquelle la décision de confiscation a été prononcée.

Il semble cependant que cette faculté ne s'applique qu'en cas de confiscation en valeur consistant en une condamnation pécuniaire. Dans ce cas, en effet, l'autorisation d'exécution de la décision de confiscation va consister, en pratique, à autoriser le comptable public à recouvrer la somme due sur les biens dont le condamné est propriétaire sur le territoire national[5]. La conversion de la somme due en euros paraît alors nécessaire.

En revanche, en cas de confiscation d'une somme d'argent déterminée figurant sur un compte bancaire en devises dont le condamné est titulaire en France, aucune conversion ne semble requise.

322.316 Résolution des concours de décisions de confiscation. Les situations de concours de décisions de confiscation portant, en nature ou en valeur, sur un même bien, ou sur la même condamnation pécuniaire, à titre de confiscation en valeur, sans que le condamné ne dispose en France de biens suffisants pour que toutes les décisions puissent être exécutées, doivent être résolues par application des règles contenues à l'article 713-28 du Code de procédure pénale.

En effet, en pareil cas, le tribunal correctionnel est tenu de déterminer la ou les décisions de confiscation à exécuter en tenant compte de toutes les circonstances, dont l'existence éventuelle de mesures de gel concernant ces biens dans l'affaire, la gravité relative et le lieu de commission des infractions, ainsi que les dates auxquelles les différentes décisions ont été rendues et transmises.

1. V. s[s] n° 322.381.
2. V. s[s] n° 322.317.
3. C. pr. pén., art. 713-24, al. 3 et 4.
4. C. pr. pén., art. 713-24, al. 2.
5. V. s[s] n° 126.42.

Il appartient ensuite au procureur de la République d'informer de cette décision les autorités compétentes du ou des États d'émission par tout moyen laissant une trace écrite.

322.317 **Décision de saisie.** Selon l'article 713-27 du Code de procédure pénale, il est de surcroît loisible au tribunal correctionnel d'ordonner la saisie des biens objet de la décision de confiscation dont l'exécution est autorisée, selon les modalités de l'article 484-1 du même code, qui est le texte permettant à la juridiction correctionnelle, dans les affaires internes, d'ordonner le placement sous main de justice des biens dont cette juridiction a ordonné la confiscation, afin de garantir l'exécution de cette peine[1].

La rédaction de l'article 713-27 est cependant difficultueuse. En effet, ce texte dispose que le tribunal correctionnel, sur requête du procureur de la République, et selon les modalités de l'article 484-1, peut ordonner la saisie des biens « lorsqu'un recours est formé contre la décision autorisant l'exécution de la confiscation ou lorsque l'exécution d'une décision de confiscation est différée par le ministère public ».

L'on comprend que le souci du législateur était d'éviter la dissipation du bien dont l'exécution de la confiscation a été autorisée. Cependant, pour que la faculté offerte au tribunal correctionnel, en effet utile, soit efficace, il eut fallu permettre à cette juridiction d'ordonner la saisie des biens concernés en même temps qu'elle autorisait l'exécution de la confiscation. Sans doute le texte devrait-il, pour avoir un effet utile, être interprété en ce sens. C'est d'ailleurs ce que prévoit le règlement (UE) 2018/1805[2].

322.318 **Sursis à statuer.** Dans les conditions des articles 713-17 et 713-18 du Code de procédure pénale, le tribunal correctionnel peut par ailleurs surseoir à statuer sur la demande de l'autorité d'émission.

Cette faculté est offerte au tribunal correctionnel dans trois cas : lorsqu'il juge nécessaire la traduction de la décision, ou lorsque le bien fait déjà l'objet soit d'une mesure de saisie ou de gel, soit d'une décision de confiscation définitive dans le cadre d'une autre procédure.

Procéduralement, en cas de sursis à statuer, il appartient au procureur de la République d'informer l'autorité d'émission sans délai, par tout moyen laissant une trace écrite, en précisant les motifs et, si possible, la durée du sursis à statuer.

1. V. s[s] n° 131.121.
2. V. s[s] n° 322.295.

Au reste, pour éviter la dissipation du bien, le tribunal peut ordonner la saisie des biens objet de la décision de confiscation selon les modalités de l'article 484-1 du Code de procédure pénale précité[3].

Par définition, le sursis à statuer est temporaire, de sorte que, dès que le motif de cette mesure n'existe plus, le tribunal correctionnel statue sur l'exécution de la décision de confiscation, le procureur de la République devant alors en informer l'autorité d'émission par tout moyen laissant une trace écrite.

322.319 **Refus d'exécution.** Le tribunal correctionnel peut refuser l'exécution en se fondant sur l'un des motifs, obligatoires ou facultatifs, de reconnaissance et d'exécution[4].

Il s'ajoute cependant à ces motifs de fond des conditions procédurales.

D'une part, selon l'article 713-19 du Code de procédure pénale, lorsque le tribunal envisage de refuser l'exécution d'une décision de confiscation en se fondant sur un motif facultatif de non-reconnaissance ou de non-exécution[5], ou l'un des motifs visés au 1°, 3° et 7° de l'article 713-20 du même code, il en avise, avant de statuer, l'autorité d'émission, et la met à même de produire ses observations. Rappelons que ces trois textes permettent de refuser l'exécution si le certificat n'est pas produit, s'il est établi de manière incomplète ou s'il ne correspond manifestement pas à la décision de confiscation (1°), si la décision de confiscation se fonde sur des infractions pour lesquelles la personne à l'encontre de laquelle la décision a été rendue a déjà été jugée définitivement par les autorités judiciaires françaises ou par celles d'un État autre que l'État d'émission, à condition, en cas de condamnation, que la peine ait été exécutée, soit en cours d'exécution ou ne puisse plus être mise à exécution selon les lois de l'État de condamnation (principe *non bis in idem*) (3°), ou enfin si, selon les indications portées dans le certificat, l'intéressé n'a pas comparu en personne lors du procès à l'issue duquel la confiscation a été prononcée sauf si, selon ces indications, il se trouve dans l'un des cas prévus au 1° à 3° de l'article 695-22-1 du Code de procédure pénale (décision de confiscation rendue par défaut) (7°).

D'autre part, la décision de refus d'exécution doit être motivée et notifiée sans délai à l'autorité d'émission par tout moyen laissant une trace écrite[6].

3. V. s[s] n° 322.317.
4. V. s[s] n° 322.172.
5. C. pr. pén., art. 713-22.
6. C. pr. pén., art. 713-25.

322.320 Exécution de la décision par le procureur de la République. L'exécution proprement dite de la décision de confiscation, autorisée par le tribunal correctionnel, relève, comme dans les affaires internes, de la seule compétence du ministère public[1]. L'article 713-30 du Code de procédure pénale dispose en effet que « le ministère public près la juridiction ayant statué poursuit l'exécution de la décision d'autorisation de confiscation lorsque celle-ci est définitive selon les modalités prévues à l'article 707 et informe l'autorité compétente de l'État d'émission par tout moyen laissant une trace écrite de la mise à exécution de la décision ».

322.321 Impossibilité d'exécution. Indépendamment du cas où se trouve caractérisé un motif obligatoire ou facultatif de refus de reconnaissance et d'exécution, l'article 713-26 du Code de procédure pénale envisage les situations où certaines circonstances de droit ou de fait vont rendre impossible l'exécution de la mesure.

Le second alinéa de ce texte dispose en effet que, « lorsque le bien mentionné dans la décision de confiscation a déjà été confisqué, a disparu, a été détruit ou ne peut être retrouvé à l'endroit indiqué dans le certificat ou lorsque le montant ne peut être recouvré et que la personne ne dispose d'aucun bien sûr le territoire de la République, le procureur de la République informe l'autorité compétente de l'État d'émission de l'impossibilité d'exécuter la décision par tout moyen laissant une trace écrite », tandis que le premier alinéa précise que « lorsque l'endroit où se trouve le bien n'a pas été indiqué de manière assez précise dans le certificat, le procureur de la République consulte l'autorité compétente de l'État d'émission ».

On observera d'abord que ces deux alinéas doivent être combinés, comme signifiant notamment que, s'il peut être opposé à l'autorité d'émission l'impossibilité d'exécuter la décision de confiscation au motif que le bien confisqué ne peut être retrouvé à l'endroit indiqué dans le certificat, c'est à la condition que le procureur de la République ait préalablement consulté l'autorité d'émission à ce propos. Cette interprétation se déduit en effet du fait que le législateur a transposé à l'article 713-26 du Code de procédure pénale les dispositions du dernier paragraphe de l'article 8 de la décision-cadre 2006/783/JAI énonçant notamment que l'autorité d'exécution informe l'autorité d'émission de l'impossibilité d'exécuter la décision de confiscation lorsque « le bien à confisquer [...] ne peut être retrouvé à l'endroit indiqué dans le certificat ou parce que l'endroit où se trouve le bien n'a pas été indiqué d'une manière suffisamment précise, même après consultation de l'État d'émission ».

Par ailleurs, il semble que la faculté d'invoquer l'impossibilité d'exécution de la décision de confiscation a été organisée au stade de l'exécution *stricto sensu* de celle-ci, et relève donc de la compétence du procureur de la République, et non lors de la phase d'appréciation des conditions de la reconnaissance et de l'exécution de la décision relevant de la compétence du tribunal correctionnel. C'est en conséquence après que l'autorisation d'exécution a été accordée par le juge répressif qu'il peut y avoir lieu pour le procureur de la République d'informer l'autorité d'émission de l'impossibilité dans laquelle il se trouve d'exécuter effectivement la mesure.

322.322 Exécution différée. Il est par ailleurs loisible au procureur de la République de différer l'exécution de la décision de confiscation dans l'un des cas prévus par l'article 713-31 du Code de procédure pénale, soit que la confiscation porte sur une somme d'argent et que le montant recouvré risque d'être supérieur au montant spécifié dans la décision en raison de l'exécution de celle-ci dans plusieurs États[2], soit que l'exécution de la décision risque de nuire à une enquête ou une procédure pénale en cours[3]. Le premier de ces motifs tient à la seule existence d'un *risque* que le montant recouvré soit supérieur au montant spécifié dans la décision de confiscation. Une fois que le ministère public est informé du montant recouvré dans d'autres États, la difficulté ne se règle plus par l'application des dispositions de l'article 713-31 du Code de procédure pénale, mais par celles de l'article 713-33 du même code[4].

Cette faculté est cependant soumise à des conditions procédurales : le ministère public est tenu d'informer l'autorité d'exécution sans délai par tout moyen laissant une trace écrite, en lui précisant les motifs du report de l'exécution et, si possible, de sa durée prévisible[5].

Par ailleurs, dès que le motif de report n'existe plus, le ministère public est tenu d'exécuter la décision de confiscation et d'en informer l'autorité d'émission selon les mêmes formes[6].

« Lorsque l'exécution d'une décision de confiscation est différée », il a été prévu, pour garantir l'exécution de la décision, que le ministère public peut saisir le tribunal d'une requête tendant à la saisie du bien objet de la mesure selon les modalités de l'article 484-1 du Code de procédure pénale[7].

1. V. s^s^ n° 132.21.

2. C. pr. pén., art. 713-31, al. 1, 1°.
3. C. pr. pén., art. 713-31, al. 1, 2°.
4. V. s^s^ n° 322.323.
5. C. pr. pén., art. 713-31, al. 2.
6. C. pr. pén., art. 713-31, al. 3.
7. V. s^s^ n° 322.317.

322.323 Diminution du montant de la somme d'argent à recouvrer. Nonobstant la décision juridictionnelle autorisant l'exécution de la décision de confiscation, le procureur de la République est compétent pour diminuer le montant de la somme d'argent à recouvrer. L'article 713-33 du Code de procédure pénale dispose en effet que « lorsque la personne à l'encontre de laquelle la décision a été rendue est en mesure de justifier de l'exécution, totale ou partielle, de la confiscation dans un autre État, le ministère public consulte l'autorité compétente de l'État d'émission par tous les moyens appropriés » et « toute partie du montant recouvré en application de la décision de confiscation dans un autre État est déduite intégralement du montant qui doit être recouvré ».

Ces dispositions constituent la transposition, au stade de l'exécution de la décision de confiscation, de celles, comparables, s'appliquant devant le tribunal correctionnel au moment de l'autorisation de l'exécution de cette mesure[1]. Il est vrai que la déclinaison de cette règle à ce stade de la procédure était inévitable puisque, lorsque l'exécution de la décision de confiscation consistant en une condamnation pécuniaire a été sollicitée de la part de plusieurs États membres, il est possible que ce ne soit que postérieurement à la décision du tribunal correctionnel d'autoriser l'exécution de la mesure qu'un autre État membre soit parvenu à recouvrer tout ou partie du montant de la somme d'argent au paiement de laquelle l'auteur de l'infraction poursuivie a été condamné.

322.324 Abandon de l'exécution. Enfin, il est prévu que, postérieurement à la décision du tribunal correctionnel autorisant l'exécution de la décision de confiscation, le procureur de la République puisse être tenu de renoncer à l'exécution de la mesure en raison d'un changement de situation soit dans l'ordre juridique interne de l'État d'émission, soit dans l'ordre juridique français.

Ainsi, en application de l'article 713-34 du Code de procédure pénale, le ministère public est tenu de mettre fin à l'exécution de la décision de confiscation « dès qu'il est informé de toute décision ou mesure qui a pour effet de retirer à la décision son caractère exécutoire ou de soustraire l'exécution de la décision aux autorités judiciaires françaises ». L'origine de l'abandon de l'exécution est ici à rechercher dans l'ordre juridique de l'État d'émission, ce qui explique qu'il ne soit pas prévu que le ministère public doive informer l'autorité d'émission.

Par ailleurs, selon l'article 713-35 du Code de procédure pénale, et même si l'hypothèse est sans doute un peu théorique – le législateur français s'étant en réalité borné à transposer les dispositions de l'article 13 de la décision-cadre 2006/783/JAI –, le ministère public doit aussi mettre fin à l'exécution de la décision de confiscation « lorsque la décision est amnistiée par la loi française ou fait l'objet d'une grâce accordée en France ». L'origine de l'abandon de l'exécution est interne à l'ordre juridique français, de sorte que le ministère public doit cette fois informer l'autorité d'émission dans les meilleurs délais par tout moyen laissant une trace écrite.

§ 4
Recours contre l'exécution des décisions de confiscation

322.330 Plan. Les règles gouvernant le recours contre l'exécution des décisions de confiscation diffèrent en partie selon que s'applique le règlement (UE) 2018/1805 (A) ou la décision-cadre 2006/783/JAI (B).

A.
Règlement (UE) 2018/1805

322.340 Plan. La question du recours contre l'exécution des décisions de confiscation se pose en des termes distincts selon qu'il s'agit de contester l'exécution par l'autorité judiciaire française d'une décision de confiscation étrangère (1°) ou bien l'inverse (2°).

1°
Recours contre l'exécution des décisions de confiscation par l'autorité judiciaire française

322.351 Principe du droit au recours des personnes concernées. Par des dispositions communes aux décisions de gel et de confiscation, les articles 32 et 33 du règlement (UE) 2018/1805 organisent le droit des personnes concernées d'être informées de la décision de reconnaissance et d'exécution de la décision de confiscation, ainsi que d'exercer un recours contre cette décision, ces personnes étant celles, physiques ou morales, à l'encontre desquelles la décision de confiscation a été émise, ainsi que de celles, physiques ou morales, propriétaires des biens faisant l'objet de la décision, ainsi que tous tiers dont les droits afférents à ces biens sont directement lésés par la décision conformément au droit de l'État d'exécution (art. 2, § 10).

322.352 Mise en œuvre du droit à l'information des personnes concernées. Le droit à l'information en matière de confiscations diffère de celui reconnu en matière gel.

Sans doute le contenu de l'information est-il le même dans l'un et l'autre cas : doivent être commu-

1. C. pr. pén., art. 713-24, al. 2.

niqués aux personnes concernées le nom de l'autorité d'émission et les voies de recours disponibles en vertu du droit de l'État d'exécution, et indiquées, au moins brièvement, les raisons justifiant la décision (art. 32, § 2). S'il y a lieu, l'autorité d'exécution peut demander l'assistance de l'autorité d'émission aux fins d'information des intéressés (art. 32, § 3).

Il reste que le moment de la mise en œuvre du droit à l'information diffère selon que l'entraide intervient aux fins d'exécution d'une décision de gel ou de confiscation. En matière de gel, l'information doit intervenir « à la suite de l'exécution » de la décision (art. 32, § 1), quand, dans le domaine des confiscations, celle-ci doit avoir lieu « à la suite de la décision de reconnaître et d'exécuter » la décision, c'est-à-dire avant l'exécution de celle-ci.

Cette règle pose le problème de la garantie de l'effectivité de l'exécution de la décision de confiscation, lorsque le bien n'est pas sous main de justice par suite de l'exécution d'une décision de gel, puisqu'il existe un risque de dissipation du bien confisqué dès l'instant où l'information prévue par le règlement a été donnée aux personnes concernées.

Il convient donc, en pareil cas, que l'autorité d'exécution exerce le pouvoir qu'elle tient de l'article 18, § 5, du règlement, de décider d'office du gel du bien concerné en vue de l'exécution de la décision de confiscation [1].

On observera que, bien que cette question ait été discutée par les États membres au sein du Conseil [2], l'étendue du droit à l'information ne diffère nullement suivant le type de personne concernée : personne à l'encontre de laquelle la décision de confiscation a été émise, propriétaire du bien faisant l'objet de cette décision, tiers dont les droits afférents au bien sont directement lésés par celle-ci.

322.353 **Mise en œuvre du droit au recours.** L'information des personnes concernées s'accompagne de la reconnaissance à ces dernières du droit d'exercer un recours dans l'État d'exécution contre la décision relative à la reconnaissance et l'exécution de la décision de confiscation, dans les conditions prévues par le droit interne de l'État d'exécution.

Seule cependant peut être contestée dans l'État d'exécution la décision de reconnaissance et d'exécution de la décision de confiscation, et non cette dernière qui devait être attaquée devant les seules juridictions de l'État d'émission avant d'acquérir un caractère définitif. Cette règle ressort de l'article 33, § 4, du règlement (UE) 2018/1805, selon lequel cet article, qui organise le recours contre la décision de reconnaissance et d'exécution dans l'État d'exécution, « s'entend sans préjudice de l'application, dans l'État d'émission, de garanties et de recours conformément à l'article 8 de la directive 2014/42/UE ».

322.354 **Étendue du contrôle.** Le contrôle exercé par les juridictions de l'État d'exécution de la décision de reconnaissance et d'exécution est comparable à celui prévu en matière de gel. En effet, ce contrôle est restreint, l'article 33, § 2, du règlement (UE) 2018/1805 disposant que « les raisons de fond qui ont conduit à l'émission de [...] la décision de confiscation ne peuvent être contestées devant une juridiction de l'État d'exécution ».

Cette règle correspond au principe jurisprudentiel applicable en droit commun de l'entraide judiciaire internationale aux fins de confiscation, selon lequel le bien-fondé de la mesure échappe au contrôle du juge répressif français [3].

Seules pourront être discutées devant les juridictions de l'État d'exécution les conditions de fond et de forme de la reconnaissance et de l'exécution de la décision de confiscation telles qu'elles sont prévues par le règlement.

322.355 **Modalités du recours contre la décision du tribunal correctionnel.** Le recours contre la décision du tribunal correctionnel est organisé à l'article 713-35-2 du Code de procédure pénale par renvoi aux dispositions de l'article 713-29 du même code applicable dans le champ d'application de la décision-cadre 2006/783/JAI. Il sera renvoyé à l'étude de ces dispositions [4].

2°
Recours contre l'exécution des décisions de confiscation par les autorités judiciaires étrangères

322.361 **Recours devant les juridictions de l'État d'exécution.** À la suite de la reconnaissance et de l'exécution, par les autorités étrangères, d'une décision de confiscation rendue par les juridictions françaises, le recours contre la décision de reconnaissance et d'exécution devra être porté devant les juridictions étrangères conformément au règlement (UE) 2018/1805 et aux modalités de la loi étrangère, à l'instar de ce qu'il en est en matière de gel.

1. V. s[s] n° 322.295.
2. Conseil, *Proposal for a Regulation of the European Parliament and of the Council on the mutual recognition of freezing and confiscation orders – Revised text following the Working Party on 28-29 September and the (JHA) Council on 12 October 2017*, 18 oct. 2017, 12923/17, p. 2.
3. V. s[s] n° 312.222.
4. V. s[s] n° 322.381.

En revanche, contrairement à ce qu'il en est en ce domaine, la question du recours contre la décision de confiscation, dont l'appréciation du bien-fondé échappe à la compétence des juridictions étrangères, ne se pose pas, dès lors que la reconnaissance et l'exécution de celle-ci a pour condition qu'elle présente un caractère définitif qui implique qu'elle ne soit plus susceptible de recours : au stade de la reconnaissance et de l'exécution de la décision de confiscation française par les autorités judiciaires étrangères, les recours, devant les juridictions françaises, ont par hypothèse déjà été exercés ou sont insusceptibles de l'être.

B.
Décision-cadre 2006/783/JAI

322.370 **Plan.** La question du recours contre l'exécution des décisions de confiscation se pose en des termes distincts selon qu'il s'agit de contester l'exécution par l'autorité judiciaire française d'une décision de confiscation étrangère (1°) ou bien l'inverse (2°).

1°
Recours contre l'exécution des décisions de confiscation par l'autorité judiciaire française

322.381 **Droit d'appel.** L'article 713-29 du Code de procédure pénale reconnaît aux personnes concernées le droit d'interjeter appel des décisions autorisant en France l'exécution des décisions de confiscation prises par les juridictions des États membres de l'Union européenne.

322.382 **Recevabilité du droit d'appel.** Ce droit est reconnu au condamné, à la personne qui détient le bien objet de la décision de confiscation et à toute autre personne qui prétend avoir un droit sur ce bien[1].

322.383 **Modalités du droit d'appel.** L'appel doit être interjeté par voie de requête remise au greffe de la chambre des appels correctionnels territorialement compétente dans les dix jours à compter de la date de mise à exécution de la décision du tribunal correctionnel[2].

Le choix d'un tel point de départ du délai d'appel paraît cependant particulièrement peu sécurisant juridiquement, en sorte qu'il semble nécessaire que la décision du tribunal correctionnel de reconnaître et d'exécuter la décision de confiscation soit notifiée aux titulaires du droit d'appel. La jurisprudence de la chambre criminelle est d'ailleurs en ce sens en matière de gel[3].

1. C. pr. pén., art. 713-29, al. 1 et 2.
2. C. pr. pén., art. 713-29, al. 2.

322.384 **Information de l'autorité d'émission.** En cas de recours contre le jugement autorisant l'exécution de la décision de confiscation, le procureur général informe par tout moyen laissant une trace écrite l'autorité d'émission[4].

322.385 **Caractère suspensif du recours.** L'article 713-29, alinéa 4, du Code de procédure pénale dispose que le recours présente un caractère suspensif, ce qui est donc *a fortiori* le cas du délai d'appel, de façon cohérente avec les dispositions de l'article 713-30 du même code, selon lesquelles le ministère public ne poursuit l'exécution de la confiscation que lorsque la décision présente un caractère définitif.

Ces dispositions sont difficultueuses, puisqu'elles exposent à ce que les personnes concernées utilisent le délai et la durée de l'instance d'appel pour dissiper le bien objet de la décision de confiscation lorsque celui-ci n'a pas été préalablement placé sous main de justice au moyen de l'exécution d'une décision de gel. Dans une telle situation, il apparaît ainsi souhaitable que le tribunal correctionnel, en reconnaissant la décision de confiscation et en autorisant son exécution, ordonne la saisie du bien confisqué en application de l'article 484-1 du Code de procédure pénale, à condition que l'article 713-27 du Code de procédure pénale soit interprété comme le permettant[5].

322.386 **Procédure devant la cour d'appel.** Les adaptations apportées à la procédure qui doit être suivie devant la chambre des appels correctionnels de la cour d'appel sont décrites par le dernier alinéa de l'article 713-29 du Code de procédure pénale.

En effet, la cour d'appel peut, par une décision insusceptible de recours, autoriser l'État d'émission à intervenir à l'audience par l'intermédiaire d'une personne habilitée par ledit État à cet effet ou, le cas échéant, directement par l'intermédiaire des moyens de télécommunications prévus à l'article 706-71 du Code de procédure pénale, sans cependant que cet État n'acquière de cette façon le statut de partie à la procédure. Cette précision pourrait avoir pour conséquence, comme en matière d'extradition, que l'État d'émission est en conséquence irrecevable à déposer un mémoire devant la chambre de l'instruction, l'article 696-16 du Code de procédure pénale prévoyant en effet de manière similaire en cette matière que « lorsque l'État requérant est autorisé à intervenir, il ne devient pas partie à la procédure »[6].

3. V. s^{s} n° 321.364.
4. C. pr. pén., art. 713-29, al. 3.
5. V. s^{s} n° 322.317.
6. Crim. 9 avr. 2014, n° 14-80.436, P, n° 110 ; *D.* 2014. 982.

322.387 **Étendue du contrôle.** Il appartient à la cour d'appel, à l'instar du tribunal correctionnel, de contrôler que les conditions de fond de la reconnaissance et de l'exécution de la décision de confiscation se trouvent réunies, et que la procédure ayant donné lieu à la décision des premiers juges a été régulière, ce qui revient à exclure que la cour d'appel puisse porter une appréciation quelconque sur la décision de confiscation étrangère dont l'exécution a été autorisée par le jugement attaqué.

Il est en effet exclu que puisse être remise en cause par la cour d'appel la décision de confiscation, en ce qu'elle relève d'un ordre juridique étranger. L'article 713-29, alinéa 4, du Code de procédure pénale l'énonce d'ailleurs, quoi que curieusement et incomplètement, lorsqu'il dispose que « le recours est suspensif *mais* ne permet pas de contester les raisons substantielles qui ont conduit au prononcé de la décision de confiscation » : il est curieux d'avoir lié l'énonciation du caractère suspensif de l'acte d'appel et la question de l'étendue du contrôle de la cour d'appel, alors que ces questions sont absolument distinctes ; il est incomplet d'avoir énoncé que ne pouvaient être discutées devant la cour d'appel « les raisons substantielles » qui ont conduit au prononcé de la décision de confiscation, alors qu'il eut été plus exact – et surtout plus clair –, d'énoncer que la cour d'appel n'a pas compétence pour apprécier le bien-fondé et la régularité de la décision étrangère de confiscation. Telle est d'ailleurs le principe qui s'applique dans le droit commun de l'entraide judiciaire internationale aux fins de confiscation, et en matière d'entraide judiciaire aux fins de saisie entre les États membres de l'Union européenne[1].

La cour d'appel est en revanche tenue, comme le tribunal correctionnel, de contrôler « la régularité de la demande »[2], c'est-à-dire la régularité du certificat de gel transmis par l'autorité judiciaire étrangère. C'est d'ailleurs ce qu'a jugé la chambre criminelle sur le fondement des dispositions voisines de l'article 695-9-13 du Code de procédure pénale applicable en matière de gel[3].

2°
Recours contre l'exécution des décisions de confiscation par les autorités judiciaires étrangères

322.391 **Recours devant les juridictions de l'État d'exécution.** Le droit interne ne prévoit pas de recours à l'encontre des décisions des autorités étrangères d'exécuter les décisions de confiscation des juridictions françaises.

Ces décisions, qui relèvent d'un ordre public étranger, doivent être contestées devant les juridictions de l'État d'exécution, en application des dispositions étrangères de transposition de la décision-cadre 2006/783/JAI. L'article 9, § 1, de ce texte, dispose en effet, à propos des voies de recours à l'encontre de la décision de reconnaissance et d'exécution de la décision de confiscation : « L'action est engagée devant un tribunal de l'État d'exécution conformément à la législation de cet État. »

Par ailleurs, la question du recours contre la décision de confiscation elle-même ne se pose pas, dès lors que l'exécution de celle-ci, par les autorités étrangères, a pour condition que cette décision présente un caractère définitif. C'est parce que la décision de confiscation est devenue définitive qu'elle a pu être reconnue et exécutée par les autorités étrangères.

§ 5
Devenir des biens confisqués

322.400 **Plan.** Le devenir des biens confisqués diffère selon que s'applique le règlement (UE) 2018/1805 (A) ou la décision-cadre 2006/783/JAI (B).

A.
Règlement (UE) 2018/1805

322.411 **Gestion des biens confisqués.** La gestion des biens confisqués obéit aux dispositions de l'article 28 du règlement (UE) 2018/1805 qui sont communes aux décisions de gel et de confiscation.

Le principe est que la gestion des biens confisqués, tout comme celle des biens gelés, est régie par le droit de l'État d'exécution (art. 28, § 1). Il sera pour le surplus renvoyé aux développements relatifs à la gestion des biens gelés[4].

Au reste, l'État d'exécution est tenu de prévenir la dépréciation des biens confisqués, de sorte qu'il lui est loisible de vendre ou de transférer ces biens conformément à l'article 10 de la directive 2014/42/UE du 3 avril 2014, hors le cas où ces biens constituent des biens culturels au sens de l'article 2, point 1, de la directive 2014/60/UE du Parlement européen et du Conseil *relative à la restitution de biens culturels ayant quitté illicitement le territoire d'un État membre et modifiant le règlement (UE)*

1. V. s[s] n° 312.222.
2. C. pr. pén., art. 713-15.
3. V. s[s] n° 321.367.
4. V. s[s] n° 321.391.

n° 1024/2012[1]. À cet égard, le règlement est sans incidence sur l'obligation de restituer les biens culturels en vertu de cette directive (art. 28, § 2 et § 4).

322.412 Disposition des biens confisqués. À l'instar des conventions internationales fixant le droit commun de l'entraide judiciaire internationale aux fins de confiscation pénale[2], l'article 30 du règlement (UE) 2018/1805 règle la question toujours délicate de la disposition des biens confisqués. Les discussions entre le Conseil, le Parlement et la Commission ont d'ailleurs été intenses à ce propos[3].

Il ressort de ce texte, à s'en tenir à l'essentiel, un principe et une distinction : les biens confisqués doivent être en priorité affectés au désintéressement de la victime par les États d'émission et d'exécution en application de règles distinctes selon que la confiscation a pour objet une somme d'argent ou un bien d'une autre nature.

L'essentiel de l'article 30 a en effet pour objet le désintéressement de la victime au moyen des biens confisqués. Ces dispositions rejoignent d'ailleurs, à certains égards, le droit interne, si l'on rappelle que, d'une part, les biens qui sont le produit de l'infraction ne sont pas confiscables lorsqu'ils sont restituables à la victime[4], d'autre part, le législateur a organisé à l'article 706-164 du Code de procédure pénale la possibilité pour la victime d'obtenir le paiement des dommages et intérêts sur les biens confisqués[5].

En effet, les biens confisqués serviront au désintéressement de la victime, soit directement en la forme de leur restitution à celle-ci en nature ou en valeur, soit indirectement en la forme de l'indemnisation de celle-ci au moyen de leur valeur liquidative.

Ainsi, lorsque l'autorité d'exécution a été informée d'une décision de restitution à la victime, elle est tenue de prendre les mesures nécessaires pour garantir que, lorsque les biens concernés ont été confisqués, ils soient restitués à la victime dans les plus brefs délais, au besoin par l'intermédiaire de l'État d'émission (art. 30, § 2). À défaut, lorsque la restitution à la victime s'avère impossible, mais qu'une somme d'argent a été obtenue du fait de l'exécution d'une décision de confiscation concernant ces biens, le montant correspondant est transféré à la victime aux fins de restitution, au besoin par l'intermédiaire de l'État démission (art. 30, § 3). Dans les deux cas, l'autorité d'exécution est tenue d'informer l'autorité d'émission lorsque les biens sont transférés directement à la victime.

Si la victime n'a pas bénéficié, dans l'État d'émission, d'une décision de restitution du bien concerné, mais d'une décision d'indemnisation, l'intéressée bénéficiera néanmoins, quoi qu'indirectement, de l'exécution de la décision de confiscation. En effet, lorsque l'autorité d'exécution a été informée d'une décision d'indemnisation de la victime, et qu'une somme d'argent a été obtenue du fait de l'exécution d'une décision de confiscation, le montant correspondant, dans la mesure où il n'excède pas celui indiqué dans le certificat, doit être transféré à la victime aux fins de son indemnisation, au besoin par l'intermédiaire de l'État d'émission (art. 30, § 4). Comme précédemment, l'autorité d'exécution doit informer l'autorité d'exécution lorsque la somme d'argent est transférée directement à la victime.

Du reste, le règlement contient des dispositions destinées à assurer l'effectivité de ces règles. D'une part, il prévoit que, lorsqu'une décision de restitution à la victime des biens confisqués ou une décision d'indemnisation a été rendue dans l'État d'émission, l'autorité d'émission doit inscrire les informations relatives à cette décision dans le certificat de confiscation ou communiquer ces informations à un stade ultérieur (art. 30, § 1). D'autre part, dans l'hypothèse où une procédure de restitution ou d'indemnisation serait en cours dans l'État d'émission, l'autorité d'émission doit aussi en informer l'autorité d'exécution afin que cette dernière s'abstienne de disposer des biens confisqués jusqu'à ce que les informations relatives à la décision de restitution ou d'indemnisation lui soient communiquées, et ce même lorsque la décision de confiscation a déjà été exécutée (art. 30, § 5).

Ce n'est qu'à défaut qu'il y a lieu pour l'État d'émission et l'État d'exécution de procéder au partage des biens confisqués, selon des règles distinguant entre le partage des sommes d'argent et celui des autres biens.

S'agissant des sommes d'argent, le règlement établit une distinction selon leur montant : hors le cas où les États concernés en ont décidé autrement, si le montant provenant de l'exécution de la décision de confiscation n'excède pas 10 000 euros, il revient à l'État d'exécution ; s'il excède cette somme,

1. Dir. 2014/60/UE, Parlement et Conseil, 15 mai 2014 *relative à la restitution de biens culturels ayant quitté illicitement le territoire d'un État membre et modifiant le règlement (UE) n° 1024/2012, JOUE* L 159, 28 mai, p. 1.
2. V. s^s^ n° 312.241.
3. Conseil, *Proposal for a Regulation of the European Parliament and of the Council on the mutual recognition of freezing and confiscation orders – Questions on a ground for non-recognition and on the management and disposal of frozen and confiscated property / costs*, 15 sept. 2017, 11970/17, p. 6 ; *Proposal for a Regulation of the European Parliament and of the Council on the mutual recognition of freezing and confiscation orders – Questions concerning the EP amendments and other issues related to the draft Regulation*, 5 févr. 2018, 5621/18, p. 6.
4. C. pén., art. 131-21, al. 3.
5. V. s^s^ n° 132.131.

50 % de ce montant sont transférés par l'État d'exécution à l'État d'émission (art. 30, § 7). Cette règle, qui figurait déjà dans la proposition de la Commission[1], est identique à celle appliquée dans le champ d'application de la décision-cadre 2006/783/JAI, alors qu'il avait été proposé par le Parlement de transférer non pas 50 %, mais 70 % du montant provenant de l'exécution à l'État d'émission[2]. C'est à la suite des négociations entre le Conseil, le Parlement et la Commission qu'a été retenue l'option de conserver la répartition prévue par la décision-cadre[3].

En ce qui concerne, en revanche, les biens autres que les sommes d'argent, le règlement prévoit quatre alternatives : les biens peuvent être vendus, auquel cas il est disposé du produit de la vente selon les règles qui précèdent, le bien ayant changé de nature (art. 30, § 6, a), les biens peuvent être transférés à l'État d'émission pour autant que, lorsque la décision de confiscation concerne une somme d'argent, l'autorité d'émission ait consenti au transfert des biens à l'État d'émission (art. 30, § 6, b), à défaut il peut être disposé des biens d'une autre manière conformément au droit de l'État d'exécution (art. 30, § 6, c), ou bien encore les biens peuvent être utilisés pour des objectifs sociaux ou d'intérêt général dans l'État d'exécution conformément à son droit, sous réserve du consentement de l'État d'émission (art. 30, § 6, c).

La deuxième alternative mérite à l'évidence certains éclaircissements. En effet, celle-ci correspond à l'hypothèse où, conformément à l'article 18, § 3, du règlement, alors que la confiscation en valeur consiste en une condamnation pécuniaire, l'autorité d'exécution et l'autorité d'émission sont convenues, parce que la première se trouve dans l'impossibilité d'obtenir le paiement de la somme, que la confiscation dans l'État d'exécution s'effectuera par la confiscation d'un bien quelconque qui est disponible à cette fin sur son territoire. L'exécution de la confiscation portant finalement sur un bien qui ne constitue pas une somme d'argent, il est logique que s'appliquent non pas les règles du paragraphe 7 prévues pour celles-ci, mais celles du paragraphe 6 relatives aux biens d'une autre nature, et que le transfert soit soumis à l'accord préalable de l'État d'émission, dès lors que la décision de confiscation ne portait pas sur le bien finalement confisqué.

322.413 **Charge des coûts d'exécution.** Le règlement (UE) 2018/1805 dissocie la question de la disposition des biens confisqués et celle de la charge du coût de l'exécution de la décision de confiscation.

Le principe est ainsi que chaque État supporte les frais résultant de l'application du règlement (art. 31, al. 1).

Ce n'est que dans l'hypothèse où l'exécution de la décision de confiscation engendrerait des frais élevés ou exceptionnels, qu'il serait loisible à l'autorité d'exécution de soumettre à l'autorité d'émission une proposition de partage des coûts, dans le but de parvenir à un accord à cet égard, le cas échéant avec le concours d'Eurojust (art. 31, al. 2 et 3).

322.414 **Concours de l'Agrasc.** Sur le fondement de l'article 706-160, alinéa 3, du Code de procédure pénale, l'Agrasc peut procéder à l'aliénation des biens confisqués et procéder à la répartition du produit de la vente en exécution de toute demande d'entraide ou de coopération émanant des autorités judiciaires étrangères, c'est-à-dire négocier les accords de partage des biens confisqués[4].

Ainsi, il est loisible au procureur de la République de saisir cette agence aux fins d'aliénation des biens confisqués lorsque ces biens présentent des spécificités telles que leur vente pourra être réalisée dans de meilleures conditions de cette façon que par le recours à l'administration chargée des domaines.

B. Décision-cadre 2006/783/JAI

322.421 **Disposition des biens confisqués et charge des coûts d'exécution.** Dans le champ d'application de la décision-cadre 2006/783/JAI, le devenir des biens confisqués varie selon leur nature : si les sommes d'argent confisquées et le produit de la vente des biens d'une autre nature sont partagés entre l'État d'émission et l'État français en fonction du montant recouvré, les biens confisqués, autres que les sommes d'argent, qui ne sont pas vendus, sont en principe dévolus à l'État français.

En effet, les sommes d'argent confisquées et le produit de la vente des biens confisqués sont dévolus

1. Commission, *Proposition de règlement du Parlement européen et du Conseil concernant la reconnaissance mutuelle des décisions de gel et de confiscation*, COM(2016) 819 final, art. 31.
2. Parlement, *Rapport sur la proposition de règlement du Parlement européen et du Conseil concernant la reconnaissance mutuelle des décisions de gel et de confiscation*, 12 janv. 2018, A8-0001/2018, p. 60.
3. Conseil, *Proposal for a Regulation of the European Parliament and of the Council on the mutual recognition of freezing and confiscation orders – Questions on a ground for non-recognition and on the management and disposal of frozen and confiscated property / costs*, 15 sept. 2017, 11970/17, p. 4 ; *Proposal for a Regulation of the European Parliament and of the Council on the mutual recognition of freezing and confiscation orders – Questions concerning the EP amendments and other issues related to the draft Regulation*, 15 févr. 2018, 5621/18, p. 7.

4. POUR DES ÉLÉMENTS STATISTIQUES : v. s[s] n° 312.244.

à l'État français lorsque le montant recouvré est inférieur à 10 000 euros, et dévolus pour moitié à l'État français et pour moitié à l'État d'émission dans les autres cas [1], étant précisé que les frais d'exécution de la décision de confiscation ne sont pas imputés sur le montant dévolu à l'État d'émission. Si des frais élevés ou exceptionnels ont dû être supportés par l'État français, peuvent en revanche être communiquées à l'État d'émission des indications détaillées sur ces frais afin d'en obtenir le partage [2].

En revanche, les biens confisqués qui ne sont pas vendus sont dévolus à l'État français, sauf accord contraire avec l'État d'émission [3].

Il se déduit de ce qui précède, comme l'énonce d'ailleurs formellement le premier alinéa de l'article 713-32 du Code de procédure pénale, que les biens confisqués en exécution de la décision de confiscation peuvent être vendus en application des règles du droit interne. Ainsi, les biens confisqués seront vendus soit par l'administration chargée des domaines, soit par l'Agrasc.

322.422 **Concours de l'Agrasc.** L'éventuel concours de l'Agrasc est identique, dans le champ d'application de la décision-cadre 2006/783/JAI que dans celui du règlement (UE) 2018/1805 [4].

1. C. pr. pén., art. 713-32, al. 2.
2. C. pr. pén., art. 713-32, al. 3.
3. C. pr. pén., art. 713-32, al. 4.
4. V. s^{s} n° 322.414.

LIVRE

4. ANNEXES

SECTION 0

ORIENTEUR

4.00 Sommaire des annexes.

Ann. 41 Conventionnalité des confiscations (chap. 113)

Ann. 42 Conventionnalité des saisies (chap. 213)

ANNEXE

41. Conventionnalité des confiscations (chap. 113)

41.11 **CEDH, *Handyside c/Royaume-Uni*, 7 déc. 1976, Req. n° 5493/72.**

* V. s[s] n° 113.12.

« 60. Le requérant allègue en second lieu la violation de l'article 1 du Protocole n° 1 (P1-1), ainsi libellé : [...]

61. Le grief concerne deux mesures distinctes : la saisie, les 31 mars et 1er avril 1971, de la matrice et de centaines d'exemplaires du Schoolbook, et leur confiscation puis leur destruction à la suite de l'arrêt du 29 octobre 1971. Elles ont l'une et l'autre porté atteinte au droit de M. Handyside "au respect de ses biens". Le Gouvernement ne le conteste pas ; en accord avec la majorité de la Commission, il soutient toutefois qu'elles puisent leur justification dans les exceptions dont l'article 1 du Protocole (P1-1) assortit le principe énoncé dans sa première phrase. [...]

63. La confiscation et la destruction du Schoolbook, elles, ont définitivement privé le requérant de la propriété de certains biens. Elles se trouvaient cependant autorisées par le second alinéa de l'article 1 du Protocole n° 1 (P1-1), interprété à la lumière du principe de droit, commun aux États contractants, en vertu duquel sont confisquées en vue de leur destruction les choses dont l'usage a été régulièrement jugé illicite et dangereux pour l'intérêt général. »

41.12 **CEDH, *Agosi c/Royaume-Uni*, 24 oct. 1986, Req. n° 9118/80.**

* V. s[s] n°s 113.12 et 113.61

« 47. La requérante ne se plaint pas de la saisie initiale des kruegerrands par les douanes, mais de leur confiscation et du refus ultérieur des inspecteurs de les lui restituer. Elle estime ces décisions contraires à l'article 1 du Protocole n° 1 (P1-1) à la Convention, ainsi libellé : [...]

Agosi prétend que la confiscation des pièces ne se justifiait pas au regard de cet article (P1-1) car elle en était le propriétaire légitime et n'avait commis aucun manquement ; les dispositions applicables du droit anglais ne lui auraient pas non plus donné la possibilité d'établir son innocence devant un tribunal.

A. Considérations générales

48. L'article 1 (P1-1) garantit en substance le droit de propriété (*Marckx*, 13 juin 1979, série A n° 31, p. 27-28, para. 63). Il contient "trois normes distinctes" : la première, qui s'exprime dans la première phrase du premier alinéa et revêt un caractère général, énonce le principe du respect de la propriété ; la deuxième, figurant dans la seconde phrase du même alinéa, vise la privation de propriété et la soumet à certaines conditions ; quant à la troisième, consignée dans le second alinéa, elle reconnaît aux États le droit, entre autres, de réglementer l'usage des biens conformément à l'intérêt général (v. notamment *Sporrong et Lönnroth*, 23 sept. 1982, série A n° 52, p. 24, para. 61). Il ne s'agit pas pour autant de règles dépourvues de rapport entre elles : la deuxième et la troisième ont trait à des exemples particuliers d'atteintes au droit de propriété ; dès lors, elles doivent s'interpréter à la lumière du principe consacré par la première (*Lithgow et autres*, 8 juill. 1986, série A n° 102, p. 38, para. 106).

49. La confiscation des kruegerrands introduits en contrebande a constitué une ingérence dans la jouissance du droit de la requérante au respect de ses biens, protégé par la première phrase de l'article 1 (P1-1) ; la chose n'a pas prêté à discussion.

50. Il y a lieu d'abord de déterminer si le texte applicable en l'espèce est la seconde phrase du premier alinéa ou au contraire le second.

51. L'interdiction d'importer des pièces d'or au Royaume-Uni s'analysait à n'en pas douter en une réglementation de l'usage de biens.

La saisie et la confiscation des kruegerrands découlaient de cette prohibition. Certes, la *High Court* a fondé la seconde sur l'alinéa f) de l'article 44 de la loi de 1952 ; elle a estimé qu'il s'agissait de marchandises dissimulées d'une manière paraissant destinée à tromper les douanes. En revanche, la demande reconventionnelle des inspecteurs se référait aussi à l'alinéa b), qui prévoit la confiscation des biens illégalement importés (para. 26 et 33 ci-dessus). Que la *High Court* ait choisi de s'appuyer sur l'un de ces alinéas plutôt que sur l'autre ne tire pas ici à conséquence.

La confiscation des pièces entraînait, il est vrai, une privation de propriété, mais en l'occurrence celle-ci relevait de la réglementation de l'usage, au Royaume-Uni, de pièces d'or telles que les kruegerrands. Dès lors s'applique en l'espèce le second alinéa de l'article 1 du Protocole n° 1 (P1-1) (v., *mutatis mutandis, Handyside,* 7 déc. 1976, série A n° 24, p. 30, para. 63).

B. Observation des exigences du second alinéa

52. Cet alinéa laisse aux États le droit "de mettre en vigueur les lois qu'ils jugent nécessaires pour réglementer l'usage des biens conformément à l'intérêt général".

En soi, l'interdiction d'importer des kruegerrands au Royaume-Uni se conciliait sans conteste avec lui. Néanmoins, comme le second alinéa doit s'interpréter à la lumière du principe général énoncé en tête de l'article 1 (P1-1) (para. 42 *in fine* ci-dessus), il doit exister de surcroît, dans le jeu de cette interdiction, un rapport raisonnable de proportionnalité entre les moyens employés et le but visé ; en d'autres termes, il incombe à la Cour de rechercher si l'équilibre a été maintenu entre les exigences de l'intérêt général et l'intérêt du ou des individus concernés (*Sporrong et Lönnroth* précité, p. 26, para. 69, et p. 28, para. 73 ; *James et autres,* 21 févr. 1986, série A n° 98, p. 34, para. 50). Ce faisant, elle reconnaît à l'État une grande marge d'appréciation tant pour choisir les modalités de mise en œuvre que pour juger si leurs conséquences se trouvent légitimées, dans l'intérêt général, par le souci d'atteindre l'objectif de la loi en cause.

53. Les principes de droit communs aux États contractants autorisent en règle générale, ainsi que le souligne la Commission, la confiscation des marchandises passées en contrebande. Selon la Commission et la requérante, toutefois, tel n'est le cas que s'il y a un lien entre le comportement du propriétaire et l'infraction : s'il est "innocent", ce dernier doit pouvoir de plein droit recouvrer son bien.

Le Gouvernement affirme que ni la Convention ni le Protocole n° 1 (P1) n'accordent pareil droit. D'après lui, si le but de l'atteinte au droit du propriétaire au respect de ses biens peut se justifier au regard de l'article 1 (P1-1), il en va de même de la confiscation pour peu qu'elle poursuive véritablement ce but. Le Gouvernement concède pourtant qu'en pratique, si une personne n'est coupable d'aucune faute pouvant avoir une incidence sur l'objectif de la loi, aucune interprétation sensée de celle-ci ne permet probablement de voir dans la confiscation un moyen de servir ledit objectif.

54. Il convient d'abord de relever que si les États contractants ont tendance à prendre en compte le comportement du propriétaire, et en particulier sa vigilance, pour décider de lui restituer ou non les biens passés en fraude – et par hypothèse non dangereux –, ils appliquent des normes différentes et l'on ne saurait parler de pratique commune. Pour que la confiscation se révèle légitime sous l'angle du second alinéa de l'article 1 (P1-1), il suffit que l'État ait observé les règles explicites de ce texte et maintenu l'équilibre entre ses propres intérêts et ceux de l'individu (para. 52 ci-dessus). Pareil équilibre dépend de maints facteurs ; parmi les circonstances à considérer figure l'attitude du propriétaire, et notamment le degré de faute ou de prudence dont il a fait preuve.

55. Dès lors la Cour doit rechercher, nonobstant le silence du second alinéa de l'article 1 (P1-1) en la matière, si les procédures applicables en l'espèce permettaient, entre autres, d'avoir raisonnablement égard au degré de faute ou de prudence d'Agosi ou, pour le moins, au rapport entre la conduite de celle-ci et l'infraction qui avait sans nul doute eu lieu. Il échet aussi de déterminer si elles offraient à la requérante une occasion adéquate d'exposer sa cause aux autorités compétentes. Pour contrôler le respect de ces conditions, il faut avoir une vue globale desdites procédures (v. entre autres, *mutatis mutandis, X c/Royaume-Uni,* 5 nov. 1981, série A n° 46, p. 26, para. 60).

56. Dans la présente affaire, la question de la confiscation a été traitée en deux phases distinctes : la procédure judiciaire en confiscation, puis la décision des inspecteurs d'user ou non, sur la base de l'article 288 de la loi de 1952, de leur pouvoir de restituer les kruegerrands. Sans conteste, la question du comportement d'Agosi ne jouait aucun rôle dans le cadre de l'instance en confiscation introduite devant la *High Court* en vertu de l'article 44 de la loi. En revanche, elle se trouvait implicitement soulevée dans la demande adressée par la requérante aux inspecteurs des douanes le 1er avril 1980, après la confiscation formelle des pièces par les tribunaux, en vue de la restitution de celles-ci par application de l'article 288 (para. 32 et 35 ci-dessus) : les règles du droit anglais obligeaient les inspecteurs à prendre en compte les éléments pertinents (para. 40 et 41 ci-dessus), parmi lesquels figuraient certainement en l'espèce l'innocence et la diligence alléguées du propriétaire et la relation entre la conduite de ce dernier et l'infraction aux lois sur les importations.

57. D'après la requérante, une procédure purement administrative ne suffit pas aux fins du second alinéa de l'article 1 du Protocole n° 1 (P1-1) : la protection du propriétaire innocent exige un recours judiciaire.

Pour le cas où la Cour accueillerait cette thèse, le Gouvernement répond que le droit anglais assure un contrôle approprié : le contrôle judiciaire des décisions adoptées par les inspecteurs en vertu de l'article 288. La requérante conteste que ces décisions se prêtent à pareil contrôle et, en ordre subsidiaire, que celui-ci, même s'il existe, ait une étendue assez grande pour fournir un recours effectif.

58. La requérante veut pour preuve de l'impossibilité d'un tel contrôle le jugement et l'arrêt rendus à son sujet par la *High Court* et la *Court of Appeal*, eu égard en particulier au paragraphe 10 de l'exposé des griefs figurant dans l'assignation du 14 avril 1977 (para. 26 ci-dessus).

Le Gouvernement combat l'interprétation qu'Agosi donne de ces décisions. Selon lui, elles montrent seulement que la demande de restitution des kruegerrands était prématurée à l'époque : son examen ne pouvait avoir lieu aussi longtemps que les pièces n'auraient pas été déclarées confisquées et que les inspecteurs n'auraient pas refusé d'user du pouvoir reconnu par l'article 288.

La lecture desdits jugements et arrêt confirme l'interprétation du Gouvernement (v. notamment la citation, au paragraphe 30 ci-dessus, d'extraits de l'opinion de Lord Denning à la *Court of Appeal*). Certes, avant la révision législative de 1977-1978 les difficultés procédurales du droit anglais, en particulier la circonstance que les inspecteurs des douanes n'ont pas motivé leur décision, pouvaient autoriser à conclure que la procédure ouverte à la requérante ne permettait pas un exercice efficace du recours en contrôle judiciaire (para. 36-38 ci-dessus). En revanche, à la date à laquelle les inspecteurs prirent leur décision en vertu de l'article 288, à savoir le 1er mai 1980, la réforme du contrôle judiciaire était entrée en vigueur et avait levé ces difficultés.

59. La requérante plaide toutefois aussi que le recours dont il s'agit ne lui eût servi à rien : le pouvoir attribué aux inspecteurs par l'article 288 serait si large qu'il échapperait à tout contrôle. Selon le Gouvernement au contraire, le contrôle judiciaire de l'exercice d'un pouvoir administratif d'appréciation est toujours possible.

La Cour constate que l'existence du recours dans une situation comparable à celle d'Agosi ressort d'un jugement récent, prononcé le 17 juillet 1985 dans *R. v. H.M. Customs and Excise, ex parte Leonard Haworth* (para. 42 ci-dessus). Dans cette affaire, la *High Court* a contrôlé l'exercice, par les inspecteurs des douanes, du pouvoir prévu à l'article 152 de la loi de 1979 sur l'administration des douanes, lequel leur accorde la même latitude que l'article 288 de la loi de 1952 (para. 35 ci-dessus). Il s'agit d'un jugement postérieur aux faits de la présente cause, mais rien n'indique qu'il marque une nouvelle orientation du droit.

La thèse d'Agosi apparaît donc sans fondement sur ce point.

60. À titre subsidiaire, la requérante avance que le contrôle judiciaire pouvant s'ouvrir à elle n'avait pas une portée assez large aux fins du second alinéa de l'article 1 du Protocole n° 1 (P1-1).

L'argument ne résiste pas non plus à l'examen. Une décision administrative comme celle des inspecteurs peut être attaquée, entre autres – la chose n'a pas prêté à controverse –, si "aucune autorité n'aurait pu la prendre en interprétant correctement le droit en vigueur et en agissant de manière raisonnable" (principe "Wednesbury"). Il en va ainsi, par exemple, si l'autorité dont elle émane a négligé des éléments pertinents en usant de son pouvoir d'appréciation (para. 41 ci-dessus). Plus précisément, le jugement rendu dans l'affaire Haworth illustre la nature et l'efficacité d'une demande en contrôle judiciaire en cas de saisie et de confiscation de marchandises par les douanes (para. 42 et 59 ci-dessus) : la *High Court* y a estimé qu'en exerçant leur pouvoir d'appréciation dans une situation comparable à celle de la présente espèce, les inspecteurs n'avaient pas agi de manière raisonnable car ils n'avaient fourni au propriétaire de biens saisis au cours d'une tentative de contrebande ni les informations nécessaires sur les faits retenus contre lui, ni l'occasion de les discuter ou d'établir l'absence de complicité de sa part dans un acte délictueux ou inconsidéré.

Aux yeux de la Cour, le contrôle judiciaire revêt dès lors en droit anglais une portée suffisante pour remplir les exigences du second alinéa de l'article 1 (P1-1).

61. Agosi prétend de surcroît qu'elle n'avait pas besoin d'introduire pareil recours car le droit anglais n'offrait pas assez de certitude en la matière. Comme il ressort des paragraphes 58 et 60 ci-dessus, cette thèse ne trouve pourtant pas appui dans le dossier.

C. Conclusion

62. On ne saurait par conséquent écarter, comme inadéquate aux fins du second alinéa de l'article 1 (P1-1), la procédure dont la requérante disposait contre le refus des inspecteurs de lui restituer les kruegerrands. Spécialement, il n'est pas établi que le système britannique n'ait pas assuré la prise en compte du comportement d'Agosi à un degré raisonnable, ou n'ait pas suffisamment permis à celle-ci de défendre sa cause.

Cette conclusion ne saurait se trouver infirmée par la circonstance que la société, pour des raisons qui lui sont propres, a choisi de ne pas solliciter un contrôle judiciaire de la décision de mai 1980 et, partant, n'a pas pleinement joui des garanties accordées aux propriétaires arguant de leur innocence et de l'absence de négligence de leur part. Il n'y a donc pas eu violation de l'article 1 du Protocole n° 1 (P1-1). »

41.13 CEDH, *Loriel c/France* (décis.), 21 sept. 2010, Req. n° 63846/09.

* V. ss nos 113.66 et 113.67

« Le requérant se plaint de la confiscation de biens étrangers à l'infraction dont il a été déclaré coupable. Il dénonce une violation de son droit au respect de ses biens, lequel est garanti par l'article 1 du Protocole n° 1 en ces termes : [...]

La Cour observe que la confiscation litigieuse constitue une ingérence dans le droit du requérant au respect de ses biens. Tout en relevant que la mesure en question a entraîné une privation de propriété, la Cour estime que celle-ci relève d'une réglementation de l'usage des biens au sens du second alinéa de l'article 1 du Protocole n° 1, qui laisse aux États le droit d'adopter "les lois qu'ils jugent nécessaires pour réglementer l'usage des biens conformément à l'intérêt général" (v., entre autres, *Agosi c/Royaume-Uni*, 24 oct. 1986, para. 51, série A n° 108, *Riela c/Italie* (décis.), n° 52439/99, 4 sept. 2001, *Butler c/Royaume-Uni* (décis.), n° 41661/98, CEDH 2002-VI, et *Bowler International Unit c/France*, n° 1946/06, para. 39-41, 23 juill. 2009).

Toutefois, une telle mesure doit ménager un "juste équilibre" entre les exigences de l'intérêt général de la collectivité et les impératifs de la protection des droits fondamentaux des individus. Il doit donc exister un rapport de proportionnalité raisonnable entre les moyens employés et le but recherché (v., parmi beaucoup d'autres, *Mamidakis c/Grèce*, n° 35533/04, para. 44, 11 janv. 2007).

À cet égard, la Cour souligne que la mesure litigieuse s'inscrit dans le cadre de la lutte contre ce fléau qu'est le trafic de stupéfiants, laquelle justifie que les autorités fassent preuve d'une grande fermeté envers ceux qui en tirent profit (v., entre autres, *Dalia c/France*, 19 févr. 1998, para. 54, Recueil des arrêts et décisions 1998-I), mais également contre le blanchiment de capitaux issus d'activités illicites et pouvant servir à financer des activités criminelles, lutte qui revêt pour les États membres la plus grande importance (*Grifhorst c/France*, n° 28336/02, para. 93, CEDH 2009-... [26 févr. 2009]).

Par ailleurs, la Cour observe que la présente espèce se distingue d'autres affaires où étaient en cause soit l'objet de l'infraction (v., entre autres, *Agosi*, précité), soit son moyen (v., entre autres, *Air Canada c/Royaume-Uni*, 5 mai 1995, série A n° 316-A), soit encore son produit, même si c'est le cas d'une partie des biens saisis en l'espèce (*Butler*, précité). Pour autant, la Cour a déjà admis qu'une mesure de confiscation peut porter sur une somme correspondant au profit que, de l'avis de la juridiction qui l'a prononcée, le requérant a retiré de la commission de l'infraction au cours des années précédentes et au montant qu'il était en mesure de réaliser à partir des biens en sa possession (*Phillips*, précité, para. 53).

De ce point de vue, la Cour rappelle que pour déterminer si une sanction présente un caractère disproportionné, elle s'attache d'abord au comportement du requérant, même si, de surcroît, la mesure ne doit pas imposer à celui auquel elle s'applique une charge excessive ou porter fondamentalement atteinte à sa situation financière (v. *Monedero c/France* (décis.), n° 32798/06, 2 févr. 2010, et *Grifhorst*, précité, para. 95, 102 et 105).

En l'espèce, la Cour note que le requérant a été condamné pour sa participation à l'activité d'un réseau de délinquance organisée, dont les juges internes ont estimé qu'il avait assuré le recyclage des fonds illicites grâce à son activité professionnelle, conservant ensuite d'importantes sommes d'argent qu'il savait issues du produit d'un trafic de stupéfiants. Les juges nationaux ont ainsi relevé que les investigations, ainsi que les déclarations du requérant lui-même, avaient permis d'établir que ces faits portaient sur des quantités d'or importantes et que le requérant s'était sciemment affranchi des règles de prudence élémentaires s'imposant à sa profession.

La Cour observe en outre que les juges d'appel ont fait une application limitée de la sanction, dans la mesure où, contrairement aux juges de première instance, ils ont expressément exclu son application aux biens acquis par le requérant avant la période de commission des infractions pour lesquelles il a été condamné. Cette exclusion, qui vise, aux termes de l'arrêt de la cour d'appel, "à préserver le fruit du travail de toute une vie de couple", concerne notamment un immeuble appartenant au requérant, mais aussi des intérêts commerciaux. Quant aux biens saisis au cours de l'enquête et de l'instruction, si l'arrêt ne procède pas à leur inventaire exhaustif, se bornant pour une part à renvoyer à des procès-verbaux du dossier d'instruction, force est de constater que ces éléments, constitués pour l'essentiel des sommes d'argent liquide, des lingots et des pièces d'or saisis, sont en réalité pour la plupart mentionnés dans le corps de l'arrêt lui-même, le requérant disposant d'un accès aux pièces du dossier lui permettant d'en cerner l'ampleur exacte.

Dans ces conditions, la mesure frappant le requérant, bien que significative, s'inscrit dans le cadre de l'ample marge d'appréciation dont disposent les autorités pour réglementer l'usage des biens conformément à l'intérêt général.

Au vu de ces éléments et dans les circonstances particulières de l'espèce, la Cour arrive à la conclusion que les sanctions imposées au requérant n'étaient pas disproportionnées au regard des manquements commis.

Il s'ensuit que ce grief est manifestement mal fondé et doit être rejeté en application de l'article 35 § 3 et 4 de la Convention. »

41.14 **CEDH, *Aboufadda c/France* (décis.), 4 nov. 2014, Req. n° 28457/10.**

* V. s^s n°s 113.13, 113.52 et 113.68

« 21. La Cour rappelle tout d'abord que, même si elle implique une privation de propriété, la confiscation critiquée relève du second paragraphe de l'article 1 du Protocole n° 1 (v., notamment, *Phillips c/Royaume-Uni*, n° 41087/98, para. 51, CEDH 2001-VII, *Grifhorst* précité, para. 85-86, et *Silickiene c/Lituanie*, n° 20496/02, para. 62, 10 avr. 2012).

22. Elle rappelle ensuite que toute atteinte au droit au respect des biens doit ménager un "juste équilibre" entre les exigences de l'intérêt général de la collectivité et celles de la protection des droits fondamentaux de l'individu. S'agissant en particulier des ingérences qui, comme en l'espèce, relèvent du second alinéa de l'article 1 du Protocole n° 1, lequel prévoit spécialement le "droit que possèdent les États de mettre en vigueur les lois qu'ils jugent nécessaires pour réglementer l'usage des biens conformément à l'intérêt général [...]", la Cour a précisé qu'il doit exister un rapport raisonnable de proportionnalité entre les moyens employés et le but visé et que les États disposent à cet égard d'une ample marge d'appréciation tant pour choisir les modalités de mise en œuvre que pour juger si leurs conséquences se trouvent légitimées, dans l'intérêt général, par le souci d'atteindre l'objectif de la loi en cause (v. *Grifhorst* précité, para. 82-83, ainsi que les arrêts auquel il renvoie).

23. En l'espèce, la Cour relève que la confiscation dont il est question est prévue par la loi : l'article 222-49 et les articles 321-6 et 321-10-1 du Code pénal.

24. Elle constate ensuite que cette mesure vise à lutter contre le trafic de stupéfiants et à le prévenir en dissuadant le recel et le blanchiment ; il s'agit là à n'en pas douter d'un but d'intérêt général (v., par exemple, *Grifhorst*, précité, para. 92).

25. S'agissant de la proportionnalité, le Gouvernement explique qu'afin d'atteindre efficacement ceux qui sont en relations habituelles avec une personne qui se livre à la commission de crimes ou de délits punis d'au moins cinq ans d'emprisonnement et qui ne peuvent justifier de ressources correspondant à leur train de vie ou de l'origine de biens qu'ils détiennent, le législateur a eu recours à la technique de la présomption : les intéressés sont présumés bénéficier en connaissance de cause de ressources ou de biens dont l'origine est frauduleuse. Tout ou partie des biens dont ils n'auront pu justifier l'origine sont alors susceptibles d'être confisqués à titre de peine complémentaire.

26. La Cour constate que l'application de cette présomption et la mise en œuvre de cette mesure de confiscation ont eu des conséquences importantes sur le patrimoine des requérants.

27. Elle a cependant déjà eu l'occasion de souligner, y compris dans le contexte de l'application de l'article 1 du Protocole n° 1 (v., notamment, *Arcuri et autres c/Italie* (décis.), n° 52024/99, CEDH 2001 VII, et *Riela et autres c/Italie* (décis.), n° 52439/99, 4 sept. 2001), que la Convention ne fait pas obstacle par principe aux présomptions de faits ou de

droit. Elle a par ailleurs relevé que la confiscation de patrimoines criminels a acquis une place importante, tant dans l'ordre juridique de plusieurs États contractants que sur le plan international (donnant pour exemple la Convention du Conseil de l'Europe relative au blanchiment, au dépistage, à la saisie et à la confiscation des produits du crime, du 8 novembre 1990), et qu'elle est aujourd'hui utilisée non seulement comme moyen de preuve, mais aussi en tant que sanction indépendante d'un délit (*Tas c/Belgique* (décis.), n° 44614/06, 12 mai 2009).

28. La Cour relève en outre qu'il s'agit d'une présomption réfragable qui se rapporte à des questions dont les requérants avaient une connaissance particulière : ces derniers avaient la possibilité d'échapper à la condamnation en établissant l'origine licite de leurs ressources et biens. Or, contrairement à ce qu'ils soutiennent, il ressort des motifs du jugement du tribunal correctionnel de Mulhouse du 11 juillet 2008 (para. 8 ci-dessus) et de l'arrêt de la cour d'appel de Colmar du 23 janvier 2009 (para. 9 ci-dessus), qu'après avoir constaté que leur train de vie était sans rapport avec les revenus qu'ils déclaraient, les juridictions internes ont dûment examiné les éléments qu'ils ont produits à cette fin. Elles ont notamment pris en compte leurs allégations selon lesquelles leurs ressources provenaient d'un héritage et de la vente d'un terrain au Maroc, mais ont constaté qu'ils n'apportaient pas la preuve du transfert en France des sommes correspondantes. Elles ont par ailleurs relevé qu'ils ne justifiaient pas les nombreux versements en liquide réalisés sur leurs comptes, et, au vu des éléments du dossier, jugé établi que les échéances du prêt contracté pour l'achat de la maison étaient réglées par A. et que ce dernier avait payé les travaux réalisés sur celle-ci. Elles ont en outre pris en compte le comportement des requérants, relevant en particulier qu'ils ne pouvaient ignorer l'origine de l'argent dont leur fils les faisait profiter.

29. Plus largement, rien ne permet de considérer que les requérants, qui ont bénéficié de deux degrés de juridiction ainsi que d'un pourvoi et qui ne prétendent pas être victimes d'une violation de leur droit à un procès équitable, n'auraient pas eu une occasion adéquate d'exposer leur cause aux juridictions compétentes (v. en particulier les décisions *Arcuri et autres, Riela et autres* et *Tas* précitées).

30. Il apparaît certes qu'une partie du financement de l'acquisition de la maison des requérants a une autre source que les revenus du trafic de stupéfiants auquel se livrait leur fils. La Cour relève en effet que les requérants ont été jugés coupables d'avoir, "courant 2004, courant 2005, courant 2006 et depuis temps non prescrit" (para. 6 ci-dessus), commis l'infraction prévue par l'article 321-6 du Code pénal, et que leurs ressources postérieures à 2006 ne sont pas en cause. La partie du prêt immobilier contracté par les requérants pour l'achat de la maison dont le remboursement restait dû après 2006 constitue donc un moyen de financement de l'acquisition de celle-ci dont la source ne se trouve pas dans le trafic dans le cadre duquel ils ont été condamnés.

31. La Cour observe toutefois qu'achetée 246 120 € le 1er mars 2005, cette maison n'a été financée par l'emprunt immobilier contracté par les requérants qu'à hauteur de 150 000 € et qu'une partie de cette somme (19 400 €) a été remboursée par anticipation avant 2007. Eu égard en outre aux échéances de l'emprunt réglées en 2005 et 2006 et au fait que des travaux de réfection et d'aménagement coûteux ont été réalisés avant 2007, la Cour ne voit rien d'excessif dans la conclusion de la cour d'appel de Colmar selon laquelle c'est "l'essentiel" de ce patrimoine qui provenait des fruits du trafic de stupéfiants auquel se livrait A.

32. Par ailleurs, elle voit dans la décision des juridictions internes de confisquer la maison dans son intégralité à titre de peine, l'expression d'une volonté légitime de sanctionner sévèrement des faits graves dont les requérants s'étaient rendus coupables, qui s'apparentaient à du recel de délit, et qui, de surcroît, s'inscrivaient dans le contexte d'un trafic de stupéfiants d'une grande ampleur au niveau local. Étant donné les ravages de la drogue, elle conçoit que les autorités des États parties fassent preuve d'une grande fermeté à l'égard de ceux qui contribuent à la propagation de ce fléau (v., par exemple, *Medvedyev et autres c/France* [GC], n° 3394/03, para. 81, CEDH 2010, et *D. c/Royaume-Uni*, 2 mai 1997, para. 46, Recueil des arrêts et décisions 1997-III).

33. Enfin, la Cour constate que l'espèce se distingue de l'affaire *Grifhorst* (précitée) à laquelle se réfèrent les requérants. Cette affaire concernait la condamnation d'un individu pour avoir omis de déclarer une somme équivalant à 233 056 € lors de son passage de la frontière franco-andorrane. Reconnu coupable du délit de non-respect de l'obligation de déclarer des sommes, titres ou valeurs, prévu par l'article 464 du Code des douanes, il avait été condamné à la confiscation de l'intégralité de ce montant ainsi qu'au paiement d'une amende égale à la moitié de la somme non déclarée, assortie de la contrainte par corps avec exécution provisoire. La Cour a conclu à la violation de l'article 1 du Protocole n° 1, jugeant que la sanction imposée au requérant, cumulant la confiscation et l'amende, était disproportionnée au regard du manquement commis, et que le juste équilibre requis n'avait pas été respecté. Pour parvenir à cette conclusion, elle a tout particulièrement pris en compte le fait que le seul comportement délictueux qui pouvait être retenu à l'encontre de l'intéressé consistait dans le fait de n'avoir pas déclaré au passage de la frontière les espèces qu'il transportait et que le gouvernement défendeur n'avait pas soutenu que les sommes transportées étaient issues d'activités illicites ou destinées à de telles activités. En l'espèce, au contraire, comme dans l'affaire *Phillips* susmentionnée, citée en contrexemple dans l'arrêt *Grifhorst* (para. 99), la confiscation de la maison des requérants visait un bien présumé acquis au moyen d'activités délictueuses.

34. Ces éléments, ainsi que l'ampleur de la marge d'appréciation dont disposait l'État défendeur, conduisent la Cour à considérer que l'atteinte au droit des requérants au respect de leurs biens que constitue la confiscation critiquée n'est pas disproportionnée par rapport au but d'intérêt général poursuivi. Manifestement mal fondée, cette partie de la requête doit donc être rejetée en application de l'article 35 § 3 (a) et 4 de la Convention. »

ANNEXE

42. Conventionnalité des saisies (chap. 213)

42.11 **CEDH, *Földes et Földesne Hajlik c/Hongrie*, 31 oct. 2006, Req. n° 41463/02.**

* V. s^s n°s 213.41 et 213.51

« 25. Les requérants soutiennent en outre que la durée de la procédure a porté atteinte à leur droit au respect de leurs biens, tel que garanti par l'article 1 du Protocole n° 1, certains de leurs biens ayant été interdits d'aliénation pendant environ douze ans. L'article 1 du Protocole n° 1 dispose :

"Toute personne physique ou morale a droit au respect de ses biens. Nul ne peut être privé de sa propriété que pour cause d'utilité publique et dans les conditions prévues par la loi et les principes généraux du droit international.

Les dispositions précédentes ne portent pas atteinte au droit que possèdent les États de mettre en vigueur les lois qu'ils jugent nécessaires pour réglementer l'usage des biens conformément à l'intérêt général ou pour assurer le paiement des impôts ou d'autres contributions ou des amendes."

26. La Cour relève que la mesure interdisant l'aliénation des biens des requérants avait pour but de garantir la satisfaction des demandes que d'éventuelles parties civiles auraient pu chercher à formuler. Elle estime qu'une restriction de ce type peut en principe être considérée comme "nécessaire pour réglementer l'usage des biens conformément à l'intérêt général", au sens du second paragraphe de l'article 1 du Protocole n° 1 (v., *mutatis mutandis, Raimondo c/Italie*, 22 févr. 1994, para. 27, série A n° 281-A). Certes, en l'espèce, la mesure est restée longtemps en vigueur. Mais, à supposer même que les requérants aient épuisé les voies de recours internes à cet égard, la Cour considère qu'en ne leur imposant que des peines légères, au motif exprès que la procédure avait connu une durée excessive, alors que les infractions en question étaient passibles de lourdes peines d'emprisonnement, les juridictions nationales ont là aussi fourni aux requérants un redressement approprié pour les torts ayant pu leur être causé par l'immobilisation prolongée de leurs biens.

Ce grief est donc lui aussi manifestement mal fondé, au sens de l'article 35 § 3 de la Convention, et doit être rejeté en application de l'article 35 § 4. »

42.12 **CEDH, *Smirnov c/Russie*, 7 juin 2007, Req. n° 71362/01.**

* V. s^s n°s 213.11, 213.31, 213.41 et 213.51

« II. Sur la violation alléguée de l'article 1 du protocole n° 1

50. Invoquant l'article 1 du Protocole n° 1, le requérant soutient que la saisie et la rétention de ses documents et de son ordinateur ont emporté violation de ses droits de propriété. L'article 1 du Protocole n° 1 est ainsi libellé :

"Toute personne physique ou morale a droit au respect de ses biens. Nul ne peut être privé de sa propriété que pour cause d'utilité publique et dans les conditions prévues par la loi et les principes généraux du droit international.

Les dispositions précédentes ne portent pas atteinte au droit que possèdent les États de mettre en vigueur les lois qu'ils jugent nécessaires pour réglementer l'usage des biens conformément à l'intérêt général ou pour assurer le paiement des impôts ou d'autres contributions ou des amendes."

A. Thèses des parties

51. Le requérant voit dans la saisie de son unité centrale une atteinte disproportionnée à ses droits de propriété qui a fait peser sur lui une charge excessive. Il estime qu'en elle-même l'unité centrale ne pouvait pas être utilisée comme preuve dans l'affaire pénale, d'une part parce qu'elle ne constituait ni l'instrument, ni l'objet, ni le produit d'une infraction et qu'elle ne portait pas de traces d'une infraction, et d'autre part parce que les données qu'elle contenait n'avaient pas la moindre valeur probante, l'ordinateur étant longtemps resté en possession de l'accusation et les données pouvant avoir été effacées ou modifiées. Le requérant souscrit à la motivation du jugement du 19 avril 2000 et considère que l'accusation aurait dû respecter cette décision plutôt que de la contester devant la juridiction de recours. Il affirme que le but réel de la saisie était d'entraver ses activités professionnelles d'avocat et que la rétention de son ordinateur l'a empêché d'avoir accès à plus de deux cents dossiers de clients, lui nuisant ainsi dans l'exercice de sa profession d'une manière

générale. Enfin, il indique que son carnet et certains documents lui ont finalement été rendus.

52. Le Gouvernement affirme que l'unité centrale de l'ordinateur du requérant a été mise sous scellés et placée sous séquestre en tant que preuve matérielle dans l'affaire pénale n° 7806 afin d'empêcher la disparition des données y figurant. Il précise que, l'examen de l'affaire pénale n'étant pas encore terminé, les documents et l'unité centrale du requérant seront conservés au tribunal de Saint-Pétersbourg jusqu'au prononcé de la décision. Il soutient que le droit du requérant de faire usage de ses biens a été restreint dans l'intérêt public, aux fins d'établissement de la vérité dans l'affaire pénale n° 7806.

B. Appréciation de la Cour

53. La Cour observe que la perquisition du domicile du requérant a été suivie de la saisie de certains documents, de son carnet et de l'unité centrale de son ordinateur (c'est-à-dire de la partie contenant les disques durs et donc les données). Le requérant ayant finalement recouvré la possession de son carnet et de ses documents, la Cour circonscrira son analyse à la compatibilité de la rétention de l'ordinateur, qui se poursuit aujourd'hui encore, avec le droit du requérant au respect de ses biens garanti par l'article 1 du Protocole n° 1.

54. Il n'est pas contesté que le requérant était le propriétaire légal de l'ordinateur. En d'autres termes, il s'agissait de son "bien". L'enquêteur ordonna que cet ordinateur fût conservé à titre de preuve matérielle dans une affaire pénale donnée jusqu'à ce que le tribunal eût tranché la cause et statué sur la question de l'administration des preuves. De l'avis de la Cour, cette situation doit être examinée sous l'angle du droit pour l'État de réglementer l'usage des biens conformément à l'intérêt général.

55. L'article 1 du Protocole n° 1 exige, avant tout et surtout, qu'une ingérence de l'autorité publique dans la jouissance du droit au respect des biens soit légale. En particulier, le second paragraphe de l'article 1, s'il reconnaît que les États ont le droit de réglementer l'usage des biens, soumet ce droit à la condition qu'il soit exercé au travers de la mise en vigueur de "lois". Le principe de légalité présuppose également que les dispositions applicables du droit interne soient suffisamment accessibles, précises et prévisibles dans leur application (v. par exemple *Baklanov c/Russie*, n° 68443/01, para. 39-40, 9 juin 2005, avec d'autres références).

56. La Cour observe que la décision de conserver l'ordinateur reposait sur les dispositions du Code de procédure pénale de la RSFSR régissant l'administration de preuves matérielles dans les procédures pénales (v. para. 31 et 32 ci-dessus). Il était loisible à l'enquêteur d'ordonner la rétention de tout objet qu'il estimait déterminant pour l'enquête, ce qui était le cas de l'ordinateur du requérant. La Cour n'est pas convaincue qu'un pouvoir discrétionnaire aussi vaste et non assorti d'un contrôle juridictionnel efficace réponde au critère de légalité, mais, pour les raisons ci-dessous énoncées, elle ne juge pas nécessaire d'examiner ce point plus avant.

57. La Cour admet que la rétention de preuves matérielles puisse être nécessaire dans l'intérêt d'une bonne administration de la justice, qui constitue un "but légitime" relevant de "l'intérêt général" de la communauté. Toutefois, elle observe qu'il doit aussi y avoir un rapport raisonnable de proportionnalité entre le moyen employé et le but poursuivi par les mesures éventuellement appliquées par l'État, y compris celles destinées à contrôler l'usage de la propriété individuelle. Cette exigence s'exprime dans la notion de "juste équilibre" à ménager entre les impératifs de l'intérêt général de la communauté d'une part et les exigences de la protection des droits fondamentaux de l'individu d'autre part (v. *Edwards c/ Malte*, n° 17647/04, para. 69, 24 oct. 2006, avec d'autres références).

58. La Cour souscrit à l'argument du requérant – du reste non contesté par le Gouvernement – selon lequel l'ordinateur en lui-même n'était ni l'objet, ni l'instrument, ni le produit d'une infraction pénale (comp. *Frizen c/Russie*, n° 58254/00, para. 29-31, 24 mars 2005). Ce qui pouvait être utile et déterminant pour l'enquête, c'était les informations qui se trouvaient enregistrées sur le disque dur. Or il ressort du jugement du 19 avril 2000 que ces informations ont été examinées par l'enquêteur, imprimées et versées au dossier (v. para. 15 ci-dessus). Dans ces conditions, la Cour ne parvient pas à discerner la moindre raison justifiant la poursuite de la rétention de l'unité centrale. Aucune raison de cet ordre n'a d'ailleurs été avancée au cours des procédures internes ni devant la Cour. Pourtant, l'ordinateur est aujourd'hui encore entre les mains des autorités internes, et le requérant en est donc privé depuis plus de six ans. La Cour note à cet égard que l'ordinateur était l'instrument de travail du requérant et que celui-ci l'utilisait pour rédiger des documents juridiques et pour conserver les dossiers de ses clients. Ainsi, non seulement la rétention de l'ordinateur a été source de désagréments personnels pour le requérant, mais elle a de plus entravé son activité professionnelle, ce qui, comme cela a déjà été souligné, pouvait avoir des répercussions sur l'administration de la justice.

59. Compte tenu de ce qui précède, la Cour conclut que les autorités russes n'ont pas ménagé un "juste équilibre" entre les impératifs de l'intérêt général et les exigences de la protection du droit du requérant au respect de ses biens. Il y a donc eu violation de l'article 1 du Protocole n° 1. »

42.13 CEDH, *Petyo Petkov c/Bulgarie*, 7 janv. 2010, Req. n° 32130/03.

* V. s^s n° 213.51.

« 102. La Cour rappelle que l'article 1 du Protocole n° 1 ne prohibe pas la saisie d'un bien à des fins d'administration de la preuve dans le cadre d'une procédure pénale. Toutefois, il s'agit d'une mesure qui restreint temporairement l'usage des biens et qui, dès lors, pour répondre aux exigences de l'article 1 du Protocole n° 1, doit être prévue par la législation interne, poursuivre un but légitime et être proportionnée au but poursuivi (v. *Karamitrov et autres*, précité, para. 72).

103. La Cour observe que la saisie du véhicule du requérant était prévue par les dispositions du Code de procédure pénale (v. l'arrêt *Karamitrov et autres*, précité, para. 29 à 33) et que le requérant ne conteste ni la prévisibilité, ni l'accessibilité des dispositions législatives en cause (v. para. 100 ci-dessus). Dès lors, la Cour estime que les parties s'accordent sur l'existence de cette première condition pour la régularité de la mesure litigieuse et elle ne voit pas de raison d'arriver à une conclusion différente dans le cas d'espèce.

104. Elle observe ensuite que la voiture du requérant a été saisie comme preuve matérielle dans le cadre des poursuites pénales menées à son encontre et qu'elle a fait l'objet d'une identification par un témoin (v. para. 9 ci-dessus). À la lumière de ce qui précède, la Cour estime que la mesure en cause visait le but légitime d'assurer le bon fonctionnement de la justice et qu'elle relevait donc du domaine de l'intérêt général.

105. Il reste donc à déterminer si les autorités ont ménagé en l'occurrence un juste équilibre entre l'intérêt général et le droit du requérant d'utiliser son bien. Pour déterminer la proportionnalité de la mesure en cause, la Cour estime opportun de prendre en compte sa durée, sa nécessité au vu du déroulement des poursuites pénales, les conséquences de son application pour le requérant et les décisions prises par les autorités à ce sujet pendant et après la fin du procès pénal.

106. La Cour constate que le véhicule de l'intéressé a été saisi le 5 février 2002 et lui a été restitué le 26 avril 2006. La mesure en cause a donc été appliquée pendant plus de quatre ans. La Cour relève ensuite que le véhicule saisi n'était pas simplement un moyen de locomotion pour le requérant, mais son principal outil de travail : il était chauffeur de taxi et la voiture lui servait pour transporter des clients (v. para. 8 et 9 ci-dessus). Par ailleurs, la voiture lui a été restituée en panne et sans un certain nombre d'accessoires, ce que le Gouvernement ne conteste pas (v. para. 99 ci-dessus). Ainsi, la mesure en cause a pu affecter également l'activité professionnelle principale du requérant, notamment pendant la période suivant sa libération.

107. Il ressort des pièces du dossier que les actes d'instruction impliquant la reconnaissance de la voiture saisie ont été effectués au début de la période litigieuse (v. para. 9 ci-dessus). Toutefois, cette preuve matérielle avait une importance particulière pour la vérification de l'alibi du requérant (v. para. 8 ci-dessus) et de là pour l'issue de la procédure pénale. Dans ces circonstances, la Cour admet que la rétention du véhicule du requérant pendant la durée des poursuites pénales à son encontre s'avérait nécessaire.

108. Cependant, la Cour observe que la procédure pénale a pris fin le 19 janvier 2005 avec l'arrêt de la Cour suprême de cassation (para. 13 ci-dessus) et que la rétention du véhicule du requérant comme preuve matérielle n'était plus nécessaire à compter de cette date. L'intéressé n'a pu reprendre possession de la voiture qu'un an et trois mois plus tard. La Cour constate que le retard en cause est imputable aux autorités : les tribunaux internes ont omis d'ordonner la remise du véhicule au requérant après son acquittement (v. para. 11, ci-dessus, *in fine*), ce qui a obligé ce dernier à intenter une nouvelle procédure pour demander au tribunal de district de se prononcer sur cette question (v. para. 14 ci-dessus). Par ailleurs, le requérant a dû formuler deux demandes consécutives à cet effet, le 2 septembre 2005 et le 9 mars 2006, et le Gouvernement n'a apporté aucun élément susceptible de justifier le retard de l'examen des demandes du requérant. Par ailleurs, les pièces du dossier ne permettent pas à la Cour de constater s'il existait d'autres circonstances susceptibles de justifier la rétention du véhicule de l'intéressé après le 19 janvier 2005.

109. En conclusion, compte tenu de la durée de la mesure en cause, de son impact sur la situation du requérant, du déroulement des poursuites pénales à l'encontre de l'intéressé et des manquements des autorités dans le cas d'espèce, la Cour estime que la rétention du véhicule du requérant n'était plus proportionnée au but légitime poursuivi à compter de la date de son acquittement.

110. Il s'ensuit qu'il y a eu violation de l'article 1 du Protocole n° 1 à la Convention. »

42.14 **CEDH, *Tendam c/Espagne*, 13 juill. 2010, Req. n° 257250/05.**

* V. s^{s} n°s 213.52 et 213.54

« 45. Le requérant souscrit à l'opinion dissidente jointe à l'arrêt du Tribunal suprême du 27 janvier 2003, dans laquelle deux magistrats ont estimé que la charge de la preuve concernant la disparition ou la détérioration alléguée des biens saisis devait peser sur l'administration de justice (v. ci-dessus, para. 23).

46. Le Gouvernement soutient que, tel qu'ont relevé le ministre de la Justice et de l'Intérieur et les juridictions nationales, le requérant n'avait pas apporté les preuves nécessaires pour que la disparition ou la détérioration alléguée des biens saisis puisse être établie. Il affirme que les preuves produites par le requérant n'ont pas été considérées suffisantes pour établir la responsabilité patrimoniale de l'administration de justice.

47. La Cour rappelle que la rétention des biens saisis par les autorités judiciaires dans le cadre d'une procédure pénale doit être examinée sous l'angle du droit pour l'État de réglementer l'usage des biens conformément à l'intérêt général, au sens du second paragraphe de l'article 1 du Protocole n° 1 (*Smirnov c/Russie*, n° 71362/01, para. 54, CEDH 2007-VII, *Adamczyk c/Pologne* (décis.), n° 28551/04, 7 nov. 2006, et *Borjonov c/Russie*, n° 18274/04, para. 57, 22 janv. 2009). Elle constate qu'en l'espèce, la saisie cherchait non pas à priver le requérant de ses biens, mais seulement à l'empêcher d'en user de façon temporaire, dans l'attente de l'issue de la procédure pénale.

48. La Cour observe que rien dans le dossier ne permet d'établir que la saisie et la rétention des biens litigieux n'avait pas une base légale. Elle relève que l'ingérence avait pour but de garantir la satisfaction des demandes que d'éventuelles parties civiles auraient pu chercher à formuler (v., *mutatis mutandis, Földes et Földesné Hajlik c/Hongrie*, n° 41463/02, para. 26, CEDH 2006-XII). À cet égard, la Cour admet que la saisie et la rétention des biens objet d'une infraction pénale puissent être nécessaires dans l'intérêt d'une bonne administration de la justice, qui constitue un but légitime relevant de "l'intérêt général" de la communauté (v., *mutatis mutandis, Smirnov*, précité, para. 57).

49. Toutefois, la Cour rappelle qu'il doit y avoir un rapport raisonnable de proportionnalité entre le moyen employé et le but poursuivi par les mesures éventuellement appliquées par l'État, y compris celles destinées à contrôler l'usage de la propriété individuelle. Cette exigence s'exprime dans la notion de "juste équilibre" à ménager entre les impératifs de l'intérêt général de la communauté d'une part et les exigences de la protection des droits fondamentaux de l'individu d'autre part (v. *Smirnov*, précité, para. 57). Par ailleurs, nonobstant le silence de l'article 1 du Protocole n° 1 en matière d'exigences procédurales, les procédures applicables en l'espèce doivent

aussi offrir à la personne concernée une occasion adéquate d'exposer sa cause aux autorités compétentes afin de contester effectivement les mesures portant atteinte aux droits garantis par cette disposition. Pour s'assurer du respect de cette condition, il y a lieu de considérer les procédures applicables d'un point de vue général (*Zehentner c/Autriche*, n° 20082/02, para. 73, CEDH 2009-... [16 juill. 2009]).

50. La Cour a déjà affirmé que toute saisie entraîne un dommage, lequel ne doit toutefois pas dépasser les limites de l'inévitable (*Raimondo c/Italie*, 22 févr. 1994, para. 33, série A n° 281-A). Elle a reconnu en outre que le propriétaire acquitté du chef de contrebande doit en principe avoir le droit de recouvrer les articles saisis à la suite de sa relaxe (*Jucys c/Lituanie*, n° 5457/03, para. 36, 8 janv. 2008).

51. Il est vrai que l'article 1 du Protocole n° 1 ne consacre pas un droit pour la personne acquittée d'obtenir réparation pour tout dommage résultant de la saisie de ses biens effectuée au cours de l'instruction dans une procédure pénale (v. *Adamczyk*, décision précitée, et *Andrews c/Royaume-Uni* (décis.), n° 49584/99, 26 sept. 2002). Toutefois, lorsque les autorités judiciaires ou de poursuite saisissent des biens, elles doivent prendre les mesures raisonnables nécessaires à leur conservation, notamment en dressant un inventaire des biens et de leur état au moment de la saisie ainsi que lors de leur restitution au propriétaire acquitté. Par ailleurs, la législation interne doit prévoir la possibilité d'entamer une procédure contre l'État afin d'obtenir réparation pour les préjudices résultant de la non-conservation de ces biens dans un relativement bon état (v. *Karamitrov et autres c/Bulgarie*, n° 53321/99, para. 77, 10 janv. 2008, se référant à l'article 13 de la Convention, et *Novikov c/Russie*, n° 35989/02, para. 46, 18 juin 2009). Encore faut-il que cette procédure soit effective, pour permettre au propriétaire acquitté de défendre sa cause.

52. En l'occurrence, la Cour observe que le requérant a entamé une action à l'encontre de l'État pour l'endommagement des biens saisis et recouvrés après son acquittement, ainsi que pour la disparition d'une partie des biens saisis et non restitués, sur la base de l'article 292 de la LOPJ relatif au fonctionnement anormal de la justice. La Cour rappelle que c'est au premier chef aux autorités nationales, et notamment aux cours et tribunaux, qu'il incombe d'interpréter les faits et la législation interne, et la Cour ne substituera pas sa propre appréciation des faits et du droit à la leur en l'absence d'arbitraire (v., entre autres, *Tejedor García c/Espagne*, 16 déc. 1997, para. 31, Recueil des arrêts et décisions 1997-VIII). Par ailleurs, il appartient aux États contractants de définir les conditions du droit à réparation en cas de préjudices résultant d'une saisie (*Adamczyk*, décision précitée).

53. Cela étant, la Cour note qu'en l'espèce, dans l'acte de restitution du 22 janvier 1994 le requérant fit état de la disparition de certains biens, ainsi que de la détérioration de tous les biens recouvrés. Elle observe en outre que dans cet acte, le greffier du juge d'instruction n° 1 de La Orotava constata le mauvais état de plusieurs objets. Par ailleurs, il ressort du dossier que certaines demandes de restitution du juge d'instruction à des tiers ayant reçu des biens saisis en 1986 furent infructueuses. À cet égard, la Cour note que ces biens avaient été remis aux prétendues victimes en qualité de dépôt, dans l'attente de l'issue de la procédure pénale engagée à l'encontre du requérant. Or, les autorités nationales, et en dernier ressort le Tribunal suprême, ont rejeté la réclamation du requérant, au motif que ce dernier n'avait pas prouvé la disparition et la détérioration des biens saisis.

54. Dans les circonstances de l'espèce, la Cour estime que la charge de la preuve concernant la situation des biens saisis manquants ou dégradés incombait à l'administration de justice, responsable de la conservation des biens pendant toute la période de la saisie, et non au requérant, acquitté plus de sept ans après la saisie des biens. L'administration de justice n'ayant fourni après l'acquittement du requérant aucune justification sur la disparition et la dégradation des biens saisis, les préjudices résultant de la saisie lui sont imputables.

55. La Cour constate que les juridictions internes qui ont examiné la réclamation du requérant n'ont ni tenu compte de la responsabilité de l'administration de justice dans les faits de la cause ni permis au requérant d'obtenir réparation pour les préjudices résultant de la non-conservation des biens saisis.

56. Aux yeux de la Cour, les autorités internes ayant refusé l'indemnisation réclamée par le requérant ont fait peser sur le requérant une charge disproportionnée et excessive.

57. Par conséquent, il y a eu violation de l'article 1 du Protocole n° 1. »

42.15 **CEDH, *Compagnie de navigation de la République islamique d'Iran c/Turquie*, 13 déc. 2007, Req. n° 40998/98.**

* V. s[s] n°s 213.53 et 213.55

« I. – Sur la violation alléguée de l'article 1 du protocole n° 1

66. La société requérante allègue que la saisie par les autorités turques du navire et de sa cargaison a constitué une mesure injustifiée de réglementation de l'usage des biens au sens de l'article 1 du Protocole n° 1, lequel dispose :

"Toute personne physique ou morale a droit au respect de ses biens. Nul ne peut être privé de sa propriété que pour cause d'utilité publique et dans les conditions prévues par la loi et les principes généraux du droit international.

Les dispositions précédentes ne portent pas atteinte au droit que possèdent les États de mettre en vigueur les lois qu'ils jugent nécessaires pour réglementer l'usage des biens conformément à l'intérêt général ou pour assurer le paiement des impôts ou d'autres contributions ou des amendes."

[...]

B. Sur le fond

85. La Cour note que les parties n'ont pas contesté que les mesures incriminées ont constitué une ingérence dans le droit de la société requérante au respect de ses biens. Dès lors, il lui faut déterminer quelle est la règle applicable en l'espèce.

1. La règle applicable

86. La Cour rappelle que l'article 1 du Protocole n° 1 contient trois normes distinctes : la première, qui s'exprime dans la première phrase du premier alinéa et revêt un caractère général, énonce le principe du respect de la propriété ; la

deuxième, figurant dans la seconde phrase du même alinéa, vise la privation de propriété et la soumet à certaines conditions ; quant à la troisième, consignée dans le second alinéa, elle reconnaît aux États le droit, entre autres, de réglementer l'usage des biens conformément à l'intérêt général, en mettant en vigueur les lois qu'ils jugent nécessaires pour atteindre ce but. Il ne s'agit pas pour autant de règles dépourvues de rapport entre elles : la deuxième et la troisième ont trait à des exemples particuliers d'atteintes au droit de propriété ; dès lors, elles doivent s'interpréter à la lumière du principe consacré par la première (*Agosi c/Royaume-Uni*, 24 oct. 1986, para. 48, série A n° 108).

87. La Cour relève que les parties ne se sont pas prononcées sur la règle applicable en l'occurrence. Pour sa part, elle considère qu'il n'y a eu en l'espèce ni confiscation ni saisie puisque la société requérante a recouvré la possession du chargement après une immobilisation temporaire du navire. Était donc en jeu la réglementation de l'usage de biens. Dès lors, c'est le second alinéa de l'article 1 qui trouve à s'appliquer (*Air Canada c/Royaume-Uni*, 5 mai 1995, para. 34, série A n° 316-A).

2. Le respect des conditions prévues au second alinéa

88. Il faut donc déterminer si l'atteinte au droit de propriété de la société requérante était compatible avec le droit que possèdent les États, en vertu du second alinéa de l'article 1 du Protocole n° 1, "de mettre en vigueur les lois qu'ils jugent nécessaires pour réglementer l'usage des biens conformément à l'intérêt général".

a) Régularité et objet de l'ingérence

i. Arguments du Gouvernement

89. Le Gouvernement soutient que les autorités ont fouillé le navire car elles redoutaient qu'il n'introduise des armes en contrebande en Turquie dans un cadre organisé. Le chargement d'armes aurait donc été saisi en vertu de l'article 12 de la loi n° 6136 et de l'article 36 de l'ancien Code pénal turc ainsi que des articles 2 et 25 de la convention de Montreux et des articles 19 § 2 et 39 de la Convention des Nations Unies sur le droit de la mer du 10 décembre 1982. Selon le Gouvernement, les dispositions précitées de la convention de Montreux et de la Convention sur le droit de la mer lui conféraient le pouvoir de limiter le passage en transit par les Détroits des navires de commerce qui représentaient une menace pour la souveraineté, l'intégrité territoriale ou l'indépendance politique de l'État ou violaient de toute autre manière les principes du droit international consacrés par la Charte des Nations Unies. À cet égard, le trafic d'armes constituerait une menace pour la paix et l'ordre internationaux et contreviendrait aux principes du droit international et du droit international coutumier. Dès lors, la saisie provisoire du chargement d'armes aurait été nécessaire à la prévention du crime et à la protection de la sûreté publique, conformément à l'intérêt général.

ii. Arguments de la société requérante

90. La société requérante soutient que la capture et l'immobilisation du navire et de sa cargaison étaient injustifiées car rien n'indiquait qu'une infraction avait été commise ou allait l'être. Ces mesures n'auraient pas non plus été conformes aux principes du droit international au sens de l'article 1 du Protocole n° 1. Elle rappelle que la convention de Montreux, qui constitue en l'espèce la *lex specialis*, confère en ses articles 1 à 3 une complète liberté de passage et de navigation aux navires de commerce dans les Détroits et que l'article 3, en particulier, indique clairement que les navires de commerce ne sont astreints à aucun arrêt au cours de leur passage dans les Détroits, sauf aux fins du contrôle sanitaire pouvant être établi par la législation turque dans le cadre des prescriptions sanitaires internationales.

91. En ce qui concerne la Convention sur le droit de la mer, invoquée par le Gouvernement, la société requérante fait observer que la Turquie n'est pas partie à cette convention et qu'en tout état de cause elle ne trouve pas à s'appliquer dans les détroits du Bosphore et des Dardanelles, où le trafic est régi par la convention de Montreux. Cette dernière a été incorporée dans le droit turc. Eu égard à la décision de la Cour de cassation concluant que rien ne donnait à penser que les armes devaient être déchargées en Turquie pour y être introduites et que l'argument tiré par les autorités turques des articles 5 et 6 de la convention de Montreux ne tenait pas, la saisie du navire et de son chargement aurait été une mesure contraire au droit turc.

iii. Appréciation de la Cour

92. La Cour observe que les parties ont reconnu que l'atteinte au droit de propriété de la société requérante reposait sur une certaine base légale mais qu'elles ont des vues divergentes sur le sens et la portée du droit applicable. De plus, au cours des diverses étapes de la procédure interne, elles n'étaient pas non plus du même avis sur le degré d'applicabilité de la convention de Montreux, des règles du droit international coutumier régissant le passage en transit dans les Détroits et des dispositions du droit interne interdisant la contrebande d'armes. Alors que, au début de la procédure, les juridictions internes se sont appuyées sur l'article 5 de la convention de Montreux pour justifier le droit de la Turquie de saisir le chargement d'armes en raison d'un état de guerre persistant avec Chypre, dans ses observations à la Cour, le Gouvernement a plutôt tiré argument de la législation interdisant la contrebande d'armes, activité qui porte atteinte à la paix internationale.

93. La Cour admet que la convention de Montreux constitue une lex specialis pour ce qui est du passage en transit dans le Bosphore. À cet égard, elle prend note des points sur lesquels les parties ont des divergences d'interprétation de cette convention. Elle considère toutefois qu'elle n'a pas pour tâche en l'espèce de se prononcer sur l'interprétation et l'application de la convention de Montreux par la Turquie, car l'atteinte au droit de propriété de la société requérante a revêtu un caractère arbitraire pour les raisons indiquées ci-dessous.

b) Caractère proportionné de l'ingérence

94. La Cour rappelle qu'une mesure d'ingérence, notamment celle dont l'examen relève du second alinéa de l'article 1 du Protocole n° 1, doit ménager un "juste équilibre" entre les exigences de l'intérêt général et les impératifs de la sauvegarde des droits fondamentaux de l'individu. La recherche de pareil équilibre se reflète dans la structure de l'article 1 tout entier, donc aussi dans le second alinéa : il doit exister un rapport raisonnable de proportionnalité entre les moyens

employés et le but visé. En contrôlant le respect de cette exigence, la Cour reconnaît à l'État une grande marge d'appréciation tant pour choisir les modalités de mise en œuvre que pour juger si leurs conséquences se trouvent légitimées, dans l'intérêt général, par le souci d'atteindre l'objectif de la loi en cause (*Air Canada*, précité, para. 48).

95. La Cour note que ni la société requérante ni le Gouvernement n'ont formulé de commentaire sur la proportionnalité de l'ingérence. Ils se sont bornés à faire des observations sur la régularité et le but de l'ingérence.

96. En tout état de cause, pour apprécier la proportionnalité de l'ingérence, la Cour doit examiner le degré de protection offert contre l'arbitraire par les procédures mises en œuvre en l'espèce et déterminer si une absence totale d'indemnisation peut passer pour justifier sur le terrain de l'article 1 du Protocole n° 1.

97. En l'occurrence, le navire qui transportait le chargement appartenant à la société requérante fut capturé le 22 octobre 1991 et immobilisé jusqu'au 8 décembre 1992, date à laquelle il quitta la Turquie sur ordre de la cour de sûreté de l'État d'Istanbul. Comme indiqué plus haut, la capture du navire se fondait sur la crainte des autorités qu'il ne soit impliqué dans de la contrebande internationale d'armes. Toutefois, cette crainte a été dissipée par la lettre du ministre des Affaires étrangères du 12 novembre 1991, où celui-ci informait la cour de sûreté de l'État d'Istanbul, par l'intermédiaire du ministère de la Justice, que le chargement d'armes appartenait à la République islamique d'Iran (para. 22-23 ci-dessus). Les autorités de poursuite, pour leur part, ont accordé une importance cruciale au fait qu'il continuait à exister un état de guerre entre la Turquie et Chypre et que le navire ne jouissait donc pas de la liberté de passage dans les Détroits au sens de l'article 5 de la convention de Montreux (para. 20 ci-dessus). Or cette affirmation a elle aussi été démentie par le ministère des Affaires étrangères, qui a répondu aux questions de la cour de sûreté de l'État d'Istanbul par des lettres des 13 et 26 décembre 1991, ainsi que par le premier ministre dans un certificat du 22 février 1992 (para. 28 et 32 ci-dessus). Malgré cela, la Cour de sûreté de l'État d'Istanbul ne s'est pas appuyée sur ces informations mais a invoqué l'affaire *Vassoula*, un précédent isolé qui remontait à 1978 et concernait des circonstances très différentes, pour conclure qu'il existait un état de guerre entre la Turquie et Chypre et qu'il y avait donc lieu de poursuivre l'immobilisation du navire et du chargement d'armes (para. 33-35 ci-dessus). Cette juridiction n'a donné aucune raison pour justifier son rejet des déclarations et du certificat émanant des autorités compétentes de l'État et attestant qu'il n'y avait pas d'état de guerre.

98. Eu égard à ce qui précède, la Cour estime que le navire et son chargement auraient dû être libérés le 12 mars 1992 au plus tard, date à laquelle la Cour de sûreté de l'État a rendu sa décision, et que leur immobilisation après cette date était arbitraire car rien ne permettait de soupçonner une contrebande d'armes ni n'habilitait à saisir le navire à raison de l'existence d'un état de guerre entre la Turquie et Chypre.

99. De plus, la Cour déclare que les modalités d'indemnisation sont aussi un élément pertinent à prendre en compte lorsqu'il s'agit d'apprécier si l'ingérence litigieuse a en l'espèce respecté le juste équilibre voulu et, notamment, si elle a fait peser sur la société requérante une charge disproportionnée. À cet égard, la réglementation arbitraire de l'usage d'un bien pendant une longue période sans justification doit normalement passer pour une ingérence disproportionnée, et une absence totale d'indemnisation ne saurait se justifier sur le terrain de l'article 1 du Protocole n° 1 (v., *mutatis mutandis, Les saints monastères*, précité, para. 70-71, et *Papachelas c/Grèce* [GC], n° 31423/96, para. 48, CEDH 1999-II).

100. À cet égard, la Cour note que la demande d'indemnisation du dommage soumise par la société requérante a été rejetée par le tribunal de commerce de Beyoğlu, qui a estimé que le navire n'était pas un navire de commerce puisqu'il transportait entre autres des armes, et que son passage dans les Détroits ne pouvait donc pas être inoffensif au sens de la convention de Montreux (para. 49 et 58 ci-dessus).

101. La Cour relève que la Cour de cassation avait déjà conclu à l'absence d'infraction de contrebande d'armes et que l'article 6 § 1 de la convention de Montreux n'était pas applicable (para. 37 ci-dessus). Dès lors, même si les juridictions civiles n'étaient pas liées par les conclusions des juridictions pénales (para. 62 ci-dessus), les motifs invoqués par le tribunal de commerce de Beyoğlu n'étaient pas de nature à justifier sa décision de priver la société requérante de toute indemnisation du préjudice subi à compter du 12 mars 1992 (para. 99 ci-dessus).

102. Les considérations qui précèdent suffisent à la Cour pour conclure que l'atteinte des autorités aux droits de la société requérante était disproportionnée et n'a pas ménagé un juste équilibre entre les intérêts en jeu.

103. Dès lors, il y a eu violation de l'article 1 du Protocole n° 1. »

42.16 CEDH, *OOO KD-Konsalting c/Russie*, 29 mai 2018, Req. n° 54184/11.

* V. s^s n° 213.54.

« EN FAIT

I. Les circonstances de l'espèce

5. La société requérante est une société à responsabilité limitée ayant son siège à Moscou.

A. L'enquête pénale pour acquisition frauduleuse de zinc

6. Soupçonnant la société Severo-Ossetinski Khimzavod ("la société Khimzavod") de fabriquer du zinc de façon illicite et de le revendre, la police inspecta les ateliers de celle-ci le 8 avril 2007. Elle y découvrit 711 lingots de zinc d'un poids total de 15,5 tonnes, des moules portant la marque de la société Elektrotsink ainsi que des outils de moulage. Le même jour, tous ces objets furent saisis (изъяты) et déposés dans un entrepôt de la société Elektrotsink. Le directeur et quelques employés de la société dressèrent et signèrent un procès-verbal de réception (акт о принятии на ответственное хранение).

7. Le représentant de la société Khimzavod exposa, en présentant un contrat de fourniture, que le zinc appartenait à la société requérante et qu'il était destiné à être transformé en blanc de zinc pour être revendu. À son tour, la société

requérante fournit des documents justifiant l'achat du métal auprès d'une autre société.

8. L'enquêteur ayant remarqué des incohérences dans les documents présentés, le 30 mai 2007, il ouvrit une enquête pénale contre X pour escroquerie aggravée, à savoir "acquisition frauduleuse de zinc depuis une source inconnue moyennant de faux papiers". Personne ne fut déclaré victime ou partie civile.

9. Le 9 août 2007, les objets saisis et stockés dans l'entrepôt de la société Elektrotsink furent joints à l'affaire pénale en tant que preuves matérielles, conformément aux articles 81 et 82 du Code de procédure pénale. Ultérieurement, le 13 février 2008, un autre employé de cette société déclara que les lingots de zinc et les moules avaient été réceptionnés sous sa responsabilité (принял на ответственное хранение) à cette dernière date et qu'il les avait stockés dans un autre entrepôt scellé.

10. Le 10 août 2007, l'enquêteur, considérant que la société requérante avait bien démontré avoir acheté le métal, rendit une décision de non-lieu à poursuivre. Cependant, le 7 septembre 2007, le chef du département de l'Intérieur à Vladikavkaz annula cette décision et ordonna la poursuite de l'enquête pénale au motif que la société venderesse du zinc présentait certaines caractéristiques d'une société fictive.

11. Le 5 octobre 2007, la société Khimzavod forma un recours prévu par l'article 125 du Code de procédure pénale en son nom et au nom de la société requérante. Elle contestait les décisions d'ouverture de l'enquête et de saisie du zinc en tant que preuve ainsi que la rétention continue du métal. Le 22 octobre 2007, le tribunal du district Leninski de Vladikavkaz, en république d'Ossétie du Nord-Alanie ("le tribunal du district"), rejeta ce recours. Il accueillit l'argument de l'enquêteur selon lequel la rétention du zinc était nécessaire pour effectuer des expertises. Cette décision ne fut pas contestée.

12. En 2007 et 2008, trois expertises furent effectuées : l'une détermina la composition chimique des lingots saisis et les deux autres conclurent que ces lingots avaient été moulés dans d'autres moules que ceux qui avaient été saisis.

13. Il apparaît que, après ces expertises, plus aucune mesure d'instruction ne fut effectuée dans le cadre de l'enquête pénale. Celle-ci fut suspendue à plusieurs reprises en raison de l'impossibilité d'identifier un suspect. Elle fut reprise pour la dernière fois le 28 avril 2017.

B. L'enquête pénale concernant le vol du zinc

14. À une date indéterminée entre juin et septembre 2009, le zinc stocké dans l'entrepôt de la société Elektrotsink disparut. Le 13 septembre 2009, une enquête pénale pour vol aggravé fut ouverte. Il apparaît que la société requérante en a été informée en mai 2010.

15. Le Gouvernement ayant omis de fournir l'intégralité du dossier de l'enquête demandé lors de la communication de la présente requête, il est impossible de savoir, avec certitude, quelles mesures d'instruction ont été effectuées. Entre 2009 et 2017, l'enquête fut plusieurs fois suspendue en raison de l'impossibilité d'identifier un suspect. Elle fut reprise pour la dernière fois le 28 avril 2017.

C. Le recours formé par la société requérante sur le fondement de l'article 125 du Code de procédure pénale

16. À une date non précisée, la société requérante forma un recours en justice en vertu de l'article 125 du Code de procédure pénale. Elle contestait la rétention continue du zinc par les autorités.

17. Le 24 novembre 2009, le tribunal de district accueillit le recours de la société requérante. Il estima que, conformément à la décision de la Cour constitutionnelle du 16 juillet 2008 (para. 31 ci-dessous), il lui incombait de déterminer si la mesure de saisie était le seul moyen d'atteindre les objectifs de la procédure pénale ou s'il existait des moyens moins contraignants. Il considéra qu'il y avait suffisamment d'éléments dans le dossier démontrant que la société requérante avait acquis le zinc légalement, que sa mauvaise foi n'était pas prouvée, que personne d'autre n'avait soulevé de prétentions à l'égard du métal et que la rétention prolongée de celui-ci causait un préjudice à la plaignante. Il jugea que la rétention du zinc n'était plus justifiée à ce stade et enjoignit (обязать) à l'enquêteur en chef du département de l'Intérieur de remédier à cette défaillance.

18. La décision du tribunal du district ne fut pas contestée en cassation. Cependant, le zinc ne fut jamais restitué à la société requérante en raison de sa disparition de l'endroit où il avait été stocké (para. 14 ci-dessus).

19. Le 8 novembre 2010, le présidium de la cour suprême d'Ossétie du Nord-Alanie, statuant sur le pourvoi en révision formé par le procureur régional, annula la décision du 24 novembre 2009 et renvoya le dossier pour réexamen.

20. Il apparaît que, lors du réexamen du recours devant le tribunal du district, la société requérante modifia l'objet du recours. Elle reprochait en effet à l'enquêteur de ne pas avoir assuré la conservation du zinc, en violation de l'instruction du 20 août 2002 (para. 33 ci-dessous).

21. Le 30 novembre 2010, le tribunal de district rejeta le recours de la société requérante. Il rappela que ce type de contentieux ne donnait pas de pouvoirs aux tribunaux pour superviser l'enquête pénale dans sa globalité. Ainsi, il se déclara incompétent pour statuer sur la légalité de la saisie du zinc et du dépôt de celui-ci dans un entrepôt de la société Elektrotsink et il considéra que seul un tribunal qui statuerait sur la responsabilité pénale des personnes accusées du vol des preuves matérielles pourrait examiner les griefs soulevés par la société requérante.

22. Le 19 janvier 2011, la cour suprême d'Ossétie du Nord-Alanie rejeta le pourvoi en cassation de la société requérante.

D. Le contentieux de réparation du préjudice

23. Le 16 juin 2010, la société requérante assigna l'État russe en justice. Elle demandait une indemnisation de son préjudice découlant de la saisie, la rétention et la disparition du zinc.

24. La société Elektrotsink, participant au procès comme tierce partie, indiqua qu'elle n'avait pas conclu de contrat de dépôt du zinc avec les organes chargés des poursuites et que

sa direction n'avait pas autorisé ses employés à réceptionner le métal en question.

25. Le 9 novembre 2010, le tribunal de commerce d'Ossétie du Nord-Alanie accueillit l'action de la société requérante. Il considéra que le zinc avait disparu alors qu'il était sous la responsabilité du département de l'Intérieur, qui n'avait pas conclu de contrat de dépôt et qui n'avait pas respecté les dispositions régissant la saisie et la conservation des preuves matérielles. Le tribunal examina les contrats conclus par la société requérante avec la société lui ayant vendu le zinc et avec la société Khimzavod, ainsi que d'autres documents, pour conclure que la société requérante avait acheté le métal de bonne foi et que, au moment de la saisie de celui-ci par la police, elle en était le propriétaire.

26. Le 31 janvier 2011, la 16e cour de commerce d'appel annula ce jugement et rejeta la demande au motif qu'aucune faute du département de l'Intérieur n'avait été prouvée et que l'enquête pénale pour escroquerie restait pendante malgré la disparition des preuves matérielles.

27. Le 19 avril 2011, la cour fédérale de commerce de la circonscription du Caucase du Nord ("la cour fédérale") rejeta le pourvoi en cassation de la société requérante. Elle se prononça en particulier comme suit :

"[...] [en demandant une indemnisation pour le préjudice qu'elle aurait subi] avant qu'une décision ne soit rendue dans l'affaire pénale, la demanderesse n'a pas démontré que, indépendamment des résultats de l'enquête pénale (y compris dans le cas où il aurait été prouvé qu'elle avait acquis des biens dérobés), les biens litigieux devaient lui être restitués [...]"

28. La cour fédérale souligna que les juridictions commerciales ne pouvaient pas s'immiscer dans l'activité des organes de poursuite, leur imposer une stratégie à suivre pour l'enquête et statuer sur le délit d'acquisition frauduleuse de zinc. Enfin, elle estima, en se référant aux articles 81, 213 et 309 du Code de procédure pénale (para. 30 et 32 ci-dessous), que les preuves matérielles ne pouvaient être restituées que par une décision de non-lieu à poursuivre ou par un jugement de condamnation ou de relaxe et que, en l'absence d'une telle décision dans l'affaire pénale concernant l'escroquerie, la société requérante ne pouvait demander ni la restitution du zinc, ni une indemnisation pour la perte de celui-ci.

29. Le 29 juin 2011, la Cour supérieure de commerce de Russie rejeta le pourvoi en révision de la société requérante.

II. Le droit et la pratique internes pertinents [...]

EN DROIT

I. Sur la violation alléguée de l'article 1 du protocole n° 1 à la convention

37. La société requérante se plaint d'une ingérence dans son droit de propriété en raison de la saisie et de la rétention selon elle injustifiées de ses marchandises, de la disparition de celles-ci et du refus des juridictions internes de l'indemniser pour le préjudice qu'elle estime avoir subi. Elle dénonce, à cet égard, une violation de l'article 1 du Protocole n° 1, ainsi libellé :

"Toute personne physique ou morale a droit au respect de ses biens. Nul ne peut être privé de sa propriété que pour cause d'utilité publique et dans les conditions prévues par la loi et les principes généraux du droit international.

Les dispositions précédentes ne portent pas atteinte au droit que possèdent les États de mettre en vigueur les lois qu'ils jugent nécessaires pour réglementer l'usage des biens conformément à l'intérêt général ou pour assurer le paiement des impôts ou d'autres contributions ou des amendes."

A. Sur la recevabilité

1. Les arguments des parties

38. Le Gouvernement considère que la société requérante n'avait pas de "biens" au sens de l'article 1 du Protocole n° 1 et que la requête est donc incompatible *ratione materiae* avec cette disposition.

39. Il argue que les circonstances de l'acquisition du zinc par l'intéressée ont été examinées dans le cadre de l'enquête pénale pour escroquerie et que le "propriétaire légitime" du métal n'a pas été identifié. Analysant différents documents du dossier de l'enquête, il conteste la thèse de la société requérante selon laquelle celle-ci avait acheté le zinc auprès d'une société tierce. Dans ses observations en réponse, il qualifie de fictif le contrat d'achat de zinc par la société requérante. Il allègue que, pour justifier l'acquisition du métal, l'intéressée a présenté de faux documents au lieu de "documents légaux", et que le métal a été obtenu de façon illicite.

40. Par ailleurs, le Gouvernement assimile la présente cause aux affaires *Järvi-Eristys Oy c/Finlande* (décis.), n° 41674/98, 15 mai 2005 et *Butler c/Royaume-Uni* (décis.), n° 41661/98, 27 juin 2002 où la Cour a déclaré manifestement mal fondés les griefs tirés d'une violation de l'article 1 du Protocole n° 1. Dans la première affaire, une société finnoise avait acheté du cuivre en Russie auprès d'un vendeur douteux et à un prix largement inférieur aux prix du marché, et avait présenté de faux documents aux douanes. Les douanes finnoises avaient décidé de restituer le métal à l'État russe, qui l'avait réclamé. Dans la deuxième affaire, les juridictions britanniques avaient ordonné la confiscation d'une somme d'argent au requérant, ayant estimé que cet argent était destiné à du trafic de stupéfiants.

41. La société requérante conteste ces arguments. Elle estime que, en vertu du principe de présomption d'innocence, il ne lui incombait pas de prouver qu'elle avait acquis les marchandises en cause de façon licite et que c'était aux autorités de prouver le contraire dans le cadre de l'enquête pénale pour escroquerie. Elle allègue que les autorités internes n'ont pas démontré qu'elle n'était pas propriétaire du métal saisi. Elle ajoute qu'aucune victime de l'escroquerie présumée n'a été identifiée et aucune autre personne n'a revendiqué de droits à l'égard du zinc.

42. La société requérante soutient, en outre, avoir fourni tous les documents nécessaires prouvant selon elle qu'elle avait acquis le métal de façon licite et indique qu'aucun de ces documents n'a été déclaré faux. Elle ajoute qu'elle ne peut être tenue responsable des agissements de ses fournisseurs et prestataires de services.

2. L'appréciation de la Cour

43. La Cour rappelle qu'un requérant ne peut alléguer une violation de l'article 1 du Protocole n° 1 que dans la mesure où les décisions qu'il conteste se rapportent à ses "biens" au sens de cette disposition. La notion de "bien" a une portée autonome qui est indépendante des qualifications formelles du droit interne. Ce qui importe, c'est de rechercher si les circonstances d'une affaire donnée, considérées dans leur ensemble, peuvent passer pour avoir rendu le requérant titulaire d'un intérêt substantiel protégé par l'article 1 du Protocole n° 1 (v., parmi les arrêts récents, *Béláné Nagy c/Hongrie* [GC], n° 53080/13, para. 73 et 76, CEDH 2016).

44. La Cour rappelle également que, en vertu du principe de subsidiarité, elle n'a normalement pas pour tâche de se prononcer sur la qualité de propriétaire des biens d'un requérant car l'examen de cette question, impliquant une interprétation des dispositions internes, incombe aux autorités nationales (*Järvi-Eristys Oy*, décision précitée).

45. Elle observe en l'espèce que, dans sa décision du 24 novembre 2009, le tribunal de district a reconnu la qualité de propriétaire du zinc à la société requérante. Bien que cette décision ait été ultérieurement annulée pour des motifs liés à la répartition des compétences entre les tribunaux et les organes de poursuites, la qualité de propriétaire de l'intéressée n'a pas été remise en question (para. 17 et 21 ci-dessus). Le tribunal de commerce a également reconnu que la société requérante était propriétaire du zinc et la juridiction d'appel n'a pas contesté cette conclusion (para. 25-26 ci-dessus). C'est seulement la juridiction de cassation qui a, pour la première fois, laissé entendre qu'il pouvait y avoir un doute sur la qualité de propriétaire de la société requérante (para. 27 ci-dessus). Quant aux autorités chargées des poursuites, la Cour relève qu'elles ne sont parvenues à aucune conclusion formelle concernant la propriété du zinc, que ce soit en faveur de la société requérante ou d'un tiers.

46. Dans les circonstances où la question de savoir qui était propriétaire des biens n'a pas été tranchée par les juridictions internes, la Cour doit se livrer à sa propre analyse de la situation (v. aussi, pour une approche similaire, *Uniya OOO* et *Belcourt Trading Company*, précité, para. 297-299, et *Novikov c/Russie*, n° 35989/02, para. 38, 18 juin 2009). En l'espèce, elle relève tout d'abord que ni la société requérante ni ses dirigeants n'ont jamais été inculpés d'une quelconque infraction en lien avec ce bien. De surcroît, elle note que, pendant dix ans, personne d'autre que la société requérante n'a revendiqué de droits à l'égard du zinc (v. aussi *Uniya OOO* et *Belcourt Trading Company*, précité, para. 303, et *Novikov*, précité, para. 35 ; comparer avec *Järvi-Eristys Oy*, décision précitée). La Cour constate également que la société requérante a fourni, tant aux instances internes qu'à la Cour, plusieurs documents justifiant raisonnablement son droit de propriété. Elle considère que, à la différence des affaires citées par le Gouvernement, où les requérants avaient la possibilité de contester les mesures prises à l'égard de leurs biens dans le cadre de procédures contradictoires devant des juridictions, l'intéressée n'a pas eu, en l'espèce, l'occasion de prouver qu'elle avait légalement acquis le zinc car les juridictions ont finalement décidé que cette question ne pouvait être débattue qu'à la fin de l'enquête pénale.

47. La Cour prend note de l'argument du Gouvernement selon lequel le contrat d'achat du zinc était fictif, mais elle estime que le Gouvernement ne peut pas valablement avancer de thèses non débattues devant les instances internes (v. aussi, dans le contexte de l'article 10 de la convention, *Vereinigung Bildender Künstler c/Autriche*, n° 68354/01, para. 30-31, 25 janv. 2007).

48. La Cour considère ainsi que la société requérante a démontré que le zinc constituait son "bien" au sens de l'article 1 du Protocole n° 1. Partant, elle rejette l'exception du Gouvernement tirée de l'incompatibilité *ratione materiae* de la requête.

49. Constatant que la requête n'est pas manifestement mal fondée au sens de l'article 35 § 3 a) de la Convention et qu'elle ne se heurte par ailleurs à aucun autre motif d'irrecevabilité, la Cour la déclare recevable.

B. Sur le fond

1. Les arguments des parties

50. Le Gouvernement considère que, les circonstances de l'acquisition du zinc étant selon lui suspicieuses, la saisie du métal par les autorités était justifiée et sa rétention demeurait nécessaire tout au long de l'enquête, jusqu'à ce qu'une décision finale soit rendue dans l'affaire pénale pour escroquerie, affaire qu'il estime être particulièrement compliquée.

51. Quant à la disparition du zinc et au rejet de la demande d'indemnisation à cet égard, le Gouvernement soutient qu'aucune faute ne peut être imputée aux autorités ayant déposé le métal dans un entrepôt de la société Elektrotsink, et que, de toute façon, la conformité de ce dépôt à la loi doit être examinée dans le cadre de l'enquête pénale pour vol de zinc.

52. La société requérante considère que, indépendamment de la légalité de la saisie initiale du zinc, la rétention des marchandises pendant l'enquête pénale, sans qu'il y ait eu de mesures d'instruction les concernant, a été disproportionnée. Selon elle, l'enquête pénale pour escroquerie s'était enlisée et n'a été reprise qu'après la communication de la présente requête par la Cour, à un moment où l'action publique était déjà prescrite, ce qui aurait obligé les autorités chargées des poursuites à rendre une décision de non-lieu à poursuivre.

53. La société requérante reproche en outre à l'enquêteur d'avoir omis de conclure un contrat de dépôt des preuves matérielles, en violation de l'arrêté du Gouvernement du 20 août 2002, et elle déplore que le Code de procédure pénale ne réglemente pas les conséquences de la perte de preuves matérielles dans les affaires pénales. Elle assimile la présente affaire à l'affaire *Novikov* (précitée), où la Cour avait constaté la violation de l'article 1 du Protocole n° 1 car les autorités n'avaient ni rendu les biens saisis au requérant ni versé de dédommagement.

2. L'appréciation de la Cour

a) Sur l'objet de l'analyse par la Cour

54. La Cour observe que le grief de la société requérante comporte trois branches. Premièrement, l'intéressée se plaint de la saisie de ses biens en 2007. Deuxièmement, elle se plaint de leur rétention continue en tant que preuves maté-

rielles jusqu'à leur disparition. Enfin, elle dénonce le refus des juridictions internes de lui accorder une indemnisation pour la disparition de ses biens.

55. La Cour considère qu'il n'est pas nécessaire de se prononcer sur les deux premières mesures contestées par la société requérante, à savoir la saisie et la rétention des biens en cause, car la situation a radicalement changé avec leur disparition. En effet, elle note que les mesures temporaires de saisie et de rétention se sont transformées en une perte définitive des biens de la société requérante. Les biens disparus, tout en gardant le statut de preuves matérielles, n'étaient plus retenus par les autorités.

56. La Cour relève en outre que, bien que l'action en indemnisation introduite par la société requérante devant les juridictions commerciales concernait la saisie, la rétention et la disparition de ses biens, son but principal était bien d'obtenir une réparation pour la perte du zinc. Aussi analysera-t-elle uniquement la disparition du zinc et les événements subséquents (v. aussi, pour une approche similaire, *Uniya OOO et Belcourt Trading Company*, précité, para. 275 et 309, et *Novikov*, précité, para. 44).

b) Sur le respect de l'article 1 du Protocole n° 1 à la Convention

57. La Cour rappelle que, lorsque les autorités judiciaires ou de poursuite saisissent des biens, elles doivent prendre les mesures raisonnables nécessaires à leur conservation (*Dzugayeva c/Russie*, n° 44971/04, para. 27, 12 févr. 2013), notamment en dressant un inventaire des biens et de leur état au moment de la saisie. Par ailleurs, la législation interne doit prévoir la possibilité d'entamer une procédure contre l'État afin d'obtenir réparation pour les préjudices résultant d'une conservation défectueuse de ces biens. Encore faut-il que cette procédure soit effective, pour permettre au propriétaire de défendre sa cause (*Tendam c/Espagne*, n° 25720/05, para. 51, 13 juill. 2010, et les affaires qui y sont citées).

58. En l'occurrence, la Cour observe que les juridictions pénales se sont déclarées finalement incompétentes pour examiner le recours de la société requérante concernant le devoir de l'enquêteur de conserver le zinc saisi. En effet, elles ont considéré que cette question ne pouvait pas être réglée avant qu'un tribunal ait statué sur la responsabilité pénale des personnes accusées du vol de ce métal (para. 21-22 ci-dessus). Or cette enquête était toujours en cours en avril 2017, soit près de sept ans et demi après son ouverture et sans aboutir à aucun résultat concret (para. 14-15 ci-dessus).

59. Elle observe en outre qu'il rSessort des dispositions de l'article 82 du Code de procédure pénale interprétées par la Cour constitutionnelle que les preuves matérielles ne doivent pas faire l'objet de rétentions illimitées dans le temps et, dans certains cas, peuvent être restituées à leurs possesseurs légitimes avant la fin de l'enquête pénale (para. 30-31 ci-dessus). Néanmoins, en l'espèce, les juridictions commerciales ont aussi refusé de statuer sur la demande d'indemnisation formulée par la société requérante avant la clôture de l'enquête pénale pour escroquerie, alors que cette dernière s'est enlisée et était toujours pendante dix ans après son ouverture (para. 13, 26-29 ci-dessus).

La Cour estime donc que, nonobstant la disparition du zinc, la société requérante s'est retrouvée pendant plusieurs années dans l'impossibilité d'entamer une procédure contre l'État afin de prouver que les autorités avaient failli à leur obligation de protéger ses biens et de réclamer une indemnisation en raison de leur manquement (v. aussi para. 46 ci-dessus, *in fine*).

De l'avis de la Cour, la société requérante a ainsi dû supporter une charge excessive, incompatible avec le respect de l'article 1 du Protocole n° 1. Partant, il y a eu violation de cette disposition. »

Principales abréviations utilisées

	signifie
Actu.	Actualités, rubrique dans des hebdomadaires et des mensuels, papier et en ligne
Arr.	arrêté
Agrasc	Agence de gestion et de recouvrement des avoirs saisis et confisqués
AJ pénal	*Actualité juridique pénal*
AJDA	*Actualité juridique droit administratif*
AJDI	*Actualité juridique droit immobilier*
AJ fam.	*Actualité juridique famille*
al.	alinéa(s)
anc.	ancien(ne)
art.	article(s)
arr.	arrêté
Assoc.	Association
BOMJ	*Bulletin officiel du ministère de la Justice*
Bull. mixte	*Bulletin des arrêts des chambres mixtes de la Cour de cassation*
c/	contre
C. assur.	Code des assurances
C. civ.	Code civil
C. com.	Code de commerce
C. déf.	Code de la défense
C. douanes	Code des douanes
C. pén.	Code pénal
C. mut.	Code de la mutualité
C. pr. pén.	Code de procédure pénale
C. route	Code de la route
C. trav.	Code du travail
Carpa	Caisse de règlement pécuniaire des avocats
Cass. mixte	Cour de cassation, chambre mixte
CEDH	Cour européenne des droits de l'homme
CCH	Code de la construction et de l'habitation
Ceseda	Code de l'entrée et du séjour des étrangers et du droit d'asile
CGI	Code général des impôts
CGPPP	Code général de la propriété des personnes publiques
chron.	chronique, rubrique dans des hebdomadaires et des mensuels, papier et en ligne
Circ.	circulaire
Civ. 1re, 2e, 3e	Cour de cassation, chambres civiles
Civi	Commission d'indemnisation des victimes d'infractions
CJCE/UE	Cour de justice des Communautés européennes / de l'Union européenne
CPI	Code de la propriété intellectuelle
Com.	Cour de cassation, chambre commerciale
comm.	commentaire, rubrique dans des hebdomadaires et des mensuels, papier et en ligne
Cons. const.	Conseil constitutionnel
Conv. EDH	Convention européenne de sauvegarde des droits de l'homme et des libertés fondamentales
Crim.	Cour de cassation, chambre criminelle
CSI	Code de la sécurité intérieure
CSS	Code de la sécurité sociale
D.	décret
D.	*Recueil Dalloz*
D. actu.	*Dalloz actualités, en ligne*
décis.-cadre	décision-cadre
DC	Décision de conformité du Conseil constitutionnel

DDHC	Déclaration des droits de l'homme et du citoyen
DUDH	Déclaration universelle des droits de l'homme
DACG	Direction des affaires criminelles et des grâces du ministère de la Justice
Dir.	directive
Dr. pén.	*Droit pénal*
Dr. soc.	*Droit social*
éd.	édition
ex.	exemple(s)
fasc.	fascicule, *Juris-Classeur*
Gaz. Pal.	*Gazette du Palais*
GIR	Groupe interministériel de recherches
J.-Cl. Pén.	*Juris-Classeur Pénal*
J.-Cl. Pr. pén.	*Juris-Classeur Procédure pénale*
JCP	*Juris-Classeur périodique – Semaine juridique* (édition générale)
JIRS	Juridictions interrégionales spécialisées
JLD	Juge des libertés et de la détention
JO	*Journal officiel*
JOAN	*Journal officiel-Assemblée nationale*
JOCE/JOUE	*Journal officiel des Communautés européennes / de l'Union européenne*
L.	loi
législ.	législature
LO	loi organique
LPA	*Les Petites affiches*
M€	million d'euros
min.	ministre, ministère
mod.	modifié
n$^{o(s)}$	numéro(s)
not.	notamment
nouv.	nouveau
NP	Arrêt non publié au *Bulletin de la Cour de cassation,* disponible sur *Légifrance*
obs.	observations
Ord.	Ordonnance
p.	page(s)
P	Bulletin des arrêts des chambres de la Cour de cassation
PIAC	Plate-forme d'identification des avoirs criminels
préc.	Précité
Protoc. add.	Protocole additionnel
QPC	Question prioritaire de constitutionnalité
Rapp.	rapport
Règl.	règlement
Rép. civ.	*Encyclopédie Dalloz, Répertoire de droit civil*
Rép. com.	*Encyclopédie Dalloz, Répertoire de droit commercial*
Rép. pén.	*Encyclopédie Dalloz, Répertoire de droit pénal*
req.	requête
Rev. pénit.	*Revue pénitentiaire et de droit pénal*
Rev. sociétés	*Revue des sociétés*
RFDA	*Revue française de droit administratif*
RSC	*Revue de science criminelle et de droit pénal comparé*
RGDA	*Revue générale du droit des assurances*
RID pén.	*Revue internationale de droit pénal*
RJDA	*Revue de jurisprudence de droit des affaires*
RTD civ.	*Revue trimestrielle de droit civil*
RTD com.	*Revue trimestrielle de droit commercial*
RTD eur.	*Revue trimestrielle de droit européen*
RTDI	*Revue trimestrielle de droit immobilier*
s.	suivant(e)(s)
Sarvi	Service d'aide au recouvrement des victimes d'infraction
sect.	section
Somm.	sommaire
s^{s}	sous
t.	tome
TJ	tribunal judiciaire
v.	voir
V^{o}	*Verbo*

Index thématique alphabétique

• Les chiffres renvoient aux numéros des paragraphes.

A

Absence de lien entre le bien confisqué et l'infraction
> V. *Lien entre le bien confisqué et l'infraction (défaut de —)*

Absence de lien entre le bien confisqué et le condamné
> V. *Lien entre le bien confisqué et le condamné (défaut de —)*

Abus de bien social
- objet de l'infraction, 124.44

Accès au dossier
- restitution, 245.65
- saisie spéciale, 231.94

Accord de partage
- entraide judiciaire internationale aux fins de confiscation (hors UE), 312.243, 312.244
- entraide judiciaire internationale aux fins de confiscation (UE), 322.412 s., 322.421, 322.422

Acte d'entretien et conservation
- entraide judiciaire internationale aux fins de saisie (hors UE), 311.253
- entraide judiciaire internationale aux fins de saisie (UE), 321.391, 321.401
- saisie spéciale, 241.32

Actif numérique
- confiscation, 123.15
- saisie spéciale, 234.31, 234.81 s., 234.91, 234.95, 234.101, 234.102

Action
- confiscation (conditions), 123.15
- confiscation (exécution), 132.101, 132.102
- saisie de bien ou droit mobilier incorporel, 234.131 s.

Action récursoire de l'État
- confiscation (exécution), 132.138

Administration chargée des domaines
- confiscation (exécution), 132.32, 132.33, 132.81

Affectation à un service d'enquête (post-sentencielle)
- condition de fond, 132.142
- confiscation (exécution), 132.141 s.
- pratique, 132.144
- procédure, 132.143

Affectation à un service d'enquête ou judiciaire (pré-sentencielle)
- appel, 244.41
- condition de fond, 244.10, 244.21, 244.31
- condition de forme, 244.41 s.
- constitutionnalité, 212.63
- entraide judiciaire internationale aux fins de saisie (UE), 321.401

Affectation sociale
- confiscation (exécution), 132.161 s.

Agence de gestion et de recouvrement des avoirs saisis et confisqués (Agrasc)
- affectation à un service d'enquête ou judiciaire (post-sentencielle), 132.143
- affectation à un service d'enquête ou judiciaire (pré-sentencielle), 244.45
- aliénation avant jugement (immeuble), 242.63
- aliénation avant jugement (meuble), 242.55
- compétence, 00.07
- confiscation (exécution), 132.31 s., 132.81, 132.135
- création, 00.07
- entraide judiciaire internationale aux fins de confiscation (hors UE), 312.244
- entraide judiciaire internationale aux fins de confiscation (UE), 322.414, 322.422
- entraide judiciaire internationale aux fins de saisie (hors UE), 311.157, 311.252
- entraide judiciaire internationale aux fins de saisie (UE), 321.391, 321.392, 321.402
- gestion des biens saisis, 241.40 s., 241.51, 241.52, 241.60, 241.71
- information des victimes et des administrations, 245.131
- mandat de gestion, 241.63
- organisation, 00.07
- restitution de bien saisi, 245.132
- saisie à l'audience, 131.142
- statistiques, 00.07

Agent de police judiciaire
- saisie de droit commun (conditions), 221.132, 221.282

Agrasc
> V. *Agence de gestion et de recouvrement des avoirs saisis et confisqués (Agrasc)*

Ajournement
- confiscation (prononcé), 131.81

Aliénation avant jugement (immeuble)
- appel, 242.63
- condition de fond, 242.62
- condition de forme, 242.63
- consignation du produit de la vente, 242.64
- restitution du produit de la vente, 242.64

Aliénation avant jugement (meuble)
- appel, 242.53, 242.54
- bien susceptible de dévalorisation, 242.41
- compétence, 242.51
- condition de fond, 242.20, 242.31, 242.41 s.
- condition de forme, 242.50 s.
- consignation du produit de la vente, 242.56
- constitutionnalité, 212.63

- contrôle de proportionnalité, 242.43
- demande de restitution, 242.54
- entraide judiciaire internationale aux fins de saisie (hors UE), 311.253
- entraide judiciaire internationale aux fins de saisie (UE), 321.391, 321.401
- forme de la décision, 242.52
- intérêt à agir, 242.53
- présomption (d'innocence), 242.42
- restitution du produit de la vente, 242.57
- restitution impossible, 242.31
- saisie à l'audience, 131.142
- statistiques, 242.55
- unique objet de l'appel, 242.53

Analyse économique du droit
- confiscation (dissuasion), 00.02

Ancien code pénal
- communauté conjugale, 125.16
- corps du délit, 124.42

Animal
- confiscation (conditions), 124.101 s.
- confiscation (objet), 111.41, 111.42, 111.51, 111.52
- constitutionnalité, 112.15 s., 131.152
- dévolution du bien confisqué, 131.152
- légalité (confiscation), 121.46
- lien avec l'infraction (« victime »), 124.102, 124.103
- lien avec l'infraction (instrument), 124.102, 124.103
- premier président de la cour d'appel, 221.222, 221.272
- propriété du condamné (nécessité), 125.11
- saisie (cession), 221.222
- saisie (euthanasie), 221.222
- saisie (principe de placement), 221.221
- saisie (remise à l'autorité administrative), 221.223
- saisie de droit commun (conditions), 221.221 s.

Appel
- affectation à un service d'enquête ou judiciaire (pré-sentencielle), 244.41
- aliénation avant jugement (immeuble), 242.63
- aliénation avant jugement (meuble), 242.53, 242.54
- confiscation (prononcé), 131.161, 131.162
- destruction de l'objet saisi, 243.11, 243.22, 243.24
- entraide judiciaire internationale aux fins de confiscation (hors UE), 312.221, 312.222
- entraide judiciaire internationale aux fins de confiscation (UE), 322.355, 322.381 s.
- entraide judiciaire internationale aux fins de saisie (hors UE), 311.220 s.
- entraide judiciaire internationale aux fins de saisie (UE), 321.310 s.
- gestion des biens saisis, 241.52, 241.63
- restitution de bien saisi, 245.24, 245.36, 245.56, 245.68, 245.191
- saisie spéciale (conditions), 231.91 s.

Arme
- confiscation (objet), 111.51, 111.52, 111.71, 111.81, 111.112 s.
- confiscation (prononcé), 131.72
- saisie de droit commun (conditions), 221.45

Assurance sur la vie
- confiscation (exécution), 132.102, 132.111, 132.112
- confiscation (prononcé), 131.55
- gel du contrat d'assurance sur la vie, 234.126
- restitution de bien saisi, 245.162
- > V. aussi *Saisie de contrat d'assurance sur la vie*

Atteinte à l'administration publique
- peine complémentaire, 124.95

Autorité de la chose jugée
- confiscation (exécution), 132.181
- confiscation (prononcé), 131.161, 131.162
- saisie spéciale (non), 231.111

Autorité publique
- > V. *Titre émis par l'autorité publique, Valeur fiduciaire émise par l'autorité publique*

Avocat
- représentation des objets saisis (absence), 221.142

Avocat (cabinet)
- > V. *Cabinet (avocat)*

Avocat (domicile)
- > V. *Domicile (avocat)*

Avocat (secret professionnel)
- > V. *Secret (avocat)*

B

Banquier (secret)
- > V. *Secret (bancaire)*

Bâtonnier
- saisie de droit commun (conditions), 221.241

Beccaria C. (XVIIIe siècle)
- doctrine, 00.02, 00.03

Bien (origine non justifiée)
- confiscation (nature de l'infraction poursuivie), 124.52
- confiscation (objet), 111.41
- contrôle de proportionnalité, 122.61, 231.25
- date d'acquisition (indifférence), 124.56
- entraide judiciaire internationale aux fins de confiscation (hors UE), 312.11, 312.73, 312.74
- entraide judiciaire internationale aux fins de confiscation (UE), 322.71, 322.73, 322.82
- entraide judiciaire internationale aux fins de saisie (hors UE), 311.11, 311.21, 311.74, 311.75
- entraide judiciaire internationale aux fins de saisie (UE), 321.71, 321.74
- justification partielle de l'origine licite des biens, 124.57
- libre disposition du condamné (bien à la —), 124.53
- mise en mesure d'expliquer l'origine, 124.55
- non-justification de ressources, 124.57
- origine (justification), 124.54, 124.55
- origine illicite (présomption), 124.54
- origine licite (charge de la preuve), 124.54
- peine de confiscation (champ d'application), 124.52
- peine encourue, 124.52
- propriétaire de bonne foi, 124.53
- propriété du condamné, 124.53

Bien commun
- > V. *Communauté conjugale*

Bien dont la restitution est impossible
- aliénation avant jugement (meuble), 242.31
- destruction, 243.11

Bien indisponible
- > V. *Indisponibilité du bien saisi*

Bien indivis
- > V. *Indivision*

Bien nécessitant des actes d'administration
- entraide judiciaire internationale aux fins de saisie (hors UE), 311.253
- entraide judiciaire internationale aux fins de saisie (UE), 321.391, 321.401
- gestion des biens saisis, 241.60 s.

Bien spécialement défini
- confiscation (conditions), 124.90 s.
- confiscation (objet), 111.41, 111.51
- entraide judiciaire internationale aux fins de confiscation (UE), 322.71, 322.73, 322.82
- entraide judiciaire internationale aux fins de saisie (UE), 321.71, 321.74
- légalité (confiscation), 121.44

Bien susceptible de dévalorisation
- aliénation avant jugement (meuble), 242.41

- entraide judiciaire internationale aux fins de saisie (hors UE), 311.253
- entraide judiciaire internationale aux fins de saisie (UE), 321.391, 321.401

Bien susceptible de restitution à la victime
- objet de l'infraction, 125.32
- produit de l'infraction, 125.32
- saisie spéciale (conditions), 231.24

Billet de banque
- confiscation (objet), 111.114
- confiscation (prononcé), 131.72
- destruction, 111.114
- faux monnayage, 111.114
- remise d'un exemplaire au centre d'analyse national, 221.211
- remise d'un exemplaire au centre d'analyse national (exception), 221.212
- saisie de droit commun (conditions), 221.211, 221.212

Bitcoin
> V. *Actif numérique*

Blanchiment
- objet de l'infraction, 124.44

Blockchain
> V. *Actif numérique*

Brevet d'invention
- confiscation (conditions), 123.15
- confiscation (nature), 111.132
- dévolution du bien confisqué, 131.151
- saisie de bien ou droit mobilier incorporel, 234.31

C

Cabinet (avocat)
- saisie de droit commun (conditions), 221.241 s.
> V. aussi *Secret (avocat)*

Cassation
> V. *Pourvoi en cassation*, *Premier président de la Cour de cassation*

Centre d'analyse national
- billet de banque (remise), 221.211
- pièce de monnaie (remise), 221.211

Cession (inopposabilité à l'État)
- saisie immobilière, 233.81

Chambre de l'instruction
- affectation à un service d'enquête ou judiciaire (pré-sentencielle), 244.41
- aliénation avant jugement (immeuble), 242.63
- aliénation avant jugement (meuble), 242.53, 242.54
- destruction de l'objet saisi, 243.11, 243.22, 243.24
- difficulté d'exécution, 231.173, 231.174
- entraide judiciaire internationale aux fins de saisie (hors UE), 311.220 s.
- entraide judiciaire internationale aux fins de saisie (UE), 321.310 s.
- gestion des biens saisis, 241.52, 241.63
- restitution de bien saisi, 245.24, 245.35, 245.36, 245.56, 245.68, 245.191
- saisie spéciale (conditions), 231.91 s.

Charte des droits fondamentaux de l'Union européenne
- entraide judiciaire internationale aux fins de confiscation (UE), 322.165
- entraide judiciaire internationale aux fins de saisie (UE), 321.166

Civi
> V. *Commission d'indemnisation des victimes d'infractions (Civi)*

Clause d'accroissement
> V. *Tontine*

Clause de tontine
> V. *Tontine*

Code de la route
- confiscation (prononcé), 131.73
- véhicule (confiscation), 131.73

Coin
> V. *Actif numérique*

Commission d'indemnisation des victimes d'infractions (Civi)
- confiscation (exécution), 132.133

Commission du secret de la défense nationale
- saisie de droit commun (conditions), 221.103

Commission rogatoire
- saisie de droit commun (conditions), 221.292, 221.297

Communauté conjugale
- ancien code pénal, 125.16
- confiscation (conditions), 125.16
- contrôle de proportionnalité, 122.102
- nécessité d'une intervention législative, 00.13, 125.16

Complicité
- confiscation (conditions), 121.14, 121.15
- confiscation en valeur, 126.32

Comptable public
- confiscation (exécution), 132.31 s., 132.82
- confiscation en valeur, 126.42

Compte bancaire
- confiscation (prononcé), 131.54
> V. aussi *Saisie de compte bancaire et d'actif numérique*

Concours de saisies pénales
- saisie pénale (notion), 211.31, 211.32

Concours de saisies spéciales
- saisie pénale (notion), 231.07

Concurrence
> V. *Pratique anti-concurrentielle*

Condamnation
> V. *Confiscation (conditions)*, *Confiscation (prononcé)*

Confiscation (conditions)
- actif numérique, 123.15
- action, 123.15
- animal, 124.101 s.
- bien corporel, 123.11, 123.12
- bien fondé de la prévention, 111.115
- bien immeuble, 123.11, 123.12
- bien incorporel, 123.11, 123.12
- bien meuble, 123.11, 123.12
- bien spécialement défini, 124.90 s.
- brevet d'invention, 123.15
- communauté conjugale, 125.16
- complicité, 121.14
- condamnation, 111.115
- confiscation en nature, 126.11
- confiscation en valeur, 126.21 s., 126.31, 126.41 s.
- contrôle de proportionnalité, 122.05 s.
- décès du mis en cause, 111.121
- démembrements du droit de propriété, 123.14
- dessin et modèle, 123.15
- détention illicite, 123.16, 124.81 s.
- droit de créance, 123.15
- droit de propriété, 123.14
- droit incorporel, 123.15
- droit personnel, 123.15
- droit réel, 123.14
- droits d'auteur, 123.11, 123.15
- droits du producteur de bases de données, 123.15
- droits sociaux, 123.15
- droits voisins, 123.15
- fonds artisanal, 123.15
- fonds de commerce, 123.11, 123.15
- fonds libéral, 123.15
- héritier du mis en cause, 111.121
- indivision, 125.15
- instrument de l'infraction, 124.21 s.
- légalité, 121.10 s., 121.20, 121.30, 121.41
- libre disposition du condamné (bien à la —), 125.21 s.
- lien entre le bien confisqué et l'infraction (défaut de —), 124.60 s., 124.71 s., 124.81, 124.90
- lien entre le bien confisqué et l'infraction (nécessité), 124.10 s., 124.21, 124.31, 124.41
- lien entre le bien confisqué et l'infraction (présomption), 124.51 s.
- lien entre le bien confisqué et le condamné, 125.11 s., 125.21
- lien entre le bien confisqué et le condamné (défaut de —), 125.31 s.

- liquidation judiciaire, 125.14
- marque, 123.15
- modalités, 126.11 s., 126.21 s., 126.31, 126.41 s.
- nature des biens, 123.11 s., 123.21, 123.22
- non-rétroactivité de la loi pénale plus sévère, 121.13
- nue-propriété, 123.14
- objet dangereux ou nuisible, 123.16, 124.81 s.
- objet de l'infraction, 124.41 s.
- office ministériel, 123.15
- origine non justifiée du bien, 124.51 s.
- part sociale, 123.15
- patrimoine (confiscation), 124.71 s.
- procédure de sauvegarde, 125.14
- procédures collectives, 125.14
- produit de l'infraction, 124.31 s.
- produit de l'infraction (bien acquis partiellement avec le —), 124.35
- propriété du condamné, 125.11 s.
- propriété incorporelle, 123.15
- propriété industrielle, 123.15
- propriété intellectuelle, 123.15
- redressement judiciaire, 125.14
- société absorbante, 121.15
- topographie de semi-conducteurs, 123.15
- usufruit, 123.14

Confiscation (conventionnalité)

> V. *Cour européenne des droits de l'homme (CEDH)*

Confiscation (exécution)

- action récursoire de l'État, 132.138
- administration chargée des domaines, 132.32, 132.33, 132.81
- affectation à un service d'enquête ou judiciaire (post-sentencielle), 132.141 s.
- affectation sociale, 132.161 s.
- Agence de gestion et de recouvrement des avoirs saisis et confisqués (Agrasc), 132.31 s., 132.81, 132.131
- amnistie, 132.53
- bien immeuble, 132.101
- Commission d'indemnisation des victimes d'infractions (Civi), 132.133
- comptable public, 132.31 s., 132.82
- condamnation pécuniaire, 132.82
- condition, 132.40, 132.51 s., 132.61, 132.62
- confiscation en nature, 132.32, 132.81
- confiscation en valeur, 126.42, 126.43, 132.33, 132.81, 132.82
- contrainte judiciaire, 126.43, 132.82
- contrat d'assurance sur la vie, 132.102, 132.111, 132.112
- cour d'assises, 132.171
- créance, 132.102
- créance (de l'État), 132.134
- créancier privilégié, 132.81
- décès du condamné, 132.61
- décision de confiscation exécutoire, 132.51
- démembrement du droit de propriété, 132.81
- difficulté d'exécution, 132.181
- dissolution de la personne morale condamnée, 132.61
- dommages-intérêts, 132.131 s.
- droits d'auteur, 123.15
- fonds de commerce, 132.101 s., 132.120
- fonds de concours stupéfiants, 132.151
- forme, 132.70 s., 132.81, 132.82, 132.90, 132.101, 132.102, 132.111, 132.112, 132.120, 132.131, 132.141, 132.151, 132.161 s.
- grâce, 132.53
- incident contentieux, 132.181
- indivisaire de bonne foi, 132.81
- indivision, 132.81
- instrument financier, 132.101, 132.102
- jugement par défaut, 132.62
- locataire, 132.81
- notification, 132.102
- nue-propriété, 132.81
- occupant sans droit ni titre, 132.81
- organes, 132.10 s., 132.21, 132.31
- part sociale, 132.101, 132.102
- partie civile, 132.131 s.
- patrimoine (confiscation), 132.101
- prescription de la peine, 132.52
- procédure ordinaire, 132.81, 132.82
- procédure particulière, 132.90 s., 132.101, 132.102, 132.111, 132.112, 132.120, 132.131, 132.141
- procureur de la République, 132.21 s., 132.31
- propriété industrielle, 132.101
- publication, 132.101
- requête en difficulté d'exécution, 132.181
- Service d'aide au recouvrement des victimes d'infractions (Sarvi), 132.133
- statistiques, 132.81, 132.132
- usufruit, 132.81
- valeur mobilière, 132.101, 132.102

Confiscation (nature)

- bases de données (droits du producteur), 111.131
- brevet d'invention, 111.132
- caractère atypique, 111.100 s., 111.120 s., 111.130
- confiscation douanière (distinction), 111.92, 111.93
- confiscation fiscale (distinction), 111.91 s.
- contrefaçon, 111.131
- contribution indirecte (distinction avec les confiscations en matière de —), 111.91, 111.93
- dessin et modèle, 111.132
- droits d'auteur, 111.131
- instabilité, 111.100
- marque, 111.132
- mesure de sûreté, 111.110 s.
- notions voisines, 111.90 s.
- obtention végétale, 111.132
- peine, 111.20, 111.30, 111.41, 111.42, 111.51, 111.52, 111.60, 111.71, 111.80, 111.81, 111.82
- peine alternative de confiscation, 111.60, 111.71, 111.80 s.
- peine complémentaire de confiscation, 111.30, 111.41, 111.42, 111.51, 111.52
- peine privée, 111.130 s.
- propriété industrielle, 111.132
- propriété intellectuelle, 111.131
- propriété littéraire et artistique, 111.131
- saisie pénale (distinction), 111.94
- sanction réelle, 111.120 s.

Confiscation (objet)

- animal, 111.41, 111.42, 111.51, 111.52
- arme, 111.51, 111.52, 111.71, 111.81, 111.112 s.
- bien (origine non justifiée), 111.41
- bien spécialement défini, 111.41, 111.51
- billet de banque, 111.114
- détention illicite, 111.41, 111.51, 111.112, 111.113
- faux poids et mesures, 111.112
- instrument de l'infraction, 111.41, 111.51, 111.52, 111.71, 111.81, 111.82, 111.121, 111.122
- marchandise falsifiée, 111.112
- marque de l'autorité, 111.114
- objet dangereux ou nuisible, 111.41, 111.51, 111.112, 111.113
- objet de l'infraction, 111.41, 111.51, 111.121, 111.122
- patrimoine (confiscation), 111.41
- personne morale, 111.42, 111.52, 111.82
- personne physique, 111.41, 111.51, 111.71, 111.81
- pièce de monnaie, 111.114
- produit de l'infraction, 111.41, 111.51, 111.52, 111.71, 111.81, 111.82, 111.121, 111.122
- signe monétaire, 111.114
- stupéfiant, 111.114
- titre émis par l'autorité publique, 111.114
- titres et marques de l'autorité falsifiés, 111.114
- valeur fiduciaire émise par l'autorité publique, 111.114
- véhicule, 111.71

Confiscation (prononcé)
- ajournement, 131.81
- aliénation avant jugement, 131.142
- appel, 131.161, 131.162
- arme, 131.72
- autorité de la chose jugée, 132.181
- bien immeuble, 131.53
- billet de banque, 131.72
- code de la route, 131.73
- communauté conjugale, 131.56
- compte bancaire, 131.54
- condamnation, 131.10 s., 131.21, 131.22, 131.31
- confiscation en valeur, 126.41
- contrat d'assurance sur la vie, 131.55
- désignation du bien confisqué, 131.51 s.
- détention illicite, 131.72
- dévolution du bien confisqué, 131.130, 131.141, 131.142, 131.151, 131.152
- dispense de peine, 131.81
- exécution provisoire, 131.101, 131.111, 131.112
- fonds de commerce, 131.57
- indivisaire de bonne foi, 131.41 s.
- indivision, 131.56
- intervention à l'audience, 131.41 s.
- marque de l'autorité, 131.72
- mesure de sûreté, 131.31 s.
- motivation, 131.60 s.
- objet dangereux ou nuisible, 131.72, 131.81
- obligatoire, 131.71 s.
- pièce de monnaie, 131.72
- pourvoi en cassation, 131.161, 131.162
- propriétaire de bonne foi, 131.41 s.
- proxénétisme hôtelier, 131.43, 131.57
- régime matrimonial, 131.56
- saisie à l'audience, 131.101 s., 131.121, 131.142
- signe monétaire, 131.72
- stupéfiant, 131.72
- sursis, 131.91, 131.92
- sursis probatoire, 131.93
- titre émis par l'autorité publique, 131.72
- valeur fiduciaire émise par l'autorité publique, 131.72
- véhicule, 131.73

Confiscation douanière
- confiscation fiscale, 111.92, 111.93

Confiscation en nature
- confiscation (conditions), 126.11
- confiscation (exécution), 132.32, 132.81

Confiscation en valeur
- cantonnement, 126.35
- co-action, 126.32
- complicité, 126.32
- confiscation (conditions), 126.21 s., 126.31 s., 126.41
- confiscation (exécution), 126.42, 126.43, 132.33, 132.81, 132.82
- contenu de la décision, 126.41
- contrainte judiciaire, 126.43
- contrôle de proportionnalité, 122.42
- entraide judiciaire internationale aux fins de confiscation (hors UE), 312.63, 312.64, 312.72 s.
- entraide judiciaire internationale aux fins de confiscation (UE), 322.71, 322.73, 322.82
- équivalence des valeurs, 126.34 s.
- évaluation d'un bien confiscable en nature, 126.31, 126.32
- identification d'un bien confiscable en nature, 126.31
- libre disposition du condamné (bien à la —), 126.37
- lien entre le bien confisqué et l'infraction (défaut de —), 126.38
- mise en état patrimoniale, 126.31
- notion, 126.21
- origine, 126.22
- propriétaire de bonne foi, 126.37
- propriété du condamné, 126.37
- stratégie patrimoniale, 126.23

> V. aussi *Saisie en valeur*

Confiscation fiscale
- confiscation douanière, 111.92, 111.93
- contribution indirecte (confiscation en matière de —), 111.91, 111.93

Confiscation non pénale
- entraide judiciaire internationale aux fins de confiscation (hors UE), 312.156
- entraide judiciaire internationale aux fins de confiscation (UE), 322.41, 322.51, 322.72, 322.81
- entraide judiciaire internationale aux fins de saisie (UE), 321.41, 321.51

Conjoint
> V. *Communauté conjugale*

Conseil constitutionnel
> V. *Constitutionnalité*

Conseil de l'Europe
- convention internationale, 00.05
- entraide judiciaire internationale aux fins de confiscation (hors UE), 312.61 s., 312.111, 312.153, 312.181, 312.182, 312.242
- entraide judiciaire internationale aux fins de saisie (hors UE), 311.60 s., 311.111, 311.132, 311.153, 311.161, 311.181, 311.182, 311.251

Consignation des sommes saisies
- saisie de compte bancaire et d'actif numérique, 234.102
- saisie de créance de somme d'argent, 234.113

Consignation du produit de la vente
- aliénation avant jugement (immeuble), 242.64
- aliénation avant jugement (meuble), 242.56

Constitutionnalité
- affectation à un service d'enquête ou judiciaire (pré-sentencielle), 212.63
- aliénation avant jugement (meubles), 212.63
- animal, 131.152
- confiscation (conditions), 112.00 s., 131.152
- confiscation (prononcé), 131.73
- destruction avant jugement, 212.62
- patrimoine (confiscation), 112.12 s.
- restitution, 212.61
- saisie de bien ou droit mobilier incorporel, 212.21 s., 212.52
- saisie de droit commun (conditions), 221.263
- saisie immobilière, 212.51
- saisie spéciale, 212.10 s., 212.21, 212.30, 212.41, 212.50

Contrainte judiciaire
- confiscation (exécution), 126.43, 132.82
- confiscation en valeur, 126.43, 132.82
- entraide judiciaire internationale aux fins de confiscation (hors UE), 312.245

Contrat d'assurance sur la vie
- confiscation (exécution), 132.102, 132.111, 132.112
- confiscation (prononcé), 131.55
- gel du contrat d'assurance sur la vie, 234.126

> V. aussi *Saisie de contrat d'assurance sur la vie*

Contrefaçon
- confiscation (nature), 111.131
- dévolution du bien confisqué, 131.151

Contribution indirecte
- confiscation fiscale, 111.91

Contrôle de conventionnalité
> V. *Cour européenne des droits de l'homme (CEDH)*

Contrôle de proportionnalité
- aliénation avant jugement (meuble), 242.43
- appréciation souveraine, 122.111
- bien (origine non justifiée), 122.61
- bien acquis au moyen du produit de l'infraction et de fonds licites, 122.43, 122.44
- confiscation (conditions), 122.05 s.
- confiscation en valeur, 122.42
- critères d'appréciation, 122.91
- détention illicite, 122.71
- droit au respect de la vie privée et familiale, 122.81

- droits fondamentaux dérogeables, 122.82
- entraide judiciaire internationale aux fins de confiscation (UE), 322.120, 322.131, 322.141
- entraide judiciaire internationale aux fins de saisie (UE), 321.120, 321.131, 321.141
- instrument de l'infraction, 122.51
- invocation devant les juges du fond, 122.101, 122.102
- moyen nouveau, 122.101, 122.102
- objet dangereux ou nuisible, 122.71
- objet de l'infraction, 122.41
- patrimoine (confiscation), 122.31
- produit de l'infraction, 122.41
- recevabilité du moyen, 122.101, 122.102
- restitution de bien saisi, 245.94
- saisie de droit commun (conditions), 221.44, 221.45
- saisie spéciale (conditions), 231.25
- tiers (invocation par), 122.102

Convention internationale
- bilatérale (confiscation hors UE), 312.41 s., 312.101, 312.131, 312.152, 312.181, 312.182, 312.241
- bilatérale (saisie hors UE), 311.41 s., 311.101, 311.131, 311.152, 311.161, 311.181, 311.182, 311.251
- coordination, 311.15, 312.13
- interprétation, 311.14, 311.63, 312.13
- multilatérale (confiscation hors UE), 312.50, 312.111, 312.112, 312.131, 312.153, 312.181, 312.182, 312.242
- multilatérale (saisie hors UE), 311.50, 311.60 s., 311.71 s., 311.111, 311.112, 311.132, 311.153, 311.161, 311.181, 311.182, 311.251
- nécessité, 311.12, 312.12

> V. aussi *Entraide judiciaire internationale aux fins de confiscation (hors UE), Entraide judiciaire internationale aux fins de saisie (hors UE)*

Conventionnalité

> V. *Cour européenne des droits de l'homme (CEDH)*

Coopération judiciaire internationale

> V. *Entraide judiciaire internationale aux fins de confiscation (hors UE), Entraide judiciaire internationale aux fins de confiscation (UE), Entraide judiciaire internationale aux fins de saisie (hors UE), Entraide judiciaire internationale aux fins de saisie (UE)*

Copie de document saisi
- saisie de droit commun (conditions), 221.295

Corps du délit
- ancien code pénal, 124.42

Correspondance confidentielle de l'avocat

> V. *Secret (avocat)*

Cour d'appel
- confiscation (prononcé), 131.42
- entraide judiciaire internationale aux fins de confiscation (UE), 322.386
- restitution de bien saisi, 245.81

> V. aussi *Appel, Premier président de la cour d'appel*

Cour d'assises
- confiscation (exécution), 132.171
- destruction de l'objet saisi, 243.23
- dévolution à l'État du bien non restitué, 245.192
- restitution de bien saisi, 245.51 s.
- saisie à l'audience, 131.122, 131.142

Cour de cassation

> V. *Pourvoi en cassation, Premier président de la Cour de cassation*

Cour européenne des droits de l'homme (CEDH)
- antécédent du requérant (influence), 113.63
- atteinte fondamentale à la situation financière (non), 113.67
- base légale (confiscation), 113.41 s.
- base légale (sanction du défaut), 113.44
- CEDH 16 déc. 1992, *Niemietz c/ Allemagne*, req. n° 13710/88, 221.70
- CEDH 21 sept. 2010, *Loriel c/ France* (décis.), req. n° 63846/09, 113.66
- CEDH 23 sept. 1982, *Sporrong et Lönnroth c/Suède*, req. n°s 7151/75, 7152/75, 131.111
- CEDH 24 oct. 1986, *Agosi c/ Royaume-Uni*, req. n° 9118/80, 131.111
- CEDH 27 mars 1996, *Goodwin c/ Royaume-Uni de Grande-Bretagne et d'Irlande du Nord*, req. n° 17488/90, 221.91
- CEDH 4 nov. 2014, *Aboufadda c/ France* (décis.), req. n° 28457/10, 113.13, 113.65
- CEDH 7 déc. 1976, *Handyside c/ Royaume-Uni*, req. n° 5493/72, 131.111
- charge excessive (non), 113.67
- condition de l'ingérence étatique, 213.21
- condition de l'ingérence étatique (base légale de la saisie), 213.31
- condition de l'ingérence étatique (but légitime), 213.41
- condition de l'ingérence étatique (proportionnalité), 213.51
- conservation des biens saisis, 213.54
- contrôle de proportionnalité (intensité), 113.61
- contrôle de proportionnalité (méthode), 113.61 s.
- conventionnalité des saisies (rareté), 213.05
- droit au procès équitable, 113.14
- droit au respect de la vie privée et familiale, 113.13
- droit de propriété, 113.12, 213.11
- gravité des faits, 113.62
- indemnisation de l'immobilisation, 213.55
- indérogeabilité des droits (non), 113.20
- indifférence de la propriété, 113.31
- lien entre le bien confisqué et l'infraction, 113.66
- niveau de contrôle de la cour, 213.53
- non-rétroactivité, 113.15, 113.43
- normes applicables, 113.11 s.
- poursuite d'un but légitime, 113.51, 113.52
- présomption (lien avec l'infraction), 113.65
- procès équitable, 113.68, 213.52

Cour pénale internationale
- entraide judiciaire internationale aux fins de confiscation (hors UE), 312.11
- entraide judiciaire internationale aux fins de saisie (hors UE), 311.11

Créance
- confiscation (conditions), 123.15
- confiscation (exécution), 132.102
- saisie de bien ou droit mobilier incorporel, 234.31 s.
- saisie de contrat d'assurance sur la vie, 234.121 s.
- saisie de créance de somme d'argent, 234.111 s.

Créance (de l'État)
- confiscation (exécution), 132.134

Créancier privilégié
- confiscation (exécution), 132.81
- saisie immobilière, 233.43, 233.70 s.

Cryptomonnaie

> V. *Actif numérique*

D

Danger

> V. *Objet dangereux ou nuisible*

Décès du mis en cause
- confiscation (conditions), 111.121
- confiscation (exécution), 132.61
- Saisie spéciale (conditions), 231.105, 231.106

Décision avant dire droit
- saisie spéciale, 231.111

Décision-cadre 2003/577/JAI
> V. *Entraide judiciaire internationale aux fins de saisie (UE)*
Décision-cadre 2006/783/JAI
> V. *Entraide judiciaire internationale aux fins de confiscation (UE)*
Défaillance du propriétaire ou du détenteur
• gestion des biens saisis, 241.51, 241.52
Défaut de lien entre le bien confisqué et l'infraction
> V. *Lien entre le bien confisqué et l'infraction (défaut de —)*
Défaut de lien entre le bien confisqué et le condamné
> V. *Lien entre le bien confisqué et le condamné (défaut de —)*
Définition
• bien, 123.13
• confiscation (objet), 111.00
• saisie pénale (notion), 211.11 s.
Délégation de créance
• saisie de contrat d'assurance sur la vie, 231.171
• saisie spéciale (effets), 234.127
Délits de presse
• légalité (confiscation), 121.35
Démembrements du droit de propriété
• confiscation (conditions), 123.14
• confiscation (exécution), 132.81
Dessin et modèle
• confiscation (conditions), 123.15
• confiscation (nature), 111.132
• dévolution du bien confisqué, 131.151
• saisie de bien ou droit mobilier incorporel, 234.31
Destruction de l'objet saisi
• appel, 243.11, 243.22, 243.24
• constitutionnalité, 212.62
• cour d'assises, 243.23
• destruction de marchandises objet de saisie douanière (distinction), 243.25
• détention illicite, 243.20 s.
• entraide judiciaire internationale aux fins de saisie (hors UE), 311.253
• entraide judiciaire internationale aux fins de saisie (UE), 321.401
• juge d'instruction, 243.24
• objet dangereux ou nuisible, 243.20 s.
• procédure, 243.22 s.
• procureur de la République, 243.22 s.
• restitution impossible, 243.11
Détention illicite
• confiscation (conditions), 124.81 s.
• confiscation (objet), 111.41, 111.51, 111.112, 111.113
• confiscation (prononcé), 131.71, 131.72, 131.81
• contrôle de proportionnalité, 122.71
• destruction de l'objet saisi, 243.20 s.
• indifférence de la propriété, 124.84, 125.31
• notion, 124.83
• peine de confiscation (champ d'application), 124.81
Détournement d'objet placé sous main de justice
• saisie de bien ou droit mobilier incorporel, 234.42
• saisie de droit commun (effets), 221.32, 222.12
• saisie sans dépossession, 235.21
• saisie spéciale (effets), 231.162
Détournement du bien confisqué
• confiscation (exécution), 132.81
Dévolution à l'État du bien non restitué
• absence de demande de restitution après mise en demeure, 245.171
• condition de fond, 245.140, 245.150, 245.161 s., 245.171, 245.181
• condition de forme, 245.191, 245.192
• constitutionnalité, 212.62
• cour d'assises, 245.192
• dommages-intérêts, 132.139
• objet dangereux, 245.181
• objet dont la restitution n'a pas été demandée ou décidée, 245.161 s.
Dévolution du bien confisqué
• animal, 131.152
• brevet d'invention, 131.151
• confiscation (prononcé), 131.130, 131.141, 131.142, 131.151, 131.152
• contrefaçon, 131.151
• dessin et modèle, 131.151
• droits d'auteur, 131.151
• droits du producteur de bases de données, 131.151
• exception à la dévolution à l'État, 131.151, 131.152
• marque, 131.151
• obtention végétale, 131.151
• principe de dévolution à l'État, 131.141, 131.142
• propriété industrielle, 131.151
• propriété intellectuelle, 131.151
• propriété littéraire et artistique, 131.151
Difficulté d'exécution
• confiscation (exécution), 132.181
• confiscation (prononcé), 131.161, 131.162
• entraide judiciaire internationale aux fins de saisie (hors UE), 311.253
• entraide judiciaire internationale aux fins de saisie (UE), 321.401
• saisie spéciale (effets), 231.170 s.
Dispense de peine
• confiscation (prononcé), 131.81
Dissipation (risque)
• restitution, 245.92
• saisie spéciale (conditions), 231.26
Dissolution de la personne morale condamnée
• confiscation (exécution), 132.61
Domicile (avocat)
• saisie de droit commun (conditions), 221.241 s.
> V. aussi *Secret (avocat)*
Domicile (journaliste)
• saisie de droit commun (conditions), 221.251
> V. aussi *Secret des sources (presse)*
Domicile (personne exerçant des fonctions juridictionnelles)
• saisie de droit commun (conditions), 221.271, 221.272
Dommages-intérêts
• confiscation (exécution), 132.131 s.
Donnée informatique
• copie, 221.295
• saisie de droit commun (conditions), 221.191, 221.244, 221.245
• saisie du support, 221.33
• support physique (saisie), 221.191
Dossier de la procédure (accès)
> V. *Accès au dossier*
Douane
> V. *Confiscation douanière, Saisie douanière*
Droit au procès équitable
> V. *Cour européenne des droits de l'homme (CEDH)*
Droit au respect de la vie privée et familiale
• contrôle de proportionnalité, 122.81, 231.25
> V. aussi *Cour européenne des droits de l'homme (CEDH)*
Droit au respect des biens
• contrôle de proportionnalité, 231.25
> V. aussi *Cour européenne des droits de l'homme (CEDH)*
Droit constitutionnel
> V. *Constitutionnalité*
Droit d'accès au dossier de la procédure
> V. *Accès au dossier*
Droit de créance
> V. *Créance*
Droit de propriété
• confiscation (conditions), 123.13, 123.14
• contrôle de proportionnalité, 231.25
> V. aussi *Cour européenne des droits de l'homme (CEDH)*

Droit européen
> V. *Conseil de l'Europe, Union européenne*

Droit incorporel
- confiscation (conditions), 123.15
- saisie de bien ou droit mobilier incorporel, 234.31

Droit international
> V. *Conseil de l'Europe, Cour pénale internationale, Organisation de coopération et de développement économiques (OCDE), Organisation des Nations unies (ONU)*

Droit pénal routier
- véhicule (confiscation), 131.73

Droit personnel
> V. *Créance*

Droit réel
- confiscation (conditions), 123.14
> V. aussi *Démembrements du droit de propriété, Droit de propriété, Tontine, Usufruit*

Droits d'auteur
- confiscation (conditions), 123.11, 123.15
- confiscation (exécution), 123.15
- confiscation (nature), 111.131
- dévolution du bien confisqué, 131.151
- saisie de bien ou droit mobilier incorporel, 234.31

Droits de la défense (respect)
- restitution du bien saisi, 245.103
- saisie de droit commun (conditions), 221.70 s.

Droits du producteur de bases de données
- confiscation (conditions), 123.15
- confiscation (nature), 111.131
- dévolution du bien confisqué, 131.151
- saisie de bien ou droit mobilier incorporel, 234.31 s.

Droits sociaux
- confiscation (conditions), 123.15
- confiscation (exécution), 132.101, 132.102
- saisie de bien ou droit mobilier incorporel, 234.131 s.

Droits voisins
- confiscation (conditions), 123.15
- saisie de bien ou droit mobilier incorporel, 234.31

E

Enchère
> V. *Infraction aux règles gouvernant les ventes aux enchères*

Enquête de flagrance
- entraide judiciaire internationale aux fins de saisie (hors UE), 311.154, 311.155
- saisie de droit commun (conditions), 221.10 s., 221.20, 221.31, 221.40, 221.50, 221.61, 221.70, 221.81, 221.91, 221.101, 221.110, 221.131 s., 221.141, 221.142, 221.151, 221.161, 221.170, 221.181 s., 221.191, 221.201, 221.211, 221.212, 221.221, 221.230, 221.241, 221.251, 221.260, 221.271, 221.272
- saisie spéciale (conditions), 231.51 s.

Enquête patrimoniale
> V. *Mise en état patrimoniale*

Enquête préliminaire
- entraide judiciaire internationale aux fins de saisie (hors UE), 311.154 s.
- entraide judiciaire internationale aux fins de saisie (UE), 321.193
- règles de l'enquête de flagrance (applicabilité), 221.281
- saisie de droit commun (conditions), 221.281 s.
- saisie spéciale (conditions), 231.51 s.

Entraide judiciaire internationale (hors UE)
> V. *Entraide judiciaire internationale aux fins de confiscation (hors UE), Entraide judiciaire internationale aux fins de saisie (hors UE)*

Entraide judiciaire internationale (UE)
> V. *Entraide judiciaire internationale aux fins de confiscation (UE), Entraide judiciaire internationale aux fins de saisie (UE)*

Entraide judiciaire internationale aux fins de confiscation (hors UE)
- accord de partage, 312.243, 312.244
- Agence de gestion et de recouvrement des avoirs saisis et confisqués (Agrasc), 312.44
- appel, 312.222, 321.221
- bien (origine non justifiée), 312.11, 312.73, 312.74
- bien confiscable, 312.30, 312.41 s., 312.50 s.
- Brexit, 3.00
- compétence pour émettre les demandes d'entraide, 312.154
- compétence pour exécuter les demandes d'entraide (matérielle), 312.191
- compétence pour exécuter les demandes d'entraide (territoriale), 312.192
- condamnation définitive, 312.155
- condamnation exécutoire, 312.155
- condition de fond, 312.20, 312.30, 312.41 s., 312.50, 312.61 s., 312.71 s., 312.80, 312.90, 312.101, 312.111, 312.112, 312.121, 312.131, 312.132
- confiscation en valeur, 312.63, 312.64, 312.72 s.
- confiscation non pénale, 312.156
- confiscation susceptible d'entraide, 312.30, 312.41 s., 312.50, 312.61 s., 312.71 s.
- Conseil de l'Europe, 312.61 s., 312.64, 312.111, 312.153, 312.181, 312.182, 312.242
- contrainte judiciaire, 312.245
- convention bilatérale, 312.41 s., 312.101, 312.131, 312.152, 312.181, 312.182, 312.241
- convention internationale (interprétation), 312.13
- convention internationale (nécessité), 312.12
- convention multilatérale, 312.50, 312.111, 312.112, 312.131, 312.153, 312.181, 312.182, 312.242
- Cour pénale internationale, 312.11
- décision définitive de confiscation, 312.155
- décision exécutoire de confiscation, 312.155
- devenir des biens confisqués, 312.241 s.
- double confiscabilité, 312.101, 312.111, 312.121
- double incrimination, 312.101, 312.121
- émission des demandes d'entraide, 312.151 s.
- exécution des demandes d'entraide, 312.170, 312.181, 312.182, 312.191, 312.192, 312.201
- fondement, 312.11 s.
- forme des demandes d'entraide, 312.152, 312.153
- instrument de l'infraction, 312.11, 312.44, 312.63, 312.64, 312.72 s.
- loi applicable à l'exécution, 312.181, 312.182
- mise en œuvre, 312.140, 312.151 s., 312.161, 312.162, 312.170, 312.181, 312.182, 312.191, 312.192, 312.201, 312.210, 312.221 s., 312.231
- motif de non-exécution, 312.80, 312.90, 312.101, 312.111, 312.112, 312.121
- objet de l'entraide, 312.14, 312.43
- objet de l'infraction, 312.63, 312.64
- Organisation des Nations unies (ONU), 312.71 s., 312.112, 312.153, 312.181, 312.182, 312.242
- partage des biens confisqués, 312.243, 312.244
- patrimoine (saisie), 312.11, 312.73, 312.74
- procédure d'exécution, 312.201

- procureur de la République, 312.154
- produit de l'infraction, 312.11, 312.44, 312.63, 312.64, 312.72 s.
- propriétaire de bonne foi, 312.131, 312.132
- réciprocité, 312.12
- recours contre l'exécution des demandes d'entraide (entrante), 312.210, 312.221 s.
- recours contre l'exécution des demandes d'entraide (sortante), 312.210, 312.231
- saisie en valeur, 312.11
- transmission des demandes d'entraide, 312.161, 312.162
- tribunal correctionnel, 312.191, 312.192, 312.201

Entraide judiciaire internationale aux fins de confiscation (UE)

- accord de partage, 322.412 s., 322.421, 322.422
- Agence de gestion et de recouvrement des avoirs saisis et confisqués (Agrasc), 322.414, 322.422
- appel, 322.355, 322.381 s.
- bien (origine non justifiée), 322.71, 322.73, 322.82
- bien confiscable, 322.60, 322.71 s., 322.80 s.
- bien spécialement défini, 322.71, 322.73, 322.82
- certificat de confiscation, 322.211 s., 322.221 s.
- cessation de l'exécution, 322.218
- Charte des droits fondamentaux de l'Union européenne, 322.165
- choix de l'autorité d'exécution, 322.216, 322.225
- compétence pour exécuter les décisions de confiscation, 322.250, 322.261, 322.262, 322.271, 322.272
- compétence pour exécuter les décisions de confiscation (matérielle), 322.261, 322.271
- compétence pour exécuter les décisions de confiscation (territoriale), 322.262, 322.272
- concours de décisions de confiscation, 322.294, 322.300, 322.316
- condition de fond, 322.20, 322.30, 322.41, 322.51, 322.52, 322.60, 322.71 s., 322.80 s., 322.90, 322.101, 322.111, 322.120, 322.131, 322.141, 322.150, 322.161 s., 322.171 s.
- confiscation en valeur, 322.71, 322.73, 322.82
- confiscation non pénale, 322.41, 322.51, 322.72
- confiscation susceptible d'entraide, 322.60, 322.71 s., 322.80 s.
- contrôle de proportionnalité, 322.120, 322.131, 322.141
- cour d'appel, 322.386
- Danemark (Royaume du —), 322.11
- décision-cadre 2006/783/JAI, 322.11, 322.12, 322.51, 322.52, 322.80 s., 322.111, 322.141, 322.171 s., 322.191, 322.192, 322.221 s., 322.241, 322.271, 322.272, 322.311 s., 322.370, 322.381 s., 322.391, 322.421, 322.422
- délai d'exécution, 322.292, 322.312
- devenir des biens confisqués, 322.400, 322.411 s., 322.421, 322.422
- domaine d'application, 322.30, 322.41, 322.51, 322.52
- double confiscabilité, 322.173
- double incrimination, 322.163
- émission des décisions de confiscation, 322.191, 322.192
- exécution des décisions de confiscation, 322.230, 322.241, 322.250, 322.261, 322.262, 322.271, 322.272, 322.280, 322.291 s., 322.311 s.
- exécution différée, 322.322
- gel des biens confisqués, 322.295, 322.317
- impossibilité d'exécution, 322.298, 322.321
- instrument de l'infraction, 322.71, 322.73, 322.82
- Irlande (République d'—), 322.11
- jugement par défaut, 322.164, 322.174
- loi applicable à l'exécution, 322.241
- mise en œuvre, 322.180, 322.191, 322.192, 322.200, 322.211 s., 322.221 s., 322.230, 322.241, 322.250, 322.261, 322.262, 322.271, 322.272, 322.280, 322.291 s., 322.311 s., 322.330, 322.340, 322.351 s., 322.361, 322.370, 322.381 s., 322.391, 322.400, 322.411 s., 322.421, 322.422
- modalités d'exécution, 322.293, 322.314, 322.315
- motif de non-exécution, 322.150, 322.161 s., 322.171 s.
- nécessité d'une intervention législative, 322.12
- *non bis in idem*, 322.166, 322.175
- objet de l'infraction, 322.71, 322.73, 322.82
- partage des biens confisqués, 322.412 s., 322.421, 322.422
- patrimoine (confiscation), 322.71, 322.73, 322.82
- principe de reconnaissance et d'exécution, 322.161, 322.171
- procédure d'exécution, 322.280, 322.291 s., 322.311 s.
- procureur de la République, 322.311, 322.320
- produit de l'infraction, 322.71, 322.73, 322.82
- propriétaire de bonne foi, 322.90, 322.101, 322.111
- recours contre l'exécution des décisions de confiscation (entrantes), 322.340, 322.351 s., 322.381 s.
- recours contre l'exécution des décisions de confiscation (sortantes), 322.340, 322.361, 322.391
- refus d'exécution (procédure), 322.297, 322.319
- règlement (UE) 2018/1805, 322.11, 322.12, 322.41, 322.71 s., 322.101, 322.131, 322.161 s., 322.191, 322.192, 322.211 s., 322.241, 322.261, 322.262, 322.291 s., 322.340, 322.351 s., 322.361, 322.411 s.
- sursis à exécution, 322.299, 322.318
- transmission à plusieurs États d'exécution, 322.217, 322.226
- transmission des décisions de confiscation, 322.200, 322.211 s., 322.221 s.
- tribunal correctionnel, 322.250, 322.261, 322.262, 322.271, 322.272, 322.280, 322.291, 322.312, 322.313

Entraide judiciaire internationale aux fins de saisie (hors UE)

- acte d'entretien et de conservation, 311.253
- acte de saisie susceptible d'entraide, 311.30, 311.41 s., 311.50, 311.60 s., 311.71 s.
- Agence de gestion et de recouvrement des avoirs saisis et confisqués (Agrasc), 311.157, 311.252
- aliénation avant jugement (immeuble), 311.253
- aliénation avant jugement (meuble), 311.253
- appel, 311.220 s.
- bien (origine non justifiée), 311.11, 311.21, 311.74, 311.75
- bien nécessitant des actes d'administration, 311.253
- bien saisissable, 311.30, 311.41 s., 311.50, 311.60 s., 311.71 s.
- bien susceptible de dévalorisation, 311.253
- Brexit, 3.00
- chambre de l'instruction, 311.232 s., 311.242 s.
- compétence pour émettre une demande d'entraide, 311.154 s.
- compétence pour exécuter les demandes d'entraide (matérielle), 311.191
- compétence pour exécuter les demandes d'entraide (territoriale), 311.192

- condition de fond, 311.21 s., 311.30, 311.41 s., 311.50, 311.60 s., 311.71 s., 311.80, 311.90, 311.101, 311.111, 311.112, 311.121, 311.131, 311.132
- Conseil de l'Europe, 311.60 s., 311.111, 311.132, 311.153, 311.161, 311.181, 311.182, 311.251
- convention bilatérale, 311.41 s., 311.101, 311.131, 311.152, 311.161, 311.181, 311.182, 311.251
- convention internationale (coordination), 311.15
- convention internationale (interprétation), 311.14, 311.63
- convention internationale (nécessité), 311.12
- convention multilatérale, 311.50, 311.60 s., 311.71 s., 311.111, 311.112, 311.132, 311.153, 311.161, 311.181, 311.182, 311.251
- Cour pénale internationale, 311.11
- destruction de l'objet saisi, 311.253
- devenir des biens saisis, 311.251 s.
- difficulté d'exécution, 311.253
- double confiscabilité, 311.111
- double incrimination, 311.101, 311.111, 311.121
- double saisissabilité, 311.111, 311.121
- émission des demandes d'entraide, 311.151 s.
- enquête de flagrance, 311.154, 311.155
- enquête préliminaire, 311.154 s.
- exception de nullité (saisie), 311.244
- exécution des demandes d'entraide, 311.170, 311.181, 311.182, 311.191, 311.192, 311.201, 311.211
- fondements, 311.11 s.
- forme des demandes d'entraide, 311.151 s.
- frais de saisie et de garde, 311.253
- gestion des biens saisis, 311.251, 311.253
- instrument de l'infraction, 311.11, 311.21, 311.44, 311.45, 311.60 s., 311.73 s.
- juge d'instruction, 311.154, 311.155, 311.191, 311.192, 311.201
- juge des libertés et de la détention (JLD), 311.154 s.
- loi applicable à l'exécution, 311.181, 311.182
- mise en œuvre, 311.140, 311.151 s., 311.161, 311.162, 311.170, 311.181, 311.182, 311.191, 311.192, 311.201, 311.211, 311.220, 311.231 s., 311.241 s.
- motif de non-exécution, 311.22, 311.80, 311.90, 311.101, 311.111, 311.112, 311.121
- nature de l'acte d'exécution, 311.211
- objet de l'entraide, 311.16
- objet de l'infraction, 311.64, 311.65
- Organisation des Nations unies (ONU), 311.71 s., 311.112, 311.132, 311.153, 311.161, 311.181, 311.182, 311.251
- patrimoine (saisie), 311.11, 311.21, 311.74, 311.75
- procédure d'exécution, 311.201
- procureur de la République, 311.154 s., 311.201
- produit de l'infraction, 311.11, 311.21, 311.44, 311.45, 311.60 s., 311.73 s.
- propriétaire de bonne foi, 311.22, 311.131, 311.132
- réciprocité, 311.13
- recours contre l'exécution des demandes d'entraide (entrante), 311.220, 311.231 s.
- recours contre l'exécution des demandes d'entraide (sortante), 311.220, 311.241 s.
- requête en nullité (saisie), 311.236, 311.244
- restitution du bien saisi, 311.43, 311.62, 311.251, 311.253
- saisie en valeur, 311.11, 311.21, 311.60 s., 311.73 s.
- transmission des demandes d'entraide, 311.161, 311.162

Entraide judiciaire internationale aux fins de saisie (UE)

- acte d'entretien et de conservation, 321.391, 321.401
- acte de saisie susceptible d'entraide, 321.60, 321.71 s., 321.80 s.
- affectation à un service d'enquête ou judiciaire (pré-sentencielle), 321.401
- Agence de gestion et de recouvrement des avoirs saisis et confisqués (Agrasc), 321.391, 321.392, 321.402
- aliénation avant jugement (immeuble), 321.391, 321.401
- aliénation avant jugement (meuble), 321.310 s., 321.391, 321.401
- appel, 321.310 s.
- bien (origine non justifiée), 321.71, 321.74
- bien nécessitant des actes d'administration, 321.391, 321.401
- bien saisissables, 321.60, 321.71 s., 321.80 s.
- bien spécialement défini, 321.71, 321.74
- bien susceptible de dévalorisation, 321.391, 321.401
- certificat de gel, 321.212 s., 321.221, 321.222
- cessation de l'exécution, 321.292
- chambre de l'instruction, 321.366, 321.367
- Charte des droits fondamentaux de l'Union européenne, 321.166
- choix de l'État d'exécution, 321.216
- compétence pour exécuter les décisions de gel, 321.250, 321.261, 321.262, 321.271, 321.272
- compétence pour exécuter les décisions de gel (matérielle), 321.261, 321.262, 321.271
- compétence pour exécuter les décisions de gel (territoriale), 321.261, 321.262
- concours de décisions de gel, 321.296
- condition de fond, 321.20, 321.30, 321.41, 321.42, 321.51, 321.52, 321.60, 321.71 s., 321.80 s., 321.90, 321.101, 321.111, 321.120, 321.131, 321.141, 321.150, 321.161 s., 321.171 s.
- confiscation non pénale, 321.41, 321.51
- contrôle de proportionnalité, 321.120, 321.131, 321.141
- cour d'assises, 321.191
- Danemark (Royaume du —), 321.11
- décision-cadre 2003/577/JAI, 321.11, 321.12, 321.51, 321.52, 321.80 s., 321.111, 321.141, 321.171 s., 321.191 s., 321.221 s., 321.271, 321.272, 321.301 s., 321.350, 321.361 s., 321.371, 321.372, 321.401 s.
- délai d'exécution, 321.291
- destruction de l'objet saisi, 321.401
- devenir des biens saisis, 321.380, 321.391 s., 321.401 s.
- difficulté d'exécution, 321.401
- domaine d'application, 321.30, 321.41, 321.42, 321.51, 321.52
- double incrimination, 321.163, 321.164
- double saisissabilité, 321.173, 321.174
- émission des décisions de gel, 321.191 s.
- enquête préliminaire, 321.193
- exécution des décisions de gel, 321.230, 321.241, 321.250, 321.261, 321.262, 321.271, 321.272, 321.280, 321.291 s., 321.301 s.
- exécution des décisions de gel (compétence territoriale), 321.272
- gestion des biens saisis, 321.391, 321.401, 321.402
- impossibilité d'exécution, 321.294, 321.307
- instrument de l'infraction, 321.71, 321.73, 321.82
- Irlande (République d'—), 321.11

- juge d'instruction, 321.191, 321.261, 321.262, 321.271, 321.272, 321.297, 321.301 s.
- juge des libertés et de la détention (JLD), 321.191, 321.193
- loi applicable à l'exécution, 321.241
- mainlevée des décisions de gel, 321.224
- mise en œuvre, 321.180, 321.191 s., 321.200, 321.212 s., 321.221 s., 321.230, 321.241, 321.250, 321.261, 321.262, 321.271, 321.272, 321.280, 321.291 s., 321.301 s., 321.310, 321.320, 321.331 s., 321.341, 321.342, 321.350, 321.361 s., 321.371, 321.372, 321.380, 321.391 s., 321.401 s.
- motif de non-exécution, 321.150, 321.161 s., 321.171 s.
- nature de l'acte d'exécution, 321.305
- nécessité d'une intervention législative, 321.12
- *non bis in idem*, 321.165, 321.175
- objet de l'infraction, 321.71, 321.73, 321.82
- patrimoine (saisie), 321.71, 321.74
- principe de reconnaissance et d'exécution, 321.161, 321.171
- procédure d'exécution, 321.280, 321.291 s., 321.301 s.
- procureur de la République, 321.191, 321.193, 321.301
- produit de l'infraction, 321.71, 321.73, 321.82
- propriétaire de bonne foi, 321.90, 321.101, 321.111
- recours contre l'exécution des décisions de gel (entrantes), 321.310, 321.320, 321.331 s., 321.361 s.
- recours contre l'exécution des décisions de gel (sortantes), 321.310, 321.320, 321.341, 321.342, 321.371, 321.372
- refus d'exécution (procédure), 321.293, 321.306
- règlement (UE) 2018/1805, 321.11, 321.12, 321.41, 321.42, 321.71 s., 321.101, 321.131, 321.161 s., 321.191 s., 321.212 s., 321.261, 321.262, 321.291 s., 321.320, 321.331 s., 321.341, 321.342, 321.391 s.
- restitution du bien saisi, 321.393, 321.403
- saisie en valeur, 321.71, 321.73, 321.82
- saisie patrimoniale, 321.72, 321.81
- saisie probatoire, 321.83
- sursis à exécution, 321.295, 321.308
- transmission à plusieurs États d'exécution, 321.217
- transmission des décisions de gel, 321.200, 321.212 s., 321.221 s.
- tribunal correctionnel, 321.191

Entretien et conservation
> V. *Acte d'entretien et conservation*

Espèces, lingots, effets ou valeurs
- saisie de droit commun (conditions), 221.201

> V. aussi *Billet de banque, Pièce de monnaie, Signe monétaire*

Évolution juridique
- ancien droit, 00.03, 00.04
- Beccaria C. (doctrine), 00.02, 00.03
- code pénal de 1810, 00.03
- droit intermédiaire, 00.03
- droit médiéval, 00.03
- droit romain, 00.03
- Loisel A. (doctrine), 00.03
- ordonnance criminelle de 1670, 00.04
- terreur, 00.03

Exception de nullité (saisie)
- effets de l'annulation, 223.21, 223.22, 223.23
- entraide judiciaire internationale aux fins de saisie (hors UE), 311.244
- grief, 223.15
- intérêt à agir, 223.12
- nullité substantielle, 223.14
- qualité pour agir, 223.13
- reconstitution de la saisie annulée, 223.23
- réitération de la saisie, 223.23
- saisie de droit commun (sanction), 223.11 s.

Exécution provisoire
- confiscation (prononcé), 131.101, 131.111, 131.112
- stratégie patrimoniale, 131.124

Exercice illégal de la profession de banquier
- objet de l'infraction, 124.44

F

Facultés mentales du mis en cause (altération)
- saisie spéciale (conditions), 231.106

Falsification
> V. *Titres et marques de l'autorité falsifiés*

Faux monnayage
- billet de banque, 111.114
- confiscation (objet), 111.114
- confiscation (prononcé), 131.72
- pièce de monnaie, 111.114
- remise d'un exemplaire au centre d'analyse national, 221.211
- remise d'un exemplaire au centre d'analyse national (exception), 221.212
- signe monétaire, 111.114
- valeur fiduciaire émise par l'autorité publique, 111.114

Faux poids et mesures
- confiscation (objet), 111.112

Fiducie
- libre disposition du condamné (bien à la —), 125.25
- obstacle à la confiscation, 125.25

Flagrance
> V. *Enquête de flagrance*

Fonds artisanal
- confiscation (conditions), 123.15
- saisie de bien ou droit mobilier incorporel, 234.31

Fonds de commerce
- confiscation (conditions), 123.11 s.
- confiscation (exécution), 132.101 s., 132.120
- confiscation (prononcé), 131.57
- saisie de bien ou droit mobilier incorporel, 234.141 s.
- stratégie patrimoniale, 123.15

> V. aussi *Saisie de fonds de commerce*

Fonds de concours stupéfiants
- confiscation (exécution), 132.151

Fonds libéral
- confiscation (conditions), 123.15
- saisie de bien ou droit mobilier incorporel, 234.31

Frais de saisie et de garde
- entraide judiciaire internationale aux fins de saisie (hors UE), 311.253
- saisie de droit commun, 241.22

G

Gestion des biens saisis
- Agence de gestion et de recouvrement des avoirs saisis et confisqués (Agrasc), 241.40 s., 241.51, 241.52, 241.60, 241.63, 241.71
- appel, 241.52, 241.63
- bien nécessitant des actes d'administration, 241.60 s.
- défaillance du propriétaire ou du détenteur, 241.51, 241.52
- entraide judiciaire internationale aux fins de saisie (hors UE), 311.251, 311.253
- entraide judiciaire internationale aux fins de saisie (UE), 321.391, 321.401, 321.402
- frais de saisie et de garde, 241.22
- indisponibilité du propriétaire ou du détenteur, 241.51, 241.52
- saisie de droit commun, 241.21, 241.22
- saisie spéciale, 241.31, 241.32
- somme d'argent, 241.71 s.

Groupe interministériel de recherches (GIR)
- innovation institutionnelle, 00.06

H

Héritier du mis en cause
- confiscation (conditions), 111.121

Huissier de justice (étude)
- saisie de droit commun (conditions), 221.133, 221.230

I

Incident contentieux
- confiscation (exécution), 132.181
- confiscation (prononcé), 131.161, 131.162

Indisponibilité du bien saisi
- effets (procédure civile d'exécution), 231.163
- effets (procédures collectives), 231.164
- saisie de droit commun (effets), 222.11, 222.12, 222.21, 222.22
- saisie spéciale (effets), 231.140, 231.151, 231.160 s.

Indisponibilité du propriétaire ou du détenteur
- gestion des biens saisis, 241.51, 241.52

Indivisaire de bonne foi
- confiscation (conditions), 125.15, 125.26
- confiscation (exécution), 132.81, 132.181
- confiscation (prononcé), 131.41 s., 131.56, 131.161, 131.162
- saisie immobilière, 231.24
- saisie spéciale (conditions), 231.24

Indivision
- confiscation (conditions), 125.15, 125.26
- confiscation (exécution), 132.81, 132.181
- confiscation (prononcé), 131.41 s., 131.56, 131.161, 131.162
- saisie immobilière, 231.24
- saisie spéciale (conditions), 231.24

Information judiciaire
- affectation à un service d'enquête ou judiciaire (pré-sentencielle), 244.41
- aliénation avant jugement (immeuble), 242.63
- aliénation avant jugement (meuble), 242.50 s.
- destruction avant jugement, 243.11, 243.24, 243.25
- gestion des biens saisis, 241.52, 241.63
- patrimoine (saisie), 232.33
- règles de l'enquête de flagrance (applicabilité), 221.291
- restitution de bien saisi, 245.31 s.
- saisie de compte bancaire et d'actif numérique, 234.93
- saisie de droit commun (conditions), 221.291 s.
- saisie spéciale (conditions), 231.61, 231.62, 231.73, 231.172

Infraction aux règles gouvernant les ventes aux enchères
- peine complémentaire, 124.95

Innovation institutionnelle
- groupe interministériel de recherches (GIR), 00.06
- juridiction interrégionale spécialisée (JIRS), 00.06
- Plate-forme d'identification des avoirs criminels (PIAC), 00.06

Inopposabilité à l'État
- saisie immobilière (cession), 233.81

Instrument de l'infraction
- appréciation souveraine, 124.22
- confiscation (conditions), 124.21 s.
- contrôle de proportionnalité, 122.51, 231.25
- entraide judiciaire internationale aux fins de confiscation (hors UE), 312.11, 312.44, 312.63, 312.64, 312.72 s.
- entraide judiciaire internationale aux fins de confiscation (UE), 322.71, 322.73, 322.82
- entraide judiciaire internationale aux fins de saisie (hors UE), 311.11, 311.21, 311.44, 311.45, 311.60 s., 311.73 s.
- entraide judiciaire internationale aux fins de saisie (UE), 321.71, 321.73, 321.82
- exemple d'application, 124.23
- libre disposition du condamné (bien à la —), 124.24
- lieu de commission des faits, 124.23
- non-restitution, 245.125
- notion, 124.22
- peine de confiscation (champ d'application), 124.21
- propriétaire de bonne foi, 124.24
- propriété du condamné, 124.24, 125.11
- trafic de stupéfiants, 124.23
- travail dissimulé, 124.23
- véhicule, 124.23

Instrument financier
- confiscation (exécution), 132.101, 132.102
- saisie de bien ou droit mobilier incorporel, 234.131 s.

Intervention à l'audience
- confiscation (prononcé), 131.41 s., 131.161, 131.162
- nécessité d'une intervention législative, 131.41 s.

J

Jeton numérique
> V. *Actif numérique*

Jeton non fongible
> V. *Actif numérique*

JIRS
> V. *Juridiction interrégionale spécialisée (JIRS)*

JLD
> V. *Juge des libertés et de la détention (JLD)*

Journaliste (secret des sources)
> V. *Domicile (journaliste)*, *Secret des sources (presse)*

Juge d'instruction
- entraide judiciaire internationale aux fins de saisie (hors UE), 311.154, 311.155, 311.191, 311.192, 311.201
- entraide judiciaire internationale aux fins de saisie (UE), 321.191, 321.261, 321.262, 321.271, 321.272, 321.297, 321.301 s.
> V. aussi *Information judiciaire*

Juge des libertés et de la détention (JLD)
- entraide judiciaire internationale aux fins de saisie (hors UE), 311.154 s.
- entraide judiciaire internationale aux fins de saisie (UE), 321.191, 321.193
- gestion des biens saisis, 241.63
- saisie de compte bancaire et d'actif numérique, 234.92
- saisie de droit commun (conditions), 221.241, 221.246, 221.251, 221.272, 221.284 s.
- saisie spéciale (conditions), 231.51 s., 231.72, 231.74, 231.172

Juridiction interrégionale spécialisée (JIRS)
- innovation institutionnelle, 00.06

L

Légalité (confiscation)
- animal, 121.46
- bien spécialement défini, 121.44
- complicité, 121.14
- délits de presse, 121.35
- détention illicite, 121.33
- objet dangereux ou nuisible, 121.33
- origine non justifiée du bien, 121.32
- patrimoine, 121.45
- peine alternative, 121.34, 121.35
- peine complémentaire, 121.31 s., 121.41
- principe, 121.10 s.
- société absorbante, 121.15
- texte général, 121.30 s.
- texte spécial, 121.41 s.
> V. aussi *Cour européenne des droits de l'homme (CEDH)*

Légalité (saisie)
- application de la loi pénale dans le temps, 214.20 s.
- procédure pénale, 214.11

Libre disposition du condamné (bien à la —)
- appréciation souveraine, 125.23
- conception économique, 125.24
- conception juridique, 125.24
- confiscation (conditions), 125.21 s.
- confiscation (exécution), 132.181
- confiscation (prononcé), 131.41 s., 131.56, 131.161, 131.162
- fiducie, 125.25
- instrument de l'infraction, 125.21
- notion, 125.22
- origine non justifiée du bien, 125.21
- patrimoine (confiscation), 125.21
- propriétaire de bonne foi, 125.26 s.
- propriétaire économique réel, 125.24
- *trust*, 125.25

Lien entre le bien confisqué et l'infraction (défaut de —)
- confiscation (conditions), 124.60 s., 124.71 s., 124.81, 124.90
- confiscation en valeur, 126.38

Lien entre le bien confisqué et l'infraction (nécessité)
- confiscation (conditions), 121.41, 124.10 s., 124.21, 124.31

Lien entre le bien confisqué et l'infraction (présomption)
- confiscation (conditions), 124.51 s.

Lien entre le bien confisqué et le condamné (défaut de —)
- confiscation (conditions), 125.31 s.

Lieu abritant des éléments couverts par le secret de la défense nationale
- saisie de droit commun (conditions), 221.50 s.

> V. aussi *Secret (de la défense nationale)*

Lieu de commission des faits
- instrument de l'infraction, 124.23

Liquidation judiciaire
- confiscation (conditions), 125.14
- restitution de bien saisi, 245.93
- saisie de droit commun (effets), 222.22
- saisie spéciale (effets), 231.164

Local diplomatique
- confiscation (conditions), 123.17
- saisie immobilière (exclusion), 233.24

Locaux juridictionnels
- saisie de droit commun (conditions), 221.271, 221.272

Loi pénale nouvelle (application immédiate)
- restitution de bien saisi, 214.24
- saisie pénale (conditions), 214.20 s.
- saisie spéciale (conditions), 214.21, 214.22

Loisel A. (XVIIe siècle)
- doctrine, 00.03

Loyauté de la preuve
- saisie de droit commun, 221.34

M

Manifestation de la vérité
- restitution de bien saisi (motif de refus), 245.124
- saisie de droit commun (conditions), 221.41
- saisie spéciale (effets), 231.132

Marchandise falsifiée
- confiscation (objet), 111.112

Marque
- confiscation (conditions), 123.15
- confiscation (exécution), 132.101
- confiscation (nature), 111.132
- dévolution du bien confisqué, 131.151
- saisie de bien ou droit mobilier incorporel, 234.31

Marque de l'autorité
- confiscation (objet), 111.114
- confiscation (prononcé), 131.72
- destruction, 111.114

Médecin (cabinet)
- saisie de droit commun (conditions), 221.133, 221.230

> V. aussi *Secret (médical)*

Mesure conservatoire
- évolution processuelle, 00.06

Mesure de sûreté
- confiscation (nature), 111.110 s.
- confiscation (prononcé), 131.31 s.

Ministre du culte

> V. *Secret (ministre du culte)*

Mise en état patrimoniale
- confiscation en valeur, 126.33
- doctrine, 00.06

Mise en examen
- indifférence (saisie spéciale), 231.28

Monnaie

> V. *Pièce de monnaie, Signe monétaire*

Motivation
- confiscation (prononcé), 131.60 s.
- confiscation contraventionnelle, 131.63
- confiscation correctionnelle, 131.61
- confiscation criminelle, 131.62
- produit de l'infraction, 131.64
- saisie de droit commun (conditions), 221.285
- saisie spéciale (conditions), 231.72, 231.73

Moyen de paiement incorporel

> V. *Actif numérique*

N

Nécessité d'une intervention législative
- communauté conjugale, 00.13, 125.16
- entraide judiciaire internationale aux fins de confiscation (UE), 322.12
- entraide judiciaire internationale aux fins de saisie (UE), 321.12
- intervention à l'audience, 00.13, 131.41 s.
- saisie en valeur, 211.26

***NFT* (*non-fungible token*)**

> V. *Actif numérique*

Non-justification de ressources
- bien (origine non justifiée), 124.57

Non-rétroactivité de la loi pénale plus sévère
- confiscation (conditions), 121.13

Notaire (étude)
- saisie de droit commun (conditions), 221.133, 221.230

Nue-propriété
- confiscation (conditions), 123.14
- confiscation (exécution), 132.81

Nullité

> V. *Exception de nullité (saisie), Requête en nullité (saisie)*

O

Objet (détention illicite)

> V. *Détention illicite*

Objet dangereux ou nuisible
- confiscation (conditions), 123.16, 124.81 s.
- confiscation (objet), 111.41, 111.51, 111.112, 111.113
- confiscation (prononcé), 131.71, 131.72, 131.81
- contrôle de proportionnalité, 122.71
- destruction de l'objet saisi, 243.20 s.
- indifférence de la propriété, 124.84, 125.31
- notion, 124.83
- peine de confiscation (champ d'application), 124.81
- restitution, 245.126

Objet de l'infraction
- abus de bien social, 124.44
- abus de confiance, 124.44
- bien susceptible de restitution à la victime, 125.31, 125.32
- blanchiment, 124.44
- chantage, 124.44
- conduite sous l'empire d'un état alcoolique, 124.44
- confiscation (conditions), 124.41 s.
- contrôle de proportionnalité (exclusion), 122.41, 231.25
- détournement de bien public, 124.44
- entraide judiciaire internationale aux fins de confiscation (hors UE), 312.63, 312.64
- entraide judiciaire internationale aux fins de confiscation (UE), 322.71, 322.73, 322.82
- entraide judiciaire internationale aux fins de saisie (hors UE), 311.64, 311.65

- entraide judiciaire internationale aux fins de saisie (UE), 321.71, 321.73, 321.82
- escroquerie, 124.44
- exemple d'application, 124.44
- exercice illégal de la profession de banquier, 124.44
- extorsion, 124.44
- favoritisme, 124.43
- notion, 124.43
- notion (origine), 124.42
- peine de confiscation (champ d'application), 124.41
- propriétaire de bonne foi, 124.45, 125.31
- propriété des biens (indifférence), 124.45, 125.31, 125.32
- recel, 124.44
- vol, 124.44

Objet nuisible
> V. *Objet dangereux ou nuisible*

Objet utile à la manifestation de la vérité
> V. *Manifestation de la vérité*

Obligation de confiscation
> V. *Confiscation (prononcé)*

Obligation de consignation
> V. *Consignation des sommes saisies, Consignation du produit de la vente*

Obtention végétale
- confiscation (nature), 111.132
- dévolution du bien confisqué, 131.151

OCDE
> V. *Organisation de coopération et de développement économiques (OCDE)*

Office ministériel
- confiscation (conditions), 123.15
- saisie de bien ou droit mobilier incorporel, 234.31

Officier de police judiciaire
- saisie de compte bancaire et d'actif numérique, 234.92
- saisie de droit commun (conditions), 221.131 s., 221.230, 221.282, 221.292

ONU
> V. *Organisation des Nations unies (ONU)*

Opportunité de la saisie
- saisie spéciale, 231.27

Ordonnance pénale
- restitution de bien saisi, 245.69

Organisation de coopération et de développement économiques (OCDE)
- convention internationale, 00.05

Organisation des Nations unies (ONU)
- convention internationale, 00.05
- entraide judiciaire internationale aux fins de confiscation (hors UE), 312.71 s., 312.112, 312.153, 312.181, 312.182, 312.242
- entraide judiciaire internationale aux fins de saisie (hors UE), 311.71 s., 311.112, 311.132, 311.153, 311.161, 311.181, 311.182, 311.251

Origine non justifiée du bien
> V. *Bien (origine non justifiée)*

P

Pacte tontinier
> V. *Tontine*

Parquet européen
- entraide judiciaire internationale aux fins de saisie (UE), 321.12, 321.191, 321.212
- saisie de droit commun, (conditions), 221.134, 221.287
- saisie spéciale (conditions), 231.52, 234.92

Part sociale
- confiscation (conditions), 123.15
- confiscation (exécution), 132.101, 132.102
- saisie de bien ou droit mobilier incorporel, 234.131 s.

Partage des biens confisqués
- entraide judiciaire internationale aux fins de confiscation (hors UE), 312.243, 312.244
- entraide judiciaire internationale aux fins de confiscation (UE), 322.412 s., 322.421, 322.422

Partie civile
- dommages-intérêts (action récursoire de l'État), 132.138
- dommages-intérêts (Agrasc), 132.135
- dommages-intérêts (bénéficiaire), 132.133
- dommages-intérêts (concurrence de parties civiles), 132.137
- dommages-intérêts (État), 132.134
- dommages-intérêts (paiement), 132.131, 132.132
- dommages-intérêts (procédure), 132.136
- restitution de bien saisi (information de la —), 245.131

Patrimoine (confiscation)
- confiscation (conditions), 124.71 s.
- confiscation (objet), 111.41, 111.51
- constitutionnalité, 112.11 s., 112.13 s., 112.21, 112.22
- contrôle de proportionnalité, 122.31
- entraide judiciaire internationale aux fins de confiscation (UE), 322.71, 322.73, 322.82
- indifférence de l'origine du bien, 124.72
- libre disposition du condamné (bien à la —), 124.73, 125.21
- peine de confiscation (champ d'application), 124.71
- propriétaire de bonne foi, 124.73
- propriété du condamné, 124.73, 125.11

Patrimoine (saisie)
- application des règles propres à certains types de biens, 232.34
- avis du ministère public, 231.61, 231.62, 232.33
- bien saisissable, 232.21, 232.22
- chambre de l'instruction, 231.62, 231.102, 231.103
- compétence, 231.53, 231.62, 232.33
- condition de fond, 232.21 s.
- condition de forme, 232.31 s.
- contrôle de proportionnalité, 231.25
- effets non spécifiques, 232.41
- enquête de flagrance, 231.51 s.
- enquête préliminaire, 231.51 s.
- entraide judiciaire internationale aux fins de saisie (hors UE), 311.11, 311.21, 311.74, 311.75
- entraide judiciaire internationale aux fins de saisie (UE), 321.71, 321.74
- information judiciaire, 231.61, 231.62, 232.33
- juge d'instruction, 231.61, 231.62, 232.33
- juge des libertés et de la détention (JLD), 231.51 s.
- perquisition patrimoniale, 232.32
- procureur de la République, 231.51 s., 231.61, 231.62, 232.33

Peine
- confiscation (nature), 111.20, 111.30, 111.41, 111.42, 111.51, 111.52, 111.60, 111.71, 111.80, 111.81, 111.82
- définition, 111.10, 111.20

> V. aussi *Peine alternative de confiscation, Peine complémentaire de confiscation*

Peine alternative de confiscation
- contraventionnelle, 111.81, 111.82
- délictuelle, 111.71
- personne morale, 111.82
- personnes physiques, 111.71, 111.81

Peine complémentaire de confiscation
- contraventionnelle, 111.51, 111.52
- criminelle, 111.41, 111.42
- délictuelle, 111.41, 111.42
- personne morale, 111.42, 111.52
- personne physique, 111.41, 111.51

Peine privée
- confiscation (nature), 111.130 s.

Perquisition
- avocat (droits de la défense), 221.71 s., 221.72 s., 221.73 s.

- avocat (secret professionnel), 221.241 s.
- défense nationale, 221.260 s.
- délibéré (secret du —), 221.271 s.
- journaliste (secret des sources), 221.251 s.
- juge des libertés et de la détention (JLD), 221.241, 221.251
- saisie de droit commun (conditions), 221.241, 221.251, 221.260 s., 221.271 s.

> V. aussi *Droits de la défense (respect)*, *Secret (de la défense nationale)*, *Secret (du délibéré)*, *Secret des sources (presse)*

Perquisition patrimoniale
- patrimoine (saisie), 232.32

Personne morale
- confiscation (objet), 111.42, 111.52, 111.82
- sursis, 131.91

Personne physique
- confiscation (objet), 111.41, 111.51, 111.71, 111.81
- sursis, 131.91

PIAC

> V. *Plate-forme d'identification des avoirs criminels (PIAC)*

Pièce de monnaie
- confiscation (objet), 111.114
- confiscation (prononcé), 131.72
- destruction, 111.114
- faux monnayage, 111.114
- remise d'un exemplaire au centre d'analyse national, 221.211
- remise d'un exemplaire au centre d'analyse national (exception), 221.212
- saisie de droit commun (conditions), 221.211, 221.212

Plate-forme d'identification des avoirs criminels (PIAC)
- innovation institutionnelle, 00.06

Poids et mesures

> V. *Faux poids et mesures*

Pourvoi en cassation
- confiscation (prononcé), 131.161, 131.162
- restitution de bien saisi, 245.37
- saisie spéciale (conditions), 231.121

Pratique anti-concurrentielle
- peine complémentaire, 124.95

Premier président de la cour d'appel
- animal (euthanasie), 221.222
- animal (vente), 221.222
- saisie de droit commun (conditions), 221.222, 221.272

Premier président de la Cour de cassation
- saisie de droit commun (conditions), 221.272

Prescription de la peine
- confiscation (exécution), 132.52

Président de la chambre de l'instruction
- restitution de bien saisi, 245.24, 245.36
- saisie spéciale (conditions), 231.91

Présomption (d'innocence)
- aliénation avant jugement (meuble), 242.42
- saisie spéciale (atteinte, non), 231.29

Presse (domicile, locaux et véhicule)
- journaliste (domicile), 221.251
- journaliste (véhicule professionnel), 221.251
- locaux d'une agence de presse, 221.251
- locaux d'une entreprise de communication au public en ligne, 221.251
- locaux d'une entreprise de communication audiovisuelle, 221.251
- locaux d'une entreprise de presse, 221.251

> V. aussi *Secret des sources (presse)*

Presse (secret des sources)

> V. *Secret des sources (presse)*

Principe de respect des droits de la défense

> V. *Droits de la défense (respect)*

Procédure de sauvegarde
- confiscation (conditions), 125.14
- saisie de droit commun (effets), 222.22
- saisie spéciale (effets), 231.164

Procédure simplifiée
- restitution de bien saisi, 245.69

Procédures civiles d'exécution
- saisie de droit commun (effets), 222.21
- saisie spéciale (effets), 231.163

Procédures collectives
- confiscation (conditions), 125.14
- restitution de bien saisi, 245.93
- saisie de droit commun (effets), 222.22
- saisie spéciale (effets), 231.164

Procès équitable

> V. *Droit au procès équitable*

Procès-verbal
- saisie de droit commun (conditions), 221.161

Procureur de la République
- affectation à un service d'enquête ou judiciaire (pré-sentencielle), 244.44
- aliénation avant jugement (immeuble), 242.63, 242.64
- aliénation avant jugement (meuble), 242.51 s.
- confiscation (exécution), 132.21 s., 132.31
- destruction de l'objet saisi, 243.22 s.
- détournement de bien public, 124.32
- entraide judiciaire internationale aux fins de confiscation (hors UE), 312.154
- entraide judiciaire internationale aux fins de confiscation (UE), 322.311, 322.320
- entraide judiciaire internationale aux fins de saisie (hors UE), 311.154 s., 311.201
- entraide judiciaire internationale aux fins de saisie (UE), 321.191, 321.193, 321.301
- patrimoine (saisie), 231.51 s., 231.61, 231.62, 232.33
- restitution de bien saisi, 245.21 s.
- saisie de droit commun (conditions), 221.133, 221.230
- saisie spéciale (conditions), 231.51 s., 231.61, 231.62

Produit de l'infraction
- abus de biens sociaux, 124.32, 124.33
- abus de confiance, 124.32
- abus de faiblesse, 124.33
- bien susceptible de restitution à la victime, 125.31, 125.32
- blanchiment, 124.33
- confiscation (conditions), 124.31 s.
- contrôle de proportionnalité (exclusion), 122.41, 231.25
- entraide judiciaire internationale aux fins de confiscation (hors UE), 312.11, 312.44, 312.63, 312.64, 312.72 s.
- entraide judiciaire internationale aux fins de confiscation (UE), 322.71, 322.73, 322.82
- entraide judiciaire internationale aux fins de saisie (hors UE), 311.11, 311.21, 311.44, 311.45, 311.60 s., 311.73 s.
- entraide judiciaire internationale aux fins de saisie (UE), 321.71, 321.73, 321.82
- escroquerie, 124.32, 124.33
- exemple d'application, 124.33
- favoritisme, 124.32
- fraude fiscale, 124.33
- motivation, 131.64
- non-restitution, 245.125
- notion, 124.32
- peine de confiscation (champ d'application), 124.31
- préjudice de la victime, 124.32
- prise illégale d'intérêt, 124.32
- propriétaire de bonne foi, 124.34, 125.31
- propriété des biens (indifférence), 124.34
- trafic de stupéfiants, 124.33
- travail dissimulé, 124.33

Produit de l'infraction (bien acquis partiellement avec le —)
- confiscation (conditions), 124.35

Prononcé de la confiscation

> V. *Confiscation (prononcé)*

Proportionnalité
> V. *Contrôle de proportionnalité*

Propriétaire de bonne foi
- confiscation (exécution), 132.181
- confiscation (prononcé), 131.41 s., 131.56, 131.161, 131.162
- entraide judiciaire internationale aux fins de confiscation (hors UE), 312.131, 312.132
- entraide judiciaire internationale aux fins de confiscation (UE), 322.90, 322.101, 322.111
- entraide judiciaire internationale aux fins de saisie (hors UE), 311.22, 311.131, 311.132
- entraide judiciaire internationale aux fins de saisie (UE), 321.90, 321.101, 321.111
- instrument de l'infraction, 124.24
- libre disposition du condamné (bien à la —), 125.26 s.
- lien entre le bien confisqué et le condamné (défaut de —), 125.31
- objet de l'infraction, 124.45, 125.31
- produit de l'infraction, 124.34, 125.31
- qualité pour agir en contestation, 125.27, 125.28, 131.161, 131.162, 132.181, 231.92, 231.93

Propriétaire économique réel
- libre disposition (conception économique), 125.24

Propriété du bien confisqué
- bonne foi, 124.45
- droit de propriété, 124.45

Propriété du condamné
- appréciation par le juge pénal, 125.13
- bien commun, 125.16
- bien indivis, 125.15
- communauté conjugale, 125.16
- conjoint, 125.16
- démembrement du droit de propriété, 125.12
- nécessité, 125.11
- nécessité (portée limitée), 125.12
- notion, 125.12
- régime matrimonial, 125.16

Propriété incorporelle
- confiscation (conditions), 123.15
- saisie de bien ou droit mobilier incorporel, 234.31

Propriété industrielle
- confiscation (conditions), 123.15
- confiscation (exécution), 132.101
- confiscation (nature), 111.132
- dévolution du bien confisqué, 131.151
- saisie de bien ou droit mobilier incorporel, 234.31

Propriété intellectuelle
- confiscation (conditions), 123.15
- confiscation (nature), 111.131, 111.132
- dévolution du bien confisqué, 131.151
- saisie de bien ou droit mobilier incorporel, 234.31

Propriété littéraire et artistique
- confiscation (conditions), 123.15
- confiscation (nature), 111.131, 111.133
- dévolution du bien confisqué, 131.151

Proxénétisme
- confiscation de patrimoine, 112.21

Proxénétisme hôtelier
- confiscation (exécution), 132.120 s.
- confiscation (prononcé), 131.43, 131.57

Publication (saisie)
- saisie de fonds de commerce, 234.143
- saisie immobilière, 233.51

R

Réciprocité
- entraide judiciaire internationale aux fins de confiscation (hors UE), 312.12
- entraide judiciaire internationale aux fins de saisie (hors UE), 311.13

Redressement judiciaire
- confiscation (conditions), 125.14
- saisie de droit commun (effets), 222.22
- saisie spéciale (effets), 231.164

Régime matrimonial
> V. *Communauté conjugale*

Règlement (UE) 2018/1805
> V. *Entraide judiciaire internationale aux fins de confiscation (UE), Entraide judiciaire internationale aux fins de saisie (UE)*

Requête en difficulté d'exécution
- confiscation (exécution), 131.161, 131.162, 132.181

Requête en nullité (saisie)
- effets de l'annulation, 223.21, 223.22, 223.23
- entraide judiciaire internationale aux fins de saisie (hors UE), 311.220 s.
- entraide judiciaire internationale aux fins de saisie (UE), 321.310 s.
- grief, 223.15
- intérêt à agir, 223.12
- nullité formelle, 223.14
- nullité substantielle, 223.14
- qualité pour agir, 223.13
- reconstitution de la saisie annulée, 223.23
- réitération de la saisie, 223.23
- saisie de droit commun (sanction), 223.11 s.

Respect de la vie privée et familiale
> V. *Droit au respect de la vie privée et familiale*

Restitution de bien saisi
- Agence de gestion et de recouvrement des avoirs saisis et confisqués (Agrasc), 245.132
- aliénation avant jugement, 245.34
- appel, 245.24, 245.36, 245.56, 245.68, 245.191
- assurance sur la vie, 245.162
- chambre de l'instruction (appréciation souveraine), 245.38
- chambre de l'instruction (recours), 245.24, 245.36
- chambre de l'instruction (saisine directe), 245.35
- condition de fond, 245.90 s., 245.101, 245.110 s., 245.121
- condition de forme, 245.11 s., 245.21, 245.31, 245.40, 245.51, 245.61, 245.71, 245.81
- constitutionnalité, 212.61, 212.63
- corps humain, 245.101
- cour d'appel, 245.81
- cour d'assises, 245.51 s.
- créancier public, 245.131
- dévolution à l'État du bien non restitué, 245.140, 245.150, 245.161 s., 245.171, 245.181, 245.191, 245.192
- droits de la défense, 245.103
- entraide judiciaire internationale aux fins de saisie (hors UE), 311.43, 311.62, 311.251, 311.253
- entraide judiciaire internationale aux fins de saisie (UE), 321.393, 321.403
- exécution, 245.131, 245.132
- indifférence du consentement à la restitution, 245.91
- indifférence du risque de dissipation, 245.92
- instrument de l'infraction, 245.125
- juge d'instruction, 245.31 s.
- juge d'instruction (appréciation souveraine), 245.38
- juridiction de jugement, 245.40 s., 245.51, 245.61, 245.71, 245.81
- liquidation judiciaire, 245.93
- loi pénale nouvelle (application immédiate), 214.24
- mandat (aux fins de restitution), 245.23, 245.33, 245.63
- motif de non-restitution, 245.121 s.
- notion, 245.05
- objet confiscable, 245.124
- objet dangereux, 245.126
- objet susceptible de restitution, 245.101 s.
- objet utile à la manifestation de la vérité, 245.124
- ordonnance pénale, 245.69
- pourvoi en cassation, 245.37

- président de la chambre de l'instruction, 245.24, 245.36
- procédure simplifiée, 245.69
- procureur de la République, 245.21 s.
- procureur général, 245.22
- produit de l'infraction, 245.125
- proportionnalité, 245.94
- propriété du bien saisi, 245.110 s.
- qualité pour agir, 245.23, 245.33, 245.63
- tribunal correctionnel, 245.61 s.
- tribunal de police, 245.71
- victime, 245.131
- voie de recours, 245.24, 245.36, 245.56, 245.68

> V. aussi *Intervention à l'audience, Requête en difficulté d'exécution*

S

Saisie (opportunité)
- saisie spéciale, 231.27

Saisie à l'audience
- aliénation avant jugement, 131.121, 131.122, 131.142
- confiscation (prononcé), 131.101 s., 131.121, 131.142
- cour d'assises, 131.122, 131.142
- stratégie patrimoniale, 131.124
- tribunal correctionnel, 131.121
- tribunal de police, 131.123

Saisie de bien ou droit mobilier incorporel
- actif numérique, 234.31
- action, 234.131 s.
- bien saisissable, 234.31 s.
- brevet d'invention, 234.31
- compte bancaire, 234.81 s.
- condition de fond, 234.31 s.
- condition de forme, 234.41 s.
- constitutionnalité, 212.21 s., 212.52
- contrat d'assurance sur la vie, 234.121 s.
- créance, 234.31, 234.111 s.
- dessin et modèle, 234.31
- droit de créance, 234.31
- droit incorporel, 234.31
- droit personnel, 234.31
- droits d'auteur, 234.31
- droits du producteur de bases de données, 234.31
- droits sociaux, 234.131 s.
- droits voisins, 234.31
- exemple d'application, 234.33
- fonds artisanal, 234.31
- fonds de commerce, 234.141 s.
- fonds libéral, 234.31
- instrument financier, 234.131 s.
- marque, 234.31
- office ministériel, 234.31
- part sociale, 234.131 s.
- propriété incorporelle, 234.31
- propriété industrielle, 234.31
- propriété intellectuelle, 234.31
- topographie de semi-conducteurs, 234.31
- valeur mobilière, 234.131 s.

> V. aussi *Saisie de compte bancaire et d'actif numérique, Saisie de contrat d'assurance sur la vie, Saisie de créance de somme d'argent, Saisie de fonds de commerce, Saisie de parts sociales, valeurs mobilières, instruments financiers*

Saisie de compte bancaire et d'actif numérique
- appel, 234.96, 234.97
- condition de fond, 234.91
- condition de forme, 234.92 s.
- consignation des sommes saisies, 234.102
- désignation des actifs numériques, 234.95
- désignation des comptes, 234.94, 234.95
- effets, 234.101, 234.102
- évolution, 234.83, 234.84
- statistiques, 234.82
- secret (avocat), 234.97

Saisie de contrat d'assurance sur la vie
- acceptation du bénéficiaire, 234.124
- condition, 234.124
- désignation de la créance, 234.125
- délégation de créance, 231.171
- difficulté, 234.122
- effets, 234.126
- gel du contrat d'assurance sur la vie, 234.126
- statistiques, 234.123

Saisie de créance de somme d'argent
- condition, 234.112
- consignation des sommes saisies, 234.113
- effets, 234.113

Saisie de droit commun (conditions)
- agent de police judiciaire, 221.132, 221.282
- animal, 221.221 s.
- assentiment, 221.283
- avocat (absence), 221.142
- avocat (secret), 221.241
- bâtonnier, 221.241
- bien corporel, 221.31
- bien immeuble, 221.32
- bien incorporel, 221.32
- bien meuble, 221.31
- billet de banque, 221.211, 221.212
- caractère confiscable de l'objet saisi, 221.42, 221.43
- commission rogatoire, 221.292, 221.297
- compétence, 221.131 s., 221.230, 221.282, 221.292
- condition de fond, 221.20 s., 221.31, 221.40, 221.50, 221.61, 221.70, 221.81, 221.91, 221.101
- condition de forme, 221.110 s., 221.131 s., 221.141, 221.142, 221.151, 221.161, 221.170, 221.181 s., 221.191, 221.201, 221.211, 221.212, 221.221, 221.230, 221.241, 221.251, 221.260, 221.271, 221.272
- constitutionnalité, 221.263
- contrôle de proportionnalité, 221.44, 221.45
- copie de document saisi, 221.295
- domicile (avocat), 221.241 s.
- domicile (journaliste), 221.251
- domicile (personne exerçant des fonctions juridictionnelles), 221.271, 221.272
- donnée informatique, 221.191, 221.244, 221.245
- enquête de flagrance, 221.10 s., 221.20, 221.31, 221.40, 221.50, 221.61, 221.70, 221.81, 221.91, 221.101, 221.110, 221.131 s., 221.141, 221.142, 221.151, 221.161, 221.170, 221.181 s., 221.191, 221.201, 221.211, 221.212, 221.221, 221.230, 221.241 s., 221.251, 221.260 s.
- enquête préliminaire, 221.281 s.
- espèces, lingots, effets ou valeurs, 221.201
- huissier de justice (étude), 221.133, 221.230
- information judiciaire, 221.291 s.
- juge d'instruction, 221.292
- juge des libertés et de la détention (JLD), 221.241, 221.246, 221.251, 221.272, 221.284 s.
- locaux juridictionnels, 221.271, 221.272
- manifestation de la vérité, 221.41
- médecin (cabinet), 221.133, 221.230
- meuble corporel, 221.31
- nature de l'objet saisi, 221.31 s.
- nécessité, 221.40 s.
- notaire (étude), 221.133, 221.230
- obligation de saisir, 221.293
- officier de police judiciaire, 221.131 s., 221.230, 221.282, 221.292, 221.297
- perquisition, 221.12, 221.13
- pièce de monnaie, 221.211, 221.212
- premier président de la cour d'appel, 221.222, 221.272
- premier président de la Cour de cassation, 221.272
- procès-verbal, 221.161
- procureur de la République, 221.133, 221.230
- représentation des objets saisis, 221.141, 221.142
- saisie en valeur, 221.42
- saisie incidente, 221.297
- saisie sans perquisition, 221.13, 221.153
- scellés, 221.151 s., 221.296

- secret (avocat), 221.70 s., 221.241
- secret (bancaire), 221.61
- secret (de l'instruction), 221.294
- secret (de la défense nationale), 221.101 s., 221.260
- secret (du délibéré), 221.81, 221.271, 221.272
- secret (médical), 221.61
- secret (ministre du culte), 221.61
- secret (professionnel), 221.61
- secret des sources (presse), 221.91, 221.251
- stupéfiant, 221.181 s.

Saisie de droit commun (effets)
- détournement d'objet placé sous main de justice, 222.12
- indisponibilité du bien saisi, 222.12
- liquidation judiciaire, 222.22
- procédure de sauvegarde, 222.22
- procédures civiles d'exécution, 222.21
- procédures collectives, 222.22
- redressement judiciaire, 222.22

Saisie de droit commun (notion)
- hétérogénéité, 211.21 s.

Saisie de droit commun (sanction)
- annulation (conditions), 223.11 s.
- annulation (effets), 223.21, 223.22, 223.23
- exception de nullité (saisie), 223.11 s.
- reconstitution de la saisie annulée, 223.23
- réitération de la saisie, 223.23
- requête en nullité (saisie), 223.11 s.

Saisie de fonds de commerce
- condition, 234.142
- effets, 234.142
- publication (saisie), 234.143
- statistiques, 234.144
- stratégie patrimoniale, 234.144

Saisie de parts sociales, valeurs mobilières, instruments financiers
- condition, 234.132
- effets, 234.132
- notification (saisie), 234.133

Saisie de patrimoine
> V. *Patrimoine (saisie)*

Saisie douanière
- destruction de l'objet saisi, 243.25

Saisie en valeur
- entraide judiciaire internationale aux fins de saisie (hors UE), 311.11, 311.21, 311.60 s., 311.73 s.
- entraide judiciaire internationale aux fins de saisie (UE), 321.71, 321.73, 321.82
- nécessité d'une intervention législative, 211.26
- saisie de droit commun (conditions), 221.42
- saisie spéciale (conditions), 231.22

Saisie immobilière
- aliénation avant jugement, 233.90
- appel, 233.43
- bien saisissable, 233.21 s.
- cession (inopposabilité à l'État), 233.81
- cession conclue postérieurement à la publication, 233.83
- condition de fond, 233.21 s.
- condition de forme, 233.30, 233.41 s., 233.51
- constitutionnalité, 212.51
- créancier privilégié, 233.43, 233.70 s.
- désignation de l'immeuble saisi, 233.42
- effets, 233.60 s., 233.70 s., 233.80, 233.90
- exemple d'application, 233.23
- indivision, 231.24
- local diplomatique (exclusion), 233.24
- notification, 233.43
- principe d'inopposabilité de la cession à l'État, 233.81
- publication de la saisie (contenu), 233.51
- statistiques, 233.05
- tiers acquéreur, 233.80 s.
- voie de recours, 233.43

Saisie incidente
- saisie de droit commun (conditions), 221.297

Saisie patrimoniale
- entraide judiciaire internationale aux fins de saisie (UE), 321.72, 321.81
- évolution processuelle, 00.09
- notion, 211.22

Saisie pénale
- catégorie hétérogène, 231.05
- concours de saisies pénales, 211.31, 211.32
- concours de saisies spéciales, 231.07
- confiscation (distinction avec —), 211.51
- constitutionnalité, 212.05 s.
- conventionnalité, 213.11 s.
- définition, 00.09, 211.11 s.
- distinction avec les notions voisines, 211.50 s.
- diversité des saisies, 231.05
- gel de bien (distinction avec l'exécution de décision de gel de bien), 211.53
- hétérogénéité de la catégorie, 00.09 s., 211.21
- mesures conservatoires (distinction avec les), 211.52
- saisie de droit commun (notion), 211.21
- saisie patrimoniale, 211.22
- saisie probatoire, 211.22
- saisie spéciale (notion), 211.21
- succession de saisies pénales, 211.41
- succession de saisies spéciales, 231.08

Saisie pénale (conditions)
- légalité, 214.11
- loi pénale nouvelle (application immédiate), 214.20 s.

Saisie pénale (conventionnalité)
> V. *Cour européenne des droits de l'homme (CEDH)*

Saisie probatoire
- entraide judiciaire internationale aux fins de saisie (UE), 321.83
- évolution processuelle, 00.09
- notion, 211.22

Saisie sans dépossession
- condition de fond, 235.10, 235.11
- condition de forme, 235.12, 235.13
- effets, 235.21, 235.22

Saisie sans perquisition
- saisie de droit commun (conditions), 221.13, 221.153

Saisie spéciale (conditions)
- appel, 231.91 s.
- avis du ministère public, 231.61, 231.62
- caractère confiscable du bien saisi, 231.21 s.
- chambre de l'instruction, 231.62, 231.91
- classement sans suite, 231.107
- compétence, 231.40, 231.51 s., 231.61, 231.62
- condition de fond, 231.21 s.
- condition de forme, 231.30 s., 231.40, 231.51 s., 231.61, 231.62, 231.71 s., 231.91
- contrôle de proportionnalité, 231.25
- convocation devant la juridiction de jugement, 231.108
- décès du mis en cause, 231.105, 231.106
- enquête de flagrance, 231.51 s.
- enquête préliminaire, 231.51 s.
- facultés mentales du mis en cause (altération), 231.106
- forme de la décision, 231.71 s.
- indivision, 231.24
- information judiciaire, 231.61, 231.62
- juge d'instruction, 231.61, 231.62
- juge des libertés et de la détention (JLD), 231.51 s., 231.72, 231.74
- loi pénale nouvelle (application immédiate), 214.21, 214.22
- loi pénale nouvelle (application immédiate, restriction), 214.23
- modification du fondement de la saisie, 231.102, 231.103
- motivation, 231.72, 231.73
- motivation des ordonnances (JLD), 231.72
- motivation des ordonnances (juge d'instruction), 231.73
- notification, 231.91
- pourvoi en cassation, 231.121, 231.122

- président de la chambre de l'instruction, 231.91
- procureur de la République, 231.51 s., 231.61, 231.62
- procureur de la République (avis, non), 231.61
- saisie en valeur, 231.22

Saisie spéciale (effets)
- délégation de créance, 234.127
- détournement d'objet placé sous main de justice, 231.162
- difficulté d'exécution, 231.170 s.
- indisponibilité du bien saisi, 231.140 s., 231.151, 231.160
- juge répressif (prérogatives de puissance publique), 231.160
- liquidation judiciaire, 231.164
- procédure de sauvegarde, 231.164
- procédures civiles d'exécution, 231.163
- procédures collectives, 231.164
- redressement judiciaire, 231.164

Saisie spéciale (notion)
- saisie pénale (notion), 211.21
- succession de —, 231.08

Sanction fiscale
- confiscation (nature), 111.93

Sanction réelle
- confiscation (nature), 111.120 s.

Sauvegarde
> V. *Procédure de sauvegarde*

Scellés
- erreur, 221.156
- fermés, 221.154
- ouverts, 221.154
- ouverture, 221.296
- provisoires, 221.152
- saisie de droit commun (conditions), 221.151 s., 221.296
- statut procédural, 221.155

Secret (avocat)
- CEDH 16 déc. 1992, *Niemietz c/ Allemagne*, req. n° 13710/88, 221.70
- saisie de compte bancaire et d'actif numérique, 234.97
- saisie de droit commun (conditions), 221.70 s., 221.241 s.

Secret (bancaire)
- saisie de droit commun (conditions), 221.61 s.

Secret (de l'instruction)
- saisie de droit commun (conditions), 221.294

Secret (de la défense nationale)
- Commission du secret de la défense nationale, 221.103
- saisie de droit commun (conditions), 221.101 s., 221.260

Secret (du délibéré)
- premier président de la Cour de cassation, 221.272
- saisie de droit commun (conditions), 221.81, 221.271, 221.272

Secret (médical)
- saisie de droit commun (conditions), 221.61

Secret (ministre du culte)
- saisie de droit commun (conditions), 221.61

Secret (professionnel)
- saisie de droit commun (conditions), 221.61

Secret des sources (presse)
- CEDH 27 mars 1996, *Goodwin c/ Royaume-Uni de Grande-Bretagne et d'Irlande du Nord*, req. n° 17488/90, 221.91
- saisie de droit commun (conditions), 221.91, 221.251

Service d'aide au recouvrement des victimes d'infractions (Sarvi)
- confiscation (exécution), 132.133

Signe monétaire
- confiscation (objet), 111.114
- confiscation (prononcé), 131.72
- destruction, 111.114
- faux monnayage, 111.114

Société absorbante
- confiscation (conditions), 121.15
- légalité (confiscation), 121.15

Somme d'argent
- gestion des biens saisis, 241.71 s.
> V. aussi *Saisie de compte bancaire et d'actif numérique*, *Saisie de créance de somme d'argent*

Statistiques
- Agence de gestion et de recouvrement des avoirs saisis et confisqués (Agrasc), 00.07
- aliénation avant jugement (meuble), 242.55
- confiscation (exécution), 132.81, 132.132
- saisie de compte bancaire et d'actif numérique, 234.82
- saisie de contrat d'assurance sur la vie, 234.123
- saisie de fonds de commerce, 234.144
- saisie immobilière, 233.05

Stratégie patrimoniale
- confiscation en valeur, 126.23
- exécution provisoire, 131.124
- fonds de commerce, 123.15
- saisie à l'audience, 131.124
- saisie de fonds de commerce, 234.144

Stupéfiant
- confiscation (objet), 111.114
- confiscation (prononcé), 131.72
- produit de l'infraction, 124.33
- saisie de droit commun (conditions), 221.181 s.
- véhicule confisqué, 124.94

Succession de saisies pénales
- saisie pénale (notion), 211.41

Succession de saisies spéciales
- saisie pénale (notion), 231.08

Sursis
- confiscation (prononcé), 131.91, 131.92
- personne morale, 131.92
- personne physique, 131.91

Sursis probatoire
- confiscation (prononcé), 131.93

T

Tiers acquéreur
- confiscation (exécution), 132.101
- saisie de droit commun (effets), 222.11
- saisie immobilière, 233.80 s.
- saisie sans dépossession, 235.21

Tiers indivisaire
- confiscation (conditions), 125.26
- confiscation (exécution), 132.81, 132.181
- confiscation (prononcé), 131.41 s., 131.56, 131.161, 131.162
- saisie immobilière, 231.24
- saisie spéciale (conditions), 231.24

Titre émis par l'autorité publique
- confiscation (objet), 111.114
- confiscation (prononcé), 131.72
- destruction, 111.114

Titres et marques de l'autorité falsifiés
- confiscation (objet), 111.114

Token
> V. *Actif numérique*

Tontine
- tontine financière, 234.31
- tontine immobilière, 123.14, 231.24

Topographie de semi-conducteurs
- bien confisqué, 123.15
- confiscation (conditions), 123.15
- saisie de bien ou droit mobilier incorporel, 234.31

Trafic d'armes
> V. *Arme*

Trafic de stupéfiants
- instrument de l'infraction, 124.23
> V. aussi *Stupéfiant*

Travail dissimulé
- instrument de l'infraction, 124.23
- produit de l'infraction, 124.33

Tribunal correctionnel
- entraide judiciaire internationale aux fins de confiscation (hors UE), 312.191, 312.192, 312.201
- entraide judiciaire internationale aux fins de confiscation (UE), 322.250, 322.261, 322.262, 322.271, 322.272, 322.291, 322.312, 322.313
- entraide judiciaire internationale aux fins de saisie (UE), 321.191
- restitution de bien saisi, 245.61 s.
- saisie à l'audience, 131.121, 131.142

Tribunal de police
- restitution de bien saisi, 245.71
- saisie à l'audience, 131.123, 131.142

Trust
- libre disposition du condamné (bien à la —), 125.25
- obstacle à la confiscation, 125.25

U

Union européenne
- charte des droits fondamentaux de l'Union européenne, 322.165
- harmonisation européenne, 00.05
- > V. aussi *Entraide judiciaire internationale aux fins de confiscation (UE)*, *Entraide judiciaire internationale aux fins de saisie (UE)*

Usufruit
- confiscation (conditions), 123.14
- confiscation (exécution), 132.81

V

Valeur
- > V. *Confiscation en valeur*, *Saisie en valeur*

Valeur fiduciaire émise par l'autorité publique
- confiscation (objet), 111.114
- confiscation (prononcé), 131.72
- destruction, 111.114
- faux monnayage, 111.114

Valeur mobilière
- confiscation (conditions), 123.15
- confiscation (exécution), 132.101, 132.102
- saisie de bien ou droit mobilier incorporel, 234.131 s.

Véhicule
- code de la route, 131.73
- confiscation (appréciation souveraine), 131.73
- confiscation (objet), 111.71
- confiscation (peine complémentaire), 124.94
- confiscation (prononcé), 131.73
- droit pénal routier, 131.73
- instrument de l'infraction, 124.23
- peine alternative, 124.91

Vente aux enchères
- > V. *Infraction aux règles gouvernant les ventes aux enchères*

Victime
- > V. *Bien susceptible de restitution à la victime*, *Partie civile*

Vie privée et familiale
- > V. *Droit au respect de la vie privée et familiale*

PHOTOCOMPOSITION
SCM • Toulouse

PEFC 10-31-1895

722476 - (I) - OSB - A 60 - SCM - HCH
Achevé d'imprimer en août 2023 sur les presses de l'imprimerie CHIRAT
42540 Saint-Just-la-Pendue
Dépôt légal : septembre 2023 - N° 202307.0200

Imprimé en France